中国信托业年鉴

2023—2024

中国信托业协会 编

上卷

中国财经出版传媒集团
中国财政经济出版社
·北京·

图书在版编目（CIP）数据

中国信托业年鉴. 2023-2024：全二册 / 中国信托业协会编. --北京：中国财政经济出版社，2024.12.
ISBN 978-7-5223-3528-5

Ⅰ. F832.49-54

中国国家版本馆CIP数据核字第2024UB6861号

责任编辑：郁东敏　张　莹　等　　　责任校对：胡永立
封面设计：中通世奥　　　　　　　　责任印制：党　辉

中国信托业年鉴2023—2024
ZHONGGUO XINTUOYE NIANJIAN 2023—2024

中国财政经济出版社 出版

URL：http://www.cfeph.cn
E-mail：cfeph@cfeph.cn

（版权所有　翻印必究）

社址：北京市海淀区阜成路甲28号　邮政编码：100142
营销中心电话：010-88191522
天猫网店：中国财政经济出版社旗舰店
网址：https://zgczjjcbs.tmall.com
中煤（北京）印务有限公司印刷　各地新华书店经销
成品尺寸：210mm×285mm　16开　118.5印张　3 520 000字
2024年12月第1版　2024年12月北京第1次印刷
定价（上、下卷）：780.00元
ISBN 978-7-5223-3528-5
（图书出现印装问题，本社负责调换，电话：010-88190548）
本社图书质量投诉电话：010-88190744
打击盗版举报热线：010-88191661　QQ：2242791300

2023年11月17日,河南省副省长张敏一行莅临中原信托调研指导

2023年2月22日,原银保监会信托部主任赖秀福一行莅临建信信托调研指导

2023年4月26日,原银保监会信托部主任赖秀福一行就水基金项目运作情况调研万向信托项目地青山村

2023年10月8日,国家金融监督管理总局湖北监管局一级巡视员彭绪军一行莅临交银国际信托调研指导

2023年4月19日,证监会综合业务司主要负责人周小舟一行莅临建信信托调研指导

2023年11月27日,江苏省南京市委常委、副市长邓智毅出席紫金信托举办的"紫金信托·南京大学研究生工作站"成立仪式暨"紫金·厚德13号"慈善信托启动仪式

2023年6月12日,浙江省宁波市副市长金珊一行莅临昆仑信托调研指导

2023年9月25日,国家金融监督管理总局湖北监管局党委委员、副局长佘方勇一行参加国通信托公司治理专项调研座谈会

2023年10月18日,国家金融监督管理总局北京监管局党委委员、纪委书记任杰,党委委员、副局长孙国栋一行莅临北京信托调研指导

2023年4月6日,民政部慈善事业促进和社会工作司副司长臧宝瑞、北京市民政局副局长卢建一行莅临外贸信托调研指导

2023年3月23日,北京市西城区区委副书记、纪委书记袁海鹏一行莅临金谷信托调研指导

2023年11月9日,四川省宜宾市副市长华淑蕊一行莅临交银国际信托调研指导

2023年11月20日，水利部水资源司原副司长、第十八届世界水资源大会科学委员会联席主席石秋池一行考察调研万向信托水基金项目

2023年10月24日，安徽省合肥市庐阳区委书记高强一行莅临建信信托调研指导

2023年1月10日，中国信托业协会举办"信托公司数字化转型实践与展望"专题培训

2023年2月17日,中国信托业协会、中国信托登记有限责任公司联合主办,建信信托有限责任公司承办的"数智赋能·服务新征程"信托业首届金融科技年度论坛成功举办

2023年3月,中国信托业协会编著的《信托业从业人员培训教材》正式完成修订并出版发行

2023年4月13日,中国信托业协会举办"信托业务新分类的机遇与挑战"主题沙龙活动

2023年4月26日,中国信托业协会举办"防范化解金融风险(司法实务视角)"专题培训

2023年5月8日至5月13日,中国信托业协会举办2023年第一期信托业全员培训班

2023年5月15日至5月19日,中国信托业协会、复旦大学经济学院合作举办2023年信托公司中层及业务骨干培训班

2023年6月26日,中国信托业协会举办"信托业务新分类背景下的绿色信托发展"主题沙龙活动

2023年6月28日至6月29日,中国信托业协会召开2023年中国信托业年会暨第四届会员大会第七次会议,此次年会的主题是"信托业高质量发展"

2023年7月27日,中国信托业协会举办信托公司人力资源专题培训

2023年8月21日至8月26日,中国信托业协会举办2023年第三期信托业全员培训班

2023年8月22日,中国信托业协会举办"养老信托业务发展"主题沙龙活动

2023年9月7日,中国信托业协会主办、西藏信托有限责任公司承办的"贯彻落实信托业务新三分类"工作交流会成功举办

2023年9月12日,中国信托业协会与中国国际经济贸易仲裁委员会、南开大学法学院联合主办,中国仲裁法学研究会金融仲裁专业委员会协办的"信托争议解决"研讨会成功举办

2023年10月17日,中国信托业协会、中国银行保险报联合举办"2023年金融消费者权益保护教育宣传月"信托知识大挑战活动

2023年10月24日,中国信托业协会举办"信托业金融科技应用发展"主题沙龙活动

2023年11月13日至11月17日，中国信托业协会、复旦大学经济学院合作举办2023年信托公司高层管理研修班

2023年11月20日至11月25日，中国信托业协会举办2023年第四期信托业全员培训班

2023年11月21日，中国信托业协会举办"信托业务新三分类背景下的慈善信托业务发展"主题沙龙活动

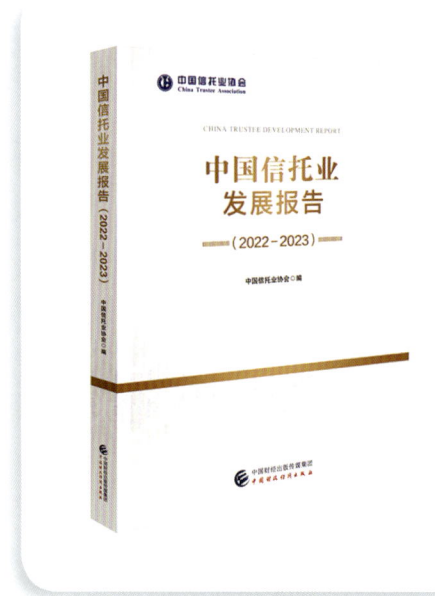

2023年11月,中国信托业协会组织编撰的《中国信托业发展报告(2022—2023)》正式出版发行

信托文化建设主题演讲比赛决赛名单

序号	姓名	选送单位	演讲题目
1	陆琪	紫金信托	传承责任,共筑前路
2	白丽群	陕国投	我与陕国投的2248天
3	郑珏垚	昆仑信托	"信"守石油人的初心
4	丁宜涵	中航信托	践行信托承诺 担当山海重责
5	刘珍香	浙金信托	树立清廉家风 奏响"浙金廉音"
6	何毅	厦门信托	厚植信托文化,回归信托本源
7	杜哲	中信信托	弘扬信托文化,服务国计民生
8	章洁	中建投信托	信为基 廉为本
9	孙晨曦	北方信托	抱诚守真,以文化行
10	何诚	中海信托	以文化建设助推信托公司高质量发展
11	钱恩澈	中铁信托	在武侯墓前的信托文化倡议
12	莫琼	财信信托	践行信托文化 服务公益事业

2023年12月18日,中国信托业协会公布在行业内组织开展的"信托文化建设"主题演讲比赛决赛名单

2023年12月26日,中国信托业协会召开五届一次会员大会、五届一次理事会、五届一次常务理事会及三届一次监事会

2023年12月26日,中国信托业协会召开"信托业学习贯彻中央金融工作会议精神"交流会

2023年1月8日,陕国投董事长姚卫东一行赴澄城县武安村开展春节慰问活动

2023年3月1日,中航信托开展航空科普进校园主题志愿活动

2023年3月2日,华鑫信托积极开展"金融知识进社区"活动

2023年3月3日,财信信托团支部、志愿者服务队组织开展爱心献血志愿活动

2023年3月3日,中粮信托联合阿坝州妇联开展"中粮信托·情系松潘"建设和美乡村系列慈善公益活动

2023年3月6日,国民信托举办"爱心编织美好生活"女神节手工编织活动

2023年3月7日,华融信托组织开展"三八妇女节"健康讲座活动

2023年3月8日,天津信托组织女员工开展永生花手工制作活动

2023年3月10日,国元信托工会、团委组织女职工赴肥东县蓝山湾、黄张村开展健步行活动

2023年3月10日,兴业信托与兴证慈善合作的"兴业信托·兴证慈善兴未来慈善信托计划"成功落地

2023年3月10日,英大信托举办"有梦有你有未来"36周年主题庆典活动

2023年3月15日,长安信托联合西北政法大学开展"共筑诚信消费环境 提振金融消费信心""3·15"金融知识进校园活动

2023年3月15日,重庆信托走进社区开展线下消保宣传活动

2023年3月15日,杭州工商信托开展"3·15"集中宣教活动

2023年3月15日，万向信托联合所属社区党群服务中心联合开展"3·15"消费者权益保护宣传教育周活动

2023年3月15日，中海信托走进五里桥街道社区开展"学习金融知识，守护家庭财富"主题讲座活动

2023年3月15日，中建投信托与浙江开放大学常青学院（老年大学）联合举办"做金融明白人"主题教育宣传活动

2023年3月15日,中泰信托开展"3·15"消保宣传教育活动

2023年3月15日,中原信托开展消费者权益保护活动

2023年3月17日,陆家嘴信托青年讲师团成立

2023年3月23日,紫金信托组织干部员工参观"中国共产党人的家风"档案展

2023年3月25日,厦门国际信托开展"海上大学习 奋进新征程"党建活动

2023年3月,山西信托团委组织参加集团公司"学习党的二十大、无偿献血我先行"学雷锋志愿活动

2023年3月,西部信托开展"消费者权益保护教育宣传周"进农村活动

2023年3月,中信信托开展"弘扬雷锋精神 传递青春能量"主题活动

2023年4月4日,雪松国际信托组织党员到方志敏烈士纪念园开展"学习党的二十大精神 赓续红色血脉 传承先烈精神"主题党日活动

2023年4月6日,中诚信托组织员工赴中诚公益林开展植树活动

2023年4月7日,五矿信托博士后科研工作站正式揭牌

2023年4月9日,山东国信与乐橄儿携手举办"信'心'牵手 勇'橄'前行"关爱"心青年"慈善公益活动

2023年4月12日,百瑞信托等单位赴贵州省遵义市文化小学开展"映山红·百瑞仁爱春晖慈善信托"爱心助学捐赠活动

2023年4月12日,交银国际信托在井冈山举办学习贯彻党的二十大精神培训班

2023年4月14日,陕国投开展"重塑再造 奔向未来"马拉松活动

2023年4月16日,中原信托组织党员干部在遵义干部学院参加思想政治建设培训班

2023年4月19日,中信信托助力完成第23届江平民商法奖学金的评选和发放

2023年4月20日,浙金信托前往宁波舟山港开展主题教育现场教学暨"寻足迹 学思想 建新功"主题党日活动

2023年4月21日，中海信托员工碳账户正式上线

2023年4月22日，外贸信托核心管理团队赴西柏坡开展主题教育现场学习

2023年4月23日，国投泰康信托举办以"筑梦国投 共创未来"为主题的年度拓展培训

2023年4月25日,国元信托荣获"合肥市庐阳区2022年度金融业高质量发展十强企业称号"

2023年4月25日,紫金信托走进金陵中学开展"反洗钱知识进校园"宣教活动

2023年4月26日,北京信托组织党员干部前往香山革命纪念馆参观学习

2023年4月27日,粤财信托党委赴南雄市开展乡村振兴专题党建活动

2023年4月28日,云南信托党委工作组到帮扶点开展乡村振兴工作并向普溯镇5所小学进行捐赠

2023年5月15日,杭州工商信托党委组织开展"循迹溯源学思想促践行 清正廉洁树新风建新功"现场教学暨廉洁文化教育主题党日活动

2023年5月15日,华宸信托开展"5·15与民同心,为您守护"反洗钱现场宣传活动

2023年5月16日,财信信托开展党务工作者"学思想 建新功"主题教育学习

2023年5月16日,山西信托组织开展"踔厉奋发 勇毅前行"主题演讲比赛

2023年5月16日,中建投信托前往浙江省法纪教育基地开展警示教育活动

2023年5月19日至5月21日,百瑞信托开展"踔厉奋发 勇毅前行"主题拓展培训活动

2023年5月23日,山东国信开展"学思想、强党性、重实践、建新功"主题党日活动

2023年5月25日,平安信托组织开展"新市民 心青年 新金融"金融反诈进社区志愿活动

2023年5月26日,华润信托举办第六届"益点点"爱心义卖活动

2023年5月27日至5月28日,建元信托组织开展"凝心聚力攻坚克难开新局,锚定目标砥砺奋进谱新篇"看上海爱上海暨员工拓展活动

2023年5月28日,爱建信托工会组织开展"六一儿童节"活动

2023年5月31日,杭州工商信托在遂昌县湖山乡中心小学举办"六一·微心愿"公益活动暨"工信阳光奖学金"捐赠仪式

2023年6月1日,重庆信托为困境儿童及家庭送去"六一"慰问物资

2023年6月3日,渤海信托赴雄安新区开展主题教育实践活动

2023年6月3日,交银国际信托开展"2023年员工子女关爱活动"

2023年6月7日,华融信托对定点帮扶村新疆维吾尔自治区塔什库尔干县马尔洋乡布侯其拉甫村进行实地走访调研并捐赠物资

2023年6月7日，建元信托举办公司揭牌仪式

2023年6月9日，昆仑信托与江西横峰县合作设立横峰首个慈善信托——"宝石花开，横峰绽放"乡村振兴慈善信托

2023年6月15日，浙金信托走进采荷街道社区，开展"金融知识进社区活动"

2023年6月15日，紫金信托设立全国首单护航金融安全慈善信托

2023年6月16日，平安信托与金融监管总局深圳监管局开展"碳索红树林"联合党建活动

2023年6月28日，华鑫信托获批设立"北京市博士后创新实践基地"并正式授牌

2023年6月29日,东莞信托开展"党建领航 金融赋能"迎"七一"主题党日活动

2023年7月3日,西藏信托开展"红色引领强堡垒 戮力同心共奋斗"主题党日活动

2023年7月13日,外贸信托成立"向上向善教育助学慈善信托"

2023年7月21日,天津信托组织党员参观"廉润初心"警示教育展览

2023年7月28日,渤海信托博士后创新实践基地揭牌

2023年7月28日,渤海信托举行成立40周年庆典并发布"月明"慈善信托品牌

2023年7月29日，云南信托党委组织党员干部到石龙坝水电站开展主题党日活动

2023年8月1日，华宸信托党支部开展联合党日活动

2023年8月8日，交银国际信托参与设立的"交银国信·瑞善点亮梦想慈善信托"捐赠仪式在银川举行

2023年8月11日,华澳信托到陆家嘴金融城职工亲子工作室开展暑托志愿者活动

2023年8月22日,厦门国际信托成立"堤内村乡村振兴服务信托",开展对同安区汀溪镇堤内村的帮扶合作

2023年8月24日,国投泰康信托"赫奕传家"品牌发布

2023年8月24日,长城新盛信托开展捐资助学爱心捐赠活动

2023年9月7日,北方信托设立并发布天津市首单知识产权信托产品"北信日新天工开物知识产权服务信托"

2023年9月12日,外贸信托发布公司形象宣传片《以信托的力量 助力美好生活》

2023年9月15日,北方信托举办"信托文化建设"主题演讲选拔赛

2023年9月17日,中诚信托组织开展第六届爱心公益跑活动

2023年9月18日,中信信托教育宣传志愿者走进北京市丰台区万年花城小区开展金融教育宣传活动

2023年9月20日,国民信托开展"消保宣传月"社区健步走活动

2023年9月22日,大业信托举办学习贯彻习近平新时代中国特色社会主义思想和党的二十大精神党员干部培训班

2023年9月22日,中建投信托工会协同团委组织开展"喜迎亚运·六合同风"城市活力跑活动

2023年9月25日,国通信托开展"汇聚金融力量,共创美好生活"金融宣传活动

2023年9月26日,大业信托党委与广州市马鞍山社区党委联合开展中秋探访慰问活动

2023年9月26日,建信信托组织开展金融消费者权益保护教育宣传月"金融知识进社区"活动

2023年9月26日,厦门国际信托承办福海社区"家校社协同育人"试点社区启动仪式暨财商金融知识普及活动

2023年9月26日,山东国信走进山东师范大学千佛山校区,参加2023年金融知识"进校园"联合宣传活动

2023年9月26日,山西信托联合太原市三桥社区机构人员开展"汇聚金融力量 共创美好生活"2023年金融消费者权益保护教育宣传月活动

2023年9月26日,天津信托开展"2023年金融消费者权益保护宣传月"活动

2023年9月,财信信托启动"金融消费者权益保护教育宣传月"系列活动

2023年9月,华润信托持续深入开展"金融消费者权益保护教育宣传月"活动

2023年9月,金谷信托组织开展2023金融知识普及月活动

2023年9月,上海信托联合中国农业银行成立"上善"系列农行壹私行恒沁金色庄园莓小兔慈善信托

2023年10月9日,西藏信托启动"2023年金融消费者权益保护教育宣传月"活动

2023年10月11日,国投泰康信托第一党支部赴国投健康长者公寓开展金融宣教志愿服务活动

2023年10月12日,"国元信托康乃馨慈善信托"物资捐助活动在安徽省金寨县思源实验学校举行

2023年10月12日,建元信托携手甘肃银行与东乡县签署慈善捐赠意向书

2023年10月12日,陕国投与西北工业大学举行慈善服务信托启动仪式

2023年10月14日,由平安信托作为受托人设立的"平安生物多样性及环境保护慈善信托"成功签约

2023年10月15日,上海信托开展以"信托为美好生活创造价值"为主题的投资者服务日活动

2023年10月16日，苏州信托开展金融知识进万家宣传活动

2023年10月17日，华能信托参与联合发起的"华能信托·信善笃行·生态富民慈善信托"启动仪式在北京举行

2023年10月18日，中粮信托固收资管党支部与浙商银行北京分行第二党支部联合开展"结对共建聚合力 党建引领促发展"党建共建活动

2023年10月19日,爱建信托赴社区开展金融消费者权益知识宣讲活动

2023年10月27日,国联信托第一党支部与无锡太湖国际科技园管理办公室、党政办公室、党支部联合开展"凝聚奋进力量 激励担当作为"主题党日活动

2023年10月27日,万向信托组织开展"现代乡村振兴与青年社会责任研学"活动

2023年10月27日，粤财信托联合粤财金租开展"共话新时代文化自信，同绘清廉金融文化墙"系列共建活动

2023年10月28日，中航信托开展"信以致远，翼航未来"绿航行动暨金秋登山活动

2023年10月31日，东莞信托举行北乡镇上丛村"6·30"助力乡村振兴捐赠仪式

2023年10月,百瑞信托开展"携手律师共普法 理性投资入人心"主题直播活动

2023年11月2日,英大信托开展以"转型发展 创造价值"为主题的业务劳动竞赛

2023年11月3日至11月4日,华鑫信托党委赴西柏坡开展"重走革命圣地 守护廉洁初心"党风廉政教育活动

2023年11月10日,华能信托开展"凝心聚力 奋楫笃行"主题党日团建活动

2023年11月17日,华宝信托与浙江大学国际联合商学院(ZIBS)合作建立的ZIBS-HwabaoTrust校企汇教学实践基地在浙江海宁举行揭牌仪式

2023年11月18日,光大信托开展"践行工会十八大 健步奋进新征程"健步走活动

2023年11月23日,苏州信托党员先锋队再次下沉太仓双凤镇凤中村,实地开展调研和帮扶活动

2023年11月27日,中铁信托"先锋·金钥匙"党建品牌在成都发布

2023年11月28日,中原信托成功举办第一届信托知识竞赛决赛

2023年11月,由五矿信托作为受托人的"五矿信托－三江源潮爱出发幸福计划慈善信托"签约仪式在潮州市民政局举行

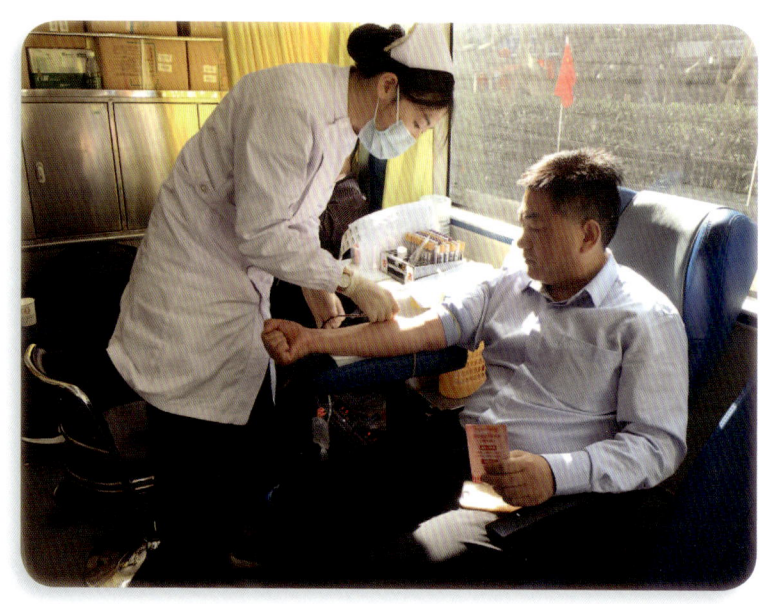

2023年12月1日,江苏信托组织员工参与无偿献血活动

2023年12月10日,国联信托与新时代文明实践中心共同开展志愿服务,宣传金融知识

2023年12月15日,中铁信托举办第六届廉洁合规知识竞赛

2023年12月16日,中泰信托党委组织党员赴沙家浜开展参观学习活动

2023年12月27日,华宝信托第一党支部与长江养老南方市场党支部以"党建引领聚合力 结对共建促发展"为主题开展党建共建活动

2023年12月,光大信托通过大爱无疆慈善信托向甘肃捐赠200万元,用于灾后救援工作

2023年12月,华宝信托联合成都市武侯社区发展基金会和成都市金堂社区发展基金会,设立"华宝信托博施济众1号成都社区垃圾分类慈善信托"

2023年12月,吉林信托通过"吉信·吉林振兴惠农2号(筇是投资)慈善信托计划"向下草帽村捐赠物资

上 卷

重要文献与政策法规 … 1

重要文献 … 3

2023年信托业监管工作综述
  原中国银保监会信托部 … 3

政策法规 … 5

商业银行金融资产风险分类办法
  中国银行保险监督管理委员会　中国人民银行令2023年第1号 … 5

中国银保监会关于规范信托公司信托业务分类的通知
  银保监规〔2023〕1号 … 12

中国银保监会关于规范信托公司异地部门有关事项的通知
  银保监规〔2023〕3号 … 21

国家金融监督管理总局关于印发《银行保险机构涉刑案件风险防控管理办法》的通知
  金规〔2023〕10号 … 23

国家金融监督管理总局关于印发《信托公司监管评级与分级分类监管暂行办法》的通知
  金规〔2023〕11号 … 30

银行保险机构操作风险管理办法
  国家金融监督管理总局令2023年第5号 … 36

公司发展与创新 ····· 51

- 中国对外经济贸易信托有限公司 ····· 53
- 英大国际信托有限责任公司 ····· 57
- 华能贵诚信托有限公司 ····· 61
- 华润深国投信托有限公司 ····· 66
- 建信信托有限责任公司 ····· 69
- 江苏省国际信托有限责任公司 ····· 73
- 平安信托有限责任公司 ····· 77
- 上海国际信托有限公司 ····· 81
- 五矿国际信托有限公司 ····· 85
- 中信信托有限责任公司 ····· 90
- 安徽国元信托有限责任公司 ····· 94
- 光大兴陇信托有限责任公司 ····· 98
- 广东粤财信托有限公司 ····· 103
- 国投泰康信托有限公司 ····· 108
- 华宝信托有限责任公司 ····· 112
- 华鑫国际信托有限公司 ····· 116
- 交银国际信托有限公司 ····· 120
- 陆家嘴国际信托有限公司 ····· 124
- 山东省国际信托股份有限公司 ····· 127
- 上海爱建信托有限责任公司 ····· 132
- 苏州信托有限公司 ····· 138
- 天津信托有限责任公司 ····· 143
- 厦门国际信托有限公司 ····· 148
- 兴业国际信托有限公司 ····· 152
- 云南国际信托有限公司 ····· 156
- 中诚信托有限责任公司 ····· 160
- 中海信托股份有限公司 ····· 163
- 中建投信托股份有限公司 ····· 167
- 中粮信托有限责任公司 ····· 171
- 紫金信托有限责任公司 ····· 175
- 百瑞信托有限责任公司 ····· 179

公司名称	页码
陕西省国际信托股份有限公司	183
中铁信托有限责任公司	190
北方国际信托股份有限公司	194
北京国际信托有限公司	199
渤海国际信托股份有限公司	203
长安国际信托股份有限公司	207
长城新盛信托有限责任公司	210
重庆国际信托股份有限公司	215
大业信托有限责任公司	220
东莞信托有限公司	225
国联信托股份有限公司	229
国民信托有限公司	233
国通信托有限责任公司	238
杭州工商信托股份有限公司	242
湖南省财信信托有限责任公司	246
华澳国际信托有限公司	249
华宸信托有限责任公司	252
华融国际信托有限责任公司	256
吉林省信托有限责任公司	260
建元信托股份有限公司	265
昆仑信托有限责任公司	270
山西信托股份有限公司	274
万向信托股份公司	278
西部信托有限公司	282
西藏信托有限公司	286
雪松国际信托股份有限公司	291
浙商金汇信托股份有限公司	294
中国金谷国际信托有限责任公司	298
中国民生信托有限公司	302
中航信托股份有限公司	306
中泰信托有限责任公司	310
中原信托有限公司	314

协会发展与成效 ... 319

第一部分 信托行业季度评析 ... 321

2023年第一季度中国信托业发展评析

中国信托业协会特约研究员 简永军 ... 321

2023年第二季度中国信托业发展评析

上海金融与发展实验室主任 曾 刚 ... 332

2023年第三季度中国信托业发展评析

中国信托业协会特约研究员 袁 田 ... 343

2023年度中国信托业发展评析

上海金融与发展实验室主任 曾 刚 ... 353

第二部分 中国信托业协会2023年工作报告 ... 362

大事记 ... 369

下 卷

2023年度中国信托公司信息披露分析报告 ... 395

2023年度各公司年度报告 ... 603

安徽国元信托有限责任公司 ... 605

百瑞信托有限责任公司 ... 629

北方国际信托股份有限公司 ... 663

渤海国际信托股份有限公司 ... 679

长城新盛信托有限责任公司 ... 701

重庆国际信托股份有限公司 ... 726

大业信托有限责任公司 ... 749

东莞信托有限公司 ... 773

光大兴陇信托有限责任公司 ... 793

广东粤财信托有限公司 ... 810

国联信托股份有限公司	836
国民信托有限公司	854
国通信托有限责任公司	869
国投泰康信托有限公司	884
杭州工商信托股份有限公司	903
湖南省财信信托有限责任公司	924
华澳国际信托有限公司	946
华宝信托有限责任公司	966
华宸信托有限责任公司	993
华能贵诚信托有限公司	1008
华融国际信托有限责任公司	1022
华润深国投信托有限公司	1043
华鑫国际信托有限公司	1069
吉林省信托有限责任公司	1087
建信信托有限责任公司	1113
建元信托股份有限公司	1128
江苏省国际信托有限责任公司	1132
交银国际信托有限公司	1147
昆仑信托有限责任公司	1162
陆家嘴国际信托有限公司	1183
平安信托有限责任公司	1215
山东省国际信托股份有限公司	1243
山西信托股份有限公司	1265
陕西省国际信托股份有限公司	1280
上海爱建信托有限责任公司	1304
上海国际信托有限公司	1340
苏州信托有限公司	1360
天津信托有限责任公司	1395
万向信托股份公司	1422
五矿国际信托有限公司	1447
西部信托有限公司	1461
西藏信托有限公司	1484
厦门国际信托有限公司	1508
兴业国际信托有限公司	1538

英大国际信托有限责任公司 …………………………………………………………… 1559

云南国际信托有限公司 ……………………………………………………………… 1584

浙商金汇信托股份有限公司 ………………………………………………………… 1611

中诚信托有限责任公司 ……………………………………………………………… 1637

中国对外经济贸易信托有限公司 …………………………………………………… 1663

中国金谷国际信托有限责任公司 …………………………………………………… 1678

中海信托股份有限公司 ……………………………………………………………… 1698

中航信托股份有限公司 ……………………………………………………………… 1737

中建投信托股份有限公司 …………………………………………………………… 1748

中粮信托有限责任公司 ……………………………………………………………… 1766

中泰信托有限责任公司 ……………………………………………………………… 1789

中铁信托有限责任公司 ……………………………………………………………… 1807

中信信托有限责任公司 ……………………………………………………………… 1832

中原信托有限公司 …………………………………………………………………… 1850

紫金信托有限责任公司 ……………………………………………………………… 1867

重要文献与政策法规

重要文献

2023年信托业监管工作综述

原中国银保监会信托部

2023年，原中国银保监会和国家金融监督管理总局（以下简称金融监管总局）坚持以习近平新时代中国特色社会主义思想为指导，深刻领悟"两个确立"的决定性意义，以实际行动增强"四个意识"，坚定"四个自信"，做到"两个维护"，一手抓治乱化险，一手抓改革转型，各项监管工作取得积极成效。截至2023年末，全行业67家信托公司受托管理信托资产23.92万亿元，同比增长10.31%，实现营业收入863.61亿元，净利润329.55亿元。资管机构监管司（以下简称资管司）是本轮机构改革中金融监管总局新设立的司局，统一监管包括信托公司在内的三类资管机构，重点开展了以下监管工作。

一、多措并举强化监督管理

2023年以来，资管司持续加强对信托行业公司治理、风险监测、合规建设等领域的监管力度，切实提高监管有效性。一是通过召开监管通报会、下发风险提示、开展风险排查、作出处罚警示等方式，加大消费者权益保护、信访投诉处置力度，进一步传达防风险、强监管的监管导向。二是持续做好巡视整改评估，将巡视整改成效切实体现为强化全面从严治党、提高监管能力等建设成果。三是扎实推动信托公司落实审计及现场检查发现问题整改，并举一反三，推动监管工作再上新台阶。

二、稳妥有序化解处置风险

资管司坚持把防控风险作为金融工作的永恒主题，逐步加大行业风险化解力度。一是推动行业进一步增强风险抵御能力。2023年，指导信托公司股东增加注册资本，共有11家信托公司完成增资。二是聚焦行业重点风险领域整治。配合做好地方政府融资平台风险化解工作，强化房地产信托合规和集中度监管，配合做好非标债务融资工具业务清理整顿。三是推动高风险机构处置取得重大进展。会同地方政府共同制定四川信托风险处置实施方案，平稳有序推进各项具体工作；配合法院稳妥推进新华信托破产清算，法院已裁定终结该公司破产程序；其他有关信托机构的风险处置也在稳妥推进。

三、坚定不移推动转型发展

资管司以监管制度及配套措施改革为重要抓手，全力推动信托行业聚焦主业、回归本源。一是建章立制取得新的成效。先后出台规范信托业务分类的通知、规范信托公司异地部门的通知、信托公司监管评级与分级分类监管暂行办法等，为信托业进一步规范发展奠定基础。二是信托公司业务转型初见成效。新的业务分类如期实施，行业转型发展态势已形成。资产服务类信托和公益慈善信托发展迅速。截至2023年末，信托公司资产服务信托业务规模达12.09万亿元，占行业资产规模的51%；公益慈善信托累计备案规模65.20亿元，比2023年初增加12.77亿元，增长24.36%。另外，属于标品投资的证券投资信托规模已达7万亿元，占资产管理信托规模的68.05%。

四、发挥优势服务实体经济

资管司持续鼓励信托公司发挥优势，加强对重大战略、重点领域和薄弱环节的金融供给，着重在科技金融、普惠金融和绿色金融方面作出贡献。一是有效支持科技创新。发挥信托投融资机制灵活的特点，为不同阶段的科技创新企业提供资金支持，探索以知识产权信托帮助企业有效盘活无形资产，打通科研成果转化链条。二是深入践行普惠金融理念。引导信托公司助力增加居民财产性收入，新增慈善信托备案规模12.77亿元。三是大力开展绿色金融。支持信托业以投资绿色债券等方式积极助力国家"双碳"目标落地，绿色信托资产余额达3 597.5亿元。截至2023年末，信托业投入实体经济资产规模17.78万亿元，占比74.30%，服务实体经济质效持续提升。

2024年，金融监管总局将继续坚持以习近平新时代中国特色社会主义思想为指导，深入学习贯彻党的二十大精神、中央金融工作会议和中央经济工作会议精神，积极落实党中央、国务院决策部署，践行"四新"工程，加快监管制度建设，全面强化五大监管，持续整治市场乱象，坚决做到监管"长牙带刺"、有棱有角，引导信托公司在做好服务实体经济"五篇大文章"的同时，牢牢守住不发生系统性金融风险底线。

政策法规

商业银行金融资产风险分类办法

中国银行保险监督管理委员会 中国人民银行令 2023 年第 1 号

中国银行保险监督管理委员会、中国人民银行制定了《商业银行金融资产风险分类办法》，已于 2020 年 3 月 17 日经中国银行保险监督管理委员会 2020 年第 1 次委务会审议通过，并经中国人民银行同意，现予公布，自 2023 年 7 月 1 日起施行。

银保监会主席　郭树清
人民银行行长　易　纲
2023 年 2 月 10 日

第一章　总　则

第一条　为促进商业银行准确评估信用风险，真实反映金融资产质量，根据《中华人民共和国银行业监督管理法》《中华人民共和国商业银行法》等法律法规，制定本办法。

第二条　本办法适用于中华人民共和国境内依法设立的商业银行。

第三条　商业银行应对表内承担信用风险的金融资产进行风险分类，包括但不限于贷款、债券和其他投资、同业资产、应收款项等。表外项目中承担信用风险的，应按照表内资产相关要求开展风险分类。

商业银行交易账簿下的金融资产以及衍生品交易形成的相关资产不包括在本办法之内。

第四条　本办法所称风险分类是指商业银行按照风险程度将金融资产划分为不同档次的行为。

第五条　商业银行应按照以下原则进行风险分类：

（一）真实性原则。风险分类应真实、准确地反映金融资产风险水平。

（二）及时性原则。按照债务人履约能力以及金融资产风险变化情况，及时、动态地调整分类结果。

（三）审慎性原则。金融资产风险分类不确定的，应从低确定分类等级。

（四）独立性原则。金融资产风险分类结果取决于商业银行在依法依规前提下的独立判断。

第二章　风险分类

第六条　金融资产按照风险程度分为五类，分别为正常类、关注类、次级类、可疑类、损失类，后三类合称不良资产。

（一）正常类：债务人能够履行合同，没有客观证据表明本金、利息或收益不能按时足额偿付。

（二）关注类：虽然存在一些可能对履行合同产生不利影响的因素，但债务人目前有能力偿付本金、利息或收益。

（三）次级类：债务人无法足额偿付本金、利息或收益，或金融资产已经发生信用减值。

（四）可疑类：债务人已经无法足额偿付本金、利息或收益，金融资产已发生显著信用减值。

（五）损失类：在采取所有可能的措施后，只能收回极少部分金融资产，或损失全部金融资产。

前款所称金融资产已发生信用减值指根据《企业会计准则第22号——金融工具确认和计量》（财会〔2017〕7号）第四十条，因债务人信用状况恶化导致的金融资产估值向下调整。

第七条　商业银行对非零售资产开展风险分类时，应加强对债务人第一还款来源的分析，以评估债务人履约能力为中心，重点考察债务人的财务状况、偿付意愿、偿付记录，并考虑金融资产的逾期天数、担保情况等因素。对于债务人为企业集团成员的，其债务被分为不良并不必然导致其他成员也被分为不良，但商业银行应及时启动评估程序，审慎评估该成员对其他成员的影响，并根据评估结果决定是否调整其他成员债权的风险分类。

商业银行对非零售债务人在本行的债权超过10%被分为不良的，对该债务人在本行的所有债权均应归为不良。经国务院金融管理部门认可的增信方式除外。

第八条　商业银行对零售资产开展风险分类时，在审慎评估债务人履约能力和偿付意愿基础上，可根据单笔资产的交易特征、担保情况、损失程度等因素进行逐笔分类。

零售资产包括个人贷款、信用卡贷款以及小微企业债权等。其中，个人贷款、信用卡贷款、小微企业贷款可采取脱期法进行分类。

第九条 同一笔债权不得拆分分类，符合本办法第十六条规定的情形除外。

第十条 商业银行应将符合下列情况之一的金融资产至少归为关注类：

（一）本金、利息或收益逾期，操作性或技术性原因导致的短期逾期除外（7天内）；

（二）未经商业银行同意，擅自改变资金用途；

（三）通过借新还旧或通过其他债务融资方式偿还，债券、符合条件的小微企业续贷业务除外；

（四）同一非零售债务人在本行或其他银行的债务出现不良。

第十一条 商业银行应将符合下列情况之一的金融资产至少归为次级类：

（一）本金、利息或收益逾期超过90天；

（二）金融资产已发生信用减值；

（三）债务人或金融资产的外部评级大幅下调，导致债务人的履约能力显著下降；

（四）同一非零售债务人在所有银行的债务中，逾期超过90天的债务已经超过20%。

第十二条 商业银行应将符合下列情况之一的金融资产至少归为可疑类：

（一）本金、利息或收益逾期超过270天；

（二）债务人逃废银行债务；

（三）金融资产已发生信用减值，且预期信用损失占其账面余额50%以上。

第十三条 商业银行应将符合下列情况之一的金融资产归为损失类：

（一）本金、利息或收益逾期超过360天；

（二）债务人已进入破产清算程序；

（三）金融资产已发生信用减值，且预期信用损失占其账面余额90%以上。

第十四条 商业银行将不良资产上调至正常类或关注类时，应符合正常类或关注类定义，并同时满足下列要求：

（一）逾期的债权及相关费用已全部偿付，并至少在随后连续两个还款期或6个月内（按两者孰长原则确定）正常偿付；

（二）经评估认为，债务人未来能够持续正常履行合同；

（三）债务人在本行已经没有发生信用减值的金融资产。

其中，个人贷款、信用卡贷款、小微企业贷款可按照脱期法要求对不良资产进行上调。

第十五条 因并购导致偿债主体发生变化的，并购方和被并购方相关金融资产风险分类在6个月内不得上调，其中的不良金融资产不纳入第七条、第十（四）、第十一（四）等相关条款的指标计算。

6个月后，商业银行应重新评估债务人风险状况，并对其全部债权进行风险分类。涉及不良资产上调为正常类或关注类的，应满足第十四条相关要求。

第十六条　商业银行对投资的资产管理产品或资产证券化产品进行风险分类时，应穿透至基础资产，按照基础资产风险状况进行风险分类。对于无法完全穿透至基础资产的产品，应按照可穿透的基础资产中风险分类最差的资产确定产品风险分类。

对于以零售资产、不良资产为基础资产的信贷资产证券化产品，分层的信贷资产证券化产品以及其他经银保监会认可的产品，商业银行应在综合评估最终债务人风险状况以及结构化产品特征的基础上，按照投资预计损益情况对产品进行风险分类。

第三章　重组资产风险分类

第十七条　重组资产是指因债务人发生财务困难，为促使债务人偿还债务，商业银行对债务合同作出有利于债务人调整的金融资产，或对债务人现有债务提供再融资，包括借新还旧、新增债务融资等。

对于现有合同赋予债务人自主改变条款或再融资的权利，债务人因财务困难行使该权利的，相关资产也属于重组资产。

第十八条　债务人财务困难包括以下情形：

（一）本金、利息或收益已经逾期；

（二）虽然本金、利息或收益尚未逾期，但债务人偿债能力下降，预计现金流不足以履行合同，债务有可能逾期；

（三）债务人的债务已经被分为不良；

（四）债务人无法在其他银行以市场公允价格融资；

（五）债务人公开发行的证券存在退市风险，或处于退市过程中，或已经退市，且对债务人的履约能力产生显著不利影响；

（六）商业银行认定的其他情形。

第十九条　合同调整包括以下情形：

（一）展期；

（二）宽限本息偿还计划；

（三）新增或延长宽限期；

（四）利息转为本金；

（五）降低利率，使债务人获得比公允利率更优惠的利率；

（六）允许债务人减少本金、利息或相关费用的偿付；

（七）释放部分押品，或用质量较差的押品置换现有押品；

（八）置换；

（九）其他放松合同条款的措施。

第二十条　商业银行应对重组资产设置重组观察期。观察期自合同调整后约定的第一次还款日开始计算，应至少包含连续两个还款期，并不得低于1年。观察期结束时，债务人已经解决财务困难并在观察期内按照合同约定及时足额还款的，相关资产可不再被认定为重组资产。

债务人在观察期结束时未解决财务困难的，应重新计算观察期。债务人在观察期内没有及时足额还款的，应从未履约时点开始，重新计算观察期。

第二十一条　对于重组资产，商业银行应准确判断债务人财务困难的状况，严格按照本办法进行分类。重组前为正常类或关注类的资产，以及对现有债务提供的再融资，重组后应至少归为关注类；观察期内符合不良认定标准的应下调为不良资产，并重新计算观察期；观察期内认定为不良资产后满足第十四条要求的，可上调为关注类。

重组前为次级类、可疑类或损失类的，观察期内满足第十四条要求的，可上调为关注类；观察期内资产质量持续恶化的应进一步下调分类，并重新计算观察期。

第二十二条　重组观察期内债务人未按照合同约定及时足额还款，或虽足额还款但财务状况未有好转，再次重组的资产应至少归为次级类，并重新计算观察期。

第二十三条　债务人未发生财务困难情况下，商业银行对债务合同作出调整的金融资产或再融资不属于重组资产。

第四章　风险分类管理

第二十四条　本办法是金融资产风险分类的最低要求，商业银行应根据实际情况完善分类制度，细化分类方法，但不得低于本办法提出的标准和要求，且与本办法的风险分类方法具有明确的对应和转换关系。商业银行制定或修订金融资产风险分类制度后，应在30日内报银保监会及其派出机构备案。

第二十五条　商业银行应健全金融资产风险分类管理的治理架构，明确董事会、高级管理层和相关部门的风险分类职责。

第二十六条　董事会对金融资产风险分类结果承担最终责任，监督高级管理层履行风险分类职责。

第二十七条　高级管理层应制定金融资产风险分类制度，推进风险分类实施，确保分类结果真实有效，并定期向董事会报告。

第二十八条　金融资产风险分类管理制度的内容包括但不限于分类流程、职责分工、分类标准、分类方法、内部审计、风险监测、统计报告及信息披露等。

第二十九条　商业银行应按照金融资产类别、交易对手类型、产品结构特征、历史违约情况等信息，结合本行资产组合特征，明确各类金融资产的风险分类方法。分类方法一经确定，应保持相对稳定。

第三十条　商业银行应完善金融资产风险分类流程，明确"初分、认定、审批"三级程序，加强各环节管理要求，建立有效的制衡机制，确保分类过程的独立性，以及分类结果的准确性和客观性。

第三十一条　商业银行应至少每季度对全部金融资产进行一次风险分类。对于债务人财务状况或影响债务偿还的因素发生重大变化的，应及时调整风险分类。

第三十二条　商业银行应至少每年对风险分类制度、程序和执行情况进行一次内部审计，审计结果应及时向董事会书面报告，并报送银保监会及其派出机构。

第三十三条　商业银行应开发并持续完善金融资产风险分类相关信息系统，满足风险管理和审慎监管要求。

第三十四条　商业银行应加强对金融资产风险的监测、分析和预警，动态监测风险分布和风险变化，深入分析风险来源及迁徙趋势，及时根据风险状况采取防范措施。

第三十五条　商业银行应依据有关信息披露的规定，及时披露金融资产风险分类方法、程序、结果，以及损失准备计提、损失核销等信息。

第三十六条　商业银行应持续加强金融资产风险分类档案管理，确保分类资料信息准确、连续、完整。

第五章　监督管理

第三十七条　银保监会及其派出机构依照本办法规定对商业银行金融资产风险分类进行监督检查，并采取相应监管措施。

第三十八条　商业银行应按照规定向银保监会及其派出机构报送与金融资产风险分类有关的统计报表和分析报告。

商业银行应于每年初30个工作日内向银保监会及其派出机构报告上一年度金融资产风险分类管理情况。

第三十九条　商业银行应向银保监会及其派出机构及时报告有关金融资产风险分类的重大事项。

第四十条　银保监会及其派出机构定期或不定期评估商业银行金融资产风险分类管理状况及效果。同时，将评估意见反馈商业银行董事会和高级管理层，并将评估结果作为监管评级的重要参考。

第四十一条　商业银行违反风险分类监管要求的，银保监会及其派出机构可以采取以下措施：

（一）与商业银行董事会、高级管理层进行审慎性会谈；

（二）印发监管意见书，内容包括商业银行金融资产风险分类管理存在的问题、限期整改意见和拟采取的纠正措施等；

（三）要求商业银行加强金融资产风险分类管理，制订切实可行的整改计划，并报银保监会及其派出机构备案；

（四）根据违规程度提高其拨备和监管资本要求；

（五）责令商业银行采取有效措施缓释金融资产风险。

第四十二条　商业银行违反本办法规定的监管要求的，银保监会及其派出机构除采取本办法第四十一条规定的措施外，还可依据《中华人民共和国银行业监督管理法》等法律法规规定采取监管措施或实施行政处罚。

第六章　附　则

第四十三条　对于已实施资本计量高级方法的商业银行，应明确风险分类标准和内评体系违约定义之间的稳定对应关系。

第四十四条　商业银行可按照相关规定对信用卡贷款及符合条件的小微企业续贷类业务确定其风险分类。

银保监会对金融资产风险分类另有规定的，适用其规定。

第四十五条　国家开发银行及政策性银行、农村合作银行、村镇银行、农村信用社和外国银行分行、银保监会及其派出机构监管的其他银行业金融机构参照本办法执行。另有规定的从其规定。

第四十六条　本办法由银保监会会同中国人民银行负责解释。

第四十七条　本办法自2023年7月1日起施行。

第四十八条　商业银行自2023年7月1日起新发生的业务应按本办法要求进行分类。对于2023年7月1日前发生的业务，商业银行应制订重新分类计划，并于2025年12月31日前，按季度有计划、分步骤对所有存量业务全部按本办法要求进行重新分类。鼓励有条件的商业银行提前完成存量业务的重新分类。过渡期内，尚未按照本办法重新分类的存量业务，按照《贷款风险分类指引》（银监发〔2007〕54号）相关规定进行分类。

中国银保监会关于规范信托公司信托业务分类的通知

银保监规〔2023〕1号

各银保监局,各信托公司,信托保障基金公司、信托登记公司、信托业协会:

为促进信托业务回归本源、规范发展,切实防范风险,更高效服务实体经济发展和满足人民美好生活需要,现就规范信托公司信托业务分类有关事项通知如下:

一、总体要求

进一步厘清信托业务边界和服务内涵,引导信托公司以规范方式发挥制度优势和行业竞争优势,推动信托业走高质量发展之路,助力全面建设社会主义现代化国家。

(一)回归信托本源

信托公司从事信托业务应当立足受托人定位,遵循法律法规和监管要求,确保信托目的合法合规,为受益人的最大利益处理信托事务,履行诚实守信、勤勉尽责的受托责任。

(二)明确分类标准

信托服务实质是根据委托人要求,为受益人利益而对信托财产进行各种方式的管理、处分。信托业务分类应当根据信托服务实质,明确各类业务职责边界,避免相互交叉。

(三)引导差异发展

按照服务内容的具体差异,对信托业务进行细分,突出能够发挥信托制度优势的业务品种，鼓励差异化发展，构建多元化信托服务体系。

（四）保持标准统一

明确资产服务、资产管理、公益慈善等各类信托业务功能，在各类业务服务内涵等方面与国际接轨。资产管理业务监管标准对标《关于规范金融机构资产管理业务的指导意见》（银发〔2018〕106号，以下简称《指导意见》），与国内同业保持一致。

（五）严格合规管理

严防利用信托机制灵活性变相开展违规业务。信托公司要在穿透基础上，按"实质重于形式"原则对信托业务进行分类。

二、明确信托业务分类标准和要求

信托公司应当以信托目的、信托成立方式、信托财产管理内容为分类维度，将信托业务分为资产服务信托、资产管理信托、公益慈善信托三大类共25个业务品种（具体分类要求见附件）。

（一）资产服务信托

资产服务信托是指信托公司依据信托法律关系，接受委托人委托，并根据委托人需求为其量身定制财富规划以及代际传承、托管、破产隔离和风险处置等专业信托服务。按照服务内容和特点，分为财富管理服务信托、行政管理服务信托、资产证券化服务信托、风险处置服务信托及新型资产服务信托五类、共19个业务品种。

（二）资产管理信托

资产管理信托是信托公司依据信托法律关系，销售信托产品，并为信托产品投资者提供投资和管理金融服务的自益信托，属于私募资产管理业务，适用《指导意见》。信托公司应当通过非公开发行集合资金信托计划（以下简称信托计划）募集资金，并按照信托文件约定的投资方式和比例，对受托资金进行投资管理。信托计划投资者需符合合格投资者标准，在信托设立时既是委托人、也是受益人。资产管理信托依据《指导意见》规定，分为固定收益类信托计划、权益类信托计划、商品及金融衍生品类信托计划和混合类信托计划共4个业务品种。

（三）公益慈善信托

公益慈善信托是委托人基于公共利益目的，依法将其财产委托给信托公司，由信托公司按照委托人意愿以信托公司名义进行管理和处分，开展公益慈善活动的信托业务。公益慈善信托的信托财产及其收益，不得用于非公益目的。公益慈善信托按照信托目的，分为慈善信托和其他公益信托共2个业务品种。

三、落实信托公司主体责任

信托公司应当完善内部管理机制，做好业务分类工作，准确划分各类信托业务，并在此基础上明确发展战略和转型方向，增强受托服务意识和专业服务能力，以发挥信托独特功能、实现良好社会价值为导向，积极探索开展资产服务信托和公益慈善信托业务，规范开展符合信托本源特征、丰富直接融资方式的资产管理信托业务，提高竞争力和社会声誉，在有效防控风险的基础上实现高质量发展。

（一）明确业务边界

信托公司应当严格把握信托业务边界，不得以管理契约型私募基金形式开展资产管理信托业务，不得以信托业务形式开展为融资方服务的私募投行业务，不得以任何形式开展通道业务和资金池业务，不得以任何形式承诺信托财产不受损失或承诺最低收益，坚决压降影子银行风险突出的融资类信托业务。

（二）提高分类质量

信托公司应当按照本通知要求完善内部管理制度，结合监管要求和公司业务特点，细化分类标准，根据信托服务实质对信托业务进行全面、准确分类。信托公司不得擅自调节信托业务分类，同一信托业务不得同时归入多个类别。确有拟开展的新型信托业务无法归入现有类别的，应当与属地银保监会派出机构沟通，按照服务实质明确业务分类归属后开展。信托公司应当组织信托业务分类专题培训，确保相关人员熟知信托业务分类标准并准确分类，按照监管要求填报相关监管报表，确保报送数据准确性。

（三）完善内控机制

信托公司应当将信托业务分类纳入内部控制体系，明确归口管理部门以及业务部门、合规管理部门、内部审计部门等职责，完善信息系统，为做好信托业务分类提供必要的资源和保障。信托公司应当建立信托业务分类定期监测排查机制，加强合规管理和数据核验，确保信托业务持续符合分类标准和监管要求。信托公司应当建立追责问责机制，对重大差错予以严肃问责。

（四）有序实施整改

为有序实施存量业务整改，确保平稳过渡，本通知设置3年过渡期。过渡期结束后存在实际困难，仍难以完成整改的，可实施个案处理。对于契约型私募基金业务，按照严禁新增、存量自然到期方式有序清零。对于其他不符合本通知要求的信托业务，单设"待整改业务"一项，有序实施整改。信托公司应当在准确分类基础上充分识别待整改业务，制定整改计划，明确时间进度安排，待整改业务规模应当严格控制在2022年12月31日存量整体规模内并有序压缩递减，防止过渡期结束时出现断崖效应。已纳入资管新规过渡期结束后个案处理范围的信托业务，应当纳入待整改业务，按照资管新规有关要求及前期已报送的整改计划继续整改。

四、加强监管引领

（一）完善监管规则

银保监会根据信托业务发展情况，制定完善各类信托业务具体监管规则，研究完善信托公司分级分类监管制度，持续完善资本管理、信托保障基金筹集、信托产品登记等配套机制，修订非现场监管报表，保障信托业务分类工作有序落地。

（二）加强日常监管

各银保监局应当督促指导辖内信托公司按照本通知要求完善内部管理机制，对存量信托业务准确分类、有序整改。各银保监局应当通过非现场监管和现场检查等方式，对信托业务分类准确性及展业合规性实施持续监管，防止监管套利。各银保监局应当提高监管主动性和前瞻性，及时、准确发现违规问题并采取有针对性的纠正措施，责成信托公司限期整改，逾期未整改的，应当依法采取暂停业务等审慎监管措施，并要求信托公司严肃处理责任人员。

（三）加强宣传引导

各银保监局应当指导辖内信托公司加强金融消费者教育，引导金融消费者正确认识信托关系实质和信托业务风险特征，树立信托产品打破刚性兑付的风险意识。信托业协会应当加强宣传引导，组织信托公司自觉落实相关要求，普及信托相关知识，提高社会各界对各类信托业务的认知度。

本通知自2023年6月1日起实施。本通知实施前公布的规范性文件与本通知规定不一致的，以本通知为准。各信托公司应当于本通知实施后30日内将存续信托业务分类结果和整改计划报送属地银保监会派出机构。

附件：1. 信托公司信托业务具体分类要求
2. 信托公司信托业务新分类简表

中国银保监会
2023年3月20日

附件1

信托公司信托业务具体分类要求

一、资产服务信托

资产服务信托是为委托人量身定制的受托服务,不涉及向投资者募集资金的行为,不适用规范资产管理业务的《关于规范金融机构资产管理业务的指导意见》(银发〔2018〕106号,以下简称《指导意见》)。信托公司开展资产服务信托业务,应确保信托目的合法合规,提供具有实质内容的受托服务,不得通过财产权信托受益权拆分转让等方式为委托人募集资金(依据金融监管部门规定开展的资产证券化业务除外),原则上不得以受托资金发放信托贷款。信托公司确实基于委托人合法信托目的受托发放贷款的,应当参照《商业银行委托贷款管理办法》(银监发〔2018〕2号,以下简称《委托贷款办法》)进行审查和管理,其信托受益权转让时,受益人资质和资金来源应当持续符合《委托贷款办法》要求。资产服务信托按照服务内容和特点分为财富管理服务信托、行政管理服务信托、资产证券化服务信托、风险处置服务信托和新型资产服务信托五类、共19个业务品种:

(一)财富管理服务信托。信托公司为自然人、法人及非法人组织财富管理提供的信托服务,按照服务内容及对象分为7个业务品种:

1. 家族信托。信托公司接受单一自然人委托,或者接受单一自然人及其亲属共同委托,以家庭财富的保护、传承和管理为主要信托目的,提供财产规划、风险隔离、资产配置、子女教育、家族治理、公益慈善事业等定制化事务管理和金融服务。家族信托初始设立时实收信托应当不低于1 000万元。受益人应当为委托人或者其亲属,但委托人不得为唯一受益人。家族信托涉及公益慈善安排的,受益人可以包括公益慈善信托或者慈善组织。单纯以追求信托财产保值增值为主要信托目的、具有专户理财性质的信托业务不属于家族信托。

2. 家庭服务信托。由符合相关条件的信托公司作为受托人,接受单一自然人委托,或者接受单一自然人及其家庭成员共同委托，提供风险隔离、财富保护和分配等服务。家庭服务信托初始设立时实收信托应当不低于100万元，期限不低于5年，投资范围限于以同业存款、标准化债权类资产和上市交易股票为最终投资标的的信托计划、银行理财产品以及其他公募资产管理产品。

3. 保险金信托。信托公司接受单一自然人委托，或者接受单一自然人及其家庭成员共同委托，以人身保险合同的相关权利和对应利益以及后续支付保费所需资金作为信托财产设立信托。当保险合同约定的给付条件发生时，保险公司按照保险约定将对应资金划付至对应信托专户，由信托公司按照信托文件管理。

4. 特殊需要信托。信托公司接受单一自然人委托，或者接受单一自然人及其亲属共同委托，以满足和服务特定受益人的生活需求为主要信托目的，管理处分信托财产。

5. 遗嘱信托。单一委托人（立遗嘱人）为实现对遗产的计划，以预先在遗嘱中设立信托条款的方式，在遗嘱及相关信托文件中明确遗产的管理规划，包括遗产的管理、分配、运用及给付等，并于遗嘱生效后，由信托公司依据遗嘱中信托条款的内容，管理处分信托财产。

6. 其他个人财富管理信托。信托公司作为受托人，接受单一自然人委托，提供财产保护和管理服务。委托人应当以其合法所有的财产设立财富管理信托，不得非法汇集他人财产设立财富管理信托。其他个人财富管理信托的信托受益权不得拆分转让。其他个人财富管理信托初始设立时实收信托应当不低于600万元。

7. 法人及非法人组织财富管理信托。信托公司作为受托人，接受单一法人或非法人组织委托，提供综合财务规划、特定资产管理、薪酬福利管理等信托服务。除以薪酬福利管理为信托目的外，法人及非法人组织财富管理信托应当为自益信托。法人及非法人组织财富管理信托受益权不得拆分转让。法人及非法人组织财富管理信托委托人交付的财产价值不低于1 000万元。

法人或非法人组织应当以合法所有的财产设立财富管理信托。单个资产管理产品管理人以资产管理产品资金委托信托公司提供专户受托服务，仅限于配置银行存款、标准化债权类资产、上市公司股票、公募证券投资基金以及符合信托监管规定的衍生品。信托公司为资产管理产品管理人提供的受托服务不得与《指导意见》相冲突。信托公司可以依据人力资源社会保障部门关于年金基金管理的规定，为年金基金提供专户受托服务。除上述情形外，委托人不得以资产管理产品财产、资产服务信托财产或者以其他方式汇集他人财产设立财富管理信托，也不得通过向资产管理产品直接或间接转让财富管理信托受益权等方式帮助资产管理产品管理人以资产管理产品财产变相设立财富管理信托。

（二）行政管理服务信托。信托公司作为独立第三方提供运营托管、账户管理、交易执行、份额登记、会计估值、资金清算、风险管理、执行监督、信息披露等行政管理服务的信托业务。按照信托财产和服务类型分为5个业务品种：

1. 预付类资金服务信托。信托公司提供预付类资金的信托财产保管、权益登记、支付结算、执行监督、信息披露、清算分配等行政管理服务，帮助委托人实现预付类资金财产独立、风险隔离、资金安全的信托目的。

2. 资管产品服务信托。信托公司接受资管产品管理人委托，为单个资管产品提供运营托管、账户管理、交易执行、份额登记、会计估值、资金清算、风险管理、执行监督、信息披露等行政管理服务，不参与资管产品资金筹集、投资建议、投资决策、投资合作机构遴选等资产管理活动。资管产品服务信托为资管产品提供行政管理服务，不得与《指导意见》相冲突。

3. 担保品服务信托。信托公司代表债权人利益，受托管理担保物权，提供担保物集中管理和处置、担保权利集中行使等服务。

4. 企业（职业）年金服务信托。信托公司依据人力资源社会保障部门有关规定，受托管理企业（职业）年金基金。

5. 其他行政管理服务信托。信托公司作为受托人管理其他特定资产，提供财产保管、执行监督、清算分配、信息披露等行政管理服务。涉及以财产权信托受益权转让、发行等方式变相为委托人融资的信托业务，不属于行政管理服务信托。

（三）资产证券化服务信托。信托公司作为受托人，以资产证券化基础资产设立特定目的载体，为依据金融监管部门有关规定开展的资产证券化业务提供基础资产受托服务。按照基础资产类型和服务对象分为4个业务品种：

1. 信贷资产证券化服务信托。信托公司作为受托人，为按照《信贷资产证券化试点管理办法》（中国人民银行中国银行业监督管理委员会公告〔2005〕第7号）开展的信贷资产证券化业务提供基础资产受托服务。

2. 企业资产证券化服务信托。信托公司作为受托人，为按照《证券公司及基金管理公司子公司资产证券化业务管理规定》（证监会公告〔2014〕49号）开展的企业资产证券化业务提供基础资产受托服务。

3. 非金融企业资产支持票据服务信托。信托公司作为受托人，为按照《银行间债券市场非金融企业资产支持票据指引》（中国银行间市场交易商协会公告〔2012〕14号）开展的非金融企业资产支持票据业务提供基础资产受托服务。

4. 其他资产证券化服务信托。信托公司作为受托人，为其他依据金融监管部门有关规定开展的资产证券化业务提供受托服务。

（四）风险处置服务信托。信托公司作为受托人，为企业风险处置提供受托服务，设立以向债权人偿债为目的的信托，提高风险处置效率。按照风险处置方式分为2个业务品种：

1. 企业市场化重组服务信托。信托公司作为受托人，为面临债务危机、拟进行债务重组或股权重组的企业风险处置提供受托服务，设立以向企业债权人偿债为目的的信托。

2. 企业破产服务信托。信托公司作为受托人，为依照《中华人民共和国企业破产法》实施破产重整、和解或者清算的企业风险处置提供受托服务，设立以向企业债权人偿债为目的的信托。

（五）新型资产服务信托。信托公司经监管部门认可，依据信托法律关系开展的新型资产服务信托业务。

二、资产管理信托

信托公司设立发行、运营管理、终止清算集合资金信托计划（以下简称信托计划），均需符合《指导意见》相关规定，强化投资者适当性管理，按照审慎经营、诚实守信、勤勉尽责原则履行受托管理职责，加强信用风险、市场风险、流动性风险和操作风险管理，有效防控期限错配风险和投资集中度风险，实行净值化管理，加强信息披露，坚持打破刚兑，在卖者尽责基础上实现买者自负，主动防控影子银行风险。按投资性质不同分为固定收益类信托计划、权益类信托计划、商品及金融衍生品类信托计划、混合类信托计划共4个业务品种：

（一）固定收益类信托计划。投资于存款、债券等债权类资产的比例不低于80%的信托计划。

（二）权益类信托计划。投资于股票、未上市企业股权等权益类资产的比例不低于80%的信托计划。

（三）商品及金融衍生品类信托计划。投资于商品及金融衍生品的比例不低于80%的信托计划。

（四）混合类信托计划。投资于债权类资产、权益类资产、商品及金融衍生品类资产且任一资产的投资比例未达到前三类产品标准的信托计划。

三、公益慈善信托

公益慈善信托按照信托目的分为慈善信托和其他公益信托共2个业务品种：

（一）慈善信托。委托人基于慈善目的，依法将其财产委托给信托公司，由信托公司按照委托人意愿以受托人名义进行管理和处分，开展慈善活动的行为。

（二）其他公益信托。除慈善信托以外，信托公司依据《中华人民共和国信托法》开展，经监管部门认可的其他公益信托业务。

附件2

信托公司信托业务新分类简表

服务实质	业务品种 是否募集资金	受益类型	主要信托业务品种	
资产服务信托业务	不涉及	自益或他益	财富管理服务信托	家族信托
				家庭服务信托
				保险金信托
				特殊需要信托
				遗嘱信托
				其他个人财富管理信托
				法人及非法人组织财富管理信托
			行政管理服务信托	预付类资金服务信托
				资管产品服务信托
				担保品服务信托
				企业/职业年金服务信托
				其他行政管理服务信托
			资产证券化服务信托	信贷资产证券化服务信托
				企业资产证券化服务信托
				非金融企业资产支持票据服务信托
				其他资产证券化服务信托
			风险处置服务信托	企业市场化重组服务信托
				企业破产服务信托
			新型资产服务信托	
资产管理信托业务	私募	自益	集合资金信托计划	固定收益类信托计划
				权益类信托计划
				商品及金融衍生品类信托计划
				混合类信托计划
公益慈善信托业务	可能涉及募集	公益	公益慈善信托	慈善信托
				其他公益信托

中国银保监会关于规范信托公司异地部门有关事项的通知

银保监规〔2023〕3号

各银保监局：

为优化信托公司跨区域经营模式，促进信托行业改革转型发展，更好服务实体经济，现就规范信托公司异地部门有关事项通知如下：

一、本通知所称信托公司异地部门，是指信托公司在住所所在地以外设置的部门。

二、信托公司异地部门包括业务、营销等部门。

三、信托公司根据业务发展需要、中长期发展规划、内部控制水平和风险管理能力等，原则上可在全国6个城市设置异地部门。同一城市所设异地部门在同一地址集中办公，数量不超过5个。

银保监会将根据信托行业发展实际与改革转型需要，视情调整前款规定。

四、信托公司异地部门不对外挂牌。信托公司应在官方网站公开异地部门名称、地址等信息。

五、属地银保监局应指导辖内信托公司全面梳理报送异地部门情况。异地部门设置不符合本通知要求的，有关信托公司应于3个月内报送整改方案，明确整改方式与风险防范措施，经属地银保监局审查后，于2024年底前实施完成整改工作。确有困难的，属地银保监局可根据信托公司报告情况适当延期，延长期限不超过1年。

六、属地银保监局应切实承担监管主体责任和属地责任，持续提升信托公司异地部门监管质效。

（一）压实信托公司主体责任。督导信托公司有序合规设置异地部门，持续加强异地员工管理，优化完善异地项目尽职调查机制，严格规范异地推介行为，定期开展异地经营风险评估，稳妥做好风险应对与处置工作。

（二）强化信托公司异地部门设置监管。结合属地监管实际，建立完善"清单式"监管机制，持续监测信托公司异地部门设置情况。综合考虑展业管理水平、风险态势和违法违规记录等情况，对信托公司调整异地部门设置提出监管要求。

（三）加强信托公司异地经营行为监测。利用科技赋能，创新监管模式，丰富监管手段，及时发现信托公司异地经营违法违规行为，增强风险防控主动性与前瞻性。畅通监管沟通渠道，加强与信托公司异地部门所在地银保监局的信息共享与监管联动，形成工作合力。

（四）推动落实地方党政主要领导负责的重大财政金融风险处置机制。优化与地方党委和政府的监管信息通报机制，定期与不定期通报信托公司异地经营与风险状况。针对信托公司异地重大风险处置、突发风险事件应对等，构建联动工作机制，协助地方党委和政府制定风险处置方案，合力采取应对措施，筑牢金融风险防线。

七、信托公司异地部门所在地银保监局积极协助属地银保监局开展监管工作，配合了解信托公司在辖内所设异地部门情况，及时沟通违规推介行为、经营风险苗头、舆情等信息，必要时提请地方党委和政府协同处置风险。

八、信托公司不得在住所所在地以外设立异地管理总部。

属地银保监局应于3个月内完成信托公司现有异地管理总部监管评估。对确有必要保留的，指导信托公司主动向住所所在地或异地管理总部所在地地方党委和政府报告，明确承担属地风险处置责任、落实风险处置维稳任务意见后，原则上可保留一个异地管理总部。对不予保留的，督促信托公司制定管理总部回迁方案，于2025年底前实施完成。

信托公司异地管理总部所在城市与所设业务、营销等部门纳入本通知第三条相关统计，有关监督管理要求参照适用本通知第四条、第六条、第七条规定。

中国银保监会
2023年3月28日

国家金融监督管理总局关于印发《银行保险机构涉刑案件风险防控管理办法》的通知

金规〔2023〕10号

各监管局,各政策性银行、大型银行、股份制银行、外资银行、直销银行、金融资产管理公司、金融资产投资公司、理财公司,各保险集团(控股)公司、保险公司、保险资产管理公司、养老金管理公司、保险专业中介机构,银行业协会、保险业协会、信托业协会、财务公司协会、保险资管业协会:

现将《银行保险机构涉刑案件风险防控管理办法》印发给你们,请遵照执行。

国家金融监督管理总局

2023年11月2日

银行保险机构涉刑案件风险防控管理办法

第一章 总 则

第一条 为提高银行保险机构涉刑案件(以下简称案件)风险防控水平,促进银行业保险业安全稳健运行,根据《中华人民共和国银行业监督管理法》《中华人民共和国商业银行法》《中华人民共和国保险法》等法律法规和其他相关规定,制定本办法。

第二条 本办法所称银行保险机构包括银行机构和保险机构。

银行机构,是指在中华人民共和国境内依法设立的商业银行、农村合作银行、农村信用合作社、村镇银行等吸收公众存款的金融机构以及政策性银行。

保险机构，是指在中华人民共和国境内依法设立的保险公司。

第三条　银行保险机构案件风险防控的目标是健全案件风险防控组织架构，完善制度机制，全面加强内部控制和从业人员行为管理，不断提高案件风险防控水平，坚决有效预防违法犯罪。

第四条　银行保险机构应当坚持党对金融工作的集中统一领导，坚决落实党中央关于金融工作的决策部署，充分发挥党建引领作用，持续强化风险内控建设，健全案件风险防控长效机制。

第五条　案件风险防控应当遵循以下原则：预防为主、关口前移，全面覆盖、突出重点，法人主责、分级负责，联防联控、各司其职，属地监管、融入日常。

第六条　银行保险机构承担本机构案件风险防控的主体责任。

第七条　国家金融监督管理总局（以下简称金融监管总局）及其派出机构依法对银行保险机构案件风险防控实施监督管理。

第八条　中国银行业协会、中国保险行业协会等行业自律组织应当通过加强交流沟通、宣传教育等方式，协调、指导会员单位提高案件风险防控水平。

第二章　职责分工

第九条　银行保险机构应当建立与其经营范围、业务规模、风险状况、管理水平相适应的案件风险防控组织体系，明确董（理）事会、监事会、高级管理层等在案件风险防控中的职责分工。

第十条　银行保险机构董（理）事会承担案件风险防控最终责任。董（理）事会的主要职责包括：

（一）推动健全本机构案件风险防控组织架构和制度机制；

（二）督促高级管理层开展案件风险防控工作；

（三）审议本机构年度案件风险防控评估等相关情况报告；

（四）其他与案件风险防控有关的职责。

董（理）事会下设专门委员会的，可以授权专门委员会具体负责案件风险防控相关工作。未设立董（理）事会的银行保险机构，由执行董（理）事具体负责董（理）事会案件风险防控相关工作。

第十一条　设立监事会的银行保险机构，其监事会承担案件风险防控监督责任，负责监督董（理）事会和高级管理层案件风险防控履职尽责情况。

未设立监事会的银行保险机构，由监事或承担监督职责的组织负责监督相关主体履职尽责情况。

第十二条　银行保险机构高级管理层承担案件风险防控执行责任。高级管理层的主要职责包括：

（一）建立适应本机构的案件风险防控组织架构，明确牵头部门、内设部门和分支机构在案件风险防控中的职责分工；

（二）审议批准本机构案件风险防控相关制度，并监督检查执行情况；

（三）推动落实案件风险防控的各项监管要求；

（四）统筹组织案件风险排查与处置、从业人员行为管理工作；

（五）建立问责机制，确保案件风险防控责任落实到位；

（六）动态全面掌握本机构案件风险防控情况，及时总结和评估本机构上一年度案件风险防控有效性，提出本年度案件风险防控重点任务，并向董（理）事会或董（理）事会专门委员会报告；

（七）其他与案件风险防控有关的职责。

银行保险机构应当指定一名高级管理人员协助行长（总经理、主任、总裁等）负责案件风险防控工作。

第十三条　银行保险机构应当明确案件风险防控牵头部门，并由其履行以下主要职责：

（一）拟定或组织拟定案件风险排查与处置、从业人员行为管理等案件风险防控制度，并推动执行；

（二）指导、督促内设部门和分支机构履行案件风险防控职责；

（三）督导案件风险防控相关问题的整改和问责；

（四）协调推动案件风险防控信息化建设；

（五）分析研判本机构案件风险防控形势，组织拟定和推动完成年度案件风险防控重点任务；

（六）组织评估案件风险防控情况，并向高级管理层报告；

（七）指导和组织开展案件风险防控培训教育；

（八）其他与案件风险防控牵头管理有关的职责。

第十四条　银行保险机构内设部门和分支机构对其职责范围内的案件风险防控工作承担直接责任，并履行以下主要职责：

（一）开展本条线、本机构案件风险排查与处置工作；

（二）开展本条线、本机构从业人员行为管理工作；

（三）开展本条线、本机构案件风险防控相关问题的整改工作；

（四）在本条线、本机构职责范围内加强案件风险防控信息化建设；

（五）开展本条线、本机构案件风险防控培训教育；

（六）配合案件风险防控牵头部门开展相关工作。

第十五条　银行保险机构内部审计部门应当将案件风险防控工作纳入审计范围，明确审计内容、报告路径等事项，及时报告审计发现的问题，提出改进建议，并督促问题整改和问责。

第十六条　银行保险机构总部案件风险防控牵头部门应当配备与其机构业务规模、管理水平和案件风险状况相适应的案件风险防控专职人员。

分支机构应当设立案件风险防控岗位并指定人员负责案件风险防控工作。

银行保险机构应当加强专业人才队伍建设，定期开展系统性案件风险防控培训教育，提高相关人员业务素质和履职能力。

第三章　任务要求

第十七条　银行保险机构应当建立健全案件风险防控机制，构建起覆盖案件风险排查与处置、从业人员行为管理、领导干部监督、内部监督检查、追责问责、问题整改、举报处理、考核奖励、培训教育等环节的全链条防控体系。前瞻研判本机构案件风险防控重点领域，针对性完善案件风险防控重点措施，持续加大信息化建设力度，及时开展案件风险防控评估。

第十八条　银行保险机构应当制定案件风险排查与处置制度，确定案件风险排查的范围、内容、频率等事项，建立健全客户准入、岗位准入、业务处理、决策审批等关键环节的常态化风险排查与处置机制。

对于案件风险排查中发现的问题隐患和线索疑点，银行保险机构应当及时规范处置。

发现涉嫌违法犯罪情形的，银行保险机构应当及时移送公安机关等有权部门处理，并积极配合查清违法犯罪事实。

第十九条　银行保险机构应当制定从业人员行为管理制度，健全从业人员职业操守和行为规范，依法依规强化异常行为监测和排查。

银行保险机构应当加强对劳务派遣人员、保险销售人员的管理，并督促合作机构加强第三方服务人员管理。

第二十条　国有和国有控股银行保险机构应当加强对"一把手"和领导班子的监督，严格落实领导干部选拔任用、个人事项报告、履职回避、因私出国（境）、领导干部家属从业行为、经济责任审计、绩效薪酬延期支付和追索扣回等规定。

其他银行保险机构可以参照前款规定加强对董（理）事、监事和高级管理人员的监督。

银行保险机构各级管理人员任职谈话、工作述职中应当包含案件风险防控内容。对案件风险防控薄弱的部门负责人和下级机构负责人，应当及时开展专项约谈。

第二十一条　银行保险机构应当在内部监督检查制度中建立健全监督和检查案件风险防

控的相关机制，组织开展相关条线和各级机构案件风险防控内部监督检查，并重点加大对基层网点、关键岗位、案件易发部位和薄弱环节的监督检查力度。

第二十二条　银行保险机构应当健全内部问责机制，坚持尽职免责、失职追责，对案件风险防控相关制度不完善或执行不到位、案件风险应处置未处置或处置不当、管理失职及内部控制失效等违规、失职、渎职行为，严肃开展责任认定，追究相关机构和个人责任。

第二十三条　对于内外部审计、内外部监督检查中发现的案件风险防控问题，银行保险机构应当实行整改跟踪管理，严防类似问题发生。

银行保险机构应当及时系统梳理本机构案件暴露出的规章制度、操作流程和信息系统的缺陷和漏洞，并组织实施整改。

第二十四条　银行保险机构应当在举报处理制度中建立健全案件风险线索发现查处机制，有效甄别举报中反映的违法违规事项，及时采取措施处置和化解案件风险隐患。

第二十五条　银行保险机构应当将案件风险防控作为绩效考核的重要内容，注重过程考核，鼓励各级机构主动排查、尽早暴露、前瞻防控案件风险。对案件风险防控成效突出、有效堵截案件、主动抵制或检举违法违规行为的机构和个人予以奖励。

第二十六条　银行保险机构应当全面加强案件风险防控的业务培训。相关岗位培训、技能考核等应当包含案件风险防控内容。

银行保险机构应当定期组织开展案件警示教育活动。通过以案说法、以案为鉴、以案促治，增强从业人员案件风险防控意识和合规经营自觉，积极营造良好的清廉金融文化氛围。

银行保险机构应当将本机构发生的涉刑案件作为业务培训和警示教育重点内容。

第二十七条　银行保险机构应当依据本机构经营特点，充分识别重点领域案件风险点的表现形式，包括但不限于信贷业务、创新业务、资产处置业务、信用卡业务、保函业务、同业业务、资产管理业务、柜面业务、资本市场业务、债券市场业务、网络和信息安全、安全保卫、保险展业、保险理赔等领域。

第二十八条　银行保险机构应当不断提高内部控制有效性，持续完善案件风险防控重点措施，确保案件风险整体可控，包括但不限于股东股权和关联交易管理、分级授权体系和权限管理、重要岗位轮岗和强制休假管理、账户对账和异常交易账户管理、重要印章凭证管理等。

第二十九条　银行保险机构应当加大案件风险防控信息化建设力度，推动内设部门和分支机构持续优化业务流程，加强大数据分析、人工智能等信息技术应用，强化关键业务环节和内控措施的系统控制，不断提升主动防范、识别、监测、处置案件风险的能力。

第三十条　银行保险机构应当建立健全案件风险防控评估机制，对照本办法要求，结合本机构实际情况，及时、全面、准确评估本机构案件风险防控有效性。评估事项包括但不限于以下内容：

（一）案件风险防控组织架构；

（二）制度机制建设和落实情况；

（三）案件风险重点领域研判情况；

（四）案件风险重点防控措施执行情况；

（五）案件风险排查与处置情况；

（六）从业人员行为管理情况；

（七）案件风险暴露及查处问责情况；

（八）年内发生案件的内设部门、分支机构或所涉业务领域完善制度、改进流程、优化系统等整改措施及成效；

（九）上一年度评估发现问题的整改落实情况，本年度案件风险防控存在的主要问题及改进措施。

银行保险机构应当于每年3月31日前，按照对应的监管权限，将案件风险防控评估情况向金融监管总局或其派出机构报告。

第四章 监督管理

第三十一条 金融监管总局及其派出机构应当将银行保险机构案件风险防控作为日常监管的重要内容，通过非现场监管、现场检查等方式加强案件风险防控监督管理。

第三十二条 金融监管总局及其派出机构案件管理部门承担归口管理和协调推动责任。

金融监管总局机构监管部门、功能监管部门和各级派出机构承担银行保险机构案件风险防控的日常监管职责。

第三十三条 金融监管总局及其派出机构应当采用风险提示、专题沟通、监管会谈等方式，对银行保险机构案件风险防控实施非现场监管，并将案件风险防控情况作为监管评级的重要考量因素。

金融监管总局及其派出机构应当及时研判并跟踪监测银行保险机构案件风险变化趋势，并对案件风险较高的机构实施重点监管。

第三十四条 金融监管总局及其派出机构应当依据银行保险机构的非现场监管情况，对案件风险防控薄弱、风险较为突出的银行保险机构，适时开展风险排查或现场检查。

第三十五条 金融监管总局及其派出机构发现银行保险机构案件风险防控存在问题的，应当依法视具体情况采取以下监管措施：

（一）责令限期改正，并在规定时限内报告整改落实情况；

（二）纳入年度监管通报，提出专项工作要求；

（三）对法人机构或分支机构负责人进行监管约谈；

（四）责令机构开展内部问责；

（五）向有关单位或部门进行通报；

（六）动态调整监管评级；

（七）适时开展监管评估；

（八）其他监管措施。

第三十六条　银行保险机构应当按照本办法开展案件风险防控工作。违反本办法规定，造成不良后果的，由金融监管总局及其派出机构依据《中华人民共和国银行业监督管理法》《中华人民共和国商业银行法》《中华人民共和国保险法》等法律法规和其他相关规定予以行政处罚。

第五章　附　则

第三十七条　有关案件定义，适用《中国银保监会关于印发银行保险机构涉刑案件管理办法（试行）的通知》（银保监发〔2020〕20号）。

第三十八条　在中华人民共和国境内依法设立的信托公司、金融资产管理公司、企业集团财务公司、金融租赁公司、汽车金融公司、货币经纪公司、消费金融公司，保险集团（控股）公司、再保险公司、保险专业中介机构、保险资产管理公司，外国及港澳台银行保险机构，以及金融监管总局批准设立的其他金融机构，参照本办法执行。

第三十九条　本办法由金融监管总局负责解释。金融监管总局派出机构可以依据本办法制定实施细则，并报金融监管总局案件管理部门备案。

第四十条　本办法自2024年1月1日起施行。此前有关规定与本办法不一致的，以本办法为准。《中国银监会办公厅关于印发银行业金融机构案防工作办法的通知》（银监办发〔2013〕257号）同时废止。

国家金融监督管理总局关于印发《信托公司监管评级与分级分类监管暂行办法》的通知

金规〔2023〕11号

各监管局，信托保障基金公司、信托登记公司、信托业协会：

现将《信托公司监管评级与分级分类监管暂行办法》印发给你们，请遵照执行。

国家金融监督管理总局
2023年11月7日

信托公司监管评级与分级分类监管暂行办法

第一章 总 则

第一条 为全面评估信托公司的经营稳健情况与系统性影响，有效实施分类监管，促进信托公司持续、健康运行和差异化发展，根据《中华人民共和国银行业监督管理法》《中华人民共和国信托法》《信托公司管理办法》（中国银行业监督管理委员会令2007年第2号）等法律法规，制定本办法。

第二条 本办法适用于在中华人民共和国境内依法设立的信托公司，开业时间不足一个会计年度和已进入破产程序的信托公司不参与监管评级。

第三条 信托公司监管评级是指金融监管总局及其派出机构结合日常监管掌握的情况以及其他相关信息，按照本办法对信托公司的管理状况和整体风险作出评价判断的监管工作。

信托公司系统性影响评估是指金融监管总局结合日常监管掌握的相关信息，按照本办法就单家信托公司经营状况对金融体系整体稳健性和服务实体经济能力的影响程度作出判断的监管工作。

信托公司监管评级和系统性影响评估结果是实施分类监管的基础。

金融监管总局及其派出机构以下统称监管机构。

第四条　分类监管是指监管机构根据信托公司年度监管评级结果及系统性影响评估结果，对不同级别和具有系统性影响的信托公司在市场准入、经营范围、监管标准、监管强度、监管资源配置以及采取特定监管措施等方面实施区别对待的监管政策。

第五条　信托公司的监管评级和系统性影响评估工作由监管机构按照依法合规、客观公正、全面审慎的原则组织实施。

第二章　监管评级要素与评级方法

第六条　信托公司监管评级包括公司治理、资本要求、风险管理、行为管理、业务转型等五个模块。各模块内设置若干评级要素，由定性要素和定量指标组成。

信托公司监管评级方法主要包含以下内容：

（一）评级模块权重设置。评级满分为100分，各评级模块的分值权重如下：公司治理（20%），资本要求（20%），风险管理（20%），行为管理（30%），业务转型（10%）。

（二）评级要素得分。对各评级要素设定分值，其中对定性要素设定评价要点和评分原则，对定量指标明确指标值要求。评级要素得分由监管评级人员根据公司实际情况，对照评价要点、评分原则及指标值要求，结合专业判断确定。

（三）评级模块得分。评级模块得分为各评级要素得分加总。

（四）评级得分。评级得分由各评级模块得分按照模块权重加权汇总后获得。

（五）等级确定。根据评级得分确定信托公司监管评级的初步级别。在此基础上，结合监管评级调整因素形成监管评级结果。

第七条　信托公司在评价期内存在下列情形之一的，监管机构可调增其初评得分：

（一）持续正常经营的公司，公司注册资本增加10%（含）以上；

（二）协助监管机构对其他金融机构进行风险处置；

（三）监管机构认可的其他情形。

第八条　信托公司在评价期内存在下列情形的，监管机构应下调其初评结果。

（一）存在下列情形之一的，初评结果下调一个级别：

1. 多次或大量开展为其他金融机构提供监管套利的通道业务；

2. 多次向不合格投资者销售信托产品；

3. 向信托产品投资者大量出具兜底承诺函；

4. 新开展非标资金池业务；

5. 违反资管新规要求对信托产品进行刚性兑付；

6. 违规从事未经批准的业务。

（二）存在下列情形之一的，初评结果下调两个级别：

1. 故意向监管机构隐瞒重大事项或问题，造成严重后果；

2. 多次或大量开展违规关联交易，导致公司资产被占用，或严重损害投资者合法权益；

3. 发生重大涉刑案件，引发重大业务风险或不良社会影响。对自查发现的涉刑案件，公司主动消除或减轻危害后果的，可只下调一个级别。

（三）出现下列重大负面因素之一，导致公司出现重大经营风险的，监管评级结果不得高于5级：党的建设严重弱化，公司治理存在严重缺陷，财务造假、数据造假问题严重等。

（四）监管机构认定的其他应下调监管评级级别的情形，视情节严重程度决定下调幅度。

第九条　信托公司的监管评级结果分为1—6级，数值越大反映机构风险越大，需要越高程度的监管关注。其中，监管评级最终得分在90分（含）以上为1级；80分（含）—90分为2级；70分（含）—80分为3级；60分（含）—70分为4级；40分（含）—60分为5级；40分以下为6级。监管评级结果3级（含）以上为良好。

第十条　金融监管总局每年可根据行业监管要点、信托公司的经营情况和风险特征，适当调整评级要素、评价要点和评分原则，并于每年监管评级工作开展前明确。

第三章　监管评级组织实施

第十一条　信托公司的监管评级周期为一年，评价期间为上一年1月1日至12月31日。上年度评级全部工作原则上应于每年4月底前完成。

第十二条　信托公司监管评级由金融监管总局信托监管部门牵头组织，相关部门协助，各派出机构具体实施。按照派出机构初评、金融监管总局复核、监管评级结果反馈、档案归集的程序进行。

第十三条　金融监管总局有序推动信托公司监管评级工作线上化，进行评级流程跟踪和管理，增强信托公司监管评级工作的规范性和准确性。

第十四条　信托公司应按照本办法如实向金融监管总局派出机构提供相关数据和信息，反映自身情况、存在的问题以及被采取的监管措施，并于每年3月1日前上报金融监管总局派出机构。金融监管总局派出机构发现数据和信息失真时，应及时与信托公司核实，并采用修正后的数据和信息进行监管评级。

金融监管总局派出机构应持续、全面、深入收集监管评级所需的各类信息，包括但不限于：非现场监管信息、现场检查报告、监管专项报告，公司有关制度办法、内外部审计报告、年度经营计划等经营管理文件，信访和违法举报信息及其他重要内外部信息等。

第十五条　监管评级初评由金融监管总局派出机构的机构监管部门牵头实施，初评过程中应充分征求现场检查、信息科技、消费者权益保护等相关监管部门意见。金融监管总局派出机构应综合分析信托公司相关信息,按照本办法规定的评级方法和标准,开展监管评级初评,形成初评结果。

初评结果由金融监管总局派出机构于每年3月31日前向金融监管总局报送。

初评对每一项评级要素的评价应分析深入、理由充分、判断合理,准确反映信托公司的实际状况,必要时可以通过现场走访、监管会谈等方式就有关问题进行核查。

第十六条　金融监管总局对监管评级初评结果进行复核,确定信托公司监管评级最终结果,并将最终结果反馈金融监管总局派出机构。

第十七条　金融监管总局派出机构应将信托公司的最终评级结果以及存在的主要风险和问题,通过监管会谈、非现场监管意见书、监管通报等方式通报给信托公司,并提出监管意见和整改要求。

金融监管总局派出机构应加强对信托公司单个模块评级得分情况的持续关注,对于单个模块得分低于该模块满分60%或连续两年得分下降明显的,应视情况督促信托公司制定改善该模块的整改计划,并依法采取相应监管措施和行动。

第十八条　年度监管评级工作结束后,信托公司因公司治理和股权管理出现重大变化、发生重大突发事件或重大涉刑案件、出现流动性危机、发生对监管评级产生实质性影响的其他重大事件等,导致管理状况或风险发生重大变化的,金融监管总局派出机构可申请对监管评级结果进行动态调整。

监管评级动态调整应履行初评、复核、结果反馈和资料存档等程序。

第十九条　评级工作全部结束后,监管机构应做好评级信息、评级工作底稿、评级结果、评级结果反馈等相关文件、材料的存档工作。

第二十条　信托公司的监管评级结果应作为综合衡量信托公司经营状况、管理能力和风险水平的重要依据。

监管评级结果为1级,表示信托公司经营管理各方面较为健全,出现的问题较为轻微,且能够通过改善日常经营管理来解决,具有较强的风险抵御能力。

监管评级结果为2级,表示信托公司经营管理各方面基本健全,风险抵御能力良好,存在一些需要在日常经营管理中予以纠正的问题,需引起公司和监管机构的关注。

监管评级结果为3级,表示信托公司经营管理存在一些明显问题,虽基本能够抵御经营环境变化带来的风险挑战,但存在的问题若未能及时纠正,则可能导致经营困难及风险状况劣化,应给予重点关注并采取必要的监管措施。

监管评级结果为4级,表示信托公司经营管理存在较多或较为严重的问题,且未得到有效处理或解决,很可能影响其持续经营能力,需要监管高度关注,立即采取纠正措施。

监管评级结果为5级,表示信托公司经营管理存在非常严重的问题,风险较高,很可能陷入经营困境,需要加强盯防式监管或贴身监管。监管机构可根据需要,依法对信托公司划拨资金、处置资产、调配人员、使用印章、订立以及履行合同等经营管理活动进行管控。同时，督促公司及股东立即采取自救措施，通过市场化重组、破产重整等措施进行风险处置，以避免经营失败。

监管评级结果为6级，表示信托公司经营管理混乱，风险很高，已经超出机构自身及其股东的自救能力范围，可能或已经发生信用危机，个别机构已丧失持续经营能力，必要时需进行提级监管或行政接管，以避免对金融稳定产生不利影响。被金融监管总局认定为高风险机构的信托公司，无需参与初评，评级结果直接定为6级。

第二十一条　金融监管总局对年度监管评级工作开展情况和评级结果进行分析，并结合实际情况，适时对监管评级工作及效果进行后评价，总结经验和教训，持续改进完善信托公司监管评级体系。

第二十二条　中国信托业保障基金有限责任公司、中国信托登记有限责任公司、中国信托业协会应积极配合监管机构，为监管评级工作提供支持。

第四章　系统性影响评估

第二十三条　信托公司系统性影响评估要素包括公司受托管理的各类信托资产规模，资产管理类信托自然人投资者人数、金融机构投资者数量及相关信托资产规模，同业负债余额等。

第二十四条　金融监管总局牵头开展信托公司系统性影响评估，派出机构负责数值报送、结果运用等工作。金融监管总局选定上一年度末全部信托业务实收信托规模最大的30家信托公司作为参评机构，并按照以下方法对参评机构的行业影响力进行评估：

（一）评估要素及权重设置。各评估要素及权重分配如下：资产管理类信托资产规模（25%）、资产服务类信托资产规模（10%）、公益慈善类信托资产规模（5%）、资产管理类信托自然人投资者人数（25%）、资产管理类信托金融机构投资者数量（15%）及金融机构认购的信托资产规模（15%）、同业负债余额（5%）。金融监管总局可根据行业风险特征和业务复杂程度，每年适当调整评估要素和各要素具体权重。

（二）评估要素得分。对参评机构单一评估要素按数值大小排序后分段给分。

（三）评估总分。评估总分由各评估要素得分加权汇总后获得。

（四）评估结果。评估总分在85分以上（含）的为具有系统性影响的信托公司。

第二十五条　金融监管总局派出机构应在向金融监管总局报送监管评级初评结果的同时，报送辖内信托公司系统性影响各评估要素数值。

第二十六条　金融监管总局应及时将信托公司系统性影响评估结果反馈相关派出机构。

第五章　分类监管

第二十七条　监管评级结果和系统性影响评估结果是监管机构确定监管标准和监管强

度、配置监管资源、开展市场准入、采取差异化监管措施的重要依据。

金融监管总局派出机构应根据信托公司的监管评级结果，深入分析公司风险状况及其成因，并结合单个模块评估结果和系统性影响评估结果，调整每家信托公司的监管计划，确定非现场监管重点以及现场检查的频率、内容和范围，相应调整监管标准和准入要求，并督促信托公司对发现问题及时整改。

第二十八条　监管机构应依据信托公司的监管评级结果，从1—6级，逐步加强非现场监管强度，相应扩大现场检查的频率和范围。对具有系统性影响的信托公司，应进一步强化监管，提高审慎监管标准，加大行为监管力度。

第二十九条　监管机构可根据监管评级结果反映出的信托公司经营情况和风险状况，依法对其业务范围和展业地等增加限制性条件。对于监管评级良好，且具有系统性影响的信托公司，可优先试点创新类业务。

金融监管总局可以根据行业发展情况和风险监管要求对分级分类监管条件进行适当调整。

第三十条　信托公司因监管评级结果下降不再满足本办法第二十九条规定开展相应业务的条件时，可设置一年考察期，下一年度监管评级结果仍不能恢复的，信托公司原则上应按照第二十九条规定落实相关要求，确需个案处理的，信托公司应报属地监管机构同意。

第三十一条　监管评级良好的信托公司应积极承担引领行业转型发展和帮助行业化解风险的社会责任，监管机构在对已出现风险的信托公司进行处置时，可指定监管评级良好的信托公司担任托管机构或承担相应职责。

第三十二条　信托公司缴纳机构监管费和业务监管费时，监管评级结果1—4级分别对应监管费计算中风险调整系数的一至四级，监管评级结果5级与6级对应监管费计算中风险调整系数的五级。信托业保障基金筹集时，不同监管评级结果的信托公司执行差异化标准。

第三十三条　信托公司监管评级和系统性影响评估结果原则上仅供监管机构内部使用，不得对外公布。必要时，监管机构可以采取适当方式向有关政府或金融管理部门通报，但应要求其不得向第三方披露。信托公司应对监管评级结果和系统性影响评估结果严格保密，不得用于广告、宣传、营销等商业目的。

第六章　附　则

第三十四条　本办法由金融监管总局负责解释。

第三十五条　本办法自印发之日起施行。《信托公司监管评级办法》（银监办发〔2016〕187号）同时废止。

银行保险机构操作风险管理办法

国家金融监督管理总局令2023年第5号

《银行保险机构操作风险管理办法》已于2023年6月20日经国家金融监督管理总局2023年第1次局务会议审议通过。现予公布，自2024年7月1日起施行。

局　长　李云泽
2023年12月27日

第一章　总　则

第一条　为提高银行保险机构操作风险管理水平，根据《中华人民共和国银行业监督管理法》《中华人民共和国商业银行法》《中华人民共和国保险法》等法律法规，制定本办法。

第二条　本办法所称操作风险是指由于内部程序、员工、信息科技系统存在问题以及外部事件造成损失的风险，包括法律风险，但不包括战略风险和声誉风险。

第三条　操作风险管理是全面风险管理体系的重要组成部分，目标是有效防范操作风险，降低损失，提升对内外部事件冲击的应对能力，为业务稳健运营提供保障。

第四条　操作风险管理应当遵循以下基本原则：

（一）审慎性原则。操作风险管理应当坚持风险为本的理念，充分重视风险苗头和潜在隐患，有效识别影响风险管理的不利因素，配置充足资源，及时采取措施，提升前瞻性。

（二）全面性原则。操作风险管理应当覆盖各业务条线、各分支机构，覆盖所有部门、岗位、员工和产品，贯穿决策、执行和监督全部过程，充分考量其他内外部风险的相关性和传染性。

（三）匹配性原则。操作风险管理应当体现多层次、差异化的要求，管理体系、管理资源应当与机构发展战略、经营规模、复杂性和风险状况相适应，并根据情况变化及时调整。

（四）有效性原则。机构应当以风险偏好为导向，有效识别、评估、计量、控制、缓释、监测、报告所面临的操作风险，将操作风险控制在可承受范围之内。

第五条　规模较大的银行保险机构应当基于良好的治理架构，加强操作风险管理，做好与业务连续性、外包风险管理、网络安全、数据安全、突发事件应对、恢复与处置计划等体系机制的有机衔接，提升运营韧性，具备在发生重大风险和外部事件时持续提供关键业务和服务的能力。

第六条　国家金融监督管理总局及其派出机构依法对银行保险机构操作风险管理实施监管。

第二章　风险治理和管理责任

第七条　银行保险机构董事会应当将操作风险作为本机构面对的主要风险之一，承担操作风险管理的最终责任。主要职责包括：

（一）审批操作风险管理基本制度，确保与战略目标一致；

（二）审批操作风险偏好及其传导机制，将操作风险控制在可承受范围之内；

（三）审批高级管理层有关操作风险管理职责、权限、报告等机制，确保操作风险管理体系的有效性；

（四）每年至少审议一次高级管理层提交的操作风险管理报告，充分了解、评估操作风险管理总体情况以及高级管理层工作；

（五）确保高级管理层建立必要的识别、评估、计量、控制、缓释、监测、报告操作风险的机制；

（六）确保操作风险管理体系接受内部审计部门的有效审查与监督；

（七）审批操作风险信息披露相关制度；

（八）确保建立与操作风险管理要求匹配的风险文化；

（九）其他相关职责。

第八条　设立监事（会）的银行保险机构，其监事（会）应当承担操作风险管理的监督责任，负责监督检查董事会和高级管理层的履职尽责情况，及时督促整改，并纳入监事（会）工作报告。

第九条　银行保险机构高级管理层应当承担操作风险管理的实施责任。主要职责包括：

（一）制定操作风险管理基本制度和管理办法；

（二）明确界定各部门、各级机构的操作风险管理职责和报告要求，督促各部门、各级机构履行操作风险管理职责，确保操作风险管理体系正常运行；

（三）设置操作风险偏好及其传导机制，督促各部门、各级机构执行操作风险管理制度、风险偏好并定期审查，及时处理突破风险偏好以及其他违反操作风险管理要求的情况；

（四）全面掌握操作风险管理总体状况，特别是重大操作风险事件；

（五）每年至少向董事会提交一次操作风险管理报告，并报送监事（会）；

（六）为操作风险管理配备充足财务、人力和信息科技系统等资源；

（七）完善操作风险管理体系，有效应对操作风险事件；

（八）制定操作风险管理考核评价与奖惩机制；

（九）其他相关职责。

第十条　银行保险机构应当建立操作风险管理的三道防线，三道防线之间及各防线内部应当建立完善风险数据和信息共享机制。

第一道防线包括各级业务和管理部门，是操作风险的直接承担者和管理者，负责各自领域内的操作风险管理工作。第二道防线包括各级负责操作风险管理和计量的牵头部门，指导、监督第一道防线的操作风险管理工作。第三道防线包括各级内部审计部门，对第一、第二道防线履职情况及有效性进行监督评价。

第十一条　第一道防线部门主要职责包括：

（一）指定专人负责操作风险管理工作，投入充足资源；

（二）按照风险管理评估方法，识别、评估自身操作风险；

（三）建立控制、缓释措施，定期评估措施的有效性；

（四）持续监测风险，确保符合操作风险偏好；

（五）定期报送操作风险管理报告，及时报告重大操作风险事件；

（六）制定业务流程和制度时充分体现操作风险管理和内部控制的要求；

（七）其他相关职责。

第十二条　第二道防线部门应当保持独立性，持续提升操作风险管理的一致性和有效性。主要职责包括：

（一）在一级分行（省级分公司）及以上设立操作风险管理专岗或指定专人，为其配备充足的资源；

（二）跟踪操作风险管理监管政策规定并组织落实；

（三）拟定操作风险管理基本制度、管理办法，制定操作风险识别、评估、计量、监测、报告的方法和具体规定；

（四）指导、协助第一道防线识别、评估、监测、控制、缓释和报告操作风险，并定期开展监督；

（五）每年至少向高级管理层提交一次操作风险管理报告；

（六）负责操作风险资本计量；

（七）开展操作风险管理培训；

（八）其他相关职责。

国家金融监督管理总局或其派出机构按照监管职责归属，可以豁免规模较小的银行保险机构在一级分行（省级分公司）设立操作风险管理专岗或专人的要求。

第十三条　法律、合规、信息科技、数据管理、消费者权益保护、安全保卫、财务会计、人力资源、精算等部门在承担本部门操作风险管理职责的同时，应当在职责范围内为其他部门操作风险管理提供充足资源和支持。

第十四条　内部审计部门应当至少每三年开展一次操作风险管理专项审计，覆盖第一道防线、第二道防线操作风险管理情况，审计评价操作风险管理体系运行情况，并向董事会报告。

内部审计部门在开展其他审计项目时，应当充分关注操作风险管理情况。

第十五条　规模较大的银行保险机构应当定期委托第三方机构对其操作风险管理情况进行审计和评价，并向国家金融监督管理总局或其派出机构报送外部审计报告。

第十六条　银行保险机构境内分支机构、直接经营业务的部门应当承担操作风险管理主体责任，并履行以下职责：

（一）为本级、本条线操作风险管理部门配备充足资源；

（二）严格执行操作风险管理制度、风险偏好以及管理流程等要求；

（三）按照内外部审计结果和监管要求改进操作风险管理；

（四）其他相关职责。

境外分支机构除满足前款要求外，还应当符合所在地监管要求。

第十七条　银行保险机构应当要求其并表管理范围内的境内金融附属机构、金融科技类附属机构建立符合集团风险偏好，与其业务范围、风险特征、经营规模及监管要求相适应的操作风险管理体系，建立健全三道防线，制定操作风险管理制度。

境外附属机构除满足前款要求外，还应当符合所在地监管要求。

第三章　风险管理基本要求

第十八条　操作风险管理基本制度应当与机构业务性质、规模、复杂程度和风险特征相适应，至少包括以下内容：

（一）操作风险定义；

（二）操作风险管理组织架构、权限和责任；

（三）操作风险识别、评估、计量、监测、控制、缓释程序；

（四）操作风险报告机制，包括报告主体、责任、路径、频率、时限等。

银行保险机构应当在操作风险管理基本制度制定或者修订后15个工作日内，按照监管职责归属报送国家金融监督管理总局或其派出机构。

第十九条　银行保险机构应当在整体风险偏好下制定定性、定量指标并重的操作风险偏好，每年开展重检。风险偏好应当与战略目标、经营计划、绩效考评和薪酬机制等相衔接。风险偏好指标应当包括监管部门对特定机构确定的操作风险类监测指标要求。

银行保险机构应当通过确定操作风险容忍度或者风险限额等方式建立风险偏好传导机制，对操作风险进行持续监测和及时预警。

第二十条　银行保险机构应当建立具备操作风险管理功能的管理信息系统，主要功能包括：

（一）记录和存储损失相关数据和操作风险事件信息；

（二）支持操作风险和控制措施的自评估；

（三）支持关键风险指标监测；

（四）支持操作风险资本计量；

（五）提供操作风险报告相关内容。

第二十一条　银行保险机构应当培育良好的操作风险管理文化，明确员工行为规范和职业道德要求。

第二十二条　银行保险机构应当建立有效的操作风险管理考核评价机制，考核评价指标应当兼顾操作风险管理过程和结果。薪酬和激励约束机制应当反映考核评价结果。

第二十三条　银行保险机构应当定期开展操作风险管理相关培训。

第二十四条　银行保险机构应当按照国家金融监督管理总局的规定披露操作风险管理情况。

银行机构应当按照国家金融监督管理总局的要求披露损失数据等相关信息。

第四章　风险管理流程和方法

第二十五条　银行保险机构应当根据操作风险偏好，识别内外部固有风险，评估控制、缓释措施的有效性，分析剩余风险发生的可能性和影响程度，划定操作风险等级，确定接受、降低、转移、规避等应对策略，有效分配管理资源。

第二十六条　银行保险机构应当结合风险识别、评估结果，实施控制、缓释措施，将操作风险控制在风险偏好内。

银行保险机构应当根据风险等级，对业务、产品、流程以及相关管理活动的风险采取控制、缓释措施，持续监督执行情况，建立良好的内部控制环境。

银行保险机构通过购买保险、业务外包等措施缓释操作风险的，应当确保缓释措施实质有效。

第二十七条　银行保险机构应当将加强内部控制作为操作风险管理的有效手段。内部控制措施至少包括：

（一）明确部门间职责分工，避免利益冲突；

（二）密切监测风险偏好及其传导机制的执行情况；

（三）加强各类业务授权和信息系统权限管理；

（四）建立重要财产的记录和保管、定期盘点、账实核对等日常管理和定期检查机制；

（五）加强不相容岗位管理，有效隔离重要业务部门和关键岗位，建立履职回避以及关键岗位轮岗、强制休假、离岗审计制度；

（六）加强员工行为管理，重点关注关键岗位员工行为；

（七）对交易和账户进行定期对账；

（八）建立内部员工揭发检举的奖励和保护机制；

（九）配置适当的员工并进行有效培训；

（十）建立操作风险管理的激励约束机制；

（十一）其他内部控制措施。

第二十八条　银行保险机构应当制定与其业务规模和复杂性相适应的业务连续性计划，有效应对导致业务中断的突发事件，最大限度减少业务中断影响。

银行保险机构应当定期开展业务连续性应急预案演练评估，验证应急预案及备用资源的可用性，提高员工应急意识及处置能力，测试关键服务供应商的持续运营能力，确保业务连续性计划满足业务恢复目标，有效应对内外部威胁及风险。

第二十九条　银行保险机构应当制定网络安全管理制度，履行网络安全保护义务，执行网络安全等级保护制度要求，采取必要的管理和技术措施，监测、防御、处置网络安全风险和威胁，有效应对网络安全事件，保障网络安全、稳定运行，防范网络违法犯罪活动。

第三十条　银行保险机构应当制定数据安全管理制度，对数据进行分类分级管理，采取保护措施，保护数据免遭篡改、破坏、泄露、丢失或者被非法获取、非法利用，重点加强个人信息保护，规范数据处理活动，依法合理利用数据。

第三十一条　银行保险机构应当制定与业务外包有关的风险管理制度，确保有严谨的业务外包合同和服务协议，明确各方责任义务，加强对外包方的监督管理。

第三十二条　银行保险机构应当定期监测操作风险状况和重大损失情况，对风险持续扩大的情形建立预警机制，及时采取措施控制、缓释风险。

第三十三条　银行保险机构应当建立操作风险内部定期报告机制。第一道防线应当向上级对口管理部门和本级操作风险管理部门报告，各级操作风险管理部门汇总本级及所辖机构的情况向上级操作风险管理部门报告。

银行保险机构应当在每年四月底前按照监管职责归属向国家金融监督管理总局或其派出机构报送前一年度操作风险管理情况。

第三十四条　银行保险机构应当建立重大操作风险事件报告机制，及时向董事会、高级管理层、监事（会）和其他内部部门报告重大操作风险事件。

第三十五条　银行保险机构应当运用操作风险损失数据库、操作风险自评估、关键风险指标等基础管理工具管理操作风险，可以选择运用事件管理、控制监测和保证框架、情景分析、基准比较分析等管理工具，或者开发其他管理工具。

银行保险机构应当运用各项风险管理工具进行交叉校验，定期重检、优化操作风险管理工具。

第三十六条　银行保险机构存在以下重大变更情形的，应当强化操作风险的事前识别、评估等工作：

（一）开发新业务、新产品；

（二）新设境内外分支机构、附属机构；

（三）拓展新业务范围、形成新商业模式；

（四）业务流程、信息科技系统等发生重大变更；

（五）其他重大变更情形。

第三十七条　银行保险机构应当建立操作风险压力测试机制，定期开展操作风险压力测试，在开展其他压力测试过程中应当充分考虑操作风险的影响，针对压力测试中识别的潜在风险点和薄弱环节，及时采取应对措施。

第三十八条　银行机构应当按照国家金融监督管理总局关于资本监管的要求，对承担的操作风险计提充足资本。

第五章　监督管理

第三十九条　国家金融监督管理总局及其派出机构应当将对银行保险机构操作风险的监督管理纳入集团和法人监管体系，检查评估操作风险管理体系的健全性和有效性。

国家金融监督管理总局及其派出机构加强与相关部门的监管协作和信息共享，共同防范金融风险跨机构、跨行业、跨区域传染。

第四十条　国家金融监督管理总局及其派出机构通过监管评级、风险提示、监管通报、监管会谈、与外部审计师会谈等非现场监管和现场检查方式，实施对操作风险管理的持续监管。

国家金融监督管理总局及其派出机构认为必要时，可以要求银行保险机构提供第三方机构就其操作风险管理出具的审计或者评价报告。

第四十一条　国家金融监督管理总局及其派出机构发现银行保险机构操作风险管理存在缺陷和问题时，应当要求其及时整改，并上报整改落实情况。

国家金融监督管理总局及其派出机构依照职责通报重大操作风险事件和风险管理漏洞。

第四十二条　银行保险机构应当在知悉或者应当知悉以下重大操作风险事件5个工作日内，按照监管职责归属向国家金融监督管理总局或其派出机构报告：

（一）形成预计损失5 000万元（含）以上或者超过上年度末资本净额5%（含）以上的事件。

（二）形成损失金额1 000万元（含）以上或者超过上年度末资本净额1%（含）以上的事件。

（三）造成重要数据、重要账册、重要空白凭证、重要资料严重损毁、丢失或者泄露，已经或者可能造成重大损失和严重影响的事件。

（四）重要信息系统出现故障、受到网络攻击，导致在同一省份的营业网点、电子渠道业务中断3小时以上；或者在两个及以上省份的营业网点、电子渠道业务中断30分钟以上。

（五）因网络欺诈及其他信息安全事件，导致本机构或客户资金损失1 000万元以上，或者造成重大社会影响。

（六）董事、高级管理人员、监事及分支机构负责人被采取监察调查措施、刑事强制措施或者承担刑事法律责任的事件。

（七）严重侵犯公民个人信息安全和合法权益的事件。

（八）员工涉嫌发起、主导或者组织实施非法集资类违法犯罪被立案的事件。

（九）其他需要报告的重大操作风险事件。

对于第一款规定的重大操作风险事件，国家金融监督管理总局在案件管理、突发事件管理等监管规定中另有报告要求的，应当按照有关要求报告，并在报告时注明该事件属于重大操作风险事件。

国家金融监督管理总局可以根据监管工作需要，调整第一款规定的重大操作风险事件报告标准。

第四十三条　银行保险机构存在以下情形的，国家金融监督管理总局及其派出机构应当责令改正，并视情形依法采取监管措施：

（一）未按照规定制定或者执行操作风险管理制度；

（二）未按照规定设置或者履行操作风险管理职责；

（三）未按照规定设置操作风险偏好及其传导机制；

（四）未建立或者落实操作风险管理文化、考核评价机制、培训；

（五）未建立操作风险管理流程、管理工具和信息系统，或者其设计、应用存在缺陷；

（六）其他违反监管规定的情形。

第四十四条　银行保险机构存在以下情形的，国家金融监督管理总局及其派出机构应当责令改正，并依法实施行政处罚；法律、行政法规没有规定的，由国家金融监督管理总局及其派出机构责令改正，予以警告、通报批评，或者处以二十万元以下罚款；涉嫌犯罪的，应当依法移送司法机关：

（一）严重违反本办法相关规定，导致发生第四十二条规定的重大操作风险事件；

（二）未按照监管要求整改；

（三）瞒报、漏报、故意迟报本办法第四十二条规定的重大操作风险事件，情节严重的；

（四）其他严重违反监管规定的情形。

第四十五条　中国银行业协会、中国保险行业协会等行业协会应当通过组织宣传、培训、自律、协调、服务等方式，协助引导会员单位提高操作风险管理水平。

鼓励行业协会、学术机构、中介机构等建立相关领域的操作风险事件和损失数据库。

第六章　附　则

第四十六条　本办法所称银行保险机构，是指在中华人民共和国境内依法设立的商业银行、农村合作银行、农村信用合作社等吸收公众存款的金融机构以及开发性金融机构、政策性银行、保险公司。

中华人民共和国境内设立的外国银行分行、保险集团（控股）公司、再保险公司、金融资产管理公司、金融资产投资公司、信托公司、金融租赁公司、财务公司、消费金融公司、汽车金融公司、货币经纪公司、理财公司、保险资产管理公司、金融控股公司以及国家金融监督管理总局及其派出机构监管的其他机构参照本办法执行。

第四十七条　本办法所称的规模较大的银行保险机构，是指按照并表调整后表内外资产（杠杆率分母）达到3 000亿元人民币（含等值外币）及以上的银行机构，以及按照并表口径（境内外）表内总资产达到2 000亿元人民币（含等值外币）及以上的保险机构。

规模较小的银行保险机构是指未达到上述标准的机构。

第四十八条　未设董事会的银行保险机构，应当由其经营决策机构履行本办法规定的董事会职责。

第四十九条　本办法第四条、第七条、第十条、第十二条、第十八条、第二十条关于计量的规定不适用于保险机构。

本办法第二十五条相关规定如与保险公司偿付能力监管规则不一致的，按照保险公司偿付能力监管规则执行。

第五十条　关于本办法第二章、第三章、第四章的规定，规模较大的保险机构自本办法施行之日起1年内执行；规模较小的银行保险机构自本办法施行之日起2年内执行。

第五十一条　本办法由国家金融监督管理总局负责解释修订，自2024年7月1日起施行。

第五十二条　《商业银行操作风险管理指引》（银监发〔2007〕42号）、《中国银行业监督管理委员会关于加大防范操作风险工作力度的通知》（银监发〔2005〕17号）自本办法施行之日起废止。

附录：名词解释及示例

附录

名词解释及示例

一、操作风险事件

操作风险事件是指由操作风险引发，导致银行保险机构发生实际或者预计损失的事件。银行保险机构分别依据商业银行资本监管规则和保险公司偿付能力监管规则进行损失事件分类。

二、法律风险

法律风险包括但不限于下列风险：
1. 签订的合同因违反法律或者行政法规可能被依法撤销或者确认无效；
2. 因违约、侵权或者其他事由被提起诉讼或者申请仲裁，依法可能承担赔偿责任；
3. 业务、管理活动违反法律、法规或者监管规定，依法可能承担刑事责任或者行政责任。

三、运营韧性

运营韧性是在发生重大风险和外部事件时，银行保险机构具备的持续提供关键业务和服务的能力。例如，在发生大规模网络攻击、大规模传染病、自然灾害等事件时，银行保险机构通过运营韧性管理机制，能够持续向客户提供存取款、转账、理赔等关键服务。

四、操作风险管理报告

第七条、第九条、第十二条规定的操作风险管理报告以及第三十三条规定的操作风险管理情况可以是专项报告，也可以是包括操作风险管理内容的全面风险报告等综合性报告。

五、操作风险类监测指标

第十九条规定的操作风险类监测指标可以包括案件风险率和操作风险损失率。国家金融监督管理总局及其派出机构可以视情形决定，是否确定对特定机构的操作风险类监测指标。

（一）指标计算公式

案件风险率=业内案件涉案金额/年初总资产和年末总资产的平均数×100%。国家金融监督管理总局对于稽查检查和案件管理制度另有规定的，则从其规定。

操作风险损失率=操作风险损失事件的损失金额总和/近三年平均营业收入×100%

（二）案件风险率

案件风险率应当保持在监测目标值的合理区间。监测目标值公式为：

$S_t=S_s+\varepsilon$

S_t为案件风险率监测目标值；S_s为案件风险率基准值，由监管部门根据同类型机构一定期间的案件风险率、特定机构一定期间的案件风险率，并具体选取时间范围、赋值适当权重后确定。ε为案件风险率调值，由监管部门裁量确定，主要影响因素包括公司治理和激励约束机制、反洗钱监管情况、风险事件演变情况、内部管理和控制情况、境外机构合规风险事件情况等。

（三）操作风险损失率

操作风险损失率应当保持在监测目标值的合理区间。监测目标值公式为：

$L_t=L_s+\varepsilon$

L_t为操作风险损失率监测目标值；L_s为操作风险损失率基准值，监管部门根据同类型机构一定期间的操作风险损失率、特定机构一定期间的实际操作风险损失率，并具体选取时间范围、赋值适当权重后确定。ε为操作风险损失率调整值，由监管部门裁量确定，主要影响因素包括操作风险内部管理和控制情况、操作风险损失事件数据管理情况、相关事件数量和金额变化情况、经济金融周期因素等。

六、风险偏好传导机制

第十九条规定的风险偏好传导机制，是指银行保险机构根据风险偏好设定容忍度或者风险限额等，并对境内外附属机构、分支机构或者业务条线等提出相应要求，如对全行（公司）、各附属机构、各分行（分公司）、各业务条线设定操作风险损失率、操作风险事件数量、信息系统服务可用率等指标或者目标值，并进行持续监测、预警和纠偏。其中，信息系统服务可用率=（信息系统计划服务时间－非预期停止服务时间）/计划服务时间×100%。

七、考核评价指标

第二十二条规定的考核评价指标，应当兼顾操作风险管理过程和结果，设置过程类指标和结果类指标。例如，操作风险损失率属于结果类指标，可根据损失率的高低进行评分。操作风险事件报告评分属于过程类指标，可根据事件是否迟报瞒报、填报信息是否规范、重大事件是否按照要求单独分析等进行评分。

八、固有风险、剩余风险

第二十五条规定的固有风险是指在没有考虑控制、缓释措施或者在其付诸实施之前就已经存在的风险。剩余风险是指现有的风险控制、缓释措施不能消除的风险。

本条所指固有风险与保险公司偿付能力监管规则不一致，偿付能力监管规则中的固有风险是指在现有正常保险行业物质技术条件和生产组织方式下，保险公司在经营和管理活动中必然存在的、客观的偿付能力相关风险。

九、操作风险等级

第二十五条规定的操作风险等级由银行保险机构自行划分。例如，通常可划分为三个等级：发生可能性（频率）低、影响（损失）程度低的，风险等级为低；发生可能性（频率）高、影响（损失）程度低的，风险等级为中；发生可能性（频率）低、影响（损失）程度高或者发生可能性（频率）高、影响（损失）程度高的，风险等级为高。

十、缓释操作风险

第二十六条规定的购买保险是指，银行保险机构通过购买保险，在自然灾害或者意外事故导致形成实物资产损失时，获得保险赔付，收回部分或者全部损失，有效缓释风险。其中，保险公司向本机构和关联机构购买保险不属于有效缓释风险。

十一、操作风险损失数据库、操作风险自评估、关键风险指标

第三十五条规定的操作风险损失数据库、操作风险自评估、关键风险指标是银行保险机构用于管理操作风险的基础工具。

（一）操作风险损失数据库

操作风险损失数据库（保险公司偿付能力监管规则称为操作风险损失事件库）是指按统一的操作风险分类标准，收集汇总相应操作风险事件信息。操作风险损失数据库应当结合管理需要，收集一定金额以上的操作风险事件信息，收集范围应当至少包括内部损失事件，必

要时可收集几近损失事件和外部损失事件。

内部损失事件是指，形成实际或者预计财务损失的操作风险事件，包括通过保险及其他手段收回部分或者全部损失的操作风险事件，以及与信用风险、市场风险等其他风险相关的操作风险事件。

几近损失事件是指，事件已发生，但未造成实际或者预计的财务损失。例如，银行保险机构因过错造成客户损失，有可能被索赔，但因及时采取补救措施弥补了客户损失，客户谅解并未进行索赔。

外部损失事件是指，业内其他金融机构出现的大额监管处罚、案件等操作风险事件。

（二）操作风险自评估

操作风险自评估是指，识别业务、产品及管理活动中的固有操作风险，分析控制措施有效性，确定剩余操作风险，确定操作风险等级。

（三）关键风险指标

关键风险指标是指，依据操作风险识别、评估结果，设定相应指标，全面反映机构的操作风险敞口、控制措施有效性及风险变化趋势等情况，并应当具有一定前瞻性。例如，从人员、系统、外部事件等维度制定业内案件数量、业外案件涉案金额等作为关键风险指标并设定阈值。

十二、事件管理、控制监测和保证框架、情景分析、基准比较分析

第三十五条规定的可以选择运用的操作风险管理工具，包括：

（一）事件管理

事件管理是指，对新发生的、对管理有较大影响的操作风险事件进行分析，识别风险成因、评估控制缺陷，并制定控制优化方案，防止类似事件再次发生。例如，发生操作风险事件后，要求第一道防线开展事件调查分析，查清业务或者管理存在的问题并进行整改。

（二）控制监测和保证框架

控制监测和保证框架是指，对操作风险自评估等工具识别的关键控制措施进行持续分析、动态优化，确保关键控制措施的有效性。例如，利用控制监测和保证框架对关键控制措施进行评估、重检、持续监测和验证。

（三）情景分析

情景分析是指对假设情景进行识别、分析和计量。情景可以包括发生可能性（频率）

低、影响程度（损失）高的事件。

情景分析的基本假设可以引用操作风险损失数据库、操作风险自评估、关键风险指标、控制监测和保证框架等工具获取的数据信息。运用情景分析可发现潜在风险事件的影响和风险管理的效果，并可对其他风险工具进行完善。

情景分析可以与恢复与处置计划结合，用于测试运营韧性。例如，假设银行保险机构发生数据中心无法运行也无法恢复、必须由异地灾备中心接替的情景，具体运用专家判断评估可能造成的损失和影响，制定业务恢复的优先顺序和恢复时间等目标，分析需要配置的资源保障。

（四）基准比较分析

基准比较分析，一方面是指将内外部监督检查结果、同业操作风险状况与本机构的操作风险识别、评估结果进行比对，对于偏离度较大的，需重启操作风险识别、评估工作。另一方面是指操作风险管理工具之间互相验证，例如，将操作风险损失数据与操作风险自评估结果进行比较，确定管理工具是否有效运行。

公司发展与创新

中国对外经济贸易信托有限公司

一、2023年经营概况

（一）整体经营稳健发展

2023年，中国对外经济贸易信托有限公司（以下简称公司）深入学习贯彻党的二十大精神和中央金融工作会议精神，深刻把握金融工作的政治性、人民性，以服务实体经济、服务社会民生、服务国家战略为着力点，努力提供优质、高效、多样化的信托服务，推动高质量发展。截至2023年末，信托资产规模15 724亿元，营业收入25.65亿元，同比增长7%；利润总额13.14亿元，同比增长24%。

（二）创新转型取得成效

公司聚焦服务信托、投资信托、产业金融、消费金融、财富管理等领域，以信托"新业务分类"为指引，推动业务转型高质量发展。服务信托领域，持续加强科技赋能，证券信托规模行业领先；资产证券化受托规模行业领先，全链条服务能力提升；并积极探索落地预付资金服务信托和特殊资产服务信托业务。投资信托领域，公司持续丰富策略、锻造能力，加快建设投资业务体系，主力产品收益率居行业前列。产业金融领域，深耕农业金融、中小微金融、大基建领域，持续推动模式升级、内涵深化，切实服务实体经济。消费金融领域，聚焦提升消费金融"生成—流转—投资"全链条资管能力，普惠资管平台2.0持续深化，提升资金资产匹配效率。财富管理领域，积极打造信托账户，搭建数智财富平台，明确"信托账户+信托功能+资产配置+公益慈善"的财富展业链条，开拓家庭服务信托等创新模式；家族信托规模快速增长，落地上市公司大股东股份家族信托、FGT等信托本源功能创新模式。此外，公司采用"基金会+慈善信托"模式推进公益慈善信托，存续备案数量位列北京辖内前列。

（三）构建支撑转型发展的体系力

2023年，公司践行"合规先行、稳中求进"的风控文化、深化风控合规体系、推进卓越运营、加速数字化转型、推动组织优化，强基固本、提质增效，构建支撑转型发展的体系力。第一，严守合规底线，深化全面风险管理体系，健全优化"三会一层"公司治理体系，以管理提升有效支撑高质量发展。第二，公司构建卓越运营体系，规范制度管理，优化业务流程，提升流程效率，多维度促进公司提质增效。第三，聚焦信托新业分类，加强数字化赋能，上线证券运营管理平台，推动数智财富平台建设，提升业务运营效率与科技安全水平。第四，公司围绕转型发展需求，优化组织架构，强化文化建设，提升人才效能。

（四）品牌形象不断提升

公司积极践行央企社会责任，坚持合规稳健经营，获得股东、客户、同业以及合作伙伴广泛认可。2023年，当选中国信托业协会第五届会长单位，获评信托行业A类评级，并荣获共青团中央首批"二星级全国青年文明号"。同时，公司还获得《金融时报》《上海证券报》《中国证券报》《证券时报》等主流媒体评选的"卓越综合竞争力信托公司""高质量发展金融机构""最佳资产管理能力信托公司"等公司奖项以及"三年期权益类产品金牛奖""三年期混合类产品金牛奖"等产品奖项。

二、创新业务案例

（一）构建特色化信托"三农"金融服务体系

公司自2016年起深耕农业产业链，设计适配农业生产经营全产业链场景的普惠金融产品。同时，深入推进开展基础设施与高标准农田建设、乡村振兴资产证券化、乡村振兴慈善信托，构建特色化信托"三农"金融服务体系。截至2023年，累计向涉农企业、农户放款100余万笔，放款规模达210亿元，惠及20多个省、自治区、直辖市的农户，涉及"粮经特"大小作物种类50余种，覆盖耕种面积千万余亩，有效满足农业生产需求，改善农业生产效率，助力农业生产现代化、集约化。

（二）促进低效资产盘活，助力风险化解

2023年，公司成立特殊资产服务信托部，以"投资+服务"模式拓展特殊资产业务，发挥信托财产独立、风险隔离的优势，开展企业市场化重组和破产服务信托。加强与专业机构合作，拓展困境债务置换/并购、共益债投资、不良债权投资、破产重整投资等业务，助力传统企业转型升级。2023年，公司落地企业市场化重组服务信托、企业破产服务信托、纾困服务信托、共益债投资、上市公司破产重整投服联动等模式，切实助力相关企业资产盘活和转型升级。

（三）探索构建综合财富展业链路

2023年，公司在信托"新三分类"指引下，充分发挥信托财产独立性和破产隔离等制度优势，积极打造信托账户，搭建数智财富平台，明确"客户体系－信托服务－资产配置－公益慈善"的综合化财富展业链条，落地家庭服务信托等创新业务模式。公司坚持以客户需求为中心迭代产品货架、丰富产品图谱，满足客户差异化风险收益要求及组合投资时分散投资需求。

公司作为境内家族信托服务最早的原创开发机构之一，在行业内较早探索落地保险金信托、上市公司股权、不动产传承、家族办公室、特殊需要信托等多种创新业务模式。2023年，公司家族信托全口径规模超过800亿元，规模保持在行业前列。同时，积极拓展医疗、养老、法税、抚养等家族服务生态圈，提供家事服务和家族宪章服务，落地上市公司大股东股份家族信托、FGT等信托本源功能创新模式，持续丰富服务内涵。

（四）探索物业服务、预付资金管理等创新服务信托

公司发挥信托制度优势，助力提升社会治理与服务质效。2023年，落地成都长寿苑"信托制物业"，与社区居委会合作，设立服务信托，管理基层社区的公共收益、政府专项补助等资金，助力社区居民监督物业公司服务，为老旧院落治理作出贡献，该项目已入选中央政法委评选的全国"枫桥式工作法"典型案例。

三、社会责任履行情况

（一）积极推进消费者权益保护工作，保护金融消费者权益

公司积极构建前中后台一体化消费者权益保护体系，切实保护金融消费者权益，连续五年获得消费者权益保护教育宣传周优秀组织单位。2023年，公司对内加强全流程管控，完善规章制度，制定发布《消费者权益保护工作手册》，不断健全消费者权益保护机制；对外通过活动、视频、海报、文字等多种形式，面向金融消费者开展投资教育及权益保护宣教工作，普及信托知识，全年公司共开展534次宣教活动，覆盖291万余人次，切实提升消费者风险防范意识。

（二）开展公益慈善，推动共同富裕

公司践行央企信托社会责任，设立北京信诺基金会，"慈善信托＋基金会"双平台协同运作模式，在乡村教育帮扶、乡村振兴建设、灾害救助、特殊人群关爱等领域开展公益慈善。

2023年，公司共计存续46单慈善信托，北京辖内保持前列。公司"慈善信托+基金会"协同模式案例入选国资委社会责任局主办的《中央企业社会责任蓝皮书（2022）》"公益慈善篇"。

四、2024年发展规划

坚持党中央对金融工作的集中统一领导，坚持把金融服务实体经济作为根本宗旨，坚持以人民为中心的价值取向，聚焦经济社会发展的重大战略、重点领域、薄弱环节，努力提供优质、高效、多样化的信托服务。公司积极融入"金融强国"建设，按照信托业务"三分类"新规的指引，深化资产服务信托发展内涵、推动资产管理信托特色转型、聚焦公益慈善信托践行社会责任，扎实做好信托的"五篇大文章"。

资产服务信托聚焦证券服务、财富管理、资产证券化、风险处置等服务信托，充分发挥制度优势、强化数字化赋能、深化服务内涵，服务于委托人的资产配置、财富规划、代际传承、托管运营、破产隔离等多元化的需求。证券服务业务以资管产品运营服务为价值牵引，拓展多渠道、多产品综合化经营模式，以数字化转型赋能业务发展，成为独立专业高效领先的资管产品服务商；财富管理业务着力搭建信托账户服务体系，打造"客户体系–信托服务–资产配置–公益慈善"的综合化财富展业链条，发展多品类财富管理服务信托，积极服务委托人多维需求，提供全方位、一体化、长周期的方案。资产证券化业务不断加强"资产生成–受托–承销"全链条展业能力，以专业服务助力企业盘活存量资产，对接公开市场。风险处置业务积极拓展"投资+服务"展业路径，运用制度优势，平衡债权人、债务人、投资方、管理人、资产服务机构等多方需求，帮助困难企业重获发展动力或有序退出市场，稳定市场环境，优化资源配置。

资产管理信托聚焦投资信托、产业金融、普惠金融等赛道，发挥信托投融资机制灵活的特点，持续深化特定产业领域的认知、满足实体企业、普惠民生、投资配置等多样化的资产管理需求。投资信托业务，围绕多层次资本市场，持续深化特色化资产管理信托产品线布局，提升主动资管能力、迭代投资策略，为投资人持续创造价值。产业金融业务，紧扣国家产业政策，依托中国中化控股有限责任公司（简称中国中化）多元产业背景，服务实体产业转型升级，助力发展新质生产力。普惠金融业务，聚焦中小微、乡村振兴、扩大内需等重点领域和薄弱环节，为中小微企业主、"三农"群体、消费者等客群提供高适配性的信托产品与服务。

公益慈善信托坚持"慈善信托+基金会"双轮驱动模式，在教育帮扶、灾害救助、特殊人群关爱、消费帮扶等方面，将基金会的资金募集和公益宣传优势，与慈善信托的风险隔离、稳健运营和专业投资配置结合，满足客户慈善需求。

英大国际信托有限责任公司

一、2023年经营概况

2023年，英大国际信托有限责任公司（以下简称公司）以公司"1235"发展战略为统领，坚持以加快推进高质量发展为主题，坚持"根植主业、服务实业、以融强产、创造价值"战略定位，坚持稳中求进工作总基调，紧紧围绕做好"五篇大文章"，坚持服务能源行业、服务绿色低碳发展，在打造产业金融升级上接续发力，持续优化"2+3+N"业务布局，夯实"三个价值平台"，坚决防控金融风险，致力于"建设具有能源特色行业领先的现代信托公司"，成为信托行业的专业化发展标杆和产融结合典范，推动公司实现高质量转型发展。截至2023年末，公司受托管理信托资产规模8 229.93亿元，利润总额20.97亿元，净利润总额16.08亿元。公司行业评级稳居最高等级A级，再获北京市纳税A级企业称号，第三度当选中国信托业协会监事长单位，央企产业金融标杆形象继续提升。

（一）坚持深化提质增效，持续夯实发展基础

公司治理日益完善。扎实落实国资及监管要求，持续优化顶层设计。规范完成董事会、监事会换届，保障高效行权履职。经营管理质效双升。计划预算管控机制不断优化，业财数据融合应用有效深化。完善激励约束机制，健全考核指标体系，风险抵押金规则进一步优化。科技赋能成效初显。积极推进运营"驾驶舱"建设，数据共享中心应用广度进一步拓宽。初步建成证券信托投资管理系统，深度优化供应链业务系统支撑，英大信托财富APP上线试运行，实现固有业务全流程线上管控。

（二）服务新型电力系统，持续深化转型发展

截至2023年末，公司电网服务信托业务规模超过7 700亿元，积极服务新型电力系统建设。公司持续延伸服务深度与广度，密切关注电力能源产业链实际需求，借助信托模式灵活优势，有针对性地创新业务方案设计。2023年，公司同步探索公益（慈善）信托、保险金信托、家族（家庭）信托、风险处置受托服务信托等多种创新业务领域，接连实现公司保险金

信托1.0、1.5模式及银行渠道合作等多模式、多渠道的首单业务破冰落地，为实体经济发展和人民美好生活贡献信托智慧、注入信托力量。

（三）持续完善风险管理体系，牢牢守住风险底线

公司强化金融业务清单、交易对手黑白名单管理，开展风险源头治理。制定专项业务操作指引，规范操作流程标准，防范操作风险。完善风险报告机制，开展风险控制指标监测，严防运营期风险。强内控、补短板，扎实推进金融风险专项治理。

（四）全面加强党的领导，彰显党建引领优势

深入贯彻习近平总书记关于党的建设重要思想，落实新时代党的建设总要求和组织路线，全面提升管党治党水平。深入落实"旗帜领航"党建工程，持续深化"党建+"工程，加强基层党组织标准化建设。健全完善党内监督体系，推动监督具体化精准化常态化。持续锤炼企业文化，成功举办公司36周年庆典和发展历史主题展，发布《英大信托企业文化执行理念手册》，推动企业文化在公司落地生根。

二、创新业务案例

（一）深入推进产融协同，助力抽水蓄能建设

2023年，公司积极跟进国网新源财务管理实际需求，抓住国网新源资金运作模式优化调整契机，成功实现为国网新源下属32家抽水蓄能电站提供214.45亿元服务信托，对应抽水蓄能电站装机总容量近5 000万千瓦。针对抽水蓄能项目投资大、周期长等特点，引入资金支持抽水蓄能电站建设，盘活存量电站资产，提升国网新源抽水蓄能电站的持续投资能力。该项目充分发挥服务信托功能，产融协同成效显著，并入选了《国网英大国际控股集团有限公司绿色金融2023年优秀案例集》。

（二）落地行业首单能源供应链服务信托

2023年，公司携手国网山西电力落地行业首单能源供应链服务信托，运用信托金融牌照的优势，将供应链服务信托嵌入线上供应链金融业务模式，充分服务电网产业链上企业账户管理、在线融资及其他辅助事项的综合需求，纾解上游发电企业融资难、融资贵、融资慢问题，打造整体业务的风险防火墙和安全垫，提高供应链体系稳定性。截至2023年末，电费供应链金融业务已在山西区域实现金融服务规模超93亿元，逐步推动向安徽、河北、陕西、重庆等省市的复制推广，对能源产业链健康发展具有重要价值。

三、社会责任履行情况

2023年,公司全面贯彻党的二十大精神,坚持以人民为中心,增进社会民生福祉,为实体经济发展和人民美好生活贡献信托智慧、注入信托力量。公司主动承担社会责任,坚持服务实体经济和产融结合,紧扣"一体四翼"发展布局,以高质量金融服务助力经济社会全面发展,努力推进更有深度、更有广度、更有温度的高质量可持续发展。

(一)坚持服务实体经济,赋能经济社会发展

公司专注信托本源定位,助力新型电力系统建设,大力支持我国能源互联网、特高压、智能电网建设和农村电网改造升级工程,全年为"宁夏–湖南""金上–湖北"等特高压直流工程提供近100亿元专项融资服务,为清洁能源外送等线路改造、扩建工程提供超40亿元专项融资服务,有力支持国家民生基础设施建设和实体经济发展。

(二)坚持深化金融供给侧结构性改革,深化业务创新转型

公司积极顺应监管信托分类新规要求,持续深化改革创新,把更多金融资源用于促进科技创新、先进制造、绿色发展和中小微企业,以产品和服务创新助力打通产业链堵点卡点、畅通经济循环。自2020年部署线上供应金融业务以来,公司实现供应链金融业务规模超200亿元。2023年,公司依托"电e金服"和"南网e链",已累计服务社会中小供应商超5 000家、发电企业46家,投放业务超20 000笔。深耕绿色信托,绿色金融业务多向发力,实行基金化、平台化运作,支持清洁能源发展,助推我国经济结构调整和发展方式转变,高效支持实现"双碳"目标和新型电力系统建设,更好地为我国经济社会发展和环境保护贡献力量。

(三)坚持以人民为中心的价值取向,彰显企业责任担当

2023年,公司设立"英大信托2023年东城德兴乡村振兴慈善信托",通过"慈善信托+对口帮扶"相结合的形式,持续提升"造血式"帮扶效果,为重点帮扶县内蒙古化德县的乡村振兴事业发展夯基础、强保障。"英大信托2022年文润东城慈善信托"项目充分发挥信托制度优势,为文物保护及活化利用等慈善事业注入金融"活水",致力擦亮北京历史文化名城的"金名片",该项目成功举办了2023北京古建音乐季,在"2023年金融品牌影响力大会"上获评"金诺·中国金融年度优秀社会责任项目"奖。

四、2024年发展规划

以习近平新时代中国特色社会主义思想为指导,深入贯彻党的二十大精神、中央经济工

作会议精神和中央金融工作会议精神，坚持稳中求进总基调，坚守产业金融发展定位，聚焦做好"五篇大文章"抓发展，坚决打好"出清歼灭战"守底线，切实抓好巡视整改，努力用好"两个途径"，扬长避短、行稳致远，坚定不移走产业金融特色鲜明的差异化、可持续的高质量发展道路，以实际行动服务支撑高质量发展。

全面加强党的建设，引领保障高质量转型发展。强化正风肃纪反腐，加强干部队伍建设，加强思想文化和品牌建设；持续深化改革创新，夯实高质量发展基础。做好"国有企业改革深化提升""世界一流企业建设"专项工作。完善法人治理体系，建优建强董事会，动态修订"三重一大"决策管理制度。强化科技赋能，增强金融科技支撑保障能力。优化运营顶层设计，统筹构建更加完善的运营管控体系。增强核心功能，积极服务新型电力系统。高质量服务国网数智司库体系建设，创新支持直属单位高质量发展，积极助力现代产业链链长建设。提高核心竞争力，稳步推动业务转型。创新绿色金融，加力服务信托，做优证券信托，重构财富体系，强化固信联动。夯实风险管控，牢牢守住风险底线；大力提质增效，不断提升经营管理效能。持续优化经营策略，建设智慧共享财务平台，打通业财管控链路断点，实现项目计划全周期线上管控。完善内控管理体系，夯实合规管理基础。

华能贵诚信托有限公司

一、2023年经营概况

2023年，面对比疫情三年更为严峻的外部展业环境，华能贵诚信托有限公司（以下简称公司）展现了强大的战略定力和坚定意志。面对行业分类新规带来的转型挑战，公司积极应对，坚持稳中求进，着力推动业务转型。通过一系列有效举措，公司不仅确保了业务、人员和客户的基本稳定，还主动顺应了新规要求，加大了转型新领域的探索力度。截至2023年末，公司资产总额达到313.73亿元，净资产为277.63亿元，全年实现营业收入33.09亿元，实现利润总额27.23亿元。公司的行业评级继续保持"A级"的最高等级，并再次蝉联《证券时报》授予的"中国优秀信托公司"荣誉称号，公司综合实力持续保持行业领先地位。

（一）持续巩固"一个牵引、若干支撑"业务基本盘，固有投资压舱石作用凸显，确保公司整体经营稳定

在高端引领型产业金融服务业务领域，公司发挥在清洁能源、新能源汽车等已布局产业的先发优势，加大对半导体、医药医疗等后续梯队赛道的拓展力度，以及挖掘智能装备、基础材料、数据通信等储备赛道的业务机会，不仅深化了与老客户的战略互信，还成功拓展了一批专精特新上市公司新客户；在普惠金融领域，公司凭借过硬的专业能力和优质服务水平，持续保持与现有头部客户的合作份额居于市场领先地位，同时满足监管合规要求，主动提升自主风控能力，努力打造行业内自主风控体系建设标杆；在资产证券化领域，公司创新性地发行了多个全国首单产品，在发行规模、创新能力以及品牌影响力等方面稳居行业前列。在多层次营销业务领域，公司凭借安全可靠的产品体系、全面的风险防控措施和扎实有效的投资者服务工作，成功保持了与委托客户和核心资金客群的稳定合作，公司募资能力进一步提升。在固有投资方面，公司坚守价值投资理念，始终将实现绝对收益作为核心目标，固有业务权益资产全年收益率达17%，显著超越市场指数。

（二）顺应信托业务"三分类"新规，坚持差异化发展原则，积极推进标品资管和财富管理等转型重点业务稳起步

公司成立专项工作组，对信托业务"三分类"新规开展持续的学习研究。在内部充分讨论以及外部广泛调研的基础上，公司明确了差异化发展原则，并将标品资管业务和财富管理业务作为转型重点。公司指定了标品资管业务的试点部门，通过试点部门的先行先试，带动公司标品资管产品线持续丰富。同时，积极推进家庭服务信托、预付金服务信托、薪酬福利信托等监管鼓励的资产服务信托业务，树立并维护公司良好的转型形象。

（三）更加突出风险防控的有效性，保持防风险与促发展的动态平衡

公司坚守底线、尊重规律，通过加强预判预控，成功躲过多个"爆雷"项目及风险"热点"，守住未发生实质风险的底线。同时公司紧跟市场变化，保持风控弹性，通过持续学习和深入企业、同业调研等方式，提高差异化认知能力，助力公司在专精特新金融服务上取得新突破。

（四）坚持党建与中心工作相融合，垂直整合激发公司内部动力

公司持续加强组织建设和理论学习，把引领和保障公司高质量发展作为党建工作的出发点和落脚点。同时，公司在年初高效组织"全员竞聘、双向选择"的垂直整合活动，进一步激活公司人力资源，激发全员奋斗热情。

二、创新业务案例

（一）徐工集团工程机械股份有限公司2023年度第一期定向资产支持票据

该产品于2023年6月20日成立，发行规模33.98亿元。产品的基础资产为徐工机械持有的8 005笔应收账款债权及其附属担保权益，应收账款债权余额合计359 680.05万元，涉及13户原始债权人和2 124户债务人，资产池分散度高。该产品是全国首单引入境外应收账款的资产支持票据项目，资产池中30%的应收账款来自徐工机械以人民币计价的境外销售合同。该产品的成功发行助力徐工机械盘活应收账款、加快资金回笼，符合其深耕"一带一路"共建国家的国际化战略，有利于优化境内外资产配置，为国内企业实现"双循环"新发展格局下的全球化发展注入动力。在该产品落地过程中，公司凭借专业的高效执行及以客户为中心的服务理念，全力保障项目的成功发行，以创新产品助力优质制造业企业加快实现国际化发展的战略目标。

（二）东方雨虹1期应收账款绿色资产支持专项计划（科技创新）

该产品于2023年12月27日在深交所发行，发行规模5.6亿元。发起机构北京东方雨虹防水技术股份有限公司（以下简称东方雨虹）是一家集防水材料研发、制造、销售及施工服务于一体的防水系统服务商，获批建设特种功能防水材料国家重点实验室，拥有国家认定企业技术中心、院士专家工作站、博士后科研工作站等，致力于解决影响重大基础设施建设安全持久运行的防水技术瓶颈问题，引领防水行业科学创新，带动行业技术进步。本期资产支持证券募集资金将用于绿色建材生产项目购置原材料，可降低能源消耗，减少污染物排放，减轻对环境的污染，符合《深圳证券交易所资产支持证券挂牌条件确认业务指引第3号——特定品种》《绿色债券支持项目目录（2021年版）》（以下简称《绿债目录（2021版）》）、《中国绿色债券原则》等规定的绿色债券条件，具有良好的碳减排环境效益。该产品是市场首单民企"绿色+科创"双贴标资产支持证券，对信托公司拓宽科创企业融资渠道、支持制造产业绿色低碳转型具有示范意义。

（三）华能信托·信善笃行·生态富民慈善信托

该慈善信托于2023年10月26日正式成立，首期规模达到1 000万元。项目由中国绿色碳汇基金会作为联合发起人及公益/慈善项目管理人，同时由上海市锦天城律师事务所担任监察人。该项目的主要资助方向集中在贵州、广西等区域的生态建设和生态产业发展上，旨在充分发挥林草资源在推进乡村振兴中的关键作用以及慈善信托专业管理优势，助力巩固生态脱贫成果并拓展美丽乡村建设。中国绿色碳汇基金会是自然资源部国家林业和草原局主管的全国性公募基金会，也是我国第一家以增汇减排、应对气候变化为目的的基金会。该基金会不仅是联合国气候变化框架公约（UNFCCC）缔约方会议的观察员组织、世界自然保护联盟（IUCN）的成员单位，还是国内以造林增汇方式开展碳抵消、碳中和公益活动的权威专业机构。作为华能集团的一分子，公司深刻认识到推动绿色低碳发展的重要性，并坚持创新、协调、绿色、开放、共享的新发展理念，致力于推动社会绿色金融体系建设。此次与中国绿色碳汇基金会共同设立"生态富民慈善信托"，不仅成功搭建了一个专业化的慈善信托公益平台，吸引了更多社会力量参与增汇减排、生物多样性保护等低碳循环发展事业，还是公司践行绿色发展理念、推动金融创新，以及弘扬集团公司"三色文化"精神的重要创新和实践。

三、社会责任履行情况

公司以"为客户提供最佳的增值服务，为股东创造最大的价值，为职工搭建实现自我价值的平台，为社会作出最大的贡献"为使命，积极践行《信托公司社会责任公约》，不断丰富企业社会责任的实践内容。

一是全力支持实体经济发展。到2023年末，向实体经济领域的企业或项目投入资金余额4 107亿元，占公司投融资存续规模的80%；同时通过完善服务手段、创新服务模式、提升服务效率等措施，优化了服务实体经济的质效。

二是坚持以客户为中心，为客户提供丰厚的投资回报，不断提升财富管理水平，受益人合法利益充分实现。

三是依法履行纳税义务。2023年为贵州贡献税收总额达14.42亿元，是全省名列前茅的税收贡献优秀企业。

四是牢记企业社会责任。2023年公司捐款217.87万元，资助了贵州省内"革命区""少数民族区""贫困区"的1 667名优秀学子，投入151.75万元支持贵州省4个帮扶村的乡村振兴、红色美丽乡村试点建设及消费帮扶。

五是公司主动参与多项公益慈善工作。年内设立"微爱众行慈善信托""生态富民慈善信托""证爱贵州慈善信托"，在绿色低碳、兴教育才、美丽乡村建设等领域持续作为。

六是维护和保障员工的切身利益，公司为员工创造便捷的职业培训平台，通过完善绩效考核机制，优化考核内容，推进"举手制"，不断启用有理想、有能力、有担当的年轻人，增强公司创新的活力，同时积极保障员工福利，为员工构建和谐、进取的企业氛围。

四、2024年发展规划

2023年以来，公司在对内外部形势、信托行业发展趋势、自身优劣势进行深入调研分析后，提出经营发展"两条曲线"战略，即：深入学习贯彻落实党的二十大精神和中央金融工作会议、中央经济工作会议的决策部署，将公司发展战略紧密融入中国式现代化强国建设的全局，积极顺应信托行业新变化和新要求，紧扣"两条曲线、融合发展"这个主题，千方百计稳住"一个牵引、若干支撑"的基本盘业务，加快发展特色化标品资产管理业务和财富管理业务，完善管理体系，强化组织文化保障，凝心聚力、继往开来，以奋发有为的精神状态开创公司高质量发展新格局，开启公司二次创业的新征程。

按照上述指导思想，根据公司二次创业的新要求和目标任务，公司2024年要重点抓好五方面工作。

第一，毫不动摇地继续发展"一个牵引、若干支撑"基本盘业务，夯实公司二次创业的根基。

第二，坚定不移地发展标品资管和财富管理业务，加速构建二次创业的新业务增长极。

第三，全力推进投资研究、集中运营、数字中台、人才考核"四大体系"建设，为公司二次创业提供有效支撑。

第四，着力构建适配公司二次创业的风险管理体系框架，以专业为引领，优化全生命周期风险管控，构筑依法合规经营护城河。

第五，强化党对公司工作的集中统一领导，为公司二次创业保驾护航。

华润深国投信托有限公司

一、2023年经营概况

2023年，华润深国投信托有限公司（以下简称公司）全面贯彻党的二十大精神，认真贯彻落实习近平总书记重要讲话和重要指示批示精神以及中央和集团、金控各项重大决策部署，在防范化解金融风险、服务实体经济、繁荣资本市场、助力共同富裕的同时，创造稳健的经营业绩，全年实现总收入35亿元，利润总额17亿元，综合实力稳居行业前列。

公司聚焦金融强国建设和中国特色金融发展之路，围绕"五篇大文章"，为经济社会发展提供更加全面、便利、灵活的金融服务支持。以科技金融驱动产业变革，通过资产证券化助力专精特新等高新技术企业发展；以绿色金融助推"双碳"目标，围绕光伏、风电等清洁能源设立财产权信托助力绿色融资；以养老金融破解"银发困局"，探索研究以信托架构提供有温度的养老服务和定制化传承安排；以普惠金融惠润泽千行百业，为小微企业和小微企业主提供融资；以数字金融提升服务质效，通过"服务智能化、运营高效化、管理数字化、决策科学化"的数智化转型战略提供高效、快捷、专业、精准的金融服务。

公司紧紧围绕信托业务"新三分类"标准，加快转型创新，进一步聚焦资产服务信托、资产管理信托、公益慈善信托等信托本源业务高质量发展，进一步稳固证券受托服务龙头地位；资产证券化竞争优势逐步提升，年内发行7只行业首单资产支持票据，在科技创新、绿色低碳、乡村振兴、住房租赁等领域支持企业开展证券化融资方面发挥良好示范效应；家族信托和慈善信托业务再上新台阶，"朋友圈"持续扩容，合作渠道较上一年增长3倍；标品资管投研、产品、服务三管齐下，夯实金字塔业务模型，做优业绩、做大规模打造品牌声量；探索落地首单破产重整信托、首单主动管理QDII信托，不断筑牢业务"护城河"，形成在行业内具有华润特色、引领行业发展方向的核心竞争力和业务模式。

公司积极实施流程再造、科技赋能、风险管理、组织变革、深化协同、品牌建设六大战略保障，强基固本推动高质量发展提质提效。公司围绕"大运营"体系建设目标推进成都运营中心落地；全面组织开展"贯标"项目，促进业务流程标准化、系统建设模块化；智能工作台、智慧运营平台、润管家等系统建设助力产品交易、产品管理、运营管理创新变革，夯实科技基座、赋能业务转型；重塑业务审查流程，健全风险监测和投后管理，多措并举防范、化解、处置风险，牢牢守住不发生系统性风险底线；深化推动组织变革，构建"强中台""稳后台"，探索敏捷小组机制，开展"明日之翼"项目促进人才交流、激发创新动能；着力打造以"润信于心·润信于行"为理念的特色党建品牌和以"财富之上·阅见大美"为愿景的产品服务品牌，传播华润声量，讲好信托故事。

二、创新业务案例

（一）公司首支主动管理类QDII资产管理信托

在国家金融监督管理总局深圳监管局和国家外汇管理局深圳分局的支持下，公司联合汇丰银行和贝莱德，于2023年2月15日成立首支主动管理类QDII资产管理信托——"华润信托·丰玉海外前沿企业集合资金信托计划"。该项目由汇丰银行代销，主要投资于境外公募基金"贝莱德前沿企业绝对回报基金"的I2机构类份额和美国国债，境外公募基金的投资管理人为贝莱德（英国）投资管理有限公司，为合格境内投资者境外资产配置提供选择，助力实现全球化、多样化的投资配置。

（二）通过知识产权信托书写科技金融大文章

由公司担任受托管理人的"杭州高新金投控股集团有限公司2023年度第一期高新区（滨江）数据知识产权定向资产支持票据"助力12家当地高新技术企业完成市场化低成本融资，并为企业客户提供存续管理服务，为杭州市创新企业在信息技术、集成网络、科学培植、数字教育等行业发展贡献力量。该项目为全国首单包含数据知识产权的证券化产品，也是浙江省自贸区首单知识产权证券化产品。项目锚定滨江区科技建设，形成数据要素产权化的有效新路径，打破传统融资方式，实现"知产"变资产、"数据"成红利。

三、社会责任履行情况

公司始终坚持对信托事业的一腔热忱，遵从"受人之托、忠人之事"的庄严承诺，秉承经营企业、服务社会、造福大众的宗旨，履行经济责任、员工责任、客户责任、环境责任、伙伴责任、公共责任等多方面重要责任。

公司将绿色金融作为"十四五"期间的一项重要工作持续推进，积极探索实践绿色信托业务的多元化可行性模式，以绿色金融助推"双碳"目标，围绕光伏、风电等清洁能源设立财产权信托助力绿色融资，首创信托行业"融资租赁财产权信托"业务模式，谱写绿色金融大文章。截至2023年底，公司绿色信托规模余额75.31亿元。2023年，公司作为唯一一家信托公司获选成为绿色债券标准委员会新一届成员单位，绿色金融业务踏上新征程。

公司秉承"人民至上"理念，心怀"国之大者"，主动践行金融企业担当，以向善诚心厚植为民情怀，推动实现社会价值与经济价值共赢。公司以普惠金融惠润泽千行百业，为小微企业和企业主提供融资；常态化开展"我为群众办实事"系列活动，坚持金融为民、金融向善，服务员工、服务客户、服务群众；深入推广"润信说消保"品牌活动，金融反诈知识理念进社区、进学校、进企业、进商圈；携手爱心机构开展"益点点"爱心义卖公益慈善活动，关爱扶助特殊儿童群体；创新"金融产品收益＋慈善信托"模式，支持困境儿童和青少年成长项目；成立深圳市首单社区慈善信托，为具有深圳特色社区慈善信托提供可视化范本，助力社区公益长效发展。

四、2024年发展规划

2024年是新中国成立75周年，是实施"十四五"规划的攻坚之年，也是公司成立42周年。公司将深刻把握金融工作的政治性、人民性，服从于党和国家发展大局，服务于经济社会繁荣发展，坚持稳中求进、以进促稳，为加快建设金融强国、推进金融高质量发展，积极贡献信托力量、充分展现华润担当。

一是充分发挥信托制度优势和独特功能，协同华润元大基金，依托"私募信托＋公募基金"两大牌照资源，围绕"资金＋资产"两大核心要素，聚焦"受托服务＋主动管理"两大赛道，服务"机构＋个人"两类客户，以"4×2"规划创新业务模式和服务方式。

二是致力于流程标准化、系统数智化、运营高效化、内控合规化，全力以赴开展"四中心"建设。通过建设运营管理中心，实现产品管理、估值运营线上化、标准化、流程化；通过建设科技研发中心，加强数据治理，夯实研发能力，全面推进金融科技与数字化智能化转型；通过建设资管投研中心，加强资产配置能力与投研能力，做大做强产品规模，做深做实业务协同联动；通过建设风险合规中心，切实防范化解金融风险，深化央企合规管理建设，推动公司稳健持续高质量发展。

三是按照集团"1246"发展模式，深入推进"四个重塑"，构建起方向清晰、路径明确的业务增长新逻辑，通过改革创新、优化资源配置，巩固行业龙头业务和培育转型创新业务，为客户提供优质产品和服务；立足民生领域，聚焦"五篇大文章"，双轮驱动引导支撑业务发展；通过组织变革和人才盘点工作，锻造政治过硬、能力过硬、作风过硬的高素质专业化金融干部人才队伍。

建信信托有限责任公司

一、2023年经营概况

2023年，建信信托有限责任公司（以下简称公司）顶住压力、攻坚克难，付出巨大努力，既高水平完成各项政治任务，又高质量推动公司转型发展，一流全能型资管机构建设取得积极成效，成绩来之不易。

全年实现营业收入75.27亿元、净利润19.10亿元，子公司排名第二，行业排名第六、银行系统第一。收入结构明显改善，转型业务收入贡献稳步增加，传统融资类业务占比由2020年的42%下降至16%，投资类收入占比由24%提升至60%；股权、财富等新兴业务收入由不足5%提升至25%，转型成效明显，收入含金量更高。

信托资产规模1.17万亿元，保持行业前列。资产结构与监管"三分类"相契合，资产服务类占比74%，资产管理类占比26%。

所有信托项目均按期足额兑付，固有资产不良率"归零"、信托资产风险率0.4%。行业评级、监管评级均为行业最高档，总行内控评价重回"一类"。

（一）切实履行国有大行信托责任担当

立足经济主战场，聚焦科技自立自强，落地股权投资项目47个、规模45亿元，与各地政府合作成立产业基金超100亿元，支持合肥市建设国家科创金融改革试验区取得积极成效。助力"三大工程"建设，投资平急两用物流仓储资产40万平方米、24.35亿元，保障性住房项目5个、25.44亿元。推进绿色金融事业，股权投资芳源环保、氢晨新能源等绿色企业，围绕地下管廊、再生水厂等绿色工程开展项目投融资，投资首批新能源RETIs和39只绿色债券投资，绿色业务余额达136亿元，占总规模6.03%，占比上升14%。当好行业稳定器，化解同业单位等金融机构风险，助力金融稳定。

（二）积极服务集团、协同母行

坚持"应托尽托"原则，制定《信托资产托管行选择管理办法》，将托管行选择作为项目审批的重要内容和落实条件，年末在中国建设银行托管资产7 200亿元，同比增长44亿元；贡献银行存款余额369亿元；提供各类优质信托产品670亿元，贡献中间业务收入近25亿元。新增服务信托165亿元，助力房企纾困，帮助母行化解不良贷款近54亿元。与住房租赁基金创新多种合作模式，累计合作落地项目8个，规模18亿元，创造收入6 900万元。同时，与建信理财有限责任公司、建信人寿保险股份有限公司等兄弟公司开展业务以及产品合作超900亿元。围绕服务现代化产业体系建设、不动产投资、养老金融等领域，向总行提供建议方案，贡献信托智慧。

（三）推动转型创新取得良好成效

私募股权业务方面，与中东多家机构建立业务联系，组建泛欧深科技投资基金；5家被投企业成功上市，全年退出资金接近20亿元。证券业务产品业绩排名市场前列，债券产品收益增加，拓展行外理财子公司规模约500亿元，落地区域定制产品超130亿元，建立覆盖全流程的证券风险管理架构。投融资业务全年投放207亿元，其中投资类占比79%；布局物流地产领域，收购万纬、领盛等资产，规模76亿元；获首批不动产私募基金管理人资格，并完成行业首只基金投放。财富管理规模新增284亿元，达到1 321亿元，家族信托客户数达到3 870人，保持行业领军地位。资产证券化新增发行882亿元，债券分销新增规模724亿元，均位列行业第一，风险处置信托新增彩舟、彩凤等系列产品，风险处置服务信托规模首次突破3 000亿元。固有业务实现收入13.25亿元，同比增长25%。协同机制搭建形成，推荐有效商机近1 200个，落地185单。组建资本市场业务部、企业服务信托部、公益慈善信托部，全面覆盖"三分类"各领域。

（四）守牢风险底线、护航稳健发展

具有公司特色的风险预警、报告、处置体系进一步完善，公司风险底数清晰，证券、股权等风控体系建设取得明显进展。"纵向一体化、一站式处理、集中统一管理"的高质量运营体系持续深化，数据能力、产品信披和运营质效明显提升。公司金融科技三年规划如期完成，"四梁八柱"基本搭建，企业级数据中台投产，业技融合和联邦制深化落地，数字化水平持续提升。智能托管工作体系初步形成。评审、合规、消保、安全生产等工作平稳有序推进。审计发现问题整改完成率97%，获得监管认可。下属企业清理克服重重困难，超额完成任务。

2023年，荣获《亚洲银行家》"中国最佳信托公司""中国年度家族信托"、《上海证券报》"诚信托·卓越公司奖"、清科"私募股权投资机构100强"、《中国证券报》"金牛奖"等多项权威奖项，彰显了业界对公司的认可，品牌影响力进一步增强。

二、业务创新案例

（一）建信（北京）投资住房租赁一号不动产私募投资基金

创新点：全国首只不动产私募基金的落地，充分体现公司切实履行国有金融机构在全面贯彻落实中央"房住不炒""租购并举"政策方针的社会责任，通过"建信力量"助力重庆市加快发展保障性租赁住房，圆新市民和新青年住房梦。

（二）企业服务信托系列产品创新

创新点：持续推进企业服务信托创新。彩蝶12号信托计划化解大额地产项目风险，撬动盘活了上海市核心区域近200亿元的地产项目，并助力建行集团共计40亿元不良贷款风险化解。彩舟1号财产权信托计划有效解决了资产交易过程中对交易对手方履约能力和履约意愿存疑的痛点。

三、社会责任履行情况

公司认真贯彻落实党中央决策部署，以国有大行信托的责任与担当，坚守"金融报国、金融为民、金融向善"的信念，自觉当好服务实体经济的主力军和维护金融稳定的压舱石，助推经济社会高质量发展，积极履行社会责任。

（一）聚焦重点领域，服务经济向好

落实"稳增长"举措，为重大基础设施、产业投资、重要民生保障项目提供资金支持，投向高速公路、城市综合管廊及道路、城镇化基础设施建设、运动场馆以及安置房建设工程，对改善居民住房条件、带动周边旅游资源开发、促进区域经济发展、构建交通格局具有重要意义。同时，以科技创新为主线，为国家技术创新进步及科技型企业发展进行股权投资，助推实现高水平科技自立自强。

（二）助力"碳中和"，创新开展绿色金融

将节能环保、新能源等领域作为重要投资方向，先后参与了氢能源装备、太阳能科技、新能源科技、环保等优质企业的直接股权投资。以各地方城市环境综合治理、水环境治理、节能环保建筑等绿色项目为投资标的，通过产业基金等业务模式，参与项目资本金投资，2023年累计新增投放规模超50亿元。落地多单绿色资产证券化业务，规模超20亿元；作为

战略投资参与绿色环保企业REITs发行，投资1.2亿元；参与投资绿色债券39只，共计约15亿元。

（三）支持乡村振兴，共筑美好未来

通过"建信联合定点帮扶慈善信托"支持智慧粮库、数字农业与数字养殖、数字化平台、智慧校园建设等乡村振兴项目；受托设立慈善信托，定向用于城市建设者困境子女先天性疾病救助及老年病助医，以慈善守护助童扶老；通过直接捐赠，支持陕西安康、河南宁陵、安徽庐江等地区贫困学子完成学业、为贫困村民购买普惠型健康保险、建设"留守儿童关怀中心"等，同时还开展公益讲座、义诊、消费帮扶等活动，以爱心温暖社会。

四、2024年发展规划

总体工作思路：坚持以习近平新时代中国特色社会主义思想为指导，全面贯彻党的二十大精神、中央金融工作会议精神、中央经济工作会议精神以及建设银行工作会议要求，坚定不移推动高质量发展，坚持以客户为中心，全力拼市场、抢客户，发掘业务增长点，由点及面形成规模优势；坚持以协同为抓手，着力增收入、保利润，实现量的合理增长和质的有效提升；坚持以风控为底板，增强合规意识，强化合规管理，推动公司风控及合规水平迈上新台阶，全面满足高质量发展需求和监管要求，奋力建设受人尊敬和信赖的一流全能型资管机构。

江苏省国际信托有限责任公司

一、2023年经营概况

2023年，江苏省国际信托有限责任公司（以下简称公司）始终聚焦高质量发展总要求，业务转型稳步推进，盈利模式持续优化，风控质效有效提升，公司治理更加完善，内部改革不断深化，综合实力和核心竞争力进一步增强。

截至2023年末，公司受托管理信托资产规模4 005.14亿元，固有资产规模305.19亿元。2023年实现营业收入30.04亿元，实现手续费收入8.64亿元，实现利润总额27.11亿元，实现净利润25.43亿元。

2023年，公司荣获上海证券报社"诚信托·卓越公司奖""最佳资产证券化服务信托产品奖"、江苏省企业法制工作协会"2023年度江苏省企业法治建设示范单位荣誉"称号、中国证券报"一年期固定收益产品金牛奖""一年期混合类产品金牛奖"等荣誉。

（一）以落实分类新规为导向，业务创新转型卓有成效

公司积极顺应监管政策导向，持续压降待整改业务，大力发展标品投资、资产证券化、家族信托等新型业务，业务体系更加健全，标准化净值化管理能力不断提升。截至2023年末，公司资产证券化、标品信托、家族信托等新型业务总规模超2 000亿元，占信托业务总规模超50%。

（二）以回归本源为方向，助力实体经济发展及共同富裕

充分发挥信托优势，深入贯彻落实国家"双碳"目标、乡村振兴、服务长江经济带、支持科技企业和小微企业发展等系列决策部署，提升公司服务实体经济质效，2023年公司新增服务实体经济规模超900亿元，以实际行动推动共同富裕的实现。一是通过信托贷款、认购地方债券等多种方式助力省内基础设施建设，有力支持区域经济发展。2023年，公司为全省实体经济和地方建设新增提供信托资金约600亿元。二是运用资产证券化等业务模式，积极落实国家重大战略部署。三是提升财富管理水平，服务人民美好生活。以客户为中心，不断

提升专业化服务水平，满足居民多元化的财富管理需要。

（三）以精益求精为目标，坚持固有业务提质增效

一是自营业务与信托业务协同发展。公司充分发挥固有业务与信托业务的协同效应，做好多元化配置，全力支持传统信托业务转型、创新产品发展壮大做优做强。二是股权投资管理稳健。公司持有的江苏银行、紫金农商银行股份均带来较高投资回报率。三是创投基金收益良好。公司通过高投名力成长创业投资有限公司投资的荣昌生物、科净源股票均获得较高收益。

二、创新业务案例

（一）资产证券化领域

一是成功发行"南京生物医药谷建设发展有限公司2023年度第一期定向资产支持票据（科创票据）"。该项目是全国首单银行间市场产业园区类REITs、市场首单科创票据类REITs产品，也是江苏省首单银行间市场类REITs。二是成功发行"江苏省再保融资租赁有限公司2023年度第一期知识产权定向资产支持票据"。该产品是江苏省首单获得交易商协会注册批文的知识产权资产支持票据产品，促进了知识资产与金融资本有效融合，推动实体经济发展。

（二）家族信托领域

落地公司首单家庭服务信托业务"嘉和致远磐石系列1号"和首单非上市企业股权家族信托业务，进一步完善了财富管理服务的产品框架体系，助力财富规范积累。

（三）产业金融领域

成立了"江苏信托·苏州工业园1号集合资金信托计划"，该项目是公司首单产业园区载体开发股权投资信托产品，旨在助力苏州工业园区定向引入数字经济、科创服务类等重点企业，促进园区高质量发展。

三、社会责任履行情况

公司秉承"发展、创新、高效、稳健"的经营理念，坚持以人民为中心的价值取向，持续增强社会责任理念意识，建立健全社会责任管理体系，推动社会责任管理与企业经营管理

体系融合，在深入贯彻落实国家"双碳"政策、乡村振兴、服务长江经济带、助力实体经济发展、公益慈善等方面贡献信托力量。

公司以服务实体经济为出发点，不断探索信托制度在市场中的独特作用，切实提升服务实体经济的质效。报告期内，公司成功落地首单上市公司供应链经销商持股业务"苏信强链1号"，有效保障产业链供应链的安全稳定，为实体企业提供坚实的金融支持；落地公司首单产业园区载体开发股权投资信托产品"苏州工业园1号集合资金信托计划"，助力打造苏州园区产业新引擎，为地方经济发展注入新的动力。

公司将绿色金融作为一项长期重点工作任务，持续进行绿色金融业务创新，积极助力地方绿色低碳发展。报告期内，公司通过宣传绿色信托概念、普及绿色发展理念，进一步加深金融消费者对绿色金融发展的认识。通过信贷支持的方式，帮助江苏省海安市当地绿色环保科技企业实现跨越式发展，助力江苏省东海县当地农业龙头企业开展低碳化改造，援助江苏省扬中市当地园林花木企业扩产，新增当地沿江岸线固土防风苗木近千株。

公司以信托业务"三分类"为指引，于2023年7月组建公益慈善部，积极布局慈善信托业务。报告期内，公司公益慈善信托业务新增备案数量6单，规模241.91万元。其中，公司受托管理的"苏信弘善2号老龄事业发展慈善信托"首期已募集成功，成为江苏省首单养老类型慈善信托。成立规模200万元的国信基金会慈善信托，委托人为江苏国信企业发展研究基金会，资金主要用于乡村振兴工作。成立"我助妇儿康·关爱儿童罕见病1号慈善信托"，资金规模30万元，委托人为江苏省妇女儿童福利基金会，资金用于儿童罕见病救助。

公司积极承担金融机构宣传教育主体责任，秉承"预防为先，教育为主"的理念，从客户的实际需求出发，持续推进投资者教育常态化，积极弘扬信托文化，推动信托文化与业务发展和公司管理相融合。公司将投资者教育落实到日常的经营活动中，充分利用内外部路演、线上平台等多元化渠道，大力提升消费者金融知识水平和风险防范能力。

四、2024年发展规划

2024年是公司实现转型发展软着陆的关键一年。公司将按照信托"三分类"要求，坚持稳中求进工作总基调，以深化信托业务转型为主线，以合规经营、防范化解风险为重点，以信息科技、专业人才为支撑，统筹转型发展和稳健安全，诚实守信，坚守"四个底线"，即风险底线、法律底线、纪律底线、合规底线，走好专业化、特色化、差异化高质量发展之路。

（一）坚持党的领导，持续提升公司治理水平

一是加强党的全面领导。把党的领导自然有机地融入公司治理各个环节，充分发挥公司党委把方向、管大局、保落实的领导核心和政治核心作用。二是加大"三会一层"履职力

度。不断完善股东会、董事会、监事会及专门委员会工作机制，规范授权管理机制，落实董事会、监事会职权。三是优化绩效考核体系，不断完善员工薪酬制度。

（二）持续推动业务转型发展，构建信托业务新体系

一是提升标品信托展业能力。着力提升专业能力，包括市场研判能力、产品筛选能力、资产定价能力、交易能力。加强信用风险、市场风险、流动性风险和操作风险管控，落实净值化管理，为投资者创造真实的投资风险回报。通过交易等方式获取超额收益，平衡风险和收益。

二是加快做大家族信托规模。加大与已有渠道的业务合作，快速上量，提高市场占有率，积极拓展新渠道。以家庭服务信托等普惠业务为抓手，加快新业务落地，实现家庭信托批量上线。积极开展家族信托拓客和衍生资产延伸出来的资产管理业务。

三是以家族信托、家庭信托的账户管理为抓手，推动财富管理由销售向"资产配置+增值服务"转型。加大标品、权益类产品销售以及家族信托、家庭信托转化力度。强化客户陪伴服务，真正做到"以客户为中心"。抓住"投资者适当性"关键点，完成客户分层经营，根据不同层级提供差异化的增值服务。加强信息披露管理，做好投资者权益保护，有效满足人民群众财富管理需求。

四是加速布局公益/慈善信托。以"苏信弘善"公益慈善信托品牌为载体，加强与各类金融机构、慈善基金会、中介机构和工商企业合作联系，不断探索公益/慈善信托模式创新。

（三）发挥信托制度优势，做好"五篇大文章"

一是积极推进产融结合，依托集团资源，围绕环保、节能、清洁能源等领域的项目投融资、运营、风险管理等全面谋划信托服务模式。二是积极布局养老金融，将养老信托与产业金融等业务结合起来，通过信托架构满足客户的养老规划、财富传承等需求。三是围绕构建房地产发展新模式，加强对以政府为主导的租赁住房业务的研究，在房地产信托投资基金等方面寻找业务机会。

（四）始终把握金融工作主题，守牢高质量发展底线

一是深化风险防控体系。密切关注城投业务风险，扎实做好存续项目的到期兑付工作。抓好标品信托流动性风险管控。二是加强风控合规制度建设。持续修订和完善风险管理规章制度和合规展业指引，加强对转型业务的风险管控力度，提升业务指导的有效性。准确掌握监管政策走向，切实落实监管要求，确保公司依法合规经营。三是突出审计监督职能。提高审计工作的针对性和有效性，特别是围绕创新业务开展、存续管理、内部制度执行情况等，加大内部审计工作力度，对突破的情况及时预警、报告。

平安信托有限责任公司

一、2023年经营概况

2023年，面对外部市场压力，平安信托有限责任公司（以下简称公司）深入贯彻落实中央金融工作会议、中央经济工作会议精神，以服务实体经济高质量发展、服务现代化金融体系建设和满足人民群众美好生活需求为使命，立足"轻资产、服务型信托专家"的战略定位，全面推动转型战略落地。2023年，公司实现营业收入145.53亿元，手续费及佣金净收入91.55亿元，净利润42.55亿元，归属母公司所有者净利润20.06亿元，整体经营稳健，资产质量良好，各项指标持续处于行业领先地位。同时，公司积极顺应监管政策导向，有序压降融资类业务，业务风险持续降低，整体资产质量和业务经营在行业中处于领先位置。截至2023年末，公司实现资产管理规模6 625.03亿元，同比增长20.02%。

二、创新业务案例

2023年10月14日，"平安生物多样性及环境保护慈善信托"签约仪式在深圳福田红树林生态公园成功举行。该慈善信托由深圳市平安公益基金会捐赠1 000万元发起设立，由公司作为受托人，深圳市红树林湿地保护基金会（以下简称红树林基金会）作为慈善信托的慈善项目管理人，致力于保护生物多样性、促进生态保护和可持续发展，以及事故灾难和公共卫生事件等突发事件造成的损害救助，是国内首只重点关注红树林生态保护的慈善信托。该慈善信托为永续型信托，资助方向包括但不限于红树林生态保护和修复、水鸟生态廊道建设、科普教育与国际经验输出等。平安期待与红树林基金会等社会各方一道，在红树林生态保护方面先行先试，推动国际交流与经验输出，共同打造金融行业助力国际红树林中心建设的标杆性项目。

三、社会责任履行情况

（一）发挥党的政治引领作用

2023年，公司高度重视党建工作，坚持以习近平新时代中国特色社会主义思想为指导，充分发挥党的政治引领与政治核心作用。将党的领导融入公司治理，全年召开党委执委联席工作会议22次，审议各类议案101项，"三重一大"党委前置研究，并将"第一议题"学习作为每次会议首要任务。深入推进党委民主生活会，党委班子全部落实双重组织生活，参加所在支部组织生活会，通过剖析检视、查摆问题，增进团结、推动转型。下发《推动落实党业融合"六个贯通"实施方案》，深入践行平安党建基本法，以高质量党建引领公司高质量发展；将党的建设融入经营管理，建立"班子领导重点项目"工作机制，设立16个重点项目，各班子领导带头推进34类上百条行动举措；围绕转型难题，"请进来、走出去"，与10多家同业机构开展广泛调研交流，推动转型发展。强化党业融合，联合属地监管部门等开展"碳索红树林"联合党建活动；各党支部开展多种形式的党建共建活动，以党建带动销售渠道拓展、股权业务合作、综合金融协同；将党的精神融入文化发展。将主题教育与践行平安新价值文化相结合，召开七一党庆表彰大会，开展党委书记讲党课，传承党的精神财富；强化理论学习，组织开展"三会一课"120余次，主题党日活动30余次，丰富党员政治生活；组织"党委书记面对面"座谈会、建立党支部联席会议机制等，畅通沟通渠道，凝聚转型能量；推动金融反诈、无偿献血、零废弃办公、心青年融合计划等党员志愿者行动，为社会贡献平安力量。

（二）深耕ESG责任投资，推动绿色金融发展

2023年，公司持续践行ESG责任投资理念，聚焦中西部民生项目、健康、环保及现代制造等重点行业，投入实体经济规模超5 000亿元，助力实体经济高质量发展。积极践行国家绿色金融发展战略，截至12月末，公司存续绿色信托规模71.34亿元，并首次公开披露公司环境信息报告，落地国内首单1 000万级红树林生态保护慈善信托，成功打造金融助力深圳国际红树林中心建设的平安范本。

（三）落实全流程闭环，持续擦亮信托消保"金招牌"

2023年，公司坚持把理论思想和文化建设工作放在重要位置，围绕"金融为民"的发展理念，多措并举推进消保思想文化建设工作，不断强化全体员工的消费者权益保护意识，为切实做好金融消费者权益保护工作夯实理论基础。公司围绕消保文化建设，充分发挥金融消费者权益保护桥头堡作用：事前充分准备，提前摸排消保风险，建立"高中低"三层漏斗形风险产品全景档案地图，勾勒重点客户画像，联动渠道做好投诉监控，准备应对预案，当好发现问题的"千里眼"；事中分级处理，明确相关方工作责任和联动机制，按照投诉等级分级应对，扎实落实"三到位"要求，力争得到投资人对处置工作的理解，为风险产品处置工作争取更多的时间，构筑投诉的"缓冲带"；事后复盘优化，对重大投诉事件总结复盘并优化机制，加强针对性培训，不断提升消保应对能力与技巧，做到培训教育的"阵地化"。

（四）重视文化建设培育信托文化

2023年为"信托文化深化年"，公司深入践行金融工作的政治性、人民性，紧跟国家战略方向，持续强化受托人定位，以客户需求为导向，优化业务结构，深化战略转型，推动信托文化与业务相融合、与管理相融合，形成信托文化建设与公司经营管理良性互动，进一步加快回归信托本源，服务实体经济，实现高质量可持续发展。风险管理文化方面，公司秉承"风险引领业务"的理念，推行"全员参与、全流程管控、业务全覆盖"的风险管控机制，突出"三道防线"精细化管理，进一步提升公司风险识别、判断、管理、预警与化解能力。合规内控文化方面，公司全面开展重点业务尽职履责专项整治行动，聚焦"重点业务存量全覆盖""募投管退流程全覆盖"两个重点，立足于"全面检视""整改落实""巩固提升"三个层次，深化公司全员"尽职履责"工作理念，全面落实受托人尽职履责义务；公司全年累计开展8场次合规专题宣导培训、组织5期重点监管新规及政策解读、制作并宣导36期反洗钱周刊及47期监管动态周报，合规宣导教育范围涵盖监管新规及政策宣导、服务信托研究、合规重点工作督导等方面；围绕"尽职履责"核心主题，通过"信托文化手册""大咖课堂""以案释法""重点整改举措""沟通座谈""知鸟考试"六个系列的专题宣导，积极开展各项特色化内控合规文化宣导活动，持续提升公司全员尽职履责意识及能力。清廉文化建设方面，积极践行"清风守正、廉洁笃行、诚信为民、厚德致远"的行业清廉金融文化核心理念，面向全员开展包括"2023年度清廉金融文化集中宣教活动"在内的廉政宣教活动50余期次，建章立制，全方位构建员工行为管控体系，监测、核查、纠正员工不当行为，促成风清气正、简单务实的工作氛围；党建文化理念方面，公司深化党建引领，进一步将党的精神融入文化发展，召开七一党庆表彰大会，开展党委书记讲党课，组织"党委书记面对面"座谈会，建立党支部联席会议机制等，畅通沟通渠道，凝聚转型能量。

（五）依托"金融＋慈善"模式践行公益初心

2023年，公司开启第15年公益爱心旅程，持续在"生命守护""金融安全""乡村振兴""绿色金融""特殊关爱"五大公益方向发力。公司组织"平安信托志愿服务队"参与生命救护培训，大力培养职场安全维护队伍；联动警方、反诈中心，先后开展4次金融消费者保护进社区、进校园活动，并邀请志愿帮扶公益机构的心智障碍青年参与，为青年提供融入社会、参与社会活动的场景，扩大金融安全宣教工作的影响力；公司工会开展乡村振兴消费帮扶，通过工会统一认购、农产品品鉴、公益活动组织等方式支持乡村振兴消费帮扶，共计金额141万元。开辟员工农产品爱心捐赠通道，为公司帮扶公益点募集爱心物资，共计69人次参与，捐赠农产品价值达7 500元；参与万科基金会"零废弃办公"项目试点，推行办公零废弃行动，通过联动碳账户、志愿者平台，开展14天职场废弃物溯源审计、21天零废弃养成计划等一系列零废弃实践，创新尝试全员志愿行动、互动共创模式开展，积极塑造绿色低碳文化，为超高层写字楼内其他公司和金融类企业提供可资借鉴的绿色办公行动方案，在"零敢计划"项目中被评为优秀企业案例及"敢为奖""敢动奖"；开展"蔚蓝行动·心青年融合计划"公益行动第二期，联动楼宇物业为心智障碍青年社会融合提供6个不同的实习体验岗位与岗前培训，共计为15名青年提供实习机会。

四、2024年发展规划

2024年，公司新战略将正式实施，新战略与"三分类"导向及集团指引高度一致，围绕"打造轻资产、服务型信托专家"的战略目标，2024年公司将聚焦家族信托、保险金信托、家庭信托、不良资产处置服务等不承担风险、低资本消耗业务；发挥信托牌照"风险隔离"优势，大力推动保险金信托等综金协同优势强的业务，为集团、险资及其他成员公司提供专业服务。风险管控方面，做实全面风险管理体系，压实各道防线的管控责任，全面升级平台和管理工具。

上海国际信托有限公司

2023年是贯彻党的二十大精神的开局之年，是实施"十四五"规划承前启后的关键一年。中央金融工作会议提出金融强国建设目标，信托业务"三分类"推动行业改革发展。上海国际信托有限公司（以下简称公司）在浦发银行的坚强领导下，严守监管红线、坚持稳中求进，将资产服务、资产管理、公益慈善与五大赛道相匹配，服务国家战略、实体经济、居民美好生活和上海国际金融中心建设，做好"五篇大文章"，全力推动信托制度、产品与服务成为中国特色现代金融体系的重要工具。

一、2023年经营概况

2023年，公司在监管部门指导下，认真贯彻落实党的二十大精神、中央经济工作会议和中央金融工作会议精神，承压前行、聚力转型。公司注重规模效益平衡，稳步推进转型；坚持治标治本结合，强化风险合规管理；促进量变质变转换，夯实能力基座。截至2023年末，公司资产总额258.3亿元，实现年营收81.4亿元，净利润49.5亿元。

公司积极开展精神文明建设，持续引领行业高质量发展，历年均获行业最高评级，多次荣获上海市金融创新奖，获评全国文明单位、全国金融企业思想文化建设先进单位、上海市平安示范单位、黄浦区区长质量奖、上海黄浦区高端服务业十强企业，精神文明建设推动高质量发展成效显著。

二、创新业务案例

信托业务"三分类"于2023年6月正式实施，为信托业转型发展指明方向。公司贯彻落实信托业务"三分类"精神，坚守信托业务本源内涵，发挥信托制度特色优势，加速业务转型，全力开展资产管理、财富管理与慈善信托业务。

（一）资产服务信托立足信托制度优势，持续全方位拓展服务边界

公司努力发挥信托制度特色，将信托工具打造成中国特色金融市场的"基础设施"。公司逆势发行资产证券化项目超400单、发行规模破10 000亿元，年内银行间市场信贷资产证

券化业务发行规模跃居行业之首,并连续十年保持车贷ABS发行市场占有率第一。公司积极解决"急难愁盼"民生问题,创设上海首单单用途预付卡资金受托服务信托,保障消费者权益;探索"以房养老"信托架构,得到上海市政府的高度关注。

公司为客户提供多元化"财富管理信托账户"方案,将信托账户打造成为财富管理生态圈的连接器。公司家族信托爆发式增长,规模超500亿元,新增单数同比增长约300%;于行业内首批提出家庭服务信托,推动该业务纳入信托业务"三分类",将信托制度推广至中产家庭,规模持续上量;落地600万元"睿思"系列个人财富管理信托,有效弥补家族信托到家庭信托的空缺,提升信托服务半径;落地企业财富管理信托,为企业提供投融资、资金管理等解决方案,并衍生至薪酬福利管理信托等服务。此外,公司领先发布"大湾区特色服务体系",为大湾区客户提供全球化、一体化服务。

(二)资产管理信托融入"大资管时代",不断提升资产配置核心能力

公司强化资产配置能力,打造立体化产品线与综合投研资管体系,积极融入"大资管时代"。公司核心资产管理类信托产品规模稳定超1 000亿元,业绩优于同类,广受认可;净值型基金产品图谱不断充实,FOF/TOF产品构建权益、混合、固收三大产品线,规模领先。公司资管产品获多项业内大奖,"上容1号"FOF产品三次荣获"三年期混合类产品金牛奖",创信托产品获金牛奖数之最;国内首个自主管理ABS主体投资信托"添越"系列荣获"一年期固定收益类产品金牛奖"。

普惠金融方面,公司普惠金融业务目前已形成自主可控的风险管理体系。公司服务小微企业的资金信托计划累计发放小微贷款超1 700亿元,相关资产证券化业务累计成立规模超400亿元,有效助力金融供给公平、缩小金融服务鸿沟。

股权投资方面,公司努力推动产业新动能母基金创设,为上海打造世界级产业集群作出积极贡献。浦信医疗健康产业系列基金、浦信盈科Pre-IPO专项基金、浦信金融科技基金已成为浦发集团内股权业务的专业化平台。公司通过设立房地产股权基金、开展REITs业务、探索EPC和PPP投融合作模式等方式,积极探索商业地产、科技产业园、仓储物流等多领域泛地产、新基建业务。

(三)慈善信托坚持创新,丰富共同富裕实践载体

公司升级"上善公益"品牌,深耕教育助学、医疗救助、乡村振兴、文化环保四大领域,探索共同富裕实践新路径。公司开展"上信至善"中西部教育助学慈善信托陕西乡村学校调研指导、"拥抱"乡村美育计划云南站等系列活动;利用信托"公益创投"功能吸引建设银行、农业银行私行客户参与慈善事业;通过"双受托"模式升级助飞学子梦系列慈善信托,解决慈善信托无法开具捐赠发票的痛点,提高社会劝募吸引力。

（四）从科技、人才、风控等方面强化创新意识和创新能力

公司将创新作为实现高质量发展的根本动力。公司制定《上海国际信托有限公司创新管理工作指引》，以完善的创新管理体系保障转型发展和重点领域创新，明确创新活动的战略导向、组织分工、过程管理、资源配置、人才保障、风险管理和支撑体系。

公司努力做好"科技金融"大文章，强化科技驱动与科技赋能。积极推进重点系统研发迭代，提升业务审批运营效率与客户使用体验；消除流程堵点、统一作业入口、推进系统整合，打通内外部系统接口。深化量化资产配置研究，在强化各类资产主观投研能力与配置能力的基础上，搭建基于各类量化模型的资产配置策略，助力资产管理与财富管理转型。

公司以灵活的人才管理制度保障业务转型创新。适时调整优化公司组织架构，使人才队伍分工更明确、配置更合理、运转更高效；完善员工考核激励约束制度，助力公司业务改革发展。坚持党管干部、党管人才原则，落实"好干部"标准，明确"能者上、绩优者上、敬业拼搏者上"的鲜明选人用人导向，增强转型创新的内生动力。

风险内控方面，公司坚持存续项目的风险摸排，前瞻制定潜在风险处置预案，赋能支持创新业务。公司审慎、专业开展项目审批，深化个体风险甄别；持续推进数据治理，加强压力测试和风险计量工具应用；积极推进存量风险项目处置，扩大风险化解工具范围，维护公司债权利益。

三、社会责任履行情况

公司将社会责任理念融入发展战略、经营管理与日常工作中，践行客户优先原则，行业地位与社会影响力进一步提升。公司在服务实体经济、支持长三角一体化发展、支持小微企业和民营企业发展、改善民生、环境保护、客户服务、社会共建等领域积极践行社会责任。公司升级"上善公益"，深耕教育助学、医疗救助、乡村振兴、文化环保四大板块，创造共同富裕新路径。2023年，公司纳税额位居黄浦区首位，为财政创收、稳民生促增长作出积极贡献。

四、2024年发展规划

（一）提升站位打开格局，推动公司业务再次启航

2024年，公司将提升站位，再次启航，在中央政策、行业变革、上海发展、总行战略四重机遇中寻找发展方向。一是将自身发展放在中央对金融的战略定位上，积极贯彻中央关于

做好"五篇大文章"、落实"八个坚持"、建设"六个强大"、形成"六个体系"的决策部署。二是将自身发展放在信托行业服务高质量发展的大背景下，推动信托制度、架构、产品、服务在资产服务、资产管理和公益慈善领域的全场景应用。三是将自身发展放在上海市深化"五个中心"建设的大格局中，全方位助力上海国际金融中心、国际资产管理中心和中央新提出的国际信托中心建设。四是将自身发展放在母行数智化转型的总体部署中，在经营承压中深化业务转型，打造持续盈利能力。

（二）服务母行发展大局，推动数智转型战略升级

公司将坚决执行总行数智化战略，建设"四大体系"，将信托功能全面内嵌到全行客户经营中。一是加快财富管理信托账户服务体系建设，推动公司成为母行数智化"财资金融"的重要入口。二是加快银信合作综合化服务体系建设，推动公司成为母行"科创伙伴银行"的关键架构。三是要加快跨境资产和财富管理服务体系建设，推动公司成为母行"6+X"跨境服务的核心场景。四是要加快普惠金融开放与协同服务体系建设，推动公司成为母行"数智化普惠金融"的重要参与者。

（三）提振转型落地效能，推动经营业绩企稳回升

要正确处理"两对关系"，尽快打开局面、重塑辉煌。一是处理好传统业务与新赛道之间的关系，巩固业务基本盘。持续探索融资类信托业务展业及转型方向，全力完成融资类业务预算分解目标；合理优化自营资金配置结构，提升配置效率。二是处理好资产管理和财富管理之间的关系，推进二者循环驱动的新格局。加快服务信托渠道拓展，提升财富团队建设和品牌建设；加快完善公司资产管理产品线布局，扩容提质，打造多线并行的旗舰资管产品货架。

（四）提高风险经营水平，推动资产韧性巩固提升

要厚植"两大思维"，以受益人合法利益最大化为公司治理目标和价值取向。一是提升底线思维，强化战略性风险管理、健全合规内控机制。持之以恒加强全面风险管理、加强存续项目风险摸排与风险处置，审慎、专业开展项目审批并推进数据治理。二是提升生命线思维，树立风控合规既是安全生命线，也是发展生命线的意识。正确处理好稳规模、保营收、促转型、控风险间的动态平衡关系，在风险挑战中不断实现公司可持续经营发展。

2024年是"十四五"规划的关键一年，也是贯彻落实母行数智化新战略的元年。公司正处于转型发展的重要节点，公司将围绕资产管理和财富管理两大板块、信托业务三大分类、母行"五大赛道"，抢机遇、抢时间、抢市场，全力融入母行发展大局、提振转型落地效能、提高风险经营水平、完善能力健全机制，尽快形成经营业绩拐点，构建资产管理和财富管理循环驱动的新发展格局。

五矿国际信托有限公司

一、2023年经营概况

2023年，五矿国际信托有限公司（以下简称公司）牢牢把握"金融服务实体经济"的核心使命，顺应国家战略、监管导向及金融行业发展规律，管理存续信托规模7 304.03亿元，实现营业收入28.93亿元（商银口径），利润总额15.74亿元，净利润11.90亿元。

（一）业务转型稳中有质

1. 业务结构优化向好。坚定回归信托本源，顺应信托业务"三分类"导向，实现资产服务信托、资产管理信托和公益慈善信托业务的均衡发展。资产管理信托业务规模3 559.52亿元，占比52.16%，较年初增加1.51个百分点。资产服务信托业务规模3 168.45亿元，占比46.43%，较年初提升0.86个百分点。公益慈善信托获批成为集团公司对外帮扶统一出口，成立规模7 515万元，累计成立规模1.6亿元。

2. 资金体系建设日趋完善。打造基于财富中心、家族办公室和机构渠道"三足鼎立"的资金渠道体系，实现客户的分级分层精准化管理。财富零售新增规模连续3年站上千亿元平台。家族信托管理规模稳步提升，时点管理规模604.86亿元，同比增长77.88%。设立养老信托158单，总规模近12亿元。先后推出爱享无虞特需信托、艺术品服务信托，小点大面展现专业化能力。

3. 服务主责主业能力稳步提高。新增服务主业项目数量21个，服务集团成员单位17家，服务主业合同规模完成169.79亿元，协同业务落地合同规模317.38亿元。落地服务主责主业创新模式项目2个。此外，与中国二十冶集团有限公司合作，落地信托业务"三分类"下首单集团协同服务信托。

4. 风险化解取得积极进展。形成"集团内协同化解""风险隔离盘活开发""资产转让"及"司法诉讼"等多种风险化解模式，完成多个项目的风险化解。同时，与资产管理公司探索服务信托新模式，积极参与风险处置服务信托与破产服务信托业务。

（二）管理创新稳中有为

1. 探索开展组织架构"雁阵式专业化改革"。根据行业发展和自身转型战略要求，新设产品及资产配置部等专业化业务部门，围绕资本市场等转型领域引才育才，改进考核激励机制。

2. 积极开展投研体系建设。提出"五矿5K资产配置体系"理念，建立六级大类主体库和债券库，完善研究体系化框架，参与行业协会的多项课题研究等。

3. 扎实开展合规风控管理体系建设。推进法治建设第一责任人职责落实到位、全面风险管理建设项目落地，并推进投中与投后风险一体化管理。

4. 系统开展数字化转型。成为行业首家通过中国信通院《研发运营一体化（DevOps）能力成熟度模型》评估的信托公司，同时聚焦重点领域，绘制三年数字化转型蓝图。

（三）党建引领稳中有进

深入学习党的二十大精神，全面落实新时代党建工作要求，将党建充分融入公司治理，贯彻落实金融工作的政治性、人民性。一是把学习宣传贯彻党的二十大精神作为首要政治任务，着力加强党建经营融合，发挥党委领导核心作用。二是将廉洁文化建设写入公司章程，着力加强廉洁自律建设，促进全面从严治党力度向纵深发展。三是构建主流媒体宣传矩阵，主动加大正面宣传力度，完善具有五矿特色的企业文化体系，全年荣获各类奖项43个。

二、创新业务案例

（一）五矿5K资产配置体系

1. 项目介绍。为顺应监管导向，加快转型发展，公司在前期资产和财富管理经验基础上，借鉴典型案例，总结发展规律，创新提出具有五矿特色的"五矿5K资产配置体系"，涵盖洞察市场趋势（KYM）、资产精准分析（KYP）、深刻感知客户（KYC）、资产动态组合（KYA）、时间创造价值（KYT）五大方面，初步构建了一套具有战略性、纲领性、指导性的资产配置理论体系和业务发展框架。

基于业内领先的"五矿5K资产配置体系"，公司系统谋划和推进五大方面的专业能力和组织体系建设，深度赋能业务转型和管理变革，不断强化宏观研判、资产遴选和组合配置能力，首次编制并对外发布《五矿信托资产配置手册（2023—2024）》，市场竞争力和品牌影响力持续提升。

2. 创新亮点。"五矿5K资产配置体系"是一个相互联系、辩证统一的有机整体，具有深刻的文化内涵和现实意义，充分体现对中华传统文化、资产配置理论和信托本源属性的传承与创新：一是与中华传统文化中"天时地利人和"的观念高度契合，二是遵循了"分析资金属性–研判资产特征–构建投资组合"的资产配置一般流程和层层递进的逻辑关系，三是彰显了公司"以客户为中心"的发展理念，切实践行了金融工作的政治性和人民性。

（二）五矿信托–绿色投资1号集合资金信托计划

1. 项目介绍。以习近平同志为核心的党中央高度重视安全生产和"双碳"工作，在党的二十大报告中强调要推动绿色发展，积极稳妥推进碳达峰碳中和，加快规划建设新型能源体系。公司积极响应国家号召，向产业金融、科技金融、绿色金融转型，在展业过程中寻找有产业背景和绿色金融特色的项目。

2023年5月，公司围绕中国恩菲工程技术有限公司（以下简称中国恩菲）的工业废水零排放绿色环保技术设计落地绿色金融服务方案，创新设计股债结合的BOT交易结构作为技术推广模式，发起设立"五矿信托–绿色投资1号集合资金信托计划"投资于金川集团股份有限公司镍冶炼厂镍电解三车间高盐废水零排放综合治理技术改造项目。

2. 创新亮点。该项目是公司积极响应国家"双碳"号召，探索绿色金融可能性的成功尝试。该项目通过"金融+产业"的结合以及商业模式的创新，为业主方提供了资金技术一体化的"五矿解决方案"，对于高新特新科技成果的转化起到催化撬动作用，在促进高科技成果转化、培育科技企业等方面取得了突出的社会和经济效益。ESG领域投资已成为国际投资市场主流策略之一，对于金融市场而言更是一场前所未有的关键机遇，ESG已成为金融业在技术升级、业务增量、产品创新等领域的增长引擎。

三、社会责任履行情况

2023年公司紧跟监管导向，积极贯彻国资委指导意见，有效履行受托人职责和义务，维护受益人利益最大化。

公司党委扎实落实党中央决策部署，深刻领悟"两个确立"的决定性意义，把坚持党的全面领导、加强党的建设、全面从严治党贯穿公司转型发展全过程，高标准、严要求开展学习贯彻习近平新时代中国特色社会主义思想主题教育，为公司转型发展筑牢"根"和"魂"、疏通"经"和"脉"。坚持以党建引领业务发展，把学习宣传贯彻党的二十大精神作为首要政治任务，组织开展主题学习教育系列活动，引领思想舆论，凝聚转型攻坚合力。选强配齐党务干部、纪委干部，深化核心岗位人员的党建责任与意识，有效发挥"一名党员一面旗帜、一个支部一个堡垒"的模范带头作用。

公司立足受托人定位，坚持回归本源、服务实体经济，紧扣国家战略，为京津冀、粤港澳大湾区、长三角三大城市群重大战略提供了有力的金融服务支持。一是支持民营经济及小微企业发展，利用信托工具大力支持民营企业发展。二是积极拓展普惠金融业务，助力小微企业健康发展。三是拓宽民营企业融资渠道，降低融资成本，提高融资效率。四是做实做细公益慈善信托帮扶项目，提升帮扶资金使用效率，巩固拓展脱贫攻坚成果，激发乡村振兴内生动力。

公司坚持健全依法治理体系、合规管理体系、工作组织体系，持续提升依法治企能力；通过法律宣导、专项合规培训、宣传教育等活动，持续开展法治培训及文化宣传，营造依法治企良好氛围，并完善法律从业人员管理，持续提升法律人员综合素质和实务经验。

公司积极参与公益慈善事业，成立慈善信托25单，总规模7 765万元，通过慈善信托开展对外捐赠8 945.29万元，其中投向乡村振兴领域超5 000万元。通过产业振兴、生态振兴、教育振兴等多种形式有力支持了云南省、贵州省、湖南省等地的乡村振兴事业。2023年12月18日，甘肃省临夏州积石山县发生6.2级地震，公司第一时间迅速响应，通过慈善信托捐款1 200余万元，用于甘肃、青海两省救灾工作。

公司坚定回归信托本源，顺应信托业务"三分类"导向，因人而异、因地制宜地满足消费者多样化的金融需求，提供家族信托、养老信托、保险金信托等精细化、专业化服务。切实保障消费者合法权益，启动青海省"金融消费者权益保护教育宣传月"系列活动，多措并举开展金融宣教服务，及时解答客户对金融产品的问询，持续优化投诉处理方法，建立纠纷多元化解机制，有效提高了客户的金融服务满意度。

公司连续三年发布《环境、社会与公司治理（ESG）报告》，全方位展示公司在环境、社会、公司治理等方面的实践和成效。同时，连续两年发布ESG助力信托行业高质量发展相关报告，为行业探路ESG转型作出了突出贡献。凭借践行ESG理念的杰出表现，荣膺《经济观察报》"年度卓越ESG实践奖"等多个奖项。同时，积极拓展绿色信托业务领域，重点涵盖了环境基础设施、绿色农业、生态修复、城乡公共交通、新能源与清洁能源装备制造、废水处理、清洁能源设施建设等多个方面。

公司高度重视人才梯队建设与员工发展，打造"四纵五维"人才培养体系，开展"重塑组织、重构机制、重组人员"改革，深入优化内部人才配置，丰富培训体系，举办涵盖战略形势、政策制度、业务基础等多维度的专题培训，全年培训参与人数达10 674人次。公司工会积极组织学习竞赛、文体活动，在青海省银行业协会组织的"深入学习党的二十大精神知识竞赛"中，荣获"优秀组织单位"称号。秉持"关爱职工、服务职工"的宗旨，积极倾听员工心声，解决员工诉求，积极营造"和谐、团结、进取"的人本文化环境。

公司切实履行信息披露义务，通过官方网站、公众号等多种渠道开展社会责任宣传，及时发布企业社会责任报告。积极参与行业协会报告编制工作和各项交流活动，积极展现履行社会责任的成果，共同维护信托业良好社会形象。荣获金融界主办的"金智奖·杰出社会责任奖"等荣誉奖项。

四、2024年发展规划

为实现2024年预定目标，公司上下将坚持"稳中求进、以进促稳、先立后破"，把握好"稳"与"进""立"与"破"的辩证关系，着眼长远、负重克难、补短创新，保证公司在行业转型新阶段的竞争力。

一是着力推进风险防控和化解。全面落实"稳健金融"管理要求，把打好风险防范化解攻坚战摆在最突出的位置，提高合规风险防范能力、风险化解效率和消费者保护水平，推进风险管理工作再上新台阶。

二是着力服务实业和集团主责主业。作为央企控股信托公司，将持续提高政治站位，落实党中央对央企的要求，落实国资委、集团公司、五矿资本对公司的要求，聚焦金属矿业、冶金建设、新能源新材料三大产业链，协同集团多元金融业务牌照，提升集团产业链控制力、维护产业链安全稳定。

三是着力完善资金体系。立足"金字塔"客户体系的多元化金融需求，加快向"先资金、后资产"的展业逻辑转变，稳固"三足鼎立"资金体系。

四是着力提升资产服务和管理水平。根据信托业务"三分类"监管导向，制定和完善转型业务赛道体系，实施差异化资源及政策支持，开展业务分层布局，在回归本源和服务实体经济中加快信托转型。

五是着力提升精细化服务水平。以推进组织架构优化调整为抓手，抓实改革成效。以打造"五矿5K资产配置体系"为契机，推进投研一体化建设。围绕转型业务布局，强化科技运营支撑。通过管理效能的提升，增强全员自主能动性。

六是着力促进党建与业务融合。加强党的全面领导，坚持在政治建设上下功夫、坚持在组织建设上下功夫、坚持在文化建设上下功夫，不折不扣地把各上级党委的决策部署贯彻到日常经营中，确保公司在深入转型新阶段实现稳健发展。

中信信托有限责任公司

一、2023年经营概况

截至2023年末，中信信托有限责任公司（以下简称公司）根据国家产业政策导向和监管机构信托业务新分类指引，立足信托制度优势及功能定位，优化生产组织架构，深耕专业领域，保持稳健的经营业绩：公司实现营业总收入49.76亿元，其中，手续费及佣金收入25.14亿元，净利润26.28亿元，上缴国家各项税费21.09亿元。

2023年末，公司信托资产余额为20 593亿元。报告期内，公司新增信托项目1 772个，实收信托8 777亿元；为受益人分配信托收益148亿元。信托资产中主动管理型信托资产规模占比47%，涵盖工商企业、基础设施、金融市场等领域。

2023年，公司在服务实体经济、业务创新、公益慈善、品牌影响等方面赢得了专业机构及市场的高度赞誉。公司曾连续多年取得监管和行业评级最高等级，荣获民政部颁发的"中华慈善奖"、《金融时报》评选的"最具竞争力信托公司奖"、《上海证券报》评选的"上证·诚信托"卓越公司奖、《证券时报》颁发的"年度优秀信托公司奖"、第一财经颁发的"年度信托公司奖"、中国网财经颁发的"ESG最佳社会责任实践企业奖"、金融界颁发的"杰出ESG信托公司奖"、《中国证券报》颁发的"三年期混合类产品金牛奖"、《银行家》杂志颁发的"银行家家族信托管理创新优秀案例奖"等20余项奖项。

二、创新业务案例

为做好信托业务创新工作，公司实施多种举措保障创新顺利进行。公司紧密围绕国家战略方向，着眼做好科技金融、绿色金融、普惠金融、养老金融、数字金融"五篇大文章"，立足信托行业，服务行业发展，开展数量化与信息化的多元化系列研究工作，为行业转型、公司发展建言献策。

案例一：公司与大家保险集团旗下大家健康养老产业投资管理有限责任公司（以下简称大家健投）合作的"中信信托·大家的家养老服务信托系列项目"实现首单落地。这是公司在财富管理服务信托分类下继家族信托、保险金信托、家庭服务信托后，面向老年人关于养老社区入住和定向付费等特定生活场景开发的新产品线。双方合作打造的"大家的家"系列养老服务信托项目，为大家健投旗下各养老社区的消费者分别设立各自独立的特殊需要信托项目，提供家庭资金保管、保单权益装入、养老社区账单直付等信托服务，既防范社区经营不善、挪用资金的风险，又降低家庭人员意外和财务风险带来的无法持续付费的可能，保障老年人权益，进而推动养老服务行业可持续运营和健康发展。未来双方计划继续深化合作，将更多养老生活消费场景融入信托服务体系，为客户提供"保险+信托+医康养"服务的一站式养老生活解决方案。

案例二：为深入贯彻落实党的二十大关于"引导、支持有意愿有能力的企业、社会组织和个人积极参与公益慈善事业"的要求，2023年8月30日，"中信信托·2023信行远捐赠者建议慈善信托"在北京市民政局指导下备案成功。"信行远慈善信托"采用类捐赠人建议基金（Donor-Advised Fund，DAF）模式，在其基础上引入信托架构，为每位捐赠人设立一个基金子账户，形成一个"慈善钱包"，捐赠人可以持续性地进行捐赠，并通过专业投资运作让"钱包"增值，最终按照捐赠人意愿进行公益支出。本信托的创新点在于让捐赠和支出的时间分离，给予捐赠者更多时间、更多选择，以灵活简便的安排提供一站式的金融公益服务。同时，该模式降低了慈善信托的服务群体门槛，使其更具有普惠性，让慈善信托逐渐走进千家万户。此外，本信托的设立和内部募捐是公司积极履行社会责任的体现，未来也能助力公司的各项爱心公益活动。

三、社会责任履行情况

（一）开展绿色金融业务情况

公司锚定绿色金融发展方向，探索开展绿色信托业务，推动资源节约型、环境友好型产业发展，努力发挥绿色金融"放大器、助推器"功能，积极探索推进绿色金融项目落地，助力地方区域和企业实现产业转型升级。报告期内，公司设立信托计划，通过帮助地方国企剥离并盘活低效资产，成功实现企业绿色化、智能化转型升级；公司作为发行载体管理机构的定向资产支持票据（类REITs）在银行间债券市场成功发行，该项目获绿色认证，是运用信托机制服务实体经济、助力推动绿色低碳产业发展的坚实举措，也是信托业务"三分类"背景下，对公司资产证券化受托服务信托业务方向的成功探索与尝试；公司设立信托计划，募集资金用于向某节能环保公司发放流动资金贷款，助力企业在风力发电、固废处理及生物质发电、太阳光伏发电、环保水务等节能环保业务领域进一步实现跨越式高质量升级发展。

（二）开展普惠金融工作情况

在普惠金融领域，公司牢牢把握金融工作的政治性、人民性，确定了与大型互联网平台合作开展普惠金融业务的发展战略，聚焦小微企业信贷需求，契合客户多元化、个性化的服务需求，充分满足老百姓日常生活开支和消费便民需求，向客户提供"惠而不贵"的服务，全年累计发放贷款金额超过400亿元，服务客户超过2 600万名，普惠金融服务的可得性、覆盖率和满意度不断提高。

（三）开展公益慈善工作情况

公司党委高度重视公益慈善工作，通过党委中心组学习、第一议题制度等，深入学习习近平总书记关于公益慈善事业的重要论述，以及党的二十大报告关于扎实推进共同富裕和"第三次分配"的有关部署要求，为公司开展公益慈善事业奠定思想基础。公司立足丰富的慈善信托管理经验，深度挖掘信托制度在公益领域的制度优势与功能定位，不断创新慈善信托发展新模式，推出多种富有信托特色的慈善信托业务。2023年年内共备案慈善信托2单，备案金额1 010万元，分别是："中信信托·2023长润公益慈善信托"以及"中信信托·2023信行远捐赠者建议慈善信托"。截至目前，公司已累计备案慈善信托11单、备案规模10.41亿元，备案规模位居行业前列。

公司通过传统节日职工慰问以及工会活动奖励等多种途径，年度采购扶贫产品达215.61万余元，同比增长15.9%。下属公司工会也积极采购，并做好职工宣传工作。

公司广泛发动职工，积极开展爱心捐赠。一是组织员工参与信行远慈善信托的定向捐赠；二是公司面向全体员工对北京光爱学校孤寡残障儿童发起物品捐赠活动，并以团支部为单位发动青年党员、团员自愿捐款；三是积极开展植树志愿服务，履行植树义务，共建美丽北京；四是定期举办献爱心捐赠活动，号召公司全员捐赠旧书、旧衣服或售卖废品纸张等筹得的善款，通过中华慈善总工会捐给困难家庭的患病儿童。

（四）绿色运营、节能减排工作情况

作为非生产性金融企业，在以信托服务支持推进绿色金融的同时，践行绿色办公理念，促进节能减排。

一是推进无纸化办公，减少纸张使用，提高办公效率。公司持续开展信息系统建设，目前运行系统达54个，不断推动线下流程线上化，提高系统云化比例，扩大电子文件、电子印章使用范围，仅电子印章一项每年最高可节省用纸超过1 700万张。党委会、总经理办公会、专业委员会等会议，优先使用便捷移动设备展示会议资料，公司积极倡导员工双面打印，减少日常办公纸张消耗。

二是改进基础设施和管理方式，降本增效。采购功耗更低、安全性更强的油汀式取暖设备，累计更换LED灯具近60组，协同所在楼宇及时维修管道等基础设施，杜绝"跑冒滴漏"现象。提前向全员征集笔记本、报刊等需求，增加小规格笔记本，按照实际需要有针对性进行采购，杜绝浪费。加强办公用品采购管理，提倡购买可循环使用的办公用品，提高资源利用率。公司严格遵守北京市垃圾分类有关法规政策和工作要求，将垃圾分类工作纳入《办公区域管理制度》，配合所在楼宇开展垃圾分类工作。

三是科学用车，控制公务车运营成本。通过合理规划线路、司机自行洗车、细化维修保养项目等措施，克服车龄长、车况差等因素，完成公司日常公务出行保障的同时，将公务车运营费用控制在稳定水平。

四是采取科学施工措施，加强环境保护。2023年公司加大京外办公区整合力度，开展了天津、厦门减租以及南京换租，公司积极与施工方沟通，合理缩短办公区施工周期，与业主方协调采取保证金费用置换方式，减少施工量。通过简单装修、优选环保材料、严选家具、办公家具利旧等方式，减少噪声、空气等污染，在保障办公需求的同时，优化办公环境，保障员工身体健康。

四、2024年发展规划

坚持创新、协调、绿色、开放、共享的新发展理念，秉承"无边界服务、无障碍运行，有炽热情怀、有责任担当"的核心价值理念，以"实体经济的助推器、人民财富的守护者、信托服务的践行人"为发展使命，遵循信托行业发展规律，主动适应市场变化，持续优化业务结构，强化综合金融服务能力，加强业务精细化管理保障，推进数字化转型，切实提升消保工作质效，努力保持行业领先地位。

安徽国元信托有限责任公司

一、2023年经营情况

（一）全力拼经营：业绩增长稳中有进，发展质效稳步提升

2023年，安徽国元信托有限责任公司（以下简称公司）把"全力拼经营"作为贯穿全年的工作主线，稳扎稳打、力求突破。全年实现各项业务收入11.64亿元；实现利润总额9.17亿元、净利润7.45亿元，分别同比增长6.4%、4.5%，利润指标自2019年以来实现逆势"五连增"。

（二）奋力促转型："三大类"业务全面提效，固有资金配置更加多元

在信托业务方面，2023年，公司根据信托业务"三分类"新规，明确了以做大资产服务信托"扩规模"、做强资产管理信托"稳增长"、做优慈善公益信托"树品牌"为主导的业务转型新战略，并同步在加强组织领导、深化机构改革、优化体制机制等方面启动实施了一系列行之有效的工作举措。2023年，公司管理信托资产规模1 184亿元，较年初增长35%，站稳了千亿元新台阶，"三大类"业务发展全面提效。

在固有业务方面，以服务区域经济高质量发展为重点，着力支持安徽省新基建、新产业发展；同时，积极融入多层次资本市场，创新金融服务方式，以参与有限合伙基金等方式，优选国内头部券商以及产业链龙头地位机构合作，对应参与设立的基金规模达到91亿元，通过发挥资金撬动作用，有效吸引了社会资金投入新兴产业领域。截至2023年末，固有资产规模109.46亿元，较年初增长7.7%，迈上了百亿元台阶。

（三）彰显新作为：积极服务实体经济，统筹"五篇大文章"工作获监管部门肯定

2023年，公司深入贯彻落实中央金融工作会议精神，按照省委省政府及金融监管部门对支持实体经济发展的工作要求，发挥信托功能加大支持力度。全年新增支持长三角区域一体化发展、安徽地方建设、实体经济发展信托规模分别为720亿元、382亿元、299亿元，分别同比增长66%、83%、29%，服务发展的规模质效再创新高。

在做好"五篇大文章"方面，2023年12月28日，国家金融监督管理总局机关报《中国银行保险报》刊发了题为《建设金融强国 信托做好"五篇大文章"》的专题报道，文章共选择了国元信托及建信信托、江苏信托等9家业内优秀机构为典型，展示信托业落实中央金融工作会议精神，统筹做好"五篇大文章"的阶段性成果。其中，在"养老金融"板块，媒体在众多信托公司中选取了公司"朝夕美好慈善信托"为典型案例，项目规模1 000万元，对公司创新服务方式，探索"养老+慈善"模式，集聚金融资源投入养老事业建设的做法给予充分肯定。在普惠金融方面，积极探索以资产证券化方式帮助实体企业盘活存量资产，破解融资难题。在科技金融、绿色金融、数字金融等方面也都有很好的业务实践，以实际行动为做好"五篇大文章"贡献积极力量。

公司在取得上述工作亮点和经营业绩的同时，也获得很多社会荣誉。截至2023年末，公司连续15年荣获安徽省政府服务地方实体经济发展通报表彰；连续2年荣获合肥市政府"非银机构优质服务奖"；在有关专业机构评选中，5次荣获"区域最具影响力信托公司"、3次荣获"管理团队奖"；资产证券化业务发行规模连续多年保持行业"第一方阵"，累计6年获评中央国债登记结算有限责任公司（以下简称中债登）"优秀ABS发行机构"称号；区域影响力、市场认可度及社会知名度不断提升。

二、业务创新案例

（一）标品信托业务

公司重点发力标品信托业务。在"资产端"，进一步加大优质资产获取，提升投研能力和资产配置能力，大力发展以债券组合投资标品为主的固收类标品信托，丰富业务品种，加强净值化管理，构建覆盖多品种资产、多元化策略，风险收益合理分层的业务新体系；在资金端，强化财富管理布局，积极推进省外展业，提升直销能力，打通产销衔接各环节。

（二）资产证券化信托业务

资产证券化业务发展优势持续巩固。2023年，新增信贷资产证券化项目规模146.46亿元，存续信贷资产证券化项目规模214.11亿元，公司新增信贷类资产证券化的发行规模继续保持行业领先水平，位列全国银行间市场信贷资产证券化产品发行机构第6位。2023年3月，由公司作为发行载体管理机构，成功发行了全国银行间市场首单代理人模式ABCP产品——"中建商业保理有限公司2023年度中建五局1号保供稳链资产支持商业票据"。ABCP产品作为银行间市场ABN规则体系下创新业务子品种，不仅可以支持实体企业通过盘活存量资产实现融资，还可以通过滚动发行短期限证券的方式降低融资成本，满足实体企业多元化的融资需求。在2023年第十六届"诚信托"奖项评选中，公司发行的"永动2022年第三期个人消费贷款资产支持证券"获评"最佳资产证券化服务信托产品奖"，并累计6年获评中债登"优秀ABS发行机构"称号。

（三）家族信托业务

2023年，公司继续大力发展家族信托业务，全年新增家族信托2单，规模15 658万元。截至2023年末，由公司担任受托人发起设立的"安承"系列家族信托产品共成立10单，管理规模69 671万元。公司存续家族信托均为现金类，在受益人安排方面，均为非完全自益信托，收益分配方式按照委托人意愿采取个性化的定制。公司按照委托人要求，信托资金用于投资公司自主发行的集合信托产品，闲置期间，辅以投资银行理财产品等。

（四）公益慈善信托业务

公司高度重视公益慈善信托发展，在慈善事业领域积极探索发展机遇。2023年，公司新增慈善信托业务4单，分别为"康乃馨慈善信托""安徽金融乡村振兴教育慈善信托""朝夕美好慈善信托""元善1号慈善信托"，均取得良好发展成效。公司设立的慈善信托具有如下特点："康乃馨慈善信托"通过积极引入安徽省外优质慈善资源扶助省内需求人群，由浙江省妇女儿童基金会作为委托人，通过发挥慈善信托功能优势，汇聚慈善物资与款项，用于帮助安徽省偏远地区妇女儿童群体基本生活、教育就医等实际需求；"安徽金融乡村振兴教育慈善信托"在安徽省地方金融监督管理局支持与指导下，将金融机构慈善资金与乡村振兴相结合，慈善资金重点用于支持安徽省乡村教育事业发展；"朝夕美好慈善信托"探索"养老+慈善"模式，通过创新服务方式集聚金融资源投入养老事业建设；"元善1号慈善信托"为公司首单采用双受托人模式，项目由公司和南京慈善总会共同担任受托人，进一步丰富公司慈善信托业务模式并提升服务效能。

（五）其他创新业务

2023年，公司积极探索资产服务信托新品类：一是成功研发公司首批担保品服务信托产品，落地"马鞍山市花山区城市发展投资集团有限责任公司担保品服务信托""任兴集团担保品服务信托""宿州埇桥城投集团（控股）有限公司担保品服务信托"等项目。项目由债务人或第三方将持有的标的公司股权受益权等财产权利作为信托财产，委托给信托公司设立担保品服务信托，为债务人的专项债务清偿提供担保，信托公司作为受托人提供担保物集中管理和处置、担保权利集中行使等服务，为相关债权人加强风险隔离与防控作用。二是积极探索开发家庭服务信托创新项目——国元信托家庭1号养老服务信托，提出"家庭服务信托+

养老服务信托"创新模式，项目正在推进中。三是积极探索风险处置服务信托，成功中标中国银行安徽省分行劳动服务公司破产清算服务信托项目。

三、社会责任履行情况

2023年，公司坚持以习近平新时代中国特色社会主义思想为指导，深入学习贯彻中央金融工作会议、中央经济工作会议精神，按照省委省政府部署要求，以落实金融监管各项部署要求、实施信托业务"三分类"新规为导向，持续深化改革创新，践行国企职责使命，统筹做好"五篇大文章"，在实现自身高质量发展的同时，积极服务国家战略、实体经济和区域经济高质量发展。

公司秉持全面社会责任原则，坚持新发展理念，坚持绿色低碳发展方向，坚持品牌强企战略，坚持安全发展理念。全面落实党建要求、深入贯彻党建引领；持续加强合规经营，提升内控管理水平；有效服务实体经济，大力支持地方建设；推进业务转型创新，提高金融服务能力；提升财富管理水平，保护金融消费者权益；践行绿色经营理念，丰富绿色信托供给；加强人才队伍建设，不断提升人本价值；大力发展慈善信托，助力实现共同富裕。

四、2024年发展规划

2024年，公司将深入学习贯彻习近平总书记关于金融工作的重要论述，认真落实中央金融工作会议精神，深刻把握金融工作的政治性、人民性，大力弘扬中国特色金融文化，引导员工牢固树立正确的经营观、业绩观、风险观，坚定回归信托本源，不断满足经济社会发展和人民群众日益增长的金融需求。进一步提升金融服务实体经济质效，围绕"科技金融、绿色金融、普惠金融、养老金融、数字金融"五篇大文章，着力推动发展战略性新兴产业、现代服务业，培育壮大未来产业，加快传统产业转型升级，持续做好纾困惠企工作。坚决守住不发生系统性金融风险的底线。加快构建全面风险管理新体系，确保风险防控全流程全覆盖，做到风险早识别、早发现、早预警、早处置。

光大兴陇信托有限责任公司

一、2023年经营概况

（一）总体经营业绩

截至2023年末，光大兴陇信托有限责任公司（以下简称公司）管理信托资产规模为7 416.11亿元（不含海航项目），较年初下降1 994.4亿元；实现营业收入28.53亿元，预算完成率89.72%；净利润累计7.02亿元，预算完成率68.85%；成本收入比32.14%，较年初报集团预算值（34.5%）低2.36个百分点；ROE指标4.14%，预算完成率69.54%。总体来看，虽然受经济形势、监管政策和市场竞争、风险化解等多重因素影响，公司经营业绩进一步承压，但是保持住了流动性及经营的基本稳定。

（二）经营工作亮点

1. 深化供给侧结构性改革，有效服务实体经济。公司进一步强化顶层设计，成立由管理层组成的服务实体经济和国家区域战略工作领导小组，通过出台专项方案、制定工作清单、开展劳动竞赛等方式，聚焦主责主业，落实服务实体经济工作目标，完成集团稳经营台账相关指标。截至2023年末，公司存续的服务实体经济信托规模约4 878亿元（不含海航破产重整项目），占受托规模约66%。其中，支持民营企业信托业务存续规模约1 515亿元，支持普惠金融业务存续规模61亿元。此外，公司服务实体经济工作获得集团内外多个奖项，如荣获"2023年度优秀风险处置服务信息"奖项、荣获"金融服务优秀案例"奖并授牌"乡村振兴发展联盟成员单位"、入选2023年度值得托付金融机构并荣获"年度社会责任贡献机构"奖；获评集团"服务实体经济和国家战略优秀案例"3个，输出光大声音，贡献信托力量。

2. 多措并举化解风险，守住流动性安全底线。公司坚持把存量风险化解攻坚作为各项工作的重中之重，驰而不息，推进全年压降项目清单内风险隐患122.81亿元，完成集团和监管下达任务。一是重点聚焦现金清收，完善激励约束制度，强化对重点项目、重点区域的指导协调，全年累计实现现金清收74.68亿元。二是攻坚推进深圳城市更新专项清收化解。设立城市更新中心（二级部）和总部直属的深圳资产经营团队，专项负责深圳清收化解工作；聚焦急重险难，综合推进人员重构、SPV整改、清收处置、启动诉讼和拨备核销等工作。全年实现实收信托净下降13.82亿元，"以物抵债"8.44亿元。三是通过与信保基金、AMC等开展卖断反委托合作，补充25.9亿元流动性资金，并有效降低了资金成本；把握政府一揽子化债的契机，实现2个长期逾欠的贵州政信项目风险化解，收回现金近3亿元；探索使用计提的预计负债消化吸收信托项目风险，完成不良债权处置核销合计13.58亿元。

公司坚决扛起流动性管理主体责任，坚持底线思维、极限思维，加强统筹管理，持续开展流动性压力测试，通过细化资金募集、风险资产清收、与信保基金合作、预计负债使用、内部资金调度等多方举措，全年共计轧平628.54亿元的流动性资金缺口，保证了资金整体流动性运行稳定。在资金募集端，充分调动销售积极性，提升财富销售募资效率，实现财富累计销售1 150.94亿元，较上年同期增长37.14亿元。

3. 践行金融工作的政治性，加快创新转型步伐。公司对外强化服务客户、创新产品、开拓市场的商业理念；对内落实全面统筹、目标导向、凝心聚力的管理思维，打造"一个客户、一个光大、一体化服务"综合服务体系，切实推动创新转型。积极推动监管政策信托业务"三分类"新规要求落地，落地深圳市第一单上市公司破产重整服务信托——广田集团破产重整服务信托；积极探索预付类资金服务信托、租赁住房服务信托等其他服务信托新业务，账户管理、风险处置等服务信托业务新增458.18亿元，占新增业务的29.43%，切实推动公司摆脱传统路径依赖；与光大银行合作"光信链"平台上线，成功完成首笔签约放款，有力践行科技金融、数字金融、普惠金融创新；央国企基金规模突破20亿元，与中建四局、上海宝冶等开展战略合作；慈善信托新增备案25单，新增备案规模7 351万元，在国土绿化、扶贫济困、助医助学、养老助残、身心障碍服务方面赢得美誉。

4. 全面从严治党进一步加强，推动管理提升。公司牢牢把握主题教育"学思想、强党性、重实践、建新功"总要求，将党建与管理紧密结合，由党委班子带头开展调查研究，深入基层一线，围绕创新转型、风险化解、高质量发展等重点领域深化调研，统筹破解难题、剖析典型案例，形成初步成效；紧抓中央巡视"回头看"整改契机，切实提高政治站位，痛定思痛、刮骨疗伤，进一步建立健全管理机制、补齐管理短板、加强公司经营治理，持续完善公司总办会及各专业委员会职能职责，梳理规范业务流程；以形式主义、官僚主义专项整治为抓手，聚焦解决基层发展过程中的堵点、难点问题，围绕"重点渠道、重点客户、重点产品"加强管理，进一步依托金控集团优势，开展与光大银行分行结对活动，逐步打造公司的核心资源优势；开展业务劳动竞赛、实体经济评比等措施激励展业，激励先进、鞭策后进，形成比学赶超的良好氛围。

二、创新业务案例

案例一：光信·光祺·鼎新1号服务信托——运用资产服务信托助力深圳广田集团破产重整

上市公司深圳广田集团股份有限公司（以下简称广田集团）是建筑装饰行业龙头企业，业务遍及国内大部分地区，上游材料、劳务等供应商众多。2022年广田集团爆发债务危机，如不及时处置，将可能引发区域性金融风险。

公司践行央企责任担当，发挥信托优势，积极参与该服务信托受托人资格招标，并成功设立光信·光祺·鼎新1号服务信托。该服务信托将广田集团部分资产作为信托底层资产，同时剥离部分资产和债务，妥善完成广田集团的风险化解工作，全体债权人尤其是供应商、农民工等中小债权人将获得现金、股票、信托受益权等多种偿债方式。该业务的实施，不仅避免了广田集团的破产清算，也保护了上游供应商及其他债务人的利益，保障了广田集团及上游数万人的就业，促进了社会稳定。

作为信托公司参与的上市公司破产重整项目，广田集团破产重整资产服务信托的落地，有助于进一步探索受托人与委托人所处不同监管制度的有效衔接，丰富风险处置服务信托的商业模式，并提供相应的行业经验和有效借鉴。

案例二：光信善·圆梦西藏慈善信托——运用公益慈善信托助力推进国土绿化行动

西藏自然生态系统先天脆弱敏感，开展国土绿化行动和实施拉萨南北山绿化意义十分重大。2022年8月，西藏自治区慈善总会（以下简称西藏慈善总会）与拉萨南北山绿化指挥部办公室共同发起的"我在西藏有棵树"公益项目正式启动。公司积极响应活动号召，参与西藏慈善总会设立的首单慈善信托，助力拉萨打造生态宜居的高原省会城市。

2023年4月，由西藏自治区慈善总会作为委托人，公司作为受托人，光大银行拉萨分行作为账户管理人的"光信善·圆梦西藏慈善信托"正式成立。该慈善信托首期到账资金5 500万元，是西藏自治区慈善总会设立的首单慈善信托，也是2023年上半年备案资金规模最大的慈善信托，信托资金用于拉萨南北山绿化工程，着力将拉萨打造成"青山拥南北，绿水绕古城"生态宜居的高原省会城市，实现"五年增绿山川、十年绿满拉萨"的构想。

该慈善信托是绿色与慈善的跨界融合，以慈善方式支持绿色事业，以绿色理念推动金融向善。同时，充分发挥金融服务专业化与慈善项目管理专业化的双重优势，真正践行了绿色发展的国家战略，在全国范围内形成示范效应。

三、社会责任履行情况

一是加强党的领导。在光大集团党委的正确领导下，公司党委加强党的领导，坚决贯彻"两个一以贯之"要求，推动党的领导与公司治理有机融合；以习近平新时代中国特色社会主义思想为指导，全面学习贯彻落实习近平总书记重要指示批示精神和党中央决策部署，强化理论武装，用习近平新时代中国特色社会主义思想凝心铸魂；深入开展学习贯彻习近平新时代中国特色社会主义思想主题教育，突出问题导向，有效开展调查研究，积极解决群众急难愁盼问题；加强基层组织建设，增强党组织政治功能和组织功能；持续强化严的氛围，深化全面从严治党。公司发挥党委把关定向的领导作用，全方位推动党建引领，为公司开启二次创业新征程、实现高质量发展提供坚强的思想政治保障。

二是落实国家战略。公司围绕国家战略及党中央决策部署，制定配套制度和指导意见，明确年度目标，持续跟进和推进服务国家战略和实体经济工作。2023年，公司服务实体经济信托规模4 880亿元。公司加大资源配置力度，加强服务国家战略和实体经济考核激励，加强业务引导。围绕服务构建新发展格局、支持现代化产业体系建设、区域协调发展、乡村振兴、"双碳"目标和绿色低碳转型，运用信托制度功能，强化业务模式创新。

三是积极参与社会公益事业。第一，创新推动绿色与慈善跨界融合。公司助力西藏慈善总会设立首单慈善信托，该慈善信托首期到账资金5 500万元。该慈善信托引导更多资金用于国土绿化工程，推动"慈善+金融"创新探索及深度实践，是公司践行绿色发展理念的典型案例。第二，积极开展公益捐助。公司竭尽"光大所能"，解决"民之所盼"，在甘肃省发生地震灾害的第一时间迅速组织行动，联合光大银行通过大爱无疆慈善信托资金捐款200万元至甘肃省政府指定的省慈善总会捐赠账户，用于支持灾区基础设施重建、受灾群众救助及灾后教育、卫生等方面的恢复重建工作，帮助灾区尽快恢复正常生产生活秩序，为灾区人民提供力所能及的帮助，与灾区人民共渡难关。公司524名干部员工为甘肃省临夏州积石山县抗震救灾捐款61 849元，并完成向集团定点帮扶县捐款100万元，并确保帮扶资金在指定时间划拨到位。第三，做好消费和产业帮扶。采购集团湖南新化、新田、古丈三个定点帮扶县的特色农产品43.2万元。通过公司"慈善信托+浙江光信公益基金会"支持甘肃省定西市临洮县太石镇"临洮甜百合精深加工生产线包装及仓储车间建设项目"，帮扶资金25万元。第四，参与扶贫助困行动。发挥公司"慈善信托+基金会"功能优势，筹集社会公益善款，巩固乡村远程诊疗和听力障碍特定人群帮扶项目成效，公司向新化县残联捐赠慈善助残资金80万元，为全县150名有听力残疾的残疾人和儿童适配助听器，7名重度听障人士实施人工耳蜗手术资助补贴，助残项目在当地取得较好效果。按照集团《关于开展2023年"幸福工程——救助困境母亲行动"捐款活动的通知》要求，积极开展为贫困母亲捐款活动，公司干部员工共计496人参与，捐款44 460.66元。

四是推动创新转型。公司回归本源，积极拓展身心障碍服务信托，满足特殊需要人群服务需求；参与拓展企业破产重整，设立破产重组服务信托，助力企业化解金融风险；开发养老服务信托，提供养老权益服务，助力应对人口老龄化；提供光信链供应链服务，充分利用科技金融的优势，围绕核心企业，为供应链上下游中小微企业提供高效便捷的融资渠道，利用大数据分析、人工智能和区块链等技术，为企业提供更准确的风险评估和更高效的融资服务。

四、2024年发展规划

公司以综合竞争力保持行业中上游水平，建设中国特色信托公司为战略目标，坚定不移回归信托本源。立足"十四五"规划和党的二十大精神及中央金融工作会议等要求，树立正确的发展观，践行央企责任，服务实体经济。顺应监管导向，推进创新转型，优化业务结构，塑造精品和名品。强化风险化解，增强风险防范，提高内控合规水平，守住风险底线。推进机制体制改革，建设专业化人才队伍。加强集团协同，提升专业能力，完善综合服务。

广东粤财信托有限公司

一、2023年经营概况

2023年，广东粤财信托有限公司（以下简称公司）各项经营指标基本保持稳定。截至2023年12月末，公司资产规模、经营收入、利润情况如下：

公司管理资产规模合计3 852.18亿元，其中，信托资产规模3 745.60亿元；自营业务资产总额106.42亿元；其他资产规模0.16亿元。公司营业收入14.45亿元，公司实现利润总额10.02亿元，实现净利润9.43亿元。

2023年，公司多措并举，全方位服务实体经济。截至2023年12月末，公司直接服务实体经济项目规模1 120.55亿元，服务广东地区实体经济项目规模524.53亿元。其中，投向粤港澳大湾区项目共计67个，规模超332.35亿元，支持粤东西北区域工商企业融资等，存续规模192.19亿元。此外，公司通过证券投资类信托服务实体经济规模为1 550.99亿元（投资标债规模总和）。公司主要在乡村振兴、绿色金融、新兴产业等多方面大力服务实体经济。一是落实"百千万工程"要求，支持基础设施建设及乡村振兴。年内，通过粤投穗盈6号、高要1号、肇投1号、梅州康达等信托项目，支持江门、肇庆、梅州等区域城市建设发展，完善公共基础设施，相关业务规模达22.14亿元。二是促进区域协调发展，支持省内新兴绿色产业，助力绿美广东建设。公司成立"粤财信托·广东深汕合作区1号集合资金信托计划"，以"股权+对赌回购"的形式入股深圳市智融国际汽车城投资开发有限公司，支持广东深汕国际汽车城区域的建设发展。三是大力拓展慈善信托，以"慈善+金融"支持慈善事业蓬勃发展。年内，公司新备案成立3单慈善信托，截至2023年12月末，公司慈善信托存续15个，累计备案规模3 516.73万元，存续规模2 372.99万元。

2023年，公司按照信托业务"三分类"标准，对公司业务指引进行了对应调整和完善，进一步明确了在信托业务"三分类"改革下的"一体四轮两翼"展业策略。在新的展业策略引导下，年内公司资本市场业务、财富管理服务信托业务有较大突破。一是资本市场业务规模有较大幅度增长，公司年末投向证券市场的资金较年初增长超200%。二是首单落地多类财富管理服务信托业务，家族保险金信托业务逐步上量，年末公司家族、保险金信托业务规模同比增长近70%，为公司推动信托业务"三分类"下业务转型，拓展财富管理服务信托奠定基础。

2023年，经原广东银保监局批复同意，公司完成工商变更登记，注册资本由38亿元增加至62亿元，增资工作圆满完成。此次注册资本的增加，有利于公司提升资本实力，更好支撑公司业务向主动管理、集合信托转型，优化业务结构，增强投资者与客户信心，提高抗风险能力。

2023年，公司凭借专业的服务能力、良好的市场口碑，获得行业内多个重要奖项，包括《证券时报》"年度区域影响力信托公司"、深圳证券交易所"年度优秀债券投资交易机构——信托类"、第三届中国资产管理与财富管理行业金誉奖"卓越区域影响力信托公司"；此外，公司管理的"粤财信托·郭予填子女关爱基金特殊目的信托"获得金誉奖"优秀创新信托产品"奖项。这些充分说明了行业对公司综合实力和服务能力的认可，也进一步提升了公司品牌影响力。

二、创新业务案例

2023年，公司设立了"忆北2023科学教育慈善信托"（以下简称忆北慈善信托），该信托旨在打造一个全民可参与建设的天文学大基建工程。忆北慈善信托是首个支持天文学基础发展的慈善信托，其一大创新是以慈善信托的模式探索助力国家科技发展的新道路。面对大型科研装置建设周期长、资金需求持续的特点，慈善信托以其独特的功能优势，为这类科研项目提供了长期稳定的资金支持。这不仅是对科技金融结合方式的创新，还是对科技强国战略的有力践行。

忆北慈善信托的架构设计也是慈善信托的一次创新实践。项目采用双委托人模式，其中，个人委托人积极倡议北大校友和社会各界人士共同关注并支持我国天文学基础科学研究，为科研项目汇聚了民间资本的强大力量；机构委托人则发挥其公开募捐的资格优势，负责接收社会捐赠，进一步拓宽了资金来源。此外，本项目创新性地对接了公开募捐渠道，让更多的爱心人士有机会参与科技金融事业中，共同为我国天文基础设施的建设贡献力量。

三、社会责任履行情况

2023年，公司严格遵守国家法律法规，认真贯彻国家经济金融政策以及监管要求；有效履行受托人职责与义务，充分维护受益人利益最大化；积极探索"慈善+金融"的创新与改革，助力共同富裕；公司积极参与各类公益志愿服务活动。

2023年，公司始终把坚守金融工作的政治性、人民性、时代性和普惠性要求放在首位，紧密围绕消保工作机制和管理体系建设目标任务，增强工作前瞻性和主动性，切实承担保护消费者合法权益的主体责任。一是董事会及其下设信托与消费者保护委员会、高级管理层年内多次召开会议研究和审议消费者权益保护有关议题，确保消费者权益保护目标和政策得到有效执行；二是建立健全消费者权益保护制度，年内对产品发行审查、适当性管理、金融营销推介、金融纠纷多元化解及合作机构消保工作等制度进行了完善；三是认真开展内外部消费者权益保护监督检查工作，积极查缺补漏，推动管理提升；四是开展了"走进企业""走进养老社区"等金融知识教育宣传活动，提升消费者权益保护工作效果和社会效应；五是建立了多渠道投诉处理工作机制，通过健全投诉的受理、传递、处理、反馈、回访、结案等全流程管理和通报机制，促进金融消费者权益保护工作的开展。

在走共同富裕的中国式现代化道路上，公司持续推动公益慈善信托业务拓展，自2016年设立广东省首单慈善信托计划——"德睿慈善信托计划"以来，加快推进慈善事业的步伐，先后设立"粤财信托·农银壹私行·万科河源仙坑2022乡村振兴慈善信托""粤财信托·希望的田野2023家庭教育慈善信托"等慈善信托，累计成立慈善信托计划规模超3 500万元，信托计划投向包括扶贫济困、乡村振兴、教育助学、医疗抗疫等领域，用金融为慈善事业贡献坚实力量。

2023年，公司积极支持乡村振兴驻镇帮镇扶村工作，购置了一批物资用于帮扶南雄市湖口镇太和村委会完善太和村卫生站及老年人康乐活动设备设施；做好广东省退役军人应急救助资金受托管理工作，每年将基金运营管理收益用于救助基本生活严重困难的退役军人和其他优抚对象；年内，向广东省慈善总会捐赠400万元，用于广东省内乡村振兴或公益慈善项目。

四、2024年发展规划

2024年，公司将坚持以习近平新时代中国特色社会主义思想为指导，全面贯彻落实党的二十大精神、中央金融工作会议精神、中央经济工作会议精神、省委十三届三次全会的部署，为加快建设金融强国、坚定不移走中国特色金融发展之路、推动我国金融高质量发展贡献粤财力量。

（一）党建引领，坚定不移走中国特色金融发展之路

一是公司将持续学习宣传贯彻党的二十大精神，习近平总书记关于主题教育、金融工作、经济工作的重要讲话精神，坚持把感悟思想伟力作为重中之重。二是坚持做到"两个一以贯之"，将"把方向、管大局、保落实"的政治任务落实到公司治理的各个环节，健全党委议事规则、"三重一大"决策制度、党委决策研究讨论清单等党内制度流程。三是持续加

强党的基层建设，激发基层党组织活力。四是领导班子成员落实"一岗双责"，担当党风廉政建设主体责任，推动信托文化、企业文化、清廉金融文化有机融合，持续营造风清气正的良好企业氛围。

（二）胸怀"国之大者"，打造"5+2"服务体系，坚持金融服务实体经济根本宗旨

一是持续深耕普惠金融，推动业务重心下沉，积极参与"百县千镇万村高质量发展工程"，服务乡村振兴及区域协调发展。二是大力拓展科技金融，综合运用自有资金及信托资金，加大对科创企业投融资服务支持。三是创新发展绿色金融，加快推动与北京绿色交易所合作，搭建粤港澳大湾区双碳绿色管理服务平台；加强与政府部门、行业协会、科研院所、绿色企业协作，共筑绿色金融生态圈，助力绿美广东建设。四是多元开展养老金融，在家族信托、家庭信托方案中嵌入养老康养等系列服务，增强高净值客户群体吸引力。五是前瞻探索数字金融，继续完善信息化系统建设，充分挖掘数据价值，争取在数据金融服务方面有零的突破。六是聚焦"三大工程"、基础设施建设，利用公司在房地产业务领域丰富的业务实践和风险处置经验，利用信托独特灵活的法律制度安排，支持"平急两用"公共基础设施、城中村改造、保障性住房等"三大工程"建设；积极参与基础设施公募 REITs 市场，通过 REITs 各类角色的参与，帮助城投企业搭建起可持续扩充的权益资金融资通道，助力盘活存量资产，增强企业可持续经营能力。

（三）深化转型改革，以"一体四轮两翼"展业策略，坚定不移推动高质量发展

一是以资本市场业务为主体，大力拓展资本市场业务。二是以"资产证券化、产业服务、财富管理服务、社会责任"为"四轮"，打造业务发展引擎。三是以"特殊资产服务信托、固有资产股权投资业务"为"两翼"，形成业务发展新动能。

（四）统筹发展与安全，顺应严监管趋势，提高合规管理水平，全力加快推进风险处置

一是顺应全面强化机构监管、行为监管、功能监管、穿透式监管、持续监管要求，积极配合监管、拥抱监管，严格执行监管规定，合规展业。二是持续提高公司治理能力和水平，建立健全"三会一层"治理结构。三是持续优化与信托业务特点相匹配的全面风险管理体系，进一步结合信托业务分类新规调整展业指引架构及风险管控策略，健全具有硬约束的金融风险早期纠正机制。四是全力加快推进风险项目处置，持续优化风险处置流程和制度，提升风险处置质效。

（五）优化制度机制，强化内控管理，紧抓问题整改

一是进一步健全内部控制制度体系，加强关联交易、反洗钱、案件防控精细化管理。二是加强消费者权益保护工作，持续完善消保工作体制机制，加强营销人员推介行为管理、投资者适格性管理。三是加强员工行为管理，加强信托文化培育，加强职业操守规范教育，强化廉洁自律，倡导克己奉公。

国投泰康信托有限公司

一、2023年经营概况

2023年，国投泰康信托有限公司（以下简称公司）依托股东优势资源，围绕金融"支持实体经济、服务美好生活"的使命，始终坚持战略先行，贯彻落实"稳中有进"的发展理念，目前已形成了包含资产服务信托、资产管理信托、公益慈善信托三大业务领域，十余条业务线相互支撑、共同发展的完整业务体系。为响应监管要求，公司主动调整优化"十四五"战略规划，突出账户信托业务、服务信托业务、慈善信托业务发展和资产配置中心建设。公司持续提升企业核心竞争力，以建设行业领先信托公司为目标，以成为卓越的资产管理机构和值得托付的财富管理人为愿景，保持定力，前瞻布局，积极转型。2023年，公司实现营收18.84亿元，实现净利润10.13亿元；净利润行业排名第14位，ROE行业排名12位；管理资产规模3 911亿元，增幅31%；连续四年获行业最高评级A级。

（一）在财富管理业务领域加速布局

公司设置资产配置中心，增强高效资产配置服务能力；设置产品管理中心，重塑产品发行流程；强化品牌赋能业务发展。家族信托业务规模再上新台阶，2023年末存续规模突破350亿元，合作渠道数量超过70家，覆盖率稳居行业前列。保险金信托2023年新增规模超150亿元，新增单数超1 900单，构建了业内覆盖面最广的保险金信托展业平台。

（二）强化风险防控，着力夯实高质量发展根基

2023年，公司优化全面风险管理顶层设计，健全风险偏好和内控管理体系，坚守风险防控的底线思维，促进风险约束与经营管理有机融合；基于内外部数据及管理经验开发使用风险计量模型，建立并上线了证券资管业务内部信用评级系统，有效提升了证券资格业务信用风险的识别、监测与管控能力，提升风险管理智能化水平。风控管理扎实有效，连续三年荣获"优秀风控信托公司"奖。

（三）加快推进数字化转型，助力管理效能提升和业务升级发展

公司以数字化转型为抓手，持续推动业务模式创新和管理效率提升，在信息技术方面投

入8 654.77万元，同比增长63%。公司坚持战略引领，推动治理结构和管理架构的持续变革，逐步形成总经理办公会、数字化战略委员会与数字化转型办公室、信息技术部与领域单元的分层管理架构，同时推进数字化人才团队专业化、职能化分工，打破传统单一协同体系，以客户和用户需求为牵引，推进中台专业化分工，打造团队深度，构建基于能力的新型管理架构，实现了数字化和科技治理机制的创新。聚焦实效，全面赋能业务高质量转型。围绕资管标品、普惠金融、财富管理、数据治理与应用等领域持续发力，体系化推进技术架构建设和能力提升，全面支撑各重点业务领域发展。广泛利用新工具、新手段促进新效能，推进专业工作流程的标准化、规范化。

（四）硕果累累，载誉前行

2023年，公司荣誉连连，收获满满，凭借各方面的优秀表现，不断获得有关媒体、机构等多方面的认可。

2023年，公司荣获《上海证券报》授予的"诚信托·卓越公司奖""诚信托·最佳资产管理信托产品奖"；金融界授予的杰出ESG信托公司奖、公益慈善优秀案例；《证券时报》授予的2023年度优秀风控信托公司；普益标准授予的卓越综合竞争力信托公司、卓越数字科技信托公司；《财富管理》杂志授予的2023年度中国家族办公室TOP 50、"最佳信托机构——最佳慈善信托奖""最佳信托机构——最佳资产管理奖"；惠裕全球家族智库授予的机构型家族办公室创新实践奖、机构型家族办公室综合服务能力奖；晨哨集团授予的2022—2023年度十佳S基金买方机构奖；《银行家》杂志授予的2023年度银行家家族信托管理创新优秀案例；凯度（全球领先的品牌数据与分析公司）授予的最具影响力的中国信托品牌10强榜；中国银保传媒授予的2023年中国信托业新媒体影响力TOP10、中国金融品牌微视频典范；前程无忧授予的2023年"杰出雇主"；中国信托业协会及《中国银行保险报》授予的"2023年金融消费者权益保护教育宣传月"信托知识大挑战活动优秀组织单位；中国信托登记有限责任公司授予的信托登记优秀机构、信托业标准化监管数据优秀报送机构；江苏银行授予的最佳合作信托公司。

二、创新业务案例

（一）资本市场业务发展日趋成熟，阶段性成果显著

公司证券投资业务产品线搭建日渐完善，固收产品规模超1 000亿元，稳居行业第一梯队，产品业绩保持稳健，提升了产品的市场认可度。丰溢、和溢等主动管理FOF产品整体表现较好，绝对收益和相对排名均有较大提升。

公司资产证券化业务行业排名持续提升，全年ABN发行规模和单数排名均首次进入行业前十，发行规模排名第9位，较上年提升15名，发行单数排名第4位，较上年提升20名。信贷资产ABS排名新晋上榜，并跳升至行业第14名。业务创新方面，先后落地全国首单市政道路停车收费权ABN、天津市首单民营科技创新企业知识产权ABN、公司首单绿色资产ABN和小微资产"债券通"ABN，取得了一定的社会影响力。

公司股权投资业务进一步丰富产品矩阵，形成以"四季"为主题的综合配置类产品，以"名岳""青松"系列为主题的行业类精选产品和以"坤奕""志合"系列为主题的TOF类产品。

（二）强化国投集团内部协同与外部展业，慈善信托业务取得重大突破

公司全年累计受托成立18单慈善信托，备案规模达2.4亿元。对内协同方面，落地了国投集团乡村振兴慈善信托，累计规模9 750万元，为备案成立时国内规模最大的乡村振兴慈善信托，实现国投集团内部协同重大突破；协助国投集团各板块设立"国投公益"系列慈善信托，累计设立7单，覆盖资本、电力、矿业三大板块。外部拓展方面，公司组织慈善信托研讨会等多种慈善活动，打造了公司慈善信托"心奕慈善"特色品牌。

三、社会责任履行情况

作为央企控股的信托公司，公司始终秉承"有道而正、信则人任"的核心价值观，以务实的精神、稳健的作风以及细致的服务，为客户、为员工、为股东、为社会创造最大价值。公司严格遵守国家法律法规、监管部门规章、规范性文件以及《信托公司社会责任公约》、公司章程等规定，坚守合规底线，实现稳健经营，树立了良好的社会形象。2023年公司荣获年度优秀风控信托公司、卓越综合竞争力信托公司、卓越数字科技信托公司、年度金牌服务力金融机构、最具影响力的中国信托品牌10强榜、家族信托管理创新优秀案例等重量级奖项。

公司积极贯彻落实党的二十大精神及国家乡村振兴重大战略，进一步完善业务体系，加快慈善信托业务发展，全年备案慈善信托12单，新增规模1.83亿元，全年新增备案规模位居行业首位。落地国投集团乡村振兴慈善信托，累计规模9 750万元，为国内迄今为止规模最大的乡村振兴慈善信托，并荣获"2023乡村振兴公益慈善优秀案例""最佳信托机构——最佳慈善信托奖"等行业奖项和荣誉。

公司持续支持实体经济，在资产证券化业务领域，持续加大对专精特新、科技创新、绿色发展等领域的展业力度。在供应链金融业务中，采取"定向购销"模式深入服务实体经济，有效缩短上游供应商的回款周期，加强资金流动性，发挥产融协同效应。

公司深耕普惠金融,推动金融服务大众、覆盖社会各个末端。以"场景金融+大数据风控支持"为核心的风控模型,与电商合作,为上下游的小微企业和个体工商户提供低利率的信用类融资服务。

公司加快养老金融服务布局。贯彻落实中央金融工作会议精神,加快账户信托业务布局,做好养老群体的金融服务。以家庭信托账户为中心,为客户提供全面、多层次的养老综合服务体系,缓解社会"养老焦虑"。

公司高度重视利益相关方的权益保护工作,全年策划并组织举办"蝶变与创新"系列品牌活动4场、"时势知行"财富家庭规划与配置系列活动1场、"春耕正当时"投资策略会套系活动3场,展示公司高质量转型发展的决心与硬实力,传播信托财富管理服务新理念、新价值,展示信托视角的买方投研能力。组织开展"美好生活"主题客户沙龙17场,围绕宏观经济走势观点、大类资产投研分享、财富传承规划、慈善信托等主题,开展线上活动23场。

四、2024年发展规划

2024年,公司将以成为行业领先公司为目标,加强统筹资产管理与财富管理协调发展,围绕业务转型需要调整资源配置,确保转型发展加力提效。

具体而言,一是继续贯彻落实战略管理优化方案,推动公司高质量发展;二是将风险防控放在首位,稳妥有序推进风险化解工作;三是进一步调整优化业务结构,扎实推进转型业务发展;四是继续推进全域数字化转型,并做好进入优化阶段准备;五是继续推进全域数字化转型,并做好进入优化阶段准备。

华宝信托有限责任公司

一、2023年经营概况

华宝信托有限责任公司（以下简称公司）成立于1998年，是中国宝武钢铁集团有限公司旗下的产业金融业板块成员公司，中国宝武钢铁集团有限公司持股92.90%，舟山市财金投资控股有限公司持股5.20%，舟山市国有资产投资经营有限公司持股1.90%。公司注册资本50.04亿元。

公司立足产业生态圈专业化信托服务，以"产品+服务"双轮驱动，为上下游机构和高端客户提供差异化财富管理和综合金融解决方案。公司产品利用多种结构和工具覆盖了资本市场、货币市场、实体经济等各大投资领域，并在产业金融深度服务、现金管理、金融市场、境外投资、薪酬福利、家族信托等业务领域不断探索创新。自1998年成立以来，公司连续26年都实现盈利，累计为客户实现收益2 645亿元。截至2023年末，公司管理的信托资产规模3 319亿元。

公司在中国信托业协会行业评级中连续四年荣获A类评级，并在各类外部评选中荣获多项荣誉。2023年，公司荣获"2022年度浦东新区金融业突出贡献奖"、《上海证券报》第十六届"诚信托"创新领先奖、《中国证券报》第二届信托业"金牛奖"评选"三年期权益类产品奖""一年期混合类产品奖"、《证券时报》第十六届中国优秀信托公司评选"2023年度优秀信托文化建设公司"奖、《21世纪经济报道》第十六届"金贝"2023卓越信托公司等荣誉。

二、创新业务案例

公司积极探索各类信托产品及服务的转型和创新。

（一）绿色信托业务

公司坚持走专业化、差异化的发展道路，不断完善投研体系建设，夯实和优化投研能力基础，加强投研一体化建设，提升资产管理能力和信托服务水平，加快转型创新，实现高质量发展。公司ESG系列绿色主题信托业务，是业内首批投资范围涵盖债券、基金以及碳配额的"固收+"投资型信托，在《中国证券报》主办的第二届中国信托业"金牛奖"评选中荣获"一年期混合类产品金牛奖"。

（二）权益类信托业务

公司坚持"产品+服务"双轮驱动，提升主动投资管理水平，加速构建有梯度的标品产品体系，形成现金理财类、固定收益类、"固定收益+"类、权益类等较为完备的产品线，以满足投资者多元化的财富管理需求。其中，公司向标准化业务转型中成立的主动管理型权益类产品，积极挖掘被低估的优质公司，重点跟踪宏观环境及市场风格的变化趋势，通过相对均衡的配置和对整体仓位的动态管理，力争在收益与回撤之间把握平衡，在《中国证券报》主办的第二届中国信托业"金牛奖"评选中荣获"三年期权益类产品金牛奖"。

（三）供应链金融业务

公司依托于中国宝武产业背景，深度挖掘生态圈供应链的特点和特色，与中国宝武各子公司及上下游客户合作，通过向中国宝武各业务板块及相关领域上下游供应链延伸，并扩展至整个产业生态圈，积极开展各类投融资业务，为生态圈供应链企业提供产业深度金融服务，已形成华宝荣业耀华系列、华宝宝业韶华系列、华宝物华筑宝系列等。公司深度践行产融结合，深入研究差旅管理企业场景，在业内首创差旅业务信托，通过信托架构，构建起"期限灵活、成本可控、服务优质"的融资服务体系，为供应商提供基于真实业务场景下的便捷、高效的供应链金融服务。

（四）薪酬福利业务

聚焦目标行业与重点区域，集中挖掘潜在客户，为机构及其员工提供综合化金融服务。公司持续推进"薪酬福利计划+财富管理"业务；跟进市场需求和周期，推进员工境内外持股、个人养老金产品等业务，持续推进养老金融业务的发展。

（五）特殊资产业务

2023年，公司将账销案存资产设立财产权信托，并在交易所公开转让部分信托受益权，该项目是上海联合产权交易所历史上首单信托受益权份额转让交易，公司获得上海联交所颁发的"2022年度交易创新奖"。

三、社会责任履行情况

（一）探索绿色信托业务

公司在公司战略发展规划中，明确提出将"ESG体系建设"作为公司战略规划实施路径之一，将战略发展与绿色信托紧密结合起来，积极开拓绿色信托业务，探索绿色信托的实质，促进绿色产业发展和升级。公司将绿色信托在公司核心业务系统中进行标识，确保录入相关业务系统中涉及绿色信托业务的统计准确性。对相关绿色信托开展及实施情况，通过公司年报、专项报告或社会责任报告等多种方式进行披露。公司官微发布多份绿色信托相关宣传文章，积极宣传绿色理念和实践。

（二）服务人民美好生活

响应人民财富管理需求。公司有序开展家庭服务信托业务，发布"和禧"系列家庭服务信托品牌，为客户提供完整的家庭服务信托设计方案。养老金信托方面，公司结合企业年金管理模式充分发挥受托人优势的特点，推出针对企业客户的养老金信托产品。

支持小微企业发展。公司积极以"支持中小微企业融资纾困"为主题，开展系列服务活动，通过横向协同、上下联动、协同支撑、通力合作，聚焦生态圈内中小微企业面临的实际困难，以精准服务、线上诉求对接服务等，多渠道、多形式送服务进企业，扩大服务覆盖面，促进中小微企业平稳健康发展。

推进产融结合业务。公司充分发挥信托金融牌照资源优势，与中国宝武相关单元协同，通过产业基金、债转股、财产权信托和资产证券化等方式，为生态圈内企业进行财务结构优化、资金周转率提升和存量资产盘活。通过股权投资、债权融资等方式，为供应链上企业提供多角度定制化金融财富管理、产业增值服务和综合金融解决方案。

在积极开展成熟业务的同时，公司也及时跟进国家及行业政策导向，积极推进科技创新，努力拓展新的业务模式和机会，深化产融对接和信息共享，提升供应链金融服务水平。

（三）发展公益慈善信托

2023年11月，公司携手成都市武侯社区发展基金会和成都市金堂社区发展基金会，设立"华宝信托博施济众1号成都社区垃圾分类慈善信托"，通过"慈善+环保"的形式，支持成都社区绿色慈善公益事业发展。该慈善信托是四川省民政厅备案的第二单慈善信托，并创新地采用了"双基金会""双受托人""双监察人"的模式，信托财产主要用于支持社区垃圾分类减量，致力于提升公民参与社区"双碳"行动、垃圾分类减量等方面的积极性，让低碳生活、绿色生活理念真正内化于心、外化于行，促进生态环境保护和绿色可持续发展。

（四）公司治理及文化建设

公司按照国家法规、监管政策和公司章程等要求，建立了以股东会为权力机构、董事会为决策机构、经营层为执行机构、监事会为监督机构的公司治理模式，各层次在各自的职责、权限范围内，各司其职，各负其责，确保了公司的规范运作。

公司紧密围绕公司使命、愿景和战略定位，将信托文化建设与企业文化建设相结合，建设良好受托人文化，一方面在全公司开展"信托文化深化年"活动，重点推进信托文化建设的体制机制在公司真正落地实施，推动信托文化与业务融合，与管理融合，形成信托文化建设与公司经营管理良性互动；另一方面在日常工作中进一步发挥企业文化的支撑和引领作用，通过体系化推进专项文化建设、廉洁文化建设、文化阵地建设、开展文化活动等多种形式，进一步提升企业软实力。

四、2024年发展规划

公司以"四化"为方向引领（高端化迈进、智能化升级、绿色化转型、高效化发展），以"四有"为经营纲领（有客户的产品、有边际的业务、有利润的收入、有现金的利润），以"四做一提升"为重点经营举措（做强投研、做优产品、做大客群、做精服务，提升财富管理能力），立足产业生态圈专业化信托服务，以"产品+服务"双轮驱动，为上下游机构和高端客户提供差异化财富管理和综合金融解决方案。

其中，"产品+服务"双轮驱动的发展路径，与信托业务"三分类"的要求保持高度一致。"产品"对应信托"三分类"的"资产管理信托"，"服务"对应信托"三分类"的"资产服务信托"。总体战略布局的要求是，依托公司自身的资源禀赋、专业管理能力和信托制度的优势，以市场为导向，以客户为中心，一方面发挥信托"资产管理"能力优势，为客户提供资产管理信托产品；另一方面，发挥信托"资产隔离"等制度优势，为客户提供综合财富管理、资产配置等信托服务。

华鑫国际信托有限公司

一、2023年经营概况

2023年，华鑫国际信托有限公司（以下简称公司）始终秉承"稳健经营，价值至上"理念，坚持稳中求进、谋定后动，加快创新转型、狠抓提质增效，实现了风险可控前提下的跨越式发展。公司行业评级连续四年保持最高（A级），成功当选中国信托业协会新一届会员理事单位，充分体现了协会对公司稳健经营、风险管理和盈利能力的高度肯定。同时，公司荣获首都精神文明建设委员会办公室评选的2021—2023年度"首都文明单位"称号，荣膺《金融时报》评选的"年度最佳服务实体经济信托公司""年度最佳资产管理能力信托公司"奖项，《中国经营报》评选的"2023卓越竞争力消费金融创新机构""2023卓越竞争力财富管理品牌"奖项，《经济观察报》评选的"年度卓越绿色金融机构"等多项行业大奖。

截至2023年末，公司资产总额222亿元，所有者权益163亿元，管理信托资产规模6 149亿元。2023年，公司实现营业收入29.92亿元，同比增长27.65%；利润总额23.87亿元，同比增长39.71%；净利润17.79亿元，同比增长39.70%；人均净利润689.46万元，同比增长26.71%。

（一）加快信托业务创新转型，统筹规模增长与效益提升，稳固高质量发展"基本盘"

截至2023年末，公司存续信托产品1 825个，信托资产规模6 149亿元，较年初增加2 173亿元。根据信托业务"三分类"标准，资产管理信托占比56%，资产服务信托占比39%；从信托来源看，集合资金信托占比57%，稳步提升；从信托功能来看，投资类规模2 030亿元，同比增长36%，投资功能显著增强，公司创新创效取得多项突破。组织结构方面，新设立碳金融创新创效工作小组；加快推动"博士后创新实践基地"建设，引进3名博士后。创新业务方面，参与资产证券化项目14个、规模397亿元，同比增长22%；"同鑫善行一号"慈善信托累计捐赠1 100万元；推出首个主动管理境外集合资金产品"安澜1号"，年化收益率12.9%；推出"安鑫"家庭服务信托。聚焦低碳能源产业链，打造"绿色+"业务模式，以资产证券化业务为抓手推动绿色金融业务落地。截至2023年末，绿色信托存续规模161亿元，同比增长18%。

（二）加快固有业务结构调整，统筹稳健投资与价值创造，夯实高质量发展"压舱石"

2023年，公司始终将固有业务风险防控放在首要位置，坚持优选交易品种和交易对手，分散化投资、控制集中度，固有业务实现了稳中有进、稳中优进。公司持续加强固有资金效率管理，全年共有64个固有项目顺利退出，收回96亿元本息。同时，积极运用拆借工具，做好流动性管理的同时，充分利用闲置资金，实现增效约3 100万元。

（三）坚持"大风控"理念，专业化风控成效显著，筑牢高质量发展"安全堤坝"

作为央企信托，公司始终坚持"大风控"理念和底线思维，追求风险可控前提下的高质量发展。一是坚持风险前置原则，夯实风险防控基础。二是搭建内控合规风险一体化平台，拓宽风控能力边界。三是提升全员合规意识，筑牢本质安全型企业根基。

（四）坚持"以人民为中心"，锻造财富管理核心优势，全力打造公司第三增长极

2023年，公司积极引进、培养财富管理人才，完成财富直销业务在全国重点城市布局，财富核心竞争力不断提升。品牌建设方面，确立"华鑫信托，稳行每一步"主题。系统建设方面，推动科技赋能财富管理，不断提升"华鑫信托"APP使用体验。渠道拓展方面，新增交通银行、浦发银行等8个代销渠道。

二、创新业务案例

（一）"安鑫"家庭服务信托

公司积极践行金融为民理念，加快财富管理转型升级步伐。2023年，推出"安鑫"家庭服务信托品牌，集成账户创设、财富保护、个性分配等综合服务，助力客户在多需求场景下实现子女家庭关爱、家庭财富传承、家庭资产风险隔离及保值增值的目标，做让客户"安鑫"的家庭财富管理专家。

（二）绿色资产证券化信托

依托股东能源背景，公司坚持深挖自身资源禀赋，聚焦低碳能源产业链，打造"绿色+"业务模式，以资产证券化业务为抓手，推动绿色金融业务落地。2023年12月1日，公司作为资产支持票据的发行载体和底层单一资金信托的受托人，协助中国华电集团公司发行首单类

REITs——华电山西定向资产支持票据，发行规模22.41亿元，优先级票据预期收益率3.49%。

三、社会责任履行情况

一是坚持依法合规，确保稳健经营。2023年，公司严格遵守各项法律法规，认真落实监管要求，积极加强内部控制体系建设，加强自律管理；严格按照有关法律、法规、规章要求，履行信息披露义务；自觉履行纳税义务，依法及时足额纳税；恪守社会公德和商业道德，遵守信托行业自律有关规定；履行反洗钱义务，自觉维护国家金融秩序和金融安全；秉承"受人之托、代人理财"的契约精神，忠实履行受托责任。

二是坚持回归本源，服务实体经济。公司把服务实体经济作为转型发展的立身之本、发展之源，不断完善业务发展规划和市场策略，充分发挥信托擅于整合多种金融工具、灵活设计交易结构等优势，以专业化金融服务保障社会经济健康发展，努力为实体经济提供多样化、全方位的信托服务。截至2023年末，公司管理信托资产投向实体经济规模占比约70%。

三是发挥专业优势，支持公益事业。公司热心参与社会公益事业，积极开展捐款赈灾、捐资助学以及扶危济困等公益活动，成立慈善信托，促进经济社会和谐发展。截至2023年12月末，"华鑫信托·2022同鑫善行一号横店创享教育慈善信托"累计捐赠1 100万元。

四是推广私人财富专业理财知识，提升信托专业服务水平。公司组织开展了"3·15消费者权益保护教育宣传周"和"金融消费者权益保护教育宣传月"活动，全力打造投资者信任品牌，举办多次金融知识进社区活动、进企业及现场"微沙龙"宣传活动、制作宣传短视频、知识折页、老年人宣教材料，采用官方网站、微信公众号、官方APP以及办公场所联动，线上线下全方位推进教育宣传活动，引导消费者远离和抵制非法金融活动，增强风险识别和自我保护能力，取得了良好的社会反响。

五是勤勉尽责，维护投资者利益最大化。公司高度重视消费者权益保护工作，将消费者权益保护纳入经营发展战略和企业文化建设，持续完善各项体制机制建设，全面推动各项消费者权益保护工作有序开展。公司将维护消费者合法权益放在首位，积极与客户沟通协调，妥善处理并办结了所有投诉。2023年度未发生重大投诉事件及诉讼。

六是保护股东权益，促进国有资产保值增值。2023年，公司实现净利润17.79亿元，国有资产资保值增值率112.25%。

四、2024年发展规划

2024年，公司工作思路是：以习近平新时代中国特色社会主义思想为指导，深入学习贯彻党的二十大精神、二十届二中全会和中央金融工作会议精神，认真落实中国华电集团公司和中国华电集团资本控股有限公司年度工作会议精神，坚持产业金融发展定位，坚持稳中求进总基调，不断强化以人民为中心的价值取向和服务实体经济的使命担当，坚守风险底线，坚持合规经营，专注业务创新，加快转型升级，着力提升服务主业能力、价值创造能力、财富管理能力、投研结合能力，走专业化、特色化转型发展道路，确保全面完成年度任务目标，牢牢掌握高质量发展主动权。

一是坚持党建引领发展，做好金融"五篇大文章"。瞄准一流党建目标，坚决把学习宣贯中央金融工作会议和习近平总书记重要讲话精神作为重大政治责任，打造信托特色党建品牌，助力金融强国建设。

二是聚焦信托主业，加快转型，回归本源。顺应加强金融监管的趋势，结合信托业务"三分类"新规，坚守受托人定位，认真履行受托职责，坚持用资管思维做信托，坚持资金驱动逻辑和组合投资策略，依托专业化能力为受益人创造最大合法利益与价值。进一步加大标品固收、消费金融、资产证券化、财产权信托、家庭服务信托等业务拓展力度，多措并举做大资产管理规模。

三是优化固有布局，追求风险可控前提的价值新提升。紧盯政策变化，研判宏观经济、市场变化和行业趋势，抢抓资本市场机遇，把握权益投资形势，提前布局科学合理的投资组合，兼顾投资稳健性与较高收益水平，合理配比固收和权益占比，充分发挥"压舱石"作用。进一步丰富资本市场业务类型，提高资本市场投资比重，主动出击优势领域，形成以资本市场为核心的多元化业务格局。

四是坚守风险底线，全面提升依法合规经营水平。继续坚持"大风控"理念和稳健型风险偏好，健全多维度全面风险管理体系，守住合法合规经营、不发生系统性金融风险的底线。

五是推广财富品牌，打开财富管理全新增长空间。继续坚持"以客户为中心"，建设一流团队，提供一流服务，打造一流品牌。积极拓展"安鑫"家庭服务信托业务，让公司财富管理品牌真正走进千家万户。践行金融为民理念，引导投资者形成健康、可持续的长期投资理念，打造忠实、专业、可信赖形象，全面推广财富管理品牌。

交银国际信托有限公司

一、2023年经营概况

2023年,交银国际信托有限公司(以下简称公司)坚持以习近平新时代中国特色社会主义思想为指导,深入践行金融工作的政治性、人民性,大力支持实体经济发展,加快转型创新,强化风险管控,经营管理各项工作保持稳步推进。

(一)经营指标稳中向好

公司2023年实现营业收入(合并口径)16.90亿元,净利润7.71亿元。截至2023年末,公司自营资产总额(合并口径)170.69亿元,净资产161.45亿元,较年初增长4.72%;年末信托资产规模5 461.14亿元,较年初增长10.28%。

(二)大力支持实体经济发展

坚持信托向实,主动融入长江经济带、长三角等国家重大区域发展战略,大力支持实体经济发展。服务注册地经济发展,支持湖北建设现代产业集群,投向湖北地区资金规模37.6亿元,在武汉市设立由公司私募子公司首支担任GP的私募股权基金(交盈汇芯)。服务交银集团上海主场建设,全年投向上海主场规模103.6亿元,同比增长67.4%。聚焦战略新兴产业,支持现代化产业体系建设,联动江苏、苏州、上海、湖北等兄弟分行落地毅达资本国家中小一期基金、元禾重元叁号基金、上海引领接力基金等项目,与长江产业投资集团公司合作设立长江交盈科创基金。

(三)业务转型加快推进

公司深化改革攻坚,围绕转型发展重点业务,完善业务制度,优化运营流程,提升系统支撑。截至2023年末,公司主动管理信托规模占比提升至56.95%,较年初提升10.37个百分点;主动管理固收类标品业务规模1 058.6亿元,较年初增长74.4%;家族财富业务规模149.5亿元,较年初增长70%;落地慈善信托13单,风险处置服务信托、家庭服务信托等创新业务实现破题。

（四）风险管理持续强化

公司严格落实监管要求，持续推进资管新规个案处理项目整改。综合运用多元风险处置手段，持续增强风险化解力度。合规及内控管理不断强化，主要关键性合规指标满足监管要求，全年无处罚及重大风险事件。

（五）品牌形象不断提升

在信托业协会开展行业评级以来连续8年被评为A级（最高级）；荣获湖北监管局消保考核评级二级A；荣获《上海证券报》"诚信托"卓越信托公司奖和《长江日报》"2023年度社会责任优秀企业奖"，公司综合实力、品牌形象得到市场和行业的充分认可。

二、创新业务案例

2023年，公司认真落实信托新分类要求，坚守主业，回归本源，加快转型发展步伐，持续推动证券投资信托、财富管理服务信托、风险处置服务信托、慈善信托等业务落地。公司主要推出如下创新产品。

（一）证券投资信托

公司大力发展证券投资信托，标品资管产品线不断丰富。截至2023年末，公司自主管理固收类标品业务规模较年初增长74%，"风云68号"TOF产品蝉联《中国证券报》"一年期信托TOF/FOF类产品金牛奖"。

（二）财富管理服务信托

公司坚持以客户需求为中心，发挥信托在风险隔离、跨市场资产配置、财富传承等方面的独特优势，为客户提供一站式、定制化服务。2023年公司落地首单非上市股权不动产家族信托，荣获"2023年银行家年度家族信托管理创新优秀案例"；推出"万家灯火"系列家庭服务信托，发挥信托制度在践行普惠金融方面的功能优势，让信托走进千家万户。

（三）风险处置服务信托

2023年公司成功中标江苏金盛置业、武汉当代明诚、宁夏如意集团3单风险处置服务信托，创造性地设置转股、抵债、留债等差异化功能信托，最大限度地保障债权人利益。

（四）慈善信托

公司不断探索慈善信托发展新模式，积极拓宽慈善信托服务范围，推动财富向善，助力共同富裕。2023年公司携手中国残联等慈善组织落地慈善信托13单，播撒扶老助残、乡村振兴、教育资助、医疗帮扶等人间大爱。

三、社会责任履行情况

2023年，公司准确理解把握金融工作的政治性、人民性，以实际行动为增进民生福祉、促进共同富裕贡献信托力量。一是拓展绿色信托，助力"双碳"目标。牢固树立绿色发展理念，为实现"双碳"目标贡献信托力量。2023年末，绿色信贷、绿色资产证券化、绿色债券投资等绿色金融业务规模89.1亿元，较年初实现翻番。"交银国信·新加坡金鹰集团厦门电厂CCER碳资产服务信托"荣获"武汉首批绿色金融创新实践案例"。二是支持乡村振兴战略，助力美丽乡村建设。帮助总行对口帮扶点甘肃天祝县成功销售农产品59万元，引入上海企业与当地签订长期农产品销售合同，为当地小学引进社会帮扶资金36.7万元。捐赠25万元设立"交银国信·瑞禾金堂饮水工程慈善信托"，参与簿记并投资1.5亿元淮安市国有联合投资发展集团乡村振兴专项公司债券。三是推动慈善信托发展，践行金融工作的人民性。拓宽慈善资金来源，推进慈善信托模式创新，设立"瑞善点亮梦想慈善信托""瑞禾天祝乡村振兴教育慈善信托"等13单慈善信托，助力共同富裕和人民美好生活需求。

四、2024年发展规划

（一）融入发展大局，做好"五篇大文章"

一是在科技金融方面，助力培育发展新质生产力，重点支持"卡脖子"关键领域技术攻关和自主创新，持续联动交银集团提供"股贷债租托"全方位综合服务。二是在绿色金融方面，加快推动绿色金融产品和服务创新，擦亮绿色金融发展底色，以光伏、风能、储能等清洁能源为切入口，支持绿色低碳发展。三是在普惠金融方面，大力推广家庭服务信托，扩大慈善信托覆盖领域，深化与外部平台合作做大消费金融，延伸普惠金融服务触角。四是在养老金融方面，打造家族/家庭信托+养老信托等业务特色，探索信托在养老资金管理、养老服务供给等方面的运用。五是在数字金融方面，融入数字中国建设大局，进一步加快推动数字化转型，深化业技融合。

（二）加强风险防控，筑牢安全发展底线

一是强化合规及内控案防建设。对标对表中央关于全面强化"五大监管"的要求，持续推动合规审慎的业务文化建设，认真落实监管重点工作要求，在信托业务新分类政策指导下

探索发展新路。二是加强风险形势研判，强化全面风险管控力度，妥善应对各类风险挑战。三是扎实推进公司"清收化险关键年"行动，丰富风险处置的路径、手段，持续加大风险项目化解处置力度。

（三）聚力深化改革，不断增强转型发展活力

一是深化"一件事"思维运用，打通业务发展难点、痛点、堵点，优化人员、制度、流程、系统高效协同，提升金融服务质效。二是加快数字化转型，加大信息科技投入，加快重点项目系统建设，提升IT系统对转型业务的支撑力度。三是强化人才队伍建设，做好关键人才培养，有序推进金融科技、投研交易、风险保全等专业人才选聘工作。

陆家嘴国际信托有限公司

一、2023年经营概况

截至2023年末，陆家嘴国际信托有限公司（以下简称公司）资产总额154.39亿元，净资产126.31亿元，信托资产管理规模837.62亿元。2023年营业收入6.94亿元，其中，信托业务收入3.58亿元，净利润2.37亿元。

公司是上海陆家嘴金融发展有限公司控股的法人信托机构，2012年2月经原中国银监会批准重新登记。公司注册地位于青岛，并在上海、北京、广州等地布局团队，业务开展遍布全国。通过深耕主场、辐射区域，实现资源聚焦、价值创造。目前，公司注册资本金104亿元，具有较为雄厚的资本实力和风险抵御能力。

公司秉承"一切为了客户"的经营理念，致力于成为服务国家战略、引领行业转型、引导金融创新的一流信托公司。公司产品体系已涵盖资产服务、资产管理、公益慈善三大类，以专业赢得信任，以诚信恪尽托付。

公司着力打造"心所善、可信托、知行远"的企业文化，弘扬"专业敬职，使命必达，恪尽托付，臻于至善"的企业精神，倡导"责任、诚信，思远、创新，精致、共赢"的核心价值观。公司将坚持金融报国，助力实业兴国，恪尽托付，行稳致远。

二、创新业务案例

公司围绕信托业务"三分类"监管政策导向，努力提高金融市场参与度。

一方面，大力发展固收类及服务类标品信托，做大资产管理规模，推动业务结构由非标向标品转型，发挥存量客户资源禀赋优势，发展非标替代型产品。做好服务类标品信托营销，围绕银行理财子公司开展业务合作，不断扩大标品业务规模。积极推进标品信托多元化布局，发展不同期限、风险等级的产品，满足各类型客户资产配置需求。在权益类标品信托方面，在2023年资本市场大幅回撤的情况下，公司多只产品仍取得了正收益，其中，臻选套利对冲多策略1号产品年末单位净值1.1382元，2023年收益率9.62%，最大回撤仅0.48%，夏普比率达3.18，给投资者带来了良好的持有体验。

另一方面，充分发挥信托财产独立、投向灵活、功能多样等优势，大力发展资产服务信托，以客户为中心，按照客户的服务需求和服务要素构建综合服务体系。家族信托方面，积极拓展外部渠道，寻求与大型银行、券商、财富管理机构合作，扩大资产管理规模，并成功推出保险金信托。资产证券化方面，探索以集团商业物业作为基础资产的证券化方案，完善保障性租赁住房证券化方案。慈善信托方面，与公益基金会合作，采用双受托人结构，成立弘远3号慈善信托，信托资金用于向上海市公立医院进行捐赠。向陆金发扶困慈善信托追加捐赠4万元，用于向上海市因征地工作患大病、重病致困的群众发放救助金。

三、社会责任履行情况

公司一直以来致力于公益慈善事业、践行国有金融企业社会责任。

在助力乡村振兴方面，2023年3月2日，公司党委前往结对帮扶的浦东大团镇金石村开展慰问送温暖活动。公司积极号召党员投身慈善帮扶活动中，通过"微心愿""送关怀下乡"等活动为浦东大团镇、川沙新镇募集慰问金万余元。此外，全年采买特色农副产品66.37余万元，不断探索实践乡村振兴模式。

在绿色金融方面，公司积极响应国家"双碳"目标号召，探索绿色信托新模式，为绿色低碳产业发展提供资金支持。公司已制定绿色信托五年发展规划，将绿色理念不断渗透落实到业务实践之中。截至2023年末，公司绿色信托存续规模15亿元，资金投向涉及区域输变电及节能环保、生态环境、污水处理、新能源等多个产业。

在慈善信托方面，2023年3月，公司作为共同受托人之一，成立"弘远3号抗击新冠感染慈善信托"，规模52.76万元，用于救助自然灾害、事故灾难和公共卫生事件等突发事件造成的损害。

在普及金融知识方面，2023年9月，公司财富中心举办投资者教育活动，聚焦信托投资风险防范、行业发展形势分析、信托消费者权益保护等内容，帮助投资者正确认识潜在投资风险，切实保障了投资者的各项合法权益；10月，公司开展"进企业"金融教育宣传活动，宣导相关惠企利民政策，充分发挥金融纾困作用，加大金融支持实体经济力度。同时，公司长期在职场宣传区、各地财富中心电子屏循环播放宣传片，张贴宣传海报，悬挂宣传横幅，发布宣传微信图文，向社会公众普及金融知识。

公司青年员工还积极参加各项活动。公司组建"公司青年讲师团"学习宣传党的二十大精神，彰显金融青年的风采与活力。50余人次参加浦东美术馆志愿服务，服务时长400余小时。

四、2024年发展规划

2024年，公司积极实施"四化"战略，重点从"特色化、多元化、专业化、品牌化"四个维度打造核心竞争力。

特色化：拥抱股东，嫁接股东优秀能力、优质资产、优势产业，深化产金融合；深耕区域，拓展以上海为中心的长三角一体化和以青岛为中心的环渤海都市经济圈区域优势，深化"三本策略"；特质培育，与优质战略客户形成"总对总"合作生态圈，形成以城市功能开发为特色的核心竞争力。

多元化：构建"基石业务＋核心业务＋精品业务"梯度，实现"非标转标、由融转投、通道转服务"三大转变，打造"创收＋创新"的双创体系。以信托业务分类新规为导向，推动传统业务转型升级，做大做强固收类资产管理信托，形成稳定营收来源，打造支撑型基石业务；增强固有业务投研能力，做精做深权益类资产管理信托，形成核心竞争力，打造关键型核心业务；提升财富管理、资产证券化、风险处置等资产服务信托品质，深耕信托本源，打造创新型精品业务。

专业化：公司专业化发展旨在将资源与能力聚焦于核心业务，通过专注于核心能力培养来带动核心竞争力增长，以更高的效率、更好的效果建立更强的竞争优势。从经营策略确定核心能力，重点提升投资管理能力（资管）、财富管理能力（资金）、风险经营能力、金融科技能力四项核心能力。

品牌化：建立在统一公司品牌下的产品品牌、服务品牌、文化品牌，打造"诚信陆信托、品质陆信托、数字陆信托、文化陆信托"四位一体的品牌形象。

山东省国际信托股份有限公司

一、2023年经营概况

2023年，面对复杂严峻的国内外环境，山东省国际信托股份有限公司（以下简称公司）承压奋进，砥砺前行，以监管指引为导向，以战略转型为抓手，积极应对超预期因素冲击，高效统筹业务发展与风险化解，总体上保持稳中向好、转中提质的良好态势，各项工作取得了新成效。截至2023年末，公司合并资产总额141.69亿元，合并负债总额30.80亿元，合并所有者权益110.89亿元；全年实现税前合并利润总额2.90亿元，归属于本公司股东的净利润1.59亿元，受托管理的信托规模（包含保险金信托规模）2 014.21亿元，全年实现信托报酬收入7.71亿元。

（一）聚力回归本源，家族信托保持第一梯队

公司顺应监管导向，将符合受托人定位的本源业务作为战略转型重点业务稳步推进。家族信托业务持续保持高增长，截至2023年末，家族信托存续规模近400亿元，继续位居行业前列，2023年新增1 500单，新增规模约145亿元，获评普益标准颁发的"卓越家族办公室"等多项业内荣誉。积极布局家庭服务信托，保险金信托业务持续拓展。

（二）聚力业务结构优化，坚持标品业务布局

公司积极顺应监管导向，坚持向标品领域"加码布局"，持续调整优化业务结构，着力提升主动管理能力和服务能力。截至2023年末，标品信托规模达到743.49亿元，利润贡献显著提升，固收类、混合类及权益类产品线搭建银行、券商、基金等资管机构，多渠道拓展成效显著。

（三）聚力风险防控，牢牢守住风险合规底线

严把项目准入关，提高事前风险防范能力，加强重大事项事前控制，提高重大业务决策审批层级，做好行业和交易对手集中度风险管控；优化内控机制流程，强化细化全流程风险管理要求，建设现场管理集中监控系统，实现对底层项目全过程监控和分析，严防新增风

险；厚植合规文化，扎实开展常态化合规学习培训，积极做好反洗钱和反恐怖融资工作，持续加强反洗钱制度及系统建设。

（四）聚力管理提升，推动高质量发展新格局

公司坚持用"改革深化、管理创新"的思维贯彻新发展理念，着力推进业务改革和体制机制改革。连续两年开展管理提升活动，全面提升运营质效；加强金融科技能力建设，深挖业务需求场景，搭建完成新一代家族信托、预付卡服务信托等业务系统，持续赋能业务发展；强化研发智力支持，通过投研一体化建设不断提升研究成果转化效率，助力搭建符合"新三类"改革要求和公司实际的业务架构，连续三年获评"山东省金融学会先进集体"。

（五）坚持党建引领，着力提高治理水平

深入学习贯彻中央金融工作会议精神，坚定不移走中国特色金融发展之路，修订公司章程，在完善公司治理中进一步加强党的领导。着力提升各主体的履职能力，进一步理顺重大业务决策机制，优化董事会架构及下设委员会设置，强化监事会日常和定期监督，坚持践行ESG发展理念，治理效能更加彰显。

二、创新业务案例

（一）坚持本源业务创新，推动财富管理业务转型

公司致力于打造"德善齐家"家族信托品牌，自主创新业务接连落地，2023年创新设立业内首单"外国授予人信托（Foreign Grantor Trust，FGT）+上市公司股票"家族信托。针对客户特殊需求，通过多维度方案设计，创设了全新的信托架构和交易流程，达成了客户的信托目的。通过将金融科技与家庭服务信托产品的运营相结合，使更广大的客户享受专业综合金融服务方案，探索财富传承普惠化路径。推动向以"客户账户"为基础的财富管理服务转型，截至2023年末，设立财富管理专户41个。

（二）提升主动管理能力，品牌效应逐步彰显

公司设立资本市场事业部专门开展资本市场业务，为不同风险偏好、不同期限的投资者提供包括固定收益类、混合类、权益类、金融衍生品等在内的各类产品，满足其多样化的投资及资产配置需求。主动管理能力不断提升，泰山宝项目年化收益率约3.25%，超中证货币基金指数137个利率基点（Basis Point，BP）；山东建设发展基金净值年化增长率约5.04%，超中长期纯债基金指数182个BP。泰山宝项目再获中国证券报颁发的信托业标品权威奖项"固定收益类产品金牛奖"，管理能力获得业界认可。

（三）积极助力社会治理，探索预付类资金服务信托落地

公司顺应监管政策导向，以山东省单用途商业预付卡备案管理改革为契机，积极探索开展预付类资金服务信托，创新推出"安心付"预付类资金服务信托，旨在解决因商户卷款跑路、关门倒闭等导致的消费者退费难、维权难等民生痛点和政府社会治理难点，积极助力提升政府社会治理能力，切实保障消费者权益，不断优化营商环境。

三、社会责任履行情况

公司在发展过程中，始终秉承"专业、诚信、勤勉、成就"的企业文化，坚持贯彻落实国家新发展理念，立足服务实体经济高质量发展，积极助力实现"双碳"目标。

（一）牢记初心使命，服务实体力度持续加大

公司坚持服务实体的根本宗旨，牢记"聚资兴鲁"初心使命，持续引导社会资金向山东省重要领域、重点产业、重大项目集聚，提升公司服务实体经济质效。截至2023年末，投向省内的存续信托规模682.04亿元，"引资入鲁"存续规模46.24亿元，新增投向省内信托业务规模175.24亿元，为山东省经济社会高质量发展提供了充足优质的金融供给。

（二）落实"双碳"目标，做好绿色金融大文章

公司在"十四五"规划中明确将绿色信托作为公司发展战略，科学制定了绿色信托实施计划。截至2023年末，绿色信托资产存续规模28.3亿元，全年新增绿色信托业务12.17亿元，"碳中和-碳资产投资"集合信托作为全国首单经绿色认证的国家核证自愿减排量（Chinese Certified Emission Reduction，CCER）碳资产收益权绿色信托，获评山东省十大优秀金融创新产品。

（三）深耕慈善信托，积极引导财富向善

公司全力打造"金融+慈善"新模式，推动慈善信托的应用与普及，2023年慈善信托累计交付资金规模1.36亿元，同比增长56.38%，直接受益人近7 000人次，有效地支持慈善事业发展。推动打造服务乡村振兴"齐鲁样板"，"国资惠农·慈善信托"两次荣获山东省慈善领域政府最高奖"山东慈善奖"。

（四）发挥信托优势，支持小微企业发展

公司充分发挥信托优势，针对不同领域、不同阶段的小微企业资金需求特点，发挥信托

多元功能与业务协同优势，通过升级业务模式、加强科技赋能、强化内外协同，满足了不同层次、不同类型企业的金融需求，提升了信托对小微企业的服务能力。截至2023年末，新设面向小微企业信托项目38个，累计放款38.18亿元。

四、2024年发展规划

2024年，公司将全面贯彻落实党的二十大精神及中央经济、金融工作会议精神，牢牢把握高质量发展主题，保持定力、重塑能力、苦练内功，顺应监管导向，坚持转型发展思路不动摇，不遗余力聚焦特色经营，打造"稳而健""专而精"的区域性信托公司。

（一）推动优势业务提速

加速发展以家族信托为代表的特色优势业务，持续深化银行、券商等渠道合作，聚焦批量化场景，推动形成规模经济。大力开拓行业新蓝海，抢占家庭服务信托市场，提升保险金信托展业水平，积极探索养老功能的保险金信托业务模式。着力扩大标品信托规模，保持良好的主动管理投资业绩，完善固定收益类产品线，推动规模加速上量，围绕投研、系统、人才、产品和风控五大核心要素，持续培育核心竞争优势。优选非标业务机会，做好优质项目投放，构建"精而优"的展业模式。以创新引领业务发展，发挥信托制度在养老、普惠领域的独特优势，塑造差异化竞争优势与核心竞争力。

（二）深挖区域发展潜力

立足地方政府服务，深化"政信"业务内涵。综合运用非标贷款、证券投行、资产服务等各类工具，满足地方政府资金融通需求，为山东省内重点企业提供全生命周期的综合金融服务。紧盯资产服务信托新锚点，发力风险处置服务信托、预付类资金服务信托等新型服务类业务，致力将信托打造为政府部门提升社会治理能力的有益工具。落实绿色发展理念，把握山东省绿色低碳高质量发展先行区建设机遇，发挥绿色研究小组产学研联动作用，探索创新绿色信托产品模式，着力推动研究成果向业务实践转化。

（三）守住底线防范风险

坚持"化"和"控"两手抓、两手硬，统筹抓好不良处置与风险防控。加强战略风险管理，做好风险管控全流程闭环体系建设，坚持推行"全面、全员、全过程"风险管理文化，强化项目事前审批、贷后管理及临期管理，严控集中度风险，建立风险早期纠正机制，多管齐下严防新增风险。压实风险防控责任，加快组建资产处置中心，提高资产处置队伍专业化水平。厚植合规文化土壤，切实加强合规培训、健全合规体系，做好舆情维稳工作，严防声誉风险。

（四）坚定不移推进体制机制改革

持续完善绩效考核制度。兼顾公司现状、市场竞争和转型方向，以激励和约束并重为原则，建立符合公司发展特点的薪酬机制，发挥考核指挥棒作用。突出抓好人才队伍建设，做好信托公司改革转型期的组织架构调整及人才结构调整，完善干部能上能下、员工能进能出、薪酬能增能减"六能"机制，激发员工担当作为精神风貌。充分落实"国信蓝"人才培训计划，为员工转型提供必要的资源支持和技术指导。制定业务协同管理办法，发挥创新条线人才的引领带动作用，鼓励不同条线员工整合资源，协同作战，凝聚人心，汇聚合力。

上海爱建信托有限责任公司

一、2023年经营概况

2023年，上海爱建信托有限责任公司（以下简称公司）持续深入学习贯彻党的二十大精神、习近平新时代中国特色社会主义思想和中央金融工作会议精神等，始终坚持立足信托本源，着力防范化解金融风险，围绕战略转型规划，研究贯彻信托业务"三分类"和新监管评级体系政策，落实推进信托文化建设，认真执行年度监管意见，加大风险资产处置力度，优化调整组织体系，充实领导班子力量。公司当选中国信托业协会会员理事单位，荣获21世纪经济报道"卓越信托公司"等行业奖项，勇于担负民营信托公司使命责任，探索开辟一条具有自身特色的高质量发展之路。

二、创新业务案例

（一）标品业务方面

1. 产品介绍。爱建智赢-慧稳1号偏债混合FOF集合资金信托计划主要投资于具有"高胜率、低波动"特征的证券投资类管产品，其中，投资于固定收益类管产品比例不低于50%。受托人结合对市场所处周期的理解，精选各类具有超额获取能力并在胜率和回撤控制能力上表现出色的产品进行配置，力争实现预期风险控制水平并追求合理收益。

2. 产品优势。一是独具特色的"类固收"策略，专为匹配信托客户偏好而创设；二是反脆弱性配置，底层资产类别低相关、收益来源多元化，避免单策略失效的风险；三是严格臻选具有"高胜率、低波动"特性的策略及产品，提升客户投资体验；四是一键优享稀缺策略额度；五是管理团队在"低波动"产品方面投资经验丰富。

3. 产品创新。投资经理利用自身在固定收益领域投研经验，对于底层债券类管理人的持券信用风险进行"排雷"，严控风险的前提下，在久期和流动性上匹配信托产品的开放要求。

（二）普惠金融业务方面

2023年，公司普惠金融业务持续创新突破，在传统小微企业经营贷的基础上，进一步探索信贷资产非标转标，通过发行爱建-普睿鑫安1号系列集合资金信托计划作为原始权益人形成基础资产后，引入优秀保险公司提供增信服务，并通过资产证券化的方式在标准化市场上发行，吸引更多金融机构参与普惠金融业务。

公司统筹资源克服了ABS发行市场新参与者的经验弱势，最终以民营信托公司身份作为原始权益人获批了上交所、深交所累计90亿元小微企业经营贷ABS发行储架额度。通过面向上百家金融机构的数十场线上线下产品路演，从公司和资产分析、风控和系统讲解等角度全面解答了投资者的咨询，成功获得了券商、银行、保险、基金、理财子公司等机构投资者的广泛认可，截至2024年2月末已成功发行3期共计11.41亿元经营贷ABS，最新一期的全场认购倍数已超过5倍。

该项目的顺利落地，展现了公司以实际行动践行普惠金融惠民生，服务实体经济的信心和决心，也为民营信托公司业务转型作出了表率，回归同业生态，整合资源，提升金融服务实体经济质效。

（三）家族信托业务方面

1. 成立首单双受托人模式慈善信托。2023年12月，公司成立首单双受托人模式的慈善信托——爱建特种基金会善才计划。该慈善信托资金主要用于资助公益慈善相关培训活动，以培育公益慈善从业人员，提升公益慈善从业工作者专业能力及价值感，实现公益慈善事业的可持续发展。同时，本信托架构设有慈善信托决策委员会，受托人根据信托合同约定的慈善信托目的和受益人范围拟定资助方案，提请慈善信托决策委员会审批同意后交受托人执行，并设立本信托的监察人，对于信托的期间运行进行监督。

本案例的创新点在于双受托人的慈善信托架构优势，信托公司和基金会作为主、次受托人，能够发挥双方优势、各司其职，做好各自专业领域的工作。慈善信托灵活、透明、高效、慈善财产独立的特点，可以满足委托人的不同慈善需求，高效实现慈善目的，更好地体现委托人的意愿，有助于激发更多增量资金参与慈善活动，推动慈善事业健康发展。

2. 成立首单资管产品服务信托。2023年12月底，公司成立首单资管产品服务信托，依托服务信托的架构，为委托人解决资管产品跨境投资、交易执行、信息披露等需求。经过审慎调查、核实、分析和整理后，运用公司在资产服务方面的制度优势和服务能力，为委托人提供运营托管、账户管理、交易执行、份额登记、会计估值、资金清算、风险管理、执行监督、信息披露等集成式服务体系，实现该类业务的首单落地。

三、社会责任履行情况

2023年,公司持续通过多种渠道和形式,积极履行上市公司和"文明单位"社会责任。

（一）成立社会责任暨精神文明建设工作领导小组

2023年公司正式成立社会责任暨精神文明建设工作领导小组,旨在加强社会责任制度化、标准化、常态化管理,持续提升公司在社会责任方面的领导力和影响力,有效推动公司可持续、高质量发展。

（二）开展金融宣讲进社区活动

公司举办"金融消保知识进社区"公益宣讲活动和重阳敬老关爱活动,通过案例解读、互动交流等形式,帮助社区中老年居民更好、更快地学习掌握金融消保知识,切实提升社区居民尤其是老年人对非法集资、电信诈骗、投资理财骗局等的防范意识,为帮助社会大众牢牢守住"钱袋子"履行应有的职责,为地区文化公益事业作出贡献。

（三）积极推动公司"清廉角"建设

积极响应监管和同业公会号召,贯彻信托文化建设要求,在行业内率先启动,融合中央文件、行业公约、领导论述和原创作品等多种元素,首批完成主要营业网点"清廉角"建设工作,迈出清廉金融文化建设先行先试、带头示范第一步。

（四）主动参与社会公益事业

一是公司团委联合黄浦团区委、民政局,举办关爱自闭症儿童活动,通过爱心义卖筹集善款提供资助；二是团委与党员工作室联合开展金秋敬老慰问活动,延续优秀传统,塑造企业良好社会形象。

四、2024年发展规划

（一）坚持长效机制,推进风险处置,增强防御能力

1. 强化全流程合规风险管理,有效支撑战略转型。一是建立和完善标品业务投资交易管理机制；二是深入推进信评工作体系,深化区域研究,完善城投债券池的扩围和分级管理；三是构建服务类信托分级审批流程,优化业务的顶层管理和流程效率。

2. 构建科学管理体系建设,提升流动性管理能力。一是加大流动性风险管理体系建设力

度，构建清晰的治理架构、完善的风险管理策略、有效的风险预警指标体系，以及压力测试等管理工具；二是主动拓展金融机构授信，争取更多渠道和更高额度的资金来源，努力提升公司应对流动性风险的能力。

3. 实施多措并举，加快重点风险资产化解。一是根据公司底层资产现状，对非正常资产分层分类，立足传统资产处置模式，引入共益债或外部资金，引入企业或团队，改变项目现场管理方案，尝试推动个别项目司法或市场化重整；二是进一步梳理公司非正常项目清单，全面研判当下处置工作所面临的障碍，积极探索针对性处置方案及路径；三是加强与司法机关、公证处、律所的业务交流，拓展司法处置渠道和方式，多元化、多渠道推动诉讼执行案件。

（二）规范合规治理，遵循监管评级，提升发展能级

1. 健全受托责任履职标准与鉴定机制。一是常态化实施受托责任管理工作，结合行业政策调整，不断优化履职标准和指引；二是探索研究受托责任鉴定制度、按责赔偿的责任划分标准，及时识别各环节业务流程的赔偿责任。

2. 规范业务合规全流程管理。一是重点推进服务信托、标品业务等全流程合规监测，梳理完善证券交易相关内控制度和流程，加强异常交易的全流程监控管理；二是优化升级个人财富管理服务信托业务规范，更新家族信托业务流程和操作规程；三是组织开展各类服务信托业务细则研讨及新规培训，助力创新业务稳步推进。

（三）强化专业服务，加快"两翼"齐飞，促进融合能力

1. 坚持精耕细作，推动传统业务持续稳慎经营。一是要深化区域研究，强化期间管理，坚持稳住和发展房地产业务核心客户群，严控风险，促使业务平稳有序开展；二是要调配精兵强将，确立奖惩机制，加大非正常资产处置力度；三是要合理运用多年累积的业务经验，在市场具有较大不确定性的背景下，依赖自身专业能力及客户资源，寻求相对确定的资产标的，推动实现年度经营目标；四是要在风险可控的前提下，保持好存量资产管理类信托业务余额，避免业务规模大幅下滑。

2. 持续培育能力，推动标品信托高质量发展。一是加强固收投研及交易能力建设，统一信评标准和准入券源，探索更广泛的投资范围，增强外部机构合作，融入同业生态圈；二是构建多资产、多策略投研能力，以委托人利益最大化为原则，拓展资产范围，打好底层基础，提升大类资产配置能力；三是优化完善权益市场产品考核机制，推动投资经理业绩动态排名机制，培育团队专业能力；加强私募基金白名单管理，执行退出制度；四是积极探索与服务信托的结合点，形成标品资管信托和服务信托的有机联动，协同发展。以"功能+特色投研"打造标品业务在资管行业中的竞争新亮点。

3. 坚持既定目标，提升普惠金融业务能级。一是要坚持贯彻既定展业计划，"腾笼换鸟"，加强对交易对手的风险监测，增强与高能级客户的合作并争取机构资金投放；二是要持续推进业务转型，力争在上交所、深交所获批的ABS储架规模基础上，实现40亿元以上的实际发行规模；三是要加强同业合作，推动1~2家银行完成产品代销准入，吸引30亿元机构资金投资非标产品，并积极寻求资金、资产两端匹配的机构业务合作机会。

（四）深化消保管理，推进机制改革，培育"造血"能力

1. 健全完善消费者权益保护工作体系。一是紧贴监管步伐，持续筑牢消保体系，点面兼顾，积极整改，进一步提升消保管理水平；二是在覆盖部门广、操作链条长的重大消保制度的执行过程中，检验效果、发现短板，并优化或再造流程；三是分层分级做好客户应诉预案，以良好的心态与专业的服务有效化解投资人诉求，努力维护公司声誉；四是协同普惠业务部门开展合作机构筛选，加大贷后催收监督检查力度，力控客户投诉增量和监管转办量。通过内部协同、积极作为，务必实现年度消保评级的良好成果。

2. 推动财富队伍机制改革、补能增效。一是要高度关注财富队伍，强化财富经理多维度、多渠道的沟通机制，树立长远发展信心，维护好经营发展的"护城河"；二是通过调整优化人才队伍结构、加强培训体系建设，加快培育匹配公司战略转型所需、具有市场竞争力的财富队伍；三是实施财富端职位职级管理和薪酬机制改革，进一步激发财富队伍能力提升和有效衡量对公司的价值贡献。

（五）加强队伍建设，强调责任担当，锻造过硬队伍

1. 持续组织优化，加快推动人才梯队建设。一是通过持续优化组织建设，合理配置资源，减负上阵，加快推动转型发展；二是深入践行金融从业人员基本要求，持续推进干部素能评价和业绩评价相结合的综合评价机制；三是结合公司干部队伍综合评价工作，建立人才培养和梯队建设机制，逐步完善人才储备、培养和考核激励制度；四是搭建发展需求的核心人才资源池，建立针对性、系统性的培训体系，进一步发挥人才资源效能，赋能公司长远发展。

2. 坚持科技化战略，助力经营质量提升。一是深耕电子渠道，推广微信小程序等新流量工具，完善服务自助流程，进一步提升客户体验；二是深入开展数字化运营体系建设，设法在数字化风控、数字化运营管理和数字化资产管理三个方面，更为高效地优化产品运营资源配置；三是持续开展数据治理，不断提升数据应用和共享能力，增强数字化监管合规水平。

（六）坚持党建引领，强化组织建设，服务发展大局

1. 持续强化组织建设，加强正向宣传，提升治理水平。持续推动党建与公司治理深度融合。一是坚决贯彻落实党和国家大政方针、重大决策部署，持续推进加强党的领导与完善公

司治理、推动转型发展相统一；二是坚持和完善"双向进入、交叉任职"领导体制，形成党委与"三会一层"各司其职、各负其责、协调运转、有效制衡的公司治理机制。

2. 夯实清廉文化建设，注重内外部、多层次宣传教育。一是多形式开展清廉金融文化宣贯，增强广大干部员工廉洁从业意识；鼓励员工自主策划开展清廉文化活动，持续创新形式，激发员工对职业的敬畏感和主人翁意识；二是结合实际，逐步健全完善纪检监察二级制度，建立有效的纪检工作体系；三是通过开展案例分享、观看警示教育片等，并利用互联网、新媒体等各种渠道，丰富公司廉洁从业理念宣传方式，引导员工行为自觉；四是加强纪检工作和合规风控队伍建设，依托现有资源，开展必要培训，激发两支队伍的战斗力。

苏州信托有限公司

一、2023年经营概况

2023年，苏州信托有限公司（以下简称公司）实现营业收入8.74亿元（母公司），同比减少0.57%；实现利润总额7.06亿元（母公司），同比增加8.66%；实现净利润5.14亿元（母公司），同比增加3.99%；公司人均实现利润417.53万元（母公司），同比增加5.44%；公司总资产报酬率10.23%，同比增长5.68，净资产收益率8.06%，同比增长0.62%；实现受益人收益27.2亿元，受益人加权平均实际收益率6.06%。2023年度共签约客户3 841份，为助力增加居民财产性收入，提升消费能力，贡献苏州信托的力量。

二、创新业务案例

（一）权益类资产管理信托

公司设立发行的苏信财富·价值成长A2101X集合资金信托计划为开放式、权益类信托计划，项目成立于2022年11月10日，初始成立规模1 000万元，信托计划的投资范围主要包括：（1）本计划可根据资金管理的需求，投资于现金、银行存款、国债、中央银行票据、存单、货币市场基金、债券逆回购、债券质押式报价回购，以及其他经中国证监会、中国人民银行及银保监会认可的其他具有良好流动性的货币市场工具；（2）本计划可投资于公募证券投资基金（含封闭式证券投资基金、开放式证券投资基金、LOF、ETF基金）、商业银行或其理财子公司发行的理财产品、信托计划（含单一资金信托和集合资金信托，包括以受让信托受益权的方式投资）、基金公司资产管理计划、基金子公司资产管理计划、证券公司资产管理计划、证券公司子公司资产管理计划、保险资产管理计划、保险子公司资产管理计划、期货公司资产管理计划、期货公司子公司资产管理计划、于基金业协会官方网站公示已登记的私募基金管理人发行的私募基金；（3）法律、法规、规范性文件、监管机构允许投资的其他投资品种（包括前述各产品类型的QDII产品）。

截至2023年12月末，本信托年末单位净值为1.0180元。自成立以来，最大回撤为8.19%。

根据信托计划底层产品策略情况，选取中证500指数作为参考，以下展示产品2023年1月1日至2023年12月31日的运行情况。2023年度，信托计划累计实现收益4.2%（费后），中证500指数在参考区间内实现收益-7.42%，信托计划实现相对超额收益12.55%。价值成长A2101 X组合的收益走势与参考指数的对比表现见表1。

表1　　价值成长A2101 X组合的收益走势与参考指数的对比表现

基金名称	区间收益（%）	超额区间收益（%）	年化收益率（%）	超额年化收益率（%）	超额胜率（%）	夏普比率	超额夏普比率	卡玛比率
价值成长A2101X（费后）	4.2	12.55	4.24	12.67	38.98	0.25	2.42	0.43
中证500	-7.42	0	-7.45	0	0	-0.66	—	-0.4

2023年度，价值成长A2101X组合的回撤与中证500指数的对比表现见表2。

表2　　价值成长A2101X组合的回撤与中证500指数的对比表现

基金名称	年化标准差（%）	超额年化标准差（%）	最大回撤（%）	超额最大回撤（%）
价值成长A2101X（费后）	9.37	3.06	9.91	2.14
中证500	13.14	0	18.66	0

（二）资产证券化服务信托

在知识产权资产证券化领域，2023年，公司作为底层资产受托人，参与发行了"国金鑫欣-昆山专精特新知识产权1期资产支持专项计划"，产品总规模7 142万元。知识产权资产证券化是指以知识产权未来预期收益为支撑，通过发行市场上流通的证券进行融资。该产品为全国首单市场化增信专精特新知识产权资产证券化产品，同时也是全国首单县级市专精特新知识产权资产证券化产品。

该产品服务了苏州昆山本地10家科技型企业，且过半贷款金额投向了江苏省省级专精特新企业，有效推动了企业盘活知识产权这类无形资产，拓宽市场融资渠道，降低企业融资成本，为专精特新企业的良性快速发展贡献了信托力量。

（三）家庭服务信托

公司积极响应监管要求并努力拓展家庭服务信托的潜在客户，于2023年9月落地首单"悦融"系列家庭服务信托，根据委托人的实际诉求，以受托人的名义基于风险隔离、财富传承、家庭关爱和资产配置等为目的设立家庭服务信托，受益人为委托人的家庭成员。受托人根据委托人指定的投资配置范围、投资比例限制、风险等级以及授权投资方式，为其制定相应的资产配置组合，并按照委托人签署的信托利益分配方案，按约定的时间及条件，向指定的受益人分配对应的信托利益。

"悦融"系列家庭服务信托以100万元作为设立起点，客户人群从超高净值客户拓展到了中产富裕家庭，同时集成了风险隔离、财富传承、家庭关爱和资产配置等综合功能，构建了家庭财富管理的综合解决方案，伴随家庭的全生命周期，涵盖了子女教育、退休养老、婚前婚后等各个场景，使得大众均有机会享受到信托的制度优势，真正做到了信托服务走进千家万户。截至2023年底，公司已成功落地"悦融"系列家庭服务信托两单，合计设立规模1 000万元。

（四）企业破产受托服务信托

2023年12月，公司积极与吴江区人民法院、江苏新天伦律师事务所及各债权人密切沟通，设立"苏信服务·济乾S2301FS"破产服务信托，助力推进FS公司重整进程，引入增量资金，化解地方房企风险，全力推动保交楼工程建设。这是业内首单将债权调整至信托的破产服务信托，减轻了破产企业后续经营过程中的税务负担；同时集中管理债权，拓宽了债权处置路径，获得了债权人的支持，也避免了破产企业在持续经营的过程中被某些债权人二次申请破产，有效平衡了各方利益。截至2023年末，公司设立的支持保交楼的信托规模为9.68亿元。

（五）公益/慈善信托

从2017年末成立首单慈善信托起，公司的慈善信托业务实现了从无到有，从小规模到行业领先的跨越式发展。自《慈善法》及《慈善信托管理办法》等法规颁布以来，公司努力探索、积极尝试慈善信托这一新兴业务。截至2023年末，公司累计成立16单慈善信托，备案资产规模1.97亿元，资金来源包括公司自有资金、慈善组织、民主党派、企业、个人等，捐赠总额超过3 000万元，捐赠主要用于扶贫、教育、纾困、助残、养老等。公司慈善信托业务开展以来，受益群众已逾千人，社会反响热烈。

2023年公司成立慈善信托1单，具体要素如下：

苏信慈善·善举G2301（见义勇为）慈善信托

委托人：苏州市见义勇为基金会

信托资金来源：苏州市见义勇为基金会自有资金

保管人：中国建设银行股份有限公司苏州分行

监察人：江苏丁晓农律师事务所

信托目的：用于支持见义勇为领域的慈善公益事业

信托财产规模：10万~10 000万元，初始成立规模10万元

信托期限：10年

闲置资金投资运用方向：银行存款、公司发行的政信类集合信托计划。

三、社会责任履行情况

2023年,公司在集团党委的领导下,在全体股东的支持下,始终坚持以人民为中心的价值取向,坚持把金融服务实体经济作为根本宗旨,坚持目标导向和问题导向,严格落实"三分类",不断调整业务结构,以创新驱动替代传统业务,统筹公司发展与安全,公司持续围绕科技金融、绿色金融、普惠金融、养老金融、数字金融"五篇大文章",找准发力点,深入谋划,以信托模式积极履行社会责任。公司凭借稳健的经营理念及卓越的创新能力,在《证券时报》主办的第十六届中国优秀信托公司评选中荣获"2023年度区域影响力信托公司";凭借预付式消费资金管理服务信托在《国际金融报》主办的"2023中国金融科技创新优秀案例"评选中获评"2023中国杰出数字化经营信托公司";凭借苏信教服·众安S2203服务信托获评"金融助力苏州高质量发展2023大型融媒体报道优秀案例"。

四、2024年发展规划

(一)党建引领,健全全面从严治党体系

一是用好主题教育成果,推动"行动支部"建设。积极探索"行动支部"工作法,围绕公司高质量发展和提升党建品牌影响力等方面,培育建立行动支部,同时,进一步提升党建阵地综合功能。二是完善公司落实全面从严治党"两个责任"机制,设立机构明确职责。进一步整合监督力量,开展好各类专项排查工作,做好与集团纪检组的信息沟通工作,为公司优化合规制度、加强监督合力提供有效支撑。三是强化意识形态引领,完善信息报送机制。开展好党建和党风廉政建设教育活动,向集团报送高质量信息稿。

(二)深化改革,进一步完善法人治理结构

建立《主要股东承诺管理制度》《股权托管制度》,完善《股权管理制度》,优化流程,切实履行股权管理主体责任,有效实施规范股东行为管理,夯实关联方交易合规管理基础,健全激励约束机制和信息披露机制,进一步推动公司治理主要改革举措落地见效。

(三)迎难而上,全力推动业务转型发展

资产管理信托方面,积极开拓债券投资思路,丰富并优化产品投资策略,提高团队主动投资配置管理能力,强化华冠、华荣产品品牌影响力,保证产品规模的持续稳定增长,积极组织衍生品交易资格申请,持续扩大FOF业务规模。资产服务信托方面,加快推进预付资金服务信托业务,继续以风险处置服务信托、养老服务信托等为主要出发点,规划分类实施策

略，达到先行先试、小步快跑的目的。公益慈善信托方面，与慈善组织合作，借助慈善组织的公募资格，研究开发类公募的慈善信托，同时继续与清华大学MUST科研项目对接沟通，研究、开展带有慈善目的科研资金管理相关的信托业务。积极推动与集团成员企业的业务协同，提升业务转型发展的质效。

（四）引育并举，打造高素质专业团队

积极参加国企"定岗特选计划"，进一步推进青年和骨干人才培养、中层干部能力提升项目，聚焦业务需求，以债券投资、FOF、金融科技为重点，通过外部引进、内部培养相结合的方式，在重点岗位招聘中引入猎头服务，提升招聘质量和效率。进一步探索业务扶持奖励等激励机制，充分调动员工工作积极性，激发公司发展活力，加强服务信托、FOF等新业务的考核评价，夯实公司转型发展的基础。

（五）科技赋能，加快数字化转型

加大信息科技投入，着力开展数字化建设工作，推进数据仓库建设，加强数据自主，助力监管报送数据质量明显提升。加大转型业务科技辅助，启动标品业务系统重构，优先解决业务痛点，提升标品运营效率。持续优化财富APP等应用系统，增强客户营销和服务的科技能力，提升客户体验。全面梳理网络安全、终端安全、服务器安全、应用安全隐患，分步骤开展安全加固，防范信息安全风险。

（六）久久为功，完善全面风险管理体系

进一步建立健全"事前防范、事中控制、事后监督和纠正"的动态风险管理机制，健全风险识别的量化指标体系，并根据市场情况变化及时调整风险管理政策，通过非现场检查与现场检查结合，对公司面临的各类风险及重点项目的运行情况进行全面梳理并开展常态化全面风险排查工作。不断完善和健全风险管理系统，有效提高业务管理、额度管理、业务预警的自动化、信息化程度，持续引入专业化风险管理工具。

天津信托有限责任公司

一、2023年经营概况

2023年，天津信托有限责任公司（以下简称公司）本着"诚信、稳健、高效"的经营理念，立足金融信托本业，促进业务创新升级，注重风险防控与产品创新，不断提公司核心竞争力，实现信托规模新突破，收益稳定持续增长。

截至2023年末，公司注册资本36亿元，总资产109.03亿元，所有者权益77.89亿元，信托赔偿准备3.99亿元，公司管理信托资产规模达2 342亿元。2023年全年公司实现各项预算收入9.32亿元，营业利润7.90亿元，利润总额6.82亿元，实现净利润5.73亿元。

（一）跨区域（国际化）方面

公司已完成长三角、京津冀以及粤港澳大湾区三大区域业务布局，并相继在上海、深圳、北京、南京等地设立财富中心，全国化展业格局已经形成，并逐步成长为新的盈利中心；按照上海实业（集团）有限公司（以下简称上实集团）总体"再次国际化"战略需求，积极筹备受托境外理财创新业务资格及合格境内投资人（QDII）业务资质，积极布局中国香港地区业务。

（二）市场化方面

市场化方面，续完善人力资源管理体系。优化组织架构，分为前中后台三大板块，前台业务板块在业务管理运行上，按照六大业务方向，形成七大业务总部，实施垂直管理。科学设定考核机制，稳步推动职业经理人改革，明确职业经理人范围与岗位价值评估方法。以"业绩薪酬双对标"为基本原则，设计激励与约束相结合的职业经理人薪酬方案和强约束的配套考核机制。多层次开展人员引进与选聘工作，针对性开展各项培训，做好干部培养与监督。

（三）专业化方面

顺应监管转型导向，公司主动调整业务结构，推动业务转型升级。打造股权投资、服务信托两个专业化团队，设立资本市场、普惠金融两个专业总部，着力布局标准化业务产品线（产品类型包括现金管理类、"固收+"、TOF）；持续推进资产证券化、家族信托、慈善信托、重整信托等本源业务。

在业务专业化的同时，实现管理专业化。一是提升风险管控体系，设置固收、股权、证券三个专业委员会及风险资产处置委员会。二是提升合规管理能力，成立合规部，全面梳理公司的业务制度和流程。三是打造运营管理大中台，提升运营质效。

（四）协同化方面

紧紧围绕上实集团"两大三新"特色化产业体系，发挥集团在医药、基建、环保等领域的专业优势，在医药领域与集团协同开展行业领先创新药企业铁诺医药的股权投资；建立常态化、梯度化的对接机制，围绕兄弟单位的金融服务及财富管理需求，服务好实体经济发展。

二、创新业务案例

2023年，公司认真贯彻落实国家宏观政策和金融监管要求，以推动公司转型与结构调整为契机，不断推进创新业务与特色业务发展。

（一）探索预付费服务信托，夯实养老保障

公司秉承"普惠金融、服务社会"的经营理念，响应国家"应对人口老龄化"的发展规划，积极践行企业社会责任，助力养老事业发展。多年来，公司与天津市福老基金会、天津市慈善协会等机构保持积极合作，设立"天信世嘉"慈善信托品牌。2023年，公司继续积极创新，在原有养老慈善基础上，成功探索落地公司首单养老保障功能预付类资金服务信托——"天津信托·颐养天和1号养老服务信托"，通过预付类资金服务信托的形式，实现养老预付资金与养老机构相关风险的隔离，防范了养老企业破产、卷款"跑路"给老年人群体带来的利益侵害，助力国家养老服务体系和健康支撑体系不断完善。

（二）开展慈善信托，支持乡村振兴

党的二十大报告提出要"全面推进乡村振兴"，公司始终坚持履行国企社会责任，将落实国家战略与回归本源发展相结合，主动汇聚慈善力量助推乡村振兴和共同富裕。2023年，成功设立天信世嘉·信德乡村振兴2号慈善信托，信托资金专项用于支持天津市河西区对口帮扶甘肃省平凉市庄浪县、崆峒区和甘南州卓尼县的发展建设，大力帮扶西部贫困地区改善村民居住环境和生产生活条件，为西部大开发与社会主义和谐社会建设添砖加瓦。

（三）拓展破产重组服务信托，助力企业纾困

公司积极践行国企社会责任，推动资产服务信托业务转型，支持和反哺实体经济。2023年，公司成功落地上市公司尤夫股份破产服务信托，中标武汉国裕集团、赛瑞机械设备等企业的破产服务信托项目，形成欣昇系列风险处置服务信托品牌，为后续大力推进企业市场化重组服务信托、企业破产服务信托积累更多有利条件。

（四）布局家庭信托，服务家庭财富管理

2023年8月，公司正式推出家庭服务信托，完成个人财富管理服务领域的又一布局，产品以100万元为起点，为广大中产及以上家庭提供涵盖资产风险隔离、保值增值、子女教育、医疗养老、家风传承等相关事项的家庭全生命周期财富管理与传承综合服务方案。截至2023年末，公司已完成首单家庭服务信托业务设立，保守、稳健两类投资模式构建，制定并下发《家庭服务信托业务管理办法及操作指引》及同步推进业务系统开发、渠道拓展等配套工作，为下一步规模化拓展奠定基础。

三、社会责任履行情况

公司坚持依法维护信托产品投资者的合法权益，积极履行社会责任，利用公司力量优化资本流向、提升投资价值，惠及员工、造福百姓。

（一）坚守受托人职责，依法合规经营，开展普法宣传

公司认真履行受托人职责，严格把控业务准入，加强项目审查的专业化，做好风险管理制度的完善及修订工作。同时，公司将反洗钱工作作为业务管理和合规管理的重要内容，列入责任部门年度目标责任书，融入日常管理流程，全面提升合规管理水平。公司积极开展反洗钱宣传月活动，通过发放宣传材料、张贴宣传海报、现场讲解、在公司微信公众号和APP平台推送文章等形式向广大客户宣传反洗钱知识，增强客户的反洗钱意识，助力社会法治建设。

（二）持续做好客户服务，加强员工队伍建设

公司秉承诚实、谨慎、高效、共赢的经营宗旨，认真做好消费者权益保护各项工作，持续开展投资者教育活动，不断提高对客户的服务水平。建立投资者适当性机制，制定了《投资者适当性管理办法》《信托产品分类及风险评级管理办法（试行）》，保护投资者合法权益。积极开展金融知识宣传教育工作，分别开展了"3·15"消费者权益保护教育宣传周活动、防

范非法集资宣传月活动等活动，提高投资者的金融认知水准。

同时，公司严格遵守各项劳动法律法规和地方基本福利制度，保障和维护员工合法权益，定期组织员工体检和健康咨询，组织多样化活动丰富职工精神文化生活。

（三）践行"绿色"社会职责，推进社会公益发展

公司依据国家有关环保法律法规，逐步完善绿色运营、绿色办公、绿色采购等环节的相关政策和制度。按照国家产业结构调整政策，加大对绿色经济、低碳经济、循环经济的支持。截至2023年末，公司已落地多个绿色金融产品，涉及绿色信贷、绿色股权投资、绿色可转债投资、绿色慈善信托等业务模式，投向绿色出行、光伏新能源、园林绿化、污水处理等领域。

在社会公益方面，公司采用"信托+公益"方式帮扶困难群体。一是设立助老康养慈善系列信托，对天津市河西区特定养老社区的老年人开展养老服务。二是坚持把助力乡村振兴作为国企责任，继续对口帮扶甘肃省甘南州卓尼县、平凉市庄浪县、崆峒区等区域，改善居住环境和生产生活条件。

四、2024年发展规划

2024年，公司将坚持以习近平新时代中国特色社会主义思想为指引，按照上实集团党委、公司董事会的战略部署，继续深化转型创新发展，强化三大客户群体、六大系列产品建设，做实做深融产结合，大力推进转型创新业务规模化发展，持续完善大中台运营体系，不断优化风控合规管理机制，坚持金融科技赋能业务发展，完善组织架构和体制机制，全面提升管理效率，打造一流全能型资管机构，努力成为行业领先、特色鲜明的信托公司，综合实力跻身行业前列。

（一）加大融产结合力度，与集团及兄弟公司协同发展

公司将严格落实国务院国资委"探索产融结合，实现以融促产，推进实业更好发展"的要求，紧密围绕"金融牌照的旗舰店、融产结合的推动者、创新发展的实践者、跨境联动的整合者"的功能定位，发挥信托金融牌照优势，深化与集团相关板块的融产协同，助力集团与兄弟公司业务发展。

（二）深挖客户资源，继续夯实公司客群基础

2024年，公司将继续全面加快"三大类客户"群体培养，坚持以构建"100家固收类客户、50家金融机构和20家上市公司"合作朋友圈作为长期目标，逐步建立起公司经营发展的

基础客群。

（三）坚持战略定力，全面拓展创新业务规模

新监管环境下，公司将加力推进业务创新转型，持续提升经营管理效率与业务核心竞争力。一是要以规模化发展为中心目标，推动资产服务信托全面发力；二是要以传统投融资业务为依托，推动业务结构优化升级；三是要以标品业务为着力点，坚定推动转型业务规模化发展；四是要以盘活固有资产结构为抓手，不断优化固有业务发展模式；五是要以打造财富账户服务体系为核心，培育天信特色财富生态。

厦门国际信托有限公司

一、2023年经营概况

厦门国际信托有限公司（以下简称公司）前身为厦门市政府于1985年1月设立的厦门经济特区财务公司，1986年经中国人民银行总行批准并更名为厦门国际信托投资公司，是具有法人资格的非银行金融机构。2007年8月，经原中国银行业监督管理委员会核准换发新的金融许可证，更名为厦门国际信托有限公司。2023年，公司已稳健成长了39年，注册资本41.6亿元人民币（其中外汇资本金1 500万美元）；股东为厦门金圆金控股份有限公司（占股80%）、厦门建发集团有限公司（占股10%）和厦门港务控股集团有限公司（占股10%），均是国有全资企业。

截至2023年末，公司净资产68.01亿元，净资本50.46亿元，管理的信托总资产1 759.24亿元。2023年公司实现收入总额10.16亿元、净利润5.43亿元，连续12年获评厦门市思明区纳税特大户荣誉称号。

二、创新业务案例

（一）整体情况

1. 行政管理服务信托。公司基于"深耕厦门、扎根福建"的战略定位，助力地方政府打造"财政政策+金融工具"升级版，支持实体经济关键融资环节，管理的厦门市技术创新基金服务信托、厦门市城市建设投资基金服务信托、厦门市供应链协作基金服务信托等拳头产品持续做大做强，有效服务区域重大基础设施建设，服务现代产业发展与转型升级，提升社会公共资金的使用效率，助推地方经济高质量发展。

2. 特殊需要信托。公司设立"同晖"系列特需信托，以满足和服务特需群体的生活需求为主要信托目的，通过信托法律架构整合相关社会服务资源，对接监护、监察、养老、托付等功能，能够协同托养机构、第三方监督服务平台、特殊学校、律师、医护机构及其他保障机构的服务，实现提供全面、长期生活保障的目标。

3. 公开市场投资业务。公司以公开市场投资业务作为重点转型方向，推动固定收益投资业务的投资和交易能力稳步提升，实现投资品类与合作客群不断拓展，资金交易、现券交易和运营质效升级，公司自主管理的"现金宝3号集合资金信托计划"获评"一年期固定收益类产品金牛奖"，并创新推出与商业银行合作的利率债委外产品线。

4. 公益慈善信托。公司深入践行新市民金融服务，设立"快先森骑手爱心互助慈善信托"，初始规模20万元，资金用于捐助在全国范围内的骑手以及与骑手群体相关的人员，对意外、疾病身故以及重大伤残、重大疾病的骑士进行资助。本项目获评厦门市"第二届依法治理十佳典型示范案例"。

（二）具体案例

1. 厦门市技术创新基金服务信托。2020年12月以来，公司受托管理"厦门市企业技术创新基金服务信托"，为厦门市工信局、财政局管理及发放的财政补贴资金和贷款贴息资金，为厦门市工业、软件企业增资扩产、技术改造、绿色低碳项目和研发投入提供低成本融资支持。本服务信托的初始规模30亿元，2023年进一步扩大至300亿元，项下新设用于支持融资租赁和绿色金融业务的专项子基金。根据厦门市工信局的企业"白名单"，财政资金与银行信贷资金按一定比例向企业提供银团贷款，为企业提供利率为2%的低成本融资支持。公司提供资金的管理服务，促进政府部门和银行之间、银行和企业之间的沟通，协助搭建了线上申请系统，服务收费极低，实现财政资金对社会资金大杠杆比例撬动，协助银行更高效地获取财政配套的补贴资金，帮助企业获得低成本融资支持。截至2023年末，已提款企业（项目）622家，已提款金额合计150.66亿元，存续银团贷款余额137亿元。本服务信托入选国家工业和信息化部《国家产融合作试点城市典型案例集（2023）》，获评《证券时报》"2023年度优秀行政管理服务信托"。

2. 厦门市供应链协作基金服务信托。2023年6月，公司在厦门市财政局、市工信局、市商务局指导下，设立"厦门市供应链协作基金服务信托"，首期规模50亿元，其中，分设工业企业供应链子基金和商贸企业供应链子基金各25亿元，融资成本低至2.0%/年或2.5%/年。本服务信托通过向进入政府部门"白名单"的供应链链主企业及协作企业提供低成本融资支持，促进上下游企业有效增资扩产，助力补齐实体经济中关键融资环节和短板弱项，服务于厦门市"4+4+6"现代产业体系与产业链供应链一体化建设。截至2023年末，已提款企业（项目）39家，提款金额合计16亿元，存续银团贷款余额16亿元。

三、社会责任履行情况

公司将社会责任理念融入发展战略、经营管理与日常工作中，实现与社会环境及利益相关方之间的良性互动。

（一）社会责任工作开展情况

1. "向内"不断完善公司内部治理，坚持"开放、信实、担当、审慎、专业"的核心价值观，牢固树立内控优先、合规为本的理念，夯实合规管理组织体系，不断健全内部控制机制；积极提升人本价值，2023年共组织148场培训及考试，参训人员3 689人次，8 798.9学时；常态化开设了八大文体俱乐部，并为职工提供子女暑托服务。公司信托八部获评"福建省模范职工小家"称号，信托五部获评厦门市"五一先锋号"先进集体。

2. "向久"回归信托本源，服务实体经济发展。公司积极发挥信托在资产管理、财富管理和社会服务等方面的制度优势，积极服务国家战略，支持科技创新，助力经济增长。截至2023年末，公司支持京津冀协同发展的信托项目229个，信托金额111.96亿元；支持长江经济带信托项目305个，信托金额470.72亿元；支持粤港澳大湾区信托项目68个，信托金额113.03亿元；支持小微企业项目74个，信托金额124.57亿元；支持"三农"相关项目18个，金额33.17亿元。

3. "向健"做好风险管理和合规内控工作，聚焦转型阶段重点领域风险，明确不同类型业务的风险控制点、业务开展要求及风险防控措施；树立"内控优先、合规为本"的理念，扎实有效开展合规管理工作。持续完善消保体制机制建设，层层落实消保责任，2023年新增并修订了31个消保相关制度；聚焦"一老一少一新"等重点消费群体，持续推进"线上+线下""集中性+阵地化"的金融宣传全覆盖，2023年，公司共组织开展线下宣传教育活动11场次，线上宣传教育活动5场次，发布宣教信息90余件，总受众达40余万人。

（二）社会责任工作取得的成果

1. 服务社会治理，增进民生福祉。公司连续12年获厦门市思明区"纳税特大户"称号，2023年纳税总额4.35亿元。

公司作为厦门"财政政策+金融工具"的重要抓手之一，充分发挥信托牌照的功能，服务地方社会治理。2023年，公司管理的厦门市技术创新基金服务信托规模扩容至300亿元；完成厦门市城市建设投资基金轨道建设发展子基金15亿元投放落地；新设50亿元规模的厦门市供应链协作基金服务信托，服务厦门市产业链供应链一体化建设。

此外，公司还通过"家业"系列家族信托、"岁丰"系列保险金信托、"同晖"系列特殊需要服务信托、"鹭享"系列财富管理服务信托等产品多维度满足人民财富管理需求。

2. 擦亮红色底色，关注弱势群体。公司因特区而设，伴特区成长，时刻谨记作为地方金融国企的红色基因，积极反哺社会，帮扶困难群体，不断探索"金融+慈善"的新模式，已累计设立12只慈善（公益）信托，累计捐赠价值超过680万元，涵盖扶贫济困、传统文化保护、体验式帮扶、孤独症群体互助、关爱新市民等多个领域。

3. 创新发展理念，追求可续发展。公司深刻把握中央金融工作会议提出的"五篇大文章"的内涵要义，立足于自身资源及经验优势，提出践行永续发展愿景，明确将绿色金融作为发展战略的重要组成部分。截至2023年末共发放绿色贷款余额32.08亿元，投向绿色债券存续规模6.74亿元，购买农业碳汇10 000吨。公司受托管理的"厦门市企业技术创新基金服务信托"中创新嵌套碳减排挂钩模式，并已实现首单落地。

四、2024年发展规划

在转型关键阶段，公司升级战略定位为：扎根厦门、深耕福建、融合两岸、服务全国。全面推动数字化转型；践行永续发展愿景；在实体经济中为客户创造价值；打造市场一流资产管理机构，打造区域财富管理及服务信托首选品牌；服务国有大型金融机构做优做强，服务中小金融机构做好特色化经营。致力于成为金圆集团"全国一流综合金融服务商"战略的重要业务对接平台和枢纽，致力于成为综合化、专业化、特色化信托机构。

公司将加快培育可持续发展的业务生态，打好传统业务、转型业务与特色业务的组合拳，基于信托本源功能构建业务生态链条，推动转型阶段的商业模式做大做强。2024年，公司将紧密围绕金融服务实体经济要求与做好"五篇大文章"目标，扎实推动自身转型发展。公司将推进以委托人为中心的转型变革，构建服务政府经济和社会治理、服务政府风险管理的生态，服务金融机构及专业投资人投资运营、产品托管的生态，服务上市公司及其主要股东市值管理的生态，服务社会公众养老金融的生态。同时，将着力构建符合转型需要长期客户关系管理能力、全资产类别甄别投资与组合能力、生态系统的整合能力。

兴业国际信托有限公司

一、2023年经营概况

2023年，兴业国际信托有限公司（以下简称公司）坚定不移深化转型改革发展，积极应对信托业新旧动能转换、业务模式重塑再造时期的风险挑战，坚定回归信托本源，全力加快风险化解，持续优化业务结构，前中后台改革深入推进，银信协同发展能力不断提升，在探索高质量转型上迈出了新步伐。截至2023年末，公司资产总额626.56亿元，资产质量保持稳健。

（一）深入推进业务转型

近年来，公司党委和经营管理层深入学习总结海内外发达国家信托业发展经验和规律，全面顺应监管导向，立足自身作为银行系信托公司的资源禀赋，结合信托业务分类新规要求不断完善，最终确立了"服务为体，资管为用，受托为本"的转型改革总体思路，明确了"服务信托、私募资产管理、精品投行、公益慈善信托"等主要业务转型方向。2023年，公司加快布局资产服务信托、资产管理信托、公益慈善信托三大业务体系，持续推进资产管理体系改革，完成财富管理受托服务生态体系构建，创新家族信托业务模式，重塑流程提升效率，强化超高净值客群和企业家客群服务能力，拓展服务信托场景，成为主流银行中首批推出全线上化家庭服务信托服务的机构，在新增规模、系统配套、能力建设、团队培育等方面走向市场前列。

（二）主动服务国家重点战略

充分发挥信托独特功能和多牌照优势，加大对先进制造业、战略性新兴产业等国家重点领域和薄弱环节的支持力度，主动服务于绿色低碳、蓝色经济、乡村振兴等重大战略和重点区域建设，践行国有信托公司的责任与使命担当。积极支持长三角一体化、粤港澳大湾区建设等国家重点区域建设，累计提供信托合同金额超45亿元。大力服务乡村振兴，围绕粮食收储、乡村产业升级和基础设施改造等方面提供金融支持服务，在乡村振兴领域加大支持力度。发挥子公司私募股权投资平台作用，年内新增落地多个重点领域PE基金及并购基金类项目，积极支持实体经济转型升级。探索发挥兴业信托作为银行系信托公司在建构永续慈善信托平台方面的优势，加大模式创新力度，引入集团外部资金并为其提供"慈善+投资"的综合慈善服务，提升了捐赠人开展公益慈善活动的可持续性。在慈善场景方面，2023年内落地两单慈善信托项目，通过为乡村提供助学助教支持、基础设施保障等多种方式助力乡村振兴事业。

（三）安全发展水平持续提升

公司持续完善特殊资产处置体系，吸收同业先进经验，组建兴业信托特殊资产处置专班，完善制度体系。公司党委班子成员主动下沉工作重心，压实化险责任，对重点风险项目带头盯、亲自盯，设定目标任务，明确时间计划，落实分解责任，对存量不良项目进行全面梳理摸排，"一户一策"建立清收处置计划，推动项目风险加快化解。同时，白塘湾项目顺利推进，引入央企品牌代建方中铁置业，于2023年底顺利完成第一批已售房产的竣工备案与交付，有效贯彻落实国家保交楼、稳民生政策精神，协助地方政府化解稳定风险隐患，取得良好社会效益。

（四）数字化改革深入实施

公司立足兴业集团数字生态，发挥禀赋优势，顺应趋势规律，坚定不移实施数字化转型战略，加快推进经营模式优化升级、业务流程重塑再造、组织架构变革创新，以数字化赋能业务转型发展，在行业中建立数字化优势。一是完善顶层设计，成立公司数字化委员会，确立敏稳兼备、清晰明朗的数字化转型实施路径。公司于2023年初成立了数字化委员会，由公司领导亲自部署和参与，负责统筹推进公司数字化转型整体工作，下设五大敏捷小组：系统与架构组、财富与服务组、风险与流程组、运营与数据组、组织与人才组。每周定期召开例会，协调解决数字化转型过程中遇到的疑难问题，统筹规划数字化工作推进举措。二是聚焦科技赋能，加快核心业务系统建设。公司紧密围绕业务转型主要方向，优化运用金融科技手段，加快推进家庭服务信托、家族信托、薪酬福利信托等服务信托系统建设，打通生态系统，加快实现业务模式可复制化，运营管理全线上化，风险管控高度"智能化"。三是推进数据中台建设，提升数据治理和信息安全水平。数据中台是数字化转型的重要基础设施，通过整合分析，可有效联通上下游，将数据资源转化为数据资产，实现更加规范高效的共享、分配和利用，解决数据孤岛、依赖手工操作统计等问题。目前，公司围绕家庭服务信托、家族信托速赢项目已启动"数据中台1.0"建设工作，完成数据中台立项方案报审，从平台功能建设、数据应用建设两方面同步推进。

二、创新业务案例

公司认真贯彻落实国家宏观政策和金融监管要求，持续加强党的建设，以推动业务转型与结构调整为契机，特色转型业务快速发展。

（一）坚持党建引领，牢牢把握高质量发展首要任务

2023年，公司党委紧紧抓住加强党的领导这个"根"和"魂"，坚持以习近平新时代中国特色社会主义思想为指导，深入贯彻党的二十大精神，认真学习宣传贯彻中央金融工作会议精神，按照新时代党建工作总要求，聚焦"四个落实"，贯彻新发展理念，构建新发展格局，充分发挥党委把方向、管大局、保落实作用，深化落实全面从严治党"两个责任"。深入开展学习贯彻习近平新时代中国特色社会主义思想主题教育，贯彻落实福建省委"深学争优、敢为争先、实干争效"行动，自觉把公司发展放到加快建设金融强国、推动金融高质量发展大局中来定位与谋划，不断提升治理现代化水平，打造"信托服务+资产管理+财富管理+公益慈善"多元化发展的综合性信托公司，把党建工作作为推动工作的强大动力，与公司发展同步调、共促进。

（二）不断优化绿色信托管理工作，多元化开展绿色信托

公司持续完善绿色信托组织体系建设、专业能力建设，发布《绿色信托产品体系》《绿色信托业务认定及数据统计流程》，探索《绿色信托属性认定标准》，落实集团绿色金融"万人计划"，完成行业专家队伍、绿色金融专家队伍建设。在信托业务"三分类"的框架下梳理绿色信托发展思路，在绿色标品领域创新尝试，资金投向电力、水利、新能源、绿色建筑等多个绿色行业，支持、服务场景覆盖绿色能源、中部崛起、长江经济带发展、乡村振兴等诸多领域。

三、社会责任履行情况

公司大力倡导以"可持续发展为导向，实施社会责任管理，提升核心竞争力"的发展理念，积极履行社会责任，打造责任文化。注重发挥信托制度功能优势，加强金融创新与履行社会责任相结合，积极承担信托公司的经济功能和社会责任，将社会责任工作融入企业价值观、企业文化、战略规划和经营管理当中，推动公司积极服务国家战略导向、服务实体经济，并在推动开展社会保障事业、社会公益事业发展等方面积极发挥作用。

一是主动服务国家重大发展战略和国民经济薄弱环节，有效服务社会治理和支持实体经济发展。2023年以来，公司不断推动服务实体经济体制建设，推动业务转型发展，组建改革领导小组，通过敏捷小组形式加快产品研发落地、加快落实改革方案，实现内外部资金对实体经济的优化配置，提升市场主体的风险管理能力，深度融入集团"商行+投行"战略。公司主动优化受托管理资金投向，加大对制造业转型升级、战略性新兴产业、绿色环保产业、

"三农"及乡村振兴等领域的资金支持，合理运用信托灵活制度优势加强对国家重点支持产业和战略性新兴产业金融服务力度。2023年末，公司服务实体经济业务余额1 147.69亿元，在信托资产规模的占比为61.95%。

二是有效发挥信托制度优势，助力满足人民日益增长的美好生活需要。公司依托信托财产独立性和破产隔离等制度特点，积极开展为委托人量身定制财富规划，以及代际传承、资产配置等专业信托服务，让家庭服务信托走进寻常百姓家，助力满足人民日益增长的美好生活需要。公司坚持以客户为中心不断完善信托账户体系，打造全方位的财富管理信托生态体系与受托服务系统，切实提升客户服务水平和质量。持续完善优化资产管理产品结构设计，围绕服务信托客户需求，提供安全稳健、灵活多元的资产管理配置服务。2023年，公司家庭服务信托、家族信托、保险金信托、私募资产管理信托等均呈现出良好发展态势。

三是大力发展公益慈善信托，打造特色公益品牌。开展公益慈善信托业务是信托公司落实国家乡村振兴战略，助力实现共同富裕，落实金融机构社会责任的重要路径。2023年，公司落地3单慈善信托业务，其中，由公司主导成立的"兴业乡村振兴公益慈善信托"首期信托资金30万元专项用于国家金融监督管理总局定点帮扶的甘肃临洮乡村道路硬化项目，为公司首单乡村振兴慈善项目。公司还深入探索"慈善基金会+慈善信托"的创新业务模式，与兴业证券慈善基金会合作成立"兴证慈善兴未来慈善信托计划"，将信托资金及其投资收益持续用于教育公益、乡村振兴等公益慈善事业，通过为集团外部资金提供"慈善+投资"的综合慈善服务，探索开展可持续型慈善信托业务。

四是忠实履行受托责任，积极建设良好信托文化。2023年，公司积极践行消保主体责任，深化产品与服务全流程管控，扎实推动"百日攻坚"投诉治理专项行动方案落地，加大宣传教育力度，全面加强消费者保护管理工作。围绕公司转型战略和重点工作加强岗位培训，全面提升从业人员综合素质和能力，积极建设忠实守正、专业创新的兴业信托特色文化。报告期内，公司开展"兴信领航"法律与信托系列培训讲座6次，累计参训人数近1 400人次；加快服务信托经理转化，举办首届财富管理服务信托讲师挑战赛，开展科技应用型人才、绿色金融应用型人才专题培训和认证考试等，人才队伍复合化水平、专业化水平进一步提升。

四、2024年发展规划

2024年，公司将牢牢把握信托转型发展的重要战略机遇期，坚持服务实体经济、回归信托本源，立足新时期下经济结构动能转换、金融消费提质升级、信托行业转型加速的实际，发挥信托本源优势和制度优势，持续提升专业能力，强化风险防范化解，增强战略服务水平，开创高质量转型发展新局面。

云南国际信托有限公司

一、2023年经营概况

2023年，云南国际信托有限公司（以下简称公司）实现营业收入9.76亿元，其中，信托业务收入7.99亿元，固有业务收入1.77亿元。实现净利润3.9亿元，净资产收益率9.13%。截至2023年末，公司实现固有资产总额53.68亿元，净资产规模44.65亿元。

二、创新业务案例

（一）薪酬福利信托

2023年下半年以来，公司紧跟监管导向，将国家金融强国的发展新理念融入实际工作中，深耕服务信托，持续积极创新，先后推出员工激励与养老保障相结合的长期化产品，落地数单员工激励、补充养老信托计划，合同规模超过10亿元。

公司通过高效、成熟、稳健的运营服务，2023年为员工开展计划加入、资金缴费、权益归属、待遇领取等业务数万笔，直接服务受益人数突破3万人，充分发挥信托公司的社会职能，积极践行行业转型创新要求。

（二）固定收益信托

公司积极响应政策号召，进行业务转型，在2022年下半年在信托行业创新性设立了开展高收益债投资的"云乾"系列集合资金信托。该系列产品自成立以来业绩稳步增长，满足了委托人资产保值增值的需求，截至2023年底，该系列首只代表产品自成立以来净值累计增长41.18%，2023年度收益率为21.80%。通过对该产品进行业绩分析，可以发现收益主要得益于公司固定收益部投研团队在产品运作中加强了精细化管理：及时把握较好的投资时机和节奏，深度挖掘了个券的投资价值，对具有投资价值的板块进行了逢低配置，为投资人持续、稳定地进行财富增值。

（三）家族信托

2023年末，公司首单FGT（Foreign Grantor Trust）信托成功落地，FGT具有税收筹划、家族财富分配和传承、家族财富隐私保护等功能，在家族跨国财富规划方面具有举足轻重的作用。本次FGT信托的设立规模超过1亿元，为新兴上市公司的董监高提供了一种全新的信托解决方案。

（四）慈善信托

公司2023年新设立4个慈善信托项目，信托目的涵盖困难救助、儿童/青少年救助、医疗健康救助、教育助推、乡村振兴、生态环境保护以及文化传承与保护等多个领域。

"云南信托-百川朝海纾困慈善信托"作为公司首单集合资金型信托，深度融合"信托+慈善"模式，为上市公司、上市公司高管及其他爱心人士服务，其首批资金用于为祥云县普棚镇云里厂小学捐助了一批爱心书包，助力云南边远乡村教育事业发展。"云南信托-'京彩长江'援助慈善信托"首批资金支持水灾过后收治社区流浪动物、卫生消毒等事项，支持河北固安开展灾后援助公益行动。后续该慈善信托又为北京门头沟水灾受害群众带去600份"关爱身心"公益爱心大礼包。本项目通过定制化设计，解决了爱心人士小而分散的捐赠，聚沙成塔，为灾后援助出了一份力。"云信昆慈大爱星火慈善信托"作为公司"大爱星火"系列慈善信托项目，不断传递"爱心火种"播撒希望，助力乡村发展。2023年持续深耕乡村振兴、教育助学、文化传承以及困难救助等领域，积极响应国家乡村振兴的政策。"云南信托大爱星火-文化传承教育慈善信托"助推文化传承教育的公益慈善项目。通过支持录制"信托大家谈"节目，助力教育宣传活动、文化沙龙活动的组织，推广了信托文化相关工作，通过不同形式的媒体平台推广良好的传统文化理念，开展文化宣传和普及工作，树立正确的社会观、价值观。

三、社会责任履行情况

（一）党建引领社会责任履行

企业社会责任的履行需要驰而不息、久久为功的坚持和耐力，公司党委联合工会和党建共建单位昆明市公安局五华分局护国派出所，于2023年8月26日在昆明市五华区西翥街道办事处桃园社区龙池山庄后山大团岭干开展第六次"大爱星火"植树造林公益活动。六年来公司党委共组织390余人参加植树造林生态文明建设活动，累计植树造林18亩，栽种树木1 500余株，以钉子精神持续推动生态文明建设不断取得新成效。

公司九年来持续对大理州祥云县进行定点帮扶。2023年，公司党委两次以召开联席会议方式与定点帮扶牵头单位云南省气象局就如何发挥各自优势形成定点帮扶合力进行研究商讨和工作部署，3次组成联合工作组，联合省气象局、互联网头部企业、上市公司和云南省青少年发展基金会等合作伙伴共赴帮扶点，与当地各级政府领导及相关部门沟通商讨定点帮扶工作，深入开展爱心助学、教育帮扶、消费帮扶、产业调研及产业帮扶等工作。2023年，公司向祥云县共投入帮扶资金19.69万元，向38名小学生颁发云信"大爱星火"爱心助学金1.56万元；向普淜镇中心学校所属5所小学捐赠资金6.6万元，用于改善5所学校师生的教学和生活设施、提升办学条件和生活环境；带动一家上市公司向云里厂小学的全体学生捐赠书包；通过运营"云南信托大爱星火–鹿鸣乡增绿增收慈善信托"项目持续帮助鹿鸣乡低收入群体养殖肉牛增收；向祥云县供销社进行消费帮扶11.52万元等。通过这5个帮扶项目，惠及祥云县老师、学生、农户等受益群体共3 085人。

（二）慈善信托及公益信托开展情况

截至2023年12月末，公司存续4个助推乡村振兴的慈善信托项目，信托规模72.85万元。项目具体情况如下：

"云南信托–云南振兴集团慈善信托"于2022年7月7日成立，本项目信托资金主要用于困难救助、儿童/青少年救助、教育助推、乡村振兴等方向的公益慈善项目，为当地发展提供支持，为推动社会共同富裕作出贡献。截至2023年12月末，该项目实收信托规模45.50万元。

"云南信托大爱星火–鹿鸣乡增绿增收慈善信托"于2022年9月14日成立，针对鹿鸣乡实际，因地制宜，利用慈善信托优势，以产业振兴和生态振兴助推乡村振兴。截至2023年12月末，该项目实收信托规模10.00万元。

"云南信托–百川朝海纾困慈善信托"于2023年5月16日成立，本项目信托资金主要用于支持乡村振兴、儿童/青少年救助、医疗健康救助、教育助推、生态环境保护以及文化传承与保护的公益慈善项目。截至2023年12月末，该项目实收信托规模11.15万元。

"云信昆慈大爱星火–慈善信托"于2023年12月26日成立，本项目信托资金主要用于支持困难救助、儿童/青少年救助、医疗健康救助、教育助推、乡村振兴、生态环境保护以及文化传承与保护等公益事业。截至2023年12月末，该项目实收信托规模6.20万元。

（三）消费者权益保护工作开展情况

消费者权益保护（以下简称消保）工作作为公司战略规划和企业文化建设的重要组成部分，公司董事会及各级管理决策层极为重视，不断加强消保体制机制建设，压实消保工作责任，推动消保工作与业务发展、服务管理的深度融合，切实维护消费者合法权益。

一是严格落实消保审查。2023年公司新成立的包含自然人委托人信托项目立项前全部经过消保审查，审查覆盖率100%。二是加强员工消保培训。三是严格规范营销活动。四是切实保障信息安全。五是妥善回应消费投诉。公司始终将消费投诉管理作为消保工作重点，报告期内修订印发了《消费投诉管理处理细则》，对消费投诉受理和处理流程、信息管理和投诉人信息保护、监督管理等消费投诉管理全流程各环节进一步完善规范；畅通投诉受理渠道，主动公示投诉方式及投诉处理流程；建立投诉管理、定期通报和多元化解投诉管理机制；针对投诉中涉及的业务问题，推动开展根源性整改，促进服务能力和客户体验的提升；认真核查投诉反映的问题，积极研究消费者提出的改进建议，努力提升消费者体验和满意度。报告期内共受理消费投诉612件，所有投诉都在公司注册地昆明统一受理，且均在办理期限内办结并反馈。办理渠道分类：电话渠道受理271件，第三方渠道转送受理341件，其中，国家金融监督管理总局云南监管局转送340件，政府其他机关转送1件；业务类型分类：贷款类投诉181件，自营理财投诉168件，个人信用信息异议处理97件，贷款债务催收166件；投诉原因分类：因管理制度、业务规则与流程引起的投诉157件，因定价收费引起的投诉122件，因产品收益引起的投诉167件，因债务催收方式和手段引起的投诉166件［上述投诉分类依据为《金融消费者投诉统计分类及编码银行业金融机构》（JR/T 0169-2018）标准］。六是积极推动金融教育宣传。以线上线下结合的方式因地制宜开展常态化金融教育宣传；根据监管部门通知，精心策划并深入开展了"3·15"教育宣传周、消费者权益保护教育宣传月等集中宣传活动，宣传效果和社会反响较佳。

（四）社会责任管理情况

成立社会责任工作相关小组，由公司领导担任组长，组员覆盖公司各个部门，将履行社会责任纳入高管考核体系，并在中长期战略规划中明确提出将切实履行企业社会责任作为公司的发展目标之一，并在年报中设置了专门的章节板块，以披露社会责任专项内容的情况。

四、2024年发展规划

2024年，公司坚持"一体两翼四轮"的战略主线，以泛金融机构为目标客户，以科技和人才为支撑，以服务类债券业务为聚焦，通过大力发展服务信托业务引入泛金融机构客户，赋能资产管理业务，从而进行客户价值的二次发掘，并获得资管收入，形成围绕机构客户，先服务再主动的商业模式，最终顺利实现公司战略转型。

中诚信托有限责任公司

一、2023年经营概况

2023年,中诚信托有限责任公司(以下简称公司)以党的二十大精神为指引,深刻把握金融工作的政治性、人民性,坚持稳中求进总基调,积极推动实施"信托改革创新工程",全面夯实公司资产质量,统筹深化体制机制改革,优化全面风险管理体系,全年经营管理情况稳中向好,发展质效持续提升。

截至2023年末,公司管理资产规模达5 239.65亿元,其中,信托资产规模5 163.17亿元;2023年公司实现合并口径营业收入27.63亿元,全年实现净利润10.20亿元,主要指标在行业内排名持续提升。

二、创新业务案例

公司围绕"做好科技金融、绿色金融、普惠金融、养老金融、数字金融五篇大文章",落实信托业务"三分类"新规要求,牢牢把握国内资本市场改革与财富需求快速发展契机,加快创新业务拓展,重点业务布局稳中有进,服务实体经济质效不断提升。

一是标品信托业务规模持续提升。截至2023年末,公司标品信托业务年末规模2 588.25亿元,主动管理型产品体系进一步完善,先后荣获财联社"服务信托最佳案例金榛子奖"、深交所2023年度"优秀债券投资交易机构——信托类"等奖项。

二是普惠(小微)金融业务发展提速。2023年,公司持续推进普惠(小微)金融业务发展,深化与多家互联网头部机构合作,丰富业务模式,年末存续规模280.9亿元。截至2023年末,公司已创设并管理近百个普惠金融类信托项目,累计放款规模超过2 000亿元,累计服务个人及小微企业(主)超过5亿人次。

三是资产服务信托创新发展。2023年,公司积极回归信托本源,创新推出各类资产服务信托业务类型,财富管理服务信托业务稳步发展。2023年,公司大力发展家族与保险金信托业务,全面推广"诚嘉"家庭信托全新业务品牌,更进一步服务人民美好生活需求。2023年2月,公司成功落地首单企业破产服务信托,实现该领域的业务突破;4月,推出首单"关爱星星"特殊关爱信托，为孤独症等身心障碍患者提供"保险+信托+服务"的综合解决方案；12月，成功设立一系列员工持股信托。

四是服务实体质效不断提升。2023年，公司积极发挥信托特色，加大重点业务布局，不断提升金融服务实体经济质效，在服务现代产业体系、服务绿色发展、服务民生福祉、服务乡村振兴、服务科技自立自强等重点领域落地一系列典型示范项目。如公司使用资产支持票据助力四川港投公司业务发展；与多方联合助力杭州市萧山区产业升级和转型发展；对皖江金融租赁、河南开封运粮河开发项目进行投资，助力长三角一体化、黄河流域生态保护和高质量发展；为中建材投资提供资金支持，从而支持企业科技创新发展。

三、社会责任履行情况

2023年，公司积极践行金融国企的使命担当，切实履行社会责任，努力实现经济、社会和环境的全面协调可持续发展。

一是通过公益捐赠、资金引入、慈善信托等多种形式，落实定点帮扶与助推乡村振兴工作。

2023年，公司不断拓宽公益慈善捐赠渠道，与北京嘉实公益基金会合作向其捐赠300万元设立"捐赠人建议基金"（DAF），用于开展教育、乡村振兴等公益项目。公司还向江西省乐安县、吉安县捐赠定点帮扶资金250万元，公司领导带队深入考察当地帮扶项目，与地方政府深入研讨定点帮扶的成效与难点，助力两县持续巩固脱贫攻坚成果。此外，公司还通过向乐安县引入北京嘉实公益基金会，成功向该县注入帮扶资金400万元。

2023年，公司加大慈善信托业务发展力度。全年新备案慈善信托13单，开展帮扶项目27个，帮扶金额868万元，较上年同比增长241%。在慈善信托财产运用方面，公司一方面加大乡村振兴帮扶力度，全年开展乡村振兴帮扶项目17个，支持乡村产业、民生和教育事业发展；另一方面积极支持社区慈善事业发展，资助社区长者食堂困难老人用餐、村社区公益晚会等项目。2023年，公司通过慈善信托支持扶贫济困、教育助学、乡村振兴、养老敬老、文化传承等领域，覆盖甘肃、安徽、四川、江苏、浙江、北京等地区，惠及群众7.2万人，产生了较好的社会影响。2023年，公司荣获金融时报社"年度最佳公益慈善服务信托公司"奖、《证券时报》"2023年度优秀公益慈善信托奖"，并获评《金融时报》"2023金融支持乡村振兴优秀案例"。

二是持续开展特色化公益活动，打造中诚公益跑品牌，支持乡村儿童教育事业发展。

2018年起，公司积极探索教育帮扶模式，与中国发展研究基金会合作，每年向其捐赠资金，并联合举办"爱心汇聚 始于足下"中诚公益跑活动。多年来，公司持续向其设立的"山村幼儿园计划""中等职业教育赢未来计划""乡村儿童教育信息化项目""慧育中国山村入户早教计划""中国儿童发展报告2022：儿童发展与乡村振兴项目助学项目""毕节试验区'农村儿童发展综合示范区'项目"等捐赠资金，支持国家教育事业发展。双方已经连续举办六届中诚公益跑活动。通过公益跑活动，公司将员工活动与社会公益有效结合起来，号召每一位员工身体力行积极踊跃参与公益慈善活动。多年来，"中诚公益跑"活动得到了媒体的广泛关注，品牌效应不断彰显，已经成为公司特色的公益品牌活动。

三是践行绿色发展理念，积极设立中诚公益林。公司积极开展节能降耗绿色办公活动，打造资源节约型和环境友好型企业，努力实现经济、社会和环境的全面协调可持续发展。

自2020年春季以来，公司创新公益模式，先后在北京东城区柳荫公园、怀柔林场植树基地设立了"中诚公益林"，连续四年组织员工开展"春植、夏认、秋抚、冬护"等活动。2023年，公司组织开展了形式多样的义务植树活动。例如，公司在首都绿化委员会互联网+全民义务植树基地之一北京市东城区柳荫公园，捐资认养绿地1 500平方米、松柏及柳树共计40株；组织员工前往中诚公益林开展植被松土除草、施肥浇水，设施管护，捡拾清理杂物，清扫落叶等多项抚育管护活动；组织员工统一前往北京怀柔林场植树基地开展了2023年春季植树活动，现场共栽种树苗50株。

此外，公司坚持节约优先，积极落实节能减排、低碳环保办公理念，开展节能降耗绿色办公、绿色经营、绿色采购，推广无纸化办公，倡导员工节约用水用电、绿色出行，大力宣传教育，张贴宣传海报，推行"光盘"行动。

四、2024年发展规划

2024年，公司将推进实施"信托改革创新工程"，坚持以服务实体经济为方向，以高质量发展为主线，以变革创新为动力，统筹推进理念变革和体制机制改革，加快重点新业务布局，打造综合信托服务能力和差异化投资管理能力，着力构建具有核心竞争优势"资产管理+财富管理"信托业务新体系。

中海信托股份有限公司

一、2023年经营概况

2023年，中海信托股份有限公司（以下简称公司）全面贯彻党的二十大精神、中央金融工作会议和中央经济工作会议精神，坚持把服务实体经济作为根本宗旨，把防控金融风险作为永恒主题，高质量发展迈出坚实步伐。公司坚持稳中求进，在信托行业内率先全面、彻底放弃深耕多年的非标政信贷款业务的情况下，实现全年营业收入12亿元、利润总额8.56亿元的自我加压目标，为2018年资管新规实施以来的最高水平。截至2023年底，公司资产总额63.96亿元，负债总额为5.84亿元，所有者权益58.12亿元，资产负债率9.13%，存续信托资产规模1 646亿元。

加强标品信托能力建设，市场竞争力保持行业领先。标品固收业务规模突破600亿元，增幅高达113%，"稳健六号"和"远航一号"荣膺第二届"金牛奖"，"稳盈十五号"荣获《上海证券报》"诚信托·最佳资产管理信托产品奖"，市场整体影响力和行业地位进一步提升。小微金融提质增效，服务实体经济能力不断增强。全年累计发放贷款42.16亿元，同比增长116%，支持小微企业主5 199户，是公司践行央企金融机构使命担当，践行金融服务实体经济的最佳实例。产融业务健康成长，服务集团主业能力不断增强。大力发展供应链金融业务，上下游供应链金融业务规模达10.95亿元，同比增长105%，累计规模达19.31亿元，有效解决了供应商"融资难"的问题。积极探索绿色金融业务，设立首单乡村振兴近零碳社区服务信托，成立全国首个"海上塞罕坝蓝碳促进公益信托计划"，研发设立新能源投资信托，与兄弟单位合作打造零碳加油站、加气站和零碳园区。"中海蔚蓝CCER碳中和服务信托"获上海市金融创新成果奖三等奖。

2023年，公司荣获中国信登"信托估值及相关服务优秀合作机构"、上海环境能源交易所2022年度"优秀会员奖"、黄浦区"百强重点企业第九名"、黄浦区"央地合作发展奖"等荣誉，成功当选上海市银行同业公会第十五届理事会理事单位。

二、创新业务案例

案例一：加强标品信托能力建设，市场竞争力保持行业领先

加强代销渠道、风控运营体系、投研及交易能力建设，2023年公司标品信托规模突破600亿元，比年初增加317亿元，增幅高达113%，主动管理能力和市场竞争力进一步加强。公司明确"代销为主、直销为辅"策略，财富管理中心和标品团队有效协同，公司主要领导带头高层营销，合作代销银行已达13家，授信额度达567亿元，年底代销资金余额210亿元，比年初增加154亿元，增幅高达261%，低成本代销资金已成为标品信托最重要的增量资金来源，这一特点符合优秀私募基金发展规律，走在了信托行业前列。继2022年"稳盈四号"和"稳盈十六号"荣获《中国证券报》信托业首届"金牛奖"之后，2023年再有"稳健六号"和"远航一号"荣膺第二届"金牛奖"，"稳盈十五号"荣获《上海证券报》"诚信托·最佳资产管理信托产品奖"，市场整体影响力和行业地位进一步提升。

案例二：推动小微金融提质增效，服务实体经济能力不断增强

2023年公司对小微金融部提级管理，组建小微金融总部，设置三个二级部。完善业务指引，强化对操作风险、贷服机构的管控，加强贷后管理，设立借款人、房产、城市等多维度风险监控模型，上线中信登财产查询功能。积极开拓市场，2023年累计发放贷款42.16亿元，同比增长116%，支持小微企业主5 199户，实现多方共赢。自2018年开办小微企业主（房屋抵押）经营贷业务以来，公司累计发放小微企业主经营贷146.06亿元，支持小微企业主21 404户，在有力支持实体经济发展的同时，小微业务信托资产不良率持续保持为零，是我们践行央企金融机构使命担当，践行金融服务实体经济的最佳实例。

案例三：推动产融业务健康成长，服务集团主业能力不断增强

大力发展供应链金融业务，上下游供应链金融业务规模达10.95亿元，同比增长105%，累计规模达19.31亿元。新开辟下游采购商业务，与海油商城和京东科技合作成立"星辰1号"，累计向采购商发放贷款约5亿元，为160位客户完成授信规模超5.6亿元。提升业务流程效率，制定供应链业务操作指引，配合集团公司建设供应链数字化平台，引入京东科技风控模型，实现业务高效在线审批、及时事中风控，客户体验和服务质量明显提升。积极探索绿色金融业务，与上海崇明区富安村合作，设立首单乡村振兴近零碳社区服务信托，实现村委会区域碳中和目标。研发设立新能源投资信托，与兄弟单位合作打造零碳加油站、加气站和零碳园区，已落地北京国宾大厦、北京金湖汇智培训中心新能源改扩建项目。上线员工碳账户，获评中国海油节能低碳"金点子"奖。"中海蔚蓝CCER碳中和服务信托"获上海市金融创新成果奖三等奖。与海油公益基金会合作，探索乡村振兴与"双碳"目标有机结合，成立全国首个"海上塞罕坝蓝碳促进公益信托计划"红树林保护项目，以绿色金融助力乡村振兴。

三、社会责任履行情况

2023年，公司始终坚持把维护受益人的合法权益放在首位，切实履行诚实、信用、谨慎、有效管理的义务，把好风险关，承担起国有金融企业维护金融稳定的社会责任。公司积极推进信托业务转型回归本源，不断加大小微金融、绿色金融、供应链金融等业务拓展力度，有效支持实体经济发展。此外，公司认真履行社会责任，在扶贫帮困、慈善公益、乡村振兴等工作中均取得积极成果。

（一）海上塞罕坝蓝碳促进公益信托计划

2023年8月，在广东湛江红树林国家级自然保护区管理局、湛江市自然资源局的共同见证下，中国海油南海西部地区成员单位委托公司成立的"海上塞罕坝蓝碳促进公益信托计划"在湛江签约，标志着全国首支聚焦红树林生态保护的公益信托项目正式启动。本公益信托目的为保护海洋生态环境，保护海洋生物多样性，践行"绿水青山就是金山银山"的新时代生态文明发展理念，发扬塞罕坝精神，促进人与自然和谐发展。

（二）尼玛县乡村振兴可持续发展公益信托

为贯彻落实金融工作"政治性、人民性"指示精神，助力中国海油定点帮扶援藏工作，公司于2023年12月成立"尼玛县乡村振兴可持续发展公益信托"，以ESG绿色发展理念为指导，专注西藏自治区尼玛县乡村振兴与可持续发展，在当地开展文化教育、医疗救助、绿色金融、新农村建设、环境生态保护等领域的慈善活动。

四、2024年发展规划

一是确保标品业务长期领先地位。进一步强化长周期、专业化团队集体作战模式，完善证券投资风控小组联席会议制度，加强形势研判和投资策略交流。加强标品风控体系建设，发挥风险管理总部职能整合优势，实现标品信评工作的集中统一，减少前台重复劳动；实现交易与风险监控的有机统一，提高全过程风控的质量与效率。加强标品运营体系建设，继续深入推进信托业务一体化系统建设和应用，优化业务流程，持续提升标品运营效率，争创行业一流的标品估值与运营团队。

二是推动小微业务提质增效。落实金融服务实体经济，纾困小微企业。持续完善小微业务链条，深化发展以现有四家合作机构为主、上游直营获客和下游逾期资产处置为延伸的"4+1+1"业务布局，努力提升主动管理能力，适度扩展业务规模。资金端方面，小微业务除依托财富中心直销协同发展外，还要努力拓展低成本资金代销渠道和机构资金委托方，为业务做优做强提供坚实支撑。以投诉率、债转率作为贷服机构、展业城市的主要评判标准，将"零投诉、零债转"作为终极努力方向，加快抵押品可投库建设，实现健康发展、多方共赢。

三是推动产融业务高质量发展。大力拓展供应链金融业务，巩固供应链上游业务发展成果，对标行业龙头，大力拓展上游供应商货到融资和订单融资业务，稳健发展下游采购商融资业务，努力成为公司新的利润增长点；稳步推进供应链下游业务，继续推广升级"海油e融"产品，为采购商提供贷款的同时，助力兄弟单位产品销售。积极探索绿色金融业务，与兄弟单位在碳资产管理、新能源建设开发等领域开展合作，探索运用固有资金储备碳资产，结合乡村振兴拓展绿色公益信托开发碳资产，助力集团公司碳资产管理；推广已落地的新能源项目经验，为兄弟单位建设综合能源站和零碳园区贡献信托力量。

中建投信托股份有限公司

一、2023年经营概况

2023年，面对信托行业深刻变革，中建投信托股份有限公司（以下简称公司）坚持以习近平新时代中国特色社会主义思想为指导，全面贯彻落实党的二十大精神、中央金融和经济工作会议精神，强化国有金融企业政治担当，保持战略定力，坚持稳中求进工作总基调，持之以恒推进公司"除险·转型"两大攻坚工作，扎实推动公司高质量发展。

截至2023年末，公司存续信托项目共346个，实收信托规模总计926.39亿元。

（一）坚持监管政策导向，全力推进转型攻坚任务

1. 转型业务规模、收入占比不断提升，持续压降融资类业务规模，占比从年初的20%下降至17%，服务类、投资类信托业务规模占比超过83%。服务类和投资类信托业务收入占比从年初的18%提升至39%，服务信托等本源业务实现较快增长。

2. 积极主动调整业务结构，资产管理信托业务特色化体系初显，重点发展现金管理类和"固收+"产品，持续优化债券信用结构，在保持流动性基础上收益达到行业平均水平，保持稳健，净新增资金4.66亿元。挖掘多元化另类固收业务资产配置，加大浙江区域展业力度，提升底层高信用平台占比，累计新增规模16.18亿元。增强权益投资类产品主动管理能力，增强产品适销性，精准把握客户需求，FOF类产品业绩跑赢大盘，业绩保持稳健，聚焦上市公司投融资业务，年内实现"定增1号"顺利退出，收益跑赢同期中证1000指数8.85%。资产证券化业务排名保持行业前列。资产证券化业务存续管理规模450.9亿元，荣获中债登年度"优秀ABS发行机构"奖项，累计新增规模236.1亿元，新增规模排名行业前十，其中，资产支持票据业务新增规模排名由上年的第9名提高到第6名。

（二）聚焦风控体系，优化转型业务支持保障

1. 优化资本市场业务风控体系。按照可量化、可操作、可监控、可应对的目标全面推进公司标品业务全面风险管理体系建设。全面优化审批机制，针对性下发尽调申报、投后管理等模板，搭建运营支持网络，细化投资交易管控颗粒度，健全投后风险监测与分级预警机

制，赋能公司标品业务规范展业、风险防控。

2. 强化合规内控管理。加强关联交易管理，推进关联交易各项管理工作优化。开展合规管理质效提升专项行动，常态化开展合规检查，完善合规管理闭环。开展资金端销售合规专项评估，强化客户分类管理与尽职调查，加强客户信息保护，优化销售流程。

3. 数字化赋能业务发展。强化金融科技底层支撑，实现标品投资类业务全面线上化管理，实现家族、家庭服务信托及保险金信托全生命周期数字化运营。上线行情邮件自动化解析、现金产品自动化估值、季度管理报告自动化生成、产品净值自动化披露等功能。夯实数字化基础建设，完成同城数据中心二期搭建，提升业务连续性保障能力。

4. 强化基础运营管理。聚焦专项领域，完善信托业务分类管理，开展存量业务重分类，厘定公司信托产品体系，梳理形成16个"泉"品牌；开展平台业务风险排查，强化信后管理，优化展业策略；强化操作风险管理，专项监控员工待办系统流程，引导勤勉履职，提升规范履职；完善押品管理制度体系，明确押品职责分工及管理要求。

（三）紧跟行业变革，夯实基础设施建设

1. 深化组织构架变革。坚持信托业务"三分类"导向，聚焦"资产服务信托+资产管理信托"发展趋势，新设家族与机构客户总部、私人财富客户总部，优化经营管理模式。在总部下新设家庭服务信托中心，提升家庭服务信托等细分领域经营能力。

2. 深化人才结构转变。完善内外部人才选聘机制，市场化引入标品类信托、财富管理服务信托、标品风控等领域的专业骨干人才。深化人才培养体系，开展标品顾问式销售"特训营"，开展"榕树计划""白杨计划"等专业化履职能力培训25场，参训超3500人次，不断夯实转型发展人才储备。

3. 深化品牌文化价值引领。深耕行业研究，连续11年出版《2023中国信托行业研究报告》；专注市场研究，聚焦资本市场、另类投资业务，深化"信投北斗""另类视界"投研平台搭建；选树优秀典型，持续开展23期"管理漫谈"、19期"逐光行者"、10期"闪光人物"系列宣传，积极发挥榜样力量，凝聚员工共识，强化价值引领，激发全员干事创业奋斗精神。

二、创新业务案例

（一）大力支持现代化产业

公司推出资产证券化中心光大环保定向资产支持票据系列产品，覆盖了光大环保（中国）有限公司在全国各地的可再生能源电价附加补助资金应收账款项目，专注于碳减排、节能和节地方面产生环境效益，成功实现将金融资本引入新能源领域，为战略性新兴产业的可持续发展提供助力。

2023年公司成立"光大环保（中国）有限公司2023年度第一期绿色定向资产支持票据（碳中和债）信托"，该项目发行规模4.70亿元，底层资产是碳中和ABN，基础资产为光大环境旗下城市生活垃圾焚烧发电项目产生的国家可再生能源电价附加补助资金应收账款。按募集资金金额占项目总投资的比例测算，每年可助力减排二氧化碳超7万吨，节约标煤4.16万吨，每年二氧化碳减排量相当于植树近400万棵（按每棵树年吸收18.3公斤二氧化碳计算）。

（二）创新绿色信托服务模式

2023年，公司结合国家绿色低碳经济的发展战略，积极探索研究新能源金融服务、REITs领域的投资机会，参与推动绿色建筑、清洁能源等领域的发展。公司落地首单REITs战略配售投资，通过"涌泉189号（REITs战略投资基金1号）"项目对外投资的"中航京能光伏封闭式基础设施证券投资基金"获得证监会批复上市，规模603.72万元，是REITs市场首单获准发行的绿色能源项目。中航京能光伏REITs基金将集中投向新能源项目，进一步建设完善电力公共设施，有利于提升周边地区综合承载力。项目公司得以更新厂房和相应设备，有助于提升新能源项目的社会影响力，对节能降碳工作起到积极的示范效应，促进节能减排。

三、社会责任履行情况

公司秉承"价值创造、以人为本、和谐发展"的社会责任理念，立足发展中各利益相关方的普遍诉求，积极服务经济发展、产业转型、结构升级与社会进步的可持续发展大局，致力实现企业发展、员工发展、社会发展的和谐统一。

回归信托本源，积极履行企业发展责任。公司积极服务国家战略，持续支持京津冀协同发展、粤港澳大湾区建设、长三角一体化发展、成渝地区双城经济圈建设等区域发展，2023年末投资余额91亿元。发挥信托制度优势，扎实服务实体经济，强化对中小微企业金融支持，投资（含服务信托）中小微企业余额136亿元。持续加强对国家战略性新兴产业的扶持力度，投资余额15亿元。

坚持以人为本，认真履行员工发展责任。公司全面优化重塑人力资源体系，拓宽员工职业发展通道，优化完善薪酬考核体系，建立内部人才市场，构建和谐劳动关系。广泛开展员工关爱活动，连续7年组织实施"员工入司周年"（星辰计划）文化纪念活动，推动和提升企业文化凝聚力，培育共商共建共享共担的企业文化。

多措并举，保护金融消费者合法权益。公司持续优化消费者权益保护治理构架与制度体系，全力以赴提升客户服务。有序落实消保考核、消费争议处理、个人信息保护、消费者教育、消保培训、销售合规管理工作，积极响应监管号召，开展"3·15"宣传周、普及金融知识万里行、金融消费者权益保护教育宣传月等宣教活动，加强"做金融明白人"教育宣传，普及宣传信托文化，强化投资风险意识，提升消费者金融投资素养。

践行社会公益，积极履行社会发展责任。公司充分发挥信托制度优势，全年新增慈善信托项目25单，成立规模0.33亿元，新增项目数量及规模均创新高。截至2023年末，公司设立的慈善信托项目涵盖应急救灾、困境儿童帮扶（自闭症儿童）、公益创投机构扶持、困难家庭资助、乡村振兴、大病救助等，充分践行《慈善信托管理办法》中五大慈善目的，助力推动公益慈善事业可持续发展。

四、2024年发展规划

2024年，公司将深入贯彻落实党的二十大精神、中央金融工作会议和中央经济工作会议精神，深入贯彻落实集团各项工作安排，坚持稳中求进、以进促稳、先立后破，持续夯实稳的基础、激发进的动能、提升立的实效，扎实回归信托本源，着力做好金融"五篇大文章"，提升服务实体经济质效，继续打好"除险、转型"攻坚战，持续推动公司转型发展。

公司将深化资产服务信托与资产管理信托"两大业务"体系建设。实施改善经营生态的"三大举措"，奋力盘活固有风险资产、加速收敛存量信托风险敞口、全面落实资金端维稳。持续推动风险管控的"四个提升"，提升操作风险管理力度、销售适当性管理强度、标品业务管理深度、非标业务管理精度。深化经营管理的"五个基础保障"，深化组织架构调整、深化人才队伍建设、深化金融科技赋能、深化资源配置保障、深化品牌文化建设。

中粮信托有限责任公司

一、2023年经营概况

2023年，面对外部复杂的经营环境，中粮信托有限责任公司（以下简称公司）勠力同心、奋楫笃行，凝聚起忠诚担当、奋发作为的磅礴力量；抢抓机遇、乘势而上，积蓄高质量发展的强劲势能；聚力攻坚、拼搏奋战，有效提升经营管理专业化水平。截至2023年末，公司实现营业收入（合并）12.81亿元，同比增长41%，信托业务收入12.15亿元，同比提升8%，实现净利润（合并）6.06亿元，同比提升84%，年末存续信托规模突破3 000亿元，同比提升89%。

（一）响应监管政策导向，深化转型标品业务

作为公司的支柱型业务，近两年公司持续深耕标品固收业务，2023年底的固收业务存续规模接近800亿元。在产品模式方面，公司采取小步快跑、加速迭代，并搭建了直销系列产品及代销系列产品体系，持续优化工具箱、效率逐步提升。通过对标同业资管公司，公司着力提升投研能力建设，通过拓宽品种、创新策略组合，运用波段操作、信用精选、固收+策略、流动性精细化管理等多种手段增厚收益，为投资人打造更为稳健优质的固收产品。

（二）大力发展证券服务类信托业务，提升规模贡献

基于对业务属性的研判以及发展资产服务信托的政策导向，公司在2023年明确大力拓展证券服务类信托，并实现了零的突破，截至2023年末的存续规模接近1 200亿元，为公司形成了较好的信托规模。

（三）做好"五篇大文章"，大力开展普惠金融

公司致力于做好"科技金融、绿色金融、普惠金融、养老金融、数字金融"五篇大文章，以实际行动践行金融为民的初心与使命。在普惠金融业务方面，公司聚焦经营贷及消金双赛道，充分发挥金融服务实业、服务中小微企业的社会责任。截至2023年末，公司普惠金融业务存续规模为63亿元，较年初净增长近60亿元。

（四）以投资人为出发点，提升财富管理服务能力

信托业务"三分类"新规的正式实施，更加要求信托公司以投资人立场为出发点，关注投资人资产配置需求，为投资人提供财富管理服务。公司将财富管理作为转型发展的"牛鼻子"，不断提升财富管理服务能力，完善财富体系建设。截至2023年末，公司财富全口径销售规模超1 400亿元。同时，大力发展家族/家庭信托，截至2023年末，家族/家庭信托存续规模突破90亿元。其中，公司的家办业务累计落地规模近百亿元，服务客户近千单；家庭信托方面，打造"方禾"家庭信托品牌，累计落地突破200单。

二、创新业务案例

（一）积极布局家庭服务信托，发布"方禾"品牌

2023年随着信托业务"三分类"新规的出台，公司积极布局家庭服务信托，进一步激发"转"的动力。"变则通，不变则塞；变则兴，不变则衰"，面对新时代、新形势和新要求，公司顺应监管政策，顺势而为，重点培育回归信托本源的家庭信托业务。公司家庭信托业务力争行业先发优势，精准捕捉中产家庭客户群体需求痛点，突破了中产家庭缺乏资产隔离有效工具的业务空白，成为公司资金端渠道建设的新发力点。在展业布局上，公司家庭信托业务集"运营体系、资产配置、服务场景"三位一体，有效解决同业开展此类业务面临的普遍困境。在家庭信托业务上，一是建立标准化销售和线上运营体系，形成了一套智能、高效、低成本的运作模式，客户全流程线上操作，设立速度最快1小时，属于行业领先。二是建立多套标准化投资策略，通过智能化系统向风险匹配的客户精准推送，以稳健投资为第一出发点，支持客户家庭财富规划目标的实现。三是建立覆盖"消费、养老、慈善、传承、资产隔离"等多场景的增值服务体系，整合优势资源，打造家庭信托美好生活菜单，综合解决各类家庭需求，提供匹配的增值服务。

2023年11月11日，公司正式对外发布了"方禾"家庭信托品牌，截至年末，家庭信托落地单数突破200单，优质的品牌服务和流畅的操作体验，让公司在家庭财富管理领域迅速跻身行业前列。"方禾"汲取中粮民生领域之优势，做"更懂生活的家庭信托"，集"服务""配置""账户"功能于一身，实现了"基于客户需求"到"引领客户需求"的综合解决方案。

（二）成功发行20亿元绿色汽车贷款ABS，助力"双碳"目标实施，彰显央企环保担当

自"双碳"目标提出以来，公司主动承担央企社会责任，积极探索绿色信托领域的业务

突破和产品创新。2023年4月，公司作为发行人携手上汽通用汽车金融有限责任公司，成功发行融腾2023年第三期个人汽车抵押贷款绿色资产支持证券，发行规模为20亿元。项目募集资金全部用于新能源汽车贷款业务，基础资产均符合绿色项目标准。该项目是公司发行的首单以个人汽车贷款为基础资产的绿色信贷ABS产品，根据评估报告，项目每年可减少排放二氧化碳132 772.1吨，节约标准煤61 949.37吨，产生显著的绿色环境效益。

三、社会责任履行情况

2023年公司切实履行社会责任，全面加强党的集中统一领导，以人民为中心，坚守"做服务实体经济的源头活水，做助力共同富裕的春风润雨"的企业使命，积极防范化解重大金融风险，深化改革回归信托本源，持续推进绿色发展、公益慈善，有效提升人本价值，加强社会责任管理。公司坚守专业受托人的发展定位，充分发挥连接产业、货币、资本三大市场的独特制度优势，深化探索业务体系、不断创新业务模式、持续加强产品研发，不断提升信托专业能力和服务水平，并通过全面加强风险管理能力、运营管理能力、投研能力建设、数字化赋能能力提升公司核心竞争力。

在全面加强党的集中统一领导方面，公司积极开展主题教育活动，深入开展学习贯彻习近平新时代中国特色社会主义思想主题教育。公司持续强化党的基层组织建设，党委扎实落实中央企业基层党建"七抓"工程。公司全面加强党风廉政建设和反腐败工作，严格落实党委全面从严治党主体责任。公司广泛汇聚群团统战工作合力，扎实开展统战、群团工作。在强化以人民为中心的价值取向方面，公司忠实履行受托责任，优化内部控制相关组织架构。财富管理效果显著提升，于2023年11月正式推出"方禾"家庭信托。积极推进消保工作，扎实开展集中式和常态化金融知识宣传教育活动。在持续提升服务实体经济质效方面，公司助力粮食供应安全、现代产业链链长建设，助力补齐民生短板，全面推进乡村振兴。在积极防范化解重大金融风险方面，公司持续强化合规管理建设，建立健全公司治理架构。在深化改革回归信托本源方面，公司加大拓展资产服务信托业务力度，重点发展家族信托、家庭服务信托、资管产品服务信托等。公司积极调整组织架构，一体化发展固收业务，重点打造财富管理体系。在持续推进绿色发展方面，公司发布了《中粮信托有限责任公司绿色金融发展管理办法》，树立并推行节约、低碳、环保、可持续发展等绿色发展理念。成立了"中粮信托—乡村振兴青贮贷集合资金信托计划"，支持沙漠有机牧草种植，推动沙漠治理、助力乡村振兴。在大力促进公益慈善方面，公司2023年新成立5只慈善信托，创新公益慈善信托模式、积极倡导公益志愿活动。在有效提升人本价值方面，公司着力打造人才队伍建设。针对青年人才，持续开展粮芯校招计划；针对专业人才，开展一系列培训及研讨会；针对管理人才，开展"粮将领导力培训项目"。在加强社会责任管理方面，公司持续增强社会责任理念意识，积极参加信托理论及业务研讨活动。公司践行中央金融工作会议精神，坚定不移走中国特色金融发展之路，立足中粮产业链，紧抓服务实体经济高质量发展这一中心任务，以优质信托服务写好"五篇大文章"。此外，公司良益研究院与国务院发展研究中心金融所共同撰写《构建服务共同富裕的金融体系》课题白皮书，不断探索服务共同富裕的模式和路径，更好助力实现共同富裕的目标。

四、2024年发展规划

2024年，公司将继续响应监管政策导向，加快转型步伐，深化体制机制改革，优化资源配置，依托自身禀赋及政策导向，聚焦"3+1+3"业务赛道，围绕标品固收资管、证券服务类信托、普惠金融、大财富、产业金融、标品权益资管及不动产业务进行发力。以客户需求为中心，着力打造具有差异化的产品和服务，强化主动管理能力和水平，持续迭代升级，丰富产品线，优化资产结构，探索符合信托禀赋的主动投资业务特色发展道路。为适应转型发展需要，提升专业能力和核心竞争力，公司将持续推进全面风险管理、人力资源管理、运营管理、数字化及投研体系建设，强化风险防控和合规建设，加强精细化管理保障，拥抱数字化转型，提升运营管理质效，持续打造投研一体机制，提升公司治理，推动公司实现高质量转型发展。

同时，中国特色金融发展之路，深植政治性和人民性的根基，孕育出独特的中国特色金融文化。公司也将秉承着此文化精髓，继续致力于做好"科技金融、绿色金融、普惠金融、养老金融、数字金融"五篇大文章，以实际行动践行金融为民的初心与使命。

紫金信托有限责任公司

一、2023年经营概况

2023年，紫金信托有限责任公司（以下简称公司）围绕"基石业务要稳住、转型业务要提速、配套改革要深化"的年度经营思路，持续推进公司高质量转型与行稳致远发展。

公司全年实现营业收入17.27亿元，同比增长2.92%；利润总额12.35亿元，同比增长11.64%；净利润9.72亿元，同比增长15.92%；净资产收益率11.13%，实现经营业绩的13连增，再创新高。截至2023年末，公司资产总额119.59亿元，净资产91.15亿元。

公司在信托业协会的行业评级中再次获得最高评级A级；荣获南京市委市政府颁发的扛起"争当表率、争做示范、走在前列"三大光荣使命先进集体；获得南京市五一劳动奖状、南京市总部企业、全市金融助推创新型城市建设有功单位等荣誉。

二、创新业务案例

（一）以信托型股权投资基金助力科技企业成长

公司设立"繁生"系列集合资金信托，参与股权投资基金，为科创企业发展提供资金支持。其中，"繁生1号"集合资金信托计划主要用于投资深圳高投毅达创业投资合伙企业，并最终投向电子信息和新材料领域的优质企业；"繁生2号"集合资金信托计划主要用于投资南京市紫金未来创新创业投资合伙企业，并最终投向软件信息服务、人工智能、医药与生命健康、智能制造装备、集成电路、智能电网、轨道交通、新能源汽车等领域的优质企业。

（二）拓展预付类资金服务信托服务模式

公司为"南京单用途预付卡管理服务平台"匹配设立"宁欣"系列服务信托，以消费者为委托人，消费者在预付卡平台上的各类商户预存消费金将注入服务信托计划项下信托专户，按消费者实际消费进度向商家划付。截至2023年末，预付卡平台全额监管的法人机构数720余个，门店数超1700家，累计发布商品数超6800个。

2023年内，公司还在匹配线上服务所积累经验的基础上，创新与开拓线下监管模式，接入"南京市体育健身白名单"，完成首批20余户商户签约，接受商户委托管理的客户预付金，保障消费者预付卡资金安全。

（三）以资产证券化服务信托，做好科技金融、绿色金融服务

在科技金融方面，提供知识产权资产证券化服务，为科技型企业解决无传统抵押物难题，并切实降低企业融资成本。2023年设立的"国金鑫欣—南京鼓楼智汇鼓1期知识产权资产支持专项计划"为国内首单纯市场化增信的知识产权证券化产品、"江苏宝涵租赁有限公司2023年度第一期知识产权定向资产支持票据"为全国县级市首单知识产权类资产支持票据。

在绿色金融方面，设立全国首单收益权类资产支持商业票据——"徐州市交通控股集团有限公司2023年度第一期绿色资产支持商业票据"，基础资产为徐州公交集团清洁能源公交线路未来收益权，纳入基础资产的203条公交线路，每年可分别减排温室气体16万吨。

（四）在公益慈善信托领域持续深耕与创新

公司持续发挥公益慈善信托在三次分配中的载体作用，促进共同富裕。2023年内，设立全国首单防范非法金融活动慈善信托——"助力南京市鼓楼区护航金融安全慈善信托"，支持开展防范非法金融风险同防共治公益活动，助力守护百姓幸福生活；设立全国首单红色物业慈善信托——紫金信托·马鞍山市雨山区红色物业慈善信托计划，为马鞍山市雨山区全面开展"皖美红色物业"建设提供支持，开展社区人才培育、提升社区组织建设，提高物业服务质量，提升居民群众对物业服务的满意度。此外，公司还以慈善信托助力乡村振兴，受托设立"紫金投资集团助力乡村振兴慈善信托"，助力南京市高淳区丹湖村建立"丹湖秋月"农产品推介互联网运营平台。

三、社会责任履行情况

（一）强化党建引领，锚定建设金融强国目标

公司深入学习宣传中央金融工作会议精神，深刻领悟信托在服务"中国式现代化"中的使命，组织召开"信托服务高质量发展"主题研讨会，邀请在宁金融同业、学术界专家，共同探讨如何贯彻中央金融工作会议精神，以信托服务高质量发展。南京市委常委、副市长邓智毅参会并在研讨会上要求公司作为地方国有信托公司，要进一步发挥信托制度优势，服务国家和地区战略、服务高质量发展、服务人民美好生活。

（二）立足信托主业，服务高质量发展

公司按照中央金融工作会议提出的"中小金融机构立足当地开展特色化经营"指导思想，为高质量发展提供特色信托服务。一是在服务科技创新中，公司以信托型股权投资基金为科技企业发展提供资金支持，并以知识产权证券化，降低科创企业融资成本，解决无传统抵押物痛点。二是坚持做好"城市经营金融服务商"和"综合性小微金融服务商"。为地方基础设施建设、产业升级，提供债券投资、基金投资、股权投资、服务信托等全方位综合金融解决方案；满足小微企业主、个体工商户、创业新市民等群体差异化的融资需求。三是围绕乡村振兴，持续以"振兴"系列产品拓宽金融支农渠道，为种植业、乡村旅游提供信托贷款支持，并通过ABS资产投资，将金融资源下沉到农村地区，为农户群体获取卡车等生产经营工具提供普惠金融服务，促进脱贫人口稳定就业。

（三）发挥信托工具在社会治理中的助力作用

公司持续以风险处置受托服务信托，破解省内大型企业破产重整难题，通过信托架构对金融机构债权人的债务统一管理，实现企业"破产不停产"；深化为"南京单用途预付卡管理服务平台"匹配的信托服务，使受监管的预付资金独立于消费者和商户，防范资金被商户挪用或"卷款跑路"，保障消费者的资金安全；积极发挥慈善信托在助力第三次分配、促进共同富裕中的载体作用，主要聚焦扶危济困、灾害救助、乡村振兴等领域，并持续倡导"让慈善成为一种生活方式"的理念，以"金融＋慈善"的模式，有效扩大社会公众参与慈善的入口。

（四）围绕"双碳"目标，开展绿色信托，宣传绿色理念

为贯彻新发展理念，助力推进碳达峰、碳中和，公司按照《银行业保险业绿色金融指引》等文件要求制定公司内部绿色信托业务指引，推动公司绿色信托业务有序发展。公司还积极开展绿色宣传活动，与江苏省农业科学院等单位共同开展绿色主题的公众开放日活动。

2023年内，公司持续积极设立绿色资产证券化项目，并以"青城"系列信托计划，向从事光伏发电及风力发电等绿色能源产业的相关企业提供信托资金，助力企业绿色能源板块业务发展。

（五）服务人民群众财富保值增值与传承需求

2023年，公司坚持"以客户为中心"，满足委托人资产配置需求，构建起涵盖现金管理、债券投资、"固收＋"、TOF等不同风险收益期限类型的立体化产品线。在家族信托领域，以"私享""丰享"系列家族信托，根据客户需求，为客户提供定制化的产品服务，满足客户

财产规划、财富传承、健康养老、财产分配、风险隔离、资产配置等一站式财富管理需求。"紫金信托"小程序全新上线，整合了客户商城、财经知识等多种功能，服务更加便捷的同时，全方位提升在线服务体验。

（六）融合宣贯中国特色金融文化与信托文化

公司不断深化对中国特色金融文化要义、金融工作规律和发展道路的认识，以高质量的信托文化建设，引领公司践行受托人职责，推进公司转型，服务高质量发展。

公司引导干部员工从本职工作、本部门业务特色出发，对信托文化深化理解、深刻践行。举办公司信托文化主题演讲比赛，来自公司前中后台各部门的员工立足岗位实践讲责任、围绕公司发展转型讲奋斗、展望行业未来变革讲敢为，生动形象地展现了公司各岗位干部员工对信托文化的思考与实践成果，进一步凝聚"坚守受托人定位，回归信托本源，推动变革转型"共识。

四、2024年发展规划

2024年，公司将以"二次创业"的决心，逐步构建起以信托账户为核心、资产管理为基础、财富管理为方向、受托服务为重点的新商业模式。

一是迭代升级基石业务。挖潜传统领域业务机会，全面提高投融资管理专业能力，发挥公司多年来积累的在信用风险管理、交易结构设计、非标债权投资等领域的比较优势，升级商业模式，围绕客户风险收益偏好构建特征鲜明的资产组合，形成有针对性的特色信托产品。

二是创新驱动转型业务。革新商业模式，将经营视角从为客户提供资管产品向为客户提供资产配置和功能性服务转变，形成覆盖客户全生命周期的金融解决方案。以信托账户为中间环节，向资产管理延伸，通过跨市场的资产与金融工具组合满足客户多元资产配置需求；向财富管理延伸，通过信托的功能性服务满足客户财富分配、代际传承、风险隔离、养老规划、子女教育、企业治理等全方位需求。

三是改革重塑体制机制。通过体制机制深度变革，激发公司上下"敢为、敢闯、敢干、敢首创"的干事创业活力，推动公司高质量发展。调整组织架构，重塑业务团队，强调扁平化管理，引入竞争机制，提高组织效能。加大与转型业务相匹配的专业人才的引进力度，重构与市场相匹配的薪酬体系，形成以价值贡献值为核心的激励约束机制。梳理再造业务流程与制度体系，建立分级授权的投资决策机制，提高投决效率。持续加强金融科技建设，借助数字化手段，打造强大的数智化运营管理体系，为转型赋能。

百瑞信托有限责任公司

一、2023年经营概况

2023年，百瑞信托有限责任公司（以下简称公司）深入学习贯彻习近平新时代中国特色社会主义思想和党的二十大精神，认真落实行业监管和国资监管政策要求，按照公司"十四五"规划方向，奋力推进转型发展。截至2023年末，公司资产总额119.09亿元，净资产117.22亿元；实现营业收入8.24亿元，净利润3.22亿元，管理信托项目规模5 166亿元。在中国信托业协会组织的信托公司行业评级中，公司连续八年获评最高等级A级。

（一）聚焦主责主业，能源产融业务迭代发展

作为能源央企控股平台，公司围绕"央企能源产业金融"定位，紧抓新能源产业发展机遇，持续提升服务主责主业的能力水平。通过发挥信托在轻资产运作、资金募集、资金投放等方面的作用，以多种模式服务能源业务发展需求。积极拓展新能源股权投资机会，通过引进专业人才、建立专家委员会、成立新能源运营平台等，全方位推进能源产融业务发展。

（二）回归信托本源，业务转型质效不断提升

一是大力发展证券投资业务。公司持续优化证券投资业务产品线，打造证券"精品工程"，强化证券产品营销能力，提升金融科技能力，夯实证券投资业务发展基础。截至2023年末，证券投资业务存续规模同比实现翻倍增长。二是创新发展财富管理信托。公司创新发展财富管理信托产品，重点发展家庭服务信托，于2023年4月落地首单业务。同时，加强产品标准化、规范化设计，拓宽底层资产配置范围，强化与银行、券商合作，丰富代销渠道，推动业务快速发展。三是多元发展资产服务信托。公司积极推进资产证券化、风险处置和行政管理等各类服务信托，不断提升服务质效。其中资产证券化已在局部领域取得较好成绩，ABN和类REITs发行规模连续两年保持信托行业第一；风险处置服务信托和预付类资金服务信托均落地了首单业务，为规模化发展起到了示范作用。四是积极发展普惠金融业务。针对不同消费群体和中小企业，发行了普惠金融首单放款池业务、承接池业务，为公司转型发

展、创收增效提供了新的动力。公司作为原始权益人的首单中保登资产支持计划发行成功，实现了放款池、承接池、证券化的全产业链条贯通，储架规模50亿元，实现了普惠金融业务的证券化运作。

（三）加强精细管理，风险防控力度持续加大

完善风险管理制度体系，制定年度风险管理工作计划，确定各类风险管理策略和管理措施。持续开展全面风险指标监测、全面风险排查及信托资产风险分类，及时掌握大类风险变动趋势。优化风险应急预案，规范应急处置机制，加强舆情监测，强化声誉风险管理。全面优化评审标准，完善业务评审指引，开展业务后评价，推动各类业务规范开展，严控新增风险。

二、创新业务案例

案例：公司助力上海能科成功发行全市场首单"科创+绿色"双贴标类REITs。

2023年5月24日，公司担任发行载体管理机构设立类REITs信托计划，受让上海能源科技发展有限公司合法持有的中电投（陕西）黄龙新能源发电有限责任公司和中电投陵川新能源发电有限责任公司的标的股权和标的债权，并以其作为基础资产，以黄龙县崾崄100兆瓦风力发电项目和陵川风岭山149.40兆瓦风力发电项目作为底层资产，在银行间市场发行了首单"绿色+科创"双贴标类REITs产品。该产品发行规模211 177.00万元，期限18年（3×6+N）。

成效： 该产品是银行间市场首单"绿色+科创"双贴标类REITs，为上海能科引入14.20亿元权益资金，降低资产负债率5.40%。

案例总结与意义： 该产品的成功发行为整个能源基础设施行业盘活存量资产提供了新的解决方案，具有重要创新意义和示范效应。

三、社会责任履行情况

2023年，在监管部门的正确指导、信托业协会的大力支持和股东单位的帮助下，立足主责主业、服务实体经济，大力发展绿色能源产融业务，积极践行责任担当，助力民生改善。

（一）公益慈善彰显温度

2023年，百瑞仁爱慈善品牌聚微光、传温暖，在慈善事业中持续发力。公司作为受托人管理的慈善信托先后组织助力甘肃临夏州地震灾区人民群众御寒度灾、帮扶遵义市文化小学

困难学生、捐赠水域救援设备等活动，全年对外捐赠60余次，合计捐赠规模逾千万元，公司"映山红·百瑞仁爱"志愿服务队荣获国家电投"优秀青年志愿服务队"荣誉称号。自2017年成立首单慈善信托至今，公司已作为受托人先后协同多家企业、基金会、个人等发起设立慈善信托24单，准公益信托2单，慈善领域广泛覆盖灾害救助、扶贫、教育、乡村振兴、疾病救助、扶老等多个领域。

（二）金融助力乡村振兴

公司积极融入乡村振兴大局，深入参与消费扶贫，2023年累计采购四川凉山美姑县农产品10.2万元，向甘肃陇南市两当县累计捐赠帮扶资金44万元，助力乡村振兴发展；依托股东在新能源发电领域产业优势，灵活运用信托架构，与国电投集团下属河南、东北、重庆、五凌、安徽等区域公司合作开展农户户用光伏、农光互补、渔光互补等新能源发电项目投资业务，推动乡村清洁能源建设。

（三）扎实推进消费者权益保护

公司持续强化消保制度体系建设，优化消保工作机制，推动消保工作精细化管理；聚焦"一老一少一新"等重点人群，开展"金融知识进校园""金融知识进社区"、在郑州地铁多线路PIS屏幕投放动画教育宣传视频、联合律师事务所举办金融普法直播等活动。公司高度重视金融消费者售后服务和客户投诉处理，畅通消费投诉渠道，提升投诉处理质效，2023年公司共受理消费投诉9件，公司及时开展调查核实积极处理，切实履行投诉处理主体责任，按照规定时间做好投诉回复工作，投诉解决率100%。

四、2024年发展规划

2024年，公司将继续以习近平新时代中国特色社会主义思想为指引，构建完善以能源产融业务为核心，以证券投资、财富管理、服务信托、普惠金融等信托业务和固有业务为重点的"1+4+1"的业务体系，切实防范化解业务风险，大力推动公司转型发展。

（一）坚持党建引领，持续提升作风建设

以习近平新时代中国特色社会主义思想为指导，认真贯彻落实中央金融工作会议和中央经济工作会议精神，深刻把握金融工作的政治性、人民性，坚持和加强党对各项工作的全面领导。严格执行"第一议题"制度，推动习近平总书记重要指示批示精神、上级党组织重大决策部署落实落地。以党的政治建设为统领，坚定不移推进全面从严治党，持续加强党风廉政建设，驰而不息纠治"四风"。

（二）聚焦特色发展，持续提升能源产融占比

构建"服务+投资"业务体系，服务能源产业发展，做大业务规模。提升新能源股权投资能力，持续拓展股权类信托项目，提升业务收入。深化协同发展，加强"固有+信托"协同配合，加强"专业+综合"协同联动，加强"资产+资金"协同对接，形成能源产融业务多头并进的良好局面。

（三）回归信托本源，持续提升业务转型质效

一是大力发展证券投资业务，坚持固收、权益"双轮驱动"，建立现金管理类、纯债类、"固收+"、资产配置类等体系清晰的产品线。优化营销考核体系，推动国有大行、股份制银行、券商代销渠道落地。强化交易运营支撑，全面推进一体化系统和数据交互体系建设，保障证券投资业务高效运行。二是规模发展财富管理信托，重点拓展家庭服务信托，加快推进信息系统建设，加强产品标准化、规范化设计，拓宽底层资产配置范围，强化与银行、券商合作，丰富代销渠道，促进快速发展。积极发展法人财富管理信托，持续拓展规模以上企业客户，努力提供综合财务规划、特定资产管理、薪酬福利管理等信托服务。三是多元发展资产服务信托，大力支持地方经济建设，持续加大资金投入力度，探索推进行政管理服务信托。规模发展资产证券化业务，扩大市场份额，为未来发展奠定基础。四是积极发展普惠金融业务，打造完善产品线，构建自主信息系统建设，提升主动管理能力，实现放款池、承接池、证券化产品的持续落地，强化全链条闭环运作。

（四）加强内部管理，持续提升服务支撑水平

持续优化员工结构，不断强化人才梯队建设，充分发挥博士后站人才储备作用，建立前瞻性的人才储备队伍，特别是能源产融、证券投资等专业人才队伍，为公司发展提供可持续性关键人才供给。不断完善人才培养、选拔等工作机制，为员工设计清晰合理的发展路径，辅以评价、评估、轮岗学习等方式，提升员工自身增值能力、价值实现能力。聚焦业务转型发展、经营质效提升，持续完善数据治理体系，加强数据管理，提高数据应用能力。积极推进能源产融、证券投资、财富管理、普惠金融等相关业务系统建设与优化，加强场景聚合，以科技赋能业务发展。进一步完善业务连续性制度体系，加快灾备资源建设，确保信息系统安全与稳定运行。

陕西省国际信托股份有限公司

一、2023年经营概况

2023年，陕西省国际信托股份有限公司（以下简称公司）在省委省政府和主管监管部门的正确领导下，面对"需求收缩、供给冲击、预期转弱"三重压力，坚持稳中求进工作总基调，完整、准确、全面贯彻新发展理念，围绕信托业务"三分类"政策导向，着力推动改革发展，重塑再造取得新突破，实现了业绩指标稳中有进、进中向好、赶超进位的良好局面，超额完成主管部门下达的全年目标任务，经营指标续创历史新高。

（一）经营效益稳中有进

截至2023年末，公司资产总额240.34亿元，注册资本51.14亿元，净资产为170.89亿元，信托资产规模5 432.61亿元，同比增长87.01%，全年实现营业收入28.13亿元，利润总额为14.37亿元，同比增长28.89%；实现净利润10.82亿元，同比增长29.18%。

（二）信托业务转型成效显著

按照信托业务"三分类"政策要求，公司快速响应改革，重塑再造取得新突破。一是加速转型资产管理业务，统筹管理私募信贷业务受托人报酬定价，动态调整集中度，制定差异化展业策略，强化抵质押等增信措施，有效提高私募信贷业务的收益性和安全性，全年手续费收入达15.45亿元、同比增加11.7%。丰富现金管理、固收及权益等资管产品货架，标品资产管理信托规模超千亿元，运用QDII工具新增境外资产配置超40亿元，全球化配置能力显著提升。二是全力拓展资产服务信托，大力开展财产权服务信托，聚焦国企和融资平台应收账款等开展财产权服务信托超过2 000亿元，服务重点客户"强链补链"运用资产证券化盘活存量资产36.35亿元。积极拓展预付类服务信托，与海口市龙华区合作落地首单商业消费预付款信托。三是推动升级公益慈善信托，支持西北工业大学关键核心技术研发，设立8 000万元慈善信托，嵌入科技成果转化服务信托打通知识成果转化"最后一公里"。联合陕西省秦岭办发布10年期秦岭生态保护慈善信托，支持秦岭生态星链研发工程。

（三）固有业务作用凸显

公司持续强化精细化管理、专业化建设、综合化发展，充分发挥固有业务"压舱石"作用。一是强化信保基金合作，深化金融同业合作，有效提升自有资金使用效益。二是不断提升自有资金配置能力，金融资源协同平台建设取得更大成效。三是成立资本市场投资部，统筹负责资本市场投资，参与专精特新企业及半导体ETF基金。四是提升资金使用效率，通过强化与私募投资管理人合作，不断增强投研能力，积极协同信托部门丰富产品线，提升自有投资获益能力。

（四）全面风险管理体系持续深化

公司持续强化风险管控能力建设，深化全面风险管理体系，以敏捷组织形态应对多样化创新，以专业化管控条线精准识别管理风险，扎牢风险防控底线。一是修订及新增信托业务指引7项，推进制度立改废52项、流程升级110余条，提升公司整体运营效率。二是强化风险管控能力建设，建立风险项目评估检查工作机制，以转型为导向重构审批流程，建立专业化评审条线，细化业务决策委员会职能，提升决策的专业性和时效性。三是坚持发挥信托机制助力债务风险化解，为省内重点区域提供整体化债方案，整合优质资产打造高评级主体。四是扎实开展案件警示教育、员工异常行为排查、反洗钱检查等工作，推进党建文化、清廉金融文化、信托文化与企业文化融合。

（五）财富管理业务规模提质扩量

公司财富管理条线服务水平持续提升，财富发行规模创新高，客户渠道进一步优化。一是信托产品结构不断优化，财富管理募集资金规模超1 000亿元，同比增长71.05%，创历史新高。二是按照信托业务"三分类"标准，推出"星石永久 合同汇泽"全新财富管理产品体系。三是持续深化财富管理事业部改革，推动同业资金渠道与财富销售高效协同，持续提升跨周期、跨市场资产配置和资产服务能力。四是创新设立"金石账户"资产服务信托，搭建以账户为核心的客户管理服务体系，统筹管理各类资产，拓展账户多样化场景应用功能，实现各类产品的"互联互通"。五是运用微信视频号、小红书等新媒体，不断加大消费者权益保护与投资者教育，市场影响力进一步提升。

（六）内控管理效能显著提升

面对转型发展新矛盾新挑战，公司冲破思想观念束缚，稳步推进管理改革，强化经营要素保障，不断优化内控治理质效。一是围绕掣肘转型创新的难点堵点问题，完成数字化建设、薪酬绩效改革、驻外部门构架调整、管理流程再造等15项重点改革任务，支持转型业务体系实现整体重构。二是启动组建条线化事业群,更好发挥授权经营、扁平管理及独立作业优势。三是加大信息科技投入,推动新一代登记生产系统TA(Transfer Asent)、资产管理、估值交易等核心系统上线运行。四是成立陕国投丝路金融信托研究院,打造开放型创新型研究智库。

二、创新业务案例

2023年,公司认真贯彻落实信托业务"三分类"政策要求,多措并举推动信托业务转型创新,创新业务案例如下:

(一)陕国投·价值精选系列证券投资集合资金信托计划

公司设立"陕国投·价值精选系列证券投资集合资金信托计划",成立规模不低于1亿元(见图1)。信托资金主要分散投资于依法发行的股票、债券、股指期货、基金、银行存款、国债逆回购、其他货币市场工具及港股通标的等,信托财产的1%投资于信托业保障基金,信托计划期限为120个月,其中每笔认购信托单位的封闭期为12个月,按月度定期开放。受疫情冲击和监管继续从严的影响,非标融资类业务大幅压缩,本信托计划为公司主动管理型证券投资类信托计划,丰富了公司标品类产品类型。

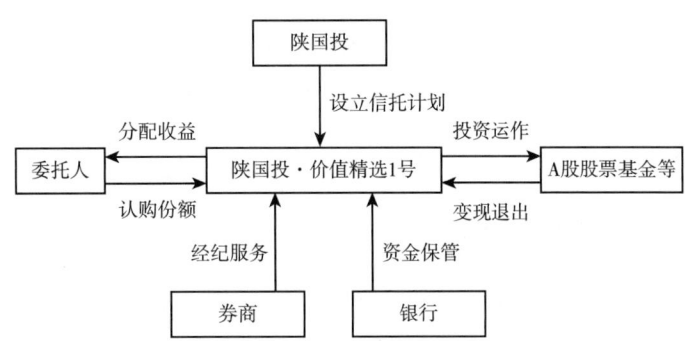

图1 陕国投·价值精选1号证券投资集合资金信托计划交易结构

(二)西工大科技创新综合性金融服务

公司"泽创2309001号慈善信托",首期落地规模人民币800万元,用于支持西北工业大学(以下简称西工大)科技创新、学科建设及改善教学科研设施等,助力推动前沿科技领域打造省级重点实验室。以西工大知识产权收益权为信托财产设立1亿元"同泰2309005号知识产权收益权服务信托",推动科技成果市场化应用,聚焦关键共性技术开发,整合金融、产业、技术资源,通过构建评价体系、转化机制和金融平台,是发挥信托优势协同推进创新链产业链资金链人才链"四链融合"的一次积极尝试，有利于推进新质生产力发展与现代化产业体系建设。

（三）陕国投·金石账户系列服务信托

金石账户是公司为客户提供的专属账户管理工具，集聚财产保管、代理收付、执行监督、信息披露、清算分配等服务，可实现资金灵活支取、本息再投资、信托产品的认购与追加等功能。

（四）陕国投·久信系列家庭服务信托

久信系列家庭服务信托是公司在信托业务"三分类"框架下的首单家庭服务信托，通过独立账户、独立运作，以专属账户为家庭提供财富积累、教育支持、消费保障、资产传承等服务，是公司主动顺应监管要求、加速财富管理服务信托领域布局的新亮点。信托资金用于投资以同业存款、标准化债权类资产和上市交易股票为最终投资标的的信托计划、银行理财产品以及其他公募资产管理产品。

（五）陕国投·海南自贸港预付资金管理服务信托

预付资金管理服务信托通过充分发挥信托的风险隔离与账户管理制度优势，实现对消费者资金的保护，同时，商户借助预付资金服务信托对资金的风险隔离保障机制，可以吸引更多消费者放心进店消费。服务信托模式下的预付消费资金独立于收付双方，能有效保障预付资金安全，降低资金运用的信息不对称，保障消费者和商户的合法权益，是公司全面践行金融工作政治性和人民性，以服务信托模式助力社会治理完善的生动实践。

（六）陕国投·合通系列养老信托

合通系列养老信托是陕国投聚焦科技金融、绿色金融、普惠金融、养老金融、数字金融"五篇大文章"完善金融服务，丰富养老金融产品和服务供给，深化金融政治性、人民性的生动实践。合通系列养老信托以金融资产600万元为起点，通过信托制度优势，对委托人交付的现金或非现金财产进行专业化管理，以财产增益解决老人体检、医疗等养老痛点，同时兼具财富管理服务信托的财产传承功能。

（七）陕国投·陕西省未成年人公益普法慈善信托

信托资金主要用于省内电视台拍摄的未成年人公益普法节目的制作和播放，支持全省未成年人法治教育事业。公益普法节目由包括陕西省淳化县在内的多个县区市中小学在校学生参与拍摄，在省内电视台及新媒体平台均有播放。旨在引导未成年人提高尊法学法守法用法意识，从源头预防和减少青少年违法犯罪和涉未成年人诉讼案件，在全社会营造保护未成年人的良好法治环境。

三、社会责任履行情况

（一）精准扶贫方面

1. 定点帮扶。公司近三年为定点帮扶村澄城县赵庄镇武安村投入产业帮扶资金近60万元，投入改善农村人居环境整治和基础设施建设资金超60万元，开展教育帮扶投入帮扶资金18余万元，开展农副产品消费帮扶资金近百万元。

2. 产业扶贫。承担陕西省咸阳市淳化县产业帮扶任务，为产业扶贫项目——百姓乐大药房发放3 000万元低息贷款支持企业做强做大，拉动区域经济发展。

3. 消费扶贫。在陕西省总工会帮扶平台、省银行业协会帮扶点等采购扶贫产品51万元用于消费扶贫。

（二）公益慈善方面

多年来，设立30多单公益/慈善信托用于脱贫攻坚与乡村振兴等，资助抗美援朝军人、农村留守儿童、灾害家园重建等公益事业，捐赠规模累计达2 300万元，支持了西工大知识产权孵化、秦岭生态保护等。

（三）环境保护方面

公司积极开发绿色信托产品，不断创新探索CEA、CCER、CCUS等绿色资产业务模式，满足产业结构绿色低碳转型需要，助力节能减排、循环经济、清洁能源等节能环保企业和项目的发展。推进10年期秦岭生态保护慈善信托，首期规模不低于3 500万元，拟重点支持秦岭生态卫星研发工程，推动实现秦岭全域动态监测。

四、2024年发展规划

根据信托业务"三分类"改革要求，围绕金融"五篇大文章"，不断拓宽信托行业服务领域，持续提升特色化、专业化及品牌化。

（一）党建引领高质量发展

高举习近平新时代中国特色社会主义思想伟大旗帜，全面贯彻落实党的二十大精神和中央金融工作会议、中央经济工作会议以及省"两会"和省委经济工作会议精神，按照公司"123456"党建工作体系要求，结合信托业务"三分类"监管政策导向，守正创新，聚焦服务能力提升，聚力价值创造，推动公司高质量发展再上新台阶。

（二）着力谋划战略布局

以信托业务"三分类"等监管要求为导向，加快推进公司战略发展规划的修编和解码。梳理、整合资源优势，提升资产管理信托投研竞争力，全面推进财富管理等资产服务领域的布局力度，聚焦重点发展具有区域特色的公益慈善信托。充分发挥公司研究院作用，建立公司战略规划和市场分析智库，围绕科技金融、绿色金融、普惠金融、养老金融、数字金融"五篇大文章"谋篇布局。

（三）全面升级产品体系

牢固树立"服务+"理念，围绕经济社会发展与实体企业的迫切需求大力推动账户管理、预付资金管理、担保品服务、资产证券化、风险处置等创新产品，资产管理业务优选主体确保资产安全，提升标品主动管理能力，在股权投资领域聚焦陕西优势产业培育优质项目，形成"固有+信托"双轮驱动的发展格局。

（四）优化财富管理策略

优化产品供给，拓宽同业合作，形成丰富多样的产品供给线，不断加强渠道建设的广度和深度，以多品类一体化配置广泛服务市场需求。立足客户偏好，围绕家族、家庭信托、保险金信托及个人财产权信托等业务，打通"财富管理服务信托+资产管理信托"的综合金融服务模式。

（五）激发体制机制活力

聚焦人力、薪酬、财务、办公及行政管理等运行机制，持续深化改革，破除发展瓶颈，努力打造与公司业务规模、发展速度及资产质量相匹配的要素保障体系，夯实第二增长曲线的组织基础。深度思考和研究系统化、精细化考核管理模式，在包干制基础上制定差异化激励机制，强化绩效的指挥棒作用。

（六）守牢风险防控底线

推进"大风控""大运营"管理整合工作，深化全面风险管理，打造高效、专业、安全的运营管理体系，持续强化"三道防线"在风险防范方面的重要作用。运用多元化手段加快推动存量风险隐患化解与风险资产的清收，深入挖掘特殊资产整合价值。

（七）科技赋能转型创新

加强顶层设计，扎实推动公司金融科技生态建设。坚持问题导向，聚焦业务需求，持续推进公司科技信息系统全面优化升级和数据治理系统平台建设，强化系统间的互联互通。针对重点服务信托产品，进一步加强系统优化，提升服务能力和市场竞争力。围绕资产管理业务的主要风险，依托金融科技手段建立事前事中事后的敏态流程管理，实现全覆盖管控。

中铁信托有限责任公司

一、2023年经营概况

2023年，中铁信托有限责任公司（以下简称公司）坚持以习近平新时代中国特色社会主义思想为指导，认真贯彻落实党的二十大精神、中央金融工作会议和中央经济工作会议精神，深入实施"1246"年度经营策略，全面推动企业转型升级高质量发展，保持了稳健可持续的发展态势，展现出积极作为的经营成效。

公司先后荣获普益标准颁发的"金誉奖·卓越综合竞争力信托公司"、东方财富颁发的"年度信托投资团队风云奖"、成都企业联合会颁发的"四川省和成都市服务企业百强"等20多个奖项。同时，公司牢记企业发展使命，充分发挥信托制度优势、文化优势和金融功能优势，着力做好"五篇大文章"，聚焦金融服务实体经济，积极支持乡村振兴和地方经济发展，在服务大局中展现新作为。截至2023年末，公司资产总额191.06亿元，净资产118.19亿元，财务状况好。全年实现营业收入17.14亿元，净利润2.48亿元，国有资本保值增值率102%，实现了保值增值。

二、创新业务案例

（一）中铁四局集团有限公司2023年度第一期定向资产支持票据（科创票据）

该产品是建筑行业全国首单无增信应收账款资产证券化产品，具备资产证券化、科创票据、无增信出表等多种创新属性，为资产证券化产品的发行创设了新模式、新思路，在我国建筑行业资产证券化领域具有非常重要的独特意义，极具市场示范及复制推广性。中铁四局集团有限公司为发起机构，公司作为发行载体机构。

该产品为中央企业"降杠杆""压两金"、优化资产及财务结构开辟新路径，其重大市场示范效应将推动更多大型央企参与应收账款资产证券化。同时，无增信资产证券化产品的发行有效加快了企业资金周转、优化债务结构，增强存量资产流动性，将引导更多的工程单位采用无增信或部分增信模式盘活存量资产。

（二）"安享系列养老服务信托"安享1号

2023年12月，公司与中铁置业集团旗下的中铁文化旅游投资集团（成都）健康产业有限公司合作，成功落地中铁信托首单养老服务信托——"安享系列养老服务信托"安享1号。

"安享系列"养老服务信托，依托中国中铁股份有限公司在西南地区首个自投自建自运营的千亩田园CCRC项目（持续照料型养老社区）——成都市郫都区"中铁·春台项目"，结合项目自身用地性质、销售模式、运营场景等条件，借助信托手段，锁定客户的养老社区入住权、服务获取权、运营收益返还权，积极保障了客户养老权益。该信托的成功设立，是践行中央金融工作会议部署、做好养老金融等"五篇大文章"、扎实服务中国中铁主业及产业场景的具体实践。

（三）"睿承"系列保险金信托业务

2023年7月，公司落地首单保险金信托——"睿承"系列保险金信托业务，该业务基于家族信托的本源功能，将保险与信托跨领域结合，在保险的人身保障功能基础上叠加家族信托的财富传承、行为引导等功能，将保险的确定性和杠杆性与信托的灵活性和独立性完美融合，具有双重保障功能。公司积极通过银行、保险公司等机构拓展该类业务，充分发挥业务优势，在合规前提下，为委托人提供更为有序的财富传承和更为灵活的信托利益分配机制，实现委托人在生活保障、子女教育、行为引导等方面的多元化财富管理目标。

（四）中国中铁乡村振兴2号慈善信托

2023年6月，"中国中铁乡村振兴2号慈善信托"（以下简称乡村振兴2号）在成都市民政局完成备案，首期设立金额为8 200万元。设立时，根据"慈善中国"网站公开信息统计，该项目为中国规模最大的乡村振兴慈善信托。乡村振兴2号捐赠人为中国中铁股份有限公司，委托人为中国志愿服务基金会，公司为受托人，慈善信托资金将持续投入西藏昌都市卡诺区，山西省保德县，湖南省桂东县、汝城县等地乡村振兴项目建设及党政干部培训等工作。

三、社会责任履行情况

（一）助力实体经济发展

2023年，公司积极推进转型发展，深入贯彻落实党的二十大精神与中央金融工作会议精神，在中国特色现代金融体系中找准新定位，全力发挥信托制度优势，不断拓展信托特色化、差异化发展新路径，在以中国式现代化全面推进强国建设、民族复兴伟业中贡献信托力量。截至2023年末，公司积极引导各类社会资金投向实体经济领域，投入实体经济余额超3 500亿元，占比近85%。在此基础上，公司着眼"五篇大文章"，不断满足经济社会发展和人民群众日益增长的金融需求：支持科技金融，协助科创企业资产盘活，在银行间市场创下行业内多个首单产品，2023年累计发行科创票据77亿元，直接投向高新医药技术公司用于科学研究资金2.57亿元，有力支持科技金融发展。支持绿色金融，积极支持新能源基建、生态环保等产业，先后落地宜宾绿色低碳优势产业园、宣威北盘江水环境综合整治、简阳新能源基础设施、泸县乡村污水处理等一批项目，存续规模超10亿元。支持普惠金融，设立乡村振兴研究部，2023年内新设立多笔慈善信托，用于补助农户"五改三建"，村小、村卫生院等老旧房屋设施改造等支持乡村教育和医疗设施建设，定点帮扶茶叶种植经济作物种植项目等助力脱贫。支持新乡村产业人才孵化基地、新农村等建设投入信托资金近3亿元，助力共同富裕，获评"推动乡村振兴优秀金融机构"。支持养老金融，落地公司首单养老服务信托，信托规模2亿元，借助信托手段保障客户的养老社区入住权、服务获取权、运营收益返还权等养老权益。支持数字金融，通过设立信托助力数据中心建设、推动新一代信息技术研发产业园落地、促进智能交通发展等，存续规模10.88亿元。除此之外，公司还积极支持地方发展，引导社会资金投向地方经济社会建设，跻身四川省和成都市服务企业双百强，获得四川省数字经济企业50强、成都市工人先锋号、人文青羊·航空新城建设先进集体等荣誉，得到了行业和社会的广泛认可。

（二）慈善信托

公司充分认识慈善信托在维持公序良俗、推动社会进步等方面不可替代的作用，不断扩展慈善信托的服务领域并创新服务模式。2023年，共备案慈善信托14单，单数增长700%，累计规模达8 516万元，较上年增长7%。服务领域拓展到企业志愿服务、社区体育发展、中医药大健康、特殊需要人群关爱等，服务地域拓展到四川省攀枝花市、泸州市、射洪市等省内地市州，有效地履行了社会责任，创造了社会效益，增进了社会福祉。公司先后荣获《上海证券报》颁发的诚信托·最佳公益慈善信托产品奖、成都市慈善总会年度最具爱心企业奖，入选《慈善蓝皮书》年度十大慈善热点事件。

（三）乡村振兴

2023年6月，公司设立的"中国中铁乡村振兴2号慈善信托"首期金额为8 200万元。目前该项目资金已用于西藏自治区昌都市卡若区约巴乡乃通村小学校改扩建工程项目（二期）、西藏自治区昌都市卡若区妥坝乡新建中心卫生院工程项目、湖南省郴州市桂东县岗梅中药材种植项目、湖南省郴州市汝城县白毛茶产业项目、"美丽乡村建设和人居环境整治"项目、山西省忻州市保德县孙家沟镇5兆瓦光伏电站项目等乡村振兴公益项目。"中铁信托·大同4

号乡村振兴慈善信托"支持四川省甘孜州得荣县农户"圈厕厨线水"五改，有利于提升县域农村人居环境，建设宜居宜业和美乡村，建立"干群和谐、邻里友善、家庭和睦"关系，促进民族大团结、大融合。2023年12月，为了更好地服务国家乡村振兴战略，公司设立了乡村振兴研究部，以加强在相关领域业务机会的研究与探索。旨在通过深入研究乡村振兴领域的市场趋势、政策环境、业务需求等方面，为公司提供更为精准、全面的业务发展方向，推动乡村振兴事业的持续发展。

（四）积极开展金融知识宣传教育活动

公司积极履行企业社会责任，充分利用各地网点、联合本地高校，开展了形式多样的金融知识宣传教育活动，着力提升社会公众的金融安全意识，构建和谐、稳定的金融关系。2023年，公司线上线下宣贯消保法律法规20次，举办"金融知识进万家"18场，先后参与了由国家金融监督管理总局四川监管局、四川银行业协会组织的"3·15金融消费者权益日"专项宣传活动、"普及金融知识万里行"专项宣传活动、"金融知识进万家"专项宣传活动等一系列公益宣教活动。

四、2024年发展规划

2024年，国内外经济金融形势错综复杂，但我国经济韧性强、潜力足、回旋余地大，发展面临的有利条件强于不利因素，经济回升向好、长期向好的基本趋势没有改变，这为信托行业防范化解风险、实现转型发展提供了有力支撑。公司将以习近平新时代中国特色社会主义思想为指导，学习贯彻党的二十大精神，深入贯彻落实中央金融工作会议、中央经济工作会议要求，全面落实公司第二次党代会安排部署，提高政治站位，胸怀"国之大者"，深刻把握金融工作的政治性、人民性，坚持稳中求进、以进促稳、先立后破，启动"转型升级三年行动"，推进业务流程再造、传统业务提质、转型业务增效、特色业务形成品牌、优势业务形成差异，接入资本市场新动能，布局新兴产业新赛道，着力防范化解重大风险，向着"建成基建特色行业一流现代金融企业"的目标前进。

北方国际信托股份有限公司

一、2023年经营概况

2023年，北方国际信托股份有限公司（以下简称公司）高举习近平新时代中国特色社会主义思想的伟大旗帜，深入贯彻落实党的二十大精神，坚持和加强党对金融工作的全面领导，坚持稳中求进工作总基调，完整、准确、全面贯彻新发展理念。不断增强抓改革、谋发展、促进位的方位感、角色感和使命感，全力统筹做好加强党的领导党的建设、推动高质量发展、防范化解风险、实施信托业务"三分类"改革、提升业务竞争力、数字化转型等各项工作，取得多项业务创新、管理资产规模实现大幅提升，高质量发展迈出重要一步。

截至2023年末，公司自营资产总额69.15亿元，较年初增加3.19亿元，增幅4.48%；所有者权益57.21亿元，较年初增加2.32亿元，增幅4.23%。管理信托资产2 066.02亿元，较年初增加706.06亿元，增幅51.92%。其中，资产服务信托业务1 403.28亿元，占比67.92%；资产管理信托业务612.02亿元，占比29.62%；公益慈善信托308.19万元。

（一）坚持推动转型，赋能业务发展

1. 坚持规划引领，业务创新实现全方位突破

公司制定高质量发展规划三年行动方案，全面推动业务转型并相继落地天津市首单知识产权信托、首单保险金信托、首单"绿色+"公益慈善信托、首单"保交楼"房屋预售资金账户服务信托和首批"信世系列"家庭服务信托项目；落地3单慈善信托项目，1单风险处置服务信托项目，并成功中标公司首笔上市公司风险处置服务信托。

2. 转型效果初显，资产结构、收入贡献结构持续优化

截至2023年末，公司管理资产服务信托业务规模占比67.92%，创造收入占比38%；资产管理信托业务规模占比29.62%，创造收入占比41%。特别是金融同业合作新生态逐步形成，机构客户业务实现快速增长。

3. 充分发挥信托制度优势，创新成果受到社会关注

2023年天津新闻频道对公司践行国有金融机构社会责任，成立天津市首单湿地保护绿色

慈善公益信托，充分调动社会资源支持绿色环保事业的情况进行了专题报道；公司与天开发展集团签署《全面合作协议》，并同步发布天津首单知识产权信托，其间先后有近30家上级单位、行业协会、央级媒体、省级媒体及财经类商业媒体对本次活动进行专题报道，媒体转载量累计270余次。

（二）健全风控合规体系，风险管控能力持续提升

1. 升级"三层四柱"风控组织体系

加大资本市场业务投入，成立资本市场业务审查委员会，专门负责资本市场相关业务审议；主动应对当前信托行业复杂的风险变化，将业务审批单独设立一级部门，严把准入审查关；进一步提升合同审核的专业性，将合同审核、审讫等工作并入法律事务部；成立风险管理部，持续强化后期管理的针对性、有效性，强化对业务的事前、事中、事后全方位风险管理。

2. 全面加强合规体系建设

坚持"制度制定与制度执行并重"理念，对公司制度体系的完备性、存续制度的适用性、制度更新的及时性等进行重检，扎实推进制度"废、改、立"，全年累计制定制度27项、修订制度22项、废止制度26项，进一步推进风险管理、业务审查审批、激励约束、人员管理等关键管理环节制度化、规范化。深入开展"信托文化深化年"活动，印发《信托文化建设工作手册》，编制《金融消费者权益保护法律法规汇编》，规范推介营销行为，开展违规拼单等排查工作，保护投资者合法权益。

3. 全力推进风险处置化解工作

建立党委委员对在诉风险项目督导机制，督促经营层加大处置力度，压实各层级风险处置主体责任，修订《涉诉风险资产处置实施细则》，建立公司诉讼案件电子档案规范资产处置和案件管理工作。全年共完成2笔风险项目的资产处置、2笔贷款业务风险的部分化解、4笔待清理存量股权业务的股权退出。

（三）全力提升内部经营管理质效，催生高质量发展动能

1. 数字北信建设加快推进

信息基础设施建设取得较大进展，"北信e服务"客户服务平台、标品投资管理系统等相继落地，为资产服务信托业务转型和资本市场业务规模化发展提供了重要支撑。完成生产机房迁移和容灾体系搭建，全面提升了网络和信息安全建设水平。

2. 创新北信建设取得新成效

全力推动信托业务"三分类"转型创新，在资产服务信托细分领域实现了5项"从零到一"的突破，全方位提升法律、合规、运营、财税、估值、监管报送等专业能力，业务创新

与流程管理的契合度大幅提升，创新能力进一步增强。

3. 法治北信建设开创新局面

深入推进依法治企，严格落实"八五"普法规划并组织中期评估，深化开展《学习习近平法治思想》《民法典》《宪法》等法律法规的普法宣传工作，多次组织全员专题培训、普法宣传及答题活动，编印《北信法治》，切实落实"三重一大"事项法律审核，全员法治意识得到进一步提升。

二、创新业务案例

（一）设立天津首单知识产权服务信托——"北信日新天工开物知识产权服务信托"

公司积极践行地方金融国企使命，聚焦科技创新策源地、科研成果孵化器、科技服务资源集聚区的功能定位，成功设立天津首单知识产权服务信托——"北信日新天工开物知识产权服务信托"，打造服务"天开园"建设发展的新模式。围绕南开大学某科研团队在专利成果转化过程中的收益管理服务需求，以科研团队持有的专利收益权作为信托财产设立知识产权服务信托，由公司作为委托人，运用信托制度所具有的资产隔离、财产权利分离的特性，作为独立第三方对知识产权收益进行集中管理、统一分配，为科研团队提供知识产权收益受托管理服务，保障知识产权转化运用过程中收益的安全合理高效分配。实现了天津地区知识产权服务信托"零"的突破，打造了金融助力"天开园"建设的"信托样板"，打通科研成果转化的"最后一公里"。

（二）设立风险处置服务信托、发行集合信托深度参与天津城建集团双平台重整工作

公司利用信托制度"风险隔离"优势，积极参与地方债务风险化解，公司创新采用风险处置服务信托与资产管理信托并行架构参与城建集团重整，配合城建集团进行资产负债剥离，形成"新城建平台"和"资产运营平台"的"双平台"管理架构。在"资产运营平台"设立风险处置服务信托推进以信托受益权清偿债权，有效实现了资产隔离、为实现企业资产价值提供了平台，为债权人获得债权清偿创造了时间，防范化解了潜在债务危机风险，保障了天津城建集团重整计划顺利实施。利用信托机构在资产管理领域的专业服务能力和资源整合能力，为"新城建平台"设立"鸿腾七号集合资金信托计划"提供增资助力，在提升业务附加值的同时，为城建集团二次引战创造时间和空间，合力推动天津城建集团重整计划顺利执行。

三、社会责任履行情况

（一）发挥党建引领，开展"我为群众办实事"

公司持续深入开展"我为群众办实事"，积极开展党建共建活动。公司党支部组织党员捐款，与社区党支部共同为"东西部协作和支援合作"项目提供支援和帮助，联合社区党支部开展"反洗钱、反诈骗"主题讲座，帮助居民"守住钱袋子，护好幸福家"。

（二）发展公益慈善信托，助力共同富裕

公司充分发挥自身优势，开展公益慈善信托，引导社会资金参与支持扶贫助困、乡村振兴、绿色公益等社会发展薄弱领域。截至2023年12月末，公司已累计设立18单慈善信托，成立总规模465.96万元，存续规模245.37万元，涉及扶贫、助困、助学、助老、关爱困境儿童、乡村振兴、生态环境保护等多个领域，公司已与多个慈善组织开展合作，捐助实际惠及人数超过万人。

（三）支持经济薄弱村，助力巩固脱贫攻坚成果

切实扛起支持乡村振兴、服务农民群众的政治责任，立足党建引领乡村振兴，在经济薄弱村设置党建宣传栏和党建彩绘文化墙，打造红色宣传阵地；建强村级党组织战斗堡垒，健全党组织领导下的"乡村善治"体系；制定扶持工作规划，探索盘活村庄闲置资源；2023年设立"北方信托·乡村绿色发展慈善信托"，促进天津市村庄美化及绿化改造，改善乡村基础设施。

四、2024年发展规划

（一）扎实推动主业高质量转型，打造竞争优势

一是立足商业可持续、模式可复制、交易可延展的原则，加速推动财富管理服务信托、风险处置服务信托、知识产权服务信托标准化、系统化复制推广，做大资产服务信托业务规模；二是聚焦市场化、专业化、差异化导向，做强资产管理信托专业能力；三是聚焦业务可持续性，做实公益慈善信托资金来源，做精做久公益慈善信托。

（二）守稳风险合规底线，稳妥防范化解金融风险

一是不断完善风控组织架构体系，提高风险监测预警精准度和时效性，紧盯重点业务领

域，完善投后管理工具，持续加强存量风险项目管控；二是不断健全合规管理长效机制，提升全员合规意识，及时将外部有关合规要求转化为内部规章制度，以制度建设推动各项经营管理活动的规范化；三是进一步提升不良资产处置工作定位，完善处置化解工作机制，拓展处置渠道，创新风险资产处置方式，提升风险资产处置实效。

（三）坚持向管理要效益，为高质量发展赋能

一是提升数字化转型质效，加快信息系统基础设施建设，围绕服务公司业务创新、转型发展，优化整合各应用系统模块及业务系统整体架构，扎实推进创新业务管理系统建设；二是提升中台运营能力，以推动可复制性强的业务品类强管理、增规模为目标，持续优化运营管理的标准化、信息化、智能化水平；三是推动内部管理提质增效，不断优化部门间工作流程，重点查找、切实解决流程效率不足、痛点难点反映较为集中等方面问题，紧紧围绕统一思想、凝聚人心、增进感情、激发动力开展工作。

北京国际信托有限公司

一、2023年经营概况

2023年，在市委市政府的坚强领导下，北京国际信托有限公司（以下简称公司）紧紧围绕学习贯彻党的二十大精神，扎实开展学习贯彻习近平新时代中国特色社会主义思想主题教育工作，认真贯彻落实市委市政府工作部署和监管要求，始终坚持和加强党的全面领导，将公司发展融入首都发展大局，积极顺应行业规律，树牢为民服务意识，持续优化业务布局，持续提升风险管控水平，强化支撑体系建设，保持了平稳发展态势，进一步奠定了公司高质量转型发展的基础。

（一）聚焦责任落实，深入推进全面从严治党

坚持以习近平新时代中国特色社会主义思想为指导，深入贯彻党的二十大精神。切实发挥党委"把方向、管大局、保落实"作用。扎实推进党支部标准化、规范化建设。强化正风肃纪，锲而不舍落实中央八项规定精神及实施细则精神，持续深化纠治"四风"。

（二）摸清风险底数，千方百计推动风险资产处置化解

统筹推进风险资产处置化解，"一户一策"实施清收。坚持"依法合规、最大限度减少损失"的基本原则，制定风险资产处置方案，全力盘活和处置风险项目。

（三）积极顺应行业规律和监管导向，持续优化业务布局

在信托业务"三分类"新规背景下，全面落实监管精神，坚持服务实体经济的本质要求，持续强化金融服务功能，锚定"聚焦重点区域，稳增长、调结构"的发展战略，大力发展转型业务，加快推动财富管理转型发展。围绕"京津冀协同发展"国家战略，紧紧抓住疏解北京非首都功能这个"牛鼻子"，多渠道、多层次服务城市副中心建设。持续优化传统业务结构。积极拓展经济较为发达地区的政信项目。落实市委、市政府关于深化市属国资国企改革的工作要求，为市属区属企业提供多样化定制化的投融资服务。提升受托管理及服务能力。积极布局股权投资基金项目，做大资产证券化业务规模，积极拓展标品业务。加快推动财富管理

转型发展。大力拓展财富管理服务信托，进一步拓展了普惠金融的基础。完善财富部门全国布局，加大证券投资类及流动性管理类标化产品的销售力度。加强品牌建设，助力产品推广。

二、创新业务案例

案例1：2023年3月，公司落地首单"特殊需要信托+监护"双制度核心的特殊需要信托，为特殊群体及其家庭构建了包括信托、监护、遗嘱、医疗预嘱等在内的微小"社会支持系统"，解决特殊人群的后顾之忧，进一步提升了金融服务的"可得性"，落实金融服务的"人文关怀性"，破解托孤难题。

案例2：2023年9月，公司落地首单"双委托人"资产服务信托业务。通过一个"信托账户"，一站式为多名家庭成员提供财富管理和传承服务，实现了同一个信托项目委托人数量的突破，增加了家庭客户通过一个信托账户归集家庭财富的便捷度。

案例3：2023年10月，公司成功落地首单"养老+旅居+医疗+教育"全场景服务的财富管理服务信托。在风险隔离、财富保护和分配等基础服务之外，新增养老、旅居、医疗、教育等多元化生活支出服务，有效满足客户在家庭事务管理层面的非金融性需求。进一步发挥信托"账户功能"，让财富管理服务信托惠及更多普通家庭及高净值客户，助力美好生活。

三、社会责任履行情况

2023年，公司认真践行国企社会责任，积极响应国家和北京市要求，在信托业务"三分类"新规背景下，全面落实监管精神，坚持服务实体经济的本质要求，持续强化金融服务功能，找准金融服务重点，积极贯彻国家战略和政策导向；聚焦人民群众对美好生活的向往，加快推动财富管理转型发展，为投资人提供理财及财富传承服务。牢记受托人职责，坚守信托文化"受人之托，忠人之事"的核心与内涵，遵循文化建设规律，积极建设符合行业转型和公司发展要求、惠及投资者和公司员工的特色文化体系，推动公司回归受托人定位，持续稳健发展。

主动投身公益慈善事业，不断丰富慈善信托助力共同富裕模式创新，持续开展公益服务，支持扶贫济困、促进科教文卫体等事业发展，贯彻落实助力全面推进乡村振兴工作，消费帮扶方面，全年完成采购总额127万元；结对帮扶方面，因地制宜帮扶郭家湾村实现集体经济收入43.68万元、慈善信托捐赠44万元，超额完成年度任务。

四、2024年发展规划

公司始终坚持以习近平新时代中国特色社会主义思想为指导，深入贯彻党的二十大和中央经济工作会议、中央金融工作会议精神，坚持以人民为中心的价值取向，践行金融工作的政治性、人民性，强化使命担当，回归信托本源，更高效地服务人民美好生活和实体经济发展需要。以"改革与发展"为主题，立足受托人定位，打造专业团队、提升专业能力，形成高素质人才队伍。聚焦主责主业，专注于风险化解和高质量发展，着力推进存量风险化解，奋力推动经营管理持续向好。落实信托业务"三分类"要求，坚持信托业务、固有业务、财富管理共同驱动的业务发展思路，发挥资源优势、找准专属定位，把握市场机遇，创设具有专属特性的优势产品，积极探索公司转型发展路径和新的业务增长点，为打造"专业 专注 专属"新型信托机构而奋斗。

第一，坚决强化党的全面领导，筑牢稳健经营根基。旗帜鲜明讲政治。不折不扣贯彻落实党中央重大决策部署和习近平总书记重要指示批示精神，强化党的集体领导，坚决扛起维护首都安全和金融风险防范的政治责任。坚持用党的创新理论武装头脑。巩固拓展主题教育成果，落实好市委关于深化学习贯彻习近平新时代中国特色社会主义思想常态化制度建设意见。加强学习贯彻落实习近平总书记对北京一系列重要讲话精神。严格落实意识形态工作责任制。持续增强基层党组织政治功能和组织功能。坚持建强国有企业基层党组织不放松，着力加强群团工作，进一步凝心聚力。深入推进党的纪律建设。增强深化整治金融领域腐败的思想和行动自觉。切实筑牢中央八项规定精神的堤坝，推进作风建设常态化长效化。持续深化党的纪律建设，推动清廉金融文化建设。持续发挥"六位一体"协同监督作用。以党内监督为主体，推动各类监督贯通协调。强化审计监督，加强对权力的制约。

第二，加快业务转型，积极布局专属业务。聚焦战略性发展机遇，保持审慎态度，形成长期稳定、投资稳健且可持续的信托业务，坚定不移聚焦北京国企定位，建立专属资产管理信托产品体系，培育新的差异化增长点。加快重点业务布局。坚持贴合首都经济发展方向，全力构建高质量投资引领高质量发展的投资业务新格局。加大金融对科创企业支持力度，通过私募股权基金等方式，打造专精特新类专属信托或者股权投资产品。以北京深化国家服务业扩大开放综合示范区建设工作为契机，积极争取试点，在北京区域探索开展不动产、股权相关信托。积极探索"非标"+"标品（高收益债）"组合产品设立、上市公司并购重组等创新业务。尝试推进绿色信托，促进绿色产业发展。锚定"聚焦重点区域"发展战略。聚焦北京、深耕北京、服务北京，优化京外业务，加强政信业务区域分级及精细化管理。在传统政信业务的基础上，运用信托丰富的业务"工具箱"服务区域经济发展。支持实体经济发展。深化与市属企业的合作，为北京区域相关企业提供多元化的金融服务，并逐步向中高配版合作模式进阶。大力发展风险处置受托服务信托，积极拓展北京区域内的特殊机遇资产业务。大力发展服务信托。坚持满足人民高质量生活需求，探索预付资金类资产服务信托。聚焦老年人残疾人等特定群体，开拓特殊需要服务信托。鼓励创新设计公益、慈善信托模式。拓展多元化的证券标品业务类型。继续加大证券市场投资和业务创新力度，全面提升信托规模和信托产品的投资收益。在以稳健收益的"固收+"业务、以追求高收益的TOF业务形成突破，逐步拓展满足上市公司需求的投资品种。加强固有投资平台建设。理顺管理机制，逐步建立完整的长期股权投资管理体系，实现对控股、参股企业管理的规范化、程序化。做好固有资产的配置管理，建立固信支持机制。尝试增加对优质资产的长期持有，提升固有资产盈利能力。

第三，以客户为中心，大力推进财富业务转型。大力发展财富管理信托。坚持以人民为中心的价值取向，吸引更多需要具备安全性和传承性功能的长期资金配置。深耕财富管理信托领域，进一步拓宽客群范围。推广信托账户，满足客户多样化财富管理需求，大力发展养老信托、特殊家庭信托等，实现信托为美好生活创造价值。推动财富客户扩量提质。突出区域资源，持续拓宽客户来源，优化客户结构，拓展异地团队客户辐射区域。有针对性的加强客户投后维护力度，对不同级别的客户提供差异化服务和增值服务。构建新的消保工作格局。加强投资者适当性管理，强化营销行为管理。重视重点客户，逐步形成一批稳定性强、有风险承受能力的成熟投资人。引导投资者正确树立信托产品打破刚性兑付的风险意识。

渤海国际信托股份有限公司

一、2023年经营概况

渤海国际信托股份有限公司（以下简称公司）前身为河北省国际信托投资有限责任公司，成立于1983年12月，是河北唯一一家经营信托业务的非银行金融机构。截至2023年末，公司资产总额159.65亿元，营业总收入14.25亿元，净利润3 190.80万元。公司管理信托资产总计5 099.97亿元，其中，投向实体经济领域的规模达3 892.89亿元，占比近八成，同比增长60.87%。在信托业务"三分类"维度下，公司资产服务信托规模占比34%，绿色信托规模40.34亿元。

二、创新业务案例

（一）案例：渤海信托·驰诚30号资产服务信托

2023年6月1日，原银保监会下发《中国银保监会关于规范信托公司信托业务分类的通知》（银保监规〔2023〕1号，以下简称《三分类通知》），将信托公司开展的信托业务整体上分为资产管理信托、资产服务信托、公益慈善信托三个大类。将资产管理信托对标于各类资管公司的资管业务，实行统一监管，此外，赋予信托公司开展资产服务信托的区别于其他资管公司的服务信托业务，进而鼓励信托公司从金融属性向金融与服务属性并重的方向转型。

基于以上背景，2023年8月25日，公司组合投资部设立了"渤海信托·2023驰诚30号资产服务信托"。该资产服务信托的委托人为浙江省浙商资产管理股份有限公司和浙江省衢州市国企共同出资设立的企业，信托总规模为3.8亿元，信托期限不超过3年。委托人以其持有的对上海某地方性优质房企的债权委托公司设立资产服务信托，旨在实现委托人对底层借款人的风险控制闭环。在实操层面，我国大部分地区的不动产登记中心仅支持持牌金融机构作为抵押权人办理不动产抵押登记相关手续，而非持牌金融机构作为债权人形成的债权难以实现不动产抵押登记。

该项目中，为实现非持牌金融机构委托人对债权风险控制的要求，将已形成的债权委托信托公司设立财产权信托，以债权转让给信托公司形成新的债权债务关系，进而在抵押机关办理抵押登记手续，实现了抵押权等担保权利的登记以及担保权利的集中行使，公司代表债权人利益，设立"渤海信托·2023驰诚30号资产服务信托"，受托管理担保物权，提供担保物集中管理和处置、担保权利集中行使等服务。

根据《三分类通知》，担保品服务信托属于资产服务信托，信托公司代表债权人利益，受托管理担保物权，提供担保物集中管理和处置、担保权利集中行使等服务。"驰诚30号资产服务信托"通过担保品服务信托的实施，一是帮助委托人成功办理了不动产抵押登记，满足了委托人债权项下风险控制的核心需求；二是信托存续期间，信托公司提供债权本息回收、信托利益分配、信息披露及担保权利行使等各项专业服务，属于信托公司"本源业务"，符合监管导向。

（二）案例：渤海信托·2023吉祥1号资产服务信托

本项目委托人为杭州浙蓝吉祥企业管理合伙企业（有限合伙），委托人为便于债权资产项下担保物集中管理和处理，实现债权资产处置，自愿将其合法持有对海建吉祥（三亚）置业有限公司的9亿元的债权委托给公司设立财产权信托，由公司作为债权人受托管理债权及担保物权，提供担保物集中管理和处理，担保物权集中行使，包括但不限于对抵押担保物进行处置等。本资产服务信托的服务对象主要为杭州浙蓝吉祥企业管理合伙企业（有限合伙），其有限合伙为浙江省浙商资产管理股份有限公司。在信托运行期间，公司按照合同约定对债权取得的收益进行分配，并按照委托人的指令对担保物进行处置。

信托公司凭借金融公司的属性在账户管理分配以及底层资产处置上有一定优势，积极开展服务信托业务是公司实现战略转型和可持续发展的重要选择。

（三）案例：渤海信托·2023海鑫2号集合资金信托

特定委托人为便于特殊债权资产项下担保物集中管理和处理，以实现特殊债权资产处置，特定委托人自愿将其合法持有的资金人民币1 300万元委托给公司设立集合资金信托计划，运用于受让青岛国融恒泰不良资产处置有限公司收购的特殊债权资产，取得相关债权及其项下的抵押物担保物权，由公司受托管理债权及担保物权。由于特殊债权资产的主要处置方式就是对抵押担保物进行处置，因此通过对特殊债权资产及其项下担保物权进行处置取得的收入超出信托本金及收益之后，实现收益分配，项目退出。

本项目具有一定的现实意义，此项目的操作实现了对多笔担保物权的集中管理及处置，委托专业公司进行处置后，实现了分散的多笔担保品的盘活。

三、社会责任履行情况

公司以党的二十大精神为指引，坚持党建引领，胸怀"国之大者"，坚守"金融为民"，严格贯彻落实监管要求，坚持以服务实体经济作为公司业务出发点和落脚点，主动对接国家重大战略，服务地方经济发展和人民美好生活，努力在中国式现代化中展现信托作为、贡献信托力量。报告期内，公司在履行社会责任方面进行了诸多探索实践。

一是服务实体经济提质增效。严格落实中央金融工作会议精神及监管部门要求，回归信托业务本源，锚定科技金融、绿色金融、普惠金融、养老金融、数字金融"五篇大文章"，持续将社会资金引入支持实体经济，支持高科技、绿色环保等行业，积极服务国家战略，服务地方发展。截至2023年底，公司管理信托资产中投向实体经济领域的规模达3 892.89亿元，占比近八成，同比增长60.87%。

二是发挥业务优势助力公益慈善。作为持牌金融机构，公司始终牢记企业社会责任，充分发挥信托制度和业务经验优势，以慈善信托产品为发力点，实现信托财产保值增值和慈善捐赠用到实处的双重目标，助力慈善公益事业，服务人民美好生活。2023年7月，公司发布慈善信托专属品牌"月明"，成立"月明1号"慈善信托，专项用于资助河北省石家庄市周边家庭困难中小学生，目前已累计资助72人。2023年8月，河北多地遭遇洪水灾害。作为唯一一家注册地在河北的信托机构，公司积极响应河北省委、省政府和监管机构号召，第一时间驰援河北省涞源县，为近300户受灾村民送去生活必需品。2023年11月，"月明慈善信托暖冬公益行"启动，公司志愿者走访河北灵寿县三个乡镇，看望慰问公司慈善信托受益人。公司慈善公益行动被多家权威媒体广泛报道并获充分肯定。

三是确保消费者权益保护落到实处。公司建立了完善的消费者权益保护机制，建立并优化与监管定期沟通机制，投诉前置处理机制等，及时回应消费者诉求，切实保障消费者合法权益；公司切实保障消费者知情权等权利，做好金融知识普及宣传。2023年，公司充分利用"3·15"金融知识普及月等契机，在石家庄、上海等地组织现场宣讲、金融知识进社区等投资者教育活动，覆盖近2万人次，取得良好宣传效果。2023年，公司被河北省《燕赵都市报》社评为"金融消费者权益保护宣传先进单位"。

四是持续优化反洗钱工作机制。公司严格落实反洗钱工作要求，进一步优化反洗钱工作机制。2023年，公司对新进员工、业务人员等组织多次反洗钱培训，并充分利用公司官网、官微等进行日常反洗钱宣传，确保反洗钱要求入脑入心入行。公司在开展业务时严格落实反洗钱相关规定，保质保量完成客户洗钱风险等级评定等工作。2023年，公司强化与反洗钱主管部门的沟通、交流，完成自定义可疑交易监测标准在人民银行反洗钱监测中心的备案和更新，并严格按照监管要求完成向中国人民银行河北省分行和国家金融监督管理总局河北监管局的报送等工作。

五是全面引入ESG理念。依托公司博士后研究团队，制定了《渤海信托ESG体系构建及践行方案（2024—2026年）》，作为下一阶段推行ESG的行动纲领。方案明确了公司ESG体系构建的要素，包括管理体系、产品服务、内部践行、外部影响等方面。同时，制定了后续三年的阶段性目标及近期落实事项清单，为全面推行ESG打好了基础，营造了良好氛围。

四、2024年发展规划

坚持以效益为核心，以顺应形势发展需要、抓住关键时间节点、符合行业内在规律为原则，按照"3+1"的方向推进公司转型发展，即"传统业务+证券投资+小微金融"+"财富管理"，既要巩固在传统业务领域的经营优势，又要拓展和培育创新业务，逐步完成公司业务线的经营转型和盈利结构优化，在满足监管要求的前提下，实现可持续发展。一是将传统业务定位为公司的业绩支撑、转型基础，追求合规、稳健发展，保持规模和收入的稳定。二是将创新业务的定位为公司未来发展的动力源，重点推动"标品投资业务"及"小微金融"两大业务方向，注重优化结构、提高占比、提升营收贡献，带动公司高质量发展。三是将财富管理的定位为公司重要的核心竞争力之一，为客户提供多元资产配置及服务。

长安国际信托股份有限公司

一、创新业务案例

案例一：长安信托·赣欣6号专精特新知识产权资产服务信托

信托资金用于认购"赣州经开区稀土钨产业链专精特新知识产权1期资产支持专项计划"部分优先级份额，优先级份额不超过7 150.00万元，信托总规模不超过7 221.50万元，底层资产主要分布在制造行业，借款人将其持有的核心支持产权质押于信托。

案例二：长安信托·安心系列半年享集合资金信托计划

该信托计划累计募集金额1.3亿元，首次开放客户到手收益率7.07%。该信托计划基于对监管政策、货币政策的深入分析，在针对当前市场情况设定的久期目标及收益目标下，挖掘并获取相对阿尔法收益，从而实现目标久期下较高的持有收益，并通过交易增加产品灵活性与多元化要求。策略包括：久期控制、期限结构配置、信用风险管理和相对价值判断等管理手段。

案例三：长安信托·长安REITS集合资金信托计划

该信托计划累计募集金额1 726万元，信托计划资金投资于公募REITs、固定收益资产、逆回购及协议回购、货币类资产和信托业保障基金以及中国证监会、中国人民银行认可的其他具有良好流动性的标准化资产。该信托计划根据市场和研究情况控制公募REITs（仓位0~80%）和固定收益（仓位0~80%）的仓位比重，产品旨在为相同收益下，追求更低波动，提高受托人持有体验。投资的公募REITs底层资产涉及的行业有：高速公路、仓储物流、产业园、保障性租赁住房、清洁能源（风电、光伏、污水处理、垃圾发电）等。

二、社会责任履行情况

2023年，公司认真贯彻中央金融工作会议指示精神，秉持"以人民为中心"的价值理念，紧紧围绕服务实体经济、防控金融风险、深化金融改革三项任务，坚持回归本源这一根本原则，按照信托业务"三分类"指引积极落实整改转型，重点立足西安区域，抓好平台资源，优化业务结构，对传统业务进行投资化、服务化提升改造，充分利用信托制度的灵活性深度参与"双碳"目标、"一带一路"、乡村振兴等国家重大战略，融入省市发展大局，打造"信托+"综合金融服务平台，持续助力实体经济高质量发展。

公司作为立足于"一带一路"中丝绸之路起点——西安的本土金融机构，一直关注陕西自由贸易试验区的发展动态，积极响应"一带一路"倡议，结合信托行业特点积极与自贸区内政府机构、企业单位开展合作。截至2023年末，公司存续信托项目中与陕西自贸试验区内企业开展合作的信托项目有23笔，信托规模为550 111.95万元。

截至2023年末，公司累计备案53单慈善信托，3单公益信托，总规模超一亿元，慈善信托居行业第一方阵。慈善信托目的覆盖教育、乡村振兴、环保、卫生、文化、体育、自然灾害突发事件等多个领域，多单慈善信托结构为国内首创。公司各类慈善信托项目惠及北京、陕西、甘肃、四川、深圳、江苏、内蒙古等全国十多个地区，包括国家、银保监会、陕西银保监局重点定点扶贫支持地区。

在乡村振兴慈善信托项目设计上，公司通过"慈善信托+银行""慈善信托+保险""非直接投放"资金的方式，即提供贷款风险损失补偿金以及保险补贴，有效提高了资金使用效率，撬动、扩大了资金惠及规模，探索出了一条具有信托特色的乡村振兴之路。"长安慈·佳县乡村振兴产业慈善信托"加速推进陕西省榆林市佳县乡村振兴产业化进程，推动财政、金融等各方资金对乡村振兴工作的支持，为中小微企业融资担保贷款提供贴息补助，着力破解服务小微企业和"三农"融资难、融资贵的问题。

公司财富中心依托三大公益活动品牌（善行家、长安暖阳、山间书香）组织员工、客户深入走访困难群体、奉献爱心。2023年共落地8场公益活动，为敬老院送去康复训练器材、为智力残疾青少年送去学习及生活用品、为唇腭裂儿童送去救助善款、为留守学校捐赠爱心图书丰富文体活动等，以实际行动践行慈善初心，尽己所能为社会公益事业贡献一份绵薄之力。

2023年，公司荣获的社会责任相关奖项包括：中国金融出版社"第五届中国金融年度品牌案例大奖社会责任年度案例奖"；荣获《经济观察报》"2023年度值得托付社会责任机构"；公司"攻克渐冻症慈善信托"项目荣获《中国银保传媒》"金诺·中国金融年度优秀社会责任项目"；收获"长安慈·农银壹私行恒·沁玉爱慈善信托"项目执行机构——深圳福顺基金会授予的"爱心支持奖"；连续四年蝉联由西安市工信局牵头，市发改委、市财政局、市国资委、市商务局、市金融工作局、市住建局、高新区、经开区、西安企业及企业家联合会等联合评审的"西安百强企业"榜单。

与此同时，公司坚守受托人定位，把服务意识和保护消费者权益的理念融入日常工作中，积极组织干部员工开展志愿服务，重点面向"一老一少一新"等风险意识薄弱群体，开展消费者保护及金融投资教育宣传活动10余场，参与宣传员工100余名，接受消费者咨询3 000多次，发放宣传资料7 000多份，受众人数达10万人。持续通过通俗易懂的语言讲解"冒充公检法骗局""代办养老金骗局""虚假宣传以房养老骗局""高额投资回报骗局"等常见诈骗话术及套路，以实际行动履行金融机构社会责任，提高社会公众金融风险识别防范能力，切实维护和谐金融环境。

三、2024年发展规划

2023年，原中国银保监会下发了《关于规范信托公司信托业务分类有关事项的通知》（以下简称1号文），从业务的维度为信托公司的业务转型指明了方向；下发了《关于规范信托公司异地部门有关事项的通知》（银保监规〔2023〕3号，以下简称3号文），从展业地域的维度对行业的发展进行了规范。1号文和3号文实际上为信托公司的发展界定了纵向和横向两条边界，给信托行业的业务模式及发展模式带来了重要变革。

基于上述监管政策导向，结合公司自身资源禀赋，2024年，公司信托业务将遵循回归本源，专业化、特色化经营的发展路径，致力于围绕服务西安经济高质量发展这一核心，进一步夯实财富作为公司发展的基石，发挥信托制度和股东资源优势，大力发展以股票、债券等标准化资产为基础的组合投资业务，围绕资本市场深度推进产融结合，积极探索开展资产服务信托业务，实现公司业务规模的稳步增长。

具体来讲，公司将积极推进资产管理信托业务从融资向投资的转型，依托投研能力的提升逐步打造在标品领域的组合投资及配置能力。大力发展资产服务信托中的财富管理信托业务、资产证券化业务，并积极探索行政管理受托服务信托、风险处置服务信托等业务，力争将以家族信托、家庭服务信托为主的财富管理服务信托业务打造为公司具有核心竞争力的业务。公司还将继续巩固自身在公益/慈善信托领域的优势，继续把公益/慈善信托业务做精，扩大品牌影响力。

在区域布局上，公司将以服务西安经济高质量发展为中心，立足于西安市重要战略及产业发展需要，主动融入本地经济发展的热点和焦点中去，大力推进陕西及西安本土业务的发展，并以北京、上海、广州、杭州、武汉、成都六大城市为支点辐射华北、华东、华南、华中、西南五大区域，形成"1+6"的前台业务布局，各区域资产团队实行综合化展业，资产与财富业务有效联动，立足区域，深挖资源禀赋，扩大机构合作，走差异化发展道路。

长城新盛信托有限责任公司

一、2023年经营概况

2023年，长城新盛信托有限责任公司（以下简称公司）在监管部门的指导下，在各方股东的支持下，紧紧围绕信托业务"三分类"要求，不断探索业务转型，积极开拓进取，各方面工作取得实效，业务经营迈上新台阶。

（一）公司经营业绩

截至2023年末，公司资产总额119 903.71万元，负债总额19 061.07万元，所有者权益100 842.64万元。公司全年实现营业收入5 032.78万元，净利润635.22万元。净资本为76 127.31万元，净资本/净资产比例为75.49%，超过40%的监管要求。风险资本为15 196.90万元，净资本/风险资本比例为500.94%，大于100%的监管要求。

2023年，公司新增信托项目22个，新增信托规模5.17亿元。截至2023年末，公司存续信托项目38个，资产规模为88.17亿元。

2023年，公司实现扭亏为盈，存量化解取得成果，增量业务实现多项突破，为2024年业务发展奠定了良好的基础。

（二）"两压一降"工作取得实质性进展

2023年，在党委的支持和深度参与下，公司风险化解工作取得了较为明显的成效。全年存量风险化解实现资金回现1 600万元，同时，金融同业通道压降规模17亿元，有效落实"两压一降"工作要求。

（三）新业务拓展扎实推进

2023年公司顺应监管趋势，主动调整思路，谋求转型发展，积极部署家族信托、破产重整服务信托、财富管理、标品信托等领域，资产服务信托和家族信托业务取得突破，业务结构得到优化。全年公司财产权服务信托和家族信托等新项目落地22个，新增信托规模5.17亿元，业务创新能力进一步提升。

一是协同业务取得积极成效。公司不断加强与大股东长城资产管理股份有限公司（以下简称长城资产）、各分子公司的沟通联络，宣传信托模式在长城资产主业业务模式中的作用、优势，并实现一单协同项目落地。

二是服务高净值客户的优势不断凸显。2023年，公司加强渠道宣传，不断扩大客户领域，在保险金信托、慈善信托、特殊需要信托等方面积极探索，年内共实现17单家族信托业务落地，总规模1.65亿元。上述成绩来源于公司前期所做的充分储备及不断探索，体现了信托服务高净值客户的优势。

（四）不断深化体制机制改革

1. 内控合规建设规范推进。一是加强制度建设、制度梳理、制度后评价等工作，不断优化、完善业务、财务管理、纪检、审计、绩效考核等方面制度，并持续跟进执行情况。二是不断强化合规建设，持续推进资管新规整改，搭建减值模型；完善中介机构管理及评价工作；加大法治宣传，通过知识答题、印制法律法规汇编、组织合规培训等方式提高全员的合规意识。

2. 优化绩效考核机制。2023年，公司修订了绩效考核办法，通过六大维度考核指标强化利润导向目标，充分调动员工积极性。对公司全体员工按季度调整预发绩效，建立专项奖励机制，有效体现了奖优罚劣、奖勤罚懒的机制导向。

（五）进一步强化党建引领作用

公司党委全面加强理论武装，通过党委会"第一议题"制度、党委学习理论中心组、主题教育理论学习读书班、基层党组织生活等多种方式，不断提升政治判断力、政治领悟力、政治执行力，坚持不懈地用党的创新理论最新成果武装头脑、指导实践、推动工作。年内先后制定党委理论学习中心组学习计划、党的二十大精神学习方案、主题教育学习方案、宣传贯彻中央金融工作会议精神工作方案，使公司理论学习更深更实。2023年，公司党委理论学习中心组共开展学习14次，专题研讨1次，并扩大到经营层高管、各支部书记及监察审计部；在党委会上以"第一议题"方式开展学习2次，开展主题教育读书班集中学习10天；2023年公司党委共召开党委会28次，研究党建工作14次，召开民主生活会2次，引导全体党员干部在深化、内化、转化上聚力用劲，做到对党的创新理论入心见行、善思善用。

二、创新业务案例

2023年，公司成立了一单特殊关爱信托，委托人是一名成年脑瘫患者的父亲，其子被认定为肢体二级残疾、智力二级残疾，无民事行为能力。委托人与其夫人为妥善做好其独子长期生活保障、照顾其特殊生活需求，并且避免财富被挪用，特委托公司设立信托。委托人以保单受益权作为初始信托财产，通过个性化的设计对财产管理及信托利益的运用进行特定安排，尤其在监察人的多顺位选择上进行了细致的考虑和权利义务划分，最终实现对其子进行长期保障等信托目的。

三、社会责任履行情况

（一）公司依法纳税

公司自觉坚持守法经营、依法纳税、公平竞争、合作共赢等理念，积极贯彻落实党中央对脱贫攻坚工作的要求，2023年全年公司向注册地新疆乌鲁木齐市经济技术开发区缴纳各项税费合计2 137.30万元，是重点纳税企业之一。

（二）维护委托人利益

公司恪尽职守，严格履行受托人诚实、信用、谨慎、有效的管理义务，依托自身在资产管理、风险控制等方面的优势，为投资者创造信托财富，为企业提供全面金融服务，截至2023年末，公司已向投资者分配信托利润3.65亿元。

（三）开展投资者教育

公司2023年持续加强消费者权益保护内部管理工作，从规章制度、业务流程、职能分工、宣传教育等多个方面提升消保工作效能。2023年公司着力开展线下金融知识宣传活动，走进人群，除了对北京丽泽商务区周边的社区进行金融知识普及外，还深入新疆拜城县进行拜访，面向普通民众、村民等不同类型的金融消费者，针对防范非法金融活动、金融消费者自我安全意识进行了宣传。同时公司也不断利用线上渠道进行消费者权益保护系列知识普及，主要聚焦消费者权益保护的典型案例。在向广大消费者普及金融知识的同时，也提高了消费者自身的法律意识及自我权益保护意识。消费者权益保护服务体系逐步建立完善，规范化管理水平逐步提高，客户服务水平得到了进一步提升。

（四）助力公益事业

2023年公司赴新疆"访惠聚"驻村点开展爱心捐赠及慰问活动，向村委会捐赠电脑、血压仪等办公用品和生活用品，给村民发放日常生活用品，给村小学新入学的孩子们捐赠崭新的书包、文具，以及乒乓球桌、乒乓球拍、乒乓球、羽毛球拍、羽毛球等文体类用品，并向学校捐赠了电脑，丰富了孩子们的校园文化生活。

（五）开展员工关爱

一是积极推进员工的正常福利，提升员工工作幸福度。公司开展了春节、"三八节"、员工生日送温暖活动；二是公司积极举办文体活动，丰富职工业余生活，为广大职工办理公园年卡、电影卡；三是为青年员工提供职工宿舍，解决员工住房问题。

四、2024年发展规划

2024年，公司将风险化解出清作为业务经营工作的重中之重，全力拓展资产服务信托和资产管理信托等增量业务，大力扩大增量业务规模和收入贡献，全面提升公司管理水平和经营能力。

（一）狠抓存量资产盘活化解

综合运用诉讼、重组、债权转让等多种化解手段，集中精力盘活化解不良项目，挖掘可变现资产，对年度经营目标的实现作出贡献。

（二）着力拓展增量业务

一是立足自身，大力拓展服务类信托增量业务，契合国家产业政策方向，并关注科技金融、绿色金融、普惠金融、养老金融、数字金融五大领域，在财产权服务信托、破产服务信托和其他不良资产大类信托业务方面发挥信托优势。二是大力发展家族信托和财富管理业务，形成互补优势，丰富展业渠道，提升服务的专业性，精耕细作，"以规模带动收益"，争取尽快达到规模效益拐点。三是探索股权激励信托、并购类信托业务模式，利用其期限长、稳定性强的特点，发挥信托灵活的制度优势及税筹优势，增加公司管理资产规模、信托报酬。四是研究推进慈善信托，吃透政策，积极布局，争取在业务品种和业务量上实现突破。五是提高固有资金利用效率，调整投资结构，丰富投资品种。六是进一步推动公司标品信托业务支撑体系的完善，争取以固有资金撬动方式切入现金类标品信托业务，尽快做大规模。

（三）逐步提升内部管理

一是根据业务特点，加强制度流程的梳理和再造，完善制度建设框架，提高流程合理性和执行效率，简化低风险业务审核审批流程。二是推进全面风险管理，持续优化"三道防线""五大环节"的风险管控，重点监控固有业务的市场风险、家族信托和财富管理的操作风险、合规风险和声誉风险，并加强项目投后风险提示。同时，进一步加大案件防控力度，强化员工日常行为管理，以党纪学习教育为契机，多渠道加强重点领域案件警示教育。

(四)做好业务发展的支撑工作

一是认真推动现有内部制度规定的"立改废"工作,尽快建立适应信托业务"三分类"的风险、合规、审核审批体制机制。同时强化管理制度化、制度流程化、流程信息化的内控理念,将各项业务制度的合规管理要求嵌入业务流程中。二是优化壮大人员队伍,提高人力资源管理水平。公司将多渠道储备人才,通过招聘、内部调动、人才引进等方式,优化调整部门设置和岗位适配度,加强对新员工的长期培养,通过培训、内部交流等方式增加员工忠诚度和职业技能。三是提升信息化水平。推进对现有机房进行搬迁并对设备进行更新改造的工作,启动对公司系统"一地三中心"建设进行调研的准备工作。继续优化完善信息系统功能,重点推进银行间债券市场业务相关配套系统、家族信托业务相关系统、与提高净值化管理相关的财务系统等,努力满足公司业务经营发展的数字化需求。四是提升金融服务水平,改善家办业务、银行间债券市场业务客户服务能力,做好消费者权益保护、信息披露、反洗钱等工作。

重庆国际信托股份有限公司

一、2023年经营概况

2023年是贯彻落实党的二十大精神开局之年，也是我国踏上全面建设社会主义现代化国家新征程、向第二个百年奋斗目标进军的重要一年。2023年，重庆国际信托股份有限公司（以下简称公司）始终坚持党的集中统一领导，秉承"诚信、稳健、创新、求精"的经营宗旨，坚定不移响应国家战略、统筹推进服务实体经济，在保持传统信托业务规模稳健增长的基础上，不断强化风险防控，完善管理体系制度，提升核心竞争力，各项业务稳中求进。2023年公司实现营业收入7.85亿元，净利润2.07亿元。

二、创新业务案例

（一）资产证券化业务

2023年，公司继续在资产证券化领域积极探索，大力发展ABS、CMBS、ABN等资产证券化业务，不断拓宽资产证券化业务的广度与深度。公司继续运用信托制度功能，加强资产证券化服务信托开拓。公司与马上消费金融股份有限公司合作推进开展消费金融ABS业务，全年共设立4期"安逸花2023年个人消费贷款资产证券化信托"，受托规模60亿元，有效盘活消费信贷资产，提振国内消费市场。截至2023年末，公司存续资产证券化服务信托17笔，规模222.87亿元。

（二）慈善信托业务

为响应国家脱困扶贫政策，公司近年来以《慈善信托管理办法》为制度基础，与重庆慈善总会等慈善机构建立合作关系，持续推进慈善信托业务发展。截至2023年末，公司已累计开展慈善信托/公益信托16笔，总规模逾3亿元，持续在产业扶贫、教育扶贫、扶老、救孤、恤病等公益事业领域全面发力，积极履行企业社会责任。

（三）做实绿色金融

为践行绿色金融发展理念，公司在发展战略规划中明确了绿色金融发展目标，要求发挥信托在资金配置等方面的优势，研究发展绿色信托，为绿色节能企业发展绿色节能项目提供融资支持。公司制定了《绿色信托业务管理暂行办法》，引导绿色信托业务健康发展。截至2023年末，公司开展绿色信托产品余额30.8亿元。

（四）资产服务信托

为持续推进信托业务转型发展，公司在2023年继续加大财富管理能力的打造，通过提升服务品质增加高端客户黏性，以打造私人定制理财为特征的家族信托得到快速发展。截至2023年12月末，公司存续家族信托21单，推出的"臻善传家系列""臻善传家锦盛家业系列"产品形成较好的推广和可复制模式，为委托人提供财产规划、风险隔离、资产配置、子女激励、养老等事务管理和金融服务。信托业务"三分类"通知下发后，公司设立首单家庭服务信托"重庆信托·聚富2号单一资金信托"，积极转型财富管理业务。

三、社会责任履行情况

公司始终坚持党的集中统一领导，积极贯彻落实国家宏观经济和产业政策，以助力经济发展和服务民生为己任，在深化供给侧结构性改革背景下，以"十四五"时期经济社会发展的主要目标和基本理念为指引，利用信托制度的灵活性服务国家重大战略，助推国家经济结构调整，在新资管时代充分发挥信托制度动态能效。

截至2023年末，公司在"一带一路"倡议、长江经济带辐射区域内存续信托业务规模1 567.07亿元，服务成渝地区双城经济圈建设存续信托规模368.90亿元，服务京津冀地区存续信托业务规模295.04亿元，服务粤港澳大湾区建设存续信托业务规模72.98亿元，累计为人民群众创造财产性收入超1 068亿元，为促进西部金融中心建设及成渝地区双城经济圈建设发挥重要作用。

为积极响应国家支持中小微企业发展，纾困民营企业，打通融资难点的问题，公司在强化风险控制的基础上，集中金融资源成立了多个信托产品，以支持科创及中小微企业转型发展。2023年，公司新增服务民营信托业务规模48.51亿元，新增服务小微企业信托业务规模114.84亿元，充分激发小微企业发展活力。

公司始终高度重视并坚定履行社会责任，持续多年开展慈善公益项目，担当社会使命、体现责任意识，身体力行回报社会。公司已累计向各类慈善活动捐款近3.25亿元，主要包括："金色盾牌英烈救助基金"慰问救助捐款近2.43亿元，累计救助慰问公安干警及其家属和相关人员近19 000人次；为重庆市政府募集50亿元资金支持主城区危旧房改造，并捐赠2 500万元信托报酬支持地方经济建设；作为重庆市政府办公厅扶贫集团成员，累计为酉阳县脱贫攻坚捐款超166万元，为奉节县脱贫攻坚捐款92万元等。此外，公司积极参与红十字基金会、中国检察教育基金会及民建善德基金等公益项目，开展"春蕾圆梦行动"帮扶317名贫困女学生圆梦校园、"逐梦未来"关爱留守学生及特殊儿童等爱心活动，荣获"春蕾圆梦行动爱心捐赠单位"称号。

2023年，公司坚持将消费者权益保护纳入企业文化建设和经营发展规划中，构筑消费者权益保护工作理念，完善消费者权益保护工作体系，建立消费者权益保护需求的纵向传导机制及横向沟通机制。结合公司经营实际，不断创新方式方法，持续提升服务质效，推进消费者权益保护各项工作制度的构建与完善，切实保护消费者的合法权益。公司按照监管部门的统一要求，有序开展了"3·15消费者权益保护教育宣传周""金融知识进万家"和"普及金融知识万里行"等多项消费者宣传教育活动，设立线上"消保专区"发布优质宣教材料。本年度未发生重大突发事件情况，未产生侵害消费者基本合法权益的情形。

四、2024年发展规划

2024年是全面贯彻落实党的二十大精神的关键之年，是为奋力谱写中国式现代化篇章奠定基础的重要一年。公司坚持以习近平新时代中国特色社会主义思想为指引，坚持全面贯彻党的二十大精神及"十四五"规划精神，弘扬伟大建党精神，坚持稳中求进工作总基调，加快构建新发展格局，推动高质量发展，进一步提升服务实体经济质效，充分落实系统改革，持续回本溯源，不断驱动业务创新。

（一）坚决贯彻党的领导，提升党组织战斗堡垒作用

坚定不移加强党中央集中统一领导，深学笃用习近平新时代中国特色社会主义思想，武装头脑、指导工作，推动公司党的建设高质量发展。公司在党建过程中进一步提高党员政治站位，以深刻认识中国特色社会主义最本质的特征是中国共产党领导、中国特色社会主义制度的最大优势是中国共产党领导，切实领会"两个确立"的重大意义，增强"四个意识"、坚定"四个自信"、做到"两个维护"，紧密围绕党的二十大精神，认真谋划党建工作重点任务，不断开创党的建设工作新局面。其中，倡导党员善用"互联网+"思维，利用"学习强国"APP、支部微信群等线上学习平台开展政治理论学习，以推进党史学习教育充分融入新时代政治生活，建立起常态化长效机制；不定期组织主题党日活动，通过参观革命纪念馆以感悟红色文化；举办"强党建·树清风·精业务"等知识抢答赛或党史知识竞赛，将党建活动与公司业务深入融合，促使党史理论深入人心。

（二）强化风险管理，严控项目风险

公司将坚守"宁可错过，不可做错"的风控原则，常态化开展"内控合规强化年"工作，坚持贯彻全面风险管理战略，以深化整治银行业市场乱象为抓手，以全面风险排查工作为契机，依法合规经营，严控项目风险，严守风险底线。查漏补缺、举一反三，梳理内部业务流程与制度建设情况。采取包括但不限于合理配备专业人员、合规知识竞赛、合规专题培训等方式，持续提升制度执行力与内控有效性。加强对国家宏观经济政策、货币信贷政策、财政政策、监管政策等领域的研究，密切关注市场及政策变化，准确判断行业发展趋势，着力加强风险防范的前瞻性；进一步完善风险控制组织架构与管理流程，提高审批效率，全面梳理重点行业和重点项目管理情况，确保不发生重大项目风险；加强风险项目管控，通过多种措施多种渠道化解项目风险。

（三）落实监管及行业新规，进一步提升公司治理水平

严格按照监管部门及监管法律法规的最新要求，不断明晰合法合规展业边界，积极补齐治理短板、堵塞治理漏洞，制定有效措施。根据《公司法》《信托公司治理指引》等法律法规的规定，梳理《信托公司股权管理暂行办法》《银行保险机构关联交易管理办法》等监管新规要求，加强股权管理，优化股权结构，规范股东行为；完善履职考评体系，推动"三会一层"依法合规科学履职。梳理、修订相关制度，进一步规范和完善履职方法、路径和流程，提升董事会的运行效率与效果，促进公司治理水平再上台阶，加快实施中长期战略调整与转型发展。

（四）持续回归信托本源，坚持服务实体经济

公司将深入贯彻落实信托业务"三分类"各项要求，积极落实监管政策，进一步深化市场乱象治理，主动调整业务结构，坚持信托本业为主体、固有和其他中间业务为补充的总体思路。认真研究《关于规范信托公司信托业务分类的通知》，深入分析市场需求，适应行业发展趋势，提升资产管理的专业化水平，用好用足信托公司综合经营优势，融合各类业务模式和工具，为企业提供一揽子、一站式金融服务，满足企业全生命周期需求，打造共赢发展模式，切实提高服务企业质效，为信托业的根深本固发展贡献力量。坚持金融是服务实体经济的血脉、服务实体经济是金融天职的宗旨，以更好地服务实体经济为出发点和落脚点，以提升实体经济发展的质量和效益为中心，以深化供给侧结构性改革为主线，实现公司与实体经济的良性互动、协调发展。

（五）精耕财富管理市场，提升财富品牌内涵

中国财富管理市场是一片广阔蓝海，公司将持续回归"受人之托、代客理财"本源，充

分利用信托制度法定资产隔离、跨市场资产配置、灵活设计与综合服务三大独特优势，打造"真善美"的财富品牌。

同时，配合公司财富管理整体营销需求，完善营销服务模式，强化品牌渠道建设与管理，加强信息科技投入力度，进一步提升公司品牌的认知度，增强客户黏性，最终实现财富管理业务的转型升级。

（六）加强信托文化建设，打造行业标杆企业

以全行业信托文化建设为契机，结合公司实际，统筹规划、建章立制、分步实施，通过不断完善公司治理环节、战略引导环节、考核机制环节，持续提升信托文化在公司的普及性、重要性，不断加强受托文化建设、合规文化建设、创新文化建设、品牌文化建设。

大业信托有限责任公司

一、2023年经营概况

大业信托有限责任公司（以下简称公司）是在重组原广州科技信托投资公司的基础上，重新登记成立的非银行金融机构，是目前广州市属的唯一一家持牌信托公司。公司于2011年3月28日挂牌成立，截至2023年末注册资本金20亿元，注册地为广州市，在北京、上海、武汉、福州、杭州设有业务管理部或财富中心。

人才队伍方面，截至2023年底，公司共有从业人员163人，其中，劳务派遣员工7人。女员工70人，占比43%。员工平均年龄38岁，40岁以下员工占比59%。本科及以上学历占比97%，硕士研究生及以上学历占比60%。

收入指标方面，在年初存量收入同比锐减52%的情况下，2023全年实现营业收入2.95亿元，同比增加0.07亿元，增幅2.50%，完成董事会下达任务目标的134.7%；实现净利润0.36亿元，同比增加0.01亿元，增幅4.1%，利润指标完成率为2 599%。在拨备同比多计提0.18亿元的情况下，实现了收入及利润的同比双增长。

业务拓展方面，截至2023年末，公司存续信托规模766.34亿元，较年初增加254.13亿元，增幅49.6%，近年来业务规模持续下滑的态势得到根本遏制，创最近五年新高。新增主动管理投融资规模124亿元，同比增加41亿元，增幅49.6%。生息资产大幅增加，年内新成立项目贡献信托收入2.82亿元，同比增加1.42亿元，增幅101.4%。诸多创新业务相继落地，年末存续服务信托规模达504.63亿元，家族信托规模26.67亿元，标品信托规模66.48亿元，转型效果明显。

资金募集方面，全年累计募集资金129.18亿元，同比增加70.82亿元、增幅121.3%，其中直销资金38.60亿元，代销资金69.32亿元，销售业绩同比增长明显。

二、创新业务案例

大业信托-方业1号（上海安置房）集合资金信托计划是公司第一个参与安置房建设的

项目，该项目为上海市南汇区当地保障房项目提供建设资金支持，通过保障房信托这种融资模式引入社会资本进入保障房项目建设，助力投融资带动民生工程建设，助力区域公共配套设施和安置房等民生保障工程建设，提高基础设施和公共服务的质量和效率，大力推动区域经济发展和城市加速建设。

上海SS实业有限公司股东为杭州HR投资管理合伙企业和平阳JS资产管理合伙企业，双方分别持有上海SS实业有限公司99%和1%的股权。中国东方资产管理股份有限公司（以下简称东方资产）累计认购杭州HR优先级份额25 200万元，RD（北京）投资管理有限公司（一家外资基金）认购中间级份额14 000万元，平阳JS资产管理合伙企业累计出资认购次级份额为16 728万元。东方资产分别于2021年6月20日、2022年6月20日对该项目进行展期，展期至2023年6月20日，截至2022年12月31日东方资产持有杭州HR投资管理合伙企业份额为24 200万元。因目标项目周期过长造成财务成本超项目前期成本测算，且次级投资人受疫情影响导致其资产处置进展缓慢，已无差补能力，使项目出现困境。同时，浦东新区政府及回购方要求该项目尽快完成竣工验收并进行交付，在此背景下，为解决该项目困难，上海SS实业有限公司拟新增融资用于项目收尾工程，以期达到政府回购要求，实现项目的顺利退出，初步估算融资金额约1亿元。

为帮助上海SS实业有限公司纾解困境，保障其开发的安置房的交付工作，公司拟与杭州HR投资管理合伙企业和平阳JS资产管理合伙企业开展业务合作，为上海SS实业有限公司提供7 000万元的纾困贷款资金，用于目标项目的开发建设。

公司汇集社会资金参与保障房建设，一方面，可减轻地方政府的压力，另一方面，又为投资者提供了适中收益率的理财产品，同时满足了新市民的居住需求，因此具有多重效果，利国利民。参与保障房项目，也体现了公司作为国有金融机构应尽的社会责任，具有正面宣传意义。

本信托支持的融资项目占地面积8.6万方平方米，共建设990套安置房，项目建成后政府全部回购，即公司至少为990个家庭的安居工程提供了保障支持。

三、社会责任履行情况

（一）以消费帮扶方式支持乡村振兴工作

公司在支持乡村振兴方面认真落实国家监督管理总局与股东单位相关要求，把乡村振兴作为重要的政治任务加以落实，结合实际情况督促落实帮扶举措。在地方帮扶方面，公司积极动员系统员工，以自愿为原则，购买广东湛江太平镇特色产品；在定点帮扶方面，公司确定了以中国东方定点帮扶县为重点，以国家金融监督管理总局定点帮扶旗县和国家确定的

832个帮扶县为补充，以购买帮扶产品为主要手段的消费帮扶采购计划，全年采购帮扶产品两批次，合计采购金额4.56万元。

（二）与属地社区党委联合开展中秋探访慰问活动

2023年中秋佳节，公司党委与属地广州市花都区新华街马鞍山社区党委，联合开展中秋探访慰问活动，走进孤老残弱群众家中，为其送上节日慰问和关心祝福。2023年是探访慰问活动连续开展的第四年，此次慰问老党员、高龄重症患者、独居老人、残障人士、归国华侨一共24户。公司将牢牢把握主题教育"践行宗旨为民造福"目标，努力把惠民生、暖民心、顺民意的工作做到群众心坎上，不断增强人民群众的获得感、幸福感、安全感。

（三）发挥慈善信托优势助力非物质文化遗产传承

为坚定民族文化自信，助力非物质文化遗产保护，公司设立了"大业信托-炬光2022资助非遗慈善信托"。该信托项目于2023年2月23日取得广州市民政局备案证明，并于当日正式成立。目前，该项目已完成广东地区两个非物质文化遗产项目的捐助工作，分别是广东醒狮和佛山狮头彩扎，捐助资金用于开展线下公益课堂、线上直播网课、公益义演等活动。

（四）依法合规推进消费者权益保护工作

一是发布《投诉综合治理工作方案》，不断完善公司消费者权益保护制度体系，完善投诉处理流程，建立较为全面的投诉处理应对机制；二是持续推进消保工作机制建设及运行，建立起产品和服务消费者权益保护审查机制，持续做好信息披露工作，并在公司内部开展了内部考核及内部审计工作，不断夯实消保主体责任，推动合规稳健经营，确保消费者正当权益得到保障；三是积极开展金融知识宣传教育活动，按照监管部门、行业协会的统一部署分别组织开展了"3·15消费者权益保护日""防范非法集资宣传月""普及金融知识万里行""守好钱袋子，护好幸福家"及"金融联合宣传教育月"等金融知识宣传教育活动，并认真组织全体员工进行了消费者权益保护专题培训以及测试。

四、2024年发展规划

2024年，公司各项工作总的指导思想和主要任务是：以习近平新时代中国特色社会主义思想为指导，全面贯彻落实党的二十大精神、二十届二中全会精神，深入贯彻中央金融工作会议、中央经济工作会议精神和上级党委决策部署，坚持稳中求进、以进促稳、先立后破，完整、准确、全面贯彻新发展理念，以打造具有AMC特色的信托公司为目标，围绕信托新分类要求坚决回归信托本源，积极稳妥推进转型，加快推进风险处置，不断提升管理质效，强化使命担当，发挥功能作用，奋力开拓公司改革发展新局面。

（一）牢牢把握正确政治方向，全面加强党的建设

强化党的全面领导，深入学习贯彻中央金融工作会议精神，引领公司科学治理，提高基层党建水平，深化全面从严治党。

（二）加快不良资产清收，积极有序推进风险化解

完善机制保障，制定和落实好处置计划、处置任务，加强与资产管理公司等外部专业机构的合作，充分调动外部资源，整合各类机构在资金实力、专业人才、服务网络和信息资源等方面优势，采取收购反委托、法拍托底、合作开发底层项目、组包批量转让、破产重整等模式，丰富处置工具箱，提升处置质效。

（三）立足本源定位，积极稳妥推进业务转型

落实中央金融工作会议精神，加大服务实体经济力度；发挥好信托本源制度优势，大力拓展业务服务边界，推动资产服务产品成熟定型；提升综合业务拓展能力，强化主动管理能力建设，做大做强资产管理业务；积极推进公益慈善信托业务，提升品牌影响力；加强机构合作，发挥协同优势。

（四）加强财富团队建设，持续增强销售能力

深化财富管理改革，由产品驱动转向客户驱动，从"以产品为中心"向"以客户为中心"转变，真正以客户为中心搭建符合客户需求的服务体系，提高专业化能力。

（五）统筹业务发展及资产安全，坚决守稳风险底线

完善全面风险管理体系，将风险管理文化、风险偏好策略、风险管理政策及程序等予以制度化，持续探索完善全面风险管理长效机制。

（六）优化组织架构，完善内部管理

以新发展理念为指导，以信托业务"三分类"新规为主线，以稳健经营为目标，进一步完善公司激励考核机制，做到科学评价、客观合理、操作性强。

（七）持续改善监管评级，提升监管部门对公司的评价

全力做好2024年的监管评级工作，持续提升并监测各项指标的改善进展。对照评价要点，充分说明自评依据及理由，评级过程中要及时与监管部门沟通，全力提高评级得分，力

争2024年度监管评级再上新的台阶,通过改善评级摘除公司"较高风险"的监管评价。

(八)落实主体责任,全力以赴做好信访维稳和安全生产

加强安全生产责任落实与统筹安排,落实安全生产定期排查防范机制,建立并严格执行24小时值班制度。落实风险处置和维稳工作汇报机制,定期向住所地政府部门报告风险情况;落实重大事项报告制度和应急处置方案,做好舆情监测,加强应急管理。

东莞信托有限公司

一、2023年经营概况

2023年，面对复杂严峻的外部环境，东莞信托有限公司（以下简称公司）深入学习贯彻党的二十大精神和中央金融工作会议精神，保持战略定力、顺应监管导向、防范化解风险、回归信托本源、推动转型创新、服务实体经济，坚持"立足东莞，深耕湾区"发展战略，扎实推进"化风险、稳经营、促发展"各项工作，多措并举维护公司经营稳定。截至2023年12月末，公司管理信托资产总额700.82亿元。公司固有资产总额75.06亿元，净资产68.94亿元，同比增长0.82%。2023年共实现营业收入4.99亿元，同比增幅53.65%，净利润0.55亿元，同比增幅71.54%。公司荣获国务院发展研究中心金融研究所、广东省地方金融监督管理局颁发的粤港澳大湾区金融发展论坛"优秀战略合作单位"，中国共产党东莞市委员会、东莞市人民政府颁发的2023年度东莞市效益贡献奖。

二、创新业务案例

（一）创新非标资产管理类业务

结合广东省"百县千镇万村高质量发展工程"工作部署，发挥信托业务优势，支持新型农村集体经济发展；主动适应业务分类变化，加强与政府、国企合作，创新投融资机制，拓展风险可控的非标资产管理类业务，通过信托股权合作或永续债模式，服务实体经济，支持产业升级改造、城市更新、基础设施建设，助力乡村振兴。

（二）创新标品资产管理类业务

重点推动量化对冲策略FOF、纯债类、"固收+"、混合类产品的营销，择时发行股票多头产品及指数挂钩型产品，持续推进纯债类、"固收+"新产品的成立，2023年公司标品实收规模约为97.15亿元，规模列中小信托机构前茅。各类产品收益均跑赢行业平均值，合作机构库的质和量都得到进一步优化。

（三）创新资产服务类业务

重点开展财富管理服务信托，不断打造和完善家族信托、家庭服务信托、保险金信托产品与服务体系。通过加强与金融机构、地方商会、律师事务所等机构合作进一步拓展客户，完成东莞银行财富管理服务信托合作准入，与东莞福建商会（莞闽投）签订合作协议，服务在莞闽商企业家财富管理需求。2023年公司存续家族信托、家庭服务信托、保险金信托等资产服务类业务托管户数同比增长超过70%。

三、社会责任履行情况

（一）健全社会责任管理体系

公司将履行社会责任与整体发展战略紧密结合，使社会责任管理与公司经营发展齐头并进。持续加强依法合规经营，通过不断提升公司治理水平，加强风险管理体系建设，认真执行反洗钱相关规定，履行反洗钱义务，坚持依法按时缴纳税款，持续推进内部审计监督体系建设，不断强化全面性与重要性相结合的内部控制与审计监督机制。

（二）支持本土经济建设

公司在巩固优化原有业务基础上，积极探索业务转型方向，深耕东莞本土市场，强化作为国有企业的担当意识，提高金融服务实体的综合能力，充分发挥信托公司所具备的综合金融服务优势，借粤港澳大湾区建设发展的契机，积极支持东莞政府重点项目建设，拓展优化城市发展空间，着力强化金融精准扶持，助推东莞加快高质量的发展。截至2023年末，公司投向实体经济领域资产规模266.17亿元，占信托业务资产规模的37.98%，其中投向粤港澳大湾区实体经济的资产规模141.92亿元。

（三）服务中小企业转贷

为了缓解本土中小企业转贷困难，降低转贷成本，创造良好的营商环境，东莞市金融工作局作为委托人设立了"东莞信托·莞企转贷专项扶持单一资金信托计划"，公司作为受托人对该信托计划进行专项事务性管理。该信托计划持续为大量东莞本地企业提供快捷便利的转贷服务，帮助其解决融资难、现金流紧缺等难题，由此帮助不少企业度过艰难期。2023年末，公司共向550家企业发放贷款1 022笔，合计金额约370.41亿元。

（四）加强消费者权益保护

严格遵守《消费者权益保护法》，坚持"诚信立业、稳健务实"的经营理念，恪尽职守为委托人处理信托事务。建立健全消保审查制度、个人信息保护制度、投诉与应急管理制度、多元纠纷化解管理制度等规章制度；定期开展合规培训，增强消保意识；持续加强信息披露工作，持续开展投资者宣传教育，强化风险识别意识；进一步加强客户纠纷化解工作。

（五）持续践行社会公益

公司扎实开展对口帮扶工作，通过开展各项帮扶活动为韶关乐昌市北乡镇、市内大朗镇屏山社区提供资金帮扶共计4.73万元。通过慈善信托，开展慈善助学、服务党群、关爱老人及低保人群行动，共支出65.518万元，直接受益人数超500人。

四、2024年发展规划

2024年，公司将紧紧围绕国家金融监督管理总局、广东监管局、东莞监管分局工作部署，坚持"立足东莞、深耕东莞"的战略，持续推进"化风险、稳经营、促发展"各项工作，牢牢守住风险底线，提升投研能力，加快业务转型，做好服务实体经济"五篇大文章"，以实际行动助力经济高质量发展。

（一）坚持党建引领，推动党的领导融入公司治理

一是强化政治引领。深入学习贯彻党的二十大精神，巩固拓展主题教育成果，扎实开展党纪学习教育，坚持党的领导与公司改革化险和转型发展同谋划、同部署、同落实。二是完善公司治理。落实"双向进入、交叉任职"领导机制、党委前置研究重大经营管理事项制度机制。梳理完善公司章程、各项议事规则，理顺工作流程。三是推进信托文化建设。大力培育中国特色金融文化，树立"金融强国、信托有责"理念，弘扬诚实守信、以义取利、稳健审慎、守正创新、依法合规。

（二）全面加强风险防控，守牢风险底线

一是完善风险管理体系。完善授权和集体审议机制，优化业务评审流程，对风险项目信托计划、合伙企业、底层项目公司等各个层面的管理事项进行梳理，建立单独的评审业务流程支持，制（修）订相关管理制度，提高风险项目评审效率。二是坚持做好传统业务项目准入和期间管理，顺应金融环境和政策要求及时调整业务结构和风险对策，制定年度传统非标信托业务开展指引及风险管理策略。三是优化完善创新业务的风险管理，把握好市场风险、合规风险以及信息披露等相关方面，制定年度标准化信托业务风险管理策略，优化机构及产品准入操作指引。四是扎实开展新一轮全面风险排查。制定风险应对预案，做到"风险早识别、早预警、早处理、早披露"，针对存量风险项目采用多部门协同联动机制，做好实地走

访、风险管理审查等工作，坚决守牢风险底线。

（三）加快业务转型，服务高质量发展

一是拓展政信类业务。深入挖掘村镇、重点工程的资金需求，为基础设施、城建、招商引资拓空间等重大项目建设提供资金支持。二是拓展标品类信托业务。按照"提质量、拓规模、树品牌"目标，在证券类标品业务方面，形成重点产品（量化对冲）、择时产品（股票多头及单一多头策略产品）及定制产品（全权委托）三大产品条线，做大证券类标品业务规模。在债券类标品业务方面，以"固收+"类产品为突破口，推动净值化纯债类、"固收+"及混合类产品规模增长。三是积极发展服务信托业务。加强与银行、保险、券商、公募基金等各类机构渠道合作对接，积极推进家庭服务信托、保险金信托业务落地。四是推动财富管理业务转型。持续加强财富团队建设，加强行为适当性管理，加强投资者权益保护，提升金融消保工作质效，加强信息披露管理，提高产品透明度，依法稳慎应对项目违约风险，妥善处理投诉和信访举报，做好投资者沟通安抚。五是提升服务实体经济质效。落实"五篇大文章"要求，发挥信托制度优势，加强金融产品供给，提高居民财产性收入。落实高质量发展要求，服务"十四五"发展战略规划，支持现代产业体系建设，助力战略性新兴产业发展壮大，促进服务业繁荣发展，通过莞企转贷助力纾困小微企业，支持百千万工程以及乡村振兴，切实推动实体经济高质量发展。

（四）加强精细化管理，服务保障业务转型

一是强化固有业务管理。提升投资能力，做好流动性、安全性与收益性之间的平衡。合理配置资金，加强资金流动管理与衔接，平衡投资效率与风险控制；合理安排固有资金头寸，满足流动性需求；加强固有业务常态管理，根据管理需求建立各类型的管理台账；做好股权投资的投后管理工作和贷款项目的贷后管理工作；合理进行资产配置，提高固有资产的投资收益。二是加强人力资源和信息科技支撑。深化人力资源改革，优化业务部门人员结构，持续完善薪酬考核方案，持续推进降本增效，严抓员工行为风险排查，规范员工管理。加快新一代CRM系统的建设与测试，确保按计划上线投产；保障新一代档案管理系统流畅运行；加强网络安全，加强安全设备性能，配备网络防护系统，加强漏洞检测与修复。三是强化合规内控。对业务准入进行硬把关，加强对违规行为的内部处罚，高质量完成审计和现场检查发现问题整改；加强审计、纪检监察组、合规部门的工作联动，发挥审计"第三道防线"作用；做好风险项目责任认定工作，区分好风险项目新旧管理人员的责任，提高问责的震慑力。

国联信托股份有限公司

一、2023年经营概况

2023年，国联信托股份有限公司（以下简称公司）主要经营指标及主要工作如下：

（一）主要经营指标

2023年，公司实现营业收入7.19亿元，实现利润总额6.00亿元，实现净利润5.11亿元。

2023年末，公司资产总额75.88亿元，净资产71.87亿元；信托资产规模881.53亿元，同比上升21.94%。

（二）主要工作回顾

2023年，公司落实信托业务"三分类"要求，以"稳增长、促转型、控风险"为中心思想，推进市场化改革，全面严控风险，努力创新转型，顺利完成年度目标任务。重点工作如下：

1. 全面推进业务创新转型。2023年，公司除继续贯彻落实两项压降外，根据监管精神和政策导向，寻找增量突破，努力创新转型。截至2023年末，公司管理信托资产规模为881.53亿元，较上年同比上升21.94%，其中，资产管理信托规模258.82亿元，资产服务信托规模501.19亿元，公益慈善信托实收规模0.73亿元。此外，待压降整改的金融同业通道业务——江苏银行棚改基金项目规模120.79亿元。

（1）资产管理信托。一是做大标品业务规模。截至2023年12月末，公司管理标品信托规模为201.29亿元。二是布局标品权益业务。与《中国基金报》独家合作开发"中基私募指数"项目，通过编制、发布私募指数，开展自主管理的私募证券投资基金FOF业务。三是传统业务创新做。挖掘传统展业区域优质资源，结合"非标转标""同业联动"等方式，为地方城投转型提供一揽子的解决方案。四是重塑财富体系。推进财富中心架构重整、团队重建，为提升直销能力和拓展渠道打好基础。推进与多家商业银行同业合作，通过代销等方式拓宽资金渠道。

（2）资产服务信托。一是持续开拓预付类资金服务信托业务。设立无锡市民办学校招生收费信托，对无锡市民办学校新生招生、学费缴纳进行统一管理、统一划拨，累计完成缴费约4 248.64万元。持续丰富"锡预付"资金监管运营场景，学科类培训机构全部上线监管，非学科校外培训机构上线157家，累计托管资金约2 340.24万元。二是落地首单企业破产重整信托。落地全国首单破产清算领域内的破产服务信托，规模123亿元，为破产清算领域开展破产服务信托业务提供新思路。三是积极布局财富管理服务信托业务。通过引进专业家办人才，加强和银行等金融机构合作，逐步开拓财富管理服务信托业务。

（3）公益慈善信托。借助与无锡市慈善总会全面战略合作的契机，全年签约成立慈善信托11单，慈善信托设立总规模逾亿元。

2. 全面深化市场化改革。2023年，在信托行业深度变革的背景下，公司继续深入推进市场化改革。一是实施职业经理人制度。2023年，职业经理人队伍组建完成，激发经营活力。二是组织架构调整人员重塑。结合信托业务新分类，重塑组织架构，调整人员布局，引进市场化业务团队，努力夯实长效发展基础。三是推进部门市场化改革。前台部门全部实现市场化改革，激发转型发展活力。四是实施员工MD职级体系。员工MD职级体系全面落地实施，突破岗位限制，以能力为导向，激发员工主动性和积极性。五是建立权责清单。梳理并厘清各治理主体权责范围，建立并完善权责清单，完善市场化经营机制。

3. 持续强化政治引领。以习近平新时代中国特色社会主义思想为指导，持续加强党的建设，以高质量党建引领高质量发展。一是深化理论学习，筑牢思想阵地。自觉以习近平新时代中国特色社会主义思想和党的二十大精神武装头脑、指导实践，打牢思想理论基础，扎实有序推动主题教育走深走实。二是加强组织建设，锻造战斗堡垒。坚持"固本强基"导向，巩固支部标准化建设成果，规范开展"三会一课"活动，提高组织生活质效。深化"三个一线"行动，发挥党员先锋模范作用。三是深化党业融合，扩大共建成效。深化与无锡市慈善总会共建成效，新增签约慈善信托11单，合作全面拓展至无锡各区县板块。与无锡农商行、太科园管理办、无锡经开区新时代文明实践中心结对共建，加强法人金融机构协同合作，探索地企资源共享、优势互补，发挥金融机构效能，服务地方发展。四是强化正风肃纪，厚植廉洁文化。所有员工签订《廉洁从业承诺书》，规范从业行为。进行廉洁隐患大梳理、大排查，制定《廉洁风险防控手册》，加强廉洁风险防控动态管理。加强履职监督，聚焦"关键少数""关键环节""关键任务"，构建不同层级全覆盖的履职监督机制。做好员工"三查三访"，自觉规范8小时内外行为，合力打造风清气正的政治生态。

二、创新业务案例

此前市场上的破产服务信托都是在破产重整中进行信托安排，公司于2023年12月落地首单全国破产清算领域内的破产服务信托——海润光伏破产服务信托，规模123亿元，为破产清算领域开展破产服务信托业务提供新思路。

本单业务以原破产企业作为委托人，以第一次破产分配后的剩余资产收益权作为信托财产的模式，有效填补现有业务空白，在受托人管理模式、法院债权审查、原管理人功能衔接等方面实现多处重大创新。公司主动作为，真正成为破产管理"受托人"；量身定制，搭建"破产企业委托资产收益权"交易结构；多方联动，探索"管理人协同+法院监督"运行机制，填补了业内业务空白。

该项目一经成立，受到监管和同行的一致肯定和称赞。国家金融监督管理总局江苏监管局、无锡分局将本单业务作为辖内信托公司2023年度重要创新向国家金融监督管理总局汇报，中国信托登记公司邀请公司对该项目经验在业内进行了总结和分享。

三、社会责任履行情况

公司自成立以来，始终坚持合规经营、诚实守信的基本原则，积极履行社会责任，为地方经济和社会事业发展提供了有力的金融支持。公司发行的所有已到期产品均顺利兑付，实际收益率均达到预期，有效保护了投资者和受益人的合法权益。公司始终秉承客户价值优先理念，不断提升服务水平，为企业量身定制一揽子金融产品和服务，为百姓财富收入增长提供重要投资渠道。

2023年，公司继续深耕预付式资金服务信托，利用信托的"财产独立、风险隔离"制度优势，有效监管资金，保障消费者权益，助力社会治理；公司大力发展慈善信托，主动践行受托人的社会责任，助力共同富裕，慈善信托设立总规模逾亿元，年内成立3单慈善信托，项目总规模8 636万元；积极助力地方经济健康发展，为企业提供资产重整、纾困等多元金融服务，落地全国首单破产清算领域内的破产服务信托，规模123亿元。

2023年12月9日，公司与无锡经济开发区新时代文明实践中心签约共建，以共建为起点，共同推动志愿服务活动开展，共同打造特色品牌服务项目，助力新时代文明实践工作走深走实，共同打造便民利民的文明实践服务圈。

四、2024年发展规划

2024年，公司除持续加强党的建设，进一步深化市场化改革，全面加强能力建设外，将牢固树立正确发展理念，立足"受托人"定位，把握差异化转型方向，深挖资源禀赋，突破瓶颈障碍，立足主责主业，努力创新转型。

（一）资产服务信托

一是要继续拓展预付式资金服务信托。进一步加强与政府部门等联动，推动预付服务信托在更多领域取得突破，推动完善"锡预付"在商业领域场景的功能开发，做好"引商户入驻、保资金流入"。公司将努力践行"信托人民性"的监管要求，用信托机制服务市民、服务民生，助力社会治理。二是要继续拓展破产重整等风险处置服务信托，在首单项目落地基础上，积极寻找项目源，助力地方盘活存量资产，化解金融风险。三是要大力发展财富管理信托，加强与私人银行合作，拓展家族家庭服务信托，引入教育、消费等多场景的非金融服务资源，提升客户服务深度和广度。四是要依托资源禀赋提供综合服务，从无锡区域优质企业、自身业务客户需求着手，挖掘其开展资产证券化的融资需求，为企业提供综合服务。

（二）资产管理信托

一是要做大标品规模，优化产品结构，进一步提升产品竞争力。二是要开拓标品权益业务，提升与《中国基金报》合作"中基私募指数"的商业化运用效能，开发自主管理的FOF等项目，充实公司权益类产品货架。三是要传统业务创新做，加深与地方城投、工商企业合作，创新交易结构，从融资服务向项目合作、产业合作等纵深合作过渡；加强与银行、券商等同业机构合作，拓展债券投资、ABS、ABN等标品类信托业务。四是要加快重塑财富体系，重建销售队伍，拓展机构代销，打开资金渠道，提升销售规模。

（三）公益慈善信托

进一步充实人员，在更深层次、更广领域、更大空间上利用"慈善+信托""慈善+金融"模式，与政府、企业、个人开展合作，共同推动构建无锡慈善公益生态的良性循环和可持续发展机制，用金融力量助力慈善公益效能发挥，践行社会责任。

（四）固有业务

进一步明确角色定位，完善发展规划，优化组织，充实人员，在固定收益、权益投资、股权投资方面形成专业能力，加强与兄弟企业资源互动，支持信托业务转型。

作为行业中的中小机构，面对2023年复杂的外部环境和多重困难挑战，公司全员迎难而上，奋力前行。2024年，公司的市场化改革和业务转型将进入深水区。公司将紧密围绕战略规划，持续深化改革，加强能力建设，扎牢根基，着力创新转型，努力完成"十四五"规划制定的各项目标。

国民信托有限公司

一、2023年经营概况

（一）聚焦信托主业 经营业绩稳步提升

2023年面对宏观经济复苏增长依然乏力、信托行业转型艰难等多方面不利影响，国民信托有限公司（以下简称公司）充分预判外部形势，及时调整发展策略并继续围绕"改革、转型、发展"的总目标锲而不舍地推进各项工作，最终取得积极成效。年内公司（合并口径）实现营收9.29亿元，同比增长4.85%，其中信托手续费和佣金收入8.63亿元，同比增长7.61%，实现净利润3.83亿元，同比增长17.85%，核心经营指标连续4年实现增长，净利润创历史新高。截至2023年末，公司管理信托资产规模2 495.09亿元，同比增长3.75%，新成立信托规模1 024.26亿元，同比增长8.41%。

（二）回归信托本源 践行信托业务"三分类"

公司聚焦服务信托、资产管理、财富管理三大领域，严格遵循信托业务新分类标准，基本打造出了以服务信托业务为基础、标品证券投资信托为主体、创新信托业务为补充的业务格局。截至2023年末，公司旗下管理信托资产规模2 495.09亿元，其中资产服务类业务1 049.17亿元，资产管理类业务769.37亿元。

作为公司的重点发力方向，公司2023年新成立风险处置服务信托项目8笔，成立金额281.04亿元，公司管理的风险处置服务信托资产规模达514.56亿元，受益人数量1 077个。公司成功发行了业内首支以破产重整企业为标的的共益债信托产品，承担的方圆有色破产重整项目获2022年度最高人民法院"全国破产经典案例"提名、光明重机破产重整项目入选2023年度司法部五个"依法保护民营企业产权和企业家权益典型案例"。

证券投资信托业务已成为公司近年来信托业务的主要增量。截至2023年末，公司分布于证券市场的信托资产为560.22亿元，旗下管理标品信托产品250支，综合收益率位于行业领先梯队。

2023年内，公司根据自身资源禀赋和擅长领域，稳步拓展业务领域和产品线，公司旗下管理的财富管理业务规模达1 097.69亿元，其中家族信托业务突破75亿元，落地了首笔保险金信托产品"国民信托·传世荣誉"系列。

（三）严守风控底线 提升经营管理质效

公司坚持把合规视为经营管理工作的核心。通过持续加强内控合规建设，夯实内控管理的制度流程基础、加强项目存续期管理提升项目管理能力、强化审计监察职能和力度等措施，进一步规范公司经营管理的各个方面。

公司高度重视风险防控，持续增强中台风险控制与运营管理人员力量，在公司总体风险管理方针指导下，从项目审批、中后期管理、法律合规、风险监测和应对协同等方面注重多条线联动，提升风险防控和处置水平，在行业风险持续暴露的背景下，公司妥善处置并化解潜在风险，总体风险项目规模稳中有降。

公司加强金融科技支持和系统建设投入，基于业务需求和客户反馈持续升级优化各类业务系统，为公司转型发展提供技术保障。

（四）声誉口碑不断改善

近年来，公司面对宏观经济形势波动和行业整体下行压力，经营业绩稳步提升，信托业务合规稳健开展，风险处置积极妥当，获得了广大客户、商业伙伴和属地政府的积极评价，公司品牌形象不断优化。2023年，公司获评上海证券交易所2022年度债券交易机构百强、《金融界》优秀投教创意案例奖、北京市东城区百强企业、第四届长三角金融科技创新与应用全球大赛—金融机构最佳应用奖、第十一届"金智奖"—创新转型信托公司、第十六届"诚信托"—成长优势奖、长沙市开福区保交楼标杆企业、中国银行保险报金融消费者权益保护创新案例奖等荣誉。

二、创新业务案例

（一）发力财富管理业务 回归信托本源

2023年，公司财富管理业务规模达1 097.69亿元，成立家族信托、家庭服务信托业务20笔，成立金额27.90亿元，推出公司首单保险金信托业务品牌"传世荣耀"系列，为不同类型客户提供资产传承、资产隔离、财富增值等定制化服务。

（二）巩固风险处置服务信托优势 助力实体经济发展

2023年，公司成立风险处置服务信托业务（包括企业破产服务信托、企业市场化重组服务信托）8笔，成立金额281.04亿元；成立保险金信托业务2笔，成立金额26.20万元。截至2023年末，公司风险处置服务信托存续项目已达11个，在信托行业中处于第一梯队，专业的信托服务水平和高效的服务效率获得各方的认可和高度赞扬，其中方圆有色项目获2022年度最高人民法院"全国破产经典案例"提名；光明重机项目获2023年度司法部五个"依法保护民营企业产权和企业家权益典型案例"之一。

三、社会责任履行情况

（一）服务实体经济高质量发展，盘活社会经济资源

公司秉持金融服务实体经济的天职，充分发挥信托机构联通资本、货币、实业三大市场的优势，助力后疫情时期实体经济复苏，累计成立投向基础产业和实业的信托项目316个（含分期成立），规模逾803亿元。公司从业务指引入手，引导业务资源向科技创新、先进制造类企业倾斜，全年累计成立以高新技术企业为投放标的的信托项目14个，规模近8亿元。公司全力支持国家区域协调发展战略，全年在中西部省份累计成立信托计划120个，规模近220亿元。公司积极探索发掘信托制度在盘活被低效占用的金融资源、提高资金使用效率方面的积极作用，加大企业破产重整信托服务领域的业务探索，全年新成立风险处置服务信托业务（包括企业破产服务信托、企业市场化重组服务信托）8笔，成立金额逾281亿元，成功发行业内首支以重整企业为标的的共益债信托，在帮助重整企业恢复正常生产经营的同时，保护了超过1 000个就业岗位，为地方社会经济秩序的稳定作出积极贡献。

（二）助力小微企业成长，推动环保事业发展

公司立足中小金融机构定位，坚持特色化、专业化的转型道路，找准契合自身优势的普惠金融与绿色金融实践道路。报告期内，公司存续以小微企业为服务对象的信托项目规模逾840亿元，服务小微企业逾500家；成立以绿色技术研发和服务企业为服务对象的信托项目2个，规模逾1 000万元。

（三）积极开展社会公益实践，履行信托机构民生责任

报告期内，公司存续公益慈善类信托4笔，总规模4 240万元，包括在湖南宁乡、陕西延安、四川甘孜州设立的3笔永续存在的乡村教师激励公益信托和"公司常春藤基层医疗人才培养信托计划"。2023年，相关信托计划共分配176万元奖励了176名中西部地区的优秀基层乡村教师，支持2名乌兰察布市的基层医生赴北京接受为期3个月的医疗工作培训。其中，3笔乡村教师激励公益信托自2019年成立至今，已累计分配信托激励近1 000万元，惠及了三

地428个乡镇超过960所乡村中小学校。

（四）践行企业对员工的责任

公司一直坚持以人为本，建立并不断完善人力资源管理制度，严格执行公开、公平、平等的用工政策，维护和保障员工合法权益。公司通过制定具有市场竞争力的薪酬激励政策，落实员工薪酬保障措施，吸引并留住优秀人才；通过构建科学、公正、透明的员工绩效评估体系，提高员工的积极性和工作质量；通过探索研究各类业务差异性绩效考核机制，充分发挥薪酬导向作用，加快布局和构建适应转型需求的人才队伍；继续坚持激励与约束并重原则，逐步完善薪酬延期支付和追索扣回机制，提升全员的合规风险意识；持续加强公司人才培养机制建设，注重学习与培训，实现员工专业技术能力的再升级；通过建立管理序列、专业序列双通道职业发展体系，为员工提供可持续发展的职业发展路径；积极开展各类文体活动，丰富员工业余文化生活，增加员工对企业的归属感，提升企业的凝聚力，促进公司和谐发展。

（五）普法宣传活动

报告期内，公司积极有序开展普法工作，持续发挥金融机构在普法中的作用，加强法治文化建设，深入开展金融法治宣传教育。在员工普法宣传教育方面，公司积极开展监管信息传达工作，密切关注与行业相关的法律法规、监管政策等信息，通过举办专项培训、网站专栏宣传等方式及时向员工进行传达，在公司内部形成了良好的合规氛围。在习近平法治思想宣传方面，公司积极组织宣传并持续作为重点宣教内容，使其在公司员工及社会公众中充分发挥指导作用。在金融消费者权益保护制度宣传方面，公司高度重视消费者权益保护工作，于"3·15"消费者权益保护教育宣传周和"金融知识普及月"宣传期间发布多项宣传内容，并面向社区群众开展金融知识普及宣教活动，充分利用线上线下渠道扩大宣传范围，增强消费者金融安全意识。在反洗钱宣传方面，公司组织进行多次培训活动并进行员工反洗钱知识测试，提高反洗钱工作人员的专业素养；通过多种形式发布反洗钱宣传法律知识、经典案例及宣传片，提高社会公众洗钱风险防范意识以及对反洗钱工作的认知度、支持度。在清廉金融文化建设宣传方面，公司通过举办清廉金融文化教育讲座、组织观看廉洁警示教育专题片等方式，厚植清廉金融文化。在宪法、民法典、反电信网络诈骗法、国家安全教育日宣传方面，公司开展专题培训，组织员工学习，在公司办公区、公司微信公众号、公司网站播放、发布宣传材料，并在周边社区开展线下宣教活动，持续宣传普及法律知识。

四、2024年发展规划

2024年，公司将全面贯彻落实中央经济工作会议精神和国家金融监督管理总局要求，以服务实体经济为根本目标，努力实现公司业务结构均衡、收益回报优良、风险总体可控、经营指标稳健合规的高质量发展。

公司坚持"改革、转型、发展"的总体战略方针，稳步实现由以项目为导向的投融资业务加快转向以资产管理和资产服务为主业的综合信托金融服务转型，发挥好信托机构联通资本、货币、资产三大市场的枢纽作用，打好企业破产重整信托、证券标品信托升级和财富管理体系重塑三大攻坚战，形成真正意义上的核心竞争力。

内部管理方面，公司继续推动全面完善运营体系、管理制度和内控流程，优化升级金融科技基础，建立高效灵活的管理决策、市场营销和服务支持体系。

团队建设方面，公司以进一步提升主动管理能力、提高产品创新研发和投资能力为目标，加大专业化团队和复合化人才队伍建设，强化人才梯队储备，优化激励考核机制，为公司高质量发展提供不竭动力。

业务发展方面，一是聚焦和深耕资产服务信托，不断延伸服务层次和价值链；二是实现资产管理信托的转型升级，进一步提高主动管理水平，探索支持地方经济建设新思路；三是提升固有业务效益，更好地支持信托业务发展。

国通信托有限责任公司

一、2023年经营概况

2023年，国通信托有限责任公司（以下简称公司）在监管部门、行业协会及股东的支持指导下，以"新监管、新国通、新产品"作为经营思路，围绕转型全力推进各项经营管理工作，经营发展呈现"业绩稳、风险降、转型进、营销升、管理实"的良好态势。

明确经营发展方向。公司将中央金融工作会议、市属金融企业座谈会、股东相关要求作为指导精神，充分调研宏观经济金融形势、财富管理及资管市场趋势，学习头部信托公司先进经验，立足公司发展实际，明确公司5年战略规划。

全面落实监管要求。公司监管指标均控制在监管标准范围以内，整体合规经营水平稳步提升，监管评价稳步向好；公司认真推进各项审计整改工作，落实情况得到审计署和市审计局的肯定。

全面完成目标任务。截至2023年12月末，公司总资产106.26亿元，净资产83.06亿元，实现营业收入11.46亿元，利润总额7.00亿元。

（一）学习领悟监管精神，严格落实监管要求

一是公司组织干部员工深入学习贯彻习近平新时代中国特色社会主义思想和党的二十大精神，认真开展主题教育专项活动，深刻领会中央金融工作会议、中央经济工作会议、市属金融企业座谈会及市政府主要领导调研市属企业座谈会议精神，思想认识、理论水平和专业素养持续提升。二是公司坚持走差异化、特色化发展之路，全面提升服务本土实体经济的水平，为武汉建设具有全国影响力的科技创新中心、加快发展战略性新兴产业、促进民营经济发展壮大、培育科技型中小企业、全面推进乡村振兴等重点工作提供更好的金融服务。

（二）强化内部管理，持续提升经营管理效能

一是高效合规做决策。始终不折不扣落实公司党委、董事会决策部署，严格落实"三重一大"程序，及时传达部署上级会议精神。全面推动各项工作落实，管理质量持续提升。二是全面加强预算管理。严格做到"无预算不支出，有预算不超支"，全年业务及管理费用同

比下降10%。实现差旅消费场景与财务费控相结合，经营效率持续提升。三是赏罚分明严考核。严格执行考核结果，形成"能上能下"选拔任用机制和常态化退出机制，打破"混日子"状态，激活队伍活力。

（三）聚焦经营主业，支撑保障经营业绩稳定

一是重点业务加速落地。公司把握政策调整时间窗口，加强监管沟通，持续提升审批效率，信托规模恢复增长。二是自营创收效率提升。以"保安全、控成本、提收益"为原则，提升固有资金运用效率、助力业务转型。固有收入占总营收比例提升，收入结构持续改善，经营稳健性进一步增强。三是深化财富管理改革。推进客户维稳，实施领导挂点基层联系制度，组建信访维稳工作专班。强化合规营销管理和标品培训，落地"资产配置万里行"系列客户活动，财管条线营销能力进一步提升。

（四）加快转型发展，全力推动业务提质上量

一是加快传统业务调整。公司从传统住宅向不动产投资业务转型，成功落地普洛斯、铁狮门等不动产基金业务。以落地凯迪生态重整服务信托为契机，制定合同标准，搭建业务流程，推动规模化展业。二是加快产品货架建设。增设"锦鳞2号""新享1号"等稳健类产品；推出"月月宝""半年宝""久添利""年年享"等一系列标准化固收产品；特色权益类产品完成审批，产品货架体系基本形成。三是深入探索细分领域。加快家族、家庭信托展业，优化家族信托流调、合同模板、尽调模板以及信息管理系统，审批时间缩短，极大提升客户体验感，直销客户家族信托规模持续增加。

（五）严守风险底线，持续加大风险化解力度

一是全面重塑风险管理体系。公司加快建设涵盖转型的全面风险管理体系，对相关部门职能及人员进行全面优化调整。同时，推行安全资产策略，严格准入，加强项目管理，未新增重大风险，资产质量稳中向好。二是对标转型持续优化制度流程。坚持制度先行，比照券商体制机制搭建制度、流程及运作体系，保障资管业务快速发展。三是全力推动风险资产化解。实施一户一策清收方案，进一步压实风险化解责任，抢抓平台、房地产风险化解政策及市场窗口期，全力推进风险处置攻坚，历史包袱持续化解。

（六）强化支撑保障，实现前中后台一体化

一是立足转型建队伍。结合业务转型规划，新设专项业务部门，通过引进专业人才及团队、内部调配等方式快速完成队伍搭建。二是加速金融科技建设。优化升级内外部系统，开展资产管理、家族信托系统建设，对标品业务系统进行功能升级，满足转型发展需要。三是

开展专项品牌建设。紧密围绕"新监管、新国通、新产品"宣传主线，开展宣传行动，荣获"金誉奖""卓越财富管理信托公司""卓越区域影响力信托公司"等多项行业荣誉，提升公司市场形象及品牌认知度。

二、创新业务案例

《关于规范信托公司信托业务分类有关事项的通知》发布后，公司结合自身资源禀赋和实践经验，大力布局服务信托领域。

（一）国通信托·凯迪生态重整服务信托

公司认真履行金融机构社会职责，积极参与凯迪生态重整工作，全力在本土风险化解领域贡献力量，公司于2023年3月17日成功设立"国通信托·凯迪生态重整服务信托"，由凯迪生态等21家企业交付信托财产，发挥风险隔离的优势功能，通过财产处置变现、分配信托利益的方式对债权人进行清偿。

该信托能够平衡多方利益和诉求，化解重整中的痛点难点，提升企业破产重整的效率和清偿率，实现资产管理运营与价值最大化，是公司设立的首单重整服务信托，也是湖北省首单重整服务信托。

（二）大生·富享个人财富管理信托

为更好服务客户财富管理与传承需求，公司于2023年11月正式落地首单个人财富管理信托——"大生·富享个人财富管理信托"项目，这是公司推出的又一创新产品，相较于家族信托，个人财富管理信托能够满足更广大客户的财富管理需求，为客户设立具有风险隔离和财富管理两大功能的服务信托账户，在帮助客户保障资产独立性的基础上，实现守住财产安全、创造更好回报的目的。

三、社会责任履行情况

公司坚持以习近平新时代中国特色社会主义思想为指引，坚决贯彻落实中央、省市委和集团重大决策部署，围绕"专注主业、立足本地、回归本源"要求，深入践行国企社会责任担当。一是重点与"一带一路""京津冀协同发展""长江经济带""粤港澳大湾区""长三角一体化"的政府、企业项目合作，在展业区域和项目准入等方面设立重点倾斜举措。截至2023年末，公司存续的服务实体经济信托项目共283个，规模1 465.60亿元，占公司存续信托总规模的85%，较年初增加298.57亿元；其中，投向湖北的存续信托规模为586.29亿元，占总规模的33.84%。二是大力开展信托文化建设，深入推进"信托文化深化年"，持续举办

24期"信托文化建设大讲堂",进一步强化全员受托人定位。三是推进共建项目落实落地。一方面,公司与共建社区开展"汇聚金融力量,共创美好生活"宣传活动、网络电信反诈宣传专题党课,普及金融安全知识,增强社区居民金融素养;另一方面,公司组织党员常态化下沉。公司支援新华社区下沉150余人次,累计服务时长600小时。四是设立5单"乡村振兴系列"慈善信托,存续管理慈善信托覆盖疫情防控、教育助学、扶贫济困等多领域,并荣获湖北省人民政府颁发的首届湖北省慈善奖。五是定向采购爱心助农物资,为全面推进乡村振兴贡献力量。

四、2024年发展规划

2024年公司工作总体思路:坚决贯彻落实金融工作会议等"三会一文"相关精神和要求,以"专注主业、立足本地、回归本源"为主线,以服务实体经济为宗旨、以防控风险为主题,围绕"四大重点、两大支撑"制定工作举措。

(一)长短结合,加快综合盈利能力建设

一是非标投资实现规模、质量、收入稳定。二是全力拓展服务信托规模。发挥股东、区域属地及评审资源等优势,加强考核倾斜资源、调整团队配置,进一步提升效率,提高信托收入基本盘的稳定。三是发挥固有投资优势。在保证流动性前提下,增厚短期头寸收益,弥补营业收入。

(二)全力以赴,启动财富管理全面能力建设

一是建立和完善财富管理各项政策制度。二是搭建营销推动体系,发挥财富中心管理部营销督导推动作用。三是构建以客户为中心的全生命周期产品体系,进一步提升获客能力和客户黏性。四是新增财富前线人力,做好存量客户提升和新客拓展工作。五是增配品牌建设及舆情管理人员,做好"新监管、新国通、新产品"的品牌宣传和财富新势力的形象宣传。

(三)严守底线,全面加强风险管理

一是加大存量风险清收化解,力争政信类项目清收完毕,特殊复杂房地产项目推动进展。二是严防新增项目风险。三是坚持合规底线,实现募投管退全方位、全覆盖,力争监管评级再上新台阶。

(四)做好配套,补齐系统建设短板

一是加大信息科技投入,有序推进系统建设工作,满足重点转型业务需要。二是成立新部门统筹公司标品业务发展,为规模上量夯实基础。三是根据五年规划,倒排人才储备和引进工作。四是优化绩效考核机制,加大创新转型、重点项目考核倾斜力度。

杭州工商信托股份有限公司

一、2023年经营概况

2023年,杭州工商信托股份有限公司(以下简称公司)坚持党建引领,秉承"专业、精致、恒久"的经营理念,围绕三年发展计划各项目标,积极推进机制建设、转型展业和风险处置等各项工作。

2023年,剔除公允价值变动损益影响后,公司实现营业收入3.22亿元,其中,固有业务收入1.33亿元,信托业务收入1.89亿元;实现利润总额1.48亿元,净利润1.11亿元。

2023年全年计提公允价值变动损益-4.35亿元,考虑公允价值变动损益影响,营业收入为-1.14亿元,利润总额-2.87亿元,净利润-2.20亿元(注:合并数)。

截至2023年末,公司资产总额58.22亿元,较年初减少2.62亿元;净资产47.42亿元,较年初减少2.20亿元;净资本31.15亿元,较年初减少3.57亿元。

公司综合管理资产规模为888.20亿元(其中受托管理信托资产规模883.20亿元),较年初增加340.87亿元,增幅达62.28%,信托资产规模创历史新高。按信托业务"三分类"监管口径,资产服务业务资产规模436.03亿元,较年初增加222.22亿元,增幅103.93%;资产管理业务资产规模435.35亿元,较年初增加122.83亿元,增幅39.30%,公益慈善业务资产规模0.27亿元,较年初增加0.04亿元,增幅18.77%。

二、创新业务案例

2023年,公司积极贯彻落实党中央、国务院重大决策部署,贯彻执行国家关于房地产、政府债务等领域宏观调控政策,基于当前生存与发展现状,围绕三年发展计划目标,全面落实渠道展业,确立"以客户为中心"的展业思路,逐步推进展业路径和方式的转变,聚焦家庭、企业、政府及金融同业机构四大客群开展各类信托业务。

(一)家庭客户

2023年以来,公司在自主展业的基础上积极推进与银行、券商、律所和独立家族信托办公室等渠道的紧密合作，财富管理的生态圈已初见成效。其中，公司依托股东资源禀赋，设立首批"瑞昇"家庭服务信托，实现家庭服务信托业务的零突破。

同时，公司家族信托业务模式不断推陈出新，针对股票减持、股权激励、债权隔离、不动产管理等多元化客户需求进行了标准化设计，形成多种创新产品类型。

（二）企业客户

在企业服务信托方面，公司在信托行业内率先发力服务企业客户的行政管理服务信托，依托合作金融机构、股东关联方、房地产行业上下游和个人财富客户等渠道资源，积极发掘企业和企业家在经营管理和投融资过程中的个性化需求，提供企业治理解决方案、财务优化方案、税收优化方案、担保品服务方案等信托服务。

（三）国有企业

在国企融资业务方面（政信业务），公司根据最新政策导向审慎开展政府背景类企业信托业务，加强尽职调查及风险识别，将浙江省内企业作为服务对象，以机构客户为主要产品推介对象，充分、全面披露各投资风险，做好投资者适当性管理。

（四）金融同业客户

2023年，公司在证券投资领域积极拓展金融同业合作，持续加大与浙江省内法人金融机构的合作成果初显，全年新增业务涉及同业合作16家。公司与金融同业客户共建合作网络，加速发展势头良好，目前已初步形成金融机构代销产品线及理财产品合作产品线。

2023年3月，杭州金投融资租赁有限公司2023年度未来科技城知识产权第一期定向资产支持票据（ABN）在中国银行间市场交易商协会发行。该项目在浙江省、杭州市、余杭区市场监管局（知识产权局）的指导下，由杭州未来科技城管委会牵头设计实施，公司担任发行载体管理机构，杭州金投融资租赁有限公司、杭州银行股份有限公司、杭州高科技融资担保有限公司、杭州余杭政策性担保公司等12家机构共同参与，聚焦重点产业领域、专精特新企业，储架发行额度为10亿元，首期发行金额1.33亿，发行票面利率2.7%，期限为1年，创2023年以来全国同类型资产证券化产品票面利率新低。

三、社会责任履行情况

公司始终以稳健经营、创新进取的专业风格积极拓展信托业务，坚持以客户为中心、为客户创造和守护恒久价值，助力客户实现长期成功，支持国家实体经济发展，同时坚持经济效益和社会效益相统一，积极落实企业社会责任的行为准则，保障员工合法权益，积极参加公益活动，为构建和谐社会贡献力量。

2023年，公司上缴国家税收1.14亿元，为国家财政收入和地方经济发展作出了应有的贡献。同时，公司已清算信托项目为投资者带来了良好收益，全年累计分配受益人信托利益16.29亿元。

2023年，公司积极拓展慈善信托业务，组织开展爱心助学、护航亚运等志愿服务等公益活动，强化"责任文化"意识，在开展慈善信托、支持乡村振兴、助医扶弱、教育助学、社区治理和服务等方面积极作为，助力共同富裕示范区建设，向社会奉献信托向善的温暖力量。2023年公司新设立慈善信托27个，新增实收信托规模2 696.58万元，存续慈善项目覆盖济困、扶老、助农、救孤、助残、乡村振兴、巩固拓展脱贫攻坚成果等领域。

2023年，公司荣获杭州市政府评选的"杭州市2022年'春风行动'先进单位"、浙江省银行业协会评选的"2022年度支持协会工作突出贡献单位"、证券时报社评选的"优秀财富管理服务信托"奖、21世纪经济报道评选的金贝奖"卓越区域影响力信托公司"、中国经营报社评选的"卓越竞争力综合服务信托公司"奖、浙商杂志社评选的"2022浙商信赖金融机构（信托公司）"等多项荣誉；公司"瑞昇"家庭服务信托荣获上海证券报社评选的"诚信托·最佳财富管理服务信托产品奖"。

四、2024年发展规划

2024年，公司将继续坚持党的领导，坚守受托人定位，坚定战略转型目标，秉承"专业、精致、恒久"的经营理念，推进转型业务发展，加强风险防范化解，提升经营管理质效，夯实高质量发展基石。

（一）积极推动业务转型

公司将持续落实信托业监管相关要求，积极响应杭州市委市政府关于在推进浙江省"两个先行"中展现头雁风采的号召，依托金投集团、杭州银行等本地国有企业、金融机构资源优势，加大实体经济重点领域的支持力度，加大创新业务开拓力度，重点围绕"基石业务、重点业务、特色业务"三大业务板块，打通合作渠道，加速提升管理资产规模，积极拓展资产服务业务、资产管理业务和公益慈善信托，全面支撑公司业务转型发展。

资产服务信托方面，公司将持续打造"工信财富"财富管理品牌，不断完善家族信托、家庭服务信托等业务的模式和服务机制，持续增强资产配置能力。公司将持续发力服务企业客户的行政管理服务信托，依托合作金融机构、股东关联方和个人财富客户等渠道资源，积极发掘企业和企业家在经营管理和投融资过程中的个性化需求，提供企业治理解决方案、财务优化方案、税收优化方案、担保品服务方案等信托服务。资产管理信托方面，公司将进一步加大对实体经济重点领域的支持力度，加速推进证券投资类业务。公益慈善信托方面，公司积极参与浙江共同富裕示范区建设，助力慈善产业孵化和生态圈打造，实现了慈善信托规模增长、模式创新、生态打造等目标，在业内形成了多个具有示范效应的特色案例。

（二）全面加强保障支撑

为全面提升受托管理和综合服务能力，公司将着重落实组织架构、业务流程、决策机制、风控体系、考核激励、信息系统、投研支撑等领域的优化完善，形成与新的业务模式相匹配的经营管理体系，主要包括以下几方面：一是持续优化公司组织架构，引进优秀人才团队，培育业务精兵；二是进一步健全目标预算管理和激励约束等机制，鼓励业务转型发展的同时明确管理责任；三是完善全面风险管理体系，根据各类创新业务的风险特征，健全相关风险制度，优化风险管控流程；四是打造高效服务文化，持续对业务流程、标准等方面进行优化改造，加强业务支持协同；五是加大科技投入力度，建立起支撑资产服务信托高效运作的信息系统架构，进一步提高内部运行效率和外部服务效率。

（三）打造党建亮点工程

2024年，公司党委将进一步深入学习贯彻党的二十大精神，认真落实党中央和省、市委及上级党委关于主题教育的各项工作部署，面向当前、加快解决存在的突出问题，持续推进信托文化建设，落实信托文化提升年的各项工作要求，推进党建业务双融互促。

一是深化党的政治建设，坚决践行"两个维护"，切实用党的创新理论武装党员头脑，教育引导全体党员提高政治站位，筑牢理想信念根基。二是做好党建引领的"制度文章"，扎实推进党建工作责任制，不断增强党组织凝聚力、战斗力，切实强化基层党组织战斗堡垒作用。三是履职尽责，夯实党建引领的"作风保证"，以攻坚克难专题实践活动为抓手，运用"党建+"模式，结合信托文化建设持续推进清廉金融文化工作，全面推动公司转型攻坚、创新发展。四是人才兴企，激发党建引领的"红色引擎"，加强关键岗位和关键人才的引进，深化绩效考核和考评机制的改革，强化人员培养和梯队建设机制，通过选好人、强队伍、调机制，推动组织效能提升，助力公司可持续高质量发展。

湖南省财信信托有限责任公司

一、2023年经营概况

截至2023年末，湖南省财信信托有限责任公司（以下简称公司）的资产总额达到105.01亿元，负债总额34.53亿元，资产负债率32.89%，净资产70.47亿元。公司全年实收信托余额为1 307亿元，新增信托产品规模729亿元，其中，集合项目417亿元，单一及财产权项目312亿元。

2023年，公司实现营业收入7.71亿元，净利润6.58亿元，其中，信托业务收入7.25亿元，固有业务收入0.46亿元。

二、创新业务案例

2023年9月，公司首单"湘信慧盈系列"家庭服务信托正式签约落地。此单家庭服务信托由财信信托作为受托人，受益人为委托人及其家庭成员，通过设立信托封闭期、制定多种分配机制等方式，为客户提供以家庭风险隔离、财富保护和分配为目的的专属方案。"湘信慧盈系列"家庭服务信托落地，是公司顺应信托业务新分类监管导向，把握政策趋势，深入贯彻财信金控"转"的战略部署，积极发挥信托制度优势，专注回归信托本源，也是响应正在扩大的中产阶级财富管理"刚需"的市场需求，标志着公司财富管理创新业务迈出重要一步。

截至2023年12月末，公司家庭服务信托存续数量3单，规模合计300万元。未来，公司将继续践行"服务大局、服务客户"的企业使命，依托财信金控"一站式"综合金融服务优势，通过家族信托、保险金信托、家庭服务信托等财富管理工具的运用，以专业高效的服务及产品加快财富管理服务信托业务布局，助力客户更好地实现家族财富的保护、运用与传承。

三、社会责任履行情况

公司在支持实体经济发展的同时，高度重视公益慈善，履行社会责任。一是支持实体经济建设。截至2023年末，公司实收信托规模1 307亿元，缴税3.88亿元，服务地方经济社会发展。二是支持小微企业发展，全年为小微企业提供信托资金规模91.65亿元。三是积极服务人民美好生活。2023年，公司为投资者创造收益91亿元，保障了投资者资金的安全和增值。四是推动慈善信托公益事业。2023年3月，落地了由湖南省教育基金会设立的慈善信托"祥和爱心教育慈善信托"；11月，落地了由长沙市慈善总会设立的慈善信托"欧阳芬慈善信托"。截至12月末，公司慈善信托业务累计成立13单，存量项目10单，规模为6 067.96万元，所涉及的公益慈善领域涵盖了教育、乡村振兴、医疗卫生等，取得了良好的社会效益。五是加强新市民的金融知识宣传和普及，切实维护新市民群体的金融消费者的合法权益，公司年度累计开展10余次宣教活动。同时，优化教育金融服务，保障新市民子女学有所教，截至12月末，财信信托—自强助学金慈善信托计划资助学生720名，资助金额总计432万元。六是助力绿色发展和乡村振兴。截至12月末，公司信托产品共计持仓2只绿色债券，合计券面金额1.63亿元。公司共持仓5只乡村振兴债券，合计券面金额1.3亿元。

四、2024年发展规划

（一）战略规划

公司将立足国企定位，把牢金融国企政治属性，以更好服务实体经济、服务人民群众为出发点和落脚点，使信托业务高度体现政治性、人民性，将财信信托打造成一家业务特色鲜明、经营风格稳健、管理理念科学、服务能力突出的信托机构。一是坚持服务高质量发展。聚焦新质生产力，以优质信托服务写好"五篇大文章"，特别是在养老信托、科技信托、数字信托等方面重点发力；深化推进金融供给侧结构性改革，持续降低企业融资成本，增强信托服务实体经济质效；精准有效防范和化解重点领域风险，深化金融改革，助力防范化解地方债务风险。二是坚定提供多元金融服务。坚持围绕习近平总书记为湖南擘画的"三高四新"美好蓝图，提供丰富的产品选择和多元的金融服务，充分发挥信托制度和功能优势，通过资产证券化、供应链金融等业务模式，更好地服务长沙市建设全球研发中心城市；重点探索家庭服务信托、财富管理信托等新模式，满足人民群众对美好生活的向往和需求。三是坚决推动核心要素重配。坚持科技是第一生产力、人才是第一资源、创新是第一动力，以改革创新和转型赋能为牵引，带动财信信托在架构、人力、营销、IT、数据等要素和激励的重构和重配。

（二）核心板块发展规划

1.聚焦四大业务板块。公司将围绕发展目标，持续聚焦四大重点业务板块：第一大板块是地方国企业务：坚定转变传统展业思路，创新投融资模式。一是提高政治站位，持续降低平台业务融资成本；二是积极对接存量债务，主动提供流动性支持；三是围绕平台转型，寻求转型业务机会。第二大板块是固收标债投资业务：提升主动管理能力，推进固收标债业务发展。一是有序稳定主动管理业务规模；二是继续细化产品管理和产品创新；三是有效加强团队专业能力和协作能力。第三大板块是资本市场业务：丰富产品体系，助力财富管理资产配置。一是持续发力TOF业务，提升主动管理能力；二是尝试布局一级市场业务，开辟新的业务赛道；三是持续做优服务、做强团队，多措并举做大规模。第四大板块是服务信托业务：提升综合金融服务能力，深耕服务信托领域。一是集中力量推进财富管理服务信托；二是拓展法人及非法人组织财富管理业务；三是持续发力慈善信托；四是积极探索养老信托、住房保障服务信托、知识产权服务信托、破产重整服务信托等其他服务信托业务类型。

2. 固有业务。根据经营发展需要，2024年全年将继续把"协同创收"作为固有业务开展的主线。具体来说：一是监测资金、管理头寸，提升资金使用效率。二是协同贷款、精选项目，提高固收收益水平。三是优选策略、调整结构，把握权益收益弹性。四是利用资源、协同创新，探索创新业务机会。

3. 财富管理转型。一是营销体系改革。加强各部门协同展业，协同合作，协同管理。二是营销机构改革。强化地市营销队伍营销能力，做好营销人员专业化培养，组建机构、代销专业营销团队，实现营销人员的优胜劣汰。三是考核激励改革。围绕集团转型目标，制定符合财富管理转型发展要求的薪酬考核体系。四是数字化改革。优化以客户为中心的客户管理系统和营销管理系统，优化与丰富信托交易、运营、服务的综合化线上平台。五是协同营销改革。协同集团其他子公司，从客户场景搭建和产品交叉营销两个维度满足集团客户多元金融需求；打造本土化、特色化的系列客户活动；集中精力做大家族信托、保险金信托、家庭服务信托等转型创新业务规模，锁定客户长期资金。六是营销网点改革。硬件建设方面，建设高端、私密本地阵地营销"双中心"，软件建设方面，建设高素质服务队伍。

4. 业务协同计划。2024年，公司将始终紧紧围绕集团战略部署，切实结合公司实际业务发展需要，充分利用集团内部资源，深入推进信托与集团及各兄弟公司的协同联动，努力实现资源互补、合作共赢。2024年公司仍将大力推进属地营销工作，邀请兄弟公司参与到属地营销的活动中来，借助兄弟单位的场地、设备及在当地品牌效应，通过深入地市、服务园区，组织产品现场宣讲会进行路演，让更多客户了解公司文化、产品和服务等各个方面，不断提升公司产品竞争力和市场渗透率。

华澳国际信托有限公司

一、2023年经营概况

截至2023年末，华澳国际信托有限公司（以下简称公司）信托资产管理规模230.78亿元，从行业集中度来看，主要投向房地产和工商企业等实体经济领域。其中，投向房地产类的信托管理规模为98.80亿元，占公司信托业务分布首位，占总规模的42.81%；投向工商企业类的信托管理规模为63.54亿元，占比27.53%。

2023年，在监管部门、股东领导的关心、指导和支持下，公司高级管理人员深入学习贯彻党的二十大精神、中央经济工作会议精神，认真贯彻落实《中国银保监会关于规范信托公司信托业务分类的通知》要求，回归本源、规范发展。以全面贯彻落实《上海银保监局办公室关于华澳国际信托有限公司2022年度的监管意见》为核心，紧紧围绕优化股权和公司治理、加快处置风险资产和全面提升内部管理三项重点任务，稳健审慎开展业务，加快风险项目处置清收，做好投资者应对安抚，防范风险外溢，集中力量开展相关风险的"在线修复"，基本实现了公司整体经营有序，风险处置按计划推进，队伍基本稳定。

二、创新业务案例

2023年，公司一方面认真做好风险信托业务处置化解工作，保障投资者信托利益；另一方面积极学习贯彻信托业务"三分类"通知要求，结合公司自身优劣势探索业务转型方向。在新业务方面，公司切实提升风险管控及主动管理能力，坚持稳健经营、有序转型的可持续健康发展路径，持续推进机制改革、深化人才战略、加强全面风险管理、促进金融科技赋能，提升投研能力。此外，公司重点做好存量项目风险管控及流动性管理工作，推动各业务板块、管理体系转型升级，推进公司经营稳中求进、有序转型。

（一）回归本源，支持实体经济

公司一直积极响应政策号召，不断提升服务实体经济、民营经济的能力，助力经济社会的稳定发展。截至2023年12月末，公司信托资产余额为230.78亿元，其中，投向基础产业的信托资产余额为49.40亿元，占总规模的21.41%；投向工商企业的信托资产余额为63.54亿元，占总规模的27.53%。公司始终积极提升专业服务能力和主动管理能力，坚持服务实体经济，实现长期可持续发展。

（二）创新业务发展情况

在积极支持实体经济发展的同时，公司大力布局资产服务信托业务，于2023年内与委托人开展了多次业务接洽，并在公司内部实现了流程梳理。同时，为聚焦力量化解自身风险，切实增强持续经营发展能力，打造精简高效的组织架构，2023年第四季度公司进行了组织架构调整，一级部门数量由40个减少到18个，轻装上阵，为后续的转型发展做好组织上的准备。

1. 法人及非法人组织财富管理信托方面，公司积极探索与机构委托人合作，拟根据委托人需求，为委托人提供特定资产管理等信托服务。该类信托业务，将按照信托合同约定及委托人的投资指令进行投资，包括国债、中央银行票据、地方政府债券、政府支持机构债券、金融债券、公司债券、企业债券、同业存单、银行存款，以及固定收益类公开募集证券投资基金、货币市场基金等固定收益类资产，投资债券的主体评级不低于AA级，或根据委托人指令向指定对象发放委托贷款。公司将持续改进业务模式，加大对资产服务信托、慈善信托等进行研究探索，加大各类信托业务的转型力度。

2. 家族信托方面，公司积极研究多类展业模式，探索开展上市公司家族信托业务，围绕上市公司股东股票转融通、减持等业务场景，满足客户风险隔离、财富传承、生活保障与子女成长等需求，将异业金融机构的优势赋能于信托，最终形成差异化业务开展模式。

3. 家庭信托及其他个人财富管理信托方面，积极探索与外部投顾机构的合作模式，进一步打开信托资金端"水源"的同时，以信托独有的制度优势赋能券商等投顾机构，构建"信托+特色"业务，打造差异化的财富管理服务；同时通过信托账户资产配置多策略组合来进一步满足公司既有客户的财富增值保值需求。在此合作模式框架下，开拓并深化各财富场景服务，探讨资产配置策略模式与信托存续管理相关细则，建设并优化各类系统、服务信托业务流程与操作体系，使其操作及流程更匹配业务特性与后续运营。

公司始终坚持回归本源，践行行稳致远的发展理念，不断提高自身可持续发展能力，公司将继续围绕信托业务"三分类"新规加强业务探索，努力发挥信托制度优势，大力弘扬信托文化，践行信托使命，严格履行金融机构社会受托责任。

三、社会责任履行情况

2023年，公司党委和各党支部认真学习贯彻党的二十大精神、中央金融工作会议精神以及监管指导意见，积极落实开展学习习近平新时代中国特色社会主义思想主题教育活动，围绕上海的"三大任务一大平台"及"五个中心"建设，坚持全心全意为人民服务，牢记习近平总书记在上海考察时的殷殷嘱托，加强党建引领服务社会，主动结对潍坊街道、关注财富金融广场园区和办公楼宇的社会治理和党群服务事项，聚焦公司转型发展、员工需求和困难，依托陆家嘴金融城楼事会，通过陆家嘴金领驿站平台建立志愿者服务党员积分体系、志愿者服务档案，积极开展党员志愿者参与社会公益活动，彰显党员先锋力量。公司各党支部认真落实开展"后疫情防控""我与金融城共成长""党员志愿者行动""一个支部一件实事"活动，由公司党委办公室牵头组织党员参加社区和办公场所的公共区域后疫情防控、陆家嘴金融城"文明交通示范区"创建、陆家嘴金融城暑托班社会服务项目、公司妈咪小屋服务项目、无偿献血等党员志愿者活动。由公司党委办公室牵头组织党员参加陆家嘴金融城文化服务调研、陆家嘴金融城楼事会服务调研活动，为助推陆家嘴金融城建设和社会服务升级而积极建言献策。公司以党建为引领，践行社会责任担当。

四、2024年发展规划

2024年，公司围绕"强化流动性管理和经营安全保障，持续做好风险项目处置化解和投资者应对安抚工作，积极拓展契合公司当前经营实际的信托新业务"的中心任务，积极开展各项经营管理工作；持续提升公司治理水平和抵御风险能力，加快引进战略投资者，奠定公司长期发展的基础。

华宸信托有限责任公司

一、2023年经营概况

（一）2023年主要经营情况

2023年，华宸信托有限责任公司（以下简称公司）全年实现利润总额7 074万元，实现净利润5 255万元，增长率分别为33.82%和34.33%。营业收入同比增长76.13%，其中，信托手续费及佣金收入增长率达115.59%；投资收益增长339.27%。截至2023年12月末，公司资产总额142 615.39万元，负债总额15 552.20万元，所有者权益总额127 063.19万元。

截至2023年末，公司共存续信托项目18个，信托规模113 564.94万元。全年累计新增13个信托项目，新增信托规模78 654.20万元。全年累计分配受益人收益1 925.22万元。

（二）2023年重点工作开展情况

1. 明确转型发展路径。公司根据资管新规和信托业务"三分类"新规要求，修订《发展规划纲要》，制定《业务及产品体系建设指引》，结合实际将信托业务"三分类"25个具体方向分为推动类、研究类、关注类三个层次，并逐一进行星级排序，形成了《发展规划纲要》"指方向"、《业务体系规划》"明路径"、《产品体系指引》"选赛道"的转型发展格局，明确了转型发展的方向和路径。

2. 风险防范化解重大突破。公司制定了《"清收不良 化解风险"三年行动实施方案（2023—2025年）》，"一户一策"同步推进处置工作，不良资产处置工作驶入快车道，多个重点项目实现突破性进展。年内实际压降不良资产2.86亿元，压降了56%，实际不良率由2023年初的33.9%下降到14.5%，提前两年实现了不良资产压降"三年行动"预期目标。

3. 全面加强党的建设。严格执行党委会"第一议题"制度，出台《党委会议事规则》《公司工作规则》《理论学习中心组学习规则》规范党建引领，公司领导班子实现"四个显著提升"。坚决落实主线工作，制定《关于铸牢中华民族共同体意识 推进公司高质量发展的实施意见》，积极推动"模范自治区"创建工作任务。

4. 主题教育效果突出。通过主题教育，公司全体员工学会了运用习近平新时代中国特色社会主义思想的世界观和方法论指导工作，突出系统观念、问题意识和底线思维，业务工作亮点频出。形成的"六大机制""三个典型案例"得到内蒙古自治区主题教育办、国资委和信托业协会等众多平台转载。公司围绕5个方面解决实际问题的做法受到自治区主题教育办肯定，作为国有企业代表参加了全区主题教育整改整治专项交流。

5. 完善公司治理。按照内蒙古自治区"闯新路、进中游"目标要求，公司制定《中长期业务指标规划》和《提质增效提档升级高质量发展行动方案》，明确具体措施和时间表、路线图。修订完善公司章程《董事会议事细则》，理顺各工作流程和各环节工作责任。认真落实"合规建设年"行动，扎实推动制度立改废，年内新制定各类办法22个，修订完善28个，废止29个，制度体系进一步完善。

6. 干部工作亮点突出。认真落实金融干部"三个过硬"标准，建立了公司"人才池""专家库"和业余党校，强化干部培养。完善"三定方案"，以"揭榜挂帅"打破传统模式，拓宽员工能上能下渠道。创新推出员工实绩清单式"亮晒比"制度，通过"个人报、部室证、领导评"，对工作实绩进行统一张榜公布，员工的知情权充分保障、满意度明显提升。

二、创新业务案例

2023年，公司落地首单预付金类服务信托，结合当地龙头企业发展情况，设立"华宸信托·阴山优麦兴农计划服务信托"，帮助企业设计推出"兴农计划"，并提供账户管理功能。"兴农计划"旨在将传统被动式消费帮扶，升级转化为积极履行社会职责，通过资金资助的形式，支持农业龙头企业生产经营，达到助农兴农的目的。参与"兴农计划"的主体（以下简称助力主体），每助力投入5 000元认购1亩田，可生产300斤燕麦，可使农民实际增收600元。助力主体可以获得当地乡村振兴局颁发的证书，以及龙头企业赠送的燕麦产品，为助力主体提供了履行社会职责、助力乡村振兴的有效渠道。

三、社会责任履行情况

公司坚持诚信经营，自觉履行纳税义务，严格按照税法规定及时、足额缴纳各项税款。公司主动落实金融机构反洗钱反恐怖融资、案防和消费者权益保护责任，不断完善工作制度体系。积极践行"金融为民"理念，始终坚持"以人民为中心"工作理念，切实将消保工作纳入公司治理、企业文化建设和经营发展战略，采取健全管理机制、规范销售行为、提高服务水平、加强投诉管理、强化内部检查、提升宣教成效等举措，持续推进消费者权益保护各项工作全面、深入、有序开展。公司进一步深化落实监管工作要求，对照"两全三头"消保工作机制，将全流程融入消保因素、全员承担消保任务，在源头关注消保、从苗头加强消保、主要领导带头抓消保，持续提升消费者权益保护工作水平。积极学习借鉴"枫桥经验"，逐步建立适合信托行业的纠纷多元化解机制，科学合理引导个人消费者接受金融纠纷调解组织的调解，达到妥善解决客户纠纷目的。公司2023年全年未发生客户投诉。

公司积极响应国家政策要求和习近平总书记重要讲话精神，切实履行国有企业社会责任，落实中央金融工作会议提出的"五篇大文章"和《国务院关于推动内蒙古高质量发展 奋力书写中国式现代化新篇章的意见》，全力助推自治区高质量发展，按照"五大任务"工作要求，践行自治区国有金融企业支持实体经济社会责任，在支持发展绿色信托、新能源、基础产业、服务农牧业、践行公益慈善等方面持续发力，全面提升综合化金融服务水平，为实体经济提供资金及服务支持，持续助力优化实体经济结构，利用资产服务信托、资产管理信托、公益慈善信托等多种方式履行自身社会责任，积极践行时代使命，充分发挥信托制度优势。

四、2024年发展规划

2024年是公司"提质增效年"，将以党建为引领，坚决走差异化、特色化发展之路。全年计划实现利润总额6 100万元，实现净利润4 650万元。

（一）明确转型方向，坚决走好差异化特色化发展之路

1. 发展科技信托。发挥信托灵活优势，通过权益投资、投贷联动等方式为自治区科技企业提供全方位的资金支持，推动投融资一体化服务；通过服务信托方式为科技企业的账户管理、财富管理、员工激励、递延薪酬管理等方面提供综合信托服务。

2. 发展绿色信托。重点对接区内新能源、新材料、基础设施建设企业的投融资需求，通过提供绿色信托贷款、绿色股权投资、绿色债券投资、绿色产业基金等信托产品，为自治区内清洁能源、基础设施绿色升级、节能环保等项目提供信托服务。着重关注生态领域的公益需要，在生态修复、矿区整治的公益领域进行业务探索公益信托支持的有效模式。

3. 发展普惠信托。一是以递延薪酬管理信托、预付类资金服务信托、家庭信托等特色产品为抓手，将信托服务提供给企业职工、消费大众以及众多家庭；二是通过创新公益慈善信托服务模式，在教育医疗、扶危济困、乡村振兴等方面提供公益慈善信托产品。

4. 发展养老信托。通过定制化服务以及叠加家族信托、家庭信托、特殊需要信托、公益慈善信托、遗产信托等信托制度设计和信托法律关系安排，为银发老人提供财产保护、财富增值、社区入住、医疗保障、子女教育、殡葬服务以及财富传承等全方位、综合性服务。

5. 发展数字信托。强化科技赋能和数字化水平，健全标准化资产投资交易所需的科技系

统支撑，提高面向不同场景和主体的信托服务能力。

（二）开展"六大行动"，推动各项工作提质增效

1. 开展新业务研发攻坚行动。认真落实《业务及产品体系建设指引》，精准锚定业务范围和拓展重点。以公司"专家型人才库"为依托，根据重点任务，围绕"五篇大文章"成立9个攻坚小组，聚焦"推动类"业务研发适应内蒙古需求和华宸特色的新产品。

2. 开展合规建设提升行动。制定《"合规提升年"实施方案》，明确消保、反洗钱等各项任务要求。落实好《2024年制度建设规划》，认真执行《华宸信托有限责任公司信托展业"九不得、九遵守"》，不断扎紧合规管理的笼子。

3. 开展风险管理提升行动。认真落实《全面风险合规内控体系建设规划》，制定《2024年风险管理提升行动实施方案》，完善公司全面风险治理架构，细化风险管理政策及程序，制定相关的配套措施，使公司的风险管理工作迈上新台阶。

4. 开展风险处置攻坚行动。制定《2024年风险处置方案》，继续坚持重大风险项目党委提级管理，加强与司法机关、代理律师的沟通，加快推进庭审、执行进程。重点做好已收回抵债资产项目处置，向风险项目要效益。

5. 开展提级晋位增效行动。按照"闯新路、进中游"要求，制定《华宸信托中长期规划》，认真落实落实《提级晋位、提档升级高质量发展行动方案》，精准推动公司高质量发展，确保实现年度提档晋级工作目标。

6. 开展宣传营销拓展行动。强化全员宣传营销，建立"品牌信任"和进行"产品拓展"，加大对华宸品牌和产品的宣传营销，落实"五必谈"（谈投融资业务、谈企业服务信托、谈公益慈善信托、谈员工财务管理信托、谈推荐高净值客户），做到"保质、上量、增收"。

华融国际信托有限责任公司

一、2023年经营概况

2023年，华融国际信托有限责任公司（以下简称公司）股权重组顺利完成。公司紧紧围绕"打基础、建机制、谋转型、促发展"的工作目标，通过一系列坚实有力的举措，取得了积极的经营成效，全年实现营业收入19 682.25万元，净利润3 106.23万元。公司围绕信托业务"三分类"政策推动业务转型及落地，积极服务实体经济，全年新增项目26个，新增规模461.20亿元。一是大力发展信托业务"三分类"政策所鼓励的服务类业务。全年新投放资产服务信托19个，规模458.42亿元，占新增业务比重达99.40%。其中落地绿色资产证券化项目2单，合计规模122.80亿元，"金融街中心（碳中和）绿色财产权信托"被第七届中国不动产证券化与REITs高峰论坛上被授予年度"金萃奖－年度最佳CMBS产品"；结合大股东行业属性和自身累积的风险化解专业优势，落地2单风险处置服务信托，规模合计63.5亿元，助力行业风险化解。二是持续促进公益慈善信托与乡村振兴工作相结合。全年共新成立公益慈善信托项目6单，规模56.6万元，有效支持了新疆和甘肃地区的乡村振兴工作。三是加强资产管理能力，重返市场。在大股东的支持下，成立了重组后的首单主动资产管理产品，取得了良好市场反馈效果。

二、创新业务案例

案例一：绿色资产证券化

公司于2023年初落地了"金融街中心（碳中和）绿色财产权信托（CMBS）"，总规模85亿元，期限18年。该项目债务人以未来特定期间产生的租金、综合管理费以及其他运营收入等经营性物业收入作为信托利益来源，公司按合同履行托管人职责，按约定将信托收益（或本金）分配给资产支持计划。本项目的债务人达到了国内绿色建筑等级评定二星级标准，符合绿色建筑要求，获得"美国LEED金级证书"并被专业机构授予"碳中和G-1等级"；该项目在第七届中国不动产证券化与REITs高峰论坛上被授予年度"金萃奖－年度最佳CMBS产品",有效支持了绿色低碳环保事业。

案例二：风险处置服务信托

2023年，公司在大股东中国信托业保障基金有限责任公司的指导下，成立了精诚风险处置服务信托系列，相关项目通过集合资金信托受让信托公司固有持有的单一信托的信托受益权（底层资产为已出险信托计划信托受益权），最终用于帮助同业信托公司化解底层资产风险。公司及中国信托业保障基金有限责任公司积极开展协同合作，共同配合底层资产的债务重组工作，原受托人负责项目底层资产的日常管理与处置。该风险处置服务信托为底层债权处置清收争取了更多时间，是公司股权重组后贴合大股东定位，参与行业风险化解的积极尝试。

三、社会责任履行情况

公司积极投身定点帮扶、环境保护、社会公益，切实履行国有金融企业的社会责任。一是扎实推进定点帮扶和助力示范工作，巩固脱贫攻坚成果、服务乡村振兴，认真开展新疆塔什库尔干塔吉克自治县马尔洋乡布候其拉甫村定点帮扶和哈巴河县萨尔布拉克镇喀拉翁格尔村乡村振兴助力示范工作。二是深入落实"访惠聚"驻村工作，2018年以来公司每年向新疆和田县相关"访惠聚"工作队派驻一名人员担任第一书记助理，协助第一书记积极做好政策宣传、精准帮扶、党建和维稳等各项驻村服务工作。三是用实际行动助力生态环境建设，本年度落地了2笔绿色资产证券化服务信托，新增规模合计122.80亿元，其中"金融街中心（碳中和）绿色财产权信托"在第七届中国不动产证券化与REITs高峰论坛上被授予年度"金萃奖-年度最佳CMBS产品"，有效支持了绿色低碳环保事业。四是继续促进公益慈善信托与定点帮扶工作相结合，推动公益慈善信托落地，积极践行社会责任，2023度共新成立项目6个，新增规模56.6万元，推动乡村振兴事业发展。

四、2024年发展规划

（一）抓党建、严纪律，推动党建业务深度融合

一是强化政治引领，以习近平新时代中国特色社会主义思想为指导，巩固主题教育成果，深刻把握金融工作的政治性、人民性；以金融服务实体经济为根本宗旨，以防控风险为永恒主题，发挥好信托功能优势，多措并举服务实体经济、化解金融风险。二是抓实党的建设与业务工作深度融合，研究制定顺应行业转型发展、符合公司特色的中期战略发展规划；

制定"四新"工程实施方案，持续抓好"四新"工作建设。三是纵深推进全面从严治党，贯彻习近平总书记关于党的自我革命的重要思想，持续营造严的氛围，坚持反腐败零容忍、全覆盖、无禁区，将学习贯彻新修订的《中国共产党纪律处分条例》作为重点，不断增强纪律意识、规矩意识、法治意识。

（二）明方向、谋转型，提升主业核心竞争力

面对国家和市场需求，进一步发挥公司功能作用，加强信托业务前瞻布局，提高服务实体经济质效，加快形成适应自身资源禀赋的发展道路。一是发展方向有新规划，研究制定顺应行业转型的发展路径，以"小而美、专而精"的精品服务引领公司高质量发展。二是业务产品有新突破，紧贴信托业务"三分类"政策导向，充分发挥信托工具在财产独立、破产隔离、长期存续、方式灵活等方面的特点，大力开展标品信托业务、风险处置资产服务信托、家族信托业务等，扭转传统盈利模式、培养专业服务能力；积极探索消费金融、供应链金融相关业务，在普惠金融、服务实体经济上有所作为。三是业务协同有新发展，围绕大股东主责主业，积极开展资产处置服务、存量风险资产盘活等业务；发挥好子公司私募股权投资功能，围绕"五篇大文章"，在生物医药、新能源、绿色双碳、数字经济等战略性新兴产业领域进行布局和突破。四是固有投资有新贡献，加快推进固有资金大类资产配置方案落地，进一步提升固有资金投资收益；丰富资产组合策略，提升主动管理资产配置能力。

（三）强管理、提效能，保障公司经营发展

积极应对信托行业转型趋势，认真贯彻落实监管要求，着力解决影响公司高质量发展的深层次问题。一是持续完善公司治理，加强制度体制建设，强化股东会、董事会及其专门委员会规范运作、科学决策。二是构建风险合规管理长效机制，围绕信托业务"三分类"，优化业务系统流程模块，加强全流程管理；完善业务准入指引体系，建立固定收益类业务白名单，进一步提高审批质效；建立项目"重检机制"，发挥中台风险管理部门职能作用，不定期开展专项风险排查，形成风险排查—问题整改—完善制度—改进流程—防控风险的自我完善机制。三是优化信息科技系统建设，对营销服务、运营管理、风险控制、经营分析、资产配置五大能力进行针对性升级；升级改造客户一体化系统，打造高效、便捷、合规、安全的线上场景金融交易和运营平台。

（四）控风险、重合规，守住安全发展底线

强化合规意识，重视风险防控，将落实监管意见贯彻到经营发展全过程，化存量、防增量，以审慎经营、风控合规实时校准纠偏。一是探索建立监督联动机制，充分利用前期调研成果，对标行业先进机构，在公司内部探索建立审计、纪检及监事会监督等多条线监督的联

动机制，逐步构建监督信息共享，衔接顺畅、保障有力、协调高效的监督联动工作格局和同向发力的长效机制。二是强化受托人责任管理，全面梳理、细化和规范公司在产品销售、项目管理、投资者适当性管理、受托人管理责任履行、交叉监督等方面的工作指引，全面、准确履行受托义务，严控增量业务风险的同时，严防受托人责任风险。三是推进全面风险管理，坚持制度为纲、合规经营，强化业务准入、审查、决策及投后全流程管理，严防新增业务风险；持续完善消费者权益保护机制，切实提升公司形象、强化市场信任；扎实开展安全生产、消防安全和安全维稳工作，逐步建立安全生产长效机制；加强网络安全监控、防护和宣教，进一步健全完善信息安全管理体系；做好廉洁风险排查防控成果的"学、用、督、改"，全面筑牢安全发展防护网。

（五）促改革、练内功，释放内生发展活力

按照金融强国的人才建设要求，持续推动公司机制改革，突出重实干、重实绩、重担当鲜明导向，加强干部选、育、管、用各项工作。一是加强正向激励约束机制建设，持续完善员工激励约束等主干制度；全面改进员工考核评价机制，加大对工作业绩突出、核心骨干员工的绩效激励，鼓励干事创业、担当作为。二是加强团队建设，切实强化整体意识，充分发挥广大员工主观能动性，形成合力。三是进一步修订完善干部选拔任用等选人用人制度，加强干部考核，推动干部能上能下，能进能出；建立年轻干部储备、培养机制，让年轻干部能够在实践中脱颖而出。四是抓好员工培训和能力提升，着力锻造一支忠诚干净担当的高素质、专业化金融人才队伍，为公司高质量发展提供坚强保障。

吉林省信托有限责任公司

一、2023年经营概况

2023年，吉林省信托有限责任公司（以下简称公司）坚持以习近平新时代中国特色社会主义思想为指引，深入学习贯彻党的二十大精神及中央经济工作会议、中央金融工作会议精神，认真落实吉林省委省政府决策部署，按照吉林省财政厅和监管部门的要求，完整、准确、全面贯彻新发展理念，统筹发展与安全，在加强党的建设、业务转型创新、服务地方经济、风险处置化解等方面取得了扎实成效。截至2023年末，公司合并口径资产总额80.98亿元、所有者权益32.89亿元，全年实现营业总收入1.57亿元、净利润2 838.51万元，管理信托资产余额207.23亿元。

（一）扎实推进治理效能提升

一是深化国企改革提升行动。制定《改革深化提升行动方案（2023—2025年）》，科学谋划公司深化改革的路径和措施，为公司高质量发展明确方向。二是公司治理不断优化。健全董事会制度建设，制定修订《董事会提案管理办法》《授权管理办法》等制度，建立比较完备的董事会制度体系。监事会围绕财务管理、风险管理、内控机制、业务转型等重点工作，积极提高公司内控管理水平。经营层认真落实党委和董事会决策部署，推动落实改革化险、创新突破、加力提效"三大工程"，充分发挥了谋经营、抓落实、强管理的重要作用。三是资本实力显著增强。在吉林省政府和省财政厅、省金监局支持下，吉林省高速公路集团有限公司向公司增资16亿元，注册资本增至31.5亿元，抗风险能力进一步增强。

（二）积极推动业务转型创新

认真落实信托业分类改革及行业转型的新要求，完成存续业务分类和整改计划，推动信托业务回归本源。截至2023年12月末，实收信托报酬1.05亿元，已分配信托利润9.9亿元。稳步推进标品业务制度体系、组织架构和信息系统建设，完成标品交易室改扩建。全年新增标品业务18个，规模102.44亿元。大力推进业务创新，成功落地公司首单保险金信托业务，发行设立两单家族信托计划、规模3 221万元。

（三）更好服务地方实体经济

认真落实吉林省"一主六双"高质量发展战略，加大对重点产业的支持服务力度，截至2023年12月末，投向吉林省内信托项目39个，规模125.22亿元。2023年，公司成立规模1.1亿元的"吉林振兴84号长春城开信托计划"，为长春城开工程建设有限公司补充流动资金；设立3支乡村振兴产品，用于支持吉林畜牧业发展和绿色生态建设，支持"千万头肉牛"工程建设；发行"吉林振兴惠农1号""吉林振兴惠农2号"慈善信托计划，规模合计100万元，用于扶持安图县明月镇山泉村等5个村产业项目，以金融助力乡村振兴的方式定点推动乡村产业项目发展。

（四）全力加快改革化险进程

公司改革化险获政府、股东、监管多方支持，重大诉讼风险实现平稳落地，存量项目风险得到显著压降，资产处置取得良好成效，风控体系不断健全完善。

二、创新业务案例

（一）家族信托

"吉信·家和11号家族信托计划"信托规模为1 400万元，服务于院士家族传承；"吉信·家和12号家族信托计划"信托规模为1 821万元。这两单家族信托业务通过委托受益权形式设立，将信托受益权作为信托财产成立家族信托，相较资金、不动产、股权等信托财产更容易实现，具有较强的借鉴性及可复制性。

（二）保险金信托

"吉信·富安77号保险金信托计划"作为公司首单落地的保险金信托业务，丰富了产品服务应用场景，探索与保险经纪公司合作渠道，满足委托人多样化的财富管理需求，丰富了财富管理服务信托项下业务品类。

（三）乡村振兴信托

发挥信托功能服务农业强省建设，设立三支乡村振兴产品，引入资金3.9亿元，支持吉林畜牧业发展和绿色生态建设，促进肉牛产业提档升级、规模不断做大、质量不断做优，助力"秸秆变肉"暨"千万头肉牛"建设工程稳步落地实施。

（四）公益慈善信托

2023年吉林省部分地区遭受严重的洪水灾害，公司克服多种困难，积极引导客户履行社会责任，竭尽全力筹集资金，成立了"吉信·抗洪救灾慈善信托计划"，捐赠600 961.54元慈善信托资金定向捐助扶余慈善总会，用于扶余市更新乡洪涝灾害倒损房屋修缮，恢复正常居住环境，帮助灾区群众温暖过冬。

三、社会责任履行情况

（一）深化开展"我为群众办实事"实践活动

制定"一方案两清单"，围绕高质量发展、保障民生、乡村振兴、便民利民4个类别确定实事项目，逐一明确牵头领导、责任部门和完成时间，每月更新进展，实行销号管理，基层党支部积极领办并完成具体任务12个，党员干部认领并兑现群众"微心愿"160个。陆续开展"天上不会掉馅饼·参与集资有风险""守住钱袋子·护好幸福家""汇聚金融力量，共创美好生活"等一系列金融知识宣传普及教育活动，增强投资者和群众金融风险意识和风险管理能力。

（二）持续做好乡村振兴帮扶工作

落实吉林省委要求，及时调整驻村干部，制定驻村干部轮换工作方案；发挥信托优势助推乡村振兴工作开展，通过慈善信托项目存续规模40万元的资金，扶持延边州3个村产业项目发展，为推进村党支部领办合作社壮大集体经济，建设美丽乡村，推动农民共同富裕提供有力支撑。

（三）成立慈善信托参与抗洪救灾

成立规模60万元的"吉信·抗洪救灾慈善信托"项目，用于扶余市慈善总会倡议支持的吉林省扶余市抗洪救灾，为支持扶余市洪水灾后重建，使受灾群众，尽快度过困难时期。

（四）成立慈善信托资助贫困大学生

武汉汉口北商贸市场投资有限公司出资25万元，成立了"吉信·武汉汉口北1号慈善信托计划"，拟用于资助吉林省内贫困大学生，信托计划已成立并完成登记备案，在确定具体捐赠对象后，将完成大学生救助工作。

四、2024年发展规划

2024年，公司将坚定不移贯彻落实中央、省委金融工作会议精神和总书记关于推动金融高质量发展的重要讲话精神，按照国家金融监管总局的有关要求部署，攻坚克难、主动变革、担当作为，全面推进"化风险、求发展"双轮驱动战略，扎实做好业务转型、风险压降、资产处置、管理提升等重点工作，推动公司改革发展打开新局面、迈上新台阶。

（一）坚持把高质量发展作为第一要务，积极推动转型创新

深入贯彻落实中央金融工作会议精神，回归信托本源，加强产品供给，提升服务水平，构建差异化优势。一是实施信托倍增计划。聚焦"四大集群""六新产业""四新设施"等重点任务，加强政信合作、银信合作。重点开拓财富管理信托、股权投资类信托及TOF业务。二是做强做优标品信托。挖掘优质证券投资标的，通过固收、权益等方式，加强对企业的证券融资支持。三是做好科技金融大文章。综合采用供应链金融、股权投资、定向增发、投贷联动、知识产权信托等方式支持吉林战略性新兴产业投融资需求。四是大力发展财富管理业务。积极创设现金管理、固定收益、资本市场等产品线，加力产品投研和客户投顾，加强渠道建设，力争在财富端、资产端、资金端实现多点突破。

（二）坚持把改革化险作为核心任务，坚决守住风险底线

全面落实中央和吉林省加快中小型金融机构风险处置要求部署，多措并举压降风险规模，全力以赴处置变现资产，不断完善风险控制体系。一是加强全面风险管理。完善风险控制体系，加强业务前期审核把关，做好项目中期动态跟踪和监控分析，落实存续期尽职管理，强化制度执行的严肃性。定期开展风险项目精准排查专项工作，紧盯紧防。加强合规风险文化建设，深刻吸取风险问题教训，针对性做好培训工作，提升全员风险合规意识。二是全力处置风险项目。积极争取纪检、司法等部门支持，加大追赃挽损力度，多措并举压降存量风险规模。进一步加大信托报酬陈欠清收力度，实现应收尽收。三是强化追责问责。建立违规投资经营责任追究机制，加大风险项目绩效追索力度。实施监事会、纪检、审计、巡察等监督资源联动，以"零容忍"态度严厉查处违规违纪行为。

（三）坚持把深化改革作为根本动力，不断完善公司治理

深入贯彻落实中央新一轮国有企业改革深化提升行动，细化落实《公司改革深化三年提升行动方案》，着力提高公司核心竞争力和核心功能。一是调整优化发展战略。加强顶层设计，研究制定公司三年发展规划，提高战略规划引领力。聚焦主责主业和功能优势，优化业务布局，突出"信托+基金"、期货"一体两翼"发展格局。二是完善公司治理。坚持党的领导与公司治理相融合，完善"三重一大"决策机制，全面加强董事会建设和治理体系建设，明确各治理主体职能定位。开展制度建设年活动，全面梳理修订公司制度，建立完善的合规风控体系，从严落实监管要求和各项风控管理制度。三是建立灵活收入分配机制。推

进薪酬制度改革，探索超额激励机制，按季度实施绩效指标考核，切实发挥绩效考核"指挥棒""风向标"作用。四是强化数字赋能。加大信息科技研发投入，做好转型业务信息系统支撑，统筹谋划办公财务等平台优化升级，以数字化转型引领产品和服务创新。五是实施人才强企战略。高标准制定公司人才发展规划，优化员工队伍结构，统筹推进财富管理、风险管理、产品研发、法务、科技等引才计划，探索推行职业经理人制度，提升人才队伍的专业性、战斗力。

建元信托股份有限公司

一、2023年经营概况

2023年，建元信托股份有限公司（以下简称公司）实现营业总收入33 423.41万元，归属于母公司所有者的净利润4 247.95万元。截至2023年12月31日，公司总资产222.89亿元，归属于母公司所有者权益130.90亿元。

（一）业务开展情况

固有业务方面，公司紧跟市场动向，稳健推进业务拓展。年内，前期资产配置以无风险资产为主，定增资金到位后逐步配置货币基金、存款、债基以及少量二级债基，2023年固有业务实现利息收入2 907万元，投资收益9 954万元。固有业务还进行了信托贷款、商业地产股权、权益量化中性策略、ABS等类别资产的研究，逐步提升投研能力，丰富投资方向。

信托业务方面，公司审慎研判市场趋势，积极推进存量风险化解及新业务落地。截至2023年末，公司存续信托项目195个，受托管理信托规模1 419.79亿元；2023年已完成清算的信托项目22个，清算信托规模37.13亿元，新增设立信托项目7个，新增信托规模89.36亿元，重点推动REITs战配产品、公益慈善信托、现金管理类产品等；公司重新启动了与金融机构的准入、合作，家庭服务信托业务也在积极筹备中。

（二）重点工作

1. 风险化解成果显著，经营质效稳健提升。2023年，公司坚决贯彻落实各项决策部署，有序推进风险化解工作。4月，顺利推进定增落地，为业务拓展夯实基础。5月，完成了企业名称工商变更登记手续，正式更名为建元信托股份有限公司。11月，成功实现股票摘帽，极大提升了公司整体形象。公司按"分类施策、以点带面"的原则推进存量压降工作，全年完成存量压降项目26个，压降总规模51.56亿元。

2. 强化治理体系建设，筑牢高质量发展根基。公司以制度建设统领企业发展，加强制度顶层设计，落实"党建入章"要求，加速构建符合公司实际的现代化公司治理体系。公司全年制定或修订制度30余项，涉及党建、公司章程、"三会"治理、业务管理、内控、反洗钱管理等各方面，进一步细化了党委前置与董事会、联席经营办公会的有序衔接，形成了党委、董事会、联席经营办公会权责法定、权责透明、协调运转、有效制衡的法人治理结构。

3. 战略规划先行，厘清未来发展方向。2023年，公司制定并发布了《建元信托战略规划报告（3~5年）》。公司将以专业化人才梯队、主动式风控合规、引领型数字化建设为支撑体系，以固有业务为基石、受托服务为创新发力点、资管财富双轮驱动的业务组合为发展策略，风险化解与业务发展齐头并进，加快存量处置、服务地方经济、推进标品转型、探索多元金融、商业模式升级，将公司打造为高质量成长的、特色创新的综合金融服务商。战略规划制定后，公司各项经营工作以此为指挥棒，目标明确、全面开展。

4. 厚植人才沃土，团队建设加快步伐。2023年，公司全方位强化人员选用育汰闭环，完成总经理、副总经理、数字总监、业务总监等管理层市场化选聘，全年通过市场化招聘方式引进人才60余人，进一步充实团队力量。同时启动人才盘点及培育发展项目，通过内部竞聘、转岗、借调等多种方式挖掘现有干部员工潜能，为公司风险处置及市场化展业提供了全方位的人才支撑，团队凝聚力和竞争力不断巩固提升。

5. 强化科技赋能，助力公司数字化转型。2023年，公司对信息科技现状进行全面盘点，结合公司整体战略规划，制定了未来三年数字化建设战略规划，并以此为指导，积极开展信息科技建设：一是夯实技术基础，重设企业级IT架构；二是夯实安全管理，注重全领域信息安全；三是围绕个性化财富管理和专业化资产管理目标，推进对客APP平台、标品投资业务管理平台、家庭服务信托业务系统等多个重点系统建设。

二、创新业务案例

在创新业务案例方面，2023年12月15日，公司发起设立的"建元启隆甄选1号集合资金信托计划"正式成立。该项目参与战略配售的"国泰君安城投宽庭保租房REITs"是上海国资首单保租房REITs，也是长三角区域企业的首单保租房REITs，底层资产是位于上海杨浦区的两个高品质保租房社区。保障性租赁住房是国家住房保障体系建设的重要一环，发展保障性租赁住房有助于构建多层次住房供给体系，对城市人口承载力与吸引力的提升以及经济社会可持续发展具有重要意义。而"建元启隆甄选1号"的设立，充分展现了建元信托作为国资企业的担当。

该产品的成立既是公司恢复正常展业的坚实一步，也是公司探索特色创新发展路径的重要一步。该项目是公司在REITs这个赛道的首次业务尝试，符合上海市国有资产盘活的大战略，后续借助该项目经验将继续探索产业链上下游机会，深耕REITs和Pre-REITs业务，不断强化公司综合金融服务能力。

三、社会责任履行情况

（一）主动承担社会责任

公司主动承担社会责任，大力发展慈善信托。2023年11月10日，公司首个慈善信托——"建元启岚和安1号虎行公益慈善信托"正式成立，用于资助贫困学生。在公司重启业务之初，以慈善信托作为开局，彰显公司注重社会责任、助力共同富裕、积极谋求转型发展的决心；12月22日，公司以自有资金接连设立"建元启岚和安2号""建元启岚和安3号"爱心甘肃慈善信托，创新性地采用了双受托人模式，由甘肃传爱慈善基金会担任主受托人，建元信托作为次受托人，受益人为东乡县儿童福利院、特困家庭、孤寡老人、留守儿童以及残疾大学生等。

（二）强化投资者保护与教育

公司消费者权益保护工作始终坚持党的全面领导，贯彻"预防为先、教育为重"的理念，从完善治理架构、制度与机制建设、强化事中管控和事后监督等多维度出发，打造"管理+服务"的消保生态，努力开创消保工作新局面。

公司始终坚持"以客户为中心"的经营理念，认真贯彻落实投诉管理相关规定，通过修订制度持续优化投诉处理服务流程，畅通投诉渠道，提升客户服务体验，切实保护客户合法权益。

（三）坚持可持续发展

公司秉承"保护环境、节约资源、可持续发展"的理念，在日常经营活动中，一方面大力开展节能减排宣传，增强员工环保节能意识；另一方面加强节能减排管理，牢记低碳运营、绿色经营的发展宗旨，将践行"绿色采购、绿色办公、绿色出行"的理念渗透到工作的每一个环节，着力降低对环境的影响，促进可持续发展。

（四）加强责任沟通

作为上市企业，公司高度重视投资者关系，2023年，公司投资者关系管理工作夯实基础、扎实推进，通过多种形式增进投资者对公司的了解和认同，提升公司资本市场形象：一是组建了完备、专业的投资者关系管理队伍；二是健全制度建设，规范投资者关系管理工作；三是建立多层次、多渠道的投资者交流互动机制。

公司以投资者需求为导向，以提升透明度为目标，全面推进信息披露质量提升，确保应当披露的信息真实、准确、完整、及时。2023年，公司积极组织董监高、核心管理人员开展证券法律法规学习，常态化开展信息披露培训，强化相关人员内控合规意识、法律意识、责任意识、风险意识，切实提高公司规范运作水平和信息披露质量。

四、2024年发展规划

2024年将是公司落实战略规划的关键之年。公司将围绕既定的战略目标，以开拓者的气魄、奋进者的姿态，把握百事待举的新机遇，团结奋进，砥砺前行，在打造高质量成长、特色创新的综合金融服务商的道路上，策马扬鞭，实干笃行。

（一）不断完善稳健经营的基础设施建设

公司将严格按照法律法规和规范性文件的有关要求，不断健全公司体制机制建设。结合业务发展需要，推进法人治理、风险管理、合规管理与业务管理等内部流程进一步优化完善，全面提升经营管理和流程运营的整体水平，全面提升内控体系的有效性，夯实公司高质量发展基础。

（二）加快存量风险处置进度

公司将根据风险处置工作的各项部署要求，分类施策，以点带面地推进存量风险化解工作，全面排查风险状况，按照监管、内部制度及信托文件约定，严格履行受托人管理职责并积极采取措施应对，确保对项目风险形成有针对性的解决方案，切实压降存量风险。

（三）稳健提升固有投资收益

在风险可控前提下，公司将积极研究固有投资整体方案，丰富投资组合类别，稳健提升固有投资收益；推进固有与信托协同联动，在稳健投资的前提下，大力支持公司信托主业发展，孵化公司信托产品发行。

（四）积极探索重点新业务方向

结合监管政策指引、公司战略规划和各家信托公司的转型发展实践，在"资管财富双轮驱动"总体发展思路的指引下，公司将重点推进信托业务"三分类"新规指引下的标品资产管理信托、绿色信托、风险处置服务信托等重点业务方向，深挖财富管理服务信托业务机会，加大金融机构的资金引入力度，集中精力推动银行及银行理财子公司、保险及保险资管的准入及项目落地合作机会。

（五）立足服务地方经济

"服务地方经济"是公司战略规划中战略主线之一，公司将定位为服务地方重大产业投融资的专业平台、最懂地方经济的综合金融服务商；利用信托制度优势，形成服务机制，满足地方企业的多样化需求，整合公司现有资源，围绕地方企业在问题解决及增值赋能等多方面的诉求，提供一揽子服务，协助企业处置低效及问题资产、降低杠杆率，推动产业链上下游企业协同发展等。

（六）加速构建专业化人才体系

基于公司业务发展需求，不断完善组织架构，优化人才结构，补充关键人才缺口，配套系统化的培训体系和市场化的绩效激励机制，实现构建专业化的人才队伍。

（七）持续完善公司数字化体系

从优先度和重要度两个维度考量，根据业务规划目标和方向，以客户为中心，从营销、资管、风控、产品等几方面展开，再推进协同、服务、生态、财务等方面数字化建设，逐步外扩数字化能力，培养数字人员和数字文化，形成全公司上下一体的数字化能力。

昆仑信托有限责任公司

一、2023年经营概况

2023年，昆仑信托有限责任公司（以下简称公司）以习近平新时代中国特色社会主义思想为指导，深入学习党的二十大精神，认真贯彻落实中国石油天然气集团有限公司（以下简称中国石油集团）、中国石油集团资本股份有限公司（以下简称中油资本）、国家金融监督管理总局宁波监管局工作部署，坚守产融定位，持续深化改革，实施二次创业，全面提速发展，信托规模实现高速增长，年末信托规模2 528亿元，增长70%；进一步夯实资产质量，为加快转型打下坚实基础，全年计提减值9.3亿元，累计计提减值32.37亿元（年末减值余额）；获得上证·诚信托"财富管理品牌奖""最佳公益慈善信托产品奖"，金貔貅"年度金牌信托公司""年度金牌市场影响力金融产品"奖和宁波市鄞州经济风云榜"大力鼎"奖。

截至2023年末，公司资产总额1 416 362万元，负债总额127 782万元，净资产1 288 580万元，固有不良资产529 677万元，固有不良资产率30.44%；信托风险资产55.5亿元，信托资产不良率4.97%。

二、创新业务案例

公司大力开拓本源业务，不断丰富资产服务信托新模式。慈善信托继续保持全国领先，通过扩大公益生态圈，提升品牌形象，成为宁波慈善联合会和西安慈善会常务理事，与多地政府建立合作机制，设立全国最大的共同富裕慈善信托和南通市首单慈善信托，全年新增备案42单，位居全国第二，新增备案规模7 673万元，位居全国第六；标品业务体系初步建立，产品线日臻齐全，涵盖现金管理类、纯债类、"固收+"类、股票、TOF等，主动管理规模超过100亿元；大力拓展同业合作渠道，与宁波银行、昆仑银行、光大理财子公司、北京银行理财子公司等多家机构开展合作，纯债策略和现金管理固收类产品年化收益率平均达到6.77%和2.56%，"纯债6号"年化收益率达到8%以上；公司坚守产融定位，全方位、多层次推进产融业务，全年新增产融项目68个，规模近130亿元，存续产融项目规模201.69亿元；

持续专注新能源新材料、绿色低碳等领域投资机会，全年新成立股权项目30个，规模9.1亿元。

（一）案例概况

在中国式现代化背景下，公司将共同富裕示范区先行经验复制到江西横峰，联手横峰县慈善总会推出"宝石花开，横峰绽放"乡村振兴慈善信托，不仅实现了横峰县慈善信托"零"的突破，实现慈善资金的保值增值，还有助于中国石油集团充分发挥慈善信托专户管理、双重监管、多重监督等优势，管理定点帮扶、对口支援等帮扶资金，通过专业的投后管理，落实项目管理要求，促进乡村教育帮扶落地，提升乡村振兴帮扶成效。

（二）主要做法

1. 公司助力定点帮扶县设立首个慈善信托。慈善信托作为一种新型慈善方式，是委托人和受益人之间的桥梁纽带，拓宽了财富向慈善流通的通道，是我国慈善事业发展新的生力军。中共中央、国务院、金融监管部门、信托行业协会、民政部门曾多次提到"探索各类新型捐赠方式，鼓励发展慈善信托，发挥金融在第三次分配中的作用，引导社会参与公益慈善事业"。

横峰县是赣南等原中央苏区和特困片区县之一，也是中国石油集团定点帮扶县之一，十余年间中国石油集团累计帮扶投入近1亿元。在中国石油集团的大力支持下，公司助力集团公司定点帮扶县设立的横峰县首个慈善信托——"宝石花开，横峰绽放"乡村振兴慈善信托于2023年6月27日正式成立，并在民政部"慈善中国"网站进行了公示。该慈善信托规模200万元，信托资金专项用于助力横峰县乡村振兴，解决横峰县学生读书难、住宿难、运动难的问题，缩短城乡教育差距，进一步打造体育、艺术特色教育等其他符合慈善法会规定的公益活动。

2. 公司创新设立互联网筹款慈善信托。港边石油中心小学位于江西省上饶市横峰县港边乡，学校旧址位于一陡坡上，孩子们上学存在不小的安全隐患。学校没有食堂和宿舍，没有配备多功能教室。公司根据中国石油集团援建的横峰县港边石油中心小学实际需求，通过慈善信托搭建公益平台，动员集团公司内部企业、员工、客户以及横峰县当地的爱心企业、乡贤、校友等，通过"互联网筹款+慈善信托"的模式，发起"港边小学宝石花助学慈善信托"。

2023年8月14日，公司首个互联网筹款慈善信托——港边小学宝石花助学慈善信托正式设立，并在民政部"慈善中国"网站进行了公示。该慈善信托是公司首次借助慈善信托搭建公益平台，动员公司全体员工、客户以及中国石油集团定点扶贫县横峰县爱心人士、企业、港边乡乡贤和校友等，通过"互联网筹款+慈善信托"的创新模式，短短一个月时间筹集首期善款8万余元汇集到宁波市慈善总会，再由宁波市慈善总会和公司员工及家属作为委托人设立慈善信托，初始备案规模8.5万元，信托资金专项用于设立港边石油中心小学奖学金，奖励优秀学生等其他符合《慈善法》规定的公益活动。该慈善信托是公司首次发动社会力量，助力集团公司定点帮扶慈善项目，同时也是公司永续型慈善信托的又一次崭新尝试。

3. 港边小学宝首届奖学金颁奖典礼圆满举行。2023年10月13日，港边小学宝石花助学慈善信托首届奖学金颁奖典礼圆满举行。本次颁奖典礼上共向港边石油中心小学65名优秀学子发放了奖学金。横峰县委领导对公司、宁波市慈善总会以及参与本次慈善信托的社会各界人士表示衷心的感谢。石油中心小学的学子们纷纷表示，要树立远大抱负，坚定理想信念，学好新知识，掌握新本领，增长新才干，把党和政府及社会各界的关爱，转化为奋发学习的动力，自强不息刻苦学习。

（三）成效反响

公司相关工作人员与港边石油中心小学校长和师生进行深入交流后，深入了解港边石油中心小学的实际需求，充分发挥金融信托优势，创新帮扶模式，坚持"授人以渔"的理念，引入最新的慈善公益事业制度工具和框架，从思维模式、慈善方式和金融服务上进行帮扶。本次设立港边小学宝石花助学慈善信托，公司将借助慈善信托的自身造血和独立专户管理特色，进行低风险资产管理，并继续引导更多的社会力量加入港边小学宝石花助学慈善信托，实现"投资+募集"双驱动，每年获得的收益及部分本金用于向学生发放奖学金，打造属于港边小学自己的永续型"迷你诺贝尔奖"，该项目将奖励在创新发明、学业有成、才艺出众、嘉言善行、奋发有为等方面的优秀学子，鼓励更多的社会力量关心乡村留守儿童身心健康和学习发展。后续公司将继续发挥互联网和信托制度的优势，引导更多的社会力量加入港边小学宝石花助学慈善信托，助力集团公司定点帮扶慈善项目。

三、社会责任履行情况

公司着力塑造"诚信稳健、分享共赢、服务社会、造福民生"的企业品格，以实际行动履行国有企业社会责任。公司认真贯彻新发展理念和国家监管要求，坚持依法合规经营，服务实体经济，着力在为推动国家高质量发展贡献金融力量。公司积极推进慈善信托，2023年新增备案慈善信托数量位居全国第二，新增规模位居全国第六，成为宁波慈善联合会和西安慈善会常务理事，与多地政府建立合作机制。

设立全国最大的共同富裕慈善信托，服务中国石油集团产业链客户，设立南通市首单慈善信托，联手中国石油集团定点帮扶县——横峰县推出"宝石花开，横峰绽放"乡村振兴慈善信托和港边小学宝石花助学慈善信托；设立"利雅得能源爱助慈善信托"，总规模不超过

1 000万元，初始成立规模33万元，无固定信托期限，资金全部捐赠于中国石油"旭航"助学项目。"旭航"助学项目是中国石油与中国乡村发展基金会共同发起的专注于教育领域的公益项目，通过学习生活资助，帮助家庭经济困难学生完成学业。

公司积极参与乡村振兴计划，通过消费帮扶等方式帮助边远乡村；各级党组织、群团组织通过"主题党日""主题团日""志愿服务"等形式积极参与植树造林、无偿献血、环保志愿等社会公益事业。

四、2024年发展规划

2024年是公司转型发展的攻坚之年。公司2024年工作总体要求是：以习近平新时代中国特色社会主义思想为指导，深入贯彻落实党的二十大精神、二十届二中全会和中央金融工作会议精神，全面落实中国石油集团和中油资本工作部署，严格落实监管要求，坚守产融方向，保持战略定力，全面加强党的建设，紧紧围绕市场营销、风险处置、基础管理三大核心工作，激发动能，增强实力，提升效益，以坚定的意志和必胜的决心推进公司高质量发展，加快建设产融结合国内一流的能源信托公司，为中国石油集团高质量发展贡献信托力量。

2024年，公司将重点抓好六方面工作：一要全力推进产融，持续强化能源信托特色；二要加大处置力度，推进风险化解更大突破；三要完善业务结构，促进规模效益稳步增长；四要聚焦优化升级，着力提升整体运营质量；五要夯实基础管理，强化转型发展运营保障；六要突出凝心聚力，全面提升党建工作质量。

山西信托股份有限公司

一、2023年经营概况

山西信托股份有限公司（以下简称公司）全力完成经营目标任务。其中，营业收入与上年基本持平，收入结构实现优化升级，业务收入规模和占比均创2015年以来新高；信托规模大幅清算背景下努力保持业务规模稳定，公司一季度信托资产规模一度增至650亿元，达近十年最高水平，带动净利润、净资产超额完成目标任务。

（一）收入情况

截至2023年末，公司实现营业收入2.98亿元，较上年同比增长1.38%。其中信托业务手续费2.39亿元，较上年增加0.97亿元，增幅68.27%，占整体收入比例超过80%。

（二）利润情况

截至2023年末，公司实现净利润3914.65万元，较上年增长5.64%，完成预算3891万元的100.61%。

（三）资产状况

截至2023年末，公司资产总额31.83亿元，完成预算的91%，同比下降2.64%；净资产18.86亿元，完成预算的100.01%，较年初增加3062.99万元，增幅1.65%。

（四）管理信托资产情况

截至2023年末，公司累计新增业务规模155.56亿元，其中，当年新开展业务规模118.81亿元，占比76.4%。在当期清算193.64亿元，其中，提前清算66.02亿元基础上，年末管理信托资产规模585.72亿元。

服务地方实体经济质效不断提升。截至2023年末，省内业务规模438.48亿元，占总规模的74.86%，较2022年提升6.6个百分点，较2021年提升近两成，服务力度不断增强。在已经服务省属重点国企"十八罗汉"过半数基础上，新服务大地控股和文旅集团，服务半径进一步拓宽。

信托业务结构持续优化。截至2023年末，公司资产服务类规模增至350.23亿元，占全部信托规模的近60%；资产管理类信托提质升级，新增资产管理类信托业务中，配置型债券投资业务占比30.68%，同比上涨18.85%；支持实体产业力度持续加大。截至2023年末，公司工商企业项目规模增至445.27亿元，占比率较年初增加2.89个百分点，超过75%。

信托产品不断丰富。2023年全年新成立信托项目128个，通过信托贷款、供应链融资、债券投资等多种方式，搭建三月期、半年期、一年期、三年期等不同期限、收益、风险偏好的系列产品，充分打造满足资金需求、契合资产配置的产品条线，实现周周发行、周周成立，努力推动财富端和资产端"两端"高度匹配，实现投资周期梯度化。

二、创新业务案例

（一）持续推进家族信托业务发展

自2022年成立首单家族信托至今，公司持续推进信托业务转型发展，努力改变信托行业传统的业务模式和经营逻辑，主动顺应市场变化和监管政策导向，成立了家族信托办公室，逐步完善家族信托业务模式，探寻家族信托管理及推广经验，为委托人财产规划、风险隔离、资产配置、子女教育、家族治理、公益慈善事业等定制化事务管理和金融服务。

（二）努力拓展慈善信托业务

自2023年新修订的《中华人民共和国慈善法》发布以来，公司充分发挥信托制度优势，积极与慈善组织共同探索，寻求开展多模式多领域的慈善信托业务，践行国有企业使命，助力慈善事业发展。

三、社会责任履行情况

2023年，公司坚持履行社会责任，一是服务实体经济，支持转型发展。践行区域化、特色化、差异化发展路径，为全省高质量发展贡献最大力量。截至2023年末，工商企业项目规模增至445.27亿元，占比率较年初增加2.89个百分点。二是强化普惠供给，夯实民生保障。截至2023年末，通过多种方式为各类民营、小微企业累计提供信托资金85.67亿元，全年新增规模10.55亿元；分别落地3亿元规模级家族、家庭信托，帮助客户实现家庭财富的全面保障。三是提升服务效能，保护客户权益。全年实现自主营销服务规模31.45亿元，较前年增长71.2%，是2021年的3.7倍；制定完善消保相关制度15个，定期、专项做好消费者保护教育活动，全年覆盖人群超8 000余人次。四是坚持以人为本，促进和谐发展。全年开展各类学习培训33次，培训2 600余人次；参加各类文体比赛奖项荣誉6次。五是倾情回馈社会，投身公益事业。募集12 950元捐款赠至山西省民政事业发展中心；为阳曲首邑学校捐赠200余本精美图书，采购1.7万元吕梁临县特色青塘粽开展消费助农。

公司高度重视金融消费者权益保护工作，注重提升服务质量，依法维护客户合法权益。截至2023年末，共收到监管部门转办消费投诉48件，其中，消费金融类信托业务投诉共31件，风险项目消费投诉6件，其他类投诉11件，均在15日内办结并向监管部门报告反馈。

四、2024年发展规划

2024年是全面贯彻落实中央金融工作会议精神的开局之年，是"十四五"战略规划承上启下的落实之年，也是公司发展生存的关键之年，公司将坚持"稳中求进、以进促稳、先立后破"工作方针，围绕"转型发展特色化、风险防控全面化、内控管理效能化"重点任务，打好全年"保现金流、保规模、保收入"攻坚战。

（一）转型发展特色化

一是纵深服务省内国企，拓展资产服务信托。坚守区域中小型信托公司职责使命，坚持"三转"业务布局，回归业务本源，立足服务省内国企业务特色，从而带动全方位信托服务，做好科技金融、绿色金融、普惠金融、养老金融、数字金融"五大篇文章"。坚持特色化服务地方，业务重心转向省内，聚焦省委省政府重大战略部署，通过制定国有企业全方位服务手册、完善国有企业供应链全流程服务等方式，深化对省内国企服务力度和广度，重点国企业务覆盖率达70%、力争80%。业务模式转向全方位信托服务，练就"十八般武艺"，加大对科技创新、先进制造业、绿色低碳等领域的支持，推动产业智能化、绿色化、数字化转型，以点带面努力提升服务实体经济质效。

二是深化标品业务提质，优化资产管理信托。中央金融工作会提出"金融强国"，结合监管导向实质上对中小型金融公司业务专业投研能力提出了更高的要求，公司将围绕信托业务"三分类"方向，做好"业务加减法"。做好资产管理信托提质，加快结构优化，清退不符合监管导向的加强信息科技赋能，从"募、投、管、退"全生命周期配备专业力量；加强财富团队建设，加大与银行、券商、私募等机构的平台化合作，努力形成自主募集、自主销售，通过降低财富销售成本，为公司标品化业务转型发展提供有力支撑；努力探索创新业务开展，在家族信托已做1.91亿元规模基础上，积极探索提升以绿色康养信托项目、公益慈善信托、消费金融信托、家庭信托等为代表的普惠金融、养老金融业务专业能力提升，探寻公司业务新增长点。

（二）风险处置全面化

坚持以人民为中心维护金融稳定，以不发生系统风险为底线，以"遏增量、去存量"为风险防控化解总目标，提高全员防控风险意识，建立健全更为全面的风险管理体系。一是全力推进风险化解处置。执行好企业端、自身端、客户端"三端"化险策略，扩宽风险处置渠道，加强抵债资产处置力度，将抵债资产处置作为2024年风险化解重点任务推进。二是加强风险研判治未病能力。建设动态立体的全面风险管理体系，对项目进行全生命周期管理，要更加注重风险隐患的分析研判、监测防控、排查治理，注重消费者保护和舆情管理，树立"治未病"理念。三是建立全面风险管控文化。以"控新增，化存量"原则为风险管控文化"立足点"，以重点部门为骨架层层压实风险防控"责任线"，以建立良好的企业风险管理文化为目标，最终努力形成风险防控"人人有意识、人人能监督、人人去落实"的全员风险文化"立体面"。力争全年化险工作"再突破"，新做项目风险"零新增"，根据公司《兑付风险应对预案》，2023—2027年，力争每年用于化解风险项目资金不低于1亿元。

（三）内控管理效能化

一是继续纵深落实整改效能。坚持多措并举，以风险化解为突破口奋力攻坚、持续攻坚，竭力完成整改任务，做深做实"后半篇文章"。二是加大金融科技投入，持续提升信息科技能力。通过完善信息科技战略规划、完善信息科技治理体系、补充信息科技专业力量、开展信息科技风险审计、提升软硬件系统支持力度等具体方面，持续推进公司金融科技建设，保持数字化战略与业务发展战略的统一、促进科技与业务赋能的融合，逐步推进数字化转型，使科技赋能更具体、更有效、更全面，通过"短、中、长"期阶梯式渐进发展目标，至"十四五"末，逐步实现业务发展标品化、风险管理精准化、内部控制系统化、财务运营系统化、数据治理标准化、信息管理安全化，全面赋能公司高质量发展。

万向信托股份公司

一、2023年经营概况

2023年，万向信托股份公司（以下简称公司）在转型发展和风险应对过程中，努力摆脱路径依赖，一方面重视化解存量业务风险，另一方面探索发展新模式、新利润点。截至2023年末，公司资产总额37.39亿元，净资产23.78亿元。

（一）净值类业务转型发展

公司根据信托客户从非标转标过程中的实际需求，推出底层投资于类REITs、摊余成本法核算的信托产品，现已形成TOF产品体系，包括各类单一策略的组合产品、不同风险等级的多策略组合产品、公募组合、私募组合、短期理财、纯债集合、收益凭证以及单一TOF产品。

公司TOF系列41号——大盈稳健多策略优选1期集合资金信托计划，获《中国证券报》"一年期混合类产品金牛奖"。

（二）提升财富资产配置专业化、智能化

公司开展各类培训考试、交流研讨、比赛活动，提升财富经理专业化水平。公司共组织多场分析讨论会、培训、投资交流会及对客交流会。同时，注重科技赋能财富，公司先后上线资产配置集中度健康指数、产品集市线上产品转让平台功能，根据客户和财富经理需求优化净值类产品系统功能。

（三）从严合规管理要求，持续落实消保工作

公司推进消保工作有序开展，修订发布《财富条线双录实施及审核管理细则》《金融消费者权益保护考核评价实施办法》，进一步完善双录审核系统及双录工作机制，不断改进和提高金融服务质量和水平；组织开展信托产品违规推介营销相关风险排查、金融放贷领域涉黑涉恶违法犯罪行为专项自查、客户手机号码有效性排查等工作，以及2023年个人信息安全信息泄露突发事件演练；公司先后组织"3·15金融消费者权益保护宣传周"活动以及"防范非法集资集中宣传月、金融知识万里行集中宣传"等活动，强化消费者权益保护内部考核管理工作。

（四）优化党建与公司治理

公司修订公司章程，不断优化公司治理机制，落实全面从严治党、党风廉政建设主体责任，健全关联交易管理要求，及时增补董事会专业委员会成员并充实管理层团队，1名高管已获监管部门批复，进一步提升公司治理水平。

公司党委推动载体活动常态化，加强党史学习，落实"三会一课"、主题教育整改整治，组织党员深入学习庆祝建党102周年大会、中央金融工作会议等重要会议精神，加强清廉文化建设，开展案件警示教育，以案为鉴、以案促改，引导员工加强理想信念，强化合规意识，严守纪律，筑牢防腐拒变的思想堡垒。

（五）提高数字化运营能力

公司持续通过自主/合作开发相结合的方式，推动转型相关系统功能迭代优化。完成家庭信托业务系统开发、测试和验收，包括家庭信托设立、追加、资产配置、利益分配等功能开发，支持全线上服务。自主研发保险金信托系统，实现了客户线上设立保险金信托功能以及与民生保险的系统对接，提升运营效率。迭代升级特殊资产服务信托业务系统，相继上线了债权申报及审核、债权人会议、资金监管、资产管理等功能。转型业务系统持续优化，开发上线信托业务"三分类"、短期理财底层自动下单、证券类产品预警止损管理、智能信息披露管理等相关功能。

（六）提升内控管理，强化合规建设

公司推动各类监管专项治理并开展总结报送工作以及各类定期指标报送工作，完成信托登记专项检查、监管数据质量治理专项检查、个人金融信息保护工作专项检查等多个内控检查。

公司积极开展法律法规解读与培训宣传，培育合规文化，先后组织"上海浦东法院金融资管类案件专题学习""廉洁文化暨廉洁警示教育案例解读""房地产项目典型合同及风险提示"等各项主题培训。

公司积极推进2023年度公司规章制度梳理工作，先后修订完成《消费投诉处理管理办法》《反洗钱工作管理办法》等重要制度。

二、创新业务案例

（一）保持慈善信托先发优势

2023年6月，公司受托管理的"桐庐县不动产慈善信托"正式成立，这是全国首单全流程规范化不动产慈善信托，也是杭州市慈善信托专项试点改革的一项重大突破。此单慈善信托最大的亮点在于确立慈善信托不动产登记形式，这是全国首创的实践，具有引领示范意义。通过在不动产权证书上标注慈善信托信托财产，对慈善信托财产与受托人自有财产、不同慈善信托之间的信托财产进行有效区分。

不动产是我国国民的主要财产类型，此单不动产慈善信托的成功落地，对有类似慈善需求的群体具有示范意义，对其他地区政策制定、财产登记模式设计具有借鉴价值。以不动产设立慈善信托，既可以不动产获得租金收益用于慈善活动，又可直接用不动产的使用权开展资助，慈善资助的方式进一步丰富。不动产具有长期、稳定的特征，为慈善信托的长久运行提供有力保障。

（二）服务信托具备复制基础

物业服务信托方面，"七彩社区"第二阶段深入方案完成初步沟通和设计，计划开拓新的以个人账户为依托的服务信托模式，截至2023年末，"七彩社区"共创服务信托累计成立23.29万元；"阳光物业"系列服务信托全年成立8个项目，另有2个项目已完成立项，签约项目数量实现高速增长，项目受惠覆盖小区29个，涉及户数约1万户。

单用途预付金信托模式已成功纳入浙江省杭州市拱墅区资金监管方案，是目前所在辖区唯一入围的信托公司，后续将按照拱墅区实施节奏进行推广落地。

三、社会责任履行情况

（一）践行社会责任

持续发挥慈善信托在第三次分配中的功能与作用。在中国式现代化、共同富裕等重大时代命题及信托业务"三分类"的指引下，公司积极开展慈善信托业务，践行社会责任、回归本源定位。2023年，公司新增慈善信托76单，新增规模2.94亿元；截至2023年末，公司累计成立慈善信托293单，累计备案规模14.89亿元。公司受托管理的慈善信托全年新增资助8 805次，资助金额1.36亿元；累计完成资助13 192次，总金额达3.4亿元。公司坚持"以信托的方式做慈善"，促进更多的社会财富高效、持久地运用于公益慈善事业，引导财富向善。

持续探索特殊需要信托。2023年，公司落地两单"星爱系列"、一单"星愿系列"特殊需要信托，利用信托制度所具有的风险隔离等功能，实现被监护人人身照管和财产管理分离，避免或减少监护人道德风险，并通过广泛连接监察人、第三方中介组织、专业服务机构等相关机构，满足和服务特殊需要人群多样化、差异化的保障需求。

2023年，"鲁冠球'三农'扶志基金慈善信托江河荟·浙江翠项目"荣获"2022中国家族慈善十大创新项目","万向信托–中国水源地保护慈善信托"荣获第一届"杭州慈善奖"慈善项目和慈善信托奖。

（二）从严合规管理要求，持续落实消保工作

积极维护金融消费者合法权益。公司全年共开展"3·15金融消费者权益日""守住钱袋子""金融知识万里行""金融知识进万家""防范非法集资"等主题宣传教育活动。线上，累计发布金融知识宣传教育文章147篇，金融知识宣教视频109个；线下，公司持续开展营业场所常态化宣传，一方面在全国财富网点常设金融知识宣传教育专区，另一方面积极开展各类公益性金融知识宣传教育活动，包括金融知识进社区、进校园、进企业等，累计举办主题活动26场。

四、2024年发展规划

2024年，公司坚持加强党的领导、党的建设和完善公司治理相统一，把党的领导融入公司治理各环节，推进党建与公司治理有机融合。秉承万向"讲真话、干实事"的企业精神，营造风清气正的企业文化，以企业文化引领转型发展。推动清廉信托文化建设，将清廉文化融入企业文化，贯穿经营管理，植入团队建设。

把握战略性发展机遇，聚焦财富管理服务信托与资产管理信托。推动财富管理服务信托普惠化，大力发展家族信托、保险金信托、特殊需要信托等；建立信托特色的资产管理信托产品体系；联动资产管理信托和财富管理服务信托，为客户提供全生命周期信托服务，围绕客户的需求及风险收益偏好，依托自身专业优势构建具有竞争力的产品线。

西部信托有限公司

一、2023年经营情况

2023年，西部信托有限公司（以下简称公司）各项指标均实现了正增长。截至2023年12月底，总资产57.58亿元，净资产54.1亿元。

信托规模：截至2023年12月31日，公司管理信托规模4 483.69亿元，较上年同期增长67.77%。

营业收入：2023年1—12月，共实现营业收入9.43亿元，较上年同期增长4.68%。全年共实现信托报酬收入7.75亿元，较上年同期增长0.22%，创历史新高。

利润总额：全年共实现利润总额5.83亿元，较上年同期增长2.94%。

净利润：全年实现净利润4.45亿元，较上年同期增长4.07%。

二、创新业务案例

（一）西部信托·秦风1号单一资金信托

本项目成立于2023年12月15日，项目期限5年，项目资金用于向中小企业发放商票质押贷款，截至2024年4月底，成立规模已超过5 000万元。

委托人与公司签署《信托合同》，设立单一资金信托，单一资金信托向中小企业供应商（借款人）发放信托贷款，借款人提供出票企业开具的商业承兑汇票进行质押；随后单一资金信托向资产支持专项计划（于沪深交易所发行）转让信托贷款债权，并获得专项计划募集资金，并将所获得募集资金作为信托资金继续向供应商企业发放信托贷款。

（二）西部信托·通享6号服务信托

本信托为涉众性社会资金受托服务信托，委托人为在通联支付所运营的云商通平台上注册的需要进行预付类资金保管的客户（仅限为机构类客户，无自然人客户）。本项目拟接受委托人的委托，为其开设专用信托账户（本项目信托专户的开户行为江苏银行常州分行，江苏银行需根据公司指令将信托专户中的资金结转至通联支付的备付金账户，以便完成后续支付。为实现便捷、安全的资金划转，拟为信托专户开通"收付宝功能"。该功能可实现与本项目的业务系统直连，无须单独的U盾介质，且该业务不收取费用。为此须与江苏银行签订《江苏银行收付宝业务合作协议》），利用银行或者第三方支付公司等服务工具，按照委托人的交易指令，为其资金结算及资金保管业务提供服务。

本服务信托无固定期限，存续信托规模不超过10亿元（该规模指信托存续期间当日实收信托规模的峰值，即当日信托账户余额/结余金额不超过10亿元，考虑到云商通客户在持续增加，为业务发展需要，后续受托人有权根据实际委托资金和系统处理）。

（三）物产中大融资租赁集团有限公司2023年度第一期定向资产支持商业票据（乡村振兴）信托

2023年11月，公司作为发行载体管理机构和受托人，物产中大融资租赁集团有限公司（世界500强物产中大集团股份有限公司旗下骨干成员企业）作为发起机构和委托人，"物产中大融资租赁集团有限公司2023年度第一期定向资产支持商业票据（乡村振兴）信托"发行成立。本次发行是公司发行的首单资产支持商业票据，同时也是浙江省发行的首单乡村振兴资产支持商业票据，发行规模9.799亿元，发行利率2.98%/年。

在全面推进乡村振兴、加快建设农业强国的背景下，本次乡村振兴ABCP项目的发行，实现了乡村振兴特色资产与市场优质资金持续良性循环衔接，为金融助力现代农业产融结合打造了优质样板。

（四）西部信托·天岚1号集合资金信托计划

2023年12月，公司成功发起设立"西部信托·天岚1号集合资金信托计划"，规模9.188亿元。交易对手为中保投中燃（深圳）清洁能源发展基金，信托计划用于支付收购天然气管网平台公司股权（其中，保定100%、廊坊99%、沧州99%、邢台99%、天津99%），信托期限32个月。

信托计划持有并购交易主体公司60%股权，本项目推动了河北、天津部分地区天然气管网的建设，改善了当地的能源结构，促进了绿色低碳能源的发展。

（五）西部信托·陕城投集团人民大厦财产权信托计划

2023年5月，"西部信托·陕城投集团人民大厦财产权信托计划"顺利落地，业务规模6.5亿元。本项目由公司担任信托受托人，由陕投集团担任原始权益人及增信机构，实际融资人陕城投集团，底层资产标的为由西安人民大厦公司持有的位于古城西安中心的索菲特酒店、写字楼、餐饮会议中心组成的物业资产。

本项目实际推动了陕投集团下属城市运营板块的资产盘活，提高了运营效率，成为信托公司产融协同典型的成功案例。

三、社会责任履行情况

乡村振兴方面：2023年，公司继续在陕西省渭南市白水县北塬镇杨武村续开展乡村振兴工作，在2022年度省级定点帮扶工作考核中，1人被评为"优秀第一书记"，1人被评为"优秀驻村工作队员"。公司结合捐赠34.3万元为杨武村建设深源机井配套水塔及管网工程，满足了杨武村粮食及经济作物的大部分浇灌需求，增加了村民收入。为解决村内党员群众急需的室内活动场所的问题，以文化建设进一步助推乡村振兴，公司成立了"西部信托·情暖乡村助力杨武村慈善信托"，以慈善信托的形式捐赠35万元修建了杨武村党建及文体活动综合场馆，场馆拟于2024年内投入使用。

公益事业方面：公司始终鼓励员工积极参与志愿服务，通过志愿服务来提升员工的社会责任感。2023年，公司先后开展了公益植树活动、"敬老月"、消费者权益保护等系列活动，以实际行动践行社会主义核心价值观，取得了良好的社会效果；组织客户参与多种形式的线上、线下活动70余场，公司开展了"3·15消费者权益保护教育宣传周活动""金融知识宣传月活动"以及"防范非法集资宣传"等系列活动，宣传金融知识、增强风险防范意识，确保金融安全。

员工关爱方面：公司工会始终秉承"群众利益无小事"的观念，坚持服务公司发展大局，主动担当，积极作为，切实维护职工合法权益。2023年内，公司工会开展"冬送温暖、夏送清凉"活动，真正做到"喜有贺、难有帮、病有探、丧有悼"，把组织的温暖送到了员工的心坎上；持续开展员工健身、游泳、羽毛球、篮球、足球、瑜伽等文体比赛，积极组织"我们的节日"系列主题活动，以丰富多彩的活动，增进职工对公司企业文化认同感，提升职工凝聚力。

消费者权益保护工作方面：2023年，公司积极践行国有企业社会责任，持续加大消费者权益保护工作的推进力度。公司按照监管机构的统一部署，年内通过官方平台推文、营业场所宣传、走进"农村、企业、广场、社区、公园、商场、服装市场、地铁站、饭店"等公共区域、举办线上直播及客户活动、发放有奖问卷及满意度调查问卷等形式，有序开展了各类集中化及常态化教育宣传活动。

绿色发展方面：2023年，公司在绿色信托的实践中取得了良好成效。一是在董事会层面确立公司的绿色信托发展总体目标，明确公司绿色金融特色业务的发展规划；二是制定了较为完整的绿色信托制度体系，明确各部门的职责和权限；三是成功发起设立"西部信托·天岚1号集合资金信托计划"及"西部信托·永徽1号单一资金信托"等绿色信托计划；四是组织研究力量对绿色信托进行了专题研究，形成了绿色信托研究报告。

四、2024年发展规划

2024年总体的工作思路：坚持党建引领、改革创新，公司将继续秉承"稳健经营、持续发展"的经营理念，按照《2023—2025年业务发展规划》的既定目标，围绕"勇于变革创新，坚定转型升级，乘势而上向高质量发展迈进"的工作思路，构建"资产管理和财富管理双轮驱动，服务信托为特色"的业务格局，做好科技、绿色、普惠、养老、数字金融这"五篇大文章"，进一步提高公司整体发展质量和管理能力，使公司经营工作实现稳中求进，先立后破，走出一条具有公司特色的转型发展道路。

经营目标方面，在当前行业艰难转型期，实现公司经营的平稳。同时，继续加强安全生产，案件防控，整体实现公司经营稳健、高质量发展的目标。

业务转型方面，大力发展财富管理服务信托；进一步扩大债券投资业务管理规模；继续拓展各类资产证券化业务、预付类资金服务信托等多种业务类型，持续扩大业务规模；把握市场机会，推动资产配置类和权益类业务的规模增长。

风险管理方面，基于当前行业转型现状，2024年将继续严控风险，确保业务发展的合规与稳健。持续完善全面风险管理体系，强化信托业务分类风险管理。

业务保障方面，一是优化组织架构，完善创新业务的考核机制；二是加快对家族信托、服务信托、标品信托等创新业务，以及财富、运营的系统建设。

西藏信托有限公司

一、2023年经营概况

2023年，西藏信托有限公司（以下简称公司）实现营业收入6.48亿元，利润总额4.19亿元，净利润3.56亿元。全年贡献税收2.80亿元，上缴国有资本经营收益0.31亿元。

2023年末，公司总资产为85.85亿元，增幅35.87%；净资产为82.26亿元，增幅41.77%。净资产规模首次突破80亿元。

截至2023年末，公司存续的信托项目总计520个，受托资产规模为1 754亿元，增幅71.67%。其中，主动管理规模为340.92亿元，占比19.44%。

二、创新业务案例

（一）普惠金融业务

积极响应"普惠金融"号召，在消费金融领域持续深耕，成立"微塔斯系列信托产品"，与贷款服务机构及助贷机构进行合作，对助贷机构引流客户进行自主风控筛选，向合格自然人投资者发放消费贷款。

（二）固定收益类业务

顺应行业标品转型趋势，以主动管理能力提升为抓手，积极开拓固定收益类业务。不断加强组合投资能力，成立"信诺稳健""长盈稳健"系列产品投资于标准化债券市场，为投资人提供期限多样的产品选择，丰富产品货架，提高客户黏性。

（三）家族信托业务

不断加大财富管理体系建设力度，设立家族办公室，2023年实现家族信托业务的大幅增长，设立了"大唐盛泽"及"善水传承"家族信托系列产品，为委托人提供家庭财富保护、传承和管理服务，回归信托本源。

三、社会责任履行情况

（一）强化党建引领，夯实发展基础

公司党支部坚持以习近平新时代中国特色社会主义思想为指导，以学习宣传贯彻党的二十大精神为主线，紧密结合主题教育活动，扎实推进党风廉政建设和反腐败工作。

支持西藏日喀则地区亚东县上亚东乡如丙岗村、南木林县土布加乡玛格村农牧民产业发展和人居环境改善共计40万元，巩固脱贫成果。

通过慈善捐赠20万元，为土布加乡玛格村集体购买农用装载机，送机器、送技术到村，协助村民学习机械化应用。严寒冬季为全村132户村民发放各类过冬物资，对村委会200平米左右地面进行了硬化处理，广场周围绿化带平整及整个村委会排水系统改造，使乡村环境得到了改善。

通过慈善捐赠20万元，用于如丙岗村苗圃地改扩建项目，扩大种植面积，修建育苗温室、牵引灌溉水源、合理划分苗木区域，提高育苗效率，项目建成后预计一次性为村民增收24.5万元，后续带动村民持续增收，预计受益人达到100余人。

（二）全力严守底线，防范金融风险

1. 完善风险管理体系。公司制定修订《全面风险管理制度》等7项制度。完善投后管理制度、流程、体系，补充了投后管理专职人员，对重点业务制定了投后管理指引。风险管理组织架构、工作流程得以完善。

2. 完善内控流程。一是加强尽职调查。对于不同的业务，出具不同的尽调要求，并对尽调报告加强审核，在尽调中充分发现风险隐患。二是加强业务评审。修订《信托业务审核流程管理办法》，对于主动管理业务要求分别独立出具风险评审、合规评审及投后评审意见。三是不断完善投后管理，制定《投后管理办法》并成立投后管理部，由专门人员负责监管重点业务投后工作并出具定期报告，重点业务形成台账管理。

3. 加强反洗钱工作。开展了反洗钱专项审计，审计范围涵盖反洗钱的制度体系、组织架构、客户身份识别、大额及可疑交易报送、宣传与培训等五个方面。

4. 加强案件管理。为规范案件防控工作，保障公司的安全稳健运行，公司修订《公司案防工作办法》及《公司案件防控工作实施细则》，对案防工作的目标、职责，案件报送流程进行了明确规定。

5. 积极开展征信、反洗钱等合规培训工作。公司开展17次内部培训，参加34次培训，涉及关联交易、投资者适当性管理、反洗钱专题、廉洁风险防控、征信业务管理、金融监管政

策等方面。参与人员涉及公司高管、业务骨干、各关键岗位人员等,提升了从业人员的风险防控及合规意识。

(三)聚焦绿色金融,共建美丽西藏

为深入贯彻习近平生态文明思想,自治区党委、政府作出了实施拉萨南北山绿化工程的重大决策部署。拉萨南北山绿化工程是推动西藏创建国家生态文明高地,努力做到生态文明建设走在全国前列的重要举措。公司认真贯彻落实自治区党委、政府作出的重大决策部署,积极践行国企担当,踊跃认领了拉萨南北山绿化工程(香嘎3号片区)绿化责任分区。

公司承建的拉萨南北山(香嘎3号片区)绿化工程,工程建设规模为195.15公顷;设计绿化作业植苗67.74万株;播撒种子710千克;网围栏7 200米;配套装配式蓄水池4座;田间灌溉管道5.15万米以及管护房1座等,总投资约4 700万元。公司于2022年7月已完成既定的造林作业设计目标任务。

2023年3月12日公司组织了自验工作,各分项工程均符合《拉萨南北山绿化工程承包造林检查验收办法》评价合格标准,其中苗木成活率均在85%以上。自验合格后公司向拉萨市林业和草原局申请了初验,2023年5月25日市林草局组织专家团队对香嘎3号片区进行了首家初验,初验结果为合格。

拉萨南北山绿化工程是深入贯彻落实习近平生态文明思想的重大举措。习近平总书记指出,绿水青山就是金山银山。发展林业碳汇,进行碳汇交易,是实现"绿水青山就是金山银山"的有效市场途径。

为推动拉萨南北山"碳达峰、碳中和"项目,公司、拉萨林草局、国泰君安证券于2023年11月联合签署《林草碳汇开发、碳中和、碳资产管理战略合作框架协议》,进一步明确了三方职责,公司将利用特殊的制度管理优势承担分散的林权纳入整体资产包与资产权益管理工作。

(四)持续多措并举,优化客户服务

公司始终坚守"以客户为中心"的服务理念,将客户的需求和体验放在首位。

案例一:2023年5月公司在环球大厦商圈开展全国打击和防范经济犯罪宣传日活动,通过悬挂、张贴宣教标语和口号、派发宣教资料和现场宣讲等方式,向公众宣教经济金融风险隐患小常识、反洗钱知识、电信网络诈骗伎俩和防范技巧、剖析非法集资典型案例等。引导社会公众增强经济犯罪鉴别能力和防范意识,坚定决心共同参与打击和防范经济犯罪工作。本次活动现场向社会公众发放宣传单、宣传册及宣传折页等近260份,接待服务公众近百人次,将打击和防范经济犯罪宣传工作的落实落地。

案例二:2023年6月公司开展普及金融知识万里行宣传活动。向群众派发了《防止诈骗折页》《反洗钱知识折页》《谨防电信诈骗折页》《防范非法集资折页》《信托知识百问百答丛书》等宣传资料。宣传工作人员发放宣传资料390余份，接受群众咨询近50余次，为促进金融消费者教育贡献了自己的一份力量。

案例三：2023年9月公司开展2023年"金融消费者权益保护教育宣传月"活动，在八一社区哈达滨河花园小区摆放宣传展台、易拉宝、发放宣传折页，活动现场工作人员进社区、进商铺，用真实案例讲解保险知识，提示消费风险，重点提示谨防电信诈骗、养老诈骗、非法集资等风险，有效增强了社会公众风险防范意识和理性投资消费观念。

（五）热心公益事业，倾情回馈社会

公司作为西藏自治区国有独资企业，多次发起慈善信托支持西藏慈善事业。2023年公司设立16单慈善信托，信托规模达417.73万元，信托财产广泛用于扶贫、济困、救助自然灾害、促进科教文体卫等事业的发展、防治污染、保护和改善生态环境等慈善目的。

案例一：2023年6月，公司成功发起了"格桑花春风化雨"慈善信托，采购了一批义务教育年龄段孩子们急需的学习生活用品，向西藏自治区日喀则市昂仁县措迈乡和达居乡的两所小学进行捐赠。慈善信托工作组日夜兼程驱车1 500公里，赶在六一儿童节之际，为两所乡镇小学的小朋友们送去了学习生活用品。

案例二：2023年9月，公司设立了"格桑花杏坛春晖"和"格桑花泮池桃李"慈善信托，信托财产全部都被用于为阿木雄乡小学和如萨乡小学的学生们购买所需的物品，包括羽绒服、床单被罩、书包以及打印机等。

案例三：2023年11月，公司积极行动，设立了"西藏信托-格桑花乡村振兴6号慈善信托"。通过这一慈善信托，将筹集的慈善捐款专项用于为土布加乡马格达村集体购置农用装载机，送机器、送技术到村，协助村民学习机械化应用。同时，还为全村132户村民发放各类过冬物资，为马格达村村民的冬季生活提供了实质性的帮助，不仅减轻了村民在寒冷冬季的生活负担，更通过技术帮扶，为提升村民的生活质量提供帮助。

四、2024年发展规划

2024年，公司将继续坚持"以稳为主、稳中求进、以进固稳"总基调，努力推动高质量发展。

党建引领业务转型。 紧紧围绕"增强国企意识，提升党员能力"年度目标，充分发挥党支部战斗堡垒作用，不断促进党建与业务相融合，推动业务转型发展。

推动业务转型发展。 锚定"稳基石，塑价值，提声誉"重点业务发展战略目标，实现各业务条线的突破发展，努力达成信托业务规模2 000亿元，营业收入8亿元。

加快财富管理建设。重点布局成都、北京、拉萨，继续扩大市场化财富队伍，完善家族办公室业务体系，推动财富管理规模突破180亿元，存续客户突破1 500户。

建立"三库"人才管理。推动人员数据库、后备人才库、人才引进库"三库"建设，加快业务人员招聘，梳理和优化中后台岗位，持续打造特色培训体系。

实现"六化"财务管理。实现成本节约化、管理规范化、预算精细化、执行分析化、数据智能化、资产效益化，进一步控制财务成本，推动实现降本增效。

健全数据治理体系。开展数据治理体系建设调研，推进咨询与诊断工作，修订数据治理相关制度并强化宣贯，进一步依托信息系统及审批流程严格强化数据源头录入准确性管理。

强化风险项目处置。对风险项目进行梯队式管理，按照"一户一策"制定处置方案，通过原状返还、参与重整、司法处置、债券转让等方式，多元化推进风险项目处置。

规范业务管理体系。完善业务管理及评审体系化建设，落实合规、内控制度的同时将风险偏好落实在投前、投中及投后流程中，结合业务创新和转型发展，进一步规范化操作。

深化内控体系建设。梳理内控流程，编制风险控制矩阵及流程图，撰写内控手册形成内控管理指导性文件，开展内控评价和制度后评价，识别内控体系和制度体系缺陷并不断推动整改。

雪松国际信托股份有限公司

一、2023年经营概况

2023年以来，雪松国际信托股份有限公司（以下简称公司）积极应对严峻复杂的内外部风险挑战，以习近平新时代中国特色社会主义思想为指导，在监管部门、股东单位的大力支持下，在董事会、经营管理层的坚强领导下，在监事会的监督下，坚持稳中求进总基调，持续规范公司治理，加速推进引战增资，稳步推进转型发展，全力遏制化解风险，着力加强信访维稳工作，进一步完善内控合规和制度体系，内部管理稳定有序，公司运营总体平稳，守住了经营发展基本盘，为解决主要难题争取了时间、奠定了基础、创造了条件。截至2023年末，公司注册资本约30.05亿元，股东10家，其中，前三大股东为雪松控股集团有限公司、江西省金融控股集团有限公司和江西省江信国际大厦有限公司，分别持股约21.43亿股、占比71.3005%；持股6.24亿股、占比20.7559%；持股1.59亿股、占比5.2951%。截至2023年末，公司从业人员499人，设有前台18个信托业务部门和财富管理中心，中台部门5个，后台部门7个。

（一）固有业务（以下涉及的固有2023年数据均未经审计）

截至2023年末，公司资产总额28.72亿元（未经审计，下同），同比下降6.79%；负债总额22.73亿元，同比下降3.48%；所有者权益5.99亿元，同比下降17.51%。资产总额、所有者权益均下降，主要原因是2023年净利润亏损及部分资产公允价值下跌影响。

（二）业务经营情况

截至2023年末，公司存续信托资产总额约353.46亿元，实收信托规模约355.55亿元，同比下降43.15%。其中，主动管理类业务规模约230.35亿元，事务管理类业务规模约125.20亿元。从资金来源看，个人投资者约158.45亿元，占比为44.56%；机构投资者约197.10亿元，占比为55.44%，其中，金融机构资金106.34亿元，占比为29.91%。从资金投向看，工商企业约244.41亿元，占比为68.74%；房地产约8.67亿元，占比为2.44%；证券投资约32.51亿元，占比为9.14%；基础产业约40.71亿元，占比为11.45%；供应链业务约22.99亿元，占比为6.47%；其他约6.26亿元，占比为1.76%。

（三）内部治理情况

近年来，公司深刻认识到有效的公司治理是金融机构稳健经营的基石，连续三年制定年度治理规划，梳理公司治理重点工作清单，持续跟踪督办落实，稳步提升公司治理健全性、合理性和有效性。一是推动党的领导与公司治理有机融合，深入开展学习贯彻习近平新时代中国特色社会主义思想主题教育，开展年度民主生活会、组织生活会、主题党日活动等；二是推动优化公司治理机制，健全公司治理架构，新修订公司章程、《股东大会议事规则》《独立董事制度》等；高效规范开好"三会"，2023年共组织召开股东大会3次、董事会7次、监事会4次，各专业委员会总共召开会议11次；三是完善公司治理工作机制，制定《2023年公司治理规划》《中长期发展战略及2023年经营计划》等，并顺利完成《2023年恢复计划》与《2023年处置计划》修订更新；四是首次组织制定《中长期规划及2023年经营计划》，以"活下去、保生存"为目标，深入增收挖潜节支，竭尽全力保障流动性；五是不断推动股东股权规范管理，组织开展主要股东评估，完善股权管理机制，并持续做好股权日常管理；六是完成董事、监事、高管层的履职评价等；七是全力推进清产核资及引战化险工作。

二、创新业务案例

2023年，随着经济环境的变化、"资管新规"的深入实施、《中国银保监会关于规范信托公司信托业务分类的通知》（银保监规〔2023〕1号）正式的下发以及国家金融监督管理总局对传统融资类和金融同业通道类信托业务规模双压降的要求，信托行业进入道阻且长的转型周期。回归信托本源，围绕"受人之托，代人理财"的信托宗旨，信托行业应充分发挥牌照优势，利用好信托制度，大力发展标品信托、财富管理等业务，开创适合自身发展的创新转型之路。

2023年，公司在逆境中求生存，在探索中求发展，紧跟行业发展转型新趋势。为有效推动公司资产服务类业务发展，2023年公司积极探索了家庭信托、其他行政类等多类本源业务，争取充分挖掘业务部门资源禀赋、尽快实现公司业务转型落地及创收。其中，业务转型专班办公室在2022年运行模式基础上，深化监管沟通，及时解读政策，狠抓转型升级，弥补转型短板，服务标品业务稳健发展。截至2023年末，完成249期《风险管理部每日资讯》的汇编，累计发刊689期（共计3 400余篇文章）；编写并发布10期《创新业务案例汇编》（累计发刊17期），寻求业务类型多样化发展，持续推动公司业务转型和健康发展；在北京和南昌等地召开"新业务展业思路研讨会""业务发展及信托业务分类新规研讨会"等座谈会，积极传达监管和公司最新风险政策，鼓励业务部门主动对接、拓展业务资源和渠道，中后台部门按需配合业务部门进行前置沟通、方案设计、项目审查。截至2023年12月末，公司主动管理类项目94个，规模163.01亿元，占总规模的57.7%，其中，投资类100.37亿元，占比35.53%。

三、社会责任履行情况

2023年，公司立足自身实际，积极履行社会责任，通过成立风险资产处置工作专班、固有投资清收工作小组、重点项目专项工作小组等方式，"一项目、一方案"加速推进风险项目的风险化解工作，部分风险项目得以化解或取得积极进展，公司整体风险敞口逐步缩小。

公司积极弘扬信托文化，深入开展受托文化教育培训，相关培训内容涵盖安全生产法、防范非法集资、防范金融诈骗、网络信息安全、金融消费者权益保护、信托业务等各方面；加强信托文化宣贯交流，定期在公司官方微信公众号推送《信托文化建设简报》，普及信托知识，宣传信托文化内涵特征、实践成果、行业做法经验及公司动态。

公司构建常态化金融消费者权益保护宣传教育机制，通过公司官网、官微等平台开展金融知识普及活动，提高金融消费者对金融产品和服务的认知能力，提升金融素养和安全意识。2023年以"3·15消费者权益保护教育宣传周""普及金融知识，守住'钱袋子'""金融消费者权益保护教育宣传月"等主题教育活动为契机，全年开展10场线下集中宣传活动，发放宣传折页11 300余份，线上累计发布投教内容109篇，线上线下累计受众人数29 000余人。

四、2024年发展规划

公司坚持"守正创新、诚信尽责、稳健合规"的经营理念，积极发挥信托功能，致力于成为优质综合金融服务提供者。公司将持续立足信托本源实现转型发展，坚持审慎合规提升风控水平，践行受托责任重塑品牌形象。公司将围绕综合金融服务提供者的目标，坚持走好特色化、差异化、专业化的轻型发展道路，实现稳中求进、质效并举，以规范的公司治理引领转型发展，以稳健的展业策略推动科学发展，以审慎的风险管理实现平稳发展。2024年公司进入引战化险的关键时刻，公司将在江西省委省政府、监管部门和"三会"坚强领导下，保持特殊时期内外部稳定，降成本、求生存、深挖增收、全力节支，竭尽全力保障流动性，并扎实推进清产核资、风险处置工作。

浙商金汇信托股份有限公司

一、2023年经营概况

2023年，浙商金汇信托股份有限公司（以下简称公司）坚持稳中求进、以进促稳、先立后破，聚焦高质量发展这一首要任务和"转型发展整体深入、全面突破"主题，以"支持实体经济高质量发展"和"满足人民群众对美好生活的向往"为使命，在服务大局中积极推动公司转型发展。截至2023年末，公司资产总额46.30亿元。2023年实现营业收入4.40亿元，实现利润总额2.13亿元。截至2023年末公司管理信托资产规模1 023.40亿元。公司在信托业协会的指导下积极履行社会责任，践行国企使命担当。

（一）扎实推进业务创新转型

一是财富管理服务品牌日益增强。持续开拓新渠道，新增多家银行、券商、保险等金融同业机构的战略合作，落地首单以薪酬福利管理为目的的企业财富管理信托、券商投顾型个人财富管理信托、家丰系列家庭服务信托、外国委托人（美国FGT）信托、员工持股信托，进一步丰富了业务品类。外国委托人（美国FGT）信托荣获"诚信托·最佳财富管理服务信托产品奖"。截至2023年底，家族信托资产管理规模增至305亿元。全面启动推进个人财富管理信托业务（汇富A系列），完善相应业务制度流程。

二是资产管理信托进一步夯实。及时梳理并进一步明确各主要业务的产品定位方向和阶段性展业策略，优化运营机制，试行特殊资产预审会和证券投资投委会机制。特殊资产投资信托围绕联合投资、基金投资、共益债投资、重整投资、法拍投资5类子产品模式，进一步增强专业能力。证券投资类信托的产品服务和投资能力有所提升，持续推进与金融机构的合作模式探索，进一步丰富产品体系。

三是社会服务和慈善信托进一步突破。落地首单预付类资金服务信托和员工持股信托，落地多单企业市场化重组服务信托。企业供应链管理服务信托累计服务中小企业210余家、金额超19亿元。"精功集团破产重整服务信托"获"年度优秀风险处置服务信托"奖。当选省民政事业发展促进会常务理事单位，在集团内部推出"善行国贸"等慈善品牌，携手浙商银行推出"善本信托",参与编写的《浙江省高校教育基金会参与慈善信托的模式研究》荣获民政部"2023年民政政策理论研究三等奖",新增慈善信托单数26单,新增规模3 700.34万元。

（二）平稳做好风险防控

健全全面风险管理体系。修订完善《全面风险管理办法》《信用风险管理办法》等管理制度,持续开展全面风险大排查,除紧盯房地产项目以外,做好其他项目存续期管理和临期管理工作,尤其是创新类业务的期间风险监测和标品业务的操作运营,搭建全面风险管理、证券投资预警等系统,提升风险防控前瞻性。持续做好准入尽调、立项决策、期间管理、临期管理等各环节一系列工作。稳步推进"投研、业务及风控一体化",探索推行证券投资条线的投研整合和体系构建,做好行业和重点领域投研分析。

（三）持续优化财富服务

一是启动数字化营销体系建设,制定数字化营销工作方案,稳步推进财富业务营销方式、营销管理方式、客户服务方式等的转变。二是加强内部培训,提升展业能力,全年共组织财富端各类培训41场,强化产品尤其是投资类产品的专业基础搭建、营销技巧提升、销售经验分享及团队管理复盘分析,注重财富条线和产品条线的沟通互动,投资类产品销售能力有所提升,全年财富直销投资类产品规模占比为53%。三是加强投资者教育与消保合规管理,围绕监管重点,优化消保、投诉管理等制度,做好投资者投诉处理工作。持续深化"线上+线下""阵地化+集中性"的金融知识宣传网格,积极开展消费者权益保护活动,强化投资者教育,切实提高消费者权益保护能力。

（四）健全完善内控管理

一是调整优化组织架构,进一步推进专业化分工,推行线上线下相融合培训新模式,加快人才队伍、产品服务、风险管理、系统支撑四项能力建设。二是持续加强数字化建设,完成九大重点项目年度工作,推进各类创新业务及全面风险管理系统和数据中台建设,优化完善灾备方案及各业务系统,实现业务流程的自动化和标准化,做好创新业务开展的技术支撑。三是稳步推进文化建设工作,深入开展"文化建设深化年"活动,聚焦"文化兴企""文化育人",不断丰富拓展浙金文化内涵,厚植员工浙金文化脉络,提炼深化"浙金五大文化""浙金五大精神""五十条文化行为准则",制作发布《浙金信托企业文化手册》,积极履行"大爱浙金"社会责任,不断夯实公司转型创新发展的文化根基。四是强化审计整改,完成信托业务、全面经营管理、反洗钱、案件防控、消费者权益保护和关联交易等专项审计,全面落实安全生产、节能减排、信访维稳各项责任。

二、创新业务案例

欧裕龙公司作为浙江老牌润滑油制造企业,2020年以来,受国际石油价格周期性大幅下挫及全球疫情影响,企业发生债务危机。2022年2月17日,玉环市人民法院裁定受理欧裕龙公司破产一案。而因润滑油行业的高度专业性和市场特殊性,企业自进入重整以后困难重重。公司主动提供重整顾问服务,紧密结合欧裕龙公司自身特点,创新性地提出了"自救式重整+全过程帮扶+服务信托"的重整方案,包括为投资人设计投资与退出方案,为原企业管理层制定股权激励措施等一揽子解决方案。在重整过程中,浙金信托引进务本控股有限公司为产业投资人,并提供资金支持。在债权清偿方案方面,有财产担保债权在担保财产变现价值范围内全额清偿,劳务费债权及涉及农民工权益的,则参照职工债权全额清偿。在经营方案方面,原管理团队继续负责公司的生产经营,所有员工全部留用,维护社会稳定。浙金信托还为企业设计了详细的非核心资产处置方案,增加现金流。在各方的共同努力下,2023年欧裕龙润滑油产值大幅增加,营业额超过1亿元,顺利实现扭亏为盈。此次重整,不仅实现了企业的保值增值,还为企业后续发展奠定了基础,保持了社会稳定,也进一步优化社会资源配置,激发市场活力。

三、社会责任履行情况

(一)回归信托本源,践行金融为民

公司深入分析信托机制在助力共同富裕中可发挥的作用,坚持以客户为中心,以满足人民群众对美好生活的向往为出发点,为广大客户提供优质高效的财富管理综合服务。2023年,公司严格控制风险,提供优质的产品和服务,切实提高投资者财产性收入,促进扩大中等收入群体、提高投资者收入水平。2023年度,公司受托管理资产规模1 023.4亿元,向投资者分配理财产品投资收益累计金额26亿元。同时,公司持续优化客户服务体系,开展"3·15金融消费者权益保护宣传周"系列活动,强化投资者教育,切实提高消费者权益保护能力。此外,公司重点拓展"家族信托+慈善"信托业务,运用家族信托风险隔离、财富传承等功能助力守住财富、传承财富,扩大共同富裕的人群,促进先富帮助后富,传导"财富向善",截至2023年底,公司"家族信托+慈善"信托业务规模增至305.14亿元。

(二)发挥信托优势,服务实体经济

截至2023年底,公司支持实体经济的存续信托共96个,信托规模225.36亿元,信托资

产235.55亿元。在开展绿色信托业务方面，公司积极贯彻落实党中央、国务院、省委省政府关于生态文明建设和绿色发展相关要求，在小城镇环境综合治理、各类污水管网改造、新能源汽车驱动电机、光伏发电等项目的开发建设上有所作为，截至2023年底，公司存续绿色环保金融业务信托规模15.56亿元。在支持乡村振兴方面，截至2023年底，公司现有5个信托计划合计规模9.43亿元投向支持乡村振兴相关产业，主要用于农业示范园、田园综合体的开发建设，以科技开发、示范、辐射和推广为主要内容，促进区域农业结构调整和产业升级。在服务民营和小微企业方面，截至2023年底，公司支持民营企业存续信托项目37个，信托规模103.49亿元。服务小微企业信托项目64个，信托规模152.15亿元。

（三）强化政企合作，助力共同富裕

一是积极对接民政部门，公司积极与省市民政部门及慈善总会对接，主动服务国省重大战略和共富建设。公司于2023年6月当选浙江省民政事业发展促进会常任理事单位，成功打造"善行浙金"的慈善信托品牌，项目覆盖助学、助困、乡村振兴、支持科教文卫体事业发展、山海协作、结对帮扶等领域，受益对象涵盖欠发达地区的儿童、弱势群体等。二是赋能企业家精神，进一步推动"企业+慈善"业务模式，为企业设立冠名慈善信托。2023年，公司成立了"她力量""立友篮""金盛一号"等慈善信托，引导企业发挥产业、技术等方面的优势，用信托融合产业与公益，进一步服务实体经济、夯实共富基础。三是开拓慈善捐赠新途径，2023年6月，公司在"浙金财富汇APP"中上线"人人慈善"功能，这是省内首个面向小额捐赠人的慈善信托系统，突出"人人慈善、普惠人人"理念，进一步创新了公益慈善捐赠途径。公司参与编写的《浙江省高校教育基金会参与慈善信托的模式研究》荣获民政部"2023年民政政策理论研究三等奖"。2023年公司新增慈善信托单数26单，新增规模3 700.34万元。

四、2024年发展规划

2024年，公司将聚焦"转型发展整体深入、重点突破"主题，以落实信托业务分类新规为抓手，统筹推进短期效益和长远布局、风控建设和强化管理、稳健投放和优化配置、党建引领和高质量发展，积极构建可持续、差异化发展路径和业务模式，保持稳健运行良好态势。

中国金谷国际信托有限责任公司

一、2023年经营概况

2023年，中国金谷国际信托有限责任公司（以下简称公司）以习近平新时代中国特色社会主义思想为指引，深入学习贯彻党的二十大精神、中央经济工作会议及中央金融工作会议精神，坚持党对金融工作的全面领导，顺应监管导向，回归信托本源，坚持"稳中求进，进中谋变"工作总基调，经营管理各项工作呈现出稳中向好态势。截至2023年末，公司受托资产规模1 856.70亿元，实现营业收入10.92亿元，实现净利润3.38亿元。

（一）党建引领展现新作为

2023年，公司党委坚持政治引领，深刻把握"两个确立"，坚决做到"两个维护"，坚决贯彻落实党的路线方针政策和重大决策部署。持续加强理论武装，认真学习中央金融工作会议、中央经济工作会议精神，扎实开展调查研究，注重成果转化，做到以学促研、以研促查、以查促改，主题教育成效不断显现。坚持加强党的政治建设，切实履行主体责任和"一岗双责"，全面从严治党进一步向纵深推进。

（二）转型创新取得突破性进展

公司深入实施创新驱动发展战略，积极顺应监管导向，坚持差异化、特色化发展，科学研判市场变化，及时调整业务策略，推进管理创新、协同创新和业务模式创新。公司发挥集团不良主业优势，市场化拓展首单破产重整服务信托，助力广西中旭破产方案加速落地；在资产证券化领域持续保持品牌优势，2023年先后荣获优秀ABS发行人奖、杰出资产证券化服务奖，并成功落地"中国信达资产管理股份有限公司2023年度乾元第一期定向资产支持票据信托"，为市场首单金融机构ABN项目，规模超百亿元；积极践行绿色信托理念，成功设立新疆建工ABCP项目；成功设立全国首个街道级共同富裕专项慈善信托，并荣获北京市第三届公益创投大赛一等奖。

（三）财富管理能力再上新台阶

公司坚持"大财富"发展理念，持续推进财富管理条线建设，不断深化资金资产两端

"双轮驱动、互相促进、协调发展"的良好格局。家族信托服务体系基本搭建，家族信托业务存续规模同比增长18%。客户拓展与服务水平不断完善，线上产品认购智能化，线下客户活动多样化，品牌推广效应得到进一步强化，财富管理服务能力全面提升。

（四）合规风控建设实现新提升

公司始终将风险防控放在至关重要的位置，全面化、常态化加强合规风控管理工作，确保公司稳健发展。根据新分类标准，持续细化完善展业标准，加强项目全流程闭环管理，持续规范尽职调查、中介机构选聘、审批决策、信托产品销售、信托放款、期间管理等关键环节。结合白名单、业务准入、集中度等制度，加强精细化管理，不断深化深耕策略，优化合作区域、主体和层级，开展实时跟踪调研，形成客观、独立判断，强化业务风险防范水平。

（五）科技运营管理得到新发展

公司持续优化"事前、事中与事后"运营管理体系，优化项目在"合同签署、受托服务、资产估值、项目清算"等运营环节的管理机制，压实运营监督管理职责，丰富运营管理系统化手段，强化大运营对业务全生命周期的支撑保障作用。逐步完善"数字金谷工程"，提升公司在"产品创新、受托服务、资产运营、财富营销以及内部流程管理"等方面的数字化、智能化水平，以科技赋能公司高质量发展。

二、创新业务案例

2023年，公司顺应监管导向与行业发展趋势，积极探索本源业务，开拓思路创新新品种，充分挖掘，主动作为，不断突破，最终打造和形成与客户需求相匹配的产品体系，提升公司服务客户的价值。

公司持续发挥集团主责主业优势，在风险处置服务信托业务领域取得了新突破。2023年，公司成功落地"金谷·鸿瑞2号破产服务信托计划"。本信托是公司积极响应监管号召，通过设立企业破产服务信托，在企业破产重整案件中对资产进行风险隔离、处置、收益分配等功能的重要应用。信托计划底层资产为广西中旭集团等25家关联公司，规模80.7亿元，是广西壮族自治区首次在破产重整案件中引入破产服务信托。通过设立破产服务信托，一方面，在破产重整案件中实现对资产进行风险隔离、处置、收益分配，实现资产最大化回收，最大限度保障债权人利益，同时推动底层房地产项目实现"保交楼"目标，具有良好的社会效应；另一方面，通过信托工具的灵活应用，服务中国信达不良资产主业拓展，探索公司特色化经营道路。

公司积极拓展资产服务信托等本源业务，在资产证券化方面持续发力。2023年，公司设立"中国信达资产管理股份有限公司2023年度乾元第一期定向资产支持票据信托"。中国信达将其合法所有的基础资产（特定债权和特定有限合伙份额）信托委托公司，公司作为特定目的载体管理机构，以簿记建档方式在全国银行间债券市场定向发行资产支持票据。本资产支持票据总注册发行规模105.9909亿元。本单ABN为交易商协会新规实施后，中国信达作为企业资产证券化发行主体在银行间债券市场的首次亮相，是银行间债券市场的首单金融机构ABN产品。本单产品的成功发行，标志着中国信达在银行间市场完成市场化业务存量资产的盘活，进一步拓展了中国信达融资渠道，为AMC行业以及国企创新融资提供有益探索。

三、社会责任履行情况

公司始终以习近平新时代中国特色社会主义思想为指引，全面贯彻党的二十大精神，深化党的领导与公司治理有机融合，将党的领导融入公司治理各环节，持续完善风险管理体系，严格执行廉洁从业规定，聚焦服务实体经济、防控金融风险、深化金融改革三项任务，切实履行社会责任，促进经济、社会和环境的全面协调可持续发展。

公司积极践行金融工作的政治性、人民性，坚定回归信托本源，紧密围绕国家产业政策导向，以科技金融、绿色金融、普惠金融、养老金融、数字金融为引领，充分发挥信托工具优势，加大对民生领域、实体企业、绿色产业等的金融扶持力度，助力实体经济发展、地方产业转型升级及防范化解金融风险。

公司积极履行国有金融企业的使命担当，将践行社会责任与信托功能有机结合，与中国信达联合创设"信达大爱"慈善信托品牌，通过在产业、人才、文化、生态等方面开展帮扶，坚决贯彻党中央、国务院关于巩固拓展脱贫攻坚成果、助力乡村振兴的决策部署。截至2023年末，"信达大爱"系列共设立13单慈善信托，累计支出慈善款金额7 283万元，覆盖新疆、青海、云南、贵州等十七个省（自治区）。

公司秉承"受人之托、代人理财"理念，以受益人合法利益最大化为原则，忠实履行受托责任，全年为受益人分配收益73.99亿元，为投资者实现了财产保值增值。

公司不断完善员工关爱体系，推动员工与企业共同成长。通过不断完善培训体系、保障员工职业健康、开展员工文体活动及员工帮扶等，切实增强员工福利，保障员工权益。

公司积极践行低碳环保理念，设立绿色信托产品支持绿色产业发展；利用科技手段，完善信息系统建设，拓展线上金融服务，推广电视电话会议；倡导绿色办公，引导员工树立节能环保理念；积极开展环保公益活动，引导员工形成珍惜资源、节约能源的生活习惯。

四、2024年发展规划

2024年，公司以习近平新时代中国特色社会主义思想为根本遵循，深入贯彻落实中央金融工作会议精神，坚持差异化、特色化、专业化发展战略，坚持回归信托本源，践行信托文化，持续提升服务实体经济质效。加快推进转型步伐，将公司打造成为一家具有鲜明特色和市场竞争优势的信托公司。

旗帜鲜明讲政治，持续强化党建引领。深入推进全面从严治党，持之以恒正风肃纪，持续深化巡视审计整改质效。

胸怀金融报国，坚定回归信托本源。立足服务实体经济发展需要，结合自身业务优势，将服务实体经济、回归信托本源融入经营管理各个环节。

坚持底线思维，持续完善风控体系。不断完善长效机制，持之以恒抓好风控合规建设，多措并举丰富风险化解模式。

优化体制机制，强化文化引领能力。不断完善各项经营管理机制，加强企业文化建设，胸怀"国之大者"，强化使命担当，厚植清廉金融文化，为公司高质量发展提供保障。

中国民生信托有限公司

一、2023年经营概况

（一）完善公司内控管理

中国民生信托有限公司（以下简称公司）严格执行监管制度及行业自律管理要求，定期开展专项排查工作。一是及时组织开展了全面风险排查和关联交易（包括关联交易系统）整改等专项工作；二是组织制定了整改落实方案，不断完善内控体系建设，夯实管理基础；三是就固有资产、存续的信托/基金项目，公司开展第三方评估工作。

（二）强化投资人维稳工作

公司积极应对不稳定因素，发挥客户接待专项工作领导小组作用，制定相应风险处置预案，积极与个人投资者进行沟通，安抚投资者情绪。从舆情风险排查、接访团队建设、沟通机制建设、产品兑付清算、压降涉众风险人数等方面，全面保障公司经营秩序，妥善处理客户来访，积极防范化解突发事件风险，做好投资人安抚工作，维稳工作整体取得了较好的成果。

（三）推动财富团队建设工作

公司一是面向全体财富团队召开公司层面会议，通报股东层面、信托公司层面工作进展和重点工作部署与展望，稳定军心；二是坚持召开财富中心负责人、理财经理日常工作沟通会议；三是坚持召开中心负责人周例会，通报公司层面的各延期产品情况，了解各中心工作中遇到的问题，给予相应的支持和疏解。

（四）持续优化组织架构

公司持续优化组织架构设置和人力资源配置。组织架构方面，公司进一步整合同质化信托业务部门，优化梳理财富市场总部下各财富中心机构设置，及时调整部门设置和职能定位，精简业务流程，提高管理效率，降低管理成本。

（五）健全网络安全系统工作

公司继续对信息安全风险进行了全面评估，从物理、网络、主机、应用、数据、管理等6个技术方面，分析了当前管理现状、存在问题与安全风险，提出并推进落实各项整改方案，及时完成系统漏镀修复、互联网资源梳理优化及数据备份策略优化等工作。同时，基于信息系统等级保护2.0国家标准要求，公司完成了CRM、APP（等保3级系统）的年度复测工作，对测评发现的系统缺陷、安全隐患进行了整改，并按等保最新要求对相关管理制度、运维流程进行细化完善。

二、社会责任履行情况

公司始终秉持"得益于社会，奉献于社会"的核心价值观，在展业过程中始终重视发挥作为金融机构的社会责任，积极尝试以开展慈善信托的方式助力脱贫攻坚工作和拥军优属工作。

2023年，公司"拥军优属系列慈善信托"共计完成慈善支出10.1万元。其中，2023年5月，公司作为"中国民生信托–2021拥军优属支持边防慈善信托"受托人，根据慈善目的，并经慈善信托决策委员会审议通过，向新疆维吾尔自治区边防伤残军人和边防烈属捐赠10万元，用于帮扶援助当地符合受益对象条件的人员50人，每人资助现金2 000元，为改善新疆地区伤残军人及烈士遗属的生活提供了帮助；2023年12月，公司作为"中国民生信托–2021边防烈士抚恤慈善信托"受托人，向中国退役军人关爱基金会捐赠资金965.89元，用于我国人民解放军边防部队烈士家属的抚恤优待工作。

2023年，公司作为"中国民生信托–2020立德树人慈善信托"受托人，根据慈善目的，并经慈善信托决策委员会审议通过，于5月向山东大学"春煦助学计划"捐赠1万元，用于资助家庭困难的山东大学在读本科生，以保障学生在校基本生活。

2023年，由公司出资并设立的"中国民生信托–2018甘肃临洮民生精准扶贫慈善信托"向甘肃省定西市临洮县捐赠资金20万元，用于临洮县紫竹苑幼儿园的校舍、院面维修，对改善当地学前教育环境将起到积极作用；同时向甘肃省定西市临洮县助学项目捐赠7万元，全部用于资助临洮县无人抚养儿童及低保家庭残疾学生，每人资助现金500元，资助人数140人。该项目于2023年7月终止。

三、2024年发展规划

近年来，受宏观经济下行、部分行业持续调控、金融领域监管趋严等因素影响，房地产市场以及部分实体企业信用风险集中暴露并向金融领域传导，信托传统融资业务风险也加速暴露，信托公司现阶段普遍面临风险化解压力。如何有效防范风险，加快风险处置化解，实现对困境企业、困境项目的回款清收，既是众多信托公司近期的重点工作及核心要务，也是未来行业专注于转型发展的前提。

目前在部分新的业务领域，信托公司无论是在市场规模或者专业经验等方面都不具备明显优势，而部分新业务暂时无盈利或者盈利有限，如果在新业务与盈利之间不能找到一个有效的平衡点及结合点，则新业务开展将难以持续和形成规模。从长远来看，信托公司要实现成功转型，还需要进一步寻求合适的业务机遇和业务模式。

在此背景下，公司应结合自身实际情况，首要任务是集中力量加快风险资产处置，全力实现项目回款清收，妥善化解风险，维护投资者权益。另外，随着信托业务"三分类"新规落地，公司要积极围绕新规政策，持续加强跟踪与研究，以坚持合规、风险可控为前提，积极寻找新的业务机遇，探索新的业务模式，鼓励和引导业务稳步发展和创新，共同努力推进新业务的落地。

2024年，公司将着重关注以下工作内容：

（一）多维度、全方面做好投资人维稳工作

公司从接访团队建设、沟通机制建设、压降涉众风险人数等方面，全力做好投资人维稳工作，妥善处理客户来访、有效化解突发事件。下一步，公司依然要将客户维稳工作列为重点，全面保障公司经营秩序，妥善应对客户来访，积极防范化解突发事件风险，维护首都社会稳定。

（二）全力推进风险资产清收工作目标不动摇

公司将继续全力推进风险资产清收工作目标不动摇，认真总结成功处置经验，分析处置过程中遇到的问题，继续把不良资产清收作为年度重点工作。一是要加强各部门的协同，深入、强化项目基础管理，共同推进风险项目处置进展；二是要对各个风险项目均落实到专人管理，对项目风险化解方案和处置进度逐一跟踪和摸排，对项目处置过程中存在的难点和问题进行专题分析、讨论；三是未来将结合实际运行情况，不断完善风险处置工作机制，包括职能分工、制度流程等，提高内外部沟通效率和工作效率；四是积极鼓励全员清收，奖惩分明，充分调动员工对风险处置工作的积极性。

（三）顺应政策，探索发展道路

信托业务"三分类"新规的落地，对整个信托业具有深远影响，信托业务转型发展仍需要一定过程。公司要实现成功转型，回归业务本源，还需要进一步寻求合适的业务机遇和业务模式，同时兼顾创新与持续盈利。一是围绕信托业务"三分类"规范要求，不断完善制度流程体系；二是加强基础研究，发挥风险管理的引导作用；三是强化风险管理要求，增强全员风险合规意识；四是认真落实监管部门要求，以服务实体经济、回归信托业务本源为核心，积极响应监管政策导向和政策要求，严格执行监管部门风险自查排查要求，不断完善公司风控系统建设，规范经营。

中航信托股份有限公司

一、2023年经营概况

2023年，中航信托股份有限公司（以下简称公司）聚焦服务中国航空工业集团主责主业，全力推进风险处置化解，努力锻造高品质受托人，实现高质量发展，为航空强国建设贡献信托力量。截至2023年末，公司管理受托资产规模6 146亿元，全年实现营收18.23亿元，利润总额1.01亿元。公司根据信托监管分类的最新要求，积极将公司业务结构向资产服务信托、资产管理信托和公益慈善信托方向转型，推动公司业务回归信托本源。

二、创新业务案例

在服务航空产业、履行兴装强军首责方面，公司推出行业首单供应链金融行政管理服务信托，由军工企业与公司共同发起"供应商联合支持计划"，公司作为服务信托受托人，在保证信息安全的前提下，通过与托管行的合作，实现资金安全等多重目的，创造更独立、高效、安全的业务价值，为航空产业链的可持续发展、航空科技创新提供有力支持，为供应商后续得到金融市场的投融资支持创造条件。

在服务信托方面，公司落地业内首单智慧停车楼行政管理服务信托，将作为独立第三方为智慧停车楼的建设、运营及退出提供资金端的运营托管、账户管理、交易执行、份额登记、会计估值、资金清算、风险管理、执行监督、信息披露等行政管理服务。落地薪酬递延服务信托，将应递延发放的薪酬通过信托专户进行管理并由信托公司按照事先制定的规则直接进行薪酬发放，实现企业与员工利益的一致性，助力企业长期发展。

在数据信托方面，公司推出"基于信托机制的数据要素流通新型商业模式"项目，荣获2023第二届中国数据大赛三等奖（创新实践奖）。该项目聚焦能源电力场景，公司作为数据信托受托人基于信托制度安排，使数据要素形式的信托财产各项权能通过制度得以设计和落实。在技术层面通过大数据、区块链等信息技术，研发并构建了数据信托运营管理平台。在合作层面，通过联合数源企业、用数企业、科技运营企业、数据交易所、数据经纪人等多方主体，建立数据要素流通、交易和利益分配的新型商业模式，解决行业数据交易痛点，共同打造数据要素价值实现的开放生态。

在绿色信托方面，公司推出绿色信托三大子品牌——天岚新能、天岚碳慧、天岚环境，正式迈入绿色信托2.0阶段，以实现更专业化、体系化、品牌化的运营。天岚新能主要聚焦清洁能源、储能、动力电池、新能源汽车、建筑节能、工业节能等产业。天岚碳慧围绕碳信托、碳资产管理、CCUS（碳捕集、封存和利用）等低碳新技术开展气候投融资；天岚环境聚焦环保产业开展转型金融，主要投融资赛道为固危废处理、资源循环利用、土壤污染治理等。

在慈善信托方面，公司发布国内首个基于捐赠人建议基金模式（DAF）的慈善信托——2.0版本"君子伙伴慈善信托"，该慈善信托由中华慈善总会作为委托人（资金来源于工行私行客户捐赠），中航信托担任受托人，工行私人银行提供综合顾问服务。该模式有两个创新特点：一是作为永续集合型的慈善信托服务平台，充分发挥聚焦和共享优势，在众多私银客户间和优质慈善项目之间搭建桥梁；二是捐赠人还可以自主在慈善项目库中筛选慈善项目，更好地体现其捐赠意愿，进一步提高公益慈善的透明度，有效提升捐赠人的参与度和积极性。

三、社会责任履行情况

2023年，公司始终牢记"航空报国、航空强国"的初心使命，以航空为根，持续关注民生和社会进步，积极履行社会责任，通过多种方式和途径参与乡村振兴、慈善信托、爱心公益、绿色生态等事业，发挥自身优势，促进经济与社会和谐发展。

扎实有序推进乡村振兴。支持定点帮扶对象江西省永新三湾汗江村发展蜜蜂养殖、红薯干等特色生态富民产业，不断壮大村产业发展；扎实推进五大振兴发展战略，组织村民骨干参加全省道地药材与江西省首届蜂业高级研修班，通过互动交流提高专业技术，商讨未来发展路径；与江西省赣剧院合作打造送戏下乡活动，丰富农村文化生活；加强建设童心港湾，为留守儿童健康成长提供舒适成长学习空间；宣传三湾红色基因，带动当地红色旅游良好健康发展。

投身公益慈善与社会实践。通过成立慈善信托引导社会关注弱势群体，持续开展爱心捐赠、航空科普、敬老慰问、无偿献血等各类公益爱心活动，冠名支持善行者公益徒步活动，带动社会公众捐款超1 698万元；公司"吴大观"志愿者持续与鸡冠山小学贫困学童开展结对帮扶，以形式多样的航空科普教学课和丰富多彩的航模飞行实验传播航空文化。开展"爱党爱国爱航空"系列文化帮扶活动，为贵州安顺地区乡村小学建设95个"书香航空阅享角"。整合社会力量支持集团定点帮扶县贵州省紫云、关岭、镇宁、普定，陕西省西乡县，2023年累计引入帮扶项目资金381余万元。

开展金融消保与尽职服务。切实在全业务链中融入金融消费者权益保护理念与措施，持续提升金融服务实体经济质效，大力开展具有信托行业特色、广泛社会影响力的消保投教活动，持续加强员工培训。持续推出"照10说经济""鲲鹏大师课""鲲鹏行万里""鲲鹏微课堂""鲲鹏小咖秀""鲲鹏会客厅""消保第一课"等一系列特色投教栏目。全面加强专业条线产品和服务管理，着力构建金融知识普及长效机制，深入践行"以人民为中心的发展思想"、提升金融消费者金融素养和风险防范能力，提高员工金融服务水平。

强化公司先进文化力建设。2023年公司以集团公司先进文化力建设为指引，树立"文化兴企"理念，实现"五力"提升。通过开展文化学习培训、文化自省、行为检视等活动，引导全体党员干部职工把个人目标与组织目标统一起来。通过制度、流程将文化建设融入业务发展，打造创新文化、质量文化、保密文化、廉洁文化、合规文化等各专项文化。同时，通过强化民主管理、完善职工晋升通道、丰富职工文体活动、加强职工健康保障等举措，不断提升职工的安全感、获得感和幸福感。

四、2024年发展规划

2024年及今后一段时期是中航信托转型发展的关键时期，公司将以习近平新时代中国特色社会主义思想为指导，以党的二十大精神为指引，全面贯彻中央金融工作会议和中央经济工作会议要求，落实集团公司和中航产融决策部署，以服务"兴装强军"为首责，以牢守"不发生系统性风险"为底线，坚持稳中求进，以进促稳工作基调，回归信托本源，全面提升信托服务航空主业及社会民生的能力与实效。

一是快速做大资产服务信托业务。夯实资产服务信托核心业务能力，推动创新业务快速发展。持续做大家族信托、保险金信托、资产证券化信托的业务规模，提升市场占有率；积极拓展服务信托业务，推动财富管理服务信托、行政管理服务信托、员工激励信托和风险处置服务信托等新模式形成可复制、易推广、有效益的业务模式；深入分析挖掘现有资产管理信托中的超高净值客户，促进存量客户转化，引导超高净值客户设立家族信托或账户信托（个人或法人财富管理信托），进一步提高客户黏性；加强数字化系统建设，提升业务效率，赋能业务快速拓展。

二是加速做强资产管理信托业务。加快提升公司经营造血能力，推动资产管理中心规模提升，重整信托业务中心拓展业务范围，形成"两条腿走路"。资产管理中心继续做强标品业务，不断丰富产品线，形成产品品牌，提升市场地位，加快提升业务规模。充分发挥公司在非标领域积累的优势，按照产业发展逻辑，选优做精战略领域新业务和特色业务，通过债权、股权、基金化等多元产品手段，协调资源共享，提升绿色信托、基础设施、私募股权业务规模,创新业务方式和路径,加强对科技创新、高新技术、服务集团主责主业业务探索。

三是聚力强化风险防化与合规管理能力。筑牢风险管理防线,切实推进风险处置化解,全面推进风险资产清收处置。加强对新增项目事前风险审核把关,严控新增风险项目。加强风险监测分析预警与重点领域专项检查,进一步提升风控体系有效性。加强重点领域风险防控,持续开展风险防控效果评价,推进风控数字化平台建设和尽职尽责管理平台建设,提升风险管理和法律合规管理的数智化水平。

四是扎实提升内部管理效能,持续赋能转型发展。围绕信托新业务分类和公司战略转型需求,持续调整公司人力资源管理发展策略,优化公司重点业务机构和职能部门设置,加快落实组织架构调整,全面构建与战略业务匹配的专业化能力体系和人才队伍,保障公司运营高效。坚持把投研引领放在发展的首要位置,及时学习研究中央对国内外政治经济形势的科学研判,重点跟踪把握国家经济金融领域最新动态和实体产业政策文件精神,精准科学研判公司正确发展方向。同时持续提升经营计划管理水平,充分发挥全面预算资源配置作用,大力推进提质增效专项行动,将资金和费用资源优先配置给专业化方向明确、转型成效明显的部门或业务单元,为业务创新、市场开拓提供资金支持和费用保障。

五是全面强化党的建设。进一步坚持党的领导加强党的建设,以政治建设为统领,发挥党委"把管保"作用,优化完善贯彻落实党委工作体系。充分发挥党委在公司的领导核心作用,为公司高质量发展提供坚强有力的政治引领和政治保障。坚持不懈用习近平新时代中国特色社会主义思想凝心铸魂,推动思想政治工作落实落细,营造干事创业良好氛围。同时持续增强基层党组织政治功能和组织功能,打造具有航空特色的信托文化体系。

中泰信托有限责任公司

一、2023年经营概况

2023年，中泰信托有限责任公司（以下简称公司）继续按照监管要求，加强风险化解，加快转型发展，坚持稳中求进总基调推动公司各项工作。截至2023年12月31日，公司资产总计51.57亿元，负债总计6.58亿元，所有者权益为44.99亿元，净资产收益率为4.30%，净资本为36.18亿元，净资本/净资产的比率为80.42%，净资本/各项风险资本之和的比率为764.90%，均远高于40%及100%的监管标准。公司的净资产保持稳定和充足，公司资产保持较高的流动性水平，信托业务运行平稳，为公司下一步大力拓展业务奠定了良好的基础。

截至2023年末，公司受托管理信托资产规模133.46亿元，其中，集合信托规模35.86亿元，单一信托规模29.82亿元，财产权信托规模67.78亿元；主动管理型信托规模21.35亿元，被动管理型信托规模112.11亿元。

2023年公司全年实现营业收入2.76亿元，比上年增加101.14%，其中，信托业务收入0.41亿元，比上年减少3.62%，在当期营收中占比14.85%；自营业务收入2.35亿元，比上年增加148.19%，在当期营收中占比85.15%。公司2023年全年实现利润总额为2.02亿元，实现净利润为2.02亿元。

二、创新业务案例

公司秉承诚信服务、专业理财、创新思维、理性投资的精神，坚持与新老客户、核心产业和区域经济一起成长的理念，注重提高创新能力，在发展中正确处理效益与规范之间的关系。在信托创新产品构建、信托销售能力建设、基础管理工作提升等方面充分发展的基础上，深化公司治理及运营体系的优化调整工作。

2023年，公司基于业务发展外部环境和自身能力，持续业务创新探索。公司立足受托人本位并回归信托本源，探索创新以受托服务为核心的资产服务信托，将金融服务与财富管理服务相结合，以家族信托、家庭服务信托、法人及非法人组织财富管理信托等重要业务方向，在现有家族信托、法人及非法人组织财富管理信托等业务经验的基础上，通过进一步加强自身投研能力、主动管理能力、客户服务能力以及科技服务能力等，逐步打造信托公司新的业务支撑体系和核心盈利模式。在家族信托、家庭服务信托、法人及非法人组织财富管理信托等方面积极开拓，完善产品线设置，深挖客户需求，提升管理能力与多样化协调能力，以专业能力获得客户信任等方面着力，满足客户除财产保值增值外的其他需求，如资产配置、财务咨询、税务咨询、财产分配、慈善捐赠等，增加客户黏性，提升收益水平。同时，以业务为导向，完善内部管理、业务指引规范和信息系统建设，为业务模式的规模化推广打下坚实基础。

三、社会责任履行情况

（一）公司秉持立体社会责任观

公司坚持以"利益相关者"的丰富内涵和维度承担社会责任，并倡导将企业发展与企业社会责任相结合。公司关注并纳入企业社会责任承担中的"利益相关者"包括公司员工、客户、股东、监管机构、社区、合作伙伴、媒体、社会公众等。公司遵守法律法规和监管要求，坚持可持续发展，以专业能力支持实体经济发展、支持民生保障类实业的发展，妥善履职，维护客户权益，严格落实监管要求，积极应对媒体问询，支持所在社区各项工作，最终为员工的职业发展提供保障，为股东创造价值。

（二）将金融投资者教育与消费者保护有机结合

2023年，在企业社会责任方面，公司在以专业能力支持实体经济发展、支持民生保障类事业发展、保护投资者权益等工作。2023年为"信托文化深化年"，公司在报告期内完成了各利益相关者的宣传引导工作。在目前公司业务发展受限的情况下，公司法律合规部门、稽核审计部门根据有关监管要求，在日常工作中，及时发布法规政策、警示案例等宣传材料，持续推动信托文化、合规文化、清廉文化建设。为加深公司员工对信托行业受托责任、业务转型和风险防控的深入理解，公司重视信托业务"三分类"变革，对财富管理服务信托、行政管理服务信托、资产证券化服务信托、公益慈善信托、消费者保护等行业热点和新兴业务领域，定期开展专项业务培训，提升员工金融素养，促进公司转型与业务发展。

2023年内，公司消费者权益保护工作委员会和消费者权益保护小组积极工作，组织活动包括"3·15消保宣传活动""防范非法集资宣传月活动""金融知识普及月"等活动，并在日常工作中审慎、妥善履行企业的社会责任、及时处理投资者的咨询、投诉和建议意见。

四、2024年发展规划

（一）制定公司发展战略时考虑的因素简述

1. 战略制定长期性。战略规划作为公司长期经营发展的主要纲领，对业务的开拓和实施起到了引领和推动的积极作用。在当前宏观环境复杂多变的大背景下，发展战略既要着眼于短期发展，也要着眼于中长期布局，着力打造并提高自身专业能力。

2. 业务布局多元化、均衡化。当前，全球经济在"困"与"韧"之间艰难复苏，我国宏观经济持续恢复向好，但是市场内生性总需求不足，信心恢复缓慢。随着信托业务"三分类"新规的落地，信托公司长期战略布局需在信托业务"三分类"业务框架中，在具备信托基础的赛道中寻找新机会，着眼于多元化和均衡化。

3. 转型创新实用性。伴随着信托业务"三分类"新规的落地，转型创新成为未来信托公司发展战略的重要内容，在新的宏观形势和监管指引下，信托公司要聚焦信托业务"三分类"新规下细分子类的关键机会，并进行优先级排序，重点把握一些需求天花板较高、信托业具备特色化竞争力的业务，并根据机构自身禀赋和业务基础进行选择。信托公司的转型创新与自身发展将更加紧密结合，更加注重实效。

（二）当前发展战略简述

公司秉承诚信服务、专业理财、创新思维、理性投资的精神，坚持与新老客户、核心产业和区域经济一起成长的理念，注重提高创新能力，在发展中正确处理效益与规范之间的关系。在信托创新产品构建、信托销售能力建设、基础管理工作提升等方面充分发展的基础上，深化公司治理及运营体系的优化调整工作。

公司将认真贯彻落实国家宏观经济政策和金融监管要求，建立规范、高效的公司内控体系，不断提高对各种风险的识别、防范和控制能力。以深化信托行业转型、强化创新和夯实管理为抓手，促进业务转型升级和结构调整。始终坚持市场化、差异化、规模化的发展路线，致力于在明晰的发展战略指导下，依托优秀的企业文化和价值观、人力资本体系、法人治理结构，构建运转流畅的资产管理体系和财富管理体系，着力提升资产管理能力、风险控制能力和财富管理能力，真正将"受人之托、代人理财"的理念注入业务实践当中，形成多层次多纬度的信托产品，推动公司信托业务回归信托本源，为实体经济服务，为各利益相关者创造价值。

公司持续贴近市场，加强研发，以业务和产品创新为核心，提高创新能力，形成新的创新业务布局，强化对市场的前瞻性判断和对业务的准确把握，为后续的发展创造条件。公司立足受托人本位，探索创新以受托服务为核心的资产服务信托业务，在财富管理服务信托、行政管理服务信托、资产证券化服务信托、风险处置服务信托等领域寻求特色化发展，同时在公益慈善信托领域进行新突破，扩展信托制度应用领域。公司通过参与投资非上市公司股权或者上市交易的债券、股票以及REITs等，运用金融科技结合具体场景，满足客户多元需求，提高信托服务的效率和效果，建设成为制度健全、内控到位、管理科学、经营规范的，具有核心竞争力的专业金融机构，进一步支持实体经济，支持国家建设现代化产业体系和科技创新体系。

风险管理方面，公司持续建立专业化风险防控体系，通过搭建分类、专业风险防控体系，强化前期风险控制和中后期风险管理有机结合，以应对复杂多变的内外部经济环境对信托资产质量的影响冲击。同时，在信托行业整体风险持续出清的背景下，公司将以有效的风险资产处置机制，提高风险处置效率和回收效果，降低风险的不利影响。

组织建设和选人用人方面，公司正逐步建立与业务发展的要求相匹配的考核激励机制。以价值创造为导向，分类建立以创新、质量、贡献为导向的激励机制；并形成与经营业绩紧密挂钩的差异化薪酬决定机制，建立风险共担、利益共享的机制，形成担当负责的文化导向。

中原信托有限公司

一、2023年经营概况

2023年是全面贯彻落实党的二十大精神的开局之年，也是中原信托有限公司（以下简称公司）全面转型发展的关键之年。扎实开展学习贯彻习近平新时代中国特色社会主义思想主题教育，坚定不移用党的创新理论武装头脑、指导实践、推动工作，紧紧围绕省委省政府战略部署，锚定"两个确保"，聚焦"十大战略"，积极应对复杂困难的经营环境，完整、准确、全面贯彻新发展理念，坚持服务实体经济、服务人民美好生活的宗旨使命，全面深化内部改革，大力发展本源业务，抓好风险防范化解，转型创新实现新突破，不良资产清收成效显著，总体经营形势回升向好，高质量发展扎实推进。截至2023年末，资产总额4 080亿元，其中信托资产3 972亿元，固有资产108亿元。全年实现总收入8亿元；实现净利润1.4亿元，同比增长11.11%；上缴各类税金8.9亿元，同比增长13%，为地方经济建设作出了积极贡献。

（一）主要业务稳健发展

信托业务方面。立足信托业新发展阶段，聚焦可持续增长点，积极构建适合公司的发展模式，努力打造差异化竞争优势。一是标品业务开拓成效明显。标品信托规模达到294亿元，除日开、半年开、年开产品外，主动管理的产品新增了周开、月开、季开系列产品，标品产品线进一步丰富；另外，与中原银行、汉口银行、北银理财、郑州银行四家机构落地标品委外业务108亿元，业务开拓成效明显。二是加大金融同业和企业集团客户开发力度。金融同业合作方面，有标品业务合作落地的金融同业机构达到18家；企业集团业务方面，与16家省内客户合作业务，规模129亿元；与6家央国企客户落地业务，规模23亿元，业务类型涵盖委托贷款、员工信托、薪酬福利信托、资产证券化、标品直投等，企业集团客户营销取得了一定进展。三是积极推广预付资金信托。聚焦高质量推进"信用河南"建设，大力发展特色化服务信托，预付资金信托业务迈出重要步伐，2023年成立11单业务，覆盖3个城市11个业务领域，预付金信托"洛阳模式"逐步成熟，有望在其他地市复制推广。

固有业务方面。充分发挥固有业务压舱石和稳定器的作用，逐步提升固有资金盈利能力。一是做好股权管理。积极争取参股企业现金分红，2023年收到分红3750.58万元，合并权益增值贡献收入约1.6亿元，为公司收入基本盘提供了有力支撑。二是积极推进PE投资业务。持续完善制度体系，加强投研能力建设，聚焦省"十大战略"，完成与新型材料、半导体芯片等相关的5个战略性新兴产业项目投资，截至2023年末累计投资16只基金，实缴2.69亿元，累计投资净收益率31.26%。三是科学规划配置固有资金。做好资金配置规划，明确资产配置比例和投资期限等，筛选优质金融产品入池，把握跨年存款和逆回购等交易机会，快速配置近21亿元可运用资金。合理安排固有资金，助力信托业务转型发展。

（二）财富管理能力稳步提升

以客户需求为导向，通过丰富产品线、增强资产配置能力、发展家族/家庭信托等举措，满足客户多样化、个性化的产品需求。一是积极做好柜台直销。着力做好标品营销，布局上线双利、宏盈等新产品线，配置标品的客户比例达到85%，同比增长15%；打造智能营销平台，优化升级APP功能，签约使用率达95%。二是大力开发新客户。通过组织营销竞赛，开展"百天冲刺"专项激励活动等措施，拓展了苏宁银行等机构客户以及高净值自然人客户，新客户开发数量显著增长，存续活跃客户数量同比增长26%。三是加大财富管理服务信托业务开拓力度。家族信托、家庭信托、保险金信托三类业务新增项目201个，新增规模16.12亿元。激发全员营销热情，员工客户共计签约5.62亿元，同比增长151%。

（三）扎实做好风险管理

持续提高政治站位，把防范化解金融风险作为经营管理工作的永恒主题。一是高度重视审计整改和风险项目清收化解。高度重视审计整改，认真对待审计署审计调查和监管部门专项核查，周密制定整改方案，有序推进整改工作，按时完成各项整改任务。加大风险项目清收处置化解力度，通过现金清收、交易对手破产重整、第三方收购等方式，不良资产清收成效显著。二是健全全面风险管理体系。全面梳理经营过程中主要风险点，与各部门签订《全面风险管理责任书》，压实风险管理责任，构建覆盖全面风险的管理体系。做好新分类政策下风险管理，制定转型业务尽调模板，发布风险提示，规范业务开展。建立评审统计分析机制，及时推广可行业务模式，加强对异地部门的展业指导，提高业务开拓效率。三是加强全流程风险管控。严把项目准入，坚决劝退风险隐患项目，筑牢风险防控第一道防线。将避免受托赔偿责任作为根本标准，推行事前清单式、要素式合规审查，抓实做细事中重点领域、重点环节法律风险排查。以"全面覆盖+个性定制"的方式做好培训宣传，提高员工风险识别和防控能力，构筑全员合规的风险防线。

二、创新业务情况

公司立足高质量发展的首要任务,坚持以信托业务"三分类"政策为指引,聚焦信托制度功能,积极推动信托业务回归本源。一是私募股权信托方面。成功上线了"股权"系列信托产品,为前端投资者提供了更为多元的投资选择。二是预付金信托方面。实现了零的突破,其中"中原信托·惠享一号预付类资金服务信托"是全国首例消费券领域预付类资金服务信托。三是破产服务信托方面。落地了5单项目,有效解决了传统破产重整程序中的痛点问题,提高了破产重整效率。四是家族信托方面。联合财通证券合作成立了全国首单以管理型基金投顾为财产运用模式的家庭服务信托,创新了财富管理模式。

三、社会责任履行情况

公司始终坚持以人民为中心的价值取向,积极履行社会责任。一是深刻把握金融工作的人民性。持续提升综合金融服务能力,不断满足人民群众不断增长的财产保值增值和财富传承需求,2023年累计清算信托规模2 277亿元,累计分配信托收益170亿元,为客户创造了稳健的理财收益。二是大力发展慈善信托。积极参与社会公益慈善事业,全年新增慈善信托3单,新增规模252万元,其中"中原大爱慈善信托"获得河南省慈善领域政府最高奖——"河南慈善奖"荣誉称号,彰显了国有企业的责任担当。三是助力乡村振兴事业。积极发挥金融机构在助力乡村振兴中的重要作用,通过设立乡村振兴慈善信托、推进基础设施建设、助推特色产业发展、改善村容村貌、协调解决群众实际困难等举措,助力鹤壁浚县新镇镇新镇村和侯村大力推进乡村振兴,增强了帮扶地区和群众的内生发展动力,公司巩固拓展脱贫攻坚成果帮扶工作,荣获浚县县委县政府授予的"集体三等功"。

四、2024年发展规划

2024年,公司将坚持以习近平新时代中国特色社会主义思想为指导,全面贯彻党的二十大和中央金融工作会议精神,认真落实省委省政府决策部署以及上级部门工作要求,坚持稳中求进、以进促稳、先立后破的总基调,坚持服务国家和地区重大战略、服务实体经济、服务人民美好生活的宗旨使命,积极顺应监管政策导向,坚持和加强党的领导,抓好业务转型创新和风险防范化解,积极采取有效措施持续推动公司高质量发展。

(一)以高质量党建,引领公司高质量发展

以习近平新时代中国特色社会主义思想为指导,充分发挥党委"把方向、管大局、保落

实"领导核心作用，引领公司高质量发展。一是持续深入学习党的创新理论。常态化推动理论大学习、思想大武装工作，持续落实好在主题教育开展过程中探索出的"五个一"学习机制，把理论学习、业务学习、技能学习、经验学习等纳入日常的学习中，不断补齐政治上和工作上的短板。二是推动主题教育成果转化运用。巩固深化主题教育成果，学习借鉴好的经验办法，围绕信托业务"三分类"开展学习、调研、整改、提升，清晰认识存在的问题，运用"学习—对照—检视—整改"的工作机制动态发现问题、完善措施、整改落实。三是为公司高质量发展赋能。全面深入学习贯彻中央金融工作会议精神，按照"八个坚持"推动工作，落实监管要求创新业务，努力在科技金融、绿色金融、普惠金融、养老金融、数字金融"五篇大文章"的做强做优上提供信托支撑，为金融强国和中国式现代化建设河南实践贡献更大力量。

（二）立足宗旨使命，服务经济社会高质量发展

立足高质量发展的首要任务，聚焦国家和我省重大战略，聚焦省委省政府加快建设金融强省的工作要求，落实金融工作宗旨使命，为经济社会发展提供高质量信托服务，努力做好"五篇大文章"。在科技创新领域，探索以信托计划为载体，以私募股权基金投资等为主要业务模式，对非上市企业进行权益性投资，为投资人提供参与企业上市、并购重组的机会。在绿色金融领域，探索绿色信托投贷联动、绿色资产证券化等业务，引导更多社会资源配置绿色环保领域，实现绿色信托与产业发展、环境保护有机结合。在普惠金融领域，坚持"普"和"惠"两个核心要素，探索以预付费信托、慈善信托等方式，解决社会矛盾问题，提升社会治理效能，助力实现共同富裕目标。在养老金融领域，不断满足养老资金多样化、多层次的深度需求，以养老信托等模式为切入点，帮助客户安全规划生前身后财产，满足资产隔离和资产管理的需求。在数字金融领域，加快推进数字化转型，提升对经营管理的科技赋能水平，助力重点业务拓展；探索为大数据、云计算、区块链等数字科技企业提供综合金融服务。

（三）聚焦头等大事，全力推进风险资产清收处置化解

综合运用多种处置手段，实现风险项目处置的利益最大化。一是针对存量风险项目"分类施策、一案一策、重点突破"，抓住风险项目处置的最佳时机，最大限度追索挽损，杜绝"冰棍"效应，有效遏制资产损失进一步扩大。二是综合运用资产转让、债务重组、破产重整、司法拍卖等处置手段，实现风险资产压降，盘活固化资产。三是加大拨备计提力度，提高风险资产拨备覆盖率，推进不良资产核销，夯实固有资产质量，增强风险抵御能力，保障公司经营稳定。

协会发展与成效

第一部分　信托行业季度评析

2023年第一季度中国信托业发展评析

中国信托业协会特约研究员　简永军

2023年第一季度，我国经济发展实现开门红，第一季度国内生产总值同比增长4.5%，较上季度改善1.6个百分点。但也要看到，当前我国经济运行好转主要是恢复性的，内生动力还不强，推动高质量发展仍需要克服不少困难挑战。信托业以习近平新时代中国特色社会主义思想为指导，坚持"稳字当头、稳中求进"的工作总基调，在着力防范化解风险的同时，信托资产规模企稳回升，经营业绩显著增长，资产结构、资金信托的投向和运用方式持续优化，信托业务转型取得一定成效。信托业务"三分类"办法的出台，对于信托公司回归本源、突出差异化竞争力和未来转型发展具有里程碑式的意义。放眼未来，信托业要进一步发挥在金融体系中差异化制度功能，在服务经济社会发展大局中获得自身发展，在防范金融风险中不断开创新局面，以转型创新的新姿态迈入高质量发展的新征程！

一、信托资产规模和行业资本实力稳中有升

（一）信托资产规模企稳回升，结构持续优化

信托资产规模延续2022年以来稳中有升的发展态势。截至2023年第一季度末，信托资

产规模余额为21.22万亿元,同比增加1.06万亿元,增幅为5.23%,环比增加776.90亿元,增幅0.37%。自2022年第二季度以来,信托资产规模连续4个季度实现同比正增长,企稳势头得到稳固(见图1)。与2017年末的历史峰值相比,行业管理的信托资产规模下降幅度收窄至19.16%。

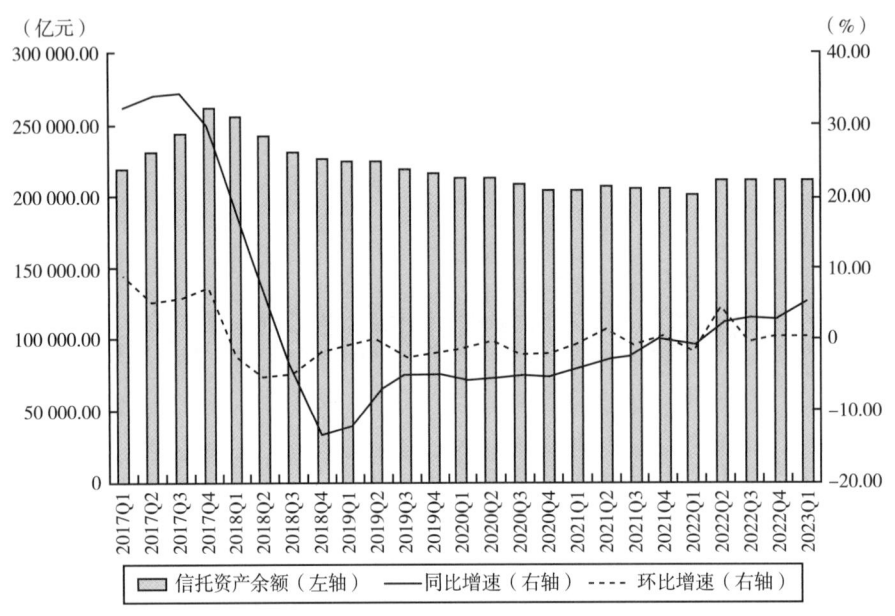

图1　2017Q1至2023Q1信托资产规模变动情况

数据来源:根据中国信托业协会公开数据整理。

信托资产来源结构持续优化,稳中有进。2023年第一季度,行业集合资金信托与管理财产信托规模和占比同比均有所提升,而单一资金信托规模和占比持续下降。其中,集合资金信托自2021年第二季度以来连续实现同比正增长,2023年第一季度末规模为11.20万亿元,同比增长0.63万亿元,增幅5.97%,环比增长1.72%,占比达到52.79%,同比上升0.37个百分点;管理财产信托规模自2019年底开始重新进入持续增长通道,2023年第一季度末规模为5.94万亿元,同比增加0.54万亿元,增幅9.92%,环比小幅下降2.68%,占比为28.01%,同比上升1.20个百分点;单一资金信托规模在2017年末达到峰值以后,在政策压降通道业务等引导下,规模和占比持续下降,2023年第一季度末规模为4.07万亿元,同比下降0.11万亿元,降幅2.68%,环比小幅上升1.28%,占比为19.20%,同比下降1.56个百分点(见图2)。

信托资产功能结构处于转型调整态势,投资类信托业务发展明显加快。截至2023年第一季度末,投资类信托业务规模为9.57万亿元,同比增长11.89%,环比增长3.12%,占比为45.13%,同比上升2.68个百分点,环比上升1.21个百分点,保持在信托资产功能分类的首位;融资类信托规模在监管要求和风险防控压力下,自2020年第二季度以来持续下降,2023年第一季度末规模为3.06万亿元,同比下降9.47%,环比下降0.40%,占比为14.44%,同比

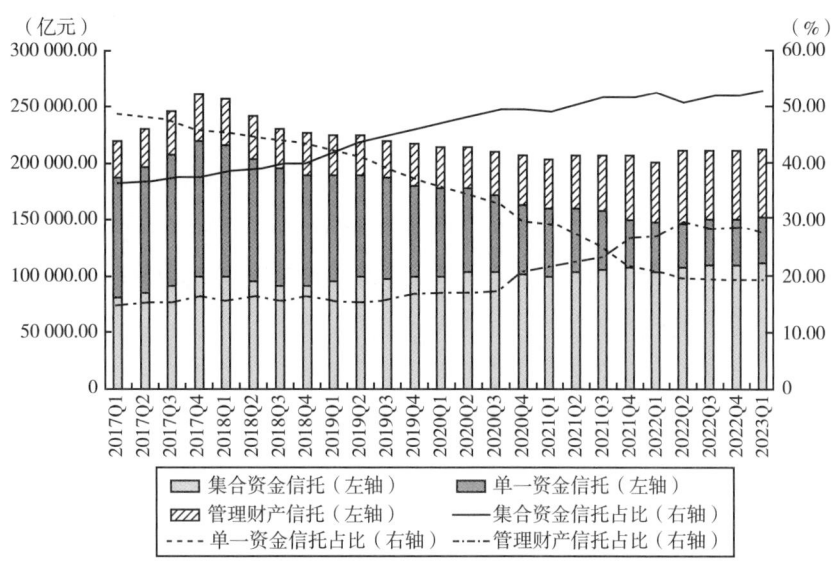

图2　2017Q1至2023Q1信托资产按来源分类的规模及占比

数据来源：根据中国信托业协会公开数据整理。

下降2.35个百分点，环比下降0.11个百分点；事务管理类信托2017年末达到峰值后，在压降通道业务政策引导下持续回落。自2022年开始，随着信托在风险隔离、风险处置、财富传承等领域的功能被不断发现和探索，规模企稳回升，事务管理类信托2023年第一季度末规模为8.58万亿元，同比增长4.36%，环比下降2.28%，占比为40.43%，同比下降0.34个百分点，环比下降1.10个百分点（见图3）。

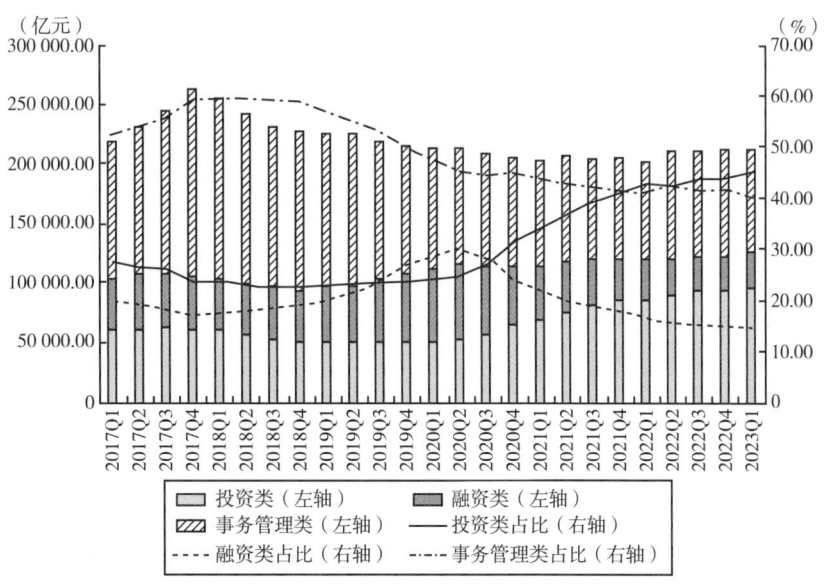

图3　2017Q1至2023Q1信托资产按功能分类的规模及占比

数据来源：根据中国信托业协会公开数据整理。

（二）资本实力不断夯实，结构保持稳定

信托行业资本实力增长趋于稳定。截至2023年第一季度末，信托固有资产总额达到了8 713.67亿元，同比增加26.21亿元，增幅为0.30%，环比略有下降，降幅为0.33%；从所有者权益总额来看，2023年第一季度末达到了7 338.40亿元，同比增长228.37亿元，增幅为3.21%，环比上升2.23%。行业固有资产总额、所有者权益总额的增速在2023年第一季度开始企稳回升，反映出行业发展转型过程中盈利能力有所恢复（见图4）。

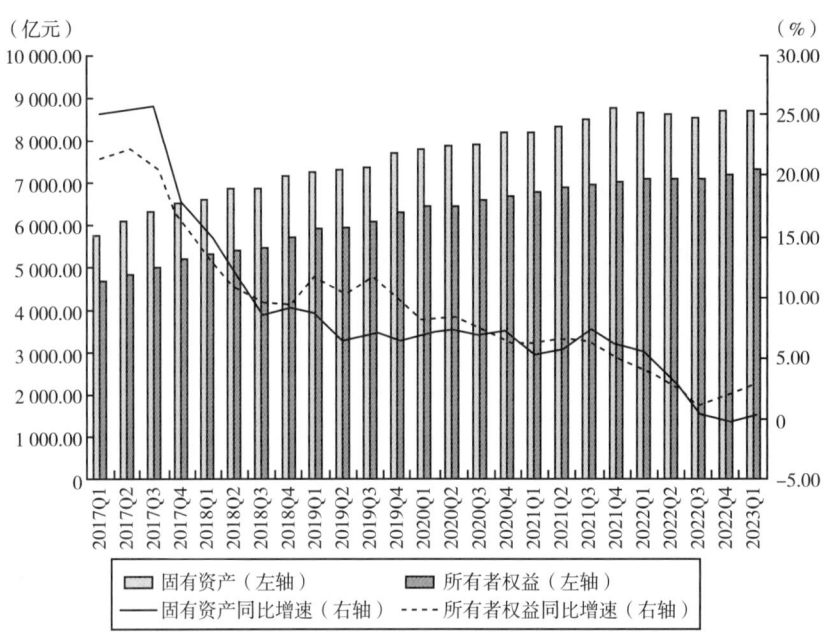

图4 2017Q1至2023Q1信托业固有资产总额、所有者权益总额变动情况

数据来源：根据中国信托业协会公开数据整理。

所有者权益结构基本保持稳定。实收资本作为所有者权益中最主要组成部分，处于稳中有升态势。截至2023年第一季度末，信托行业实收资本为3 349.95亿元，同比增长68.73亿元，增幅为2.09%，环比增长1.03%，在所有者权益中的占比达到了45.65%，同比小幅下降0.50个百分点；在信托项目风险持续暴露的背景下，信托赔偿准备保持较快增长，2023年第一季度末规模为384.91亿元，同比增长34.55亿元，增幅为9.86%，环比增加3.58%，在所有者权益中占比为5.25%，同比上升了0.32个百分点；2023年第一季度末未分配利润达到2 010.91亿元，同比增加3.51亿元，增幅为0.17%，环比增加6.02%，在所有者权益中占比为27.40%，同比降低0.83个百分点（见图5）。

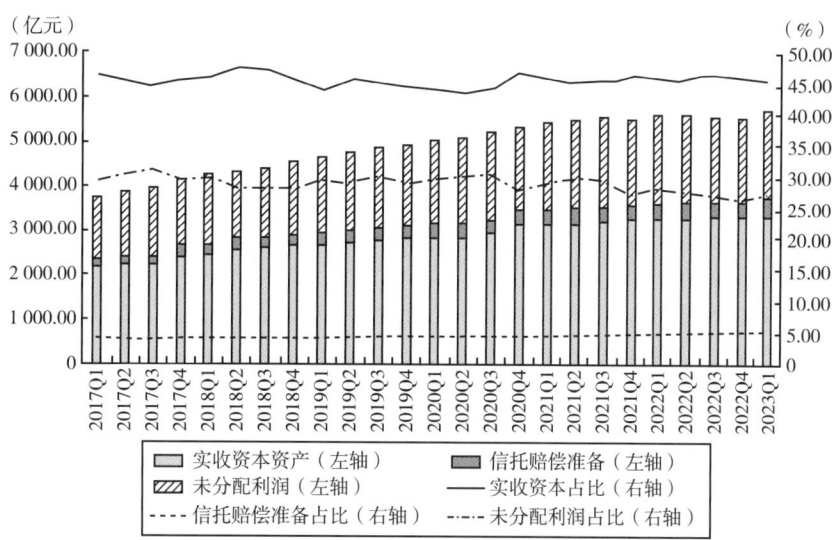

图5　2017Q1至2023Q1信托业所有者权益的主要构成及占比

数据来源：根据中国信托业协会公开数据整理。

固有资产中投资运用方式占据主导地位。截至2023年第一季度末，固有资产通过投资方式运用的规模达到7 015.64亿元，同比减少17.48亿元，降幅为0.25%，环比降低0.46%，占比达到80.51%，同比微降0.44个百分点，占比保持在80%以上；贷款方式运作的规模为569.70亿元，同比下降68.38亿元，降幅为10.72%，环比下降4.67%，占比为6.54%，同比降低0.81个百分点；货币类资产规模为487.12亿元，同比下降8.50%，环比下降11.18%，占比为5.59%，同比略降0.54个百分点，占比总体呈现持续下降态势（见图6）。

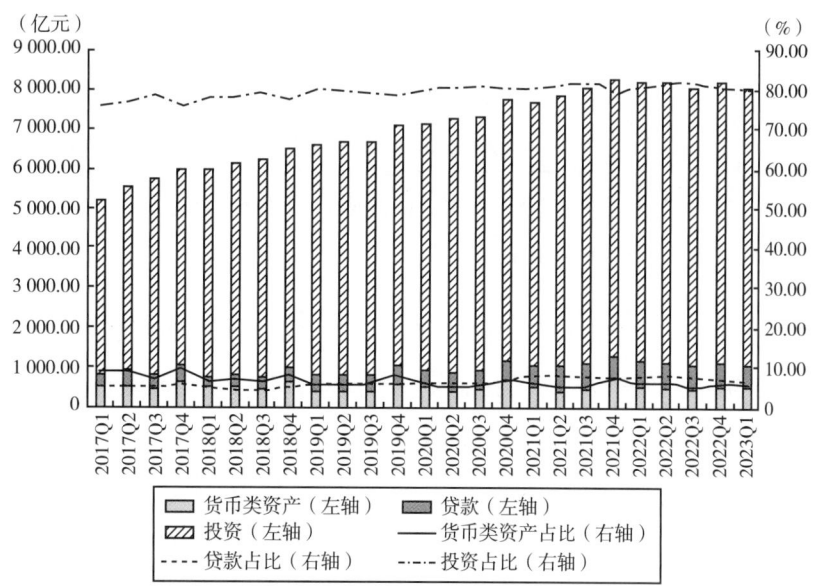

图6　2017Q1至2023Q1信托业固有资产主要运用方式的规模及占比

数据来源：根据中国信托业协会公开数据整理。

二、行业经营业绩恢复增长，波动加大

（一）经营业绩在低基数基础上显著增长

2023年第一季度，信托公司的经营收入、利润总额与人均利润在2022年的低基数的基础上迎来了显著增长。截至2023年第一季度末，行业累计实现经营收入279.81亿元，基本回到2021年前的水平，同比上升74.65亿元，增幅为36.39%；实现利润总额217.01亿元，同比上升93.16亿元，增幅为75.23%；人均利润80.17万元，同比上升37.45万元，增幅为87.67%（见图7）。

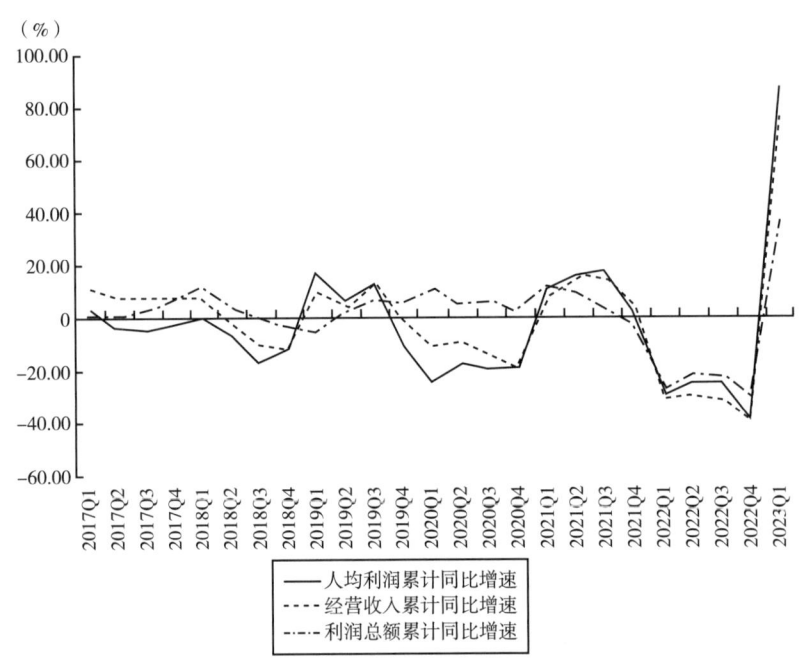

图7 2017Q1至2023Q1信托业经营业绩变动情况

数据来源：根据中国信托业协会公开数据整理。

我们在看到2023年第一季度经营数据良好开局的同时，也要看到第一季度经营数据的改善主要受益于固有资金的投资收益，信托业务收入较2022年同期有较大幅下降。截至2023年第一季度末，行业实现信托业务收入128.23亿元，同比下降33.10%，占比为45.83%，较2022年同期下降47.61个百分点；实现利息收入10.80亿元，同比下降21.45%，占比为6.46%，较2022年同期下降2.04个百分点；2023年第一季度资本市场回暖，股市和债市均上涨反弹，行业实现投资收益112.63亿元，同比大幅增长159.38%，占比为40.25%，同比上升22.50个百分点。

（二）经营业绩波动性加大

2022年以来，信托公司的经营业绩波动性显著加大。主要有两方面原因：一方面，实行新的会计准则后，信托公司的投资收益与资本市场调整波动相关性很高，投资收益受资本市场影响较大，投资于金融机构的股权投资收益也受到一定影响，部分固有资产的公允价值变动损益波动加大，预计投资收益会持续对经营业绩波动产生影响。另一方面，信托业务收入出现下降，主要是因为信托业务结构的调整，信托报酬率相对更高的融资类信托规模持续下降，虽然投资类信托、服务信托规模持续提升，但这类业务的年化平均报酬率水平不高，导致行业整体报酬率水平下降。从2022年以来的信托业务收入占比来看，其波动率也在提升，2022年4个季度的信托业务收入占比分别是93.43%、77.78%、81.32%、86.16%。2023年第一季度末信托业务收入占比为45.83%。因此信托业需要加大转型力度，尽快做大以管理费为主要信托报酬的信托业务规模，形成长期稳定且可持续的信托业务收入来源，熨平自身经营业绩的波动（见图8）。

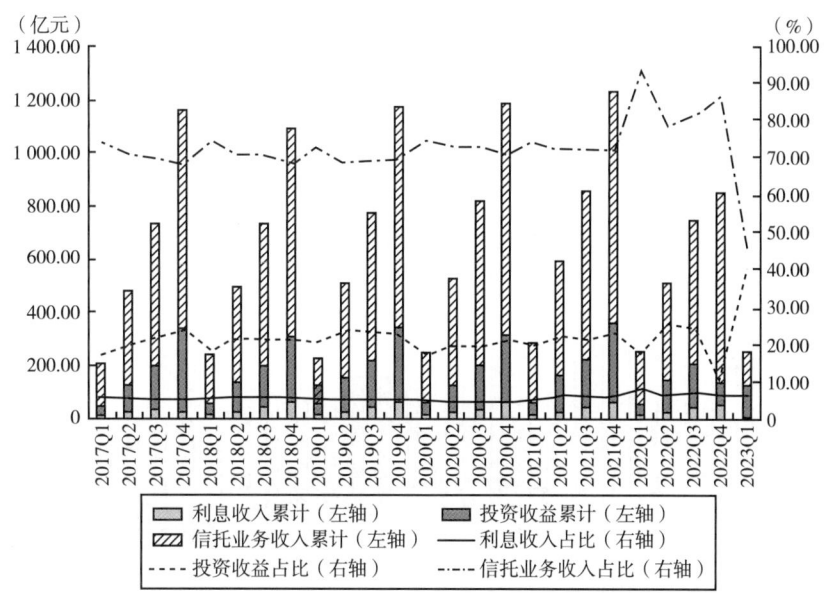

图8 2017Q1至2023Q1信托业经营收入主要构成

数据来源：根据中国信托业协会公开数据整理。

三、信托资金运用结构优化

（一）资金投向结构有升有降

截至2023年第一季度末，资金信托规模为15.27万亿元，同比上升3.52%，环比上升

1.61%，实现2022年第四季度和2023年第一季度连续两个季度同比正增长。

一是投向证券市场、金融机构的规模和占比持续提升。截至2023年第一季度末，投向证券市场的资金信托规模为4.57万亿元，同比增长1.03万亿元，增幅为29.06%，环比增长4.88%，占比提高到29.92%，同比上升5.92个百分点，环比上升0.93个百分点，信托资金配置向标准化资产转移的趋势进一步凸显。投向金融机构的资金信托规模为2.13万亿元，同比增长0.25万亿元，增幅为13.02%，环比增长5.73%，占比上升至13.93%，同比上升1.17个百分点，环比上升0.54个百分点。

二是传统信托业务受到较大挑战，投向工商企业、基础产业、房地产领域的规模和占比进一步下降。截至2023年第一季度末，投向工商企业的资金信托规模为3.90万亿元，同比下降0.09万亿元，降幅为2.22%，环比减少0.28%，占比下降至25.52%，同比下降1.50个百分点，环比下降0.48个百分点。投向基础产业的资金信托规模为1.56万亿元，同比下降0.08万亿元，降幅为5.03%，环比减少1.97%，占比下降至10.23%，同比下降0.92个百分点，环比下降0.37个百分点。投向房地产的资金信托规模为1.13万亿元，同比下降0.44万亿元，降幅为28.21%，环比下降7.88%，占比下降至7.38%，同比下降3.26个百分点，环比下降0.76个百分点。此外，投向其他的资金信托规模为1.99万亿元，同比下降0.14万亿元，降幅为6.64%，环比增长2.69%，占比下降至13.01%，同比下降1.42个百分点，环比增长0.14个百分点（见图9）。

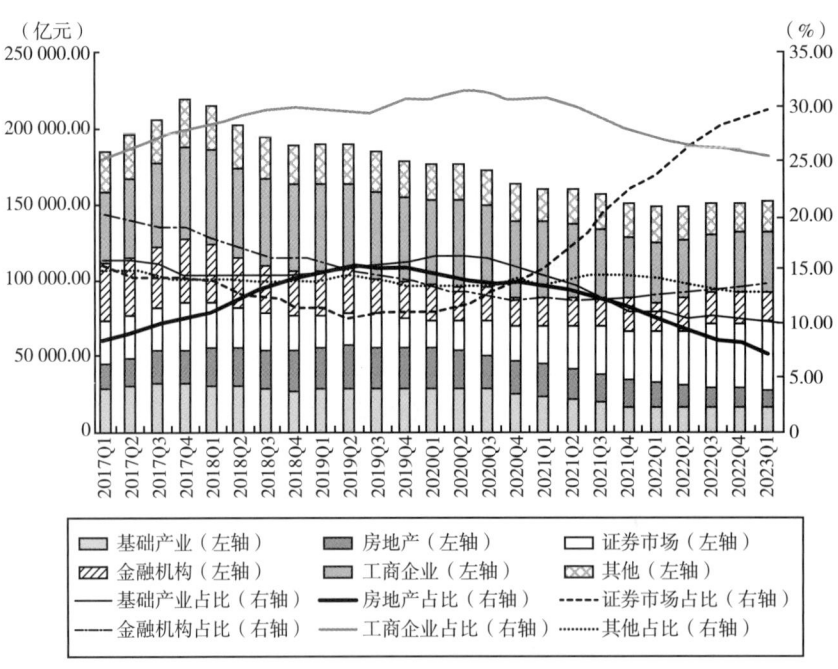

图9　2017Q1至2023Q1资金信托按投向分类的规模及占比

数据来源：根据中国信托业协会公开数据整理。

（二）资金运用结构逐步优化

资金信托运用方式以投资为主，贷款规模和占比持续下降。受证券市场信托规模持续增长的影响，截至2023年第一季度末，资金信托中交易性金融资产投资的规模为8.52万亿元，同比大幅增长2.95万亿元，增幅为52.94%，环比增长24.56%，占比为55.75%，同比上升18.02个百分点，环比上升10.28个百分点。资金信托中的贷款规模为3.41万亿元，同比下降0.40万亿元，降幅为10.46%，环比下降1.96%，占比为22.33%，同比下降3.49个百分点，环比下降0.81个百分点，延续了近三年来的下降态势（见图10）。

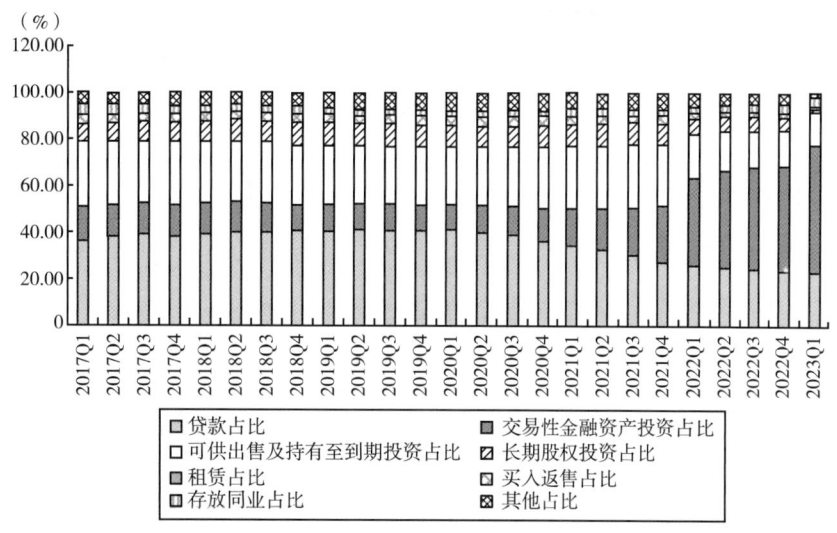

图10　2017Q1至2023Q1资金信托按运营方式分类的占比

数据来源：根据中国信托业协会公开数据整理。

四、在信托业务"三分类"指引下推动行业高质量发展

信托业在金融体系中的差异化、特色化在于信托制度能满足不同阶段经济发展和民生需求，从而承担不同功能、履行不同使命，在不同时期展现不同业态。党的二十大报告明确指出"高质量发展是全面建设社会主义现代化国家的首要任务""要坚持把发展经济的着力点放在实体经济上"。金融工作要坚持政治性和人民性，在支持实体经济、服务人民美好生活、助力社会共同富裕方面肩负着重要使命。面对新经济社会需求，信托业务"三分类"新规及时出台，为转型迷茫的信托业指明了方向，引导行业以规范方式发挥信托制度优势和行业竞争优势，回答了"哪些事情是只有信托能做，或者只有信托才能做好，哪些事情信托可以做得比别人好"的信托定位问题，必将加速信托业高质量发展步伐，为信托业在金融体系中找到差异化竞争力奠定基础。

（一）发挥信托制度差异化优势，推动资产服务信托业务普惠化

资产服务信托是最能发挥信托制度优势和服务本源属性的业务。在新信托业务新三分类监管导向下，积极探索、发展资产服务信托成为信托行业的普遍共识，这既是信托业的本源业务，也是信托业区别其他金融机构的关键，凸显信托差异化和不可替代性。家族信托是信托公司起步较早，最具专属优势的本源业务之一，而家庭服务信托大幅降低了家庭财富管理的门槛，推动家庭资产规划进入千家万户；资产证券化服务信托是当前信托公司规模最大的资产服务信托业务，也是国家和监管政策积极鼓励的信托业务。财富管理服务信托、行政管理服务信托、风险处置服务信托等创新业务类型，进一步拓展了资产服务信托的业务广度，也从信托制度优势出发，为信托公司打造信托专属业务领域，助力信托公司积极践行信托服务的人民性。

（二）走专业化发展之路，开展信托特色的资产管理信托业务

资产管理信托逐渐成为行业转型的重点，由传统的非标准化融资类业务向净值化、标准化的标品类业务转型成为趋势。未来信托开展资产管理信托业务可以在严格遵循"资管新规"的前提下，发挥信托公司积累的信用风险管理优势、客户优势等，大力发展固定收益类信托，并横向延伸，以投贷联动思维开展股权投资信托业务。同时，可发挥信托产品创设和资产配置优势，大力发展标品类、配置类资产管理信托。信托公司要实现资产管理信托业务的快速发展，一方面，可以与资产服务信托结合展业，联动为客户提供全生命周期信托服务；另一方面，可以围绕客户的需求及风险收益偏好，依托自身专业优势构建具有竞争力的产品线，在服务实体经济高质量发展的同时，为人民群众创造更多财产性收入。

（三）发挥慈善信托作用，为共同富裕提供"信托"方案

党的二十大报告提出，中国式现代化是共同富裕的现代化，吹响了全面推进乡村振兴和促进共同富裕的时代号角。自2016年《慈善法》颁布以来，因慈善信托具有的独特优势，在履行社会责任方面发挥了重要作用。"三分类"办法将公益慈善信托作为三大类信托业务之一，体现出政策对公益慈善信托在共同富裕中扮演角色的期望。鉴于公益慈善信托在开展公益慈善活动中的相对优势，公益慈善信托有望在第三次分配中发挥重要功能。信托公司应高度重视，并着力逐步扩大慈善信托管理规模，形成自身专属的专业化特色和核心竞争力，持续挖掘慈善信托服务共同富裕大局的潜力，不断拓宽慈善信托的服务范围，创新构建可持续发展的慈善信托业务模式及盈利模式。

（四）与时俱进，强化信托公司自身能力建设

新分类背景下的资产管理信托、资产服务信托、公益慈善信托，都对信托公司能力建

设提出了新的要求。立足新发展阶段，信托公司必须适应新形势、新变化，融合新的组织形态、技术手段、激励机制，主动适应行业功能定位、发展逻辑、业务模式的内在变化要求，以及市场环境、监管政策调整变化的外在发展要求，以多元化的资产管理能力、强有力的投资研究能力、精细化的风险管理能力、智能化集约化的综合运管能力为支撑，强化科技赋能，深入研究应用金融科技，不断提高数字化能力和信息科技水平，在信托业务"三分类"下提高自身竞争力，在满足经济社会发展需求的同时实现自身高质量发展。

2023年第二季度中国信托业发展评析

上海金融与发展实验室主任　曾　刚

2023年上半年，我国经济总体呈现恢复性向好态势，第一季度在政策前置发力背景下，国内经济实现良好开局，第一季度国内生产总值同比增长4.5%，第二季度在海外风险加大、外需减弱和内需增长动力不足等影响下，国内经济增长边际放缓，但在2022年低基数效应下，第二季度GDP同比增长6.3%，上半年同比增长5.5%，总体保持平稳增长态势。但与此同时，预期不稳、内需不足的挑战依然严峻，结构性就业压力、地产投资疲软等问题较为突出，经济恢复仍处于波浪式发展、曲折式前进的过程中。

在我国经济动能转换、金融改革深化的背景下，信托行业面临着转变发展方式、优化业务结构、转换增长动能的挑战。2023年3月24日，原银保监会发布了《关于规范信托公司信托业务分类的通知》(以下简称信托业务三分类)，进一步厘清了信托业务的边界与服务内涵，强调信托受托人定位，为整个信托行业的转型明确了方向。

一、信托业务规模趋于平稳，结构持续优化

(一)信托业务规模企稳

信托资产规模延续2022年以来稳中有升的发展态势。截至2023年第二季度末，信托资产规模余额为21.69万亿元，较3月末增加4 699亿元，环比增幅为2.21%，较上年同期增加5 769亿元，同比增幅为2.73%。受监管环境变化的影响，信托资产同比增速从2018年9月开始转负，并一直延续到2022年3月末，信托资产规模也从2017年12月末的26.25万亿元的峰值，下降到2022年3月末的20.16万亿元，降幅为23.18%。2022年第二季度之后，信托

资产规模企稳回升，截至2023年6月末已连续5个季度实现同比正增长，规模变化趋于平稳（见图1）。

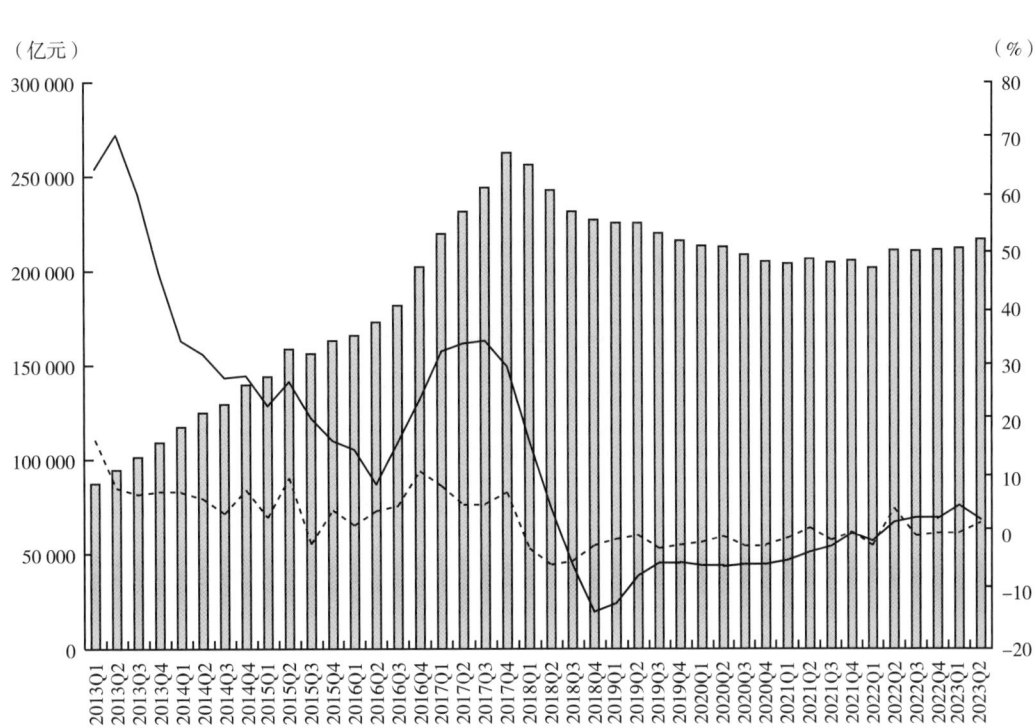

图1　2013Q1至2023Q2信托资产规模、同比增速及环比增速

数据来源：根据中国信托业协会公开数据整理。

（二）信托业务结构持续优化

随着资管新规的落地实施，传统以单一信托为主的通道业务受限，信托公司利用自身制度优势加快推进转型。近年来，信托公司普遍加强渠道建设，注重主动管理能力培养，集合资金信托占比进一步提升，新增信托资产来源结构优化趋势明显，发展质量提升；财产权信托尤其是资产证券化等事务管理类信托业务较快发展，融资类信托占比显著下降，行业转型初见成效。

1. 按信托资金来源划分

总体上看，在监管引导下，信托业务资金来源结构持续优化，集合信托占比上升，单一资金信托占比下降，管理财产信托占比则相对稳定。从2019年第二季度开始，集合资金信托占比开始超过单一资金信托，成为最主要的资金来源（见图2）。

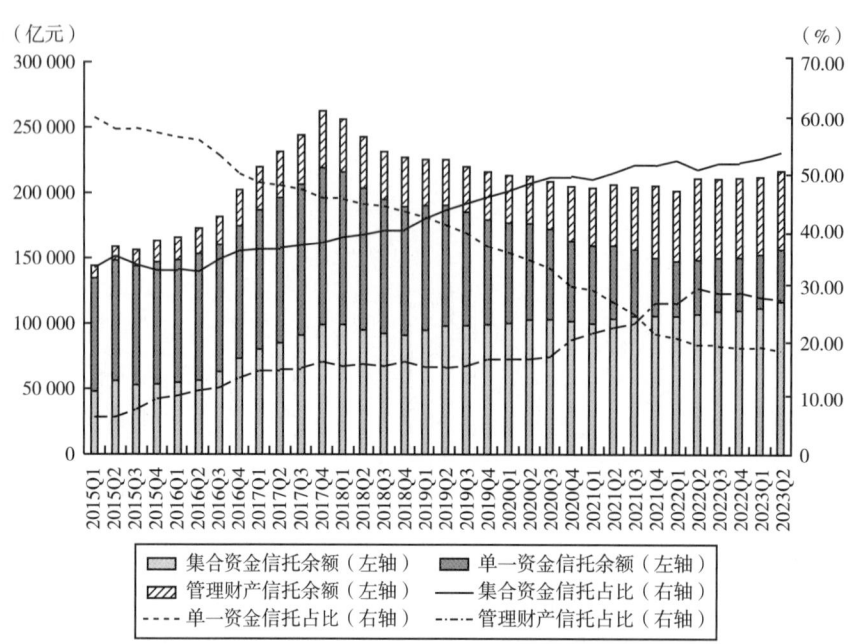

图2　2015Q1至2023Q2信托资产按资金来源分类的规模及其占比

数据来源：根据中国信托业协会公开数据整理。

截至2023年6月末，集合资金信托规模11.69万亿元，占比为53.89%，较2023年3月末增加了4 864亿元，环比增幅为4.34%，占比上升1.1个百分点；集合资金信托规模较2022年同期增加9 617亿元，同比增长8.97%，占比上升3.08个百分点。截至2023年6月末，单一资金信托规模为4.01万亿元，占比为18.5%，较2023年3月末减少622亿元，占比下降0.70个百分点，较2022年6月末减少1 166亿元，占比下降1.06个百分点。单一资金信托规模占比在2013年第三季度曾达到71.28%的历史高位，之后持续下降，从原有的"一家独大"到目前已显著低于集合信托和管理财产信托，信托业务的资金来源结构得到了显著优化。

截至2023年6月末，管理财产信托规模为5.99万亿元，占比为27.61%，较2023年3月末增加457亿元，环比增长0.77%，占比小幅下降0.40个百分点。与2022年6月末相比，规模减少约2 682亿元，占比下降2.03个百分点。从长期变化趋势看，管理财产信托在资金来源中的占比呈持续上升趋势，并在资管新规落地后有所加速，规模占比从2020年的17.01%提升到2022年6月29.64%的最高位，过去4个季度中虽有所回落，但仍保持在历史较高水平。

2. 按信托功能划分

从信托功能角度看，近年来信托业务结构变化较为明显，融资类信托占比短暂上升后继续回落，事务管理类信托持续下降，投资类信托则步入快速发展阶段。随着通道类业务占比的不断下降，信托业回归主业、服务支持实体经济的转型取得明显成效（见图3）。

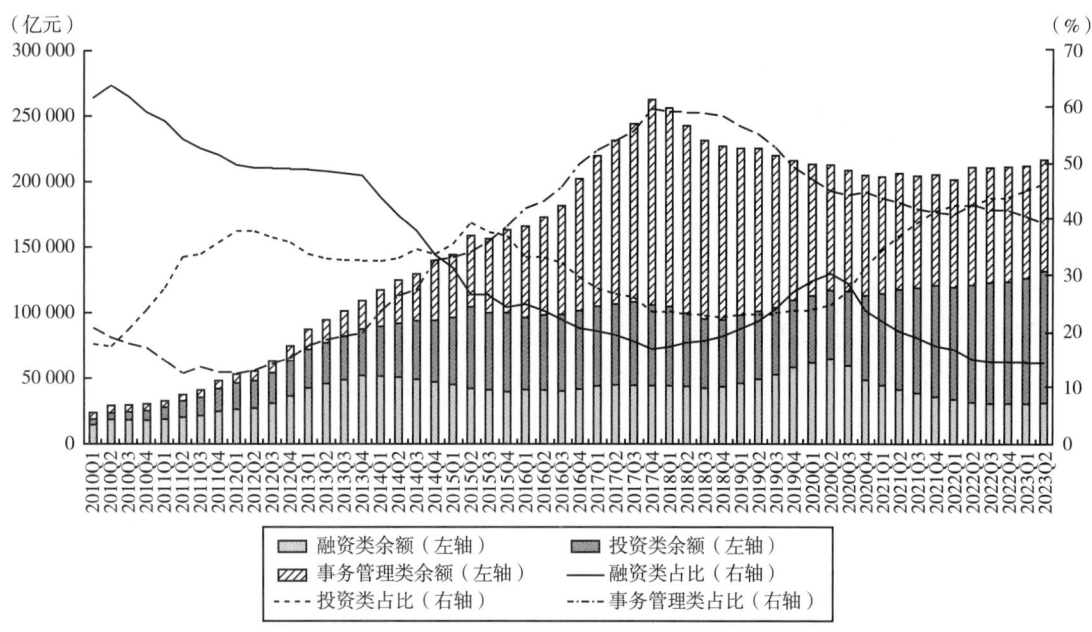

图3 2010Q1至2023Q2信托资产按功能分类的规模及其占比

数据来源：根据中国信托业协会公开数据整理。

事务管理类信托从2017年末开始呈逐季下降的趋势，到2023年6月末，余额已降至8.51万亿元，占比39.24%，较2023年3月末减少约686亿元，占比下降1.19个百分点。与2017年末的峰值相比，事务管理类信托规模下降了7.14万亿元，降幅为45.62%，占比下降20.38%。

融资类信托规模和占比在2017年之后一度出现上升，但在2020年3月后重新步入下降区间。截至2023年6月末，融资类信托余额为3.13万亿元，较2023年3月末增加648亿元，环比增长2.11%，较2022年同期减少353亿元，同比降幅为1.12%。2023年6月末，融资类信托余额占比为14.43%，较2023年3月下降0.02个百分点，较2022年同期下降0.56个百分点。

投资类信托则继续保持快速增长势头，2023年6月末，投资类信托余额为10.05万亿元，较2023年3月末增加4 737亿元，环比增长4.95%，比2022年6月末增加1.11万亿元，同比增长12.39%。2023年6月末，投资类信托余额占比为46.34%，较2023年3月末上升1.21%，较2022年同期上升3.98%。从2020年以来，投资类信托增速明显加快，余额从2020年3月末的5.1万亿元到2023年6月末超过10万亿元，增幅高达96.78%，占比从23.94%上升到46.34%，接近翻番。

二、经营业绩面临挑战，资本实力稳步提升

（一）所有者权益

信托行业资本实力进一步增强，截至2023年6月末，信托公司所有者权益规模达到

7 448.96亿元，较2023年3月末增加110.56亿元，增幅1.51%，较2022年同期增加321.51亿元，同比增长4.51%。

从所有者权益的构成来看，截至2023年6月末，实收资本为3 367.24亿元，较2023年3月末增加17.29亿元，增速为0.52%，较2022年同期增加82.71亿元，增速为2.52%，占所有者权益比重为45.20%；未分配利润为2 054.47亿元，较2023年3月末增加43.56亿元，增速为2.17%，占所有者权益比重为27.58%，与2022年同期基本持平；信托赔偿准备371.34亿元，比2022年同期增加7.54亿元，增长2.07%，占所有者权益比重为4.99%（见图4）。

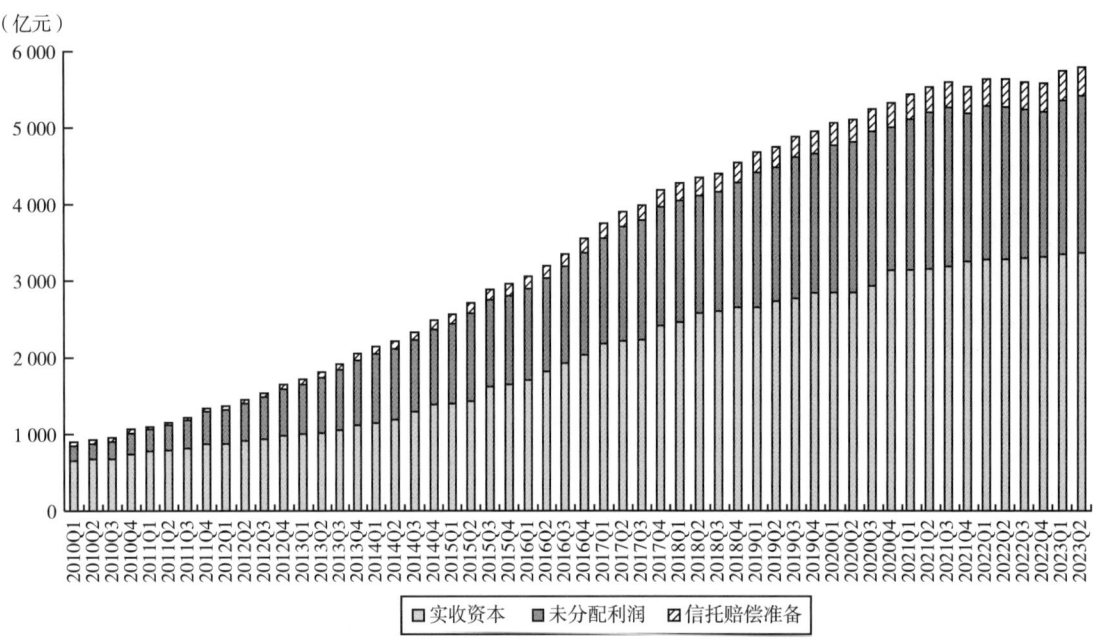

图4　2010Q1至2023Q2信托公司所有者权益构成

数据来源：根据中国信托业协会公开数据整理。

所有者权益是金融机构抵御风险，确保自身长期稳健发展的基础。在信托业务规模逐步下降的情况下，信托行业的实收资本、信托赔偿准备和未分配利润都保持了平稳增长，应对风险的能力稳步提升。从长期看，通过强化净资本管理，增强资本实力，为信托行业抵御各种风险、推动各项业务稳步发展，提供了有力的保障。

（二）固有资产

截至2023年6月末，信托公司固有资产规模达到8 780.99亿元，比2022年同期增加141.24亿元，增长1.63%。从长期变化趋势来看，2017年以后，受行业发展环境影响，信托公司固有资产投资增速稳步放缓（见图5）。

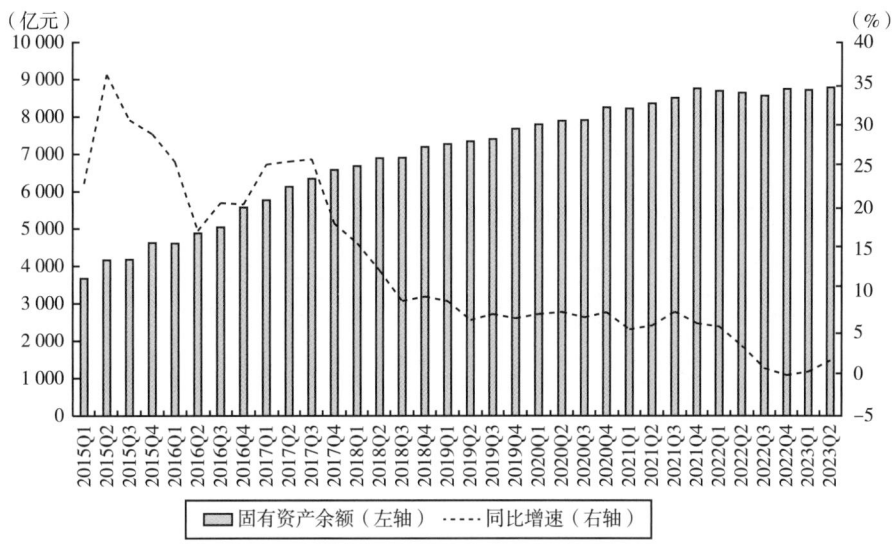

图5　2015Q1至2023Q2信托公司固有资产变动趋势

数据来源：根据中国信托业协会公开数据整理。

从结构上看，投资类在固有资产运用中占比呈稳步上升趋势。截至2023年6月末，投资类资产余额7 199.35亿元，较2022年同期增加82.34亿元，占比为81.99%，继续保持稳步上升态势。货币类资产在固有资产中的占比一直处于下行态势。2023年6月末，货币类资产余额421.99亿元，较2022年同期减少71.45亿元，同比降幅为14.48%，占固有资产比重4.81%，较2022年同期下降0.91%。贷款是固有资产运用的重要领域，2016年之前，其占比基本维持在10%以上。2016年之后，贷款在固有资产配置中的占比开始显著下降，维持在5%左右，2020年以后有小幅回升。截至2023年6月末，贷款资产余额529.17亿元，占比为6.03%，较2022年同期下降1.35个百分点（见图6）。

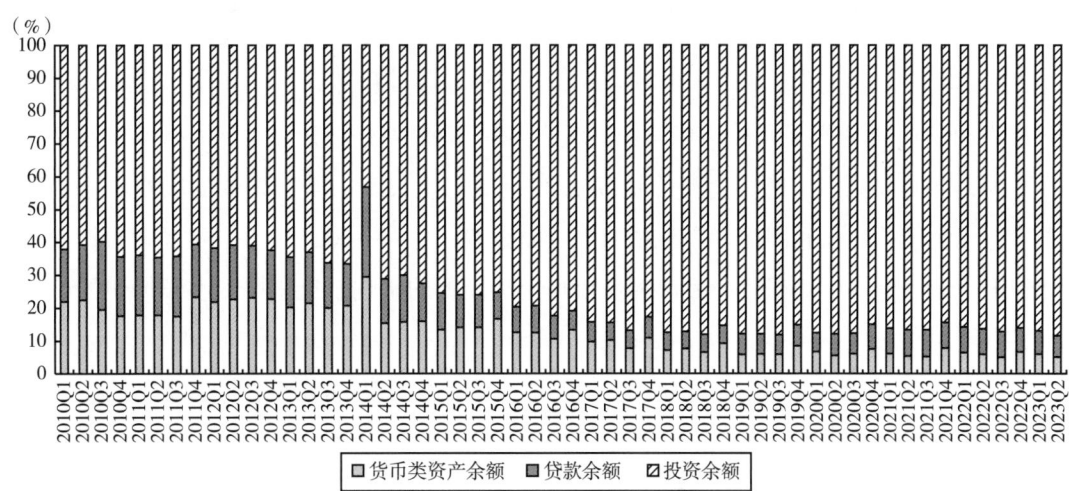

图6　2010Q1至2023Q2信托公司固有资产结构占比

数据来源：根据中国信托业协会公开数据整理。

（三）经营业绩

2023年上半年，在面对诸多挑战的情况下，信托行业转型和高质量发展仍取得显著成效，经营业绩有所回升，但波动依旧明显，且不同机构之间的分化进一步加大。截至2023年6月末，信托业实现经营收入累计494.32亿元，较2022年同期增加20.86亿元，同比增长4.41%。累计净利润329.91亿元，较上年同期增加49.69亿元，同比增速为17.73%；人均利润124.24万元，较上年同期增加24.54万元，同比增幅为24.61%（见图7）。

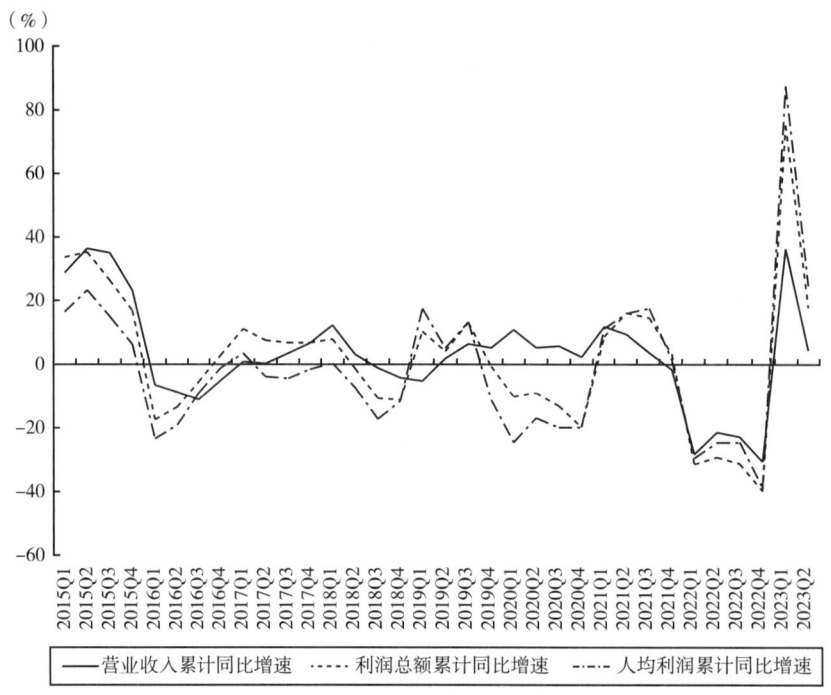

图7　2015Q1至2023Q2营业收入、利润总额、人均利润增速

数据来源：根据中国信托业协会公开数据整理。

营收和利润的显著反弹，既是信托行业自身转型的成效显现，也受其他多种因素的影响。其中，2023年第一季度，上海信托以72.41亿元将上投摩根基金51%的股权出售给摩根资产给行业整体营收和利润均带来了短期的正面影响；此外，2023年上半年经营数据的改善还受到第一季度资本市场回暖，股市和债市均上涨反弹的影响。这些因素在长期内的可持续性，仍有待观察。

从收入结构看，截至2023年6月末，信托业务收入累计达249.78亿元，较2022年同期减少118.49亿元，同比下降32.18%，占经营收入比重50.53%，比2022年6月末下降27.25个百分点；利息收入累计为22.5亿元，较2022年同期减少6.09亿元，同比下降21.30%，占经营收入比重为7.36%，较2022年同期上升1.32个百分点。截至2023年6月末，投资业务累计收益为188.51亿元，较2022年同期增长67.86亿元，同比增速56.25%，受个体事件影响，短期增长较为明显。总体上看，信托业务收入仍占经营收入的主导地位且占比稳步提升，信托公司回归信托本源的转型成效凸显（见图8）。

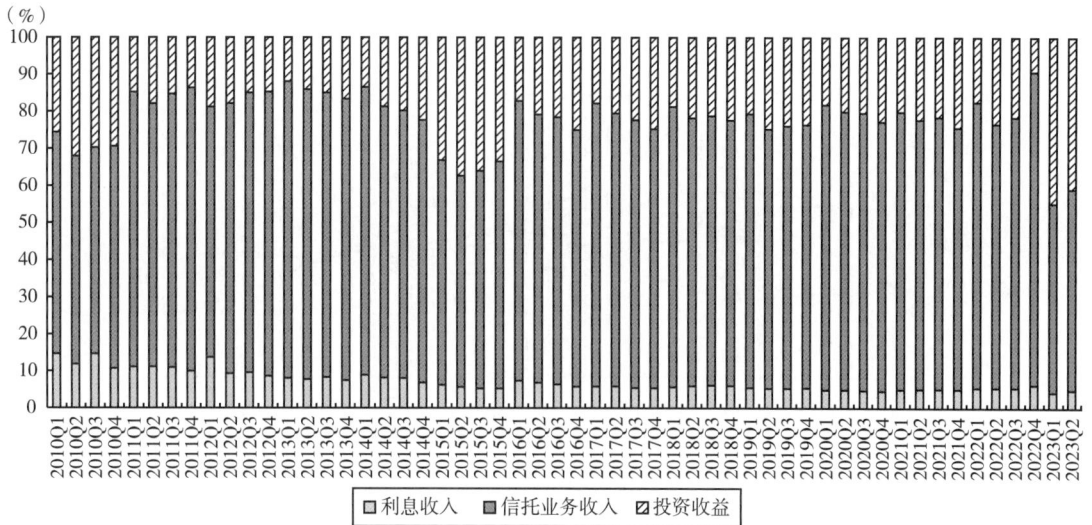

图8　2010Q1至2023Q2信托业务结构占比

数据来源：根据中国信托业协会公开数据整理。

三、信托资金投向结构优化，标准化投资能力持续提升

服务支持实体经济是金融供给侧结构性改革的核心要求，是信托转型的重要方向。近年来，在监管引领下，信托业围绕国家战略，采取积极措施，稳步加大对实体经济的资金投入，着重引导资金进入工商企业和基础设施领域，积极支持国家重大战略实施，提高金融服务效率。与此同时，信托公司根据回归资管行业本源的要求，大力发展标品信托，培育金融市场投资能力，投向证券市场、金融机构的规模和占比持续提升。

具体来看，截至2023年6月末，投向证券市场（包括证券、债券和基金）的资金信托规模为5.06万亿元，较上年同期增长1.16万亿元，同比增幅29.92%，占比为32.22%，比2023年3月末提高2.3个百分点，同比上升6.01个百分点，信托资金配置向标准化资产转移的趋势进一步凸显。此外，投向金融机构的资金信托规模为2.19万亿元，同比增长2 387亿元，增幅为12.22%，占比上升至13.97%，同比上升0.81个百分点，环比上升0.03个百分点。

在实体经济投资方面，工商企业在资金配置中占据首位，但增速和占比均呈现小幅下降趋势。截至2023年6月末，投向工商企业的信托资金总额为3.83万亿元，与2022年同期基本持平，占比为24.38%，较2022年同期下降1.99个百分点。投向基础行业的信托资金1.51万

亿元，较2022年同期下降893.53亿元，同比下降5.58%，占比为9.64%，较2022年同期下降1.15个百分点。从历史数据看，投向基础产业领域的信托资金占比在2013年曾达到26.84%的高位，之后一直处于下降趋势（见图9）。

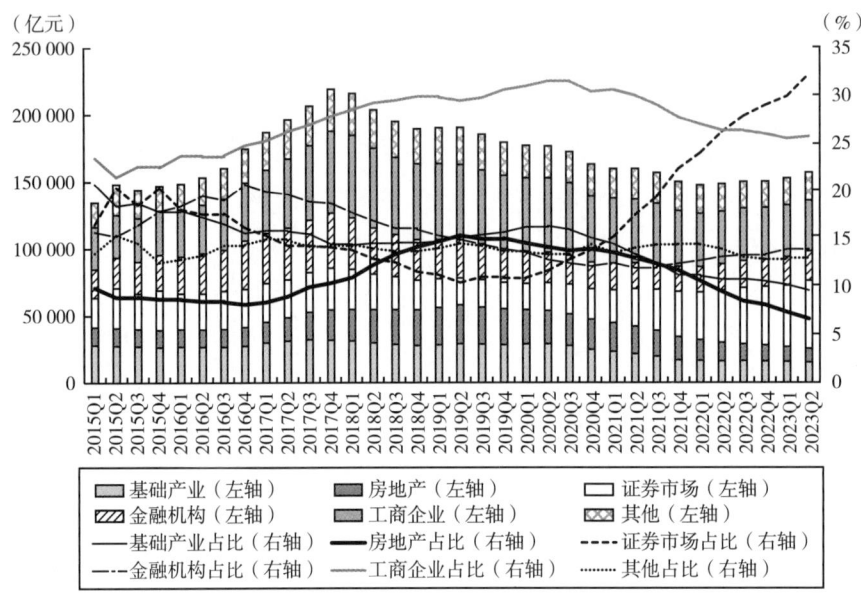

图9　2015Q1至2023Q2信托资金投向及占比

数据来源：根据中国信托业协会公开数据整理。

房地产信托一度是信托公司的重要业务，也是信托公司重要的收入来源。近年来，受监管政策以及房地产行业整体环境影响，投向房地产的信托资金占比一直呈现下降趋势。截至2023年6月末，投向房地产的信托资金余额为1.05万亿元，较上年同期下降3 661亿元，同比降幅为25.87%。占比为6.68%，较上年同期下降2.85个百分点。

四、2023年下半年展望

2023年3月，信托业务"三分类"下发，并于2023年6月1日开始正式实施，这为信托行业明确了未来转型发展的方向，信托公司转型调整力度正在逐步加大。随着信托业务结构的调整，融资类信托规模持续下降，监管引导的转型业务规模将持续提升。但短期内，这类业务的年化平均报酬率水平不高，信托公司经营业绩的企稳回升，需要业务结构的持续调整和管理资产规模的良性增长。

从2023年上半年的行业数据以及信托公司的财务数据来看，信托公司经营业绩整体仍面临挑战，但总的来看，信托行业总体风险可控，并有望在信托业务"三分类"下迎来行业转折点。总体上，信托行业目前仍处于深度调整期，相关营收指标修复仍需一定时间。并且随着信托业务新分类配套制度的陆续出台，分级分类监管成为趋势，评级结果直接与业务范围和经营地域挂钩，未来信托公司应结合自身资源禀赋优势，围绕监管最新业务分类方向，持续提升综合能力，形成自身差异化发展模式，这对信托公司的经营管理提出了更高要求。

展望2023年下半年，信托业发展或有以下几方面特点：一是规模增长空间有限。尽管2023年4月居民存款余额首次减少，超额储蓄初显回流迹象，可能会给信托业带来一定增量资金，但在强监管、房地产市场低迷以及金融市场波动加大等因素影响下，叠加同业竞争和到期高峰，导致其市场规模面临较大的增长压力。二是业务结构继续优化。业务形式上，"金融十六条"对信托向地产融资有所放宽，但考虑到目前地产市场风险仍未出清、融资需求相对低迷的情况，预计融资类信托占比仍会继续回落但速率放缓，而投资类信托占比将进一步上行。三是资金投向证券市场和工商企业占比将有所上升。伴随基本面温和复苏、宽信用稳步推进，实体经济融资需求将逐步修复，投向工商企业的信托占比或有所反弹，而证券市场占比或进一步上升。四是标品信托继续发力，信托业在金融市场的参与度将提升。在目前监管套利、非标嵌套被严格杜绝的情况下，以债券投资为主的标品信托近年来得到持续发展，预计中长期债市利多也将打开产品的收益空间，其市场规模估计将持续上升。从目前来看，信托行业的证券市场投资能力较其他资管机构仍有差距，产品集中于现金管理类，同时TOF模式业也占据相当一部分比例，未来标品信托可进一步增加更多纯债类型或"固收+"策略的尝试，在运用TOF模式之余加快自有投研体系的建设。

从长期来看，信托业务"三分类"是继资管新规后，监管部门针对信托业务出台的重要文件，不仅明确了信托公司的业务分类标准，同时也对各项业务的开展提出了严格的要求，这对信托公司明确发展方向，加速回归本源业务，高质量转型升级具有积极引导意义。结合监管引导以及外部环境变化，信托行业未来发展可能会出现如下的趋势。

（一）资产服务信托面临巨大发展机遇

资产服务信托位列信托业务"三分类"首位，这一方面反映了资产服务信托在信托业务分类中的重要地位，另一方面也反映了监管对服务信托业务的鼓励。与其他资产管理机构相比，资产服务信托属于信托公司专属业务，内容非常丰富，按照服务内容和特点，分为五小类、共19个业务品种。其中，财富管理服务信托内容最为丰富，下设七个细分类型，从1 000万元门槛的家族信托、法人及非法人组织财富管理信托，到600万元门槛的其他个人财富管理信托，再到100万元门槛的家庭服务信托，为投资者构造了各种类别和层次的全图谱财富管理受托服务。特别是家庭服务信托，为信托公司资产服务信托和资产管理信托协同发展搭建了长期互通桥梁，助力信托公司更好转型发展。

其他服务信托类型则彰显信托业务的政治性和人民性。例如，预付类资金服务信托涉及千家万户，有助于信托公司拓展客户，也有助于提升社会治理水平。风险处置服务信托也有发展空间。当然这类业务属于进入难、投入大、链条长、附加值高的业务。

总体来看，资产服务信托前景广阔，与信托公司传统业务有本质上的区别，需要从战略层面统筹布局和推进，这对信托公司的战略定力和组织能力都提出了很高的要求。因此，在资产服务信托领域，信托公司的先发优势和头部优势会更加明显，行业集中度也会非常明显。

（二）资产管理信托迎来转折发展点

根据信托业务"三分类"通知，资产管理信托是信托公司依据信托法律关系，销售信托产品，并为信托产品投资者提供投资和管理金融服务的自益信托，属于私募资产管理业务，适用资管新规。在信托业务"三分类"下，资产管理信托明确定位为通过非公开发行集合资金信托计划向合格投资者募集资金，投资者既是委托人也是受益人。根据投向不同，资产管理信托分为固定收益类信托计划、权益类信托计划、商品及金融衍生品类信托计划和混合类信托计划共四个业务品种。具体投资方式是组合投资，监管部门将进一步完善相关配套制度，明确集合资金信托计划组合投资相关要求。

值得注意的是，监管部门明确提出，具有专户理财性质的信托业务符合财富管理信托特征，与资管业务的业务逻辑有明显差异。总结来看，资产管理信托的业务逻辑是信托公司发起设立集合资金信托计划，向合格投资者募集资金；财富管理信托的业务逻辑是委托人主动发起，信托根据委托人合法需求为其量身定制专户服务，按合同约定履行受托人职责。业务逻辑的不同，决定了业务模式、监管要求等均存在很大区别。

总体而言，资产管理信托和传统的融资类信托业务有着根本性的差异，投研能力成为资产管理信托发展的基础，该类业务将成为信托公司发力重点之一。

（三）公益慈善信托助力共同富裕

公益慈善信托是委托人基于公共利益目的，依法将其财产委托给信托公司，由信托公司按照委托人意愿以信托公司名义进行管理和处分，开展公益慈善活动的信托业务。信托业务"三分类"明确指出，公益慈善信托的信托财产及其收益，不得用于非公益目的，这与《信托法》《慈善法》的要求保持一致。具体细分为慈善信托和其他公益信托共两个业务品种。慈善信托是根据《慈善法》关于慈善信托规定开展的业务，其他公益信托是根据《信托法》要求开展的公益信托，慈善信托采用事后备案制，而公益信托采用事前核准制，相对难度更大。因此，慈善信托将成为信托公司主要开展的业务，也是当前信托公司参与公益慈善事业的主要业务类型。

2023年第三季度中国信托业发展评析

中国信托业协会特约研究员　袁　田

2023年第三季度，我国经济运行持续恢复向好，前三季度国内生产总值（GDP）同比增长5.2%，保持了高质量发展阶段的潜在增长率。但面对全球经济周期错位和逆全球化挑战，导致外需下降和信用收缩，对我国净出口增长和资金流入带来不利影响，加之消费和投资不足等因素，我国经济转型发展任务依然艰巨，稳预期、稳增长、稳就业目标任重道远。

2023年第四季度，中央金融工作会议和中央经济工作会议相继召开，为信托行业指明了高质量发展建设金融强国的新方向。信托行业应立足信托本源优势，做好科技信托、绿色信托、普惠信托、养老信托、数字信托"五篇大文章"，始终践行受托服务的政治性、人民性，提升专业性，擘画具有中国特色的信托业高质量发展之路。

一、信托资产规模稳健增长，资产结构稳步优化

（一）信托资产规模稳健增长

信托资产规模总量持续增长，增速较快。截至2023年第三季度末，信托资产规模余额为22.64万亿元，较第二季度末增加9 580.46亿元，同比增幅7.45%。资管新规实施以来，信托资产规模自2022年第二季度同比增速逆转为正，连续6个季度保持正增长，在稳健增长中保持基本盘稳定（见图1）。

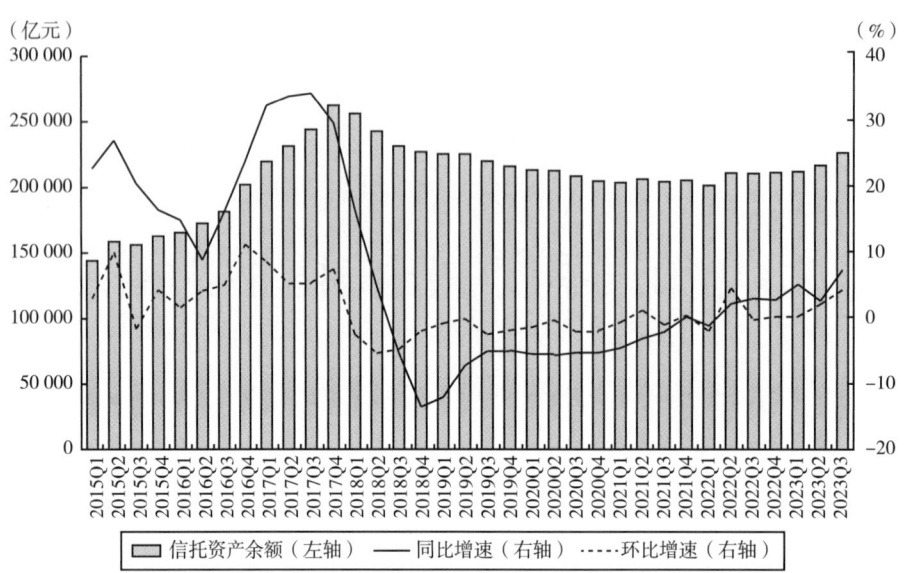

图1 2015Q1至2023Q3信托资产规模及增速变动情况

数据来源：根据中国信托业协会公开数据整理。

（二）信托资产结构稳步优化

信托业务资金来源呈现质效增进的"二八"结构。截至2023年第三季度末，集合资金信托余额和管理财产信托余额分别为12.48万亿元和6.20万亿元，占比分别为55.13%和27.38%，合计占比超过80%，合计余额18.68万亿元。相比之下，单一资金信托规模持续下降，同比下降2.84个百分点，余额为3.96万亿元（见图2）。

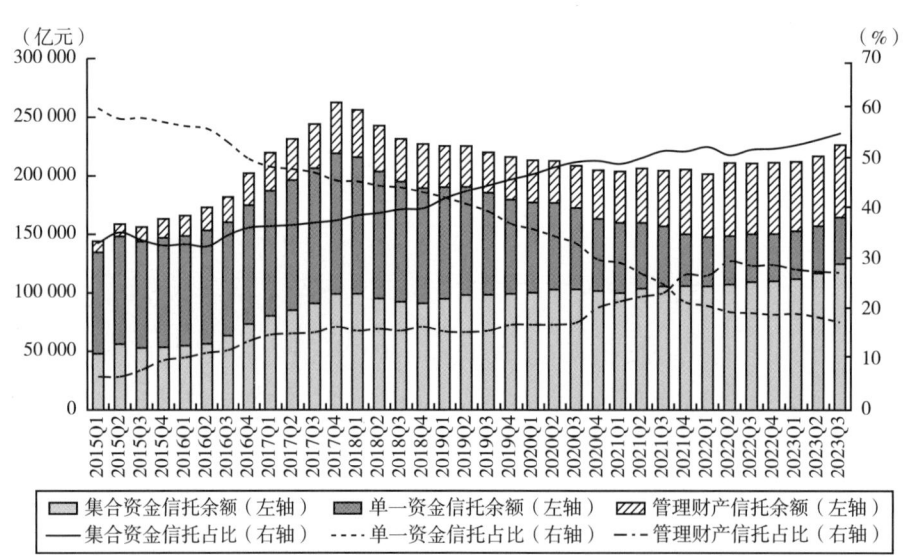

图2 2015Q1至2023Q3信托资产按资金来源分类的规模及占比

数据来源：根据中国信托业协会公开数据整理。

信托资产投资功能显著增强,服务信托和融资信托"有进有退"。2023年第三季度末,投资类信托业务规模为10.69万亿元,同比增长16%,保持住了第二季度末实现的超10万亿元规模,环比增长6.43%。投资类信托业务进入高速成长期,服务实体经济转型效果从"精准有力"向"精准有效"持续增强。相比之下,融资类信托规模自2020年第二季度开始即进入下降通道,第三季度末规模持续下降至3.25万亿元,3年来融资类信托余额下降了3.2万亿元,降幅近50%,规模占比逐步降至14.34%。事务管理类信托业务规模为8.70万亿元,占比为38.34%,规模占比持续保持在1/3以上。服务信托和融资信托"有进有退"的结构优化调整,表明信托行业向轻资本运营、重受托服务的经营模式转型成效显著(见图3)。

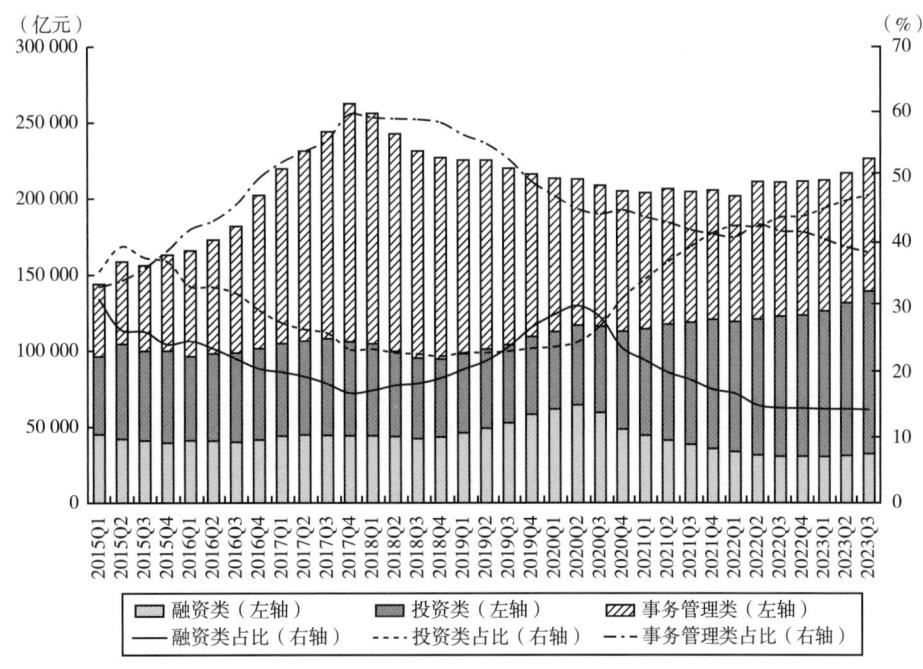

图3　2015Q1至2023Q3信托资产按功能分类的规模及占比

数据来源:根据中国信托业协会公开数据整理。

二、信托行业主动夯实资本实力,经营业绩恢复向好

(一)资本实力持续夯实

截至2023年第三季度末,信托公司所有者权益总额达到7 461.77亿元,同比增加374.52亿元,增幅为5.28%。从所有者权益构成分析,第三季度末,信托行业实收资本为3 387.98亿元,较第二季度末增加20.74亿元,较上年同期增加88.19亿元。信托赔偿准备371.21亿元,占所有者权益比重4.97%。较上年同期增长15.86亿元,同比增幅为4.46%;未分配利润为

2 045.98亿元,与第二季度末持平。信托行业资本实力持续夯实,行业整体抵御和防范风险能力持续改善(见图4)。

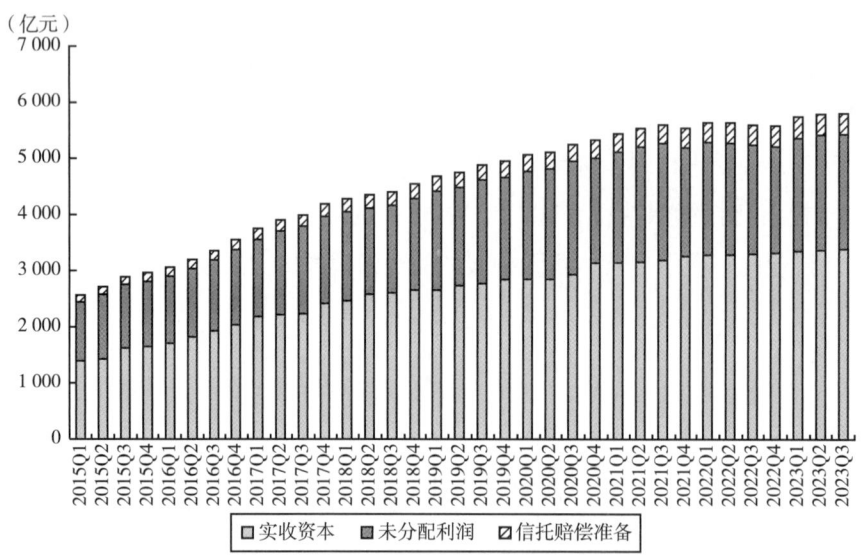

图4　2015Q1至2023Q3信托公司所有者权益构成

数据来源:根据中国信托业协会公开数据整理。

(二)固有资产投资能力稳固提升

截至2023年第三季度末,信托公司固有资产规模为8 756.83亿元,环比小幅下降24.16亿元,同比增加193.95亿元,增幅为2.27%。相较于信托资产规模的增速,信托公司加大固有资产的投资和运用仍有较大空间(见图5)。

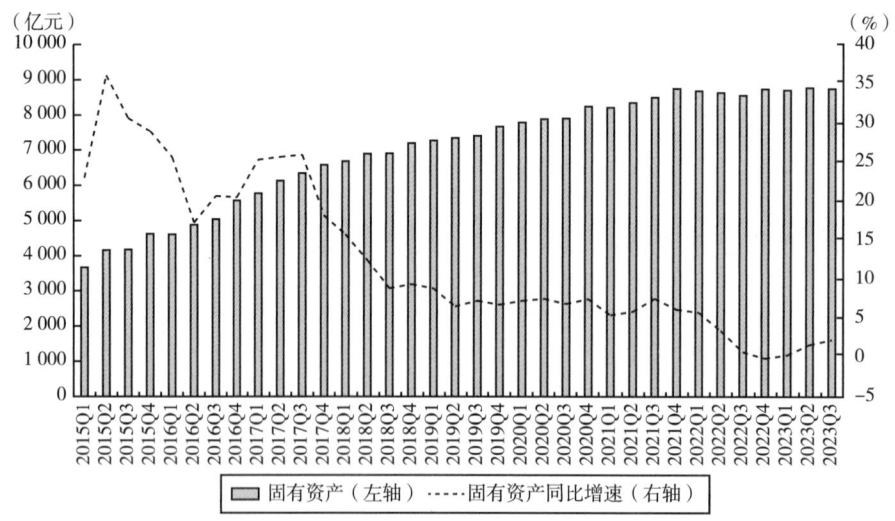

图5　2015Q1至2023Q3信托公司固有资产变动情况

数据来源:根据中国信托业协会公开数据整理。

从固有资产运用方式来看，固有投资类资产是绝对主力，2023年第三季度末，固有投资类资产规模为7 229.83亿元，占比为82.56%，较第二季度增加30.48亿元；贷款类及货币类资产及占比双双下滑，贷款类资产规模为515.43亿元，同比下降18.02%，货币类资产规模为355.67亿元，同比下降13.78%。信托公司固有投资规模与投资类信托业务规模的双向增长相得益彰，信托公司持续提升专业化的资产管理能力（见图6）。

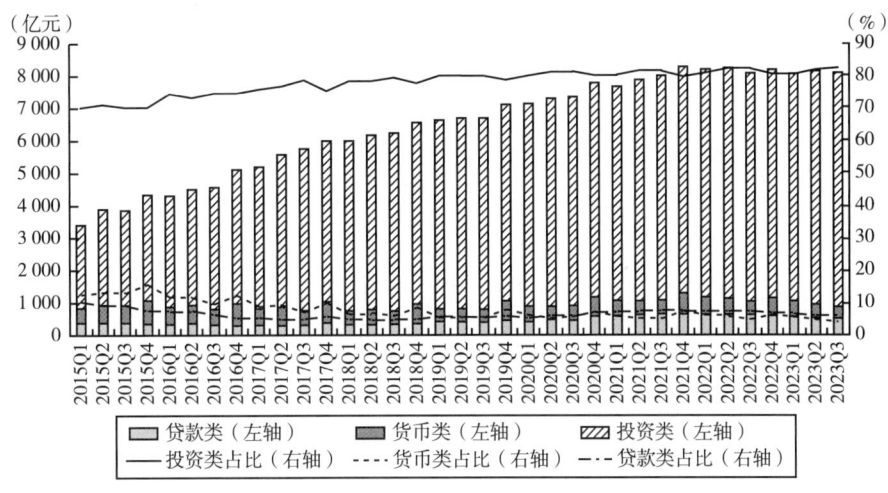

图6　2015Q1至2023Q3信托公司固有资产规模及结构

数据来源：根据中国信托业协会公开数据整理。

（三）经营业绩企稳向好

尽管面对经济下行压力及转型发展模式探索中的不确定性等诸多挑战，信托公司整体经营业绩企稳向好。2023年第三季度末，信托公司实现经营收入651.23亿元，利润总额406.20亿元，人均利润154.87万元，利润指标同比均保持正增长，回稳至上年同期水平（见图7）。

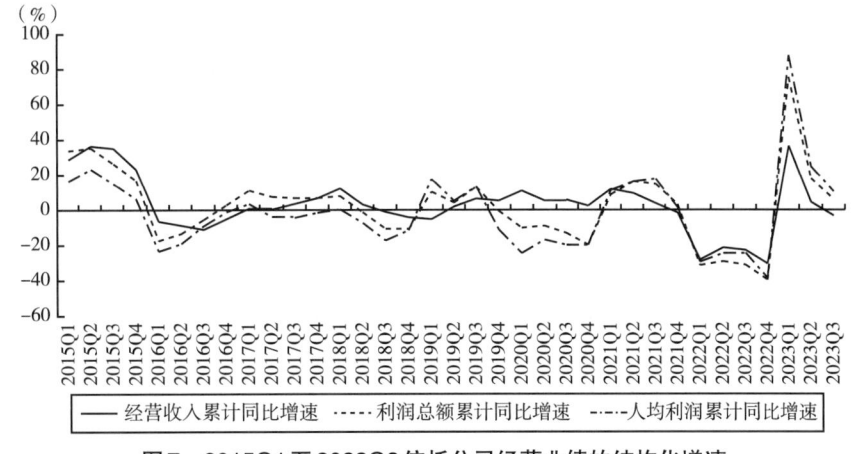

图7　2015Q1至2023Q3信托公司经营业绩的结构化增速

数据来源：根据中国信托业协会公开数据整理。

从收入结构分析，2023年第三季度末，信托业务收入规模为387.38亿元，占比59.48%，同比下降21.84%，信托主营业务的收入能力仍有待进一步恢复提升；投资收益达221.06亿元，占比为33.95%，环比上升17.27%；利息收入余额为33.64亿元，占比为6.20%，同比减少7.71亿元，信托公司业务转型能够支撑盈利水平稳健增长的商业模式和服务收费模式还须持续探索创新（见图8）。

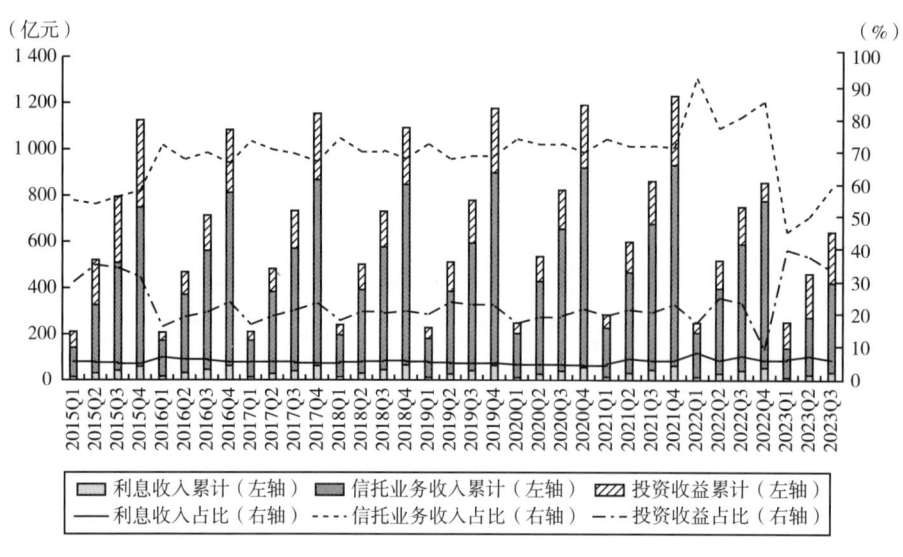

图8　2015Q1至2023Q3信托公司收入规模及构成

数据来源：根据中国信托业协会公开数据整理。

三、信托资金标品投向形成普遍共识，服务实体经济模式创新有待深化

（一）资产管理信托业务强势增长

信托公司作为机构投资者积极参与资本市场，主动把握金融市场投资机遇，培育专业化的资产管理能力，大力开拓资产管理信托业务。

截至2023年第三季度末，资金信托总规模为16.44万亿元，同比上升9.52%，环比上升4.76%。从资金信托投向构成看，投向证券市场（含股票、基金、债券）规模合计为5.75万亿元，合计占比为34.96%，增幅持续攀高，比第二季度末提高2.73个百分点，是权重比例最大的信托资金投向。同时，信托公司投向金融机构规模小幅提升，规模余额为2.24万亿元，占比为13.6%。信托公司投向证券市场与金融机构的规模合计为7.99万亿元，占比合计为48.56%。

从证券投资信托的配置类型分析，组合投资占比为69.54%，二级市场占比为26.87%，信托公司专业化的资产配置能力逐步增强。从证券投资信托的合作方式分析，私募基金和银信

合作是信托公司开展外部合作最重要的两类渠道，合作规模分别为6 415.38亿元和2.34万亿元，信托公司服务和融入大资管及大财富的合作生态获得进一步培育。

（二）服务实体经济的传统信托业务亟须加快转型

服务实体经济是金融行业的根本宗旨，也是信托行业的使命和本源。伴随信托行业转型逐步深入，传统信托业务投向工商企业和基础设施的资金规模和增速均面临挑战。截至2023年第三季度末，投向工商企业和基础产业资金信托规模分别为3.78万亿元和1.52万亿元，共计5.3万亿元，同比下降合计2 851.18亿元，同比平均降幅约为5%，合计占比为32.2%。立足"三新一高"，信托公司在有效盘活存量和稳健促进增量的平衡中应进一步加大服务制造业的支持力度和服务模式创新。

房地产信托是信托业受宏观政策、行业监管和市场环境多重约束最明显的业务领域，近年来投向房地产的信托资金规模和占比持续下降。截至第三季度末，投向房地产的资金信托规模为1.02万亿元，同比下降2 596.77亿元，降幅为20.28%，环比下降278.68亿元，占比屡创新低至6.21%；相较于22.64万亿元的信托资产规模总量，占比为4.51%，已低至5%以下。表明传统房地产信托业务作为信托主营业态的时代已告终结（见图9）。

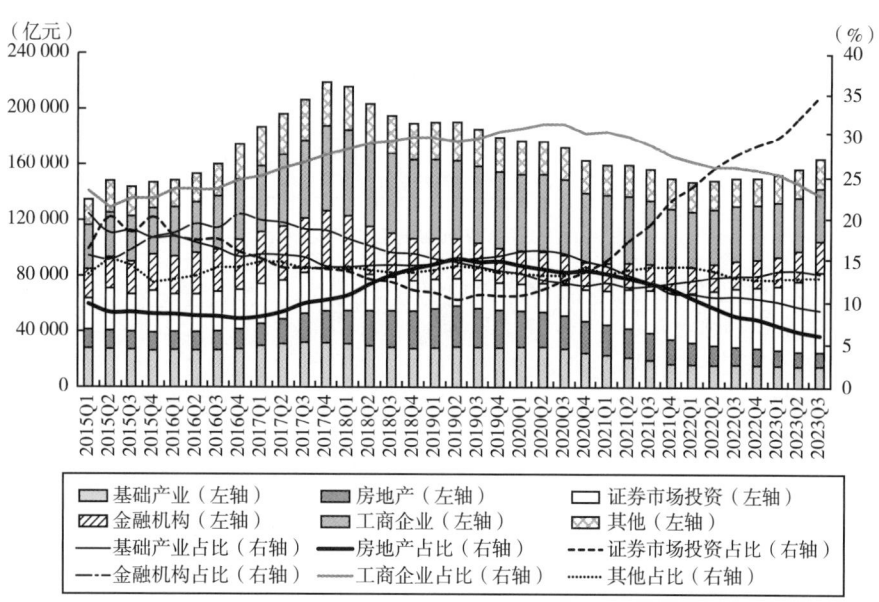

图9　2015Q1至2023Q3资金信托投向规模及构成占比

数据来源：根据中国信托业协会公开数据整理。

（三）资金信托运用方式更加聚焦

信托公司运用金融工具开展受托服务的主流方式已经从贷款信托向以交易性金融资产为

代表的多元金融工具使用转化。2023年第三季度末，资金信托用于交易性金融资产投资占比延续三年上涨趋势，占比达到58.41%，规模为9.61万亿元，同比增幅45.21%，较第二季度末增加6 193.44亿元；与之相对，信托贷款规模和占比持续下降，规模降至3.33万亿元，同比减少2 795.59亿元，降幅为7.73%，占比降至20.28%。除此之外，信托公司也在积极探索长期股权投资、债权投资、同业存放、买入返售等多样化的金融工具运用（见图10）。

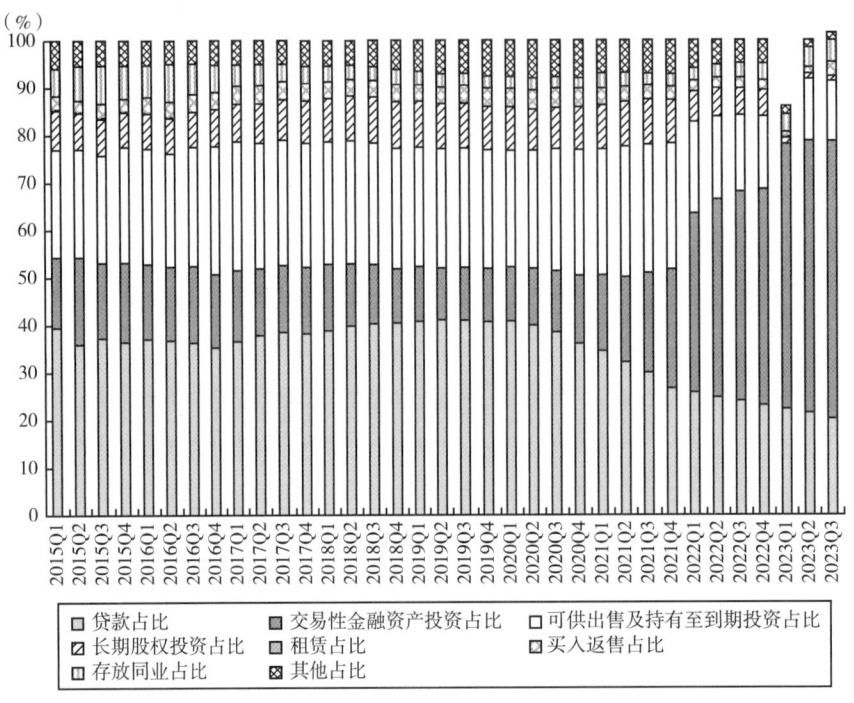

图10 资金信托运用方式构成占比

数据来源：根据中国信托业协会公开数据整理。

四、全面提升受托服务能力，高质量助力金融强国建设

2023年第三季度数据表明，信托行业在贯彻实施信托业务新分类标准过程中步伐稳健，以进促稳调整信托业务结构，融资类信托逐步式微，资产服务信托规模持续增长。信托公司转型方向更加清晰明确，经营业绩整体恢复向好，为转型业务的盈利水平提升与优化争取了相对宽裕的时间和空间。

（一）守稳安定发展基本盘：统筹防化风险，强化公司治理

坚持把防控风险作为金融工作的永恒主题。房地产、地方债务、中小金融机构是金融风险防范重点领域，也是信托公司展业合作多有涉及的业务领域，需要格外防范和关注，对风

险早识别、早预警、早暴露、早处置。在国家金融监管总局从严从实要求下，信托行业要牢牢守住不发生系统性金融风险的底线。

面对行业转型承压和新业务拓展机遇并存的发展进程，2023年以来，信托公司股东和经营层变动频繁，超3成信托公司董监高发生变动。一方面会加速信托公司战略调整，深化促进业务转型；另一方面会对公司治理带来不确定性挑战，坚持党管金融，信托公司应当更加强化党建引领，加强三会一层建设，提升公司治理水平。

（二）布局提质发展进取盘：守正创新服务实体经济和社会民生

信托业务新分类为信托公司展业划定了统一标准，信托公司应该立足自身资源禀赋做战略取舍，守正创新服务实体经济和社会民生。

2023年11月，《信托公司监管评级与分级分类监管暂行办法》发布实施，未来信托公司将在差异化监管的规范下逐步走向差异化发展之路。

一是探索发展家族/家庭等财富管理服务信托。信托业务分类标准构建了设立门槛覆盖全谱系财富、服务内容涵盖客户全生命周期的细分类型，从服务对象和服务内容两个维度为信托公司展业创造巨大市场机遇。以建立居民家庭财富信托账户为基础，信托公司可以提供财富分配与传承、保值增值、养老消费、保险保障、特殊需要照护、遗嘱安排等多场景的财富管理和受托服务，切实当好居民财富的好管家。

二是不断提升标准化资产管理和服务能力。信托公司大力发展资产管理类业务成行业共识。随着我国资本市场从新兴市场向成熟市场不断发展，信托公司作为机构投资者也需要建立与之匹配的投研能力、配置能力、产品能力和风控能力，稳步提升资产管理信托的专业化管理能力，在大资管市场中发挥差异化竞争优势。除此之外，信托公司还可以"生态合作者"的受托人身份开展资管产品服务信托，为私募基金等资管机构提供资产估值、结算、信披等专业化的受托服务。

三是大力发展绿色信托。信托行业要积极践行ESG理念，主动参与气候投融资和碳金融，服务绿色低碳产业发展。积极布局以颠覆性技术和前沿技术催生的战略性新兴产业和未来产业，创新探索知识产权信托和数据信托等新型资产服务信托，满足新质生产力的培育和拓展需求。

除此之外，预付类资金服务信托、担保品服务信托等行政管理服务信托和风险处置服务信托是信托公司运用信托制度安排保护社会财富安全流转和盘活企业资产的长效机制，也有广阔的市场发展空间。

（三）培育以义取利核心盘：服务创造价值，助力实现共同富裕

履行信义义务是信托公司作为受托人最基本的职业操守，是以义取利的"义"；信托公

司提供专业化的受托服务取得信托报酬，就是以义取利的"利"，以此构建服务创造价值的取费逻辑。信托公司基于多样化的服务场景，提供专业化的受托服务，逐步建立可达成行业共识和社会共识的商业模式和取费模式，是支撑未来信托公司转型业务可持续发展的核心盈利所在。

此外，信托公司积极履行社会责任，大力发展公益慈善信托，也是助力实现共同富裕目标的有效路径。根据全国慈善信息公开平台（慈善中国）最新数据统计，慈善信托财产总规模已突破65亿元，已备案慈善信托项目1 600余个。随着《慈善法》的修订，慈善信托规范设立与运行、监察监督、税收优惠等具体规定有望得以进一步优化，信托公司通过开展慈善信托发挥的经济价值和社会价值也将进一步释放。

展望未来，信托行业将深入贯彻落实党的二十大精神、中央金融工作会议精神，以高质量转型推动高质量发展，坚守信托本源定位，践行金融工作的政治性和人民性。以进促稳，严格按照信托业务分类新规深化转型发展；先立后破，积极探索具有中国特色的信托业高质量发展之路。

2023年度中国信托业发展评析

上海金融与发展实验室主任　曾　刚

2023年，中国经济在全球经济复苏乏力和国内多重挑战的背景下，展现出强劲的韧性和活力。根据国家统计局的数据，2023年国内生产总值（GDP）同比增长5.2%，超过126万亿元，增速比2022年加快2.2个百分点。这一增长率不仅高于全球平均水平，也显示出中国经济在全球主要经济体中的领先地位。不过，在经济恢复向好的同时，发展仍面临有效需求不足的挑战，房地产、地方政府隐性债务以及中小金融机构等重点领域的潜在风险仍有待化解和处置。面对复杂多变的外部环境和行业调整的压力，信托业积极响应国家宏观调控政策，紧密围绕服务实体经济的核心任务，不断优化资产结构，加强风险管理，推动业务创新，实现了行业的健康稳定增长。

一、信托资产规模稳定增长，结构持续优化

近几年来，信托行业转型持续深入，在"稳字当头、稳中求进"工作总基调下，2023年第四季度信托资产规模延续了持续回升的发展趋势，产品结构也得到了优化。

信托业务规模增速加快。截至2023年第四季度末，信托资产规模余额为23.92万亿元，较9月末增加1.28万亿元，环比增幅为5.65%，较上年同期增加2.79万亿元，同比增幅为13.17%，较第三季度末大幅增长5.7个百分点。2022年第二季度以来，信托资产规模开始企稳回升，同比增速逆转为正，到2023年末已连续7个季度保持正增长，且增速有逐步加快的趋势，反映了信托业在资管新规以来的转型工作已取得了明显的成效（见图1）。

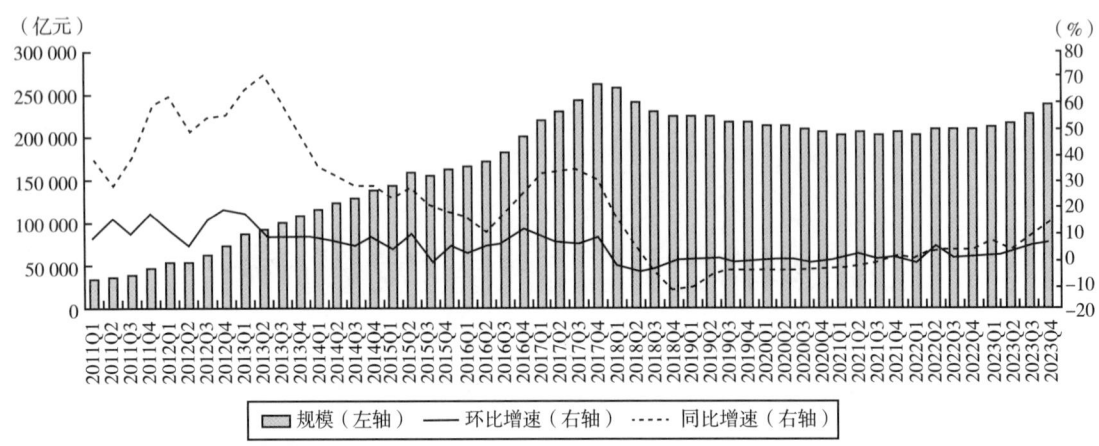

图1　2011Q1至2023Q4信托资产规模、同比增速及环比增速

数据来源：根据中国信托业协会公开数据整理。

从资金来源看，截至2023年第四季度末，集合资金信托规模为13.52万亿元，占比达到56.5%；单一资金信托规模为3.86万亿元，较2023年第三季度末减少1.05万亿元，环比减少2.64%，占比为16.12%；管理财产信托规模6.55万亿元，较2023年9月末增加3498亿元，环比增长5.64%，占比为27.37%（见图2）。

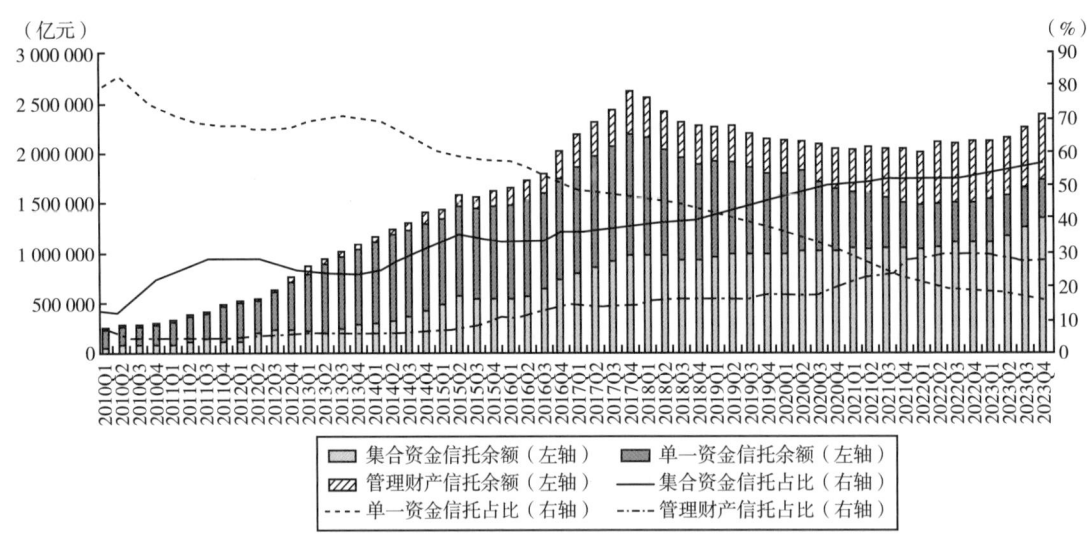

图2　2010Q1至2023Q4信托资产按资金来源分类的规模及其占比

数据来源：根据中国信托业协会公开数据整理。

从信托功能角度看，截至2023年第四季度末，投资类信托规模为11.57万亿元，较2023年第三季度末增加8711亿元，环比增速为8.15%，占比为48.34%；融资类信托规模为3.48万亿元，环比增加2291亿元，增速7.06%，占比为14.5%；事务管理类信托规模为8.88万亿元，较第三季度增加1798亿元，增幅为2%，占比为37.12%（见图3）。

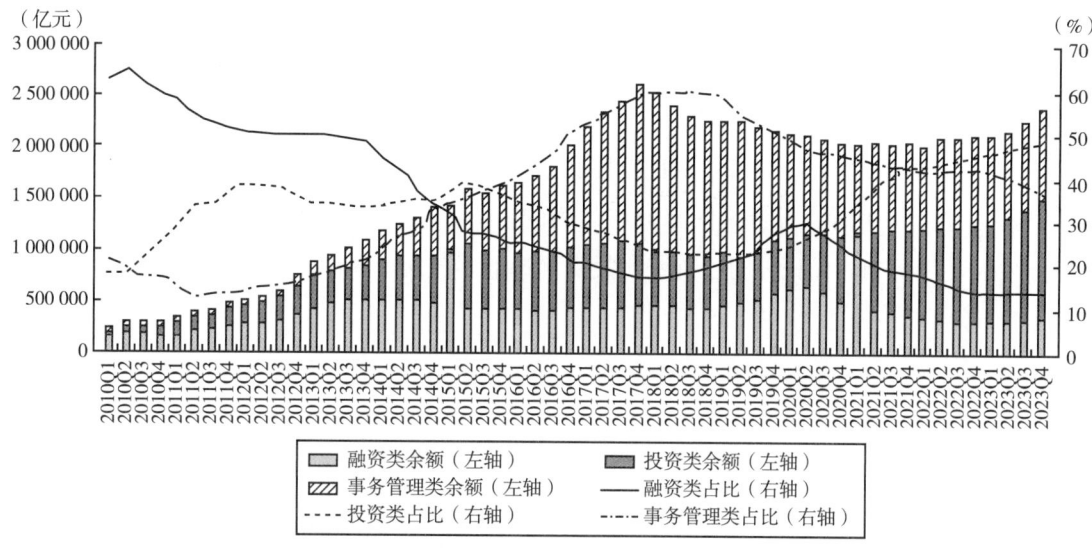

图3 2010Q1至2023Q4信托资产按功能分类的规模及其占比

数据来源：根据中国信托业协会公开数据整理。

二、资本实力不断夯实，经营业绩显著改善

（一）资本实力持续增强

截至2023年第四季度末，信托公司所有者权益总额达到7 485.15亿元，较第三季度增加23.38亿元，环比增速0.3%。与2022年第四季度相比，增加306.49亿元，增速4.27%。2023年，信托业通过多种方式进行资本补充，增强了行业的资本实力和风险抵御能力。据不完全统计，2023年，共有12家信托公司宣布通过利润转增和定向增发等方式来补充资本（见图4）。

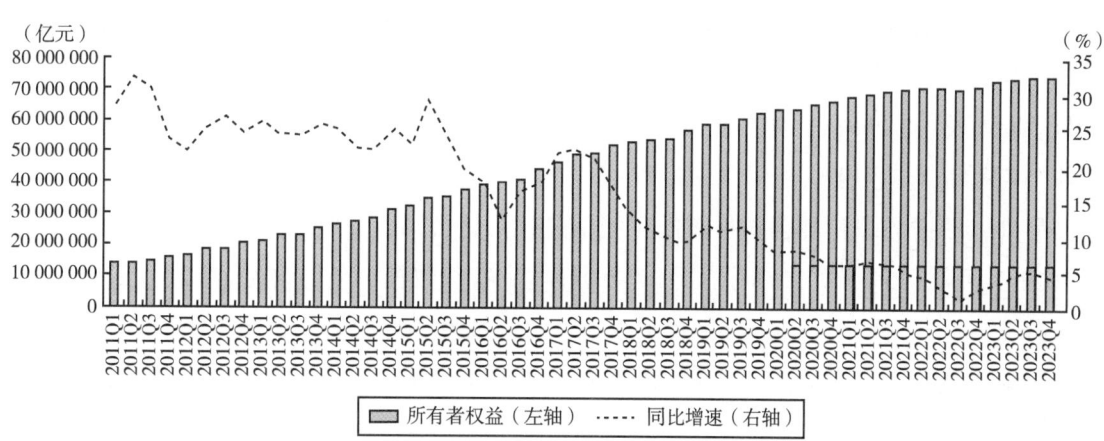

图4 2011Q1至2023Q4信托公司所有者权益与增速

数据来源：根据中国信托业协会公开数据整理。

（二）固有资产与经营业绩

截至2023年第四季度末，信托公司固有资产规模达到8 959.39亿元，比2023年第三季度增加203亿元，增速2.31%；与2022年同期相比，规模增加217亿元，同比增速2.48%。从固有资产的运用结构来看，投资是固有资产运用的主力。从长期变化趋势来看，2017年以后，受行业发展环境影响，信托公司固有资产投资增速稳步放缓（见图5）。

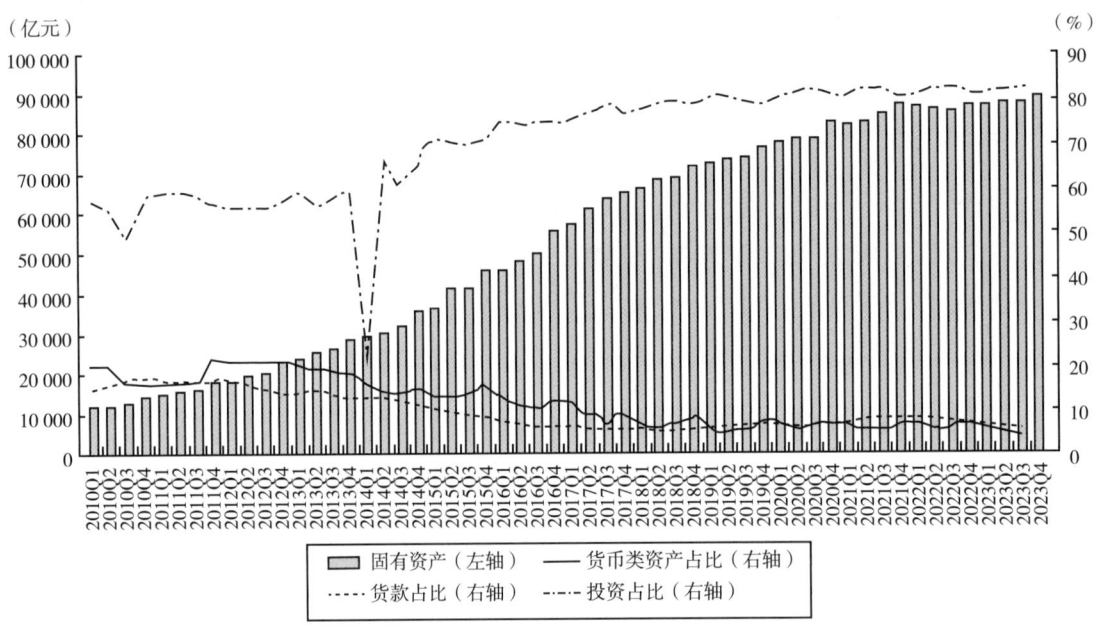

图5　2010Q1至2023Q4固有资产规模与结构

数据来源：根据中国信托业协会公开数据整理。

经营业绩方面，截至2023年第四季度末，信托业经营收入为863.61亿，较上年同期增加24.82亿元，同比增速为2.96%；净利润为423.73亿元，较上年同期增加61.3亿元，剔除特殊情况（如因信托公司股权转让产生的一次性收入和利润等）后，2023年信托公司整体利润较上年小幅增长约2.29%。总体上看，在2023年，信托业经营收入和净利润都实现了止跌回升，整体经营业绩逐步企稳。

另外，根据52家信托公司披露的年报信息，信托公司营业收入的平均数为18.25亿元，较2022年下降3.75%。如果剔除合并口径的样本和特殊数据，平均数为12.62亿元，较2022年下降3.76%，下降幅度较2022年有所收窄。52家披露信息的信托公司中，2023年有28家信托公司营业收入实现增长，占比为53.85%；有25家信托公司净利润实现正增长，占比为48.08%（见图6）。

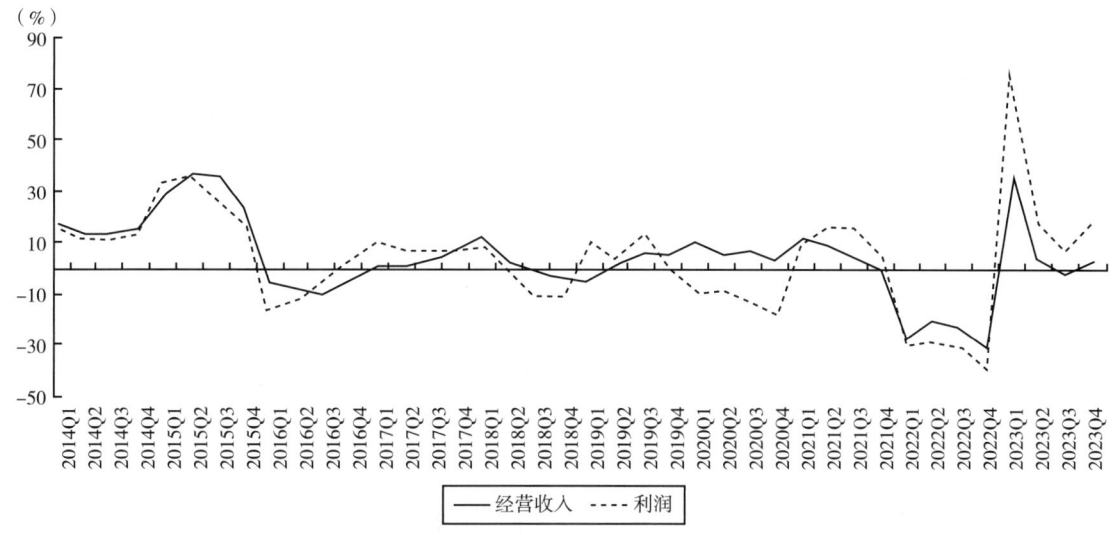

图6　2014Q1至2023Q4信托业经营收入与净利润变动（同比）

数据来源：信托公司年报。

三、信托资金投向结构优化，标准化投资能力持续提升

（一）资产管理信托业务快速增长

资管新规实施以来，信托公司根据信托业务"三分类"的通知要求，大力发展标品信托，培育金融市场投资能力，投向证券市场、金融机构的规模和占比持续提升。信托公司作为机构投资者积极参与资本市场，主动把握金融市场投资机遇，培育专业化的资产管理能力，大力开拓资产管理信托业务。

截至2023年第四季度末，资金信托总规模达到17.38万亿元，较第三季度末增加约9 300亿元，环比增速5.66%；较2022年同期增加2.24万亿元，同比大幅增长15.59%。从资金信托投向结构来看，投向证券市场（含股票、基金、债券）规模合计为6.6万亿元，较2023年第三季度末增加8 536亿元，环比增速14.85%，合计占比38%，环比上升3个百分点；与2022年第四季度末相比，规模增长2.25万亿元，同比增速高达51.52%，占比则提升近10个百分点。

2023年第四季度末，信托资产投向金融机构的规模为2.37万亿元，较第三季度末增加约1 331亿元，环比增速为5.95%，占比为13.64%，与2023年第三季度末基本持平。与2022年同期相比，规模增加约3 575亿元，同比快速增长17.76%，占比小幅提升约0.2个百分点。

从证券投资信托的配置类型来看，2023年第四季度末，组合投资占比为71.62%，较第三季度末上升2.08个百分点，占比25.40%，较第三季度末下降1.47个百分点。总体上看，信托公司专业化的资产配置能力逐步增强。从证券投资信托的合作方式来看，私募基金（特别是私募债券基金）和银信合作是信托公司开展外部合作最重要的两类渠道，信托公司服务和融入大资管的合作生态获得进一步培育（见图7）。

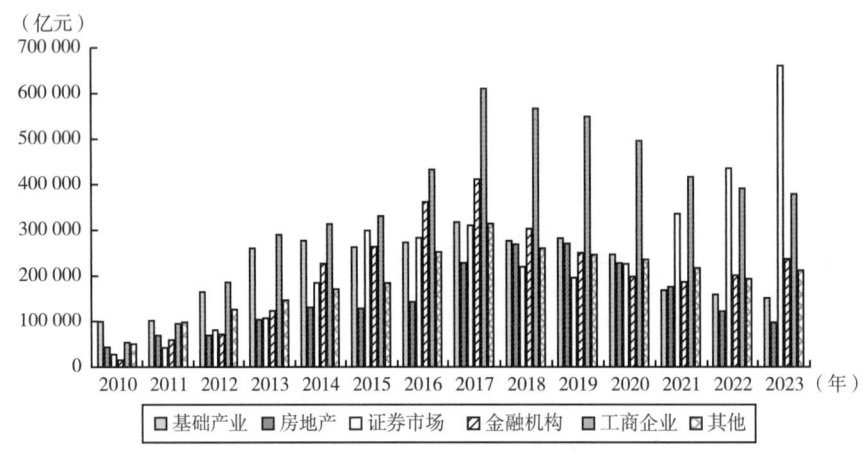

图7　2010—2023年信托业资金投向

数据来源：根据信托业协会公开数据整理。

（二）服务实体经济仍需强化

服务实体经济是金融供给侧结构性改革的核心要求，是信托业转型的重要方向。近年来，在监管引领下，信托业围绕国家战略，积极采取措施，稳步加大对实体经济的资金投入，着重引导资金进入工商企业和基础设施领域，积极支持国家重大战略实施，提高金融服务效率。

截至2023年第四季度末，投向基础产业的信托规模为1.52万亿元，较第三季度末微增13.56亿元，占比小幅下降；与2022年同期相比，规模减少763亿元，同比负增长4.79%。投向工商企业的信托规模为3.89万亿元，比第三季度末增加约87.25亿元，占比为21.8%，较第三季度下降1.18个百分点；与2022年第四季度末相比下降1 199亿元，同比减少3.01%，占比下降约4.2个百分点。未来信托业需要围绕"五篇大文章"，进一步强化对新质生产力相关产业的支持，在有效盘活存量和稳健促进增量的平衡中加大服务制造业的支持力度和服务模式创新。

房地产信托是信托业受宏观政策、行业监管和市场环境多重约束最明显的业务领域，近年来投向房地产的信托资金规模和占比持续下降。截至2023年第四季度末，投向房地产的资金信托规模为9 738.61亿元，较第三季度末减少471.49亿元，环比降幅为4.62%，占比为5.6%，环比下降0.6个百分点。与2022年第四季度相比，规模下降2 500亿元，同比下降20.43%，占比则下降2.53个百分点。与过往高峰期相比，信托投向房地产领域的资金规模和占比都有了大幅的下降，表明传统房地产信托业务作为信托主营业态的时代已告终结。

（三）资金信托运用方式更加聚焦

信托公司运用金融工具开展受托服务的主流方式已经从贷款信托向以交易性金融资产为代表的多元金融工具使用转化。2023年第四季度末，资金信托用于交易性金融资产规模达到10.44万亿元，较第三季度末增加8 372亿元，环比增幅为8.72%，占比达到60.1%，环比上升1.69个百分点；与2022年第四季度相比，规模增加3.61万亿元，同比增长52.75%，占比则大幅上升14.62个百分点（见图8）。

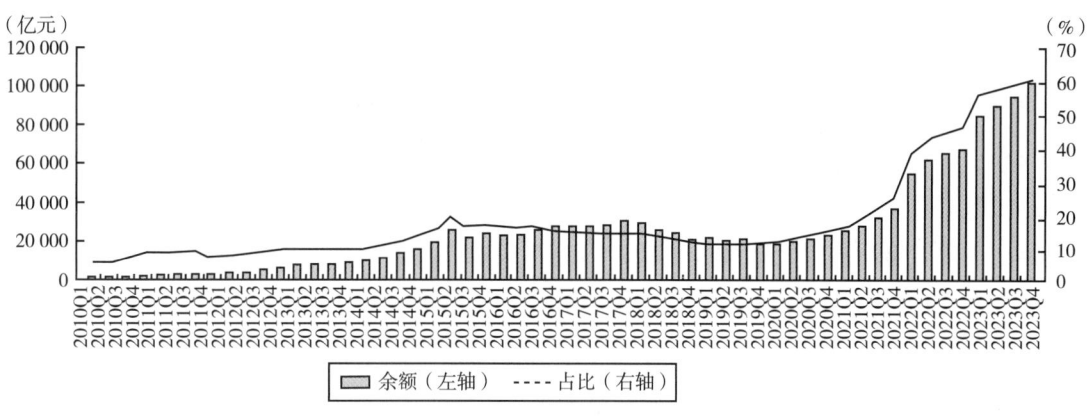

图8　2010Q1至2023Q4交易性金融资产余额与占比

数据来源：根据中国信托业协会公开数据整理。

与此同时，信托贷款规模和占比持续下降，2023年第四季度末，信托贷款规模降至3.32万亿元，比第三季度末下降约100亿元，占比为19.13%，环比微降1.14个百分点。与2022年第四季度相比，信托贷款规模减少1 539亿元，同比降幅4.42%，占比下降约4个百分点。除此之外，信托公司也在积极探索长期股权投资、债权投资、同业存放、买入返售等多样化的金融工具运用（见图9）。

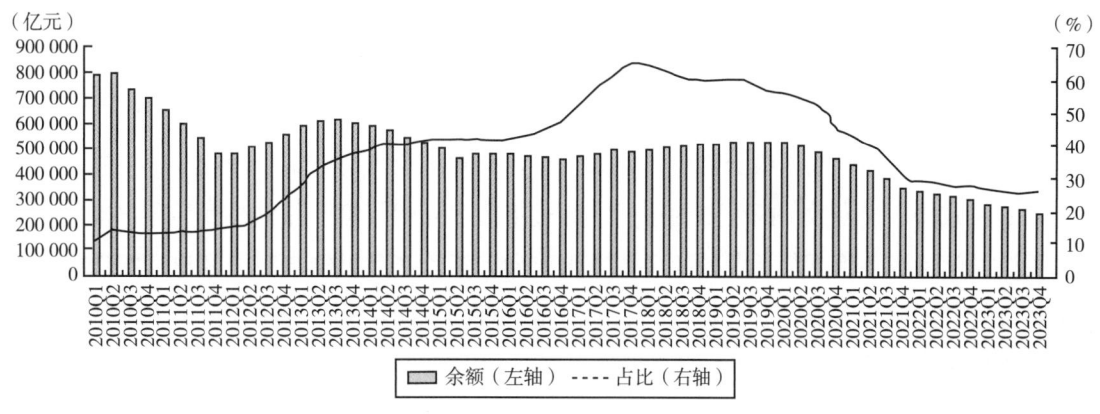

图9　2010Q1至2023Q4信托贷款余额与占比

数据来源：根据中国信托业协会公开数据整理。

四、行业展望

展望2024年，信托业将围绕中央金融工作会议提出的各项要求，在监管部门的引导下，推进业务转型和结构调整，同时加强风险管理和提升公司治理水平，实现信托行业的高质量发展。

一是聚焦"五篇大文章"，服务实体经济高质量发展。中央金融工作会议为新时代推动金融高质量发展提供了根本遵循和行动指南。当前，信托业正处于转型发展的关键时期，未来要围绕科技金融、绿色金融、普惠金融、养老金融、数字金融"五篇大文章"服务实体经济高质量发展。科技金融方面，信托业可以借助科技力量，提升业务效率、优化服务体验；绿色金融方面，信托业要积极响应国家政策，支持绿色产业和可持续发展；普惠金融方面，信托业可推出有针对性的普惠金融产品，帮助低收入人群提高生活水平；养老金融方面，信托业要加强养老金融产品的研发和创新，为老年人提供更加丰富、灵活的养老金融服务；数字金融方面，信托业应结合自身实际，加强数字化转型提升数字化经营和管理水平。通过深入践行金融工作的政治性、人民性，围绕"五篇大文章"优化完善信托产品和服务，不断满足经济社会发展和人民群众日益增长的金融需求。

二是继续回归信托本源，信托业务新格局将逐步成型。2023年3月，《关于规范信托公司信托业务分类的通知》正式发布，将信托业务分为资产服务信托、资产管理信托和公益慈善信托三大类25个业务品种。资产服务信托市场空间很大，但收入低且竞争激烈，难以支撑信托行业实现过去持续多年的业绩增长。证券投资和股权投资作为资产管理信托的核心，需要信托公司构建与其他资管机构的差异化竞争优势，对专业能力提出更高要求。未来，房地产信托、政府平台等传统融资类业务占比将持续降低，证券投资、股权投资、财富管理回归信托本源的业务等将逐渐成为行业主流方向。

三是财富管理与资产管理双轮驱动，推动信托公司转型深入。财富管理和资产管理是信托业回归信托本源的重要方向，财富管理业务作为资产管理的上游业务，是资管机构的必争之地，信托公司利用自身制度优势参与财富管理业务水到渠成。在"非标"转"标"持续推进，没有刚兑的非标产品来吸引客户的背景下，资产管理业务与财富管理业务齐头并进，双轮驱动的模式将成为多数信托公司的选择。通过丰富多元的资管产品供给和为客户提供财富管理投资顾问是资产管理信托业务的主要发力方向，资管产品供给丰富了客户适配选择，扩展了财富管理的服务客群，通过资管产品和财富管理的双向赋能，双轮驱动，推动信托行业实现高质量转型发展。

四是响应政策引导，资本市场专业能力亟须进一步提升。2024年4月，国务院印发《关于加强监管防范风险推动资本市场高质量发展的若干意见》，明确提出"鼓励信托等资金积极参与资本市场"，这将进一步推动信托资金增配权益资产，与信托行业转型方向相契合。此外，《关于加强监管防范风险推动资本市场高质量发展的若干意见》还提到推动债券和REITs市场高质量发展，并研究制定REITs管理条例及完善税收政策，这将为信托公司参与REITs业务带来发展良机。面对政策的支持与引导，信托公司还需加强证券市场的专业能力建设，通过构建与其他资管机构的差异化竞争，拓宽信托公司参与资本市场深度和广度，在加快自身业务转型的同时，推动壮大市场的长期投入力量，促进我国资本市场的长期可持续发展。

五是《慈善法》修订，有望拓宽慈善信托的发展空间。2023年12月，十四届全国人大常委会第七次会议表决通过关于修改《慈善法》的决定，细化相关管理规则，明确慈善信托税收优惠政策，必将推动慈善信托事业迎来更好发展。此外，信托业务新分类中慈善信托被单列为一大类，慈善信托作为既可发挥信托本源特色，又能参与公益事业的服务方式，已成为信托行业在新分类背景下转型发展的重要方向之一。未来，随着相关配套制度的逐步完善，公益慈善信托将迎来更好发展，在中国式现代化进程中发挥更大作用。

六是监管环境体系日益完善，行业发展不断规范。2023年11月，《信托公司监管评级与分级分类监管暂行办法》发布，明确根据信托公司的管理状况和整体风险作出监管评级，分为1~6级，数值越大反映机构风险越大；不同监管评级的信托公司对应不同的信托业务范围和展业地，差异化监管和经营的格局将逐步形成。此外，金融监管总局的三定方案中，信托公司的监管部门"信托部"整合调整为"资管机构监管司"，信托公司与其他资产管理机构的监管规则将逐步对齐，面临更为严格和专业的监管。将促使信托公司走向差异化和特色化的发展道路，增强核心竞争力，实现高质量、差异化发展。

展望未来，信托行业的发展将更加注重质量与效益的平衡，通过业务创新、服务升级、风险控制和监管适应等多维度的努力，实现健康、可持续的发展。这不仅需要信托公司自身的积极探索和转型，也需要监管政策的引导和市场环境的支持。随着信托业务转型的不断深入，信托行业有望在服务实体经济、促进社会和谐、推动金融创新等方面发挥更加重要的作用。

第二部分　中国信托业协会2023年工作报告

一、2023年工作情况

2023年，中国信托业协会（以下简称协会）深入学习贯彻习近平新时代中国特色社会主义思想，在国家金融监督管理总局党委的正确领导下，扎实履行"自律、维权、协调、服务"职责，较好地完成了各项工作目标任务。主要做了以下工作。

（一）党的建设方面

旗帜鲜明加强党的政治建设，把习近平总书记重要讲话和重要指示批示精神作为"第一遵循"，协会在政治路线、政治立场、政治方向、政治道路上同以习近平同志为核心的党中央保持高度一致，坚定拥护"两个确立"，坚决做到"两个维护"。深入学习贯彻党中央决策部署和总局党委有关工作部署，发挥协会党委政治核心作用，采取诉求汇集、咨询服务、交流合作、宣传引导、教育培训、自律约束等方式，引导信托公司践行金融工作的政治性、人民性，坚定不移走好中国特色金融发展之路。协会认真开展学习贯彻习近平新时代中国特色社会主义思想主题教育，制定方案4个、形成清单4项，召开部署及推进会4次，组织"回头看"1次；中心组集体学习17次，读书班集中学习7天；实地调研12次、走访公司25家，书面调研3次、座谈调研7次，组织调研成果交流会1次，提出工作措施或政策建议30条；通过调研发现群众反映强烈、长期没有解决的问题，从这些方面入手，梳理出问题12个、形成整改措施35条，制定专项整治方案3个；召开专题民主生活会1次。

（二）自律方面

加快完善自律规则体系，修订《信托公司行业评级指引（试行）》，规范党建和公司治理、慈善信托、信息科技投入等方面指标，依据信托业展业新形势新要求调整部分评价指标的基础值和目标值；制定《中国信托业协会自律监督检查办法》，探索围绕信托公司受托责任履行、社会责任履行开展自律检查。着力改善信托文化，举办"信托公司信托文化建设专题培训"，组织"信托业第二届知识竞赛"和信托文化建设主题演讲比赛，引导从业人员树牢良好价值理念；发布《信托业清廉金融文化建设倡议书》，将清廉文化建设内容纳入信托行业培训教材，涵养塑造行业清风正气。

（三）维权方面

协会协助有关机构债委会扩容事宜，组织相关各方召开协调会议，推动相关会员单位在平等协商、意见一致的基础上，按照市场化、法治化原则决策加入债委会。协调部分信托公司涉某省融资平台项目风险化解工作，深入摸底风险项目总体规模、项目所在地、投资者范围等情况，为会员单位搭建项目处置经验交流平台，在监管部门指导下提供项目处置参考意见。积极联动司法机关、仲裁机构，与北京金融法院建立协同工作机制、商讨营业信托纠纷诉源治理方案，与中国国际贸易仲裁委员会、南开大学法学院联合举办信托争议解决研讨会，邀请北京金融法院高级法官、政法大学教授和律师从司法实务视角就"防范化解金融风险"互动交流。

（四）协调方面

协会引领落实信托业务"三分类"新规，举办"践行新发展理念 推动信托业高质量发展"主题信托业年会，举办"信托业务分类新规解读"专题培训，组织"信托业务新分类的机遇与挑战"主题沙龙和"贯彻落实信托业务新三分类"工作交流会，开展"新分类下信托公司战略管理体系"专题研究。引导支持乡村振兴，会同信托公司积极帮扶总局定点扶贫地区，定期梳理帮扶项目进展，与定点帮扶旗县共同研究工作方案，2023年直接投入和引入帮扶资金333.62万元，召开"慈善信托助力乡村振兴研讨会暨金融使命察右后旗乡村振兴慈善信托启动仪式"座谈会。加强信托投资者教育，线上线下融合举办"精诚服务 诚托未来"2023年信托投资者教育活动，线上活动视频共计3 000余人次观看；联合《中国银行保险报》共同举办"信托知识大挑战"线上答题活动，4 300余名信托消费者参与；面向社会公众组织"新分类下的信托服务与产品"在线讲座，累计5 400余人观看。

（五）服务方面

协会在官方宣传平台持续推送信托业服务实体经济、助力经济社会发展等情况，官方微信公众号2023年推送信息251期（共991篇），关注人数同比增长6.3%；与金融时报、经济日报、证券日报、中国网财经等主流媒体建立合作关系，与29家媒体建立"跑口"关系，对于信托业重大新闻、信息，积极协调"跑口记者"在各类财经媒体宣传报道或转载报道。加强舆情管理，2023年监测舆情249天，编制发送《信托每日舆情》249期，形成舆情分析月报、季报15期，涉及负面舆情253篇，向涉及负面舆情的信托公司发出负面舆情处理单100份。协会组织"信托业服务实体经济""信托公司分级分类监管""预付式资金服务信托""担保品服务信托"等12个课题研究。编制发布《中国信托业发展报告（2022—2023）》《中国信托业社会责任报告（2022—2023）》《中国信托业金融科技发展报告（2022）》等研究报告和

《绿色信托案例集》等实务报告。丰富业内交流，组织"养老信托业务发展""信托业金融科技应用发展""信托项目风险化解""高校公益伙伴慈善信托""信托公司人力资源培训交流"等主题交流9次。拓展行业培训，2023年开展高管培训1期、中层培训1期、全员培训4期，组织"资产证券化业务""信托财富管理业务""资产服务信托业务"等专题培训10期，修订完成《信托监管（第二版）》。

（六）规范化建设方面

协会坚持党的领导与依规治会有机结合，根据中国信托业协会章程行使职能，重大事项提交协会决策机构审议，2023年召开会员大会2次、理事会4次、常务理事会2次、监事会3次，并顺利完成新一届理事会、常务理事会、监事会的换届选举。加强秘书处建设，完善制度体系，2023年印发制度11个；开展保密、安全生产、重大事故隐患等各类专项排查3次、重点巡查4次；规范会费管理使用，开展廉洁风险排查1次，增加防控措施22条；优化人才培育和考核，做好经常性、针对性监督提醒，促进从严管理监督和鼓励担当作为高度统一。

2023年是全面贯彻落实党的二十大精神的开局之年，也是经济恢复发展的一年。在这一年，信托业协会取得的一些成绩，是监管部门有力指导的结果，是全体会员共同努力的结果，是各位专家、学者等社会各界大力支持的结果。

同时，我们也清醒地认识到，协会工作还存在一些不足，包括辅助监管部门深化信托业治理的标准不够高，服务会员加快转型、防范化解风险、培育中国特色金融文化的办法不够多，维护会员权益、宣传行业形象、构建行业良好发展环境的思路不够广，自身治理机制还存在短板，工作人员的专业化水平有待提高。对此，协会高度重视，一定下大力气解决。

二、2024年主要工作

2024年，中国信托业协会将以习近平新时代中国特色社会主义思想为指导，认真学习贯彻中央金融工作会议、中央经济工作会议精神和总局党委的工作部署，完整、准确、全面贯彻新发展理念，坚持稳中求进工作总基调，以高质量党建推进协会工作高质量发展，努力实现推动行业自律取得积极突破，引领行业转型取得明显成效，维护行业权益取得重要进展，协会规范化管理水平显著提高。

（一）强化行业自律，助力防范信托业经营风险

一是发挥行业评级导向作用。用好行业评级"指挥棒"，通过资本实力、风险管理能力、服务与发展能力等方面的17项指标，对信托公司经营管理能力进行综合量化评价。完善评级

体系，适时优化指标取值口径及基础值、目标值设定，对风险指标设置较高权重，引导信托公司降低风险敞口和比重。

二是健全自律工作体制机制。全面梳理协会现行自律规则，规范开展自律公约的废、改、立。建立行业自律与监管需求协同机制，对于监管部门重点关注的投资型产品适当性管理问题，研究制定行业自律公约。围绕资产服务信托业务领域的同业恶性竞争问题提出解决方案，规范服务内容和收费标准，维护公平市场环境。

三是突出重点领域开展自律监督检查。做好自律规范的跟踪问效，对信托公司遵守行业自律规则情况进行非现场监督，加大线上线下培训力度。对非现场监督发现的突出问题及行业集中反映的重点领域，开展现场检查。适时优化非现场监督和现场检查的内容和流程，提高监督检查工作质效。

（二）推动行业转型，促进信托业高质量发展

一是积极推动信托业务新分类落地落实。组织做好新业务分类重点、难点、焦点问题研究，努力形成有质量的政策研究报告。就信托公司在新类型业务展业过程中遇到的实操问题、落地问题，加强调查研究、主动听取意见，积极形成政策建议向监管部门反映。做好研究工作的"后半篇文章"，采取宣传推广和专题培训等形式，促进研究成果的有效转化。深化行业交流，聚焦"走进会员、共谋发展"目标，通过加强同业金融协会合作、探索走进信托公司等方式，优化交流形式、提升交流效果。探索启动行业数据交流，尝试搭建数据信息交流平台。

二是大力支持信托业做好"五篇大文章"。增设绿色信托专业委员会，修订《绿色信托指引》，制定绿色信托标准和行业ESG体系，做好"绿色金融"大文章。鼓励信托公司优化产品和服务，积极拓展慈善信托，加大对小微、"三农"、绿色、特殊群体等领域的支持力度，做好"普惠金融"大文章。发挥养老信托专业委员会作用，推动开展"以房养老"等业务模式的可行性研究和业务交流，做好"养老金融"大文章。依托金融科技专业委员会，编制信托业年度金融科技应用发展报告，做好"数字金融"大文章。

三是持续深化信托文化建设。对照习近平总书记提出的金融文化"五要五不能"要求，修订《信托公司信托文化建设指引》，完善《信托文化建设工作手册》，开展信托文化建设评价，推动信托公司将文化建设纳入公司治理、内控管理体系。将信托文化纳入行业培训课程，在信托业中厚植"金融报国"情怀，让诚实守信、以义取利、稳健审慎、守正创新、依法合规成为信托从业者的自觉遵循。探索展示信托文化建设优秀案例，加强宣传引导，发挥正面典型示范效应。

四是加速构建适应行业转型的信托人才队伍。健全从业人员教育培训体系，以中央金融工作会议精神、信托业务新分类为主要内容，全面改版升级信托全员培训、做深做细中层及

业务骨干培训、打造差异化的高管培训、开展与时俱进的专题培训，进一步加强职业道德教育，提高信托从业队伍专业性。夯实培训基础，优化行业师资队伍，加强行业在线学习平台建设，适时修编高质量精品信托教材，探索推动高校信托学科建设。加强对中国特色信托人才标准的论证研究，探索符合我国国情的本土化信托人才标准体系，努力构建一支职业素养和专业能力与行业转型相匹配的从业人员队伍。

（三）加强外部沟通协调，营造信托业有利发展环境

一是推动优化信托法律制度环境。配合监管部门推动事关行业转型发展的信托法律规则及相关配套制度出台，汇集行业力量协助开展研究论证、意见征求与效果评估。加强与司法机关等机构的沟通协调，就信托财产独立性、部分资产服务信托受托责任边界、信托公司以独立保函形式为财产提供保全等争取司法裁判认同，维护会员单位合法权益。

二是促进改善行业舆论环境。加强协会官方网站内容建设，改版官方微信公众号栏目，丰富信托公司优秀案例、创新成果、投研报告等展示内容。合理规划重大主题宣传和行业联动宣传，探索建立行业共同发声机制，聚焦行业重大事件、转型成果等不定期举办发布会，增强宣传主动性。编制发布《中国信托业发展报告（2023—2024）》《2023—2024中国信托业社会责任报告》，展现信托公司专业、尽责的正面形象。提高舆情工作水平，坚持预防为要、关口前移，在做好日常舆情监测的基础上，定期分析研判潜在舆情风险，密切配合监管部门和信托公司做好舆情应对与处置，择机举办舆情工作专题讲座，助力信托公司舆情能力建设。增进与监管部门的舆情信息联动，依托监管部门加强与网信办等部门的协调沟通。

三是强化投资者教育和保护。积极开展形式多样、载体丰富、内容充实的投资者教育活动，通过监管政策解读、现场主题宣教、线上专题讲座、信托知识"挑战赛"、信托消保进社区、信托知识手册更新推广、信托消保案例展示等方式多管齐下，大力普及信托知识，引导投资者正确认识信托产品的本质属性，形成合理投资预期。全面规范信托投资者投诉响应处理流程，安排专人专线答疑解惑，确保投诉办理质效。

（四）全面加强党的建设，提升信托业协会规范化水平

一是健全党对协会工作的领导机制。坚持党对协会工作的领导，认真落实"第一议题"制度，确保习近平总书记重要指示批示精神、党中央关于金融工作的决策部署和总局党委的工作要求在协会得到坚决贯彻落实。加强协会党的建设，切实发挥协会党组织政治功能和组织功能，推动党建与协会治理深度融合。深化全面从严治党，全面加强重大事项请示报告，认真贯彻民主集中制，持续深化巡视整改，常态长效抓好中央八项规定精神落实，全面落实意识形态工作责任制。

二是优化协会治理机制。坚持依规治会，完善中国信托业协会章程和工作规则，建立协会重要决策单位定期交流机制，服务好会员大会、理事会、常务理事会和监事会各司其职。做实做优专业委员会，强化规范管理、完善工作机制，压紧压实主任委员单位责任。聚焦主责主业，研究增设信托文化建设等专业委员会。

三是切实加强秘书处规范管理。强化理论武装，深化拓展主题教育成果，引导协会全体坚持不懈用习近平新时代中国特色社会主义思想凝心铸魂。深入实施"四新"工程建设，促进形成锐意进取、真抓实干、勇立新功的良好氛围。认真开展党纪学习教育，引导党员干部学纪、知纪、明纪、守纪。全面梳理秘书处管理制度，围绕关键领域、薄弱环节深化建章立制。提高履职能力，建立全员培训制度，完善员工职业生涯规划及配套培训计划，提高干部职工专业化水平。强化责任担当，修订员工绩效考核办法，严格考核管理，实现严管和厚爱相结合。

新形势下信托业转型发展新任务对协会工作提出了更高要求。新的一年，让我们更加紧密团结在以习近平同志为核心的党中央周围，深入贯彻落实中央金融工作会议精神，牢记金融工作政治性、人民性，切实增强高质量发展本领、防范化解风险本领，落实信托业务新分类，加速回归本源，走好中国特色金融发展之路，开启信托业发展新征程！

大事记

1月

1月4日,原浙江银保监局核准邵吉亨浙商金汇信托股份有限公司总经理助理的任职资格。

1月4日,兴业国际信托有限公司成功落地"兴业信托·兴业乡村振兴公益慈善信托"。

1月6日,中信信托有限责任公司信用评级系统获国家版权局著作权登记证书。

1月10日,中国信托业协会举办"信托公司数字化转型实践与展望"专题培训。

1月10日,原厦门银保监局核准李云祥厦门国际信托有限公司董事长的任职资格。

1月10日,中国对外经济贸易信托有限公司设立"星火"成都中医普及慈善信托,维护和传承善良文化发展。

1月12日,江苏省国际信托有限责任公司备案"苏信弘善2号老龄事业发展慈善信托",支持江苏省养老助老事业持续发展。

1月12日,中铁信托有限责任公司刘春玲荣获成都市总工会授予的"成都市五一劳动奖章"。

1月14日,长安国际信托股份有限公司前往广州市海珠区社会福利院开展"长安善行家计划"之敬老爱老健步行活动,助力公益慈善。

1月15日,长安国际信托股份有限公司举办"关爱困境"青少年健步行活动,向南海区困境家庭捐赠学习用品、日用品。

1月15日,厦门国际信托有限公司荣获共青团福建省委组织部授予的福建智慧团建系统2022年度星级团组织工作考评"五星级团支部"称号。

1月16日,原深圳银保监局核准刘小腊华润深国投信托有限公司董事的任职资格。

1月18日,原湖北银保监局核准周毅交银国际信托有限公司董事的任职资格。

1月18日,杭州工商信托股份有限公司设立"杭工信·现代社区慈善服务慈善信托",助力杭州市现代社区建设等慈善活动。

1月19日,原上海银保监局同意"安信信托股份有限公司"注册名称变更为"建元信托股份有限公司"。

1月19日,浙商金汇信托股份有限公司成立"北京大兴区福提园养老院慈善信托",开展助学、助困等公益慈善活动。

1月19日,华宝信托有限责任公司荣获中国人民银行上海分行2022年度上海中资法人金融机构统计工作一等奖。

1月31日，长安国际信托股份有限公司设立"长安慈·农银壹私行恒·沁苍南桥头村柑橘园建设慈善信托"，用于在苍南县马站镇桥头村开展乡村振兴项目。

1月，中国信托业协会、中国慈善联合会共同发布《2022年中国慈善信托发展报告》。

1月，安徽国元信托有限责任公司、中国对外经济贸易信托有限公司、中粮信托有限责任公司荣获中央国债登记结算有限责任公司"优秀ABS发行机构"称号；五矿信托国际信托有限公司、中国对外经济贸易信托有限公司荣获"优秀资产管理机构"称号；华能贵诚信托有限公司荣获"优秀发行人"称号。

1月，国通信托有限责任公司耿晶、赵曼淇荣获"2022年度武汉市金融机构金融统计工作先进个人"称号。

1月，杭州工商信托股份有限公司工会荣获杭州市金融工会授予的"2022年度重点工作考核优胜单位"，公司卜羽婷被杭州市职工经济技术创新活动领导小组认定为"杭州市职工经济技术创新能手"。

2月

2月2日，原甘肃银保监局核准杨天博光大兴陇信托有限责任公司副总裁的任职资格。

2月2日，北方国际信托股份有限公司启动"北方信托·七里海湿地生物多样性绿色公益信托"，用于购置湿地公益宣传资料、环境监测设备和防护用品等。

2月6日，云南国际信托有限责任公司设立"云南信托大爱星火-文化传承教育慈善信托"，助推教育发展及文化传承。

2月7日，中航信托股份有限公司设立行业首单绿色信托三项贴标品种ABCP——"上海申能融资租赁有限公司2023年度申金磐盈第一期绿色资产支持商业票据（碳中和债/乡村振兴/革命老区）"。

2月15日，渤海国际信托股份有限公司入选河北省发展改革委与河北省企业联合会联合发布的"2022河北服务业企业100强"。

2月15日，中诚信托有限责任公司家族信托办公室荣获中国金融工会全国委员会2022年"全国金融先锋号"。

2月16日，原湖北银保监局核准尹海涛交银国际信托有限公司独立董事的任职资格。

2月16日，万向信托股份公司设立的鲁冠球"三农"扶志基金慈善信托"江河荟·浙江翠项目"荣获中华慈善总会、中国新闻社授予的"2022中国家族慈善十大创新项目"奖。

2月17日，中国信托业协会、中国信托登记有限责任公司联合主办，建信信托有限责任公司承办的"数智赋能·服务新征程"信托业首届金融科技年度论坛成功举办。

2月22日,陕西省国际信托股份有限公司荣获陕西省总工会授予的"模范职工之家"称号。

2月23日,中国信托业协会举办信托公司信托文化建设专题培训。

2月23日,原河南银保监局核准陈立军百瑞信托有限责任公司总经理的任职资格。

2月23日,长安国际信托股份有限公司联合宝鸡市政协、宝鸡市残疾人福利基金会等机构向宝鸡市千阳县红山中学捐赠图书、体育器材等爱心物资150套。

2月28日,中国对外经济贸易信托有限公司《中国外贸信托"金融+公益"慈善工作模式,构建"金融好社会"》案例入选国务院国资委社会责任局主办并发布的《中央企业社会责任蓝皮书(2022)》"公益慈善篇"优秀案例。

2月,安徽国元信托有限责任公司任军军荣获"安徽省'双树双建'主题教育活动年度标兵"称号。

2月,东莞信托有限公司荣获中国共产党东莞市委员会、东莞市人民政府授予的"2022年度东莞市效益贡献奖",荣获东莞松山湖高新区管理委员会授予的"2022年度园区突出经济贡献企业""2022年度园区人才工作先进单位"称号。

2月,华能贵诚信托有限公司荣获上海清算所授予的"优秀发行人""优秀绿色债券发行人"奖,公司张娴竹、李珊珊、蔡静舒、单鑫四人分别荣获"优秀主管"和"优秀个人"奖。

2月,杭州工商信托股份有限公司荣获杭州市委、杭州市人民政府授予"杭州市2022年'春风行动'先进单位"。

2月,苏州信托有限公司凭借"慈心""善举"系列慈善信托荣获"苏州市慈善服务先进单位"奖。

2月,万向信托股份公司荣获杭州市拱墅区人民政府授予的"突出贡献企业"和"产业赛道领跑企业"奖。

3月

3月2日,原厦门银保监局同意厦门国际信托有限公司住所变更为厦门市思明区展鸿路82号厦门国际金融中心9层、39~42层。

3月2日,中铁信托有限责任公司何茜荣获四川省妇联、四川省人社厅授予的"四川省三八红旗手"称号。

3月3日，华宸信托有限责任公司开展"学雷锋 乐奉献 传精神"青年志愿活动。

3月3日，杭州工商信托股份有限公司参与由杭州市上城区团委指导的亚运城市志愿服务启动仪式暨"迎亚运·传宋韵"微笑公益集市活动。

3月3日，中粮信托有限责任公司联合阿坝州妇联开展建设和美乡村慈善公益活动，为阿坝州松潘县毛儿盖镇的学生们捐赠23.6万元物资。

3月5日，浙商金汇信托股份有限公司工会组织开展学雷锋公益献血活动。

3月6日，兴业国际信托有限公司携手兴业证券慈善基金会，落地"兴业信托·兴证慈善兴未来慈善信托计划"。

3月6日，浙商金汇信托股份有限公司成立"台州市黄岩区院桥镇-弱势群体帮扶慈善信托"，开展弱势群体帮扶等公益慈善活动。

3月7日至17日，中国信托业协会以通讯方式召开第四届理事会第十次常务理事会议。

3月8日，原山东银保监局核准齐观义山东省国际信托股份有限公司副总经理的任职资格。

3月8日，重庆国际信托股份有限公司周茹琳荣获重庆市人社局、重庆市妇联"三八红旗手"称号。

3月9日，紫金信托有限责任公司荣获南京市委、南京市政府授予的"2022年南京市扛起'争当表率、争做示范、走在前列'三大光荣使命先进集体"称号。

3月11日，中国信托业协会举办"精诚服务 诚托未来"中国信托业2023投资者教育活动。

3月14日至15日，中国信托业协会举办信托财富管理业务专题培训。

3月14日，原新疆银保监局核准徐永乐长城新盛信托有限责任公司董事、总经理的任职资格。

3月15日，原宁波银保监局核准江昱洁昆仑信托有限责任公司董事、总裁的任职资格。

3月15日，陕西省国际信托股份有限公司荣获陕西省2022年"守住钱袋子·护好幸福家"防范非法集资短视频大赛授予的短视频动画"优秀奖"。

3月17日，陕西省国际信托股份有限公司荣获陕西省直机关工委和陕西省体育局联合举办的《国家体育锻炼标准》测验达标赛"团体二等奖"。

3月20日至31日，中国信托业协会以通讯方式召开第四届理事会第十五次会议。

3月20日，原深圳银保监局核准吴艳华润深国投信托有限公司副总经理和董事会秘书的任职资格；核准邱庆兵华润深国投信托有限公司董事和首席审计官的任职资格。

3月21日，原山东银保监局同意山东省国际信托股份有限公司住所变更为山东省济南市历下区奥体西路2788号A塔1层部分区域、2层部分区域、13层部分区域、32~35层、40层。

3月22日至30日，中国信托业协会召开第一届行业发展研究专业委员会第二十五次会议暨2023年信托业专题研究课题竞标评审会议。

3月23日，华宸信托有限责任公司荣获内蒙古自治区残疾人福利基金会授予的"优秀公益伙伴（2022年度）"称号。

3月24日，原广东银保监局同意广东粤财信托有限公司注册资本由人民币38亿元增加至62亿元。

3月24日，中航信托股份有限公司、工银私人银行、中华慈善总会联合设立国内首个基于捐赠人建议基金模式（DAF）的慈善信托——2.0版本"君子伙伴慈善信托"。

3月24日，中粮信托有限责任公司荣获上海清算所授予的"优秀结算业务参与者"称号。

3月28日，原浙江银保监局核准朱晓平浙商金汇信托股份有限公司副总经理的任职资格。

3月28日，东莞信托有限公司荣获东莞市直机关工委、东莞市国资委党委、东莞市投资促进局联合授予的东莞市直单位招商大比武"精英招商团"。

3月31日，安徽国元信托有限责任公司成功发行全国银行间市场首单代理人模式ABCP产品——"中建商业保理有限公司2023年度中建五局1号保供稳链资产支持商业票据"。

3月，中国信托业协会编著的《信托业从业人员培训教材》正式完成修订并出版发行。

3月，中国信托业协会编著的《中国信托业年鉴（2021—2022）》正式出版发行。

3月，中国信托业协会面向社会开展2023年信托业专题研究课题竞标工作。

3月，湖南省财信信托有限责任公司成立"祥和爱心教育慈善信托"，用于奖励湘潭市雨湖区九华砂子塘潭州小学师生及其配套设施建设和优化等。

3月，长安国际信托股份有限公司荣获中国人民银行西安分行营业管理部颁发的"金融业机构信息管理工作先进单位"称号。

3月，国通信托有限责任公司荣获湖北省公安厅、原湖北银保监局2021—2022年度湖北省银行业金融机构安保工作"成绩突出集体"称号。

3月，西部信托有限公司荣获西安市新城区委区政府授予的"突出贡献企业奖"。同月，公司李越荣获中国人民银行陕西省分行授予的"西安市征信宣传教育先进个人"称号。

3月，西藏信托有限公司荣获西藏自治区拉萨南北山绿化指挥部授予的"2022年度拉萨南北山绿化先进单位"称号。

4月

4月1日，原浙江银保监局核准蔡晓利浙商金汇信托股份有限公司董事的任职资格。

4月3日，原山东银保监局核准山东省国际信托股份有限公司修订后的公司章程。

4月4日，原上海银保监局同意安信信托股份有限公司（现更名为建元信托股份有限公司）注册资本由人民币54.69亿元变更为98.44亿元；同意该公司根据经核准的非公开发行方案，向上海砥安投资管理有限公司非公开发行股票。

4月4日，长安国际信托股份有限公司联合重庆南岸区向日葵智力残疾人康复托养中心的智力残疾青少年捐赠生活学习用品。

4月7日，杭州工商信托股份有限公司设立浙江省首单不动产财产权益类慈善信托——"余善一号"不动产慈善信托。

4月7日，中国对外经济贸易信托有限公司发行全国首单支持民营经济的知识产权科创票据、江苏省首单知识产权ABN——"南京鑫欣商业保理有限公司2023年度第一期建邺滨江担保知识产权资产支持票据（科创票据）"。

4月9日，山东省国际信托股份有限公司与济南市乐橄儿智障人士服务中心共同举办慈善公益活动。

4月10日，江苏省国际信托有限责任公司发行全国首单银行间市场产业园区类REITs、市场首单科创票据类REITs产品——南京生物医药谷建设发展有限公司2023年度第一期定向资产支持票据（科创票据），助力生物医药谷建设高水平公共服务平台。

4月11日，紫金信托有限责任公司参与设立的全国首单市场化增信知识产权证券化项目——"国金鑫欣·南京鼓楼智汇鼓知识产权资产支持专项计划"挂牌上市。

4月12日，百瑞信托有限责任公司赴贵州省遵义市文化小学忠庄校区开展"映山红·百瑞仁爱春晖慈善信托"爱心助学捐赠活动。

4月13日，中国信托业协会举办"信托业务新分类的机遇与挑战"主题沙龙活动。

4月13日，厦门国际信托有限公司设立的"厦门市技术创新基金服务信托"入选中国工业和信息化部工业文化发展中心《国家产融合作试点城市典型案例集（2023）》。

4月13日，光大兴陇信托有限责任公司设立"光信善·圆梦西藏慈善信托"，推动国土绿化工程。

4月14日，上海爱建信托有限责任公司设立"承玺琼玉·香然1号"慈善信托，用于紧急救助、公益义诊等公益慈善活动。

4月15日，长安国际信托股份有限公司开展"长安善行家计划"公益活动，向福建省随心助残公益服务中心捐赠爱心教具。

4月17日，杭州工商信托股份有限公司设立"杭工信·弱有众扶慈善信托""杭工信·守护夕阳红慈善信托""杭工信·点亮未来慈善信托"，开展相关慈善活动。

4月19日，中国对外经济贸易信托有限公司"信暖工作队"赴河北省平山县开展"信诺有温度·平山公益行"活动。

4月20日，山东省国际信托股份有限公司设立的"CCER碳资产收益权绿色信托"荣获中国人民银行济南分行、山东省财政厅、山东省金融局、原山东银保监局授予的"全省十大优秀金融创新产品"。

4月21日，中国信托业协会召开学习贯彻习近平新时代中国特色社会主义思想主题教育动员大会。

4月21日，长安国际信托股份有限公司举办善行家公益活动，通过微笑明天唇腭裂救助项目为低收入家庭的唇腭裂及头面部畸形患儿提供免费治疗。

4月23日，原河北银保监局核准章全明渤海国际信托有限公司总裁的任职资格。

4月24日，原上海银保监局同意建元信托股份有限公司修订后的公司章程。

4月24日，中航信托股份有限公司设立"中航信托·大爱悦心慈善信托"，支持单亲妈妈心理健康教育等公益活动。

4月25日，安徽国元信托有限责任公司荣获"合肥市庐阳区2022年金融业高质量发展十强企业"称号。

4月26日，中国信托业协会举办"防范化解金融风险（司法实务视角）"专题培训。

4月26日，杭州工商信托股份有限公司设立"杭工信·信连心慈善信托"。

4月26日，中国对外经济贸易信托有限公司获评原北京银保监局"3·15"消费者权益保护教育宣传周活动"表现突出的组织单位"称号。

4月27日，陕西省国际信托股份有限公司荣获陕西省庆祝"五一"国际劳动节暨表彰大会授予的"2023年陕西省'五一'劳动奖状"。

4月，中国信托业协会组织编写的《绿色信托案例集》正式发布。

4月，长安国际信托股份有限公司荣获中国人民银行西安分行授予的2022年陕西"金融好网民"活动二等奖。

4月，中海信托股份有限公司微课视频获评"上海市第十五届党员教育电视片观摩交流活动三等奖"。

4月，中建投信托股份有限公司荣获中国人民银行杭州中心支行评定的2022年度金融消费权益保护工作评估A等级。

5月

5月5日，东莞信托有限公司设立"东莞信托·善信-虎慈1号扶弱助残慈善信托"，帮扶低收入人口、困难群众、老弱病残等特殊群体。

5月6日，原北京银保监局核准王锡江中国金谷国际信托有限责任公司副总经理的任职资格。

5月8日至13日，中国信托业协会举办2023年第一期信托业全员培训班。

5月8日，原深圳银保监局同意华润深国投信托有限公司修订后的公司章程。

5月10日，陆家嘴国际信托有限公司胡玮玉荣获2022年度"上海市青年五四奖章"（个人）表彰。

5月11日，原新疆银保监局核准李勇锋华融国际信托有限责任公司董事、董事长的任职资格。

5月11日，原上海银保监局核准曾旭建元信托股份有限公司总经理的任职资格。

5月11日，华宸信托有限责任公司代表队"青春心向党，建功新时代"主题演讲荣获内蒙古自治区财政厅联合财政部内蒙古监管局组织开展的财政青年主题教育演讲比赛二等奖。

5月12日，中信信托有限责任公司设立的"中信信托2019江平法学教育慈善信托"助力完成第23届江平民商法奖学金的评选和发放。

5月12日，西藏信托有限公司设立"西藏信托－格桑花春风化雨慈善信托"。

5月15日至19日，中国信托业协会、复旦大学经济学院合作举办2023年信托公司中层及业务骨干培训班。

5月15日，原北京银保监局核准华鑫国际信托有限公司修订后的公司章程。

5月15日，长城新盛信托有限责任公司设立"长城新盛·和美慈善信托"，用于发展社会公益事业。

5月16日，原浙江银保监局核准余南军杭州工商信托股份有限公司董事、董事长的任职资格。

5月16日，北方国际信托股份有限公司设立"北方信托·中伦文德励志奖教学金慈善信托"，用于促进国家教育行业发展，资助优秀学生和优秀教师。

5月23日，原河南银保监局核准王瑞春百瑞信托有限责任公司副总经理的任职资格。

5月24日，由五矿国际信托有限公司、中国银行、中华少年儿童慈善救助基金会联合发起的"五矿信托－三江源－2023起点工程童书益站慈善信托"在北京签约。

5月24日，云南国际信托有限公司设立"云南信托－百川朝海纾困慈善信托"。

5月29日，原吉林银保监局同意吉林省信托有限责任公司注册资本由人民币15.96亿元变更为31.50亿元。

5月30日，杭州工商信托股份有限公司设立"杭工信·余善"系列慈善信托，帮扶列入政府危房项目的困难家庭等。

5月30日，厦门国际信托有限公司黄子斌荣获厦门金融团工委授予的"厦门金融系统优秀共青团员"称号，王东阳荣获"厦门金融系统优秀共青团干部"称号，信托八部暨福建及厦门重大基础设施投融资专班荣获"厦门金融系统青年五四奖章集体"称号。

5月31日，原湖北银保监局核准卢军、苏海明交银国际信托有限公司董事的任职资格。

5月31日，杭州工商信托股份有限公司举办"六一·微心愿"公益活动暨"工信阳光奖学金"捐赠仪式，为遂昌县湖山乡中心小学学生带去儿童节礼物和学习用品。

5月，中国民生信托有限公司"中国民生信托-2021拥军优属支持边防慈善信托"向新疆维吾尔自治区边防伤残军人和边防烈属捐赠10万元。

5月，长安国际信托股份有限公司荣获由西安市工信局牵头，西安市发改委、西安市财政局等机构联合评审的"西安百强企业"榜单。

5月，东莞信托有限公司荣获国务院发展研究中心金融研究所、广东省地方金融监督管理局授予的粤港澳大湾区金融发展论坛"优秀战略合作单位"称号。

5月，广东粤财信托有限公司团支部获评"2022—2023年度广东省国资系统五四红旗团支部"称号，公司吴嘉琪获评"2022—2023年度广东省国资系统优秀共青团干部"称号。

5月，国民信托有限公司参与落地的方圆有色项目获2022年度最高院"全国破产经典案例"提名奖。

5月，上海爱建信托有限责任公司荣获上海市黄浦区人民政府颁发的2022年度黄浦区"百强重点企业"第18名、中海信托股份有限公司荣获第9名及"央地合作发展奖"。

6月

6月2日，浙商金汇信托股份有限公司成立"善行浙金-滨心有爱6号对口帮扶慈善信托"，用于开展乡村振兴等公益慈善活动。

6月6日，原上海银保监局同意华澳国际信托有限公司住所变更为中国（上海）自由贸易试验区浦明路198号地下一层、一层、二层、三层、四层。

6月6日，中国对外经济贸易信托有限公司获评工业和信息化部评选的"2023年度云原生应用实践先锋-云原生应用优秀案例"。

6月7日，万向信托股份公司成立全国首单不动产慈善信托——"桐庐县不动产慈善信托"。

6月7日，2023年内资金规模最大的慈善信托——"国投泰康信托国投公益乡村振兴慈善信托（2023）"正式备案成立，支持国投集团乡村振兴相关工作。

6月8日，原陕西银保监局同意西部信托有限公司注册资本由人民币20亿元变更为40亿元。

6月9日，原江苏银保监局核准高琪峰国联信托股份有限公司副总经理的任职资格。

6月9日，昆仑信托有限责任公司设立"宝石花开，横峰绽放"乡村振兴慈善信托。

6月9日，浙商金汇信托股份有限公司成立"善行浙金-滨心有爱7号现代社区慈善信托"，开展相关公益慈善活动。

6月12日，杭州工商信托股份有限公司设立"杭工信·阳光32号慈善年夜饭慈善信托"，用于捐助杭州市上城区"我为年夜饭添道菜"慈善项目等。

6月12日，中粮信托有限责任公司"中粮信托·2023丰济2号乡村振兴慈善信托"在北京市民政局备案，助力乡村振兴。

6月12日，浙商金汇信托股份有限公司成立"大爱浙金-星火成炬1号慈善信托"。

6月14日，山东省国际信托股份有限公司荣获山东省反洗钱工作联席会议办公室授予的"山东省第三届反洗钱知识网络竞赛先进集体一等奖"。

6月15日，紫金信托有限责任公司受托设立全国首单护航金融安全慈善信托——"紫金信托·南京银行助力南京市鼓楼区护航金融安全慈善信托"。

6月16日至25日，中国信托业协会以通讯方式召开第四届理事会第十六次会议、第二届监事会第十三次会议。

6月19日，浙商金汇信托股份有限公司成立"善行浙金-立友篮FLY慈善信托"，支持篮球事业发展，促进篮球文化建设。

6月20日，华能贵诚信托有限公司在银行间债券市场设立全国首单引入境外应收账款的资产支持票据项目——"徐工集团工程机械股份有限公司2023年度第一期定向资产支持票据"。

6月21日，原浙江银保监局核准浙商金汇信托股份有限公司住所变更为浙江省杭州市上城区香樟街39号18层、26~28层。

6月21日，上海国际信托有限公司荣获中国人民银行上海总部2022年度"金融法治运行监测点优秀研究成果和先进单位、先进个人""金融法治运行监测点先进单位"称号，报送的年度研究课题《家族信托业务主要模式与监管建议》荣获2022年度"优秀研究报告三等奖"。

6月25日，浙商金汇信托股份有限公司成立"善行浙金-'一路同行'对口帮扶慈善信托"，开展定点帮扶、对口支援、山海协作等公益慈善活动。

6月26日，中国信托业协会举办"信托业务新分类背景下的绿色信托发展"主题沙龙活动。

6月26日，浙商金汇信托股份有限公司成立"善行浙金-首善椒江慈善信托"，开展助学、助医等公益慈善活动。

6月26日，中航信托股份有限公司荣获原江西银保监局授予的江西银行保险业机构声誉风险评价最高评级。

6月26日，杭州工商信托股份有限公司设立"杭工信·甘霖助学慈善信托"，捐助中西部地区教育帮扶项目。

6月27日，渤海国际信托股份有限公司"秦氏慈善信托"在石家庄市民政局备案，支持社会公益事业发展。

6月27日，国民信托有限公司成功发行业内首支以重整企业为标的的共益债信托计划——"国民信托千山药机共益债集合资金信托计划"。

6月27日，山东省国际信托股份有限公司张文彬荣获山东省国资委党委授予的"山东省属企业优秀共产党员"称号。

6月28日至29日，中国信托业协会召开2023年中国信托业年会暨第四届会员大会第七次会议，此次年会的主题是"信托业高质量发展"。

6月28日，原北京银保监局核准杨屹中粮信托有限责任公司副总经理的任职资格。

6月29日，中国信托业协会、中国银行保险报联合举办中国信托业第二届信托知识竞赛决赛。

6月29日，杭州工商信托股份有限公司设立"杭工信·鹿城区低收入家庭综合帮扶慈善信托""杭工信·红日童享未来慈善信托""杭工信·富力关爱基金慈善信托""杭工信·邻聚里红银社企互助成长基金慈善信托"，捐助相关慈善项目。

6月29日，紫金信托有限责任公司参与设立的江苏省首单绿色资产支持商业票据——"南京江北新区扬子科技融资租赁有限公司2023年度第一期绿色定向资产支持商业票据"发行。

6月29日，华宸信托有限责任公司党委荣获内蒙古自治区财政厅授予的"先进基层党组织"称号，公司李星荣获"优秀党务工作者"称号。

6月30日，陕西省国际信托股份有限公司荣获陕西省巩固拓展脱贫攻坚成果同乡村振兴有效衔接领导小组办公室授予的"好"等次的省级定点帮扶单位；公司张雷被评为省派"优秀"等次驻村第一书记，雷永卿被评为省派"优秀"等次驻村工作队员，集体与个人考核均荣获最佳等次。

6月，中国民生信托有限公司出资设立的"中国民生信托-2018甘肃临洮民生精准扶贫慈善信托"向甘肃省定西市临洮县捐赠资金27万元，用于幼儿园校舍维修、资助无人抚养儿童及低保家庭残疾学生。

6月，长安国际信托股份有限公司第六党支部荣获中共西安市直属机关工作委员会授予的"五星级党支部"称号。

6月，中共华澳国际信托有限公司委员会荣获陆家嘴金融城2022—2023年度"先进基层党组织"称号，公司钱旭荣获浦东新区2022—2023年度"优秀党务工作者"称号、陆家嘴金融城2022—2023年度"优秀党务工作者"称号。

6月，中原信托有限公司陈泰年荣获河南省政府国资委授予的"优秀共产党员"称号；同月，公司孙宏涛、王醒所在的河南省财政厅拔河比赛代表队荣获河南省第十四届运动会（社会组）拔河比赛一等奖。

7月

7月1日，重庆国际信托股份有限公司党委荣获中共重庆市渝北区龙溪街道工作委员会授予的"先进基层党组织"称号。

7月3日，东莞信托有限公司赴东莞市大朗镇屏山社区开展帮扶慰问活动。

7月3日，厦门国际信托有限公司员工留念荣获厦门市委组织部、厦门市直机关工委授予的"2022年度'三比三争'实践活动优秀共产党员"称号。

7月3日，中国金谷国际信托有限责任公司设立"金谷信托2023百度Hello World（教育）慈善信托"，支持青少年和儿童教育。

7月4日，原广东银保监局核准王麒麟广东粤财信托有限公司总经理的任职资格。

7月4日，原江苏银保监局核准贾宇江苏省国际信托有限责任公司副总经理的任职资格；核准马新伟江苏省国际信托有限责任公司财务总监的任职资格。

7月6日，中国对外经济贸易信托有限公司设立"外贸信托-2023年度星火-杏兰助学金慈善信托"。

7月7日，国通信托有限责任公司荣获中国人民银行武汉分行征信主题短视频大赛"优秀短视频奖"。

7月10日，原深圳银保监局同意平安信托有限责任公司住所变更为深圳市福田区福田中心区平安金融中心北塔31层01单元、32层01单元、33层。

7月11日，原湖北银保监局核准交银国际信托有限公司修订后的公司章程。

7月12日，山东省国际信托股份有限公司落地信托行业内首单"FGT（外国授予人信托）+上市公司股票"家族信托，在信托架构和交付财产两个维度实现重大创新。

7月12日，紫金信托有限责任公司荣获南京市总工会、南京市地方金融监督管理局、南京金融发展促进会授予的"南京市五一劳动奖状""金融助推创新型城市建设有功单位"，公司产业金融总部荣获"金融助推创新型城市建设绿色金融示范团队"，"紫金信托·新竹1号"破产重整服务信托荣获"金融助推创新型城市建设创新案例"。

7月14日，昆仑信托有限责任公司荣获宁波市人民政府授予的2022年度宁波市"纳税50强"、宁波市服务业"纳税20强"称号。

7月17日至22日，中国信托业协会举办2023年第二期信托业全员培训班。

7月20日，浙商金汇信托股份有限公司成立"善行浙金-圣达助老慈善信托"，开展助老助困等公益慈善活动。

7月22日，天津信托有限责任公司荣获天津市河西区委、区政府授予的"2023年东西部协作突出贡献企业"奖。

7月24日，浙商金汇信托股份有限公司成立"善行浙金–金盛集团1号慈善信托"。

7月24日，江苏省国际信托有限责任公司发行江苏省首单获得交易商协会注册批文的知识产权资产支持票据产品——江苏省再保融资租赁有限公司2023年度第一期知识产权定向资产支持票据。

7月25日，国家金融监督管理总局广东监管局核准王麒麟广东粤财信托有限公司董事的任职资格。

7月26日，杭州工商信托股份有限公司组织开展的"迎亚运"信托文化与信托服务主题知识竞赛荣获杭州市金融工会"亚运攻坚"职工技能大赛优秀奖。

7月27日，中国信托业协会举办信托公司人力资源专题培训。

7月27日，华能贵诚信托有限公司设立国内首个由民营银行委托成立的慈善信托——"华能信托·微爱众行慈善信托"。

7月31日，国家金融监督管理总局北京监管局核准张瑞华华鑫国际信托有限公司董事的任职资格。

7月至9月，中国信托业协会在行业内组织开展"信托文化建设"主题演讲比赛初赛。

7月，中国对外经济贸易信托有限公司及旗下北京信诺公益基金会通过"信暖救助1号慈善信托"支持北京门头沟地区暴雨救援及灾后重建工作。

7月，中建投信托·善泉1号（防汛抗灾）慈善信托和中建投信托·善泉5号（应急救灾类）慈善信托向杭州市富阳区慈善总会分别捐赠赈灾援助资金20万元、50万元。

7月，国民信托有限公司参与落地的湖南株洲光明重机重整案入选司法部"2023年五大依法保护民营企业产权和企业家权益系列典型案例"。

7月，中建投信托股份有限公司荣获浙江省金华市人民政府授予的第三届"金华慈善奖"慈善项目和慈善信托奖。

8月

8月1日，国家金融监督管理总局西藏监管局核准德吉央宗西藏信托有限公司董事的任职资格。

8月2日，国家金融监督管理总局四川监管局核准何茜中铁信托有限责任公司总经理助理的任职资格。

8月2日，国家金融监督管理总局甘肃监管局核准马万荣光大兴陇信托有限责任公司董事的任职资格。

8月2日，杭州工商信托股份有限公司设立"杭工信·余善六号慈善信托"，支持杭州市余杭区仓前街道现代社区建设。

8月7日，华能贵诚信托有限公司设立"华能信托·信善笃行·证爱贵州慈善信托计划"，旨在向贵州全省共9个地州市符合公益帮扶条件的优秀学子提供关怀与资助。

8月8日，国家金融监督管理总局北京监管局核准羿锦峰华鑫国际信托有限公司董事会秘书的任职资格。

8月8日，国家金融监督管理总局北京监管局核准秦桥中诚信托有限责任公司独立董事的任职资格。

8月8日，交银国际信托有限公司举行"交银国信·瑞善点亮梦想慈善信托"盲文点显器捐赠仪式。

8月9日，渤海国际信托股份有限公司依托"月明"慈善信托品牌筹集爱心善款赴河北洪灾受灾地区进行实地捐赠。

8月11日，国家金融监督管理总局山东监管局同意山东省国际信托股份有限公司修订后的公司章程。

8月11日，杭州工商信托股份有限公司设立"杭工信·阳光35号孝慈椅一期慈善信托""杭工信·阳光36号孝慈椅二期慈善信托"，捐助孝慈椅慈善项目。

8月14日，国家金融监督管理总局北京监管局核准李庆锋英大国际信托有限责任公司董事的任职资格。

8月14日，国家金融监督管理总局北京监管局核准William Edward Post Bamber中粮信托有限责任公司董事的任职资格。

8月15日，杭州工商信托股份有限公司设立"杭工信·紫家人现代社区慈善共同体慈善信托""杭工信·暖树7号采荷教育慈善信托"，开展支持社区建设等活动。

8月21日至26日，中国信托业协会举办2023年第三期信托业全员培训班。

8月21日，山东省国际信托股份有限公司王思远、周科荣获山东省"四进"工作办公室授予的"山东省'四进'工作队期末单项评价党建宣传先进个人"。

8月21日，浙商金汇信托股份有限公司成立"善行浙金-淳安乡村教育慈善信托"，用于支持乡村教育事业发展等公益慈善活动。

8月21日，渤海国际信托股份有限公司荣获中国人民银行征信中心授予的"年度征信系统数据质量工作优秀机构"称号。

8月22日，中国信托业协会举办"养老信托业务发展"主题沙龙活动。

8月23日，国家金融监督管理总局深圳监管局同意平安信托有限责任公司修订后的公司章程。

8月23日，交银国际信托有限公司筹集善款15余万元，为江西莲花县复礼中学捐建梦想中心教室及配套课程。

8月25日,中国信托业协会与北京市民政局联合举办"高校公益伙伴慈善信托"交流会。

8月28日,国家金融监督管理总局浙江监管局核准陈浩万向信托股份公司副总裁的任职资格。

8月29日,中国信托业协会举办资产服务信托业务专题培训。

8月30日,浙商金汇信托股份有限公司成立"善行浙金-宁溪镇乡贤助学慈善信托"。

8月31日,国家金融监督管理总局北京监管局核准瞿纲北京国际信托有限公司总经理的任职资格。

8月31日,国家金融监督管理总局北京监管局核准左土民英大国际信托有限责任公司董事会秘书的任职资格。

8月31日,安徽国元信托有限责任公司举办"国元信托·2023安徽金融乡村振兴教育慈善信托"首批助学捐助活动。

8月31日,浙商金汇信托股份有限公司成立"善行浙金-泰善助学1号慈善信托",开展助学等公益慈善活动。

8月,西藏信托有限公司设立"西藏信托-格桑花"系列慈善信托,向日喀则市捐赠54.2万元助力乡村振兴。

8月,安徽国元信托有限责任公司获评安徽省金融工作领导小组2022年度全省金融机构服务地方实体经济发展评价"优秀"等次。

8月,国通信托有限责任公司"中国信托业抗击新型肺炎慈善信托"荣获湖北省人力资源和社会保障厅、湖北省民政厅颁发的首届"湖北慈善奖"。

8月,西部信托有限公司李越荣获中国人民银行陕西省分行"征信系统(企业业务)数据质量工作优秀个人"称号。

8月,全国首支聚焦红树林生态保护的公益信托项目——"中海信托·海上塞罕坝蓝碳促进公益信托计划"在湛江签约。

8月,中建投信托股份有限公司荣获浙江省总工会授予的"2023年浙江省金融促进共同富裕创新实践大赛"优胜奖。

9月

9月5日,国家金融监督管理总局新疆监管局核准于云江长城新盛信托有限责任公司董事的任职资格。

9月5日，广东粤财信托有限公司落地国内首个支持天文学基础发展的慈善信托——"忆北2023科学教育慈善信托"。

9月5日，山东省国际信托股份有限公司荣获国家金融监督管理总局山东监管局办公室授予的"2022年山东银行保险业重点课题一等奖"。

9月5日，"中信信托·2021芳梅教育慈善信托"荣获民政部第十二届"中华慈善奖"。

9月6日，"国投泰康信托金融使命察右后旗乡村振兴慈善信托（2023）"成功备案。

9月6日，中航信托股份有限公司、广西电网有限责任公司、数据易（北京）信息技术有限公司联合申报的"基于信托机制的数据要素流通新型商业模式"项目荣获工业和信息化部、国家发展和改革委员会、河北省人民政府授予的"2023第二届中国大数据大赛三等奖（创新实践奖）"。

9月7日，中国信托业协会主办、西藏信托有限责任公司承办的"贯彻落实信托业务新三分类"工作交流会成功举办。

9月7日，国家金融监督管理总局新疆监管局核准刘静长城新盛信托有限责任公司副总经理的任职资格。

9月7日，杭州工商信托股份有限公司设立"杭工信·建德市善德建业现代社区慈善信托"，开展扶贫、济困等慈善活动。

9月8日，浙商金汇信托股份有限公司成立"善行浙金－泰善助学2号慈善信托"，用于开展助学等公益慈善活动。

9月11日，国家金融监督管理总局云南监管局核准云南国际信托有限公司宋刚独立董事的任职资格。

9月11日，江苏省国际信托有限责任公司成立"国信基金会慈善信托"，用于乡村振兴工作。

9月11日，浙商金汇信托股份有限公司成立"善行浙金－善行淳安慈善信托"，用于开展扶贫、济困等慈善活动。

9月12日，中国信托业协会与中国国际经济贸易仲裁委员会、南开大学法学院联合主办，中国仲裁法学研究会金融仲裁专业委员会协办的"信托争议解决"研讨会成功举办。

9月13日，国家金融监督管理总局贵州监管局核准孙磊华能贵诚信托有限公司董事长的任职资格。

9月15日，国投泰康信托有限公司举办"国投公益·关爱她"项目发布暨乡村振兴慈善信托交流活动。

9月15日，云南国际信托有限公司携手成都市武侯社区基金会共同成立"云南信托－'京彩长江'援助慈善信托"，用于因自然灾害等突发事件造成损害的各项援助工作。

9月15日，中信信托有限责任公司"捐赠者建议慈善信托"成功落地。

9月15日，华宝信托有限责任公司荣获"2022年度浦东新区金融业突出贡献奖"。

9月15日，厦门国际信托有限公司信托五部荣获厦门市总工会授予的"厦门市'五一先锋号'先进集体"称号。

9月15日，中航信托股份有限公司荣获中国人民银行征信中心授予的"2022年度企业征信系统数据质量工作优秀机构"称号，公司严松、万怡娉分别获得"2022年度征信系统（企业业务）及（个人业务）数据质量工作优秀个人"称号。

9月17日，中诚信托有限责任公司举办第六届中诚公益跑活动，向中国发展研究基金会捐赠资金支持贵州毕节试验区"农村儿童发展综合示范区"项目。

9月18日，浙商金汇信托股份有限公司成立"善行浙金-东西部扶贫帮扶资金（叙永县）慈善信托""善行浙金——泰善助学3号慈善信托""善行浙金-泰善助学4号慈善信托"，用于开展西部帮扶、助学等公益慈善活动。

9月19日，中国对外经济贸易信托有限公司荣获全国创建青年文明号活动组委会授予的"二星级全国青年文明号"称号。

9月19日，中国信托业协会举办"新分类下信托服务与产品"专题培训。

9月22日，厦门国际信托有限公司设立"厦门信托-承心善家-李欢迎慈善信托"，用于捐助扶贫济困相关的慈善活动。

9月22日，中信信托有限责任公司职业年金受托运营管理系统和年金受托投资监督系统获得国家版权局计算机软件著作权登记证书。

9月25日，国家金融监督管理总局北京监管局核准杜庆鑫中诚信托有限责任公司董事的任职资格。

9月25日，紫金信托有限责任公司参与设立的全国首单收费收益权资产支持商业票据——"徐州市交通控股集团有限公司2023年度第一期绿色资产支持商业票据"发行。

9月25日，重庆国际信托股份有限公司荣获重庆市企业联合会"2023年重庆企业100强"及"2023年重庆服务业企业100强"称号。

9月26日，中国信托业协会举办资产证券化业务专题培训。

9月27日，杭州工商信托股份有限公司设立"杭工信·阳光33号惠听助老慈善信托"，用于开展捐助"惠听助老"老年人听力健康关爱项目。

9月，湖南省财信信托有限责任公司与袁隆平农业科技奖励基金会共同作为受托人的"袁隆平慈善信托"出资设立"袁隆平追梦奖学金"，用于奖励参评高校作物学科方向和粮食安全相关的表现优异的全日制本科生、研究生及博士生。

9月，西部信托有限公司援助白水县北塬镇杨武村修建高位水塔投入使用。

9月，西藏信托有限公司设立"西藏信托-格桑花明德笃学慈善信托"，向日喀则地区萨嘎县昌果乡小学捐赠3.49万元，用于助力教育事业发展。

10月

10月7日，国家金融监督管理总局浙江监管局核准孟世欣中建投信托股份有限公司副总经理的任职资格。

10月8日，国家金融监督管理总局浙江监管局核准万向信托股份公司修订后的公司章程。

10月8日，中国金谷国际信托有限责任公司设立"金谷信托2023信达大爱（乡村振兴）1号、2号慈善信托"，用于改善和提高帮扶地区人民生活水平，助力乡村振兴。

10月9日，国家金融监督管理总局江西监管局核准陈健雪松国际信托股份有限公司董事的任职资格。

10月10日，中国信托业协会举办"信托业务分类新规解读"专题培训。

10月11日，国家金融监督管理总局江西监管局核准杜晓旭雪松国际信托股份有限公司董事的任职资格。

10月12日，"国元信托康乃馨慈善信托"物资捐助活动在金寨县思源实验学校举行。

10月17日，中国信托业协会、中国银行保险报联合举办"2023年金融消费者权益保护教育宣传月"信托知识大挑战活动。

10月17日，国家金融监督管理总局宁波监管局核准宣力勇昆仑信托有限责任公司副总裁的任职资格；核准田娜昆仑信托有限责任公司运营总监的任职资格。

10月19日，国家金融监督管理总局广东监管局核准蒋中东广东粤财信托有限公司副总经理的任职资格。

10月20日，国家金融监督管理总局青岛监管局核准王彦陆家嘴国际信托有限公司总经理的任职资格。

10月20日，山东省国际信托股份有限公司荣获山东省民政厅授予的第八届"山东慈善奖"。

10月24日，中国信托业协会举办"信托业金融科技应用发展"主题沙龙活动。

10月25日，国家金融监督管理总局甘肃监管局核准杨子江、朱斌光大兴陇信托有限责任公司副总裁的任职资格；核准龙飞光大兴陇信托有限责任公司董事的任职资格。

10月26日，国家金融监督管理总局江苏监管局核准吴丹国联信托股份有限公司副总经理的任职资格。

10月，苏州信托有限公司正式发行全国首单市场化增信专精特新知识产权资产证券化产品–"国金鑫欣–昆山专精特新知识产权1期资产支持专项计划"。

10月26日，华能贵诚信托有限公司联合中国绿色碳汇基金会发起设立"华能信托·信善笃行·生态富民慈善信托",主要资助方向为贵州、广西等区域的生态建设和生态产业发展。

10月,西部信托有限公司面向西安市碑林区第三爱心护理院开展公益捐赠慰问活动。

10月,西藏信托有限公司设立"西藏信托-格桑花"系列慈善信托,向日喀则市两所小学捐赠3.58万元,用于改善贫困地区在校学生学习环境和生活条件。

10月,中铁信托有限责任公司金融科技部总经理余冀荣获中央企业团工委授予的"中央企业青年岗位能手"称号。

11月

11月2日,中国信托业协会召开第一届行业发展研究专业委员会第二十七次会议暨2023年信托业专题研究课题报告评审会议。

11月2日,浙商金汇信托股份有限公司成立"善行国贸-热力同心慈善信托",用于开展结对帮扶等公益慈善活动。

11月3日,浙商金汇信托股份有限公司成立"善行浙金-对口支援慈善信托",用于开展对口支援等公益慈善活动。

11月10日,中国信托业协会举办"信托项目风险化解"工作交流会。

11月10日,国家金融监督管理总局北京监管局核准朱勇华鑫国际信托有限公司董事长的任职资格。

11月10日,国家金融监督管理总局北京监管局核准成海波建信信托有限责任公司副总裁的任职资格。

11月10日,长安国际信托股份有限公司将约4 500元爱心物资捐赠至常州市光华学校。

11月10日,建元信托股份有限公司设立"建元启岚和安1号虎行公益慈善信托",资助贫困学生完成学业。

11月10日,中诚信托有限责任公司荣获中共北京市东城区委、东城区政府授予的"2023年度北京市东城区百强企业"称号。

11月13日至17日,中国信托业协会、复旦大学经济学院合作举办2023年信托公司高层管理研修班。

11月14日,国家金融监督管理总局江苏监管局核准高晓俊紫金信托有限责任公司董事长的任职资格。

11月15日,中航信托股份有限公司设立"中航信托·中信银行·黄羲文化艺术慈善信托",以慈善信托收益支持博物馆运营。

11月16日，杭州工商信托股份有限公司设立"杭工信·鹿城公益慈善项目慈善信托"，用于开展慈善"造血型"帮扶基地建设、困难人群就业等慈善活动。

11月17日，国家金融监督管理总局深圳监管局核准黄挺华润深国投信托有限公司董事的任职资格。

11月17日，由国投泰康信托担任受托机构的全国首单全流程市场化专精特新知识产权证券化产品——"国金–杭州未来科技城知识产权第1期资产支持专项计划（专精特新）"在深圳证券交易所成功发行。

11月18日，国家金融监督管理总局云南监管局核准王润稣云南国际信托有限公司董事的任职资格；核准邓国山云南国际信托有限公司副总裁的任职资格。

11月20日至25日，中国信托业协会举办2023年第四期信托业全员培训班。

11月21日，中国信托业协会举办"信托业务新三分类背景下的慈善信托业务发展"主题沙龙活动。

11月21日，国家金融监督管理总局北京监管局同意英大国际信托有限责任公司住所变更为"北京市东城区南竹杆胡同109号、111号"。

11月22日，国家金融监督管理总局北京监管局核准杨桦华鑫国际信托有限公司董事的任职资格。

11月22日，国家金融监督管理总局云南监管局核准李峥云南国际信托有限公司副总裁的任职资格；核准张洪涛云南国际信托有限公司董事会秘书兼副总裁的任职资格。

11月23日，浙商金汇信托股份有限公司成立"善行国贸–爱在东方慈善信托""善行国贸–浙江粮油慈善信托"，用于开展结对帮扶等公益慈善活动。

11月24日，陕西省国际信托股份有限公司姚卫东荣获"全省思想政治工作先进个人"称号。

11月27日，紫金信托有限责任公司举办"紫金信托·南京大学研究生工作站"成立仪式暨"紫金·厚德13号"慈善信托启动仪式。

11月28日，浙商金汇信托股份有限公司成立"善行浙金–爱满临汀慈善信托"，用于扶贫、济困等公益活动。

11月29日，国家金融监督管理总局湖北监管局核准赵海慧交银国际信托有限公司执行董事、总裁的任职资格。

11月29日，华宝信托有限责任公司设立公司首单绿色公益慈善信托——"华宝信托博施济众1号成都社区垃圾分类慈善信托"。

11月29日，由湖南省财信信托有限责任公司担任受托人的"欧阳芬慈善信托"正式签约落地，用于救助长沙市内低保、失孤、高龄、空巢等孤寡老人以及开展其他慈善活动。

11月29日，中国金谷国际信托有限责任公司设立的全国首个街道级共同富裕专项慈善信托——"金谷信托2023东四街道星光聚力共同富裕慈善项目"荣获北京市第三届公益创投大赛一等奖。

11月30日，国家金融监督管理总局宁波监管局核准范劼昆仑信托有限责任公司财务总监的任职资格。

11月30日，国家金融监督管理总局河南监管局核准中原信托注册资本由人民币40亿元增至46.808968亿元。

11月30日，国投泰康信托发行全国首单混合科创类REITs——"无锡产业发展集团有限公司2023年度第一期定向资产支持票据（类REITS/混合型科创票据）"。

11月30日，中国对外经济贸易信托有限公司通过"圆梦行动慈善信托"向中国中化6个对口援扶地区拨付共计505.55万元，资助支持3 824名家庭经济较困难学生改善提升就学条件。

11月，中国信托业协会组织编撰的《中国信托业发展报告（2022—2023）》正式出版发行。

11月，五矿国际信托有限公司落地潮州首单慈善信托——"五矿信托-三江源潮爱出发幸福计划慈善信托"。

11月，西藏信托有限公司设立"西藏信托-格桑花乡村振兴6号慈善信托"，向日喀则市南木林县土布加乡马格达村捐赠3.98万元，用于改善贫困地区村民生活条件。

11月，长安国际信托股份有限公司荣获陕西省人力资源和社会保障厅、陕西省民政厅、陕西省人社局联合颁发的"三秦慈善奖"。

11月，杭州工商信托股份有限公司荣获杭州市金融工会授予的"杭州市金融系统工会构建新时代和谐劳动关系先进单位"称号。

11月，山西信托股份有限公司荣获山西金融工会授予的"优秀组织奖"称号。

11月，五矿国际信托有限公司成为信托业首家通过工信部移动互联网应用程序"APP+小程序"备案认证的企业。

11月，英大国际信托有限责任公司"供应链金融系统及供应链服务信托管理系统"获得国家版权局计算机软件著作权。

11月，浙商金汇信托股份有限公司荣获浙江省人民政府授予的"支持浙江经济社会发展优秀单位三等奖"及"改革创新优秀单位"称号。

12月

12月1日，国联信托股份有限公司设立全国首单破产清算领域内的破产服务信托业务——"海润光伏破产服务信托"。

12月1日，中国金谷国际信托有限责任公司设立银行间市场首单金融机构ABN项目——"中国信达资产管理股份有限公司2023年度乾元第一期定向资产支持票据信托"。

12月4日，国家金融监督管理总局北京监管局核准张志国民信托有限公司副总经理的任职资格；核准王珏国民信托有限公司信息总监的任职资格。

12月4日，北方国际信托股份有限公司设立"北方信托·关爱孤独症患者1期慈善信托"，用于开展孤独症患者慈善救助及相关活动。

12月4日，厦门国际信托有限公司"快先森骑手爱心互助慈善信托"荣获中共厦门市委全面依法治市委员会守法普法协调小组授予的"厦门市第二届依法治理十佳典型示范案例"。

12月5日，国家金融监督管理总局贵州监管局核准刘芳华能贵诚信托有限公司总经理的任职资格。

12月5日，杭州工商信托股份有限公司设立"杭工信·阳光37号上城善居慈善信托"，用于捐助扶贫济困、公共设施建设等公益慈善项目。

12月5日，陆家嘴国际信托有限公司荣获中国人民银行青岛市中心支行、青岛市地方金融监督管理局、金家岭金融聚集区管理委员会共同授予的"金融科技优秀项目三等奖"。

12月6日，国家金融监督管理总局湖南监管局核准孙雨新湖南省财信信托有限责任公司董事会秘书的任职资格；核准王志鹏湖南省财信信托有限责任公司总裁助理的任职资格。

12月6日，厦门国际信托有限公司荣获厦门金融工作联席会议授予的"第四届厦门市金融科技优秀项目评选获三等奖"。

12月7日，中国信托业协会举办中国资产管理与债券市场专题培训。

12月7日，西部信托有限公司捐赠35万元用于白水县北塬镇杨武村修建党员活动室。

12月8日，厦门国际信托有限公司荣获中国人民银行厦门市分行授予的"2023年度厦门市金融统计工作考评中外资法人或视同法人金融机构一等奖"。

12月11日至15日，中国信托业协会以通讯方式召开第二届监事会第十四次会议。

12月12日至15日，中国信托业协会以通讯方式召开第四届理事会第十七次会议。

12月13日，杭州工商信托股份有限公司"金融港湾共富慈善基金慈善信托"荣获杭州市人民政府授予的第一届"杭州慈善奖"慈善项目和慈善信托奖。

12月13日，交银国际信托有限公司"交银国信·新加坡金鹰集团厦门电厂CCER碳资产服务信托"项目荣获"武汉首批绿色金融创新实践案例"。

12月14日，国家金融监督管理总局天津监管局同意北方国际信托股份有限公司注册资本由人民币10.01亿元增加至20.02亿元。

12月14日，上海爱建信托有限责任公司设立"爱建特种基金会善才计划"慈善信托，用于资助公益慈善相关培训活动等。

12月14日，浙商金汇信托股份有限公司携手多位高校学者共同编写的《浙江省高校教育基金会参与慈善信托的模式研究》荣获民政部2023年民政政策理论研究三等奖。

12月15日，国家金融监督管理总局西藏监管局同意西藏信托有限公司注册资本由人民币31亿元增加至52亿元。

12月15日，国家金融监督管理总局江西监管局核准何唐兵中航信托股份有限公司董事、董事长的任职资格。

12月18日，中国信托业协会公布在行业内组织开展的"信托文化建设"主题演讲比赛初赛结果。

12月18日，中航信托股份有限公司通过"君子伙伴·瑞泉慈善信托"投入甘肃抗震救灾，捐赠53.47万元，用于采购帐篷、棉大衣等生活物资，救助灾区人民生活。

12月18日，广东粤财信托有限公司荣获"广州市越秀区2023年诚信企业"称号。

12月18日，中航信托股份有限公司荣获江西省人民政府授予的"第三届赣鄱慈善奖"，"中航信托助力乡村振兴主题慈善信托"入选"最具影响力慈善项目"。

12月21日，国家金融监督管理总局深圳监管局核准徐昱华华润深国投信托有限公司董事的任职资格；核准王央华华润深国投信托有限公司首席合规官（总法律顾问）的任职资格。

12月22日，国家金融监督管理总局天津监管局同意天津信托有限责任公司注册资本由人民币17亿元增加至36亿元。

12月22日，建元信托股份有限公司设立"建元启岚和安2号慈善信托""建元启岚和安3号慈善信托"用于定向资助甘肃省东乡自治县残疾大学生、儿童福利院，以及贫困群众。

12月22日，"中信信托·龙岩市慈善总会·林笑萍教育慈善信托"在龙岩市民政局成功备案。

12月24日，国家金融监督管理总局北京监管局核准卫晓东建信信托有限责任公司副总裁的任职资格。

12月25日，山东省国际信托股份有限公司"国资惠农·慈善信托"拨付150万元助残资金用于菏泽市巨野县残疾人群的帮扶救助。

12月25日，中航信托股份有限公司荣获江西省财政厅授予的"省级金融企业先进单位"称号。

12月26日，中国信托业协会召开五届一次会员大会、五届一次理事会、五届一次常务理事会，及三届一次监事会。

12月26日，中国信托业协会召开"信托业学习贯彻中央金融工作会议精神"交流会。

12月26日，云南国际信托有限公司联合昆明市慈善总会成立"云信昆慈大爱星火慈善信托"，用于开展困难救助、教育助学、生态环境保护等。

12月27日，浙商金汇信托股份有限公司成立"善行浙金-凯鸿慈善信托"，用于开展扶贫、济困等公益慈善活动。

12月27日，陆家嘴国际信托有限公司荣获中国人民银行青岛中心支行授予的"金融统计工作先进单位三等奖"。

12月27日，陕西省国际信托股份有限公司荣获省直模范机关创建活动先进单位命名表彰大会授予的"企业党建工作标杆单位"称号。

12月28日，国家金融监督管理总局广东监管局同意东莞市路桥投资建设有限公司受让东莞信托有限公司股东之一东莞发展控股股份有限公司持有的股份。

12月28日，北方国际信托股份有限公司设立"北方信托·乡村绿色发展慈善信托"，用于促进天津市乡村绿色发展，推进乡村振兴，改善乡村基础设施。

12月29日，国家金融监督管理总局西藏监管局核准王朝卿西藏信托有限公司副总经理的任职资格；核准石璎珞西藏信托有限公司董事会秘书的任职资格。

12月29日，英大国际信托有限责任公司设立"英大信托2023年东城德兴乡村振兴慈善信托"，用于北京市东城区定点帮扶贫困县乡村振兴重点领域。

12月29日，紫金信托有限责任公司设立国内首单红色物业慈善信托——"紫金信托·马鞍山市雨山区红色物业慈善信托计划"，助推党建引领物业服务融入社区发展治理、提升社区服务质量和水平。

12月，五矿国际信托有限公司设立青海省首单抗震救灾慈善信托，先后向青海、甘肃投放慈善资金1 200余万元用于灾区紧急救援、居民安置及灾后重建等工作。

12月，西藏信托有限公司设立"西藏信托-格桑花"慈善信托，向西藏自治区职工技术协会、日喀则市定日县扎西宗乡人民政府、山南市隆子县教育基金、南充市慈善总会、曹妃甸职教城等职业院校累计捐赠347.3万元，用于农民工及其家庭待业子女技能培训、改善贫困地区政府办公环境、表彰优秀教师及学生、助力贫困大学生、传承红色基因等公益项目。

12月，"中国民生信托-2021边防烈士抚恤慈善信托"，向中国退役军人关爱基金会捐赠资金965.89元，用于我国人民解放军边防部队烈士家属的抚恤优待工作。

12月，华澳国际信托有限公司荣获2021—2022年度"浦东新区文明班组"称号，公司工会荣获上海市陆家嘴金融贸易区总工会授予的"2022年度模范工会"称号。

12月，杭州工商信托股份有限公司被杭州市总工会评为杭州市"关爱职工公益伙伴纽带计划试点"。

12月，万向信托股份公司荣获杭州市人民政府授予的第一届"杭州慈善奖"慈善项目和慈善信托奖。

12月，"中原信托·中原大爱慈善信托"项目获得河南省人民政府颁发的"河南慈善奖"。

中国信托业

2023—2024

中国信托业协会 编

下卷

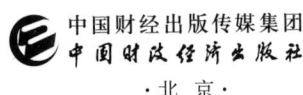

中国财政经济出版社

·北京·

下　卷

2023年度中国信托公司信息披露分析报告 …… 395

2023年度各公司年度报告 …… 603

安徽国元信托有限责任公司	605
百瑞信托有限责任公司	629
北方国际信托股份有限公司	663
渤海国际信托股份有限公司	679
长城新盛信托有限责任公司	701
重庆国际信托股份有限公司	726
大业信托有限责任公司	749
东莞信托有限公司	773
光大兴陇信托有限责任公司	793
广东粤财信托有限公司	810
国联信托股份有限公司	836
国民信托有限公司	854
国通信托有限责任公司	869
国投泰康信托有限公司	884
杭州工商信托股份有限公司	903
湖南省财信信托有限责任公司	924
华澳国际信托有限公司	946

华宝信托有限责任公司 …… 966
华宸信托有限责任公司 …… 993
华能贵诚信托有限公司 …… 1008
华融国际信托有限责任公司 …… 1022
华润深国投信托有限公司 …… 1043
华鑫国际信托有限公司 …… 1069
吉林省信托有限责任公司 …… 1087
建信信托有限责任公司 …… 1113
建元信托股份有限公司 …… 1128
江苏省国际信托有限责任公司 …… 1132
交银国际信托有限公司 …… 1147
昆仑信托有限责任公司 …… 1162
陆家嘴国际信托有限公司 …… 1183
平安信托有限责任公司 …… 1215
山东省国际信托股份有限公司 …… 1243
山西信托股份有限公司 …… 1265
陕西省国际信托股份有限公司 …… 1280
上海爱建信托有限责任公司 …… 1304
上海国际信托有限公司 …… 1340
苏州信托有限公司 …… 1360
天津信托有限责任公司 …… 1395
万向信托股份公司 …… 1422
五矿国际信托有限公司 …… 1447
西部信托有限公司 …… 1461
西藏信托有限公司 …… 1484
厦门国际信托有限公司 …… 1508
兴业国际信托有限公司 …… 1538
英大国际信托有限责任公司 …… 1559
云南国际信托有限公司 …… 1584
浙商金汇信托股份有限公司 …… 1611
中诚信托有限责任公司 …… 1637
中国对外经济贸易信托有限公司 …… 1663
中国金谷国际信托有限责任公司 …… 1678

中海信托股份有限公司	1698
中航信托股份有限公司	1737
中建投信托股份有限公司	1748
中粮信托有限责任公司	1766
中泰信托有限责任公司	1789
中铁信托有限责任公司	1807
中信信托有限责任公司	1832
中原信托有限公司	1850
紫金信托有限责任公司	1867

2023年度中国信托公司信息披露分析报告

2023年度中国信托公司信息披露分析报告摘要

第一章　信托公司的基本信息

本章主要介绍了已披露年报的59家信托公司披露的公司基本信息、注册资本以及股东情况等。

第二章　信托公司年度报告的质量评价——关于审计报告

本章对信托公司被出具的审计报告类型及执行《企业会计准则》的情况进行分析，以此作为后面章节对信托公司进行分析的一个依据。

第三章　信托公司财务指标排行榜

本章列出信托公司2023年度的各项主要财务数据，并做简要的比较分析。

第四章　固有资产报表总体分析

本章将已披露年报的59家信托公司披露的2023年固有资产部分的会计报表（分为合并报表和母公司单体报表），包括资产负债表、利润表和所有者权益变动表，分别汇总成代表中国信托行业固有资产整体的汇总报表，以此来分析中国信托公司固有资产整体的财务状况和经营成果。

第五章　信托资产报表总体分析

本章将已披露年报的59家信托公司披露的2023年信托资产部分的会计报表，包括资产负债表和利润表，分别汇总成代表中国信托行业信托资产整体情况的汇总报表，以此来分析中国信托公司信托资产整体的财务状况和经营成果。

第六章　财务报表附注及其他项目的分析

本章分析了在会计报表附注部分披露的包括或有事项、自营资产风险分类、资产损失准备计提以及关联方关系及其交易等各项情况。同时，就信托公司2023年年报中对经营因素的认可情况作了详细的统计，以便于相关部门决策参考。

第七章　公司治理结构及人员结构

本章就信托公司的公司治理情况进行分析。

编 制 说 明

2023年纳入统计范围的信托公司共计68家，其中59家已披露相关年报信息。其余9家公司未能提供年报信息：新华信托公司已破产，北京信托、长安信托、华信信托、民生信托、四川信托、新时代信托、雪松信托、中融信托因公司自身原因未提供年报信息。

在《2023年度中国信托公司信息披露分析报告》的编制过程中，关注到已披露年报信息的59家信托公司所披露的2023年度审计报告均已执行了最新会计准则。

在已披露年报数据的59家信托公司中，共有19家信托公司由于公司会计政策变更导致本年披露的期初净资产与上年披露的年末净资产不一致，其中15家信托公司本年披露的上年净利润与上年披露的当年净利润不一致，上述公司均披露了差异原因。由于年鉴篇幅所限，不能一一列示其差异产生的原因和数据调整过程，因此在计算本年各项指标排名时以信托公司本年披露的上年数为基期数，同时列报信托公司上年披露的净资产数和净利润数，以供信息使用者参考。

在对已披露年报数据的59家信托公司报表进行汇总统计时，采用各公司的合并报表进行统计分析，同时注意到信托公司报表所采用的货币计量单位不一致，大部分公司使用万元为单位，部分公司使用元为单位。为便于汇总合并，我们统一以万元为单位。另外本年度统计平均值时采用已披露年报信息的59家信托公司作为计算平均值的依据。

今年，对第三章到第五章仍然从资本实力、业务能力、赢利能力、信托理财能力和抗风险能力五个方面指标入手，希望借此能建立更加合理的"信托公司综合评价体系"。

2023年度中国信托公司信息披露分析报告

第一章 信托公司的基本信息 405

一、信息披露情况总览 405

（一）信托公司披露户数及其地区分布情况 405

（二）信托公司变更公司名称情况的披露 405

（三）信托公司基本情况的披露 406

（四）信托公司董事会、监事会及高管对年报意见的披露 407

（五）信托公司重大事项临时公告的披露 408

二、信托公司实收资本及股东情况 409

（一）信托公司实收资本及股东2022年、2023年的综合变动情况分析 409

（二）信托公司年末股东和大股东情况分析 411

（三）信托公司股东变更情况分析 415

（四）原银保监会及其派出机构对公司检查后提出整改意见 415

（五）原银保监会及其省级派出机构认定的其他有必要让客户及相关利益人了解的重要信息 419

第二章 信托公司年度报告的质量评价——关于审计报告 421

一、信托公司2023年、2022年审计报告类型分类汇总情况 421

二、信托公司2023年、2022年会计师事务所审计情况 421

三、信托公司2023年、2022年执行的会计制度统计 424

第三章 信托公司财务指标排行榜 427

一、信托公司单项财务指标排行榜 428

（一）固有资产相关指标 428

（二）信托资产相关指标 450

二、信托公司一些总体指标排名 466

（一）信托公司总资产排行榜 466

（二）年末信托资产规模资本比例排行榜 468

（三）信托公司总收入排行榜 470

三、信托公司其他指标排名 472

（一）固有资产资产负债率增减变动情况排行榜 472

（二）已清算结束信托项目综合实际年化收益率排行榜 475

（三）信托资产配比分析 476

（四）信托公司人均净利润排行榜 ·· 484
（五）信托公司资本利润率排行榜 ·· 486
（六）信托公司风控指标排行榜 ·· 488
（七）信托风险赔偿率排行榜 ··· 491

第四章 固有资产报表总体分析 ·· 493

一、合并报表数据 ·· 493
（一）固有资产财务状况总体分析 ·· 493
（二）固有资产经营成果总体分析 ·· 494
（三）固有资产所有者权益总体分析 ··· 496
（四）固有资产报表结构比率分析 ·· 499

二、母公司报表数据 ·· 504
（一）母公司固有资产财务状况总体分析 ··· 504
（二）固有资产经营成果总体分析 ·· 505
（三）母公司固有资产所有者权益总体分析 ·· 506

第五章 信托资产报表总体分析 ·· 509

一、2023年信托资产汇总报表分析 ·· 509
（一）信托业务汇总报表 ·· 509
（二）信托资产汇总结构分析 ·· 511
（三）信托资产经营成果及结构分析 ··· 513

二、信托资产管理情况分析 ·· 517
（一）信托资产运用及分布情况分析 ··· 517
（二）集合类、单一类和财产管理类信托项目变动情况 ···································· 518

第六章 财务报表附注及其他项目的分析 ··· 521

一、或有事项情况 ·· 521
（一）对外担保和或有事项情况 ··· 521
（二）公司本年发生或存在的重大诉讼仲裁事项 ··· 522

二、重要资产转让及其出售的说明 ·· 523

三、自营资产风险分类情况 ·· 524

四、资产损失准备计提和覆盖情况 ·· 526
（一）资产损失准备的计提 ··· 526

（二）资产准备覆盖分析 ·············· 531

五、自营股票投资、基金投资、债券投资、长期股权投资和代理业务的分析 ·············· 535

六、自营贷款分析 ·············· 537

七、关联方关系及其交易的披露 ·············· 538

 （一）关联方及其交易汇总 ·············· 538

 （二）固有资产与关联方关联交易 ·············· 539

 （三）信托资产与关联方关联交易 ·············· 540

 （四）固有财产与信托财产相互交易 ·············· 541

 （五）信托资产与信托财产相互交易 ·············· 543

八、子公司、结构化主体及其合并情况 ·············· 544

九、信托公司2023年年报中对经营因素的认可情况分析 ·············· 545

 （一）关于经营目标 ·············· 545

 （二）关于经营方针 ·············· 546

 （三）关于战略规划 ·············· 546

 （四）关于经济金融形势认识 ·············· 546

 （五）关于经营有利因素的认识 ·············· 547

 （六）关于经营不利因素的认识 ·············· 547

 （七）关于内部控制职能部门的认识 ·············· 547

 （八）关于风险管理可能遇到的风险的认识 ·············· 548

 （九）关于风险管理基本原则与政策的认识 ·············· 548

 （十）关于风险管理组织机构与职责的认识 ·············· 548

 （十一）关于信用风险状况的认识 ·············· 549

 （十二）关于信用风险管理措施的认识 ·············· 549

 （十三）关于市场风险状况的认识 ·············· 549

 （十四）关于市场风险管理措施的认识 ·············· 549

 （十五）关于操作风险状况的认识 ·············· 550

 （十六）关于操作风险管理措施的认识 ·············· 550

 （十七）关于其他风险状况的认识 ·············· 550

 （十八）关于其他风险管理措施的认识 ·············· 551

第七章 公司治理结构及人员结构 ·············· 552

一、2023年公司股东会、董事会和监事会情况分析 ·············· 552

 （一）股东会、董事会和监事会会议次数 ·············· 552

 （二）董事会及其基本情况分析 ·············· 553

 （三）独立董事分析 ·············· 577

（四）监事会及其基本情况分析 …………………………………………………………………………… 581
　　（五）信托公司股东派出董事和监事情况分析 ………………………………………………………… 587
二、公司高管情况分析 ………………………………………………………………………………………… 589
　　（一）公司高管变动情况分析 …………………………………………………………………………… 589
　　（二）公司及其董事、监事和高级管理人员受到处罚的情况 ………………………………………… 593
三、人员结构分析 ……………………………………………………………………………………………… 594
　　（一）员工人数分析 ……………………………………………………………………………………… 594
　　（二）年龄构成分析 ……………………………………………………………………………………… 595
　　（三）高管性别构成分析 ………………………………………………………………………………… 596
　　（四）学历构成分析 ……………………………………………………………………………………… 596
　　（五）高管从业年限结构分析 …………………………………………………………………………… 598
　　（六）员工岗位汇总分析 ………………………………………………………………………………… 598
四、信托公司聘请律师事务所的情况分析 …………………………………………………………………… 599

第一章 信托公司的基本信息

一、信息披露情况总览

本章主要介绍已披露年报的59家公司的基本情况,包括信托公司的基本信息、股本、股东情况等。

在原银保监会颁发的《信托投资公司信息披露管理暂行办法》的附件《年度报告内容与格式》中要求公司在重要提示及目录中刊登声明:本公司董事会及董事保证本报告所载资料不存在任何虚假记载、误导性陈述或者重大遗漏,并对其内容的真实性、准确性和完整性承担个别及连带责任。公司负责人、主管会计工作负责人及会计机构负责人(会计主管人员)应当声明:保证年度报告中财务报告的真实、完整。2023年所有59家信托公司披露的年度报告都作了这样的声明,因此之后进行的所有分析均是基于这样的假设:所有披露的信息内容都是真实、准确、完整的。

2023年已披露年报信息的59家信托公司固有业务中,58家明确披露已执行《企业会计准则》(2006年、2020年),1家披露执行《国际会计准则》和《国际财务报告准则》。由于信托公司披露的年度报告没有统一的格式,使部分公司财务报表格式存在较大的差异:有的公司采用了一般企业的财务报表披露格式,有的公司参考采用了原银保监会的财务报表格式,还有的公司根据自身业务的特点对相关报表格式进行了调整和补充,导致财务报表列示的科目差别较大,很难统一到一个格式中。为了使各公司的指标具有可比性,我们在统计这些数据时按照统一的口径作了适当的调整。

2023年信托公司财务报表涉及上年金额和本年金额的披露,部分公司对比较报表年初数进行了调整,但在2023年报中未详细披露数据的调整过程。由于年鉴篇幅所限,无法——列示其差异原因和数据调整过程,因此本报告中对于公司披露的2022年末数与2023年初数不一致的情况,以2023年初数作为统计口径。

本报告所有的统计都是依据信托公司公开披露的2023年报内容进行的。以下是信托公司披露的基本信息汇总分析。

(一)信托公司披露户数及其地区分布情况

2021—2023年信托公司披露户数及其地区分布情况见表1-1-1和表1-1-2。

表1-1-1 信托公司2021年、2022年、2023年披露户数比较

项目	2021年	2022年	2023年
披露户数	63	62	59

表1-1-2 披露的信托公司2021年、2022年、2023年在各省、市、自治区分布情况表

省份		北京	上海	广东	浙江	江苏	山东	陕西	安徽	福建	河南	天津	湖北	新疆	江西
分布户数	2021年	11	7	5	5	4	2	3	2	2	2	2	2	2	2
	2022年	10	7	5	5	4	2	2	2	2	2	2	2	2	2
	2023年	9	7	5	5	4	2	2	2	2	2	2	2	2	1

省份		湖南	重庆	山西	西藏	云南	河北	四川	贵州	青海	内蒙古	甘肃	吉林	黑龙江	合计
分布户数	2021年	1	1	1	1	1	1	1	1	1	1	1	0	1	63
	2022年	1	1	1	1	1	1	1	1	1	1	1	1	1	62
	2023年	1	1	1	1	1	1	1	1	1	1	1	1	0	59

注:本年度有9家信托公司尚未披露年度报告,无法获取相关注册地址的信息,故本表中仅统计已披露年报的59信托公司的相关信息。

(二)信托公司变更公司名称情况的披露

2023年1月19日,国家金融监督管理总局上海监管局出具《上海银保监局关于同意安信信托股份有限公司变更公司名称的批复》(沪银保监复〔2023〕29号),同意安信信托股份有限公司变更名称为建元信托股份有限公司。

截至2023年12月31日，其余信托公司无变更名称情况。

（三）信托公司基本情况的披露

2023年信托公司基本情况的披露见表1-1-3。

表1-1-3　　　　　　　　　　　　　披露的信托公司2023年基本情况

公司简称	公司法定中文名称	股本（万元）	法定代表人	注册地址	所在省份
爱建信托	上海爱建信托有限责任公司	460 268.46	徐众华	上海市徐汇区肇嘉浜路746号3~8层	上海
百瑞信托	百瑞信托有限责任公司	400 000.00	苏小军	河南自贸试验区郑州片区（郑东）商务外环路10号中原广发金融大厦	河南
北方信托	北方国际信托股份有限公司	200 199.77	韩立新	天津经济技术开发区第三大街39号	天津
渤海信托	渤海国际信托股份有限公司	360 000.00	卓逸群	石家庄市新石中路377号B座22~23层	河北
财信信托	湖南省财信信托有限责任公司	438 000.00	王双云	长沙市岳麓区玉兰路433号西枢纽商务中心购物中心T3写字楼1801~1809	湖南
大业信托	大业信托有限责任公司	200 000.00	陈俊标	广州市花都区迎宾大道163号高晟广场2栋11层	广东
东莞信托	东莞信托有限公司	165 618.56	廖玉林	东莞松山湖高新技术产业开发区创新科技园2号楼	广东
光大兴陇信托	光大兴陇信托有限责任公司	841 819.05	冯翔	甘肃省兰州市城关区东岗西路555号	甘肃
国联信托	国联信托股份有限公司	300 000.00	周卫平	无锡市滨湖区太湖新城金融一街8号国联金融大厦	江苏
国民信托	国民信托有限公司	100 000.00	肖鹰	北京市东城区安外西滨河路18号院1号	北京
国通信托	国通信托有限责任公司	415 837.48	陈建新	武汉市江汉区新华路296号汉江国际1栋1单元32~38层	湖北
国投泰康信托	国投泰康信托有限公司	267 054.55	李樱	北京市西城区阜成门北大街2号楼16层、17层	北京
国元信托	安徽国元信托有限责任公司	420 000.00	许植	安徽省合肥市庐阳区宿州路20号	安徽
杭州工商信托	杭州工商信托股份有限公司	150 000.00	余南军	浙江省杭州市上城区迪凯国际中心4层、38层、41层	浙江
华澳信托	华澳国际信托有限公司	250 000.00	吴瑞忠	中国（上海）自由贸易试验区浦明路198号地下一层、一层、二层、三层、四层	上海
华宝信托	华宝信托有限责任公司	500 421.94	李琦强	中国（上海）自由贸易试验区世纪大道100号59层	上海
华宸信托	华宸信托有限责任公司	100 000.00	邢爱泽	内蒙古自治区呼和浩特市赛罕区如意西街23号日信华宸大厦5层	内蒙古
华能信托	华能贵诚信托有限公司	619 455.74	孙磊	贵州省贵阳市观山湖区长岭北路55号贵州金融城1期商务区10号楼23、24层	贵州
华融信托	华融国际信托有限责任公司	303 565.33	李勇锋	新疆乌鲁木齐市天山区中山路333号	新疆
华润信托	华润深国投信托有限公司	1 100 000.00	刘小腊	深圳市福田区中心四路1-1号嘉里建设广场第三座第10~12层	广东
华鑫信托	华鑫国际信托有限公司	739 511.86	朱勇	北京市西城区新华里16号院2号楼102、202、302号	北京
吉林信托	吉林省信托有限公司	314 999.56	张洪东	吉林省长春市人民大街9889号	吉林
建信信托	建信信托有限责任公司	1 050 000.00	王宝魁	安徽省合肥市九狮桥街45号	安徽
建元信托	建元信托股份有限公司	984 444.83	秦泽	上海市控江路1553~1555号A座301室	上海
江苏信托	江苏省国际信托有限责任公司	876 033.66	胡军	江苏省南京市长江路2号22至26层	江苏
交银国际信托	交银国际信托有限公司	576 470.59	童学卫	湖北省武汉市江汉区建设大道847号瑞通广场B座16~17层	湖北
金谷信托	中国金谷国际信托有限责任公司	220 000.00	马承宇	北京市西城区金融大街33号通泰大厦C座10层	北京
昆仑信托	昆仑信托有限责任公司	1 022 705.89	王峥嵘	浙江省宁波市鄞州区和济街180号1幢24~27层	浙江
陆家嘴信托	陆家嘴国际信托有限公司	1 040 000.00	黎作强	青岛市崂山区香港东路195号3号楼青岛上实中心12层	山东
平安信托	平安信托有限责任公司	1 300 000.00	姚贵平	深圳市福田区益田路5033号平安金融中心31层01单元、32层01单元、33层	广东
厦门国际信托	厦门国际信托有限公司	416 000.00	李云祥	厦门市思明区展鸿路82号厦门国际金融中心9层、39~42层	福建
山东国信	山东省国际信托股份有限公司	465 885.00	岳增光	济南市历下区奥体西路2788号A塔1层部分区域、2层部分区域、13层部分区域、32~35层、40层	山东
山西信托	山西信托股份有限公司	135 700.00	武旭	山西省太原市府西街69号	山西
陕国投	陕西省国际信托股份有限公司	511 397.04	姚卫东	陕西省西安市高新区科技路50号金桥国际广场C座	陕西
上海信托	上海国际信托有限公司	500 000.00	潘卫东	中国上海市九江路111号	上海
苏州信托	苏州信托有限公司	120 000.00	沈光俊	苏州市工业园区苏雅路308号信投大厦18~22楼	江苏

续表

公司简称	公司法定中文名称	股本(万元)	法定代表人	注册地址	所在省份
天津信托	天津信托有限责任公司	360 000.00	周雄	天津市河西区围堤道125~127号天信大厦	天津
外贸信托	中国对外经济贸易信托有限公司	800 000.00	李强	北京市西城区复兴门内大街28号凯晨世贸中心中座6层	北京
万向信托	万向信托股份公司	133 900.00	肖风	浙江省杭州市下城区体育场路429号天和大厦4~6层及9~17层	浙江
五矿信托	五矿国际信托有限公司	1 305 106.91	王卓	青海省西宁市城中区创业路108号南川工业园区投资服务中心1号楼4层	青海
西部信托	西部信托有限公司	400 000.00	徐谦	陕西省西安市东新街232号	陕西
西藏信托	西藏信托有限公司	520 000.00	周贵庆	西藏拉萨市经济开发区博达路1号阳光新城别墅区A7栋	西藏
兴业信托	兴业国际信托有限公司	1 000 000.00	沈卫群	福建省福州市鼓楼区五四路137号信和广场23楼、25楼、26楼	福建
英大信托	英大国际信托有限责任公司	402 900.60	俞华军	北京市东城区南竹杆胡同109号、111号	北京
粤财信托	广东粤财信托有限公司	620 000.00	莫敏秋	广东省广州市越秀区东风中路481号粤财大厦1楼自编C区、4楼、14楼、40楼	广东
云南信托	云南国际信托有限公司	220 000.00	甘煜	云南省昆明市南屏街(云南国托大厦)	云南
长城新盛信托	长城新盛信托有限责任公司	30 000.00	徐永乐	乌鲁木齐经济技术开发区卫星路475号紫金矿业研发大厦A座11层	新疆
浙金信托	浙商金汇信托股份有限公司	288 000.00	余艳梅	浙江省杭州市上城区香樟街39号18层、26~28层	浙江
中诚信托	中诚信托有限公司	485 000.00	安国勇	北京市东城区安外大街2号	北京
中海信托	中海信托股份有限公司	250 000.00	卓新桥	上海市黄浦区龙华东路325号博荟广场A座22层、23层、25层、26层(实际楼层19层、20层、21层、22层)	上海
中航信托	中航信托股份有限公司	646 613.23	何唐兵	江西省南昌市红谷滩新区会展路1009号航信大厦	江西
中建投信托	中建投信托有限责任公司	500 000.00	刘功胜	杭州市教工路18号世贸丽晶城欧美中心1号楼(A座)18~19层C区、D区	浙江
中粮信托	中粮信托有限责任公司	283 095.42	刘燕松	北京市朝阳区朝阳门南大街10号楼B座19层、20层整层,A座3层302~303单元	北京
中泰信托	中泰信托有限责任公司	51 660.00	吴庆斌	上海市黄浦区北京东路666号F区(西座)32层和33层	上海
中铁信托	中铁信托有限公司	500 000.00	陈赤	成都市武侯区航空路1号航都国世纪中心B座20层、21层、22层	四川
中信信托	中信信托有限责任公司	1 127 600.00	芦苇	北京市朝阳区新源南路6号京城大厦	北京
中原信托	中原信托有限公司	468 089.68	曹卫东	河南省郑州市郑东新区金融岛中环路10号	河南
重庆信托	重庆国际信托股份有限公司	1 500 000.00	翁振杰	重庆市渝北区嘉州路88号33层、34层、3501~3511室	重庆
紫金信托	紫金信托有限责任公司	327 107.55	高晓俊	江苏省南京市鼓楼区中山北路2号紫峰大厦30层	江苏

注:本年度有9家信托公司尚未披露年报,故未在本表中披露相关数据。

(四)信托公司董事会、监事会及高管对年报意见的披露

1. 董事会对年报意见的披露

根据原银保监会颁发的《信托投资公司信息披露管理暂行办法》的附件《年度报告内容与格式》,要求公司在重要提示及目录中刊登声明:本公司董事会及董事保证本报告所载资料不存在任何虚假记载、误导性陈述或者重大遗漏,并对其内容的真实性、准确性和完整性承担个别及连带责任。59家董事均按要求作了声明保证。

2. 监事会对年报意见的披露

根据原银保监会颁发的《信托投资公司信息披露管理暂行办法》的附件《年度报告内容与格式》,要求公司监事会应当对本公司依法运作情况、财务报告是否真实反映公司的财务状况和经营成果等发表独立意见。2023年已披露的年报数据的59家信托公司的监事会均发表了相关意见,认为公司依法运作、财务报告真实反映了公司的财务状况和经营成果。

3. 高管对年报意见的披露

根据原银保监会颁发的《信托投资公司信息披露管理暂行办法》的附件《年度报告内容与格式》,要求公司负责人、主管会计工作负责人及会计机构负责人(会计主管人员)应当声明:保证年度报告中财务报告的真实、完整。59家公司均按要求完整披露了高管发表的声明。

（五）信托公司重大事项临时公告的披露

披露的信托公司2023年临时公告情况见表1-1-4。

表1-1-4　　　　　　　　　　披露的信托公司2023年临时公告情况表

公司简称	期内临时报告的披露次数（次）	公司简称	期内临时报告的披露次数（次）
陕国投	103	财信信托	1
五矿信托	7	华宝信托	1
建元信托	4	昆仑信托	1
粤财信托	4	上海信托	1
华宸信托	4	苏州信托	1
厦门国际信托	4	天津信托	1
中海信托	4	西藏信托	1
北方信托	3	中诚信托	1
杭州工商信托	3	外贸信托	1
兴业信托	3	中建投信托	1
平安信托	3	陆家嘴信托	1
西部信托	3	紫金信托	1
云南信托	3	万向信托	1
百瑞信托	2	国元信托	—
东莞信托	2	国联信托	—
国民信托	2	建信信托	—
国投泰康信托	2	江苏信托	—
华润信托	2	山东国信	—
中原信托	2	山西信托	—
重庆信托	2	英大信托	—
渤海信托	2	中泰信托	—
交银国际信托	2	中信信托	—
华能信托	2	爱建信托	—
浙金信托	2	国通信托	—
中航信托	2	金谷信托	—
华澳信托	2	中粮信托	—
大业信托	2	长城新盛信托	—
华鑫信托	2	吉林信托	—
中铁信托	1	华融信托	—
光大兴陇信托	1	—	—

注：本年度有9家信托公司尚未披露年报，故此表只列示59家信托的数据。

根据《信托投资公司信息披露管理暂行办法》第十八条规定：

信托投资公司发生重大事项，应当制作重大事项临时报告并向社会披露。重大事项包括（但不限于）下列情况：（一）公司第一大股东变更及原因；（二）公司董事长、总经理变动及原因；（三）公司董事报告期内累计变更超过50%；（四）信托经理和信托业务人员报告期内累计变更超过30%；（五）公司章程、股本、注册地和公司名称的变更；（六）公司合并、分立、解散等事项；（七）公司更换为其审计的会计师事务所；（八）公司更换为其服务的律师事务所；（九）法律法规规定的其他重要事项。

上述信托公司中,陕国投披露了103次公告,五矿信托披露了7次公告,41家公司披露了1~4次不等的临时公告,16家公司期内无临时公告。

二、信托公司实收资本及股东情况

(一)信托公司实收资本及股东2022年、2023年的综合变动情况分析

从整体来说,信托公司平均股本2023年较2022年增加了28 957.31万元,增幅6.02%,平均股东家数较上年略有减少,平均持股10%以上的股东家数较上年基本保持一致,第一大股东平均持股比例略有减少,第二大股东平均持股比例略有增加,第三大股东平均持股比例略有减少。信托公司2022年、2023年股本及股东综合情况详见表1-2-1。

表1-2-1　　　　　　　　　信托公司2022年、2023年股本及股东综合情况表

项目	2022年末	2023年末	增减变动
平均股本(万元)	480 948.84	509 906.15	28 957.31
平均股东家数(家)	4.92	4.84	−0.08
平均持股10%以上股东家数(家)	2.05	2.03	−0.02
第一大股东平均持股比例(%)	68.22	68.15	−0.07
第二大股东平均持股比例(%)	18.27	19.20	0.93
第三大股东平均持股比例(%)	9.66	9.42	−0.24

注:1. 2023年末已披露年报的信托公司共59家。计算平均股东数时不包括陕国投、建元信托和山东国信3家上市公司,共采用56家数据进行平均计算;计算平均持股10%以上股东数时各家全部披露,共采用59家数据进行平均计算;2023年末第一大股东平均持股比例计算的基数是59家信托公司的平均数据,第二大股东平均持股比例计算的基数是58家信托公司的平均数据,第三大股东平均持股比例计算的基数是43家信托公司的平均数据。
2. 雪松信托、中融信托、中国民生信托2022年披露年报但2023年未披露,所以表格中2022年末平均股本数按2023年披露年报的59家信托公司的期初数来调整。

2023年末,平均股本达到了509 906.15万元。超过平均股本的公司有20家,20家合计数占全部已披露年报的59家信托公司股本的60.43%。信托公司2022年、2023年股本情况详见表1-2-2。信托公司股本变动情况明细详见表1-2-3。

表1-2-2　　　　信托公司2022年、2023年股本情况表(按2023年末股本数进行排序)　　　　单位:万元

排名	公司简称	上期股本	股本增加	股本减少	本期股本	排名	公司简称	上期股本	股本增加	股本减少	本期股本
1	重庆信托	1 500 000.00	—	—	1 500 000.00	19	西藏信托	310 000.00	210 000.00	—	520 000.00
2	五矿信托	1 305 106.91	—	—	1 305 106.91	20	陕国投	511 397.04	—	—	511 397.04
3	平安信托	1 300 000.00	—	—	1 300 000.00	21	华宝信托	500 421.94	—	—	500 421.94
4	中信信托	1 127 600.00	—	—	1 127 600.00	22	中铁信托	500 000.00	—	—	500 000.00
5	华润信托	1 100 000.00	—	—	1 100 000.00	23	上海信托	500 000.00	—	—	500 000.00
6	建信信托	1 050 000.00	—	—	1 050 000.00	24	中建投信托	500 000.00	—	—	500 000.00
7	陆家嘴信托	1 040 000.00	—	—	1 040 000.00	25	中诚信托	485 000.00	—	—	485 000.00
8	昆仑信托	1 022 705.89	—	—	1 022 705.89	26	中原信托	400 000.00	68 089.68	—	468 089.68
9	兴业信托	1 000 000.00	—	—	1 000 000.00	27	山东国信	465 885.00	—	—	465 885.00
10	建元信托	546 913.79	437 531.03	—	984 444.83	28	爱建信托	460 268.46	—	—	460 268.46
11	江苏信托	876 033.66	—	—	876 033.66	29	财信信托	438 000.00	—	—	438 000.00
12	光大兴陇信托	841 819.05	—	—	841 819.05	30	国元信托	420 000.00	—	—	420 000.00
13	外贸信托	800 000.00	—	—	800 000.00	31	厦门国际信托	416 000.00	—	—	416 000.00
14	华鑫信托	739 511.86	—	—	739 511.86	32	国通信托	415 837.48	—	—	415 837.48
15	中航信托	646 613.23	—	—	646 613.23	33	英大信托	402 900.60	—	—	402 900.60
16	粤财信托	380 000.00	240 000.00	—	620 000.00	34	百瑞信托	400 000.00	—	—	400 000.00
17	华能信托	619 455.74	—	—	619 455.74	35	西部信托	200 000.00	200 000.00	—	400 000.00
18	交银国际信托	576 470.59	—	—	576 470.59	36	天津信托	170 000.00	190 000.00	—	360 000.00

续表

排名	公司简称	上期股本	股本增加	股本减少	本期股本	排名	公司简称	上期股本	股本增加	股本减少	本期股本
37	渤海信托	360 000.00	—	—	360 000.00	50	大业信托	200 000.00	—	—	200 000.00
38	紫金信托	327 107.55	—	—	327 107.55	51	东莞信托	165 618.56	—	—	165 618.56
39	吉林信托	159 659.75	155 339.81	—	314 999.56	52	杭州工商信托	150 000.00	—	—	150 000.00
40	华融信托	303 565.33	—	—	303 565.33	53	山西信托	135 700.00	—	—	135 700.00
41	国联信托	300 000.00	—	—	300 000.00	54	万向信托	133 900.00	—	—	133 900.00
42	浙金信托	288 000.00	—	—	288 000.00	55	苏州信托	120 000.00	—	—	120 000.00
43	中粮信托	283 095.42	—	—	283 095.42	56	国民信托	100 000.00	—	—	100 000.00
44	国投泰康信托	267 054.55	—	—	267 054.55	57	华宸信托	92 579.00	7 421.00	—	100 000.00
45	中海信托	250 000.00	—	—	250 000.00	58	中泰信托	51 660.00	—	—	51 660.00
46	华澳信托	250 000.00	—	—	250 000.00	59	长城新盛信托	30 000.00	—	—	30 000.00
47	云南信托	120 000.00	100 000.00	—	220 000.00		合计数	28 375 981.28	1 708 481.40	—	30 084 462.68
48	金谷信托	220 000.00	—	—	220 000.00		平均数	480 948.84	—	—	509 906.15
49	北方信托	100 099.89	100 099.88	—	200 199.77						

注：1.本年度有9家信托公司尚未披露年报，故未在本表中披露相关数据。
2.已披露年报的59家信托公司股本2023年比2022年总体增加了1 708 481.40万元。其中，增资最大的是建元信托，增加了437 531.03万元。

表1-2-3　　　　信托公司股本变动情况明细表（按2023年末股本数进行排序）

公司简称	上期股本（万元）	本期股本（万元）	增减变动（万元）	注册资本变动原因
建元信托	546 913.79	984 444.83	437 531.03	2023年2月15日，公司收到中国证券监督管理委员会出具的《关于核准建元信托股份有限公司非公开发行股票的批复》（证监许可〔2023〕291号），核准公司非公开发行不超过4 375 310 335股新股 2023年4月11日，公司收到国家金融监督管理总局上海监管局（原中国银保监会上海监管局）出具的《上海银保监局关于同意建元信托股份有限公司变更注册资本并调整股权结构的批复》（沪银保监复〔2023〕200号），同意公司注册资本由5 469 137 919元增加到9 844 448 254元；同意公司根据经核准的非公开发行方案，向上海砥安投资管理有限公司非公开发行股票 2023年4月24日，公司向上海砥安投资管理有限公司发行新增的4 375 310 335股股份的登记托管手续在中国证券登记结算有限责任公司上海分公司办理完成，公司总股本由5 469 137 919股增加为9 844 448 254股。上海砥安合计持有公司4 951 853 439股股份，合计持股比例50.30%，成为公司的控股股东
粤财信托	380 000.00	620 000.00	240 000.00	经2023年第一次临时股东会审议通过，并经原中国银行保险监督管理委员会广东监管局核准，公司注册资本由38亿元增加到62亿元。增资后公司各股东持股比例维持不变，工商变更手续已于2023年5月10日完成
西藏信托	310 000.00	520 000.00	210 000.00	2023年12月，经《国家金融监督管理总局西藏监管局关于西藏信托有限公司变更注册资本和调整股权结构的批复》（藏金监复〔2023〕36号）批准，公司将注册资本增加至52亿元
中原信托	400 000.00	468 089.68	68 089.68	2023年12月，经公司股东会2023年第五次会议审议通过，并经国家金融监督管理总局河南监管局核准，公司注册资本由40亿元增至46.808968亿元
西部信托	200 000.00	400 000.00	200 000.00	2023年6月8日，根据国家金融监督管理总局陕西监管局（原陕西银保监局）《关于西部信托有限公司变更注册资本的批复》（陕银保监复〔2023〕134号），同意公司的注册资本由人民币20亿元变更为人民币40亿元。2023年9月26日，公司完成了注册资本变更为40亿元人民币的工商变更登记
天津信托	170 000.00	360 000.00	190 000.00	2023年12月22日，天津监管局《关于天津信托有限责任公司变更注册资本的批复》（津金复〔2023〕162号），同意公司增加注册资本金19亿元，公司注册资本金增至36亿元
吉林信托	159 659.75	314 999.56	155 339.81	2023年5月，经《吉林银保监局关于同意吉林省信托有限责任公司增加注册资本及调整股权结构的批复》（吉银保监复〔2023〕113号）批准，公司注册资本由人民币15.96亿元增加至人民币31.50亿元
云南信托	120 000.00	220 000.00	100 000.00	2023年1月，经原中国银行保险监督管理委员会云南监管局批准（云银保监复〔2023〕8号），同意变更注册资本为22亿元人民币
北方信托	100 099.89	200 199.77	100 099.88	2023年12月14日，经国家金融监督管理总局天津监管局批准（津金复〔2023〕153号），公司完成以未分配利润转增资本，注册资本变更为2 001 997 746元人民币，股权结构保持不变
华宸信托	92 579.00	100 000.00	7 421.00	报告期内，为切实增强公司资本实力，提高抵御风险的能力，推动公司快速健康发展。经公司股东会2023年第一次临时会议审议通过，公司将资本公积7 421万元按各股东的持股比例等比例转增为注册资本，公司的注册资本由92 579万元增加到100 000万元

(二)信托公司年末股东和大股东情况分析

披露的信托公司2023年末股东数量及持股比例10%以上的股东情况汇总见表1-2-4。

表1-2-4　　　　披露的信托公司2023年末股东数量及持股比例10%以上股东数汇总表　　　　单位：家

公司简称	股东家数	其中：持股比例10%以上股东家数	公司简称	股东家数	其中：持股比例10%以上股东家数
建元信托	上市公司	2	上海信托	3	1
山东国信	上市公司	3	苏州信托	3	3
陕国投	上市公司	2	西藏信托	3	2
北方信托	24	2	厦门国际信托	3	3
西部信托	24	1	中原信托	3	2
中铁信托	16	1	渤海信托	3	3
中诚信托	15	3	浙金信托	3	2
杭州工商信托	9	2	爱建信托	3	1
国元信托	8	2	大业信托	3	3
百瑞信托	8	3	国通信托	3	2
华能信托	8	2	陆家嘴信托	3	3
华宸信托	7	4	五矿信托	3	2
吉林信托	6	2	中粮信托	3	2
兴业信托	6	1	东莞信托	2	2
云南信托	6	4	粤财信托	2	1
中泰信托	6	3	建信信托	2	2
华融信托	5	2	财信信托	2	2
天津信托	5	2	昆仑信托	2	2
重庆信托	5	2	平安信托	2	1
紫金信托	5	3	华润信托	2	2
万向信托	5	2	外贸信托	2	1
光大兴陇信托	4	3	中海信托	2	1
国联信托	4	2	交银国际信托	2	2
国投泰康信托	4	2	中建投信托	2	1
江苏信托	4	2	中航信托	2	2
英大信托	4	2	华澳信托	2	2
长城新盛信托	4	3	华鑫信托	2	2
国民信托	3	3	金谷信托	2	1
华宝信托	3	1	中信信托	1	1
山西信托	3	1	平均数	4.84	2.03

注：1. 本年度有9家信托公司尚未披露年报，故未在本表中披露相关数据。
2. 计算股东平均数时上市公司未包含在内。

47家信托公司的第一大股东持股比例超过了50%，处于绝对控股地位。披露的信托公司2023年末第一大股东的持股比例排序详见表1-2-5。

表1-2-5 披露的信托公司2023年末第一大股东的持股比例排序

排名	公司简称	第一大股东名称	持股比例(%)	第一大股东性质
1	中信信托	中国中信金融控股有限公司	100.0000	有限责任公司
2	平安信托	中国平安保险(集团)股份有限公司	99.8800	股份有限公司
3	爱建信托	上海爱建集团股份有限公司	99.3300	股份有限公司
4	粤财信托	广东粤财投资控股有限公司	98.1400	有限责任公司
5	上海信托	上海浦东发展银行股份有限公司	97.3333	股份有限公司
6	外贸信托	中化资本有限公司	97.2600	有限责任公司
7	财信信托	湖南财信投资控股有限责任公司	96.0000	有限责任公司
8	中海信托	中国海洋石油集团有限公司	95.0000	有限责任公司
9	金谷信托	中国信达资产管理股份有限公司	93.7500	股份有限公司
10	华宝信托	中国宝武钢铁集团有限公司	92.9000	有限责任公司
11	山西信托	山西金融投资控股集团有限公司	90.7000	有限责任公司
12	中建投信托	中国建银投资有限责任公司	90.0500	有限责任公司
13	昆仑信托	中油资产管理有限公司	87.1800	有限责任公司
14	浙金信托	浙江东方金融控股集团股份有限公司	87.0100	股份有限公司
15	交银国际信托	交通银行股份有限公司	85.0000	股份有限公司
16	中航信托	中航投资控股有限公司	84.4200	有限责任公司
17	江苏信托	江苏国信股份有限公司	81.4904	股份有限公司
18	中粮信托	中粮资本投资有限公司	80.5090	有限责任公司
19	厦门国际信托	厦门金圆金控股份有限公司	80.0000	股份有限公司
20	中铁信托	中国中铁股份有限公司	78.9108	股份有限公司
21	五矿信托	五矿资本控股有限公司	78.0020	有限责任公司
22	东莞信托	东莞金融控股集团有限公司	77.7931	有限责任公司
23	天津信托	上海上实(集团)有限公司	77.5800	有限责任公司
24	华融信托	中国信托业保障基金有限责任公司	76.7900	股份有限公司
25	万向信托	中国万向控股有限公司	76.5000	有限责任公司
26	华鑫信托	中国华电集团资本控股有限公司	76.2500	有限责任公司
27	国通信托	武汉金融控股(集团)有限公司	75.0000	有限责任公司
28	英大信托	国网英大股份有限公司	73.4900	股份有限公司
29	兴业信托	兴业银行股份有限公司	73.0000	股份有限公司
30	陆家嘴信托	上海陆家嘴金融发展有限公司	71.6060	有限责任公司
31	苏州信托	苏州国际发展集团有限公司	70.0100	有限责任公司
32	国联信托	无锡市国联发展(集团)有限公司	69.9190	有限责任公司
33	华能信托	华能资本服务有限公司	67.9200	有限责任公司
34	西藏信托	西藏自治区财政厅	67.0700	机关法人
35	建信信托	中国建设银行股份有限公司	67.0000	股份有限公司
36	重庆信托	同方国信投资控股有限公司	66.9900	有限责任公司
37	中原信托	河南投资集团有限公司	64.9346	有限责任公司
38	国投泰康信托	国投资本控股有限公司	61.2900	有限责任公司

续表

排名	公司简称	第一大股东名称	持股比例(%)	第一大股东性质
39	杭州工商信托	杭州市金融投资集团有限公司	57.9920	有限责任公司
40	西部信托	陕西投资集团有限公司	57.7800	有限责任公司
41	渤海信托	海航资本集团有限公司	51.2300	有限责任公司
42	光大兴陇信托	中国光大集团股份公司	51.0000	股份有限公司
43	华润信托	华润金控投资有限公司	51.0000	有限责任公司
44	紫金信托	南京紫金投资集团有限责任公司	50.6700	有限责任公司
45	建元信托	上海砥安投资管理有限公司	50.3000	有限责任公司
46	百瑞信托	国家电投集团资本控股有限公司	50.2400	有限责任公司
47	华澳信托	重庆融达科技发展有限公司	50.0100	有限责任公司
48	国元信托	安徽国元金融控股集团有限责任公司	49.6933	有限责任公司
49	吉林信托	吉林省财政厅	49.4159	机关法人
50	山东国信	山东省鲁信投资控股集团有限公司	48.1300	有限责任公司
51	大业信托	中国东方资产管理股份有限公司	41.6700	股份有限公司
52	国民信托	富德生命人寿保险股份有限公司	40.7200	股份有限公司
53	长城新盛信托	中国长城资产管理股份有限公司	35.0000	股份有限公司
54	中诚信托	中国人民保险集团股份有限公司	32.9206	股份有限公司
55	北方信托	天津泰达投资控股有限公司	32.3300	有限责任公司
56	中泰信托	中国华闻投资控股有限公司	31.5700	有限责任公司
57	华宸信托	内蒙古交通投资(集团)有限责任公司	31.5400	有限责任公司
58	陕国投	陕西煤业化工集团有限责任公司	26.8000	有限责任公司
59	云南信托	云南省国有金融资本控股集团有限公司	25.0000	有限责任公司

注：本年度有9家信托公司尚未披露年报，故未在本表中披露相关数据。

经统计，2023年度，信托公司第一大股东平均持股比例为68.15%，第二大股东平均持股比例为19.20%，第三大股东平均持股比例为9.42%。前三大股东平均合计持股比例为93.90%。披露的信托公司2023年末前三大股东名称及持股比例详见表1-2-6。

表1-2-6　披露的信托公司2023年末前三大股东名称及持股比例

公司简称	第一大股东名称	第一大股东持股比例(%)	第二大股东名称	第二大股东持股比例(%)	第三大股东名称	第三大股东持股比例(%)
中信信托	中国中信金融控股有限公司	100.00	—	—	—	—
平安信托	中国平安保险(集团)股份有限公司	99.88	上海市糖业烟酒(集团)有限公司	0.12	—	—
爱建信托	上海爱建集团股份有限公司	99.33	上海爱建纺织品有限公司	0.33	上海爱建进出口有限公司	0.33
粤财信托	广东粤财投资控股有限公司	98.14	广东省科技创业投资有限公司	1.86	—	—
上海信托	上海浦东发展银行股份有限公司	97.33	上海汽车集团股权投资有限公司	2.00	上海新黄浦实业集团股份有限公司	0.67
外贸信托	中化资本有限公司	97.26	中化集团财务有限责任公司	2.74	—	—
财信信托	湖南财信投资控股有限责任公司	96.00	湖南省国有投资经营有限公司	4.00	—	—
中海信托	中国海洋石油集团有限公司	95.00	中国中信有限公司	5.00	—	—
金谷信托	中国信达资产管理股份有限公司	93.75	中国妇女活动中心	6.25	—	—
华宝信托	中国宝武钢铁集团有限公司	92.90	舟山市财金投资控股有限公司	5.20	舟山市国有资产投资经营有限公司	1.90

续表1

公司简称	第一大股东名称	第一大股东持股比例（%）	第二大股东名称	第二大股东持股比例（%）	第三大股东名称	第三大股东持股比例（%）
山西信托	山西金融投资控股集团有限公司	90.70	太原市海信资产管理有限公司	8.30	山西国际电力集团有限公司	1.00
中建投信托	中国建银投资有限责任公司	90.05	建投控股有限责任公司	9.95	—	—
昆仑信托	中油资产管理有限公司	87.18	天津经济技术开发区国有资产经营有限公司	12.82	—	—
浙金信托	浙江东方金融控股集团股份有限公司	87.01	中国国际金融股份有限公司	10.33	传化集团有限公司	2.66
交银国际信托	交通银行股份有限公司	85.00	湖北交通投资集团有限公司	15.00	—	—
中航信托	中航投资控股有限公司	84.42	华侨银行有限公司	15.58	—	—
江苏信托	江苏国信股份有限公司	81.49	江苏省苏豪控股集团有限公司	10.91	江苏省农垦集团有限公司	4.30
中粮信托	中粮资本投资有限公司	80.51	蒙特利尔银行	16.24	中粮财务有限责任公司	3.25
厦门国际信托	厦门金圆金控股份有限公司	80.00	厦门建发集团有限公司	10.00	厦门港务控股集团有限公司	10.00
中铁信托	中国中铁股份有限公司	78.91	中铁二局建设有限公司	7.23	成都产业资本控股集团有限公司	3.50
五矿信托	五矿资本股份有限公司	78.00	青海省国有资产投资管理有限公司	21.20	西宁城市投资管理有限公司	0.79
东莞信托	东莞金融控股集团有限公司	77.79	东莞发展控股股份有限公司	22.21		
天津信托	上海上实（集团）有限公司	77.58	天津市泰达国际控股（集团）有限公司	16.11	大家人寿保险股份有限公司	3.90
华融信托	中国信托业保障基金有限责任公司	76.79	长城人寿保险股份有限公司	14.64	珠海市华策集团有限公司	7.32
万向信托	中国万向控股有限公司	76.50	浙江烟草投资管理有限责任公司	14.49	北京中邮资产管理有限公司	3.97
华鑫信托	中国华电集团资本控股有限公司	76.25	中国华电集团财务有限公司	23.75	—	—
国通信托	武汉金融控股（集团）有限公司	75.00	东亚银行有限公司	15.38	新方正控股发展有限责任公司	9.62
英大信托	国网英大股份有限公司	73.49	南方电网资本控股有限公司	25.00	济钢集团有限公司	0.82
兴业信托	兴业银行股份有限公司	73.00	福建省能源集团有限责任公司	8.42	厦门国贸集团股份有限公司	8.42
陆家嘴信托	上海陆家嘴金融发展有限公司	71.61	青岛国信金融控股有限公司	18.28	青岛国信发展（集团）有限责任公司	10.11
苏州信托	苏州国际发展集团有限公司	70.01	苏州文化旅游发展集团有限公司	19.99	苏州市农业发展集团有限公司	10.00
国联信托	无锡市国联发展（集团）有限公司	69.92	无锡市国联地方电力有限公司	12.20	无锡华光环保能源集团有限公司	9.76
华能信托	华能资本服务有限公司	67.92	贵州乌江能源投资有限公司	31.48	人保投资控股有限公司	0.16
西藏信托	西藏自治区财政厅	67.07	西藏股权投资有限公司	25.33	西藏自治区投资有限公司	7.60
建信信托	中国建设银行股份有限公司	67.00	合肥兴泰金融控股（集团）有限公司	33.00	—	—
重庆信托	同方国信投资控股有限公司	66.99	国寿投资保险资产管理有限公司	26.04	上海淮矿资产管理有限公司	4.10
中原信托	河南投资集团有限公司	64.93	河南中原高速公路股份有限公司	27.27	光大兴陇信托有限责任公司	7.80
国投泰康信托	国投资本股份有限公司	61.29	泰康保险集团股份有限公司	27.06	悦达资本股份有限公司	8.20
杭州工商信托	杭州市金融投资集团有限公司	57.99	绿地金融投资控股集团	19.90	百大集团股份有限公司	6.26
西部信托	陕西投资集团有限公司	57.78	陕西省产业投资有限公司	8.66	陕西延长石油（集团）有限责任公司	5.15
渤海信托	海航资本集团有限公司	51.23	北京海航金融控股有限公司	26.67	中国新华航空集团有限公司	22.10
光大兴陇信托	中国光大集团股份有限公司	51.00	甘肃省国有资产投资集团有限公司	23.42	甘肃金融控股集团有限公司	21.58
华润信托	华润金控投资有限公司	51.00	深圳市投资控股有限公司	49.00	—	—

续表2

公司简称	第一大股东名称	第一大股东持股比例(%)	第二大股东名称	第二大股东持股比例(%)	第三大股东名称	第三大股东持股比例(%)
紫金信托	南京紫金投资集团有限责任公司	50.67	三井住友信托银行股份有限公司	20.00	江苏宁沪高速公路股份有限公司	20.00
建元信托	上海砥安投资管理有限公司	50.30	中国信托业保障基金有限责任公司	14.78	中国银行股份有限公司	2.78
百瑞信托	国家电投集团资本控股有限公司	50.24	摩根大通投资(中国)有限公司	19.99	郑州市财政局	15.65
华澳信托	重庆融达科技发展有限公司	50.01	重庆财信企业集团有限公司	49.99	—	—
国元信托	安徽国元金融控股集团有限责任公司	49.69	中建资本控股有限公司	36.63	安徽皖投投资产管理有限公司	8.16
吉林信托	吉林省财政厅	49.42	吉林省高速公路集团有限公司	49.31	吉林炭素集团有限责任公司	0.32
山东国信	山东省鲁信投资控股集团有限公司	48.13	香港中央结算(代理人)有限公司	19.57	中油资产管理有限公司	18.75
大业信托	中国东方资产管理股份有限公司	41.67	广州金融控股集团有限公司	38.33	广东京信电力集团有限公司	20.00
国民信托	富德生命人寿保险股份有限公司	40.72	上海丰益股权投资基金有限公司	31.73	上海璟安实业有限公司	27.55
长城新盛信托	中国长城资产管理股份有限公司	35.00	天瑞集团股份有限公司	35.00	德阳市国有资产经营有限公司	27.00
中诚信托	中国人民保险集团股份有限公司	32.92	国家能源集团资本控股有限公司	20.35	山东能源集团有限公司	10.18
北方信托	天津泰达投资控股有限公司	32.33	天津渤海文化产业投资有限公司	25.43	天津泰达股份有限公司	5.43
中泰信托	中国华闻投资控股有限公司	31.57	上海新黄浦实业集团股份有限公司	29.97	广联(南宁)投资股份有限公司	20.00
华宸信托	内蒙古交通投资(集团)有限公司	31.54	中国大唐集团资本控股有限公司	28.04	内蒙古自治区财政厅	26.10
陕国投	陕西煤业化工集团有限责任公司	26.80	陕西交控资产管理有限公司	16.76	陕西财金投资管理有限公司	4.98
云南信托	云南省国有金融资本控股集团有限公司	25.00	涌金实业(集团)有限公司	24.50	上海纳米创业投资有限公司	23.00

注：1. 本年度有9家信托公司尚未披露年报，故未在本表中披露相关数据。
2. 计算平均持股比例时，相关股东情况未披露的信托公司不包含在内。

(三)信托公司股东变更情况分析

披露的信托公司2023年股东变更次数及期内变更详细列示见表1-2-7。

表1-2-7　　披露的信托公司2023年股东变更次数及期内变更详细列示

公司简称	股东变更次数(次)	期内股东变更详细列示
吉林信托	1	报告期内，为提升公司资本实力，提高抗风险能力，按照吉林省政府安排部署，引入吉林省高速公路集团有限公司作为新股东对公司注资16亿元。增资后公司注册资本提升至31.50亿元人民币，并相应调整股权结构，其他原股东放弃优先购买权。变更注册资本及调整股权结构后，公司实际控制人未发生变化，仍为吉林省财政厅
西藏信托	1	报告期内，公司股东由两名增加至三名，新增西藏股权投资有限公司。变动原因系落实《西藏自治区财政厅关于集中统一管理国有金融资本的方案》要求
中诚信托	1	2023年6月21日，取得《北京银保监局关于中诚信托有限责任公司变更股权的批复》(京银保监复〔2023〕385号)，国华能源投资有限公司将其持有的中诚信托20.3528%股权转让至国家能源集团资本控股有限公司；11月15日，公司在北京市市场监督管理局完成上述股权变更登记
中信信托	1	根据财政部、中国人民银行及中信集团相关工作部署，公司于2022年向监管机构递交了变更股权的申请。2023年2月，公司收到原中国银保监北京监管局《关于中信信托有限责任公司变更股权及调整股权结构的批复》(京银保监复〔2023〕84号)，批准原股东中国中信有限公司和中信兴业投资集团有限公司将所持公司82.26%、17.74%股权转让至中国中信金融控股有限公司。2023年7月，本公司完成了股权变更的公司变更登记手续。上述股权变更后，公司股东变为中国中信金融控股有限公司，出资比例100%
中原信托	1	2023年2月，中原信托收到甘肃省兰州中院司法执行裁定书，将豫粮集团所持中原信托股权裁定抵债给光大信托。2023年7月，国家企业信用信息公示系统显示，依据兰州中院抵债执行裁定，豫粮集团所持中原信托股权已变更至光大信托名下。截至报告日，光大信托未履行股东资格监管核准程序

注：2023年内共有5家信托公司发生了股东变更相关事项。

(四)原银保监会及其派出机构对公司检查后提出整改意见

披露的信托公司2023年对原银保监会及其派出机构对公司检查后提出整改意见的详细列示见表1-2-8。

表1-2-8　披露的信托公司2023年对原银保监会及其派出机构对公司检查后提出整改意见详细列示

公司名称	整改意见
爱建信托	公司收到上海监管局下发《关于上海爱建信托有限责任公司2022年度的监管意见》后，高度重视、组织研究，逐条对照监管意见及关注重点进行梳理，制定相应整改计划并已落实各项整改方案。具体整改落实情况如下：一是年初召开会议顺利完成董事会、监事会换届及聘任高管层，且会上立即启动任职资格申报工作，全力保障换届整体经营稳定有序过渡；始终坚持党建引领，与公司治理深度融合，认真学习贯彻党和国家大政方针，强化全员思想领悟，提升清廉金融文化建设；已对照"1号令"修订公司《关联交易管理办法》，增设跨部门的关联交易管理办公室并开展全员专题培训，提升关联交易治理水平；综合考量稳健转型、内控配套等因素，平衡好转型期风险和收益的关系，专项设置党建与文化建设指标以及消费者权益保护指标。二是立足监管导向及资源禀赋，积极探索创新转型路径，先后制定《2023—2025年战略规划纲要》《转型发展整体纲要》《关于资产服务信托的推进方案》，从战略层面推进转型。公司对服务信托采取分类推进的策略，包括重点突破类、探索布局类以及暂不开展类。其中重点突破风险处置服务信托、个人财富管理服务信托、法人及非法人组织财富管理信托、资管产品行政服务信托等；年内已组建风险处置服务信托、个人财富管理/家庭服务信托工作团，重点推进个人财富管理展业，围绕流程构建、管理架构形成实施方案，拟定尽调指引和清单、组建财审师团队、完善资产服务信托产品库等；持续做大慈善信托业务规模，不断提升专业能力。三是年内已修订恢复与处置计划，对恢复与处置机制、监测指标、恢复与处置能力评估等进行补充完善；建立日常流动性监测机制，定期对流动性进行分析及预测，并调整公司流动性压力测试模型，将压力测试结果与固有资产结构优化相结合，加强流动性管理；已完成多项监管压降指标。四是及时调整业务风险政策，在尽调评审、期间监测方面更加审慎，并建立信评团队从严把关交易对手准入，合理设计交易结构以及风险监测、跟踪机制；积极研究利用信托制度优势参与房企纾困及重整，审慎推进相关展业。五是不断完善标品业务制度流程和风险控制体系，陆续增订风险管理制度及相配套的名单管理细则、投资管理制度等，且落实严格审慎管理，把控稳定底线。六是依法合规保护金融消费者合法权益，稳步落实"消保深化治理年"各项工作，持续完善产品推介、销售签约等流程和标准；加强销售合规管理及案例警示教育，加大产品推介营销监测及销售过程检查力度，优化重大/突发客诉应急处理方案；规范开展消费信托业务，细化委外催收监督管理要求，防范外包机构风险向信托公司传导，将各项监管要求及意见落到实处
百瑞信托	公司一贯理解、支持和配合各级监管部门的监管工作，对监管部门的监管意见高度重视，及时按照有关要求进行整改 2023年，公司针对监管部门提出的监管意见和建议，及时逐项制订整改措施，并通过加强领导、责任到人等手段，认真落实到位。整改落实情况如下：（1）积极开拓创新，全力推进业务转型。公司以信托业务分类改革为新的发展契机，强化对宏观经济和金融监管政策的研究，深化业务创新转型，逐步打造新的业务支撑体系和核心盈利模式。产业金融业务方面，探索信托介入清洁能源项目运作的方式，持续创新优化金融服务方案；证券投资业务方面，加强投研能力建设与信息系统建设，推动证券化业务提质增效；资产证券化业务方面，持续创新，推动规模化拓展；财富管理信托业务方面，不断丰富产品结构，为客户提供综合化财富管理方案。（2）完善监测预警，夯实风险管控机制。一是加强重点领域风险监测预警。积极应对宏观经济下行、金融风险高发的外部环境，通过修订风险标准、加大风险排查、监测交易对手信用资质变化等方式，夯实业务风险防线。二是持续完善创新业务风险管理体系。通过搭建风险评估体系，提升风险识别及管控能力。三是加强声誉风险防控机制建设。适时修订相关规章制度，围绕以防为主、防控结合的原则，加大舆情监控的频率和范围，加强声誉风险管理。（3）强化内控合规，筑牢稳健发展根基。一是建立健全内控合规管理体系，通过完善管理制度，细化执行标准，加强监督评价，开展考核问责等，筑牢内控合规风险防线，确保依法合规经营。二是宣导合规理念，通过举办主题征文、签署合规承诺、学习法律法规、开展全员警示教育等活动，促进员工合规和清廉意识。三是定期对规章制度体系合法合规性、有效性进行梳理审查，及时将法律法规、监管规定、股东要求转化为公司规章制度，落实为可执行的具体规范。（4）厚植信托文化，推动内生合规管理融合。公司坚持以服务客户为导向、以风险管理为前提、以研发创新为驱动，恪守受托人职责，注重培育信托文化。通过内部改革和转型发展，将文化理念转化为行动力，通过健全受托责任机制建设，厘清信托业务全流程各环节的受托管理职责边界，防范受托履职风险；通过加强对投资者的宣传教育，认真落实投资者适当性管理要求，提高投资者风险意识
财信信托	报告期内，原中国银保监会湖南监管局于2023年3月8日出具《现场检查意见书》（〔2023〕4号）；于2023年3月29日出具《湖南银保监局监管会谈纪要》（〔2023〕6号）。公司高度重视，积极落实监管意见及建议，并制定整改措施，整改情况如下：一是全面加强党的领导，推动党的领导与公司治理有机结合。二是深刻剖析问题产生的原因，并制定切实可行的整改方案，确保整改责任落实到位，整改事项按期完成。三是进一步完善规章制度，建立内控长效机制。加强对新政策、新制度的宣贯与培训力度，及时进行信息系统的更新迭代，完善系统功能，减少人工操作风险。四是问责追责，根据法律法规、监管规定和公司制度，及时问责追责
大业信托	2022年5月5日至7月8日，原中国银保监会广东监管局对公司开展了现场检查，并于8月25日向公司发送了《现场检查意见书》（粤银保监办函〔2022〕189号），提出了公司涉及公司治理、内部控制、固有业务与资本计提、信托业务开展及其他等五大方面存在的81个具体问题。公司对现场检查问题整改工作高度重视，第一时间研究成立了由公司董事长牵头负责的现场检查问题整改工作领导小组，对整改及问责工作进行统一指导。一是对照检查意见书，查找问题原因，逐条分解，举一反三，制定了整改方案和整改台账；二是压实整改责任，制定了整改计划、明确了整改责任主体和整改时限。截至2023年末，《现场检查意见书》提出的81个问题中，56个问题已完成整改，25个问题完成阶段性整改，相关问题正在按计划整改。公司将持续定期向监管部门汇报整改进展情况，在整改期限内尽早完成整改
国民信托	2023年4月，国家金融监督管理总局北京监管局向我司下发了《国民信托有限公司2022年度监管意见书》（京银保监发〔2023〕126号），对公司治理、风险防控、转型发展等方面提出了加强和改进意见。为进一步整改落实监管要求，公司已形成《国民信托有限公司关于落实2022年度监管意见的报告》并按时向监管机构报送，同时积极进行整改落实，监管机构认可公司的整改落实方案并提出进一步意见。 2023年10月，国家金融监督管理总局北京监管局对公司开展了非现场监管报表数据质量稽核调查，并于2024年1月下发了《现场检查意见书》（京金检意〔2024〕3号），要求公司规范数据填报口径，严格落实数据主体责任，完善监管统计工作机制和流程。公司高度重视，组织开展监管数据质量自查，查漏补缺，立查立改，已对照监管意见逐一制定整改方案
国通信托	报告期内，公司高度重视并认真落实监管部门的监管意见要求，及时向原湖北银保监反馈公司重点业务合规管理及风险防控工作措施及成效，切实提升了公司发展质量和风险防控能力
国元信托	公司积极贯彻落实原安徽银保监局《监管意见书》（〔2023〕17号）指出的完善治理体系、推动转型发展等监管意见，并将贯彻落实情况报送监管部门
杭州工商信托	2023年3月，原中国银保监会浙江监管局下发《监管提示函》（浙银保监办便函〔2023〕134号），公司就相关问题进行深入剖析，查找原因并制定了相应的整改方案，相关问题已全部完成整改。2023年5月，原中国银保监会浙江监管局下发《关于杭州工商信托股份有限公司2022年度监管的意见》（浙银保监发〔2023〕78号），公司组织召开专题会议，明确具体整改事项、职责分工及整改进度安排，确保责任到人并有效推进落实，通过加强制度建设、强化内控管理、深化转型发展等予以整改。2023年12月，国家金融监督管理总局浙江监管局下发《现场检查意见书》（浙金检〔2023〕33号），公司高度重视监管现场检查发现问题的整改工作，成立监管检查发现问题整改小组，在立查立改问题的基础上深挖问题根源，通过健全公司治理机制、完善全面风险管理体系建设、加强风险防控及处置力度、提高业务管理精细度、强化党建统领与信托文化建设等一系列工作措施，持续推进机制和制度建设，建立健全长效管理机制，切实防范同类问题再次发生。相关整改措施落实情况均已上报监管机构

续表1

公司名称	整改意见
华澳信托	（1）2023年4月，公司收到《上海银保监局办公室关于华澳国际信托有限公司2022年度的监管意见》（沪银保监办发〔2023〕81号），文中对公司的公司治理、股东行为、固有业务、风险管理、内控管理、数据治理等方面指出6类主要问题，并根据公司存在的上述问题提出监管意见。对于上述问题及监管意见，公司高度重视，及时报告股东、董事会和监事会，组织公司管理层和各部门认真学习，结合公司经营管理实际，积极研究制订整改方案，全面部署各项整改工作，明确整改完成时间和责任部门，并持续跟踪督促整改工作的落实情况，公司已按要求将落实计划报送监管部门。（2）报告期内，国家金融监督管理总局上海监管局于2023年8月至12月对公司实施了现场检查工作
华宝信托	报告期内，国家金融监督管理总局上海监管局对公司进行了现场检查。对于检查提出的各项问题，公司正在全面梳理、布置整改中
华宸信托	报告期内，公司收到国家金融监督管理总局内蒙古监管局（原内蒙古银保监局）向公司下发的现场检查意见书，公司高度重视监管规定和监管部门各项监管要求，积极加强组织领导、明确责任主体、制定工作方案、细化整改台账及整改时间、整改举措，对相关责任人进行责任认定并问责。在监管部门的正确引领和大力指导下，经过近七个月的努力，整改工作在公司治理、业务经营、财务核算、内部管理、风险防范及消保六个方向均取得了较好成效。同时，为持续夯实稳健经营、高质量发展理念，公司主动排查风险隐患，成立由党委书记、董事长任组长的"大起底"工作领导小组，2023年结合主题教育，统筹开展了对2020—2022年监管评级及2021年度监管通报指出问题进行了"大起底"，通过推动存量问题整改落实，公司风险管理和内控水平得到进一步巩固和提升
华能信托	报告期内，国家金融监督管理总局贵州监管局向公司下发了监管情况通报等文件，要求公司以习近平新时代中国特色社会主义思想为指导，深入学习贯彻党的二十大精神，全面贯彻落实2023年中央经济工作会议、国家金融监督管理总局工作会议精神和贵州监管局工作部署，坚持稳中求进总基调，把防范化解风险放在首位，在加快回归本源和转型发展中实现高质量发展。公司深刻领会监管精神，全面落实监管部门提出的各项指导要求，实时跟踪并持续优化重点领域、重大风险防控工作，落实并完成互联网合作业务规范整改事项，稳步压降金融同业通道规模，加速推进符合新业务分类新规导向的资产管理、资产服务类信托产品，严守合规经营和风险防控底线。整体来看，公司业务发展稳中有进，主要监管指标符合监管要求，到期信托项目均安全兑付，进一步夯实了公司依法合规经营、稳步转型的可持续发展基础
华融信托	报告期内，公司收到《财政部行政处罚事项决定书》（财法〔2023〕30号），对我司2015—2019年财务数据质量问题给予相应处理。报告期内，原新疆监管局下发监管情况通报。主要采取了以下执行落实措施：牢固树立敬畏监管、服从监管的意识，严格落实监管要求，强化风险管理主体责任，做好重点领域风险防控工作，持续提升内控建设管理水平；推动信托本源业务持续发力，不断提升受托服务专业能力，规范信托公司股东行为，加强舆情管理，警惕声誉风险
华润信托	2023年1—2月，原中国银行保险监督管理委员会深圳监管局对公司开展了现场检查，检查内容主要是对审计署反映问题涉及的各项业务进行核查。2023年11月，公司收到国家金融监督管理总局深圳监管局送达的《行政处罚决定书》，对9个问题进行行政处罚。华润信托坚持将"当下改"与"长久立"相结合，以纠正问题为起点，立足长远，举一反三、由点及面，积极构建整改长效机制，以"整改一个问题防范一类问题"为目标，坚持推动问题标本兼治，在有针对性地开展有关问题整改的基础上，认真查找经营管理中存在的内控缺陷和管理漏洞，全面系统推进业务制度修订、加强内控建设、开展业务合规管理培训等工作，着力防范风险，持续提升经营管理规范化水平
建信信托	2023年2月，公司收到国家金融监督管理总局北京监管局《现场检查意见书》，已于2023年4月报送整改落实方案并按照方案认真落实整改。2023年6月，公司收到国家金融监督管理总局北京监管局《2022年度监管意见书》，于2023年7月报送整改落实方案并按照方案认真落实整改
江苏信托	报告期内，国家金融监督管理总局江苏监管局向公司下发监管情况通报、监管意见书，公司已针对相关问题制定整改方案，落实整改工作要求
交银国际信托	报告期内，国家金融监督管理总局湖北监管局对公司开展了现场检查，并下发现场检查意见书。公司高度重视并积极推进整改
昆仑信托	2023年，公司共收到国家金融监督管理总局宁波监管局2份监管意见书，分别是《宁波银保监关于昆仑信托有限责任公司2022年度的监管意见》（甬银保监便函〔2023〕14号）、《国家金融监督管理总局宁波监管局关于昆仑信托恢复和处置计划的监管意见》（甬金便函〔2023〕152号）。公司逐一分解、研究、制定整改措施，报告期内基本完成整改落实工作
陆家嘴信托	本报告期内，国家金融监督管理总局青岛监管局派出检查组，于2023年4月7日至2023年7月31日对公司进行现场检查，针对现场检查发现的问题和风险，于2023年10月下发《国家金融监督管理总局青岛监管局现场检查意见书》（〔2023〕6号），要求公司认真落实整改，确保整改工作质量。公司高度重视，提高政治站位、推进全面整改，建立整改长效机制，并以"改"促"转"，进一步加快公司转型步伐，不断提升公司经营管理水平，推进公司高质量发展
山东国信	2023年1月、4月、7月及10月，国家金融监督管理总局山东监管局对本公司业务进行季度现场检查，本公司积极配合国家金融监督管理总局山东监管局完成排查工作。2023年，本公司收到国家金融监督管理总局山东监管局发出的监管意见文件共计七份，内容涉及风险管理、产品推介等方面，本公司按照监管要求积极开展整改工作，相关报告或整改方案已及时报送国家金融监督管理总局山东监管局
山西信托	报告期内，国家金融监督管理总局山西监管局对公司提出监管意见。公司高度重视，积极研究部署整改工作，建立整改台账、制定整改措施，以高度负责的态度、务实过硬的措施，认真做好整改落实，同时不断建全长效机制，为公司高质量发展夯实基础
苏州信托	报告期内国家金融监督管理总局苏州监管分局向公司下发了《中国银保监会苏州监管分局办公室关于苏州信托有限公司2023年度的监管意见》《国家金融监督管理总局苏州监管分局办公室关于苏州信托有限公司现场检查的意见书》《国家金融监督管理总局苏州监管分局办公室关于苏州信托有限公司2022年度监管评级结果的通报》等相关通报，公司根据通报要求，明确了整改责任部门，采取有效措施、及时推进整改落实，取得了相应成效
万向信托	2023年6月6日，原浙江银保监局向公司下发《中国银保监会浙江监管局关于万向信托股份公司2022年度监管的意见》（浙银保监发〔2023〕88号），对公司治理、转型发展、风险防控、内部管理和金融文化建设中存在的问题进行了提示，并对相关整改工作提出监管要求。公司全面审视、检讨所涉及的问题，积极组织落实，于2023年7月3日制定整改措施并于11月30日报送整改落实情况
五矿信托	2023年9月，国家金融监督管理总局对公司下发了《国家金融监督管理总局现场检查意见书》（现场检查意见书〔2023〕3号），就2022年消保现场检查，从消费者权益保护体制机制、个人信息保护、产品设立、尽职调查、风险管控、产品营销宣传、信托资产管理和信息披露八个方面提出意见、提示相关风险。公司高度重视，深挖问题产生的根源，深入研究整改方向，全面落实整改方案，以查促改、以改促优，不断健全完善消保机制，夯实转型发展基础。国家金融监督管理总局青海监管局于2023年4月向公司下发《消费投诉督查监管意见书》，从持续提升风险防控质效、稳步推进转型落实落地、促进合规稳健经营、持续提升服务实体经济质效等方面向公司提出意见、提示风险。公司高度重视，逐一明确责任主体，制定整改落实措施，并动态跟踪整改情况，确保整改落实到位。通过整改，公司进一步强化受托履职责任，完善内部控制及法律合规体系，有效提升金融服务及经营管理水平。公司将坚持监管引领的正确转型方向，将监管导向内化为展业标准，确保合规经营、稳健展业

续表2

公司名称	整改意见
西藏信托	（1）原中国银行保险监督管理委员会西藏监管局（已更名为国家金融监督管理总局西藏监管局）向公司下发《关于西藏信托有限公司2022年度监管情况的通报》，要求公司扎实提高风险防控工作质效，持续提升服务实体经济和人民生活的质效，全面完善公司治理机制建设，深入推进改革转型攻坚克难，持续强化内控管理建设，加强员工廉洁从业管理。（2）西藏监管局向公司下发《中国银行保险监督管理委员会西藏监管局现场检查意见书》，要求公司持续完善公司治理水平，提升内部控制能力；全面加强业务治理，规范业务经营行为；切实强化风险防范，坐实数据真实性；全面整改，严肃问责。（3）西藏监管局下发《国家金融监督管理总局西藏监管局现场检查意见书》，要求公司构建成系统的消费者权益保护工作机制；持续优化提升消费投诉接收和处理能力；统筹考量消费者权益保护与信托业务开展；加强对消费者、投资者和公司员工的宣传教育。就西藏监管局提出的上述整改意见，本公司组织员工认真学习，明确了整改落实目标，落实整改的责任部门和责任人，目前各项整改措施均按照本公司的既定目标有序进行
兴业信托	报告期内，国家金融监督管理总局福建监管局通过对本公司的非现场监管及现场检查，对本公司狠抓重点风险防控和处置、依法合规经营管理、全力聚焦主业转型发展、持续完善公司治理机制、加强清廉金融文化建设等方面提出了监管意见。本公司认真按照监管要求，做好风险监测排查、加快风险处置、推进市场乱象整治、发展信托本源业务、持续完善公司治理和内控管理机制，确保合规稳健经营
英大信托	报告期内，原北京银保监局向公司出具2022年度监管意见书，在肯定公司工作的同时，对公司在发挥受托管理专业优势、防风险、强内控、促创新等方面持续提升工作质效提出指导意见。公司高度重视监管意见，逐项明确工作方案，压紧压实责任，建账督导落实，确保工作实效。公司深入贯彻监管政策，认真落实监管要求，严把做人员准入，做好源头风险防范，多措并举，全力推进风险出清。完善内控机制，做实业务分类改革工作，有序合规设置异地部门，坚决落实资管新规、行业转型及公司高质量发展要求。健全数据管理制度规范，建强建优金融科技基础设施，加快推进数据共享中心建设，完善数据治理。建立完善标品信托制度体系，规范开展"净值化"管理
粤财信托	2023年，针对国家金融监督管理总局广东监管局对我司开展现场检查、审慎监管会谈纪要和下发的监管意见书指出的问题，公司均针对性成立了专项排查和整改小组，制定了整改方案，组织相关部门进行了问题的排查和整改，并及时就整改情况向监管部门报送了报告。公司将通过完善各项制度、优化管控流程、强化操作风险管理等举措，进一步提升公司治理和内部控制水平，更好地保障业务发展
浙金信托	国家金融监督管理总局浙江监管局（原浙江银保监局）《关于浙商金汇信托股份有限公司2022年度监管的意见》（浙银保监发〔2023〕86号）向公司提出了五个方面监管意见：一是加强统筹谋划，加快转型发展步伐；二是坚持攻坚克难，大力压降风险水平；三是聚焦关键领域，持续提升公司治理有效性；四是全面审视提升，进一步夯实内部管理基础；五是紧盯腐败行为，持续深化清廉金融文化建设。公司根据监管意见深入开展全面自查，深入贯彻落实监管政策意见精神，客观分析研判内外形势，坚定战略定力，统筹平衡稳健和转型发展，把牢"业务转型、风险防控、治理完善、服务升级"四个抓手，在守牢风险底线、推进转型发展、强化治理能力、夯实内控基础、建设清廉企业文化上持续发力，全力推动公司创新转型、平稳发展
中诚信托	报告期内，公司收到监管部门关于现场检查的整改通知，并按相关要求完成整改工作。公司已进一步完善相关制度，坚持依法合规经营，增强合规经营理念，严格遵守各项监管规定，不断加强内控建设和内部管理，持续提升风险防控和合规管理水平
中海信托	报告期内，原上海银保监局（现国家金融监督管理总局上海监管局）EAST数据现场检查组对我司EAST数据进行了现场检查并提出整改要求。公司积极开展整改，根据要求对发现的数据问题进行了修正，同时举一反三，通过修订相关制度进一步完善了数据治理工作机制和内部流程，并聘请了外部第三方专业机构对公司的数据管理机制、监管报表报送、数据应用与展示等各方面进行了全面的治理
中航信托	2023年8月23日至10月31日，国家金融监督管理总局江西监管局对公司开展了聚焦主业转型发展现场检查，并于2024年1月23日下发了《现场检查意见书》，认定公司存在房地产信托、投资类业务、互联网业务、固有业务、营销推介等十一个方面的问题，公司将严格落实现场检查意见要求，积极稳妥推进监管意见整改落实工作
中建投信托	公司于2023年6月收到《中国银保监会浙江监管局关于中建投信托股份有限公司2022年度监管的意见》（浙银保监发〔2023〕90号）。公司高度重视，逐条对照制定具体整改措施，于2023年6月30日上报《中建投信托股份有限公司关于2022年度监管意见整改措施制定情况的报告》。按照整改计划安排，公司针对信用风险、舆情风险、固有流动性、内控合规管理、经营承压等方面的重点问题，积极落实整改措施，持续推动问题整改。2023年11月，公司上报《中建投信托股份有限公司关于2022年度监管意见整改措施落实情况的报告》，全部整改任务均已完成。通过整改，公司治理体系及内控机制得到进一步健全和完善
中粮信托	2023年9月25日至2023年11月24日，国家金融监督管理总局北京监管局对公司进行了信息科技专项现场检查；2023年12月22日，国家金融监督管理总局北京监管局下发了《国家金融监督管理总局北京监管局关于中粮信托信息科技专项检查的现场检查意见书》（京金检意〔2023〕95号），指出公司信息科技工作中存在的问题并提出相应监管意见。公司对检查中发现的问题高度重视，成立科技治理专项工作小组，制定具体整改方案，明确整改目标、整改措施与整改时限，积极开展整改工作
中泰信托	2023年4月，公司收到国家金融监督管理总局上海监管局（原上海银保监局）下发的《上海银保监局办公室关于中泰信托有限责任公司2022年度的监管意见》，对我公司治理、内部制度、风险处置等方面提出相应的监管意见。公司经营层高度重视，迅速向董事会、股东单位等相关各方进行了报告，同时组织相关部门和人员进行了专题研究，针对监管意见书拟定了具体方案并将整改工作进行了任务分解，明确落实整改的部门分工和责任，建立整改台账，持续推进后续整改措施。公司按要求定期向监管部门上报整改完成情况报告并将根据监管要求持续整改
中信信托	报告期内，国家金融监督管理总局北京监管局向公司下发2022年度监管意见书，要求公司把防范化解风险放在首位，切实推动风险化解和改革转型取得明显成效，扎实提高风险防控工作，提升服务实体经济和人民生活、内部管理、转型发展质效。公司高度重视，对照监管意见逐一制定整改措施，并持续跟踪抓好落实，不断提升内控管理水平，增强风险防控能力
中原信托	报告期内，国家金融监督管理总局河南监管局对公司进行了现场检查。针对检查意见，公司高度重视，逐项制定整改措施，认真整改落实。一是坚持目标导向，坚决推进检查问题彻底整改，全力推进公司改革转型高质量发展。二是坚持问题导向，针对检查意见，明确具体责任部门、人员、整改措施和整改时限，确保问题整改到位。三是坚持举一反三，结合具体问题，持续建立和完善长效机制，防止类似问题再度发生
重庆信托	报告期内，原重庆银保监局（现国家金融监督管理总局重庆监管局）根据对公司的现场检查和非现场监管，对公司在风险管理、内控与合规、转型发展等方面提出了监管意见。公司高度重视，认真总结，积极整改，全面落实各项监管意见。报告期内，公司对规章制度进行了修订、补充和完善，健全风险管理制度、完善产品销售制度，进一步规范产品推介行为，提升制度执行力，全面推进信托合规文化建设；报告期内，根据《关于规范信托公司信托业务分类有关事项的通知》要求，完善信托业务分类，推进业务整改，加快业务转型，全力发展资产管理信托、服务信托，公司各项业务得到规范、持续、稳健发展
紫金信托	报告期内，原江苏银保监局（现国家金融监督管理总局江苏监管局）就公司治理、风险管理、内控合规建设等方面对公司提出了监管意见。公司及时落实监管意见，通过完善制度、优化流程、加强风险排查等举措，做好整改工作

注：2023年内共有39家信托公司披露了整改事项。

（五）原银保监会及其省级派出机构认定的其他有必要让客户及相关利益人了解的重要信息

原银保监会及其省级派出机构认定的其他有必要让客户及相关利益人了解的重要信息见表1-2-9。

表1-2-9　原银保监会及其省级派出机构认定的其他有必要让客户及相关利益人了解的重要信息

公司简称	重要信息
江苏信托	根据《信托公司净资本管理办法》规定，公司净资本监管风险控制指标（根据审计后数据计算）执行情况如下： 净资本/各项业务风险资本之和=2 216 529.61万元/686 641.79万元×100%=322.81%≥100%（监管标准） 净资本/净资产=2 216 529.61万元/2 599 497.95万元×100%=85.27%≥40%（监管标准）
西藏信托	根据《信托公司净资本管理办法》规定，公司净资本监管风险控制指标执行情况如下： 净资本/各项业务风险资本之和=726 765.67万元/164 687.38万元×100%=441.30%≥100%（监管标准） 净资本/净资产=726 765.67万元/822 633.74万元×100%=88.35%≥40%（监管标准）
云南信托	（1）党建引领社会责任履行。2023年度，公司党委坚持以习近平新时代中国特色社会主义思想为指导，深入学习贯彻党的二十大精神，认真贯彻落实新时代党的建设总要求，以党的政治建设为引领，以全面深入开展主题教育为契机，将社会责任融入公司党委主体责任，围绕中心抓好党建，抓好党建服务发展，基层党建工作全面提质增效，业务经营持续稳健发展，社会公益事业更上台阶，通过切实履行社会责任促进了党建与业务共同高质量发展。 企业社会责任的履行需要驰而不息、久久为功的坚持和耐力，在2023年8月15日迎来首个全国生态日之际，公司党委联合工会和党建共建单位昆明市公安局五华分局护国派出所，于8月26日在昆明市五华区西翥街道办事处桃院社区龙池山庄后山大团岭干开展第六次"大爱星火"植树造林公益活动。六年来公司党委共组织390余人参加植树造林生态文明建设活动，累计植树造林18亩，栽种树木1 500余株，增强了公司员工及家属志愿者生态环境保护的思想自觉和行动自觉，用实际行动树立绿色生态理念，践行环保责任意识，为共建清洁美丽世界作出积极贡献，以钉钉子精神持续推动生态文明建设不断取得新成效。 按照党中央、国务院和云南省委、省政府关于"十四五"期间持续履行企业社会责任，建立健全"巩固脱贫攻坚推进乡村振兴的长效机制"的决策部署，公司九年来持续对大理州祥云县进行定点帮扶。2023年度，公司党委两次以召开联席会议方式与定点帮扶牵头单位云南省气象局就如何发挥各自优势形成定点帮扶合力进行研究商讨和工作部署，三次组成联合工作组，联合省气象局、互联网头部企业、上市公司和云南省青少年发展基金会等合作伙伴共赴帮扶点，与当地各级政府领导及相关部门沟通商讨定点帮扶工作，深入开展爱心助学、教育帮扶、消费帮扶、产业调研及产业帮扶等工作。2023年，公司向祥云县共投入帮扶资金19.69万元，实施落实了向38名小学生颁发云信"大爱星火"爱心助学金1.56万元，向普洱镇中心学校所属5所小学捐赠资金6.6万元，用于改善5所学校师生的教学和生活设施、提升办学条件和生活环境，带动一家上市公司向云里厂小学的全体学生捐赠书包，通过运营"云南信托大爱星火-鹿鸣乡增绿增收慈善信托"项目持续帮助鹿鸣乡低收入群体养殖肉牛增收，向祥云县供销社进行消费帮扶11.52万元等五个帮扶项目，惠及祥云县老师、学生、农户等受益群体共3 085人。 （2）慈善信托及公益信托开展情况。截至2023年12月末，云南信托存续4个助推乡村振兴的慈善信托项目，信托规模72.85万元。项目具体情况如下： "云南信托-云南振兴集团慈善信托"于2022年7月7日成立，本项目信托资金主要用于困难救助、儿童/青少年救助、教育助推、乡村振兴等方向的公益慈善项目，为当地发展提供支持，为推动社会共同富裕作出贡献。截至2023年12月末，该项目实收信托规模45.50万元 "云南信托大爱星火-鹿鸣乡增绿增收慈善信托"于2022年9月14日成立，针对鹿鸣乡实际，因地制宜，利用慈善信托优势，以产业振兴和生态振兴助推乡村振兴。截至2023年12月末，该项目实收信托规模10.00万元 "云南信托-百川朝海纡困慈善信托"于2023年5月16日成立，本项目信托资金主要用于支持乡村振兴、儿童/青少年救助、医疗健康救助、教育助推、生态环境保护以及文化传承与保护的公益慈善项目。截至2023年12月末，该项目实收信托规模11.15万元 "云信昆慈大爱星火慈善信托"于2023年12月26日成立，本项目信托资金主要用于支持困难救助、儿童/青少年救助、医疗健康救助、教育助推、乡村振兴、生态环境保护以及文化传承与保护等公益事业。截至2023年12月末，该项目实收信托规模6.20万元 （3）为受益人创造利益情况。公司作为专业化财富管理机构，充分发挥信托制度优势，积极开发符合社会和市场需求的信托业务及信托理财产品，不断创新服务方式，积极探索盈利模式，以信托功能满足社会理财需求，秉承受人之托、忠人之事的原则开展信托业务，恪尽职守，履行诚实、信用、谨慎、有效地管理义务，维护受益人的合法权益。2023年公司向受益人兑付的信托本金及收益共计2 952.01亿元，涉及信托项目1 667个 （4）消费者权益保护工作开展情况。消费者权益保护工作（以下简称消保）作为公司战略规划和企业文化建设的重要组成部分，公司董事会及各级管理决策层极为重视，报告期内公司全面贯彻落实《中国银保监会关于银行保险机构加强消费者权益保护工作体制机制建设的指导意见》《银行保险机构消费者权益保护管理办法》等监管要求，不断加强消保体制机制建设，压实消保工作责任，推动消保工作与业务发展、服务管理的深度融合，切实维护消费者合法权益 一是严格落实消保审查。2023年公司新成立的包含自然人委托人信托项目立项前全部经过消保审查，审查覆盖率100%。二是加强员工消保培训。全年通过线上线下结合的方式开展各类消保相关培训十余场，培训内容涵盖政策宣导、内部制度宣讲、安全意识等，切实帮助广大员工提升了合规意识和服务意识。三是严格规范营销活动。信托产品和服务的营销坚持"非公开宣传原则"，仅对合格投资者开放产品信息，向投资者提供与其风险承受能力相匹配的产品和服务；销售签约环节严格落实"双录"，确保关键信息可查询。四是切实保障信息安全。报告期内公司发布了《云南国际信托分类分级管理细则》《云南国际信托有限公司数据安全生命周期管理办法》《云南国际信托员工系统权限管理办法》等制度，进一步规范了数据管理及权限管理等事项；对信息系统进行升级改造，提升数据安全。五是妥善回应消费投诉。公司始终将消费投诉管理作为消保工作重点，报告期内修订印发了消费投诉管理处理细则，对消费投诉受理和处理流程、信息管理和投诉人信息保护、监督管理等消费投诉管理全流程各环节进一步完善规范；畅通投诉受理渠道，主动公示投诉方式及投诉处理流程；建立投诉管理、定期通报和多元化解投诉管理机制；针对投诉中涉及的业务问题，推动开展根源性整改，促进服务能力和客户体验的提升；认真核查投诉反映的问题，积极研究消费者提出的改进建议，努力提升消费者体验和满意度。报告期内共受理消费投诉612件，所有投诉都在公司注册地昆明统一受理，且均在办理期限内办结并反馈。办理渠道分类：电话渠道受理271件，第三方渠道转送受理341件，其中金融监管总局转送340件，政府其他机关转送1件；业务类型分类：贷款类投诉181件，自营理财投诉168件，个人信用信息异议处理97件，贷款债务催收166件；投诉原因分类：因管理制度、业务规则与流程引起的投诉157件，因定价收费引起的投诉122件，因产品收益引起的投诉167件，因债务催收方式和手段引起的投诉166件（上述投诉分类依据为《金融消费者投诉统计分类及编码银行业金融机构》（JR/T 0169-2018））。六是积极推动金融教育宣传。线上线下结合的方式因地制宜开展常态化金融教育宣传；根据监管部门通知，精心策划、并深入开展了"3·15"教育宣传周、消费者权益保护教育宣传月等集中宣传活动，宣传效果和社会反响较佳 （5）反洗钱工作开展情况。公司依照有关法律、行政法规、部门规章坚决履行反洗钱义务。报告年度内，公司建立了组织健全、结构完整、职责明确的反洗钱和反恐怖融资管理架构及其配套制度。为进一步增强反洗钱监测能力，公司在报告年度内对反洗钱系统持续投入以优化系统功能，加强了公司识别、评估、管控洗钱和恐怖融资风险的能力。同时，公司积极履行社会责任，在报告年度内加强了对社会公众的反洗钱宣传力度，努力增强社会公众的反洗钱意识 （6）社会责任管理情况。成立社会责任工作相关小组，由公司领导担任组长，组员覆盖公司各个部门，将履行社会责任纳入高管考核体系，并在中长期战略规划中明确提出将切实履行企业社会责任作为公司的发展目标之一，并在年报中设置了专门的章节板块，以披露社会责任专项内容的情况

续表

公司简称	重要信息
中海信托	2023年1月3日，中海信托获评中国信登"信托估值及相关服务优秀合作机构" 2023年3月31日，中海信托小微系统成功与中国信登信托财产信息查询系统达成互联，成为全国首家与该系统实现接口对接的信托公司 2023年5月31日，中海信托荣膺2022年度"黄浦区百强重点企业第九名"，同时荣获"央地合作发展奖" 2023年8月15日，"中海信托·海上塞罕坝蓝碳促进公益信托计划"在湛江签约，全国首支聚焦红树林生态保护的公益信托项目正式启动 2023年10月23日，中海信托"海油e融"产品获2023年度上海银行业金融科技赋能普惠金融专项奖 2023年11月11日，在《中国证券报》第二届中国信托业"金牛奖"评选中，"中海信托·中海稳健6号集合资金信托计划""中海信托·远航1号集合资金信托计划"分别荣获"三年期固定收益类产品金牛奖"和"一年期权益类产品金牛奖" 2023年11月24日，中海信托荣获上海环境能源交易所"2022年度优秀会员奖" 2023年11月25日，中海信托成立的全国首单以CCER为基础资产的碳中和服务信托——"中海蔚蓝CCER碳中和服务信托"荣获上海市人民政府颁发的"2021—2022年度上海金融创新成果奖三等奖" 2023年12月30日，在《上海证券报》第十六届"诚信托"奖项评选中，"中海信托·稳盈15号集合开放式资金信托计划"荣获《上海证券报》"诚信托·最佳资产管理信托产品奖"

注：2023年内共有4家信托公司披露了重要信息。

第二章 信托公司年度报告的质量评价
——关于审计报告

在本章节中,我们对信托公司被出具的审计报告类型及执行《企业会计准则》的情况进行分析,以此作为后面章节对信托公司进行分析的依据之一。

一、信托公司2023年、2022年审计报告类型分类汇总情况

2023年,所有信托公司中有59家披露了年报信息,会计师事务所对全部信托公司年报审计出具了标准无保留意见的审计报告,所有公司财务报表上重大方面公允反映了被审计信托公司的财务状况和经营成果。2022年,会计师事务所对61家信托公司年报审计出具了标准无保留意见的审计报告,对1家信托公司出具了保留意见的审计报告,从审计意见来看,信托公司财务信息的质量有所上升(见表2-1-1)。

表2-1-1 信托公司2023年、2022年审计报告意见类型汇总比较表

审计意见	2023年		2022年	
	已披露年报信息的份数(份)	百分比(%)	已披露年报信息的份数(份)	百分比(%)
无保留意见	59	100	61	98.53
保留意见	—	—	—	—
否定意见	—	—	—	—
无法表示意见	—	—	1	1.47
合计	59	100	62	100.00

注:本年度有9家信托公司尚未披露年报,故未在本表中披露相关数据。

按照《中国注册会计师审计具体准则第1501号——审计报告》的相关规定:如果会计师认为财务报表已经按照适用的企业会计准则和相关财务会计法规的规定,在所有重大方面公允反映了被审计单位的财务状况、经营成果和现金流量;并且注册会计师已经按照独立审计准则计划和实施了审计工作,在审计过程中未受到限制;此外也不存在应当调整或披露而被审计单位未予调整或披露的重要事项情形时,注册会计师应当出具无保留意见的审计报告。而如果会计师认为整体财务报表是公允的,但存在会计政策的选用、会计估计的作出或财务报表的披露不符合适用的会计准则和相关会计制度的规定,虽影响重大,但不至于出具否定意见的审计报告;以及因审计范围受到限制,不能获取充分、适当的审计证据,虽影响重大,但不至于出具无法表示意见的审计报告时,注册会计师应当出具保留意见的审计报告。如果会计师认为审计中未发现的错报对财务报表可能产生的影响重大且具有广泛性,但审计范围受到非常严重的限制,审计人员无法获取充分适当的审计证据,注册会计师应当出具无法表示意见的审计报告。

二、信托公司2023年、2022年会计师事务所审计情况

经统计分析,2023年度的审计报告全部由有证券期货资格的会计师事务所出具,相对2022年度,对信托公司进行审计的会计师事务所仍有较大的集中。2023年度有信永中和会计师事务所(特殊普通合伙)、安永华明会计师事务所(特殊普通合伙)、立信会计师事务所(特殊普通合伙)、天职国际会计师事务所(特殊普通合伙)、毕马威华振会计师事务所(特殊普通合伙)、大华会计师事务所(特殊普通合伙)、大信会计师事务所(特殊普通合伙)、普华永道中天会计师事务所(特殊普通合伙)、天健会计师事务所(特殊普通合伙)、中喜会计师事务所(特殊普通合伙)、中兴华会计师事务所(特殊普通合伙)、公证天业会计师事务所(特殊普通合伙)、苏亚金诚会计师事务所(特殊普通合伙)、希格玛会计师事务所(特殊普通合伙)、中证天通会计师事务所(特殊普通合伙)、立信中联会计师事务所(特殊普通合伙)、利安达会计师事务所(特殊普通合伙)、致同会计师事务所(特殊普通合伙)共18家会计师事务所分别为各家信托公司进行

了财务报表审计，其中信永中和会计师事务所（特殊普通合伙）为11家信托公司提供服务、天职国际会计师事务所（特殊普通合伙）为8家信托公司提供审计服务、立信会计师事务所（特殊普通合伙）为7家信托公司提供审计服务、安永华明会计师事务所（特殊普通合伙）为6家信托公司提供审计服务，毕马威华振会计师事务所（特殊普通合伙）、大华会计师事务所（特殊普通合伙）、普华永道中天会计师事务所（特殊普通合伙）为3家信托公司提供审计服务，天健会计师事务所（特殊普通合伙）、中审众环会计师事务所（特殊普通合伙）和中兴华会计师事务所（特殊普通合伙）为2家信托公司提供了审计服务。这10家事务所共为51家信托公司提供了审计服务，占2023年已披露年报信息的信托公司总户数的86.44%（见表2-2-1）。

表2-2-1　信托公司2023年聘请的会计师事务所资格情况一览表

公司简称	2023年聘请的会计师事务所	资格情况
爱建信托	立信会计师事务所（特殊普通合伙）	证券期货资格
百瑞信托	立信会计师事务所（特殊普通合伙）	证券期货资格
北方信托	安永华明会计师事务所（特殊普通合伙）	证券期货资格
渤海信托	立信会计师事务所（特殊普通合伙）	证券期货资格
财信信托	天职国际会计师事务所（特殊普通合伙）	证券期货资格
大业信托	利安达会计师事务所（特殊普通合伙）	证券期货资格
东莞信托	天职国际会计师事务所（特殊普通合伙）	证券期货资格
光大兴陇信托	安永华明会计师事务所（特殊普通合伙）	证券期货资格
国联信托	公证天业会计师事务所（特殊普通合伙）	证券期货资格
国民信托	安永华明会计师事务所（特殊普通合伙）	证券期货资格
国通信托	信永中和会计师事务所（特殊普通合伙）	证券期货资格
国投泰康信托	信永中和会计师事务所（特殊普通合伙）	证券期货资格
国元信托	天健会计师事务所（特殊普通合伙）	证券期货资格
杭州工商信托	中汇会计师事务所（特殊普通合伙）	证券期货资格
华澳信托	信永中和会计师事务所（特殊普通合伙）	证券期货资格
华宝信托	天健会计师事务所（特殊普通合伙）	证券期货资格
华宸信托	信永中和会计师事务所（特殊普通合伙）	证券期货资格
华能信托	中审众环会计师事务所（特殊普通合伙）	证券期货资格
华融信托	普华永道中天会计师事务所（特殊普通合伙）	证券期货资格
华润信托	立信会计师事务所（特殊普通合伙）	证券期货资格
华鑫信托	天职国际会计师事务所（特殊普通合伙）	证券期货资格
吉林信托	中喜会计师事务所（特殊普通合伙）	证券期货资格
建信信托	安永华明会计师事务所（特殊普通合伙）	证券期货资格
建元信托	立信会计师事务所（特殊普通合伙）	证券期货资格
江苏信托	苏亚金诚会计师事务所（特殊普通合伙）	证券期货资格
交银国际信托	毕马威华振会计师事务所（特殊普通合伙）	证券期货资格
金谷信托	天职国际会计师事务所（特殊普通合伙）	证券期货资格
昆仑信托	信永中和会计师事务所（特殊普通合伙）	证券期货资格
陆家嘴信托	普华永道中天会计师事务所（特殊普通合伙）	证券期货资格
平安信托	安永华明会计师事务所（特殊普通合伙）	证券期货资格
厦门国际信托	中审众环会计师事务所（特殊普通合伙）	证券期货资格
山东国信	信永中和会计师事务所（特殊普通合伙）和信永中和（香港）会计师事务所有限公司	证券期货资格

续表

公司简称	2023年聘请的会计师事务所	资格情况
山西信托	安永华明会计师事务所（特殊普通合伙）	证券期货资格
陕国投	希格玛会计师事务所（特殊普通合伙）	证券期货资格
上海信托	毕马威华振会计师事务所（特殊普通合伙）	证券期货资格
苏州信托	天衡会计师事务所（特殊普通合伙）	证券期货资格
天津信托	中审华会计师事务所（特殊普通合伙）	证券期货资格
外贸信托	天职国际会计师事务所（特殊普通合伙）	证券期货资格
万向信托	中兴华会计师事务所（特殊普通合伙）	证券期货资格
五矿信托	天职国际会计师事务所（特殊普通合伙）	证券期货资格
西部信托	天职国际会计师事务所（特殊普通合伙）	证券期货资格
西藏信托	大华会计师事务所（特殊普通合伙）	证券期货资格
兴业信托	毕马威华振会计师事务所（特殊普通合伙）	证券期货资格
英大信托	信永中和会计师事务所（特殊普通合伙）	证券期货资格
粤财信托	致同会计师事务所（特殊普通合伙）	证券期货资格
云南信托	信永中和会计师事务所（特殊普通合伙）	证券期货资格
长城新盛信托	立信会计师事务所（特殊普通合伙）	证券期货资格
浙金信托	大华会计师事务所（特殊普通合伙）	证券期货资格
中诚信托	天职国际会计师事务所（特殊普通合伙）	证券期货资格
中海信托	立信会计师事务所（特殊普通合伙）	证券期货资格
中航信托	大华会计师事务所（特殊普通合伙）	证券期货资格
中建投信托	致同会计师事务所（特殊普通合伙）	证券期货资格
中粮信托	信永中和会计师事务所（特殊普通合伙）	证券期货资格
中泰信托	中审亚太会计师事务所（特殊普通合伙）	证券期货资格
中铁信托	普华永道中天会计师事务所（特殊普通合伙）	证券期货资格
中信信托	信永中和会计师事务所（特殊普通合伙）	证券期货资格
中原信托	中证天通会计师事务所（特殊普通合伙）	证券期货资格
重庆信托	信永中和会计师事务所（特殊普通合伙）	证券期货资格
紫金信托	立信中联会计师事务所（特殊普通合伙）	证券期货资格

注：本年度有9家信托公司尚未披露年报，故未在本表中披露相关数据。

在已披露年报信息的信托公司中，有11家公司在2023年度变更了会计师事务所，占2023年全部信息披露户数的14.52%，相对于2022年的11.11%，该比例有所上升，我们提请监管部门对信托公司会计师事务所变更事项作必要的要求和监管，对会计师事务所变更应该要求信托公司和前任会计师事务所作出专项声明，以避免有的公司可能通过更换会计师事务所实现其特殊目的。信托公司2023年与2022年聘请的会计师事务所变更情况见表2-2-2所示。

表2-2-2　信托公司2023年与2022年聘请的会计师事务所变更情况统计

公司简称	2023年聘请的会计师事务所	2022年聘请的会计师事务所
东莞信托	天职国际会计师事务所（特殊普通合伙）	中兴华会计师事务所（特殊普通合伙）
国联信托	公证天业会计师事务所（特殊普通合伙）	公证天业会计师事务所（特殊普通合伙
杭州工商信托	中汇会计师事务所（特殊普通合伙）	大华会计师事务所（特殊普通合伙）
华融信托	普华永道中天会计师事务所（特殊普通合伙）	安永华明会计师事务所（特殊普通合伙）
华润信托	立信会计师事务所（特殊普通合伙）	大信会计师事务所（特殊普通合伙）

续表

公司简称	2023年聘请的会计师事务所	2022年聘请的会计师事务所
吉林信托	中喜会计师事务所（特殊普通合伙）	吉林建威会计师事务所（普通合伙）
金谷信托	天职国际会计师事务所（特殊普通合伙）	安永华明会计师事务所（特殊普通合伙）
昆仑信托	信永中和会计师事务所（特殊普通合伙）	立信会计师事务所（特殊普通合伙）
万向信托	中兴华会计师事务所（特殊普通合伙）	大华会计师事务所（特殊普通合伙）浙江分所
西藏信托	大华会计师事务所（特殊普通合伙）	天健会计师事务所（特殊普通合伙）
中建投信托	致同会计师事务所（特殊普通合伙）	安永华明会计师事务所（特殊普通合伙）

三、信托公司2023年、2022年执行的会计制度统计

2023年已披露年报信息的信托公司固有业务中，58家信托公司均明确披露已执行《企业会计准则》（2006年、2020年），1家披露执行《国际会计准则》和《国际财务报告准则》。

2023年已披露年报信息的信托公司信托业务中，58家信托公司均明确披露已执行《企业会计准则》（2006年、2020年），1家披露执行《国际会计准则》和《国际财务报告准则》（见表2-3-1）。

表2-3-1　　　　　　　　　　信托公司2023年与2022年执行的会计制度比较

固有业务执行会计制度	2023年家数	2022年家数	信托业务执行会计制度	2023年家数	2022年家数
《企业会计准则》（2006年、2020年）	58	61	《企业会计准则》（2006年、2020年）	58	61
《企业会计准则》（2006年、2010年）	—	—	《企业会计准则》（2006年、2014年）	—	—
《企业会计准则》（2006年）	—	—	《企业会计准则》（2006年）	—	—
《企业会计准则》（2006年、2014年）	—	—	《企业会计准则》和《金融企业会计制度》（2014年）	—	—
《企业会计准则》和《金融企业会计制度》（2014年）	—	—	《企业会计准则》（2006年、2010年）	—	—
《国际会计准则》和《国际财务报告准则》	1	1	《国际会计准则》和《国际财务报告准则》	1	1
《企业会计准则》和《金融企业会计制度》	—	—	《企业会计准则》和《金融企业会计制度》	—	—
合计	59	62	合计	59	62

注：本年度有9家信托公司尚未披露年报，故未在本表中披露相关数据。

2023年已披露年报的59家信托公司披露执行的会计制度统计见表2-3-2。

表2-3-2　　　　　　　2023年已披露年报的59家信托公司披露执行的会计制度统计

公司简称	2023年固有业务执行的会计制度	2023年信托业务执行的会计制度
爱建信托	《企业会计准则》（2006年、2020年）	《企业会计准则》（2006年、2020年）
建元信托	《企业会计准则》（2006年、2020年）	《企业会计准则》（2006年、2020年）
百瑞信托	《企业会计准则》（2006年、2020年）	《企业会计准则》（2006年、2020年）
北方信托	《企业会计准则》（2006年、2020年）	《企业会计准则》（2006年、2020年）
渤海信托	《企业会计准则》（2006年、2020年）	《企业会计准则》（2006年、2020年）
财信信托	《企业会计准则》（2006年、2020年）	《企业会计准则》（2006年、2020年）
大业信托	《企业会计准则》（2006年、2020年）	《企业会计准则》（2006年、2020年）
东莞信托	《企业会计准则》（2006年、2020年）	《企业会计准则》（2006年、2020年）
光大信托	《企业会计准则》（2006年、2020年）	《企业会计准则》（2006年、2020年）
国联信托	《企业会计准则》（2006年、2020年）	《企业会计准则》（2006年、2020年）
国民信托	《企业会计准则》（2006年、2020年)	《企业会计准则》（2006年、2020年）

续表1

公司简称	2023年固有业务执行的会计制度	2023年信托业务执行的会计制度
国通信托	《企业会计准则》（2006年、2020年）	《企业会计准则》（2006年、2020年）
国投泰康信托	《企业会计准则》（2006年、2020年）	《企业会计准则》（2006年、2020年）
国元信托	《企业会计准则》（2006年、2020年）	《企业会计准则》（2006年、2020年）
杭州工商信托	《企业会计准则》（2006年、2020年）	《企业会计准则》（2006年、2020年）
华澳信托	《企业会计准则》（2006年、2020年）	《企业会计准则》（2006年、2020年）
华宝信托	《企业会计准则》（2006年、2020年）	《企业会计准则》（2006年、2020年）
华宸信托	《企业会计准则》（2006年、2020年）	《企业会计准则》（2006年、2020年）
华能信托	《企业会计准则》（2006年、2020年）	《企业会计准则》（2006年、2020年）
华融信托	《企业会计准则》（2006年、2020年）	《企业会计准则》（2006年、2020年）
华润信托	《企业会计准则》（2006年、2020年）	《企业会计准则》（2006年、2020年）
华鑫信托	《企业会计准则》（2006年、2020年）	《企业会计准则》（2006年、2020年）
吉林信托	《企业会计准则》（2006年、2020年）	《企业会计准则》（2006年、2020年）
建信信托	《企业会计准则》（2006年、2020年）	《企业会计准则》（2006年、2020年）
江苏信托	《企业会计准则》（2006年、2020年）	《企业会计准则》（2006年、2020年）
交银国际信托	《企业会计准则》（2006年、2020年）	《企业会计准则》（2006年、2020年）
金谷信托	《企业会计准则》（2006年、2020年）	《企业会计准则》（2006年、2020年）
昆仑信托	《企业会计准则》（2006年、2020年）	《企业会计准则》（2006年、2020年）
陆家嘴信托	《企业会计准则》（2006年、2020年）	《企业会计准则》（2006年、2020年）
平安信托	《企业会计准则》（2006年、2020年）	《企业会计准则》（2006年、2020年）
厦门国际信托	《企业会计准则》（2006年、2020年）	《企业会计准则》（2006年、2020年）
山东国信	《国际会计准则》和《国际财务报告准则》	《国际会计准则》和《国际财务报告准则》
山西信托	《企业会计准则》（2006年、2020年）	《企业会计准则》（2006年、2020年）
陕国投	《企业会计准则》（2006年、2020年）	《企业会计准则》（2006年、2020年）
上海信托	《企业会计准则》（2006年、2020年）	《企业会计准则》（2006年、2020年）
苏州信托	《企业会计准则》（2006年、2020年）	《企业会计准则》（2006年、2020年）
天津信托	《企业会计准则》（2006年、2020年）	《企业会计准则》（2006年、2020年）
外贸信托	《企业会计准则》（2006年、2020年）	《企业会计准则》（2006年、2020年）
万向信托	《企业会计准则》（2006年、2020年）	《企业会计准则》（2006年、2020年）
五矿信托	《企业会计准则》（2006年、2020年）	《企业会计准则》（2006年、2020年）
西部信托	《企业会计准则》（2006年、2020年）	《企业会计准则》（2006年、2020年）
西藏信托	《企业会计准则》（2006年、2020年）	《企业会计准则》（2006年、2020年）
兴业信托	《企业会计准则》（2006年、2020年）	《企业会计准则》（2006年、2020年）
英大信托	《企业会计准则》（2006年、2020年）	《企业会计准则》（2006年、2020年）
粤财信托	《企业会计准则》（2006年、2020年）	《企业会计准则》（2006年、2020年）
云南信托	《企业会计准则》（2006年、2020年）	《企业会计准则》（2006年、2020年）
长城新盛信托	《企业会计准则》（2006年、2020年）	《企业会计准则》（2006年、2020年）
浙金信托	《企业会计准则》（2006年、2020年）	《企业会计准则》（2006年、2020年）
中诚信托	《企业会计准则》（2006年、2020年）	《企业会计准则》（2006年、2020年）

续表2

公司简称	2023年固有业务执行的会计制度	2023年信托业务执行的会计制度
中海信托	《企业会计准则》（2006年、2020年）	《企业会计准则》（2006年、2020年）
中航信托	《企业会计准则》（2006年、2020年）	《企业会计准则》（2006年、2020年）
中建投信托	《企业会计准则》（2006年、2020年）	《企业会计准则》（2006年、2020年）
中粮信托	《企业会计准则》（2006年、2020年）	《企业会计准则》（2006年、2020年）
中泰信托	《企业会计准则》（2006年、2020年）	《企业会计准则》（2006年、2020年）
中铁信托	《企业会计准则》（2006年、2020年）	《企业会计准则》（2006年、2020年）
中信信托	《企业会计准则》（2006年、2020年）	《企业会计准则》（2006年、2020年）
中原信托	《企业会计准则》（2006年、2020年）	《企业会计准则》（2006年、2020年）
重庆信托	《企业会计准则》（2006年、2020年）	《企业会计准则》（2006年、2020年）
紫金信托	《企业会计准则》（2006年、2020年）	《企业会计准则》（2006年、2020年）

注：本年度有9家信托公司尚未披露年报，故未在本表中披露相关数据。

第三章 信托公司财务指标排行榜

2023年我们汇总统计了信托公司的财务指标，分别对各项指标进行按照金额、比率等大小排序。希望通过这些指标的分析建立"信托公司综合评价体系"。该体系主要包含五个方面的能力分析：资本实力、业务能力、盈利能力、信托理财能力和抗风险能力。本章仅对指标进行列示和相应的描述，分别对各项指标进行按照金额、比率大小排序，不对公司的综合评价进行排名。

评价标准	评价指标	公式	索引号
资本实力	总资产		见表3-1-1
	净资产		见表3-1-7
盈利能力	营业总收入		见表3-1-3
	营业费用收入比	营业费用/营业收入×100%	见表3-1-13
	净利润		见表3-1-9
	人均净利润	净利润/员工总人数	见表3-3-9
	信托报酬率	信托业务收入/实收信托资产平均余额×100%	见表3-1-27
	资本利润率	净利润/所有者权益平均余额×100%	见表3-3-11
业务能力	信托资产余额		见表3-2-1
	信托资产余额年度增量	期末信托资产余额-期初信托资产余额	见表5-1-4
	年度新增信托业务规模		见表3-3-6
	固有总资产年度增量	固有总资产期末余额-固有总资产期初余额	见表3-1-1
	固有资产增长率	（本期固有资产余额/上期固有资产余额-1）×100%	见表3-1-1
	信托业务收入		见表3-1-22
	信托业务收入增长率	（本期信托业务收入/上期信托业务收入-1）×100%	见表3-1-22
	信托业务收入占比	信托业务收入/营业总收入×100%	见表3-1-24
	自营业务收入		见表3-1-3
	自营业务收入增长率	（本期自营业务收入/上期自营业务收入-1）×100%	见表3-1-3
理财能力	信托产品年度清算综合收益率		见表3-3-3
	集合信托年度清算收益率		见表3-3-3
	主动管理型信托资产余额		见表3-3-8
	主动管理型信托资产占比	主动管理型信托资产余额/信托资产余额×100%	见表3-3-8
	集合信托资产余额		见表3-3-3
	集合信托资产占比	集合信托资产余额/信托资产余额×100%	见表3-3-4
	信托净利润		见表5-1-7
	信托资产利润率	信托净利润/信托总资产平均余额	见表5-1-8
抗风险能力	净资本		见表3-3-11
	净资本/净资产		见表3-3-11
	风险覆盖率	净资本/各项风险资本准备之和	见表3-3-11
	固有资产不良率		见表6-3-1
	信托风险准备金余额	信托赔偿准备金余额+一般风险准备金余额	见表3-1-17
	信托赔偿准备金提取率	信托赔偿准备金余额/股本×100%	见表3-1-18
	信托风险赔偿率	信托风险准备余额/信托资产余额×100%	见表3-3-14

一、信托公司单项财务指标排行榜

（一）固有资产相关指标

2023年信托行业固有资产总额比2022年下降了16.49%，增长幅度也由正转负。其中资产总额增长的有40家，减少的有19家；西藏信托，以增长率35.87%位列首位（见表3-1-1）。

表3-1-1　　　　　　　　　　　　固有资产合并资产总额排行榜

排名	公司简称	2023年12月31日（万元）	2022年12月31日（万元）	增长率（%）
1	平安信托	30 390 179.47	31 052 040.01	-2.13
2	兴业信托	6 265 604.96	6 488 103.36	-3.43
3	中信信托	4 949 612.34	4 989 529.10	-0.80
4	建信信托	4 388 556.19	4 761 868.28	-7.84
5	五矿信托	3 370 968.88	2 754 982.18	22.36
6	华润信托	3 351 259.54	3 326 362.00	0.75
7	华能信托	3 137 365.62	2 961 453.31	5.94
8	江苏信托	3 051 888.61	2 972 109.57	2.68
9	重庆信托	2 857 801.20	28 884 428.43	-90.11
10	上海信托	2 808 130.36	2 594 346.64	8.24
11	中诚信托	2 406 961.59	2 261 538.62	6.43
12	陕国投	2 403 417.09	2 280 027.50	5.41
13	建元信托	2 228 886.06	1 644 733.53	35.52
14	华鑫信托	2 220 576.94	1 933 674.03	14.84
15	外贸信托	2 073 885.10	2 040 371.03	1.64
16	光大兴陇信托	2 070 833.17	2 293 931.86	-9.73
17	中航信托	2 039 794.45	2 025 841.56	0.69
18	中铁信托	1 910 606.16	1 820 023.81	4.98
19	陆家嘴信托	1 848 495.67	1 992 246.63	-7.22
20	国投泰康信托	1 765 880.52	1 690 205.28	4.48
21	交银国际信托	1 706 927.97	1 812 935.61	-5.85
22	渤海信托	1 596 545.26	1 578 401.11	1.15
23	华宝信托	1 566 165.16	1 522 811.25	2.85
24	昆仑信托	1 494 913.62	1 559 820.46	-4.16
25	英大信托	1 429 811.44	1 330 400.92	7.47
26	山东国信	1 416 888.43	1 445 813.23	-2.00
27	财信信托	1 322 997.83	1 222 872.10	8.19
28	百瑞信托	1 291 746.28	1 268 991.71	1.79
29	东莞信托	1 272 085.97	1 094 437.93	16.23
30	紫金信托	1 195 900.12	927 708.91	28.91
31	国元信托	1 100 998.37	1 016 574.13	8.30
32	国通信托	1 100 852.39	916 244.24	20.15
33	天津信托	1 090 323.78	1 060 050.36	2.86
34	中原信托	1 083 559.27	978 227.84	10.77

续表

排名	公司简称	2023年12月31日（万元）	2022年12月31日（万元）	增长率（%）
35	粤财信托	1 064 231.20	1 077 117.90	-1.20
36	爱建信托	1 035 956.22	1 059 377.07	-2.21
37	中建投信托	965 438.80	960 842.57	0.48
38	金谷信托	914 681.13	686 578.19	33.22
39	厦门国际信托	871 359.00	730 131.00	19.34
40	中粮信托	864 563.03	953 913.06	-9.37
41	西藏信托	858 527.51	631 881.70	35.87
42	吉林信托	809 808.55	771 597.27	4.95
43	苏州信托	711 814.74	696 654.54	2.18
44	国联信托	709 135.00	661 964.00	7.13
45	北方信托	691 861.10	667 090.47	3.71
46	中海信托	639 577.88	563 835.72	13.43
47	杭州工商信托	582 171.00	608 340.00	-4.30
48	西部信托	574 997.72	564 520.00	1.86
49	云南信托	536 796.64	525 843.28	2.08
50	中泰信托	515 701.65	500 145.30	3.11
51	浙金信托	501 917.61	467 421.55	7.38
52	国民信托	486 439.70	443 316.71	9.73
53	华融信托	411 294.04	465 106.49	-11.57
54	华澳信托	403 452.25	425 380.42	-5.15
55	万向信托	373 952.04	414 084.74	-9.69
56	大业信托	347 961.04	346 072.12	0.55
57	山西信托	318 349.71	326 965.45	-2.64
58	华宸信托	142 615.40	126 302.35	12.92
59	长城新盛信托	119 903.71	119 907.28	—
60	中融信托	未披露	未披露	未披露
61	雪松信托	未披露	未披露	未披露
62	中国民生信托	未披露	未披露	未披露
63	北京信托	未披露	未披露	未披露
64	长安信托	未披露	未披露	未披露
65	四川信托	未披露	未披露	未披露
66	新时代信托	未披露	未披露	未披露
67	华信信托	未披露	未披露	未披露
68	新华信托	未披露	未披露	未披露
	合计	119 662 926.50	143 297 495.71	-16.49
	平均	2 028 185.19	2 428 771.11	-16.49

注：1. 由于存在会计政策变更等因素造成部分2023年初的金额和2022年末的金额存在调整差异，2023年度统计的数据以各企业公布的审计报告确认的年初数为准。
2. 本年度有9家信托公司尚未披露年报，故未在本表中披露相关数据。

2023年，固有资产总额超过100亿元的信托公司有36家，较2022年增加3家，36家信托公司资产总额占已披露年报的59家信托公司固有资产总额的88.84%；2023年度所有公司固有资产总额均大于10亿元（见表3-1-2）。

表3-1-2　　　　　　　　　　　　　　固有资产总额分布情况

项目	2023年			2022年		
	家数（家）	资产总额（万元）	占比（%）	家数（家）	资产总额（万元）	占比（%）
100亿元以上	36	106 310 607.24	88.84	33	127 817 420.52	89.20
50亿~100亿元	15	10 748 351.36	8.98	17	12 345 518.09	8.62
10亿~50亿元	8	2 603 967.89	2.18	9	3 134 557.11	2.19
合计	59	119 662 926.50	100.00	59	143 297 495.71	100.00

2023年，信托行业营业总收入为1 080.90亿元，相比2022年度下降11.16%，其中上涨的31家，上涨金额最大的为上海信托，较上年增长32.90亿元（见表3-1-3）。

表3-1-3　　　　　　　　　　　　　　固有资产营业总收入排行榜

排名	公司简称	2023年度（万元）	2022年度（万元）	增长率（%）
1	平安信托	1 455 344.33	1 944 752.45	-25.17
2	上海信托	827 268.94	498 225.04	66.04
3	建信信托	752 666.81	1 083 807.10	-30.55
4	中信信托	497 635.38	643 813.71	-22.71
5	兴业信托	463 134.24	489 996.12	-5.48
6	华润信托	355 748.41	350 235.57	1.57
7	华能信托	330 850.77	392 622.81	-15.73
8	华宝信托	321 985.12	317 666.29	1.36
9	国投泰康信托	321 044.79	327 831.20	-2.07
10	江苏信托	300 386.16	247 717.83	21.26
11	华鑫信托	299 240.79	234 421.78	27.65
12	五矿信托	289 271.56	360 654.89	-19.79
13	陕国投	281 279.97	192 591.41	46.05
14	光大兴陇信托	273 813.17	431 573.62	-36.55
15	中诚信托	263 238.34	256 665.81	2.56
16	英大信托	257 771.24	222 079.59	16.07
17	外贸信托	256 487.98	239 244.36	7.21
18	紫金信托	172 684.68	167 783.14	2.92
19	交银国际信托	169 007.46	194 902.15	-13.29
20	粤财信托	144 461.82	176 939.09	-18.36
21	渤海信托	142 459.10	139 431.14	2.17
22	国元信托	137 136.63	99 579.92	37.72
23	厦门国际信托	128 875.00	128 706.00	0.13
24	中粮信托	128 061.81	90 965.82	40.78
25	中航信托	123 778.18	226 720.75	-45.41
26	金谷信托	121 275.68	88 480.88	37.06
27	中海信托	120 059.37	94 865.96	26.56
28	山东国信	119 045.72	150 870.59	-21.09
29	国通信托	114 650.52	110 456.29	3.80
30	中铁信托	106 573.05	185 799.78	-42.64
31	苏州信托	105 964.26	83 371.45	27.10
32	爱建信托	105 312.39	138 647.55	-24.04

续表

排名	公司简称	2023年度（万元）	2022年度（万元）	增长率（%）
33	云南信托	97 564.41	92 377.93	5.61
34	西部信托	94 153.83	90 107.23	4.49
35	天津信托	93 194.66	103 285.46	-9.77
36	国民信托	92 853.78	88 590.23	4.81
37	百瑞信托	85 778.67	104 277.21	-17.74
38	陆家嘴信托	84 201.57	167 614.91	-49.76
39	万向信托	79 793.35	75 473.33	5.72
40	中原信托	79 067.81	75 651.95	4.52
41	重庆信托	78 506.81	551 376.20	-85.76
42	财信信托	76 000.67	101 097.07	-24.82
43	国联信托	71 893.00	69 054.00	4.11
44	西藏信托	64 838.22	60 135.00	7.82
45	北方信托	60 316.05	66 536.47	-9.35
46	浙金信托	44 109.29	56 531.12	-21.97
47	建元信托	41 262.16	-44 925.29	-191.85
48	山西信托	29 849.98	29 445.03	1.38
49	大业信托	29 544.86	28 823.82	2.50
50	中泰信托	27 574.81	13 709.45	101.14
51	东莞信托	23 305.10	64 777.83	-64.02
52	昆仑信托	22 179.40	42 920.81	-48.32
53	华融信托	19 622.12	41 766.25	-53.02
54	吉林信托	15 683.11	11 689.50	34.16
55	中建投信托	8 993.49	-32 229.75	-127.90
56	华澳信托	6 034.61	13 105.04	-53.95
57	长城新盛信托	5 032.78	1 911.38	163.31
58	华宸信托	2 534.45	2 324.12	9.05
59	杭州工商信托	-11 354.00	-20 216.00	-43.84
60	中融信托	未披露	未披露	未披露
61	雪松信托	未披露	未披露	未披露
62	中国民生信托	未披露	未披露	未披露
63	北京信托	未披露	未披露	未披露
64	长安信托	未披露	未披露	未披露
65	四川信托	未披露	未披露	未披露
66	新时代信托	未披露	未披露	未披露
67	华信信托	未披露	未披露	未披露
68	新华信托	未披露	未披露	未披露
	合计	10 809 048.67	12 166 630.37	-11.16
	平均	183 204.21	206 214.07	-11.16

注1. 由于各家公司的报告格式不一致，在统计利润表时我们对报表项目进行了调整，具体调整结果见第四章、表4-1-2汇总利润表。
2. 本年度有9家信托公司尚未披露年报，故未在本表中披露相关数据。

2023年，固有资产营业收入超过10亿元的信托公司共有32家，较2022年保持一致，32家公司占已披露年报的59家信托公司总额87.76%（见表3-1-4）。

表3-1-4　　　　　　　　　　　　　　　固有资产营业收入分布情况

项目	2023年			2022年		
	家数（家）	营业总收入（万元）	占比（%）	家数（家）	营业总收入（万元）	占比（%）
50亿元以上	3	3 035 280.08	28.08	4	4 223 749.46	34.72
10亿~50亿元	29	6 451 233.60	59.68	28	6 658 057.44	54.72
5亿~10亿元	13	1 058 162.83	9.79	15	1 196 499.12	9.83
5亿元以下	14	264 372.16	2.45	12	88 324.36	0.73
合计	59	10 809 048.67	100.00	59	12 166 630.37	100.00

2023年，信托行业利润总额为507.46亿元，较2022年有所下降，下降比例为10.66%，其中增长的有31家，增长金额最大的为上海信托，增长35.06亿元（见表3-1-5）。

表3-1-5　　　　　　　　　　　　　　　固有资产利润总额排行榜

排名	公司简称	2023年度（万元）	2022年度（万元）	增长率（%）
1	上海信托	551 772.48	201 208.23	174.23
2	平安信托	511 947.59	816 141.30	-37.27
3	中信信托	335 829.95	385 569.29	-12.90
4	华能信托	272 307.32	330 927.95	-17.71
5	江苏信托	271 074.40	221 296.85	22.49
6	建信信托	242 533.53	339 736.25	-28.61
7	华鑫信托	238 668.32	170 831.37	39.71
8	英大信托	209 501.70	189 311.16	10.67
9	华润信托	176 406.32	265 281.61	-33.50
10	华宝信托	174 075.17	189 599.99	-8.19
11	国投泰康信托	167 972.84	170 920.78	-1.72
12	五矿信托	157 372.33	234 649.12	-32.93
13	陕国投	143 659.38	111 456.30	28.89
14	外贸信托	131 403.81	105 917.77	24.06
15	紫金信托	123 526.49	110 650.05	11.64
16	中诚信托	113 832.78	129 586.17	-12.16
17	交银国际信托	103 937.18	124 009.57	-16.19
18	粤财信托	100 232.58	155 876.99	-35.70
19	国元信托	92 436.91	86 194.88	7.24
20	光大兴陇信托	89 787.89	170 895.60	-47.46
21	中海信托	85 562.26	70 498.85	21.37
22	苏州信托	81 167.79	57 052.41	42.27
23	财信信托	80 814.76	83 383.98	-3.08
24	中粮信托	77 627.17	43 889.52	76.87
25	厦门国际信托	73 500.00	84 265.00	-12.78
26	国通信托	70 048.10	77 085.65	-9.13
27	天津信托	68 196.40	67 624.06	0.85
28	国联信托	59 995.00	59 560.00	0.73
29	西部信托	58 221.64	56 677.93	2.72
30	云南信托	53 142.81	52 136.50	1.93

续表

排名	公司简称	2023年度（万元）	2022年度（万元）	增长率（%）
31	国民信托	49 904.88	42 283.74	18.02
32	金谷信托	45 670.84	18 167.48	151.39
33	西藏信托	41 887.66	39 865.80	5.07
34	百瑞信托	41 358.86	75 265.16	−45.05
35	爱建信托	37 716.36	53 373.19	−29.33
36	渤海信托	35 293.91	17 284.27	104.20
37	陆家嘴信托	31 642.50	110 996.35	−71.49
38	中铁信托	31 544.79	80 140.04	−60.64
39	北方信托	30 327.67	37 360.15	−18.82
40	山东国信	29 015.07	59 123.38	−50.92
41	万向信托	23 353.39	−26 125.15	−189.39
42	中原信托	22 750.05	27 263.84	−16.56
43	浙金信托	21 286.67	26 460.54	−19.55
44	中泰信托	20 172.81	4 999.00	303.54
45	中航信托	10 101.70	108 007.25	−90.65
46	东莞信托	7 239.49	2 889.31	150.56
47	华宸信托	6 777.45	5 285.94	28.22
48	大业信托	4 691.26	4 219.52	11.18
49	山西信托	4 172.23	2 756.40	51.37
50	华融信托	3 036.99	5 733.32	−47.03
51	吉林信托	2 838.50	2 171.55	30.71
52	建元信托	1 778.49	−158 611.35	−101.12
53	长城新盛信托	339.93	−150.36	−326.08
54	杭州工商信托	−28 731.00	−27 021.00	6.33
55	中建投信托	−37 483.67	−71 214.23	−47.36
56	华澳信托	−40 281.43	−96 605.84	−58.30
57	重庆信托	−53 066.36	201 185.66	−126.38
58	兴业信托	−79 321.70	31 064.41	−355.35
59	昆仑信托	−105 970.14	−58 373.07	81.54
60	中融信托	未披露	未披露	未披露
61	雪松信托	未披露	未披露	未披露
62	中国民生信托	未披露	未披露	未披露
63	北京信托	未披露	未披露	未披露
64	长安信托	未披露	未披露	未披露
65	四川信托	未披露	未披露	未披露
66	新时代信托	未披露	未披露	未披露
67	华信信托	未披露	未披露	未披露
68	新华信托	未披露	未披露	未披露
	合计	5 074 602.10	5 680 030.43	−10.66
	平均	86 010.21	96 271.70	−10.66

注：1.由于各家公司的报告格式不一致，在统计利润表时我们对报表项目进行了调整，具体调整结果见第四章、表4-2-1汇总利润表。

2.本年度有9家信托公司尚未披露年报，故未在本表中披露相关数据。

2023年，利润总额超过10亿元的共有18家较2022年减少4家，合计402.61亿元，占利润总额的79.34%以上，1亿元以下的公司和2022年保持一致，部分信托企业亏损较为严重（见表3-1-6）。

表3-1-6　　　　　　　　　　　　　　　　固有资产利润总额分布情况

项目	2023年			2022年		
	家数（家）	利润总额（万元）	占比（%）	家数（家）	利润总额（万元）	占比（%）
20亿元以上	8	2 633 635.29	51.90	9	2 995 996.26	52.75
10亿~20亿元	10	1 392 418.89	27.44	13	1 848 059.35	32.54
1亿~10亿元	27	1 362 527.89	26.85	23	1 246 020.77	21.94
1亿元以下	14	−313 979.96	−6.19	14	−410 045.96	−7.22
合计	59	5 074 602.10	100.00	59	5 680 030.43	100.00

由于2023年度所有信托公司均执行最新的企业会计准则，所以审计报告中披露的期初净资产与2022年披露基本一致，共有19家信托公司2023年披露的期初净资产与上年披露的年末净资产不一致，所有公司均披露了政策变更的原因。

2023年，信托行业固有资产净资产总额为7 640.85亿元，较2022年有所增长，上升了3.90%，增长的51家，其中增长幅度最大为建元信托，增长了1 506.17%（见表3-1-7）。

表3-1-7　　　　　　　　　　　　　　　　固有资产净资产排行榜　　　　　　　　　　　　　　　　单位：万元

排名	公司简称	2023年12月31日	本年列报 2022年12月31日	上年列报 2022年12月31日	2022年末与2023年初数差异
1	平安信托	7 783 767.42	7 553 445.27	7 553 445.27	—
2	中信信托	3 908 541.59	3 735 914.09	3 735 914.09	—
3	华润信托	2 955 740.36	2 874 975.25	2 874 975.25	—
4	建信信托	2 841 095.33	2 687 425.64	2 687 425.64	—
5	华能信托	2 776 331.04	2 658 232.05	2 658 412.88	−180.83
6	重庆信托	2 719 747.03	4 445 503.25	4 446 011.28	−508.03
7	江苏信托	2 599 497.96	2 565 683.80	2 565 700.37	−16.57
8	上海信托	2 477 720.36	2 252 475.66	2 252 475.66	—
9	五矿信托	2 364 298.90	2 351 831.52	2 351 831.52	—
10	兴业信托	2 187 202.57	2 254 804.76	2 241 224.56	13 580.20
11	中诚信托	2 075 063.52	1 978 381.38	1 978 168.26	213.12
12	外贸信托	1 911 219.80	1 888 046.59	1 888 046.59	—
13	中航信托	1 814 080.81	1 802 117.03	1 802 125.87	−8.84
14	陕国投	1 708 899.50	1 621 771.61	1 621 771.61	—
15	光大兴陇信托	1 696 514.15	1 659 734.96	1 659 734.96	—
16	华鑫信托	1 625 954.38	1 448 565.79	1 448 565.79	—
17	交银国际信托	1 614 504.01	1 541 804.94	1 541 804.94	—
18	华宝信托	1 431 641.52	1 376 111.67	1 376 111.67	—
19	建元信托	1 379 663.44	85 897.96	85 897.96	—
20	国投泰康信托	1 349 700.15	1 258 778.93	1 258 778.93	—
21	渤海信托	1 335 156.80	1 331 966.00	1 331 966.00	—
22	昆仑信托	1 288 579.71	1 353 787.82	1 353 525.21	262.61
23	英大信托	1 265 624.50	1 165 660.93	1 165 185.01	475.92

续表1

排名	公司简称	2023年12月31日	本年列报 2022年12月31日	上年列报 2022年12月31日	2022年末与2023年初数差异
24	陆家嘴信托	1 263 132.16	1 239 428.35	1 239 428.35	—
25	中铁信托	1 181 930.35	1 164 580.46	1 164 402.97	177.49
26	百瑞信托	1 171 032.99	1 146 831.07	1 146 831.07	—
27	山东国信	1 108 937.80	1 093 426.79	1 093 007.60	419.19
28	粤财信托	1 035 636.69	1 002 465.92	1 002 465.92	—
29	中原信托	1 020 803.73	857 537.02	857 532.86	4.16
30	国元信托	1 015 547.27	951 269.45	951 269.45	—
31	紫金信托	911 498.25	834 976.23	834 976.23	—
32	国通信托	832 614.50	778 085.83	778 085.83	—
33	西藏信托	822 633.75	580 263.64	580 263.64	—
34	爱建信托	794 295.72	766 272.16	766 185.80	86.36
35	中建投信托	792 823.80	831 701.21	831 701.21	—
36	天津信托	778 879.42	721 009.36	721 009.36	—
37	中粮信托	755 685.44	711 006.71	711 006.71	—
38	厦门国际信托	714 125.00	658 053.00	658 087.00	−34.00
39	财信信托	711 622.86	700 033.23	700 033.23	—
40	东莞信托	689 411.48	683 834.63	683 834.63	—
41	国联信托	666 611.00	623 762.00	623 942.00	−180.00
42	苏州信托	657 127.60	645 085.25	645 085.25	—
43	中海信托	581 207.48	517 424.82	517 315.26	109.56
44	北方信托	572 115.92	548 949.60	548 949.60	—
45	西部信托	540 470.68	526 343.81	526 343.81	—
46	杭州工商信托	474 160.00	496 186.00	496 186.00	—
47	金谷信托	466 666.37	436 322.89	436 322.89	—
48	中泰信托	449 852.93	487 902.10	487 902.10	—
49	云南信托	446 527.31	408 482.16	408 482.16	—
50	浙金信托	444 049.29	432 560.20	432 575.58	−15.38
51	国民信托	401 315.93	363 026.46	363 026.46	—
52	华澳信托	348 490.90	391 588.91	391 461.63	127.28
53	华融信托	344 868.79	341 762.55	363 006.28	−21 243.73
54	吉林信托	328 910.31	157 750.88	157 750.88	—
55	大业信托	320 593.73	317 037.68	317 037.68	—
56	万向信托	237 797.86	258 084.75	414 046.07	−155 961.32
57	山西信托	188 624.32	185 559.46	185 559.46	—
58	华宸信托	127 063.19	122 036.54	122 036.54	—
59	长城新盛信托	100 842.65	100 207.43	100 207.43	—
60	中融信托	未披露	未披露	未披露	未披露
61	雪松信托	未披露	未披露	未披露	未披露
62	中国民生信托	未披露	未披露	未披露	未披露
63	北京信托	未披露	未披露	未披露	未披露

续表2

排名	公司简称	2023年12月31日	本年列报 2022年12月31日	上年列报 2022年12月31日	2022年末与2023年初数差异
64	长安信托	未披露	未披露	未披露	未披露
65	四川信托	未披露	未披露	未披露	未披露
66	新时代信托	未披露	未披露	未披露	未披露
67	华信信托	未披露	未披露	未披露	未披露
68	新华信托	未披露	未披露	未披露	未披露
	合计	76 408 452.32	73 973 765.45	74 136 458.26	-162 692.81
	平均	1 295 058.51	1 253 792.63	1 195 749.33	58 043.31

注1.报表披露中绝对值差异小于等于1万元的视为尾差，不计入不一致范围。本次排名以公司2023年披露的年初数为准，同时列报2022年净资产。
2.本年度有9家信托公司尚未披露年报，故未在本表中披露相关数据。

2023年，59家公司平均净资产125.66亿元，较上年上升了3.29%，超过30亿元的有55家，较上年增长一家，占总额93.88%（见表3-1-8）。

表3-1-8 固有资产净资产分布情况

项目	2023年			2022年		
	家数（家）	净利润（万元）	占比（%）	家数（家）	净利润（万元）	占比（%）
30亿元以上	55	71 728 688.74	93.88	54	73 064 228.43	98.77
10亿~30亿元	4	4 679 763.58	6.12	4	823 639.06	1.11
1亿~10亿元	—	—	—	1	85 897.96	0.12
1亿元以下	—	—	—	—	—	—
合计	59	76 408 452.32	100.00	59	73 973 765.45	100.00

2023年，固定资产净利润较上年度下降了11.66%，同时净利润金额超过10亿元的有15家，较2022年的16家略有下降，合计净利润为291.85亿元，占已披露年报的59家信托公司净利润合计数的75.32%（见表3-1-9、表3-1-10）。

表3-1-9 固有资产净利润排行榜 单位：万元

排名	公司简称	2023年	本年列报2022年数	上年列报2022年数	两年列报差异
1	平安信托	425 542.09	652 734.89	652 734.89	—
2	上海信托	384 029.87	153 741.91	153 741.91	—
3	中信信托	262 803.30	301 552.54	301 552.54	—
4	江苏信托	254 343.97	198 930.08	198 931.31	-1.23
5	华能信托	216 668.63	245 360.98	245 360.98	—
6	建信信托	190 446.47	248 929.86	248 929.86	—
7	华鑫信托	177 880.77	127 327.66	127 327.66	—
8	英大信托	160 545.15	144 617.53	140 359.01	4 258.52
9	华润信托	155 552.73	232 526.86	232 526.86	—
10	华宝信托	133 684.96	142 335.89	142 335.89	—
11	国投泰康信托	125 721.97	124 228.65	124 228.65	—
12	五矿信托	119 015.05	177 579.44	177 579.44	—
13	陕国投	108 248.48	83 798.17	83 798.17	—
14	外贸信托	102 093.57	84 142.63	84 142.63	—
15	中诚信托	101 966.25	115 792.55	115 579.45	213.10

续表1

排名	公司简称	2023年	本年列报2022年数	上年列报2022年数	两年列报差异
16	紫金信托	97 197.66	83 846.13	83 846.12	0.01
17	粤财信托	94 251.74	138 511.39	138 511.39	—
18	交银国际信托	77 079.97	94 243.27	94 243.27	—
19	国元信托	75 300.67	71 334.55	71 334.55	—
20	中海信托	63 584.75	54 822.48	54 802.09	20.39
21	财信信托	61 589.65	67 452.17	67 452.17	—
22	苏州信托	61 524.62	41 733.96	41 713.73	20.22
23	中粮信托	60 596.58	32 953.95	32 953.95	—
24	厦门国际信托	58 614.00	69 285.00	69 285.00	—
25	天津信托	57 301.73	57 639.79	57 639.79	—
26	国通信托	54 528.66	58 744.62	58 744.62	—
27	国联信托	51 096.00	51 445.00	51 519.00	−74.00
28	西部信托	44 019.77	42 787.18	42 787.18	—
29	云南信托	39 045.14	38 973.74	38 973.74	—
30	国民信托	38 289.47	32 519.33	32 519.33	—
31	光大兴陇信托	36 779.19	118 828.51	118 828.51	—
32	西藏信托	35 571.55	34 817.02	34 817.02	—
33	金谷信托	33 772.56	13 447.37	13 447.37	—
34	百瑞信托	31 174.42	58 635.09	58 635.09	—
35	万向信托	30 253.20	−18 912.02	32 711.63	−51 623.65
36	爱建信托	28 023.56	39 007.74	38 964.17	43.57
37	中铁信托	24 760.29	60 755.15	60 772.09	−16.95
38	陆家嘴信托	23 703.81	83 157.70	83 157.70	—
39	北方信托	23 166.35	28 193.84	28 193.84	—
40	中泰信托	20 182.22	9 130.23	9 130.23	—
41	山东国信	15 863.35	28 042.94	28 042.90	0.04
42	浙金信托	15 841.62	19 722.58	19 703.06	19.52
43	中原信托	13 996.08	12 568.66	12 568.66	—
44	中航信托	8 386.69	81 992.78	81 794.15	198.63
45	东莞信托	5 480.62	3 194.90	3 194.90	—
46	华宸信托	5 026.64	3 911.94	3 911.94	—
47	建元信托	4 217.82	−104 343.40	−104 343.40	—
48	山西信托	3 914.65	3 705.70	3 705.70	—
49	大业信托	3 556.06	3 417.19	3 417.19	—
50	渤海信托	3 190.80	4 243.25	4 243.25	—
51	华融信托	3 106.23	811.74	3 734.41	−2 922.67
52	吉林信托	2 838.50	2 171.55	−211 588.29	213 759.84
53	长城新盛信托	635.22	−265.20	−265.20	—
54	杭州工商信托	−22 026.00	−19 847.00	−19 847.00	—
55	中建投信托	−38 877.41	−72 244.94	−72 244.94	—
56	华澳信托	−43 098.00	−96 733.74	−96 733.74	—

续表2

排名	公司简称	2023年	本年列报2022年数	上年列报2022年数	两年列报差异
57	兴业信托	−60 591.26	25 910.27	93 506.12	−67 595.85
58	昆仑信托	−78 602.23	−40 373.52	−40 373.52	—
59	重庆信托	−107 963.38	133 355.70	133 013.23	342.47
60	中融信托	未披露	未披露	未披露	未披露
61	雪松信托	未披露	未披露	未披露	未披露
62	中国民生信托	未披露	未披露	未披露	未披露
63	北京信托	未披露	未披露	未披露	未披露
64	长安信托	未披露	未披露	未披露	未披露
65	四川信托	未披露	未披露	未披露	未披露
66	新时代信托	未披露	未披露	未披露	未披露
67	华信信托	未披露	未披露	未披露	未披露
68	新华信托	未披露	未披露	未披露	未披露
	合计	3 874 846.84	4 386 194.23	4 289 552.26	96 641.97
	平均	65 675.37	74 342.28	72 704.28	−8 666.90

注1. 报表披露中差异绝对值小于等于1万元的视为尾差,不计入不一致范围。共有15家信托公司本年披露的上年净利润与上年披露的当年净利润不一致,本次排名以公司本年披露的上年数为准,同时列示上年披露的净利润数。

2. 本年度有9家信托公司尚未披露年报,故未在本表中披露相关数据。

表3-1-10　　　　　　　　　　　　　　　固有资产净利润分布

项目	2023年			2022年		
	家数（家）	净利润（万元）	占比（%）	家数（家）	净利润（万元）	占比（%）
30亿元以上	2	809 571.96	20.89	2	954 287.43	21.76
10亿~30亿元	13	2 108 971.30	54.43	14	2 302 067.01	52.48
1亿~10亿元	28	1 267 108.63	32.70	28	1 451 973.10	33.10
1亿元以下	16	−310 805.06	−8.02	15	−322 133.31	−7.34
合计	59	3 874 846.84	100.00	59	4 386 194.23	100.00

2023年,总体固有净资产收益率为5.07%,较上年5.93%下降了0.86%,其中有29家高于平均值（见表3-1-11、表3-1-12）。

表3-1-11　　　　　　　　　　　　　　固有资产净资产收益率排行榜　　　　　　　　　　　　　　单位：%

排名	公司简称	2023年	2022年
1	上海信托	15.50	6.83
2	万向信托	12.72	−7.33
3	英大信托	12.69	12.41
4	中海信托	10.94	10.60
5	华鑫信托	10.94	8.79
6	紫金信托	10.66	10.04
7	江苏信托	9.78	7.75
8	国民信托	9.54	8.96
9	苏州信托	9.36	6.47
10	华宝信托	9.34	10.34
11	国投泰康信托	9.31	9.87
12	粤财信托	9.10	13.82

续表1

排名	公司简称	2023年	2022年
13	云南信托	8.74	9.54
14	财信信托	8.65	9.64
15	厦门国际信托	8.21	10.53
16	西部信托	8.14	8.13
17	中粮信托	8.02	4.63
18	华能信托	7.80	9.23
19	国联信托	7.67	8.25
20	国元信托	7.41	7.50
21	天津信托	7.36	7.99
22	金谷信托	7.24	3.08
23	中信信托	6.72	8.07
24	建信信托	6.70	9.26
25	国通信托	6.55	7.55
26	陕国投	6.33	5.17
27	平安信托	5.47	8.64
28	外贸信托	5.34	4.46
29	华润信托	5.26	8.09
30	五矿信托	5.03	7.55
31	中诚信托	4.91	5.85
32	交银国际信托	4.77	6.11
33	中泰信托	4.49	1.87
34	西藏信托	4.32	6.00
35	北方信托	4.05	5.14
36	华宸信托	3.96	3.21
37	浙金信托	3.57	4.56
38	爱建信托	3.53	5.09
39	百瑞信托	2.66	5.11
40	光大兴陇信托	2.17	7.16
41	中铁信托	2.09	5.22
42	山西信托	2.08	2.00
43	陆家嘴信托	1.88	6.71
44	山东国信	1.43	2.56
45	中原信托	1.37	1.47
46	大业信托	1.11	1.08
47	华融信托	0.90	0.24
48	吉林信托	0.86	1.38
49	东莞信托	0.79	0.47
50	长城新盛信托	0.63	−0.26
51	中航信托	0.46	4.55
52	建元信托	0.31	−121.47
53	渤海信托	0.24	0.32

续表2

排名	公司简称	2023年	2022年
54	兴业信托	-2.77	1.15
55	重庆信托	-3.97	3.00
56	杭州工商信托	-4.65	-4.00
57	中建投信托	-4.90	-8.69
58	昆仑信托	-6.10	-2.98
59	华澳信托	-12.37	-24.70
60	中融信托	未披露	未披露
61	雪松信托	未披露	未披露
62	中国民生信托	未披露	未披露
63	北京信托	未披露	未披露
64	长安信托	未披露	未披露
65	四川信托	未披露	未披露
66	新时代信托	未披露	未披露
67	华信信托	未披露	未披露
68	新华信托	未披露	未披露
	平均值	5.07	5.93

注：本年度有9家信托公司尚未披露年报，故未在本表中披露相关数据。

表3-1-12　　　　固有资产净资产收益率分布情况

指标	家数（家）	平均净资产收益率（%）
大于等于6%的	26	8.97
3%~6%（含3%）	12	4.63
0~3%	15	1.13
0以下	6	-4.50
合计	59	5.07

2023年，已披露年报的59家信托公司总体的成本收入比为32.00%，与2022年相比略有上升（见表3-1-13），其中33家信托公司成本收入比上升。比例超过50%的有14家公司，较上年增加1家，低于10%的有2家，较上年减少1家（见表3-1-14）。

表3-1-13　　　　固有资产成本收入比排行榜

排名	公司简称	2023年			2022年		
		业务及管理费（万元）	营业总收入（万元）	成本收入比（%）	业务及管理费（万元）	营业总收入（万元）	成本收入比（%）
1	中建投信托	37 262.31	8 993.49	414.33	38 274.09	-32 229.75	-118.75
2	华宸信托	6 945.16	2 534.45	274.03	5 380.28	2 324.12	231.50
3	华澳信托	12 467.23	6 034.61	206.60	16 893.19	13 105.04	128.91
4	吉林信托	26 485.81	15 683.11	168.88	29 602.26	11 689.50	253.24
5	昆仑信托	34 599.94	22 179.40	156.00	33 523.04	42 920.81	78.10
6	重庆信托	77 846.84	78 506.81	99.16	160 808.98	551 376.20	29.17
7	长城新盛信托	4 836.09	5 032.78	96.09	5 074.11	1 911.38	265.47
8	中航信托	99 355.58	123 778.18	80.27	104 418.57	226 720.75	46.06
9	华融信托	14 563.18	19 622.12	74.22	23 214.42	41 766.25	55.58
10	山西信托	16 434.92	29 849.98	55.06	14 745.45	29 445.03	50.08

续表1

排名	公司简称	2023年			2022年		
		业务及管理费(万元)	营业总收入(万元)	成本收入比(%)	业务及管理费(万元)	营业总收入(万元)	成本收入比(%)
11	中铁信托	57 473.11	106 573.05	53.93	60 708.89	185 799.78	32.67
12	浙金信托	23 074.77	44 109.29	52.31	29 621.72	56 531.12	52.40
13	兴业信托	235 823.15	463 134.24	50.92	198 841.20	489 996.12	40.58
14	平安信托	710 019.11	1 455 344.33	48.79	728 936.05	1 944 752.45	37.48
15	东莞信托	11 081.20	23 305.10	47.55	17 075.33	64 777.83	26.36
16	大业信托	13 883.15	29 544.86	46.99	19 156.59	28 823.82	66.46
17	国投泰康信托	149 970.45	321 044.79	46.71	138 022.84	327 831.20	42.10
18	华宝信托	145 732.60	321 985.12	45.26	126 634.82	317 666.29	39.86
19	五矿信托	129 752.74	289 271.56	44.85	122 583.06	360 654.89	33.99
20	建元信托	18 454.82	41 262.16	44.73	18 672.27	−44 925.29	−41.56
21	爱建信托	47 012.90	105 312.39	44.64	49 308.12	138 647.55	35.56
22	云南信托	41 928.29	97 564.41	42.97	40 138.15	92 377.93	43.45
23	陆家嘴信托	34 112.41	84 201.57	40.51	39 225.49	167 614.91	23.40
24	国民信托	36 953.97	92 853.78	39.80	36 705.56	88 590.23	41.43
25	西部信托	35 377.46	94 153.83	37.57	33 650.48	90 107.23	37.34
26	中粮信托	47 615.54	128 061.81	37.18	37 940.01	90 965.82	41.71
27	中诚信托	97 545.89	263 238.34	37.06	86 135.16	256 665.81	33.56
28	厦门国际信托	45 234.00	128 875.00	35.10	45 818.00	128 706.00	35.60
29	百瑞信托	28 560.95	85 778.67	33.30	29 652.18	104 277.21	28.44
30	光大兴陇信托	90 922.98	273 813.17	33.21	133 149.12	431 573.62	30.85
31	西藏信托	21 171.78	64 838.22	32.65	21 153.82	60 135.00	35.18
32	国通信托	36 583.93	114 650.52	31.91	40 535.09	110 456.29	36.70
33	中原信托	22 807.99	79 067.81	28.85	20 314.99	75 651.95	26.85
34	外贸信托	73 131.94	256 487.98	28.51	73 840.62	239 244.36	30.86
35	万向信托	22 437.17	79 793.35	28.12	25 480.77	75 473.33	33.76
36	天津信托	25 679.05	93 194.66	27.55	19 059.14	103 285.46	18.45
37	陕国投	73 227.47	281 279.97	26.03	53 139.42	192 591.41	27.59
38	中泰信托	6 887.09	27 574.81	24.98	5 449.98	13 709.45	39.75
39	中海信托	28 154.93	120 059.37	23.45	23 107.53	94 865.96	24.36
40	山东国信	26 907.32	119 045.72	22.60	28 345.46	150 870.59	18.79
41	交银国际信托	36 179.44	169 007.46	21.41	36 941.79	194 902.15	18.95
42	金谷信托	25 016.69	121 275.68	20.63	24 888.14	88 480.88	28.13
43	紫金信托	35 368.95	172 684.68	20.48	34 062.23	167 783.14	20.30
44	华鑫信托	56 073.69	299 240.79	18.74	53 577.88	234 421.78	22.86
45	苏州信托	19 798.84	105 964.26	18.68	20 023.51	83 371.45	24.02
46	华能信托	59 757.31	330 850.77	18.06	57 780.77	392 622.81	14.72
47	中信信托	87 834.54	497 635.38	17.65	70 539.50	643 813.71	10.96
48	上海信托	142 510.05	827 268.94	17.23	262 719.87	498 225.04	52.73
49	粤财信托	23 836.46	144 461.82	16.50	16 300.39	176 939.09	9.21
50	财信信托	12 094.25	76 000.67	15.91	17 525.31	101 097.07	17.34

续表2

排名	公司简称	2023年			2022年		
		业务及管理费(万元)	营业总收入(万元)	成本收入比(%)	业务及管理费(万元)	营业总收入(万元)	成本收入比(%)
51	建信信托	112 261.69	752 666.81	14.92	100 280.88	1 083 807.10	9.25
52	华润信托	52 771.88	355 748.41	14.83	54 425.52	350 235.57	15.54
53	国联信托	10 600.00	71 893.00	14.74	8 698.00	69 054.00	12.60
54	英大信托	34 286.64	257 771.24	13.30	30 426.18	222 079.59	13.70
55	国元信托	16 226.84	137 136.63	11.83	12 821.28	99 579.92	12.88
56	渤海信托	15 694.19	142 459.10	11.02	23 666.94	139 431.14	16.97
57	江苏信托	29 598.13	300 386.16	9.85	28 930.12	247 717.83	11.68
58	北方信托	571.57	60 316.05	0.95	568.20	66 536.47	0.85
59	杭州工商信托	19 636.00	-11 354.00	-172.94	678.00	-20 216.00	-3.35
60	中融信托	未披露	未披露	未披露	未披露	未披露	未披露
61	雪松信托	未披露	未披露	未披露	未披露	未披露	未披露
62	中国民生信托	未披露	未披露	未披露	未披露	未披露	未披露
63	北京信托	未披露	未披露	未披露	未披露	未披露	未披露
64	长安信托	未披露	未披露	未披露	未披露	未披露	未披露
65	四川信托	未披露	未披露	未披露	未披露	未披露	未披露
66	新时代信托	未披露	未披露	未披露	未披露	未披露	未披露
67	华信信托	未披露	未披露	未披露	未披露	未披露	未披露
68	新华信托	未披露	未披露	未披露	未披露	未披露	未披露
	合计	3 458 432.38	10 809 048.67	32.00	3 589 190.75	12 166 630.37	29.50

注：1. 由于个别信托公司本年度收入为负数，成本收入比为负数，故统计比例时将其放入超过50%中。
2. 本年度有9家信托公司尚未披露年报，故未在本表中披露相关数据。

表3-1-14　　　　　　　　　　固有资产成本收入比分布情况

项目	2023年		2022年	
	家数(家)	成本收入比(%)	家数(家)	成本收入比(%)
50%以上	14	72.90	13	79.06
20%~50%	19	43.38	20	34.49
10%~20%	24	18.47	23	14.34
10%以下	2	8.36	3	8.83
合计	59	32.00	59	29.50

2023年，已披露年报的59家信托公司平均每股净资产2.54元，与2022年比略有下降，所有披露年报的信托公司每股净资产均超过了1.00元，其中39家信托公司每股净资产超过了2.00元，与上年保持一致（见表3-1-15）。

表3-1-15　　　　　　　　　　固有资产每股净资产排行榜　　　　　　　　　　单位：元

排名	公司简称	2023年12月31日	2022年12月31日
1	中泰信托	8.71	9.44
2	平安信托	5.99	5.81
3	苏州信托	5.48	5.38
4	国投泰康信托	5.05	4.71
5	上海信托	4.96	4.50
6	华能信托	4.48	4.29

续表1

排名	公司简称	2023年12月31日	2022年12月31日
7	中诚信托	4.28	4.08
8	东莞信托	4.16	4.13
9	国民信托	4.01	3.63
10	渤海信托	3.71	3.70
11	中信信托	3.47	3.31
12	长城新盛信托	3.36	3.34
13	陕国投	3.34	3.17
14	杭州工商信托	3.16	3.31
15	英大信托	3.14	2.89
16	江苏信托	2.97	2.93
17	百瑞信托	2.93	2.87
18	华宝信托	2.86	2.75
19	北方信托	2.86	5.48
20	中航信托	2.81	2.79
21	交银国际信托	2.80	2.67
22	紫金信托	2.79	2.55
23	建信信托	2.71	2.56
24	华润信托	2.69	2.61
25	中粮信托	2.67	2.51
26	国元信托	2.42	2.26
27	外贸信托	2.39	2.36
28	山东国信	2.38	2.35
29	中铁信托	2.36	2.33
30	中海信托	2.32	2.07
31	国联信托	2.22	2.08
32	华鑫信托	2.20	1.96
33	兴业信托	2.19	2.25
34	中原信托	2.18	2.14
35	天津信托	2.16	4.24
36	金谷信托	2.12	1.98
37	云南信托	2.03	3.40
38	光大兴陇信托	2.02	1.97
39	国通信托	2.00	1.87
40	重庆信托	1.81	2.96
41	五矿信托	1.81	1.80
42	万向信托	1.78	1.93
43	爱建信托	1.73	1.66
44	厦门国际信托	1.72	1.58
45	粤财信托	1.67	2.64
46	财信信托	1.62	1.60
47	大业信托	1.60	1.59

续表2

排名	公司简称	2023年12月31日	2022年12月31日
48	中建投信托	1.59	1.66
49	西藏信托	1.58	1.87
50	浙金信托	1.54	1.50
51	建元信托	1.40	0.16
52	华澳信托	1.39	1.57
53	山西信托	1.39	1.37
54	西部信托	1.35	2.63
55	华宸信托	1.27	1.32
56	昆仑信托	1.26	1.32
57	陆家嘴信托	1.21	1.19
58	华融信托	1.14	1.13
59	吉林信托	1.04	0.99
60	中融信托	未披露	未披露
61	雪松信托	未披露	未披露
62	中国民生信托	未披露	未披露
63	北京信托	未披露	未披露
64	长安信托	未披露	未披露
65	四川信托	未披露	未披露
66	新时代信托	未披露	未披露
67	华信信托	未披露	未披露
68	新华信托	未披露	未披露
	平均	2.54	2.61

注：本年度有9家信托公司尚未披露年报，故未在本表中披露相关数据。

2023年，已披露年报的59家信托公司货币资金总额为1 826.90亿元，比2022年2 364.57亿元有较大幅度的下降，下降比例为22.74%。其中有24家公司增长，增长金额最大的为建元信托（见表3-1-16）。

表3-1-16　　　　　　　　　　　固有资产货币资金排行榜　　　　　　　　　　单位：万元

排名	公司简称	2023年12月31日	2022年12月31日	增减
1	平安信托	12 038 030.13	12 425 493.91	-387 463.78
2	光大兴陇信托	936 922.22	1 283 149.27	-346 227.05
3	兴业信托	802 068.91	895 130.56	-93 061.65
4	建信信托	714 767.02	899 467.91	-184 700.89
5	华宝信托	317 825.72	303 758.81	14 066.91
6	上海信托	246 404.33	565 724.87	-319 320.54
7	建元信托	244 783.94	30 357.11	214 426.83
8	中信信托	241 060.51	300 230.25	-59 169.74
9	中建投信托	147 462.36	150 172.95	-2 710.59
10	陕国投	143 073.05	211 541.93	-68 468.88
11	国投泰康信托	139 846.81	137 668.81	2 178.00
12	西藏信托	138 516.38	9 417.15	129 099.23
13	金谷信托	136 377.26	136 923.26	-546.00

续表1

排名	公司简称	2023年12月31日	2022年12月31日	增减
14	中铁信托	130 065.23	97 119.11	32 946.11
15	华融信托	117 476.83	23 804.15	93 672.68
16	中诚信托	116 932.06	84 251.47	32 680.59
17	五矿信托	116 594.01	117 015.78	-421.77
18	陆家嘴信托	101 010.06	30 039.13	70 970.94
19	外贸信托	88 984.99	101 911.26	-12 926.27
20	交银国际信托	72 081.91	138 260.21	-66 178.30
21	重庆信托	71 470.27	3 735 351.23	-3 663 880.96
22	昆仑信托	70 106.66	150 615.91	-80 509.25
23	华润信托	65 824.26	62 993.47	2 830.79
24	湖南信托	65 429.90	86 769.96	-21 340.06
25	中海信托	62 902.34	64 831.78	-1 929.44
26	厦门国际信托	59 596.00	77 244.00	-17 648.00
27	长城新盛信托	58 643.51	90 029.63	-31 386.11
28	东莞信托	56 076.19	143 113.49	-87 037.30
29	吉林信托	55 916.97	37 394.06	18 522.91
30	爱建信托	54 825.46	77 067.39	-22 241.93
31	中泰信托	49 556.17	52 292.97	-2 736.80
32	渤海信托	46 572.55	16 585.41	29 987.14
33	华宸信托	43 398.15	36 403.91	6 994.24
34	国民信托	40 859.84	150 790.90	-109 931.06
35	华能信托	39 414.83	65 856.37	-26 441.54
36	中航信托	34 656.67	53 064.01	-18 407.34
37	天津信托	32 422.12	59 423.62	-27 001.50
38	国通信托	28 651.89	57 401.34	-28 749.45
39	国联信托	28 490.00	6 960.00	21 530.00
40	山东国信	28 389.69	224 059.05	-195 669.36
41	万向信托	28 316.06	23 051.95	5 264.11
42	江苏信托	27 010.47	21 025.70	5 984.77
43	北方信托	26 613.61	34 672.65	-8 059.04
44	粤财信托	23 576.97	56 762.34	-33 185.37
45	苏州信托	20 946.28	17 228.47	3 717.82
46	百瑞信托	18 310.21	13 829.33	4 480.88
47	中原信托	18 094.78	7 314.92	10 779.86
48	英大信托	16 517.27	146 643.86	-130 126.59
49	云南信托	16 049.65	40 231.05	-24 181.40
50	中粮信托	13 913.40	20 943.16	-7 029.75
51	山西信托	12 577.82	5 672.96	6 904.86
52	大业信托	10 660.35	2 824.80	7 835.55
53	西部信托	10 439.16	10 990.84	-551.68
54	华澳信托	10 220.19	7 313.76	2 906.43

续表2

排名	公司简称	2023年12月31日	2022年12月31日	增减
55	杭州工商信托	8 491.00	3 159.00	5 332.00
56	浙金信托	7 762.96	3 330.71	4 432.25
57	国元信托	6 309.87	22 539.79	−16 229.92
58	紫金信托	5 401.35	16 252.88	−10 851.53
59	华鑫信托	4 276.93	2 261.14	2 015.79
60	中融信托	未披露	未披露	未披露
61	雪松信托	未披露	未披露	未披露
62	中国民生信托	未披露	未披露	未披露
63	北京信托	未披露	未披露	未披露
64	长安信托	未披露	未披露	未披露
65	四川信托	未披露	未披露	未披露
66	新时代信托	未披露	未披露	未披露
67	华信信托	未披露	未披露	未披露
68	新华信托	未披露	未披露	未披露
	合计	18 268 975.54	23 645 735.70	−5 376 760.15
	平均	309 643.65	400 775.18	−91 131.53

注：1. 为了使各家公司报告对货币资金披露的一致，表格中的货币资金包括：货币资金、存放中央银行款项、存放同业款项和其他货币资金。
2. 本年度有9家信托公司尚未披露年报，故未在本表中披露相关数据。

2023年，已披露年报的59家信托公司期末信托风险准备金余额为596.12亿元，比2022年增加4.57%，有6家公司本年未计提。另外，上海信托本年度调减了风险准备金（见表3-1-17）。

表3-1-17　　　　　　　　　　　　信托风险准备金余额排行榜　　　　　　　　　　　　单位：万元

排名	公司简称	2023年12月31日	2022年12月31日	增减
1	平安信托	1 119 771.08	1 050 268.83	69 502.25
2	中信信托	264 139.73	252 859.71	11 280.02
3	中铁信托	243 193.09	239 893.78	3 299.32
4	交银国际信托	234 495.23	234 495.23	—
5	华润信托	231 049.41	192 747.45	38 301.96
6	江苏信托	192 787.03	178 970.08	13 816.95
7	华能信托	167 885.32	163 291.43	4 593.89
8	杭州工商信托	153 045.00	153 045.00	—
9	华宝信托	152 184.97	141 177.21	11 007.76
10	五矿信托	146 636.31	138 477.81	8 158.50
11	国投泰康信托	139 757.41	126 684.54	13 072.88
12	山东国信	134 741.15	125 376.94	9 364.21
13	重庆信托	130 725.67	130 265.77	459.90
14	上海信托	126 149.33	212 051.25	−85 901.92
15	中航信托	125 328.32	115 961.23	9 367.09
16	建信信托	107 160.53	99 243.64	7 916.89
17	外贸信托	96 106.50	90 818.08	5 288.42
18	爱建信托	94 821.58	92 019.22	2 802.36

续表1

排名	公司简称	2023年12月31日	2022年12月31日	增减
19	国通信托	94 184.05	91 457.62	2 726.43
20	陆家嘴信托	81 876.25	60 542.81	21 333.43
21	百瑞信托	80 376.45	78 436.95	1 939.50
22	英大信托	79 774.03	69 721.19	10 052.84
23	厦门国际信托	77 151.00	66 065.00	11 086.00
24	兴业信托	76 322.45	76 061.89	260.56
25	国元信托	75 392.80	71 626.35	3 766.45
26	粤财信托	74 353.22	69 523.20	4 830.02
27	华鑫信托	74 137.17	61 777.65	12 359.52
28	光大兴陇信托	73 158.70	71 319.74	1 838.96
29	中诚信托	72 418.36	67 548.70	4 869.66
30	建元信托	72 259.85	72 043.86	215.99
31	中建投信托	72 124.87	72 124.87	—
32	中粮信托	67 188.48	64 177.18	3 011.30
33	湖南信托	65 605.20	62 723.75	2 881.45
34	中海信托	65 389.98	62 822.11	2 567.87
35	昆仑信托	64 468.81	64 468.81	—
36	陕国投	60 356.43	52 779.96	7 576.47
37	渤海信托	59 368.75	59 209.21	159.54
38	西部信托	51 926.49	49 137.61	2 788.88
39	紫金信托	47 360.41	38 664.37	8 696.03
40	北方信托	46 358.89	45 200.57	1 158.32
41	苏州信托	46 158.78	39 084.98	7 073.79
42	国联信托	44 998.00	41 961.00	3 037.00
43	天津信托	44 676.22	41 811.13	2 865.09
44	吉林信托	44 187.97	43 941.74	246.23
45	大业信托	43 422.76	42 018.38	1 404.38
46	华融信托	43 309.86	43 277.25	32.61
47	西藏信托	38 569.00	36 790.43	1 778.57
48	云南信托	32 576.10	30 069.09	2 507.01
49	东莞信托	31 452.51	31 178.48	274.03
50	中原信托	30 130.04	29 430.24	699.80
51	山西信托	25 742.06	25 310.24	431.82
52	中泰信托	24 747.33	20 054.03	4 693.30
53	金谷信托	24 193.71	20 429.91	3 763.80
54	万向信托	22 536.47	22 536.47	—
55	国民信托	22 470.02	18 562.32	3 907.70
56	华澳信托	21 694.23	21 694.23	—
57	浙金信托	15 511.99	14 719.91	792.08
58	华宸信托	8 755.46	8 456.82	298.64
59	长城新盛信托	4 515.32	4 483.56	31.76

续表2

排名	公司简称	2023年12月31日	2022年12月31日	增减
60	中融信托	未披露	未披露	未披露
61	雪松信托	未披露	未披露	未披露
62	中国民生信托	未披露	未披露	未披露
63	北京信托	未披露	未披露	未披露
64	长安信托	未披露	未披露	未披露
65	四川信托	未披露	未披露	未披露
66	新时代信托	未披露	未披露	未披露
67	华信信托	未披露	未披露	未披露
68	新华信托	未披露	未披露	未披露
合计		5 961 178.14	5 700 890.81	260 287.33
平均		101 036.92	96 625.27	4 411.65

注：1.信托风险准备金余额=信托风险准备金余额+一般风险准备金余额。
2.本年度有9家信托公司尚未披露年报，故未在本表中披露相关数据。

2023年，已披露年报的59家信托公司平均信托赔偿准备金提取率为19.81%，有22家公司超过平均值，其中，超过30%的有8家公司，本年度无低于5%的公司（见表3-1-18、表3-1-19）。

表3-1-18　　　　　　　　　　　　信托风险准备金余额提取率排行榜

排名	公司简称	信托风险准备金（万元）	股本（万元）	提取率（%）
1	杭州工商信托	153 045.00	150 000.00	102.03
2	平安信托	1 119 771.08	1 300 000.00	86.14
3	国投泰康信托	139 757.41	267 054.55	52.33
4	中铁信托	243 193.09	500 000.00	48.64
5	中泰信托	24 747.33	51 660.00	47.90
6	交银国际信托	234 495.23	576 470.59	40.68
7	苏州信托	46 158.78	120 000.00	38.47
8	华宝信托	152 184.97	500 421.94	30.41
9	山东国信	134 741.15	465 885.00	28.92
10	华能信托	167 885.32	619 455.74	27.10
11	中海信托	65 389.98	250 000.00	26.16
12	上海信托	126 149.33	500 000.00	25.23
13	中粮信托	67 188.48	283 095.42	23.73
14	中信信托	264 139.73	1 127 600.00	23.42
15	北方信托	46 358.89	200 199.77	23.16
16	国通信托	94 184.05	415 837.48	22.65
17	国民信托	22 470.02	100 000.00	22.47
18	江苏信托	192 787.03	876 033.66	22.01
19	大业信托	43 422.76	200 000.00	21.71
20	华润信托	231 049.41	1 100 000.00	21.00
21	爱建信托	94 821.58	460 268.46	20.60
22	百瑞信托	80 376.45	400 000.00	20.09
23	英大信托	79 774.03	402 900.60	19.80

续表1

排名	公司简称	信托风险准备金(万元)	股本(万元)	提取率(%)
24	中航信托	125 328.32	646 613.23	19.38
25	东莞信托	31 452.51	165 618.56	18.99
26	山西信托	25 742.06	135 700.00	18.97
27	厦门国际信托	77 151.00	416 000.00	18.55
28	国元信托	75 392.80	420 000.00	17.95
29	万向信托	22 536.47	133 900.00	16.83
30	渤海信托	59 368.75	360 000.00	16.49
31	长城新盛信托	4 515.32	30 000.00	15.05
32	国联信托	44 998.00	300 000.00	15.00
33	财信信托	65 605.20	438 000.00	14.98
34	中诚信托	72 418.36	485 000.00	14.93
35	云南信托	32 576.10	220 000.00	14.81
36	紫金信托	47 360.41	327 107.55	14.48
37	中建投信托	72 124.87	500 000.00	14.42
38	华融信托	43 309.86	303 565.33	14.27
39	吉林信托	44 187.97	314 999.56	14.03
40	西部信托	51 926.49	400 000.00	12.98
41	天津信托	44 676.22	360 000.00	12.41
42	外贸信托	96 106.50	800 000.00	12.01
43	粤财信托	74 353.22	620 000.00	11.99
44	陕国投	60 356.43	511 397.04	11.80
45	五矿信托	146 636.31	1 305 106.91	11.24
46	金谷信托	24 193.71	220 000.00	11.00
47	建信信托	107 160.53	1 050 000.00	10.21
48	华鑫信托	74 137.17	739 511.86	10.03
49	华宸信托	8 755.46	100 000.00	8.76
50	重庆信托	130 725.67	1 500 000.00	8.72
51	光大兴陇信托	73 158.70	841 819.05	8.69
52	华澳信托	21 694.23	250 000.00	8.68
53	陆家嘴信托	81 876.25	1 040 000.00	7.87
54	兴业信托	76 322.45	1 000 000.00	7.63
55	西藏信托	38 569.00	520 000.00	7.42
56	建元信托	72 259.85	984 444.83	7.34
57	中原信托	30 130.04	468 089.68	6.44
58	昆仑信托	64 468.81	1 022 705.89	6.30
59	浙金信托	15 511.99	288 000.00	5.39
60	中融信托	未披露	未披露	未披露
61	雪松信托	未披露	未披露	未披露
62	中国民生信托	未披露	未披露	未披露
63	北京信托	未披露	未披露	未披露
64	长安信托	未披露	未披露	未披露

续表2

排名	公司简称	信托风险准备金（万元）	股本（万元）	提取率（%）
65	四川信托	未披露	未披露	未披露
66	新时代信托	未披露	未披露	未披露
67	华信信托	未披露	未披露	未披露
68	新华信托	未披露	未披露	未披露
合计		5 961 178.14	30 084 462.68	19.81
平均		101 036.92	509 906.15	19.81

注：本年度有9家信托公司尚未披露年报，故未在本表中披露相关数据。

表3-1-19　　　　　　　　　　　信托赔偿准备金提取率分布

项目	家数（家）
30%以上	8
15%~30%	23
5%~15%	28
5%以下	—
合计	59

（二）信托资产相关指标

2023年，已披露年报的59家信托公司信托资产总额达到了227 820.63亿元，比2022年有较大幅度上升，上升比例为16.30%（见表3-1-20）。其中37家公司增长，增幅最大的为中粮信托。信托资产总额超过5 000.00亿元的公司有17家较2022年11家增长6家；17家信托公司资产总额达到152 923.05亿元，占整个信托资产总额的67.13%，2023年度所有披露年报的信托公司信托资产总额平均为3 861.37亿元，超过平均值的有22家（见表3-1-21）。

表3-1-20　　　　　　　　　　　信托资产资产总额排行榜

排名	公司简称	2023年12月31日（万元）	2022年12月31日（万元）	增长率（%）
1	华润信托	259 849 666.80	165 866 573.67	56.66
2	中信信托	205 933 488.20	154 085 077.89	33.65
3	外贸信托	157 244 356.07	107 741 905.55	45.95
4	建信信托	117 085 377.02	145 742 958.69	-19.66
5	英大信托	82 299 256.35	79 872 972.98	3.04
6	光大兴陇信托	74 319 995.91	95 046 636.56	-21.81
7	五矿信托	73 040 343.33	74 554 848.15	-2.03
8	平安信托	66 250 261.43	55 200 589.57	20.02
9	中航信托	63 565 011.37	63 001 152.39	0.89
10	华鑫信托	61 486 374.89	39 752 102.36	54.67
11	交银国际信托	54 611 416.04	49 521 131.48	10.28
12	百瑞信托	53 968 916.78	50 133 509.86	7.65
13	陕国投	53 182 587.06	28 334 187.79	87.70
14	上海信托	52 314 254.76	48 547 616.53	7.76
15	中诚信托	51 631 774.67	37 870 918.46	36.34
16	华能信托	51 447 654.06	62 136 134.51	-17.20
17	渤海信托	50 999 726.77	35 358 104.41	44.24
18	西部信托	44 785 703.35	26 479 984.56	69.13

续表1

排名	公司简称	2023年12月31日（万元）	2022年12月31日（万元）	增长率（%）
19	中铁信托	41 639 735.00	30 088 710.00	38.39
20	江苏信托	40 051 377.50	36 824 783.63	8.76
21	中原信托	39 722 756.48	41 995 484.46	-5.41
22	国投泰康信托	39 114 631.88	29 860 108.15	30.99
23	粤财信托	37 456 032.16	34 359 191.65	9.01
24	云南信托	34 116 572.97	29 494 901.51	15.67
25	华宝信托	33 187 494.05	34 045 740.50	-2.52
26	中粮信托	30 092 826.50	15 948 395.21	88.69
27	紫金信托	29 606 223.82	30 978 179.45	-4.43
28	国民信托	24 950 933.64	24 048 608.52	3.75
29	昆仑信托	24 766 354.15	15 201 428.55	62.92
30	天津信托	23 423 110.08	20 578 478.36	13.82
31	北方信托	20 660 182.66	13 599 619.69	51.92
32	金谷信托	18 567 016.83	16 739 438.83	10.92
33	山东国信	18 555 242.66	20 947 752.11	-11.42
34	兴业信托	18 520 588.83	18 545 923.28	-0.14
35	重庆信托	17 804 717.81	18 972 662.86	-6.16
36	国通信托	17 641 804.42	14 222 753.58	24.04
37	厦门国际信托	17 592 440.00	16 569 447.00	6.17
38	西藏信托	16 835 546.68	9 215 391.65	82.69
39	中海信托	16 464 425.78	28 586 991.09	-42.41
40	建元信托	14 245 107.59	14 009 721.10	1.68
41	财信信托	13 782 056.00	14 002 830.00	-1.58
42	国元信托	11 836 069.99	8 771 349.32	34.94
43	浙金信托	10 234 025.08	7 989 128.89	28.10
44	中建投信托	9 407 040.13	11 112 506.72	-15.35
45	杭州工商信托	8 831 992.00	5 424 896.00	62.80
46	国联信托	8 815 275.00	7 228 970.00	21.94
47	华融信托	8 429 690.45	6 873 932.92	22.63
48	陆家嘴信托	8 376 166.67	12 834 598.13	-34.74
49	万向信托	8 312 504.45	8 925 145.33	-6.86
50	大业信托	7 809 697.06	5 236 715.82	49.13
51	东莞信托	7 008 198.33	7 349 640.28	-4.65
52	苏州信托	6 834 130.50	6 663 026.73	2.57
53	爱建信托	6 647 023.16	7 756 758.53	-14.31
54	山西信托	6 141 233.19	6 497 055.00	-5.48
55	华澳信托	2 307 802.92	3 007 150.21	-23.26
56	吉林信托	2 072 291.41	2 353 033.20	-11.93
57	中泰信托	1 334 571.07	1 471 579.12	-9.31
58	长城新盛信托	881 695.52	1 238 442.23	-28.81
59	华宸信托	113 564.94	73 290.05	54.95

续表2

排名	公司简称	2023年12月31日（万元）	2022年12月31日（万元）	增长率（%）
60	中融信托	未披露	未披露	未披露
61	中国民生信托	未披露	未披露	未披露
62	雪松信托	未披露	未披露	未披露
63	长安信托	未披露	未披露	未披露
64	北京信托	未披露	未披露	未披露
65	新时代信托	未披露	未披露	未披露
66	四川信托	未披露	未披露	未披露
67	华信信托	未披露	未披露	未披露
68	新华信托	未披露	未披露	未披露
	合计	2 278 206 314.22	1 958 890 165.07	16.30
	平均	38 613 666.34	33 201 528.22	16.30

注：本年度有9家信托公司尚未披露年报，故未在本表中披露相关数据。

表3-1-21　　　　　　　　　　　信托资产总额分布情况

项目	2023年			2022年		
	家数（家）	信托资产总额（万元）	占比（%）	家数（家）	信托资产总额（万元）	占比（%）
1万亿元以上	4	740 112 888.09	32.49	4	573 436 515.80	29.27
0.5万亿~1万亿元	13	789 117 573.42	34.64	7	479 945 844.02	24.50
0.1万亿~5千亿元	26	655 652 975.91	28.78	31	809 432 299.97	41.32
0.1万亿元以下	16	93 322 876.80	4.10	17	96 075 505.28	4.90
合计	59	2 278 206 314.22	100.00	59	1 958 890 165.07	100.00

2023年，已披露年报的59家信托公司信托资产营业收入合计7 857.77亿元。较2022年上升15.47%。其中上涨33家，增长金额最大的是华润信托，增长577.17亿元（见表3-1-22）。

表3-1-22　　　　　　　　　　　信托资产营业收入排行榜

排名	公司简称	2023年（万元）	2022年（万元）	增长率（%）
1	建信信托	6 984 752.07	5 135 837.75	36.00
2	华润信托	5 344 794.80	-426 907.96	-1 351.98
3	外贸信托	3 589 884.81	-1 384 305.35	-359.33
4	光大兴陇信托	3 064 827.40	5 303 670.39	-42.21
5	五矿信托	2 877 445.87	4 914 691.09	-41.45
6	英大信托	2 858 531.08	2 815 893.47	1.51
7	华鑫信托	2 721 384.69	1 756 170.01	54.96
8	中航信托	2 681 118.20	4 204 110.07	-36.23
9	交银国际信托	2 599 949.71	3 915 409.04	-33.60
10	华能信托	2 586 963.89	3 964 161.17	-34.74
11	百瑞信托	2 583 453.52	1 751 652.51	47.49
12	中信信托	2 485 629.11	1 864 859.69	33.29
13	云南信托	2 347 210.51	1 461 352.82	60.62
14	中海信托	1 858 535.63	1 114 184.85	66.81
15	中原信托	1 856 030.28	1 973 387.93	-5.95
16	国投泰康信托	1 770 699.35	961 846.00	84.09

续表1

排名	公司简称	2023年(万元)	2022年(万元)	增长率(%)
17	江苏信托	1 724 078.25	1 670 525.52	3.21
18	渤海信托	1 722 311.03	1 693 122.83	1.72
19	上海信托	1 706 991.60	2 273 952.22	−24.93
20	中诚信托	1 702 816.37	946 560.84	79.90
21	中铁信托	1 648 667.00	1 277 480.00	29.06
22	中粮信托	1 330 308.20	815 230.14	63.18
23	国通信托	1 297 260.42	749 389.42	73.11
24	财信信托	1 292 745.00	651 142.00	98.54
25	金谷信托	1 241 757.18	959 607.24	29.40
26	平安信托	1 175 964.25	1 115 848.67	5.39
27	粤财信托	1 103 483.34	1 371 705.55	−19.55
28	华宝信托	1 086 072.32	1 056 931.75	2.76
29	陕国投	1 032 613.82	306 873.61	236.49
30	西部信托	1 014 728.37	1 299 382.40	−21.91
31	国民信托	994 269.06	1 189 796.39	−16.43
32	重庆信托	928 572.33	769 034.05	20.75
33	山东国信	852 175.99	660 505.12	29.02
34	厦门国际信托	801 257.00	887 978.00	−9.77
35	天津信托	799 427.83	705 469.00	13.32
36	万向信托	775 325.94	1 110 654.61	−30.19
37	兴业信托	745 875.50	176 371.07	322.90
38	西藏信托	710 399.59	410 348.69	73.12
39	国元信托	663 033.34	691 529.46	−4.12
40	紫金信托	514 141.31	540 067.07	−4.80
41	陆家嘴信托	492 182.08	842 297.22	−41.57
42	昆仑信托	443 351.84	915 759.69	−51.59
43	爱建信托	437 721.24	592 489.34	−26.12
44	北方信托	435 448.03	160 384.21	171.50
45	浙金信托	408 761.57	497 216.33	−17.79
46	苏州信托	373 788.96	463 157.68	−19.30
47	中建投信托	360 535.65	369 744.41	−2.49
48	山西信托	293 265.92	291 366.14	0.65
49	大业信托	265 005.26	166 167.08	59.48
50	国联信托	256 132.00	316 290.00	−19.02
51	杭州工商信托	206 441.00	105 432.00	95.80
52	建元信托	136 872.58	44 164.06	209.92
53	华澳信托	132 564.75	154 763.90	−14.34
54	吉林信托	128 056.96	41 466.73	208.82
55	中泰信托	109 176.64	98 661.89	10.66
56	长城新盛信托	18 804.50	3 908.63	381.10
57	华宸信托	7 398.10	2 208.54	234.98

续表2

排名	公司简称	2023年（万元）	2022年（万元）	增长率（%）
58	东莞信托	-439 474.24	87 435.75	-602.63
59	华融信托	-563 830.93	243 002.14	-332.03
60	中融信托	未披露	未披露	未披露
61	中国民生信托	未披露	未披露	未披露
62	雪松信托	未披露	未披露	未披露
63	长安信托	未披露	未披露	未披露
64	北京信托	未披露	未披露	未披露
65	新时代信托	未披露	未披露	未披露
66	四川信托	未披露	未披露	未披露
67	华信信托	未披露	未披露	未披露
68	新华信托	未披露	未披露	未披露
	合计	78 577 687.88	68 051 434.87	15.47
	平均	1 331 825.22	1 153 414.15	15.47

注：本年度有9家信托公司尚未披露年报，故未在本表中披露相关数据。

2023年，信托资产营业收入达到100亿元以上的有30家，较上年增加7家，30家信托公司占全部营业收入的85.64%。59家公司平均营业收入为133.18亿元，超过平均水平的有21家公司（见表3-1-23）。

表3-1-23　　　　　　　　　　信托资产营业收入分布情况

项目	2023年			2022年		
	家数（家）	信托资产总额（万元）	占比（%）	家数（家）	信托资产总额（万元）	占比（%）
500亿元以上	2	12 329 546.87	15.69	2	10 439 508.14	15.34
100亿~500亿元	28	54 961 461.20	69.95	21	43 795 272.59	64.36
10亿~100亿元	25	12 263 782.37	15.61	28	15 350 021.85	22.56
10亿元以下	4	-977 102.57	-1.24	8	-1 533 367.71	-2.25
合计	59	78 577 687.88	100.00	59	68 051 434.87	100.00

2023年，已披露年报的59家信托公司业务收入合计524.29亿元，各家公司平均信托收入8.89亿元。超过平均信托业务收入的信托公司总共有20家，2023年度信托业务收入占固有资产营业收入的比重为43.80%，较上年略有下降（见表3-1-24）。

表3-1-24　　　　　　　　　　信托业务收入排行榜

排名	公司简称	信托手续费及佣金收入（万元）	其他业务收入中的信托部分收入（万元）	合计（万元）	收入合计（万元）	信托业务收入占比（%）
1	五矿信托	283 462.52	—	283 462.52	267 838.09	105.83
2	光大兴陇信托	277 059.96	—	277 059.96	274 112.51	101.08
3	英大信托	271 158.97	—	271 158.97	258 823.96	104.77
4	中信信托	240 021.25	—	240 021.25	500 809.97	47.93
5	华鑫信托	206 287.54	—	206 287.54	300 398.07	68.67
6	建信信托	189 566.61	—	189 566.61	794 117.34	23.87
7	中航信托	177 089.39	—	177 089.39	123 224.55	143.71
8	外贸信托	172 783.48	—	172 783.48	257 677.53	67.05
9	中铁信托	169 076.84	—	169 076.84	160 130.15	105.59
10	中诚信托	160 046.24	—	160 046.24	276 828.55	57.81

续表1

排名	公司简称	信托手续费及佣金收入(万元)	其他业务收入中的信托部分收入(万元)	合计(万元)	收入合计(万元)	信托业务收入占比(%)
11	陕国投	155 260.39	—	155 260.39	316 110.54	49.12
12	国投泰康信托	152 899.00	—	152 899.00	317 577.34	48.15
13	渤海信托	138 447.97	—	138 447.97	150 638.12	91.91
14	华能信托	133 095.97	—	133 095.97	337 615.08	39.42
15	华润信托	129 688.51	—	129 688.51	357 253.82	36.30
16	平安信托	112 409.95	12 363.19	124 773.14	2 080 641.06	6.00
17	紫金信托	121 402.11	—	121 402.11	179 012.73	67.82
18	中粮信托	116 912.61	—	116 912.61	132 520.85	88.22
19	交银国际信托	95 555.97	2 707.55	98 263.52	179 630.31	54.70
20	华宝信托	97 120.97	—	97 120.97	310 572.28	31.27
21	江苏信托	86 427.60	—	86 427.60	305 832.98	28.26
22	国民信托	86 164.56	—	86 164.56	92 806.64	92.84
23	百瑞信托	85 326.97	—	85 326.97	88 825.70	96.06
24	爱建信托	84 942.23	—	84 942.23	103 845.23	81.80
25	金谷信托	83 774.30	—	83 774.30	126 282.55	66.34
26	万向信托	83 418.80	—	83 418.80	79 765.79	104.58
27	云南信托	81 782.24	—	81 782.24	98 785.56	82.79
28	西部信托	77 510.46	—	77 510.46	94 100.85	82.37
29	山东国信	77 112.47	—	77 112.47	129 031.61	59.76
30	上海信托	71 123.98	—	71 123.98	801 615.07	8.87
31	中海信托	68 567.03	—	68 567.03	107 678.33	63.68
32	财信托	66 420.80	—	66 420.80	85 608.01	77.59
33	中原信托	63 333.84	—	63 333.84	80 046.05	79.12
34	厦门国际信托	60 244.00	—	60 244.00	130 981.00	45.99
35	天津信托	59 836.51	—	59 836.51	97 018.74	61.68
36	苏州信托	59 275.00	—	59 275.00	105 963.00	55.94
37	重庆信托	55 956.93	—	55 956.93	304 545.01	18.37
38	国通信托	51 537.10	—	51 537.10	114 818.20	44.89
39	粤财信托	51 042.29	—	51 042.29	144 446.12	35.34
40	北方信托	49 781.14	—	49 781.14	62 840.66	79.22
41	国元信托	46 872.97	—	46 872.97	117 468.41	39.90
42	西藏信托	42 971.02	—	42 971.02	54 480.68	78.87
43	兴业信托	37 032.00	—	37 032.00	577 470.00	6.41
44	昆仑信托	35 209.29	—	35 209.29	27 354.92	128.71
45	浙金信托	32 249.24	—	32 249.24	48 005.91	67.18
46	建元信托	30 516.83	—	30 516.83	37 914.80	80.49
47	陆家嘴信托	29 361.00	—	29 361.00	118 967.00	24.68
48	国联信托	27 007.00	—	27 007.00	71 940.00	37.54
49	东莞信托	26 614.92	—	26 614.92	23 363.86	113.91
50	大业信托	25 637.14	—	25 637.14	29 574.48	86.69
51	山西信托	23 961.39	—	23 961.39	32 325.63	74.13

续表2

排名	公司简称	信托手续费及佣金收入（万元）	其他业务收入中的信托部分收入（万元）	合计（万元）	收入合计（万元）	信托业务收入占比（%）
52	杭州工商信托	21 116.00	—	21 116.00	-8 107.00	-260.47
53	中建投信托	12 886.35	—	12 886.35	9 343.59	137.92
54	吉林信托	10 498.38	—	10 498.38	30 434.15	34.50
55	华澳信托	10 159.16	—	10 159.16	13 743.67	73.92
56	华融信托	5 869.41	—	5 869.41	19 870.18	29.54
57	中泰信托	4 096.37	—	4 096.37	28 488.64	14.38
58	长城新盛信托	2 462.35	—	2 462.35	5 090.40	48.37
59	华宸信托	385.74	—	385.74	2 760.23	13.97
60	中融信托	未披露	未披露	未披露	未披露	未披露
61	中国民生信托	未披露	未披露	未披露	未披露	未披露
62	雪松信托	未披露	未披露	未披露	未披露	未披露
63	长安信托	未披露	未披露	未披露	未披露	未披露
64	北京信托	未披露	未披露	未披露	未披露	未披露
65	新时代信托	未披露	未披露	未披露	未披露	未披露
66	四川信托	未披露	未披露	未披露	未披露	未披露
67	华信信托	未披露	未披露	未披露	未披露	未披露
68	新华信托	未披露	未披露	未披露	未披露	未披露
	合计	5 227 831.05	15 070.74	5 242 901.79	11 970 859.50	43.80
	平均	88 607.31	255.44	88 862.74	202 895.92	43.80

注：1.此部分数据来源于企业自行编制的收入结构表中，由于存在统计口径的不同，我们做了适当的调整，均采用信托手续费及佣金收入的总收入（即未扣除信托手续费及佣金支出）的金额。
2.本年度有9家信托公司尚未披露年报，故未在本表中披露相关数据。

2023年，信托资产实收信托总额达到219 349.03亿元，较上年度上升了15.05%，其中增长的有38家（见表3-1-25）。

表3-1-25 信托资产实收信托排行榜

排名	公司简称	2023年（万元）	2022年（万元）	增减率（%）
1	华润信托	240 502 281.97	154 589 783.79	55.57
2	中信信托	201 431 242.41	153 678 893.35	31.07
3	外贸信托	147 615 196.78	102 906 432.29	43.45
4	建信信托	105 003 376.79	136 676 094.24	-23.17
5	英大信托	82 360 740.80	79 855 423.24	3.14
6	光大兴陇信托	74 161 100.33	94 105 087.57	-21.19
7	五矿信托	68 242 983.24	71 830 135.02	-4.99
8	平安信托	68 113 237.17	56 180 109.16	21.24
9	中航信托	61 459 945.03	60 835 229.28	1.03
10	华鑫信托	60 134 958.29	38 992 621.81	54.22
11	陕国投	54 326 059.10	29 049 203.59	87.01
12	百瑞信托	51 658 217.77	49 311 447.61	4.76
13	渤海信托	50 313 106.32	34 631 230.28	45.28
14	华能信托	50 176 530.82	60 973 831.55	-17.71
15	中诚信托	49 209 173.50	37 217 262.46	32.22

续表1

排名	公司简称	2023年（万元）	2022年（万元）	增减率（%）
16	上海信托	49 093 600.58	45 783 705.64	7.23
17	交银国际信托	48 729 435.24	44 835 801.36	8.68
18	西部信托	44 836 899.44	26 725 247.70	67.77
19	中铁信托	40 363 661.00	29 569 543.00	36.50
20	中原信托	39 849 277.68	42 186 942.96	-5.54
21	江苏信托	37 650 058.63	35 144 093.22	7.13
22	国投泰康信托	37 389 114.63	29 043 600.83	28.73
23	云南信托	35 847 427.71	29 269 311.16	22.47
24	粤财信托	35 595 984.75	33 108 268.47	7.51
25	华宝信托	30 713 572.49	31 328 956.16	-1.96
26	紫金信托	28 814 225.72	30 433 318.77	-5.32
27	中粮信托	25 951 203.32	15 599 521.15	66.36
28	昆仑信托	25 282 724.94	14 893 204.71	69.76
29	国民信托	24 228 786.35	23 495 187.83	3.12
30	天津信托	22 966 349.72	19 855 090.39	15.67
31	北方信托	20 489 344.04	13 537 874.94	51.35
32	兴业信托	18 286 212.39	18 806 687.07	-2.77
33	金谷信托	18 165 724.64	16 730 164.72	8.58
34	重庆信托	17 692 667.57	19 126 645.09	-7.50
35	西藏信托	17 536 884.86	10 217 435.75	71.64
36	厦门国际信托	17 418 358.00	16 782 330.00	3.79
37	国通信托	17 327 859.30	14 533 691.02	19.23
38	山东国信	17 223 460.07	19 802 977.83	-13.03
39	中海信托	14 910 039.77	28 095 383.94	-46.93
40	建元信托	14 197 899.40	13 870 089.66	2.36
41	财信信托	13 071 172.00	13 742 121.00	-4.88
42	国元信托	11 446 150.82	8 453 243.76	35.41
43	华融信托	10 194 519.05	7 541 636.73	35.18
44	浙金信托	9 766 909.49	7 709 549.49	26.69
45	中建投信托	9 263 870.00	11 201 131.46	-17.30
46	杭州工商信托	8 810 239.00	5 450 311.00	61.65
47	国联信托	8 566 548.00	7 035 097.00	21.77
48	陆家嘴信托	8 171 515.40	12 752 374.71	-35.92
49	万向信托	8 127 109.73	8 722 265.28	-6.82
50	东莞信托	7 775 215.77	7 331 341.95	6.05
51	大业信托	7 663 428.35	5 122 132.51	49.61
52	苏州信托	6 483 089.62	6 399 006.06	1.31
53	爱建信托	6 242 241.17	7 292 008.94	-14.40
54	山西信托	5 857 197.02	6 238 025.04	-6.10
55	吉林信托	2 352 543.48	2 553 943.27	-7.89
56	华澳信托	2 075 370.60	2 789 607.25	-25.60

续表2

排名	公司简称	2023年（万元）	2022年（万元）	增减率（%）
57	中泰信托	1 175 467.79	1 323 051.52	-11.15
58	长城新盛信托	1 078 476.99	1 231 211.66	-12.41
59	华宸信托	100 312.53	61 299.33	63.64
60	中融信托	未披露	未披露	未披露
61	中国民生信托	未披露	未披露	未披露
62	雪松信托	未披露	未披露	未披露
63	长安信托	未披露	未披露	未披露
64	北京信托	未披露	未披露	未披露
65	新时代信托	未披露	未披露	未披露
66	四川信托	未披露	未披露	未披露
67	华信信托	未披露	未披露	未披露
68	新华信托	未披露	未披露	未披露
	合计	2 193 490 299.36	1 906 557 216.57	15.05
	平均	37 177 801.68	32 314 529.09	15.05

注：本年度有9家信托公司尚未披露年报，故未在本表中披露相关数据。

2023年，已披露年报的59家信托公司平均实收信托3 717.78亿元，超过0.5万亿元的有14家，较上年增加4家，14家信托公司占全部信托总额的59.97%，较上年有所上升（见表3-1-26）。

表3-1-26　　　　　　　　　　　信托资产实收信托分布情况

项目	2023年			2022年		
	家数（家）	信托权益（万元）	占比（%）	家数（家）	信托权益（万元）	占比（%）
1万亿元以上	4	694 552 097.95	31.66	4	547 851 203.67	28.74
0.5万亿~1万亿元	10	620 946 878.87	28.31	6	423 779 815.82	22.23
0.1万亿~0.5万亿元	29	784 481 787.61	35.76	33	849 672 466.29	44.57
0.1万亿元以下	16	93 509 534.94	4.26	16	85 253 730.79	4.47
合计	59	2 193 490 299.36	100.00	59	1 906 557 216.57	100.00

2023年度信托资产近较之前几年有所下降，平均报酬率已经从2021年最高点的0.46%逐年下降至2023年0.26%。信托资产信托报酬率排行情况见表3-1-27，2020—2023年信托报酬率见图3-1-1。

表3-1-27　　　　　　　　　　　信托资产信托报酬率排行榜

排名	公司简称	信托业务收入（万元）	实收信托（万元）		信托报酬率（%）
			2023年	2022年	
1	爱建信托	84 942.23	6 242 241.17	7 292 008.94	1.26
2	万向信托	83 418.80	8 127 109.73	8 722 265.28	0.99
3	苏州信托	59 275.00	6 483 089.62	6 399 006.06	0.92
4	中粮信托	116 912.61	25 951 203.32	15 599 521.15	0.56
5	财信信托	66 420.80	13 071 172.00	13 742 121.00	0.50
6	中铁信托	169 076.84	40 363 661.00	29 569 543.00	0.48
7	金谷信托	83 774.30	18 165 724.64	16 730 164.72	0.48
8	华宸信托	385.74	100 312.53	61 299.33	0.48
9	国元信托	46 872.97	11 446 150.82	8 453 243.76	0.47

续表1

排名	公司简称	信托业务收入（万元）	实收信托（万元）		信托报酬率（%）
			2023年	2022年	
10	国投泰康信托	152 899.00	37 389 114.63	29 043 600.83	0.46
11	吉林信托	10 498.38	2 352 543.48	2 553 943.27	0.43
12	华澳信托	10 159.16	2 075 370.60	2 789 607.25	0.42
13	山东国信	77 112.47	17 223 460.07	19 802 977.83	0.42
14	华鑫信托	206 287.54	60 134 958.29	38 992 621.81	0.42
15	紫金信托	121 402.11	28 814 225.72	30 433 318.77	0.41
16	五矿信托	283 462.52	68 242 983.24	71 830 135.02	0.40
17	大业信托	25 637.14	7 663 428.35	5 122 132.51	0.40
18	山西信托	23 961.39	5 857 197.02	6 238 025.04	0.40
19	陕国投	155 260.39	54 326 059.10	29 049 203.59	0.37
20	中诚信托	160 046.24	49 209 173.50	37 217 262.46	0.37
21	浙金信托	32 249.24	9 766 909.49	7 709 549.49	0.37
22	国民信托	86 164.56	24 228 786.35	23 495 187.83	0.36
23	东莞信托	26 614.92	7 775 215.77	7 331 341.95	0.35
24	厦门国际信托	60 244.00	17 418 358.00	16 782 330.00	0.35
25	国联信托	27 007.00	8 566 548.00	7 035 097.00	0.35
26	英大信托	271 158.97	82 360 740.80	79 855 423.24	0.33
27	光大兴陇信托	277 059.96	74 161 100.33	94 105 087.57	0.33
28	中泰信托	4 096.37	1 175 467.79	1 323 051.52	0.33
29	渤海信托	138 447.97	50 313 106.32	34 631 230.28	0.33
30	国通信托	51 537.10	17 327 859.30	14 533 691.02	0.32
31	中海信托	68 567.03	14 910 039.77	28 095 383.94	0.32
32	华宝信托	97 120.97	30 713 572.49	31 328 956.16	0.31
33	西藏信托	42 971.02	17 536 884.86	10 217 435.75	0.31
34	重庆信托	55 956.93	17 692 667.57	19 126 645.09	0.30
35	杭州工商信托	21 116.00	8 810 239.00	5 450 311.00	0.30
36	北方信托	49 781.14	20 489 344.04	13 537 874.94	0.29
37	中航信托	177 089.39	61 459 945.03	60 835 229.28	0.29
38	陆家嘴信托	29 361.00	8 171 515.40	12 752 374.71	0.28
39	天津信托	59 836.51	22 966 349.72	19 855 090.39	0.28
40	云南信托	81 782.24	35 847 427.71	29 269 311.16	0.25
41	华能信托	133 095.97	50 176 530.82	60 973 831.55	0.24
42	江苏信托	86 427.60	37 650 058.63	35 144 093.22	0.24
43	建元信托	30 516.83	14 197 899.40	13 870 089.66	0.22
44	西部信托	77 510.46	44 836 899.44	26 725 247.70	0.22
45	长城新盛信托	2 462.35	1 078 476.99	1 231 211.66	0.21
46	交银国际信托	98 263.52	48 729 435.24	44 835 801.36	0.21
47	平安信托	124 773.14	68 113 237.17	56 180 109.16	0.20
48	兴业信托	37 032.00	18 286 212.39	18 806 687.07	0.20

续表2

排名	公司简称	信托业务收入（万元）	实收信托（万元）		信托报酬率（%）
			2023年	2022年	
49	昆仑信托	35 209.29	25 282 724.94	14 893 204.71	0.18
50	百瑞信托	85 326.97	51 658 217.77	49 311 447.61	0.17
51	建信信托	189 566.61	105 003 376.79	136 676 094.24	0.16
52	中原信托	63 333.84	39 849 277.68	42 186 942.96	0.15
53	上海信托	71 123.98	49 093 600.58	45 783 705.64	0.15
54	粤财信托	51 042.29	35 595 984.75	33 108 268.47	0.15
55	外贸信托	172 783.48	147 615 196.78	102 906 432.29	0.14
56	中信信托	240 021.25	201 431 242.41	153 678 893.35	0.14
57	中建投信托	12 886.35	9 263 870.00	11 201 131.46	0.13
58	华融信托	5 869.41	10 194 519.05	7 541 636.73	0.07
59	华润信托	129 688.51	240 502 281.97	154 589 783.79	0.07
60	中融信托	未披露	未披露	未披露	未披露
61	中国民生信托	未披露	未披露	未披露	未披露
62	雪松信托	未披露	未披露	未披露	未披露
63	长安信托	未披露	未披露	未披露	未披露
64	北京信托	未披露	未披露	未披露	未披露
65	新时代信托	未披露	未披露	未披露	未披露
66	四川信托	未披露	未披露	未披露	未披露
67	华信信托	未披露	未披露	未披露	未披露
68	新华信托	未披露	未披露	未披露	未披露
	合计	5 242 901.79	2 193 490 299.36	1 906 557 216.57	0.26
	平均	88 862.74	37 177 801.68	32 314 529.09	0.26

注：1. 信托报酬率＝信托业务收入÷实收信托平均余额×100%。
2. 信托业务收入＝信托手续费收入＋其他业务信托收入。
3. 实收信托平均余额＝（期初实收信托余额＋期末实收信托余额）÷2。
4. 本年度有9家信托公司尚未披露年报，故未在本表中披露相关数据。

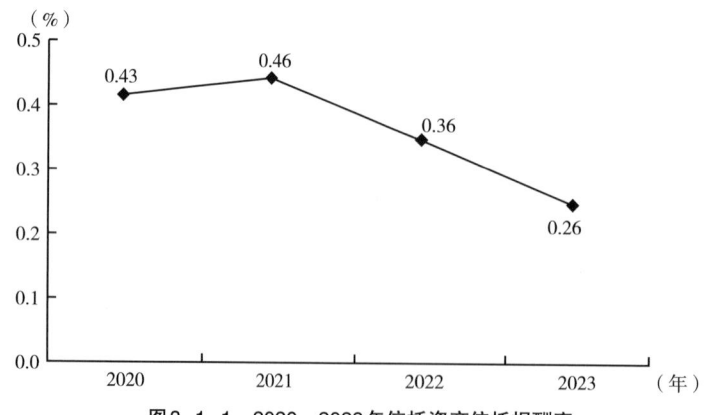

图3-1-1　2020—2023年信托资产信托报酬率

2023年，信托资产信托权益总额为220 803.68亿元，比2022年上升了15.15%。其中上涨的有37家公司，较上年增加11家，增长幅度最大为陕国投，增长比例为87.89%（见表3-1-28）。

表3-1-28　　　　　　　　　　　　　信托资产信托权益（净资产）排行榜

排名	公司简称	2023年12月31日（万元）	2022年12月31日（万元）	增长率（%）
1	华润信托	244 973 661.10	157 489 011.41	55.55
2	中信信托	201 525 111.85	152 602 199.28	32.06
3	外贸信托	150 228 598.46	105 417 466.15	42.51
4	建信信托	111 328 301.46	140 960 605.67	-21.02
5	英大信托	82 298 057.03	79 829 680.65	3.09
6	光大兴陇信托	72 865 747.58	94 237 096.83	-22.68
7	五矿信托	70 012 618.69	72 808 206.91	-3.84
8	平安信托	63 061 889.78	51 609 620.61	22.19
9	中航信托	61 578 048.37	61 352 055.02	0.37
10	华鑫信托	60 630 345.53	39 057 484.67	55.23
11	交银国际信托	53 509 992.24	49 349 856.21	8.43
12	陕国投	52 345 185.31	27 858 779.78	87.89
13	华能信托	51 242 018.52	62 024 182.08	-17.38
14	上海信托	51 218 625.48	47 506 540.54	7.81
15	百瑞信托	50 927 879.72	48 582 308.09	4.83
16	渤海信托	50 434 988.82	34 946 451.37	44.32
17	中诚信托	49 137 176.76	36 445 956.70	34.82
18	西部信托	44 542 064.00	26 295 659.96	69.39
19	中铁信托	40 822 079.00	29 860 834.00	36.71
20	中原信托	39 481 710.24	41 840 168.20	-5.64
21	江苏信托	39 412 014.12	36 571 996.41	7.77
22	国投泰康信托	38 235 460.59	29 137 484.50	31.22
23	粤财信托	36 207 371.86	33 738 503.13	7.32
24	云南信托	33 068 458.40	28 716 651.01	15.15
25	华宝信托	31 848 622.02	32 732 751.17	-2.70
26	紫金信托	29 384 468.91	30 828 848.16	-4.69
27	中粮信托	26 914 517.76	15 810 633.15	70.23
28	国民信托	24 720 285.29	23 883 496.91	3.50
29	昆仑信托	24 707 657.46	15 099 179.60	63.64
30	天津信托	23 164 031.89	20 259 084.69	14.34
31	北方信托	20 474 383.61	13 509 654.73	51.55
32	金谷信托	18 407 840.50	16 709 931.57	10.16
33	兴业信托	18 114 460.00	18 361 490.38	-1.35
34	重庆信托	17 366 446.88	18 665 507.46	-6.96
35	山东国信	17 339 821.84	19 852 371.51	-12.66
36	厦门国际信托	17 297 632.00	16 429 841.00	5.28
37	国通信托	16 782 418.85	14 021 466.65	19.69
38	西藏信托	16 745 297.81	9 080 099.37	84.42
39	中海信托	15 889 746.81	28 373 407.75	-44.00
40	建元信托	13 992 821.26	13 657 028.80	2.46
41	财信信托	13 544 823.00	13 871 027.00	-2.35

续表

排名	公司简称	2023年12月31日（万元）	2022年12月31日（万元）	增长率（%）
42	国元信托	11 644 529.42	8 634 625.20	34.86
43	浙金信托	10 133 563.97	7 958 346.19	27.33
44	中建投信托	8 955 998.73	10 836 330.84	-17.35
45	杭州工商信托	8 757 482.00	5 376 192.00	62.89
46	国联信托	8 754 100.00	7 210 416.00	21.41
47	万向信托	8 182 733.75	8 804 707.15	-7.06
48	陆家嘴信托	8 177 606.57	12 759 351.43	-35.91
49	大业信托	7 671 848.65	5 145 406.22	49.10
50	华融信托	7 360 873.35	5 804 060.11	26.82
51	东莞信托	6 891 802.77	7 187 709.80	-4.12
52	苏州信托	6 788 658.21	6 632 404.49	2.36
53	爱建信托	6 520 174.42	7 614 306.93	-14.37
54	山西信托	6 003 925.24	6 359 427.00	-5.59
55	华澳信托	2 064 026.04	2 770 892.03	-25.51
56	吉林信托	2 053 576.18	2 327 122.47	-11.75
57	中泰信托	1 307 927.09	1 445 933.88	-9.54
58	长城新盛信托	880 638.12	1 236 192.59	-28.76
59	华宸信托	104 640.05	63 964.89	63.59
60	中融信托	未披露	未披露	未披露
61	中国民生信托	未披露	未披露	未披露
62	雪松信托	未披露	未披露	未披露
63	长安信托	未披露	未披露	未披露
64	北京信托	未披露	未披露	未披露
65	新时代信托	未披露	未披露	未披露
66	四川信托	未披露	未披露	未披露
67	华信信托	未披露	未披露	未披露
68	新华信托	未披露	未披露	未披露
	合计	2 208 036 785.37	1 917 552 008.30	15.15
	平均	37 424 352.29	32 500 881.50	15.15

注：本年度有9家信托公司尚未披露年报，故未在本表中披露相关数据。

2023年，59家公司平均信托权益为3 742.43亿元，超过0.5万亿元的有16家，较2022年增加6家（见表3-1-29）。

表3-1-29　　　　　　　　　　　　信托资产平均信托权益分布情况

项目	2023年			2022年		
	家数（家）	信托权益（万元）	占比（%）	家数（家）	信托权益（万元）	占比（%）
1万亿元以上	4	708 055 672.87	32.07	4	556 469 282.51	29.02
0.5万亿~1万亿元	12	720 125 397.07	32.61	6	421 860 842.10	22.00
0.1万亿~0.5万亿元	27	689 379 704.25	31.22	32	845 570 077.37	44.10
0.1万亿元以下	16	90 476 011.17	4.10	17	93 651 806.32	4.88
合计	59	2 208 036 785.37	100.00	59	1 917 552 008.30	100.00

2023年末,信托资产中长期股权投资总额为4 340.79亿元,占全部信托资产的1.91%,较上年3.34%有较大幅度的下降(见表3-1-30)。

表3-1-30 长期股权投资占比排行榜

排名	公司简称	长期股权投资(万元)	信托资产总额(万元)	长期股权投资占比(%)
1	建信信托	24 716 975.16	117 085 377.02	21.11
2	中泰信托	193 156.47	1 334 571.07	14.47
3	中铁信托	5 275 389.00	41 639 735.00	12.67
4	华融信托	684 335.79	8 429 690.45	8.12
5	吉林信托	144 414.12	2 072 291.41	6.97
6	大业信托	519 609.79	7 809 697.06	6.65
7	渤海信托	2 808 016.38	50 999 726.77	5.51
8	华能信托	2 329 769.58	51 447 654.06	4.53
9	五矿信托	1 830 061.27	73 040 343.33	2.51
10	山西信托	141 737.45	6 141 233.19	2.31
11	国联信托	178 623.00	8 815 275.00	2.03
12	中海信托	277 969.70	16 464 425.78	1.69
13	江苏信托	545 055.65	40 051 377.50	1.36
14	粤财信托	479 838.15	37 456 032.16	1.28
15	万向信托	87 969.90	8 312 504.45	1.06
16	国元信托	121 042.76	11 836 069.99	1.02
17	苏州信托	67 325.00	6 834 130.50	0.99
18	紫金信托	265 096.00	29 606 223.82	0.90
19	山东国信	140 568.37	18 555 242.66	0.76
20	天津信托	152 630.26	23 423 110.08	0.65
21	中航信托	379 543.86	63 565 011.37	0.60
22	华润信托	1 436 722.77	259 849 666.80	0.55
23	中诚信托	206 454.53	51 631 774.67	0.40
24	上海信托	156 931.41	52 314 254.76	0.30
25	光大兴陇信托	82 590.37	74 319 995.91	0.11
26	外贸信托	100 086.48	157 244 356.07	0.06
27	陕国投	32 475.92	53 182 587.06	0.06
28	英大信托	37 780.00	82 299 256.35	0.05
29	中信信托	15 753.47	205 933 488.20	0.01
30	长城新盛信托	—	881 695.52	—
31	国民信托	—	24 950 933.64	—
32	爱建信托	—	6 647 023.16	—
33	华澳信托	—	2 307 802.92	—
34	重庆信托	—	17 804 717.81	—
35	兴业信托	—	18 520 588.83	—

续表

排名	公司简称	长期股权投资（万元）	信托资产总额（万元）	长期股权投资占比（%）
36	昆仑信托	—	24 766 354.15	—
37	国投泰康信托	—	39 114 631.88	—
38	中粮信托	—	30 092 826.50	—
39	建元信托	—	14 245 107.59	—
40	华鑫信托	—	61 486 374.89	—
41	陆家嘴信托	—	8 376 166.67	—
42	国通信托	—	17 641 804.42	—
43	金谷信托	—	18 567 016.83	—
44	百瑞信托	—	53 968 916.78	—
45	浙金信托	—	10 234 025.08	—
46	杭州工商信托	—	8 831 992.00	—
47	厦门国际信托	—	17 592 440.00	—
48	华宝信托	—	33 187 494.05	—
49	西部信托	—	44 785 703.35	—
50	中原信托	—	39 722 756.48	—
51	财信信托	—	13 782 056.00	—
52	中建投信托	—	9 407 040.13	—
53	交银国际信托	—	54 611 416.04	—
54	北方信托	—	20 660 182.66	—
55	东莞信托	—	7 008 198.33	—
56	西藏信托	—	16 835 546.68	—
57	云南信托	—	34 116 572.97	—
58	平安信托	—	66 250 261.43	—
59	华宸信托	—	113 564.94	—
60	中融信托	未披露	未披露	未披露
61	中国民生信托	未披露	未披露	未披露
62	雪松信托	未披露	未披露	未披露
63	长安信托	未披露	未披露	未披露
64	北京信托	未披露	未披露	未披露
65	新时代信托	未披露	未披露	未披露
66	四川信托	未披露	未披露	未披露
67	华信信托	未披露	未披露	未披露
68	新华信托	未披露	未披露	未披露
合计		43 407 922.61	2 278 206 314.22	1.91

注：本年度有9家信托公司尚未披露年报，故未在本表中披露相关数据。

2023年末，信托资产中交易性金融资产总额为120 961.51亿元较上年大幅提升，2023年交易性金融资产占全部信托资产总额的53.1%，较上年的45.71%有大幅度的增长，已披露年报的59家信托公司中占比超过平均值的有22家公司。其中，华宝信托占比达到81.05%，排名榜首（见表3-1-31）。

表 3-1-31　　交易性金融资产占比排行榜

排名	公司简称	交易性金融资产（万元）	信托资产总额（万元）	交易性金融资产占比（%）
1	华宝信托	26 897 838.13	33 187 494.05	81.05
2	西藏信托	13 587 445.79	16 835 546.68	80.71
3	财信信托	11 075 144.00	13 782 056.00	80.36
4	云南信托	26 981 659.43	34 116 572.97	79.09
5	外贸信托	121 755 924.76	157 244 356.07	77.43
6	百瑞信托	41 028 176.62	53 968 916.78	76.02
7	国投泰康信托	28 946 672.32	39 114 631.88	74.00
8	华润信托	186 936 499.26	259 849 666.80	71.94
9	东莞信托	4 955 733.06	7 008 198.33	70.71
10	上海信托	36 722 506.30	52 314 254.76	70.20
11	中信信托	137 273 018.37	205 933 488.20	66.66
12	中航信托	41 956 498.22	63 565 011.37	66.01
13	昆仑信托	16 114 589.92	24 766 354.15	65.07
14	交银国际信托	35 527 014.79	54 611 416.04	65.05
15	中粮信托	19 125 980.32	30 092 826.50	63.56
16	平安信托	41 607 424.31	66 250 261.43	62.80
17	国民信托	15 159 089.01	24 950 933.64	60.76
18	五矿信托	42 982 557.61	73 040 343.33	58.85
19	金谷信托	10 819 126.48	18 567 016.83	58.27
20	厦门国际信托	9 754 859.00	17 592 440.00	55.45
21	苏州信托	3 767 966.21	6 834 130.50	55.13
22	兴业信托	10 049 141.63	18 520 588.83	54.26
23	陆家嘴信托	4 302 990.92	8 376 166.67	51.37
24	中诚信托	26 308 599.50	51 631 774.67	50.95
25	国通信托	8 626 014.74	17 641 804.42	48.90
26	光大兴陇信托	36 239 803.85	74 319 995.91	48.76
27	山东国信	8 931 326.67	18 555 242.66	48.13
28	华宸信托	53 951.39	113 564.94	47.51
29	中海信托	7 746 749.07	16 464 425.78	47.05
30	粤财信托	17 488 983.96	37 456 032.16	46.69
31	西部信托	20 059 597.90	44 785 703.35	44.79
32	杭州工商信托	3 884 821.00	8 831 992.00	43.99
33	北方信托	9 006 943.29	20 660 182.66	43.60
34	建信信托	50 137 328.50	117 085 377.02	42.82
35	江苏信托	16 962 002.39	40 051 377.50	42.35
36	浙金信托	4 169 937.00	10 234 025.08	40.75
37	重庆信托	6 539 086.78	17 804 717.81	36.73
38	吉林信托	730 142.38	2 072 291.41	35.23

续表

排名	公司简称	交易性金融资产（万元）	信托资产总额（万元）	交易性金融资产占比（％）
39	华鑫信托	21 647 317.89	61 486 374.89	35.21
40	华能信托	18 099 517.09	51 447 654.06	35.18
41	爱建信托	2 337 956.70	6 647 023.16	35.17
42	建元信托	4 691 032.08	14 245 107.59	32.93
43	万向信托	2 682 855.49	8 312 504.45	32.27
44	中铁信托	13 048 820.00	41 639 735.00	31.34
45	中建投信托	2 565 817.30	9 407 040.13	27.28
46	国联信托	2 018 977.00	8 815 275.00	22.90
47	陕国投	11 242 289.89	53 182 587.06	21.14
48	国元信托	2 262 015.72	11 836 069.99	19.11
49	山西信托	1 063 892.04	6 141 233.19	17.32
50	长城新盛信托	152 633.63	881 695.52	17.31
51	华融信托	1 413 391.40	8 429 690.45	16.77
52	渤海信托	8 074 766.86	50 999 726.77	15.83
53	紫金信托	4 604 009.44	29 606 223.82	15.55
54	大业信托	1 102 127.15	7 809 697.06	14.11
55	天津信托	2 422 899.23	23 423 110.08	10.34
56	中原信托	3 939 669.77	39 722 756.48	9.92
57	中泰信托	78 168.80	1 334 571.07	5.86
58	英大信托	1 940 094.26	82 299 256.35	2.36
59	华澳信托	13 656.37	2 307 802.92	0.59
60	中融信托	未披露	未披露	未披露
61	中国民生信托	未披露	未披露	未披露
62	雪松信托	未披露	未披露	未披露
63	长安信托	未披露	未披露	未披露
64	北京信托	未披露	未披露	未披露
65	新时代信托	未披露	未披露	未披露
66	四川信托	未披露	未披露	未披露
67	新华信托	未披露	未披露	未披露
68	华信信托	未披露	未披露	未披露
	合计	1 209 615 052.99	2 278 206 314.22	53.10

注：1.本年度有9家信托公司尚未披露年报，故未在本表中披露相关数据。
2.部分企业实行新金融工具准则，导致数据口径的不一致，可能会影响排名。

二、信托公司一些总体指标排名

（一）信托公司总资产排行榜

2023年末，已披露年报59家信托公司总资产达到239 786.92亿元，较上年219 388.07亿元上升9.3%，平均固有资产资产总额占比为4.99%。其中比例最高的是华宸信托，为55.67%。从2020年开始连续3年固有资产占总资产的比重持续增长，从2019年的5.33%增长至2022年的6.74%，但2023年又跌回至4.99%（见表3-2-1）。

其中，总资产排名前10的信托公司总资产为121 735.96亿元，占已披露年报的59家信托公司总资产的50.77%；这10家公司固有资产占其总资产的比重为4.62%，各家信托公司占比差异较大，10家信托公司中平安信托固有资产占其总资产占比最高，为31.45%。华润信托占比最低，为1.27%。

表3-2-1　　　　　　　　　　　　　　　信托公司总资产排行榜

排名	公司简称	固有资产资产总计（万元）	信托资产资产总计（万元）	总资产总计（万元）	固有资产资产总额占比（%）
1	华润信托	3 351 259.54	259 849 666.80	263 200 926.34	1.27
2	中信信托	4 949 612.34	205 933 488.20	210 883 100.54	2.35
3	外贸信托	2 073 885.10	157 244 356.07	159 318 241.17	1.30
4	建信信托	4 388 556.19	117 085 377.02	121 473 933.21	3.61
5	平安信托	30 390 179.47	66 250 261.43	96 640 440.90	31.45
6	英大信托	1 429 811.44	82 299 256.35	83 729 067.79	1.71
7	五矿信托	3 370 968.88	73 040 343.33	76 411 312.21	4.41
8	光大兴陇信托	2 070 833.17	74 319 995.91	76 390 829.08	2.71
9	中航信托	2 039 794.45	63 565 011.37	65 604 805.82	3.11
10	华鑫信托	2 220 576.94	61 486 374.89	63 706 951.83	3.49
11	交银国际信托	1 706 927.97	54 611 416.04	56 318 344.01	3.03
12	陕国投	2 403 417.09	53 182 587.06	55 586 004.15	4.32
13	百瑞信托	1 291 746.28	53 968 916.78	55 260 663.06	2.34
14	上海信托	2 808 130.36	52 314 254.76	55 122 385.12	5.09
15	华能信托	3 137 365.62	51 447 654.06	54 585 019.68	5.75
16	中诚信托	2 406 961.59	51 631 774.67	54 038 736.26	4.45
17	渤海信托	1 596 545.26	50 999 726.77	52 596 272.03	3.04
18	西部信托	574 997.72	44 785 703.35	45 360 701.07	1.27
19	中铁信托	1 910 606.16	41 639 735.00	43 550 341.16	4.39
20	江苏信托	3 051 888.61	40 051 377.50	43 103 266.11	7.08
21	国投泰康信托	1 765 880.52	39 114 631.88	40 880 512.40	4.32
22	中原信托	1 083 559.27	39 722 756.48	40 806 315.75	2.66
23	粤财信托	1 064 231.20	37 456 032.16	38 520 263.36	2.76
24	华宝信托	1 566 165.16	33 187 494.05	34 753 659.21	4.51
25	云南信托	536 796.64	34 116 572.97	34 653 369.61	1.55
26	中粮信托	864 563.03	30 092 826.50	30 957 389.53	2.79
27	紫金信托	1 195 900.12	29 606 223.82	30 802 123.94	3.88
28	昆仑信托	1 494 913.62	24 766 354.15	26 261 267.77	5.69
29	国民信托	486 439.70	24 950 933.64	25 437 373.34	1.91
30	兴业信托	6 265 604.96	18 520 588.83	24 786 193.79	25.28
31	天津信托	1 090 323.78	23 423 110.08	24 513 433.86	4.45
32	北方信托	691 861.10	20 660 182.66	21 352 043.76	3.24
33	重庆信托	2 857 801.20	17 804 717.81	20 662 519.01	13.83
34	山东国信	1 416 888.43	18 555 242.66	19 972 131.09	7.09
35	金谷信托	914 681.13	18 567 016.83	19 481 697.96	4.70
36	国通信托	1 100 852.39	17 641 804.42	18 742 656.81	5.87

续表

排名	公司简称	固有资产资产总计（万元）	信托资产资产总计（万元）	总资产总计（万元）	固有资产资产总额占比（%）
37	厦门国际信托	871 359.00	17 592 440.00	18 463 799.00	4.72
38	西藏信托	858 527.51	16 835 546.68	17 694 074.19	4.85
39	中海信托	639 577.88	16 464 425.78	17 104 003.66	3.74
40	建元信托	2 228 886.06	14 245 107.59	16 473 993.65	13.53
41	财信信托	1 322 997.83	13 782 056.00	15 105 053.83	8.76
42	国元信托	1 100 998.37	11 836 069.99	12 937 068.36	8.51
43	浙金信托	501 917.61	10 234 025.08	10 735 942.69	4.68
44	中建投信托	965 438.80	9 407 040.13	10 372 478.93	9.31
45	陆家嘴信托	1 848 495.67	8 376 166.67	10 224 662.34	18.08
46	国联信托	709 135.00	8 815 275.00	9 524 410.00	7.45
47	杭州工商信托	582 171.00	8 831 992.00	9 414 163.00	6.18
48	华融信托	411 294.04	8 429 690.45	8 840 984.49	4.65
49	万向信托	373 952.04	8 312 504.45	8 686 456.49	4.31
50	东莞信托	1 272 085.97	7 008 198.33	8 280 284.30	15.36
51	大业信托	347 961.04	7 809 697.06	8 157 658.11	4.27
52	爱建信托	1 035 956.22	6 647 023.16	7 682 979.38	13.48
53	苏州信托	711 814.74	6 834 130.50	7 545 945.24	9.43
54	山西信托	318 349.71	6 141 233.19	6 459 582.90	4.93
55	吉林信托	809 808.55	2 072 291.41	2 882 099.96	28.10
56	华澳信托	403 452.25	2 307 802.92	2 711 255.17	14.88
57	中泰信托	515 701.65	1 334 571.07	1 850 272.72	27.87
58	长城新盛信托	119 903.71	881 695.52	1 001 599.23	11.97
59	华宸信托	142 615.40	113 564.94	256 180.34	55.67
60	中融信托	未披露	未披露	未披露	未披露
61	中国民生信托	未披露	未披露	未披露	未披露
62	雪松信托	未披露	未披露	未披露	未披露
63	长安信托	未披露	未披露	未披露	未披露
64	北京信托	未披露	未披露	未披露	未披露
65	新时代信托	未披露	未披露	未披露	未披露
66	四川信托	未披露	未披露	未披露	未披露
67	华信信托	未披露	未披露	未披露	未披露
68	新华信托	未披露	未披露	未披露	未披露
合计		119 662 926.50	2 278 206 314.22	2 397 869 240.72	4.99

注：1. 总资产=固有资产资产总计+信托资产资产总计。
2. 本年度有9家信托公司尚未披露年报，故未在本表中披露相关数据。

（二）年末信托资产规模资本比例排行榜

2023年信托资产规模资本比例3.35%整体相比2022年有所上升（见表3-2-2），其中高于平均值的有33家公司。信托规模资本比例超过10%的公司有10家公司，大部分公司信托规模资本比例集中在1%~5%（见表3-2-3）。

表 3-2-2　　信托资产规模资本比例排行榜

排名	公司简称	净资产(万元)	信托资产(万元)	信托规模资本比例(%)
1	华宸信托	127 063.19	113 564.94	111.89
2	中泰信托	449 852.93	1 334 571.07	33.71
3	吉林信托	328 910.31	2 072 291.41	15.87
4	重庆信托	2 719 747.03	17 804 717.81	15.28
5	华澳信托	348 490.90	2 307 802.92	15.10
6	陆家嘴信托	1 263 132.16	8 376 166.67	15.08
7	爱建信托	794 295.72	6 647 023.16	11.95
8	兴业信托	2 187 202.57	18 520 588.83	11.81
9	平安信托	7 783 767.42	66 250 261.43	11.75
10	长城新盛信托	100 842.65	881 695.52	11.44
11	东莞信托	689 411.48	7 008 198.33	9.84
12	建元信托	1 379 663.44	14 245 107.59	9.69
13	苏州信托	657 127.60	6 834 130.50	9.62
14	国元信托	1 015 547.27	11 836 069.99	8.58
15	中建投信托	792 823.80	9 407 040.13	8.43
16	国联信托	666 611.00	8 815 275.00	7.56
17	江苏信托	2 599 497.96	40 051 377.50	6.49
18	山东国信	1 108 937.80	18 555 242.66	5.98
19	华能信托	2 776 331.04	51 447 654.06	5.40
20	杭州工商信托	474 160.00	8 831 992.00	5.37
21	昆仑信托	1 288 579.71	24 766 354.15	5.20
22	财信信托	711 622.86	13 782 056.00	5.16
23	西藏信托	822 633.75	16 835 546.68	4.89
24	上海信托	2 477 720.36	52 314 254.76	4.74
25	国通信托	832 614.50	17 641 804.42	4.72
26	浙金信托	444 049.29	10 234 025.08	4.34
27	华宝信托	1 431 641.52	33 187 494.05	4.31
28	大业信托	320 593.73	7 809 697.06	4.11
29	华融信托	344 868.79	8 429 690.45	4.09
30	厦门国际信托	714 125.00	17 592 440.00	4.06
31	中诚信托	2 075 063.52	51 631 774.67	4.02
32	中海信托	581 207.48	16 464 425.78	3.53
33	国投泰康信托	1 349 700.15	39 114 631.88	3.45
34	天津信托	778 879.42	23 423 110.08	3.33
35	五矿信托	2 364 298.90	73 040 343.33	3.24
36	陕国投	1 708 899.50	53 182 587.06	3.21
37	紫金信托	911 498.25	29 606 223.82	3.08
38	山西信托	188 624.32	6 141 233.19	3.07
39	交银国际信托	1 614 504.01	54 611 416.04	2.96
40	万向信托	237 797.86	8 312 504.45	2.86
41	中航信托	1 814 080.81	63 565 011.37	2.85

续表

排名	公司简称	净资产(万元)	信托资产(万元)	信托规模资本比例(%)
42	中铁信托	1 181 930.35	41 639 735.00	2.84
43	北方信托	572 115.92	20 660 182.66	2.77
44	粤财信托	1 035 636.69	37 456 032.16	2.76
45	华鑫信托	1 625 954.38	61 486 374.89	2.64
46	渤海信托	1 335 156.80	50 999 726.77	2.62
47	中原信托	1 020 803.73	39 722 756.48	2.57
48	金谷信托	466 666.37	18 567 016.83	2.51
49	中粮信托	755 685.44	30 092 826.50	2.51
50	建信信托	2 841 095.33	117 085 377.02	2.43
51	光大兴陇信托	1 696 514.15	74 319 995.91	2.28
52	百瑞信托	1 171 032.99	53 968 916.78	2.17
53	中信信托	3 908 541.59	205 933 488.20	1.90
54	国民信托	401 315.93	24 950 933.64	1.61
55	英大信托	1 265 624.50	82 299 256.35	1.54
56	云南信托	446 527.31	34 116 572.97	1.31
57	外贸信托	1 911 219.80	157 244 356.07	1.22
58	西部信托	540 470.68	44 785 703.35	1.21
59	华润信托	2 955 740.36	259 849 666.80	1.14
60	中融信托	未披露	未披露	未披露
61	中国民生信托	未披露	未披露	未披露
62	雪松信托	未披露	未披露	未披露
63	长安信托	未披露	未披露	未披露
64	北京信托	未披露	未披露	未披露
65	新时代信托	未披露	未披露	未披露
66	四川信托	未披露	未披露	未披露
67	华信信托	未披露	未披露	未披露
68	新华信托	未披露	未披露	未披露
合计		76 408 452.32	2 278 206 314.22	3.35
平均		1 232 394.39	36 745 263.13	3.35

注：本年度有9家信托公司尚未披露年报，故未在本表中披露相关数据。

表3-2-3　　　　　　　　　　信托规模资本比例分布情况

项目	2023年(家)
大于10%	10
5%~10%	12
1%~5%	37
小于1%	—
合计	59

（三）信托公司总收入排行榜

2023年，已披露年报的59家信托公司总收入为8 938.67亿元较2022年总收入8 518.44亿元上升了4.93%，其中固有资产营业收入下降了15.92%，信托资产营业收入上升了8.64%。

2023年，固有资产营业收入与信托资产营业收入之比平均值为13.76%，比2022年17.78%的平均值有所下降。其中，有22家公司的固有资产营业收入与信托资产营业收入之比超过平均值（见表3-2-4）。

表3-2-4　　　　　　　　　　　　　　　　信托公司总收入排行榜

排名	公司简称	固有资产营业收入（万元）	信托资产营业收入（万元）	总收入合计（万元）	固有资产营业收入/信托资产营业收入（%）
1	建信信托	752 666.81	6 984 752.07	7 737 418.88	10.78
2	华润信托	355 748.41	5 344 794.80	5 700 543.21	6.66
3	外贸信托	256 487.98	3 589 884.81	3 846 372.79	7.14
4	光大兴陇信托	273 813.17	3 064 827.40	3 338 640.57	8.93
5	五矿信托	289 271.56	2 877 445.87	3 166 717.43	10.05
6	英大信托	257 771.24	2 858 531.08	3 116 302.32	9.02
7	华鑫信托	299 240.79	2 721 384.69	3 020 625.48	11.00
8	中信信托	497 635.38	2 485 629.11	2 983 264.49	20.02
9	华能信托	330 850.77	2 586 963.89	2 917 814.66	12.79
10	中航信托	123 778.18	2 681 118.20	2 804 896.38	4.62
11	交银国际信托	169 007.46	2 599 949.71	2 768 957.17	6.50
12	百瑞信托	85 778.67	2 583 453.52	2 669 232.19	3.32
13	平安信托	1 455 344.33	1 175 964.25	2 631 308.58	123.76
14	上海信托	827 268.94	1 706 991.60	2 534 260.54	48.46
15	云南信托	97 564.41	2 347 210.51	2 444 774.92	4.16
16	国投泰康信托	321 044.79	1 770 699.35	2 091 744.14	18.13
17	江苏信托	300 386.16	1 724 078.25	2 024 464.41	17.42
18	中海信托	120 059.37	1 858 535.63	1 978 595.00	6.46
19	中诚信托	263 238.34	1 702 816.37	1 966 054.71	15.46
20	中原信托	79 067.81	1 856 030.28	1 935 098.09	4.26
21	渤海信托	142 459.10	1 722 311.03	1 864 770.13	8.27
22	中铁信托	106 573.05	1 648 667.00	1 755 240.05	6.46
23	中粮信托	128 061.81	1 330 308.20	1 458 370.01	9.63
24	国通信托	114 650.52	1 297 260.42	1 411 910.94	8.84
25	华宝信托	321 985.12	1 086 072.32	1 408 057.44	29.65
26	财信信托	76 000.67	1 292 745.00	1 368 745.67	5.88
27	金谷信托	121 275.68	1 241 757.18	1 363 032.86	9.77
28	陕国投	281 279.97	1 032 613.82	1 313 893.79	27.24
29	粤财信托	144 461.82	1 103 483.34	1 247 945.16	13.09
30	兴业信托	463 134.24	745 875.50	1 209 009.74	62.09
31	西部信托	94 153.83	1 014 728.37	1 108 882.20	9.28
32	国民信托	92 853.78	994 269.06	1 087 122.84	9.34
33	重庆信托	78 506.81	928 572.33	1 007 079.14	8.45
34	山东国信	119 045.72	852 175.99	971 221.71	13.97
35	厦门国际信托	128 875.00	801 257.00	930 132.00	16.08
36	天津信托	93 194.66	799 427.83	892 622.49	11.66
37	万向信托	79 793.35	775 325.94	855 119.29	10.29

续表

排名	公司简称	固有资产营业收入（万元）	信托资产营业收入（万元）	总收入合计（万元）	固有资产营业收入/信托资产营业收入（%）
38	国元信托	137 136.63	663 033.34	800 169.97	20.68
39	西藏信托	64 838.22	710 399.59	775 237.81	9.13
40	紫金信托	172 684.68	514 141.31	686 825.99	33.59
41	陆家嘴信托	84 201.57	492 182.08	576 383.65	17.11
42	爱建信托	105 312.39	437 721.24	543 033.63	24.06
43	北方信托	60 316.05	435 448.03	495 764.08	13.85
44	苏州信托	105 964.26	373 788.96	479 753.22	28.35
45	昆仑信托	22 179.40	443 351.84	465 531.24	5.00
46	浙金信托	44 109.29	408 761.57	452 870.86	10.79
47	中建投信托	8 993.49	360 535.65	369 529.14	2.49
48	国联信托	71 893.00	256 132.00	328 025.00	28.07
49	山西信托	29 849.98	293 265.92	323 115.90	10.18
50	大业信托	29 544.86	265 005.26	294 550.13	11.15
51	杭州工商信托	−11 354.00	206 441.00	195 087.00	−5.50
52	建元信托	41 262.16	136 872.58	178 134.74	30.15
53	吉林信托	15 683.11	128 056.96	143 740.07	12.25
54	华澳信托	6 034.61	132 564.75	138 599.36	4.55
55	中泰信托	27 574.81	109 176.64	136 751.45	25.26
56	长城新盛信托	5 032.78	18 804.50	23 837.28	26.76
57	华宸信托	2 534.45	7 398.10	9 932.55	34.26
58	东莞信托	23 305.10	−439 474.24	−416 169.14	−5.30
59	华融信托	19 622.12	−563 830.93	−544 208.81	−3.48
60	中融信托	未披露	未披露	未披露	未披露
61	中国民生信托	未披露	未披露	未披露	未披露
62	雪松信托	未披露	未披露	未披露	未披露
63	长安信托	未披露	未披露	未披露	未披露
64	北京信托	未披露	未披露	未披露	未披露
65	新时代信托	未披露	未披露	未披露	未披露
66	四川信托	未披露	未披露	未披露	未披露
67	华信信托	未披露	未披露	未披露	未披露
68	新华信托	未披露	未披露	未披露	未披露
	合计	10 809 048.67	78 577 687.88	89 386 736.55	13.76

注：1. 总收入＝固有资产营业收入＋信托资产营业收入。
   2. 本年度有9家信托公司尚未披露年报，故未在本表中披露相关数据。

三、信托公司其他指标排名

（一）固有资产资产负债率增减变动情况排行榜

2023年，已披露年报的59家信托公司整体资产负债率为36.15%，较2022年有较大幅度的下降，其中下降的有32家。上涨最多的是五矿信托，下降最多的是重庆信托（见表3-3-1）。

表 3-3-1　　　　　　　　　　　　　　　固有资产资产负债率增减变动情况排行榜

排名	公司简称	2023年12月31日			2022年12月31日			资产负债率增减变动(%)
		资产总计(万元)	负债总计(万元)	资产负债率(%)	资产总计(万元)	负债总计(万元)	资产负债率(%)	
1	五矿信托	3 370 968.88	1 006 669.98	29.86	2 754 982.18	403 150.66	14.63	15.23
2	紫金信托	1 195 900.12	284 401.87	23.78	927 708.91	92 732.68	10.00	13.79
3	金谷信托	914 681.13	448 014.76	48.98	686 578.19	250 255.30	36.45	12.53
4	中泰信托	515 701.65	65 848.74	12.77	500 145.30	12 243.19	2.45	10.32
5	国通信托	1 100 852.39	268 237.89	24.37	916 244.24	138 158.42	15.08	9.29
6	东莞信托	1 272 085.97	582 674.48	45.80	1 094 437.93	410 603.30	37.52	8.29
7	厦门国际信托	871 359.00	157 234.00	18.04	730 131.00	72 079.00	9.87	8.17
8	华宸信托	142 615.40	15 552.20	10.90	126 302.35	4 265.80	3.38	7.53
9	华澳信托	403 452.25	54 961.36	13.62	425 380.42	33 791.51	7.94	5.68
10	中建投信托	965 438.80	172 615.00	17.88	960 842.57	129 141.36	13.44	4.44
11	浙金信托	501 917.61	57 868.32	11.53	467 421.55	34 861.35	7.46	4.07
12	财信信托	1 322 997.83	611 374.99	46.21	1 222 872.10	522 838.87	42.75	3.46
13	中铁信托	1 910 606.16	728 675.81	38.14	1 820 023.81	655 443.36	36.01	2.13
14	华鑫信托	2 220 576.94	594 622.57	26.78	1 933 674.03	485 108.25	25.09	1.69
15	国元信托	1 100 998.37	85 451.10	7.76	1 016 574.13	65 304.68	6.42	1.34
16	华能信托	3 137 365.62	361 034.61	11.51	2 961 453.31	303 221.27	10.24	1.27
17	中诚信托	2 406 961.59	331 898.07	13.79	2 261 538.62	283 157.24	12.52	1.27
18	江苏信托	3 051 888.61	452 390.65	14.82	2 972 109.57	406 425.77	13.67	1.15
19	中海信托	639 577.88	58 370.40	9.13	563 835.72	46 410.90	8.23	0.90
20	渤海信托	1 596 545.26	261 388.46	16.37	1 578 401.11	246 435.11	15.61	0.76
21	昆仑信托	1 494 913.62	206 333.91	13.80	1 559 820.46	206 032.66	13.21	0.59
22	外贸信托	2 073 885.10	162 665.30	7.84	2 040 371.03	152 324.44	7.47	0.38
23	苏州信托	711 814.74	54 687.14	7.68	696 654.54	51 569.28	7.40	0.28
24	国联信托	709 135.00	42 524.00	6.00	661 964.00	38 202.00	5.77	0.23
25	杭州工商信托	582 171.00	108 011.00	18.55	608 340.00	112 154.00	18.44	0.12
26	陕国投	2 403 417.09	694 517.60	28.90	2 280 027.50	658 255.89	28.87	0.03
27	中航信托	2 039 794.45	225 713.63	11.07	2 025 841.56	223 724.54	11.04	0.02
28	兴业信托	6 265 604.96	4 078 402.40	65.09	6 488 103.36	4 233 298.61	65.25	−0.16
29	百瑞信托	1 291 746.28	120 713.28	9.34	1 268 991.71	122 160.64	9.63	−0.28
30	北方信托	691 861.10	119 745.18	17.31	667 090.47	118 140.87	17.71	−0.40
31	大业信托	347 961.04	27 367.31	7.87	346 072.12	29 034.44	8.39	−0.52
32	长城新盛信托	119 903.71	19 061.07	15.90	119 907.28	19 699.85	16.43	−0.53
33	国民信托	486 439.70	85 123.77	17.50	443 316.71	80 290.25	18.11	−0.61
34	西部信托	574 997.72	34 527.04	6.00	564 520.00	38 176.09	6.76	−0.76
35	英大信托	1 429 811.44	164 186.92	11.48	1 330 400.92	164 740.00	12.38	−0.90
36	华宝信托	1 566 165.16	134 523.63	8.59	1 522 811.25	146 699.59	9.63	−1.04
37	万向信托	373 952.04	136 154.18	36.41	414 084.74	155 999.99	37.67	−1.26
38	平安信托	30 390 179.47	22 606 412.05	74.39	31 052 040.01	23 498 594.74	75.67	−1.29
39	上海信托	2 808 130.36	330 410.00	11.77	2 594 346.64	341 870.98	13.18	−1.41
40	华润信托	3 351 259.54	395 519.18	11.80	3 326 362.00	451 386.75	13.57	−1.77

续表

排名	公司简称	2023年12月31日			2022年12月31日			资产负债率增减变动(%)
		资产总计(万元)	负债总计(万元)	资产负债率(%)	资产总计(万元)	负债总计(万元)	资产负债率(%)	
41	国投泰康信托	1 765 880.52	416 180.37	23.57	1 690 205.28	431 426.35	25.53	−1.96
42	山西信托	318 349.71	129 725.39	40.75	326 965.45	141 405.99	43.25	−2.50
43	山东国信	1 416 888.43	307 950.64	21.73	1 445 813.23	352 386.44	24.37	−2.64
44	天津信托	1 090 323.78	311 444.36	28.56	1 060 050.36	339 041.00	31.98	−3.42
45	西藏信托	858 527.51	35 893.76	4.18	631 881.70	51 618.06	8.17	−3.99
46	中信信托	4 949 612.34	1 041 070.76	21.03	4 989 529.10	1 253 615.03	25.12	−4.09
47	粤财信托	1 064 231.20	28 594.51	2.69	1 077 117.90	74 651.98	6.93	−4.24
48	爱建信托	1 035 956.22	241 660.50	23.33	1 059 377.07	293 104.90	27.67	−4.34
49	云南信托	536 796.64	90 269.33	16.82	525 843.28	117 361.12	22.32	−5.50
50	陆家嘴信托	1 848 495.67	585 363.51	31.67	1 992 246.63	752 818.29	37.79	−6.12
51	中原信托	1 083 559.27	62 755.54	5.79	978 227.84	120 690.82	12.34	−6.55
52	建信信托	4 388 556.19	1 547 460.86	35.26	4 761 868.28	2 074 442.64	43.56	−8.30
53	交银国际信托	1 706 927.97	92 423.97	5.41	1 812 935.61	271 130.67	14.96	−9.54
54	光大兴陇信托	2 070 833.17	374 319.02	18.08	2 293 931.86	634 196.90	27.65	−9.57
55	华融信托	411 294.04	66 425.25	16.15	465 106.49	123 343.94	26.52	−10.37
56	中粮信托	864 563.03	108 877.58	12.59	953 913.06	242 906.35	25.46	−12.87
57	吉林信托	809 808.55	480 898.22	59.38	771 597.27	613 846.39	79.56	−20.17
58	建元信托	2 228 886.06	849 222.61	38.10	1 644 733.53	1 558 835.57	94.78	−56.68
59	重庆信托	2 857 801.20	138 054.17	4.83	28 884 428.43	24 438 925.18	84.61	−79.78
60	中融信托	未披露	未披露	未披露	未披露	未披露	未披露	未披露
61	中国民生信托	未披露	未披露	未披露	未披露	未披露	未披露	未披露
62	雪松信托	未披露	未披露	未披露	未披露	未披露	未披露	未披露
63	长安信托	未披露	未披露	未披露	未披露	未披露	未披露	未披露
64	北京信托	未披露	未披露	未披露	未披露	未披露	未披露	未披露
65	新时代信托	未披露	未披露	未披露	未披露	未披露	未披露	未披露
66	四川信托	未披露	未披露	未披露	未披露	未披露	未披露	未披露
67	华信信托	未披露	未披露	未披露	未披露	未披露	未披露	未披露
68	新华信托	未披露	未披露	未披露	未披露	未披露	未披露	未披露
	合计	119 662 926.50	43 254 474.21	36.15	143 297 495.71	69 323 731.25	48.38	−12.23

注：本年度有9家信托公司尚未披露年报，故未在本表中披露相关数据。

2023年，资产负债率在20%以上的有22家公司，较上年减少2家，其中粤财信托资产负债率最低，仅2.69%（见表3-3-2）。

表3-3-2　　　　　　　　　　　　固有资产平均负债率分布情况

项目	2023年		2022年	
	家数(家)	平均资产负债率(%)	家数(家)	平均资产负债率(%)
40%以上	7	70.08	8	75.96
20%~40%	15	28.80	16	28.97
5%~20%	34	12.06	33	11.84
5%以下	3	4.24	2	2.64
合计	59	36.15	59	48.38

（二）已清算结束信托项目综合实际年化收益率排行榜

2023年，已披露相关数据的58家信托公司整体已清算结束信托项目加权平均实际年化收益率为5.72%，较上年5.10%，总体上升12.15%，高于平均值的有17家公司。2023年度仅中泰信托一家超过10%的企业，低于3%的只有4家（见表3-3-3）。

表3-3-3　　已清算结束信托项目综合实际年化收益率排行榜

排名	公司简称	实收信托金额（万元）			加权平均实际年化收益率（%）			综合实际年化收益率（%）
		集合类	单一类	财产管理类	集合类	单一类	财产管理类	
1	中泰信托	90 950.00	341 553.88	83 065.00	3.14	51.64	14.86	37.16
2	万向信托	1 609 541.70	1 397 433.23	—	7.37	13.01	—	9.99
3	东莞信托	495 612.00	86 150.00	5 039.00	8.78	10.74	16.68	9.14
4	浙金信托	1 289 262.85	161 715.21	229 685.00	6.25	22.30	8.11	8.05
5	国民信托	2 476 060.87	3 983 731.02	1 140 775.78	4.24	11.63	0.07	7.49
6	爱建信托	1 932 835.60	1 258 185.00	15 495.36	7.40	5.73	-3.67	6.69
7	华宸信托	18 111.50	30.00	—	6.66	—	—	6.65
8	陕国投	5 125 868.08	941 869.04	1 563 036.03	8.04	5.40	2.23	6.52
9	外贸信托	11 406 930.66	1 050 297.62	4 973 641.70	7.02	5.77	5.24	6.44
10	杭州工商信托	624 536.00	24 077.00	85 939.00	6.38	7.24	4.97	6.24
11	华澳信托	260 840.00	284 200.00	25 000.00	7.06	5.28	6.30	6.14
12	华鑫信托	6 827 717.61	2 742 363.34	1 935 556.91	7.63	5.12	2.15	6.11
13	苏州信托	1 696 009.15	97 900.00	—	5.96	7.75	—	6.06
14	上海信托	1 885 360.71	1 432 960.25	3 875 673.97	6.35	4.94	6.24	6.01
15	渤海信托	5 785 079.31	10 786 289.47	1 572 944.26	5.93	6.32	2.77	5.89
16	国联信托	804 289.00	137 710.00	622 820.00	5.34	5.15	6.60	5.82
17	华润信托	24 570 874.77	18 227 574.26	11 882 251.82	7.96	4.12	3.97	5.81
18	山西信托	1 655 901.84	260 096.63	20 459.00	5.80	5.06	3.92	5.68
19	中铁信托	3 366 815.00	2 618 403.00	2 170 988.00	5.55	5.49	5.85	5.61
20	交银国际信托	2 604 870.01	1 126 654.18	255 545.17	5.47	5.12	8.40	5.56
21	天津信托	19 766 773.40	2 685 791.27	1 765 217.46	5.86	5.20	2.07	5.51
22	云南信托	5 636 998.61	14 334 769.67	2 539 609.36	7.81	4.89	3.23	5.43
23	国投泰康信托	12 241 981.87	750 414.03	2 487 161.14	5.58	5.59	4.60	5.42
24	华融信托	1 814 861.00	258 646.67	1 143 356.80	7.16	3.85	2.86	5.37
25	金谷信托	4 459 173.90	1 041 349.90	3 012 192.58	5.77	5.06	4.68	5.30
26	国通信托	6 554 768.60	2 340 275.88	1 281 097.43	5.48	3.53	7.24	5.25
27	华能信托	6 882 386.55	4 890 213.02	7 194 935.36	6.27	5.01	4.42	5.24
28	华宝信托	1 103 223.05	2 508 677.60	1 241 770.83	4.99	5.45	4.85	5.19
29	建信信托	3 037 632.40	1 581 428.32	1 865 176.23	5.02	5.31	5.07	5.11
30	中粮信托	850 137.11	553 782.16	1 180 223.66	5.80	3.52	5.34	5.10
31	兴业信托	1 574 359.00	2 248 342.00	2 546 312.00	6.41	3.66	5.54	5.09
32	中海信托	3 950 839.91	1 038 259.86	296 924.00	4.94	5.35	5.24	5.04
33	陆家嘴信托	412 463.47	5 198 248.75	161 008.07	4.50	5.03	5.18	5.00
34	财信信托	3 038 071.00	1 014 675.00	2 835 667.00	8.88	4.85	0.88	4.99
35	国元信托	1 551 462.92	1 282 668.17	2 014 257.77	5.82	4.47	4.38	4.86

续表

排名	公司简称	实收信托金额（万元）			加权平均实际年化收益率（%）			综合实际年化收益率（%）
		集合类	单一类	财产管理类	集合类	单一类	财产管理类	
36	五矿信托	39 578 868.12	5 138 519.30	2 408 400.00	4.85	5.24	3.94	4.85
37	粤财信托	7 130 714.14	4 158 466.69	5 433 677.43	6.30	4.46	3.08	4.80
38	大业信托	726 764.79	1 185 194.00	24 345.97	4.55	5.07	−1.59	4.79
39	吉林信托	4 000.00	222 667.23	287 833.79	3.43	10.19	0.58	4.76
40	中信信托	12 082 800.75	4 221 052.61	1 950 306.95	5.11	4.60	2.20	4.68
41	西部信托	2 398 218.42	3 632 202.75	3 418 616.00	5.03	4.50	4.53	4.65
42	西藏信托	2 973 992.06	976 876.01	787 570.06	5.22	0.40	7.42	4.59
43	重庆信托	1 760 324.37	1 002 066.96	951 510.83	4.65	5.26	3.65	4.56
44	昆仑信托	2 939 202.00	1 911 324.07	1 916 705.66	4.20	5.02	4.57	4.54
45	中航信托	8 868 112.47	1 603 204.75	5 887 644.41	4.81	6.32	2.93	4.28
46	百瑞信托	12 843 452.91	1 492 801.16	9 620 062.98	5.51	5.25	2.45	4.27
47	中原信托	7 674 539.61	663 046.25	5 365 150.92	4.73	3.52	3.66	4.25
48	英大信托	—	966 850.00	6 908 830.34	—	4.68	4.18	4.24
49	紫金信托	2 633 655.00	732 889.36	3 632 480.15	6.13	4.01	2.78	4.17
50	江苏信托	3 371 097.93	844 703.03	1 850 690.21	5.48	4.55	1.56	4.15
51	建元信托	113 762.46	186 320.00	71 250.00	2.60	6.64	—	4.13
52	中建投信托	817 780.77	270 191.12	1 920 138.00	6.30	4.46	2.69	3.83
53	中诚信托	2 340 716.13	1 796 069.97	1 769 254.62	4.21	4.16	2.62	3.72
54	北方信托	2 065 576.05	4 297 793.30	4 483 832.41	5.28	6.73	—	3.67
55	山东国信	2 132 226.05	977 041.11	4 333 878.49	6.45	6.36	0.09	2.73
56	厦门国际信托	2 910 547.00	4 164 797.00	4 298 378.00	6.04	0.07	2.20	2.40
57	长城新盛信托	5 000.00	—	—	2.01	—	—	2.01
58	平安信托	10 484 833.64	1 103 355.26	1 228 696.46	0.83	0.27	0.04	0.71
59	光大兴陇信托	41 372 329.25	12 595 953.93	8 568 378.51	未披露	未披露	未披露	未披露
60	中融信托	未披露	未披露	未披露	未披露	未披露	未披露	未披露
61	中国民生信托	未披露	未披露	未披露	未披露	未披露	未披露	未披露
62	雪松信托	未披露	未披露	未披露	未披露	未披露	未披露	未披露
63	长安信托	未披露	未披露	未披露	未披露	未披露	未披露	未披露
64	北京信托	未披露	未披露	未披露	未披露	未披露	未披露	未披露
65	新时代信托	未披露	未披露	未披露	未披露	未披露	未披露	未披露
66	四川信托	未披露	未披露	未披露	未披露	未披露	未披露	未披露
67	华信信托	未披露	未披露	未披露	未披露	未披露	未披露	未披露
68	新华信托	未披露	未披露	未披露	未披露	未披露	未披露	未披露
	平均	5 332 730.74	2 420 849.51	2 358 312.85	5.56	6.21	3.69	5.72

注：1. 已清算结束信托项目综合实际年化收益率=（集合类实收信托合计×集合类加权平均实际年化收益率+单一类实收信托合计×单一类加权平均实际年化收益率+财产权实收信托合计×财产权类加权平均实际年化收益率）/（集合、单一、财产权实收信托合计）。

2. 本年度有9家信托公司尚未披露年报，光大信托本年度未披露加权平均实际年化收益率，故上述10家信托公司均未在本表中披露相关数据。

（三）信托资产配比分析

1.期末信托资产配比分析

2023年，已披露年报的59家信托公司期末信托资产总额为227 662.00亿元，较2022年上升了16.13%，其中上涨的有36家公司，涨幅最大的为中粮信托（见表3-3-4）。

表 3-3-4　　期末信托资产增涨率排行榜

排名	公司简称	2023年（万元）				2022年合计（万元）	增长率（%）
		集合类	单一类	财务管理类	合计		
1	中粮信托	24 340 645.68	1 523 335.84	4 228 844.98	30 092 826.50	15 948 395.21	88.69
2	陕国投	22 409 286.59	4 039 602.65	26 733 697.82	53 182 587.06	28 334 187.79	87.70
3	西藏信托	3 365 367.36	1 560 503.30	11 909 676.02	16 835 546.68	9 215 391.65	82.69
4	西部信托	8 038 372.96	5 866 848.72	30 880 481.69	44 785 703.37	26 492 248.17	69.05
5	昆仑信托	5 972 352.16	4 267 270.34	14 526 731.65	24 766 354.15	15 201 428.55	62.92
6	杭州工商信托	4 444 701.00	1 530 680.00	2 856 611.00	8 831 992.00	5 424 896.00	62.80
7	华润信托	193 200 012.68	52 179 450.42	14 470 203.70	259 849 666.80	165 866 573.67	56.66
8	华宸信托	77 805.27	35 758.67	1.00	113 564.94	73 290.05	54.95
9	华鑫信托	35 147 461.72	11 046 366.41	15 292 546.76	61 486 374.89	39 752 102.36	54.67
10	北方信托	6 120 238.66	1 847 760.01	12 692 183.99	20 660 182.66	13 599 619.69	51.92
11	大业信托	3 211 213.55	1 329 900.51	3 268 582.53	7 809 696.59	5 236 715.81	49.13
12	外贸信托	129 096 683.76	11 966 081.02	16 181 591.29	157 244 356.07	107 741 905.55	45.95
13	渤海信托	21 599 399.63	25 006 016.88	4 394 310.26	50 999 726.77	35 358 104.41	44.24
14	中铁信托	18 852 457.00	4 484 990.00	18 302 288.00	41 639 735.00	30 088 710.00	38.39
15	中诚信托	39 725 586.83	4 956 297.50	6 949 890.34	51 631 774.67	37 870 918.46	36.34
16	国元信托	5 737 679.38	586 120.40	5 512 270.21	11 836 069.99	8 771 349.31	34.94
17	中信信托	86 680 323.65	30 805 661.97	88 447 502.58	205 933 488.20	154 085 077.89	33.65
18	国投泰康信托	27 333 222.38	1 846 646.56	9 934 762.94	39 114 631.88	29 860 108.15	30.99
19	浙金信托	2 914 524.83	2 231 835.44	5 087 664.81	10 234 025.08	7 989 128.89	28.10
20	国通信托	8 710 695.28	3 104 307.85	5 826 801.29	17 641 804.42	14 222 753.58	24.04
21	华融信托	1 835 675.62	1 972 740.82	4 621 274.01	8 429 690.45	6 873 932.92	22.63
22	平安信托	44 568 465.99	5 725 138.44	15 956 657.00	66 250 261.43	55 200 589.57	20.02
23	云南信托	12 789 532.79	16 337 590.82	4 989 449.36	34 116 572.97	29 494 901.51	15.67
24	天津信托	10 171 141.35	1 453 676.65	11 798 292.09	23 423 110.09	20 578 478.36	13.82
25	金谷信托	7 889 693.95	1 536 242.78	9 141 080.10	18 567 016.83	16 739 438.83	10.92
26	交银国际信托	32 877 053.93	6 415 459.44	15 318 902.67	54 611 416.04	49 521 131.48	10.28
27	粤财信托	27 714 750.76	3 960 802.63	5 780 478.77	37 456 032.16	34 359 191.65	9.01
28	江苏信托	32 552 556.91	1 258 946.35	6 239 874.23	40 051 377.49	36 824 783.63	8.76
29	上海信托	26 037 029.57	6 480 836.19	19 796 389.00	52 314 254.76	48 547 616.53	7.76
30	百瑞信托	35 821 450.92	11 911 617.77	6 235 848.09	53 968 916.78	50 133 509.86	7.65
31	厦门国际信托	9 010 293.00	4 374 531.00	4 207 616.00	17 592 440.00	16 569 447.00	6.17
32	国民信托	8 775 666.96	9 588 238.64	6 587 028.04	24 950 933.64	24 048 608.52	3.75
33	英大信托	814 018.47	15 765 912.91	65 719 324.96	82 299 256.34	79 872 972.98	3.04
34	苏州信托	5 056 974.78	1 490 427.49	286 728.23	6 834 130.50	6 663 026.73	2.57
35	建元信托	11 147 024.91	1 918 176.48	1 179 906.20	14 245 107.59	14 009 721.10	1.68
36	中航信托	49 018 863.39	10 445 188.62	4 100 959.37	63 565 011.38	63 001 152.39	0.89
37	兴业信托	8 659 371.00	4 620 589.00	5 240 629.00	18 520 589.00	18 545 923.00	-0.14
38	财信信托	5 511 921.00	968 055.00	7 302 080.00	13 782 056.00	14 002 830.00	-1.58
39	五矿信托	64 073 417.25	4 690 847.72	4 276 078.36	73 040 343.33	74 554 848.15	-2.03
40	华宝信托	24 842 954.12	7 428 649.34	915 890.60	33 187 494.06	34 045 740.51	-2.52

续表

排名	公司简称	2023年（万元）				2022年合计（万元）	增长率（%）
		集合类	单一类	财务管理类	合计		
41	紫金信托	7 579 867.94	579 939.07	21 446 416.81	29 606 223.82	30 978 179.45	-4.43
42	东莞信托	4 528 503.48	1 429 665.09	1 050 029.76	7 008 198.33	7 349 640.28	-4.65
43	中原信托	23 262 459.07	3 085 356.63	13 374 940.78	39 722 756.48	41 995 484.46	-5.41
44	山西信托	2 642 826.97	3 406 902.62	91 503.60	6 141 233.19	6 497 055.00	-5.48
45	重庆信托	12 796 398.37	1 918 581.32	3 089 738.12	17 804 717.81	18 972 662.86	-6.16
46	万向信托	3 137 328.09	3 877 250.08	1 297 926.28	8 312 504.45	8 925 145.33	-6.86
47	中泰信托	358 569.64	298 184.48	677 816.95	1 334 571.07	1 471 579.14	-9.31
48	山东国信	10 940 374.85	5 490 138.84	2 124 728.97	18 555 242.66	20 947 752.07	-11.42
49	吉林信托	157 383.24	639 338.86	1 275 569.31	2 072 291.41	2 353 033.20	-11.93
50	爱建信托	5 488 560.24	603 371.31	555 091.61	6 647 023.16	7 756 758.53	-14.31
51	中建投信托	2 999 119.91	1 683 282.47	4 724 637.75	9 407 040.13	11 112 506.72	-15.35
52	华能信托	19 332 876.07	18 102 379.44	14 012 398.58	51 447 654.09	62 136 134.51	-17.20
53	国联信托	2 090 242.00	2 425 080.00	2 713 648.00	7 228 970.00	8 815 275.00	-17.99
54	建信信托	31 356 341.31	24 237 366.46	61 491 669.25	117 085 377.02	145 742 958.69	-19.66
55	光大兴陇信托	48 361 815.95	14 123 335.19	11 834 844.77	74 319 995.91	95 046 636.57	-21.81
56	华澳信托	1 146 973.37	1 160 819.11	10.44	2 307 802.92	3 007 150.21	-23.26
57	长城新盛信托	19.02	606 712.74	274 963.76	881 695.52	1 238 442.23	-28.81
58	陆家嘴信托	6 286 760.37	1 714 156.78	375 249.52	8 376 166.67	12 834 598.13	-34.74
59	中海信托	9 117 069.00	1 191 175.00	6 156 182.00	16 464 426.00	28 586 991.00	-42.41
60	中融信托	未披露	未披露	未披露	未披露	未披露	未披露
61	中国民生信托	未披露	未披露	未披露	未披露	未披露	未披露
62	雪松信托	未披露	未披露	未披露	未披露	未披露	未披露
63	长安信托	未披露	未披露	未披露	未披露	未披露	未披露
64	北京信托	未披露	未披露	未披露	未披露	未披露	未披露
65	新时代信托	未披露	未披露	未披露	未披露	未披露	未披露
66	四川信托	未披露	未披露	未披露	未披露	未披露	未披露
67	华信信托	未披露	未披露	未披露	未披露	未披露	未披露
68	新华信托	未披露	未披露	未披露	未披露	未披露	未披露
	合计	1 257 729 375.93	375 132 138.07	643 758 495.20	2 276 620 009.20	1 960 488 733.29	16.13

注：本年度有9家信托公司尚未披露年报，故未在本表中披露相关数据。

2023年期末信托资产中集合类125 772.93亿元，单一类37 513.21亿元，财务管理类64 375.85亿元；集合类占比为55.25%，比2022年的51.21%略有上升，单一类和财务管理类仍占比较少（见表3-3-5）。

表3-3-5　　　　　　　　　　　　信托资产分类分布情况　　　　　　　　　　　　单位：%

项目	2023年	2022年
集合类	55.25	51.21
单一类	16.48	19.29
财务管理类	28.28	29.50
合计	100.00	100.00

2023年期末信托资产中主动管理型141 276.22亿元，占比为62.06%，较上年有所上升，被动管理型86 385.78亿

元，占比仅为37.94%；在已披露年报的59家信托公司中仅存有27家被动管理型信托资产大于主动管理型信托资产（见表3-3-6）。

表3-3-6 期末信托资产增涨排行榜（类型分类）

排名	公司简称	2023年（万元）			2022年（万元）			合计增长率（%）
		主动管理型	被动管理型	合计	主动管理型	被动管理型	合计	
1	中粮信托	23 892 275.68	6 200 550.82	30 092 826.50	8 466 471.32	7 481 923.89	15 948 395.21	88.69
2	陕国投	23 174 960.15	30 007 626.91	53 182 587.06	19 311 186.37	9 023 001.42	28 334 187.79	87.70
3	西藏信托	3 409 045.23	13 426 501.45	16 835 546.68	5 361 918.71	3 853 472.94	9 215 391.65	82.69
4	西部信托	10 120 267.04	34 665 436.33	44 785 703.37	9 936 687.05	16 555 561.12	26 492 248.17	69.05
5	昆仑信托	8 156 732.25	16 609 621.90	24 766 354.15	10 350 751.98	4 850 676.57	15 201 428.55	62.92
6	杭州工商信托	4 609 298.00	4 222 694.00	8 831 992.00	3 429 777.00	1 995 119.00	5 424 896.00	62.80
7	华润信托	227 535 780.87	32 313 885.93	259 849 666.80	130 642 894.57	35 223 679.10	165 866 573.67	56.66
8	华宸信托	77 805.27	35 759.67	113 564.94	68 616.17	4 673.88	73 290.05	54.95
9	华鑫信托	37 753 211.15	23 733 163.74	61 486 374.89	23 329 195.82	16 422 906.54	39 752 102.36	54.67
10	北方信托	4 463 516.57	16 196 666.09	20 660 182.66	2 720 356.50	10 879 263.19	13 599 619.69	51.92
11	大业信托	2 336 589.37	5 473 107.22	7 809 696.59	1 967 368.70	3 269 347.11	5 236 715.81	49.13
12	外贸信托	140 837 093.40	16 407 262.67	157 244 356.07	88 886 434.32	18 855 471.23	107 741 905.55	45.95
13	渤海信托	39 065 416.84	11 934 309.93	50 999 726.77	21 832 575.06	13 525 529.35	35 358 104.41	44.24
14	中铁信托	19 693 723.00	21 946 012.00	41 639 735.00	14 906 795.00	15 181 915.00	30 088 710.00	38.39
15	中诚信托	40 325 151.16	11 306 623.51	51 631 774.67	28 658 094.54	9 212 823.92	37 870 918.46	36.34
16	国元信托	5 775 700.28	6 060 369.71	11 836 069.99	4 114 608.10	4 656 741.21	8 771 349.31	34.94
17	中信信托	96 867 856.21	109 065 631.99	205 933 488.20	59 409 397.19	94 675 680.70	154 085 077.89	33.65
18	国投泰康信托	27 994 813.39	11 119 818.49	39 114 631.88	14 686 596.93	15 173 511.22	29 860 108.15	30.99
19	浙金信托	2 444 138.74	7 789 886.35	10 234 025.09	2 373 965.21	5 615 163.68	7 989 128.89	28.10
20	国通信托	9 017 981.61	8 623 822.81	17 641 804.42	7 361 522.62	6 861 230.96	14 222 753.58	24.04
21	华融信托	260 292.88	8 169 397.57	8 429 690.45	288 528.47	6 585 404.45	6 873 932.92	22.63
22	平安信托	56 464 163.54	9 786 097.89	66 250 261.43	45 651 496.27	9 549 093.30	55 200 589.57	20.02
23	云南信托	24 721 178.48	9 395 394.49	34 116 572.97	23 686 589.63	5 808 311.88	29 494 901.51	15.67
24	天津信托	11 004 028.53	12 419 081.56	23 423 110.09	8 747 001.32	11 831 477.04	20 578 478.36	13.82
25	金谷信托	8 449 623.93	10 117 392.90	18 567 016.83	6 443 110.69	10 296 328.14	16 739 438.83	10.92
26	交银国际信托	31 100 847.06	23 510 568.98	54 611 416.04	23 068 573.59	26 452 557.89	49 521 131.48	10.28
27	粤财信托	30 511 196.85	6 944 835.30	37 456 032.15	21 392 936.14	12 966 255.51	34 359 191.65	9.01
28	江苏信托	33 528 917.83	6 522 459.66	40 051 377.49	32 862 968.92	3 961 814.71	36 824 783.63	8.76
29	上海信托	28 902 586.85	23 411 667.91	52 314 254.76	20 264 077.56	28 283 538.97	48 547 616.53	7.76
30	百瑞信托	46 067 249.11	7 901 667.67	53 968 916.78	42 641 224.02	7 492 285.84	50 133 509.86	7.65
31	厦门国际信托	10 966 870.00	6 625 570.00	17 592 440.00	8 448 792.00	8 120 655.00	16 569 447.00	6.17
32	国民信托	10 147 587.74	14 803 345.90	24 950 933.64	11 511 131.99	12 537 476.53	24 048 608.52	3.75
33	英大信托	832 168.58	81 467 087.77	82 299 256.35	945 197.64	78 927 775.34	79 872 972.98	3.04
34	苏州信托	5 509 077.95	1 325 052.55	6 834 130.50	5 330 391.75	1 332 634.98	6 663 026.73	2.57
35	建元信托	12 078 172.53	2 166 935.06	14 245 107.59	12 365 412.71	1 644 308.39	14 009 721.10	1.68
36	中航信托	55 201 805.92	8 363 205.46	63 565 011.38	55 809 591.21	7 191 561.19	63 001 152.40	0.89
37	兴业信托	9 131 221.00	9 389 368.00	18 520 589.00	6 322 843.00	12 223 080.00	18 545 923.00	-0.14

续表

排名	公司简称	2023年（万元）			2022年（万元）			合计增长率（%）
		主动管理型	被动管理型	合计	主动管理型	被动管理型	合计	
38	财信信托	5 585 232.00	8 196 824.00	13 782 056.00	4 898 094.00	9 104 736.00	14 002 830.00	-1.58
39	五矿信托	67 129 773.06	5 910 570.27	73 040 343.33	69 918 272.40	4 636 575.75	74 554 848.15	-2.03
40	华宝信托	26 700 312.24	6 487 181.82	33 187 494.06	22 780 194.00	11 265 546.51	34 045 740.51	-2.52
41	紫金信托	7 480 606.59	22 125 617.23	29 606 223.82	6 698 005.63	24 280 173.82	30 978 179.45	-4.43
42	东莞信托	5 589 312.60	1 418 885.73	7 008 198.33	6 730 849.80	618 790.48	7 349 640.28	-4.65
43	中原信托	22 895 179.94	16 827 576.54	39 722 756.48	33 780 741.01	8 214 743.45	41 995 484.46	-5.41
44	山西信托	2 399 304.83	3 741 928.36	6 141 233.19	2 641 083.23	3 855 971.77	6 497 055.00	-5.48
45	重庆信托	13 597 418.78	4 207 299.03	17 804 717.81	12 345 081.51	6 627 581.35	18 972 662.86	-6.16
46	万向信托	1 855 382.76	6 457 121.69	8 312 504.45	2 358 235.90	6 566 909.43	8 925 145.33	-6.86
47	中泰信托	213 320.66	1 121 250.41	1 334 571.07	629 839.39	841 739.75	1 471 579.14	-9.31
48	山东国信	—	18 555 242.66	18 555 242.66	—	20 947 752.11	20 947 752.11	-11.42
49	吉林信托	1 239 897.74	832 393.67	2 072 291.41	1 582 444.47	770 588.72	2 353 033.19	-11.93
50	爱建信托	5 181 800.98	1 465 222.18	6 647 023.16	5 545 787.77	2 210 970.76	7 756 758.53	-14.31
51	中建投信托	3 478 222.93	5 928 817.20	9 407 040.13	3 876 723.64	7 235 783.08	11 112 506.72	-15.35
52	华能信托	25 039 244.90	26 408 409.19	51 447 654.09	23 793 950.25	38 342 184.26	62 136 134.51	-17.20
53	国联信托	2 326 550.00	4 902 420.00	7 228 970.00	2 723 724.00	6 091 551.00	8 815 275.00	-17.99
54	建信信托	47 737 051.41	69 348 325.61	117 085 377.02	45 836 213.42	99 906 745.27	145 742 958.69	-19.66
55	光大兴陇信托	55 257 468.01	19 062 527.90	74 319 995.91	66 272 877.73	28 773 758.84	95 046 636.57	-21.81
56	华澳信托	1 217 030.83	1 090 772.09	2 307 802.92	1 466 046.17	1 541 104.04	3 007 150.21	-23.26
57	长城新盛信托	352 075.14	529 620.38	881 695.52	549 703.03	688 739.20	1 238 442.23	-28.81
58	陆家嘴信托	6 114 421.61	2 261 745.06	8 376 166.67	9 666 929.57	3 167 668.56	12 834 598.13	-34.74
59	中海信托	8 944 217.00	7 520 209.00	16 464 426.00	7 583 716.00	21 003 275.00	28 586 991.00	-42.41
60	中融信托	未披露	未披露	未披露	未披露	未披露	未披露	未披露
61	中国民生信托	未披露	未披露	未披露	未披露	未披露	未披露	未披露
62	雪松信托	未披露	未披露	未披露	未披露	未披露	未披露	未披露
63	长安信托	未披露	未披露	未披露	未披露	未披露	未披露	未披露
64	北京信托	未披露	未披露	未披露	未披露	未披露	未披露	未披露
65	新时代信托	未披露	未披露	未披露	未披露	未披露	未披露	未披露
66	四川信托	未披露	未披露	未披露	未披露	未披露	未披露	未披露
67	华信信托	未披露	未披露	未披露	未披露	未披露	未披露	未披露
68	新华信托	未披露	未披露	未披露	未披露	未披露	未披露	未披露
合计		1 412 762 169.00	863 857 840.21	2 276 620 009.21	1 115 273 592.99	845 215 140.34	1 960 488 733.33	16.13
比重（%）		62.06	37.94	100.00	56.89	43.11	100.00	—

注：1. 2023年末信托资产按类型分类与类别分类金额存在差异，系尾差造成。
2. 本年度有9家信托公司尚未披露年报，故未在本表中披露相关数据。

由于各家公司类型中披露的明细与合计金额存在差异，我们未对信托资产类型中的细分进行统计，仅作出汇总分析（见表5-2-9和表5-2-10）。

2. 本期新增信托资产配比分析

2023年已披露年报的59家信托公司本期新增信托资产总额为104 901.32亿元，本期新增类别中集合类占比为65.53%，单一类占比为11.55%，财务管理类占比为22.92%，集合类信托仍比超过50%（见表3-3-7）。

表3-3-7　　　　　　　　　　　　　　　本期新增信托资产类别情况　　　　　　　　　　　　　　单位：万元

排名	公司简称	集合类	单一类	财务管理类	合计
1	华润信托	91 729 346.19	11 549 833.87	5 726 231.04	109 005 411.10
2	中信信托	74 228 680.05	4 821 828.01	8 723 175.64	87 773 683.70
3	外贸信托	63 944 512.87	8 847 763.01	6 477 388.22	79 269 664.10
4	上海信托	42 202 000.72	851 888.34	9 968 490.67	53 022 379.73
5	华鑫信托	38 059 757.99	2 537 141.67	9 211 521.02	49 808 420.68
6	陕国投	24 104 896.34	1 300 489.36	23 456 095.70	48 861 481.40
7	中粮信托	43 131 097.73	210 891.84	4 050 301.62	47 392 291.19
8	光大兴陇信托	31 788 219.77	6 096 565.98	4 707 888.71	42 592 674.46
9	百瑞信托	26 655 811.60	5 213 604.25	8 175 206.82	40 044 622.67
10	渤海信托	17 161 063.76	13 346 686.00	3 318 439.37	33 826 189.13
11	西部信托	6 789 937.01	391 520.23	22 751 949.40	29 933 406.64
12	云南信托	9 149 404.02	11 298 943.88	6 689 954.14	27 138 302.04
13	中铁信托	16 193 811.00	870 374.00	9 846 656.00	26 910 841.00
14	中原信托	17 107 663.47	1 429 942.24	8 156 512.20	26 694 117.91
15	建信信托	9 460 928.85	1 195 389.15	13 649 096.92	24 305 414.92
16	国投泰康信托	20 594 929.46	403 115.77	3 041 686.11	24 039 731.34
17	五矿信托	20 142 596.04	1 885 565.14	631 827.63	22 659 988.81
18	华能信托	10 626 408.31	2 321 653.00	4 848 871.49	17 796 932.80
19	中诚信托	1 249 968.41	10 577 919.28	4 465 892.59	16 293 780.28
20	天津信托	13 087 873.71	1 068 693.20	2 046 087.35	16 202 654.26
21	粤财信托	13 230 927.10	729 944.41	647 147.60	14 608 019.11
22	昆仑信托	920 422.79	108 058.24	12 415 225.95	13 443 706.98
23	西藏信托	1 547 538.87	135 491.93	10 982 747.67	12 665 778.47
24	金谷信托	7 514 326.52	2 247 930.12	2 038 837.64	11 801 094.28
25	江苏信托	5 855 510.47	240 157.66	4 750 508.94	10 846 177.07
26	交银国际信托	4 778 845.68	122 352.30	5 640 006.19	10 541 204.17
27	北方信托	3 314 631.67	681 365.56	6 308 547.25	10 304 544.48
28	国民信托	2 130 431.22	3 385 579.51	4 726 619.17	10 242 629.90
29	厦门国际信托	3 938 220.00	6 118 806.00	143.00	10 057 169.00
30	国通信托	5 467 671.43	931 283.62	3 604 672.36	10 003 627.41
31	国元信托	3 837 479.46	621 822.65	4 778 924.63	9 238 226.74
32	平安信托	7 415 999.81	843 698.36	360 144.02	8 619 842.19
33	中航信托	4 573 130.66	1 294 783.76	2 209 933.18	8 077 847.60
34	吉林信托	24 915.67	7 491 301.28	180 584.92	7 696 801.87
35	华宝信托	6 487 788.63	513 822.85	289 900.00	7 291 511.48
36	财信信托	4 171 430.00	264 395.00	2 854 005.00	7 289 830.00
37	苏州信托	6 385 716.96	279 453.99	86 211.00	6 751 381.95
38	兴业信托	3 146 505.00	150 547.00	2 147 582.00	5 444 634.00
39	山东国信	3 465 363.40	1 221 025.72	543 625.80	5 230 014.92
40	华融信托	355 272.87	383 737.78	3 872 995.53	4 612 006.18
41	紫金信托	3 107 659.00	876 363.24	570 526.89	4 554 549.13

续表

排名	公司简称	集合类	单一类	财务管理类	合计
42	杭州工商信托	1 940 629.00	1 065 201.00	1 240 719.00	4 246 549.00
43	浙金信托	1 480 009.03	473 896.39	2 106 940.56	4 060 845.98
44	重庆信托	2 512 717.17	559 430.05	878 700.00	3 950 847.22
45	中建投信托	1 790 843.20	208 970.00	1 931 964.35	3 931 777.55
46	万向信托	1 244 412.03	1 232 208.29	964 886.68	3 441 507.00
47	爱建信托	3 014 402.47	118 240.00	109 085.81	3 241 728.28
48	中海信托	3 096 717.00	200.00	59 466.00	3 156 383.00
49	国联信托	445 676.00	27 441.00	2 112 549.00	2 585 666.00
50	英大信托	3 030.00	2 191 995.36	101 435.00	2 296 460.36
51	东莞信托	515 154.85	61 020.62	1 006 090.22	1 582 265.69
52	山西信托	1 365 672.83	189 956.62	—	1 555 629.45
53	陆家嘴信托	793 443.22	108 913.66	1 641.43	903 998.31
54	建元信托	115 907.16	153.00	777 500.00	893 560.16
55	中泰信托	—	1 226.00	141 522.75	142 748.75
56	华宸信托	47 808.39	30 844.81	1.00	78 654.20
57	长城新盛信托	19.00	5 200.00	46 421.71	51 640.71
58	大业信托	107.55	47.12	221.42	376.09
59	华澳信托	未披露	未披露	未披露	未披露
60	中融信托	未披露	未披露	未披露	未披露
61	中国民生信托	未披露	未披露	未披露	未披露
62	雪松信托	未披露	未披露	未披露	未披露
63	长安信托	未披露	未披露	未披露	未披露
64	北京信托	未披露	未披露	未披露	未披露
65	新时代信托	未披露	未披露	未披露	未披露
66	四川信托	未披露	未披露	未披露	未披露
67	华信信托	未披露	未披露	未披露	未披露
68	新华信托	未披露	未披露	未披露	未披露
	平均	687 445 243.41	121 136 673.12	240 431 306.31	1 049 013 222.84
	比重(%)	65.53	11.55	22.92	100.00

注：本年度共有9家信托公司尚未披露年报，华奥信托未披露增信托资产类别，合计10家信托公司未在本表中披露相关数据。

承接表3-3-6，本期新增类型中主动管理型占71.82%较上年62.62%有所上升，被动管理型占28.18%，新增类型结构以主动管理型为主，其中主动管理型大于被动管理型的有36家公司（见表3-3-8）。

表3-3-8　　　　　　　　　　　　　　本期新增信托资产类型情况　　　　　　　　　　　　　　单位：万元

排名	公司简称	主动管理型	被动管理型	合计
1	华润信托	99 482 390.48	9 523 020.62	109 005 411.10
2	中信信托	65 301 405.99	22 472 277.71	87 773 683.70
3	外贸信托	72 547 373.30	6 722 290.80	79 269 664.10
4	上海信托	44 434 986.36	8 587 393.37	53 022 379.73
5	华鑫信托	38 455 294.08	11 353 126.60	49 808 420.68
6	陕国投	23 739 692.86	25 121 788.54	48 861 481.40

续表1

排名	公司简称	主动管理型	被动管理型	合计
7	中粮信托	43 227 719.18	4 164 572.01	47 392 291.19
8	光大兴陇信托	36 587 321.15	6 005 353.31	42 592 674.46
9	百瑞信托	32 085 530.96	7 959 091.71	40 044 622.67
10	渤海信托	27 646 312.25	6 179 876.88	33 826 189.13
11	西部信托	6 808 901.23	23 124 505.41	29 933 406.64
12	云南信托	17 135 978.51	10 002 323.53	27 138 302.04
13	中铁信托	16 288 193.00	10 622 648.00	26 910 841.00
14	中原信托	19 868 452.80	6 825 665.11	26 694 117.91
15	建信信托	11 427 405.99	12 878 008.93	24 305 414.92
16	国投泰康信托	20 669 432.27	3 370 299.07	24 039 731.34
17	五矿信托	22 027 997.98	631 990.83	22 659 988.81
18	华能信托	12 837 642.27	4 959 290.53	17 796 932.80
19	中诚信托	10 386 427.74	5 907 352.54	16 293 780.28
20	天津信托	14 100 352.93	2 102 301.33	16 202 654.26
21	粤财信托	13 771 827.10	836 192.01	14 608 019.11
22	昆仑信托	915 268.06	12 528 438.92	13 443 706.98
23	西藏信托	1 454 185.03	11 211 593.44	12 665 778.47
24	金谷信托	7 959 365.52	3 841 728.76	11 801 094.28
25	江苏信托	6 110 896.15	4 735 280.93	10 846 177.07
26	交银国际信托	4 801 820.38	5 739 383.79	10 541 204.17
27	北方信托	3 207 037.79	7 097 506.69	10 304 544.48
28	国民信托	3 465 427.03	6 777 202.87	10 242 629.90
29	厦门国际信托	10 057 169.00	—	10 057 169.00
30	国通信托	5 744 649.83	4 258 977.58	10 003 627.41
31	国元信托	4 182 173.40	5 056 053.34	9 238 226.74
32	平安信托	6 812 636.67	1 807 205.52	8 619 842.19
33	中航信托	5 058 162.23	3 019 685.37	8 077 847.60
34	吉林信托	33 766.18	7 663 035.70	7 696 801.87
35	华宝信托	6 702 147.24	589 364.24	7 291 511.48
36	财信信托	4 188 075.00	3 101 755.00	7 289 830.00
37	苏州信托	6 638 611.14	112 770.81	6 751 381.95
38	兴业信托	2 543 213.00	2 901 421.00	5 444 634.00
39	山东国信	3 038 794.40	2 191 220.52	5 230 014.92
40	华融信托	27 780.00	4 584 226.18	4 612 006.18
41	紫金信托	3 435 825.22	1 118 723.91	4 554 549.13
42	杭州工商信托	1 939 990.00	2 306 559.00	4 246 549.00
43	浙金信托	1 180 164.05	2 880 681.93	4 060 845.98
44	重庆信托	2 935 202.46	1 015 644.76	3 950 847.22
45	中建投信托	1 968 716.25	1 963 061.30	3 931 777.55

续表2

排名	公司简称	主动管理型	被动管理型	合计
46	万向信托	774 825.47	2 666 681.53	3 441 507.00
47	爱建信托	3 011 740.27	229 988.01	3 241 728.28
48	中海信托	3 097 375.00	59 008.00	3 156 383.00
49	国联信托	482 208.00	2 103 458.00	2 585 666.00
50	英大信托	3 535.00	2 292 925.36	2 296 460.36
51	东莞信托	515 154.85	1 067 110.84	1 582 265.69
52	山西信托	1 323 952.83	231 676.62	1 555 629.45
53	陆家嘴信托	751 693.96	152 304.35	903 998.31
54	建元信托	115 907.16	777 653.00	893 560.16
55	中泰信托	—	142 748.75	142 748.75
56	华宸信托	47 808.39	30 845.81	78 654.20
57	长城新盛信托	2 000.00	49 640.71	51 640.71
58	大业信托	105.38	270.71	376.09
59	华澳信托	未披露	未披露	未披露
60	中融信托	未披露	未披露	未披露
61	中国民生信托	未披露	未披露	未披露
62	雪松信托	未披露	未披露	未披露
63	长安信托	未披露	未披露	未披露
64	北京信托	未披露	未披露	未披露
65	新时代信托	未披露	未披露	未披露
66	四川信托	未披露	未披露	未披露
67	华信信托	未披露	未披露	未披露
68	新华信托	未披露	未披露	未披露
	平均	753 358 020.77	295 655 202.09	753 358 020.77
	比重（%）	71.82	28.18	100.00

注：本年度有9家信托公司尚未披露年报，故未在本表中披露相关数据。

（四）信托公司人均净利润排行榜

2023年，已披露年报的59家公司总体的平均人均净利润为217.96万元，比2022年208.90万元小幅上升了4.34%（见表3-3-9），其中人均净利润增长的仅18家。本年度仅有一家人均利润在1 000万元以上信托公司，100万元以下有25家信托公司，较上年增加6家（见表3-3-10）。

表3-3-9　　　　　　　　　　　　信托公司人均净利润排行榜

排名	公司简称	2023年人数（人）	2022年人数（人）	净利润（万元）	人均净利润（万元）
1	江苏信托	228	222	254 343.97	1 130.42
2	上海信托	444	440	384 029.87	839.33
3	英大信托	225	211	160 545.15	744.23
4	华鑫信托	271	258	177 880.77	689.46
5	华能信托	347	364	216 668.63	607.13
6	粤财信托	193	187	94 251.74	496.06

续表1

排名	公司简称	2023年人数（人）	2022年人数（人）	净利润（万元）	人均净利润（万元）
7	紫金信托	205	210	97 197.66	462.85
8	国联信托	124	99	51 096.00	460.32
9	国元信托	200	166	75 300.67	438.00
10	华宝信托	325	334	133 684.96	405.72
11	中信信托	725	704	262 803.30	337.14
12	苏州信托	173	165	61 524.62	334.01
13	财信信托	202	201	61 589.65	323.00
14	交银国际信托	245	247	77 079.97	313.33
15	西藏信托	121	116	35 571.55	298.92
16	华润信托	457	449	155 552.73	294.61
17	中泰信托	73	74	20 182.22	274.59
18	中诚信托	364	353	101 966.25	269.26
19	中海信托	242	244	63 584.75	261.67
20	中粮信托	252	247	60 596.58	242.85
21	建信信托	420	417	190 446.47	234.83
22	外贸信托	580	594	102 093.57	223.86
23	厦门国际信托	249	244	58 614.00	221.65
24	五矿信托	669	666	119 015.05	221.39
25	国通信托	302	310	54 528.66	210.54
26	国投泰康信托	311	290	125 721.97	210.24
27	天津信托	282	273	57 301.73	207.61
28	浙金信托	254	259	15 841.62	203.02
29	陕国投	621	575	108 248.48	174.31
30	国民信托	247	244	38 289.47	155.97
31	金谷信托	215	245	33 772.56	146.84
32	云南信托	300	289	39 045.14	133.00
33	西部信托	366	343	44 019.77	124.17
34	百瑞信托	267	251	31 174.42	120.36
35	北方信托	237	234	23 166.35	97.54
36	平安信托	470	556	425 542.09	78.12
37	爱建信托	399	477	28 023.56	63.98
38	陆家嘴信托	381	397	23 703.81	59.71
39	中铁信托	308	318	24 760.29	58.00
40	华宸信托	97	90	5 026.64	52.91
41	光大兴陇信托	705	779	36 779.19	49.57
42	山东国信	330	377	15 863.35	48.07
43	中原信托	290	303	13 996.08	47.11
44	东莞信托	227	241	5 480.62	23.42
45	大业信托	163	169	3 556.06	20.22

续表2

排名	公司简称	2023年人数（人）	2022年人数（人）	净利润（万元）	人均净利润（万元）
46	中航信托	512	531	8 386.69	19.06
47	华融信托	195	218	3 106.23	15.04
48	山西信托	213	221	3 914.65	14.54
49	建元信托	312	295	4 217.82	13.52
50	长城新盛信托	47	57	635.22	12.22
51	渤海信托	275	276	3 190.80	11.58
52	吉林信托	183	194	2 838.50	7.86
53	兴业信托	386	404	-60 591.26	-16.67
54	万向信托	272	311	30 253.20	-69.59
55	杭州工商信托	225	220	-22 026.00	-91.00
56	中建投信托	321	346	-38 877.41	-116.06
57	昆仑信托	268	275	-78 602.23	-279.72
58	华澳信托	128	172	-43 098.00	-287.32
59	重庆信托	176	184	-107 963.38	-814.15
60	中融信托	未披露	未披露	未披露	未披露
61	中国民生信托	未披露	未披露	未披露	未披露
62	雪松信托	未披露	未披露	未披露	未披露
63	长安信托	未披露	未披露	未披露	未披露
64	北京信托	未披露	未披露	未披露	未披露
65	新时代信托	未披露	未披露	未披露	未披露
66	四川信托	未披露	未披露	未披露	未披露
67	华信信托	未披露	未披露	未披露	未披露
68	新华信托	未披露	未披露	未披露	未披露
	合计	17 619.00	17 936.00	3 874 846.84	217.96

注：1. 人均净利润以各家公司披露金额为准。
2. 陕国投、山东国信、建元信托未披露人均净利润，我们采用本期净利润/全年平均人数计算得出。
3. 合计行的人均利润我们亦采用本期所有公司净利润合计数/（2022年人数+2023年人数）×2计算得出。
4. 本年度有9家信托公司尚未披露年报，故未在本表中披露相关数据。

表3-3-10　　　　　　　　　　　　信托公司人均利润分布情况

项目	2023年	2022年
	家数	家数
1 000万元以上	1	—
500万~1 000万元	4	6
100万~500万元	29	34
100万元以下	25	19
合计	59	59

（五）信托公司资本利润率排行榜

2023年，已披露年报的59家信托公司平均资本利润率为5.15%，比2022年资本利润率降低3.34%（见表3-3-11），资本利润率增加的信托公司仅21家，具体比例分布见表3-3-12。

表 3-3-11　　信托公司资本利润率排行榜　　单位：%

排名	公司简称	2023年	2022年	增减额
1	上海信托	16.35	7.58	8.77
2	英大信托	13.21	12.37	0.84
3	中海信托	11.58	11.19	0.39
4	华鑫信托	11.57	9.19	2.38
5	紫金信托	11.13	10.48	0.65
6	国民信托	10.02	9.38	0.64
7	江苏信托	9.85	7.98	1.87
8	国投泰康信托	9.64	10.23	-0.59
9	华宝信托	9.52	10.90	-1.38
10	财信信托	9.45	9.92	-0.47
11	苏州信托	9.44	6.62	2.82
12	粤财信托	9.25	14.13	-4.88
13	云南信托	9.13	9.98	-0.85
14	中粮信托	8.26	5.12	3.14
15	国联信托	7.92	8.53	-0.61
16	华能信托	7.91	9.40	-1.49
17	国元信托	7.70	7.70	—
18	天津信托	7.64	8.32	-0.68
19	金谷信托	7.48	3.12	4.36
20	厦门国际信托	7.11	9.87	-2.76
21	建信信托	6.91	9.65	-2.74
22	中信信托	6.88	8.24	-1.36
23	国通信托	6.77	7.85	-1.08
24	陕国投	6.50	5.89	0.61
25	西藏信托	5.94	6.18	-0.24
26	平安信托	5.55	8.81	-3.26
27	外贸信托	5.37	4.35	1.02
28	华润信托	5.34	8.19	-2.85
29	五矿信托	5.05	7.61	-2.56
30	交银国际信托	4.88	6.30	-1.42
31	中诚信托	4.85	5.74	-0.89
32	中泰信托	4.30	1.89	2.41
33	北方信托	4.13	5.27	-1.14
34	华宸信托	4.04	3.36	0.68
35	浙金信托	3.61	4.64	-1.03
36	爱建信托	3.59	4.89	-1.30
37	百瑞信托	2.69	5.20	-2.51
38	光大兴陇信托	2.19	7.42	-5.23
39	陆家嘴信托	1.89	6.94	-5.05
40	中铁信托	1.67	6.14	-4.47
41	中原信托	1.57	1.46	0.11

续表

排名	公司简称	2023年	2022年	增减额
42	山西信托	1.50	1.46	0.04
43	山东国信	1.44	2.60	-1.16
44	大业信托	1.08	1.08	—
45	华融信托	0.90	1.04	-0.14
46	西部信托	0.83	8.00	-7.18
47	东莞信托	0.80	0.50	0.30
48	长城新盛信托	0.63	-0.26	0.89
49	建元信托	0.58	-114.94	115.52
50	中航信托	0.46	4.62	-4.16
51	吉林信托	0.36	1.31	-0.95
52	渤海信托	0.24	0.32	-0.08
53	兴业信托	-2.73	1.15	-3.88
54	杭州工商信托	-4.48	-3.84	-0.64
55	中建投信托	-4.77	-8.78	4.01
56	重庆信托	-5.25	1.77	-7.02
57	昆仑信托	-5.95	-2.96	-2.99
58	万向信托	-8.18	8.23	-16.41
59	华澳信托	-11.65	-21.99	10.34
60	中融信托	未披露	未披露	未披露
61	中国民生信托	未披露	未披露	未披露
62	雪松信托	未披露	未披露	未披露
63	长安信托	未披露	未披露	未披露
64	北京信托	未披露	未披露	未披露
65	新时代信托	未披露	未披露	未披露
66	四川信托	未披露	未披露	未披露
67	华信信托	未披露	未披露	未披露
68	新华信托	未披露	未披露	未披露
	平均	5.15	8.49	-3.34

注：1. 资本利润率=净利润/所有者权益平均余额×100%。
2. 我们以各信托公司审计报告中披露的数字为准。
3. 本年度有9家信托公司尚未披露年报，故未在本表中披露相关数据。另外，山东国信、建元信托、陕国投3家报告未披露，使用公式计算所得。

表3-3-12　　　　　　　　　　信托公司平均资本利润率分布情况　　　　　　　　　　单位：家

项目	2023年	2022年
20%以上	—	—
10%~20%	6	6
5%~10%	23	30
5%以下	30	23
合计	59	59

（六）信托公司风控指标排行榜

根据《信托公司净资本管理办法》（中国银行业监督管理委员会令2010年第5号）的有关规定，信托公司需达到以下风险控制指标要求：

（1）信托公司净资本不得低于人民币20 000万元。

（2）信托公司净资本不得低于各项风险资本之和的100%。

（3）信托公司净资本不得低于净资产的40%。

2023年已披露年报数据的59家信托公司均已披露其净资本和各项风险资本，除个别信托公司外，其余57家信托公司全部符合监管要求。

2023年已披露年报的59家信托公司净资本合计5 254.30亿元，仅有个别公司净资本低于10亿元；净资本与各项业务风险资本之比为221.82%，较上年的214.50%有所提高，2023年度净资本与净资产之比为69.23%，较上年的66.76%略有上升，除个别信托公司外，其他信托公司均超过监管要求（见表3-3-13）。

表3-3-13　　　　　　　　　信托公司风控指标排行榜（以风险覆盖率之比大小排序）

排名	公司简称	净资本（亿元）	各项业务风险资本（亿元）	风险覆盖率（%）	净资本与净资产之比（%）
1	中泰信托	36.18	4.73	764.90	80.42
2	华宸信托	6.46	1.07	601.02	50.85
3	国联信托	61.52	12.28	501.12	85.60
4	长城新盛信托	7.61	1.52	500.94	75.49
5	西藏信托	72.68	16.47	441.30	88.35
6	英大信托	109.96	24.99	440.09	86.65
7	华宝信托	99.04	25.18	393.26	69.18
8	华融信托	26.18	6.88	380.27	74.05
9	国元信托	78.24	20.70	377.92	78.82
10	苏州信托	55.72	14.78	376.90	87.15
11	中海信托	40.66	11.03	368.58	69.95
12	陆家嘴信托	96.28	28.80	334.26	76.22
13	重庆信托	218.19	66.64	327.40	80.32
14	江苏信托	221.65	68.66	322.81	85.27
15	平安信托	196.09	60.77	322.65	75.25
16	华能信托	248.13	81.72	303.65	89.56
17	财信信托	53.35	17.85	298.82	75.70
18	东莞信托	58.44	20.11	290.65	84.76
19	交银国际信托	132.32	46.44	284.93	84.32
20	山东国信	88.89	31.90	278.65	80.13
21	昆仑信托	100.05	36.04	277.57	77.64
22	紫金信托	74.81	28.56	261.95	82.08
23	上海信托	166.74	64.32	259.22	70.38
24	兴业信托	126.52	49.49	256.00	71.00
25	中建投信托	48.73	20.36	239.40	61.46
26	陕国投	128.38	53.87	238.33	75.13
27	建信信托	186.39	89.32	232.05	72.93
28	浙金信托	30.65	13.34	229.85	69.03
29	大业信托	24.19	10.78	224.43	75.47
30	中铁信托	81.57	37.05	220.16	74.59
31	国民信托	30.06	13.89	216.50	74.91

续表

排名	公司简称	净资本（亿元）	各项业务风险资本（亿元）	风险覆盖率（%）	净资本与净资产之比（%）
32	中粮信托	60.96	28.31	215.35	80.94
33	建元信托	83.49	39.16	213.21	63.41
34	杭州工商信托	31.15	14.70	211.85	68.18
35	中信信托	279.00	135.00	207.00	80.00
36	爱建信托	47.80	23.62	202.37	60.17
37	国通信托	55.61	28.70	202.04	71.73
38	五矿信托	185.00	92.21	200.62	78.25
39	国投泰康信托	85.54	42.97	199.07	63.38
40	外贸信托	160.35	81.70	196.26	83.91
41	北方信托	37.33	19.11	195.28	65.24
42	粤财信托	103.56	42.12	193.22	78.58
43	天津信托	53.88	29.20	184.55	69.18
44	中诚信托	145.46	83.83	173.52	70.29
45	华润信托	142.44	82.47	172.71	50.04
46	中原信托	81.12	47.72	169.98	79.47
47	金谷信托	37.55	22.68	165.56	80.46
48	云南信托	37.87	23.00	165.00	85.00
49	西部信托	40.59	25.56	158.80	75.10
50	中航信托	148.76	95.82	155.25	82.00
51	百瑞信托	101.16	69.60	145.34	86.30
52	华鑫信托	126.91	88.97	142.64	78.05
53	厦门国际信托	50.46	38.58	130.81	74.19
54	山西信托	13.24	11.19	118.32	68.60
55	光大兴陇信托	126.60	113.74	111.31	74.63
56	渤海信托	92.64	83.40	111.08	69.38
57	万向信托	11.23	10.50	106.95	47.23
58	华澳信托	5.61	6.95	80.69	16.10
59	吉林信托	3.29	8.31	39.60	10.01
60	中融信托	未披露	未披露	未披露	未披露
61	中国民生信托	未披露	未披露	未披露	未披露
62	雪松信托	未披露	未披露	未披露	未披露
63	长安信托	未披露	未披露	未披露	未披露
64	北京信托	未披露	未披露	未披露	未披露
65	新时代信托	未披露	未披露	未披露	未披露
66	四川信托	未披露	未披露	未披露	未披露
67	华信信托	未披露	未披露	未披露	未披露
68	新华信托	未披露	未披露	未披露	未披露
	合计	5 254.30	2 368.69	221.82	69.23

注：1. 合计的净资本与各项业务风险资本之比=59家净资本合计/59家各项业务风险资本。
2. 合计的净资本与净资产之比=59家净资本合计/59公司报表披露净资产之和。
3. 本年度有9家信托公司尚未披露年报，故未在本表中披露相关数据。

(七)信托风险赔偿率排行榜

2023年已披露年报的59家信托公司平均信托风险赔偿率为0.262%,较上年0.288%略有下降;其中32家公司超过平均值(见表3-3-14)。

表3-3-14　　　　　　　　　　　　　　信托风险赔偿率排行榜

排名	公司简称	信托风险准备金(万元)	信托资产总额(万元)	信托风险赔偿率(%)
1	华宸信托	8 755.46	113 564.94	7.710
2	吉林信托	44 187.97	2 072 291.41	2.132
3	中泰信托	24 747.33	1 334 571.07	1.854
4	杭州工商信托	153 045.00	8 831 992.00	1.733
5	平安信托	1 119 771.08	66 250 261.43	1.690
6	爱建信托	94 821.58	6 647 023.16	1.427
7	陆家嘴信托	81 876.25	8 376 166.67	0.977
8	华澳信托	21 694.23	2 307 802.92	0.940
9	中建投信托	72 124.87	9 407 040.13	0.767
10	重庆信托	130 725.67	17 804 717.81	0.734
11	山东国信	134 741.15	18 555 242.66	0.726
12	苏州信托	46 158.78	6 834 130.50	0.675
13	国元信托	75 392.80	11 836 069.99	0.637
14	中铁信托	243 193.09	41 639 735.00	0.584
15	大业信托	43 422.76	7 809 697.06	0.556
16	国通信托	94 184.05	17 641 804.42	0.534
17	华融信托	43 309.86	8 429 690.45	0.514
18	长城新盛信托	4 515.32	881 695.52	0.512
19	国联信托	44 998.00	8 815 275.00	0.510
20	建元信托	72 259.85	14 245 107.59	0.507
21	江苏信托	192 787.03	40 051 377.50	0.481
22	财信信托	65 605.20	13 782 056.00	0.476
23	华宝信托	152 184.97	33 187 494.05	0.459
24	东莞信托	31 452.51	7 008 198.33	0.449
25	厦门国际信托	77 151.00	17 592 440.00	0.439
26	交银国际信托	234 495.23	54 611 416.04	0.429
27	山西信托	25 742.06	6 141 233.19	0.419
28	兴业信托	76 322.45	18 520 588.83	0.412
29	中海信托	65 389.98	16 464 425.78	0.397
30	国投泰康信托	139 757.41	39 114 631.88	0.357
31	华能信托	167 885.32	51 447 654.06	0.326
32	万向信托	22 536.47	8 312 504.45	0.271
33	昆仑信托	64 468.81	24 766 354.15	0.260
34	上海信托	126 149.33	52 314 254.76	0.241
35	西藏信托	38 569.00	16 835 546.68	0.229
36	北方信托	46 358.89	20 660 182.66	0.224
37	中粮信托	67 188.48	30 092 826.50	0.223

续表

排名	公司简称	信托风险准备金（万元）	信托资产总额（万元）	信托风险赔偿率（%）
38	五矿信托	146 636.31	73 040 343.33	0.201
39	粤财信托	74 353.22	37 456 032.16	0.199
40	中航信托	125 328.32	63 565 011.37	0.197
41	天津信托	44 676.22	23 423 110.08	0.191
42	紫金信托	47 360.41	29 606 223.82	0.160
43	浙金信托	15 511.99	10 234 025.08	0.152
44	百瑞信托	80 376.45	53 968 916.78	0.149
45	中诚信托	72 418.36	51 631 774.67	0.140
46	金谷信托	24 193.71	18 567 016.83	0.130
47	中信信托	264 139.73	205 933 488.20	0.128
48	华鑫信托	74 137.17	61 486 374.89	0.121
49	渤海信托	59 368.75	50 999 726.77	0.116
50	西部信托	51 926.49	44 785 703.35	0.116
51	陕国投	60 356.43	53 182 587.06	0.113
52	光大兴陇信托	73 158.70	74 319 995.91	0.098
53	英大信托	79 774.03	82 299 256.35	0.097
54	云南信托	32 576.10	34 116 572.97	0.095
55	建信信托	107 160.53	117 085 377.02	0.092
56	国民信托	22 470.02	24 950 933.64	0.090
57	华润信托	231 049.41	259 849 666.80	0.089
58	中原信托	30 130.04	39 722 756.48	0.076
59	外贸信托	96 106.50	157 244 356.07	0.061
60	中融信托	未披露	未披露	0.075
61	中国民生信托	未披露	未披露	0.070
62	雪松信托	未披露	未披露	0.068
63	长安信托	未披露	未披露	未披露
64	北京信托	未披露	未披露	未披露
65	新时代信托	未披露	未披露	未披露
66	四川信托	未披露	未披露	未披露
67	华信信托	未披露	未披露	未披露
68	新华信托	未披露	未披露	未披露
合计		5 961 178.14	2 278 206 314.22	0.262
平均		101 036.92	38 613 666.34	—

注：本年度有9家信托公司尚未披露年报，故未在本表中披露相关数据。

第四章　固有资产报表总体分析

在本章节中，我们分别汇总了2023年已披露年报的59家信托公司固有资产部分的合并报表和单体报表，对于没有合并报表的公司我们在合并报表统计中汇总了单体报表数据；这些报表包括资产负债表、利润表、所有者权益变动表。汇总成报表代表中国信托行业固有资产整体状况，以此来分析中国信托公司固有资产整体的财务状况和经营成果。

一、合并报表数据

（一）固有资产财务状况总体分析

2023年信托行业汇总资产负债表中，2023年总资产为11 966.29亿元，较上年大幅下降了16.49%。2023年总负债4 325.45亿元较上年也有大幅下降，下降了37.61%。2023年所有者权益（股东权益）较上年小幅上升，上升比例为3.29%（见表4-1-1）。

表4-1-1　　　　　　　　　　　2023年固有资产汇总资产负债表　　　　　　　　　　　单位：万元

资产	2023年12月31日	2022年12月31日	负债和所有者权益（或股东权益）	2023年12月31日	2022年12月31日
现金及存放中央银行款项	1 069 586.92	1 027 576.45	同业及其他金融机构存放款项	—	463 984.62
存放同业款项	1 898 797.84	2 573 533.75	向中央银行借款	—	372 293.93
贵金属	—	—	短期借款	1 868 301.57	2 382 325.31
其他货币资金	0.20	12 838.14	拆入资金	1 868 296.60	19 853 065.97
拆出资金	5 577 827.07	7 073 428.23	交易性金融负债	3 548 410.04	2 796 994.04
货币资金	9 722 763.51	12 958 359.12	衍生金融负债	17 981.82	90 830.84
交易性金融资产	52 559 678.08	51 087 532.37	卖出回购金融资产款	5 534 713.52	6 985 587.35
衍生金融资产	120 058.62	47 837.04	存入保证金	731 260.42	1 006 523.14
买入返售金融资产	3 426 819.07	4 488 474.82	应付款项	93 017.74	113 784.61
分为贷款和应收款类的投资	18 546.36	31 867.18	应付手续费及佣金	—	38.89
发放贷款和垫款	6 369 998.01	19 293 716.39	预收款项（合同负债）	304 748.90	539 469.59
债权投资	9 096 786.94	14 375 651.22	应付职工薪酬	2 029 369.08	2 098 905.75
其他债权投资	5 081 689.56	5 649 742.01	应交税费	929 112.22	1 274 717.92
其他权益工具投资	2 013 560.56	1 875 741.66	代理买卖证券款	6 479 657.99	7 336 333.89
应收利息	35 142.63	36 502.06	应付利息	—	—
应收股利	7 920.00	6 395.17	应付股利	73 591.61	27 712.23
应收手续费及佣金	1 941.06	2 784.91	其他应付款	1 652 039.87	2 259 929.10
应收款项	941 777.55	889 070.57	长期借款	251 269.68	254 441.60
结算备付金	1 304 906.74	1 013 823.25	租赁负债	370 283.94	394 983.81
存出保证金	1 110 762.53	1 404 451.77	应付债券	8 242 710.66	11 012 474.18
其他应收款	968 099.13	1 067 889.30	递延收益	1 259.72	483.00
预付款项	13 933.19	12 601.27	长期应付款	436.20	470.50

续表

资产	2023年12月31日	2022年12月31日	负债和所有者权益（或股东权益）	2023年12月31日	2022年12月31日
存货	57 948.53	41 471.02	预计负债	817 899.69	1 238 638.44
长期股权投资	8 390 932.88	8 336 468.75	递延所得税负债	184 466.76	201 291.55
投资性房地产	770 475.36	663 871.09	其他负债	8 255 646.20	8 618 450.99
固定资产	438 039.03	550 045.07	负债合计	43 254 474.21	69 323 731.25
使用权资产	378 313.49	399 755.11	所有者权益（或股东权益）：	—	—
在建工程	93 630.82	163 557.58	实收资本（或股本）	30 084 462.68	28 375 981.28
无形资产	246 641.91	244 517.73	资本公积	7 888 667.15	7 138 768.29
开发支出	652.98	—	其他综合收益	93 218.16	43 750.65
长期待摊费用	15 172.62	9 691.59	盈余公积	6 324 525.86	5 933 549.76
递延所得税资产	2 958 635.64	2 999 781.99	信托赔偿准备金	1 410 200.21	1 344 678.06
抵债资产	18 633.18	12 394.37	一般风险准备	4 550 977.93	4 356 212.75
商誉	46 549.82	46 549.82	未分配利润	22 759 571.21	21 907 177.26
其他资产	4 906 704.68	4 899 575.90	归属于母公司所有者权益合计	73 111 623.19	69 100 118.05
			少数股东权益	3 296 829.13	4 873 647.40
			所有者权益（或股东权益）合计	76 408 452.32	73 973 765.45
资产总计	119 662 926.53	143 297 496.69	负债和所有者权益（或股东权益）总计	119 662 926.53	143 297 496.69

注：1. 其他资产中包含了报表尾差。
2. 本年度有9家信托公司尚未披露年报，故未在本表中披露相关数据。

另外，2023年由于会计政策变更等原因，部分公司对年初数进行了追溯调整，各科目的期初数，和2022年末数有所差异，以本年报告披露数为准。

（二）固有资产经营成果总体分析

2023年信托行业汇总利润总额为507.46亿元，较上年的568.00亿元减少了10.66%；汇总综合收益总额为394.70亿元，较上年减少了5.83%（见表4-1-2）。

汇总利润表中，2023年度的营业总收入为1 080.90亿元，减少11.16%。其中，手续费及佣金净收入596.42亿元占营业总收入的55.18%，投资收益260.77亿元，占营业总收入的24.13%；营业总支出为547.27亿元，减少14.84%，其中业务及销售管理费用342.18亿元，占营业总支出的62.53%。

表4-1-2　　　　　　　　　　　　　　2023年汇总利润表

项目	本年实际数（万元）	上年实际数（万元）	增减数	
			金额（万元）	比例（%）
一、营业总收入	10 809 048.67	12 166 630.37	-1 357 581.70	-11.16
1.营业收入	452.85	2 134.91	-1 682.06	-78.79
2.利息净收入	1 331 737.30	1 674 973.99	-343 236.69	-20.49
利息收入	2 122 244.80	3 016 570.51	-894 325.71	-29.65
利息支出	790 507.51	1 341 596.53	-551 089.02	-41.08
3.金融企业往来净收入	—	—	—	—

续表

项目	本年实际数(万元)	上年实际数(万元)	增减数	
			金额(万元)	比例(%)
金融企业往来收入	—	—	—	—
金融企业往来支出	—	—	—	—
4.手续费及佣金净收入	5 964 180.24	7 317 301.74	-1 353 121.50	-18.49
手续费及佣金收入	6 456 825.57	7 862 990.44	-1 406 164.87	-17.88
手续费及佣金支出	492 645.33	545 688.71	-53 043.37	-9.72
5.租赁收入	—	—	—	—
6.投资收益(损失以"-"号填列)	2 607 706.85	2 637 230.86	-29 524.01	-1.12
7.公允价值变动收益(损失以"-"号填列)	-95 722.30	-966 189.99	870 467.69	-90.09
8.汇兑收益(损失以"-"号填列)	780.36	6 573.97	-5 793.61	-88.13
9.其他业务收入	858 226.21	1 309 865.68	-451 639.47	-34.48
10.资产处置收益(亏损以"-"号填列)	305.75	5 854.14	-5 548.39	-94.78
11.基金管理收入	—	—	—	—
12.其他收益	141 381.42	178 885.08	-37 503.66	-20.97
二、营业总支出	5 472 653.43	6 426 079.46	-953 426.03	-14.84
1.营业成本	4 221.32	991.50	3 229.83	325.75
2.营业税金及附加	124 474.78	145 055.54	-20 580.76	-14.19
3.业务及销售管理费用	3 421 848.45	3 548 655.66	-126 807.21	-3.57
4.财务费用	—	—	—	—
5.资产减值损失	-76 035.21	139 820.18	-215 855.40	-154.38
6.其他业务成本	869 536.23	1 174 613.28	-305 077.05	-25.97
7.信用减值损失	1 128 607.86	1 416 943.30	-288 335.44	-20.35
三、营业利润(亏损以"-"号填列)	5 336 395.24	5 740 550.91	-404 155.67	-7.04
加:营业外收入	20 786.24	77 063.28	-56 277.03	-73.03
减:营业外支出	282 579.38	137 583.76	144 995.62	105.39
四、利润总额(亏损总额以"-"号填列)	5 074 602.10	5 680 030.43	-605 428.32	-10.66
减:所得税费用	1 199 755.26	1 293 836.20	-94 080.93	-7.27
五、净利润(净亏损以"-"号填列)	3 874 846.84	4 386 194.23	-511 347.39	-11.66
其中:被合并方在合并前实现的净利润	474 156.42	1 045 452.88	-571 296.46	-54.65
归属于母公司所有者的净利润	1 183 127.46	1 121 779.24	61 348.23	5.47
少数股东损益	20 194.16	39 325.39	-19 131.23	-48.65
六、其他综合收益	72 179.74	-194 733.23	266 912.97	-137.07
七、综合收益总额	3 947 026.58	4 191 461.00	-244 434.42	-5.83

注:本年度有9家信托公司尚未披露年报,故未在本表中披露相关数据。

另外,2023年由于会计政策变更等原因,部分公司对年初数进行了追溯调整,各科目的期初数,和2022年末数有所差异,以本年报告披露数为准。

(三)固有资产所有者权益总体分析

2023年所有者权益为7 640.85亿元,较2022年增加243.47亿元,增幅为3.29%,其中股本占比39.37%,较2022年略有上升;资本公积占比10.32%,较2022年略有上升;其他综合收益占比0.12%,较2022年上升113.07%,盈余公积占比8.28%,较2022年略有增长,风险准备金占比7.80%,较2022年有所增长,未分配利润占比29.79%,较2022年略有增长。从表4-1-3和图4-1-1可以看出,2023年所有者权益结构与2022年基本相同。

表4-1-3　　　　　　　　　　　固有资产所有者权益的组成占比

项目	2023年		2022年		2023年增减	
	金额(万元)	比率(%)	金额(万元)	比率(%)	金额(万元)	比率(%)
股本	30 084 462.68	39.37	28 375 981.28	38.36	1 708 481.40	6.02
资本公积	7 888 667.15	10.32	7 138 768.29	9.65	749 898.86	10.50
其他综合收益	93 218.16	0.12	43 750.65	0.06	49 467.50	113.07
盈余公积	6 324 525.86	8.28	5 933 549.76	8.02	390 976.10	6.59
风险准备金	5 961 178.14	7.80	5 700 890.81	7.71	260 287.33	4.57
未分配利润	22 759 571.21	29.79	21 907 177.26	29.61	852 393.95	3.89
归属于母公司所有者权益合计	73 111 623.19	95.69	69 100 118.05	93.41	4 011 505.14	5.81
少数股东权益	3 296 829.13	4.31	4 873 647.40	6.59	-1 576 818.26	-32.35
所有者权益合计	76 408 452.32	100.00	73 973 765.45	100.00	2 434 686.87	3.29

注:本年度有9家信托公司尚未披露年报,故未在本表中披露相关数据。

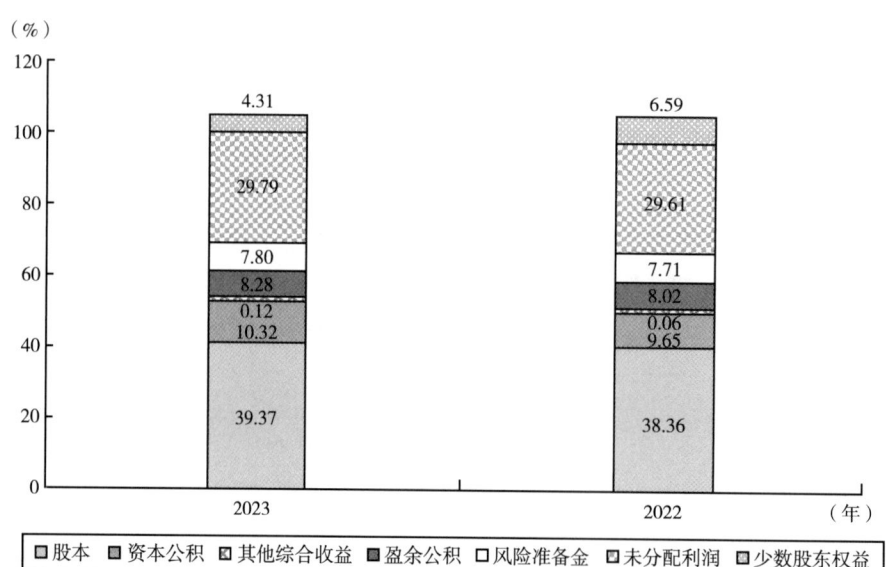

图4-1-1　固有资产所有者权益结构

已披露年报的59家信托公司,2023年股本共增加170.85亿元(见表4-1-4),2023年股本发生变动的情况分析见第一章。

表4-1-4

2023年汇总所有者权益变动表

本年金额
单位：万元

项目	归属于母公司所有者权益							少数股东权益	所有者权益合计
	实收资本（或股本）	资本公积	其他综合收益	盈余公积	信托赔偿准备	一般风险准备	未分配利润		
一、上年年末余额	28 375 981.29	7 138 766.29	43 749.66	5 936 757.40	1 344 672.43	4 358 656.86	22 056 659.26	4 873 647.37	74 128 890.56
加：会计政策变更	—	—	—	68.63	6.64	24.01	920.52	—	1 019.79
前期差错更正	—	—	—	-3 271.16	—	-2 468.08	-150 363.52	—	-156 102.77
其他	—	—	—	—	—	—	—	—	—
二、本年年初余额	28 375 981.29	7 138 766.29	43 749.66	5 933 554.86	1 344 679.07	4 356 212.79	21 907 216.25	4 873 647.37	73 973 807.58
三、本年增减变动金额（减少以"-"号填列）	1 708 481.40	756 365.16	49 468.53	390 971.01	65 521.12	194 765.19	852 358.94	-1 576 818.27	2 441 113.09
（一）净利润	—	—	—	—	—	—	3 486 579.53	339 842.54	3 891 007.83
（二）其他综合收益	—	162.85	64 422.91	—	—	—	—	339 842.54	3 826 422.07
1.金融资产公允价值变动净额	—	—	64 422.91	—	—	—	—	—	64 585.76
2.权益法下被投资单位其他所有者权益变动的影响	—	—	-13 076.28	—	—	—	—	—	-13 076.28
3.与计入所有者权益项目相关的所得税影响	—	—	39 846.02	—	—	—	—	—	39 846.02
4.其他	—	—	-9 542.78	—	—	—	—	—	-9 379.93
5.未披露	—	—	47 195.95	—	—	—	—	—	47 195.95
净利润及其他综合收益小计	—	—	—	—	—	—	—	—	—
（三）所有者投入和减少资本	773 259.99	861 197.36	—	—	—	-87 685.42	87 685.42	-142 550.19	1 491 907.16
1.所有者投入资本	773 259.99	642 335.31	—	—	—	—	—	-3 272.10	1 412 323.20
2.股份支付计入所有者权益的金额	—	-11 443.95	—	—	—	—	—	-6 734.81	-18 178.76
3.分立减资（或其他）	—	230 306.00	—	—	—	—	—	-132 543.28	97 762.72
（四）利润分配	—	—	773.43	389 391.88	65 086.52	282 450.61	-1 905 520.21	-172 153.43	-1 339 971.20
1.提取盈余公积	—	—	—	389 391.88	—	1 185.19	-389 391.88	—	—
2.提取信托赔偿准备	—	—	—	—	65 086.52	—	-66 271.71	—	—
3.一般风险准备	—	—	—	—	—	281 265.42	-302 565.42	—	-21 300.00
4.所有者的分配	—	—	—	—	—	—	-1 144 956.72	-167 222.37	-1 312 179.09
5.其他	—	—	773.43	—	434.60	—	-2 334.48	-4 931.06	-6 492.11
（五）所有者权益内部结转	935 221.41	-104 995.04	-15 727.81	1 579.13	—	—	-816 385.79	-1 601 957.19	-1 601 830.69
1.资本公积转增资本	105 121.53	-105 121.53	—	—	—	—	—	—	—
2.盈余公积转增资本	—	—	—	—	—	—	—	—	—
3.盈余公积弥补亏损	—	—	—	—	—	—	—	—	—
4.其他	830 099.88	126.49	-15 727.81	1 579.13	434.60	—	-816 385.79	-1 601 957.19	-1 601 830.69
未披露变更原因的调整事项	—	-6 467.31	—	—	—	—	—	—	-6 467.31
四、本年年末余额	30 084 462.69	7 888 664.14	93 218.19	6 324 525.87	1 410 200.19	4 550 977.98	22 759 575.19	3 296 829.10	76 408 453.37

续表

项目	归属于母公司所有者权益							少数股东权益	所有者权益合计
	实收资本（或股本）	资本公积	其他综合收益	盈余公积	信托赔偿准备	一般风险准备	未分配利润		
	上年金额								
一、上年末余额	27 779 343.71	6 892 648.38	193 095.14	5 514 720.76	1 264 288.63	4 022 445.87	20 670 850.95	4 638 548.03	70 975 941.47
加：会计政策变更	—	—	—	−29.41	3.81	−5.99	−40.09	−597.11	−668.79
前期差错更正	—	—	—	—	—	—	−104 486.13	—	−104 486.13
其他	—	—	—	−1 258.50	−629.25	—	−10 697.25	—	−12 585.00
二、本年年初余额	27 779 343.71	6 892 648.38	193 095.14	5 513 432.85	1 263 663.19	4 022 439.88	20 555 627.47	4 637 950.92	70 858 201.54
三、本年增减变动金额（减少以"-"号填列）	596 637.58	246 120.40	−149 345.48	420 003.46	80 988.60	334 581.39	1 349 548.43	235 696.45	3 114 230.84
（一）净利润	—	—	—	—	—	—	4 050 290.78	407 315.47	4 367 926.71
（二）其他综合收益	—	96 513.74	−186 193.29	—	—	—	—	408 869.80	4 459 160.58
1.金融资产公允价值变动净额	—	96 513.74	−186 193.29	—	—	—	4 050 290.78	—	−91 233.88
2.权益法下被投资单位其他所有者权益变动的影响	—	—	2 398.10	—	—	—	—	—	2 398.10
3.与计入所有者权益项目相关的所得税影响	—	−106.54	−22 680.72	—	—	—	—	—	−22 787.26
4.其他	—	—	−95 658.28	—	—	—	—	—	−95 658.28
5.未披露	—	94 581.77	−17 496.81	—	—	—	—	—	77 084.96
净利润及其他综合收益小计	—	2 038.51	−52 755.57	—	—	—	—	−1 554.33	−52 271.39
（三）所有者投入和减少资本	411 698.19	147 009.11	—	—	—	—	−2 488 575.13	−3 917.80	554 789.50
1.所有者投入资本	411 698.19	163 984.64	—	—	—	—	−423 826.66	—	575 682.84
2.股份支付计入所有者权益的金额	—	−10 734.86	—	—	—	—	−87 066.46	−4 237.80	−14 972.66
3.分立减资	—	−6 240.68	—	—	—	—	−359 578.93	320.00	−5 920.68
4.其他	—	—	—	—	—	—	−1 616 618.99	−167 701.22	−1 813 976.35
（四）利润分配	3 939.39	−2 963.44	—	423 826.66	82 915.99	334 581.39	−1 484.09	—	—
1.提取盈余公积	3 939.39	−3 939.39	—	423 826.66	—	—	−212 167.22	—	—
2.提取信托赔偿准备	—	—	—	—	82 915.99	—	—	—	—
3.一般风险准备	—	—	—	—	—	330 430.93	—	—	—
4.所有者的分配	—	—	—	—	—	4 150.47	—	−153 631.63	−29 148.00
5.其他	—	5 560.99	36 847.81	−3 823.20	−1 927.39	—	−1 484.09	−14 069.59	−1 770 250.62
（五）所有者权益内部结转	181 000.00	—	—	−3 823.20	−1 927.39	—	−212 167.22	—	−14 577.73
1.资本公积转增资本	181 000.00	5 560.99	36 847.81	—	—	—	—	—	5 490.99
2.盈余公积转增资本	—	—	—	—	—	—	—	—	—
3.盈余公积弥补亏损	—	−2.49	—	58.57	29.28	—	497.87	—	583.23
4.其他	—	—	—	—	—	—	—	—	5 490.99
未披露变更原因的调整事项	—	—	—	—	—	—	—	—	—
四、本年末余额	28 375 981.29	7 138 766.29	43 749.66	5 933 494.88	1 344 681.07	4 357 021.28	21 905 673.78	4 873 647.37	73 973 015.61

注：1. 在编制汇总所有者权益变动表中，存在部分公司与资产负债表数据上的尾差，汇总未披露数据，故在本表中披露相关数据。
2. 本年度有9家信托公司尚未披露年报，汇总时未将尾差调整。

(四)固有资产报表结构比率分析

1.资产结构分析

从2023年资产项目结构来看,货币资金、金融资产占比依然较大。其中,金融资产占比65.76%、货币资金占比15.27%,两者共占总资产的比重为81.02%,与上年的84.09%基本持平。固有资产汇总报表资产结构分析具体情况见表4-1-5、图4-1-2、图4-1-3。

表4-1-5　　　　　　　　　　　固有资产汇总报表资产结构分析表

科目	2023年12月31日		2022年12月31日		增减	
	金额(万元)	占比(%)	金额(万元)	占比(%)	金额(万元)	比例(%)
货币资产	18 268 975.54	15.27	23 645 735.70	16.50	-5 376 760.15	-22.74
金融资产	78 687 137.20	65.76	96 850 562.67	67.59	-18 163 425.47	-18.75
往来资产	4 384 482.83	3.66	4 433 518.30	3.09	-49 035.47	-1.11
长期投资等投资资产	8 390 932.88	7.01	8 336 468.75	5.82	54 464.13	0.65
固定资产等实物资产	1 680 458.71	1.40	1 777 228.85	1.24	-96 770.13	-5.45
无形资产等非实物资产	327 650.51	0.27	313 153.51	0.22	14 497.00	4.63
其他资产	7 923 288.84	6.62	7 940 828.91	5.54	-17 540.07	-0.22
资产合计	119 662 926.53	100.00	143 297 496.69	100.00	-23 634 570.17	-16.49

注:本年度有9家信托公司尚未披露年报,故未在本表中披露相关数据。

由于在统计分析过程中,各家公司审计报告的科目设置并不一致,我们根据资产的流动属性将资产重新分类,分类明细如下。

流动资产包括:(1)货币资产。该资产包括现金及存放中央银行款项、存放同业款项、贵金属、其他货币资金、拆出资金、货币资金。(2)金融资产。该资产包括交易性金融资产、衍生金融资产、买入返售金融资产、分为贷款和应收款类的投资、发放贷款和垫款、债权投资、其他债权投资、其他权益工具投资。(3)往来资产。该资产包括应收利息、应收股利、应收手续费及佣金、应收款项、结算备付金、存出保证金、其他应收款、预付款项。(4)其他资产。该资产包括存货及递延所得税资产和其他资产项目。

非流动资产包括:(1)长期投资等投资资产。该资产包括长期股权投资。(2)固定资产等实物资产。该资产包括投资性房地产、固定资产、使用权资产、在建工程。(3)无形资产。该资产包括无形资产、开发支出、抵债资产、代理业务资产、商誉。

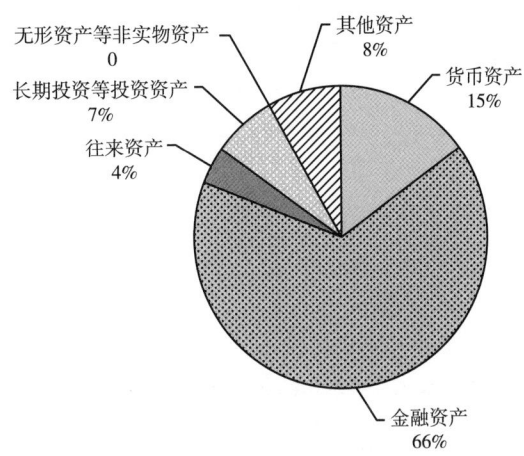

图4-1-2　2023固有资产汇总报表资产结构

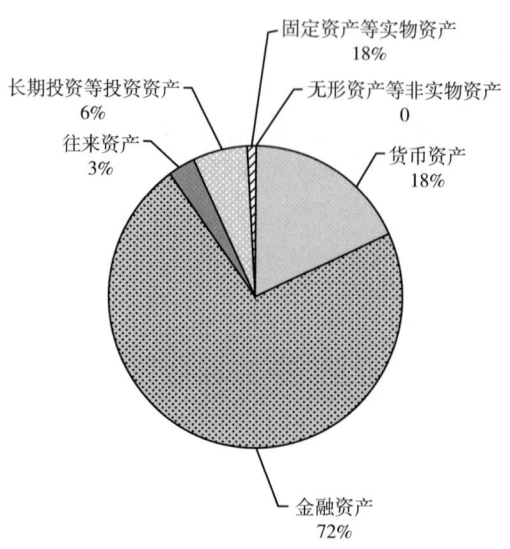

图4-1-3　2022固有资产汇总报表资产结构

2.偿债能力分析

2023年，59家已披露年报的信托公司汇总资产负债率为36.15%，较上年大幅下降，说明信托行业偿债能力、资金状况大幅改善（见表4-1-6）。

资产负债率＝汇总负债总额/汇总资产总额×100%。

表4-1-6　　　　　　　　　固有资产汇总报表资产负债率分析

项目	2023年	2022年	增减
资产负债率（%）	36.15	48.38	-12.23

注：本年度有9家信托公司尚未披露年报，故未在本表中披露相关数据。

3.盈利能力分析

（1）营业利润分析

2023年度信托行业整体营业利润率与2022年相比小幅增长2.19%，营业总收入与营业成本相比下降幅度稍小（见表4-1-7）。

表4-1-7　　　　　　　　　固有资产汇总报表营业利润率

项目	2023年（万元）	2022年（万元）	增减（万元）	变动比率（%）
营业总收入	10 809 048.67	12 166 630.37	-1 357 581.70	-11.16
营业总成本	5 472 653.43	6 426 079.46	-953 426.03	-14.84
营业利润	5 336 395.24	5 740 550.91	-404 155.67	-7.04
营业利润率（%）	49.37	47.18	2.19	4.64

注：本年度有9家信托公司尚未披露年报，故未在本表中披露相关数据。

（2）收入结构分析

2023年营业总收入为1 080.90亿元，较上年1 216.66亿元减少了135.76亿元，降幅11.16%。全部项目均有所下降，其中手续费及佣金净收入减少金额最大，减少135.31亿元，营业总收入构成中，手续费及佣金净收入占比最大，达到55.18%，其次是投资收益，占比24.13%，总体结构与2022年基本保持一致（见表4-1-8）。

表4-1-8　　　　　　　　　　　固有资产汇总报表营业收入组成明细

项目	2023年		2022年		增减	
	金额（万元）	比例（%）	金额（万元）	比例（%）	金额（万元）	比例（%）
1.营业收入	452.85	—	2 134.91	0.02	-1 682.06	-78.79
2.利息净收入	1 331 737.30	12.32	1 674 973.99	13.77	-343 236.69	-20.49
3.金融企业往来净收入	—	—	—	—	—	—
4.手续费及佣金净收入	5 964 180.24	55.18	7 317 301.74	60.14	-1 353 121.50	-18.49
5.租赁收入	—	—	—	—	—	—
6.投资收益	2 607 706.85	24.13	2 637 230.86	21.68	-29 524.01	-1.12
7.公允价值变动收益	-95 722.30	-0.89	-966 189.99	-7.94	870 467.69	-90.09
8.汇兑收益	780.36	0.01	6 573.97	0.05	-5 793.61	-88.13
9.其他业务收入	999 913.38	9.25	1 494 604.90	12.28	-494 691.51	-33.10
营业总收入合计	10 809 048.67	100.00	12 166 630.37	100.00	-1 357 581.70	-11.16

注：1.其他业务收入中包含了其他业务收入、补贴收入和资产处置收入等。
　　2.本年度有9家信托公司尚未披露年报，故未在本表中披露相关数据。

（3）固有业务资产收益率分析

从表4-1-9可以看出，2023年整个信托行业的总资产收益率为3.24%，比2022年增加了0.18%；净资产收益为5.07%，比2022年减少了0.86%。主要由于净利润减少而净资产增长。53家信托公司净资产收益率为正值，6家净资产收益率为负值，超过6%的公司有26家（见表3-1-11）。

表4-1-9　　　　　　　　　　　固有资产汇总报表资产收益率情况表

项目名称	2023年（万元）	2022年（万元）	增减（%）
净利润	3 874 846.84	4 386 194.23	-11.66
净资产	76 408 452.32	73 973 765.45	3.29
净资产收益率（%）	5.07	5.93	-0.86
总资产	119 662 926.53	143 297 496.69	-16.49
总资产收益率（%）	3.24	3.06	0.18

注：本年度有9家信托公司尚未披露年报，故未在本表中披露相关数据。

（4）综合收益总额分析

2023年整个信托行业的综合收益总额为394.70亿元，比2022年减少24.44亿元，下降5.83%。其中，净利润下降11.66%。与2022年相比有较大幅下降（见表4-1-10）。

表4-1-10　　　　　　　　　　　汇总综合收益总额变动情况

项目	2023年（万元）	2022年（万元）	增减额（万元）	增减率（%）
营业利润	5 336 395.24	5 740 550.91	-404 155.67	-7.04
营业外收入	20 786.24	77 063.28	-56 277.03	-73.03
营业外支出	282 579.38	137 583.76	144 995.62	105.39
利润总额	5 074 602.10	5 680 030.43	-605 428.32	-10.66
所得税费用	1 199 755.26	1 293 836.20	-94 080.93	-7.27
净利润	3 874 846.84	4 386 194.23	-511 347.39	-11.66
其他综合收益	72 179.74	-194 733.23	266 912.97	-137.07
综合收益总额	3 947 026.58	4 191 461.00	-244 434.42	-5.83

注：本年度有9家信托公司尚未披露年报，故未在本表中披露相关数据。

2023年度已披露年报的59家信托公司中，综合收益出现亏损有6家公司（见表4-1-11）。

表4-1-11　　　　　　　　　　　　　　固有资产综合收益的组成占比

排名	公司简称	利润总额（万元）	所得税费用（万元）	净利润（万元）	其他综合收益（万元）	综合收益总额（万元）	占总额比例（%）
1	平安信托	511 947.59	86 405.50	425 542.09	7 381.79	432 923.88	10.97
2	上海信托	551 772.48	167 742.61	384 029.87	1 414.04	385 443.91	9.77
3	中信信托	335 829.95	73 026.65	262 803.30	36 339.65	299 142.95	7.58
4	江苏信托	271 074.40	16 730.43	254 343.97	—	222 831.98	5.65
5	华能信托	272 307.32	55 638.69	216 668.63	1 430.34	218 098.97	5.53
6	建信信托	242 533.53	52 087.06	190 446.47	-1 538.00	188 908.47	4.79
7	华润信托	176 406.32	20 853.59	155 552.73	27 568.45	183 121.18	4.64
8	华鑫信托	238 668.32	60 787.55	177 880.77	—	177 880.77	4.51
9	英大信托	209 501.70	48 956.55	160 545.15	-389.56	160 155.59	4.06
10	华宝信托	174 075.17	40 390.21	133 684.96	3 014.17	136 699.13	3.46
11	国投泰康信托	167 972.84	42 250.87	125 721.97	-0.75	125 721.22	3.19
12	五矿信托	157 372.33	38 357.28	119 015.05	—	119 015.05	3.02
13	陕国投	143 659.38	35 410.90	108 248.48	-5 778.68	102 469.80	2.60
14	中诚信托	113 832.78	11 866.53	101 966.25	385.94	102 352.19	2.59
15	紫金信托	123 526.49	26 328.83	97 197.66	202.87	97 400.53	2.47
16	外贸信托	131 403.81	29 310.24	102 093.57	-6 364.37	95 729.20	2.43
17	粤财信托	100 232.58	5 980.84	94 251.74	119.02	94 370.76	2.39
18	国元信托	92 436.91	17 136.24	75 300.67	5 777.15	81 077.81	2.05
19	交银国际信托	103 937.18	26 857.21	77 079.97	—	77 079.97	1.95
20	苏州信托	81 167.79	19 643.17	61 524.62	3 537.66	65 062.28	1.65
21	中海信托	85 562.26	21 977.51	63 584.75	197.91	63 782.66	1.62
22	财信信托	80 814.76	19 225.11	61 589.65	—	61 589.65	1.56
23	中粮信托	77 627.17	17 030.59	60 596.58	-119.92	60 476.66	1.53
24	厦门国际信托	73 500.00	14 886.00	58 614.00	-92.00	58 522.00	1.48
25	天津信托	68 196.40	10 894.67	57 301.73	568.33	57 870.06	1.47
26	国联信托	59 995.00	8 899.00	51 096.00	5 482.00	56 578.00	1.43
27	国通信托	70 048.10	15 519.44	54 528.66	—	54 528.66	1.38
28	云南信托	53 142.81	14 097.67	39 045.14	—	39 045.14	0.99
29	国民信托	49 904.88	11 615.41	38 289.47	—	38 289.47	0.97
30	光大兴陇信托	89 787.89	53 008.70	36 779.19	—	36 779.19	0.93
31	西藏信托	41 887.66	6 316.11	35 571.55	—	35 571.55	0.90
32	西部信托	58 221.64	14 201.87	44 019.77	-8 592.91	35 426.86	0.90
33	金谷信托	45 670.84	11 898.28	33 772.56	—	33 772.56	0.86
34	万向信托	23 353.39	-6 899.82	30 253.20	—	30 253.20	0.77
35	爱建信托	37 716.36	9 692.80	28 023.56	—	28 023.56	0.71
36	中铁信托	31 544.79	6 784.49	24 760.29	—	24 760.29	0.63
37	百瑞信托	41 358.86	10 184.44	31 174.42	-6 972.50	24 201.92	0.61
38	陆家嘴信托	31 642.50	7 938.69	23 703.81	—	23 703.81	0.60
39	北方信托	30 327.67	7 161.32	23 166.35	—	23 166.35	0.59

续表

排名	公司简称	利润总额（万元）	所得税费用（万元）	净利润（万元）	其他综合收益（万元）	综合收益总额（万元）	占总额比例（%）
40	中泰信托	20 172.81	-9.41	20 182.22	1 828.66	22 010.88	0.56
41	浙金信托	21 286.67	5 445.05	15 841.62	—	15 841.62	0.40
42	山东国信	29 015.07	13 151.71	15 863.35	-352.35	15 511.01	0.39
43	中原信托	22 750.05	8 753.97	13 996.08	1 110.64	15 106.72	0.38
44	中航信托	10 101.70	1 715.01	8 386.69	3 577.08	11 963.77	0.30
45	吉林信托	2 838.50	—	2 838.50	8 320.93	11 159.43	0.28
46	东莞信托	7 239.49	1 758.87	5 480.62	96.23	5 576.85	0.14
47	华宸信托	6 777.45	1 750.81	5 026.64	—	5 026.64	0.13
48	建元信托	1 778.49	-2 439.34	4 217.82	—	4 217.82	0.11
49	大业信托	4 691.26	1 135.20	3 556.06	—	3 556.06	0.09
50	渤海信托	35 293.91	32 103.11	3 190.80	—	3 190.80	0.08
51	华融信托	3 036.99	-69.24	3 106.23	—	3 106.23	0.08
52	山西信托	4 172.23	257.58	3 914.65	-849.80	3 064.85	0.08
53	长城新盛信托	339.93	-295.28	635.22	—	635.22	0.02
54	杭州工商信托	-28 731.00	-6 705.00	-22 026.00	—	-22 026.00	-0.56
55	中建投信托	-37 483.67	1 393.74	-38 877.41	—	-38 877.41	-0.98
56	华澳信托	-40 281.43	2 816.57	-43 098.00	—	-43 098.00	-1.09
57	兴业信托	-79 321.70	-18 730.44	-60 591.26	339.05	-60 252.21	-1.53
58	昆仑信托	-105 970.14	-27 367.91	-78 602.23	13 383.53	-65 218.70	-1.65
59	重庆信托	-53 066.36	54 897.02	-107 963.38	12 667.13	-95 296.25	-2.41
60	中融信托	未披露	未披露	未披露	未披露	未披露	未披露
61	北京信托	未披露	未披露	未披露	未披露	未披露	未披露
62	长安信托	未披露	未披露	未披露	未披露	未披露	未披露
63	华信信托	未披露	未披露	未披露	未披露	未披露	未披露
64	四川信托	未披露	未披露	未披露	未披露	未披露	未披露
65	新时代信托	未披露	未披露	未披露	未披露	未披露	未披露
66	新华信托	未披露	未披露	未披露	未披露	未披露	未披露
67	雪松信托	未披露	未披露	未披露	未披露	未披露	未披露
68	中国民生信托	未披露	未披露	未披露	未披露	未披露	未披露
	合计	5 074 602.10	1 199 755.26	3 874 846.84	72 179.74	3 947 026.58	100.00

注：本年度有9家信托公司尚未披露年报，故未在本表中披露相关数据。

（5）固有资产人均利润

固有资产汇总报表人均利润最高和最低的前五位公司排名见表4-1-12。

表4-1-12　　　　　　　固有资产汇总报表人均利润最高和最低前五位公司排名

最高前五位			最低前五位		
序号	公司简称	人均利润（万元）	序号	公司简称	人均利润（万元）
1	江苏信托	1 130.42	1	杭州工商信托	-91.00
2	上海信托	839.33	2	中建投信托	-116.06
3	英大信托	744.23	3	昆仑信托	-279.72
4	华鑫信托	689.46	4	华澳信托	-287.32
5	华能信托	607.13	5	重庆信托	-814.15

注：明细详见表3-3-9。

二、母公司报表数据

（一）母公司固有资产财务状况总体分析

2023年母公司固有资产汇总资产负债情况见表4-2-1。

表4-2-1　　　　　　　　　　　　　2023年母公司固有资产汇总资产负债表　　　　　　　　　　　　　单位：万元

资产	2023年12月31日	2022年12月31日	负债和所有者权益（或股东权益）	2023年12月31日	2022年12月31日
现金及存放中央银行款项	153 590.96	149 340.22	同业及其他金融机构存放款项	—	—
存放同业款项	1 840 999.27	2 106 213.51	向中央银行借款	—	—
贵金属	—	—	短期借款	127 477.91	200 532.36
其他货币资金	0.20	12 838.14	拆入资金	1 561 975.32	1 716 243.89
拆出资金	11 400.00	31 801.44	交易性金融负债	84 458.75	99 328.84
货币资金	2 443 804.50	3 052 377.66	衍生金融负债	—	—
交易性金融资产	42 586 590.16	39 083 405.15	卖出回购金融资产款	—	7 213.62
衍生金融资产	—	—	存入保证金	—	—
买入返售金融资产	1 073 318.62	934 589.45	应付款项	6 234.01	5 593.67
分为贷款和应收款类的投资	18 589.63	34 017.25	应付手续费及佣金	—	—
发放贷款和垫款	4 333 414.00	4 614 190.50	预收款项（合同负债）	293 471.13	545 658.49
债权投资	6 536 526.57	6 636 904.09	应付职工薪酬	1 519 434.78	1 573 835.75
其他债权投资	875 367.46	1 554 977.78	应交税费	824 081.89	1 161 046.14
其他权益工具投资	2 069 576.18	1 963 818.26	代理买卖证券款	—	—
应收利息	32 476.54	54 945.64	应付利息	—	—
应收股利	7 920.00	6 336.00	应付股利	71 421.61	17 361.55
应收手续费及佣金	661.22	1 373.47	其他应付款	1 080 848.69	1 203 935.40
应收款项	764 724.24	675 374.85	长期借款	200 408.38	211 970.97
结算备付金	99.86	97.62	租赁负债	324 258.98	361 805.80
存出保证金	—	—	应付债券	—	—
其他应收款	987 819.31	1 014 380.31	递延收益	11 525.88	10 352.00
预付款项	10 310.83	9 780.82	长期应付款	81 365.32	66 296.30
存货	—	—	预计负债	777 874.59	1 202 711.94
长期股权投资	11 085 779.27	11 178 970.12	递延所得税负债	162 433.22	146 110.75
投资性房地产	735 454.87	571 617.32	其他负债	4 197 039.00	4 751 927.94
固定资产	283 993.30	272 778.18	**负债合计**	11 324 309.47	13 281 925.40
使用权资产	323 090.27	361 463.22	所有者权益（或股东权益）：	—	—
在建工程	90 331.35	114 580.33	实收资本（或股本）	31 584 967.85	29 876 486.45
无形资产	211 864.26	186 562.28	资本公积	7 846 201.45	7 086 991.62
开发支出	1 525.18	285.99	其他综合收益	6 096.64	-21 548.30
长期待摊费用	11 480.22	11 605.61	盈余公积	6 585 984.90	6 181 833.57
递延所得税资产	2 700 094.89	2 592 151.67	信托赔偿准备金	1 470 739.25	1 396 361.73
抵债资产	18 633.18	12 394.37	一般风险准备	3 593 860.38	3 426 273.99
商誉	—	—	未分配利润	20 207 018.69	19 301 055.82
其他资产	3 409 742.29	3 290 209.02	所有者权益（或股东权益）合计	71 294 869.16	67 247 454.89
资产总计	82 619 178.63	80 529 380.29	**负债和所有者权益（或股东权益）总计**	82 619 178.63	80 529 380.29

注：1. 其他非流动资产中包含了报表尾差。
　　2. 本年度有9家信托公司尚未披露年报，故未在本表中披露相关数据。

(二)固有资产经营成果总体分析

2023年信托行业母公司汇总净利润为359.24亿元,较上年的358.00亿元增加了0.35%,综合收益总额为454.47亿元,较上年增加7.71%。

母公司汇总利润表4-4-2中,2023年度的营业总收入为800.85亿元,较上年下降1.10%。其中,手续费及佣金净收入515.86亿元,占营业总收入的64.41%,投资收益246.82亿元,占营业收入的30.82%;营业总支出为314.74亿元,较上年下降8.61%,业务及销售管理费用202.68亿元,占营业总支出的64.40%。

表4-2-2　　　　　　　　　　　　　2023年母公司汇总利润表

项目	本年实际数(万元)	上年实际数(万元)	增减数 金额(万元)	增减数 比例(%)
一、营业总收入	8 008 517.73	8 097 784.26	-89 266.53	-1.10
1.营业收入	—	—	—	—
2.利息净收入	432 452.24	423 493.08	8 959.16	2.12
利息收入	602 800.12	689 654.42	-86 854.30	-12.59
利息支出	170 347.87	266 161.33	-95 813.46	-36.00
3.金融企业往来净收入	—	—	—	—
金融企业往来收入	—	—	—	—
金融企业往来支出	—	—	—	—
4.手续费及佣金净收入	5 158 597.89	6 307 579.78	-1 148 981.89	-18.22
手续费及佣金收入	5 182 748.11	6 366 263.04	-1 183 514.93	-18.59
手续费及佣金支出	24 150.22	58 683.26	-34 533.04	-58.85
5.租赁收入	—	—	—	—
6.投资收益(损失以"-"号填列)	2 468 234.71	1 980 959.35	487 275.36	24.60
7.公允价值变动收益(损失以"-"号填列)	-211 565.66	-824 076.88	612 511.21	-74.33
8.汇兑收益(损失以"-"号填列)	23 207.02	-3 765.29	26 972.32	-716.34
9.其他业务收入	137 591.53	213 594.22	-76 002.69	-35.58
二、营业总支出	3 147 439.45	3 443 951.82	-296 512.37	-8.61
1.营业支出	802.88	837.40	-34.52	-4.12
2.营业税金及附加	104 496.36	120 489.50	-15 993.14	-13.27
3.业务(销售、管理)费用	2 026 801.24	2 033 424.25	-6 623.01	-0.33
4.财务费用	—	—	—	—
5.资产减值损失	-89 468.32	167 730.80	-257 199.12	-153.34
6.其他业务成本	197 696.94	81 625.87	116 071.07	142.20
7.信用减值损失	—	—	—	—
三、营业利润(亏损以"-"号填列)	4 861 078.27	4 653 832.44	207 245.84	4.45
加:营业外收入	20 237.79	75 485.40	-55 247.60	-73.19
减:营业外支出	256 985.32	112 216.19	144 769.13	129.01

续表

项目	本年实际数（万元）	上年实际数（万元）	增减数	
			金额（万元）	比例（%）
四、利润总额（亏损总额以"-"号填列）	4 624 330.75	4 617 101.65	7 229.10	0.16
减：所得税费用	1 031 884.10	1 037 122.79	-5 238.69	-0.51
五、净利润（净亏损以"-"号填列）	3 592 446.65	3 579 978.86	12 467.79	0.35
六、其他综合收益	952 234.49	639 330.08	312 904.41	48.94
七、综合收益总额	4 544 681.14	4 219 308.93	325 372.20	7.71

注：本年度有9家信托公司尚未披露年报，故未在本表中披露相关数据。

另外，2023年由于会计政策变更等原因，部分公司对年初数进行了追溯调整，各科目的期初数，和上年年末数有所差异，以本年报告披露数为准。

（三）母公司固有资产所有者权益总体分析

2023年所有者权益为7 129.49亿元，较上年增加404.74亿元，增幅6.02%，其中股本占比44.30%，较上年增加5.72%；资本公积占比11.01%，较上年上升10.71%；其他综合收益占比0.01%，较上年下降128.29%，盈余公积占比9.24%，较上年增加6.54%，风险准备金占比7.10%，较上年增加5.02%，未分配利润占比28.34%，较上年增加了4.69%。从表4-2-3看出，除其他综合收益外所有者权益中各项均有所增长。2023年和2022年固有资产所有者权益结构见图4-2-1和图4-2-2。

表4-2-3　　　　　　　　　　母公司固有资产所有者权益的组成占比

项目	2023年		2022年		2023年增减	
	金额（万元）	比率（%）	金额（万元）	比率（%）	金额（万元）	比率（%）
股本	31 584 967.85	44.30	29 876 486.45	44.43	1 708 481.40	5.72
资本公积	7 846 201.45	11.01	7 086 991.62	10.54	759 209.83	10.71
其他综合收益	6 096.64	0.01	-21 548.30	-0.03	27 644.94	-128.29
盈余公积	6 585 984.90	9.24	6 181 833.57	9.19	404 151.33	6.54
风险准备金	5 064 599.63	7.10	4 822 635.73	7.17	241 963.91	5.02
未分配利润	20 207 018.69	28.34	19 301 055.82	28.70	905 962.86	4.69
所有者权益合计	**71 294 869.16**	**100.00**	**67 247 454.89**	**100.00**	**4 047 414.27**	**6.02**

注：本年度有9家信托公司尚未披露年报，故未在本表中披露相关数据。

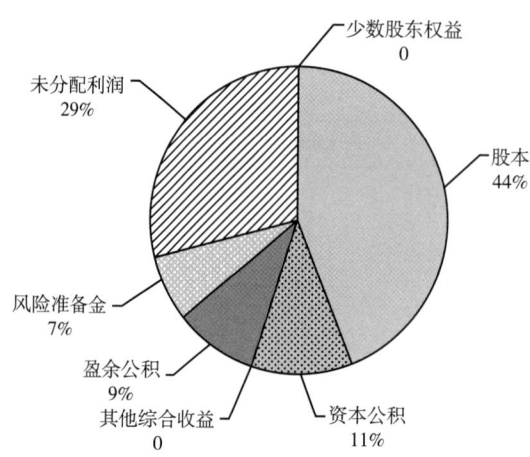

图4-2-1　2023年末固有资产所有者权益结构

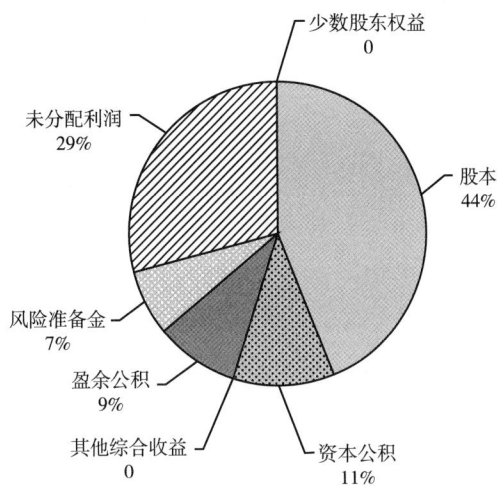

图4-2-2 2022年末固有资产所有者权益结构

部分信托未披露母公司所有者权益变动表,我们未单独列示汇总母公司所有者权益变动表。

1.偿债能力分析

2023年信托公司汇总母公司资产负债率为13.71%,较上年下降了2.79%(见表4-2-4)。

资产负债率=汇总负债总额/汇总资产总额×100%。

表4-2-4　　　　　　　　　母公司固有资产汇总报表资产负债率分析

项目	2023年	2022年	增减
资产负债率(%)	13.71	16.49	-2.79

注：本年度有9家信托公司尚未披露年报,故未在本表中披露相关数据。

2.盈利能力分析

(1)营业利润分析

2023年度信托行业营业总收入下降1.10%,营业总成本下降的更多,达8.61%,故本年度营业利润率60.70%,较上年上升了5.62%(见表4-2-5)。

表4-2-5　　　　　　　　　　固有资产汇总报表营业利润率

项目	2023年(万元)	2022年(万元)	增减(万元)	变动比率(%)
营业总收入	8 008 517.73	8 097 784.26	-89 266.53	-1.10
营业总成本	3 147 439.45	3 443 951.82	-296 512.37	-8.61
营业利润	4 861 078.27	4 653 832.44	207 245.84	4.45
营业利润率(%)	60.70	57.47	3.2	5.62

注：本年度有9家信托公司尚未披露年报,故未在本表中披露相关数据。

(2)收入结构分析

2023年营业总收入为800.85亿元,较上年809.78亿元减少了8.93亿元,减少1.10%。其中手续费及佣金收入减少114.90亿元,减少幅度为18.22%。投资收益增加48.73万元,增长幅度为24.60%,本次收入总额减少主要因素为手续费及佣金收入大幅下降所致(见表4-2-6)。

营业总收入构成中,手续费及佣金净收入占比最大,达到64.41%,其次是投资收益,占比30.82%。

表4-2-6　　　　　　　　　　　　固有资产汇总报表营业收入组成明细表

项目	2023年		2022年		增减	
	金额（万元）	比例（%）	金额（万元）	比例（%）	金额（万元）	比例（%）
1.营业收入	—	—	—	—	—	—
2.利息净收入	432 452.24	5.40	423 493.08	5.23	8 959.16	2.12
3.金融企业往来净收入	—	—	—	—	—	—
4.手续费及佣金净收入	5 158 597.89	64.41	6 307 579.78	77.89	-1 148 981.89	-18.22
5.租赁收入	—	—	—	—	—	—
6.投资收益	2 468 234.71	30.82	1 980 959.35	24.46	487 275.36	24.60
7.公允价值变动收益	-211 565.66	-2.64	-824 076.88	-10.18	612 511.21	-74.33
8.汇兑收益	23 207.02	0.29	-3 765.29	-0.05	26 972.32	-716.34
9.其他业务收入	137 591.53	1.72	213 594.22	2.64	-76 002.69	-35.58
营业总收入合计	8 008 517.73	100.00	8 097 784.26	100.00	-89 266.53	-1.10

注：1.本期将营业收入单独列示披露。
　　2.本年度有9家信托公司尚未披露年报，故未在本表中披露相关数据。

3.固有业务资产收益率分析

2023年整个信托行业的总资产收益率为4.35%，比2022年减少0.10%；净资产收益为5.04%，比2022年减少了0.28%。其中，净资产增加了404.74亿元，增加了6.02%；净利润增加了1.25亿元，增长0.35%（见表4-2-7）。

表4-2-7　　　　　　　　　　　　固有资产汇总报表资产收益率情况

项目名称	2023年（万元）	2022年（万元）	增减（%）
净利润	3 592 446.65	3 579 978.86	0.35
净资产	71 294 869.16	67 247 454.89	6.02
净资产收益率	5.04%	5.32%	-0.28
总资产	82 619 178.63	80 529 380.29	2.60
总资产收益率（%）	4.35	4.45	-0.10

4.综合收益总额分析

2023年整个信托行业的综合收益总额为454.47亿元，比2022年增加了32.54亿元，增幅7.71%。其中，营业利润较上年增长4.45%，利润总额较上年增长0.16%，故2023年综合收益较2022年有微幅度增长（见表4-2-8）。

表4-2-8　　　　　　　　　　　　汇总综合收益总额变动情况

项目	2023年（万元）	2022年（万元）	增减额（万元）	增减率（%）
营业利润	4 861 078.27	4 653 832.44	207 245.84	4.45
营业外收入	20 237.79	75 485.40	-55 247.60	-73.19
营业外支出	256 985.32	112 216.19	144 769.13	129.01
利润总额	4 624 330.75	4 617 101.65	7 229.10	0.16
所得税费用	1 031 884.10	1 037 122.79	-5 238.69	-0.51
净利润	3 592 446.65	3 579 978.86	12 467.79	0.35
其他综合收益	952 234.49	639 330.08	312 904.41	48.94
综合收益总额	4 544 681.14	4 219 308.93	325 372.20	7.71

第五章　信托资产报表总体分析

在本章节中，我们将2023年已披露年报的59家信托公司披露的信托资产部分的会计报表，包括信托资产负债表和信托项目利润及利润分配表分别汇总成代表中国信托行业信托资产整体状况的汇总报表，对中国信托公司信托资产的整体财务状况和经营成果进行分析。

一、2023年信托资产汇总报表分析

（一）信托业务汇总报表

2023年披露所涉及的已披露年报的59家信托公司整体信托项目资产合计227 820.63亿元，比2022年上升16.30%，信托负债较上年上升了69.75%（见表5-1-1）。

表5-1-1　　2023年信托资产的汇总资产负债表

信托资产	年末数（万元）	年初数（万元）	增减额（万元）	增减率（%）
信托资产：				
货币资金	93 959 173.56	61 416 554.42	32 542 619.13	52.99
拆出资金	1 269 988.06	1 485 099.84	−215 111.78	−14.48
存出保证金	241 820.27	208 818.47	33 001.80	15.80
交易性金融资产	1 209 615 052.99	911 378 373.57	298 236 679.42	32.72
衍生金融资产	318.47	678.26	−359.79	−53.05
结算备付金	5 502 349.34	6 891 010.99	−1 388 661.65	−20.15
应收利息	198 514.84	335 435.20	−136 920.35	−40.82
应收股利	183 503.76	156 547.15	26 956.61	17.22
应收款项	55 720 687.04	34 413 007.28	21 307 679.76	61.92
买入返售资产	41 930 450.87	23 273 169.78	18 657 281.09	80.17
其他应收款	2 996 900.41	3 491 732.70	−494 832.29	−14.17
客户贷款	352 651 183.98	388 545 001.76	−35 893 817.78	−9.24
债权投资	404 373 613.67	377 653 484.15	26 720 129.52	7.08
其他长期投资	5 998 805.74	3 349 715.22	2 649 090.52	79.08
可供出售金融资产	—	30 219 653.05	−30 219 653.05	−100.00
持有至到期投资	23 453 940.84	20 552 974.07	2 900 966.77	14.11
长期股权投资	43 407 922.61	52 246 962.27	−8 839 039.66	−16.92
投资性房地产	154 895.96	98 369.70	56 526.26	57.46
无形资产	42 500.00	42 500.00	—	—
长期待摊费用	589.60	3 334.90	−2 745.30	−82.32
其他资产	36 504 099.21	43 127 741.28	−6 623 642.07	−15.36
信托资产合计	2 278 206 311.21	1 958 890 164.05	319 316 147.16	16.30
信托负债和信托权益	年末数（万元）	年初数（万元）	增减额（万元）	增减率（%）
信托负债：				
应付受托人报酬	1 378 258.87	1 056 436.81	321 822.06	30.46
应付托管费	95 891.67	89 122.39	6 769.28	7.60
应付管理人报酬	431 988.35	288 883.10	143 105.25	0.495 374 253
应付受益人收益	561 955.57	828 078.30	−266 122.73	−32.14

续表

信托负债和信托权益	年末数（万元）	年初数（万元）	增减额（万元）	增减率（%）
应付销售服务费	249 702.11	247 339.39	2 362.72	0.96
交易性金融负债	3 144 120.92	1 184 808.96	1 959 311.96	165.37
卖出回购资产款	19 737 855.15	9 306 543.22	10 431 311.93	112.09
应付利润	582 332.92	365 809.61	216 523.31	59.19
应付账款	4 495 264.49	1 516 889.00	2 978 375.49	196.35
预收账款	5.00	5.00	—	—
应交税金	631 700.84	506 114.18	125 586.66	24.81
其他应付款项	17 994 764.34	15 632 534.34	2 362 230.00	15.11
应付利息	85.28	129.29	-44.01	-34.04
应付投资顾问费	2 495 595.04	106 239.57	2 389 355.47	2 249.03
应付赎回款	1 619 000.80	1 304 179.08	314 821.72	24.14
应付发行费	110.77	74.68	36.09	48.33
应付清算款	16 579.88	11 836.09	4 743.79	40.08
其他负债	16 734 244.34	8 893 132.74	7 841 111.60	88.17
信托负债合计	70 169 525.85	41 338 155.75	28 831 370.09	69.75
信托权益：	—	—	—	—
实收信托	2 193 490 299.36	1 906 557 216.57	286 933 082.79	15.05
资本公积	790 555.92	896 438.53	-105 882.60	-11.81
其他综合收益	408 271.25	-328 669.85	736 941.10	-224.22
外币报表折算差额	-241.54	-111.87	-129.67	115.91
未分配利润	13 343 628.77	10 388 778.92	2 954 849.84	28.44
信托权益合计	2 208 036 785.37	1 917 552 008.30	290 484 777.06	15.15
信托负债及信托权益合计	2 278 206 311.21	1 958 890 164.05	319 316 147.16	16.30

注：1. 在统计过程中，由于部分公司报表存在尾差，在汇总报表时将其全部记入"其他负债"科目。
2. 本年度有9家信托公司尚未披露年报，故未在本表中披露相关数据。

2023年度信托行业信托项目资产负债率3.08%，较上年有所上升，信托资产一般资产负债率都在1%~3%，负债占比较低（见表5-1-2）。

2023年信托资产资产总额比2022年增加了31 931.61亿元，增加16.30%；其中增加最多的为交易性金融资产，增加了29 823.67亿元。

相比资产总额的增加幅度，信托负债增长幅度更大，全年信托负债增加2 883.14亿元，增长幅度高达69.75%。信托资产的权益合计增长29 048.48亿元，主要是实收信托增加了28 693.31亿元。

表5-1-2　　　　　　　　　　　　信托资产的汇总简式资产负债表

信托资产	2023年12月31日	2022年12月31日	增减额（万元）	增减率（%）
信托资产合计	2 278 206 311.21	1 958 890 164.05	319 316 147.16	16.30
信托负债合计	70 169 525.85	41 338 155.75	28 831 370.09	69.75
信托权益合计	2 208 036 785.37	1 917 552 008.30	290 484 777.06	15.15
信托资产负债率（%）	3.08	2.11	—	—

注：本年度有9家信托公司尚未披露年报，故未在本表中披露相关数据。

2023年信托业务收入7 857.77亿元，比2022年的6 805.14亿元增加了1 052.63亿元，增加15.47%（见表5-1-3）。

2023年综合收益为6 329.90亿元，比2022年增加了1 756.27亿元。增长幅度高达38.40%，2023年将可供分配利润中86.98%用于分配，比2022年的88.13%小幅下降。2023年末未分配信托利润1 334.36亿元，比2022年增加了295.48亿元，增长28.44%。

信托利润点依然来自于利息收入和投资收益，分别占营业总收入的53.56%和42.55%。

表5-1-3　　　　　　　　　　　　　信托资产的汇总简式利润表

项目	2023年（万元）	2022年（万元）	增减额（万元）	增减率（%）
一、营业收入	78 577 687.88	68 051 434.87	10 526 253.01	15.47
利息收入	42 085 298.91	50 520 733.41	−8 435 434.50	−16.70
投资收益	33 433 627.16	33 869 475.53	−435 848.37	−1.29
租赁收入	37 175.88	−66 723.47	103 899.35	−155.72
公允价值变动损益	−321 754.53	−17 979 725.88	17 657 971.35	−98.21
汇兑损益（损失以"−"号填列）	−20 027.44	6 487.44	−26 514.88	−408.71
其他收入	3 363 367.90	1 701 187.84	1 662 180.07	97.71
二、营业支出	12 761 352.50	15 535 845.62	−2 774 493.12	−17.86
三、营业税金及附加	196 322.08	227 216.22	−30 894.14	−13.60
四、营业外收支	7 504.86	30 066.64	−22 561.78	−75.04
五、扣除资产损失前的信托利润	65 627 518.16	52 318 439.66	13 309 078.49	25.44
减：资产减值损失	1 234 396.96	2 924 491.92	−1 690 094.96	−57.79
减：信用减值损失	3 396 817.04	4 539 916.03	—	—
加：其他综合收益	2 302 683.95	882 296.07	1 420 387.88	160.99
六、综合收益	63 298 988.11	45 736 327.78	17 562 660.33	38.40
加：期初未分配信托利润	10 388 778.92	33 081 012.03	−22 692 233.11	−68.60
加：未分配信托利润平准金	−778 232.63	1 715 376.62	−2 493 609.25	−145.37
加：其他调整事项	−1 511 312.91	−2 456 458.90	945 145.99	−38.48
减：其他综合收益	2 302 683.95	882 296.07	1 420 387.88	160.99
七、可供分配的信托利润	69 095 537.54	77 193 961.46	−8 098 423.92	−10.49
减：本期已分配信托利润	60 101 213.59	68 033 703.53	−7 932 489.94	−11.66
加：损益平准金	4 349 304.82	1 228 520.99	3 120 783.83	254.03
加：未注明原因的事项	—	—	—	—
八、期末未分配信托利润	13 343 628.77	10 388 778.92	2 954 849.85	28.44

注：1.对部分未披露上年金额的信托公司，采用2023年报告的数据进行统计。
2.本年度有9家信托公司尚未披露年报，故未在本表中披露相关数据。

（二）信托资产汇总结构分析

从资产结构构成来看，交易性金融资产占比最高，达总信托资产的53.10%，相较2022年的46.53%有所增长，其总金额为120 961.51亿元；债权投资总额达40 437.36亿元，占总资产的17.75%（见表5-1-4）。

2023年信托行业整体信托资产增长了16.30%，从增长额上看，最主要的是交易性金融资产总额合计比上年增长29 823.67亿元；货币资金增长了3 254.26亿元。

表 5-1-4　　　　　　　　　　　　　　信托资产汇总报表资产结构分析

项目名称	2023年12月31日		2022年12月31日		增减	
	金额（万元）	占比（%）	金额（万元）	占比（%）	金额（万元）	比率（%）
货币资金	93 959 173.56	4.12	61 416 554.42	3.14	32 542 619.13	52.99
拆出资金	1 269 988.06	0.06	1 485 099.84	0.08	-215 111.78	-14.48
存出保证金	241 820.27	0.01	208 818.47	0.01	33 001.80	15.80
交易性金融资产	1 209 615 052.99	53.10	911 378 373.57	46.53	298 236 679.42	32.72
衍生金融资产	318.47	—	678.26	—	-359.79	-53.05
结算备付金	5 502 349.34	0.24	6 891 010.99	0.35	-1 388 661.65	-20.15
应收利息	198 514.84	0.01	335 435.20	0.02	-136 920.35	-40.82
应收股利	183 503.76	0.01	156 547.15	0.01	26 956.61	17.22
应收款项	55 720 687.04	2.45	34 413 007.28	1.76	21 307 679.76	61.92
买入返售资产	41 930 450.87	1.84	23 273 169.78	1.19	18 657 281.09	80.17
其他应收款	2 996 900.41	0.13	3 491 732.70	0.18	-494 832.29	-14.17
客户贷款	352 651 183.98	15.48	388 545 001.76	19.83	-35 893 817.78	-9.24
债权投资	404 373 613.67	17.75	377 653 484.15	19.28	26 720 129.52	7.08
其他长期投资	5 998 805.74	0.26	3 349 715.22	0.17	2 649 090.52	79.08
可供出售金融资产	—	—	30 219 653.05	1.54	-30 219 653.05	-100.00
持有至到期投资	23 453 940.84	1.03	20 552 974.07	1.05	2 900 966.77	14.11
长期股权投资	43 407 922.61	1.91	52 246 962.27	2.67	-8 839 039.66	-16.92
投资性房地产	154 895.96	0.01	98 369.70	0.01	56 526.26	57.46
无形资产	42 500.00	—	42 500.00	—	—	—
长期待摊费用	589.60	—	3 334.90	—	-2 745.30	-82.32
其他资产	36 504 099.21	1.60	43 127 741.28	2.20	-6 623 642.07	-15.36
信托资产运用合计	2 278 206 311.21	100.00	1 958 890 164.05	100.00	319 316 147.16	16.30

注：本年度有9家信托公司尚未披露年报，故未在本表中披露相关数据。

从表5-1-5可以看到，信托资产的权益合计220 803.25亿元，其中，实收信托总额达219 349.03亿元，占信托权益总额的99.34%。信托权益增加的主要原因系实收信托的增加，我们在表5-1-2中也有所阐述。

表 5-1-5　　　　　　　　　　　　　信托资产汇总报表信托权益结构分析

项目名称	2023年12月31日		2022年12月31日		增减	
	金额（万元）	占比（%）	金额（万元）	占比（%）	金额（万元）	比率（%）
实收信托	2 193 490 299.36	99.34	1 906 557 216.57	99.43	286 933 082.79	15.05
资本公积	790 555.92	0.04	896 438.53	0.05	-105 882.60	-11.81
其他综合收益	408 271.25	0.02	-328 669.85	-0.02	736 941.10	-224.22
外币折算差额	-241.54	—	-111.87	—	-129.67	115.91
未分配利润	13 343 628.77	0.60	10 388 778.92	0.54	2 954 849.84	28.44
信托权益合计	2 208 032 513.76	100.00	1 917 513 652.31	100.00	290 518 861.46	15.15

2023年营业总收入比2022年上升1 052.63亿元，增幅15.47%，主要由于公允价值变动损益增长1 765.80亿元所致（见表5-1-6）。

从公司收入结构分析，利息收入与投资收益是收入的主要来源，这与资产分布情况有关联。发放贷款和客户贷款合计占资产总额的15.48%及金融资产（包括交易性金融资产、可供出售金融资产、和持有至到期投资、债权投资）占资产总额的71.87%，合计产生的利息收入及投资收益占收入总额的比例为96.11%。

表 5-1-6　　　　　　　　　　　　信托资产汇总报表收入结构分析

项目名称	2023年12月31日		2022年12月31日		增减	
	金额（万元）	占比（%）	金额（万元）	占比（%）	金额（万元）	比率（%）
利息收入	42 085 298.91	53.56	50 520 733.41	74.24	-8 435 434.50	-16.70
投资收益	33 433 627.16	42.55	33 869 475.53	49.77	-435 848.37	-1.29
租赁收入	37 175.88	0.05	-66 723.47	-0.10	103 899.35	-155.72
公允价值变动损益	-321 754.53	-0.41	-17 979 725.88	-26.42	17 657 971.35	-98.21
汇兑损益	-20 027.44	-0.03	6 487.44	0.01	-26 514.88	-408.71
其他收入	3 363 367.90	4.28	1 701 187.84	2.50	1 662 180.07	97.71
营业收入合计	78 577 687.88	100.00	68 051 434.87	100.00	10 526 253.01	15.47

（三）信托资产经营成果及结构分析

2023年信托资产汇总综合收益总额合计6 330.57亿元（见表5-1-7），金额在500亿元以上的有1家公司，金额在100亿~500亿元的有24家公司，金额在10亿~100亿元的有28家公司，10亿以下的有6家公司（见表5-1-8）。

表 5-1-7　　　　　　　　　　　　信托资产汇总报表利润总额结构分析　　　　　　　　　　　　单位：万元

排名	公司简称	营业收入	营业支出	营业税金及附加	营业外收支	减：资产减值损失	其他综合收益	综合收益
1	建信信托	6 984 752.07	1 185 609.45	10 973.90	—	1.88	—	5 788 166.84
2	华润信托	5 344 794.80	1 194 971.38	13 117.06	—	195 120.72	—	3 941 585.64
3	中诚信托	1 702 816.37	243 408.08	6 044.66	—	264 845.94	2 299 586.56	3 488 104.25
4	英大信托	2 858 531.08	315 836.41	10 172.57	—	—	—	2 532 522.10
5	光大兴陇信托	3 064 827.40	705 089.90	10 441.90	—	-2 025.00	—	2 351 320.60
6	五矿信托	2 877 445.87	468 639.84	9 290.06	—	50 124.29	—	2 349 391.68
7	外贸信托	3 589 884.81	1 321 719.82	10 152.35	7 506.02	—	—	2 265 518.66
8	华鑫信托	2 721 384.69	486 802.98	—	—	—	—	2 234 581.71
9	云南信托	2 347 210.51	187 487.28	6 950.26	—	—	—	2 152 772.97
10	华能信托	2 586 963.89	446 027.18	—	—	—	—	2 140 936.71
11	中航信托	2 681 118.20	665 426.47	6 471.90	—	8 793.34	—	2 000 426.49
12	百瑞信托	2 583 453.52	601 471.64	8 033.36	—	—	—	1 973 948.52
13	中海信托	1 858 535.63	191 016.66	2 987.34	—	—	-1 979.30	1 662 552.33
14	中原信托	1 856 030.28	189 471.55	6 146.16	—	—	—	1 660 412.57
15	中信信托	2 485 629.11	961 053.44	8 203.24	—	—	—	1 516 372.43
16	中铁信托	1 648 667.00	148 557.00	—	—	430.00	—	1 499 680.00
17	交银国际信托	2 599 949.71	1 135 785.11	6 244.95	—	—	-222.11	1 457 697.54
18	江苏信托	1 724 078.25	146 676.65	4 143.49	—	142 954.96	—	1 430 303.15
19	渤海信托	1 722 311.03	322 999.41	—	—	23.80	—	1 399 287.82
20	上海信托	1 706 991.60	271 540.84	5 442.48	—	37 215.37	6 079.56	1 398 872.47
21	国投泰康信托	1 770 699.35	396 924.38	3 847.11	—	21 349.65	—	1 348 578.21
22	国通信托	1 297 260.42	83 842.81	1 934.73	—	—	—	1 211 482.88
23	财信信托	1 292 745.00	94 894.00	1 446.00	—	—	—	1 196 405.00
24	中粮信托	1 330 308.20	185 365.78	3 618.95	—	—	—	1 141 323.47
25	金谷信托	1 241 757.18	235 340.01	4 182.93	—	—	—	1 002 234.24
26	西部信托	1 014 728.37	49 229.84	3 203.73	—	—	—	962 294.80
27	华宝信托	1 086 072.32	133 780.46	2 714.71	—	—	—	949 577.15
28	粤财信托	1 103 483.34	203 210.04	3 356.95	—	—	—	896 916.35

续表

排名	公司简称	营业收入	营业支出	营业税金及附加	营业外收支	减：资产减值损失	其他综合收益	综合收益
29	厦门国际信托	801 257.00	-91 631.00	2 605.00	—	—	—	890 283.00
30	国民信托	994 269.06	150 078.00	4 434.03	—	—	-780.76	838 976.27
31	重庆信托	928 572.33	88 254.36	3 492.10	—	—	—	836 825.87
32	西藏信托	710 399.59	-89 397.32	1 160.63	—	—	—	798 636.28
33	平安信托	1 175 964.25	391 776.41	3 773.81	-1.16	5 771.80	—	774 641.07
34	山东国信	852 175.99	167 947.91	2 821.06	—	—	—	681 407.02
35	兴业信托	745 875.50	71 353.87	—	—	—	—	674 521.63
36	万向信托	775 325.94	54 534.20	2 243.07	—	45 304.29	—	673 244.38
37	国元信托	663 033.34	91 017.42	2 145.78	—	616.86	—	569 253.28
38	陆家嘴信托	492 182.08	86 321.12	1 762.65	—	—	—	404 098.31
39	浙金信托	408 761.57	29 994.58	932.68	—	—	—	377 834.31
40	北方信托	435 448.03	60 548.57	1 421.40	—	—	—	373 478.06
41	紫金信托	514 141.31	140 157.48	1 634.02	—	12 087.10	—	360 262.71
42	中建投信托	360 535.65	48 504.16	970.10	—	—	—	311 061.39
43	爱建信托	437 721.24	127 505.21	1 046.95	—	—	—	309 169.08
44	苏州信托	373 788.96	77 891.08	1 206.08	—	—	—	294 691.80
45	天津信托	799 427.83	520 795.54	3 297.54	—	—	—	275 334.75
46	山西信托	293 265.92	26 676.89	772.16	—	—	—	265 816.87
47	陕国投	1 032 613.82	766 061.20	4 377.81	—	—	—	262 174.81
48	国联信托	256 132.00	39 331.00	630.00	—	—	—	216 171.00
49	大业信托	265 005.26	38 813.64	870.92	—	80 199.86	—	145 120.85
50	杭州工商信托	206 441.00	60 965.00	860.00	—	—	—	144 616.00
51	华澳信托	132 564.75	14 272.19	407.01	—	566.62	—	117 318.93
52	建元信托	136 872.58	21 400.34	334.10	—	—	—	115 138.14
53	中泰信托	109 176.64	6 102.19	—	—	—	—	103 074.45
54	昆仑信托	443 351.84	372 693.63	1 731.99	—	—	—	68 926.22
55	吉林信托	128 056.96	79 733.35	389.72	—	—	—	47 933.89
56	华宸信托	7 398.10	457.71	24.59	—	—	—	6 915.80
57	长城新盛信托	18 804.50	185 040.63	121.84	—	—	—	-166 357.97
58	东莞信托	-439 474.24	35 515.97	1 037.89	—	74 296.18	—	-550 324.28
59	华融信托	-563 830.93	6 607.17	696.37	—	296 719.30	—	-867 853.77
60	中融信托	未披露	未披露	未披露	未披露	未披露	未披露	未披露
61	雪松信托	未披露	未披露	未披露	未披露	未披露	未披露	未披露
62	中国民生信托	未披露	未披露	未披露	未披露	未披露	未披露	未披露
63	北京信托	未披露	未披露	未披露	未披露	未披露	未披露	未披露
64	长安信托	未披露	未披露	未披露	未披露	未披露	未披露	未披露
65	四川信托	未披露	未披露	未披露	未披露	未披露	未披露	未披露
66	新时代信托	未披露	未披露	未披露	未披露	未披露	未披露	未披露
67	华信信托	未披露	未披露	未披露	未披露	未披露	未披露	未披露
68	新华信托	未披露	未披露	未披露	未披露	未披露	未披露	未披露
	合计	78 577 687.88	16 151 500.91	196 322.08	7 504.86	1 234 396.96	2 302 683.95	63 305 656.74

注：本年度有9家信托公司尚未披露年报，故未在本表中披露相关数据。

表5-1-8　　　　　　　　　　　信托资产汇总综合收益总额分布情况

项目	2023年		
	家数（家）	利润总额（万元）	占比（%）
500亿元以上	1	5 788 166.84	9.14
100亿~500亿元	24	45 356 311.44	71.65
10亿~100亿元	28	13 621 938.56	21.52
10亿元以下	6	-1 460 760.11	-2.31
合计	59	63 305 656.74	100.00

2023年信托资产总资产综合收益率为3.29%（见表5-1-9），其中本年度有1家公司平均综合收益率超过10%，35家公司的信托公司平均综合收益率在3%~10%（见表5-1-10）。

表5-1-9　　　　　　　　　　　信托资产汇总报表总信托资产综合收益率

排名	公司简称	综合收益（万元）	平均信托资产（万元）	总信托资产综合收益率（%）
1	中诚信托	3 488 104.25	30 693 707.34	11.36
2	华宸信托	6 915.80	75 497.34	9.16
3	财信信托	1 196 405.00	13 439 125.00	8.90
4	国通信托	1 211 482.88	16 117 255.79	7.52
5	中粮信托	1 141 323.47	15 276 791.21	7.47
6	万向信托	673 244.38	9 335 833.12	7.21
7	西藏信托	798 636.28	11 453 710.15	6.97
8	华鑫信托	2 234 581.71	32 132 864.69	6.95
9	云南信托	2 152 772.97	31 218 563.90	6.90
10	中泰信托	103 074.45	1 684 984.42	6.12
11	国元信托	569 253.28	9 565 933.67	5.95
12	国投泰康信托	1 348 578.21	22 933 564.56	5.88
13	金谷信托	1 002 234.24	17 080 773.05	5.87
14	浙金信托	377 834.31	6 898 713.77	5.48
15	中铁信托	1 499 680.00	27 459 639.00	5.46
16	中海信托	1 662 552.33	31 787 796.80	5.23
17	厦门国际信托	890 283.00	17 648 637.00	5.04
18	中原信托	1 660 412.57	36 200 132.45	4.59
19	苏州信托	294 691.80	6 513 390.06	4.52
20	百瑞信托	1 973 948.52	44 974 772.86	4.39
21	重庆信托	836 825.87	19 803 219.61	4.23
22	渤海信托	1 399 287.82	33 596 826.74	4.16
23	山西信托	265 816.87	6 419 775.97	4.14
24	国民信托	838 976.27	21 297 216.56	3.94
25	江苏信托	1 430 303.15	37 738 272.76	3.79
26	建信信托	5 788 166.84	157 757 940.50	3.67
27	西部信托	962 294.80	26 704 084.17	3.60
28	山东国信	681 407.02	18 944 887.55	3.60
29	英大信托	2 532 522.10	73 200 602.49	3.46
30	国联信托	216 171.00	6 249 958.50	3.46
31	北方信托	373 478.06	10 957 988.38	3.41
32	爱建信托	309 169.08	9 228 849.84	3.35

续表

排名	公司简称	综合收益（万元）	平均信托资产（万元）	总信托资产综合收益率（%）
33	华澳信托	117 318.93	3 732 012.10	3.14
34	杭州工商信托	144 616.00	4 676 349.00	3.09
35	中航信托	2 000 426.49	65 374 117.70	3.06
36	五矿信托	2 349 391.68	78 147 670.55	3.01
37	华能信托	2 140 936.71	71 410 613.73	3.00
38	交银国际信托	1 457 697.54	54 334 917.85	2.68
39	华润信托	3 941 585.64	147 090 886.63	2.68
40	华宝信托	949 577.15	35 474 834.04	2.68
41	大业信托	145 120.85	5 469 198.21	2.65
42	陆家嘴信托	404 098.31	15 393 212.49	2.63
43	粤财信托	896 916.35	34 651 204.67	2.59
44	上海信托	1 398 872.47	54 927 756.11	2.55
45	光大兴陇信托	2 351 320.60	102 308 471.56	2.30
46	中建投信托	311 061.39	14 164 737.68	2.20
47	外贸信托	2 265 518.66	109 127 875.73	2.08
48	兴业信托	674 521.63	33 338 412.76	2.02
49	吉林信托	47 933.89	2 770 025.42	1.73
50	紫金信托	360 262.71	21 223 292.40	1.70
51	平安信托	774 641.07	50 665 914.25	1.53
52	天津信托	275 334.75	18 890 862.30	1.46
53	中信信托	1 516 372.43	125 981 419.00	1.20
54	陕国投	262 174.81	24 133 690.47	1.09
55	建元信托	115 138.14	14 273 021.90	0.81
56	昆仑信托	68 926.22	17 388 476.23	0.40
57	东莞信托	−550 324.28	6 942 648.61	−7.93
58	华融信托	−867 853.77	9 096 509.47	−9.54
59	长城新盛信托	−166 357.97	1 110 110.09	−14.99
60	中融信托	未披露	未披露	未披露
61	雪松信托	未披露	未披露	未披露
62	中国民生信托	未披露	未披露	未披露
63	北京信托	未披露	未披露	未披露
64	长安信托	未披露	未披露	未披露
65	四川信托	未披露	未披露	未披露
66	新时代信托	未披露	未披露	未披露
67	华信信托	未披露	未披露	未披露
68	新华信托	未披露	未披露	未披露
合计		63 305 656.74	1 926 489 550.08	3.29

注：本年度有9家信托公司尚未披露年报，故未在本表中披露相关数据。

表5-1-10　　　　　　　　　　信托资产总资产综合收益分布情况

项目	2022年	
	家数（家）	平均综合收益率（%）
10%以上	1	11.36
5%~10%	16	6.39

续表

项目	2022年	
	家数（家）	平均综合收益率（%）
3%~5%	19	1.87
3%以下	23	0.62
合计	59	3.29

二、信托资产管理情况分析

（一）信托资产运用及分布情况分析

2023年信托资产总额为227 820.63亿元（见表5-2-1），从资产结构情况分析，交易性金融资产占资产的比重最大，达到52.37%；从资产投向分布分析，主要集中在金融、证券及基础产业、实业，四大产业占比69.84%，工商企业及其他产业占比30.16%。信托行业对房地产企业的投资逐年下降，2023年度占比仅为4.37%（见图5-2-1和图5-2-2）。

表5-2-1　　　　　　　　　　　　　　信托资产分布及运用情况

资产运用情况			资产分布情况		
项目	金额（万元）	比例（%）	项目	金额（万元）	比例（%）
货币资产	100 727 720.82	4.42	基础产业	249 769 613.55	10.96
客户贷款	369 539 176.50	16.22	房地产业	99 557 318.20	4.37
短期投资	2 048 301.19	0.09	证券	742 045 225.70	32.57
交易性金融资产	1 193 088 466.45	52.37	实业	323 600 584.93	14.20
可供出售金融资产	2 923 839.99	0.13	金融	275 662 705.49	12.10
持有至到期投资	9 244 533.33	0.41	工商企业	212 062 123.76	9.31
应收账款	2 213 027.67	0.10	其他	375 508 739.58	16.48
买入返售金融资产	35 453 211.62	1.56			
长期应收款	—	—			
投资性房地产	118 822.46	0.01			
债权投资	407 849 949.52	17.90			
长期股权投资	40 072 710.92	1.76			
其他	114 926 550.74	5.04			
信托资产总额	**2 278 206 311.21**	**100.00**	**信托资产总额**	**2 278 206 311.21**	**100.00**

注：其他中包含尾差。

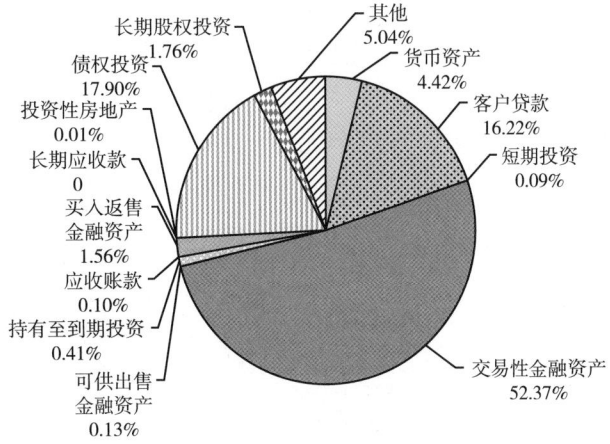

图5-2-1　信托资产运用分析

注：其他中包含尾差。

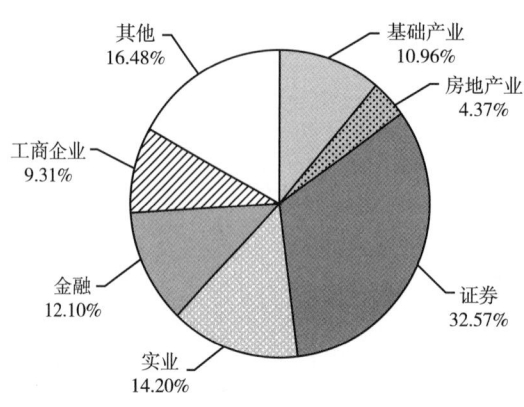

图5-2-2　信托资产分布分析

注：其他中包含尾差。

（二）集合类、单一类和财产管理类信托项目变动情况

2023年中止的信托项目数量比2022年少3 848个，金额比2022年减少15 703.48亿元。其中，集合类占比仍然最大已经超过了50%，到达52.74%，较2022年的占比47.29%有所上升（见表5-2-2）。

表5-2-2　2023年度中止的集合类、单一类和财产管理类信托项目数量、金额汇总分析

类别	2023年			2022年		
	份数（份）	合计金额（万元）	金额比重（%）	份数（份）	合计金额（万元）	金额比重（%）
集合类	8 912	314 631 113.73	52.74	8 530	356 373 979.82	47.29
单一类	7 052	142 830 121.29	23.94	3 943	242 262 402.10	32.15
财产管理类	2 324	139 140 457.88	23.32	1 967	155 000 066.44	20.57
合计	18 288	596 601 692.90	100.00	14 440	753 636 448.36	100.00

注：1. 本年度共有9家信托公司尚未披露年报，另外光大兴陇信托未披露相关数据，故合计10家信托公司未在本表中披露相关数据。
　　2. 上年数据引用2022年年度信托年鉴中披露的相关数据

2023年中止的信托项目资产加权平均实际年化收益率为5.72%，具体见表3-3-3。

从披露的中止的集合类加权平均实际收益率看，按已披露年报的58家信托公司简单平均计算，实际加权收益率约为5.56%，低于2022年中止的集合类加权平均实际收益率6.28%，同时高于银行贷款利率（见表5-2-3）。

2023年有16家信托公司集合类信托项目资产加权平均实际年化收益率低于5%。

表5-2-3　2023年度中止的集合类加权平均实际收益率前五名

公司简称	加权平均实际收益率（%）
财信信托	8.88
东莞信托	8.78
陕国投	8.04
华润信托	7.96
云南信托	7.81
总体平均	5.56

注：1. 明细表详见表3-3-3。
　　2. 本年度共有8家信托公司尚未披露年报，一家信托公司已经破产，另外光大兴陇信托未披露相关数据，故合计10家信托公司未在本表中披露相关数据。

从披露的中止的单一类加权平均实际收益率看，按58家简单平均计算，实际加权收益率约为6.21%（见表5-2-4），较集合类项目收益率略高，比上年中止的单一类加权平均实际收益率7.28%有所下降；58家信托公司中有23家信托公司平均收益率均低于5%。

表 5-2-4　　2023年中止的单一类加权平均实际收益率前五名

公司简称	加权平均实际收益率（%）
中泰信托	51.64
浙金信托	22.30
万向信托	13.01
国民信托	11.63
东莞信托	10.74
总体平均	6.21

注 1. 明细表详见表3-3-3。
　2. 本年度共有8家信托公司尚未披露年报，一家信托公司已经破产，另外光大兴陇信托未披露相关数据，故合计10家信托公司未在本表中披露相关数据。

2023年新增的信托项目中，集合类信托项目占较大份额，占总体的65.53%（见表5-2-5），单一类与财产类信托项目金额合计占比34.47%。另外，新增项目类型中，主动类仍占比较大，被动管理型仅占28.18%（见表3-3-8）。

表 5-2-5　　2023年新增的集合类、单一类和财产管理类信托项目数量、金额汇总分析

类别	份数（份）	合计金额（万元）	金额比重（%）
集合类	17 024	687 445 243.41	65.53
单一类	11 429	121 136 673.12	11.55
财产管理类	23 565	240 431 306.31	22.92
新增合计	52 018	1 049 013 222.86	100.00
其中：主动管理型	36 347	753 358 020.77	71.82
被动管理型	15 671	295 655 202.09	28.18

注：本年度有9家信托公司尚未披露年报，故未在本表中披露相关数据。

2023年已清算结束的主动管理型信托项目实收信托金额合计39 427.55亿元（见表5-2-6），其中，融资类比重最大，占比为41.49%。由于在各家年报披露中，存在未披露加权平均实际年化信托报酬率或加权平均实际年化收益率的情况，我们在本次年鉴中未进行统计分析。

表 5-2-6　　2023年信托公司已清算结束主动管理型资产运用情况

已清算结束信托项目	项目个数（个）	实收信托合计金额（万元）	金额占比（%）
证券投资类	4 147	110 844 291.13	28.11
股权投资类	3 010	49 771 891.97	12.62
融资类	4 040	163 594 385.96	41.49
事务管理类	816	18 536 677.45	4.70
其他投资类	2 856	51 528 243.70	13.07
合计	14 869	394 275 490.21	100.00

注：本年度有9家信托公司尚未披露年报，故未在本表中披露相关数据。

2023年已清算结束的被动管理型信托项目实收信托金额合计20 232.62亿元，其中，事务管理类比重最大，为87.22%（见表5-2-7）。由于在各家年报披露中，存在未披露加权平均实际年化信托报酬率或加权平均实际年化收益率的情况，我们在本次年鉴中未进行统计分析。

表 5-2-7　　2023年信托公司已清算结束被动管理型资产运用情况

已清算结束信托项目	项目个数（个）	实收信托合计金额（万元）	金额占比（%）
证券投资类	188	1 548 689.20	0.77
股权投资类	80	3 528 418.55	1.74
融资类	369	19 247 076.45	9.51

续表

已清算结束信托项目	项目个数（个）	实收信托合计金额（万元）	金额占比（%）
事务管理类	2 691	176 461 253.18	87.22
其他投资类	91	1 540 765.31	0.76
合计	3 419	202 326 202.69	100.00

注：本年度有9家信托公司尚未披露年报，故未在本表中披露相关数据。

2023年信托资产期末数总金额为227 832.55亿元（见表5-2-8），比2022年增加31 173.23亿元，增幅为15.85%；其中集合类比重最大，占期末数的55.23%（见表3-3-6）。

表5-2-8　　　　　　　　　　　　信托资产的期初数、期末数

信托资产	期初数		期末数	
	金额（万元）	比重（%）	金额（万元）	比重（%）
集合	978 467 686.82	49.75	1 258 297 248.05	55.23
单一	385 693 756.08	19.61	375 192 409.20	16.47
财产权	602 431 752.30	30.63	644 835 818.54	28.30
合计	1 966 593 195.20	100.00	2 278 325 475.79	100.00

注：本年度有9家信托公司尚未披露年报，故未在本表中披露相关数据。

2023年主动管理型信托业务的信托资产期末数总金额为141 320.47亿元（见表5-2-9），比2022年增加29 350.44亿元，增幅为26.21%；其中证券投资类比重最大，占期末数的53.25%（见表3-3-6）。

表5-2-9　　　　　　　　　　主动管理型信托业务的信托资产期初数、期末数

主动管理型信托资产	期初数		期末数	
	金额（万元）	比重（%）	金额（万元）	比重（%）
证券投资类	505 362 186.16	45.13	752 591 533.63	53.25
股权投资类	178 138 870.11	15.91	184 470 449.15	13.05
融资类	276 579 496.38	24.70	331 712 836.20	23.47
事物管理类	22 253 318.68	1.99	12 109 216.80	0.86
其他投资类	137 366 482.75	12.27	132 320 705.33	9.36
合计	1 119 700 354.08	100.00	1 413 204 741.11	100.00

注：本年度有9家信托公司尚未披露年报，故未在本表中披露相关数据。

2023年被动管理型信托业务的信托资产期末数总金额为86 256.62亿元（见表5-2-10），比2022年增加1 552.33亿元，增幅为1.83%；其中事务管理类比重最大，占期末数的92.44%（详见3-3-6）。

表5-2-10　　　　　　　　　被动管理型信托业务的信托资产期初数、期末数

被动管理型信托资产	期初数		期末数	
	金额（万元）	比重（%）	金额（万元）	比重（%）
证券投资类	10 955 128.67	1.29	7 744 314.12	0.90
股权投资类	14 966 654.71	1.77	9 563 447.98	1.11
融资类	46 992 990.70	5.55	41 044 733.51	4.76
事物管理类	752 063 589.33	88.79	797 336 668.00	92.43
其他投资类	22 064 590.89	2.60	6 877 063.68	0.80
合计	847 042 954.30	100.00	862 566 227.29	100.00

注：本年度有9家信托公司尚未披露年报，故未在本表中披露相关数据。

第六章 财务报表附注及其他项目的分析

在本章节中，我们对财务报表附注披露的一些重要事项进行了分析，包括或有事项、自营资产风险分类情况、资产损失准备计提情况以及关联方关系及其交易等各项情况。同时，本章节还对信托公司在2023年年报中对经营因素的认可情况作了详细的统计，以便于相关部门决策参考。

一、或有事项情况

（一）对外担保和或有事项情况

1.对外担保总额分析

经过对59家公司的统计，2023年末涉及对外担保的公司共有4家，对外担保金额9.50亿元，比上年减少了2.98亿元（见表6-1-1）。2023年末信托公司对外担保的详细情况见表6-1-2。

表6-1-1 2023年末信托公司担保事项汇总

币种	2023年末担保金额（万元）	2022年末担保金额（万元）	增减额（万元）	增减（%）
人民币	94 994.00	124 772.73	−29 778.73	−23.87

表6-1-2 2023年信托公司涉及对外担保的详细情况　　　　　　　　　　单位：万元

公司简称	被担保单位	年初担保金额	年末担保金额
爱建信托	未披露	—	19 500.00
吉林信托	吉林市城投大数据建设有限公司	1 000.00	1 000.00
吉林信托	吉林市城投建设实业有限公司	4 000.00	4 000.00
吉林信托	吉林市吉城综合管廊建设经营有限公司	4 000.00	4 000.00
吉林信托	吉林市吉房置业发展有限公司	4 100.00	4 100.00
吉林信托	吉林市隆鑫市政工程有限责任公司	7 000.00	7 000.00
吉林信托	吉林农业投资发展有限公司	7 000.00	7 000.00
建元信托	天津方能石油化工销售有限公司	19 999.73	—
建元信托	天津宏远旺能石油化工科技有限公司	25 000.00	—
建元信托	天津万能石油化工科技有限公司	4 000.00	—
厦门国际信托	厦门市市政项目担保	1 673.00	1 594.00
中粮信托	未披露	47 000.00	46 800.00
合计		124 772.73	94 994.00

注：本年度有9家信托公司尚未披露年报，故未在本表中披露相关数据。

2.对外担保与净资产的比较分析

已披露年报的59家信托公司中，2023年末存在担保事项的4家信托公司，担保金额合计9.50亿元，占59家公司自有净资产总额7 640.85亿元的0.124%。有担保事项的公司年末担保额均没有超过净资产；担保额占净资产比例的平均值为3.03%，超过平均值的有1家，情况见表6-1-3。

表6-1-3 2023年末信托公司担保金额占自有净资产比例情况

公司简称	期末担保金额（万元）	期末净资产（万元）	担保占净资产比（%）
爱建信托	19 500.00	794 295.72	2.46
吉林信托	27 100.00	328 910.31	8.24
厦门国际信托	1 594.00	714 125.00	0.22

续表

公司简称	期末担保金额（万元）	期末净资产（万元）	担保占净资产比（%）
中信信托	46 800.00	3 908 541.59	1.20
合计	94 994.00	5 745 872.62	1.65

注：本年度有9家信托公司尚未披露年报，故未在本表中披露相关数据。

（二）公司本年发生或存在的重大诉讼仲裁事项

2023年已披露年报的59家信托公司中，有27家披露没有诉讼仲裁事项，32家披露有诉讼仲裁事项，情况见表6-1-4。

32家披露有诉讼仲裁事项的信托公司合计存在296件诉讼仲裁案件，涉及金额约为726.29亿元，平均每个案件约24 536.77万元。

表6-1-4　　　　　　　　　　　　披露信托公司诉讼仲裁事件

公司简称	总诉讼件数（件）	涉诉金额（万元）	件数（起诉，件）	金额（起诉，万元）	件数（被诉，件）	金额（被诉，万元）
爱建信托	2	28 700.00	2	28 700.00	0	—
百瑞信托	7	232 822.33	6	212 822.33	1	20 000.00
财信信托	16	133 497.62	16	133 497.62	0	—
重庆信托	11	950 740.00	11	950 740.00	0	—
大业信托	3	—	2	（1）未披露	1	（1）未披露
东莞信托	12	561 800.00	11	461 800.00	1	100 000.00
光大兴陇信托	12	1 032 500.00	6	1 032 500.00	6	（2）未披露
国联信托	1	8 000.00	1	8 000.00	0	—
国通信托	11	—	11	（3）未披露	0	—
国元信托	2	—	2	（4）未披露	0	—
杭州工商信托	2	—	2	（5）未披露	0	—
华澳信托	11	279 711.57	7	249 220.87	4	30 490.70
吉林信托	8	—	8	（6）未披露	0	—
建元信托	91	2 755 000.00	15	1 994 900.00	76	760 100.00
金谷信托	4	152 800.00	3	129 700.00	1	23 100.00
昆仑信托	5	—	5	（7）未披露	0	—
陆家嘴信托	10	—	10	（8）未披露	0	—
厦门国际信托	4	—	4	（9）未披露	0	—
山东国信	15	342 430.00	14	339 430.00	1	3 000.00
苏州信托	1	15 000.00	1	15 000.00	0	—
万向信托	7	—	7	（10）未披露	0	—
五矿信托	5	290 808.63	5	290 808.63	0	—
西部信托	2	—	0	—	2	（11）未披露
粤财信托	3	—	3	（12）未披露	0	—
云南信托	11	203 928.93	11	203 928.93	0	—
中诚信托	14	—	11	（13）未披露	3	（13）未披露
中海信托	1	—	0	—	1	（14）未披露

续表

公司简称	总诉讼件数（件）	涉诉金额（万元）	件数（起诉，件）	金额（起诉，万元）	件数（被诉，件）	金额（被诉，万元）
中航信托	3	192 131.18	1	21 562.08	2	170 569.10
中建投信托	14	—	14	（15）未披露	0	—
中粮信托	4	83 014.05	3	77 161.95	1	5 852.10
中原信托	3	—	1	（16）未披露	2	（16）未披露
紫金信托	1	—	1	（17）未披露	0	—
合计	296	7 262 884.31	194	6 149 772.41	102	1 113 111.90

注：1. 大业信托存在重大未决诉讼3件：其中有两起诉讼，因交易对手未履行支付义务导致违约，本公司作为原告方提起诉讼，目前案件均已开庭审理；另一笔诉讼，公司为被告，浙江某公司以本公司对其的查封行为对其造成损失为由，起诉本公司财产损害赔偿纠纷，目前案件已开庭审理。以上均未披露明确涉案金额。
2. 光大兴陇信托作为被告存在6项重大未决诉讼：因公司处理信托事务过程中引起，案件目前均处于正常司法进程中，等待开庭或判决。以上案件均未披露明确涉案金额。
3. 国通信托存在重大未决诉讼11件：诉讼标的额在5 000万元（不含）至1亿元（不含）的案件有4件，其中有2件尚在一审审理中，有2件在二审审理中；诉讼标的额在1亿元（含）以上的案件有7件，其中有2件尚在一审审理中，有4件在二审审理中，有1件在再审审理中。以上均未披露明确涉案金额。
4. 国元信托存在重大诉讼2件：诉安徽舒怡建设集团有限公司、安徽舒怡房地产开发有限公司、许勇、付先梅金融借款合同纠纷案。合肥市庐阳区人民法院于2023年12月18日作出一审判决，公司胜诉。目前该案一审判决已经生效，公司已向合肥市庐阳区人民法院申请强制执行；诉潍坊滨城建设集团有限公司、潍坊滨海旅游集团有限公司、潍坊滨海央城开发建设有限公司借款合同纠纷案。合肥市中级人民法院于2023年12月23日作出一审判决，公司胜诉。潍坊滨城建设集团有限公司于2024年1月19日向安徽省高级人民法院上诉，二审已于2024年4月9日开庭。以上案件均未披露明确涉案金额。
5. 杭州工商信托存在重大未决诉讼2件：均为信托项目所涉且由公司作为原告，被告为信托项目所涉的交易对手。以上均未披露明确涉案金额。
6. 吉林信托存在重大诉讼8件：吉林省高级人民法院（2018）吉民初字第94号合同纠纷案；吉林省高级人民法院（2018）吉民初字第57号金融借款合同纠纷案；石家庄市中级人民法院（2020）冀01民初543号金融借款合同纠纷案；长春市中级人民法院（2019）吉01民初1035号合同纠纷案；长春市中级人民法院（2019）吉01民初1135号金融借款合同纠纷案；长春市中级人民法院（2020）吉01民初3986号合同纠纷案；长春市南关区人民法院（2023）吉0102号民初10748号合同纠纷案；杭州市中级人民法院（2023）浙01民初2037号合同纠纷案。均未披露明确涉案金额。
7. 昆仑信托存在重大未决诉讼5件：均作为原告，均未披露明确涉案金额。
8. 陆家嘴信托，因房地产行业系统性风险，公司新发生10件诉讼案件，公司已作为原告提起民事诉讼。未披露明确涉案金额。
9. 厦门国际信托存在重大未决诉讼4件：公司与浙江蓝天实业集团有限公司等贷款合同纠纷公证债权文书执行一案；公司与武汉天盈投资集团有限公司公正债权文书执行一案；公司与厦门市荣奔置业有限公司、厦门梁星置业有限公司、正荣地产控股股份有限公司、上海中梁地产集团有限公司合同纠纷一案；公司与旭辉集团股份有限公司等交易对手合同纠纷一案。以上均未披露明确涉案金额。
10. 万向信托在报告期内新增7件公司作为原告的重大诉讼案件，均未披露明确涉案金额。
11. 西部信托存在重大未决诉讼2件：海发医药保理1号信托项目受益人诉公司的民事诉讼案件中，2项一审判决未支持原告对公司的诉讼请求，已进入二审程序。未披露明确涉案金额。
12. 粤财信托存在重大未决诉讼3件：诉福建五环实业有限公司、世茂建设有限公司、世茂集团控股有限公司、台山颐和温泉城地产开发有限公司一案，公司一审胜诉，目前该案正在二审审理中；公司于2023年4月23日在广州中院诉叶英华、广东华诺思实业有限公司等十三个被告一案正在一审审理阶段；公司于2023年4月13日年以泰州花博园房地产开发有限公司等为被申请人，向广州中院提起了强制执行申请已经由法院受理。以上案件均未披露明确涉案金额。
13. 中诚信托存在重大未决诉讼14件：报告期内，公司信托项下重大诉讼事项中已起诉但未结案件数10件，被诉但未结案件数2件；公司固有财产项下重大诉讼事项中已起诉但未结案件共1件，被诉案件数1件。
14. 中海信托存在重大未决诉讼1件：报告期内，公司发生一例信托项目委托人起诉公司的诉讼案件，我司有序推进相关应诉工作。未披露明确涉案金额。
15. 中建投信托新增未决诉讼案件14件，其中处于一审审理阶段案件6件，二审审理阶段案件5件，已判决待履行案件2件，执行阶段案件1件。均未披露明确涉案金额。
16. 中原信托存在重大未决诉讼3件：年度内，本公司作为原告提起重大诉讼案件1件，本公司作为被告的重大诉讼案件2件。以上均未披露明确涉案金额。
17. 紫金信托存在重大未决诉讼1件：本公司为原告方，诉讼过程中，被告其中一方被其他权利人申请破产，法院裁定案件中止审理，待破产管理人确定并接管财产后继续审理。未披露明确涉案金额。
18. 本年度有9家信托公司尚未披露年报，故未在本表中披露相关数据。

二、重要资产转让及其出售的说明

根据已披露年报的59家信托公司2023年年度报告中披露的重要资产转让及出售说明统计，共有7家信托公司本年度发生了重要资产的转让。详见表6-2-1。

表6-2-1　　　　　　　　　　　　　　2023年度信托公司重要资产转让及出售说明

公司简称	金额（万元）	备注
重庆信托	未披露	附注1
光大兴陇信托	17 000.00	附注2
建元信托	未披露	附注3
山东国信	77 473.79	附注4

续表

公司简称	金额（万元）	备注
上海信托	未披露	附注5
苏州信托	3 805.51	附注6
西部信托	未披露	附注7

注：1.报告期内，公司已完成重庆三峡银行股份有限公司的股份转让工作，并办理了相应的股份交割手续。

2.2023年12月8日在中债银登不良资产交易中心（北京）公开挂牌转让对深圳恒中康耀投资控股有限公司等2户的债权资产，债权本金13.58亿元，挂牌公告期，共1家意向受让方，为关联方光大金瓯，通过中债银登交易中心官网报名并于2023年12月13日以1.70亿元完成受让。

3.2021年，公司与中国银行股份有限公司上海市分行达成和解，以公司所持信银国际3.4%股权偿还待和解债务。目前，该资产交割尚未完成，待中国银行上海分行和信银国际各自完成相应决策程序及获得各自主管监管部门批复（如需）后，公司将尽快与中国银行上海分行完成资产交割。

4.公司与鲁信集团于2022年11月25日订立股权转让协议（股权转让协议），据此，公司有条件同意出售鲁信集团有条件同意收购山东省金融资产管理股份有限公司之500 000 000股普通股，对价为人民币675 177 700元（股权转让），股权转让协议及其项下拟进行的交易已于2022年12月29日召开的2022年度第四次临时股东大会经独立股东审议批准。公司与潍坊高腾房地产开发有限公司（受让方）于2023年10月13日订立股权转让协议（债权转让协议），据此，公司已有条件同意出售，而受让方已有条件同意收购粤荣26号债权（即本公司截至基准日（即2023年9月30日）根据与粤荣26号信托计划有关的债权债务确认合同和裁判文书完整拥有的债权资产及其附属权益），对价为人民币99 560 222.22元（债权转让）。

5.报告期内，公司完成对控股子公司上投摩根基金管理有限公司（以下简称上投摩根）的股权转让事项。摩根资产管理控股公司向本公司分别提出收购2%和49%上投摩根基金管理有限公司的股权的意向，2023年4月3日，上海联合产权交易所将上投摩根股权转让款人民币72.41亿元划转至本公司收款专用账户。至此，上投摩根股权转让交割完成。

6.处置对间接持有的子公司投资丧失控制权的情形

子公司名称	股权处置价款（元）	股权处置比例（%）	股权处置方式	丧失控制权的时点	丧失控制权时点的确定依据	处置价款与处置投资对应的合并报表层面享有该子公司净资产份额的差额（元）
苏州翔信房地产开发有限公司	38 055 100.00	100	转让	2023年12月31日	控制权转移	146 969 019.66

其他原因导致的合并范围变动

名称	归属母公司权益比例（%）	备注
苏州苏信嘉会创业投资企业（有限合伙）	99.11	控制权转移
苏州苏信资产管理中心（有限合伙）	99.53	控制权转移
苏州工业园区苏信其祥创业投资合伙企业（有限合伙）	99.01	控制权转移
苏州苏信禾才创业投资企业（有限合伙）	49.43	控制权转移
苏州苏信元丰股权投资企业（有限合伙）	98.04	控制权转移

7.2023年上半年，公司通过交易所集中竞价减持所持有的西部证券股份有限公司（股票代码：002673）股份共计35 000 000.00股，占上市公司总股本比例为0.78%。减持后，公司持有西部证券股份有限公司股份51 000 000.00股，占上市公司总股本比例为1.14%。

8.本年度有9家信托公司尚未披露年报，故未在本表中披露相关数据。

三、自营资产风险分类情况

根据已披露年报的59家信托公司在其2023年年度报告中披露的自营信用风险资产及其分类情况统计，2022年末自营资产合计为7 407.78亿元，2022年末正常类自营信用风险资产占比为82.33%，关注类自营信用风险资产占比为8.29%，不良类自营信用风险资产占比为9.38%。2023年纳入分类的自营信用风险资产为6 900.07亿元，比2022年减少507.71亿元，减少比例为6.85%；2023年末正常类自营信用风险资产占比为80.97%，关注类自营信用风险资产占比为8.75%，不良类自营信用风险资产占比为10.29%（见表6-3-1）。

表6-3-1　　2023年末与2022年末信托公司自营资产五级分类汇总比较

类别	2023年末		2022年末		增减率（%）
	金额（万元）	比例（%）	金额（万元）	比例（%）	
正常	55 867 058.62	80.97	60 990 226.38	82.33	-8.40
关注	6 035 412.96	8.75	6 138 548.02	8.29	-1.68
次级	3 589 594.68	5.20	3 686 069.27	4.98	-2.62

续表

类别	2023年末		2022年末		增减率（%）
	金额（万元）	比例（%）	金额（万元）	比例（%）	
可疑	2 035 840.39	2.95	1 951 669.85	2.63	4.31
损失	1 472 827.40	2.13	1 311 270.16	1.77	12.32
合计	69 000 734.05	100.00	74 077 783.68	100.00	-6.85
不良比例	7 098 262.47	10.29	6 949 009.28	9.38	2.15

2022年末不良资产率情况见表6-3-2。

表6-3-2　　　　　　　　　　2022年末自营资产五级分类不良比例由高到低排序　　　　　　　　　单位：%

公司简称	不良率	公司简称	不良率
建元信托	100.00	平安信托	2.75
华澳信托	85.96	上海信托	2.67
雪松信托	71.13	中信信托	2.03
中国民生信托	65.07	金谷信托	1.78
中建投信托	57.39	中航信托	1.74
吉林信托	52.54	长城新盛信托	1.73
昆仑信托	51.83	中原信托	1.63
万向信托	51.67	粤财信托	1.61
大业信托	37.55	百瑞信托	1.57
杭州工商信托	35.41	紫金信托	1.03
华宸信托	33.92	厦门国际信托	0.99
兴业信托	29.93	国元信托	0.76
中诚信托	17.73	华宝信托	0.61
山西信托	15.90	建信信托	0.46
东莞信托	15.03	外贸信托	0.42
爱建信托	14.56	英大信托	0.30
中泰信托	13.72	重庆信托	0.27
国民信托	11.93	云南信托	0.26
财信信托	9.07	光大兴陇信托	0.16
天津信托	7.58	华能信托	0.07
中铁信托	7.02	国联信托	—
交银国际信托	7.01	国投泰康信托	—
陕国投	6.87	华鑫信托	—
中粮信托	6.57	江苏信托	—
西藏信托	6.23	陆家嘴信托	—
西部信托	5.88	中海信托	—
国通信托	5.77	渤海信托	未披露
五矿信托	5.68	山东国信	未披露
北方信托	5.66	北京信托	未披露
苏州信托	5.32	华信信托	未披露
华融信托	4.63	四川信托	未披露
中融信托	3.42	新华信托	未披露
浙金信托	3.32	新时代信托	未披露
华润信托	3.28	长安信托	未披露

注：本年度有9家信托公司尚未披露年报，故未在本表中披露相关数据。

2023年末不良资产率情况见表6-3-3。

表6-3-3　　　　　　　　2023年末自营资产五级分类不良比例由高到低排序　　　　　　　　单位：%

公司简称	不良率	公司简称	不良率
建元信托	100.00	上海信托	3.23
华澳信托	90.98	百瑞信托	3.00
万向信托	89.40	国元信托	2.73
中建投信托	63.42	粤财信托	2.43
昆仑信托	59.81	中信信托	2.13
杭州工商信托	52.77	苏州信托	1.91
吉林信托	49.82	长城新盛信托	1.43
大业信托	41.24	厦门国际信托	0.81
兴业信托	31.28	紫金信托	0.80
山西信托	28.51	外贸信托	0.47
东莞信托	25.21	重庆信托	0.29
华宸信托	22.48	英大信托	0.28
中诚信托	22.47	云南信托	0.27
爱建信托	20.17	华宝信托	0.13
中泰信托	13.31	华能信托	0.06
国民信托	11.03	国联信托	—
浙金信托	9.66	国投泰康信托	—
华融信托	9.24	华鑫信托	—
陕国投	8.46	江苏信托	—
平安信托	8.01	金谷信托	—
中铁信托	7.74	中海信托	—
陆家嘴信托	7.65	中原信托	—
天津信托	6.85	渤海信托	未披露
国通信托	6.38	建信信托	未披露
交银国际信托	5.93	山东国信	未披露
西藏信托	5.92	新华信托	未披露
财信信托	5.88	北京信托	未披露年报
西部信托	5.41	华信信托	未披露年报
中粮信托	4.69	四川信托	未披露年报
华润信托	4.62	新时代信托	未披露年报
光大兴陇信托	4.50	雪松信托	未披露年报
五矿信托	4.47	长安信托	未披露年报
中航信托	3.33	中国民生信托	未披露年报
北方信托	3.33	中融信托	未披露年报

注：本年度有9家信托公司尚未披露年报，故未在本表中披露相关数。

四、资产损失准备计提和覆盖情况

（一）资产损失准备的计提

在已披露年报的59家信托公司中，2023年初资产损失准备余额为548.84亿元，2023年计提113.86亿元，其他增加

8.22亿元，转回42.40亿元，核销46.68亿元，其他减少11.27亿元，2023年末余额为570.58亿元。汇总的资产损失准备计提见表6-4-1。

表6-4-1　　　　　　　　　　　　　信托公司资产损失准备计提情况　　　　　　　　　　　　　单位：万元

类别	2023年初	2023年计提	2023年其他增加	2023年转回	2023年核销	2023年其他减少	2023年末
贷款损失准备	1 460 083.34	205 788.22	79 802.04	319 834.52	302 036.52	72 635.10	1 051 167.45
其中：一般准备	1 147 864.12	110 206.23	79 802.04	312 596.50	263 929.64	—	761 346.24
专项准备	312 219.22	95 581.99	—	7 238.02	38 106.88	72 635.10	289 821.21
其他资产减值准备	4 028 285.02	932 830.93	2 369.83	104 123.43	164 723.21	40 022.99	4 654 616.15
其中：债权投资减值准备	2 052 236.97	514 926.00	2 369.83	38 495.76	60 427.27	39 837.99	2 430 771.77
其他债权投资减值准备	124 192.77	49 698.85	—	—	—	—	173 891.62
长期股权投资减值准备	320 976.32	3 447.00	—	—	25 648.00	—	298 775.32
坏账准备	1 139 299.01	254 716.84	—	58 808.67	23 457.54	—	1 311 749.64
固定资产减值准备	26 333.68	—	—	—	—	—	26 333.68
投资性房地产减值准备	4 009.90	—	—	—	—	—	4 009.90
其他减值准备	361 236.37	110 042.25	—	6 819.00	55 190.40	185.00	409 084.22
合计	5 488 368.36	1 138 619.15	82 171.87	423 957.95	466 759.73	112 658.09	5 705 783.61

注：1.其他减值准备包含存货跌价准备、拆出资金减值准备、抵债资产减值准备等。
2.本年度有9家信托公司尚未披露年报，故未在本表中披露相关数。

对已披露年报的59家信托公司披露的资产准备余额、风险资产准备余额、非风险资产准备余额进行排序，由高到低的排序结果见表6-4-2、表6-4-3、表6-4-4。

表6-4-2　　　　　　　　　　　　　信托公司2023年末资产准备合计余额情况　　　　　　　　　　　　　单位：万元

公司简称	全部准备总额	公司简称	全部准备总额
建元信托	888 046.62	粤财信托	25 899.35
中诚信托	420 145.80	五矿信托	23 522.61
渤海信托	383 713.57	重庆信托	17 473.20
昆仑信托	323 686.33	长城新盛信托	15 990.81
中铁信托	306 109.00	国民信托	15 704.77
兴业信托	272 384.00	英大信托	15 673.09
中信信托	249 151.99	华宸信托	13 763.02
中建投信托	233 881.45	苏州信托	13 578.00
中海信托	208 562.22	外贸信托	13 203.14
华澳信托	205 850.44	建信信托	13 064.82
吉林信托	197 927.25	中粮信托	12 210.69
平安信托	187 100.00	华能信托	10 721.94
中原信托	167 674.20	浙金信托	9 473.44
光大兴陇信托	136 433.80	杭州工商信托	9 298.00
华润信托	123 607.98	华宝信托	8 989.73
大业信托	109 365.77	华鑫信托	7 927.06
爱建信托	83 671.62	陆家嘴信托	6 595.00
国通信托	83 352.50	国联信托	2 000.00
东莞信托	76 151.43	江苏信托	1 999.92
中泰信托	72 077.75	云南信托	1 836.34

续表

公司简称	全部准备总额	公司简称	全部准备总额
财信信托	69 433.00	国投泰康信托	—
华融信托	66 842.03	山东国信	未披露
上海信托	64 949.88	陕国投	未披露
金谷信托	61 638.54	万向信托	未披露
交银国际信托	60 732.53	新华信托	未披露年报
紫金信托	56 701.79	北京信托	未披露年报
厦门国际信托	55 497.00	华信信托	未披露年报
天津信托	50 416.12	四川信托	未披露年报
北方信托	42 568.60	新时代信托	未披露年报
山西信托	42 163.14	雪松信托	未披露年报
国元信托	40 899.73	长安信托	未披露年报
中航信托	37 659.89	中国民生信托	未披露年报
西部信托	30 281.12	中融信托	未披露年报
西藏信托	29 309.56		
百瑞信托	28 872.03	合计	5 705 783.61

注：本年度有9家信托公司尚未披露年报，故未在本表中披露相关数据。

表6-4-3　　　　　　　　　　信托公司2023年末风险资产准备合计余额情况　　　　　　　　　　单位：万元

公司简称	风险资产准备	公司简称	风险资产准备
建元信托	462 737.04	国投泰康信托	—
华润信托	77 814.83	华宝信托	—
中诚信托	67 789.97	华能信托	—
交银国际信托	51 364.12	华融信托	—
中建投信托	51 114.45	江苏信托	—
平安信托	46 564.08	金谷信托	—
中泰信托	45 131.39	昆仑信托	—
爱建信托	37 524.90	山西信托	—
吉林信托	32 850.68	上海信托	—
渤海信托	28 876.37	天津信托	—
西藏信托	26 406.37	外贸信托	—
中信信托	25 184.95	五矿信托	—
中原信托	17 916.44	西部信托	—
华澳信托	11 387.50	兴业信托	—
财信信托	11 254.00	英大信托	—
重庆信托	9 983.51	粤财信托	—
北方信托	7 854.16	云南信托	—
建信信托	7 829.83	长城新盛信托	—
华鑫信托	7 246.18	浙金信托	—
陆家嘴信托	6 484.00	中粮信托	—
中航信托	5 700.00	中铁信托	—
国元信托	4 530.88	山东国信	未披露
光大兴陇信托	2 956.55	陕国投	未披露
国联信托	2 000.00	万向信托	未披露

续表

公司简称	风险资产准备	公司简称	风险资产准备
国通信托	1 082.06	新华信托	未披露年报
中海信托	687.87	北京信托	未披露年报
厦门国际信托	474.00	华信信托	未披露年报
苏州信托	173.00	四川信托	未披露年报
紫金信托	117.64	新时代信托	未披露年报
杭州工商信托	61.00	雪松信托	未披露年报
东莞信托	44.05	长安信托	未披露年报
华宸信托	13.31	中国民生信托	未披露年报
百瑞信托	12.32	中融信托	未披露年报
大业信托	—		
国民信托	—	合计	1 051 167.45

注：本年度有9家信托公司尚未披露年报，故未在本表中披露相关数据。

表6-4-4　　　　　　　　　　　信托公司2023年末非风险资产准备合计情况　　　　　　　　　　　单位：万元

公司简称	债权投资减值准备	其他债权投资减值准备	长期股权投资减值准备	坏账准备	固定资产减值准备	投资性房地产减值准备	其他减值准备	合计
建元信托	303 094.38	—	—	96 085.28	26 129.91	—	—	425 309.57
渤海信托	—	—	—	351 977.47	—	2 859.73	—	354 837.20
中诚信托	285 752.66	—	1 591.60	65 011.57	—	—	—	352 355.83
昆仑信托	278 063.62	—	87.60	45 535.11	—	—	—	323 686.33
中铁信托	—	—	81 456.00	39 046.00	—	—	185 607.00	306 109.00
兴业信托	258 187.00	3 988.00	—	10 209.00	—	—	—	272 384.00
中信信托	205 635.56	—	—	18 331.48	—	—	—	223 967.04
中海信托	—	—	207 874.35	—	—	—	—	207 874.35
华澳信托	61 950.76	—	—	132 512.18	—	—	—	194 462.94
中建投信托	167 614.25	—	—	15 152.75	—	—	—	182 767.00
吉林信托	23.31	7 124.10	297.75	137 927.36	—	—	19 704.05	165 076.57
中原信托	127 948.25	—	—	21 809.51	—	—	—	149 757.76
平安信托	—	—	—	61 473.62	—	—	79 062.30	140 535.92
光大兴陇信托	85 194.44	—	—	48 282.81	—	—	—	133 477.25
大业信托	—	104 547.29	—	4 818.48	—	—	—	109 365.77
国通信托	64 244.47	—	—	17 369.12	—	—	656.85	82 270.44
东莞信托	74 711.37	—	—	1 396.01	—	—	—	76 107.38
华融信托	—	56 982.23	—	9 859.80	—	—	—	66 842.03
上海信托	52 811.01	—	—	—	—	—	12 138.87	64 949.88
金谷信托	58 702.55	—	—	—	—	—	2 935.99	61 638.54
财信信托	57 409.00	—	—	770.00	—	—	—	58 179.00
紫金信托	56 584.15	—	—	—	—	—	—	56 584.15
厦门国际信托	207.00	—	—	—	—	—	54 816.00	55 023.00
天津信托	39 553.00	—	—	7 285.20	—	—	3 577.92	50 416.12
爱建信托	41 840.09	1 250.00	—	455.05	—	—	2 601.58	46 146.72
华润信托	—	—	—	43 543.86	—	1 150.17	1 099.12	45 793.15
山西信托	24 007.06	—	—	17 952.31	203.77	—	—	42 163.14
国元信托	35 783.44	—	—	585.41	—	—	—	36 368.85

续表

公司简称	债权投资减值准备	其他债权投资减值准备	长期股权投资减值准备	坏账准备	固定资产减值准备	投资性房地产减值准备	其他减值准备	合计
北方信托	33 387.57	—	—	—	—	—	1 326.87	34 714.44
中航信托	—	—	—	31 959.89	—	—	—	31 959.89
西部信托	29 873.62	—	—	407.50	—	—	—	30 281.12
百瑞信托	24 977.34	—	—	3 873.72	—	—	8.65	28 859.71
中泰信托	15 058.06	—	—	—	—	—	11 888.30	26 946.36
粤财信托	9 606.43	—	—	772.76	—	—	15 520.16	25 899.35
五矿信托	—	—	—	23 522.61	—	—	—	23 522.61
长城新盛信托	—	—	—	15 990.81	—	—	—	15 990.81
国民信托	—	—	—	15 704.77	—	—	—	15 704.77
英大信托	4 145.33	—	—	11 527.76	—	—	—	15 673.09
华宸信托	1 856.25	—	—	8 107.48	—	—	3 785.98	13 749.71
苏州信托	8 621.00	—	—	—	—	—	4 784.00	13 405.00
外贸信托	9 393.71	—	401.79	3 407.64	—	—	—	13 203.14
中粮信托	—	—	—	12 210.69	—	—	—	12 210.69
华能信托	—	—	—	4 213.09	—	—	6 508.85	10 721.94
浙金信托	—	—	—	9 473.44	—	—	—	9 473.44
交银国际信托	7 270.87	—	—	2 097.54	—	—	—	9 368.41
杭州工商信托	—	—	—	9 142.00	—	—	95.00	9 237.00
华宝信托	—	—	7 066.23	1 859.96	—	—	63.54	8 989.73
重庆信托	6 781.22	—	—	708.47	—	—	—	7 489.69
建信信托	—	—	—	5 234.99	—	—	—	5 234.99
西藏信托	—	—	—	—	—	—	2 903.19	2 903.19
江苏信托	—	—	—	1 999.92	—	—	—	1 999.92
云南信托	372.00	—	—	1 464.34	—	—	—	1 836.34
华鑫信托	—	—	—	680.88	—	—	—	680.88
陆家嘴信托	111.00	—	—	—	—	—	—	111.00
国联信托	—	—	—	—	—	—	—	—
国投泰康信托	—	—	—	—	—	—	—	—
山东国信	未披露	未披露	未披露	未披露	未披露	未披露	未披露	未披露
陕国投	未披露	未披露	未披露	未披露	未披露	未披露	未披露	未披露
万向信托	未披露	未披露	未披露	未披露	未披露	未披露	未披露	未披露
新华信托	未披露年报	未披露年报	未披露年报	未披露年报	未披露年报	未披露年报	未披露年报	未披露年报
北京信托	未披露年报	未披露年报	未披露年报	未披露年报	未披露年报	未披露年报	未披露年报	未披露年报
华信信托	未披露年报	未披露年报	未披露年报	未披露年报	未披露年报	未披露年报	未披露年报	未披露年报
四川信托	未披露年报	未披露年报	未披露年报	未披露年报	未披露年报	未披露年报	未披露年报	未披露年报
新时代信托	未披露年报	未披露年报	未披露年报	未披露年报	未披露年报	未披露年报	未披露年报	未披露年报
雪松信托	未披露年报	未披露年报	未披露年报	未披露年报	未披露年报	未披露年报	未披露年报	未披露年报
长安信托	未披露年报	未披露年报	未披露年报	未披露年报	未披露年报	未披露年报	未披露年报	未披露年报
中国民生信托	未披露年报	未披露年报	未披露年报	未披露年报	未披露年报	未披露年报	未披露年报	未披露年报
中融信托	未披露年报	未披露年报	未披露年报	未披露年报	未披露年报	未披露年报	未披露年报	未披露年报
合计	2 430 771.77	173 891.62	298 775.32	1 311 749.64	26 333.68	4 009.90	409 084.22	4 654 616.15

注：1. 2023年59家披露年报的信托公司中有2家没有计提非风险资产准备，有3家未披露非风险资产准备情况。
2. 本年度有9家信托公司尚未披露年报，故未在本表中披露相关数据。

（二）资产准备覆盖分析

根据已披露年报的59家信托公司在2023年报中的披露汇总分析，2022年末风险资产余额为7 407.78亿元，2023年末风险资产余额为6 900.07亿元；2022年末资产减值准备余额为611.49亿元，2023年末资产减值准备余额为570.58亿元；2022年末风险资产减值准备余额为146.86亿元，2023年末风险资产减值准备余额为105.12亿元。根据上述数据计算2022年末资产准备覆盖率为4.14%，2023年末资产准备覆盖率为4.77%；2022年末风险资产准备覆盖率为1.98%，2023年末风险资产准备覆盖率为1.52%。信托公司的风险资产安全水上升。已披露年报的59家信托公司汇总的资产准备覆盖情况见表6-4-5。

表6-4-5 信托公司资产损失准备覆盖情况分析

项目	2022年末	2023年末
资产总额（万元）	147 851 455.83	119 662 926.50
风险资产总额（万元）	74 077 783.68	69 000 734.05
全部准备总额（万元）	6 114 915.38	5 705 783.61
风险资产准备总额（万元）	1 468 604.35	1 051 167.45
资产准备覆盖率（%）	4.14	4.77
风险资产准备覆盖率（%）	1.98	1.52

注：本年度有9家信托公司尚未披露年报，故未在本表中披露相关数据。

我们对已披露年报的59家信托公司2023年末及2022年末的资产准备覆盖率和风险资产准备覆盖率进行排序，见表6-4-6和表6-4-7。

表6-4-6 信托公司2023年末资产准备覆盖率

公司简称	风险资产准备合计（万元）	风险资产总额（万元）	风险资产准备覆盖率（%）
建元信托	462 737.04	534 957.49	86.50
中原信托	17 916.44	53 749.32	33.33
中泰信托	45 131.39	544 955.85	8.28
中建投信托	51 114.45	994 849.46	5.14
爱建信托	37 524.90	1 070 795.28	3.50
吉林信托	32 850.68	946 445.38	3.47
西藏信托	26 406.37	859 471.49	3.07
交银国际信托	51 364.12	1 706 927.97	3.01
中诚信托	67 789.97	2 609 493.84	2.60
华润信托	77 814.83	3 368 742.80	2.31
华澳信托	11 387.50	574 552.78	1.98
平安信托	46 564.08	2 978 810.00	1.56
北方信托	7 854.16	696 706.09	1.13
财信信托	11 254.00	1 086 113.00	1.04
中信信托	25 184.95	2 438 115.58	1.03
国元信托	4 530.88	1 058 300.60	0.43
陆家嘴信托	6 484.00	1 522 251.00	0.43
华鑫信托	7 246.18	1 895 160.37	0.38
重庆信托	9 983.51	2 832 766.75	0.35
中航信托	5 700.00	1 804 818.51	0.32

续表1

公司简称	风险资产准备合计（万元）	风险资产总额（万元）	风险资产准备覆盖率（%）
国联信托	2 000.00	758 554.00	0.26
光大兴陇信托	2 956.55	1 888 742.99	0.16
中海信托	687.87	620 415.49	0.11
国通信托	1 082.06	1 056 665.64	0.10
厦门国际信托	474.00	866 994.00	0.05
苏州信托	173.00	696 452.00	0.02
杭州工商信托	61.00	443 299.00	0.01
紫金信托	117.64	1 235 214.16	0.01
华宸信托	13.31	156 378.41	0.01
东莞信托	44.05	773 401.31	0.01
百瑞信托	12.32	1 183 112.68	—
大业信托	—	415 150.33	—
国民信托	—	488 149.80	—
国投泰康信托	—	1 271 785.00	—
华宝信托	—	1 117 877.76	—
华能信托	—	2 984 212.95	—
华融信托	—	102 795.05	—
江苏信托	—	3 036 369.32	—
金谷信托	—	137 998.45	—
昆仑信托	—	415 613.06	—
山西信托	—	279 343.65	—
上海信托	—	2 459 708.01	—
天津信托	—	1 067 493.86	—
外贸信托	—	1 984 232.56	—
五矿信托	—	2 728 578.08	—
西部信托	—	574 017.43	—
兴业信托	—	2 084 006.00	—
英大信托	—	1 302 332.55	—
粤财信托	—	1 053 032.62	—
云南信托	—	496 045.00	—
长城新盛信托	—	116 952.43	—
浙金信托	—	434 713.92	—
中粮信托	—	861 211.58	—
中铁信托	—	1 598 751.00	—
渤海信托	28 876.37	未披露	未披露
建信信托	7 829.83	未披露	未披露
山东国信	未披露	未披露	未披露
陕国投	未披露	2 139 796.60	未披露
万向信托	未披露	593 353.80	未披露
新华信托	未披露年报	未披露年报	未披露
北京信托	未披露年报	未披露年报	未披露

续表2

公司简称	风险资产准备合计(万元)	风险资产总额(万元)	风险资产准备覆盖率(%)
中融信托	未披露年报	未披露年报	未披露
华信信托	未披露年报	未披露年报	未披露
四川信托	未披露年报	未披露年报	未披露
新时代信托	未披露年报	未披露年报	未披露
雪松信托	未披露年报	未披露年报	未披露
长安信托	未披露年报	未披露年报	未披露
中国民生信托	未披露年报	未披露年报	未披露
合计	1 051 167.45	69 000 734.05	1.52

注：本年度有9家信托公司尚未披露年报，故未在本表中披露相关数据。

表6-4-7　　信托公司2022年末风险资产准备覆盖率

公司简称	风险资产准备合计(万元)	风险资产总额(万元)	风险资产准备覆盖率(%)
中原信托	86 246.51	21 856.30	394.61
建元信托	615 784.66	770 114.31	79.96
中信信托	185 479.30	2 377 606.97	7.80
中泰信托	40 438.09	528 652.71	7.65
金谷信托	11 040.00	155 322.07	7.11
中建投信托	54 147.57	1 020 418.82	5.31
吉林信托	40 530.68	934 914.51	4.34
西藏信托	26 541.78	661 498.34	4.01
爱建信托	36 551.05	1 072 659.83	3.41
华澳信托	17 248.50	562 799.40	3.06
中诚信托	60 865.71	2 437 101.75	2.50
交银国际信托	42 290.68	1 812 935.61	2.33
天津信托	16 860.00	1 054 848.95	1.60
中国民生信托	8 510.00	700 455.68	1.21
北方信托	7 870.32	677 848.28	1.16
华润信托	35 066.48	3 252 952.04	1.08
财信信托	11 696.00	1 113 542.00	1.05
国元信托	10 207.18	992 720.58	1.03
平安信托	23 733.86	3 117 959.99	0.76
百瑞信托	5 293.98	1 149 674.99	0.46
华宸信托	446.40	151 241.83	0.30
华鑫信托	4 746.18	1 661 550.67	0.29
重庆信托	5 487.87	2 986 532.04	0.18
中海信托	992.55	555 137.72	0.18
厦门国际信托	1 223.00	716 713.00	0.17
建信信托	4 521.18	2 976 743.76	0.15
国联信托	1 000.00	710 788.00	0.14
光大兴陇信托	2 956.55	2 122 387.80	0.14
陆家嘴信托	1 730.00	1 516 766.00	0.11

续表

公司简称	风险资产准备合计（万元）	风险资产总额（万元）	风险资产准备覆盖率（%）
苏州信托	675.00	625 099.00	0.11
国通信托	531.08	875 744.28	0.06
中航信托	570.00	1 793 838.06	0.03
杭州工商信托	62.00	475 225.00	0.01
昆仑信托	75.19	593 436.80	0.01
东莞信托	17.70	759 432.49	—
紫金信托	15.24	964 183.18	—
中融信托	11.00	2 834 562.00	—
大业信托	—	408 720.56	—
国民信托	—	456 656.68	—
国投泰康信托	—	1 292 718.00	—
华宝信托	—	1 061 747.51	—
华能信托	—	2 937 033.69	—
华融信托	—	43 171.37	—
江苏信托	—	2 977 481.95	—
山西信托	—	278 094.40	—
上海信托	—	1 961 626.39	—
外贸信托	—	1 962 928.94	—
五矿信托	—	2 581 484.36	—
西部信托	—	565 231.21	—
兴业信托	—	2 049 900.00	—
雪松信托	—	290 734.35	—
英大信托	—	1 211 742.00	—
粤财信托	—	1 071 103.29	—
云南信托	—	508 689.74	—
长城新盛信托	—	116 511.64	—
浙金信托	—	427 599.72	—
中粮信托	—	875 751.47	—
中铁信托	—	1 722 431.00	—
渤海信托	107 141.06	未披露	未披露
山东国信	未披露	未披露	未披露
陕国投	未披露	2 018 773.32	未披露
万向信托	未披露	522 387.33	未披露
北京信托	未披露年报	未披露年报	未披露
华信信托	未披露年报	未披露年报	未披露
四川信托	未披露年报	未披露年报	未披露
新华信托	未披露年报	未披露年报	未披露
新时代信托	未披露年报	未披露年报	未披露
长安信托	未披露年报	未披露年报	未披露
合计	1 468 604.35	74 077 783.68	1.98

注：本年度有9家信托公司尚未披露年报，故未在本表中披露相关数据。

五、自营股票投资、基金投资、债券投资、长期股权投资和代理业务的分析

根据已披露年报的59家信托公司2023年年报披露，2023年末自营股票投资、基金投资、债券投资、长期股权投资、其他投资、担保业务和代理业务的总额为5 440.37亿元，2022年末为5 361.80亿元，比2022年末增加78.56亿元，主要是其他投资的增加所致。从构成来看，其他投资业务占63.27%，为主要业务内容。59家信托公司整体汇总情况见表6-5-1，各信托公司的具体业务情况见表6-5-2。

表6-5-1　信托公司自营股票投资、基金投资、债券投资、长期股权投资和代理业务情况分析

项目	2023年末（万元）	2023年末比例（%）	2022年末（万元）	2022年末比例（%）	变动比例（%）
自营股票	2 030 003.02	3.73	1 663 968.54	3.10	22.00
基金	5 930 297.57	10.90	7 636 571.92	14.24	-22.34
债券	677 652.92	1.25	1 012 349.06	1.89	-33.06
长期股权投资	11 106 190.84	20.41	11 731 821.87	21.88	-5.33
其他投资	34 423 794.65	63.27	31 286 716.63	58.35	10.03
担保业务	94 994.00	0.17	144 772.56	0.27	-34.38
代理业务	140 720.48	0.26	141 834.22	0.26	-0.79
合计	54 403 653.48	100.00	53 618 034.80	100.00	1.47

表6-5-2　信托公司2023年末具体业务情况　　单位：万元

公司简称	自营股票	基金	债券	长期股权投资	其他投资	担保业务	代理业（委托业务）	合计
中信信托	25 268.95	1 749 687.35	34 047.70	379 611.78	1 168 328.20	46 800.00	72 527.79	3 476 271.77
江苏信托	6 738.26	65.86	4 658.27	1 764 067.14	1 208 822.08	无	—	2 984 351.61
华润信托	—	77 055.52	—	1 838 772.92	808 873.25	无	—	2 724 701.69
平安信托	—	467 250.21	—	673 499.13	1 558 882.88	无	—	2 699 632.22
五矿信托	—	98 834.87	—	67 017.39	2 416 340.62	无	—	2 582 192.88
重庆信托	267 825.05	2 963.02	17 466.62	297 368.88	1 905 658.33	无	—	2 491 281.90
建信信托	117.33	69 043.52	3 373.90	1 120 238.24	1 211 277.34	无	—	2 404 050.33
上海信托	29 205.07	406 818.67	37 692.60	137 317.73	1 492 683.00	无	—	2 103 717.07
兴业信托	3 880.00	180 779.00	13 090.00	404 516.00	1 399 198.00	无	—	2 001 463.00
华鑫信托	16 323.42	145 160.40	152 590.50	—	1 624 774.66	无	—	1 938 848.98
外贸信托	35 865.88	349 349.14	3 485.84	118 569.84	1 321 910.44	无	—	1 829 181.14
中航信托	—	—	1 151.00	203 938.64	1 453 520.44	无	—	1 658 610.08
中诚信托	—	37 864.88	—	884 211.84	407 417.75	无	—	1 329 494.47
英大信托	—	946 026.77	87 411.63	—	272 630.81	无	—	1 306 069.21
百瑞信托	5 929.30	16 168.31	—	226 902.14	874 297.06	无	—	1 123 296.81
交银国际信托	—	8 272.10	5 000.00	104.58	1 094 065.55	无	—	1 107 442.23
国投泰康信托	—	20 163.00	8 163.00	17 841.00	1 059 108.00	无	—	1 105 275.00
国元信托	7 718.02	7 928.29	—	475 530.34	564 396.76	无	—	1 055 573.41
粤财信托	—	—	—	374 820.38	640 872.95	无	—	1 015 693.33
华能信托	928 163.44	5 928.41	46 720.33	20 000.00	—	无	—	1 000 812.18
紫金信托	56 484.71	8 066.51	—	139 142.89	796 232.70	无	—	999 926.81
陆家嘴信托	13 130.00	79 596.00	28 294.00	—	820 271.00	无	—	941 291.00
光大兴陇信托	47 128.05	190 201.56	29 271.66	—	640 203.93	无	—	906 805.20

续表1

公司简称	自营股票	基金	债券	长期股权投资	其他投资	担保业务	代理业（委托业务）	合计
华宝信托	92 023.22	12 963.35	29 624.29	88 765.81	677 848.60	无	—	901 225.27
财信信托	—	13 220.00	73 729.00	—	752 569.00	无	—	839 518.00
天津信托	13 258.23	23 957.95	1 349.25	233 277.31	447 027.77	无	—	718 870.51
国通信托	48 704.29	—	21 904.22	—	644 301.06	无	—	714 909.57
国联信托	11 692.00	—	—	482 943.00	160 733.00	无	—	655 368.00
中海信托	27 151.20	135 075.13	11 044.75	47 133.24	419 173.56	无	—	639 577.88
西藏信托	15 425.17	124 972.71	—	—	489 230.19	无	—	629 628.07
东莞信托	—	—	—	—	627 905.43	无	—	627 905.43
中原信托	5 533.00	25 381.33	—	—	594 481.59	无	—	625 395.92
厦门国际信托	7 085.00	110 936.00	—	135 440.00	363 280.00	1 594.00	2 203.00	620 538.00
中建投信托	—	150.16	2 130.00	3 333.85	569 749.38	无	4 598.61	579 962.00
苏州信托	91 154.00	30 623.00	55 705.00	—	345 144.00	无	—	522 626.00
西部信托	32 487.00	20 246.05	—	—	462 262.01	无	—	514 995.06
金谷信托	—	—	491.09	—	513 181.80	无	—	513 672.89
吉林信托	854.65	—	—	446 798.64	26 309.37	27 100.00	—	501 062.66
爱建信托	5 346.55	17 753.03	737.87	—	359 362.99	19 500.00	57 180.08	459 880.52
中泰信托	24 412.50	96 943.55	—	249 101.10	64 373.28	无	—	434 830.43
浙金信托	—	6 462.84	—	—	394 450.67	无	—	400 913.51
杭州工商信托	3 175.00	—	940.00	5 000.00	338 734.00	无	4 211.00	352 060.00
云南信托	—	—	—	—	343 011.39	无	—	343 011.39
国民信托	—	108 215.26	—	—	218 219.54	无	—	326 434.80
中铁信托	76 496.00	90 229.00	—	109 164.00	—	无	—	275 889.00
北方信托	945.00	169 902.87	6 880.40	31 629.41	64 681.61	无	—	274 039.29
万向信托	—	—	—	—	236 296.82	无	—	236 296.82
华融信托	5 017.80	6 222.57	—	—	221 600.04	无	—	232 840.41
渤海信托	2 025.00	24 612.99	—	52 784.27	132 782.89	无	—	212 205.15
华澳信托	—	—	—	—	132 809.40	无	—	132 809.40
中粮信托	83 542.10	21 515.56	700.00	6 782.10	—	无	—	112 539.76
山西信托	—	—	—	55 530.34	21 289.47	无	—	76 819.81
昆仑信托	39 897.83	11 318.37	—	15 036.91	—	无	—	66 253.11
长城新盛信托	—	2 883.78	—	—	45 606.22	无	—	48 490.00
华宸信托	—	9 488.68	—	—	17 613.82	无	—	27 102.50
大业信托	—	—	—	—	—	无	—	—
建元信托	未披露	未披露	未披露	未披露	未披露	无	未披露	未披露
山东国信	未披露	未披露	未披露	未披露	未披露	无	未披露	未披露
陕国投	未披露	未披露	未披露	未披露	未披露	无	未披露	未披露
新华信托	未披露年报	未披露年报	未披露年报	未披露年报	未披露年报	未披露年报	未披露年报	未披露
北京信托	未披露年报	未披露年报	未披露年报	未披露年报	未披露年报	未披露年报	未披露年报	未披露
华信信托	未披露年报	未披露年报	未披露年报	未披露年报	未披露年报	未披露年报	未披露年报	未披露
四川信托	未披露年报	未披露年报	未披露年报	未披露年报	未披露年报	未披露年报	未披露年报	未披露
新时代信托	未披露年报	未披露年报	未披露年报	未披露年报	未披露年报	未披露年报	未披露年报	未披露

续表2

公司简称	自营股票	基金	债券	长期股权投资	其他投资	担保业务	代理业（委托业务）	合计
雪松信托	未披露年报	未披露年报	未披露年报	未披露年报	未披露年报	未披露年报	未披露年报	未披露
长安信托	未披露年报	未披露年报	未披露年报	未披露年报	未披露年报	未披露年报	未披露年报	未披露
中国民生信托	未披露年报	未披露年报	未披露年报	未披露年报	未披露年报	未披露年报	未披露年报	未披露
中融信托	未披露年报	未披露年报	未披露年报	未披露年报	未披露年报	未披露年报	未披露年报	未披露
合计	2 030 003.02	5 930 297.57	677 652.92	11 106 190.84	34 423 794.65	94 994.00	140 720.48	54 403 653.48

注：本年度有9家信托公司尚未披露年报，故未在本表中披露相关数据。

六、自营贷款分析

2023年末，已披露年报的59家信托公司中，有建元信托、山东国信、陕国投信托3家公司没有披露前五名自营贷款的信息。在披露自营贷款信息的信托公司中有23家披露无自营贷款。有22家信托公司前五名自营贷款占全部自营贷款的比例为100%，风险非常集中。已披露年报的59家信托公司前五名自营贷款占自营贷款总额的比例情况见表6-6-1。

表6-6-1　　2023年信托公司前五名自营贷款占自营贷款总额的比例情况

公司简称	前五名自营贷款占总自营贷款比例（%）	公司简称	前五名自营贷款占总自营贷款比例（%）
百瑞信托	100.00	国民信托	无自营贷款
渤海信托	100.00	国投泰康信托	无自营贷款
重庆信托	100.00	华宝信托	无自营贷款
东莞信托	100.00	华能信托	无自营贷款
光大兴陇信托	100.00	华融信托	无自营贷款
国联信托	100.00	江苏信托	无自营贷款
华澳信托	100.00	金谷信托	无自营贷款
华宸信托	100.00	昆仑信托	无自营贷款
华润信托	100.00	山西信托	无自营贷款
华鑫信托	100.00	上海信托	无自营贷款
吉林信托	100.00	外贸信托	无自营贷款
平安信托	100.00	万向信托	无自营贷款
厦门国际信托	100.00	五矿信托	无自营贷款
苏州信托	100.00	西部信托	无自营贷款
中诚信托	100.00	兴业信托	无自营贷款
中海信托	100.00	英大信托	无自营贷款
中航信托	100.00	粤财信托	无自营贷款
中建投信托	100.00	云南信托	无自营贷款
中泰信托	100.00	长城新盛信托	无自营贷款
中信信托	100.00	浙金信托	无自营贷款
中原信托	100.00	中粮信托	无自营贷款
紫金信托	100.00	中铁信托	无自营贷款
杭州工商信托	99.99	建元信托	未披露
国通信托	99.78	山东国信	未披露
天津信托	98.93	陕国投	未披露
北方信托	98.21	新华信托	未披露

续表

公司简称	前五名自营贷款占总自营贷款比例（%）	公司简称	前五名自营贷款占总自营贷款比例（%）
陆家嘴信托	95.31	北京信托	未披露
西藏信托	94.65	华信信托	未披露
建信信托	93.09	四川信托	未披露
交银国际信托	68.00	新时代信托	未披露
爱建信托	62.93	雪松信托	未披露
财信信托	61.42	长安信托	未披露
国元信托	31.83	中国民生信托	未披露
大业信托	无自营贷款	中融信托	未披露

注：本年度有9家信托公司尚未披露年报，故未在本表中披露相关数据。

七、关联方关系及其交易的披露

关联交易一直是公司经营的一个瓶颈，在公司业务发展良好和不良两个阶段均会发生大量的关联交易。在业务发展良好时，公司可能会向关联方输送利益；在业务发展不良时，关联方可能会向公司输送利益。即使在公司业务发展一般时，也会由于种种原因与关联方发生关联交易。因此关联交易也就一直成为公众和监管部门关注的重点。

（一）关联方及其交易汇总

经统计，2023年已披露年报的59家信托公司关联方数量为2 391家，关联交易总金额15 791.47亿元。

表6-7-1　　　　　2023年信托公司关联方交易情况（关联方交易金额由高到低排序）

公司简称	关联交易方数量（家）	关联交易金额（万元）	公司简称	关联交易方数量（家）	关联交易金额（万元）
英大信托	592	56 273 692.31	中泰信托	12	73 708.65
国投泰康信托	19	14 254 865.99	爱建信托	30	68 045.98
华能信托	20	13 320 397.09	吉林信托	5	47 689.00
建信信托	35	12 737 616.63	中信信托	46	46 811.16
百瑞信托	127	9 614 265.78	中铁信托	39	44 650.63
兴业信托	23	9 189 427.41	华澳信托	2	33 000.00
华润信托	39	8 883 980.58	浙金信托	12	28 961.14
华鑫信托	33	6 252 039.36	外贸信托	10	27 364.07
交银国际信托	9	5 102 802.10	云南信托	4	7 329.00
中诚信托	267	4 491 723.25	陆家嘴信托	16	5 854.74
平安信托	55	4 483 781.17	华宸信托	2	4 150.00
中海信托	23	3 301 163.08	大业信托	12	3 601.14
重庆信托	10	2 363 521.29	国元信托	13	3 120.06
国通信托	9	890 449.40	中粮信托	26	2 957.43
中原信托	49	830 263.11	万向信托	14	1 676.96
财信信托	534	515 775.00	天津信托	34	1 576.83
中航信托	18	513 411.38	山西信托	6	1 455.41
华融信托	3	494 590.42	国联信托	4	695.00
昆仑信托	9	476 894.92	西部信托	4	512.88
紫金信托	5	378 770.63	国民信托	1	239.59
光大兴陇信托	30	346 292.73	建元信托	未披露	未披露
中建投信托	17	311 422.00	山东国信	未披露	未披露

续表

公司简称	关联交易方数量（家）	关联交易金额（万元）	公司简称	关联交易方数量（家）	关联交易金额（万元）
西藏信托	8	290 258.36	陕国投	未披露	未披露
五矿信托	13	287 038.48	上海信托	未披露	未披露
粤财信托	26	285 492.68	新华信托	未披露年报	未披露
苏州信托	14	255 589.46	北京信托	未披露年报	未披露
江苏信托	9	214 112.74	华信信托	未披露年报	未披露
渤海信托	5	212 086.98	四川信托	未披露年报	未披露
杭州工商信托	44	198 361.00	新时代信托	未披露年报	未披露
华宝信托	8	153 218.08	雪松信托	未披露年报	未披露
金谷信托	6	133 922.03	长安信托	未披露年报	未披露
厦门国际信托	28	124 116.00	中国民生信托	未披露年报	未披露
北方信托	5	122 625.85	中融信托	未披露年报	未披露
长城新盛信托	4	110 641.49	—	—	—
东莞信托	3	96 700.00	合计	2 391.00	157 914 708.45

注：本年度有9家信托公司尚未披露年报，故未在本表中披露相关数据。

（二）固有资产与关联方关联交易

分析表6-7-2可以发现，固有资产与关联方的交易主要集中在投资和其他两个方面，关于其他的具体内容，信托公司年报中未详细披露。总体看来固有资产与关联方之间的交易比上年有所下降，贷款类大幅下降。已披露年报的59家信托公司2023年固有资产与关联方交易的汇总表及明细表分别见表6-7-2和表6-7-3。

表6-7-2　　　　　　　　　　　　　　固有资产与关联方关联交易汇总表

项目	2022年末余额（万元）	2022年末比例（%）	2023年末余额（万元）	2023年末比例（%）	增减率（%）
贷款	224 525.51	4.90	10 372.35	0.33	−95.38
投资	3 372 714.72	73.67	2 410 871.31	77.70	−28.52
租赁	10 739.57	0.23	9 184.87	0.30	−14.48
担保	—	—	—	—	—
应收账款	69 630.93	1.52	51 049.15	1.65	−26.69
其他	900 273.61	19.67	621 193.31	20.02	−31.00
合计	4 577 884.34	100.00	3 102 670.99	100.00	−32.22

表6-7-3　　　　　　　2023年末固有资产与关联方关联交易余额明细（由高到低排序）　　　　　　　单位：万元

公司简称	关联交易余额	公司简称	关联交易余额
平安信托	658 340.08	国通信托	1 000.00
华润信托	532 976.80	国联信托	695.00
英大信托	284 540.49	厦门国际信托	598.00
国投泰康信托	274 389.00	财信信托	486.52
中建投信托	194 176.00	国民信托	239.59
中诚信托	188 561.25	大业信托	134.60
苏州信托	144 861.85	金谷信托	75.20
光大兴陇信托	106 992.73	华能信托	4.89
杭州工商信托	92 871.00	爱建信托	—
交银国际信托	86 579.73	百瑞信托	—

续表

公司简称	关联交易余额	公司简称	关联交易余额
五矿信托	77 938.48	渤海信托	—
中泰信托	73 708.65	华鑫信托	—
华宝信托	67 174.05	昆仑信托	—
建信信托	58 767.45	山东国信	—
北方信托	53 013.88	天津信托	—
吉林信托	45 000.00	西部信托	—
中铁信托	39 880.00	中海信托	—
长城新盛信托	37 782.85	中航信托	—
陆家嘴信托	34 851.26	兴业信托	-18 296.98
紫金信托	21 470.63	江苏信托	-79 778.36
西藏信托	21 061.23	建元信托	未披露
中原信托	20 387.06	陕国投	未披露
粤财信托	19 700.54	上海信托	未披露
中信信托	9 224.00	中粮信托	未披露
重庆信托	8 373.27	新华信托	未披露年报
华融信托	8 037.26	北京信托	未披露年报
国元信托	7 995.00	华信信托	未披露年报
云南信托	6 729.00	四川信托	未披露年报
外贸信托	6 640.13	新时代信托	未披露年报
华宸信托	4 124.72	雪松信托	未披露年报
华澳信托	3 000.00	长安信托	未披露年报
东莞信托	2 933.63	中国民生信托	未披露年报
万向信托	2 735.29	中融信托	未披露年报
山西信托	1 455.41	—	
浙金信托	1 239.81	合计	3 102 670.99

注：本年度有9家信托公司尚未披露年报，故未在本表中披露相关数据。

（三）信托资产与关联方关联交易

分析表6-7-4可以发现，信托资产与关联方的交易主要集中在投资和其他方面，信托资产与关联方贷款交易约占整个信托资产与关联方交易的10.71%，信托资产与关联方投资交易约占整个信托资产与关联方交易的11.55%，信托资产与关联方其他交易约占整个信托资产与关联方交易的77.35%。已披露年报的59家信托公司2023年信托资产与关联方交易的汇总表及明细表分别见表6-7-4和表6-7-5。

表6-7-4　　　　　　　　　　　　信托资产与关联方关联交易汇总分析

项目	2022年末余额（万元）	2022年末比例（%）	2023年末余额（万元）	2023年末比例（%）	增减率（%）
贷款	17 974 622.66	8.79	17 862 947.78	10.71	-0.62
投资	15 295 398.38	7.48	19 264 741.75	11.55	25.95
租赁	—	—	—	—	—
担保	—	—	239 300.00	0.14	—
应收账款	429 338.57	0.21	428 350.00	0.26	-0.23
其他	170 799 446.14	83.52	129 051 094.63	77.35	-24.44
合计	204 498 805.75	100.00	166 846 434.16	100.00	-18.41

表6-7-5　　2023年末信托资产与关联方关联交易余额明细（由高到低排序）　　单位：万元

公司简称	关联交易余额	公司简称	关联交易余额
英大信托	80 485 946.53	华宝信托	86 044.03
建信信托	24 513 362.43	财信信托	76 746.20
华能信托	9 900 287.90	爱建信托	52 350.46
百瑞信托	9 614 265.78	中泰信托	31 241.97
兴业信托	9 207 724.40	东莞信托	24 100.00
华鑫信托	6 252 039.36	外贸信托	20 348.55
中诚信托	5 641 517.63	国元信托	17 618.28
交银国际信托	5 016 222.37	浙金信托	11 500.00
华润信托	3 760 886.76	粤财信托	9 205.35
中海信托	1 703 712.17	中铁信托	5 760.63
杭州工商信托	1 043 748.00	大业信托	3 460.32
陆家嘴信托	913 668.98	吉林信托	2 689.00
中建投信托	903 151.00	国投泰康信托	1 608.37
中原信托	809 876.05	云南信托	600.00
西部信托	701 089.34	国联信托	—
平安信托	663 303.11	国民信托	—
中航信托	506 599.59	华澳信托	—
华融信托	486 553.16	华宸信托	—
昆仑信托	476 894.92	山西信托	—
江苏信托	476 075.79	天津信托	—
陕国投	455 900.00	长城新盛信托	—
紫金信托	357 300.00	建元信托	未披露
重庆信托	357 228.34	上海信托	未披露
苏州信托	333 088.09	中粮信托	未披露
西藏信托	269 197.13	新华信托	未披露年报
光大兴陇信托	239 300.00	北京信托	未披露年报
渤海信托	212 086.98	华信信托	未披露年报
五矿信托	209 100.00	四川信托	未披露年报
中信信托	161 950.19	新时代信托	未披露年报
国通信托	160 110.00	雪松信托	未披露年报
山东国信	153 850.03	长安信托	未披露年报
万向信托	149 906.21	中国民生信托	未披露年报
金谷信托	133 846.83	中融信托	未披露年报
厦门国际信托	123 570.00	—	—
北方信托	109 801.93	合计	166 846 434.16

注：本年度有9家信托公司尚未披露年报，故未在本表中披露相关数据。

（四）固有财产与信托财产相互交易

固有财产与信托财产相互交易汇总及关联交易余额情况见表6-7-6和表6-7-7。

表6-7-6　　　　　　　　　　　　　　固有财产与信托财产相互交易汇总分析　　　　　　　　　　　　单位：万元

项目	2023年末
发生额	1 268 184.29
余额	25 069 394.74

表6-7-7　　　　　　　　　　　　　　固有财产与信托财产关联交易余额情况　　　　　　　　　　　　单位：万元

公司简称	2023年末	公司简称	2023年末
五矿信托	2 355 247.92	中海信托	148 530.00
中航信托	1 643 029.33	平安信托	142 437.49
外贸信托	1 405 660.49	北方信托	90 721.32
建信信托	1 385 023.01	国联信托	58 954.00
重庆信托	1 367 206.30	爱建信托	35 567.50
华能信托	1 330 700.87	中泰信托	19 194.55
兴业信托	1 185 292.08	华宸信托	12 744.78
江苏信托	1 062 947.97	国元信托	8 034.61
中铁信托	1 059 612.13	吉林信托	2 300.00
昆仑信托	878 897.62	长城新盛信托	1 224.97
国通信托	852 845.03	粤财信托	1 164.95
百瑞信托	777 871.09	大业信托	—
中信信托	711 380.15	华澳信托	—
东莞信托	696 821.32	金谷信托	—
国投泰康信托	668 252.00	中原信托	—
紫金信托	644 213.47	财信信托	未披露
交银国际信托	551 614.02	光大兴陇信托	未披露
华宝信托	542 509.00	国民信托	未披露
万向信托	512 763.43	华鑫信托	未披露
中诚信托	458 454.30	建元信托	未披露
西藏信托	437 370.71	陆家嘴信托	未披露
陕国投	426 185.31	上海信托	未披露
山东国信	359 717.10	天津信托	未披露
华润信托	355 344.70	中粮信托	未披露
杭州工商信托	349 601.00	新华信托	未披露年报
中建投信托	335 120.00	北京信托	未披露年报
华融信托	335 047.15	华信信托	未披露年报
浙金信托	327 689.57	四川信托	未披露年报
苏州信托	307 932.94	新时代信托	未披露年报
云南信托	294 535.01	雪松信托	未披露年报
厦门国际信托	238 549.00	长安信托	未披露年报
西部信托	187 050.00	中国民生信托	未披露年报
英大信托	180 121.70	中融信托	未披露年报
山西信托	171 631.52	—	
渤海信托	152 283.33	合计	25 069 394.74

注：本年度有9家信托公司尚未披露年报，故未在本表中披露相关数据。

（五）信托资产与信托财产相互交易

信托资产与信托财产相互交易汇总分析和关联交易余额情况见表6-7-8和表6-7-9。

表6-7-8　　　　　　　　　　　信托资产与信托财产相互交易汇总分析　　　　　　　　　　　单位：万元

项目	2023年末
发生额	8 608 837.30
余额	86 430 957.97

表6-7-9　　　　　　　　　　　信托资产与信托财产关联交易余额情况　　　　　　　　　　　单位：万元

公司简称	2023年末	公司简称	2023年末
外贸信托	13 813 107.10	国元信托	24 063.00
建信信托	12 712 058.42	北方信托	12 623.00
华能信托	7 127 829.04	粤财信托	1 503.96
五矿信托	6 854 435.25	华宸信托	1 002.10
交银国际信托	5 501 772.50	吉林信托	100.00
中信信托	4 785 616.41	渤海信托	—
国投泰康信托	4 664 222.88	大业信托	—
华润信托	4 234 772.32	华融信托	—
百瑞信托	3 401 005.36	金谷信托	—
平安信托	3 019 700.49	长城新盛信托	—
江苏信托	2 993 553.11	中泰信托	—
东莞信托	2 518 245.31	中原信托	—
华宝信托	1 672 154.00	财信信托	未披露
昆仑信托	1 646 494.71	光大兴陇信托	未披露
紫金信托	1 327 834.70	国民信托	未披露
万向信托	1 239 541.69	华澳信托	未披露
山东国信	1 042 517.87	华鑫信托	未披露
国联信托	950 328.00	建元信托	未披露
英大信托	740 653.03	陆家嘴信托	未披露
中建投信托	724 753.00	上海信托	未披露
厦门国际信托	667 987.00	天津信托	未披露
重庆信托	630 713.38	中诚信托	未披露
苏州信托	622 724.83	中航信托	未披露
兴业信托	586 018.41	中粮信托	未披露
杭州工商信托	547 266.00	新华信托	未披露年报
陕国投	441 485.13	北京信托	未披露年报
国通信托	370 712.00	华信信托	未披露年报
浙金信托	291 442.66	四川信托	未披露年报
西藏信托	287 359.08	新时代信托	未披露年报
中铁信托	252 820.00	雪松信托	未披露年报
云南信托	230 138.85	长安信托	未披露年报
爱建信托	221 298.31	中国民生信托	未披露年报
中海信托	138 033.31	中融信托	未披露年报
西部信托	72 591.00	—	—
山西信托	60 480.76	合计	86 430 957.97

注：本年度有9家信托公司尚未披露年报，故未在本表中披露相关数据。

八、子公司、结构化主体及其合并情况

2023年，已披露年报的59家信托公司中有19家公司不需要编制合并报表，在需要编制合并报表的40家公司中，有32家披露了合并范围内子公司及结构化主体的数量，共计合并了47家子公司，434个结构化主体。具体情况见表6-8-1。

表6-8-1　　　　　　　　2023年信托公司对合并范围内的子公司及结构化主体的披露情况

公司简称	是否编制合并报表	合并范围内子公司数量（家）	合并范围内结构化主体数量（个）
百瑞信托	是	0	31
财信信托	是	0	43
重庆信托	是	0	2
东莞信托	是	0	2
国联信托	是	3	0
国民信托	是	0	11
国投泰康信托	是	1	0
杭州工商信托	是	1	0
华能信托	是	1	32
吉林信托	是	2	0
建信信托	是	3	0
建元信托	是	0	13
交银国际信托	是	4	0
陆家嘴信托	是	0	42
平安信托	是	10	0
厦门国际信托	是	1	0
陕国投	是	0	28
上海信托	是	2	36
苏州信托	是	2	2
外贸信托	是	0	45
五矿信托	是	0	43
兴业信托	是	2	0
英大信托	是	0	7
长城新盛信托	是	0	1
浙金信托	是	0	3
中诚信托	是	7	3
中航信托	是	0	41
中粮信托	是	2	49
中铁信托	是	1	0
中信信托	是	2	0
华润信托	是	3	未披露
昆仑信托	是	0	未披露
国元信托	是	未披露	未披露
华宝信托	是	未披露	未披露
华融信托	是	未披露	未披露

续表

公司简称	是否编制合并报表	合并范围内子公司数量（家）	合并范围内结构化主体数量（个）
华鑫信托	是	未披露	未披露
金谷信托	是	未披露	未披露
山东国信	是	未披露	未披露
山西信托	是	未披露	未披露
中建投信托	是	未披露	未披露
爱建信托	否	0	0
北方信托	否	0	0
渤海信托	否	0	0
大业信托	否	0	0
光大兴陇信托	否	0	0
国通信托	否	0	0
华澳信托	否	0	0
华宸信托	否	0	0
江苏信托	否	0	0
天津信托	否	0	0
万向信托	否	0	0
西部信托	否	0	0
西藏信托	否	0	0
粤财信托	否	0	0
云南信托	否	0	0
中海信托	否	0	0
中泰信托	否	0	0
中原信托	否	0	0
紫金信托	否	0	0
新华信托	未披露年报	未披露年报	未披露年报
北京信托	未披露年报	未披露年报	未披露年报
华信信托	未披露年报	未披露年报	未披露年报
四川信托	未披露年报	未披露年报	未披露年报
新时代信托	未披露年报	未披露年报	未披露年报
雪松信托	未披露年报	未披露年报	未披露年报
长安信托	未披露年报	未披露年报	未披露年报
中国民生信托	未披露年报	未披露年报	未披露年报
中融信托	未披露年报	未披露年报	未披露年报
合计	—	47	434

注：本年度有9家信托公司尚未披露年报，故未在本表中披露相关数据。

九、信托公司2023年年报中对经营因素的认可情况分析

（一）关于经营目标

2023年，总共有59家公司对经营目标作出了表述。

从59家披露了经营目标的信托公司年报分析，"认同目标前五名"，依次为具有特色、行业一流；支持实体经济和地方发展；高质量可持续发展；实现业务转型升级；公司价值及利益相关者利益最大化（见表6-9-1）。

表6-9-1　　　　　　　　　　　　　认同前五名的经营目标

经营目标	认同公司数（家）
具有特色、行业一流	34
支持实体经济和地方发展	28
高质量可持续发展	22
实现业务转型升级	15
公司价值及利益相关者利益最大化	12

注：本年度有9家信托公司尚未披露年报，故未在本表中披露相关数据。

（二）关于经营方针

2023年，共有59家公司披露了经营方针。

从59家披露了经营方针的信托公司年报分析，"经营方针认同前五名"如表6-9-2所示。

表6-9-2　　　　　　　　　　　　　认同前五名的经营方针

经营方针	认同公司数（家）
依法合规、稳健经营	43
创新驱动，加快业务转型发展	31
以客户为中心，提供定制化、差异化服务	18
强化风险防控	13
提升管理能力，开展精益管理	12

注：本年度有9家信托公司尚未披露年报，故未在本表中披露相关数据。

（三）关于战略规划

2023年，共有59家公司均披露了战略规划。

从59家披露了战略规划的信托公司年报分析，"战略规划认同前五名"如表6-9-3所示。大部分公司将"搭建具有自身鲜明特色的业务结构和可持续健康发展盈利模式"作为战略规划的重点。

表6-9-3　　　　　　　　　　　　　认同前五名的战略规划

战略规划	认同公司数（家）
搭建具有自身鲜明特色的业务结构和可持续健康发展盈利模式	31
以产品和服务为客户创造财富、为投资者创造价值	26
坚守受托人定位，回归信托本源	22
推动公司业务转型升级	22
推进金融科技在信托领域的应用	10

注：本年度有9家信托公司尚未披露年报，故未在本表中披露相关数据。

（四）关于经济金融形势认识

2023年，共有59家公司披露了对经济形势的认识。

从59家披露了对经济金融形势认识的信托公司年报分析，"认同前五名的经济金融形势"如表6-9-4所示。

表6-9-4　　　　　　　　　　　　认同前五名的经济金融形势分析

经济金融形势	认同公司数（家）
信托业务"三分类"新规正式实施	53
2023年全球地区冲突频发，其中俄乌冲突、巴以冲突对脆弱的全球经济造成较大冲击	38

续表

经济金融形势	认同公司数（家）
2023年全球经济增长动力持续回落	34
2023年，全球仍面临较突出的通胀压力，发达国家央行持续加息，货币政策继续收紧	12
我国经济面临着需求收缩、供给冲击、预期转弱的三重压力	10

注：本年度有9家信托公司尚未披露年报，故未在本表中披露相关数据。

（五）关于经营有利因素的认识

2023年，共有59家公司均披露了经营有利因素。

从59家披露了经营有利因素的信托公司年报分析，经营有利因素认同前五名，如表6-9-5所示。排名前两位的是对"主动谋求转型，行业发展方向日趋明确"及"信托业务'三分类'新规正式实施，为信托公司发展指明方向"的认同。

表6-9-5　　　　　　　　　　　　认同前五名经营有利因素分析

经营有利因素	认同公司数（家）
主动谋求转型，行业发展方向日趋明确	36
信托业务"三分类"新规正式实施，为信托公司发展指明方向	29
国家金融监管体系迎来重磅变革，新的"一委一行一局一会"监管架构成型，理顺了机构监管和功能监管	25
资产管理优势，抵御风险能力较强	15
地域优势，地域经济发展较快或有丰富的地方业务资源	13

注：本年度有9家信托公司尚未披露年报，故未在本表中披露相关数据。

（六）关于经营不利因素的认识

2023年，共有59家公司均披露了经营不利因素。

从59家披露了经营不利因素的信托公司年报分析，经营不利因素认同前五名，如表6-9-6所示。

表6-9-6　　　　　　　　　　　　认同前五名的经营不利因素分析

经营不利因素	认同公司数（家）
行业转型压力大，行业生态不佳，市场竞争更加激烈	54
监管政策收紧	29
信托业务"三分类"新规正式实施，信托公司全面步入发展模式重塑、业务结构调整、增长动能转换的关键期	22
房地产市场仍处于下行区间	21
由于国际格局复杂演变，我国出口经济面对前所未有的挑战	17

注：本年度有9家信托公司尚未披露年报，故未在本表中披露相关数据。

（七）关于内部控制职能部门的认识

2023年，共有59家公司披露了内部控制职能部门。

从59家披露了内部控制职能部门的信托公司年报分析可以看出，对信托公司内部控制认为有效的、应当建立的职能部门前五名的部门为三会及管理层、董事会审计委员会、董事会风险管理委员会、稽核审查部、风险及合规管理部（见表6-9-7）。

表6-9-7　　　　　　　　　　　　认同前五名的对内部控制职能部门认同分析

内部控制职能部门	认同公司数（家）
股东会、董事会、监事会及管理层	54
董事会审计委员会	28
董事会风险管理委员会	23

续表

内部控制职能部门	认同公司数（家）
稽核审查部	22
风险及合规管理部	20

注：本年度有9家信托公司尚未披露年报，故未在本表中披露相关数据。

（八）关于风险管理可能遇到的风险的认识

2023年，共有59家公司均披露了可能遇到的风险。

从59家披露了"可能遇到的风险"的信托公司年报分析可以看出，信托公司认为风险管理可能遇到的前四名风险分别为信用风险、市场风险、操作风险、其他风险（见表6-9-8）。

表6-9-8　　认同前四名的风险管理可能遇到的风险分析

可能遇到的风险	认同公司数（家）
信用风险	59
市场风险	59
操作风险	59
其他风险	58

注：本年度有9家信托公司尚未披露年报，故未在本表中披露相关数据。

（九）关于风险管理基本原则与政策的认识

2023年，共有30家公司披露了风险管理的基本原则和政策。

从30家披露了风险管理的基本原则和政策的信托公司年报分析，"风险管理基本原则与政策认同前五名"如表6-9-9所示。

表6-9-9　　认同前五名的风险管理基本原则与政策的分析

风险管理基本原则与政策	认同公司数（家）
全面性原则	25
有效性原则	20
独立性原则	20
审慎性原则	15
及时性原则	12

注：本年度有9家信托公司尚未披露年报，故未在本表中披露相关数据。

（十）关于风险管理组织机构与职责的认识

2023年，共有56家公司披露了风险管理的组织机构与职责。

从56家披露了风险管理的组织机构与职责的信托公司年报分析，"风险管理基本组织机构与职责认同前五名"如表6-9-10。

表6-9-10　　认同前五名的风险管理组织机构与职责的分析

风险管理组织机构与职责	认同公司数（家）
董事会：承担风险管理的最终责任，对公司进行全面风险管理，掌握公司面临的各项重大风险及其风险管理状况，做出有效控制风险的决策	54
高级管理层负责执行公司风险管理政策，审查监督风险管理程序以及具体操作规程	41
公司各职能部门是公司风险控制措施的具体执行部门	38
合规和风险委员会对董事会负责，在董事会授权范围内对审议事项提出意见或决策，为董事会决策提供支持	26
内审稽核部进行独立的审计检查和监督，对风险管理体系的有效性和执行情况进行监督和评价	25

注：本年度有9家信托公司尚未披露年报，故未在本表中披露相关数据。

（十一）关于信用风险状况的认识

2023年，共有59家公司认同信用风险，信用风险主要指交易对手因履约意愿或履约能力发生变化，违约造成不履行义务的可能性。

59家公司均披露了具体风险点。"认同前五名的信用风险状况分析"见表6-9-11。

表6-9-11　　　　　　　　　　　认同前五名的信用风险状况分析

信用风险	认同公司数（家）
履约承诺造成的不确定性	23
公司贷款业务中贷款对象、债券发行人造成的不确定性	16
担保业务中的相关交易方造成的不确定性	15
投资或资产回购业务中的相关交易方造成的不确定性	14
融资类信托业务和主动管理投资类信托中投资的信用债券的不确定性	9

注：本年度有9家信托公司尚未披露年报，故未在本表中披露相关数据。

（十二）关于信用风险管理措施的认识

2023年，共有59家公司披露了信用风险管理措施。

从59家披露了信用风险管理措施的信托公司年报分析，公司基本贯彻了事前、事中、事后风险管理，保持了风险管理的连贯性。针对信贷业务中信用风险较高的情况，大部分信托公司均认真落实了加强对交易对手尽职调查等事前防范。"认同前五名的信用风险管理措施分析"见表6-9-12。

表6-9-12　　　　　　　　　　　认同前五名的信用风险管理措施分析

信用风险管理措施	认同公司数（家）
通过对交易对手的尽职调查进行事前控制	45
对交易对手进行动态管理	40
控制不同类型业务规模占比并及时调整各类业务的准入标准	30
采取有效应对措施，解决预警项目潜在风险隐患	30
严格制定项目审批操作流程及放款审查要求来进行风险事中控制	28

注：本年度有9家信托公司尚未披露年报，故未在本表中披露相关数据。

（十三）关于市场风险状况的认识

2023年，共有59家公司披露了市场风险状况，认为股价、汇率、利率、其他价格等金融市场变量波动对盈利的影响是主要的市场风险。另有个别公司提到了同业竞争风险、通货膨胀和经济周期风险等。"认同前四名的市场状况的分析"见表6-9-13。

表6-9-13　　　　　　　　　　　认同前四名的市场风险状况的分析

市场风险	认同公司数（家）
股价波动风险	54
利率风险	52
其他价格波动的影响	50
汇率风险	46

注：本年度有9家信托公司尚未披露年报，故未在本表中披露相关数据。

（十四）关于市场风险管理措施的认识

2023年，共有59家公司披露了市场风险管理措施。

如表6-9-14所示，大多数公司密切关注经济运行状况，规避宏观政策调控带来的不良影响。

表6-9-14　　　　　　　　认同前五名的市场风险管理措施的分析

市场风险管理措施	认同公司数（家）
密切关注经济运行状况，规避宏观政策调控带来的不良影响	46
及时识别、计量、监测和控制市场风险，及时调整投资策略和投资组合	36
分析交易对手所处行业的市场竞争力以及财务状况和资金调剂能力	30
资金投放：多领域业务组合投资分散风险	27
加强投资资产管理，设定证券业务投资标准	21

注：本年度有9家信托公司尚未披露年报，故未在本表中披露相关数据。

（十五）关于操作风险状况的认识

2023年，共有59家公司明确披露了操作风险中可能的风险点。排名前四名的风险点如表6-9-15所示。

表6-9-15　　　　　　　　认同前四名的操作风险状况的分析

操作风险	认同公司数（家）
内控制度不完善或规章制度执行不到位	57
操作者个人原因	51
信息系统还不够全面及时	37
外部事件影响	25

注：本年度有9家信托公司尚未披露年报，故未在本表中披露相关数据。

（十六）关于操作风险管理措施的认识

2023年，共有59家公司披露了操作风险管理措施。排名前五名的操作风险管理措施如表6-9-16所示。

表6-9-16　　　　　　　　认同前五名的操作风险管理措施的分析

操作风险管理措施	认同公司数（家）
优化内控管理体系：完善规章制度，发现内控缺陷，及时整改	55
公司不断加强制度培训，提高员工的规范意识和责任意识	39
建立岗位职责分离、内部牵制制度	37
强化信息系统约束：将重要内控事项嵌入信息管理系统，提升制度执行力	25
根据国家法律法规和银保监会要求制定公司规章和内控制度，针对监管政策以及信托行业的形势变化，及时调整经营策略，规范业务行为	15

注：本年度有9家信托公司尚未披露年报，故未在本表中披露相关数据。

（十七）关于其他风险状况的认识

2023年，共有59家公司披露了其他风险状况。排名前五名的其他风险状况如表6-9-17所示。

表6-9-17　　　　　　　　认同前五名的其他风险状况的分析

其他风险状况	认同公司数（家）
声誉风险指由公司经营、管理及其他行为或外部事件导致利益相关方对公司负面评价的风险	52
合规风险主要是指公司未遵循法律、法规和监管规定而受到法律制裁、监管处罚、重大财务损失和声誉损失的风险	41
流动性风险主要指公司清偿能力不足，或虽然有清偿能力，但无法以合理成本及时获得充足资金以应对资产增长或偿付到期债务所引发的风险	37
法律风险指公司所签订合同存在法律瑕疵，从而产生法律纠纷，使公司遭受损失的风险	27
政策风险：宏观政策以及监管政策的变动对公司经营环境和发展所造成的风险	22

注：本年度有9家信托公司尚未披露年报，故未在本表中披露相关数据。

(十八）关于其他风险管理措施的认识

2023年，共有59家公司披露了其他风险管理措施。排名前五名的其他风险管理措施如表6-9-18所示。

表6-9-18　　　　　　　　　　认同前五名的其他风险管理措施的分析

其他风险管理措施	认同公司数（家）
完善舆情管理制度；深化与行业媒体的深度合作；建立声誉风险突发事件应急机制	52
建立健全内控合规管理体系；动态调整合规管理制度；加强合规文化建设	40
定期进行资金需求测算；考虑还款方资金情况合理安排项目期限；建立流动性补足机制；定期开展流动性风险压力测试工作	37
全面推进依法治企；利用法律手段防范业务风险；强化法治文化培育	28
及时跟踪和研究国家宏观政策和行业监管政策，加强与监管部门的沟通	22

注：本年度有9家信托公司尚未披露年报，故未在本表中披露相关数据。

第七章 公司治理结构及人员结构

本章就信托公司的公司治理情况进行分析。

一、2023年公司股东会、董事会和监事会情况分析

（一）股东会、董事会和监事会会议次数

2023年，已披露年报59家信托公司共召开股东会264次，平均股东会召开次数为4.47次；董事会召开次数为618次，平均董事会召开次数为10.47次；监事会召开次数为324次，平均监事会召开次数为5.49次（见表7-1-1）。上年的此三项平均数字分别为4.31次、10.97次和4.98次。

表7-1-1　　　　　　　　　　59家信托公司2023年"三会"的会议情况　　　　　　　　　　单位：次

公司简称	年度股东会会议次数	年度董事会会议次数	年度监事会会议次数
爱建信托	4	6	5
百瑞信托	7	16	7
北方信托	4	12	5
渤海信托	4	8	6
大业信托	3	8	5
东莞信托	13	20	8
光大兴陇信托	2	7	5
国联信托	4	7	4
国民信托	7	12	2
国通信托	5	10	4
国投泰康信托	4	11	2
国元信托	2	5	4
杭州工商信托	4	11	7
湖南信托	5	33	5
华澳信托	5	9	3
华宝信托	6	8	7
华宸信托	5	6	5
华能信托	4	9	3
华融信托	3	11	6
华润信托	5	8	8
华鑫信托	2	4	2
吉林信托	3	10	10
建信信托	8	13	8
建元信托	3	9	7
江苏信托	2	13	4
交银国际信托	5	10	5
金谷信托	3	10	16
昆仑信托	4	6	3

续表

公司简称	年度股东会会议次数	年度董事会会议次数	年度监事会会议次数
陆家嘴信托	3	9	4
平安信托	4	7	5
厦门国际信托	5	4	5
山东国信	3	11	6
山西信托	6	11	2
陕国投	5	14	10
上海信托	3	8	4
苏州信托	3	12	5
天津信托	7	11	8
外贸信托	4	8	4
万向信托	2	3	2
五矿信托	7	20	8
西部信托	5	11	8
西藏信托	6	11	5
兴业信托	3	12	8
英大信托	5	6	3
粤财信托	6	11	6
云南信托	3	12	3
长城新盛信托	5	15	4
浙金信托	3	7	5
中诚信托	3	5	7
中海信托	4	14	4
中航信托	3	7	5
中建投信托	6	12	11
中粮信托	6	8	6
中泰信托	6	10	7
中铁信托	4	16	4
中信信托	4	24	6
中原信托	8	16	5
重庆信托	3	6	4
紫金信托	3	5	4
合计	264	618	324
平均	4.47	10.47	5.49

注：本年度有9家信托公司尚未披露年报，故未在本表中披露相关数据。

（二）董事会及其基本情况分析

1.董事的变更分析

经统计，有49家在2023年内发生了董事会人员的变更；其余10家明确披露了2023年内没有发生董事的变更。具体变更情况详见表7-1-2。

表 7-1-2　　信托公司 2023 年董事变更情况

公司简称	是否变更	变更次数	董事变更详情列示
爱建信托	是	7	2023年2月28日，公司召开2023年第二次股东会，审议通过《关于选举第七届董事会成员的议案》，选举徐众华、吴文新、吴淳、李兵、王成兵、蒋洪、吉宇光、叶建芳为公司第七届董事会董事。李兵、王成兵、蒋洪、吉宇光、叶建芳的任职资格尚待报监管部门核准，任职自监管部门核准之日起生效 2023年2月28日，公司召开七届一次董事会，审议通过《关于选举公司第七届董事会董事长的议案》，选举徐众华为公司第七届董事会董事长，任期同第七届董事会 2023年4月4日，上海银保监局核准蒋洪上海爱建信托有限责任公司董事的任职资格 2023年7月3日，原上海银保监局核准李兵上海爱建信托有限责任公司董事的任职资格 2023年7月3日，原上海银保监局核准王成兵上海爱建信托有限责任公司董事的任职资格 2023年7月12日，原上海银保监局核准叶建芳上海爱建信托有限责任公司独立董事的任职资格 2023年12月18日，公司召开七届四次董事会，通报《关于吉宇光辞任相关职务的报告》，吉宇光先生向公司董事会提出因个人原因辞去第七届董事会独立董事（拟任）职务
百瑞信托	是	4	经股东提名并经公司2022年度第四次股东会（临时）会议审议通过，选任李向军为第七届董事会独立董事，任期与第七届董事会相同，任职资格经监管部门核准后生效，自核准生效之日起正式履职。2023年2月21日，李向军独立董事任职资格获得监管部门核准通过并正式履职 经股东提名、工会民主选举并经公司2022年度第六次股东会（临时）会议审议通过，选任王思维为第七届董事会董事，任期与第七届董事会相同，任职资格经监管部门核准后生效，自核准生效之日起正式履职。2023年2月21日，王思维董事任职资格获得监管部门核准通过并正式履职 经股东提名并经公司2023年度第四次股东会（临时）会议审议通过董事会换届方案，赵长利、陈立、王建伟、王京宝、张迎军不再担任公司董事会董事，在新任董事任职资格经监管部门核准生效并正式履职前，继续履行董事职责；聘任苏小军、庞建兵、孙锐、王思维、李向军、张盼盼、孙书章、曹路、任志毅、康磊为公司第八届董事会董事，其中庞建兵、孙锐、孙书章、康磊任职资格经监管部门核准后生效，自核准生效之日起正式履职。2023年10月19日，庞建兵、孙锐、康磊董事任职资格及孙书章独立董事任职资格获得监管部门核准通过并正式履职 根据股东提名并经公司2023年度第六次股东会（临时）会议审议通过，任志毅不再担任第八届董事会独立董事职务，选任吴光荣为公司第八届董事会独立董事，任期与第八届董事会相同，任职资格经监管部门核准后生效，自核准生效之日起正式履职。2023年12月26日，吴光荣独立董事任职资格获得监管部门核准通过并正式履职
北方信托	否		
渤海信托	否		
大业信托	否		
东莞信托	是	1	董事李雪军于2023年1月获得监管下发的任职资格批复（粤银保监复〔2023〕22号），于2月正式履行董事职务
光大兴陇信托	是	2	2023年8月2日，经国家金融监督管理总局甘肃监管局核准，马万荣取得公司董事任职资格（2022年12月8日，经2022年第二次临时股东会审议通过，马万荣拟任公司董事，蔡彤不再担任公司董事） 2023年8月28日，经2023年第一次临时股东会审议通过，龙飞拟任公司董事，王志远、李朝霞不再担任公司董事。2023年10月25日，经国家金融监督管理总局甘肃监管局核准，龙飞取得公司董事任职资格
国联信托	是	1	2023年8月30日，国联信托股份有限公司2023年度第二次临时股东大会选举王颖同志为公司第五届董事会董事，2023年12月21日，国联信托股份有限公司2023年度第三次临时股东大会选举华林乃机为公司第五届董事会董事，上述董事任职资格待监管核准
国民信托	是	1	2023年4月，经股东会决议，李春彦不再担任公司董事
国通信托	是	2	2023年9月6日，公司董事唐武先生因个人原因辞去董事职务 2023年11月10日，公司独立董事唐建新先生已任职满6年，不再担任独立董事职务
国投泰康信托	是	3	2023年3月20日，公司2023年第一次临时股东会、第七届董事会第十七次会议选举李樱同志担任公司董事、董事长。2023年6月21日，经监管机构核准，李樱同志正式履行公司董事、董事长职责 2022年12月23日，公司2022年第四次临时股东会、第七届董事会第十三次会议选举李振蓬同志担任公司董事、副董事长。2023年7月26日，经监管机构核准，李振蓬同志正式履行公司董事、副董事长职责 2023年4月26日，公司2022年度股东会选举傅强同志担任公司董事。2023年11月22日，经监管机构核准，傅强同志正式履行公司董事职责
国元信托	是	4	因工作调整原因，逄淑学先生辞去公司副董事长、董事职务 因累计任职已满六年，王昊先生辞去公司独立董事职务 2023年4月21日，公司召开2022年度股东会，会议选举增补苏珺女士为公司第七届董事会董事，刘波先生为公司第七届董事会独立董事 2023年11月，经国家金融监督管理总局安徽监管局审查核准，苏珺女士担任公司董事，刘波先生担任公司独立董事
杭州工商信托	是	3	公司第九届董事会董事、董事长虞利明先生因工作调动原因于2022年12月提出辞去董事、董事长职务 2023年3月23日，公司召开2023年第一次临时股东大会，审议通过《关于公司董事变更的议案》，选举余南军先生为第九届董事会非独立董事，任期与第九届董事会一致。同日，公司召开第九届董事会第十五次会议，审议通过《关于选举公司第九届董事会董事长的议案》，选举余南军先生为董事长，任期与第九届董事会一致 2023年5月16日，公司收到《中国银保监会浙江监管局关于余南军任职资格的批复》（浙银保监复〔2023〕186号），核准余南军先生的公司董事、董事长任职资格。根据公司章程规定，董事长为法定代表人，法人工商变更手续于2023年5月完成
湖南信托	是	1	9月27日，第五届董事会第106次临时会议审议通过了《关于刘之彦同志辞去湖南省财信信托有限责任公司职工董事、副总裁等全部职务的议案》。因工作变动原因，刘之彦同志辞去湖南省财信信托有限责任公司职工董事、战略规划委员会委员、信托委员会、关联交易控制委员会委员、消费者权益保护委员会委员职务

续表1

公司简称	是否变更	变更次数	董事变更详情列示
华澳信托	否		
华宝信托	是	1	2023年4月6日，华宝信托2023年股东会第一次临时会议以通信方式召开。会议同意《关于变更董事、监事的议案》，选举徐兴军为华宝信托董事（专职），任职资格经监管部门核准后生效
华宸信托	否		
华能信托	是	1	公司原董事长田军同志退休，不再担任公司董事长，孙磊同志担任公司董事长
华融信托	否		
华润信托	是	6	2023年1月15日，原深圳银保监局核准刘小腊先生担任本公司董事长的任职资格（核准文件：深银保监复〔2023〕23号），刘小腊先生担任公司董事长 2023年3月20日，原深圳银保监局核准邱庆兵先生担任本公司董事的任职资格（核准文件：深银保监复〔2023〕94号），邱庆兵先生担任公司董事 2023年4月7日，公司召开2023年第二次股东会会议，选举许世清先生担任公司独立董事，其任职资格待监管部门核准后生效 2023年8月8日，公司召开2023年第四次股东会会议，选举黄挺先生担任公司董事，其任职资格待监管部门核准后生效；陈芳运先生不再担任公司董事职务。2023年11月17日，国家金融监督管理总局深圳监管局核准黄挺先生担任本公司董事的任职资格（核准文件：深金复〔2023〕178号），黄挺先生担任公司董事 2023年12月21日，国家金融监督管理总局深圳监管局核准徐昱华先生担任本公司董事的任职资格（核准文件：深金复〔2023〕257号），徐昱华先生担任公司董事 2023年12月29日，公司召开2023年第五次股东会会议，选举胡昊先生担任公司董事，选举严晓明先生担任公司独立董事，其任职资格待监管部门核准后生效；因独立董事6年任期届满，牛秋芳女士不再担任公司独立董事职务
华鑫信托	是	3	根据工作需要，按照股东方提名并经公司董事会选举、国家金融监督管理总局北京监管局核准，朱勇担任公司董事长，张瑞华、杨桦担任公司非独立董事 因达到法定退休年龄，褚玉不再担任公司董事长、董事职务 因工作原因，羿锦峰不再担任公司非独立董事
吉林信托	否		
建信信托	否		
建元信托	是	2	公司原董事王他竽先生于2024年1月2日向公司提交书面辞职报告，王他竽先生因工作调整，向公司董事会申请辞去公司董事会董事、董事会风险控制与审计委员会委员职务。辞职后，王他竽先生不在本公司担任任何职务 为保证公司董事会正常运行，根据《中华人民共和国公司法》及公司章程等规定，公司于2024年1月3日召开第九届董事会第十四次会议，审议通过《关于补选非独立董事的议案》，经公司董事会提名委员会审核通过，同意苏立先生为公司第九届董事会非独立董事候选人，任期至第九届董事会届满之日止。公司于2024年1月22日召开2024年第一次临时股东大会，审议通过上述议案。苏立先生将于任职资格获得核准后履行董事职责
江苏信托	是	2	2023年11月24日，公司召开股东会，同意由丁锋担任公司董事，李崇琦不再担任公司董事 2023年12月4日，公司召开董事会，选举丁锋为公司副董事长
交银国际信托	是	2	2023年3月，公司召开股东会，新选举卢军先生、苏海明先生为非执行董事。龙传华先生、汤晓东先生不再担任本公司董事职务。2023年5月，国家金融监督管理总局湖北监管局核准卢军、苏海明董事任职资格 2023年8月，公司召开董事会及股东会，选举/聘任赵海慧任公司执行董事、总裁，李依贫不再担任本公司执行董事、总裁职务。2023年11月，国家金融监督管理总局湖北监管局核准赵海慧执行董事、总裁任职资格
金谷信托	否		
昆仑信托	是	3	变更董事三名 王峥嵘、江昱洁、宣力勇、肖文建、陈雄、马向阳、刘杉、寇日明、崔树霖
陆家嘴信托	是	2	2022年12月30日，经2022年度股东会第四次会议审议通过，同意选举刘冰冰先生担任公司第五届董事会董事，邓友成不再担任第五届董事会董事；2023年3月10日，刘冰冰董事任职资格经监管核准并生效 2023年12月7日，经2023年度股东会第三次会议审议通过，同意选举杨波先生担任公司第五届董事会独立董事，毕玥不再担任第五届董事会独立董事；2024年3月4日，杨波独立董事任职资格经监管核准并生效
平安信托	是	9	2023年12月15日，姚贵平先生因达到退休年龄，申请辞任公司第七届董事会董事长兼法定代表人，经公司第七届董事会第十一次会议审议通过，由方蔚豪先生接替姚贵平先生担任董事长兼法定代表人，方蔚豪先生的任职资格已于2024年1月9日获得监管批复 2023年12月15日，戴巍先生因工作安排，申请辞任公司第七届董事会执行董事、总经理职务，经公司第七届董事会第十二次会议审议通过，由张中朝先生接替戴巍先生执行董事、总经理职务，张中朝先生的董事、总经理任职资格已分别于2024年2月1日、2024年2月2日获得监管批复 经公司第七届董事会第五次会议、公司2022年第二次临时股东会审议通过，张智淳女士接替宋成立先生出任公司第七届董事会非执行董事职务，其任职资格于2023年3月9日获得监管批复，并于2023年4月11日参加公司第七届董事会第六次会议正式履职 经公司第七届董事会第五次会议、公司2022年第二次临时股东会审议通过，黄玉强先生接替高鹏先生出任公司第七届董事会非执行董事职务，其任职资格于2023年3月9日获得监管批复，并于2023年4月11日参加公司第七届董事会第六次会议正式履职 经公司第七届董事会第五次会议、公司2022年第二次临时股东会审议通过，周立先生接替李跃先生出任公司第七届董事会非执行董事职务，其任职资格于2023年3月9日获得监管批复，并于2023年4月11日参加公司第七届董事会第六次会议正式履职 李祥军先生因任期届满不再担任公司独立董事，经公司第七届董事会第六次会议、2022年度股东会审议通过，由KONG YING先生接替其独立董事职务 经公司第七届董事会第五次会议、2022年第二次临时股东会审议通过，由曲建先生接替曲毅民先生担任公司独立董事，其任职资格于2023年3月9日获得监管批复，并于2023年4月11日参加公司第七届董事会第六次会议正式履职 经公司第七届董事会第五次会议、2022年第二次临时股东会审议通过，由蒋惠岭先生接替陈勇先生担任公司独立董事，其任职资格于2023年4月7日获得监管批复，并于2023年4月11日参加公司第七届董事会第六次会议正式履职 经公司第七届董事会第六次会议、2022年度股东会审议通过，由KONG YING先生接替李祥军先生担任公司独立董事，其任职资格于2023年9月20日获得监管批复，并于2023年10月31日参加公司第七届董事会第十次会议正式履职

续表2

公司简称	是否变更	变更次数	董事变更详情列示
厦门国际信托	是	2	根据组织安排，经公司董事会选举、股东会决议及监管任职资格核准，2023年1月，公司董事长李云祥先生到任 公司董监事会按期完成换届工作，根据相关法律法规及公司章程规定，最终由公司股东会选举、确认第七届董事会成员为李云祥（第七届董事会选举为董事长）、檀庄龙、刘思宁、李东胜、陈震、袁东、王遥、李丰、林远东
山东国信	是	3	经董事会建议，张海燕女士已于2022年11月30日召开的本公司2022年度第三次临时股东大会中被选举为独立非执行董事。张女士作为独立非执行董事的任职资格已于2023年4月13日获原山东银保监局核准生效。根据相关法律法规以及公司章程的相关规定，颜怀江先生因任期届满，自原山东银保监局核准张女士的任职资格起不再担任本公司独立非执行董事、信托委员会主席及提名与薪酬委员会委员 经董事会建议，刘皖文女士已于2023年10月31日召开的本公司2023年度第一次临时股东大会中被选举为独立非执行董事。刘女士作为独立非执行董事的任职资格已于2023年12月26日获国家金融监督管理总局山东监管局核准生效。根据相关法律法规以及公司章程的相关规定，孟茹静女士因任期届满，自国家金融监督管理总局山东监管局核准刘女士的任职资格起不再担任本公司独立非执行董事、提名与薪酬委员会主席及审计委员会委员 万众先生因工作安排，自2023年11月10日起不再担任本公司董事长、执行董事、战略与风险管理委员会主席及提名与薪酬委员会委员等职务。经董事会建议，岳增光先生已于本公司2023年11月28日召开的2023年度第二次临时股东大会获选举为执行董事并获董事会选举为董事长。岳先生作为执行董事及董事长的任职资格已于2024年1月10日获国家金融监督管理总局山东监管局核准生效
山西信托	是	2	经公司董事会、股东大会审议通过，张信东、白立宏为公司独立董事，任职资格已获原山西银保监局核准；陈凯不再担任公司独立董事
陕国投	是	13	2023年3月20日，经公司2023年第一次临时股东大会采用累积投票方式选举，姚卫东当选公司第十届董事会董事 2023年3月20日，经公司第十届董事会第一次会议选举，姚卫东当选为公司第十届董事会董事长 2023年3月20日，经公司2023年第一次临时股东大会采用累积投票制方式选举，解志炯当选公司第十届董事会董事 2023年3月20日，经公司2023年第一次临时股东大会采用累积投票制方式选举，高雪君当选公司第十届董事会董事 2023年3月20日，经公司2023年第一次临时股东大会采用累积投票制方式选举，王一平当选公司第十届董事会董事 2023年3月20日，经公司2023年第一次临时股东大会采用累积投票制方式选举，赵忠琦当选公司第十届董事会董事 2023年6月15日《陕西省人民政府关于祁锁锋任职的通知》（省政任字〔2023〕92号），同意祁锁锋为公司董事人选；2023年6月15日，公司职工代表大会选举，祁锁锋当选为公司第十届职工董事 2023年3月20日，经公司2023年第一次临时股东大会采用累积投票制方式选举，管清友当选公司第十届董事会独立董事 2023年3月20日，经公司2023年第一次临时股东大会采用累积投票制方式选举，赵廉慧当选公司第十届董事会独立董事 2023年6月2日，经公司2023年第二次临时股东大会选举，徐秉惠当选公司第十届董事会独立董事 2023年3月20日，桂泉海　董事任期届满离任 2023年3月20日，卓国全　董事任期届满离任 2023年3月20日，张俊瑞　独立董事任期届满离任
上海信托	是	3	根据上海汽车集团股权投资有限公司《关于调整上海国际信托有限公司董事会董事人选的函》，经2022年3月10日公司2022年股东会第一次通信会议决议通过，同意选举程森同志担任公司第六届董事会董事，冯金安同志不再担任公司董事职务。经上海银保监局核准，程森同志于2023年6月1日正式出任公司第六届董事会董事 公司董事会原职工董事朱红同志于2023年4月到龄退休，不再担任公司职工董事职务。公司2023年5月9日召开第六届第三次职工代表大会，选举黄文峰同志为公司第六届董事会新任职工董事。经国家金融监督管理总局上海监管局核准，黄文峰同志于2023年10月8日正式出任公司第六届董事会职工董事 经2023年7月5日公司2023年股东会第二次通信会议决议通过，同意李佳同志担任公司第六届董事会独立董事。经国家金融监督管理总局上海监管局核准，李佳同志于2023年10月8日正式出任公司第六届董事会独立董事
苏州信托	是	3	2022年12月5日公司召开股东会2022年第7次临时会议，以通信方式通过《关于审议天津信托有限责任公司第九届董事会独立董事人选的议案》，同意郭建鸾担任公司第九届董事会独立董事，2023年4月17日，原天津银保监局下发《天津银保监局关于郭建鸾任职资格的批复》（津银保监复〔2023〕106号），核准郭建鸾天津信托有限责任公司独立董事的任职资格 2023年7月3日公司召开股东会2023年第2次临时会议，以通信方式通过《关于审议天津信托第九届董事会董事人选的议案》，同意朱大治担任公司第九届董事会董事，2023年9月12日，经国家金融监督管理总局天津监管局下发《国家金融监督管理总局天津监管局关于朱大治任职资格的批复》（津金复〔2023〕55号），核准朱大治天津信托有限责任公司董事的任职资格 2023年12月29日公司召开股东会2023年第6次临时会议，以通信方式审议通过《关于审议〈天津信托第九届董事会董事人选〉的议案》，同意马晨光、陆则敏担任公司第九届董事会独立董事，待取得监管部门核准后履职，目前公司正在向监管部门报送任职资格核准请示
天津信托	否		
外贸信托	是	2	公司2023年第二次股东会议通过决议，同意选举张秋生担任外贸信托独立董事 公司2023年第三次股东会议通过决议，同意选举江南担任外贸信托独立董事 2023年6月28日，原北京银保监局核准张秋生独立董事的任职资格（京银保监复〔2023〕400号）。2023年11月22日，国家金融监督管理总局北京监管局核准江南董事的任职资格（京金监复〔2023〕277号）
万向信托	是	2	2023年12月，邵作民、唐顺良因个人原因不再担任董事
五矿信托	是	2	2023年2月，公司股东会2023年第一次会议选举刘国威先生、肖斌先生、郑宇先生、姜弘先生、陈闽玉女士为第五届董事会董事；选举安秀梅女士、武长海先生、苏治先生为第五届董事会独立董事。公司职工代表大会选举王卓先生为公司第五届董事会职工董事 2023年4月，肖斌先生、郑宇先生发生变动，五矿资本控股有限公司另推荐谢颖女士、周智先生为公司董事，获第五届董事会第五次会议审议通过。公司原董事王晓东先生、樊玉雯女士，原独立董事张成思先生、黄震先生因任期届满不再继续履职，新任董事任职资格已获监管机构核准
西部信托	是	3	2023年4月12日，公司原独立董事田高良向公司递交了辞职信，申请辞去公司独立董事及董事会相关委员会职务 2023年6月9日，公司召开2023年第二次临时股东会会议审议通过了《关于更换公司独立董事的议案》，同意周仁勇为公司新任独立董事，任期与公司第七届董事会保持一致。2023年8月11日，周仁勇任职资格获国家金融监督管理总局陕西监管局核准，正式到任履职 2023年9月26日，公司完成了上述独立董事变更的工商备案登记 2023年12月25日，公司原董事王毛安向公司递交了书面辞呈，申请辞去公司董事及董事会相关委员会职务

续表3

公司简称	是否变更	变更次数	董事变更详情列示
西藏信托	是	1	2023年4月，原董事桑珠因工作调整辞去董事职务 2023年8月，经股东单位西藏自治区投资有限公司提名，经公司2023年第二次临时股东会会议审议通过，经国家金融监督管理总局西藏监管局核准任职资格，德吉央宗同志成为公司第六届董事会董事
兴业信托	是	6	经本公司股东会选举，韩良先生当选为本公司第七届董事会独立董事，在韩良先生独立董事任职资格获得核准之日前由田力先生继续履行独立董事职务。2023年1月，韩良先生经原福建银保监局以闽银保复〔2023〕26号文件核准独立董事任职资格并到任履职，田力先生因任期届满不再担任本公司独立董事职务 2023年3月，本公司董事会收到郭文彤女士的书面辞职函，郭文彤女士因工作调动原因申请辞去本公司第七届董事会董事职务。郭文彤女士的辞职申请自其辞职报告送达本公司董事会时生效。经本公司股东会选举，詹文学先生接替郭文彤女士担任本公司第七届董事会董事职务。2023年6月，詹文学先生经原福建银保监局以闽银保复〔2023〕140号文件核准董事任职资格并到任履职 2023年5月，本公司董事会收到苏文生先生的书面辞职函，苏文生先生根据本公司章程关于董事提名权条款变动情况，申请辞去本公司第七届董事会董事职务。苏文生先生的辞职申请自其辞职报告送达本公司董事会时生效 2023年6月，本公司董事会收到林榕辉先生的书面辞职函，林榕辉先生因工作安排等原因申请辞去本公司第七届董事会董事职务。林榕辉先生的辞职申请自其辞职报告送达本公司董事会时生效。经本公司股东会选举，马大军先生接替林榕辉先生担任本公司第七届董事会董事职务。2023年10月，马大军先生经国家金融监督管理总局福建监管局以闽金复〔2023〕73号文件核准董事任职资格并到任履职。2023年6月，经本公司职工代表大会选举，张获女士当选为本公司第七届董事会职工董事。2023年9月，张获女士经国家金融监督管理总局福建监管局以闽金复〔2023〕43号文件核准董事任职资格并到任履职 2023年6月，鉴于沈艺峰先生因个人健康原因不能履职，经本公司股东会审议通过，沈艺峰先生不再担任本公司第七届董事会独立董事职务。2023年11月，经本公司股东会选举，李成先生当选为本公司第七届董事会独立董事；2023年12月，李成先生经国家金融监督管理总局福建监管局以闽金复〔2023〕138号文件核准独立董事任职资格并到任履职
英大信托	是	1	2023年4月25日，经股东会审议，同意选举李庆锋为公司董事会董事。2023年8月14日，李庆锋经国家金融监督管理总局北京监管局核准任职资格后正式履职，原董事周鹏举不再继续履职
粤财信托	是	1	报告期内，因工作调动需要，公司原董事、总经理骆传朋同志不再担任公司董事、总经理。公司2023年第三次临时股东会选举王麒麟同志为公司董事，公司第六届董事会第二十四次会议选聘王麒麟同志为公司总经理，王麒麟同志的董事、总经理任职资格均于2023年7月获批，王麒麟同志于7月到任公司董事、总经理
云南信托	是	2	2023年9月11日经《国家金融监督管理总局云南监管局关于宋刚任职资格的批复》（云金复〔2023〕41号）核准，宋刚先生正式履行我公司独立董事职务 2023年11月18日经《国家金融监督管理总局云南监管局关于王润稣任职资格的批复》（云金复〔2023〕94号）核准，王润稣先生正式履行我公司董事职务
长城新盛信托	是	3	根据股东长城资产提名，经公司第四十三次（临时）股东会议表决通过，并获新疆监管局任职资格核准，徐永乐任长城信托董事，于2023年3月15日正式履职 根据公司股东天瑞集团提名，经公司第四十二次（临时）股东会审议表决通过，并获新疆监管局任职资格核准，于云江任长城信托董事，于2023年9月8日正式履职 公司原董事段合明因个人原因于2023年12月25日向公司董事会提出辞职，2024年1月10日，经公司股东会第四十八次（临时）会议审议，同意免去段合明公司董事职务
浙金信托	是	1	因刘钊先生辞去公司董事职务，2023年10月13日，公司股东大会选举周智辉先生为公司董事，2024年3月14日，公司收到国家金融监督管理总局浙江监管局《关于周智辉任职资格的批复》（浙金复〔2024〕96号），核准了周智辉先生的公司董事任职资格
中诚信托	是	5	2023年4月26日，公司2022年度股东会审议通过《关于董事会换届选举的议案》，公司第七届董事会董事为李祝用、安国勇、牛成立、杜庆鑫、刘浩、郑础宏、吕海鹏、许跃东、叶林、黎宗剑、刘子刚、张健华、秦桥。金鑫、刘瑞生、李青、王效钉不再担任公司董事 2023年8月8日，取得《国家金融监督管理总局北京监管局关于中诚信托有限责任公司秦桥任职资格的批复》（京金复〔2023〕41号），核准秦桥为中诚信托有限责任公司独立董事 2023年9月25日，取得《国家金融监督管理总局北京监管局关于中诚信托有限责任公司杜庆鑫任职资格的批复》（京金复〔2023〕145号），核准杜庆鑫为中诚信托有限责任公司董事 2024年1月31日，取得《国家金融监督管理总局北京监管局关于中诚信托有限责任公司郑础宏任职资格的批复》（京金复〔2024〕76号），核准郑础宏为中诚信托有限责任公司董事 2024年1月31日，取得《国家金融监督管理总局北京监管局关于中诚信托有限责任公司刘浩任职资格的批复》（京金复〔2024〕78号），核准刘浩为中诚信托有限责任公司董事
中海信托	是	4	（1）3月13日，经公司股东大会2023年第一次临时会议审议通过，同意免去张德荣公司董事职务，并选举卓新桥担任公司董事职务 （2）6月28日，经公司2022年度股东大会审议通过，同意免去徐丹独立董事职务，并选举张天西担任公司独立董事职务 （3）12月1日，经公司第五届董事会第三十三次会议审议通过，同意免去汤全荣公司董事长、董事职务，并选举卓新桥为公司董事长 （4）12月18日，经公司股东大会2023年第三次临时会议审议通过，同意免去汤全荣公司董事职务
中航信托	是	2	12月，周祺先生因工作安排原因不再担任公司董事及董事会专门委员会职务，何唐兵先生担任董事、董事长 2024年3月，贾鸿鹏先生因工作安排原因不再担任公司董事及董事会专门委员会职务，曹海鹏先生担任公司董事
中建投信托	是	3	2023年5月，经公司2023年第二次临时股东大会审议通过，潘鸿任公司独立董事，钱毅不再任公司第二届董事会独立董事 2023年6月，经公司2023年第三次临时股东大会审议通过，冯帆任公司独立董事 2023年8月，经公司2023年第五次临时股东大会审议通过，王晓光任公司董事，王进不再担任公司第二届董事会董事
中粮信托	是	1	公司第四届董事会任期届满，经公司股东会、董事会审议通过，孙彦敏、李德罡、蹇侠、刘燕松、Albert Yu（余俊明）、William Edward Post Bamber（班柏）、柯卡生、陈国钢、潘慧峰担任第五届董事会董事，其中孙彦敏为董事长。William Edward Post Bamber董事任职资格于2023年8月获得国家金融监督管理总局北京监管局核准

续表4

公司简称	是否变更	变更次数	董事变更详情列示
中泰信托	是	1	报告期内，董事穆瞳女士因个人原因向董事会提出辞职。经公司董事会、股东会审议通过，穆瞳女士不再担任公司董事
中铁信托	是	1	2023年10月，国家金融监督管理总局四川监管局核准舒军华先生中铁信托有限责任公司职工董事的任职资格，舒军华先生正式履行公司职工董事职责
中信信托	是	6	2023年3月，经公司2023年第一次股东会审议通过，选举刘正均、芦苇、岳学鲲、任霞、俞国容为公司第七届董事会董事，任淮秀、李曙光、陈武朝为公司第七届董事会独立董事，李子民、薄伟康、赵文海、王爱明不再担任公司董事，林义相、徐经长、张宏久不再担任公司独立董事 2023年3月，经公司第六届董事会第八十七次会议审议通过，选举芦苇担任公司副董事长，免去李子民公司副董事长职务 2023年6月，芦苇的董事、副董事长任职资格获原北京银保监局核准 2023年7月，任淮秀、李曙光、陈武朝的独立董事任职资格获国家金融监督管理总局北京监管局核准 2023年9月，岳学鲲、任霞的董事任职资格获国家金融监督管理总局北京监管局核准 2023年10月，经公司第七届董事会第一次会议审议通过，组建新一届董事会专门委员会
中原信托	是	2	2023年12月，公司股东会选举徐步林担任公司董事会独立董事。2024年2月，国家金融监督管理总局河南监管局核准其董事资格 2023年12月，因到龄退休，经公司股东会、职工代表大会和董事会审议，崔泽军不再担任公司职工董事兼职位董事和公司总经理职务
重庆信托	是	2	报告期内，魏伟先生、刘蓉女士因工作原因申请辞去公司董事职务，公司股东大会选举范良先生、李丹女士为公司第三届董事会董事，范良先生、李丹女士的任职资格已于2023年9月经监管部门核准，魏伟先生、刘蓉女士不再担任公司董事 报告期内，袁小彬先生因个人原因申请辞去公司独立董事职务。2024年1月，张旗女士因个人原因申请辞去公司独立董事职务，公司股东大会选举吕益民先生、徐炜先生为公司第三届董事会独立董事，吕益民先生、徐炜先生的任职资格已于2024年4月经监管部门核准，张旗女士不再担任公司独立董事
紫金信托	是	2	2023年8月7日，公司第二届职工代表大会第一次会议选举李薇为公司职工董事，高晓俊不再担任公司职工董事。2023年11月21日，李薇董事任职资格获国家金融监督管理总局江苏监管局核准（苏金复〔2023〕153号） 2023年8月25日，公司2023年度股东会第二次临时会议审议通过《关于选举公司董事的议案》，选举高晓俊为公司董事，胡苏迪不再担任公司董事；第四届董事会第八次会议审议通过《关于选举公司董事长的议案》，选举高晓俊为公司董事长，陈峥不再担任公司董事长职务。11月14日，高晓俊董事长任职资格获国家金融监督管理总局江苏监管局核准（苏金复〔2023〕90号）

注：本年度有9家信托公司尚未披露年报，故未在本表中披露相关数据。

2.董事构成分析

已披露年报的59家信托公司2023年末董事会人员合计486人，其中男性占比85.80%，是女性人数的6.04倍，有14家公司没有女性董事（见表7-1-3）。

表7-1-3　　已披露年报的59家信托公司2023年末董事会人员性别构成分析

公司简称	董事会成员人数（人）	其中男性人数（人）	男性人数比例（%）	其中女性人数（人）	女性人数比例（%）
爱建信托	7	6	85.71	1	14.29
百瑞信托	11	10	90.91	1	9.09
北方信托	7	5	71.43	2	28.57
渤海信托	7	7	100.00	—	—
大业信托	9	7	77.78	2	22.22
东莞信托	6	6	100.00		
光大兴陇信托	9	7	77.78	2	22.22
国联信托	8	8	100.00	—	—
国民信托	7	6	85.71	1	14.29
国通信托	4	3	75.00	1	25.00
国投泰康信托	9	6	66.67	3	33.33
国元信托	9	6	66.67	3	33.33
杭州工商信托	8	7	87.50	1	12.50
湖南信托	7	6	85.71	1	14.29
华澳信托	5	5	100.00	—	—
华宝信托	9	8	88.89	1	11.11
华宸信托	8	7	87.50	1	12.50

续表1

公司简称	董事会成员人数(人)	其中男性人数(人)	男性人数比例(%)	其中女性人数(人)	女性人数比例(%)
华能信托	8	3	37.50	5	62.50
华融信托	8	7	87.50	1	12.50
华润信托	10	9	90.00	1	10.00
华鑫信托	6	3	50.00	3	50.00
吉林信托	5	4	80.00	1	20.00
建信信托	8	6	75.00	2	25.00
建元信托	8	8	100.00	—	—
江苏信托	9	8	88.89	1	11.11
交银国际信托	9	9	100.00	—	—
金谷信托	8	7	87.50	1	12.50
昆仑信托	9	9	100.00	—	—
陆家嘴信托	7	4	57.14	3	42.86
平安信托	10	9	90.00	1	10.00
厦门国际信托	9	8	88.89	1	11.11
山东国信	8	6	75.00	2	25.00
山西信托	6	4	66.67	2	33.33
陕国投	8	7	87.50	1	12.50
上海信托	9	8	88.89	1	11.11
苏州信托	8	7	87.50	1	12.50
天津信托	9	9	100.00	—	—
外贸信托	8	6	75.00	2	25.00
万向信托	9	9	100.00	—	—
五矿信托	9	6	66.67	3	33.33
西部信托	8	6	75.00	2	25.00
西藏信托	8	7	87.50	1	12.50
兴业信托	9	8	88.89	1	11.11
英大信托	9	8	88.89	1	11.11
粤财信托	7	6	85.71	1	14.29
云南信托	9	8	88.89	1	11.11
长城新盛信托	7	7	100.00	—	—
浙金信托	9	8	88.89	1	11.11
中诚信托	13	13	100.00	—	—
中海信托	8	7	87.50	1	12.50
中航信托	7	7	100.00	—	—
中建投信托	8	7	87.50	1	12.50
中粮信托	9	9	100.00	—	—
中泰信托	8	8	100.00	—	—
中铁信托	9	8	88.89	1	11.11
中信信托	8	7	87.50	1	12.50
中原信托	10	9	90.00	1	10.00

续表2

公司简称	董事会成员人数（人）	其中男性人数（人）	男性人数比例（%）	其中女性人数（人）	女性人数比例（%）
重庆信托	13	12	92.31	1	7.69
紫金信托	9	6	66.67	3	33.33
合计	486	417	85.80	69	14.20
平均	8.24	7.07	—	1.17	—

注：本年度有9家信托公司尚未披露年报，故未在本表中披露相关数据。

59家已披露年报的信托公司2023年末董事会成员年龄在40岁及以上的有467人，占全部总人数的96.09%，没有20岁以下的董事成员；董事的平均年龄为53.17岁（见表7-1-4）。

表7-1-4　　　　　　　　　已披露的信托公司2023年末董事会人员年龄构成分析

公司简称	董事会成员人数（人）	其中30~39岁人数（人）	30~39岁人数比例（%）	其中40岁及以上人数（人）	40岁及以上人数比例（%）	董事的平均年龄（岁）
爱建信托	7	—	—	7	100.00	56.29
百瑞信托	11	—	—	11	100.00	50.00
北方信托	7	—	—	7	100.00	54.71
渤海信托	7	1	14.29	6	85.71	50.14
大业信托	9	2	22.22	7	77.78	50.11
东莞信托	6	—	—	6	100.00	55.00
光大兴陇信托	9	—	—	9	100.00	54.11
国联信托	8	—	—	8	100.00	53.25
国民信托	7	—	—	7	100.00	56.57
国通信托	4	—	—	4	100.00	55.75
国投泰康信托	9	—	—	9	100.00	52.89
国元信托	9	2	22.22	7	77.78	49.00
杭州工商信托	8	—	—	8	100.00	47.00
湖南信托	7	1	14.29	6	85.71	53.57
华澳信托	5	—	—	5	100.00	59.20
华宝信托	9	—	—	9	100.00	54.00
华宸信托	8	1	12.50	7	87.50	48.75
华能信托	8	1	12.50	7	87.50	52.63
华融信托	8	—	—	8	100.00	55.63
华润信托	10	—	—	10	100.00	53.80
华鑫信托	6	—	—	6	100.00	54.33
吉林信托	5	—	—	5	100.00	62.60
建信信托	8	—	—	8	100.00	55.00
建元信托	8	—	—	8	100.00	55.13
江苏信托	9	—	—	9	100.00	53.56
交银国际信托	9	—	—	9	100.00	52.00
金谷信托	8	—	—	8	100.00	53.63
昆仑信托	9	1	11.11	8	88.89	52.56
陆家嘴信托	7	1	14.29	6	85.71	49.29
平安信托	10	—	—	10	100.00	55.70
厦门国际信托	9	2	22.22	7	77.78	48.33

续表

公司简称	董事会成员人数（人）	其中30~39岁人数（人）	30~39岁人数比例（%）	其中40岁及以上人数（人）	40岁及以上人数比例（%）	董事的平均年龄（岁）
山东国信	8	—	—	8	100.00	50.00
山西信托	6	—	—	6	100.00	50.83
陕国投	8	—	—	8	100.00	56.00
上海信托	9	—	—	9	100.00	49.89
苏州信托	8	—	—	8	100.00	61.50
天津信托	9	—	—	9	100.00	50.78
外贸信托	8	—	—	8	100.00	51.25
万向信托	9	1	11.11	8	88.89	58.11
五矿信托	9	1	11.11	8	88.89	49.22
西部信托	8	2	25.00	6	75.00	49.00
西藏信托	8	1	12.50	7	87.50	44.13
兴业信托	9	—	—	9	100.00	53.78
英大信托	9	—	—	9	100.00	53.00
粤财信托	7	—	—	7	100.00	52.86
云南信托	9	—	—	9	100.00	48.44
长城新盛信托	7	1	14.29	6	85.71	52.14
浙金信托	9	—	—	9	100.00	51.78
中诚信托	13	—	—	13	100.00	55.31
中海信托	8	1	12.50	7	87.50	55.13
中航信托	7	—	—	7	100.00	50.43
中建投信托	8	—	—	8	100.00	53.63
中粮信托	9	—	—	9	100.00	55.44
中泰信托	8	—	—	8	100.00	58.25
中铁信托	9	—	—	9	100.00	54.44
中信信托	8	—	—	8	100.00	56.75
中原信托	10	—	—	10	100.00	53.80
重庆信托	13	—	—	13	100.00	59.62
紫金信托	9	—	—	9	100.00	51.22
合计	486	19	3.91	467	96.09	53.17

注：本年度有9家信托公司尚未披露年报，故未在本表中披露相关数据。

3.董事会下设机构情况分析

经统计，已披露年报的59家信托公司中有58家完整地设置了审计委员会、风险管理委员会和人事薪酬委员会（见表7-1-5）。

表7-1-5　　　　已披露年报的信托公司2023年末董事会下设机构情况分析

公司简称	董事会下是否设置了审计委员会	董事会下是否设置了风险管理委员会	董事会下是否设置了人事薪酬委员会
爱建信托	是	是	是
百瑞信托	是	是	是
北方信托	是	是	是
渤海信托	是	是	是
财信信托	是	是	是

续表1

公司简称	董事会下是否设置了审计委员会	董事会下是否设置了风险管理委员会	董事会下是否设置了人事薪酬委员会
大业信托	是	是	是
东莞信托	是	是	是
光大兴陇信托	是	是	是
国联信托	是	是	是
国民信托	是	是	是
国通信托	是	是	是
国投泰康信托	是	是	是
国元信托	是	是	是
杭州工商信托	是	是	是
华澳信托	是	是	是
华宝信托	是	是	是
华宸信托	是	是	是
华能信托	是	是	是
华融信托	是	是	是
华润信托	是	是	是
华鑫信托	是	是	是
吉林信托	是	是	是
建信信托	是	是	是
建元信托	是	是	是
江苏信托	是	是	是
交银国际信托	是	是	是
金谷信托	是	是	是
昆仑信托	是	是	是
陆家嘴信托	是	是	是
平安信托	是	是	是
厦门国际信托	是	是	是
山东国信	是	是	是
山西信托	是	是	是
陕国投	是	是	是
上海信托	是	是	是
苏州信托	是	是	是
天津信托	是	是	是
外贸信托	是	是	是
万向信托	是	是	否
五矿信托	是	是	是
西部信托	是	是	是
西藏信托	是	是	是
兴业信托	是	是	是
英大信托	是	是	是
粤财信托	是	是	是

续表2

公司简称	董事会下是否设置了审计委员会	董事会下是否设置了风险管理委员会	董事会下是否设置了人事薪酬委员会
云南信托	是	是	是
长城新盛信托	是	是	是
浙金信托	是	是	是
中诚信托	是	是	是
中海信托	是	是	是
中航信托	是	是	是
中建投信托	是	是	是
中粮信托	是	是	是
中泰信托	是	是	是
中铁信托	是	是	是
中信信托	是	是	是
中原信托	是	是	是
重庆信托	是	是	是
紫金信托	是	是	是

注：本年度有9家信托公司尚未披露年报，故未在本表中披露相关数据。

按照原银保监会的信息披露要求，信托公司应当披露董事会下设机构的年度会议情况。经统计，在已披露年报的59家信托公司中，有15家未作任何披露，见表7-1-6。

表7-1-6　　　已披露年报的59家信托公司2023年董事会下设委员会开会情况　　　单位：次

公司简称	年度董事会下审计委员会会议次数	年度董事会下风险管理委员会会议次数	年度董事会下人事薪酬委员会会议次数
爱建信托	2	2	1
百瑞信托	未披露	未披露	未披露
北方信托	3	3	2
渤海信托	4	4	4
大业信托	4	1	1
东莞信托	8	2	6
光大兴陇信托	7	2	3
国联信托	未披露	未披露	未披露
国民信托	共21次		
国通信托	未披露	未披露	未披露
国投泰康信托	2	2	2
国元信托	未披露	未披露	未披露
杭州工商信托	6	7	5
湖南信托	8	8	3
华澳信托	未披露	未披露	未披露
华宝信托	5	5	3
华宸信托	3	8	2
华能信托	未披露	未披露	未披露
华融信托	2	2	1
华润信托	未披露	未披露	未披露

续表

公司简称	年度董事会下审计委员会会议次数	年度董事会下风险管理委员会会议次数	年度董事会下人事薪酬委员会会议次数
华鑫信托	未披露	未披露	未披露
吉林信托	4	1	2
建信信托	5	5	2
建元信托	7	7	2
江苏信托	6	3	2
交银国际信托	未披露	未披露	未披露
金谷信托	6	6	4
昆仑信托	1	1	1
陆家嘴信托	2	4	5
平安信托	2	3	4
厦门国际信托	3	3	2
山东国信	4	3	7
山西信托	5	5	1
陕国投	16	8	4
上海信托	5	3	5
苏州信托	3	13	4
天津信托	2	2	2
外贸信托	4	5	3
万向信托	3	3	—
五矿信托	11	7	6
西部信托	4	3	4
西藏信托	7	2	3
兴业信托	8	8	6
英大信托	3	5	2
粤财信托	5	4	5
云南信托	6	17	3
长城新盛信托	未披露	未披露	未披露
浙金信托	未披露	未披露	未披露
中诚信托	3	4	4
中海信托	未披露	未披露	未披露
中航信托	未披露	未披露	未披露
中建投信托	4	4	2
中粮信托	未披露	未披露	未披露
中泰信托	未披露	未披露	未披露
中铁信托	7	7	5
中信信托	7	3	4
中原信托	2	3	未披露
重庆信托	未披露	未披露	未披露
紫金信托	2	4	3

注：本年度有9家信托公司尚未披露年报，故未在本表中披露相关数据。

经统计，已披露年报的59家信托公司都在董事会下设了审计委员会，58家信托公司对审计委员会的职能作了披露（见表7-1-7）。审计委员会的平均设置人数为3.28人。

表7-1-7　已披露年报的信托公司2023年末董事会下设审计委员会情况分析

公司简称	是否设置	委员会人数（人）	审计委员会职能
爱建信托	是	3	（1）审核内部审计章程等重要制度和报告，审批审计规划和年度审计计划，指导、考核和评价内部审计工作 （2）定期审阅外部审计报告，并与外部审计机构举行双方会谈，就审计情况进行充分沟通 （3）负责关联交易管理、审查和风险控制，重点关注关联交易的合规性、公允性和必要性 （4）对重大关联交易事项进行审查并提交董事会批准 （5）董事会授权的其他事宜
百瑞信托	是	4	审议公司一般关联交易业务与重大关联交易业务开展及非业务事项关联交易；审查公司年度报告；聘请或解聘年度财务报表外部审计机构；审议公司内部控制的健全性和有效性报告；审议公司内部审计报告及年度审计报告；检查会计政策、财务报告程序和财务状况；监督公司内部审计和外部审计中发现的问题及整改情况；审议审计、关联交易管理相关制度、政策；其他应当审议的事项
北方信托	是	3	代表董事会对公司运作和经营活动中的风险进行监督、控制和管理，对公司经营活动行使审计评价和监督职能，是公司经营风险的防范与控制机构，也是对公司内、外部审计和内控活动进行监督、核查的机构
渤海信托	是	3	主要负责检查公司风险及合规状况、会计政策、财务报告程序和财务状况；负责公司年度审计工作，提出外部审计机构的聘请与更换建议，并就审计后的财务报告信息真实性、准确性、完整性和及时性作出判断性报告，提交董事会审议；监督高级管理层关于信用风险、流动性风险、市场风险、操作风险、合规风险和声誉风险等风险的控制情况，对公司风险政策、管理状况及风险承受能力进行定期评估，提出完善风险管理和内部控制的意见
大业信托	是	3	主要对公司的内部审计制度进行评价，对内部审计工作进行核查
东莞信托	是	3	主要负责董事会要求的审计事项，监督公司的内部审计制度及其实施，审查公司内控制度
光大兴陇信托	是	3	负责检查、监督公司内部控制及实施，并提出完善内部控制的意见；负责检查监督公司内部审计工作、内审审计制度及实施；负责对公司重大关联交易进行审计等
国联信托	是	3	审查和监督公司风险管理政策、制度，并对其执行情况进行评价
国民信托	是	3	负责公司重大的会计和审计事项；协助董事会对财务报告提供独立审阅及监察意见，并监察外聘审计师是否独立客观及审计程序是否有效；监察公司业绩表现，包括财务报表、账目及正式公告的完整性、准确性等董事会授予的职责
国通信托	是	未披露	负责确定公司风险管理的总体目标、风险偏好、风险承受度、风险管理策略和重大风险管理解决方案，检查公司内部控制制度的制定、完善及执行及董事会授予的其他职责
国投泰康信托	是	3	（1）审议公司内部审计报告 （2）审议公司年度风险管理报告 （3）审议公司年度案件防控报告和反洗钱报告 （4）负责公司关联交易的管理，及时审查和批准需提交董事会审议的关联交易，控制关联交易风险 （5）委托外部审计机构，公司内、外部审计的沟通、监督和核查工作 （6）对公司内控机制和风险管理方面存在的问题进行评价、分析 （7）有权向董事会提交内部控制、审计、风险管理、关联交易管理方面的议案 （8）推进公司法治建设，提出指导意见和建议 （9）董事会授予的其他职责
国元信托	是	3	负责检查公司风险及合规状况、会计政策、财务报告程序和财务状况；负责公司年度审计工作，提出外部审计机构的聘请与更换建议，并就审计后的财务报告信息真实性、准确性、完整性和及时性作出判断性报告，提交董事会审议
杭州工商信托	是	3	审议公司的合规与风险管理构架、风险战略和合规与风险管理基本政策，并提请董事会批准；研究宏观国家经济金融政策、分析市场变化，提出有效执行的实施建议和行业风险管理建议，研究公司风险约束指标体系；监督公司对国家金融方针、政策、法规及各项业务规章的执行情况，对公司管理内控薄弱环节和存在问题提出改进意见，并要求及时进行纠正；研究公司发展战略、风险管理体系，审阅有关风险管理报告、科技信息及数据治理报告、合规（包括合规、反洗钱、案防、舆情等合规相关事项）报告及相关计划，了解公司合规与风险管理决策体系的有效性，指导公司的合规与风险管理工作；提出改进合规与风险管理的组织架构、控制程序、风险处置等决策建议，完善公司合规与风险管理和内部控制；对战略规划的实施过程进行监督和评估，对公司高级管理层在业务、经营、操作等方面的风险控制及管理情况进行监督；督促高级管理层定期对公司固有财产和信托财产的风险状况进行评估，并采取必要的措施有效识别、监测和控制、防范风险；审议公司总裁提议审核的公司推出拟议的创新产品；审阅公司经营管理中重大风险事件的预警预控、应急预案；协助董事会对关联交易实施监督管理；组织对公司重大经营风险事件的风险评估工作，审议高级管理层提交的重大突发事件、重大风险的解决方案；董事会授权的其他事宜
湖南信托	是	3	研究提出公司风险控制的总体目标、风险偏好、风险承受度、风险控制策略和重大风险控制解决方案；对公司信托业务和自营业务的风险控制和合规管理进行监督；对公司自有财产和受托资产的风险状况进行定期评估；对公司关联交易业务风险进行评估；对公司信息披露的真实性、准确性、完整性和合规性进行监督；提出完善公司风险控制和内部控制的建议；监督公司内部审计制度及其实施；审核公司的财务信息及其披露；提议聘请或更换外部审计机构；董事会授予的其他职责

续表1

公司简称	是否设置	委员会人数（人）	审计委员会职能
华澳信托	是	3	（1）根据国家金融政策、市场情况和公司发展方向，制定重点业务管理及经营风险的防范与控制措施 （2）负责督促公司依法履行董事会赋予的职责，对公司执行经董事会批准的年度经营计划的过程及结果进行监督和审计 （3）对公司合规、合法运营进行审计和监督 （4）对会计报表、会计账目及相关材料进行审计，审查财务收支的真实性、合法性、效益性 （5）审议董事会不时要求的其他事项 （6）评估审计报告中所提出的相关问题以及行动建议 （7）审批审计工作计划 （8）评估审计团队的工作表现 （9）参与评估审计稽核部的工作绩效 （10）审核公司的重大关联交易 （11）对公司关联交易情况进行监督检查 （12）审议执行委员会不时请求的其他事项
华宝信托	是	5	董事会风险管理和审计委员会是董事会设立的专门工作机构，主要负责公司合规和风险管理、监督和评估；公司内、外部审计的沟通、监督和核查工作
华宸信托	是	3	（1）定期听取内审部门工作情况，监督、检查、指导公司内部审计工作 （2）根据工作需要，组织开展重大、专项审计 （3）负责对公司财务预算方案、决算方案、固定资产支出预算方案、利润分配方案和弥补亏损方案进行初审 （4）负责对聘用或更换外部审计机构提出建议 （5）负责审查公司内部控制，监督内部控制的有效实施和内部控制自我评价情况，协调内部控制审计及其他相关事宜等 （6）修订公司关联交易管理办法，报经董事会和股东大会批准后实施 （7）按照法律、监管法规的规定对关联交易的种类进行界定，并确定审批程序和标准等内容 （8）确认公司的关联方，向董事会和监事会报告，并及时向公司公布所确认的关联方 （9）审核需提交给董事会或股东会审议的关联交易事项 （10）监督公司的关联交易活动，定期向董事会报告公司关联交易总体状况、风险程度、结构分布、控制措施及工作建议等，按年度分别向董事会、股东大会做好公司关联交易及其管理情况的总体报告 （11）根据董事会授权，需要履行的其他职责
华能信托	是	3	拟定公司风险管理政策和重大风险管理解决方案；审议公司风险管理组织机构设置及其职责；定期审查公司风险管理、合规管理、内部审计工作报告，就完善内部控制向董事会提出建议；董事会授予的其他职责
华融信托	是	3	监督董事会决议的执行情况；检查公司内部控制制度执行和风险管理制度落实情况；提议聘请或更换外部审计机构；检查公司内部审计工作，监督公司内部审计制度完善及其实施，对内部审计部门的工作程序和工作效果进行评价；督促公司确保内部审计的有效履职，并协调内部审计与外部审计之间的沟通，与外部审计讨论由审计师提交审计委员会注意的影响单位效益的年度报表或其他事项；审核公司的财务信息及其披露；在公司重大财务问题的处理上提出独立的意见；在报请董事长批准后，审计委员会可直接组织实施专门、专项审计；对审计负责人任职进行初审；向董事会汇报其决定、建议；公司董事会授权的其他事宜
华润信托	是	3	负责检查公司财务报告；监督公司内部审计制度及其实施，批准授权范围内的关联交易事项；评估公司内控制度健全性及关联交易情况；审核公司财务信息及其披露，检查、监督公司关联交易管理情况；批准公司内部审计部门负责人的任免；提出外部审计机构的聘请与更换建议
华鑫信托	是	3	负责内、外部审计的沟通、监督和核查工作以及重大关联交易的审核
吉林信托	是	3	负责批准公司内部审计制度、中长期审计规划和年度工作计划，监督公司的内部审计基本制度及其实施及内部审计与外部审计之间的沟通
建信信托	是	3	（1）向董事会提议聘请或更换外部审计机构；（2）监督公司的内部审计制度的制定及其实施；（3）负责内部审计与外部审计之间的沟通；（4）审核公司的各项相关业务信息及其披露；（5）评价公司的内控制度；（6）监督监管机构及其他外部部门对公司提出意见的整改，并向董事会报告；（7）董事会授予的其他职责
建元信托	是	3	未披露
江苏信托	是	3	对聘请或更换外部审计机构提出建议；监督公司内部审计制度及其实施；负责公司内部审计与外部审计之间的沟通；审核公司财务信息及其披露
交银国际信托	是	3	研究和拟定公司风险管理战略及总体政策；研究和拟定公司合规管理战略及总体政策；对公司信用、市场、操作等风险管理情况以及关联交易、授权管理、合规管理情况进行监督；对公司风险管理状况、风险承受能力及水平进行评估；定期审阅反洗钱工作报告，及时了解重大洗钱风险事件及处理情况等
金谷信托	是	3	负责公司的风险控制、管理、监督和评估以及公司内外部审计的沟通、监督和核查等工作
昆仑信托	是	3	检查内部审计监督部门职责要求、目标及有关的审计监督政策；监督公司内部审计质量与财务信息披露；检查公司风险及合规状况；负责公司年度审计工作
陆家嘴信托	是	3	监督公司内部审计制度及其实施；负责内部审计与外部审计之间的沟通；审核公司的财务信息及其披露；提议聘请或更换外部审计机构；董事会授予的其他职责
平安信托	是	3	检查内部审计监督部门职责要求、目标及有关的审计监督政策；监督公司内部审计质量与财务信息披露；检查公司风险及合规状况；负责公司年度审计工作

续表2

公司简称	是否设置	委员会人数（人）	审计委员会职能
厦门国际信托	是	3	提议聘请和更换外部审计机构；审批审计部提交的年度审计工作计划；每季度听取并审议审计部的工作报告；审批审计部提交的年度审计工作报告；审议批准公司案防工作总体政策，推动案防体系建设；明确高级管理层有关案防职责及权限，确保高级管理层采取必要措施有效监测、预警和处置案件风险；提出案防工作整体要求，审议案防工作报告；考核评估公司案防工作有效性；确保内审稽核对案防工作进行有效审查和监督；定期审阅反洗钱工作报告，并及时了解重大洗钱风险事件及处理情况；向董事会提交反洗钱工作有关报告与洗钱风险管理有关意见
山东国信	是	3	（1）就外聘审计师的委任、重新委任及罢免撤换向董事会提供建议，批准外聘审计师的薪酬及聘用条款，及处理任何有关该审计师辞职或辞退该审计师的问题 （2）按适用的标准检讨及监察外聘审计师是否独立客观及审计程序是否有效；审计委员会应于审计工作开始前先与审计师讨论审计性质、范畴及有关申报责任 （3）就外聘审计师提供非审计服务制定政策，并予以执行。就此规定而言，外聘审计师包括与负责审计的公司处于同一控制权、所有权或管理权之下的任何机构，或一个合理知悉所有有关资料的第三方，在合理情况下会断定该机构属于该负责审计的公司的本土或国际业务的一部分的任何机构。审计委员会应就其认为必须采取的行动或改善的事项向董事会报告，并提出建议 （4）监察公司的财务报表及公司年度报告及账目、半年度报告及（若拟刊发）季度报告的完整性、准确性及公正性，并审阅报表及报告所载有关财务申报的重大意见。审计委员会在向董事会提交财务报表及公司年度报告及账目、半年度报告及（若拟刊发）季度报告前对有关报表及报告作出审阅时，应特别针对下列事项： ①会计政策及实务的任何更改；②涉及重要判断的事项；③因审计而出现的重大调整；④企业持续经营的假设及任何保留意见；⑤是否遵守会计准则；及⑥是否遵守有关财务申报的上市规则及其他法律规定 （5）就上述（4）项而言：①审计委员会委员须与公司的董事会及高级管理人员联络。审计委员会应至少每年与公司的外聘审计师召开两次会议；及②审计委员会应考虑到该等报告及帐目中所反映或需反映的任何重大或不寻常事项，并须适当考虑任何由公司的属下会计及财务汇报职员、监察主任或审计师提出的事项 （6）检讨公司的财务监控，以及（除非另设的董事会辖下风险控制审计委员会又或董事会本身会明确处理）检讨公司的风险管理及内部监控系统 （7）与管理层讨论风险管理及内部监控系统，确保管理层已履行职责建立及维持有效的系统。讨论内容应包括考虑公司在会计及财务汇报职能方面的资源、员工资历及经验是否足够以及其所接受的培训课程和有关预算是否充足 （8）主动或应董事会的委派，就有关风险管理及内部监控事宜的重要调查结果及管理层对调查结果的响应进行研究 （9）须确保内部及外聘审计师的工作得到协调，也须确保内部审核功能在公司内部有足够资源运作，并且有适当的地位；以及审查及监察内部审核功能是否有效 （10）检讨集团的财务及会计政策及实务 （11）检查外聘审计师给予管理层的审核情况说明函件、审计师就会计纪录、财务账目或监控制度向管理层提出的任何重大疑问及管理层作出的响应 （12）确保董事会及时响应于外聘审计师给予管理层的审核情况说明函中提出的事宜 （13）就上市规则的附录十四标题为"审核审计委员会"内所载的事宜向董事会汇报 （14）审计委员会应处理以下事项：①检讨公司有设定如下安排：公司雇员可暗中就财务汇报、内部监控或其他方面可能发生的不正当行为提出关注。审计委员会应确保有适当安排，让公司对此等事宜作出公平独立的调查及采取适当行动；②审计委员会应制定举报政策及系统，让雇员及其他与公司有往来的人士可暗中向审计委员会提出其对任何可能关于公司的不正当行为的关注 （15）担任公司与外聘审计师之间的主要代表，负责监察二者之间的关系 （16）公司董事会授权的其他事宜
山西信托	是	7	审定公司风险管理的原则和政策，推动案防管理体系建设。在授权范围内，对公司重大事项的风险进行评审，检查、指导公司日常风险管理、案防工作；审定公司内部审计计划，监督公司财务运行，提议聘请或更换外部审计机构
陕国投	是	5	风险管理与审计委员会的主要职责：（1）向董事会提交公司全面风险管理年度报告。（2）确定公司风险管理的总体目标、风险偏好、风险承受度、风险管理策略和重大风险管理解决方案。（3）为董事会督导公司风险管理文化建设提供建议。（4）审批重大风险管理政策和程序。（5）审议公司风险管理组织机构设置及其职责。（6）提出完善公司风险管理和内部控制的建议。（7）审批公司拟开展的以下活动：①设立新机构；②从事重大收购和投资；③开发新产品、对现有产品进行重大改动、拓展新的业务领域等金融创新。（8）对公司自有财产和信托财产的风险状况进行定期评估。（9）对公司信托业务和自营业务的风险控制及管理情况进行监督。（10）对公司信息披露的真实、准确、完整和合规性等进行监督；审批全面风险和各类重要风险的信息披露。（11）监督公司内审计制度及其实施。（12）负责内部审计与外部审计之间的沟通。（13）审核公司的财务信息及其披露。（14）提议聘请或更换外部审计机构。（15）审议批准案防工作总体政策，推动案防管理体系建设；明确高级管理层有关案防职责及权限，确保高级管理层采取必要措施有效监测、预警和处置案件风险；提出案防工作整体要求，审议案防工作报告；考核评估本机构案防工作有效性；确保内审稽核对案防工作进行有效审查和监督。（16）风险管理和监察审计部每季度应制定下一季度履职计划，经董事会办公室报董事长审定。（17）董事会安排的事宜及相关法律法规中涉及的其他事项 风险管理与审计委员会在年度报告工作中的特别职责：（1）应当与会计师事务所协商确定年度财务报告审计工作的时间安排。（2）督促会计师事务所在约定时限内提交审计报告，并以书面意见形式记录督促的方式、次数和结果以及相关负责人的确认签字。（3）应在年审注册会计师进场前审阅公司编制的财务会计报表，形成书面意见。（4）在年审注册会计师进场后加强与年审注册会计师的沟通，在年审注册会计师出具初步审计意见后再一次审阅公司财务会计报表，形成书面意见。（5）应对年度财务会计报表进行表决，形成决议后提交董事会审核。（6）应当向董事会提交会计师事务所从事本年度公司审计工作的总结报告。（7）应当向董事会提交下年度续聘或改聘会计师事务所的决议
上海信托	是	3	监督公司的内部审计制度实施；负责内部审计与外部审计之间的沟通；审核公司的财务信息及其披露；对重大关联交易进行审计；提议聘请或更换外部审计机构；董事会授权的其他事宜

续表3

公司简称	是否设置	委员会人数（人）	审计委员会职能
苏州信托	是	5	负责公司与外部审计的沟通及对其的监督核查、对内部审计的监管，以及评估、分析公司内控机制和风险管理方面存在的问题
天津信托	是	2	负责对公司内、外部审计和信息披露以及重大关联交易进行监督和审查
外贸信托	是	2	负责内部及外部审计工作，对公司内部控制管理工作进行监督，核查财务信息披露等
万向信托	是	3	确定公司风险管理的总体目标、风险偏好、风险承受度、风险管理策略和重大风险管理解决方案；评估公司关联交易业务风险；监督公司信托业务和自营业务的风险控制和管理；监督公司信息披露的真实性、准确性、完整性和合规性；提出完善公司风险管理和内部控制及内部审计实施的建议等
五矿信托	是	3	主要负责拟定公司风险管理政策和重大风险管理解决方案，督促公司各项业务的合规、合法运作，以防范和控制业务风险
西部信托	是	3	对管理层的经营情况、内控制度的制定和执行情况的监督检查
西藏信托	是	3	监督、审核公司内部审计制度及其实施、信息披露、财务信息；负责内部审计与外部审计之间的沟通；提议聘请或更换外部审计机构等
兴业信托	是	5	主要负责本公司审计与风险的控制、管理、评估和监督，同时负责本公司内、外部审计的沟通、监督和核查工作以及重大关联交易的审核
英大信托	是	3	负责检查风险及合规状况、会计政策、财务状况，审核内部审计管理制度、财务信息及披露，监督公司内、外部审计工作，提出审计工作改进意见
粤财信托	是	3	审核内部审计章程等重要制度和审计工作报告；审批中长期审计规划和年度审计计划；监督审计基本管理制度、规章、规划和计划的执行；指导、考核和评价内部审计工作；提议聘请或者解聘外部审计机构；协调内部审计部门与外部审计机构之间的沟通；董事会授权或者交办的其他事宜
云南信托	是	3	监督公司的内部审计制度及其实施
长城新盛信托	是	3	（1）经董事会授权，审核内部审计章程等重要制度和报告 （2）选聘公司年度审计所需的会计师事务所，如财政部、银保监会等有关部门有特殊规定的从其规定 （3）审批公司年度内部审计计划，指导、考核和评价内部审计工作 （4）审查公司内控制度，监督、检查内部控制制度的建立、健全与执行情况 （5）董事会授权的其他职权
浙金信托	是	3	负责检查公司风险及合规状况、会计政策、财务报告程序和财务状况；审核、评议公司年度审计工作计划，指导内部审计工作，负责对公司内部审计制度的有效性及其执行情况进行监督；负责内部审计与外部审计之间的沟通与协调；提议聘请或更换外部审计机构，并就审计后的财务报告信息真实性、准确性、完整性及时性作出判断性报告，提交董事会审议；董事会授权的其他事宜
中诚信托	是	3	（1）对聘请或更换外部审计机构提出建议 （2）审议评价公司的内部审计制度，并对其执行情况进行检查 （3）审议评价公司重要的会计及财务政策并提出意见和建议 （4）审议评价公司的财务报告及其信息披露状况 （5）必要时对公司经营活动提出专项审计建议 （6）审议公司内部重大违反财经纪律的事项，并提出处理建议 （7）公司董事会授权的其他相关事项
中海信托	是	3	指导公司内部控制体系建设；提议聘请或更换外部审计机构；监督公司的内部审计制度及其实施；负责内部审计与外部审计之间的沟通；审核公司的财务信息及其披露；审查内控制度；对公司内部审计机构负责人的任免提出意见等
中航信托	是	2	负责监督公司内、外部审计工作
中建投信托	是	3	（1）根据公司发展战略，制订、审核风险管理工作规划，评价公司战略目标和经营计划所涉及的风险因素，并向董事会提出建议；（2）定期审核、评议公司风险管理政策，促进风险管理政策的合法合规和及时有效；（3）从风险控制角度，监督公司各项规章制度的执行情况，并对公司重大经营决策进行风险监测和评价；（4）审阅公司风险管理工作报告，对风险管理工作提出改善意见和建议；（5）审核、批准公司的风险控制流程与风险计量模型和方法的监测、调整等相关工作；（6）审核、评议公司年度审计工作规划；（7）负责对公司内部审计制度的有效性及其执行情况进行监督；（8）负责内部审计与外部审计之间的沟通与协调；（9）对公司关联交易业务风险进行评估，对重大关联交易事项进行审查并提交董事会审议；（10）提议聘请或更换外部审计机构；（11）董事会授权的其他事宜
中粮信托	是	3	（1）制定、审核、批准公司的风险管理和内部控制的政策、程序并报请董事会审议；（2）对公司信托业务、自营业务及其他业务的风险控制及风险管理政策、程序、执行情况进行监督；（3）对公司固有财产和信托财产的风险状况进行定期评估；（4）对公司合规风控部、审计部的工作程序和工作效果进行评议；（5）提议聘请或更换外部审计机构；（6）监督公司的制度建设及其执行情况；（7）监督董事会决议的执行；（8）审核公司的财务信息及其披露；（9）审查公司内控制度；（10）审查公司在遵守反洗钱相关内部政策和规章方面的情况；（11）审查公司消费者权益保护建设及工作情况；（12）按监管规定要求履行案防职责；（13）法律法规、监管规定及公司章程或公司董事会要求或授权的其他职责或事项
中泰信托	是	5	负责公司的风险控制、管理、监督和评估，及公司内外部审计的沟通、监督和核查等工作
中铁信托	是	3	负责公司风险的控制、管理、监督和评估；公司关联交易的审查；公司内、外部审计的监督和核查工作
中信信托	是	3	审核和监督风险控制和内部审计年度计划的制定和执行，评估风险控制和审计结果，并提出改进建议等

续表4

公司简称	是否设置	委员会人数（人）	审计委员会职能
中原信托	是	5	审议公司年度内部审计工作计划，审议聘用或者解聘外部审计机构，监督和指导内部审计工作，监督和审核公司的财务信息，审查公司内控制度的有效性，对重大关联交易进行审计，董事会授予的其他职责
重庆信托	是	5	负责审定公司内部审计制度；负责提议聘请或更换外部审计机构；负责审定公司内部审计部门的年度审计工作计划；负责审定公司内部审计部门提交的年度工作总结；负责批准公司内部审计方案；负责公司内部审计部门负责人的任免；负责研究审定公司内部审计部门报送的审计报告；指导公司内部审计工作，检查、监督公司内部审计实施情况；负责对公司内部审计部门工作成效进行评价；审查评估公司内部控制的健全性和有效性；监督公司业务经营活动的真实性、合法性等
紫金信托	是	3	合法合规性审查；审计工作及审查；财务及内控审查；公司董事会授权的其他事宜

注：本年度有9家信托公司尚未披露年报，故未在本表中披露相关数据。

经统计，59家信托公司在董事会下设了风险管理委员会，其中58家信托公司对董事会下设风险管理委员会的委员人数作了披露，58家信托公司对风险管理委员会的职能作了披露（见表7-1-8）。通过对58家已经披露的风险管理委员会委员人数情况分析可见，风险管理委员会的平均设置人数为3.53人。

表7-1-8 已披露年报的信托公司2023年末董事会下设风险管理委员会情况分析

公司简称	是否设置	风险委员会人数（人）	风险委员会职能
爱建信托	是	3	（1）确定公司风险的总体目标、风险偏好、风险承受度、风险管理策略和重大风险管理解决方案 （2）审议公司风险管理年度报告 （3）对公司信托业务和自营业务的风险、合规控制及管理情况进行监督 （4）审议公司合规管理年度报告，对公司合规风险管理进行日常监督 （5）审议批准案防工作总体政策，推动案防管理体系建设 （6）明确高级管理层有关案防职责及权限，确保高级管理层采取必要措施有效监测、预警和处置案件风险 （7）提出案防工作整体要求，审议案防工作报告 （8）考核评估公司案防工作有效性 （9）确保内审稽核对案防工作进行有效查和监督 （10）提出反洗钱工作整体要求，审议批准反洗钱工作总体政策和审议反洗钱工作报告，考核评估反洗钱工作有效性 （11）审阅公司洗钱和恐怖融资风险自评估报告 （12）董事会授权的其他事宜
百瑞信托	是	4	审议公司年度合规及风险管理政策；审查公司风险偏好和风险承受能力；审议公司全面风险评估报告、合规报告及风险管理报告；审议公司决策的风险评估报告及重大风险解决方案；对风险政策、管理状况及风险承受能力进行定期评估；监督经营层关于信用风险、流动性风险、市场风险、操作风险、合规风险、声誉风险、洗钱风险、案防风险等风险的控制情况；监督、检查公司经营活动的合法合规性；审议风险管理相关制度、政策；其他应当审议的事项。
北方信托	是	3	代表董事会对公司运作和经营活动中的风险进行监督、控制和管理，对公司经营活动行使审计评价和监督职能，是公司经营风险的防范与控制机构，也是对公司内、外部审计和内控活动进行监督、核查的机构
渤海信托	是	3	主要负责检查公司风险及合规状况、会计政策、财务报告程序和财务状况；负责公司年度审计工作，提出外部审计机构的聘请与更换建议，并就审计后的财务报告信息真实性、准确性、完整性和及时性作出判断性报告，提交董事会审议；监督高级管理层关于信用风险、流动性风险、市场风险、操作风险、合规风险和声誉风险等风险的控制情况，对公司风险政策、管理状况及风险承受能力进行定期评估，提出完善公司风险管理和内部控制的意见
大业信托	是	3	强化董事会在防范公司经营风险中的作用，并对公司长期发展战略和资产结构、投资方向以及重大投资决策进行审议评价并提出建议
东莞信托	是	2	建立风险管理制度，对重大业务风险进行识别、监视和综合管理
光大兴陇信托	是	5	根据公司总体战略，审核和修订公司风险政策，对其实施情况及效果进行监督和评价，并向董事会提出建议；对项目风险进行预警、评价；董事会授予的其他职责
国联信托	是	3	审查和监督公司风险管理政策、制度，并对其执行情况进行评价
国民信托	是	3	负责公司内控和风险管理体系、政策的建立和完善；拟定公司关联交易政策，审议重大关联交易；根据授权，对重要信托项目进行审批；负责组织对公司存在重大风险隐患或出现的重大风险事故的内部调查工作等董事会授予的其他职责
国通信托	是	未披露	负责确定公司风险管理的总体目标、风险偏好、风险承受度、风险管理策略和重大风险管理解决方案，检查公司内控制度的制定、完善和执行及董事会授予的其他职能
国投泰康信托	是	3	（1）审议公司内部审计报告 （2）审议公司年度风险管理报告 （3）审议公司年度案件防范报告和反洗钱报告 （4）负责公司关联交易的管理，及时审查和批准提交董事会审议的关联交易，控制关联交易风险 （5）委托外部审计机构，公司内、外部审计的沟通、监督和核查工作 （6）对公司内控机制和风险管理方面存在的问题进行评价、分析 （7）有权向董事会提交内部控制、审计、风险管理、关联交易管理方面的议案 （8）推进公司法治建设，提出指导意见和建议 （9）董事会授予的其他职责

续表1

公司简称	是否设置	风险委员会人数（人）	风险委员会职能
国元信托	是	3	负责监督高管层关于信用风险、流动性风险、市场风险、操作风险、合规风险和声誉风险等风险的控制情况，对公司风险政策、管理状况及风险承受能力进行定期评估，提出完善公司风险管理和内部控制的意见
杭州工商信托	是	3	提议聘用或更换会计师事务所；监督公司的内部审计制度的建立及其实施；负责内部审计及外部审计之间的沟通，了解定期报告的编制和相关重大调整情况，并向董事会报告；审阅总裁提交的公司年度财务报告、审计报告等，并向董事会提出建议；审阅公司的财务信息及其披露；审查公司的内控制度；审阅内审部门提交的内审报告；对总裁编制的预算提出建议；董事会授权的其他事宜
湖南信托	是	3	研究提出公司风险控制的总体目标、风险偏好、风险承受度、风险控制策略和重大风险控制解决方案；对公司信托业务和自营业务的风险控制及合规管理进行监督；对公司自有财产和受托资产的风险状况进行定期评估；对公司关联交易业务风险进行评估；对公司信息披露的真实性、准确性、完整性和合规性等进行监督；提出完善公司风险控制和内部控制的建议；监督公司内部审计制度及其实施；审阅公司的财务信息及其披露；提议聘请或更换外部审计机构；董事会授予的其他职责
华澳信托	是	3	（1）审议公司的信托及固有资本的贷款、投资、产品发行等业务 （2）确定信托产品及发行和服务的定价原则 （3）年度风险控制评估 （4）董事会决定的其他事项
华宝信托	是	5	董事会风险管理和审计委员会是董事会设立的专门工作机构，主要负责公司合规和风险管理、监督和评估；公司内、外部审计的沟通、监督和核查工作
华宸信托	是	2	（1）根据公司总体战略规划，制定与之相适应的风险偏好，报董事会审批，对实施情况及效果进行监督和评价 （2）审核经营管理层制定的风险管理政策和程序，重大风险管理政策应报董事会审批 （3）审核经营管理层有关风险管理的具体制度和内部控制流程，对其实施情况及效果进行监督和评价 （4）审核经营管理层根据风险偏好制定的风险限额，包括但不限于行业、区域、客户、产品等维度 （5）负责审核、监督、检查经营管理层关于不良资产的清收处置等相关工作 （6）负责对公司抵债资产处置、信贷资产处置、不良资产核销事宜的初审工作 （7）负责公司对外担保事项的初审工作 （8）董事会授权的其他事宜
华能信托	是	3	拟定公司风险管理政策和重大风险管理解决方案；审议风险管理组织机构设置及其职责；定期审查公司风险管理、合规管理、内部审计工作报告，就完善内部控制向董事会提出建议；董事会授予的其他职责
华融信托	是	3	根据公司总体发展战略，对公司的风险管理框架体系、风险管理基本政策和管理制度，提出意见和建议；根据董事会权限，负责审议相关重大事项及项目，并对公司章程以及在信用、市场、操作等方面的风险控制情况进行督查；审阅经营管理层提交的风险管理目标或风险管理计划，并监督其落实执行；审阅或听取经营管理层风险管理报告及风险管理操作执行情况汇报；督导经营管理层风险战略、风险管理程序及风险识别、评估、监测的有效性；督导公司信息科技部风险管理工作的执行情况和效能；董事会授权的其他事宜
华润信托	是	3	负责对高级管理层在合规、业务、市场、操作等方面的风险控制情况和薪酬方案的实施情况进行监督；对公司的风险状况进行定期评估并提出完善风险管理、内部控制和薪酬方案的意见；审议公司薪酬管理制度和政策
华鑫信托	是	3	负责公司风险的控制、管理、监督和评估
吉林信托	是	3	负责制定、审核风险控制制度，监督制度执行。对重大业务事项从风险管理角度向董事会提出意见和建议
建信信托	是	4	（1）根据公司总体战略，研究拟定公司风险战略和风险管理政策，报董事会审定，并对其实施情况进行监督和评价；（2）监督和评价风险管理部门的设置、组织方式、工作程序，并提出改善意见；（3）指导公司的风险管理工作和内控制度建设；（4）审议公司风险和内控报告，对公司风险和内控状况进行定期评议，提出完善公司风险管理和内部控制的意见；（5）对公司首席风险官的工作进行评价；（6）审批各项业务管理办法中注明需由董事会审议的重大经营项目，具体的审批权限按董事会相关文件执行；（7）董事会授予的其他职责
建元信托	是	3	未披露
江苏信托	是	3	对公司高级管理层在信托业务和自营业务方面的风险控制及管理情况进行监督；对公司固有财产和信托财产的风险状况进行定期评估；提出完善公司风险管理和内部控制的建议
交银国际信托	是	3	提议聘请或更换外部审计机构；审议并报请董事会批准内部审计制度并监督实施；审议公司经审计的财务信息披露事项；评价公司内部控制和风险管理制度设计的合理性和运行的有效性，并根据需要对重大关联交易、重大投资事项进行审计等
金谷信托	是	3	负责公司的风险控制、管理、监督和评估以及公司内外部审计的沟通、监督和核查等工作
昆仑信托	是	3	组建公司风险管理系统；对公司日常经营管理风险进行整体分析和评估；负责公司的危机处理工作；对公司运作过程中的重大事项进行风险管理和控制；负责公司案防工作
陆家嘴信托	是	3	向董事会提交公司全面风险管理年度报告；确定公司风险管理的总体目标、风险偏好、风险承受度、风险管理策略和重大风险管理解决方案；提出完善公司风险管理和内部控制的建议；对公司信托业务和固有业务的风险控制及管理情况进行监督；对公司固有财产和信托财产的风险管理状况进行定期评价；对公司关联交易业务风险进行评估，对重大关联交易事项进行审查并提交董事会审议；董事会授予的其他职责
平安信托	是	3	审核公司风险治理架构和风险管理策略；审议公司整体风险偏好和风险限额；督促公司管理层采取必要措施有效识别、评估、监测和控制风险；评估公司管理层关于信用风险、流动性风险、操作风险和市场风险等风险的控制情况，提出完善建议；审议公司风险管理报告；董事会授予的其他事宜

续表2

公司简称	是否设置	风险委员会人数（人）	风险委员会职能
厦门国际信托	是	3	（1）初步拟定公司发展战略，并报董事会确定 （2）根据经营环境等情况的变化，提出发展战略的调整建议、方案，并报董事会确定 （3）负责战略规划组织落实的督导评价工作 （4）负责公司战略性研究工作的组织领导，包括课题研究、同业研讨交流及形成可行性意见并促进同业领先实践在公司内转化等；建立公司风险文化；制定公司风险管理策略；设定公司风险偏好和确保风险限额的设立；审批公司重大风险管理政策和程序；监督高级管理层开展全面风险管理；审议公司全面风险管理报告；审批公司依法对反映自身经营状况的全面风险和各类重要风险的信息披露；董事会授权的其他职责
山东国信	是	3	（1）根据宏观经济环境、行业发展趋势和本公司经营状况，对本公司中长期发展战略进行研究并提出建议 （2）检查、监督和评估本公司发展战略的执行情况 （3）组织制订本公司信托业务、自营业务发展等专项规划 （4）了解和掌握本公司面临的各项重大风险及其风险管理现状 （5）审议本公司年度或专项风险管理报告 （6）审查本公司风险管理的体制机制是否健全、政策措施是否有效、风险控制流程是否合理 （7）审议风险策略、重大风险管理解决方案以及重大决策、重大风险、重大事件和重要业务流程的判断标准或判断机制 （8）审查、监督本公司遵守、执行法律法规的情况
山西信托	是	7	审定公司风险管理的原则和政策，推动案防管理体系建设。在授权范围内，对公司重大事项的风险进行评审，检查、指导公司日常风险管理、案防工作；审定公司内部审计计划，监督公司财务运行，提议聘请或更换外部审计机构
陕国投	是	5	风险管理与审计委员会的主要职责： （1）向董事会提交公司全面风险管理年度报告。（2）确定公司风险管理的总体目标、风险偏好、风险承受度、风险管理策略和重大风险管理解决方案。（3）为董事会督导公司风险管理文化建设提供建议。（4）审批重大风险管理政策和程序。（5）审议公司风险管理组织机构设置及其职责。（6）提出完善公司风险管理和内部控制的建议。（7）审批公司拟开展的以下活动：①设立新机构；②从事重大收购和投资；③开发新产品、对现有产品进行重大改动、拓展新的业务领域等金融创新。（8）对公司自有财产和信托财产的风险状况进行定期评估。（9）对公司信托业务和自营业务的风险控制及管理情况进行监督。（10）对公司信息披露的真实性、准确性、完整性和合规性等进行监督；审批全面风险和各类重要风险的信息披露。（11）监督公司内部审计制度及其实施。（12）负责内部审计与外部审计之间的沟通。（13）审核公司的财务信息及其披露。（14）提议聘请或更换外部审计机构。（15）审议批准案防工作总体政策，推动案防管理体系建设；明确高级管理层有关案防职责及权限，确保管理层采取必要措施有效监测、预警和处置案件风险，提出案防工作整体要求，审议案防工作报告；考核评估本机构案防工作有效性；确保内审稽核对案防工作进行有效审查和监督。（16）风险管理部和监察审计部每季度应制定下一季度履职计划，经董事会办公室报董事长审定。（17）董事会安排的事宜及相关法律法规中涉及的其他事项 风险管理与审计委员会在年度报告工作中的特别职责： （1）应当与会计师事务所协商确定年度财务报告审计工作的时间安排。（2）督促会计师事务所在约定限时内提交审计报告，并以书面意见形式记录督促的方式、次数和结果以及相关负责人的确认签字。（3）应在年审注册会计师进场前审阅公司编制的财务会计报表，形成书面意见。（4）在年审注册会计师进场后加强与年审注册会计师的沟通，在年审注册会计师出具初步审计意见后再一次审阅公司财务会计报表，形成书面意见。（5）应对年度财务会计报表进行表决，形成决议后提董事会审核。（6）应当向董事会提交会计师事务所从事本年度公司审计工作的总结报告。（7）应当向董事会提交下年度续聘或改聘会计师事务所的决议
上海信托	是	3	对公司高级管理层在信托业务和自营业务方面的风险控制及管理情况进行监督；对公司固有财产和信托财产的风险状况进行定期评估；提出完善公司风险管理和内部控制的建议；董事会授权的其他事宜
苏州信托	是	5	审核和拟订公司的风险管理战略、政策和规程以及内部控制制度，并监督上述战略、政策、规程和内部控制制度的执行
天津信托	是	3	负责审核公司风险管理的政策和程序，审定公司风险管理目标，督促公司管理层建立必要的风险识别、衡量、监测和控制制度，监督和评价公司风险管理的全面性、有效性以及高级管理层在风险管理方面的履职情况
外贸信托	是	2	以全面风险管理为目的，对公司经理层风险管理工作进行指导及监督，为董事会提供决策支持意见和管理改善建议，并在授权范围内进行审批决策
万向信托	是	3	确定公司风险管理的总体目标、风险偏好、风险承受度、风险管理策略和重大风险管理解决方案；评估公司关联交易业务风险；监督公司信托业务和自营业务的风险控制及管理；监督公司信息披露的真实性、准确性、完整性和合规性；提出完善公司风险管理和内部控制及内部审计实施的建议等
五矿信托	是	3	主要负责拟定公司风险管理政策和重大风险管理解决方案，督促公司各项业务的合规、合法运作，以防范和控制业务风险
西部信托	是	4	对公司所面临的风险状况进行评估，并提出相应的意见
西藏信托	是	3	确定公司风险管理的总体目标、风险偏好、风险承受度、风险管理策略和重大风险管理解决方案
兴业信托	是	5	主要负责本公司审计与风险的控制、管理、评估和监督，同时负责本公司内、外部审计的沟通、监督和核查工作以及重大关联交易的审核
英大信托	是	3	监督、评估公司的风险管理状况，提出完善风险管理意见，监督、评估公司风险管理部门的工作。负责认定关联方与关联交易并审核重大关联交易

续表3

公司简称	是否设置	风险委员会人数(人)	风险委员会职能
粤财信托	是	5	审议公司治理、法人结构、"三重一大"、机构议事规则等重大事项相关制度及具有基础性的基本管理制度(属董事会下设其他专业委员会职责范围内的除外),并报董事会审批;审议公司重大风险管理制度,并向董事会提出建议;审批公司风险管理政策,包括,审定公司风险管理战略、设定风险偏好、设立风险额度;监督高级管理层开展全面风险管理;审议公司全面风险管理报告,监督全面风险管理,评价全面风险管理的有效性;审议合规风险管理报告,监督合规风险管理,评价合规风险管理的有效性;审议案件防控工作报告,评估案件防控工作的有效性;审议反洗钱工作报告,监督和指导反洗钱工作;董事会授权或者交办的其他事宜
云南信托	是	3	研究、考核公司的风险控制制度,并提出建议
长城新盛信托	是	4	(1)组织研究公司风险防范体系和组织方案 (2)对公司信托业务和固有业务的风险控制及管理情况进行监督 (3)对公司自有财产和信托财产的风险状况进行整体评价 (4)向董事会提交公司全面风险管理年度报告 (5)对战略规划的实施过程进行监督和评估,督促经营管理层持续改进风险管控能力 (6)组织研究公司风险管理体系,提出改进风险管理体系的决策程序及建议 (7)组织制定公司风险管理体系,监督检查公司内部风险控制制度执行情况 (8)董事会授权的其他职权
浙金信托	是	3	审议公司的风险管理构架、风险战略和风险管理基本政策,并提请董事会批准;研究国家宏观经济金融政策,分析市场变化,提出有效风险管理建议,研究公司风险控制指标体系;监督公司对国家金融方针、政策、法规及各项规章的执行情况,及时提出整改意见并进行纠正;研究公司风险管理体系,审议有关风险管理报告、合规报告及风险管理计划,了解风险管理决策体系的有效性,提出风险管理的组织构架、控制程序、风险处置等决策建议,完善公司风险管理和内部控制;对公司战略规划的实施过程在业务经营的风险控制及管理情况进行监督;督促公司高级管理层定期对公司固有财产和信托财产的风险状况进行评估,并采取必要的措施有效识别、监测和控制、缓释风险;审议公司创新产品的风险控制情况;审议公司经营管理中重大风险的预警预控、应急预案;组织对公司重大经营风险事件的风险评估工作,审议高级管理层提交的重大突发事件、重大风险事件的应对处置方案;审议公司案防工作总体方案,推动案防体系建设;明确高级管理层在案防工作中的职责及权限;审议案防工作报告,考核评估公司案防工作有效性;督促高级管理层制订和执行反洗钱政策、制度及程序,并对反洗钱工作进行监督和评价;审议公司高级管理层关于重大反洗钱事项及反洗钱风险整体状况的报告;审议公司内部审计年度工作计划,并提请董事会批准;根据内部审计年度工作计划,对内部审计工作的开展进行监督、指导;董事会授权的其他事宜
中诚信托	是	3	(1)建立企业风险文化,监督管理层开展全面风险管理,拟定风险偏好,确保风险限额的设立 (2)向董事会提交公司全面风险管理年度报告,并对完善风险管理和内部控制提出建议 (3)审议公司重大风险的解决方案,并向董事会提出意见和建议 (4)审议评价公司风险管理策略、政策、程序、组织机构设置及其职责 (5)审议公司经营班子制定的公司内部风险控制制度,并对其完备性和有效性进行评价 (6)对公司信托业务、自营业务及创新业务的风险控制及管理情况进行监督 (7)对公司信息披露的真实性、准确性、完整性和合规性等进行监督 (8)履行洗钱和恐怖融资风险管理相关职能,向董事会提供洗钱风险管理专业意见 (9)审议批准公司案防工作总体政策,推动案防体系建设,明确高级管理层有关案防的职责及权限,审议案防工作报告,评估公司案防工作有效性,确保内审稽核对案防工作进行有效审查和监督 (10)董事会授权的其他风险管理事项
中海信托	是	3	研究公司发生重大、突发事项的对策;研究制定总体风险管理、关联交易控制政策供董事会审议;研究公司风险管理的战略结构和资源,并使之与公司的内部风险政策相兼容;研究重要的风险边界;对相关的风险管理、关联交易控制政策进行监督、审查,并向董事会提出建议;负责向董事会提供洗钱风险管理专业意见等
中航信托	是	2	监督、评估公司的风险管理状况,提出完善风险管理意见,监督、评估公司风险管理部门的工作
中建投信托	是	3	(1)根据公司发展战略,制订、审核公司风险管理工作规划,评价公司战略目标和经营计划所涉及的风险因素,并向董事会提出建议;(2)定期审核、评议公司风险管理政策,促进风险管理政策的合法合规和及时有效;(3)从风险控制角度,监督公司各项规章制度的执行情况,并对公司重大经营决策风险进行监测和评价;(4)审阅公司风险管理工作报告,对风险管理工作提出改善意见和建议;(5)审核、批准公司风险控制流程与风险计量模型和方法的监测、调整等相关工作;(6)审核、评议公司年度审计工作规划;(7)负责对公司内部审计制度的有效性及其执行情况进行监督;(8)负责内部审计与外部审计之间的沟通与协调;(9)对公司关联交易业务风险进行评估,对重大关联交易事项进行审查并提交董事会审议;(10)提议聘请或更换外部审计机构;(11)董事会授权的其他事宜
中粮信托	是	3	(1)制定、审核、批准公司的风险管理和内部控制的政策、程序并报请董事会审议 (2)对公司信托业务、自营业务及其他业务的风险控制及风险管理政策、程序、执行情况进行监督 (3)对公司固有财产和信托财产的风险状况进行定期评估 (4)对公司合规风控部、审计部的工作程序和工作效果进行评议 (5)提议聘请或更换外部审计机构 (6)监督公司的制度建设及其执行情况 (7)监督董事会决议的执行情况 (8)审核公司的财务信息及其披露 (9)审查公司内控制度 (10)审查公司在遵守反洗钱相关内部政策和规程方面的情况 (11)审查公司消费者权益保护制度建设和工作情况 (12)按监管规定要求履行案防职责 (13)法律法规、监管规定及公司章程或公司董事会要求或授权的其他职责或事项

续表4

公司简称	是否设置	风险委员会人数（人）	风险委员会职能
中泰信托	是	5	负责公司的风险控制、管理、监督和评估，及公司内外部审计的沟通、监督和核查等工作
中铁信托	是	3	负责公司风险的控制、管理、监督和评估；公司关联交易的审查；公司内、外部审计的监督和核查工作
中信信托	是	3	负责拟定风险管理战略、风险管理政策和内部控制原则，监督风险管理和内部控制系统的健全性、合理性和执行的有效性，指导公司全面风险管理和内部控制工作
中原信托	是	6	对公司发展战略和运营模式进行风险评价；对公司风险管理体系进行评价；对公司资产风险状况进行评价；董事会交办的事项
重庆信托	是	5	制订公司全面风险管理的总体目标和政策，制订公司风险管理基本制度；负责对包括信用风险、交易风险、结构性利率风险、汇率风险、流动性风险、运营风险等在内的所有风险进行全面管理；负责董事会授权范围内公司固有业务、信托业务的审批；负责对公司信托新产品的风险评判；负责制定公司不良资产监控与管理策略，批准不良资产经营和清收计划；负责公司风险管理突发事项和紧急事项的应急处理；负责定期评价公司风险管理状况和相关政策的执行状况
紫金信托	是	3	制订公司风险管理政策和风控制度；风险控制审查监督；案防工作及审查；关联交易审查；公司董事会授权的其他事宜

注：本年度有9家信托公司尚未披露年报，故未在本表中披露相关数据。

经统计，已披露年报的59信托公司有58家公司在董事会下设了人事薪酬委员会，其中，57家信托公司对董事会下设人事薪酬委员会的委员人数的设置作了披露，58信托公司对董事会下设人事薪酬委员会的职能作了披露（见表7-1-9）。57家信托公司人事薪酬委员会的平均设置人数为3.32人。

表7-1-9 已披露年报的信托公司2023年末董事会下设人事薪酬委员会情况分析

公司简称	是否设置	委员会人数（人）	人事薪酬委员会职能
爱建信托	是	3	（1）研究、审议公司基本薪酬与考核制度和政策 （2）监督、评价公司薪酬与考核制度制订与执行情况 （3）研究、审议公司高级管理人员的薪酬和考核奖励方案 （4）可以提名独立董事、非独立董事候选人 （5）董事会授权的其他事宜
百瑞信托	是	4	审查董事、高级管理人员资格及选任；审议董事、监事薪酬方案；审议公司内部管理机构的设置与调整方案；审查公司工资总额机制、薪酬管理方案及公司工资总额；审查公司高级管理人员年度考核结果及高级管理人员薪酬；决定办理董事、监事及高级管理人员履职责任保险；监督公司年度用工总量、薪酬制度执行情况；审议人力资源管理相关制度、政策；其他应当审议的事项
北方信托	是	3	代表董事会对公司激励机制建设、薪酬分配进行管理，是公司薪酬分配的管理机构，负责拟定公司董事和高级管理人员经营业绩考核管理制度和薪酬管理办法，并向董事会提出建议
渤海信托	是	3	主要负责拟定董事和高级管理层成员的选任程序和标准，对董事和高级管理层成员的任职资格进行初步核查，并向董事会提出建议；审议公司薪酬管理制度和政策，拟定董事和高级管理层成员的薪酬方案，向董事会提出薪酬方案建议，并监督方案实施；制定公司董事及高级管理层成员的考核标准并进行考核
大业信托	是	3	旨在评价公司的绩效考核办法和薪酬管理制度，并提出建议
东莞信托	是	3	研究和审查高级管理人员的薪酬政策与方案
光大兴陇信托	是	3	拟定董事、独立董事、监事及高级管理人员的薪酬方案，并向董事会提出薪酬的建议；负责对公司薪酬制度执行情况进行监督；拟定董事会年度费用预算方案，向董事会提出建议；董事会授予的其他职责
国联信托	是	2	负责审核人力资源管理政策，研究薪酬策略，决定薪酬标准
国民信托	是	3	拟订董事和高级管理人员的薪酬标准；依据董事会批准的高级管理人员激励考核标准对其进行考核；对公司人力资源发展规划及长期激励策略进行研究等董事会授予的其他职责
国通信托	是	未披露	负责制定薪酬计划或方案并监督薪酬计划或方案的实施及董事会授予的其他职权
国投泰康信托	是	3	（1）制订公司的薪酬体系和激励体系 （2）制订公司经营管理人员的考核体系 （3）根据董事会批准的考核指标在董事会授权范围内进行考核等工作 （4）制订为员工设置的基于股权的激励计划或奖励 （5）对公司薪酬与考核制度执行情况进行监督 （6）有权向董事会提交薪酬与考核方面的议案 （7）董事会授予的其他职责
国元信托	是	3	负责拟定董事和高级管理层成员的选任程序和标准；对董事和高管成员的任职资格进行初步审核，并向董事会提出建议；负责审议公司薪酬管理制度和政策，拟定董事和高管成员的薪酬方案，向董事会提出薪酬方案建议，并监督方案实施

续表1

公司简称	是否设置	委员会人数(人)	人事薪酬委员会职能
杭州工商信托	是	3	(1)研究董事、高级管理经理人员的选择标准和程序并提出建议；广泛搜寻合格的董事和高级管理人员的人选 (2)对董事候选人和高级管理人员人选进行审查并提出建议 (3)研究董事与高级管理人员绩效考核的标准并提出建议 (4)就公司董事及高级管理人员的薪酬政策及架构，以及制定该等政策的程序等薪酬政策向董事会提出建议 (5)对公司薪酬制度的执行情况进行监督；董事会授权的其他事宜
湖南信托	是	3	负责制订公司发展战略，并负责监督、检查公司战略和年度计划、投资方案的执行情况；负责拟订公司高级管理人员选择标准、选择程序，对其任职资格和任职条件进行初步审核等；负责拟定公司内部机构设置及人力资源整体调配方案；负责拟订公司薪酬和其他激励计划，并监督实施
华澳信托	是	3	(1)在董事会授权的范围内，研究和审定公司的薪酬政策和方案，制定和修改公司员工和高级管理层的薪酬及激励政策、商业养老方案以及董事会不时决定的其他有关的重大方针 (2)每年至少审议一次公司薪酬制度的有关政策、目标及具体条款，并向董事会提出修订建议 (3)根据公司的有关薪酬政策和目标，每年对公司总裁的工作业绩进行一次考核，根据考核结果确定其薪资水平和激励政策 (4)根据公司薪酬制度的有关政策和目标，每年对公司其他高级管理人员的工作业绩进行一次考核，根据考核结果确定其薪资奖励水平 (5)制订有关公司高级管理人员薪酬制度的年度评估报告 (6)就有关薪酬激励制度向董事会提出建议
华宝信托	是	5	负责制定公司董事及高级管理人员的考核标准并进行考核；制定、审查公司董事及高级管理人员的薪酬政策与方案；制定公司长期激励机制和方案，为公司发展提供人才激励保障；制定公司人力资源发展规划
华宸信托	是	3	(1)拟订董事和高级管理人员的薪酬方案 (2)拟订董事和高级管理人员的选任程序和标准 (3)对董事和高级管理人员的任职资格和条件进行初步审核，并向董事会提出建议 (4)制定公司薪酬管理和绩效考核工作总的指导原则、基本制度 (5)审议经营管理层制定的公司薪酬管理和绩效考核制度并提出建议 (6)组织实施董事会对董事、高级管理层成员的履职评价考核工作并向董事会报告评价考核结果，提出奖惩建议 (7)负责公司年度薪酬计划的审核 (8)董事会授权的其他事宜
华能信托	是	3	拟定公司高级管理人员的薪酬与奖励政策，并提请董事会审批；对公司高级管理人员进行考核，并出具绩效评价报告，报董事会核准；审议公司职工的薪酬福利及绩效考核方案；董事会授予的其他职责
华融信托	是	3	提名独立董事人选，对独立董事的资格条件进行审查并提出建议；研究和审查董事、高级管理人员的薪酬政策与方案，并向董事会提出建议；审议高级管理层提交的公司人力资源政策及基本管理制度，提请董事会决定，并监督相关政策和基本管理制度的执行；董事会授权的其他事宜
华润信托	是	3	负责对高级管理层在合规、业务、市场、操作等方面的风险控制情况和薪酬方案的实施情况进行监督；对公司的风险状况进行定期评估并提出完善风险管理、内部控制和薪酬方案的意见；审议公司薪酬管理制度和政策
华鑫信托	是	3	负责制定公司董事及高级人员的考核标准并进行考核；制定、审查公司董事及高级管理人员的薪酬政策与方案；制定公司长期激励机制和方案，为公司发展提供人才激励保障；制定公司人力资源发展规划
吉林信托	是	3	负责董事会任命人员提名及资格审查，负责薪酬制度及具体方案的评估、审定以及落实情况的跟踪、监督
建信信托	是	3	(1)组织拟订董事和高级管理人员的选任标准和程序，并对其候选人进行初审，提请董事会决定。(2)审议公司薪酬方案，提请董事会决定，并监督其执行。(3)组织拟订公司董事、监事的业绩考核办法和薪酬方案，提交董事会审议。(4)组织对公司董事、监事和管理层的业绩考核，提出对董事、监事及管理层薪酬分配的建议，提交董事会审议。(5)检查及批准向执行董事及管理层支付的与丧失或终止职务或委任有关的赔偿，以确保该等赔偿按有关合同条款决定；若未能按有关合约条款决定，有关赔偿亦须合理适当。(6)检查及批准因董事行为失当而解雇或罢免有关董事所涉及的赔偿安排，以确保该等安排按有关合约条款决定；若未能按有关合约条款决定，有关赔偿亦须合理适当。(7)董事会授予的其他职责
建元信托	是	3	未披露
江苏信托	是	3	独立、审慎地行使董事提名权；对董事人选和高级管理人员人选进行审核并提出建议；研究公司董事与高级管理人员的考核标准和办法，并提出意见或建议；研究公司董事与高级管理人员的薪酬政策和方案，提出意见或建议；对公司薪酬制度执行情况进行监督
交银国际信托	是	3	拟定公司董事的选任程序和标准，物色合格的董事人选，对董事的任职资格和条件进行初步审查；审核独立董事的独立性；审核公司薪酬管理的基本制度和政策、高级管理人员薪酬政策及架构；拟定公司董事和高级管理人员考核标准、薪酬激励方案，向董事会提出建议
金谷信托	是	3	负责制定、审查公司高级管理人员(以下简称高管人员)的薪酬政策与方案，拟定公司高管人员的考核标准并进行考核，接受董事会授权的其他事项
昆仑信托	是	4	研究拟订公司整体薪酬政策；拟订公司高级管理人员的薪酬制度、考核办法和激励方案；对公司高级管理人员进行绩效考评；对公司整体薪酬制度的执行情况进行指导、监督

续表2

公司简称	是否设置	委员会人数（人）	人事薪酬委员会职能
陆家嘴信托	是	3	根据公司经营发展战略、资产规模和业务结构等，对董事会的规模和结构向董事会提出建议；拟定公司董事和高级管理人员的选任程序和标准，对董事和高级管理人员的任职资格和条件进行初步审核，并向董事会提出建议；拟定公司董事和高级管理人员的考核标准，据此进行考核并提出建议；拟定公司董事和高级管理人员的具体薪酬和激励方案，向董事会提出薪酬方案的建议，并监督实施；董事会授权的其他事宜
平安信托	是	3	审议公司提名与薪酬管理的策略和计划；审核公司人员编制、薪酬总额、薪酬制度、年度薪酬方案、考核方案；审议公司考核与奖惩制度等
厦门国际信托	是	3	审查公司董事、高管人员的年度薪酬、年度效益工资提取办法、基本（固定）薪酬管理制度、员工企业年金方案并提交董事会审定；对公司薪酬制度执行情况进行监督
山东国信	是	3	（1）至少每年检讨董事会的架构、人数及组成（包括技能、知识及经验方面），并就任何为配合公司的策略拟对董事会作出的变动提出建议 （2）物色具备合适资格可担任董事、高级管理人员的人士，并挑选、提名有关人士出任董事、高级管理人员或就此向董事会提供意见 （3）评核独立董事的独立性 （4）就董事委任或重新委任以及董事（尤其是董事长及总经理）继任计划的有关事宜向董事会提出建议 （5）就董事及高级管理人员的全体薪酬政策及架构，及就设立正规而具透明度的程序制订薪酬政策，向董事会提出建议 （6）评审公司董事和高级管理人员的履职情况并对其进行绩效考核评价，对公司薪酬制度执行情况进行监督 （7）因应董事会所订企业方针及目标而检讨及批准高级管理人员的薪酬 （8）就厘定个别执行董事及高级管理层的特定薪酬待遇，包括非金钱利益、退休金权利及赔偿金额（包括丧失或终止职务或委任的赔偿）向董事会提出建议 （9）考虑同类公司的薪酬、须付出的时间及职责及集团内其他职位的雇用条件 （10）检讨及批准向执行董事及高级管理人员就其丧失或终止职务或委任而须支付的赔偿，以确保该等赔偿与合约条款一致；若未能与合约条款一致，赔偿亦须公平合理，不致过多 （11）检讨及批准因董事行为失当而解雇或罢免有关董事所涉及的赔偿安排，以确保该等安排与合约条款一致；若未能与合约条款一致，有关赔偿亦须合理适当 （12）确保任何董事或其任何联系人（见上市规则的定义）不得参与厘定自身薪酬 （13）就其他执行董事的薪酬建议咨询董事长及（或）总经理 （14）董事会授权的其他事宜
山西信托	是	5	审定公司的薪酬制度，制定公司高级管理人员的绩效评价标准和薪酬标准
陕国投	是	5	（1）根据董事及高级管理人员管理岗位的主要范围、职责、重要性以及其他相关企业相关岗位的薪酬水平制定薪酬计划或方案 （2）薪酬计划或方案主要包括但不限于绩效评价标准、程序及主要评价体系，奖励和惩罚的主要方案和制度等 （3）审查公司董事（非独立董事）及高级管理人员的履行职责情况并对其进行年度绩效考评 （4）负责对薪酬制度执行情况进行监督 （5）人力资源部每季度应制定下一季度履职计划，经董事会办公室报公司董事长审定 （6）董事会安排的事宜及相关法律法规中涉及的其他事项
上海信托	是	3	研究、拟定和执行公司董事、经理及其他高级管理人员的考核标准和办法，并提出意见或建议；研究、拟定和审查公司董事、经理及其他高级管理人员的薪酬政策和方案，并提出意见或建议；审查公司董事及高级管理人员的履行职责情况并对其进行年度绩效考评；负责对公司薪酬制度执行情况进行监督检查；建议聘请外部中介机构提供专业咨询意见；董事会授权的其他事宜
苏州信托	是	5	负责核准公司年度薪酬方案，审定公司董事、高级管理人员的考核标准；负责审定公司董事及高管人员的薪酬及激励计划与方案并提交董事会审议
天津信托	是	3	根据董事、高级管理人员和公司员工管理岗位的主要范围、职责、重要性以及其他相关企业相关岗位的薪酬水平制定薪酬计划或方案；薪酬计划或方案主要包括但不限于绩效评价标准、程序及主要评价体系，奖励和惩罚的主要方案和制度等；审查公司董事及高级管理人员履行职责的情况并对其进行年度绩效考评；负责对公司薪酬制度执行情况进行监督；董事会授权的其他事宜
外贸信托	是	2	研究、制定公司高级管理人员的选择标准、程序和方法以及总经理继任计划（包括人选）；对提名的高级管理人员人选进行考察；研究拟订公司高级管理人员的经营业绩考核办法和薪酬管理办法，报董事会审批；按董事会确定的管理办法，考核、评价高级管理人员的业绩，并依据考核结果，向董事会提出高级管理人员的薪酬兑现建议；研究公司整体薪酬和员工考核管理办法，并向董事会提出建议
万向信托	否	不适用	不适用
五矿信托	是	3	主要负责拟定公司的薪酬及绩效考核方案，对公司高级管理人员进行考核，研究公司董事、总经理人选的选择标准和程序并提出建议
西部信托	是	2	负责制定公司董事、高管人员的薪酬标准与方案，审查公司董事、高级管理人员履行职责并对其进行年度考核；负责对公司薪酬制度执行情况进行监督
西藏信托	是	3	提名董事、经理层人员董事、经理层人员；审议关于公司薪酬考核的规划、制度、规则、报告等，为董事会决策提供依据和建议；监督公司薪酬考核政策实施
兴业信托	是	5	主要负责拟订董事和高级管理人员的薪酬方案、考核标准，监督方案的实施

续表3

公司简称	是否设置	委员会人数（人）	人事薪酬委员会职能
英大信托	是	3	负责审核公司的人事与薪酬管理制度，监督公司人力资源管理工作，对人力资源管理及绩效考核等工作提出建议和意见
粤财信托	是	5	根据公司的经营活动情况、资产规模及股权结构对董事会及高级管理人员的规模和构成提出建议；研究董事和高级管理人员的选择标准及程序，并向董事会提出建议；在公司内及公开人才市场上广泛收集合格的董事和高级管理人员的人选；对董事候选人和高级管理人员人选进行审查并提出建议；根据董事会成员及公司高级管理人员的工作范围、职责、重要性及外部薪酬水平，提议上述人员的薪酬计划或分配方案；薪酬计划或方案包括但不限于对董事会成员及公司高级管理人员的绩效评价标准、程序和主要评价体系等；审查公司董事会成员及高级管理人员的履职情况并对其年度绩效进行考评；负责对公司薪酬制度执行情况进行监督；董事会授权的其他事宜
云南信托	是	3	研究董事、高管、董事会秘书以及由总裁提请董事会认定的其他管理人员的选择标准和程序及考核标准，并提出建议
长城新盛信托	是	4	（1）研究和审查董事、监事津贴方案及高级管理人员和公司员工的薪酬政策与方案 （2）研究和审查高级管理人员的考核标准与方案 （3）审查公司高级管理人员的履行职责情况并组织对其进行年度绩效考评 （4）对公司薪酬制度执行情况进行监督 （5）董事会授权薪酬委员会的其他职权
浙金信托	是	2	研究董事、高级管理经理人员的选择标准和程序并提出建议；广泛搜寻合格的董事和高级管理人员的人选；对董事候选人和高级管理人员人选进行审查并提出建议；研究董事与高级管理人员绩效考核的标准并提出建议；公司董事及高级管理人员的薪酬政策及架构，以及制定该政策的程序等薪酬政策向董事会提出建议；对公司薪酬制定的执行情况进行监督；董事会授权的其他事宜
中诚信托	是	3	（1）根据董事及高级管理人员管理岗位的主要范围、职责、重要性以及其他相关企业相关岗位的薪酬水平拟定薪酬计划或方案 （2）根据公司的经营情况比较全国同行业平均业绩水平，对公司提出的经营目标及奖惩办法进行评价并提出建议 （3）审查公司董事及高级管理人员的履行职责情况并对公司董事及高级管理人员的奖惩提出建议 （4）审议公司绩效考核制度、薪酬管理制度，提交董事会决定，并负责对绩效考核制度、薪酬管理制度执行情况进行监督 （5）根据公司的经营成果对董事长、总裁等高级管理人员的特殊贡献奖励提出意见和建议 （6）董事会授权的其他事项
中海信托	是	3	研究公司发生重大、突发性事项的对策；研究制定总体风险管理、关联交易控制政策供董事会审议；研究公司风险管理的战略结构和资源，并使之与公司的内部风险管理政策相兼容；研究重要的风险边界；对相关的风险管理、关联交易控制政策进行监督、审查和向董事会提出建议等
中航信托	是	2	研究董事与高级管理人员考核的标准，进行考核并提出建议；研究与审查董事、高级管理人员的薪酬政策与方案
中建投信托	是	3	（1）研究、拟订公司高级经营管理人员业绩考核办法和薪酬管理办法并提交董事会；（2）研究并提出公司高级经营管理人员的年度薪酬方案，依据公司高级经营管理人员的业绩，拟订薪酬及奖惩建议方案并提交董事会；（3）监督公司薪酬制度与奖惩制度的执行情况；（4）董事会授权的其他事宜
中粮信托	是	3	（1）根据监管机构对董事、高级管理人员任职资格的要求，研究制订董事、高级管理人员的选任程序和标准，并向董事会提出建议 （2）对提名的董事候选人、高级管理人员人选的进行初步任职资格审核并提出建议 （3）审查董事、高级管理人员的履行职责情况并对其进行年度绩效考评 （4）董事会授权的其他事项 （5）监管部门规定的其他事项
中泰信托	是	5	负责制定董事及高级管理人员的薪酬政策、考核标准并进行考核
中铁信托	是	3	拟定董事和高管人员的选任程序和标准，对董事和高管人员的任职资格进行初步审核；负责董事及高级管理人员的任职、薪酬与考核管理
中信信托	是	3	负责拟定董事、高级管理人员、员工的薪酬、福利和其他激励计划，并监督方案的实施；拟定高级管理人员的选择标准、选择程序；对高级管理人员人选的任职资格和条件进行初步审核等
中原信托	是	5	审议确定公司薪酬相关制度以及负责人年薪发放标准和发放办法
重庆信托	是	5	对董事会的规模和构成向董事会提出建议；制订董事及高级管理人员薪酬计划或方案；研究董事、高级管理人员的选择标准和程序，并向董事会提出建议；搜寻合格的独立董事和高级管理人员的人选；审查公司董事及高级管理人员人选进行审查并提出建议；审查公司董事及高级管理人员的履行职责情况；负责对公司薪酬制度执行情况进行监督；董事会授权的其他事宜
紫金信托	是	3	（1）审核公司薪酬政策或方案 （2）审查公司董事及高级管理人员的履行职责情况并对其进行年度绩效考评 （3）根据公司经营活动情况、资产规模及股权结构对董事会的规模和构成向董事会提出建议 （4）研究董事、高级管理人员的选择标准和程序，并向董事会提出建议 （5）向股东会、董事会提名董事和高级管理人员候选人 （6）对董事、高级管理人员人选进行审查并提出建议 （7）公司董事会授权的其他事宜

注：本年度有9家信托公司尚未披露年报，故未在本表中披露相关数据。

(三)独立董事分析

设立独立董事是加强公司治理的一个重要手段。上市公司一般要求独立董事人数占全部董事人数的1/3以上,这对公司治理非常重要,2023年,共有53家信托公司符合这一标准(7-1-10)。

表7-1-10　　　　　已披露年报的信托公司2023年末独立董事人数构成分析

公司简称	董事会成员人数(人)	独立董事成员人数(人)	独立董事占比(%)
爱建信托	7	1	14.29
百瑞信托	11	3	27.27
北方信托	7	3	42.86
渤海信托	7	3	42.86
大业信托	9	3	33.33
东莞信托	6	2	33.33
光大兴陇信托	9	3	33.33
国联信托	8	3	37.50
国民信托	7	4	57.14
国通信托	4	1	25.00
国投泰康信托	9	3	33.33
国元信托	9	3	33.33
杭州工商信托	8	3	37.50
湖南信托	7	3	42.86
华澳信托	5	2	40.00
华宝信托	9	3	33.33
华宸信托	8	3	37.50
华能信托	8	3	37.50
华融信托	8	3	37.50
华润信托	10	4	40.00
华鑫信托	6	2	33.33
吉林信托	5	2	40.00
建信信托	8	3	37.50
建元信托	8	3	37.50
江苏信托	9	3	33.33
交银国际信托	9	3	33.33
金谷信托	8	3	37.50
昆仑信托	9	3	33.33
陆家嘴信托	7	3	42.86
平安信托	10	4	40.00
厦门国际信托	9	3	33.33
山东国信	8	3	37.50
山西信托	6	2	33.33
陕国投	8	3	37.50
上海信托	9	3	33.33
苏州信托	8	3	37.50
天津信托	9	2	22.22

续表

公司简称	董事会成员人数（人）	独立董事成员人数（人）	独立董事占比（%）
外贸信托	8	3	37.50
万向信托	9	5	55.56
五矿信托	9	3	33.33
西部信托	8	3	37.50
西藏信托	8	3	37.50
兴业信托	9	3	33.33
英大信托	9	3	33.33
粤财信托	7	3	42.86
云南信托	9	3	33.33
长城新盛信托	7	2	28.57
浙金信托	9	3	33.33
中诚信托	13	5	38.46
中海信托	8	3	37.50
中航信托	7	3	42.86
中建投信托	8	3	37.50
中粮信托	9	3	33.33
中泰信托	8	4	50.00
中铁信托	9	3	33.33
中信信托	8	3	37.50
中原信托	10	3	30.00
重庆信托	13	5	38.46
紫金信托	9	3	33.33
合计	486	176	36.21
平均	8.24	2.98	—

注：本年度有9家信托公司尚未披露年报，故未在本表中披露相关数据。

在已披露年报的59家信托公司中，独立董事男性人数合计为153人，占总人数的86.93%，女性人数合计为23人，占总人数的13.07%（表7-1-11）；其中30~39岁的人数为1人，占总人数的0.57%，40岁及以上的人数为175人，占总人数的99.43%；独立董事的平均年龄为57.97岁，高于董事平均年龄（见表7-1-12）。

表7-1-11　　　　已披露年报的信托公司2023年末独立董事人员性别构成分析

公司简称	独立董事人员数（人）	其中男性人数（人）	男性所占比例（%）	其中女性人数（人）	女性所占比例（%）
爱建信托	1	0	—	1	100.00
百瑞信托	3	3	100.00	—	—
北方信托	3	2	66.67	1	33.33
渤海信托	3	3	100.00	—	—
大业信托	3	3	100.00	—	—
东莞信托	2	2	100.00	—	—
光大兴陇信托	3	2	66.67	1	33.33
国联信托	3	3	100.00	—	—
国民信托	4	3	75.00	1	25.00
国通信托	1	1	100.00	—	—

续表1

公司简称	独立董事人员数(人)	其中男性人数(人)	男性所占比例(%)	其中女性人数(人)	女性所占比例(%)
国投泰康信托	3	2	66.67	1	33.33
国元信托	3	2	66.67	1	33.33
杭州工商信托	3	3	100.00	—	—
湖南信托	3	2	66.67	1	33.33
华澳信托	2	2	100.00	—	—
华宝信托	3	3	100.00	—	—
华宸信托	3	3	100.00	—	—
华能信托	3	1	33.33	2	66.67
华融信托	3	3	100.00	—	—
华润信托	4	3	75.00	1	25.00
华鑫信托	2	2	100.00	—	—
吉林信托	2	2	100.00	—	—
建信信托	3	3	100.00	—	—
建元信托	3	3	100.00	—	—
江苏信托	3	3	100.00	—	—
交银国际信托	3	3	100.00	—	—
金谷信托	3	3	100.00	—	—
昆仑信托	3	3	100.00	—	—
陆家嘴信托	3	1	33.33	2	66.67
平安信托	4	4	100.00	—	—
厦门国际信托	3	3	100.00	—	—
山东国信	3	2	66.67	1	33.33
山西信托	2	2	100.00	—	—
陕国投	3	3	100.00	—	—
上海信托	3	2	66.67	1	33.33
苏州信托	3	2	66.67	1	33.33
天津信托	2	2	100.00	—	—
外贸信托	3	3	100.00	—	—
万向信托	5	5	100.00	—	—
五矿信托	3	2	66.67	1	33.33
西部信托	3	2	66.67	1	33.33
西藏信托	3	3	100.00	—	—
兴业信托	3	3	100.00	—	—
英大信托	3	—	—	3	100.00
粤财信托	3	3	100.00	—	—
云南信托	3	3	100.00	—	—
长城新盛信托	2	2	100.00	—	—
浙金信托	3	3	100.00	—	—

续表2

公司简称	独立董事人员数(人)	其中男性人数(人)	男性所占比例(%)	其中女性人数(人)	女性所占比例(%)
中诚信托	5	5	100.00	—	—
中海信托	3	3	100.00	—	—
中航信托	3	3	100.00	—	—
中建投信托	3	2	66.67	1	33.33
中粮信托	3	3	100.00	—	—
中泰信托	4	4	100.00	—	—
中铁信托	3	2	66.67	1	33.33
中信信托	3	3	100.00	—	—
中原信托	3	3	100.00	—	—
重庆信托	5	5	100.00	—	—
紫金信托	3	2	66.67	1	33.33
合计	176	153	86.93	23	13.07

注：本年度有9家信托公司尚未披露年报，故未在本表中披露相关数据。

表7-1-12　已披露年报的信托公司2023年末独立董事人员年龄构成分析

公司简称	独立董事人员数(人)	其中30~39岁人数(人)	30~39岁比例(%)	其中40岁及以上人数(人)	40岁及以上比例(%)	独立董事平均年龄(岁)
爱建信托	1	—	—	1	100.00	57.00
百瑞信托	3	—	—	3	100.00	49.67
北方信托	3	—	—	3	100.00	58.00
渤海信托	3	—	—	3	100.00	53.00
大业信托	3	—	—	3	100.00	62.00
东莞信托	2	—	—	2	100.00	63.50
光大兴陇信托	3	—	—	3	100.00	59.00
国联信托	3	—	—	3	100.00	57.33
国民信托	4	—	—	4	100.00	60.50
国通信托	1	—	—	1	100.00	65.00
国投泰康信托	3	—	—	3	100.00	59.00
国元信托	3	—	—	3	100.00	54.67
杭州工商信托	3	—	—	3	100.00	48.33
湖南信托	3	—	—	3	100.00	58.33
华澳信托	2	—	—	2	100.00	58.50
华宝信托	3	—	—	3	100.00	54.00
华宸信托	3	1	33.33	2	66.67	46.00
华能信托	3	—	—	3	100.00	61.67
华融信托	3	—	—	3	100.00	62.67
华润信托	4	—	—	4	100.00	57.00
华鑫信托	2	—	—	2	100.00	65.50
吉林信托	2	—	—	2	100.00	68.00
建信信托	3	—	—	3	100.00	58.00
建元信托	3	—	—	3	100.00	58.33
江苏信托	3	—	—	3	100.00	54.00

续表

公司简称	独立董事人员数(人)	其中30~39岁人数(人)	30~39岁比例(%)	其中40岁及以上人数(人)	40岁及以上比例(%)	独立董事平均年龄(岁)
交银国际信托	3	—	—	3	100.00	51.33
金谷信托	3	—	—	3	100.00	56.00
昆仑信托	3	—	—	3	100.00	59.00
陆家嘴信托	3	—	—	3	100.00	51.67
平安信托	4	—	—	4	100.00	60.00
厦门国际信托	3	—	—	3	100.00	51.33
山东国信	3	—	—	3	100.00	51.33
山西信托	2	—	—	2	100.00	118.00
陕国投	3	—	—	3	100.00	53.00
上海信托	3	—	—	3	100.00	64.33
苏州信托	3	—	—	3	100.00	65.00
天津信托	2	—	—	2	100.00	60.00
外贸信托	3	—	—	3	100.00	55.00
万向信托	5	—	—	5	100.00	61.80
五矿信托	3	—	—	3	100.00	52.67
西部信托	3	—	—	3	100.00	58.67
西藏信托	3	—	—	3	100.00	46.67
兴业信托	3	—	—	3	100.00	59.67
英大信托	3	—	—	3	100.00	59.00
粤财信托	3	—	—	3	100.00	62.33
云南信托	3	—	—	3	100.00	50.00
长城新盛信托	2	—	—	2	100.00	49.00
浙金信托	3	—	—	3	100.00	52.67
中诚信托	5	—	—	5	100.00	59.00
中海信托	3	—	—	3	100.00	65.33
中航信托	3	—	—	3	100.00	55.33
中建投信托	3	—	—	3	100.00	56.00
中粮信托	3	—	—	3	100.00	57.33
中泰信托	4	—	—	4	100.00	62.75
中铁信托	3	—	—	3	100.00	56.00
中信信托	3	—	—	3	100.00	60.67
中原信托	3	—	—	3	100.00	60.33
重庆信托	5	—	—	5	100.00	61.40
紫金信托	3	—	—	3	100.00	50.00
合计	176	1	0.57	175	99.43	57.97

注：本年度有9家信托公司尚未披露年报，故未在本表中披露相关数据。

（四）监事会及其基本情况分析

在已披露年报的59家信托公司中，有27家披露没有发生变动、32家披露了监事变更次数和变更的详情，见表7-1-13。

表 7-1-13　已披露年报的信托公司2023年监事变更情况

公司简称	是否变更	变更次数（次）	期内监事变更详情列示
爱建信托	是	3	2023年1月19日，公司召开六届六次职工代表大会，选举朱红燕、梅松为公司第六届监事会职工监事 2023年2月28日，公司召开2023年第二次股东会，审议通过《关于选举公司第六届监事会成员的议案》，选举胡爱军、武彪、邓玺为公司第六届监事会监事 2023年2月28日，公司召开六届一次监事会，审议通过《关于选举公司第六届监事会监事长的议案》，选举胡爱军为公司第六届监事会监事长，任期同第六届监事会
百瑞信托	是	1	经股东提名、工会民主选举并经公司2023年度第四次股东会（临时）会议审议通过监事会换届方案，张玉柱、高鹏飞、申中辉、高志杰、郭晓茹不再担任公司监事会监事职务；聘任周慧芹、陶向前、李锋、唐向敏、梁斌、岳慎芳、陈进、黄彪为公司第八届监事会监事，自股东会审议通过之日起正式履行监事职责
北方信托	否		
渤海信托	是	2	2023年6月13日，经公司2023年第一次临时职工代表大会决议，肖小清担任公司职工监事，唐晓蕾不再担任职工监事 2023年6月29日，经公司2023年度第二次临时股东大会审议通过，选举符高萌担任公司非职工监事；同日，经第二届监事会第二十六次会议审议通过，选举符高萌担任公司监事会主席
大业信托	否		
东莞信托	是	2	2023年5月，因个人原因，原职工监事陈玉清申请辞去职工监事职务，经公司职代会通过终止其职工监事任职资格 2023年7月，因个人原因，委派监事肖润鑫申请辞去监事职务，经公司党委会、监事会审议通过辞去监事职务。在改选出新监事就任前，肖润鑫监事将依照法律、行政法规和公司章程的规定，继续履行监事职务
光大兴陇信托	是	2	2023年8月28日，经公司2023年第一次临时股东会审议通过，选举韩鹏任公司监事，张晶不再担任公司监事职务 2023年8月29日，经公司监事会2023年第三次会议审议通过，选举韩鹏任公司监事会主席，张晶不再担任公司监事会主席职务
国联信托	是	1	2023年12月21日，国联信托股份有限公司2023年度第三次临时股东大会选举李梭同志为公司第五届监事会监事，经国联信托股份有限公司第五届监事会第九次会议审议通过，选举李梭同志为国联信托股份有限公司第五届监事会监事长
国民信托	是	1	2023年7月，经公司职工民主选举，张志不再担任职工监事，选举郭睿担任职工监事
国通信托	否		
国投泰康信托	否		
国元信托	是	1	因已达法定退休年龄，徐景明先生辞去公司监事长、监事职务。2023年4月21日，公司召开2022年度股东会，会议审议通过监事辞任事项，在公司新任监事就任前，徐景明先生将继续履行监事职责
杭州工商信托	是	2	公司外部监事曹玲华女士于2023年3月10日因个人原因提出辞职 2023年5月26日，公司2022年度股东大会审议通过《关于公司监事变更的议案》，选举王健先生为第九届监事会外部监事，任期至公司第九届监事会届满之日止
湖南信托	否		
华澳信托	否		
华宝信托	是	2	2023年4月6日，华宝信托2023年股东会第一次临时会议以通信方式召开。会议同意《关于变更董事、监事的议案》，同意选举许旭东为华宝信托监事，并为监事会主席人选；同意免去徐兴军华宝信托监事（专职）、监事职务 2023年10月16日，华宝信托2023年股东会第四次临时会议以通信方式召开。会议同意《关于监事会换届的议案》，选举许旭东、黄洪永、陈保华为华宝信托第八届监事会股东代表监事（其中许旭东、黄洪永为连任监事），股东会决议后立即履行职责。另，职工代表监事已由公司职代会联席会议选举产生，刘文力、杨坤当选为华宝信托第八届监事会职工监事
华宸信托	否		
华能信托	否		
华融信托	否		
华润信托	是	1	2023年4月7日，公司召开2023年第二次股东会会议，审议通过关于朱军先生不再担任公司监事会主席职务的议案，朱军先生不再担任公司监事会主席、监事职务
华鑫信托	是	2	根据工作需要，按照股东方提名并经公司监事会选举，王晓波担任公司监事会主席 因达到法定退休年龄，刘晖不再担任公司监事会主席、监事职务
吉林信托	否		
建信信托	是	1	2023年2月，杨刚因到龄退休，辞去建信信托监事职务
建元信托	否		
江苏信托	否		
交银国际信托	否		
金谷信托	否		

续表1

公司简称	是否变更	变更次数（次）	期内监事变更详情列示
昆仑信托	是	3	万钧、于丽娜、贺红旭、吴广伟、李志华变更监事3名
陆家嘴信托	是	1	2023年11月22日，经职工代表大会选举，选任侯惠珠女士为公司职工监事，潘易女士因工作调动，不再担任公司职工监事
平安信托	是	1	2023年5月23日，刘崇先生因个人原因辞任公司外部监事职务，经公司第七届监事会第十四次会议审议通过不再担任公司外部监事职务
厦门国际信托	是	1	公司股东会选举、确认第七届监事会成员为林漳龙（第七届监事会选举为监事会主席）、刘志云、陈剑毅。第七届董事会、监事会自2023年7月起正式到任履职
山东国信	是	1	侯振凯先生因工作调整，自2023年5月16日起辞任股东代表监事。何曙光先生获股东于2023年度股东周年大会上审议批准为股东代表监事，自2023年6月14日起生效
山西信托	否		
陕国投	是	2	2023年10月16日，经公司2023年第三次临时股东大会选举，强力当选公司第九届监事会监事 2023年5月17日，公司职工代表大会选举王硕为公司第九届监事会职工监事
上海信托	否		
苏州信托	否		
天津信托	是	2	2023年1月31日，公司以通信表决方式召开股东会2023年第1次临时会议，审议通过了《关于调整天津信托有限责任公司第九届监事会人选的议案》，同意舒东同志不再担任第九届监事会监事，同意许勇同志任公司监事，履职任期与本届监事会一致 2023年1月31日，公司以通信表决方式召开监事会2023年第1次临时会议，审议通过了《关于调整天津信托有限责任公司第九届监事会人选及选举监事会主席的议案》，经审议决定，同意舒东同志不再担任公司第九届监事会监事及监事会主席职务。同意许勇同志担任天津信托有限责任公司第九届监事会监事和监事会主席职务
外贸信托	否		
万向信托	否		
五矿信托	否		
西部信托	否		
西藏信托	否		
兴业信托	否		
英大信托	是	1	2023年12月18日，经股东会审议，同意选举王端瑞为公司监事会监事，原监事史厚云不再继续履职
粤财信托	是	1	因工作调动，公司原监事长彭金灯同志不再担任公司监事长。公司2023年第四次临时股东会选举宋金波同志为公司监事，公司第七届监事会第六次会议选聘宋金波同志为公司监事长，宋金波同志于7月到任公司监事长
云南信托	是	1	公司监事许悦女士因个人原因提出辞职，公司股东上海纳米创业投资有限公司推荐倪文杰先生作为公司第七届监事会监事候选人，并经2023年4月召开的2022年度股东会议审议通过正式履职
长城新盛信托	否		
浙金信托	是	2	因李庆玲女士辞去公司监事职务，2023年4月25日，公司股东大会选举严文贵先生为公司监事。2023年4月26日，监事会选举严文贵先生为公司监事会主席 因赵丹明先生退休，辞去公司职工监事职务。2023年5月25日，吕一平女士经公司职工代表大会选举成为职工监事
中诚信托	是	4	2023年4月26日，公司2022年度股东会审议通过《关于监事会换届选举的议案》，公司第七届监事会监事为尉维斌、王效钉、黄克孟、刘国岭、王士萍、赵明、倪彦若、梅永文。袁晋华、潘红霞、刘俊光、张纪军、袁云鹏、赵海龙、李家正、吴明清、郑建新、吕少泉、吉祥、王玉国、陈学军不再担任公司监事 2023年9月26日，公司2023年第一次临时监事会审议通过《关于监事长辞职和提名监事的议案》，一致同意尉维斌不再担任监事长职务 2023年9月26日，公司2023年第二次临时股东会审议通过《关于选举监事的议案》，选举白飞鹏为第七届监事会监事，尉维斌不再担任公司监事 2023年9月26日公司召开2023年第二次临时监事会审议通过《关于选举监事长的议案》，选举白飞鹏为第七届监事会监事长
中海信托	是	1	2023年10月27日，经公司股东大会2023年第二次临时会议审议通过，免去金伟根监事职务，并选举周元为公司监事
中航信托	是	2	2023年12月，原监事会主席退休，周宝义先生担任监事、监事会主席 2024年3月，原职工监事辞去职务，谢检发先生担任职工监事
中建投信托	否		
中粮信托	是	1	公司第四届监事会任期届满，经公司股东会、职代表大会、监事会审议通过，初丰城、沈慧、江元军不再担任监事，马建泽、张晓燕、陈众、罗峰、谭军担任第五届监事会监事，其中马建泽为监事会主席

续表2

公司简称	是否变更	变更次数（次）	期内监事变更详情列示
中泰信托	是	1	报告期内，监事王红梅女士因个人原因辞去监事职务，经公司股东会审议通过，王红梅女士不再担任公司监事，选举史珊珊女士为公司监事
中铁信托	是	1	2023年4月，经公司股东会2023年第一次会议审议通过，同意增补李平为中铁信托有限责任公司第六届监事会外部监事，原第六届监事会外部监事李强，不再履行外部监事职责
中信信托	否		
中原信托	是	2	2023年11月，因到龄退休，经公司职工代表大会审议，山岩不再担任公司职工监事职务。2024年1月，公司职工代表大会选举马咪莹担任公司职工监事 2024年3月，因工作调整至其他单位，经公司股东会、监事会审议，宋东不再担任公司监事会监事、监事会主席
重庆信托	是	1	报告期内，公司股东大会选举王卓娅女士为公司第三届监事会监事。胡容先生不再担任公司监事
紫金信托	否		

注：本年度有9家信托公司尚未披露年报，故未在本表中披露相关数据。

截至2023年末，59家已披露年报的信托公司均设立了监事及监事会，合计监事246人，平均每家设置监事4.17人。其中，男性人数合计为150人，占总人数的60.98%；女性人数合计为96人，占总人数的39.02%。与董事的性别构成比较，监事的女性占比大于董事的女性占比。详见表7-1-14。

表7-1-14　　　　已披露年报的信托公司2023年末监事会人员性别构成分析

公司简称	监事会成员人数（人）	其中男性人数（人）	男性所占比例（%）	其中女性人数（人）	女性所占比例（%）
爱建信托	5	4	80.00	1	20.00
百瑞信托	8	6	75.00	2	25.00
北方信托	6	1	16.67	5	83.33
渤海信托	3	2	66.67	1	33.33
大业信托	5	2	40.00	3	60.00
东莞信托	3	2	66.67	1	33.33
光大兴陇信托	3	1	33.33	2	66.67
国联信托	3	1	33.33	2	66.67
国民信托	3	2	66.67	1	33.33
国通信托	5	3	60.00	2	40.00
国投泰康信托	3	1	33.33	2	66.67
国元信托	3	2	66.67	1	33.33
杭州工商信托	3	3	100.00	—	—
湖南信托	3	2	66.67	1	33.33
华澳信托	2	—	—	2	100.00
华宝信托	5	5	100.00	—	—
华宸信托	5	3	60.00	2	40.00
华能信托	3	2	66.67	1	33.33
华融信托	7	3	42.86	4	57.14
华润信托	3	2	66.67	1	33.33
华鑫信托	3	1	33.33	2	66.67
吉林信托	5	4	80.00	1	20.00
建信信托	3	3	100.00	—	—
建元信托	3	1	33.33	2	66.67
江苏信托	3	2	66.67	1	33.33

续表

公司简称	监事会成员人数（人）	其中男性人数（人）	男性所占比例（%）	其中女性人数（人）	女性所占比例（%）
交银国际信托	3	2	66.67	1	33.33
金谷信托	5	1	20.00	4	80.00
昆仑信托	5	3	60.00	2	40.00
陆家嘴信托	5	—	—	5	100.00
平安信托	5	3	60.00	2	40.00
厦门国际信托	3	2	66.67	1	33.33
山东国信	9	6	66.67	3	33.33
山西信托	5	2	40.00	3	60.00
陕国投	5	3	60.00	2	40.00
上海信托	3	3	100.00	—	—
苏州信托	5	3	60.00	2	40.00
天津信托	5	5	100.00	—	—
外贸信托	3	3	100.00	—	—
万向信托	3	3	100.00	—	—
五矿信托	5	3	60.00	2	40.00
西部信托	3	2	66.67	1	33.33
西藏信托	3	3	100.00	—	—
兴业信托	3	3	100.00	—	—
英大信托	3	—	—	3	100.00
粤财信托	3	1	33.33	2	66.67
云南信托	7	5	71.43	2	28.57
长城新盛信托	4	4	100.00	—	—
浙金信托	5	3	60.00	2	40.00
中诚信托	8	5	62.50	3	37.50
中海信托	3	2	66.67	1	33.33
中航信托	4	3	75.00	1	25.00
中建投信托	6	3	50.00	3	50.00
中粮信托	5	4	80.00	1	20.00
中泰信托	3	1	33.33	2	66.67
中铁信托	3	2	66.67	1	33.33
中信信托	3	1	33.33	2	66.67
中原信托	5	4	80.00	1	20.00
重庆信托	5	2	40.00	3	60.00
紫金信托	3	2	66.67	1	33.33
合计	246	150	60.98	96	39.02

注：本年度有9家信托公司尚未披露年报，故未在本表中披露相关数据。

从监事的年龄结构来看，30~39岁的有31人，占12.60%；40岁及以上的有215人，占87.40%；而监事的平均年龄为48.63岁，年龄结构比董事要年轻。总体来说，监事人数及其构成基本合理。详见表7-1-15。

表7-1-15　　已披露年报的信托公司2023年末监事会人员年龄构成分析

名称	监事会成员人数（人）	其中30~39岁人数（人）	30~39岁比例（%）	其中40岁及以上人数（人）	40岁及以上比例（%）	监事的平均年龄（岁）
爱建信托	5	—	—	5	100.00	49.00
百瑞信托	8	—	—	8	100.00	47.38
北方信托	6	2	33.33	4	66.67	50.67
渤海信托	3	1	33.33	2	66.67	47.33
大业信托	5	—	—	5	100.00	50.40
东莞信托	3	1	33.33	2	66.67	44.33
光大兴陇信托	3	—	—	3	100.00	51.67
国联信托	3	1	33.33	2	66.67	41.00
国民信托	3	—	—	3	100.00	47.00
国通信托	5	1	20.00	4	80.00	47.40
国投泰康信托	3	—	—	3	100.00	53.33
国元信托	3	—	—	3	100.00	56.00
杭州工商信托	3	—	—	3	100.00	47.00
湖南信托	3	1	33.33	2	66.67	45.67
华澳信托	2	—	—	2	100.00	47.00
华宝信托	5	1	20.00	4	80.00	45.00
华宸信托	5	—	—	5	100.00	55.60
华能信托	3	—	—	3	100.00	51.67
华融信托	7	1	14.29	6	85.71	49.14
华润信托	3	—	—	3	100.00	49.67
华鑫信托	3	—	—	3	100.00	44.33
吉林信托	5	—	—	5	100.00	52.60
建信信托	3	—	—	3	100.00	47.00
建元信托	3	2	66.67	1	33.33	43.33
江苏信托	3	—	—	3	100.00	55.67
交银国际信托	3	—	—	3	100.00	49.67
金谷信托	5	—	—	5	100.00	51.00
昆仑信托	5	—	—	5	100.00	47.80
陆家嘴信托	5	1	20.00	4	80.00	43.00
平安信托	5	—	—	5	100.00	51.80
厦门国际信托	3	1	33.33	2	66.67	49.00
山东国信	9	2	22.22	7	77.78	46.78
山西信托	5	—	—	5	100.00	48.60
陕国投	5	1	20.00	4	80.00	55.60
上海信托	3	—	—	3	100.00	54.33
苏州信托	5	1	20.00	4	80.00	46.80
天津信托	5	—	—	5	100.00	50.00
外贸信托	3	—	—	3	100.00	50.33
万向信托	3	—	—	3	100.00	51.00
五矿信托	5	2	40.00	3	60.00	44.60
西部信托	3	—	—	3	100.00	49.33

续表

名称	监事会成员人数（人）	其中30~39岁人数（人）	30~39岁比例（%）	其中40岁及以上人数（人）	40岁及以上比例（%）	监事的平均年龄（岁）
西藏信托	3	2	66.67	1	33.33	42.67
兴业信托	3	—	—	3	100.00	58.33
英大信托	3	—	—	3	100.00	48.67
粤财信托	3	1	33.33	2	66.67	42.67
云南信托	7	3	42.86	4	57.14	42.57
长城新盛信托	4	—	—	4	100.00	51.75
浙金信托	5	—	—	5	100.00	44.40
中诚信托	8	—	—	8	100.00	51.50
中海信托	3	—	—	3	100.00	44.67
中航信托	4	1	25.00	3	75.00	50.00
中建投信托	6	3	50.00	3	50.00	40.00
中粮信托	5	—	—	5	100.00	52.20
中泰信托	3	—	—	3	100.00	47.67
中铁信托	3	—	—	3	100.00	50.00
中信信托	3	—	—	3	100.00	52.33
中原信托	5	1	20.00	4	80.00	45.40
重庆信托	5	1	20.00	4	80.00	52.00
紫金信托	3	—	—	3	100.00	50.33
合计	246	31	12.60	215	87.40	48.63

注：本年度有9家信托公司尚未披露年报，故未在本表中披露相关数据。

（五）信托公司股东派出董事和监事情况分析

2023年，59家信托公司中，由股东派出的董事为334人，占董事会总人数486人的68.72%，其中，有11家信托公司的董事成员全部由股东派出，平均每家公司派出5.66人。

由股东派出的监事共133人，占监事会总人数246人的54.07%。由此可见，目前的信托公司的董事和监事绝大部分是由股东派出的，股东对信托公司日常经营的控制非常明显。详见7-1-16。

表7-1-16　　　　　　　　　　2023年末股东派出董事和监事情况分析表

公司简称	董事			监事		
	总人数（人）	其中股东单位派出人数（人）	股东单位派出占比（%）	总人数（人）	其中股东单位派出人数（人）	股东单位派出占比（%）
爱建信托	7	6	85.71	5	3	60.00
百瑞信托	11	10	90.91	8	5	62.50
北方信托	7	4	57.14	6	4	66.67
渤海信托	7	4	57.14	3	—	—
大业信托	9	8	88.89	5	3	60.00
东莞信托	6	6	100.00	3	1	33.33
光大兴陇信托	9	5	55.56	3	1	33.33
国联信托	8	5	62.50	3	1	33.33
国民信托	7	3	42.86	3	2	66.67
国通信托	4	3	75.00	5	3	60.00
国投泰康信托	9	9	100.00	3	2	66.67
国元信托	9	6	66.67	3	1	33.33

续表1

公司简称	董事			监事		
	总人数（人）	其中股东单位派出人数（人）	股东单位派出占比（%）	总人数（人）	其中股东单位派出人数（人）	股东单位派出占比（%）
杭州工商信托	8	5	62.50	3	—	—
湖南信托	7	6	85.71	3	2	66.67
华澳信托	5	5	100.00	2	1	50.00
华宝信托	9	9	100.00	5	3	60.00
华宸信托	8	2	25.00	5	1	20.00
华能信托	8	5	62.50	3	2	66.67
华融信托	8	2	25.00	7	2	28.57
华润信托	10	6	60.00	3	2	66.67
华鑫信托	6	3	50.00	3	2	66.67
吉林信托	5	3	60.00	5	3	60.00
建信信托	8	5	62.50	3	1	33.33
建元信托	8	5	62.50	3	1	33.33
江苏信托	9	5	55.56	3	1	33.33
交银国际信托	9	6	66.67	3	2	66.67
金谷信托	8	5	62.50	5	3	60.00
昆仑信托	9	8	88.89	5	4	80.00
陆家嘴信托	7	4	57.14	5	3	60.00
平安信托	10	5	50.00	5	1	20.00
厦门国际信托	9	5	55.56	3	2	66.67
山东国信	8	4	50.00	9	6	66.67
山西信托	6	5	83.33	5	3	60.00
陕国投	8	5	62.50	5	5	100.00
上海信托	9	5	55.56	3	2	66.67
苏州信托	8	7	87.50	5	4	80.00
天津信托	9	8	88.89	5	3	60.00
外贸信托	8	8	100.00	3	2	66.67
万向信托	9	4	44.44	3	2	66.67
五矿信托	9	5	55.56	5	3	60.00
西部信托	8	4	50.00	3	2	66.67
西藏信托	8	7	87.50	3	2	66.67
兴业信托	9	5	55.56	3	1	33.33
英大信托	9	5	55.56	3	2	66.67
粤财信托	7	6	85.71	3	2	66.67
云南信托	9	9	100.00	7	4	57.14
长城新盛信托	7	6	85.71	4	2	50.00
浙金信托	9	9	100.00	5	3	60.00
中诚信托	13	6	46.15	8	1	12.50
中海信托	8	4	50.00	3	2	66.67
中航信托	7	4	57.14	4	1	25.00
中建投信托	8	8	100.00	6	4	66.67

续表2

公司简称	董事			监事		
	总人数（人）	其中股东单位派出人数（人）	股东单位派出占比（%）	总人数（人）	其中股东单位派出人数（人）	股东单位派出占比（%）
中粮信托	9	9	100.00	5	3	60.00
中泰信托	8	8	100.00	3	2	66.67
中铁信托	9	3	33.33	3	1	33.33
中信信托	8	8	100.00	3	2	66.67
中原信托	10	6	60.00	5	2	40.00
重庆信托	13	8	61.54	5	3	60.00
紫金信托	9	5	55.56	3	2	66.67
合计	486	334	68.72	246	133	54.07

注：本年度有9家信托公司尚未披露年报，故未在本表中披露相关数据。

二、公司高管情况分析

（一）公司高管变动情况分析

2023年，53家公司披露有高管的变动，详见表7-2-1。

表7-2-1　　　　　　　　　　　　　　2023年高管变更情况

公司简称	是否变更	变更次数（次）	期内高管变更详情列示
爱建信托	是	4	2023年2月28日，公司召开七届一次董事会，审议通过《关于聘任公司总经理的议案》，聘任吴淳为公司总经理，任期同第七届董事会。在拟任总经理任职资格未获核准前，由吴淳自2023年3月1日起代为履行总经理职权。审议通过《关于聘任公司董事会秘书的议案》，公司董事长徐众华提名朱建高为公司董事会秘书，任期同第七届董事会。审议通过《关于聘任公司副总经理等高级管理人员的议案》，聘任朱建高为公司副总经理，李洋洋为公司副总经理、合规总监，王成兵为公司财务总监，朱亚天为公司总经理助理，上述人员任期同第七届董事会 2023年2月28日，吴文新不再担任公司总经理职务 2023年2月28日，杨毅不再担任公司副总经理职务 2023年12月18日，公司召开七届四次董事会，审议通过《关于聘任许奎军为公司总经理助理的议案》，聘任许奎军为公司总经理助理，任期同第七届董事会。审议通过《关于聘任梅松为公司总经理助理的议案》，聘任梅松为公司总经理助理，任期同第七届董事会。许奎军、梅松的总经理助理任职资格于2024年3月19日获国家金融监督管理总局上海监管局核准
百瑞信托	是	2	经董事长提名并经公司第七届董事会第四十次会议审议通过，聘任陈立军为公司总经理，任职资格经监管部门核准后生效，自资格核准生效之日起正式履职。2023年2月23日，陈立军总经理任职资格获得监管部门核准通过并正式履职 经总经理提名并经公司第七届董事会第四十七次会议审议通过，聘任王瑞春为公司副总经理，任职资格经监管部门核准后生效，自资格核准生效之日起正式履职。2023年5月23日，王瑞春副总经理任职资格获得监管部门核准通过并正式履职
北方信托	否		
渤海信托	是	2	2023年2月8日，经公司第二届董事会第三十一次会议审议通过，聘任章全明担任公司总裁；章全明总裁任职资格于2023年4月23日获得原河北银保监局核准 2023年6月14日，经公司第二届董事会第三十四次会议审议通过，同意符高萌辞去副总裁职务
大业信托	是	3	2022年6月，战伟宏先生因个人原因辞去公司总经理职务。2022年7月，公司董事会拟聘任鲁以亮先生担任公司总经理职务。2023年2月，中国银行保险监督管理委员会广东监管局下发《关于鲁以亮任职资格的批复》，（粤银保监复〔2023〕51号），核准了鲁以亮先生担任公司总经理的任职资格
东莞信托	是	1	2023年7月，经第五届董事会第五十四次会议审议通过《关于公司副总经理、董事会秘书王晓天同志免职的议案》，公司同意免去王晓天同志副总经理、董事会秘书职务，并按要求完成了王晓天同志离任经济责任审计等工作
光大兴陇信托	是	2	2022年10月19日，经公司2022年第五次董事会审议通过，聘任杨天博为公司副总裁，2023年2月2日，经国家金融监督管理总局甘肃监管局核准，杨天博取得公司副总裁任职资格 2023年8月28日，经公司董事会2023年第三次会议审议通过，聘任杨子江、朱斌为公司副总裁，2023年10月25日，经国家金融监督管理总局甘肃监管局核准，杨子江、朱斌取得公司副总裁任职资格
国联信托	是	2	2023年1月18日，国联信托股份有限公司第五届董事会第十一次会议审议通过，聘任高琪峰、吴丹为副总经理，该二人副总经理任职资格分别于2023年6月9日、2023年10月26日获批
国民信托	是	3	2023年11月，经董事会决议，刘晶女士不再担任公司副总经理 2023年11月，经董事会决议和监管部门任职资格批复，张志担任公司副总经理、王珏担任公司信息总监 2024年1月，经董事会决议和监管部门任职资格批复，王晓天担任公司总经理
国通信托	是	1	2023年7月31日，公司财务总监高莎女士不再担任财务总监职务

续表1

公司简称	是否变更	变更次数（次）	期内高管变更详情列示
国投泰康信托	否		
国元信托	否		
杭州工商信托	是	2	公司董事会于2023年11月1日收到江龙先生的辞职信，江龙先生因个人原因提出辞去公司董事、总裁职务。根据《中华人民共和国公司法》《银行保险机构公司治理准则》及公司章程等规定，江龙先生的董事职任辞职信送达公司董事会之日起生效 2023年11月23日，公司第九届董事会第二十一次会议审议并通过《关于公司总裁辞职及董事长代为履职总裁的议案》。在总裁空缺期间，由董事长余南军先生代为履行公司总裁职责
湖南信托	是	4	（1）9月27日，第五届董事会第106次临时会议审议通过了《关于刘之彦同志辞去湖南省财信信托有限责任公司职工董事、副总裁等全部职务的议案》。因工作变动原因，刘之彦同志辞去湖南省财信信托有限责任公司副总裁职务 （2）9月27日，第五届董事会第106次临时会议审议通过了《关于蒋天翼同志辞去湖南省财信信托有限责任公司董事会秘书职务的议案》，因工作变动原因，蒋天翼同志辞去公司董事会秘书职务 （3）9月27日，第五届董事会第106次临时会议审议通过了《关于聘任孙雨新同志为湖南省财信信托有限责任公司董事会秘书的议案》，同意聘任孙雨新同志为公司董事会秘书，并已获国家金融监督管理总局湖南监管局任职资格核准批复（湘金复〔2023〕107号） （4）9月27日，第五届董事会第106次临时会议审议通过了《关于聘任王志鹏同志为湖南省财信信托有限责任公司总裁助理的议案》，同意聘任王志鹏同志为公司总裁助理，并已获国家金融监督管理总局湖南监管局任职资格核准批复（湘金复〔2023〕106号）
华澳信托	否		
华宝信托	否		
华宸信托	是	1	2023年10月，经自治区党委组织部研究决定，内蒙古自治区人力资源和社会保障厅下发了《关于提名张伟免职的通知》（内组干字〔2023〕106号），提名免去张伟的华宸信托有限责任公司副总经理职务。按照免职程序，2023年11月22日，公司第六届董事会第十二次会议审议通过了《关于提名解聘张伟副总经理职务的建议》，免去张伟公司副总经理职务
华能信托	是	1	孙磊同志不再担任公司总经理，刘芳同志担任公司总经理
华融信托	是	2	李丹、崔文良，离职
华润信托	是	4	2023年3月20日，原深圳银保监局核准邱庆兵先生担任本公司首席审计官的任职资格（核准文件：深银保监复〔2023〕94号），邱庆兵先生担任公司首席审计官 2023年3月20日，原深圳银保监局核准吴艳女士担任本公司副总经理和董事会秘书的任职资格（核准文件：深银保监复〔2023〕95号），吴艳女士担任公司副总经理、董事会秘书 2023年4月7日，公司召开第八届董事会第四次会议，聘任王央女士为公司首席合规官（总法律顾问），其任职资格待监管部门核准后生效。2023年12月21日，国家金融监督管理总局深圳监管局核准王央女士担任本公司首席合规官（总法律顾问）的任职资格（核准文件：深金复〔2023〕258号），王央女士担任公司首席合规官（总法律顾问） 2023年12月29日，公司召开第八届董事会第九次会议，聘任胡昊先生担任公司总经理，其任职资格待监管部门核准后生效
华鑫信托	是	1	经董事会研究，国家金融监督管理总局北京监管局核准，羿锦峰担任公司董事会秘书
吉林信托	是	2	2023年2月，根据吉林省委组织部《关于王劲松同志退休的通知》（吉组干字〔2023〕60号），公司党委专职副书记王劲松退休 2023年9月，根据吉林省委组织部《关于王延钧同志退休的通知》（吉组干字〔2023〕312号），省纪律检查委员会省监察委员会驻公司纪检监察组组长王延钧退休
建信信托	是	3	2023年2月，王晓薇辞去建信信托副总裁职务 经建信信托董事会2023年第9次会议审议同意，聘任成海波担任建信信托副总裁。2023年11月10日，国家金融监督管理总局北京监管局核准其任职资格（京金复〔2023〕255号） 经建信信托董事会2023年第11次会议审议同意，聘任卫晓东担任建信信托副总裁。2023年12月24日，国家金融监督管理总局北京监管局核准其任职资格（京金复〔2023〕365号）
建元信托	是	2	经第九届董事会第六次会议审议，聘任曾旭担任公司总经理（总裁）职务 经第九届董事会第九次会议审议，聘任毛剑辉担任公司副总经理（副总裁）职务
江苏信托	是	2	2023年4月13日，公司召开董事会，同意聘任贾宇为公司副总经理，马新伟为公司财务总监 2023年7月4日，中国银保监会江苏监管局核准贾宇为公司副总经理，核准马新伟为公司财务总监（苏银保监复〔2023〕208号）
交银国际信托	是	2	2023年4月，公司召开董事会，由于蔡平已到退休年龄，解聘蔡平交银国际信托有限公司副总裁职务 2023年12月，公司召开董事会，由于工作变动原因，解聘陈维交银国际信托有限公司副总裁职务
金谷信托	是	1	经公司第八届董事会第六十次会议审议通过，并根据《北京银保监局关于中国金谷国际信托有限责任公司王锡江任职资格的批复》（京银保监复〔2023〕267号），2023年5月8日，公司聘任王锡江担任公司副总经理职务
昆仑信托	是	3	江昱洁、宣力勇、范劼、同志勇、刘刚、矫德峰、田娜、周江天、刘坡阳、马向阳聘为高级管理人员
陆家嘴信托	是	1	2023年8月3日，经第五届董事会第二十四次会议审议通过，崔斌不再担任总经理职务，选任王彦为总经理；2023年10月19日，总经理任职资格经监管核准而生效
平安信托	是	1	戴巍先生于2024年2月2日起不再担任公司总经理职务，张中朝先生于2024年2月2日起担任公司总经理职务

续表2

公司简称	是否变更	变更次数（次）	期内高管变更详情列示
厦门国际信托	是	2	2023年1月，公司原副总经理郭韶红女士到龄退休。2023年2月，根据公司董事会决议，并经监管任职资格核准，公司聘任林俊民先生为公司副总经理 2023年12月，根据公司董事会决议，并经监管任职资格核准，公司聘任蔡云霖先生为公司总经理助理
山东国信	是	1	本公司于2021年8月26日召开董事会会议，审议通过《关于聘任公司副总经理的议案》，同意聘齐观义先生担任本公司副总经理。齐观义先生的任职资格已于2023年3月8日获原山东银保监局核准生效；本公司于2023年12月13日召开董事会会议，审议通过《关于解聘齐观义副总经理（职业经理人）职务的议案》，因个人原因，齐观义先生不再担任本公司副总经理职务
山西信托	是	2	经公司董事会、股东大会审议通过，雷淑俊不再担任公司总经理、董事。经公司董事会审议通过，王少飞代行总经理职责，已向国家金融监督管理总局山西监管局报告
陕国投	是	12	2023年3月20日，经公司第十届董事会第一次会议审议，决定续聘贾少龙为公司总会计师 2023年3月20日，经公司第十届董事会第一次会议审议，决定续聘王晓雁为公司副总裁 2024年1月12日，经公司第十届董事会第十二次会议审议，决定聘任申林为公司副总裁，其任职资格尚需国家金融监督管理总局陕西监管局核准 2023年3月20日，经公司第十届董事会第一次会议审议，决定聘任孙西燕为公司市场总监，不再担任公司业务总监 业务总监任免 2023年3月20日，经公司第十届董事会第一次会议审议，决定续聘王维华为公司董事会秘书 2023年3月20日，经公司第十届董事会第一次会议审议，决定续聘张仲和为公司业务总监 2023年3月20日，经公司第十届董事会第一次会议审议，决定聘任冯栋为公司业务总监，不再担任公司投资总监 投资总监任免 2023年3月20日，经公司第十届董事会第一次会议审议，决定聘任乔晓雷为公司稽核审计副总监 2023年4月12日，经公司第十届董事会第二次会议审议，同意公司稽核审计副总监岗位名称变更为高级审计官 2023年5月17日，经公司第十届董事会第四次会议审议，决定聘任徐海宝为公司业务总监 2023年8月24日，经公司第十届董事会第七次会议审议，决定聘任张涛为公司风险总监 2024年1月11日，孙若鹏因工作变动原因，申请辞去公司副总裁职务，并不再担任公司任何职务 2024年3月12日，李琳因工作变动原因，申请辞去公司风控总监职务，并不再担任公司任何职务 2023年3月20日，经公司第十届董事会第一次会议审议，决定聘任李琳为公司风控总监，不再担任公司高级风控官
上海信托	是	1	公司原副总经理张晓军同志于2023年2月到龄退休，经2023年4月21日公司第六届董事会第五十七次会议审议通过，张晓军同志不再担任公司副总经理职务
苏州信托	是	4	2023年11月23日，监事长陈磊到龄退休，不再担任监事长职务 2023年12月13日，王伟因工作需要，被选举为公司监事长 2023年12月13日，赵昕因工作需要，被选举为公司职工监事 2023年12月13日，孙权因工作需要，不再担任公司监事
天津信托	否		
外贸信托	是	2	公司第七届董事会第四十次会议通过决议，同意王大为担任外贸信托副总经理，屈鹏担任外贸信托董事会秘书，免去王大为担任的外贸信托董事会秘书、总经理助理职务 2023年4月7日，北京银保监局核准王大为副总经理的任职资格（京银保监复〔2023〕217号） 2023年4月7日，北京银保监局核准屈鹏董事会秘书的任职资格（京银保监复〔2023〕216号）
万向信托	是	1	2023年8月28日，公司董事会选聘陈浩为公司副总裁
五矿信托	是	2	2023年3月，因工作岗位调整，公司第五届董事会第三次会议同意何其联先生担任公司专职顾问，不再担任公司副总经理职务，相关任职调整已向监管机构报备 2023年4月，因工作需要，公司第五届董事会第五次会议同意聘任徐楚铭先生担任公司副总经理，任职资格已获监管机构核准
西部信托	是	1	2023年11月21日，公司召开了2023年第40次总经理办公会会议审议通过了《关于干部管理工作事项的议案》，同意李耀峰担任公司首席信息官
西藏信托	是	1	经西藏信托有限公司第六届董事会第三十九次会议审议通过，根据公司战略发展要求，结合工作实际调整需要，免去吴嘉怡财务总监的职务，由总经理张勇代为履行财务总监职责
兴业信托	是	5	经本公司董事会审议通过，并经原福建银保监局（闽银保监复〔2023〕25号）核准任职资格，柯阿勇先生于2023年1月正式履行公司副总裁职务 经本公司董事会审议通过，并经原福建银保监局（闽银保监复〔2023〕112号）核准任职资格，郑桦舒先生于2023年5月正式履行公司副总裁、董事会秘书职务 经公司董事会审议通过，并经国家金融监督管理总局福建监管局（闽金复〔2023〕85号）核准任职资格，郑仁福先生于2023年12月正式履行公司总裁助理职务 经本公司董事会审议通过，同意张小坚先生因个人原因于2023年8月辞去本公司总裁助理职务 经本公司董事会审议通过，同意徐静女士因工作调整原因于2023年11月辞去本公司副总裁职务
英大信托	是	3	2023年4月25日，经董事会审议，同意聘任左土民担任公司董事会秘书。2023年8月31日，左土民经国家金融监督管理总局北京监管局核准任职资格后正式履职 2023年11月30日，经董事会审议，同意聘任黄有为担任公司副总经理。2024年2月4日，黄有为经国家金融监督管理总局北京监管局核准任职资格后正式履职，原副总经理邓春岚不再继续履职 2023年12月27日，经董事会审议，同意聘任唐广文担任公司董事会秘书。2024年3月，公司向国家金融监督管理总局北京监管局提交关于申请核准唐广文拟任董事会秘书任职资格的请示，尚未获得监管批复

续表3

公司简称	是否变更	变更次数（次）	期内高管变更详情列示
粤财信托	是	2	报告期内，因工作调动需要，公司原董事、总经理骆传明同志不再担任公司董事、总经理。公司2023年第三次临时股东会选举王麒麟同志为公司董事，公司第七届董事会第二十四次会议选聘王麒麟同志为公司总经理，王麒麟同志的董事、总经理任职资格均于2023年7月获批，王麒麟同志于7月到任公司董事、总经理 为完善公司经营管理架构，推动风险处置，进一步提升公司治理水平，公司第七届董事会第二十五次会议选聘陈韶辉同志担任公司董事会秘书，公司第七届董事会第二十八次会议选聘蒋中东同志担任公司副总经理。上述两位公司高级管理人员的任职资格均已于2023年获监管部门批复，上述高级管理人员均已到岗
云南信托	是	3	2023年11月18日经《国家金融监督管理总局云南监管局关于邓国山任职资格的批复》（云金复〔2023〕93号）核准，邓国山先生正式履行我公司副总裁职务 2023年11月22日经《国家金融监督管理总局云南监管局关于李峥任职资格的批复》（云金复〔2023〕98号）核准，李峥女士正式履行我公司副总裁职务 2023年11月22日经《国家金融监督管理总局云南监管局关于张洪涛任职资格的批复》（云金复〔2023〕99号）核准，张洪涛先生正式履行我公司董事会秘书及副总裁职务
长城新盛信托	是	3	根据股东长城资产提名，经公司第二届董事会2022年第十三次（临时）会议审议表决通过，并获新疆监管局任职资格核准，徐永乐任长城信托总经理，于2023年3月15日正式履职；2023年5月22日，公司法定代表人变更为总经理徐永乐 根据股东长城资产提名，经公司第二届董事会2023年第二次（临时）会议审议表决通过，并获新疆监管局任职资格核准，刘静任长城信托副总经理，于2023年9月11日正式履职 根据股东长城资产的函，公司于2023年12月18日召开第二届董事会2023年第十五次（临时）会议，同意免去段合明风险总监职务
浙金信托	是	1	因工作调整，公司原副总经理李永良先生于2023年12月29日向公司董事会递交辞职报告，已经第五届董事会第二十九次临时会议审议通过
中诚信托	是	4	2023年9月26日，公司2023年第一次临时董事会审议通过《关于聘任副总裁的议案》，聘任尉维斌为公司副总裁 2023年9月26日，经公司2023年第一次临时董事会批准，敖磊不再担任公司首席风险官职务 2023年12月7日，经公司第七届董事会第三次会议批准，尉维斌为风险责任人 2024年1月5日，取得《国家金融监督管理总局北京监管局关于中诚信托有限责任公司尉维斌任职资格的批复》（京金复〔2024〕12号）
中海信托	是	2	2023年2月，经公司第五届董事会第二十三次会议审议通过，同意聘任卓新桥担任公司总裁。2023年7月，卓新桥总裁的任职资格获得原上海银保监局核准 2023年12月，经公司第五届董事会第三十三次会议审议通过，同意聘任王一曼担任公司风险总监。2024年3月，王一曼风险总监的任职资格获得国家金融监督管理总局上海监管局核准
中航信托	是	3	8月，范华女士因个人原因，辞去公司副总经理职务 10月，周祺先生因工作安排原因不再担任公司总经理职务。在新任总经理履职前，何唐兵先生代为履行总经理职责 12月，何唐兵先生不再担任公司副总经理职务
中建投信托	是	3	2023年2月，经公司第二届董事会第九次会议审议通过，自晓佳不再担任公司副总经理 2023年10月，经报国家金融监督管理总局浙江监管局核准（浙金复〔2023〕131号），孟世欣任公司副总经理 2023年12月，经公司第二届董事会第二十次会议审议通过，聘任郝磊为公司副总经理，拟任人资格经监管部门核准后生效
中粮信托	是	7	2023年4月，第四届董事会第十二次会议审议通过，杨屹任公司副总经理，2023年6月，国家金融监督管理总局北京监管局核准 2023年9月，第五届董事会第四次会议审议通过，徐阳任公司首席风险官，2024年1月，国家金融监督管理总局北京监管局核准 2024年4月，第五届董事会第八次会议审议通过宋仁波任公司财务总监（拟任），任职资格待国家金融监督管理总局北京监管局核准后生效 2023年4月，第四届董事会第十二次会议决议吴江任总经理助理 2023年10月，第五届董事会第五次会议决议陈众任副总经理 2023年10月，第五届董事会第五次会议决议杨屹任副总经理、财务总监 2023年4月，第四届董事会第十二次会议决议于泳任董事会秘书 2024年4月，第五届董事会第八次会议决议于泳任副总经理
中泰信托	是	1	报告期内，公司原副总裁余钧先生向董事会提出辞职，经公司董事会审议通过，余钧先生不再担任公司副总裁
中铁信托	是	1	2023年8月，国家金融监督管理总局四川监管局核准何茜女士中铁信托有限责任公司总经理助理的任职资格
中信信托	是	3	2022年10月，经公司第六届董事会第七十三次会议审议通过，聘任芦苇担任公司总经理，免去李子民公司总经理职务 2023年3月，芦苇的总经理任职资格获原北京银保监局核准 2023年10月，董事会审议通过《关于任免公司总经理、副总经理的议案》，免去蔡成维公司副总经理职务
中原信托	是	3	2023年11月，因到龄退休和工作调整原因，经公司董事会审议，姬宏俊和薛怀宇不再担任公司副总经理职务 2023年12月，因到龄退休，经公司股东会、职工代表大会和董事会审议，崔泽军不再担任公司职工董事兼职位董事和公司总经理职务 2024年1月，公司董事会聘任赵阳为总经理、聘任魏磊和李雨丝为副总经理，上述高级管理人员资格经监管核准后生效
重庆信托	是	1	报告期内，公司董事会聘任马骥先生为公司风险总监，其任职资格已于2023年10月经监管部门核准
紫金信托	是	1	2023年4月26日，公司第四届董事会第六次会议审议通过《关于聘任公司副总裁的议案》，聘任饭岛由规为公司副总裁。9月26日，饭岛由规副总裁任职资格获国家金融监督管理总局江苏监管局核准（苏金复〔2023〕90号）。长谷川宽树不再担任公司副总裁

注：本年度有9家信托公司尚未披露年报，故未在本表中披露相关数据。

（二）公司及其董事、监事和高级管理人员受到处罚的情况

2023年，36家信托公司明确表示公司及其董事、监事和高级管理人员未受到处罚，另外23家公司受到了相关的处罚（见7-2-2）。

表7-2-2　　2023年公司及其董事、监事和高级管理人员受到处罚的情况

公司简称	是否处罚	处罚次数（次）	期内处罚的详情列示
光大兴陇信托	是	1	报告期内，公司收到国家金融监督管理总局甘肃监管局下发的行政处罚决定书，对公司及原董事长闫桂军、原副总裁刘向东给予行政处罚
湖南信托	是	1	公司被下达湘银保监罚字〔2023〕17号《行政处罚决定书》
华融信托	是	1	报告期内，公司收到《财政部行政处罚事项决定书》（财监法〔2023〕30号），对我司2015年至2019年财务数据质量问题给予相应处罚
华润信托	是	1	报告期内，国家金融监督管理总局深圳监管局对公司作出行政处罚一次，处罚方式为罚款并对4名责任人员（不涉及公司董事、监事或高级管理人员）给予警告处分
建元信托	是	3	（1）2022年6月10日，上海证券交易所在其官网发布《上海证券交易所纪律处分决定书》（〔2022〕75号），对建元信托和原控股股东上海国之杰，时任董事长王少钦，时任董事长、总裁邵明安，时任总裁杨晓波、王荣予以公开谴责，并公开认定王少钦、杨晓波5年内不适合担任上市公司董事、监事和高级管理人员；对时任主管会计工作负责人赵宝英和时任董事会秘书武国建、陶瑾宇、王岗予以通报批评。纪律处分实施过程中，实际控制人高天国已因病去世，根据上海证券交易所相关规定，终止对其的纪律处分程序 （2）2023年9月15日，公司收到中国证券监督管理委员会上海监管局下发的《关于对建元信托股份有限公司采取出具警示函措施的决定》（沪证监决〔2023〕223号），具体内容详见公司于2023年9月16日在上海证券交易所网站披露的公告（编号：临2023-077） （3）2023年11月28日，上海证券交易所在其官网发布《上海证券交易所纪律处分决定书》（〔2023〕173号），对公司及时任董事长王少钦、时任总裁杨晓波、时任董事（代董事长、总裁）邵明安予以通报批评
江苏信托	是	1	2023年10月12日，国家金融监督管理总局江苏监管局向公司出具了行政处罚决定书（苏金罚决字〔2023〕53号），对公司进行罚款。报告期内，公司未发生较大数额（重大）行政处罚
金谷信托	是	1	2023年12月19日，国家金融监督管理总局北京监管局下发《行政处罚决定书》（京金罚决字〔2023〕40号），对公司作出行政处罚，罚款人民币合计100万元，对赵朝晖处以警告。公司高度重视处罚问题，对处罚涉及事项均已整改完毕
昆仑信托	是	1	2023年11月，因标准化监管数据错报漏报，标准化监管数据交叉核验不一致，公司受到监管处罚80万元
平安信托	是	1	报告期内，公司因存在净值化管理不到位、个别产品不符合资管新规等情形，受到国家金融监督管理总局深圳监管局罚款人民币180万元。截至报告日，公司已完成相关问题整改工作
厦门国际信托	是	1	2023年9月26日，国家金融监督管理总局厦门监管局向公司出具厦金罚决字〔2023〕8号《行政处罚决定书》，对公司作出总计罚款人民币415万元的行政处罚（以下合称本次行政处罚）
山东国信	是	1	2023年6月19日，国家金融监督管理总局山东监管局向本公司下发《行政处罚决定书》（鲁银保监决字〔2023〕84号），对本公司违反审慎经营规则，个别项目未有效落实监管要求罚款人民币40万元。本公司已经支付了上述罚款。
山西信托	是	1	报告期内，公司及3名董监高人员受到监管部门处罚。公司全力做好处罚事项所涉问题的整改
苏州信托	是	1	副总裁、财务总监周也勤，2023年10月26日到龄退休离任
西藏信托	是	1	2023年，公司收到西藏监管局《行政处罚决定书》，对公司管理不到位事项处以340万元罚款，并对部分管理人员予以警告
兴业信托	是	1	报告期内，国家金融监督管理总局福建监管局对本公司作出行政处罚1次，对公司及相关责任人处以罚款及警告
英大信托	是	1	2024年2月6日，国家金融监督管理总局北京监管局作出处罚决定，并于2024年2月18日，公布行政处罚信息公开表，因未履行审慎勤勉业务，应收账款真实性审查以及资金监控失职，对公司罚款合计100万元，对公司时任信托业务三部总经理刘金州、时任北京业务团队、资产证券化工作团队负责人王涛处以警告
粤财信托	是	1	2023年5月4日，由于违反相关交易自律规则，中国银行间市场交易商协会给予公司警告的自律处分并责令整改。公司目前已经完成整改。
云南信托	是	3	2023年6月，因"未严格管控信托资金来源及用途、部分非现场监管统计数据与事实不符"问题，经《中国银保监会云南监管局行政处罚决定书》（云银保监罚决字〔2023〕33号），对公司作出罚款60万元的行政处罚 2023年6月，因公司在办理部分业务时，存在"业务制度建设不完善，未能实现'制度先行'；未严格调查审核客户和基础交易等情况；未对融出资金使用及回款情况进行全流程严格管控；未按规定进行信息披露"问题，经《中国银保监会云南监管局行政处罚决定书》（云银保监罚决字〔2023〕34号），对公司作出罚款200万元的行政处罚 2023年6月，公司总裁助理贾岩因对"未严格调查审核客户和基础交易等情况、未对融出资金使用及回款情况进行全流程严格管控"问题负有责任，经《中国银保监会云南监管局行政处罚决定书》（云银保监罚决字〔2023〕35号），对贾岩作出罚款10万元并予以警告的行政处罚

续表

公司简称	是否处罚	处罚次数（次）	期内处罚的详情列示
中诚信托	是	1	2023年12月，收到国家金融监督管理总局北京监管局向公司出具的行政处罚决定书（京金罚决字〔2023〕39号）。公司坚决拥护监管部门有关决定，进一步完善制度、加强系统建设、规范推介销售行为，严格按照监管要求完成整改工作
中泰信托	是	1	报告期内，我司监事和高级管理人员未受处罚；国家金融监督管理总局上海监管局向我司及公司董事长出具行政处罚决定书。公司对处罚决定书中所述问题已进行整改和内部问责，并将继续严格落实监管意见、进一步完善各项工作流程和管理制度，加强合规经营与管理
中铁信托	是	2	报告期内，国家金融监督管理总局四川监管局向公司及公司相关人员出具了2份行政处罚决定书
中信信托	是	1	报告期内，国家金融监督管理总局对公司作出罚款60万元的行政处罚。公司已完成处罚事项所涉问题的整改
重庆信托	是	2	报告期内，原重庆银保监局（现国家金融监督管理总局重庆监管局）对公司作出罚款200万元、对公司一名高级管理人员作出警告并罚款5万元的行政处罚。公司已完成处罚事项所涉问题的整改 报告期内，国家外汇管理局重庆外汇管理部对公司一笔业务作出警告并罚款12万元的行政处罚。公司已完成处罚事项所涉问题的整改

注：本年度有9家信托公司尚未披露年报，故未在本表中披露相关数据。

三、人员结构分析

从年报中所披露的信托公司人员构成来看，各信托公司普遍拥有一定比例的博士、硕士、本科及以上学历的人员，行业从业人员的整体素质较好。就从业经历而言，大多数人员基本具备了相应的业务经验和一定的专业理财能力。岗位分布包括前台一线业务部门、中台二线业务管理部门、后台三线综合管理部门三个层次。其中，前台一线业务部门包括了信托公司自营、信托业务中直接为客户提供服务的部门，如自营资产管理、运作部门；信托业务的产品研发、营销部门等；中台二线业务管理部门包括了直接为公司自营及信托业务运作提供支持、进行管理与监督的部门，如研究、风险控制、财务核算、稽核审计、信息技术、法律等部门；后台三线综合管理部门包括了除一线、二线以外的其他部门，如人力资源部门、行政管理部门、工会、党办、机关党委等。总体来说，信托公司目前的人员构成基本合理。

（一）员工人数分析

2023年末，员工人数前五名和后五名的信托公司情况详见表7-3-1、表7-3-2。

表7-3-1　　2023年末员工人数前五名信托公司情况

序号	名称	人数（人）
1	中信信托	725
2	光大兴陇信托	705
3	五矿信托	669
4	陕国投	621
5	外贸信托	594

注：本年度有9家信托公司尚未披露年报，故未在本表中披露相关数据。

表7-3-2　　2023年末员工人数后五名信托公司情况

序号	名称	人数（人）
1	国联信托	124
2	西藏信托	121
3	华宸信托	97
4	中泰信托	73
5	长城信托	47

注：本年度有9家信托公司尚未披露年报，故未在本表中披露相关数据。

(二)年龄构成分析

1.全体员工的年龄构成

2023年,已披露年报的59家公司的员工总人数为17 619人,有2家没有披露具体的人员年龄段构成。通过对其余57家公司人员年龄构成分析可以看出,20~29岁的人数占比为13.69%,30~39岁的人数占比为56.31%,40岁及以上的人数占比为30.00%。人员年龄汇总分析见表7-3-3,员工年龄分布图见图7-3-1。

表7-3-3　　　　　　　　　已披露年报的信托公司人员年龄汇总分析

年龄段	2023年员工人数(人)	所占比例(%)	2022年员工人数(人)	所占比例(%)
20~29岁人数	2 284	13.69	3 789	18.63
30~39岁人数	9 396	56.31	11 899	58.52
40岁及以上人数	5 006	30.00	4 646	22.85
小计	16 686	100.00	20 334	100.00
统计公司数量	57	—	61	—
员工总人数	17 619	—	21 248	—

注:本年度有9家信托公司尚未披露年报,故未在本表中披露相关数据。

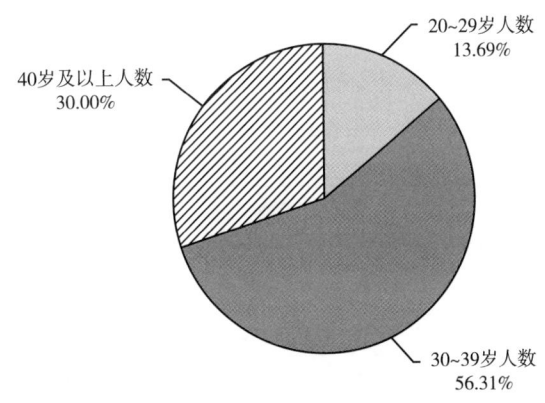

图7-3-1　2023年员工年龄分布

2.高级管理人员年龄构成分析

2023年,已披露年报的59家信托公司的高管总人数为383人,平均每家6.49人;2022年,已披露年报的62家信托公司的高管总人数为408人,平均每家6.58人;2023年度各信托公司的平均高管人数略低于2022年度的平均高管人数。

通过对59家公司高管年龄构成的分析可以看出,主要集中在40岁以上的年龄段,占95.56%。汇总分析见表7-3-4,2023年高级管理人员年龄分布见图7-3-2。

表7-3-4　　　　　　　　　已披露年报的信托公司高管年龄汇总分析

分类	2023年末人数(人)	占比(%)	2022年末人数(人)	占比(%)
20~29岁人数	—	—	—	—
30~39岁人数	17	4.44	27	8.23
40~49岁人数	177	46.21	189	46.49
50岁及以上人数	189	49.35	192	45.28
小计	383	100.00	408	100.00

注:本年度有9家信托公司尚未披露年报,故未在本表中披露相关数据。

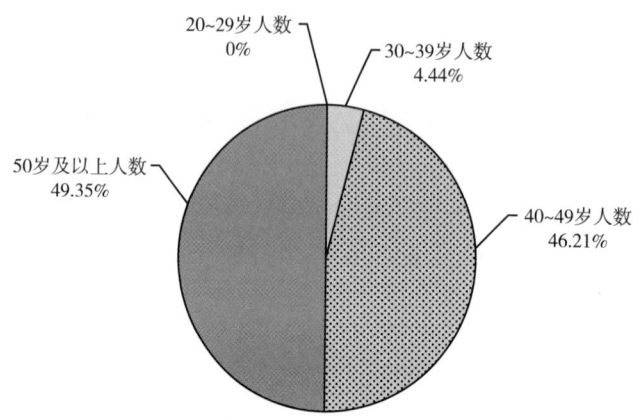

图7-3-2　2023年末高管年龄分布

（三）高管性别构成分析

2023年，已披露年报的59家信托公司的高管总人数为383人，男性从业人员占比为81.72%，比2022年有所提高，见表7-3-5。

表7-3-5　　　　　　　　已披露年报的59家信托公司高管人员性别汇总分析

分类	2023年末人数（人）	占比（%）	2022年末人数（人）	占比（%）
男性	313	81.72	327	80.15
女性	70	18.28	81	19.85
小计	383	100	408	100

注：本年度有9家信托公司尚未披露年报，故未在本表中披露相关数据。

（四）学历构成分析

1.员工的学历构成

2023年，已披露年报的59家公司的员工总人数为17 169人，学历结构见表7-3-6。与2022年相比较，2023年大专人员的比例下降了0.98%，本科的比例下降了1.41%，硕士的比例上升了2.37%，博士的比例上升了0.03%，总体学历逐年有所提高（见图7-3-3）。

表7-3-6　　　　　　　　2023年、2022年已披露的信托公司员工学历结构比较

学历	2023年		2022年		2023年与2022年学历结构比较（%）
	人数（人）	比例（%）	人数（人）	比例（%）	
其他	55	0.31	62	0.32	−0.01
大专	347	1.97	566	2.95	−0.98
本科	6 525	37.03	7 376	38.44	−1.41
硕士	10 307	58.50	10 771	56.13	2.37
博士	385	2.19	414	2.16	0.03
总计	17 619	100.00	19 189	100.00	—

注：本年度有9家信托公司尚未披露年报，故未在本表中披露相关数据。

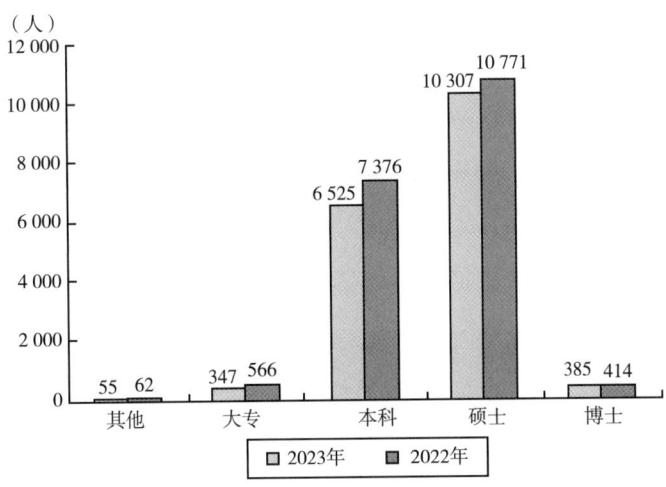

图7-3-3 员工学历结构比较

2.高管的学历构成

2023年，已披露年报的59家信托公司中，2家未在年报中披露高管学历构成，2家高管人数为11人。

2023年，57家信托公司高管的学历构成分析见表7-3-7。与2022年情况相比较，2023年硕士比例提高，博士比例降低（见图7-3-4）。

表7-3-7 高管人员学历结构与上年比较分析

学历	2023年		2022年		2023年与2022年学历结构比较（%）
	人数（人）	比例（%）	人数（人）	比例（%）	
其他	—	—	—	—	-0.01
大专	2	0.54	2	0.49	-0.98
本科	118	31.72	124	30.62	-1.41
硕士	220	59.14	230	56.79	2.37
博士	32	8.60	49	12.10	0.03
总计	372	100.00	405	100.00	—

注：1.建元信托、华鑫信托未对高管学历进行披露。
2.本年度有9家信托公司尚未披露年报，故未在本表中披露相关数据。

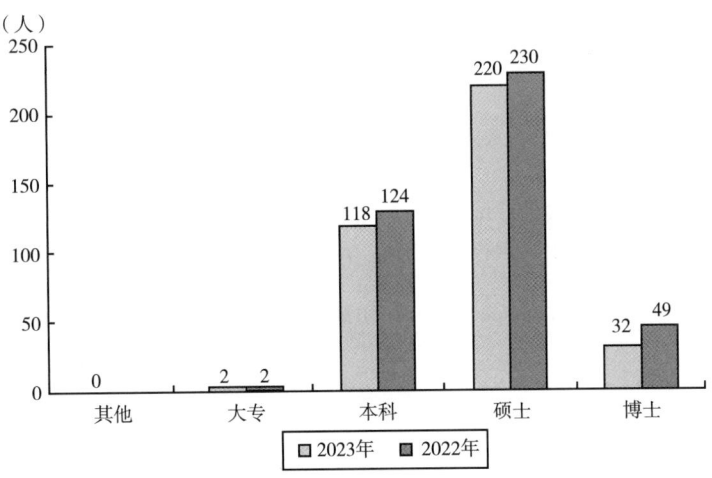

图7-3-4 高管人员学历构成

(五)高管从业年限结构分析

2023年,已披露年报的59家信托公司中,4家公司未在年报中披露高管从业年限结构,4家高管人数为25人。在披露年报的55家信托公司中,从业年限在15年及以上的高管人员人数占比高于上年。详见表7-3-8和图7-3-5。

表7-3-8　　2023年末信托公司高管从业年数与上年比较分析

从业年限	2023年		2022年		2023年与2022年从业年限比较(%)
	人数(人)	比例(%)	人数(人)	比例(%)	
3年以下	4	1.12	7	1.82	-0.70
3~4年	7	1.96	6	1.56	0.40
5~8年	14	3.91	11	2.86	1.05
9~14年	46	12.85	61	15.84	-2.99
15年及以上	287	80.17	300	77.92	2.25
合计	358	100.00	385	100.00	—

注:1.建元信托、陕国投、国通信托、华鑫信托未对高管学历进行披露。
　　2.本年度有9家信托公司尚未披露年报,故未在本表中披露相关数据。

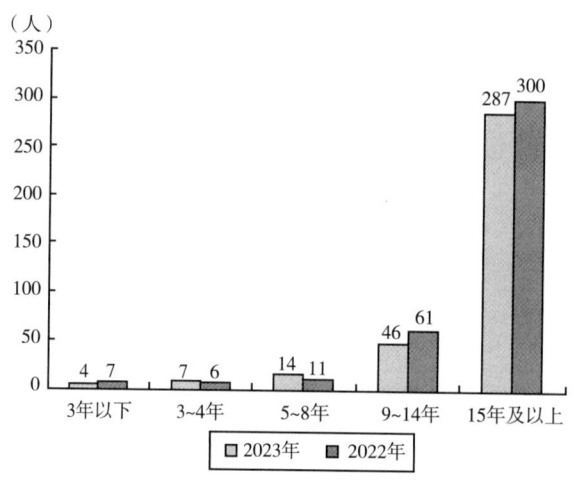

图7-3-5　高管从业年数分布

(六)员工岗位汇总分析

2023年,已披露年报的59家信托公司中,有2家披露的员工岗位构成中未区分自营业务人员和信托业务人员,1家公司未披露员工岗位情况。

分析中,未区分自营业务人员和信托业务人员的公司,我们全部统计在了信托业务人员中,具体员工岗位结构分析情况见表7-3-9。

2023年末,披露员工岗位情况的58家信托公司中,自营业务人员与信托业务人员占公司人数的55.96%,为主要的员工;董事、监事及高管人员占公司人数的3.27%,其他人员占公司人数的40.77%(见图7-3-6)。

表7-3-9　　2023年末信托公司已披露的员工岗位汇总分析

分类	人数(人)	结构比例(%)
董事、监事及高管人员	557	3.27
自营业务人员	583	3.42
信托业务人员	8 944	52.54

续表

分类	人数（人）	结构比例（%）
其他	6 938	40.77
合计	17 022	100.00

注：1. 此表中的高管人数合计与前述表中的差异系司部分高管及职工监事分别为信托业务人员和其他人员。
2. 本年度有9家信托公司尚未披露年报，故未在本表中披露相关数据。

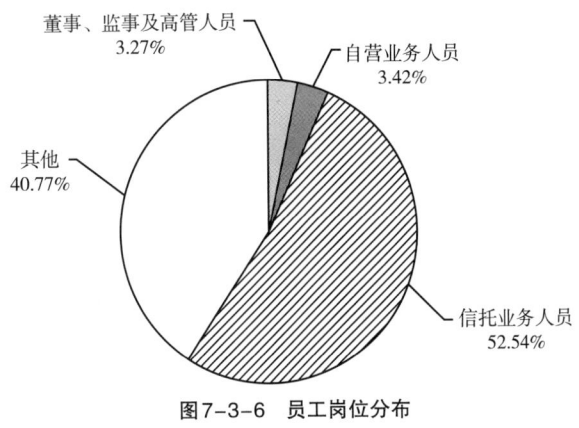

图7-3-6　员工岗位分布

对58家披露了员工岗位构成的信托公司2023年度从事自营业务和信托业务的人员和业务经营效益进行分析后可以得出（见表7-3-10）：

（1）从事自营业务人员的人均营业收入为133 010.42万元，从事信托业务人员的人均营业收入1 303.08万元。

（2）从事自营业务人员的人均净利润为6 460.72万元，从事信托业务人员的人均净利润6 790.40万元。

（3）从事自营业务人员的人均资产为201 131.23万元，从事信托业务人员的人均资产248 772.78万元。

这里应当指出的是，自营业务数据是经过审计的，而信托业务数据未经审计，该因素可能会给数据的计算带来差异。

表7-3-10　　　　　　　2023年末披露的信托公司各岗位与效益分析　　　　　　　单位：万元

项目	自营业务	信托业务
人数	583	8 944
营业收入	10 527 768.70	77 545 074.06
人均营业收入	133 010.42	1 303.08
净利润	3 766 598.36	60 733 293.12
人均净利润	6 460.72	6 790.40
资产总额	117 259 509.40	2 225 023 727.16
人均资产总额	201 131.23	248 772.78

注：陕国投未披露员工岗位情况，分析中已剔除。

四、信托公司聘请律师事务所的情况分析

在已披露年报的59家信托公司中，有16家没有披露聘请律师事务所的相关情况，2家明确表示没有聘任律师事务所，其余41家披露了聘请的律师事务所的名称及其地址。在41家披露了律师事务所情况的信托公司中，山东国信、百瑞信托、紫金信托聘请了2家律师事务所，金谷信托聘请了4家律师事务所，厦门国际信托聘请了8家律师事务所（见表7-4-1）。

表7-4-1　　　　　　　　　　2023年信托公司披露的年度律师事务所聘请情况

公司简称	年度律师事务所	律师事务所地址
爱建信托	未披露	未披露
建元信托	未披露	未披露
百瑞信托	北京市汉坤律师事务所 河南文丰律师事务所	北京市东城区东长安街一号"东方广场"东方经贸城C1座9层3~7单元 河南省郑州市郑东新区九如路51号2号楼5层6层
北方信托	未披露	未披露
渤海信托	未披露	未披露
财信信托	未披露	未披露
大业信托	锦天城律师事务所	上海市浦东新区银城中路501号上海中心大厦9层、11层、12层
东莞信托	北京市中盛律师事务所	北京朝阳区建外大街8号楼国际财源中心（IFC大厦）2208室
光大兴陇信托	未披露	未披露
国联信托	江苏漫修律师事务所	无锡市蠡园开发区吟白路1号研创大厦22层
国民信托	北京观韬中茂律师事务所	北京市西城区金融大街5号新盛大厦B座19层
国通信托	湖北山河律师事务所	武汉市江汉区淮海路6号华发中城国际中心16~18楼
国投泰康信托	北京天达共和律师事务所	北京市朝阳区东三环北路8号亮马河大厦1座20层
国元信托	安徽中天恒（北京）律师事务所	北京市朝阳区西大望路蓝堡国际中心1座12层
杭州工商信托	浙江天册律师事务所	浙江省杭州市杭大路1号黄龙世纪广场A座11楼
华澳信托	无	无
华宝信托	上海市锦天城律师事务所	上海市浦东新区银城中路501号上海中心大厦9层、11层、12层
华宸信托	内蒙古若辉律师事务所	呼和浩特市新城区海东路与东二环交汇处曙光培训大厦10层
华能信托	北京市中盛律师事务所	北京朝阳区建外大街8号国际财源中心22层
华融信托	北京市兰台律师事务所	北京市朝阳区曙光西里甲一号（第三置业大厦）B座29层
华润信托	广东经天律师事务所	深圳市福田区金田路4028号荣超经贸中心33层
华鑫信托	北京市瑞银律师事务所	北京市朝阳区东三环北路丙2号天元港中心A座605室
吉林信托	上海市锦天城（长春）律师事务所	吉林省长春市净月开发区生态广场伟峰资讯中心31层
建信信托	未披露	未披露
江苏信托	上海市锦天城（南京）律师事务所	南京市建邺区江东中路347号国金中心一期27楼、28楼
交银国际信托	上海市锦天城律师事务所	上海市浦东新区银城中路501号上海中心大厦
金谷信托	北京市环球律师事务所 北京市兰台律师事务所 北京市中盛律师事务所 北京观韬中茂律师事务所	北京市朝阳区建国路81号华贸中心1号写字楼15层和20层 北京市朝阳区曙光西里甲1号B-2903 北京市朝阳区建国门外大街8号楼国际财源中心22层 北京市西城区金融大街5号新盛大厦B座18层
昆仑信托	上海市锦天城律师事务所	上海市浦东新区银城中路501号上海中心大厦9楼、11层、12楼
陆家嘴信托	上海市锦天城律师事务所	上海市浦东新区银城中路501号上海中心大厦11楼
平安信托	未披露	未披露
厦门信托	上海锦天城（厦门）律师事务所 福建远大联盟律师事务所 北京中伦文德（厦门）律师事务所 北京（大成）厦门律师事务所 福建英合律师事务所 北京盈科（成都）律师事务所 福建力衡律师事务所 福建闽翔律师事务所	厦门市思明区展鸿路82号厦门国际金融中心27层 厦门市思明区七星西路178号七星大厦22楼远大律师 厦门市思明区展鸿路82号厦门国际金融中心27层 厦门市思明区展鸿路82号厦门国际金融中心9层 福建省厦门市思明区湖滨南路55号禹洲广场5层 成都市锦江区锦华路三段88号汇融国际A座20~21楼 厦门市七星西路七星一号大厦10楼福建力衡律师事务所 厦门市湖里区安岭路988号三楼B302
山东国信	上海市方达律师事务所 方达律师事务所	中国上海市石门一路288号兴业太古汇香港兴业中心二座24楼 中国香港中环康乐广场8号交易广场1期26楼
山西信托	北京大成（太原）律师事务所	太原市晋源区集卓路1号鸿升时代金融广场19层

续表

公司简称	年度律师事务所	律师事务所地址
陕国投	未披露	未披露
上海信托	上海市锦天城律师事务所	上海市浦东新区银城中路501号上海中心大厦12层
苏州信托	江苏新天伦律师事务所	苏州工业园区苏桐路37号（星海街口）四号楼3~4楼
天津信托	无	无
外贸信托	未披露	未披露
万向信托	未披露	未披露
五矿信托	上海市锦天城律师事务所	北京市东城区东长安街1号东方广场C1座6层
西部信托	北京金诚同达律师事务所西安分所	西安市高新区锦业路迈科商业中心25层
西藏信托	北京市嘉源律师事务所	北京市西城区复兴门内大街158号远洋大厦F408
兴业信托	未披露	未披露
英大信托	北京市中盛律师事务所	北京市朝阳区建国门外大街甲8号国际财源中心B座2208室
粤财信托	未披露	未披露
云南信托	云南微行律师事务所	云南省昆明市五华区三市街柏联广场写字楼九楼
长城信托	北京市兰台律师事务所	北京市朝阳区曙光西里甲1号第三置业B座29层
浙金信托	上海市锦天城律师事务所	上海市浦东新区银城中路501号上海中心大厦11层、12层
中诚信托	未披露	未披露
中海信托	北京大成（上海）律师事务所	中国上海市世纪大道100号上海环球金融中心9层、24层、25层
中航信托	未披露	未披露
中建投信托	浙江天册律师事务所	浙江省杭州市杭大路1号黄龙世纪广场A座11楼
中粮信托	未披露	未披露
中泰信托	北京市天铎律师事务所	北京市西城区官园国英一号三楼
中铁信托	泰和泰律师事务所	成都市高新区天府大道中段199号棕榈泉国际中心16楼、17楼
中信信托	北京市嘉源律师事务所	北京市西城区复兴门内大街158号远洋大厦F407室
中原信托	河南仟问律师事务所	郑州市郑东新区平安大道189号正商环湖国际12层
重庆信托	上海中联（重庆）律师事务所	重庆市渝中区华盛路7号企业天地7号楼10层、11层、12层
紫金信托	上海市锦天城（南京）律师事务所 北京大成（南京）律师事务所	南京市建邺区江东中路347号国金中心一期27层、28层 南京市鼓楼区集慧路18号联创科技大厦A座7楼、8楼、9楼、10楼

注：本年度有9家信托公司尚未披露年报，故未在表中披露相关数据。

2023年度各公司年度报告

安徽国元信托有限责任公司

1.重要提示

1.1 本公司董事会及董事保证本报告所载资料不存在任何虚假记载、误导性陈述或者重大遗漏，并对其内容的真实性、准确性和完整性承担个别及连带责任。

1.2 未有董事对年度报告内容的真实性、准确性和完整性无法保证或存在异议的情况。

1.3 本公司独立董事朱艳、唐民松、刘波声明：保证年度报告内容的真实、准确、完整。

1.4 天健会计师事务所（特殊普通合伙）安徽分所根据中国注册会计师审计准则对本公司年度财务报告进行审计，出具了标准无保留意见的审计报告。

1.5 本公司董事长许植、总裁于强、主管会计工作负责人朱先平，会计机构负责人王敬声明：保证本年度报告中财务报告的真实、完整。

2.公司概况

2.1 公司简介

2.1.1 公司法定中文名称：安徽国元信托有限责任公司

中文名称缩写：国元信托

公司法定英文名称：ANHUI GUOYUAN TRUST CO.，Ltd

英文名称缩写：GUOYUAN TRUST

2.1.2 法定代表人：许植

2.1.3 注册地址：安徽省合肥市庐阳区宿州路20号

邮政编码：230001

公司国际互联网网址：www.gyxt.com.cn

电子信箱：xtbgs@gyxt.com.cn

2.1.4 公司信息披露事务负责人：徐安

联系电话：（0551）62631717

传真：（0551）62620261

电子信箱：xuan1975@gyxt.com.cn

2.1.5 公司选定的信息披露报纸：《上海证券报》《证券时报》

2.1.6 公司年度报告备置地点：安徽省合肥市庐阳区宿州路20号17层及公司网站

2.1.7 公司聘请的会计师事务所：天健会计师事务所（特殊普通合伙）安徽分所

住所：安徽省合肥市濉溪路278号财富广场首座1508室

2.1.8 公司聘请的律师事务所：安徽中天恒（北京）律师事务所

住所：北京市朝阳区西大望路3号院3号楼2001室

2.2 组织结构

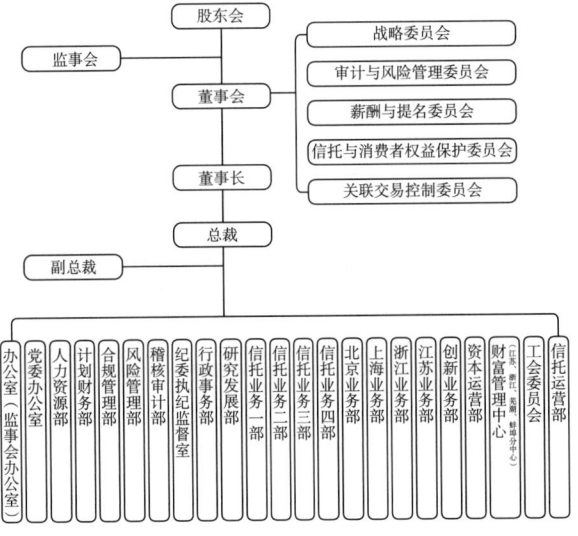

3.公司治理

3.1 股东

报告期末股东总数8个，前3位股东为安徽国元金融控股集团有限责任公司、中建资本控股有限公司、安徽皖投资产管理有限公司。股东基本情况如下表所示。

股东名称	持股比例(%)	法人代表	注册资本(万元)	注册地址	主要经营业务及主要财务情况
安徽国元金融控股集团有限责任公司	49.6933	黄林沐	600 000.00	安徽省合肥市蜀山区梅山路18号	经营国家授权的集团公司及所属控股企业全部国有资产和国有股权，资本运营，资产管理，收购兼并，资产重组，投资咨询。2023年末资产总额1 719.21亿元，负债1 172.62亿元，所有者权益546.59亿元，净利润30.08亿元
中建资本控股有限公司	36.6289	谢松	900 000.00	深圳市南山区粤海街道中心路3331号中建钢构大厦37楼	投资管理；项目投资（不涉及限制项目）。2023年末资产总额208.86亿元，负债99.36亿元，所有者权益109.50亿元，净利润6.21亿元
安徽皖投投资资产管理有限公司	8.1649	王楠	100 000.00	安徽省合肥市经济技术开发区宿松路3658号	管理、经营、处置托管资产及不良资产；股权、债权投融资业务；资产管理及项目服务，投资咨询服务等。2023年末资产总额12.49亿元，负债45.27万元，所有者权益12.49亿元，净利润2 950.41万元
安徽国控资本有限公司	4.5869	黄海波	227 285.80	安徽省合肥市包河区包河大道699号高速中央广场A座17楼	股权投资，产业及项目投资，资产管理，财务顾问，投资咨询。2023年末资产总额79.61亿元，负债38.67亿元，所有者权益40.94亿元，净利润1.46亿元
安徽皖维高新材料股份有限公司	0.6251	吴福胜	215 924.9374	安徽省巢湖市巢维路56号	各种高低聚合度和醇解度的PVA系列产品、高强高模聚乙烯醇纤维、超高强高模PVA短纤及长丝、PVA水溶性纤维、聚乙烯醇薄膜、PVB树脂、可再分散性乳胶粉、黏合剂用相关产品、聚乙烯醇缩醛强力纱、涤纶纤维、聚酯切片、聚醋酸乙烯乳液、高档面料、水泥、石灰制造、销售，工业与民用建筑工程施工三级（限建筑分公司经营），设备安装，机械加工，铁路轨道衡计量经营；建筑用石料、水泥用混合材、化工产品的生产与销售；自营和代理各类商品和技术的进出口业务。2023年末资产总额140.92亿元，负债60.14亿元，所有者权益80.79亿元，净利润3.35亿元
安徽新力金融股份有限公司	0.1875	孟庆立	51 272.7632	安徽省合肥市高新区红枫路与西二环辅路交口西南角永合大厦	互联网信息服务、投资管理及咨询等。2023年末资产总额41.09亿元，负债20.13亿元，所有者权益20.97亿元，净利润0.97亿元
安徽国生电器有限责任公司	0.0567	程晓曦	2 100.00	安徽省合肥市庐阳区沿河路106号	家电销售、维修及服务、房屋租赁等。2023年末资产总额13.94亿元，负债13.67亿元，所有者权益2 721.32万元，净利润2 151万元
安徽省信用融资担保集团有限公司	0.0567	王召远	1 868 600.00	合肥市蜀山区怀宁路288号安徽担保大厦	贷款担保、票据承兑担保、贸易融资担保、项目担保、信用证担保业务等。2023年末资产总额360.30亿元，负债81.99亿元，所有者权益278.31亿元，净利润1.16亿元

报告期内，公司主要股东及其控股股东、实际控制人、一致行动人、最终受益人情况如下表所示。

股东名称	该股东的控股股东	该股东的实际控制人	该股东的一致行动人	最终受益人
安徽国元金融控股集团有限责任公司	安徽省人民政府国有资产监督管理委员会	安徽省人民政府国有资产监督管理委员会	无	安徽省人民政府国有资产监督管理委员会
中建资本控股有限公司	中国建筑股份有限公司	国务院国有资产监督管理委员会	无	国务院国有资产监督管理委员会
安徽皖投投资资产管理有限公司	安徽省投资集团控股有限公司	安徽省人民政府国有资产监督管理委员会	无	安徽省人民政府国有资产监督管理委员会

3.2 董事

姓名	职务	性别	年龄(岁)	选任日期	所推举的股东名称	该股东持股比例(%)	简要履历
许植	董事长	男	56	2021年4月27日	金控集团	49.6933	历任安徽大学教师、安徽省国际信托投资公司、国元信托部门副总经理、总经理，国元信托副总裁、总裁，现任国元信托董事长
朱秀玉	董事	女	50	2021年4月27日	金控集团	49.6933	历任安徽省国际信托投资公司国内金融部、稽核部员工；安徽国元控股(集团)有限责任公司稽核部、计划财务部员工，副主管，主管，高级业务经理，计划财务部副经理、经理；战略发展部经理；财务总监。现任国元金控集团党委委员、副总经理、财务总监兼计划财务部经理

续表

姓名	职务	性别	年龄（岁）	选任日期	所推举的股东名称	该股东持股比例（%）	简要履历
于强	董事	男	54	2022年3月3日	金控集团	49.6933	历任安徽省信托投资公司科员、阜阳证券部副经理、证券机构管理总部副经理、人事处副处长；安徽国元金融控股集团有限责任公司人力资源部副经理；国元证券股份有限公司综合行政部副总经理、北京业务总部副总经理、总裁助理兼证券信用及市场营销总部总经理、私人财富部总经理、副总裁，现任国元信托董事、总裁
严新华	董事	男	45	2021年4月27日	中建资本	36.6289	历任中建七局第二建筑有限公司财务主管、财务经理、副总会计师；中建七局豫东公司助理总经理；中建南阳城市建设开发有限公司、中建七局华东公司、二公司总会计师；中建七局财务部副总经理、中建商业保理有限公司执行董事、总经理，现任中建商业保理有限公司党支部书记、执行董事，中建英大保险经纪有限公司董事长
孙昂	董事	男	37	2021年4月27日	中建资本	36.6289	历任中建一局三公司法律事务部业务主管，中国建筑股份有限公司法律事务部业务主办、法律事务部业务经理，中建资本控股有限公司法律事务部副总经理、审计部业务经理、党建工作部总经理、纪检监督部副总经理。现任中建资本纪委委员、党建工作部总经理、纪检监督部副总经理、审计部总经理
苏珺	董事	女	35	2023年4月27日	中建资本	36.6289	历任中建股份基础设施事业部业务助理、业务主办、业务主管，中建股份金融业务主办、业务经理、高级经理，中建资本投资运营部总经理、中建基金副总经理。现任中建资本投资部总经理、中建基金党支部委员、副总经理

独立董事

姓名	所在单位及职务	性别	年龄（岁）	选任日期	所推举的股东名称	该股东持股比例（%）	简要履历
朱艳	上海念桐投资管理有限公司总裁	女	43	2021年4月27日	—	—	2003—2012年，华普天健会计师事务所审计项目经理、审计部门经理。2012—2017年，华普天健会计师事务所审计合伙人。荣获"全国注册会计师行业审计工作岗位能手"及全国"青年岗位能手"称号。现任上海念桐投资管理有限公司总裁
唐民松	安徽承义律师事务所律师、创始合伙人	男	60	2021年4月27日	—	—	历任安徽省人民检察院书记员、助理检察员，安徽对外经济律师事务所外商投资法律事务中心主任、所副主任，安徽永信律师事务所主任，安徽承义律师事务所创始合伙人、执委会主任
刘波	东北财经大学教授	男	61	2023年4月21日	—	—	历任辽宁省沈阳市东北机器制造厂助理工程师，锦州工学院（辽宁工业大学前身）讲师，辽宁省大连市美迅传感技术开发公司工程师，东北财经大学金融学院讲师、副教授、教授，大连财经学院教授。现任东北财经大学教授

3.3 监事

姓名	职务	性别	年龄（岁）	选任日期	所推举的股东名称	该股东持股比例（%）	简要履历
张美玲	外部监事	女	49	2021年4月27日	皖维高新	0.6251	历任安徽天禾律师事务所专职律师，安徽世纪天元律师事务所合伙人、副主任，中煤矿山建设集团总法律顾问，北京大成（合肥）律师事务所高级合伙人
方志龙	职工监事	男	59	2020年9月4日	—	—	历任安徽省财政厅经济开发处科长，安徽省信托投资公司部门副总经理，安徽国元信托有限责任公司信托业务发展部、信托业务二部副总经理，安徽国元信托有限责任公司信托业务四部总经理，现任安徽国元信托有限责任公司研究发展部总经理
徐景明	—	男	60	2021年4月27日	—	—	历任肥东县人民银行副股长、股长、副行长、行长，人民银行合肥中心支行合作业务副处长，人民银行淮北市中心支行副行长，淮北银监分局局长，安徽银监局政策法规处处长、非银处处长，国元信托副总裁，国元信托董事长、纪委书记

注：徐景明先生因到龄退休，在2023年4月20日召开的监事会七届六次会议上辞任公司监事长；在2023年4月21日召开的2022年度股东会上辞任公司监事。由于徐景明先生辞任导致公司监事人数少于3人，在公司新任监事就任前，徐景明先生继续履行监事职责。

3.4 高级管理人员

姓名	职务	性别	年龄（岁）	选任日期	金融从业年限（年）	学历	专业	简要履历
于强	总裁	男	54	2022年3月3日	33	本科	金融学	历任安徽省国际信托投资公司证券机构管理总部副总经理、人事处副处长，安徽国元控股集团公司人力资源部副总经理，国元证券综合行政管理部总经理、合肥芜湖路营业部总经理、北京业务部副总经理、营销经纪部副总经理、证券信用及市场营销部总经理、零售与渠道营销部总经理、私人财富部总经理、总裁助理、副总裁，现任安徽国元信托有限责任公司党委副书记、董事、总裁
潘卫权	副总裁	男	54	2021年4月27日	29	硕士	工商管理	历任安徽省国际信托投资公司咨询部副经理，安徽国元信托投资公司上海安申投资管理公司投资部经理、副总经理，安徽国元信托投资公司兴元投资管理公司总经理、董事长，安徽国元信托投资公司总裁助理，安徽国元投资有限责任公司总裁、副总裁，安徽国元融资租赁公司董事长，现任国元信托党委委员、副总裁
朱先平	副总裁	男	57	2022年12月16日	26	本科	工业管理	历任巢湖东风矿副科长、科长、副矿长；安徽省国际信托投资公司部门副经理、国元信托稽核部经理、计划财务部总经理、董事会秘书、总会计师，现任国元信托党委委员、副总裁
虞焰智	副总裁	男	59	2021年4月27日	26	本科	系统工程	历任合肥炮兵学院教员，安徽省国际信托投资公司电脑中心副主任、国元证券网上经纪业务部副总经理、国元信托信息技术部总经理、办公室主任、人力资源部经理、董事会秘书，现任国元信托党委委员、副总裁
陈康	副总裁	男	53	2021年4月27日	32	本科	法学	历任安徽省国际信托投资公司法律事务部业务主办、国元信托法律事务部副主任、风险与合规管理部总经理，现任国元信托副总裁
刘振锋	副总裁	男	48	2021年4月27日	27	本科	会计	历任中国建设银行郑州市中牟支行信贷员；中国建设银行郑州市金水支行业务员，事业部经营三部副经理、经理，投资银行部经理、党支部书记；中国建设银行郑州市南阳路支行行长；中建七局投资公司财务副总监、财务总监；中建资本控股有限公司投资运营部副总监，现任国元信托副总裁
徐安	董事会秘书	女	48	2021年4月27日	27	硕士	法学	历任安徽国元信托有限责任公司业务经理、高级业务经理、信托业务二部总经理、创新业务部经理、风险管理部经理，现任国元信托董事会秘书

注：2024年3月，虞焰智先生到龄退休，已向公司董事会辞去副总裁职务。

3.5 公司员工

项目		2023年度		2022年度	
		人数（人）	比例（%）	人数（人）	比例（%）
合计		200	100	166	100
平均年龄（岁）		38.3		40.33	
年龄分布	25岁以下	4	2.00	1	0.60
	25~29岁	40	20.00	27	16.27
	30~39岁	80	40.00	63	37.95
	40岁及以上	76	38.00	75	45.18
学历分布	博士	0	0.00	1	0.60
	硕士	117	58.50	91	54.82
	本科	71	35.50	60	36.15
	专科	12	6.00	14	8.43
	其他	0	0.00	0	0.00
岗位分布	董事、监事及高管人员	9	4.50	11	6.62
	自营业务人员	9	4.50	8	4.82
	信托业务人员	100	50.00	77	46.39
	其他人员	82	41.00	70	42.17

4. 经营管理

4.1 经营方针、战略规划

4.1.1 经营方针

坚持"依法合规、稳健经营"理念，顺应经济形势、监管要求和行业发展趋势，积极围绕提升公司核心竞争力，以稳健为基础，业务为中心，改革为抓手，市场为导向，支持实体经济和地方发展为目标，稳健开展业务，严守风险底线，加快推进转型创新，切实提高发展质量，高度重视并加强公司经营管理，建设诚信、专业、勤勉、尽职的良好信托文化，实现公司持续、稳定、健康发展。

4.1.2 公司的战略

（1）长期战略目标：以将公司建设成为植根地方、深耕长三角、辐射全国，服务广大社会投资者、服务实体经济、服务地方的行业先进的财富管理机构为战略目标，综合实力力争进入全国一流信托公司行列。

（2）中期战略目标：依托国元金控集团"十四五"规划，立足公司"十四五"规划，进一步深化改革、推动转型创新、激发活力，强化风险底线思维，进一步聚焦公司经营发展全面提质、扩量、增效，做大展业布局、做优业务结构、做精资产配置，将公司建设成为具有良好信托文化、公司治理更完善、业务结构更合理、创新能力强、区域综合优势明显的金融服务机构。

4.2 所经营业务的主要内容

公司业务主要分为信托业务和固有业务两个大类。信托业务主要包括资产服务信托、资产管理信托、公益慈善信托业务。固有业务主要包括金融类公司股权投资、金融产品投资和自用固定资产投资业务。

自营资产运用与分布表

资产运用	金额（万元）	占比（%）	资产分布	金额（万元）	占比（%）
货币资产	6 221.06	0.57	基础产业	314 453.63	28.56
贷款及应收款	297 528.14	27.02	房地产业	46 529.54	4.23
交易性金融资产	104 512.73	9.49	证券市场	114 278.12	10.38
债权投资	149 230.92	13.55	实业	68 488.25	6.22
长期股权投资	498 793.06	45.30	金融机构	535 109.93	48.60
其他	44 712.46	4.06	其他	22 138.90	2.01
资产总计	1 100 998.37	100.00	资产总计	1 100 998.37	100.00

信托资产运用与分布表

资产运用	金额（万元）	占比（%）	资产分布	金额（万元）	占比（%）
货币资产	180 762.51	1.53	基础产业	4 068 862.91	34.38
贷款	4 031 949.29	34.06	房地产业	91 125.05	0.77
交易性金融资产	2 262 015.72	19.11	证券市场	1 199 731.88	10.14
买入返售金融资产	37 122.84	0.31	工商企业	3 557 083.00	30.05
债权投资	5 195 288.87	43.89	金融机构	2 726 226.99	23.03
长期股权投资	121 042.77	1.02	其他	193 040.16	1.63
其他	7 887.84	0.08	—	—	—
资产总计	11 836 069.99	100.00	资产总计	11 836 069.99	100.00

4.3 市场分析

4.3.1 影响本公司业务发展的有利因素

公司在多年经营发展过程中，形成具有自身特色的多种竞争优势。一是资产质量优势，公司管理固有资产质量优良，抵御风险能力较强。二是股东背景优势，公司是安徽省唯一一家省级控股信托机构，依托国元金控集团股东优势，发挥集团子公司协同效应，市场影响力与产品知名度不断提升。三是公司管理优势，公司构建了完备的"三会一层"治理体系，形成分工明确、团结协作的领导班子和管理团队，设置了职责明确、分工协作、功能齐备的职能部门，并通过持续审视、不断优化业务流程和管理流程，形成了较完善的流程体系。四是内生式增长优势，公司充分发挥内生式增长动能强的优势，实现经营业绩稳健发展，创新转型稳步推进，资本实力持续增强，为公司高质量发展夯实基础。五是风险控制优势，公司建立了全面风险控制目标、原则和健全的风险管理体系，形成了防范、控制、处置风险机制，树立了内控优先的风险管理理念。六是公司文化优势，公司始终坚持"依法合规、稳健经营"理念，确立以创新、稳健、合规等信托文化内涵，充分将风险合规意识牢固树立、合规文化深入人心，确立了以人为本的价值观，形成了具有较强凝聚力和竞争力的国元特色文化内涵。

4.3.2 影响本公司业务发展的不利因素

随着信托业务"三分类"新规正式实施，信托公司全面步入发展模式重塑、业务结构调整、增长动能转换的关键期。面对新的发展环境，国元信托持续深化改革创新、推动业务转型，虽然已取得阶段性成效，但对标高质量发展新要求，与行业内一流信托机构相比，公司在投研能力、资产配置能力、产品直销能力等方面仍存在薄弱环节，正在加快培育多元化可持续的盈利增长模式，发挥信托功能支持经济社会发展的质效还需进一步提升。

4.4 内部控制

4.4.1 内部控制环境和内部控制文化

公司建立由董事会、监事会、高级管理层、内控管理职能部门、内审部门、业务部门组成的分工合理、职责明确、报告关系清晰的内部控制治理和组织架构，报告期内，公司持续加强内部控制建设，提高经营管理水平和风险防范能力，保障公司安全稳健运行。

公司不断加强信托文化建设、内部控制文化建设，通过开展一系列专题学习培训、合规文化建设活动，形成了依法合规、稳健经营、勤勉尽责、全员参与的内部控制和风险管理文化。

4.4.2 内部控制措施

一是发挥大监督体系作用。统筹内部监督力量和资源，加强内部审计、合规管理、风险防控监督，各监督主体之间进一步强化协调配合，聚焦重点领域、关键环节开展联合监督检查，进一步提升监督工作效能。

二是进一步加强内控制度体系建设。聚焦信托业务创新转型发展需要，进一步推进制度流程建设，报告期内制定及修订制度48项，清理制度23项，为业务发展提供更完善的制度保障。

4.4.3 信息交流与反馈

4.4.3.1 内部信息传达机制

公司及时印发各类文件和规章制度，在办公内网上开辟"重要通知""公司文件""最新来文""监管文件""通报与交流""政策发布"等栏目，能够及时将最新的法律法规、监管要求、行业动态以及本单位的经营和风险状况传递给员工。

4.4.3.2 信息报告机制

通过总裁办公会、季度经营形势分析会、项目管理工作交流汇报会、各部门工作情况汇报以及定期、不定期会议等形式，各部门及各岗位能将经营过程中存在的重大问题及时向高级管理层报告，管理层定期和不定期向董事会、监事会、股东会和监管部门报告。

4.4.3.3 外部沟通机制

公司注重加强与监管部门的沟通和汇报，定期报送财务报表、统计报表、年度财务报告、项目发行与管理报告等，真实、完整、准确、及时反映公司经营管理状况，重大事项及时汇报请示，就内外部审计情况、风险状况、经营情况及时向监管部门沟通、报告。此外，公司积极参加业内举行的各种研讨会，加强业内交流与合作。

公司严格按照法律法规和公司章程的规定，根据监管机构要求，真实、准确、及时、完整地披露公司年度报告。通过公司网站、媒体等途径及时公开披露公司经营状况。根据信托文件约定向相关利益人披露相关信息。此外，公司还通过电话、电子邮件、微信平台等途径与投资者进行交流。报告期内，公司内控制度得到有效执行，未发生因违反内控制度对公司财务状况、经营成果产生重大影响的事项。

4.4.3.4 监督评价与纠正

（1）内审计监督机制。公司设立稽核审计部，独立开展稽核审计工作，并对公司董事会负责，稽核审计部依据国家有关法律、法规和公司规章制度，对公司的业务经营、财务状况、会计核算、内部控制、风险管理、资产管理及公司治理等其他经营管理活动进行独立、客观的监督和审计评价。

报告期内，稽核审计部认真贯彻落实"依法合规、稳健经营"理念，根据年度工作计划安排，认真开展内部审计和监督检查工作，全年共组织实施审计项目19个，重点包括到期集合信托项目、固有业务、关联交易、反洗钱、净资本管理等，进一步加强风险防控和制度执行的有效监督，独立、客观评价公司内部控制及制度执行落实情况，检查情况以审计报告形式向公司报告，每半年向公司董事会报告内审工作开展情况。

（2）外部审计监督机制。公司重视外部审计监督工作，委托具有独立性、专业胜任能力和声誉良好的外审机构开展外部审计监督，报告期内，公司选聘天健会计师事务所（特殊普通合伙）安徽分所，对公司2023年度财务报表进行独立审计，出具标准无保留意见审计报告；公司选聘安徽中天谷多会计师事务所（普通合伙），对公司2022年度关联交易情况进行审计，出具关联交易专项审计报告。

（3）内部控制的评价机制。公司根据《内部控制评价暂行办法》《内部控制管理暂行办法》等规定，重点围绕内部环境、风险评估、控制活动、信息与沟通、内部监督等方面，结合内部控制日常监督和专项监督情况，对内部控制有效性进行客观、独立评价，并将年度内部控制评价报告提交公司董事会、股东会审议。

4.5 风险管理

公司一贯坚持"依法合规、稳健经营"的理念，能够及时识别和度量业务运行中的潜在风险，建立了以董事会、审计与风险管理委员会、高级管理层和风险管理部、合规管理部、稽核审计部为主体的风险管理组织体系，形成了防范、控制、处置和评价的风控机制。

公司重视风险管理，通过制定健全的内部规章制度，建立职责分工合理的组织机构，并结合公司实际情况，将现代风险管理技术与传统风险管理方法相结合，采取有效措施进行事前、事中、事后的有效控制与管理。

报告期内，公司不断完善全面风险管理制度体系，强化制度执行力度，风险管理工作有序开展，为公司高质量发展提供了保障。

4.5.1 信用风险

信用风险主要指公司贷款、投资回购、担保、履约承诺、差额补足等交易过程中，交易对手不履行承诺，不能或不愿履行合同而使固有财产、信托财产遭受潜在损失的可能。

公司以交易结构设计、风险定价、设定担保、项目跟踪管理、风险监测与处置等手段防范、监督和化解交易对手信用风险，具体包括：一是对于固有业务和资产管理信托业务，公司通过制定、执行尽职调查工作指引等业务规章，强化对交易对手的尽职调查和中介机构的实力分析，科学评估交易对手的履约能力和履约意愿；选择有效的、与交易对手信用风险相匹配的增级措施；科学、客观、公正评估担保物，严格控制、定期监测不同担保物价值对项目本息的风险缓释程度，注重采用多种有效担保措施提高信用风险的保障系数。二是审查阶段，公司建立了三级评审体系，对业务进行集体评审与决策，提出风险控制具体要求。对于创新业务，多部门联动，进行探讨研究，制定相应的业务指导意见。三是管理阶段，公司按照信托文件约定与公司规定，全面收集交易对手财务、生产经营数据、重大经营情况等资料，定期对企业或者项目进行现场检查。建立项目预警体系，根据业务发展中遇到的新情况、新问题，及时采取应对措施，确保项目信用风险可控、可测、可承受。四是及时开展信用风险压力测试。测试结果表明：公司表内外预期信用风险损失总体在可控范围。

4.5.2 市场风险

市场风险主要为投资有公开市场价值的金融产品或者其他产品时，因股价、市场汇率、利率及其他价格因素变动，金融产品或者其他产品的价格发生波动导致资产遭受损失的可能性。

公司市场风险应对措施主要包括：一是在风险可控的范围内，开展以标准化债权资产为主要投资标的的信托业务及固有业务。二是严格按照国家产业政策和监管要求进行资金投放。三是及时开展市场风险压力测试。根据公司业务实际，聚焦利率风险、标品信托市场风险等开展压力测试工作，测试结果表明上述因素变动，对公司资产质量及收益影响较小。

截至2023年末，公司信托业务中存续的标准化信托产品主要投资固定收益类债券；固有资金主要用于投资金融股权中高流动性、低风险的金融产品及固定收益型产品。总体风险可控。

4.5.3 流动性风险

公司流动性风险主要表现在公司虽有清偿能力，却无法及时获得充足资金或无法以合理成本及时获得充足资金以按期清偿到期债务、承担赔偿责任等情况。

公司流动性风险应对措施主要包括：一是定期进行资金需求测算，做好流动性安排。二是项目设计时，根据还款方的现金流及债务情况合理安排项目期限，降低项目还款方出现流动性风险的可能性。三是制定并落实"恢复计划"与"处置计划"，建立流动性补足机制。四是定期开展公司自身和开放式产品层面的流动性风险压力测试工作，为公司决策和开放式项目管理提供依据。

报告期内，公司动态监测流动性风险指标、加强资金需求预测、定期开展压力测试，有效把控流动性风险。

4.5.4 操作风险

操作风险是指因公司治理、内控机制失效或因有关责任人出现失误、欺诈等问题，公司没有及时充分地做好尽职调查、持续监控、信息披露等工作，未能及时作出应有的反应，或者作出的反应明显有失专业和常理，甚至违约违规；公司没有履行勤勉尽职管理义务，或者无法出具充分有效的证据和记录，证明已履行勤勉尽职管理义务。操作风险表现在信托业务和固有业务的全过程中。

公司不断完善内控体系建设，强化制度执行力度，采取如下措施管控操作风险：一是按照"规范管理、制度先行"的原则开展各类业务，要求每项业务在受理申请、尽职调查、交易结构设计、审查审批、营销签约、终止执行等各阶段全过程合法合规，按照相关流程、制度办理。二是建立了职责分离、相互监督制约的内控机制，建立和完善有效的投资决策机制，实行严格的复核审核程序。公司构建前台、中台、后台条线清晰，相互制约、相互配合的组织机构，在一定程度上起到岗位隔离与中后台对前台的监督制衡作用。三是通过外部检查与公司内部排查工作，查找经营管理中的不足，不断完善公司制度体系建设；对照《操作风险关键性指标及评估表》，对操作风险进行全面、有针对性、持续的识别、评估和监测。同时开展员工行为风险排查，强化员工合规、廉洁开展业务。报告期内，公司未发生因操作风险所造成的重大损失。

4.5.5 其他风险

公司面临的其他风险主要包括政策风险、信息科技风险和声誉风险等。

政策风险是指国家宏观经济政策、监管政策调整可能对公司业务经营造成一定影响。

针对政策风险，公司及时跟踪和研究国家宏观政策和行业监管政策，加强与监管部门的沟通，坚持依法合规、稳健经营，保持经营策略与宏观政策、监管政策相一致，保障各项业务合法合规。

信息科技风险是指信息技术在公司运用过程中，由于自然因素、人为因素、技术漏洞和管理缺陷等，导致公司信息系统故障或信息安全事件的风险。

针对信息科技风险，公司高度重视信息系统建设与安全运行，严格遵守相关规定，不断完善信息安全管理制度，规范操作流程；持续加强软硬件投入，推进信息系统建设，增强网络安全防控能力；加大员工培训，牢固树立信息安全意识，为公司业务开展和综合办公提供保障。

声誉风险是指因公司操作失误、违反有关规定、资产质量下降、项目无法按时清算或不能向服务对象提供高质量金融服务等因素，对公司外部市场地位和声誉产生消极和不良影响的风险。

针对声誉风险，公司将声誉风险管理纳入全面风险管理体系，不断建立完善声誉风险管理机制、管理制度和要求，通过充分及时的信息披露，实现与投资者的互动沟通。同时，公司加强舆情监测，以保护投资者合法利益及其他各相关方合法权益，切实履行社会责任。

4.5.6 净资本管理

《信托公司净资本管理办法》规定信托公司的净资本监管标准为：净资本不低于2亿元；净资本/各项业务风险资本不低于100%；净资本/净资产不低于40%。

截至2023年末，公司净资产（母公司数据，下同）992 654.79万元，净资本782 404.53万元，各项业务风险资本之和为207 028.12万元，净资本/各项业务风险资本之和为377.92%，净资本/净资产为78.82%，各项指标均达到监管标准。

5. 报告期末及上一年度末的比较式会计报表

5.1 自营资产

5.1.1 会计师事务所审计意见全文

审计报告

天健皖审〔2024〕24号

安徽国元信托有限责任公司全体股东：

一、审计意见

我们审计了安徽国元信托有限责任公司（以下简称国元信托公司）财务报表，包括2023年12月31日的合并及母公司资产负债表，2023年度的合并及母公司利润及利润分配表、合并及母公司现金流量表，以及相关财务报表附注。

我们认为，后附的财务报表在所有重大方面按照企业会计准则和《企业会计制度》的规定编制，公允反映了国元信托公司2023年12月31日的合并及母公司财务状况，以及2023年度的合并及母公司经营成果和现金流量。

二、形成审计意见的基础

我们按照中国注册会计师审计准则的规定执行了审计工作。审计报告的"注册会计师对财务报表审计的责任"部分进一步阐述了我们在这些准则下的责任。按照中国注册会计师职业道德守则，我们独立于国元信托公司，并履行了职业道德方面的其他责任。我们相信，我们获取的审计证据是充分、适当的，为发表审计意见提供了基础。

三、管理层和治理层对财务报表的责任

国元信托公司管理层（以下简称管理层）负责按照企业会计准则和《企业会计制度》的规定编制财务报表，使其实现公允反映，并设计、执行和维护必要的内部控制，以使财务报表不存在由于舞弊或错误导致的重大错报。

在编制财务报表时，管理层负责评估国元信托公司的持续经营能力，披露与持续经营相关的事项，并运用持续经营假设，除非计划进行清算、终止运营或别无其他现实的选择。

国元信托公司治理层（以下简称治理层）负责监督国元信托公司的财务报告过程。

四、注册会计师对财务报表审计的责任

我们的目标是对财务报表整体是否不存在由于舞弊或错误导致的重大错报获取合理保证，并出具包含审计意见的审计报告。合理保证是高水平的保证，但并不能保证按照审计准则执行的审计在某一重大错报存在时总能发现。错报可能由于舞弊或错误导致，如果合理预期错报单独或汇总起来可能影响财务报表使用者依据财务报表作出的经济决策，则通常认为错报是重大的。

在按照审计准则执行审计工作的过程中，我们运用职业判断，并保持职业怀疑。同时，我们也执行以下工作：

（一）识别和评估由于舞弊或错误导致的财务报表重大错报风险，设计和实施审计程序以应对这些风险，并获取充分、适当的审计证据，作为发表审计意见的基础。由于舞弊可能涉及串通、伪造、故意遗漏、虚假陈述或凌驾于内部控制之上，未能发现由于舞弊导致的重大错报的风险高于未能发现由于错误导致的重大错报的风险。

（二）了解与审计相关的内部控制，以设计恰当的审计程序，但目的并非对内部控制的有效性发表意见。

（三）评价管理层选用会计政策的恰当性和作出会计估计及相关披露的合理性。

（四）对管理层使用持续经营假设的恰当性得出结论。同时，根据获取的审计证据，就可能导致对国元信托公司持续经营能力产生重大疑虑的事项或情况是否存在重大不确定性得出结论。如果我们得出结论认为存在重大不确定性，审计准则要求我们在审计报告中提请报表使用者注意财务报表中的相关披露；如果披露不充分，我们应当发表非无保留意见。我们的结论基于截至审计报告日可获得的信息。然而，未来的事项或情况可能导致国元信托公司不能持续经营。

（五）评价财务报表的总体列报、结构和内容，并评价财务报表是否公允反映相关交易和事项。

（六）就国元信托公司中实体或业务活动的财务信息获取充分、适当的审计证据，以对财务报表发表审计意见。我们负责指导、监督和执行集团审计，并对审计意见承担全部责任。

我们与治理层就计划的审计范围、时间安排和重大审计发现等事项进行沟通，包括沟通我们在审计中识别出的值得关注的内部控制缺陷。

天健会计师事务所（特殊普通合伙）   中国注册会计师：张扬

安徽分所   中国注册会计师：周杰

中国·合肥   二〇二四年三月二十日

5.1.2 资产负债表

合并资产负债表

编制单位：安徽国元信托有限责任公司　　2023年12月31日　　单位：元

项目	附注号	期末余额	期初余额	项目	附注号	期末余额	期初余额
资产：				负债：			
货币资金	1	63 098 658.19	225 397 855.07	短期借款		—	—
结算备付金		—	—	拆入资金	13	508 762 475.44	—
贵金属		—	—	交易性金融负债		—	—
拆出资金		—	—	以公允价值计量且其变动计入当期损益的金融负债		—	—
衍生金融资产		—	—	衍生金融负债		—	—
应收款项		—	—	卖出回购金融资产款		—	—
合同资产		—	—	应付职工薪酬	14	42 800 549.73	43 684 782.45
买入返售金融资产	2	12 555 125.55	267 602 676.00	应交税费	15	164 067 639.10	167 900 396.47
持有待售资产		—	—	应付款项		—	—
发放贷款和垫款	3	2 975 281 380.39	2 106 044 898.08	合同负债	16	3 698 242.01	49 494 394.71
金融投资：				持有待售负债		—	—
以公允价值计量且其变动计入当期损益的金融资产				预计负债	17	63 111 000.00	272 120 208.98
交易性金融资产	4	1 045 127 349.38	1 021 886 973.78	长期借款		—	—
债权投资	5	1 492 309 229.86	1 394 025 635.40	应付债券		—	—
可供出售金融资产		—	—	其中：优先股		—	—
其他债权投资		—	—	永续债		—	—
其他权益工具投资		—	—	租赁负债	18	2 597 879.31	455 066.02
持有者到期投资		—	—	递延所得税负债	11	28 397 666.58	20 419 696.94
长期股权投资	6	4 755 285 638.20	4 529 892 165.48	其他负债	19	41 075 585.21	98 972 239.68
投资性房地产		—	—	负债合计		854 511 037.38	653 046 785.25
固定资产	7	484 670 481.17	20 625 153.00	所有者权益：		—	—
在建工程	8	24 320 472.63	466 111 934.97	实收资本	20	4 200 000 000.00	4 200 000 000.00

续表

项目	附注号	期末余额	期初余额	项目	附注号	期末余额	期初余额
使用权资产	9	2 594 757.21	473 433.38	其他权益工具	—	—	—
无形资产	10	21 017 785.73	5 709 703.07	其中：优先股	—	—	—
商誉	—	—	—	永续债	—	—	—
递延所得税资产	11	127 894 273.46	110 218 685.21	资本公积	21	1 843 473 497.19	1 843 473 497.19
其他资产	12	5 828 566.32	17 752 215.77	减：库存股	—	—	—
		—	—	其他综合收益	22	80 744 442.88	22 972 965.25
		—	—	盈余公积	23	821 047 599.73	745 718 510.33
		—	—	一般风险准备	24	753 928 028.48	716 263 483.78
		—	—	未分配利润	25	2 225 494 239.00	1 753 380 346.54
		—	—	归属于母公司所有者权益合计	—	9 924 687 807.28	9 281 808 803.09
		—	—	少数股东权益	—	230 784 873.43	230 885 740.87
		—	—	所有者权益合计	—	10 155 472 680.71	9 512 694 543.96
资产总计	—	11 009 983 718.09	10 165 741 329.21	负债及所有者权益总计	—	11 009 983 718.09	10 165 741 329.21

法定代表人：许植　　　　主管会计工作负责人：朱先平　　　　会计机构负责人：王敬

母公司资产负债表

编制单位：安徽国元信托有限责任公司　　　　2023年12月31日　　　　单位：元

项目	附注号	期末余额	期初余额	项目	附注号	期末余额	期初余额
资产：				负债：			
货币资金	—	62 210 594.13	224 283 482.66	短期借款	—	—	—
结算备付金	—	—	—	拆入资金	—	508 762 475.44	—
贵金属	—	—	—	交易性金融负债	—	—	—
拆出资金	—	—	—	以公允价值计量且其变动计入当期损益的金融负债	—	—	—
衍生金融资产	—	—	—	衍生金融负债	—	—	—
应收款项	—	—	—	卖出回购金融资产款	—	—	—
合同资产	—	—	—	应付职工薪酬	—	42 800 549.73	43 684 782.45
买入返售金融资产	—	12 555 125.55	267 602 676.00	应交税费	—	164 012 315.79	167 843 054.78
持有待售资产	—	—	—	应付款项	—	—	—
发放贷款和垫款	—	2 975 281 380.39	2 106 044 898.08	合同负债	—	3 698 242.01	49 494 394.71
金融投资：				持有待售负债	—	—	—
以公允价值计量且其变动计入当期损益的金融资产	—	—	—	预计负债	—	63 111 000.00	272 120 208.98
交易性金融资产	—	1 045 127 349.38	1 021 886 973.78	长期借款	—	—	—
债权投资	—	1 492 309 229.86	1 394 025 635.40	应付债券	—	—	—
可供出售金融资产	—	—	—	其中：优先股	—	—	—
其他债权投资	—	—	—	永续债	—	—	—
其他权益工具投资	—	—	—	租赁负债	—	2 597 879.31	455 066.02
持有者到期投资	—	—	—	递延所得税负债	—	28 397 666.58	20 419 696.94
长期股权投资	1	4 987 930 638.20	4 762 537 165.48	其他负债	—	38 549 346.72	96 553 184.71
投资性房地产	—	—	—	负债合计	—	851 929 475.58	650 570 388.59
固定资产	—	19 375 179.29	20 602 687.94	所有者权益：			
在建工程	—	1 560 530.99	—	实收资本	—	4 200 000 000.00	4 200 000 000.00

续表

项目	附注号	期末余额	期初余额	项目	附注号	期末余额	期初余额
使用权资产	—	2 594 757.21	473 433.38	其他权益工具	—	—	—
无形资产	—	21 017 785.73	5 709 703.07	其中：优先股	—	—	—
商誉	—	—	—	永续债	—	—	—
递延所得税资产	—	127 894 273.46	110 246 185.21	资本公积	—	1 843 473 497.19	1 843 473 497.19
其他资产	—	30 620 565.26	20 643 109.82	减：库存股	—	—	—
				其他综合收益	—	80 744 442.88	22 972 965.25
				盈余公积	—	821 047 599.73	745 718 510.33
				一般风险准备	—	753 928 028.48	716 263 483.78
				未分配利润	—	2 227 354 365.59	1 755 057 105.68
				归属于母公司所有者权益合计	—	9 926 547 933.87	9 283 485 562.23
				少数股东权益	—	—	—
				所有者权益合计	—	9 926 547 933.87	9 283 485 562.23
资产总计	—	10 778 477 409.45	9 934 055 950.82	负债及所有者权益总计	—	10 778 477 409.45	9 934 055 950.82

法定代表人：许植　　　　　主管会计工作负责人：朱先平　　　　　会计机构负责人：王敬

5.1.3 利润表

合并利润表

编制单位：安徽国元信托有限责任公司　　　2023年度　　　单位：元

项目	附注号	本期金额	上期金额
一、营业收入	—	1 371 366 325.05	995 799 173.78
利息净收入	1	295 765 128.53	309 622 819.56
利息收入	—	303 642 680.05	310 605 221.88
利息支出	—	7 877 551.52	982 402.32
手续费及佣金净收入	2	753 166 004.27	383 662 117.15
手续费及佣金收入	—	548 941 979.87	584 072 825.71
手续费及佣金支出	—	-204 224 024.40	200 410 708.56
投资收益（损失以"-"号填列）	3	299 047 863.36	295 554 573.57
其中：对联营企业和合营企业的投资收益	—	260 234 950.24	246 823 133.43
以摊余成本计量的金融资产终止确认收益	—	—	—
净敞口套期收益（损失以"-"号填列）	—	—	—
其他收益	4	404 346.42	300 888.33
公允价值变动收益（损失以"-"号填列）	5	21 209 121.37	2 921 351.70
汇兑收益（损失以"-"号填列）	—	—	—
其他业务收入	6	1 773 861.10	3 737 423.47
资产处置收益（损失以"-"号填列）	—	—	—
二、营业支出	—	446 414 563.33	133 898 531.99
税金及附加	7	7 104 139.42	7 241 054.77
业务及管理费	8	162 268 350.93	128 212 786.30
信用减值损失	9	276 977 341.18	-1 648 477.89

续表

项目	附注号	本期金额	上期金额
其他资产减值损失	—	—	—
其他业务成本	10	64 731.80	93 168.81
三、营业利润（亏损以"-"号填列）	—	924 951 761.72	861 900 641.79
加：营业外收入	11	70 460.08	144 992.81
减：营业外支出	12	653 115.30	96 851.68
四、利润总额（亏损总额以"-"号填列）	—	924 369 106.50	861 948 782.92
减：所得税费用	13	171 362 447.38	148 603 295.92
五、净利润（净亏损以"-"号填列）	—	753 006 659.12	713 345 487.00
（一）按经营持续性分类			
1.持续经营净利润（净亏损以"-"号填列）	—	753 006 659.12	713 345 487.00
2.终止经营净利润（净亏损以"-"号填列）	—	—	—
（二）按所有权归属分类			
1.归属于母公司所有者的净利润（净亏损以"-"号填列）	—	753 107 526.56	713 445 393.46
2.少数股东损益（净亏损以"-"号填列）	—	-100 867.44	-99 906.46
六、其他综合收益的税后净额	—	57 771 477.63	-41 190 586.82
（一）归属于母公司所有者的其他综合收益的税后净额	14	57 771 477.63	-41 190 586.82
1.不能重分类进损益的其他综合收益	—	—	—
（1）重新计量设定受益计划变动额	—	—	—
（2）权益法下不能转损益的其他综合收益	—	—	—
2.将重分类进损益的其他综合收益	—	57 771 477.63	-41 190 586.82

续表

项目	附注号	本期金额	上期金额
（1）权益法下可转损益的其他综合收益	—	57 771 477.63	-41 190 586.82
（2）可供出售金融资产公允价值变动	—	—	—
（二）归属于少数股东的其他综合收益的税后净额	—	—	—
七、综合收益总额	—	810 778 136.75	672 154 900.18
（一）归属于母公司所有者的综合收益总额	—	810 879 004.19	672 254 806.64
（二）归属于少数股东的综合收益总额	—	-100 867.44	-99 906.46

法定代表人：许植　　主管会计工作负责人：朱先平　　会计机构负责人：王敬

母公司利润表

编制单位：安徽国元信托有限责任公司　　2023年度　　单位：元

项目	附注号	本期金额	上期金额
一、营业收入	—	1 370 054 509.56	994 464 082.98
利息净收入	1	295 755 476.03	309 618 328.76
利息收入	—	303 633 027.55	310 600 731.08
利息支出	—	7 877 551.52	982 402.32
手续费及佣金净收入	2	753 166 004.27	383 662 117.15
手续费及佣金收入	—	548 941 979.87	584 072 825.71
手续费及佣金支出	—	-204 224 024.40	200 410 708.56
投资收益（损失以"-"号填列）	3	299 047 863.36	295 554 573.57
其中：对联营企业和合营企业的投资收益	—	260 234 950.24	246 823 133.43
以摊余成本计量的金融资产终止确认收益	—	—	—
净敞口套期收益（损失以"-"号填列）	—	—	—
其他收益	—	404 346.42	300 888.33
公允价值变动收益（损失以"-"号填列）	—	21 209 121.37	2 921 351.70
汇兑收益（损失以"-"号填列）	—	—	—
其他业务收入	—	471 698.11	2 406 823.47
资产处置收益（损失以"-"号填列）	—	—	—
二、营业支出	—	444 791 012.95	132 158 540.01
税金及附加	—	6 865 967.35	6 997 920.26
业务及管理费	—	161 063 978.51	127 013 988.45
信用减值损失	—	276 861 067.09	-1 853 368.70
其他资产减值损失	—	—	—
其他业务成本	—	—	—
三、营业利润（亏损以"-"号填列）	—	925 263 496.61	862 305 542.97
加：营业外收入	—	70 460.08	144 904.55
减：营业外支出	—	653 115.30	96 851.68

续表

项目	附注号	本期金额	上期金额
四、利润总额（亏损总额以"-"号填列）	—	924 680 841.39	862 353 595.84
减：所得税费用	—	171 389 947.38	148 654 545.92
五、净利润（净亏损以"-"号填列）	—	753 290 894.01	713 699 049.92
（一）持续经营净利润（净亏损以"-"号填列）	—	753 290 894.01	713 699 049.92
（二）终止经营净利润（净亏损以"-"号填列）	—	—	—
六、其他综合收益的税后净额	—	57 771 477.63	-41 190 586.82
（一）不能重分类进损益的其他综合收益	—	—	—
（二）将重分类进损益的其他综合收益	—	57 771 477.63	-41 190 586.82
（1）权益法下可转损益的其他综合收益	—	57 771 477.63	-41 190 586.82
（2）可供出售金融资产公允价值变动	—	—	—
七、综合收益总额	—	811 062 371.64	672 508 463.10

法定代表人：许植　　主管会计工作负责人：朱先平　　会计机构负责人：王敬

5.1.4　现金流量表

合并现金流量表

编制单位：安徽国元信托有限责任公司　　2023年度　　单位：元

项目	本期金额	上期金额
一、经营活动产生的现金流量：		
销售商品提供劳务收到的现金	—	—
向其他金融机构拆入资金净增加额	—	—
收取利息、手续费及佣金的现金	854 506 189.50	911 898 109.47
拆入资金净增加额	—	—
回购业务资金净增加额	—	—
收到其他与经营活动有关的现金	297 332 975.01	299 835 214.67
经营活动现金流入小计	1 151 839 164.51	1 211 733 324.14
客户贷款及垫款净增加额	812 473 586.11	-392 396 374.49
为交易目的而持有的金融资产净增加额	2 047 428.31	-359 480 578.07
拆出资金净增加额	—	—
返售业务资金净增加额	-255 035 190.17	34 623 346.23
支付利息、手续费及佣金的现金	7 804 984.58	99 601 540.45
支付给职工及为职工支付的现金	142 893 934.74	136 367 310.61
支付的各项税费	228 946 116.99	215 685 171.99
支付其他与经营活动有关的现金	377 738 106.80	510 853 295.92
经营活动现金流出小计	1 316 868 967.36	245 253 712.64
经营活动产生的现金流量净额	-165 029 802.85	966 479 611.50
二、投资活动产生的现金流量：		
收回投资收到的现金	666 229 000.00	338 350 000.00
取得投资收益收到的现金	131 584 651.10	156 674 786.32
处置固定资产、无形资产和其他长期资产收回的现金净额	37 162.51	42 753.28

续表

项目	本期金额	上期金额
处置子公司及其营业单位收到的现金净额	—	—
收到其他与投资活动有关的现金	—	—
投资活动现金流入小计	797 850 813.61	495 067 539.60
购建固定资产、无形资产和其他长期资产支付的现金	34 876 195.54	6 093 179.21
投资支付的现金	1 092 503 950.00	1 248 995 000.00
取得子公司及其营业单位支付的现金净额	—	—
支付其他与投资活动有关的现金	—	—
投资活动现金流出小计	1 127 380 145.54	1 255 088 179.21
投资活动产生的现金流量净额	−329 529 331.93	−760 020 639.61
三、筹资活动产生的现金流量：	—	—
吸收投资收到的现金	—	—
其中：子公司吸收少数股东投资收到的现金	—	—
取得借款收到的现金	604 115 200.00	—
发行债券收到的现金	—	—
收到其他与筹资活动有关的现金	—	—
筹资活动现金流入小计	604 115 200.00	0.00
偿还债务支付的现金	100 000 000.00	—
分配股利、利润或偿付利息支付的现金	171 132 986.10	168 000 000.00
其中：子公司支付给少数股东的股利、利润	—	—
支付其他与筹资活动有关的现金	722 276.00	404 070.50
筹资活动现金流出小计	271 855 262.10	168 404 070.50
筹资活动产生的现金流量净额	332 259 937.90	−168 404 070.50
四、汇率变动对现金的影响额	—	—
五、现金及现金等价物净增加额	−162 299 196.88	38 054 901.39
加：期初现金及现金等价物余额	225 397 855.07	187 342 953.68
六、期末现金及现金等价物余额	63 098 658.19	225 397 855.07

法定代表人：许植　　主管会计工作负责人：朱先平　　会计机构负责人：王敬

母公司现金流量表

编制单位：安徽国元信托有限责任公司　　2023年度　　单位：元

项目	本期金额	上期金额
一、经营活动产生的现金流量：	—	—
销售商品提供劳务收到的现金	—	—
向其他金融机构拆入资金净增加额	—	—
收取利息、手续费及佣金的现金	854 506 189.50	911 898 109.47
拆入资金净增加额	—	—
回购业务资金净增加额	—	—
收到其他与经营活动有关的现金	293 701 437.68	294 357 160.47
经营活动现金流入小计	1 148 207 627.18	1 206 255 269.94
客户贷款及垫款净增加额	812 473 586.11	−392 396 374.49

续表

项目	本期金额	上期金额
为交易目的而持有的金融资产净增加额	2 047 428.31	−359 480 578.07
拆出资金净增加额	—	—
返售业务资金净增加额	−255 035 190.17	34 623 346.23
支付利息、手续费及佣金的现金	7 804 984.58	99 601 540.45
支付给职工及为职工支付的现金	142 005 793.72	135 387 864.79
支付的各项税费	228 602 504.75	215 339 278.47
支付其他与经营活动有关的现金	375 112 014.38	507 325 994.01
经营活动现金流出小计	1 313 011 121.68	240 401 071.39
经营活动产生的现金流量净额	−164 803 494.50	965 854 198.55
二、投资活动产生的现金流量：	—	—
收回投资收到的现金	666 229 000.00	338 350 000.00
取得投资收益收到的现金	131 584 651.10	156 674 786.32
处置固定资产、无形资产和其他长期资产收回的现金净额	37 162.51	42 753.28
处置子公司及其营业单位收到的现金净额	—	—
收到其他与投资活动有关的现金	—	—
投资活动现金流入小计	797 850 813.61	495 067 539.60
购建固定资产、无形资产和其他长期资产支付的现金	34 876 195.54	6 090 170.36
投资支付的现金	1 092 503 950.00	1 248 995 000.00
取得子公司及其营业单位支付的现金净额	—	—
支付其他与投资活动有关的现金	—	—
投资活动现金流出小计	1 127 380 145.54	1 255 085 170.36
投资活动产生的现金流量净额	−329 529 331.93	−760 017 630.76
三、筹资活动产生的现金流量：	—	—
吸收投资收到的现金	—	—
取得借款收到的现金	604 115 200.00	—
发行债券收到的现金	—	—
收到其他与筹资活动有关的现金	—	—
筹资活动现金流入小计	604 115 200.00	—
偿还债务支付的现金	100 000 000.00	—
分配股利、利润或偿付利息支付的现金	171 132 986.10	168 000 000.00
支付其他与筹资活动有关的现金	722 276.00	404 070.50
筹资活动现金流出小计	271 855 262.10	168 404 070.50
筹资活动产生的现金流量净额	332 259 937.90	−168 404 070.50
四、汇率变动对现金的影响额	—	—
五、现金及现金等价物净增加额	−162 072 888.53	37 432 497.29
加：期初现金及现金等价物余额	224 283 482.66	186 850 985.37
六、期末现金及现金等价物余额	62 210 594.13	224 283 482.66

法定代表人：许植　　主管会计工作负责人：朱先平　　会计机构负责人：王敬

5.1.5 所有者权益变动表

合并所有者权益变动表

编制单位：安徽国元信托有限责任公司　　　2023年度　　　单位：元

项目	本年金额											
	归属于母公司所有者权益										少数股东权益	所有者权益合计
	实收资本	其他权益工具			资本公积	减：库存股	其他综合收益	盈余公积	一般风险准备	未分配利润	小计		
		优先股	永续债	其他									
一、上年年末余额	4 200 000 000.00	—	—	—	1 843 473 497.19	—	22 972 965.25	745 718 510.33	716 263 483.78	1 753 380 346.54	9 281 808 803.09	230 885 740.87	9 512 694 543.96
加：会计政策变更	—	—	—	—	—	—	—	—	—	—	—	—	—
前期差错更正	—	—	—	—	—	—	—	—	—	—	—	—	—
同一控制下企业合并	—	—	—	—	—	—	—	—	—	—	—	—	—
其他	—	—	—	—	—	—	—	—	—	—	—	—	—
二、本年年初余额	4 200 000 000.00	—	—	—	1 843 473 497.19	—	22 972 965.25	745 718 510.33	716 263 483.78	1 753 380 346.54	9 281 808 803.09	230 885 740.87	9 512 694 543.96
三、本年增减变动金额（减少以"-"号填列）	—	—	—	—	—	—	57 771 477.63	75 329 089.40	37 664 544.70	472 113 892.46	642 879 004.19	-100 867.44	642 778 136.75
（一）综合收益总额	—	—	—	—	—	—	57 771 477.63	—	37 664 544.70	753 107 526.56	810 879 004.19	-100 867.44	810 778 136.75
（二）所有者投入和减少资本	—	—	—	—	—	—	—	—	—	—	—	—	—
1.所有者投入的普通股	—	—	—	—	—	—	—	—	—	—	—	—	—
2.其他权益工具持有者投入资本	—	—	—	—	—	—	—	—	—	—	—	—	—
3.股份支付计入所有者权益的金额	—	—	—	—	—	—	—	—	—	—	—	—	—
4.其他	—	—	—	—	—	—	—	—	—	—	—	—	—
（三）利润分配	—	—	—	—	—	—	—	75 329 089.40	37 664 544.70	-280 993 634.10	-168 000 000.00	—	-168 000 000.00
1.提取盈余公积	—	—	—	—	—	—	—	75 329 089.40	—	-75 329 089.40	—	—	—
2.提取一般风险准备	—	—	—	—	—	—	—	—	37 664 544.70	-37 664 544.70	—	—	—
3.对所有者的分配	—	—	—	—	—	—	—	—	—	-168 000 000.00	-168 000 000.00	—	-168 000 000.00
4.其他	—	—	—	—	—	—	—	—	—	—	—	—	—
（四）所有者权益内部结转	—	—	—	—	—	—	—	—	—	—	—	—	—
1.资本公积转增资本	—	—	—	—	—	—	—	—	—	—	—	—	—
2.盈余公积转增资本	—	—	—	—	—	—	—	—	—	—	—	—	—
3.盈余公积弥补亏损	—	—	—	—	—	—	—	—	—	—	—	—	—
4.一般风险准备弥补亏损	—	—	—	—	—	—	—	—	—	—	—	—	—
5.设定受益计划变动额结转留存收益	—	—	—	—	—	—	—	—	—	—	—	—	—
6.其他综合收益结转留存收益	—	—	—	—	—	—	—	—	—	—	—	—	—
7.其他	—	—	—	—	—	—	—	—	—	—	—	—	—
（五）其他	—	—	—	—	—	—	—	—	—	—	—	—	—
四、本年年末余额	4 200 000 000.00	—	—	—	1 843 473 497.19	—	80 744 442.88	821 047 599.73	753 928 028.48	2 225 494 239.00	9 924 687 807.28	230 784 873.43	10 155 472 680.71

单位负责人：许值　　　主管会计工作负责人：朱先平　　　会计机构负责人：王敏

合并所有者权益变动表（续）

编制单位：安徽国元信托有限责任公司　　2023年度　　单位：元

项目	归属于母公司所有者权益									少数股东权益	所有者权益合计
	实收资本	其他权益工具			资本公积	减：库存股	其他综合收益	盈余公积	一般风险准备	未分配利润	小计		
		优先股	永续债	其他									
一、上年年末余额	4 200 000 000.00	—	—	—	1 843 473 497.19	—	64 163 552.07	674 348 605.34	680 578 531.28	1 314 989 810.57	8 777 553 996.45	230 985 647.33	9 008 539 643.78
加：会计政策变更	—	—	—	—	—	—	—	—	—	—	—	—	—
前期差错更正	—	—	—	—	—	—	—	—	—	—	—	—	—
同一控制下企业合并	—	—	—	—	—	—	—	—	—	—	—	—	—
其他	—	—	—	—	—	—	—	—	—	—	—	—	—
二、本年年初余额	4 200 000 000.00	—	—	—	1 843 473 497.19	—	64 163 552.07	674 348 605.34	680 578 531.28	1 314 989 810.57	8 777 553 996.45	230 985 647.33	9 008 539 643.78
三、本年增减变动金额（减少以"—"号填列）	—	—	—	—	—	—	-41 190 586.82	71 369 904.99	35 684 952.50	438 390 535.97	504 254 806.64	-99 906.46	504 154 900.18
（一）综合收益总额	—	—	—	—	—	—	-41 190 586.82	—	—	713 445 393.46	672 254 806.64	-99 906.46	672 154 900.18
（二）所有者投入和减少资本	—	—	—	—	—	—	—	—	—	—	—	—	—
1.所有者投入的普通股	—	—	—	—	—	—	—	—	—	—	—	—	—
2.其他权益工具持有者投入资本	—	—	—	—	—	—	—	—	—	—	—	—	—
3.股份支付计入所有者权益的金额	—	—	—	—	—	—	—	—	—	—	—	—	—
4.其他	—	—	—	—	—	—	—	—	—	—	—	—	—
（三）利润分配	—	—	—	—	—	—	—	71 369 904.99	35 684 952.50	-275 054 857.49	-168 000 000.00	—	-168 000 000.00
1.提取盈余公积	—	—	—	—	—	—	—	71 369 904.99	—	-71 369 904.99	—	—	—
2.提取一般风险准备	—	—	—	—	—	—	—	—	35 684 952.50	-35 684 952.50	—	—	—
3.对所有者的分配	—	—	—	—	—	—	—	—	—	-168 000 000.00	-168 000 000.00	—	-168 000 000.00
4.其他	—	—	—	—	—	—	—	—	—	—	—	—	—
（四）所有者权益内部结转	—	—	—	—	—	—	—	—	—	—	—	—	—
1.资本公积转增资本	—	—	—	—	—	—	—	—	—	—	—	—	—
2.盈余公积转增资本	—	—	—	—	—	—	—	—	—	—	—	—	—
3.盈余公积弥补亏损	—	—	—	—	—	—	—	—	—	—	—	—	—
4.一般风险准备弥补亏损	—	—	—	—	—	—	—	—	—	—	—	—	—
5.设定受益计划变动额结转留存收益	—	—	—	—	—	—	—	—	—	—	—	—	—
6.其他综合收益结转留存收益	—	—	—	—	—	—	—	—	—	—	—	—	—
7.其他	—	—	—	—	—	—	—	—	—	—	—	—	—
（六）其他	—	—	—	—	—	—	—	—	—	—	22 972 965.25	—	—
四、本年年末余额	4 200 000 000.00	—	—	—	1 843 473 497.19	—	22 972 965.25	745 718 510.33	716 263 483.78	1 753 380 346.54	9 281 808 803.09	230 885 740.87	9 508 539 643.78

单位负责人：许镇　　主管会计工作负责人：朱先平　　会计机构负责人：王敏

编制单位：安徽国元信托有限责任公司　　　　　　　　　　　　　　　　母公司所有者权益变动表
2023年度　　　　　　　　　　　　　　　　　　　　　　　　　　　　单位：元

项目	本年金额										
	实收资本	其他权益工具			资本公积	减：库存股	其他综合收益	盈余公积	一般风险准备	未分配利润	所有者权益合计
		优先股	永续债	其他							
一、上年末余额	4 200 000 000.00	—	—	—	1 843 473 497.19	—	22 972 965.25	745 718 510.33	716 263 483.78	1 755 057 105.68	9 283 485 562.23
加：会计政策变更	—	—	—	—	—	—	—	—	—	—	—
前期差错更正	—	—	—	—	—	—	—	—	—	—	—
其他	—	—	—	—	—	—	—	—	—	—	—
二、本年初余额	4 200 000 000.00	—	—	—	1 843 473 497.19	—	22 972 965.25	745 718 510.33	716 263 483.78	1 755 057 105.68	9 283 485 562.23
三、本年增减变动金额（减少以"-"号填列）	—	—	—	—	—	—	57 771 477.63	75 329 089.40	37 664 544.70	472 297 259.91	643 062 371.64
（一）综合收益总额	—	—	—	—	—	—	57 771 477.63	—	—	753 290 894.01	811 062 371.64
（二）所有者投入和减少资本	—	—	—	—	—	—	—	—	—	—	—
1.所有者投入的普通股	—	—	—	—	—	—	—	—	—	—	—
2.其他权益工具持有者投入资本	—	—	—	—	—	—	—	—	—	—	—
3.股份支付计入所有者权益的金额	—	—	—	—	—	—	—	—	—	—	—
4.其他	—	—	—	—	—	—	—	—	—	—	—
（三）利润分配	—	—	—	—	—	—	—	75 329 089.40	37 664 544.70	−280 993 634.10	−168 000 000.00
1.提取盈余公积	—	—	—	—	—	—	—	75 329 089.40	—	−75 329 089.40	—
2.对所有者的分配	—	—	—	—	—	—	—	—	—	−168 000 000.00	−168 000 000.00
3.其他	—	—	—	—	—	—	—	—	37 664 544.70	−37 664 544.70	—
（四）所有者权益内部结转	—	—	—	—	—	—	—	—	—	—	—
1.资本公积转增资本	—	—	—	—	—	—	—	—	—	—	—
2.盈余公积转增资本	—	—	—	—	—	—	—	—	—	—	—
3.盈余公积弥补亏损	—	—	—	—	—	—	—	—	—	—	—
4.一般风险准备弥补亏损	—	—	—	—	—	—	—	—	—	—	—
5.设定受益计划变动额结转留存收益	—	—	—	—	—	—	—	—	—	—	—
6.其他综合收益结转留存收益	—	—	—	—	—	—	—	—	—	—	—
7.其他	—	—	—	—	—	—	—	—	—	—	—
（五）其他	—	—	—	—	—	—	—	—	—	—	—
四、本年末余额	4 200 000 000.00	—	—	—	1 843 473 497.19	—	80 744 442.88	821 047 599.73	753 928 028.48	2 227 354 365.59	9 926 547 933.87

单位负责人：许植　　　　主管会计工作负责人：朱先平　　　　会计机构负责人：王敬

母公司所有者权益变动表（续）

2023年度

编制单位：安徽国元信托有限责任公司

单位：元

项目	本年金额									
	实收资本	其他权益工具			资本公积	减：库存股	其他综合收益	盈余公积	一般风险准备	未分配利润	所有者权益合计
		优先股	永续债	其他							
一、上年末余额	4 200 000 000.00	—	—	—	1 843 473 497.19	—	64 163 552.07	674 348 605.34	680 578 531.28	1 316 412 913.25	8 778 977 099.13
加：会计政策变更	—	—	—	—	—	—	—	—	—	—	—
前期差错更正	—	—	—	—	—	—	—	—	—	—	—
其他	—	—	—	—	—	—	—	—	—	—	—
二、本年初余额	4 200 000 000.00	—	—	—	1 843 473 497.19	—	64 163 552.07	674 348 605.34	680 578 531.28	1 316 412 913.25	8 778 977 099.13
三、本年增减变动金额（减少以"-"号填列）	—	—	—	—	—	—	-41 190 586.82	71 369 904.99	35 684 952.50	438 644 192.43	504 508 463.10
（一）综合收益总额	—	—	—	—	—	—	-41 190 586.82	—	—	713 699 049.92	672 508 463.10
（二）所有者投入和减少资本	—	—	—	—	—	—	—	—	—	—	—
1.所有者投入的普通股	—	—	—	—	—	—	—	—	—	—	—
2.其他权益工具持有者投入资本	—	—	—	—	—	—	—	—	—	—	—
3.股份支付计入所有者权益的金额	—	—	—	—	—	—	—	—	—	—	—
4.其他	—	—	—	—	—	—	—	—	—	—	—
（三）利润分配	—	—	—	—	—	—	—	71 369 904.99	35 684 952.50	-275 054 857.49	-168 000 000.00
1.提取盈余公积	—	—	—	—	—	—	—	71 369 904.99	—	-71 369 904.99	—
2.对所有者的分配	—	—	—	—	—	—	—	—	—	-168 000 000.00	-168 000 000.00
3.其他	—	—	—	—	—	—	—	—	35 684 952.50	-35 684 952.50	—
（四）所有者权益内部结转	—	—	—	—	—	—	—	—	—	—	—
1.资本公积转增资本	—	—	—	—	—	—	—	—	—	—	—
2.盈余公积转增资本	—	—	—	—	—	—	—	—	—	—	—
3.盈余公积弥补亏损	—	—	—	—	—	—	—	—	—	—	—
4.一般风险准备补亏预	—	—	—	—	—	—	—	—	—	—	—
5.设定受益计划变动额结转留存收益	—	—	—	—	—	—	—	—	—	—	—
6.其他综合收益结转留存收益	—	—	—	—	—	—	—	—	—	—	—
7.其他	—	—	—	—	—	—	—	—	—	—	—
（五）其他	—	—	—	—	—	—	—	—	—	—	—
四、本年末余额	4 200 000 000.00	—	—	—	1 843 473 497.19	—	22 972 965.25	745 718 510.33	716 263 483.78	1 755 057 105.68	9 283 485 562.23

单位负责人：许慎　主管会计工作负责人：朱先平　会计机构负责人：王敬

5.2 信托资产

5.2.1 信托项目资产负债汇总表

信托项目资产负债汇总表

编制单位：安徽国元信托有限责任公司　　　　2023年12月31日　　　　单位：万元

信托资产	期末余额	年初余额	信托负债和信托权益	期末余额	年初余额
信托资产：			信托负债：		
货币资金	180 751.82	61 625.11	交易性金融负债	—	—
拆出资金	—	—	衍生金融负债	—	—
存出保证金	10.69	—	应付受托人报酬	28 619.88	19 521.60
交易性金融资产	2 262 015.72	314 853.35	应付托管费	411.77	213.87
衍生金融资产	—	—	应付受益人收益	—	—
买入返售金融资产	37 122.84	47 718.93	应交税费	2 624.77	2 002.36
其中：买入返售证券	37 122.84	47 718.93	应付销售服务费	847.73	1 076.56
买入返售信贷资产	—	—	其他应付款项	522.92	8 865.74
应收款项	4 811.85	1.47	其他负债	158 513.50	105 043.98
发放贷款	4 031 949.44	4 413 642.59	信托负债合计	191 540.57	136 724.11
其中：基础产业	718 063.93	814 333.00	信托权益：		
房地产	28 120.00	135 116.00	实收信托	11 446 150.82	8 453 243.76
其他产业	3 285 765.51	3 464 193.59	其中：资金信托	6 093 904.30	5 582 964.14
可供出售金融资产	—	—	集合	5 490 675.48	4 346 293.53
持有至到期投资	5 195 288.87	3 893 309.18	单一	603 228.82	1 236 670.61
长期应收款	—	—	财产信托	5 352 246.52	2 870 279.62
长期股权投资	121 042.76	39 601.87	资本公积	—	—
其中：基础产业	—	—	未分配利润	198 378.60	181 381.44
房地产	60 000.00	—	信托权益合计	11 644 529.42	8 634 625.20
其他产业	61 042.76	39 601.87	—	—	—
投资性房地产	—	—			
固定资产	—	—			
无形资产	—	—			
长期待摊费用	—	—			
其他资产	3 076.00	596.81			
其中：融资租赁资产	—	—			
信托资产总计	11 836 069.99	8 771 349.31	信托负债及信托权益总计	11 836 069.99	8 771 349.31

单位负责人：许植　　　　主管会计工作负责人：朱先平　　　　会计机构负责人：王敬

5.2.2 信托项目利润及利润分配汇总表

信托项目利润及利润分配汇总表

编制单位：安徽国元信托有限责任公司　　2023年度　　单位：万元

项目	本年金额	上年金额
1.营业收入	663 033.34	691 529.46
1.1利息收入	611 552.02	681 370.54
1.2投资收益	59 790.66	30 884
1.2.1其中：对联营企业和合营企业投资收益	—	—

续表

项目	本年金额	上年金额
1.3公允价值变动收益	-8 331.42	-20 725.14
1.4租赁收入	—	—
1.5汇兑收益	—	—
1.6其他收入	22.08	0.06
2.支出	93 780.06	108 482.56
2.1营业税金及附加	2 145.78	2 528.67
2.2受托人报酬	57 808.25	68 618.56

续表

项目	本年金额	上年金额
2.3 保管费	1 375.75	2 506.67
2.4 投资管理费	355.96	0
2.5 销售服务费	8 192.52	12 753.65
2.6 交易费用	—	0
2.7 资产减值损失	616.86	673.76
2.8 其他费用	23 284.94	21 401.25
3. 信托净利润	569 253.28	583 046.90
4. 其他综合收益	—	—
5. 综合收益	569 253.28	583 046.90
6. 加：期初未分配信托利润	181 381.44	180 995.15
7. 可供分配的信托利润	750 634.72	764 042.05
8. 减：本期已分配信托利润	552 256.12	582 660.61
9. 期末未分配信托利润	198 378.60	181 381.44

单位负责人：许植　　主管会计工作负责人：朱先平　　会计机构负责人：王敬

6. 会计报表附注

6.1 会计报表编制基准不符合会计核算基本前提的说明

报告期内公司无上述事项。

6.2 或有事项说明

报告期内公司无上述事项。

6.3 重要资产转让及其出售的说明

报告期内公司无重大资产转让及其出售。

6.4 会计报表中重要项目的明细资料

6.4.1 自营资产经营情况

6.4.1.1 按信用风险五级分类结果披露信用风险资产的期初数、期末数

信用风险资产五级分类	正常类（万元）	关注类（万元）	次级类（万元）	可疑类（万元）	损失类（万元）	信用风险资产合计（万元）	不良资产合计（万元）	不良资产率（%）
期初数	962 566.05	16 959.65	—	—	—	979 525.70	—	—
期末数	1 017 249.57	12 135.50	21 215.60	7 699.93	—	1 058 300.60	28 915.53	2.73

注：不良资产合计=（次级类+可疑类+损失类）资产账面价值。

6.4.1.2 各项资产减值损失准备的期初、本期计提、本期转回、本期核销、期末数

单位：万元

项目	期初数	本期计提额	本期减少额 收回	本期减少额 转回	本期减少额 转销	本期减少额 合计	期末数
贷款损失准备	10 207.17	1 323.71	7 000.00	—	—	7 000.00	4 530.88
债权投资减值准备	2 361.92	33 421.52	—	—	0.00	0.00	35 783.44
其他资产——其他应收款坏账准备	592.24	—	—	7.01	—	7.01	585.23
其他资产——应收利息坏账准备	22.68	—	22.5	—	—	22.50	0.18
其他资产——其他资产减值准备	-14.59	—	—	—	14.59	—	—
合计	13 169.43	34 745.23	7 022.50	7.01	14.59	7 029.51	40 899.73

6.4.1.3 按照投资品种分类，固有股票投资、基金投资、债券投资、股权投资等投资业务的期初数、期末数

单位：万元

项目	自营股票	基金	债券	长期股权投资	其他投资	合计
期初数	7 957.32	8 850.40	—	452 989.22	85 380.97	555 177.91
期末数	7 718.02	7 928.29	—	475 530.34	564 396.76	580 043.07

6.4.1.4 按投资入股金额排序，前五名的自营长期股权投资的企业名称、占被投资企业权益的比例、主要经营活动及投资收益情况等

企业名称	占被投资企业权益的比例（%）	主要经营活动	投资损益（万元）
国元证券股份有限公司	13.58	证券经纪、证券买卖	25 363.35
金信基金管理有限公司	31.00	基金募集、基金销售、特定客户资产管理	138.54
安徽国元基金管理有限公司	12.50	基金募集、基金销售、特定客户资产管理	521.61

6.4.1.5 前五名的自营贷款的企业名称、占贷款总额的比例和还款情况等

企业名称	占贷款总额的比例（%）	还款情况
天长市农业发展有限公司	9.96	正常
萧县交通投资有限责任公司	5.94	正常
郎溪县思创科技创业园发展有限公司	5.91	正常
太和县西城建设有限公司	5.21	正常
蚌埠市滨河建设投资有限公司	4.81	正常

6.4.1.6 表外业务的期初数、期末数；按照代理业务、担保业务和其他类型表外业务分别披露表外业务的期初数、期末数情况

单位：万元

表外业务	期初数	期末数
担保业务	—	—
代理业务（委托业务）	—	—
其他	—	—
合计	—	—

6.4.1.7 公司当年的收入结构

收入结构	金额（万元）	占比（%）
手续费及佣金收入	54 894.00	46.71
其中：信托手续费收入	46 872.97	39.89
投资银行业务收入	8 019.31	6.82
利息收入	30 364.27	25.84
其他业务收入	177.39	0.15
投资收益	29 904.79	25.45
其中：股权投资收益	28 017.52	23.84
证券投资收益	1 512.98	1.29
其他投资收益	374.28	0.32
公允价值变动收益	2 120.91	1.80
其他收益	40.44	0.03
营业外收入	7.05	0.01
收入合计	117 508.85	100.00

注：1.手续费及佣金收入、利息收入、其他业务收入、投资收益、营业外收入均应为损益表中的一级科目，其中手续费及佣金收入、利息收入、营业外收入为未抵减掉相应支出的全年累计实现收入数。
2.其他业务收入中包含汇兑收益、租赁收入等。

6.4.2 信托财产管理情况
6.4.2.1 信托资产的期初数、期末数

单位：万元

信托资产	期初数	期末数
集合	4 432 149.61	5 737 679.38
单一	1 230 203.93	586 120.40
财产权	3 108 995.77	5 512 270.21
合计	8 771 349.31	11 836 069.99

6.4.2.1.1 主动管理型信托业务的信托资产期初数、期末数

单位：万元

主动管理型信托资产	期初数	期末数
投资类	1 616 305.07	1 534 908.07
融资类	2 497 758.33	4 240 247.51
事务管理类	544.70	544.70
合计	4 114 608.10	5 775 700.28

6.4.2.1.2 被动管理型信托业务的信托资产期初数、期末数

单位：万元

被动管理型信托资产	期初数	期末数
投资类	519 240.99	32 532.29
融资类	832 346.57	101 011.12
事务管理类	3 305 153.65	5 926 826.30
合计	4 656 741.21	6 060 369.71

6.4.2.2 本年度已清算结束信托项目
6.4.2.2.1 本年度已清算结束信托项目

已清算结束信托项目	项目个数（个）	实收信托合计金额（万元）	加权平均实际年化收益率（%）
集合类	99	1 551 462.92	5.82
单一类	28	1 282 668.17	4.47
财产管理类	8	2 014 257.77	4.38
合计	135	4 848 388.87	4.87

注：加权平均实际年化收益率=（信托项目1的实际年化收益率×信托项目1的实收信托+…+信托项目n的实际年化收益率×信托项目n的实收信托）/（信托项目1的实收信托+…+信托项目n的实收信托）×100%。

6.4.2.2.2 本年度已清算结束的主动管理型信托项目

已清算结束信托项目	项目个数（个）	实收信托合计金额（万元）	加权平均实际年化信托报酬率（%）	加权平均实际年化收益率（%）
投资类	61	872 763.92	1.07	5.29
融资类	35	557 165	1.52	6.84
事务管理类	—	—	—	—

注：加权平均实际年化收益率=（信托项目1的实际年化收益率×信托项目1的实收信托+…+信托项目n的实际年化收益率×信托项目n的实收信托）/（信托项目1的实收信托+…+信托项目n的实收信托）×100%。

6.4.2.2.3 本年度已清算结束的被动管理型信托项目

已清算结束信托项目	项目个数（个）	实收信托合计金额（万元）	加权平均实际年化信托报酬率（%）	加权平均实际年化收益率（%）
投资类	13	455 990	0.14	5.42
融资类	17	938 587	0.16	4.12
事务管理类	9	2 023 882.95	0.03	4.36

6.4.2.3 本年度新增的信托项目

新增信托项目	项目个数（个）	实收信托合计金额（万元）
集合类	179	3 837 479.46
单一类	21	621 822.65
财产管理类	26	4 778 924.63
新增合计	226	9 238 226.74
其中：主动管理型	187	4 182 173.40
被动管理型	39	5 056 053.34

注：本年新增信托项目指在本报告年度内累计新增的信托项目个数和金额。包含本年度新增并于本年度内结束的项目和本年度新增至报告期末仍在持续管理的信托项目，包含本年度开放式产品金额。

6.4.2.4 信托业务创新成果和特色业务有关情况

2023年，在信托业务"三分类"新规导向下，公司围绕资产服务信托、资产管理信托、公益慈善信托三大类业务构建全新的业务体系，探索发展信托本源业务，持续提升受托管理能力，不断创新服务模式，推动业务转型发展。

公司充分发挥信用风险管理优势、客户优势等，大力发展固定收益类标品信托，完善了以固定收益类信托为主的资产管理信托业务体系。2023年公司新增标品信托业务规模154.14亿元，同比增长66.55%；存续标品信托业务规模128.26亿元，同比增长40.85%。标品信托产品体系不断丰富，涵盖了现金管理类、纯债类、固收+等产品，以及TOF、FOF等资产配置类产品，构建周开、月开、季开等多元化产品体系。

公司加快回归信托本源，积极拓展财富管理服务信托、资产证券化服务信托、行政管理服务信托等信托本源业务。2023年，公司资产服务信托规模达到593.47亿元，业务转型取得阶段性突破。公司成功发行了全国银行间市场首单代理人模式ABCP产品——"中建商业保理有限公司2023年度中建五局1号保供稳链资产支持商业票据"；资产证券化创新产品"永动2022年第三期个人消费贷款资产支持证券"获评"最佳资产证券化服务信托产品奖"。

公司积极探索多样化慈善信托模式支持社会公益事业发展，先后设立"元善1号慈善信托""2023安徽金融乡村振兴教育慈善信托""国元信托朝夕美好慈善信托""国元信托康乃馨慈善信托"等多个慈善信托项目，新增规模2 761.3万元。为更好统筹金融资源、社会资源，公司结合信托行业特点，创新服务方式，把养老金融与慈善公益信托相结合。2023年7月，"国元信托朝夕美好慈善信托"成立，重点关注"一老一小"人群，创新利用资金及物资进行捐赠，集聚金融资源投入社会公益事业。"元善1号慈善信托"为公司首单采用双受托人模式，项目由公司和南京慈善总会共同担任受托人，进一步丰富公司慈善信托业务模式并提升服务效能。

公司积极融入多层次资本市场，创新金融服务方式，以参与有限合伙基金等方式，优选国内头部券商以及产业链龙头地位机构合作。截至2023年末，累计投资私募股权基金2.31亿元，对应参与设立的基金规模91亿元，通过发挥资金撬动作用，有效吸引了社会资金投入新兴产业领域。截至2023年末，固有资产规模110.1亿元，较年初增长8.3%。

6.4.2.5 本公司履行受托人义务情况

公司作为受托人，严格按照《信托法》《信托公司管理办法》《信托公司集合资金信托计划管理办法》及信托文件对受托人义务的规定，积极履行受托职责，在管理信托财产时，恪尽职守，履行诚实、信用、谨慎、有效管理的义务，保护受益人权益。

公司将信托财产与其固有财产分别管理、分别记账，并将不同委托人的信托财产设立信托专户，单独记账，单独核算。

按照信托文件的约定，及时履行定期信托计划的信息披露及报告事项。每个信托计划设立后5个工作日内，在公司网站发布成立公告。并按照信托合同的约定，定期发布信托项目管理报告。信托合同终止时，根据信托合同的约定，向受益人支付信托财产及收益。同时，在信托终止后10个工作日内作出处理信托事务的清算报告。

妥善保管处理信托事务的完整记录、原始凭证及有关资料，保存期自信托终止之日起十五年。同时对委托人、受益人以及处理信托事务的情况和资料依法保密。

公司高度重视消费者权益保护工作，在监管部门、行业协会的指导下，以健全制度、优化流程、强化管理为抓手，积极推进、勇于创新，将保护消费者合法权益融入公司治理、企业文化建设和经营发展战略中，持续推进消费者权益保护工作深入、有序开展。2023年，公司对现有流程及规定进行了梳理，进一步建立健全消费者权益保护制度体系，积极推进消费者权益保护工作覆盖公司业务全流程。继续认真开展金融消费者教育与金融知识普及工作，通过多种途径开展广泛的宣传教育活动。加强员工金融监管政策学习，引导员工全面了解并掌握消费者权益保护知识。公司按照法律法规、监管文件及公司制度，积极受理、处置各类客户投诉，依法合规保护客户合法权益。同时，针对可能出现的突发情况，落实主体责任，明确职能分工，梳理处理流程，确保消费投诉事项能够得到及时有效处理。2023年，公司共收到7个投资人投诉，投诉人主要分布在陕西、山东、安徽等地，投诉事项涉及信托项目清算以及部分业务处理等，对于以上投诉，公司均及时处理并实时跟踪具体处理情况，督促事后回访，提升消费者满意度。

报告期内，公司到期清算信托项目135个，资金规模484.84亿元，未出现因本公司自身责任而导致信托资产损失情况，信托业务稳健发展。

6.5 关联方关系及其交易的披露

6.5.1 关联交易方的数量、关联交易的总金额及关联交易的定价政策等

项目	关联交易方数量	关联交易金额（万元）	定价政策
合计	13	3 120.06	市场公允价

6.5.2 关联交易方与本公司的关系性质，关联交易方的名称、法定代表人，注册地址、注册资本及主营业务等

关系性质	关联方名称	法定代表人	注册地址	注册资本（万元）	主营业务
持有公司49.6933%股权的实际控制人	安徽国元金融控股集团有限责任公司	黄林沐	安徽省合肥市蜀山区梅山路18号	600 000	经营国家授权的集团公司及所属控股企业全部国有资产和国有股权、资本运营、资产管理、收购兼并、资产重组、投资咨询
同受母公司控制、公司持有股权13.21%	国元证券股份有限公司	沈和付	安徽省合肥市梅山路18号	436 377.7891	证券经纪；证券投资咨询；与证券交易、证券投资活动有关的财务顾问；证券承销与保荐；证券自营；证券资产管理；融资融券；证券投资基金代销；为期货公司提供中间介绍业务；代销金融产品；保险兼业代理业务；证券投资基金托管业务
同受母公司控制	安徽国元资本有限责任公司	魏世春	安徽省合肥市望江西路860号科技创新服务中心B座12楼	120 000	一般经营项目：资本经营管理，兴办经济实体，物业管理，物业代理，投资咨询服务，房屋租赁
同受母公司控制、公司持有12.5%股权	安徽国元基金管理有限公司	张明	安徽省合肥高新技术产业开发区创新大道2800号合肥创新产业园二期E1栋856室	10 000	受托管理股权投资基金企业的投资业务、资产经营管理、投资管理
同受母公司控制	芜湖国元小额贷款有限责任公司	任鹏胜	安徽省芜湖市镜湖区镜街99金鼎2601室	10 000	发放小额贷款；小企业发展管理；财务咨询
同受母公司控制	马鞍山国元产融汇通供应链管理有限公司	虞舒捷	马鞍山市雨山区雨山西路497号安基大厦5楼	9 550	供应链管理服务；以自有资金从事投资活动；自有资金投资的资产管理服务；财务咨询；信息技术咨询服务；金属制品销售；金属材料销售；建筑材料销售；金属矿石销售；非金属矿及制品销售；贸易经纪（除许可业务外，可自主依法经营法律法规非禁止或限制的项目）
同受母公司控制	马鞍山国元小额贷款股份有限公司	许春雨	马鞍山经济技术开发区太白大道699号-1	10 000	发放小额贷款（依法需经批准的项目经相关部门批准后方可经营）
同受母公司控制	安徽国元保险经纪股份有限公司	陈红兵	安徽省合肥市长江中路168号	5 000	许可经营项目：为投保人拟订投保方案、选择保险人、办理投保手续；协助被保险人或受益人进行索赔；再保险经纪业务；为委托人提供防灾、防损或风险评估、风险管理咨询服务；原中国保监会批准的其他业务
同受母公司控制	芜湖国信大酒店有限公司	徐立满	中国（安徽）自由贸易试验区芜湖片区浦江路5号	3 000	许可项目：住宿服务；餐饮服务；洗浴服务；歌舞娱乐活动；烟草制品零售；理发服务；酒类经营（依法须经批准的项目，经相关部门批准后方可开展经营活动，具体经营项目以相关部门批准文件或许可证件为准）。一般项目：日用百货销售；办公设备租赁服务；非居住房地产租赁；小微型客车租赁经营服务；初级农产品收购；洗涤服务；健身休闲活动；会议及展览服务；单位后勤管理服务；酒店管理；物业管理（除许可业务外，可自主依法经营法律法规非禁止或限制的项目）
同受母公司控制	合肥国元小额贷款股份有限公司	李峰	安徽省合肥市经济技术开发区松谷路东丽景碧雅二期正泰酒店	15 000	发放小额贷款；小企业发展、管理、财务咨询服务（依法须经批准的项目，经相关部门批准后方可开展经营活动）
同受母公司控制	安徽安元投资基金管理有限公司	屠思强	安徽省合肥市经开区翠微路6号海恒大厦517室	5 000	受托管理股权投资基金企业的投资业务；投资顾问、投资管理、投资咨询（依法须经批准的项目，经相关部门批准后方可开展经营活动）
同受母公司控制	安徽国元黄山市投资管理有限公司	胡志宏	安徽省黄山市屯溪区滨江中路59号	3 500	一般项目：以自有资金从事投资活动；自有资金投资的资产管理服务；企业管理咨询；财务咨询；供应链管理服务；化工产品销售（不含许可类化工产品）；水泥制品销售；建筑材料销售；金属材料销售；木材销售；环境保护专用设备销售；制冷、空调设备销售；建筑工程用机械销售；计算机软硬件及辅助设备零售；五金产品批发；五金产品零售；农副产品销售；水产品批发；畜牧渔业饲料销售；日用百货销售；家具销售；家用电器销售；汽车零配件批发；汽车零配件零售（除许可业务外，可自主依法经营法律法规非禁止或限制的项目）
公司直接控制	合肥海臻房地产开发有限公司	张浪	合肥市包河区滨湖区林芝路278号烟墩社区服务中心办公318室	29 404	房地产信息咨询；公司和股东自持物业的经营管理；餐饮服务；楼宇机电配套设备管理及维修；保洁服务；停车场管理

6.5.3 本公司与关联方的重大交易事项

6.5.3.1 固有与关联方交易情况：贷款、投资、租赁、应收账款、担保、其他方式等期初汇总数、本期发生额汇总数、期末汇总数

固有与关联方关联交易 单位：万元

项目	期初数	借方发生额	贷方发生额	期末数
贷款	—	—	—	—
投资	6 495	1 500	—	7 995
租赁	—	—	—	—
担保	—	—	—	—
应收账款	220	—	220	0
其他	—	—	—	—
合计	6 715	1 500	220	7 995

6.5.3.2 信托与关联方交易情况：贷款、投资、租赁、应收账款、担保、其他方式等期初汇总数、本期发生额汇总数、期末汇总数

信托与关联方关联交易 单位：万元

项目	期初数	借方发生额	贷方发生额	期末数
贷款	—	—	—	—
投资	61 601	1 328.79	45 311.51	17 618.28
租赁	—	—	—	—
担保	—	—	—	—
应收账款	—	—	—	—
其他	—	—	—	—
合计	—	—	—	—

6.5.3.3 信托公司自有资金运用于自己管理的信托项目（固信交易）、信托公司管理的信托项目之间的相互（信信交易）交易金额，包括余额和本报告年度的发生额

6.5.3.3.1 固有与信托财产之间的交易金额期初汇总数、本期发生额汇总数、期末汇总数

固有财产与信托财产相互交易 单位：万元

项目	期初数	本期发生额	期末数
合计	16 431.40	−8 396.79	8 034.61

6.5.3.3.2 信托项目之间的交易金额期初汇总数、本期发生额汇总数、期末汇总数

信托资产与信托财产相互交易 单位：万元

项目	期初数	本期发生额	期末数
合计	74 393	−50 330	24 063

6.5.4 关联方逾期未偿还公司资金的详细情况以及公司为关联方担保发生或即将发生垫款的详细情况

报告期内公司无上述事项。

6.6 会计制度的披露

按照《企业会计准则》和其他各项具体准则、应用指南及准则解释的规定进行确认和计量，在此基础上编制财务报表。

7.财务情况说明书

7.1 利润实现和分配情况

2023年初母公司可供投资者分配的利润175 505.71万元，2023年向股东分配2022年度红利16 800万元，实现净利润75 329.1万元，提取法定盈余公积金7 532.91万元，提取信托赔偿金3 766.46万元，2023年末可供投资者分配的利润222 735.44万元。

7.2 主要财务指标

指标名称	指标值
资本利润率（%）	7.70
加权年化信托报酬率（%）	0.44
人均净利润（万元）	438

注：1.资本利润率＝净利润/所有者权益平均余额×100%。
2.加权年化信托报酬率＝（信托项目1的实际年化信托报酬率×信托项目1的实收信托＋信托项目2的实际年化信托报酬率×信托项目2的实收信托＋…＋信托项目n的实际年化信托报酬率×信托项目n的实收信托）/（信托项目1的实收信托＋信托项目2的实收信托＋…＋信托项目n的实收信托）×100%。
3.人均净利润＝净利润/年平均人数。
4.平均值采取年初、年末余额简单平均法。
5.公式为：a（平均）＝（年初数＋年末数）/2。

7.3 对本公司财务状况、经营成果有重大影响的其他事项

无。

8.特别事项揭示

8.1 前五名股东报告期内变动情况及原因

报告期内，公司前五名股东未发生变动。

8.2 董事、监事及高级管理人员变动情况及原因

因工作调整原因，逢淑学先生辞去公司副董事长、董事职务；因累计任职已满六年，王昊先生辞去公司独立董事职务。2023年4月21日，公司召开2022年度股东会，会议选举增补苏珺女士为公司第七届董事会董事，刘波先生为公司第七届董事会独立董事。2023年11月，经国家金融监督管理总局安徽监管局审查核准，苏珺女士担任公司董事，刘波先生担任公司独立董事。

因已达法定退休年龄，徐景明先生辞去公司监事长、监事职务。2023年4月21日，公司召开2022年度股东

会，会议审议通过监事辞任事项，在公司新任监事就任前，徐景明先生将继续履行监事职责。

8.3 变更注册资本、变更注册地或公司名称、公司分立合并事项

报告期内，公司注册资本、注册地和公司名称未发生变更，未发生分立合并事项。

8.4 公司的重大诉讼事项

8.4.1 公司固有业务重大诉讼事项

报告期内，公司自营资产未发生重大诉讼事项。

8.4.2 公司信托业务重大诉讼事项

（1）公司诉安徽舒怡建设集团有限公司、安徽舒怡房地产开发有限公司、许勇、付先梅金融借款合同纠纷案。合肥市庐阳区人民法院于2023年12月18日作出一审判决，公司胜诉。目前该案一审判决已经生效，公司已向合肥市庐阳区人民法院申请强制执行。

（2）公司诉潍坊滨城建设集团有限公司、潍坊滨海旅游集团有限公司、潍坊滨海央城开发建设有限公司借款合同纠纷案。合肥市中级人民法院于2023年12月23日作出一审判决，公司胜诉。潍坊滨城建设集团有限公司于2024年1月19日向安徽省高级人民法院上诉，二审已于2024年4月9日开庭。

8.5 公司及其董事、监事和高级管理人员受到处罚的情况

报告期内，公司董事、监事和高级管理人员未发生受到处罚的情况。

8.6 国家金融监督管理总局及其派出机构对公司检查的整改情况

公司积极贯彻落实原安徽银保监局《监管意见书》（〔2023〕17号）指出的完善治理体系、推动转型发展等监管意见，并将贯彻落实情况报送监管部门。

8.7 本年度重大事项临时报告的简要内容、披露时间、所披露的媒体及其版面

无。

8.8 国家金融监督管理总局及其派出机构认定的其他有必要让客户及相关利益人了解的重要信息

报告期内，公司已按有关规定充分披露相关信息，无国家金融监督管理总局及其派出机构认定的其他有必要让客户及相关利益人了解的重要信息。

百瑞信托有限责任公司

1. 重要提示

1.1 公司董事会及董事保证本报告所载资料不存在任何虚假记载、误导性陈述或者重大遗漏，并对其内容的真实性、准确性和完整性承担个别及连带责任。

1.2 公司全体董事出席了董事会。无董事声明异议。

1.3 公司独立董事李向军先生、孙书章先生、吴光荣先生声明：保证本年度报告内容的真实性、准确性和完整性。

1.4 立信会计师事务所（特殊普通合伙）为公司出具了标准无保留意见的审计报告。

1.5 公司董事长苏小军先生、副总经理兼董事会秘书王克槿女士和计划财务部总经理宋红霞女士声明：保证本年度报告中财务报告的真实、完整。

2. 公司概况

2.1 公司简介

2.1.1 公司历史沿革

公司前身为郑州信托投资公司，始建于1986年4月，初始注册资本为人民币1 000万元，注册地河南省郑州市；1988年7月，公司与郑州市财务开发公司合署办公；1990年11月，郑州市财政局将公司的注册资本补充至人民币5 006.7万元；1992年10月，公司与郑州市财务开发公司分设重组，1993年2月重组开业；2002年9月，经中国人民银行总行批准，公司重新登记，更名为百瑞信托投资有限责任公司，注册资本人民币35 000万元；2007年11月，经原中国银行业监督管理委员会批准，公司换领新的金融许可证后更名为百瑞信托有限责任公司。自2008年3月起，公司历经数次增资扩股，截至2023年末注册资本为人民币400 000万元。

2.1.2 公司法定中文名称：百瑞信托有限责任公司
中文简称：百瑞信托
公司法定英文名称：BRIDGE TRUST CO., Ltd.
英文缩写：BRTC
公司法定代表人：苏小军
公司注册地址：河南自贸试验区郑州片区（郑东）商务外环路10号中原广发金融大厦
邮政编码：450018
公司网址：www.brxt.net
公司电子信箱：brxt@brxt.net

2.1.3 公司负责信息披露事务的高级管理人员：副总经理兼董事会秘书王克槿女士
联系电话：0371-65817171
电子信箱：wkj@brxt.net

2.1.4 公司负责信息披露事务的联系人：董事会办公室总经理韩俊杰先生
联系电话：0371-65817027
电子信箱：hanjj@brxt.net
传真：0371-69177300

2.1.5 公司选定的信息披露报纸：《上海证券报》

2.1.6 公司年度报告备置地点：董事会办公室

2.1.7 公司聘请的会计师事务所：立信会计师事务所（特殊普通合伙）
住所：上海市黄浦区南京东路61号4楼

2.1.8 公司聘请的律师事务所：（1）北京市汉坤律师事务所，住所：北京市东城区东长安街一号"东方广场"东方经贸城C1座9层3~7单元；（2）河南文丰律师事务所，住所：河南省郑州市郑东新区九如路51号2号楼5层、6层

2.2 公司组织结构

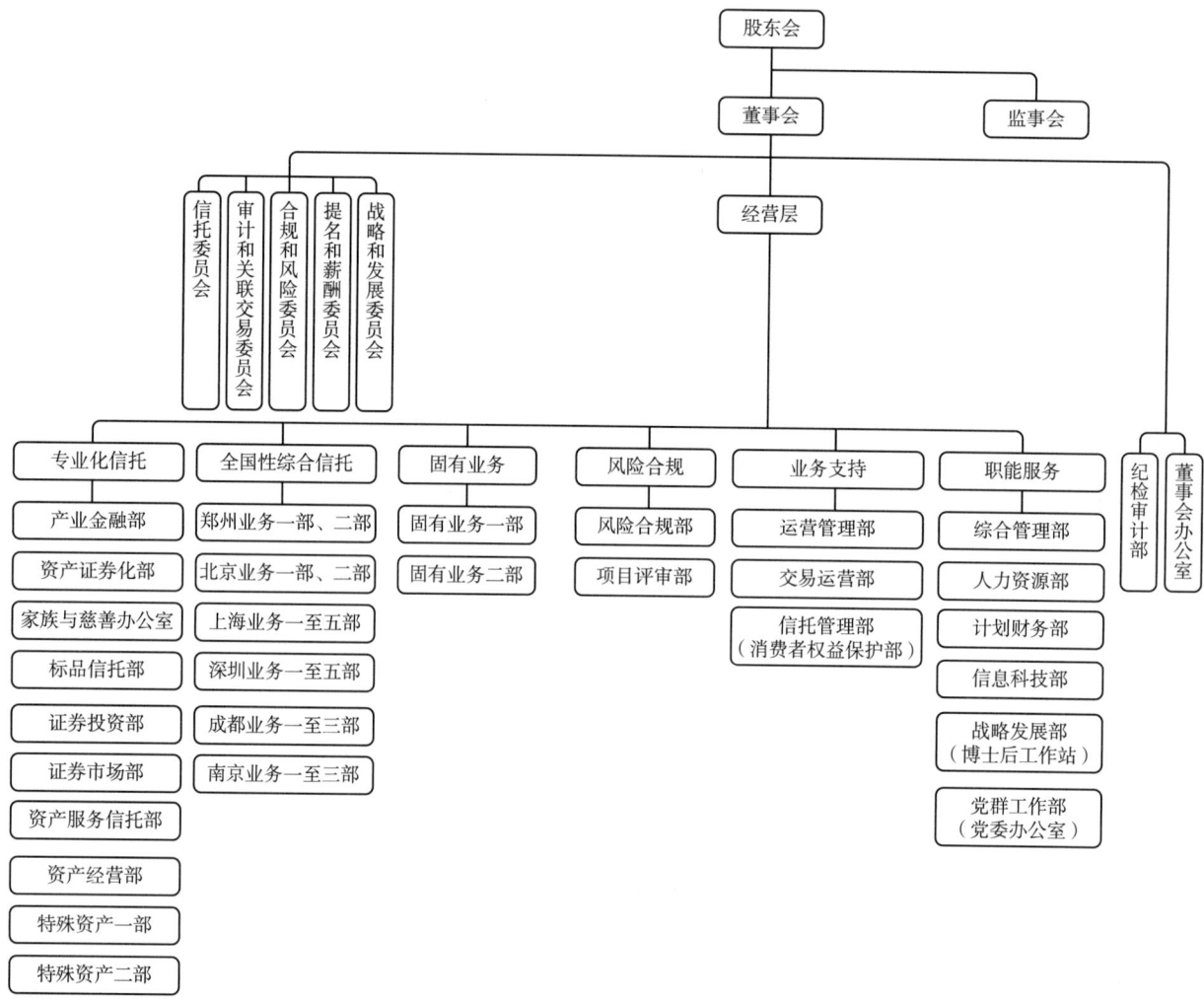

3. 公司治理

3.1 股东

3.1.1 股东情况

截至2023年12月31日，公司共有8家股东，分别为国家电投集团资本控股有限公司（以下简称资本控股，出资额为200 960万元，持股比例为50.24%）、JPMorgan Chase & Co.（以下简称摩根大通，出资额为79 960万元，持股比例为19.99%）、郑州市财政局（出资额为62 600万元，持股比例为15.65%）、郑州自来水投资控股有限公司（出资额为19 200万元，持股比例为4.8%）、郑州市金水区财政局（出资额为15 360万元，持股比例为3.84%）、巩义市财政局（出资额为11 520万元，持股比例为2.88%）、登封市财政局（出资额为6 560万元，持股比例为1.64%）及中牟县财政局（出资额为3 840万元，持股比例为0.96%），最终实际控制人为国家电力投资集团有限公司（以下简称国家电投集团）。公司控股股东资本控股为国家电投集团产融控股股份有限公司的全资子公司。以下是持有公司5%以上（含5%）出资比例的股东情况。

股东名称	持股比例（%）	法定代表人	注册资本/人民币（亿元）	注册地址	主要经营业务及2023年末主要财务情况
国家电投集团资本控股有限公司	50.24	韩志伟	73.99	北京市西城区金融大街28号院3号楼	主要经营业务：股权投资与资产管理；资产受托管理；投、融资业务的研发与创新；委托与受托投资；为企业重组、并购、创业投资提供服务；投资顾问、投资咨询；有色金属产品销售；组织展览、会议服务 主要财务情况（合并报表）：资产总额：2 762 913.77万元，负债总额：573 675.18万元；所有者权益总额：2 189 238.59万元

续表

股东名称	持股比例（%）	法定代表人	注册资本/人民币（亿元）	注册地址	主要经营业务及2023年末主要财务情况
摩根大通	19.99	—	—	c/o CT Corporation，1209 Orange Street，Wilmington，DE2，DE，19801-1120，United States	主要经营业务：零售及社区银行，企业及投资银行，商业银行和资产管理。主要财务情况（合并报表）：资产总额38 753.93亿美元，负债总额35 475.15亿美元，所有者权益总额3 278.78亿美元
郑州市财政局	15.65	耿勇军	—	郑州市兴华南街39号	政府职能部门

3.1.2 持有公司5%以上（含5%）出资股东的主要股东情况

3.1.2.1 资本控股主要股东情况

主要股东名称	持股比例（%）	法定代表人	注册资本/人民币（亿元）	注册地址	主要经营业务及2023年末主要财务情况
国家电投集团产融控股股份有限公司	100	韩志伟	53.83	河北省石家庄市建华南大街161号	主要经营业务：风力发电（限分支机构经营）、太阳能发电；热力供应；代收代缴热费；自有房屋租赁；电力的生产（限分支机构经营）；电力设施及供热设施的安装、调试、检修、运行维护；供热设备、电力设备及配件的销售；售电；电能的输送与分配活动；充电桩的建设与运营 主要财务情况（合并报表）：资产总额4 582 702.12万元，负债总额1 684 410.44万元，所有者权益总额2 898 291.68万元

3.1.2.2 摩根大通主要股东情况

主要股东名称	持股比例（%）	法定代表人	注册资本（亿元）	注册地址	主要经营业务
The Vanguard Group	9.42	—	—	100 Vanguard Blvd. Malvern，PA 19355，United States	投资管理
BlackRock，Inc.	6.7	—	—	50 Hudson Yards，New York，NY 10001，United States	投资管理

注：此处主要股东是指截至2023年12月31日持有摩根大通5%以上（含5%）普通股股份的股东。

3.1.2.3 郑州市财政局为机关法人

3.2 董事

3.2.1 董事会成员

姓名	职务	性别	年龄（岁）	选任日期	任期（年）	所推举的股东名称	股东持股比例（%）	简要履历
苏小军	董事长	男	51	2023年7月13日	3	资本控股	50.24	曾任百瑞信托有限责任公司信托业务二部总经理、业务总监、副总裁、党支部副书记、总经理、执行董事、党委副书记；2022年9月至今任百瑞信托有限责任公司董事长、党委书记（2021年11月至2022年10月兼任郑州银行股份有限公司董事）
庞建兵	董事	男	53	2023年10月19日	3	资本控股	50.24	曾任最高检察技术科学研究所司法会计室干部，最高检察技术信息研究中心检察技术处司法会计师，最高检察出版社社编辑、副主任、主任，国家检察官学院检察信息资料研究中心五级职员，最高检政治部教育培训部考试教材处调研员，中国检察出版社第一图书编辑室编辑、副编辑，国家电投集团物流有限责任公司总法律顾问、公司律师，中国中钢集团有限公司集团党委巡视专员、公司律师（2020年5月至2020年12月，参加十九届中央第五轮、第六轮巡视，中央第六巡视组局级巡视专员），国家电投集团资本控股有限公司总法律顾问、公司律师，国家电投集团资本控股有限公司总法律顾问兼风控合规部总经理、公司律师；2022年12月至今，任国家电投集团资本控股有限公司总法律顾问兼首席合规官、公司律师（2023年4月至2023年6月，参加二十届中央第一轮巡视，中央第六巡视组副局级巡视专员）
孙锐	董事	男	49	2023年10月19日	3	资本控股	50.24	曾任中国建设银行北京分行白石桥支行副行长，中电投财务有限公司研究发展部研究咨询经理、综合管理部文秘管理经理，中电投融和控投资有限公司综合管理部文秘管理经理，中电投财务有限公司综合管理部总经理助理兼文秘管理经理，中电投融和控投资有限公司综合管理部总经理助理兼文秘管理经理，中电投财务有限公司综合管理部副总经理兼行政管理岗，中电投融和控投资有限公司运营管理部副总经理，国家电投集团资本控股有限公司战略发展部副总经理、投行业务负责人（部门正职级）、法律合规部总经理、董事会秘书兼证券与法人治理部（董事会办公室）总经理；2022年7月至今，任国家电投集团资本控股有限公司董事会秘书、总经理助理兼证券与法人治理部（董事会办公室）总经理
王思维	董事	男	41	2023年7月13日	3	资本控股	50.24	曾任中国工商银行江苏省分行营业部员工、项目评估，中国农业发展银行总行信贷管理（主任科员），中信银行总行授信审查（专业序列高级），国家电投集团资本控股有限公司风险合规与法律事务部风险管理经理、风险管理部风险管理经理、风险管理部副总经理、风控合规部副总经理（主持工作）；2023年1月至今，任国家电投集团资本控股有限公司风控合规部总经理

续表

姓名	职务	性别	年龄（岁）	选任日期	所推举的股东名称	股东持股比例（%）	简要履历
张盼盼	董事	女	53	2023年7月13日	3	郑州股东	29.77	曾任郑州市财政局办事员、郑州市预算外资金管理局会计科员、副主任科员、综合处副处长，中原土地储备中心财务处处长；2020年5月至今，任郑州市中融创产业投资有限公司财务总监（2020年7月至今，兼任黄河科技集团有限公司董事、财务总监）
王建伟	董事	男	56	—	3	郑州股东	29.77	曾在郑州惠济区政府办公室、郑州市公用事业局工作；曾任郑州市污水净化有限公司纪委书记、副总经理、党委书记、总经理，郑州自来水投资控股有限公司党委委员、董事、副总经理；2022年12月至今，在郑州水务集团有限公司任党委副书记、董事、总经理，在郑州自来水投资控股有限公司任党委副书记、董事、总经理
曹路	董事	男	56	2023年7月13日	3	摩根大通	19.99	曾任中国银行北京分行经理，加拿大蒙特利尔银行北京分行高级经理，德国德累斯登银行北京分行高级经理，美国摩根大通银行北京分行营运部经理、副行长，摩根大通银行（中国）有限公司北京分行副行长、总行合规负责人、董事会秘书、首席运营官及副行长等职务；2020年1月至今任摩根大通亚洲咨询（北京）有限公司董事长兼总经理
康磊	职工董事	男	42	2023年10月19日	3	—	—	曾任百瑞信托有限责任公司董事会办公室副主任、董事会办公室副总经理、董事会办公室总经理、基础设施业务部总经理、资产经营部总经理；2023年5月至今任百瑞信托有限责任公司业务总监

注：1. 郑州市财政局、郑州自来水投资控股有限公司、郑州市金水区财政局、巩义市财政局、登封市财政局和中牟县财政局合称为"郑州股东"。
2. "选任日期"栏中庞建兵董事、孙锐董事、康磊职工董事任职时间为监管部门核准资格时间，任期与本届董事会相同，其他董事任职时间为公司股东会议通过时间。
3. 经公司2023年度第四次股东会（临时）会议审议通过，王建伟不再担任公司董事会董事，在新任董事任职资格经监管部门核准生效并正式履职前，需继续履行董事职责。

3.2.2 独立董事

姓名	所在单位及职务	性别	年龄（岁）	选任日期	所推举的股东名称	该股东持股比例（%）	简要履历
李向军	中央财经大学财经研究院副院长、投融资研究中心主任	男	49	2023年7月13日	资本控股	50.24	曾任中央财经大学研究生院学位管理办公室主任、研究生培养办公室主任；2016年7月至今任中央财经大学财经研究院副院长、投融资研究中心主任
孙书章	河南财经政法大学金融学院副教授、副院长	男	53	2023年10月19日	郑州股东	29.77	曾任河南财经学院成人教育学院学生科副主任科员、助教，河南财经学院成人教育学院培训科科长、讲师，林肯大学（新西兰）商学院研究助理，河南财政法大学金融学院讲师（2016年9月至2017年11月，挂职任鹤壁市淇滨区政府副区长）；2020年11月至今，任河南财政法大学金融学院副教授、副院长
吴光荣	北京理工大学法学院教授	男	47	2023年12月26日	摩根大通	19.99	曾任国家法官学院科研部干部、助教，国家法官学院讲师（2008年1月至2009年1月，在德国特里尔大学从事研究工作；2009年6月至2010年6月，借调到最高人民法院民四庭工作），国家法官学院副教授（2011年4月至2015年6月，借调至最高人民法院民四庭工作）、教授（2020年6月至2021年3月，借调至最高人民法院民二庭工作；2022年2月至2023年7月，借调至最高人民法院民二庭工作）；2023年10月至今，任北京理工大学法学院教授

注："选任日期"栏中独立董事孙书章、吴光荣任职时间为监管部门核准资格时间，任期与本届董事会相同，李向军独立董事任职时间为公司股东会审议通过时间。

3.3 监事

姓名	职务	性别	年龄（岁）	选任日期	任期（年）	所推举的股东名称	股东持股比例（%）	简要履历
李锋	监事会主席	男	48	2023年7月13日	3	郑州股东	29.77	曾任郑州自来水总公司财务部会计师、纪检监察室副主任，郑州自来水工程公司副经理、总会计师，郑州自来水投资控股有限公司财务部副主任、主任，郑州自来水投资控股有限公司营业处、郑州自来水投资控股有限公司总经理助理兼营业处主任，G1、G2项目副经理，供水一体化一张网改革办公室常务副主任；2023年4月至今，任郑州自来水投资控股有限公司总经理助理、G1、G2项目部副经理
周慧芹	监事	男	49	2023年7月13日	3	资本控股	50.24	曾任中电投江西电力燃料有限公司财务部副主任，中电投江西电力有限公司财务部预算专责主管，国家电投集团江西分公司分宜发电厂总经理助理兼副总会计师，国家电投集团江西公司分宜发电厂财务总监，国家电投集团江西公司新昌发电分公司财务总监兼总法律顾问，国家电投集团江西公司计划与财务部副主任，国家电投集团资本控股有限公司计划财务部总经理、计划财务部总经理（主持工作）；2023年1月至今，任国家电投集团资本控股有限公司计划财务部总经理
陶向前	监事	男	52	2023年7月13日	3	资本控股	50.24	曾任中瑞岳华会计师事务所初级项目经理、项目经理、高级项目经理（2007年5月至2008年4月，中电投财务有限公司计划财务部借用），中电投财务有限公司计划财务部会计核算主管，中国电力投资集团公司办公厅机关财务处一级职员、副处长，国家电力投资集团公司办公厅总部财务处副处长，国家电力投资集团公司办公厅（董事会办公室）总部财务经理、副处长，国家电力投资集团有限公司综合管理部副处长，国家电投集团资本控股有限公司审计管理部副总经理（主持工作），任国家电投集团资本控股有限公司审计管理部总经理

续表

姓名	职务	性别	年龄（岁）	选任日期	任期（年）	所推举的股东名称	股东持股比例（%）	简要履历
梁斌	监事	男	50	2023年7月13日	3	摩根大通	19.99	曾在香港高伟绅国际律师事务所工作；2005年7月至今在摩根大通法律部任职，现任摩根大通集团中国区法律总监
唐向敏	监事	男	49	2023年7月13日	3	郑州股东	29.77	曾任登封市财政局工会主席、嵩山市石道乡党委委员、嵩山风景名胜区管委会计划财务科科长、登封市国有资产服务中心主任；2022年12月至今，任登封市财政局党组书记、局长，嵩山风景名胜区管委会计划财务科科长
岳慎芳	职工监事	女	45	2023年7月13日	3	—	—	曾任广东信德盛律师事务所律师，在百瑞信托有限责任公司历任合规法律部法务岗、副总经理、总经理、项目评审二部总经理，公司总监兼项目评审二部总经理，2023年10月至今任百瑞信托有限责任公司总监
陈进	职工监事	女	41	2023年7月13日	3	—	—	曾任百瑞信托有限责任公司博士后工作站研究员，研究发展中心研究岗、副总经理（主持工作）、总经理，2023年10月至今任百瑞信托有限责任公司战略发展部总经理
黄彪	职工监事	男	45	2023年7月13日	3	—	—	曾任百瑞信托有限责任公司计划财务部信托会计助理、信托主管会计、高级信托主管会计、机构业务部高级信托经理、房地产业务部高级信托经理、房地产投资业务部高级信托经理，内审稽核部副总经理（主持工作）、总经理；2023年10月至今任百瑞信托有限责任公司纪检审计部总经理

注：1.2023年7月13日，经公司2023年度第四次股东会（临时）会议审议通过，聘任周慧芹、陶向前、李锋、唐向敏、梁斌、岳慎芳、陈进、黄彪8人为公司第八届监事会监事，自股东会审议通过之日起正式履行监事职责。自议题审议通过之日起，张玉柱、高鹏飞、申中辉、高志杰、郭晓茹不再担任公司监事会监事。

2.公司监事会无下属委员会。

3.4 高级管理人员

姓名	职务	性别	年龄（岁）	选任日期	金融从业年限（年）	学历	专业	简要履历
陈立军	总经理	男	52	2023年2月23日	19	硕士研究生	法律	曾任百瑞信托有限责任公司合规风险部总经理、合规总监、业务总监、首席风险官、党委委员、工会主席、总经理；2024年1月至今任百瑞信托有限责任公司党委委员、总经理
罗靖	执行总经理	男	49	2014年5月13日	16	博士研究生	金融学	曾任百瑞信托有限责任公司研究发展中心主任、业务总监、副总裁、执行总裁；2018年12月至今百瑞信托有限责任公司党委委员、执行总经理
王克槿	副总经理兼董事会秘书	女	51	2017年8月15日	29	硕士研究生	经济法	曾任百瑞信托有限责任公司总裁办公室主任、人力资源部总经理、董事会秘书、财务总监、副总经理兼董事会秘书、党支部专职副书记、纪委书记；2023年9月至今任百瑞信托有限责任公司党委委员、副总经理兼董事会秘书
张迎军	副总经理	男	54	2017年6月15日	34	硕士研究生	政治经济学	曾在中国人民银行濮阳市中心支行、濮阳银监分局、新乡银监分局工作；曾任河南银监局党委办公室副主任、非银行业金融机构监管科副处长（主持工作）、信阳银监分局党委书记、局长，百瑞信托有限责任公司副总裁、党支部书记、职工董事、党委书记、副总经理；2024年1月至今任百瑞信托有限责任公司党委委员、副总经理、工会主席
王瑞春	副总经理	男	41	2023年5月23日	15	硕士研究生	金融学	曾在江苏东恒集团进出口有限公司业务二部、中国银行深圳高新区支行、深圳湾支行、中融国际信托有限公司华南业务总部、深圳泰睿金融服务有限公司（民生电商）投行部、宏源证券有限责任公司债券融资部、深圳正前方金融服务有限公司债权融资部工作，曾任百瑞信托有限责任公司资本市场部总经理、深圳业务一部总经理、公司业务总监；2023年5月至今任百瑞信托有限责任公司副总经理

注："选任日期"栏中陈立军总经理、张迎军副总经理、王瑞春副总经理任职时间为监管部门核准资格时间，罗靖执行总经理、王克槿副总经理兼董事会秘书任职时间为公司董事会审议通过时间。

3.5 公司员工

项目		报告期年度			上年度		
		职工人数（人）	博后站人数（人）	比例（%）	职工人数（人）	博后站人数（人）	比例（%）
年龄分布	25岁以下	2	0	1	1	0	0
	25~29岁	17	0	6	28	0	11
	30~39岁	186	5	70	167	4	67
	40岁及以上	62	0	23	55	0	22

续表

项目		报告期年度			上年度		
		职工人数（人）	博后站人数（人）	比例（%）	职工人数（人）	博后站人数（人）	比例（%）
学历分布	博士	10	5	5	10	4	4
	硕士	225	0	83	206	0	83
	本科	29	0	11	33	0	13
	专科	2	0	1	1	0	0
	其他	1	0	0	1	0	0

续表

项目		报告期年度			上年度		
		职工人数（人）	博后站人数（人）	比例（%）	职工人数（人）	博后站人数（人）	比例（%）
岗位分布	董事、监事及其他高级管理人员	11	0	4	8	0	3
	自营业务人员	12	0	4	12	0	5
	信托业务人员	159	0	59	173	0	69
	其他人员	85	5	33	58	4	23

注：1."董事、监事及其他高级管理人员"不含未在公司就职的董事和监事。
2.报告期末职工总数为267人，平均年龄36岁，博士后人数5人，平均年龄33岁。

4.经营管理

4.1 经营目标、方针和战略规划

公司始终坚持以习近平新时代中国特色社会主义思想为指导，增强"四个意识"，坚定"四个自信"，做到"两个维护"，全面贯彻"两个一以贯之"，坚持党建引领发展，不断推动党的领导与公司治理有机融合，充分发挥党委"把方向、管大局、保落实"重要作用，保障公司经营目标和战略规划顺利实现。

4.1.1 经营目标和方针

公司立足服务实体经济发展和人民生活需要，坚持党建引领，以服务能源产业为根本，以服务客户为导向，以风险管理为前提，以研发创新为驱动，激发团队战斗力，积极发展能源产融、证券投资、财富管理、服务信托和普惠金融业务，致力成为综合金融服务提供商和财富管理方案供应商，努力实现从区域性信托公司到全国一流绿色能源信托公司的转变。

4.1.2 战略规划

2023年，公司坚持转型发展的理念，根据内外部环境对《百瑞信托有限责任公司"十四五"发展规划》进行全面优化，拟将"能源产融"作为业务发展的统领与核心，协同"证券投资、财富管理、服务信托、普惠金融"四大信托业务和"固有业务"，作为"十四五"期间重点发展的"1+4+1"业务体系，通过积极推动业务转型升级，努力发展成为经营稳健、品牌卓越、特色显著的一流绿色能源信托公司。

4.2 所经营业务的主要内容

自营资产运用与分布表

资产运用	金额（万元）	占比（%）	资产分布	金额（万元）	占比（%）
货币资金	13 433.05	1.13	基础产业	—	—
交易性金融资产	926 210.07	77.77	房地产业	—	—
发放贷款及垫款	30 487.67	2.56	证券市场	161 035.65	13.52
债权投资	83 639.58	7.02	实业	50 609.95	4.25
其他权益工具投资	81 429.51	6.84	金融机构	930 869.70	78.17
长期股权投资	7 040.31	0.59	其他	48 370.83	4.06
其他	48 645.94	4.09	—	—	—
资产总计	1 190 886.13	100.00	资产总计	1 190 886.13	100.00

信托资产运用与分布表

资产运用	金额（万元）	占比（%）	资产分布	金额（万元）	占比（%）
货币资产	355 319.55	0.66	基础产业	8 866 319.26	16.43
交易性金融资产	41 028 176.62	76.02	房地产业	2 428 492.84	4.50
贷款	8 095 945.61	15.00	证券市场	9 988 258.93	18.51
买入返售金融资产	300 292.25	0.56	实业	28 091 155.16	52.05
债权投资	3 974 215.47	7.36	金融机构	3 374 513.49	6.25
其他	214 967.28	0.40	其他	1 220 177.10	2.26
信托资产总计	53 968 916.78	100.00	信托资产总计	53 968 916.78	100.00

4.3 市场分析

4.3.1 宏观经济金融形势分析

2023年，我国经济整体回升向好，高质量发展扎实推进，但依然面临着复杂多变的外部发展环境和国内多重困难挑战。随着宏观调控组合政策发力见效，国内经济持续恢复，主要经济指标持续改善，但经济恢复的基础尚不牢固，主要是有效需求不足、部分行业产能过剩、社会预期偏弱、风险隐患仍然较多，国内大循环存在堵点，外部环境的复杂性、严峻性、不确定性上升。但综合起来看，我国发展面临的有利条件强于不利因素，经济回升向好、长期向好的基本趋势没有改变。我国宏观经济增长仍处于动能转换期，动力转换、方式转变、结构调整任务繁重，经济增长的新动能仍在培育中，我国经济正在稳步迈进高质量发展的新阶段。随着我国经济由高速发展转向高质量发展新阶段，经济动能持续转换，经济社会对金融"服务实体经济"和"服务人民生活"提出了新要求。中央金融工作会议于2023年10月在北京举行，会议指出，金融要为经济社会发展提供高质量服务，做好科技金融、绿色金融、普惠金融、养老金融、

数字金融"五篇大文章",这为我国未来五年金融工作指明了方向。

4.3.2 影响公司业务发展的主要因素
4.3.2.1 促进公司业务发展的有利因素

2023年,《关于规范信托公司信托业务分类的通知》(简称信托业务"三分类")正式印发,为信托公司发展指明方向。2023年中央金融工作会议进一步指出,金融要为经济社会发展提供高质量服务,做好"五篇大文章"。信托公司根据政策导向,主动探索符合监管要求的新业务模式。公司面临的有利因素包括:

第一,公司实际控制人国家电投集团是全球最大的光伏发电企业、新能源发电企业和清洁能源发电企业。公司依托股东背景、充分利用信托优势,大力发展能源产融业务。2023年,公司深入整合国家电投集团优势资源,提升服务其产业发展的金融供给能力,不断创新服务模式,并将其拓展至其他央/国企能源公司。未来,公司将持续推进金融服务与产业发展深度融合,更好地服务"绿色金融"大文章,推动实现高质量发展。

第二,证券投资业务符合中央金融工作会议要求,也是监管部门积极引导信托公司转型发展的重要业务方向。公司在行业内较早地开展了证券业务,为证券业务开展打下一定基础。未来,公司将持续夯实证券投资基础,强化投研体系建设,提升投资和研究能力,完善产品体系,优化业务分工和协同机制,持续推动证券投资业务质效双增。

第三,资产服务信托位列"信托业务新分类"首位,内容丰富,未来发展潜能巨大。服务信托中财富管理受托服务信托内容最为丰富,目前公司相关业务体系基本健全,未来将不断提升自身专业能力,根据各类业务特性进行大力拓展,不断提升服务信托的政治性、人民性,不断满足经济社会发展和人民群众日益增长的金融需求。

4.3.2.2 影响公司发展的不利因素

2023年,强监管、严监管态势持续,《关于规范信托公司异地部门有关事项的通知》《信托公司监管评级与分级分类监管暂行办法》等发布实施,推进信托公司加快转型升级。在金融监管趋严、行业深化转型背景下,公司发展仍面临着一些不利因素。

第一,监管政策的不确定性加剧展业风险。2023年,多项重磅政策陆续发布,信托行业发展面临极大不确定性,与"信托业务新分类"相关的多项配套政策暂未出台,未来需要持续关注,信托公司展业风险不断增加。

第二,转型业务发展成效与预期仍有差距。"信托业务新分类"为信托公司转型指明了方向,但是转型业务拓展仍然困难重重,相关法规制度不健全,信托收益整体较低,短期内难以形成有效支柱作用。公司近些年来加大战略转型力度,但仍有很大进步空间。

第三,内部管理对业务转型支撑能力有待提升。公司业务转型需要业务能力与管理能力协同发展,目前内部管理相对滞后于转型业务发展进程,人力资源管理、业务开展与评审、信息科技系统建设等面临诸多挑战。未来需进一步加强内部管理,持续提升服务支撑水平。

4.4 内部控制概况
4.4.1 内部控制环境和内部控制文化

为保证公司规范运作,有效防范和化解经营风险,确保公司经营管理合法合规、财务和其他信息真实、准确、完整,最大限度地维护信托当事人、公司股东及其他利益相关者的合法权益,公司按照《公司法》《信托公司治理指引》及相关法律法规的要求,建立了包括股东会、董事会、监事会和高级管理层在内的完整法人治理结构,各治理主体根据公司章程和制度确定的职责范围内行使职权,在保持相互独立的基础上,做到了有机协调和相互制衡。

公司通过建立和完善法人治理结构,强化决策机制,充分发挥股东会、董事会和监事会的决策与监督作用。公司通过开展"能力作风提升年""会前学法"等多种方式营造依法、合规、良好、诚信的企业文化氛围,将"诚信、创新、务实、高效"的理念贯穿于公司各项制度和日常经营管理中,并最终落实在履行受托人职责上。通过制定责任目标、加强考核引导、完善晋升通道、开展以企业文化为主题的各类活动,增强员工归属感和忠诚度。公司牢固树立内部控制和合规风险管理优先的审慎经营理念,积极培养员工的合规风险防范意识,营造浓厚的内控合规文化氛围。

4.4.2 内部控制措施
4.4.2.1 履行内部控制职能的部门

公司根据业务发展需要设立了业务部门和职能部门,并按照职责分离原则设立相应的工作岗位,各个岗位均设置明确的岗位职责和清晰的报告路径。在此基础上,公司努力建立健全内部约束机制,实行前台、中台、后台的岗位职责分离。

4.4.2.2 内部控制的主要政策、制度、程序及执行情况

公司遵循全面性、审慎性、制衡性和匹配性原则，确定业务受理与初审、业务决策与风险控制、业务核算与业务监督相分离的部门和岗位，建立了对风险进行事前防范、事中控制、事后监督和纠正的动态机制。

公司内部控制制度由公司法人治理制度、基本管理制度、具体规章组成。其中，公司法人治理制度包括公司章程《股东会议事规则》《董事会议事规则》和《监事会议事规则》等。公司基本管理制度包括《内部控制管理制度》《风险管理制度》《关联交易管理制度》《财务管理制度》《信托业务管理制度》《固有业务管理制度》《内部审计制度》和《信息披露管理制度》等。公司具体规章包括基本管理制度的实施细则、具体业务/党建工作相关的管理办法及其附属流程等。

公司章程制定切实遵循《公司法》及相关法律法规的规定，并制定与之匹配的股东会、董事会、监事会、高级管理层等相应的议事规程，董事会下设委员会设定了明确的委员构成、职权权限和工作细则，公司日常管理和业务经营决策等环节均有章可循。

内部控制执行方面：一是公司董事会及其下设委员会负责建立并实施充分有效的内部控制体系，保证公司在法律和政策框架内审慎经营，明确设定可接受的风险水平，保证高级管理层采取必要的风险控制措施；负责监督高级管理层对内部控制体系的充分性与有效性进行监测和评估。二是监事会监督董事会、高级管理层不断完善内部控制体系，监督董事会、高级管理层及其成员切实履行内部控制职责。三是高级管理层执行董事会决策，根据董事会确定的可接受的风险水平，制定系统化的制度、流程和方法，采取相应的风险控制措施，建立和完善内部组织机构，保证内部控制的各项职责得到有效履行，组织对内部控制体系的充分性与有效性进行监测和评估。四是公司各部门进行自我评估和分析，对发现的内部控制隐患和缺陷及时报告，并据此对相关规章制度进行调整和补充，使公司的各项规章制度在实际工作中得到有效执行。五是公司风险合规部门履行检查公司制度执行情况、定期评价内部控制设计合理性及运行是否有效等职责；纪检审计部门履行内部控制的审计监督职能，负责对公司内部控制的充分性和有效性进行审计，对审计发现的问题及时报告，并监督整改。通过以上措施，公司内部控制体系不断完善，并在促进业务稳健经营和持续发展方面有效发挥作用。

4.4.3 信息交流与反馈

公司内部信息交流方面：公司规章制度和管理机制明确了股东会、董事会、监事会、高级管理层、各部门负责人及员工信息传递职责和报告路径，保障各级管理者和员工能够及时了解和掌握公司的经营管理情况，并有效履行各自职责。

公司与外部信息交流方面：一是采取书面报告、邮件、网站公告等形式，向监管部门、受益人报告公司的重大事项和项目管理情况。二是推动品牌建设，树立公司良好的企业形象，并在网站、微信平台设立信息披露专栏，及时更新和发布公司各类信息和运营动态，让客户更加全面和及时了解公司、认知公司。三是通过微信互动、录制音乐短视频、策划线上金融知识小课堂、制作消保主题手册和动漫、在微信视频公众号开设瑞享课堂、设立呼叫中心及在营业场所提供面对面咨询服务等方式，向客户宣导金融消保知识、开展投资者教育，更好履行"诚实、信用、谨慎、有效"管理的义务。

4.4.4 监督评价与纠正

公司的内控监督体系包括三个层面：一是对股东会负责的监事会，履行对董事会、董事及高级管理人员履职情况的监督职能。二是董事会下设合规和风险委员会、审计和关联交易委员会、对公司董事会负责的纪检审计部，其中合规和风险委员会主要负责监督、检查公司经营活动的合法合规性，审议风险管理相关制度政策、重大决策的风险评估报告及重大风险解决方案、公司全面风险评估/风险管理/合规报告等；审计和关联交易委员会主要负责检查会计政策/财务报告程序/财务状况、聘请或解聘年度财务报表外部审计机构、监督公司内部审计和外部审计中发现的问题及整改情况、监督公司依法合规开展关联交易等；纪检审计部主要根据董事会的要求，对公司财务收支、经济活动、内部控制、风险管理等进行审计，并对发现的问题监督整改。三是对经营层负责的风险合规部主要根据经营层的要求，督导内控制度建设、检查内控制度的执行情况，并组织开展业务活动中合规与法律风险的研究/监控与评价。为了保证稳健经营，防范和化解经营风险，明确风险责任，公司对不履行或不正确履行国家法律法规和公司内部规章制度的人员进行责任追究。

此外，公司构建"大监督"体系，进一步加强组织、协调、优化综合事务监督、董事会运行监督、党建监督、

组织人事监督、财务监督、风险合规监督、审计监督、纪检监督等方面的各项沟通机制，争取实现职能监督和专责监督相统一。

4.5 风险管理概况

4.5.1 经营过程面临的主要风险

基于信托行业运营环境和业务特征，公司在经营过程中面临的主要风险包括战略风险、合规风险、信用风险、市场风险、流动性风险、操作风险、声誉风险和信息科技风险。

4.5.2 风险管理基本原则和控制政策

为有效防范和化解各项风险，保证稳健经营，公司确立了如下风险管理基本原则和政策。

4.5.2.1 匹配性原则

全面风险管理体系与公司业务开展实际和风险状况等相适应，确保资本水平与承担的风险相匹配、收益与承担的风险和占用的风险资本相匹配，资产规模与风险管理能力相匹配，在适度风险水平下发展业务。

4.5.2.2 全面性与重要性相结合原则

全面风险管理覆盖信托和固有业务全生命周期流程、公司面临的主要/所有风险类型、前中后台各相关人员，突出重要环节、岗位和领域的风险管理。

4.5.2.3 独立性原则

建立独立的全面风险管理组织架构，赋予风险管理条线与业务发展相匹配的授权、人力资源及其他资源配置，建立畅通的报告渠道，与业务条线之间形成相互制衡的运行机制。

4.5.2.4 成本与效益相结合原则

实施风险管理要兼顾成本和收益，力求实现成本和收益平衡。

4.5.3 风险管理组织结构与职责划分

公司建立了以董事会、监事会、合规和风险委员会、高级管理层、基层风险管理单位为主体的风险管理组织体系。

董事会就公司全面风险管理工作的有效性对股东会负责，在其下设合规和风险委员会的协助下，了解公司的风险状况，制定公司的风险管理政策，审议公司风险管理限额指标；批准需要董事会批准的公司合规和内部控制政策或程序；决定业务风险的化解和处置。

监事会对公司全面风险管理情况进行监督，向股东会负责并报告工作。

合规和风险委员会对董事会负责，在董事会授权范围内对审议事项提出意见或决策，为董事会决策提供支持意见。

高级管理层负责执行公司风险管理政策，审查监督风险管理程序以及具体操作规程，及时向董事会及其下设委员会、监事会报告风险管理情况。

基层风险管理单位包含前台、中台、后台所有与风险管理工作有关的部门，对各部门严格按照风险管理"三道防线"的原则划分风险管理责任。

各基层风险管理单位负责本部门职责范围内经营活动、业务事项的基层风险管理单位承担风险管理第一道防线职责，负责执行公司战略规划和专项规划，主动识别业务开展及经营活动所承担的风险，实施积极主动的管理，严格执行公司的风险偏好、风险管理政策、程序和集中度限额，确保业务活动不偏离风险管理要求。

中后台职能部门承担风险管理第二道防线职责。其中，风险合规部承担公司全面风险合规内控法律统筹管理职责，制定年度风险管理、内控合规及法律事务管理计划并组织实施，推动公司全面风险管理体系不断完善。项目评审部门承担具体业务风险的识别、分析和管理工作，为业务开展提供风险控制保障和法律技术支持。运营管理部门承担除证券业务外的其他具体业务的事中管理和流动性风险管理职责。交易运营部门承担证券业务的运营管理职责。财富运营部门承担消费者权益保护和客户信息保护等投资者适当性管理等职责。财务管理部门承担具体业务、公司战略制定和执行的财务支持和监督职责。战略部门承担战略风险管理职责，负责行业发展及创新研究和战略风险的识别、战略规划及业务专项规划制定和监督执行等。综合管理部门承担声誉风险管理中舆情风险管理职责，负责公司品牌建设、宣传等声誉风险管理工作。人力资源部门承担风险管理资源保障职责，负责优化公司人力资源配置、开展绩效考核等。

内审部门承担风险管理第三道防线职责，负责对风险管理情况进行审计监督，出具审计监督报告，提出改进建议。

上述各部门负责人为本部门风险管理工作的第一责任人，在各自职责范围内承担相应的风险管理职责，负责部门内部风险管理工作，将本部门相关风险信息向公司高级管理层报告。

4.5.4 风险状况

4.5.4.1 战略风险状况

战略风险主要是指对外部经济环境、宏观政策及行业发展趋势研判不足，或因资源保障不充分、执行不到位、评价不及时等，导致战略目标无法实现的风险。2023年，信托业务分类新规正式出台，进一步厘清了信托业务边界和服务内涵，为信托业转型发展划定了新的赛道，回归本源、转型发展成为信托行业核心主线。报告期内，公司进一步优化"十四五"发展规划，明确"央企能源产业金融"战略定位，持续推进重点业务专项发展规划，有效衔接战略规划和"计划—预算—考核—激励"（JYKJ）管理体系，战略风险可控在控。

4.5.4.2 合规风险状况

合规风险主要是指公司及员工未遵循外部法律、法规和监管规定及内部规章，引发法律责任、造成经济或者声誉损失以及其他负面影响的风险。2023年，国家金融监督管理总局发布《关于规范信托公司信托业务分类的通知》《信托公司监管评级与分级分类监管暂行办法》，进一步加快信托业务重塑和分级分类管理。报告期内，公司严格落实金融监管要求，围绕信托业务分类新规导向积极布局转型业务，深入推动合规文化建设，提升合规履职能力，持续补齐合规管理短板，推动完成各项监管任务，保障公司合规经营基础。

4.5.4.3 信用风险状况

信用风险主要指交易对手丧失履行合同义务的意愿或能力而使公司固有资产或所管理信托财产遭受损失的可能。2023年随着新冠疫情阴霾消散，稳增长政策力度加大，经济景气触底回升，经济呈弱复苏态势，但经济复苏充满波折，地产剧烈收缩，市场信心尚未恢复，地方财政困境和隐性债务风险拖累财政政策效果，金融信用风险压力不减。报告期内，公司紧跟宏观政策和行业形势变化，坚定收缩房地产和政信业务规模，持续开展融资类信托压降，进一步规范转型业务开展要求，持续优化限额管理、准入管理、事中管理和风险处置等各种手段，有效控制信用风险，资产质量整体保持稳定。

4.5.4.4 市场风险状况

市场风险主要指因市场价格（利率、汇率、股票价格等）的波动导致资产价值发生负向变动，进而使公司固有资产或信托资产遭受损失的可能。2023年，受经济复苏进度低于预期和美元持续加息的叠加影响，国内股票市场仅在2023年初经历短暂牛市，随后整年都处于震荡下行趋势；受多空因素交织，2023年利率债继续维持窄幅波动格局，大体呈现震荡下行走势。报告期内，公司进一步完善市场风险管理相关制度流程，明确市场风险全流程管控要求及职责分工；密切关注宏观经济政策变化，加强资本市场研究分析，优化风控管理机制、工具，强化市场风险应对能力，证券投资类信托产品整体运行平稳。

4.5.4.5 流动性风险状况

流动性风险主要指公司无法以合理成本及时获得充足资金，用于偿付到期债务、履行其他支付义务或满足正常业务开展的其他资金需求所引发的风险。2023年，受行业负面舆情影响，流动性获取渠道收窄。报告期内，公司进一步优化流动性风险管理办法，提升固有高流动性资产占比限额，通过日常限额管理、到期前还款预判、定期流动性监测、季度流动性压力测试、制定专项流动性应急预案等措施加强管理。公司全年流动性状况良好，未发生流动性风险事件。

4.5.4.6 操作风险状况

操作风险主要指由于内控制度不完善或制度执行不到位，给公司经营带来隐患或损失的可能。近年来，伴随着业务转型发展持续推进，创新业务受托管理的复杂性和准确度要求不断提高，内部控制体系、信息科技支撑上仍存在短板。信托业务"三分类"新规下，信托公司在各类业务中的受托责任边界还需进一步明确。报告期内，公司进一步完善内控制度体系，建立《操作风险管理办法》，围绕重点业务和关键环节，持续完善评审指引、尽调模板、合同模板、交易运营流程、资料收集核查流程等制度机制，强化重点领域内控管理和操作指引；加快推动受托责任机制建设，提高业务操作及内部管理的信息化、自动化水平，操作风险得到有效防范和控制。

4.5.4.7 其他风险状况

其他风险主要包括声誉风险和信息科技风险等。

声誉风险指由公司行为、从业人员行为或外部事件等，导致利益相关方、社会公众、媒体等对公司形成负面评价，从而损害公司品牌价值，不利于公司正常经营的风险。报告期内，公司强化风险应急管理，加强外部沟通协调，其间未发生该类风险事件。

信息科技风险指公司在运用信息科技手段处理业务、开展管理工作的过程中，由于自然因素、人为因素、技术漏洞和管理缺陷可能带来的风险。报告期内，公司进一步完善网络安全架构，加强账号权限管理，提高信息系统运行保障能力，其间未发生该类风险事件。

4.5.5 风险管理

4.5.5.1 战略风险管理

公司战略风险管理体现在以下三个方面：一是加强外部环境风险识别应对。加大对宏观经济和金融监管政策的跟踪、解读，开展管理研究和行业对标研究，及时优化调整战略落地路径，保持战略的引领指导作用。二是提升战略规划适应性。开展"十四五"规划中期评估，调整建立"1+4+1"转型业务体系，科学修订各阶段目标任务；组织专项发展规划季度评估，持续优化重点业务发展思路和核心能力提升路径。三是强化战略落地资源支持。将战略规划管理体系与JYKJ体系有效衔接，合理配置公司资源，充分发挥激励约束指挥棒作用，全方位支撑各阶段战略目标实现。

4.5.5.2 合规风险管理

公司合规风险管理体现在以下三个方面：一是贯彻落实金融监管要求。持续跟踪研究最新监管政策，厘清执行标准，通过优化制度、开展培训等方式传达至相关部门，保障合规要求执行到位。二是建立健全内控合规管理体系。以监管/股东检查问题整改、受托责任机制建设、信托业务"三分类"新规落实等工作开展为契机，检视合规管理缺陷，扎实推动整改落实。三是深化合规文化建设。以公司"能力作风提升年"专项活动为契机，开展合规专题培训及全员合规警示教育，严格合规考核，加大责任追究力度，督促全员合规履职。

4.5.5.3 信用风险管理

公司信用风险管理主要通过充分研判宏观经济形势及行业政策变化，及时动态调整风控措施，以准入管理、限额管理、事中管理和风险处置为手段，将风险敞口控制在可承受范围之内。具体措施如下：一是严把项目准入关。强化尽职调查要求、优化风险控制标准、完善风险收益计量工具，科学评估各类转型业务信用风险，提升事前风险防范能力。二是强化事中管理。建立日常风险监测、现场检查、非现场风险排查、压力测试、风险信号监测和应对等事中风险管理机制，做好项目存续期管理，勤勉履行管理责任，有效防范、控制项目运行中的各类风险。三是大力开展项目风险处置。提升特殊资产投资和运营能力，综合运用重组、转让、销售、司法诉讼、债务置换、产业合作置换等方式推进风险项目资金回收。

4.5.5.4 市场风险管理

为有效应对市场风险，公司秉承"理性、稳健"的风险偏好，建立与总体业务发展战略、管理能力、资本实力和风险承受能力相匹配的市场风险管理原则和程序。具体管理措施如下：一是优化风险管理体系。制定《市场风险管理办法》，明确各部门职责权限，理顺风险识别、计量、监测、控制、报告等全流程管理要求和管理要点。二是加强市场跟踪研究。定期开展证券市场和产品运营情况跟踪研判，动态调整投资策略，做好市场风险前瞻性防范控制。三是落实风险监测控制。定期开展限额指标监控、业绩评估和归因分析，定期对权益业务、债券业务表现进行复盘评价，及时监测发现风险，妥善制定落实应对措施。

4.5.5.5 流动性风险管理

公司流动性风险管理的策略取向为"稳健"，即在适当平衡公司资产收益、风险和流动性的基础上，保持适度流动性，将流动性风险控制在可以承受的合理范围之内，确保公司的安全运营，维护良好的公众形象。具体措施如下：一是完善流动性管理工作小组机制。明确相关部门协作机制、各类风险事件应对思路、处理措施和操作路径，提升流动性管理工作方案的有效性。二是加强重点业务风险监测。严格证券投资类信托头寸、杠杆管理，实时监控高流动性资产比例，按季度开展压力测试，前瞻性预判外部环境变化对流动性的冲击影响，为提前应对风险争取充足时间。三是做好流动性支持资源储备。维持固有高流动性资产配置比例，强化流动性储备资金管理。

4.5.5.6 操作风险管理

公司操作风险管理的基本策略是加强内控体系建设、落实，严格操作标准执行、监督。具体措施如下：一是不断优化内控管理体系。结合三分类新规要求和营业信托纠纷案例启示，系统梳理各类业务受托管理责任边界，明确关键环节操作要求，夯实操作风险管理根基。二是加强内控执行监督。围绕重点业务领域和关键环节开展专项内控合规检查，检视制度、流程执行情况，认真剖析内控体系缺陷，补足管理短板。三是强化信息系统硬控。将核心管控措施有效融入业务流程、嵌入信息系统，加强对重点领域、关键节点的实时动态监测，进一步提升内控有效性。

4.5.5.7 其他风险管理

公司声誉风险管理策略为将声誉构建与发展战略和企业文化进行有机结合，通过尽职管理和充分信息披露塑造专业、诚信形象。具体管理措施包括：一是强化风险应急管理。修订风险应急处置制度流程，形成信访、举报、诉讼等联动的声誉风险应急防范机制；邀请内外部专家开展声誉风险培训和案例分享，组织声誉风险应急演练，提升应急处置实战能力。二是加强外部沟通协调。加强与股东单位、监管部门、地方政府及公安机关的沟通联系，积极寻求各方理解支持，妥善处理各类风险事件。三是着力提升公司形象。注重培育市场竞争力，荣获"三年期固定收益类产品金牛奖"和"三年期权益类产品金牛奖"、第十五届"诚信托"管理团队奖、"2023年度优秀资产证券化服务信托"等奖项；积极组织开展传薪、向阳等仁爱系列慈善信托捐赠，参与贵州遵义"映山红·春晖"志愿服务活动，提升品牌美誉度。

公司信息科技风险的管理策略为依据业务发展需要和整体信息化水平，选择合适的、可持续的信息科技风险管理模式，逐步提高抵御风险能力。具体管理措施包括：一是完善网络安全架构。通过部署物理网闸、防火墙等设备完善网络安全管控手段，实现不同网络区域的安全隔离与网络访问权限最小化管理，提升网络管控水平，降低网络安全风险。二是加强账号权限管理。开展全系统账号权限梳理工作，优化VPN、堡垒机等鉴权系统管理权限，加强信息系统访问控制管理，提升系统抗外部攻击能力。三是提高信息系统运行保障能力。开展中心机房老旧设施更新，推进重要信息系统向同城运营商机房迁移工作，提升信息系统运行稳定性；组织开展业务连续性应急演练，检验信息系统应急预案有效性，提升员工突发事件应急处置能力，防范业务中断风险。

5. 2023年度及上年度比较式会计报表

5.1 自营资产

5.1.1 会计师事务所审计意见全文

审计报告

信会师报字〔2024〕第ZG10301号
百瑞信托有限责任公司：

一、审计意见

我们审计了百瑞信托有限责任公司（以下简称百瑞信托）财务报表，包括2023年12月31日的合并及母公司资产负债表，2023年度的合并及母公司利润表、合并及母公司现金流量表、合并及母公司所有者权益变动表以及相关财务报表附注。

我们认为，后附的财务报表在所有重大方面按照企业会计准则的规定编制，公允反映了百瑞信托2023年12月31日的合并及母公司财务状况以及2023年度的合并及母公司经营成果和现金流量。

二、形成审计意见的基础

我们按照中国注册会计师审计准则的规定执行了审计工作。审计报告的"注册会计师对财务报表审计的责任"部分进一步阐述了我们在这些准则下的责任。按照中国注册会计师职业道德守则，我们独立于百瑞信托，并履行了职业道德方面的其他责任。我们相信，我们获取的审计证据是充分、适当的，为发表审计意见提供了基础。

三、管理层和治理层对财务报表的责任

百瑞信托管理层（以下简称管理层）负责按照企业会计准则的规定编制财务报表，使其实现公允反映，并设计、执行和维护必要的内部控制，以使财务报表不存在由于舞弊或错误导致的重大错报。

在编制财务报表时，管理层负责评估百瑞信托的持续经营能力，披露与持续经营相关的事项（如适用），并运用持续经营假设，除非计划进行清算、终止运营或别无其他现实的选择。

治理层负责监督百瑞信托的财务报告过程。

四、注册会计师对财务报表审计的责任

我们的目标是对财务报表整体是否不存在由于舞弊或错误导致的重大错报获取合理保证，并出具包含审计意见的审计报告。合理保证是高水平的保证，但并不能保证按照审计准则执行的审计在某一重大错报存在时总能发现。错报可能由于舞弊或错误导致，如果合理预期错报单独或汇总起来可能影响财务报表使用者依据财务报表作出的经济决策，则通常认为错报是重大的。

在按照审计准则执行审计工作的过程中，我们运用职业判断，并保持职业怀疑。同时，我们也执行以下工作：

（一）识别和评估由于舞弊或错误导致的财务报表重大错报风险，设计和实施审计程序以应对这些风险，并获取充分、适当的审计证据，作为发表审计意见的基础。由于舞弊可能涉及串通、伪造、故意遗漏、虚假陈述或凌驾于内部控制之上，未能发现由于舞弊导致的重大错报的风险高于未能发现由于错误导致的重大错报的风险。

（二）了解与审计相关的内部控制，以设计恰当的审计程序，但目的并非对内部控制的有效性发表意见。

（三）评价管理层选用会计政策的恰当性和作出会计估计及相关披露的合理性。

（四）对管理层使用持续经营假设的恰当性得出结论。同时，根据获取的审计证据，就可能导致对百瑞信托持续经营能力产生重大疑虑的事项或情况是否存在重大不确定性得出结论。如果我们得出结论认为存在重大不确定性，审计准则要求我们在审计报告中提请报表使用者注意财务报表中的相关披露；如果披露不充分，我们应当发表非无保留意见。我们的结论基于截至审计报告日可获得的信息。然而，未来的事项或情况可能导致百瑞信托不能持续经营。

（五）评价财务报表的总体列报（包括披露）、结构和内容，并评价财务报表是否公允反映相关交易和事项。

（六）就百瑞信托中实体或业务活动的财务信息获取充分、适当的审计证据，以对合并财务报表发表审计意见。我们负责指导、监督和执行集团审计，并对审计意见承担全部责任。

我们与治理层就计划的审计范围、时间安排和重大审计发现等事项进行沟通，包括沟通我们在审计中识别出的值得关注的内部控制缺陷。

中国注册会计师：

中国注册会计师：

中国·上海　　　　　　　　　2024年4月17日

5.1.2　资产负债表

合并资产负债表

编制单位：百瑞信托有限责任公司　　2023年12月31日　　单位：万元

项目	期末余额	年初余额
资产：	—	—
货币资金	18 310.21	13 829.33
存放同业款项	—	—
贵金属	—	—
拆出资金	—	—
衍生金融资产	—	—
应收款项	6 017.73	7 075.70
合同资产	—	—

续表

项目	期末余额	年初余额
买入返售金融资产	—	—
持有待售资产	—	—
发放贷款和垫款	177 918.84	131 000.50
金融投资：		
交易性金融资产	860 422.53	873 251.96
债权投资	40 781.55	61 697.89
其他债权投资	—	—
其他权益工具投资	81 429.51	89 013.88
长期股权投资	7 217.05	8 698.24
投资性房地产	—	—
固定资产	2 606.26	2 881.95
使用权资产	1 189.04	2 373.37
在建工程	—	—
无形资产	2 176.29	2 085.40
商誉	—	—
递延所得税资产	29 573.74	26 792.80
其他资产	64 103.53	50 290.69
资产总计	1 291 746.28	1 268 991.71
负债：	—	—
向中央银行借款	—	—
同业及其他金融机构存放款项	—	—
拆入资金	—	—
交易性金融负债	—	—
衍生金融负债	—	—
卖出回购金融资产款	—	—
吸收存款	—	—
应付职工薪酬	2 447.17	1 578.93
应交税费	4 864.16	8 016.04
应付款项	33.49	10.58
合同负债	47.47	170.27
租赁负债	1 245.60	2 395.72
持有待售负债	—	—
预计负债	9 104.47	8 234.51
应付债券	—	—
其中：优先股	—	—
永续债	—	—
递延所得税负债	—	—
其他负债	102 970.92	101 754.59
负债合计	120 713.28	122 160.64
所有者权益：	—	—
实收资本	400 000.00	400 000.00

续表

项目	期末余额	年初余额
其他权益工具	—	—
其中：优先股	—	—
永续债	—	—
资本公积	7 983.90	7 983.90
减：库存股	—	—
其他综合收益	−27 548.69	−20 058.12
盈余公积	105 310.60	102 035.38
一般风险准备	80 376.45	78 436.95
未分配利润	604 910.73	578 432.96
归属于母公司所有者权益合计	1 171 032.99	1 146 831.07
少数股东权益	—	—
所有者权益合计	1 171 032.99	1 146 831.07
负债和所有者权益总计	1 291 746.28	1 268 991.71

法定代表人：苏小军　　主管会计工作负责人：王克槿　　会计机构负责人：宋红霞

母公司资产负债表

编制单位：百瑞信托有限责任公司　　2023年12月31日　　单位：万元

项目	期末余额	年初余额
资产：		
货币资金	13 433.05	9 330.73
存放同业款项	—	—
贵金属	—	—
拆出资金	—	—
衍生金融资产	—	—
应收款项	6 135.84	7 771.25
合同资产	—	—
买入返售金融资产	—	—
持有待售资产	—	—
发放贷款和垫款	30 487.67	110 103.43
金融投资：		
交易性金融资产	926 210.07	848 820.92
债权投资	83 639.58	51 535.34
其他债权投资	—	—
其他权益工具投资	81 429.51	89 013.88
长期股权投资	7 040.31	8 484.80
投资性房地产	—	—
固定资产	2 606.26	2 881.95
在建工程	—	—
使用权资产	1 189.04	2 373.37
无形资产	2 176.29	2 085.40

续表

项目	期末余额	年初余额
商誉	—	—
递延所得税资产	29 605.69	27 009.07
其他资产	6 932.82	7 460.21
资产总计	1 190 886.13	1 166 870.35
负债：	—	—
向中央银行借款	—	—
同业及其他金融机构存放款项	—	—
拆入资金	—	—
交易性金融负债	—	—
衍生金融负债	—	—
卖出回购金融资产款	—	—
吸收存款	—	—
应付职工薪酬	2 447.17	1 578.93
应交税费	4 813.70	7 950.80
应付款项	—	—
合同负债	47.47	170.27
持有待售负债	—	—
租赁负债	1 245.60	2 395.72
预计负债	9 104.47	8 234.51
应付债券	—	—
其中：优先股	—	—
永续债	—	—
递延所得税负债	—	—
其他负债	1 062.90	970.80
负债合计	18 721.31	21 301.03
所有者权益：	—	—
实收资本（或实收资本）	400 000.00	400 000.00
其他权益工具	—	—
其中：优先股	—	—
永续债	—	—
资本公积	7 983.90	7 983.90
减：库存股	—	—
其他综合收益	−28 745.46	−22 588.75
盈余公积	105 310.60	102 035.38
一般风险准备	80 376.45	78 436.95
未分配利润	607 239.33	579 701.84
所有者权益合计	1 172 164.82	1 145 569.32
负债和所有者权益总计	1 190 886.13	1 166 870.35

法定代表人：苏小军　　主管会计工作负责人：王克槿　　会计机构负责人：宋红霞

5.1.3 利润表

合并利润表

编制单位：百瑞信托有限责任公司　　　　2023年度　　　　单位：万元

项目	本期金额	上期金额
一、营业总收入	85 778.68	104 277.21
利息净收入	3 526.29	14 852.73
其中：利息收入	6 499.63	18 311.36
利息支出	2 973.34	3 458.63
手续费及佣金净收入	85 326.97	77 327.17
其中：手续费及佣金收入	85 326.97	77 327.17
手续费及佣金支出	—	—
投资收益（损失以"-"号填列）	18 614.52	23 020.56
其中：对联营企业和合营企业的投资收益	-465.14	-1 423.47
以摊余成本计量的金融资产终止确认产生的投资收益（损失以"-"号填列）	—	—
净敞口套期收益（损失以"-"号填列）	—	—
其他收益	45.78	105.23
公允价值变动收益（损失以"-"号填列）	-21 746.70	-11 152.32
汇兑收益（损失以"-"号填列）	0.00	0.03
其他业务收入	—	—
资产处置收益（损失以"-"号填列）	11.81	123.81
二、营业总支出	44 409.73	28 973.05
税金及附加	672.74	780.81
业务及管理费	28 560.95	29 652.18
信用减值损失	15 176.04	-1 459.94
其他资产减值损失	—	—
其他业务成本	—	—
三、营业利润（亏损以"-"号填列）	41 368.95	75 304.16
加：营业外收入	119.44	4.45
减：营业外支出	129.52	43.45
四、利润总额（亏损总额以"-"号填列）	41 358.87	75 265.16
减：所得税费用	10 184.44	16 630.07
五、净利润（净亏损以"-"号填列）	31 174.43	58 635.09
（一）按经营持续性分类	—	—
1.持续经营净利润（净亏损以"-"号填列）	31 174.43	58 635.09
2.终止经营净利润（净亏损以"-"号填列）	—	—
（二）按所有权归属分类	—	—
1.归属于母公司股东的净利润（净亏损以"-"号填列）	31 174.43	58 635.09
2.少数股东损益（净亏损以"-"号填列）	—	—
六、其他综合收益的税后净额	-6 972.50	-20 560.81
归属于母公司所有者的其他综合收益的税后净额	-6 972.50	-20 560.81
（一）不能重分类进损益的其他综合收益	-5 638.64	-20 830.41

续表

项目	本期金额	上期金额
1.重新计量设定受益计划变动额	—	—
2.权益法下不能转损益的其他综合收益	—	—
3.其他权益工具投资公允价值变动	-5 638.64	-20 830.41
4.企业自身信用风险公允价值变动	—	—
（二）将重分类进损益的其他综合收益	-1 333.86	269.60
1.权益法下可转损益的其他综合收益	—	—
2.其他债权投资公允价值变动	—	—
3.金融资产重分类计入其他综合收益的金额	—	—
4.其他债权投资信用损失准备	—	—
5.现金流量套期储备	—	—
6.外币财务报表折算差额	—	—
7.其他	-1 333.86	269.60
归属于少数股东的其他综合收益的税后净额	—	—
七、综合收益总额	24 201.93	38 074.28
归属于母公司所有者的综合收益总额	24 201.93	38 074.28
归属于少数股东的综合收益总额	—	—
八、每股收益	—	—
（一）基本每股收益（元/股）	—	—
（二）稀释每股收益（元/股）	—	—

法定代表人：苏小军　　　主管会计工作负责人：王克樘　　　会计机构负责人：宋红霞

母公司利润表

编制单位：百瑞信托有限责任公司　　　　2023年度　　　　单位：万元

项目	本期金额	上期金额
一、营业总收入	82 387.05	104 983.91
利息净收入	2 012.73	16 150.64
其中：利息收入	2 012.73	16 150.64
利息支出	—	—
手续费及佣金净收入	84 884.31	82 780.01
其中：手续费及佣金收入	84 884.31	82 780.01
手续费及佣金支出	—	—
投资收益（损失以"-"号填列）	11 633.72	20 795.23
其中：对联营企业和合营企业的投资收益	-428.45	-1 426.50
以摊余成本计量的金融资产终止确认产生的投资收益（损失以"-"号填列）	—	—
净敞口套期收益（损失以"-"号填列）	—	—
其他收益	45.77	105.22
公允价值变动收益（损失以"-"号填列）	-16 201.29	-14 971.03
汇兑收益（损失以"-"号填列）	0.00	0.03
其他业务收入	—	—
资产处置收益（损失以"-"号填列）	11.81	123.81
二、营业总支出	39 774.08	27 888.13

续表

项目	本期金额	上期金额
税金及附加	652.54	768.51
业务及管理费	27 666.16	29 117.88
信用减值损失	11 455.38	-1 998.26
其他资产减值损失	—	—
其他业务成本	—	—
三、营业利润（亏损以"-"号填列）	42 612.97	77 095.78
加：营业外收入	119.44	4.45
减：营业外支出	129.51	43.45
四、利润总额（亏损总额以"-"号填列）	42 602.90	77 056.78
减：所得税费用	10 368.76	16 600.48
五、净利润（净亏损以"-"号填列）	32 234.14	60 456.30
（一）持续经营净利润（净亏损以"-"号填列）	32 234.14	60 456.30
（二）终止经营净利润（净亏损以"-"号填列）	—	—
六、其他综合收益的税后净额	-5 638.64	-20 830.41
（一）不能重分类进损益的其他综合收益	-5 638.64	-20 830.41
1.重新计量设定受益计划变动额	—	—
2.权益法下不能转损益的其他综合收益	—	—
3.其他权益工具投资公允价值变动	-5 638.64	-20 830.41
4.企业自身信用风险公允价值变动	—	—
（二）将重分类进损益的其他综合收益	—	—
1.权益法下可转损益的其他综合收益	—	—
2.其他债权投资公允价值变动	—	—
3.金融资产重分类计入其他综合收益的金额	—	—
4.其他债权投资信用损失准备	—	—
5.现金流量套期储备	—	—
6.外币财务报表折算差额	—	—
7.其他	—	—
七、综合收益总额	26 595.50	39 625.89
八、每股收益		
（一）基本每股收益（元/股）	—	—
（二）稀释每股收益（元/股）	—	—

法定代表人：苏小军　　主管会计工作负责人：王克槿　　会计机构负责人：宋红霞

合并利润分配表

编制单位：百瑞信托有限责任公司　　2023年度　　单位：万元

项目	本年累计数	上年累计数
本年净利润	31 174.43	58 635.09
加：（一）年初未分配利润	578 432.96	528 861.29
（二）盈余公积弥亏	—	—
（三）其他调整因素	—	—
（四）会计政策变更	—	—
可供分配的利润	609 607.39	587 496.38
减：（一）单项留用的利润	—	—
（二）补充流动资本	—	—

续表

项目	本年累计数	上年累计数
（三）提取法定盈余公积	3 223.41	6 045.63
（四）提取法定公益金	—	—
（五）提取信托赔偿准备金	1 611.71	3 022.82
（六）提取一般准备金	327.79	279.08
（七）提取企业发展基金	—	—
（八）利润归还投资	—	—
（九）其他	-466.25	-284.1
可供投资者分配的利润	604 910.73	578 432.96
减：（一）应付优先股股利	—	—
（二）提取任意盈余公积	—	—
（三）应付普通股股利	—	—
（四）转作资本（股本）的普通股股利	—	—
（五）其他	—	—
未分配利润	604 910.73	578 432.96

法定代表人：苏小军　　主管会计工作负责人：王克槿　　会计机构负责人：宋红霞

母公司利润分配表

编制单位：百瑞信托有限责任公司　　2023年度　　单位：万元

项目	本年累计数	上年累计数
本年净利润	32 234.14	60 456.30
加：（一）年初未分配利润	579 701.84	528 308.97
（二）盈余公积弥亏	—	—
（三）其他调整因素	—	—
（四）会计政策变更	—	—
可供分配的利润	611 935.98	588 765.27
减：（一）单项留用的利润	—	—
（二）补充流动资本	—	—
（三）提取法定盈余公积	3 223.41	6 045.63
（四）提取法定公益金	—	—
（五）提取信托赔偿准备金	1 611.71	3 022.82
（六）提取一般准备金	327.79	279.08
（七）提取企业发展基金	—	—
（八）利润归还投资	—	—
（九）其他	-466.26	-284.1
可供投资者分配的利润	607 239.33	579 701.84
减：（一）应付优先股股利	—	—
（二）提取任意盈余公积	—	—
（三）应付普通股股利	—	—
（四）转作资本（股本）的普通股股利	—	—
（五）其他	—	—
未分配利润	607 239.33	579 701.84

法定代表人：苏小军　　主管会计工作负责人：王克槿　　会计机构负责人：宋红霞

5.1.4 所有者权益变动表

合并所有者权益变动表

编制单位：百瑞信托有限责任公司　　　　2023年度　　　　单位：万元

项目	本期金额											
	归属于母公司所有者权益										少数股东权益	所有者权益合计
	实收资本	其他权益工具			资本公积	减：库存股	其他综合收益	盈余公积	一般风险准备	未分配利润	小计		
		优先股	永续债	其他									
一、上年年末余额	400 000.00	—	—	—	7 983.90	—	−20 058.12	102 035.38	78 436.95	578 432.96	1 146 831.07	—	1 146 831.07
加：会计政策变更	—	—	—	—	—	—	—	—	—	—	—	—	—
前期差错更正	—	—	—	—	—	—	—	—	—	—	—	—	—
其他	—	—	—	—	—	—	—	—	—	—	—	—	—
二、本年年初余额	400 000.00	—	—	—	7 983.90	—	−20 058.12	102 035.38	78 436.95	578 432.96	1 146 831.07	—	1 146 831.07
三、本期增减变动金额（减少以"−"号填列）	—	—	—	—	—	—	−7 490.57	3 275.22	1 939.50	26 477.78	24 201.93	0.00	24 201.93
（一）综合收益总额	—	—	—	—	—	—	−6 972.50	0.00	0.00	31 174.43	24 201.93	—	24 201.93
（二）所有者投入和减少资本	—	—	—	—	—	—	—	—	—	0.00	0.00	—	0.00
1.所有者投入的普通股	—	—	—	—	—	—	—	—	—	—	—	—	—
2.其他权益工具持有者投入	—	—	—	—	—	—	—	—	—	—	—	—	—
3.股份支付计入所有者权益	—	—	—	—	—	—	—	—	—	—	—	—	—
4.其他	—	—	—	—	—	—	—	—	—	—	—	—	—
（三）利润分配	—	—	—	—	—	—	—	3 223.41	1 939.50	−5 162.91	—	—	—
1.提取盈余公积	—	—	—	—	—	—	—	3 223.41	—	−3 223.41	—	—	—
2.提取一般风险准备	—	—	—	—	—	—	—	—	1 939.50	−1 939.50	—	—	—
3.对所有者的分配	—	—	—	—	—	—	—	—	—	—	—	—	—
4.其他	—	—	—	—	—	—	—	—	—	—	—	—	—
（四）所有者权益内部结转	—	—	—	—	—	—	−518.07	51.81	0.00	466.26	—	—	—
1.资本公积转增实收资本	—	—	—	—	—	—	—	—	—	—	—	—	—
2.盈余公积转增实收资本	—	—	—	—	—	—	—	—	—	—	—	—	—
3.盈余公积弥补亏损	—	—	—	—	—	—	—	—	—	—	—	—	—
4.设定受益计划变动额结转留存收益	—	—	—	—	—	—	—	—	—	—	—	—	—
5.其他综合收益结转留存收益	—	—	—	—	—	—	−518.07	51.81	—	466.26	—	—	—
四、本期期末余额	400 000.00	—	—	—	7 983.90	—	−27 548.69	105 310.60	80 376.45	604 910.74	1 171 033.00	0.00	1 171 033.00

法定代表人：苏小军　　　　主管会计工作负责人：王克槿　　　　会计机构负责人：宋红霞

合并所有者权益变动表（续）

编制单位：百瑞信托有限责任公司　　　　2023年度　　　　单位：万元

项目	上期金额											
	归属于母公司所有者权益										少数股东权益	所有者权益合计
	实收资本	其他权益工具			资本公积	减：库存股	其他综合收益	盈余公积	一般风险准备	未分配利润	小计		
		优先股	永续债	其他									
一、上年年末余额	400 000.00	—	—	—	7 983.90	—	818.36	95 958.18	75 135.05	528 861.30	1 108 756.79	—	1 108 756.79
加：会计政策变更	—	—	—	—	—	—	—	—	—	—	—	—	—
前期差错更正	—	—	—	—	—	—	—	—	—	—	—	—	—

续表

项目	上期金额											
	归属于母公司所有者权益										少数股东权益	所有者权益合计
	实收资本	其他权益工具			资本公积	减：库存股	其他综合收益	盈余公积	一般风险准备	未分配利润	小计		
		优先股	永续债	其他									
其他	—	—	—	—	—	—	—	—	—	—	—	—	—
二、本年年初余额	400 000.00	—	—	—	7 983.90	—	818.36	95 958.18	75 135.05	528 861.30	1 108 756.79	—	1 108 756.79
三、本期增减变动金额（减少以"-"号填列）	—	—	—	—	—	—	−20 876.48	6 077.20	3 301.90	49 571.66	38 074.28	—	38 074.28
（一）综合收益总额	—	—	—	—	—	—	−20 560.81	—	—	58 635.09	38 074.28	—	38 074.28
（二）所有者投入和减少资本													
1.所有者投入的普通股	—	—	—	—	—	—	—	—	—	—	—	—	—
2.其他权益工具持有者投入资本	—	—	—	—	—	—	—	—	—	—	—	—	—
3.股份支付计入所有者权益的金额	—	—	—	—	—	—	—	—	—	—	—	—	—
4.其他	—	—	—	—	—	—	—	—	—	—	—	—	—
（三）利润分配	—	—	—	—	—	—	—	6 045.63	3 301.90	−9 347.53	—	—	—
1.提取盈余公积	—	—	—	—	—	—	—	6 045.63	—	−6 045.63	—	—	—
2.提取一般风险准备	—	—	—	—	—	—	—	—	3 301.90	−3 301.90	—	—	—
3.对所有者的分配	—	—	—	—	—	—	—	—	—	—	—	—	—
4.其他	—	—	—	—	—	—	—	—	—	—	—	—	—
（四）所有者权益内部结转	—	—	—	—	—	—	−315.67	31.57	—	284.10	—	—	—
1.资本公积转增实收资本	—	—	—	—	—	—	—	—	—	—	—	—	—
2.盈余公积转增实收资本	—	—	—	—	—	—	—	—	—	—	—	—	—
3.盈余公积弥补亏损	—	—	—	—	—	—	—	—	—	—	—	—	—
4.设定受益计划变动额转留存收益	—	—	—	—	—	—	—	—	—	—	—	—	—
5.其他综合收益结转留存收益	—	—	—	—	—	—	−315.67	31.57	—	284.10	—	—	—
四、本期期末余额	400 000.00	—	—	—	7 983.90	—	−20 058.12	102 035.38	78 436.95	578 432.96	1 146 831.07	—	1 146 831.07

法定代表人：苏小军　　　　　　　　　　　　主管会计工作负责人：王克槿　　　　　　　　　　　　会计机构负责人：宋红霞

母公司所有者权益变动表

编制单位：百瑞信托有限责任公司　　　　　　　　　　　2023年度　　　　　　　　　　　　　　　　　　单位：万元

项目	本期金额										
	实收资本	其他权益工具			资本公积	减：库存股	其他综合收益	盈余公积	一般风险准备	未分配利润	所有者权益合计
		优先股	永续债	其他							
一、上年年末余额	400 000.00	—	—	—	7 983.90	—	−22 588.75	102 035.38	78 436.95	579 701.84	1 145 569.32
加：会计政策变更	—	—	—	—	—	—	—	—	—	—	—
前期差错更正	—	—	—	—	—	—	—	—	—	—	—
其他	—	—	—	—	—	—	—	—	—	—	—
二、本年年初余额	400 000.00	—	—	—	7 983.90	—	−22 588.75	102 035.38	78 436.95	579 701.84	1 145 569.32
三、本期增减变动金额（减少以"-"号填列）	—	—	—	—	—	—	−6 156.71	3 275.22	1 939.50	27 537.49	26 595.50
（一）综合收益总额	—	—	—	—	—	—	−5 638.64	—	—	32 234.14	26 595.50
（二）所有者投入和减少资本	—	—	—	—	—	—	—	—	—	—	—

续表

项目	本期金额									
	实收资本	其他权益工具			资本公积	减:库存股	其他综合收益	盈余公积	一般风险准备	未分配利润	所有者权益合计
		优先股	永续债	其他							
1.所有者投入的普通股	—	—	—	—	—	—	—	—	—	—	—
2.其他权益工具持有者投入资本	—	—	—	—	—	—	—	—	—	—	—
3.股份支付计入所有者权益的金额	—	—	—	—	—	—	—	—	—	—	—
4.其他	—	—	—	—	—	—	—	—	—	—	—
（三）利润分配	—	—	—	—	—	—	—	3 223.41	1 939.50	−5 162.91	—
1.提取盈余公积	—	—	—	—	—	—	—	3 223.41	0.00	−3 223.41	—
2.提取一般风险准备	—	—	—	—	—	—	—	—	1 939.50	−1 939.50	—
3.对所有者（或股东）的分配	—	—	—	—	—	—	—	—	—	—	—
4.其他	—	—	—	—	—	—	—	—	—	—	—
（四）所有者权益内部结转	—	—	—	—	—	—	−518.07	51.81	—	466.26	—
1.资本公积转增资本（或实收资本）	—	—	—	—	—	—	—	—	—	—	—
2.盈余公积转增资本（或实收资本）	—	—	—	—	—	—	—	—	—	—	—
3.盈余公积弥补亏损	—	—	—	—	—	—	—	—	—	—	—
4.设定受益计划变动额结转留存收益	—	—	—	—	—	—	—	—	—	—	—
5.其他综合收益结转留存收益	—	—	—	—	—	—	−518.07	51.81	—	466.26	—
6.其他	—	—	—	—	—	—	—	—	—	—	—
四、本期期末余额	400 000.00	—	—	—	7 983.90	—	−28 745.46	105 310.60	80 376.45	607 239.33	1 172 164.82

法定代表人：苏小军　　　　主管会计工作负责人：王克槿　　　　会计机构负责人：宋红霞

母公司所有者权益变动表（续）

编制单位：百瑞信托有限责任公司　　　　2023年度　　　　单位：万元

项目	上期金额									
	实收资本	其他权益工具			资本公积	减:库存股	其他综合收益	盈余公积	一般风险准备	未分配利润	所有者权益合计
		优先股	永续债	其他							
一、上年年末余额	400 000.00	—	—	—	7 983.90	—	−1 442.67	95 958.18	75 135.05	528 308.97	1 105 943.43
加：会计政策变更	—	—	—	—	—	—	—	—	—	—	—
前期差错更正	—	—	—	—	—	—	—	—	—	—	—
其他	—	—	—	—	—	—	—	—	—	—	—
二、本年年初余额	400 000.00	—	—	—	7 983.90	—	−1 442.67	95 958.18	75 135.05	528 308.97	1 105 943.43
三、本期增减变动金额（减少以"−"号填列）	—	—	—	—	—	—	−21 146.08	6 077.20	3 301.90	51 392.87	39 625.89
（一）综合收益总额	—	—	—	—	—	—	−20 830.41	—	—	60 456.30	39 625.89
（二）所有者投入和减少资本	—	—	—	—	—	—	—	—	—	—	—
1.所有者投入的普通股	—	—	—	—	—	—	—	—	—	—	—
2.其他权益工具持有者投入资本	—	—	—	—	—	—	—	—	—	—	—
3.股份支付计入所有者权益的金额	—	—	—	—	—	—	—	—	—	—	—
4.其他	—	—	—	—	—	—	—	—	—	—	—
（三）利润分配	—	—	—	—	—	—	—	6 045.63	3 301.90	−9 347.53	—
1.提取盈余公积	—	—	—	—	—	—	—	6 045.63	0	−6 045.63	—
2.提取一般风险准备	—	—	—	—	—	—	—	—	3 301.90	−3 301.90	—

续表

项目	上期金额									
	实收资本	其他权益工具			资本公积	减：库存股	其他综合收益	盈余公积	一般风险准备	未分配利润	所有者权益合计
		优先股	永续债	其他							
3.对所有者（或股东）的分配	—	—	—	—	—	—	—	—	—	—	—
4.其他	—	—	—	—	—	—	—	—	—	—	—
（四）所有者权益内部结转	—	—	—	—	—	—	−315.67	31.57	—	284.10	—
1.资本公积转增资本（或实收资本）	—	—	—	—	—	—	—	—	—	—	—
2.盈余公积转增资本（或实收资本）	—	—	—	—	—	—	—	—	—	—	—
3.盈余公积弥补亏损	—	—	—	—	—	—	—	—	—	—	—
4.设定受益计划变动额结转留存收益	—	—	—	—	—	—	—	—	—	—	—
5.其他综合收益结转留存收益	—	—	—	—	—	—	−315.67	31.57	—	284.10	—
6.其他	—	—	—	—	—	—	—	—	—	—	—
四、本期期末余额	400 000.00	—	—	—	7 983.90	—	−22 588.75	102 035.38	78 436.95	579 701.84	1 145 569.32

法定代表人：苏小军　　　　　　　　主管会计工作负责人：王克槿　　　　　　　　会计机构负责人：宋红霞

5.2 信托资产

5.2.1 信托项目资产负债汇总表

信托项目资产负债表

编制单位：百瑞信托有限责任公司　　　　　　　　2023年12月31日　　　　　　　　单位：万元

信托资产	期末余额	期初余额	信托负债和信托权益	期末余额	期初余额
信托资产	—	—	信托负债		
货币资金	355 319.55	398 430.70	交易性金融负债	—	—
存出保证金	—	—	衍生金融负债	—	—
交易性金融资产	41 028 176.62	34 356 012.01	应付受托人报酬	7 522.87	9 900.85
衍生金融资产	—	—	应付托管费	416.28	299.73
买入返售金融资产	300 292.25	118 046.28	应付受益人收益	2 443.63	2 647.01
应收款项	69 328.36	93 498.30	应交税费	22 770.94	21 343.46
预付账款	—	—	其他负债	3 007 883.34	1 517 010.72
发放贷款	8 095 945.61	11 039 046.15	信托负债合计	3 041 037.06	1 551 201.77
债权投资	3 974 215.47	4 100 232.11	信托权益		
其他债权投资	—	—	实收信托	51 658 217.77	49 311 447.61
其他权益工具投资	—	—	资本公积	27 500.00	69 500.00
长期股权投资	—	—	其他综合收益	—	—
固定资产	—	—	未分配利润	−757 838.05	−798 639.52
其他资产	145 638.92	28 244.31	信托权益合计	50 927 879.72	48 582 308.09
信托资产总计	53 968 916.78	50 133 509.86	信托负债和信托权益总计	53 968 916.78	50 133 509.86

法定代表人：苏小军　　　　　　　　主管会计工作负责人：王克槿　　　　　　　　会计机构负责人：宋红霞

5.2.2 信托项目利润及利润分配汇总表

信托项目利润及利润分配表

编制单位：百瑞信托有限责任公司　　2023年度　　单位：万元

项目	本年数	上年数
1.营业收入	2 583 453.52	1 751 652.51
1.1 利息收入	552 052.34	768 570.82
1.2 投资收益（损失以"-"号填列）	1 692 722.59	1 124 361.31
1.2.1 其中：对联营企业和合营企业的投资收益	—	—
1.3 公允价值变动收益（损失以"-"号填列）	271 269.75	-305 412.37
1.4 租赁收入		
1.5 汇兑损益（损失以"-"号填列）		
1.6 其他收入	67 408.84	164 132.75
2.支出	609 505.00	684 020.82
2.1 营业税金及附加	8 033.36	7 117.54
2.2 受托人报酬	81 972.95	88 412.53
2.3 保管费	6 442.23	5 686.38
2.4 投资管理费	0.00	104.78
2.5 销售服务费	28 616.26	20 048.42
2.6 交易费用	1 729.39	339.04
2.7 资产减值损失	—	—
2.8 信用减值损失	363 125.56	465 402.77
2.9 其他费用	70 653.99	62 552.38
2.10 其他支出	48 931.26	34 356.98
3.信托净利润（净亏损以"-"号填列）	1 973 948.52	1 067 631.69
4.其他综合收益	—	—
5.综合收益	1 973 948.52	1 067 631.69
6.加：期初未分配信托利润	-798 639.52	-174 191.15
7.可供分配的信托利润	1 175 309.00	893 440.54
8.减：本期已分配信托利润	1 933 147.05	1 692 080.06
9.期末未分配信托利润	-757 838.05	-798 639.52

法定代表人：苏小军　　主管会计工作负责人：王克楗　　会计机构负责人：宋红霞

6.会计报表附注

6.1 会计报表编制基准不符合会计核算基本前提的说明

6.1.1 会计报表不符合会计核算基本前提的事项

报告期内无上述事项。

6.1.2 合并会计报表

根据2014年修订的《企业会计准则第33号——合并财务报表》的要求，截至2023年末，公司将满足准则规定"控制"定义的31个结构化主体（不含已清算项目）纳入合并财务报表范围。

6.2 重要会计政策和会计估计说明

6.2.1 计提资产减值准备的范围和方法

6.2.1.1 计提资产减值准备的原则

公司根据谨慎性原则，预计各项资产可能发生的损失，对可能发生的各项损失计提一般准备和资产减值准备。

6.2.1.2 计提范围和方法

6.2.1.2.1 一般准备计提范围和方法

根据财政部《金融企业准备金计提管理办法》（财金〔2012〕20号）规定，为了防范经营风险，增强金融企业抵御风险能力，促进金融企业稳健经营和健康发展，金融企业应提取一般准备作为利润分配处理，并作为股东权益的组成部分。公司根据标准法对风险资产所面临的风险状况定量分析，确定潜在风险估计值。对于潜在风险估计值高于资产减值准备的差额，计提一般准备。当潜在风险估计值低于资产减值准备时，可不计提一般准备。一般准备余额原则上不得低于风险资产期末余额的1.5%。难以一次性达到1.5%的，可以分年到位，原则上不得超过5年。

6.2.1.2.2 资产减值准备计提范围和方法

对于固定资产、在建工程、使用寿命有限的无形资产、以成本模式计量的投资性房地产及对子公司、合营企业、联营企业的长期股权投资、商誉等长期资产，公司于资产负债表日判断是否存在减值迹象。如存在减值迹象的，则估计其可收回金额，进行减值测试。商誉、使用寿命不确定的无形资产和尚未达到可使用状态的无形资产，无论是否存在减值迹象，每年均进行减值测试。减值测试结果表明资产的可收回金额低于其账面价值的，按其差额计提减值准备并计入减值损失。上述资产减值损失一经确认，以后期间不予转回。

公司考虑所有合理且有依据的信息，包括前瞻性信息，以单项或组合的方式对以摊余成本计量的金融资产和以公允价值计量且其变动计入其他综合收益的金融资产（债务工具）的预期信用损失进行估计。预期信用损失的计量取决于金融资产自初始确认后是否发生信用风险显著增加。

（1）预期信用损失一般模型。如果该金融工具的信用风险自初始确认后已显著增加，公司按照相当于该金融工具整个存续期内预期信用损失的金额计量其损失准备；如果该金融工具的信用风险自初始确认后并未显著增加，公司按照相当于该金融工具未来12个月内预期信用损失的金额计量其损失准备。由此形成的损失准备的增加或转回金额，作为减值损失或利得计入当期损益。

通常逾期超过30日，公司即认为该金融工具的信用风险已显著增加，除非有确凿证据证明该金融工具的信用风险自初始确认后并未显著增加。

具体来说，公司将购买或源生时未发生信用减值的金融工具发生信用减值的过程分为三个阶段，对于不同阶段的金融工具的减值有不同的会计处理方法：

第一阶段：信用风险自初始确认后未显著增加。

对于处于该阶段的金融工具，公司按照未来12个月的预期信用损失计量损失准备，并按其账面余额（即未扣除减值准备）和实际利率计算利息收入（若该工具为金融资产，下同）。

第二阶段：信用风险自初始确认后已显著增加但尚未发生信用减值。

对于处于该阶段的金融工具，按照该工具整个存续期的预期信用损失计量损失准备，并按其账面余额和实际利率计算利息收入。

第三阶段：初始确认后发生信用减值。

对于处于该阶段的金融工具，按照该工具整个存续期的预期信用损失计量损失准备，但对利息收入的计算不同于处于前两阶段的金融资产。对于已发生信用减值的金融资产，按其摊余成本（账面余额减已计提减值准备，也即账面价值）和实际利率计算利息收入。

对于购买或源生时已发生信用减值的金融资产，仅将初始确认后整个存续期内预期信用损失的变动确认为损失准备，并按其摊余成本和经信用调整的实际利率计算利息收入。

（2）公司对在资产负债表日具有较低信用风险的金融工具，选择不与其初始确认时的信用风险进行比较，而直接作出该工具的信用风险自初始确认后未显著增加的假定。

如果公司确定金融工具的违约风险较低，借款人在短期内履行其支付合同现金流量义务的能力很强，并且即使较长时期内经济形势和经营环境存在不利变化，也不一定会降低借款人履行其支付合同现金流量义务的能力，那么该金融工具可被视为具有较低的信用风险。

（3）应收款项。公司对于《企业会计准则第14号——收入》所规定的、不含重大融资成分（包括根据该准则不考虑不超过一年的合同中融资成分的情况）的应收款项，采用预期信用损失的简化模型，始终按照整个存续期内预期信用损失的金额计量其损失准备。

6.2.2　金融资产三分类的范围和标准

根据管理的金融资产的业务模式和金融资产的合同现金流量特征，公司将金融资产划分为以下三类：（1）以摊余成本计量的金融资产。（2）以公允价值计量且其变动计入其他综合收益的金融资产。（3）以公允价值计量且其变动计入当期损益的金融资产。

公司管理金融资产的业务模式，是指公司如何管理金融资产以产生现金流量，是以公司关键管理人员决定的对金融资产进行管理的特定业务目标为基础确定，是以客观事实为依据。金融资产的合同现金流量特征，是指金融工具合同约定的、反映相关金融资产经济特征的现金流量属性。

6.2.2.1　以摊余成本计量的金融资产的范围和标准

以摊余成本计量的金融资产是指同时满足下列条件的金融资产：（1）企业管理该金融资产的业务模式是以收取合同现金流量为目标；（2）该金融资产的合同条款规定，在特定日期产生的现金流量，仅为对本金和以未偿付本金金额为基础的利息的支付。

6.2.2.2　以公允价值计量且变动计入其他综合收益的金融资产的范围和标准

以公允价值计量且变动计入其他综合收益的金融资产是指同时满足下列条件的金融资产（债务工具）：（1）管理该金融资产的业务模式既以收取合同现金流量为目标又以出售该金融资产为目标；（2）该金融资产的合同条款规定，在特定日期产生的现金流量，仅为对本金和以未偿付本金金额为基础的利息的支付。

对权益工具，在初始确认时，公司可以将非交易性权益工具投资指定为以公允价值计量且其变动计入其他综合收益的金融资产。

6.2.2.3　以公允价值计量且其变动计入当期损益的金融资产的范围和标准

除6.2.2.1规定的以摊余成本计量的金融资产和6.2.2.2规定的以公允价值计量且其变动计入其他综合收益的金融资产外的金融资产，公司将其分类为以公允价值计量且其变动计入当期损益的金融资产。

6.2.2.4　金融资产的重分类

当且仅当公司改变管理金融资产的业务模式时，公司对受影响的相关金融资产进行重分类。自重分类日起采用未来适用法进行相关会计处理，未对以前已经确认的利得、损失（包括减值损失或利得）或利息进行追溯调整。重分类日，是指导致企业对金融资产进行重分类的业务模式发生变更后的首个报告期间的第一天。

公司将一项以摊余成本计量的金融资产重分类为以公允价值计量且其变动计入当期损益的金融资产的，按照该资产在重分类日的公允价值进行计量。原账面价值与公允价值之间的差额计入当期损益。

公司将一项以摊余成本计量的金融资产重分类为以公允价值计量且其变动计入其他综合收益的金融资产的，按照该金融资产在重分类日的公允价值进行计量。原账面价值与公允价值之间的差额计入其他综合收益。该金融资产重分类不影响其实际利率和预期信用损失的计量。

公司将一项以公允价值计量且其变动计入其他综合收益的金融资产重分类为以摊余成本计量的金融资产的，将之前计入其他综合收益的累计利得或损失转出，调整该金融资产在重分类日的公允价值，并以调整后的金额作为新的账面价值，即视同该金融资产一直以摊余成本计量。该金融资产重分类不影响其实际利率和预期信用损失的计量。

公司将一项以公允价值计量且其变动计入其他综合收益的金融资产重分类为以公允价值计量且其变动计入当期损益的金融资产的，继续以公允价值计量该金融资产。同时，公司将之前计入其他综合收益的累计利得或损失从其他综合收益转入当期损益。

公司将一项以公允价值计量且其变动计入当期损益的金融资产重分类为以摊余成本计量的金融资产的，以其在重分类日的公允价值作为新的账面余额。

公司将一项以公允价值计量且其变动计入当期损益的金融资产重分类为以公允价值计量且其变动计入其他综合收益的金融资产的，继续以公允价值计量该金融资产。

对金融资产重分类进行处理的，公司根据该金融资产在重分类日的公允价值确定其实际利率。

6.2.3　金融资产的计量

公司初始确认金融资产，按照公允价值计量。对于以公允价值计量且其变动计入当期损益的金融资产，相关交易费用直接计入当期损益；对于其他类别的金融资产，相关交易费用计入初始确认金额。但是，公司初始确认的应收账款未包含《企业会计准则第14号——收入》所定义的重大融资成分或根据《企业会计准则第14号——收入》规定不考虑不超过一年的合同中的融资成分的，按照该准则定义的交易价格进行初始计量。

交易费用，是指可直接归属于购买、发行或处置金融工具的增量费用。增量费用是指企业没有发生购买、发行或处置相关金融工具的情形就不会发生的费用，包括支付给代理机构、咨询公司、券商、证券交易所、政府有关部门等的手续费、佣金、相关税费以及其他必要支出，不包括债券溢价、折价、融资费用、内部管理成本和持有成本等与交易不直接相关的费用。

6.2.3.1　金融资产的公允价值

公允价值通常为相关金融资产或金融负债的交易价格。金融资产的公允价值与交易价格存在差异的，公司区别下列情况进行处理：（1）在初始确认时，金融资产的公允价值依据相同资产在活跃市场上的报价或者以仅使用可观察市场数据的估值技术确定的，公司将该公允价值与交易价格之间的差额确认为一项利得或损失。（2）在初始确认时，金融资产的公允价值以其他方式确定的，公司将该公允价值与交易价格之间的差额递延。初始确认后，公司根据某一因素在相应会计期间的变动程度将该递延差额确认为相应会计期间的利得或损失。该因素应当仅限于市场参与者对该金融工具定价时将予考虑的因素，包括时间等。

6.2.3.2　金融资产的后续计量

初始确认后，企业应当对不同类别的金融资产，分别以摊余成本、以公允价值计量且其变动计入其他综合收益或以公允价值计量且其变动计入当期损益进行后续计量。

金融资产的摊余成本，以该金融资产的初始确认金额经下列调整后的结果确定：（1）扣除已偿还的本金。（2）加上或减去采用实际利率法将该初始确认金额与到期日金额之间的差额进行摊销形成的累计摊销额。（3）扣除累计计提的损失准备（仅适用于金融资产）。

实际利率法，是指计算金融资产的摊余成本以及将利息收入或利息费用分摊计入各会计期间的方法。

实际利率，是指将金融资产在预计存续期的估计未来现金流量，折现为该金融资产账面余额所使用的利率。在确定实际利率时，在考虑金融资产所有合同条款（如提前还款、展期、看涨期权或其他类似期权等）的基础上估计预期现金流量，但不考虑预期信用损失。

公司与交易对手方修改或重新议定合同，未导致金融资产终止确认，但导致合同现金流量发生变化的，将重新计算该金融资产的账面余额，并将相关利得或损失计入当期损益。重新计算的该金融资产的账面余额，根据将重新议定或修改的合同现金流量按金融资产的原实际利率（或者购买或源生的已发生信用减值的金融资产的经信用调整的实际利率）或重新计算的实际利率（如适用）折现的现值确定。对于修改或重新议定合同所产生的所有成本或费用，公司将调整修改后的金融资产账面价值，并在修改后金融资产的剩余期限内进行摊销。

6.2.3.3 权益工具的计量

公司对权益工具的投资和与此类投资相联系的合同以公允价值计量。但在有限情况下，如果用以确定公允价值的近期信息不足，或者公允价值的可能估计金额分布范围很广，而成本代表了该范围内对公允价值的最佳估计的，该成本可代表其在该分布范围内对公允价值的恰当估计。

公司利用初始确认日后可获得的关于被投资方业绩和经营的所有信息，判断成本能否代表公允价值。存在下列情形（包含但不限于）之一的，可能表明成本不代表相关金融资产的公允价值，公司将对其公允价值进行估值：（1）与预算、计划或阶段性目标相比，被投资方业绩发生重大变化。（2）对被投资方技术产品实现阶段性目标的预期发生变化。（3）被投资方的权益、产品或潜在产品的市场发生重大变化。（4）全球经济或被投资方经营所处的经济环境发生重大变化。（5）被投资方可比企业的业绩或整体市场所显示的估值结果发生重大变化。（6）被投资方的内部问题，如欺诈、商业纠纷、诉讼、管理或战略变化。（7）被投资方权益发生了外部交易并有客观证据，包括发行新股等被投资方发生的交易和第三方之间转让被投资方权益工具的交易等。

6.2.4 长期股权投资核算方法

长期股权投资是指公司对被投资单位具有控制、共同控制或重大影响的长期股权投资。公司对被投资单位不具有控制、共同控制或重大影响的股权投资，作为以公允价值计量且其变动计入其他综合收益或以公允价值计量且其变动计入当期损益的金融资产核算。

6.2.4.1 投资成本的确定

对于企业合并形成的长期股权投资，如为同一控制下的企业合并取得的长期股权投资，在合并日按照取得被合并方所有者权益在最终控制方合并财务报表中账面价值的份额作为初始投资成本。通过非同一控制下的企业合并取得的长期股权投资，企业合并成本包括购买方付出的资产、发生或承担的负债、发行的权益性证券的公允价值之和；购买方为企业合并发生的审计、法律服务、评估咨询等中介费用以及其他相关管理费用，应当于发生时计入当期损益；购买方作为合并对价发行的权益性证券或债务性证券的交易费用，应当计入权益性证券或债务性证券的初始确认金额。

除企业合并形成的长期股权投资外的其他股权投资，按成本进行初始计量，该成本视长期股权投资取得方式的不同，分别按照公司实际支付的现金购买价款、公司发行的权益性证券的公允价值、投资合同或协议约定的价值、非货币性资产交换交易中换出资产的公允价值或原账面价值、该项长期股权投资自身的公允价值等方式确定。与取得长期股权投资直接相关的费用、税金及其他必要支出也计入投资成本。

6.2.4.2 长期股权投资的后续计量及损益确认方法

对被投资单位具有共同控制（构成共同经营者除外）或重大影响的长期股权投资，采用权益法核算。此外，公司财务报表采用成本法核算能够对被投资单位实施控制的长期股权投资。

采用成本法核算时，长期股权投资按初始投资成本计价，除取得投资时实际支付的价款或者对价中包含的已宣告但尚未发放的现金股利或者利润外，当期投资收益按照享有被投资单位宣告发放的现金股利或利润确认。

采用权益法核算时，长期股权投资的初始投资成本大于投资时应享有被投资单位可辨认净资产公允价值份额的，不调整长期股权投资的初始投资成本；初始投资成本小于投资时应享有被投资单位可辨认净资产公允价值份额的，其差额计入当期损益，同时调整长期股权投资的成本。

采用权益法核算时，当期投资损益为应享有或应分担的被投资单位当年实现的净损益的份额。在确认应享有被投资单位净损益的份额时，以取得投资时被投资单位各项可辨认资产等的公允价值为基础，并按照公司的会计政策及会计期间，对被投资单位的净利润进行调整后确认。对于公司与联营企业及合营之间发生的未实现内部交易损益，按照持股比例计算属于公司的部分予以抵销，在此基础上确认投资损益。但公司与被投资单位发生的未实现内部交易损失，按照《企业会计准则第8号——资产减值》等规定属于所转让资产减值损失的，不予以抵销。对被投资单位的其他综合收益，相应调整长期股权投资的账面价值并确认其他综合收益。

在确认应分担被投资单位发生的净亏损时，以长期股权投资的账面价值和其他实质上构成对被投资单位净投资的长期权益减记至零为限。此外，如公司对被投资单位负有承担额外损失的义务，则按预计承担的义务确认预计负债，计入当期投资损失。被投资单位以后期间实现净利润的，公司在收益分享额弥补未确认的亏损分担额后，恢复确认收益分享额。

6.2.5 固定资产计价和折旧方法

6.2.5.1 固定资产确认条件

固定资产是指为生产商品、提供劳务、出租或经营管理而持有的，使用寿命超过一个会计年度的有形资产。固定资产仅在与其有关的经济利益很可能流入公司，且其成本能够可靠地计量时才予以确认。固定资产按成本并考虑预计弃置费用因素的影响进行初始计量。

6.2.5.2 固定资产的分类、计价方法及折旧方法

固定资产从达到预定可使用状态的次月起，在使用寿命内计提折旧。各类固定资产的使用寿命、预计净残值和年折旧率、折旧方法如下：

固定资产类别	折旧年限（年）	预计净残值率（%）	年折旧率（%）	折旧方法
房屋建筑物	20~35	5	2.71~4.75	平均年限法
电子设备及其他	3~5	5	19.00~31.67	平均年限法
交通运输设备	4~5	5	19.00~23.75	平均年限法

预计净残值是指假定固定资产预计使用寿命已满并处于使用寿命终了时的预期状态，公司目前从该项资产处置中获得的扣除预计处置费用后的金额。

6.2.5.3 固定资产后续支出的处理

与固定资产有关的后续支出，如果相关的经济利益很可能流入且其成本能可靠地计量，则计入固定资产成本，并终止确认被替换部分的账面价值。除此以外的其他后续支出，在发生时计入当期损益。

当固定资产处于处置状态或预期通过使用或处置不能产生经济利益时，终止确认该固定资产。固定资产出售、转让、报废或毁损的处置收入扣除其账面价值和相关税费后的差额计入当期损益。

公司至少于年度终了对固定资产的使用寿命、预计净残值和折旧方法进行复核，如发生改变则作为会计估计变更处理。

6.2.6 无形资产计价及摊销政策

6.2.6.1 无形资产的确认及计价方法

无形资产是指公司拥有或者控制的没有实物形态的可辨认非货币性资产。

无形资产按成本进行初始计量。与无形资产有关的支出，如果相关的经济利益很可能流入公司且其成本能可靠地计量，则计入无形资产成本。除此以外的其他项目的支出，在发生时计入当期损益。

取得的土地使用权通常作为无形资产核算。自行开发建造厂房等建筑物，相关的土地使用权支出和建筑物建造成本则分别作为无形资产和固定资产核算。如为外购的房屋及建筑物，则将有关价款在土地使用权和建筑物之间进行分配，难以合理分配的，全部作为固定资产处理。

6.2.6.2 无形资产的摊销

使用寿命有限的无形资产自可供使用时起，对其原值减去预计净残值和已计提的减值准备累计金额在其预计使用寿命内采用直线法分期摊销。使用寿命不确定的无形资产不予摊销。

期末，对使用寿命有限的无形资产的使用寿命和摊销方法进行复核，如发生变更则作为会计估计变更处理。此外，还对使用寿命不确定的无形资产的使用寿命进行复核，如果有证据表明该无形资产为企业带来经济利益的期限是可预见的，则估计其使用寿命并按照使用寿命有限的无形资产的摊销政策进行摊销。

6.2.7 长期待摊费用的摊销政策

长期待摊费用为已经发生但应由报告期和以后各期负担的分摊期限在一年以上的各项费用。长期待摊费用在预计受益期间按直线法摊销。

6.2.8 合并会计报表的编制方法

公司对合并财务报表按照《企业会计准则第33号——合并财务报表》执行。

6.2.9 收入确认原则和方法

公司的收入包括利息收入、手续费及佣金收入、投资业务收入和其他收入。收入在经济利益很可能流入公司，且金额能够可靠计量，并同时满足下列条件时予以确认：

6.2.9.1 利息收入

指按实际利率法确认的以摊余成本计量、以公允价值计量且其变动计入其他综合收益的金融资产和以摊余成本计量的金融负债等产生的利息收入。对于购入或源生的已发生信用减值的金融资产，公司自初始确认起，按照该金融资产的摊余成本和经信用调整的实际利率计算确定其利息收入。对于购入或源生的未发生信用减值、但在后续期间成为已发生信用减值的金融资产，公司在

后续期间，按照该金融资产的摊余成本和实际利率计算确定其利息收入。

6.2.9.2 手续费及佣金收入

指公司通过向客户提供各类服务收取手续费及佣金。其中，通过在一定期间内提供服务收取的手续费及佣金在相应期间内按照履约进度确认，其他手续费及佣金于相关交易完成时确认。

6.2.9.3 其他业务收入

于提供相关服务且与其相关的经济利益能够可靠计量时确认。

6.2.9.4 投资收益

投资收益包含各项投资产生的利息收入、股息收入、分红收入以及除以公允价值计量且其变动计入当期损益的金融资产等由于公允价值变动形成的应计入公允价值变动损益之外的已实现利得或损失。

6.2.10 所得税的会计处理方法

某些资产、负债项目的账面价值与其计税基础之间的差额，以及未作为资产和负债确认但按照税法规定可以确定其计税基础的项目的账面价值与计税基础之间的差额产生的暂时性差异，采用资产负债表债务法确认递延所得税资产及递延所得税负债。

与商誉的初始确认有关，以及与既不是企业合并、发生时也不影响会计利润和应纳税所得额（或可抵扣亏损）的交易中产生的资产或负债的初始确认有关的应纳税暂时性差异，不予确认有关的递延所得税负债。此外，对与子公司、联营企业及合营企业投资相关的应纳税暂时性差异，如果公司能够控制暂时性差异转回的时间，而且该暂时性差异在可预见的未来很可能不会转回，也不予确认有关的递延所得税负债。除上述例外情况，公司确认其他所有应纳税暂时性差异产生的递延所得税负债。

与既不是企业合并、发生时也不影响会计利润和应纳税所得额（或可抵扣亏损）的交易中产生的资产或负债的初始确认有关的可抵扣暂时性差异，不予确认有关的递延所得税资产。此外，对与子公司、联营企业及合营企业投资相关的可抵扣暂时性差异，如果暂时性差异在可预见的未来不是很可能转回，或者未来不是很可能获得用来抵扣可抵扣暂时性差异的应纳税所得额，不予确认有关的递延所得税资产。除上述例外情况，公司以很可能取得用来抵扣可抵扣暂时性差异的应纳税所得额为限，确认其他可抵扣暂时性差异产生的递延所得税资产。

对于能够结转以后年度的可抵扣亏损和税款抵减，以很可能获得用来抵扣可抵扣亏损和税款抵减的未来应纳税所得额为限，确认相应的递延所得税资产。

资产负债表日，对于递延所得税资产和递延所得税负债，根据税法规定，按照预期收回相关资产或清偿相关负债期间的适用税率计量。

于资产负债表日，对递延所得税资产的账面价值进行复核，如果未来很可能无法获得足够的应纳税所得额用以抵扣递延所得税资产的利益，则减记递延所得税资产的账面价值。在很可能获得足够的应纳税所得额时，减记的金额予以转回。

6.2.11 信托报酬确认原则和方法

与信托业务相关的利益能够流入公司；收入的金额能够可靠地计量；按照合同、协议约定的收费时间和方法，信托服务已经提供或者有关合同已经履行。

6.2.12 会计政策变更

报告期内无会计政策变更。

6.2.13 会计估计变更

报告期内无会计估计变更。

6.3 或有事项说明

无。

6.4 重要资产转让及其出售的说明

无。

6.5 会计报表中重要项目的明细资料

6.5.1 自营资产经营情况

6.5.1.1 信用风险资产的期初数、期末数

信用风险资产五级分类	正常类（万元）	关注类（万元）	次级类（万元）	可疑类（万元）	损失类（万元）	信用风险资产合计（万元）	不良合计（万元）	不良率（%）
上年年末数	1 044 719.88	86 961.68	17 284.84	0	708.59	1 149 674.99	17 993.43	1.57
期末数	951 797.87	195 848.55	31 316.78	844.76	3 304.72	1 183 112.69	35 466.26	3.00

注：不良资产合计=次级类+可疑类+损失类。

6.5.1.2 各项自营资产减值损失准备的期初、本期计提、本期转回、本期核销、期末数

单位：万元

项目	期初金额	本期计提金额	本期转回金额	本期核销金额	期末金额
贷款损失准备	5 293.98	3 864.07	9 145.73	—	12.33
一般准备	5 293.98	3 864.07	9 145.73	—	12.33
专项准备	—	—	—	—	—
其他资产减值准备	8.65	0	—	—	8.65
债权投资减值准备	8 754.96	16 222.38	—	—	24 977.34
应收款项坏账准备	3 723.97	3 352.85	2 838.21	364.89	3 873.72

6.5.1.3 自营股票投资、基金投资、债券投资、股权投资等投资业务的期初数、期末数

单位：万元

项目	自营股票	基金	债券	股权投资	其他投资	合计
期初数	2 170.00	7 747.33	—	250 637.50	746 055.07	1 006 609.90
期末数	5 929.30	16 168.31	—	226 902.14	874 297.06	1 123 296.81

6.5.1.4 按投资入股金额排序，前五名的自营长期股权投资的企业名称、占被投资企业权益的比例、主要经营活动及投资收益情况

企业名称	占被投资企业权益的比例(%)	主要经营活动	投资损益（万元）
郑州百瑞创新资本创业投资有限公司	25.71	创业投资；代理其他创业投资企业等机构或个人的创业投资业务；创业投资咨询业务；为创业企业提供创业管理服务；参与设立创业投资企业与创业投资管理顾问机构	-427.71
河南省鸿启企业管理有限公司	24.5	企业管理、企业营销、商务服务、商业活动策划与咨询、经济信息咨询	-0.74

注：1.投资损益是指按照企业会计准则规定，核算股权投资确认损益并计入披露年度利润表的金额。

2.截至2023年底公司自营长期股权投资企业共2家。

6.5.1.5 前五名的自营贷款的企业名称、占贷款总额的比例和还款情况

企业名称	占贷款总额的比例(%)	还款情况
洛阳杜康控股有限公司	100.00	正常

注：截至2023年末，公司固有存续贷款业务的交易对手仅有上述一家。

6.5.1.6 表外业务的期初数、期末数

表外业务	期初数	期末数
担保业务	—	—
代理业务（委托业务）	—	—
其他	—	—
合计	—	—

注：代理业务主要反映因客观原因应规范而尚未完成规范的历史遗留委托业务，包括委托贷款和委托投资。

6.5.1.7 公司当年的收入结构

公司当年的收入结构（合并）

收入结构	金额（万元）	占比(%)
手续费及佣金收入	85 326.97	99.34
其中：信托手续费收入	85 326.97	99.34
投资银行业务收入	—	0.00
利息收入	3 526.29	4.11
其他业务收入	57.59	0.06
其中：计入信托业务收入部分	—	0.00
投资收益	18 614.52	21.67
其中：股权投资收益	6 642.82	7.73
证券投资收益	2 669.57	3.11
其他投资收益	9 302.13	10.83
公允价值变动损益	-21 746.70	-25.32
汇兑损益	—	0.00
营业外收入	119.44	0.14
收入合计	85 898.12	100.00

注：1.手续费及佣金收入、投资收益、营业外收入均应为损益表中的科目，其中手续费及佣金收入、营业外收入为未抵减掉相应支出的全年累计实现收入数。

2.利息收入为抵减掉利息支出的利息净额。

3.其他业务收入中包含其他收益及资产处置收益等收入。

公司当年的收入结构（母公司）

收入结构	金额（万元）	占比(%)
手续费及佣金收入	84 884.31	102.89
其中：信托手续费收入	84 884.31	102.89
投资银行业务收入	—	0.00
利息收入	2 012.73	2.44
其他业务收入	57.59	0.07
其中：计入信托业务收入部分	—	0.00
投资收益	11 633.72	14.10
其中：股权投资收益	6 679.51	8.10
证券投资收益	964.95	1.17
其他投资收益	3 989.26	4.83
公允价值变动损益	-16 201.29	-19.64
汇兑损益	—	0.00
营业外收入	119.44	0.14
收入合计	82 506.49	100.00

注：1.手续费及佣金收入、投资收益、营业外收入均应为损益表中的科目，其中手续费及佣金收入、营业外收入为未抵减掉相应支出的全年累计实现收入数。

2.利息收入为抵减掉利息支出的利息净额。

3.其他业务收入中包含其他收益及资产处置收益等收入。

6.5.2 披露信托财产管理情况

6.5.2.1 信托资产的上期末数、本期末数

单位：万元

信托资产	上期末数	本期末数
集合	34 750 598.09	35 821 450.92
单一	8 739 990.34	11 911 617.77
财产权	6 642 921.43	6 235 848.09
合计	50 133 509.86	53 968 916.78

6.5.2.1.1 主动管理型信托业务的信托资产上期末数、本期末数

单位：万元

主动管理型信托资产	上期末数	本期末数
证券投资类	4 179 220.46	9 935 994.74
股权投资类	2 554 102.10	1 640 248.97
融资类	9 923 837.50	7 070 632.09
事务管理类	1 382 737.50	430 469.80
其他投资	24 601 326.46	26 989 903.51
合计	42 641 224.02	46 067 249.11

6.5.2.1.2 被动管理型信托业务的信托资产上期末数、本期末数

单位：万元

被动管理型信托资产	上期末数	本期末数
证券投资类	2 972.16	—
股权投资类	—	—
融资类	—	—
事务管理类	7 489 313.68	7 901 667.67
其他投资	—	—
合计	7 492 285.84	7 901 667.67

6.5.2.2 本年度已清算结束的信托项目个数、实收信托合计金额、加权平均实际年化收益率

6.5.2.2.1 本年度已清算结束的集合类、单一类资金信托项目和财产管理类信托项目个数、实收信托金额、加权平均实际年化收益率

已清算结束信托项目	项目个数（个）	实收信托合计金额（万元）	加权平均实际年化收益率（%）
集合类	137	12 843 452.91	5.51
单一类	76	1 492 801.16	5.25
财产管理类	32	9 620 062.98	2.45

注：1. 收益率是指信托项目清算后，给受益人赚取的实际收益水平。
2. 加权平均实际年化收益率=（信托项目1的实际年化收益率×信托项目1的实收信托+信托项目2的实际年化收益率×信托项目2的实收信托+…+信托项目n的实际年化收益率×信托项目n的实收信托）/（信托项目1的实收信托+信托项目2的实收信托+…+信托项目n的实收信托）×100%。

6.5.2.2.2 本年度已清算结束的主动管理型信托项目个数、实收信托合计金额、加权平均实际年化收益率

已清算结束信托项目	项目个数（个）	实收信托合计金额（万元）	加权平均实际信托报酬率（%）	加权平均实际年化收益率（%）
证券投资类	28	620 939.01	0.14	1.95
股权投资类	14	1 250 696.00	1.62	6.73
融资类	40	4 568 787.00	0.15	5.42
事务管理类	5	5 344 144.75	0.04	3.21
其他投资	125	9 350 662.61	0.27	5.66

注：加权平均实际年化信托报酬率=（信托项目1的实际年化信托报酬率×信托项目1的实收信托+信托项目2的实际年化信托报酬率×信托项目2的实收信托+…+信托项目n的实际年化信托报酬率×信托项目n的实收信托）/（信托项目1的实收信托+信托项目2的实收信托+…+信托项目n的实收信托）×100%。

6.5.2.2.3 本年度已清算结束的被动管理型信托项目个数、实收信托合计金额、加权平均实际年化收益率

已清算结束信托项目	项目个数（个）	实收信托合计金额（万元）	加权平均实际信托报酬率（%）	加权平均实际年化收益率（%）
证券投资类	0	0		
股权投资类	0	0		
融资类	0	0		
事务管理类	33	2 821 087.68	0.08	2.96
其他投资	0	0		

6.5.2.3 本年度新增的集合类、单一类和财产管理类信托项目个数、实收信托合计金额

新增信托项目	项目个数（个）	实收信托合计金额（万元）
集合类	254.00	26 655 811.60
单一类	571.00	5 213 604.25
财产管理类	60.00	8 175 206.82
新增合计	885.00	40 044 622.67
其中：主动管理型	840.00	32 085 530.96
被动管理型	45.00	7 959 091.71

注：本年新增信托项目指在本报告年度内累计新增的信托项目个数和金额。包含本年度新增并于本年度内结束的项目和本年度新增至报告期末仍在持续管理的信托项目。

6.5.2.4 信托业务创新成果和特色业务有关情况

公司紧跟监管导向，积极推动业务转型，在能源产融、证券投资、财富管理、慈善信托等业务领域取得模式突破或新的展业成果。

一是聚焦"3060""双碳"目标，大力发展能源产融业务。随着我国"双碳"目标的提出和一系列绿色发展政策规划的出台，百瑞信托不断加强能源产业研究、调研产业需求，发挥信托制度优势，大力发展能源产融业

务，强化以融促产，助推绿色发展。2023年，公司加快业务模式创新复制，积极主动服务国家电投集团及所属单位，如协助上海能科发行全市场首单"科创+绿色"双贴标类REITs、协助陕西公司发行西北地区银行间市场首单类REITs。同时，积极拓展新能源股权投资机会，落地多个股权信托业务，涵盖集中式光伏、户用光伏、工商业分布式光伏、陆上风电、海上风电等各类风、光发电项目，逐步形成"资产服务+资产管理"的能源产业信托服务体系。截至2023年末，公司能源产融业务同比增长超30%。

二是提升投研能力，丰富证券投资类产品线。公司持续优化证券投资业务产品线，打造证券"精品工程"，产品品类逐步趋于合理，已经建立了"固收+FOF"较为完整的产品体系。固收方面，覆盖现金管理类、纯债类、"固收+"类等全品种、多资产、收益稳健的产品体系，FOF业务方面，打造主动管理TOF等产品线，涵盖公募FOF和私募FOF，产品条线不断完善。注重提升投研能力，持续提升宏观研究能力，完善投研决策机制。制定证券产品代销规则，积极拓展代销渠道。截至2023年末，证券投资业务存续规模同比实现翻倍增长。

三是回归信托本源，推动财富管理业务创新发展。充分发挥财富管理保值增值、资产隔离、财富传承、合理分配的功能优势，持续提升资产配置能力与顾问服务能力，努力为客户提供综合化财富管理方案，提升客户服务体验。重点发展家庭服务信托等财富管理服务信托业务，通过配置公司相关证券产品，推动财富管理与证券业务相互促进、协同发展。

四是践行社会责任，助力公益慈善事业。百瑞信托凭借研发创新能力和扶危济困的慈善初心，立足金融职能，一直在"信托+慈善"的道路上探索前行。通过金融助力公益，持续探索创新型公益扶贫模式，自2017年成立首单慈善信托至今，百瑞信托已作为受托人先后协同多家企业、基金会、个人等发起设立慈善信托24单，慈善领域广泛覆盖灾害救助、扶贫、教育、乡村振兴、疾病救助、扶老等多个领域，通过发挥自身卓越的资产管理能力，为来自社会各界的善款实现持续的造血，助力公益慈善事业发展。2023年，公司通过慈善信托捐赠总额超1 000万元。

6.5.2.5 公司履行受托人义务情况及因公司自身责任而导致的信托资产损失情况

6.5.2.5.1 公司履行受托人义务情况

公司作为受托人，严格按照《信托法》等法律法规以及监管部门的要求，履行以下义务：

公司管理信托财产时恪尽职守，本着诚实、信用、谨慎、有效管理的原则为受益人的最大利益处理信托事务；公司妥善保管处理信托事务的完整记录、原始凭证及有关资料，并且按照信托合同的约定将信托财产的管理运用、处分及收支情况，报告委托人和受益人；公司对委托人、受益人以及处理信托事务的情况和资料依法保密；公司以信托财产为限向受益人支付信托利益；法律法规及信托合同规定的其他义务。

6.5.2.5.2 因公司自身责任而导致的信托资产损失情况

报告期内无上述事项。

6.5.2.6 信托赔偿准备金的提取、使用和管理情况

2023年公司计提信托赔偿准备金1 611.71万元，截至2023年12月31日，公司未发生使用信托赔偿准备金情况，信托赔偿准备金余额为62 957.81万元。

6.6 关联方关系及其交易的披露

6.6.1 关联交易方的数量、关联交易的总金额及关联交易的定价政策等

项目	关联交易方数量（个）	关联交易金额（万元）	定价政策
合计	127	9 614 265.78	市场价

注：公司与关联方之间的关联交易总金额为9 614 265.78万元。

6.6.2 关联交易方与公司的关系性质、关联交易方的名称、法定代表人、注册地址、注册资本及主营业务等

关系性质	关联方名称	法定代表人	注册地址	注册资本（万元）	主营业务
股东关联企业	国家电投集团贵州金元股份有限公司	朱绍纯	贵州省贵阳市观山湖区金阳北路296号	469 231.54	法律、法规、国务院决定规定禁止的不得经营；法律、法规、国务院决定规定应当许可（审批）的，经审批机关批准后凭许可（审批）文件经营；法律、法规、国务院决定规定无须许可（审批）的，市场主体自主选择经营［从事电力生产（限分支机构）、购售（限分支机构）、检修；电力建设、与其他产业的横向联合以及第三产业；电力物资的批零兼营；电力投资，投资业务（除金融和证券投资以外）；综合智慧能源供应与服务；新能源、分布式能源（分散式风电、分布式光伏、分布式燃机）、增量配网、能源输配管网、充换电站、节能降耗项目的投资建设和运维；电、热、冷、汽、水、煤炭、铁合金产品、矿石、沙石、固废的采购与销售；生物质、地热、氢能、储能技术的开发和推广利用；能源管控平台、供应链平台等能源数字化平台的投资、建设、运营与服务；新能源车辆的销售、租赁、维护保养、保险代理、售后服务，以及货物运输］

续表

关系性质	关联方名称	法定代表人	注册地址	注册资本(万元)	主营业务
股东关联企业	国家电投集团宁夏能源铝业有限公司	冯建清	宁夏银川市金凤区新昌西路168号	460 252.930721	向发电、煤化工、煤炭行业投资、投资与管理，铁路运输、电解铝、阴极炭素、建材、金属材料、机电等系列产品，进出口贸易(不含许可经营项目)、机械维修、仓储、房屋租赁、机电设备租赁、信息咨询、公益林养护(依法须经批准的项目，经相关部门批准后方可开展经营活动)
股东关联企业	国家电投集团河南电力有限公司	梁华军	郑州市郑东新区黄河东路10号	272 635.00	许可项目：发电、输电、供电业务；各类工程建设活动；电力设施承装、承修、承试；代理记账；工程造价咨询业务(依法须经批准的项目，经相关部门批准后方可开展经营活动，具体经营项目以相关部门批准文件或许可证件为准)一般项目：热力生产和供应；发电技术服务；风电场相关系统研发；风力发电技术服务；太阳能发电技术服务；生物质能技术服务；再生资源销售；招标代理服务；电力电子元器件销售；工程和技术研究和试验发展；检验检测服务；住房租赁；非居住房地产租赁；土地使用权租赁；企业管理；工程管理服务；财务咨询(除依法须经批准的项目外，凭营业执照依法自主开展经营活动)
股东关联企业	青铜峡铝业股份有限公司	冯建清	宁夏青铜峡市大坝镇铝厂区中兴路1号	139 680.15	铝、铝型材及其制品、各种铝板材、铝箔坯料、铝合金带材、铝板等铝系列产品及其原辅材料、碳素制品，机械设备、仪器仪表、金属化材料及电力产品的生产与销售，设备维修和提供售后服务及委托本企业生产、科研所需的原辅材料、仪器仪表、零配件及技术的进口业务；经营进出口贸易，承办中外劳务经营、合作生产及"三来一补"业务，汽车运输及修理，建筑工程设计、施工、装饰、装修(子公司经营)；物业管理，房屋租赁及维修；住宿、餐饮(依法须经批准的项目，经相关部门批准后方可开展经营活动)
股东关联企业	国家电投集团吉林能源投资有限公司	才延福	长春市工农大路50号	377 777.958692	电力项目投资；火电、水电、新能源(包括风电、太阳能、分布式能源、气电、生物质)的建设、生产与销售；供热、工业供汽、供水(冷、热水)；煤炭的批发经营、采购与销售；电站检修及运维服务；配电网、供热管网、供水管网的投资、建设、检修和运营管理业务；汽车充电桩设施的建设和经营管理服务；粉煤灰、石膏综合利用开发、销售；自有房屋租赁(依法须经批准的项目，经相关部门批准后方可开展经营活动)
股东关联企业	国家电投集团四川电力有限公司	周庆霞	四川省成都市天府新区华阳天府大道南段2917号67栋1单元10楼1号	258 725.24	许可项目：发电业务、输电业务、供(配)电业务；输电、供电、受电力设施的安装、维修和试验(依法须经批准的项目，经相关部门批准后方可开展经营活动，具体经营项目以相关部门批准文件或许可证件为准)一般项目：自有资金投资的资产管理服务；工程管理服务；招投标代理服务；财务咨询；人力资源服务(不含职业中介活动、劳务派遣服务)；技术服务、技术开发、技术咨询、技术交流、技术转让、技术推广；新材料技术研发；数据处理和存储支持服务；环境应急治理服务；水污染治理；土壤污染治理与修复服务；电子元器件与机电组件设备制造(分支机构经营)；常用有色金属冶炼(分支机构经营；除依法须经批准的项目外，凭营业执照依法自主开展经营活动；涉及国家规定实施准入特别管理措施的除外)
股东关联企业	上海电力股份有限公司	林华	上海市黄浦区中山南路268号	281 674.3645	电力的开发、建设、经营及管理；组织电力、热力生产、销售自产产品；电力企业内部电力人员技能培训；合同能源管理；电力工程施工总承包；机电安装工程施工总承包；机电安装工程施工总承包(待取得相关建筑业资质后开展经营活动)；招投标代理；新能源与可再生能源项目开发及应用；煤炭经销；电力及相关业务的科技开发与咨询服务；整体煤气化联合循环发电项目的技术开发与技术咨询服务；自有物业管理；电力及合同能源管理相关的设备、装置、检测仪器与零部件等商品的进出口和自有技术的出口(国家限定公司经营或禁止进出口的商品和技术除外)；承包境外工程和境内国际招投标工程；对外派遣境外工程及境外电站运行管理及维护所需的劳务人员；仓储(依法须经批准的项目，经相关部门批准后方可开展经营活动)
股东关联企业	国家电投集团云南国际电力投资有限公司	吴智泉	云南省昆明市滇池路1302号	388 683.725582	许可项目：发电业务、输电业务、供(配)电业务；水力发电；电气安装服务；输电、供电、受电力设施的安装、维修和试验；生物质燃气生产和供应(依法须经批准的项目，经相关部门批准后方可开展经营活动，具体经营项目以相关部门批准文件或许可证件为准)一般项目：非居住房地产租赁；电气设备修理；工程和技术研究和试验发展；国内贸易代理；发电技术服务；太阳能发电技术服务；风力发电技术服务；充电桩销售；储能技术服务；供冷服务；热力生产和供应；光伏发电设备租赁；电力设施器材销售；太阳能热发电装备销售；智能输配电及控制设备销售；建筑材料销售；风场相关装备销售；发电机及发电机组销售；光伏设备及元器件销售；机械设备租赁；机械电气设备销售；电气设备销售；电动汽车充电基础设施运营；国内货物运输代理；普通货物仓储服务(不含危险化学品等需许可审批的项目)；合同能源管理；节能管理服务；技术服务、技术开发、技术咨询、技术交流、技术转让、技术推广；商务代理代办服务；对外承包工程；货物进出口；进出口代理；以自有资金从事投资活动；自有资金投资的资产管理服务；工程管理服务；新兴能源技术研发；电力行业高效节能技术研发；工程技术服务(规划管理、勘察、设计、监理除外)；物业管理；招投标代理服务(除依法须经批准的项目外，凭营业执照依法自主开展经营活动)
股东关联企业	中电(普安)发电有限责任公司	郭峰	贵州省黔西南布依族苗族自治州普安县青山镇工业园区	99 912.00	法律、法规、国务院决定规定禁止的不得经营；法律、法规、国务院决定规定应当许可(审批)的，经审批机关批准后凭许可(审批)文件经营；法律、法规、国务院决定规定无须许可(审批)的，市场主体自主选择经营[许可项目：发电业务、输电业务、供(配)电业务；供电业务；非煤矿山矿产资源开采(依法须经批准的项目，经相关部门批准后方可开展经营活动)]一般项目：热力生产和供应；石灰和石膏销售；轻质建筑材料销售；煤炭及制品销售；集中式快速充电站；电动汽车充电基础设施运营；新能源汽车换电设施销售；节能管理服务；合同能源管理；风力发电技术服务；太阳能发电技术服务；储能技术服务；生物质能技术服务；新兴能源技术研发；技术服务、技术开发、技术咨询、技术交流、技术转让、技术推广(除许可业务外，可自主依法经营法律法规非禁止或限制的项目)

续表

关系性质	关联方名称	法定代表人	注册地址	注册资本(万元)	主营业务
股东关联企业	国家电投集团贵州遵义产业发展有限公司	沈龙	贵州省遵义市务川仡佬族苗族自治县镇南镇同心村工业园区	189 000.00	法律、法规、国务院决定规定禁止的不得经营；法律、法规、国务院决定规定应当许可(审批)的，经审批机关批准后凭许可(审批)文件经营；法律、法规、国务院决定规定无须许可(审批)的，市场主体自主选择经营[许可项目：非煤矿山矿产资源开采；发电业务、输电业务、供(配)电业务；一般项目：常用有色金属冶炼涉及许可经营项目，应取得相关部门许可后方可经营]

注：上述为前十大关联交易方信息，其他关联交易方为同受国家电投集团控制的股东关联企业，或公司以托管或信托等其他方式控制的企业。

6.6.3 公司与关联方的重大交易事项

6.6.3.1 固有与关联方交易情况

报告期内无上述事项。

6.6.3.2 信托与关联方交易情况

信托与关联方关联交易
单位：万元

项目	期初数	借方发生额	贷方发生额	期末数
贷款	558 922.09	0.00	116 205.05	442 717.04
投资	6 256 680.40	2 914 868.34	0.00	9 171 548.74
租赁	0.00	0.00	0.00	0.00
担保	0.00	0.00	0.00	0.00
应收账款	0.00	0.00	0.00	0.00
其他	0.00	0.00	0.00	0.00
合计	6 815 602.49	2 914 868.34	116 205.05	9 614 265.78

6.6.3.3 信托公司固有资金运用于自己管理的信托项目(固信交易)，信托公司管理的信托项目之间的相互(信信交易)交易金额

6.6.3.3.1 固有与信托财产之间的交易

固有财产与信托财产相互交易
单位：万元

项目	期初数	本期发生额	期末数
合计	655 858.14	122 012.95	777 871.09

注：根据《关于信托公司执行〈银行保险机构关联交易管理办法〉有关问题的函》(信托函〔2023〕24号)，本部分不属于关联交易。

6.6.3.3.2 信托项目之间的交易

信托财产与信托财产相互交易
单位：万元

项目	期初数	本期发生额	期末数
合计	2 244 603.35	1 156 402.01	3 401 005.36

注：根据《关于信托公司执行〈银行保险机构关联交易管理办法〉有关问题的函》(信托函〔2023〕24号)，本部分不属于关联交易。

6.6.4 关联方逾期未偿还公司资金的详细情况以及公司为关联方担保发生或即将发生垫款的详细情况

报告期内无上述事项。

6.7 会计制度的披露

公司固有业务和信托业务均执行财政部颁布的企业会计准则及相关规定。

7.财务情况说明书

7.1 利润实现和分配情况

2023年公司实现合并口径净利润31 174.43万元，实现母公司口径净利润32 234.14万元。根据《金融企业准备金计提管理办法(财金〔2012〕20号)规定》，从净利润(母公司口径)中足额提取一般准备金327.79万元；根据公司章程规定，以净利润(母公司口径)的10%足额提取了法定盈余公积金3 223.41万元；根据《信托公司管理办法》(中国银行业监督管理委员会令〔2007〕第2号)，公司年末提取信托赔偿准备金1 611.71万元；期末合并口径未分配利润累计为604 910.73万元，母公司口径未分配利润累计为607 239.33万元。

7.2 主要财务指标

指标名称	指标值
资本利润率(合并口径；%)	2.69
资本利润率(母公司口径；%)	2.78
加权年化信托报酬率(%)	0.26
人均净利润(合并口径；万元)	120.36
人均净利润(母公司口径；万元)	124.46

注：1.资本利润率=净利润/所有者权益平均余额×100%。
2.加权年化信托报酬率=(信托项目1的实际年化信托报酬率×信托项目1的实收信托+信托项目2的实际年化信托报酬率×信托项目2的实收信托+…+信托项目n的实际年化信托报酬率×信托项目n的实收信托)/(信托项目1的实收信托+信托项目2的实收信托+…+信托项目n的实收信托)×100%。
3.人均净利润=净利润/年平均人数。
4.平均值采取年初、年末余额简单平均法，公式为：a(平均)=(年初数+年末数)/2。

7.3 对公司财务状况、经营成果有重大影响的其他事项

报告期内无上述事项。

8.净资本、风险资本以及风险控制指标等情况

8.1 净资本

截至2023年12月31日，公司净资产为1 172 164.82万元，净资本为1 011 610.88万元。

8.2 风险资本

截至2023年12月31日，公司各项业务风险资本之和为696 009.01万元，其中固有业务风险资本为193 003.99万元，信托业务风险资本为503 005.02万元。

8.3 风险控制指标

根据《信托公司净资本管理办法》(中国银行业监督管理委员会令2010年第5号)的有关规定，信托公司需达到以下风险控制指标要求：(1)信托公司净资本不得低于人民币20 000万元；(2)信托公司净资本不得低于各项风险资本之和的100%；(3)信托公司净资本不得低于净资产的40%。

截至2023年12月31日，公司净资本1 011 610.88万元，净资本比各项业务风险资本之和为145.34%，净资本比净资产为86.30%，符合以上风险控制指标要求。

9.社会责任履行情况

2023年，公司在监管部门的正确指导、股东单位的大力支持和社会各界的关心帮助下，坚持稳中求进，深化转型发展，立足金融职能，创新服务措施，践行社会责任担当，助力民生改善。

一是公益慈善彰显温度。2023年，百瑞仁爱慈善品牌聚微光、传温暖，在慈善事业中持续发力，百瑞信托作为受托人管理的慈善信托先后组织助力甘肃临夏州地震灾区人民群众御寒渡灾、帮扶遵义市文化小学困难学生、捐赠水域救援设备等活动，全年对外捐赠60余次，合计捐赠规模逾千万元，百瑞信托"映山红·百瑞仁爱"志愿服务队荣获国家电投"优秀青年志愿服务队"荣誉称号。自2017年成立首单慈善信托至今，公司已作为受托人先后协同多家企业、基金会、个人等发起设立慈善信托24单，准公益信托2单，慈善领域广泛覆盖灾害救助、扶贫、教育、乡村振兴、疾病救助、扶老等多个领域。

二是金融助力乡村振兴。公司积极融入乡村振兴大局，深入参与消费扶贫，2023年累计采购四川凉山美姑县农产品10.2万元，向甘肃陇南市两当县累计捐赠帮扶资金44万元，助力乡村振兴发展；依托股东在新能源发电领域产业优势，灵活运用信托架构，与国电投集团下属河南、东北、重庆、五凌、安徽等区域公司合作开展农户户用光伏、农光互补、渔光互补等新能源发电项目投资业务，推动乡村清洁能源建设。

三是持续提升风控水平。严格落实监管政策要求，持续完善全面风险管理体系，推动受托责任机制建设，提高各环节尽职履责能力；强化重点风险领域管控，有效运用风险识别、风险监控和风险处置等管理手段，勤勉尽责做实全流程风险管控，全面有效防范金融风险；持续提升依法治企管理水平，强化内控合规文化建设，促进形成全员防风险、全员重合规的内控文化氛围，保障各项经营活动合法合规，维护投资人合法权益。

四是扎实推进消费者权益保护。公司深入贯彻落实监管要求，明确将消费者权益保护纳入公司治理、企业文化建设和经营发展战略，持续强化消保制度体系建设，优化消保工作机制，推动消保工作精细化管理；聚焦"一老一少一新"等重点人群，开展"金融知识进校园""金融知识进社区"、在郑州地铁多线路PIS屏幕投放动画教育宣传视频、联合律师事务所举办金融普法直播等活动。公司高度重视金融消费者售后服务和客户投诉处理，畅通消费投诉渠道，提升投诉处理质效，2023年公司共受理消费投诉9件，公司及时开展调查核实积极处理，切实履行投诉处理主体责任，按照规定时间做好投诉回复，投诉解决率100%；投诉件依据投诉业务类别分类，7件属于自营理财业务，2件属于代理信托业务；投诉件依据投诉地区分类，9件投诉地区均为河南省郑州市。

10.特别事项揭示

10.1 前五名股东报告期内变动情况及原因

报告期内无上述事项。

10.2 董事、监事及高级管理人员变动情况及原因

10.2.1 董事变动情况及原因

经股东提名并经公司2022年度第四次股东会(临时)会议审议通过，选任李向军为第七届董事会独立董事，任期与第七届董事会相同，任职资格经监管部门核准后生效，自核准生效之日起正式履职。2023年2月21日，李向军独立董事任职资格获得监管部门核准通过并正式履职。

经股东提名并经公司2022年度第六次股东会（临时）会议审议通过，选任王思维为第七届董事会董事，任期与第七届董事会相同，任职资格经监管部门核准后生效，自核准生效之日起正式履职。2023年2月21日，王思维董事任职资格获得监管部门核准通过并正式履职。

经股东提名、工会民主选举并经公司2023年度第四次股东会（临时）会议审议通过董事会换届方案，赵长利、陈立、王建伟、王京宝、张迎军不再担任公司董事会董事，在新任董事任职资格经监管部门核准生效并正式履职前，需继续履行董事职责；聘任苏小军、庞建兵、孙锐、王思维、李向军、张盼盼、孙书章、曹路、任志毅、康磊为公司第八届董事会董事，其中庞建兵、孙锐、孙书章、康磊任职资格经监管部门核准后生效，自核准生效之日起正式履职。2023年10月19日，庞建兵、孙锐、康磊董事任职资格及孙书章独立董事任职资格获得监管部门核准通过并正式履职。

根据股东提名并经公司2023年度第六次股东会（临时）会议审议通过，任志毅不再担任第八届董事会独立董事职务，选任吴光荣为公司第八届董事会独立董事，任期与第八届董事会相同，任职资格经监管部门核准后生效，自核准生效之日起正式履职。2023年12月26日，吴光荣独立董事任职资格获得监管部门核准通过并正式履职。

10.2.2 监事变动情况及原因

经股东提名、工会民主选举并经公司2023年度第四次股东会（临时）会议审议通过监事会换届方案，张玉柱、高鹏飞、申中辉、高志杰、郭晓茹不再担任公司监事会监事职务；聘任周慧芹、陶向前、李锋、唐向敏、梁斌、岳慎芳、陈进、黄彪为公司第八届监事会监事，自股东会审议通过之日起正式履行监事职责。

10.2.3 高级管理人员变动情况及原因

经董事长提名并经公司第七届董事会第四十次会议审议通过，聘任陈立军为公司总经理，任职资格经监管部门核准后生效，自资格核准生效之日起正式履职。2023年2月23日，陈立军总经理任职资格获得监管部门核准通过并正式履职。

经总经理提名并经公司第七届董事会第四十七次会议审议通过，聘任王瑞春为公司副总经理，任职资格经监管部门核准后生效，自资格核准生效之日起正式履职。2023年5月23日，王瑞春副总经理任职资格获得监管部门核准通过并正式履职。

10.3 公司的重大未决诉讼事项

序号	原告/申请人	被告/被申请人、第三人	立案时间	标的本金（万元）	进展情况
1	百瑞信托有限责任公司	天津九策实业集团有限公司等	2013年8月28日	40 000	报告期末，被执行人处于破产程序中
2	百瑞信托有限责任公司	东方金钰股份有限公司等	2018年6月21日	27 031.33	报告期末，案件处于强制执行程序中
3	百瑞信托有限责任公司	神州长城股份有限公司等	2018年9月7日	30 000	报告期末，案件处于强制执行程序中
4	百瑞信托有限责任公司	河南平原控股集团股份有限公司等	2019年9月19日	29 050	报告期末，案件处于强制执行程序中
5	百瑞信托有限责任公司	河南天利能源股份有限公司等	2020年3月17日	38 000	报告期末，案件处于强制执行程序中
6	百瑞信托有限责任公司	上海融创房地产开发集团有限公司等	2022年6月10日	48 741	报告期末，案件处于强制执行程序中
7	中原银行股份有限公司洛阳分行	百瑞信托有限责任公司	2023年7月10日	20 000	报告期末，百瑞信托已取得一审胜诉判决，案件处于二审程序中

10.4 公司及其董事、监事和高级管理人员受到处罚的情况

2023年2月9日，公司收到《中国银行保险监督管理委员会河南监管局行政处罚决定书》（豫银保监罚决字〔2023〕18号），因公司开展的一支集合资金信托计划存在尽职调查不到位，受到原中国银行保险监督管理委员会河南监管局的行政处罚，罚款人民币50万元。公司已足额缴纳上述罚款，处罚所涉及的信托计划已清算完毕。

公司收到上述行政处罚后立即开展相关整改工作，一是进一步健全内控合规管理的长效机制，持续完善全面风险管理体系；二是持续审慎经营，加强尽职管理，不断提升受托履职能力。

报告期内，公司的董事、监事和高级管理人员未发生受到处罚的情况。

10.5 国家金融监督管理总局及其派出机构对公司检查后提出整改意见的整改情况

公司一贯理解、支持和配合各级监管部门的监管工

作，对监管部门的监管意见高度重视，及时按照有关要求进行整改。

2023年，公司针对监管部门提出的监管意见和建议，及时逐项制订整改措施，并通过加强领导、责任到人等手段，认真落实到位。整改落实情况如下：

10.5.1　积极开拓创新，全力推进业务转型

公司以信托业务分类改革为新的发展契机，强化对宏观经济和金融监管政策的研究，深化业务创新转型，逐步打造新的业务支撑体系和核心盈利模式。产业金融业务方面，探索信托介入清洁能源项目运作的方式，持续创新优化金融服务方案；证券投资业务方面，加强投研能力建设与信息系统建设，推动证券投资业务提质增效；资产证券化业务方面，坚持创新创效，推动规模化拓展；财富管理信托业务方面，不断丰富产品结构，为客户提供综合化财富管理方案。

10.5.2　完善监测预警，夯实风险管控机制

一是加强重点领域风险监测预警。积极应对宏观经济下行、金融风险高发的外部环境，通过修订风控标准、加大风险排查、监测交易对手信用资质变化等方式，夯实业务风险防线。二是持续完善创新业务风险管理体系。通过搭建风险评估体系，提升风险识别及管控能力。三是加强声誉风险防控机制建设。适时修订相关规章制度，围绕以防为主、防控结合的原则，加大舆情监测的频率和范围，加强声誉风险管理。

10.5.3　强化内控合规，筑牢稳健发展根基

一是建立健全内控合规管理体系，通过完善管理制度、细化执行标准、加强监督评价、开展考核问责等，筑牢内控合规风险防线，确保依法合规经营。二是宣导合规理念，通过举办主题征文、签署合规承诺、学习法律法规、开展全员警示教育等活动，促进员工提升合规和清廉意识。三是定期对规章制度体系合法合规性、有效性进行梳理审查，及时将法律法规、监管规定、股东要求转化为公司规章制度，落实为可执行的具体规范。

10.5.4　厚植信托文化，推动与业务管理融合

公司坚持以服务客户为导向、以风险管理为前提、以研发创新为驱动，恪守受托人职责，注重培育信托文化。通过内部改革和转型发展，将文化理念转化为行动力；通过加强受托责任机制建设，厘清信托业务全流程各环节的受托管理职责边界，防范受托履职风险；通过加强对投资者的宣传教育，认真落实投资者适当性管理要求，提高投资者风险意识。

10.6　本年度重大事项临时报告情况

序号	披露内容	披露时间	披露媒体及版面
1	关于总经理变更的公告	2023年2月28日	《上海证券报》第9版
2	关于董事变更的公告	2023年10月21日	《上海证券报》第10版

10.7　国家金融监督管理总局及其省级派出机构认定的其他有必要让客户及相关利益人了解的重要信息

报告期内无上述事项。

11.公司监事会意见

报告期内，公司监事会成员认真负责、勤勉审慎，通过参加或列席董事会会议、经营层会议等方式，对公司治理、经营管理、依法运作情况进行监督。在此基础上，监事会发表如下独立意见：

11.1　公司依法运作情况

2023年公司董事会认真落实股东会的决议要求，切实履行董事会职责，会议决策程序符合《公司法》《信托法》和公司章程及有关监管规定。公司建立了完善的公司治理及内部控制制度，董事和高级管理人员在履行职责及行使职权时，严格遵守国家法律法规和公司章程规定，以维护信托当事人和公司股东利益为出发点，切实履行诚信和勤勉尽责义务，认真执行股东会决议。公司目标明确、管理科学、决策民主、运作规范。

11.2　检查公司财务情况

监事会长期关注公司财务情况，通过与相关负责人沟通并获取财务会计报告，了解最新监管政策、财务政策及公司经营管理的情况，积极履行监督职责。同时监事会通过审阅公司整体经营情况报告、查阅审计报告等方式，认为经立信会计师事务所（特殊普通合伙）出具的标准无保留意见的审计报告（信会师报字〔2024〕第ZG10301号）能够真实、客观地反映公司2023年度的财务状况和经营成果。

北方国际信托股份有限公司

1. 重要提示

1.1 公司董事会及董事保证本报告所载资料不存在任何虚假记载、误导性陈述或者重大遗漏，并对其内容的真实性、准确性和完整性承担个别及连带责任。本年度报告摘要摘自年度报告全文，客户及相关利益人欲了解详细内容，应阅读年度报告全文。

1.2 公司全体董事均出席了董事会并对公司2023年年度报告发表了同意的意见。

1.3 独立董事张维、李志辉、纪雪峰对公司2023年年度报告基于独立判断立场，发表意见如下：公司2023年年度报告属实，内容真实、准确、完整。

1.4 安永华明会计师事务所（特殊普通合伙）出具了标准无保留意见的审计报告。

1.5 公司法定代表人、董事长韩立新，总经理黄河，主管会计工作负责人曾广炜，会计机构负责人李文晶声明：保证年度报告中财务报告的真实、完整。

2. 公司概况

2.1 公司简介

1	法定名称（及缩写）	北方国际信托股份有限公司（北方信托）
2	英文名称（及缩写）	Northern International Trust Co.，LTD（NITIC）
3	法定代表人	韩立新
4	注册地址	天津经济技术开发区第三大街39号
5	邮政编码	300457
6	办公地址	天津市河西区友谊路5号北方金融大厦
7	邮政编码	300201
8	互联网网址	http://www.nitic.cn/
9	负责信息披露高级管理人员	王辉
10	联系人	孙晨曦
11	联系电话	022-28370688
12	传真	022-28370088
13	电子信箱	sunchenxi@nitic.cn
14	公司信息披露的报纸名称	《中国证券报》
15	公司年度报告备置地点	天津市河西区友谊路5号北方金融大厦23层
16	公司聘请的会计师事务所名称及住所	安永华明会计师事务所（特殊普通合伙）北京市东城区东长安街1号东方广场安永大楼17层01~12室

2.2 组织结构

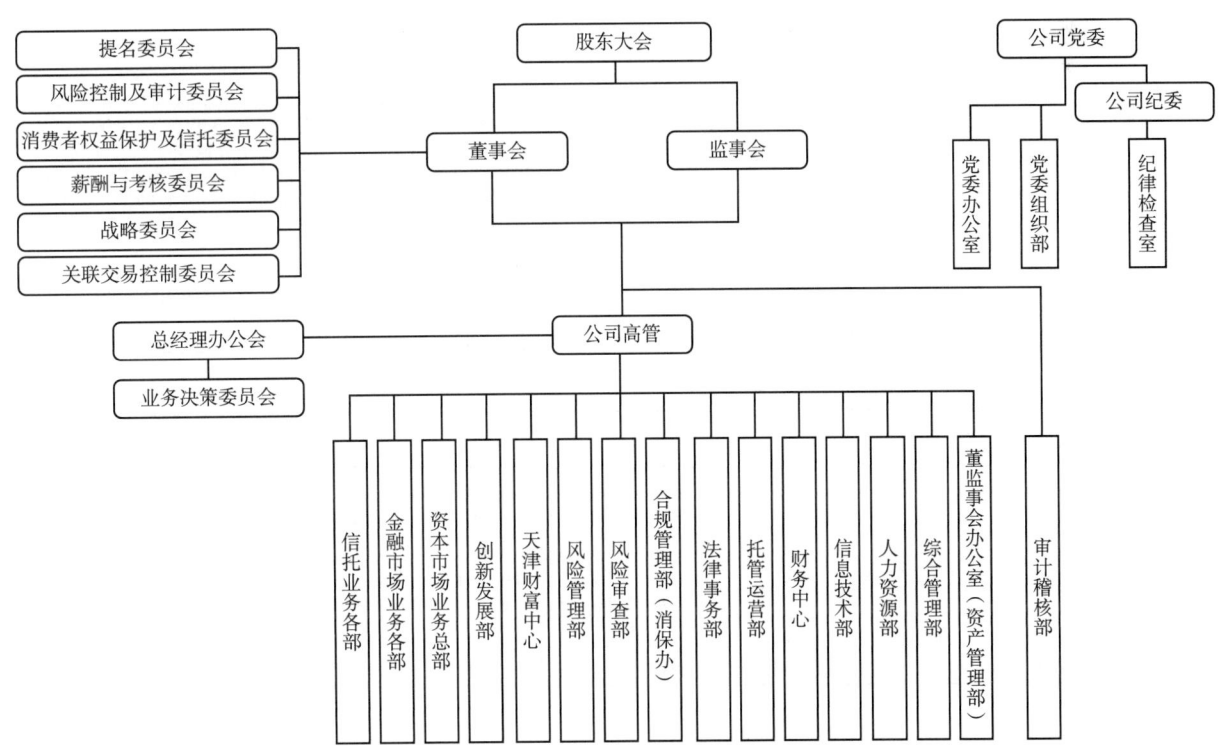

3.公司治理结构

3.1 股东

截至信息披露日,公司股东单位数量为24家,公司前3位股东情况如下表所示。

股东名称	持股比例（%）	法人代表	注册资本（万元）	注册地址	主营业务
★天津泰达投资控股有限公司	32.33	曲德福	1 640 695	天津经济技术开发区盛达街9号1201室	以自有资金对区域内基础设施开发建设、金融、保险、证券业、房地产业、交通运输业、电力、燃气、蒸汽及水的生产和供应业、建筑业、仓储业、旅游业、餐饮业、旅馆业、娱乐服务业、广告、租赁服务业的投资；高新技术开发、咨询、服务、转让；房屋租赁；基础设施建设；土地开发整理；汽车租赁、设备租赁（不含融资租赁）；依法须经批准的项目，经相关部门批准后方可开展经营活动）
天津渤海文化产业投资有限公司	25.43	段爽	392 900	天津河西区友谊北路61号银都大厦5层	对文化艺术产业进行投资；文化场馆及设施的租赁；广告业务；商务信息咨询；百货、工艺美术品销售；物业服务（以上范围内国家有专营专项规定的按规定办理）
天津泰达股份有限公司	5.43	张旺	147 557.3852	天津经济技术开发区第三大街16号	一般项目：以自有资金从事投资活动；自有资金投资的资产管理服务；非居住房地产租赁；信息咨询服务（不含许可类信息咨询服务）；金属材料销售；金属矿石销售；高性能有色金属及合金材料销售（除依法须经批准的项目外，凭营业执照依法自主开展经营活动）

注：最终实际控制人在股东名称一栏中加★表示。

3.2 董事

董事长、董事

姓名	职务	性别	年龄（岁）	选任日期	所推举的股东名称	该股东持股比例（%）	简要履历
韩立新	董事长	男	55	2020年7月	天津泰达投资控股有限公司	32.33	曾任天津信托有限责任公司业务三部副经理、国际业务部经理、业务三部经理、市场开发部经理、公司总经理助理兼市场开发部经理、公司副总经理、公司总经理，北方信托党委副书记、总经理。现任北方信托党委书记、董事长
贾晋平	董事	男	59	2014年4月	天津泰达投资控股有限公司	32.33	曾任兰州大学管理科学系教师，中国土畜产进出口总公司兰州公司部门副经理、总经理助理，天津泰达集团有限公司项目经理，天津泰达投资控股有限公司项目评估部副经理，风险控制部经理，财务部经理。现任天津泰达投资控股有限公司总经理助理、总法律顾问、首席合规官
于克祥	董事	男	53	2022年12月	天津泰达投资控股有限公司	32.33	曾任天津津联投资控股有限公司（香港津联集团有限公司）资本事业部副总裁，津联（天津）资产管理有限公司总经理，天津发展资产管理有限公司总经理。现任天津泰达实业集团有限公司（香港津联集团有限公司）总经理助理、资本事业部总裁，津联（天津）资产管理有限公司董事长、总经理，天津发展资产管理有限公司董事长、总经理，天津渤海海胜股权投资基金管理有限公司董事长、总经理
董光沛	董事	女	42	2022年12月	天津保税区投资有限公司、天津工业投资有限公司、天津水务建设有限公司、天津市飞鸽集团有限公司、天津市津东房地产投资开发集团有限公司	3.09（合计）	曾任天津保税区投资有限公司投资主管、审核部部长、总经理助理、副总经理，党支部书记、执行董事、副总经理。现任天津保税区投资有限公司党支部书记、执行董事、总经理

独立董事

姓名	职务	性别	年龄（岁）	选任日期	简要履历
张维	独立董事	男	65	2022年12月	曾任天津大学管理学院教师，天津财经大学副校长、首席教授，国家自然科学基金管理科学部副主任。现任天津大学管理与经济学部讲席教授、博士生导师；兼任天津津智国有资本投资运营有限公司外部董事；天津港（集团）有限公司外部董事
李志辉	独立董事	男	64	2022年12月	曾任南开大学金融学院副院长。现任南开大学经济学院财金研究所教授、博士生导师、所长；兼任河南安阳商都农村商业银行股份有限公司董事；山金期货有限公司独立董事；河南宜阳农村商业银行股份有限公司独立董事；德州银行股份有限公司外部监事；山东晨鸣纸业集团股份有限公司独立董事
纪雪峰	独立董事	女	45	2022年12月	曾任北京大成（天津）律师事务所合伙人。现任北京安理（天津）律师事务所主任

董事会下属专门委员会

董事会下属专门委员会名称	职责
风险控制及审计委员会	代表董事会对公司运作和经营活动中的风险进行监督、控制和管理，对公司经营活动行使审计评价和监督职能，是公司经营风险的防范与控制机构，也是对公司内、外部审计和内控活动进行监督、核查的机构
消费者权益保护及信托委员会	代表董事会督促公司依法履行受托职责，保护消费者合法权益，构建和谐客户关系，当公司或者股东利益与受益人利益发生冲突时，保证公司为受益人的最大利益服务
薪酬与考核委员会	代表董事会对公司激励机制建设、薪酬分配进行管理，是公司薪酬分配的管理机构，负责拟定公司董事和高级管理人员经营业绩考核管理制度和薪酬管理办法，并向董事会提出建议
提名委员会	代表董事会研究审议高级管理人员的选聘标准、程序、方法及管理制度，物色高级管理人员人选，审核高级管理人员的任职资格及条件，对高级管理人员的人选进行背景调查、政治审查和德才表现考察，对试用期满的高级管理人员进行考察并向董事会提出考察意见，根据业绩考核结果，提出高级管理人员续聘或解聘的建议
战略委员会	代表董事会负责制定公司经营管理目标和长期发展战略，监督、检查年度经营计划、投资方案的执行情况
关联交易控制委员会	代表董事会对公司关联交易进行监督、控制和管理，保证公司充分维护受益人的利益

3.3 监事

监事会成员

姓名	职务	性别	年龄（岁）	选任日期	所推举的股东名称	该股东持股比例（%）	简要履历
张红卫	监事长（职工监事）	男	53	2022年8月	北方国际信托股份有限公司职工代表大会	—	曾任审计署京津冀特派办机关党委处长助理、专职党务干部、副书记、机关纪委书记、办公室主任、资源环保审计处处长；天津滨海农村商业银行稽核审计部总经理、人力资源部总经理、纪检监察部（监事会办公室）总经理、纪委书记、党委组织部部长、党委统战部部长、行长助理。现任北方信托党委副书记、监事长、工会主席
王爱俭	监事	女	69	2022年12月	天津火炬科技发展有限公司、天津海晶汇利实业有限公司、天津渤海化工有限责任公司、天津化工厂、天津大沽化工投资发展有限公司、天津经济技术开发区工业投资公司	0.78（合计）	曾任天津财经大学副校长，第十一届全国人大代表，第十二届全国政协委员。现任天津财经大学教授、博士生导师
戴金平	监事	女	58	2022年12月	天津市大安房地产投资开发有限公司	3.37	曾任河北经贸大学教师，南开大学教师、国经所所长、深圳金融工程学院副院长、跨国公司研究中心副主任。现任南开大学国家经济战略研究院副院长、教授、博士生导师
王薇	监事	女	39	2022年12月	天津市医药集团有限公司	1.38	曾任天津市医药集团有限公司资本运营部副主任科员、资本管理部主任科员、资本管理部上市公司管理岗主管。现任天津市医药集团有限公司资产管理部上市公司管理岗主管
张雅诗	监事	女	35	2022年12月	天津市津能投资有限公司	1.73	曾任天津市津能投资担保有限公司资本运营部职员，现任天津能源投资集团有限公司资本运营部（金融产业部）职员
翟绍菁	职工监事	女	50	2014年10月	北方国际信托股份有限公司职工代表大会	—	曾在天津市人民政府办公厅信息处从事政务信息编辑工作、天津市人民政府法制办公室复议应诉指导处工作，曾任北方国际信托股份有限公司风险控制部主管，副总经理，总经理，现任北方国际信托股份有限公司天津财富中心总经理

3.4 高级管理人员

姓名	职务	性别	年龄（岁）	选任日期	金融从业年限（年）	学历	专业	简要履历
黄河	总经理	男	41	2021年1月	14	硕士	会计	曾在江西省第三建筑公司财务部、天健正信会计师事务所审计部、中航信托风险管理部任职，曾任中航信托风险管理部总经理助理、副总经理，中航信托普惠金融事业部副总经理（主持工作），江苏省国际信托副总经理，现任北方信托党委副书记、总经理
张文栋	副总经理	男	48	2021年1月	22	硕士	世界经济	曾在深圳新产业投资股份有限公司资产管理部任职，曾任北方信托业务拓展部、信托业务总部、综合业务部、信托业务二部总经理，曾任北方信托信托业务二部副总经理（主持工作）、信托业务二部总经理、公司业务总监、公司首席总监、公司运营总监，现任北方信托党委委员、副总经理
杨大宇	副总经理	男	46	2021年1月	18	硕士	工商管理	曾在北京市煤炭总公司任职，曾在民生银行总行投资银行部、资产保全部、贸易金融部任职，曾任北京世华国际金融信息公司证券市场分析部部门经理，民生银行总行健康产业金融部内河航运部行业研究与风险审查中心总经理助理（主持工作），民生信托风险控制部副总经理、行业业务评审部副总经理（主持工作）、投行业务评审部总经理、运营管理总部副总裁，现任北方信托副总经理

续表

姓名	职务	性别	年龄（岁）	选任日期	金融从业年限（年）	学历	专业	简要履历
金树良	总经济师	男	58	2018年12月	31	硕士	世界经济	曾任北京大学经济学院国际经济系教师，海南省证券公司副总裁，北京华宇世纪投资有限公司副总裁，昆仑证券有限责任公司总裁，北方信托总经理助理兼资产管理部总经理，渤海财产保险股份有限公司常务副总经理、总经理，北方信托总经理助理，现任北方信托总经济师
王辉	董事会秘书	男	53	2016年12月	29	博士	金融工程	曾在北方信托电脑部、证券部、投资管理二部任职，曾任战略发展研究所综合研究室副主任、战略发展研究所副所长、综合管理部总经理、公司总经理助理，现任北方信托党委委员、董事会秘书
曾广炜	风险总监	男	55	2017年2月	23	本科	会计	曾任中国燕京天津公司财务科副科长，天津开发区总公司会计，天津滨海新兴产业公司财务部副经理，北方信托信托业务四部副经理、证券投资部总经理、财务中心总经理、风险控制部总经理、公司总经理助理，现任北方信托党委委员、风险总监
董刚	总经理助理	男	49	2018年12月	26	硕士	管理科学与工程	曾在工商银行石家庄支行、天津仁爱投资公司任职，曾在北方信托投资银行部、业务发展总部、信托业务一部任职，曾任北方信托信托业务一部副总经理、信托业务一部总经理（主持工作）、信托业务一部总经理、公司业务总监、公司首席总监，现任北方信托总经理助理
刘德发	总经理助理	男	54	2018年12月	31	本科	会计	曾任天津第五建筑公司财务部出纳，曾在北方信托会计部、投资管理部、投资银行部、理财中心、信托业务一部任职，曾任北方信托滨海业务部副总经理（主持工作）、信托业务三部总经理、公司业务总监、公司首席总监，现任北方信托总经理助理

3.5 公司党委委员

姓名	职务	性别	年龄（岁）	选任日期	简要履历
韩立新	党委书记	男	55	2020年3月	曾任天津信托有限责任公司业务三部副经理、国际业务部副经理、业务三部经理、市场开发部经理、公司总经理助理兼市场开发部经理、公司副总经理，北方信托党委副书记、总经理。现任北方信托党委书记、董事长
黄河	党委副书记	男	41	2020年11月	曾在江西省第三建筑公司财务部、天津正信会计师事务所审计部、中航信托风险管理部任职，曾任中航信托风险管理部总经理助理、副总经理，中航信托普惠金融事业部总经理（主持工作），江苏省国际信托副总经理，现任北方信托党委副书记、总经理
张红卫	党委副书记	男	53	2022年6月	曾任审计署京津冀特派办机关党委处长助理、专职党务干部、副书记，机关纪委副书记、办公室主任、资源环保审计处处长；天津滨海农村商业银行稽核审计部总经理、人力资源部总经理、纪检监察部（监事会办公室）总经理、纪委副书记、党委组织部部长、党委统战部部长、行长助理。现任北方信托党委副书记、监事长、工会主席
牛宗九	党委委员	男	53	2022年12月	曾在武警天津市总队任职，曾任武警天津市总队战士、文书、排长、干事、秘书，司令部办公室副主任，滨海新区支队副政治委员，医院政治委员；曾在天津市国资委党委任职，曾任天津市国资委党委组织处调研员、组织处（统战处）调研员、组织处处长。现任北方信托党委委员、纪委书记
王辉	党委委员	男	53	2014年12月	曾在北方信托电脑部、证券部、投资管理二部任职，曾任战略发展研究所综合研究室副主任、战略发展研究所副所长、综合管理部总经理、公司总经理助理，现任北方信托党委委员、董事会秘书
张文栋	党委委员	男	48	2023年3月	曾在深圳新产业投资股份有限公司资产管理部任职，曾在北方信托业务拓展部、信托业务二部、综合业务部、信托业务二部任职，曾任北方信托信托业务二部副总经理（主持工作）、信托业务二部总经理、公司业务总监、公司首席总监、公司运营总监，现任北方信托党委委员、副总经理
曾广炜	党委委员	男	55	2023年3月	曾任中国燕京天津公司财务科副科长，天津开发区总公司会计，天津滨海新兴产业公司财务部经理，北方信托信托业务四部副经理、证券投资部副总经理、财务中心总经理、风险控制部总经理、公司总经理助理，现任北方信托党委委员、风险总监

3.6 公司员工

项目		报告期年度		上年度	
		人数（人）	比例（%）	人数（人）	比例（%）
年龄分布	25岁以下	0	0	0	0
	25~30岁	11	4.64	19	8.12
	31~39岁	114	48.10	111	47.44
	40岁及以上	112	47.26	104	44.44

续表

项目		报告期年度		上年度	
		人数（人）	比例（%）	人数（人）	比例（%）
学历分布	博士	10	4.22	10	4.27
	硕士	125	52.75	119	50.85
	本科	94	39.66	97	41.45
	专科	7	2.95	7	2.99
	其他	1	0.42	1	0.44

续表

项目		报告期年度		上年度	
		人数（人）	比例（%）	人数（人）	比例（%）
岗位分布	董事、监事及高管人员	11	4.64	12	5.13
	自营业务人员	5	2.11	5	2.14
	信托业务人员	119	50.21	116	49.57
	其他人员	102	43.04	101	43.16
	总数	237	—	234	—

注：1. 自营业务人员是指按照岗位分工，专门从事固有资金使用或固有资产管理有关业务的员工。
2. 信托业务人员是指按照岗位分工，专门从事信托资金募集、使用等有关信托资产管理业务的员工。
3. 其他人员是指未划入自营业务和信托业务范畴的人员。

4. 经营管理

4.1 经营目标、方针、战略规划

坚持和加强党的领导，深刻把握金融工作的政治性、人民性，牢牢守住不发生系统性金融风险的底线，坚定不移走中国特色金融发展之路。做好科技金融、绿色金融、普惠金融、养老金融、数字金融五篇大文章和产业金融、航运金融两篇特色文章。以"做'小而稳''小而专''小而优'、高质量可持续发展的区域型信托公司"为目标，集中力量建立健全核心业务体系，全面巩固风险防线，升级产品设计、客户服务和渠道建设，完善创新机制。遵循"实事求是、权责相等、换位思考"的工作原则，以"信"字为天职，大力弘扬中华优秀传统文化，为推进中国式现代化建设的天津实践贡献北信力量。

4.2 所经营业务的主要内容

4.2.1 自营资产运用与分布

资产运用	金额（万元）	占比（%）	资产分布	金额（万元）	占比（%）
货币资产	26 613.61	3.85	基础产业	6 500.00	0.94
贷款及应收款	112 154.05	16.21	房地产业	20 359.18	2.94
交易性金融资产	294 685.37	42.59	证券市场	170 055.27	24.59
债权投资	99 183.51	14.34	实业（工商企业）	98 900.35	14.30
长期股权投资	5 375.90	0.78	金融机构	124 244.30	17.92
买入返售金融资产	30 147.35	4.36	其他	271 802.01	39.30
其他资产	123 701.32	17.88	—	—	—
资产合计	691 861.11	100.00	资产总计	691 861.11	100.00

4.2.2 信托资产运用与分布

资产运用	金额（万元）	占比（%）	资产分布	金额（万元）	占比（%）
货币资产	204 184.49	0.99	基础产业	1 425 773.24	6.90
发放贷款和垫款	2 102 694.02	10.18	房地产	1 202 493.19	5.82
交易性金融资产	9 006 943.28	43.60	证券	1 832 161.80	8.87
债权投资	9 197 248.64	44.52	实业（工商企业）	4 998 578.27	24.19
其他债权投资	0.00	0.00	金融机构	712 678.52	3.45
长期股权投资	0.00	0.00	其他	10 488 497.64	50.77
其他	149 112.23	0.72			
资产总计	20 660 182.66	100.00	资产总计	20 660 182.66	100.00

4.3 市场分析

4.3.1 有利因素

2023年是全面贯彻党的二十大精神的开局之年，是实施"十四五"规划承上启下的关键一年。全年经济社会发展主要目标任务圆满完成，高质量发展扎实推进，社会大局保持稳定，全面建设社会主义现代化国家迈出坚实步伐。新发展格局为信托业提供了新的发展机遇。信托业要服务实体经济的高质量发展，稳中求进，走差异化、特色化、可持续发展之路。《关于规范信托公司信托业务分类的通知》《信托公司监管评级与分级分类监管暂行办法》等文件发布，体现了当前信托业在新的分类监管背景下加速业务转型，加快回归本源定位的明确政策导向。信托业要准确把握业务转型的突破点，提前布局并积极谋划新赛道，在更广范围、更深领域承担起新的历史使命。

4.3.2 不利因素

2023年，我国经济复苏的道路充满波折，来自内外部的多重困难挑战交织叠加。信托行业处于转型阵痛期，房地产、部分城投债风险暴露，传统业务受限、创新业务起步艰难，转型压力较大。行业整体经营业绩下滑，面临较大的发展压力。战略机遇和风险挑战并存，对信托公司的业务发展和战略布局提出了更高的要求。公司业务转型有待加快，服务实体经济能力有待加强，服务人民需求能力有待提高。

4.4 内部控制概况

公司建立由董事会、监事会、高级管理层、内控管理牵头部门、内控管理监督评价部门、各内控管理相关部门组成的分工合理、职责明确、报告关系清晰的内部

控制治理机制，同时持续健全公司内控管理组织架构，成立资本市场业务审查委员会，对原风险控制部、项目检查部职能进行整合优化，成立风险审查部、风险管理部，明确内控管理工作职责和分工，进一步完善了覆盖事前、事中、事后的全流程风险监测管理机制，内部控制体系进一步夯实。

4.5 风险管理概况

公司经营活动中可能遇到的风险包括：合规风险、信用风险、市场风险、操作风险、声誉风险、信息科技风险、其他风险等。公司始终坚持"经营安全高于天"的工作原则，不断强化全流程风险管控，弥补薄弱环节，及时识别潜在风险，采取有效措施防范化解风险，全面提升风险管控能力。公司已建立的机构体系为风险管理奠定了组织机构基础，制度体系提供了制度保障，流程管理实现了对业务审批、操作的规范管理和风险监控，形成了分工合理、职责明确、运行顺畅、制衡有效的风险管理机制。2023年，公司贯彻全面风险管理理念，完善全面风险管理体系，成立与专业评审会并行的资本市场业务审查委员会，并将业务审查单独设立一级部门，同时将合同审核、审诉等工作并入法律事务部，新成立风险管理部，承接原风险控制部、项目检查部相关职能，持续强化对业务的事前、事中、事后全方位风险管理。

4.6 净资本管理

2023年末净资本373 270.89万元。各项风险资本之和191 146.13万元，其中固有业务风险资本79 379.30万元、信托业务风险资本111 766.83万元。

5. 报告期末及上一年度末的比较式会计报表

5.1 自营资产

5.1.1 会计师事务所审计结论

安永华明会计师事务所审计了北方国际信托股份有限公司的财务报表，包括2023年12月31日的资产负债表，2023年度的利润表、股东权益变动表和现金流量表以及相关财务报表附注。

安永华明会计师事务所认为，北方国际信托股份有限公司的财务报表在所有重大方面按照企业会计准则的规定编制，公允反映了北方国际信托股份有限公司2023年12月31日的财务状况以及2023年度的经营成果和现金流量。

5.1.2 资产负债表

资产负债表

编制单位：北方国际信托股份有限公司　　2023年12月31日　　单位：万元

项目	2023年12月31日	2022年12月31日
资产		
货币资金	26 613.61	24 672.65
拆出资金	—	10 000.00
买入返售金融资产	30 147.35	37 569.61
发放贷款和垫款	112 154.06	152 185.40
金融投资		
交易性金融资产	294 685.37	215 839.00
债权投资	99 183.51	123 045.18
长期股权投资	5 375.90	5 412.71
投资性房地产	4 331.42	4 452.68
固定资产	2 062.56	1 850.97
使用权资产	3 470.81	2 660.83
递延所得税资产	27 709.25	25 512.79
其他资产	86 127.26	63 888.65
资产总计	691 861.11	667 090.46
负债		
拆入资金	10 000.00	—
应付职工薪酬	20 653.64	22 300.12
应交税费	5 390.58	3 222.40
租赁负债	3 523.42	2 459.67
预计负债	11 588.73	8 983.73
卖出回购金融资产款	—	7 213.62
其他负债	68 588.81	73 961.33
负债合计	119 745.18	118 140.87
股东权益		
股本	200 199.77	100 099.89
资本公积	—	—
盈余公积	57 475.25	55 158.62
一般风险准备	10 568.53	10 568.53
信托赔偿准备	35 790.36	34 632.04
未分配利润	268 082.01	348 490.52
股东权益合计	572 115.93	548 949.60
负债和所有者权益总计	691 861.11	667 090.46

法定代表人：韩立新　　主管会计工作负责人：曾广炜　　会计机构负责人：李文晶

5.1.3 利润表

利润表

编制单位：北方国际信托股份有限公司　　2023年度　　单位：万元

项目	2023年度	2022年度
一、营业收入	60 316.04	66 536.47
利息净收入	10 492.78	7 888.26
利息收入	12 930.42	12 421.67
利息支出	2 437.65	4 533.41
手续费及佣金净收入	49 830.20	51 618.16
手续费及佣金收入	49 847.67	51 638.39
手续费及佣金支出	17.46	20.23
投资收益	−5 576.08	6 421.12
公允价值变动损益	5 004.29	168.28
汇兑收益/(损失)	0.11	0.49
其他业务收入	564.75	440.16

续表

项目	2023年度	2022年度
二、营业支出	27 418.42	29 626.52
业务及管理费	24 721.45	27 428.18
税金及附加	571.57	568.20
信用减值损失	2 004.13	1 534.14
其他业务成本	121.26	96.00
三、营业利润	32 897.62	36 909.95
加：营业外收入	69.50	633.95
减：营业外支出	2 639.47	183.75
四、利润总额	30 327.65	37 360.15
减：所得税费用	7 161.32	9 166.31
五、净利润	23 166.33	28 193.84
其中：持续经营净利润	23 166.33	28 193.84
六、综合收益总额	23 166.33	28 193.84

法定代表人：韩立新　　主管会计工作负责人：曾广炜　　会计机构负责人：李文晶

5.1.4 股东权益变动表

股东权益变动表

编制单位：北方国际信托股份有限公司　　2023年度　　单位：万元

项目	股本	资本公积	盈余公积	一般风险准备	信托赔偿准备	未分配利润	股东权益合计
一、2022年12月31日余额	100 099.89	—	55 158.62	10 568.53	34 632.04	348 490.52	548 949.60
二、2023年1月1日余额	100 099.89	—	55 158.62	10 568.53	34 632.04	348 490.52	548 949.60
三、本年增减变动金额	—	—	2 316.63	—	1 158.32	−80 408.50	23 166.33
（一）综合收益总额	—	—	—	—	—	23 166.33	23 166.33
（二）利润分配	—	—	—	—	—	—	—
1.提取盈余公积	—	—	2 316.63	—	—	−2 316.63	—
2.提取一般风险准备	—	—	—	—	—	—	—
3.提取信托赔偿准备	—	—	—	—	1 158.32	−1 158.32	—
4.未分配利润转增资本	100 099.89	—	—	—	—	−100 099.89	—
四、2023年12月31日余额	200 199.77	—	57 475.25	10 568.53	35 790.36	268 082.01	572 115.93

法定代表人：韩立新　　主管会计工作负责人：曾广炜　　会计机构负责人：李文晶

5.2 信托资产

5.2.1 信托项目资产负债汇总表

信托项目资产负债表

编制单位：北方国际信托股份有限公司　　2023年12月31日　　单位：万元

信托资产	2023年12月31日	2022年12月31日	信托负债和净资产	2023年12月31日	2022年12月31日
信托资产：			信托负债：		
货币资金	177 969.25	161 014.45	短期借款	0.00	0.00
结算备付金	21 116.24	40 544.94	交易性金融负债	441.52	0.00
存出保证金	585.75	0.00	应付管理人报酬	6 024.70	5 321.57
买入返售金融资产	6 917.38	7 531.07	应付托管费	363.80	398.60
交易性金融资产	9 006 943.29	7 532 318.61	应付销售服务费	315.42	0.00

续表

信托资产	2023年12月31日	2022年12月31日	信托负债和净资产	2023年12月31日	2022年12月31日
发放贷款和垫款	2 102 694.02	1 421 696.31	应付投资顾问费	1 726.90	2 336.11
债权投资	9 197 248.63	4 321 590.96	应交税费	4 833.32	6 215.64
其他债权投资	0.00	0.00	应付清算款	0.00	0.00
长期股权投资	0.00	0.00	应付赎回款	6 353.11	450.68
应收清算款	5 099.00	0.80	应付利息	0.28	0.00
应收利息	56 041.70	32 477.57	应付利润	60 336.39	59 139.91
应收股利	32.39	5.01	其他负债	105 403.61	16 102.45
其他资产	85 535.01	82 439.97	信托负债合计	185 799.05	89 964.96
			信托净资产:		
			实收资金	20 489 344.04	13 537 874.94
			资本公积	69 694.21	38 842.54
			其他综合收益	0.00	0.00
			未分配利润	-84 654.64	-67 062.75
			净资产合计	20 474 383.61	13 509 654.73
信托资产总计	20 660 182.66	13 599 619.69	负债和净资产总计	20 660 182.66	13 599 619.69

5.2.2 信托项目利润及利润分配汇总表

信托项目利润及利润分配表

编制单位：北方国际信托股份有限公司　　　2023年度　　　单位：万元

项目	2023年度	2022年度
一、营业总收入	435 448.04	162 484.21
利息收入	243 790.47	179 501.86
投资收益（损失以"-"号填列）	143 733.40	59 886.30
其中：以摊余成本计量的金融资产终止确认产生的收益	0.00	-2 100.00
公允价值变动收益（损失以"-"号填列）	42 400.78	-79 843.08
汇兑损益（损失以"-"号填列）	0.00	0.00
其他业务收入	5 523.38	2 939.13
二、营业总支出	68 638.59	45 848.70
管理人报酬	35 131.05	35 619.11
托管费	3 339.72	2 942.37
销售服务费	3 393.89	247.12
投资顾问费	0.00	2 062.76
利息支出	0.00	4.61
税金及附加	1 421.40	1 323.80
信用减值损失	6 668.63	0.00
其他费用	18 683.91	3 648.93
三、利润总额	366 809.45	116 635.51
减：所得税费用		
四、净利润（净亏损以"-"号填列）	366 809.45	116 635.51
五、其他综合收益	0.00	0.00

续表

项目	2023年度	2022年度
六、综合收益总额	366 809.45	116 635.51
加：期初未分配信托利润	-19 820.93	30 605.42
七、可供分配的信托利润	346 988.52	147 240.93
减：本期已分配信托利润	431 643.16	214 303.68
八、期末未分配信托利润	-84 654.64	-67 062.75

6. 会计报表附注

6.1 简要说明报告年度会计报表编制基准、会计政策、会计估计和核算方法发生的变化

公司自营业务遵循财政部颁布的《企业会计准则——基本准则》以及其后颁布及修订的具体会计准则、应用指南、解释以及其他相关规定（统称《企业会计准则》）编制。会计政策本年度未发生变更。

2017年，财政部颁布了修订的《企业会计准则第22号——金融工具确认和计量》《企业会计准则第23号——金融资产转移》《企业会计准则第24号——套期保值》《企业会计准则第37号——金融工具列报》（统称新金融工具准则）。本公司自2021年1月1日开始按照新修订的上述准则进行会计处理，根据衔接规定，对可比期间信息不予调整，首日执行新准则与现行准则的差异追溯调整本报告期期初留存收益或其他综合收益。

2017年，财政部颁布了修订的《企业会计准则第14号——收入》（简称新收入准则）。本公司自2021年1月1日开始按照新修订的上述准则进行会计处理，采用新收入准则对本公司的财务报表不产生重大影响。

2018年，财政部颁布了修订的《企业会计准则第21号——租赁》（简称新租赁准则）。本公司自2021年1月1日起采用此项会计准则，选择追溯调整并不重述比较数据。

6.2 或有事项说明

2023年初担保余额为零元，年末担保余额为零元。

6.3 重要资产转让及其出售的说明

无。

6.4 会计报表中重要项目的明细资料

6.4.1 披露自营资产经营情况

6.4.1.1 按信用风险五级分类结果披露信用风险资产的期初数、期末数

风险分类	正常类（万元）	关注类（万元）	次级类（万元）	可疑类（万元）	损失类（万元）	信用风险资产合计（万元）	不良合计（万元）	不良率（%）
期初数	416 695.02	222 818.47	37 790.02	—	544.77	677 848.28	38 334.79	5.66
期末数	454 253.70	219 279.90	23 172.49	—	—	696 706.09	23 172.49	3.33

注：不良资产合计＝次级类＋可疑类＋损失类。

6.4.1.2 各项资产减值损失准备的期初、本期计提、本期转回、本期核销、期末数

单位：万元

项目	期初数	本期计提	本期转回	本期核销及其他	期末数
贷款损失准备	7 870.32	84.30	100.46	—	7 854.16
以摊余成本计量金融资产的减值准备	43 918.49	2 035.16	184.88	12 381.20	33 387.57
其他减值准备	1 701.63	170.01	—	544.77	1 326.87
各项资产减值损失准备合计	53 490.44	2 289.47	285.34	12 925.97	42 568.60

6.4.1.3 按照投资品种分类，分别披露固有业务股票投资、基金投资、债券投资、股权投资等投资业务的期初数、期末数

单位：万元

项目	自营股票	基金	债券	长期股权投资	其他投资	合计
期初数	—	70 575.71	3 937.20	43 580.26	77 168.93	195 262.10
期末数	945.00	169 902.87	6 880.40	31 629.41	64 681.61	274 039.29

6.4.1.4 按投资入股金额排序，前三名的自营长期股权投资的企业名称、占被投资企业权益的比例、主要经营活动及投资收益情况等

企业名称	占被投资企业权益的比例（%）	主要经营活动	投资收益（万元）
天津滨海农村商业银行股份有限公司	1.30	吸收本外币公众存款；发放本外币短期、中期和长期贷款；办理国内外结算；办理票据承兑和贴现等；经原银保监会等监管机构核准的其他业务	无
渤海财产保险股份有限公司	5.57	财产损失保险、责任保险、信用保险和保证保险、短期健康保险和意外伤害保险等；经保险监督管理机构批准的其他业务	无

续表

企业名称	占被投资企业权益的比例（%）	主要经营活动	投资收益（万元）
长城嘉信资产管理有限公司	22.00	特定客户资产管理业务以及中国证监会允许的其他业务	无

注：投资收益是指按照企业会计准则规定，核算股权投资确认损益并记入披露年度利润表的金额。

6.4.1.5 前三名的自营贷款的企业名称、占贷款总额的比例和还款情况等（从大到小顺序排列）

企业名称	占贷款总额的比例（%）	还款情况
天津泰达国际酒店集团有限公司	41.76	合同未到期
天津滨海泰达酒店开发有限公司	33.83	合同未到期
北京星华蓝光置业有限公司	9.81	未全部归还

6.4.1.6 表外业务的期初数、期末数；按照代理业务、担保业务和其他类型表外业务分别披露

单位：万元

表外业务	期初数	期末数
担保业务		
代理业务		
其他		
合计		

注：代理业务主要反映因客观原因应规范而尚未完成规范的历史遗留委托业务，包括委托贷款和委托投资。

6.4.1.7 公司当年的收入结构（母公司口径、并表口径同时披露）

收入结构	金额（万元）	占比（%）
手续费及佣金收入	49 847.67	79.32
其中：信托手续费收入	49 781.14	79.22
投资银行业务收入	66.53	0.11
利息收入	12 930.42	20.58

续表

收入结构	金额（万元）	占比（%）
其他业务收入	564.86	0.90
其中：计入信托业务收入部分	—	—
投资收益	-5 576.08	-8.87
其中：股权投资收益	1 315.94	2.09
证券投资收益	-104.15	-0.17
其他投资收益	-6 787.87	-10.80
公允价值变动收益	5 004.29	7.96
营业外收入	69.50	0.11
收入合计	62 840.66	100.00

注：手续费及佣金收入、利息收入、其他业务收入、投资收益、营业外收入均应为损益表中的科目，其中手续费及佣金收入、利息收入、营业外收入为未抵减掉相应支出的全年累计实现收入数。

6.4.2 披露信托财产管理情况

6.4.2.1 信托资产的期初数、期末数

单位：万元

信托资产	期初数	期末数
集合	5 642 168.96	6 120 238.66
单一	1 776 920.80	1 847 760.01
财产权	6 180 529.93	12 692 183.99
合计	13 599 619.69	20 660 182.66

6.4.2.1.1 主动管理型信托业务的信托资产期初数、期末数，分证券投资、股权投资、融资、事务管理类分别披露

单位：万元

主动管理型信托资产	期初数	期末数
证券投资类	531 563.42	711 484.04
股权投资类	47 945.00	61 223.11
其他投资类	1 206 107.21	2 320 154.75
融资类	934 740.87	1 370 654.66
事务管理类	—	—
合计	2 720 356.50	4 463 516.57

6.4.2.1.2 被动管理型信托业务的信托资产期初数、期末数，分证券投资、股权投资、融资、事务管理类分别披露

单位：万元

被动管理型信托资产	期初数	期末数
证券投资类	—	—
股权投资类	—	—
其他投资类	—	—
融资类	—	—
事务管理类	10 879 263.19	16 196 666.09
合计	10 879 263.19	16 196 666.09

6.4.2.2 本年度已清算结束的信托项目个数、实收信托合计金额、加权平均实际年化收益率

6.4.2.2.1 本年度已清算结束的集合类、单一类资金信托项目和财产管理类信托项目个数、实收信托金额、加权平均实际年化收益率

已清算结束信托项目	项目个数（个）	实收信托合计金额（万元）	加权平均实际年化收益率（%）
集合类	84	2 065 576.05	5.2775
单一类	56	4 297 793.30	6.7335
财产管理类	23	4 483 832.41	0.0000

注：1.收益率是指信托项目清算后，给受益人赚取的实际收益水平。
2.加权平均实际年化收益率＝(信托项目1的实际年化收益率×信托项目1的实收信托＋信托项目2的实际年化收益率×信托项目2的实收信托＋…＋信托项目n的实际年化收益率×信托项目n的实收信托)／(信托项目1的实收信托＋信托项目2的实收信托＋…＋信托项目n的实收信托)×100%。

6.4.2.2.2 本年度已清算结束的主动管理型信托项目个数、实收信托合计金额、加权平均实际年化收益率，分证券投资、股权投资、融资、事务管理类分别计算并披露

已清算结束信托项目	项目个数（个）	实收信托合计金额（万元）	加权平均实际年化信托报酬率（%）	加权平均实际年化收益率（%）
证券投资类	14	147 630.95	0.8809	6.5432
股权投资类	3	45 340.00	1.2788	6.8008
其他投资类	29	895 283.00	0.5778	7.5361
融资类	25	803 456.00	1.3156	6.7941
事务管理类	—	—	—	—

注：加权平均实际年化信托报酬率＝(信托项目1的实际年化信托报酬率×信托项目1的实收信托＋信托项目2的实际年化信托报酬率×信托项目2的实收信托＋…＋信托项目n的实际年化信托报酬率×信托项目n的实收信托)／(信托项目1的实收信托＋信托项目2的实收信托＋…＋信托项目n的实收信托)×100%。

6.4.2.2.3 本年度已清算结束的被动管理型信托项目个数、实收信托合计金额、加权平均实际年化收益率，分证券投资、股权投资、融资、事务管理类分别计算并披露

已清算结束信托项目	项目个数（个）	实收信托合计金额（万元）	加权平均实际年化信托报酬率（%）	加权平均实际年化收益率（%）
证券投资类	—	—	—	—
股权投资类	—	—	—	—
其他投资类	—	—	—	—
融资类	—	—	—	—
事务管理类	92	8 955 491.81	0.2429	2.9367

6.4.2.3 本年度新增的集合类、单一类和财产管理类信托项目个数、实收信托合计金额

新增信托项目	项目个数（个）	实收信托合计金额（万元）
集合类	162	3 314 631.67
单一类	105	681 365.56
财产管理类	47	6 308 547.25
新增合计	314	10 304 544.48
其中：主动管理型	116	3 207 037.79
被动管理型	198	7 097 506.69

注：1.本年新增信托项目指在本报告年度内累计新增的信托项目个数和金额。
2.包含本年度新增并于本年度内结束的项目和本年度新增至报告期末仍在持续管理的信托项目。

6.4.2.4 信托创新研究成果和特色业务有关情况

公司全面推动业务转型创新，相继落地首单知识产权信托、保险金信托、"绿色+"公益慈善信托、预付类资金服务信托和首批"信世系列"家庭服务信托业务。新增多单风险处置服务信托，展现了公司在该领域的专业能力和服务水平。新增3单慈善信托，公司已累计开展18单公益慈善信托。其中"恒星计划关爱独孤症患者1期慈善信托"为公司联合天津市妇女儿童发展基金会设立，用于开展孤独症患者紧急救助、困难补助、探访活动等。

6.4.2.5 本公司履行受托人义务情况及因本公司自身责任而导致的信托资产损失情况

报告期内，公司严格履行受托人义务，未发现因公司自身责任而导致的信托资产损失情况。

6.5 关联方关系及其交易的披露

6.5.1 关联交易方的数量、关联交易的总金额及关联交易的定价政策等

项目	关联交易方数量	关联交易金额（万元）	定价政策
合计	5	122 625.85	市场定价

注："关联交易"定义应以《公司法》和《企业会计准则第36号——关联方披露》有关规定为准。

6.5.2 关联交易方与本公司的关系性质、关联交易方的名称、法定代表人、注册地址、注册资本及主营业务等

关系性质	关联方名称	法定代表人	注册地址	注册资本（万元）	主营业务
公司主要股东	天津泰达股份有限公司	张旺	天津开发区第三大街16号	147 557.39	一般项目：以自有资金从事投资活动；自有资金投资的资产管理服务；非居住房地产租赁；信息咨询服务（不含许可类信息咨询服务）；金属材料销售；金属矿石销售；高性能有色金属及合金材料销售（除依法须经批准的项目外，凭营业执照依法自主开展经营活动）
公司控股股东	天津泰达投资控股有限公司	曲德福	天津经济技术开发区盛达街9号1201室	1 640 695	以自有资金对区域内基础设施开发建设、金融、保险、证券业、房地产业、交通运输业、电力、燃气、蒸汽及水的生产和供应业、建筑业、仓储业、旅游业、餐饮业、旅馆业、娱乐服务业、广告、租赁服务业的投资；高新技术开发、咨询、服务、转让；房屋租赁；基础设施建设；土地开发整理；汽车租赁、设备租赁（不含融资租赁，依法须经批准的项目，经相关部门批准后方可开展经营活动）
公司股东的关联企业	天津泰达资产运营管理有限公司	曹红梅	天津经济技术开发区第二大街9号总公司大楼12层A座1204房间	140 879.59	以自有资金从事投资活动；自有资金投资的资产管理服务；信息咨询服务（不含许可类信息咨询服务）；住房租赁；非居住房地产租赁；房地产经纪；物业管理；居民日常生活服务（除依法须经批准的项目外，凭营业执照依法自主开展经营活动）
公司股东的关联企业	渤海财产保险股份有限公司	刘振宇	天津市滨海高新区华苑产业区梅苑路增10号-10301室、601室至1601室	197 347	财产损失保险；责任保险；信用保险和保证保险；短期健康保险和意外伤害保险；上述业务的再保险业务；国家法律、法规允许的保险资金运用业务；经保险监督管理机构批准的其他业务（依法须经批准的项目，经相关部门批准后方可开展经营活动）
公司股东的关联企业	天津渤海国有资产经营管理有限公司	滕飞	天津市河西区友谊北路61号银都大厦5层	1 185 041.85	法律、法规禁止的，不得经营；法律、法规未规定审批的，自主经营；应经审批的，未获批准前不得经营（以上范围内国家有专营专项规定的按规定办理）
公司参股企业	长城基金管理有限公司	王军	深圳市福田区莲花街道福新社区鹏程一路9号广电金融中心36层DEF单元、38层、39层	15 000	以中国证券监督管理委员会核发的《基金管理公司法人许可证》所核定的经营范围为准
公司股东的关联企业	天津星城投资发展有限公司	王劲	天津市津南区八里台工业园区建设路6号A座125室	79 900	对土地开发、基础设施建设（含环境工程）、生态环保行业、工业基础设施、农业项目开发的投资；室内外装修装饰、物业管理；房地产开发；企业管理服务
公司股东的关联企业	渤银理财有限责任公司	吴思麒	天津市河东区八纬路219号中建中心6号楼局部和8~10层	200 000	许可项目：非银行金融业务（依法须经批准的项目，经相关部门批准后方可开展经营活动，具体经营项目以相关部门批准文件或许可证件为准）

6.5.3 逐笔披露本公司与关联方的重大交易事项

6.5.3.1 固有财产与关联方情况：贷款、投资、租赁、应收账款、担保、其他方式等期初汇总数、本期借方和贷方发生额汇总数、期末汇总数

固有与关联方关联交易　　　　单位：万元

项目	期初数	借方发生额	贷方发生额	期末数
贷款	—	—	—	—
投资	32 000.00	42 000.00	20 986.12	53 013.88
租赁	—	—	—	—
担保	—	—	—	—
应收账款	—	—	—	—
其他	—	—	—	—
合计	32 000.00	42 000.00	20 986.12	53 013.88

6.5.3.2 信托资产与关联方：贷款、投资、租赁、应收账款、担保、其他方式等期初汇总数、本期发生额汇总数、期末汇总数

信托与关联方关联交易　　　　单位：万元

项目	期初数	借方发生额	贷方发生额	期末数
贷款	64 900.00	30 000.00	30 000.00	64 900.00
投资	84 660.47	50 625.85	90 384.39	44 901.93
租赁	—	—	—	—
担保	—	—	—	—
应收账款	—	—	—	—
其他	—	—	—	—
合计	149 560.47	80 625.85	120 384.39	109 801.93

信托资产与关联方重大关联交易具体情况如下表所示。

单位：万元

关联方名称	交易类型	期初余额	发生金额	归还金额	期末余额
天津泰达股份有限公司	信托贷款	59 500.00	—	—	59 500.00

6.5.3.3 信托公司自有资金运用于自己管理的信托项目（固信交易）、信托公司管理的信托项目之间的相互（信信交易）交易金额，包括余额和本报告年度的发生额

6.5.3.3.1 固有与信托财产之间的交易金额期初汇总数、本期发生额汇总数、期末汇总数

固有财产与信托财产相互交易　　　　单位：万元

项目	期初数	本期发生额	期末数
合计	92 389.03	-1 667.71	90 721.32

注：以固有资金投资公司自己管理的信托项目受益权，或购买自己管理的信托项目的信托资产均应纳入统计披露范围。

6.5.3.3.2 信托项目之间的交易金额期初汇总数、本期发生额汇总数、期末汇总数

信托资产与信托财产相互交易　　　　单位：万元

项目	期初数	本期发生额	期末数
合计	100.00	12 523.00	12 623.00

注：以公司受托管理的一个信托项目的资金购买自己管理的另一个信托项目的受益权或信托项下资产均应纳入统计披露范围。

6.5.4 逐笔披露关联方逾期未偿还本公司资金的详细情况以及本公司为关联方担保发生或即将发生垫款的详细情况

关联方无逾期未偿还公司资金情况，公司无为关联方担保发生或即将发生垫款情况。

6.6 会计制度的披露

公司自营业务遵循2006年度财政部颁布的《企业会计准则——基本准则》以及其后颁布及修订的具体会计准则、应用指南、解释以及其他相关规定（统称《企业会计准则》）。

信托业务执行2006年度财政部颁布的《企业会计准则——基本准则》以及其后颁布及修订的具体会计准则、应用指南、解释以及其他相关规定（统称《企业会计准则》）。

7.财务情况说明书

7.1 利润实现和分配情况（母公司口径和并表口径同时披露）

母公司口径

2023年公司实现净利润23 166.33万元，按净利润的10%提取盈余公积金2 316.63万元、按5%提取信托赔偿准备金1 158.32万元，进行上述分配后，留存净利润19 691.38万元。2023年初未分配利润348 490.52万元，未分配利润转增资本100 099.89万元，2023年末可供分配利润是268 082.01万元。

7.2 主要财务指标（母公司口径）

指标名称	指标值
资本利润率（%）	4.13
加权年化资金信托报酬率（%）	0.3632
人均净利润（万元）	97.54

注：1.资本利润率=净利润/所有者权益平均×100%。
2.加权年化信托报酬率=（信托项目1的实际年化信托报酬率×信托项目1的实收信托+信托项目2的实际年化信托报酬率×信托项目2的实收信托+…+信托项目n的实际年化信托报酬率×信托项目n的实收信托）/（信托项目1的实收信托+信托项目2的实收信托+…+信托项目n的实收信托）×100%。
3.人均净利润=净利润/年平均人数。
4.平均值采取年初、年末余额简单平均法，公式为：a（平均）=（年初数+年末数）/2。

7.3 对本公司财务状况、经营成果有重大影响的其他事项

无。

8. 特别事项揭示

8.1 前五名股东报告期内变动情况及原因

无。

8.2 董事、监事及高级管理人员变动情况及原因

无。

8.3 变更注册资本、变更注册地或公司名称、公司分立合并事项

2023年12月14日，经国家金融监督管理总局天津监管局批准（津金复〔2023〕153号），公司完成以未分配利润转增资本，注册资本变更为2 001 997 746元人民币，股权结构保持不变。

8.4 公司重大诉讼事项

截至信息披露日，公司不存在对经营活动产生影响的重大法律纠纷事项。

8.5 对会计师事务所出具的有保留意见、否定意见或无法表示意见的审计报告的，公司董事会应就所涉及事项作出说明

安永华明会计师事务所（特殊普通合伙）出具了标准无保留意见的审计报告。

8.6 公司及其董事、监事和高级管理人员受到处罚的情况

2023年，公司和高级管理人员未受到监管部门处罚。

8.7 国家金融监督管理总局及其派出机构对公司检查后的整改情况

2023年，国家金融监督管理总局及天津监管局未对公司开展现场检查。

8.8 本年度重大事项临时报告的简要内容、披露时间、所披露的媒体及其版面

2023年3月2日，公司在《中国证券报》A07版就《关于第四届董事会完成换届选举的公告》进行了重大事项临时披露。

2023年4月28日，公司在《中国证券报》A32版就《北方国际信托股份有限公司2022年年度报告摘要》进行了披露。

2023年12月20日，公司在中国证券报A10版发布《北方国际信托股份有限公司关于增加注册资本金的公告》，就以未分配利润转增注册资本金相关事项进行重大事项临时披露。

8.9 其他重大需披露信息

无。

8.10 公司履行社会责任情况

2023年，北方信托高举习近平新时代中国特色社会主义思想的伟大旗帜，深入贯彻落实党的二十大精神和中央金融工作会议、中央经济工作会议部署要求，坚持稳中求进工作总基调，完整、准确、全面贯彻新发展理念，积极履行金融国企社会责任，以高质量金融服务助力经济社会高质量发展。

8.10.1 健全完善治理结构，坚持依法合规经营

8.10.1.1 强化治理机制建设

深入学习贯彻中央金融工作会议精神，积极践行"党委核心领导、董事会战略决策、监事会依法监督、经营层执行落实"的公司治理机制，贯彻落实国家金融监督管理总局天津监管局及市国资委有关政策要求，围绕中心工作，努力构建"权责明确、监督有效、运转规范"法人治理结构，筑牢"合法合规、决策科学、执行有力"治理形态。治理机制建设方面，坚决落实两个"一以贯之"工作要求，进一步完善中国特色国有企业现代公司治理，不断加强党的领导和公司治理深度融合，做到提高政治站位、强化责任担当、坚持合规稳健。

8.10.1.2 强化制度执行约束

严格遵守国家法律法规、监管部门规章、规范性文件要求，2023年信托业务"三分类"新规正式实施，明确了信托业以资产服务信托、资产管理信托和公益慈善信托为核心的业务体系和回归信托本源、引导差异发展等总体要求，持续深化制度体系建设，以制度建设弥补管理漏洞，强化制度执行约束，做到有制可依、有制必依、违制必究，保障公司稳健发展运行。同时不断健全完善监督机制，强化权力运行监督，加大监督力度，提升监督实效。

8.10.1.3 履行信息披露，打造"阳光国企"

2023年，公司严格按照有关法律、法规、规章，按时保质完成信息披露工作，持续推动信息披露制度化、

规范化。通过实现信息公开不断完善公司治理体系，主动接受社会监督，促进公司规范运行，打造"阳光国企"。

8.10.2 立足服务实体经济，践行金融国企担当

8.10.2.1 切实推动"十项行动"各项任务落实落地

认真贯彻落实市委、市政府助力天津发展"十项行动"决策部署，立足服务实体经济发展，践行国有金融机构社会责任，聚焦区域大学专利成果转化收益管理服务需求，创新推出天津市首单知识产权信托，打造金融服务"天开园"建设的"信托样板"；成立天津市首单湿地保护绿色慈善公益信托，以实际行动做好金融"五大篇文章"。

8.10.2.2 "三量"工作取得良好开局

召开推动落实"三量"工作专题研讨会，坚持问题导向，研究制定方案，重点聚焦解决不合理资源占用和激活"僵眠"资源、三分类业务品种创新、提升治理能力和推动精益管理、健全风控合规体系等方面，形成17项针对性措施，制定《自有资金支持业务转型发展指引》，充分发挥固信协同功能，着力推进盘活资产存量、培育业务增量、提升发展质量。

8.10.2.3 业务创新与服务社会深度融合

不断提升业务模式与经济发展、社会发展的适配程度，推动业务转型并相继落地保险金信托、"信世系列"家庭服务信托项目，全力满足人民群众对美好生活的向往；成功中标某上市公司破产重整服务信托项目，助力企业化债化险；落地"关爱独孤症患者"和"励志奖学金"等主题的公益慈善信托，在服务群众具体需求上提升服务能力与水平。

8.10.2.4 坚持正面宣传，唱响主旋律

先后在津云、天津国资、天津金融、天津市银行业协会等媒介发布《聚焦特色化经营 坚守区域性定位 打造"小而稳""小而专""小而优"的信托公司》《北方信托围绕"三量"工作做好"加减乘除"》等稿件，展示公司在加快建设金融强国中奋力担当作为的良好风貌。

8.10.2.5 依法诚信经营，自觉履行纳税义务

认真遵守税收法规，积极履行纳税的责任和义务，依法及时足额缴纳各项税款，做和谐社会建设的积极参与者。连续多年被税务机关评为"纳税信用A级纳税人"，树立了诚信纳税的良好企业形象。2023年公司累计缴纳各项税费约2.84亿元，为增加国家和地方财政收入、促进地方经济发展和社会进步作出了积极贡献。

8.10.3 切实强化受托责任，服务人民美好生活

8.10.3.1 忠实受益人利益，信托产品全部到期清算

2023年公司管理的信托产品全部到期清算，累计为受益人实现收益63.58亿元。

8.10.3.2 不断创新服务方式，满足社会理财需求

作为专业化财富管理机构，公司通过信托制度优势、运用财富工具助力更多家庭实现财富规划，以进一步提升居民财产性收入、增进民生福祉为目标，践行金融服务社会责任。一是全力推动家族信托、家庭服务信托、其他个人财富管理信托等财富管理创新业务落地；首批家庭服务信托落地四十余笔，总规模超过6 000万元，填补了此类业务空白、丰富了产品体系，为积极响应监管导向，实现财富转型升级迈出重要一步。二是加强金融消费者教育，阵地宣传与外出宣传相结合，增加宣教辐射面积，普及信托知识、宣传信托文化，树立我司公众形象及社会认可度，进一步提高受众面和影响力。

8.10.3.3 严格落实受托人职责，维护投资者合法权益

一是为信托产品全生命周期提供一对一专业化、规范化、个性化服务，在与客户的业务往来遵循公平、公开、公正、风险匹配、审慎合规、诚实信用的原则，充分揭示风险和防范风险。二是合理评定信托产品风险等级，在充分履行尽职调查职责、有效评估投资者风险承受能力的基础上，向投资者销售与其风险识别能力和风险承受能力相匹配的信托产品。三是在信托合同中设立专门章节对产品风险因素作出充分、客观的揭示，推介中无承诺回报、虚假宣传、掩饰风险、欺骗误导等侵害投资人利益的违规行为。

8.10.4 持续强化合规经营，加强信托文化建设

8.10.4.1 贯彻全面风险管理理念，完善全面风险管理体系

一是主动应对当前复杂多变的市场环境，加大资本市场业务准入把关力度，成立与专业评审会并列的资本市场业务审查委员会。二是将业务预审单独设立一级部门，进一步强化风险审查的专业性，提高风险防范的有效性。三是新成立风险管理部，持续强化对业务的事前、事中、事后全方位风险管理，完成"三层四柱"风控组织体系的进一步升级。四是修订《全面风险管理规定》、制定《受托管理责任内部履职评价工作指引》等风险管理制度，进一步完善全面风险管理制度体系。

8.10.4.2 自觉履行反洗钱义务

一是恪守社会公德，自觉遵守各项规定，积极维护

行业市场竞争秩序，并积极履行反洗钱义务，修订《北方国际信托股份有限公司反洗钱管理办法》，进一步明确各管理层级在反洗钱工作中的职责分工，不断完善层次清晰、相互协调、有效配合的运行机。二是不断加强反洗钱文化建设，年内集中组织反洗钱专（兼）职人员开展反洗钱工作专业培训，进一步提高公司员工反洗钱意识以及业务风险防范能力，提升公司作为反洗钱义务机构的履职能力。三是积极参加监管部门开展的主题宣传活动，通过微信公众号、LED屏、印刷宣传册等媒介组织形式多样的反洗钱宣传工作。2023年，公司反洗钱各项工作实现高质量发展，充分发挥反洗钱在推进国家治理体系和治理能力现代化、保障经济社会稳定和国家安全等方面的重要作用。

8.10.4.3 筑牢内控合规体系，提升合规管理水平

严格贯彻落实习近平总书记提出的在金融系统大力弘扬中华优秀传统文化的重要要求，把"诚实守信、以义取利、稳健审慎、守正创新、依法合规"落实到全员日常工作中。一是以合规经营为本，进一步提升全员合规意识，完善合规体系建设，及时将外部有关合规要求转化为内部规章制度，以制度建设推动各项经营管理活动的规范化。二是扎实开展"信托文化提升年"活动，推动合规文化与业务融合、与管理融合。三是夯实国有企业"责任文化"，持续完善责任体系，健全责任链条，形成责任闭环，引导各级管理者发挥模范带头作用、全员忠实履行岗位职责，要求全体员工遵守行业自律规则和业务相关领域的各项规定，积极维护行业市场竞争秩序、行业声誉和良好社会形象。

8.10.4.4 着力建设良好受托人文化

履行诚实、信用、谨慎、有效管理的义务，将"守正、忠实、专业"的要求嵌入公司文化、发展战略、员工培训、制度规定、激励约束机制等环节，引领全体员工牢记受托人定位，夯实受托人根基，履行受托人义务。秉承"受人之托、忠人之事"的原则开展信托业务，加强各类风险管控，通过实施风险管控质量工程等专项工作，优化事前、事中、事后的全过程风险管理机制，将风险控制通过制度、流程、文化、系统等，贯穿于公司经营的各个环节，维护受益人的合法权益。

8.10.5 促进员工积极成长，有效提升人本价值

8.10.5.1 坚持以人为本，加强教育培训

一是搭建知识管理、人才赋能平台，建立体系化人才培养模式，提升人才培养的系统性、有效性和连续性，结合公司年度重点工作，制定"三横四纵"培训体系，围绕信托业务"三分类"新政及行业热点开展多次培训。二是充分利用国家金融监督管理总局、信托业协会、银行业协会、天津市国资委等上级单位培训资源，委派公司骨干人员参加各类外委培训。三是创新培训形式和载体，有效利用公司在线培训平台，制作、上传培训课程，充分发挥线上培训优势，鼓励员工利用碎片化时间学习、提升。

8.10.5.2 加强关怀重视需求，维护职工合法权益

公司工会坚持以职工为中心的工作导向，抓住职工群众最关心最直接最现实的利益问题，认真履行维护职工合法权益，竭诚服务职工群众的基本职责，充分发挥职工（会员）代表大会作用，构建和谐劳动关系。对涉及员工切身利益事项，通过职工（代表）大会、工会会议等民主形式，听取员工意见，关心和重视员工合理需求，切实解决实际问题。

8.10.5.3 倡导"绿色办公"，增强环保意识

公司倡导"绿色办公"理念，重视培养员工环保意识，加强环保节能宣传引导，持续推进电子化办公，升级OA办公系统和北方信托App，优化"北信E企学"培训平台，推广"腾讯会议"线上培训模式。同时通过多种传播载体进行反食品浪费与粮食节约减损公益宣传，引导全体员工弘扬勤俭节约的优良传统，养成健康文明的工作生活习惯。

8.10.6 积极助力乡村振兴，主动投身公益慈善

8.10.6.1 发挥党建引领，开展"我为群众办实事"

公司持续深入开展"我为群众办实事"，积极开展党建共建活动，一是公司第六党支部组织党员捐款，与天津市河西区越秀路街教师村社区党支部共同为"东西部协作和支援合作"项目提供支援和帮助。二是公司第三党支部、第六党支部与天津市河西区健强里社区党支部联合开展"反洗钱、反诈骗"主题讲座，详细讲解电信诈骗特点、常见的电信网络诈骗手段和防范措施等内容，帮助居民"守住钱袋子，护好幸福家"。

8.10.6.2 发展公益慈善信托，助力共同富裕

公司充分发挥自身优势，开展公益慈善信托，引导社会资金参与支持扶贫助困、乡村振兴、绿色公益等社会发展薄弱领域。截至2023年12月末，公司已累计设立18单慈善信托，成立总规模465.96万元，存续规模245.37万元，涉及扶贫、助困、助学、助老、关爱困境儿童、乡村振兴、生态环境保护等多个领域。目前，公

司已与多个慈善组织开展合作，捐助实际惠及人数超过万人。2023年，公司围绕心智障碍群体发展设计了"心智障碍家庭系列信托"，落地"北方信托·恒星计划·关爱孤独症患者1期慈善信托"，组织多场爱心公益宣讲讲座，公司员工积极参与99公益节爱心义卖，踊跃捐款，参加社会慈善活动，促进社会和谐与进步。

8.10.6.3 支持经济薄弱村，助力巩固脱贫攻坚成果

切实扛起支持乡村振兴、服务农民群众的政治责任，围绕"五增五提升"目标要求，立足党建引领乡村振兴，在经济薄弱村设置党建宣传栏和党建彩绘文化墙，打造红色宣传阵地；建强村级党组织战斗堡垒，健全党组织领导下的"乡村善治"体系；制定扶持工作规划，探索盘活村庄闲置资源，激发可利用资源"造血"功能；凝聚攻坚克难内生力量，带领村委外出参观学习，与当地企业深入交流，探讨合作模式，积极拓宽农民增收致富渠道；开展多单乡村振兴系列慈善信托，2023年新设立"北方信托·乡村绿色发展慈善信托"，促进天津市乡村村庄美化及绿化改造，通过可持续发展的方式，改善乡村基础设施。

渤海国际信托股份有限公司

1.重要提示

1.1 本公司董事会及董事保证本报告所载资料不存在任何虚假记载、误导性陈述或者重大遗漏,并对其内容的真实性、准确性和完整性承担个别及连带责任。

1.2 本公司独立董事朱玉杰、苏敬勤、孟庆斌对本报告内容的真实性、准确性和完整性表示认可。

1.3 立信会计师事务所(特殊普通合伙)为本公司出具了标准无保留意见的审计报告。

1.4 公司董事长卓逸群、财务总监董丁丁、计划财务部总经理刘尹健声明:保证年度报告中财务会计报告的真实、完整。

2.公司概况

2.1 公司简介

渤海国际信托股份有限公司(以下简称渤海信托或公司)前身为河北省国际信托投资有限责任公司,成立于1983年12月,2004年1月获准重新登记,注册资本金32 565万元。2006年12月完成重组,2007年2月,注册资本金增加至72 565万元。2007年11月,公司名称变更为渤海国际信托有限公司。2009年3月,注册资本金增加至79 565万元;2011年6月,海航资本控股有限公司(后更名为海航资本集团有限公司)增资120 435万元,注册资本金增加至200 000万元。2015年7月,公司完成股份制改制,更名为渤海国际信托股份有限公司;2017年2月,海航资本集团有限公司增资64 000万元,北京海航金融控股有限公司增资96 000万元,注册资本金增加至360 000万元。

法定中文名称	渤海国际信托股份有限公司
法定中文缩写名称	渤海信托
公司法定英文名称	Bohai International Trust Co., Ltd.
法定英文缩写名称	BITC
法定代表人	卓逸群
注册地址	石家庄市新石中路377号B座22~23层
公司网址	www.bohaitrust.com
邮政编码	050090
信息披露事务联系人	李晓晨,电话:0311-89946618,传真:0311-68050333;电子信箱:bhxt-db@bohaitrust.com
选定的信息披露报纸	《上海证券报》
信息披露事务负责人	章全明
公司年报备置地点	石家庄市新石中路377号B座22层
聘请的会计师事务所	立信会计师事务所(特殊普通合伙)
聘请的会计师事务所住所	上海市黄浦区南京东路61号四楼

2.2 组织结构

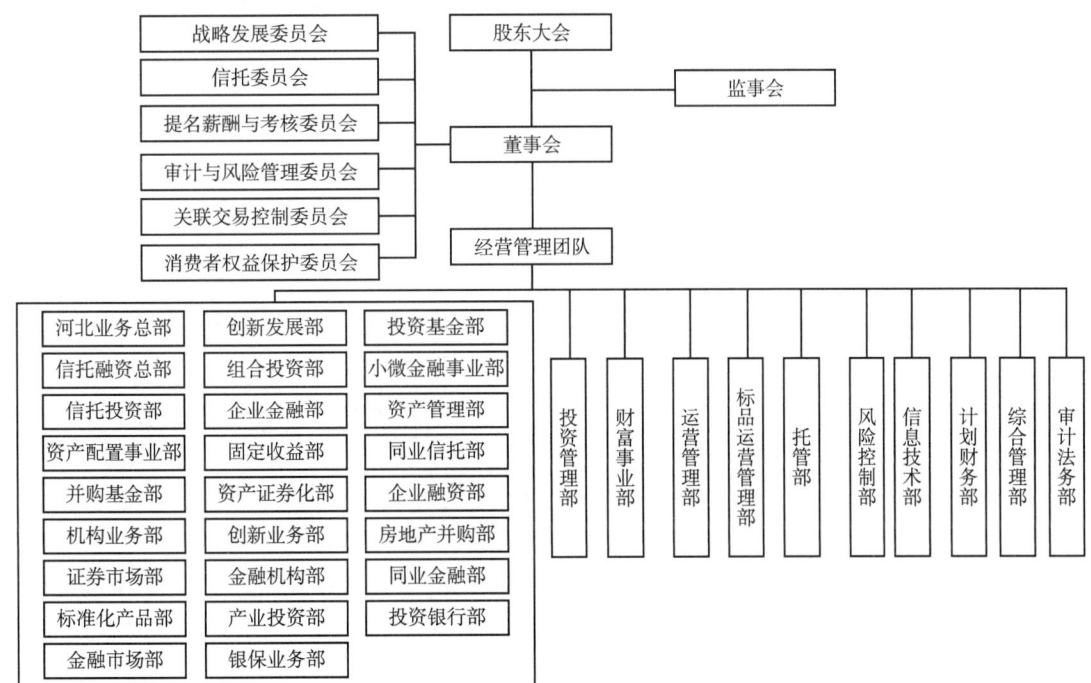

3.公司治理

3.1 股东

截至2023年末，公司股份总数360 000万股，股东总数3家；控股股东为海航资本集团有限公司；无实际控制人；最终受益人为海航集团破产重整专项服务信托全体受益人。

股东名称	持股比例（%）	法人代表	注册资本（万元）	注册地址	主要经营业务
海航资本集团有限公司	51.23	李培	3 348 035	海南省海口市海秀路29号	企业资产重组、购并及项目策划，财务顾问中介服务，信息咨询服务，交通能源新技术、新材料的投资开发，航空器材的销售及租赁业务，建筑材料、酒店管理，游艇码头设施投资
北京海航金融控股有限公司	26.67	丁永忠	2 120 000	北京市丰台区丽泽路18号院1号楼701~731室	投资与资产管理；投资咨询；经济贸易咨询；企业策划；财务咨询（不得开展审计、验资、查账、评估、会计咨询、代理记账等需经专项审批的业务，不得出具相应的审计报告、验资报告、查账报告、评估报告等文字材料）；技术开发；技术服务（①未经有关部门批准，不得以公开方式募集资金。②不得公开开展证券类产品和金融衍生品交易活动。③不得发放贷款。④不得对所投资企业以外的其他企业提供担保。⑤不得向投资者承诺投资本金不受损失或者承诺最低收益"；不得以公开方式募集资金；不得公开交易证券类产品和金融衍生品；不得发放贷款；不得向所投资企业以外的其他企业提供担保；不得向投资者承诺投资本金不受损失或承诺最低收益。企业依法自主选择经营项目，开展经营活动；依法须经批准的项目，经相关部门批准后依批准的内容开展经营活动；不得从事本市产业政策禁止和限制类项目的经营活动
中国新华航空集团有限公司	22.10	杜华松	438 664.5137	北京市顺义区天竺镇府前一街17号1~3幢	许可项目：公共航空运输；住宿服务；餐饮服务；食品销售（依法须经批准的项目，经相关部门批准后方可开展经营活动，具体经营项目以相关部门批准文件或许可证件为准）。一般项目：航空商务服务；自有资金投资的资产管理服务；民用航空器材销售；建筑装饰材料销售；化工产品销售（不含许可类化工产品）；电子产品销售；日用百货销售；针纺织品销售；机械设备销售；计算机软硬件及辅助设备零售；打字复印；广告设计、代理；广告制作；广告发布；货物进出口；洗染服务；洗烫服务（除依法须经批准的项目外，凭营业执照依法自主开展经营活动；不得从事国家和本市产业政策禁止和限制类的经营活动）

海航资本集团有限公司的主要股东如下表所示；控股股东为海南海航二号信管服务有限公司；无实际控制人；最终受益人为海航集团破产重整专项服务信托全体受益人；与北京海航金融控股有限公司互为一致行动人。

股东名称	持股比例（%）	法人代表	注册资本（万元）	注册地址	主要经营业务
海南海航二号信管服务有限公司	100.00	赵权	100	海南省海口市美兰区国兴大道7号新海航大厦25楼	以自有资金从事投资活动；信息咨询服务（不含许可类信息咨询服务）；企业管理咨询；融资咨询；信息技术咨询服务；社会经济咨询服务；破产清算服务（一般经营项目自主经营，许可经营项目凭相关许可证或者批准文件经营；依法须经批准的项目，经相关部门批准后方可开展经营活动）

3.2 董事、董事会及其下属委员会

董事长、董事

姓名	职务	性别	年龄（岁）	选任日期	所推举股东名称	该股东持股比例（%）	简要履历
卓逸群	董事长	男	50	2021年5月31日	海航资本集团有限公司	51.23	历任香港航空租赁有限公司副总裁、Trailer Services Group（TIP）副总裁、渤海金控投资股份有限公司董事长兼首席执行官、渤海人寿保险股份有限公司董事；现任渤海国际信托股份有限公司党委书记、董事长、法定代表人
李令星	董事	男	56	2013年3月26日	海航资本集团有限公司	51.23	历任河北省国际信托投资有限公司稽核审计部总经理，海航资本集团有限公司合规管理部总经理，渤海人寿保险股份有限公司副总经理，合规负责人；现任渤海国际信托股份有限公司董事
陈虹	董事	男	49	2018年5月7日	北京海航金融控股有限公司	26.67	现任中南财经政法大学法学院经济法系副教授，渤海国际信托股份有限公司董事
陈垚	董事（拟任）	男	37	待核准任职资格	中国新华航空集团有限公司	22.10	历任海航空集团有限公司财务部总经理兼西部航空有限责任公司财务总监；现任海南航空控股股份有限公司党委委员、董事、财务总监

独立董事

姓名	职务	性别	年龄（岁）	选任日期	所推举股东名称	该股东持股比例（%）	简要履历
朱玉杰	独立董事	男	54	2017年11月28日	—	—	历任清华大学经济管理学院金融系助教、讲师、副教授；现任清华大学经济管理学院金融系教授、清华大学不良资产研究中心主任、清华大学教学办公室（学术）主任，渤海国际信托股份有限公司独立董事
苏敬勤	独立董事	男	62	2017年11月28日	—	—	历任大连理工大学技术经济研究所所长，管理学院党委书记、副院长、院长，党委组织部部长，党校常务副校长，管理与经济学部部长，中国工业科技管理大连培训中心主任；现任大连理工大学平台治理研究院院长，中国管理案例共享中心创始人，科技产业创新与创业省级研究基地主任，渤海国际信托股份有限公司独立董事
孟庆斌	独立董事	男	43	2018年7月20日	—	—	历任中国人民大学商学院财务与金融系讲师、副教授，现任中国人民大学商学院财务与金融系教授，渤海国际信托股份有限公司独立董事

董事会下属委员会

董事会下属委员会名称	职责	组成人员姓名	职务
战略发展委员会	主要负责制定公司经营管理目标和长期发展战略，监督、检查年度经营计划、投资方案的执行情况	卓逸群	主任委员
		陈虹	委员
		朱玉杰	委员
		孟庆斌	委员
信托委员会	主要负责督促公司依法履行受托职责。当公司或其股东利益与受益人利益发生冲突时，保证公司为受益人的最大利益服务	朱玉杰	主任委员
		陈虹	委员
提名薪酬与考核委员会	主要负责拟定董事和高级管理层成员的选任程序和标准，对董事和高级管理层成员的任职资格进行初步审核，并向董事会提出建议；拟定董事和高级管理层成员的薪酬方案，向董事会提出薪酬方案建议，并监督方案实施；制定公司董事及高级管理层成员的考核标准并进行考核	苏敬勤	主任委员
		卓逸群	委员
		孟庆斌	委员
审计与风险管理委员会	主要负责检查公司风险及合规状况、会计政策、财务报告程序和财务状况；负责公司年度审计工作，提出外部审计机构的聘请与更换建议，并就审计后的财务报告信息真实性、准确性、完整性及时性作出判断性报告，提交董事会审议；监督高级管理层关于信用风险、流动性风险、市场风险、操作风险、合规风险和声誉风险等风险的控制情况，对公司风险政策、管理状况及风险承受能力进行定期评估，提出完善公司风险管理和内部控制的意见	朱玉杰	主任委员
		李令星	委员
		陈虹	委员
关联交易控制委员会	主要负责公司关联交易的管理、审批，控制关联交易风险	孟庆斌	主任委员
		李令星	委员
		陈虹	委员
消费者权益保护委员会	主要负责制定公司金融消费者权益保护工作的战略、政策和目标，对消费者权益保护工作进行总体规划指导，督促高管层有效执行和落实相关工作	卓逸群	主任委员
		李令星	委员

3.3 监事、监事会及其下属委员会

监事会成员

姓名	职务	性别	年龄（岁）	选任日期	所推举股东名称	该股东持股比例（%）	简要履历
符高萌	监事会主席	男	54	2023年6月29日	—	—	历任海南省信托投资公司资金部副经理，海南海信期货经纪有限公司总经理助理，国泰君安证券股份有限责任公司海口营业部资本运作部经理，渤海国际信托有限公司信托业务部门副总经理、总裁助理、副总裁；现任渤海国际信托股份有限公司监事会主席
童清	监事	男	56	2019年4月24日	—	—	历任华安财产保险股份有限公司董事长特别助理、副总裁；现任华安财产保险股份有限公司执行董事兼总裁，渤海国际信托股份有限公司监事
肖小清	职工监事	女	32	2023年6月13日	—	—	历任渤海国际信托股份有限公司风险控制部合同审核主管、合规总监；现任渤海国际信托股份有限公司职工监事、风险控制部副总经理

3.4 公司高级管理人员

姓名	职务	性别	年龄（岁）	任职日期	金融从业年限（年）	学历	专业	简要履历
章全明	总裁	男	56	2023年4月23日	23	硕士	金融学	历任人民银行营业管理部副主任科员，原中国银监会北京监管局副处长，国民信托有限公司副总裁，中节能财务有限公司副总经理，渤海国际信托股份有限公司副总裁；现任渤海国际信托股份有限公司党委副书记、总裁
李力盛	首席风控官	男	44	2018年7月20日	10	本科	会计	历任普华永道会计师事务所高级审计师，中国海洋石油总公司高级审计师，新东方教育科技集团有限公司审计师，首开商业地产有限公司财务总监，渤海国际信托有限公司风险控制部总经理；现任渤海国际信托股份有限公司首席风控官
姜鲁宁	副总裁	女	40	2017年9月7日	15	硕士	法律	历任渤海国际信托股份有限公司信托业务部信托经理、高级信托经理，信托业务二部总经理助理、副总经理，北京业务一部副总经理、总经理，信托融资部总经理；现任渤海国际信托股份有限公司副总裁
董丁丁	财务总监	男	43	2016年8月15日	16	硕士	金融学	历任海南航空股份有限公司机组资源管理员，海航集团财务有限公司资金信贷部总经理；现任渤海国际信托股份有限公司财务总监
李欣	总裁助理	女	41	2017年9月7日	12	本科	统计学	历任扬子江地产集团有限公司综合管理部薪酬绩效主管，扬子江保险经纪有限公司综合管理部经理，海航资本集团有限公司人力资源部副经理，渤海国际信托股份有限公司总裁助理兼综合管理部总经理；现任渤海国际信托股份有限公司总裁助理
侯庆涛	总裁助理	男	41	2017年9月7日	13	硕士	法律	历任渤海国际信托股份有限公司信托业务部信托运营助理、信托经理、高级信托经理，河北业务总部信托业务总监，创新发展部副总经理、总经理；现任渤海国际信托股份有限公司总裁助理兼创新发展部总经理
杨超	总裁助理	男	37	2022年3月1日	12	硕士	管理学	历任渤海国际信托股份有限公司上海业务部高级信托经理，同业机构部业务总监，资产配置事业部总经理；现任渤海国际信托股份有限公司总裁助理兼资产配置事业部总经理

3.5 公司员工

项目		报告期年度		上年度	
		人数（人）	比例（%）	人数（人）	比例（%）
年龄分布	20~29岁	15	5.46	20	7.24
	30~39岁	182	66.18	188	68.12
	40岁及以上	78	28.36	68	24.64
学历分布	博士	2	0.73	3	1.09
	硕士	122	44.36	121	43.84
	本科	148	53.82	149	53.98
	专科	3	1.09	3	1.09
岗位分布	董事、监事及高管人员	10	3.64	10	3.62
	自营业务人员	6	2.18	6	2.18
	信托业务人员	148	53.82	152	55.07
	其他人员	111	40.36	108	39.13

4. 经营管理

4.1 经营目标、方针、战略规划

4.1.1 经营目标

聚焦专业能力。坚守信托本源，恪守受托人职责，致力于成长为特色竞争优势明显、可持续发展能力强的专业化信托公司。

提供优质产品。以客户投融资需求为导向，优化信托产品设计，满足社会资金多层次回报需求，为客户提供个性化金融解决方案。

强化风险管理。不断夯实风险管理和内部控制基础，持续提高风险识别和管控能力，为投资者保驾护航。

保持持续盈利。积极推进业务转型，提升研发创新水平，完善创新业务的产品模式及运作流程，增强市场竞争力，保持公司盈利能力稳定。

承担社会责任。涵养树立优秀企业文化，以新的发展动力引领公司实现发展愿景。在服务战略性新兴产业、河北省地方经济建设、绿色金融、转型金融等方面，加大对实体经济的支持力度；在乡村振兴、消费促进、普惠金融、新市民金融、公益慈善等领域，拓展多元服务方式。与此同时，多措并举推动公司金融消费者权益保护工作走深走实。

4.1.2 经营方针

贯彻落实党的二十大精神和中央金融工作会议精神，将公司战略目标、业务规划、经营计划、激励约束、风险管理和内部控制体系等与受托人定位相匹配，以实现受益人合法利益最大化作为实现股东利益的基础和前提，以"坚持党建引领、坚持合规经营、坚持市场机制、坚持创新发展"四个坚持为经营方针，梯次推进业务结构

和盈利模式转型，加快推动工作重心从以风险化解统揽全局向以高质量发展统揽全局转变，逐步成长为一家受人尊敬的信托公司、河北最好的金融机构。

4.1.3 战略规划

坚持以效益为核心，以顺应形势发展需要、抓住关键时间节点、符合行业内在规律为原则，按照"3+1"的方向推进公司转型发展，即"传统业务+证券投资+小微金融"+"财富管理"，既要巩固在传统业务领域的经营优势，又要拓展和培育创新业务，逐步完成公司业务线的经营转型和盈利结构优化，在满足监管要求的前提下，实现可持续发展。一是将传统业务定位为公司的业绩支撑、转型基础，追求合规、稳健发展，保持规模和收入的稳定。二是将创新业务的定位为公司未来发展的动力源，重点推动"标品投资业务"及"小微金融"两大业务方向，注重优化结构、提高占比、提升营收贡献，带动公司高质量发展。三是将财富管理的定位为公司重要的核心竞争力之一，为客户提供多元资产配置及服务。

4.2 所经营业务的主要内容

自营资产运用与分布表

资产运用	金额（万元）	占比（％）	资产分布	金额（万元）	占比（％）
货币资产	46 572.55	2.92	基础产业	2 965.42	0.19
贷款及应收款	1 151 075.74	72.10	房地产业	—	—
交易性金融资产	212 205.15	13.29	证券市场	96 523.23	6.05
买入返售金融资产	40 912.15	2.56	实业	1 157 638.39	72.51
债权投资	—	—	金融机构	125 329.60	7.85
长期股权投资	—	—	其他	214 088.62	13.41
其他	145 779.67	9.13	—	—	—
资产总计	1 596 545.26	100.00	资产总计	1 596 545.26	100.00

信托资产运用与分布表

资产运用	金额（万元）	占比（％）	资产分布	金额（万元）	占比（％）
货币资产	1 048 438.68	2.06	基础产业	5 190 644.88	10.18
贷款	27 593 637.72	54.11	房地产	2 269 646.00	4.45
交易性金融资产	8 074 766.86	15.83	证券市场	584 633.31	1.15
买入返售金融资产	6 493.06	0.01	实业	39 185 212.82	76.83
债权投资	10 965 557.83	21.50	金融机构	554 954.66	1.09
长期股权投资	2 808 016.38	5.51	其他	3 214 635.10	6.30
其他	502 816.24	0.98	—	—	—
信托资产总计	50 999 726.77	100.00	信托资产总计	50 999 726.77	100.00

4.3 市场分析

4.3.1 有利因素

（1）信托行业经过五年的持续调整，信托业务的功能和结构发生变化，行业正在迈入新的发展阶段。2023年中央金融工作会议指出，金融是国民经济的命脉，要坚定不移走中国特色金融发展之路，做好科技金融、绿色金融、普惠金融、养老金融、数字金融"五篇大文章"，推动我国金融高质量发展，为信托业的发展提供了根本遵循。

（2）2023年是中国信托行业具有历史意义的一年，伴随着新三分类的落地，信托行业真正实现回归本源目标。信托行业经过持续调整，有了明确的转型路径。信托业务分类改革启动，信托业转型步伐坚实有力，信托业务的功能和结构发生变化，行业正在迈入新的发展阶段。与此同时，新的业务分类逻辑将进一步促进团队专业化分工，进而重塑信托公司的组织架构和制度文化。

（3）渤海信托作为目前唯一一家注册地在河北省，经营信托业务的非银行金融机构，认真贯彻落实党的二十大精神，以推动高质量发展为主线，坚持金融的政治性和人民性，坚定回归信托本源，积极对接中国式现代化河北场景、京津冀协同发展、雄安新区高标准建设、石家庄冲刺经济总量过万亿元等，为公司高质量发展提供了广阔空间。

（4）公司结合信托业务分类新规，以"优化存量、变革增量"为展业思路，利用在传统领域长期耕耘积累的客户优势和专业优势，持续推动传统业务向服务实体经济，满足监管要求转化，创新型业务在符合监管导向的框架下，注重发挥信托的受托服务功能，回归信托本源。一直以来，公司坚持稳健运行，持续夯实风险管控体系建设，无重大风险项目拖累，可以轻装上阵，获取更多的市场机会。

4.3.2 不利因素

（1）2023年，多重困难挑战交织叠加，我国经济波浪式发展、曲折式前进，外需下滑和内需不足碰头，周期性和结构性问题并存，一些地方的房地产、地方债务、中小金融机构等风险隐患凸显，部分地区遭受洪涝、台风、地震等严重自然灾害，实体经济困难较多，重点领域风险仍存。

（2）2023年信托业存量风险加速暴露，风险防范和处置仍是各信托公司的重中之重。信托业务"三分类"

政策施行后，资产管理信托直接适用资管新规，展业模式和标准被"拉平"，信托业处于新旧动能转换期，新业务短期内难以弥补传统业务下降的缺口。

（3）信托与基金、券商、银行理财等资管同业相比，标品规模仍较小，参与深度有限，但加快做强做优做大标品信托业务已成为行业共识。标品信托等本源业务对信托公司的投研水平、资产配置、信息技术、自主营销等能力均有较高要求，核心竞争能力的形成需要一定时间。

（4）在当前经济及监管环境下，信托行业新型优质细分赛道供给增长爆发力偏弱，短期尚难形成有效支撑，其竞争力尚待提升，未来依然任重道远。

4.4 内部控制

4.4.1 内部控制机制依据和内部控制机制覆盖范围

4.4.1.1 内部控制机制依据

渤海信托内部控制评估工作的依据是《公司法》《商业银行内部控制指引》《信托公司管理办法》《信托公司治理指引》等法律法规，渤海国际信托股份有限公司章程、《渤海国际信托股份有限公司内部控制指引》及其他相关规章制度。

4.4.1.2 内部控制机制覆盖范围

渤海信托内部控制评估涵盖公司治理结构三会一层，固有、信托两大业务体系及前台、中台、后台各部门。

4.4.2 内部控制制度及执行情况

4.4.2.1 公司治理内控

公司章程规范、完善，股东大会、董事会和监事会的议事规则和决策程序健全，董事会和董事长的决策权限明确、具体，对关联交易设置了专门的审议规则和决策机制；董事会、监事会及董事会下设的战略发展委员会、信托委员会、审计与风险管理委员会、提名薪酬与考核委员会、关联交易控制委员会以及消费者权益保护委员会的议事规则健全、决策程序完善、工作职责明确和年度工作计划具体，且落实情况良好，为公司内部控制的运作提供了良好的基础和环境。股东大会正常、有效地行使在决定公司经营方针和投资计划、更换董事、批准财务预算和决算方案等方面的权利。董事会、监事会能够正常有效地行使公司章程所赋予的各项职权。

公司股东严格遵守法律、行政法规和监管机构的规定履行出资人义务和行使出资人的权利。公司建立了规范的关联交易管理制度，涉及关联交易项目均严格执行相关审核原则和程序，关联交易活动遵循了平等、自愿、信用和对价的商业原则，向利益关系人予以充分披露关联交易的定价依据，关联交易均按监管要求事先向监管机构报告。

在公司经营管理过程中，董事会、监事会和公司高级管理人员认真履行公司章程及公司内部控制制度所赋予的职责，遵守《公司法》《金融违法行为处罚办法》《银行业金融机构董事（理事）和高级管理人员任职资格管理办法》和《信托公司行政许可事项实施办法》等相关法律法规以及公司章程和内部控制制度所列示的禁止性规定，展现了公正廉洁、遵纪守法、忠于职守、重视内控、规范经营、严防风险的高度责任意识和优良的工作作风；组织管理能力和业务能力与任职相称。

4.4.2.2 业务控制

4.4.2.2.1 信托业务与固有业务独立机制

《中华人民共和国信托法》《信托公司管理办法》《信托公司集合资金信托计划管理办法》等相关法律规定信托业务和固有业务完全独立，形成防火墙，确保相关人员、系统以及财产不交叉。《渤海国际信托股份有限公司审批流程指引》对此也进行了明确的确认和区分。

4.4.2.2.2 项目独立评审机制

按照《渤海国际信托股份有限公司业务评审指引》《渤海国际信托股份有限公司融资类信托项目尽职调查指引》等相关制度，项目尽职调查、审查、评审、审批、执行、后期管理、信息反馈、审计监督基本是相互分离的，项目尽职调查基本上客观、如实地记录和报告了业务状况和风险状况，风险控制部和业务评审委员会在项目审查、评审环节独立发表意见。业务评审委员会在公平公开的前提下的评审项目，业务评审委员对于项目的评审遵循独立客观原则。

4.4.2.2.3 风险量化机制

公司按照《渤海国际信托股份有限公司融资类信托业务尽职调查指引》暨《渤海国际信托股份有限公司交易对手及项目评级办法》对交易对手进行量化评估。交易对手及项目评级由定量评价和定性评价构成，评级要素包括市场竞争地位、信誉状况、管理水平、财务指标及项目评估等五个方面。交易对手及项目评级通过对潜在交易对手及拟融资项目主要风险要素的评价，系统分析和识别潜在交易对手及项目存在的风险和问题，据此确定对潜在交易对手融资需求拟采取的风控措施。

4.4.2.2.4 项目操作指引规范化机制

公司重视完善风险管理制度，通过完善业务管理制度，明确业务操作规范。随着业务发展，公司相关部门不断总结风险管理工作经验，积极落实监管要求，逐步提高风险管理工作水平，适时制定并修订《信托项目过程管理办法》《信托业务合同签署和风控措施落实管理办法》《金融消费者权益保护制度》《金融消费者权益保护工作考核评价办法》《产品信息公开查询平台管理制度》《金融消费者投诉处理办法》《金融知识宣传教育管理办法》《集合信托产品销售专区录音录像管理工作制度》《集合资金信托业务客户认购资金退款事项操作指引》《集合资金信托业务信息披露操作指引》《集合资金信托受益权转让登记操作指引》《信托业务档案管理办法》等制度指引，将公司的风险管理理念和工作经验固化到规章制度中，使业务标准和操作程序更加明确，风险管理更加有效。

4.4.2.2.5 项目审计机制

根据监管要求，跟踪审核业务整改情况。监管机构开展年度例行现场检查后，根据发现的问题，提出一系列监管要求，需要管理层或信托业务部门马上落实，对相关问题进行整改。审计法务部对业务部门的整改工作进行审计监督，有效保证了监管要求的落实和缺陷项目的整改，降低了公司经营风险。此外，公司修订并发布《内部审计管理制度》，定期向股东及公司领导上报公司业务发展情况、执行差异及处理情况、即将到期项目还款来源落实情况。上述措施为公司加强内部控制、有效落实各项管理制度、提早落实到期项目还款来源、敦促业务部门及时对已出现执行差异的项目提出和落实解决方案、防范与化解各类经营风险、提升非现场审计风险监控工作水平等，提供了有力的支持。

4.4.2.2.6 合规管理机制

为防控合规风险，由风险控制部负责合规内控事宜；责成各业务部门落实业务风险合规责任和金融机构案件防控责任。同时，风险控制部密切保持与当地监管部门的工作联系和信息沟通，确保公司治理、业务经营等诸方面均能较好落实监管政策，依法依规稳健经营。

4.4.2.2.7 业务流程监控机制

信息技术部按照《信息化需求管理制度》编制IT建设方案并与开发商恒生电子公司协商落实系统开发，积极推进公司业务流程监控系统建设，为科学开展风险管理创造条件。

4.4.2.2.8 注重过程管理机制

为进一步规范信托项目运营管理，提高运营管理水平，公司成立运营管理部。以《信托项目过程管理办法》《信托业务合同签署和风控措施落实管理办法》等制度为依托，严格控制项目操作风险，提高项目过程管理水平。

4.4.2.3 授权审批控制

公司授权管理制度规定清晰、明确。董事会在公司日常经营管理方面对总裁合理授权，经营管理层各位高级管理人员、职能部门负责人和关键岗位人员均在公司经营相应层次和项目管理的相应环节有适度授权，且授权范围及额度根据市场形势及公司业务运作实际需要适时调整。固有资金运用和费用预算审批，在不同层级有明确的授权额度。从实际运行情况看，目前各层级、各类型授权范围及额度是适当的，符合公司经营需要，也能够满足风险控制要求。

4.4.2.4 重大投资控制

对于重大投资项目，公司设有投资风险评估与控制（项目小组、风险控制部、业务评审委员会和审计与风险管理委员会）、财务成本收益监管与控制（计划财务部和财务总监）、董事会决策控制和股东大会授权控制多层次控制机制。

4.4.2.5 信息披露控制

公司信息反馈机制完善，内部报告路径明确完整，交流渠道通畅，不断加强信息系统建设，逐步实现信息的共享，确保公司股东、董事会、监事会和高管层能够及时全面了解公司的经营和内控情况；公司通过监管报表、专项报告、事前报告和重大事项报告等形式向监管部门及时报送各种数据信息和资料；公司严格执行信息披露的监管要求，根据信托文件约定通过公司网站和书面通知的形式，向当事人全面披露信托财产管理运用的相关信息，按时披露公司年报和重要经营信息等重大事项。信息披露内容真实、完整、充分，按照监管机构的规定刊登在全国性报纸上向公众披露有关信息。

4.4.2.6 财务管理内部控制

4.4.2.6.1 核算管理方面

认真贯彻落实《中华人民共和国会计法》《企业财务会计报告条例》《企业会计准则——基本准则》及各项具体准则，以实际发生的交易或事项为依据，提供的会计信息能够如实反映财务状况、经营成果和现金流量；按照公司制度规定的会计处理方法进行会计核算，核算及时、清晰明了，会计指标口径一致，相互可比；能够及时、准确上报各种财务报表。

4.4.2.6.2 资金管理方面

现金管理和银行存款管理均按照《现金管理暂行条例》和《人民币银行结算账户管理办法》认真执行，严格账户开立审批制度；根据公司业务开展模式，完善公司资金管理形式，并按照流程严格执行，做到既配合业务部门及时完成资金的划转，同时保证了资金的安全和相对可控。

4.4.2.6.3 税收管理方面

计划财务部将纳税管理责任落实到具体岗位，实行纳税专管制度；日常税务申报及时；按照税务机关《发票管理办法》购买和正确使用各种发票；按照国务院财政、税务主管部门规定的保管期限保管账簿、记账凭证、完税凭证及其他有关资料。

4.4.2.7 预算控制

公司严格执行相关预算管理办法，控制日常各项经济活动的支出。

4.4.2.8 财产保护控制

计划财务部按照公司相关制度每月进行固定资产折旧的计提、无形资产的摊销；按时对资产变动状况进行维护，并保证账务处理正确、及时；对账面保留的原有业务产生的债权、资产，计划财务部积极配合资产处置，提出财务建议和意见，降低公司不良资产率。

4.4.2.9 绩效考评控制

公司高度重视绩效考评工作，通过完善的绩效考评机制，建立竞争意识强又公平公正的公司环境。目前，公司绩效考评从工作业绩、胜任素质、合规管理、风险控制、价值准则，民主评议等六个方面展开。根据全员考核成绩确定考核等级，并根据考核等级对干部员工进行相应的激励和处罚，建立起绩效考评与员工激励的联动机制，使绩效考评真正落到实处。

4.4.2.10 反洗钱内部控制

为了建立健全反洗钱工作管理机制，加强公司反洗钱工作，有效预防洗钱活动，保持公司经营稳健，制定并修订《反洗钱和反恐怖融资工作管理制度及操作流程》《客户身份识别、身份识别资料和交易记录保存及客户风险等级划分管理办法》。要求各相关部门按照《中华人民共和国反洗钱法》《法人金融机构洗钱和恐怖融资风险管理指引（试行）》《银行业金融机构反洗钱和反恐怖融资管理办法》《金融机构客户身份识别和客户身份资料及交易记录保存管理办法》等相关规定，严格审查客户提供的法定代表人身份证、经办人身份证、企业营业执照等证明文件和资料，确保其真实性、完整性和有效性。交易对手是自然人的，严格审查自然人的身份证明等基本资料。真正做到"了解客户""识别客户"。对于委托人的信托财产，公司按照《信托法》等有关法律规定严格审查其来源的合法性，严禁与财产来源不明确的委托人开展业务。

4.4.2.11 重大突发事件应急控制

公司制定了《渤海国际信托股份有限公司信托项目风险应急响应和处置办法》，为应对业务及其他方面的重大突发事件作了预先准备。为妥善处置重大突发事件，在组织领导、工作程序、物质准备、信息披露及反馈等方面进行了周密的计划和安排，将事件对公司的不利影响降到最低。

4.4.2.12 信息系统保障机制

公司正式上线运行的信息系统共计20多套，对公司日常办公、业务开展、财务管理、客户服务、监管报表等提供全方位的信息化支持，所有信息系统均部署在A级数据中心，网络权限分区域精细化管控，在各网络边界部署安全设备隔离潜在的非法入侵和病毒感染，所有信息系统应用和数据库均采用高可用方式部署，实现负载均衡、流量分摊的同时也可有效防止本地单点故障造成系统服务中断的风险。此外，公司还建设了灾备数据中心，为重要系统搭建实时同步的灾备环境，可随时进行主环境和灾备环境的切换，最大限度保障公司业务连续性，同时聘请了专业的信息安全团队为公司信息系统提供漏洞扫描、钓鱼网站监测、渗透测试及应急响应服务，进一步为信息系统运营安全提供了保障。

4.4.3 内部控制监督体系

内部控制监督体系由公司的董事会、经营管理层和全体员工共同建立并实施的，公司为控制风险，实现经营管理目标，通过制定和执行一系列制度、程序和方法，对风险进行识别、评估、控制、监测和纠正的动态持续过程和机制。

4.4.4 内部审计机制

审计法务部担任着公司内部审计的职能，按照《信托公司管理办法》《信托公司治理指引》以及公司制定的《内部审计管理制度》的有关规定，每年进行两次常规审计。在日常工作中，对公司业务后期管理的跟踪等进行实时、不定期的监督审查。此外，审计法务部还依照《内部审计管理制度》对拟离任的公司高管进行审计，以核查其在任职期间是否依法合规履行自己的权利和义务。

4.4.5 内部控制缺陷认定及跟踪整改机制

公司通过不断完善内控机制，已形成了以合规审核、风险管理和内部审计为主，业务授权控制、会计控制以及业务流程环节控制等方面共同作用的内部监督评价与纠正机制，实现了内控缺陷的及时发现和自主纠正。监督评价机制的有效运作，一方面促进了业务操作流程的不断优化和完善，另一方面增强了对操作风险的实时掌控，使内部监督制约机制更加健全有效。同时，审计法务部按照监管要求和公司制度对内部控制机制和业务运作进行监督、检查与跟踪评价，发现问题迅速自纠。公司高级管理层高度重视监管意见和专业机构的审计结果，根据监管政策和业务发展现状，及时梳理公司规章制度和业务审批流程，不断修订完善，确保内部控制体系的科学有效运行。

公司定期聘请外部审计机构对公司的经营状况、财务状况和内部控制状况进行外部审计，并积极采纳外部审计机构的意见，改善和健全自身的内部控制。

4.5 风险管理

4.5.1 风险管理概况

公司始终坚持"全员风控"的理念，将"三会一层"和前台、中台、后台各部门、各岗位均纳入了公司风险管理体系，以董事会下设的审计与风险管理委员会做原则统领，经营层下设的业务评审委员会和风险控制部、审计法务部、运营管理部，前台各业务部门（团队）负责具体项目的筛选和风险识别。公司全面实施风险管理精细化、流程化体系建设、明确风险防控目标和职责。通过健全和完善审计与风险管理委员会的功能和作用，建立直接向董事会汇报的内控管理机制；通过建立完善资产质量考核体系和问责制，形成良好的风险管理文化；通过建立重大事项报告和信息沟通制度，为董事会、监事会履行职责和正确决策提供基础。

董事会作为公司的经营决策机构，对公司风险管理承担最终责任；监事会对董事会、董事会审计与风险管理委员会、公司高级管理层对风险管理的有效性进行监督；董事会审计与风险管理委员会统筹负责风险管理政策的制定，并对其执行情况进行监督。高级管理层负责公司风险管理的有效执行，承担有效管理和执行风险管理的责任。业务评审委员会作为总裁领导下的风险管理及决策机构，主要负责对公司的固有项目、信托项目以及与项目有关的其他重大事项进行审查、评估和决策。前台业务部门直接管理，承担风险管理的直接责任；运营管理部门与风险控制部门统筹推动，承担制定政策和流程，监测和管理风险的责任；审计法务部门监督检查，承担业务部门和管理部门履职情况的审计责任。公司建立"三道防线"的风险管理体系，不断促进业务流程优化和系统升级，合理保障公司的稳健经营和健康发展。

公司高度重视风险管理，认为风险管理能力是公司核心竞争力的重要构成，是公司持续稳健发展的基本保障，持续关注业务经营所面临的信用风险、市场风险、流动性风险、操作风险和声誉风险等各类风险。

4.5.2 风险状况

4.5.2.1 信用风险状况

信用风险是指由于债务人或交易对手不能履行或不能按时履行其合同义务，或者信用状况的不利变动而导致的风险。报告期末公司自营业务信用风险资产按资产质量进行五级分类并按规定标准足额提取呆账准备金，公司按规定提取信托赔偿准备金和各项资产减值损失准备。信托业务信用风险资产按照资产五级分类标准均为"正常"，报告期内，信托业务均按期清算，无违约和逾期现象出现。

4.5.2.2 市场风险状况

市场风险是指因市场价格（利率、汇率、股票价格和商品价格）的不利变动而使公司表内和表外业务发生损失的风险。公司开展的证券投资业务比重较低，固有业务和信托业务整体受股价波动的影响较轻；公司融资类业务存在利率风险，面临由于利率水平不利变动产生的收益相对减少的利率风险；商品价格的不利变动可能给交易对手带来销售下降或成本上升收益减少，进而给公司财产或者信托财产带来市场风险；报告期内公司未开展外币业务，汇率变动不会对公司的盈利能力和财务状况产生直接影响。

4.5.2.3 操作风险状况

操作风险是因内部程序、人员和业务系统的不完善或者工作失误给公司造成损失的风险。报告期内，公司不断优化业务操作指引和工作流程，进一步完善以风险管理为导向的综合业务管理平台，前台、中台、后台各部门的业务操作更加规范，公司各项业务运行正常，未发生操作风险事件。

4.5.2.4 合规风险状况

合规风险是指公司因没有遵循法律、规则和准则可能遭受法律制裁、监管处罚、重大财务损失和声誉损失的风险。报告期内，公司从始至终高度重视合规管理工作，认真组织落实各项自查事项，内部自查、配合检查、整改落实等具体工作，工作成果得到监管机构认可。公司未因法律风险管控不当导致交易无效或发生重大财务损失。

4.5.2.5　其他风险状况

公司面临的其他风险主要是指声誉风险和战略风险等。报告期内，公司未发生声誉风险和战略风险事件。

4.5.3　风险管理

4.5.3.1　信用风险管理

公司通过规范尽调程序和尽调报告内容，并对业务人员进行专项培训，不断加强尽职调查工作，实施交易对手信用风险量化管理，审慎选择交易对手，严控项目信用风险。公司融资类信托业务普遍采取实物抵押、权利质押、企业保证等风控措施。报告期内，公司交易对手均具有良好信用纪录，没有违约事件发生。在项目前期尽调阶段，业务部门切实履行受托责任，确保收集的信息完整真实；在项目立项审批阶段，在业务评审委员会的指导下，风险控制部独立评估项目风险及风控措施的充足性有效性，审核合同资料；在项目操作阶段，运营管理部督导业务部门严格落实项目风控措施；在项目执行过程管理中，运营管理部监督项目经理实时跟踪评价交易对手的风险状况。运营管理部建立业务管理台账，加强对公司整体信用风险的动态管理，定期向业务部门收集项目履约情况、风控措施落实情况和还款来源落实情况，进行风险监测。

4.5.3.2　市场风险管理

公司加强对证券投资业务的专业培训，利用外部专业研究机构提供的信息和数据，加强对经济形势、金融市场行情、重点行业状况和行业周期的研究，确定投资范围、设计预警线和止损限额；增设专门实时监控岗位、降低股票质押率和增强信息披露等方式，有效防范股价波动风险；对部分业务通过合同约定实行浮动利率，有效规避利率风险；对于受商品价格影响较大的交易对手，加强对其所处行业的跟踪研究，动态关注其产销情况和盈利能力的变动状况，有效防范商品价格波动带来的风险。报告期内，公司未发生因市场风险造成的损失。

4.5.3.3　操作风险管理

公司高度重视内部控制制度建设，根据监管政策和业务发展需要，不断修订和完善《渤海国际信托股份有限公司审批流程指引》以及各项业务操作流程，调整授权体系，明确岗位职责和操作规范，实行岗位职责和监督检查相结合，形成不同部门和不同岗位之间的既协作配合又监督制衡的关系。信托业务以及固有业务实行调查评估、预审、审批、风险监测与监督检查相互分离的原则，风险管控流程覆盖了信托项目以及固有项目的设立、信托财产以及固有资金的运用与管理、固有融资到期偿还以及信托计划终止与清算等所有业务环节。加强员工业务技能和企业文化培训，提高员工的业务素质、工作品质和职业道德水平；制定完善各类合同文本模板，提升业务规范化程度和操作效率，降低操作风险隐患。

4.5.3.4　合规风险管理

公司始终将合规文化作为企业文化的一个重要组成部分来培育，倡导和培育的合规基调和理念：在公司上下倡导并积极推行诚信和正直的道德行为准则和价值观念，努力培育所有员工的合规意识，强化合规理念、意识和行为准则，促进公司内部合规与外部监管之间的有效互动；合规人人有责，合规应从公司高层做起，主动合规；合规创造价值；依法合规是公司生存与发展的生命线。公司坚持开展制度文件合规审查机制，从制度源头上完善内控建设、加强合规管理；持续开展各类业务合规审核机制，将合规审核内嵌于公司业务审批流程当中，各类业务均需履行合规审查，以实现对各项业务的事前合规审查；深入开展合规文化培训与宣导，培育守法合规意识，纠正片面追求规模扩张、高速发展的粗放式经营理念，注重向管理要效益、向质量要效益、向服务要效益，真正形成"不能违规、不敢违规、不愿违规"的合规文化。

4.5.3.5　其他风险管理

公司不断强化全面风险管理的理念，在合规经营和稳健发展的基础上，着力提升公司的品牌价值和市场形象。

4.6　金融消费者权益保护

公司始终把金融消费者权益保护工作放在重要位置，积极落实国家及监管部门工作要求，稳步开展公司消费者权益保护各项日常工作，不断完善消费者权益保护工作机制建设，持续提高公司消费者权益保护工作能力和水平。围绕保护消费者合法权益、普及金融常识、加强风险提示等重点，积极主动开展有针对性、有特色的教育宣传活动。持续提升、丰富客户服务内容及质量，于日常业务及客户服务中的各环节严格落实消费者权益保护工作要求，不断完善消费者权益保护内部考核及结果应用。

公司建立了较为全面的金融消费者权益保护制度监督管理及执行体系。2023年新制定《渤海信托消费者权益保护工作考核和问责管理办法》《渤海国际信托股份有限公司金融消费者投诉档案管理办法》《渤海国际信托股份有限公司消费者权益保护重大突发事件应急处理预案（暂行）》，修订了《渤海国际信托股份有限公司董事会消费者权益保护委员会工作细则》《渤海国际信托股份有限公司金融消费者投诉处理办法》《渤海国际信托股份有限公司金融消费者权益保护制度》，保护金融消费者合法权益，进一步提高金融服务水平，完善公司金融消费者权益保护工作体系，落实监管部门工作要求，保护金融消费者合法权益。

公司高度重视消费者投诉事项，针对消费者投诉，公司坚持即诉即办处理原则，每笔投诉均安排专人妥善处理，积极与消费者沟通，争取与消费者和解或达成一致意见。加强溯源管理，深入分析消费者投诉原因，从源头上降低客户投诉意愿，切实有效降低消费投诉量。

报告期内，公司持续探索本源力量，沉淀长远价值，服务社会经济发展，助力增强金融消费者获得感、幸福感和安全感。公司组织开展了打击治理电信网络诈骗犯罪集中宣传活动、"3·15"消费者权益保护教育宣传周、金融教育宣传月等一系列集中宣传活动，通过线上线下等多样化的宣传手段，不断提高消费者风险防范意识及权益保护意识，扎实推进金融消费者权益保护工作，构建和谐健康的金融消费环境，增强消费者满意度，提升消费者风险识别能力，同时不断提高服务质量，以诚信为本，为构建和谐金融环境持续助力。

4.7 社会责任履行情况

渤海信托以党的二十大精神为指引，坚持党建引领，胸怀"国之大者"，坚守"金融为民"，严格贯彻落实监管要求，坚持以服务实体经济作为公司业务出发点和落脚点，主动对接国家重大战略，服务地方经济发展和人民美好生活，努力在中国式现代化中展现信托作为、贡献信托力量。报告期内，公司在履行社会责任方面进行了诸多探索实践。

一是服务实体经济提质增效。严格落实中央金融工作会议精神及监管部门要求，回归信托业务本源，锚定科技金融、绿色金融、普惠金融、养老金融、数字金融"五篇大文章"，持续将社会资金引入支持实体经济，支持高科技、绿色环保等行业，积极服务国家战略，服务地方发展。截至2023年底，公司管理信托资产中投向实体经济领域的规模达3 892.89亿元，占比近八成，同比增长60.87%。

二是发挥业务优势助力公益慈善。作为持牌金融机构，渤海信托始终牢记企业社会责任，充分发挥信托制度和业务经验优势，以慈善信托产品为发力点，实现信托财产保值增值和慈善捐赠用到实处的双重目标，助力慈善公益事业，服务人民美好生活。2023年7月，公司发布慈善信托专属品牌"月明"，成立"月明1号"慈善信托，专项用于资助河北省石家庄市周边家庭困难中小学生，目前已累计资助72人。2023年8月，河北多地遭遇洪水灾害。作为唯一一家注册地在河北的信托机构，渤海信托积极响应河北省委、省政府和监管机构号召，第一时间驰援河北省涞源县，为近300户受灾村民送去生活必需品。2023年11月，"月明慈善信托暖冬公益行"启动，公司志愿者走访河北灵寿县三个乡镇，看望慰问公司慈善信托受益人。公司慈善公益行动被多家权威媒体广泛报道并获充分肯定。

三是确保消费者权益保护落到实处。公司建立了完善的消费者权益保护机制，建立并优化与监管定期沟通机制，投诉前置处理机制等，及时回应消费者诉求，切实保障消费者合法权益；公司切实保障消费者知情权等权利，做好金融知识普及宣传。2023年，公司充分利用"3·15"，金融知识普及月等契机，在石家庄、上海等地组织现场宣讲、金融知识进社区等投资者教育活动，覆盖近2万人次，取得良好宣传效果。2023年，公司被河北省《燕赵都市报》社评为"金融消费者权益保护宣传先进单位"。

四是持续优化反洗钱工作机制。公司严格落实反洗钱工作要求，进一步优化反洗钱工作机制。2023年，公司对新进员工、业务人员等组织多次反洗钱培训，并充分利用公司官网、官微等进行日常反洗钱宣传，确保反洗钱要求入脑入心入行。公司在开展业务时严格落实反洗钱相关规定，保质保量完成客户洗钱风险等级评定等工作。2023年，公司强化与反洗钱主管部门的沟通、交流，完成自定义可疑交易监测标准在人民银行反洗钱监测中心的备案和更新，并严格按照监管要求完成向中国人民银行河北省分行和国家金融监督管理总局河北监管局的报送等工作。

五是全面引入ESG理念。依托公司博士后研究团队,制定了《渤海信托ESG体系构建及践行方案(2024—2026)》,作为下一阶段推行ESG的行动纲领。方案明确了渤海信托ESG体系构建的要素,包括管理体系、产品服务、内部践行、外部影响等方面。同时,制定了后续三年的阶段性目标及近期落实事项清单,为全面推行ESG做好了打好了基础,营造了良好的氛围。

5.报告期末及上一年度末的比较式会计报表

5.1 自营资产

5.1.1 会计师事务所审计意见全文

审计报告

信会师报字〔2024〕第ZB32039号

渤海国际信托股份有限公司董事会:

一、审计意见

我们审计了渤海国际信托股份有限公司(以下简称渤海信托)财务报表,包括2023年12月31日的资产负债表,2023年度的利润表、现金流量表、所有者权益变动表以及相关财务报表附注。

我们认为,后附的财务报表在所有重大方面按照企业会计准则的规定编制,公允反映了渤海信托2023年12月31日的财务状况以及2023年度的经营成果和现金流量。

二、形成审计意见的基础

我们按照中国注册会计师审计准则的规定执行了审计工作。审计报告的"注册会计师对财务报表审计的责任"部分进一步阐述了我们在这些准则下的责任。按照中国注册会计师职业道德守则,我们独立于渤海信托,并履行了职业道德方面的其他责任。我们相信,我们获取的审计证据是充分、适当的,为发表审计意见提供了基础。

三、管理层和治理层对财务报表的责任

渤海信托管理层(以下简称管理层)负责按照企业会计准则的规定编制财务报表,使其实现公允反映,并设计、执行和维护必要的内部控制,以使财务报表不存在由于舞弊或错误导致的重大错报。

在编制财务报表时,管理层负责评估渤海信托的持续经营能力,披露与持续经营相关的事项(如适用),并运用持续经营假设,除非计划进行清算、终止运营或别无其他现实的选择。

治理层负责监督渤海信托的财务报告过程。

四、注册会计师对财务报表审计的责任

我们的目标是对财务报表整体是否不存在由于舞弊或错误导致的重大错报获取合理保证,并出具包含审计意见的审计报告。合理保证是高水平的保证,但并不能保证按照审计准则执行的审计在某一重大错报存在时总能发现。错报可能由于舞弊或错误导致,如果合理预期错报单独或汇总起来可能影响财务报表使用者依据财务报表作出的经济决策,则通常认为错报是重大的。

在按照审计准则执行审计工作的过程中,我们运用职业判断,并保持职业怀疑。同时,我们也执行以下工作:

(一)识别和评估由于舞弊或错误导致的财务报表重大错报风险,设计和实施审计程序以应对这些风险,并获取充分、适当的审计证据,作为发表审计意见的基础。由于舞弊可能涉及串通、伪造、故意遗漏、虚假陈述或凌驾于内部控制之上,未能发现由于舞弊导致的重大错报的风险高于未能发现由于错误导致的重大错报的风险。

(二)了解与审计相关的内部控制,以设计恰当的审计程序,但目的并非对内部控制的有效性发表意见。

(三)评价管理层选用会计政策的恰当性和作出会计估计及相关披露的合理性。

(四)对管理层使用持续经营假设的恰当性得出结论。同时,根据获取的审计证据,就可能导致对渤海信托持续经营能力产生重大疑虑的事项或情况是否存在重大不确定性得出结论。如果我们得出结论认为存在重大不确定性,审计准则要求我们在审计报告中提请报表使用者注意财务报表中的相关披露;如果披露不充分,我们应当发表非无保留意见。我们的结论基于截至审计报告日可获得的信息。然而,未来的事项或情况可能导致渤海信托不能持续经营。

(五)评价财务报表的总体列报(包括披露)、结构和内容,并评价财务报表是否公允反映相关交易和事项。

我们与治理层就计划的审计范围、时间安排和重大审计发现等事项进行沟通,包括沟通我们在审计中识别出的值得关注的内部控制缺陷。

中国注册会计师:常明

中国注册会计师:杨彩凤

中国·上海 2024年4月19日

5.1.2 资产负债表

资产负债表

编制单位：渤海国际信托股份有限公司　　2023年12月31日　　单位：元

项目	期末余额	上年年末余额
资产：		
现金及存放中央银行款项	—	—
存放同业款项	465 725 497.21	165 854 107.24
贵金属	—	—
拆出资金	—	—
衍生金融资产	—	—
应收款项	—	—
合同资产	—	—
买入返售金融资产	409 121 490.55	16 934 169.34
持有待售资产	—	—
发放贷款和垫款	65 000 000.00	1 040 819 000.00
金融投资：		
交易性金融资产	2 122 051 513.95	2 282 783 893.46
债权投资	—	—
其他债权投资	—	—
其他权益工具投资	—	—
长期股权投资	—	—
投资性房地产	17 752 871.84	18 430 175.12
固定资产	11 966 918.96	9 351 852.54
在建工程	8 086 781.39	4 091 073.62
使用权资产	24 377 687.96	5 305 509.77
无形资产	28 766 262.99	27 835 546.04
商誉	—	—
递延所得税资产	1 366 069 812.63	1 422 483 085.71
其他资产	11 446 533 744.37	10 790 122 724.14
资产总计	15 965 452 581.85	15 784 011 136.98
负债：		
向中央银行借款	—	—
同业及其他金融机构存放款项	—	—
拆入资金	—	—
交易性金融负债	—	—
衍生金融负债	—	—
卖出回购金融资产款	—	—
吸收存款	—	—
应付职工薪酬	95 293 307.20	174 675 251.57
应交税费	1 463 530 986.87	1 290 999 067.01
应付款项	—	—
合同负债	—	—
持有待售负债	—	—

续表

项目	期末余额	上年年末余额
预计负债	—	—
长期借款	504 083 763.45	619 709 676.22
应付债券	—	—
其中：优先股	—	—
永续债	—	—
租赁负债	25 375 411.64	7 293 791.35
递延所得税负债	—	—
其他负债	525 601 109.31	371 673 330.37
负债合计	2 613 884 578.47	2 464 351 116.52
所有者权益（或股东权益）：		
实收资本（或股本）	3 600 000 000.00	3 600 000 000.00
其他权益工具	—	—
其中：优先股	—	—
永续债	—	—
资本公积	5 603 586 997.66	5 603 586 997.66
减：库存股	—	—
其他综合收益	—	—
盈余公积	483 275 773.83	480 084 975.54
一般风险准备	255 380 562.01	255 380 562.01
信托赔偿准备金	338 306 930.45	336 711 531.30
未分配利润	3 071 017 739.43	3 043 895 953.95
所有者权益（或股东权益）合计	13 351 568 003.38	13 319 660 020.46
负债和所有者权益（或股东权益）总计	15 965 452 581.85	15 784 011 136.98

5.1.3 利润表

利润表

编制单位：渤海国际信托股份有限公司　　2023年度　　单位：元

项目	本期金额	上期金额
一、营业总收入	1 424 591 010.11	1 394 311 405.00
利息净收入	−563 456.87	−2 275 386.69
利息收入	27 695 377.12	28 417 607.65
利息支出	28 258 833.99	30 692 994.34
手续费及佣金净收入	1 345 805 628.57	1 390 992 373.03
手续费及佣金收入	1 384 479 737.86	1 454 995 397.88
手续费及佣金支出	38 674 109.29	64 003 024.85
投资收益（损失以"−"号填列）	62 882 129.31	14 201 840.48
其中：对联营企业和合营企业的投资收益		
以摊余成本计量的金融资产终止确认产生的投资收益（损失以"−"号填列）	—	—
净敞口套期收益（损失以"−"号填列）	—	—
其他收益	108 670.25	669 647.42

续表

项目	本期金额	上期金额
公允价值变动收益（损失以"-"号填列）	15 316 467.23	-9 909 795.66
汇兑收益（损失以"-"号填列）	922.05	4 597.64
其他业务收入	1 040 649.57	628 128.78
资产处置收益（损失以"-"号填列）	—	—
二、营业总支出	172 005 278.15	1 084 048 643.44
税金及附加	10 511 835.54	9 973 411.44
业务及管理费	156 941 908.36	236 669 420.01
信用减值损失	3 874 230.97	836 728 508.71
其他资产减值损失	—	—
其他业务成本	677 303.28	677 303.28
三、营业利润（亏损以"-"号填列）	1 252 585 731.96	310 262 761.56
加：营业外收入	14 966 858.56	190 180 456.19
减：营业外支出	914 613 481.86	327 600 553.55
四、利润总额（亏损总额以"-"号填列）	352 939 108.66	172 842 664.20
减：所得税费用	321 031 125.74	130 410 127.26
五、净利润（净亏损以"-"号填列）	31 907 982.92	42 432 536.94
（一）持续经营净利润（净亏损以"-"号填列）	31 907 982.92	42 432 536.94
（二）终止经营净利润（净亏损以"-"号填列）	—	—

续表

项目	本期金额	上期金额
六、其他综合收益的税后净额	—	—
（一）不能重分类进损益的其他综合收益	—	—
1.重新计量设定受益计划变动额		
2.权益法下不能转损益的其他综合收益		
3.其他权益工具投资公允价值变动		
4.企业自身信用风险公允价值变动		
（二）将重分类进损益的其他综合收益		
1.权益法下可转损益的其他综合收益		
2.其他债权投资公允价值变动		
3.金融资产重分类计入其他综合收益的金额		
4.其他债权投资信用损失准备		
5.现金流量套期储备		
6.外币财务报表折算差额		
7.其他		
七、综合收益总额	31 907 982.92	42 432 536.94
八、每股收益		
（一）基本每股收益（元/股）		
（二）稀释每股收益（元/股）		

5.1.4 所有者权益变动表

所有者权益变动表

编制单位：渤海国际信托股份有限公司　　　　2023年度　　　　单位：元

项目	本期金额						
	股本	资本公积	盈余公积	一般风险准备	信托赔偿准备金	未分配利润	所有者权益合计
一、上年年末余额	3 600 000 000.00	5 603 586 997.66	480 084 975.54	255 380 562.01	336 711 531.30	3 043 895 953.95	13 319 660 020.46
加：会计政策变更	—	—	—	—	—	—	—
前期差错更正	—	—	—	—	—	—	—
其他	—	—	—	—	—	—	—
二、本年年初余额	3 600 000 000.00	5 603 586 997.66	480 084 975.54	255 380 562.01	336 711 531.30	3 043 895 953.95	13 319 660 020.46
三、本期增减变动金额（减少以"-"号填列）	—	—	3 190 798.29	—	1 595 399.15	27 121 785.48	31 907 982.92
（一）综合收益总额	—	—	—	—	—	31 907 982.92	31 907 982.92
（二）所有者投入和减少资本							
1.所有者投入的普通股	—	—					
2.其他权益工具持有者投入资本	—	—					
3.股份支付计入所有者权益的金额	—	—					
4.其他	—	—					
（三）利润分配	—	—	3 190 798.29	—	1 595 399.15	-4 786 197.44	
1.提取盈余公积			3 190 798.29			-3 190 798.29	
2.提取一般风险准备							
3.对所有者（或股东）的分配							

续表

项目	本期金额						
	股本	资本公积	盈余公积	一般风险准备	信托赔偿准备金	未分配利润	所有者权益合计
4.提取信托赔偿准备金	—	—	—	—	1 595 399.15	-1 595 399.15	—
（四）所有者权益内部结转	—	—	—	—	—	—	—
1.资本公积转增资本（或股本）	—	—	—	—	—	—	—
2.盈余公积转增资本（或股本）	—	—	—	—	—	—	—
3.盈余公积弥补亏损	—	—	—	—	—	—	—
4.设定受益计划变动额结转留存收益	—	—	—	—	—	—	—
5.其他综合收益结转留存收益	—	—	—	—	—	—	—
6.其他	—	—	—	—	—	—	—
四、本期期末余额	3 600 000 000.00	5 603 586 997.66	483 275 773.83	255 380 562.01	338 306 930.45	3 071 017 739.43	13 351 568 003.38

5.2 信托资产

5.2.1 信托项目资产负债汇总表

信托项目资产负债汇总表

编制单位：渤海国际信托股份有限公司　　　　2023年度　　　　单位：万元

信托资产	2023年12月31日	2022年12月31日	信托负债和信托权益	2023年12月31日	2022年12月31日
信托资产：			信托负债：		
货币资金	1 048 438.68	696 650.60	交易性金融负债	—	—
拆出资金	8 431.44	208 123.48	衍生金融负债	—	—
存出保证金	—	—	应付账款	2.86	—
买入返售金融资产	6 493.06	14 138.30	应付受托人报酬	53.49	—
交易性金融资产	8 074 766.86	4 424 931.39	应付托管费	2.88	—
衍生金融资产	—	—	应付受益人收益	—	—
债权投资	10 965 557.83	6 251 846.13	其他应付款项	561 833.92	403 792.92
应收账款	54 012.19	299 392.56	应交税金	2 844.80	2 217.73
应收利息	6 990.06	5 301.37	卖出回购金融资产款	—	5 642.39
应收股利	—	—	其他负债	—	—
应收票据	—	—	信托负债合计	564 737.95	411 653.04
其他应收款	433 382.55	344 133.64			
长期应收款	—	—			
长期股权投资	2 808 016.38	3 097 077.28			
发放贷款	27 593 637.72	20 016 509.66			
可供出售金融资产	—	—	信托权益：		
投资性房地产	—	—	实收信托	50 313 106.32	34 631 230.28
融资租赁资产	—	—	其他综合收益	179.59	-126.23
固定资产	—	—	损益平准金	—	—
固定资产清理	—	—	未分配利润	121 702.91	315 347.32
无形资产	—	—	信托权益合计	50 434 988.82	34 946 451.37
长期待摊费用	—	—			
其他资产	—	—			
信托资产总计	50 999 726.77	35 358 104.41	信托负债和信托权益总计	50 999 726.77	35 358 104.41

5.2.2 信托项目利润及利润分配汇总表

信托项目利润及利润分配汇总表

编制单位：渤海国际信托股份有限公司　　　　　　　　　　　　　　　　　　　　　　单位：万元

项目	2023年度	2022年度
一、营业收入	1 722 311.03	1 693 122.83
利息收入	1 485 076.20	1 413 369.10
投资收入	193 426.87	254 535.67
租赁收入	—	—
其他收入	43 807.96	25 218.06
二、营业费用	322 999.41	218 225.47
三、营业税金及附加	—	—
四、扣除资产损失前的信托利润	1 399 311.62	1 474 977.36
减：资产减值损失	23.80	7.30
五、扣除资产损失后的信托利润	1 399 287.82	1 474 970.06
加：期初未分配信托利润	315 347.32	151 088.82
六、可供分配的信托利润	1 714 635.14	1 626 058.88
减：本期已分配信托利润	1 592 932.23	1 310 711.56
七、期末未分配信托利润	121 702.91	315 347.32

6. 会计报表附注

6.1 财务报表的编制基础

6.1.1 编制基础

本财务报表按照财政部颁布的《企业会计准则——基本准则》和各项具体会计准则、企业会计准则应用指南、企业会计准则解释及其他相关规定（以下合称企业会计准则）编制。

6.1.2 持续经营

本财务报表以持续经营为基础编制。

6.2 重要会计政策和会计估计说明

6.2.1 金融工具的分类

管理层根据本公司管理金融资产的业务模式和金融资产的合同现金流量特征，将其划分为：以公允价值计量且其变动计入当期损益的金融资产或金融负债，包括交易性金融资产或金融负债和直接指定为以公允价值计量且其变动计入当期损益的金融资产或金融负债；以摊余成本计量的金融资产或金融负债；以公允价值计量且其变动计入其他综合收益的金融资产。

6.2.2 计提资产减值准备的范围和方法

使用预期信用损失三阶段模型评估金融资产减值；根据企业会计准则的相关规定要求，计提其他相应资产减值准备。

6.2.2.1 预期信用损失模型评估范围

本公司以单项或组合的方式对以摊余成本计量的金融资产、以公允价值计量且其变动计入其他综合收益的金融资产（债务工具）、部分贷款承诺和财务担保合同的预期信用损失进行估计。

6.2.2.2 预期信用损失模型的评估方法

本公司评估相关金融工具的信用风险自初始确认后是否已显著增加，运用"三阶段"减值模型分别计量其损失准备、确认预期信用损失：（1）阶段一：自初始确认后信用风险并未显著增加的金融工具。（2）阶段二：自初始确认后信用风险显著增加，但并未将其视为已发生信用减值的金融工具。（3）阶段三：已发生信用减值的金融工具。

阶段一金融工具按照相当于该金融工具未来12个月内预期信用损失的金额计量其损失准备，阶段二和阶段三金融工具按照相当于该金融工具整个存续期内预期信用损失的金额计量其损失准备。

以公允价值计量且其变动计入其他综合收益的金融资产（债务工具），在其他综合收益中确认其损失准备，并将减值损失或利得计入当期损益，不减少该金融资产在资产负债表中列示的账面价值。

6.2.2.3 已发生信用减值资产的定义

在新金融工具准则下为确定是否发生信用减值时，本公司所采用的界定标准，与内部针对相关金融工具的信用风险管理目标保持一致，同时考虑定量、定性指标。本公司评估是否发生信用减值时，主要考虑以下因素：（1）发行方或债务人发生严重财务困难；（2）债务人违反了合同条款，如偿付利息或本金发生违约或逾期等；（3）债权人出于经济或法律等方面因素的考虑，对发生财务困难的债务人作出让步；（4）债务人很可能倒闭或进行其他财务重组；（5）因发行方发生重大财务困难，该金融资产无法在活跃市场继续交易；（6）以大幅折扣购买或源生一项金融资产，该折扣反映了发生信用损失的事实；（7）债务人对本公司的任何本金、垫款、利息或投资的公司债券逾期超过90天。

6.2.3 投资性房地产

投资性房地产是指为赚取租金或资本增值，或两者兼有而持有的房地产，包括已出租的土地使用权、持有并准备增值后转让的土地使用权、已出租的建筑物（含自行建造或开发活动完成后用于出租的建筑物以及正在建造或开发过程中将来用于出租的建筑物）。

与投资性房地产有关的后续支出，在相关的经济利益很可能流入且其成本能够可靠地计量时，计入投资性房地产成本；否则，于发生时计入当期损益。

本公司对现有投资性房地产采用成本模式计量。对按照成本模式计量的投资性房地产——出租用建筑物采用与本公司固定资产相同的折旧政策。

6.2.4 固定资产及其累计折旧

6.2.4.1 固定资产的确认和初始计量

固定资产指为生产商品、提供劳务、出租或经营管理而持有，并且使用寿命超过一个会计年度的有形资产。固定资产在同时满足下列条件时予以确认：（1）与该固定资产有关的经济利益很可能流入企业；（2）该固定资产的成本能够可靠地计量。固定资产按成本（并考虑预计弃置费用因素的影响）进行初始计量。与固定资产有关的后续支出，在与其有关的经济利益很可能流入且其成本能够可靠计量时，计入固定资产成本；对于被替换的部分，终止确认其账面价值；所有其他后续支出于发生时计入当期损益。

6.2.4.2 折旧方法

固定资产折旧采用年限平均法分类计提，根据固定资产类别、预计使用寿命和预计净残值率确定折旧率。对计提了减值准备的固定资产，则在未来期间按扣除减值准备后的账面价值及依据尚可使用年限确定折旧额。如固定资产各组成部分的使用寿命不同或者以不同方式为企业提供经济利益，则选择不同折旧率或折旧方法，分别计提折旧。各类固定资产折旧方法、折旧年限、残值率和年折旧率如下表所示。

类别	折旧方法	折旧年限（年）	残值率（%）	年折旧率（%）
房屋及建筑物	年限平均法	20~40	5	2.38~4.75
机器设备	年限平均法	3~5	5	19~31.67
办公设备	年限平均法	5	0~5	19~20
电子设备	年限平均法	3~5	5	19~31.67

6.2.4.3 固定资产处置

当固定资产被处置，或者预期通过使用或处置不能产生经济利益时，终止确认该固定资产。固定资产出售、转让、报废或毁损的处置收入扣除其账面价值和相关税费后的金额计入当期损益。

6.2.5 无形资产

6.2.5.1 无形资产的计价方法

（1）公司取得无形资产时按成本进行初始计量。外购无形资产的成本，包括购买价款、相关税费以及直接归属于使该项资产达到预定用途所发生的其他支出。

（2）后续计量。在取得无形资产时分析判断其使用寿命。对于使用寿命有限的无形资产，在为企业带来经济利益的期限内摊销；无法预见无形资产为企业带来经济利益期限的，视为使用寿命不确定的无形资产，不予摊销。

6.2.5.2 使用寿命有限的无形资产的使用寿命估计情况

项目	预计使用寿命（年）	摊销方法	残值率（%）	预计使用寿命的确定依据
软件	5~10	直线法	0	—
其他	10	直线法	0	—

6.2.6 在建工程

在建工程按实际发生的成本计量。实际成本包括建筑成本、安装成本、符合资本化条件的借款费用以及其他为使在建工程达到预定可使用状态前所发生的必要支出。在建工程在达到预定可使用状态时，转入固定资产并自次月起开始计提折旧。

6.2.7 长期待摊费用的摊销政策

长期待摊费用为已经发生但应由本期和以后各期负担的分摊期限在一年以上的各项费用。各项费用的摊销期限及摊销方法如下表所示。

项目	摊销方法	摊销年限（年）
深圳办公区装修费	直线法	2.92
北京办公区装修费	直线法	2.75
上海办公区装修费	直线法	4.75

6.2.8 收入确认原则

6.2.8.1 利息收入和支出

公司利润表中的"利息收入"和"利息支出"，为按实际利率法确认的以摊余成本计量、以公允价值计量且其变动计入其他综合收益的金融资产和以摊余成本计量的金融负债等产生的利息收入与支出。

对于购入或源生的已发生信用减值的金融资产，公司自初始确认起，按照该金融资产的摊余成本和经信用调整的实际利率计算确定其利息收入。经信用调整的实际利率，是指将购入或源生的已发生信用减值的金融资产在预计存续期的估计未来现金流量，折现为该金融资产摊余成本的利率。

对于购入或源生的未发生信用减值、但在后续期间成为已发生信用减值的金融资产，公司在后续期间，按照该金融资产的摊余成本和实际利率计算确定其利息收入。

6.2.8.2 手续费及佣金收入

公司通过向客户提供各类服务收取手续费及佣金。其中，通过在一定期间内提供服务收取的手续费及佣金在相应期间内按照履约进度确认，其他手续费及佣金于相关交易完成时确认。

6.2.9 所得税的会计处理方法

所得税包括当期所得税和递延所得税。除由于企业合并产生的调整商誉，或与直接计入所有者权益的交易或者事项相关的递延所得税计入所有者权益外，均作为所得税费用计入当期损益。

当期所得税是按照当期应纳税所得额计算的当期应交所得税金额。应纳税所得额系根据有关税法规定对本年度税前会计利润作相应调整后得出。

公司根据资产、负债于资产负债表日的账面价值与计税基础之间的暂时性差异，采用资产负债表债务法确认递延所得税。

6.2.10 重要会计政策和会计估计的变更

执行《企业会计准则解释第16号》"关于单项交易产生的资产和负债相关的递延所得税不适用初始确认豁免的会计处理"的规定。

财政部于2022年11月30日公布了《企业会计准则解释第16号》（财会〔2022〕31号，以下简称解释第16号），其中"关于单项交易产生的资产和负债相关的递延所得税不适用初始确认豁免的会计处理"的规定自2023年1月1日起施行。解释第16号规定，对于不是企业合并、交易发生时既不影响会计利润也不影响应纳税所得额（或可抵扣亏损）且初始确认的资产和负债导致产生等额应纳税暂时性差异和可抵扣暂时性差异的单项交易（包括承租人在租赁期开始日初始确认租赁负债并计入使用权资产的租赁交易，以及因固定资产等存在弃置义务而确认预计负债并计入相关资产成本的交易等单项交易），不适用豁免初始确认递延所得税负债和递延所得税资产的规定，企业在交易发生时应当根据《企业会计准则第18号——所得税》等有关规定，分别确认相应的递延所得税负债和递延所得税资产。

对于在首次施行该规定的财务报表列报最早期间的期初至施行日之间发生的适用该规定的单项交易，以及财务报表列报最早期间的期初因适用该规定的单项交易而确认的租赁负债和使用权资产，以及确认的弃置义务相关预计负债和对应的相关资产，产生应纳税暂时性差异和可抵扣暂时性差异的，企业应当按照该规定进行调整。

公司自2023年1月1日起执行该规定，执行该规定的主要影响如下表所示。

单位：万元

会计政策变更的内容和原因受影响的报表项目	2023年度	2022年度
递延所得税资产	249 430.92	—
所得税费用	−249 430.92	—
盈余公积	24 943.09	—
信托赔偿准备金	12 471.55	—

6.3 或有事项说明

无。

6.4 资产负债表日后事项

无。

6.5 会计报表中重要项目的明细资料

6.5.1 披露自营资产经营情况

6.5.1.1 各项资产减值损失准备的期初、本期计提、本期转回、本期核销、期末数

单位：万元

项目	期初数	本期计提	本期转回	其他变动	期末数
贷款损失准备	107 141.06	—	5 629.59	−72 635.10	28 876.37
一般准备	—	—	—	—	—
专项准备	107 141.06	—	5 629.59	−72 635.10	28 876.37
长期股权投资减值准备					
坏账准备	273 325.36	90 751.49	12 099.38		351 977.47
投资性房地产减值准备	2 859.73				2 859.73
其他资产减值准备					

6.5.1.2 按照投资品种分类，分别披露固有业务股票投资、基金投资、债券投资、股权投资等投资业务的期初数、期末数

单位：万元

项目	自营股票	基金	债券	股权	理财产品	合计
期初数	2 352.31	50.80	—	49 687.07	176 188.21	228 278.39
期末数	2 025.00	24 612.99	—	52 784.27	132 782.89	212 205.15

6.5.1.3 按投资入股金额排序，前五名的自营长期股权投资的企业名称、占被投资企业权益的比例、主要经营活动及投资收益情况等（从大到小顺序排列）

企业名称	占被投资企业权益的比例（%）	主要经营活动	投资损益（万元）
—	—	—	—

注：投资损益是指按照企业会计准则规定，核算股权投资确认损益并计入披露年度利润表的金额。

6.5.1.4 前三名的自营贷款的企业名称、占贷款总额的比例和还款情况等（从贷款金额大到小顺序排列）

项目	占贷款总额的比例(%)	还款情况
1	36.75	正常
2	32.14	逾期
3	31.11	逾期

6.5.1.5 表外业务的期初数、期末数；按照代理业务、担保业务和其他类型表外业务分别披露

单位：万元

表外业务	期初数	期末数
担保业务	—	—
代理业务（委托业务）	—	—
其他	—	—
合计	—	—

注：代理业务主要反映因客观原因应规范而尚未完成规范的历史遗留委托业务，包括委托贷款和委托投资。

无其他表外业务。

6.5.1.6 公司当年的收入结构

收入结构	金额（万元）	占比(%)
手续费及佣金收入	138 447.97	91.90
其中：信托手续费收入	138 447.97	91.90
投资银行业务收入	—	—
利息收入	2 769.54	1.84
其他业务收入	115.02	0.08
其中：计入信托业务收入部分	—	—
投资收益	6 288.21	4.17
其中：股权投资收益	396.00	0.26
证券投资收益	30.31	0.02
其他投资收益	5 861.90	3.89
公允价值变动收益	1 531.65	1.02
资产处置收益	—	—
营业外收入	1 496.69	0.99
收入合计	150 649.08	100.00

6.5.2 披露信托财产管理情况

6.5.2.1 信托资产的期初数、期末数

单位：万元

信托资产	期初数	期末数
集合	10 171 934.18	21 599 399.63
单一	22 540 785.15	25 006 016.88
财产权	2 645 385.08	4 394 310.26
合计	35 358 104.41	50 999 726.77

6.5.2.1.1 主动管理型信托业务的信托资产期初数、期末数，分证券投资、股权投资、融资、事务管理类分别披露

单位：万元

主动管理型信托资产	期初数	期末数
证券投资类	125 074.77	134 643.45
股权投资类	2 095 449.49	1 497 122.77
融资类	19 403 009.82	37 433 650.62
事务管理类	209 040.98	—
合计	21 832 575.06	39 065 416.84

6.5.2.1.2 被动管理型信托业务的信托资产期初数、期末数，分证券投资、股权投资、融资、事务管理类分别披露

单位：万元

被动管理型信托资产	期初数	期末数
证券投资类	453 606.14	221 777.86
股权投资类	1 157 323.20	956 824.78
融资类	10 363 355.03	9 695 540.77
事务管理类	1 551 244.98	1 060 166.52
合计	13 525 529.35	11 934 309.93

6.5.2.2 本年度已清算结束的信托项目个数、实收信托合计金额、加权平均实际年化收益率

6.5.2.2.1 本年度已清算结束的集合类、单一类资金信托项目和财产管理类信托项目个数、实收信托金额、加权平均实际年化收益率

已清算结束信托项目	项目个数（人）	实收信托合计金额（万元）	加权平均实际年化收益率(%)
集合类	83	5 785 079.31	5.93
单一类	249	10 786 289.47	6.32
财产管理类	32	1 572 944.26	2.77

注：1.收益率是指信托项目清算后，给受益人赚取的实际收益水平。
2.加权平均实际年化收益率=（信托项目1的实际年化收益率×信托项目1的实收信托+信托项目2的实际年化收益率×信托项目2的实收信托+…+信托项目n的实际年化收益率×信托项目n的实收信托）/（信托项目1的实收信托+信托项目2的实收信托+…+信托项目n的实收信托）×100%。

6.5.2.2.2 本年度已清算结束的主动管理型信托项目个数、实收信托合计金额、加权平均实际年化收益率，分证券投资、股权投资、融资、事务管理类分别计算并披露

已清算结束信托项目	项目个数（个）	实收信托合计金额（万元）	加权平均实际信托报酬率(%)	加权平均实际年化收益率(%)
证券投资类	7	107 556.44	0.49	4.00
股权投资类	2	724 356.09	0.22	4.75

续表

已清算结束信托项目	项目个数（个）	实收信托合计金额（万元）	加权平均实际年化信托报酬率（%）	加权平均实际年化收益率（%）
融资类	182	10 010 063.96	0.35	6.02
事务管理类	3	195 750.00	0.50	3.00

注：加权平均实际年化信托报酬率 =（信托项目1的实际年化信托报酬率 × 信托项目1的实收信托 + 信托项目2的实际年化信托报酬率 × 信托项目2的实收信托 + … + 信托项目n的实际年化信托报酬率 × 信托项目n的实收信托）/（信托项目1的实收信托 + 信托项目2的实收信托 + … + 信托项目n的实收信托）× 100%。

6.5.2.2.3 本年度已清算结束的被动管理型信托项目个数、实收信托合计金额、加权平均实际年化收益率，分证券投资、股权投资、融资、事务管理类分别计算并披露

已清算结束信托项目	项目个数（个）	实收信托合计金额（万元）	加权平均实际年化信托报酬率（%）	加权平均实际年化收益率（%）
证券投资类	20	302 992.50	0.23	2.80
股权投资类	13	608 670.46	0.30	4.15
融资类	112	5 220 392.79	0.35	6.75
事务管理类	25	974 530.80	0.19	3.21

6.5.2.3 本年度新增的集合类、单一类和财产管理类信托项目个数、实收信托合计金额

新增信托项目	项目个数（个）	实收信托合计金额（万元）
集合类	321	17 161 063.76
单一类	285	13 346 686.00
财产管理类	65	3 318 439.37
新增合计	671	33 826 189.13
其中：主动管理型	501	27 646 312.25
被动管理型	170	6 179 876.88

注：本年新增信托项目指在本报告年度内累计新增的信托项目个数和金额。包含本年度新增并于本年度内结束的项目和本年度新增至报告期末仍在持续管理的信托项目。

6.5.2.4 信托业务创新成果和特色业务有关情况

公司结合信托业务分类新规，以"优化存量、变革增量"为展业思路，结合监管要求和公司业务特点细化分类标准，找准与自身资源相匹配的定位，回归信托本源，利用在传统领域长期耕耘积累的客户优势和专业优势，通过服务实体经济、提高项目标准、适度增加管理职能等方式，持续推动传统业务向满足监管要求转化，项目质量明显提升。2023年末，公司服务实体经济业务规模占比达60.87%，业务风险保持零新增，信托业务收入、规模等主要数据均高于行业平均水平，传统业务实现"稳中有为"。

2023年，公司明确了"传统业务＋证券投资＋小微金融"＋"财富管理"的"3+1"业务转型方向，设立了省级"渤海信托博士后创新实践基地"，从券商资管引进了专业化团队，完成了标品运营体系的搭建和投资交易系统的开发，打造了人才、系统、制度等业务转型建制，形成了涵盖服务类、主动类的全标品产品条线。在信托业务"三分类"新规下，公司资产服务信托规模占比34%，绿色信托规模40.34亿元，整体业务结构更趋健康。

6.5.2.5 公司履行受托人义务情况及因本公司自身责任而导致的信托资产损失情况（合计金额、原因等）

在本信托年度，公司作为受托人，严格遵守《信托法》《信托公司管理办法》等法律法规以及公司规章制度，每一信托项目分别开立了信托财产专用账户，对不同的信托资产单独进行管理和核算，公司管理的信托资产与固有资产由不同的部门和人员分别进行管理，信息隔离；同时，公司始终坚持诚实、信用、谨慎、有效管理的原则，牢固树立风险管理的理念，严格按照信托合同中约定的管理方式、权限，忠实地为委托人管理、运用及处分信托财产，保证了信托财产的安全完整和受益人的最大利益。

截至目前，公司无信托财产损失情况的发生。

6.6 关联方关系及其交易的披露

6.6.1 关联交易方的数量、关联交易的总金额及关联交易的定价政策等

项目	关联交易方数量（个）	关联交易金额（万元）	定价政策
合计	5	212 086.98	公平的协议价格

6.6.2 关联交易方与本公司的关系性质、关联交易方的名称、法定代表人、注册地址、注册资本及主营业务等

序号	关系性质	关联方名称	法定代表人	注册地址	注册资本（万元）	主营业务
1	母公司	海航资本集团有限公司	李培	海南省海口市海秀路29号	3 348 035.00	企业资产重组、购并及项目策划，财务顾问中介服务，信息咨询服务，交通能源新技术、新材料的投资开发，航空器材的销售及租赁业务，建筑材料、酒店管理、游艇码头设施投资
2	控股公司直接持股	浦航融资租赁有限公司	郑兴	中国（上海）自由贸易试验区正定路530号A5库区集中辅助区三层318室	1 268 340.00	融资租赁业务；自有设施设备租赁；租赁交易咨询（经纪业务除外）；实业投资（股权投资除外）；财务咨询（代理记账业务除外）；向国内外购买融资租赁资产；从事与主营业务相关的货物进出口业务（依法须经批准的项目，经相关部门批准后方可开展经营活动）

续表

序号	关系性质	关联方名称	法定代表人	注册地址	注册资本(万元)	主营业务
3	受同一控制人控制	海航实业集团有限公司	李鹏	北京市朝阳区望京园402号楼28层3212室	1 413 652.58	项目投资；投资管理；企业管理；销售机械设备；机械设备租赁
4	受同一控制人控制	天津渤海四号租赁有限公司	时晨	天津自贸试验区(东疆保税港区)澳洲路6262号查验库办公区202室	10.00	融资租赁业务；租赁业务；向国内外购买租赁财产；租赁财产的残值处理及维修；租赁交易咨询
5	受同一控制人控制	海口渤海四号租赁有限公司	时晨	海南省澄迈县老城经济开发区南一环路69号海口综合保税区联检大楼301房-4	10.00	融资租赁(金融租赁公司特有的经营内容除外)业务、租赁业务、租赁财产的残值处理及维修、租赁业务的咨询、向国内外购买租赁资产、货物及技术进出口

6.6.3 本公司与关联方的重大交易事项

6.6.3.1 信托与关联方交易情况：贷款、投资、租赁、应收账款、担保、其他方式等期初汇总数、本期借方和贷方发生额汇总数、期末汇总数

信托与关联方关联交易 单位：万元

项目	期初数	借方发生额	贷方发生额	期末数
贷款	583 560.80	—	371 473.82	212 086.98
投资	—	—	—	—
租赁	—	—	—	—
担保	—	—	—	—
应收账款	—	—	—	—
其他	—	—	—	—
合计	583 560.80	—	371 473.82	212 086.98

6.6.3.2 信托公司自有资金运用于自己管理的信托项目(固信交易)、信托公司管理的信托项目之间的相互(信信交易)交易金额，包括余额和本报告年度的发生额

6.6.3.2.1 固有与信托财产之间的交易金额期初汇总数、本期发生额汇总数、期末汇总数

固有财产与信托财产相互交易 单位：万元

项目	期初数	本期发生额	期末数
合计	123 760.00	28 523.33	152 283.33

注：以固有资金投资公司自己管理的信托项目受益权，或购买自己管理的信托项目的信托资产均应纳入统计披露范围。

6.6.3.2.2 信托项目之间的交易金额期初汇总数、本期发生额汇总数、期末汇总数

信托资产与信托财产相互交易 单位：万元

项目	期初数	本期发生额	期末数
合计	—	—	—

注：以公司受托管理的一个信托项目的资金购买自己管理的另一个信托项目的受益权或信托项目下资产均应纳入统计披露范围。

6.7 会计制度的披露

固有业务及信托业务均执行2006年及以后颁布的《企业会计准则——基本准则》和各项具体会计准则、企业会计准则应用指南、企业会计准则解释及其他相关规定。

7. 财务情况说明书

7.1 利润实现和分配情况

经立信会计师事务所(特殊普通合伙)审计后，公司2023年实现利润总额35 293.91万元，扣除所得税32 103.11万元，净利润3 190.80万元，根据《信托公司管理办法》及公司章程规定，提取5%信托赔偿准备金159.54万元，根据《公司法》提取法定盈余公积金319.08万元，期末可供股东分配的利润为307 101.77万元。

7.2 主要财务指标

指标名称	指标值
资本利润率(%)	0.24
加权年化信托报酬率(%)	0.24
人均净利润(万元)	11.58

注：1. 资本利润率=净利润/所有者权益平均余额×100%。
2. 加权年化信托报酬率=(信托项目1的实际年化信托报酬率×信托项目1的实收信托+信托项目2的实际年化信托报酬率×信托项目2的实收信托+…+信托项目n的实际年化信托报酬率×信托项目n的实收信托)/(信托项目1的实收信托+信托项目2的实收信托+…+信托项目n的实收信托)×100%。
3. 人均净利润=净利润/平均人数。
4. 平均值采取年初、年末余额简单平均法，公式为：a(平均)=(年初数+年末数)/2。

7.3 对本公司财务状况、经营成果有重大影响的其他事项

报告期内，未发生对财务状况、经营成果有重大影响的其他事项。

7.4 公司净资本情况

报告期内，公司依据《信托公司净资本管理办法》积极推进净资本管理工作。

指标名称	指标值	监管标准
净资本	926 355.32万元	≥2亿元
各项业务风险资产之和（万元）	833 982.43	—
净资本/各项业务风险资本之和（%）	111.08	≥100
净资本/净资产（%）	69.38	≥40

8. 特别事项简要揭示

8.1 报告期内股东变动情况及原因，股份变动情况

报告期内，公司的股东及股份无变化。

8.2 报告期内股东提名董事、监事情况，董事、监事及高级管理人员变动情况及原因

8.2.1 董事变动情况

报告期内，无董事变动情况。

8.2.2 监事变动情况

2023年6月13日，经公司2023年第一次临时职工代表大会决议，肖小清为公司职工监事，唐晓蕾不再担任职工监事。

2023年6月29日，经公司2023年第二次临时股东大会审议通过，选举符高萌为公司非职工监事；同日，经第二届监事会第二十六次会议审议通过，选举符高萌为公司监事会主席。

8.2.3 高级管理人员变动情况

2023年2月8日，经公司第二届董事会第三十一次会议审议通过，聘任章全明为公司总裁；章全明总裁任职资格于2023年4月23日获得原河北银保监局核准。

2023年6月14日，经公司第二届董事会第三十四次会议审议通过，同意符高萌辞去副总裁职务。

8.3 变更注册资本、变更注册地或公司名称、公司分立合并事项

报告期内，无相关变更事项。

8.4 公司的重大诉讼事项

报告期内，无重大诉讼事项。

8.5 公司及其董事、监事和高级管理人员受到处罚的情况

报告期内，公司及董事、监事和高级管理人员无受到处罚的情况。

8.6 对国家金融监督管理总局或其派出机构提出的检查整改意见处理情况

报告期内，公司未收到监管部门的相关检查整改意见。

8.7 本年度重大事项临时报告的简要内容、披露时间、所披露的媒体及其版面

2023年4月25日，在《上海证券报》信息披露/435版刊登《渤海国际信托股份有限公司关于总裁变更的公告》。

2023年4月27日，在《上海证券报》信息披露/26-27版刊登《渤海国际信托股份有限公司2022年度报告摘要》。

8.8 股东违反承诺质押公司股权或以股权及其受（收）益权设立信托等金融产品的情况

报告期内无上述情况。

8.9 已向国家金融监督管理总局或其派出机构提交行政许可申请但尚未获得批准的事项

报告期内无上述事项。

8.10 国家金融监督管理总局或其派出机构认定的其他有必要让客户及相关利益人了解的重要信息

报告期内无上述事项。

9. 公司监事会意见

监事会认为，报告期内，公司内控制度较为完善，能够按照合法决策程序对重大事项进行决策，所开展的业务经营活动符合《公司法》《信托法》《信托公司管理办法》及《信托公司治理指引》等有关法律规定。公司董事会认真执行股东大会决议，勤勉尽责，未发现董事、高级管理人员在执行公司职务时有违法违纪和损害委托人、受益人、公司及股东利益的行为。公司财务报告真实客观地反映了公司的财务状况和经营成果。

长城新盛信托有限责任公司

1. 重要提示

1.1 公司董事会及董事保证本报告所载资料不存在任何虚假记载、误导性陈述或者重大遗漏，并对其内容的真实性、准确性和完整性承担个别及连带责任。

1.2 公司未有董事对年度报告内容的真实性、准确性、完整性无法保证或存在异议。

1.3 公司独立董事刘普、戴维声明：保证年度报告内容的真实性、准确性、完整性。

1.4 执行本公司审计的会计事务所未对公司出具保留意见（或否定意见、无法表示意见）的审计报告。

1.5 公司董事长吴映江、总经理徐永乐声明：保证本年度财务报告的真实、完整。

2. 公司概况

2.1 公司简介

长城新盛信托有限责任公司（以下简称长城信托）是在重组原伊犁哈萨克自治州信托投资公司基础上设立的。伊犁哈萨克自治州信托投资公司设立于1988年7月15日，是经中国人民银行新疆维吾尔自治区分行（新人银〔88〕金管字第70号）批准并经伊犁哈萨克自治州工商局登记注册，由伊犁哈萨克自治州财政局出资的国有独资地方性金融机构，注册资本3 000万元。

在信托业第五次清理整顿过程中，2003年12月17日原中国银监会下发了《关于同意伊犁州信托投资公司重组方案的复函》（银监函〔2003〕205号），伊犁哈萨克自治州信托投资公司由此被原中国银监会列为13家遗留问题信托公司之一。

2011年9月30日，原中国银监会下发了《关于伊犁哈萨克自治州信托投资公司重新登记等有关事项的批复》（银监复〔2011〕408号），批准由中国长城资产管理公司（2016年更名为中国长城资产管理股份有限公司，以下简称长城资产，持股35%）、新疆生产建设兵团国有资产经营公司（2016年更名为新疆生产建设兵团国有资产经营有限责任公司，以下简称兵团国资，持股35%）、深圳市盛金创业投资发展有限公司（后更名为深圳市盛金投资控股有限公司，以下简称深圳盛金，持股17%）、伊犁哈萨克自治州财信融通融资担保有限公司（以下简称伊犁财信，持股13%）四家公司在对伊犁哈萨克自治州信托投资公司进行重组的基础上进行增资扩股、更名、改制等事项变更重组。2011年10月8日由原中国银监会新疆监管局发放了金融许可证，同日在新疆维吾尔自治区工商局经济技术开发区分局领取了换发后的企业法人营业执照，公司名称由伊犁哈萨克自治州信托投资公司变更为新疆长城新盛信托有限责任公司，公司注册资本由人民币3 000万元变更为人民币30 000万元。

2013年11月8日，经国家工商总局核准并经原中国银监会新疆监管局批准，公司名称再次变更为长城新盛信托有限责任公司。

2015年8月21日，经原中国银监会新疆监管局核准《中国银监会新疆监管局关于长城新盛信托有限责任公司变更股权的批复》（新银监复〔2015〕163号）并经工商登记变更，长城资产下属的全资子公司德阳市国有资产经营有限公司（以下简称德阳国资）受让了深圳盛金所持有长城信托17%的全部股权，由此，长城信托股权结构发生了根本性变化。

2016年12月30日，经原中国银监会新疆监管局批复同意《中国银监会新疆监管局关于长城新盛信托有限责任公司变更股权的批复》（新银监复〔2016〕178号）并经工商登记变更，长城资产下属的全资子公司德阳国资再次受让了伊犁财信所持有长城信托10%的股权；此次股权转（受）让后，德阳国资合计持有长城信托27%的股权，伊犁财信持有长城信托3%的股权。

2020年8月11日，经原中国银保监会新疆监管局批复同意，天瑞集团股份有限公司（以下简称天瑞集团）受让了兵团国资所持有长城信托35%的股权，并于8月27日办理完成了相关工商变更登记。

2.1.1 公司法定名称

公司中文名称：长城新盛信托有限责任公司

公司英文名称：GREATWALL XINSHENG TRUST CO., LTD.

公司英文名称缩写：GWXS TRUST

2.1.2 公司法定代表人：徐永乐

2.1.3 公司注册地址：乌鲁木齐经济技术开发区卫星路475号紫金矿业研发大厦A座11层

公司邮政编码：830026

公司国际互联网网址：www.gwxstrust.com

公司电子信箱：gwxs@gwxstrust.com

2.1.4 公司负责信息披露事务人员

联系人：曹烨

联系电话：010-68085862

传真：010-68085258

电子信箱：caoye@gwxstrust.com

2.1.5 公司信息披露报纸名称：《上海证券报》

年度报告备置地点：乌鲁木齐经济技术开发区卫星路475号紫金矿业研发大厦A座11层、北京市丰台区凤凰嘴街2号院1号楼长城金融大厦南塔5—6层

登载年度报告的互联网网址：www.gwxstrust.com

2.1.6 公司聘请的会计师事务所名称：立信会计师事务所（特殊普通合伙）

公司聘请的会计师事务所住所：上海市黄浦区南京东路61号四楼

2.1.7 公司聘请的律师事务所名称：北京市盈科律师事务所

公司聘请的律师事务所住所：北京市朝阳区东三环金和东路20号院正大中心2号楼19—25层

2.2 组织结构

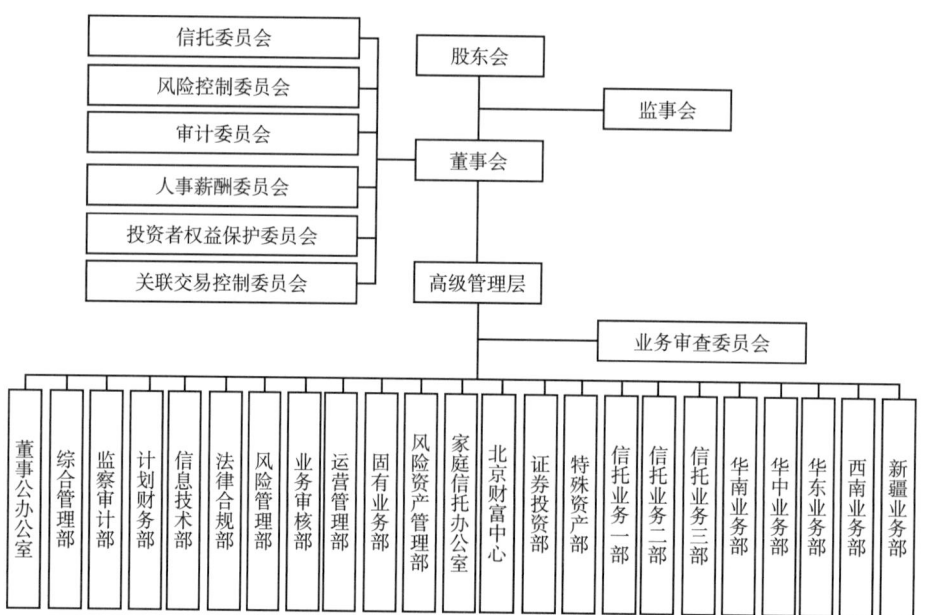

3. 公司治理结构

3.1 股东

报告期末股东总数为4家（3家股东持有10%以上股份），按股东持股比例从大到小排列如下表所示。

股东名称	持股例(%)	法定代表人	注册资本(万元)	注册地址	主要经营业务及主要财务情况
★长城资产	35	李均锋	5 123 360.9796	北京市丰台区凤凰嘴街2号院1号楼，4层至22层，101内17~26层，A705~707室，A301~320室	收购、受托经营金融机构不良资产，对不良资产进行管理、投资和处置；债权转股权，对股权资产进行管理、投资和处置；对外投资；买卖有价证券；发行金融债券、同业拆借和向其他金融机构进行商业融资；破产管理；财务、投资、法律及风险管理咨询和顾问；资产及项目评估；经批准的资产证券化业务、金融机构托管和关闭清算业务；非金融机构不良资产业务；国务院银行业监督管理机构批准的其他业务（市场主体依法自主选择经营项目，开展经营活动；依法须经批准的项目，经相关部门批准后依批准的内容开展经营活动；不得从事国家和本市产业政策禁止和限制类项目的经营活动）财务状况良好
天瑞集团	35	李玄煜	200 000	河南省汝州市广成东路南侧	控股、投资；计算机及软件应用服务；信息科技服务；机械设备及矿山设备销售、非金属加工专用设备销售、铁路机车车辆配件销售、建筑材料批发；企业管理服务；工程管理服务和其他专业服务；旅游开发经营；铝业经营；资源开发经营；矿山地质技术服务；矿山开采、石料开采、加工、销售；道路普通货物运输；无车承运，无船承运，货物运输车辆租赁；仓储（不含危险化学品）、货运站场、物流、装卸搬运及货物运输代理等服务。财务状况良好

续表

股东名称	持股例(%)	法定代表人	注册资本（万元）	注册地址	主要经营业务及主要财务情况
德阳国资	27	李时荣	10 000	四川省德阳市泰山南路二段733号15层	资产置换、转让与销售，债务重组、资产重组及并购，基金投资与管理；股权投资、投资、财务及法律咨询（依法须经批准的项目，经相关部门批准后方可开展经营活动）。财务状况良好
伊犁财信	3	田猛	100 023.3507	伊宁市新滨河路怡安家园1号综合楼	贷款担保、票据承兑担保、贸易融资担保、项目融资担保、信用证担保及其他融资性担保业务；兼营诉讼保全担保；投标担保、预付款担保、工程履约担保、尾付款如约偿付担保等履约担保业务；与担保业务有关的融资咨询、财务顾问等中介服务；以自有资金进行投资；办理债券发行担保业务；房屋销售及租赁；车辆销售及租赁；国家及自治区规定的其他业务（依法须经批准的项目，经相关部门批准后方可开展经营活动）。财务状况良好

注：德阳国资为长城资产全资子公司，因此长城资产为长城信托的实际控制人。

3.2 董事

董事长、董事

姓名	职务	性别	年龄（岁）	选任日期	所推举的股东名称	该股东持股比例（%）	简要履历
吴映江	董事长	男	55	2021年7月28日	长城资产	35	经济学学士，陕西财经学院金融专业，高级经济师。历任奎屯市农行伊犁路分理处会计；奎屯市农行信贷科信贷员；奎屯市农行信贷国际业务部经理；长城资产乌鲁木齐办事处北疆分片项目经理组副组长；长城资产乌鲁木齐办事处债权管理处副高级项目经理；新疆金融租赁公司重组项目组副高级项目经理；新疆长城金融租赁有限公司董事会秘书兼资金财务部高级经理；长城国兴金融租赁有限公司党委委员、长城国兴金融租赁有限公司党委委员、总经理助理；长城国兴金融租赁有限公司党委委员、副总经理；长城信托党委副书记。现任长城信托党委书记、董事长
徐永乐	董事	男	53	2023年3月15日	长城资产	35	财政部财政科学研究所会计学博士，高级经济师。历任中国农业发展银行办公室外事处副处长；国际业务部综合外事处处长、外汇信贷业务员；长城资产管理公司办公室（国际业务部）副总经理；长城罗斯基金管理有限公司董事、总经理、管理合伙人、投资决策委员会委员；中国长城资产（国际）控股有限公司董事、副总经理（主持经营管理工作）；长城环亚控股有限公司行政总裁；现任长城信托党委副书记、执行董事、总经理
段合明	董事	男	60	2017年11月30日	德阳国资	27	新疆农业大学，农业经济管理专业硕士研究生，经济师。历任石河子联合中学教师；兵团经济专科学校教师；人民银行新疆分行科员；新疆银监局办公室主任科员、副主任、调研员、非银处处长；历任长城信托党委委员、纪委书记、风险总监、工会主席、执行董事，报告期末任长城信托董事
于云江	董事	男	61	2023年9月8日	天瑞集团	35	吉林大学世界经济博士。历任国家人事部公务员研究所助理研究员；南德经济集团苏东贸易部副经理；中外运-OCS国际快递有限公司总经理助理兼总部经理；证券时报社长助理兼北京分社社长；新财富时代传媒（北京）有限公司董事总经理、长城信托董事
张强	职工董事	男	38	2022年2月25日	职工董事	—	西南大学工学学士、中国人民大学法律硕士，法律职业资格。历任中国长城资产管理股份有限公司专项资产经营事业部一级业务员，中间业务部业务副主管、城镇化金融事业部业务主管；长城信托业务管理部副总经理，风险合规部总经理，董事会办公室副主任；现任长城信托团委书记、信托业务三部总经理

注：董事段合明于2023年12月25日向公司申请辞去董事职务，公司股东会于2024年1月10日审议通过《免去段合明公司董事职务》的议案，段合明不再任公司董事；并自动失去董事会下设委员会委员资格。

独立董事

姓名	职务	性别	年龄（岁）	选任日期	所推举的股东名称	该股东持股比例（%）	简要履历
刘普	独立董事	男	51	2016年9月6日	长城资产	35	毕业于清华大学法学院、武汉大学经管学院、清华大学经济学研究所，博士研究生学历，经济学博士学位、经济学博士后。历任清华控股有限公司高级管理人员，北京市天驰君泰律师事务所高级合伙人，陕西省国际信托股份有限公司北京业务部总经理，中融人寿保险股份有限公司高级管理人员，中国银行业协会首届首席法律顾问，亚洲金融合作协会首席法律专家
戴维	独立董事	男	47	2021年4月7日	天瑞集团	35	复旦大学国际经济及贸易学士、香港大学国际工商管理学硕士，基金从业资格。历任交通银行上海市南支行客户经理、信贷部经理；交通银行（总行）公司业务部行业经理、产品经理；交银国际信托有限公司财富管理中心副总经理（主持工作）；交银国际信托有限责任公司财富管理中心及消费者权益保护部总经理、公司第三党支部书记；上海国耀投资管理有限责任公司总经理；现任光明福瑞投资管理（上海）有限公司总经理、长城信托独立董事

3.3 监事

监事会成员

姓名	职务	性别	年龄（岁）	选任日期	所推举的股东名称	该股东持股比例（%）	简要履历
刘孟涛	监事会主席	男	52	2020年11月27日	天瑞集团	35	中央财经大学金融学硕士。历任北京思特奇信息技术有限公司副总经理、北京屹海互动信息技术有限公司总经理、中华社会救助基金会功臣关爱基金理事、天津景民股权投资基金管理有限公司合伙人、中国缅甸友好协会理事、易安财产保险股份有限公司独立董事、聚力文化股份有限公司独立董事。现任中工经联科技发展（北京）有限公司董事
顾雷	监事	男	59	2016年3月21日	德阳国资	27	法学博士，金融学博士后，中国人民大学法学院毕业，高级经济师。历任上海市人民政府办公厅科员，上海海通证券有限公司发行部经理，上海财政证券公司证券发行部经理，上海财经大学法学院副教授，长城资产投资银行部高级经理（正处级）、投资银行部受托代理处高级经理、市场拓展部（投资银行部）业务拓展一处高级经理、机构协同部经营监测处高级经理、战略发展部（博士后工作站）研究与刊物编辑处高级经理、天津金融资产交易有限责任公司总经理助理、首席经济学家
郭韬	职工监事	男	46	2015年11月16日	职工代表大会	—	硕士研究生毕业，中国人民大学经济法学专业。历任长城资产法律事务部、债权管理部副主任科员、法律事务部主任科员、业务主管、高级副经理；长城信托产品研发与运营部总经理兼综合部总经理；长城信托资产保全部总经理兼信托业务一部总经理。报告期末任长城信托特殊资产总经理
耿全会	职工监事	男	50	2015年11月16日	职工代表大会	—	大学毕业，新疆大学法律专业。历任河南洛阳市九都律师事务所律师助理、执业律师；新疆丝路律师事务所执业律师；长城资产乌鲁木齐办事处债权管理处业务员；长城资产乌鲁木齐办事处综合管理处法律事务部业务主管；长城资产乌鲁木齐办事处资产经营二部（南疆项目组）项目经理；长城资产乌鲁木齐办事处资产经营部（北疆项目组）项目经理；伊犁信托重组小组成员；长城信托审计部高级经理。报告期末任长城信托新疆业务部高级经理

3.4 高级管理人员

高级管理人员

姓名	职务	性别	年龄（岁）	选任日期	金融从业年限（年）	学历	专业	简要履历
徐永乐	总经理	男	54	2023年3月15日	23	博士	会计学	财政部财政科学研究所会计学博士，高级经济师。历任中国农业发展银行办公室外事处副处长、国际业务部综合外事处副处长、外汇信贷处处长、中国长城资产管理公司办公室（国际业务部）国际业务部副总经理；长城罗斯基金管理有限公司董事、总经理、管理合伙人、投资决策委员会委员、中国长城资产（国际）控股有限公司董事、副总经理（主持经营管理工作）、长城环亚控股有限公司行政总裁；现任长城信托党委副书记、执行董事、总经理
刘静	副总经理	女	55	2023年9月11日	16	学士	国民经济管理	华中师范大学学士，国民经济管理专业，评估师。历任长航集团工程总公司干事；中国农业银行湖北省分行行长；长城资产管理公司武汉办事处主任科员；长城金桥金融咨询有限公司财务顾问部负责人、投（融）资咨询部高级经理、高级经理；中国长城资产股份有限公司上海自贸试验区分公司党委委员、副总经理；现任长城信托党委委员、纪委书记、工会主席、副总经理
余珍明	总经理助理	男	46	2022年9月6日	10	硕士	管理学	硕士研究生，管理学硕士，华中农业大学土地资源管理专业，高级工程师。历任中国金谷国际信托有限责任公司审核合规部高级经理；中国长城资产管理股份有限公司安徽分公司业务审查部、协同业务部、并购重组业务部、资产保全部、资产经营三部高级经理；长城信托信托业务一部、董事会办公室兼综合管理部、信息技术部总经理；现任长城信托党委委员，总经理助理

3.5 公司员工

最近两个年度职工人数、年龄分布、学历分布、岗位分布如下表所示。

项目		报告期年度		上年度	
		人数（人）	比例（%）	人数（人）	比例（%）
年龄分布	25岁以下	0	0	2	3.51
	25~29岁	4	8.51	7	12.28
	30~39岁	24	51.06	29	50.88
	40岁及以上	19	40.43	19	33.33
学历分布	博士	1	2.13	2	3.51
	硕士	26	55.32	33	57.89
	本科	19	40.42	21	36.84
	专科	1	2.13	1	1.75
	其他	0	0	0	0

续表

项目		报告期年度		上年度	
		人数(人)	比例(%)	人数(人)	比例(%)
岗位分布	高管人员	5	10.64	6	10.53
	自营业务人员	3	6.38	3	5.26
	信托业务人员	23	48.94	31	54.39
	其他人员	16	34.04	17	29.82

注：1.自营业务人员是指按照岗位分工，专门或至少主要从事固有资金使用和固有资产管理有关业务的职工；信托业务人员是指按照岗位分工，专门或主要从事信托资金使用和信托资产管理各项业务的职工；对于人力资源部等类似无法明确区分的综合部门归为其他人员。

2.公司员工人数共计47人。

4.经营管理

4.1 经营目标、方针、战略规划

4.1.1 经营目标

以习近平新时代中国特色社会主义思想为引领，深入贯彻落实党的十九大和十九届历次全会精神、党的二十大精神、中央金融工作会议和中央经济工作会议精神，坚持"稳中求进、顺势而为、量力而行、质量为先"的工作总基调，加强合规经营，优化内部管理，夯实转型基础，推动公司稳健持续发展。

4.1.2 经营方针

遵循稳健、创新、和谐、发展的经营方针，根据客户需求、风险偏好，充分发挥信托独特的制度优势，为客户提供多样化、专业化的综合金融服务。

4.1.3 战略规划

以习近平新时代中国特色社会主义思想为指导，全面加强党对金融工作的统一领导，主动适应监管形势，积极回归信托本源，以信托业务"三分类"新规为根本遵循，从自身资源禀赋出发，充分利用股东资源，发挥信托制度优势，聚焦资产服务信托业务、资产管理信托业务、公益慈善信托，并通过咨询顾问类业务提升公司盈利能力，加快与股东协同力度，不断提高公司风险控制能力、业务创新能力和运营管理能力，力争成为特色化、专业化、市场化的小而精的新型信托公司。

4.2 所经营业务的主要内容

4.2.1 经营的主要业务、品种

公司业务主要分为固有业务及信托业务。

4.2.2 资产组合与分布

公司自营资产中，货币资产占总资产比例为48.91%，交易性金融资产占40.44%，其他资产占10.65%。

自营资产运用与分布表

资产运用	金额(万元)	占比(%)	资产分布	金额(万元)	占比(%)
货币资产	58 643.51	48.91	基础产业	—	—
贷款及应收款	—	—	房地产业	—	—
交易性金融资产	48 490.00	40.44	证券市场	—	—
可供出售金融资产	—	—	实业	—	—
持有至到期投资	—	—	金融机构	107 133.51	89.35
长期股权投资	—	—	其他	12 770.20	10.65
其他	12 770.20	10.65			
资产总计	119 903.71	100.00	资产总计	119 903.71	100.00

注：其他资产主要包括其他应收款9 818.92万元、使用权资产1 505.50万元、递延所得税资产729.34万元、无形资产454.55万元、固定资产119.95万元、长期待摊费用27.37万元、预缴税金109.58万元、待抵扣进项税4.99万元等其他资产。

信托资产运用与分布表

资产运用	金额(万元)	占比(%)	资产分布	金额(万元)	占比(%)
货币资产	3 412.84	0.39	基础产业	—	—
贷款	—	—	房地产业	292 379.94	33.16
交易性金融资产	152 633.63	17.31	证券市场	12 945.75	1.47
债权投资	724 508.48	82.17	实业	8 395.98	0.95
其他债权投资	270.93	0.03	金融机构	1 640.00	0.19
其他	869.64	0.10	其他	566 333.84	64.23
信托资产总计	881 695.52	100.00	信托资产总计	881 695.52	100.00

4.2.3 资本充足率、资产质量和盈利状况

2023年期末公司固有资产119 903.71万元，固有负债19 061.07万元，所有者权益100 842.64万元。公司资本充足，所有者权益比率为84%。

报告期内，公司实现收入合计5 032.78万元，利润总额339.93万元，净利润635.22万元。公司2023年总资产利润率（税前利润/年均总资产）为0.28%，资本利润率（净利润/年均所有者权益）为0.63%，主营业务收益率（净利润/营业总收入）为12.62%。

4.3 市场分析

4.3.1 有利因素

（1）2023年，全年国内生产总值126.06万亿元，比上年增长5.2%，我国经济回升向好，高质量发展扎实推进。随着"十四五"规划的实施，在构建新发展格局，推进科技创新、数字经济、"碳达峰""碳中和"等方面，都蕴含着巨大的投资机会。

（2）我国居民可支配收入持续增长，企业和居民对

不同类型资产配置和高净值人群财富传承的需求日益旺盛，为信托公司开展资产管理业务，发挥信托本源优势开展财富管理信托服务等提供了有利条件。

（3）信托行业积极顺应监管导向，按照信托业务"三分类"要求，回归本源、服务实体经济，创新业务持续发展，业务结构优化明显，提质增效成果显现。

4.3.2 不利因素

（1）国际方面，地缘政治冲突持续，全球经济复苏进程缓慢且不均衡，经济增长仍面临多重风险挑战；国内方面，受有效需求不足、部分行业产能过剩、社会预期偏弱、风险隐患仍然较多等因素影响，进一步推动经济回升向好需要克服一些困难和挑战。

（2）信托业严监管常态化，传统信托业务规模持续下降，开展以资产服务信托为主的信托业务，要求信托公司转变思维、提升服务质量，信托行业面临较大的转型发展压力。

（3）资管新规统一了大资管行业监管标准，改写大资管竞争格局，信托公司与券商资管、银行理财子公司等资管机构之间竞争日趋激烈，信托行业的制度优势进一步弱化，信托公司需不断提升产品创新能力、服务能力、投研能力、风险管控能力等综合实力。

4.4 内部控制

4.4.1 内部控制环境和内部控制文化

公司按照《公司法》《信托公司管理办法》《信托公司治理指引》《企业内部控制基本规范》《信托公司股权管理办法》等法律法规以及公司章程的相关要求，建立了由股东会、董事会、监事会、高级管理层组成的分工合理、职责明确、相互制衡、报告关系清晰的公司治理结构。

董事会作为决策机构，负责审核公司内控机制的建设规划，并通过授权管理、投资决策管理、人力资源管理、财务管理、运营管理和运营保障管理等制度建设，建立公司内部控制制度体系并维持其有效性。公司已构建起较为完备的内控职能体系，实现内部控制职能的分层控制。公司内部控制职能部门为风险管理部、法律合规部、业务审核部、综合管理部、计划财务部、运营管理部和监察审计部。公司内部控制遵循全面、审慎、有效、独立的原则。2023年公司新增、修订了《法律中介机构及委托代理管理办法》《信托业务金融资产减值管理办法》《关联交易管理办法》《信托业务分类管理办法》等20项规章制度，进一步完善了公司内控制度体系。按照监管要求，公司始终重视内控合规文化建设，从上至下树立依法合规经营理念，通过制度完善、内控检查、教育培训、行为管理等多种方式加强内控管理水平。

4.4.2 内部控制措施

公司持续健全在各层级、各业务流程、各关键操作环节的控制措施，将人工控制与自动控制相结合，不断改造和升级信息系统，逐步实现关键风险点的自动化管控和监督；前台、中台、后台部门权责明晰，相互监督制衡的运行机制贯穿于全业务流程。

公司内控的控制活动，包括：组织结构控制、授权审批控制、业务流程控制、会计系统控制、运营分析控制、信息系统控制、绩效考评控制、内部审计控制，并建立业务预警、应急机制等。

4.4.3 信息交流与反馈

报告期内，公司不断完善信息交流与反馈机制。在信息传达方面，通过办公自动化系统或专题会议形式，将最新的法律法规、监管要求、股东意见、信托行业及内部经营风险状况等信息及时传递给相关部门，确保员工充分掌握信息并及时作出反馈。在信息报告方面，制定了清晰的信息报告流程，确保各部门将经营过程中存在的重大问题和风险事项及时报告高级管理层、董事会、监事会和相关监管部门。在外部沟通方面，公司严格遵循监管要求，与监管部门建立了完备的沟通和报告机制，及时就公司的经营情况、风险状况、内外部审计情况等向监管部门报告。在部门间工作协调方面，公司内部搭建了高效畅通的信息交流渠道，通过定期会议和随时沟通实现跨部门协作。

4.4.4 监督评价与纠正

公司通过建立自控、互控、监控三位一体的机制，对内部控制活动进行检查、评价、监督和纠正。业务部门对各项业务跟踪管理，经常检查其经营状况，一旦发现存在问题，迅速予以自纠；风险合规管理部门、监察审计部门和财务管理部门分别行使中后台风险管理职能和监督职能，相关部门、岗位之间互相制衡、监督，一旦发现问题，均要求限时纠正。

4.5 风险管理

4.5.1 风险管理概况

公司风险管理的基本原则是：合规性，即公司经营活动与所涉及的法律、规则、准则及自身规章制度相一致；全面性，即风险管理涵盖各项业务管理的各环节，并渗透到各项业务过程中；制衡性，即明确划分相关部门、岗位之间的职责，建立职责分离、横向与纵向相互监督制约的机制；资产隔离性，即将公司自营资产与信托资产、不同委托人的信托财产分别管理、分别记账、独立核算；流动性，即突出现金流量管理在公司经营活动中的重要性；程序性，即公司风险管理组织系统的安排遵循事前授权审批、事中控制和事后审计监督三道程序；可衡量性，即采用定性分析与定量分析相结合的方法控制风险。董事会下设风险控制委员会负责对公司风险管理的政策、项目执行过程实施风险监督和评审，并按照公司风险管理总体要求，制订风险管理监督、风险计量监测和风险控制流程等风险监控制度。公司高级管理层根据股东会和董事会制定的风险管理政策、程序，负责对风险控制过程实施管理。对风险控制过程出现和可能出现的风险，制订和采取风险控制措施并及时报告董事会或者股东会。公司业务审查委员会负责对信托项目的审核。

风险管理部负责公司风险管理基本政策的制定，起草制定各类风险管理制度，负责建立和完善风险管理体系，进行风险识别、计量和控制，开展公司内部风险评估和报告，参与各类业务的风险研究和识别，提出风险审核意见，参与风险项目处置工作，监测公司信用风险、市场风险和操作风险等，指导公司内部全面开展风险管理。

4.5.2　风险状况

公司经营活动中可能遇到的主要风险有：信用风险、市场风险、操作风险等。

4.5.2.1　信用风险状况

信用风险主要指交易对手不履行义务的可能性，主要表现为：在贷款、资产回购、后续资金安排、担保、履约承诺、资金往来、证券投资等交易过程中，借款人、担保人、保管人（托管人）、证券投资开户券商、银行等交易对手不履行承诺，不能或不愿履行合约承诺而使信托财产或固有财产遭受潜在损失的可能性。

公司信托业务的信用风险主要来自融资类信托业务。报告期内，公司针对存续项目的信用风险采取相应措施，监测信用风险指标，履行受托人的尽职管理职责。当前存量项目风险已充分暴露，公司将风险管控作为首要工作，根据项目情况逐一研究对策、落实责任，积极推动风险化解工作。

固有业务层面，公司保持信用风险相关业务的增长与风险管理能力和资本水平相适应，信用风险资产最大敞口为116 952.43万元，其中正常类115 279.26万元，关注类0万元，不良资产1 673.16万元，不良率为1.40%。

公司固有投资业务已经按照会计准则要求计提了公允价值损失和减值准备。同时根据《信托公司管理办法》规定，截至2023年末，公司信托赔偿准备金余额为4 515.32万元。

公司信用风险情况整体可控。

4.5.2.2　市场风险状况

市场风险主要指在金融市场等投资业务过程中，投资于有公开市场价值的金融产品或者其他产品时，金融产品或者其他产品的价格发生波动导致公司信托财产或固有财产遭受损失的可能性。同时，市场风险还具有很强的传导效应，某些信用风险的根源可能也来自交易对手的市场风险。

报告期内，公司固有资金投资主要为货币基金、银行理财及定期存款等，风险较低，受利率波动影响有限。

4.5.2.3　操作风险状况

操作风险表现为由于公司治理机制、内部控制失效或者有关责任人出现失误、欺诈等问题，公司没有充分及时地做好尽职调查、持续监控、信息披露等工作，未能及时作出应有的反应，或作出的反应明显有失专业和常理，甚至违规违约；公司没有履行勤勉尽职管理的义务，或者无法出具充分有效的证据和记录，证明自己已履行勤勉尽职管理的义务。

报告期内，公司按照内部控制制度严格操作流程，明确岗位职责，加强合规宣传，无操作风险事项的发生。

4.5.2.4　其他风险状况

其他风险主要是指公司业务开展中的流动性风险、政策风险、信誉风险、道德风险等。公司固有业务流动性强，发生流动性风险的可能性较小。政策、信誉、道德风险方面，公司没有发生因信托财产管理、处分不当或其他信托公司的原因，致使信托财产遭受损失，进而致公司声誉受损的情况。公司注重将各方股东的优秀企业文化融入到公司内部管理中，致力于塑造诚信、专业的公司形象，通过尽职管理和充分披露等方式，避免产生对公司不良影响事件的发生。

4.5.3　风险管理

4.5.3.1　信用风险管理

为适应公司业务规模和业务模式的发展变化，公司继续完善风险管理体系和制度建设。公司强调全流程风险管理、强调风险管理关口前置、强调完善信用风险管理的制度体系、强调对交易对手履约情况的持续跟踪，以各类业务准入政策、业务报审及审批流程等为抓手，严格执行信用风险的事前防范、事中控制和事后检查制度。

信用风险的管理：一是公司严格实行贷前调查、贷时审查、贷后检查的"三查"制度。在贷前调查（项目立项）阶段，公司规范项目尽职调查的程序、重点和方法；在贷时审查（项目审批）阶段，公司风险管理部、法律合规部、业务审核部、运营管理部等进行会审，公司业务审查委员会对业务进行汇总审核出具审核审批意见；在贷后检查（项目运营）阶段，公司要求业务部门持续监控交易对手的履约能力，严格按照公司《项目后期管理办法》等相关文件的规定，履行贷后管理职责和受托义务。二是注重信用风险的分散和补偿。在产品交易结构设计上，公司综合运用规避、预防、分散、转移、补偿等手段管理风险，尽力降低信用风险敞口。比如：公司通过引入金融机构信用、财产抵押、权利质押等担保方式，将融资主体的信用风险进行分散、转移。为防止因抵（质）押物价值变化扩大信用风险敞口，公司对拟抵（质）押资产设置了抵（质）押率上限，作为价值变化的缓冲；通过账户管理归集和监控项目本身的现金流，作为履约的主要资金来源；在可能的情况下监管交易对手账户，监督资金使用，防止挪用；通过信托受益权的优先劣后安排，将具有不同风险偏好和风险承受能力的客户分开；加大交易对手违约成本，使交易对手不敢轻易违约；通过现场过程监控和非现场信息监控，及时了解项目进展、交易对手经营和资金使用状况；安排信托受益权的流通转让，分散信用风险。三是按照监管要求及公司文件规定，定期对公司资产进行风险分类。四是严格按财政部和监管的要求，提足包括呆账准备金、信托赔偿准备金在内的各项准备金。

4.5.3.2 市场风险管理

市场风险的管理：一是加强对经济及金融形势的分析预测，并据此提出资产配置及其调整方案。密切跟踪市场，及时调整投资策略和投资组合，密切关注经济运行状况，严格规避政策导向变化带来的不利影响。二是坚持稳健原则，运用投资组合进行管理，配置足够的固定收益类低风险投资品种。三是对证券投资组合产品，对净值、仓位和投资集中度等指标事先设定预警点或止损点。四是可以通过投资分散化（组合对冲）降低非系统性风险。五是在业务决策和管理过程中，分别通过压力测试进行分析和评估，进行动态跟踪管理。六是积极贯彻落实监管部门有关文件精神，密切关注市场变化，加强防范业务风险的措施。

4.5.3.3 操作风险管理

操作风险的管理：一是制定和完善公司内部控制制度，在业务操作、会计系统、信息披露、信息系统、人力资源管理、关联交易、档案管理、紧急事件应变等方面，建立行之有效的内控制度和内控流程。二是明确岗位职责，即在合理的组织机构基础上，将各部门的业务活动和管理活动细化为各个具体的工作岗位，按照岗位确定职责和权限，做到定岗、定责、定职、定编、定人，从而建立起公司内部相互制约、相互督促的工作网络。三是不断整合公司各项业务流程和管理流程，逐步实现前台、中台、后台分离的业务操作流程化管理。四是建立管理防火墙，以信托财产和固有财产为隔离基础，实现信托业务系统和自营业务系统的部门和人员分离；高管人员管理分工分离；信托财务和自营财务的部门、账表、资产和办公场所分离；每个信托财产的分离，即对每项信托业务单独开户、单独核算、单独管理。五是强调信息系统支持。六是制定公司员工行为规范及问责制度，加强对员工守法意识、职业道德的教育。七是重视合规文化建设，宣传合规政策，使员工牢固树立"风险管理是公司经营的基础、效益的前提和核心竞争力的保证"这一风险管理核心价值观念。

4.5.3.4 其他风险管理

其他风险的管理：一是加强员工合规培训，要求员工认真学习并执行有关的法律法规，增强合规意识，提高员工的风险管理意识和风险管理水平。二是加强对运作项目的现金流量管理，同时做好公司现金流量的预测和安排。三是加强职业道德教育，规范职业行为，把职业道德、职业操守作为员工教育的一个重要内容，不断增强员工的工作责任心，严格控制道德风险。

4.6 企业社会责任

公司恪尽职守，严格履行受托人诚实、信用、谨慎、有效的管理义务，依托自身在资产管理、风险控制等方面的优势，为投资者创造信托财富，为企业提供全面金融服务，截至2023年末，公司已向投资者分配信托利润3.65亿元。公司自觉坚持守法经营、照章纳税、公平竞争、合作共赢等理念，积极贯彻落实党中央对扶贫攻坚工作的要求，赴股东单位位于新疆的"访惠聚"驻村点开展爱心捐赠及慰问活动；2023年，公司向注册地新疆乌鲁木齐市经济技术开发区交纳各项税费合计2 137.30

万元。公司不断完善员工关爱体系，推动员工与企业共同成长，通过开展节日慰问、困难职工情况排查帮扶、组织文体活动等，切实提升员工福利，保障员工权益。

4.7 消费者权益保护

2023年，公司持续加强消费者权益保护内部管理工作，从规章制度、业务流程、职能分工、宣传教育等多个方面提升消保工作效能。今年公司着力开展线下金融知识宣传活动，走进人群，除了对北京丽泽商务区周边的社区进行金融知识普及外，还深入新疆拜城县地区进行拜访，面向不同类型的金融消费者，针对防范非法金融活动、金融消费者自我安全意识进行了宣传。同时公司也不断利用线上渠道进行消费者权益保护系列知识普及，主要聚焦消费者权益保护的典型案例。在向广大消费者普及金融知识的同时，也提高了消费者自身的法律意识及自我权益保护意识。消费者权益保护服务体系逐步建立完善，规范化管理水平逐步提高，客户服务水平得到了进一步提升。

5.报告期末及上一年度末的比较式会计报表

5.1 自营资产

5.1.1 会计师事务所审计意见全文

审计报告

信会师报字〔2024〕第ZG30037号

长城新盛信托有限责任公司：

一、审计意见

我们审计了长城新盛信托有限责任公司（以下简称贵公司）财务报表，包括2023年12月31日的合并及母公司资产负债表，2023年度的合并及母公司利润表、合并及母公司现金流量表、合并及母公司所有者权益变动表以及相关财务报表附注。

我们认为，后附的财务报表在所有重大方面按照企业会计准则的规定编制，公允反映了贵公司2023年12月31日的合并及母公司财务状况以及2023年度的合并及母公司经营成果和现金流量。

二、形成审计意见的基础

我们按照中国注册会计师审计准则的规定执行了审计工作。审计报告的"注册会计师对财务报表审计的责任"部分进一步阐述了我们在这些准则下的责任。按照中国注册会计师职业道德守则，我们独立于贵公司，并履行了职业道德方面的其他责任。我们相信，我们获取的审计证据是充分、适当的，为发表审计意见提供了基础。

三、管理层和治理层对财务报表的责任

贵公司管理层（以下简称管理层）负责按照企业会计准则的规定编制财务报表，使其实现公允反映，并设计、执行和维护必要的内部控制，以使财务报表不存在由于舞弊或错误导致的重大错报。

在编制财务报表时，管理层负责评估贵公司的持续经营能力，披露与持续经营相关的事项（如适用），并运用持续经营假设，除非计划进行清算、终止运营或别无其他现实的选择。

治理层负责监督贵公司的财务报告过程。

四、注册会计师对财务报表审计的责任

我们的目标是对财务报表整体是否不存在由于舞弊或错误导致的重大错报获取合理保证，并出具包含审计意见的审计报告。合理保证是高水平的保证，但并不能保证按照审计准则执行的审计在某一重大错报存在时总能发现。错报可能由于舞弊或错误导致，如果合理预期错报单独或汇总起来可能影响财务报表使用者依据财务报表作出的经济决策，则通常认为错报是重大的。

在按照审计准则执行审计工作的过程中，我们运用职业判断，并保持职业怀疑。同时，我们也执行以下工作：

（1）识别和评估由于舞弊或错误导致的财务报表重大错报风险，设计和实施审计程序以应对这些风险，并获取充分、适当的审计证据，作为发表审计意见的基础。由于舞弊可能涉及串通、伪造、故意遗漏、虚假陈述或凌驾于内部控制之上，未能发现由于舞弊导致的重大错报的风险高于未能发现由于错误导致的重大错报的风险。

（2）了解与审计相关的内部控制，以设计恰当的审计程序，但目的并非对内部控制的有效性发表意见。

（3）评价管理层选用会计政策的恰当性和作出会计估计及相关披露的合理性。

（4）对管理层使用持续经营假设的恰当性得出结论。同时，根据获取的审计证据，就可能导致对贵公司持续经营能力产生重大疑虑的事项或情况是否存在重大不确定性得出结论。如果我们得出结论认为存在重大不确定性，审计准则要求我们在审计报告中提请报表使用者注意财务报表中的相关披露；如果披露不充分，我们应当发表非无保留意见。我们的结论基于截至审计报告日可获得的信息。然而，未来的事项或情况可能导致贵公司不能持续经营。

（5）评价财务报表的总体列报（包括披露）、结构和内容，并评价财务报表是否公允反映相关交易和事项。

（6）就贵公司中实体或业务活动的财务信息获取充分、适当的审计证据，以对财务报表发表审计意见。我们负责指导、监督和执行集团审计，并对合并审计意见承担全部责任。

我们与治理层就计划的审计范围、时间安排和重大审计发现等事项进行沟通，包括沟通我们在审计中识别出的值得关注的内部控制缺陷。

立信会计师事务所（特殊普通合伙）

中国注册会计师：孟庆祥

中国注册会计师：王红娜

中国·上海　　　　　　　　　　2024年3月8日

5.1.2　资产负债表

合并资产负债表

编制单位：长城新盛信托有限责任公司　　2023年12月31日　　单位：元

资产	附注	期末余额	上年年末余额
资产：			
货币资金	五、（一）	586 435 135.56	900 296 276.02
其中：客户资金存款	—	—	—
结算备付金	—	—	—
其中：客户备付金	—	—	—
贵金属	—	—	—
拆出资金	—	—	—
融出资金	—	—	—
衍生金融资产	—	—	—
存出保证金	—	—	—
应收款项	—	—	—
买入返售金融资产	—	—	—
持有待售资产	—	—	—
金融投资：			
交易性金融资产	五、（二）	484 899 956.73	157 326 843.19
债权投资	五、（三）	—	—
其他债权投资	—	—	—
其他权益工具投资	—	—	—
长期股权投资	—	—	—
投资性房地产	—	—	—
固定资产	五、（四）	1 199 508.18	1 615 324.55
在建工程	—	—	—
无形资产	五、（五）	4 545 493.97	5 033 126.80
商誉	—	—	—
递延所得税资产	五、（六）	7 293 443.22	7 830 752.20
其他资产	五、（七）	114 663 576.56	126 970 436.54
资产总计	—	1 199 037 114.22	1 199 072 759.30

合并资产负债表（续）

编制单位：长城新盛信托有限责任公司　　2023年12月31日　　单位：元

负债和所有者权益（或股东权益）	附注	期末余额	上年年末余额
负债：			
短期借款	—	—	—
应付短期融资款	—	—	—
拆入资金	—	—	—

续表

负债和所有者权益（或股东权益）	附注	期末余额	上年年末余额
交易性金融负债	—	—	—
衍生金融负债	—	—	—
卖出回购金融资产款	—	—	—
代理买卖证券款	—	—	—
代理承销证券款	—	—	—
应付职工薪酬	五、（八）	33 982 426.42	35 762 692.83
应交税费	五、（九）	4 497 987.80	10 874 598.85
应付款项	—	—	—
持有待售负债	—	—	—
预计负债	—	—	—
长期借款	—	—	—
应付债券	—	—	—
其中：优先股	—	—	—
永续债	—	—	—
长期应付职工薪酬	—	—	—
递延收益	—	—	—
递延所得税负债	—	—	—
其他负债	五、（十）	152 130 247.48	150 361 178.50
负债合计	—	190 610 661.70	196 998 470.18
所有者权益（或股东权益）：	—	—	—
实收资本（或股本）	五、（十一）	300 000 000.00	300 000 000.00
其他权益工具	—	—	—
其中：优先股	—	—	—
永续债	—	—	—
资本公积	—	—	—
减：库存股	—	—	—
其他综合收益	—	—	—
盈余公积	五、（十二）	90 306 458.98	89 671 242.64
一般风险准备	五、（十三）	45 153 229.50	44 835 621.33
未分配利润	五、（十四）	572 966 764.04	567 567 425.15
归属于母公司所有者权益（或股东权益）合计	—	1 008 426 452.52	1 002 074 289.12
少数股东权益	—	—	—
所有者权益（或股东权益）合计	—	1 008 426 452.52	1 002 074 289.12
负债和所有者权益（或股东权益）总计	—	1 199 037 114.22	1 199 072 759.30

母公司资产负债表

编制单位：长城新盛信托有限责任公司　　　　2023年12月31日　　　　单位：元

资产	附注	期末余额	上年年末余额
资产：			
货币资金	五、（一）	586 428 657.72	900 289 821.13
其中：客户资金存款	—	—	—
结算备付金	—	—	—
其中：客户备付金	—	—	—
贵金属	—	—	—
拆出资金	—	—	—

续表

资产	附注	期末余额	上年年末余额
融出资金	—	—	—
衍生金融资产	—	—	—
存出保证金	—	—	—
应收款项	—	—	—
买入返售金融资产	—	—	—
持有待售资产	—	—	—
金融投资：			
交易性金融资产	五、（二）	483 538 884.35	155 504 531.06
债权投资	五、（三）	—	—
可供出售金融资产	—	—	—
其他债权投资	—	—	—
持有至到期投资	—	—	—
其他权益工具投资	—	—	—
长期股权投资	—	—	—
投资性房地产	—	—	—
固定资产	五、（四）	1 199 508.18	1 615 324.55
在建工程	—	—	—
无形资产	五、（五）	4 545 493.97	5 033 126.80
商誉	—	—	—
递延所得税资产	五、（六）	7 293 443.22	7 830 752.20
其他资产	五、（七）	114 663 376.56	126 970 236.54
资产总计	—	1 197 669 364.00	1 197 243 792.28

母公司资产负债表（续）

编制单位：长城新盛信托有限责任公司　　　　2023年12月31日　　　　单位：元

负债和所有者权益（或股东权益）	附注	期末余额	上年年末余额
负债：			
短期借款	—	—	—
应付短期融资款	—	—	—
拆入资金	—	—	—
交易性金融负债	—	—	—
衍生金融负债	—	—	—
卖出回购金融资产款	—	—	—
代理买卖证券款	—	—	—
代理承销证券款	—	—	—
应付职工薪酬	五、（八）	33 982 426.42	35 762 692.83
应交税费	五、（九）	4 497 987.80	10 874 598.85
应付款项	—	—	—
持有待售负债	—	—	—
预计负债	—	—	—
长期借款	—	—	—
应付债券	—	—	—
其中：优先股	—	—	—
永续债	—	—	—
长期应付职工薪酬	—	—	—

续表

负债和所有者权益（或股东权益）	附注	期末余额	上年年末余额
递延收益	—	—	—
递延所得税负债	—	—	—
其他负债	五、（十）	150 762 497.26	148 532 211.48
负债合计	—	189 242 911.48	195 169 503.16
所有者权益（或股东权益）：	—	—	—
实收资本（或股本）	五、（十一）	300 000 000.00	300 000 000.00
其他权益工具	—	—	—
其中：优先股	—	—	—
永续债	—	—	—
资本公积	—	—	—
减：库存股	—	—	—
其他综合收益	—	—	—
盈余公积	五、（十二）	90 306 458.98	89 671 242.64
一般风险准备	五、（十三）	45 153 229.50	44 835 621.33
未分配利润	五、（十四）	572 966 764.04	567 567 425.15
所有者权益（或股东权益）合计	—	1 008 426 452.52	1 002 074 289.12
负债和所有者权益（或股东权益）总计	—	1 197 669 364.00	1 197 243 792.28

5.1.3 利润表

合并利润表

编制单位：长城新盛信托有限责任公司　　2023年度　　单位：元

项目	附注	本期金额	上期金额
一、营业总收入	—	50 327 821.35	19 113 771.51
利息净收入	五、（十五）	20 638 971.17	31 333 786.63
其中：利息收入	五、（十五）	21 246 176.44	32 091 623.99
利息支出	五、（十五）	607 205.27	757 837.36
手续费及佣金净收入	五、（十六）	24 623 461.91	96 750 644.44
其中：信托报酬收入	五、（十六）	24 623 461.91	96 750 644.44
财务顾问费收入	—	—	—
投资收益（损失以"-"号填列）	五、（十七）	356 458.45	617 807.18
其中：对联营企业和合营企业的投资收益	—	—	—
以摊余成本计量的金融资产终止确认产生的收益（损失以"-"号填列）	—	—	—
净敞口套期收益（损失以"-"号填列）	—	—	—
其他收益	五、（十八）	31 090.53	113 509.68
公允价值变动收益（损失以"-"号填列）	五、（十九）	4 521 855.85	-109 704 254.10
汇兑收益（损失以"-"号填列）	—	—	—
其他业务收入	—	—	—
资产处置收益（损失以"-"号填列）	五、（二十）	155 983.44	2 277.68
二、营业总支出	—	46 773 155.46	-18 970 693.06
税金及附加	五、（二十一）	157 287.13	654 649.28
业务及管理费	五、（二十二）	48 360 942.50	50 741 112.96
信用减值损失	五、（二十三）	-1 745 074.17	-70 366 501.11
其他资产减值损失	—	—	—

续表

项目	附注	本期金额	上期金额
其他业务成本	—	—	45.81
三、营业利润（亏损以"-"号填列）	—	3 554 665.89	38 084 464.57
加：营业外收入	五、（二十四）	0.78	6 970.00
减：营业外支出	五、（二十五）	155 325.32	39 595 003.30
四、利润总额（亏损总额以"-"号填列）	—	3 399 341.35	-1 503 568.73
减：所得税费用	五、（二十六）	-2 952 822.05	1 148 426.07
五、净利润（净亏损以"-"号填列）	—	6 352 163.40	-2 651 994.80
（一）按经营持续性分类	—	—	—
1.持续经营净利润（净亏损以"-"号填列）	—	6 352 163.40	-2 651 994.80
2.终止经营净利润（净亏损以"-"号填列）	—	—	—
（二）按所有权归属分类	—	—	—
1.归属于母公司股东的净利润（净亏损以"-"号填列）	—	6 352 163.40	-2 651 994.80
2.少数股东损益（净亏损以"-"号填列）	—	—	—
六、其他综合收益的税后净额	—	—	—
归属于母公司所有者的其他综合收益的税后净额	—	—	—
（一）不能重分类进损益的其他综合收益	—	—	—
1.重新计量设定受益计划变动额	—	—	—
2.权益法下不能转损益的其他综合收益	—	—	—
3.其他权益工具投资公允价值变动	—	—	—
4.企业自身信用风险公允价值变动	—	—	—
（二）将重分类进损益的其他综合收益	—	—	—
1.权益法下可转损益的其他综合收益	—	—	—
2.其他债权投资公允价值变动	—	—	—
3.可供出售金融资产公允价值变动损益	—	—	—
4.金融资产重分类计入其他综合收益的金额	—	—	—
5.持有至到期投资重分类为可供出售金融资产损益	—	—	—
6.其他债权投资信用损失准备	—	—	—
7.现金流量套期储备（现金流量套期损益的有效部分）	—	—	—
8.外币财务报表折算差额	—	—	—
9.其他	—	—	—
归属于少数股东的其他综合收益的税后净额	—	—	—
七、综合收益总额	—	6 352 163.40	-2 651 994.80
归属于母公司所有者的综合收益总额	—	6 352 163.40	-2 651 994.80
归属于少数股东的综合收益总额	—	—	—

母公司利润表

编制单位：长城新盛信托有限责任公司　　　　　2023年度　　　　　单位：元

项目	附注	本期金额	上期金额
一、营业总收入	—	50 327 821.35	89 013 832.04
利息净收入	五、（十五）	20 171 744.78	26 867 779.26
其中：利息收入	五、（十五）	20 778 950.05	27 625 616.62
利息支出	五、（十五）	607 205.27	757 837.36

续表

项目	附注	本期金额	上期金额
手续费及佣金净收入	五、(十六)	24 623 461.91	96 750 644.44
其中：信托报酬收入	五、(十六)	24 623 461.91	96 750 644.44
财务顾问费收入	—	—	—
投资收益(损失以"-"号列示)	五、(十七)	356 458.45	617 807.18
其中：对联营企业和合营企业的投资收益	—	—	—
以摊余成本计量的金融资产终止确认产生的收益(损失以"-"号填列)	—	—	—
净敞口套期收益(损失以"-"号填列)	—	—	—
其他收益	五、(十八)	31 090.53	113 509.68
公允价值变动收益(损失以"-"号列示)	五、(十九)	4 989 082.24	-35 338 186.20
汇兑收益(损失以"-"号列示)	—	—	—
其他业务收入	—	—	—
资产处置收益(损失以"-"号填列)	五、(二十)	155 983.44	2 277.68
二、营业总支出	—	46 773 155.46	50 929 367.47
税金及附加	五、(二十一)	157 287.13	654 649.28
业务及管理费	五、(二十二)	48 360 942.50	50 741 112.96
信用减值损失	五、(二十三)	-1 745 074.17	-466 394.77
其他资产减值损失	—	—	—
其他业务成本	—	—	—
三、营业利润(亏损以"-"号列示)	—	3 554 665.89	38 084 464.57
加：营业外收入	五、(二十四)	0.78	6 970.00
减：营业外支出	五、(二十五)	155 325.32	39 595 003.30
四、利润总额(亏损总额以"-"号列示)	—	3 399 341.35	-1 503 568.73
减：所得税费用	五、(二十六)	-2 952 822.05	1 148 426.07
五、净利润(净亏损以"-"号列示)	—	6 352 163.40	-2 651 994.80
(一)持续经营净利润(净亏损以"-"号填列)	—	6 352 163.40	-2 651 994.80
(二)终止经营净利润(净亏损以"-"号填列)	—	—	—
六、其他综合收益的税后净额	—	—	—
(一)不能重分类进损益的其他综合收益	—	—	—
1.重新计量设定受益计划变动额	—	—	—
2.权益法下不能转损益的其他综合收益	—	—	—
3.其他权益工具投资公允价值变动	—	—	—
4.企业自身信用风险公允价值变动	—	—	—
(二)将重分类进损益的其他综合收益	—	—	—
1.权益法下可转损益的其他综合收益	—	—	—
2.其他债权投资公允价值变动	—	—	—
3.可供出售金融资产公允价值变动损益	—	—	—
4.金融资产重分类计入其他综合收益的金额	—	—	—
5.持有至到期投资重分类为可供出售金融资产损益	—	—	—
6.其他债权投资信用损失准备	—	—	—
7.现金流量套期储备(现金流量套期损益的有效部分)	—	—	—
8.外币财务报表折算差额	—	—	—
9.其他	—	—	—
七、综合收益总额	—	6 352 163.40	-2 651 994.80

5.1.4 所有者权益变动表

合并所有者权益变动表

编制单位：长城新盛信托有限责任公司　　2023年度　　单位：元

项目	本期金额 归属于母公司所有者权益								少数股东权益	所有者权益（或股东权益）合计
	实收资本（或股本）	其他权益工具 ||| 资本公积	减：库存股	其他综合收益	盈余公积	一般风险准备	未分配利润	小计		
		优先股	永续债	其他									
一、上年年末余额	300 000 000.00	—	—	—	—	—	—	89 671 242.64	44 835 621.33	567 567 425.15	1 002 074 289.12	—	1 002 074 289.12
加：会计政策变更	—	—	—	—	—	—	—	—	—	—	—	—	—
前期差错更正	—	—	—	—	—	—	—	—	—	—	—	—	—
同一控制下企业合并	—	—	—	—	—	—	—	—	—	—	—	—	—
其他	—	—	—	—	—	—	—	—	—	—	—	—	—
二、本年年初余额	300 000 000.00	—	—	—	—	—	—	89 671 242.64	44 835 621.33	567 567 425.15	1 002 074 289.12	—	1 002 074 289.12
三、本年增减变动金额（减少以"—"号填列）	—	—	—	—	—	—	—	635 216.34	317 608.17	5 399 338.89	6 352 163.40	—	6 352 163.40
（一）综合收益总额	—	—	—	—	—	—	—	—	—	6 352 163.40	6 352 163.40	—	6 352 163.40
（二）所有者投入和减少资本	—	—	—	—	—	—	—	—	—	—	—	—	—
1.所有者投入的普通股	—	—	—	—	—	—	—	—	—	—	—	—	—
2.其他权益工具持有者投入资本	—	—	—	—	—	—	—	—	—	—	—	—	—
3.股份支付计入所有者权益的金额	—	—	—	—	—	—	—	—	—	—	—	—	—
4.其他	—	—	—	—	—	—	—	—	—	—	—	—	—
（三）利润分配	—	—	—	—	—	—	—	635 216.34	317 608.17	-952 824.51	—	—	—
1.提取盈余公积	—	—	—	—	—	—	—	635 216.34	—	-635 216.34	—	—	—
2.提取一般风险准备	—	—	—	—	—	—	—	—	317 608.17	-317 608.17	—	—	—
3.对所有者（或股东）的分配	—	—	—	—	—	—	—	—	—	—	—	—	—
4.其他	—	—	—	—	—	—	—	—	—	—	—	—	—
（四）所有者权益内部结转	—	—	—	—	—	—	—	—	—	—	—	—	—
1.资本公积转增资本（或股本）	—	—	—	—	—	—	—	—	—	—	—	—	—
2.盈余公积转增资本（或股本）	—	—	—	—	—	—	—	—	—	—	—	—	—
3.盈余公积弥补亏损	—	—	—	—	—	—	—	—	—	—	—	—	—
4.设定受益计划变动额结转留存收益	—	—	—	—	—	—	—	—	—	—	—	—	—
5.其他综合收益结转留存收益	—	—	—	—	—	—	—	—	—	—	—	—	—
6.其他	—	—	—	—	—	—	—	—	—	—	—	—	—
四、本期期末余额	300 000 000.00	—	—	—	—	—	—	90 306 458.98	45 153 229.50	572 966 764.04	1 008 426 452.52	—	1 008 426 452.52

合并所有者权益变动表（续）

编制单位：长城新盛信托有限责任公司　　2023年度　　上期金额　　单位：元

项目	归属于母公司所有者权益									少数股东权益	所有者权益（或股东权益）合计
	实收资本（或股本）	其他权益工具			资本公积	减：库存股	其他综合收益	盈余公积	一般风险准备	未分配利润	小计		
		优先股	永续债	其他									
一、上年末余额	300 000 000.00	—	—	—	—	—	—	89 671 242.64	44 835 621.33	570 219 419.95	1 004 726 283.92	—	1 004 726 283.92
加：会计政策变更	—	—	—	—	—	—	—	—	—	—	—	—	—
前期差错更正	—	—	—	—	—	—	—	—	—	—	—	—	—
同一控制下企业合并	—	—	—	—	—	—	—	—	—	—	—	—	—
其他	—	—	—	—	—	—	—	—	—	—	—	—	—
二、本年年初余额	300 000 000.00	—	—	—	—	—	—	89 671 242.64	44 835 621.33	570 219 419.95	1 004 726 283.92	—	1 004 726 283.92
三、本年增减变动金额（减少以"-"号填列）	—	—	—	—	—	—	—	—	—	-2 651 994.80	-2 651 994.80	—	-2 651 994.80
（一）综合收益总额	—	—	—	—	—	—	—	—	—	-2 651 994.80	-2 651 994.80	—	-2 651 994.80
（二）所有者投入和减少资本	—	—	—	—	—	—	—	—	—	—	—	—	—
1.所有者投入的普通股	—	—	—	—	—	—	—	—	—	—	—	—	—
2.其他权益工具持有者投入资本	—	—	—	—	—	—	—	—	—	—	—	—	—
3.股份支付计入所有者权益的金额	—	—	—	—	—	—	—	—	—	—	—	—	—
4.其他	—	—	—	—	—	—	—	—	—	—	—	—	—
（三）利润分配	—	—	—	—	—	—	—	—	—	—	—	—	—
1.提取盈余公积	—	—	—	—	—	—	—	—	—	—	—	—	—
2.提取一般风险准备	—	—	—	—	—	—	—	—	—	—	—	—	—
3.对所有者（或股东）的分配	—	—	—	—	—	—	—	—	—	—	—	—	—
4.其他	—	—	—	—	—	—	—	—	—	—	—	—	—
（四）所有者权益内部结转	—	—	—	—	—	—	—	—	—	—	—	—	—
1.资本公积转增资本（或股本）	—	—	—	—	—	—	—	—	—	—	—	—	—
2.盈余公积转增资本（或股本）	—	—	—	—	—	—	—	—	—	—	—	—	—
3.盈余公积弥补亏损	—	—	—	—	—	—	—	—	—	—	—	—	—
4.设定受益计划变动额结转留存收益	—	—	—	—	—	—	—	—	—	—	—	—	—
5.其他	—	—	—	—	—	—	—	—	—	—	—	—	—
四、本期末余额	300 000 000.00	—	—	—	—	—	—	89 671 242.64	44 835 621.33	567 567 425.15	1 002 074 289.12	—	1 002 074 289.12

母公司所有者权益变动表

编制单位：长城新盛信托有限责任公司　　　　2023年度　　　　单位：元

项目	本期金额									
	实收资本（或股本）	其他权益工具			资本公积	减：库存股	其他综合收益	盈余公积	一般风险准备	未分配利润	所有者权益（或股东权益）合计
		优先股	永续债	其他							
一、上年年末余额	300 000 000.00	—	—	—	—	—	—	89 671 242.64	44 835 621.33	567 567 425.15	1 002 074 289.12
加：会计政策变更	—	—	—	—	—	—	—	—	—	—	—
前期差错更正	—	—	—	—	—	—	—	—	—	—	—
其他	—	—	—	—	—	—	—	—	—	—	—
二、本年年初余额	300 000 000.00	—	—	—	—	—	—	89 671 242.64	44 835 621.33	567 567 425.15	1 002 074 289.12
三、本年增减变动金额（减少以"-"号填列）	—	—	—	—	—	—	—	635 216.34	317 608.17	5 399 338.89	6 352 163.40
（一）综合收益总额										6 352 163.40	6 352 163.40
（二）所有者投入和减少资本	—	—	—	—	—	—	—	—	—	—	—
1.所有者投入的普通股	—	—	—	—	—	—	—	—	—	—	—
2.其他权益工具持有者投入资本	—	—	—	—	—	—	—	—	—	—	—
3.股份支付入所有者权益的金额	—	—	—	—	—	—	—	—	—	—	—
4.其他	—	—	—	—	—	—	—	—	—	—	—
（三）利润分配	—	—	—	—	—	—	—	635 216.34	317 608.17	-952 824.51	—
1.提取盈余公积	—	—	—	—	—	—	—	635 216.34	—	-635 216.34	—
2.提取一般风险准备	—	—	—	—	—	—	—	—	317 608.17	-317 608.17	—
3.对所有者（或股东）的分配	—	—	—	—	—	—	—	—	—	—	—
4.其他	—	—	—	—	—	—	—	—	—	—	—
（四）所有者权益内部结转	—	—	—	—	—	—	—	—	—	—	—
1.资本公积转增资本（或股本）	—	—	—	—	—	—	—	—	—	—	—
2.盈余公积转增资本（或股本）	—	—	—	—	—	—	—	—	—	—	—
3.盈余公积弥补亏损	—	—	—	—	—	—	—	—	—	—	—
4.设定受益计划变动额结转留存收益	—	—	—	—	—	—	—	—	—	—	—
5.其他综合收益结转留存收益	—	—	—	—	—	—	—	—	—	—	—
6.其他	—	—	—	—	—	—	—	—	—	—	—
四、本期期末余额	300 000 000.00	—	—	—	—	—	—	90 306 458.98	45 153 229.50	572 966 764.04	1 008 426 452.52

母公司所有者权益变动表（续）

编制单位：长城新盛信托有限责任公司　　　　2023年度　　　　单位：元

项目	上期金额									
	实收资本（或股本）	其他权益工具			资本公积	减：库存股	其他综合收益	盈余公积	一般风险准备	未分配利润	所有者权益（或股东权益）合计
		优先股	永续债	其他							
一、上年年末余额	300 000 000.00	—	—	—	—	—	—	89 671 242.64	44 835 621.33	570 219 419.95	1 004 726 283.92
加：会计政策变更	—	—	—	—	—	—	—	—	—	—	—
前期差错更正	—	—	—	—	—	—	—	—	—	—	—
其他	—	—	—	—	—	—	—	—	—	—	—
二、本年年初余额	300 000 000.00	—	—	—	—	—	—	89 671 242.64	44 835 621.33	570 219 419.95	1 004 726 283.92
三、本年增减变动金额（减少以"-"号填列）	—	—	—	—	—	—	—	—	—	-2 651 994.80	-2 651 994.80
（一）综合收益总额										-2 651 994.80	-2 651 994.80
（二）所有者投入和减少资本	—	—	—	—	—	—	—	—	—	—	—
1.所有者投入的普通股	—	—	—	—	—	—	—	—	—	—	—

续表

项目	上期金额									
	实收资本（或股本）	其他权益工具			资本公积	减：库存股	其他综合收益	盈余公积	一般风险准备	未分配利润	所有者权益（或股东权益）合计
		优先股	永续债	其他							
2.其他权益工具持有者投入资本	—	—	—	—	—	—	—	—	—	—	—
3.股份支付计入所有者权益的金额	—	—	—	—	—	—	—	—	—	—	—
4.其他	—	—	—	—	—	—	—	—	—	—	—
（三）利润分配											
1.提取盈余公积	—	—	—	—	—	—	—	—	—	—	—
2.提取一般风险准备	—	—	—	—	—	—	—	—	—	—	—
3.对所有者（或股东）的分配	—	—	—	—	—	—	—	—	—	—	—
4.其他	—	—	—	—	—	—	—	—	—	—	—
（四）所有者权益内部结转	—	—	—	—	—	—	—	—	—	—	—
1.资本公积转增资本（或股本）	—	—	—	—	—	—	—	—	—	—	—
2.盈余公积转增资本（或股本）	—	—	—	—	—	—	—	—	—	—	—
3.盈余公积弥补亏损	—	—	—	—	—	—	—	—	—	—	—
4.设定受益计划变动额结转留存收益	—	—	—	—	—	—	—	—	—	—	—
5.其他综合收益结转留存收益	—	—	—	—	—	—	—	—	—	—	—
6.其他	—	—	—	—	—	—	—	—	—	—	—
四、本期期末余额	300 000 000.00	—	—	—	—	—	—	89 671 242.64	44 835 621.33	567 567 425.15	1 002 074 289.12

5.2 信托资产

5.2.1 信托项目资产负债汇总表

信托项目资产负债汇总表（境内汇总数据）

编制单位：长城新盛信托有限责任公司　　报表日期：2023年12月31日　　单位：万元

项目	A 期末余额	B 年初余额
信托资产：		
1.货币资金	3 412.84	6 740.91
2.拆出资金	—	—
3.存出保证金	—	—
4.交易性金融资产	152 633.63	126 156.12
5.衍生金融资产	—	—
6.买入返售金融资产	—	—
其中：6.1买入返售证券	—	—
6.2买入返售信贷资产	—	—
7.应收款项	—	—
8.发放贷款	—	638.92
其中：8.1基础产业	—	—
8.2房地产	—	—
9.债权投资	724 508.48	1 103 872.86
其中：9.1基础产业	—	—
9.2房地产	292 379.94	302 840.00
10.其他债权投资	270.93	20.85

续表

项目	A 期末余额	B 年初余额
11.其他权益工具投资	—	—
12.长期应收款	—	—
13.长期股权投资	—	—
其中：13.1基础产业	—	—
13.2房地产	—	—
14.投资性房地产	—	—
15.固定资产	—	—
16.无形资产	—	—
17.长期待摊费用	—	—
18.其他资产	869.64	1 012.57
19.信托资产总计	881 695.52	1 238 442.23
20.各项资产减值准备	−181 777.53	
信托负债：		
20.交易性金融负债	—	—
21.衍生金融负债	—	—
22.应付受托人报酬	—	—
23.应付托管费	—	—
24.应付受益人收益	—	—
25.应交税费	—	0.21
26.应付销售服务费	—	—
27.其他应付款项	10.00	—

续表

项目	A 期末余额	B 年初余额
28.其他负债	1 047.40	2 249.43
29.信托负债合计	1 057.40	2 249.64
信托权益:		
30.实收信托	1 078 476.99	1 231 211.66
30.1 资金信托	803 672.12	968 453.12
30.1.1 集合	19.00	—
30.1.2 单一	803 653.12	968 453.12
30.2 财产信托	274 804.87	262 758.54
30.2.1 信贷资产证券化	—	—
30.2.2 其他资产(准)证券化	—	—
31.资本公积		
32.外币报表折算差额	—	—
33.未分配利润	−197 838.87	4 980.93
34.信托权益合计	880 638.12	1 236 192.59
35.信托负债和信托权益总计	881 695.52	1 238 442.23

5.2.2 信托项目利润及利润分配汇总表

信托项目利润及利润分配汇总表(境内汇总数据)

编制单位:长城新盛信托有限责任公司　报表日期:2023年12月31日　单位:万元

项目	A 本年累计数	B 上年累计数
1.营业收入	18 804.50	3 908.63
1.1 利息收入	34 552.37	20 908.04
1.2 投资收益(损失以"−"号填列)	−737.11	−760.21
1.2.1 其中:对联营企业和合营企业的投资收益	—	—
1.3 公允价值变动收益(损失以"−"号填列)	−15 010.76	−16 239.20
1.4 租赁收入	—	—
1.5 汇兑损益(损失以"−"号填列)	—	—
1.6 其他收入	—	—
2.支出	185 162.47	183 698.46
2.1 营业税金及附加	121.84	75.09
2.2 受托人报酬	2 549.09	1 812.98
2.3 托管费	5.37	2.50
2.4 投资管理费	0.35	—
2.5 销售服务费	—	—

续表

项目	A 本年累计数	B 上年累计数
2.6 交易费用	—	—
2.7 信用减值损失	182 431.19	181 793.28
2.7.1 以摊余成本计量的金融资产减值损失	182 431.19	181 793.28
2.7.2 以公允价值计量且其变动计入其他综合收益的金融资产减值损失	—	—
2.7.3 其他	—	—
2.8 其他资产减值损失	—	—
2.9 其他费用	54.63	14.61
3.信托净利润(净亏损以"−"号填列)	−166 357.96	−179 789.82
4.其他综合收益	—	—
5.综合收益	−166 357.96	−179 789.82
6.加:期初未分配信托利润	4 980.93	4 980.93
7.可供分配的信托利润	−161 377.03	−174 808.89
8.减:本期已分配信托利润	36 461.84	19 649.44
9.期末未分配信托利润	−197 838.87	−194 458.33
10.职工人数	47.00	49.00

6.会计报表附注

6.1 简要说明报告年度会计报表编制基准、会计政策、会计估计和核算方法发生的变化

报告期内,本公司会计报表编制基准、会计政策、会计估计和核算方法均未发生变化。

6.2 或有事项说明

公司截至2023年12月31日,并无需要披露的或有事项。

6.3 重要资产转让及其出售的说明

本公司2023年未发生重要资产的转让。

6.4 会计报表中重要项目的明细资料

6.4.1 披露自营资产经营情况

6.4.1.1 按信用风险五级分类结果披露信用风险资产的期初数、期末数

信用风险资产五级分类	正常类(万元)	关注类(万元)	次级类(万元)	可疑类(万元)	损失类(万元)	信用风险资产合计(万元)	不良合计(万元)	不良率(%)
期初数	114 490.51	—	—	2 021.13	—	116 511.63	2 021.13	1.69
期末数	115 279.27	—	1 673.16	—	—	116 952.43	1 673.16	1.40

注:不良资产合计=次级类+可疑类+损失类。

6.4.1.2 各项资产减值损失准备的期初、本期计提、本期转回、本期核销、期末数

单位：万元

项目	期初数	本期计提	本期转回	本期核销	期末数
贷款损失准备	—	—	—	—	—
一般准备	—	—	—	—	—
专项准备	—	—	—	—	—
其他资产减值准备	—	—	—	—	—
可供出售金融资产减值准备	—	—	—	—	—
持有至到期投资减值准备	—	—	—	—	—
长期股权投资减值准备	—	—	—	—	—
坏账准备	16 704.65	–713.84	—	—	15 990.81
投资性房地产减值准备	—	—	—	—	—

注：本表基础为合并报表口径。

6.4.1.3 按照投资品种分类，分别披露固有业务股票投资、基金投资、债券投资、股权投资等投资业务的期初数、期末数

单位：万元

项目	自营股票	基金	债券	长期股权投资	其他投资	合计
期初数	—	2 822.34	—	—	12 910.34	15 732.68
期末数	—	2 883.78	—	—	45 606.22	48 490.00

注：本表基础为合并报表口径。

6.4.1.4 按投资入股金额排序，前五名的自营长期股权投资的企业名称、占被投资企业权益的比例、主要经营活动及投资收益情况等

报告期内，公司无此类业务。

6.4.1.5 前五名的自营贷款的企业名称、占贷款总额的比例和还款情况等

报告期内，公司无此类业务。

6.4.1.6 表外业务的期初数、期末数；按照代理业务、担保业务和其他类型表外业务分别披露

报告期内，公司无此类业务。

6.4.1.7 公司当年的收入结构（母公司口径、并表口径同时披露）

合并报表口径

收入结构	金额（万元）	占比（%）
手续费及佣金收入	2 462.35	48.93
其中：信托手续费收入	2 462.35	48.93
投资银行业务收入	—	—
利息收入	2 063.90	41.01
其他业务收入	—	—
其中：计入信托业务收入部分	—	—
投资收益	35.64	0.71
其中：股权投资收益	—	—
证券投资收益	—	—
其他投资收益	35.64	0.71
公允价值变动收益	452.19	8.98
其他收益	3.11	0.06
营业外收入	—	—
资产处置收益	15.60	0.31
收入合计	5 032.78	100.00

母公司报表口径

收入结构	金额（万元）	占比（%）
手续费及佣金收入	2 462.35	48.93
其中：信托手续费收入	2 462.35	48.93
投资银行业务收入	—	—
利息收入	2 017.17	40.08
其他业务收入	—	—
其中：计入信托业务收入部分	—	—
投资收益	35.64	0.71
其中：股权投资收益	—	—
证券投资收益	—	—
其他投资收益	35.64	0.71
公允价值变动收益	498.91	9.91
其他收益	3.11	0.06
营业外收入	—	—

续表

收入结构	金额（万元）	占比（%）
资产处置收益	15.60	0.31
收入合计	5 032.78	100.00

6.4.2 披露信托财产管理情况

6.4.2.1 信托资产的期初数、期末数

单位：万元

信托资产	期初数	期末数
集合	691.50	19.02
单一	974 566.26	606 712.74
财产权	263 184.47	274 963.76
合计	1 238 442.23	881 695.52

6.4.2.1.1 主动管理型信托业务的信托资产期初数、期末数

单位：万元

主动管理型信托资产	期初数	期末数
证券投资类	—	—
股权投资类	—	—
融资类	549 703.03	352 075.14
事务管理类	—	—
合计	549 703.03	352 075.14

6.4.2.1.2 被动管理型信托业务的信托资产期初数、期末数

单位：万元

被动管理型信托资产	期初数	期末数
证券投资类	—	—
股权投资类	—	—
融资类	—	—
事务管理类	688 739.20	529 620.38
合计	688 739.20	529 620.38

6.4.2.2 本年度已清算结束的信托项目个数、实收信托合计金额、加权平均实际年化收益率

6.4.2.2.1 本年度已清算结束的集合类、单一类资金信托项目和财产管理类信托项目个数、实收信托金额、加权平均实际年化收益率

已清算结束信托项目	项目个数（个）	实收信托合计金额（万元）	加权平均实际年化收益率（%）
集合类	1	5 000.00	2.01
单一类	—	—	—
财产管理类	—	—	—

6.4.2.2.2 本年度已清算结束的主动管理型信托项目个数、实收信托合计金额、加权平均实际年化收益率

已清算结束信托项目	项目个数（个）	实收信托合计金额（万元）	加权平均实际年化信托报酬率（%）	加权平均实际年化收益率（%）
证券投资类	—	—	—	—
股权投资类	—	—	—	—
融资类	1	5 000.00	0.44	2.01
事务管理类	—	—	—	—

6.4.2.2.3 本年度已清算结束的被动管理型信托项目个数、实收信托合计金额、加权平均实际年化收益率

已清算结束信托项目	项目个数（个）	实收信托合计金额（万元）	加权平均实际年化信托报酬率（%）	加权平均实际年化收益率（%）
证券投资类	—	—	—	—
股权投资类	—	—	—	—
融资类	—	—	—	—
事务管理类	—	—	—	—

6.4.2.3 本年度新增的集合类、单一类和财产管理类信托项目个数、实收信托合计金额

新增信托项目	项目个数（个）	实收信托合计金额（万元）
集合类	1	19
单一类	6	5 200
财产管理类	15	46 421.71
新增合计	22	49 640.71
其中：主动管理型	—	—
被动管理型	21	49 640.71

6.4.2.4 信托业务创新成果和特色业务有关情况

报告期内，公司顺应监管导向、回归信托本源，坚持"稳中求进"的工作总基调，积极推动公司业务转型发展。一是继续围绕控股股东长城资产不良资产主业开展协同业务，利用风险隔离等信托制度优势，以财产权形式设立服务信托，为困境企业风险化解提供支持。二是大力发展家族信托、保险金信托。截至2023年末，公司保险金信托、家族信托业务初具规模，信托财产种类不断丰富，公司服务客户的能力进一步提升。

6.4.2.5 本公司履行受托人义务情况及因本公司自身责任而导致的信托资产损失情况（合计金额、原因等）

公司严格遵守信托法律法规及信托文件对受托人义务的规定，为受益人的最大利益处理信托事务，管理信托财产时，恪尽职守，履行诚实、信用、谨慎、有效管理的义务。

报告期内，公司无因自身责任而导致的信托资产损

失情况。

6.4.2.6 信托赔偿准备金的提取、使用和管理情况

历年来公司严格按照《信托公司管理办法》规定，依据税后利润5%提取信托赔偿准备金。2023年度按当年净利润的5%提取赔偿准备金31.76万元；截至目前信托赔偿准备金累计计提4 515.32万元，累计总额尚未达到公司注册资本的20%。

6.5 关联方关系及其交易的披露

6.5.1 关联交易方的数量、关联交易的总金额及关联交易的定价政策等

项目	关联交易方数量（个）	关联交易金额（万元）	定价政策
合计	4	110 641.49	按市场公允价格

6.5.2 关联交易方与本公司的关系性质、关联交易方的名称、法定代表人、注册地址、注册资本及主营业务等

关系性质	关联方名称	法定代表人	注册地址	注册资本（万元）	主营业务
股东	中国长城资产管理股份有限公司	李均锋	北京市丰台区凤凰嘴街2号院1号楼，4至22层，101内17~26室，A705~707室，A301~320室	5 123 360.98	收购、受托经营金融机构不良资产，对不良资产进行管理、投资和处置；债权转股权，对股权资产进行管理、投资和处置；对外投资；买卖有价证券；发行金融债券、同业拆借和向其他金融机构进行商业融资；破产管理；财务、投资、法律及风险管理咨询和顾问；资产及项目评估；经批准的资产证券化业务、金融机构托管和关闭清算业务；非金融机构不良资产业务；国务院银行业监督管理机构批准的其他业务（市场主体依法自主选择经营项目，开展经营活动；依法须经批准的项目，经相关部门批准后依批准的内容开展经营活动；不得从事国家和本市产业政策禁止和限制类项目的经营活动）
受同一母公司控制	长城华西银行股份有限公司	谭红	四川省德阳市蒙山街14号	230 372.15	吸收公众存款；发放短期、中期和长期贷款；办理国内结算；办理票据贴现；发行金融债券；代理发行、兑付、承销政府债券；买卖政府债券；从事同业拆借；提供担保；代理收付款项及代理保险箱；办理地方财政信用周转使用资金的委托贷款；经国务院银行业监督管理机构批准的其他业务；基金销售（依法须经批准的项目，经相关部门批准后可开展经营活动）
受同一母公司控制	长城国富置业（北京）有限公司	邢秀燕	北京市丰台区凤凰嘴街2号院1号楼，4至22层101内3层B303室	20 000.00	房地产开发；销售自行开发的商品房；物业管理；投资与资产管理；经济信息咨询；设备租赁；技术服务；技术服务；机动车公共停车场管理服务；企业管理；清洁服务；施工总承包；专业承包；房地产经纪；会议服务；家庭服务（限符合家政服务行业通用要求）；城市园林绿化及规划服务；销售建筑材料、五金交电、清洁用品、日用品、办公用品；餐饮服务（①未经有关部门批准，不得以公开方式募集资金；②不得公开开展证券类产品和金融衍生品交易活动；③不得发放贷款；④不得对所投资企业以外的其他企业提供担保；⑤不得向投资者承诺投资本金不受损失或者承诺最低收益；市场主体依法自主选择经营项目，开展经营活动；依法须经批准的项目，经相关部门批准后依批准的内容开展经营活动；不得从事国家和本市产业政策禁止和限制类项目的经营活动）
受同一母公司控制	上海新金穗实业（集团）股份有限公司	陈冬青	中国（上海）自由贸易试验区浦东新区浦东南路379号8楼	29 100.00	物业管理，投资开发工业、商业等实业，及相关咨询业务，国内贸易，煤炭经营，房地产经纪（不含公有住房差价交换）（依法须经批准的项目，经相关部门批准后可开展经营活动）

6.5.3 逐笔披露本公司与关联方的重大交易事项

6.5.3.1 固有与关联方交易情况：贷款、投资、租赁、应收账款担保、其他方式等期初汇总数、本期借方和贷方发生额汇总数、期末汇总数

固有与关联方关联交易　　　　　　　　单位：万元

项目	期初数	借方发生额	贷方发生额	期末数
贷款	—	—	—	—
投资	10 077.34	8 662.67	—	18 740.00
租赁	399.51	2 806.20	1 479.22	1 726.49
担保	—	—	—	—
应收账款	—	—	—	—
其他	76 639.71	99 172.61	158 495.96	17 316.36
合计	87 116.55	110 641.49	159 975.18	37 782.86

注：期初关联交易余额中包含公司在关联方的活期存款、定期存款和银行理财余额，以及公司办公场所租赁事项相关余额。

6.5.3.2 信托与关联方交易情况：贷款、投资、租赁、应收账款、担保、其他方式等期初汇总数、本期借方和贷方发生额汇总数、期末汇总数

信托与关联方关联交易　　　　　　　　单位：万元

项目	期初数	借方发生额	贷方发生额	期末数
贷款				
投资				
租赁				
担保				
应收账款				
其他				
合计				

6.5.3.3 信托公司自有资金运用于自己管理的信托项目（固信交易）、信托公司管理的信托项目之间的相互（信信交易）交易金额，包括余额和本报告年度的发生额

6.5.3.3.1 固有与信托财产之间的交易金额期初汇总数、本期发生额汇总数、期末汇总数

固有财产与信托财产相互交易　　　单位：万元

项目	期初数	本期发生额	期末数
合计	1 646.05	—	1 224.97

注：1.本期未发生固有财产与信托财产相互交易，金额变动为交易性金融资产本期产生的公允价值变动。
2.以固有资金投资公司自己管理的信托项目受益权，或购买自己管理的信托项目的信托资产均应纳入统计披露范围。

6.5.3.3.2 信托项目之间的交易金额期初汇总数、本期发生额汇总数、期末汇总数

信托资产与信托财产相互交易　　　单位：万元

项目	期初数	本期发生额	期末数
合计	—	—	—

注：以公司受托管理的一个信托项目的资金购买自己管理的另一个信托项目的受益权或信托项下资产均应纳入统计披露范围。

6.5.4 逐笔披露关联方逾期未偿还本公司资金的详细情况以及本公司为关联方担保发生或即将发生垫款的详细情况

报告期内，公司无此类业务。

6.6 会计制度的披露

固有业务（自营业务）、信托业务执行会计制度的名称及颁布的年份。

本报告期公司固有业务及信托业务均执行中华人民共和国财政部颁布的《企业会计准则》（财会〔2006〕3号）及相关规定。

其中，本公司固有业务于2019年1月1日起执行财政部于2017年修订的《企业会计准则第22号——金融工具确认和计量》《企业会计准则第23号——金融资产转移》《企业会计准则第24号——套期会计》《企业会计准则第37号——金融工具列报》（统一简称新金融工具准则）以及《企业会计准则第14号——收入》。与2019年1月1日之前的金融工具确认和计量与新金融工具准则要求不一致的，本公司按照新金融工具准则的要求进行衔接调整。涉及前期比较财务报表数据与新金融工具准则要求不一致的，本公司不进行调整。金融工具原账面价值和在新金融工具准则施行日的新账面价值之间的差额，计入2019年1月1日的留存收益或其他综合收益。施行新金融工具准则对本公司固有财务报表未产生重大影响。

本公司信托业务自2023年1月1日起开始执行修订的新金融工具准则。

7.财务情况说明书

7.1 利润实现和分配情况（母公司口径和并表口径同时披露）

7.1.1 合并口径

年利润总额：339.93万元；所得税费用：-295.28万元；净利润：635.22万元；提取法定盈余公积金63.52万元；提取信托赔偿准备金31.76万元；2023年当年可分配利润539.93万元；2023年末公司累计可分配利润57 296.68万元。

考虑公司实际情况，2023年除了提取法定盈余公积金和信托赔偿准备金外，公司拟不进行其他形式的利润分配。

7.1.2 母公司口径

年利润总额：339.93万元；所得税费用：-295.28万元；净利润：635.22万元；提取法定盈余公积金63.52万元；提取信托赔偿准备金31.76万元；2023年当年可分配利润539.93万元；2023年末公司累计可分配利润57 296.68万元。

考虑公司实际情况，2023年除了提取法定盈余公积金和信托赔偿准备金外，公司拟不进行其他形式的利润分配。

7.2 主要财务指标（母公司口径和并表口径同时披露）

指标名称	指标值（合并口径）	指标值（母公司口径）
资本利润率（%）	0.63	0.63
加权年化信托报酬率（%）	0.24	
人均净利润（万元）	12.22	12.22

注：1.资本利润率=净利润/所有者权益平均余额×100%。
2.加权年化信托报酬率=（信托项目1的实际年化信托报酬率×信托项目1的实收信托+信托项目2的实际年化信托报酬率×信托项目2的实收信托+…+信托项目n的实际年化信托报酬率×信托项目n的实收信托）/（信托项目1的实收信托+信托项目2的实收信托+…+信托项目n的实收信托）×100%。
3.人均净利润=净利润/年平均人数。
4.平均值采取年初、年末余额简单平均法，公式为：a（平均）=（年初数+年末数）/2。

7.3 对本公司财务状况、经营成果有重大影响的其他事项

报告期内，无对本公司财务状况、经营成果有重大影响的其他事项。

8.特别事项揭示

8.1 报告期内股东变动情况及原因

报告期内公司股东情况无变化。

8.2 董事、监事及高级管理人员变动情况及原因

报告期内，公司董事及高级管理人员有变动，具体变动情况如下：

（1）根据股东长城资产提名，经公司第四十三次（临时）股东会审议表决通过，并获新疆监管局任职资格核准，徐永乐任长城信托董事，于2023年3月15日正式履职。

（2）根据股东长城资产提名，经公司第二届董事会2022年第十三次（临时）会议审议表决通过，并获新疆监管局任职资格核准，徐永乐任长城信托总经理，于2023年3月15日正式履职；2023年5月22日，公司法定代表人变更为总经理徐永乐。

（3）根据公司股东天瑞集团提名，经公司第四十二次（临时）股东会审议表决通过，并获新疆监管局任职资格核准，于云江任长城信托董事，于2023年9月8日正式履职。

（4）根据股东长城资产提名，经公司第二届董事会2023年第二次（临时）会议审议表决通过，并获新疆监管局任职资格核准，刘静任长城信托副总经理，于2023年9月11日正式履职。

（5）根据股东长城资产的函，公司于2023年12月18日召开第二届董事会2023年第十五次（临时）会议，同意免去段合明风险总监职务。

（6）公司原董事段合明因个人原因于2023年12月25日向公司董事会提出辞职，2024年1月10日，经公司股东会第四十八次（临时）会议审议，同意免去段合明公司董事职务。

8.3 变更注册资本、变更注册地或公司名称、公司分立合并事项的说明

报告期内，公司未发生变更注册资本、变更注册地或公司名称、公司分立合并事项。

8.4 公司的重大诉讼事项

报告期内，公司无重大诉讼事件发生。

8.5 公司及其董事、监事和高级管理人员受到处罚的情况

报告期内，公司及其董事、监事和高级管理人员无受到处罚的情况。

8.6 国家金融监督管理总局及其派出机构对公司检查后提出整改意见的整改情况

报告期内不涉及上述情况。

8.7 本年度重大事项临时报告的简要内容、披露时间、所披露的媒体及其版面

本年度不涉及重大事项临时报告。

8.8 国家金融监督管理总局及其省级派出机构认定的其他有必要让客户及相关利益人了解的重要信息

报告期内，未发生国家金融监督管理总局及其省级派出机构认定的其他有必要让客户及相关利益人了解的重要信息。

8.9 风险资本和净资本情况

8.9.1 风险资本情况

截至2023年末，根据《信托公司净资本管理办法》第三章风险资本的计算公式，公司固有业务风险资本为10 759.82万元，信托业务风险资本为4 437.08万元，其他业务风险资本为0元，公司2023年末各项风险资本之和为15 196.90万元。

8.9.2 净资本情况

截至2023年末，根据《信托公司净资本管理办法》，公司基于审计后的净资产调整计算的净资本为76 127.31万元，大于年末净资产的40%，也高于风险资本。

9.公司监事会意见

监事会认为，公司2023年能够认真贯彻执行国家法律、法规、公司章程和制度的要求，依法合规促发展，不断完善内控制度、持续强化风险管控。公司董事和高级管理人员履职期间能够遵守国家有关金融法律法规和《公司法》的有关规定，认真尽职履责，无受到处罚的情况，也没有损害公司利益、股东利益和委托人利益的行为。公司2023年度财务报告客观真实地反映了公司的实际财务状况和经营成果，中介机构出具了无保留意见审计报告，本年度报告的内容和格式符合监管规定。

重庆国际信托股份有限公司

1. 重要提示及目录

1.1 本公司董事会及董事保证本报告所载资料不存在任何虚假记载、误导性陈述或者重大遗漏，并对其内容的真实性、准确性和完整性承担个别及连带责任。

1.2 本公司独立董事汤世生、贺学均、陈重、吕益民、徐炜认为本报告内容是真实、准确、完整的。

1.3 信永中和会计师事务所（特殊普通合伙）为本公司出具了标准无保留意见的审计报告。

1.4 本公司负责人翁振杰先生、财务负责人刘影女士声明：保证年度报告中财务报告的真实、完整。

2. 公司概况

2.1 公司简介

2.1.1 历史沿革

公司的前身是重庆国际信托投资公司，于1984年10月经中国人民银行批准成立，注册资本金3 500万元人民币。2002年1月，公司引入战略投资者，进行增资改制，并经中国人民银行总行《中国人民银行关于重庆国际信托投资有限公司重新登记有关事项的批复》（银复〔2002〕9号）批准，获准重新登记，注册资本金增至人民币10.3373亿元（含美元1 565万元）。

2004年末，公司进一步增资扩股，注册资本金增加至16.3373亿元，取得了原中国银行业监督管理委员会重庆监管局颁发的中华人民共和国金融许可证（编号为K10226530H002）和重庆市工商行政管理局颁发的企业法人营业执照（注册号为5000001800019）。

2007年10月，经中国银行业监督管理委员会《中国银监会关于重庆国际信托投资有限公司变更公司名称和业务范围的批复》（银监复〔2007〕461号）批准变更公司名称、业务范围并领取新的金融许可证（编号为K0051H250000001）。

2010年11月，经中国银行业监督管理委员会《关于批准重庆国际信托有限公司增加注册资本及调整股权结构等有关事项的批复》（银监复〔2010〕552号）批准，公司注册资本由人民币16.3373亿元增加至人民币24.3873亿元，公司股权结构由单一股东持股变更为多家机构投资者共同持股，该事项于2010年12月22日完成工商变更登记（注册号为500000000005609）。

2015年9月，经中国银行业监督管理委员会重庆监管局渝银监复〔2015〕114号《关于重庆国际信托有限公司变更名称及注册资本的批复》批准，公司完成股份制改造，变更名称为重庆国际信托股份有限公司，注册资本由人民币24.3873亿元增至128亿元，该事项于2015年9月29日完成工商变更登记（注册号915000000202805720T）。

2017年12月，经中国银行业监督管理委员会重庆监管局《关于重庆国际信托有限公司变更注册资本的批复》（渝银监复〔2017〕189号）批准，公司注册资本金增至人民币150亿元，该事项于2017年12月21日完成工商变更登记。

2.1.2 公司的法定中文名称：重庆国际信托股份有限公司

中文名称缩写：重庆信托

公司法定英文名称：Chongqing International Trust Inc.

英文名称缩写：CQITI

2.1.3 公司负责人：翁振杰

2.1.4 注册地址：重庆市渝北区嘉州路88号33层、34层、3501~3511室

2.1.5 邮政编码：401147

2.1.6 公司国际互联网网址：http://www.cqiti.com

2.1.7 电子信箱：cqiti@cqiti.com

2.1.8 信息披露事务负责人：吕维

联系电话：023-88899888

传　　真：023-88892868

电子信箱：cqiti@cqiti.com

2.1.9 年度报告备置地点：重庆市渝北区嘉州路88号33层、34层、3501~3511室

信息披露报纸：《上海证券报》《证券时报》

2.1.10 聘请的会计师事务所：信永中和会计师事务所（特殊普通合伙）

住所：北京市东城区朝阳门北大街8号富华大厦A座9层

2.1.11 聘请的律师事务所：上海中联（重庆）律师事务所

住所：重庆市渝中区华盛路7号企业天地7号楼10层、11层、12层

2.2 组织结构

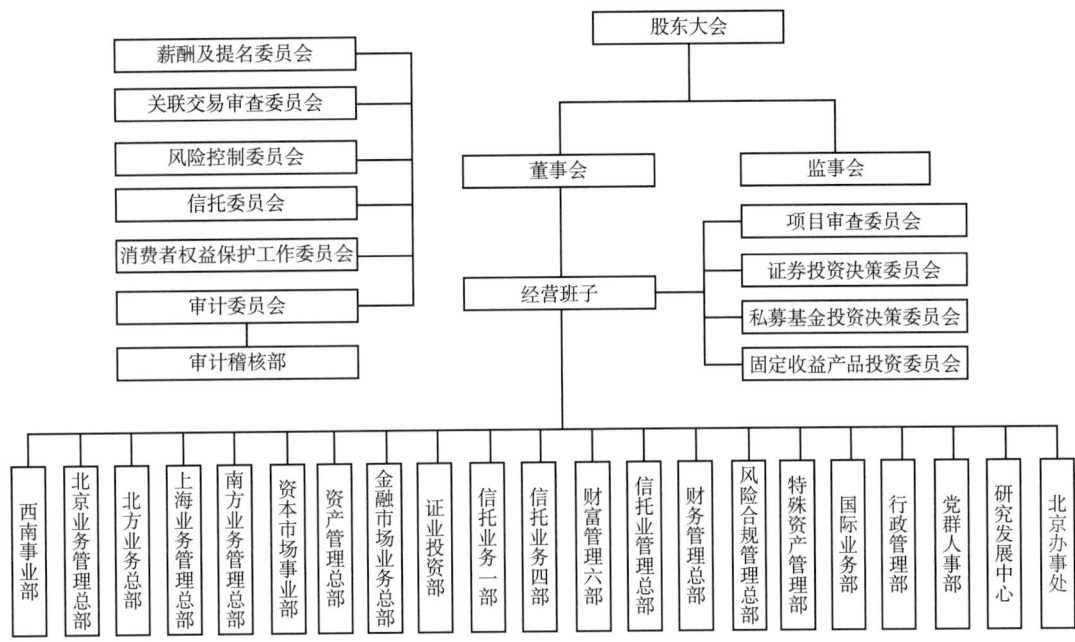

3. 公司治理

3.1 前三位股东

股东名称	持股比例(%)	法定代表人	注册资本(亿元)	注册地址	主要经营业务及主要财务情况
同方国信投资控股有限公司	66.99	刘勤勤	25.74	重庆市渝北区嘉州路88号32—3	利用自有资金进行投资（不得从事吸收公众存款或变相吸收公众存款、发放贷款以及证券、期货等金融业务）；为其关联公司提供与投资有关的市场信息、投资政策等咨询服务；企业重组、并购策划与咨询服务；交通设施维修，工程管理服务，标准化服务，规划设计管理，企业总部管理，企业管理，商业综合体管理服务，对外承包工程，物业管理 截至2023年末，资产总额174.97亿元；2023年度，净利润0.91亿元
国寿投资保险资产管理有限公司	26.04	张凤鸣	37.00	北京市朝阳区景华南街5号17层(14)1703单元	受托管理委托人委托的人民币、外币资金，开展另类投资业务；管理运用自有人民币、外币资金；开展债权投资计划、股权投资计划等保险资产管理产品业务；与资产管理相关的咨询业务；原中国银保监会批准的其他业务；国务院其他部门批准的其他业务 截至2023年末，资产总额239.43亿元；2023年度，净利润9.86亿元
上海淮矿资产管理有限公司	4.10	吕朝阳	17.00	中国(上海)自由贸易试验区浦东南路256号803室、804室	资产管理，实业投资，投资咨询，财务咨询，企业管理咨询，知识产权代理，国内贸易（除专项规定），从事货物及技术的进出口业务 截至2023年末，资产总额25.97亿元；2023年度，净利润1.64亿元

3.2 董事

董事长、副董事长、董事

姓名	职务	性别	年龄(岁)	选任日期	所推举的股东名称	该股东持股比例(%)	简要履历
翁振杰	董事长	男	61	2022年7月13日	同方国信投资控股有限公司	66.99	硕士研究生，高级经济师，享受国务院特殊津贴专家，全国劳动模范。历任重庆三峡银行股份有限公司董事长、西南证券股份有限公司董事长、重庆市第三、第四届人大代表和人大常委会常委、民建九届中央经济委员会委员、民建十届中央财政金融委员会副主任、政协重庆市第五届委员会常务委员、民建十一届中央财政金融委员会主任等职。现任重庆国际信托股份有限公司董事长、国都证券股份有限公司董事长、中国信托业保障基金有限责任公司董事、中国信托登记有限责任公司董事
时平生	董事	男	60	2022年7月13日	同方国信投资控股有限公司	66.99	硕士研究生，助理研究员。历任陕西证券常务副总经理、ITG（香港）风险投资公司北京代表处首席代表等职。现任中国新纪元有限公司董事、重庆国际信托股份有限公司董事

续表

姓名	职务	性别	年龄（岁）	选任日期	所推举的股东名称	该股东持股比例（%）	简要履历
谢维宪	董事	男	68	2022年7月13日	同方国信投资控股有限公司	66.99	大学本科，高级工程师（管理）。历任中共中央政法委员会干部、北京市公安局海淀分局副局长，公安部正局级干部。现任重庆国际信托股份有限公司董事
刘勤勤	董事	男	67	2022年7月13日	同方国信投资控股有限公司	66.99	硕士研究生，讲师、编辑。历任军事经济学院教官、财务理论教研室主任、总后勤部财务结算中心副主任等职。现任同方国信投资控股有限公司董事长兼总经理、重庆国际信托股份有限公司董事
窦仁政	董事	男	54	2022年7月13日	同方国信投资控股有限公司	66.99	硕士研究生，高级经济师。历任中国人民银行银行监管一司监管二处副处长、中国银监会财务会计部财务管理处副处长、会计制度处处长、原中国银监会财务会计部副主任、中国银监会人事部副主任、组织部副部长及中国银监会国有重点金融机构监事会专职监事。现任重庆国际信托股份有限公司董事、总裁
张建中	董事	男	57	2022年7月13日	同方国信投资控股有限公司	66.99	经济管理学士，经济师。历任宣城地区教育局科员、税务局科员；中国银行宣城分行信托办事处主任；中信银行合肥分行信贷科长；深圳发展银行外滩支行副行长、行长、分行行长助理；兴业银行上海分行营业部总经理、分行行长助理、党委委员、副行长；浦发银行上海分行党委委员、副行长；上海爱建信托有限责任公司董事、总经理；爱建集团副总经理，上海爱建资产管理有限公司董事长、爱建信托监事长，安徽恒泰房地产开发有限公司副董事长、长城新盛信托有限责任公司副董事长。现任大丰慈善基金会理事、重庆国际信托股份有限公司董事
范良	董事	男	55	2023年6月12日	国寿投资保险资产管理有限公司	26.04	大学本科，经济师。历任人民银行达茂旗支行金融管理科、计划科副科长，内蒙古银行学校实验信用社直属营业部主任、资金计划部主任，呼和浩特商业银行新华支行行长助理、副行长、资产保全部总经理、特殊资产部总经理，国寿实业投资有限公司资产经营部经理、北京国寿酒店有限公司总经理，国寿实业投资有限公司副总经理，安徽九华山庄有限公司总经理，国寿实业投资有限公司党支部书记、总经理，国寿投资保险资产管理有限公司投后管理部/协同发展部总经理。现任国寿远通置业有限公司党支部书记、总经理，重庆国际信托股份有限公司董事
李丹	董事	女	46	2023年6月12日	国寿投资保险资产管理有限公司	26.04	博士研究生，正高级会计师。历任中国人民解放军总参谋部英文助理翻译，中钢国际工程技术股份有限公司资产财务部会计、副总经理、总经理、投资融资部总经理，国药励展展览有限责任公司业务发展部总经理，华融新兴产业投资管理股份有限公司计划财务部总经理，东方科仪控股集团有限公司计划财务部总经理。现任国寿投资保险资产管理有限公司计划财务部副总经理，重庆国际信托股份有限公司董事

注：2023年公司董事变动情况，详见"8.2董事、监事及高级管理人员变动情况及原因"部分。

独立董事

姓名	所在单位及职务	性别	年龄（岁）	选任日期	所推举的单位名称	该股东持股比例（%）	简要履历
汤世生	香港中信国际非执行董事	男	67	2022年7月13日	重庆国际信托股份有限公司	—	博士研究生，高级经济师。曾任职于中国国际金融有限公司、中国信达信托投资公司、中国银河证券有限责任公司、宏源证券股份有限公司、北大方正集团有限公司、华多九州科技股份有限公司等。现任重庆国际信托股份有限公司独立董事
贺学均	重庆市君能投资咨询有限公司董事长	男	62	2022年7月13日	重庆国际信托股份有限公司	—	硕士研究生，经济师、政工师。历任四川省开县万盛石油建材有限公司董事长、总经理，四川三峡电力（集团）恒联实业公司成都分公司经理，重庆三峡水利电力有限责任公司副总经理，重庆市水利电力产业集团有限公司副总经理，重庆市水利投资（集团）有限公司副总经理，重庆市水利投资集团土地整治有限公司董事长、重庆泽水实业有限公司执行董事、总经理，重庆市水利投资集团土地储备整治有限公司董事长、总经理，重庆市公共住房开发建设投资有限公司副总经理，重庆市渝地资产经营管理有限公司董事长，重庆康田置业（集团）有限公司董事长。现任重庆市君能投资咨询有限公司董事长、重庆国际信托股份有限公司独立董事等职务
陈重	明石创新技术集团股份有限公司董事	男	67	2022年7月13日	重庆国际信托股份有限公司	—	博士研究生，享受国务院特殊津贴专家。历任中国企业联合会主任、副理事长，重庆市人民政府副秘书长，中国企业联合会常务副理事长，新华基金管理股份有限公司董事长。现任明石创新技术集团股份有限公司董事、重庆国际信托股份有限公司独立董事等职务

续表

姓名	所在单位及职务	性别	年龄（岁）	选任日期	所推举的单位名称	该股东持股比例（%）	简要履历
吕益民	天银金融租赁股份有限公司外部监事	男	61	2024年1月18日	重庆国际信托股份有限公司	—	硕士研究生，高级工程师。历任山西师范大学政教系教师，联想集团有限公司资产管理部经理，北京京华信投资公司干部，国家开发投资集团有限公司金融资产管理部主任[兼任国融资管理有限公司（现已注销）总经理]，金融投资部副总经理、战略发展部副主任兼研究中心主任，国投信托有限公司（现更名为国投泰康信托有限公司）总经理，中国融资租赁有限公司总裁、副董事长，中国海外控股集团有限公司执行总裁，招商银行股份有限公司董事，渤海银行股份有限公司董事等职务。现任天银金融租赁股份有限公司外部监事、重庆国际信托股份有限公司独立董事等职务
徐炜	上海市震旦律师事务所专职律师、高级合伙人、副主任	男	50	2024年1月18日	重庆国际信托股份有限公司	—	法学学士，专职律师。历任上海市萧信律师事务所专职律师。现任上海市震旦律师事务所专职律师、高级合伙人、副主任，上海市法治研究会会员，上海市律师协会虹口律师委员会委员，民建上海市委律师委员会委员，上海市律师协会财务委员会委员，重庆国际信托股份有限公司独立董事等职务

注：2023年公司独立董事变动情况，详见"8.2董事、监事及高级管理人员变动情况及原因"部分。

3.3 监事

监事会成员

姓名	职务	性别	年龄（岁）	选任日期	所推举股东名称	该股东持股比例（%）	简要履历
雷万亚	监事会主席	女	69	2022年7月13日	同方国信投资控股有限公司	66.99	硕士研究生，一级高级检察官。曾任重庆市人民检察院副检察长（正厅）。现重庆国际信托股份有限公司党委书记、监事会主席
王卓娅	监事	女	50	2023年6月12日	国寿投资保险资产管理有限公司	26.04	硕士研究生。现任国寿投资保险资产管理有限公司审计部/监事会办公室副总经理、重庆国际信托股份有限公司监事
王嘉智	监事	男	38	2022年7月13日	上海淮矿资产管理有限公司	4.10	硕士研究生，中级经济师。历任上海淮矿资产管理有限公司综合部法务、资产管理部副经理。现任上海淮矿资产管理有限公司风险合规部经理、淮矿上信融资租赁有限公司副总经理（兼任）、重庆国际信托股份有限公司监事
胡雪莲	职工监事	女	50	2022年7月13日	重庆国际信托股份有限公司职代会	—	硕士研究生，注册会计师。现任重庆国际信托股份有限公司西南事业部执行总裁、职工监事
邹恒舟	职工监事	男	53	2022年7月13日	重庆国际信托股份有限公司职代会	—	硕士研究生，律师。现任重庆国际信托股份有限公司风险合规管理总部总裁、职工监事

注：2023年公司监事变动情况，详见"8.2董事、监事及高级管理人员变动情况及原因"部分。

3.4 高级管理人员

姓名	职务	性别	年龄（岁）	选任日期	金融从业年限（年）	学历	专业
窦仁政	总裁	男	54	2022年7月13日	30	硕士	货币银行学
吕维	副总裁	女	51	2022年7月13日	19	硕士	民商法
方莉	副总裁	女	50	2022年7月13日	14	大专	EMBA
潘峰	副总裁	男	47	2022年7月13日	25	本科	政治经济学
罗怀建	副总裁	男	47	2022年7月13日	25	本科	金融学、经济法
叶凌风	副总裁	男	51	2022年7月13日	24	博士	国民经济学
秦晓倩	副总裁	女	41	2022年7月13日	19	本科	金融学
刘影	财务总监	女	49	2022年7月13日	27	本科	经济学
马赟	风险总监	男	52	2023年7月31日	6	本科	法学

注：2023年公司高级管理人员变动情况，详见"8.2董事、监事及高级管理人员变动情况及原因"部分。

3.5 公司员工

项目		报告期	
		人数（人）	比例（%）
学历分布	博士	6	3.41
	硕士	120	68.18
	本科	44	25.00
	专科	6	3.41
	其他	0	—
总人数		176	
平均年龄		37	

4. 经营管理

4.1 经营目标、方针、战略规划

公司的经营目标：坚持服务实体经济为己任，多途径、深层次服务实体企业融资需求，调结构、谋转型、促发展，构建多元化业务体系。公司积极回归信托本源，努力满足人民群众日益增长的多元化财富管理需求。持续强化控制、驾驭风险的能力，依托优秀的资产管理能力，形成可持续发展的盈利模式和核心竞争力。在稳居行业头部公司地位基础上，夯实"固收+投资+非标+资产经营"四轮驱动、齐头并进的发展新格局，努力将公司建设为国内一流金融机构，打造成为信托行业"百年老店"，充分实现公司价值、股东权益和社会效益的有机统一、和谐共进。

公司的经营方针：坚持习近平新时代中国特色社会主义思想，以诚信树品牌，以稳健谋发展，以创新促改革，发展壮大与风险防控并重，坚持依法合规经营。

公司的战略规划：立足重庆，紧跟"一带一路"倡议、"长江经济带建设""京津冀协同发展""成渝地区双城经济圈"和"粤港澳大湾区发展规划"等国家重大战略部署，以基础设施建设和金融投资为核心，大力发展信托主业，不断探索前沿业务，积极推进金融创新，力争公司信托规模、管理水平、盈利能力不断迈向新的高度；同时，积极探索与国内外金融机构的合作，引进优质战略资本及先进管理技术，不断提升公司的资本实力、管理水平和盈利能力。坚持"受益人合法利益最大化"原则，创造满足人民群众需求的信托产品。用完善的消费者服务体系维护信托消费者的合法权益，在信托产品的设计环节就充分考虑消费者利益，健全权益保护相关安排，完善信息披露制度，充分揭示投资风险，不断完善消费者权益保护的相关规章制度。

4.2 经营业务的主要内容

（1）公司经营业务由自营业务、信托业务等构成。自营业务主要开展贷款、金融机构股权投资、证券投资等业务；信托业务包括资产管理信托、资产服务信托、公益慈善信托等。

（2）公司信托业务的主要品种是固定收益类信托、权益类信托、商品及金融衍生品类信托、混合类信托、财富管理服务信托、行政管理服务信托、资产证券化服务信托、风险处置服务信托、公益慈善信托。

自营资产运用与分布表

资产运用	金额（万元）	占比（%）	资产分布	金额（万元）	占比（%）
货币资产	60 108.12	2.12	基础产业	—	—
贷款及应收款	163 627.32	5.77	房地产业	388 764.17	13.71
交易性金融资产	2 153 691.56	75.97	证券市场	330 129.61	11.64
债权投资	1 317.27	0.05	实业	83 517.00	2.95
其他权益工具投资	38 904.19	1.37	金融机构	1 877 726.47	66.23
长期股权投资	297 368.88	10.49	其他	154 862.98	5.47
其他	119 982.89	4.23	—	—	—
资产总计	2 835 000.23	100.00	资产总计	2 835 000.23	100.00

信托资产运用与分布表

资产运用	金额（万元）	占比（%）	资产分布	金额（万元）	占比（%）
货币资产	91 808.64	0.52	基础产业	499 955.91	2.81
以公允价值计量且其变动计入当期损益的金融资产	6 539 086.78	36.73	房地产业	1 177 455.62	6.61
买入返售金融资产	27 525.72	0.15	证券市场	677 858.76	3.81
应收款项	62 616.21	0.35	实业	6 739 811.85	37.85
发放贷款	9 250 829.00	51.96	金融机构	5 494 243.48	30.86
债权投资	1 753 614.07	9.85	其他	3 215 392.19	18.06
投资性房地产	79 237.39	0.44	—	—	—
信托资产总计	17 804 717.81	100.00	信托资产总计	17 804 717.81	100.00

4.3 市场分析

从国际情况来看，全球政治经济秩序正处于剧变之中。美联储持续加息，"溢出效应"冲击全球，而降息则是"犹抱琵琶半遮面"。美国大选尘埃未定，给全球经贸走势增加了不确定性；俄乌冲突、巴以冲突、红海危机、朝韩危机带来的地缘政治风险、粮食安全等持续加剧；发达国家深陷滞胀与通货膨胀危机，新型发展中国家进出口贸易额持续萎缩，世界范围内发生系统性金融风险的可能性进一步扩大。

从国内情况来看，2023年我国国内生产总值超126万亿元人民币，比上年增长5.2%，经济总量稳居世界第二位，经济长期稳中向好的基本面不会改变。同时也要清醒看到，中国经济仍面临着地缘政治风险加剧、有效需求不足、社会预期偏弱、风险隐患较多、国内大循环存在堵点等多重压力。

4.3.1 有利因素

4.3.1.1 监管新规正式落地，业务新局正在重塑

信托业务分类通知和信托公司监管评级办法的出台，原中国银保监会信托部相关职能划至国家金融监督管理总局资管机构监管司，这些调整均体现了日趋严格的监管意图。行业转型势在必行，行业发展的拐点已经出现，信托行业需进一步为社会提供本源服务供给，摆脱传统发展路径依赖，加快转型以实现行业高质量发展。

4.3.1.2 财富需求持续回归，信托转型优势亮眼

2023年，全国人均GDP按年平均汇率折合美元约1.269万美元，全年全国居民人均可支配收入折合美元约5 565美元，已经超过世界人均GDP水平，中国稳居全球第二大财富管理市场。随着我国宏观经济复苏的确定性加强，叠加一系列金融改革措施陆续出台，投资者情绪有望提振。前期因市场阶段性调整、客户应激性赎回等因素流失的理财规模将逐步回流财富管理市场。与此同时，信托公司普遍加强渠道建设，注重主动管理能力培养，新增信托资产来源结构更加优化，发展质量持续提升，信托行业面临更多新机会。

4.3.1.3 "四轮驱动"协同发展，公司转型稳健推进

截至2023年末，公司注册资本150亿元，稳居行业首位，资本稳健充足、资产优良，各项经营指标、业务指数稳居行业前列。公司坚持回归业务本源，不断强化风险防控，完善管理体系制度，搭建了"固收+投资+非标+资产经营"四轮驱动、齐头并进的战略布局，为进一步高质量发展奠定了坚实的基础。

4.3.2 不利因素

4.3.2.1 债务风险高位累积，贸易投资增长乏力

联合国贸易和发展会议（UNCTAD）2024年1月发布的《全球投资趋势监测》显示，2023年全球外国直接投资总量估计为1.37万亿美元，较2022年增长3%，经济不确定性和利率高企对全球投资造成的负面影响不容小觑。另据国际金融协会发布的报告显示，2023年全球债务水平达到313万亿美元，再创历史新高。全球债务风险高位累积，贸易投资增长乏力。就我国而言，2023年的预算报告明确，新增地方政府专项债务限额39 000亿元，比上年增加1 000亿元。地方政府债务余额位于历史高位，约40.74万亿元。

4.3.2.2 传统支柱业务萎缩，转型创新亟待发掘

截至2023年末，一方面，以房地产和城投公司为代表的传统业务，即非标债权融资类业务规模，相较2018年下降12%；另一方面，随着资管新规与信托业务"三分类"新规的落地实施，传统以单一信托为主的通道业务受限。新分类将信托公司从以非标融资为主的业务形态，转变为"资产服务+资产管理+公益慈善"的三大业务方向。虽各方积极探索，但运营模式尚不成熟。信托公司亟须利用自身制度优势加快推进转型，发掘新的业务支柱、开创新的盈利增长点。

4.3.2.3 金融市场波动剧烈，地产市场尚未复苏

2023年，A股市场经历了较大波动，行业的频繁轮动和不断变更的主题投资成为市场的结构性主线。受风险情绪积累、全球宏观环境等因素拖累，A股市场在上半年冲高回落后步入震荡行情，三大指数年内均出现了不同程度的回撤，国内IPO市场连连收紧。

与此同时，"三高"房企退市、地产行业洗牌加剧，供求关系陡然转变、地产行业风险频发。房地产信托存量项目风险持续暴露，迫使信托公司加速处置及清理前期项目，房地产信托项目规模及占比持续下行，信托行业整体经营业绩出现较大幅度的波动。

4.4 内部控制

4.4.1 内部控制环境和内部控制文化

公司按照《公司法》《信托公司管理办法》《信托公司治理指引》《信托公司受托责任尽职指引》《信托公司股权管理暂行办法》和监管部门的要求完善公司治理的相关制度和实施细则，"三会一层"权责明晰，制衡有效，各专门委员会有效履责，构建了分工合理、职责明确、制约有效、关系清晰的内控组织体系和内控合规履职环境。

公司坚持"诚信、稳健、创新、求精"的经营宗旨，坚持以人为本，追求效率与效益，综合运用激励与福利机制，在积极向上的企业文化体系中实现员工与公司共同成长进步。

4.4.2 内部控制措施

公司已建立职责明晰的股东大会、董事会、监事会和经营管理层，各组织构架之间协调运作，相互制衡。

公司董事会下设关联交易审查委员会、风险控制委员会、审计委员会、信托委员会、薪酬及提名委员会、消费者权益保护工作委员会等专门委员会，各委员会职责清晰、分工明确，在董事会授权范围内协助董事会开展公司业务；引入独立董事制度，并由独立董事出任关联交易审查委员会、信托委员会、审计委员会、薪酬及提名委员会以及消费者权益保护工作委员会的主任委员，从而有效控制公司重大业务的决策风险，以便更好地起到内部监督作用。公司监事会有效履行监督职责。公司经营管理层下设项目审查委员会、证券投资决策委员会、私募基金投资决策委员会以及固定收益产品投资委员会，负责公司的日常经营决策，以保证最大限度地降低公司重大业务项目的决策风险，并针对不同业务采取不同的授权审批方式。

公司按职责分离的原则设置内部各部门。前台部门（业务部门）对业务进行受理和初审，并负责实施项目的具体操作；中后台部门（信托业务管理总部、风险合规管理总部等）对业务进行审查和事中控制；后台部门（财务管理总部等）对业务进行财务核算和管理。通过内部约束机制达到强化中、后台对前台的控制反映和监督评价。

公司按照相关监管要求，结合公司实际情况，建立了较为完善、涵盖各项业务和管理活动的内部控制制度体系。报告期内，公司根据业务需要以及监管要求，修订了《消费者权益保护管理办法》《客户投诉管理办法》《信托业务后续尽职管理办法（试行）》《案防工作管理暂行办法》《关联交易管理办法》《消费者权益保护工作的审计指引》等制度；新制定《信托产品营销推介管理细则》《公司风险处置信息沟通工作指引》《金融资产风险分类暂行办法》《金融市场业务总部固定收益业务管理办法》及相关配套业务细则等制度。实现了内控制度的持续改进与完善，有效支持了业务的有序开展。

4.4.3 信息交流与反馈

公司内部建立了良好的信息交流与反馈制度，通过公司内网、会议、座谈、报告、讲座等方式，公司经营班子和员工之间开展有效的互动和交流，相互传递政策信息；通过公司外部网站及报纸等媒介，根据法律法规规定向公众披露公司资产经营状况；根据信托文件约定向信托委托人（受益人）及时披露信托财产管理运用等相关信息。

4.4.4 监督评价与纠正

公司的内部控制通过内部的自我完善和外部的检查督促来实现监督、评价和纠正。内控机制在实际工作中得到检验，一是自我检验纠错，分别由业务部门、风险合规管理总部、信托业务管理总部以及审计稽核部等进行自查和检查。二是经监管部门的检查意见，在出现遗漏或不足时公司会采取相应措施加以整改和完善。

公司从多方面入手，充分发挥内部审计的监督作用。2023年，内部审计的范围和深度进一步加强，全年出具各类内审报告108份。对审计过程中发现的问题及时与各部门沟通，要求限期完善或整改，并采取后续审计等方式进行跟踪，对防止风险出现或扩大，促进业务合法、合规、稳健经营发挥了积极作用。

4.5 风险管理

4.5.1 风险管理概况

公司坚持"宁可错过，不可做错"的风险管理理念，已形成一套比较完善和行之有效的风控机制、规章制度和操作流程，促进公司各项业务可持续发展。公司经营活动中可能遇到的风险主要有：信用风险、市场风险、操作风险、其他风险（如政策风险、法律风险、道德风险、声誉风险）等。

4.5.2 风险状况

4.5.2.1 信用风险状况

信用风险主要是交易对手违约带来的风险，主要来自借款、对外担保、投资等业务。报告期内，公司严格按财政部和监管部门要求，提足各项准备金。截至2023年末，公司信用风险资产按照资产五级分类标准分类结果为：（1）正常类资产2 483 986.08万元；（2）关注类资产340 682.18万元；（3）次级类资产1 542.86万元；（4）可疑类资产0元；（5）损失类资产6 555.63万元。公司不良资产期初数为8 098.49万元，期末数为8 098.49万元。

4.5.2.2 市场风险状况

信用风险主要是交易对手违约带来的风险，主要来自借款、对外担保、投资等业务。对于公司开展的股票质押业务，侧重于选择业绩面好的股票，设置较低的质押率；同时引入保证金追加制度和止损线，以有效防范市场波动风险；公司目前暂未开展外币业务，不受汇率市场变动影响；公司的信托贷款项目大部分为固定利率贷款，市场的利率变动对投资者的收益和公司信托报酬影响较小。

4.5.2.3 操作风险状况

操作风险主要是由于公司内部程序、人员、系统的不完善、失误或外部事件而引发的风险。为实现公司标准化、制度化、规范化管理，公司进一步清理、修订、拟定了一系列规章制度和操作流程，以提高预防和控制操作风险的能力；同时结合业务发展需要，加强员工培训，提高员工技能，加强流程控制；对于外部事件可能给公司经营带来的风险，公司制定专门应急预案，实行突发事件预案管理。报告期内，公司未发生因操作风险带来的损失。

4.5.2.4 其他风险状况

公司面临的其他风险主要有政策风险、法律风险、道德风险、声誉风险等。公司适时关注宏观经济政策、行业发展政策和信托业监管政策的变化对公司经营和业务运作带来的影响，顺应政策要求合理设计项目预案；加强员工专业技能、职业道德培训，组织开展合规考试，提升依法合规意识和风险管控能力。

4.5.3 风险管理

4.5.3.1 信用风险管理

公司对信用风险的管理，一是事前加强对交易对手及项目的尽职调查，严格按照业务流程开展业务，强化项目风险控制措施的有效性和合法合规性。二是在信托产品设计中明确风险揭示及风险承担，做到"卖者尽责、买者自负"。三是事中对交易对手（项目）进行跟踪检查，流程控制、多手段并用，对重点项目实行现场监管，及时发现和处置风险隐患苗头。四是对重点项目制定应急处置预案，密切跟踪处置情况，及时化解已发生的风险，降低损失程度，最大限度保护信托财产安全，维护受益人利益。事后对已结束项目进行审计和后续评价，以获取管理经验。

在自有业务方面，公司严格控制对外担保，截至报告日，对外担保余额为0元；公司的短期投资主要投资于质地优良、风险低的金融类产品；截至2023年末，公司存续固有贷款余额146 100万元，规模较小，风险可控。

在信托业务方面，公司依法合规履行受托人职责，按照公司信托业务相关管理制度以及各专门委员会议事规则的规定，从立项、审批、报备、登记、产品发行，到项目后续管理、风险披露、清算分配，严格履行相应的审批手续。

4.5.3.2 市场风险管理

在加强市场风险管理方面，公司积极吸引人才，加强对国家宏观经济政策、货币信贷政策、财政政策等领域的研究，及时掌握市场变化，为调整投资决策提供依据；对产业市场、资本市场等领域实行分散投资，根据公司整体安排，适时调整各领域的投资规模，合理安排期限结构；提升风险意识和市场敏感度，充分甄别存在问题与瑕疵的考察项目和交易对手，确保落地项目质地优良、风险可控；强化日常风险监控和报告制度，以便及时处置化解风险。

4.5.3.3 操作风险管理

在操作风险管理方面，公司根据政策、法律法规、监管规定及公司业务发展需要，适时对业务及风险管理制度、法律文书等进行补充、修订、完善和规范；坚持信托财产与固有财产、不同信托财产分别管理、分别记账的原则，在部门设置和人员安排上使前台、中台、后台部门分设和人员分离，业务交易、会计记录和后续管理监督分离；加强对员工行为监测、法律合规知识及业务技能培训，强化员工的合规意识、风险意识、责任意识和道德水准；提升全流程风险管理意识，强化对审批、印章使用、凭证保管等重要操作环节的监督检查，加强内部控制和防范操作风险；制定应急预案，适时启动奖惩机制等措施防范和控制操作风险。

4.5.3.4 其他风险管理

公司通过加强对宏观经济政策和行业政策的跟踪、研究，提高预见性；公司风险合规管理总部、信托业务管理总部、财务管理总部对交易行为或合同进行内部审查，聘请专门的律师事务所和会计师事务所协助公司开展项目法律审查和咨询，以防范和控制业务风险；公司加强员工职业道德和思想教育建设，通过开展培训和座谈、员工行为管理等措施防范和控制道德风险；公司成立了消费者权益保护工作委员会，依法合规开展业务、诚信尽职地履行受托人义务，向投资者销售风险匹配的信托产品、充分披露信托产品信息，对新产品发售注重风险揭示、投资者教育和体验，提升公司信誉度和美誉度。公司还将根据业务发展规模的不断扩大和市场变化等情况，对公司风险管理措施进一步修改和完善。

4.6 消费者权益保护

4.6.1 消费者权益保护整体情况

公司高度重视消费者权益保护工作，遵循依法合规、平等自愿、诚实守信原则，有效落实"卖者尽责，买者自负"，切实承担金融消费者合法权益保护的主体责任，有计划、有节奏地开展2023年消费者权益保护工作。在体制建设与执行保障方面，从董事会、消费者权益保护工作委员会、消费者权益保护工作小组到消费者权益保护职能部门，消费者权益保护工作责任自上而下层层落实；通过不断强化组织领导、统筹协调与监督管理，全面提升消费者权益保护工作理念，保障消费者权益保护工作政策和要求的纵向传导及有效执行。在制度完善与机制运行方面，通过"强化三个落实""促进三个提升"，以期实现制度机制更完善、事前审查更到位、管控监督更全面、内部培训更翔实、教育宣传更丰富、投诉处理更高效的发展态势。

强化三个落实。一是完善优化，强化落实制度建设。2023年公司根据监管要求进一步完善消费者权益保护管理、营销推介管理、投诉管理、风险处置信息沟通等制度，持续健全消费者权益保护制度体系。二是源头预防，强化落实事前审查。始终坚持"预防为先"工作原则，风控关口前移，对面向消费者的产品或服务在设计开发、协议制定、营销宣传等环节进行消费者权益保护专项审查，筑好消保第一道防火墙。三是规范行为，强化落实管控监督。在一线员工展业过程中，持续对营销推介、信息披露、适当性管理、可回溯管理、客户信息保护等重点风险领域进行管控监督，督促全员坚守合规红线。

促进三个提升。一是加强培训，促进提升员工消保意识。2023年公司自主开展消保政策制度学习、投诉专题宣讲等四次消费者权益保护专题培训，持续提升全员消费者权益保护意识和能力。二是丰富创新，促进提升宣传教育质效。公司采用线上与线下相结合的宣教方式，开展集中式宣教和常态化宣教，开设线上线下"消保专区"，不断拓宽宣教渠道、丰富宣教形式、加大宣教频率、提升宣教原创性，致力于开展针对性强、覆盖面广的特色化金融知识宣传和投资者教育活动。三是完善服务，促进提升投诉处理水平。公司结合业务实际，坚持以维护客户利益为中心，持续健全客户投诉处理机制和应急管理机制，规范投诉受理和处理，强化溯源整改和自查分析，不断提升投诉处理水平。

4.6.2 投诉处理情况

公司高度重视客户投诉处理工作，结合监管要求和业务发展实际，不断完善和落实投诉制度机制。在客户投诉处理工作中，优化投诉处理流程，建立起内部沟通协调、信息共享、协同处理的工作模式；保障诉求反馈和信息传递的畅通，及时响应客户合理诉求，做好客户安抚和解释沟通工作；完善舆情风险防范和应急处置机制，做好应急工作部署，深化联动协作，凝聚处置合力；

强化分析总结和溯源整改，优化服务规范，提升服务水平，依法保障消费者的合法权益。

2023年，公司各渠道共受理投诉104件。其中，投诉业务类别均为自营理财，投诉区域分布均为重庆地区，投诉原因主要为部分产品延期兑付而引起投诉，公司均按照客户投诉处理相关要求在规定时限内对投诉事件妥善处理。

4.7 企业社会责任

4.7.1 深入国家关键战略服务，全面助推实体经济发展

公司紧密跟随国家政策导向，以创新为驱动力，依托信托的独特制度优势和丰富资源，从国家整体战略布局中洞察新的业务发展机会，积极与国家重大战略规划进行对接，提供全方位的金融支持，有效拓宽了公司服务社会和实体经济的广度与深度。截至2023年末，公司在"一带一路"倡议、长江经济带辐射区域内存续信托业务规模1 567.07亿元，服务成渝地区双城经济圈建设存续信托规模368.90亿元，服务京津冀地区存续信托业务规模295.04亿元，服务粤港澳大湾区建设存续信托业务规模72.98亿元。

公司始终牢记服务地方经济发展的使命宗旨，截至2023年末，公司累计为地方经济建设募集资金2 071.52亿元，为人民群众创造财产性收入超1 068亿元，为促进长江上游经济中心建设发挥了重要作用。同时，公司依托在结构设计、资产管理、风险控制等方面积累的大量经验，立足信托业灵活多变的特点，积极支持民营企业和小微企业发展。2023年，公司新增服务民营信托业务规模48.51亿元，新增服务小微企业信托业务规模114.84亿元。

4.7.2 践行绿色发展战略，以公益慈善彰显企业温情

公司坚决贯彻绿色发展战略，积极响应双碳政策，敏锐捕捉其中蕴含的风险与机遇。公司不断完善绿色金融体系，将环保低碳理念深植于公司的采购、运营等各个环节，力求在持续降低运营碳足迹的同时，推动生态文明建设取得实质性进展，为实现"双碳"目标和促进可持续发展贡献企业力量。截至2023年末，累计成立9笔绿色信托，存续规模合计75.21亿元。

公司坚持将自身发展与社会进步紧密结合，积极投身公益事业，用心回馈社会，践行企业的社会责任和使命担当。公司已累计向各类慈善活动捐款近3.25亿元，

主要包括："金色盾牌英烈救助基金"慰问救助捐款近2.43亿元，累计救助慰问公安干警及其家属和相关人员近19 000人次；为重庆市政府募集50亿元资金支持主城区危旧房改造，并捐赠2 500万元信托报酬支持地方经济建设；作为重庆市政府办公厅扶贫集团成员，累计为酉阳县脱贫攻坚捐款超166万元，为奉节县脱贫攻坚捐款92万元等。此外，公司积极参与红十字基金会、中国检察教育基金会及民建善德基金等公益项目，开展"春蕾圆梦行动"帮扶317名贫困女学生圆梦校园、"逐梦未来"关爱留守学生及特殊儿童等爱心活动，荣获"春蕾圆梦行动爱心捐赠单位"称号。

5.报告期末及上一年度末的比较式会计报表

5.1 自营资产

5.1.1 会计师事务所审计意见

信永中和会计师事务所（特殊普通合伙）审计了公司财务报表，包括2023年12月31日的合并及母公司资产负债表，2023年度的合并及母公司利润表、合并及母公司现金流量表、合并及母公司股东权益变动表以及财务报表附注。会计师事务所认为，公司财务报表在所有重大方面按照企业会计准则的规定编制，公允反映了公司2023年12月31日的合并及母公司财务状况以及2023年度的合并及母公司经营成果和现金流量。

5.1.2 资产负债表

5.1.2.1 母公司资产负债表

资产负债表

编制单位：重庆国际信托股份有限公司　　　2023年12月31日　　　单位：万元

资产	期末数	期初数	负债和股东权益	期末数	期初数
资产：			负债：		
现金及存放银行款项	60 108.12	159 190.62	向中央银行借款	—	—
买入返售金融资产	100 081.52	10 003.57	拆入资金	—	100 016.67
应收股利	—	—	交易性金融负债	—	—
应收手续费及佣金	661.22	1 373.47	卖出回购金融资产款	—	—
其他应收款	26 252.78	17 402.60	应付职工薪酬	4 494.63	6 351.20
预付账款	—	—	应交税费	31 778.47	11 713.60
发放贷款及垫款	136 713.32	141 208.96	应付股利	—	—
金融投资：	2 193 913.02	1 999 069.94	其他应付款	67 267.58	53 351.13
交易性金融资产	2 153 691.56	1 961 672.68	预收手续费及佣金	—	—
债权投资	1 317.27	1 502.69	合同负债	31.96	638.15
其他债权投资	—	—	递延所得税负债	11 950.38	998.95
其他权益工具投资	38 904.19	35 894.57	租赁负债	3 127.34	4 183.93
长期股权投资	297 368.88	645 206.52	其他负债	—	140 182.00
投资性房地产	437.53	456.73	负债合计	118 650.36	317 435.63
固定资产	7 148.71	7 487.51	股东权益：		
在建工程	—	—	股本	1 500 000.00	1 500 000.00
无形资产	137.78	78.36	资本公积	206 699.69	213 167.00
使用权资产	2 867.18	3 995.80	其他综合收益	2 114.40	−28 452.58
递延所得税资产	6 273.80	6 113.47	盈余公积	151 641.58	149 569.95
抵债资产	—	—	一般风险准备	54 498.75	55 074.67
其他资产	3 036.37	3 381.95	信托赔偿准备	75 820.79	74 784.97
			未分配利润	725 574.66	713 389.86
			股东权益合计	2 716 349.87	2 677 533.87
资产总计	2 835 000.23	2 994 969.50	负债和股东权益总计	2 835 000.23	2 994 969.50

5.1.2.2 合并资产负债表

合并资产负债表

编制单位：重庆国际信托股份有限公司　　　2023年12月31日　　　单位：万元

资产	期末数	期初数	负债和股东权益	期末数	期初数
资产：			负债：		
现金及存放银行款项	71 470.27	1 610 058.26	向中央银行借款	—	372 293.93
贵金属	—	—	同业及其他金融机构存放款项	—	463 984.62
拆出资金	—	2 125 292.97	拆入资金	—	540 427.56
衍生金融资产	—	—	交易性金融负债	—	—
买入返售金融资产	100 081.52	1 743 989.72	衍生金融负债	—	—
应收股利	—	—	卖出回购金融资产款	7 979.99	1 760 264.90
应收手续费及佣金	1 941.06	2 784.91	吸收存款	—	17 516 492.91
其他应收款	26 054.36	77 745.87	应付职工薪酬	4 937.83	32 458.64
预付账款	36.45	108.49	应交税费	32 051.31	36 806.51
金融投资：	2 221 890.92	9 113 632.19	应付股利	2 170.00	10 350.68
交易性金融资产	2 181 669.46	3 012 470.27	其他应付款	69 132.13	87 980.19
债权投资	1 317.27	4 947 154.13	预收手续费及佣金	—	—
其他债权投资	—	1 090 382.63	合同负债	64.83	638.15
其他权益工具投资	38 904.19	63 625.16	预计负债	177.48	2 827.22
发放贷款及垫款	136 713.32	13 485 530.19	应付债券	—	3 434 125.39
长期股权投资	277 425.40	270 015.07	递延所得税负债	12 374.82	9 646.53
投资性房地产	437.53	456.73	租赁负债	4 185.28	22 380.24
固定资产	7 359.69	179 525.43	其他负债	4 980.50	148 247.71
在建工程	—	—	负债合计	138 054.17	24 438 925.18
无形资产	659.68	24 649.71	股东权益：	—	—
商誉	—	—	股本	1 500 000.00	1 500 000.00
使用权资产	3 799.27	24 412.35	减：库存股	—	—
递延所得税资产	6 840.60	165 631.09	资本公积	204 173.10	210 640.41
其他资产	3 091.13	60 595.45	其他综合收益	2 013.64	-12 024.20
			盈余公积	151 177.35	149 641.87
			一般风险准备	54 904.88	55 480.80
			信托赔偿准备	75 820.79	74 784.97
			未分配利润	726 773.75	886 678.56
			归属于母公司股东权益	2 714 863.51	2 865 202.41
			少数股东权益	4 883.52	1 580 300.84
			股东权益合计	2 719 747.03	4 445 503.25
资产总计	2 857 801.20	28 884 428.43	负债和股东权益总计	2 857 801.20	28 884 428.43

注：截至2023年末公司合并资产与合并负债较期初变动较大，系因报告期内转让重庆三峡银行股份有限公司股份所致。

5.1.3 利润表

5.1.3.1 母公司利润表

利润表

编制单位：重庆国际信托股份有限公司　　2023年度　　单位：万元

项目	本年数	上年数
一、营业收入	84 200.91	104 192.32
利息净收入	-3 085.50	-17 693.85
利息收入	3 060.82	3 115.86
利息支出	6 146.32	20 809.71
手续费及佣金净收入	48 124.06	55 833.97
手续费及佣金收入	56 676.34	67 629.17
手续费及佣金支出	8 552.28	11 795.20
投资收益	138 163.20	120 356.69
其中：对联营企业及合营企业的投资收益	16 603.69	16 416.02
公允价值变动损益	-99 830.48	-55 195.96
汇兑收益	-0.08	-0.23
其他业务收入	747.66	875.23
资产处置收益（损失以"-"号填列）	—	—
其他收益	82.05	16.47
二、营业支出	21 322.61	25 307.85
税金及附加	710.95	705.80
业务及管理费	16 003.47	20 890.58
信用减值损失	4 589.00	3 693.63
资产减值损失	—	—
其他业务成本	19.19	17.84
三、营业利润	62 878.30	78 884.47
加：营业外收入	6.25	45.20
减：营业外支出	615.77	703.02
四、利润总额	62 268.78	78 226.65
减：所得税费用	41 552.45	46 809.36
五、净利润（净亏损以"-"号填列）	20 716.33	31 417.29
六、其他综合收益的税后净额	30 566.98	-12 497.74
七、综合收益总额	51 283.31	18 919.55

5.1.3.2 合并利润表

合并利润表

编制单位：重庆国际信托股份有限公司　　2023年度　　单位：万元

项目	本年数	上年数
一、营业收入	78 506.81	551 376.20
利息净收入	144 502.11	378 082.86
利息收入	358 215.00	1 030 390.88
利息支出	213 712.89	652 308.02
手续费及佣金净收入	61 698.86	86 125.14
手续费及佣金收入	74 627.69	106 692.19
手续费及佣金支出	12 928.83	20 567.05
投资收益	-35 718.96	117 320.69
其中：对联营企业及合营企业的投资收益	16 603.69	16 416.02
公允价值变动损益	-93 865.18	-37 577.32
汇兑收益	18.68	2 356.08
其他业务收入	721.44	1 127.78
资产处置收益（损失以"-"号填列）	512.14	3 585.53
其他收益	637.72	355.44
二、营业支出	130 787.81	348 660.08
税金及附加	3 502.18	7 675.60
业务及管理费	77 846.84	160 808.98
信用减值损失	49 392.76	180 033.71
资产减值损失	—	48.44
其他业务成本	46.03	93.35
三、营业利润	-52 281.00	202 716.12
加：营业外收入	34.20	164.74
减：营业外支出	819.56	1 695.20
四、利润总额	-53 066.36	201 185.66
减：所得税费用	54 897.02	67 829.96
五、净利润（净亏损以"-"号填列）	-107 963.38	133 355.70
归属于母公司的净利润	-146 547.88	50 501.21
少数股东损益	38 584.50	82 854.49
六、其他综合收益的税后净额	12 667.13	-20 951.09
七、综合收益总额	-95 296.25	112 404.61
归属于母公司股东的综合收益总额	-137 871.59	35 552.37
归属于少数股东的综合收益总额	42 575.34	76 852.24

注：2023年度公司合并利润较上年度变动较大，系因报告期内转让重庆三峡银行股份有限公司股份所致。

5.1.4 股东权益变动表
5.1.4.1 母公司股东权益变动表

股东权益变动表

编制单位：重庆国际信托股份有限公司　　　　2023年度　　　　单位：万元

项目	本年金额							
	股本	资本公积	其他综合收益	盈余公积	一般风险准备	信托赔偿准备	未分配利润	股东权益合计
一、上年年末余额	1 500 000.00	213 167.00	−28 452.58	149 569.95	55 074.67	74 784.97	713 389.86	2 677 533.87
加：会计政策变更	—	—	—	—	—	—	—	—
前期差错更正	—	—	—	—	—	—	—	—
二、本年年初余额	1 500 000.00	213 167.00	−28 452.58	149 569.95	55 074.67	74 784.97	713 389.86	2 677 533.87
三、本年增减变动金额（减少以"−"号填列）	—	−6 467.31	30 566.98	2 071.63	−575.92	1 035.82	12 184.80	38 816.00
（一）综合收益总额	—	—	30 566.98	—	—	—	20 716.33	51 283.31
（二）股东投入和减少资本	—	—	—	—	—	—	—	—
1.股东投入资本	—	—	—	—	—	—	—	—
2.股份支付计入股东权益的金额	—	—	—	—	—	—	—	—
3.其他	—	—	—	—	—	—	—	—
（三）利润分配	—	—	—	2 071.63	−575.92	1 035.82	−8 531.53	−6 000.00
1.提取盈余公积	—	—	—	2 071.63	—	—	−2 071.63	—
2.提取一般风险准备	—	—	—	—	−575.92	—	575.92	—
3.提取信托赔偿准备	—	—	—	—	—	1 035.82	−1 035.82	—
4.对股东的分配	—	—	—	—	—	—	−6 000.00	−6 000.00
5.其他	—	—	—	—	—	—	—	—
（四）股东权益内部结转	—	—	—	—	—	—	—	—
1.资本公积转增股本	—	—	—	—	—	—	—	—
2.盈余公积转增股本	—	—	—	—	—	—	—	—
3.盈余公积弥补亏损	—	—	—	—	—	—	—	—
4.设定受益计划变动额结转留存收益	—	—	—	—	—	—	—	—
5.其他综合收益结转留存收益	—	—	—	—	—	—	—	—
6.其他	—	—	—	—	—	—	—	—
（五）其他	—	−6 467.31	—	—	—	—	—	−6 467.31
四、本年年末余额	1 500 000.00	206 699.69	2 114.40	151 641.58	54 498.75	75 820.79	725 574.66	2 716 349.87

股东权益变动表（续）

编制单位：重庆国际信托股份有限公司　　　　2023年度　　　　单位：万元

项目	上年金额							
	股本	资本公积	其他综合收益	盈余公积	一般风险准备	信托赔偿准备	未分配利润	股东权益合计
一、上年年末余额	1 500 000.00	213 169.49	−51 681.26	149 943.24	81 113.43	74 971.62	690 524.11	2 658 040.63
加：会计政策变更	—	—	—	−0.95	—	−0.47	−8.12	−9.54
前期差错更正	—	—	—	—	—	—	—	—
二、本年年初余额	1 500 000.00	213 169.49	−51 681.26	149 942.29	81 113.43	74 971.15	690 515.99	2 658 031.09
三、本年增减变动金额（减少以"−"号填列）	—	−2.49	23 228.68	−372.34	−26 038.76	−186.18	22 873.87	19 502.78
（一）综合收益总额	—	—	−12 497.74	—	—	—	31 417.29	18 919.55
（二）股东投入和减少资本	—	—	—	—	—	—	—	—

续表

项目	上年金额							
	股本	资本公积	其他综合收益	盈余公积	一般风险准备	信托赔偿准备	未分配利润	股东权益合计
1.股东投入资本	—	—	—	—	—	—	—	—
2.股份支付计入股东权益的金额	—	—	—	—	—	—	—	—
3.其他	—	—	—	—	—	—	—	—
（三）利润分配	—	—	—	3 141.73	−26 038.76	1 570.86	21 326.17	—
1.提取盈余公积	—	—	—	3 141.73	—	—	−3 141.73	—
2.提取一般风险准备	—	—	—	—	−26 038.76	—	26 038.76	—
3.提取信托赔偿准备	—	—	—	—	—	1 570.86	−1 570.86	—
4.对股东的分配	—	—	—	—	—	—	—	—
5.其他	—	—	—	—	—	—	—	—
（四）股东权益内部结转	—	—	35 726.42	−3 572.64	—	−1 786.32	−30 367.46	—
1.资本公积转增股本	—	—	—	—	—	—	—	—
2.盈余公积转增股本	—	—	—	—	—	—	—	—
3.盈余公积弥补亏损	—	—	—	—	—	—	—	—
4.设定受益计划变动额结转留存收益	—	—	—	—	—	—	—	—
5.其他综合收益结转留存收益	—	—	35 726.42	−3 572.64	—	−1 786.32	−30 367.46	—
6.其他	—	—	—	—	—	—	—	—
（五）其他	—	−2.49	—	58.57	—	29.28	497.87	583.23
四、本年年末余额	1 500 000.00	213 167.00	−28 452.58	149 569.95	55 074.67	74 784.97	713 389.86	2 677 533.87

5.1.4.2 合并股东权益变动表

合并股东权益变动表

编制单位：重庆国际信托股份有限公司　　　　　2023年度　　　　　单位：万元

项目	本年金额							少数股东权益	股东权益合计
	归属于母公司股东的权益								
	股本	资本公积	其他综合收益	盈余公积	一般风险准备	信托赔偿准备	未分配利润		
一、上年年末余额	1 500 000.00	210 640.41	−12 024.20	149 641.87	55 480.80	74 784.97	886 678.56	1 580 300.84	4 445 503.25
加：会计政策变更	—	—	—	—	—	—	—	—	—
前期差错更正	—	—	—	—	—	—	—	—	—
二、本年年初余额	1 500 000.00	210 640.41	−12 024.20	149 641.87	55 480.80	74 784.97	886 678.56	1 580 300.84	4 445 503.25
三、本年增减变动金额（减少以"−"号填列）	—	−6 467.31	14 037.84	1 535.48	−575.92	1 035.82	−159 904.81	−1 575 417.32	−1 725 756.22
（一）综合收益总额	—	—	8 676.29	—	—	—	−146 547.88	42 575.34	−95 296.25
（二）股东投入和减少资本	—	—	—	—	—	—	—	—	—
1.股东投入资本	—	—	—	—	—	—	—	—	—
2.股份支付计入股东权益的金额	—	—	—	—	—	—	—	—	—
3.其他	—	—	—	—	—	—	—	—	—
（三）利润分配	—	—	—	2 071.63	−575.92	1 035.82	−8 531.53	−16 035.47	−22 035.47
1.提取盈余公积	—	—	—	2 071.63	—	—	−2 071.63	—	—
2.提取一般风险准备	—	—	—	—	−575.92	—	575.92	—	—
3.提取信托赔偿准备	—	—	—	—	—	1 035.82	−1 035.82	—	—
4.对股东的分配	—	—	—	—	—	—	−6 000.00	−11 873.28	−17 873.28

续表

项目	本年金额								
	归属于母公司股东的权益							少数股东权益	股东权益合计
	股本	资本公积	其他综合收益	盈余公积	一般风险准备	信托赔偿准备	未分配利润		
5.其他	—	—	—	—	—	—	−4 162.19		−4 162.19
（四）股东权益内部结转	—	—	5 361.55	−536.15	—	—	−4 825.40		—
1.资本公积转增股本									
2.盈余公积转增股本									
3.盈余公积弥补亏损									
4.设定受益计划变动额结转留存收益									
5.其他综合收益结转留存收益	—	—	5 361.55	−536.15	—	—	−4 825.40		
6.其他									
（五）其他	—	−6 467.31	—	—	—	—	−1 601 957.19		−1 608 424.50
四、本年年末余额	1 500 000.00	204 173.10	2 013.64	151 177.35	54 904.88	75 820.79	726 773.75	4 883.52	2 719 747.03

合并股东权益变动表（续）

编制单位：重庆国际信托股份有限公司　　　　　　2023年度　　　　　　单位：万元

项目	上年金额								
	归属于母公司股东的权益							少数股东权益	股东权益合计
	股本	资本公积	其他综合收益	盈余公积	一般风险准备	信托赔偿准备	未分配利润		
一、上年年末余额	1 500 000.00	210 642.90	−32 801.78	150 015.17	81 519.56	74 971.62	844 972.73	1 532 536.75	4 361 856.95
加：会计政策变更	—	—	—	−0.96	—	−0.47	−251.96	−597.11	−850.50
前期差错更正	—	—	—	—	—	—	—	—	—
二、本年年初余额	1 500 000.00	210 642.90	−32 801.78	150 014.21	81 519.56	74 971.15	844 720.77	1 531 939.64	4 361 006.45
三、本年增减变动金额（减少以"−"号填列）	—	−2.49	20 777.58	−372.34	−26 038.76	−186.18	41 957.79	48 361.20	84 496.80
（一）综合收益总额	—	—	−14 948.84	—	—	—	50 501.21	76 852.24	112 404.61
（二）股东投入和减少资本									
1.股东投入资本									
2.股份支付计入股东权益的金额									
3.其他									
（三）利润分配	—	—	—	3 141.73	−26 038.76	1 570.86	21 326.17	−28 491.04	−28 491.04
1.提取盈余公积	—	—	—	3 141.73	—	—	−3 141.73	—	—
2.提取一般风险准备	—	—	—	—	−26 038.76	—	26 038.76	—	—
3.提取信托赔偿准备	—	—	—	—	—	1 570.86	−1 570.86	—	—
4.对股东的分配	—	—	—	—	—	—	—	−15 831.04	−15 831.04
5.其他	—	—	—	—	—	—	—	−12 660.00	−12 660.00
（四）股东权益内部结转	—	—	35 726.42	−3 572.64	—	−1 786.32	−30 367.46	—	—
1.资本公积转增股本									
2.盈余公积转增股本									
3.盈余公积弥补亏损									
4.设定受益计划变动额结转留存收益									
5.其他综合收益结转留存收益	—	—	35 726.42	−3 572.64	—	−1 786.32	−30 367.46	—	—
6.其他									
（五）其他	—	−2.49	—	58.57	—	29.28	497.87	—	583.23
四、本年年末余额	1 500 000.00	210 640.41	−12 024.20	149 641.87	55 480.80	74 784.97	886 678.56	1 580 300.84	4 445 503.25

5.2 信托资产

5.2.1 信托项目资产负债汇总表

信托项目资产负债表

编制单位：重庆国际信托股份有限公司　　　2023年12月31日　　　单位：万元

信托资产	期末余额	期初余额	信托负债和信托权益	期末余额	期初余额
信托资产：	—	—	信托负债：	—	—
货币资金	91 808.64	74 448.30	交易性金融负债	—	—
拆出资金	—	—	衍生金融负债	—	—
存出保证金	—	—	应付受托人报酬	60 172.28	44 469.80
交易性金融资产	6 539 086.78	7 306 237.77	应付托管费	2 003.76	2 128.74
衍生金融资产	—	—	应付受益人收益	521.30	461.48
买入返售金融资产	27 525.72	32 668.06	应交税费	6 528.41	5 024.58
应收款项	62 616.21	79 683.63	应付销售服务费	44.41	6.26
发放贷款	9 263 912.56	9 086 454.77	其他应付款项	270 948.92	253 062.54
债权投资	1 758 776.37	2 388 981.45	预计负债	—	—
其他债权投资	—	—	其他负债	98 051.85	2 002.00
其他权益工具投资	—	—	信托负债合计	438 270.93	307 155.40
长期股权投资	—	—			
投资性房地产	79 237.39	22 793.23			
固定资产	—	—	信托权益：		
无形资产	—	—	实收信托	17 692 667.57	19 126 645.09
长期待摊费用	—	—	资本公积	0.00	0.00
其他资产	—	—	未分配利润	−326 220.69	−461 137.63
减：各项资产减值准备	18 245.86	18 604.35	信托权益合计	17 366 446.88	18 665 507.46
信托资产总计	17 804 717.81	18 972 662.86	信托负债和信托权益总计	17 804 717.81	18 972 662.86

5.2.2 信托项目利润及利润分配汇总表

信托项目利润及利润分配表

编制单位：重庆国际信托股份有限公司　　　2023年度　　　单位：万元

项目	本年数	上年数
一、营业收入	928 572.33	769 034.05
利息收入	540 146.91	616 000.52
投资收益（损失以"−"号填列）	291 534.20	201 808.64
其中：对联营企业和合营企业的投资收益	—	—
公允价值变动收益（损失以"−"号填列）	89 428.49	−50 975.39
租赁收入	—	—
汇兑损益（损失以"−"号填列）	—	−0.04
其他收入	7 462.73	2 200.32
二、营业支出	91 746.46	82 908.87
税金及附加	3 492.10	2 974.58
受托人报酬	65 660.16	59 228.39

续表

项目	本年数	上年数
保管费	1 492.39	1 304.64
投资管理费	101.74	472.97
销售服务费	1 257.28	6 659.89
交易费用	16.22	—
信用减值损失	−358.49	—
其他费用	20 085.06	12 268.40
三、信托净利润（净亏损以"−"号填列）	836 825.87	686 125.18
四、其他综合收益	—	—
五、综合收益	836 825.87	686 125.18
加：期初未分配信托利润	−461 137.63	−366 648.70
六、可供分配的信托利润	375 688.24	319 476.48
减：本期已分配信托利润	701 908.93	780 614.11
七、期末未分配信托利润	−326 220.69	−461 137.63

6.会计报表附注

6.1 会计报表编制基准、会计政策和会计估计的变化

6.1.1 报告年度会计报表编制基准、会计估计未发生变化

6.1.2 主要重要会计政策变更及影响

财政部2022年11月30日颁布的《企业会计准则解释第16号》（财会〔2022〕31号），规定了"关于单项交易产生的资产和负债相关的递延所得税不适用初始确认豁免的会计处理"相关内容，公司自2023年1月1日起执行，执行该新会计政策对本公司年初财务报表影响如下表所示。

新准则变更合并报表影响数　　　　　　　　单位：万元

项目	2023年1月1日/2022年度		
	调整后金额	调整前金额	调整金额
递延所得税资产	165 631.09	160 036.03	5 595.06
递延所得税负债	9 646.53	3 543.44	6 103.09
未分配利润	886 678.56	886 799.52	-120.96
盈余公积	149 641.87	149 637.17	4.70
信托赔偿准备	74 784.97	74 782.62	2.35
少数股东权益	1 580 300.84	1 580 694.96	-394.12
所得税费用	67 829.96	68 172.43	-342.47

6.4.1.1 资产风险分类结果

信用风险资产五级分类	正常类（万元）	关注类（万元）	次级类（万元）	可疑类（万元）	损失类（万元）	资产合计（万元）	不良资产合计（万元）	不良资产率（%）
期初数	2 753 121.98	225 311.57	1 542.86	—	6 555.63	2 986 532.04	8 098.49	0.27
期末数	2 483 986.08	340 682.18	1 542.86	—	6 555.63	2 832 766.75	8 098.49	0.29

6.4.1.2 各项资产减值损失准备

单位：万元

项目	期初数	本期计提	本期核销	其他增加	期末数
贷款损失准备	5 487.87	4 495.64	—	—	9 983.51
一般准备	5 487.87	4 495.64	—	—	9 983.51
专项准备	—	—	—	—	—
其他资产减值准备	7 396.34	93.35	—	—	7 489.69
债权投资减值准备	6 595.80	185.42	—	—	6 781.22
长期股权投资减值准备	—	—	—	—	—
坏账准备	800.54	-92.07	—	—	708.47
投资性房地产减值准备	—	—	—	—	—

6.4.1.3 股票投资、基金投资、债券投资、股权投资等投资业务

新准则变更母公司报表影响数　　　　　　　　单位：万元

项目	2023年1月1日/2022年度		
	调整后金额	调整前金额	调整金额
递延所得税资产	6 113.47	5 067.48	1 045.99
递延所得税负债	998.95	—	998.95
未分配利润	713 389.86	713 349.88	39.98
盈余公积	149 569.95	149 565.24	4.71
信托赔偿准备	74 784.97	74 782.62	2.35
所得税费用	46 809.36	46 865.94	-56.58

6.2 或有事项说明

6.2.1 对外担保

单位：万元

项目	年末数	年初数
对外担保	—	—
合计		

6.2.2 重大承诺事项

本报告期内公司无重大承诺事项。

6.3 重要资产转让及其出售的说明

报告期内，公司已完成重庆三峡银行股份有限公司的股份转让工作，并办理了相应的股份交割手续。

6.4 会计报表中重要项目的明细资料

6.4.1 自营资产经营情况

项目	自营股票	基金	债券	长期股权投资	其他投资	合计
期初数	174 332.59	1 409.55	369.76	645 206.52	1 822 958.04	2 644 276.46
期末数	267 825.05	2 963.02	17 466.62	297 368.88	1 905 658.33	2 491 281.90

6.4.1.4 前三名的自营长期股权投资

企业名称	占被投资企业权益的比例（%）	主要经营活动	投资损益（万元）
1.中国信托业保障基金有限责任公司	13.04	受托管理保障基金；参与托管和关闭清算信托公司；通过融资、注资等方式向信托公司提供流动性支持；收购、受托经营信托公司的固有财产，并进行管理、投资和处置等依法经相关部门批准后依批准展开的经营活动	14 167.35

续表

企业名称	占被投资企业权益的比例(%)	主要经营活动	投资损益(万元)
2.益民基金管理有限公司	65.00	基金管理业务	—
3.国泓资产管理有限公司	49.00	特定客户资产管理业务以及中国证监会许可的其他业务;投资咨询;财务咨询	490.00

6.4.1.5 前三名的自营贷款

企业名称	占贷款总额的比例(%)	还款情况
恒大园林集团有限公司	68.45	已逾期
贵州康源置业有限公司	16.08	尚未到期
厦门万厦天成房地产开发有限公司	15.47	已逾期

6.4.1.6 表外业务

单位:万元

表外业务	期初数	期末数
担保业务	—	—
代理业务(委托业务)	—	—
其他	—	—
合计	—	—

6.4.1.7 公司当年的收入结构

母公司口径

收入结构	金额(万元)	占比(%)
手续费及佣金收入	56 676.34	57.30
其中:信托手续费收入	55 956.93	56.58
投资银行业务收入	719.41	0.72
利息收入	3 060.82	3.09
其他业务收入	829.63	0.84
投资收益	138 163.20	139.69
其中:股权投资收益	123 389.81	124.75
证券投资收益	42 419.06	42.89
其他投资收益	−27 645.67	−27.95
公允价值变动损益	−99 830.48	−100.93
营业外收入	6.25	0.01
收入合计	98 905.76	100.00

合并口径

收入结构	金额(万元)	占比(%)
手续费及佣金收入	74 627.69	24.45
其中:信托手续费收入	55 956.93	18.34
银行理财手续费收入	9 988.96	3.27
基金管理费及销售服务费收入	4 202.88	1.38
其他	4 478.92	1.46

续表

收入结构	金额(万元)	占比(%)
利息收入	358 215.00	117.38
其他业务收入	1 889.98	0.62
投资收益	−35 718.96	−11.70
其中:股权投资收益	−59 262.99	−19.42
证券投资收益	51 189.70	16.77
其他投资收益	−27 645.67	−9.05
公允价值变动损益	−93 865.18	−30.76
营业外收入	34.20	0.01
收入合计	305 182.73	100.00

6.4.2 信托财产管理情况

6.4.2.1 信托资产

单位:万元

信托资产	期初数	期末数
集合	12 692 995.92	12 796 398.37
单一	2 365 154.78	1 918 581.32
财产权	3 914 512.16	3 089 738.12
合计	18 972 662.86	17 804 717.81

6.4.2.1.1 主动管理型信托业务

单位:万元

主动管理型信托资产	期初数	期末数
证券投资类	757 335.63	1 265 381.76
股权投资类	1 272 170.13	1 237 773.20
融资类	9 900 319.09	10 357 231.13
事务管理类	415 256.66	737 032.69
合计	12 345 081.51	13 597 418.78

6.4.2.1.2 被动管理型信托业务

单位:万元

被动管理型信托资产	期初数	期末数
证券投资类	4 580.13	29 712.03
股权投资类	348 410.67	455 358.82
融资类	653 249.49	201 255.10
事务管理类	5 621 341.06	3 520 973.08
合计	6 627 581.35	4 207 299.03

6.4.2.2 本年度已清算结束的信托项目

6.4.2.2.1 按信托类型分类

已清算结束信托项目	项目个数(个)	实收信托合计金额(万元)	加权平均实际年化收益率(%)
集合类	55	1 760 324.73	4.65
单一类	26	1 002 066.96	5.26
财产管理类	12	951 510.83	3.65

6.4.2.2.2　主动管理型

已清算结束信托项目	项目个数（个）	实收信托合计金额（万元）	加权平均实际年化信托报酬率（%）	加权平均实际年化收益率（%）
证券投资类	28	295 471.95	0.88	5.57
股权投资类	2	80 610.00	4.27	7.12
融资类	34	1 507 402.58	2.11	5.67
事务管理类	3	11 008.00	1.39	0.52

6.4.2.2.3　被动管理型

已清算结束信托项目	项目个数（个）	实收信托合计金额（万元）	加权平均实际年化信托报酬率（%）	加权平均实际年化收益率（%）
证券投资类	—	—	—	—
股权投资类	1	940.36	2.30	24.49
融资类	4	693 070.00	0.21	3.17
事务管理类	21	2 940 960.07	0.06	3.98

6.4.2.3　本年度新增的信托项目

新增信托项目	项目个数（个）	实收信托合计金额（万元）
集合	92	2 512 717.17
单一	27	559 430.05
财产权	12	878 700.00
新增合计	131	3 950 847.22
其中：主动管理型	109	2 935 202.46
被动管理型	22	1 015 644.76

6.4.2.4　信托业务创新成果和特色业务有关情况

6.4.2.4.1　固定收益类信托计划

为落实信托公司业务分类监管要求，公司加大固定收益类信托产品投研，积极引进债券投资和交易人才，完善业务管理制度和系统建设。在公司全力推进下，固定收益类信托业务发展态势良好。设立"华睿精选""誉盈纯债"系列产品，完成7天、14天、3月、6月、9月和1年等不同期限固定收益产品组合，有效满足投资者差异化的流动性管理需求。

6.4.2.4.2　资产证券化服务信托

2023年，公司继续运用信托制度功能，加强资产证券化服务信托开拓。公司与马上消费金融股份有限公司合作推进开展消费金融ABS业务，全年共设立4期"安逸花2023年个人消费贷款资产证券化信托"，受托规模60亿元，有效盘活消费信贷资产，提振国内消费市场。截至2023年末，公司存续资产证券化服务信托17笔，规模222.87亿元。

6.4.2.4.3　风险处置服务信托

2023年，公司中标浙江省最大民企重组案，担任新光控股集团有限公司（新光集团）等35家企业实质合并重整案信托计划受托人，该笔业务是公司首单风险处置服务信托，公司作为受托人提供标的资产剥离及债权清偿的信托服务，通过聘请的资产管理服务机构的管理和运营，针对不同资产的实际情况确定运营和处置方式，提升债务人资产价值，向受益人分配信托利益，最大程度提升债权人受偿率。

6.4.2.4.4　慈善信托业务

为响应国家脱困扶贫政策，坚决打好精准脱贫攻坚战，公司近年来以《慈善信托管理办法》为制度基础，与重庆慈善总会等慈善机构建立合作关系，持续推进慈善信托业务发展。截至2023年末，公司已累计开展慈善信托/公益信托16笔，总规模逾3亿元，持续在产业扶贫、教育扶贫、扶老、救孤、恤病等公益事业领域全面发力，积极履行企业社会责任。

6.4.2.4.5　家族信托

为持续推进信托业务转型发展，公司在2023年继续加大财富管理能力的打造，通过提升服务品质增加高端客户黏性，以打造私人定制理财为特征的家族信托得到快速发展。截至2023年末，公司存续家族信托21单，推出的"臻善传家系列""臻善传家锦盛家业系列"产品形成较好的推广和可复制模式，为委托人提供财产规划、风险隔离、资产配置、子女激励、养老等事务管理和金融服务。

6.4.2.5　本公司履行受托人义务的情况及因本公司自身责任而导致的信托资产损失情况

作为信托计划的受托人，公司严格按照国家法律、法规和信托合同的约定，从事信托活动。在信托成立之前，对委托人明示信托投资的风险，不承诺保本保收益；在信托计划履行过程中，恪尽职守，履行诚实、信用、谨慎、有效管理的义务，对每个信托项目单独管理、单独建账、单独核算，严格收支管理；在后期管理上，设置专职信托经理，对信托项目实行及时跟踪管理和书面报告制度，真实记录并全面反映信托项目管理、运作情况和财务状况，并根据法律法规要求及信托文件约定对信托项目的管理、运行情况进行定期披露。

截至报告期末，所有到期信托项目公司均按信托文件约定履行尽职管理责任，未出现因履职不当导致信托资产出现损失的情况。

6.5 关联方关系及其交易

6.5.1 关联交易方的数量、关联交易的总金额及关联交易的定价政策

项目	关联交易方数量	关联交易金额（万元）	定价政策
合计	10	2 363 521.29	按市价公平定价

6.5.2 关联交易方与本公司的关系性质、关联交易方的名称、法人代表、注册地址、注册资本及主营业务

序号	关联性质	关联交易方名称	法人代表或负责人	注册地址	注册资本（万元）	主营业务
1	母公司	同方国信投资控股有限公司	刘勤勤	重庆	257 416.25	利用自有资金进行投资；商业综合体管理服务，物业管理等
2	被投资单位	国泓资产管理有限公司	李静	北京	10 000.00	特定客户资产管理业务以及中国证监会许可的其他业务；投资咨询；财务咨询等
3	被投资单位	中国信托业保障基金有限责任公司	肖璞	北京	1 150 000.00	受托管理保障基金；参与托管和关闭清算信托公司；通过融资、注资等方式向信托公司提供流动性支持；收购、受托经营信托公司的固有财产，并进行管理、投资和处置等依法经相关部门批准后依批准展开的经营活动
4	同一母公司	重庆国投财富投资管理有限公司	周艳	重庆	1 000.00	企业投资管理；企业财务咨询，投资咨询，企业管理咨询，企业营销策划，承办经批准的商务文化交流活动等
5	同一母公司	重庆国投物业管理有限公司	张雁乔	重庆	50.00	物业管理；会议及展览服务
6	同一母公司	渔阳饭店有限公司	刘勤勤	北京	42 700.00	住宿；食品制售；提供会议室、停车场；销售日用百货等
7	公司董事、高级管理人员控制或施加重大影响的企业	云南纺织（集团）股份有限公司	刘勤勤	昆明	12 293.74	棉纺织品、针纺织品、服装的生产、加工销售；商业运营管理；停车场经营；房屋场地出租，仓储服务；物业服务；组织文化艺术交流活动；承办会议及商品展览展示活动；企业管理等

6.5.3 重大关联方交易

6.5.3.1 固有与关联方交易

单位：万元

项目	期初数	借方发生额	贷方发生额	期末数
贷款	—	—	—	—
投资	8 085.00	—	—	8 085.00
租赁	—	1 163.55	1 163.55	—
担保	—	—	—	—
应收账款	—	—	—	—
其他	140 470.27	14 689.47	154 871.47	288.27
合计	148 555.27	15 853.02	156 035.02	8 373.27

6.5.3.2 信托与关联方交易

单位：万元

项目	期初数	借方发生额	贷方发生额	期末数
贷款	332 829.00	—	199 000.00	133 829.00
投资	37 796.28	185 603.06	—	223 399.34
租赁	—	—	—	—
担保	—	—	—	—
应收账款	—	—	—	—
其他	—	—	—	—
合计	370 625.28	185 603.06	199 000.00	357 228.34

6.5.3.3 固信交易与信信交易

6.5.3.3.1 固有财产与信托财产相互交易

单位：万元

项目	期初数	本期发生额	期末数
合计	1 175 236.15	191 970.15	1 367 206.30

固有财产与信托财产相互交易本年增加506 495.40万元，本年减少314 525.25万元。

6.5.3.3.2 信托财产与信托财产相互交易

单位：万元

项目	期初数	本期发生额	期末数
合计	641 892.72	-11 179.34	630 713.38

6.5.4 报告期末，关联方逾期未偿还本公司资金和为关联方担保发生或即将发生垫款的情况

无。

6.6 会计制度的披露

报告年度，公司自营业务、信托业务均执行《企业会计准则》。

7. 财务情况说明书

7.1 利润实现和分配情况

7.1.1 利润实现和分配情况（母公司）

2023年度实现净利润20 716.33万元，提取法定盈余公积2 071.63万元，提取信托赔偿准备1 035.82万元，冲减一般风险准备575.92万元，扣除向股东分配的2022

年度现金红利6 000万元，年末可供股东分配的利润为725 574.66万元，将用于以后年度分配。

7.1.2 利润实现和分配情况（合并口径）

2023年度实现的归属于母公司的净利润-146 547.88万元，提取法定盈余公积2 071.63万元，提取信托赔偿准备1 035.82万元，冲减一般风险准备575.92万元，扣除向股东分配的2022年度现金红利6 000万元，以及公司处置重庆三峡银行股权引起的留存收益内部结转-4 825.40万元，年末可供母公司股东分配的利润为726 773.75万元，将用于以后年度分配。

7.2 主要财务指标

7.2.1 主要财务指标（母公司）

指标名称	指标值
资本利润率（%）	0.77
加权年化信托报酬率（%）	0.44
人均净利润（万元/人）	115.09

7.2.2 主要财务指标（并表口径）

指标名称	指标值
资本利润率（%）	-5.25
加权年化信托报酬率（%）	0.44
人均净利润（万元/人）	-814.15

7.3 对本公司财务状况、经营成果有重大影响的其他事项

无。

7.4 公司净资本情况

指标名称	指标值	监管标准
净资本	2 181 896.58万元	≥2亿元
各项业务风险资本之和（万元）	666 437.15	—
净资本/各项业务风险资本之和（%）	327.40	≥100
净资本/净资产（%）	80.32	≥40

8. 特别事项揭示

8.1 前五名股东报告期内变动情况及原因

报告期内，公司股东新疆宝利盛股权投资有限公司因业务需要，变更企业名称为合肥宝利盛股权投资有限公司。

8.2 董事、监事及高级管理人员变动情况及原因

报告期内，魏伟先生、刘蓉女士因工作原因申请辞去公司董事职务，公司股东大会选举范良先生、李丹女士为公司第三届董事会董事，范良先生、李丹女士的任职资格已于2023年9月经监管部门核准，魏伟先生、刘蓉女士不再担任公司董事。

报告期内，袁小彬先生因个人原因申请辞去公司独立董事职务。2024年1月，张旗女士因个人原因申请辞去公司独立董事职务，公司股东大会选举吕益民先生、徐炜先生为公司第三届董事会独立董事，吕益民先生、徐炜先生的任职资格已于2024年4月经监管部门核准，张旗女士不再担任公司独立董事。

报告期内，公司股东大会选举王卓娅女士为公司第三届监事会监事。胡容先生不再担任公司监事。

报告期内，公司董事会聘任马赟先生为公司风险总监，其任职资格已于2023年10月经监管部门核准。

8.3 公司的重大未决诉讼事项

8.3.1 固有

存续诉讼案件1件。

公司与恒大园林集团有限公司、恒大地产集团有限公司、重庆航耀房地产开发有限公司、重庆尖置房地产有限公司、重庆中渝物业发展有限公司、恒大地产集团重庆有限公司合同纠纷案，涉案本金金额10亿元。该案在广州市中级人民法院撤诉后，另行在成渝金融法院起诉，法院现已立案。

8.3.2 信托

未结执行案件10件。

（1）公司申请执行深圳市钜盛华股份有限公司、太原市宝能泰丰置业有限公司、深圳市宝能投资集团有限公司、宝能地产股份有限公司、宝能汽车集团有限公司、宝能控股（中国）有限公司、姚振华案，涉案本金21.21亿元。现部分担保物完成司法评估。目前土地和在建工程因为属地政府要求已暂缓拍卖，正在推进股权和股权信托的信托受益权拍卖工作。

（2）公司申请执行江苏溧阳建设集团有限公司、句容恒远旅游开发有限公司、句容恒发旅游开发有限公司、太仓晟泰文化产业发展有限公司、太仓朗泰旅游开发有限公司、恒大童世界集团有限公司、太仓恒大童世界旅游开发有限公司、恒大集团有限公司案，涉案本金2亿元。抵押土地拍卖流标，法院已裁定以物抵债。

（3）公司申请执行苏州盛建置业有限公司、恒大地产集团有限公司、恒大地产集团南京置业有限公司、恒

大地产集团上海盛建置业有限公司案，涉案本金16.788亿元。法院已查封抵押土地及质押物。该案抵押物及质押物完成拍卖。

（4）公司申请执行苏州吴相置业有限公司、恒大地产集团有限公司、恒大地产集团上海盛建置业有限公司案，涉案本金14亿元。法院已查封抵押土地及其他资产。查封资产已完成司法评估。质押物已完成拍卖，抵押土地已挂拍。

（5）公司申请执行苏州恒大房产开发有限公司、恒大地产集团有限公司、恒大地产集团上海盛建置业有限公司案，涉案本金0.1372亿元。法院已查封冻结相关资产。已完成对质押物的司法评估，并已向法院提交拍卖申请。

（6）公司申请执行昆明融创城投资有限公司、成都融创文旅城投资有限公司、四川黑龙滩长岛国际旅游度假中心、眉山蜀乐酒店管理有限公司、融创房地产集团有限公司、融创西南房地产开发（集团）有限公司、重庆万达城投资有限公司、桂林融创城投资有限公司案，涉案本金20亿元。法院已查封抵押物及其他资产。目前，除都江堰区域的抵押物以外，其余抵押物均已出评估结果，拟司法拍卖。

（7）公司申请执行上海茂舒建材有限公司、成都世茂悦盈房地产开发有限公司、三亚翔合置业有限公司、三亚翔睿置业有限责任公司、上海世茂建设有限公司、绵阳高新区三阳塑胶有限责任公司、陕西创鑫房地产开发有限公司、浚亮有限公司案，涉案本金余额1.63亿元。法院已查封抵押物及其他资产。部分查封资产已出评估结果。

（8）本公司申请执行和道国际商贸有限公司、陕西睿迈璟和房地产开发有限公司、河北晟隆城市建设发展有限公司、隆基泰和集团有限公司、隆基泰和置业有限公司、魏少军案，涉案本金5.4988亿元。法院已查封抵押物及相关资产。现评估报告已正式出具并生效，项目公司股权及股权信托的信托受益权已拍卖。

（9）公司申请执行重庆诺羽斯贸易有限公司、三亚翔合置业有限公司、世茂集团控股有限公司、上海世茂建设有限公司、许世坛案，涉案本金余额2.94亿元。法院已查封抵押物。目前抵押土地的评估报告已生效。

（10）公司申请执行保证人恒大地产集团有限公司案，涉案本金0.87亿元。2023年3月20日收到广州市中级人民法院决定立案的审查结果。

8.4　对会计师事务所出具的有保留意见、否定意见或无法表示意见的审计报告的，公司董事会应就所涉及事项作出说明

无。

8.5　公司及其董事、监事和高级管理人员受到处罚的情况

报告期内，原重庆银保监局（现国家金融监督管理总局重庆监管局）对公司作出罚款200万元、对公司一名高级管理人员作出警告并罚款5万元的行政处罚。公司已完成处罚事项所涉问题的整改。

报告期内，国家外汇管理局重庆外汇管理部对公司一笔业务作出警告并罚款12万元的行政处罚。公司已完成处罚事项所涉问题的整改。

除上述事项外，公司及其董事、监事和高级管理人员无其他受到处罚的情况。

8.6　金融监管总局及其派出机构对公司检查后提出整改意见的整改情况

报告期内，原重庆银保监局（现国家金融监督管理总局重庆监管局）根据对公司的现场检查和非现场监管，对公司在风险管理、内控与合规、转型发展等方面提出了监管意见。公司高度重视，认真总结，积极整改，全面落实各项监管要求。在报告期内，公司对规章制度进行了修订、补充和完善，健全风险管理制度，完善产品销售制度，进一步规范产品推介行为，提升制度执行力，全面推进信托合规文化建设；报告期内，根据《关于规范信托公司信托业务分类有关事项的通知》要求，完善信托业务分类，推进业务整改，加快业务转型，全力发展资产管理信托、服务信托，公司各项业务得到规范、持续、稳健发展。

8.7　本年度重大事项临时报告的简要内容、披露时间、所披露的媒体及其版面

报告期内，公司进一步完善公司章程中的党建内容，对相关条文进行了修订。2024年1月3日，公司于《上海证券报》第15版披露《重庆国际信托股份有限公司关于修订〈公司章程〉的公告》。

报告期内，因公司股东新疆宝利盛股权投资有限公司变更企业名称为合肥宝利盛股权投资有限公司，公司对公司章程相关条文进行了修订。2024年1月30日，公司于《上海证券报》第18版披露《重庆国际信托股份有

限公司关于修订〈公司章程〉的公告》。

8.8 金融监管总局及其省级派出机构认定的其他有必要让客户及相关利益人了解的重要信息

无。

9.公司监事会意见

监事会对任期内公司的生产经营活动进行了监督检查，监事会认为：

报告期内，公司按照法律法规有关规定和监管要求，结合公司实际情况，建立了较为完善、合理的内部控制制度体系；公司内部控制组织架构完整，内部控制运行总体符合国家法律、法规和公司的章程及相关制度要求，符合公司目前经营管理情况，对风险防范和控制发挥了较好作用，维护了公司、股东及利益相关者权益。

公司董事会、监事会、高级管理层及其成员坚持以习近平新时代中国特色社会主义思想为指导，深入学习贯彻党的二十大精神，认真贯彻落实党中央、国务院和监管部门的各项决策部署，立足新发展阶段、贯彻新发展理念、构建新发展格局。公司持续推进加强党的领导和完善公司治理的有机融合，不断提升治理质效，扎实推进战略转型，培育发展新动能，坚持依法合规，保障公司稳健运行和可持续发展。截至2023年末，公司资产总额283.50亿元，股东权益合计271.63亿元。2023年度，公司实现收入8.42亿元，各项成本费用2.13亿元，实现利润总额6.23亿元，实现净利润2.07亿元（母公司口径）。

董事会全体成员及董事会聘任的高级管理人员认真履行职责。未发现董事监事高级管理人员在报告期内履行其公司职责时发生重大违法违规导致损害公司利益、股东利益和委托人、受益人利益的行为。

公司2023年度财务报告已经信永中和会计师事务所（特殊普通合伙）审计，并出具了标准无保留意见的审计报告。未发现报告内容存在失实、歪曲或重大缺陷的情况。

大业信托有限责任公司

1. 重要提示

本公司董事会及董事保证本报告所载资料不存在任何虚假记载、误导性陈述或者重大遗漏，并对其内容的真实性、准确性和完整性承担个别及连带责任。

独立董事廖文义先生、彭燎原先生、华庆成先生认为本报告内容是真实、准确、完整的。

本公司董事长陈俊标先生、总经理鲁以亮先生、财务总监黄志坤先生及会计机构负责人谢祖江先生声明：保证年度报告中财务报告的真实、完整。

2. 公司概况

2.1 公司简介

大业信托有限责任公司是经原中国银保监会批准的，在重组原广州科技信托投资公司的基础上，重新登记的非银行金融机构。公司注册资本为20亿元人民币，注册地为广州市，在北京、上海和武汉设有业务管理部。公司在2011年3月10日获取金融许可证，并在2011年3月16日换取新的营业执照正式开业，经允许从事经中国银行业监督管理委员会依照有关法律、行政法规和其他规定批准的业务。

2.1.1 公司的法定名称
中文名称：大业信托有限责任公司
中文简称：大业信托
英文名称：DayeTrustCo.，Ltd
英文缩写：DayeTrust

2.1.2 公司法定代表人：陈俊标

2.1.3 公司注册地址：广州市花都区迎宾大道163号高晟广场2栋11层
邮政编码：510800
公司国际互联网网址：http：//www.dytrustee.com
电子信箱：info@dytrustee.com

2.1.4 公司负责信息披露事务的高级管理人员：汪鑫
电话：020-22679368
传真：020-22679301
电子邮箱：wangx@dytrustee.com

2.1.5 公司选定的信息披露报纸：《金融时报》

2.1.6 公司年度报告备置地点：广州市花都区迎宾大道163号高晟广场2栋11层

2.1.7 公司聘请的会计师事务所：利安达会计师事务所
地址：北京市朝阳区慈云寺北里210号楼1101室

2.1.8 公司聘请的律师事务所：锦天城律师事务所
地址：上海市浦东新区银城中路501号上海中心大厦9层、11层、12层

2.2 组织结构

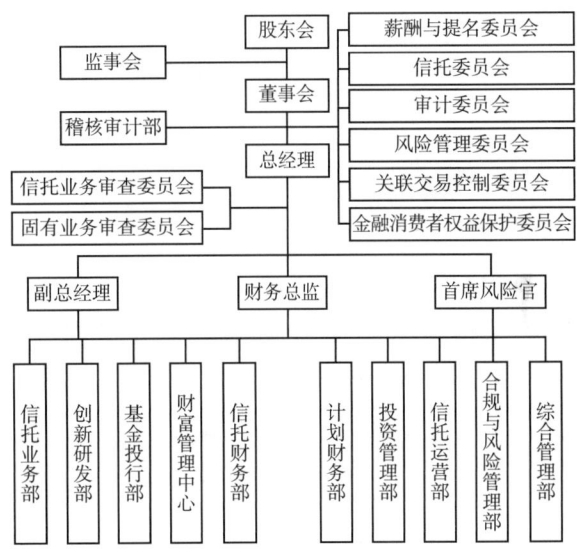

3. 公司治理

3.1 公司治理结构

3.1.1 股东

截至报告期末公司股东共3家。股东情况如下表所示。

股东名称	持股比例（%）	法人代表	注册资本（万元）	注册地址	主要经营业务
广州金融控股集团有限公司	38.33	聂林坤	1 015 978.6472	广州市天河区体育西路191号中石化大厦B座26层2601~2624号房	企业自有资金投资，资产管理（不含许可审批项目），投资咨询服务，投资管理服务
中国东方资产管理股份有限公司	41.67	王占峰	6 824 278.6326	北京市西城区阜成门内大街410号	收购、受托经营金融机构不良资产，对不良资产进行管理、投资和处置；债权转股权，对股权资产进行管理、投资和处置；对外投资；买卖有价证券；发行金融债券、同业拆借和向其他金融机构进行商业融资；破产管理；财务、投资、法律及风险管理咨询和顾问；资产及项目评估；经批准的资产证券化业务、金融机构托管和关闭清算业务；非金融机构不良资产业务；国务院银行业监督管理机构批准的其他业务
广东京信电力集团有限公司	20	吉金	113 362.00	佛山市南海区西樵镇新田南海发电一厂行政楼二楼	国内贸易、电力投资、投资策划、商务信息咨询、电力技术的咨询服务、物业管理

报告期内，股东无违反承诺质押公司股权或以股权及其受（收）益权设立信托等金融产品的情况。

3.1.2 董事、董事会及其下属委员会

董事长、董事

姓名	职务	性别	年龄（岁）	选任日期	所代表的股东名称	该股东持股比例（%）	简要履历
陈俊标	董事长	男	57	2015年8月3日	广州金融控股集团有限公司	38.33	曾任广发基金资金财务部副总经理、浙江升华拜克生物股份有限公司董事兼董事会秘书、副总经理兼董事会负责人、广州国际控股集团有限公司产权管理部总经理、大业信托有限责任公司董事会秘书，现任大业信托有限责任公司董事长
张宁	董事	男	47	2020年11月20日	中国东方资产管理股份有限公司	41.67	曾任河北银监局人事处主任科员、科长，邮资处副处长、中国东方资产管理股份有限公司人力资源部高级经理、部长助理、党委组织部部长助理，现任中国东方资产管理股份有限公司人力资源部副总经理、党委组织部副部长
欧阳媚	董事	女	42	2019年4月19日	中国东方资产管理股份有限公司	41.67	曾在天津港保税区中银实业发展公司、中国东方资产管理公司天津办事处、中国东方资产管理股份有限公司投资管理部、部长助理、中国东方资产管理股份有限公司综合计划与战略协同部、综合计划与机构管理部工作，现任中国东方资产管理股份有限公司综合计划与机构管理部总经理助理
韦典含	董事	女	39	2020年5月22日	广州金融控股集团有限公司	38.33	曾任广州金融控股集团有限公司产权管理部业务主办、业务主管、总经理助理，现任广州金融控股集团有限公司产权管理部副总经理（主持工作）
吴林海	董事	男	38	2019年4月19日	广东京信电力集团有限公司	20	曾任震旦（中国）有限公司投资部经理，佛山市南海能燃料物料有限公司任融资部总经理、总裁兼投融资总经理，现任广州京信小额贷款有限公司董事长
谢祖江	职工董事	男	42	2022年8月10日	—	—	曾任上海东兴投资控股发展有限公司财务部职员，中国东方资产管理公司财务管理部财管处职员、高级职员、助理经理，大业信托有限责任公司计划财务部部门助理总经理、部门副总经理，现任大业信托有限责任公司计划财务部总经理

独立董事

姓名	所在单位及职务	性别	年龄（岁）	选任日期	所推举的股东名称	该股东持股比例（%）	简要履历
廖文义	无	男	62	2020年9月11日	中国东方资产管理股份有限公司	41.67	曾任广州金融高等专科学校（现为广东金融学院）党委委员、副校长、中国人民银行广东省分行办公室主任、中国人民银行广州分行营业管理部党委委员、副主任、中国人民银行东莞市中心支行党委副书记、副行长、中国人民银行阳江市中心支行党委书记、行长，外管分局局长、原中国银监会阳江监管分局筹备组组长、原中国银监会广东监管局城市银行处处长、原中国银监会广西监管局党委委员、副局长、广东南粤银行副行长、深圳前海大数金融服务有限公司研究院执行院长
彭燎原	广东连越律师事务所	男	55	2020年1月15日	广州金融控股集团有限公司	38.33	曾任石油大学（广州）外语系党委书记、广州华建企业集团有限公司企业管理处副处长、广东金轮律师事务所律师、广东金轮律师事务所律师，现任广东连越律师事务所合伙人
华庆成	无	男	69	2016年10月18日	广东京信电力集团有限公司	20	曾任美国大通曼哈顿银行上海分行副行长、摩根大通银行（中国）有限公司上海分行行长兼董事总经理、摩根大通银行（中国）有限公司副行长兼董事总经理、苏格兰皇家银行（中国）有限公司行长

董事会下属委员会

董事会下属委员会名称	职责	组成人员姓名	职务
风险管理委员会	强化董事会在防范公司经营风险中的作用,并对公司长期发展战略和资产结构、投资方向以及重大投资决策进行审议评价并提出建议	廖文义	主任委员
		欧阳媚	委员
		陈俊标	委员
审计委员会	主要对公司的内部审计制度进行评价,对内部审计工作进行核查	彭燎原	主任委员
		吴林海	委员
		谢祖江	委员
薪酬与提名委员会	旨在评价公司的绩效考核办法和薪酬管理制度,并提出建议	彭燎原	主任委员
		韦典含	委员
		欧阳媚	委员
信托委员会	依法督促公司履行受托职责,当公司或股东利益与受益人利益发生冲突时,应保证公司为受益人的最大利益服务	华庆成	主任委员
		张宁	委员
		谢祖江	委员
关联交易控制委员会	对须提交董事会或股东会审议的关联交易的必要性和公允性进行审查	华庆成	主任委员
		廖文义	委员
		彭燎原	委员
金融消费者权益保护委员会	完善公司金融消费者权益保护制度,提升金融消费者权益保护工作层级,维护金融消费者合法权益	华庆成	主任委员
		廖文义	委员
		彭燎原	委员

3.1.3 监事、监事会

监事会成员

姓名	职务	性别	年龄（岁）	选任日期	所推举的股东名称	该股东持股比例（%）	简要履历
吉金	监事长	男	54	2010年10月18日	广东京信电力集团有限公司	20.00	曾任广东省石油公司部门经理、广东华兴公司副总经理、广东京信电力集团有限公司董事总经理,现任广州国电京信电力投资有限公司董事长
张敏娜	监事	女	48	2020年9月11日	中国东方资产管理股份有限公司	41.67	曾任中国东方资产管理公司经营处置审查部审查一处主任、经营处置审查部审查三处助理经理、经济师、投融资审核及处置审查部审查三处经理、高级经理,资产保全部业务管理三处高级经理、中国东方资产管理股份有限公司辽宁省分公司党委员、纪委书记、总经理助理、中国东方资产管理股份有限公司业务管理二部总经理助理,现任中国东方资产管理股份有限公司协同及客户管理部副总经理
朱琬瑜	监事	女	51	2015年8月21日	广州金融控股集团有限公司	38.33	曾任联合证券广州华乐路证券营业部财务部副经理、广州科技风险投资有限公司综合部财务主管、万联证券有限责任公司财务部财务主管、广州金融控股集团有限公司财务部副总经理(主持工作)、广州金融控股集团有限公司财务部总经理,财务总监,现任广州金融控股集团有限公司风险管理部总经理、风控总监
李岱	职工监事	女	54	2020年1月19日	—	—	曾任广州房地产实业集团有限公司经济师、南海渔村有限公司人力资源部经理、党支部书记、广东省建筑设计研究院党委秘书、高级政工师、广东开放大学发展规划办公室副主任,现任大业信托有限责任公司监事会办公室总经理
郝继龙	职工监事	男	45	2020年1月19日	—	—	曾任万联证券湖北荆门地区营业部、广州东风东营业部、北京西单营业部等会计、财务经理、财务负责人、中国平安保险(集团)股份有限公司财务部财务经理,现任大业信托有限责任公司信托财务部高级经理

3.1.4 高级管理人员

姓名	职务	性别	年龄（岁）	选任日期	金融从业年限（年）	学历	专业	简要履历
鲁以亮	总经理	男	57	2023年2月28日	18	硕士研究生	管理科学与工程	曾任中国东方资产管理公司投资管理部资产经营处主任、助理经理、东方酒店控股有限公司助理总经理、副总经理、中国东方资产管理公司总裁办公室副总经理、副总经理、中国东方资产管理公司南昌办事处主要负责人、中国东方资产管理股份有限公司江西省分公司主要负责人、江西省分公司党委书记、总经理、中国东方资产管理股份有限公司内控合规部总经理，现任大业信托有限责任公司总经理
赵一海	常务副总经理	男	50	2020年8月28日	19	本科	投资金融	曾任中国保监会广东监管局检查处、寿险处、中介处、产险处担任科长、处长职务，期间曾借调原中国保监会工作，分别参与原中国保监会财会部、寿险部、中介部开展的监管工作，曾任复星健康管理集团总裁助理、复星联合健康保险公司副总裁，现任大业信托有限责任公司常务副总经理
孙亚南	副总经理兼首席风险官	男	56	2023年5月4日	25	本科	物资经营	曾任中国光大银行北京分行公司管理部副处长、中国光大银行金融街支行行长、中国外贸金融租赁有限公司董事、副总经理、大连银行股份有限公司党委委员、副行长、大业信托有限责任公司副总经理兼首席风险官、副总经理，现任大业信托有限责任公司副总经理兼首席风险官
江赛民	副总经理	男	43	2020年9月8日	13	硕士研究生	宪法学与行政法学	曾任中诚信托有限责任公司风险控制部高级经理、中国民生信托有限公司法律合规部总经理、中融国际信托有限公司独立审批人兼法律事务部总经理、华中融资租赁有限公司副总裁、浙商金汇信托股份有限公司风险总监、大业信托有限责任公司副总经理兼首席风险官，现任大业信托有限责任公司副总经理
黄俊	副总经理	男	43	2020年9月8日	17	硕士研究生	金融管理	曾任中国东方资产管理公司广州办事处市场开发部主任、助理经理、大业信托有限责任公司投资管理部总经理、中国东方资产管理公司广州办事处江门地区业务部高级经理、中国东方资产管理股份有限公司深圳市分公司助理总经理、广东省分公司总经理助理，现任大业信托有限责任公司副总经理
黄志坤	财务总监	男	57	2018年1月30日	7	硕士研究生	工商管理	曾任关王陈方会计师事务所会计、罗兵咸会计师事务所高级会计、中建电讯集团控股有限公司财务经理、亚洲电视有限公司高级财务经理、嘉音电子有限公司财务总监、联太工业有限公司集团财务总监、应用科学技术研究院有限公司高级会计经理、德宝工程集团有限公司财务总监、Timex Corporate Consulting Limited财务总监，现任大业信托有限责任公司财务总监
汪鑫	董事会秘书	男	38	2016年11月24日	14	硕士研究生	经济学	曾任广州有林投资管理有限公司产权管理部主管、广州金融控股集团有限公司人力资源部业务主办、总经理助理，大业信托有限责任公司董事长秘书、董事会办公室总经理，现任大业信托有限责任公司董事会秘书

3.1.5 公司员工

2023年，公司共新增10名员工，离职16名员工。截至2023年末，公司共设置部门39个，员工163名，员工平均年龄38岁。

项目		报告期年度		上年度	
		人数（人）	比例（%）	人数（人）	比例（%）
年龄分布	25岁以下	0	0	1	0.59
	25~29岁	17	10.43	17	10.06
	30~39岁	79	48.47	86	50.89
	40岁及以上	67	41.1	65	38.46
学历分布	博士	1	0.61	1	0.59
	硕士	97	59.51	100	59.17
	本科	61	37.42	63	37.28

续表

项目		报告期年度		上年度	
		人数（人）	比例（%）	人数（人）	比例（%）
学历分布	大专	4	2.45	5	2.96
岗位分布	高管人员	8	4.91	8	4.73
	自营业务人员	3	1.84	4	2.37
	信托业务人员	47	28.83	50	29.59
	其他人员	105	64.42	107	63.31

3.2 公司治理信息

3.2.1 年度内召开股东会情况

报告期内公司共召开股东会会议3次，会议的通知、召开、表决程序均符合《公司法》、公司章程和《股东会议事规则》等各项法律、法规及监管部门的要求，具体情况如下：

2023年4月22日，公司以书面形式召开股东会2023年第一次临时会议，审议通过了《关于先行对战伟宏同志进行问责的议案》。

2023年5月15日，公司以书面形式召开股东会2023年第二次临时会议，审议通过了《关于保留大业信托北京异地管理总部的议案》。

2023年5月25日，公司于广州会议室召开股东会2023年第一次会议，审议通过了《关于〈2022年度董事会工作报告〉的议案》《关于〈2022年度独立董事履职情况报告〉的议案》《关于〈2022年度监事会工作报告〉的议案》《关于公司〈2022年度财务决算、净资本指标及经营预算执行情况报告〉的议案》《关于公司〈2023年度经营预算〉的议案》《关于公司2022年度受益人利益实现情况的议案》《关于公司〈2022年度利润分配方案〉的议案》《关于修订〈董事履职评价办法〉的议案》《关于修订〈监事履职评价办法〉的议案》等九项议案。

3.2.2 董事会及其下属委员会履行职责情况

3.2.2.1 董事会履职情况

公司董事会自成立以来，认真履行工作职责，严格按照公司章程和《董事会议事规则》的规定行使自身的权利，运行规范。报告期内公司共召开董事会会议8次，会议的通知、召开、表决程序均符合《公司法》、公司章程和《董事会议事规则》等法律、法规及监管部门的要求，具体情况如下。

2023年1月18日，公司以远程电话会议（腾讯会议）形式召开第四届董事会2023年第一次会议，会议审议通过了《关于审议〈2021年度高管绩效奖金方案〉的议案》。

2023年4月25日，公司于广州会议室召开第四届董事会2023年第二次会议，会议审议通过了《关于公司〈2022年年度报告〉的议案》《关于公司〈2022年度财务决算、净资本指标及经营预算执行情况报告〉的议案》《关于公司〈2023年度经营预算〉的议案》《关于公司〈2022年度利润分配方案〉的议案》《关于〈2022年度董事会工作报告〉的议案》《关于〈2022年度独立董事工作报告〉的议案》《关于〈2022年度董事履职评价报告〉的议案》《关于公司〈2022年度工作报告及2023年度工作计划（总经理工作报告）〉的议案》《关于公司〈2022年度固有业务工作报告〉的议案》《关于公司〈2022年度合规与风险管理工作报告〉的议案》《关于公司〈2022年度内部审计报告〉的议案》《关于公司〈2022年度关联交易报告〉的议案》《关于公司〈2022年度金融消费者权益保护工作报告〉的议案》《关于公司〈2022年度反洗钱和反恐怖融资工作报告〉的议案》《关于公司2022年度受益人利益实现情况的议案》《关于公司〈2023年审计计划〉的议案》《关于公司〈2023年度金融消费者权益保护工作计划〉的议案》《关于公司〈内部控制基本规定〉的议案》《关于公司〈内部控制缺陷认定标准〉的议案》《关于修订〈董事履职评价办法〉的议案》等二十项议案，并听取了《关于2022年度员工基本保障奖励事项的报告》。

2023年5月4日，公司以书面形式召开第四届董事会2023年第一次临时会议，会议审议通过了《关于聘任公司首席风险官的议案》。

2023年5月5日，公司以书面形式召开第四届董事会2023年第二次临时会议，会议审议通过了《关于在北京保留异地管理总部的议案》。

2023年6月12日，公司以书面形式召开第四届董事会2023年第三次临时会议，会议审议通过了《关于审议公司〈异地部门整改方案〉的议案》《关于审议〈2022年度股东评估情况报告〉的议案》等两项议案。

2023年9月6日，公司以书面形式召开第四届董事会2023年第三次会议，会议审议通过了《关于公司〈2023年上半年工作报告及下半年工作计划〉的议案》《关于公司〈2023年上半年度内部审计报告〉的议案》等两项议案。

2023年12月22日，公司以书面形式召开第四届董事会2023年第四次会议，会议审议通过了《关于审议公司〈关联交易管理办法〉的议案》。

2023年12月29日，公司以书面形式召开第四届董事会2023年第四次临时会议，会议审议通过了《关于审议公司〈2023年至2025年资本管理计划报告〉的议案》《关于审议公司〈股权托管办法〉的议案》等两项议案。

3.2.2.2 董事会对股东会授权事项及决议的执行情况

报告期内，公司董事会严格按照股东会的授权和决议，认真执行了股东会通过的各项决议内容。

3.2.2.3 风险管理委员会履职情况

公司董事会下设风险管理委员会，风险管理委员会自设立以来，严格按照《董事会风险管理委员会议事规则》的规定行使自身权利，规范运行。报告期内共召开了1次会议，具体情况如下。

2023年4月22日，公司以书面形式召开第四届董事会风险管理委员会2023年第一次会议，审议通过了《关于审议公司〈2022年度合规与风险管理工作报告〉的议案》《关于审议公司〈2022年度反洗钱和反恐怖融资工作报告〉的议案》等两项议案。

3.2.2.4　审计委员会履职情况

公司董事会下设审计委员会，审计委员会自设立以来，严格按照《董事会审计委员会议事规则》的规定行使自身权利，规范运行。报告期内共召开了4次会议，具体情况如下：

2023年4月22日，公司以书面形式召开第四届董事会审计委员会2023年第一次会议，审议通过了《关于审议公司〈2022年度内部审计报告〉的议案》《关于审议公司〈2023年审计计划〉的议案》《关于审议公司〈内部控制基本规定〉的议案》《关于审议公司〈内部控制缺陷认定标准〉的议案》等四项议案。

2023年6月12日，公司以书面形式召开第四届董事会审计委员会2023年第二次会议，审议通过了《关于审议公司〈2023年第一季度内部审计报告〉的议案》。

2023年9月6日，公司以书面形式召开第四届董事会审计委员会2023年第三次会议，审议通过了《关于审议公司〈2023年上半年内部审计报告〉的议案》。

2023年12月22日，公司以书面形式召开第四届董事会审计委员会2023年第四次会议，审议通过了《关于审议公司〈2023年三季度内部审计报告〉的议案》《关于审议公司〈2023年内部控制评价报告〉的议案》等两项议案。

3.2.2.5　薪酬与提名委员会履职情况

公司董事会下设薪酬与提名委员会，薪酬与提名委员会自设立以来，严格按照《董事会薪酬与提名委员会议事规则》的规定行使自身权利，规范运行。报告期内共召开了1次会议，具体情况如下。

2023年1月18日，公司以书面形式召开第四届董事会薪酬与提名委员会2023年第一次会议，审议通过了《关于审议公司〈2021年度高管履职及薪酬情况报告〉的议案》。

3.2.2.6　信托委员会履职情况

公司董事会下设信托委员会，信托委员会自设立以来，严格按照《董事会信托委员会议事规则》的规定行使自身权利，规范运行。报告期内共召开了1次会议，具体情况如下。

2023年4月22日，公司以书面形式召开第四届信托委员会2023年第一次会议，审议通过了《关于审议公司2022年度受益人利益实现情况的议案》。

3.2.2.7　关联交易控制委员会履职情况

公司董事会下设关联交易控制委员会，关联交易控制委员会自设立以来，严格按照《董事会关联交易控制委员会议事规则》的规定行使自身权利，规范运行。报告期内共召开了2次会议，具体情况如下。

2023年4月22日，公司以书面形式召开第四届董事会关联交易控制委员会2023年第一次会议，审议通过了《关于审议公司〈2022年度关联交易报告〉的议案》。

2023年12月22日，公司以书面形式召开第四届董事会关联交易控制委员会2023年第二次会议，审议通过了《关于审议公司〈关联交易管理办法〉的议案》。

3.2.2.8　金融消费者权益保护委员会履职情况

公司董事会下设金融消费者权益保护委员会，金融消费者权益保护委员会自设立以来，严格按照《董事会金融消费者权益保护委员会议事规则》的规定行使自身权利，规范运行。报告期内共召开了1次会议，具体情况如下：

2023年4月22日，公司以书面形式召开第四届董事会金融消费者权益保护委员会2023年第一次会议，审议通过了《关于审议公司〈2022年度金融消费者权益保护工作报告〉的议案》《关于审议公司〈2023年度金融消费者权益保护工作计划〉的议案》等两项议案。

3.2.2.9　独立董事的履职情况

报告期内，公司董事会独立董事遵照《公司法》《信托公司治理指引》等法律、法规以及公司章程的规定，本着恪尽职守、勤勉尽责的工作态度，认真行使职权，及时了解公司的经营信息，全面关注公司的发展状况，按时出席了公司年度内召开的董事会会议，并对审议的相关事项基于独立立场发表了独立客观的意见，忠实履行了独立董事应尽的职责，切实维护公司整体利益、维护股东合法权益不受侵害。

3.2.2.9.1　报告期内独立董事出席会议及议事情况

报告期内，公司董事会独立董事投入足够的时间和精力，敬业、高效地履行职责，按期出席董事会，持续地了解公司生产经营和运作情况，充分掌握信息，审议公司的各项议案。在召开董事会前，主动了解获取作出决策所需要的情况和资料，详尽审阅会议相关材料，为董事会决策做充分的准备工作并对重大事务作出独立的判断和决策。

报告期内独立董事出席董事会会议的具体情况如下：

单位：次

独立董事姓名	报告期内应参加董事会次数	亲自出席	委托出席	缺席	是否连续两次未亲自出席会议
彭燎原	8	8	0	0	否
廖文义	8	8	0	0	否
华庆成	8	8	0	0	否

作为公司独立董事，除履行董事的一般职责外，还时刻关注公司发生的重大事项，独立履行职责，不受公司股东或者与公司及其股东存在利害关系的单位或个人的影响。报告期内公司董事会独立董事本着独立、客观和公正的原则，对公司财务及生产经营活动进行了有效监督，并对涉及公司经营的重大事项进行审核并发表了独立的意见，为完善公司监督机制、维护公司和全体股东的合法权益发挥了应有的作用。报告期内，独立董事未对董事会各项议案及其他事项提出异议。

3.2.2.9.2 保护投资人合法权益

报告期内，公司董事会独立董事持续关注公司信息披露工作，对规定信息的及时披露进行有效的监督和核查，认为公司能够严格按照《公司法》《信托公司管理办法》《信托公司治理指引》等法律、法规、规章、指引和公司《信息披露管理办法》的规定，真实、准确、完整、及时、公平地披露信息，不存在虚假记载、误导性陈述或者重大遗漏。

在公司年报的编制和披露过程中，独立董事切实履行责任和义务，听取管理层关于公司本年度生产经营情况和重大事项进展情况的全面汇报，审阅年度审计工作安排及其他相关资料，并与年审注册会计师沟通审计过程中发现的问题，维护审计的独立性，确保审计报告全面反映公司真实情况。

3.2.2.9.3 公司保证独立董事有效行使职权

公司为独立董事提供履行职责所必需的工作条件，保证其享有与其他董事同等的知情权，公司有关人员积极配合独立董事履行职责，未有任何干预独立董事行使职权的情形。

经股东会审议通过，公司给予独立董事津贴，并在定期报告中进行披露。除上述津贴外，独立董事未从公司及其股东或有利害关系的机构和人员取得额外的、未予披露的其他利益。

3.2.3 监事会履职情况

3.2.3.1 监事会会议召开情况

公司监事会自成立以来，认真履行工作职责，严格按照公司章程和《监事会议事规则》的规定行使自身的权利，运行规范。报告期内公司共召开监事会会议5次，会议的通知、召开、表决程序均符合《公司法》、公司章程和《监事会议事规则》等各项法律规章及监管部门的要求，具体情况如下。

2023年1月9日，公司以书面形式、通讯表决的方式召开第四届监事会2023年第一次临时会议，会议审议了关于《对公司13个信托计划所涉高管提出问责建议的议案》，该议案未被通过。

2023年3月27日，公司以书面形式、通讯表决的方式召开第四届监事会2023年第二次临时会议，会议审议并通过了关于公司《2022年度监事会对监事履职评价报告》的议案。

2023年4月7日，公司以书面形式、通讯表决的方式召开第四届监事会2023年第三次临时会议，会议审议并通过了《关于建议先行对战伟宏同志进行问责的议案》的议案。

2023年4月25日，公司召开了第四届监事会2023年第一次会议，会议审议并通过了关于公司《2022年度合规与风险管理工作报告》《2022年度关联交易报告》《2022年度内部审计报告》《2023年审计计划》《2022年度金融消费者权益保护工作报告》《2022年度监事会对董事履职评价报告》《2022年度监事会工作报告》和关于修订公司《监事履职评价办法》等八个议案。

2023年9月6日，公司以书面形式、通讯表决的方式召开了第四届监事会2023年第二次会议，会议审议并通过了关于公司《2023年上半年内部审计报告》的议案。

3.2.3.2 监事会发表独立意见

3.2.3.2.1 公司依法运作情况

报告期内，监事会成员通过列席董事会会议、股东会会议参与了公司重大经营决策讨论，并对公司依法运作情况进行了监督。监事会认为2023年度公司的工作能严格按照《公司法》、公司章程及其他有关法规制度进行规范运作，经营决策科学合理。

报告期内，公司的内部管理和内部控制制度得到了进一步完善，建立了良好的内控机制，并能有效执行。

报告期内，公司董事、高级管理人员在履行公司职务时，均能勤勉尽职，遵守国家法律、法规和公司章程、制度，维护公司利益，没有发现有违反法律、法规、公司章程或损害公司利益的行为。

3.2.3.2.2 公司财务情况

监事会对报告期内公司的财务状况、财务管理等进行了认真细致的监督、检查和审核，监事会认为：本年度公司财务制度健全、财务运作规范、财务状况良好。利安达会计师事务所对公司的财务报告进行了审计，并出具了无保留意见的审计报告，该报告真实、客观反映了公司2023年度的财务状况和经营成果。

3.2.3.2.3 股东会决议执行情况

报告期内，公司监事会对股东会的决议执行情况进行了监督，认为：公司董事会能够认真履行股东会的有关决议，未发生有损股东利益的行为。

3.2.3.2.4 公司关联交易情况

报告期内，公司共发生30笔关联交易，金额合计3 601.14万元。监事会对公司2023年度发生的关联交易进行了监督和核查，认为：公司关联交易严格遵循《银行保险机构关联交易管理办法》及公司内部关联交易管理制度，不存在通过关联交易进行利益输送或监管套利、为股东及其关联方违规融资等违法违规行为。

3.2.3.2.5 公司重大投资、出售资产情况

报告期内，公司投资包括信托产品、货币基金，此外无其他重大投资、出售资产情况。

3.2.3.2.6 公司对外担保及股权、资产置换情况

报告期内，公司未发生对外担保，未发生债务重组、非货币性交易事项及资产置换，也未发生其他损害公司股东利益或造成公司资产流失的情况。

3.2.3.2.7 公司声誉风险管理情况

报告期内，公司董事会和高管层在声誉风险管理方面能履职尽职，公司制定了《声誉风险事前评估机制》《声誉风险应急处置预案》等制度，声誉风险的监测、防范和处置工作逐步完善，并按规定及时向监管部门报告公司声誉风险隐患的排查等情况。

3.2.3.2.8 公司金融消费者权益保护工作情况

报告期内，公司已基本完成金融消费者权益保护工作相关的机制及制度、流程等工作，公司董事会和高管层对金融消费者权益保护工作逐步重视，董事会下设金融消费者权益保护委员会，并建立相关工作制度，较好地履行了金融消费者权益保护工作职责，并取得一定成效。

3.2.3.2.9 公司数据治理工作情况

报告期内，公司董事会和高级管理层在数据治理方面能履职尽责，公司建立了"董事会—高管层—数据治理工作组"的三级数据治理组织架构和管理机制，发布了《大业信托财务主题基础数据标准》并完成了年度数据治理考核标准制定工作，进一步提高数据报送质量，努力提升公司数据自动化水平。

3.2.4 高级管理层履职情况

报告期内，公司高级管理人员诚信专业，勤勉尽职，积极落实国家宏观经济政策和监管要求，认真履行股东会和董事会的各项决议，坚决执行公司发展战略，紧紧围绕年度经营目标任务，坚持稳中求进总基调，全面加强党的领导，扎实开展主题教育，着力夯实管理质效，努力推动改革转型，各项工作取得良好成绩。

4.经营管理

4.1 经营目标、方针、战略规划

4.1.1 经营目标

公司以建设国内一流的信托公司为目标，致力于建成管理有序、内控有效、经营稳健、声誉良好、有特色的专业资产管理机构。

4.1.2 经营方针

恪守信用，合法经营，以市场为导向，以客户为中心，提供优质金融服务，创造良好经济效益，促进国民经济发展。

4.1.3 战略规划

依托北京和粤港澳大湾区的区域优势，最大程度地挖掘和利用股东的平台支撑。全面彻底优化人才队伍，提升精细化管理水平，做大做强财富管理，把风险管理和财富管理能力培育为核心竞争力。力争在3年到5年内，尽最大努力消化存量风险，同时稳健开展增量业务，以盈补亏，实现脱困；主动加强股东业务协同，深化金融同业合作，深度挖掘传统业务和创新业务合作空间，增强资源整合能力；业务发展从自下而上向自上而下转变，从以项目为中心向以客户为中心转变，从单纯资金提供者向综合金融服务提供者转变；审慎开展传统融资业务，围绕战略核心客户大力拓展股权投资、标准化固收等资产管理业务，探索差异化、可持续发展路径，形成新的盈利增长点。

4.2 所经营业务的主要内容

4.2.1 信托业务

公司坚持发展信托主业，积极顺应监管政策导向，注重内涵式增长，不断培育和增强主动管理能力，大幅增加主动管理规模。

截至2023年12月31日，公司已成立的信托产品规模8 042.87亿元，存续信托资产余额780.97亿元。2023年公司信托业务实现收入2.56亿元。

根据信托业务服务内容划分，公司信托业务分为投资类、融资类和事务管理类三大部分。

4.2.1.1 投资类信托

公司将该类业务作为重点发展方向，着力提高产品创新含量、设计水平和管理能力，将自身定位从融资工具转变为个性化产品及基金的设计者和管理者。公司担任受托人和投资管理人，对信托资金的投资运作效果承担责任。截至2023年12月31日，该类业务存续信托资产余额为129.90亿元，约占存续信托资产余额的16.63%。其主要业务包括集合资金信托金融投资、集合资金信托直接投资、集合投资类资产流动化信托、单一授权型信托金融投资和单一授权型信托直接投资。

4.2.1.2 融资类信托

公司在该类业务中担任受托人、贷款人和贷款服务商，主要承担融资项目尽职调查、筛选推荐、交易结构设计、债权及担保管理职责。其主要业务包括集合资金信托贷款、集合资金信托结构性融资、集合融资类资产流动化信托和单一授权型信托贷款。截至2023年12月31日，该类业务存续信托资产余额为103.76亿元，约占存续信托资产余额的13.29%。

4.2.1.3 事务管理类信托

公司在该类业务中主要担任受托人、账户管理人和财务顾问，按照信托文件约定和委托人指令执行或提出建议。这类业务主要是单一指定型信托。截至2023年12月31日，该类业务存续信托资产余额为547.31亿元，约占存续信托资产余额的70.08%。

4.2.2 固有业务

根据净资本管理办法的要求，结合公司净资本的实际状况以及与信托业务协同发展的需要，公司对固有资金运用制定了高流动性、低风险的投资原则。2023年公司固有业务净收入0.39亿元。

4.2.3 主要业务的资产组合与分布

4.2.3.1 固有资产运用与分布表

资产运用	金额（万元）	占比（%）	资产运用	金额（万元）	占比（%）
货币资产	10 660.35	3.06	金融机构	231 691.04	66.59
应收类款项	67 945.83	19.53	其他	116 270.00	33.41
金融投资	231 691.04	66.59	—	—	—
其他	37 663.82	10.82	—	—	—

4.2.3.2 信托资产运用与分布表

资产运用	金额（万元）	占比（%）	资产分布	金额（万元）	占比（%）
贷款	1 102 336.02	14.11	基础产业	771 365.67	9.88
交易性金融资产投资	1 101 578.56	14.11	房地产	1 230 785.00	15.76
债权投资	2 263 785.98	28.99	证券	438 894.37	5.62
长期股权投资	33 076.35	0.42	金融机构	570 635.63	7.31
存放同业	22 027.21	0.28	工商企业	1 180 266.07	15.11
其他	3 286 892.43	42.09	其他	3 617 749.81	46.32
资产总计	7 809 696.55	100.00	资产总计	7 809 696.55	100.00

4.3 市场分析

4.3.1 有利因素

（1）我国经济社会总体保持稳步发展，以国内大循环为主体、国内国际双循环相互促进的新发展格局为信托行业发展提供了有利环境。（2）国民财富不断累积，居民可支配收入和高净值人群的持续增长，使通过信托这类专业财富管理机构投资理财的需求日趋旺盛。（3）信托业转型发展步伐加快，业务新分类政策为行业转型指明了方向，也为信托公司探索符合自身资源禀赋的特色化发展之路提供了空间。（4）粤港澳大湾区建设作为国家战略正有序推进，孕育重大的投融资机会。

4.3.2 不利因素

（1）国内经济呈现恢复向好态势，但恢复的基础尚不牢固。（2）行业发展面临新旧动能转换，传统业务规模持续萎缩，创新业务的运作模式、盈利能力仍有待市场检验，调整转型的短期阵痛在所难免。（3）信托业务新分类政策对信托公司提出更高要求，公司的产品创新能力、渠道拓展能力、资产配置能力有待提升。（4）公司资本规模偏小，未来资本实力的高低将成为制约信托公司业务发展的重要因素。

4.4 内部控制

4.4.1 内部控制环境和内部控制文化

公司建立分工明确、权责对应、合理制衡的公司治理结构；不断完善选贤举能、优胜劣汰、约束监督、科学激励的治理机制。公司重视环境文化、制度文化、组织文化和行为文化等内控文化建设，通过多种形式，研讨讲解内部控制的最新法规制度和政策；加强制度建设，强化员工职业操守；强化公司内控部门的管理，提升公司内控文化。

4.4.2 内部控制措施

（1）公司不断检讨和修订内控制度，监督检查和评价内控的科学性、规范性和可操作性。（2）公司通过《内部控制指引》对不同业务和管理事项制订有针对性的控制措施，构筑设计监督、操作执行和规范评价三道内控防线，保证了业务管理活动的正常运行。（3）公司内部不同级次、不同部门之间有明确的授权关系和报告关系；每类业务都有相应的操作规程和风险管理制度。（4）公司成立信托业务审查委员会和固有业务审查委员会进行项目评审，由公司领导、前中后台部门负责人担任评审委员，对高风险或创新业务进行集体审议。

4.4.3 信息交流与反馈

根据监管要求和规章制度规定，公司制定并实施了信息披露制度。在公司内部信息交流与反馈方面，公司根据内部组织之间的关系和各自的职责权限，建立了从上到下的授权流程和从下到上的汇报路径。根据国家有关法规和公司有关文件要求，公司建立并实施了投诉举报机制，并建立了岗位问责制度，对于员工举报的潜在违规行为进行及时跟进和调查。

4.4.4 监督评价与纠正

公司在配合好外部审计工作的同时，注重内部的经济监督及评价，健全内部审计制度，在董事会下设立审计委员会，对公司财务收支及其经济效益进行内部审计监督。同时，董事会下设稽核审计部，对公司内部控制情况进行定期评价，对存在的问题及时指正，并提出相关整改意见和建议。

4.5 风险管理

4.5.1 风险管理概况

公司风险管理的全局性目标是实现长远发展、资本回报和风险暴露之间的平衡，追求运营的高效率和资源的优化配置，追求公司价值最大化。

报告期内，公司依据《信托公司净资本管理办法》积极推进净资本管理，在优化存量风险资产结构的同时，进一步强化增量业务的资本约束机制，确立了以净资本管理为核心的业务发展模式和管理体系。截至2023年末，公司净资本为241 938.94万元，各项业务风险资本之和为107 802.73万元，净资本/各项业务风险资本之和的比率为224.43%，净资本/净资产的比率为75.47%。包括上述两个指标在内的净资本各项指标均符合监管要求。

4.5.2 风险状况

公司经营活动中面临的风险主要有：信用风险、市场风险、操作风险、合规风险及其他风险等。

4.5.2.1 信用风险状况

信用风险主要表现为公司交易对手不能履行合约义务从而导致公司资产价值发生变动遭受损失带来的风险，其中包括业务合作伙伴、贷款对象的信用风险，资金往来银行的信用风险。

4.5.2.2 市场风险状况

市场风险主要表现为因市场价格——利率、汇率、股票价格和商品价格等的不利变动而使公司的表内和表外业务发生损失的风险。具体表现为经济运行周期变化风险、金融市场利率波动风险、通货膨胀风险、房地产交易风险、证券市场、货币市场交易风险等。这些风险的存在不但影响信托财产的价值以及信托收益水平，也将影响公司由于资产负债结构不匹配等而导致公司整体的、当前和未来收入的损失。

4.5.2.3 操作风险状况

操作风险主要是公司内部控制、系统及运营过程中的错误或疏忽或外部事件而可能引起潜在损失的风险，表现在信息系统还不够全面及时，风险评估、风险管理的程序和结构还不够完善，以及人员操作不规范和责任心不强等方面。

4.5.2.4 其他风险状况

（1）政策风险：指国家宏观经济政策的调整可能对公司业务经营或成果造成一定影响。

（2）道德风险：指由于公司内部人员蓄意违规、违法给公司带来损失的可能性。

（3）声誉风险：指由于公司操作失误、违反有关规定、资产质量下降不能按期兑付、不能向公众提供高质量的综合金融服务和管理不善等原因，对公司外部市场地位和声誉产生的消极和不良影响。

4.5.3 公司风险管理

4.5.3.1 信用风险管理

公司信用风险管理主要通过对交易对手的尽职调查进行事前控制；通过交易结构设计、风险定价、设定担保措施、持续进行风险评估等手段规避和监控交易对手信用风险变化；明确界定业务部门与风险管理等部门的风险管理职责。公司强调风险管理关口前移，注重业务管理的调研和过程控制，严格授权审批制度、决策限额。公司注重信用风险的分散和补偿，关注交易对手的履约能力，并借鉴商业银行信贷管理经验加强该类风险管理。

4.5.3.2 市场风险管理

市场风险管理是识别、计量、监测和控制市场风险的全过程，其目标是通过将市场风险控制在公司可以承受的合理范围内，实现经风险调整后的收益最大化。

公司关注国家宏观政策变化，避免进入限制类行业和相关项目；控制行业集中度，通过业务创新不断拓展多元化的投资领域；充分考虑拟投资项目筛选、评估、运营、退出中的策略、渠道和措施，注重投资项目的调研和分析工作，建立充足的项目储备池，制定风险处置预案锁定项目退出风险，组建专业化的管理团队，明确项目组织管理结构与投资管理责任，并通过对货币政策、行业政策和利率走势等的深入分析研究，进行持续的专项监控。

4.5.3.3 操作风险管理

（1）公司要求每项业务在尽职调查、受理、设计、审批、销售、执行和终止的全过程中都合法合规，按照程序操作。（2）构建内部控制环境，目前公司的各项控制制度和操作规程涵盖了所有业务领域，基本实现了对公司各项业务操作过程的有效控制。（3）操作风险管理要点包括注重尽职调查、加强产品规范化管理、借助外部中介机构进行管控、进行持续风险监测和风险评价、加强合同档案管理、规范信息披露、加强信息化支持等。

4.5.3.4 其他风险管理

（1）政策风险管理。公司及时跟踪研究国家宏观政策和行业政策的调整与变化，尽可能准确地分析宏观政策和监管政策的未来趋势；积极研究、分析外部政策法规变化对信托公司发展方向、盈利模式的影响，不断摸索适合公司发展的道路；加强与政策制定部门的沟通，及时调整发展思路和经营理念，保持公司经营策略与国家政策的一致性。

（2）道德风险管理。公司通过制度设计完善内部控制机制，规范操作流程；严格执行管理制度及纪律要求；公司加强道德文化教育，鼓励员工遵纪守法，构筑道德风险"防火墙"，不断提高员工廉洁自律和勤勉尽职的意识；公司以员工为本，强调和谐共赢，不断加强企业的凝聚力和员工的归属感，避免各类短期行为和寻租现象；公司加强制度建设，通过制度建设为防范道德风险提供制度保障。

（3）声誉风险管理。公司将声誉风险管理纳入公司治理和全面风险管理体系，强调在合规经营和健康发展的基础上，主动、有效、灵活地管理声誉风险和应对声誉事件，主要是通过机制和制度建设明晰声誉风险监控、管理和应对流程，通过充分信息披露等方式实现与投资者的良性沟通，通过履行社会责任等积极提升公司的品牌价值和社会形象。

5.报告期末及上一年度末的比较式会计报表

5.1 自营资产

5.1.1 会计师事务所审计意见全文

审计报告

审计报告文号：利安达审字〔2024〕第0047号
大业信托有限责任公司全体股东：

一、审计意见

我们审计了大业信托有限责任公司（以下简称大业信托）财务报表，包括2023年12月31日的资产负债表，2023年度的利润表、现金流量表、股东权益变动表以及相关财务报表附注。

我们认为，后附的财务报表在所有重大方面按照企业会计准则的规定编制，公允反映了大业信托2023年12月31日的财务状况以及2023年度的经营成果和现金流量。

二、形成审计意见的基础

我们按照中国注册会计师审计准则的规定执行了审计工作。审计报告的"注册会计师对财务报表审计的责任"部分进一步阐述了我们在这些准则下的责任。按照中国注册会计师职业道德守则，我们独立于大业信托，并履行了职业道德方面的其他责任。我们相信，我们获取的审计证据是充分、适当的，为发表审计意见提供了基础。

三、其他信息

大业信托管理层对其他信息负责。其他信息包括大业信托2023年年度报告中涵盖的信息，但不包括财务报表和我们的审计报告。

我们对财务报表发表的审计意见不涵盖其他信息，我们也不对其他信息发表任何形式的鉴证结论。

结合我们对财务报表的审计，我们的责任是阅读其他信息，在此过程中，考虑其他信息是否与财务报表或我们在审计过程中了解到的情况存在重大不一致或者似乎存在重大错报。

基于我们已执行的工作，如果我们确定其他信息存在重大错报，我们应当报告该事实。在这方面，我们无任何事项需要报告。

四、管理层和治理层对财务报表的责任

大业信托管理层（以下简称管理层）负责按照企业会计准则的规定编制财务报表，使其实现公允反映，并设计、执行和维护必要的内部控制，以使财务报表不存在由于舞弊或错误导致的重大错报。

在编制财务报表时，管理层负责评估大业信托的持续经营能力，披露与持续经营相关的事项（如适用），并运用持续经营假设，除非管理层计划清算大业信托、终止运营或别无其他现实的选择。

治理层负责监督大业信托的财务报告过程。

五、注册会计师对财务报表审计的责任

我们的目标是对财务报表整体是否不存在由于舞弊或错误导致的重大错报获取合理保证，并出具包含审计意见的审计报告。合理保证是高水平的保证，但并不能保证按照审计准则执行的审计在某一重大错报存在时总能发现。错报可能由于舞弊或错误导致，如果合理预期错报单独或汇总起来可能影响财务报表使用者依据财务报表作出的经济决策，则通常认为错报是重大的。

在按照审计准则执行审计工作的过程中，我们运用职业判断，并保持职业怀疑。同时，我们也执行以下工作：

（一）识别和评估由于舞弊或错误导致的财务报表重大错报风险，设计和实施审计程序以应对这些风险，并获取充分、适当的审计证据，作为发表审计意见的基础。由于舞弊可能涉及串通、伪造、故意遗漏、虚假陈述或凌驾于内部控制之上，未能发现由于舞弊导致的重大错报的风险高于未能发现由于错误导致的重大错报的风险。

（二）了解与审计相关的内部控制，以设计恰当的审计程序，但目的并非对内部控制的有效性发表意见。

（三）评价管理层选用会计政策的恰当性和作出会计估计及相关披露的合理性。

（四）对管理层使用持续经营假设的恰当性得出结论。同时，根据获取的审计证据，就可能导致对大业信托持续经营能力产生重大疑虑的事项或情况是否存在重大不确定性得出结论。如果我们得出结论认为存在重大不确定性，审计准则要求我们在审计报告中提请报表使用者注意财务报表中的相关披露；如果披露不充分，我们应当发表非无保留意见。我们的结论基于截至审计报告日可获得的信息。然而，未来的事项或情况可能导致大业信托不能持续经营。

（五）评价财务报表的总体列报、结构和内容，并评价财务报表是否公允反映相关交易和事项。

我们与治理层就计划的审计范围、时间安排和重大审计发现等事项进行沟通，包括沟通我们在审计中识别出的值得关注的内部控制缺陷。

利安达会计师事务所（特殊普通合伙）

中国·北京

中国注册会计师：欧云飞
中国注册会计师：王正
二○二四年三月十九日

5.1.2 资产负债表

资产负债表

编制单位：大业信托有限责任公司　　2023年12月31日　　单位：元

资产	期末余额	年初余额	负债和所有者权益（或股东权益）	期末余额	年初余额
资产：			负债：		
现金及银行存款	106 603 479.34	28 248 007.21	向中央银行借款	—	—
存放中央银行款项	—	—	同业及其他金融机构存放款项	—	—
贵金属	—	—	拆入资金	—	—
存放同业款项	—	—	交易性金融负债	—	—
拆出资金	—	—	衍生金融负债	—	—
衍生金融资产	—	—	卖出回购金融资产款	—	—
应收账款	45 102 818.39	25 459 977.65	应付账款	—	—
预付款项	—	—	预收款项	52 056 609.25	53 605 796.30
其他应收款	634 355 444.18	585 189 243.92	应付职工薪酬	111 637 638.56	117 329 393.02
合同资产	—	—	应交税费	34 481 148.02	12 123 489.46
买入返售金融资产	—	—	其他应付款	4 710 695.32	5 725 749.64
持有待售资产	—	—	合同负债	—	—
发放贷款和垫款	—	—	预计负债	70 787 012.40	101 560 000.00
金融投资：			应付债券	—	—

续表

资产	期末余额	年初余额	负债和所有者权益（或股东权益）	期末余额	年初余额
交易性金融资产	819 651 792.54	1 036 179 426.73	递延所得税负债	—	—
债权投资	1 497 258 627.47	1 426 338 627.47	负债合计	273 673 103.55	290 344 428.42
其他债权投资	—	—	所有者权益：		
其他权益投资工具	—	—	实收资本（或股本）	2 000 000 000.00	2 000 000 000.00
长期股权投资	—	—	国有资本	—	—
投资性房地产	—	—	外商资本	—	—
固定资产	39 690 794.21	40 572 740.57	资本公积	—	—
在建工程	—	—	减：库存股	—	—
无形资产	13 545 936.88	12 370 148.91	盈余公积	234 844 359.65	231 288 301.95
商誉	—	—	一般风险准备	434 227 579.84	420 183 750.99
长期待摊费用	4 219 846.37	1 680 823.45	未分配利润	536 865 388.06	518 904 697.65
递延所得税资产	319 181 691.72	304 682 183.10	外币报表折算差额	—	—
其他资产	—	—	归属于母公司所有者权益合计	3 205 937 327.55	3 170 376 750.59
	—	—	少数股东权益	—	—
	—	—	所有者权益合计	3 205 937 327.55	3 170 376 750.59
资产总计	3 479 610 431.10	3 460 721 179.01	负债和股东权益总计	3 479 610 431.10	3 460 721 179.01

法定代表人：陈俊标　　　　主管会计工作负责人：黄志坤　　　　会计机构负责人：谢祖江

5.1.3 利润表

利润表

编制单位：大业信托有限责任公司　　　　2023年度　　　　单位：元

项目	本期金额	上期金额
一、营业总收入	295 448 603.63	288 238 214.82
利息收入	158 287.95	24 480.83
手续费及佣金收入	256 371 365.68	241 372 237.80
投资收益（损失以"-"号填列）	25 261 285.17	38 331 708.53
其中：对联营企业和合营企业的投资收益	—	—
净敞口套期收益（损失以"-"号填列）	—	—
其他收益	2 374.32	2 084 862.39
公允价值变动收益（损失以"-"号填列）	13 602 079.50	6 361 163.80
汇兑收益（损失以"-"号填列）	—	—
其他业务收入	53 211.01	63 761.47
资产处置收益（损失以"-"号填列）	—	—
二、营业总支出	248 465 511.25	245 669 036.12
利息支出	—	—
手续费及佣金支出	—	—
税金及附加	1 790 640.89	1 502 058.84
业务及管理费	138 831 461.13	191 565 901.59
信用减值损失	107 843 409.23	52 601 075.69
其他资产减值损失	—	—
其他业务成本	—	—
三、营业利润（亏损以"-"号填列）	46 983 092.38	42 569 178.70
加：营业外收入	298 606.95	590 366.62
减：营业外支出	369 123.21	964 334.07
四、利润总额（亏损总额以"-"号填列）	46 912 576.12	42 195 211.25
减：所得税费用	11 351 999.16	8 023 282.56
五、净利润（净亏损以"-"号填列）	35 560 576.96	34 171 928.69

法定代表人：陈俊标　　　　主管会计工作负责人：黄志坤　　　　会计机构负责人：谢祖江

5.1.4 所有者权益变动表

所有者权益变动表

2023年度

编制单位：大业信托有限责任公司　　　　　　　　　　　　　　　　　　　　　　　　　　　　　　　单位：元

项目	本年金额										
	实收资本（或股本）	其他权益工具			资本公积	减：库存股	其他综合收益	一般风险准备	盈余公积	未分配利润	所有者权益合计
		优先股	永续债	其他							
一、上年年末余额	2 000 000 000.00	—	—	—	—	—	—	420 183 750.99	231 288 301.95	518 904 697.65	3 170 376 750.59
加：会计政策变更	—	—	—	—	—	—	—	—	—	—	—
前期差错更正	—	—	—	—	—	—	—	—	—	—	—
二、本年初余额	2 000 000 000.00	—	—	—	—	—	—	420 183 750.99	231 288 301.95	518 904 697.65	3 170 376 750.59
三、本年增减变动金额（减少以"-"号填列）	—	—	—	—	—	—	—	14 043 828.85	3 556 057.70	17 960 690.41	35 560 576.96
（一）综合收益总额	—	—	—	—	—	—	—	—	—	35 560 576.96	35 560 576.96
（二）所有者投入和减少资本	—	—	—	—	—	—	—	—	—	—	—
1.所有者投入的普通股	—	—	—	—	—	—	—	—	—	—	—
2.其他权益工具持有者投入资本	—	—	—	—	—	—	—	—	—	—	—
（三）利润分配	—	—	—	—	—	—	—	14 043 828.85	3 556 057.70	-17 599 886.55	—
1.提取盈余公积	—	—	—	—	—	—	—	—	3 556 057.70	-3 556 057.70	—
2.提取一般风险准备	—	—	—	—	—	—	—	14 043 828.85	—	-14 043 828.85	—
3.对所有者（股东）的分配	—	—	—	—	—	—	—	—	—	—	—
（四）所有者内部结转	—	—	—	—	—	—	—	—	—	—	—
1.资本公积转增资本（或股本）	—	—	—	—	—	—	—	—	—	—	—
2.未分配利润转增资本（或股本）	—	—	—	—	—	—	—	—	—	—	—
四、本年年末余额	2 000 000 000.00	—	—	—	—	—	—	434 227 579.84	234 844 359.65	536 865 388.06	3 205 937 327.55

所有者权益变动表（续）

2023年度

编制单位：大业信托有限责任公司　　单位：元

项目	上年金额								
	实收资本（或股本）	其他权益工具			资本公积	减：库存股	其他综合收益	一般风险准备	盈余公积	未分配利润	所有者权益合计
		优先股	永续债	其他							
一、上年末余额	2 000 000 000.00	—	—	—	—	—	—	433 882 254.56	227 871 109.08	474 451 458.26	3 136 204 821.90
加：会计政策变更	—	—	—	—	—	—	—	—	—	—	—
前期差错更正	—	—	—	—	—	—	—	—	—	—	—
二、本年年初余额	2 000 000 000.00	—	—	—	—	—	—	433 882 254.56	227 871 109.08	474 451 458.26	3 136 204 821.90
三、本年增减变动金额（减少以"—"号填列）	—	—	—	—	—	—	—	-13 698 503.57	3 417 192.87	44 453 239.39	34 171 928.69
（一）综合收益总额	—	—	—	—	—	—	—	—	—	34 171 928.69	34 171 928.69
（二）所有者投入和减少资本	—	—	—	—	—	—	—	—	—	—	—
1.所有者投入的普通股	—	—	—	—	—	—	—	—	—	—	—
2.其他权益工具持有者投入资本	—	—	—	—	—	—	—	—	—	—	—
（三）利润分配	—	—	—	—	—	—	—	-13 698 503.57	3 417 192.87	10 281 310.70	—
1.提取盈余公积	—	—	—	—	—	—	—	—	3 417 192.87	-3 417 192.87	—
2.提取一般风险准备	—	—	—	—	—	—	—	-13 698 503.57	—	13 698 503.57	—
3.对所有者（股东）的分配	—	—	—	—	—	—	—	—	—	—	—
（四）所有者内部结转	—	—	—	—	—	—	—	—	—	—	—
1.资本公积转增资本（或股本）	—	—	—	—	—	—	—	—	—	—	—
2.未分配利润转增资本（或股本）	—	—	—	—	—	—	—	—	—	—	—
四、本年年末余额	2 000 000 000.00	—	—	—	—	—	—	420 183 750.99	231 288 301.95	518 904 697.65	3 170 376 750.59

法定代表人：陈俊标　　　　主管会计工作负责人：黄志坤　　　　会计机构负责人：谢祖江

5.2 信托资产

5.2.1 信托项目资产负债汇总表

信托项目资产负债汇总表

编制单位：大业信托有限责任公司　　　　　2023年12月31日　　　　　单位：元

资产	年初余额	期末余额	负债与所有者权益	年初余额	期末余额
货币资金	326 570 069.65	228 243 382.79	交易性金融负债	—	—
拆出资金	—	—	衍生金融负债	—	—
存出保证金	—	—	应付受托人报酬	61 811 944.86	66 022 508.78
交易性金融资产	8 703 303 474.92	11 021 271 492.94	应付托管费	943 556.19	1 358 113.78
衍生金融资产	—	—	应付受益人收益	10 770 491.33	10 487 017.44
买入返售金融资产	294 000 000.00	123 073 270.24	应交税费	31 305 956.78	55 267 273.87
应收款项	530 897 564.74	14 165 230 212.83	应付销售服务费	13 608 888.72	11 149 218.37
发放贷款	12 698 519 925.09	11 023 360 161.87	其他应付款项	794 655 195.66	1 234 199 990.45
可供出售金融资产	—	—	预计负债	—	—
持有至到期投资	—	—	其他负债	—	—
债权投资	26 073 583 973.57	32 007 014 261.56	负债合计	913 096 033.54	1 378 484 122.69
长期应收款	—	—	—	—	—
长期股权投资	3 593 792 471.17	5 196 097 926.08	所有者权益：	—	—
投资性房地产	—	—	实收信托	51 221 325 101.86	76 634 283 494.96
固定资产	—	—	资本公积	—	—
无形资产	—	—	损益平准金	34 827 861.58	42 716 025.09
长期待摊费用	—	—	未分配利润	197 909 211.16	41 487 005.57
其他资产	146 490 729.00	4 332 679 940.00	所有者权益合计	51 454 062 174.60	76 718 486 525.62
资产总计	52 367 158 208.14	78 096 970 648.31	负债和所有者权益总计	52 367 158 208.14	78 096 970 648.31

注：根据《财政部　银保监会关于进一步贯彻落实新金融工具相关会计准则的通知》（财会〔2020〕22号）要求，公司信托项目于2022年1月1日起执行新金融工具准则，对存量金融资产重新分类，《信托项目资产负债表》部分资产科目亦根据新的分类情况进行了调整。

5.2.2 信托项目利润及利润分配表

信托项目利润及利润分配表

编制单位：大业信托有限责任公司　　　　　2023年度　　　　　单位：元

项目	上年累计金额	本年累计金额
一、营业收入	1 661 670 828.85	2 650 052 649.14
1.1 利息收入	1 004 583 281.46	1 197 170 434.39
1.2 投资收益（损失以"-"号填列）	684 468 667.01	1 242 315 102.06
1.2.1 其中：对联营企业和合营企业的投资收益	—	—
1.3 公允价值变动损益	-27 833 703.81	209 877 766.61
1.4 租赁收入	—	—
1.5 汇兑损益（损失以"-"号填列）	—	—
1.6 其他业务收入	452 584.19	689 346.08
二、营业支出	935 829 255.26	1 198 844 139.27
2.1 营业税金及附加	9 157 131.84	8 709 161.47
2.2 受托人报酬	295 888 808.22	198 985 374.02

续表

项目	上年累计金额	本年累计金额
2.3 托管费	7 363 761.67	4 400 735.99
2.4 投资顾问费	105 989.19	57 921.07
2.5 销售服务费	37 823 199.35	170 368 559.61
2.6 交易费用	-3 871 201.47	3 015.88
2.7 资产减值损失	566 033 831.60	801 998 627.71
2.8 其他费用	23 327 734.86	14 320 743.52
3.信托净利润（净亏损以"-"号填列）	725 841 573.59	1 451 208 509.87
4.其他综合收益	—	—
5.综合收益	725 841 573.59	1 451 208 509.87
加：期初未分配信托利润	-204 593 259.95	197 909 211.16
6.可供分配的信托利润	521 248 313.64	1 649 117 721.03
7.减：本期已分配信托利润	323 339 102.48	1 607 630 715.46
8.期末未分配信托利润	197 909 211.16	41 487 005.57

6. 会计报表附注

6.1 会计报表编制基准不符合会计核算基本前提的说明

公司以持续经营为基础，根据实际发生的交易和事项，按照《企业会计准则——基本准则》和其他各项具体会计准则、应用指南及准则解释的规定进行确认和计量，在此基础上编制财务报表。

公司所编制的会计报表符合企业会计准则的要求，真实、完整地反映了公司的财务状况、经营成果、股东权益变动和现金流量等有关信息。

6.2 重要会计政策和会计估计说明

公司自2010年9月开始筹建起执行财政部2006年2月15日颁布的《企业会计准则》（财会〔2006〕3号）及其后续规定。

6.2.1 计提资产减值准备的范围和方法

6.2.1.1 贷款及应收款项减值准备的范围和方法

本公司以预期信用损失为基础，对以摊余成本计量的金融资产、以公允价值计量且其变动计入其他综合收益的债务工具投资进行减值处理并确认损失准备。

对于不含重大融资成分的应收款项，公司运用简化计量方法，按照相当于整个存续期内的预期信用损失金额计量损失准备。

6.2.1.2 固定资产、无形资产、长期股权投资减值准备

本公司对除金融资产和递延所得税资产以外（例如固定资产、无形资产等）的资产减值，按以下方法确定：

公司于资产负债表日判断资产是否存在可能发生减值的迹象，存在减值迹象的，本公司将估计其可收回金额，进行减值测试。

可收回金额根据资产的公允价值减去处置费用后的净额与资产预计未来现金流量的现值两者之间较高者确定。公司以单项资产为基础估计其可收回金额；难以对单项资产的可收回金额进行估计的，以该资产所属的资产组为基础确定资产组的可收回金额。资产组的认定，以资产组产生的主要现金流入是否独立于其他资产或者资产组的现金流入为依据。

当资产或资产组的可收回金额低于其账面价值时，公司将其账面价值减记至可收回金额，减记的金额计入当期损益，同时计提相应的资产减值准备。

资产减值损失一经确认，在以后会计期间不会转回。

6.2.1.3 金融资产的减值准备

公司以预期信用损失为基础，对以摊余成本计量的金融资产、以公允价值计量且其变动计入其他综合收益的债务工具投资、应收款项及财务担保合同进行减值处理并确认损失准备。

对于不含重大融资成分的应收款项，公司运用简化计量方法，按照相当于整个存续期内的预期信用损失金额计量损失准备。

除上述采用简化计量方法以外的金融资产，公司在每个资产负债表日评估其信用风险自初始确认后是否已经显著增加，如果信用风险自初始确认后未显著增加，处于第一阶段，公司按照相当于未来12个月内预期信用损失的金额计量损失准备，并按照账面余额和实际利率计算利息收入；如果信用风险自初始确认后已显著增加但尚未发生信用减值的，处于第二阶段，公司按照相当于整个存续期内预期信用损失的金额计量损失准备，并按照账面余额和实际利率计算利息收入；如果初始确认后发生信用减值的，处于第三阶段，公司按照相当于整个存续期内预期信用损失的金额计量损失准备，并按照摊余成本和实际利率计算利息收入。

公司在每个资产负债表日评估相关金融工具的信用风险自初始确认后是否已显著增加。公司以单项金融工具或者具有相似信用风险特征的金融工具组合为基础，通过比较金融工具在资产负债表日发生违约的风险与在初始确认日发生违约的风险，以确定金融工具预计存续期内发生违约风险的变化情况。

当对金融资产预期未来现金流量具有不利影响的一项或多项事件发生时，该金融资产成为已发生信用减值的金融资产。

当公司不再合理预期能够全部或部分收回金融资产合同现金流量时，公司直接减记该金融资产的账面余额。

6.2.2 金融资产的核算方法

（1）金融资产分类、确认依据和计量方法。公司根据金融资产的业务模式和金融资产的合同现金流特征，将金融资产分类为以摊余成本计量的金融资产、以公允价值计量且其变动计入其他综合收益的金融资产、以公允价值计量且其变动计入当期损益的金融资产。

公司将同时符合下列条件的金融资产分类为以摊余成本计量的金融资产：①管理该金融资产的业务模式是以收取合同现金流量为目标。②该金融资产的合同条款规定，在特定日期产生的现金流量，仅为对本金和以未

偿付本金金额为基础的利息的支付。此类金融资产按照公允价值进行初始计量，相关交易费用计入初始确认金额；以摊余成本进行后续计量。除被指定为被套期项目的，按照实际利率法摊销初始金额与到期金额之间的差额，其摊销、减值、汇兑损益以及终止确认时产生的利得或损失，计入当期损益。

公司将同时符合下列条件的金融资产分类为以公允价值计量且其变动计入其他综合收益的金融资产：①管理该金融资产的业务模式既以收取合同现金流量为目标又以出售该金融资产为目标。②该金融资产的合同条款规定，在特定日期产生的现金流量，仅为对本金和以未偿付本金金额为基础的利息的支付。此类金融资产按照公允价值进行初始计量，相关交易费用计入初始确认金额。除被指定为被套期项目的，此类金融资产，除信用减值损失或利得、汇兑损益和按照实际利率法计算的该金融资产利息之外，所产生的其他利得或损失，均计入其他综合收益；金融资产终止确认时，之前计入其他综合收益的累计利得或损失应当从其他综合收益中转出，计入当期损益。

公司按照实际利率法确认利息收入。利息收入根据金融资产账面余额乘以实际利率计算确定，但下列情况除外：①对于购入或源生的已发生信用减值的金融资产，自初始确认起，按照该金融资产的摊余成本和经信用调整的实际利率计算确定其利息收入。②对于购入或源生的未发生信用减值、但在后续期间成为已发生信用减值的金融资产，在后续期间，按照该金融资产的摊余成本和实际利率计算确定其利息收入。公司将非交易性权益工具投资指定为以公允价值计量且其变动计入其他综合收益的金融资产。该指定一经作出，不得撤销。本公司指定的以公允价值计量且其变动计入其他综合收益的非交易性权益工具投资，按照公允价值进行初始计量，相关交易费用计入初始确认金额；除了获得股利（属于投资成本收回部分的除外）计入当期损益外，其他相关的利得和损失（包括汇兑损益）均计入其他综合收益，且后续不得转入当期损益。当其终止确认时，之前计入其他综合收益的累计利得或损失从其他综合收益中转出，计入留存收益。

除上述分类为以摊余成本计量的金融资产和分类为以公允价值计量且其变动计入其他综合收益的金融资产之外的金融资产。公司将其分类为以公允价值计量且其变动计入当期损益的金融资产。此类金融资产按照公允价值进行初始计量，相关交易费用直接计入当期损益。此类金融资产的利得或损失，计入当期损益。

（2）金融资产转移的确认依据和计量方法。公司将满足下列条件之一的金融资产予以终止确认：①收取该金融资产现金流量的合同权利终止；②金融资产发生转移，本公司转移了金融资产所有权上几乎所有风险和报酬；③金融资产发生转移，本公司既没有转移也没有保留金融资产所有权上几乎所有风险和报酬，且未保留对该金融资产的控制。

金融资产整体转移满足终止确认条件的，将所转移金融资产的账面价值，与因转移而收到的对价及原直接计入其他综合收益的公允价值变动累计额中对应终止确认部分的金额（涉及转移的金融资产的合同条款规定，在特定日期产生的现金流量，仅为对本金和以未偿付本金金额为基础的利息的支付）之和的差额计入当期损益。

金融资产部分转移满足终止确认条件的，将所转移金融资产整体的账面价值，在终止确认部分和未终止确认部分之间，按照各自的相对公允价值进行分摊，并将因转移而收到的对价及应分摊至终止确认部分的原计入其他综合收益的公允价值变动累计额中对应终止确认部分的金额（涉及转移的金融资产的合同条款规定，在特定日期产生的现金流量，仅为对本金和以未偿付本金金额为基础的利息的支付）之和，与分摊的前述金融资产整体账面价值的差额计入当期损益。

6.2.3 长期股权投资核算方法

6.2.3.1 长期股权投资的初始计量

长期股权投资在取得时按初始投资成本计量。初始投资成本一般为取得该项投资而付出的资产、发生或承担的负债以及发行的权益性证券的公允价值，并包括直接相关费用。但同一控制下的企业合并形成的长期股权投资，其初始投资成本为合并日取得的被合并方所有者权益的账面价值份额。

6.2.3.2 长期股权投资的后续计量

能够对被投资单位实施控制的长期股权投资，以及对被投资单位不具有共同控制或重大影响，且在活跃市场中没有报价、公允价值不能可靠计量的长期股权投资采用成本法核算；对被投资单位具有共同控制或重大影响的长期股权投资，采用权益法核算。

长期股权投资采用权益法核算时，对长期股权投资初始投资成本大于投资时应享有被投资单位可辨认净资产公允价值份额的，不调整长期股权投资的初始投资成本；对长期股权投资初始投资成本小于投资时应享有被投资单位可辨认净资产公允价值份额的，其差额计入当期损益，同时调整长期股权投资的成本。

按权益法对长期股权投资进行核算时，先对被投资单位的净利润进行取得投资时被投资单位各项可辨认资产等的公允价值、会计政策和会计期间方面的调整，再按应享有或应分担的被投资单位的净损益份额确认当期投资损益。

6.2.4 投资性房地产核算方法

投资性房地产是指为赚取租金或资本增值，或两者兼有而持有的房地产，包括已出租的土地使用权、持有并准备增值后转让的土地使用权、已出租的建筑物。公司对投资性房地产采用成本模式计量。对出租用资产采用与固定资产相同的折旧政策，出租用土地使用权按与无形资产相同的摊销政策；对存在减值迹象的，估计其可收回金额，可收回金额低于其账面价值的，确认相应的减值损失。

6.2.5 固定资产计价和折旧方法

固定资产按照取得时的实际成本进行初始计量，采用年限平均法计提折旧。

6.2.6 无形资产计价及摊销政策

无形资产指公司拥有或控制的没有实物形态的可辨认非货币性资产。

无形资产按取得时成本进行初始计量，包括购买价款、相关税费以及直接归属于该项资产达到预定用途所发生的其他支出。投资者投入的无形资产，按照合同或协议约定的价值确定入账成本，但合同或协议约定价值不公允的除外。

企业出售无形资产，按取得的价款与该无形资产账面价值的差额计入当期损益。无形资产预期不能为企业带来经济利润时，将该无形资产的账面价值予以转销。

公司采用直线法摊销无形资产，并将摊销金额计入当期损益。已计提减值准备的无形资产，其摊销额按扣除已计提的无形资产减值准备累计金额后计算。

6.2.7 长期待摊费用的摊销政策

长期待摊费用核算已经支出，但摊销期限在1年以上（不含1年）的各项费用。长期待摊费用在受益期内平均摊销，其中：(1)经营租赁方式租入的固定资产改良支出，按剩余租赁期与租赁资产尚可使用年限两者中较短的期限平均摊销。(2)专项采购的IT应用软件，按照合理的使用期限平均摊销。

6.2.8 合并会计报表的编制方法

公司将所有控股子公司纳入合并会计报表范围。截至本报告日，公司尚无控股子公司。

6.2.9 收入确认原则和方法

收入是在与交易相关的经济利益能够流入公司，且有关收入的金额可以可靠地计量时予以确认。具体按以下标准确认：(1)利息收入：对于所有以摊余成本计量的金融工具及可供出售类投资中计息的金融工具，利息收入以实际利率计量。实际利率和合同利率差别较小时，按合同利率计算利息收入。(2)手续费、佣金及其他收入：在已提供有关服务且收取的金额可以合理地估算时确认。

6.2.10 所得税的会计处理方法

公司根据资产与负债在资产负债表日的账面价值与其计税基础之间的暂时性差异，采用资产负债表债务法，按照暂时性差异转回期间适用的税率计算递延所得税，分为递延所得税资产和递延所得税负债。

除《企业会计准则》中明确规定可不确认递延所得税负债的情况以外，公司对于所有的应纳税暂时性差异均确认递延所得税负债。

为谨慎反映资产，一般情况下，公司不确认递延所得税资产，除非公司有明确证据证明可抵扣暂时性差异转回期间能够产生足够的应纳税所得额。

6.2.11 信托报酬的确认原则和方法

在收入确认原则基础上，与信托业务相关的经济利益能够流入、收入的金额能够可靠计量的情况下，按有关合同、协议规定的时间和方法确认信托报酬收入的实现。若合同无特别规定，原则上信托报酬在整个信托存续期间平均分摊确认收入。

6.3 或有事项说明

本期公司无对外担保及其他或有事项。

6.4 重要资产转让及其出售的说明

本期公司无重要资产转让及其出售。

6.5 会计报表中重要项目的明细资料

6.5.1 披露自营资产经营情况

6.5.1.1 按信用风险五级分类结果披露信用风险资产的期初数和期末数

按照《非银行金融机构资产风险分类指导原则（试行）》的分类标准，本年度末公司质量情况如下表所示。

信用风险资产五级分类	正常类（万元）	关注类（万元）	次级类（万元）	可疑类（万元）	损失类（万元）	信用风险资产合计（万元）	不良资产合计（万元）	不良资产率（%）
期初数	112 820.31	142 425.41	—	150 636.38	2 838.46	408 720.56	153 474.84	10.95
期末数	219 673.65	24 257.70	—	168 366.38	2 852.60	415 150.33	171 218.98	13.19

6.5.1.2　各项资产减值损失准备的期初、本期计提、本期转回、本期核销、期末数

单位：万元

项目	期初数	本期计提	本期转回	本期核销	期末数
贷款损失准备：					
一般准备					
专项准备					
其他资产减值准备：	98 581.43	10 784.34	—		109 365.77
债权投资减值准备					
其他债权投资减值准备	93 909.29	10 638.00			104 547.29
其他权益投资工具减值准备					
坏账准备	4 672.14	146.34			4 818.48
投资性房地产减值准备	—				
合计	98 581.43	10 784.34	—		109 365.77

6.5.1.3　自营股票投资、基金投资、债券投资、长期股权投资等投资的期初数、期末数

本期公司尚无此类业务。

6.5.1.4　前五名的自营长期股权投资的企业名称、占被投资企业权益的比例、主要经营活动及投资收益情况等

本期公司尚无此类业务。

6.5.1.5　前五名的自营贷款的企业名称、占贷款总额的比例和还款情况等

期末，公司无此类业务。

6.5.1.6　表外业务的期初数、期末数

本期公司尚无此类业务。

6.5.1.7　公司当年的收入结构

收入结构	金额（元）	占比（%）
手续费及佣金收入	256 371 365.68	86.77
其中：信托手续费收入	256 371 365.68	86.77
投资银行业务收入	—	
利息收入	158 287.95	0.05
其他业务收入	53 211.01	0.02
其中：计入信托业务收入部分		
投资收益	25 261 285.17	8.55
其中：股权投资收益		

续表

收入结构	金额（元）	占比（%）
证券投资收益	—	
其他投资收益	25 261 285.17	8.55
公允价值变动收益	13 602 079.50	4.60
其他收益	2 374.32	
收入合计	295 448 603.63	100.00

6.5.2　信托资产管理情况

6.5.2.1　信托资产的期初、期末余额数

单位：万元

信托资产	期初数	期末数
集合	2 529 535.03	3 211 213.55
单一	1 634 197.54	1 329 900.51
财产权	1 072 983.24	3 268 582.53
合计	5 236 715.81	7 809 696.59

6.5.2.1.1　主动管理型信托业务的信托资产期初数、期末数

单位：万元

主动管理型信托资产	期初数	期末数
投资类	1 075 613.01	1 299 016.96
融资类	891 755.69	1 037 572.41
事务管理类		
合计	1 967 368.70	2 336 589.37

6.5.2.1.2　被动管理型信托业务的信托资产期初数、期末数

单位：万元

被动管理型信托资产	期初数	期末数
投资类		
融资类		
事务管理类	3 269 347.11	5 473 107.22
合计	3 269 347.11	5 473 107.22

6.5.2.2　本年度已清算结束的信托项目个数、信托本金累计给付额、加权平均实际年化收益率

6.5.2.2.1　本年度已清算结束的集合类、单一类资金信托项目和财产管理类信托项目个数、信托本金累计给付额、加权平均实际年化收益率

已清算结束信托项目	项目个数（个）	信托本金累计给付额（万元）	加权平均实际年化收益率（%）
集合类	23	726 764.79	4.55
单一类	11	1 185 194.00	5.07
财产管理类	1	24 345.97	-1.59

6.5.2.2.2 本年度已清算结束的主动管理型信托项目个数、累计清算信托规模、加权平均实际年化收益率

已清算结束信托项目	项目个数（个）	累计清算信托规模（万元）	加权平均实际年化收益率（%）
投资类	15	407 600.10	4.69
融资类	7	487 464.69	1.51
事务管理类	—	—	—

6.5.2.2.3 本年度已清算结束的被动管理型信托项目个数、累计清算信托规模、加权平均实际年化收益率

已清算结束信托项目	项目个数（个）	累计清算信托规模（万元）	加权平均实际年化收益率（%）
投资类	—	—	—
融资类	—	—	—
事务管理类	13	1 041 239.97	6.74

6.5.2.3 本年度新增的集合类、单一类和财产管理类信托项目个数、实收信托合计金额

新增信托项目	项目个数（个）	实收信托合计金额（亿元）
集合类	71	107.55
单一类	30	47.12
财产管理类	18	221.42
新增合计	119	376.09
其中：主动管理型	69	105.38
被动管理型	50	270.71

6.5.2.4 本公司履行受托人义务情况及因本公司自身责任而导致的信托资产损失情况

2023度公司共成立信托项目119个，新增信托规模总计452.84亿元（含2023年前已成立项目新增规模）。共清算信托项目35个，累计清算信托规模合计198.71亿元（含部分清算项目）。截至2023年12月31日存续信托项目274个，存续项目信托规模合计766.34亿元。

2023年度全部信托项目共实现信托净利润14.51亿元，加上年初未分配利润1.98亿元，全年可供分配信托利润合计16.49亿元，2023年公司累计共向各类受益人分配信托净利润16.08亿元，正常兑付已清算项目信托规模198.71亿元，截至2023年末累计未分配信托利润余额为0.41亿元。

6.5.2.5 信托赔偿准备金的提取、使用和管理情况

公司从税后净利润中提取5%作为信托赔偿准备金，截至2023年末，已累计提取信托赔偿准备金11 742.22万元。公司以风险资产余额为基数，按照一定比例提取一般准备，截至2023年末，已累计计提一般准备31 680.54万元。2023年公司未使用信托赔偿准备金及一般准备。

6.6 关联方关系及其交易的披露

6.6.1 关联交易方的数量、关联交易的总金额及关联交易的定价政策

单位：万元

项目	关联交易方数量	关联交易金额	定价政策
合计	12	3 601.14	市场化定价原则

6.6.2 关联交易方与本公司的关系性质、关联交易方的名称、法定代表人、注册地址、注册资本及主营业务

关联方名称	关联方类别	关系性质	法定代表人	注册地址	注册资本（万元）	主营业务
中国东方资产管理股份有限公司	法人或非法人组织	有重大影响的关联方	王占峰	北京市西城区阜成门内大街410号	6 824 279	收购、受托经营金融机构不良资产，对不良资产进行管理、投资和处置；债权转股权，对股权资产进行管理、投资和处置；对外投资；买卖有价证券；发行金融债券、同业拆借和向其他金融机构进行商业融资；破产管理；财务、投资、法律及风险管理咨询和顾问；资产及项目评估；经批准的资产证券化业务、金融机构托管和关闭清算业务；非金融机构不良资产业务；国务院银行业监督管理机构批准的其他业务（企业依法自主选择经营项目，开展经营活动；依法须经批准的项目，经相关部门批准后依批准的内容开展经营活动；不得从事本市产业政策禁止和限制类项目的经营活动）
大连银行股份有限公司	法人或非法人组织	有重大影响的关联方所控制的法人	彭寿斌	辽宁省大连市中山区中山路88号	755 019	银行业务（依法须经批准的项目，经相关部门批准后方可开展经营活动，具体经营项目以审批结果为准）
东兴基金管理有限公司	法人或非法人组织	有重大影响的关联方所控制的法人	牛南洁	北京市丰台区东管头1号院1号楼1—190室	20 000	公开募集证券投资基金管理、基金销售和中国证监会许可的其他业务（企业依法自主选择经营项目，开展经营活动；依法须经批准的项目，经相关部门批准后依批准的内容开展经营活动；不得从事本市产业政策禁止和限制类项目的经营活动）

续表

关联方名称	关联方类别	关系性质	法定代表人	注册地址	注册资本（万元）	主营业务
东兴证券股份有限公司	法人或非法人组织	有重大影响的关联方所控制的法人	李娟	北京市西城区金融大街5号（新盛大厦）12层、15层	323 245	证券业务；公募证券投资基金销售（依法须经批准的项目，经相关部门批准后可开展经营活动，具体经营项目以相关部门批准文件或许可证件为准；不得从事国家和本市产业政策禁止和限制类项目的经营活动）
广州市广永国有资产经营有限公司	法人或非法人组织	有重大影响的关联方所控制的法人	危勇	广州市天河区冼村街珠江东路30号5002房和5001房A部分	177 001	物业管理；住房租赁；非居住房地产租赁；房地产经纪；房地产咨询；房地产评估；租赁服务（不含许可类租赁服务）；土地使用权租赁；机械设备租赁；办公设备租赁服务；停车场服务；园区管理服务；企业管理；以自有资金从事投资活动
万联证券股份有限公司	法人或非法人组织	有重大影响的关联方所控制的法人	王达	广州市天河区珠江东路11号18楼、19楼全层	595 426	证券业务；证券公司为期货公司提供中间介绍业务；公募证券投资基金销售；证券投资基金托管
陈×	自然人					
邓×	自然人					
耿××	自然人					
胡××	自然人					
林××	自然人					
杨××	自然人					

6.6.3 公司与关联方的重大交易事项

6.6.3.1 固有资产与关联方

6.6.3.1.1 向关联方提供投后管理服务

关联方名称	手续费及佣金收入（万元）	与公司关系	备注
中国东方资产管理股份有限公司	23.58	控股股东	"湘潭星舟"项目
中国东方资产管理股份有限公司	33.02	控股股东	"阳光城南沙"项目
中国东方资产管理股份有限公司	47.17	控股股东	"奥园成都"项目

注：上述口径为不含税金额，含税金额合计110万元。

6.6.3.1.2 投资于关联方发行的金融产品

关联方名称	关联交易金额（万元）	与公司关系	备注
东兴基金管理有限公司	30.83	同一控制下关联企业	东兴安盈宝B货币基金

6.6.3.2 信托资产与关联方

6.6.3.2.1 资金来源于关联方、运用于关联方的关联交易

报告期内未发生资金来源于关联方、运用于关联方的关联交易。

6.6.3.2.2 信托资产购买关联方持有的债券

关联方名称	项目名称	关联交易金额（万元）	关联交易类型	备注
万联证券股份有限公司	大业信托-政享70号（咸阳金控公募债）集合资金信托计划	3 104.46	信托计划以募集资金购买关联方持有的标的债券	信托计划购买资产，按照购买金额计算关联交易金额
合计		3 104.46		

6.6.3.2.3 信托计划投资于关联方金融产品

2023年度，公司2个信托计划投资于关联方东兴证券股份有限公司发行的金融产品，累计发生关联交易金额为3.39万元。

6.6.3.2.4 关联方为公司提供代销服务

2023年度，关联方大连银行股份有限公司为公司信托计划提供代销服务并以信托计划财产支付代销费的项目3个，公司向大连银行支付代销费用合计金额78.57万元。

6.6.3.2.5 关联方设立信托计划或认购信托产品

2023年度，公司关联企业认购公司发行的信托产品1个，公司关联自然人认购公司发行的信托产品8个，累计关联交易金额273.9万元。

6.6.3.3 公司自有资金运用于自己管理的信托项目（固信交易）、信托公司管理的信托项目之间的相互（信信交易）交易金额

6.6.3.3.1 固有与信托财产之间的交易金额期初汇总数、本期发生额汇总数、期末汇总数

固有财产与信托财产相互交易　　　单位：万元

项目	期初数	本期发生额	期末数
合计	312 961.92	−312 961.92	0

注：上述口径为统计固有财产与信托财产相互交易涉及关联交易的情形。

6.6.3.3.2 信托项目之间的交易金额期初汇总数、本期发生额汇总数、期末汇总数

信托财产与信托财产相互交易　　　单位：万元

项目	期初数	本期发生额	期末数
合计	266 804.77	−266 804.77	0

注：上述口径为统计信托财产与信托财产相互交易涉及关联交易的情形。

6.6.4 关联方逾期未偿还本公司资金的详细情况以及公司为关联方担保发生或即将发生垫款的情况

关联方无逾期不偿还本公司资金情况，公司无为关联方担保发生或即将发生垫款情况。

6.7 会计制度的披露

公司固有业务自2008年1月1日起执行财政部2006年2月15日颁布的《企业会计准则》（财会〔2006〕3号）及其后续规定。以持续经营为基础，根据实际发生的交易和事项，按照《企业会计准则——基本准则》和其他各项具体会计准则、应用指南及准则解释的规定进行确认和计量，在此基础上编制财务报表。

7.财务情况说明书

7.1 利润实现和分配情况

2023年度，公司实现净利润3 556.06万元。依据《公司法》《信托公司管理办法》《金融企业准备金计提管理办法》和公司章程，公司对2023年可供分配利润按照10%提取法定盈余公积金355.61万元，提取5%的信托赔偿准备金177.80万元，根据风险资产质量调整一般准备金余额1 226.58万元。

7.2 主要财务指标

指标名称	指标值
资本收益率（%）	1.12
加权年化信托报酬率（%）	0.80
人均净利润（万元）	21.82

注：1.资本收益率=净利润÷所有者权益平均余额×100%。

2.加权年化信托报酬率 $=\sum\limits_{i=1}^{n}(A_i \times P_i) \div \sum\limits_{i=1}^{n}(A_i)$ 【A_i——信托项目i的实收信托规模，P_i——信托项目i的实际年化信托报酬率】。

3.人均净利润=净利润÷期末人数。

7.3 对本公司财务状况、经营成果有重大影响的其他事项

报告期内无上述事项。

8.特别事项揭示

8.1 股东报告期内变动情况及原因

报告期内无上述事项。

8.2 董事、监事及高级管理人员变动情况及原因

2022年6月，战伟宏先生因个人原因辞去公司总经理职务。2022年7月，公司董事会拟聘任鲁以亮先生担任公司总经理职务。2023年2月，原中国银行保险监督管理委员会广东监管局下发《关于鲁以亮任职资格的批复》，（粤银保监复〔2023〕51号），核准了鲁以亮先生担任公司总经理的任职资格。

8.3 变更注册资本、注册地或公司名称、公司分立合并事项

报告期内无上述事项。

8.4 公司的重大诉讼事项

8.4.1 重大未决诉讼事项

报告期内，公司固有业务无重大未决诉讼事项。

报告期内，公司存在三起涉及主动管理类信托业务的重大未决诉讼：其中有两起诉讼，因交易对手未履行支付义务导致违约，公司作为原告方提起诉讼，目前案件均已开庭审理；另一笔诉讼公司为被告，浙江某公司以公司对其的查封行为对其造成损失为由，起诉公司财产损害赔偿纠纷，目前案件已开庭审理。

8.4.2 以前年度发生，于本报告年度内终结事项

2022年8月，公司某集合资金信托计划，因交易对手未履行支付义务导致违约，公司为原告方提起诉讼，该案由广州市中级人民法院受理。目前该案已调解结案。

8.4.3 本报告年度发生，于本报告年度内终结事项

2023年5月，公司某集合资金信托计划，因交易对手未履行支付义务导致违约，本公司为原告方提起诉讼，该案由广州市中级人民法院受理。目前交易对手已履行支付义务，案件已终结。

8.5 公司及其董事、监事和高级管理人员受到处罚的情况

报告期内无上述处罚情况。

8.6 对国家金融监督管理总局及其派出机构提出整改意见的整改情况说明

2022年5月5日至7月8日，原中国银保监会广东监管局对公司开展了现场检查，并于8月25日向公司发送了《现场检查意见书》（粤银保监办函〔2022〕189号），提出了公司涉及公司治理、内部控制、固有业务与资本计提、信托业务开展及其他等五大方面存在的81个具体问题。

公司对现场检查问题整改工作高度重视，第一时间研究成立了由公司董事长牵头负责的现场检查问题整改工作领导小组，对整改及问责工作进行统一指导。一是对照检查意见书，查找问题原因，逐条分解，举一反三，制定了整改方案和整改台账；二是压实整改责任，制定了整改计划、明确了整改责任主体和整改时限。

截至2023年末，《现场检查意见书》提出的81个问题中，56个问题已完成整改，25个问题完成阶段性整改，相关问题正在按计划整改。公司将持续定期向监管部门汇报整改进展情况，在整改期限内尽早完成整改。

8.7 重大事项临时报告情况

经第四届董事会2022年第四次会议审议，公司决定聘请利安达会计师事务所（特殊普通合伙）为公司2022年至2024年度财务报告审计机构，并于2023年1月31日在公司官网对此事项作了相应披露。

经公司第四届董事会2022年第二次会议审议通过，并经原中国银行保险监督管理委员会广东监管局核准（粤银保监复〔2023〕51号），公司总经理变更为鲁以亮先生。公司于2023年3月1日在公司官网及《金融时报》对此事项作了相应披露。

8.8 公司履行社会责任情况

报告期内，公司严格遵守国家法律法规，认真贯彻国家经济金融政策以及监管要求，积极履行社会责任。

8.8.1 以消费帮扶方式支持乡村振兴工作

公司认真落实监管部门与股东单位相关要求，把乡村振兴作为重要的政治任务，结合公司实际督促落实帮扶举措。在地方帮扶方面，公司积极动员系统员工，以自愿为原则，购买广东湛江太平镇特色产品；在定点帮扶方面，公司确定了以中国东方定点帮扶县为重点，以国家金融监督管理总局定点帮扶县和国家确定的832个帮扶县为补充，以购买帮扶产品为主要手段的消费帮扶采购计划，全年采购帮扶产品两批次，合计采购金额4.56万元。

8.8.2 与属地社区党委联合开展中秋探访慰问活动

2023年中秋佳节，公司党委与属地广州市花都区新华街马鞍山社区党委，联合开展中秋探访慰问活动，走进孤老残弱群众家中，为其送上节日慰问和关心祝福。2023年是公司连续第四年开展探访慰问活动，此次慰问老党员、高龄重症患者、独居老人、残障人士、归国华侨一共24户。

8.8.3 发挥慈善信托优势助力非物质文化遗产传承

为坚定民族文化自信，助力非物质文化遗产保护，公司设立了"大业信托-炬光2022资助非遗慈善信托"。该信托项目于2023年2月23日取得广州市民政局备案证明，并于当日正式成立。目前，该项目已完成广东地区两个非物质文化遗产项目的捐助工作，分别是广东醒狮和佛山狮头彩扎，捐助资金用于开展线下公益课堂、线上直播网课、公益义演等活动。

8.8.4 依法合规推进消费者权益保护工作

一是发布《投诉综合治理工作方案》，不断完善公司消费者权益保护制度体系，完善投诉处理流程，建立较为全面的投诉处理应对机制；二是持续推进消保工作机制建设及运行，建立起产品和服务消费者权益保护审查机制，持续做好信息披露工作，并在公司内部开展了内部考核及内部审计工作，不断夯实消保主体责任，推动合规稳健经营，确保消费者正当权益得到保障；三是积极开展金融知识宣传教育活动，按照监管部门、行业协会的统一部署分别组织开展了"3·15消费者权益保护日""防范非法集资宣传月""普及金融知识万里行""守好钱袋子，护好幸福家"及"金融联合宣传教育月"等金融知识宣传教育活动，并认真组织全体员工进行了消费者权益保护专题培训以及测试。

8.9 其他有必要让客户及相关利益人了解的重要信息

报告期内无上述事项。

东莞信托有限公司

1.重要提示

1.1 公司董事会及董事保证本报告所载资料不存在任何虚假记载、误导性陈述或者重大遗漏，并对其内容的真实性、准确性和完整性承担个别及连带责任。

1.2 公司独立董事林海、张耀麟声明：保证本年度报告真实、准确和完整。

1.3 公司2023年度财务报表经天职国际会计师事务所（特殊普通合伙）审计，认为公司财务报表已经按照企业会计准则的规定编制，在所有重大方面公允反映了东莞信托有限公司2023年12月31日的合并及母公司财务状况以及2023年度的合并及母公司经营成果和现金流量。

1.4 公司董事长廖玉林及财务负责人赵崇健声明：保证年度报告中财务会计报告的真实、完整。

2.公司概况

2.1 公司简介

法定中文名称/缩写	东莞信托有限公司/东莞信托
英文名称/缩写	DONGGUAN TRUST CO.，LTD/ DGTC
法定代表人	廖玉林
注册地址	东莞松山湖高新技术产业开发区创新科技园2号楼
邮政编码	523808
网址	http://www.dgxt.com
电子邮箱	bgs@dgxt.com
信息披露事务负责人	赵崇健
信息披露事务联系人	姓名：周学荣 联系电话：（0769）26261669 传真：（0769）22389630 电子邮箱：bgs@dgxt.com
公司年报信息披露报纸	《证券时报》

续表

公司年报备置地点	东莞松山湖高新技术产业开发区创新科技园2号楼
公司聘请的会计师事务所	名称：天职国际会计师事务所（特殊普通合伙） 住所：北京市海淀区车公庄西路19号68号楼A-1和A-5区域 电话：010-88827799
公司聘请的律师事务所	名称：北京市中盛律师事务所 住所：北京朝阳区建外大街8号楼国际财源中心（IFC大厦）2208室 电话：010-85288877

2.2 公司组织结构

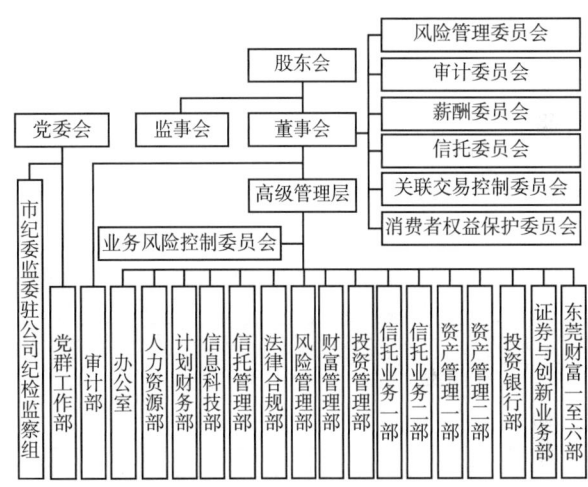

3.公司治理

3.1 股东

报告期末，公司股东总数2家，控股股东为东莞金融控股集团有限公司，持有本公司77.7931%的股权；主要股东为东莞发展控股股份有限公司，持有本公司22.2069%的股权。本公司主要股东情况如下表所示。

股东名称	持股比例（%）	法定代表人	注册资本（万元）	注册地址	主要经营业务	主要财务情况
东莞金融控股集团有限公司	77.7931	廖玉林	670 000.0000	广东省东莞市松山湖园区红棉路6号3栋501室	股权投资、物业投资、资产管理、商业咨询等	截至2023年12月末，总资产804.94亿元，总负债400.21亿元，所有者权益404.73亿元（以上数据未经审计）
东莞发展控股股份有限公司	22.2069	王崇恩	103 951.6992	广东省东莞市南城街道东莞大道南城段116号轨道交通大厦2号楼3601室	一般项目：以自有资金从事投资活动；电动汽车充电基础设施运营；输配电及控制设备制造；新能源汽车换电设施销售；集中式快速充电站许可项目：公路管理与养护；城市公共交通；建设工程施工	截至2023年9月末，总资产287.62亿元，总负债130.52亿元，所有者权益157.10亿元（以上数据未经审计）

注：以上信息统计至2023年末。

本公司第一大股东东莞金融控股集团有限公司，是东莞市人民政府国有资产监督管理委员会全资拥有的企业。东莞金融控股集团有限公司股东情况如下表所示。

股东名称	持股比例（%）	法定代表人	注册资本（万元）	注册地址	主要经营业务及财务情况
东莞市人民政府国有资产监督管理委员会	100	梁燕	—	东莞市莞城街道莞城万寿路76号305室	—

3.2 董事

董事长、董事

姓名	职务	性别	年龄（岁）	履职日期	所推举的股东名称	该股东持股比例（%）	简要履历
廖玉林	董事长	男	59	2021年6月	东莞金融控股集团有限公司	77.7931	曾任中国银行东莞分行副行长兼虎门支行行长；东莞银行股份有限公司党委书记、董事长，东莞信托有限公司党委书记、董事长，东莞金融控股集团有限公司党委书记、董事长。现任东莞金融控股集团有限公司党委书记、董事长，东莞信托有限公司党委书记、董事长
江帆	董事	男	43	2019年12月	东莞金融控股集团有限公司	77.7931	曾任农业银行东莞分行个人业务部经理助理、个人金融部副经理，东莞信托有限公司信托三部总经理、信托五部总经理。东莞金融控股集团有限公司董事、副总经理。现任东莞信托有限公司董事、总经理
张孟军	董事	男	58	2021年11月	东莞金融控股集团有限公司	77.7931	曾任东莞市城市信用合作社中心区主办科员、副主任，东莞市商业银行股份有限公司中心区支行行长，东莞市商业银行股份有限公司行长助理、副行长，东莞银行股份有限公司党委委员、副行长兼东莞分行行长等，现任东莞信托有限公司党委委员、董事、副总经理
李雪军	董事	男	43	2023年1月	东莞发展控股股份有限公司	22.2069	曾任东莞发展控股股份有限公司证券事务代表、董事会秘书、副总裁，广东融通融资租赁有限公司总经理、董事，天津市宏通商业保理有限公司董事等职务。现任东莞发展控股股份有限公司党委委员、副总裁、财务总监，兼任东莞市熙洲投资有限公司执行董事、经理、法定代表人，东莞信托有限公司董事、东莞市上市公司协会副秘书长

注：以上董事信息统计时间截至2023年末。2024年2月，董事长廖玉林辞任并经董事会、股东会审议通过，董事会成员有所变动。公司正积极推进新任董事长任职资格申报程序。

独立董事

姓名	所在单位及职务	性别	年龄（岁）	履职日期	所推举的股东名称	该股东持股比例（%）	简要履历
林海	无	男	63	2019年7月	东莞金融控股集团有限公司	77.7931	曾任人行广州分行监管专员（副局级），广东银监局党委委员、副局长，东莞银行党委副书记、纪委书记、副董事长（正行级），广东南粤银行监事长。现退休。林海同志于2022年11月辞去公司独立董事及有关职务，经公司董事会、股东会审议通过，同意其辞职申请，根据有关监管规定，林海同志在选聘新的独立董事并获得任职资格核准前继续履行职责
张耀麟	平安壹账通独立董事、宁夏银行独立董事	男	65	2019年7月	东莞市东资经济贸易有限公司（原股东）	0	曾任复旦大学物理学教师、中国建设银行湖北省分行国际部副总经理、中国建设银行深圳市分行国际部总经理、信贷处处长、上海浦东发展银行深圳分行筹建负责人、上海浦东发展银行广州分行行长兼党组书记、上海浦东发展银行总行副行长、平安银行总行副行长、上海浦东发展银行深圳分行行长兼党委书记，在上海浦东发展银行深圳分行正式退休。曾任洛阳银行独立董事；现任平安壹账通独立董事、宁夏银行独立董事

董事会下属委员会

董事会下属委员会名称	职责	组成人员姓名	职务
风险管理委员会	建立风险管理制度，对重大业务风险进行识别、监视和综合管理	江帆	董事
		李雪军	董事
		张孟军	董事
审计委员会	主要负责董事会要求的审计事项，监督公司的内部审计制度及其实施，审查公司内控制度	林海	独立董事
		廖玉林	董事长
		李雪军	董事

续表

董事会下属委员会名称	职责	组成人员姓名	职务
薪酬委员会	研究和审查高级管理人员的薪酬政策与方案	张耀麟	独立董事
		江帆	董事
		萧瑞兴	董事
信托委员会	主要负责督促公司依法履行受托职责和组织制订公司信托业务发展专项规划	张耀麟	独立董事
		江帆	董事
		张孟军	董事
关联交易控制委员会	主要职责是负责关联交易的管理,及时审查和批准关联交易,控制关联交易风险	张耀麟	独立董事
		林海	独立董事
		张孟军	董事
消费者权益保护委员会	执行消费者权益保护工作战略、政策及目标,确保相关制度规定与公司治理、企业文化建设和经营发展战略相适应	李雪军	董事
		江帆	董事
		张孟军	董事

注：以上董事会下属委员会信息统计时间截至2023年末。2024年2月，董事长廖玉林辞任并经董事会股东会审议通过；独立董事林海已于2022年11月辞去独立董事职务并经董事会股东会审议通过，其将继续履职至新任独立董事正式上任。公司正积极推进新任董事长任职资格申报程序，并配齐独立董事。

3.3 监事

监事会成员

姓名	职务	性别	年龄（岁）	选任日期	所推举的股东名称	该股东持股比例（%）	简要履历
肖润鑫	监事	男	38	2022年2月	东莞发展控股股份有限公司	22.2069	曾任东莞农村商业银行总行会计结算部办事员、东莞农村商业银行总行运营管理部业务主管、东莞农村商业银行总行运营管理部中级业务主管、东莞农村商业银行东联支行市场部高级主管、东莞市滨海湾新区控股有限公司投资发展部经理。现任东莞信托有限公司法律合规部副总经理
陈国	监事	男	51	2019年7月	职工监事代表	—	曾任东莞农信社万江分社网点负责人、稽核部稽核员，东莞信托有限公司信托一部副总经理、信托七部总经理。现任东莞信托有限公司信托业务二部总经理
刘香兰	监事	女	44	2019年7月	职工监事代表	—	曾任广发银行东莞分行公司银行部公司银行客户经理、信贷管理部副经理、风险监测组副经理、高级风险经理，东莞信托有限公司稽核部主管、高级稽核经理。现任东莞信托有限公司风险管理部副总经理

注：由于工作变动，肖润鑫于2023年8月申请辞去监事职务，并经公司党委会、监事会审议通过，其在新监事就任前继续履行监事职务。

3.4 高级管理人员

高级管理人员

姓名	职务	性别	年龄（岁）	履职日期	金融从业年限（年）	学历	专业	简要履历
江帆	总经理	男	43	2022年6月	20	硕士学位	高级管理人员工商管理硕士	曾任农业银行东莞分行个人业务部经理助理、个人金融部副经理，东莞信托有限公司信托三部副总经理、信托五部总经理。东莞金融控股集团有限公司董事长助理、董事、副总经理。现任东莞信托有限公司董事、总经理
张孟军	副总经理	男	58	2021年11月	35	硕士学位	工商管理	曾任东莞市城市信用合作社中心社主办科员、副主任，东莞市商业银行股份有限公司中心区支行行长、东莞市商业银行股份有限公司行长助理、副行长，东莞银行股份有限公司党委委员、副行长兼东莞分行行长等，现任东莞信托有限公司党委委员、董事、副总经理
赵崇健	副总经理	男	50	2021年11月	26	硕士学位	法律	曾任人行东莞中心支行办公室科员、纪检监察综合科副科长、人事教育科（组织部）科长、部长，东莞银监分局人事科负责人（正科级）、监管一科科长、监管三科科长、办公室主任、副局长、副处级领导职务干部、副局长兼三级调研员。现任东莞信托有限公司党委委员、副总经理
冯杰	副总经理	男	50	2017年9月	26	本科	法律	曾任东莞信托有限公司办公室主管、办公室副主任、办公室主任。现任东莞信托有限公司党委委员、副总经理、工会主席

续表

姓名	职务	性别	年龄（岁）	履职日期	金融从业年限（年）	学历	专业	简要履历
张晓斌	总经理助理	男	46	2017年9月	25	本科	工商管理	曾任中国银行东莞虎门支行副行长，中国银行东莞分行公司业务部副总经理、总经理，东莞信托有限公司信托二部总经理。现任东莞信托有限公司党委委员，总经理助理兼证券与创新业务部总经理
罗炯亮	首席风险官、风险管理部总经理	男	46	2021年11月	23	本科	经济学	曾任东莞信托有限公司合规部副总经理（主持全面）、风险管理部副总经理（主持全面）、研发部总经理、资产部总经理、创新业务部总经理、总经理助理、投资总监、风险管理部总经理（总监级）。现任东莞信托有限公司首席风险官兼风险管理部总经理
曾国军	首席运营官、资产管理一部总经理	男	47	2021年11月	23	本科	法学	曾任东莞银行中心区支行副行长兼任中心区胜太支行行长，开县泰业村镇银行行长，东莞虎门长江村镇银行股份有限公司行长，东莞信托有限公司信托一部总经理、创新发展部副总经理（主持全面）、创新发展部总经理、业务副总监兼东莞业务三部总经理兼资产管理部总经理。现任东莞信托有限公司首席运营官兼资产管理一部总经理

注：1.以上高级管理人员信息统计时间截至2023年末。
2.2023年7月，经公司董事会审议通过，免去副总经理、董事会秘书王晓天职务。
3.2024年2月，经公司董事会审议通过，免去副总经理张孟军、冯杰职务。
4.2024年2月，经公司董事会审议通过，聘任罗炯亮、曾国军为副总经理，在任职资格获得监管部门核准后正式履职。

3.5 公司员工

截至2023年末，公司2023年度职工人员为227人，其中信息科技人员共6人，占总人数的2.64%。

项目		报告期年度		上年度	
		人数（人）	比例（%）	人数（人）	比例（%）
年龄分布	25岁以下	0	—	0	—
	25~29岁	23	10.13	34	14.11
	30~39岁	122	53.75	128	53.11
	40岁及以上	82	36.12	79	32.78
学历分布	博士	0	—	2	0.83
	硕士	81	35.68	87	36.10
	本科	142	62.56	148	61.41
	专科	4	1.76	4	1.66
	其他	0	—	0	—
岗位分布	董事、监事及其他高管人员	11	4.85	12	4.98
	自营业务人员	12	5.29	9	3.73
	信托业务人员	66	29.07	70	29.05
	其他人员	138	60.79	150	62.24

4. 经营管理

4.1 经营目标、方针、战略规划

4.1.1 经营目标

看清大势，聚焦重点，把握节奏，实现平衡发展的经营目标。

4.1.2 经营方针

坚定不移加强党的领导和党的建设，发挥党建引领公司发展作用。树立全面、整体发展的观念，坚定中长期发展的信心。在经济下行期，守住风险底线，防范和化解各类风险。坚守信托本源，弘扬信托文化，强化合规建设。聚焦重点区域和特色领域，树立经营客户理念，有针对性地挖掘业务机会；创新发展思路，发挥信托制度优势，短、长目标结合，促进业务和收入增长。积极服务实体经济，肩负起国有企业担当。

4.1.3 战略规划

区域上立足东莞，深耕粤港澳大湾区，跟随市场主流的同时打造自身专长，打造具备专业能力和地区特色的综合型信托公司。业务上锁定传统基石业务，围绕自身能力禀赋选择培养产业金融、标品信托、服务信托、家族信托、财富管理等战略及创新业务，追求成为值得信赖的专业资产管理及财富管理金融机构的企业愿景。

4.2 经营业务的主要内容

4.2.1 固有资产运用与分布表

资产运用	金额（万元）	占比（%）	资产分布	金额（万元）	占比（%）
货币资产	54 098.88	7.21	基础产业	—	—
贷款及应收款	15 245.56	2.03	房地产业	—	—
金融投资	627 905.43	83.66	证券市场	158 754.35	21.15
买入返售金融资产	—	—	实业	—	—
长期股权投资	—	—	金融机构	27 949.64	3.72
其他	53 314.16	7.10	其他	563 860.04	75.13
资产总计	750 564.03	100.00	资产总计	750 564.03	100.00

4.2.2 信托资产运用与分布表

资产运用	金额（万元）	占比（％）	资产分布	金额（万元）	占比（％）
贷款	635 598.40	9.07	基础产业	—	—
交易性金融投资	4 955 733.06	70.71	房地产	546 828.80	7.80
可供出售及持有至到期投资	—	—	股票	64 023.22	0.91
长期股权投资	—	—	债券	208 380.86	2.97
租赁	—	—	基金投资/证券理财	380 803.89	5.43
买入返售	135 587.02	1.93	工商企业	2 314 987.35	33.03
同业存款	96 186.24	1.37	其他	3 493 174.21	49.84
投资性房地产	9 585.07	0.14			
其他	1 175 508.54	16.77			
合计	7 008 198.33	100.00		7 008 198.33	100.00

4.2.3 信托公司用于创新性研究与应用的科技投入情况

为了推进公司档案管理工作规范化、标准化、现代化，提升工作效率，建设了新一代电子档案管理系统，涵盖档案业务中的收集、整编、移交、利用等工作，实现对信托业务、固有业务及财富业务档案整个生命周期"收管存用"的管理，增加多渠道系统集成，促进公司数据信息和档案资源的整合，实现信息共享、互联互通。本项目报告期内投入57.6万元。

为了支持财富业务高质量发展，公司正在建设新一代客户关系管理系统（群），该项目将构建全新的CRM系统、展业App、客户App及网上信托系统，以满足灵活的客户管理、销售过程管理、服务过程管理、团队管理需求，并为公司标品业务等创新类业务提供服务渠道，新系统的整体架构更灵活，采用微服务架构，集群部署方式，同时提供灵活的二次开发平台，也为我司各电子渠道以及其他业务系统接入提供开放API接口。该项目本年度投入215万元。

4.3 市场分析

2023年，我国的GDP同比增长5.2%，基本符合市场预期，但是经济复苏结构性分化。一方面，房地产投资持续下滑，商品房销售未见改善，居民风险偏好降低、消费意愿不强，出口受外需拖累略显疲软。另一方面，以新能源和人工智能为代表的高端制造业投资保持较高增速，稳增长政策发力带动基建投资和制造业转型升级类投资保持韧性。在经济新旧动能转换期，信托资金投向房地产领域和基础资产领域的规模和占比持续压降。

截至2023年9月末，信托行业资金投向房地产的规模占比仅剩6.21%，投向基础行业的规模占比为9.22%，而投向证券市场的规模占比已上升至34.97%。此外，在信托业务"三分类"政策引导下，信托公司加快转型，回归本源业务。2023年内有44家信托公司作为LP布局一级市场；有17家信托公司落地风险处置服务信托；有25家信托公司进军家庭服务信托；行政管理服务信托所涉及的领域持续扩容。

展望2024年，在国家全面推进"中国式现代化"、加快建设"金融强国"进程中，信托行业基于新业务分类加快转型发展，深入融入国家高质量发展新格局，将迎来广阔的发展机遇。围绕国家高质量发展的重点领域和"五篇大文章"，现代化产业体系、多层次资本市场、财富管理市场、普惠小微市场的资产管理、受托服务等需求在持续扩大，乡村振兴、养老金融、绿色低碳、特殊资产等众多新兴市场需求与机遇也加快涌现，信托基于制度禀赋可拓展特色化服务。随着新业务的推进，行业的信托资产规模开始企稳回升，但净资产收益率却持续走低，行业营业收入和净利润下行；保险金信托的各类风险也值得关注。未来信托公司在资产端，需要持续提升投研能力，强化大类资产配置能力，提升自身的资产管理能力；在财富端，需要加大金融科技投入，提升事务类工作的处理效率；在保险金信托和家庭服务信托领域，需要加强与其他金融机构的沟通和协作，并通过开发个性化的服务，提升自身在业务链的价值，提高议价能力和竞争力。

4.3.1 有利因素

（1）《关于规范信托业务分类的通知》（即信托业务"三分类"新规）出台，并于2023年6月1日正式实施。政策落地实施后，力促行业加速回归本源，确定信托公司定位，为信托公司的长远发展指明方向。

（2）国家金融监管体系迎来重磅变革，通过组建中央金融委员会，成立国家金融监督管理总局，新的"一委一行一局一会"监管架构成型，理顺了机构监管和功能监管，有助于更好推动中国金融体系稳健发展，信托行业相关政策、制度及管理体系将逐步优化完善。

（3）国内循环对经济发展的带动作用在明显增强。2023年，内需对经济增长的贡献率达到了111.4%，比上年提高25.3个百分点。国际循环的质量和水平进一步提升。2023年，货物出口额比上年增长0.6%，一般贸易、民营企业进出口占比都有所提高。国内国际循环相互促进。我们超大规模市场的优势显现，内需扩大拉动了进口。我国货物出口额再创历史新高。其中，机电产品出口比上年增长2.9%。电动载人汽车、太阳能电池、锂离子蓄电池为代表的"新三样"产品出口额也首次突破万亿元大关，增长达到29.9%。

（4）7月10日，中国人民银行、国家金融监督管理总局发布《关于延长金融支持房地产市场平稳健康发展有关政策期限的通知》（下称《通知》），对上年11月出台的房地产"金融16条"中涉及房企存量融资展期、保交楼配套融资支持的两条政策的适用期限延长至2024年12月31日，对于金融机构保持房地产融资平稳有序、促进风险市场化出清具有重要意义。

4.3.2 不利因素

（1）房地产行业风险全面暴露，房价缓慢下跌，交易量降至历史低点，头部房企均出现大量负面舆情。在人口结构老龄化、全国新增人口数量下降、经济增速放缓的大背景下，房地产行业过去保持长期景气的底层逻辑已发生变化，房产已逐渐失去金融属性。

（2）资本市场在2023年下半年以来出现剧烈波动。由于各大市场指数下挫导致雪球类产品集中敲入，公募基金、私募基金净值发生较为明显的下跌，投资者信心不振。信托公司标品类业务展业困难，需要信托公司快速提升自身投研能力，加速业务转型，强化财富团队专业能力，以应对市场变化。

（3）由于国际格局复杂演变，我国出口经济面对前所未有的挑战。在宏观经济背景不确定性加大的背景下，国内周期性、结构性矛盾较多，居民普遍出现消费降级的现象，投资者情绪消极。

4.4 内部控制

4.4.1 内部控制环境和内部控制文化

公司按照《公司法》《信托法》《信托公司管理办法》《信托公司治理指引》《企业内部控制基本规范》和监管部门的要求，不断完善公司组织架构、内部控制和运行机制，建立了由公司党委、股东会、监事会、董事会和高级管理层等组成的权责明确、有效制衡的组织架构。

公司坚持"诚信、责任、进取、奉献"的企业价值观，积极践行国企担当，公司通过持续梳理内部控制体系、加强审计监督、开展合规培训等方式规范员工从业行为，提升员工职业道德水准，增强员工合规意识、风险意识及底线意识，营造良好的内部控制文化氛围。

4.4.2 内部控制措施

公司的内部控制制度由组织架构、业务管理制度、授权制度、资金管理制度、会计系统、计算机应用系统及保密、人事管理、风险管理及审计等方面构成，通过有效建立防火墙，做到事前防范、事中控制、事后监督和纠正，形成操作、决策、审计与评价相互监督和纠正的内部约束机制。

公司针对业务运营管理中发现的问题，持续梳理业务制度流程，优化业务支撑系统，加强对重点领域的风险排查，修订了完善股权投资信托业务、担保管理、信息披露等关键环节制度、流程，堵塞管理漏洞。通过内外部审计监督、检查，对各环节人员尽职履责情况进行全面调查、客观评价，提升员工风险合规意识，推进内部控制体系不断完善。

2023年，公司新实施《东莞信托有限公司费用管理办法（2023年修订）》《东莞信托有限公司客户信息保护管理办法（2023年）》《东莞信托有限公司担保管理办法（2023年修订）》《东莞信托有限公司股权投资信托业务管理办法（2023年修订）》《东莞信托有限公司信托业务信息披露管理办法（2023年修订）》《东莞信托有限公司员工薪酬管理办法（2022年修订）》《东莞信托有限公司企业负责人考核评价办法（2023年修订）》等制度共计15项，进一步强化了公司治理、内控管理、信息披露、业务管理、人力资源管理等领域的制度支撑。

4.4.3 信息交流与反馈

公司建立了有效的沟通渠道和机制，公司办公自动化系统为信息的传递提供技术保障，确保各类内外部信息规范、有序流转。公司不断加强与监管部门的沟通，及时向监管部门了解监管政策和监管要求及其变化。配合按监管部门的要求，按时报送各类报表、报告等，主动向监管部门反映经营状况，并根据监管政策和监管意见对公司内控制度进行不断完善，推动业务合规、健康发展。积极履行受托人职责，定期向委托人和受益人披露产品信息，按时披露年度报告，主动接受社会各界的监督。

4.4.4 监督评价与纠正

公司通过自我评价、内外部审计、检查等方式持续对公司内部控制开展全方位的监督、评价，建立了各相关部门、监事会与纪检监察组等在信息、资源、力量、成果等方面的共享联动机制，推动各监督主体同向发力，切实发挥监督整体效能。

2023年，公司通过开展风险排查、组织实施风险业务责任认定，实施专项自查、常规性审计等多项工作，不断检视经营管理的薄弱环节，持续梳理关键环节的制度、流程，优化业务支撑系统，对存在问题结合公司业务发展和监管要求，提出合理化改进建议，持续跟进整改落实情况，不断提升内部控制管理水平。

4.5 风险管理

4.5.1 风险管理概况

2023年，经济弱复苏、房地产市场继续低迷，信托业面临的外部环境依旧复杂严峻。公司切实发挥党委核心领导作用，优化风险化解方案，加强存量项目资产质量管理，强化内控管理，努力拓展本土客户，发展转型业务，保持公司经营稳定。

4.5.2 风险状况

公司面临主要风险有：信用风险、市场风险、流动性风险、操作风险、法律风险和声誉风险。

4.5.2.1 信用风险状况

公司面临的信用风险主要表现为融资业务中交易对手违约造成的风险。在报告期内，公司尽最大努力使存量业务信用风险整体保持相对稳定。公司固有资产按照交易性金融资产最新净值反映其公允价值，夯实资产质量。对存在信用风险的项目，公司积极采取加强项目公司管理、催收谈判、司法诉讼、查封保全资产等多项措施防范和化解风险。

4.5.2.2 市场风险状况

主要表现为由于市场价格或利率波动而导致的对金融工具的资产价值产生负面波动的风险。证券投资主要是证券一、二级市场股票投资、基金投资、证券型资管计划、委托基金公司的专户理财以及债券投资。

在报告期内，公司市场风险总体可控。量化对冲FOF延续获得正收益，业绩领先于行业平均水平；指数增强策略超额收益表现较出色。债券市场方面，公司标品固收业务稳健发展，规模稳定增长。

4.5.2.3 流动性风险状况

截至2023年12月31日，公司流动性比例1 363.77%，固有资产保持了较高的流动性。报告期内公司的流动性负债主要是应付税金、应付职工薪酬支出等。

4.5.2.4 操作风险状况

操作风险是指公司由于内部程序、系统的不完善或操作失误而产生的风险。公司主要通过持续修订完善相关业务制度和流程，加强员工培训教育以及开发信息系统等手段规范业务前台、中台、后台操作，提高效率的同时加强操作合规性，防范操作风险。

4.5.2.5 法律风险状况

2023年公司共有19宗诉讼案件（含重大诉讼事项），其中3宗为被诉案件，16宗公司作为原告方/申请执行人的主诉案件。公司积极防范法律风险，目前法律风险总体可控。

4.5.2.6 声誉风险状况

报告期内，在信托行业整体"打破刚兑"环境下，公司在委托人方面的声誉风险压力增大。公司通过持续优化声誉风险管理机制，加强声誉风险应急演练，坚持预防为主的原则，及时处理声誉事件。

5.报告期末及上一年度末的比较式会计报表

5.1 固有资产

5.1.1 会计师事务所审计意见全文

天职业字〔2024〕26868号

东莞信托有限公司全体股东：

一、审计意见

我们审计了东莞信托有限公司（以下简称贵公司）财务报表，包括2023年12月31日的合并及母公司资产负债表、2023年度的合并及母公司利润表、合并及母公司现金流量表、合并及母公司所有者权益变动表及相关财务报表附注。

我们认为，后附的财务报表在所有重大方面按照企业会计准则的规定编制，公允反映了贵公司2023年12月31日合并及母公司财务状况以及2023年度的合并及母公司经营成果和现金流量。

二、形成审计意见的基础

我们按照中国注册会计师审计准则的规定执行了审计工作。审计报告的"注册会计师对财务报表审计的责任"部分进一步阐述了我们在这些准则下的责任。按照中国注册会计师职业道德守则，我们独立于贵公司，并履行了职业道德方面的其他责任。我们相信，我们获取的审计证据是充分、适当的，为发表审计意见提供了基础。

三、管理层和治理层对财务报表的责任

管理层负责按照企业会计准则的规定编制财务报表，使其实现公允反映，并设计、执行和维护必要的内部控制,以使财务报表不存在由于舞弊或错误导致的重大错报。

在编制财务报表时,管理层负责评估贵公司的持续经营能力,披露与持续经营相关的事项(如适用),并运用持续经营假设,除非计划进行清算、终止营运或别无其他现实的选择。

治理层负责监督贵公司的财务报告过程。

四、注册会计师对财务报表审计的责任

我们的目标是对财务报表整体是否不存在由于舞弊或错误导致的重大错报获取合理保证,并出具包含审计意见的审计报告。合理保证是高水平的保证,但并不能保证按照审计准则执行的审计在某一重大错报存在时总能发现。错报可能由于舞弊或错误导致,如果合理预期错报单独或汇总起来可能影响财务报表使用者依据财务报表作出的经济决策,则通常认为错报是重大的。

在按照审计准则执行审计工作的过程中,我们运用职业判断,并保持职业怀疑。同时,我们也执行以下工作:

(1)识别和评估由于舞弊或错误导致的财务报表重大错报风险,设计和实施审计程序以应对这些风险,并获取充分、适当的审计证据,作为发表审计意见的基础。由于舞弊可能涉及串通、伪造、故意遗漏、虚假陈述或凌驾于内部控制之上,未能发现由于舞弊导致的重大错报的风险高于未能发现由于错误导致的重大错报的风险。

(2)了解与审计相关的内部控制,以设计恰当的审计程序,但目的并非对内部控制的有效性发表意见。

(3)评价管理层选用会计政策的恰当性和作出会计估计及相关披露的合理性。

(4)对管理层使用持续经营假设的恰当性得出结论。同时,根据获取的审计证据,就可能导致对贵公司持续经营能力产生重大疑虑的事项或情况是否存在重大不确定性得出结论。如果我们得出结论认为存在重大不确定性,审计准则要求我们在审计报告中提请报表使用者注意财务报表中的相关披露;如果披露不充分,我们应当发表非无保留意见。我们的结论基于截至审计报告日可获得的信息。然而,未来的事项或情况可能导致贵公司不能持续经营。

(5)评价财务报表的总体列报、结构和内容,并评价财务报表是否公允反映相关交易和事项。

(6)就贵公司中实体或业务活动的财务信息获取充分、适当的审计证据,以对财务报表发表审计意见。我们负责指导、监督和执行集团审计,并对审计意见承担全部责任。

我们与治理层就计划的审计范围、时间安排和重大审计发现等事项进行沟通,包括沟通我们在审计中识别出的值得关注的内部控制缺陷。

中国注册会计师:程凯
中国注册会计师:施逸钦
中国·深圳 二〇二四年四月一日

5.1.2 资产负债表

资产负债表

编制单位:东莞信托有限公司　　2023年12月31日　　单位:万元

项目	合并		母公司	
	2023年12月31日	2022年12月31日	2023年12月31日	2022年12月31日
资产:				
货币资金	56 076.19	143 113.49	54 098.88	140 138.53
买入返售金融资产	—	—	—	—
应收账款	7 573.91	9 075.92	7 573.91	9 075.92
应收股利	—	—	—	—
其他应收款	7 376.39	6 699.83	2 897.60	2 917.97
合同资产	—	—	—	—
拆出资金	—	—	—	—
发放贷款和垫款	4 774.04	6 004.29	4 774.04	6 004.30
抵债资产	—	—	—	—
金融投资:	—	—	—	—

续表

项目	合并		母公司	
	2023年12月31日	2022年12月31日	2023年12月31日	2022年12月31日
交易性金融资产	717 962.85	558 637.54	495 887.15	472 833.68
债权投资	410 141.56	308 493.34	117 151.42	68 244.14
其他债权投资	—	—	—	—
其他权益工具投资	14 866.86	14 738.55	14 866.86	14 738.55
长期股权投资	—	—	—	—
固定资产	13 964.58	14 537.16	13 964.58	14 537.16
在建工程	—	—	—	—
使用权资产	2 640.78	3 013.49	2 640.78	3 013.49
无形资产	375.39	405.19	375.39	405.20
长期待摊费用	641.98	1 060.07	641.98	1 060.07
递延所得税资产	28 846.86	22 777.04	28 846.86	22 777.03
其他资产	6 844.58	5 882.02	6 844.58	5 882.02
资产总计	1 272 085.97	1 094 437.93	750 564.03	761 628.06
负债:	—	—	—	—
拆入资金	—	—	—	—
交易性金融负债	517 943.18	323 635.99	—	—
应付账款	—	—	—	—
应付职工薪酬	21 130.01	26 967.33	21 130.01	26 967.33
应交税费	3 940.60	1 340.81	3 513.63	1 172.70
应付股利	—	—	—	—
其他应付款	36 745.30	55 827.47	33 593.52	46 821.70
合同负债	—	—	—	—
预计负债	—	—	—	—
租赁负债	496.57	563.65	496.57	563.65
递延所得税负债	2 418.82	2 268.05	2 418.82	2 268.05
其他负债	—	—	—	—
负债合计	582 674.49	410 603.30	61 152.55	77 793.43
所有者权益:	—	—	—	—
实收资本	165 618.56	165 618.56	165 618.56	165 618.56
资本公积	245 631.44	245 631.44	245 631.44	245 631.44
其他综合收益	6 900.39	6 804.15	6 900.39	6 804.15
盈余公积	48 659.36	48 111.30	48 659.36	48 111.30
一般风险准备	7 576.60	7 576.60	7 576.60	7 576.60
信托赔偿准备	23 875.91	23 601.88	23 875.91	23 601.88
未分配利润	191 149.22	186 490.70	191 149.22	186 490.70
所有者权益合计	689 411.48	683 834.63	689 411.48	683 834.63
负债和所有者权益合计	1 272 085.97	1 094 437.93	750 564.03	761 628.06

法定代表人：廖玉林　　　　　　会计机构负责人：陶莉娜

5.1.3 利润及利润分配表

利润表

编制单位：东莞信托有限公司　　　　2023年度　　　　单位：万元

项目	合并		母公司	
	2023年12月31日	2022年12月31日	2023年12月31日	2022年12月31日
一、营业收入	23 305.10	64 777.83	49 889.66	32 468.85
利息净收入	16 449.20	3 670.94	2 348.37	-1 205.59
手续费及佣金净收入	26 614.92	31 434.11	29 745.63	33 859.33
投资收益（损失以"-"号填列）	-12 037.64	19 912.96	14 733.95	10 113.21
其中：对联营企业合营企业的投资收益	—	—	—	—
公允价值变动损益（损失以"-"号填列）	-7 745.77	9 619.14	3 037.32	-10 438.78
汇兑损益（损失以"-"号填列）	—	—	—	—
其他业务收入	—	—	—	—
资产处置收益（损失以"-"号填列）	4.15	44.10	4.15	44.10
其他收益	20.24	96.58	20.24	96.58
二、营业支出	16 127.73	61 719.68	42 712.29	29 410.70
税金及附加	421.82	436.50	329.61	371.55
业务及管理费	11 081.20	17 075.33	11 081.20	17 075.33
信用减值损失	4 624.71	44 207.85	31 301.48	11 963.82
资产减值损失	—	—	—	—
其他业务成本	—	—	—	—
三、营业利润（亏损以"-"号填列）	7 177.37	3 058.15	7 177.37	3 058.15
加：营业外收入	79.00	0.01	79.00	0.01
减：营业外支出	16.88	168.85	16.88	168.85
四、利润总额（亏损以"-"号填列）	7 239.49	2 889.31	7 239.49	2 889.31
减：所得税费用	1 758.87	-305.59	1 758.87	-305.59
五、净利润（亏损以"-"号填列）	5 480.62	3 194.90	5 480.62	3 194.90
（一）持续经营净利润（净亏损以"-"号填列）	5 480.62	3 194.90	5 480.62	3 194.90
（二）终止经营净利润（净亏损以"-"号填列）	—	—	—	—
六、其他综合收益的税后净额	96.23	-1 721.88	96.23	-1 721.88
（一）以后不能重分类进损益的其他综合收益	96.23	-1 721.88	96.23	-1 721.88
1.重新计量设定受益计划变动额	—	—	—	—
2.权益法下不能转损益的其他综合收益	—	—	—	—
3.其他权益工具投资公允价值变动	96.23	-1 721.88	96.23	-1 721.88
4.企业自身信用风险公允价值变动	—	—	—	—
（二）以后将重分类进损益的其他综合收益	—	—	—	—
1.权益法可转损益的其他综合收益	—	—	—	—
七、综合收益总额	5 576.85	1 473.02	5 576.85	1 473.02

5.1.4 所有者权益变动表

所有者权益变动表

编制单位：东莞信托有限公司　　　　　2023年度　　　　　单位：万元

项目	2023年（合并）							
	实收资本	资本公积	其他综合收益	信托赔偿准备	盈余公积	一般风险准备	未分配利润	所有者权益合计
一、上年年末余额	165 618.56	245 631.44	6 804.15	23 601.88	48 111.30	7 576.60	186 490.70	683 834.63
加：会计政策变更	—	—	—	—	—	—	—	—
前期差错更正	—	—	—	—	—	—	—	—
其他	—	—	—	—	—	—	—	—
二、本年年初余额	165 618.56	245 631.44	6 804.15	23 601.88	48 111.30	7 576.60	186 490.70	683 834.63
三、本年增减变动金额（减少以"-"号填列）	—	—	96.24	274.03	548.06	—	4 658.52	5 576.85
（一）综合收益总额	—	—	96.24	—	—	—	5 480.61	5 576.85
（二）所有者投入和减少资本	—	—	—	—	—	—	—	—
1.所有者投入的普通股	—	—	—	—	—	—	—	—
2.其他权益工具持有者投入资本	—	—	—	—	—	—	—	—
3.股份支付计入所有者权益的金额	—	—	—	—	—	—	—	—
4.其他	—	—	—	—	—	—	—	—
（三）信托赔偿准备提取和使用	—	—	—	274.03	—	—	—	274.03
1.提取信托赔偿准备	—	—	—	274.03	—	—	—	274.03
2.使用信托赔偿准备	—	—	—	—	—	—	—	—
（四）利润分配	—	—	—	—	548.06	—	−822.09	−274.03
1.提取盈余公积	—	—	—	—	548.06	—	−548.06	—
其中：法定公积金	—	—	—	—	548.06	—	−548.06	—
任意公积金	—	—	—	—	—	—	—	—
2.提取一般风险准备	—	—	—	—	—	—	—	—
3.提取信托赔偿准备	—	—	—	—	—	—	−274.03	—
4.对所有者（或股东）的分配	—	—	—	—	—	—	—	—
5.其他	—	—	—	—	—	—	—	—
（五）所有者权益内部结转	—	—	—	—	—	—	—	—
1.资本公积转增资本（或股本）	—	—	—	—	—	—	—	—
2.盈余公积转增资本（或股本）	—	—	—	—	—	—	—	—
3.盈余公积弥补亏损	—	—	—	—	—	—	—	—
4.设定受益计划变动额结转留存收益	—	—	—	—	—	—	—	—
5.其他综合收益结转留存收益	—	—	—	—	—	—	—	—
6.其他	—	—	—	—	—	—	—	—
四、本年年末余额	165 618.56	245 631.44	6 900.39	23 875.91	48 659.36	7 576.60	191 149.22	689 411.48

所有者权益变动表（续）

编制单位：东莞信托有限公司　　　　　　　　　　　　2023年度　　　　　　　　　　　　单位：万元

项目	2023年（母公司）							
	实收资本	资本公积	其他综合收益	信托赔偿准备	盈余公积	一般风险准备	未分配利润	所有者权益合计
一、上年年末余额	165 618.56	245 631.44	6 804.15	23 601.88	48 111.30	7 576.60	186 490.70	683 834.63
加：会计政策变更	—	—	—	—	—	—	—	—
前期差错更正	—	—	—	—	—	—	—	—
其他	—	—	—	—	—	—	—	—
二、本年年初余额	165 618.56	245 631.44	6 804.15	23 601.88	48 111.30	7 576.60	186 490.70	683 834.63
三、本年增减变动金额（减少以"-"号填列）	—	—	96.24	274.03	548.06	—	4 658.52	5 576.85
（一）综合收益总额	—	—	96.24	—	—	—	5 480.61	5 576.85
（二）所有者投入和减少资本	—	—	—	—	—	—	—	—
1.所有者投入的普通股	—	—	—	—	—	—	—	—
2.其他权益工具持有者投入资本	—	—	—	—	—	—	—	—
3.股份支付计入所有者权益的金额	—	—	—	—	—	—	—	—
4.其他	—	—	—	—	—	—	—	—
（三）信托赔偿准备提取和使用	—	—	—	274.03	—	—	—	274.03
1.提取信托赔偿准备	—	—	—	274.03	—	—	—	274.03
2.使用信托赔偿准备	—	—	—	—	—	—	—	—
（四）利润分配	—	—	—	—	548.06	—	-822.09	-274.03
1.提取盈余公积	—	—	—	—	548.06	—	-548.06	—
其中：法定公积金	—	—	—	—	548.06	—	-548.06	—
任意公积金	—	—	—	—	—	—	—	—
2.提取一般风险准备	—	—	—	—	—	—	—	—
3.提取信托赔偿准备	—	—	—	—	—	—	-274.03	—
4.对所有者（或股东）的分配	—	—	—	—	—	—	—	—
5.其他	—	—	—	—	—	—	—	—
（五）所有者权益内部结转	—	—	—	—	—	—	—	—
1.资本公积转增资本（或股本）	—	—	—	—	—	—	—	—
2.盈余公积转增资本（或股本）	—	—	—	—	—	—	—	—
3.盈余公积弥补亏损	—	—	—	—	—	—	—	—
4.设定受益计划变动额结转留存收益	—	—	—	—	—	—	—	—
5.其他综合收益结转留存收益	—	—	—	—	—	—	—	—
6.其他	—	—	—	—	—	—	—	—
四、本年年末余额	165 618.56	245 631.44	6 900.39	23 875.91	48 659.36	7 576.60	191 149.22	689 411.48

5.2 信托资产

5.2.1 信托项目资产负债表

信托项目资产负债表

编制单位：东莞信托有限公司　　　　2023年12月31日　　　　单位：万元

序号	资产	期末余额	年初余额	序号	负债及所有者权益	期末余额	年初余额
1	资产：			27	负债：		
2	现金	—	—	28	拆入资金	—	—
3	存放同业款项	92 393.05	144 927.53	29	交易性金融负债	—	—
4	其他货币资金	3 793.18	1 320.47	30	衍生金融负债	—	—
5	交易性金融资产	4 955 733.06	5 178 518.48	31	应付账款	—	—
6	衍生金融资产	—	—	32	预收账款	5.00	5.00
7	买入返售金融资产	135 587.02	37 597.20	33	应付受益人收益	2 108.53	95 162.93
8	应收账款	—	—	34	应付受托人报酬	12 440.61	12 886.16
9	预付账款	4 115.56	2 404.40	35	应付信托管费	164.53	251.35
10	应收手续费及佣金	—	—	36	应付销售及顾问费	—	—
11	应收股利	5 180.17	39 024.33	37	应交税费	2 749.79	2 312.25
12	应收利息	10 560.30	889.18	38	其他应付款	98 927.10	51 312.79
13	其他应收款	370 450.79	301 245.75	39	预计负债	—	—
14	拆出资金	—	—	40	递延所得税负债	—	—
15	发放贷款	635 598.40	825 356.56	41	其他负债	—	—
16	抵债资产	—	—	42	负债合计	116 395.56	161 930.48
17	持有至到期投资	—	—	43			
18	可供出售金融资产	—	—	44	所有者权益：		
19	长期股权投资	—	—	45	实收信托	7 775 215.77	7 331 341.95
20	投资性房地产	9 585.07	9 585.07	46	资本公积	—	—
21	固定资产	—	—	47	盈余公积	—	—
22	无形资产	—	—	48	其他综合收益	—	—
23	长期待摊费用	—	—	49	外币报表折算差数	—	—
24	递延所得税资产	—	—	50	未分配利润	−883 413.00	−143 632.15
25	其他资产	785 201.73	808 771.31	51	所有者权益合计	6 891 802.77	7 187 709.80
26	资产总计	7 008 198.33	7 349 640.28	52	负债及所有者权益总计	7 008 198.33	7 349 640.28

5.2.2 信托项目利润及利润分配表

信托项目利润及利润分配表

编制单位：东莞信托有限公司　　　　2023年度　　　　单位：万元

序号	项目	本期数	上年同期数
1	一、营业收入	−439 474.23	87 435.75
2	利息收入	121 381.70	174 874.16
3	租赁收入	384.10	168.90
4	投资收益（损失以"−"号填列）	117 780.14	183 003.78
5	其中：对联营企业合营企业的投资收益	—	—
6	公允价值变动损益（损失以"−"号填列）	−689 754.25	−290 534.19
7	汇兑损益（损失以"−"号填列）	—	—

续表

序号	项目	本期数	上年同期数
8	其他收入	10 734.07	19 923.10
9	二、营业支出	110 850.05	91 015.55
10	税金及附加	1 037.89	1 084.29
11	管理费用	35 515.97	40 986.68
12	资产减值损失	74 296.18	48 944.58
13	其他费用	—	—
14	三、信托净利润（亏损以"−"号填列）	−550 324.28	−3 579.80
15	四、其他综合收益	—	—

序号	项目	本期数	上年同期数
16	五、综合收益（净亏损以"-"号填列）	-550 324.28	-3 579.80
17	六、加：期初未分配信托利润	-143 632.15	232 416.90
18	七、加：本期损益平准金	2 596.25	7 109.13
19	八、可供分配的信托利润	-691 360.18	235 946.24
20	九、减：本期已分配信托利润	192 052.82	379 578.39
21	十、期末未分配信托利润	-883 413.00	-143 632.15

6. 会计报表附注

6.1 会计估计的变更

本公司自2023年1月1日采用《企业会计准则解释第16号》（财会〔2022〕31号）"关于单项交易产生的资产和负债相关的递延所得税不适用初始确认豁免的会计处理"规定，根据累积影响数，调整财务报表相关项目金额。

6.2 前期会计差错更正

根据《企业会计准则第28号——会计政策、会计估计变更和差错更正》的相关规定，公司前期对2个结构化主体构成控制但未纳入合并范围，本期对合并范围的前期差错采用追溯重述法进行更正，相应对比较财务报表进行了追溯调整，影响具体如下。

公司前期重大会计差错更正对于2022年12月31日合并资产负债表的具体影响如下表所示。

财务报表项目	调整前	调整后	调整金额
货币资金	1 401 385 289.36	1 431 134 862.52	29 749 573.16
其他应收款	29 179 698.44	66 998 268.44	37 818 570.00
交易性金融资产	4 728 336 746.11	5 586 375 394.66	858 038 648.55
债权投资	682 441 435.42	3 084 933 359.85	2 402 491 924.43
资产科目调整合计	6 841 343 169.33	10 169 441 885.47	3 328 098 716.14
交易性金融负债	—	3 236 359 850.21	3 236 359 850.21
应交税费	11 726 934.84	13 408 109.12	1 681 174.28
其他应付款	468 217 047.89	558 274 739.54	90 057 691.65
负债科目调整合计	479 943 982.73	3 808 042 698.87	3 328 098 716.14

本公司前期重大会计差错更正对于2022年合并利润表的具体影响如下表所示。

财务报表项目	调整前	调整后	调整金额
手续费及佣金净收入	338 593 309.41	314 341 145.87	-24 252 163.54
其中：手续费及佣金收入	338 593 309.41	314 916 575.61	-23 676 737.80
手续费及佣金支出	—	575 425.74	575 425.74
利息净收入	-12 055 857.71	36 709 393.14	48 765 250.85
其中：利息收入	14 396 026.90	63 161 277.75	48 765 250.85
利息支出	26 451 884.61	26 451 884.61	—
投资收益（损失以"-"号填列）	101 132 152.13	199 129 648.70	97 997 496.57
公允价值变动收益（损失以"-"号填列）	-104 387 840.12	96 191 373.39	200 579 213.51
税金及附加	3 715 490.76	4 365 054.98	649 564.22

6.3 或有事项说明

截至2023年12月31日，公司作为被告尚未了结的诉讼有3笔，涉案事由包括信托业务纠纷、劳动争议纠纷等。公司作为原告尚未了结的诉讼有16笔，涉案事由为信托业务纠纷。公司管理层认为以上事项的最终判决与执行结果不会对本公司的财务状况或经营成果产生重大影响。

6.4 会计报表中重要项目的明细资料

6.4.1 披露固有资产经营情况

6.4.1.1 按信用风险五级分类结果披露信用风险资产的期初数、期末数

信用风险资产五级分类	正常类（万元）	关注类（万元）	次级类（万元）	可疑类（万元）	损失类（万元）	信用风险资产合计（万元）	不良合计（万元）	不良率（%）
期初数	644 048.10	629.57	114 125.24	—	—	758 802.91	114 125.24	15.04
期末数	573 282.79	5 175.61	194 942.91	—	—	773 401.31	194 942.91	25.21

6.4.1.2 各项资产减值损失准备的期初、本期计提、本期转回、本期核销、期末数

单位：万元

项目	期初数	本期计提	本期转回	本期核销	期末数
贷款损失准备	17.70	26.35	—	—	44.05
一般准备	—	—	—	—	—
专项准备	—	—	—	—	—
金融资产减值准备	43 618.66	31 092.71	—	—	74 711.37

续表

项目	期初数	本期计提	本期转回	本期核销	期末数
可供出售金融资产减值准备	不适用	不适用	不适用	不适用	不适用
持有至到期投资减值准备	—	—	—	—	—
长期股权投资减值准备	—	—	—	—	—
坏账准备	1 213.60	182.41	—	—	1 396.01
投资性房地产减值准备	—	—	—	—	—

6.4.1.3 按照投资品种分类，分别披露固有业务股票投资、基金投资、债券投资、股权投资等投资业务的期初数、期末数

单位：万元

项目	固有股票	基金	债券	长期股权投资	其他投资	合计
期初数	—	—	—	—	555 816.37	555 816.37
期末数	—	—	—	—	627 905.43	627 905.43

6.4.1.4 按投资入股金额排序，前五名的固有长期股权投资的企业名称、占被投资企业权益的比例、主要经营活动及投资收益情况等

企业名称	占被投资企业权益的比例（%）	主要经营活动（万元）	投资损益（万元）
—	—	—	—

6.4.1.5 前三名的固有贷款的企业名称、占贷款总额的比例和还款情况等（从贷款金额大到小顺序排列）

企业名称	占贷款总额的比例（%）	还款情况（万元）
广东鸿德建设工程有限公司	100	逾期
—	—	—
—	—	—

6.4.1.6 表外业务的期初数、期末数；按照代理业务、担保业务和其他类型表外业务分别披露

单位：万元

表外业务	期初数	期末数
担保业务	—	—
代理业务（委托业务）	—	—
其他	—	—
合计	—	—

6.4.1.7 公司当年的收入结构

收入结构	金额（万元）	占比（%）
手续费及佣金收入	29 745.64	59.53
其中：信托手续费收入	29 745.64	59.53
投资银行业务收入	—	—
利息净收入	2 348.37	4.70
其他业务收入	—	—
其他收益	20.24	0.04
其中：计入信托业务收入部分	—	—
投资收益	14 733.95	29.49
其中：信托产品投资收益	13 404.71	26.83
股权投资收益	1 240.80	2.48
其他投资收益	88.44	0.18
公允价值变动收益	3 037.31	6.08
资产处置收益	4.15	0.01
营业外收入	79.00	0.15
收入合计	49 968.66	100.00

6.4.2 披露信托财产管理情况

6.4.2.1 信托资产的期初数、期末数

单位：万元

信托资产	期初数	期末数
集合资金	4 859 333.74	4 528 503.48
单一资金	2 443 942.95	1 429 665.09
财产类	46 363.59	1 050 029.76
合计	7 349 640.28	7 008 198.33

6.4.2.1.1 主动管理型信托业务的信托资产期初数、期末数；分证券投资、股权投资、融资、事务管理类分别披露

单位：万元

主动管理型信托资产	期初数	期末数
证券投资类	1 028 855.40	1 061 332.00
股权投资类	411 436.95	639 471.01
融资类	1 330 754.42	1 263 058.50
事务管理类	—	—
其他投资类	3 959 803.03	2 625 451.09
合计	6 730 849.80	5 589 312.60

6.4.2.1.2 被动管理型信托业务的信托资产期初数、期末数，分证券投资、股权投资、融资、事务管理类分别披露

单位：万元

被动管理型信托资产	期初数	期末数
证券投资类	30 583.57	15 521.32
股权投资类	105 747.79	116 130.30
融资类	370 282.05	249 911.79
事务管理类	—	—
其他投资类	112 177.07	1 037 322.32
合计	618 790.48	1 418 885.73

6.4.2.2 本年度已清算结束的信托项目个数、实收信托合计金额、加权平均实际年化收益率

6.4.2.2.1 本年度已清算结束的集合类、单一类资金信托项目和财产管理类信托项目个数、实收信托金额、加权平均实际年化收益率

已清算结束信托项目	项目个数（个）	实收信托合计金额（万元）	加权平均实际年化收益率（%）
集合类	19	495 612.00	8.78
单一类	5	86 150.00	10.74
财产管理类	3	5 039.00	16.68

6.4.2.2.2 本年度已清算结束的主动管理型信托项目个数、实收信托合计金额、加权平均实际年化收益率，分证券投资、股权投资、融资、事务管理类分别计算并披露

已清算结束信托项目	项目个数（个）	实收信托合计金额（万元）	加权平均实际年化信托报酬率（%）	加权平均实际年化收益率（%）
证券投资类	6	50 520.00	1.75	8.62
股权投资类	3	70 410.00	3.23	7.72
融资类	6	167 250.00	2.33	8.94
其他投资类		119 000.00	2.47	9.34
事务管理类	0	—	—	—

6.4.2.2.3 本年度已清算结束的被动管理型信托项目个数、实收信托合计金额、加权平均实际年化收益率，分证券投资、股权投资、融资、事务管理类分别计算并披露

已清算结束信托项目	项目个数（个）	实收信托合计金额（万元）	加权平均实际年化信托报酬率（%）	加权平均实际年化收益率（%）
证券投资类	0	—	—	—
股权投资类	0	—	—	—
融资类	7	99 000.00	0.47	11.02
事务管理类	0	—	—	—
其他投资	2	80 621.00	0.79	8.48

6.4.2.3 本年度新增的集合类、单一类和财产管理类信托项目个数、实收信托合计金额

新增信托项目	项目个数（个）	实收信托合计金额（万元）
集合类	23	515 154.85
单一类	6	61 020.62
财产管理类	35	1 006 090.22
新增合计	64	1 582 265.70
其中：主动管理型	23	515 154.85
被动管理型	41	1 067 110.84

6.4.2.4 公司履行受托人义务情况及因公司自身责任而导致的信托资产损失情况

报告期内，公司没有发生因履行受托人义务情况及因公司自身责任而导致的信托资产损失情况。

6.4.2.5 信托赔偿准备金的提取、使用和管理情况

信托赔偿准备金按公司净利润5%提取，信托赔偿准备金2023年12月31日余额23 875.91万元，本年度未使用信托赔偿准备金。

6.5 关联方关系及其交易的披露

6.5.1 关联交易方的数量、关联交易的总金额及关联交易的定价政策等

项目	关联交易方数量（个）	关联交易金额（万元）	定价政策
合计	3	96 700.00	公允价格、协议定价

信托与关联方重大关联交易

单位：万元

关联方名称	交易方式及内容	定价政策	年初数	本年增加	本年减少	期末数
深圳前海莞信投资基金管理有限公司	私募基金投资	公允价格	10 100.00	—	—	10 100.00
唯科终端技术（东莞）有限公司	股权投资	公允价格	—	14 000.00	—	14 000.00

关于本年有发生额的关联交易：唯科终端技术（东莞）有限公司交易发生于2022年，发生交易时交易对手不为公司关联方，交易后对手变更为公司关联方，2023年认定为存续关联交易。

6.5.2 关联交易方与公司的关系性质、关联交易方的名称、法定代表人、注册地址、注册资本及主营业务等

其他关联方名称	关系性质	法定代表人/执行事务合伙人	注册地址	注册资本（万元）	主营业务
东莞市交通投资集团有限公司	主要股东的控股股东	罗沛强	东莞	363 000.00	交通基础设施投资、建设、经营、管理与养护；公共交通、小额消费、公用事业等城市一卡通的投资、经营和管理；公共客运、客运站（配客点）经营、水路运输、港口经营、仓储服务、交通物业等交通领域及相关产业的投资、经营和管理
东莞发展控股股份有限公司	本公司股东	王崇恩	东莞	103 951.70	一般项目：以自有资金从事投资活动；电动汽车充电基础设施运营；输配电及控制设备制造；新能源汽车换电设施销售；集中式快速充电站（除依法须经批准的项目外，凭营业执照依法自主开展经营活动）。许可项目：公路管理与养护；城市公共交通；建设工程施工
东莞市莞邑投资有限公司	受同一母公司控制	麦林善	东莞	5 000.00	企业资产重组；企业并购、收购和资产转让；企业投资及财务顾问；物业管理；城市综合开发与城市更新、旧城改造、城市单元开发、重大基础设施建设、商业投资、货物或技术进出口；实业投资；房地产开发经营；产业园建设及管理
东莞金控资本投资有限公司	受同一母公司控制	万艳菲	东莞	25 000.00	物业投资，商业投资，股权投资，投资信息咨询
东莞市桥泰实业有限公司	受同一母公司控制	罗广通	东莞	100.00	实业投资开发；物业租赁；销售：针织品、纺织品、服装、塑料制品、五金制品、日用品、电子元器件
陕建粤莞建设投资有限公司	受同一母公司重大影响	姚建文	东莞	50 000.00	许可项目：建设工程施工；文物保护工程施工；住宅室内装饰装修。一般项目：工程管理服务；园林绿化工程施工；以固有资金从事投资活动；建筑材料销售；砼结构构件制造；砼结构构件销售；建筑工程机械与设备租赁；建筑工程用机械制造；体育场地设施工程施工；五金产品零售；家用电器销售；针纺织品销售；橡胶制品销售；塑料制品制造
东莞市民投莞邑产城投资有限公司	受同一母公司重大影响	李钊	东莞	100 000.00	一般项目：以固有资金从事投资活动；园区管理服务；智能基础制造装备制造；智能基础制造装备销售；企业管理咨询；物业管理；住房租赁；非居住房地产租赁
东莞市中鹏贸易有限公司	受同一母公司控制	廖思娜	东莞	55.00	销售：办公设备
东莞市兆业贸易有限公司	受同一母公司控制	李汉恒	东莞	60.00	销售：服装、五金、家用电器、日用杂品、民用建材
东莞市银达贸易有限公司	受同一母公司控制	邓伟才	东莞	50.00	销售五金、家用电器、建筑材料、建筑陶瓷、汽车零配件、农副产品
东莞金控股权投资基金管理有限公司	受同一母公司控制	梁琦伟	东莞	20 000.00	股权投资基金管理；创业投资业务；投资咨询；股权投资
华联期货有限公司	受同一母公司控制	周毅夫	东莞	37 587.55	商品期货经纪、金融期货经纪、期货投资咨询、资产管理
华期资本管理（广州）有限公司	受同一母公司控制	周毅夫	广州	15 000.00	纺织品、针织品及原料批发；煤炭及制品批发；沥青及其制品销售；非金属矿及制品批发（国家专营专控类除外）；金属及金属矿批发（国家专营专控类除外）；建材、装饰材料批发；化肥批发；化工产品批发（危险化学品除外）；贸易代理；货物进出口（专营专控商品除外）；黄金制品批发；白银制品批发；信息技术咨询服务；道路货物运输代理；物流代理服务；仓储代理服务；企业管理服务（涉及许可经营项目的除外）；供应链管理；企业管理咨询服务；工商咨询服务；贸易咨询服务；市场调研服务；商品信息咨询服务；谷物、豆及薯类批发；饲料批发；棉、麻批发；牲畜批发；油料作物批发；糖料作物批发；水果批发；蛋类批发；收购农副产品；谷物副产品批发；蔬菜批发；茶叶批发；干果、坚果批发；茶叶作物批发；饮料作物批发；燃料油销售（不含成品油）；商品批发贸易（许可审批类商品除外）；米、面制品及食用油批发；预包装食品批发；非酒精饮料、茶叶批发；散装食品批发；散装食品零售；非酒精饮料及茶叶零售；危险化学品经营
深圳前海莞信投资基金管理有限公司	受同一母公司控制	梁琦伟	深圳	10 000.00	股权投资基金管理、受托资产管理、投资管理、创业投资业务、受托管理创业投资企业等机构或个人的创业投资业务、创业投资咨询业务、为创业企业提供创业管理服务业务、参与设立创业投资企业与创业投资管理顾问、投资兴办实业（具体项目另行申报）、投资咨询（不含限制项目）、投资顾问（不含限制项目）、股权投资、物业租赁
东莞市产业投资母基金有限公司	受同一母公司控制	夏楚	东莞	100 000.00	基金管理、股权投资、债权投资、股权投资管理、债权投资管理、投资咨询
东莞市上市莞企发展投资合伙企业（有限合伙）	受同一母公司控制	深圳前海莞信投资基金管理有限公司	东莞	10 774.47	创业投资；股权投资；实业投资；投资咨询；企业管理咨询
东莞市莞金产业投资合伙企业（有限合伙）	受同一母公司控制	东莞金控股权投资基金管理有限公司	东莞	15 000.00	产业投资；股权投资；创业投资；实业投资；股权投资管理，受托管理股权投资基金

续表

其他关联方名称	关系性质	法定代表人/执行事务合伙人	注册地址	注册资本（万元）	主营业务
东莞市虎门倍增优选股权投资合伙企业（有限合伙）	受同一母公司控制	深圳前海莞信投资基金管理有限公司	东莞	3 141.00	股权投资；创业投资；实业投资；股权投资管理、受托管理股权投资基金
东莞银行股份有限公司	母公司总经理担任董事	程劲松	东莞	234 160.00	吸收公众存款；发放短期、中期和长期贷款；办理国内结算；办理票据贴现；代理发行、兑付、承销政府债券；买卖政府债券；同业拆借；发行金融债券；提供担保；代理收付款项；提供保管箱业务；办理地方财政信用周转使用资金的委托存贷款业务；外汇存款；外汇贷款；外汇汇款；外币兑换；国际结算；同业外汇拆借；外汇票据的承兑和贴现；外汇担保；结汇、售汇；代客外汇买卖；代理国外信用卡付款；代理保险业务（由分支机构凭许可证经营）；证券投资基金代销业务；自营外汇买卖业务；经原中国银行业监督管理机构批准的其他业务
东莞证券股份有限公司	母公司的联营企业	陈照星	东莞	150 000.00	证券经纪；证券投资咨询；与证券交易、证券投资活动有关的财务顾问；证券承销与保荐；证券自营；证券资产管理；证券投资基金代销；为期货公司提供中间介绍业务；融资融券；代销金融产品
东莞资产管理有限公司	母公司的联营企业	苏胜傍	东莞	100 000.00	投资管理；资产管理；受托资产管理；企业资产的重组、并购；股权投资、项目投资、物业投资；项目策划咨询顾问业务；信息咨询；货物进出口；物业租赁；物业管理；机器设备租赁；批发业、零售业
东莞市红土创新创业产业母基金投资管理有限公司	母公司的联营企业	李守宇	东莞	1 000.00	基金管理、高新产业项目投资、创业投资、为创业企业提供创业管理服务业务、实业投资

6.5.3 逐笔披露公司与关联方的重大交易事项

6.5.3.1 固有与关联方交易情况：贷款、投资、租赁、应收账款担保、其他方式等期初汇总数、本期借方和贷方发生额汇总数、期末汇总数

固有与关联方关联交易　　单位：万元

项目	期初数	借方发生额	贷方发生额	期末数
贷款	—	—	—	—
投资	22 382.65	—	19 449.39	2 933.26
租赁	—	—	—	—
担保	—	—	—	—
应收账款	0.37	—	—	0.37
其他	—	—	—	—
合计	22 383.02	—	19 449.39	2 933.62

固有财产与关联方重大关联交易逐笔披露如下表所示。

单位：万元

关联方名称	交易方式及内容	定价政策	交易金额	报告期内逾期情况
东莞金融控股集团有限公司	转让信托计划份额	协议定价	50 000.00	无

6.5.3.2 信托与关联方交易情况：贷款、投资、租赁、应收账款、担保、其他方式等期初汇总数、本期借方和贷方发生额汇总数、期末汇总数

信托与关联方关联交易　　单位：万元

项目	期初数	借方发生额	贷方发生额	期末数
贷款	—	—	—	—
投资	10 100.00	14 000.00	—	24 100.00
租赁	—	—	—	—
担保	—	—	—	—
应收账款	—	—	—	—
其他	—	—	—	—
合计	10 100.00	14 000.00	—	24 100.00

信托财产与关联方重大关联交易逐笔披露如下表所示。

单位：万元

关联方名称	交易方式及内容	定价政策	年初数	本年增加	本年减少	期末数
深圳前海莞信投资基金管理有限公司	私募基金投资	公允价格	10 100.00	—	—	10 100.00
唯科终端技术（东莞）有限公司	股权投资	公允价格	—	14 000.00	—	14 000.00

6.5.3.3 信托公司自有资金运用于自己管理的信托项目（固信交易）、信托公司管理的信托项目之间的相互（信信交易）交易金额，包括余额和本报告期的发生额

6.5.3.3.1 固有与信托财产之间的交易金额期初汇总数、本期发生额汇总数、期末汇总数

固有财产与信托财产相互交易　　单位：万元

项目	期初数	本期发生额	期末数
合计	576 692.45	120 128.87	696 821.32

6.5.3.3.2 信托项目之间的交易金额期初汇总数、本期发生额汇总数、期末汇总数

信托资产与信托财产相互交易   单位：万元

项目	期初数	本期发生额	期末数
合计	2 313 444.68	204 800.63	2 518 245.31

6.6 会计制度的披露

公司固有业务及信托业务均执行按照《企业会计准则》和其他各项具体会计准则、应用指南及准则解释的规定进行确认和计量。

7. 财务情况说明书

7.1 利润实现和分配情况

2023年实现利润总额72 394 926.40元，税后利润54 806 161.59元，年初未分配利润1 864 907 006.94元，本年按2023年净利润提取法定盈余公积5 480 616.16元，信托赔偿准备2 740 308.08元，提取一般风险准备金0元，年末未分配利润1 911 492 244.29元。

7.2 主要财务指标

指标名称	指标值
资本利润率（%）	0.80
加权年化信托报酬率（%）	1.8921
人均净利润（万元）	23.42

注：报告期结束项目加权年化信托报酬率。

7.3 对公司财务状况、经营成果有重大影响的其他事项

报告期内，公司没有发生对公司财务状况、经营成果有重大影响的其他事项。

8. 特别事项揭示

8.1 前五名股东报告期内变动情况及原因

2023年12月，因公司长远发展需要及各股东的实际情况，经2023年股东会第十二次临时会议审议通过《关于变更东莞信托有限公司股权的议案》，公司主要股东东莞发展控股股份有限公司与其同一控制人下的东莞市路桥投资建设有限公司达成转让持有我公司22.2069%股权的意向，并在2023年12月获得监管部门批复同意。

8.2 董事、监事及高级管理人员变动情况及原因

8.2.1 董事变动情况

董事李雪军于2023年1月获得监管下发的任职资格批复（粤银保监复〔2023〕22号），于2月正式履行董事职务。

8.2.2 监事变动情况

2023年5月，因个人原因，原职工监事陈玉清申请辞去职工监事职务，经公司职代会通过终止其职工监事任职资格。

2023年7月，因个人原因，委派监事肖润鑫申请辞去监事职务，经公司党委会、监事会审议通过辞去监事职务。在改选出新监事就任前，肖润鑫监事将依照法律、行政法规和公司章程的规定，继续履行监事职务。

8.2.3 高级管理人员变动情况

2023年7月，经第五届董事会第五十四次会议审议通过《关于公司副总经理、董事会秘书王晓天同志免职的议案》，免去公司副总经理、董事会秘书王晓天的职务。

8.3 变更注册资本、变更注册地或公司名称、公司分立合并事项

报告期内无相关事项。

8.4 公司的重大诉讼事项

8.4.1 重大未决诉讼事项

（1）固有业务：本年度无未结、新增重大未决诉讼。

（2）信托业务：本年度新增4宗重大诉讼，存续重大未决诉讼12宗，具体如下①新增重大诉讼：共4宗案件，均为公司作为原告（申请执行人）的案件，诉讼金额合计33.38亿元。②存续重大未决诉讼：共12宗案件，诉讼金额合计56.18亿元；其中，11宗为我司作为原告（申请执行人）的案件，诉讼金额合计46.18亿元；1宗为我司作为被告的案件，诉讼金额10.07亿元。

8.4.2 以前年度发生，于本报告年度内终结的诉讼事项

8.4.2.1 固有业务

无。

8.4.2.2 信托业务

本年度有2宗以前年度发生，于本报告期内终结的诉讼，诉讼金额合计6.60亿元。

8.4.3 本报告年度发生，于本报告年度内终结的诉讼事项

公司固有业务、信托业务均无在本报告期发生、于本报告期内终结的重大诉讼事项。

8.5 公司及其董事、监事和高级管理人员受到处罚的情况

在报告期内，公司及其董事、监事和高级管理人员无受到处罚。

8.6 国家金融监督管理总局及其派出机构检查后公司的整改情况

国家金融监督管理总局东莞监管分局就公司治理、内部控制管理、风险管理、消费者权益保护、资产质量管理等方面对公司提出了监管意见。公司通过持续优化公司治理机制，加强党建引领，不断梳理优化制度、流程，推进消费者权益保护，强化风险管理、推动风险处置化解工作，强化内部审计监督等措施，贯彻落实监管意见。报告期内，已落实整改事项18个。

8.7 本年度重大事项临时报告的简要内容、披露时间、所披露的媒体及其版面

报告期内，公司发生2项重大事项临时报告情况，具体如下：

（1）关于变更注册资本的公告，于2023年1月4日在《证券时报》B119版、《上海证券报》128版发布公告。

（2）关于聘请2022年度财务报告审计机构有关事项的公告，于2023年4月7日在《证券时报》B2版发布公告。

8.8 国家金融监督管理总局及其省级派出机构认定的其他有必要让客户及相关利益人了解的重要信息

报告期内，公司没有国家金融监督管理总局及其省级派出机构认定的其他有必要让客户及相关利益人了解的重要信息。

8.9 报告期内股东违反承诺质押信托公司股权或以股权及其受（收）益权设立信托等金融产品的情况

报告期内，公司股东没有违反承诺质押信托公司股权或以股权及其受（收）益权设立信托等金融产品的情况。

8.10 已向国务院银行业监督管理机构或其派出机构提交行政许可申请但尚未获得批准的事项

报告期内，公司没有向国务院银行业监督管理机构或其派出机构提交行政许可申请但尚未获得批准的事项。

9.监事会的独立意见

报告期内，监事会共列席股东会和董事会会议合计13次，其中股东会5次，分别为：2022年年度股东会，2023年股东会第四次临时会议、第六次临时会议、第七次临时会议、第九次临时会议；董事会8次，分别为：第五届董事会第四十七次会议、第四十八次会议、第五十一次会议、第五十二次会议、第五十四次会议、第五十六次会议、第五十八次会议、第六十一次会议。监事会监督检查了公司依法运作情况、重大决策和重大经营活动情况及公司的财务、内控状况，并在此基础上发表如下独立意见：

（1）公司依法经营管理。公司经营活动符合法律、法规和东莞信托有限公司章程的规定；董事及高级管理人员忠实履职、勤勉尽职，2023年度未发现董事、高级管理人员履行职务时有违反法律、法规和损害本公司及股东利益的行为。

（2）财务审计报告情况。2023年度财务报表审计报告经天职国际会计师事务所（特殊普通合伙）审计并出具无保留审计意见的审计报告，监事会无异议，认为报告内容真实、全面地反映了公司的财务状况和经营成果。

（3）对公司内控的监督情况。公司能够持续加强和完善内部控制，内控制度较为完善，执行情况较好，2023年度未发现内部控制在完整性、合理性、合规性、有效性等方面存在重大缺陷和问题。

（4）对关联交易业务的监督。报告期内，公司发生的关联交易业务均严格遵循市场公允价格，严格执行《信托公司管理办法》《银行保险机构关联交易管理办法》等有关规定，遵循公开、公平、公正的原则，未发现通过关联交易损害公司和股东利益的行为。

光大兴陇信托有限责任公司

1.重要提示

1.1 光大兴陇信托有限责任公司董事会及董事保证本报告所载资料不存在任何虚假记载、误导性陈述或者重大遗漏,并对其内容的真实性、准确性和完整性承担个别及连带责任。本年度报告摘要摘自年度报告全文,客户及相关利益人欲了解详细内容,应阅读年度报告全文。

1.2 本公司独立董事对年度报告内容的真实性、准确性、完整性无异议。

1.3 安永华明会计师事务所对本公司年度财务报告进行审计,出具了标准无保留意见的审计报告。

1.4 本公司董事、总裁邵泉(代行董事长职责),主管会计工作的公司负责人郭庆卫以及会计机构负责人刘晓佳声明:保证年度报告中财务报告的真实、完整。

2.公司概况

2.1 公司简介

2.1.1 公司法定名称

中文:光大兴陇信托有限责任公司(简称:光大兴陇信托)

英文:EVERBRIGHT XINGLONG TRUST CO., LTD(缩写:EXTC)

2.1.2 法定代表人:冯翔

2.1.3 注册地址:甘肃省兰州市城关区东岗西路555号

邮政编码:730 030

2.1.4 网址:http://www.ebtrust.com

电子信箱:contact@ebtrust.com

2.1.5 信息披露事务负责人:郭庆卫

2.1.6 信息披露报纸:《证券时报》

2.1.7 年度报告备置地点:北京市西城区太平桥大街丰盛胡同28号太平洋保险大厦17层;甘肃省兰州市东岗西路555号甘肃金融国际大厦9层

2.1.8 公司聘请的会计师事务所:安永华明会计师事务所(特殊普通合伙)

办公地址:北京市东城区东长安街1号东方广场安永大楼16层

2.2 组织结构

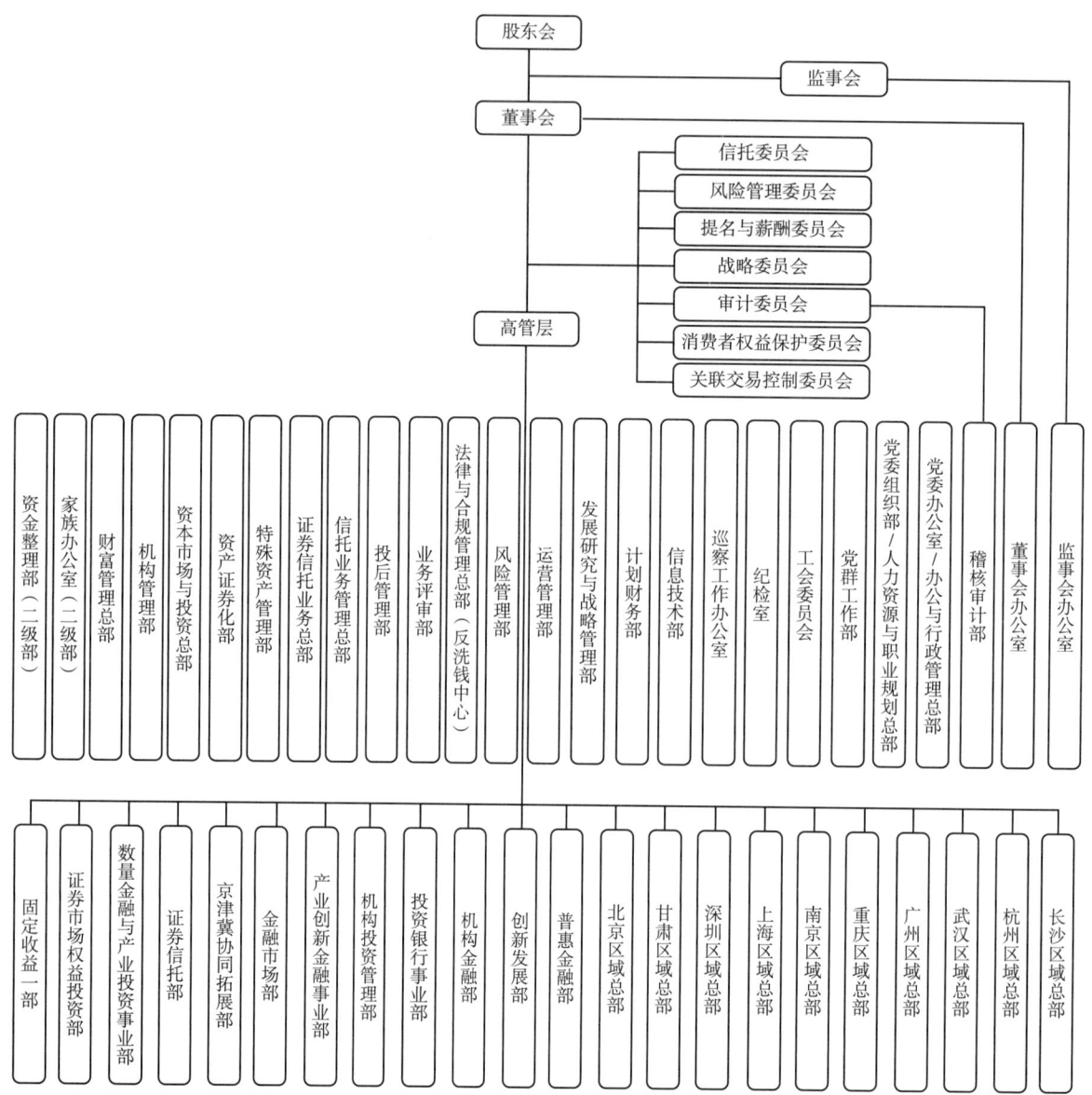

3.公司治理

3.1 股东

截至报告期末，股东总数为4名。股东及出资情况如下表所示。

股东名称	出资比例(%)	法定代表人	注册资本（万元）	注册地址	主要经营业务
中国光大集团股份公司	51.00	吴利军	7 813 450.37	北京市西城区太平桥大街25号	投资和管理金融业包括银行、证券、保险、基金、信托、期货、租赁、金银交易；资产管理；投资和管理非金融业（市场主体依法自主选择经营项目，开展经营活动；依法须经批准的项目，经相关部门批准后依批准的内容开展经营活动；不得从事国家和本市产业政策禁止和限制类项目的经营活动）

续表

股东名称	出资比例（%）	法定代表人	注册资本（万元）	注册地址	主要经营业务
甘肃省国有资产投资集团有限公司	23.42	成广平	1 231 309.99	甘肃省兰州市七里河区瓜州路4800号	开展融资业务，投资业务，国有股权运营管理，国有资本运营，受托管理业务；企业并购重组；基金投资和创投业务；业务咨询及财务顾问；有色金属材料及矿产品、黑色金属及矿产品、化工原料及化工产品（不含危险化学品）、机电产品、贵金属等贸易，进出口业务；房屋租赁；经省政府国资委授权的其他业务等（依法须经批准的项目，经相关部门批准后方可开展经营活动）
甘肃金融控股集团有限公司	21.58	祁建邦	1 383 449.68	甘肃省兰州市城关区东岗西路638号	投资管理银行、证券、保险、基金、担保、信托、租赁、期货、资产管理、典当、股权交易等金融业务，投资管理和从事战略性新兴产业、现代服务业、商业贸易与物流等非金融业务（依法须经批准的项目，经相关部门批准后依批准的内容开展经营活动）
天水市财政局	4.00	张宪泉	—	甘肃省天水市秦州区合作北路62号	

注：1. 本公司控股股东为中国光大集团股份公司。
2. 报告期内，本公司股东未质押公司股权，不存在以股权及其受(收)益权设立信托等金融产品的情况。
3. 报告期内，以上股东持股比例均未发生变化。

3.2 董事

董事长、董事

姓名	职务	性别	年龄（岁）	选任日期	任期（年）	所代表（推举）的股东名称	该股东持股比例（%）	简要履历及兼职情况
冯翔	董事长	男	49	2021年1月	3	中国光大集团股份公司	51	曾任中国光大银行南昌分行党委书记、行长，中国光大银行集团客户部总经理，中国光大银行战略客户与投资银行部总经理，中国光大集团股份公司协同发展部总经理，兼集团雄安新区办公室、京津冀协同发展办公室、长三角协同发展办公室、粤港澳大湾区协同发展办公室主任，截至报告期末，任光大兴陇信托有限责任公司党委书记、董事长、法定代表人
邵泉	董事	男	55	2023年9月	3	中国光大集团股份公司	51	曾任中国光大银行西安分行党委委员、纪委书记、风险总监（分行副行长级），中国光大银行石家庄分行党委书记、行长，中国光大银行信用审批部总经理，现任光大兴陇信托有限责任公司党委副书记、董事、总裁
李朝霞	董事	女	59	2021年4月	3	中国光大集团股份公司	51	曾任光大证券有限公司北方总部研究部总经理，中国社会科学院数量经济与技术经济研究所研究员、数量金融研究室主任，中国光大（集团）总公司战略规划部资深高级经理兼研究处处长，中国光大集团股份公司博士后工作站站长（总经理级），截至2023年8月，任光大兴陇信托有限责任公司董事
马万荣	董事	男	46	2022年12月	3	甘肃省国有资产投资集团有限公司	23.42	曾任省公航旅集团党委委员、总经济师、党委组织部部长、人力资源部主任，省国有资本管理有限公司董事长、总经理，党委副书记，省国有资产投资集团有限公司外部董事，甘肃金控集团党委委员、副总经理，甘肃资产管理有限公司董事，光大兴陇信托党委委员，现任甘肃省国有资产投资集团有限公司党委委员、副总经理，光大兴陇信托有限责任公司董事
龙飞	董事	男	44	2023年8月	3	甘肃省国有资产投资集团有限公司	23.42	曾任甘肃省人大法工委综合处副处长、陇原融资租赁（平潭）有限公司董事长、总经理，甘肃长达金融资产管理股份有限公司董事长，现任甘肃金控党委委员、副总经理，甘肃金控基金管理有限公司董事长、甘肃产业发展投资基金有限公司董事长、光大兴陇信托有限责任公司董事
张满红	职工董事	男	57	2020年10月	3	—		曾任中国银监会张掖监管分局党委书记、局长，原中国银监会甘肃监管局非银行金融机构监管处处长，截至报告期末，任光大兴陇信托有限责任公司职工董事、营销总监

独立董事

姓名	所在单位及职务	性别	年龄（岁）	选任日期	任期（年）	简要履历
谢太峰	首都经济贸易大学金融学院教授、博士生导师	男	65	2020年11月	3	曾任北京证券公司研究发展中心总经理、北京机械工业学院工商管理分院教授、党总支书记，现任首都经济贸易大学金融学院教授、博士生导师
赵欣	中央财经大学会计学院讲师	女	54	2020年11月	3	曾在中洲会计师事务所工作，现任中央财经大学会计学院讲师
方文彬	兰州财经大学会计学院教授、硕士生导师	男	58	2020年11月	3	曾任兰州财经大学会计学院讲师、副教授，财务会计教研室主任，现任兰州财经大学会计学院教授、硕士生导师，兼任甘肃省审计学会常务理事

3.3 监事

监事

姓名	职务	性别	年龄（岁）	选任日期	任期（年）	所代表（推举）的股东名称	该股东持股比例（%）	简要履历及兼职情况
韩鹏	监事会主席	男	57	2023年8月	3	甘肃金融控股集团有限公司	21.58	曾任华龙证券有限责任公司总经理，甘肃金融控股集团有限公司副总经理、党委副书记，甘肃金融控股集团有限公司监事会主席、党委委员，现任光大兴陇信托有限责任公司党委委员、监事会主席
焦宇	监事	女	52	2022年6月	3	—	—	曾任光大依波金银珠宝公司财务部副总经理，中国光大集团股份公司财务管理部综合处处长，现任中国光大集团股份公司财务管理部总经理
代芸	职工监事	女	46	2022年4月	3	—	—	曾任大业信托有限责任公司合规与风险管理部总经理、法律合规部总经理，现任光大兴陇信托有限责任公司职工监事、法律与合规管理总部副总经理

3.4 高级管理人员

高级管理人员

姓名	职务	性别	年龄（岁）	任职日期	金融从业年限（年）	学历	专业	简要履历
邵泉	总裁	男	55	2019年10月	31	硕士	政治经济学	曾任中国光大银行西安分行党委委员、纪委书记、风险总监（分行副行长级），中国光大银行石家庄分行党委书记、行长，中国光大银行信用审批总部总经理，现任光大兴陇信托有限责任公司党委副书记、总裁（2019年12月取得任职资格）
杨天博	副总裁	男	50	2022年10月	27	本科	国际金融	曾任中国光大银行深圳分行风险管理部总经理兼对公授信管理中心主任及授信后管理中心主任、光大金控资产管理有限公司党委委员，副总裁兼光大金控资产管理有限公司风险总监，现任光大兴陇信托有限责任公司党委委员、副总裁（2023年2月取得任职资格）
郭庆卫	董事会秘书	男	53	2021年8月	31	硕士	经济学	曾任中国人民银行货币发行司干部，中国光大银行职工监事、总行资产保全部总经理助理、深圳分行党委委员、风险总监（副级）、总行资产保全部总经理、总行法律合规部副总经理，中国民生信托有限公司副总裁，华润深国投信托有限公司党委委员、董事、董事会秘书、副总裁，华润元大基金管理有限公司董事。现任光大兴陇信托有限责任公司党委委员、董事会秘书（2017年12月取得任职资格，工作调动后任职资格延续）
曹兆兵	副总裁	男	44	2021年4月	18	硕士	法学	曾任中国光大银行总行风险管理部总经理助理、副总经理，中国光大集团协同发展部总经理，现任光大兴陇信托有限责任公司党委委员、副总裁（2021年5月取得任职资格）
杨子江	副总裁	男	50	2023年8月	27	学士	法学	曾任中国农业银行甘肃省分行贷款审查委员会专家委员、甘肃省农村信用社联合社部门总经理、甘肃临洮农村商业银行股份有限公司党委书记、董事长，天水秦州农村合作银行党委书记、董事长，甘肃省农村信用社联合社天水联络办公室主任，现任光大兴陇信托有限责任公司党委委员、副总裁（2023年10月取得任职资格）
朱斌	副总裁	男	52	2023年8月	30	学士	经济学	曾任农行甘肃省分行部门经理、甘肃省农村合作金融机构改革推进工作领导小组办公室副主任、甘肃省农村信用社联合社部门总经理，甘肃银行党委委员、党委组织部部长、机关党委副书记、人力资源部总经理，现任光大兴陇信托有限责任公司党委委员、副总裁（2023年10月取得任职资格）

3.5 公司员工

公司2022年末员工人数为779人，2023年末员工人数为705人。

项目		报告期年度		上年度	
		人数（人）	比例（%）	人数（人）	比例（%）
年龄分布	25岁以下	0	—	1	0.13
	25~29岁	33	4.68	52	6.68
	30~39岁	448	63.55	527	67.65
	40岁及以上	224	31.77	199	25.55
学历分布	博士	24	3.40	28	3.59
	硕士	418	59.30	468	60.08
	本科	251	35.60	269	34.53

续表

项目		报告期年度		上年度	
		人数（人）	比例（%）	人数（人）	比例（%）
学历分布	专科	10	1.42	11	1.41
	其他	2	0.28	3	0.39
岗位分布	董事、监事及高管人员	9	1.28	8	1.03
	自营业务人员	21	2.98	28	3.59
	信托业务人员	330	46.81	394	50.58
	其他人员	345	48.93	349	44.80

注：自营业务人员是指按照岗位分工，专门或至少从事固有资金使用和固有资产管理有关业务的员工；信托业务人员是指按照岗位分工，专门或至少从事信托资金使用和信托资产管理各项业务的员工；对于类似人力资源与职业规划总部等无法明确区分的综合部门归为其他人员。

4. 经营概况

4.1 经营目标、方针、战略规划

4.1.1 经营方针

2023年，公司始终坚持以习近平新时代中国特色社会主义思想为指导，深入落实党的二十大精神、中央金融工作会议和中央经济工作会议等要求，全面加强党的领导，践行金融工作的政治性和人民性，走中国特色金融发展之路，聚焦主责主业，回归信托本源，强化实体经济服务质效，有效防范和化解风险，加快推动创新转型，增强核心竞争力，实现规范、健康、可持续发展。

4.1.2 战略规划及目标

公司以综合竞争力保持行业中上游水平、建设中国特色信托公司为战略目标，坚定不移回归信托本源。立足"十四五"规划和党的二十大精神及中央金融工作会议等要求，树立正确的发展观，践行央企责任，服务实体经济，顺应监管导向，推进创新转型，优化业务结构，强化风险化解，提高内控合规水平，守住风险底线。推进机制体制改革，建设专业化人才队伍。加强集团协同，提升专业能力，完善综合服务。

4.2 所经营业务的主要内容

4.2.1 自营资产运用与分布表

资产运用	金额（万元）	占比（%）	资产分布	金额（万元）	占比（%）
货币资产	936 922.22	45.24	基础产业	—	—
贷款及应收款	31 773.95	1.53	房地产	—	—
交易性金融资产	822 168.02	39.70	证券市场	76 393.71	3.69
债权投资	84 637.18	4.09	实业	1 200.00	0.06
使用权资产	13 875.95	0.67	金融机构	13 338.39	0.64
固定资产	4 555.68	0.22	其他	1 979 901.08	95.61
投资性房地产	3 099.38	0.15	—	—	—
其他	173 800.79	8.39	—	—	—
资产总计	2 070 833.17	100.00	资产总计	2 070 833.17	100.00

4.2.2 信托资产运用与分布表

资产运用	金额（万元）	占比（%）	资产分布	金额（万元）	占比（%）
货币资产	1 315 789.69	1.77	基础产业	16 803 892.42	22.61
以公允价值计量且其变动计入当期损益的金融资产	36 239 803.85	48.76	房地产	5 425 061.01	7.30
以摊余成本计量的金融资产	8 687 914.77	11.69	证券市场	11 455 545.30	15.41
买入返售金融资产	540 191.36	0.73	实业	21 846 269.51	29.39
贷款	25 417 546.22	34.20	金融机构	12 790 747.10	17.21
长期股权投资	82 590.37	0.11	其他	5 998 480.57	8.08
其他	2 036 159.65	2.74	—	—	—
信托资产总计	74 319 995.91	100.00	信托资产总计	74 319 995.91	100.00

4.3 市场分析

4.3.1 影响本公司业务发展的有利因素

一是宏观经济政策持续发力。2023年我国加大财政宏观调控力度，地方政府专项债券规模3.8万亿元，并在第四季度增发1万亿元国债，市场投融资需求活跃；房地产行业处于供求关系转变、新发展模式重构的关键时期，住房和城乡建设部、金融监管总局联合印发《关于建立城市房地产融资协调机制的通知》，促进房地产市场平稳健康发展。公司展业环境进一步改善。

二是围绕"五篇大文章"的创新发展空间大。中央金融工作会议提出金融"五篇大文章"，明确了未来金融业在助力经济结构优化过程中的发力点。公司进一步发挥信托制度优势，结合客户需求，加强绿色信托、养老信托、普惠信托等方面的探索和创新，完善数字化服务体系，提升客户体验，进一步提升服务实体经济水平。

三是信托业务"三分类"新规提供新发展机会。在信托业务"三分类"新规引导下，公司大力推动发展家族信托、家庭服务信托、养老信托、特殊需要信托等信托产品服务，进一步扩展客户群体，加速回归信托本源；践行金融为民，积极为小微企业降低融资成本，为个人客户提供便捷的普惠金融服务；积极履行企业社会责任，参与公益慈善事业，在乡村振兴、扶贫救困、科教文卫等领域有效推动慈善信托发展。

4.3.2 影响本公司业务发展的不利因素

一是房地产市场仍处于下行区间。2023年中央针对地产市场政策逐步发力，273个省市622次政策松绑，但全年商品房销售面积同比下降8.5%，其中住宅销售面积下降8.2%，市场需求收缩。

二是海外地缘政治冲突对金融市场形成扰动。2023年全球地区冲突频发，导致全球金融市场波动较大，投资者风险偏好明显下行，海内外资本市场均受到一定抑制。

三是信托业务创新转型仍面临模式验证难题。信托公司加快信托业务创新转型，积极发展家族信托、风险处置服务信托、预付类资金服务信托等创新业务。但是，

信托公司对传统信托业务仍有较强的路径依赖，很多创新业务仍处于模式验证阶段，短期难以大规模复制推广，面临一定战略抉择风险。

4.4 内部控制与风险管理

4.4.1 内部控制

公司积极致力于优化内部控制环境，不断完善法人治理结构和制度体系建设，建立了分工明确、权责对应、合理制衡的"三会一层"法人治理结构，股东会、董事会、监事会和高级管理层依照相关法律法规、公司章程与《光大兴陇信托有限责任公司内部控制政策（试行）》行使职责，形成了权力机构、决策机构、监督机构和执行机构之间相互制衡、相互协调的运行机制，保障了委托人、受益人和出资人的合法利益。

董事会下设信托委员会、风险管理委员会、提名与薪酬委员会、战略委员会、审计委员会、消费者权益保护委员会和关联交易控制委员会，各委员会依议事规则有效开展工作，向董事会提出专业意见和建议。高级管理层通过总裁办公会和下设的信托业务评审委员会、固有业务评审委员会、标品管理委员会、证券信托业务评审与投决委员会、固有证券投资委员会、产品销售管理委员会等专业委员会，对重要业务事项进行审批。公司根据监管部门要求以及目前经营管理状况，在公司治理、财务管理、风险合规和内部审计等方面，逐步建立健全了涵盖各管理环节的内部控制体系。

4.4.2 风险管理

4.4.2.1 风险管理概况

报告期内，公司全面学习宣传贯彻党的二十大精神和中央金融工作会议精神，按照国家防范化解金融风险的总体要求，依据监管规定，借鉴金融同业良好实践，结合自身实际，从组织、政策、流程、技术、文化等五个维度持续完善以公司战略为导向、以风险偏好为核心的业务经营和全面风险管理体系。一是坚持党建引领与风险管理工作能力提升相统一，强化主题教育传导，学习贯彻落实中央金融工作会议精神，加大风险项目追责问责力度；二是坚持经营发展与风险防控相统一，推进制度执行年工作，精细化限额及集中度管理，坚持多措并举思路推进风险化解，规范代管代建机构管理；三是坚持底线思维与前瞻思维相统一，加强风险监测预警和流动性风险管理，组织开展防范化解风险专项治理工作，更新完善恢复处置机制；四是坚持长远规划与过程管理相统一，成立风险管理工作委员会，组建证券信托业务总部，持续完善业务制度流程。

4.4.2.2 信用风险状况及管理

信用风险指由于交易对手未依约履行合同义务或信用质量发生变化、履约能力降低，从而使公司业务遭到损失的可能性。主要表现为在贷款、资产回购、后续资金安排、担保、履约承诺等交易过程中，借款人、担保人、保管人等交易对手不能或不愿履行合约承诺而使信托财产和固有财产遭受损失。

公司持续严格履行受托人尽职管理职责，做实信用风险管理。一是强化底线思维。完善管控制度，进一步明晰管控职责，压实管控责任。二是推进化解攻坚。加强地产等重点领域信用风险及其衍生风险管控，压实清收责任，优化体制机制，多措并举取得阶段成果，风险隐患资产规模和资金池规模较年初实现压降。三是加强风险防范。定期开展压力测试，精细化行业、客户、区域集中度及限额管理，加大关键领域风险监测预警力度，定期开展风险排查。四是坚持依法合规。及时进行信息披露，最大限度保护受托人合法权益。五是推进全面风险分类标准执行。针对表内资产定期进行减值测试，逐步计提损失准备和资产减值，合理释放风险；根据表外管理资产质量及管理履职情况，合理计提预计负债和减值拨备，增厚风险抵御能力。

4.4.2.3 市场风险状况及管理

市场风险指因市场价格（利率、证券价格、商品价格、汇率、其他金融产品价格等）的不利变动而使公司业务所持资产遭到损失的可能性。同时，市场风险具有一定传导效应，可能引发交易对手的信用风险。

公司不断加大市场风险管控力度，完善市场风险管理体系。一是发布九部相关管控制度，组建证券信托业务总部并加强人员配置，加强合规性集中统一管理。二是优化投资决策机制和投资安排，加强风险监控和产品风险限额管理，发布风险提示并动态维护预警名单，提高应急处理能力。三是开展外采合作专项排查，深化包括投资顾问、证券账户等在内的存续期管理，复盘检查交易记录，加强证券账户管理。

4.4.2.4 操作风险状况及管理

操作风险指由于不完善或有问题的内部操作过程、人员、系统或外部事件而导致的直接或间接损失的风险。

公司高度重视操作风险管控。一是梳理操作风险重点，发布风险贴士，结合"制度执行年"进行制度宣贯，开展集中培训、知识问答等活动，强化操作风险意识。二是落实信托业务"三分类"监管要求，深化数据质量治理，开展重点工作领域专项操作风险排查，提升核签、放款等工作规范性。三是推进科技赋能，提速系统建设，优化用印审批、付款等业务流程，防范操作风险。

4.4.2.5 其他风险状况及管理

其他风险主要包括流动性风险、合规风险、集中度风险、声誉风险等。流动性风险指公司无法以合理成本及时获得充足资金，以偿付到期债务、履行其他支付义务和满足正常业务开展的资金需求的风险。合规风险指因未遵循法律、规则和准则而使公司遭受法律制裁、监管处罚、重大财务损失和声誉损失的可能性以及因国家宏观政策调整对公司业务经营成果造成影响的可能性。集中度风险指单一风险暴露或风险暴露组合可能给公司带来重大损失或导致公司风险状况发生实质性变化的风险，风险的形态包括交易对手集中度风险、地区集中度风险、行业集中度风险及其他集中度风险。声誉风险指由公司经营、管理及其他行为或项目负面舆情、外部事件等，导致利益相关方对公司产生负面评价，对公司外部市场地位和声誉产生消极影响的风险。

流动性风险方面，行业化险与转型的大背景下，信托业务流动性管理预计面临更多困难和挑战。公司持续加强流动性风险监控，细化监控指标，充分识别出危机情景，公司流动性管理委员会充分发挥统筹协调作用，不断完善清收、募集、调度等方面工作机制，监控产品流动性情况，动态调整兑付策略，有效应对行业负面舆情等冲击，守住流动性安全底线。

合规风险方面，公司持续加强合规意识宣贯。紧跟监管要闻、行业处罚信息以及最新监管规定，及时传导落实监管要求，重点开展案件风险排查，绷紧"内控案防弦"。梳理汇编行业法律法规及监管规定，制定宣传工作方案，开展系列宣贯活动，不断深化合规底线意识。同时，持续深入推进资管新规个案整改及现场检查整改等工作。按照信托业务新分类要求，严格把握信托业务边界，完善内部管理制度和内控机制，确保按新分类标准规范开展信托业务。

集中度风险方面，公司不断完善限额管控机制。一方面，制定发布《统一授信暂行办法》，从制度层面搭建了公司各类业务的统一授信管理体系，明确了统一授信管理原则，进一步明确与统一授信相关的审批权限与职责分工，初步建立限额监测体系。另一方面，完成并定期跟踪重点管控客户识别，设定限额和限额管控策略，建立健全区域集中度风险管理机制等。

声誉风险方面，公司高度重视维护良好舆情环境。公司持续落实舆情监测工作，及时预测行业声誉风险与传播风向，总结舆情敏感导向，夯实舆情处置流程，有效应对舆情冲突，并通过组织舆情培训方式，加深员工新闻宣传理念，加强网络正能量内容建设。

4.5 企业社会责任

2023年，公司立足"两个大局"，胸怀"国之大者"，将服务实体经济和人民美好生活、回归信托本源作为主要责任，努力把握新时代金融发展规律，坚持党的领导和以人民为中心的价值取向，坚守受托人职责定位，践行央企担当，积极创新转型，加强集团协同，竭尽"光大所能"，解决"民之所盼"，推动党中央各项决策部署落地见效。

4.5.1 加强党的领导

报告期内，公司党委加强党的领导，坚决贯彻"两个一以贯之"要求，推动党的领导与公司治理有机融合；以习近平新时代中国特色社会主义思想为指导，全面学习贯彻落实习近平总书记重要指示批示精神和党中央决策部署，强化理论武装，用习近平新时代中国特色社会主义思想凝心铸魂；深入开展学习贯彻习近平新时代中国特色社会主义思想主题教育，突出问题导向，有效开展调查研究，积极解决群众急难愁盼；加强基层组织建设，增强党组织政治功能和组织功能；持续强化严的氛围，深化全面从严治党。公司发挥党委把关定向的领导作用，全方位推动党建引领，为公司开启二次创业新征程、实现高质量发展提供坚强的思想政治保障。

4.5.2 落实国家战略

报告期内，公司围绕国家战略及党中央决策部署，制定配套制度和指导意见，明确年度目标，持续跟进和推进服务国家战略和实体经济工作。公司加大资源配置力度，针对服务国家战略和实体经济提出专门的考核和激励要求，提升业务部门的行动自觉。围绕服务构建新发展格局、支持现代化产业体系建设、区域协调发展、乡村振兴、"双碳"目标和绿色低碳转型，运用信托制度功能，强化业务模式创新。报告期内，公司服务实体经济信托规模4 880亿元。

4.5.3 积极参与社会公益事业

报告期内，公司认真贯彻落实全面推进乡村振兴的决策部署，重点落实定点帮扶任务。截至2023年底，公司累计备案慈善信托184单，资金规模8.74亿元，慈善信托备案数量及资金规模稳居行业前列，亦是行业内首家突破百单慈善信托的机构。一是创新推动绿色与慈善跨界融合。公司助力西藏慈善总会设立首单慈善信托，募集善款5 500万元。用于国土绿化工程。二是积极开展公益捐助。公司竭尽"光大所能"，解决"民之所盼"，在甘肃省发生地震灾害的第一时间联合光大银行通过大爱无疆慈善信托资金捐款200万元，用于支持灾区基础设施重建、受灾群众救助及灾后教育、卫生等方面的恢复工作。公司524名干部员工为甘肃省临夏州积石山县抗震救灾捐款61 849元，并完成向集团定点帮扶县捐款100万元。三是做好消费和产业帮扶。采购湖南新化、新田、古丈三个定点帮扶县的特色农产品。通过公司"慈善信托+浙江光信公益基金会"支持甘肃省定西市临洮县太石镇"临洮甜百合精深加工生产线包装及仓储车间建设项目"。四是参与扶贫助困行动。公司向新化县残联捐赠慈善助残资金80万元，为全县150名有听力残疾的残疾人和儿童适配助听器，为7名重度听障人士实施人工耳蜗手术资助补贴，助残项目在当地取得较好效果。积极开展救助困境母亲行动，公司干部员工共计496人参与，捐款44 460.66元。

4.5.4 推动创新转型

报告期内，公司围绕服务国家战略、服务实体经济及服务民生发展，加强创新转型，提高战略业务和培育业务发展水平。一是积极开展证券投资信托业务。初步形成了以固定收益型产品为主，"固收+"、权益投资型、TOF组合管理型及量化与指数投资型为辅的标品业务体系，通过资本市场业务支持国家实体经济及基础建设的发展。二是支持企业发展先进制造业与培育战略性新兴产业。报告期内，公司投资高端制造业企业公司债券，推进我国工程机械高端制造的自主可控发展。公司投资航空企业公司债券，助力新时代航空强国战略目标实现。三是回归本源，加大资产服务信托探索。积极拓展身心障碍服务信托，满足特殊需要人群服务需求；参与拓展企业破产重整，设立破产重组服务信托，助力企业化解金融风险；开发养老服务信托，提供养老权益服务，助力应对人口老龄化；提供光信链供应链服务，充分利用科技金融的优势，围绕核心企业，为供应链上下游中小微企业提供高效便捷的融资渠道，利用大数据分析、人工智能和区块链等技术，为企业提供更准确的风险评估和更高效的融资服务。

4.6 消费者保护

2023年，公司将消费者权益保护工作列入重点范畴，全面贯彻"以人民为中心"发展思想，将消保工作进一步融入到公司治理、机制建设、日常经营等方面，逐条梳理当前工作中存在的不足，反思在消费者权益保护工作中的短板，以客户为中心，积极探索完善消费者权益保护工作举措。

一是持续完善消保工作体制机制建设。2023年，公司积极完善消费者权益保护组织架构，强化消保工作的统筹管理，将消费者权益保护要求贯穿业务流程各环节，创造良好的金融生态环境。一方面通过党委会认真听取并审议对消保工作的汇报；另一方面，积极推进消费者权益保护专职部门的建设。公司于2023年度对董事会消费者权益保护委员会委员进行调整充实，由董事长亲自担任主任委员。10月20日，组织召开了消费者权益保护委员会会议，对现有消保组织架构开展了有针对性、系统地梳理和完善。为切实落实主体责任，经公司党委会及总裁办公会审议，公司正式成立消费者权益保护部。

二是开展消保专项排查。根据监管要求，公司对2022年至2023年全部营销业务开展了全面、彻底排查。本次排查共发现4项主要问题，主要包括组织架构建设、制度完善、材料表述及销售适当性等，目前已建立整改台账和整改计划，后续将按计划落实整改。同时，针对本次排查发现的违规行为，公司严格落实问责制度，对违法违规员工严肃问责和处理。

三是高效处理客户投诉。2023年，公司共受理监管部门转派的客户投诉270起，投诉主要集中在消费金融业务，共计222起，包括息费争议问题、催收问题、协商还款问题、征信问题、办理流程。公司及时上线投诉管理系统，成立消费金融柔性团队，强化事前发现和预警机制，对存续产品进行重检和监督管理，加强客户回访工作，全面提升了案件转办、跟踪督办和解决问题的能力。

四是践行社会责任，开展金融知识宣传教育活动。公司充分发挥公司平台资源及合作的自媒体平台的优势开辟"消费者权益保护知识专栏"，打造金融知识普及的特色主题。2023年，公司制作的老年人防诈骗宣传动画荣膺2023年金融界投教宣传年"优秀投教陪伴案例奖"。

5. 报告期末及上一年度末的比较式会计报表

5.1 自营资产

5.1.1 会计师事务所审计意见全文

审计报告

安永华明（2024）审字第70028519_A01号

光大兴陇信托有限责任公司

光大兴陇信托有限责任公司董事会：

一、审计意见

我们审计了光大兴陇信托有限责任公司的财务报表，包括2023年12月31日的资产负债表、2023年度的利润表、所有者权益变动表和现金流量表以及相关财务报表附注。

我们认为，后附的光大兴陇信托有限责任公司的财务报表在所有重大方面按照企业会计准则的规定编制，公允反映了光大兴陇信托有限责任公司2023年12月31日的财务状况以及2023年度的经营成果和现金流量。

二、形成审计意见的基础

我们按照中国注册会计师审计准则的规定执行了审计工作。审计报告的"注册会计师对财务报表审计的责任"部分进一步阐述了我们在这些准则下的责任。按照中国注册会计师职业道德守则，我们独立于光大兴陇信托有限责任公司，并履行了职业道德方面的其他责任。我们相信，我们获取的审计证据是充分、适当的，为发表审计意见提供了基础。

三、其他信息

光大兴陇信托有限责任公司管理层对其他信息负责。其他信息包括年度报告中涵盖的信息，但不包括财务报表和我们的审计报告。

我们对财务报表发表的审计意见不涵盖其他信息，我们也不对其他信息发表任何形式的鉴证结论。

结合我们对财务报表的审计，我们的责任是阅读其他信息，在此过程中，考虑其他信息是否与财务报表或我们在审计过程中了解到的情况存在重大不一致或者似乎存在重大错报。

基于我们已执行的工作，如果我们确定其他信息存在重大错报，我们应当报告该事实。在这方面，我们没有任何事项需要报告。

四、管理层和治理层对财务报表的责任

光大兴陇信托有限责任公司管理层负责按照企业会计准则的规定编制财务报表，使其实现公允反映，并设计、执行和维护必要的内部控制，以使财务报表不存在由于舞弊或错误导致的重大错报。

在编制财务报表时，管理层负责评估光大兴陇信托有限责任公司的持续经营能力，披露与持续经营相关的事项（如适用），并运用持续经营假设，除非计划进行清算、终止运营或别无其他现实的选择。

治理层负责监督光大兴陇信托有限责任公司的财务报告过程。

五、注册会计师对财务报表审计的责任

我们的目标是对财务报表整体是否不存在由于舞弊或错误导致的重大错报获取合理保证，并出具包含审计意见的审计报告。合理保证是高水平的保证，但并不能保证按照审计准则执行的审计在某一重大错报存在时总能发现。错报可能由于舞弊或错误导致，如果合理预期错报单独或汇总起来可能影响财务报表使用者依据财务报表作出的经济决策，则通常认为错报是重大的。

在按照审计准则执行审计工作的过程中，我们运用职业判断，并保持职业怀疑，同时，我们也执行以下工作：

（1）识别和评估由于舞弊或错误导致的财务报表重大错报风险，设计和实施审计程序以应对这些风险，并获取充分、适当的审计证据，作为发表审计意见的基础。由于舞弊可能涉及串通、伪造、故意遗漏、虚假陈述或凌驾于内部控制之上，未能发现由于舞弊导致的重大错报的风险高于未能发现由于错误导致的重大错报的风险。

（2）了解与审计相关的内部控制，以设计恰当的审计程序，但目的并非对内部控制的有效性发表意见。

（3）评价管理层选用会计政策的恰当性和作出会计估计及相关披露的合理性。

（4）对管理层使用持续经营假设的恰当性得出结论。同时，根据获取的审计证据，就可能导致对光大兴陇信托有限责任公司持续经营能力产生重大疑虑的事项或情况是否存在重大不确定性得出结论。如果我们得出结论认为存在重大不确定性，审计准则要求我们在审计报告中提请报表使用者注意财务报表中的相关披露；如果披露不充分，我们应当发表非无保留意见。我们的结论基于截至审计报告日可获得的信息。然而，未来的事项或情况可能导致光大兴陇信托有限责任公司不能持续经营。

（5）评价财务报表的总体列报（包括披露）、结构和内容，并评价财务报表是否公允反映相关交易和事项。

我们与治理层就计划的审计范围、时间安排和重大审计发现等事项进行沟通，包括沟通我们在审计中识别出的值得关注的内部控制缺陷。

安永华明会计师事务所（特殊普通合伙）

中国注册会计师：孙玲玲

中国注册会计师：冯栋娜

中国·北京　　　　　　　　　2024年4月25日

5.1.2 资产负债表

资产负债表

编制单位：光大兴陇信托有限责任公司　　2023年12月31日　　单位：万元

项目	2023年12月31日	2022年12月31日	2022年1月1日
资产			
现金			
存放同业款项	936 922.22	1 283 149.27	980 237.95
交易性金融资产	822 168.02	742 265.27	968 674.43
债权投资	84 637.18	—	—
应收账款	31 373.95	60 750.31	48 935.91
发放贷款和垫款	400.00	400.00	400.00
其他权益工具投资	—	—	3 292.37
使用权资产	13 875.95	21 873.28	32 972.95
固定资产	4 555.68	5 184.52	6 032.96
无形资产	15 771.59	12 281.02	10 150.96
投资性房地产	3 099.38	3 209.26	3 319.14
递延所得税资产	115 239.88	118 587.38	87 301.27
其他资产	42 789.32	46 231.55	20 426.91
资产总计	2 070 833.17	2 293 931.86	2 161 744.85
负债和所有者权益	—	—	—
拆入资金			15 000.00
合同负债	86 749.10	159 798.18	189 796.25
租赁负债	17 305.33	26 018.99	36 685.07
应付职工薪酬	8 243.40	7 309.14	9 212.30
应交税费	23 034.10	38 331.65	42 601.77
其他负债	11 832.76	20 298.97	19 653.06
预计负债	227 154.33	382 439.97	305 420.66
负债合计	374 319.02	634 196.90	618 369.12
所有者权益	—	—	—
实收资本	841 819.05	841 819.05	841 819.05
资本公积	7 730.00	7 730.00	7 730.00

续表

项目	2023年12月31日	2022年12月31日	2022年1月1日
其他综合收益	−2 145.00	−2 145.00	324.28
盈余公积	106 669.99	102 992.08	91 109.22
一般风险准备	19 497.99	19 497.99	13 772.69
信托赔偿准备	53 660.71	51 821.75	45 880.32
未分配利润	669 281.41	638 019.09	542 740.17
所有者权益合计	1 696 514.15	1 659 734.96	1 543 375.73
负债和所有者权益总计	2 070 833.17	2 293 931.86	2 161 744.85

单位负责人：邵泉　　主管会计工作的公司负责人：郭庆卫　　会计机构负责人：刘晓佳

5.1.3 利润表

利润表

编制单位：光大兴陇信托有限责任公司　　2023年12月31日　　单位：万元

项目	2023年	2022年
一、营业收入	273 813.17	431 573.62
利息收入	20 312.76	23 483.79
手续费及佣金收入	280 781.20	418 780.50
投资收益	3 211.57	20 854.29
公允价值变动（损失）/收益	−30 709.70	−32 188.02
其他业务收入	229.69	684.49
资产处置收益	−12.35	−41.43
汇兑净收益/（损失）	—	—
二、营业支出	181 851.98	248 496.01
营业税金及附加	1 945.42	2 934.31
业务及管理费	90 922.98	133 149.12
信用减值损失	225 061.67	47 148.05
资产减值损失	−136 187.97	65 154.65
其他业务成本	109.88	109.88
三、营业利润	91 961.19	183 077.61
加：营业外收入	299.33	24.73
减：营业外支出	2 472.63	12 206.74
四、利润总额	89 787.89	170 895.60
减：所得税费用	53 008.70	52 067.09
五、净利润	36 779.19	118 828.51
六、其他综合收益的税后净额以后将重分类进损益的其他综合收益	—	−2 469.28
其他权益工具投资公允价值变动	—	−2 469.28
七、综合收益总额	36 779.19	116 359.23

单位负责人：邵泉　　主管会计工作的公司负责人：郭庆卫　　会计机构负责人：刘晓佳

5.1.4 所有者权益变动表

所有者权益变动表

编制单位：光大兴陇信托有限责任公司　　　　　2023年12月31日　　　　　单位：万元

2023年度

项目	实收资本	资本公积	其他综合收益	盈余公积	一般风险准备	信托赔偿准备	未分配利润	所有者权益合计
2022年12月31日余额	841 819.05	7 730.00	−2 145.00	102 992.08	19 497.99	51 821.75	638 019.09	1 659 734.96
会计政策变更	—	—	—	—	—	—	—	—
2023年1月1日余额	841 819.05	7 730.00	−2 145.00	102 992.08	19 497.99	51 821.75	638 019.09	1 659 734.96
本年增减变动金额	—	—	—	—	—	—	—	—
1.净利润	—	—	—	—	—	—	36 779.19	36 779.19
2.其他综合收益	—	—	—	—	—	—	—	—
3.股东注资	—	—	—	—	—	—	—	—
4.利润分配	—	—	—	3 677.91	—	1 838.96	−5 516.87	—
−提取盈余公积	—	—	—	3 677.91	—	—	−3 677.91	—
−提取一般风险准备	—	—	—	—	—	—	—	—
−提取信托赔偿准备	—	—	—	—	—	1 838.96	−1 838.96	—
−分配股利	—	—	—	—	—	—	—	—
2023年12月31日余额	841 819.05	7 730.00	−2 145.00	106 669.99	19 497.99	53 660.71	669 281.41	1 696 514.15

2022年度

项目	实收资本	资本公积	其他综合收益	盈余公积	一般风险准备	信托赔偿准备	未分配利润	所有者权益合计
2021年12月31日余额	841 819.05	7 730.00	324.28	91 109.22	13 772.68	45 880.32	542 740.18	1 543 375.73
会计政策变更	—	—	—	—	—	—	—	—
2022年1月1日余额	841 819.05	7 730.00	324.28	91 109.22	13 772.68	45 880.32	542 740.18	1 543 375.73
本年增减变动金额	—	—	—	—	—	—	—	—
1.净利润	—	—	—	—	—	—	118 828.51	118 828.51
2.其他综合收益	—	—	−2 469.28	—	—	—	—	−2 469.28
3.股东注资	—	—	—	—	—	—	—	—
4.利润分配	—	—	—	11 882.86	5 725.31	5 941.43	−23 549.60	—
−提取盈余公积	—	—	—	11 882.86	—	—	−11 882.86	—
−提取一般风险准备	—	—	—	—	5 725.31	—	−5 725.31	—
−提取信托赔偿准备	—	—	—	—	—	5 941.43	−5 941.43	—
−分配股利	—	—	—	—	—	—	—	—
2022年12月31日余额	841 819.05	7 730.00	−2 145.00	102 992.08	19 497.99	51 821.75	638 019.09	1 659 734.96

单位负责人：邵泉　　　　　主管会计工作的公司负责人：郭庆卫　　　　　会计机构负责人：刘晓佳

5.2 信托资产

5.2.1 信托项目资产负债汇总表

信托项目资产负债汇总表

编制单位：光大兴陇信托有限责任公司　　　　　2023年12月31日　　　　　单位：万元

信托资产：	期末数	年初数（审计后）	信托负债和信托权益	期末数	年初数（审计后）
信托资产：			信托负债		
货币资金	1 315 789.69	2 698 907.88	以公允价值计量且其变动计入当期损益的金融负债	—	—

续表

信托资产:	期末数	年初数（审计后）	信托负债和信托权益	期末数	年初数（审计后）
拆出资金	—	—	衍生金融负债		
存出保证金	—	—	应付受托人报酬	68 593.68	80 356.04
金融投资：	—	—			
以公允价值计量且其变动计入当期损益的金融资产	36 239 803.85	43 313 266.04	应付托管费	3 965.17	17 140.13
以公允价值计量且其变动计入其他综合收益的债务工具	—	—	应付受益人收益	15 376.31	16 955.24
以公允价值计量且其变动计入其他综合收益的权益工具	—	—	应交税费	33 112.97	46 074.16
以摊余成本计量的金融资产	8 687 914.77	13 091 157.31	应付销售服务费	12 617.72	12 774.05
衍生金融资产	—	—	其他应付款项	1 308 182.55	636 240.12
买入返售金融资产	540 191.36	569 319.21	其他负债	12 399.93	—
其他应收款	2 036 119.76	1 969 902.68	信托负债合计：	1 454 248.33	809 539.74
发放贷款	25 417 546.22	33 402 474.80	信托权益：		
长期应收款	—	—	实收信托（注）	74 161 100.33	94 105 087.57
长期股权投资	82 590.37	650.00	资本公积	61 504.99	81 000.99
投资性房地产	—	—	其他综合收益	—	—
固定资产	—	—	损益平准金	—	−501.82
无形资产	—	—	未分配利润	−1 356 857.74	51 510.09
长期待摊费用	39.89	958.64	信托权益合计	72 865 747.58	94 237 096.83
信托资产总计	74 319 995.91	95 046 636.57	信托负债及权益总计	74 319 995.91	95 046 636.57

注：根据"三分类"新规要求，截至2023年底，公司信托业务存续实收信托规模7 416.11亿元，其中，资产服务信托规模1 894.97亿元，资产管理信托规模4 339.34亿元，公益慈善信托规模1.79亿元。

5.2.2 信托项目利润及利润分配汇总表

信托项目利润及利润分配汇总表

编制单位：光大兴陇信托有限责任公司　　2023年12月31日　　单位：万元

项目	本年数	上年数
一、营业收入	3 064 827.40	5 303 670.38
1.利息收入	2 229 224.15	3 328 927.56
2.投资收益	1 085 789.87	2 520 002.84
3.公允价值变动损益	−172 059.81	−642 442.48
4.租赁收入	—	—
5.汇兑损益	7.14	150.53
6.其他收入	−78 133.95	97 031.94
二、营业费用	713 506.80	1 293 395.83
1.税金及附加	10 441.90	14 894.10
2.受托人报酬	296 079.45	420 678.76
3.托管费	10 331.18	24 883.51
4.投资管理费	4 306.36	8 386.93
5.销售服务费	60 536.42	111 529.74

续表

项目	本年数	上年数
6.交易费用	5 799.25	135.20
7.信用减值损失	127 304.74	−42 210.22
8.资产减值损失	−2 025.00	—
9.其他费用	200 732.50	755 097.82
三、信托净利润（净亏损以"−"号填列）	2 351 320.60	4 010 274.55
四、其他综合收益	—	—
五、综合收益	2 351 320.60	4 010 274.55
加：期初未分配信托利润	51 510.09	2 322 183.27
减：会计政策变更对期初未分配利润的影响	—	1 122 030.29
六、可供分配信托利润	2 402 830.69	5 210 427.53
减：本期已分配信托利润	3 759 688.43	5 158 917.44
七、期末未分配信托利润（注）	−1 356 857.74	51 510.09

注：报告期内，受宏观经济波动、房地产下行、地方化债压力、证券市场震荡下挫等多重因素影响，叠加行业风险隐患聚集因素，公司信托业务项下资产质量承压，公司不断推进落实资管新规、遵循新的金融资产风险分类办法、严格执行会计准则，出于对信托项目信用风险状况的谨慎性判断、市场风险的公允价值估值，在信托项目项下计提信用减值损失准备和公允价值变动减值。

6.会计报表附注

6.1 会计报表编制基准不符合会计核算基本前提的说明

6.1.1 会计报表不符合会计核算基本前提的事项
无。

6.1.2 合并报表说明
无。

6.2 重要会计政策和会计估计说明（略）

6.3 或有事项说明

如果与或有事项相关的义务是本公司承担的现时义务，且该义务的履行很可能会导致经济利益流出本公司，以及有关金额能够可靠地计量，则本公司会确认预计负债。对于货币时间价值影响重大的，预计负债以预计未来现金流量折现后的金额确定。

对过去的交易或者事项形成的潜在义务，其存在须通过未来不确定事项的发生或不发生予以证实；或过去的交易或者事项形成的现时义务，履行该义务不是很可能导致经济利益流出本公司或该义务的金额不能可靠计量，则本公司会将该潜在义务或现时义务披露为或有事项。

2023年，公司作为信托计划受托人与中国信托业保障基金有限责任公司（以下简称保障基金公司）签订了债权转让协议及委托代理协议，本公司向保障基金公司提供委托代理协议下的本金和预期收益的清收承诺。2023年12月31日存续的债权资产转让价款为317 000万元，其中公司控股股东中国光大集团股份公司提供一般保证担保，截至2023年末担保余额239 300万元。基于对委托资产情况的充分了解，公司认为承担损失的可能性很小。

6.4 重要资产转让及其出售的说明

报告期内，公司落实《中国银监会办公厅关于进一步加强信托公司风险监管工作的意见》要求，提升风险处置质效，加大不良资产风险化解力度，推动使用预计负债消化存量风险项目方案，于2023年12月初在中债银登不良资产交易中心（北京）公开挂牌转让对深圳恒中康耀投资控股有限公司等2户的债权资产，债权本金13.58亿元，挂牌公告期，共1家意向受让方通过中债银登交易中心官网报名并于2023年12月中旬完成受让。

6.5 会计报表中重要项目的明细资料

6.5.1 自营资产经营情况

6.5.1.1 按资产风险五级分类结果披露资产的期初数、期末数

信用风险资产五级分类	正常类（万元）	关注类（万元）	次级类（万元）	可疑类（万元）	损失类（万元）	信用风险资产合计（万元）	不良合计（万元）	不良率（%）
期初数	2 119 031.25	—	—	1 000.00	2 356.55	2 122 387.80	3 356.55	0.16
期末数	1 803 705.81	—	—	61 966.50	23 070.68	1 888 742.99	85 037.18	4.50

注：不良资产合计=次级类+可疑类+损失类。

6.5.1.2 披露资产损失准备的期初、本期计提、本期转回、本期核销、期末数

单位：万元

项目	2023年1月1日	本期计提/转入	本期转回	2023年12月31日
发放贷款和垫款减值准备	2 956.55	—	—	2 956.55
债权投资减值准备	—	85 194.44	—	85 194.44
坏账及其他资产减值准备	22 615.74	25 667.07	—	48 282.81
合计	25 572.29	110 861.51	—	136 433.80

注：根据《企业会计准则》要求，2023年度公司充分考虑固有资产质量及风险状况，合理预计各项资产可能发生的损失，审慎计提各项资产减值准备。

6.5.1.3 披露自营股票投资、基金投资、债券投资、长期股权投资等投资的期初数、期末数

单位：万元

项目	自营股票	基金	债券	长期股权投资	其他投资	合计
期初数	51 192.89	310 910.90	49 886.53	—	330 274.94	742 265.27
期末数	47 128.05	190 201.56	29 271.66	—	640 203.93	906 805.20

6.5.1.4 按投资入股金额排序，披露前五名的自营长期股权投资的企业名称、占被投资企业权益的比例、主要经营活动及投资收益情况等

无。

6.5.1.5 披露前五名的自营贷款的企业名称、占贷款总额的比例和还款情况等

企业名称	占贷款总额的比例（%）	还款情况
白银有色金属公司	70.21	逾期
甘肃天赐一秀根石艺术有限公司	29.79	逾期

6.5.1.6 表外业务的期初数、期末数；按照代理业务、担保业务和其他类型表外业务分别披露

无。

6.5.1.7 公司当年的收入结构

收入结构	金额（万元）	占比（%）
手续费及佣金收入	280 781.20	102.43
其中：信托手续费收入	277 059.96	101.08
投资银行业务收入	3 721.24	1.36
利息收入	20 312.76	7.41
其他业务收入	229.69	0.08
其中：计入信托业务收入部分	—	—
汇兑收益	—	—
投资收益	3 211.58	1.17
其中：股权投资收益	909.10	0.33
证券投资收益	552.65	0.20
其他投资收益	1 749.83	0.64
公允价值变动收益	-30 709.70	-11.20
营业外收入	299.33	0.11
资产处置收益	-12.35	—
收入合计	274 112.51	100.00

6.5.1.8 公司净资本管理状况

截至2023年末，公司净资本余额1 266 046.15万元，净资本/各项业务风险资本之和111.31%，符合监管要求。

项目	金额（万元）	监管指标
公司净资产（万元）	1 696 514.15	
固有业务风险资本（万元）	168 190.92	
信托业务风险资本（万元）	969 234.58	
其他业务风险资本（万元）	—	
各项业务风险资本之和（万元）	1 137 425.50	
公司净资本	1 266 046.15万元	≥2亿元
净资本/各项业务风险资本之和（%）	111.31	≥100
净资本/净资产（%）	74.63	≥40
剩余风险资本（万元）	128 620.65	—

6.5.2 信托资产管理情况

6.5.2.1 披露履行受托人义务的情况

为规范公司信托项目信息披露行为，履行受托人的信息披露义务，保护委托人和受益人的合法权益，根据监管规定和《光大兴陇信托有限责任公司信托项目信息披露管理办法》，公司本着主动、真实、准确、完整、及时原则披露信托项目募集公告、成立公告、定期报告、清算报告以及临时重大事项报告等内容。

2023年度内公司依据信息披露管理办法披露：成立公告：2 721笔，管理报告：7 657笔，募集公告：2 201笔，清算报告：1 711笔，临时报告：1 569笔，共计：15 859笔。

6.5.2.2 披露信托资产的期初数、期末数

单位：万元

信托资产	期初数	期末数
集合	58 234 133.14	48 361 815.95
单一	20 940 968.87	14 123 335.19
财产权	15 871 534.56	11 834 844.77
合计	95 046 636.57	74 319 995.91

6.5.2.2.1 主动管理型信托业务的信托资产期初数、期末数

单位：万元

主动管理型信托资产	期初数	期末数
证券投资类	17 340 844.89	13 333 638.65
股权投资类	24 996 488.07	21 038 449.64
融资类	19 714 009.42	18 291 731.31
事务管理类	4 221 535.35	2 593 648.41
其他		
合计	66 272 877.73	55 257 468.01

6.5.2.2.2 被动管理型信托业务的信托资产期初数、期末数

单位：万元

被动管理型信托资产	期初数	期末数
证券投资类	454 834.17	464 528.33
股权投资类	851 808.63	559 481.28
融资类	7 092.40	2 036.57
事务管理类	27 460 023.64	18 036 481.72
其他	—	—
合计	28 773 758.84	19 062 527.90

6.5.2.3 本年度已清算结束的信托项目个数、实收信托合计金额、加权平均实际年化收益率

6.5.2.3.1 本年度已清算结束的集合类、单一类资金信托项目和财产管理类信托项目个数、实收信托金额

已清算结束信托项目	项目个数（个）	实收信托合计金额（万元）
集合类	528	41 372 329.25
单一类	2 274	12 595 953.93
财产管理类	44	8 568 378.51
合计	2 846	62 536 661.69

6.5.2.3.2 本年度已清算结束的主动管理型信托项目个数、实收信托合计金额

已清算结束信托项目	项目个数（个）	实收信托合计金额（万元）	加权平均实际年化信托报酬率（%）
证券投资类	235	23 841 706.59	0.23
股权投资类	1 773	11 258 395.23	0.43
融资类	200	9 781 888.09	0.68
事务管理类	508	2 024 757.88	0.40
合计	2 716	46 906 747.79	0.38

6.5.2.3.3 本年度已清算结束的被动管理型信托项目个数、实收信托合计金额、加权平均实际年化信托报酬率

已清算结束信托项目	项目个数（个）	实收信托合计金额（万元）	加权平均实际年化信托报酬率（%）
证券投资类	0	—	—
股权投资类	6	307 929.46	0.16
融资类	0	—	—
事务管理类	124	15 321 984.44	0.08
合计	130	15 629 913.90	0.08

6.5.2.4 本年度新增的集合类、单一类和财产管理类信托项目数量、实收信托合计金额

新增信托项目	项目个数（个）	合计金额（万元）
集合类	507	31 788 219.77
单一类	319	6 096 565.98
财产管理类	46	4 707 888.71
新增合计	872	42 592 674.46
其中：主动管理型	720	36 587 321.15
被动管理型	152	6 005 353.31

6.5.2.5 披露信托财产的损失情况（笔数、合计金额、原因等）

2023年由于宏观经济尚未恢复，房地产市场供求关系发生重大变化，公司按照资管新规和会计准则的要求，出于对信托项目信用风险状况的谨慎性判断，部分信托项目底层财产存在减值风险，公司已审慎计提减值准备，信托财产损失情况以项目清算结束后发生的实际损失为准。

6.5.2.6 披露因本公司自身责任而导致的信托资产损失情况

公司恒益14号、15号项目为系列案件，目前案件数量73件，为恒大出售项目资产致使购房人诉项目公司要求房屋过户及赔偿违约金，并要求我司承担连带责任。

截至2023年12月31日，全部案件均在二审过程中。按照一审判决结果，预计我司最终需退还及赔付总额共计0.9亿元（含诉讼费）。

6.5.2.7 信托赔偿准备金的提取、使用和管理情况

单位：万元

信托赔偿准备金	期初数	本期发生数	期末数
合计	51 821.75	1 838.96	53 660.71

6.6 关联方关系及其交易的披露

6.6.1 关联交易方的数量、关联交易的总金额及关联交易的定价政策等

关联交易方数量	关联交易金额（万元）	定价政策
30	346 292.73	按市场价格交易；若无价格，则按公允原则，以不优于对非关联方同类交易的条件交易

6.6.2 关联交易方与本公司的关系性质、关联交易方的名称、法定代表人、注册地址、注册资本及主营业务等

关联交易方与本公司的关系性质	关联交易方的名称	法定代表人	注册地址	注册资本（万元）	主营业务
母公司	中国光大集团股份公司	吴利军	北京市西城区太平桥大街25号	7 813 450.37	投资和管理金融业包括银行、证券、保险、基金、信托、期货、租赁、金银交易；资产管理；投资和管理非金融业
同一母公司控制下的子公司	中国光大银行股份有限公司	王江	北京市西城区太平桥大街25号、甲25号中国光大中心	5 248 927.00	吸收公众存款；发放短期、中期和长期贷款；办理国内外结算；办理票据承兑与贴现等
同一母公司控制下的子公司	光大证券股份有限公司	刘秋明	上海市静安区新闸路1508号	461 078.76	证券经纪；证券投资咨询；与证券交易、证券投资活动有关的财务顾问；证券承销与保荐；证券自营等
同一最终控制方	光大理财有限责任公司	任锋	山东省青岛市崂山区香港东路195号4号楼16层至19层	500 000.00	面向不特定社会公众公开发行理财产品，对受托的投资者财产进行投资和管理，理财顾问和咨询服务等

注：公司本年度发生关联交易的关联方共有27个，主要来自光大集团内部，表中为公司主要关联方。

6.6.3 逐笔披露本公司与关联方的重大交易事项

6.6.3.1 固有财产与关联方交易情况

固有与关联方关联交易　　　　单位：万元

项目	期初数	借方发生数	贷方发生数	期末数
贷款	—	—	—	—
投资	—	—	—	—
租赁	—	—	—	—
应收账款	—	—	—	—
担保	—	—	—	—
其他	106 992.73	—	—	106 992.73
合计	106 992.73	—	—	106 992.73

注：1.还包括支付给关联方光大科技、光大置业、光大永明、光大证券等的资产购置费、服务费、保险费其他费用合计1 721.08万元，向关联方光大金瓯转让资产收取转让价款17 000万元。
2.因将固有向关联方支付的费用单列，本期期初数与上一年度期末数不一致。本年度披露以固有向关联方支付的费用为准。

6.6.3.2 信托资产与关联方交易情况

信托与关联方关联交易　　　　单位：万元

项目	期初数	借方发生数	贷方发生数	期末数
贷款	—	—	—	—
投资	—	—	—	—
租赁	—	—	—	—
应收账款	—	—	—	—
担保	242 000.00	—	2 700.00	239 300.00
其他	—	—	—	—
合计	—	242 000.00	2 700.00	239 300.00

注：1.还包括支付给关联方光大银行、光大永明资管、光大养老、光大证券、光瑞聚耀等的保管费、代销费、财务顾问费、养老服务费、管理费、客户服务费等合计115 727.31万元；收取关联方光大理财及关联自然人认购本公司管理信托产品的信托报酬等212.86万元。
2.本期期初数与上一年度的期末数不一致，主要是根据监管规定公司调整了关联交易金额的计算口径，本年度以信托计划向关联方支付的费用和关联方向本公司支付的信托报酬为准进行披露。

6.6.4 逐笔披露关联方逾期未偿还本公司资金的详细情况以及本公司为关联方担保发生或即将发生垫款的详细情况

无。

6.7 会计制度的披露

本公司固有业务和信托业务均执行财政部颁布的《企业会计准则》及相关规定。

7.财务情况说明书

7.1 利润实现和分配情况

（1）实现利润。本公司2023年度实现利润总额89 787.89万元，净利润36 779.19万元。

（2）提取盈余公积。根据公司法和公司章程的规定，本公司拟按2023年净利润的10%提取法定盈余公积人民币3 677.91万元（2022年：人民币11 882.86万元）。

（3）提取信托赔偿准备。根据《信托公司管理办法》（中国银行业监督管理委员会令2007年第2号）第49条及本公司章程的规定，本公司拟按2023年净利润的5%提取信托赔偿准备人民币1 838.96万元（2022年：人民币5 941.43万元）。

7.2 主要财务指标

指标名称	指标值	计算公式
资本利润率（%）	2.19	（1）资本利润率（%）=净利润/所有者权益平均余额×100%
加权年化信托报酬率（%）	0.33	（2）人均净利润=净利润/年平均人数〔平均值采取期初、期末余额简单平均法，公式为：a（平均）=（期初数+期末数）/2〕
人均净利润（万元）	49.57	

7.3 对本公司财务状况、经营成果有重大影响的其他事项

无。

8.特别事项揭示

8.1 前五名股东报告期内变动情况及原因

天水市财政局拟将持有公司4%股权无偿划转至天水市经济发展投融资（集团）有限公司，经公司股东会审议通过并于2023年9月取得监管批复（甘金监行许〔2023〕76号），股权变更相关手续正在办理中。

8.2 董事、监事及高级管理人员变动情况及原因

8.2.1 董事变动情况

2023年8月2日，经国家金融监督管理总局甘肃监管局核准，马万荣取得公司董事任职资格（2022年12月8日，经2022年第二次临时股东会审议通过，马万荣拟任公司董事，蔡彤不再担任公司董事）。

2023年8月28日，经2023年第一次临时股东会审议通过，龙飞拟任公司董事，王志远、李朝霞不再担任公司董事。2023年10月25日，经国家金融监督管理总局甘肃监管局核准，龙飞取得公司董事任职资格。

8.2.2 监事变动情况

2023年8月28日，经公司2023年第一次临时股东会审议通过，选举韩鹏任公司监事，张晶不再担任公司监事职务。

2023年8月29日，经公司监事会2023年第三次会议审议通过，选举韩鹏任公司监事会主席，张晶不再担任公司监事会主席职务。

8.2.3 高级管理人员变动情况

2022年10月19日，经公司2022年第五次董事会审议通过，聘任杨天博为公司副总裁，2023年2月2日，经国家金融监督管理总局甘肃监管局核准，杨天博取得公司副总裁任职资格。

2023年8月28日，经公司董事会2023年第三次会议审议通过，聘任杨子江、朱斌为公司副总裁，2023年10月25日，经国家金融监督管理总局甘肃监管局核准，杨子江、朱斌取得公司副总裁任职资格。

8.3 变更注册资本、变更注册地、经营范围发生变化或公司名称、公司分立合并事项

无。

8.4 公司的重大诉讼事项

8.4.1 重大未决诉讼事项

公司作为原告且标的额在上一年度公司净资产5%以上的案件共6件，总涉诉标的为103.25亿元，均因信托项目到期后融资人违约引起。

公司作为被告且标的额在5 000万元以上案件共6件，因公司处理信托事务过程中引起。以上案件目前均处于正常司法进程中，等待开庭或判决。

8.4.2 以前年度发生，于本报告年度内终结的诉讼事项

本报告年度内终结案件9件。其中：公司作为原告且标的额在上一年度公司净资产5%以上的案件共5件，总涉诉标的70.79亿元，因信托项目到期后融资人违约引起；公司作为被告且标的额在5 000万元以上案件4件（系列案件按1件统计），均因处理信托事务过程中引起。

8.4.3 本报告年度发生，于本报告年度内终结的诉讼事项

某投资人起诉公司信托合同纠纷一案，法院认为公司与其签订的远期转让协议合法有效，公司应当履行合同义务。判决生效后，公司履行了赔付义务。

8.5 对会计师事务所出具的有解释性说明、保留意见、拒绝表示意见或否定意见的审计报告的，公司董事会应就所涉及事项作出说明

安永华明会计师事务所（特殊普通合伙）为本公司出具了标准无保留意见的审计报告。

8.6 公司及其董事、监事和高级管理人员受到处罚的情况

报告期内，公司收到国家金融监督管理总局甘肃监管局下发的行政处罚决定书，对公司及原董事长闫桂军、原副总裁刘向东给予行政处罚。

8.7 国家金融监督管理总局及其派出机构对公司进行检查及提出整改意见的情况

报告期内，国家金融监督管理总局甘肃监管局向公司下发了2022年度监管情况的通报，公司认真整改落实，并向甘肃监管局报送了整改落实情况报告。

8.8 本年度重大事项临时报告的简要内容、披露时间、所披露的媒体及其版面

2023年3月28日，在《证券时报》B2版对变更公司章程事项进行了公告。

8.9 国家金融监督管理总局及其派出机构认定的其他有必要让客户及相关利益人了解的重要信息

无。

9.公司监事会意见

报告期内，公司监事会严格遵守《公司法》及光大兴陇信托有限责任公司章程的有关规定，依法独立履行职责，全体监事列席了各次股东会会议及董事会会议，监督检查了公司依法运作、重大决策、重大经营活动情况及财务状况，认为公司能够合规运作。2023年度财务报告经安永华明会计师事务所（特殊普通合伙）审计，出具了标准无保留意见的审计报告，该报告真实、客观、准确地反映了公司财务状况和经营成果。

广东粤财信托有限公司

1.重要提示

1.1 公司董事会及董事保证本报告所载资料不存在任何虚假记载、误导性陈述或者重大遗漏，并对其内容的真实性、准确性和完整性承担个别及连带责任。

1.2 公司独立董事对本报告所披露内容进行了认真审查，保证本报告内容的真实性、准确性和完整性。

1.3 致同会计师事务所（特殊普通合伙）广州分所对本公司年度财务报告进行了审计，出具了标准无保留意见的审计报告。

1.4 公司负责人、主管会计工作负责人及会计部门负责人保证年度报告中财务报告的真实、完整。

2.公司概况

2.1 公司简介

广东粤财信托有限公司成立于1984年，是经国家金融监督管理总局批准设立的非银行金融机构，是国内首批设立的信托公司，目前为广东省唯一省属国有信托机构。公司注册资本人民币62亿元，其中：广东粤财投资控股有限公司出资608 467.59万元，出资比例为98.14%；广东省科技创业投资有限公司出资11 532.41万元，出资比例为1.86%。

公司坚持党的全面领导，牢记金融企业初心使命，围绕中央金融工作会议、中央经济工作会议精神、广东省委十三届三次全会"1310"工作部署，坚持专业化、标准化、精细化、净值化、数字化、国际化的发展方向，坚持"诚信为本、稳健经营、专业进取、开拓创新"的经营方针，践行"服务省委省政府中心工作、服务实体经济、服务区域金融安全"使命，积极推进"一体四轮两翼"展业策略，立足广东，辐射全国，充分发挥信托制度优势和自身专业优势，融汇各方资源，为各地重大项目、重大基础设施建设、产业园区建设、上市公司、中小企业、绿色节能环保、个人和家族财富管理等提供多样化金融服务，致力于成为资产管理规模及主动管理能力位居行业前列，大湾区最具影响力的信托公司。

2.1.1 公司法定中文名称：广东粤财信托有限公司
英文名称：GUANGDONG YUECAI TRUST CO.，LTD.

2.1.2 法定代表人：莫敏秋

2.1.3 注册地址：广东省广州市越秀区东风中路481号粤财大厦1楼自编C区、4楼、14楼、40楼

2.1.4 邮政编码：510045

2.1.5 公司国际互联网网址：https：//www.utrusts.com

2.1.6 公司电子信箱：ycxtfwh@yuecaiholdings.com

2.1.7 公司信息披露事务联系人：陈韶辉
联系电话：020-83063141
传真：020-83063080
电子信箱：ycxtfwh@yuecaiholdings.com

2.1.8 公司本次信息披露报纸名称：《证券时报》《金融时报》

2.1.9 公司年度报告备置地点：广州市东风中路481号粤财大厦14楼

2.1.10 公司聘请的会计师事务所：致同会计师事务所（特殊普通合伙）广州分所
办公地点：广州市天河区珠江新城珠江东路32号利通广场10楼

2.2 组织架构

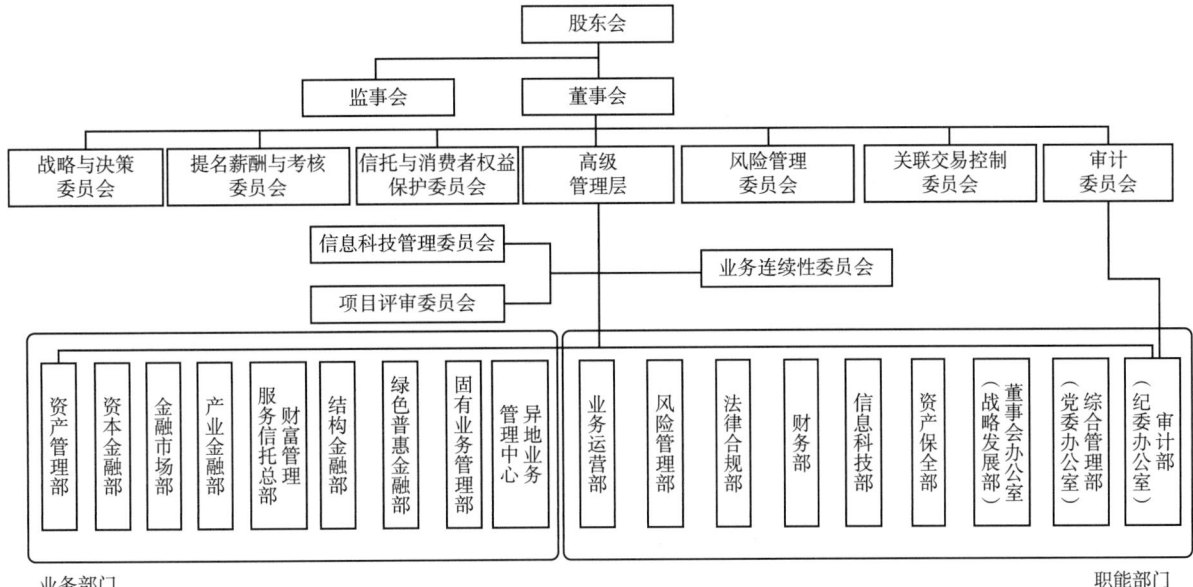

3. 公司治理

3.1 股东

股东名称	广东粤财投资控股有限公司	广东省科技创业投资有限公司
出资额（万元）	608 468	11 532
出资比例（%）	98.14	1.86
法人代表	金圣宏	汪涛
注册资本（亿元）	358.70	10.40
注册地址	广州市东风中路481号粤财大厦15楼	广东省广州市天河区珠江西路17号4301房自编号1房
主要经营业务及主要财务情况	主要经营业务：资本运营管理、资产受托管理、投资项目的管理；科技风险投资、实业投资；企业重组、并购咨询服务、互联网信息服务、网络科技咨询服务 主要财务情况（合并报表）：资产总额4 335.34亿元；净资产801.49亿元；净利润28.45亿元	主要经营业务：创业投资业务；为创业企业提供创业管理服务业务；参与设立创业投资企业与创业投资管理顾问机构；股权投资业务；咨询业务；产业园投资；物业出租 主要财务情况（合并报表）：资产总额49.98亿元；净资产15.92亿元；净利润1.84亿元

3.2 董事、董事会及下属委员会

董事长、董事

职务	姓名	性别	年龄（岁）	选任日期	所推举的股东名称	该股东持股比例（%）	简要履历
董事长	莫敏秋	男	52	2020年5月20日	广东粤财投资控股有限公司	98.14	2015年9月任广东粤财投资控股有限公司总经理助理 2019年4月任广东粤财金融租赁股份有限公司董事长 2020年5月任广东粤财信托有限公司董事长
董事	王麒麟	男	41	2023年7月27日	广东粤财投资控股有限公司	98.14	2016年6月任广东粤财信托有限公司信托管理一部副总经理 2017年6月任广东粤财信托有限公司信托管理一部（后更名为机构业务部）总经理 2017年6月任广东粤财信托有限公司机构业务部总经理 2021年3月任广东粤财金融租赁股份有限公司副总经理 2022年6月任广东粤财金融租赁股份有限公司总经理 2023年7月任广东粤财信托有限公司董事、总经理

续表

职务	姓名	性别	年龄（岁）	选任日期	所推举的股东名称	该股东持股比例（%）	简要履历
董事	李双文	女	44	2022年6月15日	广东省科技创业投资有限公司	1.86	2017年4月任广东粤科金融集团有限公司战略发展部副总经理 2021年2月任广东粤科金融集团有限公司财务管理中心副总经理 2022年6月任广东粤财信托有限公司董事
职工董事	陈一帆	男	46	2022年6月15日	职工董事	—	2012年1月任广东粤财信托有限公司投资银行部副总经理 2016年1月任广东粤财信托有限公司投资银行部总经理 2016年8月任穗甬控股有限公司融资业务部总经理 2017年5月任广东粤财信托有限公司投资银行部（后更名为产业金融部）总经理 2022年6月任广东粤财信托有限公司董事

注：任职日期为到任日期。

独立董事

职务	姓名	所在单位及职务	性别	年龄（年）	选任日期	所推举的股东名称	该股东持股比例（%）	简要履历
独立董事	李文中	退休	男	65	2019年7月17日	广东粤财投资控股有限公司	98.14	2001年10月任陕西省电力公司总会计师兼财务部主任 2002年1月任贵州省电力公司总会计师 2003年2月任中国南方电网公司财务部主任 2007年11月任中国南方电网公司副总会计师兼财务部主任 2008年12月任中国南方电网公司总会计师 2019年7月任广东粤财信托有限公司独立董事
独立董事	朱征夫	北京浩天律师事务所合伙人会议主席	男	59	2022年6月15日	广东粤财投资控股有限公司	98.14	1987年8月任广州万宝电器集团进出口公司贸易发展部副部长 1993年4月任广东经济贸易律师事务所金融房地产部主任 1995年3月任广东大陆律师事务所合伙人 1998年3月任广东东方昆仑律师事务所主任、执行合伙人 2019年3月为北京浩天律师事务所合伙人会议主席 2022年6月任广东粤财信托有限公司独立董事
独立董事	卜祥瑞	中国仲裁法学研究会金融专委会主任、南方财经法律研究院学术委员会主任兼首席研究员	男	63	2022年6月15日	广东粤财投资控股有限公司	98.14	1998年8月为中国工商银行总行法律事务部综合处负责人 2000年9月任中国工商银行吉林省分行法律部总经理 2013年1月任中国银行业协会首席法律顾问 2020年10月任中国仲裁法学研究会金融专委会主任，兼任南方财经法律研究院学术委员会主任 2022年6月任广东粤财信托有限公司独立董事

3.3 监事、监事会

监事会成员

职务	姓名	性别	年龄（岁）	选任日期	所推举的股东名称	该股东持股比例（%）	简要履历
监事长	宋金波	男	44	2023年7月18日	广东粤财投资控股有限公司	98.14	2019年7月任广东粤财投资控股有限公司风险管理部副总经理 2022年10月任广东粤财投资控股有限公司风控合规部副总经理 2023年7月任广东粤财信托有限公司监事长
监事	萧茜文	女	32	2021年3月8日	广东省科技创业投资有限公司	1.86	2017年1月任广东省粤科金融集团有限公司金融业务部助理 2020年1月任广东省粤科金融集团有限公司金融业务部主管 2021年1月任广东省粤科金融集团有限公司企业管理部（后更名为经营管理部）主管 2021年3月任广东粤财信托有限公司监事 2023年8月任广东省粤科金融集团有限公司经营管理部高级主管
监事	赵敏华	女	52	2017年12月11日	职工监事	—	2003年1月任广东粤财投资控股有限公司资产管理部业务经理、经理、高级经理 2011年4月任广东粤财信托有限公司资产管理部高级经理 2017年12月任广东粤财信托有限公司职工监事 2018年9月任广东粤财信托有限公司综合管理部高级经理

注：任职日期为到任日期。

3.4 高级管理人员

高级管理人员

职务	姓名	性别	年龄（岁）	任职日期	金融从业年限（年）	学历	专业	简要履历
总经理	王麒麟	男	41	2023年7月4日	14	本科学士	会计学/法学	2016年6月任广东粤财信托有限公司信托管理一部副总经理 2017年6月任广东粤财信托有限公司信托管理一部（后更名为机构业务部）总经理 2017年6月任广东粤财信托有限公司机构业务部总经理 2021年3月任广东粤财金融租赁股份有限公司副总经理 2022年6月任广东粤财金融租赁股份有限公司总经理 2023年7月任广东粤财信托有限公司董事、总经理
总会计师	肖建辉	男	48	2020年5月13日	3	本科学士	会计学	2007年4月任广东粤财控股有限公司财务资源部（后更名为计划财务部）高级经理 2013年5月任广东粤财投资控股有限公司计划财务部副总经理 2018年7月任广东粤财资产管理有限公司总经理助理 2019年11月任广东粤财信托有限公司财务部、资产管理部总经理 2020年5月任广东粤财信托有限公司总会计师
副总经理	于健	男	42	2022年1月7日	13	硕士研究生	工商管理	2009年7月任华澳国际信托有限公司市场营销管理总部副总经理 2014年8月任陆家嘴国际信托有限公司市场营销中心总经理 2019年11月任广东粤财信托有限公司总经理助理 2022年1月任广东粤财信托有限公司副总经理
副总经理/董事会秘书	陈韶辉	男	48	2021年3月22日/2023年12月27日	24	硕士研究生	工商管理	2003年10月任广东银监局办公室主任科员 2009年8月任广东粤财信托有限公司风险管理部副总经理（主持工作） 2011年9月任广东粤财信托有限公司综合管理部总经理 2018年2月任广东粤财信托有限公司战略发展部总经理 2021年3月任广东粤财信托有限公司副总经理 2023年12月任广东粤财信托有限公司副总经理、董事会秘书
副总经理	王亮	男	40	2021年12月23日	11	博士	金融	2018年5月任广东粤财信托有限公司信托管理六部（后更名为结构金融部）副总经理（主持工作） 2021年3月任广东粤财信托有限公司结构金融部总经理 2021年12月任广东粤财信托有限公司副总经理
副总经理	易婧丹	女	36	2022年6月15日	12	硕士研究生	货币银行学	2019年2月任广东粤财信托有限公司金融市场部（后更名为资本市场二部）负责人 2021年6月任广东粤财信托有限公司资本市场二部总经理 2022年6月任广东粤财信托有限公司副总经理
副总经理	蒋中东	男	48	2023年10月20日	6	本科	金融学	2021年3月任广东粤财资产管理有限公司投资银行部总经理 2022年3月任广东粤财资产管理有限公司副总经理 2023年10月任广东粤财信托有限公司副总经理
总经理助理	王浩鹏	男	36	2021年12月23日	11	本科学士	软件工程	2021年6月任广东粤财信托有限公司信息科技部副总经理 2021年12月任广东粤财信托有限公司总经理助理

注：任职日期为到任日期。

3.5 公司员工

项目		报告期年度		上年度	
		人数（人）	比例（%）	人数（人）	比例（%）
年龄分布	30岁以下	24	12.4	30	16.0
	30~40岁	109	56.5	110	58.9
	40~50岁	48	24.9	35	18.7
	50岁及以上	12	6.2	12	6.4
学历分布	博士	6	3.1	6	3.2
	硕士	115	59.6	104	55.6
	本科	69	35.8	74	39.6
	专科	2	1	2	1.1
	其他	1	0.5	1	0.5

续表

项目		报告期年度		上年度	
		人数（人）	比例（%）	人数（人）	比例（%）
岗位分布	董事、监事及其高管人员	11	5.7	10	5.3
	自营业务人员	9	4.7	7	3.7
	信托业务人员	132	68.4	132	70.7
	其他人员	41	21.2	38	20.3

4. 经营管理

4.1 经营目标、方针、战略规划

4.1.1 公司的经营目标是成为资产管理规模、主动管理能力位居行业前列，粤港澳大湾区最具影响力的信托公司

4.1.2 公司的经营方针是"诚信为本、稳健经营、专业进取、开拓创新"

4.1.3 战略规划

2023年，公司根据《广东粤财信托有限公司"十四五"发展规划》要求，评估公司对发展规划的中期实施进展和成效，分析经济政策和行业规定调整方向，确定了《广东粤财信托有限公司"十四五"规划中期评估情况及完善建议的报告》。公司在"十四五"期间将积极推进"一体四轮两翼"展业策略——以资本市场业务为主体大力拓展资本市场业务，以资产证券化、产业服务、财富管理服务、社会责任（公益慈善、绿色普惠）为"四轮"打造业务发展引擎，以特殊资产服务信托、固有资产股权投资业务为"两翼"形成业务发展新动能，成为资产管理规模、主动管理能力位居行业前列，粤港澳大湾区最具影响力的信托公司。

4.2 所经营业务的主要内容

国家金融监督管理总局核准公司承办以下金融业务：资金信托；动产信托；不动产信托；有价证券信托；其他财产或财产权信托；作为投资基金或者基金管理公司的发起人从事投资基金业务；经营企业资产的重组、并购及项目融资、公司理财、财务顾问等业务；受托经营国务院有关部门批准的证券承销业务；办理居间、咨询、资信调查等业务；代保管及保管箱业务；以存放同业、拆放同业、贷款、租赁、投资方式运用固有财产；以固有财产为他人提供担保；从事同业拆借；股指期货交易基础类业务（非投机目的）；以固有资产从事股权投资业务；法律法规规定或银行业监督管理机构批准的其他业务。

本年度，公司自营资产运用与分布和信托财产运用与分布情况列示如下表所示。

自营资产运用与分布表

资产运用	金额（万元）	占比（%）	资产分布	金额（万元）	占比（%）
货币资产	23 576.96	2.22	基础产业	—	—
贷款及应收款	13 763.29	1.29	房地产业	—	—
交易性金融资产	355 658.99	33.42	证券市场	—	—
债权投资	141 417.71	13.29	工商企业	—	—
长期股权投资	374 820.38	35.22	金融机构	1 051 412.66	98.80
其他	154 993.87	14.56	其他	12 818.54	1.20
资产总计	1 064 231.20	100.00	资产总计	1 064 231.20	100.00

信托资产运用与分布表

资产运用	金额（万元）	占比（%）	资产分布	金额（万元）	占比（%）
货币资产	2 265 434.46	6.05	基础产业	221 426.82	0.59
贷款	3 677 258.35	9.82	房地产	1 239 489.17	3.31
交易性金融资产	17 488 983.96	46.69	证券市场	16 973 822.31	45.32
其他债权投资	2 114 108.37	5.64	工商企业	8 663 514.62	23.13
债权投资	10 997 231.38	29.36	金融机构	8 224 366.94	21.96
长期股权投资	479 838.15	1.28	其他	2 133 412.29	5.69
其他	433 177.48	1.16	—	—	—
信托资产总计	37 456 032.15	100	信托资产总计	37 456 032.15	100

注：信托资产分布统计以项目投向行业为口径进行汇总，即一个信托项目可拆分多个资金投向行业。

4.3 市场分析

4.3.1 经济形势分析

2023年12月中央经济工作会议指出，当前运行呈现"一高一低两平"的特点，即增速较高、就业平稳、物价较低、国际收支基本平衡。2024年是中华人民共和国成立75周年，是实现"十四五"规划目标任务的关键一年。当前，有效需求不足、部分行业产能过剩、社会预期偏弱、风险隐患仍然较多，国内大循环存在堵点，外部环境的复杂性、严峻性、不确定性上升。综合起来看，我国发展面临的有利条件强于不利因素，经济回升向好、长期向好的基本趋势没有改变。

4.3.2 金融形势分析

金融系统坚决贯彻落实党中央、国务院决策部署，精准有力实施稳健的货币政策，进一步加大对实体经济的支持力度，加强和完善现代金融监管，有效防控金融风险，稳步推进金融改革，持续深化对外开放，切实改进金融服务，金融行业整体稳健，金融市场平稳运行，金融风险总体可控，金融工作取得新进展。下一步，金融系统将以习近平新时代中国特色社会主义思想为指导，坚持稳字当头、稳中求进，针对经济形势的变化，精准有力实施宏观调控，切实加强金融监管，着力扩大内需、提振信心、防范风险，推动经济运行持续回升向好。

4.3.3 促进本公司业务发展的有利因素

（1）中央金融工作会议首次系统提出"做好科技金融、绿色金融、普惠金融、养老金融、数字金融五篇大文章"，为信托业未来的发展指明了方向，并提供了重要遵循。（2）2023年中央经济工作会议要求，2024年要坚持稳中求进、以进促稳、先立后破，要强化宏观政策逆周期和跨周期调节，继续实施积极的财政政策和稳健的货币政策。一系列"组合拳"的出台，有助于稳定市场预期，促进经济平稳运行，为信托持续支持社会融资与基础产业建设带来有利的底层支撑。（3）《关于规范信托公司信托业务分类的通知》《关于规范信托公司异地部门有关事项的通知》《信托公司监管评级与分级分类监管暂行办法》等监管政策出台，促使信托公司更好发挥信托制度优势，加快回归本源，实现差异化发展。（4）当前，广东正在着力推动高质量发展，作出"1310"具体部署，深入实施"百县千镇万村高质量发展工程"、绿美广东生态建设、制造业当家、创新驱动发展等重要决策部署，加快建设粤港澳大湾区。公司作为具有多年稳健经营历史的广东省唯一省属国有信托机构，区位优势明显，在服务实体经济发展，服务区域产业和基础设施建设方面将迎来新的机遇。

4.3.4 影响本公司业务发展的不利因素

（1）目前，国内依然面临着复杂的房地产、地方债务、中小银行风险化解问题，部分业务领域的拓展仍受到制约。（2）行业面临着严峻展业环境，行业暴雷时有发生，行业风险急剧增大，部分机构问题严峻，行业信任危机加重。（3）信托业务"三分类"政策对信托公司各项能力提出更高要求，公司核心能力建设不足，对推进业务转型以及差异化发展形成较大制约。

4.4 内部控制

公司通过完善的组织架构、内部规章实现内部控制，形成了研究、决策、操作、检查、反馈的PDCA管理循环，构建了前台调查、中台审查、后台审计评价相互制衡的内部控制机制。

4.4.1 内部控制环境和内部控制文化

公司党委认真学习贯彻习近平新时代中国特色社会主义思想，坚持和加强党对国有企业的全面领导，铸牢国有企业的"根"和"魂"，把党的领导融入公司治理全过程。

公司按照合法、高效、精简、制衡原则设置组织机构，设党委会、股东会、董事会和监事会，实行董事会领导下的总经理负责制。公司党委会严格执行"三重一大"相关制度，公司董事会及其下设战略与决策委员会和提名薪酬与考核委员会为公司决策系统，在董事会领导下的经营管理层及相关业务部门为公司执行系统，监事会以及董事会下设的信托与消费者权益保护委员会、风险管理委员会、审计委员会及关联交易控制委员会为公司监督及信息反馈系统，四个系统既相互独立又相互联系。公司大力推进合规文化建设，通过开展内控制度培训、内部合规检查、建立风险问责制度等，促进全体员工牢固树立合规经营、按程序办事的意识。

4.4.2 内部控制措施

公司建立了多层次内部控制组织架构，根据《公司法》《信托公司管理办法》《银行保险机构公司治理准则》《信托公司治理指引》等法律法规，完善《股东会议事规则》《董事会议事规则》《监事会议事规则》《董事监事履职评价办法》等规章制度，严格按章办事，确保董事、监事、经营管理层成员的权力有效约束、职责有效履行。

除董事会下属战略与决策委员会、提名薪酬与考核委员会、信托与消费者权益保护委员会、风险管理委员会、审计委员会及关联交易控制委员会外，专设审计部、风险管理部、法律合规部为内部控制职能部门。

总体来看，公司内部控制职责明确，建立了前台、中台、后台分离、集中审批的业务管理架构，确保各业务环节岗位职能分离，相互监督，有效制衡。

4.4.3 信息交流与反馈

公司通过建立详细的工作报告及审核流程，工作信息得以规范、快速、有序传递；内部控制部门通过办公自动化系统实时传递外部监管意见及内部管理信息，业务部门与风险管理部门保持全流程业务信息共享，有效避免因信息交流不足导致的业务差错、信息递减或效率损耗。公司与监管部门建立了良好的沟通机制，各类业务按规定及时报告或报备，有效落实监管意见，为公司合规经营提供支持。

4.4.4 监督评价与纠正

公司定期对内部控制执行情况实施审计，并于本年度进一步加强内部控制监督工作，充实审计队伍，完善相关制度，年度审计稽核及内部合规检查情况显示公司内控执行情况良好，监管部门外部检查及内控检查发现的问题均已制订整改计划。

4.5 风险管理

4.5.1 风险管理概况

公司推进全面风险管理体系建设，构建以董事会为核心，以战略与决策委员会、风险管理委员会、审计委员会、关联交易控制委员会等为支点的风险管理体系，由内部规章、组织架构、授权制度、技术手段以及审计与事后评价等部分组成。在具体风险管控方面，厘清部门分工，明确各部门在风险管理中的职责，分别搭建信用风险、市场风险、操作风险、合规风险、关联交易等内评体系，进一步优化内部运作机制。公司优化了风险偏好体系，从风险偏好的角度对公司的风险偏好指标、风险偏好传导路径、风险偏好管理策略及风险控制指标体系进行优化，并设计了公司全面风险报告体系，明确报告内容和路径。公司建立了风险压力测试体系和方法，形成适合公司的压力测试方法论、压力测试情景设计、压力测试报告模板及相应的管理机制、流程，进一步夯实与完善压力测试常态化工作机制，从底线思维角度评估公司的风险承压能力。在项目运作上建立覆盖项目投前审查、投中成立审查、投后管理的风险控制流程，对项目立项、尽职调查、项目评审、成立审查、投后管理、押品管理和资产保全等作业全流程进行优化升级。在项目审核上经由业务部门、法律合规部门、风险管理部门、项目评审委员会等多道环节进行综合风险管理，尤其强调过程控制，使公司在出现风险苗头时能快速反应，及时有效化解。

4.5.2 风险状况

4.5.2.1 信用风险状况

信用风险是公司经营面临的主要风险，是指交易对手未能履行合同所带来的经济损失，表现为交易对手不履行承诺而使信托资产或自有资产遭受潜在损失的可能性。报告期内，公司定期评估固有资产质量，执行固有资产五级分类，并按照新金融工具准则计提了拨备。信托业务的信用风险主要来自资产管理类信托业务，公司针对不同类别的信托产品，紧盯交易对手风险隐患，及时充分地向委托人、受益人进行密切沟通和信息披露，审慎履行受托人职责。同时公司加强重点领域信用风险防控，对房地产、涉地方政府融资平台业务等重点信用风险领域，加强行业研究和分析、落实项目期间管理工作，并做好交易对手集中度管理，从源头控制风险，优化业务结构。

4.5.2.2 市场风险状况

市场风险是指由于基础资产市场价格的不利变动或者急剧波动而导致衍生工具价格或者价值产生负面波动的风险，表现为市场利率、汇率、股票、债券行情等市场价格波动而造成的信托资产、自有资产损失的风险。固有业务项下所面临的市场风险主要来自证券投资类资产。公司固有业务秉承稳健投资原则，在投资品种、仓位限制和止损等方面严格执行公司相关规定，谨慎操作，证券市场的波动对公司固有业务的整体影响有限。信托业务所面临的市场风险主要来自证券投资信托业务、直接投资的股票与债券资产以及业务质押品价格波动。公司严格依据信托合同进行投资运营，严格选择投资顾问，运用投资管理信托系统，设置专门实时监控岗位、降低股票质押率和增强信息披露等方式，有效防范价格波动风险，确保各项风险控制措施有效执行，使有价证券投资类信托产品整体运行平稳。

4.5.2.3 流动性风险状况

流动性风险指公司虽然有清偿能力，但无法及时获得充足资金或无法以合理成本及时获得充足资金以应对资产增长或支付到期债务的风险，表现为短期内资金周转困难、无力偿付到期负债而造成损失或破产的风险。公司对流动性风险高度重视，从制度、流程、识别、监控、压力测试等多角度进行管理，确保稳健经营。

4.5.2.4 操作风险状况

操作风险是指由于不完善或有问题的内部操作过程、人员、系统或外部事件而导致的直接或间接损失的风险。公司信托项目数量多、资金流量大、交易流程节点多，公司通过严格执行授权制度、统一业务操作流程等，明确信托开户、保管、资金划付等岗位责任，最大限度降低操作风险。

4.5.2.5 其他风险状况

公司面临的其他风险有合规风险、声誉风险、信息科技风险、案件风险等。

合规风险是指公司因未能遵循法律法规、监管要求、规则、自律性组织制定的有关准则，以及适用于自身业务活动的行为准则，而可能遭受法律制裁或监管处罚、重大财务损失或声誉损失的风险。

声誉风险是指由公司经营、管理及其他行为或外部事件导致利益相关方对公司负面评价的风险。

信息科技风险是指信息科技在公司运用过程中，由于自然因素、人为因素、技术漏洞和管理缺陷产生的操作、法律和声誉等风险。

案件风险是指公司人员独立实施或参与实施的，或外部人员实施的，侵犯公司或客户资金或其他财产权益的，涉嫌触犯刑法，已由公安、司法机关立案侦查或按规定应当移送公安、司法机关立案查处的刑事案件引发的风险。

本年度公司持续坚持稳健合规经营理念，未发生重大声誉风险、信息科技风险、案件风险。

4.5.3 风险管理

4.5.3.1 信用风险

公司通过业务部门事前尽职调查、法律合规部门合规审查、风险管理部门风险审查、项目评审委员会审核决策、引入抵/质押担保等增信措施、监控项目现金流等予以防范；通过项目实施过程中的跟踪检查以及审计进行事中、事后控制。在合作机构信用风险防范方面，关注交易对手经营管理及财务状况，适时调整合作规模及产品，控制交叉风险的传导。对于风险相对较高的存续信托资产，采取一户一策，动态调整授信策略和制定风险化解预案，并通过追加抵押质押物、担保、优化管控条件、设置风险敞口分步压缩等方式，强化信用风险管控手段，严防资产风险出现劣变。在出现风险信号后，通过协商、调解、债权申报以及诉讼等多种方式，积极主张权利，积极探索多种途径化解风险，有效维护信托财产安全。

4.5.3.2 市场风险

公司坚持"诚信为本、稳健经营、专业进取、开拓创新"的经营方针，避免介入风险较大且难以有效控制的项目，审慎介入风险可控的项目，综合运用敏感性分析、情景分析等方法充分评估潜在市场风险，通过业务部门—法律合规部、风险管理部—项目评审委员会进行多层次审核，并在业务运营部设置专门实时监控岗位，结合严格的分级授权、系统支持、逐日盯市、预警止损等控制市场风险。

4.5.3.3 流动性风险

公司在流动性风险管理过程中，审慎选择优质流动性资产，做好固有业务和信托业务头寸管理、流动性风险及限额指标监测等工作，维护多种流动性补充渠道，必要时通过金融同业满足流动性需求。同时定期开展流动性风险压力测试并更新压力测试相关参数，测算压力情景下流动性缺口，制定有效的流动性风险应急预案。针对潜在风险项目及早制定、落实化解预案，公司自营资产保持高流动性配置，防控潜在流动性风险。

4.5.3.4 操作风险

公司通过严格的授权制度和业务操作流程，明确岗位职责，建立内部相互制约、相互督促的工作机制；严格依法建账，将信托财产与固有财产分开管理、分别记账，对信托业务与非信托业务分开核算，对每项信托业务单独核算，对各项经营活动过程及资金运作建立严格的复核和监控程序；通过系统权限设置对证券投资操作权限和内容进行严格划分和分工，在业务和资金流转过程中设立双岗核定、确认制度，防范可能出现的漏洞。公司为提升内部管理水平和优化业务管理流程，积极查漏补缺，制定及修订各类制度，着重从制度层面、执行层面着手推进相关工作。

4.5.3.5 其他风险

4.5.3.5.1 合规风险

公司根据监管形势和监管政策要求，做好合规风险管理的各项工作，建立健全内部控制制度、组织架构以规范与控制公司经营行为。公司法律合规部负责法律合规事务，对公司的法律合规风险进行识别、评估、监控，提出合规风险提示和修改完善建议；及时梳理、整合、改进公司规章制度和操作流程；组织员工进行合规培训和反洗钱教育，严格履行客户身份识别、风险等级划分、可疑交易监测和报告等反洗钱义务；保持与监管部门的密切沟通，积极响应监管指示，及时掌握政策动向，把握公司业务方向以控制政策风险。

4.5.3.5.2 声誉风险

公司始终坚持稳健合规的经营理念，审慎选择信托项目、交易对手、合作机构；认真做好项目运作全过程的信息披露工作，保障金融消费者的知情权，避免因信息不对称造成金融消费者的过激反应；审慎尽职履行受托人管理职责，关注各种市场变化、突发事件或风波可能给公司声誉带来的影响，明确舆情管理职责，实时关注舆情信息，加强舆情信息研判，及时披露相关信息，主动接受舆论监督；日常加强分析研究，对可能发生的各类声誉风险事件进行情景分析，制定应急预案，强化声誉风险防范意识，切实防范声誉风险。

4.5.3.5.3 信息科技风险

为顺应公司业务流程信息化与系统建设需求，公司继续大力加强信息系统建设，提高信息科技风险管理能力。在信息科技治理方面，通过制度修订与组织架构完善，进一步规范信息科技风险管理工作。在系统建设项目方面，公司在梳理、提炼业务系统需求的基础上，认真执行监管部门关于信托业务管理系统开发、金融机构信息科技系统风险防控要求，推动有关监管合规要求在系统开发、测试、维护中的落实；加强信息科技学习培训，逐步完善安全机制；制订相关的业务应急预案，做好演练，确保业务连续性；切实做好信息科技审计，确保信息科技管理各项制度落实到位。

4.5.3.5.4 案件风险

公司已制定《广东粤财信托有限公司案件风险防控管理办法》，明确了"案件"和"案件风险事件"的定义和相关情形、案件风险防控的目标，以及公司内部对案件风险管理的组织分工和责任；进一步完善了案件风险防控排查流程和案件调查和管理流程。公司通过完善内控制度建设、明确各职能部门案防责任、加强思想纪律教育与专业技能培训、定期由审计部门进行监督评价，营造了良好的案件风险防控环境，杜绝各类案件和案件风险事件的发生。报告期间，未发现公司存在案件和案件风险事件。

4.5.3.6 净资本及风险资本情况

截至2023年12月31日，公司净资产为103.56亿元，净资本为81.38亿元；公司各项业务风险资本之和为42.12亿元，其中固有业务风险资本为16.33亿元，信托业务风险资本为25.78亿元，其他业务风险资本0.01亿元。净资本比各项业务风险资本之和为193.22%，净资本比净资产为78.58%，符合监管要求。

5. 报告期末及上一年度末的比较式会计报表

5.1 自营资产

5.1.1 资产负债表

资产负债表

编制单位：广东粤财信托有限公司　　　　2023年12月31日　　　　单位：万元

项目	期末余额	期初余额	项目	期末余额	期初余额
资产：			负债：		
现金及存放中央银行款项	0.95	0.93	向中央银行借款	—	—
存放同业款项	23 576.02	56 761.41	同业及其他金融机构存放款项	—	—
贵金属	—	—	拆入资金	—	—
拆出资金	—	—	以公允价值计量且其变动计入当期损益的金融负债	—	—
交易性金融资产	355 658.99	391 324.76	衍生金融负债	—	—
衍生金融资产	—	—	卖出回购金融资产款	—	—
买入返售金融资产	—	—	应付账款	—	—
应收账款	6 757.32	10 018.33	预收账款	—	—
应收利息	—	—	合同负债	676.40	126.95
其他应收款	7 005.97	2 599.39	应付职工薪酬	10 879.71	13 149.30
预付账款	—	—	应付股利	—	—
发放贷款及垫款	—	—	应交税费	5 070.77	9 867.70
债权投资	141 417.71	81 905.13	其他应付款	9 717.20	42 361.04
长期股权投资	374 820.38	331 105.66	租赁负债	2 250.43	2 735.49
固定资产	3 195.58	3 163.02	应付债券	—	—
使用权资产	2 416.33	2 741.34	递延所得税负债	—	6 411.50
在建工程	384.75	373.41	其他负债	—	—
无形资产	2 230.03	1 841.49	负债合计	28 594.51	74 651.98
商誉	—	—	所有者权益（或股东权益）：		
递延所得税资产	2 696.14	3 889.94	实收资本	620 000.00	380 000.00
其他资产	144 071.03	191 393.09	资本公积	9 943.84	9 943.84
			其他综合收益	493.20	374.18
			盈余公积	118 279.49	108 854.31
			一般风险准备	74 353.22	69 523.20

续表

项目	期末余额	期初余额	项目	期末余额	期初余额
	—	—	未分配利润	212 566.94	433 770.39
	—	—	所有者权益（或股东权益）合计	1 035 636.69	1 002 465.92
资产总计	1 064 231.20	1 077 117.90	负债和所有者权益（或股东权益）总计	1 064 231.20	1 077 117.90

企业负责人：莫敏秋　　　　主管会计机构负责人：肖建辉　　　　会计机构负责人：赵玉斐

5.1.2 利润表

利润表

编制单位：广东粤财信托有限公司　　2023年度　　单位：万元

项目	2023年度	2022年度
一、营业收入	144 461.82	176 939.09
利息净收入	509.08	1 354.13
利息收入	509.08	1 354.13
利息支出	—	—
手续费及佣金净收入	52 548.46	62 277.51
手续费及佣金收入	52 548.46	62 277.51
手续费及佣金支出	—	—
其他收益	15.70	48.12
投资收益（亏损以"-"号填列）	93 685.80	108 285.73
其中：交易性金融资产投资收益	12 678.97	10 238.88
对联营企业和合营企业的投资收益	76 595.70	86 473.50
公允价值变动收益（损失以"-"号填列）	-2 540.38	4 825.37
汇兑收益（亏损以"-"号填列）	6.13	30.77
其他业务收入	235.37	117.46
资产处置收益（损失以"-"号填列）	1.66	—
二、营业支出	43 827.78	20 651.23
税金及附加	402.13	650.78
业务及管理费用	23 836.46	16 300.39
资产减值损失	7 277.44	1 229.42
信用减值损失	12 311.75	2 470.64
其他业务成本	—	—
三、营业利润（亏损以"-"号填列）	100 634.04	156 287.86
加：营业外收入	—	—
减：营业外支出	401.46	410.87
四、利润总额（亏损总额以"-"号填列）	100 232.58	155 876.99
减：所得税费用	5 980.84	17 365.60
五、净利润（净亏损以"-"号填列）	94 251.74	138 511.39
（一）来自持续经营和终止经营的净利润	—	—
1.持续经营净利润（净亏损以"-"号填列）	94 251.74	138 511.39
2.终止经营净利润（净亏损以"-"号填列）	—	—

续表

项目	2023年度	2022年度
（二）归属所有者的净利润	94 251.74	138 511.39
其中：归属于母公司所有者的净利润	94 251.74	138 511.39
*少数股东损益	—	—
六、其他综合收益的税后净额	119.02	660.01
归属于母公司所有者的其他综合收益的税后净额		
（一）以后不能重分类进损益的其他综合收益		
其中：1.重新计量设定受益计划净负债或净资产的变动	—	—
2.权益法下在被投资单位不能重分类进损益的其他综合收益中享有的份额	—	—
3.其他权益工具投资公允价值变动	—	—
4.企业自身信用风险公允价值变动	—	—
5.其他	—	—
（二）将重分类进损益的其他综合收益	119.02	660.01
其中：1.权益法下在被投资单位以后将重分类进损益的其他综合收益中享有的份额	119.02	660.01
2.可供出售金融资产公允价值变动损益	—	—
3.持有至到期投资重分类为可供出售金融资产损益	—	—
4.现金流量套期损益的有效部分	—	—
5.外币财务报表折算差额	—	—
6.其他债权投资信用减值准备	—	—
7.现金流量套期储备（现金流量套期损益的有效部分）	—	—
8.外币财务报表折算差额	—	—
9.其他	—	—
*归属于少数股东的其他综合收益的税后净额	—	—
七、综合收益总额	94 370.76	139 171.39
归属于母公司所有者的综合收益总额	94 370.76	139 171.39
*归属于少数股东的综合收益总额	—	—
八、每股收益		
基本每股收益		
稀释每股收益		

企业负责人：莫敏秋　　主管会计机构负责人：肖建辉　　会计机构负责人：赵玉斐

5.1.3 所有者权益变动表

编制单位：广东粤财信托有限公司

单位：万元

项目	2023年度								2022年度							
	实收资本	资本公积	其他综合收益	盈余公积	一般风险准备金	未分配利润	所有者权益合计		实收资本	资本公积	其他综合收益	盈余公积	一般风险准备金	未分配利润	所有者权益合计	
一、上年年末余额	380 000.00	9 943.84	374.18	108 854.31	69 523.20	433 770.39	1 002 465.92		380 000.00	9 943.84	−285.83	95 003.17	64 166.14	408 967.20	957 794.53
加：会计政策变更	—	—	—	—	—	—	—		—	—	—	—	—	—	—
前期差错更正	—	—	—	—	—	—	—		—	—	—	—	—	—	—
其他	—	—	—	—	—	—	—		—	—	—	—	—	—	—
二、本年年初余额	380 000.00	9 943.84	374.18	108 854.31	69 523.20	433 770.39	1 002 465.92		380 000.00	9 943.84	−285.83	95 003.17	64 166.14	408 967.20	957 794.53
三、本年增减变动金额（减少以"−"号填列）	240 000.00	—	119.02	9 425.17	4 830.02	−221 203.45	33 170.77		—	—	660.01	13 851.14	5 357.06	24 803.19	44 671.39
（一）综合收益总额	—	—	119.02	—	—	94 251.74	94 370.77		—	—	660.01	—	—	138 511.39	139 171.39
（二）所有者投入和减少资本	—	—	—	—	—	—	—		—	—	—	—	—	—	—
1.所有者投入的普通股	—	—	—	—	—	—	—		—	—	—	—	—	—	—
2.其他权益工具持有者投入资本	—	—	—	—	—	—	—		—	—	—	—	—	—	—
3.股份支付计入所有者权益的金额	—	—	—	—	—	—	—		—	—	—	—	—	—	—
4.其他	—	—	—	—	—	—	—		—	—	—	—	—	—	—
（三）专项储备提取和使用	—	—	—	—	—	—	—		—	—	—	—	—	—	—
1.提取专项储备	—	—	—	—	—	—	—		—	—	—	—	—	—	—
2.使用专项储备	—	—	—	—	—	—	—		—	—	—	—	—	—	—
（四）利润分配	—	—	—	9 425.17	4 830.02	−75 455.19	−61 200.00		—	—	—	13 851.14	5 357.06	−113 708.20	−94 500.00
1.提取盈余公积	—	—	—	9 425.17	—	−9 425.17	—		—	—	—	13 851.14	—	−13 851.14	—
其中：法定公积金	—	—	—	9 425.17	—	−9 425.17	—		—	—	—	13 851.14	—	−13 851.14	—
任意公积金	—	—	—	—	—	—	—		—	—	—	—	—	—	—
储备基金	—	—	—	—	—	—	—		—	—	—	—	—	—	—
企业发展基金	—	—	—	—	—	—	—		—	—	—	—	—	—	—
利润归还投资	—	—	—	—	—	—	—		—	—	—	—	—	—	—
2.提取一般风险准备	—	—	—	—	4 830.02	−4 830.02	—		—	—	—	—	5 357.06	−5 357.06	—
3.对所有者（或股东）的分配	—	—	—	—	—	−61 200.00	−61 200.00		—	—	—	—	—	−94 500.00	−94 500.00
4.其他	—	—	—	—	—	—	—		—	—	—	—	—	—	—
（五）所有者权益内部结转	240 000.00	—	—	—	—	−240 000.00	—		—	—	—	—	—	—	—
1.资本公积转增资本（或股本）	—	—	—	—	—	—	—		—	—	—	—	—	—	—
2.盈余公积转增资本（或股本）	240 000.00	—	—	—	—	−240 000.00	—		—	—	—	—	—	—	—
3.盈余公积弥补亏损	—	—	—	—	—	—	—		—	—	—	—	—	—	—
4.结转重新计量设定受益计划净负债或净资产所产生的变动	—	—	—	—	—	—	—		—	—	—	—	—	—	—
5.其他综合收益结转留存收益	—	—	—	—	—	—	—		—	—	—	—	—	—	—
6.其他	—	—	—	—	—	—	—		—	—	—	—	—	—	—
四、本年年末余额	620 000.00	9 943.84	493.20	118 279.48	74 353.22	212 566.94	1 035 636.69		380 000.00	9 943.84	374.18	108 854.31	69 523.20	433 770.39	1 002 465.92

企业负责人：莫敏秋　　主管会计机构负责人：肖建辉　　会计机构负责人：赵玉斐

5.2 信托资产

5.2.1 信托项目资产负债汇总表

信托项目资产负债汇总表

编制单位：广东粤财信托有限公司　　　　2023年12月31日　　　　单位：万元

信托资产	期初余额	期末余额	信托负债和信托权益	期初余额	期末余额
信托资产：			信托负债：		
银行存款	5 915 078.88	2 048 748.52	卖出回购金融资产款	460 172.25	1 132 021.53
结算备付金	82 015.31	216 685.95	衍生金融负债	0.00	69.51
存出保证金	3 378.41	1 888.04	应付清算款	665.92	0.00
衍生金融资产	665.92	0.00	应付赎回款	50 905.44	3 146.01
交易性金融资产	10 951 899.63	17 488 983.96	应付管理人报酬	10 689.99	21 411.43
买入返售金融资产	176 156.12	406 835.08	应付托管费	854.26	665.56
发放贷款和垫款	4 295 323.07	3 677 258.35	应付销售服务费	1 308.43	916.00
债权投资	12 151 131.46	10 997 231.38	应付投资顾问费	69.03	547.82
其他债权投资	55 021.22	2 114 108.37	应交税费	9 116.71	9 966.37
长期股权投资	676 641.59	479 838.15	应付利息	2.81	3.87
应收清算款	45 776.36	69.51	应付利润	3 497.45	6 366.84
应收利息	−616.28	640.62	其他负债	83 406.22	73 545.33
应收股利	266.03	3 678.27	信托负债合计	620 688.52	1 248 660.28
应收申购款	0.00	0.00	信托权益：	—	—
递延所得税资产	0.00	0.00	实收资金	33 108 268.47	35 595 984.75
其他资产	6 453.93	20 065.96	资本公积	2 952.84	0.00
			其他综合收益	—	—
			未分配利润	627 281.82	611 387.11
			信托权益合计	33 738 503.13	36 207 371.87
信托资产总计	34 359 191.65	37 456 032.15	信托负债及信托权益总计	34 359 191.65	37 456 032.15

企业负责人：莫敏秋　　　　主管会计机构负责人：肖建辉　　　　会计机构负责人：张劲松

5.2.2 信托项目利润及利润分配汇总表

信托项目利润及利润分配汇总表

编制单位：广东粤财信托有限公司　　　　2023年度　　　　单位：万元

项目	本年累计数	上年同期数
一、收入	1 103 483.34	1 371 705.55
1.利息收入	757 616.21	1 011 845.28
2.投资收益（损失以"−"号填列）	461 671.38	391 150.18
其中：以摊余成本计量的金融资产终止确认产生的收益	−261 286.77	167 107.23
3.公允价值变动收益（损失以"−"号填列）	−116 519.90	−31 948.17
4.汇兑损益（损失以"−"号填列）	—	—
5.其他业务收入	715.65	658.26
二、费用	206 566.98	333 449.68
1.管理人报酬	60 291.69	51 089.88
2.托管费	7 986.01	5 411.45
3.销售服务费	5 343.61	4 383.55

续表

项目	本年累计数	上年同期数
4.投资顾问费	1 157.64	1 551.99
5.利息支出	24 438.42	4 684.56
其中：卖出回购金融资产利息支出	24 438.42	4 684.56
6.信用减值损失	30 841.37	91 610.23
7.税金及附加	3 356.95	5 769.04
8.其他费用	73 151.30	168 948.97
三、利润总额	896 916.37	1 038 255.87
减：所得税费用	—	—
四、净利润（净亏损以"−"号填列）	896 916.37	1 038 255.87
五、其他综合收益	—	—
六、综合收益总额	896 916.37	1 038 255.87
七、加：期初未分配信托利润	627 281.82	657 280.62
八、可供分配的信托利润	1 524 198.19	1 695 536.48

企业负责人：莫敏秋　　　　主管会计机构负责人：肖建辉　　　　会计机构负责人：张劲松

6.会计报表附注

6.1 会计报表编制基准是否符合会计核算基本前提的说明

6.1.1 本公司自本报告期末至少12个月内具备持续经营能力，不存在影响持续经营能力的重大事项，编制财务报表所依据的持续经营假设是合理的

公司根据实际发生的交易和事项，遵循《企业会计准则——基本准则》、各项具体会计准则及解释的规定进行确认和计量，并在此基础上编制财务报表，真实、完整地反映了本公司的财务状况、经营成果和现金流量等有关信息。

6.1.2 本公司无须编制合并会计报表

6.2 重要会计政策和会计估计说明

6.2.1 计提资产减值准备的范围和方法

6.2.1.1 金融资产减值准备计提

（1）本公司以预期信用损失为基础，对下列项目进行减值会计处理并确认损失准备：①以摊余成本计量的金融资产；②以公允价值计量且其变动计入其他综合收益的应收款项和债权投资；③《企业会计准则第14号——收入》定义的合同资产；④租赁应收款；⑤财务担保合同（以公允价值计量且其变动计入当期损益、金融资产转移不符合终止确认条件或继续涉入被转移金融资产所形成的除外）。

（2）预期信用损失的计量。预期信用损失，是指以发生违约的风险为权重的金融工具信用损失的加权平均值。信用损失，是指本公司按照原实际利率折现的、根据合同应收的所有合同现金流量与预期收取的所有现金流量之间的差额，即全部现金短缺的现值。

本公司考虑有关过去事项、当前状况以及对未来经济状况的预测等合理且有依据的信息，以发生违约的风险为权重，计算合同应收的现金流量与预期能收到的现金流量之间差额的现值的概率加权金额，确认预期信用损失。

本公司对于处于不同阶段的金融工具的预期信用损失分别进行计量。金融工具自初始确认后信用风险未显著增加的，处于第一阶段，本公司按照未来12个月内的预期信用损失计量损失准备；金融工具自初始确认后信用风险已显著增加但尚未发生信用减值的，处于第二阶段，本公司按照该工具整个存续期的预期信用损失计量损失准备；金融工具自初始确认后已经发生信用减值的，处于第三阶段，本公司按照该工具整个存续期的预期信用损失计量损失准备。

对于在资产负债表日具有较低信用风险的金融工具，本公司假设其信用风险自初始确认后并未显著增加，按照未来12个月内的预期信用损失计量损失准备。

整个存续期预期信用损失，是指因金融工具整个预计存续期内所有可能发生的违约事件而导致的预期信用损失。未来12个月内预期信用损失，是指因资产负债表日后12个月内（若金融工具的预计存续期少于12个月，则为预计存续期）可能发生的金融工具违约事件而导致的预期信用损失，是整个存续期预期信用损失的一部分。

在计量预期信用损失时，本公司需考虑的最长期限为企业面临信用风险的最长合同期限（包括考虑续约选择权）。

本公司对于处于第一阶段和第二阶段，以及较低信用风险的金融工具，按照其未扣除减值准备的账面余额和实际利率计算利息收入。对于处于第三阶段的金融工具，按照其账面余额减已计提减值准备后的摊余成本和实际利率计算利息收入。

（3）应收款项。对于应收款项，无论是否存在重大融资成分，本公司始终按照相当于整个存续期内预期信用损失的金额计量其损失准备。

当信用风险特征显著不同且可以合理成本评估预期信用损失的信息时，按单项金融工具评估相关金融工具的信用风险自初始确认后是否已显著增加，计量预期信用损失。

对于单项风险较高的应收账款，有客观证据表明其发生了减值的，根据其未来现金流量现值低于其账面价值的差额确认减值损失，计提坏账准备。

当单项金融资产无法以合理成本评估预期信用损失的信息时，本公司依据信用风险特征对应收款项，在组合基础上计算预期信用损失，确定组合的依据如下。组合1：应收合并范围内关联方款项；组合2：应收备用金、保证金、押金等；组合3：应收公司管理表外资产款项；组合4：应收财政资金；组合5：除了组合1~4以外的应收其他款项。

对于划分为组合的应收款项，本公司参考历史信用损失经验，结合当前状况以及对未来经济状况的预测，通过违约风险敞口和整个存续期预期信用损失率，计算预期信用损失。

（4）其他应收款、长期应收款。对于其他应收款、长期应收款，于每个资产负债表日，公司对于处于不同阶段的预期信用损失分别进行计量。自初始确认后信用风险未显著增加的，处于第一阶段，公司按照未来12个月内的预期信用损失计量损失准备；自初始确认后信用风险已显著增加但尚未发生信用减值的，处于第二阶段，公司按照该工具整个存续期的预期信用损失计量损失准备；金融工具自初始确认后已经发生信用减值的，处于第三阶段，公司按照该工具整个存续期的预期信用损失计量损失准备。

当信用风险特征显著不同且可以合理成本评估预期信用损失的信息时，按单项金融工具评估相关金融工具的信用风险自初始确认后是否已显著增加，计量预期信用损失。

对于单项风险较高的其他应收款项及长期应收款，有客观证据表明其发生了减值的，根据其未来现金流量现值低于其账面价值的差额确认减值损失，计提坏账准备。

当单项金融资产无法以合理成本评估预期信用损失的信息时，本公司依据信用风险特征对其他应收款、长期应收款划分组合，在组合基础上计算预期信用损失，确定组合的依据如下。组合1：应收合并范围内关联方款项；组合2：应收备用金、保证金、押金等；组合3：应收代垫款项；组合4：应收财政资金；组合5：除了组合1~4以外的应收其他款项。

（5）债权投资、其他债权投资。对于债权投资和其他债权投资，本公司按照投资的性质，根据交易对手和风险敞口的各种类型，通过违约风险敞口和未来12个月内或整个存续期预期信用损失率，计算预期信用损失。

6.2.1.2 其他资产减值准备的计提

本公司对联营企业的长期股权投资、固定资产、使用权资产、无形资产等（递延所得税资产、金融资产除外）的资产减值，按以下方法确定：

本公司于资产负债表日判断资产是否存在可能发生减值的迹象，存在减值迹象的，本公司将估计其可收回金额，进行减值测试。对因企业合并所形成的商誉、使用寿命不确定的无形资产和尚未达到可使用状态的无形资产无论是否存在减值迹象，每年都进行减值测试。

可收回金额根据资产的公允价值减去处置费用后的净额与资产预计未来现金流量的现值两者之间较高者确定。本公司以单项资产为基础估计其可收回金额；难以对单项资产的可收回金额进行估计的，以该资产所属的资产组为基础确定资产组的可收回金额。资产组的认定，以资产组产生的主要现金流入是否独立于其他资产或者资产组的现金流入为依据。

当资产或资产组的可收回金额低于其账面价值时，本公司将其账面价值减记至可收回金额，减记的金额计入当期损益，同时计提相应的资产减值准备。

资产减值损失一经确认，在以后会计期间不再转回。

6.2.2 金融工具分类的范围、标准和计量

金融工具是指形成一方的金融资产，并形成其他方的金融负债或权益工具的合同。

6.2.2.1 金融工具的确认和终止确认

本公司于成为金融工具合同的一方时确认一项金融资产或金融负债。

金融资产满足下列条件之一的，终止确认：（1）收取该金融资产现金流量的合同权利终止；（2）该金融资产已转移，且符合下述金融资产转移的终止确认条件。

金融负债的现时义务全部或部分已经解除的，终止确认该金融负债或其一部分。本公司（债务人）与债权人之间签订协议，以承担新金融负债方式替换现存金融负债，且新金融负债与现存金融负债的合同条款实质上不同的，终止确认现存金融负债，并同时确认新金融负债。

以常规方式买卖金融资产，按交易日进行会计确认和终止确认。

6.2.2.2 金融资产分类和计量

本公司在初始确认时根据管理金融资产的业务模式和金融资产的合同现金流量特征，将金融资产分为以下三类：以摊余成本计量的金融资产、以公允价值计量且其变动计入其他综合收益的金融资产、以公允价值计量且其变动计入当期损益的金融资产。

（1）以摊余成本计量的金融资产。本公司将同时符合下列条件且未被指定为以公允价值计量且其变动计入当期损益的金融资产，分类为以摊余成本计量的金融资产：①本公司管理该金融资产的业务模式是以收取合同现金流量为目标；②该金融资产的合同条款规定，在特定日期产生的现金流量，仅为对本金和以未偿付本金金额为基础的利息的支付。初始确认后，对于该类金融资产采用实际利率法以摊余成本计量。以摊余成本计量且不属于任何套期关系的一部分的金融资产所产生的利得或损失，在终止确认、按照实际利率法摊销或确认减值时，计入当期损益。

（2）以公允价值计量且其变动计入其他综合收益的金融资产。本公司将同时符合下列条件且未被指定为以公允价值计量且其变动计入当期损益的金融资产，分类为以公允价值计量且其变动计入其他综合收益的金融资产：①本公司管理该金融资产的业务模式既以收取合同现金流量为目标又以出售该金融资产为目标；②该金融资产的合同条款规定，在特定日期产生的现金流量，仅为对本金和以未偿付本金金额为基础的利息的支付。初始确认后，对于该类金融资产以公允价值进行后续计量。采用实际利率法计算的利息、减值损失或利得及汇兑损益计入当期损益，其他利得或损失计入其他综合收益。终止确认时，将之前计入其他综合收益的累计利得或损失从其他综合收益中转出，计入当期损益。

（3）以公允价值计量且其变动计入当期损益的金融资产

除上述以摊余成本计量和以公允价值计量且其变动计入其他综合收益的金融资产外，本公司将其余所有的金融资产分类为以公允价值计量且其变动计入当期损益的金融资产。在初始确认时，为消除或显著减少会计错配，本公司将部分本应以摊余成本计量或以公允价值计量且其变动计入其他综合收益的金融资产不可撤销地指定为以公允价值计量且其变动计入当期损益的金融资产。

初始确认后，对于该类金融资产以公允价值进行后续计量，产生的利得或损失（包括利息和股利收入）计入当期损益，除非该金融资产属于套期关系的一部分。

管理金融资产的业务模式，是指本公司如何管理金融资产以产生现金流量。业务模式决定本公司所管理金融资产现金流量的来源是收取合同现金流量、出售金融资产还是两者兼有。本公司以客观事实为依据、以关键管理人员决定的对金融资产进行管理的特定业务目标为基础，确定管理金融资产的业务模式。

本公司对金融资产的合同现金流量特征进行评估，以确定相关金融资产在特定日期产生的合同现金流量是否仅为对本金和以未偿付本金金额为基础的利息的支付。其中，本金是指金融资产在初始确认时的公允价值；利息包括对货币时间价值、与特定时期未偿付本金金额相关的信用风险，以及其他基本借贷风险、成本和利润的对价。此外，本公司对可能导致金融资产合同现金流量的时间分布或金额发生变更的合同条款进行评估，以确定其是否满足上述合同现金流量特征的要求。

仅在本公司改变管理金融资产的业务模式时，所有受影响的相关金融资产在业务模式发生变更后的首个报告期间的第一天进行重分类，否则金融资产在初始确认后不得进行重分类。

金融资产在初始确认时以公允价值计量。对于以公允价值计量且其变动计入当期损益的金融资产，相关交易费用直接计入当期损益；对于其他类别的金融资产，相关交易费用计入初始确认金额。因销售产品或提供劳务而产生的、未包含或不考虑重大融资成分的应收账款，本公司按照预期有权收取的对价金额作为初始确认金额。

6.2.2.3 金融工具的公允价值

金融资产和金融负债的公允价值确定方法见6.2.13公允价值计量

6.2.3 长期股权投资核算方法

6.2.3.1 长期股权投资的分类

公司的长期股权投资包括对子公司的投资和对合营企业、联营企业的投资。

6.2.3.2 投资成本的确定

同一控制下的企业合并形成的，合并方以支付现金、转让非现金资产、承担债务或发行权益性证券作为合并对价的，在合并日按照取得被合并方所有者权益在最终控制方合并财务报表中的账面价值的份额作为其初始投资成本。长期股权投资初始投资成本与支付的现金、转让的非现金资产以及所承担债务账面价值之间的差额调整资本公积；资本公积不足冲减的，调整留存收益。

（1）公司通过多次交易分步实现同一控制下企业合并形成的长期股权投资，在个别财务报表和合并财务报表中，将按持股比例享有在合并日被合并方所有者权益账面价值的份额作为初始投资成本。合并日之前所持被合并方的股权投资账面价值加上合并日新增投资成本，与长期股权投资初始投资成本之间的差额调整资本公积；资本公积不足冲减的，调整留存收益。

（2）非同一控制下的企业合并形成的，在购买日按照支付的合并对价的公允价值作为其初始投资成本。公司通过多次交易分步实现非同一控制下企业合并形成的长期股权投资，区分个别财务报表和合并财务报表进行相关会计处理：①在个别财务报表中，以购买日之前所持被购买方的股权投资的账面价值与购买日新增投资成本之和，作为该项投资的初始投资成本；购买日之前持有的被购买方的股权涉及其他综合收益的，在处置该项投资时将与其相关的其他综合收益转入当期投资收益。②在合并财务报表中，对于购买日之前持有的被购买方的股权，按照该股权在购买日的公允价值进行重新计量，公允价值与其账面价值的差额计入当期投资收益；购买日之前持有的被购买方的股权涉及其他综合收益的，与其相关的其他综合收益转为购买日所属当期投资收益。

（3）除企业合并形成以外的：以支付现金取得的长期股权投资，按照实际支付的购买价款作为投资成本。投资成本包括与取得长期股权投资直接相关的费用、税金及其他必要支出；发行权益性证券取得的长期股权投资，按照发行权益性证券的公允价值作为投资成本；通过非货币性资产交换（该项交换具有商业实质）取得的长期股权投资，其投资成本以该项投资的公允价值和应支付的相关税费作为换入资产的成本；通过债务重组取得的长期股权投资，债权人将享有股份的公允价值确认为对债务人的投资。

6.2.3.3　后续计量及损益确认方法

对子公司的投资，采用成本法核算，除非投资符合持有待售的条件；对联营企业和合营企业的投资，采用权益法核算。

6.2.4　投资性房地产核算方法

本公司无投资性房地产。

6.2.5　固定资产计价和折旧方法

6.2.5.1　固定资产的标准及计价

指为生产商品、提供劳务、出租或经营管理而持有的并且使用年限超过一年的有形资产；固定资产按实际成本计价。

6.2.5.2　固定资产的折旧方法

（1）固定资产折旧根据固定资产的原值和预计可使用年限及估计的剩余价值按直线法计算。

（2）已计提减值准备的固定资产在计提折旧时，按照该项固定资产计提减值后的净额以及尚可使用年限重新计算确定折旧率和折旧额。

（3）公司固定资产分类年折旧率如下表所示。

类别	估计经济使用年限（年）	年折旧率（%）	预计净残值率（%）
房屋、建筑物	30	3.17	5
电子设备	3	31.67	5
运输工具	6	15.83	5
机器设备	11	8.64	5
办公设备	5	19.00	5
其他	3~6	15.83~31.67	5

6.2.6　无形资产计价及摊销政策

6.2.6.1　无形资产的确定标准和分类

无形资产是指本公司拥有或者控制的没有实物形态的可辨认非货币性资产，包括专利权、非专利技术、商标权、著作权、土地使用权等。

6.2.6.2　无形资产的计量

无形资产按成本进行初始计量。购入的无形资产，按实际支付的价款和相关支出作为实际成本。投资者投入的无形资产，按投资合同或协议约定的价值确定实际成本，但合同或协议约定价值不公允的，按公允价值确定实际成本。

6.2.6.3　无形资产的摊销

使用寿命有限的无形资产自可供使用时起，在其预计使用寿命内采用直线法分期平均摊销。使用寿命不确定的无形资产不予摊销，其中土地使用权自取得时起，在土地使用期内采用直线法分期平均摊销，不留残值。

6.2.6.4　无形资产支出满足资本化的条件

公司内部研究开发项目开发阶段的支出，符合下列各项时，确认为无形资产：

（1）从技术上来讲，完成该无形资产以使其能够使用或出售具有可行性。

（2）具有完成该无形资产并使用或出售的意图。

（3）无形资产产生未来经济利益的方式，包括能够证明运用该无形资产生产的产品存在市场或无形资产自身存在市场；无形资产将在内部使用时，证明其有用性。

（4）有足够的技术、财务资源和其他资源支持，以完成该无形资产的开发，并有能力使用或出售该无形资产。

（5）归属于该无形资产开发阶段的支出能够可靠计量。

6.2.7　长期应收款的核算方法

本公司无长期应收款。

6.2.8　长期待摊费用的摊销政策

本公司发生的长期待摊费用按实际成本计价。在受益期内平均摊销。

6.2.9　合并会计报表的编制方法

本公司无须编制合并会计报表。

6.2.10　收入确认原则和方法

本公司在履行了合同中的履约义务，即在客户取得相关商品或服务的控制权时确认收入。

合同中包含两项或多项履约义务的，本公司在合同开始日，按照各单项履约义务所承诺商品或服务的单独售价的相对比例，将交易价格分摊至各单项履约义务，按照分摊至各单项履约义务的交易价格计量收入。

满足下列条件之一时，本公司属于在某一时段内履行履约义务；否则，属于在某一时点履行履约义务：（1）客户在本公司履约的同时即取得并消耗本公司履约所带来的经济利益。（2）客户能够控制本公司履约过程中在建的商品。（3）本公司履约过程中所产出的商品具有不可替代用途，且本公司在整个合同期间内有权就累计至今已完成的履约部分收取款项。

对于在某一时段内履行的履约义务，本公司在该段时间内按照履约进度确认收入。履约进度不能合理确定时，本公司已经发生的成本预计能够得到补偿的，按照已经发生的成本金额确认收入，直到履约进度能够合理确定为止。

对于在某一时点履行的履约义务，本公司在客户取得相关商品或服务控制权时点确认收入。在判断客户是否已取得商品或服务控制权时，本公司会考虑下列迹象：（1）本公司就该商品或服务享有现时收款权利，即客户就该商品负有现时付款义务。（2）本公司已将该商品的法定所有权转移给客户，即客户已拥有该商品的法定所有权。（3）本公司已将该商品的实物转移给客户，即客户已实物占有该商品。（4）本公司已将该商品所有权上的主要风险和报酬转移给客户，即客户已取得该商品所有权上的主要风险和报酬。（5）客户已接受该商品或服务。（6）其他表明客户已取得商品控制权的迹象。

本公司已向客户转让商品或服务而有权收取对价的权利（且该权利取决于时间流逝之外的其他因素）作为合同资产，合同资产以预期信用损失为基础计提减值。本公司拥有的、无条件（仅取决于时间流逝）向客户收取对价的权利作为应收款项列示。本公司已收或应收客户对价而应向客户转让商品或服务的义务作为合同负债。同一合同下的合同资产和合同负债以净额列示，净额为借方余额的，根据其流动性在"合同资产"或"其他非流动资产"项目中列示；净额为贷方余额的，根据其流动性在"合同负债"或"其他非流动负债"项目中列示：（1）利息收入。正常贷款利息收入按权责发生制计提。贷款项目或应收利息逾期超过90日时，该项目利息收入按收付实现制核算。（2）手续费及佣金收入。手续费及佣金收入在同时满足以下两个条件时确认：①相关的服务已经提供；②根据合同约定，收取的金额可以可靠计量。（3）投资收益。①证券销售实现并收到款项时予以确认证券销售差价收入；②在收益权成立时，公司对联营公司确认投资收益；③其他投资收益以相关的经济利益能够流入公司时确认。

6.2.11 所得税的会计处理方法

（1）所得税的会计处理方法。所得税费用的会计处理采用资产负债表债务法核算。资产负债表日，公司按照可抵扣暂时性差异与适用所得税税率计算的结果，确认递延所得税资产及相应的递延所得税收益；按照应纳税暂时性差异与适用企业所得税税率计算的结果，确认递延所得税负债及相应的递延所得税费用。

（2）递延所得税资产的确认。公司以很可能取得用来抵扣可抵扣暂时性差异的应纳税所得额为限，确认由可抵扣暂时性差异产生的递延所得税资产。但是同时具有下列特征的交易中因资产或负债的初始确认所产生的递延所得税资产不予确认：该项交易不是企业合并；交易发生时既不影响会计利润也不影响应纳税所得额（或可抵扣亏损）。

公司对与子公司、联营公司及合营企业投资相关的可抵扣暂时性差异，同时满足下列条件的，确认相应的递延所得税资产：暂时性差异在可预见的未来很可能转回；未来很可能获得用来抵扣暂时性差异的应纳税所得额。

公司对于能够结转以后年度的可抵扣亏损和税款抵减，以很可能获得用来抵扣可抵扣亏损和税款抵减的未来应纳税所得额为限，确认相应的递延所得税资产。

（3）递延所得税负债的确认。除下列情况产生的递延所得税负债以外，本公司确认所有应纳税暂时性差异产生的递延所得税负债：①商誉的初始确认；②同时满足具有下列特征的交易中产生的资产或负债的初始确认：该项交易不是企业合并；交易发生时既不影响会计利润也不影响应纳税所得额（或可抵扣亏损）。

公司对与子公司、联营公司及合营企业投资产生相关的应纳税暂时性差异，同时满足下列条件的：投资企业能够控制暂时性差异的转回的时间；该暂时性差异在可预见的未来很可能不会转回。

（4）所得税费用计量。公司将当期所得税和递延所得税作为所得税费用或收益计入当期损益，但不包括下列情况产生的所得税：企业合并；直接在所有者权益中确认的交易或事项。

6.2.12 信托报酬确认原则和方法

信托报酬在同时满足以下两个条件时确认：（1）相关的服务已经提供；（2）根据合同约定，收取的金额可以可靠计量。

6.2.13 公允价值计量

公允价值是指市场参与者在计量日发生的有序交易中，出售一项资产所能收到或者转移一项负债所需支付的价格。

本公司以公允价值计量相关资产或负债。假定出售资产或者转移负债的有序交易在相关资产或负债的主要市场进行；不存在主要市场的，本公司假定该交易在相关资产或负债的最有利市场进行。主要市场（或最有利市场）是本公司在计量日能够进入的交易市场。本公司采用市场参与者在对该资产或负债定价时为实现其经济利益最大化所使用的假设。

存在活跃市场的金融资产或金融负债，本公司采用活跃市场中的报价确定其公允价值。金融工具不存在活跃市场的，本公司采用估值技术确定其公允价值。所使用的估值模型主要为现金流量折现模型和市场可比公司模型等。估值技术的输入值主要包括无风险利率、基准利率、汇率、信用点差、流动性溢价、缺乏流动性折价等。

以公允价值计量非金融资产的，考虑市场参与者将该资产用于最佳用途产生经济利益的能力，或者将该资产出售给能够用于最佳用途的其他市场参与者产生经济利益的能力。

本公司采用在当前情况下适用并且有足够可利用数据和其他信息支持的估值技术，优先使用相关可观察输入值，只有在可观察输入值无法取得或取得不切实可行的情况下，才使用不可观察输入值。

在财务报表中以公允价值计量或披露的资产和负债，根据对公允价值计量整体而言具有重要意义的最低层次输入值，确定所属的公允价值层次：第一层次输入值，是在计量日能够取得的相同资产或负债在活跃市场上未经调整的报价；第二层次输入值，是除第一层次输入值外相关资产或负债直接或间接可观察的输入值；第三层次输入值，是相关资产或负债的不可观察输入值。

每个资产负债表日，本公司对在财务报表中确认的持续以公允价值计量的资产和负债进行重新评估，以确定是否在公允价值计量层次之间发生转换。

6.2.14 会计政策变更

6.2.14.1 会计政策变更

财政部于2022年11月发布了《企业会计准则解释第16号》（财会〔2022〕31号）（以下简称解释第16号）。

解释第16号规定，对于不是企业合并、交易发生时既不影响会计利润也不影响应纳税所得额（或可抵扣亏损），且初始确认的资产和负债导致产生等额应纳税暂时性差异和可抵扣暂时性差异的单项交易，因资产和负债的初始确认所产生的应纳税暂时性差异和可抵扣暂时性差异，应当根据《企业会计准则第18号——所得税》等有关规定，在交易发生时分别确认相应的递延所得税负债和递延所得税资产。对于在首次施行上述规定的财务报表列报最早期间的期初至本解释施行日之间发生的上述交易，企业应当按照上述规定，将累积影响数调整财务报表列报最早期间的期初留存收益及其他相关财务报表项目。上述会计处理规定自2023年1月1日起施行。

采用解释第16号未对本公司财务状况和经营成果产生重大影响。

6.2.14.2 会计估计变更

无。

6.3 或有事项说明

本年度公司未发生重要的或有事项。

6.4 重要资产转让及其出售的说明

本年度公司未发生重要资产转让或出售。

6.5 会计报表中重要项目的明细资料

6.5.1 自营资产经营情况

6.5.1.1 信用风险资产五级分类

信用风险资产五级分类	正常类（万元）	关注类（万元）	次级类（万元）	可疑类（万元）	损失类（万元）	信用风险资产合计（万元）	不良资产合计（万元）	不良率（%）
2023年12月31日	882 725.23	144 739.43	3 600.00	21 967.96	—	1 053 032.62	25 567.96	2.43
2022年12月31日	1 019 916.16	30 350.89	14 526.08	—	—	1 064 793.13	14 526.08	1.36

注：不良资产合计＝次级类＋可疑类＋损失类。上述各项金额为资产净值，已剔除计提的减值准备。

6.5.1.2 各项资产减值损失准备列示

单位：万元

项目	期初数	本期计提	本期转回	本期核销	其他减少	期末数
贷款损失准备：	—	—	—	—	—	—
一般准备	—	—	—	—	—	—
专项准备	—	—	—	—	—	—
其他资产减值准备：						
债权资产减值准备	2 819.00	6 787.43	—	—	—	9 606.43
其他资产减值准备	3 208.40	12 311.76	—	—	—	15 520.16
坏账准备	282.75	490.01	—	—	—	772.76
合计	6 310.15	19 589.20	—	—	—	25 899.35

6.5.1.3 投资品种分类列示

单位：万元

投资品种分类	自营股票	基金	债券	长期股权投资	其他投资	合计
2023年期初	—	—	—	331 105.66	664 308.33	995 413.99
2023年期末	—	—	—	374 820.38	640 872.95	1 015 693.33

6.5.1.4 前五名的自营长期股权投资列示

企业名称	占被投资企业权益的比例（%）	主要经营活动	按照权益法核算投资损益（万元）
易方达基金管理有限公司	22.6514	基金管理和发起设立基金	76 595.70

6.5.1.5 截至2023年12月31日，公司自营贷款余额为零元

6.5.1.6 截至2023年12月31日，公司未经营担保业务、代理业务（委托贷款）等表外业务

6.5.1.7 公司当年的收入结构列示

收入结构	金额（万元）	占比（%）
手续费及佣金收入：	52 548.46	36.38
其中：信托手续费收入	51 042.29	35.33
其他手续费收入	1 506.17	1.04
利息收入	509.08	0.35
其他业务收入	235.37	0.16
其中：计入信托业务收入部分	—	—
投资收益	93 685.80	64.85
其中：股权投资收益	76 595.70	53.02
证券投资收益	—	—
其他投资收益	17 090.10	11.83
公允价值变动收益	-2 540.37	-1.75
汇兑收益	6.12	—
其他收益	15.70	0.01

续表

收入结构	金额（万元）	占比（%）
资产处置收益	1.66	—
营业外收入		
收入合计	144 461.82	100.00

6.5.2 信托财产管理情况

6.5.2.1 信托资产分类列示

单位：万元

信托资产	期初数	期末数
集合	15 307 090.80	27 714 750.76
单一	7 495 989.79	3 960 802.63
财产权	11 556 111.05	5 780 478.77
合计	34 359 191.65	37 456 032.15

6.5.2.1.1 主动管理型信托业务的信托资产分类列示

单位：万元

主动管理型信托资产	期初数	期末数
证券投资类	11 213 123.17	20 512 747.97
股权及其他投资类	5 476 110.97	4 543 047.65
融资类	4 675 991.20	5 427 770.86
事务管理类	27 710.80	27 630.36
合计	21 392 936.14	30 511 196.85

6.5.2.1.2 被动管理型信托业务的信托资产分类列示

单位：万元

被动管理型信托资产	期初数	期末数
证券投资类	2 533.11	2.73
股权及其他投资类	3 833.63	2 844.30
融资类	499 732.42	33 221.93
事务管理类	12 460 156.34	6 908 766.34
合计	12 966 255.51	6 944 835.30

6.5.2.2 本年度已清算结束的信托项目分类列示

6.5.2.2.1 本报告期内，本年度已清算结束的信托项目个数为337个，合计金额16 722 858.26万元，加权平均实际年化收益率4.6331%

已清算结束信托项目	项目个数（个）	实收信托合计金额（万元）	加权平均实际年化收益率（%）
集合类	84	7 130 714.14	6.30
单一类	203	4 158 466.69	4.46
财产管理类	50	5 433 677.43	3.08

注：收益率是指信托项目清算后，给受益人赚取的实际收益水平。加权平均实际年化收益率＝（信托项目1的实际年化收益率×信托项目1的实收信托＋信托项目2的实际年化收益率×信托项目2的实收信托＋…＋信托项目n的实际年化收益率×信托项目n的实收信托）/（信托项目1的实收信托＋信托项目2的实收信托＋…＋信托项目n的实收信托）×100%。

6.5.2.2.2 本年度已清算结束的主动管理型信托项目265个，实收信托合计10 805 817.34万元，加权平均实际年化收益率5.6420%。

已清算结束信托项目	项目个数（个）	实收信托合计金额（万元）	加权平均实际年化收益率（%）
证券投资类	76	2 892 409.68	5.72
股权及其他投资类	64	4 805 335.44	5.92
融资类	123	3 108 072.22	5.22
事务管理类	2	—	—

注：收益率是指信托项目清算后，给受益人赚取的实际收益水平。加权平均实际年化收益率=（信托项目1的实际年化收益率×信托项目1的实收信托+信托项目2的实际年化收益率×信托项目2的实收信托+…+信托项目n的实际年化收益率×信托项目n的实收信托）/（信托项目1的实收信托+信托项目2的实收信托+…+信托项目n的实收信托）×100%。

6.5.2.2.3 本年度已清算结束的被动管理型信托项目72个，实收信托合计5 917 040.91万元，加权平均实际年化收益率3.1941%。

已清算结束信托项目	项目个数（个）	实收信托合计金额（万元）	加权平均实际年化收益率（%）
证券投资类	2	10 000.00	6.22
股权及其他投资类	2	1 551.77	2.60
融资类	—	—	—
事务管理类	68	5 905 489.14	3.13

注：收益率是指信托项目清算后，给受益人赚取的实际收益水平。加权平均实际年化收益率=（信托项目1的实际年化收益率×信托项目1的实收信托+信托项目2的实际年化收益率×信托项目2的实收信托+…+信托项目n的实际年化收益率×信托项目n的实收信托）/（信托项目1的实收信托+信托项目2的实收信托+…+信托项目n的实收信托）×100%。

6.5.2.3 本年度新增的信托项目分类列示

新增信托项目	项目个数（个）	实收信托合计金额（万元）
集合类	290	13 230 927.10
单一类	55	729 944.41
财产管理类	112	647 147.60
新增合计	457	14 608 019.12
其中：主动管理型	333	13 771 827.10
被动管理型	124	836 192.01

6.5.2.4 信托业务创新成果和特色业务有关情况

报告期内，公司根据政策变化、规则调整和市场需求情况，有重点地逐步开展创新业务工作，致力于为客户提供专业化的一揽子综合金融服务，拓展新业务盈利点，打造先行优势和核心竞争力。

（1）大力拓展资本市场、资产证券化业务。

2023年，公司继续大力拓展标准化投资、资产证券化等业务，取得一定成效。

资本市场业务方面，公司围绕固定收益投资、现金管理投资业务持续优化业务模式，开发设计了类现金、跨境、结构化等各类产品，持续完善资本市场业务产品线，年末投向证券市场的资金较年初增长超200%；公司荣获深交所授予的"2022年度优秀债券投资交易机构"奖项。

资产证券化业务方面，公司持续发力打造资产证券化全链条服务，全面整合已有的普惠金融及资产证券化业务系统资源能力，提供全链路、一站式的业务服务，公司上线了全链路资产业务管理平台，为项目的高效运营管理提供了技术支撑。

（2）财富管理服务信托业务取得突破。

2023年1月，公司落地首单特殊需要信托——粤财信托·郭予填子女关爱基金特殊目的信托，该信托旨在解决家庭成员离世后未成年子女的教育与生活支持问题，为未成年子女的教育和成长保驾护航。该项目获"2023金誉奖——优秀创新信托产品奖"。

2023年8月，公司落地首笔家庭服务信托——粤财信托·爱家永和系列家庭服务信托，该信托是公司充分发挥信托制度的优势，结合自身专业的产品创设能力、资产配置能力、财富管理能力推出的主动管理类财富管理服务信托，满足了委托人家庭财富保护和传承的需求，为委托人后代未来的生活及学习规划提供定制化服务。

2023年，公司家族、保险金信托业务与多个合作机构进行了业务及系统对接，年末，相关业务规模同比增长近70%，为公司推动信托业务"三分类"下业务转型，拓展财富管理服务信托奠定基础。

6.5.2.5 本公司履行受托人义务情况及因本公司自身责任而导致的信托资产损失情况（合计金额、原因等）

公司设置独立运作的自营与信托业务、财务部门，对信托资产与固有资产分别管理，并为每个信托项目开设专户，分别记账，分别核算。

公司信托业务部门妥善保存处理信托事务的完整记录，定期将信托财产的管理运用、处分及收支情况报告委托人、受益人，对委托人和受益人的信托资料保密。信托项目结束后，公司以信托财产为限向受益人兑付信托财产及收益，无延期兑付和无法兑付情况发生。

公司已成立信托与消费者权益保护委员会，并按照信托合同条款的规定，履行诚实、信用、谨慎、有效的管理，为受益人的最大利益处理信托事务，除按规定取得信托报酬外，没有利用信托资产为自己谋取利益。

本年度没有发生因公司自身责任而导致的信托资产损失。

6.5.2.6 信托赔偿准备金的提取、使用和管理情况

单位：万元

项目	2022年末余额	2023年计提	2023年使用	2023年末余额
信托赔偿准备金	53 456.65	4 712.59	—	58 169.24

6.6 关联方关系及其交易的披露

6.6.1 关联交易方的数量、关联交易的总金额及关联交易的定价政策等

单位：万元

项目	关联交易方数量	关联交易金额	定价政策
合计	26	285 492.68	市场价格、协议定价

注：统计口径根据相关监管规定及公司内部制度执行。

6.6.2 关联交易方与本公司的关系性质、关联交易方的名称、法定代表人、注册地址、注册资本及主营业务等

关系性质	关联方名称	法定代表人	注册地址	注册资本（万元）	主营业务
最终控制方	广东粤财投资控股有限公司	金圣宏	广州市越秀区东风中路481号粤财大厦15楼	3 586 960.16	资本运营管理，资产受托管理，投资项目的管理。科技风险投资，实业投资，企业重组、并购商务咨询服务、互联网信息服务、网络科技咨询服务（依法须经批准的项目，经相关部门批准后方可开展经营活动）
受同一母公司控制企业	广东粤财金科科技有限责任公司	邢蓬延	珠海市横琴新区宝华路6号105室-15178	32 287.31	一般项目：软件开发；信息系统集成服务；数字技术服务；信息技术咨询服务；数据处理和存储支持服务；互联网数据服务；科技中介服务；信息系统运行维护服务；计算机软硬件及辅助设备零售；网络与信息安全软件开发；市场营销策划；社会经济咨询服务；广告设计、代理（除依法须经批准的项目外，凭营业执照依法自主开展经营活动）
受同一母公司控制企业	珠海粤财实业有限公司	刘鸿燕	广东省珠海市香洲区吉大景山路188号粤财大厦7楼8单元	15 600.00	经营珠海粤财假日酒店的住宿、餐饮、卡拉OK、歌舞厅、桑拿按摩、美容美发、健美健身、桌球、游泳、棋类、桥牌、卷烟、雪茄烟、酒类零售；酒店配套用品的零售；商务；物业管理（以上仅限分支机构）；销售、出租、管理自建的位于珠海吉大景山路188号的珠海粤财大厦的商业办公综合楼宇；投资咨询（以上需行政许可的，凭许可证经营；依法须经批准的项目，经相关部门批准后可开展经营活动）
受同一母公司控制企业	粤财控股（北京）有限公司	刘鸿燕	北京市西城区宣武门外大街18号粤财控股（北京）有限公司北京粤财金威万豪酒店201	10 000.00	以下项目限分支机构经营：住宿、餐饮项目的筹建；项目投资；投资管理；投资咨询；资产管理；物业管理；酒店管理；货物进出口、技术进出口；出租商业用房；出租办公用房［（1）未经有关部门批准，不得以公开方式募集资金；（2）不得公开开展证券类产品和金融衍生品交易活动；（3）不得发放贷款；（4）不得对所投资企业以外的其他企业提供担保；（5）不得向投资者承诺投资本金不受损失或者承诺最低收益；市场主体依法自主选择经营项目，开展经营活动；依法须经批准的项目，经相关部门批准后依批准的内容开展经营活动；不得从事国家和本市产业政策禁止和限制类项目的经营活动］
受同一母公司控制企业	广州粤财房地产开发有限公司	刘鸿燕	广州市越秀区东风中路481号粤财大厦5楼503室	18 551.35	房地产开发经营
受同一母公司控制企业	广东粤财实业发展有限公司	刘鸿燕	广东省广州市越秀区东风中路481号粤财大厦13楼	22 270.00	项目投资；销售：建筑材料、五金、交电、百货、日用杂货、电子产品及通信设备（不含卫星电视广播地面接收设备）、仪器仪表、工艺美术品、饲料、农副产品、农畜产品、停车场经营；物业管理（依法须经批准的项目，经相关部门批准后方可开展经营活动）
受同一母公司控制企业	广东南粤银行股份有限公司	骆传朋	湛江经济技术开发区乐山路27号财富汇金融中心1层01、02号商铺、2层01号商铺、3层01号商铺、39~45层办公室	2 937 747.60	吸收公众存款，发放短期、中期和长期贷款，办理国内结算，办理票据贴现，发行金融债券，代理发行、代理兑付、承销政府债券，买卖政府债券，从事同业拆借，提供担保，代理收付款项，代理保险业务，提供保管箱服务，办理地方财政信用周期使用资金的委托存贷款业务，经中国人民银行批准的其他业务，从事基金销售业务，开办银行承兑汇票业务，外汇存款，外汇贷款，外汇汇款，外汇兑换，国际结算，同业外汇拆借，外汇票据的承兑和贴现，外汇借款，外汇担保，结汇、售汇，自营外汇买卖或者代客外汇买卖，资信调查、咨询、见证业务，经中国银行业监督管理委员会批准的其他外汇业务（经营中国银行业监督管理委员会依照有关法律、行政法规和其他有关规定批准的业务，经营范围以批准文件所列为准）；依法须经批准的项目，经相关部门批准后方可开展经营活动）
受同一母公司控制企业	广东粤财金融租赁股份有限公司	李亚娟	广州市南沙区丰泽东路106号南沙城投大厦14楼（仅限办公用途）	100 000.00	金融租赁服务
受同一公司最终控制	粤财资管（广州）投资咨询有限公司	欧阳浩	广州市越秀区东风中路437号2602单元	2 000.00	企业管理咨询；企业管理；财务咨询；融资咨询服务；破产清算服务；以自有资金从事投资活动

续表

关系性质	关联方名称	法定代表人	注册地址	注册资本(万元)	主营业务
受同一公司最终控制	粤信资(广州)投资合伙企业(有限合伙)	粤财资管(广州)投资咨询有限公司(执行事务合伙人)	广州市越秀区东风中路437号2605房	20.00	企业管理咨询;商业综合体管理服务;物业服务评估;法律咨询(不包括律师事务所业务);资产评估;企业管理;以自有资金从事投资活动;融资咨询服务;破产清算服务;信息咨询服务(不含许可类信息咨询服务)
受同一母公司控制企业	广东粤财资产管理有限公司	徐茹斌	广州市越秀区东风中路437号越秀城市广场南塔24楼、26楼、27楼	720 000.00	收购、处置并经营资产;债权债务清理;为企业的重组及债务重组提供策划、咨询;投资、财务及法律咨询与顾问(不含证券、期货;依法须经批准的项目,经相关部门批准后方可开展经营活动)
受同一母公司控制企业	粤财普惠金融(湛江)融资担保股份有限公司	梁浩昕	湛江市赤坎区体育北路15号湛江商务大厦1405号、1406号办公室	14 000.00	借款类担保业务、发行债券担保业务和其他融资担保业务;诉讼保全担保、履约担保业务,融资咨询、财务咨询(以上两项除证券和期货投资咨询及其他涉及前置审批和专营专控的咨询业务)、以自有资金从事投资活动(依法须经批准的项目,经相关部门批准后方可开展经营活动)
受同一母公司控制企业	粤财普惠金融(惠州)融资担保股份有限公司	刘广韬	惠州市惠城区江北文明一路9号富绅大厦2203~2205单元	11 000.00	为企业及个人提供贷款担保、票据承兑担保、贸易融资担保、项目融资担保、信用证担保等融资性担保;兼营诉讼保全担保、履约担保业务,与担保业务有关的融资咨询、财务顾问等中介服务,以自有资金进行投资(依法须经批准的项目,经相关部门批准后方可开展经营活动)
受同一母公司控制企业	粤财普惠金融(潮州)融资担保股份有限公司	谷向鹏	潮州市潮州大道中段交银大厦1202号	12 000.00	为企业及个人提供贷款担保、票据承兑担保、贸易融资担保、项目融资担保、信用证担保等融资性担保;兼营诉讼保全担保、履约担保业务,与担保业务有关的融资咨询、财务顾问等中介服务;以自有资金进行投资(依法须经批准的项目,经相关部门批准后方可开展经营活动)
受同一母公司控制企业	粤财普惠金融(汕头)融资担保股份有限公司	谷向鹏	汕头市长平路90号苏宁广场1幢(8~23层)1708~1712号房	13 000.00	借款类担保业务、发行债券担保业务和其他融资担保业务(依法须经批准的项目,经相关部门批准后方可开展经营活动)
受同一母公司控制企业	粤财普惠金融(汕尾)融资担保股份有限公司	李汉钊	汕尾市区汕尾大道房地产交易中心办公楼第二层	11 000.00	为企业和个人提供贷款担保、票据承兑担保、贸易融资担保、项目融资担保、信用证担保等融资性担保;兼营诉讼保全担保、履约担保业务,与担保业务有关的融资咨询、财务顾问等中介服务;以自有资金进行投资(依法须经批准的项目,经相关部门批准后方可开展经营活动)
受同一母公司控制企业	粤财普惠金融(江门)融资担保股份有限公司	杨千山	江门市蓬江区发展大道178号1幢103第五层自编A区	17 000.00	为企业和个人提供贷款担保、票据承兑担保、贸易融资担保、项目融资担保、信用证担保等融资性担保;兼营诉讼保全担保、履约担保业务,与担保业务有关的融资咨询、财务顾问等中介服务;以自有资金进行投资;实业投资(依法须经批准的项目,经相关部门批准后方可开展经营活动)
受同一母公司控制企业	粤财普惠金融(揭阳)融资担保股份有限公司	谷向鹏	揭阳市榕城区东山环市北路宏和大楼13楼A1301~A1305号	12 100.00	借款类担保业务、发行债券担保业务和其他融资担保业务;非融资担保;融资咨询服务;以自有资金从事投资活动(依法须经批准的项目,经相关部门批准后方可开展经营活动)
受同一母公司控制企业	粤财普惠金融(珠海)融资担保股份有限公司	杨千山	珠海市唐家湾镇港湾大道科技一路10号主楼第六层605房A单元	19 954.33	为企业和个人提供贷款担保、票据承兑担保、贸易融资担保、项目融资担保、信用证担保等融资性担保;兼营诉讼保全担保、履约担保业务,与担保业务有关的融资咨询、财务顾问等中介服务;以自有资金进行投资(依法须经批准的项目,经相关部门批准后方可开展经营活动)
其他关联	广东省粤科融资担保股份有限公司	陈立宇	广东省广州市花都区迎宾大道163号高晟广场3栋5层01E16	50 000.00	为企业及个人提供贷款担保、信用证担保等融资性担保业务;兼营诉讼保全担保、履约担保业务,与担保业务有关的融资咨询、财务顾问等中介服务,以自有资金进行投资,办理债券发行担保业务;开展再担保业务(凭公司有效许可证经营;依法须经批准的项目,经相关部门批准后方可开展经营活动)
其他关联	广东金融资产交易中心股份有限公司	邢蓬延	广东省广州市黄埔区(中新广州知识城)亿创街1号406房769室	14 685.65	为各类金融资产交易、不良资产交易、金融企业非上市国有产权转让提供服务;投融资咨询策划、信息咨询服务;金融监督部门批准的其他业务(依法须经批准的项目,经相关部门批准后方可开展经营活动)
其他关联	广东股权交易中心股份有限公司	伍少球	广东省广州市黄埔区中新广州知识城九佛建设路333号自编898室	31 098.31	组织安排企业股份(股权)、可转换为股票(股权)的公司债券和国务院有关部门认可的其他证券的非公开发行与转让;为企业提供权益登记、托管、挂牌、鉴(见)证、交易、过户、结算服务;受企业委托办理权益分配代理人服务;为市场参与者提供融资并购、财务顾问、居间、咨询、信息、技术培训、场所、设施及配套服务;投资管理、受托资产管理及依法获批准从事的其他业务(依法须经批准的项目,经相关部门批准后方可开展经营活动)

续表

关系性质	关联方名称	法定代表人	注册地址	注册资本（万元）	主营业务
其他关联	广东省粤科金融集团有限公司	林浩钧	广东省广州市天河区珠江西路17号广晟国际大厦4501房	1 160 000.00	科技金融服务平台建设；风险投资、创业投资、股权投资；投资管理、股权投资基金管理、资产受托管理；代理其他创业投资企业等机构或个人的创业投资业务；科技园区开发、管理服务，科技企业孵化服务；投资、融资等资本运作的咨询服务（不含证券与期货）；风险投资人才培训（依法须经批准的项目，经相关部门批准后方可开展经营活动）
联营企业	易方达基金管理有限公司	刘晓艳	广东省珠海市横琴新区荣粤道188号6层	13 244.20	公开募集证券投资基金管理、基金销售、特定客户资产管理（依法须经批准的项目，经相关部门批准后方可开展经营活动）
受同一母公司控制企业	广东粤财融资担保集团有限公司	刘志成	广州市越秀区东风中路481号粤财大厦12楼	606 000.00	开展再担保业务；办理债券发行担保业务；为企业及个人提供贷款担保、信用证担保等融资性担保，兼营诉讼保全担保、履约担保业务，与担保业务有关的融资咨询、财务顾问等中介服务，以自有资金进行投资（依法须经批准的项目，经相关部门批准后方可开展经营活动）
公司董监高的近亲属	杜敏	—	—	—	—

6.6.3 本公司与关联方的重大交易事项

6.6.3.1 固有与关联方交易情况

固有与关联方关联交易 单位：万元

项目	期初数	借方发生额	贷方发生额	期末数
贷款	—	—	—	—
投资	0.06	147 591.97	132 548.26	15 043.77
租赁	—	1 217.24	—	1 217.24
担保	—	—	—	—
应收账款	—	—	—	—
其他	—	3 439.53	—	3 439.53
合计	0.06	152 248.74	132 548.26	19 700.54

注：统计口径根据相关监管规定及公司内部制度执行。

6.6.3.2 固有与关联方的重大关联交易

关联方	关联交易内容	定价策略	本期发生额金额（万元）	余额（万元）
广东粤财投资控股有限公司	有限合伙LP份额	协议定价	35 391.97	—
广东南粤银行股份有限公司	活期存款	市场价格	112 200.00	15 043.77

注：统计口径根据相关监管规定及公司内部制度执行。

6.6.3.3 信托与关联方交易情况

信托与关联方关联交易 单位：万元

项目	期初数	借方发生额	贷方发生额	期末数
贷款	—	—	—	—
投资	7 197.09	18 861.59	21 019.25	5 039.43
租赁	—	—	—	—
担保	—	—	—	—
应收账款	—	—	—	—
其他	—	73 085.92	68 920.00	4 165.92
合计	7 197.09	91 947.51	89 939.25	9 205.35

注：统计口径根据相关监管规定及公司内部制度执行。

6.6.3.4 信托与关联方的重大关联交易

单位：万元

关联方	交易内容	定价策略	发生额	余额
广东粤财资产管理有限公司	关联方与信托计划交易	协议定价	31 139.78	—

注：1.统计口径根据相关监管规定及公司内部制度执行。
2.该笔重大关联交易发生时点为2022年9月。

6.6.3.5 公司自有资金运用于自己管理的信托项目（固信交易）、公司管理的信托项目之间的相互（信信交易）交易情况

6.6.3.5.1 固有与信托财产之间的交易情况

固有财产与信托财产相互交易 单位：万元

项目	期初数	本期增加额	本期减少额	期末数
合计	1 371.26	39 792.47	39 998.78	1 164.95

注：1.统计口径根据相关监管规定及公司内部制度执行。
2.本年固有财产与信托财产的交易中，穿透涉及信托财产与关联方之间的交易属于关联交易。

6.6.3.5.2 信托项目之间的交易情况

信托资产与信托财产相互交易 单位：万元

项目	期初数	本期增加额	本期减少额	期末数
合计	—	1 503.96	—	1 503.96

注：1.统计口径根据相关监管规定及公司内部制度执行。
2.信托项目之间的交易，穿透涉及信托财产与关联方之间的交易属于关联交易。

6.6.4 关联方逾期未偿还本公司资金的详细情况以及本公司为关联方担保发生或即将发生垫款的详细情况

本年度公司无上述情况。

6.7 会计制度的披露

（1）公司以持续经营为基础，根据实际发生的交易和事项，按照财政部2006年颁布的《企业会计准则》、新颁布或修订的相关会计准则进行会计核算。

（2）根据《中华人民共和国信托法》《信托公司管理办法》等规定，"信托财产与属于受托人所有的财产（以下简称固有财产）相区别，不得归入受托人的固有财产或者成为固有财产的一部分"。公司将固有财产与信托财产分开管理、分别核算。公司管理的信托项目是指受托人根据信托文件的约定，单独或者集合管理、运用、处分信托财产的基本单位，以每个信托项目作为独立的会计核算主体，独立核算信托财产的管理、运用和处分情况。各信托项目单独记账，单独核算，并编制财务报表。其资产、负债及损益不列入本财务报表。

7.财务情况说明书

7.1 利润实现和分配情况

本年度公司经审计后实现税后净利润94 251.74万元，年初未分配利润为433 770.39万元，向所有者分配61 200.00万元，经2023年第一次临时股东会审议通过、原中国银行保险监督管理委员会广东监管局批复，将240 000万元未分配利润按现有各股东持股比例进行同比转增注册资本，2023年末可供分配的利润为226 822.13万元。经公司董事会批准，按《中华人民共和国信托法》规定根据净利润的5%提取信托赔偿准备金4 712.59万元；根据财政部关于印发《金融企业准备金计提管理办法》的通知，按承担风险和损失的资产期末余额的1.5%为其他风险准备金最低限额，计提其他风险准备金117.43万元；根据法律法规要求提取法定盈余公积9 425.17万元；2023年末未分配利润为212 566.94万元。

7.2 主要财务指标

指标名称	指标值
资本利润率（%）	9.25
人均净利润（万元）	496.06

注：1.资本利润率＝净利润/所有者权益平均余额×100%。
　　2.人均净利润＝净利润/年平均人数。

7.3 对本公司财务状况、经营成果有重大影响的其他事项

本年度公司无其他须披露的重大影响事项。

8.特别事项揭示

8.1 前两名股东报告期内变动情况及原因

报告期内公司股东无变动情况。

8.2 董事、监事及高级管理人员变动情况及原因

报告期内，因工作调动需要，公司原董事、总经理骆传朋同志不再担任公司董事、总经理。公司2023年第三次临时股东会选举王麒麟同志为公司董事，公司第七届董事会第二十四次会议选聘王麒麟同志为公司总经理，王麒麟同志的董事、总经理任职资格均于2023年7月获批，王麒麟同志于7月到任公司董事、总经理。

因工作调动，公司原监事长彭金灯同志不再担任公司监事长。公司2023年第四次临时股东会选举宋金波同志为公司监事，公司第七届监事会第六次会议选聘宋金波同志为公司监事长，宋金波同志于7月到任公司监事长。

为完善公司经营管理架构，推动风险处置，进一步提升公司治理水平，公司第七届董事会第二十五次会议选聘陈韶辉同志担任公司董事会秘书，公司第七届董事会第二十八次会议选聘蒋中东同志担任公司副总经理。上述两位公司高级管理人员的任职资格已于2023年获监管部门批复，上述高级管理人员均已到任。

8.3 公司的重大诉讼事项

报告期内，公司固有业务存在一起涉仲裁案件。上海灵秀事业集团有限公司就众诚保险股权转让合同事宜向广州仲裁委提起仲裁申请，请求仲裁庭解除合同并裁定公司退回股款、资金占用费等共计5.78亿元。目前本案仲裁庭已经驳回申请人的请求，维护了公司的利益。

报告期内，公司信托业务主动管理项目涉诉案件如下：

（1）2022年4月29日，公司起诉福建五环实业有限公司、世茂建设有限公司，世茂集团控股有限公司、台山颐和温泉城地产开发有限公司一案，公司一审胜诉，目前该案正在二审审理中。

（2）公司于2023年4月23日在广州中院诉叶英华、广东华诺思实业有限公司等十三个被告一案正在一审审理阶段。

（3）公司于2023年4月13日年以泰州花博园房地产开发有限公司等为被申请人，向广州中院提起了强制执行申请已经由法院受理。

8.4 公司及其董事、监事和高级管理人员受到处罚的情况

报告期内，公司及董事、监事和高级管理人员没有

受到监管部门处罚。

2023年5月4日，由于违反相关交易自律规则，中国银行间市场交易商协会给予公司警告的自律处分并责令整改。公司目前已经完成整改。

8.5　国家金融监督管理总局及派出机构检查后公司的整改情况

2023年，针对国家金融监督管理总局广东监管局对公司开展的现场检查、审慎监管会谈纪要和下发的监管意见书指出的问题，公司均针对性成立了专项排查和整改小组，制定了整改方案，组织相关部门进行了问题的排查和整改，并及时就整改情况向监管部门报送了报告。公司将通过完善各项制度、优化管控流程、强化操作风险管理等举措，进一步提升公司治理和内部控制水平，更好地保障业务发展。

8.6　本年度重大事项临时报告情况

公司总经理骆传朋同志因工作调动需要，向公司提出辞职申请，该申请于2023年4月3日获公司第七届董事会第二十三次会议批准，自批准之日起生效。在监管部门批复同意新聘任总经理人选任职资格前，由公司副总经理陈韶辉同志代为履行总经理职责。粤财信托于2023年4月11日在公司官网及《证券时报》B2版对此事项作了相应披露。

经2023年第一次临时股东会审议通过，并经原中国银行保险监督管理委员会广东监管局核准，公司注册资本由38亿元增加到62亿元。增资后公司各股东持股比例维持不变，工商变更手续已于2023年5月10日完成。粤财信托于2023年5月17日在公司官网及《证券时报》B122版对此事项作了相应披露。

经公司第七届董事会第二十四次会议审议通过，并报经国家金融监督管理总局广东监管局核准，王麒麟先生于2023年7月4日起担任公司总经理。粤财信托于2023年7月11日在公司官网及《证券时报》B2版对此事项作了相应披露。

经国家金融监督管理总局广东监管局批准，公司英文名称由"GUANGDONG FINANCE TRUST CO.LTD"变更为"GUANGDONG YUECAI TRUST CO., LTD,"并于2023年9月5日换领了金融许可证。粤财信托于2023年9月12日在公司官网及《证券时报》B75版对此事项作了相应披露。

8.7　国家金融监督管理总局及其省级派出机构认定的其他有必要让客户及相关利益人了解的重要信息

本报告期内无国家金融监督管理总局及其省级派出机构认定的其他有必要让客户及相关利益人了解的重要信息。

8.8　公司履行社会责任情况

报告期内，公司严格遵守国家法律法规，认真贯彻国家经济金融政策以及监管要求；有效履行受托人职责与义务，充分维护受益人利益最大化；积极探索"慈善+金融"的创新与改革，助力共同富裕；公司积极参与各类公益志愿服务活动。

2023年，公司始终把坚守金融工作的政治性、人民性、时代性和普惠性要求放在首位，紧密围绕消保工作机制和管理体系建设目标任务，增强工作前瞻性和主动性，切实承担保护消费者合法权益的主体责任。一是董事会及其下设信托与消费者保护委员会、高级管理层年内多次召开会议研究和审议消费者权益保护有关议题，确保消费者权益保护目标和政策得到有效执行；二是建立健全消费者权益保护制度，年内对产品发行审查、适当性管理、金融营销推介、金融纠纷多元化解及合作机构消保工作等制度进行了完善；三是认真开展内外部消费者权益保护监督检查工作，积极查缺补漏，推动管理提升；四是开展了"走进企业""走进养老社区"等金融知识教育宣传活动，提升消费者权益保护工作效果和社会效应；五是建立了多渠道投诉处理工作机制，通过健全投诉的受理、传递、处理、反馈、回访、结案等全流程管理和通报机制，促进金融消费者权益保护工作的开展。2023年度共收到35笔投诉，以消费金融类业务为主，投诉涉及部门均积极与投诉人进行沟通协调，妥善处理投诉，做好金融消费者的解释和安抚工作，未出现重大投诉事件。

在走共同富裕的中国式现代化道路上，公司持续推动公益慈善信托业务拓展，自2016年设立广东省首单慈善信托计划——"德睿慈善信托计划"以来，加快推进慈善事业的步伐，先后设立"粤财信托·2020抗击新型肺炎慈善信托计划""粤财信托·2021知行慈善信托计划""粤财信托·农银壹私行·万科河源仙坑2022乡村振兴慈善信托""粤财信托·希望的田野2023家庭教育慈善信托"等慈善信托，累计成立慈善信托计划规模超

3 500万元，信托计划投向包括扶贫济困、乡村振兴、教育助学、医疗抗疫等领域，用金融为慈善事业贡献坚实力量。2023年，公司成立的"忆北2023科学教育慈善信托"是国内首个支持天文学基础发展的慈善信托，将助力建成亚洲区域最大口径的EAST望远镜，并创新性地进行了公开募捐架构设计，促成国内首次全民参与建设大科学工程。

2023年，公司积极支持乡村振兴驻镇帮镇扶村工作，购置了一批物资用于帮扶南雄市湖口镇太和村委会完善太和村卫生站及老年人康乐活动设备设施；做好广东省退役军人应急救助资金受托管理工作，每年将基金运营管理收益用于救助基本生活严重困难的退役军人和其他优抚对象；2023年内，向广东省慈善总会捐赠400万元，用于广东省内乡村振兴或公益慈善项目。

9.公司监事会意见

报告期内公司依据国家有关法律、法规和公司章程的规定，建立了较完善的内部控制制度，决策程序符合相关规定；公司已建立了较完善的"三会一层"公司治理架构，董事会及其下属委员会的设置合理，董事会及下属各委员会严格按照相关法律法规和制度要求规范运作。公司董事及其他高级管理人员在履行职责时，勤勉尽责，不存在违反法律、法规以及公司章程或损害公司及股东利益的行为。报告期内公司财务制度健全、内控制度完善，财务运作规范，没有发现虚假记载或重大遗漏，有效保障了公司生产经营的正常运行。公司财务报告真实、准确、完整地反映了公司的财务状况和经营成果。

国联信托股份有限公司

1.重要提示

1.1 公司董事会及董事保证本报告所载资料不存在任何虚假记载、误导性陈述或者重大遗漏,并对其内容的真实性、准确性和完整性承担个别及连带责任。

1.2 公司独立董事张爱民、景旭、唐建荣对公司2023年年度报告基于独立判断立场,发表意见如下:公司2023年年度报告属实,其内容真实、准确、完整。

1.3 公司董事长周卫平、主管会计工作负责人叶晓军、会计机构负责人(会计主管人员)陆洋声明:保证年度报告中财务报告的真实、完整。

2.公司概况

2.1 公司简介

国联信托股份有限公司(以下简称国联信托)前身为无锡市信托投资公司,初创于1987年1月。2003年1月,经中国人民银行批准,公司获准重新登记,更名为国联信托投资有限责任公司。2007年6月,经原中国银行业监督管理委员会批准,公司获准换领新金融许可证,并更名为国联信托有限责任公司。2008年7月,经中国银行业监督管理委员会批准,整体变更为股份公司,并更名为国联信托股份有限公司。目前,公司注册资本30亿元。

公司控股股东为无锡市国联发展(集团)有限公司(以下简称国联集团)。国联集团是无锡市人民政府出资设立的国有资本投资运营和授权经营试点企业。

1	法定名称	国联信托股份有限公司
2	英文名称(及缩写)	GUOLIAN TRUST CO.,LTD(GLTRUST)
3	法定代表人	周卫平
4	注册地址	无锡市滨湖区太湖新城金融一街8号国联金融大厦
5	邮政编码	214131
6	公司国际互联网网址	http://www.gltic.com.cn
7	公司电子信箱	gltic@gltic.com.cn
8	公司负责信息披露事务高级管理人员	周卫平
9	公司负责信息披露事务人	陆洋
10	联系电话	0510-82833729
11	传真电话	0510-82833803
12	电子信箱	zhangwen@gltic.com.cn
13	公司信息披露的报纸名称	《证券时报》
14	公司年度报告备置地点	无锡市滨湖区太湖新城金融一街8号国联金融大厦11楼
15	公司聘请的会计师事务所名称及住所	公证天业会计师事务所(特殊普通合伙) 江苏省无锡市金融三街嘉业财富中心5号楼10层
16	公司聘请的律师事务所名称及住所	江苏漫修(无锡)律师事务所 无锡市蠡园开发区吟白路1号研创大厦22层

2.2 组织结构

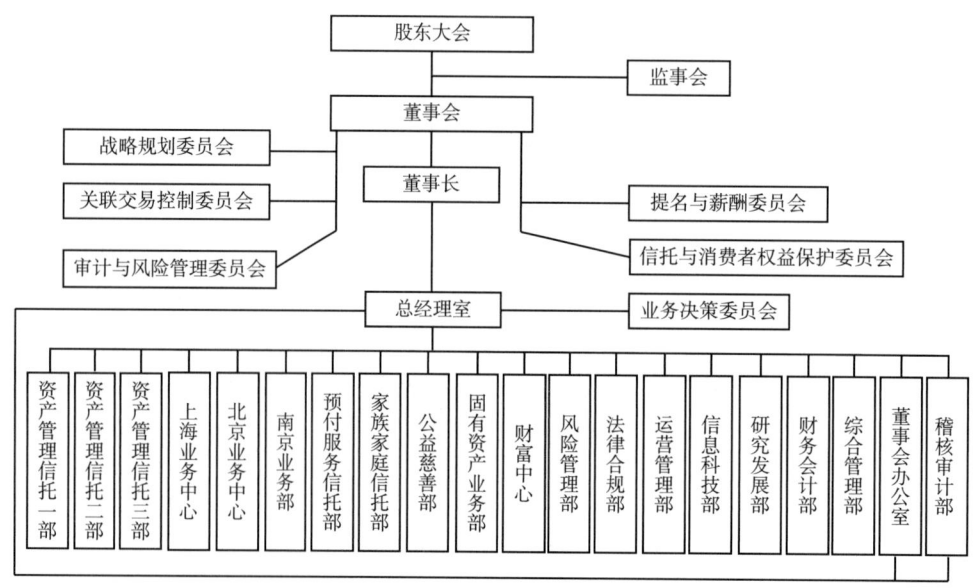

3.公司治理结构

3.1 股东

2023年度末，公司股东总数4名。

股东名称	持股比例(%)	法人代表	注册资本(万元)	注册地址
★无锡市国联发展(集团)有限公司	69.919	许可	839 111	无锡市金融一街8号
无锡市国联地方电力有限公司	12.195	安震	31 950.6	无锡市金融一街8号
无锡华光环保能源集团股份有限公司	9.756	蒋志坚	94 366.311 8	无锡市城南路3号
无锡商业大厦大东方股份有限公司	8.13	林乃机	88 477.951 8	无锡市中山路343号

股东名称	主要经营业务	2023年主要财务情况(亿元)		
		总资产	净资产	利润总额
★无锡市国联发展(集团)有限公司	从事资本、资产经营；利用自有资金对外投资；贸易咨询；企业管理服务	2 035.86	536.88	40.32
无锡市国联地方电力有限公司	分布式光伏发电；房屋租赁服务；煤炭的销售；贸易咨询服务	6.88	6.87	0.20
无锡华光环保能源集团股份有限公司	电站锅炉、工业锅炉、锅炉辅机、水处理设备、压力容器的设计研发、技术咨询、技术服务、制造、销售；自营和代理各类商品及技术的进出口业务等	261.45	102.59	11.23
无锡商业大厦大东方股份有限公司	食品、黄金、珠宝销售；餐饮服务；综合货运站(场)(仓储)；普通货运；国内贸易(国家有专项规定的，办理审批手续后经营)；自有场地出租；经济信息咨询服务；网络技术咨询、转让；计算机软件开发销售等	58.41	34.45	1.94

注：1.★表示公司实际控制人。
2.关联关系说明：无锡华光环保能源集团股份有限公司为无锡市国联发展(集团)有限公司控股子公司；无锡市国联地方电力有限公司为无锡国联实业投资集团有限公司的全资子公司，是无锡市国联发展(集团)有限公司二级全资子公司；其余无关联。

3.2 董事

根据公司章程，公司董事会由9名董事组成，其中独立董事3名。

目前的董事构成中，股东无锡市国联发展(集团)有限公司推荐4名(其中1名董事任职资格待核准)，股东无锡华光环保能源集团股份有限公司推荐1名，股东无锡商业大厦大东方股份有限公司推荐1名(董事任职资格待核准)，独立董事3名。

董事会成员

姓名	职务	性别	年龄(岁)	任期起始日期	任期终止日期	所推举的股东名称	持股比例(%)	简要履历
周卫平	董事长	男	55	2021年4月	2024年4月	无锡市国联发展(集团)有限公司	69.919	曾任无锡市探矿机械总厂会计；无锡恒达证券财务部经理；无锡市信托投资公司上海邯郸路营业部副经理；无锡市信托投资公司开信证券营业部，先后任副经理、经理；国联证券有限责任公司县前东街营业部总经理；国联证券有限责任公司经纪业务部总经理；无锡国联期货经纪有限公司总经理；无锡市国联发展(集团)有限公司财务部经理，兼无锡国联期货经纪有限公司董事长；尚德电力控股有限公司执行董事、总裁、CEO、CFO；现任国联信托股份有限公司董事长
叶晓军	董事、总经理	男	54	2022年12月	2024年4月	无锡市国联发展(集团)有限公司	69.919	曾任新疆哈密地区行署教育处秘书，华闻传媒集团股份有限公司办公室主任、分公司经理；中泰信托有限责任公司办公室主任、创新业务总部总经理、总裁助理；陆家嘴国际信托有限公司副总经理兼陆基投资管理有限公司总经理；上海爱建信托有限责任公司业务副总级华南中心主任、业务副总级资产管理部总经理；现任国联信托股份有限公司董事、总经理
吴卫华	董事	男	46	2022年12月	2024年4月	无锡市国联发展(集团)有限公司	69.919	曾任无锡市国联发展(集团)有限公司投资发展部经理助理、副经理(主持工作)、办公室副主任、金融投资管理部副总经理；无锡产权交易所有限公司党支部书记、执行董事、总经理、董事长；现任无锡市国联发展(集团)有限公司战略发展部总经理
钟文俊	董事	男	47	2021年4月	2024年4月	无锡华光环保能源集团股份有限公司	9.756	曾在金东纸业(江苏)有限公司机械处担任机械工程师；上海彩之源广告有限公司担任销售经理；上海佳信发艺术印刷有限公司担任销售经理；国联证券有限公司并购融资部工作；华英证券有限责任公司企业融资业务总监、投资银行部业务总监，投资银行无锡负责人；无锡华光环保能源集团股份有限公司总经理助理；现任无锡华光环保能源集团股份有限公司副总经理、董秘
高兵华(离任)	董事	男	52	2021年4月	2023年12月	无锡商业大厦大东方股份有限公司	8.13	曾任中国北方航空公司计划助理；均瑶集团云南分公司总经理；均瑶集团投资部总经理、均瑶集团电子商务业务单元总经理；上海均瑶(集团)有限公司战略与投资总监；江苏无锡大商业大厦集团有限公司董事、总经理；上海均瑶(集团)有限公司资产管理部总经理；上海均瑶(集团)有限公司副总裁、无锡商业大厦大东方股份有限公司董事长；现任上海均瑶(集团)有限公司执行总裁

注：拟任董事王颖、林乃机任职资格待核准。

独立董事

姓名	所在单位及职务	性别	年龄（岁）	任期起始日期	任期终止日期	简要履历
张爱民	华东理工大学商学院会计学教授	男	59	2021年4月	2024年4月	曾任华东理工大学工商经济学院会计学助教、会计学讲师、会计学副教授、会计学教授；华东理工大学商学院财务与会计学教研室主任、华东理工大学商学院会计学系主任；华东理工大学财务处处长、华东理工大学审计处处长；现任华东理工大学商学院会计学教授
景旭	北京市君都律师事务所高级合伙人；西北政法大学兼职教授	男	53	2021年4月	2024年4月	曾任中国远大集团法律顾问；北京市君都律师事务所主任、高级合伙人；现任北京市君都律师事务所高级合伙人、西北政法大学兼职教授
唐建荣	江南大学商学院会计系教授（退休）	男	60	2021年4月	2024年4月	曾任江南大学（原无锡轻工业学院，无锡轻工大学），讲师、副教授、教授；江南大学商学院会计系教授

3.3 监事

姓名	职务	性别	年龄（岁）	选任日期	所推举的股东名称	持股比例（%）	简要履历
李梭	监事长	女	44	2023年12月	国联集团	69.919	曾任江苏天地钢结构工程集团财务主管；上海天地钢结构工程有限公司财务经理；无锡市国联发展（集团）有限公司财务会计部财务综合岗；中设国联无锡新能源有限公司财务总监；无锡市国联发展（集团）有限公司财务会计部总经理助理、副总经理；现任无锡市国联发展（集团）有限公司审计部总经理
薛晓丽	监事	女	41	2021年4月	职工代表	—	曾任职于无锡市国联发展（集团）有限公司法务部；国联信托股份有限公司合规管理部副经理；国联信托股份有限公司法律合规部副经理；现任国联信托股份有限公司法律合规部总经理
潘双博	监事	男	38	2021年4月	职工代表	—	曾任国联信托股份有限公司信托业务部信托经理、高级信托经理；国联信托股份有限公司信托业务一部总经理助理；现任国联信托股份有限公司资产管理信托业务二部执行总经理

3.4 高级管理人员

姓名	职务	性别	年龄（岁）	选任日期	金融从业年限（年）	学历	专业	简要履历
叶晓军	总经理	男	54	2022年7月	22	专科	经济学	曾任新疆哈密地区行署教育处秘书；华闻传媒集团股份有限公司办公室主任、分公司经理；中泰信托有限责任公司办公室主任、创新业务总部总经理、总裁助理；陆家嘴国际信托有限公司副总经理兼陆投资产管理有限公司总经理；上海爱建信托有限责任公司业务副总级华南中心主任、业务副总级资产管理部总经理；现任国联信托股份有限公司董事、总经理
王颖	党总支副书记、工会主席	女	49	2016年8月	27	本科	会计学	曾任职于无锡市信托投资公司营业部、证券营业部、恒信证券营业部、财务部；国联信托有限责任公司财务部；国联信托有限责任公司稽核审计部副经理、经理；无锡微研有限公司财务总监（兼）；国联信托股份有限公司稽核审计部经理；江苏资产管理有限公司总经理助理；国联信托副总经理；现任国联信托党总支副书记、工会主席
高琪峰	副总经理	男	48	2023年1月	29	研究生	工商管理	曾任工商银行无锡分行信贷审批、贷审会委员；深圳发展银行南京分行风险管理部副总经理（主持工作）、信贷审批中心副总经理（主持工作）；南京银行无锡分行副行长、渤海银行南京分行行长助理兼无锡分行行长、平安银行南京分行行长助理兼无锡分行行长、平安集团无锡地区统管党委书记；南京春潮私募基金管理有限公司合规风控负责人；现任国联信托副总经理
邓清泉	副总经理	男	51	2020年9月	21	研究生	工商管理	曾任健桥证券研究所金融工程/债券研究员；云南信托投资银行部副总经理；大通证券执行总经理；平安银行资产管理事业部副总裁；平安信托董事总经理、产品平台总经理；深圳市钜盛华股份有限公司副总裁、新疆前海联合基金管理有限公司副董事长；现任国联信托副总经理
吴丹	副总经理	女	42	2023年1月	17	本科	工商管理	曾任招商银行无锡信用卡部高级商务；国信证券苏南公司渠道部总经理；北京国际信托有限公司高级经理、业务九部总经理、不动产信托事业部副总经理；中粮信托有限责任公司业务三部无锡团队负责人、江苏业务部总经理、公司总监兼江苏业务部总经理；现任国联信托副总经理

3.5 公司员工表

项目		报告期年度		上年度	
		人数(人)	比例(%)	人数(人)	比例(%)
年龄分布	25岁以下	1	0.81	—	—
	25~29岁	14	11.29	11	11.11
	30~39岁	63	50.80	51	51.52
	40岁及以上	46	37.10	37	37.37
学历分布	博士	3	2.42	2	2.02
	硕士	57	45.97	45	45.45
	本科	59	47.58	48	48.48
	专科	5	4.03	4	4.05
	其他	—	—	—	—
岗位分布	董事、监事及高管人员	8	6.45	6	6.06
	自营业务人员	3	2.42	4	4.04
	信托业务人员	39	31.45	31	31.31
	其他人员	76	61.29	60	60.61

注：公司职工监事分别为信托业务人员和其他人员，故岗位百分比大于100%。

4.经营管理

4.1 经营目标、经营方针和战略规划

4.1.1 经营目标

围绕市场需求、围绕监管导向、围绕公司禀赋，坚守"受托人"定位，坚持规模结构与质量效益并重，推进市场化、专业化、差异化发展，服务新发展格局下实体经济高质量发展和服务人民美好生活需要。通过创新转型，发展成为本源业务鲜明、经营稳健且有活力、有特色的值得信赖的优秀受托人。

4.1.2 经营方针

公司秉承"诚信、稳健、规范、创新"的经营理念，以监管导向为指引，以自身禀赋为依托，扎实稳妥推进市场化、专业化、差异化发展。

4.1.3 战略规划

公司以高质量发展为主题，以转型创新为方向，以市场化改革为动力，以自身资源禀赋为依托，打造特定业务领域行业核心竞争优势，发展成为符合监管导向、率先完成转型、经营稳健有序、盈利能力良好的信托公司。

4.2 所经营业务的主要内容

4.2.1 自营资产运用与分布表

资产运用	金额(万元)	占比(%)	资产分布	金额(万元)	占比(%)
货币资产	19 091	2.52	基础产业	—	—
贷款及应收款	98 551	12.99	房地产业	1 050	0.14
交易性金融资产投资	11 692	1.54	证券市场	11 692	1.54

续表

资产运用	金额(万元)	占比(%)	资产分布	金额(万元)	占比(%)
其他非流动金融资产投资	121 457	16.01	实业	23 317	3.07
长期股权投资	482 944	63.65	金融机构	412 460	54.36
其他	25 018	3.29	其他	310 234	40.89
资产总计	758 753	100	资产总计	758 753	100

4.2.2 信托资产运用与分布

资产运用	金额(万元)	占比(%)	资产分布	金额(万元)	占比(%)
货币资金	69 528	0.79	基础产业	50 577	0.57
发放贷款和垫款	426 679	4.84	房地产	22 138	0.25
交易性金融资产	2 018 977	22.9	证券市场	1 047 771	11.89
债权投资	1 420 584	16.12	工商企业	643 990	7.31
长期股权投资	178 623	2.03	金融机构	—	—
买入返售金融资产	31 567	0.36	其他	7 050 799	79.98
其他	4 669 317	52.96	—	—	—
信托资产总计	8 815 275	100	信托资产总计	8 815 275	100

4.3 市场分析

4.3.1 有利因素

4.3.1.1 信托业务"三分类"为信托行业发展指明方向

2023年3月，原中国银保监会印发《关于规范信托公司信托业务分类的通知》(简称信托业务"三分类")，将信托公司的经营业务分为资产服务信托、资产管理信托和公益慈善信托三个大类，共25个信托品种，基本涵盖信托公司的所有可经营业务。该文件为信托行业的转型发展提供了政策依据，促使信托公司加速回归本源业务，标志着我国信托业发展进入新的阶段。

4.3.1.2 行业风险逐步出清，全行业管理信托资产规模重回22万亿元之上，业务重心向资产服务类信托方向倾斜

根据中国信托业协会发布的数据，截至2023年第三季度末，全行业信托资产规模余额为22.64万亿元，连续6个季度保持正增长。经过几年的努力，信托行业的风险逐步出清，业务中心开始向资产服务信托方向倾斜。国联信托近三年较少涉足房地产信托业务，展业区域选择谨慎，在新一轮的信托业转型发展进程中，可以发挥轻装上阵优势。

4.3.1.3 良好的区域优势和品牌信誉

国联信托地处经济发达的长三角地区，经济发展程

度高，市场需求旺，为业务发展提供了地域优势。控股股东国联集团是无锡市政府出资设立并授予国有资产投资主体资格的国有企业集团，布局金融、实业、投资等多个领域，有助于发挥资源协调优势。长期以来，国联信托以诚信稳健赢得了投资人的信任，树立了良好的品牌形象。

4.3.2 不利因素

4.3.2.1 行业生态

信托行业前期积累的风险近几年较大规模爆发，目前处于逐步出清阶段。尽管信托行业在转型发展、回归本源的过程中重新提升信任度，但行业生态修复需要时间考验。

4.3.2.2 转型压力

信托业监管持续加强，信托业务新分类落地，行业展业模式和方向迎来全面调整，行业进入动能转换承压期。传统融资业务被进一步压缩，标品投资业务收益率下行，资产服务信托盈利模式尚未成熟，信托行业面临较大的转型压力。

4.3.2.3 市场竞争

传统业务领域机会减少，来自其他资管机构的竞争压力持续增大，信托行业内部在资产服务信托领域竞争激烈，信托公司面临较大的行业内外压力。

4.4 内部控制概况

4.4.1 内部控制环境和内部控制文化

按照"三会分设、三权分开、有效制约、协调发展"的要求，公司设立了由股东会、董事会、监事会和高级管理层构建的公司治理架构。股东会、董事会、监事会和高级管理层之间既相互独立，又相互制衡和相互协调，形成了权力机构、决策机构、监督机构和管理层之间的制衡机制，在公司经营和发展中持续发挥着各自的职能与作用。董事会引入独立董事制度并下设各专门委员会，能够较好地运行，为公司内部控制制度制定与运行提供了一个良好的内部环境。

公司坚持业务经营与风险管理并重的原则。通过组织员工培训、学习等办法，培养员工风险防范意识，并提升了员工的法律意识，道德规范及自身素质建设，提高了风险管理的自觉性。

4.4.2 内部控制措施

公司在完善内部控制机制中，贯彻健全、合理、制衡、独立的原则，建立起内控岗位授权制度、内控报告制度、内控审计制度及考核评价制度。公司内部控制覆盖了包括环境控制、风险管理控制、合规管理控制、信托业务控制、固有业务控制、会计系统控制、授权体系控制、关联交易控制、信息披露控制、数据管理控制、内部控制保障等各个环节和公司的各项业务、各个部门和各级人员，并贯穿于决策、执行、监督、反馈整个流程。各部门和岗位，职权分明，职能独立，并相互牵制，相互制衡，重要岗位实行双人负责制；对担任单岗处理的业务，有相应的后续监督。

报告期内，公司严格执行各项内控制度，操作规范，措施有效。

4.4.3 信息交流与反馈

公司加强信息建设，为内控的设计、执行、反馈提供信息保障。一是建立起管理层与内控管理专职部门信息联结和定期联系机制，及时、真实、完整地传导监管意图、交流信息、沟通问题。制定并执行内控报告制度和突发事件应急管理办法。二是严格执行信息披露制度，主动及时向社会公众准确披露有关信息，发挥社会公众对公司内控建设的监督作用。

4.4.4 监督评价与纠正

公司推行事前、事中与事后"三位一体"的风险管理和监督评价体系，对业务环节和经营管理进行持续性的全方位、全过程的监督、评价、后评价与纠正。

2023年，公司充分发挥内、外部审计的监督作用，审计的范围和深度进一步加强，对审计过程中发现的问题及时与各部门沟通，要求限期完善或整改，并采取后续审计等方式进行跟踪，对防止风险出现或扩大，对促进业务合法、合规、稳健经营发挥了积极作用。

4.5 风险管理

4.5.1 风险管理概况

公司持续完善全面风险管理体系，积极倡导"全员风控"理念。公司风险管理架构由董事会及审计与风险管理委员会、监事会、经营管理层、业务决策委员会以及前中后台三道防线组成，形成了多层次、上下联动的架构格局。风险管理贯穿于公司业务活动的各个方面和运行过程的每一环节，建立了涵盖业务操作和风险管理各层面的制度体系。

公司风险管理贯彻全覆盖原则、独立性原则、有效性原则、相互制衡原则以及责任追究原则，并着重进行事前防范、事中监控和事后稽查三方面工作，通过规章制度和流程的规范有效运行，保障公司经营目标和风险管理目标的实现。

公司董事会和经营层坚持业务发展与风险管理并重的原则。在新业务开展前，充分研判其风险点及控制措施，在确保风险可控前提下开展业务；对于已实施的业务项目，做好存续管理，定期开展全面风险排查及针对重点项目的专项排查，若有风险状况及时预警。

报告期内，公司风险管理状况较好，不存在到期未兑付的信托项目，也未新增存在兑付风险的信托项目。

4.5.2 风险状况

4.5.2.1 信用风险状况

信用风险主要指交易对手违约带来的风险，主要来自非标债权投融资类业务及标品固定收益类业务。公司在相关业务中优选交易对手、严格落实尽职调查和各项增信措施，并严格按照监管规定足额计提一般准备和资产减值准备，按比例提取信托赔偿准备金，以提高公司抵御风险的能力。报告期末公司不良资产余额为零元，无对外担保余额。

4.5.2.2 市场风险状况

市场风险是指公司在业务经营中所不可避免的因市场波动而产生的风险。公司面临的市场风险主要是股价波动风险、利率风险。报告期内公司严格依据信托合同进行投资运营，公司固有项下的权益性投资主要以战略性持有为目的，实质上受市场风险影响的业务规模较小，相关业务整体运营平稳。

4.5.2.3 流动性风险状况

流动性风险主要表现在两方面。一是公司自身层面，虽然有清偿能力，但无法（以合理成本）及时获得充足资金以应对资产增长或支付到期债务的风险；二是信托产品层面，出现现金形式的信托财产不足以应对信托份额净赎回以及到期分配资金需求而产生的风险。报告期内公司未发生流动性风险事件。

4.5.2.4 操作风险状况

操作风险主要表现在相关业务办理过程中，因尽职管理不到位、内部控制缺失或系统的不完善等带来的直接或间接的财务、声誉损失的风险。公司建立了完善的内部控制机制，并制定了各项操作规程，不断提升业务操作的规范化，有效管理各类操作风险。报告期内公司未发生因操作风险所造成的损失。

4.5.2.5 其他风险状况

公司还面临着诸如政策风险、法律风险和声誉风险等其他风险。政策风险主要指由于宏观政策以及监管政策的变动对公司经营环境和发展所造成的风险。合规与法律风险主要指因业务模式违规、业务合同不完善等而导致的监管处罚及法律纠纷等风险。声誉风险指由公司在经营、管理及其他行为或外部事件导致利益相关方对公司负面评价的风险。报告期内未发生相关风险事项。

4.5.3 风险管理

4.5.3.1 信用风险管理

对于信用风险的防范，公司执行事前调查、事中审查、事后检查的"三查"制度。公司主要通过制定严格的准入标准及风险管理策略和科学严谨的决策机制来进行风险事前防范；通过严格执行项目审批操作流程及放款审查要求来进行风险事中管控；通过对项目的后续管理和排查预警来进行对业务风险的事后管控。

公司根据《业务经营策略》中相关业务的准入标准和风险管理要求，并通过尽职调查程序，选择资信良好、管理规范、经营稳健的企业作为交易对手，并严格落实相关增信措施。同时，公司选择实力雄厚、信誉卓著、业绩优良的金融机构为合作伙伴，作为公司信托业务的托管银行，以防范来自金融同业的交易对手风险。此外，公司自营业务按规定对贷款实行五级分类，并足额计提相应资产损失准备。

4.5.3.2 市场风险管理

对于市场风险的防范，公司制定相关管理制度，规范操作程序，配备专业团队，加强投资立项论证，通过研究、决策、操作、评价相互制衡的机制，结合严格的授权制度，以防范市场风险。

公司始终坚持对市场风险进行强化管理，不盲目追求业务规模和短期的经营业绩，通过合理设计投资组合，密切跟踪市场行情变化，审慎分析预测等方式，及时调整投资策略和方案，坚持业务规模及复杂程度与公司业务能力相匹配，在市场风险可控前提下开展证券类业务。

4.5.3.3 流动性风险管理

公司根据各业务收支的周期特点制定投资方案和用款计划，定期评估、预测未来现金流收支情况，及时采取相关缓释措施。同时，设定流动性分析的量化指标，定期评估公司整体流动性水平，建立流动性风险预警系统及报告机制。

针对信托业务，公司在产品交易结构设计上充分考虑资金来源及资金运用的期限匹配性，根据资金端期限要求配置适合的投资产品，对交易对手做好跟踪管理确保按期履约；对于非标项目，严格做好期限匹配；对于标准化债权组合投资信托产品，做好资金来源比例控制、投资比例控制和持仓资产监控，在资金端做好客户申购赎回的沟通、统计及预测工作。

4.5.3.4 操作风险管理

对于操作风险的防范，公司不断完善内部控制制度，明确各岗位各节点的操作流程要求，加强对操作流程的监督、检查，及时排除隐患。

公司通过对各部门、各岗位制定明确的职责和权限，坚持信托财产之间、信托财产与固有财产之间分别管理、分别记账等相互分离、相互监督、相互制约的原则，并通过严格的授权制度与过程监控来实施，包括采用技术手段，如在电脑系统对操作权限和内容进行程序设定，以及在业务和资金流转过程中实施双岗核定确认等。

公司持续加强员工教育培训，使其增强责任意识和业务技能，并通过奖惩激励对其行为进行约束。同时，加大投入，实施软件升级和硬件更新，定期进行系统维护，避免出现故障。

4.5.3.5 其他风险管理

对于政策风险的防范，加强对国家宏观政策和监管规定的跟踪研判，加强与监管部门和行业间的沟通、联系，以尽可能准确地判断分析宏观政策和监管政策的未来趋势，来管理政策风险。

对于合规与法律风险的防范，公司高度重视合规理念与合规文化的培育，持续进行监管政策的宣导，倡导"合规人人有责"的基本理念，坚持合规管理全覆盖。公司法务人员对项目方案、各类法律文本等的合法、合规性进行审查，提出法律审查意见。公司加大合同管理力度，有步骤地建立业务合同标准化体系。

对于声誉风险的防范，将公司声誉构建与公司发展战略和公司文化进行有机结合，通过尽职管理和充分信息披露以塑造公司的专业和诚信形象，对可能影响公司声誉的业务坚决予以回避等。加强员工职业道德教育和公司文化教育，增强员工的工作责任心和团队意识，维护公司信誉，防范声誉风险。

4.6 社会责任履行情况

4.6.1 社会责任履行情况

国联信托自成立以来，始终坚持合规经营、诚实守信，以维护良好的金融市场环境为己任，不断提高社会责任感。公司发挥信托功能和优势，助力地方经济建设、社会事业发展、社会治理提升，支持实体经济发展，引导和培育居民健康的投资意识和财富管理理念，做到了支持地方经济发展、保障百姓财富保值增值与公司业务发展、价值体现的有机结合。

2023年，国联信托立足"受托人"定位，回归信托本源，将自身成长与经济社会发展紧密结合。公司运用信托"财产独立、破产隔离"的功能优势，加大预付类资金服务信托开拓，助力社会治理。资金监管运营场景不断丰富，保障消费者权益。探索拓展企业破产重整等风险处置服务信托，为企业提供资产重整、纾困等多元金融服务，落地首单全国破产清算领域内的破产服务信托，为破产清算领域开展破产服务信托业务提供新思路。公司加大力度开展慈善信托，主动践行受托人的社会责任。2023年新增签约慈善信托11单，慈善信托签约总规模逾亿元，用金融力量助力慈善公益效能发挥。

公司始终以客户为中心，不断努力提升服务水平和服务效能，为企业提供综合的金融产品和服务，为百姓财富增值提供多元的投资渠道。

公司秉承"以人为本"的人力理念，珍视员工价值，保障员工权益，营造良好工作环境，建立职业成长通道，实现员工与公司共成长。

公司积极投身社会公益事业，除慈善信托外，积极组织广大干部员工开展各类公益慈善活动，积极履行企业社会责任，努力推动经济、社会与环境的和谐发展。

4.6.2 消费者权益保护情况

公司一直将消费者权益保护工作作为一项重点工作推进，2023年，公司严格按照金融消费者权益保护各项要求，坚持依法合规经营，加强内部自律，积极开展消费者权益保护工作，切实保障金融消费者权益。

公司制定了较为完善的消费者权益保护工作制度，并切实履行各规章制度的各项要求，设立董事会信托与消费者权益保护委员会，将消费者权益保护纳入公司治理，将金融消费者权益保护的理念融入公司经营发展和业务运营的方方面面。

公司确定消费者权益保护工作规划，明确具体工作措施。多年来，我司消费者权益保护工作开展顺利，及时妥善地解答了消费者的投诉及疑惑，有效保护了消费者的权益，未造成任何不良影响。

公司的信托产品与服务在开发设计、审批准入、营销推介等各个流程中都嵌入了消费者权益保护的理念，坚持从客户需求出发，坚持风险可控、合规经营，通过完善的风险管理措施，保障信托计划的顺利运作，实现客户的财富管理目标。

金融知识宣传与教育上，对内将宣传教育工作常态化，提高员工消费者权益保护意识；对外积极开展公众金融知识宣传教育活动，加大宣传普及力度，通过进校园、进社区、进地铁等形式，把金融知识送到百姓身边，让金融知识到达更多受众。

公司高度重视消费者权益维护，强化服务监督体系，建立健全客户投诉建议处理机制，设置了多种投诉渠道，了解客户真实需求，实现服务投诉处理"零距离"、客户投诉"全响应"。围绕提升客户体验，公司对线上线下服务全面升级。今后，将进一步加强消费者权益保护理念，恪尽职守，履行诚实、信用、谨慎、有效管理的义务，不断夯实内功，为广大投资者提供更优的金融服务。

2023年，公司无金融消费者投诉。

5. 报告期末及上一年度末的比较式会计报表

5.1 自营资产（经审计）

5.1.1 会计师事务所审计结论

审计报告

苏公W〔2024〕A243号

国联信托股份有限公司全体股东：

一、审计意见

我们审计了国联信托股份有限公司（以下简称国联信托公司）财务报表，包括2023年12月31日的合并及母公司资产负债表，2023年度的合并及母公司利润表、合并及母公司现金流量表、合并及母公司所有者权益变动表以及相关财务报表附注。

我们认为，后附的财务报表在所有重大方面按照企业会计准则的规定编制，公允反映了国联信托公司2023年12月31日的合并及母公司财务状况以及2023年度的合并及母公司经营成果和现金流量。

二、形成审计意见的基础

我们按照中国注册会计师审计准则的规定执行了审计工作。审计报告的"注册会计师对财务报表审计的责任"部分进一步阐述了我们在这些准则下的责任。按照中国注册会计师职业道德守则，我们独立于国联信托公司，并履行了职业道德方面的其他责任。我们相信，我们获取的审计证据是充分、适当的，为发表审计意见提供了基础。

三、其他信息

国联信托公司管理层（以下简称管理层）对其他信息负责。其他信息包括国联信托公司2023年年度报告中涵盖的信息，但不包括财务报表和我们的审计报告。国联信托公司2023年年度报告预期将在审计报告日后提供给我们。

我们对财务报表发表的审计意见不涵盖其他信息，我们也不对其他信息发表任何形式的鉴证结论。

结合我们对财务报表的审计，我们的责任是在能够获取上述其他信息时阅读这些信息，在此过程中，考虑其他信息是否与财务报表或我们在审计过程中了解到的情况存在重大不一致或者似乎存在重大错报。

四、管理层和治理层对财务报表的责任

管理层负责按照企业会计准则的规定编制财务报表，使其实现公允反映，并设计、执行和维护必要的内部控制，以使财务报表不存在由于舞弊或错误导致的重大错报。

在编制财务报表时，管理层负责评估国联信托公司的持续经营能力，披露与持续经营相关的事项（如适用），并运用持续经营假设，除非管理层计划清算国联信托公司、终止运营或别无其他现实的选择。

治理层负责监督国联信托公司的财务报告过程。

五、注册会计师对财务报表审计的责任

我们的目标是对财务报表整体是否不存在由于舞弊或错误导致的重大错报获取合理保证，并出具包含审计意见的审计报告。合理保证是高水平的保证，但并不能保证按照审计准则执行的审计在某一重大错报存在时总能发现。错报可能由于舞弊或错误导致，如果合理预期错报单独或汇总起来可能影响财务报表使用者依据财务报表作出的经济决策，则通常认为错报是重大的。

在按照审计准则执行审计工作的过程中，我们运用职业判断，并保持职业怀疑。同时，我们也执行以下工作：

（1）识别和评估由于舞弊或错误导致的财务报表重大错报风险，设计和实施审计程序以应对这些风险，并获取充分、适当的审计证据，作为发表审计意见的基础。由于舞弊可能涉及串通、伪造、故意遗漏、虚假陈述或凌驾于内部控制之上，未能发现由于舞弊导致的重大错报的风险高于未能发现由于错误导致的重大错报的风险。

（2）了解与审计相关的内部控制，以设计恰当的审计程序，但目的并非对内部控制的有效性发表意见。

（3）评价管理层选用会计政策的恰当性和作出会计估计及相关披露的合理性。

（4）对管理层使用持续经营假设的恰当性得出结论。同时，根据获取的审计证据，就可能导致对国联信托公司持续经营能力产生重大疑虑的事项或情况是否存在重大不确定性得出结论。如果我们得出结论认为存在重大不确定性，审计准则要求我们在审计报告中提请报表使用者注意财务报表中的相关披露；如果披露不充分，我们应当发表非无保留意见。我们的结论基于截至审计报告日可获得的信息。然而，未来的事项或情况可能导致国联信托公司不能持续经营。

（5）评价财务报表的总体列报、结构和内容，并评价财务报表是否公允反映相关交易和事项。

（6）就国联信托公司中实体或业务活动的财务信息获取充分、适当的审计证据，以对财务报表发表审计意见。我们负责指导、监督和执行集团审计，并对审计意见承担全部责任。

我们与治理层就计划的审计范围、时间安排和重大审计发现等事项进行沟通，包括沟通我们在审计中识别出的值得关注的内部控制缺陷。

公证天业会计师事务所（特殊普通合伙）

中国注册会计师　姜　铭
中国注册会计师　刘秀秀

中国·无锡　　　　　　　　　二〇二四年四月七日

5.1.2　资产负债表

资产负债表

编制单位：国联信托股份有限公司　　　2023年12月31日　　　单位：万元

资产	附注	合并		母公司	
		2023/12/31	2022/12/31	2023/12/31	2022/12/31
货币资金	—	28 490	6 960	19 091	5 394
其他应收款	—	16 553	12 750	20 551	12 748
买入返售金融资产	—	—	—	—	—
其他流动资产	—	1 372	573	—	—
发放贷款和垫款	—	78 000	39 000	78 000	39 000
交易性金融资产	—	11 692	14 730	11 692	14 730
其他非流动金融资产	—	146 488	176 733	121 457	141 723
长期股权投资	—	392 153	365 329	482 944	464 119
投资性房地产	—	9 369	—	—	—
固定资产	—	245	329	244	328
递延所得税资产	—	1 954	2 113	1 954	2 113
其他资产	—	22 819	43 447	22 820	32 074
资产总计	—	709 135	661 964	758 753	712 229
应付职工薪酬	—	2 457	2 561	2 379	2 498
应交税费	—	4 057	2 751	2 489	2 571
应付股利	—	—	—	—	—
递延所得税负债	—	15 183	15 187	15 166	15 166
其他负债	—	20 827	17 703	19 982	17 108
负债合计	—	42 524	38 202	40 016	37 343
实收资本	—	300 000	300 000	300 000	300 000
资本公积	—	63 640	64 469	64 031	64 859
其他综合收益	—	4 890	-755	4 890	-755
盈余公积	—	60 735	55 525	60 735	55 525
一般风险准备	—	11 035	10 603	11 035	10 603
信托赔偿准备	—	33 963	31 358	33 963	31 358
未分配利润	—	192 348	162 562	244 083	213 296
所有者权益（或股东权益）合计	—	666 611	623 762	718 737	674 886
负债和所有者权益（或股东权益）合计	—	709 135	661 964	758 753	712 229

5.1.3 利润表

利润表

编制单位：国联信托股份有限公司　　　2023年度　　　单位：万元

项目	行次	合并 2023年度	合并 2022年度	母公司 2023年度	母公司 2022年度
一、营业收入	1	71 893	69 054	71 102	68 132
利息净收入	2	4 463	2 753	4 350	2 701
利息收入	3	4 475	2 753	4 362	2 701
利息支出	4	12	—	12	—
手续费及佣金净收入	5	27 007	23 769	27 007	22 118
手续费及佣金收入	6	27 007	23 769	27 007	22 118
手续费及佣金支出	7	—	—	—	—
投资收益（损失以"-"号填列）	8	40 095	47 484	37 397	46 351
其中：对联营企业和合营企业的投资收益	9	25 498	28 450	25 498	28 450
其他收益	10	20	17	20	17
公允价值变动收益（损失以"-"号填列）	11	300	-4 955	2 320	-3 041
资产处置收益（损失以"-"号填列）	12	8	-14	8	-14
二、营业支出	13	11 935	9 495	11 602	9 246
税金及附加	14	335	297	239	213
业务及管理费	15	10 600	8 698	10 363	8 533
信用减值损失	16	1 000	500	1 000	500
资产减值损失	17	—	—	—	—
三、营业利润（亏损以"-"号填列）	18	59 958	59 559	59 501	58 887
加：营业外收入	19	54	1	4	1
减：营业外支出	20	17	—	18	—
四、利润总额（亏损总额以"-"号填列）	21	59 995	59 560	59 487	58 887
减：所得税费用	22	8 899	8 115	7 390	6 183
五、净利润（净亏损以"-"号填列）	23	51 096	51 445	52 097	52 704
六、其他综合收益的税后净额	24	5 482	-1 185	5 482	-1 184
以后将重分类进损益的其他综合收益	25	5 482	-1 185	5 482	-1 184
1.权益法下在被投资单位其他综合收益享有份额	26	5 482	-1 185	5 482	-1 184
2.可供出售金融资产公允价值变动损益	27	—	—	—	—
七、综合收益总额	28	56 578	50 260	57 579	51 520
八、每股收益	29	0.17	0.17	0.17	0.18

5.1.4 所有者权益变动表

股东权益变动表（合并）

编制单位：国联信托股份有限公司　　　2023年度　　　单位：万元

项目	2023年度 股本	资本公积	其他综合收益	盈余公积	信托赔偿准备	一般风险准备	未分配利润	所有者权益合计	2022年度 股本	资本公积	其他综合收益	盈余公积	信托赔偿准备	一般风险准备	未分配利润	所有者权益合计
一、上年年末余额	300 000	64 469	-755	55 525	31 358	10 603	162 563	623 762	300 000	68 458	1 883	50 255	28 723	10 123	124 350	583 792
1.会计政策变更	—	—	—	—	—	—	—	—	—	—	—	—	—	—	—	—
2.其他	—	—	—	—	—	—	—	—	—	—	—	—	—	—	—	—
二、本年年初余额	300 000	64 469	-755	55 525	31 358	10 603	162 563	623 762	300 000	68 458	1 883	50 255	28 723	10 123	124 350	583 792

续表

项目	2023年度								2022年度							
	股本	资本公积	其他综合收益	盈余公积	信托赔偿准备	一般风险准备	未分配利润	所有者权益合计	股本	资本公积	其他综合收益	盈余公积	信托赔偿准备	一般风险准备	未分配利润	所有者权益合计
三、本年增减变动金额（减少以"-"号填列）	—	-829	5 646	5 210	2 605	432	29 785	42 849	—	-3 990	-2 639	5 270	2 635	480	38 214	39 971
（一）综合收益总额	—	—	5 482	—	—	—	51 096	56 578	—	—	-1 184	—	—	—	51 445	50 260
（二）所有者投入和减少资本	—	-829	—	—	—	—	—	-829	—	-3 990	—	—	—	—	—	-3 990
1.股东投入的普通股	—	3	—	—	—	—	—	3	—	—	—	—	—	—	—	—
2.其他权益工具持有者投入资本	—	—	—	—	—	—	—	—	—	—	—	—	—	—	—	—
3.股份支付计入所有者权益的金额	—	—	—	—	—	—	—	—	—	—	—	—	—	—	—	—
4.其他	—	-832	—	—	—	—	—	-832	—	-3 990	—	—	—	—	—	-3 990
（三）利润分配	—	—	—	5 210	2 605	432	-21 147	-12 900	—	—	—	5 270	2 635	480	-14 686	-6 300
1.提取盈余公积	—	—	—	5 210	—	—	-5 210	—	—	—	—	5 270	—	—	-5 270	—
2.提取一般风险准备	—	—	—	—	—	432	-432	—	—	—	—	—	—	480	-480	—
3.对所有者或股东的分配	—	—	—	—	—	—	-12 900	-12 900	—	—	—	—	—	—	-6 300	-6 300
4.其他	—	—	—	—	2 605	—	-2 605	—	—	—	—	—	2 635	—	-2 635	—
（四）所有者权益内部结转	—	—	—	—	—	—	—	—	—	—	—	—	—	—	—	—
1.资本公积转增资本（或股本）	—	—	—	—	—	—	—	—	—	—	—	—	—	—	—	—
2.盈余公积转增资本（或股本）	—	—	—	—	—	—	—	—	—	—	—	—	—	—	—	—
3.盈余公积弥补亏损	—	—	—	—	—	—	—	—	—	—	—	—	—	—	—	—
4.其他	—	—	164	—	—	—	-164	—	—	—	-1 455	—	—	—	1 455	—
四、本年年末余额	300 000	63 640	4 890	60 735	33 963	11 035	192 348	666 611	300 000	64 469	-755	55 525	31 358	10 603	162 563	623 762

股东权益变动表（母公司）

编制单位：国联信托股份有限公司　　　　　　　　　　2023年度　　　　　　　　　　单位：万元

项目	2023年度								2022年度							
	股本	资本公积	其他综合收益	盈余公积	信托赔偿准备	一般风险准备	未分配利润	所有者权益合计	股本	资本公积	其他综合收益	盈余公积	信托赔偿准备	一般风险准备	未分配利润	所有者权益合计
一、上年年末余额	300 000	64 859	-755	55 525	31 358	10 603	213 297	674 886	300 000	68 849	1 883	50 255	28 723	10 123	173 824	633 656
1.会计政策变更	—	—	—	—	—	—	—	—	—	—	—	—	—	—	—	—
2.前期差错更正	—	—	—	—	—	—	—	—	—	—	—	—	—	—	—	—
二、本年年初余额	300 000	64 859	-755	55 525	31 358	10 603	213 297	674 886	300 000	68 849	1 883	50 255	28 723	10 123	173 824	633 656
三、本年增减变动金额（减少以"-"号填列）	—	-829	5 646	5 210	2 605	432	30 786	43 851	—	-3 990	-2 639	5 270	2 635	480	39 473	41 230
（一）综合收益总额	—	—	5 482	—	—	—	52 097	57 579	—	—	-1 184	—	—	—	52 704	51 520
（二）所有者投入和减少资本	—	-829	—	—	—	—	—	-829	—	-3 990	—	—	—	—	—	-3 990
1.股东投入的普通股	—	3	—	—	—	—	—	3	—	—	—	—	—	—	—	—
2.其他权益工具持有者投入资本	—	—	—	—	—	—	—	—	—	—	—	—	—	—	—	—
3.股份支付计入所有者权益的金额	—	—	—	—	—	—	—	—	—	—	—	—	—	—	—	—
4.其他	—	-832	—	—	—	—	—	-832	—	-3 990	—	—	—	—	—	-3 990
（三）利润分配	—	—	—	5 210	2 605	432	-21 147	-12 900	—	—	—	5 270	2 635	480	-14 686	-6 300
1.提取盈余公积	—	—	—	5 210	—	—	-5 210	—	—	—	—	5 270	—	—	-5 270	—

续表

项目	2023年度								2022年度							
	股本	资本公积	其他综合收益	盈余公积	信托赔偿准备	一般风险准备	未分配利润	所有者权益合计	股本	资本公积	其他综合收益	盈余公积	信托赔偿准备	一般风险准备	未分配利润	所有者权益合计
2.提取一般风险准备	—	—	—	—	—	432	-432	—	—	—	—	—	—	480	-480	—
3.对所有者或股东的分配	—	—	—	—	—	—	-12 900	-12 900	—	—	—	—	—	—	-6 300	-6 300
4.其他	—	—	—	2 605	—	—	-2 605	—	—	—	—	2 635	—	—	-2 635	—
（四）所有者权益内部结转	—	—	—	—	—	—	—	—	—	—	—	—	—	—	—	—
1.资本公积转增资本（或股本）	—	—	—	—	—	—	—	—	—	—	—	—	—	—	—	—
2.盈余公积转增资本（或股本）	—	—	—	—	—	—	—	—	—	—	—	—	—	—	—	—
3.盈余公积弥补亏损	—	—	—	—	—	—	—	—	—	—	—	—	—	—	—	—
4.其他	—	—	164	—	—	—	-164	—	—	—	-1 455	—	—	—	1 455	—
四、本年年末余额	300 000	64 031	4 890	60 735	33 963	11 035	244 083	718 737	300 000	64 859	-755	55 525	31 358	10 603	213 297	674 886

5.2 信托资产

5.2.1 信托资产项目资产负债表

信托项目资产负债表

编制单位：国联信托股份有限公司　　　　2023年12月31日　　　　单位：万元

信托资产	行次	2023年12月31日	2022年12月31日	信托负债和信托权益	行次	2023年12月31日	2022年12月31日
信托资产：				信托负债：			
货币资金	1	61 113	40 242	交易性金融负债	18	—	—
结算备付金	2	8 415	640	衍生金融负债	19	—	—
存出保证金	3	—	—	卖出回购金融资产款	20	35 906	—
衍生金融资产	4	—	—	应付管理人报酬	21	20 494	14 242
应收清算款	5	71	101	应付托管费	22	195	295
应收利息	6	—	—	应付销售服务费	23	576	505
应收股利	7	—	49	应付投资顾问费	24	2	9
应收申购款	8	—	—	应交税费	25	2 023	1 580
买入返售金融资产	9	31 567	25 101	应付清算款	26	—	—
发放贷款和垫款	10	426 679	449 051	应付赎回款	27	802	1 532
交易性金融资产	11	2 018 977	1 379 415	应付利息	28	5	2
债权投资	12	1 420 584	2 374 543	应付利润	29	377	252
其他债权投资	13	—	—	其他负债	30	794	137
其他权益工具投资	14	—	—	负债合计	31	61 175	18 554
长期股权投资	15	178 623	248 623	信托权益：			
其他资产	16	4 669 246	2 711 205	实收信托	32	8 566 548	7 035 097
				资本公积	33	—	—
				未分配利润	34	187 552	175 319
				信托权益合计	35	8 754 101	7 210 416
信托资产总计	17	8 815 276	7 228 970	信托负债及信托权益总计	36	8 815 276	7 228 970

5.2.2 信托项目利润表

信托项目利润表

编制单位：国联信托股份有限公司　　2023年度　　单位：万元

项目	行次	2023年度	2022年度
一、营业收入	1	256 133	316 290
利息收入	2	106 413	119 148
投资收益	3	155 267	184 197
其中：对联营企业和合营企业的投资收益	4	—	—
公允价值变动收益（损失以"-"号填列）	5	-5 609	12 905
租赁收入	6	—	—
汇兑损益（损失以"-"号填列）	7	—	—
其他收入	8	61	40
二、营业总支出	9	39 961	36 185
管理人报酬	10	30 512	25 875

续表

项目	行次	2023年度	2022年度
托管费	11	3 830	5 600
销售服务费	12	1 775	446
投资顾问费	13	26	128
利息支出	14	1 018	55
信用减值损失	15	—	—
税金及附加	16	630	784
其他费用	17	2 170	3 296
三、利润总额	18	216 172	280 105
减：所得税费用	19	—	—
四、净利润	20	216 172	280 105
五、其他综合收益的税后净额	21	—	—
六、综合收益总额	22	216 172	280 105

5.2.3 信托项目净资产变动表

信托项目净资产变动表

编制单位：国联信托股份有限公司　　2023年度　　单位：万元

项目	2023年度				2022年度			
	实收资金	其他综合收益	未分配利润	净资产合计	实收资金	其他综合收益	未分配利润	净资产合计
一、上期期末余额	7 035 097	—	175 319	7 210 416	5 129 634	—	132 908	5 262 543
加：会计政策变更	—	—	—	—	—	—	—	—
前期差错更正	—	—	—	—	—	—	—	—
其他	—	—	—	—	—	—	—	—
二、本期期初余额	7 035 097	—	175 319	7 210 416	5 129 634	—	132 908	5 262 543
三、本期增减变动额（减少以"-"号填列）	1 531 452	—	12 233	1 543 685	1 905 462	—	42 411	1 947 873
（一）综合收益总额	—	—	216 172	216 172	—	—	280 105	280 105
（二）产品持有人申购和赎回	1 531 452	—	-7 050	1 524 401	1 905 462	—	13 056	1 918 518
其中：产品申购	5 638 737	—	128 266	5 767 003	4 506 016	—	34 742	4 540 759
产品赎回	-4 107 286	—	-135 316	-4 242 602	-2 600 554	—	-21 687	-2 622 241
（三）利润分配	—	—	-196 888	-196 888	—	—	-250 749	-250 749
（四）其他综合收益结转留存收益	—	—	—	—	—	—	—	—
（五）其他	—	—	—	—	—	—	—	—
四、本期期末余额	8 566 548	—	187 552	8 754 101	7 035 097	—	175 319	7 210 416

6.会计报表附注

6.1 简要说明报告年度会计报表编制基础、会计政策、会计估计和核算方法发生的变化

合并会计报表的范围：本公司2023年12月31日合并范围新增无锡市富鹏房地产管理咨询有限公司。本公司合并的各级公司为无锡嘉信资产管理有限公司、无锡国联和富投资中心（有限合伙）及无锡市富鹏房地产管理咨询有限公司。

会计期间以公历年月划分，会计年度自公历1月1日起至12月31日止。以权责发生制为基础进行会计确认、计量和报告。在对会计要素进行计量时一般采用历史成本，在保证所确认的会计要素金额能够取得并可靠计量时，采用重置成本、可变现净值、现值、公允价值计量。

财政部于2017年度修订了《企业会计准则第22号——金融工具确认和计量》《企业会计准则第23

号——金融资产转移》《企业会计准则第24号——套期会计》和《企业会计准则第37号——金融工具列报》（以下统称新金融工具准则）。公司自2021年1月1日起执行新金融工具准则。

财政部于2017年颁布了修订后的《企业会计准则第14号——收入》（2017年修订）（以下简称新收入准则），公司自2021年1月1日起执行新收入准则。

财政部于2018年度修订了《企业会计准则第21号——租赁》，本公司自2021年1月1日起执行新租赁准则。根据修订后的准则，对于首次执行日前已存在的合同，公司选择在首次执行日不重新评估其是否为租赁或者包含租赁。

根据财政部《关于呆账准备提取有关问题的通知》的规定、《金融企业呆账准备提取及呆账核销管理办法》、《非银行金融机构资产风险分类指导原则（试行）》的规定，在净利润中按风险资产最低提取比例1.5%减值准备即一般风险准备。计提资产减值一般风险准备的范围：交易性金融资产、应收款项、发放贷款和垫款、长期应收款、可供出售金融资产、持有至到期投资、长期股权投资、固定资产、在建工程、无形资产、其他长期资产。

根据《信托公司管理办法》及董事会决议，按净利润的5%计提信托赔偿准备金，该赔偿准备金累计总额达到公司注册资本的20%时，可不再提取。

6.2 或有事项

无。

6.3 重要资产转让及其出售

无。

6.4 会计报表中重要项目的明细资料

6.4.1 披露自营资产经营情况

6.4.1.1 按资产风险分类的结果披露资产的期初数、期末数

信用风险资产五级分类	正常类（万元）	关注类（万元）	次级类（万元）	可疑类（万元）	损失类（万元）	信用风险资产合计（万元）	不良合计（万元）	不良率（%）
期初数	710 788	—	—	—	—	710 788	—	—
期末数	758 554	—	—	—	—	758 554	—	—

注：不良资产合计=次级类+可疑类+损失类。

6.4.1.2 各项资产减值损失准备的期初、本期计提、本期转回、本期核销、期末数；贷款的一般准备和专项准备和其他资产减值准备

单位：万元

项目	期初数	本期计提	本期转回	本期核销	期末数
贷款损失准备	1 000	1 000	—	—	2 000
一般准备	1 000	1 000	—	—	2 000
专项准备	—	—	—	—	—
其他资产减值准备	—	—	—	—	—
长期股权投资准备	—	—	—	—	—
坏账准备	—	—	—	—	—
非流动金融资产减值准备	—	—	—	—	—

6.4.1.3 自营股票投资、基金投资、债券投资、长期股权投资等投资的期初数、期末数

单位：万元

项目	自营股票	基金	债券	长期股权投资	其他投资	合计
期初数	14 730			464 119	186 415	665 264
期末数	11 692			482 943	160 733	655 368

6.4.1.4 前三名的自营长期股权投资的企业名称、占被投资企业权益的比例、主要经营活动及投资收益情况

企业名称	占被投资企业权益的比例（%）	投资收益（万元）
国联证券股份有限公司（列示于长期股权投资）	13.78	9 249
无锡农村商业银行股份有限公司（列示于长期股权投资）	7.73	16 249
江苏宜兴农村商业银行股份有限公司（列示于其他非流动金融资产）	5.01	362

6.4.1.5 前三名的自营贷款的企业名称、占贷款总额的比例和还款情况

企业名称	占贷款总额的比例（%）	还款情况
江苏新开投资集团有限公司	25	贷款未到期、无欠息
江苏扬中港务投资发展有限公司	25	贷款未到期、无欠息
镇江新区城市建设投资有限公司	25	贷款未到期、无欠息
盐城宝瓶湖实业发展有限公司	25	贷款未到期、无欠息

6.4.1.6 表外业务的期初数、期末数；按照代理业务、担保业务和其他类型表外业务分别披露

无。

6.4.1.7 公司当年的收入结构

项目	合并		母公司	
收入结构	金额（万元）	占总收入比例（%）	金额（万元）	占总收入比例（%）
手续费及佣金收入	27 007	37.57	27 007	37.99
其中：信托手续费收入	27 007	37.57	27 007	37.99
投资银行业务收入	—	—	—	—
利息收入	4 476	6.23	4 362	6.14
其他业务收入				
其中：计入信托业务收入部分	—	—	—	—
投资收益	40 095	55.78	37 398	52.61
其中：股权投资收益	25 498	35.47	25 498	35.87
证券投资收益	1 769	2.46	1 769	2.49
其他投资收益	12 828	17.85	10 131	14.25
公允价值变动收益	300	0.42	2 320	3.26
收入合计	71 878	100.00	71 087	100.00

注：手续费及佣金收入、利息收入、其他业务收入、投资收益均应为损益表中的一级科目，其中手续费及佣金收入、利息收入为未抵减掉相应支出的全年累计实现收入数。

6.4.2 披露信托资产管理情况

6.4.2.1 信托资产的期初数、期末数

单位：万元

信托资产	期末数	期初数
集合	2 630 394	2 090 242
单一	1 514 062	2 425 080
财产权	4 670 819	2 713 648
合计	8 815 275	7 228 970

6.4.2.1.1 主动管理型信托业务期初数、期末数，分证券投资、股权投资、融资、事务管理类分别披露

单位：万元

主动管理型信托资产	期末数	期初数
证券投资类	2 019 220	1 457 343
股权投资类	66 958	66 958
融资类	273 732	286 330
其他投资类	363 814	515 919
合计	2 723 724	2 326 550

6.4.2.1.2 被动管理型信托业务期初数、期末数，分证券投资、股权投资、融资、事务管理类分别披露

单位：万元

被动管理型信托资产	期末数	期初数
证券投资类	9 385	4 632
股权投资类	19 568	19 568
其他投资类	11 690	26 792
事务管理类	6 050 908	4 851 428
合计	6 091 551	4 902 420

6.4.2.2 本年度已清算结束的信托项目个数、实收信托合计金额、加权平均实际年化收益率

本年度已清算结束的信托项目个数为27个、合计金额为1 564 819万元、加权平均实际年化收益率为5.83%。

6.4.2.2.1 本年度已清算结束的集合类、单一类资金信托项目和财产管理类信托项目个数、金额、加权平均实际年化收益率

已清算结束信托项目	项目个数（个）	合计金额（万元）	加权平均实际年化收益率（%）
集合类	13	804 289	5.34
单一类	13	137 710	5.15
财产管理类	1	622 820	6.60

注：1. 收益率是指信托项目清算后，给受益人赚取的实际收益水平。
2. 加权平均实际年化收益率=（信托项目1的实际年化收益率×信托项目1的资产总计+信托项目2的实际年化收益率×信托项目2的资产总计+…信托项目n的实际年化收益率×信托项目n的资产总计）/（信托项目1的资产总计+信托项目2的资产总计+…信托项目n的资产总计）×100%。

6.4.2.2.2 本年度已清算结束的主动管理型信托项目个数、合计金额、加权平均实际年化收益率，分证券投资、股权投资、融资、事务管理类分别披露

本年度已清算结束的主动管理型信托项目个数为23个、合计金额为1 404 808万元、加权平均实际年化信托报酬率为0.67%、加权平均实际年化收益率为6.00%。

已清算结束信托项目	项目个数（个）	合计金额（万元）	信托报酬率（%）	加权平均实际年化收益率（%）
证券投资类	4	639 948	0.07	6.57
股权投资类				
融资类	10	115 000	0.26	4.95
事务管理类	9	649 860	1.33	5.63
其他投资类				

6.4.2.2.3 本年度已清算结束的被动管理型信托项目个数、合计金额、加权平均实际年化收益率，分证券投资、股权投资、融资、事务管理类分别披露

本年度已清算结束的被动管理型信托项目个数为4

个、合计金额为160 011万元、加权平均实际年化信托报酬率为0.05%、加权平均实际年化收益率为4.31%。

已清算结束信托项目	项目个数（个）	合计金额（万元）	信托报酬率（%）	加权平均实际年化收益率（%）
证券投资类	—	—	—	—
股权投资类	—	—	—	—
融资类	—	—	—	—
事务管理类	4	160 011	0.05	4.31
其他投资类	—	—	—	—

6.4.2.3 本年度新增的集合类、单一类和财产管理类信托项目个数、实收信托合计金额

新增信托项目	项目个数（个）	实收信托合计金额（万元）
集合类	44	445 676
单一类	13	27 441
财产管理类	8	2 112 549
新增合计	65	2 585 666
其中：主动管理型	43	482 208
被动管理型	22	2 103 458

注：本年新增信托项目指在本报告年度内累计新增的信托项目个数和金额。包含本年度新增并于本年度内结束的项目和本年度新增至报告期末仍在持续管理的信托项目。

6.4.2.4 信托业务创新成果和特色业务有关情况（此部分为可选项，即公司可自主决定是否披露、部分披露或全部披露）

无。

6.4.2.5 本公司履行受托人义务情况及因本公司自身责任而导致的信托资产损失情况

截至2023年12月31日，本公司未出现因自身责任导致信托资产损失的情况。

6.5 关联方关系及其交易的披露

6.5.1 关联交易方的数量、关联交易的总金额及关联交易的定价政策等

项目	关联交易方数量	关联交易金额（万元）	定价政策
合计	4	695	（1）本公司对关联方交易价格根据市场价与协议价确定，与对非关联方的交易价格基本一致，无重大高于或低于正常交易价格的情况。（2）固有财产、信托资产与关联方贷款按人民银行规定的利率执行，投资按市场公允价确定。（3）信托财产与信托财产之间的关联交易按交易双方协商价格执行

6.5.2 关联交易方与本公司的关系性质、关联交易方的名称、法人代表、注册地址、注册资本及主营业务等

关系性质	关联方名称	法定代表人	注册地	注册资本（万元）	主营业务
股东的关联方	无锡国联新城投资有限公司	周晓平	无锡市	40 000	房地产业
股东的关联方	无锡国联物业管理有限责任公司	周晓平	无锡市	500	物业管理
股东的关联方	国联财务有限责任公司	李军	无锡市	100 000	金融服务
联营方	无锡农村商业银行股份有限公司	邵辉	无锡市	215 120	银行业务

6.5.3 逐笔披露本公司与关联方的重大交易事项

6.5.3.1 固有财产与关联方：贷款、投资、租赁、应收账款担保、其他方式等期初汇总数、本期发生额汇总数、期末汇总数

单位：万元

项目名称	类别	年初数	增加额	减少额	期末数
无锡国联新城投资有限公司	租赁	—	446		446
无锡国联物业管理有限责任公司	物业	—	152		152
国联财务有限责任公司	金融服务		92		92
无锡农村商业银行股份有限公司	利息收入		5		5

6.5.3.2 信托资产与关联方：贷款、投资、租赁、应收账款、担保、其他方式等期初汇总数、本期借方和贷方发生额汇总数、期末汇总数

信托与关联方关联交易 单位：万元

项目	期初数	借方发生额	贷方发生额	期末数
贷款	—	—	—	—
投资	—	—	—	—
租赁	—	—	—	—
担保	—	—	—	—
其他应收款	—	—	—	—
其他	—	—	—	—
合计	—	—	—	—

6.5.3.3 信托公司自有资金运用于自己管理的信托项目（固信交易）、信托公司管理的信托项目之间的相互（信信交易）交易金额，包括余额和本报告年度的发生额

6.5.3.3.1 固有财产与信托财产之间的交易金额期

初汇总数、本期发生额汇总数、期末汇总数

固有财产与信托财产相互交易　　　单位：万元

项目	期初数	本期发生额	期末数
合计	77 534	−18 580	58 954

注：以固有资金投资公司自己管理的信托项目受益权，或购买自己管理的信托项目的信托资产均应纳入统计披露范围。

6.5.3.3.2 信托资产与信托财产之间的交易金额期初汇总数、本期发生额汇总数、期末汇总数

信托资产与信托财产相互交易　　　单位：万元

项目	期初数	本期发生额	期末数
合计	708 677	241 651	950 328

注：以公司受托管理的一个信托项目的资金购买自己管理的另一个信托项目的受益权或信托项下资产均应纳入统计披露范围。

6.5.4 逐笔披露关联方逾期未偿还本公司资金的详细情况以及本公司为关联方担保发生或即将发生垫款的详细情况

截至2023年12月31日，本公司未发生关联方逾期未偿还本公司资金的情况，也无本公司为关联方担保发生或即将发生垫款的情况。

6.6 会计制度的披露

本财务报表（包含固有业务及信托业务）以公司持续经营假设为基础，根据实际发生的交易和事项，按照财政部2006年2月15日颁布的《企业会计准则——基本准则》以及其后颁布及修订的具体会计准则、应用指南、解释以及其他相关规定（统称企业会计准则）编制。

7.财务情况说明书

7.1 利润实现和分配情况

7.1.1 母公司

经公证天业会计师事务所（特殊普通合伙）审计，2023年度公司实现利润59 487万元，企业所得税7 390万元，实现净利润52 097万元。

根据公司章程及财务制度的相关规定：（1）按净利润的10%计提法定盈余公积金5 210万元。（2）根据《信托公司管理办法》（中国银监会令2007年第2号）的规定，按净利润的5%计提信托赔偿准备金2 605万元。（3）根据财政部《金融企业准备金计提管理办法》的规定，按风险资产1.5%计提一般风险准备432万元。（4）分配普通股股利12 900万元。（5）上述各项计提分配后，2023年末可供股东分配利润为244 083万元。

7.1.2 合并

报告期公司合并实现净利润51 096万元，2023年初未分配利润为162 563万元，提取盈余公积金5 210万元，信托赔偿准备金2 605万元，一般风险准备432万元，分配普通股股利12 900万元，2023年末可供股东分配利润为192 348万元。

7.2 主要财务指标

指标名称	合并	母公司
资本利润率（%）	7.92	7.48
加权年化信托报酬率（%）	0.60	0.60
人均净利润（万元）	460.32	486.89

注：1.资本利润率=净利润/所有者权益平均余额×100%。
2.加权年化信托报酬率=（信托项目1的实际年化信托报酬率×信托项目1的实收信托+信托项目2的实际年化信托报酬率×信托项目2的实收信托+…信托项目n的实际年化信托报酬率×信托项目n的实收信托）/（信托项目1的实收信托+信托项目2的实收信托+…信托项目n的实收信托）×100%。
3.该指标是反映公司实际的信托报酬水平，计算在报告年度真正清算结束了的项目。
4.人均净利润=净利润/年平均人数。
5.平均值采取年初、年末余额简单平均法，公式为：a（平均）=（年初数+年末数）/2。

7.3 对本公司财务状况、经营成果有重大影响的其他事项

无。

7.4 公司净资本监管指标

指标名称	指标值	监管标准
净资本	615 241万元	≥2亿元
各项业务风险资本之和（万元）	122 772	—
净资本/各项业务风险资本之和（%）	501.12	≥100
净资本/净资产（%）	85.60	≥40

8.特别事项简要揭示

8.1 前五名股东报告期内变动情况及原因

无。

8.2 董事、监事及高级管理人员变动情况及原因

2023年1月18日，国联信托股份有限公司第五届董事会第十一次会议审议通过，聘任高琪峰、吴丹为副总经理，该二人副总经理任职资格分别于2023年6月9日、2023年10月26日获批。

2023年8月30日，国联信托股份有限公司2023年度第二次临时股东大会选举王颖同志为公司第五届董事会

董事，2023年12月21日，国联信托股份有限公司2023年度第三次临时股东大会选举林乃机为公司第五届董事会董事，上述董事任职资格待监管核准。

2023年12月21日，国联信托股份有限公司2023年度第三次临时股东大会选举李梭同志为公司第五届监事会监事，经国联信托股份有限公司第五届监事会第九次会议审议通过，选举李梭同志为国联信托股份有限公司第五届监事会监事长。

8.3　公司的重大未决诉讼事项

本报告年度所有涉诉项目，除了一个集合信托业务外，其余均为事务管理类信托计划，我司作为受托人按照相关法律、法规和信托文件的规定，履行受托义务，及时揭示风险，并按照委托人的指令进行项目操作，项目风险均由委托人自担，案件的所有权利义务均由委托人享有与承担。具体涉诉项目如下：

集合信托起诉个数：1个。

诉讼对象：江苏纵横置业发展有限公司、马小勤、张翀、鲁慧玲、无锡市名都置业有限公司。

金额：本金6 000万元。

注：本案已终结。

单一信托起诉个数：2个。

（1）诉讼对象：昆明天和斗特实业（集团）有限公司、史佩欣、昆明和信屋业开发有限责任公司；金额：8 000万元股权转让款（本案已进入执行阶段）。

（2）诉讼对象：无锡市电线二厂有限公司、无锡尊园置业投资有限公司、邹玉仙；金额：本金5 000万元（本案债权已全部收回，案件已结束）。

8.4　对会计师事务所出具的有保留意见、否定意见或无法表示意见的审计报告的，公司董事会应就所涉及事项作出说明

无。

8.5　公司及其董事、监事和高级管理人员受到处罚的情况

无。

8.6　原银监会及其派出机构对公司检查后提出整改意见的，应简要说明整改情况

无。

8.7　本年度重大事项临时报告的简要内容、披露时间、所披露的媒体及其版面

无。

8.8　原银监会及其省级派出机构认定的其他有必要让客户及相关利益人了解的重要信息

无。

9.公司监事会意见

9.1　公司依法运作情况

经检查，监事会认为：报告期内，依据国家有关法律、法规和公司章程的规定，公司建立了较完善的内部控制制度，决策程序符合相关规定。公司董事及其他高级管理人员在履行职责时，未发现违反法律、法规、规章以及公司章程等的规定或损害公司及股东利益的行为。

9.2　检查公司财务情况

2023年度，监事会对公司的财务制度、内控制度和财务状况等进行了检查，认为公司财务会计内控制度健全，会计无重大遗漏和虚假记载，公司财务状况、经营成果及现金流量情况良好。

9.3　公司关联交易情况

对于公司2023年度日常经营相关的关联交易，监事会认为：交易定价公允，符合市场原则，交易公平、公开，无内幕交易行为，也无损害股东利益，特别是中小非关联股东利益的行为。

9.4　公司对外担保及股权、资产置换情况

2023年度公司无对外担保，无债务重组、非货币性交易事项、资产置换，也无其他损害公司股东利益或造成公司资产流失的情况。

9.5　内部控制自我评价报告

公司已建立了适合公司运行的内部控制制度体系并能得到有效的执行，且在运行过程中不断修订完善。公司内部控制的自我评价报告真实、客观地反映了公司内部控制制度的建设及运行情况。监事会将继续严格按照《公司法》及公司章程和国家有关法规政策的规定，忠实履行自己的职责，进一步促进公司的规范运作。

国民信托有限公司

1. 重要提示

1.1 公司董事会及董事保证本报告所载资料不存在任何虚假记载、误导性陈述或者重大遗漏，并对其内容的真实性、准确性和完整性承担个别及连带责任。

1.2 公司独立董事王海智先生、李建生女士、罗毅先生、李红成先生申明：本报告所载资料真实、准确、完整。

1.3 公司2023年度财务会计报告经安永华明会计师事务所（特殊普通合伙）审计，并出具了标准无保留意见的审计报告。

1.4 公司法定代表人暨董事长肖鹰先生、总经理王晓天先生和财务总监曹志强先生申明：保证本年度报告中财务会计报告的真实、完整。

1.5 本年度报告摘要摘自年度报告全文，客户及相关利益人欲了解详细内容，应阅读年度报告全文。

2. 公司概况

2.1 公司简介

2.1.1 法定中文名称：国民信托有限公司
法定英文名称：The National Trust Ltd.
法定英文名称缩写：Natrust

2.1.2 法定代表人：肖鹰
注册地址：北京市东城区安外西滨河路18号院1号
邮政编码：100011
互联网网址：www.natrust.cn
电子信箱：info@natrust.cn

2.1.3 信息披露事务负责人：付然
电话：010-84268088
传真：010-84268000
电子信箱：florafu@natrust.cn

2.1.4 信息披露报纸：《上海证券报》

2.1.5 公司年报备置点：北京市东城区安外西滨河路18号院1号

2.1.6 金融许可证机构编码：K0007H211000001
统一社会信用代码：911100001429120804

2.1.7 聘请的会计师事务所：安永华明会计师事务所（特殊普通合伙）
住所：北京市东城区东长安街1号东方广场安永大楼19层
聘请的律师事务所：北京观韬中茂律师事务所
住所：北京市西城区金融大街5号新盛大厦B座19层

2.2 组织结构图

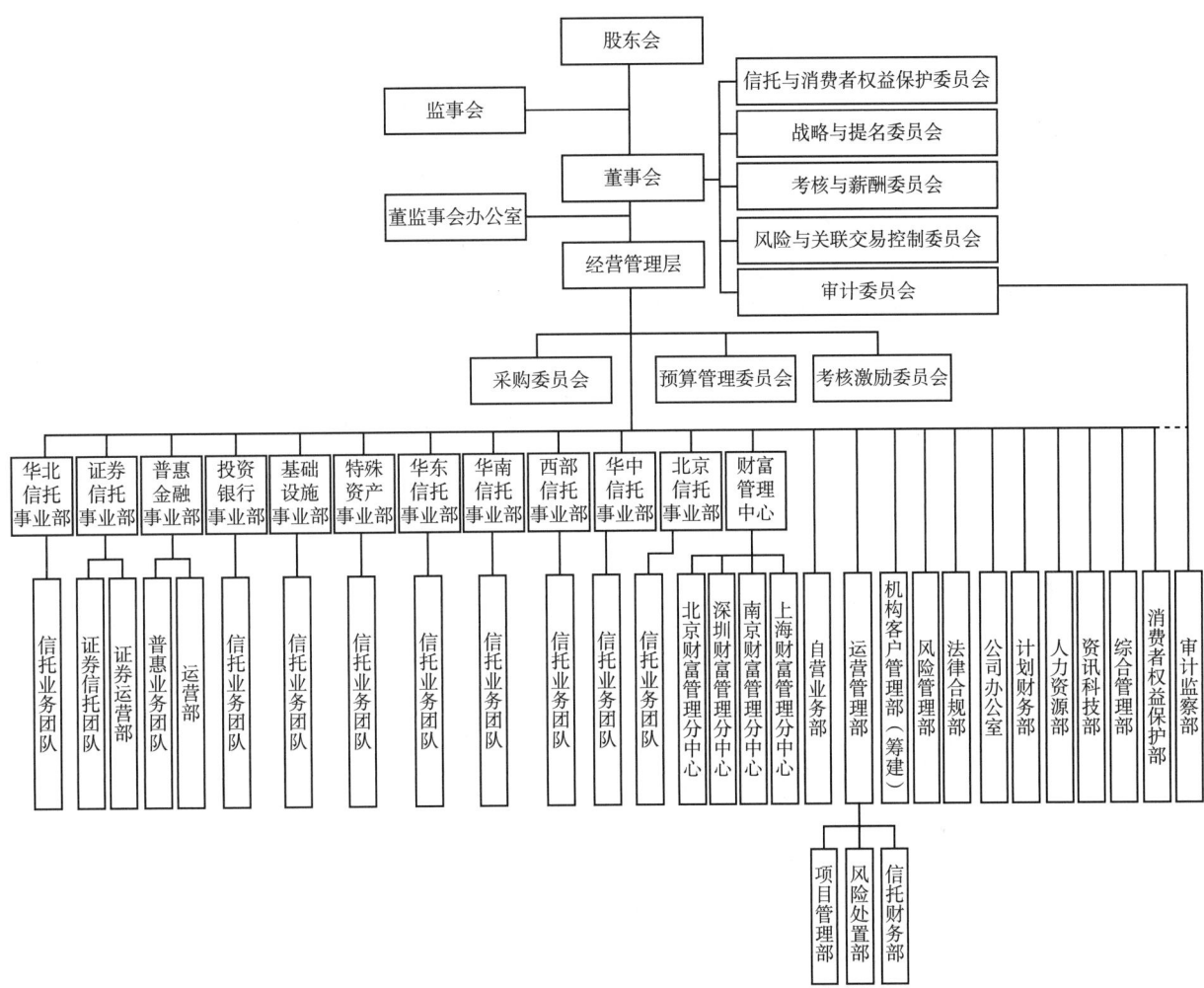

注：项目管理部、风险处置部、信托财务部为运营管理部下设二级部门。

3. 公司治理

3.1 股东

公司前3位股东的情况如下表所示。

股东名称	持股金额（元）	持股比例（%）	法定代表人	注册资本（万元）	注册地址	主营业务及财务情况
富德生命人寿保险股份有限公司	407 254 545.45	40.72	方力	1 175 200.55	深圳市福田区福中一路1001号生命保险大厦27层、28层、29层、30层	主营人寿保险业务，财务状况良好
上海丰益股权投资基金有限公司	317 272 727.28	31.73	徐倩	55 000.00	上海市浦东新区莲林路15号403室	主营项目投资、股权投资，财务状况良好
上海璟安实业有限公司	275 472 727.27	27.55	靳方景	129 318.00	上海市浦东新区浦东大道555号801室	主营房地产、建筑业，财务状况良好

注：1. 报告期内，富德生命人寿保险股份有限公司（简称富德生命人寿）股东未发生质押公司股权或以股权及其受（收）益权设立信托等金融产品的情况。
2. 股东富德生命人寿和股东上海丰益股权投资基金有限公司（简称上海丰益）为一致行动人。

3.2 董事及独立董事

董事

姓名	职务	性别	年龄（岁）	选任日期	所推举的股东名称	代表股东持股比例（%）	简要履历
肖鹰	董事长	男	50	2019年2月27日	—	—	毕业于中国人民大学金融学专业，获金融学硕士学位，拥有注册会计师资格。历任中国人民银行银行一处、工商银行监管部副主任科员、副科长；原中国银监会北京监管局国有银行一处科长、副处长，政策法规处处长，股份银行二处处长，办公室主任，纪委书记、党委委员，自2016年12月起我公司董事，自2019年2月起任我公司董事长，具有24年的金融机构监管和从业工作经验
黄晓东	董事	男	60	2017年1月16日	富德生命人寿	40.72	毕业于吉林大学政治学理论专业获法学博士学位。历任共青团博罗县县委副书记，博罗县石湾镇镇委副书记，共青团广东省省委正科级干部，深圳市委办厅副处级秘书，深圳人事局副处长，龙岗镇党委书记，龙岗区区长助理，共青团广东省省委副书记，深圳市香洲区区委常委，南方报业总经理，珠影集团党委书记、董事长，富德（常州）能源化工发展有限公司总经理，宁波富德能源有限公司董事；现任富德控股（集团）有限公司董事局副主席、总裁，深圳市前海富德能源投资控股有限公司董事长，富德城建（深圳）集团有限公司董事长，深圳市富德矿业有限公司副董事长，深圳市农产品集团股份有限公司董事，拥有多年的经济管理工作经验
张涛	董事	男	44	2016年12月29日	富德生命人寿	40.72	毕业于中国人民大学金融学（保险）专业获经济学硕士学位。历任太平洋保险部门经理，富德生命人寿部门经理、董事长办公室总监、总经理助理，富德保险控股股份有限公司副总经理、董事会秘书；现任富德控股（集团）有限公司董事、副总裁，深圳市前海富德能源投资控股有限公司监事长，恒丰裕实业发展有限公司执行董事、总经理，富德财产保险股份有限公司董事，赛特集团有限公司董事，深圳市富德信息产业投资有限公司董事，深圳市富德金蓉控股有限公司董事，深圳市富德文化传媒投资有限公司董事长，深圳市富德新能源投资有限公司董事，拥有22年的金融工作经验

独立董事

姓名	所在单位及职务	性别	年龄（岁）	选任日期	所推举的股东名称	代表股东持股比例（%）	简要履历
王海智	—	男	70	2016年12月29日	—	—	毕业于中国农业大学经济管理专业，高级经济师。历任中国银行承德分行，中国银行秦皇岛分行行长，东方资产管理公司石家庄办事处总经理，天津办事处总经理，天津信托公司董事长，拥有32年的金融工作经验
李建生	—	女	69	2017年1月16日	—	—	毕业于香港浸会大学应用会计与金融理学专业获理学硕士学位。历任铁道部基本建设总局财务处助理会计师、会计师、副处长、处长，中国铁路工程总公司副总会计师、总会计师，中国中铁股份有限公司副总裁、财务总监、总法律顾问，中铁信托董事长，宝盈基金董事长，具有39年的会计、金融从业经验
罗毅	—	男	61	2016年12月29日	—	—	毕业于上海财经大学高级管理人员工商管理专业获工商管理硕士学位，历任南京港务集团财务处主办会计，蛇口中华会计师事务所项目经理，沙河股份财务总监，曙光信息产业（深圳）有限公司财务总监，现任深圳市前海多晟科技股份有限公司董事，具有39年的企业会计核算、财务管理、企业管理及项目投资经验
李红成	北京市尚公律师事务所高级合伙人	男	42	2020年12月15日	—	—	毕业于中国政法大学诉讼法学专业，获法学硕士学位，具有律师执业资格和基金从业资格，拥有12年的律师工作经验，主要为金融机构和中央企业、国有大型企业提供法律专业服务；主要执业领域包括信托、债权资本市场与资产证券化、上市与并购、争议解决等，具有较高的专业水准、丰富的理论知识和实际工作经验

3.3 监事

姓名	职务	性别	年龄（岁）	选任日期	所推举的股东名称	代表股东持股比例（%）	简要履历
常存	监事会主席	女	45	2018年3月27日	富德生命人寿	40.72	毕业于北京工商大学会计学专业，获管理学硕士学位。曾任职中国保监会、幸福人寿，现任富德生命人寿保险股份有限公司董事、审计责任人，富德保险控股股份有限公司董事、副总经理、审计责任人，生命保险资产管理有限公司审计责任人，首钢福山资源集团有限公司董事，拥有21年的保险从业经历，有着较为丰富的监管检查、合规管理和审计经验
郭培能	监事	男	52	2016年11月22日	上海璟安实业有限公司（简称上海璟安）	27.55	毕业于四川大学法学专业，获法学学士学位。先后于揭阳市公安机关、深圳市交通管理机关任职，现任深圳市泰腾材料贸易有限公司董事长，具有丰富的经营管理工作经验
郭睿	职工监事	男	44	2023年7月12日	—	—	毕业于瑞士洛桑联邦高等工业大学计算机科学专业，获理学硕士学位，金融风险管理师（FRM）、注册管理会计师（CMA）。曾在IBM（中国）研发中心、神州数码信息软件公司、原北京银监局、华融国际信托有限公司任职，现任公司人力资源部总经理，拥有17年金融机构监管和从业工作经验

3.4 高级管理人员

姓名	职务	性别	年龄（岁）	选任日期	金融从业年限（年）	学历	专业
王晓天	总经理	男	48	2024年1月16日	17	博士	金融学
付然	副总经理兼董事会秘书	女	44	2017年5月9日	13	硕士	国际商法
张志	副总经理	男	44	2023年11月30日	22	学士	会计学
何远	副总经理	男	54	2011年10月11日	29	在职研究生	金融学
曹志强	财务总监	男	55	2015年3月19日	17	硕士	金融与投资
王珏	信息总监	男	45	2023年11月30日	3	在职研究生	工商管理

3.5 公司员工

报告期内公司员工人数、年龄分布、学历分布，列示如下表所示。

项目		报告期年度	
		人数（人）	比例（%）
年龄分布	25岁以下	—	—
	26~29岁	16	6.48
	30~39岁	140	56.68
	40岁及以上	91	36.84
学历分布	博士	7	2.83
	硕士	107	43.32
	本科	119	48.18
	专科	10	4.05
	其他	4	1.62

4. 经营概况

4.1 经营目标、方针、战略规划

4.1.1 经营目标

公司以服务实体经济为根本目标、以转型创新为根本动力，聚焦资产管理信托和资产服务信托等领域，探索信托本源类业务的科学发展模式，为股东创造价值，为客户创造财富，致力于成为灵活、创新、高效、合规的国内一流综合金融服务机构。

4.1.2 经营方针

公司以"改革、转型、发展"为总体战略方针，坚持稳中求进、严守风险底线的总基调，通过全面加快转型创新、全面做强本源主业、全面推进风险防化和全面建设高素质专业化人才队伍，实现公司高质量发展，为客户提供最佳的综合金融服务。

4.1.3 战略规划

公司的发展方向：全面贯彻落实中央经济工作会议精神和国家金融监督管理总局要求，以服务实体经济为根本目标，努力实现公司业务结构均衡、收益回报优良、风险总体可控、经营指标稳健合规的高质量发展。

公司的业务类型：从以项目为导向的投融资业务加快转向以资产管理和资产服务为主业的综合信托金融服务。

公司的短期策略：为顺应内外部宏观经济形势和信托行业发展新态势，公司坚持"改革、转型、发展"的总体战略方针，全面完善运营体系、管理制度和内控流程，优化升级金融科技基础，建立高效灵活的管理决策、市场营销和服务支持体系。2024年，公司将在持续加强资源整合、提高运营效率、坚持稳健合规的基础上，继续巩固业务转型发展成效，继续积极打造"以资产服务信托为主要业务特色和发展方向""以资产服务+管理为重要业务支柱"的业务布局，进一步加强人才队伍建设，进一步提升主动管理能力、提高产品创新研发和投资能力，为公司高质量发展提供不竭动力。

公司的中长期策略：以推动建立优秀企业文化和信托文化为抓手，进一步提升公司品牌信誉度；逐步扩大市场和产品的深度和广度，不断优化客户投资解决方案和服务流程，在资产管理、资产服务和标准化产品等领域取得实质成效，探索形成可持续发展的盈利模式。

公司的长期策略：通过构建优秀企业文化、不断完善治理架构、优化升级内部管理体系、打造专业化团队等方面的多措并举，努力实现业务结构多元均衡、信托业务与固有业务协同发展、支柱型业务与创新型业务多点开花、"客户、股东和员工"多方共赢的高质量、可持续性发展。

4.2 经营业务的主要内容

4.2.1 固有业务情况

截至2023年12月31日，公司固有资产运用与分布如下表所示。

固有资产运用与分布表

资产运用	金额（万元）	占比（%）	资产分布	金额（万元）	占比（%）
货币资产	39 105.54	8.24	基础产业	5 090.50	1.07
贷款及应收款	10 705.24	2.26	房地产业	28 515.90	6.01
交易性金融资产	326 434.80	68.80	证券市场	242 764.15	51.16
投资性房地产	6 399.00	1.35	实业	—	—
使用权资产	358.70	0.08	金融机构	42 000.00	8.86
其他	91 444.81	19.27	其他	156 077.54	32.90
资产合计	474 448.09	100.00	资产合计	474 448.09	100.00

资产分布中，对"其他"事项的说明如下表所示。

资产分布中"其他"事项明细

资产分布	金额（万元）	占比（%）
货币资产	39 105.54	8.24
贷款及应收款	10 705.24	2.26
使用权资产	358.70	0.08
其他	105 908.06	22.32
其他合计	156 077.54	32.90

4.2.2 信托业务情况

截至2023年12月31日，公司受托管理的信托资产运用与分布如下表所示。

信托资产运用与分布表

资产运用	金额（万元）	占比（%）	资产分布	金额（万元）	占比（%）
货币资产	751 753.07	3.01	基础产业	968 328.18	3.88
贷款	4 595 785.08	18.42	房地产	985 447.20	3.95
交易性金融资产	15 159 089.01	60.76	证券市场	5 602 199.83	22.45
债权投资	4 197 953.59	16.82	金融机构	1 093 791.63	4.38
其他债权投资	32 507.79	0.13	实业	7 657 639.04	30.69
其他	213 845.10	0.86	其他	8 643 527.76	34.65
信托资产合计	24 950 933.64	100.00	信托资产合计	24 950 933.64	100.00

资产运用和资产分布中，对"其他"事项的说明如下表所示。

资产运用中"其他"事项明细

资产运用	金额（万元）	占比（%）	资产分布	金额（万元）	占比（%）
应收账款	168 696.04	0.68	银行存款	751 753.07	3.01
买入返售金融资产	45 127.85	0.18	应收账款	168 696.04	0.68
待摊费用	21.21	—	财产权	6 575 454.26	26.35
其他	—	—	其他	1 147 624.39	4.61
其他合计	213 845.10	0.86	其他合计	8 643 527.76	34.65

4.3 市场分析

2023年度中央经济工作会议指出，当前我国进一步推动经济回升向好的困难和挑战主要是有效需求不足，部分行业产能过剩，社会预期偏弱，风险隐患仍然较多。受到宏观经济和同业竞争等因素影响，信托公司展业和业务转型发展仍面临较大压力。

但与此同时，随着信托业务"三分类"新规的全面落地实施，信托行业将加快回归信托本源，信托公司一方面可以通过开展标准化业务、净值化管理探索资产管理类信托产品的转型发展；另一方面还可以发挥信托的灵活性优势，进一步拓展资产服务类业务领域。服务信托、证券类信托业务或将迎来高速发展的契机，成为信托公司业务转型发展的重点和新的利润增长点。

4.4 内部控制

4.4.1 内部控制环境和文化

4.4.1.1 公司治理机制

按照《信托公司治理指引》和现代企业制度的要求，公司设置了以股东会、董事会、监事会和高级管理层为核心的法人治理结构，明确了议事规则和决策程序。股东会为公司最高权力机构；董事会为公司决策机构；高级管理层为公司执行机构，负责执行董事会批准的各项决策和制度；监事会为公司监督机构，主要对公司财务经营状况及董事、高级管理人员履行职务的行为进行监督。公司逐步建立起了分工明确、权责相互制衡的公司治理和内部控制机制，并持续进行改善，实现了董事会对高级管理层经营活动的合理授权和有效监督。在经营管理层面，公司搭建了权责明确、合理制衡、报告关系清晰的组织架构，高级管理层、内审稽核部门定期向董事会及其专门委员会、监事会报告公司合规管理（含反洗钱）、风险管理和内部审计工作情况。

4.4.1.2 内控文化的建设和执行情况

公司在董事会及高级管理层的领导下，形成了诚实守信、稳健经营、恪尽职守的内部控制文化，树立内部控制和合规风险管理优先的审慎经营理念，积极培养员工的合规风险防范意识。公司强化合规经营理念的培育，持续关注法律法规、监管政策调整，及时梳理和完善相关内控规章制度，调整操作流程，不断推进内控管理工作的规范化、标准化。公司要求董事、监事和高级管理人员在企业文化建设中发挥主导和垂范作用。公司制订了员工培训计划，定期开展学习培训，提高员工业务能力、合规意识和道德水准，包括通过制定和实施《员工行为规范》，加强员工业务知识培养；通过学习法律法规、分析典型案例等多种形式，引导和规范员工行为，培育积极向上的价值观、诚实守信的执业理念。

报告期内，公司持续完善合规管理体制、培育合规文化从而不断加强合规管理，有效防范合规风险，确保公司各项经营活动的合法合规性。一方面通过培训、学习、研讨、测试、警示教育等多种形式不断加强全员对合规文化的理解与认同，提高合规管理的主观能动性；另一方面不断加强合规审核人员的培训、教育，提高合规风险识别、防范能力。合规管理的基础是公司员工了解、熟悉现行监管法律法规、政策，并能遵守执行，公司将根据法律法规、监管政策的调整，加强对全员合规管理的指导和培训，引导全员依法合规开展业务。

4.4.2 内部控制措施

公司不断完善内控机构设置和制度建设，强调董事会和高级管理层的责任，将风险内控管理作为公司内部管理的核心，营造风险管理环境。公司建立了董事会风险与关联交易控制委员会、高级管理层、风险内控管理职能部门和业务部门等四个层级的全面风险管理架构，贯彻全面风险管理的要求和全方位、全过程、全员风控管理的原则，逐步完善在不相容职务分离控制、授权审批控制、会计系统控制、财产保护控制、预算控制、运营分析控制和绩效考评控制等方面的内控活动。公司内部控制制度覆盖公司的各项业务、各个部门和各级人员，并融入决策、执行、监督、反馈等各个经营环节，保证各个部门和岗位既相互独立又相互制约。

在公司制定的全面风险管理体系架构下，内部控制的主要实施工作由法律合规部门、风险管理部门、运营管理部门、财务部门和内审稽核部门等具体执行。公司现有风险管理体系架构，有效保障风险管理程序的执行力，使公司业务运作和决策更为可控，也使高级管理层能全面及时地掌握公司的日常经营、财务和风险状况并保证风险管控措施有效执行。另外，公司持续建设和完善信息系统，在支持业务发展的同时，帮助加强内部控制，防范风险。

公司根据业务发展、政策变化，持续完善各方面的管理制度，涉及业务管理、操作流程及后台工作等，涵盖业务事前、事中、事后的全过程。报告期内，公司在贯彻现行制度办法的基础上，为适应市场变化、促进公司展业，修订了《普惠金融信托业务操作指引》《个人房抵贷信托业务操作指引》，制定了《信贷资产证券化及资产支持票据业务风控指引》《证券投资类信托项目存续期间申购、赎回管理办法》《信托业务操作规范》等制度，为公司规范展业提供了引导。

为进一步规范公司信托业务立项流程和审批工作，报告期内，公司修订了《信托业务立项管理办法》《信托业务审批管理办法》《普惠金融事业部授权审批管理办法》；制定了《普惠金融事业部普惠金融业务审批流程细则》，提升了审批工作的质量与效率；为进一步规范信托项目尽职调查工作，公司修订了《信托项目尽职调查工作指引》；为进一步加强对标的资产的评估管理工作，提高评估机构服务质量，有效防范标的资产评估风险，公司修订了《评估机构管理办法》。

为配合公司业务发展、支持专业信托事业部授权管理、优化及规范部门相关操作流程，报告期内，公司修订了《信托项目资金划转审批管理办法》《信托项目银行账户管理制度》《信托财务印章管理办法》，规范了资金划转审批工作，提高了审批效率。

为进一步加强投资者合法权益保护，报告期内，公司制定了《普惠金融业务消费投诉处理管理办法》，修订了《客户来访接待工作管理办法》《投资者适当性管理办法》《信托产品销售录音录像管理办法》《推介外包服务工作指引》，进一步规范了对产品销售、投诉来访的管理，提升消费者满意度，维护公司声誉。

为进一步提高法律合规审核工作的质量和效率，报告期内，公司制定了《普惠金融业务法律合规审核管理办法》，修订了《证券业务法律合规审核管理办法》，优化了事业部管理流程，提升了事业部法律合规工作的专业化和规范化水平；修订了《信托业务合同管理办法》，进一步规范了信托合同管理，防范和控制信托业务合同中可能存在的操作风险。

为适应公司业务发展对法律事务支持方面的需求，报告期内，公司修订了《外聘律师管理办法》《外聘律师工作管理细则》，规范公司外聘律师代理行为，维护公司合法权益。

为建立有效的业务洗钱和恐怖融资风险评估机制，报告期内，公司修订了《业务洗钱和恐怖融资风险评估操作指引》，进一步提升反洗钱工作的有效性。

为完善公司风险报告管理机制，报告期内，公司制定了《风险报告管理办法》，树立了全面风险管理理念，提升对风险的及时应对和处置能力。

为实现人力资源管理目标，报告期内，公司修订了《人力资源管理制度手册》《信托业务问责管理办法（2023年版）》《激励性薪酬发放及追索扣回管理办法》，充分发挥激励考核在公司治理和风险管控中的作用，提高员工风险共担意识，促进公司稳定经营和可持续发展。

为加强公司信托业务档案管理，报告期内，公司制定了《信托业务档案管理实施细则》《信托业务档案管理考核问责办法（试行）》，实现信托档案的科学化和规范化管理；制定了《重要空白凭证管理办法》，对重要空白凭证的印制、领取、保管、使用和销毁等流程进行了规范。

为进一步加强公司保密管理工作，防控操作风险和道德风险，报告期内，公司修订了《保密管理制度》，制定了《保密管理工作实施细则》，增强了公司保密管理工作的可操作性；修订了《信息披露管理办法》，进一步规范了公司信息披露工作的具体操作。

4.4.3 监督评价与纠正

公司十分重视内部控制问题的后续追踪整改，对于持续监控、内审稽核、监管检查以及重大事件所反映的内控问题组织持续追踪整改。针对常规内审高风险项目中反映的制度和流程缺陷，公司通过合规部门关注重大合规风险识别、评估、整改要求，对重大违规事项整改情况进行跟踪，持续优化制度和流程，从源头防范内控漏洞，以杜绝类似问题重复发生。公司内部审计人员对业务部门落实整改执行情况进行逐项跟踪，对未按时整改的情况及时予以分析追踪和报告。

4.5 风险管理

4.5.1 风险状况

4.5.1.1 信用风险状况

信用风险是指公司在经营过程中，由于交易对手未履行合同义务或信用质量发生不利变化，而使公司或公司管理的信托项目遭受损失的风险。

信托业务的信用风险主要来自于融资类业务及固定收益类标品投资业务。公司一方面通过建立多维度的准入机制和集中度管理机制、设置各层级信用风险限额及穿透至底层资产审查等方法来管理信用风险，另一方面通过健全的尽职调查机制、完善的审批机制、持续的存续期管理和跟踪机制，防范信用风险。

固有业务的信用风险主要来自于固定收益类资产，公司在业务审批及存续期管理等各环节进行信用风险的识别、计量、监测、报告和应对，定期评估固有资产质量，有效地管理信用风险。

报告期内，公司持续严格履行受托人管理职责，积极有效应对各种潜在风险隐患，信用风险总体可控。

4.5.1.2 市场风险状况

市场风险指因市场价格的不利变动而使公司或公司管理的信托产品发生损失的风险，包括股票价格风险、商品价格风险及房地产价格风险等。

信托业务的市场风险主要涉及证券投资类业务等。对于此类业务，公司本着审慎原则，合理配置资产，通过合理的交易安排和严密的管理措施，勤勉、尽职履行受托人职责，最大限度保障受益人的资金安全。

固有业务的市场风险主要来自投资的证券类资产和权益类资产。公司通过执行严格的投资授权、合理的投资策略及存续期管理，有效管理固有资产的市场风险。

报告期内，公司信托资产投资、固有资产投资的市场风险控制有效。

4.5.1.3 操作风险状况

操作风险是指由于内部程序、员工、信息科技系统存在问题以及外部事件造成损失的风险。

公司实行规范化、标准化、制度化管理，各项业务的开展都严格执行内部控制程序及业务操作流程。此外，公司还根据市场环境、监管要求及业务发展变化，不断加强内控管理，持续调整和完善业务操作流程和规章制度，并将多项制度的执行信息化、自动化，降低操作风险。

报告期内，公司严格按照规章制度、审批运营流程操作，未因操作不当造成风险。

4.5.1.4 其他风险状况

除以上三类风险外，针对合规风险、流动性风险、声誉风险、员工道德风险等，公司建立了较完善的防范、应对机制。其中，合规风险作为公司风险防范的重中之重，是公司经营和管理各方面的红线，公司对于合规尺度坚持严格把控、实质重于形式的原则，为公司的发展提供了坚实的合规基础。2023年，公司未因开展违法违规业务或受托履职不当受到监管处罚。

报告期内，公司进一步加强部门联动协同，严格防范其他各类风险，无其他重大风险发生。

4.5.2 风险管理

4.5.2.1 信用风险管理

公司严格执行信用风险的事前防范、事中控制和事后检查制度。在业务开展前，主要由业务部门对交易对手进行详细的尽职调查，重点确定业务的风险可控性、公司收益与风险承担的合理性；法律合规部根据业务部门的尽职调查情况对项目交易结构和合同条款的合规性进行审查；风险管理部负责对项目的信用风险和市场风险情况进行充分的评估和审核，"两级评审会"对项目进行审核和评定，从而尽可能地降低信用风险发生的概率；运营管理部负责组织开展项目存续期管理工作，开展定期、不定期风险排查、检查工作，多维度防范、预警项目运行中潜在的信用风险。在固有业务方面，公司通过严格把关，审慎审批，加强存续期管理等方式有效控制固有业务信用风险。

公司2023年度优化了审批决策机制和流程，审批效率进一步提升，不断完善风险管理制度，于2024年1月发布了《信用风险管理办法》。目前公司信用风险管理框架较为完善，存续项目信用风险敞口较小。

4.5.2.2 市场风险管理

2023年，公司持续加强对宏观经济和市场情况的研究，及时根据市场变化情况调整投资管理策略，防范市场风险的发生。公司根据业务性质、规模、复杂程度和风险特征，结合总体业务发展战略、管理能力和资本实力，不断优化投资决策及交易管理等机制。一方面，加强对宏观经济和证券市场的研究，坚持价值投资理念，采取稳健的投资策略，建立止损机制，有效降低因资本市场波动引发的超预期风险；另一方面，定期或不定期对证券投资等业务进行动态估值和市场风险压力测试，分析业务对外市场变化的敏感程度和可能的影响，以制定策略应对市场变化。同时公司进一步完善了风险管理制度，于2024年1月发布了《市场风险管理办法》。

4.5.2.3 操作风险管理

公司建立了较完整的内控制度，保障各项业务正常、有序开展。公司部门间实行明确的职责划分，部门内部细分岗位职责和权限，开展不相容岗位梳理，保证岗位的有效分离与制衡，形成了相互配合、相互监督、相互制约的风控机制。公司各项业务的开展都严格执行内部控制程序及业务操作流程。同时将各项工作的操作规范内嵌至系统审批流程，使操作风险的防控效率、效果大大提升。

公司分别于2023年10月、2024年1月发布了《信托业务操作规范》和《操作风险管理办法》等制度，在业务流程操作方面进一步进行优化，有效规范各类业务审批标准和流程，并结合业务转型的需要持续推进IT系统的升级和改造，同时不断强化员工行为管理和排查，有效防范了操作风险的发生。

4.5.2.4 其他风险管理

公司加强对监管政策的分析和研究，提高对政策的理解能力，并与监管部门及时沟通，根据要求进行业务调整和制度完善；此外，还不定期与信托同业进行业务交流，探讨经营管理中发现的新情况，以提高对政策的理解度和执行力，从而有效防范政策风险。

公司高度重视法律风险的防范。法律合规部作为法律风险的主要管理部门，不断加强制度建设及合作律所管理，进一步强化法律风险的识别和防范，积极有效应对各类诉讼案件。同时，对于重大项目聘请外部律师事务所等专业服务机构提供专业意见，以强化法律方面的风险管理。

公司高度重视流动性风险，专门成立了流动性工作小组统筹公司流动性管理。公司坚持审慎性原则，持续监测各产品、各业务条线的流动性风险；公司建立流动资金预警线预警机制，并按照监管要求建立了流动性补充方案及应急恢复处置计划。报告期内，公司流动性较为充裕。

公司高度重视声誉风险防控，建立了舆情应对应急管理机制。公司安排专职人员每日对舆情进行实时监测，及时处置，同时加强对正面舆情的引导工作。

公司全面加强员工素质教育，防范道德风险。公司积极组织员工参加监管部门开展的与信托业务有关的法律法规学习和考试；鼓励员工参加内部和外部培训交流，进一步提高员工的业务能力和专业知识，增强风险意识和预判能力，将风险控制理念融入业务和管理工作的各方面、各环节。

4.6 净资本风险控制指标

公司报告期末的净资本风险控制指标情况如下表所示。

指标名称	期末数	监管标准
净资本（万元）	300 633.77	≥20 000
固有业务风险资本（万元）	58 316.50	—
信托业务风险资本（万元）	80 542.07	—
其他业务风险资本（万元）	—	—
各项业务风险资本（万元）	138 858.57	—
净资本/各项业务风险资本之和（%）	216.50	≥100
净资本/净资产（%）	74.91	≥40

5. 会计师事务所审计意见

安永华明会计师事务所（特殊普通合伙）对公司2023年财务报表出具了标准无保留意见，认为公司财务报表在所有重大方面已经按照企业会计准则的规定编制，公允地反映了国民信托有限公司2023年12月31日的财务状况以及2023年度的经营成果和现金流量。

6. 公司财务报表及附注

6.1 资产负债表

资产负债表（合并）

编制单位：国民信托有限公司　　2023年12月31日　　单位：万元

项目	2023年12月31日	2022年12月31日
资产		
货币资金	40 859.84	150 790.90
发放贷款及垫款	4 464.57	—
买入返售金融资产	—	12 172.89
交易性金融资产	315 360.58	172 265.58
应收账款	10 679.41	6 579.23
债权投资	16 194.94	19 014.38
投资性房地产	6 399.00	6 487.00
固定资产	260.49	260.95
无形资产	2 401.67	1 667.11
使用权资产	358.70	2 577.38
递延所得税资产	31 956.73	29 748.41
其他资产	57 503.77	41 752.88
资产合计	486 439.70	443 316.71
负债及所有者权益	—	—
负债	—	—
卖出回购金融资产	11 800.00	—
应付职工薪酬	34 471.75	31 423.30
应交税费	4 447.89	13 314.02
租赁负债	187.49	2 432.50
递延所得税负债	—	—
合同负债	12 694.91	16 582.61
其他负债	21 521.73	16 537.82
负债合计	85 123.77	80 290.25
所有者权益	—	—
实收资本	100 000.00	100 000.00
其他综合收益	6 029.48	6 029.48
盈余公积	34 174.00	30 345.05

续表

项目	2023年12月31日	2022年12月31日
一般风险准备	6 056.90	4 063.67
信托赔偿准备	16 413.12	14 498.65
未分配利润	238 642.43	208 089.61
所有者权益合计	401 315.93	363 026.46
负债及所有者权益合计	486 439.70	443 316.71

资产负债表（母公司）

编制单位：国民信托有限公司　　2023年12月31日　　单位：万元

项目	2023年12月31日	2022年12月31日
资产		
货币资金	39 105.54	149 917.22
买入返售金融资产	—	12 009.92
交易性金融资产	326 434.80	192 786.26
应收账款	10 705.24	6 579.23
投资性房地产	6 399.00	6 487.00
固定资产	260.49	260.95
无形资产	2 401.68	1 667.11
使用权资产	358.70	2 577.38
递延所得税资产	31 956.73	29 748.40
其他资产	56 825.91	41 117.07
资产合计	474 448.09	443 150.54
负债及所有者权益	—	—
负债	—	—
应付职工薪酬	34 471.75	31 423.30
应交税费	4 414.86	13 307.42
租赁负债	187.49	2 432.50
递延所得税负债	—	—
合同负债	12 694.91	16 582.61
其他负债	21 363.15	16 378.25
负债合计	73 132.16	80 124.08
所有者权益	—	—
实收资本	100 000.00	100 000.00
其他综合收益	6 029.48	6 029.48
盈余公积	34 174.00	30 345.05
一般风险准备	6 056.90	4 063.67
信托赔偿准备	16 413.12	14 498.65
未分配利润	238 642.43	208 089.61
所有者权益合计	401 315.93	363 026.46
负债及所有者权益合计	474 448.09	443 150.54

6.2 利润表

利润表（合并）

编制单位：国民信托有限公司　　2023年度　　单位：万元

项目	2023年	2022年
营业收入	—	—
手续费及佣金收入	86 164.56	80 183.00
投资收益/损失	9 966.40	8 504.07
公允价值变动损益	-5 303.17	-2 879.92
利息净收入	1 936.47	2 696.34
其他业务收入	—	—
其他收益	89.52	86.74
资产处置收益	—	—
营业收入合计	92 853.78	88 590.23
营业支出	—	—
营业税金及附加	665.33	650.15
业务及管理费	36 953.97	36 705.56
信用减值损失	1 027.52	786.20
资产减值损失	—	—
营业支出合计	38 646.82	38 141.91
营业利润	54 206.96	50 448.32
加：营业外收入	42.38	1 957.78
减：营业外支出	4 344.46	10 122.36
利润总额	49 904.88	42 283.74
减：所得税费用	11 615.41	9 764.41
净利润	38 289.47	32 519.33
其他综合收益的税后净额	—	—
综合收益总额	38 289.47	32 519.33

利润表（母公司）

编制单位：国民信托有限公司　　2023年度　　单位：万元

项目	2023年	2022年
营业收入	—	—
手续费及佣金收入	86 253.19	80 232.80
投资收益/损失	9 056.89	7 742.83
公允价值变动损益	-4 535.46	-2 179.30
利息净收入	1 692.51	2 694.08
其他业务收入	—	—
其他收益	89.52	86.74
资产处置收益	—	—
营业收入合计	92 556.65	88 577.15
营业支出	—	—
营业税金及附加	660.77	648.99
业务及管理费	36 704.82	36 693.64
信用减值损失	984.10	786.20
资产减值损失	—	—
营业支出合计	38 349.69	38 128.83
营业利润	54 206.96	50 448.32
加：营业外收入	42.38	1 957.78
减：营业外支出	4 344.46	10 122.36
利润总额	49 904.88	42 283.74
减：所得税费用	11 615.41	9 764.41
净利润	38 289.47	32 519.33
其他综合收益的税后净额	—	—
综合收益总额	38 289.47	32 519.33

6.3 所有者权益变动表（合并及母公司）

所有者权益变动表

编制单位：国民信托有限公司　　2023年度　　单位：万元

项目	实收资本	其他综合收益	盈余公积	一般风险准备	信托赔偿准备	未分配利润	所有者权益合计
本年年初余额	100 000.00	6 029.48	30 345.05	4 063.67	14 498.65	208 089.61	363 026.46
本年增减变动金额	—	—	—	—	—	—	—
（一）综合收益总额	—	—	—	—	—	38 289.47	38 289.47
（二）利润分配	—	—	—	—	—	—	—
提取盈余公积	—	—	3 828.95	—	—	-3 828.95	—
提取一般风险准备	—	—	—	1 993.23	—	-1 993.23	—
提取信托赔偿准备	—	—	—	—	1 914.47	-1 914.47	—
对所有者的分配	—	—	—	—	—	—	—
本年年末余额	100 000.00	6 029.48	34 174.00	6 056.90	16 413.12	238 642.43	401 315.93

所有者权益变动表（续）

编制单位：国民信托有限公司　　　　　　　　　　　　2022年度　　　　　　　　　　　　　　　　　　　　单位：万元

项目	实收资本	其他综合收益	盈余公积	一般风险准备	信托赔偿准备	未分配利润	所有者权益合计
本年年初余额	100 000.00	6 029.48	27 093.12	4 063.67	12 872.68	180 448.18	330 507.13
本年增减变动金额	—	—	—	—	—	—	—
（一）综合收益总额	—	—	—	—	—	32 519.33	32 519.33
（二）利润分配	—	—	—	—	—	—	—
提取盈余公积	—	—	3 251.93	—	—	−3 251.93	—
提取一般风险准备	—	—	—	—	—	—	—
提取信托赔偿准备	—	—	—	—	1 625.97	−1 625.97	—
对所有者的分配	—	—	—	—	—	—	—
本年年末余额	100 000.00	6 029.48	30 345.05	4 063.67	14 498.65	208 089.61	363 026.46

6.4 公司财务报表附注

6.4.1 报告期内，公司财务报表编制基准、会计政策、会计估计和核算方法变化情况

6.4.1.1 财务报表编制基础

本财务报表按照中华人民共和国财政部颁布的《企业会计准则——基本准则》以及其后颁布及修订的具体会计准则、应用指南、解释以及其他相关规定（统称企业会计准则）编制。

本财务报表以持续经营为基础列报。

编制本财务报表时，除以公允价值计量的金融工具外，均以历史成本为计价原则。资产如果发生减值，则按照相关规定计提相应的减值准备。

遵循企业会计准则的声明。

本财务报表符合企业会计准则的要求，真实、完整地反映了本公司于2023年12月31日的财务状况以及2023年度的经营成果和现金流量。

6.4.1.2 会计政策、会计估计和核算方法变化

本公司2023年度会计政策、会计估计和核算方法无重大变化。

6.4.2 财务报表主要项目的明细

6.4.2.1 信用风险资产分类情况

信用风险资产五级分类	正常类（万元）	关注类（万元）	次级类（万元）	可疑类（万元）	损失类（万元）	资产合计（万元）	不良资产合计（万元）	不良资产率（%）
期初数	398 655.25	3 511.50	10 539.26	—	43 950.67	456 656.68	54 489.93	
期末数	425 861.25	8 465.84	10 539.31	—	43 283.40	488 149.80	53 822.71	

注：1.不良资产合计=次级类+可疑类+损失类。
2.不良资产率=（不良资产合计−不良资产已计提拨备）/资产合计，截至2023年末公司不良资产已100%计提拨备。

6.4.2.2 各项资产减值损失准备的期初、本期计提、本期转回、本期核销、期末数

单位：万元

项目	期初数	本期计提	本期转回	本期核销	期末数
贷款损失准备	—	—	—	—	—
一般准备					
专项准备					
其他资产减值准备	14 752.23	1 874.58	890.48	31.56	15 704.77
应收款项类资产					
持有至到期投资减值准备					
长期股权投资减值准备					
坏账准备	14 752.23	1 874.58	890.48	31.56	15 704.77
投资性房地产减值准备					

6.4.2.3 固有业务股票投资、基金投资、债券投资、股权投资等投资业务的期初数、期末数

单位：万元

项目	自营股票	基金	债券	长期股权投资	其他投资	合计
期初数		60 209.93	—		144 586.25	204 796.18
期末数		108 215.26			218 219.54	326 434.80

6.4.2.4 前三名自营长期股权投资（包括以公允价值计量且其变动计入当期损益的金融资产）的企业名称、占被投资企业权益的比例、主要经营活动及投资收益情况等

企业名称	占被投资企业权益的比例（%）	主要经营活动	投资收益（万元）
—			

6.4.2.5 前三名自营贷款的企业名称、占贷款总额的比例和还款情况等

企业名称	占贷款总额的比例（%）	还款情况
—	—	—

6.4.2.6 表外业务的期初数、期末数；按照代理业务、担保业务和其他类型表外业务分别披露

单位：万元

表外业务	期初数	期末数
担保业务	—	—
其他	—	—
合计	—	—

6.4.2.7 收入结构

收入结构	金额（万元）	占比（%）
手续费及佣金收入	86 253.19	93.15
其中：信托手续费收入	86 253.19	93.15
投资银行业务收入	—	—
利息收入	1 692.51	1.82

续表

收入结构	金额（万元）	占比（%）
其他业务收入	—	—
其中：计入信托业务收入部分	—	—
投资收益/损失	9 056.89	9.78
其中：股权投资收益	—	—
证券投资收益	—	—
其他投资收益	9 056.89	9.78
公允价值变动损益	-4 535.46	-4.90
营业外收入	42.38	0.05
其他收益	89.52	0.10
资产处置收益	—	—
收入合计	92 599.03	100.00

6.4.3 关联方关系及其交易

6.4.3.1 关联交易方的数量、关联交易的总金额及关联交易的定价政策

项目	关联交易方数量	关联交易金额（万元）	定价政策
合计	1	239.59	市场定价

6.4.3.2 关联交易方与公司的关系性质、关联交易方的名称、法定代表人、注册地址、注册资本及主营业务

关系性质	关联方名称	法定代表人	注册地址	注册资本（万元）	主营业务
股东富德生命人寿的关联方	生命保险资产管理有限公司	韩向荣	深圳市福田区莲花街道福中社区生命人寿大厦二十三至二十四层	50 000	受托管理委托人委托的人民币、外币资金、管理运用自有人民币、外币资金；开展保险资产管理产品业务；中国银保监会批准的其他业务；国务院其他部门批准的业务

6.4.3.3 公司与关联方的重大交易事项
固有资产与关联方交易情况

固有资产与关联方关联交易　　　　　　　　　单位：万元

项目	期初数	借方发生额	贷方发生额	期末数
贷款	—	—	—	—
投资	59.94	179.65	—	239.59
租赁	—	—	—	—
担保	—	—	—	—
应收账款	—	—	—	—
其他	—	—	—	—
合计	59.94	179.65	—	239.59

注：根据《关于信托公司执行〈银行保险机构关联交易管理办法〉有关问题的通知》，银行保险机构投资于关联方发行的金融产品（基础资产不涉及银行保险机构关联方的），以发行费或投资管理费计算关联交易金额。

2023年5月29日，公司以固有资金认购关联方生命保险资产管理有限公司发行的固定收益类组合类资管产品"生命资产睿智35号资产管理产品"，按照市场公允价格进行交易，按照管理费计算的关联交易金额为0.3万元。

2023年6月13日，公司以固有资金认购关联方生命保险资产管理有限公司发行的固定收益类组合类资管产品"生命资产睿智35号资产管理产品"，按照市场公允价格进行交易，按照管理费计算的关联交易金额为90万元。

2023年6月30日，公司以固有资金认购关联方生命保险资产管理有限公司发行的货币市场产品"生命资产睿智9号资产管理产品"，按照市场公允价格进行交易，按照管理费计算的关联交易金额为15万元。

2023年9月6日，公司以固有资金认购关联方生命保险资产管理有限公司发行的固定收益类组合类资管产品"生命资产睿智35号资产管理产品"，按照市场公允价格进行交易，按照管理费计算的关联交易金额为74.35万元。

6.4.3.4 关联方逾期未偿还公司资金以及公司为关联方担保发生或即将发生垫款情况

截至2023年12月31日，公司没有向关联方担保或即将发生垫款情况，也没有关联方逾期未偿还公司资金情况。

6.4.4 或有事项说明

报告期内，本公司共有数起作为原告方/被告方/申

请执行人的诉讼案件，经向专业法律顾问咨询后，针对可能需要赔偿的案件计提了预计负债，除此以外，本公司管理层认为目前该等法律诉讼与仲裁事项不会对本公司的财务状况或经营成果产生重大影响。

6.4.5 重要资产转让及其出售的说明

报告期内，本公司未发生重要资产转让及其出售的情况。

6.4.6 会计制度

公司固有业务执行中华人民共和国财政部颁布的《企业会计准则——基本准则》以及其后颁布修订的具体会计准则、应用指南、解释以及其他相关规定。

7. 财务情况说明

7.1 利润实现和分配情况

公司2023年实现利润总额49 904.88万元，实现净利润38 289.47万元。2023年公司未向股东分配利润。

7.2 主要财务指标

指标名称	指标值
资本利润率（%）	10.02
人均净利润（万元）	155.97
加权年化信托报酬率（%）	0.49

注：该指标仅包括本报告年度内已清算结束了的信托项目。

7.3 报告期内，公司没有发生对公司财务状况、经营成果有重大影响的其他事项

8. 信托财务报表及附注

8.1 信托项目资产负债汇总表

信托项目资产负债汇总表

编制单位：国民信托有限公司　　2023年12月31日　　单位：万元

项目	2023年12月31日	2022年12月31日
信托资产	—	—
货币资金	751 753.07	350 123.20
交易性金融资产	15 159 089.01	6 761 972.33
买入返售金融资产	45 127.85	40 065.02
应收款项	168 696.04	890 183.60
发放贷款	4 595 785.08	5 256 756.21
债权投资	4 197 953.59	—
其他债权投资	32 507.79	—
可供出售金融资产	—	804 277.68

续表

项目	2023年12月31日	2022年12月31日
长期股权投资	—	5 564 326.10
持有至到期投资	—	3 468 997.76
长期待摊费用	21.21	1 487.93
其他	—	910 418.69
信托资产总计	24 950 933.64	24 048 608.52
信托负债和信托权益	—	—
信托负债	—	—
应付受托人报酬	6 518.31	3 577.62
应付托管费	283.96	554.52
应付受益人收益	9 276.65	4 616.43
应交税费	16 913.60	14 162.10
应付销售服务费	160.19	109.04
其他应付款项	197 495.64	142 091.90
信托负债合计	230 648.35	165 111.61
信托权益	—	—
实收信托	24 228 786.35	23 495 187.83
资本公积	—	780.76
其他综合收益	—	—
未分配利润	491 498.94	387 528.32
信托权益合计	24 720 285.29	23 883 496.91
信托负债和信托权益总计	24 950 933.64	24 048 608.52

8.2 信托项目利润及利润分配汇总表

信托项目利润及利润分配汇总表

编制单位：国民信托有限公司　　2023年度　　单位：万元

项目	2023年度	2022年度
营业收入		
利息收入	580 403.01	833 100.11
投资收益	598 713.98	581 446.76
公允价值变动收益	−187 620.78	−227 711.65
其他收入	2 772.85	2 961.17
营业收入合计	994 269.06	1 189 796.39
营业支出		
营业税金及附加	4 434.03	3 992.99
受托人报酬	72 526.95	71 617.33
托管费	2 687.79	3 142.47
销售服务费	2 016.08	7 887.73
资产减值损失	—	268 358.95
信用减值损失	−46 618.88	—
其他费用	119 466.06	86 777.47
营业支出合计	154 512.03	441 776.94
信托净亏损/利润	839 757.03	748 019.45

续表

项目	2023年度	2022年度
其他综合收益	-780.76	215 052.40
综合亏损/收益	838 976.27	963 071.85
加：期初未分配信托利润	387 528.32	416 224.18
可供分配的信托利润	1 227 285.35	1 379 296.03
减：本期已分配信托利润	735 786.41	991 767.71
期末未分配信托收益	491 498.94	387 528.32

注：因监管报表报送模板调整，自2023年起可供分配的信托利润不含其他综合收益。

8.3 信托资产管理情况

8.3.1 信托资产的期初数、期末数

单位：万元

信托资产	期初数	期末数
集合	10 216 327.97	8 775 666.96
单一	10 779 251.50	9 588 238.64
财产权	3 053 029.05	6 587 028.04
合计	24 048 608.52	24 950 933.64

8.3.2 主动管理型信托业务的信托资产期初数、期末数

单位：万元

主动管理型	期初数	期末数
证券投资类	7 632 943.14	6 883 654.67
股权投资类	2 718 434.55	1 279 856.77
融资类	226 473.43	1 464 131.43
其他	933 280.87	519 944.87
合计	11 511 131.99	10 147 587.74

8.3.3 被动管理型信托业务的信托资产期初数、期末数

单位：万元

被动管理型	期初数	期末数
证券投资类	—	—
股权投资类	—	—
融资类	—	—
事务管理类	12 537 476.53	14 803 345.90
其他	—	—
合计	12 537 476.53	14 803 345.90

8.3.4 本年度已清算结束的信托项目情况

本年度已清算结束的信托项目为307个，实收信托合计7 600 567.67万元，加权平均年化收益率为7.49%，加权平均年化报酬率为0.49%。我公司已依照信托合同约定，将前述已清算信托项目项下信托财产及收益分配给信托受益人。

8.3.5 本年度已清算结束的集合类、单一类资金信托项目和财产管理类信托项目个数、实收信托金额、加权平均实际年化收益率

已清算结束信托项目	项目个数（个）	实收信托合计金额（万元）	加权平均实际年化收益率（%）
集合类	108	2 476 060.87	4.24
单一类	154	3 983 731.02	11.63
财产管理类	45	1 140 775.78	0.07

8.3.6 本年度已清算结束的主动管理型信托项目情况

主动管理型已清算信托项目	项目个数（个）	实收信托合计金额（万元）	加权平均实际年化信托收益率（%）	加权平均实际年化报酬率（%）
证券投资类	43	627 293.16	13.85	0.77
股权投资类	52	1 852 847.00	3.29	0.48
融资类	17	110 147.00	8.60	1.46
其他	14	485 517.00	-6.44	1.01

8.3.7 本年度已清算结束的被动管理型信托项目情况

被动管理型已清算信托项目	项目个数（个）	实收信托合计金额（万元）	加权平均实际年化信托收益率（%）	加权平均实际年化报酬率（%）
证券投资类	—	—	—	—
股权投资类	—	—	—	—
融资类	—	—	—	—
事务管理类	181	4 524 763.51	9.79	0.39
其他	—	—	—	—

8.3.8 本年度新增的集合类、单一类和财产管理类信托项目个数、实收信托合计金额

新增信托项目	项目个数（个）	实收信托合计金额（万元）
集合类	156	2 130 431.22
单一类	137	3 385 579.51
财产管理类	124	4 726 619.17
新增合计	417	10 242 629.90
其中：主动管理类	166	3 465 427.03
被动管理类	251	6 777 202.87

8.3.9 信托业务创新成果和特色业务有关情况

2023年，公司成立家族信托、家庭服务信托业务20笔，成立金额27.90亿元；成立风险处置服务信托业务（包括企业破产服务信托、企业市场化重组服务信托）8笔，成立金额281.04亿元；成立保险金信托业务2笔，成立金额26.20万元。截至2023年末，公司风险处置服

务信托存续项目已达11个，在信托行业中处于第一梯队。公司风险处置服务信托项目获各方的认可和高度赞扬，其中方圆有色项目获2022年度最高院"全国破产经典案例"提名；光明重机项目获2023年度司法部五个"依法保护民营企业产权和企业家权益典型案例"之一。

8.3.10 信托赔偿准备金的提取、使用和管理情况

2023年公司提取信托赔偿准备金1 914.47万元，2023年末信托赔偿准备金累计金额达到16 413.12万元。

8.4 会计制度

信托业务执行中华人民共和国财政部颁布的《企业会计准则——基本准则》以及其后颁布修订的具体会计准则、应用指南、解释以及其他相关规定。

2017年，财政部修订发布了《企业会计准则第22号——金融工具确认和计量》《企业会计准则第23号——金融资产转移》《企业会计准则第24号——套期保值》《企业会计准则第37号——金融工具列报》（统称新金融工具准则）。自2022年1月1日起，公司信托业务开始执行新金融工具相关会计准则，根据管理金融资产的业务模式和金融资产的合同现金流量特征，将金融资产划分为以摊余成本计量的金融资产、以公允价值计量且其变动计入其他综合收益的金融资产和以公允价值计量且其变动计入当期损益的金融资产。自2023年1月1日起，信托非现场监管报表开始启用新金融工具准则科目，信托财务报表随之修订，按照新准则科目统计披露。

9.特别事项揭示

9.1 前五名股东报告期内变动情况及原因

报告期内，公司股东未发生变更。

9.2 董事、监事及高级管理人员变动情况及原因

2023年4月，经股东会决议，李春彦不再担任公司董事。

2023年7月，经公司职工民主选举，张志不再担任职工监事，选举郭睿担任职工监事。

2023年11月，经董事会决议，刘晶女士不再担任公司副总经理。

2023年11月，经董事会决议和监管部门任职资格批复，张志担任公司副总经理、王珏担任公司信息总监。

2024年1月，经董事会决议和监管部门任职资格批复，王晓天担任公司总经理。

9.3 报告期内无变更注册资本、变更注册地或公司名称、公司分立合并事项

9.4 报告期内公司无重大诉讼事项

9.5 公司及其董事、监事和高级管理人员在报告期内未受到行政处罚

9.6 国家金融监督管理总局及其派出机构对公司检查后提出整改意见及整改情况

2023年4月，国家金融监督管理总局北京监管局向公司下发了《国民信托有限公司2022年度监管意见书》（京银保监发〔2023〕126号），对公司治理、风险防控、转型发展等方面提出了加强和改进意见。为进一步整改落实监管要求，公司已形成《国民信托有限公司关于落实2022年度监管意见的报告》并按时向监管机构报送，同时积极进行整改落实，监管机构未对公司的整改落实方案提出进一步意见。

2023年10月，国家金融监督管理总局北京监管局对公司开展了非现场监管报表数据质量稽核调查，并于2024年1月下发了《现场检查意见书》（京金检意〔2024〕3号），要求公司规范数据填报口径，严格落实数据主体责任，完善监管统计工作机制和流程。公司高度重视，组织开展监管数据质量自查，查漏补缺，立查立改，已对照监管意见逐一制定整改方案。

9.7 本年度重大事项临时报告的简要内容、披露时间、所披露的媒体及其版面

序号	刊登内容	刊登时间	报纸名称	所属版面
1	国民信托有限公司2022年年度报告摘要	2023年4月28日	《上海证券报》	40版
2	国民信托有限公司关于总经理任职的公告	2024年1月22日	《上海证券报》	22版

9.8 其他重大需披露信息

报告期内，公司未发生国家金融监督管理总局及北京监管局认定的其他有必要让客户及相关利益人了解的重要信息。

10.公司监事会意见

监事会认为：公司董事会和高级管理层能够遵守法规及政策，稳健经营，业务风险可控；本年度财务报告经安永华明会计师事务所（特殊普通合伙）审计并出具无保留审计意见的审计报告，该财务报告真实、客观地反映了公司的财务状况和经营成果。

国通信托有限责任公司

1.重要提示

1.1 本公司董事会及董事保证：本报告所载资料不存在任何虚假记载、误导性陈述或者重大遗漏，并对其内容的真实性、准确性和完整性承担个别及连带责任。

1.2 本公司独立董事梁达文先生对年度报告内容的真实性、准确性和完整性无异议。

1.3 本公司2023年度财务报告已经信永中和会计师事务所（特殊普通合伙）根据中国注册会计师独立审计准则审计，并出具了标准无保留意见的审计报告。

1.4 本公司董事长（法定代表人）陈建新先生、计划财务部负责人李艳桃女士、信托财务部负责人高艺女士声明：保证年度报告中财务报告的真实、完整。

1.5 公司2023年度报告全文同时在公司网站上公布（网址：http://www.gt-trust.com）。欲了解公司更为详细的情况，谨请登陆公司网站阅鉴。

2.公司概况

2.1 公司简介

法定中文名称	国通信托有限责任公司
法定中文缩写名称	国通信托
法定英文名称	GUOTONG Trust Co., Ltd.
法定英文缩写名称	GUOTONG
法定代表人	陈建新
注册地址	武汉市江汉区新华街296号汉江国际1栋1单元32~38层
邮政编码	430000
国际互联网网址	http://www.gt-trust.com
电子信箱	info@gt-trust.com
信息披露事务负责人	李艳桃
联系方式	联系电话：027-85565799；传真：027-85565776
选定的信息披露报纸	《金融时报》
公司年报备置地点	办公室
聘请的会计师事务所及住所	信永中和会计师事务所（特殊普通合伙） 北京市东城区朝阳门北大街8号富华大厦A座9层
聘请的律师事务所及住所	湖北山河律师事务所 武汉市江汉区淮海路6号华发中城国际中心16~18楼

2.2 公司组织结构

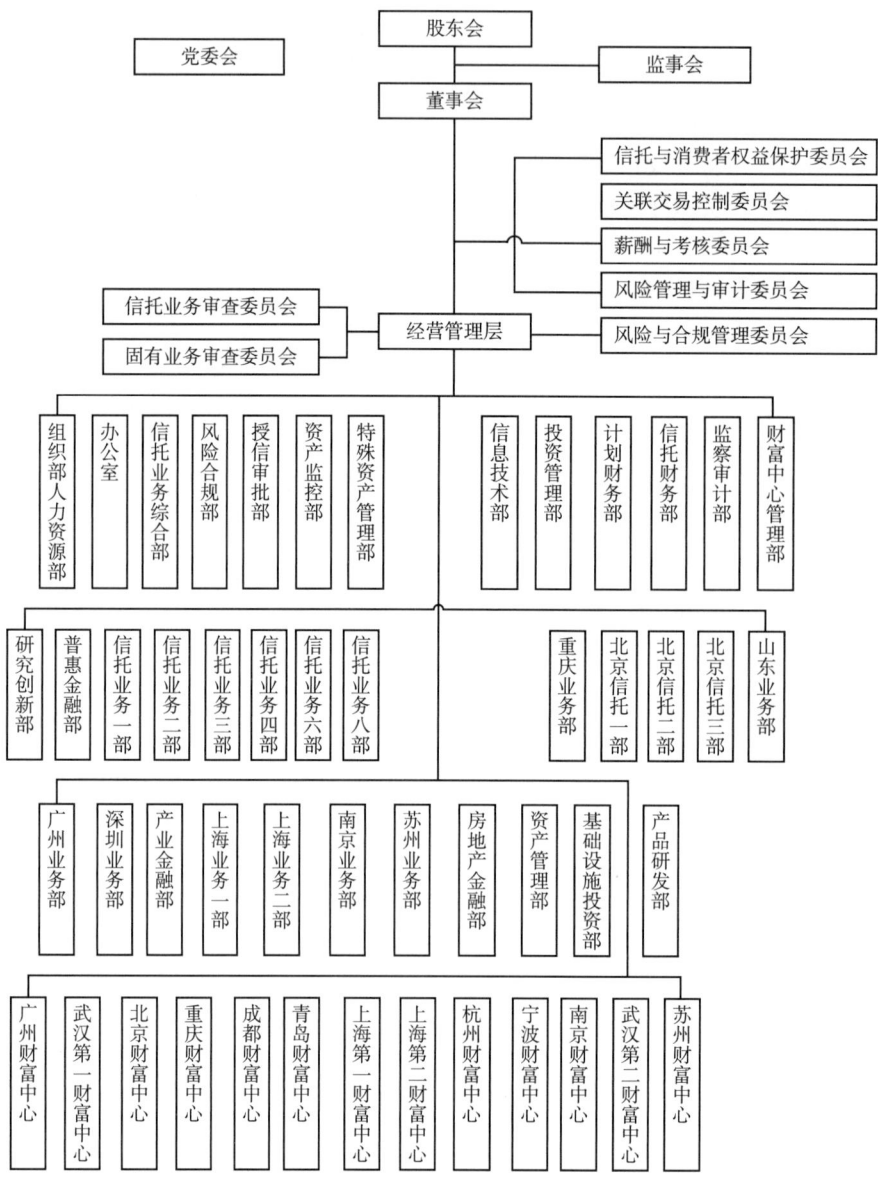

3. 公司治理

3.1 股东

报告期末股东总数为3名。股东之间不存在关联关系。

股东名称	持股比例（%）	法定代表人	注册资本	注册地址	主要经营业务
武汉金融控股（集团）有限公司★	75.00	梅林	人民币100亿元	武汉市江汉区长江日报路77号	金融业股权投资及管理等业务
东亚银行有限公司	15.38	李国宝	股本港币419.15亿元（截至2023年12月31日）	香港中环德辅道中10号	商业银行业务
新方正控股发展有限责任公司	9.62	鲁俊	人民币725 000万元	珠海市横琴新区华金街58号横琴国际金融中心大厦3007	以自有资金从事投资活动等

3.2 董事

公司董事会成员基本情况如下表所示。

姓名	职务	性别	年龄（岁）	选任日期	所推举的股东名称	该股东持股比例（%）	简要履历
陈建新	董事长	男	58	2021年9月17日	武汉金控	75.00	硕士。2019年12月至今，任国通信托有限责任公司党委书记；2020年11月至今，任国通信托有限责任公司董事长
张恩蓉	董事	女	52	2021年9月17日	武汉金控	75.00	博士。2020年11月至今，任国通信托有限责任公司党委副书记；2021年9月至今，任国通信托有限责任公司总裁；2021年12月至今，任国通信托有限责任公司董事
叶志衡	董事	男	48	2021年9月17日	东亚银行	15.38	博士。现任东亚银行有限公司总经理兼中国内地业务总部主管。2015年4月至今，任国通信托有限责任公司董事
梁达文	独立董事	男	65	2021年9月17日	—	—	硕士。现任瑞安管理（上海）有限公司资金管理总监。2018年6月至今，任国通信托有限责任公司独立董事

注：统计截止日期为2023年12月31日。

3.3 监事

公司监事会成员基本情况如下表所示。

姓名	职务	性别	年龄（岁）	选任日期	所推举的股东名称	该股东持股比例（%）	简要履历
郝飚	监事长	男	56	2021年9月17日	武汉金控	75.00	硕士。2018年4月至今，任国通信托有限责任公司监事长
贾丛笑	监事	女	49	2021年9月17日	东亚银行	15.38	硕士。现任东亚银行（中国）有限公司行长助理兼中西区区长。2017年6月至今，任国通信托有限责任公司监事
李硕丰	监事	男	39	2024年3月22日	新方正	9.62	硕士。现任新方正控股发展有限责任公司资本运营部高级总监。2024年3月至今，任国通信托有限责任公司监事
李艳桃	职工监事	女	50	2021年9月17日	—	—	硕士，高级会计师。2018年4月至今，任国通信托有限责任公司职工监事
刘堂友	职工监事	男	43	2023年9月6日	—	—	硕士，注册会计师、国际注册内部审计师。2023年9月至今，任国通信托有限责任公司职工监事

注：统计截止日期为2024年3月31日。本届监事会未设立下属委员会。

3.4 高级管理人员

姓名	职务	性别	年龄（岁）	选任日期	学历/学位	专业	金融从业年限（年）
张恩蓉	总裁	女	52	2021年1月	博士	宪法学与行政法学	29
谢从斌	副总裁	男	59	2012年7月	硕士	金融学	37
曹阳	副总裁	男	52	2015年5月	本科	金融学	30
王小舟	副总裁	男	50	2021年7月	硕士	经济法	31

注：统计截止日期为2023年12月31日。

3.5 公司员工

报告期末，公司职工人数为302人。学历分布比例为博士2.6%；硕士51.7%；本科43.7%；专科1.7%；其他0.3%。

4.经营管理

4.1 经营目标、方针、战略规划

4.1.1 经营目标

立足受托人定位，以"信托受益人合法利益最大化"为行为准则，牢固树立"守正创新、稳中求进"的风控理念，以"受信赖的财富管理机构、专而美的资产管理机构、精品化的资产配置机构"为定位，推动完成公司各项经营目标。

4.1.2 经营方针

严格遵守监管规定，以"专注主业、立足本地、回归本地"为主线，聚精会神抓管理、一心一意谋发展，把措施落实到每个环节、把责任压实到每个员工，加快推进转型发展，持续完善全面风险管理，为客户提供便捷、专业、系统、高效的一揽子金融服务，实现公司可持续、高质量发展。

4.1.3 战略规划

践行金融工作的政治性、人民性，围绕"服务实体经济、履行社会责任、满足人民群众日益增长的财富管理需求"的发展使命，牢固树立"诚信、专业、勤勉、尽责"核心价值观，遵循"受人之托、忠人之事"的文化理念，结合自身资源禀赋和发展实际，坚定推进转型发展，打造受人信赖的一流地方国资信托公司。

4.2 所经营业务的主要内容

经原中国银保监会和公司登记机关核准，公司经营下列本外币业务：（1）资金信托；（2）动产信托；（3）不动产信托；（4）有价证券信托；（5）其他财产或财产权信托；（6）作为投资基金或者基金管理公司的发起人从事投资基金业务；（7）经营企业资产的重组、购并及项目融资、公司理财、财务顾问等业务；（8）受托经营国务院有关部门批准的证券承销业务；（9）办理居间、咨询、资信调查等业务；（10）代保管及保管箱业务；（11）存放同业、拆放同业、贷款、租赁、投资方式运用固有财产；（12）以固有财产为他人提供担保；（13）从事同业拆借业务；（14）原中国银保监会批准的其他业务。

4.2.1 信托业务

报告期内，公司信托资产运用与分布情况如下表所示。

信托资产运用与分布表

资产运用	金额（万元）	占比（%）	资产分布	金额（万元）	占比（%）
货币资产	70 527.74	0.40	基础产业	3 079 654.75	17.46
贷款	3 244 823.80	18.39	房地产	2 025 142.69	11.48
交易性金融资产	8 626 014.74	48.90	证券市场	795 811.23	4.51
债权投资	4 642 071.72	26.31	实业	9 392 802.48	53.24
长期股权投资	—	—	金融机构	431 140.36	2.44
其他	1 058 366.42	6.00	其他	1 917 252.91	10.87
信托资产总计	17 641 804.42	100.00	信托资产总计	17 641 804.42	100.00

4.2.2 固有业务

报告期内，公司固有资产运用与分布情况如下表所示。

固有资产运用与分布表

资产运用	金额（万元）	占比（%）	资产分布	金额（万元）	占比（%）
货币资产	28 651.89	2.60	基础产业	—	—
拆出资金	—	—	房地产业	—	—
应收款项	23 402.37	2.13	证券市场	70 608.51	6.41

续表

资产运用	金额（万元）	占比（%）	资产分布	金额（万元）	占比（%）
买入返售金融资产	10 004.89	0.91	实业	79 371.60	7.21
发放贷款	79 371.60	7.21	金融机构	811 476.11	73.71
交易性金融资产	534 397.93	48.54	其他	139 396.18	12.67
债权投资	170 506.75	15.49	—	—	—
递延所得税资产	90 639.55	8.23			
其他	163 877.42	14.89			
资产总计	1 100 852.40	100	资产总计	1 100 852.40	100.00

4.3 市场分析

4.3.1 影响本公司业务发展的有利因素

一是在中国经济持续增长和资本市场深化改革的背景下，宏观政策的引导和监管环境的优化将进一步推动信托行业的健康发展。二是信托业迈入发展新阶段，公司将在新业务分类、新监管机构、新评级标准、新盈利模式和新市场环境条件下迎来新的发展环境。三是公司所在地湖北武汉作为区域金融中心的核心区域，为公司转型发展创造良好的市场环境。

4.3.2 影响本公司业务发展的不利因素

一是行业发展仍面临新业务商业模式不清晰、业务报酬率较低、投研能力不足等痛点问题。二是财富管理、资产管理作为行业转型主要方向，公司在客户渠道、资金渠道、资金成本等方面面临较大的竞争压力。三是公司转型基础较为薄弱，在主动管理能力提升、专业投资和运营人才引进和培养等方面需要持续加强。

4.4 内部控制概况

4.4.1 内部控制环境和内部控制文化

公司按照《公司法》及公司章程，把加强党的领导和完善公司治理有机结合，建立了由股东会、董事会、监事会和高级管理层组成的分工明确、权责对应、合理制衡的法人治理结构。董事会下设信托与消费者权益保护委员会、薪酬与考核委员会、风险管理与审计委员会、关联交易控制委员会，各机构按照规定的工作程序、议事规则运作，做到有机协调和分权制衡；公司独立董事按照公司章程的规定对重大事项发表独立意见；公司监事会强化对董事和经营管理层的约束和监督，推进公司治理制度的有效执行。

4.4.2 内部控制措施

公司股东会、董事会、监事会、经营管理层按照公司章程规定的职权，实施内部控制的监督管理；公司前台、中台、后台职责分离，横向与纵向相互监督制约；内审部门负责组织对公司内部控制活动进行监督、检查。公司持续健全完善内部控制制度，根据监管要求、业务发展的需求以及组织机构调整，及时制定修订各项业务管理制度，不断细化工作流程。公司现行内部控制制度涵盖公司经营管理活动各个环节，执行情况良好。

4.4.3 监督评价与纠正

公司建立了多层次的内部控制监督评价机制。监事会负责对公司董事及高级管理人员履职情况进行监督；董事会下设的风险管理与审计委员会和关联交易控制委员会，依据公司章程及议事规则所赋予的职责权限对公司风险管理、关联交易、内部控制与内部审计制度及其实施进行监督；内审部门根据董事会批准的年度内审工作计划，对公司经营管理活动进行审计评价，并督促改进，不断推进公司制度健全与完善，强化制度执行力。

4.5 风险管理概况

公司坚持"守正创新，稳中求进"的风险理念，通过建立和完善全面风险管理体系，使公司风险管理与战略目标相适应，确保风控优先的前提下，持续提升风险管理水平，促进业务转型发展，实现客户价值、公司价值最大化。

4.5.1 信用风险状况概况

信用风险是指交易对手和合作方违约、或因信用状况和履约能力的变化而导致公司各类资产价值发生变动并由此带来损失的风险。报告期内，公司所面临的信用风险总体可控。

4.5.2 市场风险状况概况

市场风险是指公司各类财产因证券市场的政策发生重大变化或有重要的举措、法规出台，导致市场利率、汇率和股价等参数的波动而产生的风险。报告期内，公司固有业务和信托业务中，主动管理型证券投资业务占比较低，公司盈利能力和财务状况受其影响较小。报告期内，市场利率和汇率波动对公司所管理的资产没有显著影响。

4.5.3 操作风险状况概况

操作风险是指由于不完善或有问题的内部程序、员工、信息科技系统或外部事件所造成损失的风险。2023年，公司开展了案件防范专项整治工作，对全体员工开展了案件风险排查，经排查，公司对2名案件责任人给予了问责处理，并将相关情况报送监管机构，上述事项未对公司生产经营带来重大不利影响。

4.5.4 流动性风险概况

流动性风险是指公司无法及时获得或无法以合理成本获得充足资金，以偿付到期债务或其他支付义务、满足资产增长或其他业务发展需要的风险。报告期末，公司流动性资产占总资产比例为64.45%，流动性充足，资产变现能力较强；同时固化资产占总资产的比例为35.55%，资产固化率较低，公司整体流动性风险可控。

4.5.5 其他风险状况概况

其他风险包括信息技术风险、声誉风险、合规风险等。报告期内，在公司经营管理及业务发展中其他风险状况整体可控。

4.6 消费者权益保护

报告期内，公司坚持以受益人利益为根本出发点，组织做好消费者权益保护工作，切实保障受益人利益，为维护金融市场稳定和行业稳健发展切实承担好主体责任。一是董事会、监事会、高级管理层积极履职，统筹制订消费者权益保护年度工作计划、方案和任务，听取消保主题工作汇报。二是结合监管政策和业务发展实际，建立健全消费者权益保护审查制度流程，完善客户投诉管理、营销服务规范、业务风险管控、信息安全保护等制度，形成可持续、常态化的消费者权益保护工作体系。三是持续健全消费者投诉机制、渠道和流程，加强消费者投诉管理，依法合规、便捷高效地妥善处理消费者投诉，在处理投诉中充分尊重和考虑消费者的合理诉求，提高消费者投诉处理质量和效率。

4.7 企业社会责任

报告期内，本公司重视发挥企业社会价值，履行社会责任。一是切实履行国有金融企业责任担当，支持服务区域经济发展及重大项目建设。截至2023年12月末，公司存续投向湖北信托规模455.39亿元，同比增长144.15%；其中武汉277亿元，同比增长60.87%。二是大力拓展慈善信托，截至目前已累计设立14单慈善信托，覆盖疫情防控、教育助学、扶贫济困等多领域范围，荣获省人民政府颁发的首届"湖北省慈善奖"。三是为职工群众办实事谋福利，承办集团第三届职工运动会"国通杯"乒乓球比赛，通过消费扶贫方式精准对接贫困农户和扶贫龙头企业，助力化解农产品滞销困境。

5.报告期末会计报表及上一年度末的比较式会计报表

5.1 固有资产

5.1.1 会计师事务所审计意见全文

审计报告

XYZH/2024WHAS1B0314

国通信托有限责任公司：

一、审计意见

我们审计了国通信托有限责任公司（以下简称国通信托公司）财务报表，包括2023年12月31日的资产负债表，2023年度的利润表、现金流量表、所有者权益变动表，以及相关财务报表附注。

我们认为，后附的财务报表在所有重大方面按照企业会计准则的规定编制，公允反映了国通信托公司2023年12月31日的财务状况以及2023年度的经营成果和现金流量。

二、形成审计意见的基础

我们按照中国注册会计师审计准则的规定执行了审计工作。审计报告的"注册会计师对财务报表审计的责任"部分进一步阐述了我们在这些准则下的责任。按照中国注册会计师职业道德守则，我们独立于国通信托公司，并履行了职业道德方面的其他责任。我们相信，我们获取的审计证据是充分、适当的，为发表审计意见提供了基础。

三、管理层和治理层对财务报表的责任

国通信托公司管理层（以下简称管理层）负责按照企业会计准则的规定编制财务报表，使其实现公允反映，并设计、执行和维护必要的内部控制，以使财务报表不存在由于舞弊或错误导致的重大错报。

在编制财务报表时，管理层负责评估国通信托公司的持续经营能力，披露与持续经营相关的事项（如适用），并运用持续经营假设，除非管理层计划清算国通信托公司、终止运营或别无其他现实的选择。

治理层负责监督国通信托公司的财务报告过程。

四、注册会计师对财务报表审计的责任

我们的目标是对财务报表整体是否不存在由于舞弊或错误导致的重大错报获取合理保证，并出具包含审计意见的审计报告。合理保证是高水平的保证，但并不能保证按照审计准则执行的审计在某一重大错报存在时总能发现。错报可能由于舞弊或错误导致，如果合理预期错报单独或汇总起来可能影响财务报表使用者依据财务报表作出的经济决策，则通常认为错报是重大的。

在按照审计准则执行审计工作的过程中，我们运用职业判断，并保持职业怀疑。同时，我们也执行以下工作：

（1）识别和评估由于舞弊或错误导致的财务报表重大错报风险，设计和实施审计程序以应对这些风险，并获取充分、适当的审计证据，作为发表审计意见的基础。由于舞弊可能涉及串通、伪造、故意遗漏、虚假陈述或凌驾于内部控制之上，未能发现由于舞弊导致的重大错报的风险高于未能发现由于错误导致的重大错报的风险。

（2）了解与审计相关的内部控制，以设计恰当的审计程序，但目的并非对内部控制的有效性发表意见。

（3）评价管理层选用会计政策的恰当性和作出会计估计及相关披露的合理性。

（4）对管理层使用持续经营假设的恰当性得出结论。同时，根据获取的审计证据，就可能导致对国通信托公司持续经营能力产生重大疑虑的事项或情况是否存在重大不确定性得出结论。如果我们得出结论认为存在重大不确定性，审计准则要求我们在审计报告中提请报表使用者注意财务报表中的相关披露；如果披露不充分，我们应当发表非无保留意见。我们的结论基于截至审计报告日可获得的信息。然而，未来的事项或情况可能导致国通信托公司不能持续经营。

（5）评价财务报表的总体列报、结构和内容（包括披露），并评价财务报表是否公允反映相关交易和事项。

我们与治理层就计划的审计范围、时间安排和重大审计发现等事项进行沟通，包括沟通我们在审计中识别出的值得关注的内部控制缺陷。

信永中和会计师事务所（特殊普通合伙）

中国注册会计师：朱　清

中国注册会计师：胡　静

中国·北京　　　　　　二〇二四年四月二十六日

5.1.2 资产负债表

资产负债表

编制单位：国通信托有限责任公司　　　　2023年12月31日　　　　单位：万元

项目	2023年12月31日	2022年12月31日	项目	2023年12月31日	2022年12月31日
资产：			负债：		
货币资金	28 651.89	47 399.90	短期借款	—	—
结算备付金	—	—	拆入资金	110 000.00	65 685.93
贵金属	—	—	以公允价值计量且其变动计入当期损益的金融负债	—	—
拆出资金	—	10 001.44	交易性金融负债	—	—
以公允价值计量且其变动计入当期损益的金融资产	—	—	衍生金融负债	—	—
衍生金融资产	—	—	卖出回购金融资产款	—	—
应收款项	23 402.37	22 794.91	吸收存款	—	—
合同资产	—	—	应付职工薪酬	7 000.77	4 186.71
买入返售金融资产	10 004.89	77 942.96	应交税费	28 565.94	23 239.20
持有待售资产	—	—	应付款项	—	—
发放贷款和垫款	79 371.60	24 824.25	合同负债	1 621.99	1 213.72
可供出售金融资产	—	—	持有待售负债	—	—
持有至到期投资	—	—	预计负债	17 923.08	17 266.23
应收款项类投资	—	—	长期借款	—	—
金融投资：	—	—	应付债券	—	—
交易性金融资产	534 397.93	385 237.19	其中：优先股	—	—
债权投资	170 506.75	153 637.21	永续债	—	—
其他债权投资	—	—	租赁负债	1 369.80	1 708.09
其他权益工具投资	—	—	递延所得税负债	—	—
长期股权投资	—	—	其他负债	101 756.31	24 858.54
投资性房地产	—	—	负债合计	268 237.90	138 158.43
固定资产	14 489.79	15 583.92	所有者权益：		
在建工程	—	—	实收资本（或股本）	415 837.48	415 837.48
使用权资产	1 572.48	1 867.84	其他权益工具	—	—
无形资产	1 908.43	1 967.70	其中：优先股	—	—
递延所得税资产	90 639.55	97 112.25	永续债	—	—
其他资产	145 906.71	77 874.67	资本公积	146 762.24	146 762.24
			减：库存股	—	—
			其他综合收益	—	—
			盈余公积	71 990.33	66 537.46
			一般风险准备	94 184.05	91 457.62
			未分配利润	103 840.40	57 491.03
			归属于母公司所有者权益合计	832 614.50	778 085.83
			少数股东权益	—	—
			所有者权益合计	832 614.50	778 085.83
资产总计	1 100 852.40	916 244.26	负债和所有者权益总计	1 100 852.40	916 244.26

5.1.3 利润表

利润表

编制单位：国通信托有限责任公司　　　　　2023年度　　　　　单位：万元

项目	2023年12月31日	2022年12月31日
一、营业收入	114 650.52	110 456.29
利息净收入	3 088.30	−821.22
利息收入	3 191.68	2 416.88
利息支出	103.37	3 238.11
手续费及佣金净收入	51 537.10	86 834.07
手续费及佣金收入	51 537.10	86 834.07
手续费及佣金支出	—	—
投资收益（损失以"−"号填列）	25 336.53	27 048.34
其中：对联营企业和合营企业的投资收益	—	—
其他收益	80.56	127.29
公允价值变动收益（损失以"−"号填列）	33 933.15	−2 803.96
汇兑收益（损失以"−"号填列）	684.97	69.53
资产处置收益（损失以"−"号填列）	−10.10	2.25
其他业务收入	—	—
二、营业支出	45 429.16	16 518.58
税金及附加	802.88	837.40
业务及管理费	36 583.93	40 535.09
资产减值损失	—	−1 298.05
信用减值损失	8 042.35	−23 555.85
其他业务成本	—	—
三、营业利润（亏损以"−"号填列）	69 221.36	93 937.71
加：营业外收入	829.83	442.21
减：营业外支出	3.09	17 294.26
四、利润总额（亏损总额以"−"号填列）	70 048.11	77 085.65
减：所得税费用	15 519.44	18 341.03
五、净利润（净亏损以"−"号填列）	54 528.67	58 744.62
（一）归属于母公司所有者的净利润	54 528.67	58 744.62
（二）少数股东损益	—	—
六、其他综合收益的税后净额	—	—
（一）归属母公司所有者的其他综合收益的税后净额	—	—
（二）归属于少数股东的其他综合收益的税后净额	—	—
七、综合收益总额	54 528.67	58 744.62
（一）归属于母公司所有者的综合收益	54 528.67	58 744.62
（二）归属于少数股东的综合收益	—	—

5.1.4 所有者权益变动表

所有者权益变动表

编制单位：国通信托有限责任公司　　　　　2023年度　　　　　单位：万元

项目	本年金额					
	实收资本	资本公积	盈余公积	一般风险准备	未分配利润	小计
一、上年年末余额	415 837.48	146 762.24	66 537.46	91 457.62	57 491.03	778 085.83
加：会计政策变更	—	—	—	—	—	—
前期差错更正	—	—	—	—	—	—
其他	—	—	—	—	—	—
二、本年年初余额	415 837.48	146 762.24	66 537.46	91 457.62	57 491.03	778 085.83
三、本年增减变动金额（减少以"-"号填列）	—	—	5 452.87	2 726.43	46 349.37	54 528.67
（一）综合收益总额	—	—	—	—	54 528.67	54 528.67
（二）所有者投入和减少资本	—	—	—	—	—	—
1.所有者投入的普通股	—	—	—	—	—	—
2.其他权益工具持有者投入资本	—	—	—	—	—	—
3.股份支付计入所有者权益的金额	—	—	—	—	—	—
4.其他	—	—	—	—	—	—
（三）利润分配	—	—	5 452.87	2 726.43	−8 179.30	—
1.提取盈余公积	—	—	5 452.87	—	−5 452.87	—
2.提取一般风险准备	—	—	—	2 726.43	−2 726.43	—
3.对所有者（或股东）的分配	—	—	—	—	—	—
4.其他	—	—	—	—	—	—
（四）所有者权益内部结转	—	—	—	—	—	—
1.资本公积转增资本（或股本）	—	—	—	—	—	—
2.盈余公积转增资本（或股本）	—	—	—	—	—	—
3.盈余公积弥补亏损	—	—	—	—	—	—
4.设定受益计划变动额结转留存收益	—	—	—	—	—	—
5.其他综合收益结转留存收益	—	—	—	—	—	—
6.其他	—	—	—	—	—	—
四、本年年末余额	415 837.48	146 762.24	71 990.33	94 184.05	103 840.40	832 614.50

所有者权益变动表（续）

编制单位：国通信托有限责任公司　　　　　2023年度　　　　　单位：万元

项目	上年金额					
	实收资本	资本公积	盈余公积	一般风险准备	未分配利润	小计
一、上年年末余额	415 837.48	146 762.24	60 663.00	88 520.39	7 558.10	719 341.21
加：会计政策变更	—	—	—	—	—	—
前期差错更正	—	—	—	—	—	—
其他	—	—	—	—	—	—
二、本年年初余额	415 837.48	146 762.24	60 663.00	88 520.39	7 558.10	719 341.21
三、本年增减变动金额（减少以"-"号填列）	—	—	5 874.46	2 937.23	49 932.93	58 744.62
（一）综合收益总额	—	—	—	—	58 744.62	58 744.62
（二）所有者投入和减少资本	—	—	—	—	—	—

续表

项目	上年金额					
	实收资本	资本公积	盈余公积	一般风险准备	未分配利润	小计
1.所有者投入的普通股	—	—	—	—	—	—
2.其他权益工具持有者投入资本	—	—	—	—	—	—
3.股份支付计入所有者权益的金额	—	—	—	—	—	—
4.其他	—	—	—	—	—	—
（三）利润分配	—	—	5 874.46	2 937.23	-8 811.69	—
1.提取盈余公积	—	—	5 874.46	—	-5 874.46	—
2.提取一般风险准备*	—	—	—	2 937.23	-2 937.23	—
3.对所有者（或股东）的分配	—	—	—	—	—	—
4.其他	—	—	—	—	—	—
（四）所有者权益内部结转	—	—	—	—	—	—
1.资本公积转增资本（或股本）	—	—	—	—	—	—
2.盈余公积转增资本（或股本）	—	—	—	—	—	—
3.盈余公积弥补亏损	—	—	—	—	—	—
4.设定受益计划变动额结转留存收益	—	—	—	—	—	—
5.其他综合收益结转留存收益	—	—	—	—	—	—
6.其他	—	—	—	—	—	—
四、本年年末余额	415 837.48	146 762.24	66 537.46	91 457.62	57 491.03	778 085.83

5.2 信托资产

5.2.1 信托项目资产负债汇总表

信托项目资产负债汇总表

编制单位：国通信托有限责任公司　　　　2023年12月31日　　　　单位：万元

信托资产	期末余额	年初余额	信托负债和权益	期末余额	年初余额
信托资产：			信托负债：		
货币资金	70 527.74	69 526.01	交易性金融负债	—	—
拆出资金	—	—	衍生金融负债	—	—
存出保证金	—	—	应付受托人报酬	49 560.25	40 727.88
交易性金融资产	8 626 014.74	6 684 944.69	应付托管费	948.83	1 118.37
衍生金融资产	—	—	应付受益人收益	8 147.86	899.09
买入返售金融资产	144 215.20	3 805.01	应交税费	981.69	1 432.00
应收款项	220 849.79	123 608.02	应付销售服务费	4 501.97	760.91
发放贷款	3 244 823.80	2 208 836.60	其他负债	795 244.97	156 348.68
债权投资	4 642 071.72	4 839 206.10	信托负债合计	859 385.57	201 286.93
其他债权投资	—	—	信托权益：	—	—
其他权益工具投资	—	—	实收信托	17 327 859.30	14 533 691.02
长期应收款	—	—	其他综合收益	—	—
长期股权投资	—	—	未分配利润	-545 440.45	-512 224.37
其他资产	693 301.43	292 827.15	信托权益合计	16 782 418.85	14 021 466.65
信托资产总计	17 641 804.42	14 222 753.58	信托负债和信托权益总计	17 641 804.42	14 222 753.58

5.2.2 信托项目利润及利润分配汇总表

信托项目利润及利润分配汇总表

编制单位：国通信托有限责任公司　　2023年度　　单位：万元

项目	本期金额	上期金额
一、收入	1 297 260.42	749 389.42
1.利息收入	647 494.57	153 219.52
2.投资收益（损失以"-"号填列）	514 936.86	625 200.90
3.公允价值变动收益（损失以"-"号填列）	46 099.71	-33 389.96
4.租赁收入	—	—
5.汇兑损益（损失以"-"号填列）	—	—
6.其他收入	88 729.28	4 358.96
二、支出	85 777.54	134 532.77
1.税金及附加	1 934.73	2 336.41
2.受托人报酬	62 346.94	99 347.61
3.托管费	3 562.24	3 702.11
4.投资管理费	—	—
5.销售服务费	7 439.15	6 854.97
6.交易费用	807.23	128.47
7.信用减值损失	4 123.81	7 411.65
8.其他费用	5 563.44	14 751.55
三、信托净利润（净亏损以"-"号填列）	1 211 482.88	614 856.65

续表

项目	本期金额	上期金额
四、其他综合收益	—	—
五、综合收益	1 211 482.88	614 856.65
加：期初未分配信托利润	-512 224.37	-574 679.99
六、可供分配的信托利润	699 258.51	40 176.66
减：本期已分配信托利润	1 244 698.96	552 401.03
七、期末未分配信托利润	-545 440.45	-512 224.37

6. 会计报表附注

6.1 会计报表编制基准不符合会计核算基本前提的说明

本公司执行财政部颁布的《企业会计准则》，会计报表编制无不符合会计核算基本前提事项。

6.2 或有事项说明

本公司在报告期内无须要披露的承诺事项及或有事项。

6.3 重要资产转让及其出售的说明

报告期无重要资产转让或出售。

6.4 会计报表中重要项目的明细资料

6.4.1 披露固有资产经营情况

6.4.1.1 按信用风险五级分类结果披露信用风险资产的期初数、期末数

信用风险资产五级分类	正常类（万元）	关注类（万元）	次级类（万元）	可疑类（万元）	损失类（万元）	信用风险资产合计（万元）	不良资产合计（万元）	不良率（%）
期初数	771 953.05	53 225.51	24 431.31	24 997.00	1 137.41	875 744.28	50 565.72	5.77
期末数	957 708.02	31 532.65	66 257.88	—	1 167.09	1 056 665.64	67 424.97	6.38

注：不良资产合计=次级类+可疑类+损失类。

6.4.1.2 各项资产减值损失准备

单位：万元

项目	期初数	本期计提	本期转回	本期核销	期末数
贷款损失准备	531.08	550.98	—	—	1 082.06
一般准备	531.08	550.98	—	—	1 082.06
专项准备	—				
其他资产减值准备	74 779.07	7 491.37	—	—	82 270.44
债权投资减值准备	58 618.31	5 626.16	—	—	64 244.47
可供出售金融资产减值准备	—				
长期股权投资减值准备	—				
坏账准备	16 160.76	1 208.36	—	—	17 369.12
投资性房地产减值准备	—				
其他		656.85			656.85

6.4.1.3 固有业务投资品种明细

单位：万元

项目	固有股票	基金	债券	长期股权投资	其他投资	合计
期初数	16 624.38	—	125 050.11	—	475 142.87	616 817.36
期末数	48 704.29	—	21 904.22	—	644 301.06	714 909.57

6.4.1.4 前三名固有长期股权投资企业情况

报告期内公司无长期股权投资。

6.4.1.5 前三名固有贷款企业情况

企业名称	贷款金额（万元）	占贷款总额的比例（%）	还款情况
湖北集成电路产业投资基金股份有限公司	79 198.27	99.78	正常

6.4.1.6 表外业务情况

报告期内公司无表外业务。

6.4.1.7 公司当年的收入结构

收入结构	金额（万元）	占比（%）
手续费及佣金收入	51 537.10	44.59
其中：信托手续费收入	51 537.10	44.59
投资银行业务收入	—	—
利息收入	3 191.68	2.76
其他收益	80.56	0.07
投资收益	25 336.53	21.92
其中：交易性金融工具投资收益	19 290.15	16.69
债权投资收益	6 046.38	5.23
其他投资收益	—	—
公允价值变动损益	33 933.15	29.36
汇兑损失	684.97	0.59
资产处置收益	−10.09	−0.01
营业外收入	829.83	0.72
收入合计	115 583.73	100.00

6.4.2 信托财产管理情况

6.4.2.1 信托资产的期初数、期末数

单位：万元

信托资产	期初数	期末数
集合	8 226 884.81	8 710 695.28
单一	2 822 700.15	3 104 307.85
财产权	3 173 168.62	5 826 801.29
合计	14 222 753.58	17 641 804.42

6.4.2.1.1 主动管理类信托业务的信托资产期初数、期末数

单位：万元

主动管理类信托资产	期初数	期末数
证券投资类	45 278.20	509 792.43
其他投资类	4 423 385.05	4 849 110.22
融资类	2 892 859.37	3 659 078.96
合计	7 361 522.62	9 017 981.61

6.4.2.1.2 事务管理类信托业务的信托资产期初数、期末数

单位：万元

事务管理类信托资产	期初数	期末数
事务管理类	6 861 230.96	8 623 822.81
合计	6 861 230.96	8 623 822.81

6.4.2.2 本年度已清算结束的信托项目

6.4.2.2.1 本年度已清算结束的集合类、单一类资金信托项目和财产管理类信托项目情况

已清算结束信托项目	项目个数（个）	实收信托合计金额（万元）	加权平均实际年化收益率（%）
集合类	76	6 554 768.60	5.48
单一类	36	2 340 275.88	3.53
财产管理类	16	1 281 097.43	7.24

6.4.2.2.2 本年度已清算结束的主动管理类信托项目情况

已清算结束信托项目	项目个数（个）	实收信托合计金额（万元）	加权平均实际年化信托报酬率（%）	加权平均实际年化收益率（%）
证券投资类	2	6 300.00	0.70	14.64
其他投资类	40	4 544 495.91	0.29	5.63
融资类	36	1 350 137.00	1.34	5.99

6.4.2.2.3 本年度已清算结束的事务管理类信托项目情况

已清算结束信托项目	项目个数（个）	实收信托合计金额（万元）	加权平均实际年化信托报酬率（%）	加权平均实际年化收益率（%）
事务管理类	50	4 275 209.00	0.44	4.60

6.4.2.3 本年度新增信托项目情况

新增信托项目	项目个数（个）	合计金额（万元）
集合类	84	5 467 671.43
单一类	67	931 283.62
财产管理类	28	3 604 672.36
新增合计	179	10 003 627.41
其中：主动管理类	106	5 744 649.83
事务管理类	73	4 258 977.58

6.4.2.4 公司履行受托人义务情况及因公司自身责任而导致的信托财产损失情况

公司严格按照信托相关法律法规规章的规定以及信托文件的约定管理、运用及处分信托财产，恪尽职守，履行诚实、信用、谨慎、有效管理的义务，维护受益人的最大利益。

本年度无因公司自身责任而导致的信托资产损失情况。

6.4.2.5 信托赔偿准备金的提取、使用和管理情况

本年度公司提取信托赔偿准备金2 726.43万元，截至2023年12月31日，信托赔偿准备金余额35 995.16万元。报告期内，未使用信托赔偿准备金。

6.5 关联方关系及其交易的披露

6.5.1 关联交易方的数量、关联交易的总金额及关联交易的定价政策等

项目	关联交易方的数量（个）	关联交易总金额（万元）	定价原则
合计	9	890 449.4	按市场公允价值定价，与非关联方同类业务价格一致

6.5.2　关联交易方情况

关联性质	关联方名称	法定代表人	注册地址	注册资本（万元）	主营业务
控股股东	武汉金融控股（集团）有限公司	梅林	湖北省武汉市江汉区长江日报路77号	1 000 000	金融业股权投资及管理等
控股股东控制的企业	华源证券股份有限公司	邓晖	青海省西宁市南川工业园区创业路108号	457 575.539 6	证券经纪等
控股股东控制的企业	武汉长江金融服务有限公司	姚永晴	湖北省武汉东湖新技术开发区光谷三路777号	30 000	金融信息数据处理服务等
控股股东控制的企业	武汉金融资产交易所有限公司	张义周	湖北省武汉市东湖开发区鲁巷绿化广场东南侧	12 000	传统金融资产交易等
控股股东控制的企业	武汉新能源汽车充电设施建设有限公司	刘大欣	湖北省武汉市汉阳区鹦鹉大道48号B座1层1号商网128号	5 000	新能源电动汽车充换电设施的设计等
控股股东控制的企业	武汉交通建设投资有限公司	陈卫	湖北省武汉市江汉区长江日报路77号	35 300	交通基础设施项目建设等
持股5%以上股东之实际控制人控制的企业	深圳平安创科投资管理有限公司	胡大坤	深圳市前海深港合作区前湾一路1号A栋201室	10 000	投资管理等
持股5%以上股东之实际控制人控制的企业	平安理财有限责任公司	胡跃飞	深圳市福田区福田街道福安社区益田路5033号平安金融中心64层	500 000	面向不特定社会公众公开发行理财产品等
持股5%以上股东之实际控制人控制的企业	平安银行股份有限公司	谢永林	深圳市罗湖区深南东路5047号	1 142 489.478 7	办理人民币存、贷等

6.5.3　公司与关联方的重大交易事项

6.5.3.1　固有资产与关联方关联交易

单位：万元

项目	期初数	借方发生额	贷方发生额	期末数
贷款	—	—	—	—
投资	—	13 000.00	12 000.00	1 000.00
租赁				
担保				
应收账款				
其他				
合计	—	13 000.00	12 000.00	1 000.00

6.5.3.2　信托财产与关联方关联交易

信托财产与关联方关联交易　　单位：万元

项目	期初数	借方发生额	贷方发生额	期末数
贷款	310 000.00	274 100.00	423 990.00	160 110.00
投资	319 021.00	—	319 021.00	—
租赁				
担保				
应收账款				
其他				
合计	629 021.00	274 100.00	743 011.00	160 110.00

注：因公司股权变更，公司持股5%以上股东新方正控股发展有限责任公司之实际控制人及其控制的企业构成公司关联方，公司于2022年及以前与这部分关联企业合作开展的信托业务即成为关联交易，由此调整表中的期初数。

6.5.3.3　信托公司固有资金运用于自己管理的信托项目（固信交易）、信托公司管理的信托项目之间的相互（信信交易）交易金额，包括余额和本报告年度的发生额

6.5.3.3.1　固有与信托财产相互交易情况

固有财产与信托财产相互交易　　单位：万元

项目	期初数	本期发生额	期末数
合计	769 633.53	83 211.50	852 845.03

6.5.3.3.2　信托资产与信托财产相互交易情况

信托资产与信托财产相互交易　　单位：万元

项目	期初数	本期发生额	期末数
合计	360 038.67	10 673.33	370 712.00

6.5.4　逐笔披露关联方逾期未偿还本公司资金的详细情况以及本公司为关联方担保发生或即将发生垫款的详细情况

报告期内无此情况。

6.6　会计制度的披露

6.6.1　固有业务

本公司财务报表以持续经营假设为基础，根据实际发生的交易和事项，按照财政部发布的《企业会计准则——基本准则》（财政部令第33号发布、财政部令第76号修订）、于2006年2月15日及其后颁布和修订的42项具体会计准则、企业会计准则应用指南、企业会计准则解释及其他相关规定（以下合称企业会计准则）编制。

6.6.2 信托业务

公司信托业务的会计核算执行财政部颁布的《企业会计准则》及其相关规定。

7. 财务情况说明书

7.1 利润实现和分配情况

单位：万元

项目	本年数	上年数
本年净利润	54 528.67	58 744.62
加：年初未分配利润	57 491.03	7 558.10
其他转入	—	—
可供分配的利润	112 019.70	66 302.72
减：提取法定盈余公积	5 452.87	5 874.46
提取法定公益金	—	—
提取信托赔偿准备金	2 726.43	2 937.23
提取一般准备金	—	—
提取职工奖励及福利基金	—	—
提取储备基金	—	—
提取企业发展基金	—	—
利润归还投资	—	—
可供投资者分配的利润	103 840.40	57 491.03
减：应付优先股股利	—	—
提取任意盈余公积	—	—
股利分配	—	—
转作股本的普通股股利	—	—
年末未分配利润	103 840.40	57 491.03

7.2 主要财务指标

指标名称	指标值
资本利润率(%)	6.77
加权年化信托报酬率(%)	0.39
人均净利润（万元）	210.54

7.3 对本公司财务状况、经营成果有重大影响的其他事项

无。

8. 特别事项揭示

8.1 前五名股东报告期内变动情况及原因

无。

8.2 董事、监事及高级管理人员变动情况及原因

2023年7月31日，公司财务总监高莎女士不再担任财务总监职务。

2023年9月6日，公司董事唐武先生因个人原因辞去董事职务。

2023年11月10日，公司独立董事唐建新先生已任职满6年，不再担任独立董事职务。

8.3 变更注册资本、变更注册地或公司名称、公司分立合并事项

无。

8.4 公司的重大诉讼事项

8.4.1 重大未决诉讼事项

截至2023年12月31日，公司重大未决诉讼信息如下：（1）诉讼标的额在5 000万元（不含）至1亿元（不含）的案件有4件，其中有2件尚在一审审理中，有2件在二审审理中。（2）诉讼标的额在1亿元（含）以上的案件有7件，其中有2件尚在一审审理中，有4件在二审审理中，有1件在再审审理中。

8.4.2 以前年度发生，于本报告期内终结的诉讼事项

方正东亚·方兴322号句容赤山湖PPP集合资金信托计划：信托计划投资者湖南冷水江农村商业银行股份有限公司向法院起诉我司，涉及本金5 000万元。案件经一审二审最终判决驳回原告全部诉讼请求。

8.4.3 本报告年度发生，于本报告期内终结的诉讼事项

无。

8.5 公司及其董事、监事和高级管理人员受到处罚的情况

无。

8.6 原中国银保监会及其派出机构对公司的整改意见及公司整改情况

报告期内，公司高度重视并认真落实监管部门的监管意见要求，及时向原湖北银保监局反馈公司重点业务合规管理及风险防控工作措施及成效，切实提升了公司发展质量和风险防控能力。

8.7 公司重大事项临时报告的简要内容、披露时间、所披露的媒体及版面

无。

8.8 原中国银保监会及其派出机构认定的其他有必要让客户及相关利益人了解的重要信息

无。

9.净资本管理情况

报告期内，公司按照《信托公司净资本管理办法》的有关规定，积极贯彻落实监管要求，优化净资本相关绩效考核指标，引导经营部门加强净资本和风险资本管理意识，加强业务转型和结构调整，提高资本使用效率，各项净资本指标均符合监管要求：截至2023年12月31日，公司净资产83.26亿元，净资本59.72亿元（监管要求≥2亿元），各项业务风险资本之和为29.56亿元，净资本/各项业务风险资本之和为202.04%（监管要求≥100%），净资本/净资产为71.73%（监管要求≥40%）。

10.监事会意见

报告期内，公司决策程序符合《公司法》《信托法》《信托公司管理办法》和公司章程的规定，内部控制制度较为完善，公司董事、高级管理人员认真履行职责，未发生违法行为和损害公司利益的行为。公司2023度财务报告经信永中和会计师事务所（特殊普通合伙）审计，真实反映了公司财务状况和经营成果。

国投泰康信托有限公司

1. 重要提示

1.1 本公司董事会及董事保证本报告所载资料不存在任何虚假记载、误导性陈述或者重大遗漏，并对其内容的真实性、准确性和完整性承担个别及连带责任。

1.2 本报告经公司第七届董事会第二十八次会议审议通过。本公司独立董事史克通先生、王相品先生、田玲女士认为本报告内容是真实、准确、完整的。

1.3 信永中和会计师事务所为本公司出具了标准无保留意见的审计报告。

1.4 公司总经理傅强先生、总经理助理陈仁龙先生及计划财务部总经理孙欣妍女士声明：保证年度报告中财务报告的真实、完整。

2. 公司概况

2.1 公司简介

2.1.1 公司法定中文名称：国投泰康信托有限公司

2.1.2 公司法定英文名称：SDIC TAIKANG TRUST Co., LTD.

2.1.3 法定代表人：李樱

2.1.4 公司注册地址：北京市西城区阜成门北大街2号楼16层、17层

邮政编码：100034

2.1.5 国际互联网网址：www.sdictktrust.com

2.1.6 电子信箱：sdictktrust@sdictktrust.com

2.1.7 信息披露事务负责人：陈仁龙

联系电话：010-83321800

传真：010-83321811

电子信箱：sdictktrust@sdictktrust.com

2.1.8 报告期内公司信息披露报纸名称：《证券时报》《上海证券报》

2.1.9 公司年度报告备置地点：北京市西城区阜成门北大街2号楼17层

2.1.10 公司聘请的会计师事务所：信永中和会计师事务所（特殊普通合伙）

地址：北京市东城区朝阳门北大街8号富华大厦A座8层

2.1.11 公司聘请的常年律师事务所：北京天达共和律师事务所

地址：北京市朝阳区东三环北路8号亮马河大厦1座20层

2.2 组织结构

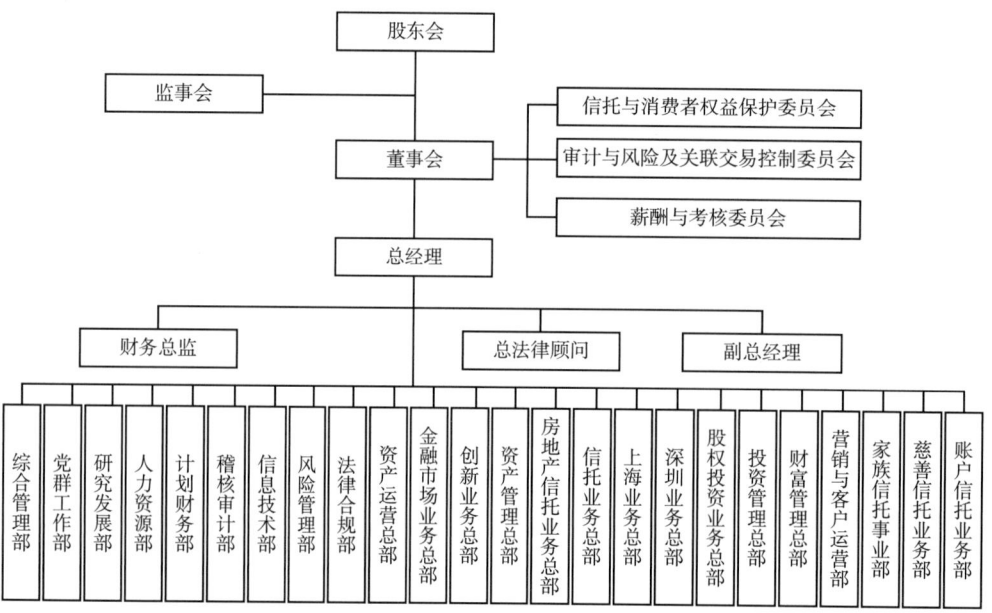

3. 公司治理

3.1 股东

股东名称	出资比例（%）	法人代表	注册资本（亿元）	注册地址	主要经营业务及主要财务情况
国投资本控股有限公司	61.29	曲刚	42	北京市西城区阜成门大街6-6号国际投资大厦A座	从事对外投资、资产管理、接受委托对企业进行管理、投资策划及咨询服务。截至2023年底，公司合并资产总额211.19亿元；2023年实现合并净利润14.38亿元
泰康保险集团股份有限公司	27.06	陈东升	27.2919707	北京市西城区复兴门内大街156号泰康人寿大厦3层301	投资设立保险企业，管理投资控股企业，国家法律法规允许的投资业务，经原中国银保监会批准的保险业务，经原中国银保监会批准的其他业务。截至2023年底，公司合并资产总额16 684.69亿元；2023年实现合并净利润125.67亿元
悦达资本股份有限公司	8.20	吴英华	40.9628	盐城经济技术开发区希望大道南路5号	资产管理；创业投资；实业投资；投资咨询；自有房屋租赁。截至2023年底，公司合并资产总额131.63亿元；2023年实现合并净利润1.28亿元
泰康资产管理有限责任公司	3.45	段国圣	10	中国（上海）自由贸易试验区南泉北路429号29层（实际自然楼层26层）2901单元	管理运用自有资金及保险资金；受托资金管理业务；与资金管理业务相关的咨询业务；公开募集证券投资基金管理业务；国家法律法规允许的其他资产管理业务。截至2023年底，公司合并资产总额133.34亿元；2023年实现合并净利润20.80亿元

3.2 董事

董事长、副董事长、董事

姓名	职务	性别	年龄（岁）	选任日期	所推举的股东名称	该股东持股比例（%）	简要履历
李樱	董事长	女	49	2023年6月	国投资本控股有限公司	61.29	大学本科学历，正高级经济师，现任国投泰康信托有限公司董事长、国家开发投资集团有限公司资本运营部/基金管理平台主任。曾在国家开发投资公司财务会计部资金处、深圳康泰生物制品股份有限公司证券部、国投华靖电力控股股份有限公司证券部工作，曾任国投华靖电力控股股份有限公司证券部经理、国投电力控股股份有限公司证券部经理、国投财务有限公司总经理助理、国投安信股份有限公司副总经理、董事会秘书、纪委书记、国投资本股份有限公司副总经理、董事会秘书、纪委书记、国投资本股份有限公司总经理、纪委书记
李振蓬	副董事长	女	51	2023年7月	泰康保险集团股份有限公司、泰康资产管理有限责任公司	30.51	硕士研究生学历，注册会计师，现任国投泰康信托有限公司副董事长、泰康资产管理有限责任公司副总经理、基础设施及不动产投资中心负责人。曾任中煤信托投资有限责任公司证券总部投资银行项目经理、研究发展部副经理，中诚信托有限责任公司信托业务二部副经理、经理、信托总部总经理、公司总经理助理、公司副总经理
李占爽	董事	男	42	2021年10月	国投资本控股有限公司	61.29	硕士研究生学历，正高级会计师，现任国投泰康信托有限公司董事、雅砻江流域水电开发有限公司总会计师。曾任国投电力公司计划财务部财务管理员、预算管理员，国投华靖电力控股股份有限公司计划财务部预算管理业务员、预算管理高级业务经理，国投电力控股股份有限公司计划财务部预算管理高级业务经理，国家开发投资公司财务会计部融资租赁处处长、副处长（主持工作），国家开发投资公司财务部预算处副处长（主持工作）、处长，国家开发投资集团有限公司财务部预算处处长、执行总监，国家开发投资集团有限公司财务部副主任
傅强	董事	男	54	2023年11月	国投资本控股有限公司	61.29	硕士研究生学历，经济师，现任国投泰康信托有限公司董事、总经理，国投瑞银基金管理有限公司董事长。曾在中国人民银行北京市分行、北京证券有限公司工作，曾任中兴信托投资有限公司资产运营部经理、国融资产管理有限公司证券投资部副经理、国家开发投资公司金融投资部责任项目经理、国投泰康信托有限公司副总经理
霍焱	董事	男	50	2019年12月	泰康保险集团股份有限公司、泰康资产管理有限责任公司	30.51	硕士研究生学历，现任国投泰康信托有限公司董事、泰康资产管理有限责任公司投后管理部负责人。曾在广东北电通信设备有限公司、摩托罗拉（中国）有限公司工作，曾任工银瑞信基金管理有限公司财务总监、泰康资产管理有限责任公司财务负责人、财务部负责人、国投泰康信托有限公司监事
刘德兵	董事	男	53	2020年11月	悦达资本股份有限公司	8.2	大学本科学历，注册会计师，现任国投泰康信托有限公司董事、江苏悦达集团有限公司工会主席。曾在盐城市水利建筑工程公司、江苏悦达开发区管委会、盐城悦达房地产有限公司工作，曾任上海悦达房地产有限公司财务总监、上海悦达新实业集团有限公司财务总监、江苏悦达集团有限公司财务部部长

独立董事

姓名	所在单位及职务	性别	年龄（岁）	选任日期	所推举的股东名称	该股东持股比例（%）	简要履历
史克通	北京金诚同达律师事务所高级合伙人	男	55	2021年12月	国投资本控股有限公司	61.29	大学本科学历，现任国投泰康信托有限公司独立董事，北京金诚同达律师事务所高级合伙人。曾在威海市永达高技术总公司、山东鲁中律师事务所、北京市京都律师事务所工作
王相品	无	男	68	2019年3月	国投资本控股有限公司	61.29	博士研究生学历，高级经济师，现任国投泰康信托有限公司独立董事。曾在中国人民建设银行、国家计划委员会经济研究所、中国人民银行、中国农业发展银行工作，曾任华夏银行总行资金营运部总经理、总行纪委副书记、监察室主任，福州分行行长
田玲	武汉大学经济与管理学院保险系主任	女	54	2021年12月	泰康保险集团股份有限公司、泰康资产管理有限责任公司	30.51	博士研究生学历，教授三级，现任国投泰康信托有限公司独立董事，武汉大学经济与管理学院保险系主任。曾任武汉大学商学院金融保险系教授、副主任

3.3 监事

姓名	职务	性别	年龄（岁）	选任日期	所推举的股东名称	该股东持股比例（%）	简要履历
曲刚	监事会主席	男	49	2019年8月	国投资本控股有限公司	61.29	硕士研究生学历，高级会计师，现任国投泰康信托有限公司监事会主席，国投证券股份有限公司董事、国投融资租赁有限公司董事，国投资本股份有限公司副总裁、总会计师。曾在中国人民银行、毕博咨询、国家开发投资公司、国投资本控股有限公司工作，曾任国投财务有限公司副总经理
王元	监事	女	66	2022年12月	泰康保险集团股份有限公司、泰康资产管理有限责任公司	30.51	硕士研究生学历，副教授，现任国投泰康信托有限公司监事、智观惠孚律师事务所律师。曾在北京人民服装厂工作，曾任中央党校法学教研室副主任（主持工作）、泰康人寿保险股份有限公司法律负责人、中美国际保险销售有限公司首席风险官、世纪保险经纪公司法律顾问、隽天保险经纪公司法律负责人
苏小宁	职工监事	女	45	2022年3月	—	—	大学本科，经济师，现任国投泰康信托有限公司职工监事、国投泰康信托有限公司营销与客户运营部部门副总经理（部门总经理级）。曾在中钢集团金信咨询有限责任公司、北京方圆恒信冶金品种技术开发公司工作，曾任国投泰康信托有限公司综合管理部部门副总经理、部门总经理兼党群工作部负责人

3.4 高级管理人员

姓名	职务	性别	年龄（岁）	选任日期	金融从业年限（年）	学历	专业
傅强	总经理	男	54	2013年8月	28	硕士研究生	工商管理
李涛	财务总监（副总经理级）、董事会秘书	男	49	2013年11月	18	硕士研究生	会计学
刘桂进	副总经理、总法律顾问	男	52	2015年5月	18	硕士研究生	工商管理
姚少杰	副总经理	男	50	2016年5月	23	大学本科	机械制造工艺及设备
江芳	副总经理	女	53	2016年11月	30	博士研究生	国际法学
包恋群	副总经理	男	51	2019年11月	30	大学本科	财税
高嵩	总经理助理	女	50	2018年11月	22	大学本科	财政学
曹莹	总经理助理	女	42	2019年6月	19	大学本科	金融学保险
陈仁龙	总经理助理	男	40	2022年4月	14	大学本科	会计学

3.5 公司员工

项目		报告期年度		上年度	
		人数（人）	比例（%）	人数（人）	比例（%）
年龄分布	25岁以下	1	0.3	3	1.0
	25~29岁	53	17.0	52	17.9
	30~39岁	191	61.4	177	61.0
	40岁及以上	66	21.2	58	20.0

续表

项目		报告期年度		上年度	
		人数（人）	比例（%）	人数（人）	比例（%）
学历分布	博士	8	2.6	6	2.1
	硕士	213	68.5	198	68.3
	本科	85	27.3	81	27.9
	专科	5	1.6	5	1.7
	其他	—	—	—	—

续表

项目		报告期年度		上年度	
		人数（人）	比例（%）	人数（人）	比例（%）
岗位分布	董事、监事及其高管人员	10	3.2	10	3.4
	自营业务人员	4	1.3	4	1.4
	信托业务人员	158	50.8	149	51.4
	其他人员	139	44.7	127	43.8

4. 经营管理

4.1 经营目标、方针、战略规划

公司围绕金融"支持实体经济、服务美好生活"的使命，突出账户信托业务、资产配置中心建设、服务信托业务和慈善信托业务四大业务布局，贯彻落实"稳中求进"的核心理念，持续提升企业核心竞争力，建设行业领先的信托公司，成为卓越的资产管理机构和值得托付的财富管理人。

4.2 所经营业务的主要内容

自营资产运用与分布表

资产运用	金额（万元）	占比（%）	资产分布	金额（万元）	占比（%）
货币资产	90 614	7.00	基础产业	—	—
贷款及应收款	75 896	5.86	房地产业	—	—
交易性金融资产	1 087 434	83.98	证券市场	326 608	25.22
长期股权投资	17 841	1.38	实业	—	—
其他	23 082	1.78	金融机构	11 100	0.86
—			其他	957 159	73.92
资产总计	1 294 867	100.00	资产总计	1 294 867	100.00

信托资产运用与分布表

资产运用	金额（万元）	占比（%）	资产分布	金额（万元）	占比（%）
货币资产	706 346.86	1.81	基础产业	2 213 990.50	5.66
贷款	2 989 865.33	7.64	房地产	401 558.76	1.03
交易性金融资产	28 946 672.32	74.00	证券市场	11 394 159.13	29.13
债权投资	4 150 204.06	10.61	实业	275 018.55	0.70
买入返售金融资产	1 306 921.80	3.34	金融机构	11 906 069.83	30.44
长期股权投资	—	—	其他	12 923 835.11	33.04
其他	1 014 621.51	2.59			
信托资产总计	39 114 631.88	100.00	信托资产总计	39 114 631.88	100.00

注：在资产运用中，其他主要包括应收款项以及其他资产。在资产分布中，其他主要包括自然人贷款、货币资金、不涉及资金运用的财产权信托等。

4.3 影响公司业务发展的主要因素

4.3.1 有利因素

（1）宏观经济方面，2023年为疫后放开管控元年，社会秩序全面恢复，生产消费逐步正常化，国家稳增长政策密集出台，促进经济持续恢复。房地产领域专项政策持续落地，推动建立房地产转型发展新模式。"一揽子化债方案"适时出台，推动化解地方政府债务风险进程。2023年，我国国内生产总值超过126万亿元，比上年增长5.2%，宏观经济回升向好，主要预期目标圆满实现，经济社会大局的和谐稳定为信托公司发展奠定了坚实的基础。

（2）金融市场方面，2023年中央金融工作会议首次提出加快建设金融强国，推动金融高质量发展，提出做好金融"五篇大文章"，指导金融行业深入践行金融工作的政治性、人民性，持续优化完善金融服务。资本市场迎来一系列改革，证监会和其他部委出台了活跃资本市场、提振投资者信心的一揽子政策措施，助力改善市场投融资生态，激发市场活力，推动我国资本市场长期高质量发展。

（3）信托行业方面，监管政策日趋完善。信托业务"三分类"新规正式落地实施，行业内信托公司全面开展转型业务。信托公司分级分类办法出台，优化信托公司监管评级体系，加强信托公司差异化监管。信托行业转型推进过程中逐渐形成差异化发展格局。部分信托公司依靠前期积累和资源禀赋，在转型方面取得了先发优势。

4.3.2 不利因素

（1）宏观经济方面，从外部看，2023年全球经济形势复杂性和不确定性增加。通胀居高不下，美联储持续大幅加息，地缘政治不确定性加剧，强化了全球经济震荡预期，对资本市场走势产生冲击。受上述因素影响，各国经济复苏进程分化，全球经济产业布局重新调整。从内部看，国内市场内生总需求不足、新发展格局加速落地等，导致经济总体呈现分化型、弱复苏状态。房地产市场风险和地方政府债务风险加速暴露，居民消费修复缓慢。

（2）金融市场方面，国际金融市场面临高利率和流动性收紧双重压力，国内资本市场受美元强势、中美利差倒挂、部分资金流出国内市场以及房地产市场不景气等因素影响，股市整体表现不佳。国内有效需求不足，实体部门加杠杆意愿受限，导致贷款持续性不强，社融增速受到影响。复杂多变的内外部金融市场环境对信托公司的投资管理能力提出了更高要求。

（3）信托行业方面，信托行业业务模式转变带来业务利润率承压明显。行业传统融资收入业务规模和盈利能力持续萎缩，地产风险化解成为多数公司面临的普遍课题。转型业务尚未形成稳定、可持续盈利能力，家族信托、证券投资、资产证券化等领域市场竞争日趋激烈，服务报酬持续走低。转型业务所带来的人员、系统投入的增加给成本费用管控带来较大压力。

4.4 内部控制

4.4.1 内部控制环境和内部控制文化

4.4.1.1 治理机制建设和执行情况

公司设置股东会、董事会、监事会。股东会是公司的最高权力机构。董事会负责公司的重大决策，并向股东会负责，董事会下设信托与消费者权益保护委员会、审计与风险及关联交易控制委员会、薪酬与考核委员会三个专业委员会，专业委员会向董事会负责。监事会是公司的监督机构，对股东会负责。公司经营层设立固有业务决策委员会和信托业务决策委员会，分别对固有业务、信托业务进行分类管理及科学决策。

公司按照职责分离的原则设立相应的工作岗位，保证公司对风险能够进行事前防范、事中控制、事后监督与纠正，形成健全的内部约束机制和监督机制。公司建立了涵盖信托业务、固有业务、合规管理、风险管理、运营管理、稽核审计、信息技术管理、财务管理、人力资源管理等多维度的内控体系，制定了多项基本管理制度、一般管理制度、业务管理制度，构建了全面、动态、主动、可验证的内部控制和风险防范体系，以满足监管政策、经营管理、业务发展等各方面的要求。

2023年度，公司决策层、执行层、监督层科学分工、各司其职、有效制衡，逐级落实内控管理和风险管理责任，构建风险管理防线，推进风险控制覆盖所有业务和岗位，形成协调运转、相互制衡的治理架构，确保内控体系有效运行。

4.4.1.2 内控文化建设和执行情况

公司坚持长远、共享、共赢的发展理念，遵循监管机构的各项法规政策，倡导"有道而正、信则人任"的核心价值观。公司重视内控文化的建设和培育，通过定期培训和学习等多种途径使全体员工熟悉公司的各项规章制度及业务操作流程，深化员工的职业道德感和风险控制意识，培育每个员工的内控文化理念，不断强化以风险管理为核心的公司内控文化和内控环境。

4.4.2 内部控制措施

公司风险管理部负责组织公司内控体系的建立实施及日常工作。稽核审计部负责评价内部控制的有效性，对公司内部控制执行情况进行监督检查，并提出改进建议。公司其他各部门均是内部控制的参与者和实施者，负责严格执行公司内部控制制度各项规定，并参与梳理更新与自身职责相关的业务制度和操作流程。

公司根据有关法律法规和监管要求，建立健全内部控制制度体系，对各项业务活动和管理活动制定了全面、系统、规范的业务制度和管理制度，合理确定各项业务活动和管理活动的风险控制点，采取适当的控制措施，执行标准统一的业务流程和管理流程。通过系列管理机制与流程，确保各类风险在相应的制度约束下得到充分、有效的管控，促使公司内部控制和风险管理更为科学合理。

4.4.3 监督评价与纠正

4.4.3.1 内部控制的评价

公司根据《企业内部控制基本规范》《企业内部控制评价指引》《国家开发投资集团有限公司内部控制评价标准》和其他内部控制监管要求，结合公司内部控制相关规定和办法，对与各项业务开展和内部管理相关的内部控制机制、内部控制设计与运行的有效性进行评价。2023年度各项规章制度、业务流程不断完善和优化，执行情况良好，内部控制有效。

4.4.3.2 内部控制的监督和纠正

公司风险管理部、法律合规部监督检查各部门内控制度的执行情况，稽核审计部对公司内部控制情况进行审计监督和评价。对操作过程中发现的内控缺陷按照管辖权限层层上报，经有权管辖的相应层级决定后开展整改。公司各个管理层级在自己的管理权限内对内部控制存在的问题进行纠正。

4.5 风险管理

4.5.1 风险状况

4.5.1.1 信用风险状况

信用风险是信托业务面临的主要风险之一，主要来自融资类业务和债券投资类业务。在新冠疫情和"两压一降"政策影响下，融资类业务压降趋势已然形成，但该类业务积累的存量风险尚未完全化解，以房地产业务、信政业务为代表的融资类业务面临的信用风险压力持续增大。公司高度重视信用风险管理，持续推动制度建设，优化准入标准，严格执行业务流程，强化投后管理和风险监测分析，信用风险总体可控。

4.5.1.2 市场风险状况

市场风险是指因价格、利率、汇率等市场因素的变化导致公司发生损失或收入减少的风险，主要来自证券投资类信托业务及固有权益类资产。公司秉承稳健审慎的投资理念，严格遵循价值投资、组合投资、分散风险的原则，目前市场风险总体可控。

4.5.1.3 操作风险状况

操作风险存在于各类业务开展过程中。公司通过不断完善内控制度、持续优化业务操作流程、加强关键节点监控、加强制度执行的引导教育，有效防范操作风险。2023年度公司未发生因操作风险带来的损失。

4.5.1.4 监管合规风险状况

随着监管政策的持续强化，信托展业的合规风险不断增大。公司不断培养合规文化，严守合规底线，健全合规经营体制、机制和制度，把合规管理融入各项经营管理和业务发展中，深化、固化合规理念，切实防范合规风险。

4.5.1.5 流动性风险状况

公司高度重视流动性管理，持续加强日常经营中的流动性风险监控，坚持资产和负债合理配置、稳健管理，定期开展流动性风险压力测试，固有资产和信托业务整体流动性风险可控。

4.5.1.6 洗钱和恐怖融资风险状况

面对反洗钱和反恐怖融资工作的专业性、复杂性、紧迫性和长期性，公司持续推进反洗钱和反恐怖融资内控机制建设，不断增强反洗钱和反恐怖融资工作能力，通过采取预防、监控等措施，有效防范了洗钱和恐怖融资风险。2023年度公司未发生因洗钱和恐怖融资风险带来的损失。

4.5.1.7 其他风险状况

2023年度公司未发生因其他风险带来的损失。

4.5.2 风险管理

4.5.2.1 信用风险管理

公司坚持稳健经营，持续优化业务准入标准，在业务审批中坚持科学决策，重视业务逻辑和风控逻辑，重视第一还款来源，并注重集中度风险防控；做实项目过程管理，密切跟踪交易对手的经营状况，强化项目风险的预警和处置；完善重点项目监测机制，定期组织专项会议讨论汇报项目管理情况，对异常事项和潜在风险做到"早发现、早预警、早处置"，有效防控信用风险。

4.5.2.2 市场风险管理

公司秉承稳健审慎的投资理念，严格遵循组合投资、分散风险的原则，根据宏观经济形势、市场情况及时调整投资结构，发挥信息技术手段对市场风险的监控作用，对业务数据进行及时跟踪、监测和预警；选用经验丰富、业绩优秀的投资顾问，动态识别市场中潜在的风险；设置科学、操作性强的警戒与止损机制并严格执行，确保风险始终处于可控状态。

4.5.2.3 操作风险管理

公司持续优化业务流程和操作指引，建立集中化、标准化的运营管理体系，不断完善覆盖产品生命全周期各个环节的操作流程；明确各个岗位的工作职责，加大制度流程的引导和监督力度，有效防范操作风险；充分发挥信息化管控作用，将业务流转、审批程序全部设置在业务管理系统中，利用信息科技手段对各操作环节的权限进行合理的控制，最大限度降低操作风险。

4.5.2.4 监管合规风险管理

公司贯彻"法律合规风险全覆盖"理念，严格遵守各项政策法规，积极研究解读监管政策，不断健全公司法律合规风险管理框架，持续优化各项法律合规管理机制，强化对重点领域的合规风险管控。通过健全合规经营体制、机制和制度，持续加强法律与业务合规风险管理，法律合规风险得到有效控制。

4.5.2.5 流动性风险管理

公司制定并采取了有效的流动性管理措施，进行科学的资产配置，分散投资，控制资产组合久期；密切监控和分析金融市场走势，实时调整投资策略；综合考虑宏观经济金融形势、金融市场变化、交易对手违约等因素，定期开展压力测试，做好现金流预测和头寸管理；加强营销拓展，备付外部流动性补充渠道，确保流动性风险可控。

4.5.2.6 洗钱和恐怖融资风险管理

公司高度重视反洗钱工作，将洗钱和恐怖融资风险纳入全面风险管理，不断完善洗钱风险治理架构和反洗钱工作机制，推动全员反洗钱尽责履职。在已有反洗钱工作基础上，加强反洗钱制度建设，推动客户信息整合管理，推动反洗钱相关系统升级，扎实开展反洗钱宣传工作，有效防范洗钱和恐怖融资风险。

4.5.2.7 其他风险管理

公司通过实施风险管理措施，清晰识别和界定风险，设计关键控制程序，建立了覆盖各业务条线和主要风险要素的风险管理机制，有效控制和管理其他各类风险。

5. 报告期末及上一年度末的比较式会计报表

5.1 自营资产

5.1.1 会计师事务所审计结论

信永中和会计师事务所（特殊普通合伙）审计结论：后附的财务报表在所有重大方面按照企业会计准则的规定编制，公允反映了国投泰康信托母公司2023年12月31日的财务状况以及2023年度的经营成果和现金流量。

5.1.2 资产负债表

资产负债表（母公司）

编制单位：国投泰康信托有限公司　　2023年12月31日　　单位：元

项目	附注	2023年12月31日	2022年12月31日
资产：			
货币资金	六、1	906 137 656.28	808 118 400.00
应收账款	六、2	366 760 355.86	264 476 492.09
其他应收款	六、3	392 199 730.83	875 489 887.18
交易性金融资产	六、4	10 874 344 618.69	10 802 112 273.18
长期股权投资	六、5	178 413 799.95	176 978 020.11
固定资产	六、6	13 491 604.30	8 842 282.35
在建工程	六、7	15 286 607.47	13 410 369.12
使用权资产	六、8	56 831 107.88	78 763 189.71
无形资产	六、9	74 447 096.46	53 318 188.69
开发支出	—	3 037 326.00	—
长期待摊费用	六、10	905 802.31	1 533 928.11
递延所得税资产	六、11	66 814 703.15	45 764 956.95
资产总计	—	12 948 670 409.18	13 128 807 987.56

资产负债表（续）

编制单位：国投泰康信托有限公司　　2023年12月31日　　单位：元

项目	附注	2023年12月31日	2022年12月31日
负债：			
拆入资金	六、12	200 025 555.56	1 000 625 000.00
交易性金融负债	六、13	479 734 937.25	344 607 822.38
应付职工薪酬	六、14	291 384 532.05	320 996 904.80
应交税费	六、15	68 439 024.35	185 768 850.84
其他应付款	六、16	53 327 556.61	164 460 682.08
租赁负债	六、17	61 282 607.27	80 859 810.54
递延所得税负债	六、11	—	—
其他负债	—	2 108 206.68	2 108 206.68

续表

项目	附注	2023年12月31日	2022年12月31日
负债合计	—	1 156 302 419.77	2 099 427 277.32
所有者权益			
实收资本	六、18	2 670 545 454.00	2 670 545 454.00
资本公积	六、19	2 850 322 706.22	2 850 322 706.22
其他综合收益	—	22 500.00	30 000.00
盈余公积	六、20	1 070 663 189.64	969 363 711.72
一般风险准备	六、21	751 837 007.17	696 867 274.47
未分配利润	六、22	4 448 977 132.38	3 842 251 563.83
所有者权益合计	—	11 792 367 989.41	11 029 380 710.24
负债和所有者权益总计	—	12 948 670 409.18	13 128 807 987.56

资产负债表（母子公司合并）

编制单位：国投泰康信托有限公司　　2023年12月31日　　单位：元

项目	附注	2023年12月31日	2022年12月31日
资产：			
货币资金	八、1	1 398 468 114.55	1 376 688 108.18
结算备付金	—	3 014 024.51	—
应收账款	八、2	523 130 201.94	437 280 152.19
其他应收款	八、3	479 227 329.97	783 741 318.18
交易性金融资产	八、4	11 954 147 169.42	11 696 076 856.29
买入返售金融资产	八、5	200 722 536.43	221 900 320.73
发放贷款和垫款	八、6	2 212 248 291.59	1 644 120 980.09
债权投资	八、7	209 128 548.94	217 825 280.89
长期股权投资	八、8	67 413 799.95	65 978 020.11
固定资产	八、9	37 008 732.21	24 949 937.18
在建工程	八、10	15 781 022.61	18 786 004.06
使用权资产	八、11	147 574 572.25	104 509 512.23
无形资产	八、12	100 831 334.34	69 115 156.39
开发支出	—	3 037 326.00	—
商誉	八、13	68 578 612.63	68 578 612.63
长期待摊费用	八、14	26 130 058.94	3 555 142.97
递延所得税资产	八、15	206 078 702.14	164 976 949.80
其他资产	八、16	6 284 848.60	3 970 398.73
资产总计	—	17 658 805 227.02	16 902 052 750.65

资产负债表（母子公司合并，续）

编制单位：国投泰康信托有限公司　　2023年12月31日　　单位：元

项目	附注	2023年12月31日	2022年12月31日
负债：			
拆入资金	八、17	200 025 555.56	1 000 625 000.00
交易性金融负债	八、18	2 629 941 199.93	1 837 736 519.82
应付账款	八、19	132 828 735.06	103 436 549.37
合同负债	八、20	3 563 687.60	3 934 975.83

续表

项目	附注	2023年12月31日	2022年12月31日
应付职工薪酬	八、21	713 695 815.74	689 341 212.01
应交税费	八、22	174 002 265.23	304 908 373.05
其他应付款	八、23	149 079 280.86	264 662 606.43
应付手续费及佣金	—	—	388 930.89
租赁负债	八、24	156 200 447.57	107 121 086.65
递延所得税负债	八、15	358 509.48	—
其他负债	—	2 108 206.68	2 108 206.68
负债合计	—	4 161 803 703.71	4 314 263 460.73
所有者权益:			
实收资本	八、25	2 670 545 454.00	2 670 545 454.00
资本公积	八、26	2 850 322 706.22	2 850 322 706.22
其他综合收益	—	22 500.00	30 000.00
盈余公积	八、27	1 070 663 189.64	969 363 711.72
一般风险准备	八、28	1 397 574 142.86	1 266 845 381.23
未分配利润	八、29	4 651 816 619.17	4 046 275 352.90
归属于母公司所有者权益合计	—	12 640 944 611.89	11 803 382 606.07
*少数股东权益		856 056 911.42	784 406 683.85
所有者权益合计		13 497 001 523.31	12 587 789 289.92
负债和所有者权益总计		17 658 805 227.02	16 902 052 750.65

5.1.3 利润表

利润表（母公司）

编制单位：国投泰康信托有限公司　　2023年度　　单位：元

项目	附注	2023年度	2022年度
一、营业总收入	—	1 884 051 867.11	2 102 826 800.82
利息收入	六、23	7 506 024.25	7 720 796.03
手续费及佣金收入	六、24	1 528 992 766.05	1 469 047 890.76
其他收益	六、25	935 240.25	17 215 787.56
投资收益（损失以"-"号填列）	六、26	411 419 666.07	643 739 026.39
其中：对联营企业和合营企业的投资收益	—	1 435 779.84	202 624.30
公允价值变动收益（损失以"-"号填列）	六、27	-84 230 529.84	-44 754 510.31
其他业务收入	六、28	19 638 244.55	9 858 655.90
资产处置收益（损失以"-"号填列）	—	-209 544.22	-845.51
二、营业总成本	—	558 214 469.13	556 609 401.62
利息支出	六、23	4 673 291.10	5 352 636.33
税金及附加	六、29	9 195 324.18	10 513 096.71
业务及管理费	六、30	544 345 853.85	540 743 668.58
信用减值损失		—	—
资产减值损失		—	—
三、营业利润（亏损以"-"号填列）		1 325 837 397.98	1 546 217 399.20

续表

项目	附注	2023年度	2022年度
加：营业外收入	—	76 118.99	518.49
减：营业外支出	六、31	2 000 222.48	1 016 282.77
四、利润总额（亏损总额以"-"号填列）	—	1 323 913 294.49	1 545 201 634.92
减：所得税费用	六、32	310 918 515.32	364 217 032.37
五、净利润（净亏损以"-"号填列）		1 012 994 779.17	1 180 984 602.55
（一）持续经营净利润		1 012 994 779.17	1 180 984 602.55
（二）终止经营净利润			
六、其他综合收益的税后净额		-7 500.00	30 000.00
（一）不能重分类进损益的其他综合收益		-7 500.00	30 000.00
（二）将重分类进损益的其他综合收益			
七、综合收益总额		1 012 987 279.17	1 181 014 602.55

利润表（母子公司合并）

编制单位：国投泰康信托有限公司　　2023年度　　单位：元

项目	附注	2023年度	2022年度
一、营业总收入	—	3 220 677 060.16	3 288 205 829.20
利息收入	八、30	277 895 493.41	118 684 889.68
手续费及佣金收入	八、31	2 795 318 954.71	2 660 700 775.69
其他收益	八、32	45 074 705.45	63 493 494.08
投资收益（损失以"-"号填列）	八、33	128 096 067.87	601 213 010.17
其中：对联营企业和合营企业的投资收益	—	1 435 779.84	202 624.30
公允价值变动收益（损失以"-"号填列）	八、34	-45 735 480.90	-164 778 306.59
汇兑收益（损失以"-"号填列）	—	833 097.34	—
其他业务收入	八、35	19 684 846.70	8 976 902.18
资产处置收益（损失以"-"号填列）	—	-490 624.42	-84 936.01
二、营业总成本	—	1 538 808 973.07	1 578 014 231.92
利息支出	八、30	8 565 563.48	6 334 489.56
手续费及佣金支出	八、31	1 663 573.40	3 559 387.75
税金及附加	八、36	15 902 003.10	16 981 246.48
业务及管理费	八、37	1 499 704 453.88	1 380 228 438.91
信用减值损失	八、38	12 973 379.21	170 910 669.72
资产减值损失		—	—
三、营业利润（亏损以"-"号填列）		1 681 868 087.09	1 710 191 597.28
加：营业外收入	八、39	160 542.07	232 518.49
减：营业外支出	八、40	2 300 222.48	1 216 282.77
四、利润总额（亏损总额以"-"号填列）		1 679 728 406.68	1 709 207 833.00
减：所得税费用	八、41	422 508 673.29	466 921 327.22

续表

项目	附注	2023年度	2022年度
五、净利润（净亏损以"-"号填列）	—	1 257 219 733.39	1 242 286 505.78
（一）按所有权归属分类	—	—	—
归属于母公司所有者的净利润	—	1 087 569 505.82	1 162 268 573.20
*少数股东损益	—	169 650 227.57	80 017 932.58
（二）按经营持续性分类	—	—	—
持续经营净利润	—	1 257 219 733.39	1 242 286 505.78
终止经营净利润	—	—	—
六、其他综合收益的税后净额	—	-7 500.00	30 000.00
归属于母公司所有者的其他综合收益的税后净额	—	-7 500.00	30 000.00
（一）不能重分类进损益的其他综合收益	—	-7 500.00	30 000.00
1.重新计量设定受益计划变动额	—	-7 500.00	30 000.00
2.权益法下不能转损益的其他综合收益	—	—	—
3.其他权益工具投资公允价值变动	—	—	—
4.企业自身信用风险公允价值变动	—	—	—

续表

项目	附注	2023年度	2022年度
5.其他	—	—	—
（二）将重分类进损益的其他综合收益	—	—	—
1.权益法下可转损益的其他综合收益	—	—	—
2.其他债权投资公允价值变动	—	—	—
3.金融资产重分类计入其他综合收益的金额	—	—	—
4.其他债权投资信用减值准备	—	—	—
5.现金流量套期储备（现金流量套期损益的有效部分）	—	—	—
6.外币报表折算差额	—	—	—
7.其他	—	—	—
*归属于少数股东的其他综合收益的税后净额	—	—	—
七、综合收益总额	—	1 257 212 233.39	1 242 316 505.78
归属于母公司所有者的综合收益总额	—	1 087 562 005.82	1 162 298 573.20
*归属于少数股东的综合收益总额	—	169 650 227.57	80 017 932.58

5.1.4 所有者权益变动表

所有者权益变动表（母公司）

编制单位：国投泰康信托有限公司　　　　2023年度　　　　单位：元

项目	本年金额						
	实收资本	资本公积	其他综合收益	盈余公积	一般风险准备	未分配利润	所有者权益合计
一、上年年末余额	2 670 545 454.00	2 850 322 706.22	30 000.00	969 363 711.72	696 867 274.47	3 842 251 563.83	11 029 380 710.24
加：会计政策变更	—	—	—	—	—	—	—
前期差错更正	—	—	—	—	—	—	—
其他	—	—	—	—	—	—	—
二、本年年初余额	2 670 545 454.00	2 850 322 706.22	30 000.00	969 363 711.72	696 867 274.47	3 842 251 563.83	11 029 380 710.24
三、本年增减变动金额（减少以"-"号填列）	—	—	-7 500.00	101 299 477.92	54 969 732.70	606 725 568.55	762 987 279.17
（一）综合收益总额	—	—	-7 500.00	—	—	1 012 994 779.17	1 012 987 279.17
（二）所有者投入和减少资本	—	—	—	—	—	—	—
1.所有者投入的普通股	—	—	—	—	—	—	—
2.其他权益工具持有者投入资本	—	—	—	—	—	—	—
3.股份支付计入所有者权益的金额	—	—	—	—	—	—	—
4.其他	—	—	—	—	—	—	—
（三）利润分配	—	—	—	101 299 477.92	54 969 732.70	-406 269 210.62	-250 000 000.00
1.提取盈余公积	—	—	—	101 299 477.92	—	-101 299 477.92	—
其中：法定公积金	—	—	—	101 299 477.92	—	-101 299 477.92	—
任意公积金	—	—	—	—	—	—	—
2.提取一般风险准备	—	—	—	—	54 969 732.70	-54 969 732.70	—
3.对所有者的分配	—	—	—	—	—	-250 000 000.00	-250 000 000.00
4.其他	—	—	—	—	—	—	—
（四）所有者权益内部结转	—	—	—	—	—	—	—

续表

项目	本年金额						
	实收资本	资本公积	其他综合收益	盈余公积	一般风险准备	未分配利润	所有者权益合计
1.资本公积转增资本	—	—	—	—	—	—	—
2.盈余公积转增资本	—	—	—	—	—	—	—
3.盈余公积弥补亏损	—	—	—	—	—	—	—
4.设定受益计划变动额结转留存收益	—	—	—	—	—	—	—
5.其他综合收益结转留存收益	—	—	—	—	—	—	—
6.其他	—	—	—	—	—	—	—
四、本年年末余额	2 670 545 454.00	2 850 322 706.22	22 500.00	1 070 663 189.64	751 837 007.17	4 448 977 132.38	11 792 367 989.41

所有者权益变动表（母公司，续）

编制单位：国投泰康信托有限公司　　2023年度　　单位：元

项目	上年金额						
	实收资本	资本公积	其他综合收益	盈余公积	一般风险准备	未分配利润	所有者权益合计
一、上年年末余额	2 670 545 454.00	2 850 322 706.22	—	851 265 251.46	599 909 710.75	3 126 322 985.26	10 098 366 107.69
加：会计政策变更	—	—	—	—	—	—	—
前期差错更正	—	—	—	—	—	—	—
其他	—	—	—	—	—	—	—
二、本年年初余额	2 670 545 454.00	2 850 322 706.22	—	851 265 251.46	599 909 710.75	3 126 322 985.26	10 098 366 107.69
三、本年增减变动金额（减少以"-"号填列）	—	—	30 000.00	118 098 460.26	96 957 563.72	715 928 578.57	931 014 602.55
（一）综合收益总额	—	—	30 000.00	—	—	1 180 984 602.55	1 181 014 602.55
（二）所有者投入和减少资本	—	—	—	—	—	—	—
1.所有者投入的普通股	—	—	—	—	—	—	—
2.其他权益工具持有者投入资本	—	—	—	—	—	—	—
3.股份支付计入所有者权益的金额	—	—	—	—	—	—	—
4.其他	—	—	—	—	—	—	—
（三）利润分配	—	—	—	118 098 460.26	96 957 563.72	−465 056 023.98	−250 000 000.00
1.提取盈余公积	—	—	—	118 098 460.26	—	−118 098 460.26	—
其中：法定公积金	—	—	—	118 098 460.26	—	−118 098 460.26	—
任意公积金	—	—	—	—	—	—	—
2.提取一般风险准备	—	—	—	—	96 957 563.72	−96 957 563.72	—
3.对所有者的分配	—	—	—	—	—	−250 000 000.00	−250 000 000.00
4.其他	—	—	—	—	—	—	—
（四）所有者权益内部结转	—	—	—	—	—	—	—
1.资本公积转增资本	—	—	—	—	—	—	—
2.盈余公积转增资本	—	—	—	—	—	—	—
3.盈余公积弥补亏损	—	—	—	—	—	—	—
4.设定受益计划变动额结转留存收益	—	—	—	—	—	—	—
5.其他综合收益结转留存收益	—	—	—	—	—	—	—
6.其他	—	—	—	—	—	—	—
四、本年年末余额	2 670 545 454.00	2 850 322 706.22	30 000.00	969 363 711.72	696 867 274.47	3 842 251 563.83	11 029 380 710.24

所有者权益变动表（母子公司合并）

编制单位：国投泰康信托有限公司 2023年度 单位：元

项目	本年金额								
	归属于母公司所有者权益							少数股东权益	所有者权益合计
	实收资本	资本公积	其他综合收益	盈余公积	一般风险准备	未分配利润	小计		
一、上年年末余额	2 670 545 454.00	2 850 322 706.22	30 000.00	969 363 711.72	1 266 845 381.23	4 046 275 352.90	11 803 382 606.07	784 406 683.85	12 587 789 289.92
加：会计政策变更	—	—	—	—	—	—	—	—	—
前期差错更正	—	—	—	—	—	—	—	—	—
其他	—	—	—	—	—	—	—	—	—
二、本年年初余额	2 670 545 454.00	2 850 322 706.22	30 000.00	969 363 711.72	1 266 845 381.23	4 046 275 352.90	11 803 382 606.07	784 406 683.85	12 587 789 289.92
三、本年增减变动金额（减少以"-"号填列）	—	—	-7 500.00	101 299 477.92	130 728 761.63	605 541 266.27	837 562 005.82	71 650 227.57	909 212 233.39
（一）综合收益总额	—	—	-7 500.00	—	—	1 087 569 505.82	1 087 562 005.82	169 650 227.57	1 257 212 233.39
（二）所有者投入和减少资本	—	—	—	—	—	—	—	—	—
1.所有者投入的普通股	—	—	—	—	—	—	—	—	—
2.其他权益工具持有者投入资本	—	—	—	—	—	—	—	—	—
3.股份支付计入所有者权益的金额	—	—	—	—	—	—	—	—	—
4.其他	—	—	—	—	—	—	—	—	—
（三）利润分配	—	—	—	101 299 477.92	130 728 761.63	-482 028 239.55	-250 000 000.00	-98 000 000.00	-348 000 000.00
1.提取盈余公积	—	—	—	101 299 477.92	—	-101 299 477.92	—	—	—
其中：法定公积金	—	—	—	101 299 477.92	—	-101 299 477.92	—	—	—
任意公积金	—	—	—	—	—	—	—	—	—
2.提取一般风险准备	—	—	—	—	130 728 761.63	-130 728 761.63	—	—	—
3.对所有者的分配	—	—	—	—	—	-250 000 000.00	-250 000 000.00	-98 000 000.00	-348 000 000.00
4.其他	—	—	—	—	—	—	—	—	—
（四）所有者权益内部结转	—	—	—	—	—	—	—	—	—
1.资本公积转增资本	—	—	—	—	—	—	—	—	—
2.盈余公积转增资本	—	—	—	—	—	—	—	—	—
3.盈余公积弥补亏损	—	—	—	—	—	—	—	—	—
4.设定受益计划变动额结转留存收益	—	—	—	—	—	—	—	—	—
5.其他综合收益结转留存收益	—	—	—	—	—	—	—	—	—
6.其他	—	—	—	—	—	—	—	—	—
四、本年年末余额	2 670 545 454.00	2 850 322 706.22	22 500.00	1 070 663 189.64	1 397 574 142.86	4 651 816 619.17	12 640 944 611.89	856 056 911.42	13 497 001 523.31

所有者权益变动表（母子公司合并，续）

编制单位：国投泰康信托有限公司　　2023年度　　单位：元

项目	上年金额								
	归属于母公司所有者权益							少数股东权益	所有者权益合计
	实收资本	资本公积	其他综合收益	盈余公积	一般风险准备	未分配利润	小计		
一、上年年末余额	2 670 545 454.00	2 850 322 706.22	—	851 265 251.46	1 096 747 273.93	3 422 203 347.26	10 891 084 032.87	802 388 751.27	11 693 472 784.14
加：会计政策变更	—	—	—	—	—	—	—	—	—
前期差错更正	—	—	—	—	—	—	—	—	—
其他	—	—	—	—	—	—	—	—	—
二、本年年初余额	2 670 545 454.00	2 850 322 706.22	—	851 265 251.46	1 096 747 273.93	3 422 203 347.26	10 891 084 032.87	802 388 751.27	11 693 472 784.14
三、本年增减变动金额（减少以"-"号填列）	—	—	30 000.00	118 098 460.26	170 098 107.30	624 072 005.64	912 298 573.20	-17 982 067.42	894 316 505.78
（一）综合收益总额	—	—	30 000.00	—	—	1 162 268 573.20	1 162 298 573.20	80 017 932.58	1 242 316 505.78
（二）所有者投入和减少资本	—	—	—	—	—	—	—	—	—
1.所有者投入的普通股	—	—	—	—	—	—	—	—	—
2.其他权益工具持有者投入资本	—	—	—	—	—	—	—	—	—
3.股份支付计入所有者权益的金额	—	—	—	—	—	—	—	—	—
4.其他	—	—	—	—	—	—	—	—	—
（三）利润分配	—	—	—	118 098 460.26	170 098 107.30	-538 196 567.56	-250 000 000.00	-98 000 000.00	-348 000 000.00
1.提取盈余公积	—	—	—	118 098 460.26	—	-118 098 460.26	—	—	—
其中：法定公积金	—	—	—	118 098 460.26	—	-118 098 460.26	—	—	—
任意公积金	—	—	—	—	—	—	—	—	—
2.提取一般风险准备	—	—	—	—	170 098 107.30	-170 098 107.30	—	—	—
3.对所有者的分配	—	—	—	—	—	-250 000 000.00	-250 000 000.00	-98 000 000.00	-348 000 000.00
4.其他	—	—	—	—	—	—	—	—	—
（四）所有者权益内部结转	—	—	—	—	—	—	—	—	—
1.资本公积转增资本	—	—	—	—	—	—	—	—	—
2.盈余公积转增资本	—	—	—	—	—	—	—	—	—
3.盈余公积弥补亏损	—	—	—	—	—	—	—	—	—
4.设定受益计划变动额结转留存收益	—	—	—	—	—	—	—	—	—
5.其他综合收益结转留存收益	—	—	—	—	—	—	—	—	—
6.其他	—	—	—	—	—	—	—	—	—
四、本年年末余额	2 670 545 454.00	2 850 322 706.22	30 000.00	969 363 711.72	1 266 845 381.23	4 046 275 352.90	11 803 382 606.07	784 406 683.85	12 587 789 289.92

5.2 信托资产

5.2.1 信托项目资产负债汇总表

编制单位：国投泰康信托有限公司　　2023年12月31日　　单位：万元

信托资产	期末数	年初数	信托负债和信托权益	期末数	年初数
信托资产：			**信托负债：**		
货币资金	706 346.86	622 491.61	交易性金融负债	602 917.22	—
拆出资金	—	—	衍生金融负债	—	—
存出保证金	—	—	应付受托人报酬	41 793.69	28 216.89
交易性金融资产	28 946 672.32	19 753 785.77	应付托管费	1 203.32	821.94

续表

信托资产	期末数	年初数	信托负债和信托权益	期末数	年初数
衍生金融资产	—	—	应付受益人收益	6 383.98	21 820.04
买入返售金融资产	1 306 921.80	1 476 654.93	应交税费	15 161.70	10 202.03
应收款项	22 606.50	-1 311.07	应付销售服务费	17 440.35	8 891.36
发放贷款	2 989 865.33	3 502 202.61	其他应付款项	194 271.03	652 671.38
债权投资	4 150 204.06	1 577 270.50	其他负债	—	—
其他债权投资	—	—	信托负债合计	879 171.29	722 623.65
其他权益工具投资	—	—			
长期应收款	—	—			
长期股权投资	—	496 000.18			
投资性房地产	—	—	信托权益		
固定资产	—	—	实收信托	37 389 114.63	29 043 600.83
无形资产	—	—	其他综合收益	—	—
长期待摊费用	—	1.09	外币报表折算差额	—	—
其他资产	992 015.01	2 433 012.53	未分配利润	846 345.96	93 883.67
减:各项资产减值准备	33 730.25	41 153.58	信托权益合计	38 235 460.59	29 137 484.50
信托资产总计	39 114 631.88	29 860 108.15	信托负债及信托权益总计	39 114 631.88	29 860 108.15

5.2.2 信托项目利润及利润分配汇总表

编制单位：国投泰康信托有限公司　　　2023年度　　　单位：万元

项目	本期金额	上期金额
1.营业收入	1 770 699.35	961 846.00
1.1 利息收入	734 392.14	828 398.63
1.2 投资收益（损失以"-"号填列）	642 540.10	326 547.37
1.2.1 其中：对联营企业和合营企业的投资收益	—	—
1.3 公允价值变动收益（损失以"-"号填列）	391 895.85	-253 376.27
1.4 租赁收入	—	—
1.5 汇兑损益（损失以"-"号填列）	-2 600.09	-485.35
1.6 其他收入	4 471.35	60 761.62
2.支出	422 121.14	343 187.47
2.1 营业税金及附加	3 847.11	3 142.43
2.2 受托人报酬	159 779.63	155 250.05
2.3 托管费	3 384.84	3 122.35
2.4 投资管理费	2.07	2.04
2.5 销售服务费	39 693.20	27 909.47
2.6 交易费用	—	0.45
2.7 信用减值损失	33 370.96	54 984.16
2.8 其他资产减值损失	21 349.65	3 388.94
2.9 其他费用	160 693.68	95 387.58
3.信托净利润（净亏损以"-"号填列）	1 348 578.21	618 658.53
4.其他综合收益	—	—
5.综合收益	1 348 578.21	618 658.53
6.加：期初未分配信托利润	823 886.46	85 870.23
7.可供分配的信托利润	2 172 464.67	1 455 518.50
8.减：本期已分配信托利润	1 326 118.71	1 361 634.83
9.期末未分配信托利润	846 345.96	93 883.67

6. 会计报表附注

6.1 简要说明报告年度会计报表编制基准、会计政策、会计估计和核算方法发生的变化

本报告期本公司主要会计报表编制基准、会计政策、会计估计和核算方法未发生变更。

6.2 或有事项说明

截至2023年12月31日，本公司无需要披露的重大或有事项。

6.3 重要资产转让及其出售的说明

无。

6.4 会计报表中重要项目的明细资料

6.4.1 自营资产经营情况

6.4.1.1 信用风险资产分类

信用风险资产五级分类	正常类（万元）	关注类（万元）	次级类（万元）	可疑类（万元）	损失类（万元）	信用风险资产合计（万元）	不良合计（万元）	不良率（%）
期初数	1 263 914	28 804	—	—	—	1 292 718	—	—
期末数	1 247 363	24 422	—	—	—	1 271 785	—	—

注：不良资产合计=次级类+可疑类+损失类。

6.4.1.2 各项资产减值损失准备

无。

6.4.1.3　固有业务投资品种明细

单位：万元

项目	自营股票	基金	债券	长期股权投资	其他投资	合计
期初数	—	—	—	17 698	1 080 211	1 097 909
期末数	—	20 163	8 163	17 841	1 059 108	1 105 275

6.4.1.4　前三名的自营长期股权投资情况

企业名称	占被投资企业权益的比例（%）	主要经营活动	投资损益（万元）
国投瑞银基金管理有限公司	51.00	基金募集、基金销售、资产管理	10 200
国彤万和私募基金管理有限公司	45.00	私募股权投资基金管理、创业投资基金管理服务	144

6.4.1.5　前三名的自营贷款的企业情况

无。

6.4.1.6　表外业务情况

无。

6.4.1.7　公司当年的收入结构

收入结构	母公司 金额（万元）	母公司 占比（%）	母子合并 金额（万元）	母子合并 占比（%）
手续费及佣金收入	152 899	81.15	279 532	86.79
其中：信托手续费收入	152 899	81.15	152 899	47.47
投资银行业务收入	—	—	—	—
利息收入	751	0.40	27 790	8.63
其他业务收入	2 036	1.08	6 509	2.02
其中：计入信托业务收入部分	—	—	—	—
投资收益	41 142	21.84	12 810	3.98
其中：股权投资收益	15 765	8.37	6 184	1.92
证券投资收益	298	0.16	2 392	0.74
其他投资收益	25 079	13.31	4 233	1.31
公允价值变动收益	−8 423	−4.47	−4 573	−1.42
营业外收入	8	—	16	—
收入合计	188 413	100.00	322 084	100.00

6.4.2　信托财产管理情况

6.4.2.1　信托资产的期初数、期末数

单位：万元

信托资产	期初数	期末数
集合	14 465 895.89	27 333 222.38
单一	1 643 683.06	1 846 646.56
财产权	13 750 529.20	9 934 762.94
合计	29 860 108.15	39 114 631.88

6.4.2.1.1　主动管理型信托业务的信托资产

单位：万元

主动管理型信托资产	期初数	期末数
证券投资类	8 433 949.68	20 109 613.53
股权投资类	131 030.37	171 623.04
融资类	5 722 359.71	7 370 288.44
事务管理类	24 662.11	27 543.12
其他	374 595.06	315 745.26
合计	14 686 596.93	27 994 813.39

6.4.2.1.2　被动管理型信托业务的信托资产

单位：万元

被动管理型信托资产	期初数	期末数
证券投资类	11 594.75	10 875.60
股权投资类	135 375.85	127 746.12
融资类	1 719.36	7 502.04
事务管理类	14 495 490.48	10 929 289.89
其他	529 330.78	44 404.84
合计	15 173 511.22	11 119 818.49

6.4.2.2　本年度已清算结束的信托项目

6.4.2.2.1　本年度已清算结束的集合类、单一类资金信托项目和财产管理类信托项目

已清算结束信托项目	项目个数（个）	实收信托合计金额（万元）	加权平均实际年化收益率（%）
集合类	285	12 241 981.87	5.58
单一类	48	750 414.03	5.59
财产管理类	32	2 487 161.14	4.60

6.4.2.2.2　本年度已清算结束的主动管理型信托项目

已清算结束信托项目	项目个数（个）	实收信托合计金额（万元）	加权平均实际年化信托报酬率（%）	加权平均实际年化收益率（%）
证券投资类	150	6 808 291.87	0.39	5.08
股权投资类	1	15 000.00	2.90	8.00
融资类	136	5 260 940.00	1.39	6.20
事务管理类	4	234 030.00	0.05	5.77
其他	15	428 790.00	0.12	6.17

6.4.2.2.3　本年度已清算结束的被动管理型信托项目

已清算结束信托项目	项目个数（个）	实收信托合计金额（万元）	加权平均实际年化信托报酬率（%）	加权平均实际年化收益率（%）
证券投资类	—	—	—	—
股权投资类	—	—	—	—
融资类	5	216 400.00	0.29	5.06
事务管理类	53	2 447 555.17	0.05	4.61
其他	1	68 550.00	0.06	3.65

6.4.2.3 本年度新增集合类、单一类和财产管理类信托项目

新增信托项目	项目个数（个）	实收信托合计金额（万元）
集合类	690	20 594 929.46
单一类	260	403 115.77
财产管理类	1 907	3 041 686.11
新增合计	2 857	24 039 731.34
其中：主动管理型	698	20 669 432.27
被动管理型	2 159	3 370 299.07

6.4.2.4 信托业务创新成果和特色业务有关情况

2023年，公司持续推进信托业务转型与创新。财富管理业务领域，设置资产配置中心，构建高效资产配置服务能力；设置产品管理中心，重塑产品发行流程；举办"蝶变与创新"系列论坛，发布"保险金信托白皮书"，发布"赫奕传家"财富管理服务信托品牌，强化品牌赋能业务发展。证券投资业务领域，产品线搭建日渐完善，丰溢、和溢等主动管理FOF产品整体表现较好，绝对收益和相对排名均有较大提升。资产证券化业务领域，先后落地全国首单市政道路停车收费权ABN、天津市首单民营科技创新企业知识产权ABN、公司首单绿色资产ABN和公司首单小微资产"债券通"ABN，取得了一定的社会影响力。股权投资业务领域，进一步丰富产品矩阵，形成以"四季"为主题的综合配置类产品，以"名岳""青松"系列为主题的行业类精选产品和以"坤奕""志合"系列为主题的TOF类产品。

6.4.2.5 本公司履行受托人义务情况及因本公司自身责任而导致的信托资产损失情况

公司严格按照《中华人民共和国信托法》《信托公司管理办法》《信托公司集合资金信托计划管理办法》等法律法规的规定及信托合同等文件的约定，诚实、信用、谨慎、有效地管理信托财产，严格履行受托人的义务。报告期内公司没有发生因自身责任而导致的信托资产损失情况。

6.4.3 公司净资本及风险资本情况

截至2023年底，公司净资本为855 444.33万元，公司开展固有业务、信托业务等占用的风险资本为429 720.94万元，公司净资本高于各项风险资本之和，高于公司净资产的40%，符合《信托公司净资本管理办法》的风险控制指标。

6.5 关联方关系及其交易的披露

6.5.1 关联交易概况

项目	关联交易方数量	关联交易金额（万元）	定价政策
合计	19	14 254 865.99	本公司向关联方提供贷款、管理咨询服务等的交易价格由双方协商确定，与非关联方的交易价格并无重大差异；收取的信托项目手续费按照信托合同的约定确定

6.5.2 关联交易方情况

关系性质	关联方名称	法定代表人	注册地址	注册资本	主营业务
母公司	国投资本控股有限公司	曲刚	北京市西城区阜成门北大街6号-6国际投资大厦A座	42亿元	对外投资，资产管理，接受委托对企业进行管理，投资策划及咨询服务
子公司	国投瑞银基金管理有限公司	傅强	上海市虹口区杨树浦路168号20层	1亿元	基金募集、基金销售、资产管理、中国证监会许可的其他业务
联营企业	国彤万和私募基金管理有限公司	姚少杰	珠海市横琴新区兴盛一路128号2920办公室	1亿元	私募股权投资基金管理、创业投资基金管理服务
受同一最终控制方控制的其他企业	国投财务有限公司	崔宏琴	北京市西城区阜成门北大街2号18层	50亿元	对成员单位办理财务和融资顾问、信用鉴证及相关咨询、代理业务；协助成员单位实现交易款项的收付；经批准的保险代理业务；对成员单位提供担保；办理成员单位之间的委托贷款及委托投资；对成员单位办理票据承兑与贴现；办理成员单位之间的内部转账结算及相应的结算、清算方案设计；吸收成员单位的存款；对成员单位办理贷款及融资租赁；从事同业拆借；经批准发行财务公司债券；承销成员单位的企业债券；对金融机构的股权投资；有价证券投资；成员单位产品的买方信贷
受同一最终控制方控制的其他企业	国投亚华（北京）有限公司	魏春波	北京市西城区阜成门北大街2号楼1层至7层东侧北侧西侧地下一层、地下二层	7.3亿元	房地产开发；销售商品房；信息咨询（中介除外）；出租商业用房、办公用房；租赁计算机及辅助设备；建设工程项目管理；体育场馆经营；住宿；游泳馆
受同一最终控制方控制的其他企业	国投物业有限责任公司	闫晓俊	北京市西城区阜成门北大街6号-6国际投资大厦	1亿元	物业管理；出租办公用房；机动车公共停车场服务；洗车服务；餐饮服务；销售食品
受同一最终控制方控制的其他企业	国投亚华（上海）有限公司	耿永军	上海市虹口区杨树浦路168号2层208室	26亿元	以自有资金从事投资活动；投资管理；物业管理；会议及展览服务；信息咨询服务

续表

关系性质	关联方名称	法定代表人	注册地址	注册资本	主营业务
受同一最终控制方控制的其他企业	国投智能科技有限公司	张雷	上海市虹口区杨树浦路168号36层A	20亿元	从事智能科技、物联网科技、计算机科技、环保科技、电子科技、能源科技领域内的技术开发、技术咨询、技术服务、技术转让，网络科技，网络工程，电子商务（不得从事金融业务），企业管理咨询，通信建设工程施工，项目投资，投资管理，投资咨询，企业策划，资产管理，电信业务
受同一最终控制方控制的其他企业	国投人力资源服务有限公司	孟书豪	北京市朝阳区光华路15号院2号楼10层1001、1002、1003内167	1亿元	职业中介活动；劳务派遣服务；对外劳务合作；互联网信息服务；网络文化经营；广播电视节目制作经营；第二类增值电信业务。（依法须经批准的项目，经相关部门批准后方可开展经营活动，具体经营项目以相关部门批准文件或许可证件为准）一般项目：人力资源服务（不含职业中介活动、劳务派遣服务）；业务培训（不含教育培训、职业技能培训等需取得许可的培训）；企业管理咨询；教育咨询服务（不含涉许可审批的教育培训活动）；社会经济咨询服务；税务服务；市场调查（不含涉外调查）；技术服务、技术开发、技术咨询、技术交流、技术转让、技术推广；会议及展览服务；组织文化艺术交流活动；广告设计、代理；广告制作；广告发布；非居住房地产租赁；软件销售
受同一最终控制方控制的其他企业	北京国智云鼎科技有限公司	王良科	北京市海淀区东冉北街9号A幢三层B区B3006号	3 000万元	技术服务、技术开发、技术咨询、技术交流、技术转让、技术推广；软件开发；计算机软硬件及辅助设备批发；计算机软硬件及辅助设备零售；社会经济咨询服务；企业管理咨询；计算机系统服务
受同一最终控制方控制的其他企业	国投证券股份有限公司	段文务	深圳市福田区福田街道福华一路119号安信金融大厦	100亿元	许可经营项目是：证券经纪；证券投资咨询；与证券交易、证券投资活动有关的财务顾问；证券承销与保荐；证券自营；融资融券；代销金融产品；证券投资基金销售；为期货公司提供中间介绍业务；证券投资基金托管；上市证券做市交易业务；中国证监会批准的其他证券业务
受同一最终控制方控制的其他企业	安信（深圳）商业服务有限公司	李达	深圳市福田区福田街道福安社区福华一路119号安信金融大厦10楼	2 000万元	一般经营项目是：商业管理咨询；商业运营管理；物业管理；物业租赁；水电空调使用代缴费；物业装饰装修工程；物业设施设备上门维修；会务服务；礼仪策划；企业形象策划；展览展示策划；文印、档案管理服务；汽车租赁；从事广告业务；经营电子商务；办公设备、文体用品的销售；翻译服务；软件和信息的技术服务（法律、行政法规、国务院决定禁止的项目除外，限制的项目须取得许可后方可经营），许可经营项目是：劳务派遣；餐饮服务；机动车辆停放服务；停车场管理
受同一最终控制方控制的其他企业	国投融资租赁有限公司	刘志强	中国（上海）自由贸易试验区商城路1287号	25 000万美元	融资租赁业务；租赁业务；向国内外购买租赁财产；租赁财产的残值处理及维修；租赁交易咨询和担保；兼营与主营业务有关的商业保理业务（依法须经批准的项目，经相关部门批准后方可开展经营活动）
受同一最终控制方控制的其他企业	国投生物能源销售有限公司	魏劲松	天津市河西区吴家窑大街与卫津路交口君禧华庭3-1-2001、2010、2011、2012	5 000万元	许可项目：危险化学品经营；食品销售；酒类经营；食品互联网销售（依法须经批准的项目，经相关部门批准后方可开展经营活动，具体经营项目以相关部门批准文件或许可证件为准）一般项目：化工产品销售（不含许可类化工产品）；饲料原料销售；饲料添加剂销售；畜牧渔业饲料销售；初级农产品收购；食用农产品批发；谷物销售；豆及薯类销售；食品添加剂销售；肥料销售；再生资源销售；石灰和石膏销售；日用化学产品销售；消毒剂销售（不含危险化学品）；货物进出口；技术进出口；专用化学产品销售（不含危险化学品）；日用口罩（非医用）销售；医用口罩批发；玻璃仪器销售；卫生用品和一次性使用医疗用品销售；医护人员防护用品销售；医护人员防护用品零售；第一类医疗器械销售；第二类医疗器械销售；实验分析仪器销售；化妆品批发；化妆品零售；日用品批发；日用品销售；个人卫生用品销售；母婴用品销售；互联网销售（除销售需要许可的商品）；保健食品（预包装）销售；婴幼儿配方乳粉及其他婴幼儿配方食品销售；海洋生物活性物质提取、纯化、合成技术研发；复合微生物肥料研发；技术服务、技术开发、技术咨询、技术交流、技术转让、技术推广；生态环境材料销售；机械设备销售；机械设备研发；仪器仪表销售（除依法须经批准的项目外，凭营业执照依法自主开展经营活动）
母公司的联营企业	锦泰财产保险股份有限公司	任瑞洪	中国（四川）自由贸易试验区成都市高新区吉瑞四路399号金控时代广场1号楼东塔楼	11亿元	财产损失保险；责任保险；信用保险和保证保险；短期健康保险和意外伤害保险；上述业务的再保险业务；国家法律、法规允许的保险资金运用业务；经保监会批准的其他业务（依法须经批准的项目，经相关部门批准后方可开展经营活动）
母公司的联营企业	国彤创丰私募基金管理有限公司	李涛	上海市虹口区飞虹路360弄9号6层（集中登记地）	2亿元	一般项目：私募股权投资基金管理、创业投资基金管理服务（须在中国证券投资基金业协会完成登记备案后方可从事经营活动）（除依法须经批准的项目外，凭营业执照依法自主开展经营活动）
本公司股东的子公司	泰康养老保险股份有限公司	李艳华	北京市朝阳区景辉街16号院1号楼泰康集团大厦2001、2002、2101、2102、2201、2202单元	70亿元	团体养老保险及年金业务、个人养老保险及年金业务、团体人寿保险业务、短期健康保险业务、团体长期健康保险业务、个人长期健康保险业务、意外伤害保险业务、上述业务的再保险业务、与健康保险有关的咨询服务业务及代理业务、国家法律、法规允许的保险资金运用业务、经中国保监会批准的其他业务；保险兼业代理（仅代理泰康人寿保险有限责任公司和泰康在线财产保险股份有限公司的保险业务）（市场主体依法自主选择经营项目，开展经营活动；保险兼业代理以及依法须经批准的项目，经相关部门批准后依批准的内容开展经营活动；不得从事国家和本市产业政策禁止和限制类项目的经营活动）

续表

关系性质	关联方名称	法定代表人	注册地址	注册资本	主营业务
本公司联营企业的子公司	珠海万和锦鸿科技有限公司	梁强	珠海市横琴新区兴盛一路128号1015办公	1 000万元	一般项目：工程和技术研究和试验发展；科技中介服务；信息技术咨询服务（除依法须经批准的项目外，凭营业执照依法自主开展经营活动）
母公司控股股东的联营企业	厦门服云信息科技有限公司	陈奋	厦门市软件园二期观日路12号403单元	2 100万元	一般项目：软件开发；网络与信息安全软件开发；人工智能应用软件开发；互联网安全服务；信息系统集成服务；计算机系统服务；信息技术咨询服务；互联网数据服务；大数据服务；技术服务、技术开发、技术咨询、技术交流、技术转让、技术推广；信息咨询服务（不含许可类信息咨询服务）；软件销售；计算机软硬件及辅助设备批发；计算机软硬件及辅助设备零售；信息安全设备销售；互联网设备销售；网络设备销售；云计算设备销售；通信设备销售；计算机软硬件及外围设备制造；信息安全设备制造；云计算设备制造；网络设备制造；软件外包服务；数据处理服务；数据处理和存储支持服务；人工智能硬件销售；人工智能公共服务平台技术咨询服务；人工智能理论与算法软件开发；人工智能公共数据平台；人工智能基础软件开发；人工智能基础资源与技术平台；人工智能行业应用系统集成服务；人工智能双创服务平台；人工智能通用应用系统；物联网技术研发；物联网应用服务；物联网技术服务；物联网设备制造；物联网设备销售（除依法须经批准的项目外，凭营业执照依法自主开展经营活动）。许可项目：计算机信息系统安全专用产品销售；互联网信息服务（依法须经批准的项目，经相关部门批准后方可开展经营活动，具体经营项目以相关部门批准文件或许可证件为准）

6.5.3 本公司与关联方的重大交易事项

6.5.3.1 固有与关联方交易情况

固有与关联方关联交易 单位：万元

项目	期初数	借方发生额	贷方发生额	期末数
贷款	—	—	—	—
投资	199 386	73 313	23 710	248 989
租赁	—	3 302	3 302	—
担保	—	—	—	—
应收账款	3 581	—	1 015	2 566
其他	102 198	201 463	280 827	22 834
合计	305 165	278 078	308 854	274 389

6.5.3.2 信托资产与关联方交易情况

报告期内信托资产支付给关联方的代销费、托管费、财务顾问费等合计1 608.37万元。未发生信托资产实质与关联方贷款、投资、租赁、应收账款、担保的交易。

6.5.3.3 信托公司自有资金运用于自己管理的信托项目（固信交易）、信托公司管理的信托项目之间的相互（信信交易）交易金额

6.5.3.3.1 固有与信托财产之间的交易

固有财产与信托财产相互交易 单位：万元

项目	期初数	借方发生额	贷方发生额	期末数
合计	750 333	614 170	696 251	668 252

6.5.3.3.2 信托项目之间的交易

单位：万元

项目	期初数	本期增加	本期减少	期末数
合计	2 643 364.06	7 188 381.72	5 167 522.90	4 664 222.88

6.5.4 报告期内关联方逾期未偿还本公司资金，为关联方担保发生或即将发生垫款的情况

无。

6.6 会计制度的披露

公司根据实际发生的交易和事项，按照财政部颁布的《企业会计准则——基本准则》和陆续颁布的各项具体会计准则、企业会计准则应用指南、企业会计准则解释及其他相关规定进行确认和计量，在此基础上编制财务报表。

7. 财务情况说明书

7.1 利润实现和分配情况

母公司口径：公司累计实现利润总额132 391万元，较2022年同期减少22 129万元，降幅为14.32%。实现净利润101 299万元，较2022年同期减少16 799万元，降幅为14.22%。按相关法规及公司章程提取盈余公积10 130万元，提取一般准备金5 497万元。

合并口径：公司累计实现利润总额167 973万元，较2022年同期减少2 948万元，降幅为1.72%。实现净利润125 722万元，较2022年同期增加1 493万元，增幅为1.20%。按相关法规及公司章程提取盈余公积10 130万元，提取一般准备金13 073元。

7.2 主要财务指标

指标名称	指标值（母公司）	指标值（母子公司合并）
资本利润率（%）	8.88	9.64
加权年化信托报酬率（%）	0.47	0.47
人均净利润（万元）	322.10	210.24

7.3 对本公司财务状况、经营成果有重大影响的其他事项

报告期内无对本公司财务状况、经营成果有重大影响的其他事项。

8.特别事项揭示

8.1 前五名股东报告期内变动情况及原因

报告期内公司股东未发生变化。

8.2 董事、监事及高级管理人员变动情况及原因

2023年3月20日，公司2023年第一次临时股东会、第七届董事会第十七次会议选举李樱同志担任公司董事、董事长。2023年6月21日，经监管机构核准，李樱同志正式履行公司董事、董事长职责。

2022年12月23日，公司2022年第四次临时股东会、第七届董事会第十三次会议选举李振蓬同志担任公司董事、副董事长。2023年7月26日，经监管机构核准，李振蓬同志正式履行公司董事、副董事长职责。

2023年4月26日，公司2022年度股东会选举傅强同志担任公司董事。2023年11月22日，经监管机构核准，傅强同志正式履行公司董事职责。

8.3 公司的重大未决诉讼事项

8.3.1 重大未决诉讼事项

无。

8.3.2 以前年度发生，于本报告年度内终结的诉讼事项

无。

8.4 对会计师事务所出具的有保留意见、否定意见或无法表示意见的审计报告的，公司董事会应就所涉及事项作出说明

会计师事务所出具了无保留意见审计报告。

8.5 公司及其董事、监事和高级管理人员受到处罚的情况

报告期内，公司未发现公司及其董事、监事和高级管理人员受到处罚的信息。

8.6 国家金融监督管理总局及其派出机构对公司检查后提出整改意见的，应简单说明整改情况

报告期内，国家金融监督管理总局及其派出机构未对公司开展现场检查。

8.7 本年度重大事项临时报告的简要内容、披露时间、所披露的媒体及其版面

公司关于董事长及法定代表人变更为李樱同志的公告于2023年7月5日在《证券时报》B003版发布。

公司根据国务院国资委关于国企改革三年行动的相关工作要求及《国有企业法律顾问管理办法》等有关规定，结合实际工作情况，就股东会、董事会、总经理及党组织的权责等内容相应修改公司章程部分条款及序号的公告于2023年5月9日在《证券时报》B014版发布。

8.8 国家金融监督管理总局及其省级派出机构认定的其他有必要让客户及相关利益人了解的重要信息

无。

9.公司监事会意见

报告期内，监事列席了股东会、董事会会议并通过查阅以通信表决方式召开的董事会材料等方式，对公司依法经营情况、财务情况进行了监督。

监事会认为：公司2023年度的经营和运作，符合法律规范和监管部门的要求，较好地完成了年度重点工作；公司各位董事、高级管理人员在执行公司职务时能够恪尽职守，合规经营，依法管理，围绕股东会确定的年度目标审慎经营、规范运作，各项决策程序合法有效；依据信永中和会计师事务所2024年3月27日发布的编号为XYZH/2024BJAB1B0165、XYZH/2024BJAB1B0169的审计报告，公司财务报告客观真实地反映了公司财务状况及经营成果。依据公司的内部审计报告，未发现公司存在违法、违规和损害股东、投资者利益的行为，也未发现公司因违法、违规给公司自身和客户财产造成损失的问题。

10.公司履行社会责任情况

作为央企控股的信托公司，公司始终秉承"有道而正、信则人任"的核心价值观，以务实的精神、稳健的作风以及细致的服务，为客户、为员工、为股东、为社会创造最大价值。公司严格遵守国家法律法规、监管部门规章、规范性文件以及《信托公司社会责任公约》、公司章程等规定，坚守合规底线，实现稳健经营，树立了良好的社会形象。2023年公司荣获年度优秀风控信托公司、卓越综合竞争力信托公司、卓越数字科技信托公司、年度金牌服务力金融机构、最具影响力的中国信托品牌

10强榜、家族信托管理创新优秀案例等重量级奖项。

公司积极贯彻落实党的二十大精神及国家乡村振兴重大战略，进一步完善业务体系，加快慈善信托业务发展，2023年备案慈善信托12单，新增规模1.83亿元，全年新增备案规模位居行业首位。落地国投集团乡村振兴慈善信托，累计规模9 750万元，为国内迄今为止规模最大的乡村振兴慈善信托，并荣获"2023乡村振兴公益慈善优秀案例""最佳信托机构——最佳慈善信托奖"等行业奖项荣誉。

公司持续支持实体经济，在资产证券化业务领域，持续加大对专精特新、科技创新、绿色发展等领域的展业力度。在供应链金融业务中，采取"定向购销"模式深入服务实体经济，有效缩短上游供应商的回款周期，加强资金流动性，发挥产融协同效应。

公司深耕普惠金融，推动金融服务大众、覆盖社会各个末端。以"场景金融+大数据风控支持"为核心的风控模型，与电商合作，为上下游的小微企业和个体工商户，提供低利率的信用类融资服务。

公司加快养老金融服务布局。贯彻落实中央金融工作会议精神，加快账户信托业务布局，做好养老群体的金融服务。以家庭信托账户为中心，为客户提供全面、多层次的养老综合服务体系，缓解社会"养老焦虑"。

公司高度重视利益相关方的权益保护工作，全年策划并组织举办"蝶变与创新"系列品牌活动4场、"时势知行"财富家庭规划与配置系列活动1场、"春耕正当时"投资策略会套系活动3场，展示公司高质量转型发展的决心与硬实力，传播信托财富管理服务新理念、新价值，展示信托视角的买方投研能力。组织开展"美好生活"主题客户沙龙17场，围绕宏观经济走势观点、大类资产投研分享、财富传承规划、慈善信托等主题，开展线上活动23场。

11. 消费者权益保护

公司高度重视金融消费者权益保护工作，围绕监管制度要求深入研究，全面梳理公司消保工作现状，制定消保工作提升方案，推动消保护工作走深走实。

一是持续健全消保制度体系和组织架构。公司2023年成立了消费者权益保护中心，进一步保障了消保工作的独立性、权威性、专业性。年内整合制定公司《消费者权益保护管理办法》等4项制度，完善纠纷化解机制，加强消保审查机制建设。

二是积极推进消费者权益保护信息化建设。拟分二期构建以客诉处理、消保审查、客户服务内容为核心的金融消费者权益保护平台，利用智能科技手段提高消保工作时效性，构建符合信托业务特色的消费者权益保护系统。

三是全面落实消费者教育宣传主体责任，重点突出、形式多样地开展宣教活动。2023年共计开展"3·15"活动周、金融消费者权益保护教育宣传月等6场大型专项消保教育宣传活动。充分利用公司线上线下宣传渠道，通过H5小游戏、消保系列宣教动画创新宣传形式及内容，实现了针对重点人群的立体化宣教。全年举办线下活动32场，活动累计受众群体15 000余人，创作原创宣教文案、视频50余个。

四是高度重视投诉处理工作，提供各项资源保障投诉处理高效开展。2023年公司加强投诉处理人员队伍建设，新增公开投诉渠道1个，进一步完善官网、移动客户端等互联网平台投诉功能，确保客户投诉及时接收、顺畅流转、高效处理。2023年通过各渠道共收到有效投诉100件，投诉业务类别主要集中在普惠金融类型业务投诉。从投诉地区分布看，集中在北京、河北、广东、江苏地区。本年度公司进一步强化投诉溯源整改，认真开展投诉统计分析，改善投诉处理工作，有效减少类似消费纠纷的重复出现；主动根据市场变化改进产品和服务，对现有体制机制进行调整完善，以有效防范相关消费纠纷的发生。年内各类投诉均已得到妥善处理并在规定时限内办结，未出现与消费者权益保护相关的重大突发事件、群体性投诉及负面舆情，未发生违反法律法规、误导或欺骗消费者的行为。

杭州工商信托股份有限公司

1. 重要提示

1.1 本报告根据国家金融监督管理总局的有关规定编制。本公司董事会及董事保证本报告所载资料不存在任何虚假记载、误导性陈述或者重大遗漏，并对其内容的真实性、准确性和完整性承担个别及连带责任。本年度报告摘要摘自年度报告全文，客户及相关利益人欲了解详细内容，应阅读年度报告全文。

1.2 独立董事傅伟光先生、张滨滨先生、王孝锏先生认为本年度报告内容是真实、准确、完整的。

1.3 公司董事长（代为履职总裁）余南军先生、主管会计工作负责人陈凯先生声明：保证年度报告中财务会计报告的真实、完整。

2. 公司概况

2.1 公司简介

2.1.1 公司法定中文名称：杭州工商信托股份有限公司

公司法定英文名称：Hangzhou Industrial & Commercial Trust Co., Ltd.

2.1.2 法定代表人：余南军

2.1.3 注册地址：浙江省杭州市上城区迪凯国际中心4层、38层、41层

2.1.4 邮政编码：310016

2.1.5 公司国际互联网网址：www.hztrust.com

2.1.6 电子信箱：hztrust@hztrust.com

2.1.7 信息披露事务负责人：冯蔚蔚

联系电话/传真：0571-87218265

电子信箱：fengww@hztrust.com

2.1.8 公司选定的信息披露报纸名称：《上海证券报》

2.1.9 公司年度报告备置地点：浙江省杭州市上城区迪凯国际中心41层

2.1.10 公司聘请的会计师事务所名称：中汇会计师事务所（特殊普通合伙）

住所：浙江省杭州市上城区新业路8号华联时代大厦A幢601室

2.1.11 公司聘请的律师事务所名称：浙江天册律师事务所

住所：浙江省杭州市杭大路1号黄龙世纪广场A座11楼

2.2 组织结构

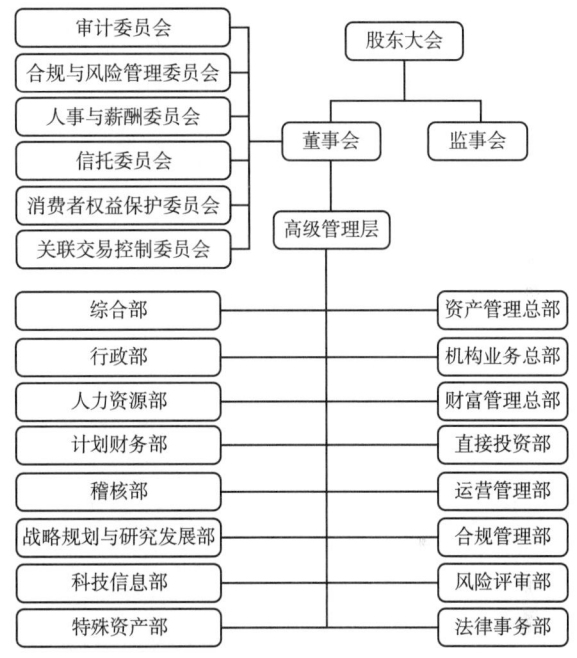

3. 公司治理结构

3.1 股东

3.1.1 公司报告期末股东总数为9家，报告期间股权无变动情况。报告期末股东持股情况如下表所示

股东名称	股份数量（股）	持股比例（%）
杭州市金融投资集团有限公司	869 880 001.46	57.992
绿地金融投资控股集团有限公司	298 500 000.00	19.9
百大集团股份有限公司	93 937 500.00	6.2625
浙江大学控股集团有限公司	66 515 625.00	4.434375
西子电梯集团有限公司	66 515 625.00	4.434375
浙江省东联集团有限责任公司	38 135 623.54	2.542375
浙江物产元通汽车集团有限公司	28 380 001.48	1.892
浙江省冶金物资有限公司	19 067 811.76	1.2711875
浙江省盐业集团有限公司	19 067 811.76	1.2711875
总计	1 500 000 000	100

3.1.2　公司前三位股东情况

股东名称	持股比例（%）	法定代表人	注册资本	注册地址	主要经营业务及主要财务情况
★杭州市金融投资集团有限公司	57.992	沈立	5 314 155 100元	浙江省杭州市上城区庆春东路2~6号35层	市政府授权范围内的国有资产经营，市政府及有关部门委托经营的资产；矿产品、建材及化工厂产品、机械设备、五金产品及电子产品的批发；其他无须报经审批的一切合法项目（依法须经批准的项目，经相关部门批准后方可开展经营活动）。2023年末净资产341.19亿元，利润总额16.06亿元（未经审计合并口径）
绿地金融投资控股集团有限公司	19.9	耿靖	90亿元	上海市崇明县潘园公路1800号2号楼888室（上海泰和经济开发区）	金融资产投资，资产管理，投资管理，商务咨询与服务。2023年末净资产214.34亿元，净利润-3.38亿元（合并口径）
百大集团股份有限公司	6.2625	吴南平	376 240 316元	杭州市拱墅区延安路546号	百货批发零售。2023年末净资产22.93亿元，净利润1 346万元（合并口径）

★号代表本公司最终实际控制人。

3.1.3　报告期末主要股东及其控股股东、实际控制人、关联方、一致行动人、最终受益人情况

主要股东名称	该股东的控股股东	该股东的实际控制人	一致行动人	最终受益人
杭州市金融投资集团有限公司	杭州市人民政府	杭州市人民政府	无	杭州市人民政府、浙江省财政厅
绿地金融投资控股集团有限公司	绿地数字科技有限公司	无实际控制人	无	绿地控股集团股份有限公司
百大集团股份有限公司	西子国际控股有限公司	陈夏鑫	无	陈夏鑫

3.1.4　报告期末主要股东关联方名单

主要股东名称	关联方名单
杭州市金融投资集团有限公司	杭州工商信托股份有限公司、杭州市民卡有限公司、杭州金投资本管理有限公司、杭州市财开投资集团有限公司、杭州金投企业集团有限公司等，详见公开挂网的《杭州市金融投资集团有限公司2023年年度报告》
绿地金融投资控股集团有限公司	绿地数字科技有限公司、绿地金创科技集团有限公司、绿地控股集团有限公司、绿地控股集团股份有限公司、绿地科技（宁波）有限公司、绿地康养健康产业集团有限公司、上海绿颐科云城市运营管理有限公司、海南绿颐投资有限公司、哈尔滨竟渡投资有限公司、上海廪畅企业管理有限公司、上海溢廪企业管理合伙企业（有限合伙）、上海鹏塔网络科技有限公司、上海合创嘉锦物业管理有限公司、杭州绿地新能源科技有限公司、上海绿地弘途投资发展有限公司、绿地创新投资有限责任公司、绿地永续财富投资管理有限公司、大连绿地文化产权交易有限公司、上海绿地股权投资基金管理有限公司、上海绿联资本管理有限公司、上海绿地创极投资管理有限公司、上海绿臻资产管理有限公司、上海绿塑资产管理有限公司、上海绿坼资产管理有限公司、上海绿鹍信息科技有限公司、上海易涟信息技术有限公司、上海廪溢资产管理合伙企业（有限合伙）、北京绿锦投资有限公司、绿地教育产业投资集团有限公司、绿地金融海外投资集团有限公司、绿地国际资本有限公司、绿地资产管理有限公司、上海绿地交信投资管理有限责任公司、宁波绿斌投资管理有限公司、上海珑樗投资管理有限公司、浙江绿研企业管理有限公司、上海碧溢企业管理有限公司、杭州绿穗信息科技有限责任公司、贵州省绿金低碳交易中心有限公司、黑龙江省金融资产交易中心有限公司、绿地融资租赁有限公司、华臻国际商业保理有限公司、苏州绿创联投资管理中心（有限合伙）、山东省电子商务综合运营管理有限公司、上海联奔云信息科技有限公司、杭州绿地金供应链科技有限公司、杭州极优信息科技有限公司、杭州绿澍数字经济产业研究院有限公司、杭州碧盛企业管理合伙企业（有限合伙）、上海奉贤绿地小额贷款有限公司、重庆保税港区绿地小额贷款有限公司、宁波江北区绿地小额贷款有限责任公司、青岛绿地数斗小额贷款有限公司、绿地海外集团有限公司、绿地联合金融投资有限公司、绿地虚拟金融股份有限公司、绿地（亚洲）证券有限公司、绿地金融财务有限公司、绿地财富（澳门）投资一人有限公司、上海绿投磐微商务服务有限公司、上海绿地融资担保有限公司、上海绿地典当有限公司、宿州绿登商务信息咨询有限公司、上海加财投资管理有限公司、上海绿岳股权投资合伙企业（有限合伙）、上海廪荟股权投资合伙企业（有限合伙）、上海廪辉股权投资合伙企业（有限合伙）、上海廪晸股权投资管理合伙企业（有限合伙）、上海廪臻投资合伙企业（有限合伙）、上海彤翼资产管理有限公司、上海绿艾投资合伙企业（有限合伙）、上海茁蓄投资合伙企业（有限合伙）、上海绿廪创峒投资合伙企业（有限合伙）、上海绿地开投投资合伙企业（有限合伙）、OASIS BUNON LIMITED、湖州廪信投资合伙企业（有限合伙）、GMT Holding、上海碧昶企业管理有限公司、绿安创兴有限公司、GEM Holding、上海绿槐企业管理有限公司、宁波廪峰投资合伙企业（有限合伙）、GPT Holding、苏州绿缜创业投资合伙企业（有限合伙）、上海廪蔚企业管理合伙企业（有限合伙）、上海廪泓企业管理合伙企业（有限合伙）、宿州绿玖企业管理有限公司、Greentech Tianhong Investment Holding Limited、上海廪骏企业管理有限公司、苏州吴江绿联更盛创业投资合伙企业（有限合伙）、宿州绿昊企业管理有限公司、哈尔滨槽升投资有限公司、GREENLAND（SINGAPORE）TRUST MANAGEMENT PTE.LTD.、深圳市绿信科技集团有限公司、上海绿地欣业资产管理有限公司、嘉兴兴然合伙企业（有限合伙）、厦门冃瑞为信息技术有限公司、资管通金融科技服务（宁波）有限公司、南昌虚拟现实研究院股份有限公司、苏州绿创投投资合伙企业（有限合伙）、中金瑞德（上海）股权投资管理有限公司、中国绿地博大泽集团有限公司、上海森锐资产管理有限公司、广州市绿地吉客小额贷款有限公司、上海绿地吉客智能科技有限公司、绿地联行信息科技有限责任公司、北京绿京城置业有限公司、北京绿京韬房地产开发有限公司、北京鹏程晟达房地产开发有限公司、固安县方科房地产开发有限公司、河南老街坊置业有限公司、河南绿地广场置业发展有限公司、河南绿地临港置业有限公司、河南绿地新城置业有限公司、河南绿地御湖置业有限公司、昆山联合商业发展有限公司、上海雅苑房地产开发有限公司、上海绿地科技岛置业有限公司、昆山雅苑商业管理有限公司、绿地地产集团有限公司、绿地集团成都置业有限公司、绿地集团六安溢湖置业有限公司、绿地集团合肥紫峰置业有限公司、南昌绿地申飞置业有限公司、上海翱禹资产管理有限公司、上海骋申资产管理有限公司、上海绿地邻森置业有限公司、上海恺泰房地产开发有限公司、上海康宸房地产开发有限公司、上海卢湾绿地商业管理有限公司、上海绿地众隽商业管理有限公司、上海绿地全球商品贸易港（集团）有限公司、上海绿地仓储物流有限公司、上海绿地嘉定置业有限公司、上海绿地建筑工程有限公司、上海绿地建地青岛置业（集团）有限公司、上海绿地汽车服务有限公司、上海绿地青迈置业有限公司、上海申花足球俱乐部有限公司、上海绿地体育文化发展有限公司、上海绿地优耕超市有限公司、上海绿地鼎置业有限公司、上海绿地景汇置业有限公司、上海申花锦绣生物发展有限公司、上海徐汇绿地商业管理有限公司、沈阳辰宇建设集团有限责任公司、绿地辽宁投资建设控股集团有限公司、耿靖、吴正全、施征宇、王唯炜、裴刚、李鑫、谢世煜、林丽蓉、张玉良、胡欣、董伟、张蕴、曾文慧、刘延平、管一民、王开国、乔依德、张军、王朔好、杨毅波、陈华、陈军、王晓东
百大集团股份有限公司	西子电梯集团有限公司、西子国际控股有限公司、浙江百大置业有限公司、浙江百大酒店管理有限公司、浙江百大资产管理有限公司等，详见公开挂网的《百大集团股份有限公司2023年年度报告》

报告期内，公司股东无出质公司股权情况。

3.2 董事

董事长、董事

姓名	职务	性别	年龄（岁）	选任日期	所推举的股东名称	该股东持股比例（％）	简要履历
余南军	董事长	男	55	2023年5月	杭州市金融投资集团有限公司	57.992	曾任杭州银行投资银行部总经理、杭州银行资产管理部总经理、杭州银行零售金融部总经理、杭州银行工会主席，现任杭州工商信托股份有限公司党委书记、董事长（代为履职总裁）
楼未	董事	女	45	2021年4月	杭州市金融投资集团有限公司	57.992	曾任杭州市金融投资集团有限公司办公室（战略规划部）副主任、战略管理部副总经理、战略管理部总经理，现任杭州市金融投资集团有限公司副总经理、战略管理部总经理
董文达	董事	男	40	2023年12月（股东大会选举）2024年3月（任职资格核准）	杭州市金融投资集团有限公司	57.992	曾任杭州金投实业有限公司总经理助理、副总经理，曾任杭州市金融投资集团有限公司城镇金融事业部（商贸金融事业部）高级业务经理、副总经理、总监，现任杭州市金融投资集团有限公司金融服务（产业运营）事业部总经理
施征宇	董事	男	51	2018年2月	绿地金融投资控股集团有限公司	19.9	曾任中国农业银行上海市分行房地产金融部总经理、绿地金融投资控股集团有限公司副总经理，现任绿地金创科技集团有限公司副总经理、绿地数字科技有限公司监事长
裴刚	董事	男	40	2021年12月	绿地金融投资控股集团有限公司	19.9	曾任平安资产管理有限责任公司直接投资事业部副总裁、农银国联无锡投资管理有限公司股权投资部总经理、长江养老保险股份有限公司另类投资部执行董事、绿地金融投资控股集团有限公司投资总监，现任绿地金创科技集团有限公司副总经理、绿地数字科技有限公司执行总裁

独立董事

姓名	所在单位及职务	性别	年龄（岁）	选任日期	所推举的股东名称	该股东持股比例（％）	简要履历
傅伟光	—	男	65	2021年12月	未提名非独立董事的股东协商提名	—	曾任杭州工商信托投资股份有限公司总经理、工商银行浙江省分行行长室高级专家兼工商银行浙江省分行私人银行中心总经理职务
张滨滨	中喜会计事务所宁波分所执行所长	男	39	2023年12月（股东大会选举）2024年3月（任职资格核准）	未提名非独立董事的股东协商提名	—	曾任中汇会计师事务所（特殊普通合伙）经理、高级经理、权益合伙人，杭州壹网壹创科技股份有限公司财务总监，广州创显科教股份有限公司财务总监；现任浙江联洋新材料股份有限公司独立董事，中喜会计师事务所（特殊普通合伙）宁波分所执行所长
王孝锅	浙大友创（杭州）私募基金管理有限公司总经理	男	41	2023年12月（股东大会选举）2024年3月（任职资格核准）	未提名非独立董事的股东协商提名	—	曾任浙江大晶创业投资有限公司投资部副经理、浙江大学科技创业投资有限公司投资总监及董事、浙江大启真创业投资有限公司副总经理及董事，现任浙大友创（杭州）私募基金管理有限公司董事长及总经理

注：2023年12月27日，公司2023年第三次临时股东大会审议通过《关于公司董事会换届选举的议案》，选举余南军先生、楼未女士、董文达先生、施征宇先生、裴刚先生、傅伟光先生、张滨滨先生、王孝锅先生为公司董事，其中董文达先生、张滨滨先生、王孝锅先生为新任董事；2024年3月1日，公司收到国家金融监督管理总局浙江监管局关于公司新任董事董文达先生、独立董事张滨滨先生、独立董事王孝锅先生的任职资格核准批复。

3.3 监事

监事会成员

姓名	职务	性别	年龄（岁）	选任日期	所推举的股东名称	该股东持股比例（％）	简要履历
董振东	监事会主席	男	48	2017年10月	主要股东协商提名	—	曾先后供职于中国银行江苏省分行、新利软件股份有限公司、浙江国信创业投资有限公司、杭州锅炉集团股份有限公司、西子电梯集团有限公司、百大集团股份有限公司，现任百大集团股份有限公司总经理、董事，兼任杭州西子智能停车股份有限公司董事
王健	监事	男	51	2023年5月	5%以下股份或表决权的股东提名	—	曾任杭州市财开投资集团公司投资银行部集团风控委员、投资经理，浙江天堂硅谷股权投资管理集团产业金部高级并购经理，浙江日报集团浙江新干线传媒投资有限公司总经理助理，宝鼎科技股份有限公司（股票代码：002552）副总经理，浙江省医疗健康集团有限公司投资总监，浙江君安世纪律师事务所律师，现任北京德恒杭州律师事务所律师
陈建乔	监事	男	42	2021年1月	职工监事	—	曾供职于天健会计师事务所，现任杭州工商信托股份有限公司稽核部总经理

3.4 高级管理人员

姓名	职务	性别	年龄（岁）	选任日期	金融从业年限（年）	学历学位	专业	简要履历
汪勇	副总裁	男	51	2018年12月	28	大学	会计学	曾任杭州工商信托股份有限公司投资银行部副总经理、市场开发部总经理、金融信托部总经理、总经理助理、投资运营总监，现任杭州工商信托股份有限公司副总裁
马晓涛	副总裁	男	54	2018年12月	36	硕士	工商管理	曾任华宝信托投资有限公司证券营业部副总经理、富成证券有限责任公司证券营业部总经理，杭州工商信托股份有限公司合规与风险管理部负责人、风险管理总监，现任杭州工商信托股份有限公司副总裁
何平	副总裁	男	48	2021年6月	25	大学	建筑工程	曾任杭州工商信托股份有限公司投资业务部、联信基业房地产、结构融资部业务经理、信托经理、结构融资部副总经理、总经理、总监等职务，现任杭州工商信托股份有限公司副总裁
冯蔚蔚	副总裁	女	43	2021年6月	17	硕士	金融学	曾任杭州工商信托股份有限公司战略规划与研究发展部、合规与风险管理部经理，风险管理部副总经理、风险管理部总经理、合规管理部总经理、总监等职务，现任杭州工商信托股份有限公司副总裁、董事会秘书
陈凯	首席财务官	男	39	2021年11月	3	硕士	企业管理	曾任中汇会计师事务所职员、浙江天源资产评估有限公司职员，杭州市金融投资集团有限公司财务/资金管理部主管、高级业务经理、财务/资金管理部副总经理等职务，现任杭州工商信托股份有限公司首席财务官

3.5 公司员工

报告期内，职工人数：225人；平均年龄：36.57岁。

学历分布比率

学历	人数（人）	学历分布比例（%）
博士	3	1.3
硕士	109	48.4
本科	106	47.1
专科	7	3.1
其他	—	—

4.经营管理

4.1 经营目标、方针、战略规划

4.1.1 经营目标

公司经营目标是以支持实体经济高质量发展和满足人民美好生活需要为己任，回归信托本源，充分发挥信托法律制度优势，依托公司资源和能力禀赋，为客户提供个性化、高质效的信托产品和服务，打造国内领先、专业特色鲜明、服务品质卓越的综合金融服务商。

4.1.2 经营方针

公司经营方针是坚守受托人定位，坚持"专业、精致、恒久"的经营理念，坚持以客户为中心的展业思路，落实"渠道展业、体系经营、风控支撑、合规高效"十六字方针，在战略业务领域扩规模、增收入，实现公司业务结构和收入结构转型，基本形成新的增长曲线。

4.1.3 战略规划

着力将资产服务信托发展成为公司基石业务，快速壮大资产管理规模，将财富管理业务发展成为重点业务，全力推进渠道展业。将资产管理业务发展成为公司特色业务，重点开展证券投资、房地产投资、私募股权投资业务以及其他另类投资业务，培育差异化竞争优势，赋能资产服务信托和财富管理业务，实现公司商业模式的可持续发展。打造特色化公益慈善信托业务，履行国有信托机构社会责任，助力共同富裕建设。

通过机制赋能、专业赋能、品牌赋能和科技赋能，提升全面风险管理能力、专业化资产管理能力、综合化管理服务能力和高效运营能力，推动业务模式转型、收入模式转型、服务领域转型和客户结构转型，实现文化理念升级、服务能力升级、风控能力升级和管理能力升级。

4.2 所经营业务的主要内容

4.2.1 经营业务、品种

公司业务主要分为信托业务和固有财产管理两大类。公司目前的信托业务主要包括：（1）资产服务信托业务，即依据信托法律关系、接受委托人委托并根据委托人需求为其量身定制财富规划和代际传承、托管、破产隔离和风险处置等专业信托服务；（2）资产管理信托业务，即依据信托法律关系为信托产品投资者提供投资和管理金融服务的自益信托；（3）公益慈善信托业务，即按照委托人意愿，基于公共利益目的对信托财产进行管理和处分，开展公益慈善活动的信托业务。

公司目前信托业务品种主要有资产服务信托、资产管理信托、公益慈善信托等。

4.2.2 资产组合与分布

自营资产运用与分布表

资产运用	金额（万元）	占比（%）	资产分布	金额（万元）	占比（%）
货币资产	5 002	1.03	基础产业	—	—
发放贷款及垫款	77 243	15.85	房地产业	30 158	6.19
交易性金融资产投资	342 849	70.36	证券市场	3 175	0.65
长期股权投资	5 000	1.03	实业	9 357	1.92
其他	57 189	11.73	金融机构	289 541	59.42
—	—	—	其他	155 052	31.82
资产总计	487 283	100.00	资产总计	487 283	100.00

信托资产运用与分布表

资产运用	金额（万元）	占比（%）	资产分布	金额（万元）	占比（%）
货币资产	34 118	0.39	基础产业	1 314 940	14.89
贷款	1 333 832	15.10	房地产	2 444 381	27.68
交易性金融资产投资	3 884 821	43.99	证券市场	1 352 526	15.31
可供出售金融资产投资	—	—	实业	1 487 833	16.85
持有至到期投资	—	—	金融机构	1 799 950	20.38
长期股权投资	—	—	其他	432 362	4.89
其他	3 579 221	40.52			
信托资产总计	8 831 992	100.00	信托资产总计	8 831 992	100.00

4.3 市场分析

4.3.1 有利因素

2023年国民经济稳中向好，经济转型加速推进，新发展格局逐步确立，社会财富不断积累，市场主体活力持续释放，资源和要素的重新组合意味着市场蕴育巨大的投资机会和服务机会。信托既能运用金融工具，把握产业投资机遇，创设优质资产，又能发挥制度优势，为多种市场主体提供个性化的信托服务，实现信托制度更广泛的社会价值。

信托行业制度和监管框架不断完善，信托业务分类新规进一步明确了信托业的功能定位，厘清了信托业务边界和服务内涵，完善了信托业务分类体系，对促进信托业发挥信托制度优势有效创新、有序发展起到积极作用。信托行业在新的分类框架下，基于信托法律制度优势和自身资源禀赋，打造差异化产品和服务，全方位重塑能力体系，行业核心竞争力逐步提升。

4.3.2 不利因素

2023年以来，全球经济呈现弱修复态势，国内经济发展仍面临有效需求不足、部分行业产能过剩、社会预期偏弱、风险隐患依然较多等困难和挑战，房地产市场处于调整转型关键期，当前金融领域的风险问题仍比较突出，有效防范化解重大经济金融风险仍是重中之重。

信托行业正处于转型发展的关键时期，业务分类新规一方面为业务转型发展指明了方向，另一方面也对传统非标业务及其他不符合分类新规定义的业务提出严格的压降或整改要求。以非标融资为主的业务模式和以利差收入为主的盈利方式难以为继，部分已开展的创新业务面临不确定性，信托业务模式的重塑对行业短期经营业绩造成较大压力。

4.4 内部控制概况

公司建立了完善的内部治理架构，清晰的内部控制目标和原则，经营管理层牢固树立了内控优先的风险管理理念，公司前台、中台、后台职责明确，操作独立、运行顺畅。公司根据《信托法》《信托公司管理办法》等相关法律法规的要求，贯彻落实信托业务"三分类"的监管精神，建立了一整套顺应公司业务发展和转型实际、符合监管政策的内部控制制度体系，公司现行内控制度渗透到公司的各项业务过程和各个操作环节，基本覆盖所有的部门和岗位，形成对风险进行事前防范、事中控制、事后监督和纠正的内控机制，体现了较好的完整性、合理性和有效性，在控制金融风险方面起到了积极的作用，并根据监管要求和经营管理发展需要，全面强化"制度先行"工作要求，持续完善制度建设，年内出台制度梳理工作方案并明确年度制度制定及修订计划，修订基本管理制度《制度制定及修订基本规定》，有力压实制度立项、征求意见、审查审批、发文公示、评估回顾等全流程管理规范，全年制定制度57项、修订制度47项，不断完善内控制度体系，切实提升内控合规管理水平。公司建立了上传下达、下情上达的充分、合理的信息沟通制度，通过多种渠道获取各类信息。公司内部监督分为日常监督和专项监督，合规管理部和稽核部等部门职能分离、职责分明、协同合作，成为公司合规风险的前后道防线，整个控制活动措施到位，帮助公司降低和规避各类风险，通过后续纠正和改进达到合规和降低风险的目的，提升了公司业务发展和管理水平。

4.5 风险管理概况

公司在经营活动中所面临的风险主要包括信用风险、市场风险、操作风险及其他各类风险。针对不同类型的风险，公司在确保尽职调查工作质量的基础上严格控制项目和合作方的准入,有效控制集中度,强化项目期间管理和风险预警以防范信用风险;加强对宏观经济形势和行业特征的研究,通过适时调整策略和优化升级业务结构以防范市场风险;建立覆盖信托产品设立、发行、销售、管理、信息披露等各个环节的全流程操作风险管理体系,充分发挥业务管理、风险合规、内部审计三道防线作用,切实加强制度建设,通过问责和考核机制提高制度执行力和有效性,优化和提升系统支持功能,以防范操作风险;制定并严格执行流动性风险管理制度,根据业务规模、属性及风险状况,监测可能引发流动性风险的特定情形或事件,定期开展流动性风险压力测试,分析不同压力情景下的流动性风险控制能力,确保持有较为充足的优质流动性资产,以防范流动性风险;积极关注并认真研究国家法律法规政策,聘请专业法律顾问机构,持续完善法律、合规工作机制,以防范法律风险、合规风险以及其他风险。

报告期内,公司深入贯彻执行国家政策、法规及监管要求,持续强化公司全面风险管理体系建设,建立健全风险管理长效机制,不断规范和完善公司制度体系并提高制度执行力,持续强化业务风险管理,通过加强日常事项管理、强化交易方舆情监测、扎实推进项目驻场管理、提高现场检查频次和风险排查质效等多种方式有效落实项目后期管理及各项风险控制措施。目前公司面临的风险总体可控,就存在风险的项目,公司积极采取各项措施主动推进风险处置和化解工作,保障信托财产权益。

5.报告期末及上一年度末的比较式会计报表

5.1 自营资产

5.1.1 会计师事务所审计结论

中汇会计师事务所(特殊普通合伙)出具了标准无保留审计意见。

5.1.2 资产负债表

资产负债表(母公司)

编制单位:杭州工商信托股份有限公司　　　　2023年12月31日　　　　单位:万元

资产	期末余额	年初余额	负债和股东权益(或股权权益)	期末余额	年初余额
资产:			负债:		
现金及存放中央银行款项	2	1	向中央银行借款	—	—
存放联行款项	—	—	联行存放款项	—	—
存放同业款项	5 000	2 438	同业及其他金融机构存放款项	—	—
贵金属	—	—	拆入资金	—	—
拆出资金	—	—	交易性金融负债	—	—
衍生金融资产	—	—	衍生金融负债	—	—
买入返售金融资产	—	—	卖出回购金融资产款	—	—
其他应收款	4 812	4 896	吸收存款	—	—
持有待售资产	—	—	应付职工薪酬	5 494	5 492
发放贷款和垫款	77 243	91 172	应交税费	4 578	8 001
金融资产:	342 849	359 776	其他应付款	17 907	18 231
交易性金融资产	342 849	359 776	持有待售负债	—	—
债券投资	—	—	租赁负债	2 391	3 460
其他债券投资	—	—	预计负债	—	—
其他权益工具投资	—	—	应付债券	—	—
长期股权投资	5 000	5 000	递延所得税负债	—	—
投资性房地产	703	802	其他负债	30	31
固定资产	344	339	负债合计	30 400	35 215
在建工程	403	608	股东权益:		
使用权资产	2 448	3 479	股本	150 000	150 000

续表

资产	期末余额	年初余额	负债和股东权益（或股东权益）	期末余额	年初余额
无形资产	1 650	1 915	资本公积	334	334
商誉	—	—	减：库存股	—	—
长期待摊费用	321	368	其他综合收益	—	—
抵债资产	—	—	盈余公积	53 219	53 219
递延所得税资产	38 071	29 820	一般风险准备	153 045	153 045
其他资产	8 437	11 983	未分配利润	100 285	120 784
			股东权益合计	456 883	477 382
资产总计	487 283	512 597	负债和股东权益总计	487 283	512 597

企业负责人：余南军　　　　财务负责人：陈凯　　　　制表：金舒雅

资产负债表（合并报表）

编制单位：杭州工商信托股份有限公司　　　2023年12月31日　　　单位：万元

资产	期末余额	年初余额	负债和股东权益（或股东权益）	期末余额	年初余额
资产：			负债：		
现金及存放中央银行款项	2	1	向中央银行借款	—	—
存放联行款项	—	—	联行存款项	—	—
存放同业款项	8 489	3 158	同业及其他金融机构存放款项	—	—
贵金属	—	—	拆入资金	—	—
拆出资金	—	—	交易性金融负债	21	1 973
衍生金融资产	—	—	衍生金融负债	—	—
买入返售金融资产	—	—	卖出回购金融资产款	—	—
其他应收款	3 382	2 329	吸收存款	—	—
持有待售资产	—	—	应付职工薪酬	5 538	5 615
发放贷款和垫款	77 243	91 172	应交税费	4 579	8 004
金融资产：	434 183	454 553	其他应付款	94 087	91 289
交易性金融资产	434 183	454 553	持有待售负债	—	—
债券投资	—	—	租赁负债	3 003	4 490
其他债券投资	—	—	预计负债	—	—
其他权益工具投资	—	—	应付债券	—	—
长期股权投资	—	—	递延所得税负债	—	—
投资性房地产	703	802	其他负债	783	783
固定资产	346	342	负债合计	108 011	112 154
在建工程	403	608	股东权益：		
使用权资产	3 115	4 567	股本	150 000	150 000
无形资产	1 650	1 915	资本公积	334	334
商誉	—	—	减：库存股	—	—
长期待摊费用	343	368	其他综合收益	—	—
抵债资产	—	—	盈余公积	53 219	53 219
递延所得税资产	37 873	30 420	一般风险准备	153 045	153 045
其他资产	14 439	18 105	未分配利润	117 562	139 588
			股东权益合计	474 160	496 186
资产总计	582 171	608 340	负债和股东权益总计	582 171	608 340

企业负责人：余南军　　　　财务负责人：陈凯　　　　制表：金舒雅

5.1.3 利润表

利润表（母公司）

编制单位：杭州工商信托股份有限公司　　2023年度　　单位：万元

项目	本期累计金额	上期累计金额
一、营业收入	-6 882	-23 180
利息净收入	8 283	10 571
利息收入	8 400	10 750
利息支出	117	179
手续费及佣金净收入	18 870	25 818
手续费及佣金收入	18 870	25 818
手续费及佣金支出	—	—
投资收益（损失以"-"号填列）	3 580	2 992
其中：对联营企业和合营企业的投资收益	—	—
公允价值变动收益（损失以"-"号填列）	-37 833	-62 795
汇兑收益（损失以"-"号填列）	—	—
其他业务收入	191	119
资产处置收益	—	7
其他收益	27	108
二、营业支出	21 092	5 880
税金及附加	209	216
业务及管理费	18 825	-232
信用减值损失	1 960	5 798
其他资产减值损失	—	—
其他业务成本	98	98
三、营业利润（亏损以"-"号填列）	-27 974	-29 060
加：营业外收入	—	—
减：营业外支出	29	166
四、利润总额（亏损总额以"-"号填列）	-28 003	-29 226
减：所得税费用	-7 504	-7 334
五、净利润（净亏损以"-"号填列）	-20 499	-21 892
六、每股收益：	—	—
（一）基本每股收益	-0.14	-0.15
（二）稀释每股收益	-0.14	-0.15

企业负责人：余南军　　财务负责人：陈凯　　制表：金舒雅

利润表（合并报表）

编制单位：杭州工商信托股份有限公司　　2023年度　　单位：万元

项目	本期累计金额	上期累计金额
一、营业收入	-11 354	-20 216
利息净收入	5 152	10 887
利息收入	8 428	10 759
利息支出	3 276	-128
手续费及佣金净收入	21 116	25 931
手续费及佣金收入	21 116	25 931
手续费及佣金支出	—	—
投资收益（损失以"-"号填列）	5 663	3 877
其中：对联营企业和合营企业的投资收益	—	—
公允价值变动收益（损失以"-"号填列）	-43 505	-61 147
汇兑收益（损失以"-"号填列）	—	—
其他业务收入	191	119
资产处置收益	—	7
其他收益	29	110
二、营业支出	17 348	6 639
税金及附加	211	221
业务及管理费	19 636	678
信用减值损失	-2 597	5 642
其他资产减值损失	—	—
其他业务成本	98	98
三、营业利润（亏损以"-"号填列）	-28 702	-26 855
加：营业外收入	—	—
减：营业外支出	29	166
四、利润总额（亏损总额以"-"号填列）	-28 731	-27 021
减：所得税费用	-6 705	-7 174
五、净利润（净亏损以"-"号填列）	-22 026	-19 847
六、每股收益：	—	—
（一）基本每股收益	-0.15	-0.13
（二）稀释每股收益	-0.15	-0.13

企业负责人：余南军　　财务负责人：陈凯　　制表：金舒雅

5.1.4 股东权益变动表

股东权益变动表（母公司）

编制单位：杭州工商信托股份有限公司　　2023年12月31日　　单位：万元

项目	股本	资本公积	其他综合收益	盈余公积	一般风险准备	未分配利润	股东权益
一、2022年12月31日	150 000	334	—	53 219	153 045	120 784	477 382
二、2023年1月1日余额	150 000	334	—	53 219	153 045	120 784	477 382
三、本年增减变动金额	—	—	—	—	—	-20 499	-20 499
（一）净利润	—	—	—	—	—	-20 499	-20 499
（二）其他综合收益	—	—	—	—	—	—	—
（一）和（二）小计	—	—	—	—	—	-20 499	-20 499

续表

项目	股本	资本公积	其他综合收益	盈余公积	一般风险准备	未分配利润	股东权益
（三）股东投入和减少资本	—	—	—	—	—	—	—
（四）利润分配	—	—	—	—	—	—	—
1.提取盈余公积	—	—	—	—	—	—	—
2.提取一般风险准备	—	—	—	—	—	—	—
3.对股东的分配	—	—	—	—	—	—	—
（五）股东权益内部结转	—	—	—	—	—	—	—
四、2023年12月31日余额	150 000	334	—	53 219	153 045	100 285	456 883

企业负责人：余南军　　　财务负责人：陈凯　　　制表：金舒雅

股东权益变动表（续）

编制单位：杭州工商信托股份有限公司　　　2022年12月31日　　　单位：万元

项目	股本	资本公积	其他综合收益	盈余公积	一般风险准备	未分配利润	股东权益
一、2021年12月31日	150 000	334	—	53 219	151 808	143 913	499 274
加：会计政策变更	—	—	—	—	—	—	—
二、2022年1月1日余额	150 000	334	—	53 219	151 808	143 913	499 274
三、本年增减变动金额	—	—	—	—	1 237	−23 129	−21 892
（一）净利润	—	—	—	—	—	−21 892	−21 892
（二）其他综合收益	—	—	—	—	—	—	—
（一）和（二）小计	—	—	—	—	—	—	—
（三）股东投入和减少资本	—	—	—	—	—	—	—
（四）利润分配	—	—	—	—	1 237	−1 237	—
1.提取盈余公积	—	—	—	—	—	—	—
2.提取一般风险准备	—	—	—	—	1 237	−1 237	—
3.对股东的分配	—	—	—	—	—	—	—
（五）股东权益内部结转	—	—	—	—	—	—	—
四、2022年12月31日余额	150 000	334	—	53 219	153 045	120 784	477 382

企业负责人：余南军　　　财务负责人：陈凯　　　制表：金舒雅

股东权益变动表（合并报表）

编制单位：杭州工商信托股份有限公司　　　2023年12月31日　　　单位：万元

| 项目 | 归属于母公司股东权益 | | | | | | 少数股东权益 | 股东权益合计 |
	股本	资本公积	其他综合收益	盈余公积	一般风险准备	未分配利润		
一、2022年12月31日	150 000	334	—	53 219	153 045	139 588	—	496 186
二、2023年1月1日余额	150 000	334	—	53 219	153 045	139 588	—	496 186
三、本年增减变动金额	—	—	—	—	—	−22 026	—	−22 026
（一）净利润	—	—	—	—	—	−22 026	—	−22 026
（二）其他综合收益	—	—	—	—	—	—	—	—
（一）和（二）小计	—	—	—	—	—	−22 026	—	−22 026
（三）股东投入和减少资本	—	—	—	—	—	—	—	—
（四）利润分配	—	—	—	—	—	—	—	—
1.提取盈余公积	—	—	—	—	—	—	—	—
2.提取一般风险准备	—	—	—	—	—	—	—	—
3.对股东的分配	—	—	—	—	—	—	—	—
（五）股东权益内部结转	—	—	—	—	—	—	—	—
四、2023年12月31日余额	150 000	334	—	53 219	153 045	117 562	—	474 160

企业负责人：余南军　　　财务负责人：陈凯　　　制表：金舒雅

股东权益变动表（合并报表，续）

编制单位：杭州工商信托股份有限公司　　　　2022年12月31日止年度　　　　单位：万元

项目	归属于母公司股东权益						少数股东权益	股东权益合计
	股本	资本公积	其他综合收益	盈余公积	一般风险准备	未分配利润		
一、2021年12月31日	150 000	334	—	53 219	151 808	160 671	—	516 032
加：会计政策变更	—	—	—	—	—	—	—	—
二、2022年1月1日余额	150 000	334	—	53 219	151 808	160 671	—	516 032
三、本年增减变动金额	—	—	—	—	1 237	−21 083	—	−19 846
（一）净利润	—	—	—	—	—	−19 846	—	−19 846
（二）其他综合收益	—	—	—	—	—	—	—	—
（一）和（二）小计	—	—	—	—	—	—	—	—
（三）股东投入和减少资本	—	—	—	—	—	—	—	—
（四）利润分配	—	—	—	—	1 237	−1 237	—	—
1.提取盈余公积	—	—	—	—	—	—	—	—
2.提取一般风险准备	—	—	—	—	1 237	−1 237	—	—
3.对股东的分配	—	—	—	—	—	—	—	—
（五）股东权益内部结转	—	—	—	—	—	—	—	—
四、2022年12月31日余额	150 000	334	—	53 219	153 045	139 588	—	496 186

企业负责人：余南军　　　　财务负责人：陈凯　　　　制表：金舒雅

5.2 信托资产

5.2.1 信托项目资产负债汇总表

信托项目资产负债表（汇总表）

编制单位：杭州工商信托股份有限公司　　　　2023年12月31日　　　　单位：万元

信托资产	期初数	期末数	信托负债和信托权益	期初数	期末数
信托资产：			信托负债：		
银行存款	23 552	30 833	短期借款	—	—
结算备付金	53 377	767	交易性金融负债	—	—
拆出资金	—	—	衍生金融负债	—	—
存出保证金	—	—	卖出回购金融资产款	—	—
衍生金融资产	—	—	长期借款	—	—
交易性金融资产	2 513 785	3 884 821	应付清算款	—	—
买入返售金融资产	1 011	9 529	应付赎回款	29	1 148
发放贷款	450 569	1 333 832	应付受托人报酬	32 672	31 650
债权投资	2 360 465	3 549 498	应付托管费	120	265
其他债权投资	—	—	应交税费	458	1 893
可供出售金融资产	—	—	应付投资顾问费	—	—
持有至到期投资	—	—	应付销售服务费	323	234
长期应收款	—	—	其他应付款项	—	—
长期股权投资	—	—	应付利息	14	1
投资性房地产	—	—	应付利润	—	158
固定资产	—	—	递延所得税负债	—	—
无形资产	—	—	其他负债	15 088	39 161
长期待摊费用	—	—	信托负债合计	48 704	74 510
应收清算款	1 980	2 518	信托权益：		

续表

信托资产	期初数	期末数	信托负债和信托权益	期初数	期末数
应收利息	20 115	19 033	实收信托	5 450 311	8 810 239
应收股利	40	8	资本公积	—	—
应收申购款	—	—	减：库存股	—	—
递延所得税资产	—	—	其他综合收益	—	—
其他资产	2	1 153	外币报表折算差额	—	—
—	—	—	未分配利润	-74 119	-52 757
—	—	—	信托权益合计	5 376 192	8 757 482
信托资产总计	5 424 896	8 831 992	信托负债和信托权益总计	5 424 896	8 831 992

企业负责人：余南军　　　财务负责人：陈凯　　　制表：陈俏敏

5.2.2 信托项目利润及利润分配汇总表

信托项目利润及利润分配表（汇总表）

编制单位：杭州工商信托股份有限公司　　2023年12月31日　　单位：万元

项目	本年累计数	上年累计数
一、营业收入	206 441	105 432
利息收入	105 959	105 812
投资收益	121 652	83 641
公允价值变动收益	-21 199	-85 184
财务顾问收入	—	—
租赁收入	—	—
汇兑损益	—	—
其他收入	29	1 163
二、支出	61 825	102 176
管理人报酬	19 075	17 548
托管费	557	454
销售服务费	1 680	629
投资顾问费	4 570	1 096
利息支出	—	—
其中：卖出回购金融资产利息支出	—	—
交易费用	—	—
信用减值损失	17 458	80 622
税金及附加	860	498
其他费用	17 625	1 329
三、利润总额	144 616	3 256
减：所得税费用	—	—
四、净利润	144 616	3 256
五、其他综合收益	—	—
六、综合收益总额	144 616	3 256

企业负责人：余南军　　　财务负责人：陈凯　　　制表：陈俏敏

6. 会计报表附注

6.1 简要说明报告年度会计报表编制基准、会计政策、会计估计和核算方法发生的变化

无。

6.2 或有事项说明

无。

6.3 重要资产转让及其出售的说明

无。

6.4 会计报表中重要项目的明细资料

6.4.1 披露自营资产经营情况

6.4.1.1 按信用风险五级分类结果披露信用风险资产的期初数、期末数

单位：万元

信用风险资产五级分类	期初数	期末数
正常类	167 135	121 262
关注类	139 798	88 130
次级类	167 352	134 885
可疑类	—	98 082
损失类	940	940
信用风险资产净额合计	475 225	443 299

6.4.1.2 各项资产减值损失准备的期初、本期计提、本期转回、本期核销、期末数；贷款的一般准备、专项准备和其他资产减值准备应分别披露

单位：万元

项目	期初数	本期计提	本期转回	本期核销	期末数
贷款损失准备	62	-1	—	—	61
其他资产减值准备	7 277	1 960	—	—	9 237
长期股权投资减值准备	—	—	—	—	—
坏账准备	7 182	1 960	—	—	9 142
投资性房地产减值准备	—	—	—	—	—
其他减值准备	95	—	—	—	95

6.4.1.3 自营股票投资、基金投资、债券投资、股权投资等投资业务的期初数、期末数

单位：万元

项目	自营股票	基金	债券	长期股权投资	其他投资	合计
期初数	9 391	—	940	5 000	349 446	364 777
期末数	3 175	—	940	5 000	338 734	347 849

6.4.1.4 按投资入股金额排序，前三名的自营长期股权投资的企业名称、占被投资企业权益的比例及投资收益情况等（从大到小顺序排列）

企业名称	占被投资企业权益的比例（%）	主要经营活动	投资损益（万元）
浙江蓝桂资产管理有限公司	100.00	资产管理，投资管理，企业管理，商务咨询，实业投资	—

注：投资损益是指按照企业会计准则有关规定，核算股权投资确认损益并计入披露年度利润表的金额。

6.4.1.5 前三名的自营贷款的企业名称、占贷款总额的比例和还款情况（从大到小顺序排列）

企业名称	占贷款总额比例（%）	还款情况
1.达州金科房地产开发有限公司	26.21	正常收息，未到期
2.银江科技集团有限公司	22.40	正常收息，未到期
3.池州市远洲旅游发展有限公司	11.08	正常收息，未到期

6.4.1.6 表外业务的期初数、期末数；按照代理业务、担保业务和其他类型表外业务分别披露

单位：万元

表外业务	期初数	期末数
担保业务	—	—
代理业务（委托业务）	4 211	4 211
其他	—	—
合计	4 211	4 211

注：代理业务主要反映因客观原因应规范而尚未完成规范的历史遗留委托业务，包括委托贷款和委托投资。

6.4.1.7 公司当年的收入结构（母公司口径、并表口径同时披露）

收入结构	母公司口径		合并口径	
	金额（万元）	占比（%）	金额（万元）	占比（%）
手续费及佣金收入	18 870	−278.97	21 116	−261.40
其中：信托手续费收入	18 870	−278.97	21 116	−261.40
投资银行业务收入	—	—	—	—
利息收入	8 400	−124.19	8 428	−104.34
其他业务收入	191	−2.82	191	−2.36
其中：计入信托业务收入部分	—	—	—	—
投资收益	3 580	−52.92	5 663	−70.11

续表

收入结构	母公司口径		合并口径	
	金额（万元）	占比（%）	金额（万元）	占比（%）
其中：股权投资收益	473	−6.99	473	−5.85
证券投资收益	183	−2.70	183	−2.26
其他投资收益	2 924	−43.23	5 007	−62.00
公允价值变动收益	−37 833	559.32	−43 505	538.56
资产处置收益	—	—	—	—
其他收益	28	−0.42	29	−0.36
营业外收入	—	—	—	—
收入合计	−6 764	100.00	−8 078	100.00

注：手续费及佣金收入、利息收入、其他业务收入、投资收益、营业外收入均应为损益表中的科目，其中手续费及佣金收入、利息收入、营业外收入为未抵减掉相应支出的全年累计实现收入数。

6.4.2 披露信托资产管理情况

6.4.2.1 信托资产的期初数、期末数

单位：万元

信托资产	期初数	期末数
集合	3 247 415	4 444 701
单一	526 829	1 530 680
财产权	1 650 652	2 856 611
合计	5 424 896	8 831 992

6.4.2.1.1 主动管理型信托业务的信托资产期初数、期末数，分证券投资、股权投资、融资、事务管理类分别披露

单位：万元

主动管理型信托资产	期初数	期末数
证券投资类	1 400 200	2 306 632
股权投资类	679 335	623 525
组合投资类	140 522	133 421
融资类	974 296	1 329 663
事务管理类	—	—
其他投资	235 424	216 057
合计	3 429 777	4 609 298

6.4.2.1.2 被动管理型信托业务的信托资产期初数、期末数，分证券投资、股权投资、融资、事务管理类分别披露

单位：万元

被动管理型信托资产	期初数	期末数
证券投资类		
股权投资类		
融资类		
事务管理类	1 995 119	4 222 694
合计	1 995 119	4 222 694

6.4.2.2 本年度已清算结束的信托项目个数、实收信托合计金额、加权平均实际年化收益率

6.4.2.2.1 本年度已清算结束的集合类、单一类资金信托项目和财产管理类信托项目个数、实收信托金额、加权平均实际年化收益率

已清算结束信托项目	项目个数（个）	实收信托合计金额（万元）	加权平均实际年化收益率（%）
集合类	64	624 536	6.38
单一类	10	24 077	7.24
财产管理类	12	85 939	4.97

注：1. 收益率是指信托项目清算后，给受益人赚取的实际收益水平。
2. 加权平均实际年化收益率=（信托项目1的实际年化收益率×信托项目1的实收信托+信托项目2的实际年化收益率×信托项目2的实收信托+…+信托项目n的实际年化收益率×信托项目n的实收信托）/（信托项目1的实收信托+信托项目2的实收信托+…+信托项目n的实收信托）×100%。

6.4.2.2.2 本年度已清算结束的主动管理型信托项目个数、实收信托合计金额、加权平均实际年化收益率，分证券投资、股权投资、融资、事务管理类分别披露

已清算结束信托项目	项目个数（个）	实收信托合计金额（万元）	加权平均实际年化信托报酬率（%）	加权平均实际年化收益率（%）
证券投资类	34	103 802	0.56	4.18
股权投资类	1	6 000	1.85	7.76
组合投资类	—	—	—	—
融资类	6	369 405	2.23	6.21
其他投资	20	124 610	1.31	6.77

注：加权平均实际年化信托报酬率=（信托项目1的实际年化信托报酬率×信托项目1的实收信托+信托项目2的实际年化信托报酬率×信托项目2的实收信托+…+信托项目n的实际年化信托报酬率×信托项目n的实收信托）/（信托项目1的实收信托+信托项目2的实收信托+…+信托项目n的实收信托）×100%。

6.4.2.2.3 本年度已清算结束的被动管理型信托项目个数、实收信托合计金额、加权平均实际年化收益率，分证券投资、股权投资、融资、事务管理类分别披露

已清算结束信托项目	项目个数（个）	实收信托合计金额（万元）	加权平均实际年化信托报酬率（%）	加权平均实际年化收益率（%）
证券投资类	—	—	—	—
股权投资类	—	—	—	—
融资类	—	—	—	—
事务管理类	25	130 735	0.29	5.98

6.4.2.3 本年度新增的集合类、单一类和财产管理类信托项目个数、实收信托合计金额

新增信托项目	项目个数（个）	实收信托合计金额（万元）
集合类	141	1 940 629
单一类	205	1 065 201
财产管理类	76	1 240 719
新增合计	422	4 246 549
其中：主动管理型	135	1 939 990
被动管理型	287	2 306 559

注：本年新增信托项目指在本报告年度内累计新增的信托项目个数和金额。包含本年度新增并于本年度内结束的项目和本年度新增至报告期末仍在持续管理的信托项目。

6.4.2.4 信托业务创新成果和特色业务有关情况（此部分为可选项，即公司可自主决定是否披露、部分披露或全部披露）

公司坚持"以客户为中心"的展业思路，充分发挥信托制度与功能优势，整合公司资源和能力禀赋，加速业务模式创新和渠道开拓，在资产服务信托、资产管理信托和公益慈善信托等业务领域有了新的突破。（1）家族信托方面，公司家族信托业务模式不断推陈出新，针对股票减持、股权激励、债权隔离、不动产管理等多元化客户需求进行了标准化设计，形成多种创新产品类型。（2）家庭服务信托方面，公司依托股东资源禀赋，不断优化升级业务模式，推出首批"瑞昇"家庭服务信托，实现家庭服务信托业务规模的零突破。（3）企业服务信托方面，公司大力挖掘国有企业、上市公司等在投融资和经营管理过程中的需求，输出账户管理、资金监管、股权改造等信托服务，形成了"稳健""稳利""钱潮"等系列服务信托产品，满足委托人的多样化需求。（4）资产证券化信托方面，公司在银行间市场成功发行浙江省首单知识产权ABN，成立规模1.33亿元，该项目是助力深化知识产权金融服务的重要模式创新，是服务区域实体经济发展的有效实践路径。（5）证券投资信托方面，公司以满足客户配置需求为目标，持续培育标类业务的主动管理能力，创设差异化理财产品，公司创设、管理短期理财"添利"、主动管理FOF"恒源"、固收债券"鸿源"等系列产品。（6）慈善信托业务方面，公司积极参与浙江共同富裕示范区建设，助力慈善产业孵化和生态圈打造，慈善信托业务模式创新取得重要突破，成立了浙江省首单不动产财产权益类慈善信托，设立公司首单以社区爱心居民为委托人、社区担任慈善顾问的社企互助慈善信托。

社会责任履行情况：2023年，公司积极拓展慈善信托业务，组织开展爱心助学、护航亚运等志愿服务等公益活动，强化"责任文化"意识，在开展慈善信托、支持乡村振兴、助医扶弱、教育助学、社区治理和服务等方面积极作为，助力共同富裕示范区建设，向社会奉献信托向善的温暖力量。2023年新设立慈善信托27个，新增实收信托规模2 696.58万元，存续慈善项目覆盖济困、扶老、助农、救孤、助残、乡村振兴、巩固拓展脱贫攻坚成果等领域。

2023年4月，为深入贯彻落实浙江省委省政府关于建设共同富裕示范区的决策部署，不断改善社会救助家庭的居住和生活条件，公司与杭州市慈善总会合作设立了"杭工信·弱有众扶慈善信托"。部分信托资金用于在杭州西部三县市（桐庐、建德、淳安）开展善居工程，重点对低保、低边等社会救助家庭进行居室改造，切实提升了困难群众的生活质量。

2023年4月，公司与杭州市慈善总会合作成立了"杭工信·守护夕阳红"慈善信托。项目旨在为老年人提供困难救助、协助出行、情感慰藉、文体活动、健康科普、法律援助等慈善服务，保障其物质和精神生活，提高老年生活质量。目前该慈善信托已开展"老年人防跌倒评估干预"项目，有助于进一步提升老年人的防控跌倒意识，增强老年人防跌倒能力。2023年6月，公司与杭州市上城区慈善总会开展合作，成立了"杭工信·阳光32号慈善年夜饭"慈善信托。"我为年夜饭添道菜"项目源自于上城区各街道开展的近20多年、每年邀请困难群众和环卫工人及其他特殊群体，年前共聚吃"慈善年夜饭"的习俗。该项目已成为上城慈善的特色品牌，社会关注度较高。慈善信托资金用于向杭州市上城区辖内的困难群众和低收入群体发放农产品等春节物资，即开展"我为年夜饭添道菜"活动。

公司不断探索慈善信托业务模式创新，于2023年4月与余杭区慈善总会达成合作，成立了浙江省首单不动产财产权益类慈善信托——"余善一号"不动产慈善信托项目。这是项目各参与方在《杭州市民政局等五部门关于做好不动产慈善信托工作的通知》等文件精神指导下积极创新、探索不动产慈善信托落地实施的一次大胆尝试，在保证信托财产明确、合法的前提下，简化手续、降低成本，以更灵活的方式推进杭州市不动产慈善信托从0到1的突破。这是公司在公益慈善领域积极探索新模式的有益尝试，以创新助发展，有效拓展了捐赠人参与慈善事业的形式，有利于鼓励更多爱心人士以多种形式投身慈善事业。

2023年，公司还积极探索"街道+爱心人士+金融"的社区慈善新模式，设立了杭工信·现代社区慈善服务慈善信托、杭工信·紫家人现代社区慈善共同体慈善信托、杭工信·建德市善德建业现代社区慈善信托等一系列现代社区建设主题慈善信托。社区慈善信托的形式有利于实现多方建议、共同决策的功能，更好地实现委托人的捐赠意愿以及进一步促进邻里和谐，将信托资金用于助力杭州市现代社区建设，探索信托公司与慈善组织、基层社区联动，通过慈善信托的业务模式，联合各方共同参与建设现代社区慈善项目的运作。

2023年，杭州工商信托受托管理的"金融港湾共富慈善基金慈善信托"荣获杭州市人民政府颁发的第一届"杭州慈善奖"慈善项目和慈善信托奖。此外，杭州工商信托作为慈善信托项目受托人参与其中的"大下姜富民慈善信托"和"山凤凰女生助学计划"两个项目，也在第一届"杭州慈善奖"榜上有名。

2023年，公司荣获市政府评选的"杭州市2022年'春风行动'先进单位"、浙江省银行业协会评选的"2022年度支持协会工作突出贡献单位"、证券时报社评选的"优秀财富管理服务信托"奖、21世纪经济报道评选的金贝奖"卓越区域影响力信托公司"、中国经营报社评选的"卓越竞争力综合服务信托公司"奖、浙商杂志社评选的"2022浙商信赖金融机构（信托公司）"等多项荣誉；公司"瑞昇"家庭服务信托荣获上海证券报社评选的"诚信托·最佳财富管理服务信托产品奖"。

6.4.2.5　本公司履行受托人义务情况及因本公司自身责任而导致的信托资产损失情况（合计金额、原因等）

报告期内，公司坚守受托人的职责与定位，按照国家法律法规及信托合同的约定，诚实、信用、谨慎、有效地管理信托财产，严格履行受托人的义务，为受益人的最大利益处理信托事务，公平、公正地处置信托财产，未发生因为本公司自身责任而导致的信托资产损失情况。

6.5　关联方关系及其交易的披露

6.5.1　关联交易方的数量、关联交易的总金额及关联交易的定价政策等

项目	关联交易方数量	关联交易金额（万元）	定价政策
合计	44	198 361	市场公允价格

注："关联交易"定义按照《银行保险机构关联交易管理办法》有关规定执行。

6.5.2 关联交易方与本公司的关系性质、关联交易方的名称、法定代表人、注册地址、注册资本及主营业务等

关系性质	关联方名称	法定代表人	注册地址	注册资本（万元）	主营业务
母公司	杭州市金融投资集团有限公司	沈立	浙江省杭州市上城区庆春东路2-6号35层	531 416	市政府授权范围内的国有资产经营，市政府及有关部门委托经营的资产；矿产品、建材及化工产品，机械设备、五金产品及电子产品的批发；其他无须报经审批的一切合法项目（依法须经批准的项目，经相关部门批准后方可开展经营活动）
受同一母公司控制	杭州淳安市民卡有限公司	徐晟	浙江省杭州市淳安县千岛湖镇环湖北路377号十楼101室	1 000	淳安县区域市民卡（含衍生系列卡）的代理发放、服务和运营（凭代理协议经营）；从事城市信息化技术和服务系统的开发、建设、运营和维护；市民卡设备的租赁；设计、制作、代理、发布国内广告（网络广告除外）；批发、零售：日用百货；服务：承办会展，经济信息咨询（除证券、期货、商品中介），票务代理，成年人的非学历文化教育培训（涉及前置审批的项目除外）（依法须经批准的项目，经相关部门批准后方可开展经营活动）
受同一母公司控制	杭州富阳市民卡有限公司	凌晨	浙江省杭州市富阳区富春街道文教路1号一楼北侧	1 000	市民卡的开发、代理发放、运营管理及维护（限富阳区域内）；城市信息化技术和服务系统的技术开发、技术服务、技术咨询和成果转让；市民卡设备的租赁；广告设计、制作、代理、发布（除网络广告）；日用百货批发、零售；承办会展，经济信息咨询、代订车船票服务；成年人的非文化教育培训（涉及前置审批的项目除外）
受同一母公司控制	杭州国际数字交易中心有限公司	周宇	中国（浙江）自由贸易试验区杭州市滨江区西兴街道缤纷街615号3楼30011室	20 000	许可项目：第二类增值电信业务；网络文化经营；广播电视节目制作经营；出版物零售；出版物互联网销售；出版物批发；演出经纪（依法须经批准的项目，经相关部门批准后方可开展经营活动，具体经营项目以审批结果为准）。一般项目：互联网数据服务；其他文化艺术经纪代理；艺术品代理；艺（美）术品、收藏品鉴定评估服务；大数据服务；数据交易服务（除依法须经批准的项目外，凭营业执照依法自主开展经营活动）
受同一母公司控制	杭州建德市民卡有限公司	王婧	浙江省建德市新安江街道新安东路298号	1 000	负责建德市区域市民卡（含衍生系列卡）的代理发放、服务和运营（凭代理协议经营）；从事城市信息化技术和服务系统开发、建设、运营和维护；市民卡设备的租赁；设计、制作、代理、发布国内广告；批发、零售：百货；服务：承办会展，经济信息咨询（除证券、期货、商品中介）、代订车、船票，成年人的非学历文化教育培训（涉及前置审批的除外）；其他无须报经审批的一切合法项目
受同一母公司控制	杭州金投惠众资产管理有限公司	刘丽锋	浙江省杭州市上城区新塘路58号广新商务大厦810室	5 000	服务：受托企业资产管理、投资管理（未经金融等监管部门批准，不得从事向公众融资存款、融资担保、代客理财等金融服务），实业投资，投资咨询（除证券、期货），财务信息咨询（除代理记账），经济信息咨询（除商品中介）；其他无须报经审批的一切合法项目
受同一母公司控制	杭州金投钱晨企业管理合伙企业（有限合伙）	杭州金投钱运投资管理有限公司	浙江省杭州市葛岭路18号-8	161 000	一般项目：企业管理咨询；企业管理（除依法须经批准的项目外，凭营业执照依法自主开展经营活动）
受同一母公司控制	杭州金投乾憬投资管理有限公司	王化平	浙江省杭州市上城区庆春东路2-6号26楼2601-1室	5 000	服务：投资管理、资产管理（未经金融等监管部门批准，不得从事向公众融资存款、融资担保、代客理财等金融服务）（依法须经批准的项目，经相关部门批准后方可开展经营活动）
受同一母公司控制	杭州金投融资租赁有限公司	杨国强	浙江省经济技术开发区市心北路99号管委会大楼503B室	50 000	融资租赁业务；租赁业务；向国内外购买租赁财产；租赁交易咨询；租赁财产的残值处理及维修；汽车销售；二手车经纪；二手车经纪；汽车租赁；兼营与主营业务有关的商业保理业务（涉及国家规定实施准入特别管理措施的除外）（依法须经批准的项目，经相关部门批准后方可开展经营活动）
受同一母公司控制	杭州金投盛炽投资合伙企业（有限合伙）	杭州锦垚资产管理有限公司	浙江省杭州市富阳区东洲街道黄公望金融小镇黄公望1幢108室	190 099	服务：实业投资、投资管理、投资咨询（除证券、期货）（未经金融等监管部门批准，不得从事向公众融资存款、融资担保、代客理财等金融服务）
受同一母公司控制	杭州金投鑫远股权投资合伙企业（有限合伙）	杭州金投惠众资产管理有限公司	浙江省杭州市上城区元帅庙后88-1号582室	100 000	一般项目：股权投资（除依法须经批准的项目外，凭营业执照依法自主开展经营活动）

续表

关系性质	关联方名称	法定代表人	注册地址	注册资本（万元）	主营业务
受同一母公司控制	杭州金投臻选电子商务有限公司	蔡戬	浙江省杭州市上城区四季青街道庆春东路2-6号601~604室	20 000	许可项目：食品销售；出版物互联网销售；旅游业务；食品互联网销售；出版物零售；互联网信息服务；基础电信业务；第二类增值电信业务；第三类医疗器械经营；二手车拍卖（依法须经批准的项目，经相关部门批准后方可开展经营活动，具体经营项目以审批结果为准）。一般项目：企业管理咨询；社会经济咨询服务；财务咨询；商务代理代办服务；市场营销策划；组织文化艺术交流活动；广告制作；平面设计；广告设计、代理；广告发布；技术服务、技术开发、技术咨询、技术交流、技术转让、技术推广；会议及展览服务；市场调查（不含涉外调查）；数据处理服务；企业形象策划；礼仪服务；项目策划与公关服务；食品销售（仅销售预包装食品）；日用百货销售；日用品销售；钟表销售；计算机软硬件及辅助设备零售；计算机软硬件及辅助设备批发；国内贸易代理；教学用模型及教具销售；数字文化创意内容应用服务；数字内容制作服务（不含出版发行）；宠物食品及用品批发；旅游开发项目策划咨询；旅行社服务网点旅游招徕、咨询服务；金银制品销售；珠宝首饰批发；珠宝首饰零售；卫生用品和一次性使用医疗用品销售；医护人员防护用品批发；消毒剂销售（不含危险化学品）；健康咨询服务（不含诊疗服务）；医护人员防护用品零售；医用口罩零售；食品进出口；货物进出口；技术进出口；单用途商业预付卡代理销售；文具用品零售；办公用品销售；化妆品销售；健身休闲活动；第一类医疗器械销售；母婴用品销售；第二类医疗器械销售；箱包销售；劳动保护用品销售；玩具、动漫及游艺用品销售；服装服饰零售；家具销售；家具零配件销售；礼品花卉销售；宠物食品及用品零售；机械设备销售；日用家电零售；新型建筑材料制造（不含危险化学品）；电子产品销售；体育用品及器材零售；建筑装饰材料销售；工艺美术品及礼仪用品销售（象牙及其制品除外）；游艺用品及室内游艺器材销售；建筑用金属配件销售；移动通信设备销售；汽车零配件零售；汽车装饰用品销售；智能仪器仪表销售；仪器仪表销售；卫生陶瓷制品销售；塑料制品销售；建筑陶瓷制品销售；票务代理服务；旅客票务代理；橡胶制品销售；食品添加剂销售；食品互联网销售（仅销售预包装食品）；二手车经纪；电池零配件销售；普通货物仓储服务（不含危险化学品等许可审批的项目）；国内货物运输代理；电车销售；新能源汽车整车销售；新能源汽车换电设施销售；二手车交易市场经营；新能源汽车电附件销售；轮胎销售；水产品批发；水产品零售；新鲜水果批发；新鲜水果零售；食用农产品批发；食用农产品零售（除依法须经批准的项目外，凭营业执照依法自主开展经营活动）
受同一母公司控制	杭州金投资产管理有限公司	施跃强	浙江省杭州市上城区庆春东路2-6号2604-1	5 000	服务：受托资产管理，实业投资，投资管理（未经金融等监管部门批准，不得从事向公众融资存款、融资担保、代客理财等金融服务），投资咨询（除证券、期货），其他无须报经审批的一切合法项目
受同一母公司控制	杭州锦邑阳企业管理咨询合伙企业（有限合伙）	杭州金投锦芮投资合伙企业（有限合伙）	浙江省杭州市上城区庆春东路2-6号2604-6	300 002	服务：企业管理咨询，商务信息咨询（除商品中介）
受同一母公司控制	杭州聚恒企业管理合伙企业（有限合伙）	杭州锦垚资产管理有限公司	浙江省杭州市上城区定安路126号（西湖创意谷）1号楼098工位	300 000	一般项目：企业管理；信息咨询服务（不含许可类信息咨询服务）（除依法须经批准的项目外，凭营业执照依法自主开展经营活动）
受同一母公司控制	杭州临安市民卡有限公司	凌晨	浙江省杭州市临安区锦北街道武肃街1636号2幢917（自主申报）	1 000	负责临安区域市民卡（含衍生系列卡）的代理发放、服务和运营（凭代理协议经营）；以及一般经营项目，包括从事城市信息化技术和服务系统的开发、建设、运营和维护；市民卡设备的租赁；设计、制作、代理、发布国内广告；批发、零售；百货；服务；承办会展，经济信息咨询（除证券、期货、商品中介），代订车票、船票；其他无须报经审批的一切合法项目（依法须经批准的项目，经相关部门批准后方可开展经营活动）
受同一母公司控制	杭州企业产权交易中心有限公司	李晓玲	浙江省杭州市上城区泛海国际中心1幢2501室、2502室、2504室、2505室、2506室	1 000	服务：代办企业产权交易，受托代理产权租赁及其他方式的产权转让，代办资产过户及评估手续，企业产权代购代销

续表

关系性质	关联方名称	法定代表人	注册地址	注册资本（万元）	主营业务
受同一母公司控制	杭州上市公司稳健发展引导基金合伙企业（有限合伙）	杭州泰恒投资管理有限公司	浙江省杭州市上城区庆春东路2-6号3001室-3	200 130	股权投资、投资管理、投资咨询（未经金融等监管部门批准，不得从事向公众融资存款、融资担保、代客理财等金融服务）（依法须经批准的项目，经相关部门批准后方可开展经营活动）
受同一母公司控制	杭州市财开投资集团有限公司	阮毅敏	浙江省杭州市上城区庆春东路2-6号3501室-1	500 000	服务：受托资产管理，实业投资，投资管理，投资咨询（除证券、期货），财务信息咨询（除代理记账），经济信息咨询（除商品中介）；批发、零售：五金交电，日用百货，化工原料及产品（除化学危险品及易制毒化学品），电子计算机硬件及配件，机械设备，家用电器，金属材料，建筑材料，针、纺织品，办公自动化设备，农副产品（除食品），商用车及九座以上乘用车及配件；煤炭销售（无储存）；货物进出口（法律、行政法规禁止的项目除外，法律、行政法规限制的项目取得许可后方可经营）；其他无须报经审批的一切合法项目；（未经金融等监管部门批准，不得从事向公众融资存款、融资担保、代客理财等金融服务）
受同一母公司控制	杭州市民卡管理有限公司	蔡戟	浙江省杭州市上城区龙翔路20号	5 000	服务：IC卡、计算机软硬件、网络技术的技术开发、技术咨询、技术服务、成果转让，计算机维修，旅游信息咨询，IC卡充值代理业务，第二类增值电信业务中的信息服务业务（限互联网信息服务业务），受托企业资产管理（未经金融等监管部门批准，不得从事向公众融资存款、融资担保、代客理财等金融服务），非证券业务的投资、投资管理咨询，财务咨询，接受金融机构委托从事金融信息技术外包，接受金融机构委托从事金融业务流程外包，劳务派遣；批发、零售（含网上销售）：IC卡，电子产品，电子元器件，电子计算机及配件，办公用品，机电设备，日用百货，针纺织品，化妆品，家居用品，包装材料，装饰材料，建筑材料，家具，箱包，玩具，工艺美术品，纸制品，床上用品，服装，鞋靴，皮革制品，黄金制品，初级食用农产品（除食品、药品）；货物及技术进出口（法律、行政法规禁止经营的项目除外，法律、行政法规限制经营的项目取得许可证后方可经营）（依法须经批准的项目，经相关部门批准后方可开展经营活动）
受同一母公司控制	杭州萧山市民卡有限公司	叶蕾	浙江省杭州市萧山区北干街道博学路618号科创中心3幢2103-2室	1 000	负责萧山区区域城市民卡（含衍生系列卡）的代理发放、服务和运营（凭代理协议经营）；从事城市信息化技术和服务系统的开发、建设、运营和维护；市民卡设备的租赁；设计、制作、代理、发布国内广告（除网络广告）；批发、零售：百货；服务：承办会展，经济信息咨询（除商品中介），代订车、船票；其他无须报经审批的一切合法项目（依法须经批准的项目，经相关部门批准后方可开展经营活动）
受同一母公司控制	杭州液辉股权投资合伙企业（有限合伙）	杭州澳澜投资管理合伙企业（有限合伙）	浙江省杭州市上城区白云路18号104室-14	300 000	服务：股权投资（未经金融等监管部门批准，不得从事向公众融资存款、融资担保、代客理财等金融服务）
受同一母公司控制	杭州余杭市民卡有限公司	叶蕾	浙江省临平街道邱山大街185号、189号、193号、197号1303室、305室、307室、310室、312室、314室、316室、318室	1 000	一般项目：负责本级辖区内市民卡的开发、代理发放、运营管理及维护；城市信息化技术和服务系统的技术开发、技术服务、技术咨询和成果转让；市民卡设备的租赁；设计、制作、代理、发布国内广告；批发、零售：百货；服务：承办会展，经济信息咨询（除证券、期货、商品中介）、代订车船票；成年人的非文化教育职业技能培训（涉及前置审批的项目除外）（依法须经批准的项目，经相关部门批准后方可开展经营活动）（除依法须经批准的项目外，凭营业执照依法自主开展经营活动）
受同一母公司控制	杭州市民卡支付有限公司	赵磊	浙江省杭州市上城区庆春东路2-6号1203室	13 000	预付卡发行与受理（仅限浙江省）、互联网支付（全国）、移动电话支付（全国）。服务：市民卡设备的租赁，市民卡系统的技术开发，设计、制作、代理、发布国内广告（除网络广告发布），增值电信业务，承办会展，经济信息咨询（除证券、期货、商品中介），代订车、船票，成年人的非证书劳动职业技能培训（涉及前置审批的项目除外）；批发、零售：百货；其他无须报经审批的一切合法项目（未经金融等监管部门批准，不得从事向公众融资存款、融资担保、代客理财等金融服务）（依法须经批准的项目，经相关部门批准后方可开展经营活动）

续表

关系性质	关联方名称	法定代表人	注册地址	注册资本（万元）	主营业务
受同一母公司控制	杭州金实物业管理有限公司	姚建惠	浙江省杭州市上城区庆春东路2-6号804室-1	1 000	许可项目：餐饮服务（依法须经批准的项目，经相关部门批准后方可开展经营活动，具体经营项目以审批结果为准）。一般项目：物业管理；房地产经纪；城市绿化管理；普通机械设备安装服务；家政服务；专业保洁、清洗、消毒服务；会议及展览服务；健身休闲活动；日用百货销售；食用农产品初加工；食品销售（仅销售预包装食品）（除依法须经批准的项目外，凭营业执照依法自主开展经营活动）
受同一母公司控制	杭州市数据集团有限公司（原名：杭州金投数字科技集团有限公司）	蔡戟	浙江省杭州市西湖区三墩镇振华路666号6号楼6层640室	500 000	一般项目：技术服务、技术开发、技术咨询、技术交流、技术转让、技术推广；网络技术服务；信息技术咨询服务；计算机系统服务；数据处理服务；软件开发；软件销售；软件外包服务；互联网数据服务；票务代理服务；社会经济咨询服务；会议及展览服务；广告制作；广告发布；广告设计、代理；业务培训（不含教育培训、职业技能培训等需取得许可的培训）；日用百货销售；日用品批发；日用品销售；电子产品销售；计算机软硬件及辅助设备零售；计算机软硬件及辅助设备批发（除依法须经批准的项目外，凭营业执照依法自主开展经营活动）。许可项目：在线数据处理与交易处理业务（经营类电子商务）（依法须经批准的项目，经相关部门批准后方可开展经营活动，具体经营项目以审批结果为准）
受同一母公司控制	杭州城市通交通卡有限公司	黄小军	浙江省杭州市上城区婺江路217号2号楼1501室	2 000	一般项目：单用途商业预付卡代理销售；信息技术咨询服务；技术服务、技术开发、技术咨询、技术交流、技术转让、技术推广；计算机软硬件及辅助设备批发；信息系统集成服务；软件销售（除依法须经批准的项目外，凭营业执照依法自主开展经营活动）
受同一母公司控制	杭州国际机场大厦开发有限公司	姚建惠	浙江省庆春东路2-6号102室	16 000	杭州国际机场大厦开发（凭资质证书经营），自有房屋租赁
受同一母公司控制	杭州汇石投资管理合伙企业（有限合伙）	杭州锦垚资产管理有限公司	浙江省杭州市上城区白云路18号104室-1	500 010	服务：投资管理。（未经金融等监管部门批准，不得从事向公众融资存款、融资担保、代客理财等金融服务）（依法须经批准的项目，经相关部门批准后方可开展经营活动）
母公司的合营企业	杭州富阳锦辰股权投资合伙企业（有限合伙）	杭州金投创业投资管理有限公司	浙江省杭州市富阳区东洲街道公望路3号939工位	142 637	服务：股权投资、商务信息咨询、经济信息咨询（除商品中介）（未经金融等监管部门批准，不得从事向公众融资存款、融资担保、代客理财等金融服务）
母公司的合营企业	杭州富阳锦石股权投资合伙企业（有限合伙）	杭州金投创业投资管理有限公司	浙江省杭州市富阳区东洲街道公望路3号197工位	155 000	一般项目：股权投资（除依法须经批准的项目外，凭营业执照依法自主开展经营活动）
母公司的合营企业	杭州银行股份有限公司	宋剑斌	浙江省杭州市拱墅区庆春路46号	593 020	许可项目：银行业务；结汇、售汇业务；公募证券投资基金销售；证券投资基金托管（依法须经批准的项目，经相关部门批准后方可开展经营活动，具体经营项目以审批结果为准）
母公司的合营企业	杭州联合农村商业银行股份有限公司	张海林	浙江省杭州市上城区建国中路99号	218 046	一般项目：经营中国银行保险监督管理委员会依照有关法律、行政法规和其他规定批准的业务，经营范围以批准文件所列的为准。（除依法须经批准的项目外，凭营业执照依法自主开展经营活动）。许可项目：证券投资基金销售服务（依法须经批准的项目，经相关部门批准后方可开展经营活动，具体经营项目以审批结果为准）
母公司的合营企业	浙江金融资产交易中心股份有限公司	丁建林	浙江省杭州市上城区城星路111号钱江国际时代广场2幢27~29层	210 000	从事各类金融资产交易及相关服务，第二类增值电信业务中的信息服务业务（仅限互联网信息服务）（范围详见增值电信业务经营许可证）
子公司	浙江蓝桂资产管理有限公司	李晋昌	浙江省杭州市拱墅区祥园路33号3楼322室	10 000	资产管理，投资管理，企业管理，商务咨询，实业投资
公司施加重大影响	摩根士丹利（中国）股权投资管理有限公司	徐俊	浙江省杭州市拱墅区庆春路180~188号金融大厦二层	10 000	股权投资管理和相关咨询服务
公司董事	楼未	—	—	—	—
公司董事	苏显泽	—	—	—	—
公司监事	陈建乔	—	—	—	—

续表

关系性质	关联方名称	法定代表人	注册地址	注册资本（万元）	主营业务
公司董事、监事、高级管理人员等人员的家庭成员	苏艳	—	—	—	—
公司董事、监事、高级管理人员等人员的家庭成员	苏增福	—	—	—	—
公司董事、监事、高级管理人员等人员的家庭成员	汪萍	—	—	—	—
公司董事、监事、高级管理人员等人员的家庭成员	颜朝霞	—	—	—	—
公司董事、监事、高级管理人员等人员的家庭成员	阙原原	—	—	—	—

6.5.3 本公司与关联方的重大交易事项

6.5.3.1 固有与关联方交易情况：贷款、投资、租赁、应收账款担保、其他方式等期初汇总数、本期借方和贷方发生额汇总数、期末汇总数

固有与关联方关联交易 单位：万元

项目	期初数	借方发生额	贷方发生额	期末数
贷款	—	—	—	—
投资	92 871	48 344	48 344	92 871
租赁	—	15	15	—
担保	—	—	—	—
应收账款	—	—	—	—
其他	—	129	129	—
合计	92 871	48 488	48 488	92 871

6.5.3.2 信托资产与关联方：贷款、投资、租赁、应收账款、担保、其他方式等期初汇总数、本期发生额汇总数、期末汇总数

信托与关联方关联交易 单位：万元

项目	期初数	借方发生额	贷方发生额	期末数
贷款	—	—	—	—
投资	—	—	—	—
租赁	—	—	—	—
担保	—	—	—	—
应收账款	—	—	—	—
其他	1 037 882	149 873	144 007	1 043 748
合计	1 037 882	149 873	144 007	1 043 748

6.5.3.3 信托公司自有资金运用于自己管理的信托项目（固信交易）、信托公司管理的信托项目之间的相互（信信交易）交易金额，包括余额和本报告年度的发生额

6.5.3.3.1 固有财产与信托财产之间的交易金额期初汇总数、本期发生额汇总数、期末汇总数

固有财产与信托财产相互交易 单位：万元

项目	期初数	本期发生额	期末数
合计	318 475	31 126	349 601

注：以固有资金投资公司自己管理的信托项目受益权，或购买自己管理的信托项目的信托资产均应纳入统计披露范围。

6.5.3.3.2 信托项目之间的交易金额期初汇总数、本期发生额汇总数、期末汇总数

信托资产与信托财产相互交易 单位：万元

项目	期初数	本期发生额	期末数
合计	471 586	75 680	547 266

注：以公司受托管理的一个信托项目的资金购买自己管理的另一个信托项目的受益权或信托项下资产均应纳入统计披露范围。

6.5.4 逐笔披露关联方逾期未偿还本公司资金的详细情况以及本公司为关联方担保发生或即将发生垫款的详细情况

无。

6.6 会计制度的披露

公司执行中华人民共和国财政部颁布的《企业会计准则——基本准则》和对应的具体会计准则、应用指南、解释、修订以及其他相关规定。

7.财务情况说明书

7.1 利润实现和分配情况

2023年度公司母公司实现净利润-20 499万元，合并层面实现净利润-22 026万元。本年未提取信托赔偿准备金、法定盈余公积和一般风险准备，剩余可供分配利润未向公司股东分配。

7.2 主要财务指标（母公司口径和并表口径同时披露）

指标名称	指标值	
	母公司口径	合并口径
资本利润率（%）	-4.30	-4.48
加权年化信托报酬率（%）	1.30	1.30
人均净利润（万元）	-97	-91

注：1.资本利润率=净利润/股东权益平均余额×100%。
2.加权年化信托报酬率=（信托项目1的实际年化信托报酬率×信托项目1的实收信托+信托项目2的实际年化信托报酬率×信托项目2的实收信托+⋯+信托项目n的实际年化信托报酬率×信托项目n的实收信托）/（信托项目1的实收信托+信托项目2的实收信托+⋯+信托项目n的实收信托）×100%=信托业务收入/实收信托平均余额×100%。
3.人均净利润=净利润/年平均人数。
4.平均人数采取年初、年末余额简单平均法，公式为：a（平均）=（年初数+年末数）/2。

7.3 对本公司财务状况、经营成果有重大影响的其他事项。

无。

8.特别事项简要揭示

8.1 前五名股东报告期内变动情况及原因

无。

8.2 董事、监事及高级管理人员变动情况及原因

公司第九届董事会董事、董事长虞利明先生因工作调动原因于2022年12月提出辞去董事、董事长职务。2023年3月23日，公司召开2023年第一次临时股东大会，审议通过《关于公司董事变更的议案》，选举余南军先生为第九届董事会非独立董事，任期与第九届董事会一致。同日，公司召开第九届董事会第十五次会议，审议通过《关于选举公司第九届董事会董事长的议案》，选举余南军先生为董事长，任期与公司第九届董事会一致。2023年5月16日，公司收到《中国银保监会浙江监管局关于余南军任职资格的批复》（浙银保监复〔2023〕186号），核准余南军先生的公司董事、董事长任职资格。根据公司章程规定，董事长为法定代表人，法人工商变更手续于2023年5月完成。

公司外部监事曹玲华女士于2023年3月10日因个人原因提出辞职。2023年5月26日，公司2022年度股东大会审议通过《关于公司监事变更的议案》，选举王健先生为第九届监事会外部监事，任期至公司第九届监事会届满之日止。

公司董事会于2023年11月1日收到江龙先生的辞职信，江龙先生因个人原因提出辞去公司董事、总裁职务。根据《中华人民共和国公司法》《银行保险机构公司治理准则》及公司章程等规定，江龙先生的董事辞任自辞职信送达公司董事会之日起生效。2023年11月23日，公司第九届董事会第二十一次会议审议并通过《关于公司总裁辞职及董事长代为履职总裁的议案》。在总裁空缺期间，由董事长余南军先生代为履行公司总裁职责。

2023年12月27日，公司2023年第三次临时股东大会审议通过《关于公司董事会换届选举的议案》，选举余南军先生、楼未女士、董文达先生、施征宇先生、裴刚先生、傅伟光先生、张滨滨先生、王孝锎先生为公司董事，其中董文达先生、张滨滨先生、王孝锎先生为新任董事；2024年3月1日，公司收到国家金融监督管理总局浙江监管局关于公司新任董事董文达先生、独立董事张滨滨先生、独立董事王孝锎先生的任职资格核准批复。

8.3 公司的重大未决诉讼事项

截至2023年末，公司有重大未决诉讼案件2起，为信托项目所涉且由公司作为原告，被告为信托项目所涉的交易对手。

8.4 对会计师事务所出具的有保留意见、否定意见或无法表示意见的审计报告的，公司董事会应就所涉及事项作出说明

无。

8.5 公司及其董事、监事和高级管理人员受到处罚的情况

无。

8.6 原银保监会及其派出机构对公司检查后提出整改意见的，应简单说明整改情况

2023年3月，原中国银保监会浙江监管局下发《监管提示函》（浙银保监办便函〔2023〕134号），公司就相

关问题进行深入剖析，查找原因并制定了相应的整改方案，相关问题已全部完成整改。2023年5月，原中国银保监会浙江监管局下发《关于杭州工商信托股份有限公司2022年度监管的意见》（浙银保监发〔2023〕78号），公司组织召开专题会议，明确具体整改事项、职责分工及整改进度安排，确保责任到人并有效推进落实，通过加强制度建设、强化内控管理、深化转型发展等予以整改。2023年12月，国家金融监督管理总局浙江监管局下发《现场检查意见书》（浙金检〔2023〕33号），公司高度重视监管现场检查发现问题的整改工作，成立监管检查发现问题整改小组，在立查立改问题的基础上深挖问题根源，通过健全公司治理机制、完善全面风险管理体系建设、加强风险防控及处置力度、提高业务管理精细度、强化党建统领与信托文化建设等一系列工作措施，持续推进机制及制度建设，建立健全长效管理机制，切实防范同类问题再次发生。相关整改措施落实情况均已上报监管机构。

8.7 本年度重大事项临时报告的简要内容、披露时间、所披露的媒体及其版面

经公司董事会选举通过并报原中国银保监会浙江监管局核准（浙银保监复〔2023〕186号），余南军先生担任公司董事长，其任职资格自监管核准之日（2023年5月16日）起生效。2023年5月22日，公司在官网及《上海证券报》第13版披露《杭州工商信托关于董事长任职资格获监管核准的公告》。

经公司股东大会审议通过，公司聘用的会计师事务所更换为中汇会计师事务所（特殊普通合伙）。2023年10月27日，公司在官网及《上海证券报》第23版披露《杭州工商信托股份有限公司关于更换会计师事务所的公告》。

公司董事会于2023年11月1日收到江龙先生的辞职信，江龙先生因个人原因提出辞去公司董事、总裁职务。根据《中华人民共和国公司法》《银行保险机构公司治理准则》及公司章程等规定，江龙先生的董事辞任自辞职信送达公司董事会之日起生效。2023年11月23日，公司第九届董事会第二十一次会议审议并通过《关于公司总裁辞职及董事长代为履职总裁的议案》。在总裁空缺期间，由董事长余南军先生代为履行公司总裁职责。2023年11月25日，公司在官网及《上海证券报》第7版披露《关于公司总裁辞职及董事长代为履职总裁的公告》。

8.8 本年度净资本管理情况

净资本管理风险控制指标表

项目	期末余额	监管标准
净资本（万元）	311 517	≥20 000
净资本/各项业务风险资本之和（％）	211.85	≥100
净资本/净资产（％）	68.18	≥40

8.9 原中国银保监会及其省级派出机构认定的其他有必要让客户及相关利益人了解的重要信息

无。

9.公司监事会意见

监事会认为，本报告期内，公司决策程序合法，内部控制制度较为完善，没有发现公司董事、总裁和其他高级管理人员在执行公司职务时有违法违纪或有损公司及股东利益的行为。公司财务报告真实地反映了公司的财务状况和经营成果。

湖南省财信信托有限责任公司

1.重要提示

1.1 本公司董事会及其董事保证本报告所载资料不存在任何虚假记载、误导性陈述或者重大遗漏，并对其内容的真实性、准确性和完整性承担个别及连带责任。

1.2 未有公司董事声明对本年度报告内容的真实性、准确性、完整性存在异议。

1.3 公司独立董事张强、屈茂辉、陈长春声明：保证本年度报告内容真实、准确、完整。

1.4 公司法定代表人王双云，代为履行董事长之职的总裁朱昌寿，主管会计工作负责人、风控总监毛惠声明：保证本年度报告中财务报告的真实、完整。

2.公司概况

2.1 公司简介

本公司1985年经湖南省人民政府批准成立，是湖南财信金融控股集团有限公司旗下的核心子公司。本公司目前注册资本43.8亿元人民币，湖南财信投资控股有限责任公司和湖南省国有投资经营有限公司分别持有96%、4%的股权。

近年来，本公司坚持以服务地方经济社会发展为宗旨，全面聚焦我省"三高四新"美好蓝图，充分发挥信托功能优势与综合金融服务特色，紧紧围绕实体经济发展需要，构筑产品服务体系，为建设中国式现代化新湖南不断贡献新力量。

法定名称	湖南省财信信托有限责任公司
中文缩写	财信信托
英文名称（及缩写）	HUNAN CHASING TRUST CO.，LTD.（英文缩写：CHASING TRUST）
法定代表人	王双云
注册地址	长沙市岳麓区玉兰路433号西枢纽商务中心购物中心T3写字楼1801~1809
邮政编码	410006
公司国际互联网网址	trust.hnchasing.com
公司电子信箱	cxxt@hnchasing.com
公司负责信息披露事务人	孙雨新
联系电话	0731-85196922
传真电话	0731-85196911
电子信箱	sunyuxin@hnchasing.com
公司信息披露报纸名称	《证券时报》《上海证券报》
公司年度报告备置地点	长沙市岳麓区玉兰路433号西枢纽商务中心购物中心T3写字楼18楼办公室
公司聘请的会计师事务所名称及住所	天健会计师事务所（特殊普通合伙）地址：浙江省杭州市西湖区灵隐街道西溪路128号 电话：0571-88216888

2.2 组织结构

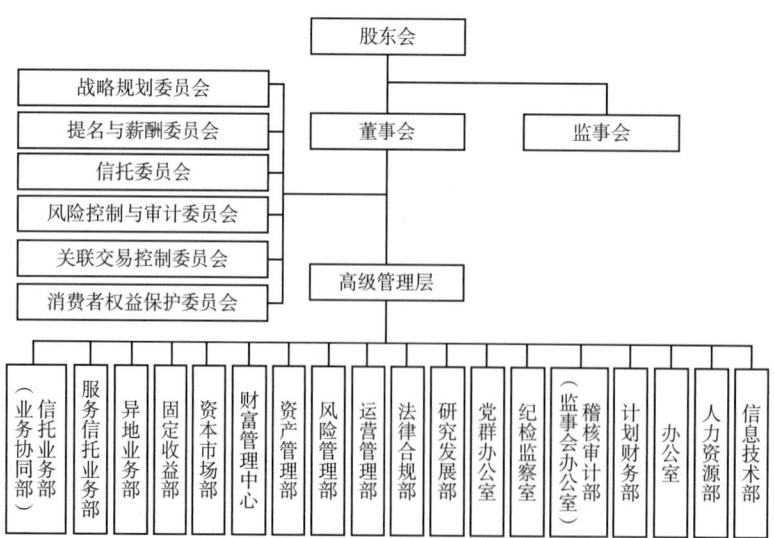

3. 公司治理结构

3.1 股东

报告期末公司股东总数：2名。公司2名股东全部为国有法人独资公司，湖南财信投资控股有限责任公司、湖南省国有投资经营有限公司均为湖南财信金融控股集团有限公司的全资子公司。

股东情况

股东名称	持股比例（%）	法定代表人	注册资本（万元）	注册地址	主要经营业务及主要财务情况
湖南财信投资控股有限责任公司	96	程蓓	1 400 000	长沙市天心区城南西路1号	主要经营业务：法律、法规允许的资产投资、经营及管理（依法须经批准的项目，经相关部门批准后方可开展经营活动）。 主要财务情况：2023年，财信投资实现合并营业收入3 916 297.52万元，其中母公司营业收入112 837.05万元；实现合并营业利润608 133.20万元，其中母公司营业利润77 007.78万元；合并净利润470 743.55万元，其中母公司净利润77 139.25万元。公司合并资产总额63 288 941.20万元，其中母公司资产总额3 379 089.25万元；合并净资产总额6 915 201.52万元，其中母公司净资产总额2 755 402.89万元
湖南省国有投资经营有限公司	4	张仁兴	33 282.06	长沙市岳麓区茶子山东路112号滨江金融中心T4栋712	主要经营业务：授权范围内的国有资产投资、经营、管理与处置，企业资产重组、债务重组、企业托管、并购、委托投资、投资咨询、财务顾问；旅游资源投资、开发、经营（限分支机构凭许可证经营），经营商品和技术的进出口业务（不得从事吸收存款、集资收款、受托贷款、发行票据、发放贷款等国家金融监管及财政信用业务；依法须经批准的项目，经相关部门批准后方可开展经营活动）。 主要财务情况：2023年，湖南国投实现合并营业收入12 525.89万元，其中母公司营业收入8 394.11万元；实现合并利润总额283.05万元，其中母公司利润总额5 206.28万元；合并净利润1 507.59万元，其中母公司净利润5 225.81万元。公司合并资产总额395 185.74万元，其中母公司资产总额369 818.30万元；合并净资产总额248 870.07万元，其中母公司净资产总额263 981.57万元

注：湖南财信投资控股有限责任公司为公司控股股东、主要股东，系湖南财信金融控股集团有限公司全资子公司。公司实际控制人为湖南财信金融控股集团有限公司。

报告期末股东的出资方式和出资比例

股东名称	湖南财信投资控股有限责任公司	湖南省国有投资经营有限公司
出资方式	货币及评估后净资产	货币
出资额（元）	4 204 800 000	175 200 000
出资比例（%）	96	4

3.2 董事、董事会及其下属委员会

董事长、董事

姓名	职务	性别	年龄（岁）	任职日期	所提名的股东名称	该股东持股比例（%）	简要履历
王双云	董事长	男	59	2016年3月	湖南财信投资控股有限责任公司	96	曾任湖南省财政厅经济建设处副处长、湖南省财政厅监督检查局副局长、省财政稽查办公室主任（正处长级），湖南省财政厅机关党委专职副书记、党办主任、机关工会主席，湖南省财政厅人事教育处处长，湖南财信金融控股集团有限公司党委副书记。现任本公司董事长
朱昌寿	董事	男	51	2019年8月	湖南财信投资控股有限责任公司	96	曾任财富证券有限责任公司计划财务部总经理、财富通典当有限责任公司总经理、本公司财务总监、本公司副总裁。本公司董事任职资格于2019年3月经原湖南银保监局核准，自2019年8月起担任本公司董事
李武松	董事	男	52	2022年6月	湖南财信投资控股有限责任公司	96	曾任湖南省高级人民法院民二庭正科级助理审判员、湖南省高级人民法院民二庭副庭长、副处级审判员、湖南省高级人民法院立案信访局立案二庭庭长、湖南省资产管理有限公司总经理、湖南省资产管理有限公司副董事长、湖南财信资产管理有限公司监事会主席，现任湖南财信金融控股集团有限公司法务总监。本公司董事任职资格于2022年6月经原湖南银保监局核准，自2022年6月起担任本公司董事
刘之彦	职工董事	男	38	2019年8月	—	—	2023年9月离任

独立董事

姓名	所在单位及职务	性别	年龄（岁）	选任日期	任期（年）	所提名的股东名称	该股东持股比例（%）	简要履历
张强	湖南大学金融与统计学院教授、博士生导师、教育基金会理事长	女	69	2019年8月	3	湖南财信投资控股有限责任公司	96	曾任中共湖南大学委员会常委、湖南大学常务副校长、货币政策专家咨询委员会问卷调查专家。现任湖南大学金融与统计学院教授、博士生导师、教育基金会理事长，享受国务院特殊政府津贴专家，兼任中国金融学会常务理事、中国金融教育基金会名誉理事、湖南省股权投资协会副会长等。本公司董事任职资格于2019年4月经原湖南银保监局核准，自2019年8月起担任本公司董事
屈茂辉	湖南大学法学院院长	男	61	2019年8月	3	湖南财信投资控股有限责任公司	96	中国人民大学民商法博士，美国华盛顿大学高级访问学者，教育部新世纪创新人才，国务院特殊津贴专家，教授、博士生导师。现任湖南大学法学院院长，湖南大学学位委员会委员、教学委员会委员，法学一级学科博士点和省级重点学科带头人。兼任中国法学会理事、中国民法学研究会常务理事、国家社会科学基金学科规划评审组专家、教育部法学学科教学指导委员会委员、湖南省法学会副会长、湖南省民商法研究会会长、湖南省院士专家咨询委员会委员、湖南省法官检察官遴选委员会专家、长沙仲裁委员会副主任以及长沙市、常德市、岳阳市、株洲市等地市委、政府法律顾问等社会职务。本公司董事任职资格于2019年4月经原湖南银保监局核准，自2019年8月起担任本公司董事
陈长春	大华会计师事务所湖南分所所长	男	45	2019年8月	3	湖南财信投资控股有限责任公司	96	注册会计师，注册税务师，注册资产评估师，注册房地产估价师。现为大华会计师事务所湖南分所所长。本公司董事任职资格于2019年4月经原湖南银保监局核准，自2019年8月起担任本公司董事

董事会下属委员会

名称	职责	组成人员姓名	职务
战略规划委员会	研究国家经济金融政策，分析金融业发展趋势，结合公司实际，制订公司的中长期发展战略、发展规划、竞争策略，并根据实际情况做出实时修订；统筹公司资源的有效利用，确定并督促公司完成中长期目标任务；审议公司的年度经营计划，并督促计划的落实；对完善业务组织架构与经营管理模式提出建议；对经营工作进行评议	王双云	主任委员
		朱昌寿	委员
		李武松	委员
		张强（独董）	委员
		刘之彦	委员
提名与薪酬委员会	根据股东推荐及公司章程规定，对董事候选人任职资格进行初步审查，并向董事会提名和建议；董事会授权的其他提名事宜；拟定公司高级管理人员的薪酬制度及方案，绩效评价标准、程序及主要评价体系，激励与约束制度等；组织审查公司高级管理人员的履职情况并对其进行年度绩效考核；监督公司的薪酬制度及运行情况；董事会授权的其他薪酬绩效事宜；拟定高级管理人员结构及选聘标准，对高级管理人员候选人任职资格进行初步审查，并向董事会提出建议；根据公司业务发展需求，就公司内部机构设置向董事会提出建议	张强（独董）	主任委员
		王双云	委员
		朱昌寿	委员
信托委员会	代表董事会督促公司依法履行受托责任，保证公司为受益人的最大利益服务；监督信托财产的管理运用情况；监督信托业务的信托利益分配情况；为公司信托业务决策提供意见和建议；董事会授权的其他事项	陈长春（独董）	主任委员
		朱昌寿	委员
		刘之彦	委员
风险控制与审计委员会	研究提出公司风险控制的总体目标、风险偏好、风险承受度、风险控制策略和重大风险控制解决方案；对公司信托业务和自营业务的风险控制及合规管理进行监督；对公司自有财产和受托资产的风险状况进行定期评估；对公司关联交易业务风险进行评估；对公司信息披露的真实、准确、完整和合规性等进行监督；提出完善公司风险控制和内部控制的建议；监督公司内部审计制度及其实施；审核公司的财务信息及其披露；提议聘请或更换外部审计机构；董事会授予的其他职责	屈茂辉（独董）	主任委员
		李武松	委员
		陈长春（独董）	委员
关联交易控制委员会	研究提出公司关联交易管理的总体目标，负责关联交易的管理，控制关联交易风险；认定公司的关联方和关联类型，并向董事会报告；根据公司相关授权管理办法，需要提交董事会审议的项目或事项中，涉及关联交易的，需在提交董事会审议之前经关联交易控制委员会审查；审查公司关联交易的制度、管理报告和相关信息披露；有关法律、法规、本公司章程规定的及董事会授权的其他职责	陈长春（独董）	主任委员
		李武松	委员
		刘之彦	委员
消费者权益保护委员会	向董事会提交消费者权益保护工作报告及年度报告，研究消费者权益保护重大问题和重要政策；指导和督促消费者权益保护工作管理制度体系的建立和完善，确保相关制度规定与公司治理、企业文化建设和经营发展战略相适应；根据监管要求对消费者权益保护战略、政策、目标执行情况和工作开展落实情况，对高级管理层和消费者权益保护部门工作的全面性、及时性、有效性进行监督；定期召开消费者权益保护工作会议，审议高级管理层及消费者权益保护部门工作报告；研究年度消费者权益保护工作相关审计报告、监管通报、内部考核结果等，督促高级管理层及相关部门及时落实整改发现的各项问题	朱昌寿	主任委员
		屈茂辉（独董）	委员
		刘之彦	委员

3.3 监事、监事会及其下属委员会

监事会主席、监事

姓名	职务	性别	年龄（岁）	选任日期	所提名的股东名称	该股东持股比例（%）	简要履历
彭耀	监事会主席	男	52	2021年11月	湖南财信投资控股有限责任公司	96	先后在我公司业务三部、资产管理总部、业务一部工作，曾任公司副总裁
朱润洲	外部监事	男	34	2020年12月	湖南省国有投资经营有限公司	4	先后在同程控股集团股份有限公司、湖南航空股份有限公司工作，现任景程文化旅游发展（苏州）有限公司董事长
胡爱明	职工监事	女	51	2020年4月	—	—	先后在我公司证券部、财务部、资产管理部工作，曾任财务部总经理。现任我公司稽核审计部总经理

公司监事会未设立下属委员会。

3.4 高级管理人员

姓名	职务	性别	年龄（岁）	选任日期	金融从业年限（年）	学历	专业	简要履历
朱昌寿	总裁	男	51	2019年3月	25	本科	会计学	曾任财富证券有限责任公司计划财务部总经理、财富通典当有限责任公司总经理，本公司财务总监、副总裁。现任本公司总裁
蒋天翼	副总裁	男	43	2021年7月	16	硕士研究生	计算机工程	曾任财富证券有限责任公司债券融资部总经理助理、财富证券有限责任公司投资银行一部副经理、财信证券有限责任公司债券融资部总经理。现任本公司副总裁、曾任董事会秘书
孙雨新	董事会秘书	女	44	2023年12月	17	本科	金融学	曾任健力宝甘宁分公司总经理助理、湖南五江新天葡萄酒业有限公司总经理助理、湖南永清脱硫有限公司董事长秘书、湖南省财信信托有限责任公司董事会办公室主任、总裁办公室主任、办公室主任，现任本公司董事会秘书
毛惠	风控总监	女	48	2022年6月	5	硕士研究生	会计	曾任湖南华天实业控股集团下属紫东阁华天大酒店、常德华天大酒店、衡阳华天大酒店财务部主管、财务部经理，深圳华昱投资开发（集团）湖南办事处主任、湖南道岳高速公路实业有限公司副总经理、香港华昱高速（HK01823）董事，湖南高新创业投资集团计划财务部部长、风控法务部部长，湖南财信信托有限公司运营管理部总经理、风险合规管理部总经理。现任本公司风控总监
王志鹏	总裁助理	男	40	2023年12月	11	硕士研究生	应用经济学	曾任财富证券有限责任公司投资银行一部业务二组负责人、湖南省财信信托有限责任公司信托业务总部第五团队团队负责人、固定收益部总经理，现任本公司总裁助理

3.5 公司员工

报告期内，公司员工202人，平均年龄37岁。

项目		报告期年度		上年度	
		人数（人）	比例（%）	人数（人）	比例（%）
年龄分布	20岁以下	—	—	—	—
	20~29岁	27	13	29	14
	30~39岁	112	56	116	58
	40岁及以上	63	31	56	28
学历分布	博士	4	2	4	2
	硕士	109	54	102	51
	本科	83	41	88	44
	专科	4	2	5	2
	其他	2	1	2	1
岗位分布	董事、监事及其高管人员	7	3	7	4
	自营业务人员	4	2	5	2
	信托业务人员	111	55	108	54
	其他人员	80	40	81	40

3.6 年度内召开股东会情况

2023年度公司召开股东会会议5次，其中定期会议2次，临时会议3次。会议召开程序符合法律法规和公司章程的规定，具体情况如下：

5月4日，股东会2023年度第一次会议审议通过了《2022年度董事会工作报告》《2022年度监事会工作报告》《2022年度财务决算报告》《2023年度财务预算报告》《2022年度主要股东评估报告》，通报了《2022年度经营工作报告》《2022年度董事、监事履职评价报告》《2022年度监管意见及整改落实情况报告》和《2022年度受益人利益实现情况报告》。

8月30日，股东会2023年度第二次会议审议通过了《2023年上半年度董事会工作报告》，通报了《2023年上半年度经营工作报告》《2023年上半年度监管意见及整改落实情况的报告》《2022年度大股东评估报告（湖南国投）》。

4月12日，股东会2023年度第1次临时会议审议通

过了《公司2023年度自有资金投资计划》。

6月19日，股东会2023年度第2次临时会议通报了《2022年度大股东评估报告（财信投资）》。

12月19日，股东会2023年度第3次临时会议审议通过了《关于向股东进行利润分配的议案》。

4.经营管理

4.1 经营目标、方针、战略规划

4.1.1 经营目标

公司坚持以习近平新时代中国特色社会主义思想为指导，坚持以服务地方经济社会发展为宗旨，围绕"精干主业、精济实业、精耕湖南"的发展方略，按照"稳中求变、风控优先、强化协同、创新发展"的业务发展思路，不断完善公司治理结构，严守合规经营底线，提升发展质量、风控水平与综合金融服务能力。以更好服务实体经济、服务人民群众为出发点和落脚点，牢牢锚定标品信托和服务信托两大转型主赛道，全力探索业务转型、回归信托本源。

4.1.2 经营方针

公司的经营方针为精干主业、精济实业、精耕湖南、稳中求进、改革转型。

4.1.3 战略规划

财信信托将立足国企定位，把牢金融国企政治属性，以更好服务实体经济、服务人民群众为出发点和落脚点，使信托业务高度体现政治性、人民性，将财信信托打造成一家业务特色鲜明、经营风格稳健、管理理念科学、服务能力突出的信托机构。一是坚持服务高质量发展。聚焦新质生产力，以优质信托服务写好"五篇大文章"，特别是在养老信托、科技信托、数字信托等方面重点发力；深化推进金融供给侧结构性改革，持续降低企业融资成本，增强信托服务实体经济质效；精准有效防范和化解重点领域风险，深化金融改革，助力防范化解地方债务风险。二是坚定提供多元金融服务。坚持围绕习近平总书记为湖南擘画的"三高四新"美好蓝图，提供丰富的产品选择和多元的金融服务，充分发挥信托制度和功能优势，通过资产证券化、供应链金融等业务模式，更好地服务长沙市建设全球研发中心城市；重点探索家庭服务信托、财富管理信托等新模式，满足人民群众对美好生活的向往和需求。三是坚决推动核心要素重配。坚持科技是第一生产力、人才是第一资源、创新是第一动力，以改革创新和转型赋能为牵引，带动财信信托在架构、人力、营销、IT、数据等要素和激励的重构和重配。

4.2 所经营业务的主要内容

公司业务主要分为信托业务和固有业务两大类。

4.2.1 信托业务

信托业务是指公司作为受托人，按照委托人的意愿，为受益人利益或特定目的，对信托财产进行管理、处分的业务。公司目前主要从事资金信托、动产信托、不动产信托、有价证券信托、其他财产或财产权信托，开展的信托业务种类主要有：市政基础设施类信托，房地产类信托，PE投资类信托，证券投资类信托，高科技、高成长产业类信托，信贷资产转让类信托，农林牧渔类信托以及企业改制、重组、收购类信托等。

报告期末，公司信托财产运用与分布情况如下表所示。

信托财产运用与分布

资产运用	金额（万元）	占比（%）	资产分布	金额（万元）	占比（%）
货币资产	261 756	1.90	基础产业	4 905 955	35.60
贷款	2 034 862	14.76	房地产业	165 511	1.20
交易性金融资产	11 075 144	80.36	证券市场	3 388 425	24.59
买入返售金融资产	21 604	0.16	实业	4 126 907	29.94
债权投资	297 870	2.16	金融机构	406 784	2.95
其他	90 820	0.66	其他	788 474	5.72
信托资产总计	13 782 056	100.00	信托资产总计	13 782 056	100.00

注：资产运用类中的"其他"内容为应收款项90 820万元；资产分布类中的"其他"为其他行业运用788 474万元。

4.2.2 固有业务

固有业务指公司运用自有资产开展的业务，主要包括贷款、金融类股权投资、金融产品投资等。公司秉承谨慎运用原则，确保公司资产的稳健增值。

报告期末，公司固有资产运用与分布情况如下表所示。

固有资产运用与分布（合并口径）

资产运用	金额（万元）	占比（%）	资产分布	金额（万元）	占比（%）
货币资产	65 430	4.95	基础产业	374 515	28.31
贷款及应收款	365 566	27.63	房地产业	41 146	3.11
交易性金融资产	679 271	51.34	证券市场	306 938	23.20
债权投资	176 625	13.35	工商企业	236 054	17.84
其他	36 106	2.73	金融机构	330 570	24.99
			其他	33 775	2.55
资产总计	1 322 998	100.00	资产总计	1 322 998	100.00

注：资产运用中"其他"主要内容：递延所得税资产24 644万元、其他应收款2 388万元；资产分布中"其他"主要内容：递延所得税资产24 644万元、其他应收款2 388万元等。

5. 报告期末及上一年度末的比较式会计报表

5.1 自营资产

5.1.1 会计师事务所审计意见全文

审计报告

天健审〔2024〕2-237号

湖南省财信信托有限责任公司全体股东：

一、审计意见

我们审计了湖南省财信信托有限责任公司（以下简称财信信托）财务报表，包括2023年12月31日的合并及母公司资产负债表，2023年度的合并及母公司利润表、合并及母公司现金流量表、合并及母公司所有者权益变动表，以及相关财务报表附注。

我们认为，后附的财务报表在所有重大方面按照企业会计准则的规定编制，公允反映了财信信托2023年12月31日的合并及母公司财务状况，以及2023年度的合并及母公司经营成果和现金流量。

二、形成审计意见的基础

我们按照中国注册会计师审计准则的规定执行了审计工作。审计报告的"注册会计师对财务报表审计的责任"部分进一步阐述了我们在这些准则下的责任。按照中国注册会计师职业道德守则，我们独立于财信信托，并履行了职业道德方面的其他责任。我们相信，我们获取的审计证据是充分、适当的，为发表审计意见提供了基础。

三、管理层和治理层对财务报表的责任

财信信托管理层（以下简称管理层）负责按照企业会计准则的规定编制财务报表，使其实现公允反映，并设计、执行和维护必要的内部控制，以使财务报表不存在由于舞弊或错误导致的重大错报。

在编制财务报表时，管理层负责评估财信信托的持续经营能力，披露与持续经营相关的事项（如适用），并运用持续经营假设，除非计划进行清算、终止运营或别无其他现实的选择。

财信信托治理层（以下简称治理层）负责监督财信信托的财务报告过程。

四、注册会计师对财务报表审计的责任

我们的目标是对财务报表整体是否不存在由于舞弊或错误导致的重大错报获取合理保证，并出具包含审计意见的审计报告。合理保证是高水平的保证，但并不能保证按照审计准则执行的审计在某一重大错报存在时总能发现。错报可能由于舞弊或错误导致，如果合理预期错报单独或汇总起来可能影响财务报表使用者依据财务报表作出的经济决策，则通常认为错报是重大的。

在按照审计准则执行审计工作的过程中，我们运用职业判断，并保持职业怀疑。同时，我们也执行以下工作：

（一）识别和评估由于舞弊或错误导致的财务报表重大错报风险，设计和实施审计程序以应对这些风险，并获取充分、适当的审计证据，作为发表审计意见的基础。由于舞弊可能涉及串通、伪造、故意遗漏、虚假陈述或凌驾于内部控制之上，未能发现由于舞弊导致的重大错报的风险高于未能发现由于错误导致的重大错报的风险。

（二）了解与审计相关的内部控制，以设计恰当的审计程序，但目的并非对内部控制的有效性发表意见。

（三）评价管理层选用会计政策的恰当性和作出会计估计及相关披露的合理性。

（四）对管理层使用持续经营假设的恰当性得出结论。同时，根据获取的审计证据，就可能导致对财信信托持续经营能力产生重大疑虑的事项或情况是否存在重大不确定性得出结论。如果我们得出结论认为存在重大不确定性，审计准则要求我们在审计报告中提请报表使用者注意财务报表中的相关披露；如果披露不充分，我们应当发表非无保留意见。我们的结论基于截至审计报告日可获得的信息。然而，未来的事项或情况可能导致财信信托不能持续经营。

（五）评价财务报表的总体列报、结构和内容，并评价财务报表是否公允反映相关交易和事项。

（六）就财信信托中实体或业务活动的财务信息获取充分、适当的审计证据，以对财务报表发表审计意见。我们负责指导、监督和执行集团审计，并对审计意见承担全部责任。

我们与治理层就计划的审计范围、时间安排和重大审计发现等事项进行沟通，包括沟通我们在审计中识别出的值得关注的内部控制缺陷。

二〇二四年四月二十三日

5.1.2 资产负债表

资产负债表

编制单位：湖南省财信信托有限责任公司　　2023年12月31日　　单位：万元

项目	期末数		年初数	
	合并	母公司	合并	母公司
资产：				
货币资金	65 429.90	59 256.82	86 769.96	70 298.63
拆出资金	—	—	—	—
衍生金融资产	—	—	—	—
应收款项	—	—	—	—
合同资产	—	—	—	—
买入返售金融资产	100.06	—	—	—
持有待售资产	—	—	—	—
发放贷款和垫款	365 565.88	115 435.88	111 392.65	102 334.65
交易性金融资产	679 270.58	602 481.78	708 818.09	660 180.08
债权投资	176 624.96	237 036.19	259 135.64	171 675.77
其他债权投资	—	—	—	—
其他权益工具投资	—	—	—	—
长期股权投资	—	—	—	—
使用权资产	341.27	341.27	93.15	93.15
投资性房地产	—	—	—	—
固定资产	2 383.40	2 383.40	265.05	265.05
在建工程	942.96	942.96	3 171.75	3 171.75
无形资产	1 853.90	1 853.90	1 206.51	1 206.51
递延所得税资产	24 643.58	24 643.58	28 657.37	28 657.37
其他资产	5 841.34	5 709.77	23 361.93	18 966.88
资产总计	1 322 997.84	1 050 085.56	1 222 872.10	1 056 849.83

法定代表人：王双云　　主管会计工作负责人：毛惠　　会计人员：熊一芬

资产负债表（续）

编制单位：湖南省财信信托有限责任公司　　2023年12月31日　　单位：万元

项目	期末数		年初数	
	合并	母公司	合并	母公司
负债：				
短期借款	—	—	—	—
拆入资金	135 000.00	135 000.00	120 000.00	120 000.00
交易性金融负债	271 281.38	—	159 291.10	—
衍生金融负债	—	—	—	—
卖出回购金融资产款	—	—	—	—
应付职工薪酬	13 020.30	13 020.30	16 913.95	16 913.95
应交税费	3 711.00	3 558.71	7 126.49	6 923.19
应付款项	—	—	—	—
预收账款	—	—	—	—
合同负债	17 041.69	20 614.13	28 461.09	30 990.07
租赁负债	353.60	353.60	96.45	96.45
持有待售负债	—	—	—	—
预计负债	—	—	—	—
长期借款	—	—	—	—
应付债券	—	—	—	—
其中：优先股	—	—	—	—
永续债	—	—	—	—
递延所得税负债	—	—	—	—
其他负债	170 967.02	172 799.33	190 949.79	193 021.34
负债合计	611 374.99	345 346.07	522 838.87	367 944.99
所有者权益：				
实收资本（或股本）	438 000.00	438 000.00	438 000.00	438 000.00
其他权益工具	—	—	—	—
其中：优先股	—	—	—	—
永续债	—	—	—	—
资本公积	12 997.44	12 997.44	12 997.44	12 997.44
减：库存股	—	—	—	—
其他综合收益	—	—	—	—
盈余公积	74 997.40	74 997.40	68 413.93	68 413.93
一般风险准备	16 292.86	16 292.86	16 703.14	16 703.14
信托赔偿准备	49 312.34	49 312.34	46 020.61	46 020.61
未分配利润	120 022.82	113 139.46	117 898.11	106 769.72
归属于母公司权益合计	711 622.85	704 739.49	700 033.23	688 904.84
少数股东权益	—	—	—	—
所有者权益（或股东权益）合计	711 622.85	704 739.49	700 033.23	688 904.84
负债和所有者权益（或股东权益）总计	1 322 997.84	1 050 085.56	1 222 872.10	1 056 849.83

法定代表人：王双云　　主管会计工作负责人：毛惠　　会计人员：熊一芬

5.1.3 利润表

利润表

编制单位：湖南省财信信托有限责任公司　　2023年度　　单位：万元

项目	本年数		上年数	
	合并	母公司	合并	母公司
一、营业总收入	76 000.65	77 087.42	101 097.07	108 025.65
利息净收入	19 635.93	11 466.46	15 088.72	13 676.61
利息收入	29 228.28	21 057.34	26 911.68	25 499.59
利息支出	9 592.35	9 590.88	11 822.95	11 822.97
手续费及佣金净收入	66 415.19	72 465.32	59 611.24	69 292.02
手续费及佣金收入	66 420.80	72 470.92	59 615.05	69 295.83

续表

项目	本年数		上年数	
	合并	母公司	合并	母公司
手续费及佣金支出	5.60	5.60	3.81	3.81
投资收益（损失以"-"号填列）	-11 322.45	-5 213.93	9 329.41	18 091.90
其中：对联营企业和合营企业的投资收益	—	—	—	—
以摊余成本计量的金融资产终止确认产生的收益（损失以"-"号填列）	-90.05	-90.05	—	—
净敞口套期收益（损失以"-"号填列）	—	—	—	—
其他收益	—	—	18.53	18.53
公允价值变动收益（损失以"-"号填列）	1 270.39	-1 632.03	17 042.41	6 939.83
汇兑收益（损失以"-"号填列）	—	—	—	—
其他业务收入	—	—	—	—
资产处置收益（损失以"-"号填列）	1.60	1.60	6.76	6.76
二、营业总支出	-5 490.95	-8 649.22	18 333.62	22 877.99
税金及附加	937.48	880.60	677.35	573.71
业务及管理费	12 094.25	11 123.05	17 525.31	16 318.95
信用减值损失	-18 522.69	-20 652.87	130.96	5 985.33
其他资产减值损失	—	—	—	—
其他业务成本	—	—	—	—
三、营业利润（亏损以"-"号填列）	81 491.60	85 736.63	82 763.45	85 147.66
加：营业外收入	9.39	9.39	928.63	928.64
减：营业外支出	686.26	686.26	308.10	308.10
四、利润总额（亏损以"-"号填列）	80 814.73	85 059.76	83 383.98	85 768.20
减：所得税费用	19 225.11	19 225.11	15 931.81	15 931.81
五、净利润（净亏损以"-"号填列）	61 589.62	65 834.65	67 452.17	69 836.39
（一）按经营持续性分类	—	—	—	—
持续经营净利润（净亏损以"-"号填列）	61 589.62	65 834.65	67 452.17	69 836.39
终止经营净利润（净亏损以"-"号填列）	—	—	—	—
（二）按所有权归属分类				
归属于母公司所有者的净利润（净亏损以"-"号填列）	61 589.62	—	67 452.17	—
少数股东损益（净亏损以"-"号填列）	—	—	—	—
六、其他综合收益的税后净额	—	—	—	—
归属于母公司所有者的其他综合收益的税后净额				
（一）不能重分类进损益的其他综合收益				
1.重新计量设定受益计划变动额				
2.权益法下不能转损益的其他综合收益				
3.其他权益工具投资公允价值变动				
4.企业自身信用风险公允价值变动				
5.其他				
（二）将重分类进损益的其他综合收益				
1.权益法下可转损益的其他综合收益				
2.其他债权投资公允价值变动				
3.金融资产重分类计入其他综合收益的金额				
4.其他债权投资信用损失准备				
5.现金流量套期储备				
6.外币财务报表折算差额				
7.其他				
*归属于少数股东的其他综合收益的税后净额	—	—	—	—
七、综合收益总额	61 589.62	65 834.65	67 452.17	69 836.39
归属于母公司所有者的综合收益总额	61 589.62	—	67 452.17	—
*归属于少数股东的综合收益总额	—	—	—	—

法定代表人：王双云　　　　　　主管会计工作负责人：毛惠　　　　　　会计人员：熊一芬

5.1.4 所有者权益变动表

编制单位：湖南省财信信托有限责任公司　　2023年度　　单位：万元

所有者权益变动表（合并）

项目	栏次	本年金额												
		归属于母公司所有者权益										小计	少数股东权益	所有者权益合计
		实收资本（或股本）	其他权益工具	资本公积	减：库存股	其他综合收益	专项储备	盈余公积	△一般风险准备	△信托赔偿准备	未分配利润	其他			
		1	2	3	4	5	6	7	8	9	10	11	12	13	14
一、上年年末余额		438 000.00	—	12 997.44	—	—	—	68 413.93	16 703.14	46 020.61	117 898.11	—	700 033.23	—	700 033.23
加：会计政策变更		—	—	—	—	—	—	—	—	—	—	—	—	—	—
前期差错更正		—	—	—	—	—	—	—	—	—	—	—	—	—	—
其他		—	—	—	—	—	—	—	—	—	—	—	—	—	—
二、本年年初余额		438 000.00	—	12 997.44	—	—	—	68 413.93	16 703.14	46 020.61	117 898.11	—	700 033.23	—	700 033.23
三、本年增减变动金额（减少以"-"号填列）		—	—	—	—	—	—	6 583.46	-410.28	3 291.73	2 124.71	—	11 589.62	—	11 589.62
（一）综合收益总额		—	—	—	—	—	—	—	—	—	61 589.62	—	61 589.62	—	61 589.62
（二）所有者投入和减少资本		—	—	—	—	—	—	—	—	—	—	—	—	—	—
1.所有者投入的普通股		—	—	—	—	—	—	—	—	—	—	—	—	—	—
2.其他权益工具持有者投入资本		—	—	—	—	—	—	—	—	—	—	—	—	—	—
3.股份支付计入所有者权益的金额		—	—	—	—	—	—	—	—	—	—	—	—	—	—
4.其他		—	—	—	—	—	—	—	—	—	—	—	—	—	—
（三）利润分配		—	—	—	—	—	—	6 583.46	-410.28	3 291.73	-59 464.91	—	-50 000.00	—	-50 000.00
1.提取盈余公积		—	—	—	—	—	—	6 583.46	—	—	-6 583.46	—	—	—	—
2.提取一般风险准备		—	—	—	—	—	—	—	-410.28	—	410.28	—	—	—	—
3.对所有者（或股东）的分配		—	—	—	—	—	—	—	—	—	-50 000.00	—	-50 000.00	—	-50 000.00
4.提取信托赔偿准备		—	—	—	—	—	—	—	—	3 291.73	-3 291.73	—	—	—	—
5.其他		—	—	—	—	—	—	—	—	—	—	—	—	—	—
（四）所有者权益内部结转		—	—	—	—	—	—	—	—	—	—	—	—	—	—
1.资本公积转增资本（或股本）		—	—	—	—	—	—	—	—	—	—	—	—	—	—
2.盈余公积转增资本（或股本）		—	—	—	—	—	—	—	—	—	—	—	—	—	—
3.盈余公积弥补亏损		—	—	—	—	—	—	—	—	—	—	—	—	—	—
4.设定受益计划变动额结转留存收益		—	—	—	—	—	—	—	—	—	—	—	—	—	—
5.其他综合收益结转留存收益		—	—	—	—	—	—	—	—	—	—	—	—	—	—
6.其他		—	—	—	—	—	—	—	—	—	—	—	—	—	—
四、本年年末余额		438 000.00	—	12 997.44	—	—	—	74 997.40	16 292.86	49 312.34	120 022.82	—	711 622.85	—	711 622.85

法定代表人：王双云　　主管会计工作负责人：毛惠　　会计机构负责人：熊一芬

所有者权益变动表（合并，续）

编制单位：湖南省财信信托有限责任公司　　2022年度　　单位：万元

项目	上年金额													
	归属于母公司所有者权益											小计	少数股东权益	所有者权益合计
	实收资本（或股本）	其他权益工具	资本公积	减：库存股	其他综合收益	专项储备	盈余公积	△一般风险准备	△信托赔偿准备	未分配利润	其他			
栏次	1	2	3	4	5	6	7	8	9	10	11	12	13	14
一、上年末余额	438 000.00	—	12 997.44	—	—	—	61 430.29	16 085.99	42 528.79	161 447.79	—	732 490.30	—	732 490.30
加：会计政策变更	—	—	—	—	—	—	—	—	—	—	—	—	—	—
前期差错更正	—	—	—	—	—	—	—	—	—	—	—	—	—	—
其他	—	—	—	—	—	—	—	—	—	—	—	—	—	—
二、本年初余额	438 000.00	—	12 997.44	—	—	—	61 430.29	16 085.99	42 528.79	161 447.79	—	732 490.30	—	732 490.30
三、本年增减变动金额（减少以"-"号填列）	—	—	—	—	—	—	6 983.64	617.15	3 491.82	-43 549.68	—	-32 457.07	—	-32 457.07
（一）综合收益总额	—	—	—	—	—	—	—	—	—	67 452.17	—	67 452.17	—	67 452.17
（二）所有者投入和减少资本	—	—	—	—	—	—	—	—	—	—	—	—	—	—
1.所有者投入的普通股	—	—	—	—	—	—	—	—	—	—	—	—	—	—
2.其他权益工具持有者投入资本	—	—	—	—	—	—	—	—	—	—	—	—	—	—
3.股份支付计入所有者权益的金额	—	—	—	—	—	—	—	—	—	—	—	—	—	—
4.其他	—	—	—	—	—	—	—	—	—	—	—	—	—	—
（三）利润分配	—	—	—	—	—	—	6 983.64	617.15	3 491.82	-111 001.85	—	-99 909.24	—	-99 909.24
1.提取盈余公积	—	—	—	—	—	—	6 983.64	—	—	-6 983.64	—	—	—	—
2.提取一般风险准备	—	—	—	—	—	—	—	617.15	—	-617.15	—	—	—	—
3.对所有者（或股东）的分配	—	—	—	—	—	—	—	—	—	-100 000.00	—	-100 000.00	—	-100 000.00
4.提取信托赔偿准备	—	—	—	—	—	—	—	—	3 491.82	-3 491.82	—	—	—	—
5.其他	—	—	—	—	—	—	—	—	—	90.76	—	90.76	—	90.76
（四）所有者权益内部结转	—	—	—	—	—	—	—	—	—	—	—	—	—	—
1.资本公积转增资本（或股本）	—	—	—	—	—	—	—	—	—	—	—	—	—	—
2.盈余公积转增资本（或股本）	—	—	—	—	—	—	—	—	—	—	—	—	—	—
3.盈余公积弥补亏损	—	—	—	—	—	—	—	—	—	—	—	—	—	—
4.设定受益计划变动额结转留存收益	—	—	—	—	—	—	—	—	—	—	—	—	—	—
5.其他综合收益结转留存收益	—	—	—	—	—	—	—	—	—	—	—	—	—	—
6.其他	—	—	—	—	—	—	—	—	—	—	—	—	—	—
四、本年末余额	438 000.00	—	12 997.44	—	—	—	68 413.93	16 703.14	46 020.61	117 898.11	—	700 033.23	—	700 033.23

法定代表人：王双云　　主管会计工作负责人：毛惠　　会计机构负责人：熊一芬

所有者权益变动表（母公司）

编制单位：湖南省财信信托有限责任公司　　　　2023年度　　　　单位：万元

项目	本年金额											
	归属于母公司所有者权益										其他	所有者权益合计
	实收资本（或股本）	其他权益工具	资本公积	减：库存股	其他综合收益	专项储备	盈余公积	△一般风险准备	△信托赔偿准备	未分配利润		
栏次	1	2	3	4	5	6	7	8	9	10	11	12
一、上年年末余额	438 000.00	—	12 997.44	—	—	—	68 413.93	16 703.14	46 020.61	106 769.72	—	688 904.84
加：会计政策变更	—	—	—	—	—	—	—	—	—	—	—	—
前期差错更正	—	—	—	—	—	—	—	—	—	—	—	—
其他	—	—	—	—	—	—	—	—	—	—	—	—
二、本年年初余额	438 000.00	—	12 997.44	—	—	—	68 413.93	16 703.14	46 020.61	106 769.72	—	688 904.84
三、本年增减变动金额（减少以"-"号填列）	—	—	—	—	—	—	6 583.46	-410.28	3 291.73	6 369.74	—	15 834.65
（一）综合收益总额	—	—	—	—	—	—	—	—	—	65 834.65	—	65 834.65
（二）所有者投入和减少资本	—	—	—	—	—	—	—	—	—	—	—	—
1.所有者投入的普通股	—	—	—	—	—	—	—	—	—	—	—	—
2.其他权益工具持有者投入资本	—	—	—	—	—	—	—	—	—	—	—	—
3.股份支付计入所有者权益的金额	—	—	—	—	—	—	—	—	—	—	—	—
4.其他	—	—	—	—	—	—	—	—	—	—	—	—
（三）利润分配	—	—	—	—	—	—	6 583.46	-410.28	3 291.73	-59 464.91	—	-50 000.00
1.提取盈余公积	—	—	—	—	—	—	6 583.46	—	—	-6 583.46	—	—
2.提取一般风险准备	—	—	—	—	—	—	—	-410.28	—	410.28	—	—
3.对所有者（或股东）的分配	—	—	—	—	—	—	—	—	—	-50 000.00	—	-50 000.00
4.提取信托赔偿准备	—	—	—	—	—	—	—	—	3 291.73	-3 291.73	—	—
5.其他	—	—	—	—	—	—	—	—	—	—	—	—
（四）所有者权益内部结转	—	—	—	—	—	—	—	—	—	—	—	—
1.资本公积转增资本（或股本）	—	—	—	—	—	—	—	—	—	—	—	—
2.盈余公积转增资本（或股本）	—	—	—	—	—	—	—	—	—	—	—	—
3.盈余公积弥补亏损	—	—	—	—	—	—	—	—	—	—	—	—
4.设定受益计划变动额结转留存收益	—	—	—	—	—	—	—	—	—	—	—	—
5.其他综合收益结转留存收益	—	—	—	—	—	—	—	—	—	—	—	—
6.其他	—	—	—	—	—	—	—	—	—	—	—	—
四、本年年末余额	438 000.00	—	12 997.44	—	—	—	74 997.40	16 292.86	49 312.34	113 139.46	—	704 739.49

法定代表人：王双云　　　主管会计工作负责人：毛惠　　　会计机构负责人：熊一芬

所有者权益变动表（母公司，续）

2022年度

编制单位：湖南省财信信托有限责任公司

单位：万元

项目	上年金额											
	归属于母公司所有者权益										其他	所有者权益合计
	实收资本（或股本）	其他权益工具	资本公积	减：库存股	其他综合收益	专项储备	盈余公积	△一般风险准备	△信托赔偿准备	未分配利润		
栏次	1	2	3	4	5	6	7	8	9	10	11	12
一、上年末余额	438 000.00	—	12 997.44	—	—	—	61 430.29	16 085.99	42 528.79	148 025.94	—	719 068.45
加：会计政策变更	—	—	—	—	—	—	—	—	—	—	—	—
前期差错更正	—	—	—	—	—	—	—	—	—	—	—	—
其他	—	—	—	—	—	—	—	—	—	—	—	—
二、本年年初余额	438 000.00	—	12 997.44	—	—	—	61 430.29	16 085.99	42 528.79	148 025.94	—	719 068.45
三、本年增减变动金额（减少以"-"号填列）	—	—	—	—	—	—	6 983.64	617.15	3 491.82	-41 256.22	—	-30 163.61
（一）综合收益总额	—	—	—	—	—	—	—	—	—	69 836.39	—	69 836.39
（二）所有者投入和减少资本	—	—	—	—	—	—	—	—	—	—	—	—
1.所有者投入的普通股	—	—	—	—	—	—	—	—	—	—	—	—
2.其他权益工具持有者投入资本	—	—	—	—	—	—	—	—	—	—	—	—
3.股份支付计入所有者权益的金额	—	—	—	—	—	—	—	—	—	—	—	—
4.其他	—	—	—	—	—	—	—	—	—	—	—	—
（三）利润分配	—	—	—	—	—	—	6 983.64	617.15	3 491.82	-111 092.61	—	-100 000.00
1.提取盈余公积	—	—	—	—	—	—	6 983.64	—	—	-6 983.64	—	—
2.提取一般风险准备	—	—	—	—	—	—	—	617.15	—	-617.15	—	—
3.对所有者（或股东）的分配	—	—	—	—	—	—	—	—	—	-100 000.00	—	-100 000.00
4.提取信托赔偿准备	—	—	—	—	—	—	—	—	3 491.82	-3 491.82	—	—
5.其他	—	—	—	—	—	—	—	—	—	—	—	—
（四）所有者权益内部结转	—	—	—	—	—	—	—	—	—	—	—	—
1.资本公积转增资本（或股本）	—	—	—	—	—	—	—	—	—	—	—	—
2.盈余公积转增资本（或股本）	—	—	—	—	—	—	—	—	—	—	—	—
3.盈余公积弥补亏损	—	—	—	—	—	—	—	—	—	—	—	—
4.设定受益计划变动额结转留存收益	—	—	—	—	—	—	—	—	—	—	—	—
5.其他综合收益结转留存收益	—	—	—	—	—	—	—	—	—	—	—	—
6.其他	—	—	—	—	—	—	—	—	—	—	—	—
四、本年年末余额	438 000.00	—	12 997.44	—	—	—	68 413.93	16 703.14	46 020.61	106 769.72	—	688 904.84

法定代表人：王云   主管会计工作负责人：毛惠   会计机构负责人：熊一芬

5.2 信托资产

5.2.1 信托项目资产负债汇总表

信托项目资产负债汇总表

编制单位：湖南省财信信托有限责任公司　　　　2023年12月31日　　　　　　　　　　　　　　　　单位：万元

信托资产	期末数	年初数	信托负债和信托权益	期末数	年初数
信托资产			信托负债		
银行存款	227 186	180 593	短期借款	—	—
结算备付金	34 570	49 106	交易性金融负债	—	—
存出保证金	—	—	衍生金融负债		
衍生金融资产	—	—	卖出回购金融资产款	20 818	
交易性金融资产	11 075 144	10 322 642	长期借款		
买入返售金融资产	21 604	4 408	应付清算款		
发放贷款和垫款	2 034 862	2 311 498	应付赎回款	101 468	12 937
债权投资	297 870	1 049 564	应付管理人报酬	13 357	10 887
其他债权投资	—	—	应付托管费	839	579
长期股权投资	—	—	应付销售服务费	2 458	980
应收清算款	4 535	—	应付交易费用		
应收利息	2 240	4 420	应付投资顾问费	2 513	2 434
应收股利	31	2 306	应交税费	5 638	4 865
应收申购款	—	—	应付利息	32	68
递延所得税资产	—	—	应付利润	4 272	2 581
其他资产	84 014	78 293	递延所得税负债	—	—
			其他负债	85 837	96 472
			负债合计	237 233	131 803
			所有者权益		
			实收资金	13 071 172	13 742 121
			资本公积		
			其他综合收益		
			未分配利润	473 651	128 906
			所有者权益合计	13 544 823	13 871 027
信托资产总计	13 782 056	14 002 830	信托负债和信托权益总计	13 782 056	14 002 830

法定代表人：王双云　　　　　　　　　　　主管会计工作负责人：毛惠　　　　　　　　　　　会计人员：陈洋洋

5.2.2 信托项目利润及利润分配汇总表

信托项目利润及利润分配汇总表

编制单位：湖南省财信信托有限责任公司　　2023年度　　　　单位：万元

项目	本年数	上年数
一、收入	1 292 745	651 142
1.利息收入	227 572	280 448
2.投资收益（损失以"-"号填列）	786 768	329 902
3.公允价值变动收益（损失以"-"号填列）	278 298	40 764
4.汇兑损益（损失以"-"号填列）	—	—
5.其他业务收入	107	28
二、费用	96 340	60 980
1.管理人报酬	64 810	50 143
2.托管费	984	1 248
3.销售服务费	4 714	3 304
4.投资顾问费	3 729	3 813
5.利息支出	19	12
6.信用减值损失	7 759	-16 734

续表

项目	本年数	上年数
7.税金及附加	1 446	2 083
8.其他费用	12 879	17 111
三、利润总额	1 196 405	590 162
减：所得税费用	—	—
四、净利润（净亏损以"-"号填列）	1 196 405	590 162
五、其他综合收益		
六、申购、转入及增强损益平准金	59 169	-18 751
七、综合收益总额	1 255 574	571 411
八、加：期初未分配利润	128 906	158 498
九、加：期初未分配利润调整	—	-63 573
十、可供分配利润	1 384 480	666 336
十一、减：本期已分配利润	910 829	537 430
十二、期末未分配利润	473 651	128 906

法定代表人：王双云　　主管会计工作负责人：毛惠　　会计人员：陈洋洋

6. 会计报表附注

6.1 会计报表编制基准不符合会计核算基本前提的说明

6.1.1 会计报表不符合会计核算基本前提的事项

无。

6.1.2 对编制合并会计报表的公司，应予以说明

（1）报告期内，本公司无纳入合并财务报表范围的子公司。

（2）纳入合并财务报表范围的结构化主体。按照《企业会计准则第33号——合并财务报表》的规定，本公司将以自有资金参与、并满足准则规定的"控制"定义的结构化主体纳入合并报表范围。

项目	年末数量/余额	年初数量/余额
纳入合并的产品数量（个）	43	29
纳入合并的结构化主体的总资产（元）	4 891 439 095.07	2 995 537 328.33
本公司在上述结构化主体的权益体现在资产负债表中交易性金融资产和债权投资的总金额（元）	2 146 173 682.80	1 323 044 001.30

6.2 或有事项说明

报告期内，本公司无相关说明事项。

6.3 重要资产转让及其出售的说明

报告期内，本公司无需要披露的重要资产转让及其出售事项。

6.4 主要会计政策变更

公司自2023年1月1日起执行财政部颁布的《企业会计准则解释第16号》"关于单项交易产生的资产和负债相关的递延所得税不适用初始确认豁免的会计处理"规定，该项会计政策变更对本公司财务报表无重大影响。

6.5 会计估计变更情况

报告期内，本公司无会计估计变更情况。

6.6 前期重大会计差错更正情况

报告期内，本公司无前期重大会计差错更正情况。

6.7 其他情况

无。

6.8 会计报表中重要项目的明细资料

6.8.1 披露自营资产经营情况

6.8.1.1 按资产风险分类的结果披露资产的期初数、期末数

6.8.1.1.1 按原值计算

信用风险资产五级分类	正常类（万元）	关注类（万元）	次级类（万元）	可疑类（万元）	损失类（万元）	信用风险资产合计（万元）	不良合计（万元）	不良率（%）
期初数	924 217	88 301	14 660	54 165	32 199	1 113 543	101 025	9.07
期末数	893 884	128 408	19 300	13 330	31 191	1 086 113	63 821	5.88

6.8.1.1.2 按净值计算

信用风险资产五级分类	正常类（万元）	关注类（万元）	次级类（万元）	可疑类（万元）	损失类（万元）	信用风险资产合计（万元）	不良合计（万元）	不良率（%）
期初数	918 888	73 384	9 761	21 423	—	1 023 456	31 184	3.05
期末数	888 217	107 413	7 720	13 330	—	1 016 679	21 050	2.07

6.8.1.2 各项资产减值损失准备的期初、本期计提、本期转回、资产转让、期末数

单位：万元

项目	期初数	本期计提	本期转回	资产核销	其他变动	期末数
贷款损失准备	11 696	−442	—	—	—	11 254
一般准备						
专项准备						
其他资产减值准备						
债权投资减值准备	77 485	−20 076	—	—	—	57 409
长期股权投资减值准备	—					
坏账准备	906	−136	—	—	—	770

6.8.1.3 自营股票投资、基金投资、债券投资、股权投资等投资业务的期初数、期末数

单位：万元

项目	自营股票	基金	债券	长期股权投资	其他投资	合计
期初数	26 802	19 112	42 991	—	742 951	831 856
期末数	—	13 220	73 729	—	752 569	839 518

6.8.1.4 前五名的自营长期股权投资的企业名称、占被投资企业权益的比例、主要经营活动及投资收益情况等

报告期末，本公司无自营长期股权投资。

6.8.1.5 前五名的自营贷款的企业名称、占贷款总额的比例和还款情况等

企业名称	占贷款总额的比例（%）	还款情况
长沙市芙蓉城市建设投资集团有限公司	19.73	正常
岳阳临空商贸有限公司	13.42	正常
湖南港盛建设有限公司	9.47	正常
常德市海绵城市建设投资开发有限公司	9.47	正常
宁乡龙溪投资有限公司	9.33	正常

6.8.1.6 表外业务的期初数、期末数；按照代理业务、担保业务和其他类型表外业务分别披露

单位：万元

表外业务	期初数	期末数
担保业务	—	—
代理业务（委托业务）	—	—
其他	—	—
合计	—	—

6.8.1.7 公司当年的收入结构

收入结构	金额（万元）	占比（%）
手续费及佣金净收入	72 465	93.99
其中：信托手续费收入	71 911	93.27
投资银行业务收入	—	—
利息净收入	11 466	14.87
其他业务收入	—	—
其中：计入信托业务收入部分	—	—
投资收益	-5 214	-6.76
其中：股权投资收益	2 623	3.40
证券投资收益	2 737	3.55
其他投资收益	-10 575	-13.72
公允价值变动收益	-1 632	-2.12
其他收益	—	—
资产处置损益	2	0.01
营业外收入	9	0.01
收入合计	77 097	100.00

6.8.2 披露信托资产管理情况

6.8.2.1 信托资产的期初数、期末数

单位：万元

信托资产	期初数	期末数
集合类	4 994 374	5 511 921
单一类	1 708 766	968 055
财产管理类	7 299 690	7 302 080
合计	14 002 830	13 782 056

6.8.2.1.1 主动管理型信托业务期初数、期末数，分证券投资、股权投资、融资、事务管理类分别披露

单位：万元

主动管理型信托资产	期初数	期末数
证券投资类	2 336 430	3 362 819
股权投资类	44 499	37 345
其他投资类	474 044	210 505
融资类	2 036 334	1 967 194
事务管理类	6 787	7 369
合计	4 898 094	5 585 232

6.8.2.1.2 被动管理型信托业务期初数、期末数，分证券投资、股权投资、融资、事务管理类分别披露

单位：万元

被动管理型信托资产	期初数	期末数
证券投资类	—	—
股权投资类	—	—
融资类	3	3
事务管理类	9 104 733	8 196 821
合计	9 104 736	8 196 824

6.8.2.2 本年度已清算结束的信托项目个数、实收信托合计金额、加权平均实际年化收益率

6.8.2.2.1 本年度已清算结束的集合类、单一类资金信托项目和财产管理类信托项目个数、金额、加权平均实际年化收益率

已清算结束信托项目	项目个数（个）	实收信托合计金额（万元）	加权平均实际年化收益率（%）
集合类	213	3 038 071	8.88
单一类	33	1 014 675	4.85
财产管理类	40	2 835 667	0.88

6.8.2.2.2 本年度已清算结束的主动管理型信托项目个数、合计金额、加权平均实际年化收益率，分证券投资、股权投资、融资、事务管理类分别披露

已清算结束主动管理型信托项目	项目个数（个）	实收信托合计金额（万元）	加权平均实际年化信托报酬率（%）	加权平均实际年化收益率（%）
证券投资类	121	1 175 847	0.37	10.15
股权投资类	9	6 940	2.13	5.25
其他投资类	21	367 713	1.46	6.76
融资类	64	1 300 971	1.30	5.79
事务管理类	—	—	—	—

6.8.2.2.3 本年度已清算结束的被动管理型信托项目个数、合计金额、加权平均实际年化收益率，分证券投资、股权投资、融资、事务管理类分别披露

已清算结束被动管理型信托项目	项目个数（个）	实收信托合计金额（万元）	加权平均实际年化信托报酬率（%）	加权平均实际年化收益率（%）
证券投资类	—	—	—	—
股权投资类	—	—	—	—
其他投资类	—	—	—	—
融资类	—	—	—	—
事务管理类	71	4 036 942	0.25	2.04

6.8.3 本年度新增的集合类、单一类和财产管理类信托项目个数、实收信托合计金额

新增信托项目	项目个数（个）	实收信托合计金额（万元）
集合类	298	4 171 430
单一类	18	264 395
财产管理类	37	2 854 005
新增合计	353	7 289 830
其中：主动管理型	307	4 188 075
被动管理型	46	3 101 755

6.8.4 本公司履行受托人义务情况及因公司自身责任而导致的信托资产损失情况（合计金额、原因等）

公司在管理信托财产的过程中，恪尽职守，履行诚实、信用、谨慎、有效管理的义务，公司没有发生损害受益人利益的情况。

报告期内公司没有发生因公司自身责任而导致的信托资产损失情况。

6.8.5 信托赔偿准备金的提取、使用和管理情况

《信托公司管理办法》第五十条规定：信托公司每年应当从税后利润中提取5%作为信托赔偿准备金，累计总额达到公司注册资本的20%时，可不再提取。根据该规定，公司当年提取信托赔偿准备金3 292万元，截至2023年12月31日，信托赔偿准备金余额49 312万元。

公司迄今为止未发生需要使用信托赔偿准备金的情况，也未使用信托赔偿准备金。

6.9 关联方关系及其交易

6.9.1 关联交易笔数、关联交易的总金额及关联交易的定价政策等

关联交易笔数（笔）	关联交易涉及金额（万元）	定价政策
534	515 775	市场公允价格

6.9.2 关联交易方与本公司的关系性质、关联交易方的名称、法人代表、注册地址、注册资本及主营业务等

关系性质	关联方名称	法人代表	注册地	注册资本（万元）	主营业务
本公司控股股东	湖南财信投资控股有限责任公司	程蓓	长沙市天心区城南西路1号	1 400 000.00	法律、法规允许的资产投资、经营及管理
本公司股东	湖南省国有投资经营有限公司	张仁兴	长沙市岳麓区茶子山东路112号滨江金融中心T4栋712	33 282.06	授权范围内的国有资产投资、经营、管理与处置
受同一实际控制人控制	湖南银行股份有限公司	黄卫忠	湖南省长沙市天心区湘江中路二段210号	775 043.14	吸收公众存款；发放短期、中期和长期贷款
受同一实际控制人控制	湖南省财信产业基金管理有限公司	刘天学	长沙市岳麓区茶子山东路112号滨江金融中心二期T22707	672 800.00	受托管理私募产业基金及股权投资基金
受同一实际控制人控制	湖南省财信资产管理有限公司	万少科	长沙市岳麓区茶子山东路112号滨江金融中心T4栋	300 000.00	省内金融机构不良资产批量收购；收购、管理和处置金融机构、类金融机构和其他机构的不良资产
受同一实际控制人控制	深圳惠和投资有限公司	易声宇	深圳市罗湖区东门街道城东社区深南东路2028号罗湖商务中心3510-1单元	50 000.00	金融产品投资、股权投资
受同一实际控制人控制	湖南省联合产权交易所有限公司	钟德富	长沙市岳麓区茶子山东路112号滨江金融中心T4栋714	7 000.00	产（股）权拍卖提供服务
受同一实际控制人控制	湖南股权交易所有限公司	包爽	长沙市岳麓区茶子山东路112号滨江金融中心T4栋715	10 000.00	为非公众公司提供股权融资平台及股权交易平台
受同一实际控制人控制	湖南财信经济投资有限公司	单鹏	长沙市岳麓区滨江路188号滨江基金产业园2栋204室357号	87 486.83	以自有合法资产进行股权投资，投资咨询服务
受同一实际控制人控制	财信吉祥人寿保险股份有限公司	杨光	长沙市岳麓区滨江路53号楷林国际A栋3楼、21~24楼	500 000.00	人寿保险、健康保险、意外伤害保险等各类人身保险业务
受同一实际控制人控制	湖南财信育才保险代理有限公司	刘立志	湖南省长沙市岳麓区观沙岭街道滨江路53号楷林商务中心A座1701号	5 000.00	保险代理业务

续表

关系性质	关联方名称	法人代表	注册地	注册资本（万元）	主营业务
受同一实际控制人控制	湖南省财信公益基金会	袁后秋	湖南省长沙市天心区财信大厦	500.00	扶贫济困、爱心助学及乡村振兴等公益业务
受同一实际控制人控制	湖南省股权登记管理中心有限公司	谢海宁	长沙市岳麓区岳麓西大道588号芯城科技园4栋401F-37房	300.00	非上市企业股权、债券、金融资产和其他权益类产品的登记、托管、结算及其相关业务
受同一实际控制人控制	湖南财信商业保理有限公司	甘文彬	湖南省长沙市岳麓区滨江路53号楷林商务中心A座707	30 000.00	商业保理业务
受同一实际控制人控制	湖南财信金融科技服务有限公司	李龙兵	长沙市岳麓区观沙岭街道滨江路53号楷林国际C栋29楼2906号	41 000.00	软件开发及技术咨询、转让、推广、服务；信息系统集成服务；数据处理和存储服务；企业管理、商务信息、财务信息咨询
受同一实际控制人控制	湖南省外国企业服务有限公司	张仁兴	湖南省长沙市芙蓉区湘湖街道车站北路70号万象新天公寓5号栋1208房	1 000.00	企业管理咨询；社会经济咨询服务；承接档案服务外包；企业管理；因私出入境中介服务；人力资源服务
受同一实际控制人控制	湖南财信大厦综合服务有限责任公司	张仁兴	长沙市天心区城南西路1号	4 046.64	住宿服务；餐饮服务
受同一实际控制人控制	湖南财信数字科技有限公司	姜桂林	湖南省长沙市岳麓区观沙岭街道茶子山东路112号滨江金融中心T2栋（B座）3601室	5 000.00	数字内容制作服务（不含出版发行）；数字技术服务；技术服务、技术开发、技术咨询、技术交流、技术转让、技术推广
受同一实际控制人控制	财信证券股份有限公司	刘宛晨	湖南省长沙市岳麓区茶子山东路112号滨江金融中心T2栋（B座）26层	669 798.00	证券经纪；证券投资咨询；证券承销与保荐；证券自营；证券资产管理；融资融券；证券投资基金代销；代销金融产品
受同一实际控制人控制	湖南财信国际经济研究院有限公司	刘京韬	长沙市岳麓区茶子山东路112号滨江金融中心T4栋711室	3 000.00	金融、宏观经济、企业管理、经营发展的研究、咨询；金融、经济、管理等相关的培训

6.9.3 重大关联交易

6.9.3.1 固有业务与关联方的重大关联交易情况

关联方	关联交易类型	涉及金额（万元）
湖南财信投资控股有限责任公司	公司租用财信大厦场地，向湖南财信投资控股有限责任公司支付租金，该笔关联交易构成重大关联交易	486.52

6.9.3.2 固有业务与信托财产的重大关联交易情况

关联方	关联交易类型	涉及金额（万元）	对应信托计划名称
湖南省财信信托有限责任公司	认购信托计划	4 893.00	财信信托湘财盛2022-20号项目集合资金信托计划
湖南省财信信托有限责任公司	认购信托计划	5 400.00	财信信托湘信汇1号集合资金信托计划
湖南省财信信托有限责任公司	认购信托计划	350.00	财信信托湘信19号纯债集合资金信托计划
湖南省财信信托有限责任公司	认购信托计划	525.00	财信信托湘信20号纯债集合资金信托计划
湖南省财信信托有限责任公司	认购信托计划	20 000.00	财信信托湘财诚2022-36号项目集合资金信托计划
湖南省财信信托有限责任公司	认购信托计划	10 000.00	财信信托湘财盛2022-23号项目集合资金信托计划
湖南省财信信托有限责任公司	认购信托计划	944.00	财信信托湘信31号纯债集合资金信托计划
湖南省财信信托有限责任公司	认购信托计划	264.00	财信信托湘信48号纯债集合资金信托计划
湖南省财信信托有限责任公司	认购信托计划	1 450.00	财信信托湘信47号纯债集合资金信托计划
湖南省财信信托有限责任公司	认购信托计划	1 122.00	财信信托湘信49号纯债集合资金信托计划
湖南省财信信托有限责任公司	认购信托计划	1 668.00	财信信托湘信46号纯债集合资金信托计划
湖南省财信信托有限责任公司	认购信托计划	2 371.00	财信信托湘信45号纯债集合资金信托计划
湖南省财信信托有限责任公司	认购信托计划	597.00	财信信托湘信44号纯债集合资金信托计划
湖南省财信信托有限责任公司	认购信托计划	494.00	财信信托湘信50号纯债集合资金信托计划
湖南省财信信托有限责任公司	认购信托计划	4 999.50	财信九坤1000指数增强41号集合资金信托计划
湖南省财信信托有限责任公司	认购信托计划	1 118.00	财信信托湘信36号纯债集合资金信托计划
湖南省财信信托有限责任公司	认购信托计划	1 142.00	财信信托湘信37号纯债集合资金信托计划
湖南省财信信托有限责任公司	认购信托计划	514.00	财信信托湘信38号纯债集合资金信托计划
湖南省财信信托有限责任公司	认购信托计划	878.70	财信德享聚宽量化优选2号集合资金信托计划

续表

关联方	关联交易类型	涉及金额（万元）	对应信托计划名称
湖南省财信信托有限责任公司	认购信托计划	1 507.50	财信衍复1000指数增强38号集合资金信托计划
湖南省财信信托有限责任公司	认购信托计划	2 070.50	财享长融卓识指数增强36号集合资金信托计划
湖南省财信信托有限责任公司	认购信托计划	6 000.00	财信信托湘信稳健一年锁定期11号集合资金信托计划
湖南省财信信托有限责任公司	认购信托计划	4 000.00	财信信托湘信稳健一年锁定期3号集合资金信托计划
湖南省财信信托有限责任公司	认购信托计划	5 500.00	财信信托湘信稳健半年锁定期3号集合资金信托计划
湖南省财信信托有限责任公司	认购信托计划	1 000.00	财信信托湘信23号纯债集合资金信托计划
湖南省财信信托有限责任公司	认购信托计划	412.00	财信信托湘信24号纯债集合资金信托计划
湖南省财信信托有限责任公司	认购信托计划	400.00	财信信托湘信35号纯债集合资金信托计划
湖南省财信信托有限责任公司	认购信托计划	6 000.00	财信信托湘信稳健半年锁定期5号集合资金信托计划
湖南省财信信托有限责任公司	认购信托计划	6 000.00	财信信托湘信稳健一年锁定期12号集合资金信托计划
湖南省财信信托有限责任公司	认购信托计划	255.00	财信信托湘信30号纯债集合资金信托计划
湖南省财信信托有限责任公司	认购信托计划	5 659.00	财信信托湘财兴2022-27号集合资金信托计划
湖南省财信信托有限责任公司	认购信托计划	240.00	财信信托湘信28号纯债集合资金信托计划
湖南省财信信托有限责任公司	认购信托计划	1 737.00	财信信托湘信27号纯债集合资金信托计划
湖南省财信信托有限责任公司	认购信托计划	690.00	财信信托湘信34号纯债集合资金信托计划
湖南省财信信托有限责任公司	认购信托计划	1 001.00	财信信托湘信33号纯债集合资金信托计划
湖南省财信信托有限责任公司	认购信托计划	521.00	财信信托湘信32号纯债集合资金信托计划
湖南省财信信托有限责任公司	认购信托计划	1 799.00	财信信托湘财盛2023-7号项目集合资金信托计划
湖南省财信信托有限责任公司	认购信托计划	10 000.00	财信信托湘信稳健一年锁定期10号集合资金信托计划
湖南省财信信托有限责任公司	认购信托计划	5 297.00	财信信托湘财兴2022-24号集合资金信托计划
湖南省财信信托有限责任公司	认购信托计划	5 000.00	财信灵活配置3号集合资金信托计划
湖南省财信信托有限责任公司	认购信托计划	1 110.00	财信信托湘信68号纯债集合资金信托计划
湖南省财信信托有限责任公司	认购信托计划	2 395.00	财信信托湘信69号纯债集合资金信托计划
湖南省财信信托有限责任公司	认购信托计划	1 288.00	财信信托湘信40号纯债集合资金信托计划
湖南省财信信托有限责任公司	认购信托计划	454.00	财信信托湘信39号纯债集合资金信托计划
湖南省财信信托有限责任公司	认购信托计划	458.00	财信信托湘财兴2023-8号项目集合资金信托计划
湖南省财信信托有限责任公司	认购信托计划	2 864.75	财信黑翼1000指数增强45号集合资金信托计划
湖南省财信信托有限责任公司	认购信托计划	505.00	财信黑翼1000指数增强45号集合资金信托计划
湖南省财信信托有限责任公司	认购信托计划	1 728.00	财信信托湘信43号纯债集合资金信托计划
湖南省财信信托有限责任公司	认购信托计划	606.00	财信稳博1000指数增强42号集合资金信托计划
湖南省财信信托有限责任公司	认购信托计划	1 731.00	财信信托湘信41号纯债集合资金信托计划
湖南省财信信托有限责任公司	认购信托计划	1 707.00	财信信托湘信42号纯债集合资金信托计划
湖南省财信信托有限责任公司	认购信托计划	994.00	财信信托湘信60号纯债集合资金信托计划
湖南省财信信托有限责任公司	认购信托计划	2 216.00	财信信托湘信59号纯债集合资金信托计划
湖南省财信信托有限责任公司	认购信托计划	1 695.00	财信信托湘信58号纯债集合资金信托计划
湖南省财信信托有限责任公司	认购信托计划	965.00	财信信托湘信51号纯债集合资金信托计划
湖南省财信信托有限责任公司	认购信托计划	950.00	财信信托湘信57号纯债集合资金信托计划
湖南省财信信托有限责任公司	认购信托计划	1 391.00	财信信托湘信65号纯债集合资金信托计划
湖南省财信信托有限责任公司	认购信托计划	2 518.00	财信信托湘信64号纯债集合资金信托计划
湖南省财信信托有限责任公司	认购信托计划	1 469.00	财信信托湘信63号纯债集合资金信托计划
湖南省财信信托有限责任公司	认购信托计划	155.00	财信信托湘信62号纯债集合资金信托计划

续表

关联方	关联交易类型	涉及金额（万元）	对应信托计划名称
湖南省财信信托有限责任公司	认购信托计划	928.00	财信信托湘信61号纯债集合资金信托计划
湖南省财信信托有限责任公司	认购信托计划	930.00	财信信托湘信55号纯债集合资金信托计划
湖南省财信信托有限责任公司	认购信托计划	1 019.00	财信信托湘信54号纯债集合资金信托计划
湖南省财信信托有限责任公司	认购信托计划	1 083.00	财信信托湘信53号纯债集合资金信托计划
湖南省财信信托有限责任公司	认购信托计划	1 476.00	财信信托湘信52号纯债集合资金信托计划
湖南省财信信托有限责任公司	认购信托计划	1 764.00	财信信托湘信21号纯债集合资金信托计划
湖南省财信信托有限责任公司	认购信托计划	466.00	财信信托湘信26号纯债集合资金信托计划
湖南省财信信托有限责任公司	认购信托计划	1 490.00	财信信托湘信22号纯债集合资金信托计划
湖南省财信信托有限责任公司	认购信托计划	7 525.00	财信信托湘财兴2022-22集合资金信托计划
湖南省财信信托有限责任公司	认购信托计划	9 900.00	财信信托湘财兴2022-23集合资金信托计划
湖南省财信信托有限责任公司	认购信托计划	1 358.00	财信信托湘信56号纯债集合资金信托计划
湖南省财信信托有限责任公司	认购信托计划	10 100.00	财信宽德500指数增强40号集合资金信托计划
湖南省财信信托有限责任公司	认购信托计划	415.00	财信信托湘信25号纯债集合资金信托计划
湖南省财信信托有限责任公司	认购信托计划	3 000.00	财信信托湘信聚财1号集合资金信托计划
湖南省财信信托有限责任公司	认购信托计划	924.15	财信启林500指数增强39号集合资金信托计划
湖南省财信信托有限责任公司	认购信托计划	303.00	财信宽投宝象500指数增强33号集合资金信托计划
湖南省财信信托有限责任公司	认购信托计划	344.00	财信信托湘信29号纯债集合资金信托计划
湖南省财信信托有限责任公司	认购信托计划	959.50	财信致诚卓远量化多头龙盈2号集合资金信托计划
湖南省财信信托有限责任公司	认购信托计划	1 616.00	财信念觉1000指数增强34号集合资金信托计划

以上本公司自有资金认购本公司信托产品，均构成重大关联交易。

6.9.3.3 信托业务与关联方的重大关联交易情况

关联方	关联交易类型	涉及金额（万元）	对应信托计划名称
湖南银行股份有限公司	认购信托计划	31 800.00	财信信托湘财盛2022-20号项目集合资金信托计划
湖南省财信资产管理有限公司	认购信托计划	20 000.00	财信信托湘信汇合1号集合资金信托计划
财信吉祥人寿保险股份有限公司	认购信托计划	4 600.00	财信信托湘信19号纯债集合资金信托计划
财信吉祥人寿保险股份有限公司	认购信托计划	18 400.00	财信信托湘信20号纯债集合资金信托计划
湖南省财信资产管理有限公司	对信托计划要素予以变更，该笔关联交易构成重大关联交易	—	湖南信托（湘财诚2019-12号）单一资金信托（被动管理类）
湖南银行股份有限公司	信托业务付费	不适用	签署家族信托/保险金信托客户推介服务协议
湖南银行股份有限公司	信托业务付费	不适用	签署统一交易协议，委托湖南银行代销资产管理信托以及财富管理服务信托
财信证券股份有限责任公司	信托业务付费	39.32	统一交易协议项下信托产品开立证券账户的佣金
财信证券股份有限责任公司	信托业务付费	269.12	统一交易协议项下代销信托产品
湖南银行股份有限公司	信托业务付费	1 637.76	统一交易协议项下代销信托产品

6.9.4 逐笔披露关联方逾期偿还本公司资金的详细情况以及本公司为关联方担保发生或即将发生垫款的详细情况

无。

6.10 会计制度的披露

公司固有业务以持续经营为基础，根据实际发生的交易和事项，按照财政部颁布的《企业会计准则——基本准则》以及其后颁布及修订的具体会计准则、应用指南、解释以及其他相关规定进行确认和计量，在此基础上编制财务报表。

公司信托业务按照财政部颁布的《企业会计准则——基本准则》以及其后颁布及修订的具体会计准则、应用指南、解释以及其他相关规定进行确认和计量，在此基础上编制财务报表。

7.财务情况说明书

7.1 利润实现和分配情况

经天健会计师事务所（特殊普通合伙）审计，公司2023年度实现利润总额85 060万元，净利润65 835万元。计提法定盈余公积6 583万元，提取信托赔偿准备3 292万元，提取一般风险准备-410万元。

公司2023年度以累计未分配利润向股东分配利润50 000万元。

7.2 主要财务指标

指标名称	指标值
资本利润率（%）	9.45
人均净利润（%）	323
净资本（万元）	533 521
风险资本（万元）	178 540
净资本对各项风险资本（%）	298.82
净资本对净资产（%）	75.70

注：1.资本利润率=净利润/所有者权益平均余额×100%。
2.所有者权益平均余额是指年初及年末所有者权益余额的简单平均数。
3.人均净利润=净利润/年平均人数。
4.年平均人数是指月平均数。

7.3 对本公司财务情况、经营成果有重大影响的其他事项

报告期内，公司没有对财务状况、经营成果产生重大影响的其他事项。

8.特别事项揭示

8.1 最大十名股东报告期内变动情况及原因

无。

8.2 董事、监事及高级管理人员变动情况及原因

8.2.1 董事变动情况

9月27日，第五届董事会第106次临时会议审议通过了《关于刘之彦同志辞去湖南省财信信托有限责任公司职工董事、副总裁等全部职务的议案》。因工作变动原因，刘之彦同志辞去湖南省财信信托有限责任公司职工董事、战略规划委员会委员、信托委员会、关联交易控制委员会委员、消费者权益保护委员会委员职务。

8.2.2 高级管理人员变动情况

（1）9月27日，第五届董事会第106次临时会议审议通过了《关于刘之彦同志辞去湖南省财信信托有限责任公司职工董事、副总裁等全部职务的议案》。因工作变动原因，刘之彦同志辞去湖南省财信信托有限责任公司副总裁职务。

（2）9月27日，第五届董事会第106次临时会议审议通过了《关于蒋天翼同志辞去湖南省财信信托有限责任公司董事会秘书职务的议案》，因工作变动原因，蒋天翼同志辞去公司董事会秘书职务。

（3）9月27日，第五届董事会第106次临时会议审议通过了《关于聘任孙雨新同志为湖南省财信信托有限责任公司董事会秘书的议案》，同意聘任孙雨新同志为公司董事会秘书，并已获国家金融监督管理总局湖南监管局任职资格核准批复（湘金复〔2023〕107号）。

（4）9月27日，第五届董事会第106次临时会议审议通过了《关于聘任王志鹏同志为湖南省财信信托有限责任公司总裁助理的议案》，同意聘任王志鹏同志为公司总裁助理，并已获国家金融监督管理总局湖南监管局任职资格核准批复（湘金复〔2023〕106号）。

8.3 变更注册资本、变更注册地或公司名称、公司分立合并事项

无。

8.4 公司的重大诉讼事项

8.4.1 重大未决诉讼事项

8.4.1.1 本公司作为原告的重大未决诉讼

序号	原告（申请人）	被告（被申请人）	案由	标的及金额	诉讼进展情况（截至2023年12月31日）
1	本公司	湖南博兴创业投资有限公司、湖南博雅眼科医院有限公司、李迟康、严素娥	借款合同纠纷	本金1 800万元及相应利（罚）息等	终结本次执行
2	本公司	湖南蟠桃宴酒业有限公司、湖南天运生物技术集团有限公司	债权转让合同纠纷	3 270万元及相应利（罚）息等	终结本次执行（天运生物已终结破产程序）
3	本公司	湖南蟠桃宴酒业有限公司、湖南天健纤维板有限公司、湖南天运生物技术集团有限公司、文靖波	债权转让合同纠纷	1 523.428万元及相应利（罚）息等	终结本次执行（天运生物、天健纤维板已终结破产程序）

续表

序号	原告（申请人）	被告（被申请人）	案由	标的及金额	诉讼进展情况（截至2023年12月31日）
4	本公司	湖南省科农林业科技开发有限公司	金融借款合同纠纷	本金1400万元及相应利（罚）息等	强制执行阶段，已收回部分款项
5	本公司	淮南志高动漫文化科技发展有限责任公司、志高实业（龙岩）有限公司、泰安志高实业集团有限责任公司、江焕溢	金融借款合同纠纷	本金2.999亿元及相应利（罚）息等	债务人、担保人（自然人除外）破产清算阶段，已收回大部分款项
6	本公司	湖南洞庭珍珠开发有限公司	金融借款合同纠纷	本金2000万元及相应利（罚）息等	破产清算阶段
7	本公司	湖南山江技术开发有限公司、世银联控股有限公司、崔璀	金融借款合同纠纷	本金2000万元及相应利（罚）息等	强制执行阶段
8	本公司	袁洁云、向平、李季、北京中科时代资产管理有限公司、中国科学院长春应用化学科技总公司、长沙坤宇实业有限公司	与公司有关的纠纷	赔偿款2300万元及和解损失约40万元	终结本次执行
9	本公司	湖南欧珀投资置业有限公司、贺延伟、张福芝	信托纠纷	本金7200万元及相应利（罚）息等	终结本次执行，已收回本金及大部分利息
10	本公司	湖南千山制药机械股份有限公司、刘祥华、陈端华、湖南乐福地医药包材科技有限公司	金融借款合同纠纷	本金1.98亿元及相应利（罚）息等	债务人及企业担保人破产重整阶段
11	本公司	海航创新股份有限公司、海航旅游集团有限公司、海航实业集团有限公司	金融借款合同纠纷	本金2.57亿元及相应利（罚）息等	债务人强制执行阶段，担保人破产重整计划执行完毕。已收回部分款项
12	本公司	凯迪生态环境科技股份有限公司、阳光凯迪新能源集团有限公司	金融借款合同纠纷	本金4300万元及相应利（罚）息等	债务人破产重整执行阶段，担保人破产重整阶段
13	本公司	六盘水梅花山旅游文化投资有限公司、贵州钟山开发投资有限责任公司	金融借款合同纠纷	本金4000万元及相应利（罚）息等	终结本次执行
14	本公司	四川金宝新鑫实业发展有限公司、四川金财金鑫投资有限公司	合同纠纷	本金14000万元及相应利（罚）息等	强制执行阶段
15	本公司	领地集团有限公司、新松机器人产业发展（张家界）有限公司、新松机器人发展有限公司、眉山领地房地产开发有限公司	合同纠纷	本金12840万元及相应利（罚）息等	一审审判阶段
16	本公司	普定县普信城市建设投资有限公司、普定县夜郎国有资产投资营运有限责任公司、普定县普诚房地产开发有限公司	金融借款合同纠纷	本金1334.19万元及相应利（罚）息等	一审审判阶段

8.4.1.2 本公司作为第三人的重大未决诉讼

无。

8.4.2 以前年度发生，于本报告年度内终结的诉讼事项

序号	原告（申请人）	被告（被申请人）	案由	标的及金额	结案情况
1	本公司	长沙三瑞环保科技实业有限公司、湖南天福泉酒业有限公司	金融借款合同纠纷	本金1000万元及相应利（罚）息等	债权返还结案
2	本公司	陈端华、邓诗蒙、张洪飞、李莉、刘飞、江苏大红鹰恒顺药业有限公司	债权人撤销权纠纷	江苏大红鹰恒顺药业有限公司77.78%的股权	以物抵债结案
3	本公司	株洲市嘉美房地产开发有限公司、湖南白云投资发展有限公司、株洲华晨房地产开发有限公司、陈文义、陈艺丹	合同纠纷	回购款1.73亿元及相应违约金	债权转让结案

8.4.3 本报告年度发生，于本报告年度内终结的诉讼事项

无。

8.5 公司及其董事、监事和高级管理人员受到处罚的情况

公司被下达湘银保监罚决字〔2023〕17号《行政处罚决定书》。

8.6 原银保监会及其派出机构对公司的检查意见及其整改情况说明

报告期内，原中国银保监会湖南监管局于2023年3月8日出具《现场检查意见书》（〔2023〕4号）；于2023年3月29日出具《湖南银保监局监管会谈纪要》（〔2023〕6号）。公司高度重视，积极落实监管意见及建议，并制定整改措施，整改情况如下：一是全面加强党

的领导，推动党的领导与公司治理有机结合。二是深刻剖析问题产生的原因，并制定切实可行的整改方案，确保整改责任落实到位，整改事项按期完成。三是进一步完善规章制度，建立内控长效机制。加强对新政策、新制度的宣贯与培训力度，及时进行信息系统的更新迭代，完善系统功能，减少人工操作风险。四是问责追责，根据法律法规、监管规定和公司制度，及时问责追责。

8.7 本年度重大事项临时报告的简要内容、披露时间、所披露的媒体及其版面

4月27日，公司于财信信托官网披露了《湖南省财信信托有限责任公司2022年度报告》，于《证券时报》B3、《上海证券报》29版，披露了《湖南省财信信托有限责任公司2022年度报告摘要》。

8.8 原银保监会及其省级派出机构认定的其他有必要让客户及相关利益人了解的重要信息

无。

9.履行社会责任情况

本公司在经营发展过程中，不断强化受托人意识，切实履行社会责任。一是服务实体经济发展。全力打好湖南省"发展六仗"，加大服务实体经济力度、助力平台公司债务平滑与转型发展、持续压降资金成本，为益阳信维等企业提供资金支持，投资专精特新基金支持中小企业健康发展，全年新增投放非标和标债类信托产品176亿元，助力平台化解风险，助推"三高四新"美好蓝图实现。二是支持绿色产业发展。通过开展绿色信托项目，重点支持了环境治理、低碳经济、节能减排、产业升级等项目，有效改善了生态环境，助力绿色经济发展。截至2023年12月底，公司信托产品共计持仓两只绿色债券，分别为"G20株高1""G21宁经1"，合计券面1.63亿元，全年累计新增1 400万元。三是服务人民美好生活。致力于满足人民群众多样化的金融需求，不断丰富产品线。大力开展金融知识普及和消费者权益保护。2023年累计兑付投资人收益91亿元。四是持续深耕慈善事业。截至2023年12月底，累计设立慈善信托项目13个，存续慈善信托项目10个，存续规模6 068万元。信托目的涉及扶贫济困、教育助学、乡村振兴、科技公益等领域。本公司作为受托人的"袁隆平慈善信托"总规模达825万元。2023年9月份，袁隆平农业科技奖励基金会与"袁隆平慈善信托"共同出资设立"袁隆平追梦奖学金"，用于奖励参评高校作物学科方向和粮食安全相关的表现优异的全日制本科生、研究生及博士生，取得了良好的社会效应。2023年3月，湖南省教育基金会委托财信信托成立"祥和爱心教育慈善信托"，初始规模195万元，用于奖励湘潭市雨湖区九华砂子塘潭州小学师生及其配套设施建设和优化等慈善活动。2023年11月，长沙市慈善总会委托财信信托成立"欧阳芬慈善信托"，初始规模100万元，慈善资金及其投资收益全部用于救助长沙市内低保、失孤、高龄、空巢等孤寡老人以及开展其他慈善活动。

华澳国际信托有限公司

1. 重要提示及目录

1.1 本公司董事会及董事保证本报告所载资料不存在任何虚假记载、误导性陈述或者重大遗漏，并对其内容的真实性、准确性和完整性承担个别及连带责任。

1.2 本公司全体董事出席董事会会议。

1.3 本公司设独立董事制度，独立董事翟立宏、聂明在此发表独立声明，确认本报告所载资料及内容的真实性、准确性和完整性并无异议。

1.4 本公司已聘请信永中和会计师事务所根据中国注册会计师审计准则对本公司年度财务报告进行审计，该审计机构已为本公司出具了标准无保留意见的审计报告和审计结论。

1.5 公司法定代表人及董事长吴瑞忠、主管会计工作负责人解媛媛及会计部门负责人（会计主管人员）秦利在此声明：保证本年度报告所载财务资料和内容的真实性、准确性和完整性。

2. 公司概况

2.1 公司简介

2.1.1 公司法定中文名称：华澳国际信托有限公司

公司法定中文名称缩写：华澳信托

公司法定英文名称：Sino-Australian International Trust Co., Ltd.

公司英文名称缩写：SATC

2.1.2 公司法定代表人：吴瑞忠

2.1.3 注册地址：中国（上海）自由贸易试验区浦明路198号地下一层、一层、二层、三层、四层。

邮政编码：200120

公司国际互联网网址：www.huaao-trust.com

公司电子信箱：enquiry@huaao-trust.com

2.1.4 公司信息披露事务负责人姓名：杨伟琳

联系电话：+86（021）58820998

传真：+86（021）68885995

电子信箱：haxxpl@huaao-trust.com

2.1.5 公司信息披露报纸名称：《上海证券报》

2.1.6 公司年度报告备置地点：中国（上海）自由贸易试验区浦明路198号1层

2.1.7 公司聘请的境内会计师事务所名称：信永中和会计师事务所（特殊普通合伙）

办公地址：中国北京市东城区朝阳门北大街8号富华大厦A座8层

联系电话：+86（010）65542288

2.1.8 公司聘请的境内律师事务所名称：报告期内，公司未聘请担任常年法律顾问的律师事务所

2.2 组织结构

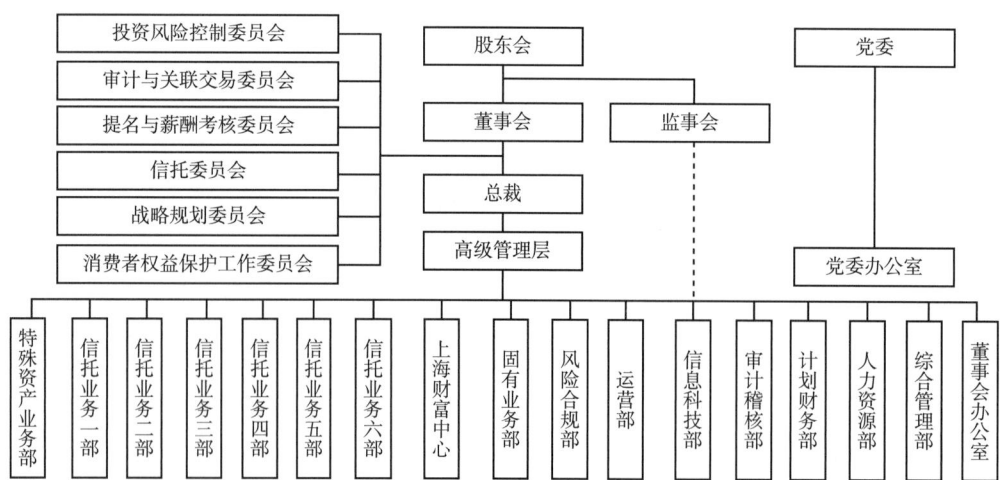

注：1. 董事会办公室与综合管理部合署办公。

2. 党委办公室与人力资源部合署办公。

3. 公司治理

3.1 公司股东

报告期末股东总数2家。公司全部股东均持有公司10%以上（含10%）出资比例，股东名称及持股情况如下表所示。

股东名称	持股比例（%）	法人代表	注册资本（万元）	注册地址	主要经营业务
重庆融达科技发展有限公司	50.01	杨运建	130 000.00	重庆市江北区红黄路1号25层	一般项目：技术服务、技术开发、技术咨询、技术交流、技术转让、技术推广、企业管理咨询，信息咨询服务（不含许可类信息咨询服务）
重庆财信企业集团有限公司★	49.99	卢生举	111 600.00	重庆市江北区江北城西大街3号14-1、15-1、16-1	主要从事环保、金融、城市基础设施投资运营、地产

注：表中股东名称一栏中★为公司实际控制人。

3.1.1 关联方

截至2023年12月末，华澳信托关联方包括：公司股东重庆财信企业集团有限公司、重庆融达科技发展有限公司、华澳信托董监高10人、公司股东重庆财信企业集团有限公司董事及监事人员8人、关联企业146家、其他关联自然人65人。

3.1.2 一致行动人

不适用。

3.1.3 最终受益人

公司最终受益人为卢生举先生。

3.2 董事

董事长、副董事长、董事

姓名	职务	性别	年龄（岁）	选任日期	所推举的股东名称	该股东持股比例（%）	简要履历
吴瑞忠	董事长	男	59	2019年8月19日	重庆融达科技发展有限公司	50.01	曾任兴业银行总行企业金融总部风险总监、企业金融信用业务首席审批官；兴业银行重庆分行党委书记、行长现任华澳国际信托有限公司董事长
郑海山	董事	男	59	2022年2月7日	重庆融达科技发展有限公司	50.01	曾任中国农业大学农业气象系讲师、河南万达期货有限公司北京公司副总经理、江西瑞奇期货有限公司北京公司副总经理、北京三吉利新材料有限公司总经理、北京海陀山投资管理有限公司总经理、北京国利能源投资有限公司总经理，北京国利能源投资有限公司董事长兼总经理现任重庆财信企业集团有限公司执行总裁
罗宇星	董事	男	61	2016年6月12日	重庆财信企业集团有限公司	49.99	曾任重庆市江北区检察院副检察长；重庆市江北区法院副院长；重庆市江北区委政策研究室主任、党工委；重庆市江北区市政绿化管理委员会主任、党工委；历任重庆市城市建设投资（集团）有限公司法律审计部主任、党委委员；重庆渝开发股份有限公司总经理、党委书记；合诚财产保险股份有限公司总经理、党委书记；历任重庆财信企业集团有限公司高级副总裁、常务副总裁；财信投资集团有限公司董事局执行董事、高级副总裁；重庆财信企业集团有限公司党委书记；财信地产发展集团股份有限公司董事任华澳国际信托有限公司党委书记（2023年11月卸任）

独立董事

姓名	所在单位及职务	性别	年龄（岁）	选任日期	所推举的股东名称	该股东持股比例（%）	简要履历
翟立宏	西南财经大学信托与理财研究所所长	男	54	2017年7月31日	重庆融达科技发展有限公司	50.01	曾任山东工商学院经济学院副院长，凉山农村商业银行独立董事，泰安银行独立董事现任西南财经大学金融学院教授、博士生导师，西南财经大学信托与理财研究所所长，中国信托业协会非会员理事，普益财富（普益集团PUYI INC.）独立董事
聂明	北京安理（上海）律师事务所专职律师	男	63	2022年2月7日	重庆融达科技发展有限公司	50.01	曾任上海市公安局办事员、日本富士银行总行国际部职员、日本富士银行上海分行行长助理、副行长、日本瑞穗实业银行上海分行副行长、上海浦东发展银行总行合规部总经理、上海社科院法学所金融法研究中心副主任、瑞穗银行（中国）有限公司董事、副行长现任北京安理（上海）律师事务所专职律师、上海农村商业银行外部监事、大华银行（中国）有限公司独立董事、上海仲裁委员会仲裁员、上海杉达学院兼职教授

3.3 监事

姓名	职务	性别	年龄（岁）	选任日期	所推举的股东名称	该股东持股比例（%）	简要履历
叶芹	监事长	女	48	2021年11月19日	重庆财信企业集团有限公司	49.99	曾任重庆恒基会计师事务所审计部部长、重庆财信企业集团有限公司资金财务部副经理、重庆财信基础设施投资集团有限公司财务总监（兼任） 现任重庆财信企业集团有限公司总会计师
吴非	职工监事	女	46	2019年12月12日	—	—	曾任兴业基金管理有限公司计划财务部副总经理（主持工作） 现任华澳国际信托有限公司审计稽核部总经理

3.4 高级管理人员

姓名	职务	性别	年龄（岁）	选任日期	金融从业年限（年）	学历	专业	简要履历
吴瑞忠	董事长	男	59	2019年8月22日	42	硕士	工商管理	曾任福建省莆田县财政局副局长；曾任兴业银行莆田分行党委书记、行长，兴业银行沈阳分行党委书记、行长，兴业银行重庆分行党委书记、行长，兴业银行总行企业金融总部风险总监、企业金融信用业务首席审批官；历任华澳国际信托有限公司总裁 现任华澳国际信托有限公司董事长
杨伟琳	副总裁	男	47	2017年5月24日	29	本科	法学	曾任兴业银行南昌分行副行长，兼任分行企业金融总部副总裁、金融市场总部南昌分部总裁等职。具有丰富的金融从业经验和资深的金融公司管理经验
解媛媛	首席财务官	女	53	2019年4月1日	8	硕士	工商管理	曾任天健会计事务所审计部负责人、重庆财信企业集团总裁助理兼重庆财信房地产开发有限公司副总裁；重庆市财务局财政投资评审经理。具有丰富的审计及管理经验
李爱民	总裁助理	男	48	2018年7月23日	24	硕士	国际法	曾任职于大业信托、外贸信托、安信信托等机构，于信托业务及风控合规管理领域有丰富经验
周雷	董事会秘书	男	45	2019年10月24日	22	硕士	法学	曾任职于中国人民银行及原中国银监会，担任科长、副处长等职务，具有长期的金融监管及从业工作经验

3.5 公司员工

本报告期，公司在岗员工128人。

项目		本报告期		2022年末	
		人数（人）	比例（%）	人数（人）	比例（%）
年龄分布	25岁以下	2	1.56	1	0.58
	25~29岁	7	5.47	13	7.56
	30~39岁	73	57.03	113	65.70
	40岁及以上	46	35.94	45	26.16
学历分布	博士	1	0.78	2	1.16
	硕士	61	47.66	80	46.51
	本科	65	50.78	87	50.58
	专科	1	0.78	3	1.75
	其他	—	—	—	—
岗位分布	董事长、监事长及高管人员	5	3.91	5	2.91
	自营业务人员	7	5.47	8	4.65
	信托及清收人员	37	28.91	56	32.56
	财富管理人员	31	24.22	35	20.35
	其他人员	48	37.49	68	39.53

4. 经营管理

4.1 经营目标、方针、战略规划

4.1.1 经营目标

认真贯彻落实金融监管要求，强化流动性管理和经营安全保障，做好风险处置化解和投资者安抚，防范风险外溢；同时，积极拓展契合公司当前经营实际的信托新业务。

4.1.2 经营方针

面对复杂严峻的发展环境，结合公司经营实际，公司坚持"依法经营、合规展业"和"风险为本"的基本方针不动摇。一是加快固有不良清收处置，全力推进降本增效，全方位、多举措切实保障公司流动性安全；二是坚持"稳定大局、统筹协调、分类施策、一户一策"风险处置基本方针，提升信托风险项目处置成效；三是坚持问题导向，坚持协同联动，压实责任，全方位做好投资者利益保护及安抚应对；四是继续提升风险管理水平及风险管理全流程体系建设，不断健全前台、中台、后台三道风险防控线。

4.1.3 战略规划

围绕"强化流动性管理和经营安全保障,持续做好风险项目处置化解和投资者应对安抚工作,积极拓展契合公司当前经营实际的信托新业务"的中心任务,积极开展各项经营管理工作;持续提升公司治理水平和抵御风险能力,加快引进战略投资者,奠定公司长期发展的基础。

4.2 所经营业务的主要内容

4.2.1 公司主营业务

信托业务方面,2023年公司遵循"分类施策、一户一策"的风险处置方针重点化解风险资产,多措并举加大风险化解工作力度、质效,并通过动态调整化债节奏及方案及时把握关键节点、窗口期,取得了化债工作成效,实现了部分风险项目的清收化解。同时,公司不断加强和完善投资者沟通及安抚工作,尽最大努力保障受益人权益最大化,切实发挥受托人责任。

在经营管理方面,公司继续坚持稳健经营、合法合规、有序转型的可持续健康发展路径,不断强化风险管理意识,完善风险管控体系,持续提高风险控制能力,同时结合信托业务"三分类"新规提升主动管理能力、人员专业能力。在监管导向及行业背景下,在充分了解市场及自身优劣势的基础上,公司积极推动新业务破局,在单一资金来源的低风险资产管理信托、资产服务信托领域积极尝试。

固有业务方面,以贷款、债权投资为主,同时更加重视流动性管理,适度开展同业拆借业务及信托业保障基金公司的流动性支持业务;同时,固有资金作为公司风险缓释的重要手段,给予信托项目一定的流动性支持,帮助信托项目解决成立及垫付信保基金等时点上需求。

4.2.2 资产组合与分布

2023年末,公司净资本56 110.29万元,各项业务风险资本之和69 541.46万元,净资本/各项业务风险资本为80.69%。

自营资产运用与分布表

资产运用	金额(万元)	占比(%)	资产分布	金额(万元)	占比(%)
货币资产	10 220.19	2.53	工商企业	100 590.80	24.93
交易性金融资产	—	—	基础产业	4 543.64	1.13
发放贷款	34 228.73	8.48	金融机构	—	—
债权投资	70 905.70	17.57	其他	298 317.82	73.94
其他应收款	252 531.18	62.59	证券	—	—

续表

资产运用	金额(万元)	占比(%)	资产分布	金额(万元)	占比(%)
持有至到期投资	—	—	房地产	—	—
长期股权投资	—	—			
其他资产	35 566.44	8.83	—	—	—
合计	403 452.26	100.00	合计	403 452.26	100.00

信托资产运用与分布表

资产运用	金额(万元)	占比(%)	资产分布	金额(万元)	占比(%)
货币资金	6 519.77	0.28	工商企业	635 407.56	27.53
交易性金融资产	13 656.37	0.59	基础产业	493 993.51	21.41
买入返售金融资产	—	—	金融机构	21 530.82	0.93
发放贷款和垫款	1 240 499.12	53.75	其他	165 487.88	7.17
债权投资	1 012 817.99	43.89	证券	3 384.06	0.15
其他债权投资	—	—	房地产	987 999.09	42.81
长期股权投资	—	—			
应收清算款	—	—			
应收利息	34 140.17	1.48			
应收股利	—	—			
应收申购款	—	—			
其他资产	169.50	0.01			
合计	2 307 802.92	100.00	合计	2 307 802.92	100.00

4.3 市场分析

随着信托分类改革新规的正式发布,信托公司将进一步提升主动管理能力,大力发展资产管理信托、资产服务信托及公益/慈善信托业务,助力实体经济的发展。与此同时,信托公司在转型过程中仍然面临较大挑战:一是传统信托业务规模持续下滑,对信托公司的盈利能力产生较大影响;二是创新业务尚处于起步阶段,对应的人才储备、业务模式设计,及内部规章制度建设等亟待完善。

4.4 内部控制

4.4.1 内部环境和内部控制文化

治理结构。公司建立了"三会一层"治理结构,股东会、董事会、监事会、高级管理层在各自权限范围内履行职责,保障业务决策和日常管理安全有序。公司设置了前台、中台、后台分离的部门组织架构,明确部门职责、业务流程和报告关系,促进公司实现经营目标。公司将党建工作写入公司章程,持续深化党建工作和公司治理的有机融合,不断强化公司党委在公司治理中把方向、管大局、保落实的政治地位。

企业文化。2023年，公司企业文化建设以"信托文化深化年"为主题，持续推进信托文化建设的体制机制在公司的落地实施，重点推动信托文化与业务的融合、与管理的融合，并进一步做好党工文化建设、公司治理文化建设、合规文化建设、服务文化建设等四个方面文化建设。

激励约束。公司根据转型发展需要，合理设置业务团队，持续优化人员结构，满足新业务发展需要。公司逐步建立与三分类相适应、满足当前重点业务发展方向的人才梯队及考核激励政策，建立关键岗位强制休假和轮岗制度，不定期组织开展专业能力教育和培训。

廉洁金融。公司持续开展"廉洁自律、勤勉尽职"专项工作，从加强廉洁从业宣导、不定期开展教育培训、签订《员工行为自律承诺书》、严肃惩戒违规行为等方面，倡导清廉司风，遏制违规行为，防范职务犯罪。

4.4.2 内部控制措施

公司持续加强全面风险管理体系建设，完善风险管理组织职能体系，制定风险管理策略，逐步实现风险管理信息化等。公司通过业务和办公系统，实现各类业务审批权限管理和流程控制。公司重视信用风险防范，通过前台部门尽职调查、中台部门审批复核，业务落地后定期走访，定期舆情监测等措施，建立事前、事中、事后全流程风险控制机制；强化风险管理体系中三道防线的作用，前台业务部门、风险管理部门、内部审计部门分别履行三道防线职责。公司定期开展合规经营培训，加强风险评价体系制度建设，将监管部门专项治理、案件排查、全面风险排查等工作常态化。公司固有业务和信托业务分属不同的业务部门，部门之间相互独立、相互制约，基本能够确保固有业务风险和信托业务风险有效隔离。计划财务部、运营部、固有业务部等部门对会计报表、统计信息进行分工，建立内部复核机制，并有明确的对外报送路径。公司制定部门岗位职责，明确不相容岗位分离要求，持续开展关键岗位轮岗。公司定期开展员工考核评价，形成激励先进、鞭策落后的用人机制，吸引留住优秀人才。公司建立了声誉风险事件、操作风险突发事件、客户关系管理突发事件、IT突发事件、金融统计、人员管理、安全保卫及公共卫生突发事件和非业务法律事务突发事件等应急预案。

4.4.3 信息交流与反馈

内部交流方面，公司通过党政联席会议、执委会扩大会议、专题会议、公文系统、邮件系统等多种形式，确保重要经营管理信息、监管意见、重大决策决定等在公司内部及时准确完整传导；外部沟通方面，公司与监管部门建立沟通报告机制，与股东建立报告和公文传递机制，与投资人建立咨询和投诉反馈机制，保障公司与股东、监管、投资人之间信息传递流畅；信息披露方面，公司持续完善年报、信托业务、关联交易信息、重大突发事件的披露机制，履行信托公司信息披露职责；防范商业贿赂方面，公司制定廉洁从业规范，在对外合同中加入廉洁从业约束条款，建立案件举报、调查、处理和报告程序。信息系统方面，公司制定开发、运维及外包管理规范，加强信息安全管理，定期开展信息科技风险排查及应急演练，保障信息系统稳定运行。

4.4.4 监督评价与纠正

公司设审计稽核部履行内审监督职能，审计稽核部围绕公司阶段性经营管理目标，常态化开展风险排查和风险处置监测。本报告期内，公司制定了年度审计计划，根据计划及内外部监督管理要求有序开展各类审计项目、问题整改追踪、全面风险排查、风险处置监测及其他专项检查工作等。

4.5 风险管理

4.5.1 风险管理概况

公司风险管理的宗旨：公司风险管理以保护委托人/受益人和股东最大利益为宗旨。

公司风险管理的总体目标：（1）提升公司经营管理效果，促进经营和业务稳健发展。（2）确保公司经营合法合规以及公司内部规章制度得以贯彻执行。（3）确保将公司经营和业务风险控制在与公司总体目标相适应并可承受的范围内。（4）确保公司建立各类重大风险（包括但不限于合规风险、信用风险、市场风险、流动性风险、操作风险、声誉风险、道德风险等）的防范和应急处理机制，保护公司不因重大风险或人为失误而遭受重大损失。（5）形成良好的风险管理文化，使全体员工不断强化风险防范和风险管理意识。

公司风险管理的原则：（1）全面性：公司风险管理应当做到事前、事中、事后控制相统一；覆盖公司的所有业务、部门和人员，贯彻到决策、执行、监督、反馈等各个环节，确保不存在风险管理的空白或漏洞。（2）独立性：承担风险管理监督检查职能的部门应当独立于公司其他部门。各业务部门的业务环节应相互独立，各司其职。（3）制衡性：公司部门和岗位的设置应当权责分明、相互制衡，一线业务运作与二线管理支持及三线监督检查应适当分离。

公司风险管理的组织架构：公司积极推进涵盖合规风险、信用风险、流动性风险、操作风险和声誉风险等方面的全面风险管理框架体系建设，逐步构建包括从治理层面到经营层面的组织架构和职能设置，业务事前、事中、事后全流程管控，前台、中台和后台"三道防线"的全面风险管理机制，以及不同风险类型的管控机制。通过不断强化全员风险管理理念，厘清风险管理三道防线的职责，实现从项目尽职调查到项目清算的全流程、全方位的风险防范体系。

4.5.2 风险状况

4.5.2.1 信用风险状况

信用风险主要指交易对手不履行义务的可能性，主要表现为：在信托贷款、资产回购、后续资金安排、担保、履约承诺等交易过程中，借款人、担保人、保管人（托管人）等交易对手不履行承诺，不能或不愿履行约定或承诺而使信托财产和固有财产遭受潜在损失的可能性。同时，当信用风险发生时，如受托人没有尽职管理、安排预算不恰当时，或信托项目违法违规未能如期执行时，则可能会发生流动性风险。

截至2023年末，公司已计提的信托项目赔偿准备金余额为12 709.77万元，较2022年末持平；已计提的一般风险准备余额为8 984.46万元，较2022年末持平。

4.5.2.2 市场风险状况

市场风险是指公司在运营过程中可能因股价、市场汇率、利率及其他商品价格因素等变动而产生的风险。具体表现为经济运作周期变化、金融市场利率波动、通货膨胀、房地产交易、证券市场变化等造成的风险，这些风险可能影响信托财产的价值及信托收益水平，也可能影响公司固有资产价值或导致损失。报告期内，公司未发生因市场风险所造成的损失。

利率风险主要源于市场利率变动对利率敏感金融工具的公允价值或未来现金流量的影响。根据公司资金运作的实际情况，公司计息资产主要为短期同业存放及一年内到期的短期贷款，受市场利率变动的影响可控。

汇率风险指因汇率变动产生损失的风险。截至2023年末，公司主要业务活动均以人民币计价结算。故此，公司暂不存在汇率风险。

其他价格风险是指金融工具的公允价值受市场利率和外汇汇率以外的市场价格因素变动发生波动的风险。

报告期内，公司不存在重大的其他价格风险。

4.5.2.3 操作风险状况

操作风险是指由于不完善或有问题的内部操作过程、人员、系统或外部事件而导致的直接或间接损失的风险。报告期内，公司未出现重大差错、失误及责任事故等操作风险事项。同时，公司将持续重视和加强操作风险管理，严控操作风险。

4.5.2.4 其他风险状况

公司可能面临的其他风险主要有法律风险、流动性风险、声誉风险等。法律风险是指因公司违反法律规定或因合同纠纷，致使公司遭受处罚或者诉讼的风险。流动性风险是指公司没有足够资金以满足到期债务支付的风险。声誉风险是指公司的外部信誉对自身经营管理的潜在影响和负面作用。报告期内，公司采取积极措施并通过针对性管理举措，较好地管控了法律风险、流动性风险及声誉风险等其他风险状况。

4.5.3 风险管理

4.5.3.1 信用风险管理

为管理和防范信用风险，公司已初步建立信托业务和固有业务全过程风险管理体系框架，风控措施覆盖项目立项、尽职调查、评审审批、发行、存续管理、清算等全过程。

公司各项目审查人员根据公司项目评审及风险防范相关原则，通过参与项目前期尽职调查、审核项目材料、参加项目预沟通会、优化交易方案等方式，有效识别、计量、揭示并控制项目存在的各类风险。

公司存续项目管理人员通过对存续项目开展常规检查、集中检查、专项检查及现场检查，持续监控存续期项目风险状况。存续期内，通过查询交易对手（包括抵押人和保证人）涉诉及负面报道情况、查询征信报告、每月向业务部门发布并流动性提示及要求对未来即将到期的信托项目提交具有可操作性的资金安排计划等管理方式，及时跟踪交易对手的信用状况。

公司特殊资产业务部，负责专项管理和处置存续风险项目，采取催收、现场面谈、发送履约函件、寻找接盘方、制定重组方案等各项有效措施寻求项目风险化解方案。同时，公司还通过规范项目风险事件汇报路线和应急处置流程来持续加强和优化审批流程，将授权和相互协调制约机制细化到具体经办流程中去。

报告期内，在"管好存量风险、严控新增风险"的工作要求下，有序开展存续项目的日常管理工作。公司对存续信托项目开展了常规排查、集中检查和多次专项风险排查。检查内容包括但不限于项目总体风险状况、实际运行情况，交易对手的经营及财务状况、用款情况，第一还款来源是否充足，抵押物的现场状态、价值变动及权属情况，担保方的经营财务情况、总体担保能力等。

4.5.3.2 市场风险管理

2023年，公司在以往年度制度建设的基础上，根据监管政策、公司经营发展需要和市场环境变化，在业务指引方面分别修订并出台了权益类证券投资业务、固定收益类证券投资业务，以及TOF和FOF类证券投资业务等多项标品业务风险管理办法/指引，明确从项目尽调、评审至成立运行期间，相关部门对市场风险的预测、压力测试、监控、汇报和处置等方面的主要职责和工作要求，以期项目在承担特定程度市场风险的情况下，能够取得相对合理的预期回报。同时，公司根据市场及行业发展状况，制定或者修订相关制度/办法/指引，为管控市场风险提供制度保障。

4.5.3.3 操作风险管理

公司通过采取一系列措施规范操作流程，进一步降低操作风险：（1）建立严格的部门职责和员工岗位职责，梳理各项业务流程和操作规程；（2）建立职责分离、相互监督制约的机制，建立严格的审核、复核程序；（3）建立规范的信息系统管理流程并配置灾备系统；（4）公司不断完善各项规章制度，使之更加完整严密。

公司通过在业务尽职调查、产品规范化管理、外部中介机构管控、风险监测评价、档案管理、信息披露、合规销售及客户投诉管理等方面不断细化管理要点和规范操作流程，提升业务操作的规范化和标准化水平，有效管理各类操作风险。

4.5.3.4 其他风险管理

声誉风险：公司高度重视声誉风险管理，通过建立积极、合理、有效的声誉风险管理机制，实现对声誉风险的识别、监测、控制和化解。公司积极关注舆情信息，建立舆情监测机制、识别机制、分类处置机制和信息共享机制，及时澄清虚假信息或不完整信息；建立信息披露管理制度，按要求向公众发布信息，主动接受舆论监督，为正常的新闻采访活动提供便利和必要保障。公司创建多种渠道与投资人进行良好互动交流。

道德风险：公司通过制度设计完善内部控制机制，规范操作流程；严格执行管理制度及纪律要求；定期开展员工异常行为排查，加强清廉金融文化建设，全员签署《华澳国际信托有限公司廉洁从业承诺书》，不断提高员工廉洁自律和勤勉尽职的意识；开展操作类关键岗位任职人员集中排查，签署"关键岗位合规承诺函"，重申公司合规要求、强调违规责任，防范关键岗位道德风险；以员工为本，强调和谐共赢，不断加强企业的凝聚力和员工的归属感，使员工认识到与公司共同成长的重要性，为防范道德风险提供制度保障。

流动性风险：公司充分重视流动性风险的管理和控制，不断提高识别、监测和调控头寸的能力，逐步完善流动性风险管理体系的建设，已制定《华澳国际信托流动性风险管理办法（试行）》，保持固有资产流动性适度充沛。流动性管理实行分工管理、实时监控、动态调整原则。信托业务在方案设计及后续管理中把流动性风险管理作为重要风险要素之一；固有业务部对固有投资、公司整体的流动性需求与缺口进行测算；运营部对信托项目流动性缺口进行测算；风险合规部通过定期风险排查、投贷后管理、流动性风险提示函等方式，及时跟踪并向公司管理层汇报存续项目可能存在的流动性风险；审计稽核部通过对日常经营管理定期审计，对业务项目常规的阶段性稽核及1个月内到期项目的专项稽核等对流动性管理情况进行监督检查。公司流动性风险的管理基本达到提高资金使用效率，保障公司经营持续、稳健的目的。

4.6 薪酬管理信息

公司坚持以科学全面、公平公正的薪酬管理理论为指导，与公司经营战略、岗位分析、人员绩效管理等实践紧密结合，通过全面的薪酬管理，促进人力资源的合理配置。

报告期内，公司按"降本增效"管理要求，对公司高管层及中层管理者的薪酬标准进行了适度下调，报告期内公司人工成本实现压降。

5.报告期末及上一年度末的比较式会计报表

5.1 自营资产（会计报表已经审计）

5.1.1 会计师事务所审计意见全文

审计报告

XYZH/2024CQAA3B0076

华澳国际信托有限公司全体股东：

一、审计意见

我们审计了华澳国际信托有限公司（以下简称华澳

信托）财务报表，包括2023年12月31日的资产负债表、2023年度利润表、现金流量表、所有者权益变动表以及财务报表附注。

我们认为，后附的财务报表在所有重大方面按照企业会计准则的规定编制，公允反映了华澳信托2023年12月31日的财务状况以及2023年度的经营成果和现金流量。

二、形成审计意见的基础

我们按照中国注册会计师审计准则的规定执行了审计工作。审计报告的"注册会计师对财务报表审计的责任"部分进一步阐述了我们在这些准则下的责任。按照中国注册会计师职业道德守则，我们独立于华澳信托，并履行了职业道德方面的其他责任。我们相信，我们获取的审计证据是充分、适当的，为发表审计意见提供了基础。

三、管理层和治理层对财务报表的责任

华澳信托管理层负责按照企业会计准则的规定编制财务报表，使其实现公允反映，并设计、执行和维护必要的内部控制，以使财务报表不存在由于舞弊或错误导致的重大错报。

在编制财务报表时，管理层负责评估华澳信托的持续经营能力，披露与持续经营相关的事项（如适用），并运用持续经营假设，除非管理层计划清算华澳信托、终止运营或别无其他现实的选择。

治理层负责监督华澳信托的财务报告过程。

四、其他信息

华澳信托管理层（以下简称管理层）对其他信息负责。其他信息包括年度报告中涵盖的信息，但不包括财务报表和我们的审计报告。

我们对财务报表发表的审计意见不涵盖其他信息，我们也不对其他信息发表任何形式的鉴证结论。

结合我们对财务报表的审计，我们的责任是阅读其他信息，在此过程中，考虑其他信息是否与财务报表或我们在审计过程中了解到的情况存在重大不一致或者似乎存在重大错报。

基于我们已执行的工作，如果我们确定其他信息存在重大错报，我们应当报告该事实。在这方面，我们无任何事项需要报告。

五、注册会计师对财务报表审计的责任

我们的目标是对财务报表整体是否不存在由于舞弊或错误导致的重大错报获取合理保证，并出具包含审计意见的审计报告。合理保证是高水平的保证，但并不能保证按照审计准则执行的审计在某一重大错报存在时总能发现。错报可能由于舞弊或错误导致，如果合理预期错报单独或汇总起来可能影响财务报表使用者依据财务报表作出的经济决策，则通常认为错报是重大的。

在按照审计准则执行审计工作的过程中，我们运用职业判断，并保持职业怀疑。同时，我们也执行以下工作：

（1）识别和评估由于舞弊或错误导致的财务报表重大错报风险，设计和实施审计程序以应对这些风险，并获取充分、适当的审计证据，作为发表审计意见的基础。由于舞弊可能涉及串通、伪造、故意遗漏、虚假陈述或凌驾于内部控制之上，未能发现由于舞弊导致的重大错报的风险高于未能发现由于错误导致的重大错报的风险。

（2）了解与审计相关的内部控制，以设计恰当的审计程序，但目的并非对内部控制的有效性发表意见。

（3）评价管理层选用会计政策的恰当性和作出会计估计及相关披露的合理性。

（4）对管理层使用持续经营假设的恰当性得出结论。同时，根据获取的审计证据，就可能导致对华澳信托持续经营能力产生重大疑虑的事项或情况是否存在重大不确定性得出结论。如果我们得出结论认为存在重大不确定性，审计准则要求我们在审计报告中提请报表使用者注意财务报表中的相关披露；如果披露不充分，我们应当发表非无保留意见。我们的结论基于截至审计报告日可获得的信息。然而，未来的事项或情况可能导致华澳信托不能持续经营。

（5）评价财务报表的总体列报、结构和内容，并评价财务报表是否公允反映相关交易和事项。

我们与华澳信托治理层就计划的审计范围、时间安排和重大审计发现等事项进行沟通，包括沟通我们在审计中识别出的值得关注的内部控制缺陷。

信永中和会计师事务所（特殊普通合伙）

中国注册会计师：胡小琴

中国注册会计师：杨黎立

中国·北京　　　　　　二〇二四年四月二十四日

5.1.2 资产负债表

资产负债表

编制单位：华澳国际信托有限公司　　2023年12月31日　　单位：万元

资产	年末余额	年初余额
资产：		
现金及存放银行款项	10 220.19	7 313.76
存放中央银行款项	—	—
贵金属	—	—
拆出资金	—	—
交易性金融资产	—	—
衍生金融资产	—	—
买入返售金融资产	—	—
应收利息	—	—
应收手续费及佣金	—	—
其他应收款	252 531.18	226 214.01
预付账款	—	—
持有待售资产	—	—
发放贷款及垫款	34 228.73	78 188.49
可供出售金融资产	—	—
债权投资	70 905.70	70 920.45
长期股权投资	—	—
投资性房地产	—	—
固定资产	114.80	164.34
无形资产	824.24	1 080.18
商誉	—	—
使用权资产	8 467.83	10 744.75
递延所得税资产	21 425.36	24 890.46
抵债资产	—	—
其他资产	4 734.22	5 863.98
资产总计	403 452.26	425 380.42

法定代表人：吴瑞忠　　主管会计工作的负责人：解媛媛　　会计机构负责人：秦利

资产负债表（续）

编制单位：华澳国际信托有限公司　　2023年12月31日　　单位：万元

负债和股东权益	年末余额	年初余额
负债：		
向中央银行借款	—	—
同业及其他金融机构存放款项	—	—
拆入资金	—	—
交易性金融负债	—	—
衍生金融负债	—	—
卖出回购金融资产款	—	—
吸收存款	—	—
应付职工薪酬	6 114.73	5 348.96
应交税费	159.01	121.72
应付利息	—	—
其他应付款	34 958.03	14 380.76
预收手续费及佣金	—	—
持有待售负债	—	—
预计负债	2 500.27	—
应付债券	—	—
递延所得税负债	2 116.96	2 686.19
租赁负债	9 112.36	11 253.88
其他负债	—	—
负债合计	54 961.36	33 791.50
股东权益：		
实收资本	250 000.00	250 000.00
减：库存股	—	—
资本公积	—	—
其他综合收益	—	—
盈余公积	25 419.54	25 419.54
一般风险准备	8 984.46	8 984.46
信托赔偿准备	12 709.77	12 709.77
未分配利润	51 377.13	94 475.14
所有者权益合计	348 490.90	391 588.91
负债和所有者权益总计	403 452.26	425 380.42

法定代表人：吴瑞忠　　主管会计工作的负责人：解媛媛　　会计机构负责人：秦利

5.1.3 利润表

利润表

编制单位：华澳国际信托有限公司　　2023年度　　单位：万元

项目	本年金额	上年金额
一、营业收入	6 034.61	13 105.04
利息净收入	-4 085.12	2 030.67
利息收入	373.81	3 120.93
利息支出	4 458.92	1 090.25
手续费及佣金净收入	10 119.72	9 961.10
手续费及佣金收入	10 159.16	10 024.48
手续费及佣金支出	39.44	63.38
投资收益	—	1 113.26
其中：对联营企业及合营企业的投资收益	—	—
公允价值变动损益	—	—
汇兑收益	—	—
资产处置收益（损失以"-"号填列）	—	—
其他收益	—	—
二、营业支出	40 267.35	114 697.21

续表

项目	本年金额	上年金额
税金及附加	26.95	85.58
业务及管理费	12 467.23	16 893.19
资产减值损失	—	—
信用减值损失	27 773.17	97 718.44
其他业务成本		
三、营业利润	-34 232.74	-101 592.17
加：营业外收入	3 210.70	5 117.44
减：营业外支出	9 259.39	131.11

续表

项目	本年金额	上年金额
四、利润总额	-40 281.44	-96 605.84
减：所得税费用	2 816.57	127.90
五、净利润	-43 098.01	-96 733.74
（一）持续经营净利润（净亏损以"-"号填列）	—	—
（二）终止经营净利润（净亏损以"-"号填列）	—	—
六、其他综合收益的税后净额		
七、综合收益总额	-43 098.01	-96 733.74

法定代表人：吴瑞忠　　主管会计工作的负责人：解嫒嫒　　会计机构负责人：秦利

5.1.4 所有者权益变动表

所有者权益变动表

编制单位：华澳国际信托有限公司　　2023年度　　单位：万元

项目	本年金额					
	实收资本	盈余公积	一般风险准备	信托赔偿准备	未分配利润	所有者权益合计
一、上年年末余额	250 000.00	25 419.54	8 984.46	12 709.77	94 347.86	391 461.63
加：会计政策变更	—	—	—	—	127.28	—
前期差错更正						
二、本年年初余额	250 000.00	25 419.54	8 984.46	12 709.77	94 475.14	391 588.91
三、本年增减变动金额（减少以"-"号填列）	—	—	—	—	-43 098.01	-43 098.01
（一）综合收益总额					-43 098.01	-43 098.01
1.净利润	—	—	—	—	-43 098.01	-43 098.01
2.其他综合收益					—	—
（二）所有者投入和减少资本						
1.股东投入资本	—	—	—	—	—	—
2.股份支付计入所有者权益的金额	—	—	—	—	—	—
3.其他	—	—	—	—	—	—
（三）利润分配						
1.提取盈余公积	—	—	—	—	—	—
2.提取一般风险准备	—	—	—	—	—	—
3.提取信托赔偿准备	—	—	—	—	—	—
4.对股东的分配	—	—	—	—	—	—
5.其他	—	—	—	—	—	—
（四）所有者权益内部结转						
1.资本公积转增股本	—	—	—	—	—	—
2.盈余公积转增股本	—	—	—	—	—	—
3.盈余公积弥补亏损	—	—	—	—	—	—
4.一般风险准备弥补亏损	—	—	—	—	—	—
5.其他	—	—	—	—	—	—
四、本年年末余额	250 000.00	25 419.54	8 984.46	12 709.77	51 377.13	348 490.90

续表

项目	上年金额					
	实收资本	盈余公积	一般风险准备	信托赔偿准备	未分配利润	所有者权益合计
一、上年年末余额	250 000.00	25 419.54	8 984.46	12 709.77	191 081.60	488 195.37
加：会计政策变更	—	—	—	—	—	—
前期差错更正	—	—	—	—	—	—
二、本年年初余额	250 000.00	25 419.54	8 984.46	12 709.77	191 081.60	488 195.37
三、本年增减变动金额（减少以"-"号填列）	—	—	—	—	−96 733.74	−96 733.74
（一）综合收益总额	—	—	—	—	−96 733.74	−96 733.74
1.净利润	—	—	—	—	−96 733.74	−96 733.74
2.其他综合收益	—	—	—	—	—	—
（二）所有者投入和减少资本	—	—	—	—	—	—
1.股东投入资本	—	—	—	—	—	—
2.股份支付计入所有者权益的金额	—	—	—	—	—	—
3.其他	—	—	—	—	—	—
（三）利润分配	—	—	—	—	—	—
1.提取盈余公积	—	—	—	—	—	—
2.提取一般风险准备	—	—	—	—	—	—
3.提取信托赔偿准备	—	—	—	—	—	—
4.对股东的分配	—	—	—	—	—	—
5.其他	—	—	—	—	—	—
（四）所有者权益内部结转	—	—	—	—	—	—
1.资本公积转增股本	—	—	—	—	—	—
2.盈余公积转增股本	—	—	—	—	—	—
3.盈余公积弥补亏损	—	—	—	—	—	—
4.一般风险准备弥补亏损	—	—	—	—	—	—
5.其他	—	—	—	—	—	—
四、本年年末余额	250 000.00	25 419.54	8 984.46	12 709.77	94 347.86	391 461.63

法定代表人：吴瑞忠　　　　　　　　　　主管会计工作的负责人：解媛媛　　　　　　　　　　会计机构负责人：秦利

5.2　信托资产

5.2.1　信托项目资产负债汇总表

信托项目资产负债汇总表

编制单位：华澳国际信托有限公司　　　　　　　　2023年12月31日　　　　　　　　单位：万元

信托资产	年末数	年初数	信托负债和信托权益	年末数	年初数
信托资产：			信托负债：		
货币资金	6 519.77	10 076.64	交易性金融负债	—	—
衍生金融资产	—	—	衍生金融负债	—	—
交易性金融资产	13 656.37	116 966.93	卖出回购金融资产款	—	—
买入返售金融资产	—	—	应付清算款	—	—
发放贷款和垫款	1 240 499.12	1 473 891.10	应付赎回款	570.18	—
债权投资	1 012 817.99	1 406 060.32	应付管理人报酬	20 248.09	14 453.59
其他债权投资	—	—	应付托管费	301.67	218.84

续表

信托资产	年末数	年初数	信托负债和信托权益	年末数	年初数
长期股权投资	—	—	应付销售服务费	—	1 534.31
应收清算款	—	—	应付投资顾问费	—	—
应收利息	34 140.17	3.59	应交税费	3 210.82	2 852.55
应收股利	—	—	应付利息	1.01	1.15
应收申购款	—	—	应付利润	1 186.03	1 192.94
其他资产	169.50	151.63	其他负债	218 259.08	216 004.80
			信托负债合计	243 776.88	236 258.18
			信托权益：		
			实收信托	2 075 370.60	2 789 607.25
			其他综合收益	—	—
			未分配利润	−11 344.56	−18 715.22
			信托权益合计	2 064 026.04	2 770 892.03
信托资产总计	2 307 802.92	3 007 150.21	信托负债和信托权益总计	2 307 802.92	3 007 150.21

5.2.2 信托项目利润及利润分配汇总表

信托项目利润及利润分配汇总表

编制单位：华澳国际信托有限公司　　2023年12月31日　　单位：万元

项目	本年数	上年数
一、营业收入	132 564.75	154 763.90
1.利息收入	114 087.39	119 349.96
2.投资收益	17 212.37	41 768.82
3.公允价值变动损益	−561.91	7 667.51
4.租赁收入	—	—
5.其他收入	1 826.90	−14 022.39
二、营业费用	14 272.19	14 657.64
三、营业税金及附加	407.01	582.65
四、扣除资产减值准备前的信托利润	117 885.55	139 523.61
减：资产减值准备	566.62	—
五、扣除资产减值准备后的信托利润	117 318.93	139 523.61
加：年初未分配信托利润	−54 266.36	−40 823.46
年初未分配信托利润会计准则调整	35 551.14	—
六、可供分配的信托利润	98 603.71	98 700.15
减：本年已分配信托利润	109 948.27	152 966.51
加：损益平准金	—	—
七、年末未分配信托利润	−11 344.56	−54 266.36

6.会计报表附注

6.1 会计报表编制基准、会计估计和核算方法发生的变化

报告期内，会计报表编制基准、会计估计和核算方法未发生变化。

6.2 重要会计政策变更

财政部于2022年11月发布《企业会计准则解释第16号》，涉及①关于单项交易产生的资产和负债相关的递延所得税不适用初始确认豁免的会计处理；②关于发行方分类为权益工具的金融工具相关股利的所得税影响的会计处理；③关于企业将以现金结算的股份支付修改为以权益结算的股份支付的会计处理；其中①自2023年1月1日起施行，也可以选择自发布年度起施行，②、③自公布之日起施行。前述①规定本公司自2023年1月1日起开始执行，前述②、③规定自公布之日起施行。本公司管理层认为，前述规定未对本公司财务报告产生重大影响。

上述新准则变更，本公司受影响的报表项目及金额如下表所示

项目	2023年1月1日	2022年12月31日	调整金额
资产：			
现金及存放银行款项	73 137 564.76	73 137 564.76	—
其他应收款	2 262 140 135.25	2 262 140 135.25	—
发放贷款及垫款	781 884 876.48	781 884 876.48	—
债权投资	709 204 497.02	709 204 497.02	—
固定资产	1 643 353.58	1 643 353.58	—
无形资产	10 801 826.74	10 801 826.74	—
使用权资产	107 447 499.61	107 447 499.61	—
递延所得税资产	248 904 576.54	220 769 884.50	28 134 692.04
其他资产	58 639 820.62	58 639 820.62	—
资产总计	4 253 804 150.60	4 225 669 458.56	28 134 692.04
负债：			
应付职工薪酬	53 489 600.50	53 489 600.50	—

续表

项目	2023年1月1日	2022年12月31日	调整金额
应交税费	1 217 227.70	1 217 227.70	—
其他应付款	143 807 573.47	143 807 573.47	—
递延所得税负债	26 861 874.90	—	26 861 874.90
租赁负债	112 538 768.15	112 538 768.15	—
其他负债	—	—	—
负债合计	337 915 044.72	311 053 169.82	26 861 874.90
股东权益：			
实收资本	2 500 000 000.00	2 500 000 000.00	—
盈余公积	254 195 366.04	254 195 366.04	—
一般风险准备	89 844 644.22	89 844 644.22	—

续表

项目	2023年1月1日	2022年12月31日	调整金额
信托赔偿准备	127 097 683.02	127 097 683.02	—
未分配利润	944 751 412.60	943 478 595.46	1 272 817.14
所有者权益合计	3 915 889 105.88	3 914 616 288.74	1 272 817.14
负债和所有者权益总计	4 253 804 150.60	4 225 669 458.56	28 134 692.04

6.3 或有事项说明

报告期内，本公司无或有事项。

6.4 重要资产转让及其出售的说明

报告期内，本公司未发生重要资产转让及出售情况。

6.5 会计报表中重要项目的明细资料

6.5.1 自营资产经营情况

6.5.1.1 信用风险资产五级分类情况

信用风险资产五级分类	正常类（万元）	关注类（万元）	次级类（万元）	可疑类（万元）	损失类（万元）	信用风险资产合计（万元）	不良资产合计（万元）	不良率（%）
年初数	23 177.94	55 851.79	269 261.14	208 640.14	5 868.39	562 799.39	483 769.67	54.42
年末数	22 604.08	29 226.38	309 598.86	171 470.59	41 652.87	574 552.78	522 722.32	55.34

注：不良资产合计=次级类+可疑类+损失类。

6.5.1.2 各项资产减值损失准备情况表

单位：万元

分类	年初数	本年计提	本年转回	本年核销	年末数
贷款损失准备	17 248.50	-5 861.00	—	—	11 387.50
一般准备	17 248.50	-5 861.00	—	—	11 387.50
专项准备	—	—	—	—	—
其他资产减值准备	162 168.76	33 634.17	—	1 340.00	194 462.93
债权投资减值准备	61 950.76	—	—	—	61 950.76
持有至到期投资减值准备	—	—	—	—	—
长期股权投资减值准备	—	—	—	—	—
坏账准备	100 218.01	33 634.17	—	1 340.00	132 512.18
投资性房地产减值准备	—	—	—	—	—

6.5.1.3 按照投资品种分类，固有业务股票投资、基金投资、债券投资、股权投资等投资业务的年初数、年末数

单位：万元

时间	自营股票	基金	债券	长期股权投资	其他投资	合计
年初数	—	—	—	—	132 809.40	132 809.40
年末数	—	—	—	—	132 809.40	132 809.40

6.5.1.4 按投资入股金额排序，前五名的自营长期股权投资的企业名称、占被投资企业权益的比例、主要经营活动及投资收益情况等

报告期内，本公司无长期股权投资。

6.5.1.5 前五名的自营贷款的企业名称、占贷款总额的比例和还款情况等

企业名称	占贷款总额的比例（%）	还款情况
浙江禹汇商贸有限公司	65.75	贷款本息逾期
宁波豪程石化有限公司	34.25	贷款本息逾期

6.5.1.6 表外业务的期初数、期末数；按照代理业务、担保业务和其他类型表外业务分别披露

单位：万元

表外业务	年初数	年末数
担保业务	—	—
代理业务（委托业务）	—	—
其他	—	—
合计	—	—

6.5.1.7 公司当年的收入结构

收入结构	金额（万元）	占比（%）
手续费及佣金收入	10 159.16	73.92
其中：信托手续费收入	10 159.16	73.92
其他手续费收入	—	—
利息收入	373.81	2.72
其他业务收入	—	—
投资收益	—	—
公允价值变动收益	—	—
汇兑收益	—	—
营业外收入	3 210.70	23.36
收入合计	13 743.66	100.00

6.5.2 信托财产管理情况

6.5.2.1 信托资产的年初数、年末数

单位：万元

信托资产	年初数	年末数
集合	1 371 262.08	1 146 973.37
单一	1 610 787.57	1 160 819.11
财产权	25 100.56	10.44
合计	3 007 150.21	2 307 802.92

6.5.2.1.1 主动管理型信托业务的信托资产年初数、年末数

单位：万元

主动管理型信托资产	年初数	年末数
其他投资类	4 756.99	44.10
证券投资类	—	—
股权投资类	98 364.99	—
融资类	1 362 924.19	1 216 986.73
事务管理类	—	—
合计	1 466 046.17	1 217 030.83

6.5.2.1.2 被动管理型信托业务的信托资产年初数、年末数

单位：万元

被动管理型信托资产	年初数	年末数
其他投资类	—	—
证券投资类	—	—
股权投资类	—	—
融资类	105.02	105.02
事务管理类	1 540 999.02	1 090 667.07
合计	1 541 104.04	1 090 772.09

6.5.2.2 本年度整体已清算结束的信托项目个数、实收信托合计金额、加权平均实际年化收益率

6.5.2.2.1 本年度整体已清算结束的信托项目个数、实收信托金额、加权平均实际年化收益率

已清算结束信托项目	项目个数（个）	实收信托合计金额（万元）	加权平均实际年化收益率（%）
集合类	9	260 840.00	7.06
单一类	3	284 200.00	5.28
财产管理类	1	25 000.00	6.30

注：加权平均实际年化收益率 = $\dfrac{\sum_{i=1}^{n}\left(\begin{array}{c}\text{信托项目}i\text{的实际}\\ \text{年化收益率}\end{array} \times \begin{array}{c}\text{信托项目}i\text{的}\\ \text{实收信托}\end{array}\right)}{\sum_{i=1}^{n}\text{信托项目}i\text{的实收信托}} \times 100\%$。

6.5.2.2.2 本年度整体已清算结束的主动管理型信托项目个数、实收信托合计金额、加权平均实际年化收益率

已清算结束信托项目	项目个数（个）	实收信托合计金额（万元）	加权平均实际信托报酬率（%）	加权平均实际年化收益率（%）
证券投资类	—	—	—	—
股权投资类	2	98 330.00	1.35	6.97
融资类	7	222 420.00	1.21	6.44
事务管理类	—	—	—	—
其他投资类	1	4 390.00	2.07	8.00

注：加权平均实际年化收益率 = $\dfrac{\sum_{i=1}^{n}\left(\begin{array}{c}\text{信托项目}i\text{的实际}\\ \text{年化收益率}\end{array} \times \begin{array}{c}\text{信托项目}i\text{的}\\ \text{实收信托}\end{array}\right)}{\sum_{i=1}^{n}\text{信托项目}i\text{的实收信托}} \times 100\%$。

6.5.2.2.3 本年度整体已清算结束的被动管理型信托项目

已清算结束信托项目	项目个数（个）	实收信托合计金额（万元）	加权平均实际信托报酬率（%）	加权平均实际年化收益率（%）
证券投资类	—	—	—	—
股权投资类	—	—	—	—
融资类	—	—	—	—
事务管理类	3	244 900.00	0.12	5.51
其他投资类	—	—	—	—

注：加权平均实际年化收益率 = $\dfrac{\sum_{i=1}^{n}\left(\begin{array}{c}\text{信托项目}i\text{的实际}\\ \text{年化收益率}\end{array} \times \begin{array}{c}\text{信托项目}i\text{的}\\ \text{实收信托}\end{array}\right)}{\sum_{i=1}^{n}\text{信托项目}i\text{的实收信托}} \times 100\%$。

6.5.2.3 本年度整体新增信托项目个数、实收信托合计金额

新增信托项目	项目个数（个）	实收信托合计金额（万元）
集合类	—	—
单一类	—	—
财产管理类	—	—
新增合计	—	—
其中：主动管理型	—	—
被动管理型	—	—

6.5.2.4 信托业务创新成果和特色业务有关情况

报告期内暂无。

6.5.2.5 本公司履行受托人义务情况及因本公司自身责任而导致的信托资产损失情况

报告期内，公司未发现因受托人自身责任或处理信托事务不当而导致所管理信托财产发生损失并致信托受益人利益受损的情况。

6.5.2.6 信托赔偿准备金的提取、使用和管理情况

根据原中国银监会2007年颁布的《信托公司管理办法》的规定，本公司每年从税后利润中提取5%作为信托赔偿准备金，当该赔偿准备金累计总额达到公司注册资本金的20%时，可不再提取。

截至报告期末本公司未发生对信托产品赔偿的事项。

6.6 关联方关系及其交易的披露

6.6.1 关联交易方的数量、关联交易的总金额及关联交易的定价政策等

项目	关联交易方数量（个）	关联交易金额（万元）	定价政策
合计	2	33 000	公平的市场价格

6.6.2 关联交易方与本公司的关系性质、关联交易方的名称、法定代表人、注册地址、注册资本及主营业务等

关系性质	关联方名称	法定代表人	注册地址	注册资本（万元）	主营业务
主要股东的关联方；主要投资者个人、关键管理人员或与其关系密切的家庭成员控制、共同控制或施加重大影响的其他企业	广东欧昊集团有限公司	张栋梁	广州市南沙区海滨路185号701房（仅限办公用途）	950 000	住房租赁；财务咨询；以自有资金从事投资活动；网络技术服务；软件开发；技术服务、技术开发、技术咨询、技术交流、技术转让、技术推广；企业形象策划；咨询策划服务；项目策划与公关服务；市场营销策划；法律咨询（不包括律师事务所业务）；平面设计；专业设计服务；图文设计制作；互联网销售（除销售需要许可的商品）；建筑材料销售；轻质建筑材料销售；建筑装饰材料销售；个人商务服务；商务代理代办服务；金属制品销售；贸易经纪；国内贸易代理；家具安装和维修服务；家具零配件销售；家具销售；金属结构销售；广告设计、代理；广告制作；企业总部管理；科技中介服务；信息咨询服务（不含许可类信息咨询服务）；充电桩销售；集中式快速充电站；机动车充电销售；充电控制设备租赁；电动汽车充电基础设施运营；光伏设备及元器件制造；光伏设备及元器件销售；光伏发电设备租赁；物联网设备制造；物联网设备销售；物联网应用服务；物联网技术服务；物联网技术研发；非金属矿物制品制造；半导体器件专用设备制造；电子元器件批发；太阳能热发电装备销售；智能输配电及控制设备销售；电子元器件零售；配电开关控制设备销售；发电机及发电机组销售；电子元器件与机电组件设备销售；电力电子元器件销售；电池销售；蓄电池租赁；电力行业高效节能技术研发；新兴能源技术研发；太阳能发电技术服务；电子专用材料研发；机械设备研发；新材料技术推广服务；新材料技术研发；发电技术服务；风力发电技术服务；住宅室内装饰装修；酒类经营；食品销售；食品互联网销售；发电、输电、供电业务
主要股东的关联方；受同一母公司控制的其他企业	重庆市财信固废污染治理有限公司	田仁华	重庆市荣昌区昌州街道塘坡村一社	3 000	环境污染治理、固体废物处理、生活垃圾填埋；环保设备的研发、生产、销售；环保处理技术开发和技术咨询服务；销售：建筑、装饰材料等

6.6.3 公司与关联方的重大交易事项

6.6.3.1 固有与关联方交易情况：贷款、投资、租赁、应收账款、担保、其他方式等期初汇总数、本年借方和贷方发生额汇总数、年末汇总数

固有与关联方关联交易   单位：万元

项目	年初数	借方发生额	贷方发生额	年末数
贷款	—	—	1 000	1 000
投资	—	—	—	—
租赁	—	—	—	—
担保	—	—	—	—
其中：附抵押	—	—	—	—
应收账款	—	—	—	—
其他	2 000	16 000	16 000	2 000
合计	2 000	16 000	17 000	3 000

6.6.3.2 信托与关联方交易情况：贷款、投资、租赁、应收账款、担保、其他方式等期初汇总数、本年借方和贷方发生额汇总数、年末汇总数

信托与关联方关联交易   单位：万元

项目	年初数	借方发生额	贷方发生额	年末数
贷款	—	—	—	—
投资	—	—	—	—
租赁	—	—	—	—
担保	—	—	—	—
应收账款	—	—	—	—
其他	—	—	—	—
合计	—	—	—	—

6.6.3.3 信托公司自有资金运用于自己管理的信托项目（固信交易）、信托公司管理的信托项目之间的相互（信信交易）交易金额，包括余额和本报告年度的发生额

6.6.3.3.1 信托公司自有资金运用于自己管理的信托项目年初汇总数、本年发生额汇总数、年末汇总数

自有资金运用于自己管理的信托项目　　单位：万元

项目	年初数	本年发生额	年末数
合计	—	—	—

6.6.3.3.2 信托公司管理的信托项目之间关联交易

报告期内，本公司未发生新增的信托项目之间的关联交易。

6.6.4 逐笔披露关联方逾期未偿还本公司资金的详细情况以及本公司为关联方担保发生或即将发生垫款的详细情况

报告期内，无关联方逾期未偿还本公司资金的情况以及本公司为关联方担保发生或即将发生垫款的情况。

6.7 会计制度的披露

公司执行财政部颁布的《企业会计准则》。

7. 财务情况说明书

7.1 利润实现和分配情况

报告期内公司实现利润总额-40 281.44万元，企业所得税费用2 816.57万元，实现净利润-43 098.01万元。2023年末可供分配的利润51 377.13万元。

7.2 主要财务指标

指标名称	指标值
资本利润率（%）	-11.65
加权年化信托报酬率（%）	0.34
人均净利润（万元）	-287.32

注：1. 资本利润率=净利润/所有者权益平均余额×100%。

2. 加权年化信托报酬率=$\dfrac{\sum_{i=1}^{n}\left(\text{信托项目}i\text{的实际}\atop\text{年化信托报酬率}\right)\times\text{信托项目}i\text{的实收信托}}{\sum_{i=1}^{n}\text{信托项目}i\text{的实收信托}}\times 100\%$

3. 人均净利润=净利润/年平均人数。

7.3 对本公司财务状况、经营成果有重大影响的其他事项

报告期内，本公司没有发生对财务状况、经营成果有重大影响的其他事项。

8. 特别事项揭示

8.1 前五名股东报告期内变动情况及原因

无。

8.2 董事、监事及高级管理人员变动情况及原因

8.2.1 董事变动情况

无。

8.2.2 监事变动情况

无。

8.2.3 高级管理人员变动情况

无。

8.3 报告期内股东违反承诺质押信托公司股权或以股权及其受（收）益权设立信托等金融产品的情况

报告期内，公司股东无违反承诺质押信托公司股权或以股权及其受（收）益权设立信托等金融产品的情况。

8.4 报告期内已向国家金融监督管理总局或其派出机构提交行政许可申请但尚未获得批准的事项

报告期内，公司无已向国家金融监督管理总局或其派出机构提交公司相关的行政许可申请但尚未获得批准的事项。

8.5 可能影响股东资质条件或导致公司股权发生重大变化的事项

报告期内，公司新增8笔股权冻结事项。股东重庆财信企业集团有限公司和重庆融达科技发展有限公司所持公司100%股权被采取诉讼保全措施，共对应出资额250 000万元。

8.6 变更注册资本、变更注册地或公司名称、公司分立合并事项

报告期内，公司注册地变更至中国（上海）自由贸易试验区浦明路198号地下一层、一层二层、三层、四层。公司无变更注册资本、变更公司名称或公司分立合并事项。

8.7 公司的重大诉讼事项

8.7.1 重大未决诉讼事项

报告期内，公司固有业务方面存在6起重大未决诉讼事项，具体如下：

（1）公司为原告，起诉浙江禹汇商贸有限公司、成都枫之林贸易有限公司、成都顺达丰商贸有限公司、吴昊金融借款合同纠纷一案，立案时间为2023年7月4日，诉讼标的约34 085.25万元。

（2）公司为原告，起诉上海夕筱贸易有限公司、天府管理（集团）有限公司、成都顺达丰商贸有限公司、吴昊其他合同纠纷一案，立案时间为2023年8月4日，诉讼标的约23 647万元。

（3）公司为原告，起诉宁波豪程石化有限公司、万腾实业集团有限公司、成都顺达丰商贸有限公司、吴昊金融借款合同纠纷一案，立案时间为2023年8月7日，诉讼标的约18 945.17万元。

（4）原告为兴业资产管理有限公司，起诉公司、重庆易用物资有限公司、重庆财信企业集团有限公司债权转让合同纠纷一案，收到起诉材料时间为2022年9月26日，诉讼标的约20 909.83万元。

（5）原告为许奕，起诉公司、重庆财信企业集团有限公司、重庆财信房地产开发集团有限公司债权转让合同纠纷一案，收到起诉材料时间为2023年7月5日，诉讼标的约1 563.76万元。

（6）原告为许奕，起诉公司、重庆财信企业集团有限公司、重庆财信房地产开发集团有限公司债权转让合同纠纷一案，收到起诉材料时间为2023年7月5日，诉讼标的约1 000万元。

报告期内，公司信托业务方面存在5起重大未决诉讼事项，具体如下：

（1）公司为原告，代表信托计划起诉西安兴正元购物中心有限公司破产债权确认纠纷一案，立案时间为2022年2月10日，诉讼标的约47 546.04万元。

（2）公司为原告，代表信托计划起诉深圳市领途企业管理有限公司（曾用名：深圳市领途商业保理有限公司）、宁波世茂新纪元置业有限公司、上海世茂建设有限公司、世茂集团控股有限公司金融借款合同纠纷一案，立案时间为2022年8月18日，诉讼标的约69 329.11万元。

（3）公司为原告，代表信托计划起诉红花岗区国有资产投资经营有限责任公司、遵义市红花岗城市建设投资经营有限公司、遵义宏程旅游开发投资有限责任公司金融借款合同纠纷一案，立案时间为2023年7月3日，诉讼标的约18 437.94万元。

（4）公司为原告，代表信托计划起诉遵义市汇川区城市建设投资经营有限公司、遵义经济技术开发区国有资产投资经营有限责任公司、遵义经济技术开发区投资建设有限公司、遵义市投资（集团）有限责任公司金融借款合同纠纷一案，立案时间为2023年5月30日，诉讼标的约37 230.36万元。

（5）原告为上海迈动建筑设计有限公司、李春，起诉公司、浙江博安投资管理有限公司第三人撤销之诉一案，收到起诉材料时间为2023年11月24日，诉讼标的约为7 017.11万元。

8.7.2 以前年度发生，于本报告年度内终结的诉讼事项

报告期内，公司固有业务无以前年度发生于本报告年度内终结的诉讼事项。

报告期内，公司信托业务方面存在7起以前年度发生于本报告年度内终结的诉讼事项，具体如下：

（1）公司为原告，代表信托计划起诉上海嘉湾兆业房地产有限公司、佳兆业集团（深圳）有限公司金融借款合同纠纷一案，立案时间为2021年11月15日，诉讼标的约27 464.91万元。法院于2023年2月8日作出二审判决，主要判项为：上海嘉湾兆业房地产有限公司向公司支付欠款本金、利息、逾期利息、复利；公司可以案涉抵押物折价、拍卖、变卖所得价款优先受偿；佳兆业集团（深圳）有限公司承担连带清偿责任。

（2）公司为原告，代表信托计划起诉大连华普置业有限公司、佳兆业集团（深圳）有限公司、郑州富乐万家置业有限公司金融借款合同纠纷一案，立案时间为2021年11月10日，诉讼标的约21 826.1万元。法院于2023年7月25日作出二审裁定，按上诉人撤回上诉处理，一审判决生效，主要判项为：大连华普置业有限公司向公司支付债权投资本金、债权投资收益、逾期罚息、复利；公司可以案涉抵押物折价、拍卖、变卖所得价款优先受偿；佳兆业集团（深圳）有限公司、郑州富乐万家置业有限公司承担连带清偿责任。

（3）公司为原告，代表信托计划起诉深圳建业工程集团股份有限公司、天津宝能合兴置业有限公司、芜湖市宝能地产有限公司、浙江锦天房地产开发有限公司、深圳市宝能投资集团有限公司、姚振华、宝能地产股份有限公司、宝能汽车集团有限公司其他合同纠纷一案，立案时间为2021年12月9日，诉讼标的约15 987.08万元。法院于2023年10月9日作出二审判决，主要判项为：深圳建业工程集团股份有限公司向公司支付债权投资本

金、债权投资收益、罚息、复利；公司可以案涉抵押物折价、拍卖、变卖所得价款优先受偿；深圳市宝能投资集团有限公司、姚振华、宝能地产股份有限公司、宝能汽车集团有限公司承担连带清偿责任。

（4）公司为原告，代表信托计划起诉深圳深业物流集团股份有限公司、扬州市宝能科技产业园有限公司（曾用名：扬州市宝能科技产业园投资发展有限公司）、扬州市宝能置业有限公司、深圳市宝能投资集团有限公司、姚振华、天津天隆达小商品市场有限公司、宝能地产股份有限公司、宝能汽车集团有限公司其他合同纠纷一案，立案时间为2021年12月14日，诉讼标的约35 065.3万元。法院于2023年9月12日作出二审判决，主要判项为：深圳深业物流集团股份有限公司向公司支付债权投资本金、债权投资收益、逾期利息、复利；公司可以案涉抵押物折价、拍卖、变卖所得价款优先受偿；深圳市宝能投资集团有限公司、姚振华、宝能地产股份有限公司、宝能汽车集团有限公司承担连带清偿责任。

（5）公司为原告，代表信托计划起诉宝能汽车集团有限公司、深圳市宝能投资集团有限公司、姚振华、宝能地产股份有限公司、天津天隆达小商品市场有限公司、扬州市宝能科技产业园有限公司（曾用名：扬州市宝能科技产业园投资发展有限公司）、扬州市宝能置业有限公司、天津宝能合兴置业有限公司、芜湖市宝能地产有限公司、浙江锦天房地产开发有限公司其他合同纠纷一案，立案时间为2021年12月15日，诉讼标的约53 296.47万元。法院于2023年7月12日作出二审判决，主要判项为：宝能汽车集团有限公司向公司支付债权投资本金、债权投资收益、逾期利息、复利；公司可以案涉抵押物折价、拍卖、变卖所得价款优先受偿；深圳市宝能投资集团有限公司、姚振华、宝能地产股份有限公司承担连带清偿责任。

（6）公司为原告，代表信托计划起诉贵州黔中人力资源产业开发有限责任公司、安顺市国有资产管理有限公司金融借款合同纠纷一案，立案时间为2022年7月19日，诉讼标的约14 613.53万元。法院于2023年2月27日作出一审判决（被告未上诉，一审判决生效），主要判项为：贵州黔中人力资源产业开发有限责任公司向公司归还借款本金、罚息；公司可以案涉抵押物折价、拍卖、变卖所得价款优先受偿；安顺市国有资产管理有限公司承担连带清偿责任。

（7）公司为原告，代表信托计划起诉广州市泽信物业管理有限公司、林潮、赖微微、广州盈斯国际贸易有限公司、黄力科、许丽娜、陈益灿、李卫华金融借款合同纠纷一案，立案时间为2021年8月4日，诉讼标的为74 511.57万元。法院于2023年3月22日作出二审裁定，准许上诉人撤回上诉，一审判决生效，主要判项为：确认公司对广州市泽信物业管理有限公司享有借款债权；林潮向公司归还借款、利息、逾期利息、罚息；公司可以案涉抵押物、质押物折价、拍卖、变卖所得价款优先受偿；广州盈斯国际贸易有限公司、黄力科承担连带清偿责任；赖微微以其与林潮夫妻共同财产、许丽娜以其与黄力科夫妻共同财产承担连带清偿责任。

8.7.3 本报告年度发生，于本报告年度内终结的诉讼事项

报告期内，公司固有业务方面存在2起本报告年度发生于本报告年度内终结的诉讼事项，具体如下：

（1）原告为陆莺，起诉公司、重庆财信企业集团有限公司、重庆财信房地产开发集团有限公司债权转让合同纠纷一案，收到起诉材料时间为2023年4月11日，诉讼标的约为3 400万元。法院于2023年9月12日作出一审判决（被告未上诉，一审判决生效），主要判项为：公司向陆莺支付债权转让款；陆莺可以案涉质押物折价、拍卖、变卖所得价款优先受偿；重庆财信企业集团有限公司承担连带清偿责任。

（2）原告为宋晶，起诉公司、重庆财信企业集团有限公司、重庆财信房地产开发集团有限公司债权转让合同纠纷一案，收到起诉材料时间为2023年4月17日，诉讼标的约为2 900万元。法院于2023年9月12日作出一审判决（被告未上诉，一审判决生效），主要判项为：公司向宋晶支付债权转让款；宋晶可以案涉质押物折价、拍卖、变卖所得价款优先受偿；重庆财信企业集团有限公司承担连带清偿责任。

报告期内，公司信托业务方面无本报告年度发生并于本报告年度内终结的诉讼事项。

8.8 公司及其董事、监事和高级管理人员受到处罚的情况

报告期内，公司董事、监事、高级管理人员、公司股东、实际控制人均未受稽查、行政处罚、通报批评及或公开谴责。

8.9 国家金融监督管理总局及其派出机构对公司检查后提出整改意见的，应简单说明整改情况

（1）2023年4月，公司收到《上海银保监局办公室关于华澳国际信托有限公司2022年度的监管意见》（沪银保监办发〔2023〕81号），文中对公司的公司治理、股东行为、固有业务、风险管理、内控管理、数据治理等方面指出6类主要问题，并根据公司存在的上述问题提出监管意见。

对于上述问题及监管意见，公司高度重视，及时报告股东、董事会和监事会，组织公司管理层和各部门认真学习，结合公司经营管理实际，积极研究制订整改方案，全面部署各项整改工作，明确整改完成时间和责任部门，并持续跟踪督促整改工作的落实情况，公司已按要求将落实计划报送监管部门。

（2）报告期内，国家金融监督管理总局上海监管局于2023年8月至12月对公司实施了现场检查工作。

8.10 公司全年消费者权益保护及投诉情况

报告期内，公司持续坚持"服务为本、客户至上、稳健合规、防范风险"的基本原则，积极推进金融消费权益保护制度建设，通过实施"一把手工程"、完善消保体制机制建设、强化举报投诉治理、推进重复信访和积案化解、强化教育宣传等举措，全面推动各项消费者权益保护工作有效开展。2023年，公司消费者权益保护工作在投资者安抚应对、高管履职、投诉处理、营销宣传管理、金融知识宣教等方面取得有效进展，但在产品和服务审查、信息披露、内部培训、消保考核等方面需进一步完善优化。

报告期内，公司组织开展"3·15"消费者权益保护教育宣传周活动、防范非法集资宣传月活动、"反电信网络诈骗"宣传活动、"金融消费者权益保护教育宣传月"活动等宣传教育工作。聚焦重点人群，面向金融消费者和投资者积极开展宣传教育工作，引导投资者不断提高金融知识水平、金融风险意识和自我保护能力，讲诚信、守底线，帮助投资者更好地理解和评估风险、理性投资、合理维权。同时，定期组织员工培训，学习并掌握金融法律知识、行业动态、宏观趋势等，全面提升信托从业人员综合素养，切实维护消费者合法权益。

报告期内，公司收到监管转办信访投诉共计38笔，较去年同期大幅下降。公司投诉处理工作实现常态化、流程化状态，整体相对平稳有序，客户维稳工作取得明显成效。公司不断加强投诉问题分析和溯源整改，竭诚为金融消费者提供更优质的服务。

8.11 公司全年履行社会责任的情况

报告期内，公司积极贯彻国家宏观调控政策，发挥金融杠杆作用，充分发挥信托制度优势，将金融资本引入实体经济，促进民生改善，助力经济发展。在开展业务的过程中，向国家政策支持的绿色产业、生态农业、中小企业等领域靠拢，以实际行动支持社会可持续发展。同时，认真落实监管要求，按照反洗钱风险防控、预警和处理程序，健全反洗钱工作体系，有效履行反洗钱企业义务和社会责任，为维护金融稳定贡献力量。

（1）公司实际缴纳个人所得税490.12万元、增值税3 873.73万元、城建税271.16万元、教育费附加193.69万元、印花税0.83万元，企业所得税退税10.90万元，共计4 818.62万元。

（2）公司信托资产管理规模230.78亿元，从行业集中度来看，主要投向房地产和工商企业等实体经济领域。其中，投向房地产类的信托管理规模为98.80亿元，占公司信托业务分布首位，占总规模的42.81%；投向工商企业类的信托管理规模为63.54亿元，占比27.53%。

（3）公司为受益人创造信托利润11.73亿元，实际分配信托收益10.99亿元。

（4）公司党委认真学习贯彻党的二十大精神，以习近平新时代中国特色社会主义思想为指导，牢记习近平总书记在上海考察时的殷殷嘱托，坚持全心全意为人民服务，加强党建引领服务社会。公司各党支部认真落实"一个支部一件实事""我与金融城共成长"等社会公益活动，结对潍坊街道、关注园区和办公楼宇的社会治理和党群服务事项，发动党员建言献策，组织党员参加后疫情防控、陆家嘴金融城"文明交通示范区"创建、陆家嘴金融城暑托班社会服务项目、妈咪小屋企业服务项目、无偿献血等党员志愿者活动，彰显党员先锋力量，践行公司社会担当。

8.12 本年度重大事项临时报告的简要内容、披露时间、所披露的媒体及其版面

（1）经原中国银行保险监督管理委员会上海监管局批复同意，公司注册地址由中国（上海）自由贸易试验区花园石桥路33号花旗集团大厦1702室变更为中国（上海）自由贸易试验区浦明路198号地下一层、一层、二层、三层、四层，并完成营业执照换领。公司于2023

年6月16日在《上海证券报》第124版对该事项进行了披露。

（2）公司因注册地址变更，相应修改了公司章程并完成章程工商备案。公司于2023年8月28日在《上海证券报》第336版对该事项进行了披露。

8.13 国家金融监督管理总局及其省级派出机构认定的其他有必要让客户及相关利益人了解的重要信息

报告期内，公司暂无国家金融监督管理总局及上海监管局认定的有必要让客户及相关利益人了解的未进行披露的重要信息。

9.监事会意见

报告期内，公司相关业务的开展履行了合规审查流程和内部审批流程，未发现违法违规、损害股东利益、公司利益、信托受益人利益的经营行为。公司董事、高级管理层按照《信托法》《公司法》《信托公司治理指引》等法律法规和内部控制规范依法经营，未发现违反法律、法规、公司章程或损害公司利益的行为。

公司聘请的信永中和会计师事务所（特殊普通合伙）依法对公司2023年财务状况进行审计并出具了标准无保留报告，真实地反映了公司的财务状况和经营成果。

华宝信托有限责任公司

1. 重要提示

1.1 本公司董事会及董事保证本报告所载资料不存在任何虚假记载、误导性陈述或者重大遗漏，并对其内容的真实性、准确性和完整性承担个别及连带责任。

1.2 独立董事张续超、高华声、丁相顺认为本报告内容是真实、准确、完整的。

1.3 公司总经理、主管会计工作负责人孔祥清及会计部门负责人财务部副总经理康颖声明：保证年度报告中财务报告的真实、准确、完整。

2. 公司概况

2.1 公司简介

2.1.1 企业简介

华宝信托有限责任公司（简称华宝信托）成立于1998年，是中国宝武钢铁集团有限公司旗下的产业金融业板块成员公司，中国宝武钢铁集团有限公司持股92.90%，舟山市财金投资控股有限公司持股5.20%，舟山市国有资产投资经营有限公司持股1.90%。华宝信托注册资本金50.04亿元。

华宝信托的大股东中国宝武信誉卓著、实力雄厚，名列2023年《财富》世界500强第44位。秉承中国宝武一贯的严谨稳健、诚信规范作风，华宝信托始终以"受益人合法利益最大化"为经营理念，坚持专业化和差异化发展，坚持资产管理和信托服务主责主业，立足资本市场，不断强化能力建设、渠道建设和品牌建设。

多年来，华宝信托始终保持创新意识，业务资格全面，拥有受托境外理财业务、年金基金账户管理人、私募基金管理人、大宗交易系统合格投资者、资产证券化业务、新股发行询价对象等业务资格。

自成立以来，华宝信托为投资者创造了良好收益，1998—2023年累计为客户实现收益2 645亿元。截至2023年末，华宝信托管理的信托资产规模3 319亿元。华宝信托也为股东创造了良好收益，自1998年成立以来，公司连续26年都实现盈利。

目前，华宝信托产品利用多种结构和工具覆盖了资本市场、货币市场、实体经济等各大投资领域，并在产业金融深度服务、现金管理、金融市场、境外投资、薪酬福利、家族信托等业务领域不断探索创新。在风控方面，华宝信托建立了党委会、董事会、高级管理层、各专项风险管理职能部门为主的自上而下风险治理架构，由业务经营条线、风险职能条线和审计监督条线组成风险管理的三道防线。

2023年，华宝信托在中国信托业协会2022年度行业评级中荣获A类评级，并在各类外部评选中荣获多项荣誉。公司荣获"2022年度浦东新区金融业突出贡献奖"、《上海证券报》第十六届"诚信托"创新领先奖、《中国证券报》第二届信托业"金牛奖"评选"三年期权益类产品奖""一年期混合类产品奖"《证券时报》第十六届中国优秀信托公司评选"2023年度优秀信托文化建设公司"奖、《21世纪经济报道》第十六届"金贝"2023卓越信托公司。

展望未来，华宝信托将继续立足产业生态圈专业化信托服务，以"产品+服务"双轮驱动，为上下游机构和高端客户提供差异化财富管理和综合金融解决方案。我们将进一步丰富产品线及提升信托服务能力，为客户打造更好产品，提供更好服务，让更多的市场主体参与信托，享受信托制度的优势。

2.1.2 历史沿革

1998年，华宝信托投资有限责任公司经过增资、更名、迁址。

2001年，第一批获得中国人民银行核准重新登记，注册资本金为人民币10亿元；获得中国证监会筹建经纪公司方案的批复；正式成立并开始营业。

2007年，通过重新登记，更名为华宝信托有限责任公司。

2011年，经股东增资，华宝信托注册资本由10亿元增加至20亿元。

2014年，完成工商变更及备案登记手续，注册资本由人民币20亿元增加至人民币37.44亿元。

2019年，完成工商变更及备案登记手续，原股东舟山市财政局不再持有公司股权，舟山市国有资产投资经营有限公司持有公司2%股权。

2020年，完成工商变更及备案登记手续，注册资本由人民币37.44亿元增加至人民币47.44亿元。

2022年，原上海银保监局批复同意华宝信托变更注册资本、变更股权及调整股权结构。注册资本金增加至

50.04亿元，舟山市财金投资控股有限公司持股5.20%。

2023年，完成市场监督管理部门变更登记，注册资本由人民币47.44亿元增加至人民币50.04亿元。

  2.1.3 公司的法定中文名称：华宝信托有限责任公司

    中文名称缩写：华宝信托

    公司的法定英文名称：Hwabao Trust Co., Ltd.

    英文名称缩写：Hwabao Trust

  2.1.4 法定代表人：李琦强

  2.1.5 注册地址：中国（上海）自由贸易试验区世纪大道100号59层

  2.1.6 邮政编码：200120

  2.1.7 国际互联网网址：www.hwabaotrust.com

  2.1.8 电子信箱：hbservice@hwabaotrust.com

  2.1.9 负责信息披露的高管人员：卢晓亮

    联系人：宋宇敏

    联系电话：021-38506666

    传真：021-68403999

    电子信箱：song_yumin@hwabaotrust.com

  2.1.10 信息披露报纸：《中国证券报》《上海证券报》《证券时报》

  2.1.11 年度报告备置地点：中国（上海）自由贸易试验区世纪大道100号59层

  2.1.12 聘请的会计师事务所：天健会计师事务所

    住所：杭州市江干区钱江路1366号华润大厦B座

  2.1.13 聘请的律师事务所：上海市锦天城律师事务所

    住所：上海市浦东新区银城中路501号上海中心大厦11层、12层

2.2　组织结构

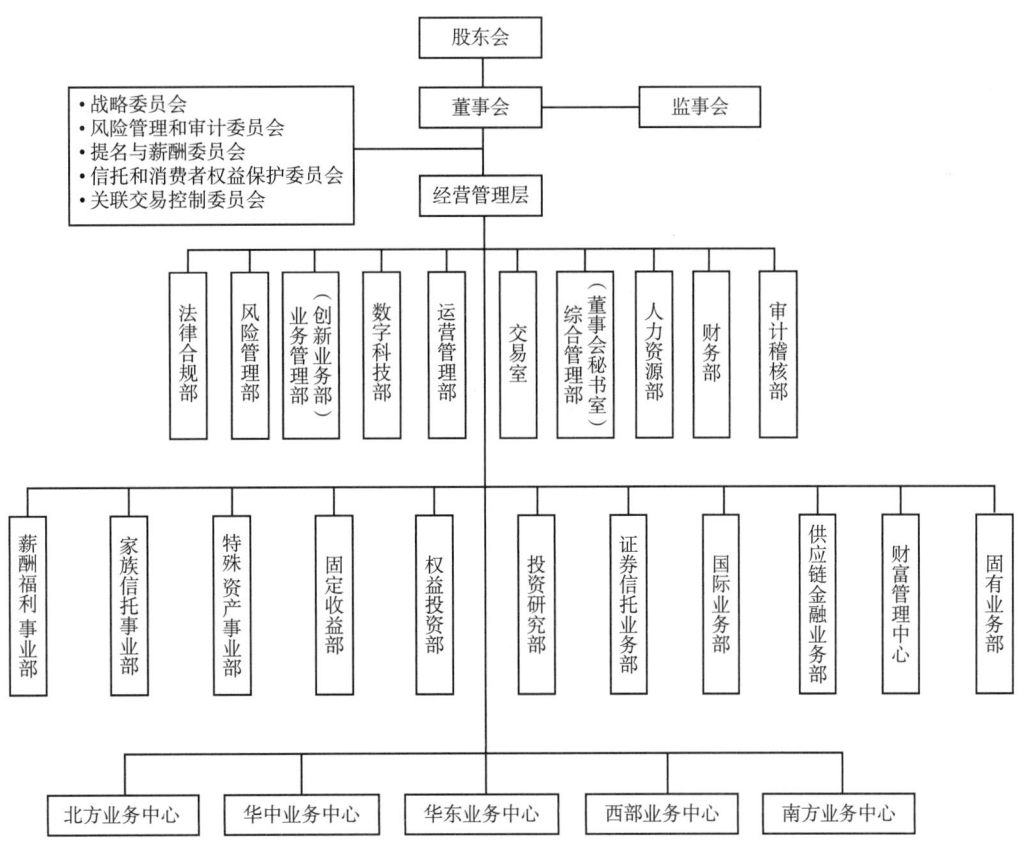

注：不包含党委组织机构。

3. 公司治理

3.1 股东

股东总数：3家。

股东名称	持股比例（%）	法人代表	注册资本（万元）	注册地址	主要经营业务及主要财务情况
中国宝武钢铁集团有限公司★	92.90	胡望明	5 279 110.10	上海市浦东新区世博大道1859号	许可项目：出版物零售；出版物批发（依法须经批准的项目，经相关部门批准后方可开展经营活动，具体经营项目以相关部门批准文件或许可证件为准）一般项目：以自有资金从事投资活动；投资管理；自有资金投资的资产管理服务；企业总部管理；土地使用权租赁；非居住房地产租赁；税务服务；人力资源服务（不含职业中介活动、劳务派遣服务）；市场主体登记注册代理；商务代理代办；承接档案服务外包；招投标代理服务；大数据服务；企业管理咨询（除依法须经批准的项目外，凭营业执照依法自主开展经营活动）
舟山市财金投资控股有限公司	5.20	李磊	779 221.00	浙江省舟山市定海区临城街道翁山路416号中浪国际大厦C座2102室	一般项目：股权投资；以自有资金从事投资活动；社会经济咨询服务（除依法须经批准的项目外，凭营业执照依法自主开展经营活动）
舟山市国有资产投资经营有限公司	1.90	董慧跃	55 000	浙江省舟山市定海区临城街道翁山路416号中浪国际大厦C座2103-1室（自贸试验区内）	授权范围内的国有资产经营，房地产开发、围垦、政府授权范围内的土地收储、土地整理开发、旅游项目开发、景区开发（以上涉及资质的凭经营）；燃料油（不含危险化学品）、化工产品（不含危险化学品及易制毒品）、煤炭及制品、金属及矿产品批发；股权投资、投资管理、投资咨询（未经金融等监管部门批准，不得从事向公众融资存款、融资担保、代客理财等金融服务）（依法须经批准的项目，经相关部门批准后方可开展经营活动）

注：★表示最终实际控制人。

3.2 董事、董事会及其下属委员会

董事长、董事

姓名	职务	性别	年龄（岁）	选任日期	所推举的股东名称	该股东持股比例（%）	简要履历
李琦强	董事长	男	52	2020年11月	中国宝武钢铁集团有限公司	92.9	曾在宝钢集团从事财务工作多年，历任宝钢集团浦钢公司财务部副部长、部长，宝钢股份中厚板分公司财务部部长，宝钢股份财务部部长助理、副部长、部长，八一钢铁总会计师，宝钢集团（中国宝武）财务部总经理，中国宝武产业金融业发展中心总经理、产业金融党工委书记，华宝投资总经理，中国宝武总经理助理等职务。现任华宝信托党委书记、董事长
李磊	董事	男	47	2017年8月	舟山市国有资产投资经营有限公司	1.9	从事财政金融工作多年，历任舟山市财政局预算局副局长，舟山市财政局外债金融处处长，舟山市财政局金融贸易处处长，舟山市国有资产投资经营有限公司董事长、总经理等职务。现任舟山市财金投资控股有限公司董事长、总经理，华宝信托董事
孔祥清	董事	男	56	2020年6月	中国宝武钢铁集团有限公司	92.9	曾在宝钢集团从事财务工作多年，历任宝钢计财部资金处处长（主持工作），宝钢集团财务公司总经理，华宝投资副总经理，华宝证券董事长，法兴华宝汽车租赁董事长，华宝租赁董事长，中国宝武产业金融党工委副书记、纪工委书记兼工会主席，华宝基金党委书记、董事长等职务。现任华宝信托董事、总经理、党委副书记
郭保民	董事	男	61	2022年9月	中国宝武钢铁集团有限公司	92.9	曾在中国人民银行汾西县支行、临汾分行、山西分行从事金融工作多年，历任山西省分行办公室副主任，《金融时报》社驻山西记者站副站长（副处级），天津分行非银行金融机构监管处副处长，天津分行办公室主任，《金融时报》社驻天津记者站站长（正处级），太原中心支行党委副书记，副行长（副厅局级）、行长（正厅长级），山西省政府金融办筹备组组长（正厅长级），山西省政府金融办主任、党组书记，山西省国资委党委书记、主任，山西省国有投资运营有限公司党委书记、董事长，山西省国有资本运营有限公司党委书记、董事长，山西省委组织部副部长、省委编办主任、十一届省委委员。现任华宝投资有限公司首席经济学家、华宝信托董事
路巧玲	董事	女	57	2021年6月	中国宝武钢铁集团有限公司	92.9	曾在河北省化工厅化肥司财务、审计处工作，历任河北省石油化工供销公司总会计师，化学工业部审计司行业指导处副处长、办公室副主任，国务院稽察特派员总署稽察特派员助理，中央企业工委驻有大中型企业专职监事，宝钢集团审计室审计专业研究员，宝钢集团审计部副部长、部长，宝钢股份审计部部长，宝钢工程副总经理、宝钢集团纪委常委，中国宝纪委常委、审计部部长、职工监事，中国宝武财务部总经理，中国宝武资本运营部总经理、产业金融业发展中心总经理等职务。现任中国宝武资本运营部总经理、产业金融业发展中心总经理，华宝信托董事
徐兴军	董事	男	51	2023年6月	中国宝武钢铁集团有限公司	92.9	曾在国家审计署济南特派办工作，历任国家审计署济南特派办行政事业审计处副主任科员、主任科员，国家审计署上海特派办固定资产投资审计处主任科员、副处长、处长，审计署上海特派办企业审计处处长、一级调研员，华宝信托监事会主席（专职）、党委委员。现任华宝信托专职董事、党委委员

注：信息截止时间为2023年12月31日。

独立董事

姓名	所在单位及职务	性别	年龄（岁）	选任日期	所推举的股东名称	该股东持股比例（%）	简要履历
张续超	中合中小企业融资担保股份有限公司独立董事	男	66	2019年3月	中国宝武钢铁集团有限公司	92.9	曾任国家能源投资公司国际合作局副处长、副局长，国家开发银行国际金融局副局长，美国联亚集团公司执行副总裁，北京第一会达风险管理科技有限公司总裁。现任中合中小企业融资担保股份有限公司独立董事，中国企业联合会管理咨询委员会副主任，华宝信托独立董事
高华声	复旦大学泛海国际金融学院教授、博导、副院长、党总支副书记	男	42	2021年11月	中国宝武钢铁集团有限公司	92.9	曾任新加坡南洋理工大学商学院金融学助理教授、副教授（终身教职），复旦大学泛海国际金融学院教授、博导、副院长、党总支副书记等职务。现任复旦大学泛海国际金融学院教授、博导、副院长、党总支副书记，华宝信托独立董事
丁相顺	中国人民大学法学院教授	男	54	2021年11月	舟山市国有资产投资经营有限公司	1.9	曾任吉林大学法学院民法教研室助教，中国人民大学法学院讲师、副教授、教授，北京市地石律师事务所兼职律师等职务。现任中国人民大学法学院教授，北京市地石律师事务所兼职律师，华宝信托独立董事

注：信息截止时间为2023年12月31日。

3.3 监事、监事会

监事会成员

姓名	职务	性别	年龄（岁）	选任日期	所推举的股东名称	该股东持股比例（%）	简要履历
许旭东	监事会主席	男	51	2023年4月	中国宝武钢铁集团有限公司	92.9	曾在宝钢计划财务部工作，历任丹东宝钢人造板公司财务主管，宝钢集团规划发展部规划管理综合主管，宝钢集团战略发展部规划管理综合主管、战略关系主管、规划管理主管，宝钢集团规划发展部产业规划高级经理、投资审查高级经理、投资审查总监、投资管理总监、中国宝武钢铁业投资总监、华宝信托党委委员。现任华宝信托党委副书记、纪委书记、监事会主席、工会主席
黄洪永	监事	男	51	2019年9月	中国宝武钢铁集团有限公司	92.9	曾在宝钢集团企业管理处、规划部、管理创新部工作，历任宝钢工程人力资源部（党委组织部）部长，广东钢铁规划部副部长，广东宝钢置业副总经理，宝钢集团（中国宝武）人事效率总监、领导力发展总监，中国宝武产业金融党工委副书记、纪工委书记等职务。现任华宝投资党委副书记、纪委书记兼工会主席，华宝信托监事
陈保华	监事	男	34	2023年10月	舟山市财金投资控股有限公司	5.2	曾任舟山群岛新区金塘管理委员会镇长助理、财政局局长助理，舟山市国有资产投资经营有限公司基金部副部长，舟山市财金投资控股有限公司投资开发部部长、浙江自贸试验区财金海洋私募基金管理有限公司总经理。现任舟山市财金投资控股有限公司副总经理，华宝信托监事
刘文力	职工监事	男	47	2016年3月	—	—	曾在华宝信托财务部税务、预算、统计、会计总账等岗位工作，历任审计稽核部高级稽核经理、稽核主管、稽核专家等职务。现任华宝信托审计稽核部副总经理、党委巡察办副主任、职工监事
杨坤	职工监事	男	42	2023年10月	—	—	曾在宝钢股份电厂工作，历任宝钢股份电厂技术协理、区域工程师、团委书记、党务管理师、组织员，宝钢集团（中国宝武）党委组织部组织战专员、组统战高级专员，中国宝武产业金融党工委党建工作部部长、华宝信托党群工作部副部长、党委组织部副部长。现任华宝信托职工监事、纪检监督部部长

注：信息截止时间为2023年12月31日。

3.4 高级管理人员

姓名	职务	性别	年龄（岁）	选任日期	金融从业年限（年）	学历	专业
孔祥清	董事、总经理、党委副书记	男	56	2020年6月	22	硕士	工商管理
刘雪莲	副总经理	女	42	2021年12月	19	硕士	金融学
卢晓亮	总经理助理、合规总监/首席合规官、总法律顾问兼法律合规部总经理	男	43	2021年1月	18	硕士	民商法学
杨光	总经理助理兼供应链金融业务部总经理、第一党支部书记	男	45	2022年11月	17.5	硕士	金融服务管理

注：信息截止时间为2023年12月31日。

3.5 公司员工

最近两个年度职工人数、年龄分布、学历分布、岗位分布，所有层级加总整体为100%。如下表所示。

项目		报告期年度		上年度	
		人数（人）	比例（%）	人数（人）	比例（%）
年龄分布	25岁以下	5	2	2	1
	25~29岁	28	9	33	10
	30~39岁	167	51	184	55
	40岁及以上	125	38	115	34
学历分布	博士	5	2	5	2
	硕士	192	59	191	57
	本科	126	39	136	41
	专科	1	—	1	—
	其他	1	—	1	—
岗位分布	董事、监事及其高管人员	7	2	7	2
	自营业务人员	10	2	8	2
	信托业务人员	159	49	156	47
	其他人员	149	47	163	49

注：自营业务人员是指按照岗位分工，专门或至少主要从事固有资金使用和固有资产管理有关业务的职工；信托业务人员是指按照岗位分工，专门或主要从事信托资金使用和信托资产管理各项业务的职工；对于人力资源部等类似无法明确区分的综合部门归为其他人员。

4. 经营管理

4.1 经营目标、方针、战略规划

公司作为中国宝武金融板块的主要企业之一，以发挥信托制度优势，共建高质量产业生态圈为使命，积极发挥信托制度、信托架构、信托投融资功能协同优势，紧密服务"一基五元"上下游实体企业、高净值人群等各类客户，不断丰富生态圈金融服务内涵，通过提供投融资功能等综合金融服务，连接产业生态圈伙伴，助力产业生态圈高质量发展。

根据公司的战略定位和目标，公司以"四化"为方向引领，以"四有"为经营纲领。其中，"四化"是指高端化迈进、智能化升级、绿色化转型、高效化发展；"四有"是指有客户的产品、有边际的业务、有利润的收入、有现金的利润。重点经营举措为：聚焦产业生态圈，以客户为中心，做强投研力量、做优产品体系、做大服务信托、做精融资业务、提升财富管理能力。重点统筹好七方面关系：一是统筹发展与安全；二是统筹经营与管理；三是统筹效益与规模；四是统筹标品与非标；五是统筹资金与资产；六是统筹表内与表外；七是统筹区域与总部。

公司战略愿景：致力于打造成为行业领先、富有品牌影响力的综合金融解决方案的提供商、多种金融功能的集成者和供应链金融服务的引领者。

4.2 所经营业务的主要内容

4.2.1 资本充足率、资产质量和盈利状况

按照合并报表口径，期末公司固有资产156.62亿元，固有负债13.45亿元，少数股东权益15.08亿元，所有者权益（扣除少数股东权益）128.09亿元。公司资本充足，所有者权益（扣除少数股东权益）比率为81.78%。

公司报告期末净资本99.04亿元，各项业务风险资本之和25.18亿元，净资本/各项业务风险资本之和的比率为393.26%，均符合监管指标要求。

公司对不良资产计提资产损失准备充足，整体资产质量较好。

按照合并口径，报告期内公司实现收入合计324 363.65万元，利润总额174 075.20万元，净利润133 684.99万元。公司2023年总资产利润率（税前利润/年均总资产）为11.27%，资本利润率（净利润/年均所有者权益）为9.52%，主营业务收益率（净利润/营业总收入）为41.22%。

4.2.2 经营的主要业务、品种

华宝信托始终保持创新意识，业务资格全面，拥有年金基金账户管理人、受托境外理财业务、私募基金管理人、大宗交易系统合格投资者、资产证券化业务、新股发行询价对象等业务资格。华宝信托产品利用多种结构和工具覆盖了资本市场、货币市场、实体经济等各大投资领域。

公司战略定位立足产业生态圈专业化信托服务，以"产品+服务"双轮驱动，为上下游机构和高端客户提供差异化财富管理和综合金融解决方案。其中，"产品+服务"双轮驱动的发展路径，与信托业务"三分类"的要求保持高度一致。"产品"对应信托业务"三分类"的"资产管理信托"，"服务"对应信托业务"三分类"的"资产服务信托"。总体战略布局的要求是，依托公司自身的资源禀赋、专业管理能力和信托制度的优势，以市场为导向，以客户为中心，一方面发挥信托"资产管理"能力优势，为客户提供资产管理信托产品；另一方面发挥信托"资产隔离"等制度优势，为客户提供综合财富

管理、资产配置等信托服务。

根据战略规划发展重点，公司制定了战略产品和战略业务。其中，战略产品体现公司主动管理能力和公司特色，主要为供应链金融服务产品和固收及"固收+"产品。战略业务能够提升公司资产管理规模和公司品牌，为家族/家庭信托业务、薪酬福利业务、证券服务信托业务（含境内及境外）、资产证券化信托和风险处置服务信托业务五大战略服务信托业务。

4.2.3 资产组合与分布

母公司固有资产中，货币资产占总资产比例为5.80%，交易性金融资产占47.45%，其他非流动性金融资产占20.92%，长期股权投资占7.47%，其他资产占18.36%。

固有资产运用与分布表（母公司）

资产运用	金额（万元）	占比（%）	资产分布	金额（万元）	占比（%）
货币资产	68 964.97	5.80	基础产业	—	—
贷款及应收款	—	—	房地产业	55.14	—
交易性金融资产	563 837.70	47.45	证券市场	312 762.99	26.32
其他非流动性金融资产	248 621.76	20.92	实业	—	—
持有至到期投资	—	—	金融机构	836 137.18	70.37
长期股权投资	88 765.81	7.47	其他	39 290.91	3.31
其他	218 055.98	18.36			
资产总计	1 188 246.22	100.00	资产总计	1 188 246.22	100.00

注：资产运用其他包含保障基金6.13亿元。

信托资产运用与分布表

资产运用	金额（万元）	占比（%）	资产分布	金额（万元）	占比（%）
货币资产	680 871.27	2.05	基础产业	1 592 408.57	4.80
贷款及应收款	4 251 085.62	12.81	房地产业	888 491.32	2.68
交易性金融资产	26 897 838.13	81.05	证券市场	22 309 768.75	67.22
债权投资	613 630.78	1.85	实业	3 889 569.17	11.72
其他债权投资	—	—	金融机构	2 910 483.92	8.77
其他权益工具投资	8 197.21	0.02	其他	1 596 772.36	4.81
长期股权投资	—	—			
其他	735 871.05	2.22			
资产总计	33 187 494.06	100.00	资产总计	33 187 494.06	100.00

4.3 市场分析

宏观经济：2023年是疫后恢复发展一年，GDP同比5.2%，顺利实现全年5%左右的增长目标，但两年平均GDP4.1%，尚未完全修复至潜在增长水平。经济呈现一波三折的恢复，第一季度开门红、第二季度有下行压力、第三季度逐步恢复、第四季度略有回落，季调环比增速分别为2.1%、0.6%、1.5%和1.0%。2023年中国经济的两个重要引擎——房地产投资和出口，自2001年以来首次同时出现年度负增长（分别为-9.6%和-4.6%），但服务业生产指数、高技术制造业投资和广义基建投资分别实现8.1%、9.9%和8.2%的高增。2023年经济运行呈现以下特征：一是居民消费持续修复，但仍低于疫情前。2023年居民平均消费倾向（人均消费支出占人均可支配收入比重）为68.3%，高于2022年的66.5%，但仍低于2019年的70.1%。考虑到2022年以来居民积累的大量超额储蓄，消费潜力仍有巨大挖掘空间。二是经济结构分化明显，新旧经济动能转换。服务消费拉动是2023年的亮点，第三产业和消费分别拉动GDP3.07和4.30个百分点。2023年装备制造业增加值增长6.8%，比规模以上工业快2.2个百分点，太阳能电池、新能源汽车、发电机组（发电设备）产品产量分别增长54.0%、30.3%、28.5%。高技术产业投资增长10.3%，快于全部投资7.3个百分点。三是通胀和资产价格低迷是拖累2023年经济的重要因素。全年CPI比上年上涨0.2%。全年PPI比上年下降3.0%。GDP平减指数为-0.5%，大幅低于2022年的1.8%。展望2024年，需求不足的问题仍待改善，经济内生动能需进一步巩固和加强，高质量新动能将进一步培育。宏观政策预计稳健积极，实施宽财政+稳货币，扩内需、提信心、防风险，2024年GDP增速目标或在5.0%左右。

股票市场：继2022年三大指数集体回调之后，2023年A股三大指数继续集体回调，沪指跌幅3.7%，深成指跌幅13.54%，创业板指下跌19.41%。北交所2023年相对强势，北证50累计上涨14.92%。2023年以来行业风格呈现"高股息+科技成长"两头占优的哑铃型的特征，2023年中证红利全收益指数涨幅为6.34%，人工智能指数为35.06%，明显高于同期万得全A涨跌幅的-5.19%。从节奏上看，第一季度，前期国内积压的需求得到集中释放，地产政策强势托底，A股在强预期及强现实的背景下迎来牛市行情。第二季度后，国内经济复苏放缓，市场预期持续下修，海外美联储持续加息，A股市场避险情绪高涨，A股冲高回落后步入震荡行情。第三季度多项经济数据表现不佳，低于市场预期，政策端开始发力，筑牢政策底，防止了风险情绪的进一步恶化，A股市场维持震荡行情。第四季度，海外地缘政治风险抬升，随着美联储鹰派表态，美债收益率持续走高，叠加国内经济波动，外资大幅流出，市场情绪遇冷，行情震荡。2024年政策逆周期加码，国内经济与企业盈利有望逐步走出困局，在估值和仓位经历了近3年的出清后，中国股市中长期性价比将进一步凸显。

债券市场：2023年债券市场典型的牛市行情，代表利率债的中债总财富指数上涨4.67%，代表信用债的中债信用债总财富指数上涨4.69%，代表可转债的中证可转债指数上涨0.13%。主要交易逻辑围绕着经济修复进程以及政策预期而展开，伴随着经济基本面改善进程放缓以及预期的变化调整，10年期国债收益率在年内呈现M型走势。第一阶段：2023年初到2月末，市场对疫后经济复苏具有较强预期，叠加天量信贷对资金面带来的压力，长债利率有所上行并高位震荡。第二阶段：3月初到8月中下旬，经济基本面现现实，叠加降息降准等宽货币举措，长债利率重回下行趋势。第三阶段：8月中下旬至11月末，"防空转"叠加财政发力、政府债供给放量，资金面偏紧，利率回升。第四阶段：11月末以来，稳增长政策力度被市场预期逐步消化，宽货币信号及预期较强，10年期国债收益率在年末下行至2.57%左右。2024年债市牛市格局仍未改变，在经济增长模式转变、国内经济深度转型以及化债的大背景下，债市供需格局仍然相对有利。

信托市场：2023年信托行业一路披荆斩棘，向阳而生。一是2023年信托资产规模稳步增长，信托公司整体经营业绩企稳向好。数据显示，截至2023年第三季度末，信托资产规模余额为22.64万亿元，同比增幅7.45%，已连续6个季度保持正增长。信托公司实现经营收入651.23亿元，利润总额406.20亿元，利润指标保持正增长，回稳至2022年同期水平。二是信托资产结构稳步优化，信托资产投资功能显著增强，服务信托和融资信托"有进有退"。截至2023年第三季度末，投资类信托业务规模为10.69万亿元，同比增长16%，保持住了2023年第二季度末实现的超10万亿元规模，环比增长6.43%。相比之下，融资类信托规模自2020年第二季度开始即进入下降通道，2023年第三季度末规模持续下降至3.25万亿元，3年来融资类信托余额下降了3.2万亿元，降幅近50%，规模占比逐步降至14.34%。三是发展资产管理信托成为行业共识。截至2023年第三季度末，资金信托总规模为16.44万亿元，同比上升9.52%，环比上升4.76%。从资金信托投向构成看，投向证券市场（含股票、基金、债券）规模合计为5.75万亿元，合计占比34.96%，比2023年第二季度末提高2.73个百分点，是权重比例最大的信托资金投向。四是发展财富管理服务信托成为行业发力点。2023年信托公司大力发展家族信托、家庭服务信托，推动家庭资产规划，实现财富的增值、保值和传承，发展保险金信托、特殊需要信托等，尝试为客户提供全生命周期信托服务，围绕客户的需求及风险收益偏好，依托自身专业优势构建具有竞争力的产品线，在服务实体经济高质量发展的同时，为人民群众创造更多财产性收入。2024年信托业迈入发展新阶段：新业务分类、新监管机构、新评级标准、新盈利模式和新市场环境，经济政策以"稳增长"为主，信托业主要指标继续改善，回归本源、转型发展仍是行业发展重点。

法律法规：（1）2023年3月21日，国家金融监督管理总局《关于规范信托公司信托业务分类的通知》明确将信托业务分为资产管理信托、资产服务信托、公益慈善信托三大类，25个业务品种。对于信托行业来说，业务三分类明确了业务本身的内涵与边界，指明了未来的展业方向。（2）3月31日，国家金融监督管理总局发布了《关于规范信托公司异地部门有关事项的通知》信托公司在异地部门设置、异地管理总部的开设、监管部门的职责等方面都被予以明确，"清单式"监管机制进一步得到完善。（3）5月，金融监管总局正式挂牌，新设资管机构监管司，监管信托公司、银行理财公司和保险资管。资管司的成立，将信托、银行理财和保险资管放在统一框架下，依据资产管理业务功能特征，实现统一监管和功能监管，打破监管套利，依据自身能力和资源禀赋，实现差异化竞争。（4）11月7日，《信托公司监管评级与分级分类监管暂行办法》发布，优化信托公司监管评级体系，明确了系统性影响评估要素与方法，加强信托公司差异化监管，提高了对信托公司分类的有效性及分配监管资源的精准性。（5）12月29日，十四届全国人大常委会第七次会议表决通过关于修改慈善法的决定，将进一步促进慈善信托的健康规范发展。但与此同时，慈善信托的长效发展，也需要制定和完善信托财产登记、信托财产非交易过户、慈善信托持股上市、慈善信托税收优惠等配套制度和政策。

4.3.1 有利条件

财富管理需求持续增长。招商银行和贝恩公司联合发布《2023中国私人财富报告》，当前可投资资产在1000万元人民币以上的中国高净值人群数量达316万人，人均持有可投资资产约3 183万元人民币，共持有可投资资产101万亿元人民币，未来两年中国高净值人群数量和持有的可投资资产规模将以约11%和12%的复合增速增长。居民可投资资产持续扩容，将推动居民财富管理需求的持续增长。信托公司在帮助客户实现财产保值增值及传承上具有较大优势，这不仅是因为信托公司具备专业资产管理能力，同时还因为信托在财产独立性、风险隔离、灵活性及架构稳定性方面具有制度优势，兼具财产管理和财产转移的双重功能，可以满足客户多样化的财产管理需要。另外，随着我国财富存量规模不断积累，人口逐步老龄化以及社会关系日益复杂，财产管理的需求更多样化，越来越多的人关注财产的安全保障、传承和特定目的运用。信托公司积极开展家族信托、家庭信托、遗嘱信托、教育信托、养老信托等服务信托产品的创新，并充分发挥信托的制度优势探索开展企业年金信托、个人养老金信托等业务，助力构建稳定、有效运转的养老保障"三大支柱"体系。

信托业把握经济发展趋势，重塑信托业发展的新优势和新能力，服务实体经济高质量发展，通过积极转型，迎来新的发展机遇。信托业应找准定位，充分发挥连接产业、货币、资本三大市场的独特制度优势，围绕国家战略，提升信托专业服务能力，创新信托业务和产品，稳步加大对实体经济的资金投入，着重引导资金进入工商企业和基础设施领域，积极支持国家重大战略实施，提高金融服务效率。

政策支持。近几年来信托业曲折发展，如今在"一法三规""三分类"约束引导和政府推动下，逐步认清信托定位，积极转型。信托业要坚持以推动高质量发展为主题，同深化金融供给侧结构性改革的大局相结合，坚守受托人定位，回归"受人之托、代人理财"信托本源，创新服务实体经济新动能、助力人民美好生活，防范化解金融风险，在推进中国式现代化进程中走出独具特色的发展道路。

公司依托优良的资产、规范诚信的经营、良好的品牌形象与商誉、专业化的人才队伍，以及控股股东中国宝武集团的大力支持，为业务拓展和健康成长奠定了基础。

4.3.2 不利条件

监管趋严的风险。从监管层面看，严是主基调，合规经营成为首要底线。信托业务"三分类"新规实施，厘清了业务边界与服务内涵，开启行业新一次转型；严监管持续，风险加速出清，倒逼信托公司加快转型步伐；增资潮再起，提高信托公司资本金实力和风险防范能力，满足转型发展需求。信托公司需要进一步提高认识，积极顺应监管和行业趋势，落实信托业务新"三分类"政策要求，摒弃原来通过规避监管要求套利的业务思维模式，严守合规红线，合法合规展业；同时也需优化内部管理机制、加快推动存量业务整改、推动创新业务落地、加强消费者权益保护等，争取更高评级分数，为业务拓展取得更大发展空间。

同业竞争加剧风险。资管新规和"三分类"后信托业积极转型，大类产品同质化程度会越来越高，客户需求对于市场的决定性作用会越来越大，市场对于客户的争抢越来越激烈。信托公司未来不但需要继续面对信托同业间的激烈竞争，而且还需要与保险、银行理财、基金、券商等其他资管细分行业展开更加激烈的跨界竞争。信托公司应提高主动管理能力，利用跨市场配置、灵活的投融资机制及资产受托管理等法律功能，逐步构建起"服务信托+标品投资+慈善信托"的新"三驾马车"；同时彰显自身制度优势和禀赋优势，逐步形成具有信托特色的核心竞争力，走真正有别于商业银行、证券公司、基金公司等金融同业的特色发展之路。

业务风险。在经济加快转型和传统经济下行压力加大、监管政策收紧及行业风险加剧暴露的形势下，信托行业仍需耐心化解前期业务的突飞猛进留下的风险隐患。近年来房地产市场持续低迷和一揽子地方化债的推进，部分房地产和基础设施项目兑付风险仍较大。信托公司应积极业务转型，回归金融本源，摆脱信贷文化以及刚兑思维，并建立针对特定风险、特定产品特点的风控体系和风险管理工具。创新能力是信托所具有的特质，但是这种创新不是绕监管、规避监管，而是以服务客户需求为根本出发点，创设既合规又能满足客户需求的资管产品。

4.4 内部控制

4.4.1 内部控制环境和内部控制文化

公司根据国家有关法律法规和公司章程，建立了由股东会、董事会、监事会和高级管理层组成的分工明确、权责对应、合理制衡的公司治理结构。董事会下设战略委员会、风险管理和审计委员会、提名与薪酬委员会、信托和消费者权益保护委员会、关联交易控制委员会五个专业委员会，为董事会决策提供专业支撑。2023年公司结合实际修订完善《重大事项决策权责清单（试行）》，进一步明确公司重大事项决策范围、具体事项、责任主体和决策程序。

报告期内，公司"三会一层"各司其职、规范运作。

公司始终秉承"合规经营、稳健发展"的理念，注重信托文化培育，持续完善内部控制体系建设，强化内部控制措施，提倡业务部门是内部控制及风险管理第一道防线的内部控制文化。

4.4.2 内部控制措施

公司根据自身业务特点和内部控制要求设立了科学、规范的组织机构。公司各部门是内部控制的具体实施单位，承担本部门业务或职能领域内部控制的直接责任。风险管理部负责组织各部门开展内部控制自评估工作，审计稽核部负责组织内部控制评价监督。

公司明确界定各部门、各岗位的职责和权限，建立相应的授权、检查和问责制度。公司通过内部控制制度体系，明确业务流程的控制节点和控制要求，定期根据业务发展的实际情况调整、更新制度管理文件，作为业务开展的执行依据和管理规范。各部门对公司规章制度的健全性、有效性进行梳理评估，持续完善制度体系和内部控制措施。

公司针对固有资产和信托资产设立了相互独立的运作部门，在信托业务和固有业务之间实行决策、人员、财务和管理的有效分离。在日常业务开展过程中，通过前中后台分工协作，实现投资决策和交易分离、财产运营和监控保管分离，有效制衡，防范风险。公司充分发挥信息系统在内部控制管理中的作用，加强系统控制约束，减少或消除人为操纵因素，落实不相容岗位职责分离的刚性控制。

公司建立了突发事件应急处理机制，对可能发生的突发事件，制定应急预案，明确责任人员，规范处理程序，确保突发事件得到及时妥善处理。2023年，公司修订完善《重大突发事件应急管理办法》，明确经营风险事件的分级标准、责任部门、处置预案和分级联动协同机制、报告程序。

4.4.3 信息交流与反馈

公司建立了高效畅通的内外部信息交流与反馈机制。内部各层级之间报告路线明确，沟通渠道畅通，信息传递及时。公司各部门负责收集职责范围有关的内部信息和外部信息。通过财务会计资料、经营管理资料、调研报告、专项信息、内部刊物、办公网络等渠道获取内部信息，通过行业协会组织、社会中介机构、业务往来单位、市场调查、来信来访、网络媒体以及有关监管部门等渠道获取外部信息，并对收集的信息进行合理筛选、核对、整合，提高信息的有用性。公司建立并不断完善信息系统，利用信息技术促进信息集成与共享，充分发挥信息技术在信息传递与沟通中的作用。

公司建立了举报投诉制度和举报人保护制度，设置举报专线，明确举报投诉处理程序、办理时限和办理要求，确保举报、投诉成为公司有效掌握信息的重要途径。

4.4.4 监督评价与纠正

公司审计稽核部门负责对公司内部控制进行监督评价与纠正。审计稽核部作为独立的监督部门，直接向董事会汇报，对公司经营活动全过程进行监督，以防范风险、纠正违规、加强内控为工作目标，对公司内控制度、业务经营、财务活动等实施检查监督。2023年审计稽核部新发布《内部控制评审管理办法》以进一步规范公司内部控制评审的管理工作。

4.5 风险管理

4.5.1 风险管理概况

公司重视风险管理，建立自上而下风险治理架构，由业务经营条线、风险管理职能条线和审计监督条线组成风险管理的三道防线。同时，建立了覆盖战略风险、流动性风险、信用风险、市场风险、合规风险、操作风险、声誉风险和信息科技风险在内的全面风险管理体系，通过制定完善相关专项风险领域的管理制度、管理政策和管理流程，建立专项风险识别、评估、监控和报告机制，完善专项风险管控措施，加强风险防范和管控。

公司风险管理遵循全面性原则、独立性原则、有效性原则和及时性原则。

（1）公司经营活动中可能遇到的风险主要有：合规风险、信用风险、市场风险、流动性风险、操作风险等。

（2）公司风险管理的基本原则与政策。风险管理贯彻全面性、独立性、有效性、及时性等原则，覆盖到公司所有业务、部门和人员，并渗透到公司各项业务和经营管理的各个环节；通过事前防范、事中控制、事后监督对风险进行全面综合的管理，促进公司持续、稳健、规范、健康运行。

（3）公司风险管理组织架构与职责划分。公司建立党委会、董事会、高级管理层、各专项风险管理职能部门为主的风险治理架构，由业务经营条线、风险职能条线和审计监督条线组成风险管理的三道防线。

公司党委会：党委会着力防范化解重大风险，把方向、管大局、保落实，支持、促进公司建立健全风险研判机制、决策风险评估机制、风险防控协同机制和风险防控责任机制，支持全面风险管理体系建设。

公司董事会：董事会是公司风险管理的最高决策机构，根据外部监管和内部控制要求，结合稳健保守的风险偏好，制定公司总体的风险管理策略，引导公司不断健全全面风险管理体系，保障公司持续稳定经营。董事会下设风险管理和审计委员会，主要负责公司合规和风险管理、监督和评估等。

公司高级管理层：承担全面风险管理的实施责任，执行董事会的决议，逐步建立适应全面风险管理的经营管理架构，明确公司业务部门、各专项风险管理职能部门以及其他部门在风险管理中的职责分工，组织制定风险管理制度，定期对公司的资产质量和风险管理状况进行评估，监控、管理、控制公司的各种风险，并定期向董事会报告。公司经营层通过投资决策委员会等议事机制对信托项目进行风险评估和决策。

业务管理部：负责行业研究与战略规划，设定公司战略产品及战略服务，制定并发布公司展业标准和业务管理规范等，牵头负责公司流动性风险和战略风险管理。

综合管理部：负责根据公司发展规划和业务发展进程，对组织机构持续优化调整，梳理部门职责，明确部门分工；负责董事会与公司治理相关事项；负责公司声誉风险管理。

风险管理部：负责牵头全面风险管理体系建设；负责公司各类投融资业务的信用风险和市场风险审查；督促业务部门开展存续期管理；督促相关部门落实信用风险、市场风险和操作风险管理。

法律合规部：负责关注、跟踪有关金融法规的最新发展情况，及时组织研究对公司有重大影响的法律合规动态；负责建设公司合规管理体系及合规管理政策制度的拟定和修订；负责公司具体项目合法合规性审查及反洗钱、消保销售合规、关联交易审批上报、案防等工作；负责公司合规风险管理。

数字科技部：负责信息科技风险管理工作，主要内容有信息科技战略、标准和流程的拟定；信息科技制度体系建设；信息科技预算的拟定和支出；信息科技项目的建设与管理；信息系统和信息科技基础设施的运行、维护和升级；重要信息系统业务连续性、信息安全管理；信息科技外包和信息系统的退出；信息科技相关数据的统计与报送等。

审计稽核部：检查公司内部风险管理制度的日常执行情况，对各项规章制度和操作流程的健全性、有效性及执行情况进行评审，提出改进意见。

各业务部门是风险管理的第一责任部门，负责其经办业务全流程过程中的风险防控工作，承担与其经办业务相关的风险管理责任。

4.5.2　风险状况

4.5.2.1　合规风险状况

合规风险是指公司因未能遵循法律法规、监管要求等，而可能遭受法律制裁或监管处罚、重大财务损失的风险。公司主要合规风险包括经营合规风险、销售合规风险、反洗钱风险、关联交易风险和员工道德（案防）风险等。

报告期内，公司合规风险水平整体可控。

4.5.2.2　信用风险状况

信用风险主要是指交易对手违约造成损失的风险，主要表现为公司在开展固有业务和信托业务时，可能会因交易对手违约而给公司或信托财产带来风险。报告期内，公司发生的各类业务均履行了严格的内部审批程序，信用风险整体可控。

4.5.2.3　市场风险状况

市场风险是指公司在运营过程中可能因股价、市场汇率、利率及其他价格因素等变动而产生的风险。具体表现为经济运作周期变化、金融市场利率波动、通货膨胀、房地产交易、证券市场变化等造成的风险，这些风险可能影响信托财产的价值及信托收益水平，也可能影响公司固有资产价值或导致损失。公司坚持以稳健的风险偏好为指导，遵循分散化组合投资原则，严格落实投后管理要求。

报告期内，公司市场风险水平整体可控。

4.5.2.4　操作风险状况

操作风险是指由于内部程序、员工、信息科技系统存在问题以及外部事件造成损失的风险。公司通过不断完善制度、优化流程、加强系统控制来规范岗位操作，降低操作风险。

报告期内，公司未发生重大操作风险。

4.5.2.5　流动性风险状况

流动性风险在公司层面是指公司无法及时获得充足资金或无法以合理成本及时获得充足资金用于支付到期

债务（如拆借）；在业务层面是指公司无法及时获得充足资金或无法以合理成本及时获得充足资金应对因业务安排导致的到期资产现金流不满足到期资金现金流、赎回资金大于申购资金等情形所导致的资金需求风险。

公司固有资金主要投资有价证券类，并支持信托业务的发展。公司设置专岗定期跟踪固有资金投向的资产类型，目前流动资产结构和变现能力良好，偿付能力较强。

报告期内，公司未发生流动性风险。

4.5.2.6 其他风险状况

其他风险主要包括战略风险、声誉风险、信息科技风险等。战略风险是指公司战略制定过程中，无法对宏观经济环境、市场需求、行业竞争格局等变化情况进行准确把握，影响企业整体发展与目标实现的风险。声誉风险指由于公司内部管理或服务出现问题而引起自身外部社会名声、信誉和公众信任度下降，从而对公司外部市场地位产生消极和不良影响的风险。信息科技风险是指在运用信息科技的过程中，由于自然因素、人为因素、技术漏洞和管理缺陷，从而对业务运营造成负面影响的风险。

报告期内公司未发生重大其他风险。

4.5.3 风险管理

4.5.3.1 合规风险管理

公司高度重视合规风险管理，具体而言：（1）公司持续严格贯彻合规创造价值的理念，及时跟踪、解读法律法规、监管政策，积极贯彻落实监管要求；成立专项自查整改小组等，确保监管意见落实到实处，最大限度降低经营合规风险。（2）优化销售端APP，进一步完善公司在销售过程中的适当性义务履行；积极化解客户投诉，持续做好金融知识宣传教育普及工作等方式强化销售合规管理。（3）优化反洗钱监督系统，强化客户尽调，加强可疑交易监测，加大反洗钱培训力度等方式强化反洗钱合规管理。（4）进一步修订公司关联交易制度，完善关联方信息报送等方式全面加强关联交易风险管控。（5）优化常态化自查机制，设立敏感岗位管理机制，开展廉洁谈话，签署廉洁协议，开展培训等方式加强员工道德风险防范的管理。

4.5.3.2 信用风险管理

公司高度重视交易对手信用风险管理，通过事前评估、事中控制、事后监督的风险管理体系来防范和规避信用风险，具体措施包括：（1）严格按照业务流程、制度规定和相应程序开展各项业务，确保决策者充分了解业务涉及的信用风险；（2）对交易对手进行全面、深入的信用调查与分析；（3）开展项目风险评估，和坚持集体决策的审批机制；（4）完善相关业务制度和风险管理制度，规范业务发展；（5）严格落实业务担保措施，客观、动态评估抵质押物；（6）强调事中管理和监控，对押品管理、放款前提条件落实、放款材料审查等操作环节进行严格管控；（7）定期与不定期进行存续期检查，对交易对手和项目，进行实地走访，对项目运作、交易对手财务状况及当地市场变化跟踪分析；（8）开展风险预警，完善交易对手负面舆情监控，有效识别和防范各类风险隐患；（9）定期开展资产五级分类工作。

4.5.3.3 市场风险管理

在市场风险管控方面，公司建立了自上而下的市场风险管理框架，在资产配置策略、授权管理、投前审查、投后管理和监控等方面持续加强精细化管理，具体措施包括：（1）结合宏观经济和行业政策环境制定和及时调整投资策略和组合配置；（2）推进落实"一产品一策略，一策略一池子"管控原则，并严格遵循分散化组合投资原则以控制波动风险；（3）深入分析投资标的，并制定严格的入池标准和出入库管理机制；（4）建立并不断完善集中度管理机制、投资交易授权机制等；（5）严格执行预警平仓要求；（6）定期与不定期进行投后检查，对产品净值表现、投资运作情况、风险控制水平、负面舆情信息等持续跟踪；（7）定期开展市场风险压力测试。

4.5.3.4 操作风险管理

公司持续完善、细化内控管理制度，坚持业务发展与内控管理并举，规范操作程序、防范操作风险。公司在业务尽职调查、产品规范化管理、风险监控、合同档案管理、信息披露等方面不断细化管理要求和规范操作流程，提升业务操作的规范化和精细化水平。从制度、流程、岗位、系统等角度持续强化执行力，提升对制度执行有效性的监督和检查，在日常工作中形成奖惩机制，持续促进规章制度的有效执行，消除操作风险隐患，防范各类操作风险。

2023年，公司修订《操作风险管理办法》，完善操作风险管理体系，组织各部门更新完善86份岗位操作规范，加强制度及操作风险案例培训，强化员工操作风险防范意识，规范操作。公司按季度监测分析操作风险关键指标，发布操作风险季度管理报告。公司不定期对重点领域开展操作风险抽查，对发现的操作风险隐患及时整改完善，提前防范风险。

4.5.3.5 流动性风险管理

公司持续完善制度及预警机制，加强固有业务与信托业务的流动性风险管理，提前做好流动性年度预计和安排，确保公司整体流动性风险在可控范围。针对标品信托业务，公司综合考虑投资标的的流动性、收益水平、资信等级等情况，确保资产端的久期配置的合理性；并根据产品的目标资产流动性特征和资金来源结构特征，确立不同的管理要求。对于传统融资类等封闭产品，从源头防止主动错配造成的流动性缺口。固有业务将坚持统筹安全与发展，通过期限和资产类型优化提升资产整体流动性水平。

4.5.3.6 其他风险管理

战略风险管理方面，根据公司愿景和战略目标，公司在分析外部环境和内部条件的现状及发展趋势的基础上，对公司定位、目标、发展路径和实施方案等进行总体性谋划。同时关注战略规划制度体系建设，推动公司战略规划管理体系有效运行，公司设立了公司董事会及董事会战略委员会、公司经营管理层、相关职能部门、业务部门等战略制定及执行体系，按照各自职责分工，发挥战略规划的统领作用，促进公司持续、健康、科学发展，确保完成公司战略目标。

声誉风险管理方面，公司把声誉构建与公司发展战略和企业文化进行有机结合，建立健全声誉风险管理制度，完善管理流程，落实常态化建设，尽职管理受托资产，并充分披露，塑造公司专业和诚信的社会形象。

信息科技风险管理方面，公司关注网络安全和数据安全保护建设。2023年公司通过完善网络分区建设，建立更为严格的网络安全防护措施，确保关键区的安全隔离，有效减少网络攻击的风险。另外公司制定更为严格的数据管理制度和流程，加强数据的安全性和隐私保护管理，确保公司重要数据不会泄露。

5.报告期末及上一年度末的比较式会计报表

5.1 固有资产

5.1.1 会计师事务所审计意见全文

审计报告

天健审〔2024〕6-243号

华宝信托有限责任公司：

一、审计意见

我们审计了华宝信托有限责任公司（以下简称华宝信托公司）财务报表，包括2023年12月31日的合并及母公司资产负债表，2023年度的合并及母公司利润表、合并及母公司现金流量表、合并及母公司所有者权益变动表，以及相关财务报表附注。

我们认为，后附的财务报表在所有重大方面按照企业会计准则的规定编制，公允反映了华宝信托公司2023年12月31日的合并及母公司财务状况，以及2023年度的合并及母公司经营成果和现金流量。

二、形成审计意见的基础

我们按照中国注册会计师审计准则的规定执行了审计工作。审计报告的"注册会计师对财务报表审计的责任"部分进一步阐述了我们在这些准则下的责任。按照中国注册会计师职业道德守则，我们独立于华宝信托公司，并履行了职业道德方面的其他责任。我们相信，我们获取的审计证据是充分、适当的，为发表审计意见提供了基础。

三、管理层和治理层对财务报表的责任

华宝信托公司管理层（以下简称管理层）负责按照企业会计准则的规定编制财务报表，使其实现公允反映，并设计、执行和维护必要的内部控制，以使财务报表不存在由于舞弊或错误导致的重大错报。

在编制财务报表时，管理层负责评估华宝信托公司的持续经营能力，披露与持续经营相关的事项（如适用），并运用持续经营假设，除非计划进行清算、终止运营或别无其他现实的选择。

华宝信托公司治理层（以下简称治理层）负责监督华宝信托公司的财务报告过程。

四、注册会计师对财务报表审计的责任

我们的目标是对财务报表整体是否不存在由于舞弊或错误导致的重大错报获取合理保证，并出具包含审计意见的审计报告。合理保证是高水平的保证，但并不能保证按照审计准则执行的审计在某一重大错报存在时总能发现。错报可能由于舞弊或错误导致，如果合理预期错报单独或汇总起来可能影响财务报表使用者依据财务报表作出的经济决策，则通常认为错报是重大的。

在按照审计准则执行审计工作的过程中，我们运用职业判断，并保持职业怀疑。同时，我们也执行以下工作：

（一）识别和评估由于舞弊或错误导致的财务报表重大错报风险，设计和实施审计程序以应对这些风险，并获取充分、适当的审计证据，作为发表审计意见的基础。由于舞弊可能涉及串通、伪造、故意遗漏、虚假陈述或凌驾于内部控制之上，未能发现由于舞弊导致的重大错报的风险高于未能发现由于错误导致的重大错报的风险。

（二）了解与审计相关的内部控制，以设计恰当的审计程序，但目的并非对内部控制的有效性发表意见。

（三）评价管理层选用会计政策的恰当性和作出会计估计及相关披露的合理性。

（四）对管理层使用持续经营假设的恰当性得出结论。同时，根据获取的审计证据，就可能导致对华宝信托公司持续经营能力产生重大疑虑的事项或情况是否存在重大不确定性得出结论。如果我们得出结论认为存在重大不确定性，审计准则要求我们在审计报告中提请报表使用者注意财务报表中的相关披露；如果披露不充分，我们应当发表非无保留意见。我们的结论基于截至审计报告日可获得的信息。然而，未来的事项或情况可能导致华宝信托公司不能持续经营。

（五）评价财务报表的总体列报、结构和内容，并评价财务报表是否公允反映相关交易和事项。

（六）就华宝信托公司中实体或业务活动的财务信息获取充分、适当的审计证据，以对财务报表发表审计意见。我们负责指导、监督和执行集团审计，并对审计意见承担全部责任。

我们与治理层就计划的审计范围、时间安排和重大审计发现等事项进行沟通，包括沟通我们在审计中识别出的值得关注的内部控制缺陷。

5.1.2 资产负债表

资产负债表（合并）

编制单位：华宝信托有限责任公司　　2023年12月31日　　单位：万元

资产	注释号	期末数	期初数	负债和所有者权益	注释号	期末数	年初数
流动资产：				流动负债：			
货币资金	1	317 825.72	303 758.81	短期借款		—	—
结算备付金	2	442.74	409.31	向中央银行借款		—	—
拆出资金		—	—	拆入资金		—	—
交易性金融资产	3	578 666.32	676 993.70	交易性金融负债	20	18 889.76	13 022.31
衍生金融资产		—	—	衍生金融负债		—	—
应收票据		—	—	应付票据		—	—
应收账款	4	21 302.06	23 913.88	应付账款		—	—
应收款项融资		—	—	预收款项		—	—
预付款项	5	2 448.24	1 217.99	合同负债		—	—
应收保费		—	—	卖出回购金融资产款		—	—
应收分保账款		—	—	吸收存款及同业存放		—	—
应收分保合同准备金		—	—	代理买卖证券款		—	—
其他应收款	6	10 496.93	22 183.59	代理承销证券款		—	—
买入返售金融资产	7	183 365.34	113 240.53	应付职工薪酬	21	37 740.24	37 765.39
存货		—	—	应交税费	22	11 245.24	30 468.56
合同资产		—	—	其他应付款	23	22 813.73	26 551.32
持有待售资产		—	—	应付手续费及佣金		—	—
一年内到期的非流动资产		—	—	应付分保账款		—	—
其他流动资产	8	179.62	698.86	持有待售负债		—	—
流动资产合计	—	1 114 726.96	1 142 416.67	一年内到期的非流动负债	24	9 543.47	7 508.59
				其他流动负债		—	—
				流动负债合计		100 232.43	115 316.17
				非流动负债：			
				保险合同准备金		—	—
				长期借款		—	—

续表

资产	注释号	期末数	期初数	负债和所有者权益	注释号	期末数	年初数
—	—	—	—	应付债券	—	—	—
—	—	—	—	其中：优先股	—	—	—
—	—	—	—	永续债	—	—	—
—	—	—	—	租赁负债	25	16 459.98	19 268.52
—	—	—	—	长期应付款	—	—	—
—	—	—	—	长期应付职工薪酬	26	436.20	470.50
非流动资产：				预计负债		22.24	21.92
发放贷款和垫款	—	—	—	递延收益	—	—	—
债权投资	—	—	—	递延所得税负债	18	1 650.50	1 263.69
其他债权投资	9	85 096.94	90 810.63	其他非流动负债	27	15 722.27	10 358.79
长期应收款	—	—	—	非流动负债合计	—	34 291.19	31 383.42
长期股权投资	10	88 944.04	82 906.12	负债合计	—	134 523.62	146 699.59
其他权益工具投资	11	167 820.11	91 546.79	所有者权益：			
其他非流动金融资产	—	—	—	实收资本	28	500 421.94	500 421.94
投资性房地产	12	55.14	59.92	其他权益工具	—	—	—
固定资产	13	3 308.79	3 013.74	其中：优先股	—	—	—
在建工程	14	858.00	2 060.07	永续债	—	—	—
生产性生物资产	—	—	—	资本公积	29	54 410.02	54 410.02
油气资产	—	—	—	减：库存股	—	—	—
使用权资产	15	24 763.63	25 941.04	其他综合收益	30	7 345.57	3 807.66
无形资产	16	3 536.07	4 506.80	专项储备	—	—	—
开发支出	—	—	—	盈余公积	31	127 068.80	116 951.73
商誉	—	—	—	一般风险准备	32	152 184.97	141 177.21
长期待摊费用	17	1 812.94	625.29	未分配利润	33	439 426.33	412 878.48
递延所得税资产	18	12 417.33	12 355.10	归属于母公司所有者权益合计	—	1 280 857.63	1 229 647.02
其他非流动资产	19	62 825.20	66 609.19	少数股东权益	—	150 783.89	146 504.76
非流动资产合计	—	451 438.18	380 434.70	所有者权益合计	—	1 431 641.51	1 376 151.78
资产总计	—	1 566 165.14	1 522 851.37	负债和所有者权益总计	—	1 566 165.14	1 522 851.37

法定代表人：李琦强　　　　主管会计工作的负责人：孔祥清　　　　会计机构负责人：康颖

资产负债表（母公司）

编制单位：华宝信托有限责任公司　　　　2023年12月31日　　　　单位：万元

资产	注释号	期末数	期初数	负债和股东权益	注释号	期末数	期初数
资产：				负债：			
现金及存放中央银行款项	—	—	—	向中央银行借款	—	—	—
存放同业款项	—	68 964.97	72 890.83	同业及其他金融机构存放款项	—	—	—
贵金属	—	—	—	拆入资金	—	—	—
拆出资金	—	—	—	交易性金融负债	—	—	—
衍生金融资产	—	—	—	衍生金融负债	—	—	—
买入返售金融资产	—	117 434.09	79 650.08	卖出回购金融资产款	—	—	—
持有待售资产	—	—	—	吸收存款	—	—	—
发放贷款和垫款	—	—	—	应付职工薪酬	—	20 823.41	18 518.60
可供出售金融资产	—	—	—	应交税费	—	6 714.43	9 938.74

续表

资产	注释号	期末数	期初数	负债和股东权益	注释号	期末数	期初数
持有至到期投资	—	—	—	持有待售负债	—	—	—
应收款项类投资	—	—	—	预计负债	—	—	—
金融投资：	—	—	—	应付债券	—	—	—
交易性金融资产	1	563 837.70	594 352.74	其中：优先股	—	—	—
债权投资	—	—	—	永续债	—	—	—
其他债权投资	2	85 096.94	90 810.63	租赁负债	—	8 562.86	7 370.39
其他权益工具投资	4	163 524.82	115 784.10	递延所得税负债	—	1 650.50	1 263.69
长期股权投资	3	88 765.81	82 727.89	其他负债	—	26 452.26	21 156.92
投资性房地产	—	55.14	59.92	负债合计	—	64 203.46	58 248.34
固定资产	—	1 040.86	1 038.09	所有者权益：			
在建工程	—	858.00	2 060.07	实收资本	—	500 421.94	500 421.94
使用权资产	—	12 679.58	10 290.57	其他权益工具	—	—	—
无形资产	—	1 620.55	2 636.63	其中：优先股	—	—	—
商誉	—	—	—	永续债	—	—	—
递延所得税资产	—	5 256.40	4 512.90	资本公积	—	61 333.32	61 333.32
其他资产	—	79 111.36	78 933.77	减：库存股	—	—	—
				其他综合收益	—	6 463.11	2 274.49
				盈余公积	—	127 795.73	117 678.65
				一般风险准备	—	152 548.43	141 540.67
				未分配利润	—	275 480.23	254 250.82
				股东权益合计	—	1 124 042.76	1 077 499.89
资产总计		1 188 246.22	1 135 748.23	负债和所有者权益总计		1 188 246.22	1 135 748.23

法定代表人：李琦强　　主管会计工作的负责人：孔祥清　　会计机构负责人：康颖

5.1.3 利润表

利润表（合并）

编制单位：华宝信托有限责任公司　　2023年度　　单位：万元

项目	注释号	本期数	上年同期数
一、营业总收入	—	272 033.69	303 053.88
其中：营业收入	1	452.85	2 134.91
利息收入	2	13 137.99	9 606.90
手续费及佣金收入	3	258 442.84	291 312.07
二、营业总成本	—	149 578.81	130 092.65
其中：营业成本	1	183.58	4.78
利息支出	2	942.09	1 158.93
手续费及佣金支出	3	1 429.99	692.64
税金及附加	—	1 290.55	1 601.48
销售费用	—	—	—
业务及管理费	4	145 732.60	126 634.82
研发费用	—	—	—
加：其他收益	5	13 791.35	12 889.44
投资收益（损失以"-"号填列）	6	34 950.32	15 310.65
其中：对联营企业和合营企业的投资收益	—	3 346.43	2 202.62

续表

项目	注释号	本期数	上年同期数
以摊余成本计量的金融资产终止确认收益	—	—	—
汇兑收益（损失以"-"号填列）	—	61.37	98.76
净敞口套期收益（损失以"-"号填列）	—	—	—
公允价值变动收益（损失以"-"号填列）	7	3 520.48	-11 917.63
信用减值损失（损失以"-"号填列）	8	-528.23	169.16
资产减值损失（损失以"-"号填列）	—	—	—
资产处置收益（损失以"-"号填列）	9	—	82.76
三、营业利润（亏损以"-"号填列）	—	174 250.19	189 594.37
加：营业外收入	10	6.43	22.96
减：营业外支出	11	181.42	17.34
四、利润总额（亏损总额以"-"号填列）	—	174 075.20	189 600.00
减：所得税费用	12	40 390.21	47 264.10
五、净利润（净亏损以"-"号填列）	—	133 684.99	142 335.90
（一）按经营持续性分类：	—	—	—
1.持续经营净利润（净亏损以"-"号填列）	—	133 684.99	142 335.90
2.终止经营净利润（净亏损以"-"号填列）	—	—	—
（二）按所有权归属分类：	—	—	—
1.归属于母公司所有者的净利润（净亏损以"-"号填列）	—	106 489.21	106 966.72
2.少数股东损益（净亏损以"-"号填列）	—	27 195.78	35 369.18
六、其他综合收益的税后净额	—	3 014.17	-3 610.83
归属于母公司所有者的其他综合收益的税后净额	13	2 998.82	-3 740.36
（一）不能重分类进损益的其他综合收益	—	1 731.48	-3 238.33
1.重新计量设定受益计划变动额	—	—	—
2.权益法下不能转损益的其他综合收益	—	1 237.73	-639.63
3.其他权益工具投资公允价值变动	—	493.75	-2 598.70
4.企业自身信用风险公允价值变动	—	—	—
5.其他	—	—	—
（二）将重分类进损益的其他综合收益	—	1 267.35	-502.03
1.权益法下可转损益的其他综合收益	—	1 453.76	-791.85
2.其他债权投资公允价值变动	—	—	—
3.可供出售金融资产公允价值变动损益	—	—	—
4.金融资产重分类计入其他综合收益的金额	—	—	—
5.持有至到期投资重分类为可供出售金融资产损益	—	—	—
6.其他债权投资信用减值准备	—	-202.39	155.01
7.现金流量套期储备	—	—	—
8.外币财务报表折算差额	—	15.98	134.81
9.其他	—	—	—
归属于少数股东的其他综合收益的税后净额	—	15.35	129.53
七、综合收益总额	—	136 699.16	138 725.07
归属于母公司所有者的综合收益总额	—	109 488.03	103 226.36
归属于少数股东的综合收益总额	—	27 211.13	35 498.71

法定代表人：李琦强　　　主管会计工作的负责人：孔祥清　　　会计机构负责人：康颖

利润表（母公司）

编制单位：华宝信托有限责任公司 2023年度 单位：万元

项目	注释号	本期数	上年同期数
一、营业总收入	—	171 563.02	146 509.66
利息净收入	—	3 754.33	1 327.08
利息收入	—	4 198.99	1 873.00
利息支出	—	444.66	545.92
手续费及佣金净收入	1	95 690.97	112 259.77
手续费及佣金收入	—	97 120.97	112 952.41
手续费及佣金支出	—	1 429.99	692.64
投资收益（损失以"-"号填列）	2	60 839.67	38 347.66
其中：对联营企业和合营企业的投资收益	—	3 346.43	2 202.62
以摊余成本计量的金融资产终止确认产生的收益	—	—	—
其他收益	—	10 019.11	9 464.38
公允价值变动收益（损失以"-"号填列）	—	931.40	-15 222.23
汇兑收益（损失以"-"号填列）	—	66.75	216.73
其他业务收入	—	260.77	33.52
资产处置收益（损失以"-"号填列）	—	—	82.76
二、营业总支出	—	47 918.04	35 488.15
税金及附加	—	623.45	729.45
业务及管理费	3	46 582.78	34 923.09
信用减值损失	—	528.23	-169.16
其他资产减值损失	—	—	—
资产减值损失	—	—	—
其他业务成本	—	183.58	4.78
三、营业利润（亏损总额以"-"号填列）	—	123 644.98	111 021.51
加：营业外收入	—	—	0.19
减：营业外支出	—	78.49	—
四、利润总额（净亏损以"-"号填列）	—	123 566.49	111 021.70
减：所得税费用	—	22 395.71	24 757.85
五、净利润（净亏损以"-"号填列）	—	101 170.78	86 263.85
（一）持续经营净利润（净亏损以"-"号填列）	—	101 170.78	86 263.85
（二）终止经营净利润（净亏损以"-"号填列）	—	—	—
六、其他综合收益的税后净额	—	3 649.52	-2 317.43
（一）不能重分类进损益的其他综合收益	—	2 398.15	-1 680.58
1.重新计量设定受益计划变动额	—	—	—
2.权益法下不能转损益的其他综合收益	—	1 237.73	-639.63
3.其他权益工具投资公允价值变动	—	1 160.43	-1 040.95
4.企业自身信用风险公允价值变动	—	—	—
5.其他	—	—	—
（二）将重分类进损益的其他综合收益	—	1 251.37	-636.85
1.权益法下可转损益的其他综合收益	—	1 453.76	-791.85
2.其他债权投资公允价值变动	—	—	—
3.可供出售金融资产公允价值变动损益	—	—	—
4.金融资产重分类计入其他综合收益的金额	—	—	—
5.持有至到期投资重分类为可供出售金融资产损益	—	—	—
6.其他债权投资信用减值准备	—	-202.39	155.01
7.现金流量套期储备（现金流量套期损益的有效部分）	—	—	—
8.外币财务报表折算差额	—	—	—
9.其他	—	—	—
七、综合收益总额	—	104 820.30	83 946.42

法定代表人：李琦强　　　主管会计工作的负责人：孔祥清　　　会计机构负责人：康颖

5.1.4 所有者权益变动

所有者权益变动表（合并）

2023年度

编制单位：华宝信托有限责任公司　　　　　　单位：万元

项目	本期数 归属于母公司所有者权益									少数股东权益	所有者权益合计
	实收资本	其他权益工具			资本公积	减：库存股	其他综合收益	专项储备	盈余公积	一般风险准备	未分配利润		
		优先股	永续债	其他									
一、上年年末余额	500 421.94	—	—	—	54 410.02	—	3 807.66	—	116 947.71	141 177.21	412 842.37	146 504.76	1 376 111.67
加：会计政策变更	—	—	—	—	—	—	—	—	4.01	—	36.10	—	40.11
前期差错更正	—	—	—	—	—	—	—	—	—	—	—	—	—
同一控制下企业合并	—	—	—	—	—	—	—	—	—	—	—	—	—
其他	—	—	—	—	—	—	—	—	—	—	—	—	—
二、本年年初余额	500 421.94	—	—	—	54 410.02	—	3 807.66	—	116 951.73	141 177.21	412 878.48	146 504.76	1 376 151.78
三、本期增减变动金额（减少以"—"号填列）	—	—	—	—	—	—	3 537.92	—	10 117.08	11 007.76	26 547.85	4 279.13	55 489.74
（一）综合收益总额	—	—	—	—	—	—	2 998.82	—	—	—	106 489.21	27 211.13	136 699.16
（二）所有者投入和减少资本	—	—	—	—	—	—	—	—	—	—	—	—	—
1.所有者投入的普通股	—	—	—	—	—	—	—	—	—	—	—	—	—
2.其他权益工具持有者投入资本	—	—	—	—	—	—	—	—	—	—	—	—	—
3.股份支付计入所有者权益的金额	—	—	—	—	—	—	—	—	—	—	—	—	—
4.其他	—	—	—	—	—	—	—	—	—	—	—	—	—
（三）利润分配	—	—	—	—	—	—	—	—	10 117.08	11 007.76	−79 402.27	−22 932.00	−81 209.43
1.提取盈余公积	—	—	—	—	—	—	—	—	10 117.08	—	−10 117.08	—	—
2.提取一般风险准备	—	—	—	—	—	—	—	—	—	11 007.76	−11 007.76	—	—
3.对所有者的分配	—	—	—	—	—	—	—	—	—	—	−58 277.43	−22 932.00	−81 209.43
4.其他	—	—	—	—	—	—	—	—	—	—	—	—	—
（四）所有者权益内部结转	—	—	—	—	—	—	539.09	—	—	—	−539.09	—	—
1.资本公积转增资本	—	—	—	—	—	—	—	—	—	—	—	—	—
2.盈余公积转增资本	—	—	—	—	—	—	—	—	—	—	—	—	—
3.盈余公积弥补亏损	—	—	—	—	—	—	—	—	—	—	—	—	—
4.设定受益计划变动额结转留存收益	—	—	—	—	—	—	—	—	—	—	—	—	—
5.其他综合收益结转留存收益	—	—	—	—	—	—	539.09	—	—	—	−539.09	—	—
6.其他	—	—	—	—	—	—	—	—	—	—	—	—	—
（五）专项储备	—	—	—	—	—	—	—	—	—	—	—	—	—
1.本期提取	—	—	—	—	—	—	—	—	—	—	—	—	—
2.本期使用	—	—	—	—	—	—	—	—	—	—	—	—	—
（六）其他	—	—	—	—	—	—	—	—	—	—	—	—	—
四、本期期末余额	500 421.94	—	—	—	54 410.02	—	7 345.57	—	127 068.80	152 184.97	439 426.33	150 783.89	1 431 641.51

法定代表人：李碃强　　主管会计工作的负责人：孔祥清　　会计机构负责人：康颖

所有者权益变动表（合并，续）

编制单位：华宝信托有限责任公司　　2023年度　　单位：万元

项目	上年同期数												
	归属于母公司所有者权益									少数股东权益	所有者权益合计
	实收资本	其他权益工具			资本公积	减：库存股	其他综合收益	专项储备	盈余公积	一般风险准备	未分配利润		
		优先股	永续债	其他									
一、上年年末余额	474 400.00	—	—	—	12 963.96	—	7 482.97	—	108 321.33	127 147.20	376 613.06	127 705.74	1 234 634.27
加：会计政策变更	—	—	—	—	—	—	—	—	—	—	—	—	—
前期差错更正	—	—	—	—	—	—	—	—	—	—	—	—	—
同一控制下企业合并	—	—	—	—	—	—	—	—	—	—	—	—	—
其他	—	—	—	—	—	—	—	—	—	—	—	—	—
二、本年年初余额	474 400.00	—	—	—	12 963.96	—	7 482.97	—	108 321.33	127 147.20	376 613.06	127 705.74	1 234 634.27
三、本期增减变动金额（减少以"—"号填列）	26 021.94	—	—	—	41 446.06	—	-3 675.32	—	8 626.38	14 030.00	36 229.31	18 799.02	141 477.40
（一）综合收益总额	—	—	—	—	—	—	-3 740.36	—	—	—	106 966.72	35 498.71	138 725.07
（二）所有者投入和减少资本	26 021.94	—	—	—	41 446.06	—	—	—	—	—	—	67 468.00	67 468.00
1.所有者投入的普通股	26 021.94	—	—	—	41 446.06	—	—	—	—	—	—	67 468.00	67 468.00
2.其他权益工具持有者投入资本	—	—	—	—	—	—	—	—	—	—	—	—	—
3.股份支付计入所有者权益的金额	—	—	—	—	—	—	—	—	—	—	—	—	—
4.其他	—	—	—	—	—	—	—	—	—	—	—	—	—
（三）利润分配	—	—	—	—	—	—	—	—	8 626.38	14 030.00	-70 672.36	-16 699.69	-64 715.67
1.提取盈余公积	—	—	—	—	—	—	—	—	8 626.38	—	-8 626.38	—	—
2.提取一般风险准备	—	—	—	—	—	—	—	—	—	14 030.00	-14 030.00	—	—
3.对所有者的分配	—	—	—	—	—	—	—	—	—	—	-48 015.98	-16 699.69	-64 715.67
4.其他	—	—	—	—	—	—	—	—	—	—	—	—	—
（四）所有者权益内部结转	—	—	—	—	—	—	65.04	—	—	—	-65.04	—	—
1.资本公积转增资本	—	—	—	—	—	—	—	—	—	—	—	—	—
2.盈余公积转增资本	—	—	—	—	—	—	—	—	—	—	—	—	—
3.盈余公积弥补亏损	—	—	—	—	—	—	—	—	—	—	—	—	—
4.设定受益计划变动额结转留存收益	—	—	—	—	—	—	—	—	—	—	—	—	—
5.其他综合收益结转留存收益	—	—	—	—	—	—	65.04	—	—	—	-65.04	—	—
6.其他	—	—	—	—	—	—	—	—	—	—	—	—	—
（五）专项储备	—	—	—	—	—	—	—	—	—	—	—	—	—
1.本期提取	—	—	—	—	—	—	—	—	—	—	—	—	—
2.本期使用	—	—	—	—	—	—	—	—	—	—	—	—	—
（六）其他	—	—	—	—	—	—	—	—	—	—	—	—	—
四、本期期末余额	500 421.94	—	—	—	54 410.02	—	3 807.66	—	116 947.71	141 177.21	412 842.37	146 504.76	1 376 111.67

法定代表人：李琦强　　主管会计工作的负责人：孔祥清　　会计机构负责人：廉颖

所有者权益变动表（母公司）

编制单位：华宝信托有限责任公司　　2023年度　　单位：万元

项目	本期数										
	实收资本	其他权益工具			资本公积	减：库存股	其他综合收益	盈余公积	一般风险准备	未分配利润	所有者权益合计
		优先股	永续债	其他							
一、上年年末余额	500 421.94	—	—	—	61 333.32	—	2 274.49	117 674.64	141 540.67	254 214.71	1 077 459.78
加：会计政策变更	—	—	—	—	—	—	—	4.01	—	36.10	40.11
前期差错更正	—	—	—	—	—	—	—	—	—	—	—
其他	—	—	—	—	—	—	—	—	—	—	—
二、本年年初余额	500 421.94	—	—	—	61 333.32	—	2 274.49	117 678.65	141 540.67	254 250.82	1 077 499.89
三、本期增减变动金额（减少以"-"号填列）	—	—	—	—	—	—	4 188.62	10 117.08	11 007.76	21 229.41	46 542.87
（一）综合收益总额	—	—	—	—	—	—	3 649.52	—	—	101 170.78	104 820.30
（二）所有者投入和减少资本	—	—	—	—	—	—	—	—	—	—	—
1.所有者投入的普通股	—	—	—	—	—	—	—	—	—	—	—
2.其他权益工具持有者投入资本	—	—	—	—	—	—	—	—	—	—	—
3.股份支付计入所有者权益的金额	—	—	—	—	—	—	—	—	—	—	—
4.其他	—	—	—	—	—	—	—	—	—	—	—
（三）利润分配	—	—	—	—	—	—	—	10 117.08	11 007.76	−79 402.27	−58 277.43
1.提取盈余公积	—	—	—	—	—	—	—	10 117.08	—	−10 117.08	—
2.提取一般风险准备	—	—	—	—	—	—	—	—	11 007.76	−11 007.76	—
3.对所有者的分配	—	—	—	—	—	—	—	—	—	−58 277.43	−58 277.43
4.其他	—	—	—	—	—	—	—	—	—	—	—
（四）所有者权益内部结转	—	—	—	—	—	—	539.09	—	—	−539.09	—
1.资本公积转增资本	—	—	—	—	—	—	—	—	—	—	—
2.盈余公积转增资本	—	—	—	—	—	—	—	—	—	—	—
3.盈余公积弥补亏损	—	—	—	—	—	—	—	—	—	—	—
4.设定受益计划变动额结转留存收益	—	—	—	—	—	—	—	—	—	—	—
5.其他综合收益结转留存收益	—	—	—	—	—	—	—	—	—	—	—
6.其他	—	—	—	—	—	—	539.09	—	—	−539.09	—
（五）其他	—	—	—	—	—	—	—	—	—	—	—
四、本期期末余额	500 421.94	—	—	—	61 333.32	—	6 463.11	127 795.73	152 548.43	275 480.23	1 124 042.76

法定代表人：李琦强　　主管会计工作的负责人：孔祥清　　会计机构负责人：康颖

所有者权益变动表（母公司，续）

编制单位：华宝信托有限责任公司　　2023年度　　单位：万元

项目	上年同期数										
	实收资本	其他权益工具			资本公积	减：库存股	其他综合收益	盈余公积	一般风险准备	未分配利润	所有者权益合计
		优先股	永续债	其他							
一、上年年末余额	474 400.00	—	—	—	19 887.26	—	4 526.88	109 048.26	127 510.67	238 688.27	974 061.33
加：会计政策变更	—	—	—	—	—	—	—	—	—	—	—
前期差错更正	—	—	—	—	—	—	—	—	—	—	—
其他	—	—	—	—	—	—	—	—	—	—	—
二、本年年初余额	474 400.00	—	—	—	19 887.26	—	4 526.88	109 048.26	127 510.67	238 688.27	974 061.33
三、本期增减变动金额（减少以"-"号填列）	26 021.94	—	—	—	41 446.06	—	−2 252.39	8 626.38	14 030.00	15 526.44	103 398.44
（一）综合收益总额	—	—	—	—	—	—	−2 317.43	—	—	86 263.85	83 946.42

续表

项目	上年同期数										
	实收资本	其他权益工具			资本公积	减：库存股	其他综合收益	盈余公积	一般风险准备	未分配利润	所有者权益合计
		优先股	永续债	其他							
（二）所有者投入和减少资本	26 021.94	—	—	—	41 446.06	—	—	—	—	—	67 468.00
1.所有者投入的普通股	26 021.94	—	—	—	41 446.06	—	—	—	—	—	67 468.00
2.其他权益工具持有者投入资本	—	—	—	—	—	—	—	—	—	—	—
3.股份支付计入所有者权益的金额	—	—	—	—	—	—	—	—	—	—	—
4.其他	—	—	—	—	—	—	—	—	—	—	—
（三）利润分配	—	—	—	—	—	—	—	8 626.38	14 030.00	−70 672.36	−48 015.98
1.提取盈余公积	—	—	—	—	—	—	—	8 626.38	—	−8 626.38	—
2.提取一般风险准备	—	—	—	—	—	—	—	—	14 030.00	−14 030.00	—
3.对所有者的分配	—	—	—	—	—	—	—	—	—	−48 015.98	−48 015.98
4.其他	—	—	—	—	—	—	—	—	—	—	—
（四）所有者权益内部结转	—	—	—	—	—	—	65.04	—	—	−65.04	—
1.资本公积转增资本	—	—	—	—	—	—	—	—	—	—	—
2.盈余公积转增资本	—	—	—	—	—	—	—	—	—	—	—
3.盈余公积弥补亏损	—	—	—	—	—	—	—	—	—	—	—
4.设定受益计划变动额结转留存收益	—	—	—	—	—	—	—	—	—	—	—
5.其他综合收益结转留存收益	—	—	—	—	—	—	65.04	—	—	−65.04	—
6.其他	—	—	—	—	—	—	—	—	—	—	—
（五）其他	—	—	—	—	—	—	—	—	—	—	—
四、本期期末余额	500 421.94	—	—	—	61 333.32	—	2 274.49	117 674.64	141 540.67	254 214.71	1 077 459.78

法定代表人：李琦强　　　　　　　　　　　　　主管会计工作的负责人：孔祥清　　　　　　　　　　　　　会计机构负责人：康颖

5.2　信托资产

5.2.1　信托项目资产负债汇总表

信托项目资产负债汇总表

编制单位：华宝信托有限责任公司　　　　　　2023年12月31日　　　　　　　　　　　　　　　　　单位：万元

资产	期末数	期初数	负债	期末数	期初数
资产：			负债：		
存放同业	680 857.40	856 324.05	短期借款	—	—
结算备付金	13.87	17.44	交易性金融负债	—	—
存出保证金	—	—	卖出回购金融资产款	766 637.23	—
交易性金融资产	26 897 838.13	24 599 642.10	应付赎回款	—	—
买入返售金融资产	721 636.04	819 964.27	应付赎费	—	—
应收票据	—	—	应付受托人报酬	84 973.16	72 759.70
应收账款	—	—	应付受益人收益	—	—
应收股利	80 918.99	84 367.95	应付保管费	1 763.98	2 005.27
应收利息	—	—	应付投资管理费	3 473.11	2 995.80
应收申购款	—	—	应付销售服务费	2.87	—
其他应收款	72 044.68	769 140.48	应付B类权益人收益	—	—
贷款	3 903 392.54	5 346 681.00	应交税费	2 795.58	2 477.21

续表

资产	期末数	期初数	负债	期末数	期初数
融资租赁资产	—	—	应付利息	—	—
其他权益工具投资	8 197.21	—	应付利润	—	—
债权投资	613 630.78	1 397 124.97	其他应付款	479 226.11	1 232 751.34
其他债权投资	—	—	递延收益	—	—
长期股权投资	—	—	其他负债	—	—
投资性房地产	14 235.00	14 235.00	负债合计	1 338 872.05	1 312 989.34
其他资产	194 729.41	158 243.24	—	—	—
			信托权益:		
			实收信托	30 713 572.49	31 328 956.16
			资本公积	34 441.04	34 441.04
			其他综合收益	−780.76	—
			未分配利润	1 101 389.25	1 369 353.97
			信托权益合计	31 848 622.01	32 732 751.17
资产总计	33 187 494.06	34 045 740.51	负债和信托权益总计	33 187 494.06	34 045 740.51

法定代表人：李琦强　　　主管会计工作负责人：孔祥清　　　会计机构负责人：康颖

5.2.2 信托项目利润及利润分配汇总表

信托项目利润及利润分配汇总表

编制单位：华宝信托有限责任公司　　2023年度　　单位：万元

	本年累计数	上年累计数
1.营业收入	1 086 072.32	1 056 931.74
1.1 利息收入	282 036.15	694 722.07
1.2 投资收益（损失以"−"号填列）	820 801.38	672 950.31
1.2.1其中：对联营企业和合营企业的投资收益	—	—
1.3 公允价值变动收益（损失以"−"号填列）	7 253.45	−331 285.09
1.4 租赁收入	—	—
1.5 汇兑损益（损失以"−"号填列）	−15 089.45	3 442.41
1.6 其他收入	−8 929.21	17 102.05
2.营业支出	136 495.18	253 206.90
2.1 营业税金及附加	2 714.71	3 076.54
2.2 业务及管理费用	145 829.29	227 201.30
2.3 信用减值损失	−18 621.93	22 929.05
2.4 其他资产减值损失	—	—
2.5 其他业务成本	—	—
2.6 利息支出	6 573.10	—
3.信托净利润（净亏损以"−"号填列）	949 577.15	803 724.84
4.其他综合收益	75.61	—
5.综合收益	949 652.76	803 724.84
6.加：期初未分配信托利润	1 369 353.97	1 854 972.21
7.可供分配的信托利润	2 318 931.12	2 940 537.91
8.减：本期已分配信托利润	1 217 541.87	1 571 183.94
9.期末未分配信托利润	1 101 389.25	1 369 353.97

法定代表人：李琦强　　　主管会计工作负责人：孔祥清　　　会计机构负责人：康颖

6.会计报表附注

6.1 年度会计报表编制基准、会计政策、会计估计和核算方法发生的变化

公司自2023年1月1日起执行财政部颁布的《企业会计准则解释第16号》"关于单项交易产生的资产和负债相关的递延所得税不适用初始确认豁免的会计处理"规定，对在首次执行该规定的财务报表列报最早期的期初至首次执行日之间发生的适用该规定的单项交易按该规定进行调整。对在首次执行该规定的财务报表列报最早期的期初因适用该规定的单项交易而确认的租赁负债和使用权资产，以及确认的弃置义务相关预计负债和对应的相关资产，产生应纳税暂时性差异和可抵扣暂时性差异的，按照该规定和《企业会计准则第18号——所得税》的规定，公司将累积影响数调整财务报表列报最早期间，对按递延所得税互抵后净额列示的报表项目无影响。由于公司联营企业华宝证券股份有限公司调整期初留存收益，对公司的报表项目影响如下表所示。

单位：万元

受重要影响的报表项目	影响金额	备注
2022年12月31日资产负债表项目		
长期股权投资	401 137.80	—
盈余公积	40 113.78	—
未分配利润	361 024.02	—

6.2 或有事项说明

截至2023年12月31日，公司无需要披露的或有事项。

6.3 重要资产转让及其出售的说明

公司2023年未发生重要资产的转让。

6.4 会计报表中重要项目的明细资料（以下为母公司口径）

6.4.1 固有资产经营情况

6.4.1.1 按信用风险五级分类结果披露信用风险资产的期初、期末数

信用风险资产五级分类	正常类（万元）	关注类（万元）	次级类（万元）	可疑类（万元）	损失类（万元）	信用风险资产合计（万元）	不良信用风险资产合计（万元）	不良信用风险资产率（%）
期末数	1 109 388.39	7 006.29	—	1 465.88	17.20	1 117 877.76	1 483.08	0.13
期初数	1 055 232.01	—	6 498.30	—	17.20	1 061 747.51	6 515.50	0.61

注：不良资产合计＝次级类＋可疑类＋损失类。

6.4.1.2 各项资产减值损失准备的期初、本期计提、本期转回、本期核销、期末数

单位：万元

项目	期初数	本期计提	本期转回	本期核销	期末数
贷款损失准备	—	—	—	—	—
一般准备	—	—	—	—	—
专项准备	—	—	—	—	—
其他资产减值准备	326.67	-263.13	—	—	63.54
可供出售金融资产减值准备	—	—	—	—	—
持有至到期投资减值准备	—	—	—	—	—
长期股权投资减值准备	7 066.23	—	—	—	7 066.23
坏账准备	1 061.87	798.09	—	—	1 859.96
投资性房地产减值准备	—	—	—	—	—

注：公司于以前年度对华宝证券的长期股权投资计提了7 066.23万元减值准备，根据目前华宝证券的经营情况，实际该项长期股权投资已不存在减值迹象。

6.4.1.3 固有业务股票投资、基金投资、债券投资、股权投资等投资业务的期初数、期末数

单位：万元

项目	股票	基金	债券	长期股权投资	其他投资	合计
期初数	378.23	34 311.30	72 005.22	82 727.89	694 252.72	883 675.36
期末数	92 023.22	12 963.35	29 624.29	88 765.81	677 848.60	901 225.27

6.4.1.4 固有长期股权投资的企业名称、占被投资企业权益比例、主要经营活动及投资收益情况等

企业名称	占被投资企业权益的比例（%）	主要经营活动	投资收益（万元）
1.华宝基金管理有限公司	51	基金管理、发起设立基金以及中国证监会批准的其他业务	23 868.00
2.华宝证券股份有限公司	16.9322	证券经纪、证券投资咨询、证券自营	3 346.43

注：投资收益的口径为影响2023年损益的长期股权投资收益金额。

6.4.1.5 固有贷款的企业名称、占贷款总额的比例和还款情况等

无。

6.4.1.6 表外业务的期初数、期末数；按照代理业务、担保业务和其他类型表外业务分别披露

无。

6.4.1.7 公司当年的收入结构

收入结构	合并口径 金额（万元）	合并口径 占比（%）	母公司口径 金额（万元）	母公司口径 占比（%）
手续费及佣金收入	258 442.84	79.69	97 120.97	56.02
其中：信托手续费收入	97 120.97	29.95	97 120.97	56.02
投资银行业务收入	—	—	—	—
利息收入	13 137.99	4.05	4 198.99	2.42
其他业务收入	452.85	0.14	260.77	0.15
其中：计入信托业务收入部分	—	—	—	—
投资收益	38 470.80	11.87	61 771.07	35.63
其中：股权投资收益	6 046.43	1.86	29 914.43	17.25
公允价值变动收益	3 520.48	1.09	931.40	0.54
其他投资收益	28 903.89	8.91	30 925.24	17.84
营业外收入	13 797.78	4.25	10 019.11	5.78
收入合计	324 302.26	100.00	173 370.91	100.00

注：以上收入结构表为规定格式，故此处收入合计未含汇兑损益及资产处置收益。

本年度公司（母公司口径）实现信托业务收入总额97 120.97万元，其中以手续费及佣金确认的信托业务收入金额69 226.78万元，以业绩报酬形式确认的信托业务收入（浮动报酬）金额27 894.19万元，无以其他形式确认的信托业务收入。

6.4.2 披露信托资产管理情况

6.4.2.1 信托资产的期初数、期末数

单位：万元

信托资产	期初数	期末数
集合	20 707 492.52	24 842 954.12
单一	11 408 276.12	7 428 649.34
财产权	1 929 971.87	915 890.60
合计	34 045 740.51	33 187 494.06

6.4.2.1.1 主动管理型信托业务的信托资产期初数、期末数

单位：万元

主动管理型信托资产	期初数	期末数
证券投资类	14 687 695.66	19 954 216.09
股权投资类	156 083.80	156 210.81
融资类	4 557 009.69	3 629 324.78
事务管理类	—	—
组合投资类	3 379 404.85	2 960 560.56
合计	22 780 194.00	26 700 312.24

6.4.2.1.2 被动管理型信托业务的信托资产期初数、期末数

单位：万元

被动管理型信托资产	期初数	期末数
证券投资类	—	—
股权投资类	—	—
融资类	—	—
事务管理类	11 265 546.51	6 487 181.82
组合投资类	—	—
合计	11 265 546.51	6 487 181.82

6.4.2.2 本年度已清算结束的信托项目个数、实收信托合计金额、加权平均实际年化收益率

公司2023年度终止的信托项目个数为356个，本金合计为4 853 671.48万元，加权平均实际年化收益率为5.19%。

6.4.2.2.1 本年度已清算结束的集合类、单一类资金信托项目和财产管理类信托项目个数、实收信托金额、加权平均实际年化收益率

已清算结束信托项目	项目个数（个）	实收信托合计金额（万元）	加权平均实际年化收益率（%）
集合类	212	1 103 223.05	4.99
单一类	95	2 508 677.60	5.45
财产管理类	49	1 241 770.83	4.85

6.4.2.2.2 本年度已清算结束的主动管理型信托项目个数、实收信托合计金额、加权平均实际年化收益率

已清算结束信托项目	项目个数（个）	实收信托合计金额（万元）	加权平均实际年化收益率（%）
证券投资类	21	127 980.43	1.84
股权投资类	1	2 079.37	12.93
融资类	35	853 094.62	5.41
组合投资类	185	626 305.84	5.30
事务管理类	—	—	—

6.4.2.2.3 本年度已清算结束的被动管理型信托项目个数、实收信托合计金额、加权平均实际年化收益率

已清算结束信托项目	项目个数（个）	实收信托合计金额（万元）	加权平均实际年化收益率（%）
证券投资类	—	—	—
股权投资类	—	—	—
融资类	—	—	—
组合投资类	—	—	—
事务管理类	114	3 244 211.22	5.24

6.4.2.3 本年度新增的集合类、单一类和财产管理类信托项目个数、实收信托合计金额

新增信托项目	项目个数（个）	实收信托合计金额（万元）
集合类	69	6 487 788.63
单一类	203	513 822.85
财产管理类	2 589	289 900.00
新增合计	2 861	7 291 511.48
其中：主动管理型	89	6 702 147.24
被动管理型	2 772	589 364.24

6.4.2.4 信托业务创新成果和特色业务有关情况

公司积极探索各类信托产品及服务的转型和创新，主要如下。

绿色信托业务：公司坚持"受益人利益最大化"的经营理念，坚持走专业化、差异化的发展道路，不断完善投研体系建设，夯实和优化投研能力基础，加强投研一体化建设，提升资产管理能力和信托服务水平，加快转型创新，实现高质量发展。华宝信托ESG系列绿色主题信托业务，是业内首只投资范围涵盖债券、基金，以及碳配额的"固收+"投资型信托，在《中国证券报》主办的第二届中国信托业"金牛奖"评选中荣获"一年期混合类产品金牛奖"。

权益类信托业务：公司坚持"产品+服务"双轮驱动，提升主动投资管理水平，加速构建有梯度的标品产品体系，形成现金理财类、固定收益类、固定收益+类、权益类等较为完备的产品线，以满足投资者多元化的财富管理需求。其中，公司向标准化业务转型中成立的主动管理型权益类产品，积极挖掘被低估的优质公司，重点跟踪宏观环境及市场风格的变化趋势，通过相对均衡的配置和对整体仓位的动态管理，力争在收益与回撤之间把握平衡，在《中国证券报》主办的第二届中国信托业"金牛奖"评选中荣获"三年期权益类产品金牛奖"。

供应链金融业务：公司依托于中国宝武产业背景，深度挖掘生态圈供应链的特点和特色，与中国宝武集团

各子公司及上下游客户合作，通过向中国宝武集团各业务板块及相关领域上下游供应链延伸，并扩展至整个产业生态圈，积极开展各类投融资业务，为生态圈供应链企业提供产业深度金融服务，目前形成有华宝荣业耀华系列、华宝宝业韶华系列、华宝物华筑宝系列等。公司深度践行产融结合，深入研究差旅管理企业场景，在业内首创差旅业务信托，通过信托架构，构建起"期限灵活、成本可控、服务优质"的融资服务体系，为供应商提供基于真实业务场景下的便捷、高效的供应链金融服务。

薪酬福利业务：聚焦目标行业与重点区域，集中挖掘潜在客户，为机构及其员工提供综合化金融服务。公司持续推进"薪酬福利计划+财富管理"业务；跟进市场需求和周期，推进员工境内外持股、个人养老金产品等业务，持续推进养老金融业务的发展；做好企业年金账户管理人资格维护，持续提升账管服务能力；为中国宝武产业生态圈企业提供完善的金融服务体系和综合的薪酬福利资金管理解决方案。

特殊资产业务：有序加快推动存量风险项目处置计划，有效降低风险资产规模，快速介入风险处置服务信托领域。2023年，通过将公司账销案存资产设立财产权信托，并在交易所公开转让部分信托受益权，最终达成交易并收到4 000万元转让款。该项目是联交所历史上首单信托受益权份额转让交易，公司获得上海联交所颁发的"2022年度交易创新奖"。

6.4.2.5 公司履行受托人义务情况及因公司自身责任而导致的信托资产损失情况

公司遵守信托法和信托文件对受托人义务的规定，为受益人的最大利益处理信托事务，管理信托财产时，恪尽职守，履行诚实、信用、谨慎、有效管理的义务，没有损害受益人利益的情况。公司无因自身责任而导致的信托资产损失情况。

6.5 关联方关系及其交易的披露

6.5.1 关联交易方的数量、关联交易的总金额及关联交易的定价政策等

项目	关联交易方数量	关联交易金额（万元）	定价政策
合计	8	153 218.08	按市场公允价格定价

注："关联交易"定义应以《公司法》和《企业会计准则第36号——关联方披露》有关规定为准。

6.5.2 关联交易方与本公司的关系性质、关联交易方的名称、法定代表人、注册地址、注册资本及主营业务等

关系性质	关联方名称	法定代表人	注册地址	注册资本（万元）	主营业务
同一控制人	宝山钢铁股份有限公司	邹继新	上海市宝山区富锦路885号	2 226 220.02	许可项目：危险化学品生产；危险化学品经营；危险废物经营；发电业务、输电业务、供（配）电业务；港口经营；道路货物运输（不含危险货物）；道路危险货物运输；特种设备制造；机动车检验检测服务（依法须经批准的项目，经相关部门批准后方可开展经营活动，具体经营项目以相关部门批准文件或许可证件为准）一般项目：钢、铁冶炼；钢压延加工；常用有色金属冶炼；有色金属压延加工；煤炭及制品销售；金属矿石销售；金属材料销售；高品质特种钢铁材料销售；特种设备销售；再生资源销售；销售服务；技术开发、技术咨询、技术交流、技术转让、技术推广；化工产品生产（不含许可类化工产品）；化工产品销售（不含许可类化工产品）；基础化学原料制造（不含危险化学品等许可类化学品的制造）；普通货物仓储服务（不含危险化学品等需许可审批的项目）；国内货物运输代理；国内集装箱货物运输代理；非居住房地产租赁；土地使用权租赁；机械设备租赁；运输设备租赁服务；船舶租赁；特种设备出租；绘图、计算及测量仪器销售；绘图、计算及测量仪器销售；企业管理咨询；环境保护监测；招投标代理服务；机动车修理和维护；货物进出口；技术进出口；进出口代理；金属废料和碎屑加工处理（除依法须经批准的项目外，凭营业执照依法自主开展经营活动）
同一控制人	华宝（上海）股权投资基金管理有限公司	张晓东	上海市宝山区牡丹江路1325号3层A-3037F室	10 000.00	股权投资管理，投资管理，资产管理（依法须经批准的项目，经相关部门批准后方可开展经营活动）
同一控制人	南京宝钢轧钢有限公司	刘青	南京经济技术开发区（新港金融楼创业中心东01栋417室）	100.00	黑色金属冶炼及其压延（加工）；金属制品生产、销售；自有房屋及设备租赁（依法须经批准的项目，经相关部门批准后方可开展经营活动）
子公司	华宝基金管理有限公司	黄孔威	中国（上海）自由贸易试验区世纪大道100号上海环球金融中心58楼	15 000.00	在中国境内从事基金管理、发起设立基金；中国证监会批准的其他业务（依法须经批准的项目，经相关部门批准后方可开展经营活动）
子公司	成都华业黄龙溪工程管理有限公司	张新华	成都市双流区黄龙溪镇黄龙大道四段2799号	11 000.00	工程项目管理与项目建设管理；工程技术服务与工程信息服务；建筑材料、设备、技术的研发；建筑设备租赁；物业管理（依法须经批准的项目，经相关部门批准后方可开展经营活动）
子公司	华宝（普洱）产业扶贫基金合伙企业（有限合伙）	华宝（上海）股权投资基金管理有限公司	云南省普洱市江城县勐烈大街115号脱贫攻坚指挥部三楼3-5室	500.00	股权投资；投资管理；资产管理（未经监管部门批准不得从事吸收存款、融资担保、代客理财、向社会公众（融）资等金融业务）（依法须经批准的项目，经相关部门批准后方可开展经营活动）

续表

关系性质	关联方名称	法定代表人	注册地址	注册资本（万元）	主营业务
子公司	华宝证券股份有限公司	刘加海	中国（上海）自由贸易试验区浦电路370号2层、3层、4层	400 000.00	一般项目：证券公司为期货公司提供中间介绍业务（除依法须经批准的项目外，凭营业执照依法自主开展经营活动）许可项目：证券业务（证券经纪；证券投资咨询；证券自营；证券资产管理；融资融券；代销金融产品；证券承销与保荐；与证券交易、证券投资活动有关的财务顾问业务）；证券投资基金销售服务（依法须经批准的项目，经相关部门批准后方可开展经营活动，具体经营项目以相关部门批准文件或许可证件为准）
关联企业	湛江宝航置业有限公司	陈士新	湛江市坡头区海东新区申蓝路1号申蓝宝邸住宅小区53号楼	800.00	许可项目：房地产开发经营（依法须经批准的项目，经相关部门批准后方可开展经营活动，具体经营项目以相关部门批准文件或许可证件为准）一般项目：物业管理；房地产经纪（除依法须经批准的项目外，凭营业执照依法自主开展经营活动）

6.5.3 逐笔披露公司与关联方的重大交易事项

6.5.3.1 固有与关联方交易情况：贷款、投资、租赁、应收账款、担保、其他方式等期初汇总数、本期借方和贷方发生额汇总数、期末汇总数

固有与关联方关联交易　　　　单位：万元

项目	期初数	借方发生额	贷方发生额	期末数
贷款	—	—	—	—
投资	75 660.50	—	8 486.45	67 174.05
租赁	—	—	—	—
担保	—	—	—	—
应收账款	—	—	—	—
其他	—	—	—	—
合计	75 660.50	—	8 486.45	67 174.05

6.5.3.2 信托与关联方交易情况：贷款、投资、租赁、应收账款、担保、其他方式等期初汇总数、本期借方和贷方发生额汇总数、期末汇总数

信托与关联方关联交易　　　　单位：万元

项目	期初数	借方发生额	贷方发生额	期末数
贷款	32 995.00	—	—	32 995.00
投资	52 663.69	3 174.69	2 789.35	53 049.03
租赁	—	—	—	—
担保	—	—	—	—
应收账款	—	—	—	—
其他	—	—	—	—
合计	85 658.69	3 174.69	2 789.35	86 044.03

6.5.3.3 信托公司自有资金运用于自己管理的信托项目（固信交易）、信托公司管理的信托项目之间的相互（信信交易）交易金额，包括余额和本报告年度的发生额

6.5.3.3.1 固有与信托财产之间的交易金额期初汇总数、本期发生额汇总数、期末汇总数

固有财产与信托财产相互交易　　　　单位：万元

项目	期初数	本期发生额	期末数
合计	515 933	189 650	542 509

注：以固有资金投资公司自己管理的信托项目受益权，或购买自己管理的信托项目的信托资产均应纳入统计披露范围。

6.5.3.3.2 信托项目之间的交易金额期初汇总数、本期发生额汇总数、期末汇总数

信托资产与信托财产相互交易　　　　单位：万元

项目	期初数	本期发生额	期末数
合计	1 694 636	1 403 882	1 672 154

注：以公司受托管理的一个信托项目的资金购买自己管理的另一个信托项目的受益权或信托项下资产均应纳入统计披露范围。

6.5.4 逐笔披露关联方逾期未偿还公司资金的详细情况以及公司为关联方担保发生或即将发生垫款的详细情况

本报告期公司无上述情况。

6.6 会计制度的披露

本报告期公司固有业务（自营业务）及信托业务均执行《企业会计准则》。

7. 财务情况说明书

7.1 利润实现和分配情况

根据公司2023年度的经营实绩，对2023年度利润进行如下分配：

（1）当年利润总额：1 235 664 853.02元；（2）所得税费用：223 957 102.57元（已考虑纳税调整和递延税款）；（3）净利润：1 011 707 750.45元；（4）提取法定盈余公积金：101 170 775.05元；（5）按照《信托公司管理办法》及《关于规范金融机构资产管理业务的指导意见》等相关规定，按净利润的10%计提风险准备金101 170 775.05元；（6）按照《非银行金融机构外汇业务管理规定》要求，按照税后外汇利润的50%提取外汇资本准备金178 739.82元；（7）按照《金融企业准备金计提管理办法》《银行信贷损失计提指引》规定，按照金融企业承担风险和损失的资产期末余额的1.5%扣除年初一般风险准备余额，提取一般风险准备8 728 097.02元；（8）按公司

法的规定，2023年当年公司可供分配利润800 459 363.51元；（9）根据集团公司《子公司利润分配管理办法》的规定"子公司应以经审计合并报表中当年实现的归属于母公司的净利润为基数，按不低于50%的比例进行年度利润分配"。2023年经审计合并报表中当年归属于母公司所有者的净利润为1 064 892 118.32元（其中信托本部净利润为748 369 729.98元，华宝基金净利润的51%为283 058 119.64元，华宝证券长投权益法确认损益为33 464 268.70元）。

考虑到公司发展规划及业务拓展的需求，按2023年度合并报表中当年实现的归属于母公司的净利润为基数，按50%的比例进行利润分配，即分配2023年利润532 446 059.16元。

综上，2023年分配利润532 446 059.16元，其中中国宝武494 642 388.96元，舟山国投10 116 475.12元，舟山财金27 687 195.08元，符合公司法及监管要求。

7.2 主要财务指标

指标名称	母公司	合并
资本利润率（%）	9.19	9.52
人均净利润（万元）	307.04	405.72

注：1.资本利润率=净利润/所有者权益平均余额×100%。
2.人均净利润=净利润/年平均人数。
3.平均值取年初、年末余额简单平均法，公式为：a（平均）=（年初数+年末数）/2。

7.3 对公司财务状况、经营成果有重大影响的其他事项

无。

8. 特别事项揭示

8.1 公司股东报告期内变动情况及原因

无。

8.2 董事、监事及高级管理人员变动情况及原因

2023年4月6日，华宝信托2023年股东会第一次临时会议以通信方式召开。会议同意《关于变更董事、监事的议案》，选举徐兴军为华宝信托董事（专职），任职资格经监管部门核准后生效；同意选举许旭东为华宝信托监事，并为监事会主席人选；同意免去徐兴军华宝信托监事会主席（专职）、监事职务。

2023年10月16日，华宝信托2023年股东会第四次临时会议以通信方式召开。会议同意《关于监事会换届的议案》，选举许旭东、黄洪永、陈保华为华宝信托第八届监事会股东代表监事（其中许旭东、黄洪永为连任监事），股东会决议后立即履行职责。另，职工代表监事已由公司职代会联席会议选举产生，刘文力、杨坤当选为华宝信托第八届监事会职工监事。

8.3 变更注册资本、变更注册地或公司名称、公司分立合并事项

2023年2月1日，完成市场监督管理部门变更登记完成关于注册资本金的登记变更，变更后营业执照登记的公司注册资本为500 421.9409万元。

8.4 公司的重大诉讼事项

本报告期内，公司无新增重大诉讼。已提起民事诉讼的重大诉讼案件均已胜诉/和解。

8.5 本报告期内公司及其董事、监事和高级管理人员受到处罚的情况

无。

8.6 国家金融监督管理总局及其派出机构对公司检查后提出整改意见的，应简单说明整改情况

报告期内，国家金融监督管理总局上海监管局对公司进行了现场检查。对于检查提出的各项问题，公司正在全面梳理、布置整改中。

8.7 本年度重大事项临时报告的简要内容、披露时间、所披露的媒体及其版面

2023年2月6日，《上海证券报》信息披露/9版。刊登了经过公司2022年股东会第四次、第五次临时会议审议通过的《关于公司注册资本变更、股权结构调整及章程修订的公告》。

8.8 国家金融监督管理总局及其派出机构认定的其他有必要让客户及相关利益人了解的重要信息

无。

9. 公司监事会意见

监事会认为，本报告期内，公司决策程序合法，内部控制制度较为完善，没有发现公司董事、经理和其他高级管理人员在执行公司职务时有违法违纪和有损公司及股东利益的行为。公司财务报告真实地反映了公司的财务状况和经营成果。

华宸信托有限责任公司

1. 重要提示

1.1 本公司董事会及董事保证本报告所载资料不存在任何虚假记载、误导性陈述或者重大遗漏，并对其内容的真实性、准确性和完整性承担个别及连带责任。

1.2 本公司独立董事任国兵、姜德广、郭晓川对年度报告内容的真实性、准确性和完整性无异议。

1.3 本公司负责人邢爱泽、主管财务工作负责人尹伟、财务部门负责人刘玮娜声明：保证年度报告中财务报告的真实、完整。

2. 公司概况

2.1 公司简介

2.1.1 公司基本情况

公司名称（中文）	华宸信托有限责任公司（简称：华宸信托）
公司名称（英文）	HUA CHEN TRUST LIMITED CORPORATION（缩写：HCTRUST）
法定代表人	邢爱泽
注册地址	内蒙古自治区呼和浩特市赛罕区如意西街23号日信华宸大厦5层
邮政编码	010011
公司国际互联网网址	http://www.hctrust.cn

续表

电子信箱	hctrust@hctrust.cn
公司信息披露的报纸	《证券时报》
公司年度报告备置地点	内蒙古自治区呼和浩特市赛罕区如意西街23号日信华宸大厦5层

2.1.2 联系人和联系方式

项目	董事会秘书	公司信息披露联系人
姓名	尹伟	王巍
联系地址	内蒙古自治区呼和浩特市赛罕区如意西街23号日信华宸大厦5层	内蒙古自治区呼和浩特市赛罕区如意西街23号日信华宸大厦5层
电话	0471-4193922	0471-4193902
传真	0471-4193908	0471-4193901
电子信箱	yinwei@hctrust.cn	wangwei@hctrust.cn

2.1.3 公司聘请的会计师事务所

信永中和会计师事务所（特殊普通合伙）

办公地址：北京市东城区朝阳门北大街8号富华大厦A座9层

2.1.4 公司聘请的律师事务所

内蒙古若辉律师事务所

办公地址：呼和浩特市新城区海东路与东二环交汇处曙光培训大厦10层

2.2 公司组织结构

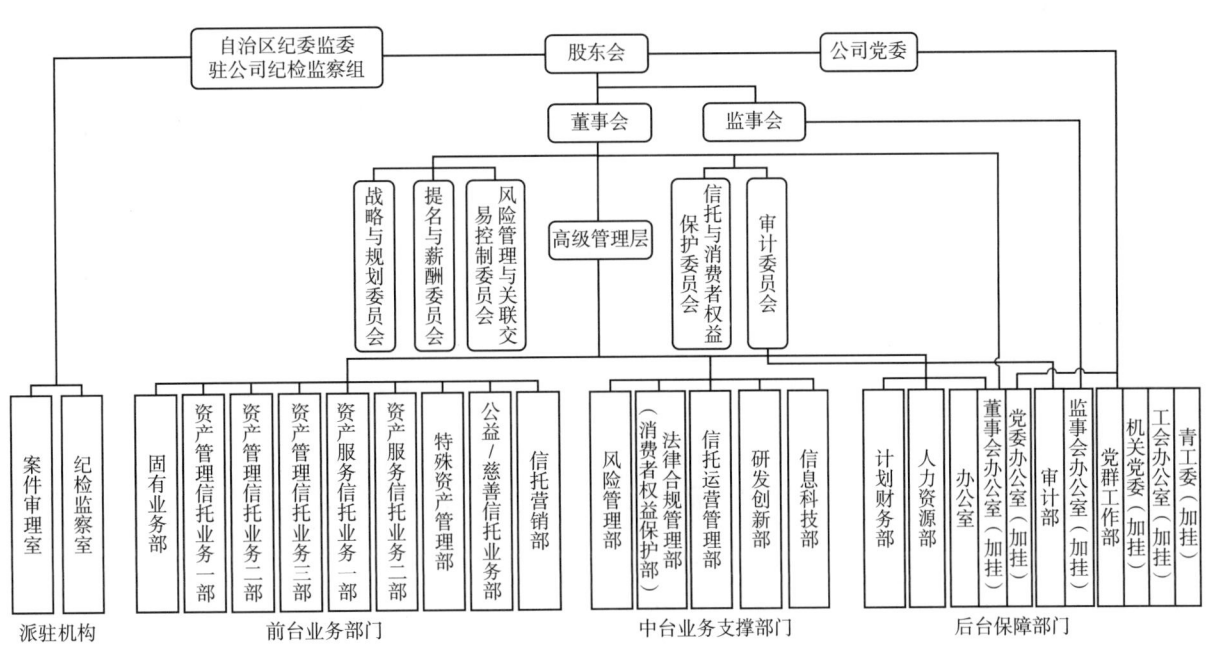

3. 公司治理

3.1 股东

公司前3位股东情况如下表所示。

股东名称	持股比例（％）	法定代表人	注册资本（万元）	注册地址	主要经营业务
内蒙古交通投资（集团）有限责任公司	31.54	马万斌	1 090 000	内蒙古自治区呼和浩特市新城区新华东街55号	投资与资产管理；经营正常
中国大唐集团资本控股有限公司	28.04	刘全成	200 000	北京市丰台区科学城星火路10号B-212室（园区）	投资管理；资产管理；投资咨询；经营正常
内蒙古自治区财政厅	26.10	鞠树文	—	内蒙古自治区呼和浩特市赛罕区敕勒川大街19号	行政单位

3.2 董事

序号	姓名	董事性质	担任本机构及其他机构职务	性别	年龄（岁）	选任时间	任期（年）	代表股东名称	该股东持股比例（％）
1	邢爱泽	内部董事	华宸信托党委书记、董事长	男	55	2022年4月28日	3	—	—
2	晋军	内部董事	华宸信托党委副书记、总经理	男	52	2022年4月28日	3	—	—
3	鄌化平	股东董事	中国大唐集团资本控股有限公司法务风控部副主任	男	44	2022年4月28日	3	中国大唐集团资本控股有限公司	28.04
4	苏娜	股东董事	内蒙古自治区财政厅法制处副处长兼三级调研员	女	42	2022年4月28日	3	内蒙古自治区财政厅	26.10
5	甄学军	职工董事	华宸信托职工董事	男	59	2022年4月28日	3	职代会	—
6	郭晓川	独立董事	上海大学管理学院教授、博士生导师	男	57	2022年4月28日	3	董事会	—
7	姜德广	独立董事	北京六明律师事务所主任、管理合伙人	男	47	2022年4月28日	3	董事会	—
8	任国兵	独立董事	北京市竞天公诚律师事务所，合伙人	男	34	2022年4月28日	3	董事会	—

3.3 监事

姓名	监事性质、职务	性别	年龄（岁）	选任日期	任期（年）	代表股东（或利益方）	该股东持股比例（％）	简要履历
张俊强	职工监事、监事会主席	男	58	2022年6月27日	3	职代会	—	历任内蒙古党委办公厅行政处财务室科员、副主任科员、主任、主任科员，内蒙古党委组织部办公室主任科员、会计，内蒙古党委组织部干部一处主任科员、副主任科员、副处级组织员、副调研员、副处长，内蒙古党委组织部人才工作处调研员，内蒙古党委组织部综合考评处调研员，华宸信托有限责任公司党委副书记、工会主席、纪委书记，现任华宸信托有限责任公司党委副书记、工会主席、监事会主席
贺明珠	股东监事	男	57	2022年6月27日	3	呼和浩特市财政局	0.43	历任内蒙古自治区呼和浩特市财政科研所科员，呼和浩特市财政局商财科科员、农财科副科长、条法税政科科长、经济建设科科长、农牧业科科长、人事教育科科长、政府采购管理科科长、金融科科长、金融外经科科长，现任呼和浩特市财政局四级调研员、华宸信托有限责任公司监事
范春艳	职工监事	女	48	2022年6月27日	3	职代会	—	历任内蒙古中银房地产集团股份有限公司经理助理，华宸信托有限责任公司信托业务一部业务助理、法律合规部合规管理专员、风险管理部经理助理、合规管理部经理、党委办公室主任，现任华宸信托有限责任公司审计部经理、华宸信托有限责任公司监事
严存宝	外部监事	男	61	2022年6月27日	3	监事会	—	历任内蒙古财经学院金融学系助教、讲师、教研室主任、副教授、系副主任，内蒙古财经学院金融学院教授、系主任、院长、党总支书记，现任内蒙古财经学院金融学院教授、华宸信托有限责任公司监事
于丽岩	外部监事	女	54	2022年6月27日	3	监事会	—	历任内蒙古电子仪器厂职员、内蒙古鼎沅会计师事务所验资部经理、内蒙古铭德会计师事务所有限公司审计部经理，现任内蒙古乾汇会计师事务所（普通合伙）主任会计师、华宸信托有限责任公司监事

3.4 高级管理人员

姓名	职务	性别	年龄（年）	任职日期	金融从业年限（年）	学历学位	学位专业	简要履历
晋军	总经理、董事	男	52	2019年6月18日	28	大学，经济学硕士学位	经济信息管理	历任内蒙古信托投资公司人事劳资部副经理、人力资源部经理；华宸信托有限责任公司人力资源部经理；华宸信托有限责任公司总经理助理兼办公室主任、人力资源部经理；华宸信托有限责任公司总经理助理。现任华宸信托有限责任公司党委副书记、总经理、董事
郭树珍	副总经理	男	45	2022年4月28日	27	大学，公共管理硕士学位	公共管理	历任内蒙古自治区呼和浩特市巧报乡信用社员工；内蒙古自治区农村信用社联合社财务计划部资产管理科科长；内蒙古自治区农村信用社联合社资金营运中心科长、主任助理、副主任；内蒙古银行金融市场部副总经理兼金融市场总部上海分部经理、金融市场部副总经理、理财事业部总经理、理财事业部经理、金融市场总部总经理；内蒙古银行乌兰察布分行党委书记、行长。现任华宸信托有限责任公司党委委员、副总经理
张静	副总经理	女	51	2022年9月15日	29	大学，高级管理人员工商管理硕士学位	高级管理人员工商管理	历任内蒙古信托有限责任公司资金信托部员工、信托业务一部副经理。现任华宸信托有限责任公司信托业务二部经理、资产保全部经理。现任华宸信托有限责任公司副总经理
张伟	副总经理	男	41	2022年5月27日至2023年10月31日	15	硕士研究生，经济学硕士学位	产业经济学	历任国家开发银行内蒙古分行风险管理处干部、副科级行员、三级经理助理、二级经理助理、二级经理；国家开发银行内蒙古分行办公室副主任、客户四处处长；鄂尔多斯农商行党委书记、行长；内蒙古自治区农村信用社联合社合规风险法务部副部长、总经理。现任华宸信托有限责任公司副总经理
尹伟	董事会秘书、总经理助理	男	55	2022年6月17日	34	硕士研究生，经济学硕士学位	国际金融	历任工商银行呼和浩特中心支行员工；人民银行内蒙古自治区分行科员、副科长；人民银行呼和浩特中心支行科长；内蒙古银监局科长、办公室副主任、分局副局长、统计信息处处长、办公室主任；内蒙古银保监局（筹）办公室负责人；平安银行呼和浩特分行党委委员、纪委书记、行长助理；华宸信托有限责任公司办公室主任、总经理助理兼办公室主任。现任华宸信托有限责任公司董事会秘书、总经理助理

3.5 公司员工

截至2023年末，公司共有在职员工97人，平均年龄为41岁。学历分布情况为：博士1人，占在岗员工总数的1.03%；硕士51人，占在岗员工总数的52.58%；大学本科43人，占在岗员工总数的44.33%；大学专科1人，占在岗员工总数的1.03%；中专及以下1人，占在岗职工人数的1.03%。

4. 经营管理

4.1 经营目标、方针、战略规划

4.1.1 经营目标

以习近平新时代中国特色社会主义思想为指导，全面贯彻党的二十大精神和二十届二中全会精神，深入学习习近平总书记对金融工作的重要论述和对内蒙古重要讲话重要指示批示精神，认真落实中央、自治区金融、经济工作会议精神、全区财政工作会议精神，坚持稳中求进工作总基调，坚持先立后破总原则，以党建为引领，以铸牢中华民族共同体意识为主线，以服务自治区"两件大事"为中心，团结一致，凝心聚力，坚持走好差异化特色化发展之路，奋力书写华宸高质量发展新篇章。

4.1.2 经营方针

提质增效，坚持走差异化特色化发展之路。

4.1.3 战略规划

坚决按照自治区完成"五大任务"和实现闯新路、进中游目标要求，围绕自治区党委政府重点中心工作，遵循监管导向，以三大业务条线为着力点，以三大板块业务为突破口，优化内部机构设置，理顺管理流程，以做精做专资产服务信托，做强做优资产管理信托，做好做实慈善/公益信托为业务发展重点目标，坚持回归本源，致力于发展科技信托、绿色信托、普惠信托、养老信托、数字信托，坚持走差异化特色化的高质量发展道路。

4.2 所经营业务的主要内容

自营资产运用与分布表

资产运用	金额（万元）	占比（%）	资产分布	金额（万元）	占比（%）
货币资产	43 398.15	30.43	基础产业	11 512.94	8.07
买入返售金融资产	—	—	房地产业	37 011.03	25.95
贷款及应收款	19 557.07	13.71	证券市场	34 366.31	24.10
交易性金融资产	32 093.74	22.50	实业	7 986.69	5.60

续表

资产运用	金额（万元）	占比（%）	资产分布	金额（万元）	占比（%）
持有至到期投资	—	—	金融机构	43 398.15	30.43
债权投资	2 272.57	1.59	其他	8 340.27	5.85
长期股权投资	—	—			
其他资产	45 293.86	31.77			
资产总计	142 615.39	100.00	资产总计	142 615.39	100.00

注：资产分布中其他项目包括固定资产、递延所得税资产、无形资产等。

信托资产运用与分布表

资产运用	金额（万元）	占比（%）	资产分布	金额（万元）	占比（%）
货币资产	3 158.07	2.78	基础产业	3 732.03	3.29
贷款	43 726.11	38.50	房地产	7 137.33	6.28
买入返售金融资产	9 587.70	8.44	金融机构	—	—
交易性金融资产	53 951.39	47.51	证券市场	32 340.58	28.48
债权投资	—	—	工商企业	12 258.34	10.79
长期股权投资	—	—	其他	58 096.66	51.16
其他	3 141.67	2.77	—	—	—
资产总计	113 564.94	100.00	资产总计	113 564.94	100.00

注：资产分布中其他58 096.66万元，主要包括：建筑业33 945.73万元，交通运输、仓储和邮政业21 637.12万元，公共管理和社会组织1 505.99万元，金融业996.12万元，水利、环境和公共设施管理业10.87万元，制造业0.83万元。

4.3 市场分析

从国内层面看，随着居民财富累积水平不断升高，投资管理意识逐步提升，对于资管产品需求不断增加，特别是部分高净值客户对于资产配置、家族财富传承等精品化、特色化、多元化、个性化财富管理服务需求持续上升，为公司做大做强资产服务信托业务奠定了良好的发展基础。

从行业层面看，中央金融工作会议的召开，明确了严监管的大方向，突出了金融的政治性人民性，更提出了"五篇大文章"的重点任务，为公司业务转型指明了发展路径；资管新规和信托业务"三分类"等系列监管规定的正式出台，为信托业转型发展明确了发展方向和重点领域。

从自治区层面看，国务院《国务院关于推动内蒙古高质量发展 奋力书写中国式现代化新篇章的意见》是为内蒙古量身定做的发展规划，自治区围绕落实总书记交办的"五大任务"明确了诸多重点领域和重点项目，为我们展业提供了充足的业务机遇。

4.4 内部控制概论

4.4.1 内部控制环境和内部控制文化

内部控制是指由公司董事会、监事会、经营管理层和全体员工实施的，通过制定和实施系统化的制度、流程和方法，实现控制目标的动态过程和机制。公司的内部控制目标是保证经营管理合法合规、资产安全、财务报告及相关信息真实完整，提高经营效率和效果，促进公司实现发展战略。公司高度重视内部控制建设，按照《公司法》《信托法》《信托公司管理办法》等法律法规、部门规章及公司章程的相关要求，建立了由股东会、董事会、监事会和高级管理层组成的分工明确、权责对应、合理制衡的公司治理结构。公司始终秉承"受人之托，代人理财"的宗旨和"诚实、信用、谨慎、有效"的经营理念，为公司合规稳健发展创造了健康有序的内部控制环境。

4.4.2 内部控制措施

公司将内控合规体系和全面风险管理体系的建设与实施相融合，结合公司发展实际，不断健全完善公司内部控制措施。截至2023年末，公司内控制度体系由13大类、190余项制度组成，具体包括公司治理、内部控制、风险管理、信托业务管理、固有资金运用管理、综合管理、财务管理、人力资源管理、信息科技管理、反洗钱和反恐怖融资管理、金融消费者权益保护、案件防控、保密管理等，覆盖公司主要业务和日常管理领域。

4.4.3 信息交流与反馈

信息交流与反馈是建立有效内部控制的重要条件，公司结合内部组织架构，按照业务类型建立了不同路径的信息交流与反馈机制，确保公司各类信息能够有效地、准确地、及时地在公司各个层级、各个部门传达和反馈，每一项信息均能够传递给相关的部门和员工。

4.4.4 监督评价与纠正

公司建立了多层的内控监督体系，充分发挥各职能部门的监督评价作用。公司监事会依法对公司董事、高级管理层履职情况进行监督评价，审计部依据职能独立行使监督评价职能，通过常规审计和专项审计相结合的方式，持续对各类经营管理活动进行监督评价。

4.5 风险管理概况

近年来，伴随着资管新规与信托业务"三分类"新规的落地与实施，信托行业在面临转型发展的同时，在全面防范化解风险方面同样面临着挑战。为了积极应对信托行业变革，公司不断完善全面风险管理体系，持续提高风险管理水平，积极研究市场和政策变化，及时应变调整，通过不断提高风险管控能力，确保公司业务安全开展。

第一，在报告期内，公司坚持以"董事会、经营层、风险管理部、各职能部门"自上而下的四级风险管理体系，由前中后台构成的风险"三道防线"各司其职，相互之间协调配合，分工协作，并通过独立、有效的监控，提高公司整体风险管理有效性。在业务决策方面，不断健全完善业务决策流程，在严格把控风险的基础上积极推进业务的转型与落地。第二，针对各类业务，公司不断优化风险管理工作机制，根据不同信托业务的类型与特点，建立针对性的风险管理制度，重点在项目立项、风险审查、项目决策、产品发行、投后管理（或监测）等各环节进行全流程风险管理。第三，强化风险的识别与控制，注重风险的防控和化解，在报告期内，公司将防范信托业务风险摆在首位，严防各类风险事件的发生，积极化解各类存量风险资产。公司经营中可能遇到的风险主要有：信用风险、市场风险、操作风险、法律风险、合规风险、声誉风险等。

5.报告期末及上一年度末的比较式会计报表

5.1 自营资产

5.1.1 会计师事务所审计意见

审计报告

XYZH/2024BJAA18B0283

华宸信托有限责任公司

华宸信托有限责任公司：

一、审计意见

我们审计了华宸信托有限责任公司（以下简称贵公司）财务报表，包括2023年12月31日的资产负债表、2023年度的利润表、现金流量表、所有者权益变动表，以及相关财务报表附注。

我们认为，后附的财务报表在所有重大方面按照企业会计准则的规定编制，公允反映了贵公司2023年12月31日的财务状况以及2023年度的经营成果和现金流量。

二、形成审计意见的基础

我们按照中国注册会计师审计准则的规定执行了审计工作。审计报告的"注册会计师对财务报表审计的责任"部分进一步阐述了我们在这些准则下的责任。按照中国注册会计师职业道德守则，我们独立于贵公司，并履行了职业道德方面的其他责任。我们相信，我们获取的审计证据是充分、适当的，为发表审计意见提供了基础。

三、管理层和治理层对财务报表的责任

贵公司管理层（以下简称管理层）负责按照企业会计准则的规定编制财务报表，使其实现公允反映，并设计、执行和维护必要的内部控制，以使财务报表不存在由于舞弊或错误导致的重大错报。

在编制财务报表时，管理层负责评估贵公司的持续经营能力，披露与持续经营相关的事项（如适用），并运用持续经营假设，除非管理层计划清算贵公司、终止运营或别无其他现实的选择。

治理层负责监督贵公司的财务报告过程。

四、注册会计师对财务报表审计的责任

我们的目标是对财务报表整体是否不存在由于舞弊或错误导致的重大错报获取合理保证，并出具包含审计意见的审计报告。合理保证是高水平的保证，但并不能保证按照审计准则执行的审计在某一重大错报存在时总能发现。错报可能由于舞弊或错误导致，如果合理预期错报单独或汇总起来可能影响财务报表使用者依据财务报表作出的经济决策，则通常认为错报是重大的。

在按照审计准则执行审计工作的过程中，我们运用职业判断，并保持职业怀疑。同时，我们也执行以下工作：

（1）识别和评估由于舞弊或错误导致的财务报表重大错报风险，设计和实施审计程序以应对这些风险，并获取充分、适当的审计证据，作为发表审计意见的基础。由于舞弊可能涉及串通、伪造、故意遗漏、虚假陈述或凌驾于内部控制之上，未能发现由于舞弊导致的重大错报的风险高于未能发现由于错误导致的重大错报的风险。

（2）了解与审计相关的内部控制，以设计恰当的审计程序，但目的并非对内部控制的有效性发表意见。

（3）评价管理层选用会计政策的恰当性和作出会计估计及相关披露的合理性。

（4）对管理层使用持续经营假设的恰当性得出结论。同时，根据获取的审计证据，就可能导致对贵公司持续经营能力产生重大疑虑的事项或情况是否存在重大不确定性得出结论。如果我们得出结论认为存在重大不确定性，审计准则要求我们在审计报告中提请报表使用者注意财务报表中的相关披露；如果披露不充分，我们应当发表非无保留意见。我们的结论基于截至审计报告日可获得的信息。然而，未来的事项或情况可能导致贵公司不能持续经营。

（5）评价财务报表的总体列报、结构和内容，并评价财务报表是否公允反映相关交易和事项。

我们与治理层就计划的审计范围、时间安排和重大审计发现等事项进行沟通，包括沟通我们在审计中识别出的值得关注的内部控制缺陷。

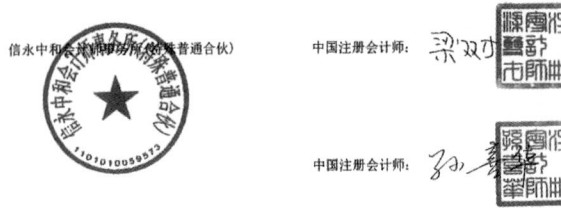

中国 北京　　　　　　　二〇二四年四月十二日

5.1.2 资产负债表

资产负债表

编制单位：华宸信托有限责任公司　　2023年12月31日　　单位：元

项目	注释	2023年12月31日	2022年12月31日
资产：			
货币资金	七、（一）	433 981 501.76	364 039 119.53
存放同业款项		—	—
贵金属		—	—
拆出资金		—	—
交易性金融资产	七、（二）	320 937 350.77	308 302 511.96
衍生金融资产		—	—
买入返售金融资产		—	—
应收利息	七、（三）	574 373.66	—
应收股利		—	—
应收账款	七、（四）	1 659 888.14	1 700 202.95
预付账款	七、（五）	2 248 775.14	631 699.78
其他应收款	七、（六）	111 220 741.78	48 637 430.72
持有待售资产		—	—
发放贷款及垫款	七、（七）	79 866 928.30	149 485 971.77
债权投资	七、（八）	22 725 715.06	176 188 145.21
其他债权投资		—	—
长期股权投资	七、（九）	—	271 097.92
固定资产	七、（十）	13 734 824.60	15 173 075.47
在建工程	七、（十一）	831 194.69	4 058 495.58
使用权资产	七、（十二）	—	264 793.08

续表

项目	注释	2023年12月31日	2022年12月31日
无形资产	七、（十三）	8 643 360.12	5 897 101.55
递延所得税资产	七、（十四）	59 618 975.22	77 127 085.58
其他资产	七、（十五）	370 110 260.59	111 246 846.63
资产总计		1 426 153 889.83	1 263 023 577.73

资产负债表（续）

编制单位：华宸信托有限责任公司　　2023年12月31日　　单位：元

项目	注释	2023年12月31日	2022年12月31日
负债：			
向中央银行借款		—	—
同业及其他金融机构存放款		—	—
拆入资金		—	—
以公允价值计量且其变动计入当期损益的金融负债		—	—
衍生金融负债		—	—
卖出回购金融资产款		—	—
合同负债	七、（十七）	5 004 793.16	4 137 237.48
应付职工薪酬	七、（十八）	31 281 867.79	25 294 518.32
应交税费	七、（十九）	934 835.08	541 998.96
应付利息		—	—
应付股利		—	—
其他应付款	七、（二十）	118 300 520.70	12 400 315.84
持有待售负债		—	—
租赁负债	七、（二十一）	—	283 992.55
递延所得税负债		—	—
负债合计		155 522 016.73	42 658 063.15
所有者权益（或股东权益）：			
实收资本	七、（二十二）	1 000 000 000.00	925 790 000.00
其他权益工具		—	—
资本公积	七、（二十三）	1 242 831.40	75 452 831.40
减：库存股		—	—
其他综合收益		—	—
盈余公积	七、（二十四）	105 911 471.33	100 884 835.48
专项储备		—	—
一般风险准备	七、（二十五）	32 018 997.65	31 546 018.36
信托赔偿准备金	七、（二十六）	55 535 556.99	53 022 239.06
未分配利润	七、（二十七）	75 923 015.73	33 669 590.28
所有者权益合计		1 270 631 873.10	1 220 365 514.58
负债和所有者权益总计		1 426 153 889.83	1 263 023 577.73

法定代表人：邢爱泽　　主管会计工作负责人：尹伟　　会计机构负责人：刘玮娜

5.1.3 利润表

利润表

编制单位：华宸信托有限责任公司　　　　　　　　　　2023年度　　　　　　　　　　单位：元

项目	注释	2023年度	2022年度
一、营业总收入	—	25 694 656.12	23 301 285.39
营业收入		—	—
利息收入	七、（二十八）	19 507 935.08	16 598 033.45
手续费及佣金收入	七、（二十九）	4 729 792.88	2 193 870.00
其他业务收入	七、（三十）	1 622 713.51	1 264 182.13
投资收益（损失以"-"号填列）	七、（三十一）	6 692 769.90	1 523 601.81
其中：对联营企业和合营企业的投资收益	七、（三十一）	-271 097.92	-2 344 715.64
资产处置收益（损失以"-"号填列）	—		
其他收益	七、（三十二）	9 695.54	178 294.36
公允价值变动收益（损失以"-"号填列）	七、（三十三）	-6 868 250.79	1 543 303.64
汇兑收益（损失以"-"号填列）		—	
二、营业总成本	—	-40 188 709.16	-29 080 630.88
营业成本		—	
利息支出		—	
手续费及佣金支出	七、（二十九）	350 095.68	60 099.04
其他业务成本	七、（三十）	344 912.03	250 729.70
税金及附加	七、（三十四）	1 429 234.80	1 208 538.26
业务及管理费	七、（三十五）	69 451 560.37	53 802 835.44
信用减值损失（收益以"-"号填列）	七、（三十六）	-127 850 159.69	-88 908 752.86
资产减值损失（收益以"-"号填列）	七、（三十七）	16 085 647.65	4 505 919.54
三、营业利润（亏损以"-"号填列）	—	65 883 365.28	52 381 916.27
加：营业外收入	七、（三十八）	1 917 416.87	2 942 500.00
减：营业外支出	七、（三十九）	26 313.27	2 465 200.47
四、利润总额（亏损总额以"-"号填列）	—	67 774 468.88	52 859 215.80
减：所得税费用	七、（四十）	17 508 110.36	13 740 017.50
五、净利润（净亏损以"-"号填列）		50 266 358.52	39 119 198.30
1.持续经营净利润（净亏损以"-"号填列）	—	50 266 358.52	39 119 198.30
2.终止经营净利润（净亏损以"-"号填列）	—	—	—
六、其他综合收益的税后净额		—	—
（一）以后不能重分类进损益的其他综合收益		—	—
其中：1.重新计量设定受益计划净负债或净资产的变动			
2.权益法下在被投资单位不能重分类进损益的其他综合收益中享有的份额			
3.其他权益工具投资公允价值变动			
（二）以后将重分类进损益的其他综合收益			
其中：1.权益法下在被投资单位以后将重分类进损益的其他综合收益中享有的份额			
2.可供出售金融资产公允价值变动损益			
3.其他债权投资信用减值准备			
4.现金流量套期损益的有效部分			
5.外币财务报表折算差额			
七、综合收益总额	—	50 266 358.52	39 119 198.30

法定代表人：邢爱泽　　　　　主管会计工作负责人：尹伟　　　　　会计机构负责人：刘玮娜

5.1.4 所有者权益变动表

所有者权益变动表

编制单位：华宸信托有限责任公司　　　　　　　　　　　　2023年度　　　　　　　　　　　　单位：元

项目	2023年度								
	实收资本	其他权益工具	资本公积	其他综合收益	盈余公积	一般风险准备	信托赔偿准备金	未分配利润	所有者权益合计
一、上年年末余额	925 790 000.00	—	75 452 831.40	—	100 884 835.48	31 546 018.36	53 022 239.06	33 669 590.28	1 220 365 514.58
加：会计政策变更	—	—	—	—	—	—	—	—	—
前期差错更正	—	—	—	—	—	—	—	—	—
其他	—	—	—	—	—	—	—	—	—
二、本年年初余额	925 790 000.00	—	75 452 831.40	—	100 884 835.48	31 546 018.36	53 022 239.06	33 669 590.28	1 220 365 514.58
三、本年增减变动金额（减少以"-"号填列）	74 210 000.00	—	−74 210 000.00	—	5 026 635.85	472 979.29	2 513 317.93	42 253 425.45	50 266 358.52
（一）综合收益总额	—	—	—	—	—	—	—	50 266 358.52	50 266 358.52
（二）所有者投入和减少资本	—	—	—	—	—	—	—	—	—
1.所有者投入资本	—	—	—	—	—	—	—	—	—
2.其他权益工具持有者投入资本	—	—	—	—	—	—	—	—	—
3.股份支付计入所有者权益的金额	—	—	—	—	—	—	—	—	—
4.其他	—	—	—	—	—	—	—	—	—
（三）专项储备提取和使用	—	—	—	—	—	—	—	—	—
1.提取专项储备	—	—	—	—	—	—	—	—	—
2.使用专项储备	—	—	—	—	—	—	—	—	—
（四）利润分配	—	—	—	—	5 026 635.85	472 979.29	2 513 317.93	−8 012 933.07	—
1.提取盈余公积	—	—	—	—	5 026 635.85	—	—	−5 026 635.85	—
其中：法定公积金	—	—	—	—	5 026 635.85	—	—	−5 026 635.85	—
任意公积金	—	—	—	—	—	—	—	—	—
储备基金	—	—	—	—	—	—	—	—	—
企业发展基金	—	—	—	—	—	—	—	—	—
利润归还投资	—	—	—	—	—	—	—	—	—
2.提取一般风险准备	—	—	—	—	—	472 979.29	—	−472 979.29	—
3.提取信托赔偿准备金	—	—	—	—	—	—	2 513 317.93	−2 513 317.93	—
4.所有者的分配	—	—	—	—	—	—	—	—	—
5.其他	—	—	—	—	—	—	—	—	—
（五）所有者权益内部结转	74 210 000.00	—	−74 210 000.00	—	—	—	—	—	—
1.资本公积转增资本	74 210 000.00	—	−74 210 000.00	—	—	—	—	—	—
2.盈余公积转增资本	—	—	—	—	—	—	—	—	—
3.盈余公积弥补亏损	—	—	—	—	—	—	—	—	—
4.其他	—	—	—	—	—	—	—	—	—
四、本年年末余额	1 000 000 000.00	—	1 242 831.40	—	105 911 471.33	32 018 997.65	55 535 556.99	75 923 015.73	1 270 631 873.10

法定代表人：邢爱泽　　　　　　　　主管会计工作负责人：尹伟　　　　　　　　会计机构负责人：刘玮娜

所有者权益变动表（续）

编制单位：华宸信托有限责任公司　　　　　　2022年度　　　　　　单位：元

项目	2022年度								
	实收资本	其他权益工具	资本公积	其他综合收益	盈余公积	一般风险准备	信托赔偿准备金	未分配利润	所有者权益合计
一、上年年末余额	879 110 000.00	—	47 922 831.40	—	96 972 915.65	31 326 631.36	51 066 279.15	637 658.72	1 107 036 316.28
加：会计政策变更	—	—	—	—	—	—	—	—	—
前期差错更正	—	—	—	—	—	—	—	—	—
其他	—	—	—	—	—	—	—	—	—
二、本年年初余额	879 110 000.00	—	47 922 831.40	—	96 972 915.65	31 326 631.36	51 066 279.15	637 658.72	1 107 036 316.28
三、本年增减变动金额（减少以"-"号填列）	46 680 000.00	—	27 530 000.00	—	3 911 919.83	219 387.00	1 955 959.91	33 031 931.56	113 329 198.30
（一）综合收益总额	—	—	—	—	—	—	—	39 119 198.30	39 119 198.30
（二）所有者投入和减少资本	46 680 000.00	—	27 530 000.00	—	—	—	—	—	74 210 000.00
1.所有者投入资本	46 680 000.00	—	27 530 000.00	—	—	—	—	—	74 210 000.00
2.其他权益工具持有者投入资本	—	—	—	—	—	—	—	—	—
3.股份支付计入所有者权益的金额	—	—	—	—	—	—	—	—	—
4.其他	—	—	—	—	—	—	—	—	—
（三）专项储备提取和使用	—	—	—	—	—	—	—	—	—
1.提取专项储备	—	—	—	—	—	—	—	—	—
2.使用专项储备	—	—	—	—	—	—	—	—	—
（四）利润分配	—	—	—	—	3 911 919.83	219 387.00	1 955 959.91	-6 087 266.74	—
1.提取盈余公积	—	—	—	—	3 911 919.83	—	—	-3 911 919.83	—
其中：法定公积金	—	—	—	—	3 911 919.83	—	—	-3 911 919.83	—
任意公积金	—	—	—	—	—	—	—	—	—
储备基金	—	—	—	—	—	—	—	—	—
企业发展基金	—	—	—	—	—	—	—	—	—
利润归还投资	—	—	—	—	—	—	—	—	—
2.提取一般风险准备	—	—	—	—	—	219 387.00	—	-219 387.00	—
3.提取信托赔偿准备金	—	—	—	—	—	—	1 955 959.91	-1 955 959.91	—
4.所有者的分配	—	—	—	—	—	—	—	—	—
5.其他	—	—	—	—	—	—	—	—	—
（五）所有者权益内部结转	—	—	—	—	—	—	—	—	—
1.资本公积转增资本	—	—	—	—	—	—	—	—	—
2.盈余公积转增资本	—	—	—	—	—	—	—	—	—
3.盈余公积弥补亏损	—	—	—	—	—	—	—	—	—
4.其他	—	—	—	—	—	—	—	—	—
四、本年年末余额	925 790 000.00	—	75 452 831.40	—	100 884 835.48	31 546 018.36	53 022 239.06	33 669 590.28	1 220 365 514.58

法定代表人：邢爱泽　　　　　　主管会计工作负责人：尹伟　　　　　　会计机构负责人：刘玮娜

5.2 信托资产

5.2.1 信托项目资产负债汇总表

资产负债汇总表

编制单位：华宸信托有限责任公司　　2023年12月31日　　单位：元

信托资产	期末数	期初数	信托负债和信托权益	期末数	期初数
信托资产：			信托负债：		
货币资金	31 580 667.26	16 813 329.75	交易性金融负债	—	—
拆出资金	—	—	衍生金融负债	—	—
存出保证金	—	—	应付受托人报酬	7 479 840.75	8 026 547.71
交易性金融资产	539 513 862.55	112 761 177.08	应付托管费	30 014.21	24 796.50
衍生金融资产	—	—	应付受益人收益	—	—
买入返售金融资产	95 877 032.23	286 187 261.74	应交税费	715 260.19	314 788.75
应收款项	31 406 709.32	50 203 909.57	应付销售服务费	—	—
发放贷款	437 261 111.42	77 762 208.16	应付交易费用	—	—
可供出售金融资产	—	—	应付投资管理费	—	—
持有至到期投资	—	—	应付银行服务费	—	—
债权投资	—	189 172 602.74	其他应付款项	81 023 775.79	84 885 416.64
其他债权投资	—	—	预计负债	—	—
长期应收款	—	—	其他负债	—	—
长期股权投资	—	—	信托负债合计	89 248 890.94	93 251 549.60
投资性房地产	—	—			
固定资产	—	—	信托权益：		
无形资产	—	—	实收信托	1 003 125 284.39	612 993 304.67
长期待摊费用	—	—	资本公积	—	—
其他资产	10 000.00	—	外币报表折算差额	—	—
—			其他综合收益	—	—
			未分配利润	43 275 207.45	26 655 634.77
			信托权益合计	1 046 400 491.84	639 648 939.44
信托资产总计	1 135 649 382.78	732 900 489.04	信托负债及信托权益总计	1 135 649 382.78	732 900 489.04

5.2.2 信托项目利润及利润分配汇总表

利润及利润分配汇总表

编制单位：华宸信托有限责任公司　　2023年度　　单位：元

项目	本年金额	上年金额
1.营业收入	73 981 040.56	22 085 380.17
1.1利息收入	38 878 170.45	21 986 686.99
1.2投资收益	22 326 933.86	386 872.38
1.3公允价值变动损益	12 775 936.25	−288 179.20
1.4租赁收入	—	—
1.5汇兑损益	—	—
1.6其他收入	—	—
2.支出	4 822 999.35	2 143 756.03
2.1营业税金及附加	245 892.12	77 447.21

续表

项目	本年金额	上年金额
2.2受托人报酬	1 491 357.03	2 327 634.45
2.3托管费	70 438.62	45 294.35
2.4投资管理费	—	—
2.5销售服务费	—	—
2.6交易费用	243 324.00	—
2.7资产减值损失	—	—
2.81律师费	2 672 323.74	—
2.82资料印刷费	4 066.00	—
2.83差旅费	—	—
2.84印花税	18 883.11	—
2.85银行结算费	4 406.47	7 663.35

续表

项目	本年金额	上年金额
2.86银行服务费	10 149.07	50.00
2.87招待费	—	—
2.88机动车费用	—	—
2.89其他费用	62 159.19	-314 333.33
3.信托净利润	69 158 041.21	19 941 624.14
4.其他综合收益	—	—

续表

项目	本年金额	上年金额
5.综合收益总计	69 158 041.21	19 941 624.14
6.加：期初未分配信托利润	26 655 634.77	25 966 179.14
加：损益平准金	131 544.21	—
7.可供分配的信托利润	95 945 220.19	45 907 803.28
8.减：本期已分配信托利润	52 670 012.74	19 252 168.51
9.期末未分配信托利润	43 275 207.45	26 655 634.77

5.2.3 信托项目净资产变动表

净资产变动表

编制单位：华宸信托有限责任公司　　　2023年度　　　单位：元

项目	本年金额				上年金额			
	实收资金	其他综合收益	未分配利润	净资产合计	实收资金	其他综合收益	未分配利润	净资产合计
一、上年年末余额	612 993 304.67	—	26 655 634.77	639 648 939.44	657 725 987.00	—	32 892 095.92	690 618 082.92
加：会计政策变更	—	—	—	—	—	—	-6 925 916.78	-6 925 916.78
前期差错更正	—	—	—	—	—	—	—	—
其他	—	—	—	—	—	—	—	—
二、本年年初余额	612 993 304.67	—	26 655 634.77	639 648 939.44	657 725 987.00	—	25 966 179.14	683 692 166.14
三、本年增减变动额（减少以"-"号填列）	390 131 979.72	—	16 619 572.68	406 751 552.40	-44 732 682.33	—	689 455.63	-44 043 226.70
（一）综合收益总额	—	—	69 158 041.21	69 158 041.21	—	—	19 941 624.14	19 941 624.14
（二）产品持有人申购和赎回	390 131 979.72	—	131 544.21	390 263 523.93	-44 732 682.33	—	—	-44 732 682.33
其中：1.产品申购	816 386 597.99	—	131 544.21	816 518 142.20	150 305 610.00	—	—	150 305 610.00
2.产品赎回	-426 254 618.27	—	—	-426 254 618.27	-195 038 292.33	—	—	-195 038 292.33
（三）利润分配	—	—	-52 670 012.74	-52 670 012.74	—	—	-19 252 168.51	-19 252 168.51
（四）其他综合收益结转留存收益	—	—	—	—	—	—	—	—
四、本年年末余额	1 003 125 284.39	—	43 275 207.45	1 046 400 491.84	612 993 304.67	—	26 655 634.77	639 648 939.44

6.会计报表附注

6.1 报告年度会计报表编制基准、会计政策、会计估值和核算方法发生的变化

无。

6.2 重要会计政策和会计估计说明

截至2023年12月31日，本公司无重大或有事项。

6.3 或有事项说明

2023年度本公司无重要资产转让、出售业务发生。

6.4 会计报表中重要科目的明细资料

6.4.1 自营资产经营情况

6.4.1.1 按风险资产分类的结果披露资产的期初数、期末数

信用风险资产五级分类	正常类（万元）	关注类（万元）	次级类（万元）	可疑类（万元）	损失类（万元）	资产合计（万元）	不良资产合计（万元）	不良资产率（%）
期初数	93 317.87	6 622.80	33 575.46	3 324.17	14 401.53	151 241.83	51 301.16	33.92
期末数	120 441.73	790.07	27 641.11	7 382.18	123.32	156 378.41	35 146.61	22.48

注：不良资产合计=次级类+可疑类+损失类。

6.4.1.2 资产减值准备情况

单位：万元

项目	年初余额	本年增加额	本年减少额		年末余额
		本年计提额	因资产价值回升转回额	转销额	
坏账准备	14 523.84	3 190.61	9 606.97	—	8 107.48
贷款损失准备	446.40	-433.09	—	—	13.31
债权投资减值准备	7 791.81	-5 935.56	—	—	1 856.25
抵债资产减值准备	2 177.42	1 608.56	—	—	3 785.98
合计	24 939.47	-1 569.48	9 606.97	—	13 763.02

6.4.1.3 自营股票投资、基金投资、债券投资、长期股权投资等投资的期初数、期末数

单位：万元

项目	自营股票	基金	债券	长期股权投资	其他投资	合计
期初数	—	10 597.50	—	27.11	35 928.07	46 552.68
期末数	—	9 488.68	—	—	17 613.82	27 102.50

6.4.1.4 前五名的自营长期股权投资的企业名称、占被投资企业权益的比例、主要经营活动及投资收益情况等（按公司拥有权益比例从大到小顺序排列）

企业名称	占被投资企业权益的比例（％）	主要经营活动	投资收益（万元）
华宸未来基金管理有限公司	40	基金募集、基金销售、特定客户资产管理等	-27.11

注：华宸未来基金管理有限公司注册资本20 000万元，系本公司与西安长涛电子科技有限公司和未来资产基金管理公司共同出资设立，本公司出资8 000万元，占比40％，不能对该公司实施控制，按权益法核算，公司于2012年6月20日成立并取得营业执照。

6.4.1.5 前五名的自营贷款的企业名称、占贷款总额的比例和还款情况等

企业名称	贷款金额（万元）	占总额比例（％）	还款情况
磴口县怡晨生态环境有限公司	5 000	62.50	正常
内蒙古民丰种业有限公司	3 000	37.50	正常
合计	8 000	100	—

6.4.1.6 表外业务的期初数、期末数

报告期内公司未开展表外业务。

6.4.1.7 公司当年的收入结构

收入结构	金额（万元）	占比（％）
手续费及佣金收入	472.98	17.12
其中：信托手续费收入	385.74	13.97
顾问和咨询费	87.24	3.16
利息收入	1 950.79	70.64
其他业务收入	162.27	5.88
其中：计入信托业务收入部分	—	—
投资收益	669.28	24.25

续表

收入结构	金额（万元）	占比（％）
其中：股权投资收益	-27.11	-0.98
证券投资收益	29.88	1.08
其他投资收益	666.51	24.14
其他收益	0.97	0.04
公允价值变动收益	-686.83	-24.87
营业外收入	191.74	6.94
收入合计	2 761.20	100.00

6.4.2 披露信托资产管理情况

6.4.2.1 信托资产的期初数、期末数

单位：万元

信托资产	期初数	期末数
集合	68 616.73	77 805.27
单一	4 673.31	35 758.67
财产权	—	1.00
合计	73 290.05	113 564.94

6.4.2.1.1 主动管理型信托业务期初数、期末数，分证券投资、股权投资、融资、事务管理类分别披露

单位：万元

主动管理型信托资产	期初数	期末数
证券投资类	29 694.87	53 977.70
股权投资类	984.35	758.54
融资类	37 936.95	23 069.03
事务管理类		
合计	68 616.17	77 805.27

6.4.2.1.2 被动管理型信托业务期初数、期末数

单位：万元

被动管理型信托资产	期初数	期末数
证券投资类	—	—
股权投资类	—	—
融资类	3 118.44	3 118.40
事务管理类	1 555.44	32 641.27
合计	4 673.88	35 759.67

6.4.2.2 本年度已清算结束信托项目4个，实收信托合计金额18 141.50万元、加权平均实际年化收益率6.66%

6.4.2.2.1 本年度已清算结束的集合类、单一类资金信托项目和财产管理类信托项目个数、金额、加权平均实际年化收益率

已清算结束信托项目	项目个数（个）	实收信托合计金额（万元）	加权平均实际年化收益率（％）
集合类	3	18 111.50	6.66
单一类	1	30.00	—
财产管理类	—	—	—

6.4.2.2.2 本年度已清算结束的主动管理型信托项目个数、合计金额、加权平均实际年化收益率

已清算结束信托项目	项目个数（个）	合计金额（万元）	信托报酬率（％）	加权平均实际年化收益率（％）
证券投资类	1	18 000.00	0.45	6.66
股权投资类	—	—	—	—
融资类	—	—	—	—
事务管理类	—	—	—	—

6.4.2.2.3 本年度已清算结束的被动管理型信托项目个数、合计金额、加权平均实际年化收益率

已清算结束信托项目	项目个数（个）	实收信托合计金额（万元）	信托报酬率（％）	加权平均实际年化收益率（％）
证券投资类	—	—	—	—
股权投资类	—	—	—	—
融资类	—	—	—	—
事务管理类	3	111.50	—	0.02

6.4.2.3 本年度新增的集合类、单一类、财产管理类信托项目个数、合计金额

新增信托项目	项目个数（个）	合计金额（万元）
集合类	8	47 808.39
单一类	3	30 844.81
财产管理类	2	1.00
新增合计	13	78 654.20
其中：主动管理型	8	47 808.39
被动管理型	5	30 845.81

6.4.2.4 本公司履行受托人义务情况及因本公司自身责任而导致的信托资产损失情况（合计金额、原因等）

本公司以诚实、信用、谨慎、有效管理为原则，在有效防范和着力控制风险的前提下，以受益人的利益最大化为宗旨，恪尽职守地处理各项信托事务，管理信托财产。加强信托项目的后期跟踪管理工作，及时向委托人、受益人披露有关信息，到期信托本金均如期或提前兑付，应分配的信托收益均如期支付受益人。截至2023年末，公司未发生因本公司自身责任而导致信托财产损失的情况。

6.5 关联方关系及其交易的披露

6.5.1 关联交易方的数量、关联交易的总金额及关联交易的定价政策等

项目	关联交易方数量	关联交易金额（万元）	定价政策
郭建光	1	150	市场定价
华宸未来基金管理有限公司	1	4 000	协商定价
合计	2	4 150	—

6.5.2 关联交易方与本公司的关系性质、关联交易方的名称、法定代表人、注册地址、注册资本及主营业务等

关系性质	关联方名称	法定代表人	注册地址	注册资本（万元）	主营业务
合营	华宸未来基金管理有限公司	孙琦	上海市虹口区四川北路859号中信广场1608室	20 000	基金募集、基金销售、特定客户资产管理、资产管理等

6.5.3 本公司与关联方的重大交易事项

6.5.3.1 固有与关联方交易情况

固有与关联交易方关联交易 单位：万元

项目	期初数	借方发生额	贷方发生额	期末余额
贷款	—	—	—	—
投资	—	—	—	—
租赁	—	—	—	—
担保	—	—	—	—
应收账款	—	—	—	—
其他	4 000.00	124.72	—	4 124.72
合计	4 000.00	124.72	—	4 124.72

6.5.3.2 信托与关联方交易情况

信托与关联交易方关联交易 单位：万元

项目	期初数	借方发生额	贷方发生额	期末余额
贷款	—	—	—	—
投资	—	—	—	—
租赁	—	—	—	—
担保	—	—	—	—
应收账款	—	—	—	—
其他	—	—	—	—
合计	—	—	—	—

6.5.3.3 信托公司自有资金运用于自己管理的信托项目（固信交易）、信托公司管理的信托项目之间的相互（信信交易）交易金额，包括余额和本报告年度的发生额

6.5.3.3.1 固有与信托财产之间的交易金额期初汇总数、本期发生额汇总数、期末汇总数

单位：万元

项目	期初数	本年发生额	期末数
合计	30 700.59	-17 955.84	12 744.78

6.5.3.3.2 信托项目之间的交易金额期初汇总数、本期发生额汇总数、期末汇总数

单位：万元

项目	期初数	本年发生额	期末数
合计	—	1 002.1	1 002.1

6.5.4 关联方逾期未偿还本公司资金的详细情况以及本公司为关联方担保发生或即将发生垫款的情况

根据合同约定，未触发还款条件。

6.6 会计制度的披露

公司固有业务和信托业务分别于2008年和2010年开始执行财政部2006年2月15日颁布的《企业会计准则》。

7.财务情况说明书

7.1 利润实现和分配情况

公司期初未分配利润3 366.96万元，本年实现净利润5 026.64万元，本年提取盈余公积502.66万元，提取一般风险准备47.30万元，提取信托赔偿准备金251.33万元，期末未分配利润7 592.30万元。

7.2 主要财务指标

指标名称	指标值
资本利润率（%）	4.04
加权年化信托报酬率（%）	0.45
人均净利润（万元）	52.91

注：1.资本利润率=净利润/所有者权益平均余额×100%。
2.加权年化信托报酬率=（信托项目1的实际年化信托报酬率×信托项目1的实收信托+信托项目2的实际年化信托报酬率×信托项目2的实收信托……信托项目n的实际年化信托报酬率×信托项目n的实收信托）/（信托项目1的实收信托+信托项目2的实收信托……n的实收信托）×100%。
3.人均净利润=净利润/平均人数。
4.平均值采取年初、末余额简单平均法，公式为：a（平均）=（年初数+年末数）/2。

7.3 对本公司财务状况、经营成果有重大影响的其他事项

无。

8.特别事项揭示

8.1 前五名股东报告期内变动情况及原因

报告期内，为切实增强公司资本实力，提高抵御风险的能力，推动公司快速健康发展。经公司股东会2023年第一次临时会议审议通过，公司将资本公积7 421万元按各股东的持股比例等比例转增为注册资本，公司的注册资本由92 579万元增加到100 000万元。

变更注册资本后，公司实际控制人未发生变化，仍为内蒙古自治区人民政府。

8.2 董事、监事及高级管理人员变动情况及原因

2023年10月，经自治区党委组织部研究决定，内蒙古自治区人力资源和社会保障厅下发了《关于提名张伟免职的通知》（内组干字〔2023〕106号），提名免去张伟的华宸信托有限责任公司副总经理职务。按照任免程序，2023年11月22日，公司第六届董事会第十二次会议审议通过了《关于提名解聘张伟副总经理职务的建议》，免去张伟公司副总经理职务。

8.3 变更注册资本、变更注册地或公司名称、公司分立合并事项

报告期内，公司注册资本由92 579万元变更为100 000万元。

8.4 公司重大诉讼事项

2023年度公司无新增重大诉讼案件。截至本报告期，公司无重大未决诉讼案件。

8.5 公司及其董事、监事和高级管理人员受到处罚的情况

无。

8.6 国家金融监督管理总局及其派出机构对公司检查后提出整改意见的，应简单说明整改情况

报告期内，公司收到了国家金融监督管理总局内蒙古监管局（原银保监局）向公司下发的现场检查意见书，公司高度重视监管规定和监管部门各项监管要求，积极加强组织领导、明确责任主体、制定工作方案、细化整改台账及整改时间、整改举措，对相关责任人进行责任认定并问责。在监管部门的正确引领和大力指导下，经过近七个月的努力，整改工作在公司治理、业务经营、财务核算、内部管理、风险防范及消保六个方面均取得

了较好成效。

同时，为持续夯实稳审经营、高质量发展理念，公司主动排查风险隐患，成立由党委书记、董事长任组长的"大起底"工作领导小组，2023年结合主题教育，统筹开展了对2020—2022年监管评级及2021年度监管通报指出问题进行了"大起底"，通过推动存量问题整改落实，公司风险管理和内控水平得到进一步巩固和提升。

8.7 本年度重大事项临时报告的简要内容、披露时间、所披露的媒体及其版面

2023年1月6日，公司在《证券时报》（B031版）披露《华宸信托有限责任公司关于变更股权及变更注册资本的公告》，内蒙古金融资产管理有限公司成为公司出资人并向公司进行增资，增资后公司注册资本由80 000万元变更为92 579万元。同时公司调整股东构成、出资比例。

2023年2月11日，公司在《证券时报》（B095版）披露《华宸信托有限责任公司关于变更董事长任职及法定代表人变更的公告》，邢爱泽同志任公司董事长职务，任公司法定代表人。

2023年4月28日，公司在《证券时报》（B035版）披露《华宸信托有限责任公司2022年年度报告摘要》。

2023年7月25日，公司在《证券时报》（B73版）披露《华宸信托有限责任公司关于变更注册资本及公司章程的公告》，由92 579万元变更到10亿元。

8.8 原银保监会及其省级派出机构认定的其他有必要让客户及相关利益人了解的重要信息

无。

8.9 履行社会责任情况

报告期内，公司严格遵守国家法律法规，认真贯彻执行国家经济金融政策以及各项监管要求，大力支持实体经济发展。坚持诚信经营，自觉履行纳税义务，严格按照税法规定及时、足额缴纳各项税款。公司主动落实金融机构反洗钱反恐怖融资、案件防控和消费者权益保护主体责任，不断完善工作制度体系建设。公司积极践行"金融为民"理念，切实将消费者权益保护工作纳入公司治理、企业文化建设和经营发展战略，采取健全管理机制、规范销售行为、提高服务水平、加强投诉管理、强化内部检查、提升宣教成效等举措，持续推进公司消费者权益保护各项工作全面、深入、有序开展。公司进一步深化落实国家金融监督管理总局内蒙古监管局各项工作要求，贯彻执行"两全三头"消费者权益保护工作机制，持续提升消费者权益保护工作水平。公司高度重视投诉工作，积极学习借鉴"枫桥经验"，逐步建立起适合信托行业的纠纷多元化解机制，科学合理引导个人消费者接受金融纠纷调解组织的调解，达到妥善解决客户纠纷目的。公司2023年全年未发生客户投诉。

2023年，公司积极响应国家政策要求和习近平总书记重要讲话精神，切实履行国有企业社会责任，落实中央金融工作会议提出的"五篇大文章"和《国务院关于推动内蒙古高质量发展 奋力书写中国式现代化新篇章的意见》，全力助推自治区高质量发展，按照"五大任务"工作要求，践行自治区国有金融企业支持实体经济社会责任，在支持发展绿色信托、新能源、基础产业、服务农牧业、践行公益慈善等方面持续发力，全面提升综合化金融服务水平，为实体经济提供资金及服务支持，持续助力优化实体经济结构，利用资产服务信托、资产管理信托、公益慈善信托等多种方式履行自身社会责任，积极践行时代使命，充分发挥信托制度优势。

9.净资本管理情况

公司依据《信托公司净资本管理办法》积极推进净资本管理，在优化存量风险资产结构的同时，进一步强化增量业务的资本约束机制，建立了以净资本为核心的风险管理体制，加强了公司风险监控，提高了公司外部监管和内部控制的有效性。2023年末，本公司净资本为64 607.58万元，符合不得低于人民币20 000万元的监管指标。各项业务风险资本之和为10 749.72万元，其中：固有业务风险资本10 311.12万元，信托业务风险资本438.60万元。本期末净资本管理监管指标情况为：本公司"净资本/各项业务风险资本之和"的比率为601.02%，符合大于100%的监管要求；本公司"净资本/净资产"的比率为50.85%，符合大于40%的监管要求。

10.公司监事会意见

监事会认为公司能够依法合规运作，公司董事及高级管理人员在履行公司职务时未有违反法律法规、公司章程或损害公司利益的行为。公司财务报告真实反映了公司的财务状况和经营成果。

华能贵诚信托有限公司

1.重要提示

1.1 公司董事会及董事保证本报告所载资料不存在任何虚假记载、误导性陈述或者重大遗漏，并对其内容的真实性、准确性和完整性承担个别及连带责任。

1.2 公司独立董事对年度报告内容的真实性、准确性、完整性无异议。

1.3 公司总经理刘芳、主管会计工作的副总经理鲍吉胜保证年度报告中财务报告的真实、完整。

2.公司概况

2.1 公司简介

华能贵诚信托有限公司成立于2002年，2008年12月由华能资本服务有限公司增资扩股重组而成。2009年2月，经原中国银监会批准，公司换发新的金融许可证。目前公司注册资本金为61.945 574 06亿元。

2.1.1 中文名称：华能贵诚信托有限公司

中文名称缩写：华能信托

英文名称：Huaneng Guicheng Trust Corporation Limited；

英文名称缩写：HNGCTC

2.1.2 法定代表人：孙磊

注册地址：贵州省贵阳市观山湖区长岭北路55号贵州金融城1期商务区10号楼23、24层

邮政编码：550081

网址：www.hngtrust.com

电子邮箱：public@hngtrust.com

2.1.3 公司负责信息披露事务的高级管理人员：赵刚

公司信息披露事务联系人：万灵

电话：0851-88661688

传真：0851-88661708

信息披露报纸：《金融时报》

2.1.4 年度报告备置地点：贵州省贵阳市观山湖区长岭北路55号贵州金融城1期商务区10号楼23层

2.1.5 公司聘请的会计师事务所：中审众环会计师事务所（特殊普通合伙）

办公地点：武汉市武昌区东湖路169号2~9层

2.1.6 公司聘请的律师事务所：北京市中盛律师事务所

办公地点：北京朝阳区建外大街8号国际财源中心22层

2.2 组织结构

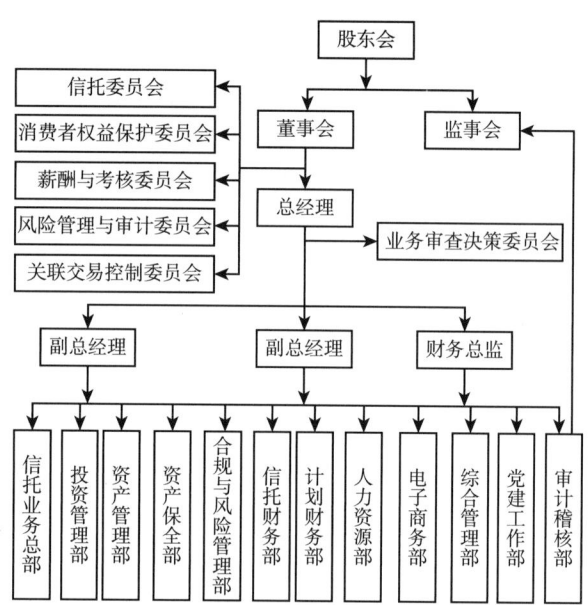

3.公司治理结构

3.1 股东

3.1.1 报告期末公司股东总数为8家，占公司15%以上（含15%）出资比例的股东有2家

股东名称	持股比例（%）	法人代表
华能资本服务有限公司	67.92	叶才
贵州乌江能源投资有限公司	31.48	何培春
人保投资控股有限公司	0.16	董清秀
贵州省技术改造投资有限责任公司	0.16	王通波
中国有色金属工业贵阳有限责任公司	0.09	成元鹏
中国华融资产管理股份有限公司	0.09	刘正均
首钢水城钢铁（集团）有限责任公司	0.07	彭开玉
贵州开磷有限责任公司	0.03	田永康

3.1.2 公司第一大股东

股东名称	出资比例（%）	法人代表
华能资本服务有限公司	67.92	叶才

3.2 董事

董事会成员

姓名	职务	性别	年龄（岁）	选任日期	所推举的股东名称	该股东持股比例（%）	简要履历
孙磊	董事长	男	50	2023年9月	华能资本服务有限公司	67.92	香港中文大学金融MBA，注册会计师。本公司董事长
段一萍	董事	女	48	2015年5月	华能资本服务有限公司	67.92	中国人民大学硕士研究生，高级会计师，华能资本服务有限公司副总经理
段心烨	董事	女	47	2019年3月	华能资本服务有限公司	67.92	澳大利亚南昆士兰大学工商管理硕士。华能资本服务有限公司总经理助理兼人资部主任
何培春	董事	男	56	2021年5月	贵州乌江能源投资有限公司	31.48	浙江大学公共管理专业（MPA）硕士研究生，注册会计师。贵州乌江能源投资有限公司董事长
田露	董事	女	35	2019年3月	贵州乌江能源投资有限公司	31.48	贵州大学MBA，高级会计师、注册会计师、税务师。贵州乌江能源投资有限公司总会计师

独立董事

姓名	所在单位及职务	性别	年龄（岁）	选任日期	所推举的股东名称	该股东持股比例	简要履历
徐英	已退休	女	70	2017年5月	—	—	北京财贸学院金融系毕业，经济学学士，历任北京财贸学院金融系助教、讲师，海南汇通国际信托投资公司副总经理、常务副总经理、长城证券有限公司总裁、董事长、党委书记，景顺长城基金管理有限公司全职董事长，中证券业协会理事，新华资产管理股份有限公司全职副董事长，已退休
矫丽燕	已退休	女	60	2015年5月	—	—	北京第二外国语学院外语专业毕业，基点商品期货交易公司（北京）董事总经理，已退休
王涌	中国政法大学民商经济法学院法学教授	男	55	2015年5月	—	—	中国政法大学博士研究生学历。现担任中国政法大学民商经济法学院法学教授，博士生导师

3.3 监事

姓名	职务	性别	年龄（岁）	选任日期	所推举的股东名称	该股东持股比例（%）	简要简历
周英序	监事会主席	男	65	2015年5月	贵州乌江能源投资有限公司	31.48	贵州师范大学本科学历，本公司监事会主席
吉亦宁	监事	女	36	2021年5月	贵州乌江能源投资有限公司	31.48	美国辛辛那提大学理学硕士，会计师。贵州乌江能源投资有限公司财务部部长
刘荣俊	职工监事	男	54	2019年3月	—	—	山西财经大学本科学历，经济学学士，会计师。本公司党建部副主任

3.4 高级管理人员

姓名	职务	性别	年龄（岁）	任职日期	金融从业年限（年）	学历	专业
刘芳	总经理	女	52	2023年12月	29	大学本科	经济学
涂继国	副总经理	男	59	2015年5月	32	大学本科	经济学
鲍吉胜	副总经理兼财务总监	男	59	2015年5月	35	大学本科	经济管理
雷妮亚	副总经理	女	44	2019年2月	10	硕士研究生	民商法学
顾学新	副总经理	男	59	2019年2月	38	大学本科	机械制造及设备
赵刚	总经理助理兼董事会秘书	男	52	2017年3月 2017年7月	19	大学本科	经济信息管理
黄海峰	总经理助理	女	52	2017年3月	27	研究生	金融学
郝杰	总经理助理	男	46	2019年2月	11	硕士研究生	法学
王剑	总经理助理	男	46	2019年2月	27	大学本科	法律

3.5 公司员工

报告期内，员工人数347人，平均年龄35岁，博士生占比为3.75%，硕士生占比为52.42%，本科生占比为42.73%，专科生占比为1.1%。

4.经营管理

4.1 经营目标、方针、战略规划

认真学习贯彻落实党的二十大精神和中央关于经济工作的部署，坚持稳字当头，稳中求进。面对错综复杂、极其困难的发展形势和外部环境，保持战略定力，保持坚强意志和毅力，持续深入推进公司高质量发展。更深入地认识高端引领型产业生态业务方向的核心地位；切实提高对新兴产业和业务领域的认知和把握，真正做到对客户和产业的价值创造和赋能；与时俱进提升优化信托服务手段，创新业务模式，不断丰富产品线；改革公司管理体制和组织架构，建设专业高效、能打硬仗的业务团队。坚定信心，笃行不息，苦干实干，真正在高质量发展新征程中实现大突破、大发展。

经营方针：诚信、专业、创新、和谐。

4.2 所经营业务的主要内容

除另有注明外，本报告中所有披露内容均为母公司口径。

自营资产运用与分布表

资产运用	金额（万元）	占比（%）	资产运用	金额（万元）	占比（%）
货币资产	24 884.01	0.83	基础产业	—	—
贷款及应收款	—	—	房地产业	—	—
交易性金融资产投资	2 684 173.87	89.59	证券市场	1 075 472.47	35.90
其他债权投资	156 621.21	5.23	实业	—	—
其他权益工具投资	73 704.80	2.46	金融机构	1 883 911.43	62.88
长期股权投资	20 000.00	0.67	其他	36 610.92	1.22
其他	36 610.92	1.22	—	—	—
资产合计	2 995 994.81	100.00	资产合计	2 995 994.81	100.00

信托资产运用与分布表

资产运用	金额（万元）	占比（%）	资产分布	金额（万元）	占比（%）
货币资产	3 024 650.48	5.88	基础产业	3 361 544.98	6.53
贷款及应收款	9 131 925.94	17.75	房地产业	816 561.98	1.59
交易性金融资产投资	18 099 517.09	35.18	证券市场	8 994 616.78	17.48
可供出售金融资产投资	2 923 839.99	5.68	实业	10 647 234.74	20.70
持有至到期投资	1 985 057.19	3.86	金融机构	6 909 597.48	13.43
长期股权投资	2 329 769.58	4.53	其他	20 718 098.12	40.27
其他	13 952 893.82	27.12	—	—	—
资产合计	51 447 654.08	100.00	资产合计	51 447 654.08	100.00

4.3 市场分析

影响公司业务发展的主要因素：

4.3.1 有利因素

（1）党的二十大为信托业实现高质量发展指明了方向。党的二十大报告提出中国式现代化全面推进中华民族伟大复兴，为信托服务实体经济、服务人民美好生活、助力金融效能提升、实现高质量发展指明了方向。

（2）2023年初原银保监会发布的《关于规范信托公司信托业务分类的通知》（银保监规〔2023〕1号），为信托行业如何将自身战略定位与发展方向融入中国式现代化建设大局厘清方向，凸显了信托制度优势，引导行业回归本源，引领行业进入深层次转型。

（3）面对监管机构对信托业提出的新要求，面对市场环境的剧变，公司坚定扛起国有金融企业使命担当，品牌影响持续增强，2023年再次蝉联"中国优秀信托公司"，综合实力继续保持行业领先地位。

4.3.2 不利因素

（1）当前，债务驱动的价值锚出现了松动，社会有效投融资需求严重不足，房地产下行周期出现资产负债表收缩，信托业乃至整个金融业都面临"增长瓶颈期、转型阵痛期、风险暴露期"的三期叠加，整个行业从监管理念、行业规则到业务模式都在经历根本性重塑。

（2）信托公司面临竞争压力。在资产管理业务领域，信托公司需直面与券商、基金、银行理财子竞争中，建立差异化后发优势。在财富管理领域，信托也面临着与银行、第三方财富公司及券商、理财子的竞争，需要思考如何将信托的制度禀赋和能力优势发挥出来。

（3）信托传统业务模式的单一使得信托公司在转型关键能力方面有所欠缺。在资产管理信托领域，尚欠缺投研投资、产品设计、客户与渠道开拓，以及投资决策、风险管控等能力，在资产服务信托领域，尚欠缺能够支撑起海量数据、高频交互、长期服务的强大的金融科技能力，在财富管理业务领域方面，尚欠缺立足于客户需求进行资产配置与投资服务的能力。

4.4 内部控制概况

4.4.1 内部控制环境和内部控制文化

公司按照现代企业制度要求，以受益人利益为根本出发点，建立了以党委会、股东会、董事会、监事会、管理层等为主体的法人治理结构，党委会与"三会一层"作为整体，对公司的整个经营活动统一协调，各个管理层面制度健全、运作规范、分权制衡。董事会下设信托、风险管理与审计、薪酬与考核、消费者权益保护、关联交易控制五个专业委员会，制订了董事会各专业委员会议事规则以及独立董事工作规则。报告期内，各管理层认真履行职责，党委会发挥政治核心作用。股东会有效发挥管控作用。董事会对战略定位、风险偏好、业务发展进行有效控制，董事会信托委员会、风险管理与审计委员会、监事会和独立董事充分发挥监督职能。监事会充分发挥对董事会和管理层的监督职能。基于董事会对内部控制机制和内控文化建设的高度重视，公司紧密围绕年度目标和战略转型以能力建设为抓手，"努力实现高质量发展征程中的新突破"，持续优化业务结构，全面推进业务创新和转型，建立与之匹配的内部组织架构，强化和充实核心业务人才，加强人才队伍建设，着力完善绩效考评机制，为实现公司战略目标注入动能和活力。在经营层面，公司建立了权责明确、合理制衡、报告关系清晰的组织架构，建立了业务审查决策委员会集体决策机制，建立了合规与风险管理部、审计稽核部定期分别向董事会提交风险管理及内部审计工作情况的报告机制。公司目前已经形成了"分级管理、灵活高效、有效监督"的内部运行机制，并进行持续改善。

董事会、管理层大力倡导和培育"诚信为本、规范运作、稳健经营"的信托文化理念，严格按照监管规范要求展业，时刻将控制信托业务风险放在首位，各项经营正常稳健，未发生项目不能兑付，未因重大合规问题遭受重大财务损失或声誉损失，基本实现合规风险的有效管理。公司贯彻依法治司，严守合规底线，围绕回归本源，创新转型主题，通过合规教育、学习、测试与检查，全面提升内控管理能力。

4.4.2 内部控制措施

党委会、董事会、监事会等制订了严格的议事规则和内部控制制度。管理层本着规范管理、防范风险的原则，制订和建立了公司员工行为准则和职业道德规范，建立了合理授权、有效问责、内部举报和奖惩制度。公司内部实行授权控制、资产隔离、岗位分离、规范操作。

4.4.3 信息交流与反馈

公司建立了信息交流与反馈制度，持续提高信息化建设水平。公司信息管理系统高效运转，董事会、监事会、管理层能及时了解公司的经营和风险状况，每一项信息均能够及时传递给相关的员工，各个部门和员工的有关信息均能够顺畅反馈。

4.4.4 监督评价与纠正

公司建立了业务部门（岗位）自查、业务部门（岗位）互相制约、员工内部举报、合规部门检查、内审部门审计相结合的机制。按照风险管理"事前全面调查""事中严格管理""事后跟踪审查"的要求，相应规范内部审批、操作和风险管理程序，细化和完善内部控制制度，实行"全过程、嵌入式"管理。审计稽核部对业务的各项运作和风险管理进行动态审计和检查，提出整改意见和纠正措施，并督促各部门严格落实。并直接向董事会、管理层报告。

4.5 风险管理概况

4.5.1 风险管理概况

公司以诚信和尽职履责理念为引领，建立并不断完善了以发展战略为导向，以防范和控制风险为核心，以信息系统为支撑，覆盖公司决策、执行、监督、反馈等各环节，科学、完善、高效的风险管理体系，忠实履行受托人职责，切实实现受益人利益最大化。

4.5.2 风险状况

公司主要面临的风险包括信用风险、市场风险、操作风险等。

4.5.2.1 信用风险状况

报告期内，公司资产质量良好，项目运行正常，全年未发生重大经营风险，信用风险可控。公司无新增不良资产，并严格按照有关规定计提信托赔偿准备金及风险准备。信用风险防范手段覆盖项目全周期，通过强化尽职履责实现维护受益人利益的目标。

4.5.2.2 市场风险状况

报告期内，公司注重市场风险的提前预判与识别，在经营目标上合理设立盈利目标，避免过分追求盈利而承受较大风险。在投资类业务上，公司对市场风险实施限额管理，根据业务性质、资本规模和风险承受能力制定对各类业务和各级限额的内部审批程序和操作规程。

4.5.2.3 操作风险状况

报告期内，公司严格执行各项规章制度，从产品设计、尽职调查、风险管控、产品营销、后续管理等环节入手，通过修订、完善各项业务指引，有效指导业务发展；通过强化法律文本的标准化制定，规范业务操作模式，防范操作风险。

4.5.2.4 其他风险状况

其他风险包括流动性风险、法律合规风险等。

4.5.2.4.1 流动性风险状况

报告期内，公司固有业务项下各项流动性指标均在正常范围之内，未发生流动性异常状况。信托业务方面，新增项目严格执行资管新规要求，落实资金和资产期限匹配。公司整体流动性风险控制良好。

4.5.2.4.2 法律合规风险状况

报告期内，公司通过不断强化责任意识，全面提升法律合规管理能力。公司严格贯彻执行各项监管政策，时刻保持对监管政策导向的敏感性，持续加强合规管理和风险防控长效机制建设。公司未因法律合规风险管理不到位而遭受行政处罚或重大财务损失。

4.5.3 风险管理

2023年，公司风险管理工作更加突出风险防控的有效性，保持防风险与促发展的动态平衡。

4.5.3.1 信用风险管理

报告期内，面对经济领域出现的系统性波动，公司紧盯重点风险领域，牢牢守住了不发生重大信用风险的底线。一是加强预期管理，前端投放环节持续加大信用风险识别的广度和深度，同时做好应对最坏情形的准备，强化"底线思维"，为后续应对波动留出余地。二是以风控行业分工为载体，把能力建设放在更加突出重要的位置，持续推进能力建设。三是坚持风险排查常态化，强化精准防控。

4.5.3.2 市场风险管理

报告期内，公司不断加强对市场的跟踪、分析、研判，资产配置保持了一贯的定力，未追高参与市场出现的缺乏业绩支撑的"热点领域"，坚定执行价值投资理念，确保总体风险控制在风险偏好和风险承受能力之内，有效控制市场风险。一是不断借助外部智库力量强化对市场趋势的判断。二是进一步完善资本市场业务在项目存续期管理措施，及时、有效地做好项目的"进退管理"，确保尽职履责到位。三是以委托人视角开展资产管理业务，切实做到"卖者有责，买者自负"。

4.5.3.3 操作风险管理

报告期内，公司通过强化基础运营管理，制度化、标准化内部操作规程，实现卖者尽责的操作风险管控目标。一是持续优化业务流程，促使业务流程更科学、高效，更好适应业务发展的需要。二是多维度持续提高中后期管理质效。一方面通过信息化技术强化内部操作的规范性、及时性和准确性，另一方面开展信托业务基础管理考核工作，强化基础管理工作的严肃性和纪律性。公司持续通过完善事前预防，不断完善受托人全链条的尽职履责体系，确保各项责任和工作要求落实到位，避免操作风险及管理风险，不断提高受托履职能力。

4.5.3.4 其他风险的管理

4.5.3.4.1 流动性风险管理

报告期内，公司始终坚持审慎原则，不断加强应对流动性风险的内部决策控制、实施控制、事后监控和预警机制，做好资产负债流动性的预测和分析。固有业务方面，公司遵循审慎、稳健的原则，对固有资金流动性风险实施动态管理。信托业务方面，公司针对底层资产的性质采用不同的流动性风险防控措施。

4.5.3.4.2 法律合规风险管理

报告期内，公司持续采取高标准、严要求管理法律合规风险，持续优化法律合规风险的管理手段，提升管理效果。一是持续关注新颁布的各项法律规定以及司法审判趋势对于信托业务的影响，指定专人持续开展金融审判趋势跟踪研究和探索，根据研究结果持续提高对法律风险的预判能力。二是组织专人解读重点监管文件并开展宣讲培训，按照新规要求对所涉及的内控制度及管理流程等进行更新调整，确保监管要求的有效传达和落实。三是指定专人定期收集并发布监管和行业动态信息，加强对全局性、系统性风险的预警和对监管合规动态的掌握，在公司内部形成人人懂合规、人人敬畏合规的浓厚氛围。

5. 报告期末及上一年度末的比较式会计报表

5.1 自营资产

5.1.1 会计师事务所审计结论

中审众环会计师事务所认为，华能贵诚信托有限公司的财务报表在所有重大方面按照企业会计准则的规定编制，公允反映了2023年12月31日的财务状况以及2023年度的经营成果和现金流量。

5.1.2 资产负债表

资产负债表

编制单位：华能贵诚信托有限公司　　　单位：万元

项目	合并		母公司	
	2023年12月31日	2022年12月31日	2023年12月31日	2022年12月31日
资产：				
货币资金	39 414.83	65 856.37	24 884.01	60 732.11
结算备付金	—	—	—	—
贵金属	—	—	—	—
拆出资金	—	—	—	—
以公允价值计量且其变动计入当期损益的金融资产	—	—	—	—
衍生金融资产	—	—	—	—
应收款项	—	—	—	—
合同资产	—	—	—	—
买入返售金融资产	437 686.75	105 000.10	40 000.86	105 000.10
持有待售资产	—	—	—	—
发放贷款及垫款	48 122.69	—	—	—
金融投资：				
交易性金融资产	2 343 621.44	2 481 319.37	2 644 173.01	2 464 121.85
债权投资	—	—	—	—
其他债权投资	156 621.21	180 440.28	156 621.21	180 440.28
其他权益工具投资	73 704.80	71 797.67	73 704.80	71 797.67
可供出售金融资产	—	—	—	—
持有至到期投资	—	—	—	—
长期股权投资	—	—	20 000.00	20 000.00
投资性房地产	—	—	—	—
固定资产	1 716.04	1 824.35	1 609.08	1 824.35
在建工程	—	—	—	—
使用权资产	9 371.42	6 436.85	8 500.82	5 305.07
无形资产	673.92	1 105.32	673.92	1 105.32
递延所得税资产	19.65	15 683.04	—	15 580.75
其他资产	26 412.87	31 989.96	25 827.09	31 462.32
资产总计	3 137 365.64	2 961 453.31	2 995 994.81	2 957 369.81

资产负债表（续）

项目	合并		母公司	
	2023年12月31日	2022年12月31日	2023年12月31日	2022年12月31日
负债：				
短期借款	—	—	—	—
拆入资金	—	—	—	—
交易性金融负债	—	—	—	—
衍生金融负债	—	—	—	—
卖出回购金融资产款				

续表

项目	合并		母公司	
	2023年12月31日	2022年12月31日	2023年12月31日	2022年12月31日
应付职工薪酬	89 728.71	98 818.51	89 728.71	98 818.51
应交税费	18 418.25	36 033.56	17 832.22	35 730.81
应付款项	—	—	—	—
合同负债	—	—	—	—
持有待售负债	—	—	—	—
租赁负债	8 855.14	5 713.54	7 853.57	4 442.14
预计负债	—	—	—	—
长期借款	—	—	—	—
应付债券	—	—	—	—
其中：优先股	—	—	—	—
永续债	—	—	—	—
递延所得税负债	4 098.27	—	4 098.27	—
其他负债	239 934.24	162 655.66	105 960.08	162 655.44
负债合计	361 034.60	303 221.26	225 472.85	301 646.90
所有者权益：				
实收资本	619 455.74	619 455.74	619 455.74	619 455.74
其他权益工具	—	—	—	—
其中：优先股	—	—	—	—
永续债	—	—	—	—
资本公积	606 313.90	606 313.90	606 313.90	606 313.90
减：库存股	—	—	—	—
其他综合收益	13 278.60	11 848.26	13 278.60	11 848.26
盈余公积	262 934.03	241 597.16	262 934.03	241 597.16
一般风险准备	167 885.32	163 291.43	167 885.32	163 291.43
未分配利润	1 106 463.45	1 015 725.56	1 100 654.37	1 013 216.44
所有者权益合计	2 776 331.04	2 658 232.05	2 770 521.97	2 655 722.92
负债和所有者权益总计	3 137 365.64	2 961 453.31	2 995 994.81	2 957 369.81

5.1.3 利润和利润分配表

利润和利润分配表

编制单位：华能贵诚信托有限公司　　　　　　2023年度　　　　　　单位：万元

项目	合并		母公司	
	2023年度	2022年度	2023年度	2022年度
一、营业总收入	330 850.78	392 622.81	326 751.14	391 147.87
利息净收入	631.58	-3 210.29	674.78	-3 182.85
利息收入	5 209.69	3 742.10	5 201.26	3 729.86
利息支出	4 578.12	6 952.39	4 526.48	6 912.71
手续费及佣金净收入	133 095.97	306 842.26	132 676.08	306 474.02
手续费及佣金收入	133 095.97	306 842.26	132 676.08	306 474.02
手续费及佣金支出	—	—	—	—
投资收益（损失以"-"号填列）	129 561.27	50 630.70	126 160.23	49 365.07

续表

项目	合并		母公司	
	2023年度	2022年度	2023年度	2022年度
其中：对联营企业和合营企业的投资收益	—	—	—	—
公允价值变动收益（损失以"-"号填列）	67 136.70	37 961.94	66 814.80	38 093.44
汇兑收益（损失以"-"号填列）	0.33	1.66	0.33	1.66
其他业务收入	116.71	120.03	116.71	120.03
资产处置收益（损失以"-"号填列）	—	—	—	—
其他收益	308.22	276.51	308.22	276.51
二、营业总支出	60 637.89	61 142.89	60 305.00	60 930.72
税金及附加	1 035.81	2 089.86	1 035.77	2 088.39
业务及管理费	59 757.31	57 780.77	59 424.47	57 570.08
信用减值损失	−155.23	1 272.25	−155.23	1 272.25
资产减值损失	—	—	—	—
其他业务成本	—	—	—	—
三、营业利润（亏损以"-"号填列）	270 212.89	331 479.92	266 446.14	330 217.15
加：营业外收入	2 186.19	42.11	2 186.19	42.11
减：营业外支出	91.75	594.09	91.75	594.09
四、利润总额（亏损以"-"号填列）	272 307.33	330 927.94	268 540.58	329 665.18
减：所得税费用	55 638.69	85 628.85	55 171.88	85 348.06
五、净利润（净亏损以"-"号填列）	216 668.64	245 299.09	213 368.70	244 317.11
加：年初未分配利润	1 015 725.56	948 838.05	1 013 216.44	947 310.90
会计政策变更	—	−101.11	—	−101.11
减：提取法定盈余公积	21 336.87	24 431.71	21 336.87	24 431.71
提取信托赔偿准备	2 720.43	12 215.85	2 720.43	12 215.85
提取一般准备	1 873.46	1 662.91	1 873.46	1 662.91
其他减少	—	—	—	—
六、可供分配的利润	1 206 463.45	1 155 725.56	1 200 654.37	1 153 216.44
减：分配股东股利	100 000.00	140 000.00	100 000.00	140 000.00
七、未分配利润	1 106 463.45	1 015 725.56	1 100 654.37	1 013 216.44

5.2 信托资产

5.2.1 信托项目资产负债汇总表

信托项目资产负债表

编制单位：华能贵诚信托有限公司　　　　2023年12月31日　　　　单位：万元

信托资产	期末余额	年初余额	信托负债和信托权益	期末余额	年初余额
信托资产：			信托负债：		
货币资金	3 024 650.48	2 434 451.13	交易性金融负债	—	—
拆出资金	—	—	衍生金融负债	—	—
存出保证金	—	—	应付受托人报酬	41 157.38	22 426.83
交易性金融资产	18 099 517.09	17 048 391.74	应付托管费	1 292.31	680.42
衍生金融资产	—	—	应付受益人收益	—	—
买入返售金融资产	2 923 839.99	1 901 517.97	应交税费	9 354.98	9 573.83

续表

信托资产	期末余额	年初余额	信托负债和信托权益	期末余额	年初余额
应收款项	512 753.99	175 076.29	应付销售服务费	3 627.69	3 410.85
发放贷款	8 619 171.95	12 573 638.47	其他应付款项	150 203.20	75 860.50
债权投资	1 985 057.18	2 599 404.93	预计负债	—	—
其他债权投资	—	—	其他负债		
其他权益工具投资	—	—	信托负债合计	205 635.56	111 952.43
长期应收款					
长期股权投资	2 329 769.58	3 810 821.73	信托权益：		
投资性房地产			实收信托	50 176 530.82	60 973 831.55
固定资产			其他综合收益		
无形资产			外币报表折算差额		
其他资产	13 952 893.80	21 592 832.25	未分配利润	1 065 487.70	1 050 350.53
各项资产减值准备	94 808.56	169 219.62	信托权益合计	51 242 018.52	62 024 182.08
信托资产总计	51 447 654.08	62 136 134.51	信托负债及权益合计	51 447 654.08	62 136 134.51

5.2.2 信托项目利润及利润分配汇总表

信托项目利润及利润分配汇总表

编制单位：华能贵诚信托有限公司　　2023年12月31日　　单位：万元

项目	2023年度	2022年度
1.营业收入	2 586 963.89	3 964 161.17
1.1 利息收入	941 071.33	1 775 492.70
1.2 投资收益（损失以"-"号填列）	1 951 847.98	2 524 798.47
1.2.1 其中：对联营企业和合营企业的投资收益	—	—
1.3 公允价值变动收益（损失以"-"号填列）	-316 253.77	-378 579.73
1.4 租赁收入		
1.5 汇兑损益（损失以"-"号填列）	-56.69	
1.6 其他收入	10 355.04	42 449.73
2.营业支出	446 027.18	1 196 812.94
3.信托净利润（净亏损以"-"号填列）	2 140 936.71	2 767 348.23
4.其他综合收益	—	-138 802.99
5.综合收益	2 140 936.71	2 628 545.24
6.加：期初未分配信托利润	1 050 350.52	1 487 835.16
7.可供分配的信托利润	3 191 287.23	4 116 380.40

续表

项目	2023年度	2022年度
8.减：本期已分配信托利润	2 125 799.54	3 522 009.68
9.期末未分配信托利润	1 065 487.69	594 370.72

6. 会计报表附注

6.1 会计报表编制基准、会计政策和会计估计变更、核算方法的说明

本公司财务报表以持续经营假设为基础，根据实际发生的交易和事项，按照财政部2006年颁布的《企业会计准则》及其应用指南的有关规定进行编制。

6.2 或有事项说明

无。

6.3 重要资产（不含股权转让）转让及其出售的说明

无。

6.4 会计报表中重要项目的明细资料

6.4.1 披露自营资产经营情况

6.4.1.1 信用风险资产

信用风险资产五级分类	正常类（万元）	关注类（万元）	次级类（万元）	可疑类（万元）	损失类（万元）	信用风险资产合计（万元）	不良合计（万元）	不良率（%）
期初数	2 935 026.22	—	—	781.32	1 226.14	2 937 033.69	2 007.47	0.07
期末数	2 982 294.71	—	—	781.32	1 136.92	2 984 212.95	1 918.24	0.06

注：不良资产合计=次级类+可疑类+损失类。

（1）盛安房地产开发有限公司应收款项为781.32万元，为代垫盛安公司台湾大厦后续建设资金。公司将此款项划分为可疑类，全额计提损失准备。

（2）2003年，公司信托资金委托华夏证券理财，华夏证券于2008年7月31日经法院裁定受理破产，现已进入清算程序。目前应收账款余额为889.48万元，公司将此款项划分为损失类，全额计提损失准备。

（3）海南发展银行清算组应收款项247.44万元，为本公司1993年发放贷款，所质押的海南发展银行定期存单，由于海南发展银行被人民银行关闭清算，该笔定期存单成为清算债权。经清算组确认领取了"海南发展银行债务确认书"，截至目前海南发展银行尚未清算完毕。公司将此款项划分为损失类，全额计提损失准备。

前述（1）项~（3）项不良资产全部为2009年公司重组前存续的不良资产。

6.4.1.2 各项资产减值损失准备

单位：万元

项目	期初数	本期计提	本期转回	本期核销	期末数
贷款损失准备	—	—	—	—	—
一般准备	—	—	—	—	—
专项准备	—	—	—	—	—
其他资产减值准备	6 508.85	—	—	—	6 508.85
可供出售金融资产减值准备	—	—	—	—	—
持有至到期投资减值准备	—	—	—	—	—
长期股权投资减值准备	—	—	—	—	—
坏账准备	4 368.32	—	155.23	—	4 213.09
投资性房地产减值准备	—	—	—	—	—

6.4.1.3 自营股票投资、基金投资、债券投资、股权投资等投资业务

单位：万元

项目	自营股票	基金	债券	长期股权投资
期初数	704 053.15	156 639.51	44 691.68	20 000.00
期末数	928 163.44	5 928.41	46 720.33	20 000.00

6.4.1.4 前三名的自营长期股权投资的企业名称、占被投资企业权益的比例、主要经营活动及投资收益情况等

企业名称	占被投资企业权益的比例（%）	主要经营活动	投资收益（万元）
贵诚汇鑫股权投资有限公司	100	股权投资管理等	—

6.4.1.5 前三名的自营贷款的企业名称、占贷款总额的比例和还款情况等

无。

6.4.1.6 表外业务

无。

6.4.1.7 收入结构

收入结构	合并		母公司	
	金额（万元）	占比（%）	金额（万元）	占比（%）
手续费及佣金收入	133 095.97	39.42	132 676.08	39.79
其中：信托手续费收入	133 095.97	39.42	132 676.08	39.79
投资银行业务收入	—	—	—	—
利息收入	5 209.69	1.54	5 201.26	1.56
其他业务收入	425.26	0.12	425.26	0.12
其中：计入信托业务收入部分	—	—	—	—
投资收益	196 697.97	58.27	192 975.03	57.88
其中：股权投资收益	2 700.00	0.80	2 700.00	0.81
公允价值变动收益	67 136.70	19.89	66 814.80	20.04
其他投资收益	126 861.27	37.58	123 460.23	37.02
营业外收入	2 186.19	0.65	2 186.19	0.65
收入合计	337 615.08	100.00	333 463.82	100.00

6.4.2 披露信托资产管理情况

6.4.2.1 信托资产

单位：万元

信托资产	期初数	期末数
集合	18 408 071.02	19 332 876.07
单一	22 127 025.02	18 102 379.44
财产权	21 601 038.47	14 012 398.58
合计	62 136 134.51	51 447 654.09

6.4.2.1.1 主动管理型信托业务

单位：万元

主动管理型信托资产	期初数	期末数
证券投资类	1 975 497.28	8 462 299.07
股权投资类	1 489 930.03	1 030 205.72
其他投资类	13 969 542.72	9 206 326.94
融资类	6 358 980.22	6 340 413.17
事务管理类	—	—
合计	23 793 950.25	25 039 244.90

6.4.2.1.2 被动管理型信托业务

单位：万元

被动管理型信托资产	期初数	期末数
证券投资类	—	—
股权投资类	—	—
其他投资类	—	—
融资类	—	—
事务管理类	38 342 184.26	26 408 409.19
合计	38 342 184.26	26 408 409.19

6.4.2.2 本年度有756个项目清算，实收信托合计1 896.75亿元，加权平均实际年化收益率5.55%

6.4.2.2.1 本年度已清算结束的集合类、单一类资金信托项目和财产管理类信托项目

已清算结束信托项目	项目个数（个）	合计金额（万元）	加权平均实际年化收益率（%）
集合类	543	6 882 386.55	6.27
单一类	152	4 890 213.02	5.01
财产管理类	61	7 194 935.36	4.42

6.4.2.2.2 本年度已清算结束的主动管理型信托项目

已清算结束信托项目	项目个数（个）	合计金额（万元）	加权平均实际年化收益率（%）
证券投资类	25	320 246.27	7.34
股权投资类	5	513 030.00	7.96
其他投资类	276	4 667 055.25	6.10
融资类	361	2 588 957.15	6.81
事务管理类	—	—	—

6.4.2.2.3 本年度已清算结束的被动管理型信托项目

已清算结束信托项目	项目个数（个）	合计金额（万元）	加权平均实际年化收益率（%）
证券投资类	—	—	—
股权投资类	—	—	—
其他投资类	—	—	—
融资类	—	—	—
事务管理类	89	10 878 246.27	4.80

6.4.2.3 本年度新增的集合类、单一类和财产管理类信托项目

新增信托项目	项目个数（个）	合计金额（万元）
集合类	336	10 626 408.31
单一类	174	2 321 653.00
财产管理类	75	4 848 871.49
新增合计	585	17 796 932.80
其中：主动管理型	481	12 837 642.27
被动管理型	104	4 959 290.53

6.4.2.4 信托业务创新成果和特色业务有关情况

公司当前基本盘业务符合中央金融工作会议提出的，要把更多金融资源用于促进科技创新、先进制造、绿色发展和中小微企业的要求，契合做好金融"五篇大文章"，公司保持并充分发挥资产端业务先发优势，坚持发展"一个牵引、若干支撑"的基本盘业务，为公司二次创业奠定坚实基础。同时，公司牢牢把握行业变化趋势，群策群力、凝聚共识，顺应监管方向在2023年找到了公司发展的"第二增长曲线"，实现多支主动管理权益型标品信托落地开花，实现固收类标品信托实现规模翻番。此外，公司服务的新客户数量再创新高，是2022年的1.5倍，是2021年的两倍，公司也持续以创新精神积极探索转型出路，在资产证券化等领域创设了多个市场首单、公司首单信托产品。

6.4.2.5 本公司履行受托人义务情况及因本公司自身责任而导致的信托资产损失情况

本公司严格遵照行业监管法规和信托合同规定，在信息披露、受托资产管理、信托财务核算、项目到期清算及信托财产分配等方面都能自觉履行受托人义务，全年不存在因公司自身责任导致信托资产发生损失的情况。

6.5 关联方关系及其交易披露

6.5.1 关联交易方的数量、关联交易的总金额及关联交易的定价政策等

项目	关联交易方数量	关联交易金额（万元）	定价政策
合计	20	13 320 397.09	以市场交易价格为定价依据

6.5.2 关联交易方与本公司的关系性质、关联交易方的名称、法定代表人、注册地址、注册资本及主营业务等

关系性质	关联方名称	法定代表人	注册地址	注册资本（万元）	主营业务
实际控制人	中国华能集团有限公司	温枢刚	北京市西城区复兴门内大街6号	3 490 000	电源开发、投资、建设、经营和管理，电力（热力）生产和销售，金融、煤炭、交通运输、新能源、环保相关产业及产品的开发、投资、建设、生产、销售，实业投资经营及管理
母公司	华能资本服务有限公司	叶才	北京市西城区复兴门南大街2号及丙4幢10~12层	980 000	投资及投资管理，资产管理，资产受托管理，投资及管理咨询服务

续表

关系性质	关联方名称	法定代表人	注册地址	注册资本（万元）	主营业务
同属一母公司控制	长城证券股份有限公司	王军	深圳市福田区福田街道金田路2026号能源大厦南塔楼10-19层	403 443	证券经纪；证券投资咨询；与证券交易、证券投资活动有关的财务顾问；证券承销与保荐；证券自营；证券资产管理；融资融券；证券投资基金代销；为期货公司提供中间介业务；代销金融产品
同属一母公司控制	永诚财产保险股份有限公司	许坚	中国（上海）自由贸易试验区世博馆路200号	217 800	财产损失保险、责任保险、信用保险和保证保险、短期健康保险和意外伤害保险、再保险业务、国家法律法规允许的保险资金运用业务及经保监会批准的其他业务
同属一母公司控制	海宁华能数创投资合伙企业（有限合伙）	天津源融投资管理有限公司	嘉兴市海宁市浙江海宁经编产业园区经都二路2号经编大楼1层283室（自主申报）	40 030	创业投资（限投资未上市企业）；股权投资等
同属一实际控制人控制	华能保供投资（海宁）合伙企业（有限合伙）	华能投资管理有限公司	嘉兴市海宁市浙江海宁经编产业园区经都二路2号经编大楼1层282室（自主申报）	3 250 100	股权投资；创业投资（限投资未上市企业）；自有资金投资的资产管理服务等
同属一实际控制人控制	华能内蒙古东部能源有限公司	张东辉	内蒙古自治区呼伦贝尔市海拉尔区胜利大街29号	369 962	电力、热力、煤炭、水务、铁路运输相关产业的投资、生产、经营与销售；配电网的投资与经营；电力供应服务的培训与咨询
同属一实际控制人控制	北方联合电力有限责任公司	陈炳华	内蒙古自治区呼和浩特市锡林郭勒南路15号	1 000 000	开发、投资、建设、运营电力、热力、煤炭资源、铁路及配套基础设施项目；电力热力生产供应；煤炭经营；进出口贸易
同属一实际控制人控制	华能甘肃能源开发有限公司	秦海峰	兰州市安宁区北滨河西路33号	247 500	电源开发、投资、建设、经营和管理，电力（热力）生产和销售，金融、煤炭、交通运输、新能源、环保相关产业及产品的开发、投资、建设、生产、销售、实业投资经营及管理
同属一实际控制人控制	华能国际电力股份有限公司	王葵	北京市西城区复兴门内大街6号（华能大厦）	1 569 809	利用现代化的技术和设备，利用国内外资金，在全国范围内开发、建设和运营大型发电厂
同属一实际控制人控制	华能山东发电有限公司	王枬	山东省济南市历下区经十路14900号	424 146	电力、热力、煤炭等相关产业的开发、投资、建设、经营和管理
同属一实际控制人控制	华能陕西发电有限公司	罗发青	陕西省西安市高新区高新四路17号1幢10201室	225 530	电力（热力）的开发、投资建设、生产、销售、经营和管理；煤炭、交通运输相关产业的开发、投资（限以自有资金投资）、建设和管理
同属一实际控制人控制	华能置业有限公司昌平分公司	张军	北京市昌平区小汤山镇常兴庄村南264号	—	餐饮服务；销售食品；住宿；物业管理；会议服务；销售化妆品、体育用品
同属一实际控制人控制	华能伊敏煤电有限责任公司伊敏煤电宾馆	牛翠玲	内蒙古呼伦贝尔市海拉尔区西四道街37号	—	提供住宿和餐饮服务。一般经营项目：房屋租赁；服装、纺织品、日用品、烟草制品、文化体育用品的销售；会议会展服务；通信设备、场地租赁等
同属一实际控制人控制	华能能源交通产业控股有限公司	张巍	北京市海淀区复兴路甲23号7、8层	365 000	能源行业智慧供应链、产业园建设运营、能源基础设施项目投资及管理、新能源、物流、招投标、进出口贸易等业务
同属一实际控制人控制	四川华能太平驿水电有限责任公司	熊文武	汶川县映秀镇	45 547	发电业务、输电业务、供（配）电业务。业务培训（不含教育培训、职业技能培训等需取得许可的培训）；新兴能源技术研发；热力生产和供应等
同属一实际控制人控制	华置物产服务（北京）有限公司	宋彦良	北京市海淀区复兴路甲23号	6 433	针纺织品销售；物业管理；会议及展览服务；办公服务；建筑物清洁服务；非居住房地产租赁；工程管理服务等
同属一实际控制人控制	华能（上海）电力检修有限责任公司	陆黎敏	上海市宝山区盛石路270号	20 000	输电、供电、受电力设施的安装、维修和试验；发电业务、输电业务、供（配）电业务；建设工程施工等
同属一实际控制人控制	华能海南实业有限公司海口喜来登酒店	韩淑娟	海口市秀英区滨海大道136号	—	住宿、餐饮、会议接待、电话、水上娱乐、健身、桑拿、棋牌、歌舞、台球、洗衣服务等
股东的关联企业	贵阳银行股份有限公司	张正海	贵州省贵阳市观山湖区长岭北路中天·会展城B区金融商务区东区1-6栋	365 620	吸收公众存款；发放短期、中期和长期贷款；办理国内结算；办理票据贴现、承兑；发行金融债券；从事同业拆借；外汇存款；外汇贷款；外汇汇款；国际结算等

6.5.3 本公司与关联方的重大交易事项

6.5.3.1 固有财产与关联方

固有财产与关联方关联交易   单位：万元

项目	期初	发生额	期末
贷款	—	—	—
投资	—	—	—
租赁	—	—	—
担保	—	—	—

续表

项目	期初	发生额	期末
应收账款	—	—	—
其他应收款项	49.97	−45.08	4.89
其他应付款项			
其他	—	2 583.35	
合计	49.97	2 538.27	4.89

6.5.3.2 信托资产与关联方

信托资产与关联方关联交易 单位：万元

项目	期初	发生额	期末
贷款	1 999 350.00	-499 910.00	1 499 440.00
投资	—	—	—
租赁	—	—	—
担保	—	—	—
应收账款	—	—	—
其他	9 804 521.90	-1 403 674.00	8 400 847.90
合计	11 803 871.90	-1 903 584.00	9 900 287.90

信托资产与关联方交易：涉及重大关联交易的交易对象共9家，分别为中国华能集团有限公司，贵阳银行股份有限公司，华能资本服务有限公司，华能保供投资（海宁）合伙企业（有限合伙），华能内蒙古东部能源开发有限公司，北方联合电力有限责任公司，华能陕西发电有限公司，华能甘肃能源开发有限公司，华能国际电力股份有限公司，华能山东发电有限公司。具体关联交易方与本公司的关系性质、关联交易方的名称、法定代表人、注册地址、注册资本及主营业务等详见表6.5.2。

6.5.3.3 固有财产与信托财产之间的交易

固有财产与信托财产相互交易 单位：万元

项目	期初数	本期发生额	期末数
合计	1 325 010.09	5 690.77	1 330 700.87

6.5.3.4 信托资产与信托财产之间的交易

信托资产与信托财产相互交易 单位：万元

项目	期初数	本期发生额	期末数
合计	7 117 326.77	10 502.27	7 127 829.04

6.5.4 关联方逾期未偿还本公司资金的详细情况以及本公司为关联方担保发生或即将发生垫款的详细情况

无。

6.6 会计制度的披露：本公司固有业务和信托业务均执行财政部颁布的企业会计准则及相关规定

7.财务情况说明书

7.1 利润实现和分配情况

2023年，公司实现净利润213 368.70万元，提取盈余公积21 336.87万元，计提信托赔偿准备2 720.43万元，计提一般准备1 873.46万元，当年分配股利100 000万元，年末未分配利润1 100 654.37万元。

7.2 主要财务指标

指标名称	指标值（合并）	指标值（母公司）
资本利润率（%）	7.91	7.80
人均净利润（万元）	607.13	597.88

7.3 对本公司财务状况、经营成果有重大影响的其他事项

无。

7.4 净资本情况

指标名称	指标值
净资本（万元）	2 481 284.62
风险资本（万元）	817 159.14
净资本/各项业务风险资本之和（%）	303.65
净资本/净资产（%）	89.56

8.特别事项简要提示

8.1 前五名股东报告期内变动情况：

无。

8.2 董事、监事及高级管理层变化情况

公司原董事长田军同志退休，不再担任公司董事，孙磊同志担任公司董事长。孙磊同志不再担任公司总经理，刘芳同志担任公司总经理。

8.3 变更注册资本、变更公司名称、地址

无。

8.4 公司重大诉讼事项

无。

8.5 公司及其董事、监事和高级管理人员受到处罚的情况

无。

8.6 国家金融监督管理总局及其派出机构对公司检查后的整改情况

报告期内，国家金融监督管理总局贵州监管局向公司下发了监管情况通报等文件，要求公司以习近平新时代中国特色社会主义思想为指导，深入学习贯彻党的二十大精神，全面贯彻落实2023年中央经济工作会议、国家金融监督管理总局工作会议精神和贵州监管局工作部署，坚持稳中求进总基调，把防范化解风险放在首位，

在加快回归本源和转型发展中实现高质量发展。公司深刻领会监管精神，全面落实监管部门提出的各项指导要求，实时跟踪并持续优化重点领域、重大风险防控工作，落实并完成互联网合作业务规范整改事项，稳步压降金融同业通道规模，加速推进符合新业务分类新规导向的资产管理、资产服务类信托产品，严守合规经营和风险防控底线。整体来看，公司业务发展稳中有进，主要监管指标符合监管要求，到期信托项目均安全兑付，进一步夯实了公司依法合规经营、稳步转型的可持续发展基础。

8.7 本年度重大事项临时报告的简要内容、披露时间、所披露的媒体及其版面

（1）2023年9月20日，在《金融时报》第3版披露公司董事长变更为孙磊同志的公告。

（2）2023年12月20日，在《金融时报》第8版披露公司总经理变更为刘芳同志的公告。

8.8 国家金融监督管理总局及其派出机构认定的其他有必要让客户及相关利益人了解的重要信息

无。

9.公司监事会意见

报告期内，公司能够按照合法决策程序对重大事项进行决策，业务经营活动符合《公司法》《信托法》《信托公司治理指引》等有关法律规定；董事、经营管理层人员能够合法合规履行公司职务，勤勉尽责；中审众环会计师事务所出具的2023年度审计报告中披露的财务信息，能真实、客观地反映公司的财务状况和经营结果，不存在任何虚假记载、误导性陈述或者重大遗漏。

华融国际信托有限责任公司

1.重要提示

1.1 公司董事会及董事保证本报告所载资料不存在任何虚假记载、误导性陈述或者重大遗漏，并对其内容的真实性、准确性和完整性承担个别及连带责任。

1.2 公司独立董事邢成、何维达、周利国声明：保证年度报告内容的真实性、准确性、完整性。

1.3 公司董事长李勇锋、会计部门负责人杨丽声明：保证本年度财务会计报告的真实、完整。

2.公司概况

2.1 公司简介

华融国际信托有限责任公司（以下简称华融信托或公司）是在重组新疆国际信托投资有限责任公司基础上设立的，新疆国际信托投资有限责任公司成立于1987年1月。2002年5月，公司增资改制为有限责任公司。2002年7月，中国人民银行以银复〔2002〕216号文批准予以重新登记。2008年2月，原中国银监会以银监复〔2008〕78号文批准原股东中国华融资产管理股份有限公司（以下简称华融公司）重组新疆国际信托投资有限责任公司。2022年12月，原中国银保监会以银保监复〔2022〕886号文批准原股东华融公司将持有的华融信托股权转让予中国信托业保障基金有限责任公司。公司注册地址：新疆乌鲁木齐市天山区中山路333号，注册资本金为303 565.33万元。

2.1.1 公司法定中文名称：华融国际信托有限责任公司
公司英文名称：HUARONG INTERNATIONAL TRUST CO., LTD.
公司英文名称缩写：HUARONG TRUST

2.1.2 公司法定代表人：李勇锋

2.1.3 公司注册地址：新疆乌鲁木齐市天山区中山路333号
邮政编码：830002
公司国际互联网网址：http//www.huarongtrust.com.cn
公司电子信箱：hrxt@huarongtrust.com.cn

2.1.4 公司负责信息披露事务人员
联系人：史芳芳
联系电话：010-57783687
传真：010-56678537
电子信箱：shifangfang@huarongtrust.com.cn

2.1.5 公司信息披露报纸名称：《证券时报》
公司年度报告备置地点：新疆维吾尔自治区乌鲁木齐市中山路333号
登载年度报告的互联网网址：http//www.huarongtrust.com.cn

2.1.6 公司聘请的会计师事务所名称：普华永道中天会计师事务所（特殊普通合伙）
公司聘请的会计师事务所办公地址：中国（上海）自由贸易试验区陆家嘴环路1318号星展银行大厦507单元01室
公司聘请的律师事务所名称：北京市兰台律师事务所
公司聘请的律师事务所办公地址：北京市朝阳区曙光西里甲一号（第三置业大厦）B座29层

2.2 组织结构

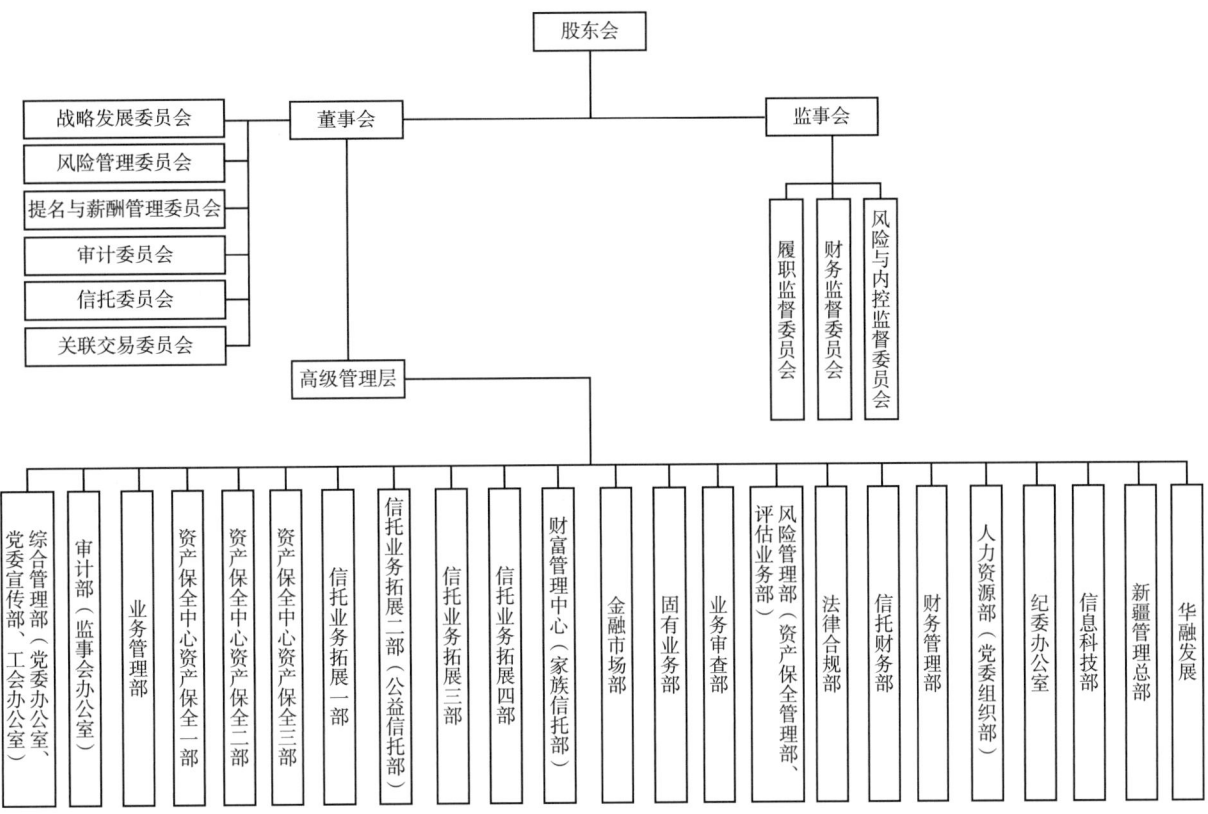

3. 公司治理

3.1 股东

报告期末股东总数为5名，股东持股情况如下表所示。

股东名称	持股比例（%）	法人代表	注册资本（万元）	注册地址	主要经营业务及主要财务情况
中国信托业保障基金有限责任公司★	76.79	肖璞	1 150 000	北京市西城区月坛南街1号院5号楼20~23层	受托管理保障基金；参与托管和关闭清算信托公司；通过融资、注资等方式向信托公司提供流动性支持；收购、受托经营信托公司的固有财产和信托财产，并进行管理、投资和处置；同业拆借、同业借款和向其他金融机构融资，经批准发行金融债券；买卖政府债券、中央银行债券（票据）、金融债券和货币市场基金；国务院银行业监督管理机构批准的其他业务。财务状况良好
长城人寿保险股份有限公司	14.64	白力	621 934.95	北京市西城区平安里西大街31号3层	人寿保险、健康保险、意外伤害保险等各类人身保险业务；上述业务的再保险业务；国家法律、法规允许的保险资金运用业务；经原保监会批准的其他业务（企业依法自主选择经营项目，开展经营活动）；依法须经批准的项目，经相关部门批准后依批准的内容开展经营活动；不得从事本市产业政策禁止和限制类项目的经营活动）。财务状况良好
珠海市华策集团有限公司	7.32	杨峰	10 000	珠海市拱北侨光路5号华策大厦14楼	房地产开发；自有物业租赁；电脑平面设计；商业批发；零售（不含许可经营项目）。因涉多宗诉讼和执行案件，华策集团及其实际控制人已被列为失信被执行人，多个账户被查封，暂无法出具2023年财务报表
新疆凯迪投资有限责任公司	0.74	黄新丽	42 000	乌鲁木齐市高新区（新市区）鲤鱼山北路199号	证券业投资、矿业投资、项目投资、股权投资；资产管理；房屋、车辆、设备租赁；与投资相关的咨询服务；原油、成品油、其他石油制品销售。财务状况良好
新疆恒合投资股份有限公司	0.51	闫剑	11 440	新疆乌鲁木齐市沙依巴克区黄河路1号	高新技术产业；新兴产业的风险投资、经营及管理；优势传统产业、资本市场的投资、经营管理；投资及融资信息咨询；汽车、房屋及机械设备的租赁。财务状况良好

注：中国信托业保障基金有限责任公司作为中国信托业保障基金的管理人，代表中国信托业保障基金；最终实际控制人在股东名称一栏中加★表示。

3.2 董事

董事

姓名	职务	性别	年龄（岁）	任职日期	所推举的股东名称	该股东持股比例（%）	简要履历
李勇锋	董事长	男	51	2023年5月11日	中国信托业保障基金有限责任公司	76.79	本科。曾在中国农业银行长沙市分行、中国长城资产管理公司长沙办事处、中国长城资产管理公司资产管理业务部、业务管理部、法律合规部等多部门工作；历任中国长城资产管理股份有限公司资产管理业务部总经理；中国长城资产管理股份有限公司业务管理部总经理、中国长城资产管理股份有限公司法律合规部总经理。现任中国信托业保障基金有限责任公司党委委员、副总裁，兼华融国际信托有限责任公司党委书记、董事长、法定代表人
白俊杰	董事	男	56	2019年11月21日	中国华融资产管理股份有限公司（原股东）	—	本科。曾在中国工商银行福建省分行、中国华融资产管理公司福州办事处、研究发展部、经营发展部、投资事业部、重庆办事处等多部门工作；历任中国华融资产管理股份有限公司重庆市分公司党委书记、总经理；中国华融资产管理股份有限公司资产经营事业部总经理；中国华融资产管理股份有限公司投资拓展部总经理、华融资本管理有限公司党委书记、董事长、法定代表人；华融国际金融控股有限公司董事长；华融华侨资产管理股份有限公司党委副书记、董事长、法定代表人；中国华融海外投资控股有限公司董事长；华融国际信托有限责任公司党委书记、董事长、法定代表人。现任华融汇通资产管理有限公司党委书记、董事长、法定代表人
李丹	董事	女	52	2020年10月10日	中国华融资产管理股份有限公司（原股东）	—	硕士。曾在北京经济技术开发区管委会、中国长城资产管理公司、中国华融资产管理公司北京办事处、中国华融资产管理公司资产经营部工作；历任中国华融资产管理股份有限公司资产经营事业部副总经理（总经理级）、华融汇通资产管理有限公司党委副书记、董事、总经理；中国华融资产管理股份有限公司投资事业部副总经理（总经理级）；华融瑞通股权投资管理有限公司党委委员、董事、副总经理（总经理级）；华融国际信托有限责任公司党委副书记、董事、总经理。现任华融汇通资产管理有限公司党委副书记、总经理
高翱	职工董事	男	58	2021年3月16日	职工代表大会	—	本科。曾在中国工商银行山西省分行、中国华融资产管理公司工作；历任中国华融资产管理股份有限公司山西省分公司党委委员、副总经理、纪委书记；中国华融资产管理股份有限公司内蒙古自治区分公司党委书记、总经理；华融渝富股权投资基金管理有限公司党委书记、监事长；华融（天津自贸试验区）投资股份有限公司党委副书记、监事长。现任华融国际信托有限责任公司职工董事
魏哲明	董事	男	40	2019年11月29日	新疆凯迪投资有限责任公司	0.74	硕士。历任特变电工股份有限公司处长助理、大客户经理、部长助理；上海永宣（联创）股权投资管理有限公司投资总监；新疆天山毛纺织股份有限公司董事会秘书、副总经理；新疆西拓矿业股份有限公司董事；新疆凯迪毛纺织股份有限公司副总经理、董事会秘书。现任新疆金融投资（集团）有限公司总经理、董事，新疆凯迪投资有限责任公司副总经理、投资总监，新疆天山产业投资基金管理有限公司董事长、总经理，新疆凯迪矿业股份有限公司董事，华融国际信托有限责任公司董事，德展大健康股份有限公司董事长，西藏水资源有限公司董事等

注：本报告中关于董事、监事、高级管理人员任职情况的内容均为截至2023年12月31日情况。

独立董事

姓名	所在单位及职务	性别	年龄（岁）	选任日期	所推举的股东名称	该股东持股比例（%）	简要履历
邢成	清华大学法学院金融与法律研究中心研究员	男	60	2009年3月5日	中国华融资产管理股份有限公司（原股东）	—	南开大学博士，教授，现任清华大学法学院金融与法律研究中心研究员
何维达	北京科技大学经管学院教授、博士生导师，企业与产业发展研究所所长	男	62	2010年2月26日	中国华融资产管理股份有限公司（原股东）	—	中南财经政法大学博士，现任北京科技大学经济管理学院教授、企业与产业发展研究所所长
周利国	中央财经大学商学院教授、博士生导师	男	64	2016年10月24日	中国华融资产管理股份有限公司（原股东）	—	经济学博士，现任中央财经大学商学院教授、博士生导师

3.3 监事

监事会成员

姓名	职务	性别	年龄（岁）	选任日期	所推举的股东名称	该股东持股比例（%）	简要履历
马凌云	监事长	女	51	2021年3月8日	中国华融资产管理股份有限公司（原股东）	—	硕士。曾在中国科学院自动化所、中关村建设集团、华睿投资集团、中国华融资产管理公司工作；历任中国华融资产管理股份有限公司风险管理部副总经理、办公室副主任；华融中关村不良资产交易中心股份有限公司党委委员、副总经理、纪委书记；华融致远投资管理有限责任公司党委副书记、董事、总经理。现任华融国际信托有限责任公司党委副书记、监事长

续表

姓名	职务	性别	年龄（岁）	选任日期	所推举的股东名称	该股东持股比例（%）	简要履历
刘绍华	监事	男	59	2016年1月8日	中国华融资产管理股份有限公司（原股东）	—	本科。曾在新疆国际信托投资公司、新疆统一企业食品有限公司工作；历任新疆国际信托投资公司党委委员、董事、副总经理；华融国际信托有限责任公司党委委员、纪委书记、副总经理、工会主席。现任华融国际信托有限责任公司监事会监事
赵梅	监事	女	48	2020年6月18日	新疆凯迪投资有限责任公司	0.74	本科。历任新疆建工集团第三建筑工程公司出纳、会计；立信会计师事务所新疆分所高级审计员、项目经理；国信证券乌鲁木齐分公司项目经理；新疆天山毛纺织股份有限公司财务部部长、财务总监；新疆金融投资有限公司计划财务部负责人。现任新疆小额再贷款股份有限公司财务总监
闫剑	监事	男	51	2017年2月17日	新疆恒合投资股份有限公司	0.51	硕士。历任新疆金新金融研究所副所长；安徽蚌埠商业银行董事长助理；新疆国际信托投资公司信托经理；新疆西部伟业投资公司总经理；云南三鑫矿业公司总经理；新疆康普建设投资（集团）有限公司负责筹建小额贷款公司；新疆恒合投资股份有限公司常务副总经理。现任新疆恒合投资股份有限公司董事长
刘浩蔚	职工监事	女	47	2019年11月8日	职工代表大会	—	本科。曾在北京住房公积金管理中心、中国华融资产管理公司工作；历任华融国际信托有限责任公司资金财务部副总经理（总经理级）、信托财务部总经理、托管运营部总经理、运营总监、信托财务部总经理（总监级）。现任华融国际信托有限责任公司业务管理部、固有业务部、信托财务部总经理（总监级）
李恺	职工监事	男	49	2020年9月14日	职工代表大会	—	硕士。曾在中国工商银行阿图什市支行、中国银行新疆分行工作；历任中国银监会新疆监管局监管三处主任科员、非银处主任科员、副处长；华融国际信托有限责任公司业务总监、风险合规部总监、业务审查部总监、新疆管理总部总经理。现任华融国际信托有限责任公司新疆管理总部总经理（总监级）
安维斯	职工监事	女	39	2019年11月8日	职工代表大会	—	硕士。曾在安永华明会计师事务所工作；历任华融国际信托有限责任公司审计部经理、高级经理、总经理助理、副总经理（主持工作）。现任华融国际信托有限责任公司审计部（监事会办公室）部门总经理

3.4 高级管理人员

高级管理人员

姓名	职务	性别	年龄（岁）	选任日期	金融从业年限（年）	学历	专业
王瑨	副总经理（代为履行总经理职责）、风险总监	男	49	2019年6月6日	21	硕士	金融学
孟娜	副总经理	女	49	2020年5月28日	25	硕士	投资与国民经济学
何保庆	副总经理	男	58	2017年2月20日	29	本科	农业经济及管理
刘建春	副总经理	男	57	2017年9月28日	35	本科	金融学
李厚启	副总经理	男	56	2016年8月19日	35	硕士	工商管理

3.5 公司员工

公司员工

项目		报告期年度		上年度	
		人数（人）	比例（%）	人数（人）	比例（%）
年龄分布	25岁以下	—	—	—	—
	25~29岁	1	0.5	6	3
	30~39岁	96	49.2	114	52
	40岁及以上	98	50.3	98	45
学历分布	博士	7	3.6	13	6
	硕士	115	59	123	56
	本科	70	35.9	78	36
	专科及其他	3	1.5	4	2

续表

项目		报告期年度		上年度	
		人数（人）	比例（%）	人数（人）	比例（%）
岗位分布	高管人员	11	5.6	16	7
	业务人员	95	48.7	92	42
	其他	89	45.6	110	50

4. 经营管理

4.1 经营目标、方针、战略规划

4.1.1 经营目标

公司坚持稳字当头、稳中求进主基调，全面推进"打基础、建机制、谋转型、促发展"，深化主业转型，全面提升公司主动管理能力、风险管控水平，以及价值

创造能力。在推动中国经济高质量发展及价值创造过程中最大限度为受托人实现收益价值最大化。

4.1.2 经营方针

公司把握发展机遇、守正创新，按照信托行业转型方向和新的业务分类要求，着力补短板、强弱项、固底板、扬优势。合规经营，强化风险防控，严守各项政策法规及风险管控要求；加快业务转型发展，实现业务质的有效提升和量的合理增长，保障业务可持续发展；提高站位，履行社会责任，以服务实体经济为宗旨，促进公司高质量发展。

4.1.3 战略规划

将华融信托打造成特色化、专业化、高质量发展的信托公司。以监管政策为准绳，坚持回归信托本源、强化风险防控、提升内部精细化管理水平，在细分行业、特定区域和独特策略方面积累优势，形成特色产品，提升公司服务实体经济的能力和以公益慈善信托、绿色信托等多种手段践行社会责任的能力。

4.2 经营业务主要内容

公司目前经营的业务品种主要分为信托业务和固有业务。

4.2.1 信托业务

截至2023年末，公司管理存续信托资产规模842.97亿元。管理的存续信托资产规模中，主要投向工商企业、房地产行业和基础产业。

公司信托资产运用与分布如下表所示。

信托资产运用与分布表

资金运用	金额（万元）	占比（%）	资产分布	金额（万元）	占比（%）
货币资金	91 211.27	1.08	工商企业	5 538 118.19	65.70
交易性金融资产	1 413 391.40	16.77	房地产	912 826.18	10.83
买入返售金融资产	1 629.52	0.02	基础产业	684 270.14	8.12
发放贷款和垫款	722 858.02	8.58	其他	513 258.57	6.09
债权投资	5 395 023.57	64.00	金融机构	493 852.01	5.86
长期股权投资	684 335.79	8.12	证券投资	287 365.36	3.40
应收利息	19 642.00	0.23	—	—	—
其他	101 598.88	1.20	—	—	—
资产总计	8 429 690.45	100.00	资产总计	8 429 690.45	100.00

4.2.2 固有业务

公司固有资产运用与分布如下表所示。

固有资产运用与分布表

资产运用	金额（万元）	占比（%）	资产分布	金额（万元）	占比（%）
货币资金	87 315.08	22.99	基础产业	—	—
贷款及应收款	5 620.18	1.48	房地产业	—	—
交易性金融资产	182 885.29	48.15	证券市场	5 017.80	1.32
债权投资	—	—	实业	—	—
其他债权投资	49 955.12	13.15	金融机构	315 137.69	82.97
递延所得税资产	42 210.38	11.11	其他	59 645.42	15.71
长期股权投资	—	—	—	—	—
使用权资产	7 218.86	1.90	—	—	—
其他	4 596.01	1.22	—	—	—
资产总计	379 800.91	100.00	资产总计	379 800.91	100.00

4.3 市场分析

4.3.1 有利因素

（1）"十四五"时期，金融工作将聚焦服务实体经济、防控金融风险、深化金融改革三项任务。中央经济、金融工作会议科学回答了经济和金融业发展的一系列重大理论和实践问题，为金融机构高质量发展提供了根本遵循和行动指南。

（2）在资管新规和信托业务"三分类"政策的大框架下，信托公司进一步明确行业转型方向，不断强化资产服务、资产管理和公益慈善能力，发挥信托制度优势，在有效支持实体经济、服务人民群众财富管理需求中实现自身发展。

（3）近年来，人民群众财富管理需求日益增长，其财富管理意识也不断增强，信托牌照的财产保护、传承、增值和风险隔离的优势凸显。财富管理服务信托正在逐步成为人民群众重要的财富配置方式和信托公司的业务转型新方向。

4.3.2 不利因素

（1）受供给冲击、预期下行、需求收缩"三重压力"影响，并叠加外部大国博弈加剧、全球经济与金融市场大幅波动的冲击，经济增速有所放缓。

（2）在经济增速放缓和波动性加大的影响下，部分区域企业经营困难、风险显现，使公司业务拓展、风险管控等工作面临挑战。

（3）资管行业市场竞争持续加剧，行业政策统一化加强，信托行业制度性优势有待进一步发挥。

4.4 内部控制

4.4.1 内部控制环境和内部控制文化

公司按照现代金融企业制度要求，建立科学的公司法人治理结构，成立股东会、董事会、监事会并制定相应议事规则，根据有关法律法规及公司章程分别行使职责。董事会层面设立战略发展委员会、提名与薪酬管理委员会、风险管理委员会、审计委员会、信托委员会及关联交易委员会，对涉及公司战略发展、薪酬考核、风险控制等重大事项进行民主决策、集体审议；监事会层面设立风险与内控监督委员会、财务监督委员会、履职监督委员会，对公司风险管理情况、内部控制体系建设和运行情况以及财务管理情况进行监督检查，对公司董事会、高级管理层及其人员履职行为进行监督和评价。公司设立的独立董事工作制度进一步完善了公司的法人治理结构，加强了公司董事会决策的科学性，强化了对内部董事及经营层的约束和监督机制；董事会组建经营层，由总经理组织公司日常经营管理工作并对董事会负责；总经理层面设立总经理办公会、公司风险管理和内部控制委员会、经营决策委员会、资产评估审查委员会、资金财务审查委员会、大额采购委员会、责任追究委员会、消费者权益保护委员会、信息科技管理委员会、员工业余进修学习奖励评审委员会、律所选聘委员会、中介机构管理委员会、呆账核销委员会，分别负责对公司重大决策事项、各项业务方案、重大风险管理解决方案和重大资金运用与支出等事项进行审查。根据监管要求及实际需要，公司设立综合管理部（党委办公室、党委宣传部、工会办公室）、审计部（监事会办公室）、纪委办公室、人力资源部（党委组织部）、业务管理部、业务审查部、风险管理部（资产保全管理部、评估业务部）、法律合规部、财务管理部、信托财务部、信息科技部以及其他业务部门等系列职能部室，从而形成一个结构合理、管理科学、内部控制有效的治理结构和机制。

4.4.2 内部控制措施

公司建立了完善的各层级授权制度，明确董事会、监事会、经营层的权限及职责。董事会作为公司决策机构，负责决定公司内部管理机构的设置、制定公司的基本管理制度、决定公司对外重大投资、重大资产处置事项、决定公司资本金运用、资产抵押、对外担保、关联交易等事项。为防范风险，董事会对重大资本金项目、重大信托项目负责审查审批。董事会严格按照董事会议事规则召开会议。公司设立监事会，监事会为公司的监督机构。监事会按照《公司法》和公司章程赋予的职责和权利，依法运作，认真履职。经营层通过董事会的授权在权限范围内履行职责，建立健全内部控制体系，保证内部控制的各项职责得到有效履行，负责对内部控制的充分性与有效性进行监测评估；并负责执行董事会批准的各项规划、决策和制度。

公司坚持制度先行、规范经营的理念。2023年，公司根据监管政策和法规，修订公司《制度管理办法》，明确了制度的分级标准、各级制度的审批权限、主管部门，并将制度的合规审查嵌入了流程，有效强化了制度的审查审批和体系化管理；制定了《个人信息保护管理办法》，规范公司个人信息保护管理，加强对个人信息的权益保护；制订了《公益/慈善信托业务指引》《风险处置服务信托业务指引》《家族信托和家庭服务信托业务指引》《资产证券化服务信托业务指引》，规范并指导信托业务三分类体系下公司新类型业务的开展；修订了《经营资产公允价值估值办法》《经营资产减值准备计量办法》，规范经营资产在新金融工具会计准则下的公允价值估值及减值计量工作；修订了《项目后期管理的相关办法》，进一步规范项目后期管理工作，有效防范和控制风险。同时，公司持续对各项业务及管理制度进行梳理、完善和补充，进一步优化业务及管理流程，有效防范及控制各种风险。

4.4.3 信息交流与反馈

公司建立了信息披露工作制度及信息交流、汇报、反馈程序，以及督办工作机制，通过工作简报、办公会议纪要、专题报告、督办报表、内部要情通报、审计报告等多种形式进行信息交流、汇报和反馈，使董事会和经营层能够及时了解业务信息、管理信息以及其他重要风险信息；所有员工能充分了解相关信息、遵守涉及其责任和义务的政策、程序；及时、真实、完整地向监管机构和外界报告、披露相关信息；及时把与企业既定经营目标有关的信息提供给所有员工等。

公司采取信息系统平台、互联网络、电子邮件、电话传真、例行会议、专题报告、调查研究、教育培训等多种方式，实现所需的内部信息在公司内部准确、及时传递和共享，重要信息及时上报至公司董事会及各专业委员会、监事会和各级管理层，确保董事会、管理层和公司员工之间有效沟通。

公司根据发展战略、风险控制和业绩考核要求，设计不同级次内部报告指标体系，并与全面预算管理相结合，全面反映与公司经营管理相关的各种内外部信息。报告包括定期报告、即时报告、日常报告和突发事件报告。

4.4.4 监督评价与纠正

公司按外部监管要求以及内部管理需要，建立了多重检查监督形式组成的内部监督体系，董事会决定风险管理与内部控制的政策，通过定期召开董事会议、审阅审计报告等方式持续监控内部控制建立与实施过程中的重大问题；监事会对公司财务活动运行情况、内部控制与风险管理运行情况以及董事、高级管理人员履职情况进行监督；纪委办公室对公司全体干部员工的廉洁自律与岗位履职情况进行监督；董事会下设审计委员会，审计委员会下设审计部，审计部在审计委员会的指导下通过独立、客观的日常监督与专项监督活动，对公司内部控制设计与执行的有效性进行审查和评价，及时发现内部控制缺陷，提出改进措施并监督整改情况，为公司合法、高效、规范运作提供有力支持和保障。

4.5 风险管理

4.5.1 风险管理概况

2023年，公司坚持稳字当头、稳中求进主的基调，积极应对发展环境变化给经济社会和市场风险带来的影响，以转型业务发展为核心，做好增量风险管控，同时抓紧存量风险处置化解，不断完善全面风险管理体系，前移风险管控关口，对标信托行业新的业务分类要求，持续改进风险管理工具和手段，提升全面风险管控的质量和水平，较好地控制了公司经营管理中的各类风险。

公司董事会是公司风险管理的最高决策机构，承担全面风险管理的最终责任。董事会风险管理委员会、关联交易委员会和审计委员会负责按照公司章程和专门委员会工作规则的规定，履行风险管理责任。公司监事会是公司风险管理的监督机构，承担全面风险管理的监督责任。监事会专门委员会根据监事会的授权开展风险管理监督工作，对监事会负责，向监事会报告工作。公司高级管理层负责实施董事会制定的风险管理策略、风险偏好，承担全面风险管理的实施责任。公司在高级管理层设立风险管理和内部控制委员会，作为高级管理层风险管理议事机构。风险总监作为负责全面风险管理的高级管理人员，独立于操作和经营条线，可以直接向董事会报告全面风险管理情况。

风险管理部作为全面风险管理牵头部门，推动全面风险管理体系建设，负责牵头信用风险、市场风险、客户集中度风险、关联交易风险的管控，并统筹推进存量风险资产的化解工作。综合管理部负责牵头管理声誉风险。业务管理部负责牵头管理资本不足风险、战略风险和新业务风险。财务管理部负责牵头管理流动性风险。法律合规部负责牵头管理法律风险、操作风险、合规风险、反洗钱及案防工作。信息科技部负责管理信息科技风险，并对风险管理信息系统和数据建设提供支持，开展全面风险管理各领域的系统建设。审计部负责结合日常审计工作，对全面风险管理的充分性和有效性进行审查和评价。

4.5.2 风险状况

4.5.2.1 信用风险状况

公司可能面临的信用风险主要是交易对手无法履约的风险。截至2023年12月末，公司管理的存续信托项目122个，实收信托规模1 019.45亿元，其中，主动管理类信托项目规模59.56亿元，占比为5.84%。

4.5.2.2 市场风险状况

市场风险指公司因股价、市场利率及其他价格因素变动给公司盈利能力和财务状况带来的风险。目前，公司管理的金融产品主要是股票，公司管理的股票资产虽然受市场波动的影响较大，但公司持有的股票资产数量少，占用资金量较低，因此市场风险处于可控范围内。

4.5.2.3 操作风险状况

操作风险主要表现在由于公司内部人员在相关业务办理过程中因操作失误和内部控制制度不完善而出现的风险。截至2023年12月31日，公司未出现操作风险事件。公司对所有项目均严格进行尽职调查，积极履行受托人职责，尽职管理，忠实执行合同，严格履行信息披露义务。公司信托和固有业务账户分开设立，印章使用、资金划拨、抵（质）押物变更审批等管理规范，严格执行抵（质）押权证保管登记制度，定期核实保管的权证，严防操作风险。

4.5.2.4 其他风险状况

2023年，公司积极落实监管机构要求，根据监管提示制定整改方案，明确整改目标和整改措施，并按季度向原新疆银保监局报告问题整改情况。公司持续开展金融同业通道压降和非标资金池清理工作，金融同业通道业务大幅压降，资金池清理完毕，完成了监管部门下达的任务。

4.5.3 风险管理

4.5.3.1 信用风险管理

公司在信用风险管理上，主要采取以下具体举措：一是注重交易对手的选择，通过项目前期尽职调查、交易结构设计、抵（质）押担保条件的设置、项目投后尽职管理、现金流的监测、资金监管等措施，从项目的全过程加强对信用风险的防范和控制，严格客户准入条件；二是严格放款审查，对照批复条件逐条落实放款审核；三是对交易对手进行投放后动态管理，定期了解交易对手经营情况和财务情况，加大项目投后巡访力度和频次，及时发现风险隐患；四是持续关注抵（质）押物价值变动，确保抵（质）押率保持合理水平，抵（质）押物的担保价值足值；五是采用资产分类等信用度量指标进行信用风险评级，并不断改进信用风险分析方法和技术；六是全面实施新金融工具会计准则，严格按照规定对信用风险资产合理计提减值准备，合理确定估值金额；七是密切关注宏观经济形势及国家产业政策、信贷政策及其他调控政策的变化，及时研究对策和措施。

4.5.3.2 市场风险管理

公司开展各项业务时，全面客观分析经济形势，审慎选择项目，严格项目准入；在项目开展前，对金融市场有可能产生的市场风险的各个因素进行分析研究，提早做好防范措施；加强对项目的审查、决策；对涉及资本市场的项目或质押物设立相关股票的警戒线、止损位，并对相关股票价格变动进行动态监测。

4.5.3.3 操作风险管理

公司在操作风险管理上，主要采取以下具体举措：一是通过《风险控制矩阵》等内控管理工具，梳理公司操作风险的分布状况，及时进行操作风险识别和控制；二是通过综合采用不相容岗位职责分离、实物控制、绩效考评、员工培训等手段，强化业务管理线上流程建设，实现业务操作留痕管理，控制操作风险；三是做好系统数据的备份，借助信息技术控制操作风险。

4.5.3.4 合规风险管理

2023年，公司对内控流程中的各项风险控制措施进行评估，弥补漏洞和缺陷，完善公司、管理及业务各层面的各内部控制流程，落实各流程的主控部室及其主体责任，修订《内部控制手册》，强化内控管理的精细化水平，提升反洗钱和消费者保护工作力度。

4.6 消费者权益保护

为切实维护金融秩序、防范和化解金融风险，夯实消费者权益保护工作主体责任，实现可持续、健康发展，公司恪守社会公德，依法经营，诚信经营，切实履行消费者权益保护各项义务，积极落实消费者权益保护各项工作，充分尊重并自觉保障消费者的财产安全权、知情权、自主选择权、公平交易权、依法求偿权、受教育权、受尊重权、信息安全权等八项基本权利，推动实现消费者在与公司发生业务往来的各个阶段始终得到公平、公正和诚信的对待。2023年，公司着力于构建和谐健康的金融消费环境，增强消费者满意度，加强投资者教育，提振消费信心，建立了相对完善的消费者权益保护工作体系，包括但不限于消费者适当性管理、消费者权益保护审查、投资者教育、信息披露、个人信息保护、产品和服务营销宣传管理、合作机构管理及消费投诉处理等各项工作内容和流程，不断增强公司消费者权益保护能力。根据监管要求，公司进一步完善消费者权益保护宣传工作，全年开展多项消费者宣传工作，不断提升消费者自我保护意识。切实维护消费者合法权益，高度重视和对待消费者投诉情况，设立公司消费者权益保护委员会，建立了消费者投诉处理制度。2023年，公司未接到一起投诉事件，公司将持续努力做到消费者满意，同时公司将消费者权益保护工作融入公司经营管理的各个环节，促使消费者权益保护工作落到实处、取得实效。

4.7 社会责任履行情况

2023年，公司积极落实新疆维吾尔自治区党委、政府、监管部门及上级单位相关工作部署，积极投身定点帮扶、环境保护、社会公益，切实履行国有金融企业的社会责任。一是扎实推进定点帮扶和助力示范工作，巩固脱贫攻坚成果、服务乡村振兴。根据新疆自治区党委、政府有关要求，公司认真开展新疆塔什库尔干塔吉克自治县马尔洋乡布候其拉甫村定点帮扶和哈巴河县萨尔布拉克镇喀拉翁格尔村乡村振兴助力示范工作，宣传普及国家政策，提供帮扶指导和建议，积极协商推动农产品采购和帮助销售，带动当地农业特色产业发展，2023年消费帮扶总金额为0.73万元。二是深入落实"访惠聚"驻村工作。按照监管部门要求，2018年以来，公司每年向新疆和田县阿瓦提乡塔格艾日克村"访惠聚"工作队派驻一名人员担任第一书记助理，协助第一书记积极做好政策宣传、精准帮扶、党建和维稳等各项驻村服务工作，2023年5月调整为和田县塔瓦库勒乡也先巴扎村，2023年12月，公司完成对驻村人员第六轮轮换。三是用实际行动助力生态环境建设。公司积极组织员工开展义务植树等各项社会公益活动，进一步增强环保意识，积极践行"绿水青山就是金山银山"的发展理念。本年度我公司落地了2笔绿色资产证券化服务信托，新增规模合计122.80亿元，其中"金融街中心（碳中和）绿色财产权信托"在第七届中国不动产证券化与REITs高峰论坛上被授予年度"金萃奖——年度最佳CMBS产品"，有效支持了绿色低碳环保事业。四是积极开展慈善信托业务。公司继续促进公益慈善信托与定点帮扶工作相结合，推动公益慈善信托落地，积极践行社会责任，2023度共新成立项目6个，新增规模56.6万元；通过定点帮扶系类慈善信托，联合村委会对新疆塔什库尔干县马尔洋乡布候其拉甫村实现精准帮扶6.6万元；协同大股东落地了信托保障基金乡村振兴系列慈善信托，投放50万元用于开展教育、医疗等民生帮扶项目，推动乡村振兴事业发展。此外，公司在经营管理、业务发展、客户服务及消费者权益保护等方面积极履行法律责任、经济责任、公益责任和环境责任，努力践行绿色发展理念，高度重视与地方政府、监管部门以及合作伙伴、客户、社会组织、员工、股东及投资者等利益相关方的沟通协调，并根据相关法规、监管部门及行业协会要求通过各种渠道进行信息披露。

5. 报告期末及上一年度末的比较式会计报表

5.1 自营资产

5.1.1 审计报告

普华永道中天会计师事务所（特殊普通合伙）已向华融信托出具普华永道中天审字（2024）第30213号审计报告，其审计意见段如下：

一、审计意见

（一）我们审计的内容

我们审计了华融国际信托有限责任公司（以下简称华融信托）的财务报表，包括2023年12月31日的合并及公司资产负债表，2023年度的合并及公司利润表、合并及公司现金流量表、合并及公司所有者权益变动表以及财务报表附注。

（二）我们的意见

我们认为，后附的财务报表在所有重大方面按照企业会计准则的规定编制，公允反映了华融信托2023年12月31日的合并及公司财务状况以及2023年度的合并及公司经营成果和现金流量。

二、形成审计意见的基础

我们按照中国注册会计师审计准则的规定执行了审计工作。审计报告的"注册会计师对财务报表审计的责任"部分进一步阐述了我们在这些准则下的责任。我们相信，我们获取的审计证据是充分、适当的，为发表审计意见提供了基础。

按照中国注册会计师职业道德守则，我们独立于华融信托，并履行了职业道德方面的其他责任。

三、管理层和治理层对财务报表的责任

华融信托管理层负责按照企业会计准则的规定编制财务报表，使其实现公允反映，并设计、执行和维护必要的内部控制，以使财务报表不存在由于舞弊或错误导致的重大错报。

在编制财务报表时，管理层负责评估华融信托的持续经营能力，披露与持续经营相关的事项（如适用），并运用持续经营假设，除非管理层计划清算华融信托、终止运营或别无其他现实的选择。

治理层负责监督华融信托的财务报告过程。

四、注册会计师对财务报表审计的责任

我们的目标是对财务报表整体是否不存在由于舞弊或错误导致的重大错报获取合理保证，并出具包含审计意见的审计报告。合理保证是高水平的保证，但并不能保证按照审计准则执行的审计在某一重大错报存在时总能发现。错报可能由于舞弊或错误导致，如果合理预期错报单独或汇总起来可能影响财务报表使用者依据财务报表作出的经济决策，则通常认为错报是重大的。

在按照审计准则执行审计工作的过程中，我们运用职业判断，并保持职业怀疑。同时，我们也执行以下工作：

（一）识别和评估由于舞弊或错误导致的财务报表重大错报风险；设计和实施审计程序以应对这些风险，并获取充分、适当的审计证据，作为发表审计意见的基础。由于舞弊可能涉及串通、伪造、故意遗漏、虚假陈述或凌驾于内部控制之上，未能发现由于舞弊导致的重大错报的风险高于未能发现由于错误导致的重大错报的风险。

（二）了解与审计相关的内部控制，以设计恰当的审计程序，但目的并非对内部控制的有效性发表意见。

（三）评价管理层选用会计政策的恰当性和作出会计估计及相关披露的合理性。

（四）对管理层使用持续经营假设的恰当性得出结论。同时，根据获取的审计证据，就可能导致对华融信托持续经营能力产生重大疑虑的事项或情况是否存在重大不确定性得出结论。如果我们得出结论认为存在重大不确定性，审计准则要求我们在审计报告中提请报表使用者注意财务报表中的相关披露；如果披露不充分，我们应当发表非无保留意见。我们的结论基于截至审计报告日可获得的信息。然而，未来的事项或情况可能导致华融信托不能持续经营。

（五）评价财务报表的总体列报（包括披露）、结构和内容，并评价财务报表是否公允反映相关交易和事项。

（六）就华融信托中实体或业务活动的财务信息获取充分、适当的审计证据，以对财务报表发表审计意见。我们负责指导、监督和执行集团审计，并对审计意见承担全部责任。

我们与治理层就计划的审计范围、时间安排和重大审计发现等事项进行沟通，包括沟通我们在审计中识别出的值得关注的内部控制缺陷。

注册会计师　张勇
注册会计师　陈进展
普华永道中天会计师事务所（特殊普通合伙）
中国·上海市　　　　　　　　2024年4月29日

5.1.2　资产负债表

资产负债表

编制单位：华融国际信托有限责任公司　　2023年12月31日　　　　单位：万元

项目	期末余额	期初余额
货币资金	117 476.83	23 804.15
交易性金融资产	117 304.44	74 510.19
债权投资	116 852.49	311 739.03
其他债权投资	—	—
长期股权投资	—	—
投资性房地产	1 580.17	1 649.31
固定资产	1 186.36	1 192.17
无形资产	1 726.17	1 770.71
递延所得税资产	42 210.38	42 137.51
使用权资产	7 218.86	2 648.05
其他资产	5 738.34	5 655.37
资产总计	411 294.04	465 106.49
应付职工薪酬	14 893.88	18 464.07
应交税费	28.17	240.18
租赁负债	6 172.33	1 458.82
预计负债	—	718.11
其他负债	45 330.87	102 462.76
负债合计	66 425.25	123 343.94
实收资本	303 565.33	303 565.33
资本公积	337 882.28	337 882.28
其他综合收益	—	—
盈余公积	57 748.44	57 748.44
信托赔偿准备金	37 254.28	37 221.67
一般风险准备金	6 055.58	6 055.58

续表

项目	期末余额	期初余额
未分配利润（损失以"（）"号填列）	（397 637.12）	（400 710.75）
归属于母公司所有者权益	344 868.79	341 762.55
少数股东权益	—	—
股东权益合计	344 868.79	341 762.55
负债和股东权益总计	411 294.04	465 106.49

注：报表为合并口径。

5.1.3 利润表

利润表

编制单位：华融国际信托有限责任公司　　　　　2023年度　　　　　单位：万元

项目	本期金额	上期金额
一、营业收入	19 682.25	57 981.17
利息收入	603.19	111.62
手续费及佣金收入	5 869.41	8 306.30
投资收益（损失以"（）"号填列）	9 919.81	44 585.03
公允价值变动收益（损失以"（）"号填列）	2 458.28	3 583.95
汇兑收益（损失以"（）"号填列）	—	—
其他业务收入	831.56	1 394.27
二、营业支出	16 356.09	65 931.37
利息支出	60.13	16 214.92
营业税金及附加	43.13	283.29
业务及管理费	14 563.18	23 214.42
信用资产减值损失	5 155.03	26 507.31
资产减值损失	（83.68）	（105.83）
其他业务成本	（3 381.70）	（182.74）
三、营业利润（亏损以"（）"号填列）	3 326.16	（7 950.20）
加：营业外收入	186.94	16 173.72
减：营业外支出	476.11	2 490.20
四、利润总额（亏损总额以"（）"号填	3 036.99	5 733.32
减：所得税费用	（69.24）	4 921.58
五、净利润（净亏损以"（）"号填列）	3 106.23	811.74
归属于母公司所有者的净利润	3 106.23	811.74
少数股东损益	—	—
六、每股收益：	—	—
（一）基本每股收益	—	—
（二）稀释每股收益	—	—
七、其他综合收益（亏损以"（）"号填列）	—	—
八、综合收益总额	3 106.23	811.74
归属于母公司所有者的综合收益总额	3 106.23	811.74

5.1.4 所有者权益变动表

所有者权益变动表

2023年度

编制单位：华融国际信托有限责任公司　　　　　单位：万元

项目	本期金额							上期金额						
	股本	资本公积	盈余公积	风险准备金	未分配利润	其他综合收益	股东权益合计	股本	资本公积	盈余公积	风险准备金	未分配利润	其他综合收益	股东权益合计
一、上年年末余额（减少以"()"号填列）	303 565.33	337 882.28	57 748.44	43 277.25	(400 710.75)	—	341 762.55	303 565.33	337 882.28	57 748.44	43 277.25	(401 522.48)	—	340 950.82
加：会计政策变更	—	—	—	—	—	—	—	—	—	—	—	—	—	—
前期差错更正	—	—	—	—	—	—	—	—	—	—	—	—	—	—
二、本年年初余额	303 565.33	337 882.28	57 748.44	43 277.25	(400 710.75)	—	341 762.55	303 565.33	337 882.28	57 748.44	43 277.25	(401 522.48)	—	340 950.82
三、本年增减变动金额（减少以"()"号填列）	—	—	—	32.61	3 073.63	—	3 106.23	—	—	—	—	811.74	—	811.74
（一）净利润	—	—	—	—	3 106.23	—	3 106.23	—	—	—	—	811.74	—	811.74
（二）其他综合收益	—	—	—	—	—	—	—	—	—	—	—	—	—	—
上述（一）和（二）小计	—	—	—	—	3 106.23	—	3 106.23	—	—	—	—	811.74	—	811.74
（三）股东投入和减少资本	—	—	—	—	—	—	—	—	—	—	—	—	—	—
1. 股东投入资本	—	—	—	—	—	—	—	—	—	—	—	—	—	—
2. 股份支付计入股东权益的金额	—	—	—	—	—	—	—	—	—	—	—	—	—	—
3. 其他	—	—	—	—	—	—	—	—	—	—	—	—	—	—
（四）利润分配	—	—	—	32.61	(32.61)	—	—	—	—	—	—	—	—	—
1. 提取盈余公积	—	—	—	—	—	—	—	—	—	—	—	—	—	—
2. 提取一般风险准备	—	—	—	32.61	(32.61)	—	—	—	—	—	—	—	—	—
3. 对股东的分配	—	—	—	—	—	—	—	—	—	—	—	—	—	—
4. 其他	—	—	—	—	—	—	—	—	—	—	—	—	—	—
（五）所有者权益内部结转	—	—	—	—	—	—	—	—	—	—	—	—	—	—
1. 资本公积转增股本	—	—	—	—	—	—	—	—	—	—	—	—	—	—
2. 盈余公积转增股本	—	—	—	—	—	—	—	—	—	—	—	—	—	—
3. 盈余公积弥补亏损	—	—	—	—	—	—	—	—	—	—	—	—	—	—
4. 其他	—	—	—	—	—	—	—	—	—	—	—	—	—	—
（六）专项储备	—	—	—	—	—	—	—	—	—	—	—	—	—	—
1. 本期提取	—	—	—	—	—	—	—	—	—	—	—	—	—	—
2. 本期使用	—	—	—	—	—	—	—	—	—	—	—	—	—	—
四、本年年末余额	303 565.33	337 882.28	57 748.44	43 309.86	(397 637.12)	—	344 868.79	303 565.33	337 882.28	57 748.44	43 277.25	(400 710.75)	—	341 762.55

5.2 信托资产

5.2.1 信托项目资产负债汇总表

信托项目资产负债汇总表

编制单位：华融国际信托有限责任公司　　2023年12月31日　　单位：万元

项目	期末余额	年初余额
信托资产：		
货币资金	91 211.27	50 644.41
拆出资金	—	—
存出保证金	—	—
交易性金融资产	1 413 391.40	1 550 680.12
衍生金融资产	—	—
买入返售金融资产	1 629.52	372.60
应收款项	121 240.88	268 174.56
发放贷款	722 858.02	1 358 833.56
债权投资	5 395 023.57	2 944 198.85
其他债权投资	—	—
其他权益工具投资	—	—
长期应收款	—	—
长期股权投资	684 335.79	701 028.82
其他资产	—	—
信托资产总计	8 429 690.45	6 873 932.92
信托负债：		
交易性金融负债	—	—
衍生金融负债	—	—
应付受托人报酬	3 604.58	3 039.09
应付托管费	1 005.93	919.03
应付受益人收益	144 529.11	280 132.89
应交税费	2 688.03	2 573.15
应付销售服务费	—	—
其他应付款项	895 791.97	745 099.07
其他负债	21 197.48	38 109.58
信托负债合计	1 068 817.10	1 069 872.81
信托权益：		
实收信托	10 194 519.05	7 541 636.73
未分配利润	-2 833 645.70	-1 737 576.62
信托权益合计	7 360 873.35	5 804 060.11
信托负债和信托权益总计	8 429 690.45	6 873 932.92

注：因执行金融工具准则，对年初余额进行重述。

5.2.2 信托项目利润及利润分配汇总表

信托项目利润及利润分配汇总表

编制单位：华融国际信托有限责任公司　　2023年12月31日　　单位：万元

序号	项目	本年数	上年数
1	1.营业收入（损失以"（）"号填列）	(563 830.93)	243 002.14
2	1.1.利息收入	136 046.81	140 679.50
3	1.2.投资收益	62 814.93	92 200.03
4	1.3.公允价值变动收益（损失以"（）"号填列）	(779 401.73)	8 341.90
5	1.4.租赁收入	—	—
6	1.5.其他收入	16 709.06	1 780.71
7	2.营业费用	6 607.17	12 909.47
8	3.营业税金及附加	696.37	718.1
9	4.扣除资产损失前的信托利润（损失以"（）"号填列）	(571 134.47)	229 374.57
10	5.减：资产减值损失	296 719.30	64 936.88
11	6.扣除资产损失后的信托利润（损失以"（）"号填列）	(867 853.77)	164 437.69
12	7.加：期初未分配信托利润（损失以"（）"号填列）	(247 348.25)	(640 304.60)
13	8.加：会计政策变更影响及其他（损失以"（）"号填列）	(1 490 228.37)	—
14	9.可供分配的信托利润（损失以"（）"号填列）	(2 605 430.39)	(475 866.91)
15	10.减：本期已分配信托利润（损失以"（）"号填列）	228 215.31	(228 518.66)
16	11.期末未分配信托利润（损失以"（）"号填列）	(2 833 645.70)	(247 348.25)

6.会计报表附注

6.1 会计报表编制基准不符合会计核算基本前提的说明

报告期内会计报表不存在不符合会计核算基本前提的事项。

6.2 重要会计政策和会计估计说明

公司执行新企业会计准则，并自2018年1月1日起执行财政部于2017年修订的《企业会计准则第22号——金融工具确认和计量》《企业会计准则第23号——金融资产转移》《企业会计准则第24号——套期会计》和《企业会计准则第37号——金融工具列报》（以下简称新金融工具准则），修订前的《企业会计准则第22号——

金融工具确认和计量》《企业会计准则第23号——金融资产转移》《企业会计准则第24号——套期会计》和《企业会计准则第37号——金融工具列报》统一简称为（原金融工具准则）。

公司自2019年1月1日（首次执行日）起执行财政部于2018年修订的《企业会计准则第21号——租赁》（以下简称新租赁准则，修订前的租赁准则简称原租赁准则）。新租赁准则完善了租赁的定义，增加了租赁的识别、分拆和合并等内容；取消承租人经营租赁和融资租赁的分类，要求在租赁期开始日对所有租赁（短期租赁和低价值资产租赁除外）确认使用权资产和租赁负债，并分别确认折旧和利息费用。

公司以人民币为记账本位币，会计年度自公历1月1日起至12月31日止。

6.2.1 计提资产减值准备的范围和方法

金融资产减值方面，新金融工具准则有关减值的要求适用于以摊余成本计量以及以公允价值计量且其变动计入其他综合收益的金融资产、应收融资租赁款、应收账款、合同资产以及特定未提用的贷款承诺和财务担保合同。新金融工具准则要求采用预期信用损失模型以替代原先的已发生信用损失模型。新减值模型要求采用三阶段模型，依据相关项目自初始确认后信用风险是否发生显著增加，信用损失准备按12个月内预期信用损失或者整个存续期的预期信用损失进行计提。

非金融资产减值方面，公司在每一个资产负债表日检查长期股权投资、投资性房地产、固定资产、使用寿命确定的无形资产是否存在可能发生减值的迹象。如果该等资产存在减值迹象，则估计其可收回金额。使用寿命不确定的无形资产和尚未达到可使用状态的无形资产，无论是否存在减值迹象，每年均进行减值测试。如果资产的可收回金额低于其账面价值，按其差额计提资产减值准备，并计入当期损益。上述资产减值损失一经确认，在以后会计期间不予转回。

6.2.2 金融资产"三分类"的范围和标准

6.2.2.1 金融资产"三分类"的范围

初始确认后，公司对不同类别的金融资产，分别以摊余成本、以公允价值计量且其变动计入其他综合收益或以公允价值计量且其变动计入当期损益进行后续计量。

6.2.2.2 金融资产"三分类"的标准

金融资产的合同条款规定在特定日期产生的现金流量仅为对本金和以未偿付本金金额为基础的利息的支付，且本公司管理该金融资产的业务模式是以收取合同现金流量为目标，则将该金融资产分类为以摊余成本计量的金融资产。此类金融资产主要包括货币资金、应收款项、其他应收款和债权投资等。

金融资产的合同条款规定在特定日期产生的现金流量仅为对本金和以未偿付本金金额为基础的利息的支付，且管理该金融资产的业务模式既以收取合同现金流量为目标又以出售该金融资产为目标的，则该金融资产分类为以公允价值计量且其变动计入其他综合收益的金融资产。

以公允价值计量且其变动计入当期损益的金融资产包括分类为以公允价值计量且其变动计入当期损益的金融资产和指定为以公允价值计量且其变动计入当期损益的金融资产，列示于交易性金融资产。

6.2.3 以摊余成本计量的金融资产核算方法

该金融资产采用实际利率法，按摊余成本进行后续计量，发生减值时或终止确认产生的利得或损失，计入当期损益。

对分类为以摊余成本计量的金融资产与分类为以公允价值计量且其变动计入其他综合收益的金融资产按照实际利率法确认利息收入。

6.2.4 以公允价值计量且其变动计入其他综合收益的金融资产核算方法

分类为以公允价值计量且其变动计入其他综合收益的金融资产相关的减值损失或利得、采用实际利率法计算的利息收入及汇兑损益计入当期损益，除此以外该金融资产的公允价值变动均计入其他综合收益。该金融资产计入各期损益的金额与视同其一直按摊余成本计量而计入各期损益的金额相等。该金融资产终止确认时，之前计入其他综合收益的累计利得或损失从其他综合收益中转出，计入当期损益。

将非交易性权益工具投资指定为以公允价值计量且其变动计入其他综合收益的金融资产后，该金融资产的公允价值变动在其他综合收益中进行确认，该金融资产终止确认时，之前计入其他综合收益的累计利得或损失从其他综合收益中转出，计入留存收益。本公司持有该权益工具投资期间，在收取股利的权利已经确立，与股利相关的经济利益很可能流入本公司，且股利的金额能够可靠计量时，确认股利收入并计入当期损益。

6.2.5 以公允价值计量且其变动计入当期损益的金融资产核算方法

上述以摊余成本计量的金融资产及以公允价值计量且其变动计入其他综合收益的金融资产之外的金融资产，分类为以公允价值计量且其变动计入当期损益的金融资产。对于此类金融资产，采用公允价值进行后续计量，所有公允价值变动计入当期损益。

6.2.6 长期股权投资核算方法

6.2.6.1 长期股权投资的初始计量

对于同一控制下的企业合并取得的长期股权投资，在合并日按照被合并方所有者权益在最终控制方合并财务报表中的账面价值的份额作为长期股权投资的初始投资成本。长期股权投资初始投资成本与支付的现金、转让的非现金资产以及所承担债务账面价值之间的差额，调整资本公积；资本公积不足冲减，调整留存收益。以发行权益性证券作为合并对价的，在合并日按照被合并方所有者权益在最终控制方合并财务报表中的账面价值的份额作为长期股权投资的初始投资成本，按照发行股份的面值总额作为股本，长期股权投资初始投资成本与所发行股份面值总额之间的差额，调整资本公积；资本公积不足冲减的，调整留存收益。

对于非同一控制下的企业合并取得的长期股权投资，在购买日按照合并成本作为长期股权投资的初始投资成本。

合并方或购买方为企业合并发生的审计、法律服务、评估咨询等中介费用以及其他相关管理费用，于发生时计入当期损益。

除企业合并形成的长期股权投资外其他方式取得的长期股权投资，按成本进行初始计量。对于因追加投资能够对被投资单位实施重大影响或实施共同控制但不构成控制的，长期股权投资成本为按照《企业会计准则第22号——金融工具确认和计量》确定的原持有股权投资的公允价值加上新增投资成本之和。

6.2.6.2 长期股权投资的后续计量及投资收益确认方法

采用成本法核算的长期股权投资按照初始投资成本计价。追加或收回投资调整长期股权投资的成本。当期投资收益按照享有被投资单位宣告发放的现金股利或利润确认。

采用权益法核算的长期股权投资，按照应享有的被投资单位实现的净损益的份额，确认投资损益并调整长期股权投资的账面价值。公司确认被投资单位发生的净亏损，以长期股权投资的账面价值以及其他实质上构成对被投资单位净投资的长期权益减记至零为限。

6.2.6.3 长期股权投资处置

处置长期股权投资时，其账面价值与实际取得价款的差额，计入当期损益。采用权益法核算的长期股权投资，处置后的剩余股权仍采用权益法核算的，原采用权益法核算而确认的其他综合收益采用与被投资单位直接处置相关资产或负债相同的基础进行会计处理，并按比例结转当期损益；因被投资方除净损益、其他综合收益和利润分配以外的其他所有者权益变动而确认的所有者权益，按比例结转入当期损益。采用成本法核算的长期股权投资，处置后剩余股权仍采用成本法核算的，其在取得对被投资单位的控制之前因采用权益法核算或金融工具确认和计量准则核算而确认的其他综合收益，采用与被投资单位直接处置相关资产或负债相同的基础进行会计处理，并按比例结转。

6.2.7 投资性房地产核算方法

投资性房地产是指为赚取租金或资本增值，或两者兼有而持有的房地产。本公司投资性房地产包括已出租的土地使用权和已出租的建筑物。

6.2.7.1 投资性房地产的确认

投资性房地产同时满足下列条件，才能确认：（1）与投资性房地产有关的经济利益很可能流入企业。（2）该投资性房地产的成本能够可靠计量。

6.2.7.2 投资性房地产初始计量

（1）外购投资性房地产的成本，包括购买价款、相关税费和可直接归属于该资产的其他支出。

（2）自行建造投资性房地产的成本，由建造该项资产达到预定可使用状态前所发生的必要支出构成。

（3）以其他方式取得的投资性房地产的成本，按照相关会计准则的规定确定。

（4）与投资性房地产有关的后续支出，满足投资性房地产确认条件的，计入投资性房地产成本；不满足确认条件的在发生时计入当期损益。

6.2.7.3 投资性房地产的后续计量

本公司在资产负债表日采用成本模式对投资性房地产进行后续计量。根据《企业会计准则第4号——固定资产》和《企业会计准则第6号——无形资产》的有关规定，对投资性房地产在预计可使用年限内按年限平均法摊销或计提折旧。

6.2.7.4 投资性房地产的转换

本公司有确凿证据表明房地产用途发生改变，将投资性房地产转换为其他资产，或将其他资产转换为投资性房地产，将房地产转换前的账面价值作为转换后的入账价值。

6.2.7.5 投资性房地产减值准备

采用成本模式进行后续计量的投资性房地产，其减值准备的确认标准和计提方法参照固定资产和无形资产。

6.2.8 固定资产计价和折旧方法

（1）固定资产的计价：固定资产按其成本作为入账价值，其中：外购的固定资产的成本包括购买价款、相关税费、使固定资产达到预定可使用状态前所发生的可直接归属于该资产的其他支出；投资者投入的固定资产的成本按照投资合同或协议约定的价值确定。

（2）固定资产的分类：公司固定资产分为房屋及建筑物、运输工具、电子设备、其他设备等。

（3）固定资产折旧方法：公司固定资产折旧采用年限平均法计提折旧。按固定资产的类别、使用寿命和预计净残值率确定的年折旧率如下表所示。

固定资产类别	预计使用年限（年）	预计净残值率（%）	年折旧率（%）
房屋、建筑物	30	5	3.17
电子设备	3	0.01	33.33
运输工具	6	0.04	16.66
其他	5	—	20

6.2.9 无形资产计价及摊销政策

（1）无形资产的计价方法：无形资产在取得时，按实际成本计量。购入的无形资产，按实际支付的价款作为实际成本；投资者投入的无形资产，按投资各方确认的价值作为实际成本；自行开发的无形资产，其成本包括自满足无形资产确认规定后至达到预定用途前所发生的支出总额，以前期间已经费用化的支出不再调整。

（2）无形资产摊销方法：无形资产采用直线法摊销。无形资产的应摊销金额为其成本扣除预计残值后的金额。已计提减值准备的无形资产，还应扣除已计提的无形资产减值准备累计金额。无形资产的摊销金额计入当期损益。使用寿命不确定的无形资产不摊销，期末进行减值测试。

（3）公司一般以单项无形资产为基础估计其可收回金额，可收回金额根据无形资产的公允价值减去处置费用后的净额与无形资产预计未来现金流量的现值两者之间较高者确定。可收回金额的计量结果表明无形资产的可收回金额低于其账面价值的，将其账面价值减记至可收回金额，减记的金额确认为资产减值损失，计入当期损益，同时计提相应的无形资产减值准备。难以对单项无形资产的可收回金额进行估计的，以该无形资产所属的资产组为基础确定资产组的可收回金额，并按照《企业会计准则第8号——资产减值》有关规定计提无形资产减值准备。减值损失一经确认，在以后会计期间不能转回。

6.2.10 长期应收款的核算方法

新准则设置了"长期应收款"和"未实现融资收益"科目。采用递延方式分期收款销售商品或提供劳务等经营活动产生的长期应收款、实质上具有融资性质的经营活动，满足收入确认条件的，按应收的合同或协议价款，借记本科目，按应收合同或协议价款的公允价值（折现值），贷记"手续费及佣金收入"等科目，按其差额，贷记"未实现融资收益"科目。涉及增值税的，进行相应处理。

6.2.11 长期待摊费用的摊销政策

长期待摊费用是指已经发生但不能全部计入当年损益，应当在以后年度内分期摊销的各项费用，如开办费、经营租赁方式租入的固定资产发生的改良支出、已提足折旧固定资产改良支出及摊销期限在一年以上的其他待摊费用。

长期待摊费用单独核算，在费用项目的受益期限内分期平均摊销。租入固定资产改良支出应当在租赁期限与租赁资产尚可使用年限两者孰短的期限内平均摊销；其他长期待摊费用应当在受益期内平均摊销。如果长期待摊的费用项目不能使以后会计期间受益的，应当将尚未摊销的该项目的摊余价值全部转入当期损益。其在资产负债表中的数额反映的是企业各项尚未摊销完毕的长期待摊费用的摊余价值。

6.2.12 租赁的核算方法

6.2.12.1 租赁

租赁，是指在一定期间内，出租人将资产的使用权让与承租人以获取对价的合同。

在合同开始日，公司评估该合同是否为租赁或者包含租赁。除非合同条款和条件发生变化，公司不重新评估合同是否为租赁或者包含租赁。

6.2.12.2 使用权资产

除短期租赁外，公司在租赁期开始日对租赁确认使用权资产。租赁期开始日，是指出租人提供租赁资产使其可供本集团使用的起始日期。使用权资产按照成本进行初始计量。

参照《企业会计准则第4号——固定资产》有关折旧规定，对使用权资产计提折旧。能够合理确定租赁期届满时取得租赁资产所有权的，使用权资产在租赁资产剩余使用寿命内计提折旧。无法合理确定租赁期届满时能够取得租赁资产所有权的，在租赁期与租赁资产剩余使用寿命两者孰短的期间内计提折旧。

按照《企业会计准则第8号——资产减值》的相关规定来确定使用权资产是否已发生减值并进行会计处理。

6.2.12.3 租赁负债

除短期租赁外，在租赁期开始日按照该日尚未支付的租赁付款额的现值对租赁负债进行初始计量。在计算租赁付款额的现值时，采用增量借款利率作为折现率。

6.2.12.4 短期租赁

本集团对房屋及建筑物的短期租赁，选择不确认使用权资产和租赁负债。短期租赁，是指在租赁期开始日，租赁期不超过12个月且不包含购买选择权的租赁。本集团将短期租赁的租赁付款额，在租赁期内各个期间按照直线法计入当期损益。

6.2.13 收入确认原则和方法

（1）金融企业往来收入：按让渡资金使用权的时间和适用利率计算确定。（2）证券销售差价收入：在与证券交易清算时按成交价扣除买入成本、相关税费后的净额确认。（3）手续费收入：在向客户提供相关服务时确认收入。（4）贷款利息收入：按期计提利息并确认收入。

6.2.14 所得税的会计处理方法

公司所得税的会计核算采用资产负债表债务法。公司在取得资产、负债时，确定其计税基础。资产、负债的账面价值与其计税基础存在的暂时性差异，按照《企业会计准则第18号——所得税》的有关规定，确认所产生的递延所得税资产或递延所得税负债。

公司以查账征收方式缴纳企业税，企业所得税税率为25%。公司按季向税务机关预缴企业所得税，于次年5月末前完成汇算清缴，多退少补。

企业所得税采取独立方式缴纳。

6.2.15 信托报酬确认原则和方法

信托业务手续费收入依照信托合同中关于信托报酬的约定确认收入。

6.3 报告期内公司不存在对外担保及其他或有事项

6.4 重要资产转让及其出售的说明

报告期内公司无重大资产转让及出售事项。

6.5 会计报表中重要项目的明细资料

6.5.1 合并财务报表范围

2023年12月31日，公司纳入合并报表范围包括子公司及结构化主体。

6.5.2 自营资产经营情况

6.5.2.1 信用风险五级分类结果

信用风险资产五级分类	正常类（万元）	关注类（万元）	次级类（万元）	可疑类（万元）	损失类（万元）	信用风险资产合计（万元）	不良合计（万元）	不良率（%）
期初数	41 171.37	—	—	—	2 000.00	43 171.37	2 000.00	4.63
期末数	93 294.08	—	—	90.31	9 410.66	102 795.05	9 500.97	9.24

注：不良资产合计=次级类+可疑类+损失类。

6.5.2.2 各项资产减值损失准备情况

单位：万元

项目	期初数	本期计提	本期核销	期末数
其他债权投资的减值准备	25 430.98	31 551.25	—	56 982.23
债权投资的减值准备	—	—	—	—
坏账准备	13 063.41	（3 203.61）	—	9 859.80
投资性房地产减值准备	—	—	—	—
其他资产减值准备	—	—	—	—
合计	38 494.39	28 347.64	—	66 842.03

6.5.2.3 按照投资品种分类的自有资金投资情况

单位：万元

项目	自营股票	基金	债券	长期股权投资	其他投资	合计
期初数	4 307.27	6 468.97	—	—	295 896.14	306 672.38
期末数	5 017.80	6 222.57	—	—	221 600.04	232 840.41

6.5.2.4 按投资入股金额排序，前五名的自营长期股权投资的企业名称、占被投资企业权益的比例、主要经营活动及投资收益情况等（从大到小顺序排列）

企业名称	占被投资企业权益比例(%)	主要经营活动	投资收益(万元)
华信天裕投资基金管理(北京)有限公司	40	非证券业务的投资管理、咨询(中介除外);股权投资管理	—
华章资本管理(北京)有限公司	30	资产管理、股权投资、投资咨询、投资顾问	—

6.5.2.5 前五名的自营贷款的企业名称、占贷款总额的比例和还款情况等(从贷款金额大到小顺序排列)

截至2023年12月31日,无自营贷款。

6.5.2.6 表外业务的期初数、期末数;按照代理业务、担保业务和其他类型表外业务分别披露

单位:万元

表外业务	期初数	期末数
担保业务	—	—
代理业务(委托业务)	—	—
其他	—	—
合计	—	—

6.5.2.7 公司当年的收入结构

收入结构	金额(万元)	占比(%)
手续费及佣金收入	5 888.74	17.57
其中:信托手续费收入	5 882.83	17.55
利息收入	302.65	0.90
其他业务收入	831.55	2.48
投资收益	8 015.90	23.92
其中:股权投资收益	—	—
证券投资收益	—	—
其他投资收益	8 015.90	23.92
公允价值变动收益	18 291.48	54.57
营业外收入	186.94	0.56
收入合计	33 517.26	100.00

注:报告期公司实现的信托业务收入全部是以手续费及佣金确认的信托业务收入。

6.5.3 披露信托财产管理情况

6.5.3.1 信托资产的期初数、期末数

单位:万元

信托资产	期初数	期末数
集合	2 624 474.40	1 835 675.62
单一	2 253 115.11	1 972 740.82
财产权	1 996 343.41	4 621 274.01
合计	6 873 932.92	8 429 690.45

6.5.3.1.1 主动管理型信托业务的信托资产期初数、期末数,分股权投资、融资、事务管理和其他投资类分别披露

单位:万元

主动管理型信托资产	期初数	期末数
股权投资类	6 526.62	6 490.20
其他投资类	6 855.43	6 231.94
融资类	275 146.42	247 570.74
事务管理类	—	—
合计	288 528.47	260 292.88

6.5.3.1.2 被动管理型信托业务的信托资产期初数、期末数,分股权投资、融资、事务管理和其他投资类分别披露

单位:万元

被动管理型信托资产	期初数	期末数
事务管理类	6 580 160.34	8 169 397.57
其他投资类	2 177.49	—
股权投资类	3 009.37	—
融资类	57.25	—
合计	6 585 404.45	8 169 397.57

6.5.3.2 本年度已清算结束的信托项目个数、实收信托合计金额、加权平均实际年化收益率

2023年1—12月累计到期清算结束信托项目24个,均按期向受益人进行了信托利益兑付,累计分配信托本金3 216 864.47万元(含跨年分配本金),累计分配信托收益345 266.16万元,无违约情况发生。

6.5.3.2.1 本年度已清算结束的集合类、单一类资金信托项目个数、实收信托金额、加权平均实际年化收益率

已清算结束信托项目	项目个数(个)	实收信托合计金额(万元)	加权平均实际年化收益率(%)
集合类	9	1 814 861.00	7.16
单一类	11	258 646.67	3.85
财产权	4	1 143 356.80	2.86

注:1.收益率是指信托项目清算后,给受益人赚取的实际收益水平。
2.加权平均实际年化收益率=(信托项目1的实际年化收益率×信托项目1的实收信托+信托项目2的实际年化收益率×信托项目2的实收信托+…信托项目n的实际年化收益率×信托项目n的实收信托)/(信托项目1的实收信托+信托项目2的实收信托+…信托项目n的实收信托)×100%。

6.5.3.2.2 本年度已清算结束的主动管理型信托项目个数、实收信托合计金额、加权平均实际年化收益率,分证券投资、股权投资、融资类、事务管理类分别计算并披露

已清算结束信托项目	项目个数（个）	实收信托合计金额（万元）	加权平均实际年化信托报酬率（%）	加权平均实际年化收益率（%）
融资类	5	1 312 280.00	1.25	3.91
股权投资类	—	—	—	—
证券投资类	—	—	—	—
事务管理类	—	—	—	—

注：加权平均实际年化信托报酬率＝（信托项目1的实际年化信托报酬率×信托项目1的实收信托＋信托项目2的实际年化信托报酬率×信托项目2的实收信托＋…信托项目n的实际年化信托报酬率×信托项目n的实收信托）/（信托项目1的实收信托＋信托项目2的实收信托＋…信托项目n的实收信托）×100%。

6.5.3.2.3 本年度已清算结束的被动管理型信托项目个数、实收信托合计金额、加权平均实际年化收益率，分证券投资、股权投资、融资类、事务管理类分别计算并披露

已清算结束信托项目	项目个数（个）	实收信托合计金额（万元）	加权平均实际年化信托报酬率（%）	加权平均实际年化收益率（%）
融资类	—	—	—	—
股权投资类	1	3 000.00	0.15	0.26
证券投资类	—	—	—	—
事务管理类	18	1 901 584.47	0.08	4.43

6.5.3.3 本年度新增的集合类、单一类、财产管理类信托项目个数、实收信托合计金额

新增信托项目	项目个数（个）	实收信托合计金额（万元）
集合类	3	355 272.87
单一类	9	383 737.78
财产管理类	14	3 872 995.53
新增合计	26	4 612 006.18
其中：主动管理型	1	27 780.00
被动管理型	25	4 584 226.18

注：本年新增信托项目指在本报告年度内累计新增的信托项目个数和金额。包含本年度新增并于本年度内结束的项目和本年新增至报告期末仍在持续管理的信托项目。

6.5.3.4 报告期内本公司严格履行受托人义务，不存在因本公司自身责任而导致的信托资产损失情况

6.5.3.5 信托赔偿准备金的提取、使用和管理情况

报告期内公司提取信托赔偿准备金32.61万元。风险准备金期末余额43 309.86万元，其中信托赔偿准备金37 254.28元，一般风险准备金6 055.58万元。报告期内正常管理信托赔偿准备金及一般风险准备金，未使用该准备金。

6.6 关联方关系及其交易的披露

6.6.1 关联交易整体情况

项目	关联交易方数量	关联交易金额（万元）	定价政策
合计	3	494 590.42	市场交易价格

6.6.2 主要关联交易方的情况及与本公司的关系

关系性质	关联方名称	法定代表人	注册地址	注册资本（万元）	主营业务
本公司股东	中国信托业保障基金有限责任公司	肖璞	北京市西城区月坛南街1号院5号楼20—23层	1 150 000	作为中国信托业保障基金的管理人，依法负责保障基金的筹集、管理和使用，财务状况良好
本公司股东的关联公司	深圳市宁佳置业有限公司	邢国琳	深圳市龙岗区龙岗街道龙岗大道6037号华策大厦1—3层	10 000.00	投资兴办实业；在合法取得使用权的地块上从事房地产开发
本公司股东的关联公司	深圳市融策置业有限公司	邢国琳	深圳市龙岗区龙岗街道龙岗大道6037号华策大厦1—3层	5 000.00	投资兴办实业；在合法取得使用权的地块上从事房地产经营开发；房地产经纪；物业租赁；国内贸易

6.6.3 逐笔披露本公司与关联方的重大交易事项

6.6.3.1 固有与关联方交易情况：贷款、投资、租赁、应收账款担保、其他方式等期初汇总数、本期借方和贷方发生额汇总数、期末汇总数

固有与关联方关联交易 单位：万元

项目	期初数	借方发生额	贷方发生额	期末数
贷款	—	—	—	—
投资	3 469.80	202.46	—	3 672.26
租赁	—	—	—	—

续表

项目	期初数	借方发生额	贷方发生额	期末数
担保	—	—	—	—
应收账款	4 952.85	—	587.85	4 365.00
其他	—	—	—	—
合计	8 422.65	202.46	587.85	8 037.26

6.6.3.2 信托与关联方交易情况：贷款、投资、租赁、应收账款、担保、其他方式等期初汇总数、本期借方和贷方发生额汇总数、期末汇总数

信托与关联方关联交易 单位：万元

项目	期初数	借方发生额	贷方发生额	期末数
贷款	—	—	—	—
投资	—	—	—	—
租赁	—	—	—	—
担保	—	—	—	—
应收账款	—	—	—	—
其他	486 553.16	—	—	486 553.16
合计	486 553.16	—	—	486 553.16

6.6.3.3 信托公司自有资金运用于主动管理的信托项目（固信交易）、信托公司管理的信托项目之间的相互（信信交易）交易金额，包括余额和本报告年度的发生额

6.6.3.3.1 固有与信托财产之间的交易金额期初汇总数、本期发生额汇总数、期末汇总数

固有财产与信托财产相互交易 单位：万元

项目	期初数	本期发生额	期末数
合计	1 806 793.88	−1 455 042.54	351 751.34

注：以固有资金投资公司自己管理的信托项目受益权，或购买自己管理的信托项目的信托资产均应纳入统计披露范围。

6.6.3.3.2 信托项目之间的交易金额期初汇总数、本期发生额汇总数、期末汇总数

信托资产与信托财产相互交易 单位：万元

项目	期初数	本期发生额	期末数
合计			

注：以公司受托管理的一个信托项目的资金购买自己管理的另一个信托项目的受益权或信托项下资产均应纳入统计披露范围。

6.6.4 报告期内不存在关联方逾期未偿还本公司资金情况以及本公司为关联方担保发生或即将发生垫款情况

6.7 会计制度的披露

公司执行中华人民共和国财政部（以下简称财政部）于2006年2月颁布的《企业会计准则——基本准则》和38项具体会计准则、并自2018年1月1日起执行财政部于2017年修订的《企业会计准则第14号——收入》《企业会计准则第22号——金融工具确认和计量》《企业会计准则第23号——金融资产转移》《企业会计准则第37号——金融工具列报》自2019年1月1日起执行财政部于2018年修订的《企业会计准则第21号——租赁》以及其后颁布的应用指南、解释以及其他相关规定。

7.财务情况说明书

7.1 利润实现和分配情况

2023年度公司实现利润总额为3 036.99万元，实现净利润3 106.23万元。

7.2 主要财务指标

指标名称	指标值（本公司）
资本利润率（损失以"（ ）"号填列，%）	0.90
人均净利润（损失以"（ ）"号填列，万元）	15.04

注：1.资本利润率=净利润/所有者权益平均余额×100%。
2.人均净利润=净利润/年平均人数。
3.平均值采取年初、年末余额简单平均法，公式为：a（平均）=（年初数+年末数）/2。

7.3 公司净资本监管指标

截至2023年12月31日，公司净资本为26.18亿元，净资本与各项业务风险资本之和比例为380.27%，净资本与净资产比例为74.05%，净资本各项指标均达到监管要求，风险承受能力不断提高。指标具体情况如下。

项目	2023年12月末	监管标准
净资本（亿元）	26.18	≥2
净资本/各项业务风险资本之和（%）	380.27	≥100
净资本/净资产（%）	74.05	≥40

7.4 对本公司财务状况、经营成果有重大影响的其他事项

无。

8.特别事项揭示

8.1 公司董事、监事及高级管理人员变动情况及原因

2023年2月25日，经公司2023年第1次临时股东会审议通过，推选李勇锋任华融国际信托有限责任公司董事；2023年3月2日，经公司2023年第2次临时董事会审议通过，推选李勇锋为华融国际信托有限责任公司董事长。

2023年2月1日，公司新股东信托保障基金公司与原股东华融公司在京完成交接工作，华融信托股权重组工作圆满完成（2022年8月原股东华融公司与信托保障基金公司）签署《金融企业非上市国有产权交易合同》，获得金融监管总局变更股权的批复后，信托保障基金公司于2022年12月29日支付所有价款，并接受原股东华融公司

所持有的华融信托76.79%股权，原股东华融公司不再持有华融信托股权，其他股东持股比例和对应股权份额保持不变。

公司完成股权重组后，原总经理按组织安排调离，根据股东安排，经国家金融监督管理总局新疆监管局同意，由公司副总经理、风险总监王瑨代为履行公司总经理职责。

因珠海市华策集团有限公司与他人的债务纠纷，2023年2月27日华策集团持有的公司7.3204%的股权被法院裁定予以抵债，前述股权被变更登记至浙商金汇信托股份有限公司名下。2023年7月，法院撤销前述抵债裁定。2023年9月11日，上述股权重新登记至华策集团名下。

8.2 报告期内公司无重大诉讼事项

8.3 报告期内会计师事务所没有出具有保留意见、否定意见或无法表示意见的审计报告

8.4 报告期内公司及其董事、监事和高级管理人员受到处罚的情况

报告期内，公司收到《财政部行政处罚事项决定书》（财监法〔2023〕30号），对公司2015年至2019年财务数据质量问题给予相应处罚。

8.5 原银保监会及其派出机构对公司检查后提出的整改意见的简单说明

报告期内，原银保监会新疆监管局下发监管情况通报。主要采取了以下执行落实措施：牢固树立敬畏监管、服从监管的意识，严格落实监管要求，强化风险管理主体责任，做好重点领域风险防控工作，持续提升内控建设管理水平；推动信托本源业务持续发力，不断提升受托服务专业能力，规范信托公司股东行为，加强舆情管理，警惕声誉风险。

9.公司监事会意见

监事会认为，报告期内，公司的经营运作符合国家法律、法规和公司章程及相关制度的规定，建立健全了有效的内控制度，持续提升了风险管控水平。董事会严格按照《公司法》及公司章程等有关规定，认真贯彻各股东单位的意志，规范运作，依法合规组织召开股东会、董事会和各专业委员会会议，各项决策程序合法有效。经营层认真执行股东会和董事会决议，进一步强化内部管理，加强合规建设，优化业务结构，平稳推进公司股权重组、转型发展。2023年公司财务报告已经普华永道会计师事务所审计并出具无保留意见，真实反映了公司财务状况和经营成果。

华润深国投信托有限公司

1. 重要提示

1.1 本公司董事会及董事保证本报告所载资料不存在任何虚假记载、误导性陈述或者重大遗漏，并对其内容的真实性、准确性和完整性承担个别及连带责任。

1.2 公司独立董事对年度报告内容的真实性、准确性和完整性无异议。

1.3 立信会计师事务所（特殊普通合伙）出具了标准无保留意见的审计报告。

1.4 公司负责人、主管会计工作负责人及会计机构负责人声明：保证本年度报告中财务报告真实、准确、完整。

2. 公司概况

2.1 公司简介

公司的法定中文名称	华润深国投信托有限公司（简称：华润信托）
公司的法定英文名称	China Resources SZITIC Trust Co., Ltd.（缩写：CR Trust）

续表

法定代表人	刘小腊
注册地址	深圳市福田区中心四路1-1号嘉里建设广场第三座第10~12层
邮政编码	518048
公司国际互联网网址	http://www.crctrust.com
电子信箱	crctrust@crctrust.com
信息披露事务负责人	刘小腊
信息披露事务联系人	吴艳
联系电话	0755-33396279
传真	0755-33380599
电子信箱	sziticgw@crc.com.hk
年度报告备置地点	深圳市福田区中心四路1-1号嘉里建设广场第三座第10层
信息披露报纸名称	《证券时报》《上海证券报》
聘请的会计师事务所	立信会计师事务所（特殊普通合伙）
住所	上海市黄浦区南京东路61号4楼
聘请的律师事务所	广东经天律师事务所
住所	深圳市福田区金田路4028号荣超经贸中心33层

2.2 组织结构

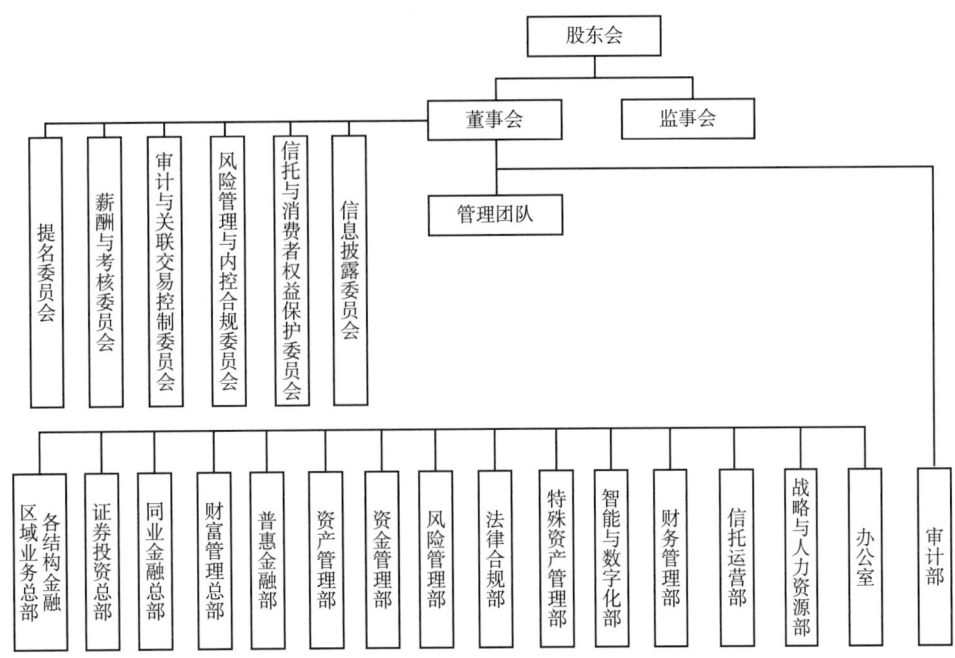

3. 公司治理

3.1 公司治理结构

3.1.1 股东

报告期末，股东总数为2家。

股东

股东名称	持股比例(%)	法人代表	注册资本(万元)	注册地址	主要经营业务
★华润金控投资有限公司	51	任海川	870 000.00	深圳市前海深港合作区前湾一路1号A栋201室（入驻深圳市前海商务秘书有限公司）	金融企业投资；投资管理、资产管理（不得从事信托、金融资产管理、证券资产管理及其他限制项目）；投资顾问、财务顾问及商务信息咨询（以上均不含限制项目）（以上各项涉及法律、行政法规、国务院决定禁止的项目除外，限制的项目须取得许可后方可经营）
深圳市投资控股有限公司	49	何建锋	3 235 900.00	深圳市福田区福田街道福安社区深南大道4009号投资大厦18楼、19楼	银行、证券、保险、基金、担保等金融和类金融股权的投资与并购；在合法取得土地使用权范围内从事房地产开发经营业务；开展战略性新兴产业领域投资与服务；通过重组整合、资本运作、资产处置等手段，对全资、控股和参股企业国有股权进行投资、运营和管理；市国资委授权开展的其他业务

注：★表示实际控制人。

3.1.2 董事、董事会及其下属委员会

董事会成员

姓名	职务	性别	年龄（岁）	选任日期	所代表的股东名称	股东持股比例(%)	履历
刘小腊	董事长	男	54	2016年6月	华润金控投资有限公司	51	曾任招商银行股份有限公司计划资金部经理、资金交易部总经理助理、副总经理，金融市场部总经理，同业金融总部常务副总经理兼资产管理部总经理，招商银行佛山分行党委书记、行长，华润银行股份有限公司常务副行长、党委副书记，华润深国投信托有限公司董事、总经理、党委书记，华润元大基金管理有限公司董事长。现任华润深国投信托有限公司董事长、党委书记，国信证券股份有限公司董事。
徐昱华	董事	男	49	2023年12月	华润金控投资有限公司	51	曾任中国人民银行广州分行办公室科员，广东银监局外资银行监管处主任科员、办公室主任科员、外资处副处长、业务创新监管协作处处长、外资银行监管处处长，江门银监分局党委书记兼局长、政策法规处处长。现任华润金融控股有限公司副总经理、党委委员，华润融资租赁有限公司董事长，华润深国投信托有限公司董事
姚飞	董事	男	56	2020年7月	深圳市投资控股有限公司	49	曾任中油资产管理有限公司副总经理、党委委员，兼任昆仑信托有限责任公司副总裁、海通昆仑股权投资管理（上海）有限公司监事等职务。现任深圳市投资控股有限公司副总经理、党委委员，兼任深圳资产管理有限公司董事长、总经理、党总支书记，深圳市投控资本有限公司董事长，深圳担保集团有限公司董事，深圳市恰亚通供应链股份有限公司董事，国信证券股份有限公司董事，华润深国投信托有限公司董事
谢兰军	独立董事	男	57	2018年12月	—	—	曾任广东省河源市司法局执业律师、副科长，深圳市执业律师。现任北京市中银（深圳）律师事务所党支部书记、高级合伙人、律师，华润深国投信托有限公司独立董事
牛秋芳	独立董事	女	60	2017年12月	—	—	曾任中国运载火箭技术研究院综合财务处会计，深圳万源实业有限公司总经理助理兼财务部经理，航天信托证券营业部总经理、东方证券红荔路营业部总经理，深圳腾源投资有限公司投资部经理，深圳弘信方正投资管理有限公司副总经理，深圳龙浩南方投资管理有限公司投资部经理，深圳力和信达投资有限公司总经理。时任华润深国投信托有限公司独立董事
黄挺	董事	男	54	2023年11月	华润金控投资有限公司	51	曾任中国华润总公司财务部会计、副科长、科长，华润石化嘉陵公司财务部主任、助理经理、副经理，中港混凝土有限公司财务部经理、经理，东莞华润混凝土有限公司副总经理，华润混凝土有限公司财务总监、副总经理，华润水泥（广东）公司副总经理，华润水泥控股有限公司财务部总经理、财务总监、首席财务官、副总裁、党委委员。现任华润（集团）有限公司业务单元专职外部董事，华润置地有限公司董事，华润创业有限公司董事，华润深国投信托有限公司董事
邱庆兵	董事	男	55	2023年3月	深圳市投资控股有限公司	49	曾任深圳市庐山置业有限公司会计，深圳市高新区信息园有限公司会计，深圳市高新办计划财务处副主任科员、主任科员、财务处处长，深圳市国有资产监督管理局统计预算处处长，深圳市人民政府国有资产监督管理委员会统计预算处副处长、统计预算处处长、预算和财务监管处处长。现任华润深国投信托有限公司董事、首席审计官

续表

姓名	职务	性别	年龄（岁）	选任日期	所代表的股东名称	股东持股比例（%）	履历
许世清	独立董事（拟任）	男	62	—	—	—	曾任江苏省工业生产调度办公室干部、省计划经济委员会财金处干部，招商银行总行办公室综合管理职员、办公室主任助理、国际部经理助理、国际部副总经理、离岸部副总经理，招商银行福州分行行长助理，招商银行总行计划资金部副总经理、基金托管部总经理、计划资金部总经理、战略发展部总经理、海外发展部总经理，招商银行香港分行行长，招商银行董事会秘书，招商永隆银行执行董事、总经理，招商银行巡视员。现任中国人寿保险（海外）股份有限公司独立董事、中国核能科技股份有限公司独立董事、华润深国投信托有限公司独立董事（拟任）
严晓明	独立董事（拟任）	男	49	—	—	—	曾任深圳市伟图达实业有限公司总经理，上海雅法资产管理有限公司合伙人。现任上海雅法资产管理有限公司合伙人，北京和君咨询有限公司深圳分公司合伙人，华润深国投信托有限公司独立董事（拟任）
胡昊	执行董事（拟任）	男	42	—	华润金控投资有限公司	51	曾任交通银行总行管理培训生，交通银行湖南省分行个人金融业务部高级经理助理、副高级经理/副总经理，交通银行湖南省分行网络渠道部总经理、个人金融业务部（消费者权益保护部）副总经理、大客户营销四部总经理，交通银行宁夏区分行副行长、党委委员。现任华润深国投信托有限公司党委副书记、董事（拟任）、总经理（拟任），华润元大基金管理有限公司董事长

注：1. 2023年12月29日，公司召开2023年第五次股东会会议，审议通过变更独立董事的议案。因独立董事6年任期届满，牛秋芳女士不再担任公司独立董事职务。

2. 2023年4月7日，公司召开2023年第二次股东会会议，选举许世清先生担任独立董事，其任职资格待监管部门核准后生效。

3. 2023年12月29日，公司召开2023年第五次股东会会议，选举严晓明先生担任公司独立董事，其任职资格待监管部门核准后生效。

4. 2023年12月29日，公司召开2023年第五次股东会会议，选举胡昊先生担任公司董事，其任职资格待监管部门核准后生效。

董事会专门委员会

名称	职责	主任委员	委员
提名委员会	按照有关规定，拟定董事和高级管理层成员的选任程序和标准，并向董事会提出建议；对董事和高级管理层成员的任职资格和条件进行初步审核，并向董事会提出建议；董事会授权的其他事宜	牛秋芳	徐昱华 姚飞
薪酬与考核委员会	研究公司工资收入分配制度；按照有关规定，组织拟订经理层成员的经营业绩考核制度；按照有关规定，组织拟订公司和经理层成员的薪酬管理制度；组织开展经理层成员的经营业绩考核；向董事会提出经理层成员经营业绩考核结果建议；向董事会提出董事和经理层成员的薪酬兑现方案建议，并监督方案的实施；董事会授权的其他事宜	牛秋芳	姚飞 黄挺
审计与关联交易控制委员会	指导公司审计工作体系建设；提议聘请或更换外部审计机构；监督公司内部审计制度的制定及实施；审核公司的财务报告、会计政策及其变动与披露，并向董事会提出意见；审核公司年度审计、关联交易有关工作报告；检查、监督公司关联交易控制管理情况；根据董事会授权审核重大关联交易事项；向董事会提出调整内部审计部门负责人的建议；董事会授权的其他事宜	谢兰军	徐昱华 黄挺
风险管理与内控合规委员会	对高级管理层在信用、市场、流动性、合规、操作等方面的风险控制情况和内部控制情况进行监督，对公司风险状况进行定期评估，提出完善风险管理和内部控制的意见，建立健全风险文化；组织拟订公司风险管理策略、风险偏好，审核公司重大风险管理政策和程序；审核公司全面风险管理、内控合规相关工作报告；审核全面风险和各类重要风险的信息披露；董事会授权的其他事宜	黄挺	谢兰军 徐昱华
信托与消费者权益保护委员会	督促公司依法履行受托职责；检查公司信托业务情况，保证公司为受益人的最大利益服务；根据董事会授权开展消费者权益保护工作，定期召开消费者权益保护工作会议，研究消费者权益保护重大问题和重要决策；指导和督促公司消费者权益保护工作管理制度体系的建立和完善，监督公司消费者权益保护工作的落实与实施；审核公司消费者权益保护工作报告和工作方案；董事会授权的其他事宜	谢兰军	刘小腊 邱庆兵
信息披露委员会	负责公司年度报告的审核与披露；负责公司重大事项临时报告的审核与披露；董事会授权的其他事宜	刘小腊	牛秋芳 邱庆兵

3.1.3 监事会

监事会成员

姓名	职务	性别	年龄（岁）	选任日期	所代表的股东名称	股东持股比例（%）	履历
朱军	监事会主席	男	60	2021年1月	深圳市投资控股有限公司	49	曾任山东省济宁市鱼台县李阁乡党委宣传委员，山东省济宁棉纺厂细纱车间主任助理、厂织科干事，山东省济宁市化纤厂副厂长、党办主任，山东省济宁市纺织工业公司组织科副科长、党办主任、办公室主任，山东省汶上县政府副县长，山东省纺织工业厅办公室副主任、办公室主任兼人事教育处处长，深圳市纺织（集团）股份有限公司企管部副经理、总经理助理、副总经理、总经理兼党委书记、董事长兼总经理、党委书记。时任华润深国投信托有限公司监事会主席

续表

姓名	职务	性别	年龄（岁）	选任日期	所代表的股东名称	股东持股比例（%）	履历
卢伦	监事	女	48	2022年3月	华润金控投资有限公司	51	曾任华为技术有限公司人力资源部经理，晨星（深圳）资讯有限公司股票研究部上市公司财务分析师、行业分析师，华润（集团）有限公司财务部经理、高级经理，华润深国投信托有限公司财务运营总经理、财务管理部总经理、财务总监、副总经理、党委委员。现任华润金控投资有限公司副总经理、党委委员，华润保险经纪有限公司董事长，华润深国投信托有限公司监事
林俊	职工监事	男	41	2022年12月	—	—	曾任华润深国投信托有限公司资金财务部财务经理，审计署驻深圳特派办干部，华润深国投信托有限公司信托运营部信托运营岗、智能与信息化部总经理助理、信托运营部总经理助理。现任华润深国投信托有限公司证券投资总部副总经理兼证券投资总部估值部总经理、职工监事

注：1.本公司监事会未设立下属委员会。
2.2023年4月7日，公司召开2023年第二次股东会会议，审议通过关于朱军先生不再担任公司监事会主席职务的议案，朱军先生不再担任公司监事会主席、监事职务。

3.1.4 高级管理人员

高级管理人员

姓名	职务	性别	年龄（岁）	任职日期	金融从业年限（年）	最高学历	专业	履历
胡昊	总经理（拟任）	男	42	—	16	硕士	管理学	曾任交通银行总行管理培训生，交通银行湖南省分行个人金融业务部高级经理助理、副高级经理/副总经理，交通银行湖南省分行网络渠道部总经理、个人金融业务部（消费者权益保护部）副总经理、大客户营销四部总经理，交通银行宁夏区分行副行长、党委委员。现任华润深国投信托有限公司党委副书记、董事（拟任）、总经理（拟任），华润元大基金管理有限公司董事长
邱庆兵	首席审计官	男	55	2022年3月	1	硕士	经济学	曾任深圳市庐山置业有限公司会计，深圳市高新区信息网有限公司会计，深圳市高新办计划财务处副主任科员、主任科员、财务处副处长，深圳市国有资产监督管理局统计预算处副处长，深圳市人民政府国有资产监督管理委员会统计预算处副处长、统计预算处处长、预算和财务监管处处长。现任华润深国投信托有限公司董事、首席审计官
郭强	副总经理	男	54	2020年1月	29	硕士	金融学	曾任深圳发展银行深圳上步支行信贷管理部信贷员，总行离岸业务部离岸业务员、离岸业务部信贷管理室副主任、资产保全部综合室副经理、办公室经理、离岸业务部室经理，北京分行公司业务部总经理，总行离岸业务部总经理助理、副总经理，总行企业关系部经理助理、副总经理（主持工作），总行公司营销管理部副主管（主持工作）、主管，总行对公营销及销售管理部主管，总行贸易融资部主管，贸易金融事业部总裁，华润金融控股有限公司风险管理部总经理、风险审计部经理。现任华润深国投信托有限公司副总经理、党委委员
覃建祎	副总经理、首席风险官	男	48	2022年8月	24	硕士	金融学	曾任深圳发展银行广州分行信贷审批中心总经理，中国民生银行广州分行授信评审部总经理，渤海银行广州分行风险总监，渤海银行广州分行审批中心副总经理，平安信托有限责任公司投资评估部总经理，华润深国投信托有限公司风险管理部总经理，珠海华润银行广州分行党支部书记、行长。现任华润深国投信托有限公司副总经理、党委委员、首席风险官、工会主席、风险管理部总经理
吴艳	副总经理、董事会秘书	女	48	2023年3月	24	本科	英语	曾任三九医药股份有限公司海外部业务拓展代表，SZ IBM Technology Products Co.,Ltd.人力资源部人事代表（主任），Top Human Technology Ltd.人力资源部经理，恒生银行（中国）有限公司总行人力资源部总监，珠海华润银行股份有限公司总行人力资源部助理总经理，恒生前海基金管理有限公司人力资源部总经理，华润元大基金管理有限公司综合管理部总经理、党支部组织委员兼宣传委员，华润深国投信托有限公司第十党支部书记、战略与人力资源部副总经理、党委组织部副部长。现任华润深国投信托有限公司副总经理、党委委员、董事会秘书、团委书记，战略与人力资源部总经理、党委组织部部长、办公室主任、党委办公室主任
王央	首席合规官（总法律顾问）	女	43	2023年12月	17	硕士	法学	曾任深圳国际信托投资有限责任公司办公室业务员，华润深国投信托有限公司办公室主办业务员、风险管理部风险控制经理、合规风险业务总监、法律部业务总监、风险合规部法律合规部副总经理（主持工作）、法律合规部总经理助理、法律合规部副总经理、法律合规部总经理。现任华润深国投信托有限公司首席合规官（总法律顾问）、法律合规部总经理

注：2023年12月29日，公司召开第八届董事会第九次会议，聘任胡昊先生担任公司总经理，其任职资格待监管部门核准后生效。

3.1.5 公司员工

公司员工

项目		2023年末		2022年末		2021年末	
		人数（人）	比例（%）	人数（人）	比例（%）	人数（人）	比例（%）
年龄分布	20岁以下	—	—	—	—	—	—
	21~30岁	107	23.41	132	29.40	120	30.85
	31~40岁	262	57.33	248	55.23	205	52.70
	41岁及以上	88	19.26	69	15.37	64	16.45
学历分布	博士	9	1.97	10	2.23	12	3.08
	硕士	304	66.52	294	65.48	254	65.30
	本科	138	30.20	140	31.18	117	30.08
	专科	5	1.09	4	0.89	5	1.29
	其他	1	0.22	1	0.22	1	0.26
岗位分布	董事、监事及高级管理人员	8	1.75	6	1.34	8	2.06
	自营业务人员	5	1.09	5	1.11	5	1.29
	信托业务人员	305	66.74	267	59.47	250	64.27
	其他人员	139	30.42	171	38.08	126	32.39

4. 经营管理

4.1 经营目标、方针、战略规划

4.1.1 经营目标
公司致力于成为国内领先的资产管理服务商。

4.1.2 经营方针
公司的经营方针是以客户为导向，加强产融结合、融融协同，通过转型创新，建立专业专长，稳步开展核心业务，夯实财务基础，做大转型业务，创造新利润增长点。

4.1.3 战略规划
公司确立证券投资服务、标品资管、资产证券化、结构金融、财富管理、固有业务六大业务方向，打造专业服务、投资研究、风险管理、客户开拓、组织动员5种核心能力，实施流程再造、科技赋能、风险管理、组织变革、深化协同、品牌建设6项建设举措，即"656"战略。

4.2 经营业务的主要内容
公司主要经营业务为信托业务和固有业务。

4.2.1 信托业务
报告期内，公司信托资产主要运用方式为交易性金融资产、贷款等。信托资产运用与分布表如下。

信托资产运用与分布表

资产运用	金额（万元）	占比（%）	资产分布	金额（万元）	占比（%）
货币资产	33 024 846.21	12.72	基础产业	1 119 297.80	0.43
拆出资金	—	—	房地产业	640 548.30	0.25
发放贷款和垫款	10 088 344.72	3.88	证券市场	227 885 518.19	87.70
交易性金融资产	186 936 499.26	71.94	实业	17 553 985.23	6.76
买入返售金融资产	13 677 697.41	5.26	金融机构	2 130 538.24	0.82
债权投资	14 583 414.74	5.61	其他	10 519 779.04	4.05
长期股权投资	1 436 722.77	0.55	—	—	—
其他	102 141.69	0.04			
信托资产总计	259 849 666.80	100.00	信托资产总计	259 849 666.80	100.00

4.2.2 固有业务
固有业务是指使用公司固有资金进行的投资活动，包括但不限于公司信托产品投资、股权类投资、其他金融产品投资等，以及在符合公司固有资金运用原则下开展授信类业务，包括但不限于同业拆放、贷款（含过桥贷款）、提供增信、担保等。

自营资产运用与分布表

资产运用	金额（万元）	占比（%）	资产分布	金额（万元）	占比（%）
货币资产	42 190.37	1.27	基础产业	—	—
贷款及应收款	224 491.79	6.78	房地产业	335.993.69	10.14
交易性金融资产	879 990.02	26.57	证券市场	733 660.03	22.15
其他权益工具投资	5 938.75	0.18	实业	79 234.36	2.39
长期股权投资	1 838 772.92	55.51	金融机构	1 868 902.08	56.42
其他	321 044.78	9.69	其他	294 638.47	8.89
资产总计	3 312 428.63	100.00	资产总计	3 312 428.63	100.00

4.3 市场分析

4.3.1 经济形势分析与金融形势分析
2023年，受资本市场波动、行业竞争加剧、民营地产持续恶化等因素影响，信托行业营收、利润、人均利润等经营性指标均呈持续下滑态势。信托公司促转型、防风险、稳增长压力增大，行业头部效应进一步显现。

4.3.2 影响本公司业务发展的主要因素
2023年，宏观经济存在较多不确定性，国际环境复杂多变，国内经济从疫情低谷逐渐回归常态轨道。监管方面，原中国银保监会正式发布《关于规范信托公司信托业务分类的通知》，引导信托公司以规范方式发挥信托制度优势，丰富信托本源业务供给，巩固乱象治理成果。

未来以资产管理信托、资产服务信托、公益/慈善信托为主的信托业务体系，有利于进一步发挥信托制度功能，推动行业在经济社会发展中积极把握机遇。公司将在信托业务"三分类"办法下，进一步探索发展资产服务信托、资产管理信托和公益慈善信托，实现可持续、差异化、高质量发展。

4.4 风险管理

4.4.1 风险管理概况

2023年，华润信托紧紧围绕中央金融工作会议和中央经济工作会议有关防范化解金融风险工作精神，按照"十四五"战略发展规划，持续推进全面风险管理体系建设及优化工作，严守风险底线，多措并举开展风险防范和化解，提升管理效益，同时加强业务模式研究，推动业务转型创新发展，在经济面临下行压力、房地产行业风险集中暴露的大环境下充分防范风险事件发生，减轻投资者损失，在"守住不发生系统性风险的底线"上体现信托担当，为实现高质量发展打下了坚实基础。

首先，本公司持续优化全面风险管理体系。2023年，华润信托建立风险偏好管理体系，明确整体及各类风险偏好定性描述，设置风险偏好核心指标及容忍度，并推动执行落地；优化风险管理委员会、业务风险审批、项目风险监测与后期管理、资产分类等方面的风险管理流程机制；推动风险识别、评估、监测、报告等各项风险管理工作落地，通过持续完善风险管理流程与方法工具、推进信息系统建设和数据治理等提升风险管理能力。

其次，本公司持续助力业务转型发展。华润信托根据政策、市场、客户等变化，按专业化分工原则组织各业务类别的策略研讨，动态调整更新证券投资业务、资管业务、普惠业务、家族信托业务、固有业务等业务相关的风险策略；同时加强调研工作，定期发布行业观察研究报告，对行业投融资热点信息进行动态跟踪，针对新监管环境下的服务定位开展多个同业调研和课题调研，为转型创新与业务发展提供助力。

最后，本公司全力推进风险项目的风险化解与处置工作。华润信托积极组织力量有序应对，持续加强对存量项目的管控力度，项目走访全覆盖、加大催收力度和频度，并开展多轮次的专项检查，动态掌握风险项目进展情况，同时结合当前市场环境采取多元化资产处置方式，有序推进资产处置工作，持续推动风险资产化解。

4.4.2 风险状况

2023年，面对错综复杂的经济形势，房地产市场仍承压的情况下，华润信托高度重视风险防范，严守风险底线，持续加强风险管理能力建设，总体风险状况呈稳定态势。

4.4.2.1 信用风险状况

信用风险主要指交易对手因履约意愿或履约能力发生变化的违约而导致交易资产价值损失的风险。报告期内，公司持续完善业务风险管控机制，严守风险底线，加强存量业务的风险管控，对于出现风险的项目加强处置力度，信用风险总体呈稳定态势。

4.4.2.2 市场风险状况

市场风险指公司因股价、市场汇率、利率及其他价格因素变动而产生的风险。报告期内，未发生重大市场风险事项。

4.4.2.3 操作风险状况

操作风险是指由于内部程序、员工、信息科技系统存在问题以及外部事件造成损失的风险。报告期内，未发生重大操作风险事项。

4.4.3 风险管理

公司以坚持金融工作的政治性和人民性，以支持经济社会发展为己任，秉持"全统筹、全类别、全覆盖、全链条、全周期"的风险管理理念，持续优化及建立健全涵盖风险治理架构、风险管理偏好与政策制度、风险管理流程与方法工具、风险管理系统与数据信息、风险管理文化与人才队伍等各方面的全面风险管理体系，对经营活动实施全面的风险管控，以专业手段有效管理各类风险，持续提升风险防控水平。

4.4.3.1 信用风险管理

针对信用风险，公司结合市场环境的变化做好积极应对，严守风险底线，对项目从投前、投中、投后各个环节实施全流程风险管控。投前助力业务转型，动态更新业务指引和投资策略，提供适应目前转型发展需要的业务风险管理思路及方法策略，同时审查遵循专业化分类审查原则，优化业务风险审批制度，严格各类高风险业务准入规范，有针对性地匹配风险管控措施；投中严格根据项目放款管理制度规范落实放款管理，并将前端审查与放款环节进行分离，确保项目资金用途合规，督促交易对手严格按照合同约定进行资金的使用；投后管理严格落实项目后期的跟踪、监测、预警、评级管理，并通过制定项目后期管理操作细则进一步规范后期管理流程，关注重点业务交易对手与项目运营情况，加强重点风险领域排查，做到风险隐患早发现、早预警、早预案。

2023年，在经济整体增长动能不足、房地产行业风险持续暴露等背景下，信用风险防控形势仍较为严峻，防范化解风险仍是首要任务，华润信托持续完善业务风险管控机制，重点加强房地产业务信用风险的管控与风险化解处置工作。

4.4.3.2 市场风险管理

针对市场风险，公司根据风险偏好，执行稳健有序的市场风险管理策略，根据金融市场环境及时调整投资策略和投资组合，审慎评估承担的各项市场风险，对各类投资业务保持合理管控，期间关注相关市场动态、产品表现与业绩基准，夯实对市场风险的防控。通过销售管理委员会，传递市场资金信息，持续优化投资者适当性管理。此外，及时就市场走势以及异常价格波动等事件加强预警，及时调整产品持仓，积极应对市场变化、控制市场风险。

2023年以来，市场整体处于先涨后跌的情况，各大指数均有不同程度跌幅。2023年初，受市场复苏强烈预期影响，市场出现短期上涨，但随着事实上弱复苏影响，预期分化，市场持续走跌。从各大指数上来看，除上证指数以外，深证成指、创业板指及恒生指数均创出两位数跌幅，其中创业板指数跌幅最大，深证成指与恒生指数跌幅持平。面对严峻的市场形势，公司积极防范金融风险的传导，严格履行预警、平仓等义务。

4.4.3.3 操作风险管理

2023年，公司深化操作风险管理。公司通过明确风险偏好、制度建设、开展内控与操作风险专项治理、加强风险监测等方式深化操作风险管控，在此期间公司积极做好风险识别、评估、排查等工作，主动发现风险点及隐患，尽可能减少公司可能发生的或有损失。

5.报告期末及上一年度末的比较式会计报表

5.1 自营资产

5.1.1 会计师事务所审计意见全文

审计报告

华润深国投信托有限公司全体股东：

一、审计意见

我们审计了华润深国投信托有限公司（以下简称贵公司）的财务报表，包括2023年12月31日的合并及资产负债表，2023年度的合并及利润表、合并及现金流量表、合并及股东权益变动表以及相关财务报表附注。

我们认为，后附的财务报表在所有重大方面按照企业会计准则的规定编制，公允反映了贵公司2023年12月31日的合并及公司财务状况以及2023年度的合并及公司经营成果和现金流量。

二、形成审计意见的基础

我们按照中国注册会计师审计准则的规定执行了审计工作。审计报告的"注册会计师对财务报表审计的责任"部分进一步阐述了我们在这些准则下的责任。按照中国注册会计师职业道德守则，我们独立于贵公司，并履行了职业道德方面的其他责任。我们相信，我们获取的审计证据是充分、适当的，为发表审计意见提供了基础。

三、管理层和治理层对财务报表的责任

贵公司管理层（以下简称管理层）负责按照企业会计准则的规定编制财务报表，使其实现公允反映，并设计、执行和维护必要的内部控制，以使财务报表不存在由于舞弊或错误导致的重大错报。

在编制财务报表时，管理层负责评估贵公司的持续经营能力，披露与持续经营相关的事项（如适用），并运用持续经营假设，除非计划进行清算、终止运营或别无其他现实的选择。

治理层负责监督贵公司的财务报告过程。

四、注册会计师对财务报表审计的责任

我们的目标是对财务报表整体是否不存在由于舞弊或错误导致的重大错报获取合理保证，并出具包含审计意见的审计报告。合理保证是高水平的保证，但并不能保证按照审计准则执行的审计在某一重大错报存在时总能发现。错报可能由于舞弊或错误导致，如果合理预期错报单独或汇总起来可能影响财务报表使用者依据财务报表作出的经济决策，则通常认为错报是重大的。

在按照审计准则执行审计工作的过程中，我们运用职业判断，并保持职业怀疑。同时，我们也执行以下工作：

（一）识别和评估由于舞弊或错误导致的财务报表重大错报风险，设计和实施审计程序以应对这些风险，并获取充分、适当的审计证据，作为发表审计意见的基础。由于舞弊可能涉及串通、伪造、故意遗漏、虚假陈述或凌驾于内部控制之上，未能发现由于舞弊导致的重大错报的风险高于未能发现由于错误导致的重大错报的风险。

（二）了解与审计相关的内部控制，以设计恰当的审计程序，但目的并非对内部控制的有效性发表意见。

（三）评价管理层选用会计政策的恰当性和作出会计估计及相关披露的合理性。

（四）对管理层使用持续经营假设的恰当性得出结论。同时，根据获取的审计证据，就可能导致对贵公司持续经营能力产生重大疑虑的事项或情况是否存在重大不确定性得出结论。如果我们得出结论认为存在重大不确定性，审计准则要求我们在审计报告中提请报表使用者注意财务报表中的相关披露；如果披露不充分，我们应当发表非无保留意见。我们的结论基于截至审计报告日可获得的信息。然而，未来的事项或情况可能导致贵公司不能持续经营。

（五）评价财务报表的总体列报（包括披露）、结构和内容，并评价财务报表是否公允反映相关交易和事项。

（六）就贵公司中实体或业务活动的财务信息获取充分、适当的审计证据，以对合并财务报表发表审计意见。我们负责指导、监督和执行集团审计，并对审计意见承担全部责任。

我们与治理层就计划的审计范围、时间安排和重大审计发现等事项进行沟通，包括沟通我们在审计中识别出的值得关注的内部控制缺陷。

立信会计师事务所（特殊普通合伙）

中国注册会计师：强桂英

中国注册会计师：沈大龙

中国·上海　　　　二〇二四年四月二十九日

5.1.2 资产负债表

资产负债表

编制单位：华润深国投信托有限公司　　2023年12月31日　　单位：万元

项目	合并		母公司	
	2023年12月31日	2022年12月31日	2023年12月31日	2022年12月31日
资产				
货币资金	65 824.26	62 993.47	42 190.37	42 845.78
应收款项	39 819.27	35 148.86	39 624.55	34 533.38
衍生金融资产	—	—	—	—
买入返售金融资产	256 227.16	170 061.40	256 227.16	170 061.40
金融投资：	976 112.21	1 093 921.50	885 928.77	1 014 577.71
交易性金融资产	970 173.45	1 086 673.57	879 990.02	1 007 329.78
债权投资	—	—	—	—
其他债权投资	—	—	—	—
其他权益工具投资	5 938.75	7 247.93	5 938.75	7 247.93
发放贷款及垫款	54 897.81	99 270.16	54 897.81	99 270.16
长期股权投资	1 788 468.49	1 716 270.32	1 838 772.92	1 766 574.31

续表

项目	合并		母公司	
	2023年12月31日	2022年12月31日	2023年12月31日	2022年12月31日
投资性房地产	212.60	219.95	212.60	219.95
固定资产	7 179.14	7 374.94	6 966.28	7 180.51
使用权资产	3 905.16	6 760.03	3 492.83	6 014.66
无形资产	8 005.77	6 415.46	7 622.27	5 961.37
递延所得税资产	47 864.13	29 462.37	44 480.79	27 671.61
其他资产	102 743.54	98 463.54	132 012.28	52 444.65
资产总计	3 351 259.54	3 326 362.00	3 312 428.63	3 227 355.32

资产负债表（续）

编制单位：华润深国投信托有限公司　　2023年12月31日　　单位：万元

项目	合并		母公司	
	2023年12月31日	2022年12月31日	2023年12月31日	2022年12月31日
负债				
向中央银行借款	—	—	—	—
同业及其他金融机构存放款项				
拆入资金	170 060.45	170 044.23	170 060.45	170 044.23
交易性金融负债	10 536.42	5 005.31	—	—
衍生金融负债				
卖出回购金融资产款	600.03	—	—	—
合同负债	1 407.78	1 501.39	1 392.37	1 481.23
应付职工薪酬	30 049.51	33 374.21	28 980.59	31 162.60
应交税费	19 774.12	8 300.60	8 316.28	7 566.96
租赁负债	4 003.15	6 974.26	3 583.77	6 212.69
预计负债	63 426.42	9 390.44	63 426.42	9 390.44
递延所得税负债	4 448.19	1 091.63	4 448.19	1 091.63
其他负债	91 213.11	215 704.68	185 602.81	204 151.10
负债合计	395 519.18	451 386.75	465 810.88	431 100.88
所有者权益	—	—	—	—
实收资本	1 100 000.00	1 100 000.00	1 100 000.00	1 100 000.00
资本公积	183 274.05	183 589.30	183 274.05	183 589.30
其他综合收益	20 340.65	-10 293.68	20 340.65	-10 293.68
盈余公积	246 912.45	234 703.95	246 912.45	234 703.95
一般风险准备	87 868.18	55 670.48	87 868.18	55 670.48
信托赔偿准备金	143 181.23	137 076.97	143 181.23	137 076.97
未分配利润	1 158 413.66	1 158 509.90	1 065 041.19	1 095 507.42
归属于母公司所有者权益合计	2 939 990.22	2 859 256.92	2 846 617.75	2 796 254.44
少数股东权益	15 750.14	15 718.33	—	—
所有者权益合计	2 955 740.36	2 874 975.25	2 846 617.75	2 796 254.44
负债及所有者权益合计	3 351 259.54	3 326 362.00	3 312 428.63	3 227 355.32

5.1.3 利润表

利润表

编制单位：华润深国投信托有限公司　　　　　　　　　2023年度　　　　　　　　　　　　　　单位：万元

项目	合并		母公司	
	当年数	上年数	当年数	上年数
一、营业收入	355 748.41	350 235.57	310 817.76	342 172.17
利息净收入	9 004.31	14 416.01	8 906.46	13 815.78
利息收入	10 558.12	21 816.57	10 003.43	20 811.84
利息支出	1 553.81	7 400.56	1 096.97	6 996.06
手续费及佣金净收入	134 100.96	153 392.33	130 128.01	147 871.99
手续费及佣金收入	134 609.83	154 032.09	130 636.88	148 511.75
手续费及佣金支出	508.87	639.76	508.87	639.76
投资收益	178 811.49	169 018.14	124 304.72	159 538.00
其中：对联营企业的投资收益	102 711.89	129 003.62	102 708.71	129 000.11
公允价值变动收益	32 458.64	10 698.72	46 432.16	18 659.89
汇兑收益	0.30	-2.90	0.30	-2.27
其他业务收入	814.62	329.14	814.62	320.55
资产处置收益	0.75	2.27	0.75	2.27
其他收益	557.34	2 381.86	230.74	1 965.96
二、营业支出	110 217.12	93 648.57	105 842.64	86 407.72
税金及附加	1 023.34	1 321.06	1 000.43	1 278.94
业务及管理费	52 771.88	54 425.52	48 755.17	47 312.52
信用减值损失	56 102.43	37 554.08	55 771.26	37 468.35
资产减值损失	3.69	—	—	—
其他业务成本	315.78	347.91	315.78	347.91
三、营业利润	245 531.29	256 587.00	204 975.12	255 764.45
加：营业外收入	0.07	19 886.97	0.01	19 859.18
减：营业外支出	69 125.04	11 192.36	69 125.04	11 183.54
四、利润总额	176 406.32	265 281.61	135 850.09	264 440.09
减：所得税费用	20 853.59	32 754.75	10 699.16	32 808.88
五、净利润	155 552.73	232 526.86	125 150.93	231 631.21
归属于母公司所有者的净利润	155 520.92	232 329.60	125 150.93	231 631.21
少数股东损益	31.81	197.26	—	—
六、其他综合收益的税后净额	27 568.45	-7 398.05	27 568.45	-7 398.05
归属于母公司所有者的其他综合收益的税后净额	27 568.45	-7 398.05	27 568.45	-7 398.05
（一）不能重分类进损益的其他综合收益	26 232.30	-18 604.02	26 232.30	-18 604.02
权益法下不能转损益的其他综合收益	26 168.02	-18 225.04	26 168.02	-18 225.04
其他权益工具投资公允价值变动	64.28	-378.98	64.28	-378.98

续表

项目	合并		母公司	
	当年数	上年数	当年数	上年数
(二)将重分类进损益的其他综合收益	1 336.15	11 205.97	1 336.15	11 205.97
权益法下可转损益的其他综合收益	1 336.15	11 205.97	1 336.15	11 205.97
七、综合收益总额	183 121.18	225 128.81	152 719.38	224 233.16
归属于母公司所有者的综合收益总额	183 089.37	224 931.55	152 719.38	224 233.16
归属于少数股东的综合收益总额	31.81	197.26	—	—

注：亏损项目以"-"号填列。

5.1.4 所有者权益变动表

所有者权益变动表（合并）

编制单位：华润深国投信托有限公司　　　　　　　2023年度　　　　　　　单位：万元

项目	本年金额									
	归属于母公司所有者权益								少数股东权益	所有者权益合计
	实收资本（或股本）	资本公积	其他综合收益	盈余公积	一般风险准备	信托赔偿准备金	未分配利润	小计		
一、上年年末余额	1 100 000.00	183 589.30	-10 293.68	234 703.95	55 670.48	137 076.97	1 158 509.90	2 859 256.92	15 718.33	2 874 975.25
加：会计政策变更	—	—	—	—	—	—	—	—	—	—
二、本年年初余额	1 100 000.00	183 589.30	-10 293.68	234 703.95	55 670.48	137 076.97	1 158 509.90	2 859 256.92	15 718.33	2 874 975.25
三、本年增减变动金额（减少以"-"号填列）	—	-315.25	30 634.33	12 208.50	32 197.70	6 104.26	-96.24	80 733.30	31.81	80 765.11
（一）综合收益总额	—	—	27 568.45	—	—	—	155 520.92	183 089.37	31.81	183 121.18
（二）所有者投入和减少资本	—	-315.25	—	—	—	—	—	-315.25	—	-315.25
1.所有者投入的普通股	—	—	—	—	—	—	—	—	—	—
2.其他权益工具持有者投入资本	—	—	—	—	—	—	—	—	—	—
3.股份支付计入股东权益的金额	—	—	—	—	—	—	—	—	—	—
4.其他	—	-315.25	—	—	—	—	—	-315.25	—	-315.25
（三）利润分配	—	—	—	12 515.09	32 197.70	6 257.55	-153 011.16	-102 040.82	—	-102 040.82
1.提取盈余公积	—	—	—	12 515.09	—	—	-12 515.09	—	—	—
2.提取一般风险准备	—	—	—	—	32 197.70	—	-32 197.70	—	—	—
3.提取信托赔偿准备金	—	—	—	—	—	6 257.55	-6 257.55	—	—	—
4.对所有者（或股东）的分配	—	—	—	—	—	—	-102 040.82	-102 040.82	—	-102 040.82
（四）所有者权益内部结转	—	—	3 065.88	-306.59	—	-153.29	-2 606.00	—	—	—
1.资本公积转增资本（或股本）	—	—	—	—	—	—	—	—	—	—
2.盈余公积转增资本（或股本）	—	—	—	—	—	—	—	—	—	—
3.盈余公积弥补亏损	—	—	—	—	—	—	—	—	—	—
4.设定受益计划变动额结转留存收益	—	—	—	—	—	—	—	—	—	—
5.其他综合收益结转留存收益	—	—	3 065.88	-306.59	—	-153.29	-2 606.00	—	—	—
四、本年年末余额	1 100 000.00	183 274.05	20 340.65	246 912.45	87 868.18	143 181.23	1 158 413.66	2 939 990.22	15 750.14	2 955 740.36

所有者权益变动表（合并，续）

编制单位：华润深国投信托有限公司　　　2023年度　　　单位：万元

项目	上年金额								少数股东权益	所有者权益合计
	归属于母公司所有者权益									
	实收资本（或股本）	资本公积	其他综合收益	盈余公积	一般风险准备	信托赔偿准备金	未分配利润	小计		
一、上年年末余额	1 100 000.00	183 589.30	−5 716.97	211 822.96	40 249.90	125 636.48	1 132 134.70	2 787 716.37	15 521.07	2 803 237.44
加：会计政策变更	—	—	—	—	—	—	—	—	—	—
二、本年年初余额	1 100 000.00	183 589.30	−5 716.97	211 822.96	40 249.90	125 636.48	1 132 134.70	2 787 716.37	15 521.07	2 803 237.44
三、本年增减变动金额（减少以"−"号填列）	—	—	−4 576.71	22 880.99	15 420.58	11 440.49	26 375.20	71 540.55	197.26	71 737.81
（一）综合收益总额	—	—	−7 398.05	—	—	—	232 329.60	224 931.55	197.26	225 128.81
（二）所有者投入和减少资本	—	—	—	—	—	—	—	—	—	—
1.所有者投入的普通股	—	—	—	—	—	—	—	—	—	—
2.其他权益工具持有者投入资本	—	—	—	—	—	—	—	—	—	—
3.股份支付计入股东权益的金额	—	—	—	—	—	—	—	—	—	—
4.其他	—	—	—	—	—	—	—	—	—	—
（三）利润分配	—	—	—	23 163.12	15 420.58	11 581.56	−203 556.26	−153 391.00	—	−153 391.00
1.提取盈余公积	—	—	—	23 163.12	—	—	−23 163.12	—	—	—
2.提取一般风险准备	—	—	—	—	15 420.58	—	−15 420.58	—	—	—
3.提取信托赔偿准备金	—	—	—	—	—	11 581.56	−11 581.56	—	—	—
4.对所有者（或股东）的分配	—	—	—	—	—	—	−153 391.00	−153 391.00	—	−153 391.00
（四）所有者权益内部结转	—	—	2 821.34	−282.13	—	−141.07	−2 398.14	—	—	—
1.资本公积转增资本（或股本）	—	—	—	—	—	—	—	—	—	—
2.盈余公积转增资本（或股本）	—	—	—	—	—	—	—	—	—	—
3.盈余公积弥补亏损	—	—	—	—	—	—	—	—	—	—
4.设定受益计划变动额结转留存收益	—	—	—	—	—	—	—	—	—	—
5.其他综合收益结转留存收益	—	—	2 821.34	−282.13	—	−141.07	−2 398.14	—	—	—
四、本年年末余额	1 100 000.00	183 589.30	−10 293.68	234 703.95	55 670.48	137 076.97	1 158 509.90	2 859 256.92	15 718.33	2 874 975.25

所有者权益变动表（母公司）

编制单位：华润深国投信托有限公司　　　2023年度　　　单位：万元

项目	本年金额							所有者权益合计
	归属于母公司的所有者权益							
	实收资本（或股本）	资本公积	其他综合收益	盈余公积	一般风险准备	信托赔偿准备金	未分配利润	
一、上年年末余额	1 100 000.00	183 589.30	−10 293.68	234 703.95	55 670.48	137 076.97	1 095 507.42	2 796 254.44
加：会计政策变更	—	—	—	—	—	—	—	—
二、本年年初余额	1 100 000.00	183 589.30	−10 293.68	234 703.95	55 670.48	137 076.97	1 095 507.42	2 796 254.44
三、本年增减变动金额（减少以"−"号填列）	—	−315.25	30 634.33	12 208.50	32 197.70	6 104.26	−30 466.23	50 363.31
（一）综合收益总额	—	—	27 568.45	—	—	—	125 150.93	152 719.38
（二）所有者投入和减少资本	—	−315.25	—	—	—	—	—	−315.25
1.所有者投入的普通股	—	—	—	—	—	—	—	—
2.其他权益工具持有者投入资本	—	—	—	—	—	—	—	—
3.股份支付计入股东权益的金额	—	—	—	—	—	—	—	—

续表

项目	本年金额 归属于母公司的所有者权益							所有者权益合计
	实收资本（或股本）	资本公积	其他综合收益	盈余公积	一般风险准备	信托赔偿准备金	未分配利润	
4.其他	—	-315.25	—	—	—	—	—	-315.25
（三）利润分配	—	—	—	12 515.09	32 197.70	6 257.55	-153 011.16	-102 040.82
1.提取盈余公积	—	—	—	12 515.09	—	—	-12 515.09	—
2.提取一般风险准备	—	—	—	—	32 197.70	—	-32 197.70	—
3.提取信托赔偿准备金	—	—	—	—	—	6 257.55	-6 257.55	—
4.对所有者(或股东)的分配	—	—	—	—	—	—	-102 040.82	-102 040.82
（四）所有者权益内部结转	—	—	3 065.88	-306.59	—	-153.29	-2 606.00	—
1.资本公积转增资本（或股本）	—	—	—	—	—	—	—	—
2.盈余公积转增资本（或股本）	—	—	—	—	—	—	—	—
3.盈余公积弥补亏损	—	—	—	—	—	—	—	—
4.设定受益计划变动额结转留存收益	—	—	—	—	—	—	—	—
5.其他综合收益结转留存收益	—	—	3 065.88	-306.59	—	-153.29	-2 606.00	—
四、本年年末余额	1 100 000.00	183 274.05	20 340.65	246 912.45	87 868.18	143 181.23	1 065 041.19	2 846 617.75

所有者权益变动表（母公司，续）

编制单位：华润深国投信托有限公司　　2023年度　　单位：万元

项目	上年金额 归属于母公司的所有者权益							所有者权益合计
	实收资本（或股本）	资本公积	其他综合收益	盈余公积	一般风险准备	信托赔偿准备金	未分配利润	
一、上年年末余额	1 100 000.00	183 589.30	-5 716.97	211 822.96	40 249.90	125 636.48	1 069 830.61	2 725 412.28
加：会计政策变更	—	—	—	—	—	—	—	—
二、本年年初余额	1 100 000.00	183 589.30	-5 716.97	211 822.96	40 249.90	125 636.48	1 069 830.61	2 725 412.28
三、本年增减变动金额（减少以"-"号填列）	—	—	-4 576.71	22 880.99	15 420.58	11 440.49	25 676.81	70 842.16
（一）综合收益总额	—	—	-7 398.05	—	—	—	231 631.21	224 233.16
（二）所有者投入和减少资本	—	—	—	—	—	—	—	—
1.所有者投入的普通股	—	—	—	—	—	—	—	—
2.其他权益工具持有者投入资本	—	—	—	—	—	—	—	—
3.股份支付计入股东权益的金额	—	—	—	—	—	—	—	—
4.其他	—	—	—	—	—	—	—	—
（三）利润分配	—	—	—	23 163.12	15 420.58	11 581.56	-203 556.26	-153 391.00
1.提取盈余公积	—	—	—	23 163.12	—	—	-23 163.12	—
2.提取一般风险准备	—	—	—	—	15 420.58	—	-15 420.58	—
3.提取信托赔偿准备金	—	—	—	—	—	11 581.56	-11 581.56	—
4.对所有者(或股东)的分配	—	—	—	—	—	—	-153 391.00	-153 391.00
（四）所有者权益内部结转	—	—	2 821.34	-282.13	—	-141.07	-2 398.14	—
1.资本公积转增资本（或股本）	—	—	—	—	—	—	—	—
2.盈余公积转增资本（或股本）	—	—	—	—	—	—	—	—
3.盈余公积弥补亏损	—	—	—	—	—	—	—	—
4.设定受益计划变动额结转留存收益	—	—	—	—	—	—	—	—
5.其他综合收益结转留存收益	—	—	2 821.34	-282.13	—	-141.07	-2 398.14	—
四、本年年末余额	1 100 000.00	183 589.30	-10 293.68	234 703.95	55 670.48	137 076.97	1 095 507.42	2 796 254.44

5.2 信托财产

5.2.1 信托项目资产负债汇总表

信托项目资产负债汇总表

编制单位：华润深国投信托有限公司　　　　2023年12月31日　　　　单位：万元

信托资产	期末数	期初数	信托负债和权益	期末数	期初数
信托资产：	—	—	信托负债：	—	—
银行存款	31 112 150.49	11 897 193.96	卖出回购金融资产款	13 128 325.28	7 274 956.20
结算备付金	1 912 114.11	1 586 492.13	应付管理人报酬	39 328.68	36 880.74
存出保证金	581.61	913.43	应付托管费	8 773.67	6 621.52
应收清算款	515 541.86	319 675.77	应付投资顾问费	29 734.96	27 928.53
应收股利	25 605.00	4 420.99	应付受益人收益	111 868.15	88 141.41
应收申购款	22 268.66	38 765.43	应交税费	66 666.99	38 801.00
买入返售金融资产	13 677 697.41	7 301 180.09	应付清算款	16 517.79	11 760.40
发放贷款和垫款	9 524 929.20	22 477 133.97	应付赎回款	740 417.15	548 849.92
交易性金融资产	186 936 499.26	109 081 626.88	应付利润	5 261.91	1 378.21
债权投资	14 583 414.74	12 043 037.30	其他负债	729 111.12	342 244.33
其他债权投资	—	—	信托负债合计	14 876 005.70	8 377 562.26
其他权益工具投资	—	—	信托净资产：	—	—
长期股权投资	1 436 722.77	1 031 070.00	实收资金	240 502 281.97	154 589 783.79
其他资产	102 141.69	85 063.72	其他综合收益	—	—
—	—	—	未分配利润	4 471 379.13	2 899 227.62
—	—	—	信托净资产合计	244 973 661.10	157 489 011.41
信托资产总计	259 849 666.80	165 866 573.67	信托负债及净资产总计	259 849 666.80	165 866 573.67

5.2.2 信托项目利润及利润分配汇总表

信托项目利润及利润分配汇总表

编制单位：华润深国投信托有限公司　　　　2023年度　　　　单位：万元

项目	当年数	上年数
一、营业收入	5 344 794.80	−426 907.96
利息收入	2 029 060.79	2 299 376.24
投资收益	3 253 018.02	2 050 899.38
公允价值变动损益	53 123.11	−4 817 536.77
汇兑收益	10.58	—
其他业务收入	9 582.30	40 353.19
二、营业支出	1 403 209.16	1 157 505.28
管理人报酬	121 469.52	149 886.38
托管费	32 237.32	27 744.16
投资顾问费	277 243.08	191 758.04
利息支出	212 738.78	95 970.37
资产减值损失	195 120.72	123 511.50
信用减值损失	—	—
税金及附加	13 117.06	11 049.10
其他费用	551 282.68	557 585.73

续表

项目	当年数	上年数
三、信托利润总额	3 941 585.64	−1 584 413.24
减：所得税费用	—	—
四、信托净利润	3 941 585.64	−1 584 413.24
五、其他综合收益的税后净额	—	—
六、信托综合收益总额	3 941 585.64	−1 584 413.24
加：期初未分配的信托利润	2 899 227.62	8 736 991.18
加：会计政策变更影响及其他	—	−418 328.50
七、可供分配的信托利润	6 840 813.26	6 734 249.44
减：本期已分配信托利润	2 369 434.12	3 835 021.82
八、期末未分配信托利润	4 471 379.13	2 899 227.62

6. 会计报表附注

6.1 年度会计报表编制基础及合并报表的并表范围说明

6.1.1 本财务报表以公司持续经营假设为基础，根据实际发生的交易事项，按照财政部颁布的《企业会计准则——基本准则》和具体会计准则等规定，并基于以下所述重要会计政策、会计估计进行编制

6.1.2 本年纳入合并报表范围的子企业基本情况

本年纳入合并报表范围的子企业基本情况

子企业名称	注册地	业务性质	注册资本（万元）	持股比例（%）	享有的表决权（%）
深圳红树林创业投资有限公司	深圳	创业投资	20 000.00	100.00	100.00
华润元大基金管理有限公司	深圳	基金管理	60 000.00	51.00	51.00
深圳华润元大资产管理有限公司	深圳	资产管理	11 800.00	51.00	51.00

注：截至2023年末，本公司纳入合并范围的结构化主体的净资产规模为137 347.22万元。

6.2 重要会计政策和会计估计说明

6.2.1 计提资产减值准备的范围和方法（不包含金融工具减值）

本公司在每一个资产负债表日检查长期股权投资、固定资产、在建工程、采用成本模式计量的投资性房地产、使用寿命确定的无形资产等长期资产是否存在可能发生减值的迹象。

如果该等资产存在减值迹象，则估计其可收回金额。估计资产的可收回金额以单项资产为基础，如果难以对单项资产的可收回金额进行估计的，则以该资产所属的资产组为基础确定资产组的可收回金额。如果资产的可收回金额低于其账面价值，按其差额计提资产减值准备，并计入当期损益。

可收回金额为资产的公允价值减去处置费用后的净额与资产预计未来现金流量的现值两者之中的较高者。资产的公允价值根据公平交易中销售协议价格确定；不存在销售协议但存在资产活跃市场的，公允价值按照该资产的买方出价确定；不存在销售协议和资产活跃市场的，则以可获取的最佳信息为基础估计资产的公允价值。处置费用包括与资产处置有关的法律费用、相关税费、搬运费以及为使资产达到可销售状态所发生的直接费用。

其他资产的减值损失一经确认，在以后会计期间不予转回。

6.2.1.1 计提资产减值准备的方法

对除金融资产以外的资产减值，按以下方法确定。

（1）资产负债表日判断资产是否存在可能发生减值的迹象，存在减值迹象的，公司将估计其可收回金额，进行减值测试。

（2）可收回金额根据资产的公允价值减去处置费用后的净额与资产预计未来现金流量的现值两者之间较高者确定。公司以单项资产为基础估计其可收回金额；难以对单项资产的可收回金额进行估计的，以该资产所属的资产组为基础确定资产组的可收回金额。资产组的认定，以资产组产生的主要现金流入是否独立于其他资产或者资产组的现金流入为依据。

（3）当资产或资产组的可收回金额低于其账面价值时，将其账面价值减记至可收回金额，减记的金额计入当期损益，同时计提相应的资产减值准备。

6.2.1.2 可能发生减值资产的认定

公司在资产负债表日判断资产是否存在可能发生减值的迹象。因企业合并所形成的商誉和使用寿命不确定的无形资产，无论是否存在减值迹象，每年都进行减值测试。存在下列迹象的，表明资产可能发生了减值。

（1）资产的市价当期大幅度下跌，其跌幅明显高于因时间的推移或者正常使用而预计的下跌。

（2）公司经营所处的经济、技术或者法律等环境以及资产所处的市场在当期或者将在近期发生重大变化，从而对公司产生不利影响。

（3）市场利率或者其他市场投资报酬率在当期已经提高，从而影响公司计算资产预计未来现金流量现值的折现率，导致资产可收回金额大幅度降低。

（4）有证据表明资产已经陈旧过时或者其实体已经损坏。

（5）资产已经或者将被闲置、终止使用或者计划提前处置。

（6）公司内部报告的证据表明资产的经济绩效已经低于或者将低于预期，如资产所创造的净现金流量或者实现的营业利润（或者亏损）远远低于（或者高于）预计金额等。

（7）其他表明资产可能已经发生减值的迹象。

6.2.1.3 资产可收回金额的计量

资产存在减值迹象的，估计其可收回金额。可收回金额根据资产的公允价值减去处置费用后的净额与资产预计未来现金流量的现值两者之间较高者确定。资产的公允价值根据公平交易中销售协议价格确定；不存在销售协议但存在资产活跃市场的，公允价值按照该资产的买方出价确定；不存在销售协议和资产活跃市场的，则以可获取的最佳信息为基础估计资产的公允价值。处置费用包括与资产处置有关的法律费用、相关税费、搬运费以及为使资产达到可销售状态所发生的直接费用。

6.2.1.4 资产减值损失的确定

可收回金额的计量结果表明，资产的可收回金额低于其账面价值的，将资产的账面价值减记至可收回金额，减记的金额确认为资产减值损失，计入当期损益，同时计提相应的资产减值准备。资产减值损失确认后，减值资产的折旧或者摊销费用在未来期间作相应调整，以使该资产在剩余使用寿命内，系统地分摊调整后的资产账面价值（扣除预计净残值）。资产减值损失一经确认，在以后会计期间不能转回。

6.2.2 金融工具

6.2.2.1 金融工具的分类及重分类

金融工具，是指形成一方的金融资产并形成其他方的金融负债或权益工具的合同。

6.2.2.1.1 金融资产

公司将同时符合下列条件的金融资产分类为以摊余成本计量的金融资产：①公司管理金融资产的业务模式是以收取合同现金流量为目标；②该金融资产的合同条款规定，在特定日期产生的现金流量仅为对本金和以未偿付本金金额为基础的利息的支付。

公司将同时符合下列条件的金融资产分类为以公允价值计量且其变动计入其他综合收益的金融资产：①本公司管理金融资产的业务模式既以收取合同现金流量又以出售该金融资产为目标；②该金融资产的合同条款规定，在特定日期产生的现金流量，仅为对本金和以未偿付本金金额为基础的利息的支付。

对于非交易性权益工具投资，本公司可在初始确认时将其不可撤销地指定为以公允价值计量且其变动计入其他综合收益的金融资产。该指定在单项投资的基础上作出，且相关投资从发行者的角度符合权益工具的定义。

除分类为以摊余成本计量的金融资产和以公允价值计量且其变动计入其他综合收益的金融资产之外的金融资产，公司将其分类为以公允价值计量且其变动计入当期损益的金融资产。在初始确认时，如果能消除或减少会计错配，可以将金融资产不可撤销地指定为以公允价值计量且其变动计入当期损益的金融资产。

公司改变管理金融资产的业务模式时，将对所有受影响的相关金融资产在业务模式发生变更后的首个报告期间的第一天进行重分类，且自重分类日起采用未来适用法进行相关会计处理，不对以前已经确认的利得、损失（包括减值损失或利得）或利息进行追溯调整。

6.2.2.1.2 金融负债

金融负债于初始确认时分类为：以公允价值计量且其变动计入当期损益的金融负债；金融资产转移不符合终止确认条件或继续涉入被转移金融资产所形成的金融负债；不属于前两种情形的财务担保合同，以及不属于第一种情形的以低于市场利率贷款的贷款承诺；以摊余成本计量的金融负债。所有的金融负债不进行重分类。

6.2.2.2 金融工具的计量

以摊余成本计量的金融资产：初始确认后，对于该类金融资产采用实际利率法以摊余成本计量。以摊余成本计量且不属于任何套期关系的金融资产所产生的利得或损失，在终止确认、重分类、按照实际利率法摊销或确认减值时，计入当期损益。

以公允价值计量且其变动计入当期损益的金融资产：初始确认后，对于该类金融资产（除属于套期关系的一部分金融资产外），以公允价值进行后续计量，产生的利得或损失（包括利息和股利收入）计入当期损益。

以公允价值计量且其变动计入其他综合收益的债务工具投资：初始确认后，对于该类金融资产以公允价值进行后续计量。采用实际利率法计算的利息、减值损失或利得及汇兑损益计入当期损益，其他利得或损失均计入其他综合收益。终止确认时，将之前计入其他综合收益的累计利得或损失从其他综合收益中转出，计入当期损益。

指定为公允价值计量且其变动计入其他综合收益的非交易性权益工具投资：初始确认后，对于该类金融资产以公允价值进行后续计量。除获得的股利（属于投资成本收回部分的除外）计入当期损益外，其他相关利得和损失均计入其他综合收益，且后续不转入当期损益。

6.2.2.3 公司对金融工具的公允价值的确认方法

公允价值是指市场参与者在计量日发生的有序交易中，出售一项资产所能收到或者转移一项负债所需支付的价格。金融工具存在活跃市场的，本公司以活跃市场中的报价确定其公允价值；活跃市场中的报价是指易于定期从交易所、行业协会、定价服务机构等获得的价格，且代表了在有序交易中实际发生的市场交易的价格。如不能满足上述条件，则被视为非活跃市场。金融工具不存在活跃市场的，采用估值技术确定其公允价值。估值技术包括参考市场参与者最近进行的有序交易中使用的价格、参照实质上相同的其他金融工具当前的公允价值、现金流量折现法、期权定价模型及其他市场参与者常用的估值技术等。在估值时，本公司采用在当前情况下适用并且有足够可利用数据和其他信息支持的估值技术，选择与市场参与者在相关资产或负债的交易中所考虑的资产或负债特征相一致的输入值。这些估值技术包括使用可观察输入值和/或不可观察输入值，并尽可能优先使用相关可观察输入值。

6.2.3 预期信用损失的确定方法及会计处理方法

公司以预期信用损失为基础，对以摊余成本计量的金融资产、分类为以公允价值计量且其变动计入其他综合收益的金融资产、本公司作出的除分类为以公允价值计量且变动计入当期损益的金融负债以外的贷款承诺、非以公允价值计量且其变动计入当期损益的财务担保合同进行减值会计处理并确认损失准备。

公司在每个资产负债表日评估相关金融工具的信用风险自初始确认后是否显著增加，将金融工具发生信用减值的过程分为三个阶段，对于不同阶段的金融工具减值采用不同的会计处理方法：（1）第一阶段，金融工具的信用风险自初始确认后未显著增加的，公司按照该金融工具未来12个月的预期信用损失计量损失准备，并按照其账面余额（即未扣除减值准备）和实际利率计算利息收入；（2）第二阶段，金融工具的信用风险自初始确认后已显著增加但未发生信用减值的，公司按照该金融工具整个存续期的预期信用损失计量损失准备，并按其账面余额和实际利率计算利息收入；（3）第三阶段，初始确认后发生信用减值的，公司按照该金融工具整个存续期的预期信用损失计量损失准备，并按照其摊余成本（账面余额减已计提减值准备）和实际利率计算利息收入。

对于在资产负债表日具有较低信用风险的金融工具，公司可以不用与其初始确认时的信用风险进行比较，而直接做出该工具的信用风险自初始确认后未显著增加的假定。

如果金融工具的违约风险较低，债务人在短期内履行其合同现金流量义务的能力很强，并且即便较长时期内经济形势和经营环境存在不利变化但未必一定降低借款人履行其合同现金流量义务的能力，该金融工具被视为具有较低的信用风险。

为反映金融工具的信用风险自初始确认后的变化，公司在每个资产负债表日重新计量预期信用损失，由此形成的损失准备的增加或转回金额，应当作为减值损失或利得计入当期损益，并根据金融工具的种类，抵减该金融资产在资产负债表中列示的账面价值或计入预计负债（贷款承诺或财务担保合同）或计入其他综合收益（以公允价值计量且其变动计入其他综合收益的债权投资）。

对于购买或源生的已发生信用减值的金融资产，公司在资产负债表日仅将自初始确认后整个存续期内预期信用损失的累计变动确认为损失准备，并按其摊余成本和经信用调整的实际利率计算利息收入。

6.2.4 长期股权投资的核算方法

长期股权投资，是指投资方对被投资单位实施控制、重大影响的权益性投资，以及对其合营企业的权益性投资。

6.2.4.1 初始计量

6.2.4.1.1 企业合并形成的长期股权投资

同一控制下的企业合并，合并方以支付现金、转让非现金资产或承担债务方式作为合并对价的，应当在合并日按照被合并方所有者权益在最终控制方合并财务报表中的账面价值的份额作为长期股权投资的初始投资成本。长期股权投资初始投资成本与支付的现金、转让的非现金资产以及所承担债务账面价值之间的差额，应当调整资本公积；资本公积不足冲减的，调整留存收益。

合并方以发行权益性证券作为合并对价的，应当在合并日按照被合并方所有者权益在最终控制方合并财务报表中的账面价值的份额作为长期股权投资的初始投资成本。按照发行股份的面值总额作为股本，长期股权投资初始投资成本与所发行股份面值总额之间的差额，应当调整资本公积；资本公积不足冲减的，调整留存收益。

非同一控制下的企业合并，购买方在购买日应当按照《企业会计准则第20号——企业合并》的有关规定确定的合并成本作为长期股权投资的初始投资成本。

为企业合并发生的审计、法律服务、评估咨询等中介费用以及其他相关管理费用，应当于发生时计入当期损益。

6.2.4.1.2 其他方式取得的长期股权投资

以支付现金取得的长期股权投资，应当按照实际支付的购买价款作为初始投资成本。初始投资成本包括与取得长期股权投资直接相关的费用、税金及其他必要支出。

以发行权益性证券取得的长期股权投资，应当按照发行权益性证券的公允价值作为初始投资成本。与发行权益性证券直接相关的费用，应当按照《企业会计准则第37号——金融工具列报》的有关规定确定。

通过非货币性资产交换取得的长期股权投资，其初始投资成本应当按照《企业会计准则第7号——非货币性资产交换》的有关规定确定。

通过债务重组取得的长期股权投资，其初始投资成本应当按照《企业会计准则第12号——债务重组》的有关规定确定。

6.2.4.2 后续计量及收益确认

公司能够对被投资单位实施控制的长期股权投资应当采用成本法核算。采用成本法核算的长期股权投资应当按照初始投资成本计价。追加或收回投资应当调整长期股权投资的成本。被投资单位宣告分派的现金股利或利润，应当确认为当期投资收益。

公司对联营企业和合营企业的长期股权投资，采用权益法核算。

长期股权投资的初始投资成本大于投资时应享有被投资单位可辨认净资产公允价值份额的，不调整长期股权投资的初始投资成本；长期股权投资的初始投资成本小于投资时应享有被投资单位可辨认净资产公允价值份额的，其差额应当计入当期损益，同时调整长期股权投资的成本。

公司取得长期股权投资后，按照应享有或应分担的被投资单位实现的净损益和其他综合收益的份额，分别确认投资收益和其他综合收益，同时调整长期股权投资的账面价值；公司按照被投资单位宣告分派的利润或现金股利计算应享有的部分，相应减少长期股权投资的账面价值；公司对于被投资单位除净损益、其他综合收益和利润分配以外所有者权益的其他变动，调整长期股权投资的账面价值并计入所有者权益。

公司在确认应享有被投资单位净损益的份额时，以取得投资时被投资单位可辨认净资产的公允价值为基础，对被投资单位的净利润进行调整后确认。

公司确认被投资单位发生的净亏损，以长期股权投资的账面价值以及其他实质上构成对被投资单位净投资的长期权益减记至零为限，投资方负有承担额外损失义务的除外。

被投资单位以后实现净利润的，公司在其收益分享额弥补未确认的亏损分担额后，恢复确认收益分享额。

6.2.5 投资性房地产的核算方法

公司的投资性房地产是指为赚取租金或资本增值，或两者兼有而持有的房地产，主要包括：（1）已出租的土地使用权；（2）持有并准备增值后转让的土地使用权；（3）已出租的建筑物。

公司的投资性房地产采用成本模式计量。

公司对投资性房地产成本减累计减值及净残值后按直线法，按估计可使用年限计算折旧，计入当期损益。

对使用寿命不确定的已出租的划拨土地使用权不计算折旧。

6.2.6 固定资产计价和折旧方法

6.2.6.1 固定资产确认条件

固定资产指为生产商品、提供劳务、出租或经营管理而持有，并且使用年限超过一年的有形资产。固定资产在同时满足下列条件时予以确认：（1）与该固定资产有关的经济利益很可能流入企业；（2）该固定资产的成本能够可靠地计量。

6.2.6.2 固定资产的分类

固定资产分类为：房屋及建筑物、运输设备、电子设备、其他设备。

6.2.6.3 固定资产的初始计量

固定资产取得时按照实际成本进行初始计量。

外购固定资产的成本，以购买价款、相关税费、使固定资产达到预定可使用状态前所发生的可归属于该项资产的运输费、装卸费、安装费和专业人员服务费等确定。购买固定资产的价款超过正常信用条件延期支付，实质上具有融资性质的，固定资产的成本以购买价款的现值为基础确定。

自行建造固定资产的成本，由建造该项资产达到预定可使用状态前所发生的必要支出构成。

债务重组取得债务人用以抵债的固定资产，以该固定资产的公允价值为基础确定其入账价值，并将重组债权的账面价值与该用以抵债的固定资产公允价值之间的差额，计入当期损益。

在非货币性资产交换具备商业实质和换入资产或换出资产的公允价值能够可靠计量的前提下，换入的固定资产以换出资产的公允价值为基础确定其入账价值，除非有确凿证据表明换入资产的公允价值更加可靠；不满足上述前提的非货币性资产交换，以换出资产的账面价值和应支付的相关税费作为换入固定资产的成本，不确认损益。

以同一控制下的企业吸收合并方式取得的固定资产按被合并方的账面价值确定其入账价值；以非同一控制下的企业吸收合并方式取得的固定资产按公允价值确定其入账价值。

融资租入的固定资产，按租赁开始日租赁资产公允价值与最低租赁付款额现值两者中较低者作为入账价值。

6.2.6.4 固定资产折旧

固定资产以取得时的实际成本入账，并从其达到预定可使用状态的次月起，采用直线法提取折旧。各类固定资产的估计残值率、折旧年限和年折旧率如下：

类别	估计残值率(%)	折旧年限(年)	年折旧率(%)
房屋建筑物	0~5	50	1.90~2.00
电子设备	—	3~5	20.00~33.33
运输工具	—	8	12.50
其他设备	—	3~5	20.00~33.33

6.2.7 合并会计报表的编制方法

合并财务报表反映公司及子公司形成的集团报表整体财务状况、经营成果和现金流量。

合并财务报表的合并范围以控制为基础予以确定。控制是指投资方拥有对被投资方的权力，通过参与被投资方的相关活动而享有可变回报，并且有能力运用对被投资方的权力影响其回报金额。

合并财务报表以公司及子公司的财务报表为基础，由公司编制。公司及子公司的内部交易及余额在编制合并财务报表时予以抵销，归属于子公司的少数股东权益和损益分别在合并资产负债表和合并利润表中单独列示。

子公司少数股东分担的当期亏损超过了少数股东在该子公司期初股东权益中所享有的份额，除公司章程或股东协议规定少数股东有义务承担，并且少数股东有能力予以弥补的部分外，其余部分冲减本公司股东权益。该子公司以后期间实现的利润，在弥补了由公司股东权益所承担的属于少数股东的损失之前，全部归属于公司的股东权益。

通过同一控制下企业合并取得的子公司，在编制当期合并财务报表时，视同被合并子公司在最终控制方对其开始实施控制时纳入合并财务报表范围，并对合并财务报表的年初数及前期比较报表进行相应调整，且自最终控制方对被合并子公司开始实施控制时起将合并子公司的各项资产、负债以其账面价值纳入合并资产负债表，被合并子公司经营成果纳入合并利润表。

通过非同一控制下企业合并取得的子公司在编制当期合并财务报表时，以购买日确定的可辨认资产、负债的公允价值为基础对子公司的财务报表进行调整，并自购买日起将被购买子公司资产、负债及经营成果纳入合并财务报表中。

6.2.8 收入确认原则和方法

在经济利益能够流入本公司，以及相关的收入和成本能够可靠地计量时，根据下列方法确认各项收入。

6.2.8.1 利息收入

利息收入应按让渡资金使用权的时间和适用利率计算确定，在与交易相关的经济利益能够流入，且有关收入可以可靠计量时，按权责发生制确认。

6.2.8.2 信托业务收入

详见6.2.9。

6.2.8.3 担保业务收入

担保业务收入在同时满足以下条件时予以确认：担保合同成立并承担相应担保责任；与担保合同相关的经济利益能够流入企业；与担保合同相关的收入能够可靠地计量。

6.2.9 信托报酬确认原则和方法

信托报酬是指信托公司对信托财产进行管理而收取的管理费或佣金，信托报酬收取的标准一般是与委托人或受益人等有关当事人协商确定的。若信托报酬由信托财产承担，则按照信托合同的约定来计算、提取并按权责发生制确认信托报酬收入；若信托报酬由委托人等有关当事人直接承担，则按协议约定另行向有关当事人收取，并按权责发生制确认信托报酬收入。

6.3 或有事项说明

公司与中国信托业保障基金有限责任公司开展反委托收购业务，根据业务交易安排，本公司负有潜在的资金补足义务。截至2023年12月31日，公司根据项目资产情况进行综合评估后，计提预计负债63 426.42万元。

6.4 重要资产转让及其出售的说明

报告期内，公司无重要资产转让及其出售。

6.5 会计报表中重要项目的明细资料

6.5.1 披露自营资产经营情况

6.5.1.1 按信用风险五级分类的结果披露信用风险资产的期初数、期末数

信用风险资产五级分类	正常类(万元)	关注类(万元)	次级类(万元)	可疑类(万元)	损失类(万元)	信用风险资产合计(万元)	不良资产合计(万元)	不良率(%)
期初数	3 093 627.60	52 718.49	104 519.20	—	2 086.75	3 252 952.04	106 605.96	1.04
期末数	3 211 020.23	2 252.79	63 918.47	27 519.18	64 032.13	3 368 742.80	155 469.78	1.01

注：不良资产合计＝次级类＋可疑类＋损失类。

6.5.1.2 各项资产减值损失准备的期初、本期计提、本期转回、本期核销、期末数

单位：万元

项目	期初数	本期计提	本期转回	本期核销	期末数
贷款损失准备	35 066.48	42 748.35	—	—	77 814.83
一般准备	—	—			—
专项准备	35 066.48	42 748.35			77 814.83
其他资产减值准备	1 099.12				1 099.12
长期股权投资减值准备	—				—
坏账准备	37 857.08	5 686.78			43 543.86
投资性房地产减值准备	1 150.17				1 150.17

6.5.1.3 按投资品种分类，分别披露固有业务股票投资、基金投资、债券投资、股权投资等投资业务的期初数、期末数

单位：万元

项目	自营股票	基金	债券	长期股权投资	其他投资	合计
期初数	—	81 054.84		1 766 574.24	933 522.87	2 781 151.95
期末数	—	77 055.52		1 838 772.92	808 873.25	2 724 701.69

6.5.1.4 前五名的自营长期股权投资的企业名称、占被投资企业权益的比例、主要经营活动及投资收益情况

企业名称	占被投资企业权益的比例（%）	主要经营活动	投资损益（万元）
1.国信证券股份有限公司	22.23	证券的代理、承销、咨询及自营买卖业务	102 708.71
2.华润元大基金管理有限公司	51.00	基金管理	—
3.深圳红树林创业投资有限公司	100.00	创业投资	

6.5.1.5 前五名的自营贷款的企业名称、占贷款总额的比例和还款情况等

贷款企业	贷款余额（万元）	占贷款总额的比例（%）	年初金额（万元）	本年增加（万元）	本年减少（万元）	期末金额（万元）
1.远飚投资有限公司	49 000.00	36.92%	49 000.00			49 000.00
2.佛山市佛佳房地产开发有限公司	48 990.00	36.91%	48 990.00			48 990.00
3.重庆荣乾房地产开发有限公司	24 970.00	18.82%	24 980.00		10.00	24 970.00

6.5.1.6 表外业务的期初数、期末数

单位：万元

表外业务	期初数	期末数
担保业务	—	—
代理业务（委托业务）	—	—
其他	—	—
合计	—	—

6.5.1.7 公司当年的收入结构

收入结构	金额（万元）	占比（%）
手续费及佣金收入	130 636.88	41.82
其中：信托手续费收入	129 688.51	41.51
利息收入	10 003.43	3.20
其他收入	1 046.41	0.33
其中：计入信托业务收入部分	—	—
投资收益	124 304.72	39.79
其中：股权投资收益	102 708.71	32.87
证券投资收益	1 415.66	0.45
其他投资收益	20 180.35	6.47
公允价值变动收益	46 432.16	14.86
营业外收入	0.01	—
收入合计	312 423.61	100.00

6.5.2 披露信托资产管理情况

6.5.2.1 信托资产的期初数、期末数

单位：万元

信托资产	期初数	期末数
集合类	109 925 260.40	193 200 012.68
单一类	32 984 831.85	52 179 450.42
财产管理类	22 956 481.42	14 470 203.70
合计	165 866 573.67	259 849 666.80

注：期初数、期末数按报告年度信托资产总额填列，非信托规模总额，以下均同。

6.5.2.1.1 主动管理型信托业务的信托资产期初数、期末数，分证券投资、股权投资、融资、事务管理类等分别披露

单位：万元

主动管理型信托资产	期初数	期末数
证券投资类	126 995 743.71	220 234 742.24
股权等投资类	1 196 747.46	5 692 502.11
融资类	2 345 403.40	1 508 536.52
其他类	105 000.00	100 000.00
合计	130 642 894.57	227 535 780.87

注：其他类为融资类项目劣后财产等。

6.5.2.1.2 被动管理型信托业务的信托资产期初数、期末数，分证券投资、股权投资、融资、事务管理类等分别披露

单位：万元

被动管理型信托资产	期初数	期末数
证券投资类	—	—
股权投资类	—	—
融资类	—	—
事务管理类	35 223 679.10	32 313 885.93
合计	35 223 679.10	32 313 885.93

6.5.2.2 本年度已清算结束的信托项目个数、实收信托合计金额、加权平均实际年化收益率

6.5.2.2.1 本年度已清算结束的集合类、单一类资金信托项目和财产管理类信托项目个数、实收信托金额、加权平均实际年化收益率

已清算结束信托项目	项目个数（个）	实收信托合计金额（万元）	加权平均实际年化收益率（%）
集合类	493	24 570 874.77	7.96
单一类	195	18 227 574.26	4.12
财产管理类	80	11 882 251.82	3.97

注：收益率是指信托项目清算后，给受益人赚取的实际收益水平，加权平均实际年化收益率=（信托项目1的实际年化收益率×信托项目1的实收信托+信托项目2的实际年化收益率×信托项目2的实收信托+……信托项目n的实际年化收益率×信托项目n的实收信托）/（信托项目1的实收信托+信托项目2的实收信托+……信托项目n的实收信托）×100%。

6.5.2.2.2 本年度已清算结束的主动管理型信托项目个数、实收信托合计金额、加权平均实际年化收益率。分证券投资、股权投资、融资、事务管理类等分别计算并披露

已清算结束信托项目	项目个数（个）	实收信托合计金额（万元）	加权平均实际年化收益率（%）
证券投资类	574	38 298 952.27	—
股权投资类	49	863 966.80	6.06
融资类	11	900 810.00	6.11

注：证券投资类项目申赎按净值计算。

6.5.2.2.3 本年度已清算结束的被动管理型信托项目个数、实收信托合计金额、加权平均实际年化收益率，分证券投资、股权投资、融资、事务管理类等分别计算并披露

已清算结束信托项目	项目个数（个）	实收信托合计金额（万元）	加权平均实际年化收益率（%）
证券投资类	—		
股权投资类	—		

续表

已清算结束信托项目	项目个数（个）	实收信托合计金额（万元）	加权平均实际年化收益率（%）
融资类	—		
事务管理类	134	14 616 971.78	4.17

6.5.2.3 本年度新增的集合类、单一类和财产管理类信托项目个数、实收信托合计金额

新增信托项目	项目个数（个）	实收信托合计金额（万元）
集合类	1 574	91 729 346.19
单一类	525	11 549 833.87
财产管理类	1 210	5 726 231.04
新增合计	3 309	109 005 411.10
其中：主动管理型	1 792	99 482 390.48
被动管理型	1 517	9 523 020.62

注：本年新增信托项目指在本报告年度内累计新增的信托项目个数和金额，包含本年度新增并于本年度内结束的项目和本年度新增至报告期末仍在持续管理的信托项目。

6.5.2.4 信托业务创新成果和特色业务有关情况

报告期内，公司一是服务实体经济，转型创新业务显著增长，新利润增长点逐渐显现：家族信托、标品资管等转型创新业务收入达3.14亿元，占信托业务收入24%。二是活跃资本市场，特色业务引领行业发展，证券信托业务进一步巩固业务"护城河"，深化推进"大运营"体系建设。三是回归信托本源，打造以投顾为中心的财富管理，发展以账户为中心的家族信托，构建以人民为中心的慈善信托，助力共同富裕。

6.5.2.5 本公司履行受托人义务情况及因本公司自身责任而导致的信托资产损失情况

（1）履行受托人义务情况。公司按照《中华人民共和国信托法》《信托公司管理办法》和《信托公司集合资金信托计划管理办法》等法律法规的规定严格履行受托人的义务。

严格遵守信托文件的规定，恪尽职守，履行诚实、信用、谨慎、有效管理的义务，为受益人的利益处理信托事务。

每个信托计划设立后，按照信托合同的规定，定期将信托资金运用及收益情况告知信托文件规定的人。

将信托财产与公司固有财产分别管理、分别记账；并对不同的信托财产分别管理；根据不同的信托资金分别开设独立的银行账户。

信托合同到期、集合信托计划终止时，根据信托合

同的规定，以信托财产为限向受益人支付信托利益。同时，在信托终止后及时作出处理信托事务的清算报告，按合同约定方式报告。

妥善保管处理信托事务的完整记录、原始凭证及资料，保存期自信托计划终止之日起15年。同时对委托人、受益人以及处理信托事务的情况和资料依法保密。

根据信托合同及信托计划约定履行其他管理义务。

（2）2023年未发生因公司自身责任导致的信托资产损失；集合信托资产管理没有发生赔付等情况。

6.5.2.6　信托赔偿准备金的提取、使用和管理情况

公司根据《信托公司管理办法》的规定，按2023年净利润的5%提取信托赔偿准备金6 257.55万元，截至2023年已累计提取信托赔偿准备金143 181.23万元。截至2023年12月31日，公司尚未发生使用信托赔偿准备金的事项。

6.6　关联方关系及其交易的披露

6.6.1　关联交易方的数量、关联交易的总金额及关联交易的定价政策等

项目	关联交易方数量（个）	关联交易金额（万元）	定价政策
合计	39	8 883 980.58	关联交易的定价政策：本公司董事会认为上述交易根据正常的商业交易条件进行，并以一般交易价格为定价基础

6.6.2　关联交易方与本公司的关系性质、关联交易方的名称、法定代表人、注册地址、注册资本及主营业务等

关系性质	关联方名称	法定代表人	注册地址	注册资本	主营业务
股东	华润金控投资有限公司	任海川	深圳市前海深港合作区前湾一路1号A栋201室	870 000万元	金融企业投资；投资管理、资产管理（不得从事信托、金融资产管理、证券资产管理及其他限制项目）；投资顾问、财务顾问及商务信息咨询（以上均不含限制项目）
股东	深圳市投资控股有限公司	何建锋	深圳市福田区福田街道福安社区深南大道4009号投资大厦18楼、19楼	3 235 900.00万元	银行、证券、保险、基金、担保等金融和类金融股权的投资与并购；在合法取得土地使用权范围内从事房地产开发经营业务；开展战略性新兴产业领域投资与服务；通过重组整合、资本运作、资产处置等手段，对全资、控股和参股企业国有股权进行投资、运营和管理；市国资委授权开展的其他业务（以上经营范围根据国家规定需专项审批的，获得审批后方可经营）
归属于同一控制方	珠海华润银行股份有限公司	宗少俊	广东省珠海市吉大九洲大道东1346号	853 326.97万元	经营中国银行业监督管理委员会批准的金融业务（具体按B0199H244040001号许可证经营）
归属于同一控制方	北京华润大厦有限公司	凌晓洁	北京市东城区建国门北大街8号	1 200.00万美元	在规划范围内进行房屋及附属配套设施开发、建设及物业管理，包括写字楼的出售、商业设施的租售
归属于同一控制方	华润新鸿基（杭州）有限公司	娄山杰	浙江省杭州市上城区四季青街道富春路701号	69 000.00万港元	投资开发建设位于杭州市钱江新城E06、E07、E08地块的购物中心、住宅、酒店、写字楼、综合性商业用房、配套公共设施及其物业管理、咨询服务、自有房产租赁；酒店管理；会务服务，礼仪服务，展览展示服务等
归属于同一控制方	华润数字科技有限公司	董坤磊	深圳市福田区梅林街道梅都社区中康路136号深圳新一代产业园2栋801	96 417.95万元	一般经营项目是：计算机硬件、软件系统及配套零件、网络产品、多媒体产品、电子信息产品及通信产品、办公自动化设备、仪器仪表、电气设备的批发、进出口及相关配套业务等。许可经营项目是：智能建筑；建筑智能化工程的施工；增值电信业务。旅游业务；建筑智能化系统设计；互联网信息服务
归属于同一控制方	华润深国投投资有限公司	任海川	深圳市福田区农林路69号深国投广场1号楼12层1202C室	50 000.00万元	投资兴办实业（具体项目另行申报），投资管理和咨询，在合法取得使用权的土地上从事房地产开发经营，物业管理
归属于同一控制方	木棉花酒店（深圳）有限公司	肖海清	深圳市罗湖区宝安南路1001号华瑞大厦1~6层	500.00万元	经营木棉花酒店，包括客房、中餐、健身美容、配套商场、商务中心（不含限制项目）；物业管理；汽车租赁（不含融资租赁和金融租赁业务）；文化交流活动策划（不涉及外商投资准入特别管理措施）；会议服务
归属于同一控制方	华润（深圳）有限公司	方朋	深圳市罗湖区宝安南路1001号华瑞大厦7楼	640 000.00万港元	一般经营项目是：在宗地号为H102-0033、0034、0037、0038的地块上从事房地产开发及经营；经营管理酒店（仅限分支机构经营）；附设商务中心；物业管理。许可经营项目是：文件复印（不含图书、报纸、期刊、音像制品和电子出版物的编辑、出版、制作业务）、游泳池、美容美发、桑拿按摩经营等
归属于同一控制方	华润融资租赁有限公司	徐昱华	深圳市前海深港合作区南山街道梦海大道5035号前海华润金融中心T5写字楼4702A、4703	308 433.42万元	许可经营项目是：（1）融资租赁业务；（2）租赁业务；（3）向国内外购买租赁财产；（4）租赁财产的残值处理及维修；（5）租赁交易咨询和担保；批发Ⅲ、Ⅱ类：医用光学器具、仪器及内窥镜设备；医用超声仪器及有关设备；医用高频仪器设备；医用磁共振设备；医用X射线设备；临床检验分析仪器Ⅱ类；神经外科手术器械；（6）与主营业务相关的商业保理业务（非银行融资类）
归属于同一控制方	珠海励致洋行办公家私有限公司深圳分公司	陈敬文	深圳市福田区车公庙天安数码城创新科技广场1期A座405A	—	家具制造；家具销售；家具安装和维修服务；金属结构制造；金属结构销售；教学用模型及教具制造；教学用模型及教具销售；办公用品销售；灯具销售；会议及展览服务；专业设计服务；室内空气污染治理；日用品出租；普通货物仓储服务（不含危险化学品等需许可审批的项目）（除依法须经批准的项目外，凭营业执照依法自主开展经营活动）；计算机软硬件及辅助设备零售；交通及公共管理用标牌销售；电力电子元器件销售

续表

关系性质	关联方名称	法定代表人	注册地址	注册资本	主营业务
归属于同一控制方	华润置地（成都）发展有限公司	陈刚	四川省成都市成华区双庆路6号	75 600.00万港元	房地产开发经营；高危险性体育运动（游泳）；游艺娱乐活动；演出场所经营；电影放映等
归属于同一控制方	润加物业服务（深圳）有限公司	贺敏	深圳市前海深港合作区南山街道临海大道59号海运中心主塔楼2107J	40 000.00万元	物业管理；物业租赁；物业管理咨询服务；高新技术咨询服务；家政服务；健身房、棋牌室、会务服务、乒乓球、桌球、篮球、网球、羽毛球、儿童游乐项目的经营等
归属于同一控制方	成都优高雅建筑装饰有限公司	洪先煜	成都市武侯区航空路6号	2 000.00万元	室内外建筑装饰装修工程咨询、设计、施工；建筑工程施工；机电设备设计、安装、施工及上述工程附属设备安装；园林绿工程施工；建筑幕墙工程施工；建筑和装潢装修材料销售；钢结构工程施工
归属于同一控制方	上海优高雅建筑装饰有限公司	马月兰	中国（上海）自由贸易试验区峨山路77号金牛大厦南楼405~406室	200.00万美元	建筑装饰装修设计及施工一体化，园林绿化及上述工程附属设备安装，相关信息咨询，房屋建设工程施工，建筑幕墙建设工程施工，机电设备安装建设工程专业施工，消防设施建设工程专业施工，建筑智能化建设工程专业施工，特种专业建设工程专业施工，建筑装潢材料、木材、钢材的批发
归属于同一控制方	深圳市优高雅建筑装饰有限公司	孙作晴	深圳市南山区华侨城东部工业区A-4栋301室	2 000.00万元	一般经营项目：园林绿化；经济信息咨询（不含限制项目）；建筑装饰材料的销售；国内贸易；经营进出口业务。许可经营项目：建筑装饰工程的设计和施工；建筑幕墙施工
子公司	深圳红树林创业投资有限公司	刘小腊	深圳市福田中心四路1-1号嘉里建设广场第三座11楼1101号	20 000.00万元	创业投资业务，代理其他创业投资企业等机构或个人的创业投资业务，创业投资咨询业务，为创业企业提供创业管理服务业务，参与设立创业投资企业与创业投资管理顾问机构
子公司	华润元大基金管理有限公司	费凡	深圳市前海深港合作区南山街道兴海大道3040号前海世茂金融中心二期1栋2103~2105单元	60 000.00万元	基金募集、基金销售、特定客户资产管理、资产管理和中国证监会许可的其他业务
孙公司	深圳华润元大资产管理有限公司	江先达	深圳市前海深港合作区南山街道兴海大道3040号前海世茂金融中心二期1栋2103单元	11 800.00万元	特定客户资产管理业务以及中国证监会许可的其他业务
联营公司	国信证券股份有限公司	张纳沙	深圳市罗湖区红岭中路1012号国信证券大厦十六层至二十六层	961 242.94万元	证券经纪；证券投资咨询；与证券交易、证券投资活动有关的财务顾问；证券承销与保荐；证券自营；证券资产管理；融资融券；证券投资基金代销；金融产品代销；为期货公司提供中间介绍业务；证券投资基金托管业务。股票期权做市
被投资单位	北京领秀睿华管理咨询中心（有限合伙）	—	北京市海淀区西二旗中路6号院二区15号楼三层306	45 200.00万元	经济贸易咨询
被投资单位	深圳市润鑫一号投资合伙企业（有限合伙）	—	深圳市福田区中心四路1-1号嘉里建设广场第三座第12层1201室	10 916.20万元	投资管理（不含证券、期货、保险及其他金融业务）；投资咨询（不含人才中介、证券、保险、基金、金融业务及其他限制项目）；投资兴办实业（具体项目另行申报）
被投资单位	深圳市润鑫四号投资合伙企业（有限合伙）	—	深圳市福田区中心四路1-1号嘉里建设广场第三座第10层第1002室	7 450.00万元	投资兴办实业（具体项目另行申报）
被投资单位	横琴新丰乐壹号投资合伙企业（有限合伙）	—	珠海市横琴新区宝华路6号105室-10659（集中办公区）	252 517.00万元	一般经营项目：企业管理咨询；以自有资金从事投资活动
被投资单位	珠海顺富股权投资基金合伙企业（有限合伙）	—	珠海市横琴新区宝华路6号105室-55950（集中办公区）	23 603.21万元	协议记载的经营范围：股权投资（私募基金应及时在中国证券投资基金业协会完成备案）
被投资单位	深圳嘉明润成管理咨询合伙企业（有限合伙）	—	深圳市宝安区新安街道兴东社区宝城创业路北侧建设工业园J栋一层至七层306	23 200.00万元	一般经营项目：企业管理咨询；商品信息咨询
被投资单位	北京秀领润睿信息咨询中心（有限合伙）	—	北京市海淀区西二旗中路6号院二区15号楼3层310	117 700.00万元	经济贸易咨询
被投资单位	深圳市润鑫六号投资合伙企业（有限合伙）	—	深圳市福田区福田街道福安社区中心四路1-1号嘉里建设广场第三座T3座1101	45 300.00万元	一般经营项目：投资兴办实业（具体项目另行申报）；投资咨询

续表

关系性质	关联方名称	法定代表人	注册地址	注册资本	主营业务
被投资单位	深圳市聚汐投资企业（有限合伙）	—	深圳市福田区园岭街道华林社区八卦四路61号八卦岭工业区430栋9层	120 010.00万元	一般经营项目：以自有资金从事投资活动
被投资单位	张家港深投控赛格合创股权投资合伙企业（有限合伙）	—	张家港市杨舍镇暨阳湖商业街1幢B1-135号	65 000.00万元	一般经营项目：以私募基金从事股权投资、投资管理、资产管理等活动
被投资单位	深圳市沪昆投资企业（有限合伙）	—	深圳市福田区园岭街道华林社区八卦四路61号八卦岭工业区430栋9层	45 670.00万元	一般经营项目：以自有资金从事投资活动
被投资单位	润鑫京蓉（深圳）投资合伙企业（有限合伙）	—	深圳市前海深港合作区前湾一路1号A栋201室（入驻深圳市前海商务秘书有限公司）	61 378.00万元	一般经营项目是：以自有资金从事投资活动；信息咨询服务（不含许可类信息咨询服务）；企业管理；企业管理咨询
被投资单位	北京秀领润红信息咨询中心（有限合伙）	—	北京市海淀区西二旗中路6号院二区15号楼3层312	120 700.00万元	一般经营项目：社会经济咨询服务
被投资单位	深圳市聚懿投资企业（有限合伙）	—	深圳市南山区粤海街道海珠社区科苑南路2700号华润金融大厦8层一单元	119 110.00万元	一般经营项目：以自有资金从事投资活动
被投资单位	重庆渝致信企业管理咨询合伙企业（有限合伙）	—	重庆市渝中区上清寺街道中山四路15号3-9-A088号（集群注册）	3 090.00万元	一般经营项目：企业管理咨询；技术服务、技术开发、技术咨询、技术交流、技术转让、技术推广；信息咨询服务（不含许可类信息咨询服务）
被投资单位	上海虹润投资中心（有限合伙）	—	上海市闵行区闵北路88弄1-30号第22幢CR133室	10 400.00万元	项目投资，实业投资，投资管理，投资咨询，企业管理咨询，商务咨询（咨询类项目除经纪），会展服务，市场营销策划
归属于同一控制方	湛江市润置房地产有限公司	卢林	广东省湛江市赤坎区人民大道北50号	100 000.00万元	房地产开发经营（依法须经批准的项目，经相关部门批准后方可开展经营活动，具体经营项目以相关部门批准文件或许可证件为准）一般项目：信息咨询服务（不含许可类信息咨询服务）；企业管理咨询（除依法须经批准的项目外，凭营业执照依法自主开展经营活动）
归属于同一控制方	无锡城润投资管理合伙企业（有限合伙）	—	无锡市梁溪区健康路77号	22 000.00万元	以自有资金从事投资活动；社会经济咨询服务（除依法须经批准的项目外，凭营业执照依法自主开展经营活动）
归属于同一控制方	深圳市润投咨询有限公司	方鹏	深圳市前海深港合作区南山街道梦海大道5035号前海华润金融中心T5写字楼1201	1 000 000.00万元	投资咨询（不含限制项目）；商务信息咨询、企业管理咨询（不含限制项目）（以上法律、行政法规、国务院决定禁止的项目除外，限制的项目须取得许可后方可经营）。许可经营项目：从事深圳市南山区宗地编号为T107-0086地块的开发、建设、运营

6.6.3 本公司与关联方的重大交易事项

6.6.3.1 固有与关联方：贷款、投资、租赁、应收账款、担保、其他方式等期初汇总数、本期借方和贷方发生额汇总数、期末汇总数

单位：万元

项目	期初数	借方发生额	贷方发生额	期末数
贷款	—	—	—	—
投资	365 993.65	59 886.29	86 500.86	339 379.08
租赁				
担保	—	—	—	—
应收账款	19 832.88	2 098.44	1 314.10	20 617.22
其他资产	372.86	98 642.09	6.50	99 008.45
其他负债	152 268.15	250 435.66	172 139.56	73 972.05
合计	538 467.54	411 062.48	259 961.02	532 976.80

6.6.3.2 信托与关联方交易情况：贷款、投资、租赁、应收账款、担保、其他方式等期初总数、本期借方和贷方发生额汇总数、期末汇总数

单位：万元

项目	期初数	借方发生数	期末数
贷款	—		
投资	28 884.56	3 934.37	32 818.93
租赁	—		
担保	—		
应收账款	—		
其他	3 462 457.22	265 610.61	3 728 067.83
合计	3 491 341.78	269 544.98	3 760 886.76

6.6.3.3 信托公司自有资金运用于自己管理的信托项目（固信交易），信托公司管理的信托项目之间的相互（信信交易）交易金额，包括余额和本报告年度的发生额

6.6.3.3.1 固有财产与信托财产之间的交易金额期初汇总数、本期发生额汇总数、期末汇总数

单位：万元

项目	期初数	本期发生数	期末数
合计	495 896.87	-140 552.17	355 344.70

6.6.3.3.2 信托项目之间的交易金额期初汇总数、本期发生额汇总数、期末汇总数

单位：万元

项目	期初数	本期发生数	期末数
合计	4 835 207.39	-600 435.07	4 234 772.32

6.6.4 逐笔披露关联方逾期未偿还本公司资金的详细情况以及本公司为关联方担保发生或即将发生垫款的详细情况

无。

6.7 会计制度的披露

公司固有业务及信托业务均执行财政部颁布的《企业会计准则》及其补充规定。

7.财务情况说明书

7.1 利润实现和分配情况

2023年度母公司净利润为125 150.93万元；合并净利润为155 552.73万元，其中归属于母公司所有者的净利润为155 520.92万元。

公司对本年实现的母公司净利润125 150.93万元进行分配，其中：提取法定盈余公积12 515.09万元，提取信托赔偿准备金6 257.55万元；提取一般风险准备金32 197.70万元。

7.2 主要财务指标

指标名称	指标值合并	指标值母公司
资本利润率（%）	5.34	4.44
人均净利润（万元）	294.61	276.27

注：1. 资本利润率=净利润/所有者权益平均余额×100%。
2. 人均净利润=净利润/年平均人数。
3. 平均值采取期初、期末余额简单平均法，公式为：平均值=（期初数+期末数）/2。

7.3 对本公司财务状况、经营成果有重大影响的其他事项

无。

7.4 本公司净资本情况

风险管理指标监管表
2023年12月31日

项目	年末余额	监管标准
净资本（万元）	1 424 396.76	≥20 000
固有业务风险资本（万元）	321 439.19	—
信托业务风险资本（万元）	503 299.10	—
其他业务风险资本（万元）	—	—
各项业务风险资本之和（万元）	824 738.29	—
净资本/各项业务风险资本之和（%）	172.71	≥100
净资本/净资产（%）	50.04	≥40

8.特别事项揭示

8.1 前五名股东报告期内变动情况及原因

报告期内，公司无股东变动情况。

8.2 董事、监事及高级管理人员变动情况及原因

8.2.1 董事变动情况及原因

2023年1月15日，原深圳银保监局核准刘小腊先生担任本公司董事长的任职资格（核准文件：深银保监复〔2023〕23号），刘小腊先生担任公司董事长。

2023年3月20日，原深圳银保监局核准邱庆兵先生担任本公司董事的任职资格（核准文件：深银保监复〔2023〕94号），邱庆兵先生担任公司董事。

2023年4月7日，公司召开2023年第二次股东会会议，选举许世清先生担任公司独立董事，其任职资格待监管部门核准后生效。

2023年8月8日，公司召开2023年第四次股东会会议，选举黄挺先生担任公司董事，其任职资格待监管部门核准后生效；陈芳运先生不再担任公司董事职务。2023年11月17日，国家金融监督管理总局深圳监管局核准黄挺先生担任本公司董事的任职资格（核准文件：深金复〔2023〕178号），黄挺先生担任公司董事。

2023年12月21日，国家金融监督管理总局深圳监管局核准徐昱华先生担任本公司董事的任职资格（核准文件：深金复〔2023〕257号），徐昱华先生担任公司董事。

2023年12月29日，公司召开2023年第五次股东会

会议，选举胡昊先生担任公司董事，选举严晓明先生担任公司独立董事，其任职资格待监管部门核准后生效；因独立董事6年任期届满，牛秋芳女士不再担任公司独立董事职务。

8.2.2　监事变动情况及原因

2023年4月7日，公司召开2023年第二次股东会会议，审议通过关于朱军先生不再担任公司监事会主席职务的议案，朱军先生不再担任公司监事会主席、监事职务。

8.2.3　高级管理人员变动情况及原因

2023年3月20日，原深圳银保监局核准邱庆兵先生担任本公司首席审计官的任职资格（核准文件：深银保监复〔2023〕94号），邱庆兵先生担任公司首席审计官。

2023年3月20日，原深圳银保监局核准吴艳女士担任本公司副总经理和董事会秘书的任职资格（核准文件：深银保监复〔2023〕95号），吴艳女士担任公司副总经理、董事会秘书。

2023年4月7日，公司召开第八届董事会第四次会议，聘任王央女士为公司首席合规官（总法律顾问），其任职资格待监管部门核准后生效。2023年12月21日，国家金融监督管理总局深圳监管局核准王央女士担任本公司首席合规官（总法律顾问）的任职资格（核准文件：深金复〔2023〕258号），王央女士担任公司首席合规官（总法律顾问）。

2023年12月29日，公司召开第八届董事会第九次会议，聘任胡昊先生担任公司总经理，其任职资格待监管部门核准后生效。

8.3　变更注册资本、变更注册地或公司名称、公司分立合并事项

报告期内，公司无变更注册资本、变更注册地或公司名称、公司分立合并事项。

8.4　公司的重大诉讼事项

报告期内，公司无重大诉讼事项。

8.5　公司及其董事、监事和高级管理人员受到处罚的情况

报告期内，国家金融监督管理总局深圳监管局对公司作出行政处罚一次，处罚方式为罚款并对4名责任人员（不涉及公司董事、监事或高级管理人员）给予警告处分。

8.6　国家金融监督管理总局及其派出机构对公司检查意见

2023年1—2月，原中国银行保险监督管理委员会深圳监管局对公司开展了现场检查，检查内容主要是对审计署反映问题涉及的各项业务进行核查。2023年11月，公司收到国家金融监督管理总局深圳监管局送达的《行政处罚决定书》，对9个问题进行行政处罚。

华润信托坚持将"当下改"与"长久立"相结合，以纠正问题为起点，立足长远，举一反三、由点及面，积极构建整改长效机制，以"整改一个问题防范一类问题"为目标，坚持推动问题标本兼治，在有针对性地开展有关问题整改的基础上，认真查找经营管理中存在的内控缺陷和管理漏洞，全面系统推进业务制度修订、加强内控建设、开展业务合规管理培训等工作，着力防范风险，持续提升经营管理规范性水平。

8.7　本年度重大事项临时报告的简要内容、披露时间、所披露的媒体及其版面

2023年1月19日，华润信托在《上海证券报》第91版披露《关于刘小腊董事长任职资格获监管核准的公告》，内容摘要如下：2023年1月16日，原深圳银保监局核准刘小腊先生担任本公司董事长的任职资格（核准文件：深银保监复〔2023〕23号），其任期自核准之日起生效。

2023年6月10日，华润信托在《上海证券报》第136版披露《关于公司章程变更的公告》，内容摘要如下：近日，本公司收到《深圳银保监局关于华润深国投信托有限公司修改公司章程的批复》（核准文件：深银保监复〔2023〕172号），同意本公司修改后的公司章程。本公司于深圳市市场监督管理局依法办理完成公司章程变更登记备案手续。

8.8　履行社会责任情况

2023年，华润信托一是坚守受托服务定位，通过严控产品风险、完善权益保护制度、落实客户信息安全、普及金融知识、实施风险提示等，全面维护客户权益、提升客户体验、增强客户粘性，全年实现项目如期兑付，体现专业机构的能力优势和"受人之托，忠人之事"的本源定位；二是坚持以服务实体经济需求为导向，立足科技金融、绿色金融、普惠金融、养老金融、数字金融，切实加强对重大战略、重点领域和薄弱环节的优质金融服务，助力产业可持续发展；三是坚持金融工作的政治

性、人民性，探索金融助力公益的多元化方式，落地深圳市首单社区慈善信托，探索"产品收益+慈善信托"润心公益新方案，致力于打造大众喜爱和信赖的慈善公益平台，引导财富向善而行。

8.9 国家金融监督管理总局及其派出机构认定的其他有必要让客户及相关利益人了解的重要信息

报告期内，公司无国家金融监督管理总局及其派出机构认定的其他有必要让客户及相关利益人了解的重要信息。

9.公司监事会意见

2023年度，监事会根据法律法规及公司章程，认真履行监督职责，通过积极参加公司股东会，列席公司董事会，对公司依法运作及规范治理情况、董事及高级管理层履职情况、财务工作情况进行监督，并作出独立的监督意见。

9.1 对公司依法运作及规范治理情况的监督意见

公司严格遵守国家法律法规和行业监管政策，在股东的大力支持下，不断健全和完善内部控制体系，强化全面风险管理，守法经营、依法运作，各项决策程序合法有效。

9.2 对董事及管理层履职情况的监督意见

公司董事会运作规范、决策合理、程序合法，全体董事及高级管理层能够按照法律法规和公司章程规定勤勉尽职，未发现存在违反法律法规、公司章程或损害信托受益人、股东和公司利益的行为。

公司管理团队能够认真履行职责，严格执行公司股东会和董事会决议决定，较好地履行对股东的各项责任，未发现高级管理人员在执行公司职务时违反法律法规和公司章程或损害信托受益人、股东和公司利益的行为。

9.3 对公司财务工作情况的监督意见

公司能够严格执行国家财务会计法律法规和监管要求，财务制度健全、操作流程规范、财务状况良好。财务报告客观、真实、准确反映公司财务状况和经营成果，未发现有违反相关法律法规和规章制度的行为。

华鑫国际信托有限公司

1.重要提示

1.1 公司董事会及董事保证本报告所载资料不存在任何虚假记载、误导性陈述或者重大遗漏，并对其内容的真实性、准确性和完整性承担个别及连带责任。

1.2 公司全体董事出席了董事会。无董事声明异议。

1.3 公司独立董事周小明先生、王健先生声明：保证本年度报告内容的真实性、准确性和完整性。

1.4 天职国际会计师事务所（特殊普通合伙）对本公司年度财务报告进行审计，出具了标准无保留意见的审计报告。

1.5 公司董事长朱勇先生、财务总监吴艳坤女士声明：保证年度报告中财务报告的真实、完整。

2.公司概况

2.1 公司简介

华鑫国际信托有限公司（以下简称公司）是经依法批准设立的非银行金融机构，前身为佛山国际信托投资有限公司，公司于2008年12月24日重新登记，2010年2月9日，取得金融许可证，2010年3月15日，经营地址迁至北京市西城区，并于2010年3月18日正式挂牌开业。截至2023年末，公司注册资本73.95亿元，公司股东中国华电集团资本控股有限公司出资比例为76.25%，中国华电集团财务有限公司出资比例为23.75%。

2.1.1 公司法定中文名称：华鑫国际信托有限公司
中文名称缩写：华鑫信托

公司英文名称：CHINA FORTUNE INTERNATIONAL TRUST CO., LTD.
公司英文名称缩写：CHINA FORTUNE TRUST

2.1.2 公司法定代表人：朱勇

2.1.3 公司注册地址：北京市西城区新华里16号院2号楼102号、202号、302号
邮政编码：100044
公司国际互联网网址：http://www.cfitc.com
公司电子信箱：hxxt@cfitc.com

2.1.4 公司信息披露联系人：赵凯
联系电话：400-680-1616/010-83568201转
传真：010-83568281
电子信箱：service@cfitc.com

2.1.5 公司信息披露报纸名称：《金融时报》《证券时报》
备置地点：北京市西城区新华里16号院2号楼102号、202号、302号

2.1.6 公司聘请的会计师事务所名称：天职国际会计师事务所（特殊普通合伙）
住所：北京市海淀区车公庄路乙19号208~210室

2.1.7 公司聘请的律师事务所名称：北京市瑞银律师事务所
住所：北京市朝阳区东三环北路丙2号天元港中心A座605室

2.2 组织结构图

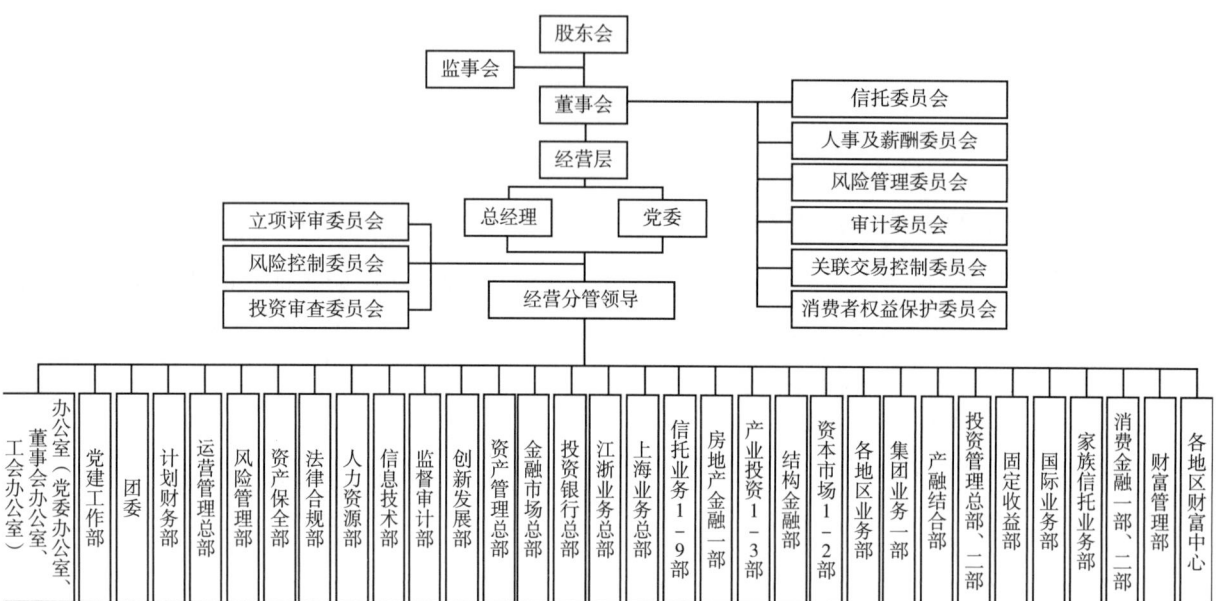

3. 公司治理结构

3.1 股东

股东总数：2家。

股东名称	持股（%）	法人代表	注册地址	主营业务
中国华电集团资本控股有限公司★	76.25	刘雷	北京市丰台区东管头1号院1号楼1-195室	投资及资产管理；资产受托管理；投资策划；咨询服务；产权经纪
中国华电集团财务有限公司	23.75	李文峰	北京市西城区宣武门内大街2号楼西楼10层	对成员单位办理财务和融资顾问、信用鉴证及相关的咨询、代理业务；协助成员单位实现交易款项的收付；经批准的保险代理业务；对成员单位提供担保；办理成员单位之间的委托贷款及委托投资等

注：★中国华电集团资本控股有限公司为控股股东。中国华电集团有限公司为实际控制人。

3.2 董事会成员

董事长、董事

姓名	职务	性别	年龄（岁）	任职时间	简要履历
朱勇	董事长	男	55	2023年11月	现任华鑫国际信托有限公司党委书记、董事长
杨桦	董事	女	46	2023年11月	现任中国华电集团资本控股有限公司党委委员、副总经理
李敬业	董事	女	44	2022年4月	现任中国华电集团财务有限公司资金运营部经理
张瑞华	职工董事	女	50	2023年7月	现任华鑫国际信托有限公司党委委员、工会主席、人力资源总监

独立董事

姓名	职务	性别	年龄（岁）	任职时间	简要履历
周小明	独立董事	男	58	2021年9月	现任新财道财富管理股份有限公司董事长
王健	独立董事	男	73	2021年9月	退休

董事会下属委员会

董事会下属委员会名称	职责	组成人员姓名	职务
信托委员会	负责督促公司依法履行受托职责，了解公司信托业务的发展情况，维护受益人的最大利益	周小明	主任委员
		李敬业	委员
		杨桦	委员
人事及薪酬委员会	负责制定公司董事及高级人员的考核标准并进行考核；制定、审查公司董事及高级管理人员的薪酬政策与方案；制定公司长期激励机制和方案，为公司发展提供人才激励保障；制定公司人力资源发展规划	朱勇	主任委员
		李敬业	委员
		周小明	委员
风险管理委员会	负责公司风险的控制、管理、监督和评估	朱勇	主任委员
		王健	委员
		杨桦	委员
审计委员会	负责内、外部审计的沟通、监督和核查工作以及重大关联交易的审核	周小明	主任委员
		王健	委员
		张瑞华	委员
关联交易控制委员会	负责对公司关联交易业务进行管理	周小明	主任委员
		李敬业	委员
		朱勇	委员
消费者权益保护委员会	负责对公司消费者权益保护工作进行管理	朱勇	主任委员
		王健	委员
		张瑞华	委员

3.3 监事、监事会成员

监事会成员

姓名	职务	性别	年龄（岁）	选任日期	简要履历
王晓波	监事会主席	男	51	2023年4月	现任中国华电集团资本控股有限公司党委委员、副总经理、总会计师
兰贵杰	监事	女	42	2021年12月	现任中国华电集团财务有限公司风险与合规管理部经理
杨婧	职工监事	女	40	2021年4月	现任华鑫国际信托有限公司人力资源部总经理

3.4 高级管理人员

姓名	职务	性别	年龄（岁）	选任日期	简要履历
朱勇	董事长（代行总经理职责）	男	55	2023年11月	现任华鑫国际信托有限公司董事长，代行总经理职责
陶钧	副总经理	男	54	2014年3月	现任华鑫国际信托有限公司副总经理
吴艳坤	财务总监	女	46	2022年4月	现任华鑫国际信托有限公司财务总监
张南	副总经理	男	48	2022年4月	现任华鑫国际信托有限公司副总经理

3.5 公司员工

项目		本年度		上年度	
		人数（人）	比例（%）	人数（人）	比例（%）
年龄分布	25岁以下	—	—	—	—
	25~29岁	18	6.6	18	7.0
	30~39岁	149	55.0	142	55.0
	40岁及以上	104	38.4	98	38.0
学历分布	博士	11	4.1	9	3.5
	硕士	172	63.5	166	64.3

续表

项目		本年度		上年度	
		人数（人）	比例（%）	人数（人）	比例（%）
学历分布	本科	86	31.7	80	31.0
	专科	2	0.7	3	1.2
岗位分布	董事、监事及其高管人员	12	4.4	12	4.7
	固有业务人员	7	2.6	8	3.1
	信托业务人员	164	60.5	153	59.3
	其他人员	88	32.5	85	32.9

3.6 公司治理信息

3.6.1 年度内召开股东会情况

本年度共召开股东会2次，审议并通过了《关于监事会2022年度工作报告的议案》等10项议案。

3.6.2 年度内召开董事会情况

本年度召开董事会4次，审议通过了《关于董事会2022年度工作报告的议案》等27项议案。

3.6.3 监事会及履行职责情况

本年度召开监事会2次，审议并通过了《关于监事会2022年度工作报告的议案》等4项议案。本报告年度，监事会列席了董事会历次会议。

3.6.4 高级管理人员履行职责情况

2023年，公司全体高级管理人员在公司董事会的正确领导下，以及公司监事会的大力指导下，始终秉承"稳健经营，价值至上"理念，坚持稳中求进、谋定后动，加快创新转型、狠抓提质增效，实现了风险可控前提下的跨越式发展。公司各项工作都取得了突破性进展，经营指标逆势再创新高，打开了高质量发展的全新篇章。

4.经营管理

4.1 经营目标、方针、战略规划

4.1.1 经营目标

本报告期公司以"建设具有能源特色的一流信托公司"为愿景，坚持产业金融发展定位，坚持稳中求进总基调，不断强化以人民为中心的价值取向和服务实体经济的使命担当，坚守风险底线，坚持合规经营，专注业务创新，加快转型升级，圆满完成了经营目标任务。

4.1.2 经营方针

本报告期公司经营方针是：稳健经营、价值至上。

4.1.3 战略规划

以习近平新时代中国特色社会主义思想为指导，坚决贯彻中央金融工作会议和中央经济工作会议精神，全面落实上级单位战略部署，坚持把金融服务实体经济作为根本宗旨，坚持把防控风险作为金融工作的永恒主题，始终秉持"受人之托、忠人之事"的文化内核，以实现受益人合法利益最大化为目标，坚持稳健经营理念，建设具有能源特色的一流信托公司。

4.2 所经营业务的主要内容

4.2.1 经营的主要业务及品种

公司经营的主要业务为信托业务和固有业务。

4.2.1.1 信托业务

以全面风险管理为保障，坚持稳健经营，以提供多元化、专业化、特色化金融服务为手段，坚持业务创新。主要经营的信托业务包括：资金信托；动产信托；不动产信托；有价证券信托；其他财产或财产权信托；作为投资基金或者基金管理公司的发起人从事投资基金业务；经营企业资产的重组、购并及项目融资、公司理财、财务顾问等业务；受托经营国务院有关部门批准的证券承销业务；办理居间、咨询、资信调查等业务；代保管及保管箱业务等。

4.2.1.2 固有业务

主要自营业务包括：存放同业；拆放同业；贷款业务；租赁业务；投资业务；以固有财产为他人提供担保；同业拆借；居间服务；法律法规规定或国家金融监督管理总局批准的其他业务。

4.2.2 资产组合与分布

4.2.2.1 固有资产运用与分布表

资产运用	期末余额（万元）	占比（%）	资产分布	期末余额（万元）	占比（%）
货币资金	1 532.73	0.08	房地产	71 558.81	3.78
发放贷款和垫款	107 636.81	5.68	基础产业	111 041.00	5.86
交易性金融资产	1 682 427.09	88.77	工商企业	132 731.53	7.00
债权投资	—	—	证券市场	171 093.80	9.03
其他债权投资	—	—	金融机构	1 408 735.24	74.33
其他	103 563.75	5.46			
固有资产总计	1 895 160.38	100.00	固有资产总计	1 895 160.38	100.00

4.2.2.2 信托资产运用与分布表

资产运用	金额（万元）	占比（%）	资产分布	金额（万元）	占比（%）
货币资产	614 721.07	1.00	基础产业	21 235 511.30	34.54
贷款	14 768 327.29	24.02	房地产	1 130 511.92	1.84
交易性金融资产	21 647 317.89	35.21	证券市场	9 551 593.61	15.53
债权投资	24 196 499.31	39.35	工商企业	23 525 623.88	38.26
其他债权投资	—	—	金融机构	1 450 804.46	2.36
其他权益工具投资	—	—	其他	4 592 329.72	7.47
其他	259 509.33	0.42	—	—	—
信托资产总计	61 486 374.89	100.00	信托资产总计	61 486 374.89	100.00

4.3 市场分析

4.3.1 宏观经济形势分析

2023年世界经济复苏乏力，地缘政治冲突加剧，保护主义、单边主义上升，外部环境对我国发展的不利影响持续加大。我国经济总体回升向好，科技创新实现新的突破，高质量发展扎实推进。但经历三年新冠疫情冲击，外需下滑和内需不足碰头，周期性和结构性问题并存。

4.3.2 行业形势分析

在信托业务"三分类"政策的引导下，信托行业加快转型升级步伐，回归信托本源，向重受托服务的经营模式转型成效日益显著。中央金融工作会议和中央经济工作会议相继召开，为信托行业指明了高质量发展建设金融强国的发展方向。

4.3.3 影响公司发展的主要因素

信托业务"三分类"新规的实施，厘清了信托业务的边界，公司需要进一步推动加速转型。

4.4 内部控制

4.4.1 内部控制环境和内部控制文化

公司建立完善了规范的股东会、董事会、监事会、经营管理层为主体的相互分离、合理制衡的机制，明确划分治理层和管理层间的权限，建立了规范的内控组织体系。公司高度重视依法合规经营，深入强化业务及管理人员风险合规意识，持续完善公司风险管理体系及相关制度建设，强化落实，不断提升业务风险管理水平。

4.4.2 内部控制措施

公司分级授权体系较为完善，形成了"全员参与、流程管理、立体监督"的内控体系。建立重大风险预警机制和突发事件应急处理机制，明确责任人，规范处置程序，确保突发事件得到及时妥善处理。

4.4.3 信息交流与反馈

公司根据内控组织体系和各自的职责权限，建立了从上到下的授权流程和从下到上的完整清晰的报告路径。公司及时向投资者披露信托项目信息，规范投诉受理和处理流程，积极履行受托人职责。

4.4.4 监督评价与纠正

公司通过常规审计、专项审计及内部控制评价相结合的方式持续对各类经营管理活动进行监督。持续做好"以评促建"，推动内控机制有效运行。

4.5 风险管理

4.5.1 风险管理概况

4.5.1.1 公司经营活动中可能遇到的风险

主要有：信用风险、流动性风险、市场风险、操作风险、政策风险、道德风险、声誉风险等。

4.5.1.2 公司风险管理的基本原则与政策

风险管理贯彻全面性、审慎性、及时性、有效性等原则，通过事前防范、事中控制、事后监督对风险进行全面综合管理，促进公司持续、稳健、规范、健康运行。

4.5.1.3 公司风险管理组织结构与职责划分

公司建立了组织架构健全、职责边界清晰的风险治理架构，明确风险管理中的职责分工，建立了多层次、相互衔接、有效制衡的运行机制。

4.5.2 风险状况

4.5.2.1 信用风险状况

报告期内，公司到期清算信托产品428个，当年累计清算信托本金1 150.56亿元，全部实现足额清算。

4.5.2.2 流动性风险状况

报告期内，公司密切关注流动性风险，公司各业务条线流动性风险可控。

4.5.2.3 市场风险状况

报告期内，公司密切关注各类市场风险，及时调整产品战略，勤勉、尽职履行受托人职责，未发生上述风险。

4.5.2.4 操作风险状况

报告期内，公司未因内部程序、系统不完善、人员操作失误等原因出现操作风险。

4.5.2.5 其他风险状况

其他风险主要包括法律风险、声誉风险、员工道德风险等。报告期内公司未发生上述风险。

4.5.3 风险管理

4.5.3.1 信用风险管理

公司通过事前评估、事中控制、事后监督的风险管理体系来防范和规避信用风险。

4.5.3.2 流动性风险管理

做好公司现金流量的预测和安排；保持足够的可变现资产、合理安排资产的期限组合；定期开展流动性压力测试，做好流动性风险防范及预警工作。

4.5.3.3 市场风险管理

公司制定并不断完善与总体业务发展战略、管理能力、资本实力和能够承担的总体风险水平相一致的市场风险管理原则和程序，对相关业务和产品中的市场风险因素进行分解和分析，及时准确识别业务中市场风险的类别和性质，通过多种途径进行市场风险的管理。

4.5.3.4 操作风险管理

公司通过合理的组织架构和岗位设置，优化业务操作流程，加强规章制度建设，不断提高员工素质和专业知识水平，积极推进系统化建设，将流程嵌入操作系统中，最大限度减少人工干预，主动防范并大大降低操作风险。

4.5.3.5 其他风险管理

公司在落实好监管压降规模任务的同时，积极适应政策、行业环境变化，不断调整传统业务结构、加大业务创新力度，着力提升主动管理能力，打造差异化竞争优势。

4.6 社会责任

4.6.1 坚持依法合规，确保稳健经营

报告期内公司严格遵守各项法律法规，履行信息披露义务；依法及时足额纳税；遵守信托行业自律有关规定；履行反洗钱义务；忠实履行受托责任。

4.6.2 坚持回归本源，服务实体经济

公司把服务实体经济作为转型发展的立身之本、发展之源，不断完善业务发展规划和市场策略，充分发挥信托擅于整合多种金融工具、灵活设计交易结构等优势，以专业化金融服务保障社会经济健康发展。

4.6.3 发挥专业优势，支持公益事业

截至2023年12月末，"华鑫信托·2022同鑫善行一号横店创享教育慈善信托"累计捐赠1 100万元。

4.6.4 推广私人财富专业理财知识，提升信托专业服务水平

公司组织开展了"3·15消费者权益保护教育宣传周"和"金融消费者权益保护教育宣传月"活动，全力打造投资者信任品牌，线上线下全方位推进教育宣传活动，引导消费者远离和抵制非法金融活动，增强风险识别和自我保护能力。

4.6.5 勤勉尽责，维护投资者和受托人的利益最大化

报告期内，公司接到13件监管转办投诉，公司将维护消费者合法权益放在首位，积极与客户沟通协调，妥善处理并办结了所有投诉。本年度未发生重大投诉事件及诉讼。

4.6.6 保护股东权益，促进国有资产保值增值

报告期内，公司实现净利润17.79亿元，国有资产资保值增值率112.25%。

4.6.7 实施绿色发展战略，助力绿色产业高质量发展

公司成立绿色金融发展工作领导小组，细化绿色金融工作职责。先后成立绿色金融、碳金融创新创效团队，坚持"研"以致用，着力推动成果转化运用。打造"绿色+"业务模式，以资产证券化业务为抓手推动绿色金融业务落地，取得了诸多实际成果。

5. 报告期末及上一年度末的比较式会计报表

5.1 固有资产

5.1.1 会计师事务所审计意见全文

审计报告

天职业字〔2024〕8507号

华鑫国际信托有限公司：

一、审计意见

我们审计了华鑫国际信托有限公司（以下简称华鑫信托公司）财务报表，包括2023年12月31日的合并及母公司资产负债表，2023年度的合并及母公司利润表、合并及母公司现金流量表、合并及母公司所有者权益变动表以及相关财务报表附注。

我们认为，后附的财务报表在所有重大方面按照企业会计准则的规定编制，公允反映了华鑫信托公司2023年12月31日的合并及母公司财务状况以及2023年度的合并及母公司经营成果和现金流量。

二、形成审计意见的基础

我们按照中国注册会计师审计准则的规定执行了审计工作。审计报告的"注册会计师对财务报表审计的责任"部分进一步阐述了我们在这些准则下的责任。按照中国注册会计师职业道德守则，我们独立于华鑫信托公司，并履行了职业道德方面的其他责任。我们相信，我们获取的审计证据是充分、适当的，为发表审计意见提供了基础。

三、管理层和治理层对财务报表的责任

管理层负责按照企业会计准则的规定编制财务报表，使其实现公允反映，并设计、执行和维护必要的内部控制，以使财务报表不存在由于舞弊或错误导致的重大错报。

在编制财务报表时，管理层负责评估华鑫信托公司的持续经营能力，披露与持续经营相关的事项（如适

用），并运用持续经营假设，除非计划进行清算、终止营运或别无其他现实的选择。

治理层负责监督华鑫信托公司的财务报告过程。

四、注册会计师对财务报表审计的责任

我们的目标是对财务报表整体是否不存在由于舞弊或错误导致的重大错报获取合理保证，并出具包含审计意见的审计报告。合理保证是高水平的保证，但并不能保证按照审计准则执行的审计在某一重大错报存在时总能发现，错报可能由于舞弊或错误导致，如果合理预期错报单独或汇总起来可能影响财务报表使用者依据财务报表作出的经济决策，则通常认为错报是重大的。

在按照审计准则执行审计工作的过程中，我们运用职业判断，并保持职业怀疑，同时，我们也执行以下工作：

（1）识别和评估由于舞弊或错误导致的财务报表重大错报风险，设计和实施审计程序以应对这些风险，并获取充分、适当的审计证据，作为发表审计意见的基础。由于舞弊可能涉及串通、伪造、故意遗漏、虚假陈述或凌驾于内部控制之上，未能发现由于舞弊导致的重大错报的风险高于未能发现由于错误导致的重大错报的风险。

（2）了解与审计相关的内部控制，以设计恰当的审计程序，但目的并非对内部控制的有效性发表意见。

（3）评价管理层选用会计政策的恰当性和作出会计估计及相关披露的合理性。

（4）对管理层使用持续经营假设的恰当性得出结论。

同时，根据获取的审计证据，就可能导致对华鑫信托公司持续经营能力产生重大疑虑的事项或情况是否存在重大不确定性得出结论，如果我们得出结论认为存在重大不确定性，审计准则要求我们在审计报告中提请报表使用者注意财务报表中的相关披露；如果披露不充分，我们应当发表非无保留意见。我们的结论基于截至审计报告日可获得的信息。然而，未来的事项或情况可能导致华鑫信托公司不能持续经营。

（5）评价财务报表的总体列报、结构和内容，并评价财务报表是否公允反映相关交易和事项。

（6）就华鑫信托公司中实体或业务活动的财务信息获取充分、适当的审计证据，以对财务报表发表审计意见。我们负责指导、监督和执行集团审计，并对审计意见承担全部责任。

我们与治理层就计划的审计范围、时间安排和重大审计发现等事项进行沟通，包括沟通我们在审计中识别出的值得关注的内部控制缺陷。

 中国注册会计师：

中国注册会计师：

5.1.2 资产负债表

资产负债表（合并报表）

编制单位：华鑫国际信托有限公司　　2023年12月31日　　单位：万元

资产	期末余额	期初金额	负债和所有者权益	期末余额	期初金额
资产：			负债：		
货币资金	4 276.93	2 261.14	应付职工薪酬	10 098.10	8 129.82
应收款项	20 202.12	14 728.91	应交税费	18 667.57	22 495.42
发放贷款和垫款	359 320.78	331 758.79	合同负债	3.51	4 830.17
金融投资：	—	—	预计负债	—	3 360.00
交易性金融资产	1 281 898.24	1 173 851.86	租赁负债	16 464.91	4 565.01
债权投资	469 834.60	336 814.71	递延所得税负债	12 283.39	7 288.26
其他债权投资	—	—	其他负债	537 105.09	434 439.57
其他权益工具投资	—	2 325.02	负债合计	594 622.57	485 108.25
固定资产	1 076.31	802.65	所有者权益：	—	—
使用权资产	16 346.66	4 601.86	实收资本（或股本）	739 511.86	739 511.86
无形资产	2 135.81	1 597.30	资本公积	285 488.14	285 488.14
递延所得税资产	49 447.55	46 241.60	其他综合收益	—	−281.23

续表

资产	期末余额	期初金额	负债和所有者权益	期末余额	期初金额
其他资产	16 037.94	18 690.19	盈余公积	91 419.52	73 708.78
			一般风险准备	28 427.41	24 923.26
			信托赔偿准备	45 709.76	36 854.39
			未分配利润	435 397.69	288 360.59
			归属于母公司所有者权益合计	1 625 954.37	1 448 565.79
			少数股东权益	—	—
			所有者权益合计	1 625 954.37	1 448 565.79
资产总计	2 220 576.94	1 933 674.04	负债和所有者权益总计	2 220 576.94	1 933 674.04

资产负债表（单体报表）

编制单位：华鑫国际信托有限公司　　　2023年12月31日　　　单位：万元

资产	期末余额	期初金额	负债和所有者权益	期末余额	期初金额
资产：	—	—	负债：		
货币资金	1 532.73	574.36	应付职工薪酬	10 098.10	8 129.82
应收款项	20 318.48	15 163.74	应交税费	18 215.69	22 295.81
发放贷款和垫款	107 636.81	130 356.73	应付款项	—	—
金融投资：	—	—	合同负债	3.51	4 830.17
交易性金融资产	1 682 427.09	1 441 197.21	预计负债	—	3 360.00
债权投资	—	—	租赁负债	16 464.91	4 565.01
其他债权投资	—	—	递延所得税负债	12 283.39	7 288.26
其他权益工具投资	—	2 325.02	其他负债	212 140.40	162 515.80
固定资产	1 076.31	802.65	负债合计	269 206.00	212 984.88
使用权资产	16 346.66	4 601.86	所有者权益：	—	—
无形资产	2 135.81	1 597.30	实收资本（或股本）	739 511.86	739 511.86
递延所得税资产	49 447.55	46 241.60	资本公积	285 488.14	285 488.14
其他资产	14 238.94	18 690.19	其他综合收益	—	−281.23
			盈余公积	91 419.52	73 708.78
			一般风险准备	28 427.41	24 923.26
			信托赔偿准备	45 709.76	36 854.39
			未分配利润	435 397.69	288 360.59
			所有者权益合计	1 625 954.37	1 448 565.79
资产总计	1 895 160.38	1 661 550.67	负债及所有者权益合计	1 895 160.38	1 661 550.67

5.1.3　利润表

利润表（合并报表）

编制单位：华鑫国际信托有限公司　　　2023年12月31日　　　单位：万元

项目	本年数	上年数
一、营业收入	299 240.79	234 421.79
手续费及佣金净收入	204 210.81	182 889.67
其中：手续费及佣金收入	206 287.54	185 932.74
手续费及佣金支出	2 076.73	3 043.08

续表

项目	本年数	上年数
利息净收入	14 180.40	13 094.14
其中：利息收入	14 180.40	13 147.20
利息支出	—	53.06
投资收益（损失以"−"号填列）	73 654.13	96 479.84
公允价值变动收益<损失>（损失以"−"号填列）	6 225.68	−59 205.52
资产处置损益（损失以"−"号填列）	—	46.94
其他收益	969.77	1 116.72

续表

项目	本年数	上年数
二、营业支出	60 622.21	63 473.73
营业税金及附加	1 701.72	1 985.23
业务及管理费	56 073.69	53 577.88
信用减值损失	2 846.81	7 910.62
三、营业利润（亏损以"-"号填列）	238 618.58	170 948.06
加：营业外收入	50.32	0.70
减：营业外支出	0.57	117.38
四、利润总额（亏损总额以"-"号填列）	238 668.33	170 831.38
减：所得税费用	60 787.55	43 503.71
五、净利润（净亏损以"-"号填列）	177 880.77	127 327.67
归属于母公司所有者的净利润	177 880.77	127 327.67
*少数股东损益	—	—

利润表（单体报表）

编制单位：华鑫国际信托有限公司　　2023年12月31日　　单位：万元

项目	本年数	上年数
一、营业收入	295 406.34	226 666.94
手续费及佣金净收入	207 165.66	188 470.04
其中：手续费及佣金收入	207 874.77	189 279.39
手续费及佣金支出	709.11	809.35
利息净收入	14 180.40	13 094.14
其中：利息收入	14 180.40	13 147.20
利息支出	—	53.06
投资收益（损失以"-"号填列）	66 864.82	85 004.86
公允价值变动收益<损益>（损失以"-"号填列）	6 225.68	-61 065.75
资产处置损益（损失以"-"号填列）	—	46.94
其他收益	969.77	1 116.72
二、营业支出	56 787.76	55 718.88
营业税金及附加	1 625.21	1 852.11
业务及管理费	56 073.69	53 577.88
信用减值损失	-911.14	288.89
三、营业利润（亏损以"-"号填列）	238 618.58	170 948.06
加：营业外收入	50.32	0.70
减：营业外支出	0.57	117.38
四、利润总额（亏损总额以"-"号填列）	238 668.33	170 831.38
减：所得税费用	60 787.55	43 503.71
五、净利润（净亏损以"-"号填列）	177 880.77	127 327.67

5.1.4　所有者权益变动表

所有者权益变动表（合并报表）

编制单位：华鑫国际信托有限公司　　2023年12月31日　　单位：万元

项目	本年金额						
	归属于母公司所有者权益						所有者权益合计
	实收资本	资本公积	其他综合收益	盈余公积	一般风险准备	未分配利润	—
栏次	1	2	3	4	5	6	7
一、上年年末余额	739 511.86	285 488.14	-281.23	73 708.78	61 777.65	288 360.58	1 448 565.79
加：会计政策变更	—	—	—	—	—	—	—
前期差错更正	—	—	—	—	—	—	—
其他	—	—	—	—	—	—	—
二、本年年初余额	739 511.86	285 488.14	-281.23	73 708.78	61 777.65	288 360.58	1 448 565.79
三、本年增减变动金额（减少以"-"号填列）	—	—	281.23	17 710.73	12 359.52	147 037.10	177 388.58
（一）净利润	—	—	—	—	—	177 880.77	177 880.77
（二）其他综合收益	—	—	-492.19	—	—	—	-492.19
综合收益小计	—	—	-492.19	—	—	177 880.77	177 388.58
（三）所有者投入和减少资本	—	—	—	—	—	—	—
1.所有者投入资本	—	—	—	—	—	—	—
2.股份支付计入所有者权益的金额	—	—	—	—	—	—	—
3.对所有者的分配	—	—	—	—	—	—	—
（四）专项储备提取和使用	—	—	—	—	—	—	—
（五）利润分配	—	—	—	17 710.73	12 359.52	-30 070.25	—

续表

项目	本年金额						
	归属于母公司所有者权益						所有者权益合计
	实收资本	资本公积	其他综合收益	盈余公积	一般风险准备	未分配利润	
1.提取盈余公积	—	—	—	17 710.73	—	−17 710.73	—
其中：法定盈余公积	—	—	—	17 710.73	—	−17 710.73	—
任意盈余公积	—	—	—	—	—	—	—
2.提取一般风险准备	—	—	—	—	12 359.52	−12 359.52	—
（六）其他	—	—	773.43	—	—	−773.43	—
四、本年年末余额	739 511.86	285 488.14	—	91 419.52	74 137.17	435 397.69	1 625 954.37

所有者权益变动表（续）

编制单位：华鑫国际信托有限公司　　2023年12月31日　　单位：万元

项目	上年金额						
	归属于母公司所有者权益						所有者权益合计
	实收资本	资本公积	其他综合收益	盈余公积	一般风险准备	未分配利润	—
栏次	1	2	3	4	5	6	7
一、上年年末余额	739 511.86	285 488.14	−281.41	60 976.02	52 826.88	182 716.46	1 321 237.95
加：会计政策变更	—	—	—	—	—	—	—
前期差错更正	—	—	—	—	—	—	—
其他	—	—	—	—	—	—	—
二、本年年初余额	739 511.86	285 488.14	−281.41	60 976.02	52 826.88	182 716.46	1 321 237.95
三、本年增减变动金额（减少以"−"号填列）	—	—	0.18	12 732.76	8 950.77	105 644.13	127 327.84
（一）净利润	—	—	—	—	—	127 327.66	127 327.67
（二）其他综合收益	—	—	0.18	—	—	—	0.18
综合收益小计	—	—	—	—	—	127 327.66	127 327.67
（三）所有者投入和减少资本	—	—	—	—	—	—	—
1.所有者投入资本	—	—	—	—	—	—	—
2.股份支付计入所有者权益的金额	—	—	—	—	—	—	—
3.对所有者的分配	—	—	—	—	—	—	—
（四）专项储备提取和使用	—	—	—	—	—	—	—
（五）利润分配	—	—	—	12 732.76	8 950.77	−21 683.53	—
1.提取盈余公积	—	—	—	12 732.76	—	−12 732.76	—
其中：法定盈余公积	—	—	—	12 732.76	—	−12 732.76	—
任意盈余公积	—	—	—	—	—	—	—
2.提取一般风险准备	—	—	—	—	8 950.77	−8 950.77	—
四、本年年末余额	739 511.86	285 488.14	−281.23	73 708.78	61 777.65	288 360.58	1 448 565.79

所有者权益变动表（单体报表）

编制单位：华鑫国际信托有限公司　　2023年12月31日　　单位：万元

项目	本年金额						
	所有者权益						所有者权益合计
	实收资本	资本公积	其他综合收益	盈余公积	一般风险准备	未分配利润	—
栏次	1	2	3	4	5	6	7
一、上年年末余额	739 511.86	285 488.14	−281.23	73 708.78	61 777.65	288 360.58	1 448 565.79

续表

项目	本年金额						所有者权益合计
	所有者权益						
	实收资本	资本公积	其他综合收益	盈余公积	一般风险准备	未分配利润	—
加：会计政策变更	—	—	—	—	—	—	—
前期差错更正	—	—	—	—	—	—	—
其他	—	—	—	—	—	—	—
二、本年年初余额	739 511.86	285 488.14	-281.23	73 708.78	61 777.65	288 360.58	1 448 565.79
三、本年增减变动金额（减少以"-"号填列）	—	—	281.23	17 710.73	12 359.52	147 037.10	177 388.58
（一）净利润	—	—	—	—	—	177 880.77	177 880.77
（二）其他综合收益	—	—	-492.19	—	—	—	-492.19
综合收益小计	—	—	-492.19	—	—	177 880.77	177 388.58
（三）所有者投入和减少资本							
1.所有者投入资本	—	—	—	—	—	—	—
2.股份支付计入所有者权益的金额	—	—	—	—	—	—	—
3.对所有者的分配	—	—	—	—	—	—	—
（四）专项储备提取和使用	—	—	—	—	—	—	—
（五）利润分配	—	—	—	17 710.73	12 359.52	-30 070.25	—
1.提取盈余公积	—	—	—	17 710.73	—	-17 710.73	—
其中：法定盈余公积	—	—	—	17 710.73	—	-17 710.73	—
任意盈余公积	—	—	—	—	—	—	—
2.提取一般风险准备	—	—	—	—	12 359.52	-12 359.52	—
（六）其他	—	—	773.43	—	—	-773.43	—
四、本年年末余额	739 511.86	285 488.14	—	91 419.52	74 137.17	435 397.69	1 625 954.37

所有者权益变动表（续）

编制单位：华鑫国际信托有限公司　　　　　2023年12月31日　　　　　单位：万元

项目	上年金额						所有者权益合计
	所有者权益						
	实收资本	资本公积	其他综合收益	盈余公积	一般风险准备	未分配利润	—
栏次	1	2	3	4	5	6	7
一、上年年末余额	739 511.86	285 488.14	-281.41	60 976.02	52 826.88	182 716.46	1 321 237.95
加：会计政策变更	—	—	—	—	—	—	—
前期差错更正	—	—	—	—	—	—	—
其他	—	—	—	—	—	—	—
二、本年年初余额	739 511.86	285 488.14	-281.41	60 976.02	52 826.88	182 716.46	1 321 237.95
三、本年增减变动金额（减少以"-"号填列）	—	—	0.18	12 732.76	8 950.77	105 644.13	127 327.84
（一）净利润	—	—	—	—	—	127 327.66	127 327.67
（二）其他综合收益	—	—	0.18	—	—	—	0.18
综合收益小计	—	—	—	—	—	127 327.66	127 327.67
（三）所有者投入和减少资本	—	—	—	—	—	—	—
1.所有者投入资本	—	—	—	—	—	—	—
2.股份支付计入所有者权益的金额	—	—	—	—	—	—	—

续表

项目	上年金额						
	所有者权益						所有者权益合计
	实收资本	资本公积	其他综合收益	盈余公积	一般风险准备	未分配利润	
3.对所有者的分配	—	—	—	—	—	—	—
（四）专项储备提取和使用	—	—	—	—	—	—	—
（五）利润分配	—	—	—	12 732.76	8 950.77	−21 683.53	—
1.提取盈余公积	—	—	—	12 732.76	—	−12 732.76	—
其中：法定盈余公积	—	—	—	12 732.76	—	−12 732.76	—
任意盈余公积	—	—	—	—	—	—	—
2.提取一般风险准备	—	—	—	—	8 950.77	−8 950.77	—
四、本年年末余额	739 511.86	285 488.14	−281.23	73 708.78	61 777.65	288 360.58	1 448 565.79

5.2 信托资产

5.2.1 信托项目资产负债汇总表

信托项目资产负债汇总表

编制单位：华鑫国际信托有限公司　　　　2023年12月31日　　　　单位：万元

信托资产	期末余额	年初余额	信托负债和信托权益	期末余额	年初余额
货币资金	614 721.07	218 531.96	交易性金融负债	—	—
拆出资金	—	—	衍生金融负债	—	—
存出保证金	—	—	应付受托人报酬	27 330.14	28 127.41
交易性金融资产	21 647 317.89	16 695 820.51	应付托管费	2 982.44	2 064.62
衍生金融资产	—	—	应付受益人收益	5 025.49	3 342.10
买入返售金融资产	219 063.44	200 646.51	应交税费	31 279.05	16 172.32
应收款项	40 445.89	1 040.88	应付销售服务费	8 983.86	1 475.02
发放贷款	14 768 327.29	10 431 971.04	其他应付款项	632 310.55	643 436.22
债权投资	24 196 499.31	12 204 091.46	其他负债	148 117.83	—
其他债权投资	—	—	信托负债合计	856 029.36	694 617.69
其他权益工具投资	—	—	信托权益		
长期应收款	—	—	实收信托	60 134 958.29	38 992 621.81
长期股权投资	—	—	其他综合收益	83 586.44	159 089.95
投资性房地产	—	—	外币报表折算差额	—	—
固定资产	—	—	未分配利润	411 800.80	−94 227.09
无形资产	—	—	信托权益合计	60 630 345.53	39 057 484.67
长期待摊费用	—	—			
其他资产	—	—			
信托资产总计	61 486 374.89	39 752 102.36	信托负债和信托权益总计	61 486 374.89	39 752 102.36

5.2.2 信托项目利润及利润分配汇总

信托项目利润及利润分配汇总表

编制单位：华鑫国际信托有限公司　　2023年度　　单位：万元

项目	本年金额	上年金额
1.营业收入	2 721 384.69	1 756 170.01
1.1利息收入	1 212 545.31	1 044 700.62
1.2投资收益（损失以"−"号填列）	1 325 004.36	659 040.01

续表

项目	本年金额	上年金额
1.2.1其中：对联营企业和合营企业的投资收益	—	—
1.3公允价值变动收益（损失以"−"号填列）	148 088.45	2 252.85
1.4租赁收入	—	—
1.5汇兑损益（损失以"−"号填列）	44.74	−85.65
1.6其他收入	35 701.83	50 262.18

续表

项目	本年金额	上年金额
2.支出	486 802.98	540 651.85
3.信托净利润（净亏损以"-"号填列）	2 234 581.71	1 215 518.16
4.其他综合收益	—	—
5.综合收益	2 234 581.71	1 215 518.16
6.加：期初未分配信托利润	-94 227.09	-74 522.44
7.可供分配的信托利润	2 140 354.62	1 220 340.86
8.减：本期已分配信托利润	1 728 553.82	1 314 567.95
9.期末未分配信托利润	411 800.80	-94 227.09

6.会计报表附注

6.1 简要说明报告年度会计报表编制基准

公司根据实际发生的交易和事项，按照财政部颁布的《企业会计准则——基本准则》和陆续颁布的各项具体会计准则、企业会计准则应用指南、企业会计准则解释及其他相关规定进行确认和计量，在此基础上编制财务报表。

6.2 重要会计政策、会计估计和核算方法的说明

报告期内，无重要会计政策、会计估计和核算方法的变化。

6.3 或有事项说明

报告期内，公司无对外担保和其他或有事项。

6.4 重要资产转让及其出售的说明

报告期内，公司无重要资产转让及出售。

6.5 会计报表中重要项目的明细资料

6.5.1 披露固有资产经营情况

6.5.1.1 按信用风险五级分类结果披露信用风险资产的期初数、期末数

信用风险资产五级分类	正常类（万元）	关注类（万元）	次级类（万元）	可疑类（万元）	损失类（万元）	信用风险资产合计（万元）	不良合计（万元）	不良率（%）
期初数	1 504 332.26	157 218.41	—	—	—	1 661 550.67	—	—
期末数	1 756 456.47	138 703.90	—	—	—	1 895 160.38	—	—

注：不良资产合计=次级类+可疑类+损失类资产账面价值。

6.5.1.2 各项资产减值损失准备的期初、本期计提、本期转回、本期核销、期末数

单位：万元

项目	期初数	本期计提	本期转回	本期核销	期末数
贷款损失准备	4 746.18	2 500.00	—	—	7 246.18
其他资产减值准备	—	—	—	—	—
债权投资减值准备	—	—	—	—	—
其他债权投资减值准备	—	—	—	—	—
坏账准备	732.01	—	51.13	—	680.88

6.5.1.3 按照投资品种分类，披露固有业务股票投资、基金投资、债券投资、股权投资等投资业务

单位：万元

项目	股票	基金	债券	长期股权投资	其他投资	合计
期初数	17 113.06	105 531.97	171 963.43	—	1 431 936.31	1 726 544.78
期末数	16 323.42	145 160.40	152 590.50	—	1 624 774.66	1 938 848.98

6.5.1.4 按照投资入股金额排序，披露前五名的固有长期股权投资情况

本报告期公司无长期股权投资业务。

6.5.1.5 固有贷款的企业名称、占贷款总额的比例和还款情况

企业名称	占贷款总额的比例（%）	还款情况
宁夏玉成置业有限公司	4.06	逾期
大连万达集团股份有限公司	40.59	正常
大连万达商业管理集团股份有限公司	55.35	正常

6.5.1.6 表外业务的期初数、期末数；按照代理业务、担保业务和其他类型分别披露表外业务

本报告期公司无表外业务。

6.5.1.7 公司当年的收入结构

收入结构	单体报表		合并报表	
	金额（万元）	占比（%）	金额（万元）	占比（%）
手续费及佣金收入	207 874.77	70.19	206 287.54	68.45
其中：信托手续费收入	207 874.77	70.19	206 287.54	68.45
利息收入	14 180.40	4.79	14 180.40	4.71
投资收益	66 864.82	22.58	73 654.13	24.44
其中：证券投资收益	14 112.20	4.76	14 112.20	4.68
其他投资收益	52 752.63	17.81	59 541.94	19.76
公允价值变动收益	6 225.68	2.10	6 225.68	2.07

续表

收入结构	单体报表		合并报表	
	金额（万元）	占比（%）	金额（万元）	占比（%）
其他收益	969.77	0.33	969.77	0.32
营业外收入	50.32	0.02	50.32	0.02
收入合计	296 165.76	100.00	301 367.84	100.00

6.5.2 披露信托财产管理情况

6.5.2.1 信托资产的期初数、期末数

单位：万元

信托资产	期初数	期末数
集合	19 585 277.57	35 147 461.72
单一	12 142 356.00	11 046 366.41
财产权	8 024 468.80	15 292 546.76
合计	39 752 102.36	61 486 374.89

6.5.2.1.1 主动管理型信托业务期初数、期末数

单位：万元

主动管理型信托资产	期初数	期末数
证券投资类	3 366 146.79	8 820 599.21
其他投资类	11 542 713.76	11 477 483.05
融资类	8 420 335.28	17 455 128.89
事务管理类	—	—
合计	23 329 195.82	37 753 211.15

6.5.2.1.2 事务管理型信托业务期初数、期末数

单位：万元

事务管理型信托资产	期初数	期末数
证券投资类	—	—
其他投资类	—	—
融资类	—	—
事务管理类	16 422 906.54	23 733 163.74
合计	16 422 906.54	23 733 163.74

6.5.2.2 本年度信托项目清算情况

6.5.2.2.1 本年度已清算结束的信托项目按集合类、单一类、财产管理类分类

已清算结束信托项目	项目个数（个）	实收信托合计金额（万元）	加权平均实际年化收益率（%）
集合类	328	6 827 717.61	7.63
单一类	87	2 742 363.34	5.12
财产管理类	13	1 935 556.91	2.15

注：加权平均实际年化收益率＝（信托项目1的实际年化收益率×信托项目1的实收信托＋…＋信托项目n的实际年化收益率×信托项目n的实收信托）/（信托项目1的实收信托＋…＋信托项目n的实收信托）×100%。

6.5.2.2.2 本年度已清算结束的主动管理型信托项目

已清算结束信托项目	项目个数（个）	实收信托合计金额（万元）	加权平均实际年化收益率（%）
证券投资类	125	921 981.25	12.21
其他投资类	125	3 745 319.75	5.89
融资类	133	3 758 218.32	6.36
事务管理类	—	—	—

6.5.2.2.3 本年度已清算结束的事务管理型信托项目

已清算结束信托项目	项目个数（个）	实收信托合计金额（万元）	加权平均实际年化收益率（%）
证券投资类	—	—	—
其他投资类	—	—	—
融资类	—	—	—
事务管理类	45	3 080 118.54	3.71

6.5.2.3 本年度新增信托项目情况

新增信托项目	项目个数（个）	实收信托合计金额（万元）
集合类	940	38 059 757.99
单一类	64	2 537 141.67
财产管理类	33	9 211 521.02
新增合计	1 037	49 808 420.68
其中：主动管理型	979	38 455 294.08
事务管理型	58	11 353 126.60

6.5.2.4 信托业务创新成果和特色业务有关情况

报告期内，标品固收主动管理规模突破600亿元；财富管理规模快速增长，推出"安鑫"家庭服务信托等创新业务；坚持"绿色+"模式，绿色金融研究成果加速转化；普惠金融业务增长迅猛，有望成为新的重要增长点；积极发展资产证券化业务，业务规模不断扩大。

6.5.2.5 本公司履行受托人义务情况及因本公司自身责任而导致的信托资产损失情况

报告期内未发生因自身责任而导致的信托资产损失情况。

6.5.2.6 信托赔偿准备金的提取、使用和管理情况

本报告期，公司计提信托赔偿金8 855万元，累计45 710万元，计提一般准备金3 504万元，期末余额28 427万元。

6.6 关联方关系及其交易的披露

6.6.1 关联交易方的数量、关联交易的总金额及关联交易的定价政策

项目	关联交易方数量	关联交易金额（万元）	定价政策
合计	33	6 252 039.36	以市场交易价格为依据

6.6.2 关联交易方与本公司的关系性质、关联交易方的名称、法定代表人、注册地址、注册资本及主营业务等

关联关系	关联方名称	法定代表人/执行事务合伙人	注册地址	注册资本（亿元）	经营范围
实际控制人	中国华电集团有限公司	江毅	北京市西城区宣武门内大街2号	370.00	实业投资及经营管理；电源的开发、投资、建设、经营和管理；组织电力（热力）的生产、销售；电力工程、电力环保工程的建设与监理；电力及相关技术的科技开发；技术咨询；电力设备制造与检修；经济信息咨询；物业管理；进出口业务；煤炭、页岩气开发、投资、经营和管理
控股股东	中国华电集团资本控股有限公司	刘雷	北京市丰台区东管头1号院1号楼1-195室	134.58	投资及资产管理；资产受托管理；投资策划；咨询服务；产权经纪
参股股东	中国华电集团财务有限公司	李文峰	北京市西城区宣武门内大街2号楼西楼10层	55.41	对成员单位办理财务和融资顾问、信用鉴证及相关的咨询、代理业务；协助成员单位实现交易款项的收付；经批准的保险代理业务；对成员单位提供担保；办理成员单位之间的委托贷款及委托投资等

6.6.3 本公司与关联方的重大交易事项

6.6.3.1 固有与关联方交易情况：

固有资产与关联方关联交易 单位：万元

项目	期初数	借方发生额	贷方发生额	期末数
贷款	—	—	—	—
投资	—	—	—	—
租赁	—	—	—	—
担保	—	—	—	—
应收账款	—	—	—	—
其他	—	476.34	476.34	—
合计	—	476.34	476.34	—

6.6.3.2 信托资产与关联方交易情况

信托财产与关联方相互交易 单位：万元

类型	期初数	本期发生额	期末数
信托财产来源于关联方且运用于关联方	5 568 979.94	-23 781.48	5 545 648.44
信托财产来源于非关联方运用于关联方	1 000.00	-1 000.00	—
信托财产来源于关联方	421 726.02	285 114.88	706 390.92
合计	5 991 705.96	260 333.40	6 252 039.36

6.6.4 重大关联交易事项

序号	交易主体	来源方	运用方	交易方式	交易内容	交易金额（万元）	定价原则	是否存在逾期未偿还情况
1	华昱7号单一资金信托	华电启程保供能源管理（天津）合伙企业（有限合伙）	中国华电集团有限公司	信托财产来源于关联方且运用于关联方	认购信托产品	3 000 000.00	可比非受控价格法	否
2	华昱2号单一资金信托	华电鼎新投资（天津）合伙企业（有限合伙）	中国华电集团有限公司	信托财产来源于关联方且运用于关联方	认购信托产品	445 000.00	可比非受控价格法	否
3	华昱3号单一资金信托	华电鼎硕投资（天津）合伙企业（有限合伙）	中国华电集团有限公司	信托财产来源于关联方且运用于关联方	认购信托产品	445 000.00	可比非受控价格法	否
4	华昱4号单一资金信托	内蒙古华睿新企业管理中心（有限合伙）	中国华电集团有限公司	信托财产来源于关联方且运用于关联方	认购信托产品	386 000.00	可比非受控价格法	否
5	鑫诚1号单一资金信托	中国华电集团资本控股有限公司	—	信托财产来源于关联方	认购信托产品	298 276.04	可比非受控价格法	否
6	利华25号单一资金信托	华电内蒙古能源有限公司	内蒙古华伊卓资热电有限公司/内蒙古华电乌达热电有限公司	信托财产来源于关联方且运用于关联方	认购信托产品	287 222.00	可比非受控价格法	否
7	华昱12号单一资金信托	华蜀（天津）投资合伙企业（有限合伙）	四川华电西溪河水电开发有限公司	信托财产来源于关联方且运用于关联方	认购信托产品	233 257.40	可比非受控价格法	否
8	华昱11号单一资金信托	华晋（天津）投资合伙企业（有限合伙）	华电忻州广宇煤电有限公司	信托财产来源于关联方且运用于关联方	认购信托产品	129 741.87	可比非受控价格法	否

续表

序号	交易主体	来源方	运用方	交易方式	交易内容	交易金额（万元）	定价原则	是否存在逾期未偿还情况
9	鑫瑞4号财产权信托	华电置业有限公司	—	信托财产来源于关联方	以其财产权设立信托产品	111 000.00	可比非受控价格法	否
10	鑫欣丰利D7-1号集合资金信托计划	华电商业保理（天津）有限公司	—	信托财产来源于关联方	认购信托产品	100 238.46	可比非受控价格法	否
11	利华26号单一资金信托	中国华电集团资本控股有限公司	华电商业保理（天津）有限公司	信托财产来源于关联方且运用于关联方	认购信托产品	100 000.00	可比非受控价格法	否
12	利华14号单一资金信托	华电煤业集团有限公司	新疆昌吉英格玛煤电投资有限责任公司/新疆哈密英格玛煤电投资有限责任公司	信托财产来源于关联方且运用于关联方	认购信托产品	89 532.00	可比非受控价格法	否
13	鑫欣丰利1号集合资金信托计划	华电商业保理（天津）有限公司	—	信托财产来源于关联方	认购信托产品	85 000.00	可比非受控价格法	否
14	利华18号单一资金信托	华电云南发电有限公司	云南华电昆明发电有限公司	信托财产来源于关联方且运用于关联方	认购信托产品	73 857.46	可比非受控价格法	否
15	利华27号单一资金信托	华电云南发电有限公司	云南华电怒江水电开发有限公司	信托财产来源于关联方且运用于关联方	认购信托产品	63 047.04	可比非受控价格法	否
16	利华30号单一资金信托	华电内蒙古能源有限公司	内蒙古华电乌达热电有限公司/内蒙古华伊卓资热电有限公司/内蒙古华电准格尔能源有限公司/包头东华热电有限公司	信托财产来源于关联方且运用于关联方	认购信托产品	60 871.00	可比非受控价格法	否
17	利华29号单一资金信托	华电云南发电有限公司	云南华电昆明发电有限公司	信托财产来源于关联方且运用于关联方	认购信托产品	57 342.78	可比非受控价格法	否
18	鑫欣丰利D7-1号集合资金信托计划	中国华电集团资本控股有限公司	—	信托财产来源于关联方	认购信托产品	48 994.69	可比非受控价格法	否
19	利华24号单一资金信托	华电云南发电有限公司	云南华电昆明发电有限公司	信托财产来源于关联方且运用于关联方	认购信托产品	29 150.00	可比非受控价格法	否
20	利华23号单一资金信托	华电云南发电有限公司	云南华电巡检司发电有限公司	信托财产来源于关联方且运用于关联方	认购信托产品	29 150.00	可比非受控价格法	否
21	利华15号单一资金信托	华电云南发电有限公司	云南华电巡检司发电有限公司	信托财产来源于关联方且运用于关联方	认购信托产品	18 150.00	可比非受控价格法	否
22	鑫欣丰利1号集合资金信托计划	中国华电集团资本控股有限公司	—	信托财产来源于关联方	认购信托产品	17 881.73	可比非受控价格法	否
23	利华5号单一资金信托	华电云南发电有限公司	云南华电镇雄发电有限公司	信托财产来源于关联方且运用于关联方	认购信托产品	12 300.00	可比非受控价格法	否
24	利华31号单一资金信托	华电云南发电有限公司	云南华电巡检司发电有限公司	信托财产来源于关联方且运用于关联方	认购信托产品	12 009.00	可比非受控价格法	否
25	利华28号单一资金信托	华电云南发电有限公司	云南华电镇雄发电有限公司	信托财产来源于关联方且运用于关联方	认购信托产品	9 400.00	可比非受控价格法	否
26	利华2号单一资金信托	华电云南发电有限公司	云南华电怒江水电开发有限公司	信托财产来源于关联方且运用于关联方	认购信托产品	9 300.00	可比非受控价格法	否
27	利华8号单一资金信托	华电云南发电有限公司	云南华电巡检司发电有限公司	信托财产来源于关联方且运用于关联方	认购信托产品	8 500.00	可比非受控价格法	否
28	利华13号单一资金信托	华电云南发电有限公司	云南华电昆明发电有限公司	信托财产来源于关联方且运用于关联方	认购信托产品	5 100.00	可比非受控价格法	否

注：可比非受控价格法指按照没有关联关系的交易各方进行相同或者类似业务往来的价格进行定价的方法。

6.6.5 逐笔披露关联方逾期未偿还本公司资金的详细情况以及本公司为关联方担保发生或即将发生垫款的详细情况

本报告期，公司无上述事项发生。

6.7 会计制度的披露

本公司固有业务和信托业务均执行财政部2006年颁布的《企业会计准则》和陆续颁布的各项具体会计准则、企业会计准则应用指南、企业会计准则解释及其他相关规定。

7. 财务情况说明书

7.1 利润实现和利润分配情况

本报告期，当期可供分配利润177 107万元。根据《公司法》《信托公司管理办法》及《金融企业呆账准备提取管理办法》等规定，2023年度利润分配如下：按当期可分配利润10%，提取法定盈余公积金17 711万元；按当期可分配利润5%，提取信托赔偿准备金8 855万元；按风险资产余额1.5%，提取一般风险准备3 504万元；上述各项提取和分配后，年末剩余可供股东分配利润435 398万元。

7.2 主要财务指标

指标名称	指标值
资本利润率（%）	11.57
加权平均信托报酬率（%）	0.41
人均净利润（万元）	689.46

注：1. 资本利润率＝净利润÷所有者权益期初期末平均金额×100%。
2. 加权平均信托报酬率＝信托业务收入÷[（年末管理资产规模余额＋年初管理资产规模余额）÷2]。
3. 人均净利润＝净利润÷期初期末平均人数。

7.3 净资本和风险资本情况

项目	期初数	期末数
净资本（万元）	1 143 536.09	1 269 110.76
风险资本（万元）	612 819.00	889 715.67
净资本/风险资本（%）	186.60	142.64
净资本/净资产（%）	78.94	78.05

报告期内，公司净资本及各项比例符合监督管理要求。

7.4 对本公司财务状况、经营成果有重大影响的其他事项

报告期内，公司未发生对财务状况、经营成果有重大影响的其他事项。

8. 特别事项揭示

8.1 前五名股东报告期内变动情况及原因

报告期内无上述事项。

8.2 董事、监事及高级管理人员变动情况及原因

根据工作需要，按照股东方提名并经公司董事会选举、国家金融监督管理总局北京监管局核准，朱勇担任公司董事长，张瑞华、杨桦担任公司非独立董事。因达到法定退休年龄，褚玉不再担任公司董事长、董事职务。因工作原因，羿锦峰不再担任公司非独立董事。

根据工作需要，按照股东方提名并经公司监事会选举，王晓波担任公司监事会主席。因达到法定退休年龄，刘晖不再担任公司监事会主席、监事职务。

经董事会研究，国家金融监督管理总局北京监管局核准，羿锦峰担任公司董事会秘书。

8.3 变更注册资本、注册地或公司名称及公司分立合并事项

报告期内无上述事项。

8.4 公司的重大诉讼事项

报告期内无上述事项。

8.5 公司及其董事、监事和高级管理人员受到处罚的情况

报告期内无上述事项。

8.6 对国家金融监督管理总局及其派出机构所提监管意见的整改情况

报告期内无上述事项。

8.7 本年度重大事项常规及临时报告的简要内容、披露时间、所披露的媒体及其版面

2023年4月28日，在《金融时报》第55版、《证券时报》B29版披露《华鑫国际信托有限公司年度报告摘要》。

2023年11月29日,在《金融时报》第3版披露《华鑫国际信托有限公司关于董事长、法定代表人变更的公告》。

8.8 国家金融监督管理总局及其派出机构认定的其他有必要让客户及相关利益人了解的重要信息

报告期内无上述事项。

9.公司监事会意见

报告期内,公司监事会认为公司决策程序合法,内部控制制度完善,未发现董事、经理和其他高级管理人员在执行职务时有违法、违纪及有损公司和股东利益的行为。财务报告真实反映了公司的财务状况和经营成果。

吉林省信托有限责任公司

1. 重要提示

1.1 公司董事会、监事会及董事、监事、高级管理人员保证本报告所载资料不存在任何虚假记载、误导性陈述或者重大遗漏，并对其内容的真实性、准确性和完整性承担个别及连带责任。

1.2 公司独立董事声明：本年度报告内容真实、准确和完整。

1.3 公司负责人邢中成、主管财务工作负责人崔学斌、财务部门负责人常青慧声明：保证本年度报告中财务报告的真实、完整。

2. 公司概况

2.1 公司简介

公司前身为吉林省经济开发公司，成立于1985年，2002年3月1日经中国人民银行总行《关于吉林省信托投资公司重新登记有关事项的批复》（银复〔2002〕47号）批准获得重新登记，更名为吉林省信托投资有限责任公司。2009年2月18日，经原中国银监会《关于吉林省信托投资有限责任公司变更公司名称和业务范围的批复》（银监复〔2009〕53号），更名为吉林省信托有限责任公司。金融许可证注册号K0016H222010001，营业执照统一社会信用代码91220000123916641Y。截至报告期末，公司注册资本金31.50亿元（含外汇1815万美元），吉林省财政厅代表吉林省政府持股49.4159%，吉林省高速公路集团有限公司持股49.3142%，其余四名股东吉林省能源交通总公司、吉林炭素集团有限责任公司、吉林粮食集团有限公司、吉林化纤集团有限责任公司各持股0.3175%。

公司法定中文名称：吉林省信托有限责任公司

中文名称缩写：吉林信托

法定英文名称：JILIN PROVINCE TRUST CO.,LTD（缩写为JPTC）

法定代表人：张洪东[①]

注册地址：吉林省长春市人民大街9889号

邮政编码：130022

国际互联网网址：www.jptic.com.cn

电子信箱：jptic@jptic.com.cn

信息披露事务人：曹轩

联系电话：0431-88993572

传　　真：0431-88993573

电子信箱：1067997349@qq.com

公司选定的信息披露报纸：《证券时报》

年度报告备置地点：吉林省长春市人民大街9889号

会计师事务所：中喜会计师事务所（特殊普通合伙）

住所：北京市东城区崇文门外大街11号新成文化大厦A座11层

律师事务所：上海市锦天城（长春）律师事务所

住所：吉林省长春市净月开发区生态广场伟峰资讯中心31层

[①] 2024年2月1日，张洪东先生因工作变动辞去公司董事长、董事及公司相关职务，公司目前尚未完成法定代表人变更登记。

2.2 组织结构

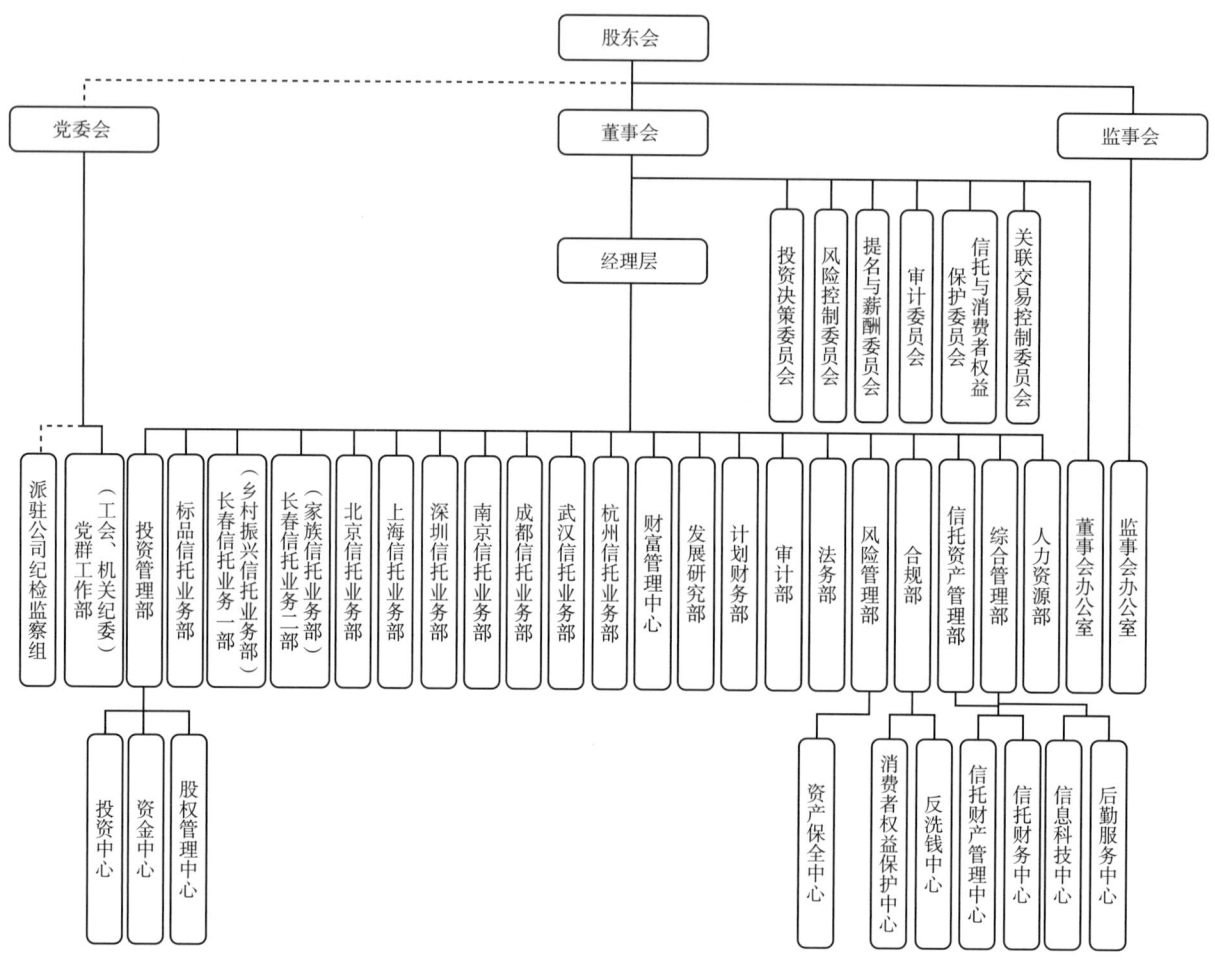

3. 公司治理

3.1 股东

报告期末，公司股东总数6家，持股比例超过10%的股东有2家，情况如下表所示。

股东名称	持股比例(%)	法定代表人
★吉林省财政厅	49.4159	陈宇龙
吉林省高速公路集团有限公司	49.3142	郝晶祥

注：★表示实际控制人。

公司前3位股东情况如下表所示。

股东名称	持股比例(%)	法定代表人	注册资本(万元)	注册地址	主要经营业务及主要财务情况
吉林省财政厅	49.4159	陈宇龙	—	吉林省长春市人民大街3646号	—

续表

股东名称	持股比例(%)	法定代表人	注册资本(万元)	注册地址	主要经营业务及主要财务情况
吉林省高速公路集团有限公司	49.3142	郝晶祥	270 000	长春市宽城区富城路228号总部基地大楼13楼1305~1306室	公路管理与养护；建设工程施工；建设工程设计；建设工程质量检测；建设工程监理；公路工程监理；住宿服务；餐饮服务；燃气经营；食品销售；发电业务、输电业务、供(配)电业务；道路危险货物运输；道路货物运输(不含危险货物)；成品油零售(不含危险化学品)；热力生产和供应(依法须经批准的项目，经相关部门批准后方可开展经营活动，具体经营项目以相关部门批准文件或许可证件为准)。一般项目：土地使用权租赁；住房租赁；非居住房地产租赁；机械设备租赁；特种设备出租；五金产品批发；建筑装饰材料销售；五金产品零售；建筑材料销售；普通机械设备安装服务；汽车零配件批发；非金属矿物制品制造；非金属矿及制品销售；日用百货销售；服装服饰零售；机动车修理和维护；工程管理服务；广告制作；广告发布；货物进出口；技术服务、技术开发、技术咨询、技术交流、技术转让、技术推广；信息技术咨询服务；信息系统集成服务；租赁服务(不含许可类租赁服务)；林业产品销售；树木种植经营；公路水运工程试验检测服务；汽车拖车、求援、清障服务；园林绿化工程施工；装卸搬运；电动汽车充电基础设施运营；初级农产品收购；食用农产品加工；非食用农产品初加工；农副产品销售；道路货物运输站经营；成品油仓储(不含危险化学品)(除依法须经批准的项目外，凭营业执照依法自主开展经营活动)
吉林炭素集团有限责任公司	0.3175	刘艺飞	52854	吉林省吉林市和平街9号	炭素及石墨制品的研制、开发、加工生产、销售、技术服务、检测服务；计算机软件开发、维护；设备租赁；设计、制作、代理、发布国内各类广告；房屋租赁、场地租赁(经消防审批合格后，方可开展经营活动)；期刊发行、批发(由下属分支机构经营，需单独办理营业执照)(依法须经批准的项目，经相关部门批准后方可开展经营活动)

3.2 董事、董事会及其下属委员会

董事会成员

职务	姓名	性别	年龄(岁)	选任日期	所推举的股东名称	该股东持股比例(%)	简要履历
董事长	张洪东	男	58	2021年5月11日	吉林省财政厅	49.4159	曾任白山市农村信用联社党支部书记、副主任、纪委书记、党委副书记；吉林市农信社党委成员、副主任、党委副书记、党委书记、理事长；吉林省农村信用社联合社党委委员、副主任；吉林省信托有限责任公司党委副书记、总经理、党委书记、董事长
董事	王劲松	男	60	2007年12月25日	吉林省财政厅	49.4159	曾任吉林省社会科学院软科学研究所副所长、副研究员；吉林省政府办公厅综合处助理调研员；吉林省委组织部经济干部处助理调研员；吉林省国资委企业工委组织部副部长、调研员；吉林省国资委企业领导人员管理处副处长、调研员；吉林森林工业集团公司董事；通化钢铁集团公司国有股东代表；吉林省国资委董事会工作处处长；吉林省监事会工作办公室主任。现任吉林省信托有限责任公司董事
董事	王平	女	59	2020年7月2日	吉林省财政厅	49.4159	曾任吉林省财政厅综合处处长；吉林省财政厅粮食贸易处副处长、处长。现任吉林省信托有限责任公司董事
独立董事	程松彬	男	66	2019年4月30日	—	—	曾任吉林省政府研究室财贸处处长；吉林国际合作公司投资部总经理；吉林国际信托投资公司常务副总经理；吉林吉信国际经贸(集团)股份有限公司副总裁；吉林省经济贸易委员会总经济师；吉林省国资委办公厅副主任；长春市商业银行党委书记、行长；吉林银行股份有限公司执行董事、副行长。现任鄂尔多斯农村商业银行股份有限公司独立董事、吉林省信托有限责任公司独立董事
独立董事	付亚辰	男	70	2019年4月30日	—	—	曾任吉林财贸学院金融系副主任；长春税务学院金融系副主任、主任、金融学院院长；吉林财经大学金融学院院长、教授、硕士研究生导师；吉林银行独立董事；吉林省政府决策咨询专家、吉林省政府参事。现任吉林省信托有限责任公司独立董事

董事会下属委员会

名称	职责	组成人员姓名	职务
投资决策委员会	对重大投资决策向董事会提出意见和建议	张洪东	主任委员
		王平	委员
		付亚辰	委员
风险控制委员会	负责制定、审核风险控制制度，监督制度执行。对重大业务事项从风险管理角度向董事会提出意见和建议	张洪东	主任委员
		王平	委员
		程松彬	委员

续表

名称	职责	组成人员姓名	职务
提名与薪酬委员会	负责董事会任命人员提名和资格审核,负责薪酬制度及具体方案的评估、审定,以及落实情况的跟踪、监督	王劲松	主任委员
		王平	委员
		程松彬	
信托与消费者权益保护委员会	对信托计划设立、发行、信托计划运营、信托财产管理运用或处分、信托计划变更、终止与清算提出意见或建议;了解信托业务开展情况,督促公司依法履行受托职责;对信托利益计算和支付等提出意见或建议,保证公司为受益人的最大利益服务;督促公司金融消费者权益保护工作,确保消费者权益保护战略目标和政策得到有效执行	程松彬	主任委员
		王劲松	委员
		付亚辰	
审计委员会	负责批准公司内部审计制度、中长期审计规划和年度工作计划,监督公司的内部审计基本制度及其实施及内部审计与外部审计之间的沟通	付亚辰	主任委员
		王劲松	委员
		程松彬	
关联交易控制委员会	负责关联交易的管理,及时审查和批准关联交易,控制关联交易风险	付亚辰	主任委员
		王平	委员
		程松彬	

3.3 监事、监事会及其下属委员会

监事会成员

职务	姓名	性别	年龄(岁)	选任日期	代表股东	该股东持股比例(%)	简要履历
监事长	唐庆会	男	53	2022年6月10日	吉林省财政厅	49.4159	曾任吉林省财政厅债务金融处(吉林省债务管理工作办公室)副处长;吉林省财政厅综合处处长;吉林省长春市财政局副局长;长春市政府金融服务办公室主任;吉林省地方金融监督管理局(省金融工作办公室)副局长(副主任);吉林省地方金融监督管理局(省金融工作办公室)党组书记、局长(主任)。现任吉林省信托有限责任公司监事长
监事	陈志德	男	59	2021年1月29日	吉林省财政厅	49.4159	曾任吉林省政府办公厅专职政务秘书;厦门市吉厦贸易公司经济联络处副处长;吉林省财政监督检查局局长;日本鸟取县青谷高校国际交流员;吉林省财政厅国库处处长;吉林省财政厅金融处处长;吉林省政府投资基金管理有限公司董事长。2021年1月被吉林省财政厅派至吉林省信托有限责任公司任外派监事
职工监事	项前	男	60	2003年3月12日			曾任吉林省信托投资有限责任公司审计稽核研发部副经理、自营基金部经理助理、合规监控部副经理;吉林省信托有限责任公司职工监事、法律事务部经理
职工监事	娄敬群	女	50	2020年12月30日			曾任吉林省信托有限责任公司财务部副经理;天富期货有限公司副总经理;天治基金管理有限公司财务总监;吉林省信托有限责任公司合规部总经理、信托资产管理部总经理、资产总监。现任审计部经理
监事	刘继新	男	41	2020年12月30日	吉林省财政厅	49.4159	曾任长春宏成植物糖开发有限公司监事;吉林省信托有限责任公司长春信托二部信托经理;证券信托部经理助理,信息研发部经理助理,合规部副总经理(主持工作)。现任风险管理部总经理

3.4 高级管理人员

姓名	职务	性别	年龄(岁)	选任日期	金融从业年限(年)	学历	专业	简要履历
张洪东	董事长	男	58	2021年5月11日	35	本科	会计	曾任白山市农村信用联社党支部书记、副主任、纪委书记、党委书记;吉林市农信社党委成员、副主任、党委副书记、党委书记、理事长;吉林省农村信用社联合社党委委员、副主任;吉林省信托有限责任公司党委副书记、总经理、党委书记、董事长
刘成	总经理	男	51	2022年7月29日	23	本科	应用电子技术	曾任吉林省农村信用社联合社人力资源处副处长;榆树市农村信用社联合社党委书记、理事长;吉林省农村信用社联合社吉城办事处党委书记、主任;吉林省农村信用联合社办公室主任、战略发展部总经理、风险管理部总经理;吉林省吉盛资产管理有限责任公司副总经理;吉林省信托有限责任公司党委副书记、总经理
唐庆会	监事长	男	53	2022年6月10日	20	硕士	理论经济学	曾任吉林省财政厅债务金融处(吉林省债务管理工作办公室)副处长;吉林省财政厅综合处处长;吉林省长春市财政局副局长;长春市政府金融服务办公室主任;吉林省地方金融监督管理局(省金融工作办公室)副局长(副主任);吉林省地方金融监督管理局(省金融工作办公室)党组书记、局长(主任)。现任吉林省信托有限责任公司监事长

续表

姓名	职务	性别	年龄（岁）	选任日期	金融从业年限（年）	学历	专业	简要履历
王劲松	党委副书记、董事	男	60	2007年12月25日	16	本科	工业管理工程	曾任吉林省社会科学院软科学所副所长、副研究员；吉林省政府办公厅综合处助理调研员；吉林省委组织部经济干部处助理调研员；吉林省企业工委组织部副部长、调研员；吉林省国资委企业领导人员管理处副处长、调研员；吉林省森林工业集团公司国有股股东代表；通化钢铁集团公司董事；吉林省国资委董事会监事会工作处处长；吉林省监事会工作办公室主任；吉林省信托有限责任公司党委副书记。现任吉林省信托有限责任公司董事
崔学斌	副总经理	男	54	2008年5月20日	28	硕士	会计	曾任吉林省国际经济贸易开发公司财务处副处长；吉林省兴业国际有限公司财务部经理；东北证券有限责任公司计划财务部总经理、稽核审计部总经理；吉林省信托投资有限责任公司计划财务部经理。现任吉林省信托有限责任公司党委委员、副总经理
吕文龙	副总经理	男	59	2008年8月20日	38	硕士	金融	曾任吉林省人民银行金融管理处副处长、银行处副处长；吉林省人民银行外汇管理处副处长；吉林省人民银行非银行处副处长；中国证监会长春特派办处处长、稽处处长；中国证监会吉林监管局稽查处处长、期货处处长；吉林省信托投资有限责任公司总经理助理。现任吉林省信托有限责任公司党委委员、副总经理
李建光	副总经理	男	58	2015年9月8日	27	硕士	区域经济学	曾任吉林省开源实业有限责任公司办公室主任；吉林省信托有限责任公司自营业务部副经理；吉林省信托有限责任公司办公室主任、财政委托部经理、资金信托部经理；天富期货有限责任公司党支部书记、董事长；吉林省信托有限责任公司信托部党支部书记、总经理。现任吉林省信托有限责任公司党委委员、副总经理
王延钧	驻公司纪检监察组组长	男	60	2020年6月28日	4	硕士	公共管理	曾任吉林省交通规费征收管理局办公室副主任、主任、局长助理、副局长；吉林省纪委、省监察厅驻交通厅纪检组、监察室助理监察员；吉林省纪委、省监察厅驻交通运输厅纪检组组长、监察室主任；吉林省纪委监委驻交通运输厅纪检监察组副组长、一级调研员；吉林省纪委监委驻信托有限责任公司党委委员、纪检监察组组长
李巍	总经理助理	男	49	2020年7月2日	28	本科	工商管理	曾任吉林省信托有限责任公司信托业务部经理；吉林省信托有限责任公司市场总监兼北京信托一部总经理；吉林省信托有限责任公司北京信托一部总经理兼天治基金管理有限公司董事、天治北部资产管理有限公司董事长。现任吉林省信托有限责任公司总经理助理

3.5 公司员工

项目		2022年		2023年	
		人数（人）	比例（%）	人数（人）	比例（%）
年龄分布	20岁以下	—	—	—	—
	20~29岁	24	12.37	23	11.86
	30~39岁	83	42.78	82	42.27
	40岁及以上	87	44.85	78	40.21
学历分布	博士	7	3.61	6	3.09
	硕士	65	33.51	69	35.57
	本科	112	57.73	100	51.55
	专科	5	2.58	5	2.58
	其他	5	2.58	3	1.55
岗位分布	董事、监事及高管人员	8	4.12	7	3.61
	自营业务人员	9	4.64	8	4.12
	信托业务人员	61	31.44	66	34.02
	其他人员	116	59.79	102	52.58

注：公司在册人员183人，此表中董事、监事及高管人员一栏不含2名独立董事、股权董事以及外派监事。

4.经营概况

4.1 经营目标、方针、战略规划

4.1.1 经营目标

作为吉林省唯一持有信托牌照的金融机构，公司将深耕吉林、服务吉林作为首要经营目标，将顺应市场变化和监管导向大力推进资产服务信托、资产管理信托和公益慈善信托业务发展，实现产品差异化、服务专业化、客户多元化，推动公司发展成为治理体系优良、担当国企责任、核心业务突出、专业服务卓越、经营业绩稳健、区域优势明显，集聚政府资源、金融资源、产业客户、高净值群体的综合金融服务商。

4.1.2 经营方针

坚持以习近平新时代中国特色社会主义思想为指导，深入贯彻落实中央和省委、省政府决策部署，深入学习贯彻党的二十大精神，完整、准确、全面贯彻新发展理念，以防范化解重大风险为重点，以推进业务转型升级为动力，以服务地方经济为主线，秉承"支持吉林振兴、服务实体经济、严守风险底线、回归信托本源"的展业原则，积极推动高质量发展，聚焦主责主业，强化金融供给，优化金融服务，深化务实合作，优化公司治理，提高管理效能，加强党的建设，践行国企责任，不断培育发展新优势新动能，为助推实体经济发展和人民美好生活，支持吉林全面振兴新突破贡献信托力量。

4.1.3 战略规划

坚持以习近平新时代中国特色社会主义思想为指导，全面贯彻党的二十大精神，深入贯彻习近平总书记在新

时代推动东北全面振兴座谈会上的重要讲话精神，认真落实中央经济工作会议和吉林省委经济工作会议部署，坚持稳中求进工作总基调，完整、准确、全面贯彻新发展理念，解放思想、守正创新、回归本源、服务实体。为增强资本实力和风险抵补能力，公司计划引入省属国有企业增资10亿元，努力在中国式现代化进程中展现新作为、打造新信托、重塑新格局、谱写新篇章。

信托业务发展规划：公司将筑牢扎根吉林、服务吉林的责任和使命，坚决把省内的业务开发好，把服务地方实体经济的作用发挥好；以信托业务"三分类"改革为契机，集中优势力量、对准主攻方向，加快业务转型创新，不断完善信托产品线和客户服务体系，形成公司优势业务和主导产品，着力做大做强资产服务信托、做精做优资产管理信托、做响做亮公益慈善信托，树立公司信托品牌和良好声誉，在部分细分市场形成差异化的领先优势。

固有业务发展规划：固有业务将秉承谨慎稳健的原则，妥善化解存量风险，在保证安全性、流动性的前提下，通过长期战略布局和中短期资产配置，构建净资产持续增长条件下的固有资产配置体系。优化长期金融股权投资布局，适时盘活低效存量资产、发掘政策变化带来的新的市场机会，合理设定投资方向和规模结构，成为信托主业收入的稳定补充，实现国有资产保值增值。

4.2 所经营业务的主要内容

4.2.1 经营的业务和品种

公司经营业务主要包括信托业务和固有业务。

信托业务采用贷款、股权投资、收益权投资、证券投资、类资产证券化等方式进行资金投放。依据初始信托财产形态划分，有资金信托（又分为单一资金信托和集合资金信托）、财产（权）信托；依据信托资产运用方式划分，有融资信托、投资信托、事务管理信托。按照《关于规范信托公司信托业务分类有关事项的通知》的分类，信托业务分为资产服务信托、资产管理信托、公益慈善信托三大类，其中资产服务信托包括财富管理服务信托、行政管理服务信托、资产证券化服务信托、风险处置服务信托及新型资产服务信托五类；资产管理信托包括固定收益类信托计划、权益类信托计划、商品及金融衍生品类信托计划和混合类信托计划；公益慈善信托包括慈善信托和其他公益信托。

固有业务包括自营贷款业务、自营资金市场业务、用自有资金进行金融股权投资、自营证券投资、担保等。

4.2.2 资产组合与分布

自营资产运用与分布表

资产运用	金额（万元）	占比（%）	资产分布	金额（万元）	占比（%）
货币资产	19 106.04	2.50	基础产业	—	—
贷款及应收款	258 252.42	33.76	房地产业	—	—
交易性金融资产	837.07	0.11	证券市场	196 849.32	25.73
债权投资	1 530.41	0.20	实业	—	—
其他债权投资	16 717.90	2.18	金融机构	272 816.45	35.66
其他权益工具投资	391 800.64	51.21	其他	295 350.08	38.61
长期股权投资	19 552.25	2.56	—	—	—
其他	57 219.12	7.48	—	—	—
资产总计	765 015.85	100.00	资产总计	765 015.85	100.00

信托资产运用与分布表

资产运用	金额（万元）	占比（%）	资产分布	金额（万元）	占比（%）
货币资产	19 051.80	0.92	基础产业	358 389.10	17.29
贷款及应收款	311 105.31	15.01	房地产	113 177.23	5.46
交易性金融资产	730 142.38	35.23	证券市场	62 257.34	3.00
其他债权投资	—	—	实业	974 635.98	47.03
债权投资	367 391.74	17.73	金融机构	507 805.29	24.50
长期股权投资	144 414.12	6.97	其他	56 026.47	2.70
其他	500 186.06	24.14	—	—	—
资产总计	2 072 291.41	100.00	资产总计	2 072 291.41	100.00

4.3 市场分析

4.3.1 影响本公司业务发展的有利因素

（1）我国经济持续回升向好。全年国内生产总值（GDP）同比增长5.2%，供给需求稳步改善，转型升级积极推进，就业物价总体稳定，民生保障有力有效，高质量发展扎实推进。中央经济工作会议指出，2024年要坚持稳中求进、以进促稳、先立后破，多出有利于稳预期、稳增长、稳就业的政策，继续实施积极的财政政策和稳健的货币政策，加强政策工具创新和协调配合，持续推动经济实现质的有效提升和量的合理增长。我国稳中向好的宏观经济基本面为信托的转型发展创造了良好的外部环境和广阔的发展空间。

（2）财富管理需求持续增长。目前，我国居民个人财富规模持续增长，涌现出多层次财富客群和多样化财富管理需求，交易结构较为灵活的信托产品越来越成为投资者青睐的财富管理工具，规模巨大且持续发展的财富管理市场为信托公司开展财富管理服务信托提供了增量基础。随着信托业的转型发展，业务发展方向和边界逐渐明晰，社会群体认知度不断提高，作为唯一横跨货币市场、资本市场和实业市场的综合性金融机构，信托可以对接多层次客群，满足全生命周期的多场景服务需要，为委托人提供个性化的财富管理综合解决方案。

（3）监管政策指引展业新方向。国家金融监督管理总局于2023年3月正式发布《关于规范信托公司信托业务分类有关事项的通知》，将信托业务分为资产服务信托、资产管理信托、公益慈善信托三大类，旨在厘清信托业务边界和服务内涵，引导信托公司以规范方式发挥制度优势和行业竞争优势，促进业务回归本源、规范发展，切实防范风险，更高效服务实体经济发展和满足人民美好生活需要，推动信托业走高质量发展之路。资产服务信托方面，服务家庭、家族客户的财富管理服务信托可以更好回归信托本源，充分发挥信托财产独立、目的多样等独特制度优势，解决客户资产配置、财富保值增值、财富传承等多元化需求；资产管理信托方面，标品信托业务成为转型重点方向，推动信托公司提升主动管理能力，创设满足客户资产配置需求的多期限现金管理类、固定收益类、混合投资类、TOF等标品产品线，为信托业深耕资本市场打开了制度空间。

（4）省属国资禀赋有利于在深耕吉林、服务吉林中发挥功能价值。"十四五"时期，吉林振兴发展处于发挥独特优势、提升在全局中战略地位的关键阶段，处于加快转型升级、实现高质量发展的关键阶段，处于激发创造活力、破解深层次矛盾问题的关键阶段，处于促进共同富裕、提升人民生活品质的关键阶段。东北振兴的政策机遇、新发展格局的融入机遇、国家重大战略的对接机遇、产业升级的趋势机遇，与老工业基地振兴优势、国家重要商品粮基地优势、生态资源优势、沿边近海优势、人文人才和科教优势叠加联动，利好因素持续汇聚。

（5）多牌照金融股权参控股布局。吉林信托多年来始终保持着多牌照的金融股权参控股布局，现有天治基金和天富期货两家控股公司，是A股上市公司东北证券第二大股东、H股上市公司九台农商行第一大股东，还参股中融人寿保险和吉林银行等多家地方商业银行。公司多年来已经形成了涵盖信托、基金、期货、券商、保险、商业银行的金融多牌照参控股格局，所持多元化金融资产具备一定价值和成长性，所持各类金融牌照可在客户、产品、管理等方面形成协同。

4.3.2 影响本公司业务发展的不利因素

（1）外部环境不确定性较高。当前，世界之变、时代之变、历史之变正以前所未有的方式展开。从国际看，当今世界变乱交织，百年变局加速演进，国际政治纷争和军事冲突多点爆发，世界经济增长动能不足。从国内看，经济大循环存在堵点，有效需求不足，居民消费和企业投资意愿不强；部分新兴行业存在重复布局和内卷式竞争，一些行业产能过剩；社会预期偏弱，企业存在不愿投、不敢投现象；风险隐患仍然较多，化解多年积累的房地产、地方债务、金融风险需要一定过程。

（2）转型发展导致业绩承压。目前，传统的融资类、通道类业务持续压降，而正在探索中的新型业务短期内难以弥补转型留下的缺口，信托业正处于新旧动能转换的阵痛期。信托业务"三分类"新规虽然为公司展业提供新方向新思路，但资产服务信托对信托公司的差异性、特色化服务能力有较高要求，需要对新服务领域进行场景探索，对客户需求进行深度挖掘，对专业化服务水平进行培育；资产管理信托则对信托公司自主管理能力、投研能力、风控体系有较高的要求，并且还面临着券商、基金等各类资管机构的竞争压力。创新业务的开展需要前期资源的大量投入，面对持续弱化的传统业绩增长点和尚未稳定的创新业绩增长点，信托公司经营业绩显著承压。

4.4 内部控制

4.4.1 内部控制环境和内部控制文化

（1）企业内控环境是有效实施内部控制的一项基本保障。报告年度，公司在健全治理结构、完善内控机制上下功夫，建立了由股东会、董事会、监事会和高级管理层组成的"三会一层"公司治理基本架构，董事会、高级管理层均根据工作需要分别建立专门委员会，形成了较好的内部控制环境。

（2）培育良好的内部控制文化，在全体员工中营造"员工违规，高管制止，高管违规，员工抵制"的合规氛围，并将其作为公司一贯遵循的原则。针对新的法律法规、监管政策及公司创新业务的开展，及时梳理和完善相关规章制度，优化操作流程，保证规章制度能覆盖关键风险点，促进公司内控管理的规范化、流程化和标准化。组织开展不同层级、常态化的培训学习，保证全体员工熟练掌握公司各项规章制度，及时了解国家法律法规和监管部门的各项规定，使各项风险防范措施嵌入各个岗位和环节之中。良好的内部控制文化提高了公司员工防范风险和合规经营的意识,促进了公司各项业务的健康发展。

4.4.2 内部控制措施

公司内部控制要素主要包括:内部环境、风险评估、控制活动、信息沟通、内部监督等。为此公司建立了全面风险管理、人力资源管理、信托业务管理、固有业务管理、投资管理、融资管理、担保管理、关联交易管理、印章使用管理、财务管理、信息系统安全管理、信息披露管理等专项管理制度。涉及的内部控制措施主要包括:信托业务风险控制、固有业务控制、对外担保管理、不相容岗位分离控制、授权审批控制、会计管理控制、自有财产控制、信托业务规范控制、预算控制、运营分析控制、绩效考评机制、法务控制、规章制度控制、流程控制、信息系统控制、员工行为管理控制、关联交易控制、印章管理控制、信息安全架构控制、数据质量控制、业务连续性管理机制、客户投诉处理机制、重大风险和突发事件报告机制、外包管理与控制等。公司内部不同层次之间有明确的业务审批权限,每类业务都有相应的操作规程和风险管理措施,实现了信托业务系统和固有业务系统之间的部门分离、人员分离、财务分离,以防范风险传递。

4.4.3 信息交流与反馈

公司已基本实现管理信息化,建立了清晰完整的报告路径,建立了有效的信息共享、信息交流和信息反馈机制,不断完善信息识别、收集、处理、交流、沟通、反馈、披露的渠道和方式,确保董事会、监事会和高级管理层及时了解本公司的经营和风险状况,确保每一项信息均能传递给相关的员工,各部门和员工的有关信息均能够顺畅反馈。信息交流和反馈机制运行有效。

公司通过门户网站、电子信息、书面通知等多种方式,对客户和社会公众依法进行信息披露,与委托人、受益人和社会公众实现信息共享。公司通过非现场监管报告、关联方交易事前报告,集合资金信托计划推介后报告、临时事项报告等方式向监管部门报告相关信息。

4.4.4 监督评价与纠正

公司已建立起一个立体的、全方位的监督制约体系:纵向监督体现为董事会、监事会对管理层的监督制约,管理层对业务部门的监督制约;横向监督主要体现为六个管理委员会(投资决策委员会、风险控制委员会、提名与薪酬委员会、信托与消费者权益保护委员会、审计委员会、关联交易控制委员会)对管理层的监督制约,部门之间、岗位之间的相互监督制约。

4.5 风险管理

4.5.1 风险管理概况

4.5.1.1 公司经营活动中的主要风险

公司经营活动中可能遇到的风险主要有:信用风险、市场风险、操作风险、合规风险、法律风险、政策风险、其他风险。

4.5.1.2 公司风险管理的基本原则与政策

风险管理贯彻全面性、及时性、有效性、制约性、审慎性、独立性等原则,覆盖公司各项业务、所有机构、部门和岗位,渗透到决策、执行、监督、反馈各个环节,成为业务流程、管理架构和公司整体体系及员工责任的有机组成部分,对风险进行事前防范、事中控制、事后监督,促进公司规范经营、可持续发展。

公司致力于建设以"全面的风险管理范围、全面的风险管理体系、全程的风险管理过程、全员的风险管理文化和全额的风险计量"为核心的风险管理体系,实现业务增长、资本回报和风险暴露之间的平衡,追求运营高效率和资源优化配置,实现国有资产保值增值。

4.5.1.3 公司风险管理组织结构与职责划分

(1)公司董事会:组织实施并承担建立风险文化、制定风险管理策略、设定风险偏好和确保风险限额的设立,审批重大风险管理政策和程序,监督高级管理层开展全面风险管理等。

(2)董事会风险控制委员会:负责确认公司整体风险偏好,评估公司整体风险状况,督促经营层采取必要措施识别、计量、监测和控制风险,评价并监督公司风险管理的全面性、有效性以及经营管理层在风险管理方面的尽职情况。

(3)董事会审计委员会:负责落实公司党委和董事会的决策部署;围绕公司新时代战略新体系,推动构建并完善与公司新战略相适应的审计体制;负责审核和监督内、外部审计年度计划的制定和执行,评估审计结果,并提出改进建议等。

(4)管理层面的风险评审委员会:负责就信托业务和固有投资业务方案的法律合规性、风险可控性、操作可行性进行评审与决策,并对经营管理层负责,承担项目风险主体责任。

(5)业务部:负责项目开展前期考察、尽职调查、风险评估、方案设计,对尽调结果承担第一责任;在产品存续期按相关要求开展和配合项目管理、风险管控及产品清算工作；对存续期项目及逾期项目进行风险化解与处置工作。

（6）合规部：负责根据监管政策及法规要求，适时制订、修订或协调督促有关部门制订、修订公司治理相关制度；负责对信托业务、固有业务中的产品架构、交易结构、增信措施、营销方案、交易对手选择等方面进行合法、合规审查，出具评审意见；负责公司内部控制体系建设。

（7）风险管理部：负责牵头履行全面风险的日常管理，负责公司风险评审委员会的日常工作；负责建立健全风险管理制度建设、风控指标体系和风险管理报告制度；归口负责项目运行期的风险监测、监控、预警、重大风险事项报告等风险管理工作。

（8）法务部：全面负责公司各类合同、协议的法务审核，制定统一合同文本；完成公、检、法等司法机关调查取证查封查扣等协调工作；负责律所管理，归口负责法律咨询服务，为公司重大经营决策和经营管理事项提供法律意见和建议。

（9）信托资产管理部：负责监测信托资产运行状况，并就重大风险事项及时向风险管理部门报告；负责协同资产保全中心、风控部门、业务部门，完成风险项目的处置与化解工作；负责定期向人民银行报送异常查询、违规查询、非法提供、违规使用、信用报告泄露等征信信息安全风险事件。

（10）审计部：负责公司经营管理活动的内部审计工作；履行公司"第三道"风险防控职责，负责信托项目的全过程审计工作；协助审计委员会评价内部控制制度的完整性和合理性以及内部控制制度执行的有效性，监督并促进内控体系的有效运转。

4.5.2 风险状况

4.5.2.1 信用风险状况

信用风险主要是指公司在经营过程中因交易对手不能或不愿按期履行还本付息等义务而使受益人或公司遭受损失的可能性。

报告年度，到期清算项目履行了受托人尽职管理的责任，信用风险可控；公司固有业务运行平稳，没有新增风险事项，信用风险可控。

4.5.2.2 市场风险状况

市场风险主要指股价、汇率、利率变动所产生的风险。公司的市场风险主要是由于国家汇率政策变化及相应股票价格变动可能给公司带来的损失。

公司严格依据信托合同进行管理，确保各项风控措施有效落地执行，投资类信托产品及公司自有权益类投资业务运行平稳。

4.5.2.3 操作风险状况

操作风险主要是由于内部业务流程、系统不完善或工作人员操作失误可能给公司造成损失的风险；公司外部因素如网络安全问题、通讯系统故障等原因也可能给公司造成损失或影响公司正常运营。

报告年度，公司不断优化业务操作流程，提高前中后台部门的业务操作规范性，进一步控制操作风险。

4.5.2.4 合规与法律风险状况

公司坚持"合规优先"的原则开展业务。报告年度，公司高度关注监管形势变化，及时跟进监管政策要求，扎实开展政策学习、内部自查、配合检查、整改落实等工作。

4.5.2.5 其他风险状况

其他风险主要有政策风险、道德风险和声誉风险等。

政策风险表现为政策变动可能对公司经营和发展产生的影响；

道德风险主要由于公司内部人员主观原因不能诚信、合法、合规经营给公司带来的影响和损失。公司通过组织全员培训，提高全体员工的职业操守及道德水平，报告年度，公司未发生因员工道德问题使信托或固有财产遭到损失的情形。

声誉风险是指由于公司违反有关规定、不能按期终止清算和管理不善等原因，对公司外部市场地位和声誉产生的消极和不良影响。

4.5.3 风险管理

4.5.3.1 信用风险管理

主要通过事前对交易对手信用状况详尽调查、设定担保、事前审查、资产风险分类、计提风险准备、聘请外部律师等措施防范信用风险。对贷款项目均要求设定担保，以抵押登记手续完备和可变现为抵押品确认原则，根据抵押品价值可能变动情况及可变现值分别确定抵押品与贷款本金的比例；对保证类贷款在《融资担保管理办法》中不仅规定了担保人的条件、范围而且详细规定了对此类业务的审查标准。公司根据《商业银行金融资产风险分类办法》（中国银行保险监督管理委员会 中国人民银行令〔2023〕第1号）文件规定实行以风险为基础的资产五级分类管理。公司按照财政部《金融企业准备金计提管理办法》规定，计提各项准备，风险准备金余额原则上不低于风险资产期末余额的1.5%。

4.5.3.2 市场风险管理

公司通过科学选择、组合投资、分散投资规避股市风险；通过关注国家汇率政策变化并采取相应对策化解汇率风险；通过加强信息研发，关注金融运行状况，增强前瞻性、预见性，防范利率风险。公司密切关注经济发展的变化趋势，通过全面客观经济形势分析，科学选择组合投资、分散投资，跟踪分析汇率、利率变动走势等方式把股价和利率变动造成的影响控制在合理范围之内，确保资产安全。强化风险揭示和风险教育，确保客户明确知晓和独立承担市场风险。

4.5.3.3 操作风险管理

公司建立信息化操作管理系统，减少手工操作可能导致的损失，同时采用加大技术手段投入、强化业务过程监控、提高业务技能等一系列措施控制操作风险。

报告年度，公司制定和修订了多项业务管理制度，进一步明确部门和岗位职责，优化业务流程。同时，通过审计部开展审计工作，对审计发现的流程、内控、操作等问题及时予以整改完善，降低操作风险。

4.5.3.4 合规与法律风险管理

公司高度重视合规理念塑造与合规文化培育，始终坚持合规优先原则。在严监管的常态化趋势下，公司进一步强化监管政策贯彻，审慎研判合规风险。公司持续加强法律风险管理，强调交易结构简洁适当、法律关系清晰明确，倡导内部法务与外聘律师的信息共享、智力叠加，防范法律风险。

4.5.3.5 公司净资本情况

2023年末，公司净资本余额为32 905.53万元；各项业务风险资本之和为83 095.01万元，净资本/各项业务风险资本之和39.60%；净资本/净资产为10.01%。

4.5.3.6 其他风险管理

通过对宏观政策和行业政策的及时跟踪研究，把握和调整经营方向，规避政策风险。通过完善公司治理结构、内控制度、激励和约束机制、员工行为规范，加强思想教育，增强合法合规经营意识，控制道德风险。通过加强企业文化建设，坚持依法合规稳健经营，高度重视自身声誉，防范声誉风险。

4.6 消费者权益保护

公司高度重视金融机构消费者权益保护工作，建立了完善的消费者权益保护工作机制和内控制度，将消费者保护工作嵌入公司产品和服务的售前、售中、售后各环节的业务流程之中。报告年度，公司认真贯彻监管要求，完善消费者权益保护工作相关内控制度，加强消费者投诉管理与突发事件应对能力，梳理内部分工及工作流程，强化事后评价和考核机制，积极响应监管部门专项消费者权益保护教育活动。报告年度共受理消费者投诉5起，消费者投诉业务类均为产品收益引起的投诉，消费投诉地区分布在山东省、江苏省、吉林省、天津市。公司积极采取有效措施维护消费者权益，报告年度未发生因侵害消费者权益而引起大规模投诉或被诉讼的情形，不存在虚报、瞒报等问题。

5.报告期末及上一年度末的比较式会计报表

5.1 自营资产

5.1.1 会计师事务所审计意见全文

审计报告

中喜财审2024S00531号

吉林省信托有限责任公司全体股东：

一、审计意见

我们审计了吉林省信托有限责任公司财务报表（以下简称贵公司），包括2023年12月31日的合并及母公司资产负债表、2023年度的合并及母公司利润表、合并及母公司现金流量表、合并及母公司所有者权益变动表以及相关财务报表附注。

我们认为，后附的财务报表在所有重大方面按照企业会计准则的规定编制，公允反映了贵公司2023年12月31日的合并及母公司财务状况以及2023年度的合并及母公司经营成果和现金流量。

二、形成审计意见的基础

我们按照中国注册会计师审计准则的规定执行了审计工作。审计报告的"注册会计师对财务报表审计的责任"部分进一步阐述了我们在这些准则下的责任。按照中国注册会计师职业道德守则，我们独立于贵公司，并履行了职业道德方面的其他责任。我们相信，我们获取的审计证据是充分、适当的，为发表审计意见提供了基础。

三、管理层和治理层对财务报表的责任

管理层负责按照企业会计准则的规定编制财务报表，使其实现公允反映，并设计、执行和维护必要的内部控制，以使财务报表不存在由于舞弊或错误导致的重大错报。

在编制财务报表时，管理层负责评估贵公司的持续经营能力，披露与持续经营相关的事项，并运用持续经营假设，除非管理层计划清算贵公司、终止运营或别无其他现实的选择。

治理层负责监督贵公司的财务报告过程。

四、注册会计师对财务报表审计的责任

我们的目标是对财务报表整体是否不存在由于舞弊或错误导致的重大错报获取合理保证，并出具包含审计意见的审计报告。合理保证是高水平的保证，但并不能保证按照审计准则执行的审计在某一重大错报存在时总能发现。错报可能由舞弊或错误导致，如果合理预期错报单独或汇总起来可能影响财务报表使用者依据财务报表作出的经济决策，则通常认为错报是重大的。

在按照审计准则执行审计的过程中，我们运用了职业判断，保持了职业怀疑。同时，我们也执行以下工作：

（1）识别和评估由于舞弊或错误导致的财务报表重大错报风险，设计和实施审计程序以应对这些风险，并获取充分、适当的审计证据，作为发表审计意见的基础。由于舞弊可能涉及串通、伪造、故意遗漏、虚假陈述或凌驾于内部控制之上，未能发现由于舞弊导致的重大错报的风险高于未能发现由于错误导致的重大错报的风险。

（2）了解与审计相关的内部控制，以设计恰当的审计程序，但目的并非对内部控制的有效性发表意见。

（3）评价管理层选用会计政策的恰当性和作出会计估计及相关披露的合理性。

（4）对管理层使用持续经营假设的恰当性得出结论。同时，根据获取的审计证据，就可能导致对贵公司持续经营能力产生重大疑虑的事项或情况是否存在重大不确定性得出结论。如果我们得出结论认为存在重大不确定性，审计准则要求我们在审计报告中提请报表使用者注意财务报表中的相关披露；如果披露不充分，我们应当发表非无保留意见。我们的结论基于截至审计报告日可获得的信息。然而，未来的事项或情况可能导致贵公司不能持续经营。

（5）评价财务报表的总体列报、结构和内容（包括披露），并评价财务报表是否公允反映相关交易和事项。

（6）就贵公司中实体或业务活动的财务信息获取充分、适当的审计证据，以对财务报表发表审计意见。我们负责指导、监督和执行集团审计，并对审计意见承担全部责任。

我们与治理层就计划的审计范围、时间安排和重大审计发现等事项进行沟通，包括沟通我们在审计中识别出的值得关注的内部控制缺陷。

中喜会计师事务所（特殊普通合伙）

中国注册会计师：刘世敏

中国注册会计师：王双喜

中国·北京　　　　　　二〇二四年四月二日

审计报告

中喜财审 2024S00530 号

吉林省信托有限责任公司全体股东：

一、审计意见

我们审计了吉林省信托有限责任公司财务报表（以下简称贵公司），包括 2023 年 12 月 31 日的资产负债表、2023 年度的利润表、现金流量表、所有者权益变动表以及相关财务报表附注。

我们认为，后附的财务报表在所有重大方面按照企业会计准则的规定编制，公允反映了贵公司 2023 年 12 月 31 日的财务状况以及 2023 年度的经营成果和现金流量。

二、形成审计意见的基础

我们按照中国注册会计师审计准则的规定执行了审计工作。审计报告的"注册会计师对财务报表审计的责任"部分进一步阐述了我们在这些准则下的责任。按照中国注册会计师职业道德守则，我们独立于贵公司，并履行了职业道德方面的其他责任。我们相信，我们获取的审计证据是充分、适当的，为发表审计意见提供了基础。

三、管理层和治理层对财务报表的责任

管理层负责按照企业会计准则的规定编制财务报表，使其实现公允反映，并设计、执行和维护必要的内部控制，以使财务报表不存在由于舞弊或错误导致的重大错报。

在编制财务报表时，管理层负责评估贵公司的持续经营能力，披露与持续经营相关的事项（如适用），并运用持续经营假设，除非管理层计划清算贵公司、终止运营或别无其他现实的选择。

治理层负责监督贵公司的财务报告过程。

四、注册会计师对财务报表审计的责任

我们的目标是对财务报表整体是否不存在由于舞弊或错误导致的重大错报获取合理保证，并出具包含审计意见的审计报告。合理保证是高水平的保证，但并不能保证按照审计准则执行的审计在某一重大错报存在时总能发现。错报可能由舞弊或错误导致，如果合理预期错报单独或汇总起来可能影响财务报表使用者依据财务报表作出的经济决策，则通常认为错报是重大的。

在按照审计准则执行审计的过程中，我们运用了职业判断，保持了职业怀疑。同时，我们也执行以下工作：

（1）识别和评估由于舞弊或错误导致的财务报表重大错报风险，设计和实施审计程序以应对这些风险，并获取充分、适当的审计证据，作为发表审计意见的基础。由于舞弊可能涉及串通、伪造、故意遗漏、虚假陈述或凌驾于内部控制之上，未能发现由于舞弊导致的重大错报的风险高于未能发现由于错误导致的重大错报的风险。

（2）了解与审计相关的内部控制，以设计恰当的审计程序，但目的并非对内部控制的有效性发表意见。

（3）评价管理层选用会计政策的恰当性和作出会计估计及相关披露的合理性。

（4）对管理层使用持续经营假设的恰当性得出结论。同时，根据获取的审计证据，就可能导致对贵公司持续经营能力产生重大疑虑的事项或情况是否存在重大不确定性得出结论。如果我们得出结论认为存在重大不确定性，审计准则要求我们在审计报告中提请报表使用者注意财务报表中的相关披露；如果披露不充分，我们应当发表非无保留意见。我们的结论基于截至审计报告日可获得的信息。然而，未来的事项或情况可能导致贵公司不能持续经营。

（5）评价财务报表的总体列报、结构和内容（包括披露），并评价财务报表是否公允反映相关交易和事项。

我们与治理层就计划的审计范围、时间安排和重大审计发现等事项进行沟通，包括沟通我们在审计中识别出的值得关注的内部控制缺陷。

中喜会计师事务所
（特殊普通合伙） 中国注册会计师：刘世敏
中国注册会计师：王双喜
中国·北京 二〇二四年四月二日

5.1.2 资产负债表

合并资产负债表

编制单位：吉林省信托有限责任公司　　2023年12月31日　　单位：万元

项目	年末数	年初数
资产：	—	—
现金及银行存款	36 898.97	25 594.06
存放中央银行款项	7 618.00	—
贵金属	—	—
存放联行款项	—	—

续表

项目	年末数	年初数
存放同业款项	—	—
拆出资金	11 400.00	11 800.00
衍生金融资产	—	—
买入返售金融资产	913.65	—
持有待售资产	—	—
其他应收款	270 170.40	274 138.03
发放贷款和垫款	15 312.83	20 432.83
金融投资	422 057.53	399 083.94
交易性金融资产	7 347.51	7 118.82
债权投资	6 191.48	6 386.57
其他债权投资	16 717.90	98.50
其他权益工具投资	391 800.64	385 480.05
长期股权投资	128.00	128.00
投资性房地产	349.18	366.78
固定资产	15 694.84	16 440.67
在建工程	—	—
使用权资产	—	25.52
无形资产	351.45	537.52
商誉	4.05	4.05
长期待摊费用	117.92	124.41
抵债资产	9 948.22	3 709.41
递延所得税资产	17 362.27	17 174.44
其他资产	1 481.24	2 037.61
资产总计	809 808.54	771 597.29

合并资产负债表（续）

编制单位：吉林省信托有限责任公司　　2023年12月31日　　单位：万元

项目	年末数	年初数
负债：	—	—
向中央银行借款	—	—
联行存放款项	—	—
同业及其他金融机构存放款项	—	—
拆入资金	271 500.00	204 500.00
衍生金融负债	—	—
交易性金融负债	—	—
卖出回购金融资产款	—	—
吸收存款	—	—
应付职工薪酬	1 753.92	909.73
其中：工资、奖金、津贴和补贴	1 672.11	759.69
应交税费	1 731.58	895.71
持有待售负债	—	—

续表

项目	年末数	年初数
其他应付款	163 256.30	283 651.65
租赁负债	—	26.64
预计负债	—	—
应付债券	—	—
递延所得税负债	—	—
其他负债	42 656.42	123 862.66
其中：应付股利	—	—
负债合计	480 898.23	613 846.41
所有者权益（或股东权益）：	—	—
实收资本（或股本）	314 999.56	159 659.75
国家资本	155 659.75	155 659.75
集体资本	—	—
法人资本	159 339.81	4 000.00
其中：国有法人资本	159 339.81	4 000.00
个人资本	—	—
外商资本	—	—
其他权益工具	—	—
优先股	—	—
永续债	—	—
其他	—	—
资本公积	12 994.35	8 334.16
减：库存股	—	—
其他综合收益	-43 809.57	-51 517.99
盈余公积	48 534.74	48 534.74
一般风险准备	44 187.97	43 941.74
未分配利润	-59 821.55	-63 890.54
归属于母公司所有者权益合计	317 085.51	145 061.86
少数股东权益	11 824.81	12 689.02
所有者权益（或股东权益）合计	328 910.32	157 750.88
负债和所有者权益（或股东权益）总计	809 808.54	771 597.29

法定代表人：张洪东　　主管会计工作负责人：崔学斌　　会计机构负责人：常青慧

母公司资产负债表

编制单位：吉林省信托有限责任公司　　2023年12月31日　　单位：万元

项目	年末数	年初数
资产：	—	—
现金及银行存款	11 488.04	4 290.85
存放中央银行款项	7 618.00	—
贵金属	—	—
存放联行款项	—	—
存放同业款项	—	—
拆出资金	11 400.00	11 800.00

续表

项目	年末数	年初数
衍生金融资产	—	—
买入返售金融资产	913.65	—
持有待售资产	—	—
其他应收款	242 939.59	252 771.29
发放贷款和垫款	15 312.83	20 432.83
金融投资	410 886.03	388 461.25
交易性金融资产	837.07	1 235.59
债权投资	1 530.41	1 647.11
其他债权投资	16 717.90	98.50
其他权益工具投资	391 800.64	385 480.05
长期股权投资	19 552.25	19 552.25
投资性房地产	—	1 360.45
固定资产	14 357.88	13 591.53
在建工程	—	—
使用权资产	—	—
无形资产	134.68	289.39
商誉	—	—
长期待摊费用	90.63	86.01
抵债资产	9 948.22	3 709.41
递延所得税资产	17 362.27	17 174.44
其他资产	3 011.79	—
资产总计	765 015.85	733 519.71

母公司资产负债表（续）

编制单位：吉林省信托有限责任公司　　2023年12月31日　　单位：万元

项目	年末数	年初数
负债：	—	—
向中央银行借款	—	—
联行存放款项	—	—
同业及其他金融机构存放款项	—	—
拆入资金	271 500.00	204 500.00
衍生金融负债	—	—
交易性金融负债	—	—
卖出回购金融资产款	—	—
吸收存款	—	—
应付职工薪酬	1 668.06	873.01
其中：工资、奖金、津贴和补贴	1 619.34	759.69
应交税费	1 312.38	551.75
持有待售负债	—	—
其他应付款	160 894.91	280 212.65
租赁负债		

续表

项目	年末数	年初数
预计负债	—	—
应付债券	—	—
递延所得税负债	—	—
其他负债	1 000.17	92 010.29
其中：应付股利	—	—
负债合计	436 375.52	578 147.70
所有者权益（或股东权益）：		
实收资本（或股本）	314 999.56	159 659.75
国家资本	155 659.75	155 659.75
集体资本	—	—
法人资本	159 339.81	4 000.00
其中：国有法人资本	159 339.81	4 000.00
个人资本	—	—
外商资本	—	—
其他权益工具	—	—
优先股	—	—
永续债	—	—
其他	—	—
资本公积	11 160.19	6 500.00
减：库存股	—	—
其他综合收益	-43 809.57	-51 517.99
盈余公积	48 534.74	48 534.74
一般风险准备	42 514.23	42 266.86
未分配利润	-44 758.82	-50 071.35
所有者权益（或股东权益）合计	328 640.33	155 372.01
负债和所有者权益（或股东权益）总计	765 015.85	733 519.71

法定代表人：张洪东　　主管会计工作负责人：崔学斌　　会计机构负责人：常青慧

5.1.3 利润表

合并利润表

编制单位：吉林省信托有限责任公司　　2023年度　　单位：万元

项目	本年数	上年数
一、营业收入	15 683.11	11 689.50
（一）利息净收入	-13 203.48	-16 040.92
利息收入	2 106.95	841.38
利息支出	15 310.42	16 882.29
（二）手续费及佣金净收入	23 487.89	24 124.18
手续费及佣金收入	23 487.89	24 126.13
手续费及佣金支出	—	1.95
（三）投资收益（损失以"-"号填列）	4 468.11	3 447.61
其中：对联营企业和合营企业的投资收益	—	—

续表

项目	本年数	上年数
以摊余成本计量的金融资产终止确认产生的收益	—	—
（四）净敞口套期收益（损失以"-"号填列）	—	—
（五）公允价值变动收益（损失以"-"号填列）	328.51	-383.81
（六）汇兑收益（损失以"-"号填列）	—	—
（七）其他业务收入	49.59	74.61
（八）资产处置收益（损失以"-"号填列）	-6.92	—
（九）其他收益	559.40	467.82
二、营业支出	12 821.17	62 366.21
（一）税金及附加	486.81	454.73
（二）业务及管理费	26 485.81	29 602.26
（三）信用减值损失（转回金额以"-"号填列）	-14 283.34	31 207.84
（四）其他资产减值损失（转回金额以"-"号填列）	114.30	1 083.77
（五）其他业务成本	17.60	17.60
三、营业利润（亏损以"-"号填列）	2 861.93	-50 676.71
加：营业外收入	0.02	3.55
减：营业外支出	23.45	-52 844.70
四、利润总额（亏损以"-"号填列）	2 838.51	2 171.54
减：所得税费用	—	—
五、净利润（亏损以"-"号填列）	2 838.51	2 171.54
归属于母公司所有者的净利润	3 702.72	3 317.17
少数股东损益	-864.21	-1 145.63
六、其他综合收益的税后净额	8 320.93	-16 980.61
（一）归属于母公司所有者的其他综合收益的税后净额	8 320.93	-16 980.61
1.以后不能重分类进损益的其他综合收益	6 540.28	-16 980.61
2.以后将重分类进损益的其他综合收益	1 780.65	—
（1）权益法下可转损益的其他综合收益	—	—
（2）其他债权投资公允价值变动	-5 341.95	
（3）金融资产重分类计入其他综合收益的金额	—	
（4）其他债权投资信用损失准备	7 122.60	
（5）现金流量套期损益的有效部分	—	
（6）外币财务报表折算差额	—	
（7）其他	—	
（二）归属于少数股东的其他综合收益的税后净额	—	—
七、综合收益总额	11 159.44	-14 809.07
归属于母公司所有者的综合收益总额	12 023.65	-13 663.44
归属于少数股东的综合收益总额	-864.21	-1 145.63
八、每股收益：		
（一）基本每股收益	—	—
（二）稀释每股收益	—	—

法定代表人：张洪东　　主管会计工作负责人：崔学斌　　会计机构负责人：常青慧

母公司利润表

编制单位：吉林省信托有限责任公司　　2023年度　　单位：万元

项目	本年数	上年数
一、营业收入	1 548.31	-5 171.18
（一）利息净收入	-13 852.20	-16 740.33
利息收入	1 458.23	141.97
利息支出	15 310.42	16 882.29
（二）手续费及佣金净收入	10 498.38	7 749.33
手续费及佣金收入	10 498.38	7 749.33
手续费及佣金支出	—	—
（三）投资收益（损失以"-"号填列）	4 411.98	3 131.33
其中：对联营企业和合营企业的投资收益	—	—
以摊余成本计量的金融资产终止确认产生的收益	—	—
（四）净敞口套期收益（损失以"-"号填列）	—	—
（五）公允价值变动收益（损失以"-"号填列）	171.60	135.48
（六）汇兑收益（损失以"-"号填列）	—	—
（七）其他业务收入	278.43	485.71
（八）资产处置收益（损失以"-"号填列）	-6.92	—
（九）其他收益	47.03	67.31
二、营业支出	-3 415.65	42 557.48
（一）税金及附加	411.71	387.11
（二）业务及管理费	10 296.85	9 783.60
（三）信用减值损失（转回金额以"-"号填列）	-14 282.84	31 258.68
（四）其他资产减值损失（转回金额以"-"号填列）	114.30	1 083.77
（五）其他业务成本	44.33	44.33
三、营业利润（亏损以"-"号填列）	4 963.96	-47 728.66
加：营业外收入	—	3.50

续表

项目	本年数	上年数
减：营业外支出	16.57	-52 858.32
四、利润总额（亏损以"-"号填列）	4 947.39	5 133.16
减：所得税费用	—	—
五、净利润（亏损以"-"号填列）	4 947.39	5 133.16
归属于母公司所有者的净利润	4 947.39	5 133.16
少数股东损益	—	—
六、其他综合收益的税后净额	8 320.93	-16 980.61
（一）归属于母公司所有者的其他综合收益的税后净额	8 320.93	-16 980.61
1.以后不能重分类进损益的其他综合收益	6 540.28	-16 980.61
2.以后将重分类进损益的其他综合收益	1 780.65	—
（1）权益法下可转损益的其他综合收益	—	—
（2）其他债权投资公允价值变动	-5 341.95	—
（3）金融资产重分类计入其他综合收益的金额	—	—
（4）其他债权投资信用损失准备	7 122.60	—
（5）现金流量套期损益的有效部分	—	—
（6）外币财务报表折算差额	—	—
（7）其他	—	—
（二）归属于少数股东的其他综合收益的税后净额	—	—
七、综合收益总额	13 268.32	-11 847.45
归属于母公司所有者的综合收益总额	13 268.32	-11 847.45
归属于少数股东的综合收益总额	—	—
八、每股收益：		
（一）基本每股收益	—	—
（二）稀释每股收益	—	—

法定代表人：张洪东　　主管会计工作负责人：崔学斌　　会计机构负责人：常青慧

5.1.4 所有者权益变动表

合并所有者权益变动表

编制单位：吉林省信托有限责任公司　　2023年12月31日　　单位：万元

项目	本年金额 归属于母公司所有者权益								少数股东权益	所有者权益合计
	实收资本（或股本）	其他权益工具	资本公积	减：库存股	其他综合收益	盈余公积	一般风险准备	未分配利润		
一、上年年末余额	159 659.75	—	8 334.16	—	-51 517.99	48 534.74	43 941.74	-63 890.54	12 689.02	157 750.88
加：会计政策变更	—	—	—	—	—	—	—	—	—	—
前期差错更正	—	—	—	—	—	—	—	—	—	—
二、本年年初余额	159 659.75	—	8 334.16	—	-51 517.99	48 534.74	43 941.74	-63 890.54	12 689.02	157 750.88
三、本年增减变动金额（减少以"-"号填列）	155 339.81	—	4 660.19	—	7 708.42	—	246.23	4 068.99	-864.21	171 159.44
（一）综合收益总额	—	—	—	—	8 320.93	—	—	3 702.72	-864.21	11 159.44
（二）所有者投入和减少资本	155 339.81	—	4 660.19	—	—	—	—	—	—	160 000.00
1.所有者投入的普通股	155 339.81	—	4 660.19	—	—	—	—	—	—	160 000.00

续表

项目	本年金额									
	归属于母公司所有者权益							少数股东权益	所有者权益合计
	实收资本(或股本)	其他权益工具	资本公积	减：库存股	其他综合收益	盈余公积	一般风险准备	未分配利润		
2.其他权益工具持有者投入资本	—	—	—	—	—	—	—	—	—	—
3.股份支付计入所有者权益的金额	—	—	—	—	—	—	—	—	—	—
4.其他	—	—	—	—	—	—	—	—	—	—
(三)利润分配	—	—	—	—	—	—	246.23	−246.23	—	—
1.提取盈余公积	—	—	—	—	—	—	—	—	—	—
2.提取一般风险准备	—	—	—	—	—	—	246.23	−246.23	—	—
3.对所有者(或股东)的分配	—	—	—	—	—	—	—	—	—	—
4.对其他权益工具持有者的分配	—	—	—	—	—	—	—	—	—	—
5.其他	—	—	—	—	—	—	—	—	—	—
(四)所有者权益内部结转	—	—	—	—	−612.51	—	—	612.51	—	—
1.资本公积转增资本(或股本)	—	—	—	—	—	—	—	—	—	—
2.盈余公积转增资本(或股本)	—	—	—	—	—	—	—	—	—	—
3.盈余公积弥补亏损	—	—	—	—	—	—	—	—	—	—
4.一般风险准备弥补亏损	—	—	—	—	—	—	—	—	—	—
5.设定受益计划变动额结转留存收益	—	—	—	—	—	—	—	—	—	—
6.其他综合收益结转留存收益	—	—	—	—	−612.51	—	—	612.51	—	—
7.其他	—	—	—	—	—	—	—	—	—	—
四、本年年末余额	314 999.56	—	12 994.35	—	−43 809.57	48 534.74	44 187.97	−59 821.55	11 824.81	328 910.32

合并所有者权益变动表(续)

编制单位：吉林省信托有限责任公司　　　　2023年12月31日　　　　单位：万元

项目	上年金额									
	归属于母公司所有者权益							少数股东权益	所有者权益合计
	实收资本(或股本)	其他权益工具	资本公积	减：库存股	其他综合收益	盈余公积	一般风险准备	未分配利润		
一、上年年末余额	159 659.75	—	8 334.16	—	−34 537.38	48 534.74	43 771.40	−67 037.37	13 834.65	172 559.95
加：会计政策变更	—	—	—	—	—	—	—	—	—	—
前期差错更正	—	—	—	—	—	—	—	—	—	—
二、本年年初余额	159 659.75	—	8 334.16	—	−34 537.38	48 534.74	43 771.40	−67 037.37	13 834.65	172 559.95
三、本年增减变动金额(减少以"−"号填列)	—	—	—	—	−16 980.61	—	170.34	3 146.83	−1 145.63	−14 809.07
(一)综合收益总额	—	—	—	—	−16 980.61	—	—	3 317.17	−1 145.63	−14 809.07
(二)所有者投入和减少资本	—	—	—	—	—	—	—	—	—	—
1.所有者投入的普通股	—	—	—	—	—	—	—	—	—	—
2.其他权益工具持有者投入资本	—	—	—	—	—	—	—	—	—	—
3.股份支付计入所有者权益的金额	—	—	—	—	—	—	—	—	—	—
4.其他	—	—	—	—	—	—	—	—	—	—
(三)利润分配	—	—	—	—	—	—	170.34	−170.34	—	—
1.提取盈余公积	—	—	—	—	—	—	—	—	—	—
2.提取一般风险准备	—	—	—	—	—	—	170.34	−170.34	—	—

续表

项目	上年金额								
	归属于母公司所有者权益							少数股东权益	所有者权益合计
	实收资本（或股本）	其他权益工具	资本公积	减：库存股	其他综合收益	盈余公积	一般风险准备	未分配利润		
3.对所有者（或股东）的分配	—	—	—	—	—	—	—	—	—	—
4.对其他权益工具持有者的分配	—	—	—	—	—	—	—	—	—	—
5.其他	—	—	—	—	—	—	—	—	—	—
（四）所有者权益内部结转	—	—	—	—	—	—	—	—	—	—
1.资本公积转增资本（或股本）	—	—	—	—	—	—	—	—	—	—
2.盈余公积转增资本（或股本）	—	—	—	—	—	—	—	—	—	—
3.盈余公积弥补亏损	—	—	—	—	—	—	—	—	—	—
4.一般风险准备弥补亏损	—	—	—	—	—	—	—	—	—	—
5.设定受益计划变动额结转留存收益	—	—	—	—	—	—	—	—	—	—
6.其他综合收益结转留存收益	—	—	—	—	—	—	—	—	—	—
7.其他	—	—	—	—	—	—	—	—	—	—
四、本年年末余额	159 659.75	—	8 334.16	—	−51 517.99	48 534.74	43 941.74	−63 890.54	12 689.02	157 750.88

法定代表人：张洪东　　　　　主管会计工作负责人：崔学斌　　　　　会计机构负责人：常青慧

母公司所有者权益变动表

编制单位：吉林省信托有限责任公司　　　2023年12月31日　　　单位：万元

项目	本年金额								
	归属于母公司所有者权益							少数股东权益	所有者权益合计
	实收资本（或股本）	其他权益工具	资本公积	减：库存股	其他综合收益	盈余公积	一般风险准备	未分配利润		
一、上年年末余额	159 659.75	—	6 500.00	—	−51 517.99	48 534.74	42 266.86	−50 071.35	—	155 372.01
加：会计政策变更	—	—	—	—	—	—	—	—	—	—
前期差错更正	—	—	—	—	—	—	—	—	—	—
二、本年初余额	159 659.75	—	6 500.00	—	−51 517.99	48 534.74	42 266.86	−50 071.35	—	155 372.01
三、本年增减变动金额（减少以"−"号填列）	155 339.81	—	4 660.19	—	7 708.42	—	247.37	5 312.53	—	173 268.32
（一）综合收益总额	—	—	—	—	8 320.93	—	—	4 947.39	—	13 268.32
（二）所有者投入和减少资本	155 339.81	—	4 660.19	—	—	—	—	—	—	160 000.00
1.所有者投入的普通股	155 339.81	—	4 660.19	—	—	—	—	—	—	160 000.00
2.其他权益工具持有者投入资本	—	—	—	—	—	—	—	—	—	—
3.股份支付计入所有者权益的金额	—	—	—	—	—	—	—	—	—	—
4.其他	—	—	—	—	—	—	—	—	—	—
（三）利润分配	—	—	—	—	—	—	247.37	−247.37	—	—
1.提取盈余公积	—	—	—	—	—	—	—	—	—	—
2.提取一般风险准备	—	—	—	—	—	—	247.37	−247.37	—	—
3.对所有者（或股东）的分配	—	—	—	—	—	—	—	—	—	—
4.对其他权益工具持有者的分配	—	—	—	—	—	—	—	—	—	—
5.其他	—	—	—	—	—	—	—	—	—	—
（四）所有者权益内部结转	—	—	—	—	−612.51	—	—	612.51	—	—
1.资本公积转增资本（或股本）	—	—	—	—	—	—	—	—	—	—
2.盈余公积转增资本（或股本）	—	—	—	—	—	—	—	—	—	—

续表

项目	本年金额								
	归属于母公司所有者权益							少数股东权益	所有者权益合计
	实收资本（或股本）	其他权益工具	资本公积	减：库存股	其他综合收益	盈余公积	一般风险准备	未分配利润	
3.盈余公积弥补亏损	—	—	—	—	—	—	—	—	—
4.一般风险准备弥补亏损	—	—	—	—	—	—	—	—	—
5.设定受益计划变动额结转留存收益	—	—	—	—	—	—	—	—	—
6.其他综合收益结转留存收益	—	—	—	—	−612.51	—	—	612.51	—
7.其他	—	—	—	—	—	—	—	—	—
四、本年年末余额	314 999.56	—	11 160.19	—	−43 809.57	48 534.74	42 514.23	−44 758.82	328 640.33

母公司所有者权益变动表（续）

编制单位：吉林省信托有限责任公司　　　　2023年12月31日　　　　单位：万元

项目	上年金额								
	归属于母公司所有者权益							少数股东权益	所有者权益合计
	实收资本（或股本）	其他权益工具	资本公积	减：库存股	其他综合收益	盈余公积	一般风险准备	未分配利润	
一、上年年末余额	159 659.75	—	6 500.00	—	−34 537.38	48 534.74	42 266.86	−55 204.51	167 219.46
加：会计政策变更	—	—	—	—	—	—	—	—	—
前期差错更正	—	—	—	—	—	—	—	—	—
二、本年年初余额	159 659.75	—	6 500.00	—	−34 537.38	48 534.74	42 266.86	−55 204.51	167 219.46
三、本年增减变动金额（减少以"−"号填列）	—	—	—	—	−16 980.61	—	—	5 133.16	−11 847.45
（一）综合收益总额	—	—	—	—	−16 980.61	—	—	5 133.16	−11 847.45
（二）所有者投入和减少资本	—	—	—	—	—	—	—	—	—
1.所有者投入的普通股	—	—	—	—	—	—	—	—	—
2.其他权益工具持有者投入资本	—	—	—	—	—	—	—	—	—
3.股份支付计入所有者权益的金额	—	—	—	—	—	—	—	—	—
4.其他	—	—	—	—	—	—	—	—	—
（三）利润分配	—	—	—	—	—	—	—	—	—
1.提取盈余公积	—	—	—	—	—	—	—	—	—
2.提取一般风险准备	—	—	—	—	—	—	—	—	—
3.对所有者（或股东）的分配	—	—	—	—	—	—	—	—	—
4.对其他权益工具持有者的分配	—	—	—	—	—	—	—	—	—
5.其他	—	—	—	—	—	—	—	—	—
（四）所有者权益内部结转	—	—	—	—	—	—	—	—	—
1.资本公积转增资本（或股本）	—	—	—	—	—	—	—	—	—
2.盈余公积转增资本（或股本）	—	—	—	—	—	—	—	—	—
3.盈余公积弥补亏损	—	—	—	—	—	—	—	—	—
4.一般风险准备弥补亏损	—	—	—	—	—	—	—	—	—
5.设定受益计划变动额结转留存收益	—	—	—	—	—	—	—	—	—
6.其他综合收益结转留存收益	—	—	—	—	—	—	—	—	—
7.其他	—	—	—	—	—	—	—	—	—
四、本年年末余额	159 659.75	—	6 500.00	—	−51 517.99	48 534.74	42 266.86	−50 071.35	155 372.01

法定代表人：张洪东　　　　主管会计工作负责人：崔学斌　　　　会计机构负责人：常青慧

5.2 信托资产

5.2.1 信托项目资产负债汇总表

信托项目资产负债汇总表

编制单位：吉林省信托有限责任公司　　2023年12月31日　　单位：万元

信托资产	期末数	年初数	信托负债和信托收益	期末数	年初数
信托资产：	—	—	信托负债：		
货币资金	19 051.80	19 037.52	应付受托人报酬	8 874.79	8 153.96
拆出资金	—	—	应付托管费	37.59	43.35
应收款项	24 586.51	31 338.61	应付受益人收益	2.10	4.76
买入返售资产	21 504.01	2 250.24	其他应付款项	659.82	624.57
交易性金融资产	730 142.38	794 461.21	应交税金	2 637.66	1 815.79
债权投资	367 391.74	458 629.77	卖出回购资产款	—	—
长期股权投资	144 414.12	223 260.97	其他负债	6 503.27	15 268.31
客户贷款	286 518.79	485 179.99	信托负债合计	18 715.23	25 910.73
应收融资租赁款	—	—	信托权益：		
固定资产	—	—	实收信托	2 352 543.48	2 553 943.27
无形资产	—	—	其他综合收益	—	—
长期待摊费用	—	—	未分配利润	-298 967.30	-226 820.80
其他资产	478 682.06	338 874.89	信托权益合计	2 053 576.18	2 327 122.47
信托资产总计	2 072 291.41	2 353 033.20	信托负债及信托权益总计	2 072 291.41	2 353 033.20

法定代表人：张洪东　　主管会计工作负责人：崔学斌　　会计机构负责人：陈爽

5.2.2 信托项目利润及利润分配汇总表

信托项目利润及利润分配汇总表

编制单位：吉林省信托有限责任公司　　2023年12月31日　　单位：万元

项目	本年累计数	上年累计数
一、营业收入	106 972.42	40 703.30
利息收入	66 654.98	112 222.09
投资收益	59 481.98	-70 755.36
租赁收入	—	—
其他收入	1 920.00	—
二、营业费用	9 825.87	9 889.08
三、营业税金及附加	389.72	431.05
四、扣除信用减值损失前信托利润	96 756.83	30 383.17
五、信用减值损失	69 907.48	301 544.49
六、信托利润	26 849.35	-271 161.32
七、其他综合收益	—	—
八、综合收益	26 849.35	-271 161.32
加：期初未分配信托利润	-226 820.80	9 696.89
九、可供分配的信托利润	-199 971.45	-261 464.43
减：本期已分配信托利润	98 995.85	-34 643.63

续表

项目	本年累计数	上年累计数
十、期末未分配信托利润	-298 967.30	-226 820.80

法定代表人：张洪东　　主管会计工作负责人：崔学斌　　会计机构负责人：陈爽

5.2.3 信托项目重要会计政策变更

无。

6. 会计报表附注

6.1 会计报表编制基础

6.1.1 编制基础

公司财务报表以持续经营假设为基础，根据实际发生的交易和事项，按照财政部颁布的《企业会计准则——基本准则》和各项具体会计准则、企业会计准则应用指南、企业会计准则解释及其他相关规定（以下合称企业会计准则）的披露规定编制。

根据企业会计准则的相关规定，公司会计核算以权责发生制为基础。除某些金融工具外，本财务报表均以历史成本为计量基础。资产如果发生减值，则按照相关规定计提相应的减值准备。

6.1.2　纳入合并范围的子公司

序号	企业名称	级次	企业类型	注册地	业务性质	注册资本（万元）	持股比例（%）	享有的表决权（%）	投资额（万元）
1	天治基金管理有限公司	2	2	上海市	基金业	16 000.00	61.25	61.25	11 600.00
2	天富期货有限公司	2	2	长春市	期货业	15 000.00	55.00	55.00	8 250.00

注：企业类型：1.境内非金融子企业；2.境内金融子企业；3.境外子企业；4.事业单位；5.基建单位。

6.2　会计政策、会计估计和核算方法的变更

6.2.1　重要会计政策变更

财政部于2022年11月发布了《企业会计准则解释第16号》（财会〔2022〕31号）（以下简称解释第16号）。

解释第16号规定，对于不是企业合并、交易发生时既不影响会计利润也不影响应纳税所得额（或可抵扣亏损），且初始确认的资产和负债导致产生等额应纳税暂时性差异和可抵扣暂时性差异的单项交易，因资产和负债的初始确认所产生的应纳税暂时性差异和可抵扣暂时性差异，应当根据《企业会计准则第18号——所得税》等有关规定，在交易发生时分别确认相应的递延所得税负债和递延所得税资产。对于在首次施行上述规定的财务报表列报最早期间的期初至本解释施行日之间发生的上述交易，企业应当按照上述规定，将累积影响数调整财务报表列报最早期间的期初留存收益及其他相关财务报表项目。上述会计处理规定自2023年1月1日起施行。

本公司对租赁业务确认的租赁负债和使用权资产，以及确认的弃置义务相关预计负债和对应的相关资产，产生应纳税暂时性差异和可抵扣暂时性差异的，按照解释第16号的规定进行调整。

执行上述会计政策对2023年12月31日资产负债表和2023年度利润表无影响。

6.2.2　会计估计和核算方法的变更

无。

6.3　或有事项

截至2023年12月31日，公司对外提供担保情况如下表所示。

担保对象	担保方式	担保金额（万元）	担保期限（个月）	担保合同签订日	反担保措施
吉林市城投大数据建设有限公司	保证担保	1 000	12	2022年12月29日	吉林市国有资本发展控股集团有限公司、盛稷股权投资基金（上海）有限公司提供保证担保；盛稷股权投资基金（上海）有限公司以其持有的财产权信托计划财产提供反担保
吉林市城投建设实业有限公司	保证担保	4 000	12	2022年12月29日	吉林市国有资本发展控股集团有限公司、盛稷股权投资基金（上海）有限公司提供保证担保；盛稷股权投资基金（上海）有限公司以其持有的财产权信托计划财产提供反担保
吉林市吉城综合管廊建设经营有限公司	保证担保	4 000	12	2022年12月29日	吉林市国有资本发展控股集团有限公司、盛稷股权投资基金（上海）有限公司提供保证担保；盛稷股权投资基金（上海）有限公司以其持有的财产权信托计划财产提供反担保
吉林市吉房置业发展有限公司	保证担保	4 100	12	2022年12月29日	吉林市国有资本发展控股集团有限公司、盛稷股权投资基金（上海）有限公司提供保证担保；盛稷股权投资基金（上海）有限公司以其持有的财产权信托计划财产提供反担保
吉林市隆鑫市政工程有限责任公司	保证担保	7 000	12	2023年8月15日	由吉林市国有资本发展控股集团有限公司提供连带责任保证担保，由吉林市城市建设控股集团有限公司提供连带责任保证担保
吉林农业投资发展有限公司	保证担保	7 000	12	2023年8月15日	由吉林市国有资本发展控股集团有限公司提供连带责任保证担保，由吉林市城市建设控股集团有限公司提供连带责任保证担保
合计	—	27 100	—		

6.4　重要资产转让及其出售

本公司本年度无重要资产转让及其出售情况。

6.5　会计报表中重要项目的明细资料

6.5.1　自营资产经营情况

6.5.1.1　公司信用风险资产五级分类结果如下表所示。

信用风险资产分类	正常类（万元）	关注类（万元）	次级类（万元）	可疑类（万元）	损失类（万元）
期初数	443 708.99	—	331 072.63	138 852.07	21 280.82
期末数	474 958.30	—	354 559.25	100 472.46	16 455.37

6.5.1.2 资产损失准备的期初、本期计提、本期转回、本期核销、期末数

单位：万元

项目	期初数	本期计提	本期转回	本期核销	其他变化	期末数
贷款损失准备	40 530.68	—	7 680.00			32 850.68
债权投资减值准备	25.09	—	1.78			23.31
其他债权投资减值准备	1.50	7 122.60	—			7 124.10

续表

项目	期初数	本期计提	本期转回	本期核销	其他变化	期末数
长期股权投资减值准备	297.75	—	—			297.75
坏账准备	151 651.03	—	13 723.67			137 927.36
抵债资产减值准备	1 589.75	114.30	—			1 704.05
拆出资金减值准备	18 000.00					18 000.00
合计	212 095.80	7 236.90	21 405.45			197 927.25
贷款损失准备	40 530.68	—	7 680.00			32 850.68

6.5.1.3 自营股票投资、基金投资、债券投资、股权投资等投资的期初数、期末数

项目	自营股票（万元）	基金（万元）	债券（万元）	股权投资（万元）	其他投资（万元）	合计（万元）
期初数	1 424.76	—	—	447 998.65	1 772.19	451 195.60
期末数	854.65	—	—	446 798.64	26 309.37	473 962.66

6.5.1.4 公司前五名的自营股权投资的企业名称、占被投资企业权益的比例、主要经营活动及投资收益情况

企业名称	占被投资企业权益的比例（%）	主要经营活动	投资收益（万元）
东北证券股份有限公司	11.8	证券经纪；证券投资咨询；与证券交易、证券投资活动有关的财务顾问；证券承销与保荐；证券自营；融资融券；证券投资基金代销；代销金融产品业务	本年度分红 2 760.74
吉林九台农村商业银行股份有限公司	9.61	吸收人民币公众存款；发放人民币短期、中期和长期贷款；办理国内结算；办理票据承兑与贴现；代理发行、代理兑付、承销政府债券；买卖政府债券、金融债券；参与货币市场；从事同业拆借；代理收付款项及代理保险业务；提供保险箱服务；代理买卖基金、信托产品及其他理财产品；基金销售；从事银行卡业务；外汇借款、外汇票据的承兑和贴现、外汇担保、自营及代客外汇买卖、外汇存款、外汇贷款、国际结算、同业外汇拆借和外汇信贷、咨询、见证；外汇借款、外汇票据的承兑和贴现、外汇担保、即期结售汇、自营及代客外汇买卖；经原中国银行业监督管理委员会批准的其他业务；信息服务业务（不含固定网信息服务业务项目）（依法须经批准的项目，经相关部门批准后方可开展经营活动）	本年度未分红
中融人寿保险股份有限公司	6.15	人寿保险、健康保险、意外伤害保险等各类人身保险业务；上述业务的再保险业务；国家法律、法规允许的保险资金运用业务；经原中国保监会批准的其他业务（企业依法自主选择经营项目，开展经营活动；依法须经批准的项目，经相关部门批准后依批准的内容开展经营活动；不得从事本市产业政策禁止和限制类项目的经营活动）	本年度未分红
吉林银行股份有限公司	0.99	吸收公众存款；发放短期、中期和长期贷款；办理国内外结算；办理票据承兑与贴现；发行金融债券；代理发行、代理兑付、承销政府债券；买卖政府债券；从事同业拆借；提供担保；代理收付款项及代理保险业务；提供保管箱服务；办理委托存贷款业务；代理销售黄金业务；办理结、售汇业务；外汇借款；外币兑换；发行或代理发行股票以外的外币有价证券；买卖或代理买卖股票以外的外币有价证券；资信调查、咨询、见证业务；证券投资基金销售业务；经银行业监督管理机构批准的其他业务	本年度分红 600
吉林公主岭农村商业银行股份有限公司	10	吸收人民币公众存款；发放人民币短期、中期和长期贷款；办理国内结算；办理票据承兑与贴现；代理发行、代理兑付、承销政府债券；买卖政府债券、金融债券；参与货币市场；从事同业拆借；代理收付款项及代理保险业务；提供保管箱服务；从事银行卡（借记卡）业务；经中国银行业监督管理委员会批准的其他业务（依法须经批准的项目，经相关部门批准后方可开展经营活动）	本年度未分红

6.5.1.5 公司前五名的自营贷款的企业名称、占贷款总额的比例和还款情况

企业名称	占贷款总额的比例（%）	还款情况
上海鸿内贸易发展有限公司	79.48	已到期
长春鸿达光电子与生物统计识别技术有限公司	8.31	已到期
抚松县鑫鼎林产工业（集团）有限责任公司	7.00	已到期
吉林日升木业有限公司	3.84	已到期
抚松县松江河鑫鼎贸易有限公司	1.37	已到期

6.5.1.6 表外业务的期初数、期末数

单位：万元

表外业务	期初数	期末数
担保业务	27 100	27 100
代理业务（委托业务）	—	—
其他	—	—
合计	27 100	27 100

6.5.1.7　公司当年的收入结构

收入结构	合并 金额（万元）	合并 占比（%）	母公司 金额（万元）	母公司 占比（%）
手续费及佣金收入	23 487.89	75.78	10 498.38	62.27
其中：信托业务手续费收入	10 498.38	33.87	10 498.38	62.27
担保业务手续费收入	—	—	—	—
基金管理手续费收入	2 107.71	6.80	—	—
期货业务手续费收入	10 881.80	35.11	—	—
典当业务手续费收入	—	—	—	—
其他手续费收入	—	—	—	—
利息类收入	2 106.95	6.80	1 458.23	8.65
其他业务收入	49.59	0.16	278.43	1.65
其中：计入信托业务收入部分	—	—	—	—
投资收益	4 468.11	14.42	4 411.98	26.17
其中：股权投资收益	3 404.48	10.98	3 404.48	20.19
证券投资收益	94.78	0.31	54.96	0.33
其他投资收益	968.85	3.13	952.54	5.65
公允价值变动收益	328.51	1.06	171.60	1.02
汇兑损益	—	—	—	—
其他收益	559.40	1.80	47.03	0.28
资产处置收益	-6.92	-0.02	-6.92	-0.04
营业外收入	0.02	—	—	—
收入合计	30 993.55	100.00	16 858.73	100.00

6.5.2　信托资产管理情况

6.5.2.1　信托资产的期初、期末数

单位：万元

信托资产	期初数	期末数
集合	177 344.42	157 383.24
单一	823 829.19	639 338.86
财产权	1 351 859.59	1 275 569.31
合计	2 353 033.20	2 072 291.41

6.5.2.1.1　主动管理型信托业务的信托资产期初数、期末数，分投资类、融资类、事务管理类分别披露

单位：万元

主动管理型信托资产	期初数	期末数
投资类	1 165 170.42	1 061 550.69
融资类	367 274.05	178 347.05
事务管理类	50 000.00	—
合计	1 582 444.47	1 239 897.74

6.5.2.1.2　被动管理型信托业务的信托资产期初数、期末数，分投资类、融资类、事务管理类分别披露

单位：万元

被动管理型信托资产	期初数	期末数
投资类	24 511.70	22 502.44
融资类	—	—
事务管理类	746 077.03	809 891.23
合计	770 588.72	832 393.67

6.5.2.2　本年度已清算结束的信托项目个数、实收信托合计金额、加权平均实际年化收益率

6.5.2.2.1　本年度已清算结束的集合类、单一类资金信托项目和财产管理类信托项目个数、实收信托合计金额、加权平均实际年化收益率

已清算结束信托项目	项目个数（个）	实收信托合计金额（累计数）（万元）	加权平均实际年化收益率（%）
集合类	1	4 000.00	3.43
单一类	17	222 667.23	10.19
财产管理类	7	287 833.79	0.58

6.5.2.2.2　本年度已清算结束的主动管理型信托项目个数、实收信托合计金额、加权平均实际年化收益率

已清算结束信托项目	项目个数（个）	实收信托合计金额（万元）	加权平均实际信托报酬率（%）	加权平均实际年化收益率（%）
投资类	6	120 400.00	0.23	0.72
融资类	4	122 417.80	0.43	5.25
事务管理类	1	50000	0.05	—

注：投资类清算的项目中有一支股权投资类的信托产品，该信托产品的实收信托为10亿元，因委托人提出提前清算，持有期间未取得分红，剔除该项目的影响，投资类项目的加权平均实际年化收益率为4.24%。

6.5.2.2.3　本年度已清算结束的被动管理型信托项目个数、实收信托合计金额、加权平均实际年化收益率

已清算结束信托项目	项目个数（个）	实收信托合计金额（万元）	加权平均实际信托报酬率（%）	加权平均实际年化收益率（%）
投资类	—	—	—	—
融资类	—	—	—	—
事务管理类	14	221 683.22	0.74	7.76

6.5.2.3　本年度新增的集合类、单一类资金信托项目和财产管理类信托项目数量、合计金额

新增信托项目	项目个数（个）	实收信托合计金额（万元）
集合类	6	24 915.67
单一类	23	7 491 301.28
财产管理类	9	180 584.92
新增合计	38	7 696 801.88
其中：主动管理型	11	33 766.18
被动管理型	27	7 663 035.70

6.5.2.4 信托业务创新成果和特色业务有关情况

6.5.2.4.1 创新业务

公司充分研究政策和市场变化，加快推动信托业务"三分类"新规下的业务转型创新，积极探索标品投资、服务信托、公益慈善信托等创新业务。坚持把标品业务作为主攻方向，推进标品业务制度体系、组织架构、信息系统和交易室扩容建设，丰富标品产品线，涵盖信用债投资、利率债交易、ABS投资、中期票据、现金固收类等多种产品类型。加强财富管理服务信托开拓，落地"吉信·家和"系列家族信托和"吉信·富安"系列保险金信托。积极扩展慈善信托应用，为实现农村经济结构转型升级，设立"吉信·吉林振兴惠农2号慈善信托计划"，以信托资金入股农村合作社或向农村合作社注资方式，支持吉林省乡村振兴；抗洪救灾期间，发行"吉信·抗洪救灾慈善信托计划"，支持扶余市更新乡洪涝灾害倒损房屋修缮，帮助灾区群众温暖过冬。

6.5.2.4.2 特色业务

坚守"吉林信托、吉林优先"的发展定位，在乡村振兴方面持续发力，围绕畜牧业发展、绿色生态建设、新型城镇化等领域研究新型金融服务模式，成功探索出了信托助力乡村振兴新路径，发行了省内第一支信托助力乡村振兴战略的信托计划；引入外部资金用于支持省内畜牧业和绿色生态建设，助力我省"秸秆变肉"暨"千万头肉牛"建设工程稳步落地实施；发行"吉信·吉林振兴"系列产品为服务乡村振兴、实现农村经济结构转型升级、促进我省经济发展提供信托助力，同时为我省企业优化融资结构、助力稳住经济大盘等发挥积极作用，努力实现支持地方经济发展和公司自身发展的互惠共赢。

6.5.2.4.3 研究成果

构建了涵盖宏观经济金融、政策及热点解读、同业业务追踪研究、专题业务研究的四大研究报告体系，为公司转型创新提供理论基础和研究支持。参与信托业协会组织开展的《家庭服务信托业务研究》《信托纠纷案例研究》等重点课题。积极开展吉林省金融学会课题立项，对信托助力新时代东北全面振兴热点问题进行研究，发挥建言献策智库作用。

6.5.2.5 信托赔偿准备金的提取、使用和管理情况

公司根据《信托公司管理办法》及吉林省国资委《关于对吉林信托提高信托赔偿准备金提取比例的批复》（吉国资发预算〔2013〕155号），每年应当从税后利润中提取5%作为信托赔偿准备金，但该赔偿准备金累计总额达到公司注册资本的20%时，可不再提取。本年按照税后净利润5%计提247万元的信托赔偿准备金，信托赔偿准备金期末余额32 179万元，截至报告期末，信托赔偿准备金尚未使用。

6.6 关联方关系及其交易

6.6.1 关联交易方的数量、关联交易的总金额及关联交易的定价政策

项目	关联交易方数量	关联交易金额（万元）	定价政策
合计	5	47 689.00	按市场价格交易；若无市场价格，则按公允原则，以不优于对非关联方同类交易的条件定价交易

6.6.2 法人关联方的名称、性质、主营业务、法人代表、注册地址及注册资本

关系性质	关联方名称	法定代表人	注册地址	注册资本（万元）	主营业务
按照实质重于形式和穿透的原则认定的关联方	吉林九台农村商业银行股份有限公司	郭策	吉林省长春市九台区新华大街504号	507 419.16	吸收人民币公众存款；发放人民币短期、中期和长期贷款；办理国内结算；办理票据承兑与贴现；代理发行、代理兑付、承销政府债券；买卖政府债券、金融债券，参与货币市场；从事同业拆借；代理收付款项及代理保险业务；提供保险箱服务；代理买卖基金、信托产品及其他理财产品；基金销售；从事银行卡业务；外汇借款、外汇票据的承兑和贴现、外汇担保、自营及代客外汇买卖、外汇存款、外汇贷款、外汇汇款、外币兑换、国际结算、同业外汇拆借和资信调查、咨询、见证、外汇借款、外汇票据的承兑和贴现、外汇担保、即期结售汇、自营及代客外汇买卖；经中国银行业监督管理委员会批准的其他业务；信息服务业务（不含固定网信息服务业务项目）（依法须经批准的项目，经相关部门批准后方可开展经营活动）
按照实质重于形式和穿透的原则认定的关联方	吉林春城农村商业银行股份有限公司	孙杰	吉林省公主岭市	53 854.5	吸收人民币公众存款；发放人民币短期、中期和长期贷款；办理国内结算；办理票据承兑与贴现；代理发行、代理兑付、承销政府债券；买卖政府债券、金融债券，参与货币市场；从事同业拆借；代理收付款项及代理保险业务；提供保管箱服务；从事银行卡（借记卡）业务；经中国银行业监督管理委员会批准的其他业务；外汇存款、外汇贷款、外汇汇款、外币兑换、国际结算、同业外汇拆借和资信调查、咨询、见证（依法须经批准的项目，经相关部门批准后方可开展经营活动）

续表

关系性质	关联方名称	法定代表人	注册地址	注册资本（万元）	主营业务
被前一层施加重大影响	天治基金管理有限公司	马铁刚	上海市浦东新区莲振路298号4号楼231室	16 000	基金管理业务，发起设立基金，中国证监会批准的其他业务（依法须经批准的项目，经相关部门批准后方可开展经营活动）
被前一层控制	天治北部资产管理有限公司	李巍	北京市西城区金融街19号B703A	10 000	特定客户资产管理业务以及中国证监会许可的其他业务；企业管理；经济贸易咨询（企业依法自主选择经营项目，开展经营活动；依法须经批准的项目，经相关部门批准后依批准的内容开展经营活动；不得从事本市产业政策禁止和限制类项目的经营活动）
被前一层控制	天富期货有限公司	谢亚鹏	长春市经济技术开发区金川街与浦东路交汇绿城·米兰公馆B栋2F北区域310、311	15 000	商品期货经纪、金融期货经纪；期货投资咨询（依法须经批准的项目，经相关部门批准后方可开展经营活动）

6.6.3 逐笔披露本公司与关联方的重大交易事项

6.6.3.1 关联交易总体情况

关联交易总体情况　　　　　　　　　　　　　　　　　　　　　　　　　单位：万元

关联方名称	固有财产关联交易余额	资金信托关联交易余额	服务信托关联交易余额	公益信托关联交易余额	其他关联交易余额
吉林九台农村商业银行股份有限公司	35 000	—	—	—	—
吉林春城农村商业银行股份有限公司	10 000	—	—	—	—
天治基金管理有限公司	—	—	—	—	198
天治北部资产管理有限公司	—	2 300	—	—	88
天富期货有限公司	—	—	—	—	103

6.6.3.2 信托公司自有资金运用于自己管理的信托项目（固信交易）、信托公司管理的信托项目之间的相互（信信交易）交易金额

6.6.3.2.1 固有财产与信托财产

固有财产与信托财产相互交易　　单位：万元

期初数	本期发生额	期末数
2 300.00	—	2 300.00

6.6.3.2.2 信托资产与信托财产

信托资产与信托财产相互交易　　单位：万元

项目	期初数	本期发生额	期末数
合计	—	100.00	100.00

6.6.4 逐笔披露关联方逾期未偿还本公司资金详细情况以及公司为关联方担保发生或即将发生垫款的详细情况

报告期公司无上述情况。

6.7 会计制度

本公司固有业务、信托业务均执行《企业会计准则》《企业会计准则——应用指南》及其修订准则等相关规定。

7. 财务情况说明书

7.1 利润实现和分配情况（母公司口径与合并口径）

单位：万元

指标名称	合并口径	母公司
利润总额	2 838.51	4 947.39
所得税费用	—	—
少数股东损益	-864.21	—
归属于母公司所有者的净利润	3 702.72	4 947.39
提取盈余公积	—	—
提取信托赔偿准备金	247.37	247.37
提取一般准备	-1.14	—
上缴国有资本收益	—	—

7.2 主要财务指标（母公司口径与合并口径）

指标名称	合并指标值	母公司指标值
资产收益率（%）	0.36	0.66
资本收益率（净资产收益率，%）	1.17	2.04
加权年化信托报酬率（%）	—	0.48
人均利润（万元）	7.86	26.18

注：1.资产收益率=净利润/平均资产总额×100%。
2.资本收益率=净利润/平均净资产×100%。
3.加权信托报酬率为2023年已清算结束项目的加权年化信托报酬率。
4.人均利润=利润总额/本年在册平均职工人数。

7.3 对公司财务状况、经营成果有重大影响的其他事项

公司增资事项已于2023年5月29日获监管部门核准，并于2023年11月完成工商登记变更，主要净资本指标将得到显著改善。

8. 特别事项揭示

8.1 前五名股东报告期内变动情况及原因

报告期内，为提升公司资本实力，提高抗风险能力，按照吉林省政府安排部署，引入吉林省高速公路集团有限公司作为新股东对公司注资16亿元。公司于2022年第一次临时股东会审议通过了《吉林信托增资扩股方案》。增资后公司注册资本提升至31.50亿元人民币，并相应调整股权结构，其他原股东放弃优先购买权。变更注册资本及调整股权结构后，公司实际控制人未发生变化，仍为吉林省财政厅。

8.2 董事、监事及高级管理人员变动情况及原因

2023年2月，根据吉林省委组织部《关于王劲松同志退休的通知》（吉组干字〔2023〕60号），公司党委专职副书记王劲松退休。

2023年9月，根据吉林省委组织部《关于王延钧同志退休的通知》（吉组干字〔2023〕312号），省纪律检查委员会省监察委员会驻公司纪检监察组组长王延钧退休。

8.3 变更注册资本、变更注册地或公司名称、公司分立合并事项

2023年5月，经《吉林银保监局关于同意吉林省信托有限责任公司增加注册资本及调整股权结构的批复》（吉银保监复〔2023〕113号）批准，公司注册资本由人民币15.96亿元增加至人民币31.50亿元。

8.4 公司的重大诉讼事项

（1）吉林省高级人民法院（2018）吉民初字第94号合同纠纷案。

（2）吉林省高级人民法院（2018）吉民初字第57号金融借款合同纠纷案。

（3）石家庄市中级人民法院（2020）冀01民初543号金融借款合同纠纷案。

（4）长春市中级人民法院（2019）吉01民初1035号合同纠纷案。

（5）长春市中级人民法院（2019）吉01民初1135号金融借款合同纠纷案。

（6）长春市中级人民法院（2020）吉01民初3986号合同纠纷案。

（7）长春市南关区人民法院（2023）吉0102号民初10748号合同纠纷案。

（8）杭州市中级人民法院（2023）浙01民初2037号合同纠纷案。

8.5 公司及其董事、监事和高级管理人员受到处罚的情况

报告年度，公司及其董事、监事和高级管理人员未受到处罚。

8.6 国家金融监督管理总局及其派出机构对公司检查结论和公司整改情况

报告年度，国家金融监督管理总局及其派出机构未对公司进行现场检查。

9. 社会责任履行情况

报告年度，吉林信托在经营发展中始终坚持以习近平新时代中国特色社会主义思想为指导，认真贯彻中央和吉林省委、省政府决策部署，深入学习宣传贯彻党的二十大精神，坚决贯彻新时代党的建设总要求和新时代党的组织路线，全面理解和准确把握新发展理念，以主题教育为牵引，以防范化解重大风险为重点，以推进业务转型升级为动力，以服务地方经济为主线，完善公司治理，推动公司全面提质增效，为高质量发展凝聚智慧力量。

加强党的政治建设。持续学习宣传贯彻党的二十大精神，始终将学习宣传贯彻党的二十大精神首要政治任务，组织46名中层干部参加省财政厅举办的省属国有金融企业学习贯彻党的二十大精神专题培训班，对党的二十大精神再学习、再领悟。组织开展党的二十大精神专题培训2次，以实际行动坚定拥护"两个确立"、坚决做到"两个维护"。积极打造"网上微课堂"，充分运用"学习强国""新时代e支部"、党建微信群等平台载体开展在线学习，把学习贯彻习近平新时代中国特色社会主义思想和党的二十大精神融入日常、抓在平常，推动党员干部在学思用贯通、知信行统一上做到常态化、自觉化。压实党建主体责任，坚持把落实管党治党政治责任作为党建工作的重要任务，对党建重点工作进行专题部

署，分解任务清单，形成一级抓一级、层层抓落实工作格局，将工作责任传导至基层末梢。抓实抓细意识形态责任，把意识形态工作纳入党委议事日程和理论学习中心组的学习内容中，及时调整意识形态工作领导小组，召开专题会议研究部署意识形态工作，聚焦重点领域和薄弱环节，严责任、补短板，引导党员干部认清形势任务，把牢意识形态领域领导权和话语权。持续做好乡村振兴帮扶工作，落实省委《关于做好全省驻村干部集中轮换工作的通知》要求，及时调整驻村干部，制定驻村干部轮换工作方案、研究审议相关人选，对驻村工作队队员进行调整；发挥信托优势助推乡村振兴工作开展，通过慈善信托项目存续规模40万元的资金，扶持延边州3个村产业项目发展，为推进村党支部领办合作社壮大集体经济，建设美丽乡村，推动农民共同富裕提供有力支撑。

扎实开展主题教育。坚持理论学习、调查研究、推动发展、检视整改、建章立制一体推进，印发《主题教育实施方案》《主题教育理论学习暨读书班工作方案》等"1+5"个方案，确保主题教育目标明确。内网上线主题教育专栏，营造浓厚学习宣传氛围。组织开展为期7天的读书班，以领导领学、专家讲学、集中自学、交流研讨等形式，引导党员干部学深悟透。以"上好一堂主题教育专题党课"活动为载体，党委班子成员分别到所在支部讲专题党课7人次。组织开展主题教育百题知识竞赛活动，推动全员强化全面从严治党的政治自觉。

以调查研究促转型发展。公司党委班子成员带头围绕"关于发挥信托作用，支持地方经济发展的调查"等7个课题，先后18次深入基层一线、政府部门、同业机构开展调研，形成问题清单、任务清单、责任清单、成果转化等"四张清单"。召开调研成果交流研讨会暨案例分析会，最终形成解决问题成果15个、促进发展成果19个、建章立制成果26个。

深化开展"我为群众办实事"实践活动。制定"一方案两清单"，围绕高质量发展、保障民生、乡村振兴、便民利民4个类别确定了7项实事项目，逐一明确牵头领导、责任部门和完成时间，每月更新进展，实行销号管理，8个基层党支部积极领办并完成具体任务12个，党员干部认领并兑现群众"微心愿"160个。陆续开展"天上不会掉馅饼·参与集资有风险""守住钱袋子·护好幸福家""汇聚金融力量，共创美好生活"等一系列线上线下金融知识宣传普及教育活动，增强投资者和群众金融风险意识和风险管理能力，着力提高防范意识和能力。

积极履行社会责任。成立规模60万元的吉信·抗洪救灾慈善信托项目，用于扶余市慈善总会倡议支持的吉林省扶余市抗洪救灾，为支持扶余市洪水灾后重建，使受灾群众，尽快度过困难时期。

10.公司监事会意见

报告期内，公司坚持加强党的领导和优化公司治理相统一，守法经营，依法决策，不断完善内部控制制度，建立健全风险管理体系建设，推进业务转型升级。公司董事及高管人员能够按照国家有关法律法规和公司章程规定履行职责，未发现违法违规和损害公司及股东利益的行为。公司2023年度财务报告公允反映了吉林省信托有限责任公司2023年12月31日的合并及母公司财务状况以及2023年度的合并及母公司经营成果及现金流量。

建信信托有限责任公司

1. 重要提示

1.1 公司董事会保证本报告所载资料不存在任何虚假记载、误导性陈述或者重大遗漏，并对其内容的真实性、准确性和完整性承担个别及连带责任。

1.2 公司独立董事张峥、范从来、彭剑锋保证本报告内容真实、准确、完整。

1.3 安永华明会计师事务所（特殊普通合伙）对公司年度财务报告进行审计，出具了审计报告。

1.4 公司总裁孙庆文、副总裁成海波、财务部门负责人玄雅莉声明：保证本年度报告中财务报告真实、完整。

2. 公司概况

2.1 公司简介

建信信托有限责任公司（以下简称建信信托）是经原中国银监会批准，由中国建设银行投资控股的非银行金融机构。

公司法定中文名称：建信信托有限责任公司

中文名称缩写：建信信托

公司法定英文名称：CCB TRUST CO., LTD.

英文名称缩写：CCBT

法定代表人：王宝魁

注册地址：安徽省合肥市九狮桥街45号

邮政编码：230001

网　　址：www.ccbtrust.com.cn

信息披露联系人：高朝晖

联系电话：（010）67596155

传　　真：（010）67596590

电子邮箱：jxxt@ccbtrust.com.cn

信息披露报纸名称：《上海证券报》

年度报告备置地点：北京市西城区闹市口大街一号院4号楼

长安兴融中心10层

会计师事务所：安永华明会计师事务所（特殊普通合伙）

住所：北京市东城区东长安街1号东方广场大楼

2.2 组织结构

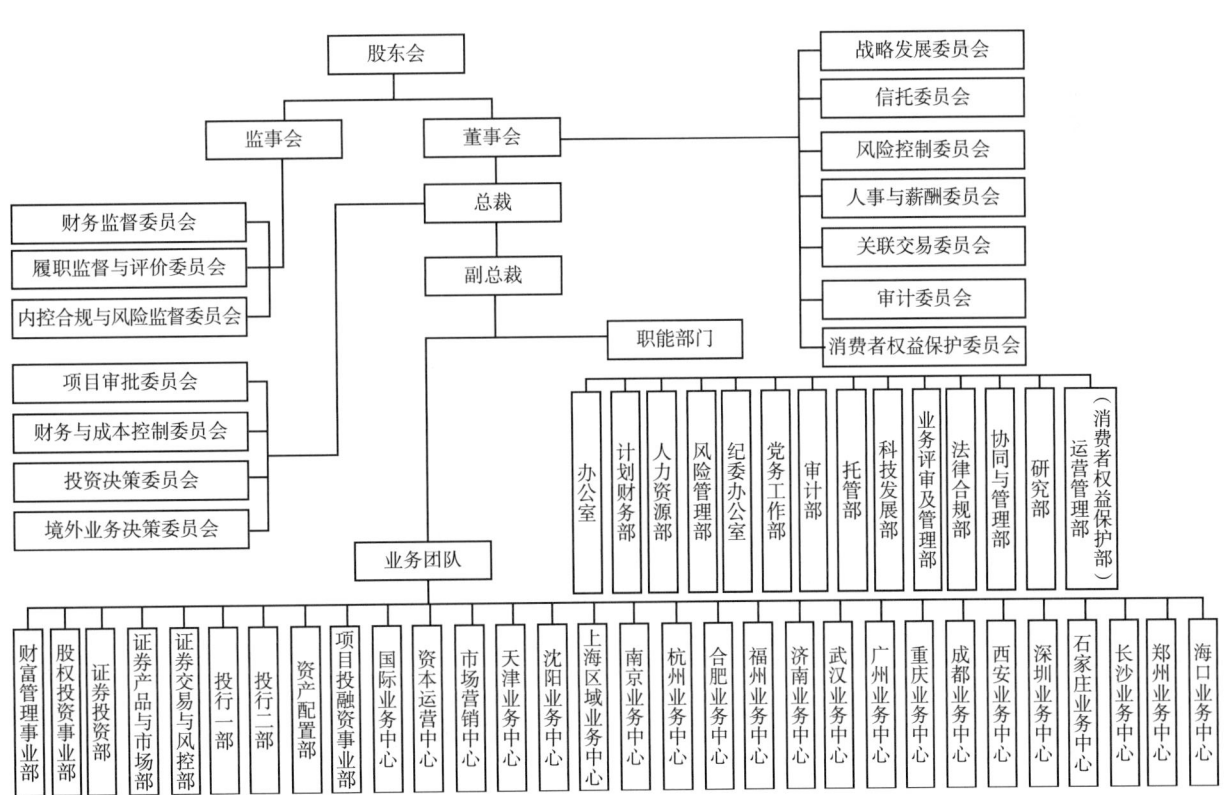

3. 公司治理

3.1 股东

报告期末，本公司股东总数2家，持股比例超过10%的股东有2家，情况如下表所示。

股东名称	持股比例（%）	出资额（元）	法人代表	注册资本（亿元）	注册地址	主要经营业务
中国建设银行股份有限公司	67	7 035 000 000.00	张金良	2 500.11	北京市西城区金融大街25号	公司银行业务、个人银行业务、资金业务、投资银行业务及海外业务
合肥兴泰金融控股（集团）有限公司	33	3 465 000 000.00	郑晓静	70.00	安徽省合肥市蜀山区祁门路1688号	对授权范围内的国有资产进行经营以及从事企业策划、管理咨询、财务顾问、公司理财、产业投资以及经批准的其他经营活动

注：报告期内，本公司股东未质押公司股权，不存在以股权及其受（收）益权设立信托等金融产品的情况。

报告期末，主要股东及其控股股东、实际控制人、一致行动人、最终受益人、关联方情况见下表。

股东名称	其控股股东	其实际控制人	其一致行动人	最终受益人	关联方
中国建设银行股份有限公司	中央汇金投资有限责任公司	—	—	—	（1）建设银行的控股股东中央汇金；（2）建设银行的子公司；（3）与建设银行受同一控股股东中央汇金控制的其他企业；（4）对建设银行实施共同控制的投资方；（5）对建设银行施加重大影响的投资方；（6）建设银行的联营企业；（7）建设银行的合营企业；（8）建设银行的主要投资者个人及与其关系密切的家庭成员（主要投资者个人是指能够控制、共同控制一个企业或者对一个企业施加重大影响的个人投资者）；（9）建设银行的关键管理人员及与其关系密切的家庭成员（关键管理人员是指有权力并负责计划、指挥和控制企业活动的人员，包括所有董事）；（10）中央汇金的关键管理人员及与其关系密切的家庭成员；（11）建设银行的主要投资者个人、关键管理人员或与其关系密切的家庭成员控制或共同控制的其他企业；（12）为建设银行或作为建设银行关联方任何实体的雇员福利而设的离职后福利计划；（13）持有建设银行5%以上股份的企业与一致行动人；（14）直接或者间接持有建设银行5%以上股份的个人及其关系密切的家庭成员；（15）在过去12个月内或者根据相关协议安排在未来12个月内，存在上述（1）、（3）和（13）情形之一的企业；（16）在过去12个月内或者根据相关协议安排在未来12个月内，存在（9）、（10）和（14）情形之一的个人；及（17）由（9）、（10）、（14）和（16）直接或者间接控制的，或者担任董事、高级管理人员，除建设银行及其控股子公司以外的企业
合肥兴泰金融控股（集团）有限公司（简称兴泰控股）	合肥市人民政府国有资产监督管理委员会	—	—	合肥市人民政府国有资产监督管理委员会	（1）兴泰控股的子公司；（2）兴泰控股的联营企业；（3）兴泰控股的合营企业；（4）兴泰控股的关键管理人员及与其关系密切的家庭成员（关键管理人员是指有权力并负责计划、指挥和控制企业活动的人员，包括所有董事）；（5）兴泰控股关键管理人员或与其关系密切的家庭成员控制或共同控制的其他企业；（6）在过去12个月内或者根据相关协议安排在未来12个月内，存在（4）或一致行动人情形之一的个人；及（7）由（4）、（5）直接或者间接控制的，或者担任董事、高级管理人员，除兴泰控股及其控股子公司以外的企业

3.2 董事

董事会成员（非独立董事）

姓名	职务	性别	年龄（岁）	选任日期	所推举的股东名称	该股东持股比例（%）	简要履历
王宝魁	董事长	男	60	2018年7月5日	中国建设银行股份有限公司	67	曾任中国建设银行北京市分行多个部门副总经理、总经理，建行北京朝阳支行行长；历任建信信托副总裁、总裁、董事长
孙庆文	执行董事	男	57	2019年1月24日			曾任中国建设银行北京市分行多家支行副行长、行长，北京市分行公司业务部总经理、副行长；现任建信信托总裁，兼任建信住房租赁私募基金管理公司董事长
李钺	董事	女	59	2018年9月30日			曾任中国建设银行公司业务部高级经理、高级经理、票据中心副主任；现任中国建设银行公司业务部副总经理
郑晓静	董事	女	44	2018年8月9日	合肥兴泰金融控股（集团）有限公司	33	曾任合肥市财政局预算处副处长、合肥市金融办多个部门处长；合肥兴泰控股集团有限公司副总经理、合肥兴泰金融控股（集团）有限公司副总经理、总经理，合肥市大数据资产运营有限公司董事长、合肥市产业投资引导基金有限公司董事长、合肥兴泰光电智能创业投资有限公司董事长、合肥市民营企业纾困发展基金有限公司董事长、合肥兴泰创业投资管理有限公司董事长；现任合肥兴泰金融控股（集团）有限公司董事长、合肥兴泰资本管理有限公司董事长
陈锐	董事	男	46	2019年8月5日			曾任合肥兴泰资产管理有限公司副总经理、总经理、董事长；合肥兴泰小额贷款有限公司总经理、董事长、合肥市兴泰担保行业保障金运营有限公司董事长、合肥兴泰金融控股（集团）有限公司副总经理；现任合肥兴泰金融控股（集团）有限公司总经理、安徽省兴泰融资担保集团有限公司董事长

独立董事

姓名	所在单位及职务	性别	年龄（岁）	选任日期	简要履历
张峥	北京大学光华管理学院教授，博士生导师，北京大学光华管理学院副院长，北京大学国家金融研究中心主任	男	51	2023年6月9日	曾任北京大学光华管理学院金融系助理研究员、助理教授、副教授、博士生导师，金融系副主任；现为北京大学光华管理学院教授，博士生导师；北京大学光华管理学院副院长，北京大学国家金融研究中心主任
范从来	南京大学商学院教授，博士生导师，南京大学长江三角洲经济社会发展研究中心主任	男	61	2023年6月9日	曾任南京大学商学院经济学系主任、商学院副院长、南京大学学科处处长，商学院常务副院长、校长助理；现为南京大学商学院教授，南京大学长江三角洲经济社会发展研究中心主任
彭剑锋	中国人民大学教授，博士生导师，华夏基石管理咨询集团董事长兼总裁，中国企业联合会管理咨询业委员会副主任	男	62	2023年6月9日	曾任中国人民大学劳动人事学院讲师、副教授；劳动人事学院副院长；现为中国人民大学教授，博士生导师，华夏基石管理咨询集团董事长兼总裁，中国企业联合会管理咨询业委员会副主任

3.3 监事

姓名	职务	性别	年龄（岁）	选任日期	所代表股东	股东持股比例（%）	简要履历
王金生	监事长	男	59	2010年4月9日	合肥兴泰金融控股（集团）有限公司	33	曾任合肥市粮食局财务处长，合肥大米公司经理（法人代表），合肥市国有资产管理局综合处长、局长助理，合肥市产权交易管理办公室主任，合肥市国有资产控股公司副总经理，丰乐种业股份有限公司外部董事；合肥市财政局（合肥市国有资产管理办公室）专职副主任，合肥市人民政府国有资产监督管理委员会副主任；现任建信信托监事长
张瀚	职工监事	男	40	2021年6月9日	—	—	曾任建信信托金融市场业务总部执行总经理、证券市场事业部执行总经理、审计部总经理等职务，现任建信信托风险管理部总经理
杜萌	职工监事	男	42	2021年6月9日	—	—	曾任建信信托风险管理部高级副经理、高级副经理级专职审批人、审批业务管理部执行总经理、业务评审及管理部执行总经理，现任建信信托业务评审及管理部总经理

3.4 高级管理人员

姓名	职务	性别	年龄（岁）	任职日期	金融从业年限（年）	学历	专业
孙庆文	总裁	男	57	2019年3月22日	31	本科	机械设计及制造
王业强	副总裁、董事会秘书	男	43	2017年8月15日	21	硕士	财富管理
周志寰	副总裁	男	52	2019年4月2日	29	本科	工业经济
卫晓东	副总裁	男	52	2023年12月25日	29	硕士	商业经济
成海波	副总裁	女	45	2023年11月10日	20	硕士	运筹学与控制论
吴宁	副总裁	男	50	2019年4月4日	27	本科	应用电子技术

3.5 公司员工

截至2023年12月31日，公司共有员工420人，平均年龄36.7岁，其中，博士22人，占比5.2%；硕士297人，占比70.7%；本科学历98人，占比23.3%；专科学历3人，占比0.7%。

4. 经营管理

4.1 经营目标、方针、战略规划

经营目标：建设一流全能型资管机构。

经营方针：践行支持实体经济发展、助力金融改革开放和服务人民美好生活的企业使命。坚持立足国家经济建设主战场，通过创新引领和全能配置，创造真实稳定的长期价值，真正守护好客户托付与利益，更助力社会繁荣与进步。

战略规划：聚焦主责主业，落实金融"五篇大文章"，提速转型发展，强化能力建设。坚持以客户为中心，全面覆盖信托业务"三分类"各领域，发掘业务增长点，由点及面形成规模优势；坚持以协同为抓手，实现量的合理增长和质的有效提升；坚持以风控为底板，强化合规管理，全面满足高质量发展需求和监管要求，将建信信托建设成为一流全能型资管机构。

4.2 所经营业务的主要内容

公司经营业务主要包括信托业务和固有业务。

4.2.1 信托业务

信托资产运用与分布表

资产运用	金额（万元）	占比（%）	资产分布	金额（万元）	占比（%）
货币资产	5 877 658.57	5.02	基础产业	1 779 044.82	1.52
贷款	15 064 346.73	12.87	证券市场	16 117 957.25	13.77
交易性金融资产	50 137 328.50	42.82	实业	3 304 460.78	2.82
债权投资	19 674 998.65	16.80	金融机构	30 611 903.53	26.14
其他权益工具投资	—	—	其他	65 272 010.64	55.75
长期股权投资	24 716 975.16	21.11	—	—	—
其他	1 614 069.41	1.38	—	—	—
信托资产总计	117 085 377.02	100.00	信托资产总计	117 085 377.02	100.00

4.2.2 固有业务

固有资产运用与分布表

资产运用	金额（万元）	占比（%）	资产分布	金额（万元）	占比（%）
货币资产	30 021.52	1.06	基础产业	282 800.65	9.99
贷款	173 862.68	6.14	证券市场	429 095.30	15.15
交易性金融资产	1 240 554.88	43.80	实业	286 141.65	10.10
债权投资	—	—	金融机构	677 018.17	23.90
其他权益工具投资	43 257.21	1.53	其他	1 157 105.73	40.86
长期股权投资	1 120 238.24	39.55	—	—	—
其他	224 226.97	7.92	—	—	—
资产总计	2 832 161.50	100.00	资产总计	2 832 161.50	100.00

4.3 市场分析

4.3.1 影响信托业务发展的有利因素

我国经济持续恢复向好，新质生产力加快形成，产业结构调整优化成效明显，信托行业发展空间更加广阔。中央金融工作会议提出做好"五篇大文章"，明确了行业发展方向。信托业务"三分类"落地实施，有利于信托公司不断提升资产管理和资产服务能力，持续推动行业转型发展。

4.3.2 影响信托业务发展的不利因素

外部环境不确定性因素较多，宏观经济复苏节奏和程度仍承压，市场信心仍需提振。市场竞争持续加剧，行业存量风险仍待化解，信托公司经营业绩增长难度加大，需要不断加强产品创新和服务升级，管理能力有待进一步提升。

4.4 内部控制概况

公司建立了权责明确、制衡合理的治理结构和前中后台分离、报告路径清晰的组织架构。内控合规部全面负责内控合规管理工作。

董事会对内部控制有效性承担最终责任，高级管理层对内部控制的有效执行承担管理责任，监事会、独立董事对内部控制负有监督职责。公司高度重视内控文化建设，秉承"诚信为本、稳健经营"的理念，培养审慎、严谨的内控文化。

公司健全了各项内部控制制度和机制，使内部控制渗透到决策、执行、监督、反馈等各个环节，覆盖所有业务、部门和岗位。

公司已建立完善的信息披露制度和程序，报告年度，通过公司网站等平台及时向委托人和社会公众准确、及时披露有关信息。

公司具有完备的内部控制评价、后评价和监督、纠正机制。报告年度，组织开展了全面的内部控制自我评价工作，内部控制水平持续提升。

4.5 风险管理概况

本公司依托"三会一层"和内设部门，构建了全面覆盖、层次清晰、职责明确的风险管理架构，形成了"四个层级、三道防线"的风险管理体系，坚持依法合规的经营理念，培育健康的风险管理文化，积极防范和化解经营过程中面临的各种风险，促进公司持续健康发展。

4.5.1 信用风险状况及其管理

信托业务的信用风险主要来自融资类信托项目和主动管理投资类信托中投资的信用债券。报告年度，公司融资类信托存续项目资产质量较好，到期清算项目履行了受托人尽职管理的责任；投资类项目中的信用债均符合公司风险政策和限额指标，信用风险可控。固有业务信用风险主要来自固定收益类资产，信用风险可控，固有无不良贷款。

公司遵循集团整体风险偏好，加强对项目前期风险评审工作，审慎选择交易对手；合理选择增信措施，强化抵质押品管理；持续关注交易对手的履约能力，加强项目资金监管，确保项目还款来源；强化项目的运营管理，加大对重点项目管理力度。

4.5.2 市场风险状况及其管理

市场风险主要来自证券投资业务，包含固定收益类产品、股票类产品和混合类产品。报告年度，公司证券投资业务运行平稳，风险敞口、价格波动在设定的限额以内，市场风险可控。

公司通过建立有效的投资组合，设置合理的投资比例和风险限额，加强各类价格波动的监测，严格执行信托文件中对预警线及止损线的具体约定，及时发现并预防市场风险。

4.5.3 操作风险状况及其管理

公司持续规范各项业务的操作流程，明确操作权限和内容，在业务尽职调查、产品管理、风险监控、档案管理、信息披露等方面不断细化管理要求、规范操作流程，降低操作风险隐患。报告年度，公司未发生因操作风险所造成的重大损失。

4.5.4 其他风险状况及其管理

主要包括：政策风险、法律风险、关联交易风险、声誉风险和信息科技风险等。报告年度，公司其他各类风险管理情况较好，风险可控。

报告年度，公司深入分析国家宏观经济政策、行业发展政策、监管政策以及国家法律法规，及时调整经营策略，有效控制政策风险。

报告年度，公司加强法律性事务管理，对交易行为、法律性文件认真进行法律审查，法律风险可控，管理扎实。

报告年度，公司不断完善关联交易相关制度和操作流程，及时准确识别、审查、统计关联交易，按照要求及时向监管部门事前报告，关联交易事项合法合规，风险可控。

公司强调在依法合规经营、持续稳健发展的基础上，主动、有效、灵活地管理声誉风险，制定了声誉风险监控、处置和应对的工作制度。报告年度，声誉风险管理较好，保持了良好的品牌声誉。

报告年度，公司持续完善相关制度，强化信息科技风险管理，实现对信息科技风险的识别、监控和控制，保障业务安全、持续、稳健运行。

5.报告期末及上一年度末的比较式会计报表

5.1 固有资产

5.1.1 会计师事务所审计意见全文

审计报告

安永华明（2024）审字第 70030046_A01 号

建信信托有限责任公司

建信信托有限责任公司董事会：

一、审计意见

我们审计了建信信托有限责任公司的财务报表，包括2023年12月31日的合并及公司资产负债表，2023年度的合并及公司利润表、所有者权益变动表和现金流量表以及相关财务报表附注。

我们认为，后附的建信信托有限责任公司的财务报表在所有重大方面按照企业会计准则的规定编制，公允反映了建信信托有限责任公司2023年12月31日的合并及公司财务状况以及2023年度的合并及公司经营成果和现金流量。

二、形成审计意见的基础

我们按照中国注册会计师审计准则的规定执行了审计工作。审计报告的"注册会计师对财务报表审计的责任"部分进一步阐述了我们在这些准则下的责任。按照中国注册会计师职业道德守则，我们独立于建信信托有限责任公司，并履行了职业道德方面的其他责任。我们相信，我们获取的审计证据是充分、适当的，为发表审计意见提供了基础。

三、其他信息

建信信托有限责任公司管理层对其他信息负责。其他信息包括年度报告中涵盖的信息，但不包括财务报表和我们的审计报告。

我们对财务报表发表的审计意见不涵盖其他信息，我们也不对其他信息发表任何形式的鉴证结论。

结合我们对财务报表的审计，我们的责任是阅读其他信息，在此过程中，考虑其他信息是否与财务报表或我们在审计过程中了解到的情况存在重大不一致或者似乎存在重大错报。

基于我们已执行的工作，如果我们确定其他信息存在重大错报，我们应当报告该事实。在这方面，我们无任何事项需要报告。

四、管理层和治理层对财务报表的责任

建信信托有限责任公司管理层负责按照企业会计准则的规定编制财务报表，使其实现公允反映，并设计、执行和维护必要的内部控制，以使财务报表不存在由于舞弊或错误导致的重大错报。

在编制财务报表时，管理层负责评估建信信托有限责任公司的持续经营能力，披露与持续经营相关的事项（如适用），并运用持续经营假设，除非计划进行清算、终止运营或别无其他现实的选择。

治理层负责监督建信信托有限责任公司的财务报告过程。

五、注册会计师对财务报表审计的责任

我们的目标是对财务报表整体是否不存在由于舞弊或错误导致的重大错报获取合理保证，并出具包含审计意见的审计报告。合理保证是高水平的保证，但并不能保证按照审计准则执行的审计在某一重大错报存在时总能发现。错报可能由于舞弊或错误导致，如果合理预期错报单独或汇总起来可能影响财务报表使用者依据财务报表作出的经济决策，则通常认为错报是重大的。

在按照审计准则执行审计工作的过程中，我们运用职业判断，并保持职业怀疑。同时，我们也执行以下工作：

（1）识别和评估由于舞弊或错误导致的财务报表重大错报风险，设计和实施审计程序以应对这些风险，并获取充分、适当的审计证据，作为发表审计意见的基础。由于舞弊可能涉及串通、伪造、故意遗漏、虚假陈述或凌驾于内部控制之上，未能发现由于舞弊导致的重大错报的风险高于未能发现由于错误导致的重大错报的风险。

（2）了解与审计相关的内部控制，以设计恰当的审计程序，但目的并非对内部控制的有效性发表意见。

（3）评价管理层选用会计政策的恰当性和作出会计估计及相关披露的合理性。

（4）对管理层使用持续经营假设的恰当性得出结论。同时，根据获取的审计证据，就可能导致对建信信托有限责任公司持续经营能力产生重大疑虑的事项或情况是否存在重大不确定性得出结论。如果我们得出结论认为存在重大不确定性，审计准则要求我们在审计报告中提请报表使用者注意财务报表中的相关披露；如果披露不充分，我们应当发表非无保留意见。我们的结论基于截至审计报告日可获得的信息。然而，未来的事项或情况可能导致建信信托有限责任公司不能持续经营。

（5）评价财务报表的总体列报（包括披露）、结构和内容，并评价财务报表是否公允反映相关交易和事项。

（6）就建信信托有限责任公司中实体或业务活动的财务信息获取充分、适当的审计证据，以对财务报表发表审计意见。我们负责指导、监督和执行集团审计，并对审计意见承担全部责任。

我们与治理层就计划的审计范围、时间安排和重大审计发现等事项进行沟通，包括沟通我们在审计中识别出的值得关注的内部控制缺陷。

安永华明会计师事务所（特殊普通合伙）

中国注册会计师：田志勇

中国注册会计师：程肖田

中国·北京　　2024年4月2日

5.1.2 资产负债表

资产负债表（母公司）

编制单位：建信信托有限责任公司　　2023年12月31日　　单位：万元

项目	2023年12月31日	2022年12月31日	项目	2023年12月31日	2022年12月31日
资产	—	—	负债和所有者权益	—	—
现金及存放同业款项	30 021.52	40 606.85	拆入资金	150 044.79	450 145.69
应收款项	161 526.43	140 521.23	应付职工薪酬	52 192.69	51 042.89
发放贷款和垫款	173 862.68	169 039.85	应交税费	46 732.95	54 815.39
金融投资	—	—	合同负债	23 721.23	20 404.60
交易性金融资产	1 240 554.88	1 427 858.95	租赁负债	1 015.48	5 101.59
其他权益工具投资	43 257.21	39 610.08	其他负债	2 815.79	2 978.89
长期股权投资	1 120 238.24	1 136 551.40	负债合计	276 522.93	584 489.05
投资性房地产	454.05	555.92	实收资本	1 050 000.00	1 050 000.00
固定资产	8 536.71	9 164.64	资本公积	65 329.70	65 000.00
在建工程	—	240.84	其他综合收益	450.32	564.31
无形资产	13 758.88	10 553.88	盈余公积	159 673.61	144 333.43
使用权资产	1 815.79	6 084.29	一般风险准备	23 233.27	23 233.27

续表

项目	2023年12月31日	2022年12月31日	项目	2023年12月31日	2022年12月31日
递延所得税资产	31 512.37	25 770.89	信托赔偿准备	82 044.96	74 374.87
其他资产	6 622.74	15 751.32	未分配利润	1 174 906.71	1 080 315.21
—	—	—	所有者权益合计	2 555 638.57	2 437 821.09
资产总计	2 832 161.50	3 022 310.14	负债和所有者权益总计	2 832 161.50	3 022 310.14

资产负债表（合并）

编制单位：建信信托有限责任公司　　　　2023年12月31日　　　　单位：万元

项目	2023年12月31日	2022年12月31日	项目	2023年12月31日	2022年12月31日
资产	—	—	负债和所有者权益	—	—
现金及存放同业款项	714 767.02	899 467.91	短期借款	122 750.70	168 212.58
应收款项	190 673.22	154 035.05	卖出回购金融资产	17 003.73	—
应收票据	—	25 708.88	衍生金融负债	662.23	2 904.89
贷款	173 862.68	169 039.85	拆入资金	150 044.79	450 145.69
合同资产	2 372.19	2 319.04	应付职工薪酬	66 041.93	62 884.68
买入返售金融资产	13 569.79	10 104.60	应交税费	55 355.26	56 178.20
金融投资	—	—	应付票据	64 786.85	64 943.28
交易性金融资产	2 202 759.05	2 141 828.45	合同负债	23 732.54	20 655.99
债权投资	60 980.60	52 285.34	长期借款	25 726.41	42 470.63
其他权益工具投资	43 397.21	39 750.08	租赁负债	4 592.26	8 135.05
长期股权投资	492 899.37	697 089.38	递延所得税负债	540.07	10 813.23
投资性房地产	454.05	555.92	其他负债	1 016 224.09	1 187 098.42
固定资产	10 618.77	10 795.87	负债合计	1 547 460.86	2 074 442.64
在建工程	88.95	371.00	实收资本	1 050 000.00	1 050 000.00
无形资产	14 601.97	10 980.31	资本公积	61 476.30	61 313.45
商誉	1 018.84	1 018.84	其他综合收益	（364.06）	1 173.94
使用权资产	6 079.68	9 660.42	盈余公积	159 673.61	144 333.43
递延所得税资产	37 173.79	27 032.95	一般风险准备	25 115.57	24 868.77
其他资产	423 239.01	509 824.39	信托赔偿准备	82 044.96	74 374.87
			未分配利润	1 438 134.81	1 306 925.51
			归属于母公司所有者权益合计	2 816 081.19	2 662 989.97
			少数股东权益	25 014.14	24 435.67
			所有者权益合计	2 841 095.33	2 687 425.64
资产总计	4 388 556.19	4 761 868.28	负债和所有者权益总计	4 388 556.19	4 761 868.28

5.1.3　利润表

利润表（母公司）

编制单位：建信信托有限责任公司　　　　2023年度　　　　单位：万元

项目	2023年度	2022年度
一、营业收入（损失以"（）"号填列）	281 465.42	363 281.24
利息净收入	15 489.80	8 537.19
其中：利息收入	16 382.66	10 480.03

续表

项目	2023年度	2022年度
利息支出	（892.86）	（1 942.84）
手续费及佣金净收入	205 008.42	299 594.17
其中：手续费及佣金收入	206 643.34	301 019.86
手续费及佣金支出	（1 634.92）	（1 425.69）
投资收益	36 554.37	27 675.29
其他收益	50.03	36.06

续表

项目	2023年度	2022年度
公允价值变动损益	23 431.52	26 438.32
其他业务收入	935.30	1 010.81
资产处置收益	（4.02）	（10.60）
二、营业支出（损失以"（）"号填列）	（76 464.27）	（76 163.67）
税金及附加	（1 925.89）	（2 833.00）
业务及管理费	（69 099.27）	（66 971.00）
信用减值损失	（5 337.23）	（6 277.54）
其他资产减值损失	—	—
其他业务成本	（101.88）	（82.13）
三、营业利润（损失以"（）"号填列）	205 001.15	287 117.57
营业外收入	—	7.38
营业外支出	（64.03）	（30.02）
四、利润总额（损失以"（）"号填列）	204 937.12	287 094.93
所得税费用	（51 535.35）	（69 380.37）
五、净利润	153 401.77	217 714.56
六、其他综合收益的税后净额（损失以"（）"号填列）	（113.99）	623.43
（一）以后不能重分类进损益的其他综合收益	（317.01）	（11.94）
（二）以后将重分类进损益的其他综合收益	203.02	635.37
七、综合收益总额	153 287.78	218 337.99

利润表（合并）

编制单位：建信信托有限责任公司　　　　2023年度　　　　单位：万元

项目	2023年度	2022年度
一、营业收入	752 666.81	1 083 807.10
利息净收入	15 183.66	14 196.63
其中：利息收入	36 090.50	31 719.73
利息支出	（20 906.84）	（17 523.10）
手续费及佣金净收入	241 074.03	330 900.11
其中：手续费及佣金收入	262 321.24	342 911.20

续表

项目	2023年度	2022年度
手续费及佣金支出	（21 247.21）	（12 011.09）
投资收益	101 989.30	128 851.32
其他收益	704.08	1 236.84
公允价值变动损益	5 619.50	（20 357.62）
其他业务收入	388 716.72	630 690.17
资产处置收益	（4.02）	（10.62）
汇兑损益	（616.46）	（1 699.73）
二、营业支出	（509 389.72）	（743 981.98）
税金及附加	（2 191.87）	（3 183.88）
业务及管理费	（111 672.40）	（99 691.59）
研发费用	—	（589.29）
信用减值损失	（9 503.38）	（9 740.28）
资产减值损失	—	（4 377.00）
其他业务成本	（386 022.07）	（626 399.94）
三、营业利润	243 277.09	339 825.12
营业外收入	0.56	22.96
营业外支出	（154.83）	（111.83）
四、利润总额	243 122.82	339 736.25
所得税费用	（52 087.06）	（90 806.39）
五、净利润	191 035.76	248 929.86
归属于母公司股东的净利润	190 266.37	247 316.10
少数股东收益	769.39	1 613.76
六、其他综合收益的税后净额	（1 538.00）	4 966.25
（一）以后不能重分类进损益的其他综合收益	（317.01）	（11.95）
（二）以后将重分类进损益的其他综合收益	149.41	2 425.86
（三）外币财务报表折算差额	（1 370.40）	2 552.34
七、综合收益总额	189 497.76	253 896.11
其中：归属于母公司股东的综合收益总额	188 728.37	252 282.35
归属于少数股东的综合收益总额	769.39	1 613.76

5.1.4　所有者权益变动表

所有者权益变动表（母公司）

编制单位：建信信托有限责任公司　　　　2023年12月31日　　　　单位：万元

项目	实收资本	资本公积	其他综合收益	盈余公积	一般风险准备	信托赔偿准备	未分配利润	所有者权益合计
2023年1月1日余额	1 050 000.00	65 000.00	564.31	144 333.43	23 233.27	74 374.87	1 080 315.21	2 437 821.09
本年增减变动金额	—							
（一）综合收益总额	—	—	−113.99	—	—	—	153 401.77	153 287.78
（二）利润分配								
1.提取盈余公积	—	—	—	15 340.18	—	—	−15 340.18	—
2.对股东的分配	—	—	—	—	—	—	−35 800.00	−35 800.00
3.提取信托赔偿准备	—	—	—	—	—	7 670.09	−7 670.09	—
（三）其他	—	—	329.70	—	—	—	—	329.70

续表

项目	实收资本	资本公积	其他综合收益	盈余公积	一般风险准备	信托赔偿准备	未分配利润	所有者权益合计
2023年12月31日余额	1 050 000.00	65 329.70	450.32	159 673.61	23 233.27	82 044.96	1 174 906.71	2 555 638.57
2022年1月1日余额	1 050 000.00	65 000.00	−59.12	122 561.98	17 239.66	63 489.14	937 851.44	2 256 083.10
本年增减变动金额	—	—	—	—	—	—	—	—
（一）综合收益总额	—	—	623.43	—	—	—	217 714.56	218 337.99
（二）利润分配	—	—	—	—	—	—	—	—
1.提取盈余公积	—	—	—	21 771.45	—	—	−21 771.45	—
2.对股东的分配	—	—	—	—	—	—	−36 600.00	−36 600.00
3.提取一般风险准备	—	—	—	—	5 993.61	—	−5 993.61	—
4.提取信托赔偿准备	—	—	—	—	—	10 885.73	−10 885.73	—
2022年12月31日余额	1 050 000.00	65 000.00	564.31	144 333.43	23 233.27	74 374.87	1 080 315.21	2 437 821.09

所有者权益变动表（合并）

编制单位：建信信托有限责任公司　　2023年12月31日　　单位：万元

项目	归属于母公司股东权益							少数股东权益	所有者权益合计
	实收资本	资本公积	其他综合收益	盈余公积	一般风险准备	信托赔偿准备	未分配利润		
2023年1月1日余额	1 050 000.00	61 313.45	1 173.94	144 333.43	24 868.77	74 374.87	1 306 925.51	24 435.67	2 687 425.64
本年增减变动金额	—	—	—	—	—	—	—	—	—
（一）综合收益总额	—	—	−1 538.00	—	—	—	190 266.37	769.39	189 497.76
（二）利润分配	—	—	—	—	—	—	—	—	—
1.提取盈余公积	—	—	—	15 340.18	—	—	−15 340.18	—	—
2.提取一般风险准备	—	—	—	—	246.80	—	−246.80	—	—
3.提取信托赔偿准备	—	—	—	—	—	7 670.09	−7 670.09	—	—
4.对股东的分配	—	—	—	—	—	—	−35 800.00	−190.92	−35 990.92
5.其他	—	162.85	—	—	—	—	—	—	162.85
2023年12月31日余额	1 050 000.00	61 476.30	−364.06	159 673.61	25 115.57	82 044.96	1 438 134.81	25 014.14	2 841 095.33
2022年1月1日余额	1 050 000.00	60 337.50	−3 792.31	122 561.98	18 602.41	63 489.14	1 135 132.95	23 227.23	2 469 558.89
本年增减变动金额	—	—	—	—	—	—	—	—	—
（一）综合收益总额	—	—	4 966.25	—	—	—	247 316.10	1 613.76	253 896.11
（二）股东投入资本	—	—	—	—	—	—	—	—	—
（三）利润分配	—	—	—	—	—	—	—	—	—
1.提取盈余公积	—	—	—	21 771.45	—	—	−21 771.45	—	—
2.提取一般风险准备	—	—	—	—	6 266.36	—	−6 266.36	—	—
3.提取信托赔偿准备	—	—	—	—	—	10 885.73	−10 885.73	—	—
4.对股东的分配	—	—	—	—	—	—	−36 600.00	−405.32	−37 005.32
5.其他	—	975.95	—	—	—	—	—	—	975.95
2022年12月31日余额	1 050 000.00	61 313.45	1 173.94	144 333.43	24 868.77	74 374.87	1 306 925.51	24 435.67	2 687 425.64

5.2 信托资产

5.2.1 信托项目资产负债汇总表

信托项目资产负债汇总表

编制单位：建信信托有限责任公司　　2023年12月31日　　单位：万元

信托资产	期末数	期初数	信托负债和信托权益	期末数	期初数
信托资产：			信托负债：		
货币资金	5 823 434.73	4 240 571.14	交易性金融负债	2 217 454.18	1 184 808.96

续表

信托资产	期末数	期初数	信托负债和信托权益	期末数	期初数
拆出资金	—	—	衍生金融负债	—	—
存出保证金	54 223.84	32 613.04	应付受托人报酬	165 269.17	143 162.30
衍生金融资产	—	—	应付保管费	5 994.97	5 310.96
买入返售金融资产	1 237 859.56	577 748.39	应付受益人收益	49 876.58	74 313.00
应收款项	376 208.23	560 137.43	应交税费	9 168.57	11 057.15
贷款	15 064 346.73	38 765 590.81	应付销售服务费	4 212.42	3 763.33
金融投资	69 812 327.15	0.00	其他应付款项	3 305 062.24	3 359 937.32
交易性金融资产	50 137 328.50	45 313 724.49	预计负债	—	—
债权投资	19 674 998.65	31 408 470.31	其他负债	37.43	—
其他债权投资	—	—	信托负债合计	5 757 075.56	4 782 353.02
其他权益工具投资	—	—	信托权益：	—	—
长期应收款	—	—	实收信托	105 003 376.79	136 676 094.24
长期股权投资	24 716 975.16	24 844 103.03	资本公积	—	—
长期待摊费用	1.62	0.05	一般风险准备金	—	35 375.03
			损益平准金	—	—
			其他综合收益	—	—
			未分配利润	6 324 924.67	4 249 136.40
			信托权益合计	111 328 301.46	140 960 605.67
信托资产总计	117 085 377.02	145 742 958.69	信托负债和信托权益总计	117 085 377.02	145 742 958.69

5.2.2 信托项目利润及利润分配汇总表

信托项目利润及利润分配汇总表

编制单位：建信信托有限责任公司　　2023年度　　单位：万元

项目	当年数	上年数
1.营业收入	6 984 752.07	5 135 837.75
1.1 利息收入	2 845 548.57	4 036 240.08
1.2 投资收益（损失以"-"号填列）	1 422 489.18	1 237 644.18
1.2.1 其中：以摊余成本计量的金融资产终止确认产生的收益	10 176.51	1 957.18
1.3 公允价值变动收益（损失以"-"号填列）	206 861.45	-340 599.24
1.4 汇兑损益（损失以"-"号填列）	-24.67	-14.63
1.5 其他业务收入	2 509 877.54	202 567.36
2.营业总支出	1 196 585.23	831 958.56
2.1 受托人报酬	183 121.71	218 399.67
2.2 保管费	20 360.66	27 675.58
2.3 销售服务费	16 110.96	22 280.71
2.4 投资顾问费	—	—
2.5 利息支出	41 317.74	43 175.80
2.5.1 其中：卖出回购金融资产利息支出	41 317.74	43 175.80
2.6 资产减值损失	1.88	21 241.63
2.7 信用减值损失	456 412.10	22 800.90
2.8 税金及附加	10 973.90	15 981.37
2.9 其他费用	468 286.28	460 402.69

续表

项目	当年数	上年数
3.利润总额	5 788 166.84	4 303 879.19
4.信托净利润（净亏损以"-"号填列）	5 788 166.84	4 303 879.19
5.综合收益总额	5 788 166.84	4 303 879.19
5.1加：期初未分配信托利润	4 249 136.40	5 435 074.01
5.2加：损益平准金	-875 725.85	-1 740 759.25
6.可供分配的信托利润	9 161 577.39	7 998 193.95
6.1减：本期已分配信托利润	2 836 652.62	3 749 057.55
7.期末未分配信托利润	6 324 924.77	4 249 136.40

6.会计报表附注

6.1 会计报表不符合会计核算基本前提的事项

本公司会计报表编制基准不存在不符合会计核算基本前提的情况。

本公司执行财政部颁布的《企业会计准则——基本准则》以及其后颁布及修订的具体会计准则、应用指南、解释以及其他相关规定。公司以持续经营为基础，根据实际发生的交易和事项，按照《企业会计准则——基本准则》和其他各项具体会计准则、应用指南及准则解释的规定进行确认和计量，在此基础上编制财务报表。

6.2 或有事项说明

报告年度，本公司无对外担保及其他或有事项。

6.3 重要资产转让及其出售的说明

报告年度，本公司无重要资产转让及出售事项。

6.4 会计报表中重要项目的明细资料

6.4.1 固有资产经营情况

6.4.1.1 各项资产减值损失准备情况

单位：万元

项目	期初数	本期计提	本期转回	本期核销	期末数
贷款损失准备	4 521.18	3 308.65	—		7 829.83
一般准备	4 521.18	3 308.65	—		7 829.83
专项准备	—				
其他资产减值准备	3 206.40	2 028.59			5 234.99
存放同业款项	2.48	83.83			86.31
应收账款及其他应收款	3 203.92	1 944.76			5 148.68

6.4.1.2 投资业务情况

单位：万元

项目	自营股票	基金	债券	长期股权投资	其他投资	合计
期初数	87.74	17 942.32	32 672.99	1 136 551.40	1 416 765.98	2 604 020.43
期末数	117.33	69 043.52	3 373.90	1 120 238.24	1 211 277.34	2 404 050.33

6.4.1.3 长期股权投资情况

本公司前三名的自营长期股权投资的企业情况如下表所示。

企业名称	本公司持股比例（%）	主要经营活动	投资损益（万元）
建信（北京）投资基金管理有限责任公司	100	非证券业务的投资管理和咨询	—
建信期货有限责任公司	100	商品期货经纪业务、金融期货经纪业务	763.71
建信住房租赁私募基金管理有限公司	100	私募股权投资基金管理	—

6.4.1.4 前三名固有贷款情况

企业名称	占贷款总额的比例（%）	还款情况
武汉开发投资有限公司	24.92	正常还本付息
宁德东侨武夷房地产开发有限公司	24.53	正常还本付息
重庆白沙建设有限公司	20.71	正常还本付息

6.4.1.5 表外业务情况

单位：万元

表外业务	期初数	期末数
担保业务	—	—
代理业务（委托业务）	—	—
其他	7 106 557.50	7 242 913.65
合计	7 106 557.50	7 242 913.65

6.4.1.6 公司当年收入结构

6.4.1.6.1 母公司收入结构

收入结构	金额（万元）	占比（%）
手续费及佣金收入	206 643.34	72.76
其中：信托手续费收入	189 566.61	66.75
投资银行业务收入	1 635.02	0.58
利息收入	16 382.66	5.77
其他业务收入	981.31	0.35
其中：计入信托业务收入部分	—	—
投资收益	36 554.37	12.87
其中：股权投资收益	12 449.07	4.38
证券投资收益	1 774.86	0.62
其他投资收益	22 330.44	7.86
公允价值变动收益	23 431.52	8.25
收入合计	283 993.20	100.00

6.4.1.6.2 合并收入结构

收入结构	金额（万元）	占比（%）
手续费及佣金收入	262 321.24	33.00
其中：信托手续费收入	189 566.61	23.85
投资银行业务收入	1 635.02	0.21
利息收入	36 090.50	4.54
其他业务收入	388 800.32	48.92
其中：计入信托业务收入部分	—	—
投资收益	101 989.30	12.83
其中：股权投资收益	35 891.48	4.52
证券投资收益	10 972.84	1.38
其他投资收益	55 124.98	6.94
公允价值变动收益	5 619.50	0.71
营业外收入	0.56	—
收入合计	794 821.42	100.00

6.4.2 披露信托财产管理情况

6.4.2.1 信托资产

单位：万元

信托资产	期初数	期末数
集合	29 527 167.71	31 356 341.31
单一	27 121 728.80	24 237 366.46
财产权	89 094 062.18	61 491 669.25
合计	145 742 958.69	117 085 377.02

6.4.2.1.1 主动管理型信托业务的信托资产

单位：万元

主动管理型信托资产	期初数	期末数
证券投资类	13 038 065.14	12 353 726.46
股权及其他投资类	29 920 443.58	33 732 426.43
融资类	2 877 704.70	1 650 898.52
事务管理类	—	—
合计	45 836 213.42	47 737 051.41

6.4.2.1.2 被动管理型信托业务的信托资产

单位：万元

被动管理型信托资产	期初数	期末数
证券投资类	4 377 395.96	4 234 105.30
股权及其他投资类	95 284.17	60 638.79
融资类	—	—
事务管理类	95 434 065.14	65 053 581.52
合计	99 906 745.27	69 348 325.61

6.4.2.2 本年度已清算结束的信托项目情况

本年度已清算结束的信托项目442个、实收信托金额6 484 236.95万元、加权平均实际年化收益率5.1067%。

6.4.2.2.1 本年度已清算结束的信托项目

已清算结束信托项目	项目个数（个）	实收信托合计金额（万元）	加权平均实际年化收益率（%）
集合类	177	3 037 632.40	5.0211
单一类	220	1 581 428.32	5.3136
财产管理类	45	1 865 176.23	5.0707

6.4.2.2.2 本年度已清算结束的主动管理型信托项目

本年度已清算结束的主动管理型信托项目357个、实收信托合计金额2 950 468.80万元、加权平均实际年化收益率5.0314%。

已清算结束信托项目	项目个数（个）	实收信托合计金额（万元）	加权平均实际年化信托报酬率（%）	加权平均实际年化收益率（%）
证券投资类	115	541 333.20	0.1772	2.4558
股权及其他投资类	218	1 401 728.40	1.2571	5.3622
融资类	24	1 007 407.20	0.7969	5.9551
事务管理类	—			

6.4.2.2.3 本年度已清算结束的被动管理型信托项目

本年度已清算结束的被动管理型信托项目85个、实收信托合计金额3 533 768.15万元、加权平均实际年化收益率5.1695%。

已清算结束信托项目	项目个数（个）	实收信托合计金额（万元）	加权平均实际年化信托报酬率（%）	加权平均实际年化收益率（%）
事务管理类	85	3 533 768.15	0.1125	5.1695

6.4.2.3 本年度新增信托项目

报告年度新增的集合类、单一类、财产管理类信托项目3176个，实收信托合计金额24 305 414.92万元。

新增信托项目	项目个数（个）	实收信托合计金额（万元）
集合类	156	9 460 928.85
单一类	721	1 195 389.15
财产管理类	2 299	13 649 096.92
新增合计	3 176	24 305 414.92
其中：主动管理型	3 107	11 427 405.99
被动管理型	69	12 878 008.93

6.4.2.4 本公司履行受托人义务情况及本公司自身责任而导致的信托资产损失情况

公司在信托财产的管理运用和处分过程中，严格按信托合同等信托文件的约定对信托财产进行管理，切实履行了受托人的诚实、信用、谨慎、有效管理的义务，维护受益人的最大利益；报告年度，没有发生因公司自身责任而导致的信托资产损失情况。

6.5 关联方关系及其交易的披露

6.5.1 关联交易方的数量、总金额及关联交易的定价政策等

项目	关联交易方数量	关联交易金额（万元）	定价政策
合计	35	12 737 616.63	市场公允价格

6.5.2 关联交易方情况

关系性质	关联方名称	法定代表人	注册地址	注册资本（亿元）	主营业务
股东	中国建设银行股份有限公司	张金良	北京市西城区金融大街25号	2 500.11	公司银行业务、个人银行业务、资金业务、投资银行业务及海外业务
股东	合肥兴泰金融控股（集团）有限公司	郑晓静	安徽省合肥市蜀山区祁门路1688号	70	对授权范围内的国有资产进行经营以及从事企业策划、管理咨询、财务顾问、公司理财、产业投资以及经批准的其他经营活动

续表

关系性质	关联方名称	法定代表人	注册地址	注册资本（亿元）	主营业务
主要股东的关联方	建信理财有限责任公司	刘兴华	深圳市福田区福田街道福安社区益田路5033号平安金融中心89层-92层	150	面向不特定社会公众公开发行理财产品，对受托的投资者财产进行投资和管理；面向合格投资者非公开发行理财产品，对受托的投资者财产进行投资和管理；理财顾问和咨询服务；经原银保监会批准的其他业务

注：表中为公司主要关联交易方。

6.5.3 本公司与关联方的重大交易事项

单位：万元

序号	交易事项	期初数	借方	贷方	期末数
1	固有业务项下从中国建设银行拆借资金	400 000.00	800 000.00	400 000.00	—

6.5.3.1 固有与关联方交易情况

固有与关联方关联交易　　单位：万元

项目	期初数	借方发生额	贷方发生额	期末数
贷款	—	—	—	—
投资	—	—	—	—
租赁	—	—	—	—
担保	—	—	—	—
应收账款	710.73	5 006.37	5 048.01	669.09
其他	-386 952.68	12 978 059.22	12 533 008.18	58 098.36
合计	-386 241.95	12 983 065.59	12 538 056.19	58 767.45

6.5.3.2 信托与关联方交易情况

信托与关联方关联交易　　单位：万元

项目	期初数	借方发生额	贷方发生额	期末数
贷款	—	—	—	—
投资	—	—	—	—
租赁	—	—	—	—
担保	—	—	—	—
应收账款	—	—	—	—
其他	55 858 814.77	603 617 198.04	634 962 650.38	24 513 362.43
合计	55 858 814.77	603 617 198.04	634 962 650.38	24 513 362.43

6.5.3.3 固信交易、信信交易情况

6.5.3.3.1 固有财产与信托财产之间的交易

固有财产与信托财产相互交易　　单位：万元

项目	期初数	本期发生额	期末数
合计	1 630 471.97	-245 448.96	1 385 023.01

6.5.3.3.2 信托项目之间的交易

信托资产与信托财产相互交易　　单位：万元

项目	期初数	本期发生额	期末数
合计	12 955 012.99	-242 954.57	12 712 058.42

6.5.4 关联方逾期未偿还本公司资金的详细情况以及本公司为关联方担保发生或即将发生垫款的详细情况

报告年度，本公司无上述情况。

6.6 会计制度

公司执行财政部于2006年2月15日颁布的《企业会计准则——基本准则》和38项具体会计准则、其后颁布的企业会计准则应用指南、企业会计准则解释以及其他相关规定。

7.财务情况说明书

7.1 利润实现和分配情况

7.1.1 母公司情况

2023年公司分配股利35 800.00万元，实现净利润153 401.77万元。根据公司章程及《金融企业财务规则》的规定，提取盈余公积15 340.18万元，提取信托赔偿准备7 670.09万元，截至2023年末，未分配利润1 174 906.71万元。

7.1.2 并表情况

2023年实现归属本公司净利润190 266.37万元，提取盈余公积15 340.18万元，提取信托赔偿准备7 670.09万元，提取一般风险准备246.80万元。

7.2 主要财务指标

指标名称	母公司指标值	合并指标值
资本利润率（%）	6.14	6.91
加权年化信托报酬率（%）	0.24	0.24
人均净利润（万元）	382.55	234.83

7.3 对本公司财务状况、经营成果有重大影响的其他事项

报告年度，本公司未发生对财务状况、经营成果有重大影响的其他事项。

8.特别事项揭示

8.1 股东变动情况及原因

报告年度，本公司股东无变动。

8.2 董事、监事、高级管理人员变动情况

8.2.1 董事变动情况

报告年度，本公司董事无变动。

8.2.2 监事变动情况

2023年2月，杨刚因到龄退休，辞去建信信托监事职务。

8.2.3 高级管理人员变动情况

2023年2月，王晓薇辞去建信信托副总裁职务。

经建信信托董事会2023年第9次会议审议同意，聘任成海波担任建信信托副总裁。2023年11月10日，国家金融监督管理总局北京监管局核准其任职资格（京金复〔2023〕255号）。

经建信信托董事会2023年第11次会议审议同意，聘任卫晓东担任建信信托副总裁。2023年12月24日，国家金融监督管理总局北京监管局核准其任职资格（京金复〔2023〕365号）。

8.3 公司重大未决诉讼事项

无。

8.4 会计师事务对审计报告所出具保留意见、否定意见或无法表示意见的情况

无。

8.5 公司及其董事、监事和高级管理人员受到处罚的情况

无。

8.6 国家金融监督管理总局及其派出机构对公司检查后提出整改意见及整改情况

2023年2月，公司收到国家金融监督管理总局北京监管局《现场检查意见书》，已于2023年4月报送整改落实方案并按照方案认真落实整改。

2023年6月，公司收到国家金融监督管理总局北京监管局《2022年度监管意见书》，于2023年7月报送整改落实方案并按照方案认真落实整改。

8.7 报告年度重大事项报告

无。

8.8 国家金融监督管理总局及其省级派出机构认定的其他有必要让客户及相关利益人了解的重要信息

无。

8.9 净资本、风险资本以及风险控制指标等情况

按照《中国银监会关于印发信托公司净资本计算标准有关事项的通知》（银监发〔2011〕11号），截至2023年12月31日，公司净资本1 863 893.38万元，净资产2 555 638.57万元，净资本与净资产之比为72.93%，各项业务风险资本之和803 235.50万元，净资本与各项风险资本之和的比例为232.05%，以上指标均高于监管要求。

9.社会责任履行情况

报告年度，公司认真贯彻落实党中央决策部署，以国有大行信托的责任与担当，坚守"金融报国、金融为民、金融向善"的信念，助推经济社会高质量发展，积极履行社会责任。

聚焦重点领域，服务经济向好。落实"稳增长"举措，为重大基础设施、产业投资、重要民生保障项目提供资金支持，投向高速公路、城市综合管廊及道路、城镇化基础设施建设、运动场馆以及安置房建设工程，对改善居民住房条件、带动周边旅游资源开发、促进区域经济发展、构建交通格局具有重要意义。同时，以科技创新为主线，为国家技术创新进步及科技型企业发展进行股权投资，助推实现高水平科技自立自强。

助力"碳中和"，创新开展绿色金融。将节能环保、新能源等领域作为重要投资方向，先后参与了氢能源装备、太阳能科技、新能源科技、环保等优质企业的直接股权投资。以各地方城市环境综合治理、水环境治理、节能环保建筑等绿色项目为投资标的，通过产业基金等业务模式，参与项目资本金投资，2023年累计新增投放规模超50亿元。落地多单绿色资产证券化业务，规模超20亿元；作为战略投资参与绿色环保企业Reits发行，投资1.2亿元；参与投资绿色债券39只，共计约15亿元。

支持乡村振兴、共筑美好未来。通过"建信联合定点帮扶慈善信托"支持智慧粮库、数字农业与数字养殖、数字化平台、智慧校园建设等乡村振兴项目；受托设立慈善信托，定向用于城市建设者困境子女先天性疾病救助及老年病助医，以慈善守护助童扶老；通过直接捐赠，支持陕西安康、河南宁陵、安徽庐江等地区贫困学子完成学业、为贫困村民购买普惠型健康保险、建设"留守儿童关怀中心"等，同时还开展公益讲座、"义诊"、消费帮扶等活动，以爱心温暖社会。

10.消费者权益保护情况

报告年度，本公司深入贯彻"以人民为中心的发展思想"，坚持"以客户为中心"的理念，围绕"完善消保顶层设计体系、明确重点领域消保管理规范、加强全流程主动管理和监测"三条主轴，推动消费者权益保护工作与业务发展深度融合，切实保护消费者合法权益。

持续完善体制机制，全员消保意识显著提升。修订并实施《建信信托消费者权益保护工作管理办法（2023年版）》，调整优化消保管理架构和工作流程。完善消保审查机制，规范审查流程，坚持应尽审和实质性审查。2023年，共开展各类消保审查2944次，消保审查意见采纳率100%。完善消保考核机制，加大消保考核力度，员工消保意识显著增强。

聚焦重点专项攻坚，操作与服务行为持续规范。聘请第三方公司监测调查营销推介行为的规范性，吸取调查建议，落实优化措施，客户体验得到显著改善。聘请专业法律顾问，开展对公司既有消保制度、主要业务流程及关键业务资料进行消保合规诊断，消保合规管理水平持续提升。

创新开展金融宣教活动，教育宣传亮点突出。有针对性地开展落实监管要求、消保审查、合规营销推介、消费者投诉处理等培训，提升员工消保技能。打造建信信托"善建守护"主题系列宣教素材，广泛开展金融宣传教育活动。全年累计开展线上线下宣传教育活动50次，制作发布原创宣教素材38条，原创宣传教育文案点击量超过100万人次，收到了良好宣传效果。公司被监管评为2023年"3·15"集中金融宣教活动"表现突出组织单位"。

快速反应客户诉求，投诉管理持续深化。建立敏感事项信息快报机制，对于客户问询与投诉处理，溯源整改机制等工作进行了规范。报告年度，公司共受理有效消费投诉10笔，15日办结率100%。消费投诉涉及产品净值波动、客户服务及消费者理解偏差等问题，公司落实消费投诉首接负责制和协同处理机制，优化投诉处理流程，深挖问题成因，有效推进根源性整改，投诉处理质效不断提高。

11.公司监事会意见

监事会认为公司董事会、经营层及其成员严格执行国家政策与监管要求，勤勉尽责，忠诚履职，推进信托文化建设，切实维护受益人、股东和员工的利益。报告年度，公司克服困难，加快转型创新，守牢风险底线，实现了高质量发展。年度报告真实反映了公司的财务状况和经营成果。

建元信托股份有限公司

1.重要提示

1.1 本年度报告摘要来自年度报告全文，为全面了解本公司的经营成果、财务状况及未来发展规划，投资者应当到www.sse.com.cn网站仔细阅读年度报告全文。

1.2 本公司董事会、监事会及董事、监事、高级管理人员保证年度报告内容的真实性、准确性、完整性，不存在虚假记载、误导性陈述或重大遗漏，并承担个别和连带的法律责任。

1.3 公司全体董事出席董事会会议。

1.4 立信会计师事务所（特殊普通合伙）为本公司出具了标准无保留意见的审计报告。

1.5 董事会决议通过的本报告期利润分配预案或公积金转增股本预案

经立信会计师事务所（特殊普通合伙）审计确认，公司合并及母公司期末可供分配利润均为负，不满足公司章程第一百六十三条规定的现金分红条件。鉴于上述情况，根据公司章程有关规定，2023年度公司不进行利润分配，也不进行资本公积金转增股本。

2.公司基本情况

2.1 公司简介

公司股票简况

股票种类	股票上市交易所	股票简称	股票代码	变更前股票简称
A股	上海证券交易所	建元信托	600816	ST建元/ST安信

联系人和联系方式	董事会秘书	证券事务代表
姓名	王岗	林德栋
办公地址	上海市黄浦区广东路689号海通证券大厦29楼	上海市黄浦区广东路689号海通证券大厦29楼
电话	021-63410710	021-63410710
电子信箱	600816@j-yuantrust.com	600816@j-yuantrust.com

2.2 报告期公司主要业务简介

2023年是信托行业的转型变革的关键之年，2023年3月《关于规范信托公司信托业务分类的通知》正式发布实施，进一步厘清了信托业务的边界与服务内涵，为行业转型明确方向；《信托公司监管评级与分级分类监管暂行办法》落地，标志着信托行业差异化监管时代的到来；中央金融工作会议和中央经济工作会议相继召开，首次提出金融强国建设目标，强调信托行业应始终践行受托服务的政治性、人民性，提升专业性。以上各项政策和法规的出台，体现出监管政策的一致性和协同性，核心在于引导信托公司大力开展资产服务信托、公益慈善信托等本源业务，规范发展资产管理业务，持续压降通道类、融资类等待整改业务。

当前信托行业处于转型发展的关键期，整体业绩继续下行，业绩分化持续加速。根据银行间市场交易商协会截至2024年1月已经披露年报的52家信托公司统计结果显示：52家信托公司营业收入总额981.7亿元，同比下滑11.3%，仅47%的公司营业收入呈现正增长；信托业务收入总额581.2亿元，同比减少19.8%，仅有25.5%公司信托收入呈现正增长；利润总额472.2亿元，同比减少14.6%；净利润总额370.6亿元，同比减少-14.1%；净资产总额6943.8亿元，与2022年相比增加1.5%。

大部分信托公司业绩承压，特别是信托业务收入下滑尤为严重，主要原因有两个：（1）在行业加速转型，房地产行业下行周期背景下，风险化解已经成为各信托公司的重点工作之一，大多数信托公司会进行不良资产计提，从而使得业绩表现有所下滑。但每家信托公司的风险化解进度和处置能力不同，因此业绩分化也越发显著。（2）转型节奏的差异也加剧了行业分化。地产信托、通道业务在行业转型背景下均处于快速压降状态，很多信托公司过往最赚钱的业务已经无法创造收入，所以能否找到弥补收入缺口的本源业务方向，依托自身资源禀赋塑造特色优势，是信托公司业绩表现的关键，也是公司间产生业绩差距的重要原因。

从信托行业资产管理规模来看，自资管新规实施以来，信托行业面临巨大的转型危机，整体资产规模持续下降，但自2022年第二季度开始同比增速由负转正，在稳健增长中保持基本盘稳定。

当前信托资金投向标品的转型已形成普遍共识，以房地产和城投公司为代表的传统业务规模正在持续压降，投向证券市场（含股票、基金、债券）规模增幅持续攀高，目前已成为占比最大的信托资金投向。

中国信托业协会公开数据显示，融资类信托规模自2020年第二季度开始即进入下降通道，截至2023年第三季度末规模持续下降至3.3万亿元，3年来融资类信托余额下降了3.2万亿元，降幅近50%，规模占比逐步降至14.3%。同时服务信托的规模保持稳健提升，截至2023年第三季度末事务管理类信托业务规模为8.7万亿元，占比为38.3%，规模占比持续保持在1/3以上。服务信托和融资信托"有进有退"的结构优化调整，表明信托行业向轻资本运营、重受托服务的经营模式转型成效显著。同时我们关注到，行业近年来虽然在风险处置服务信托、行政管理服务信托、财富管理服务信托等多类资产服务信托方面多有探索，但目前盈利模式尚不清晰，信托公司服务实体经济的模式创新和业务盈利能力的恢复提升还有待探索。

综上所述，当前信托行业整体面临风险化解压力高企、收入与利润水平持续下行等各种困难，但展望未来，信托公司需要以监管政策为指引，以服务实体经济、回归信托本源为方向，立足自身资源禀赋，建立核心竞争优势，继续以转型推动发展，走差异化发展之路。

2.3 主要业务

2.3.1 固有业务

固有业务指信托公司运用自有资本开展的业务，主要包括但不限于贷款、租赁、投资、同业存放、同业拆放等。报告期内，公司的利息收入及投资收益情况如下表所示。

单位：万元

项目	2023年	2022年	2021年
利息净收入	1 655.35	-62 435.69	-122 757.00
其中：利息收入	2 906.59	353.34	437.01
利息支出	1 251.24	62 789.03	123 194.01
投资收益	9 953.97	10 721.32	107 990.12
公允价值变动收益	-5 501.19	-12 356.98	6 016.98

2.3.2 信托业务

信托业务是指公司作为受托人，以收取报酬为目的开展接收信托和处理信托事务的经营行为。报告期内，公司与信托业务相关的收入体现在手续费及佣金收入中，具体情况如下表所示。

单位：万元

项目	2023年	2022年	2021年
手续费及佣金收入	30 516.83	19 133.44	22 030.55
其中：信托报酬	30 516.83	19 133.44	21 827.35
手续费及佣金支出	—	—	—
手续费及佣金净收入	30 516.83	19 133.44	22 030.55

3.公司主要会计数据和财务指标

3.1 近3年的主要会计数据和财务指标

项目	2023年	2022年	本年比上年增减（%）	2021年
总资产（元）	22 288 860 574.83	16 447 335 304.82	35.52	16 961 324 456.26
归属于上市公司股东的净资产（元）	13 090 495 972.24	152 539 790.10	8 481.69	249 553 313.66
营业总收入（元）	334 234 130.92	194 867 803.86	71.52	224 675 597.89
营业收入（元）				
归属于上市公司股东的净利润（元）	42 479 536.84	-1 042 831 269.18	不适用	-1 129 209 611.93
归属于上市公司股东的扣除非经常性损益的净利润（元）	147 044 238.22	-505 334 311.84	不适用	-873 997 803.36
经营活动产生的现金流量净额（元）	-2 031 383 895.90	107 378 491.63	-1 991.80	148 114 277.66
加权平均净资产收益率（%）	0.48	不适用	不适用	-345.82
基本每股收益（元/股）	0.0051	-0.1907	不适用	-0.2065
稀释每股收益（元/股）	0.0051	-0.1907	不适用	-0.2065

3.2 报告期分季度的主要会计数据

项目	第一季度（1—3月）	第二季度（4—6月）	第三季度（7—9月）	第四季度（10—12月）
营业总收入（元）	11 023 972.68	44 157 953.80	29 357 788.39	249 694 416.05
营业收入（元）	—			
归属于上市公司股东的净利润（元）	-21 792 882.44	46 670 353.19	9 512 187.76	8 089 878.33
归属于上市公司股东的扣除非经常性损益后的净利润（元）	-10 370 329.46	48 022 522.58	21 091 312.99	88 300 732.11
经营活动产生的现金流量净额（元）	-316 701 834.46	-767 767 354.99	-484 525 342.33	-462 389 364.12

季度数据与已披露定期报告数据差异说明
□适用 ☑不适用

4.股东情况

4.1 报告期末及年报披露前一个月末的普通股股东总数、表决权恢复的优先股股东总数和持有特别表决权股份的股东总数及前10名股东情况

截至报告期末普通股股东总数（户）	66 097
年度报告披露日前上一月末的普通股股东总数（户）	66 812
截至报告期末表决权恢复的优先股股东总数（户）	—
年度报告披露日前上一月末表决权恢复的优先股股东总数（户）	—

前10名股东持股情况							
股东名称（全称）	报告期内增减（股）	期末持股数量（股）	比例（%）	持有有限售条件的股份数量（股）	质押、标记或冻结情况		股东性质
					股份状态	数量（股）	
上海砥安投资管理有限公司	+4 375 310 335	4 951 853 439	50.30	4 375 310 335	质押	2 475 920 000	国有法人
					冻结	411 485 483	
中国信托业保障基金有限责任公司	—	1 455 000 000	14.78		无	—	国有法人
中国银行股份有限公司	—	273 456 896	2.78		无	—	国有法人
上海国之杰投资发展有限公司	-22 509 995	182 337 404	1.85	182 337 404	冻结	182 337 404	境内非国有法人
四川信托有限公司——四川信托·宝鼎优选集合资金信托计划	+158 016 927	158 016 927	1.61	—	无	—	其他
日照银行股份有限公司	—	136 564 932	1.39	—	无	—	国有法人
营口银行股份有限公司沈阳分行	—	100 000 000	1.02	—	无	—	境内非国有法人
梁建业	-752 500	53 053 117	0.54	—	无	—	境内自然人
沈英豪	+7 462 880	19 800 728	0.20	—	无	—	境内自然人
上海方圆达创投资合伙企业（有限合伙）—方圆—东方43号私募投资基金		18 234 200	0.19	—	无	—	其他
上述股东关联关系或一致行动的说明	本公司未知上述股东是否存在关联关系及一致行动的情况						
表决权恢复的优先股股东及持股数量的说明	无						

4.2 公司与控股股东之间的产权及控制关系
☑适用 □不适用

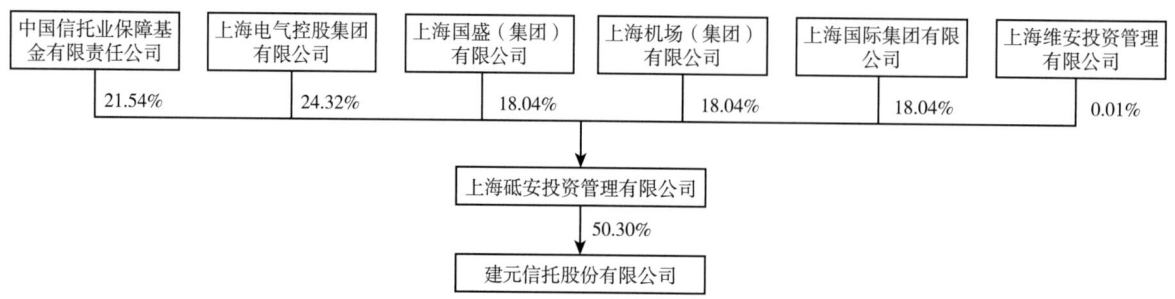

4.3 公司与实际控制人之间的产权及控制关系

☐适用 ☑不适用

4.4 报告期末公司优先股股东总数及前10名股东情况

☐适用 ☑不适用

4.5 公司债券情况

☐适用 ☑不适用

5.重要事项

5.1 公司应当根据重要性原则，披露报告期内公司经营情况的重大变化，以及报告期内发生的对公司经营情况有重大影响和预计未来会有重大影响的事项

2023年度，公司实现营业总收入33 423.41万元，归属于母公司所有者的净利润4 247.95万元。截至2023年12月31日，公司总资产222.89亿元，归属于母公司所有者权益130.90亿元，每股净资产1.33元，资产负债率38.10%，公司实收股本为984 444.83万元。

固有业务方面，公司紧跟市场动向，稳健推进业务拓展。2023年内，前期资产配置以无风险资产为主，定增资金到位后逐步配置货币基金、存款、债基、以及少量二级债基，2023年固有业务实现利息收入2 907万元，投资收益9 954万元。

信托业务方面，公司审慎研判市场趋势，积极推进存量风险化解及新业务落地。截至2023年末，公司存续信托项目195个，受托管理信托规模1 419.79亿元；2023年度已完成清算的信托项目22个，清算信托规模37.13亿元，新增设立信托项目7个，新增信托规模89.36亿元。

5.2 公司年度报告披露后存在退市风险警示或终止上市情形的，应当披露导致退市风险警示或终止上市情形的原因

☐适用 ☑不适用

江苏省国际信托有限责任公司

1.重要提示

1.1 本公司董事会及董事保证本报告所载资料不存在任何虚假记载、误导性陈述或者重大遗漏,并对其内容的真实性、准确性和完整性承担个别及连带责任。

1.2 公司独立董事对本报告内容真实性、完整性和准确性无异议。

1.3 公司编制的2023年度财务报告已经苏亚金诚会计师事务所(特殊普通合伙)审计,并出具了标准无保留意见的审计报告。

1.4 公司法定代表人胡军、主管会计工作负责人马新伟和会计机构负责人陈飞声明并保证年度报告中财务报告的真实和完整。

2.公司概况

2.1 公司简介

2.1.1 公司历史沿革

公司前身为江苏省国际信托投资公司,于1981年10月经国家外资管理委员会和江苏省人民政府批准正式成立。2001年8月,江苏省政府决定对江苏省国际信托投资公司和江苏省投资管理有限责任公司进行集团化重组改制,组建江苏省国信资产管理集团有限公司(现已更名为江苏省国信集团有限公司,以下简称:国信集团)。2002年8月,经中国人民银行批准,江苏省国际信托投资公司予以重新登记,并更名为江苏省国际信托投资有限责任公司,注册资金为24.84亿元人民币。2007年6月,根据"新两规"要求,经原中国银监会(现已更名为国家金融监督管理总局)批准,江苏省国际信托投资有限责任公司更名为江苏省国际信托有限责任公司,同时变更业务范围。2013年12月,公司注册资本增至26.84亿元人民币。2016年,江苏舜天船舶股份有限公司向国信集团发行股份以收购其所拥有的江苏省国际信托有限责任公司81.49%的股权,2017年,江苏舜天船舶股份有限公司更名为江苏国信股份有限公司。公司分别于2018年6月、2020年10月完成两次增资,注册资本增至87.60亿元。

公司秉持"发展、创新、高效、稳健"的经营理念,坚持受托人定位,立足信托本业,完善治理结构,改善经营机制,探索业务创新,加强人才开发,经济效益稳步增长,切实维护了受益人的最大利益。公司已发展成为业内资产质量优良、管理规范、经营合规、信息透明、风控能力较强的信托公司。

2.1.2 公司的法定名称

公司法定中文名称:江苏省国际信托有限责任公司

中文缩写:江苏信托

公司法定英文名称:JIANGSU INTERNATIONAL TRUST CORPORATION LIMITED

英文缩写:JSITC

2.1.3 公司法定代表人:胡军

2.1.4 公司注册地址:江苏省南京市长江路2号22至26层

邮编:210005

公司国际互联网网址:http://www.jsitc.net

公司电子邮箱:jsitc@jsitc.net

2.1.5 公司负责信息披露事务的高级管理人员:严珊

公司信息披露事务联系人:张梦晗

联系电话:025-89667777 传真:025-89667700

电子信箱:zhangmh0740@jsitc.net

2.1.6 公司选定的信息披露报纸:《上海证券报》

2.1.7 年报备置地点:江苏省南京市玄武区长江路2号26层

2.1.8 公司聘请的会计师事务所:苏亚金诚会计师事务所(特殊普通合伙)

办公地址:江苏省南京市中山北路105-6号中环国际广场21~23层

2.1.9 公司聘请的律师事务所:上海市锦天城(南京)律师事务所

办公地址:南京市建邺区江东中路347号国金中心一期27楼、28楼

2.2 组织结构

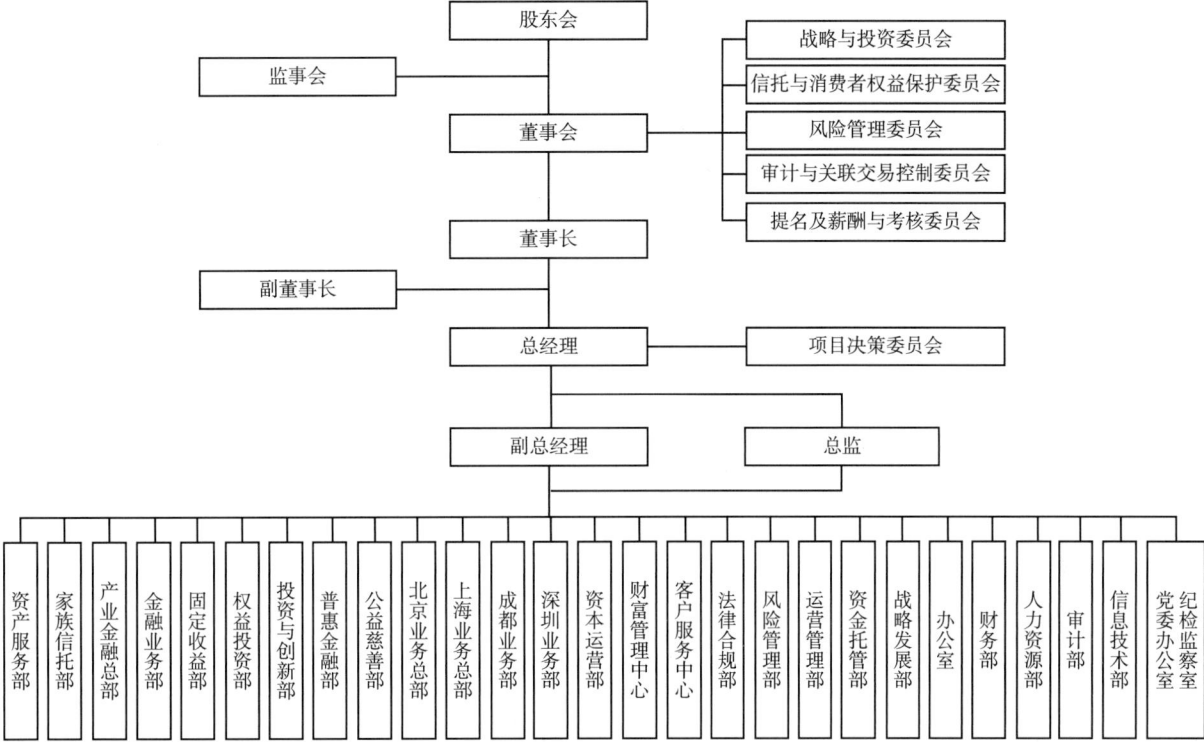

3.公司治理

3.1 股东

报告期末公司股东总数为4家，持有本公司股份的股东及持股情况如下表所示。

股东名称	持股比例（%）	法人代表	注册资本（亿元）	注册地址	主要经营业务及主要财务情况
江苏国信股份有限公司（以下简称：江苏国信）	81.49	徐文进	37.78	江苏省南京市长江路88号	主要经营范围：实业投资、股权投资（包括金融、电力能源股权等）、投资管理与咨询。电力项目开发建设和运营管理，电力技术咨询、节能产品销售，进出口贸易。2023年末，江苏国信资产总额888.72亿元，净资产394.42亿元，营业总收入345.72亿元，利润总额34.65亿元
江苏省苏豪控股集团有限公司（以下简称：苏豪控股）	10.91	周勇	20	江苏省南京市软件大道48号	主要经营范围：金融、实业投资，授权范围内国有资产的经营、管理；国贸贸易；房屋租赁；茧丝绸、纺织服装的生产、研发和销售。2023年末，苏豪控股总资产859.84亿元，净资产301.55亿元，营业收入1128.66亿元，利润总额15.57亿元（未经审计数据）
江苏省农垦集团有限公司（以下简称：江苏农垦）	4.30	吴本辉	33	江苏省南京市珠江路4号	主要经营范围：省政府授权范围内的国有资产经营。2023年末，江苏农垦总资产436.82亿元，净资产272.45亿元，营业收入175.25亿元，利润总额30.05亿元
江苏高科技投资集团有限公司（以下简称：江苏高投）	3.30	王会清	30	江苏省南京市虎踞路99号	主要经营范围：金融投资、实业投资、创业投资、股权投资及投资管理业务。省政府授权范围内国有资产经营、管理、兼并重组以及经批准的其他业务。投资咨询。2023年末，江苏高投合并口径总资产350.97亿元，净资产164.10亿元，营业收入13.10亿元，利润总额11.05亿元（未经审计数据）

3.2 董事

董事长、董事

姓名	职务	性别	出生年份（年）	选任日期	所推举的股东名称	该股东持股比例（%）	简要履历
胡军	董事长	男	1970	2022年6月	江苏国信	81.49	硕士研究生，历任江苏信托总经理助理、副总经理、总经理，党委副书记、总经理，现任江苏信托党委书记、董事长

续表

姓名	职务	性别	出生年份（年）	选任日期	所推举的股东名称	该股东持股比例（%）	简要履历
丁锋	副董事长（拟任）	男	1968	2023年12月	江苏国信	81.49	硕士研究生，历任江苏省国际信托有限责任公司财务部负责人、副总经理（主持工作），江苏省国信资产管理集团有限公司财务部副总经理，江苏省国信集团财务有限公司董事、副总裁、总裁、党委委员、党委副书记。现任江苏省国信集团有限公司金融部总经理，兼任华泰证券股份有限公司、紫金财产保险股份有限公司、利安人寿保险股份有限公司董事
严珊	董事	女	1969	2022年10月	江苏国信	81.49	硕士研究生，历任南京人民银行非银处副主任科员、主任科员，原江苏银监局非银处主任科员、副处级、副处长，江苏信托首席风控官、副总经理，现任江苏信托总经理
唐进	董事	男	1966	2022年6月	苏豪控股	10.91	党校研究生学历，历任省政府研究室综合研究处副处长、省政府办公厅教科文卫处副处长、省政府办公厅秘书五处调研员、江苏省对口支援四川绵竹地震灾后恢复重建指挥部办公室（党群工作处）主任（处长）、省政府办公厅信息处处长、省政府办公厅秘书七处处长，江苏省苏豪控股集团有限公司副总裁、党委委员。现任中原证券董事
顾志鹏	董事	男	1983	2022年10月	江苏高投	3.30	本科学历，硕士研究生学位，历任昆山市委组织部科员、苏州华硕电脑研发质量工程师、苏州四海电子供应链主管、江苏省有色金属华东地质勘查局资源调查与评价研究院综合业务部副主任、江苏高科技投资集团有限公司资产管理部高级经理、江苏高投创业投资管理有限公司副总经理、江苏高科技投资集团有限公司投资运营部总经理，现任江苏高投创业投资管理有限公司总经理
裴硕秋	职工董事	男	1968	2022年5月	职工大会	—	博士研究生，高级经济师，历任江苏信托创业投资部副总经理、研究发展部总经理、总经理办公室主任、创业投资部经理，现任江苏信托党委办公室主任

独立董事

姓名	所在单位及职务	性别	出生年份（年）	选任日期	简要履历
王长江	南京大学商学院教授	男	1964	2022年6月	博士研究生，南京大学商学院教授
卞志村	南京财经大学学科建设办公室主任、高水平大学建设办公室主任	男	1975	2022年10月	博士研究生，二级教授，历任南京金融高等专科学校科研科副科长、助教，南京师范大学商学院副教授、教授、中国经济研究中心副主任，南京财大学教授、金融学院副院长、院长，南京财经大学评估及质量监控中心主任、教师（教学）发展中心主任，现任南京财经大学学科建设办公室主任、高水平大学建设办公室主任
丁韶华	江苏世纪同仁律师事务所管委会主任	男	1971	2022年10月	博士研究生，二级律师，历任江苏同仁律师事务所律师、江苏法德永衡律师事务所副主任、江苏方德律师事务所主任，现任江苏世纪同仁律师事务所管委会主任

3.3 监事

监事会成员

姓名	职务	性别	出生年份（年）	选任日期	所推举的股东名称	该股东持股比例（%）	简要履历
顾宏武	监事长	男	1975	2022年6月	江苏农垦	4.30	硕士研究生，高级会计师，历任江苏省农垦集团有限公司计划财务部副主任、部长助理、副部长，现任江苏省农垦集团有限公司战略投资部部长
石文亚	外部监事	女	1961	2022年6月	—	—	本科，南京财经大学副教授（已退休）
刘嘉	职工监事	男	1969	2022年5月	—	—	本科，江苏信托资本运营部总经理

3.4 高级管理人员

姓名	职务	性别	出生年份（年）	任职日期	金融从业年限（年）	学历	专业	简要履历
严珊	总经理	女	1969	2022年3月	26	硕士研究生	货币银行学	历任南京人民银行非银处副主任科员、主任科员，江苏银监局非银处主任科员、副处级、副处长；江苏信托首席风控官、副总经理，现任江苏信托董事、总经理
贾宇	副总经理	男	1971	2023年7月	27	本科学历硕士学位	应用经济学	历任江苏信托资产管理部、信托三部项目副经理、经理，办公室主任助理、办公室副主任、办公室主任，董事会秘书，信息技术部副总经理（主持工作），研究发展部（董事会办公室）总经理，江苏信新资产管理股份公司总经理、董事长。现任江苏信托党委委员、副总经理

续表

姓名	职务	性别	出生年份（年）	任职日期	金融从业年限（年）	学历	专业	简要履历
马新伟	财务总监	女	1971	2023年7月	15	本科学历硕士学位	会计学	历任江苏省国际信托投资公司财务部科员副科长、科长，江苏省新能源开发有限公司财务部主任，江苏省新能源开发有限公司工会主席、财务部主任，江苏省新能源开发股份有限公司财务总监、工会主席，江苏省国信用融资担保有限责任公司副总经理、党委委员。现任江苏信托党委委员、财务总监
肖冬雪	副总经理	男	1985	2019年9月	11	大学本科	工业工程	历任春秋财富（北京）投资有限公司总经理、上海爱建信托有限责任公司北京信托业务总部总经理，现任江苏信托副总经理、北京业务总部总经理（兼）
杨宝秀	信托业务总监	男	1981	2022年7月	15	大学本科	财政学	历任江苏信托金融市场部总经理助理、副总经理，事务信托部副总经理，金融市场部总经理，事务信托部总经理，金融业务部总经理，服务信托部总经理，保险与证券信托总经理，现任江苏信托信托业务总监、上海业务总部总经理（兼）
孟光	财富管理总监	男	1975	2022年7月	25	大学本科	货币银行学	历任招商银行南京分行战略客户部总经理、珠江路支行行长、交易银行部总经理、金融事业部总经理，招商银行徐州分行行长、招商银行东莞分行行长助理、江苏信托财富管理中心总经理兼客户中心总经理，现任江苏信托财富管理总监
葛卫华	风险总监	男	1978	2022年5月	20	硕士研究生	工商管理	历任江苏省银监局副主任科员、主任科员，国联信托股份有限公司总经理助理、江苏资产管理有限公司副总经理、首席风险官，招商银行无锡分行部总经理、机构部副总经理，江苏信托风险管理部总经理兼法律合规部总经理，现任江苏信托风险总监、风险管理部总经理（兼）

3.5 公司员工

项目		报告期年度	
		人数（人）	比例（%）
年龄分布	25岁以下	2	0.9
	25~29岁	19	8.3
	30~39岁	151	66.2
	40岁及以上	56	24.6
平均年龄	37岁	—	—
学历分布	博士	4	1.8
	硕士	157	68.9
	本科	62	27.1
	专科	4	1.8
	其他	1	0.4
岗位分布	董事、监事及高管人员	10	4.4
	自营业务人员	9	3.9
	信托业务人员	163	71.5
	其他人员	46	20.2
总人数	—	228	—

4. 经营管理

4.1 战略规划、经营目标、方针

4.1.1 战略规划

公司的战略规划：以新发展理念为指引，以高质量发展为目标，顺应不断变化的内外部环境，抢抓发展方式转变和区域发展的战略机遇，以打造"金融持股平台、资产管理平台、财富管理平台、信托服务平台"四大业务平台为重点，深化公司体制机制市场化改革和经营管理创新，构建完善的法人治理结构，加大业务创新和转型力度，保持稳健良好的资产质量，全面履行社会责任，实现江苏信托向市场化一流资产管理服务机构的跨越。

4.1.2 经营目标

公司的经营目标：围绕建设"强富美高"新江苏要求，以监管政策为指引，充分发挥信托的资产管理、财富管理和社会服务功能，扎实推进信托业务转型。做好江苏银行等金融股权投资管理，推动完善法人治理，支持高质量发展。扎实做好重点领域风险防控工作。以业务转型为主攻方向，切实加强基础配套能力建设。完善细化绩效考核办法、业务管理制度及内控规范。进一步强化数据治理工作，贴合展业需求开发应用，发挥信息科技的支撑保障作用。加强品牌宣传，提升声誉风险管理水平，增强公司行业影响力。

4.1.3 经营方针

公司的经营方针是：发展、创新、高效、稳健。

4.2 经营业务

4.2.1 公司经营业务和品种

公司经营业务主要分为自营业务和信托业务。

自营业务主要包括股权投资、自营贷款、自营证券、金融产品投资等。信托业务是本公司的主营业务和重要收入来源，主要包括集合资金信托、单一资金信托、财产权信托等。

4.2.2 公司资产组合和分布

4.2.2.1 自营资产的组合与分布

自营资产运用与分布表

资产运用	金额（万元）	占比（%）	资产分布	金额（万元）	占比（%）
货币资产	27 010.48	0.89	基础产业	596 024.14	19.53
贷款及应收款	22 128.75	0.72	房地产业	203 291.09	6.66
交易性金融资产	1 188 627.47	38.95	证券市场	426.42	0.02
其他权益工具投资	31 657.00	1.04	实业	17 356.21	0.57
长期股权投资	1 764 067.14	57.80	金融机构	2 195 669.39	71.94
其他	18 397.77	0.60	其他	39 121.35	1.28
资产总计	3 051 888.60	100.00	资产总计	3 051 888.60	100.00

4.2.2.2 信托资产的组合与分布

信托资产运用与分布表

资产运用	金额（万元）	占比（%）	资产运用	金额（万元）	占比（%）
货币资产	1 020 977.61	2.55	基础产业	10 237 262.11	25.56
贷款	6 970 056.85	17.40	房地产业	612 931.06	1.53
交易性金融资产	16 962 002.39	42.35	金融机构	3 744 254.80	9.35
持有至到期投资	7 236 476.15	18.07	证券	20 746 171.85	51.80
长期股权投资	545 055.65	1.36	工商企业	4 631 666.74	11.56
其他	7 316 808.86	18.27	其他	79 090.93	0.20
资产总计	40 051 377.49	100.00	资产总计	40 051 377.49	100.00

4.3 市场分析

4.3.1 影响公司发展的有利因素

4.3.1.1 财富管理市场蓬勃发展叠加地域区位优势

随着我国高净值、超高净值客群的持续增长，人均可投资资产规模不断攀升，社会财富管理需求及市场巨大。同时，公司地处经济发达的长三角地区，客群基础广泛，为公司财富管理业务发展构筑了优良的区位优势。

4.3.1.2 良好的资产质量和股东背景

公司拥有较高的净资本，资产质量好，可开展业务空间宽裕。公司股东都是江苏省属国有企业，实力雄厚，经营各具特色，有助于发挥资源协同效应。

4.3.1.3 良好的品牌信誉

公司经过四十余年的发展，秉承"发展、创新、高效、稳健"的经营理念，发挥信托独特的功能优势，为客户提供多样化的综合金融服务，赢得了良好信誉，综合实力居同类型信托公司前列，树立了良好的品牌形象。

4.3.1.4 日趋完善的公司管理

公司内部机构设置完备，责权清晰、管理规范、制度完善，有良好的企业文化，塑造和培养了一支高素质的员工队伍，为公司业务开拓奠定了坚实基础。

4.3.2 影响公司发展的制约因素

4.3.2.1 市场竞争压力加大

大资管统一监管格局形成后，监管标准逐步拉平，信托公司面临的来自银行理财、基金、券商等其他资管机构以及信托同业的竞争更加激烈。

4.3.2.2 新增长动能尚待培育

信托业务"三分类"实施后，信托公司转型正式步入"快车道"。公司新旧业务动能转换仍在探索，新盈利模式的塑造、新利润支柱的培育尚需时间。

4.3.2.3 配套能力建设面临挑战

转型期内对信托公司的专业能力、创收能力、客户服务能力提出更高要求。公司需要强化战略引导，进行资源投入方向、组织架构和运作机制、激励机制以及企业文化的调整和重塑。

4.4 内部控制

公司建立了"三会一层"各司其职、各负其责、相互制约的治理机制，并且营造合规经营的内部控制文化；通过采取不同的措施，公司的内部控制得到了进一步加强，风险也得到了有效的防范和控制；公司信息交流和反馈机制逐步完善；公司内审部门不断加强内部控制的监督和评价。公司的内控机制有效运转，并促进公司治理的持续完善。

4.5 风险管理

公司针对经营活动中可能会遇到的信用风险、市场风险、操作风险、道德风险、政策风险、法律合规风险、声誉风险等，建立了以"事前预防为主、事中控制及事后补救为辅"的风险控制基本原则，切实开展各项工作，及时防范、化解风险，保障业务正常开展。

公司风险管理组织结构与职责划分为：董事会以及其下设风险管理委员会主要负责建立风险文化，制定风险管理策略，设定风险偏好和确保风险限额的设立，审批重大风险管理政策和程序；高级管理层主要负责建立适应全面风险管理的经营管理架构，明确全面风险管理职能部门、业务部门以及其他部门在风险管理中的职责分工，制定风险限额和风险管理政策和程序，对突破风险偏好、风险限额以及违反风险管理政策和程序的情况进行监督，根据董事会的授权进行处理；业务部门主要负责配合全面风险管理体系建设，健全和完善相关制度，积极开展识别、计量、评估、监测、控制或缓释全面风险和各类重要风险，严格执行公司风险管理策略、风险偏好、风险限额及风险管理政策和程序；风险管理部主要负责实施全面风险管理体系建设，制定相关政策和流程，牵头协调识别、计量、评估、监测、控制或缓释全面风险和各类重要风险，持续监控风险管理策略、风险偏好、风险限额及风险管理政策和程序的执行情况；法律合规部主要负责具体项目的合法合规性审查，以及包括合同（协议）在内的全部法律文件的审核，防范法律合规风险；审计部承担业务部门、风险管理部、法律合规部及相关部门履职情况的审计责任；运营管理部、资金托管部和财务部主要负责资金划款、资金回收及收益分配等事项的风险管理。

公司不断完善内部控制制度，对各部门、岗位制定了明确的职责和权限，职责的制定体现岗位相互分离的原则，能够实现中、后台对前台的监督；对各项业务制定了具体的操作流程，在信托项目中全面推行信托经理AB角制度，严格尽职调查工作标准，减少和消除人为因素而造成的风险，保障风险控制体系的有序规范运行，并通过事后评价和总结，防止类似风险发生。公司定期或不定期对员工进行培训，对渎职、超越权限或违背操作规定的人员进行问责，定期对内部的计算机信息系统进行维护，保证其正常运行，加强系统数据的管理，消除风险隐患。公司运营管理部对所有存续信托项目进行统一、集中的后续管理，独立运作，有助于防范操作风险。

4.6　消费者权益保护

公司坚持以金融消费者为中心，积极构建金融消费者权益保护治理和文化体系，建立健全金融消费者权益保护机制，有效实现金融消费者权益保护和公司经营的协调发展。

报告期内，公司金融消费者权益保护工作在组织机制建设、教育宣传、个人金融信息保护、投诉处理等方面均取得一定的成效。公司更加注重对个人金融信息的保护，在个人金融信息的收集、使用和保存方面进行了改进，同时通过法规政策宣传、案例分析等宣教活动，进一步提高了金融消费者对个人金融信息重要性的认识，提升了其保障自身资金和财产安全的意识与能力。

报告期内，公司进一步完善了投诉处理工作制度，提升了投诉处理规范化水平，加强了投诉处理工作力度，拓宽了投诉公示渠道，有效维护了消费者的合法权益。报告期内共收到一起消费者投诉，经调查取证，公司未发生侵犯消费者权益保护事项，投诉事件已圆满解决。未来，公司将进一步加强投诉处理信息系统建设，更加妥善处理各项投诉事宜。

4.7　企业社会责任

公司秉承"发展 创新 高效 稳健"的经营理念，坚持以人民为中心的价值取向，持续增强社会责任理念意识，建立健全社会责任管理体系，推动社会责任管理与企业经营管理体系融合，在深入贯彻落实国家"双碳"政策、乡村振兴、服务长江经济带、助力实体经济发展、公益慈善等方面贡献信托力量。

公司以服务实体经济为出发点，不断探索信托制度在市场中的独特作用，切实提升服务实体经济的质效。报告期内，公司成功落地首单上市公司供应链经销商持股业务"苏信强链1号"，有效保障产业链供应链的安全稳定，为实体企业提供坚实的金融支持；落地公司首单产业园区载体开发股权投资信托产品"苏州工业园1号集合资金信托计划"，助力打造苏州园区产业新引擎，为地方经济发展注入新的动力。

公司将绿色金融作为一项长期重点工作任务，持续进行绿色金融业务创新，积极助力地方绿色低碳发展。报告期内，公司通过宣传绿色信托概念、普及绿色发展理念，进一步加深金融消费者对绿色金融发展的认识。通过信贷支持的方式，帮助江苏海安市当地绿色环保科技企业实现跨越式发展，助力江苏东海县当地农业龙头企业开展低碳化改造，援助江苏扬中市当地园林花木企业扩产，新增当地沿江岸线固土防风苗木近千株。

公司以信托业务"三分类"为指引，于2023年7月组建公益慈善部，积极布局慈善信托业务。报告期内，公司公益慈善信托业务新增备案数量6单，规模241.91万元。其中：公司受托管理的"苏信弘善2号老龄事业发展慈善信托"首期已募集成功，成为江苏省首单养老类型慈善信托。成立规模200万元的国信基金会慈善信托，委托人为江苏国信企业发展研究基金会，资金主要用于乡村振兴工作。成立"我助妇儿康·关爱儿童罕见病1号慈善信托"，资金规模30万元，委托人为江苏省妇女儿童福利基金会，资金用于儿童罕见病救助。

公司积极承担金融机构宣传教育主体责任，秉承

"预防为先，教育为主"的理念，从客户的实际需求出发，持续推进投资者教育常态化，积极弘扬信托文化，推动信托文化与业务发展和公司管理相融合。公司将投资者教育落实到日常的经营活动中，充分利用内外部路演、线上平台等多元化渠道，大力提升消费者金融知识水平和风险防范能力。

5. 报告期末及上一年末的比较式会计报表

5.1 自营资产

5.1.1 会计师事务所审计意见全文

审计报告

苏亚审〔2024〕572号

江苏省国际信托有限责任公司全体股东：

一、审计意见

我们审计了江苏省国际信托有限责任公司（以下简称江苏信托）的财务报表，包括2023年12月31日的资产负债表，2023年度的利润表、现金流量表、股东权益变动表以及财务报表附注。

我们认为，后附的财务报表在所有重大方面按照企业会计准则的规定编制，公允反映了江苏省国际信托有限责任公司2023年12月31日的财务状况以及2023年度的经营成果和现金流量。

二、形成审计意见的基础

我们按照中国注册会计师审计准则的规定执行了审计工作。审计报告的"注册会计师对财务报表审计的责任"部分进一步阐述了我们在这些准则下的责任。按照中国注册会计师职业道德守则，我们独立于江苏信托，并履行了职业道德方面的其他责任。我们相信，我们获取的审计证据是充分、适当的，为发表审计意见提供了基础。

三、管理层和治理层对财务报表的责任

管理层负责按照企业会计准则的规定编制财务报表，使其实现公允反映，并设计、执行和维护必要的内部控制，以使财务报表不存在由于舞弊或错误导致的重大错报。

在编制财务报表时，管理层负责评估江苏信托的持续经营能力，并运用持续经营假设，除非管理层计划清算公司、终止运营或别无其他现实的选择。

治理层负责监督江苏信托的财务报告过程。

四、注册会计师对财务报表审计的责任

我们的目标是对财务报表整体是否不存在由于舞弊或错误导致的重大错报获取合理保证，并出具包含审计意见的审计报告。合理保证是高水平的保证，但并不能保证按照审计准则执行的审计在某一重大错报存在时总能发现。错报可能由于舞弊或错误导致，如果合理预期错报单独或汇总起来可能影响财务报表使用者依据财务报表作出的经济决策，则通常认为错报是重大的。

在按照审计准则执行审计工作的过程中，我们运用职业判断，并保持职业怀疑。同时，我们也执行以下工作：

（1）识别和评估由于舞弊或错误导致的财务报表重大错报风险，设计和实施审计程序以应对这些风险，并获取充分、适当的审计证据，作为发表审计意见的基础。由于舞弊可能涉及串通、伪造、故意遗漏、虚假陈述或凌驾于内部控制之上，未能发现由于舞弊导致的重大错报的风险高于未能发现由于错误导致的重大错报的风险。

（2）了解与审计相关的内部控制，以设计恰当的审计程序，但目的并非对内部控制的有效性发表意见。

（3）评价管理层选用会计政策的恰当性和作出会计估计及相关披露的合理性。

（4）对管理层使用持续经营假设的恰当性得出结论。同时，根据获取的审计证据，就可能导致对江苏信托持续经营能力产生重大疑虑的事项或情况是否存在重大不确定性得出结论。如果我们得出结论认为存在重大不确定性，审计准则要求我们在审计报告中提请报表使用者注意财务报表中的相关披露；如果披露不充分，我们应当发表非无保留意见。我们的结论基于截至审计报告日可获得的信息。然而，未来的事项或情况可能导致江苏信托不能持续经营。

（5）评价财务报表的总体列报、结构和内容（包括披露），并评价财务报表是否公允反映相关交易和事项。

我们与治理层就计划的审计范围、时间安排和重大审计发现等事项进行沟通，包括沟通我们在审计中识别出的值得关注的内部控制缺陷。

苏亚金诚会计师事务所（特殊普通合伙）

中国注册会计师：戴庭忠

中国注册会计师：刘勤林

中国·南京市

2024年4月16日

5.1.2 资产负债表

资产负债表

编制单位：江苏省国际信托有限责任公司　　2023年12月31日　　单位：万元

资产	期末数	期初数	负债和所有者权益	期末数	期初数
资产：	—	—	负债：	—	—
现金及银行存款	25 908.79	21 020.91	向中央银行借款	—	—
存放中央银行款项	—	—	联行存放款项	—	—
贵金属	—	—	同业及其他金融机构存放款项	—	—
存放联行款项	—	—	拆入资金	370 434.85	299 453.41
存放同业款项	1 101.68	4.79	以公允价值计量且其变动计入当期损益的金融负债	—	—
拆出资金	—	—	衍生金融负债	—	—
以公允价值计量且其变动计入当期损益的金融资产	1 188 627.47	1 049 477.92	交易性金融负债	—	—
衍生金融资产	—	—	卖出回购金融资产款	—	—
买入返售金融资产	—	—	吸收存款	—	—
持有待售资产	—	—	应付职工薪酬	27 864.43	26 921.63
应收款项类金融资产	—	—	其中：工资、奖金、津贴和补贴	25 040.77	23 947.92
应收利息	1 296.65	709.82	应交税费	10 605.71	11 787.91
其他应收款	4 252.70	7 929.38	应付利息	—	—
发放贷款和垫款	—	—	持有待售负债	—	—
金融投资	—	—	其他应付款	15 289.17	33 274.51
交易性金融资产	—	—	租赁负债	789.99	1 189.39
债权投资	—	—	预计负债	—	—
其他债权投资	—	—	应付债券	—	—
其他权益工具投资	31 657.00	30 183.77	递延所得税负债	26 443.61	31 993.86
可供出售金融资产	—	—	其他负债	962.89	1 805.06
持有至到期投资	—	—	负债合计	452 390.65	406 425.75
长期股权投资	1 764 067.14	1 812 837.19	所有者权益（或股东权益）：	—	—
投资性房地产	—	—	实收资本（或股本）	876 033.66	876 033.66
固定资产	16 011.21	16 837.19	国家资本	—	—
在建工程	—	—	集体资本	—	—
使用权资产	878.58	1 255.65	法人资本	876 033.66	876 033.66
无形资产	1 310.49	1 705.15	其中：国有法人资本	876 033.66	876 033.66
商誉	—	—	个人资本	—	—
长期待摊费用	—	—	外商资本	—	—
抵债资产	—	—	其他权益工具	—	—
递延所得税资产	197.50	297.35	优先股	—	—
其他资产	16 579.40	29 850.45	永续债	—	—

续表

资产	期末数	期初数	负债和所有者权益	期末数	期初数
—	—	—	其他	—	—
—	—	—	资本公积	407 049.84	567 738.38
—	—	—	减：库存股	—	—
—	—	—	其他综合收益	-13 951.69	17 560.30
—	—	—	盈余公积	437 180.54	411 746.14
—	—	—	一般风险准备	192 787.03	178 970.08
—	—	—	未分配利润	700 398.58	513 635.24
—	—	—	归属于母公司所有者权益合计	2 599 497.95	2 565 683.81
—	—	—	少数股东权益	—	—
—	—	—	所有者权益合计	2 599 497.95	2 565 683.81
资产总计	3 051 888.60	2 972 109.56	负债和所有者权益总计	3 051 888.60	2 972 109.56

公司法定代表人：胡军　　　　主管会计工作负责人：马新伟　　　　会计机构负责人：陈飞

5.1.3 利润表

利润表

编制单位：江苏省国际信托有限责任公司　　2023年度　　单位：万元

项目	本年数	上年数
一、营业收入	300 386.15	247 717.82
利息净收入	-4 102.96	-7 885.51
其中：利息收入	1 432.33	1 997.98
利息支出	5 535.29	9 883.49
手续费及佣金净收入	86 427.60	86 184.51
其中：手续费及佣金收入	86 427.60	86 184.51
手续费及佣金支出	—	—
投资收益（损失以"-"号列示）	209 323.42	142 920.93
其中：对联营企业和合营企业的投资收益	202 638.69	131 434.77
公允价值变动收益（损失以"-"号列示）	8 645.33	26 472.54
汇兑收益（损失以"-"号列示）	3.67	18.29
其他业务收入	—	—
资产处置收益（损失以"-"号填列）	0.43	7.07
其他收益	88.67	—
二、营业支出	29 141.97	26 373.54
税金及附加	966.10	1 147.03
业务及管理费	29 598.13	28 930.12
信用减值损失	-1 422.27	-3 703.61
资产减值损失	—	—
其他业务成本	—	—
三、营业利润（损失以"-"号列示）	271 244.18	221 344.28
加：营业外收入	0.20	2.56

项目	本年数	上年数
减：营业外支出	170.00	50.00
四、利润总额（损失以"-"号列示）	271 074.38	221 296.84
减：所得税费用	16 730.43	22 366.77
五、净利润（净亏损以"-"号列示）	254 343.95	198 930.07
（一）持续经营净利润（净亏损以"-"号填列）	254 343.95	198 931.30
（二）终止经营净利润（净亏损以"-"号填列）	—	—
六、其他综合收益的税后净额	-31 511.99	-26 879.47
（一）不能重分类进损益的其他综合收益	—	—
1.重新计量设定受益计划变动额	—	—
2.权益法下不能转损益的其他综合收益	—	—
3.其他权益工具投资公允价值变动	—	—
4.企业自身信用风险公允价值变动	—	—
5.其他	—	—
（二）将重分类进损益的其他综合收益	-31 511.99	-26 879.47
1.权益法下可转损益的其他综合收益	-31 511.99	-26 879.47
2.其他债权投资公允价值变动	—	—
3.可供出售金融资产公允价值变动损益	—	—
4.金融资产重分类计入其他综合收益的金额	—	—
5.持有至到期投资重分类为可供出售金融资产损益	—	—
6.其他债权投资信用减值准备	—	—
7.现金流量套期损益的有效部分	—	—
8.外币财务报表折算差额	—	—
9.其他	—	—
七、综合收益总额	222 831.96	172 050.59

公司法定代表人：胡军　　　　主管会计工作负责人：马新伟　　　　会计机构负责人：陈飞

5.1.4 所有者权益变动表

所有者权益变动表

编制单位：江苏省国际信托有限责任公司　　　　　　　　　　　　2023年度　　　　　　　　　　　　　　　　　　单位：万元

项目	实收资本	资本公积	其他综合收益	盈余公积	一般风险准备	未分配利润	所有者权益合计
一、上年年末余额	876 033.66	567 738.38	17 560.30	411 746.14	178 970.08	513 635.24	2 565 683.81
加：会计政策变更	—	—	—	—	—	—	—
前期差错更正	—	—	—	—	—	—	—
其他	—	—	—	—	—	—	—
二、本期年初余额	876 033.66	567 738.38	17 560.30	411 746.14	178 970.08	513 635.24	2 565 683.81
三、本期增减变动金额	—	−160 688.54	−31 511.99	25 434.39	13 816.95	186 763.33	33 814.14
（一）综合收益总额	—	—	−31 511.99	—	—	254 343.95	223 215.52
（二）所有者投入和减少资本	—	—	—	—	—	—	—
1.所有者投入资本	—	—	—	—	—	—	—
2.其他权益工具持有者投入资本	—	—	—	—	—	—	—
3.股份支付计入所有者权益的金额	—	—	—	—	—	—	—
4.其他	—	−160 688.54	—	—	—	—	—
（三）利润分配	—	—	—	25 434.39	13 816.95	−67 580.62	−28 329.27
1.提取盈余公积	—	—	—	25 434.39	—	−25 434.39	—
2.提取一般风险准备	—	—	—	—	13 816.95	−13 816.95	—
3.对所有者（或股东）的分配	—	—	—	—	—	−28 329.27	−28 329.27
4.其他	—	—	—	—	—	—	—
（四）所有者权益内部结转	—	—	—	—	—	—	—
1.资本公积转增资本（或股本）	—	—	—	—	—	—	—
2.盈余公积转增资本（或股本）	—	—	—	—	—	—	—
3.盈余公积弥补亏损	—	—	—	—	—	—	—
4.设定受益计划变动额结转留存收益	—	—	—	—	—	—	—
5.其他综合收益结转留存收益	—	—	—	—	—	—	—
6.其他	—	—	—	—	—	—	—
（五）专项储备	—	—	—	—	—	—	—
1.本期提取	—	—	—	—	—	—	—
2.本期使用	—	—	—	—	—	—	—
四、本期期末余额	876 033.66	407 049.84	−13 951.69	437 180.54	192 787.03	700 398.58	2 599 497.95

公司法定代表人：胡军　　　　　　　　主管会计工作负责人：马新伟　　　　　　　　会计机构负责人：陈飞

5.2 信托资产

5.2.1 信托项目资产负债汇总表

信托项目资产负债表

编制单位：江苏省国际信托有限责任公司　2023年12月31日　　　　　　单位：万元

资产	行次	年初数	期末数
资产：	1	—	—
货币资金	2	783 053.87	1 020 977.61
拆出资金	3	—	—
存出保证金	4	—	—
交易性金融资产	5	16 083 463.46	16 962 002.39

续表

资产	行次	年初数	期末数
衍生金融资产	6	—	—
买入返售金融资产	7	567 723.53	528 096.45
应收款项	8	738 666.31	732 715.87
发放贷款	9	8 139 604.83	6 970 056.85
可供出售金融资产	10	—	—
持有至到期投资	11	6 706 767.00	7 236 476.15
长期应收款	12	—	—
长期股权投资	13	597 914.72	545 055.65
投资性房地产	14	—	—

续表

资产	行次	年初数	期末数
固定资产	15	—	—
无形资产	16	—	—
长期待摊费用	17	—	—
其他资产	18	3 216 589.91	6 206 910.56
减：各项资产减值准备	19	9 000.00	150 914.01
	20		
	21		
	22		
	23		
资产合计	24	36 824 783.63	40 051 377.49

公司法定代表人：胡军　　复核：万启蓉　　制表：薛宇翔

信托项目资产负债表（续）

编制单位：江苏省国际信托有限责任公司　2023年12月31日　　单位：万元

负债及所有者权益	行次	年初数	期末数
负债：	25	—	—
拆入资金	26	—	—
交易性金融负债	27	—	—
衍生金融负债	28	—	—
卖出回购金融资产款	29	—	—
应付受托人报酬	30	14 951.61	25 500.43
应付托管费	31	370.89	955.73
应付受益人收益	32	1 510.93	667.84
应交税费	33	12 195.47	10 977.77
应付利息	34	—	—
其他应付款	35	223 758.32	211 339.11
预计负债	36	—	—
其他负债	37	—	—
负债合计	38	252 787.22	639 363.38
所有者权益	39	—	—
实收信托	40	35 144 093.22	37 650 058.63
资本公积	41	24.96	44.96
盈余公积	42	—	—
一般风险准备	43	—	—
信托赔偿准备	44	—	—
未分配利润	45	1 427 878.23	1 761 910.53
所有者权益合计	46	36 571 996.41	39 412 014.12
	47		
负债及所有者权益总计	48	36 824 783.63	40 051 377.49

公司法定代表人：胡军　　复核：万启蓉　　制表：薛宇翔

5.2.2 信托项目利润及利润分配汇总表

信托项目利润及利润分配表

编制单位：江苏省国际信托有限责任公司　2023年度　　单位：万元

项目	序号	上期金额	本期金额
一、收入	1	1 670 525.52	1 724 078.24
利息收入	2	1 136 948.30	1 091 287.13
投资收益	3	698 924.90	517 103.01
公允价值变动损益	4	−206 138.78	94 582.25
其他业务收入	5	40 791.10	21 105.86
二、支出	6	165 967.15	293 775.09
营业税金及附加	7	4 734.23	4 143.49
受托人报酬	8	129 975.05	114 685.32
托管费	9	7 367.10	6 027.76
投资管理费	10	−4.78	—
销售服务费	11	5 202.56	5 265.06
交易费用	12	518.98	1 094.29
资产减值损失	13	—	142 954.96
其他费用	14	18 174.01	19 604.22
三、信托净利润	15	1 504 558.37	1 430 303.14
其他综合收益	16	—	—
四、综合收益	17	1 504 558.37	1 430 303.14
加：初未分配利润	18	1 051 111.68	1 427 878.23
五、可供分配的信托利润	19	4 217 989.05	5 450 634.53
减：本期已分配信托利润	20	2 790 110.82	3 688 724.00
六、期末未分配信托利润	21	1 427 878.23	1 761 910.53

公司法定代表人：胡军　　复核：万启蓉　　制表：薛宇翔

6. 会计报表附注

6.1 简要说明报告年度会计报表编制基准、会计政策、会计估计和核算方法的变化

6.1.1 重要会计政策变更

公司在本报告期内重要会计政策没有发生变更。

6.1.2 重要会计估计变更

公司在本报告期内重要会计估计没有发生变更。

6.1.3 期末公司纳入合并会计报表范围的控股子公司

无。

6.2 或有事项说明

无。

6.3 重要资产转让及其出售的说明

报告期内，公司未发生重要资产转让及出售行为。

6.4 会计报表中重要项目的明细资料

6.4.1 自营资产经营情况

6.4.1.1 信用风险资产分类

信用风险资产五级分类	正常类(万元)	关注类(万元)	次级类(万元)	可疑类(万元)	损失类(万元)	信用风险资产合计(万元)	不良合计(万元)	不良率(%)
期初数	2 977 481.95	—	—	—	—	2 977 481.95	—	—
期末数	3 036 369.32	—	—	—	—	3 036 369.32	—	—

注：不良资产合计=次级类+可疑类+损失类。

6.4.1.2 各项资产减值准备的计提及转回

单位：万元

项目	期初数	本期计提	本期转回	本期核销	其他	期末数
贷款损失准备	—	—	—	—	—	—
一般准备	—	—	—	—	—	—
专项准备	—	—	—	—	—	—
其他资产减值准备	3 422.19	—	1 422.27	—	—	1 999.92
长期股权投资减值准备	—	—	—	—	—	—
坏账准备	3 422.19	—	1 422.27	—	—	1 999.92
投资性房地产减值准备	—	—	—	—	—	—

6.4.1.3 固有投资业务按投资品种分类

单位：万元

项目	自营股票	基金	债券	长期股权投资	其他投资	合计
期初数	1 051.13	77.25	—	1 812 837.19	1 078 533.30	2 892 498.87
期末数	6 738.26	65.86	4658.27	1 764 067.14	1 208 822.08	2 984 351.61

6.4.1.4 自营长期股权投资企业情况

企业名称	占被投资单位权益的比例(%)	主要经营活动	投资收益(万元)
江苏银行股份有限公司	6.58	存贷款等银行业务	202 200.00
利安人寿保险股份有限公司	22.79	人身保险等业务	367.59

注：投资收益是指按照企业会计准则规定，核算股权投资确认损益并计入披露年度利润表的金额。

6.4.1.5 公司前三名的自营贷款情况

报告期末，公司自营贷款余额为零。

6.4.1.6 表外业务

报告期内，公司自营资产无表外业务。

6.4.1.7 公司本年的收入结构情况

收入结构	金额(万元)	占比(%)
手续费及佣金收入	86 427.60	28.25
其中：信托业务收入	86 427.60	28.25
投资银行业务收入	—	—
利息收入	1 432.33	0.47

续表

收入结构	金额(万元)	占比(%)
其他业务收入	—	—
其中：计入信托业务收入部分	—	—
投资收益	209 323.42	68.42
其中：股权投资收益	202 434.54	66.17
证券投资收益	344.31	0.11
其他投资收益	6 544.57	2.14
公允价值变动损益	8 645.33	2.83
资产处置收益(损失以"-"号填列)	0.43	—
其他收益	88.67	0.03
营业外收入	0.20	—
收入合计	305 917.98	100.00

注：手续费及佣金收入、利息收入、其他业务收入、投资收益、营业外收入均为损益表中的科目，其中手续费及佣金收入、利息收入、其他业务收入、投资收益、营业外收入为未抵减相应支出的全年累计实现收入数。

6.4.2 信托资产管理情况

6.4.2.1 信托资产的期初数、期末数

单位：万元

信托资产	期初数	期末数
集合	31 174 397.49	32 552 556.91
单一	2 383 301.25	1 258 946.35
财产权	3 267 084.89	6 239 874.23
合计	36 824 783.63	40 051 377.49

6.4.2.1.1 主动管理型信托资产

单位：万元

主动管理型信托资产	期初数	期末数
证券投资类	19 978 807.64	21 119 128.90
股权投资类	3 428 460.54	4 182 018.73
融资类	9 449 235.10	6 834 003.79
事务管理类	6 465.64	116 548.27
合计	32 862 968.92	33 528 917.83

注："合计"计行要求填主动管理型信托项目的总额，它包含所有运用方式的主动型产品，"证券投资类""股权投资类""融资类""事务管理类"是主动管理型信托中的几个重点类别，包含在"合计"中，但是与"合计"行没有勾稽关系，"合计"行应大于或等于这四类之和。

6.4.2.1.2 被动管理型信托资产

单位：万元

被动管理型信托资产	期初数	期末数
证券投资类	34 124.15	787.54
股权投资类	280 955.31	319 284.20
融资类	386 115.99	79 026.91
事务管理类	3 260 619.25	6 123 325.96
合计	3 961 814.71	6 522 459.66

注："合计"数与主动管理类同理。

6.4.2.2 信托项目清算情况

6.4.2.2.1 本年度已清算信托项目

已清算结束信托项目	项目个数（个）	实收信托合计金额（万元）	加权平均实际年化收益率（%）
集合	97	3 371 097.93	5.48
单一	12	844 703.03	4.55
财产权	17	1 850 690.21	1.56

6.4.2.2.2 已清算主动管理型信托项目

已清算结束信托项目	项目个数（个）	实收信托合计金额（万元）	加权平均实际年化信托报酬率（%）	加权平均实际年化收益率（%）
证券投资类	28	241 243.42	0.16	4.55
股权投资类	6	700 900.00	0.31	5.20
融资类	68	2 572 454.51	0.97	5.52
事务管理类	—			

6.4.2.2.3 已清算结束的被动管理型信托项目

已清算结束信托项目	项目个数（个）	实收信托合计金额（万元）	加权平均实际年化信托报酬率（%）	加权平均实际年化收益率（%）
证券投资类	1	30 303.03	0.20	5.36
股权投资类				
融资类	6	670 900.00	0.13	4.78
事务管理类	17	1 850 690.21	0.03	1.56

6.4.2.3 新增信托项目情况

新增信托项目	项目个数（个）	实收信托合计金额（万元）
集合	202	5 855 510.47
单一	106	240 157.66
财产权	105	4 750 508.94
新增合计	413	10 846 177.07
其中：主动管理型	361	6 110 896.15
被动管理型	52	4 735 280.93

6.4.2.4 信托业务创新成果和特色业务有关情况

报告期内，公司以落实分类新规为导向，积极回归信托本源，大力发展资产证券化、家族信托等新型业务。

报告期内，相关特色领域业务成果如下：

（1）资产证券化领域，一是成功发行"南京生物医药谷建设发展有限公司2023年度第一期定向资产支持票据（科创票据）"。该项目是全国首单银行间市场产业园区类REITs、市场首单科创票据类REITs产品，也是江苏省首单银行间市场类REITs。二是成功发行"江苏省再保融资租赁有限公司2023年度第一期知识产权定向资产支持票据"。该产品是江苏省首单获得交易商协会注册批文的知识产权资产支持票据产品，促进了知识资产与金融资本有效融合，推动实体经济发展。

（2）家族信托领域，落地公司首单家庭服务信托业务"嘉和致远磐石系列1号"和首单非上市企业股权家族信托业务，进一步完善了财富管理服务的产品框架体系，助力财富规范积累。

（3）产业金融领域，成立了"江苏信托·苏州工业园1号集合资金信托计划"，该项目是公司首单产业园区载体开发股权投资信托产品，旨在助力苏州工业园区定向引入数字经济、科创服务类等重点企业，促进园区高质量发展。

6.4.2.5 本公司履行受托人义务情况及因本公司自身责任而导致的信托资产损失情况

公司严格按照《信托法》《信托公司管理办法》《信托公司集合资金信托管理办法》开展各项信托业务。公司作为受托人，严格遵守信托文件的规定，为受益人的最大利益处理信托事务，管理信托财产，恪尽职守，履行诚实、信用、谨慎、有效管理的义务。在信托业务的设立、运用、内控、终止等环节和全过程做到合法、合规。公司信托财产没有因公司自身责任而导致信托资产损失的情况。

6.4.2.6 信托赔偿准备金的提取、使用和管理情况

单位：万元

年初数	本年计提	年末数
134 977.25	12 717.19	147 694.44

报告期内未发生信托财产损失的情况，信托赔偿准备金未使用。

6.5 关联方关系及其交易事项

6.5.1 关联交易方的数量、关联交易的总金额及关联交易的定价政策等

项目	关联交易方数量	关联交易金额（万元）	定价政策
合计	9	214 112.74	关联交易的定价政策：（1）本公司对关联方交易价格根据市场价或协议价确定，与对非关联方的交易价格基本一致，无重大高于或低于正常交易价格的情况。（2）固有财产、信托资产与关联方贷款按人民银行规定的利率执行，投资按市场公允价确定

6.5.2 关联交易方与本公司的关系性质、关联交易方的名称、法人代表、注册地址、注册资本及主营业务等

关系性质	关联方名称	法定代表人	注册地址	注册资本（万元）	主营业务
母公司	江苏国信股份有限公司	徐文进	江苏省南京市	377 807.97	实业投资、股权投资（包括金融、电力能源股权等）、投资管理与咨询。电力项目开发建设和运营管理，电力技术咨询、节能产品销售，进出口贸易
实际控制人	江苏省国信集团有限公司	董梁	江苏省南京市	3 000 000.00	国有资本投资、管理、经营、转让、企业托管、资产重组、管理咨询、房屋租赁以及经批准的其他业务
联营企业	江苏银行股份有限公司	葛仁余	江苏省南京市	1 154 445.00	存贷款等银行业务
同一实际控制人	南京国信大酒店有限公司	严华	江苏省南京市	2 000.00	住宿、餐饮（制售中、西餐）等业务
同一实际控制人	江苏省医药有限公司	高旭	江苏省南京市	26 613.4398	药品批发、零售；医疗器械销售
同一实际控制人	南京金陵饭店集团有限公司	毕金标	江苏省	300 000.00	省政府授权范围内的国有资产经营、管理、转让、投资，企业托管，资产重组，实物租赁，经批准的其他业务（依法须经批准的项目，经相关部门批准后方可开展经营活动）
同一实际控制人	紫金财产保险股份有限公司	陈加明	南京市	600 000.00	财产损失保险；责任保险；信用保险和保证保险；短期健康保险和意外伤害保险；上述业务的再保险业务；国家法律、法规允许的保险资金运用业务；经原中国保监会批准的其他业务（依法须经批准的项目，经相关部门批准后方可开展经营活动）
联营企业	利安人寿保险股份有限公司	周俊淑	江苏省	457 938.47	人寿保险、健康保险、意外伤害保险等各类人身保险业务，上述业务的再保险业务，国家法律、法规允许的保险资金运用业务，经原中国保监会批准的其他业务
同一实际控制人	江苏省国信数字科技有限公司	陈晓东	南京市	12 000.00	电子认证服务（任凭许可证经营），与电子认证有关的技术开发、技术服务；计算机通信网络安全系统的开发；信息系统的设计、开发和集成服务，信息安全产品开发、设计、生产、销售（依法须经批准的项目，经相关部门批准后方可开展经营活动）

6.5.3 本公司与关联方的重大交易事项

6.5.3.1 固有财产与关联方交易

固有与关联方关联交易　　　　　　　　　　　单位：万元

项目	期初数	借方发生额	贷方发生额	期末数
贷款	—	—	—	—
投资	—	—	—	—
租赁	—	—	—	—
担保	—	—	—	—
应收账款	—	—	—	—
其他	61.21	134 273.17	214 112.74	−79 778.36
合计	61.21	134 273.17	214 112.74	−79 778.36

6.5.3.2 信托资产与关联方交易

信托与关联方关联交易　　　　　　　　　　　单位：万元

项目	期初数	借方发生数	贷方发生数	期末数
贷款	—	—	—	—
投资	29 090.03	91 206.05	29 090.03	91 206.05
租赁	—	—	—	—
担保	—	—	—	—
应收账款	—	—	—	—
其他	—	384 869.74	—	384 869.74
合计	29 090.03	476 075.79	29 090.03	476 075.79

6.5.3.3 信托公司自有资金运用于自己管理的信托项目及信托公司管理的信托项目之间的相互交易

6.5.3.3.1 固有与信托财产之间的交易情况

固有财产与信托财产相互交易　　　　　　　　单位：万元

项目	期初数	本期发生额	期末数
合计	932 505.78	2 840 302.71	1 062 947.97

6.5.3.3.2 信托项目之间的交易情况

信托资产与信托财产相互交易　　　　　　　　单位：万元

项目	期初数	本期发生额	期末数
合计	2 745 049.33	248 503.78	2 993 553.11

6.5.4 逐笔披露关联方逾期未偿还本公司资金的详细情况以及本公司为关联方担保发生或即将发生垫款的详细情况

报告期内，公司未发生以上所述情况。

6.6 会计制度

固有业务和信托业务均执行《企业会计准则》。

7. 财务情况说明书

7.1 利润实现和分配情况

公司年初未分配利润513 635.24万元，2023年实现

净利润254 343.95万元。根据法律法规要求和公司股东会决议，计提法定盈余公积金25 434.39万元、计提信托赔偿准备金12 717.20万元、计提一般准备金1 099.75万元，分配现金红利28 329.27万元，年末未分配利润700 398.58万元。

7.2 主要财务指标

指标名称	指标值
资本利润率（%）	9.85
加权年化信托报酬率（%）	0.48
人均净利润（万元）	1 130.42

注：1.资本利润率=净利润/所有者权益平均余额×100%=254 343.95/[（2 565 568.38+2 599 497.95）/2]×100%=9.85%。

2.加权年化信托报酬率=（信托项目1的实际年化信托报酬率×信托项目1的实收信托+信托项目2的实际年化信托报酬率×信托项目2的实收信托+……实收信托项目N的实际年化信托报酬率×信托项目N的实收信托）/（信托项目1的实收信托+信托项目2的实收信托+……实收信托项目N的实收信托）=0.48%。

3.人均净利润=净利润/年平均人数=254 343.95/[（222+228）/2]=1130.42万元。

4.平均值采取年初及年末余额简单平均法，公式为：a（平均）=（年初数+年末数）/2。

7.3 报告期内对公司财务状况、经营成果产生重大影响的其他事项

无。

8.特别事项提示

8.1 股东报告期内变动情况及原因

无。

8.2 董事、监事及高级管理人员变动情况及原因

2023年4月13日，公司召开董事会，同意聘任贾宇为公司副总经理，马新伟为公司财务总监。

2023年7月4日，原中国银保监会江苏监管局核准贾宇为公司副总经理，核准马新伟为公司财务总监（苏银保监复〔2023〕208号）。

2023年11月24日，公司召开股东会，同意由丁锋担任公司董事，李崇琦不再担任公司董事。

2023年12月4日，公司召开董事会，选举丁锋为公司副董事长。

8.3 变更注册资本、注册地或公司名称、公司分立合并事项

无。

8.4 公司的重大诉讼事项

8.4.1 重大未决诉讼事项

无。

8.4.2 以前年度发生，于本报告年度终结的诉讼事项

无。

8.4.3 本年度发生，于本报告年度终结的诉讼事项

无。

8.5 公司及其董事、监事和高级管理人员受到处罚情况

报告期内，公司受监管处罚情况如下：

2023年10月12日，国家金融监督管理总局江苏监管局向公司出具了行政处罚决定书（苏金罚决字〔2023〕53号），对公司进行罚款。报告期内，公司未发生较大数额（重大）行政处罚。

8.6 国家金融监督管理总局及其派出机构对公司检查后提出整改意见的，简要说明整改情况

报告期内，国家金融监督管理总局江苏监管局向公司下发监管情况通报、监管意见书，公司已针对相关问题制定整改方案，落实整改工作要求。

8.7 公司重大事项临时报告

无。

8.8 国家金融监督管理总局及其省级派出机构认定的其他有必要让客户及相关利益人了解的重要信息

根据《信托公司净资本管理办法》规定，公司净资本监管风险控制指标（根据审计后数据计算）执行情况如下：

净资本/各项业务风险资本之和=2 216 529.61万元/686 641.79万元×100%=322.81%≥100%（监管标准）。

净资本/净资产=2 216 529.61万元/2 599 497.95万×100%=85.27%≥40%（监管标准）。

9.公司监事会意见

报告期内公司决策程序合法有效，内控制度进一步完善，公司董事及高级管理人员能够按照国家有关法律、法规和公司章程的规定履行职责，未发现有违法违纪和损害公司利益及股东利益的行为。公司财务报告内容完整、真实地反映公司的财务状况和经营成果。

交银国际信托有限公司

1. 重要提示

1.1 公司董事会及董事保证本年度报告所载资料不存在任何虚假记载、误导性陈述或者重大遗漏,并对其内容的真实性、准确性和完整性承担个别及连带责任。

1.2 公司独立董事刘红忠先生、刘运宏先生、尹海涛先生声明:保证本年度报告内容的真实、准确和完整。

1.3 毕马威华振会计师事务所(特殊普通合伙)根据中国注册会计师审计准则对本公司2023年度财务报告进行审计,出具了标准无保留意见的审计报告。

1.4 公司法定代表人、董事长童学卫,执行董事、总裁赵海慧(分管财务),预算财务部总经理张悦迎声明:保证本年度报告中财务报告的真实、完整。

2. 公司概况

2.1 公司简介

法定中文名称	交银国际信托有限公司
法定中文缩写名称	交银国际信托
公司法定英文名称	BANK OF COMMUNICATIONS INTERNATIONAL TRUST CO., LTD.
法定英文缩写名称	BOCOMMTRUST
法定代表人	童学卫
注册地址	湖北省武汉市江汉区建设大道847号瑞通广场B座16-17层
邮政编码	430015
国际互联网网址	www.bocommtrust.com
电子信箱	jygx_nianbao@bankcomm.com
信息披露事务联系人	赵德刚
信息披露事务联系人联系方式	电话:021-32169666
选定的信息披露报纸	《金融时报》《上海证券报》《中国证券报》
公司年报备置地点	湖北省武汉市江汉区建设大道847号瑞通广场B座16层
聘请的会计师事务所	毕马威华振会计师事务所(特殊普通合伙)
聘请的会计师事务所住所	上海市静安区南京西路1266号恒隆广场2号楼25楼
聘请的律师事务所	上海市锦天城律师事务所
聘请的律师事务所住所	上海市浦东新区银城中路501号上海中心大厦

2.2 公司组织结构

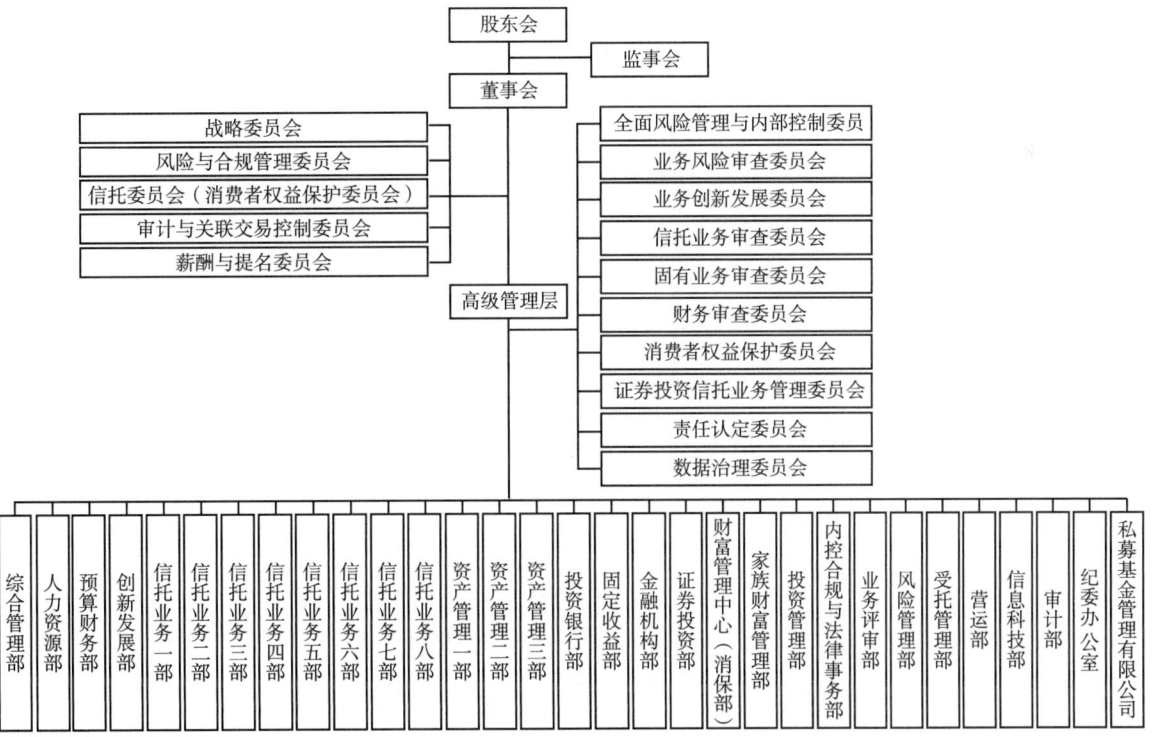

3.公司治理结构

3.1 股东

报告期内,公司股东总数2家,出资比例及股东情况如下表所示。

序号	股东名称	持股比例(%)	法定代表人(负责人)	注册资本(亿元)	注册地址	主要经营业务	主要财务状况
1	★交通银行股份有限公司	85	任德奇	742.63	中国(上海)自由贸易试验区银城中路188号	银行业务	2023年末,资产总额人民币140 604.72亿元,每股净资产人民币12.30元,资本充足率15.27%,全年实现净利润(归属于母公司股东)人民币927.28亿元
2	湖北交通投资集团有限公司	15	叶战平	100	武汉市汉阳区四新大道26号	交通基础项目建设等	2023年末,资产总额人民币6 913亿元,负债总额人民币5 070亿元,全年实现净利润人民币47.58亿元

注:★表示实际控制人。

报告期内,本公司股东未质押公司股权,不存在以股权及其受(收)益权设立信托等金融产品的情况。

报告期内,公司主要股东总数为2家。主要股东及其控股股东、实际控制人、一致行动人、最终受益人情况如下表所示。

主要股东名称	股东的控股股东	股东的实际控制人	股东的一致行动人	最终受益人
交通银行	无	无	无	不适用
湖北交通投资集团有限公司	湖北省人民政府国有资产监督管理委员会	湖北省人民政府国有资产监督管理委员会	无	不适用

3.2 董事

姓名	职务	性别	年龄(岁)	选任日期	所推举的股东名称	该股东持股比例(%)	简要履历
童学卫	董事长	男	59	2018年9月10日	交通银行股份有限公司	85	硕士,高级经济师,历任交通银行南京分行综合计划处副处长,白下支行行长,南京分行国际业务部经理、宁波分行副行长、高级信贷执行官,总行公司业务部/公司机构业务部副总经理(总行部门正职级)、金融机构部总经理;现任交银国际信托有限公司董事长(省分行正职级)
卢军	董事	男	53	2023年3月8日	湖北交通投资集团有限公司	15	硕士,历任湖北省发改委副处长、处长,省发展战略规划办公室副主任,宜昌市政府副市长,湖北省政府副秘书长,湖北交通投资集团有限公司总经理、董事长;现任湖北省经济和信息化厅厅长
赵海慧	执行董事	男	49	2023年8月16日	交通银行股份有限公司	85	硕士,经济师,历任交通银行总行投资管理部/战略投资部高级经理、总经理助理、副总经理,镇江分行副行长(交流挂职)、交银金融资产投资有限公司执行董事、副总裁;现任交银国际信托有限公司执行董事、总裁
陈洪	董事	男	56	2020年10月23日	交通银行股份有限公司	85	大专,历任交通银行合肥分行杏花支行行长、东陈岗支行行长,安徽省分行副行长、高级信贷执行官,交通银行总行授信管理部副总经理;现任交通银行宁夏区分行行长
周毅	董事	男	42	2022年8月31日	交通银行股份有限公司	85	硕士,历任交通银行山西城北支行行长、河西支行行长、晋城分行行长,总行公司机构业务部副总经理;现任交通银行山西省分行副行长
苏海明	董事	男	55	2023年3月8日	交通银行股份有限公司	85	本科,经济师,历任交通银行上海宝山支行副行长,上海市分行授信部经理,无锡分行副行长、高级信贷执行官;现任交通银行授信审批部副总经理
刘红忠	独立董事	男	59	2018年12月29日	—	—	博士,历任复旦大学讲师、副教授、教授、国际金融系主任、金融研究院副院长等;现任复旦大学金融学教授、博士生导师、中国金融史研究中心副主任、金融研究中心副主任、中国金融学会理事、中国国际金融学会理事等
刘运宏	独立董事	男	48	2022年8月1日	—	—	博士,研究员,先后在国泰基金、航天证券、华宝证券工作,历任航天证券投资银行部总经理、华宝证券投资银行部总经理、公司总经理助理;现任前海人寿保险股份有限公司(上海)研究所所长,兼任中国人民大学国际并购与投资研究所副所长
尹海涛	独立董事	男	47	2022年8月1日	—	—	博士,历任美国密歇根大学厄巴全球企业可持续发展战略研究所研究员、讲师,上海交通大学安泰经济与管理学院讲师、副教授;现任上海交通大学安泰经济与管理学院特聘教授、副院长

注:2024年3月,本公司股东会第一次会议(临时会议)选举张雅芳、胡晓晖担任本公司非执行董事,陈洪、周毅、苏海明不再担任本公司非执行董事职务。张雅芳、胡晓晖董事任职资格尚在报监管核准过程中。

3.3 监事

姓名	职务	性别	年龄（岁）	选任日期	所推举的股东名称	该股东持股比例（%）	简要履历
颇颖	监事长	女	52	2020年11月4日	交通银行股份有限公司	85	硕士，高级会计师，历任交通银行南宁分行计划处处长助理、副处长，交通银行苏州分行副行长，交通银行总行预算财务部（数据与信息管理中心）副总经理，交通银行总行股权与投资管理部总经理；现任交通银行上海审计监督分局局长，兼任交银国际信托有限公司监事长
李琳	监事	男	49	2019年3月29日	湖北交通投资集团有限公司	15	硕士，高级会计师，历任湖北省交通投资集团有限公司融资财务部副部长、证券部部长、资本运营部部长、董事会办公室主任；现任湖北交通投资集团有限公司审计部部长
李原	职工监事	男	48	2022年1月28日	—	—	硕士，高级会计师，历任湖北省国际信托投资公司计财部经理，交银国际信托有限公司预算财务部总经理、综合管理部总经理；现任交银国际信托有限公司审计部总经理

3.4 高级管理人员

姓名	职务	性别	年龄（岁）	任职日期	金融从业年限（年）	学历/学位	专业
赵海慧	总裁	男	49	2023年11月29日	27	硕士	工商管理
唐云岳	副总裁	男	47	2019年2月26日	21	硕士	国际贸易
李艳	副总裁	男	49	2021年3月16日	27	硕士	工商管理
朱明君	副总裁	男	48	2021年4月12日	26	博士	企业管理

3.5 薪酬制度及董事、监事和高级管理人员薪酬情况

本公司董事、监事、高级管理人员的薪酬根据股东单位及本公司高管人员薪酬与考核分配办法确定，公司建立了与现代企业制度相适应的薪酬办法，以价值创造为导向实行综合考核，并根据绩效达成情况实施差异化分配。报告期内，全体董事、监事和高级管理人员（不含离任董事、监事和高级管理人员）获得的税前薪酬合计910.31万元，并严格按照监管要求对相关人员绩效薪酬实行延期支付，分三年兑现。董事卢军、陈洪、周毅、苏海明及监事长颇颖、监事李琳不在本公司领取薪酬。

3.6 公司员工

报告期末，员工总数为245人，平均年龄38.41岁，学历分布比率为：博士0.4%；硕士64.5%；本科34.3%；专科0.4%；其他0.4%。

4.经营管理

4.1 经营目标、方针、战略规划

认真贯彻落实国家宏观政策和金融监管要求，立足内外部形势变化，发挥信托制度和母行资源两个优势，聚焦"受托服务、资产管理、财富管理、私募股权"四大支柱业务，切实履行受托人职责，为实体经济和人民美好生活提供优质信托金融服务，持续打造"最值得信赖的一流信托公司"。

4.2 所经营业务的主要内容

信托业务：（1）受托服务业务：信贷资产证券化、企业资产证券化、证券服务信托、风险处置服务信托、预付类资金服务信托等。（2）资产管理业务：固定收益类信托计划、权益类信托计划、商品及金融衍生品类信托计划、混合类信托计划，公司产品线涵盖现金管理、固收、"固收+"、TOF、资产配置类信托（TOT）、永续信托、Pre-REITs、受托境外理财（QDII）等。（3）财富管理类业务：包括高端信托理财、对公专户信托理财、家族信托、家庭服务信托、保险金信托、公益慈善信托等。（4）私募股权业务。

自营业务：公司按照"流动性、安全性、盈利性"合理协调原则管理运用自有资金，适量投资理财产品、合理发放贷款和投资债券，适度进行股票专户和基金投资，开展股权投资，发展创新业务，兼顾权益类和固定收益类，充分考虑资产流动性、期限和收益之间的合理平衡，确保上述各类资产配置比例都在合理范围内。

信托资产运用与分布表

资产运用	金额（万元）	占比（%）	资产分布	金额（万元）	占比（%）
货币资产	581 005.49	1.06	基础产业	8 444 741.93	15.46
贷款	6 438 877.20	11.79	房地产	1 405 943.02	2.57
交易性金融资产	35 527 014.79	65.06	证券市场	15 194 194.30	27.82
买入返售金融资产	372 935.71	0.68	实业	10 329 431.16	18.92
债权投资	11 570 569.07	21.19	金融机构	10 034 253.89	18.38
长期股权投资	—	—	其他	9 202 851.74	16.85
其他	121 013.78	0.22			
信托资产总计	54 611 416.04	100.00	信托资产总计	54 611 416.04	100.00

自营资产运用与分布表

资产运用	金额（万元）	占比（%）	资产分布	金额（万元）	占比（%）
货币资产	72 081.91	4.22	基础产业	115 850.81	6.79
交易性金融资产	966 868.07	56.64	房地产	408 135.00	23.91
债权投资	140 469.58	8.23	证券市场	710 875.28	41.65
发放贷款及垫款	387 945.74	22.73	实业	—	—
长期股权投资	104.58	0.01	金融机构	20 000.00	1.17
其他	139 458.09	8.17	其他	452 067.11	26.48
资产总计	1 706 927.97	100.00	资产总计	1 706 928.21	100.00

4.3 市场分析

4.3.1 有利因素

一是经济回升向好下的业务机遇增多。我国经济回升向好、长期向好的基本趋势没有改变。中央金融工作会议明确提出"加快建设金融强国"，强调"八个坚持"，做好"五篇大文章"，为金融业高质量发展指明了方向。以科技创新为引领的新质生产力加速发展，扩大有效需求一揽子政策加速落地，国家积极鼓励发展"银发经济"，京津冀、长三角、大湾区等重点区域协调发展向纵深推进，这些都将为信托业的发展带来更多全新的机遇。

二是监管引导下的转型路径更加清晰。信托业务新分类进一步厘清了信托边界和服务内涵，并把资产服务信托摆在信托业务"三分类"之首，体现了金融功能性第一位、兼顾营利性的政策导向，有利于信托的"社会化""普惠化"发展，信托公司在财产监管、社会治理、风险处置、代际传承等领域将会发挥更大作用，为公司转型发展提供了行动指南。

4.3.2 不利因素

一是从宏观形势看，我国经济持续回升向好的基础还不稳固，有效需求不足、部分行业产能过剩、社会预期偏弱、风险隐患仍然较多，国内大循环存在堵点，国际循环存在干扰，这些都对信托业的发展带来较大挑战。

二是从监管政策看，资管行业的监管标准没有完全统一，信托公司直面公募基金、银行理财子、保险资管、券商资管等其他资管机构的激烈竞争；资产服务信托、公益慈善信托等本源业务的配套政策还不够完善，一定程度上限制了信托公司的发展。

三是从风险形势看，房地产市场风险尚未出清，地方债务风险有所加大，重点领域信用风险管控压力依然较大，转型业务领域的市场风险、流动性风险、操作风险等也面临新的挑战。

4.4 内部控制情况

4.4.1 内部控制环境和内部控制文化

公司按照"纵到底、横到边、全覆盖"的要求，着力营造依法合规、运转高效的内部控制环境。第一，持续改进公司治理，不断完善公司治理架构。第二，强化内部审计监督作用，促进内部控制稳健运行。第三，强化制度建设与执行，确保业务运行的各环节均有章可循。第四，按照权责分明、相互制约的原则设置部门和岗位。

公司积极弘扬全员合规与内控优先的内部控制文化。第一，公司"三会一层"均牢固树立合法合规经营的理念，弘扬合规文化，加强合规教育，促进"专业、勤勉、尽职"良好合规经营文化环境；同时，公司积极学习监管政策，将监管政策内化为日常业务的行动指南。第二，公司上下树立起内控优先的意识，建立公司员工合规行为准则、职业道德规范，并持续开展合规管理、合规宣传和合规培训，积极提升合规文化整体氛围和全员的合规经营意识，进一步夯实内控制度的落实与执行。

4.4.2 内部控制措施

公司坚持"内控优先、制度先行"的管理理念，持续加强内控制度体系建设和完善细化工作，制定出台多项业务管理和基础管理制度。公司建立健全防火墙制度，实现信托业务与自营业务相分离、不同的信托财产之间相分离、同一信托财产运用与保管相分离等。

对于信托业务，在设立环节，公司严格按照制度规定开展信托项目审批，制定规范的信托文件和项目尽职调查标准；在资金运用环节，公司严格履行受托人职责，依法运用信托财产，实现审批、运用和保管分离；在管理环节，公司不断完善风险识别、评估、监控、报告体系、前、中、后台紧密配合，形成职责明晰、相互制约的管理机制；在清算终止环节，公司严格依据法律法规、信托文件制作清算报告，并向受益人进行信息披露，持续完善信托业务档案管理。

对于固有业务，公司建立健全固有业务决策机制，制定科学合理的年度自有资金配置计划与风险容忍度，并严格按照相关程序进行审批，实现固有业务协调发展；通过动态的监控机制、严密的账户管理、严格的资金审批调度、规范的交易操作以及完善的档案管理，公司严格控制固有资金的投资风险，重要投资进行风险分析支持。

4.4.3 监督评价与纠正

公司建立了较为完善的内部审计、报告和整改工作机制。内审部门持续对公司业务经营活动、风险管理情况和内控合规情况进行审计检查评价，揭示风险，提出建议，跟踪督促审计检查发现问题的整改落实，促进公司内控管理水平不断完善，保障公司业务经营稳健发展，发挥内审监督风险防控第三道防线职能作用，不断提升审计监督工作质效。

4.5 风险管理

4.5.1 风险管理概况

公司经营活动中面临信用风险、市场风险、操作风险及其他风险等。公司形成了"事前防范、事中控制、事后评价"的风险管理机制。

4.5.1.1 信用风险状况

公司严格筛选借款人等交易对手，高度关注影响交易对手履约能力、资信情况的风险因素。同时，公司对抵质押品审慎评估，严格控制抵质押率，并审慎评估保证人的履约能力，确保第二还款来源的有效性。公司审慎开展固有业务，严格筛选借款人等交易对手，高度关注影响交易对手履约能力、资信情况的风险因素。

4.5.1.2 市场风险状况

截至2023年末，信托资产投资、固有资产投资市场风险情况正常；自有资金证券投资未突破公司确定的风险容忍度限额。

4.5.1.3 操作风险状况

公司建立了严格的部门职责、员工岗位职责、业务流程和操作规程，形成了职责分明、相互监督制约的机制和严格的审核、复核程序。截至2023年末，公司未发现重大操作风险事件。

4.5.1.4 其他风险状况

其他风险主要有合规风险、政策风险等。截至2023年末，公司未发生因上述风险造成的损失。

4.5.2 风险管理

4.5.2.1 信用风险管理

公司高度重视交易对手的信用情况，加强项目运行前端的风险管控，以尽职调查为重要风控抓手，科学评估交易对手的履约能力与意愿，筛选现金流充裕且第二还款来源稳固的项目，辅以有效的信用增级措施，如聘请专业的评估机构对抵押品进行评估，对担保物的充足性进行严格把关，审慎评估保证人的履约能力等，切实提高信用风险的保障系数。

在项目运行过程中，公司深入研究影响交易对手履约能力的各种风险因素，持续跟踪抵质押物价值对融资本息的保障系数，加强监测有关还款来源的变化情况，持续加强业务日常监测、换手查访、风险排查、风险预警、风险提示和督导落实的力度，有效落实项目到期兑付资金安排监测机制，持续高效开展项目后续管理，并根据具体问题研究采取相应对措施，确保项目信用风险的可控、可测、可承受。

4.5.2.2 市场风险管理

第一，公司高度重视市场价格风险因素的管理，不断强化对自有资金投资项目的科学决策与管理，密切关注经济运行状况，严控因宏观政策调整带来不利影响的风险。第二，在业务评审环节，公司详细评估项目的市场风险；在资金运用环节，公司密切关注有关风险因子、情景的变化情况，采取有针对性的举措。第三，公司对市场风险的研究较为充分、投资行为较为审慎。第四，公司加强对宏观经济及金融形势的分析预测，制定年度自有资金配置计划与风险容忍度，并严格执行该配置计划及风险容忍度指标。

4.5.2.3 操作风险管理

第一，公司建立了严格的部门职责、员工岗位职责、业务流程和操作规程，形成了职责分明、相互监督制约的管理机制，通过建立健全内控考核机制，有效提升了操作风险管理实效；第二，公司持续推进综合业务系统开发上线，不断开发、完善业务管理信息系统，并建立了贴合业务实际、满足业务需求的信息系统管理流程；第三，公司不断完善各项规章制度，持续完善操作风险管理机制，切实提高业务管理的精细化水平。截至2023年12月31日，未发现重大操作风险事件。

4.5.2.4 其他风险管理

公司严格按照国家法律法规和监管部门的有关要求开展业务；公司不断完善突发事件应急处理机制，以应对可能发生的突发事件；建立健全声誉风险管理制度，加强声誉风险管理。

4.5.3 净资本管理

2023年末，公司净资本风险控制指标为：净资本132.32亿元，各项风险资本46.44亿元，净资本与各项业务风险资本之和之比为284.93%，符合监管要求的不低于100%标准；净资本与净资产之比为84.32%，符合监管要求的不低于40%标准。2023年末净资本监管各项指标全面达标。

4.6 消费者权益保护

2023年，公司践行以人民为中心的发展思想，积极贯彻落实监管机构对消费者权益保护工作的各项要求，认真履行消费者权益保护主体责任，持续优化消费者权益保护体制机制建设，将消保理念融入全流程业务管理中，公司消费者权益保护工作得到有效开展。公司积极履行社会责任，强化金融知识宣教工作力度和创新性，形成有公司特色的宣传亮点，针对老年人、青少年、新市民等不同群体的差异化需求，形成以"有匠心""有温度""有乐趣"为主题的系列化教育宣传常态机制，同时采用短视频、小游戏、剧本杀等"接地气"的创新形式开展各项主题活动，让消费者权益保护教育宣传领域的影响更深入人心。报告期内，公司共受理客户投诉2起，客户满意度较好。公司将不断健全投诉管理体系，全面保障金融消费者合法权益。

4.7 企业社会责任

一是提升服务实体经济发展质效。服务注册地经济发展，支持湖北建设现代产业集群，投向湖北地区规模37.6亿元，在武汉市设立由私募子公司首支担任GP的私募股权基金（交盈汇芯）。服务交银集团上海主场建设，全年投向上海主场规模103.6亿元。聚焦战略新兴产业，支持现代化产业体系建设，落地毅达资本国家中小一期基金、元禾重元三号基金、上海引领接力基金、长江交盈科创基金等项目。

二是拓展绿色信托，助力"双碳"目标。牢固树立绿色发展理念，为实现"双碳"目标贡献信托力量。2023年末绿色信贷、绿色资产证券化、绿色债券投资等绿色金融业务规模89.1亿元，较年初实现翻番。"交银国信·新加坡金鹰集团厦门电厂CCER碳资产服务信托"荣获"武汉首批绿色金融创新实践案例"。

三是支持乡村振兴战略，助力美丽乡村建设。帮助总行对口帮扶点甘肃天祝县成功销售农产品59万元，引入上海企业与当地签订长期农产品销售合同，为当地小学引进社会帮扶资金36.7万元。捐赠25万元设立"交银国信·瑞禾金堂饮水工程慈善信托"，参与簿记并投资1.5亿元淮安市国有联合投资发展集团乡村振兴专项公司债券。

四是推动慈善信托发展，践行金融工作的人民性。拓宽慈善资金来源，推进慈善信托模式创新，设立"瑞善点亮梦想慈善信托""瑞禾天祝乡村振兴教育慈善信托"等13单慈善信托，助力共同富裕和人民美好生活需求。

5. 报告期末及上一年末的比较式会计报表

5.1 自营资产

5.1.1 会计师事务所审计意见全文

审计报告

毕马威华振审字第2408278号

交银国际信托有限公司董事会：

一、审计意见

我们审计了后附的第1页至第85页的交银国际信托有限公司（以下简称贵公司）的财务报表，包括2023年12月31日的合并及母公司资产负债表，2023年度的合并及母公司利润表、合并及母公司现金流量表、合并及母公司所有者权益变动表以及相关财务报表附注。

我们认为，后附的财务报表在所有重大方面按照中华人民共和国财政部颁布的企业会计准则（以下简称企业会计准则）的规定编制，公允反映了贵公司2023年12月31日的合并及母公司财务状况以及2023年度的合并及母公司经营成果和现金流量。

二、形成审计意见的基础

我们按照中国注册会计师审计准则（以下简称审计准则）的规定执行了审计工作。审计报告的"注册会计师对财务报表审计的责任"部分进一步阐述了我们在这些准则下的责任。按照中国注册会计师职业道德守则，我们独立于贵公司，并履行了职业道德方面的其他责任。我们相信，我们获取的审计证据是充分、适当的，为发表审计意见提供了基础。

三、其他信息

贵公司管理层对其他信息负责。其他信息包括贵公司2023年年度报告中涵盖的信息，但不包括财务报表和我们的审计报告。

我们对财务报表发表的审计意见不涵盖其他信息，我们也不对其他信息发表任何形式的鉴证结论。

结合我们对财务报表的审计，我们的责任是阅读其他信息，在此过程中，考虑其他信息是否与财务报表或我们在审计过程中了解到的情况存在重大不一致或者似乎存在重大错报。

基于我们已执行的工作，如果我们确定其他信息存在重大错报，我们应当报告该事实。在这方面，我们无任何事项需要报告。

四、管理层和治理层对财务报表的责任

管理层负责按照企业会计准则的规定编制财务报表，使其实现公允反映，并设计、执行和维护必要的内部控制，以使财务报表不存在由于舞弊或错误导致的重大错报。

在编制财务报表时，管理层负责评估贵公司的持续经营能力，披露与持续经营相关的事项（如适用），并运用持续经营假设，除非贵公司计划进行清算、终止运营或别无其他现实的选择。

治理层负责监督贵公司的财务报告过程。

五、注册会计师对财务报表审计的责任

我们的目标是对财务报表整体是否不存在由于舞弊或错误导致的重大错报获取合理保证，并出具包含审计意见的审计报告。合理保证是高水平的保证，但不能保证按照审计准则执行的审计在某一重大错报存在时总能发现。错报可能由于舞弊或错误导致，如果合理预期错报单独或汇总起来可能影响财务报表使用者依据财务报表作出的经济决策，则通常认为错报是重大的。

在按照审计准则执行审计工作的过程中，我们运用职业判断，并保持职业怀疑。同时，我们也执行以下工作：

（1）识别和评估由于舞弊或错误导致的财务报表重大错报风险，设计和实施审计程序以应对这些风险，并获取充分、适当的审计证据，作为发表审计意见的基础。由于舞弊可能涉及串通、伪造、故意遗漏、虚假陈述或凌驾于内部控制之上，未能发现由于舞弊导致的重大错报的风险高于未能发现由于错误导致的重大错报的风险。

（2）了解与审计相关的内部控制，以设计恰当的审计程序，但目的并非对内部控制的有效性发表意见。

（3）评价管理层选用会计政策的恰当性和作出会计估计及相关披露的合理性。

（4）对管理层使用持续经营假设的恰当性得出结论。同时，根据获取的审计证据，就可能导致对贵公司持续经营能力产生重大疑虑的事项或情况是否存在重大不确定性得出结论。如果我们得出结论认为存在重大不确定性，审计准则要求我们在审计报告中提请报表使用者注意财务报表中的相关披露；如果披露不充分，我们应当发表非无保留意见。我们的结论基于截至审计报告日可获得的信息。然而，未来的事项或情况可能导致贵公司不能持续经营。

（5）评价财务报表的总体列报（包括披露）、结构和内容，并评价财务报表是否公允反映相关交易和事项。

（6）就贵公司中实体或业务活动的财务信息获取充分、适当的审计证据，以对财务报表发表审计意见。我们负责指导、监督和执行集团审计，并对审计意见承担全部责任。

我们与治理层就计划的审计范围、时间安排和重大审计发现等事项进行沟通，包括沟通我们在审计中识别出的值得关注的内部控制缺陷。

毕马威华振会计师事务所（特殊普通合伙）

中国注册会计师：应晨斌

中国注册会计师：周旻晏

中国·北京　　　　　　　　　　2024年4月28日

5.1.2 合并及公司资产负债表

合并及公司资产负债表

编制单位：交银国际信托有限公司　　2023年度　　单位：万元

项目	本集团		本公司	
	2023年12月31日	2022年12月31日	2023年12月31日	2022年12月31日
资产	—	—	—	—
货币资金	72 081.91	138 260.21	55 920.30	125 922.34
买入返售金融资产	63 832.74	—	63 832.74	—
发放贷款和垫款	387 945.74	468 145.34	303 166.44	303 294.61
金融投资：	—	—	—	—
交易性金融资产	966 868.07	774 846.77	779 167.03	599 967.17
债权投资	140 469.58	360 270.47	166 701.13	283 065.29
长期股权投资	104.58	104.62	210 000.00	210 000.00

续表

项目	本集团 2023年12月31日	本集团 2022年12月31日	本公司 2023年12月31日	本公司 2022年12月31日
固定资产	1 880.15	2 038.32	1 841.88	2 033.43
使用权资产	7 600.45	7 892.35	7 600.45	7 892.35
无形资产	2 890.69	1 631.35	2 890.69	1 631.35
递延所得税资产	15 676.06	9 079.48	15 675.38	9 079.48
其他资产	47 578.00	50 666.70	47 638.26	50 811.63
资产总计	1 706 927.97	1 812 935.61	1 654 434.30	1 593 697.65
负债	—	—	—	—
合同负债	3 599.72	2 943.77	3 599.72	2 943.77
应付职工薪酬	13 568.08	14 684.44	13 508.68	14 638.50
应交税费	22 545.38	32 084.52	21 333.45	31 817.79
租赁负债	8 023.95	8 022.80	8 023.95	8 022.80
预计负债	22 789.00	12 751.46	22 789.00	12 751.46
递延所得税负债	5 797.09	3 324.18	—	—
其他负债	16 100.75	197 319.50	15 963.87	14 966.97
负债合计	92 423.97	271 130.67	85 218.67	85 141.29
所有者权益	—	—	—	—
实收资本	576 470.59	576 470.59	576 470.59	576 470.59
盈余公积	102 137.91	95 633.89	102 137.91	95 633.89
一般风险准备	119 201.11	119 201.11	119 201.11	119 201.11
信托赔偿准备	115 294.12	115 294.12	115 294.12	115 294.12
未分配利润	701 400.28	635 205.23	656 111.90	601 956.65
所有者权益合计	1 614 504.01	1 541 804.94	1 569 215.63	1 508 556.36
负债和所有者权益总计	1 706 927.97	1 812 935.61	1 654 434.30	1 593 697.65

企业负责人：童学卫　　主管会计工作的负责人：赵海慧　　会计机构负责人：张悦迎

5.1.3 合并及公司利润表

合并及公司利润表

编制单位：交银国际信托有限公司　　2023年度　　单位：万元

项目	本集团 2023年度	本集团 2022年度	本公司 2023年度	本公司 2022年度
一、营业收入	169 007.46	194 902.15	148 184.01	172 101.29
利息净收入	37 192.07	48 394.65	30 370.77	36 733.64
其中：利息收入	48 434.41	61 606.17	30 697.20	37 151.69
利息支出	(11 242.34)	(13 211.52)	(326.42)	(418.05)
手续费及佣金收入	92 644.86	106 250.82	95 555.97	111 242.15
投资收益	30 198.64	20 109.24	16 889.21	13 149.72
其中：对联营企业和合营企业的投资收益	(0.03)	0.02	—	—
其他收益	385.78	3 185.01	59.71	3 061.03
公允价值变动收益	5 644.35	10 815.54	2 366.59	1 767.86
汇兑净收益/(损失)	234.21	1 123.29	234.21	1 123.29
其他业务收入	2 707.55	5 023.60	2 707.55	5 023.60
二、营业支出	(64 756.58)	(70 921.06)	(62 147.55)	(64 834.06)
税金及附加	(874.59)	(1 050.54)	(813.28)	(963.89)
业务及管理费	(36 179.44)	(36 941.79)	(33 063.95)	(33 366.44)
信用减值损失	(27 702.55)	(32 928.73)	(28 270.32)	(30 503.73)
三、营业利润	104 250.88	123 981.09	86 036.46	107 267.23
加：营业外收入	0.50	55.97	0.50	55.97
减：营业外支出	(314.20)	(27.49)	(25.53)	(25.66)
四、利润总额	103 937.18	124 009.57	86 011.43	107 297.54
减：所得税费用	(26 857.21)	(29 766.30)	(20 971.26)	(26 169.72)
五、净利润	77 079.97	94 243.27	65 040.17	81 127.82
按所有权归属分类：	—	—	—	—
归属于母公司股东的净利润	77 079.97	94 243.27	65 040.17	81 127.82
六、其他综合收益税后净额	—	—	—	—
七、综合收益总额	77 079.97	94 243.27	65 040.17	81 127.82

企业负责人：童学卫　　主管会计工作的负责人：赵海慧　　会计机构负责人：张悦迎

5.1.4 合并及公司所有者权益变动表

合并所有者权益变动表

编制单位：交银国际信托有限公司　　2023年度　　单位：万元

项目	实收资本	盈余公积	一般风险准备	信托赔偿准备	未分配利润	所有者权益合计
一、2022年12月31日余额	576 470.59	95 633.89	119 201.11	115 294.12	635 205.23	1 541 804.94
二、本年增减变动金额	—	—	—	—	—	—
（一）综合收益总额	—	—	—	—	77 079.97	77 079.97
（二）利润分配						
1.提取盈余公积	—	6 504.02	—	—	(6 504.02)	—
2.对所有者的分配	—	—	—	—	(4 380.90)	(4 380.90)
三、2023年12月31日余额	576 470.59	102 137.91	119 201.11	115 294.12	701 400.28	1 614 504.01

续表

项目	实收资本	盈余公积	一般风险准备	信托赔偿准备	未分配利润	所有者权益合计
一、2021年12月31日余额	576 470.59	87 521.11	119 201.11	115 294.12	549 329.02	1 447 815.95
二、本年增减变动金额	—	—	—	—	—	—
（一）综合收益总额	—	—	—	—	94 243.27	94 243.27
（二）利润分配	—	—	—	—	—	—
1.提取盈余公积	—	8 112.78	—	—	(8 112.78)	—
2.对所有者的分配	—	—	—	—	(254.28)	(254.28)
三、2022年12月31日余额	576 470.59	95 633.89	119 201.11	115 294.12	635 205.23	1 541 804.94

企业负责人：童学卫　　主管会计工作的负责人：赵海慧　　会计机构负责人：张悦迎

母公司所有者权益变动表

编制单位：交银国际信托有限公司　　2023年度　　单位：万元

项目	实收资本	盈余公积	一般风险准备	信托赔偿准备	未分配利润	所有者权益合计
一、2022年12月31日余额	576 470.59	95 633.89	119 201.11	115 294.12	601 956.65	1 508 556.36
二、本年增减变动金额	—	—	—	—	—	—
（一）综合收益总额	—	—	—	—	65 040.17	65 040.17
（二）利润分配	—	—	—	—	—	—
1.提取盈余公积	—	6 504.02	—	—	(6 504.02)	—
2.对所有者的分配	—	—	—	—	(4 380.90)	(4 380.90)
三、2023年12月31日余额	576 470.59	102 137.91	119 201.11	115 294.12	656 111.90	1 569 215.63
项目	实收资本	盈余公积	一般风险准备	信托赔偿准备	未分配利润	所有者权益合计
一、2021年12月31日余额	576 470.59	87 521.11	119 201.11	115 294.12	529 195.89	1 427 682.82
二、本年增减变动金额	—	—	—	—	—	—
（一）综合收益总额	—	—	—	—	81 127.82	81 127.82
（二）利润分配	—	—	—	—	—	—
1.提取盈余公积	—	8 112.78	—	—	(8 112.78)	—
2.对所有者的分配	—	—	—	—	(254.28)	(254.28)
三、2022年12月31日余额	576 470.59	95 633.89	119 201.11	115 294.12	601 956.65	1 508 556.36

企业负责人：童学卫　　主管会计工作的负责人：赵海慧　　会计机构负责人：张悦迎

5.2 信托资产

5.2.1 信托项目资产负债汇总表

信托项目资产负债汇总表（未经审计）

编制单位：交银国际信托有限公司　　2023年12月31日　　单位：万元

资产	期末余额	期初余额	负债和所有者权益	期末余额	期初余额
资产：	—	—	负债：	—	—
银行存款	404 391.25	827 155.83	短期借款	—	—
结算备付金	176 614.24	20 731.15	交易性金融负债	—	—
存出保证金	—	—	衍生金融负债	—	—
衍生金融资产	—	—	卖出回购金融资产款	884 646.85	—
交易性金融资产	35 527 014.79	29 477 387.55	长期借款	—	—

续表

资产	期末余额	期初余额	负债和所有者权益	期末余额	期初余额
买入返售金融资产	372 935.71	96 392.95	应付清算款	62.09	75.69
发放贷款和垫款	6 438 877.20	6 581 032.31	应付赎回款	19 889.34	15 818.47
债权投资	11 570 569.06	12 272 104.41	应付管理人报酬	32 144.14	26 068.99
其他债权投资	56 618.01	—	应付托管费	1 375.45	1 546.95
长期股权投资	—	—	应付销售服务费	3 913.45	1 619.86
应收清算款	844.75	227 042.97	应付交易费用	—	—
应收利息	2 083.92	1 686.19	应付投资顾问费	760.77	658.67
应收股利	61 718.79	17 707.02	应交税费	19 471.13	10 026.59
应收申购款	—	—	应付利息	24.64	26.20
递延所得税资产	—	—	应付利润	2 266.19	−2 692.06
其他资产	−251.68	−108.90	递延所得税负债	—	—
			其他负债	136 869.75	118 125.91
			负债合计	1 101 423.80	171 275.27
			所有者权益:		
			实收资金	48 729 435.24	44 835 801.36
			资本公积	—	—
			减：库存股	—	—
			其他综合收益	10 945.04	11 167.15
			未分配利润	4 769 611.96	4 502 887.70
				—	—
			所有者权益合计	53 509 992.24	49 349 856.21
资产合计	54 611 416.04	49 521 131.48	负债及持有人权益总计	54 611 416.04	49 521 131.48

公司负责人：童学卫　　　　　　　　　　　主管信托会计工作负责人：赵海慧　　　　　　　　　　　信托会计机构负责人：张勇

5.2.2　信托项目利润及利润分配汇总表

信托项目利润及利润分配汇总表

编制单位：交银国际信托有限公司　　　2023年度　　　单位：万元

项目	本期金额	上期金额
一、收入	2 599 949.71	3 915 409.04
1.利息收入	−361 094.62	1 068 139.19
2.投资收益（损失以"−"号填列）	2 763 258.77	2 960 869.23
其中：以摊余成本计量的金融资产终止确认产生的收益	—	—
3.公允价值变动收益（损失以"−"号填列）	188 597.02	−122 603.31
4.汇兑损益（损失以"−"号填列）	89.04	19.29
5.其他业务收入	9 099.50	8 984.64
二、费用	1 142 030.06	324 574.43
1.管理人报酬	116 353.68	125 342.18
2.托管费	11 332.84	12 405.29

续表

项目	本期金额	上期金额
3.销售服务费	65 967.41	44 070.34
4.投资顾问费	2 383.14	2 209.95
5.利息支出	7 383.28	—
其中：卖出回购金融资产利息支出	7 383.28	—
6.信用减值损失	857 963.79	8 302.43
7.税金及附加	6 244.95	7 907.80
8.其他费用	74 400.97	124 336.44
三、利润总额	1 457 919.65	3 590 834.61
减：所得税费用	—	—
四、净利润（净亏损以"−"号填列）	1 457 919.65	3 590 834.61
五、其他综合收益	−222.11	9 324.43
六、综合收益总额	1 457 697.54	3 600 159.04

公司负责人：童学卫　　主管信托会计工作负责人：赵海慧　　信托会计机构负责人：张勇

5.2.3 信托项目净资产变动汇总表

信托项目净资产变动汇总表（未经审计）

编制单位：交银国际信托有限公司　　　　　　　2023年度　　　　　　　单位：万元

项目	本期金额					
	实收资金	资本公积	减：库存股	其他综合收益	未分配利润	所有者权益
一、上期期末余额	44 835 801.36	—	—	11 167.15	4 502 887.70	49 349 856.21
加：会计政策变更					—	
前期差错更正					—	
其他					—	
二、本期期初余额	44 835 801.36	—	—	11 167.15	4 502 887.70	49 349 856.21
三、本期增减变动额（减少以"-"号填列）	3 893 633.88	—	—	−222.11	266 724.26	4 160 136.03
（一）综合收益总额	—	—	—	−222.11	1 457 919.65	1 457 697.54
（二）产品持有人申购和赎回	3 893 633.88	—	—	—	144 128.88	4 037 762.76
其中：1.产品申购	47 381 560.32	—	—	—	2 338 175.23	49 719 735.55
2.产品赎回	−43 487 926.44	—	—	—	−2 194 046.35	−45 681 972.79
（三）利润分配	—	—	—	—	−1 335 324.27	−1 335 324.27
（四）其他综合收益结转留存收益	—	—	—	—	—	—
四、本期期末余额	48 729 435.24	—	—	10 945.04	4 769 611.96	53 509 992.24
项目	上期金额					
	实收资金	资本公积	减：库存股	其他综合收益	未分配利润	所有者权益
一、上期期末余额	56 106 911.85	1 634 923.87		1 842.72	1 291 932.71	59 035 611.15
加：会计政策变更		−1 634 923.87			1 634 923.87	—
前期差错更正						
其他						
二、本期期初余额	56 106 911.85	—	—	1 842.72	2 926 856.58	59 035 611.15
三、本期增减变动额（减少以"-"号填列）	−11 271 110.49	—	—	9 324.43	1 576 031.12	−9 685 754.94
（一）综合收益总额	—	—	—	9 324.43	3 590 834.61	3 600 159.04
（二）产品持有人申购和赎回	−11 271 110.49	—	—	—	−428 180.90	−11 699 291.39
其中：1.产品申购	38 038 642.41	—	—	—	1 517 679.89	39 556 322.30
2.产品赎回	−49 309 752.90	—	—	—	−1 945 860.79	−51 255 613.69
（三）利润分配	—	—	—	—	−1 586 622.59	−1 586 622.59
（四）其他综合收益结转留存收益	—	—	—	—	—	—
四、本期期末余额	44 835 801.36	—	—	11 167.15	4 502 887.70	49 349 856.21

公司负责人：童学卫　　　　　　主管信托会计工作负责人：赵海慧　　　　　　信托会计机构负责人：张勇

6.会计报表附注

6.1 会计报表编制基准不符合会计核算基本前提的说明

会计报表编制无不符合会计核算基本前提事项。

6.2 或有事项说明

报告期内，公司未发生对外担保及其他或有事项。

6.3 重要资产转让及其出售的说明

报告期内，无重要资产转让或出售。

6.4 会计报表中重要项目的明细资料

6.4.1 披露自营资产经营情况

6.4.1.1 按信用风险五级分类结果披露信用风险资产的期初数、期末数

信用风险资产五级分类	正常类（万元）	关注类（万元）	次级类（万元）	可疑类（万元）	损失类（万元）	资产合计（万元）	不良资产合计（万元）	不良资产率（%）
期初数	1 592 979.63	92 791.80	26 749.30	44 866.58	55 548.30	1 812 935.61	127 164.18	7.01
期末数	1 520 999.17	84 789.50	16 305.21	34 365.24	50 468.85	1 706 927.97	101 139.30	5.93

6.4.1.2 各项资产减值损失准备的期初、本期计提、本期转回、本期核销、期末数

单位：万元

项目	期初数	本期计提	本期转回	本期核销	本期转出	期末数
贷款损失准备	42 290.68	14 873.44	—	5 800.00		51 364.12
一般准备	42 290.68	14 873.44	—	5 800.00		51 364.12
专项准备	—					
其他资产减值准备						
债权投资减值准备	5 973.45	1 297.42				7 270.87
其他减值准备						
可供出售金融资产减值准备						
持有至到期投资减值准备						
长期股权投资减值准备						
坏账准备	603.39	1 494.15	—			2 097.54
投资性房地产减值准备						

6.4.1.3 自营股票投资、基金投资、债券投资、长期股权投资等投资的期初数、期末数

单位：万元

项目	自营股票	基金	债券	长期股权投资	其他投资	合计
期初数	—	9 758.31	10 383.15	104.62	1 114 975.77	1 135 221.85
期末数	—	8 272.10	5 000.00	104.58	1 094 065.55	1 107 442.23

6.4.1.4 按照投资入股金额排序，前五名的自营长期股权投资的企业名称、占被投资企业权益的比例、主要经营活动及投资收益情况等

企业名称	占被投资企业权益的比例（%）	主要经营活动	投资收益（万元）
上海中交达资产管理有限公司	40	资产管理，投资管理	(0.03)

6.4.1.5 前五名的自营贷款的企业名称、占贷款总额的比例和还款情况

企业名称	占贷款总额的比例（%）	还款情况
武汉大桥实业集团有限公司	17	正常

续表

企业名称	占贷款总额的比例（%）	还款情况
武汉联发瑞盛置业有限公司	14	正常
重庆景佑房地产开发有限公司	14	正常
天津博雅置业有限公司	12	逾期
重庆市涪陵实业发展集团有限公司	11	正常

6.4.1.6 表外业务的期初数、期末数，按照代理业务、担保业务和其他类型表外业务分别披露

报告期内，本公司无代理业务、担保业务和其他类型表外业务。

6.4.1.7 公司当年的收入结构

收入结构	合并口径		母公司口径	
	金额（万元）	占比（%）	金额（万元）	占比（%）
手续费及佣金收入	92 644.86	54.8%	95 555.97	64.48
其中：信托手续费收入	95 555.97		95 555.97	
基金和资管计划管理费收入	109.08		—	
利息收入	37 192.07	22.01	30 370.77	20.50
其他业务收入	2 707.55	1.60	2 707.55	1.83
其中：计入信托业务收入部分	2 707.55		2 707.55	
投资收益	30 198.64	17.87	16 889.21	11.40
其中：股权投资收益	20 919.40		7 006.90	
证券投资收益	—		—	
其他投资收益	9 279.24		9 882.31	
公允价值变动收益	5 644.35	3.34	2 366.59	1.60
汇兑损失	234.21	0.14	234.21	0.16
其他收益	385.78	0.23	59.71	0.04
资产处置收益	—	—	—	—
收入合计	169 007.46	100.00	148 184.01	100.00

其他业务收入主要指公司获得的咨询顾问费收入。

本报告年度共实现信托业务收入总额为98 263.52万元，其中信托手续费收入95 555.97万元、其他业务收入2 707.55万元（本年度合并口径手续费及佣金收入含合并抵消影响）。

6.4.2 披露信托财产管理情况

6.4.2.1 信托资产的期初数、期末数。

单位：万元

信托资产	期初数	期末数
集合	25 241 929.51	32 877 053.93
单一	9 103 107.31	6 415 459.44
财产权	15 176 094.66	15 318 902.67
合计	49 521 131.48	54 611 416.04

6.4.2.1.1 主动管理类信托业务的信托资产期初数、期末数，分证券投资、股权投资、融资、事务管理类分别披露

单位：万元

主动管理类信托资产	期初数	期末数
投资类	14 547 035.57	22 634 640.63
融资类	8 521 538.02	8 466 206.43
合计	23 068 573.59	31 100 847.06

6.4.2.1.2 事务管理类信托业务的信托资产期初数、期末数

单位：万元

事务管理类信托资产	期初数	期末数
事务管理类	26 452 557.89	23 510 568.98
合计	26 452 557.89	23 510 568.98

6.4.2.2 本年度已清算结束的信托项目个数、实收信托合计金额、加权平均实际年化收益率

6.4.2.2.1 本年度已清算结束的集合类、单一类资金信托项目和财产管理类信托项目个数、实收信托金额、加权平均实际年化收益率

已清算结束信托项目	项目个数（个）	实收信托合计金额（万元）	加权平均实际年化收益率（%）
集合类	96	2 604 870.01	5.4692
单一类	52	1 126 654.18	5.1187
财产管理类	19	255 545.17	8.4014

6.4.2.2.2 本年度已清算结束的主动管理类信托项目个数、实收信托合计金额、加权平均实际年化收益率，分投资类、融资类分别计算并披露

已清算结束信托项目	项目个数（个）	实收信托合计金额（万元）	加权平均实际信托报酬率（%）	加权平均实际年化收益率（%）
投资类	32	298 499.01	0.9055	3.8798
融资类	63	2 131 989.00	0.8923	5.6670

6.4.2.2.3 本年度已清算结束的事务管理类信托项目个数、实收信托合计金额、加权平均实际年化收益率

已清算结束信托项目	项目个数（个）	实收信托合计金额（万元）	加权平均实际信托报酬率（%）	加权平均实际年化收益率（%）
事务管理类	72	1 556 581.35	0.0835	6.6273

6.4.2.3 本年度新增的集合类、单一类和财产管理类信托项目个数、实收信托合计金额

新增信托项目	项目个数（个）	实收信托合计金额（万元）
集合类	218	4 778 845.68
单一类	50	122 352.30
财产管理类	562	5 640 006.19
新增合计	830	10 541 204.17
其中：主动管理类	217	4 801 820.38
事务管理类	613	5 739 383.79

注：本年新增信托项目指在本报告年度内累计新增的信托项目个数和金额。包含本年度新增并于本年度内结束的项目和本年度新增至报告期末仍在持续管理的信托项目。

6.4.2.4 信托业务创新成果和特色业务有关情况

2023年，公司认真落实信托新分类要求，坚守主业，回归本源，加快转型发展步伐，持续推动证券投资信托、财富管理服务信托、风险处置服务信托、慈善信托等业务落地。公司主要推出如下创新产品：

（1）证券投资信托。公司大力发展证券投资信托，标品资管产品线不断丰富。截至报告期末，公司自主管理固收类标品业务规模较年初增长74%，"风云68号"TOF产品蝉联中国证券报"一年期信托TOF/FOF类产品金牛奖"。

（2）财富管理服务信托。公司坚持以客户需求为中心，发挥信托在风险隔离、跨市场资产配置、代际传承等方面的独特优势，为客户提供一站式、定制化服务。截至报告期末，公司家族财富业务规模较年初增长70%，落地首单非上市股权不动产家族信托，荣获"2023年银行家年度家族信托管理创新优秀案例"；创新推出"万家灯火"系列家庭服务信托，让信托制度惠及千家万户。

（3）风险处置服务信托。成功中标江苏金盛置业、武汉当代明诚、宁夏如意集团等3单风险处置服务信托，创造性设置转股、抵债、留债等差异化功能信托，最大限度保障债权人利益。

（4）慈善信托。公司不断探索慈善信托发展新模式，积极拓宽慈善信托服务范围，推动财富向善，助力共同富裕。报告期内，公司携手中国残联等慈善组织落地慈善信托13单，播撒扶老助残、乡村振兴、教育资助、医疗帮扶等人间大爱。

6.4.2.5 本公司履行受托人义务情况及因本公司自身责任而导致的信托资产损失情况

报告期内，本公司无因本公司自身责任而导致的信托资产损失情况。

6.5 关联方关系及其交易的披露[①]

6.5.1 固有业务关联交易方情况

项目	关联交易方数量（家）	金额（万元）	定价政策
合计	6	86 579.73	按市场价格交易；若无市场价格，则按公允原则，以不优于对非关联方同类交易的条件定价交易

6.5.2 信托业务关联交易方情况

项目	关联交易方数量（家）	金额（万元）	定价政策
合计	3	5 016 222.37	按市场价格交易；若无市场价格，则按公允原则，以不优于对非关联方同类交易的条件定价交易

注：关联交易方明细情况详见本公司官网披露的2023年度报告全文版。

6.5.3 公司与关联方的重大交易事项

6.5.3.1 固有财产与关联方交易情况：贷款、投资、租赁、应收账款、担保、其他方式等期初汇总数、本期借方和贷方发生额汇总数、期末汇总数

固有与关联方关联交易 单位：万元

项目	期初数	借方发生额	贷方发生额	期末数
贷款	—	—	—	—
投资	23 578.95	—	3 664.47	19 914.47
租赁	7 797.13	506.98	733.98	7 570.13
担保	—	—	—	—
应收账款	—	—	—	—
其他	126 281.88	1 371 931.21	1 439 117.98	59 095.13
合计	157 657.96	1 372 438.19	1 443 516.43	86 579.73

注：固有财产与关联方重大交易逐笔披露情况详见本公司官网披露的2023年度报告全文版。

6.5.3.2 信托与关联方交易情况：贷款、投资、租赁、应收账款、担保、其他方式等期初汇总数、本期借方和贷方发生额汇总数、期末汇总数

信托与关联方关联交易 单位：万元

项目	期初数	借方发生额	贷方发生额	期末数
贷款	—	—	—	—
投资	220 729.16	146 482.12	315 310.46	51 900.82
租赁	—	—	—	—
担保	—	—	—	—
应收账款	—	—	—	—
其他	6 309 844.37	−61 770.16	1 283 752.66	4 964 321.55
合计	6 530 573.53	84 711.96	1 599 063.12	5 016 222.37

注：信托与关联方重大交易逐笔披露情况详见本公司官网披露的2023年度报告全文版。

① 6.5中披露信息按照会计准则口径，与原银保监口径不同。

6.5.3.3 信托公司自有资金运用于自己管理的信托项目（固信交易）、信托公司管理的信托项目之间的相互（信信交易）金额，包括余额和本报告年度的发生额

6.5.3.3.1 固有与信托财产之间的交易

固有财产与信托财产相互交易 单位：万元

项目	年初数	本年借方发生额	本年贷方发生额	年末数
合计	601 469.50	238 900.00	288 755.48	551 614.02

注：固有财产与信托财产重大交易逐笔披露情况详见本公司官网披露的2023年度报告全文版。

6.5.3.3.2 信托项目之间的交易金额期初汇总数、本期发生额汇总数、期末汇总数

信托资产与信托财产相互交易 单位：万元

项目	期初数	净发生额	期末数
合计	3 048 836.46	2 452 936.04	5 501 772.50

注：以公司受托管理的一个信托项目的资金购买自己管理的另一个信托项目的受益权或信托项下资产均应纳入统计披露范围。

6.5.4 关联方逾期未偿还公司资金的情况

无。

6.6 会计制度的披露

公司固有业务和信托业务的会计核算执行中华人民共和国财政部2006年颁布的《企业会计准则》及其相关规定。

7. 财务情况说明书

7.1 利润实现和分配情况

本报告期母公司实现净利润人民币65 040.17万元，期初未分配利润为601 956.65万元，提取盈余公积6 504.02万元，对股东分配股利4 380.90万元，期末累计未分配利润为656 111.90万元。

本报告期合并报表实现净利润人民币77 079.97万元，其中归属于母公司所有者的净利润人民币77 079.97万元，期末累计未分配利润为701 400.28万元。

7.2 主要财务指标

指标名称	指标值
资本利润率（%）	4.88
加权年化信托报酬率（%）	0.5431
人均净利润（万元）	313.33

7.3 对公司财务状况、经营成果有重大影响的其他事项

2023年无其他对公司财务状况、经营成果有重大影响的其他事项。

8.特别事项揭示

8.1 股东变动情况及原因

无。

8.2 董事、监事及高级管理人员变动情况及原因

报告期内，董事、监事及高级管理人员发生以下变动：

（1）2023年3月，公司召开股东会，新选举卢军先生、苏海明先生为非执行董事。龙传华先生、汤晓东先生不再担任本公司董事职务。2023年5月，国家金融监督管理总局湖北监管局核准卢军、苏海明董事任职资格。

（2）2023年4月，公司召开董事会，由于蔡平已到退休年龄，解聘蔡平交银国际信托有限公司副总裁职务。

（3）2023年8月，公司召开董事会及股东会，选举/聘任赵海慧任公司执行董事、总裁，李依贫不再担任本公司执行董事、总裁职务。2023年11月，国家金融监督管理总局湖北监管局核准赵海慧执行董事、总裁任职资格。

（4）2023年12月，公司召开董事会，由于工作变动原因，解聘陈维交银国际信托有限公司副总裁职务。

8.3 变更注册资本、变更注册地或公司名称、公司分立合并事项

无。

8.4 公司的重大未决诉讼事项

报告期内，无新增严重影响公司经营的重大诉讼事项。

8.5 公司及其高级管理人员受到处罚的情况

报告期内，无公司及其董事、监事和高级管理人员受处罚情况。

8.6 国家金融监督管理总局及其派出机构对公司检查后提出的整改意见

报告期内，国家金融监督管理总局湖北监管局对公司开展了现场检查，并下发现场检查意见书。公司高度重视并积极推进整改。

8.7 本年度重大事项临时报告的简要内容、披露时间、所披露的媒体及其版面

2023年8月25日，在《金融时报》第八版披露了公司章程修改公告。简要内容：经交银国际信托有限公司第四届董事会第二十七次会议及2023年股东会第一次会议审议批准，对本公司章程进行了修订。修订主要内容：一是公司章程第二条中登记注册机关由湖北省工商行政管理局变更为湖北省市场监督管理局。二是对公司章程第九条、第二十四条、第二十五条党建工作内容进行修改完善。三是公司章程第七十一条董事会组成人员修改为"董事会由9名董事组成，包括执行董事2名，非执行董事（含独立董事）7名。"四是根据《信托公司股权管理暂行办法》有关规定，对公司章程第九十条至第九十二条内容作相应修订，董事会增设关联交易控制委员会，并由独立董事担任主任委员。五是根据《银行保险机构公司治理准则》有关要求，结合公司治理实践及股东会、董事会授权管理，对公司章程第三十五条股东会职权、第七十二条董事会职权、第九十八条监事会职权以及董事、独立董事、监事履职要求等进行了修订。六是对公司章程中关于中国银保监会等监管机构名称的表述统一调整为国家金融监督管理总局。

2023年12月1日，在《中国证券报》第十版披露了总裁任职公告。简要内容：根据公司第五届董事会第五次会议以及2023年股东会第四次会议（临时会议）决议，聘任赵海慧为本公司总裁，选举赵海慧为本公司执行董事。赵海慧担任本公司总裁、执行董事任职资格已获国家金融监督管理总局湖北监管局批复核准（鄂金监复〔2023〕184号）。

8.8 国家金融监督管理总局及其省级派出机构认定的其他有必要让客户及相关利益人了解的重要信息

无。

9.监事会意见

监事会认为，报告期内，公司的决策程序符合国家法律、法规和公司章程及相关制度规定，董事会、高级管理层及其成员认真履行职责，加强内控体系建设，守牢风险底线，加快转型创新，切实维护受益人、股东和公司利益，公司高质量发展取得了新的成效。报告期内，公司财务报告真实、客观地反映了公司的财务状况和经营成果。

昆仑信托有限责任公司

1.重要提示

1.1 本公司董事会及董事保证本报告所载资料不存在任何虚假记载、误导性陈述或者重大遗漏，并对其内容的真实性、准确性和完整性承担个别及连带责任。

1.2 独立董事刘杉先生、寇日明先生、崔树霖先生认为本报告内容真实、准确、完整。

1.3 本公司法定代表人董事长王峥嵘先生、总裁江昱洁先生、主管会计工作负责人范劼先生、会计机构负责人胡朋岸先生、托管部负责人潘强先生声明：保证年度报告中财务报告的真实、完整。

2.公司概况

2.1 公司简介

昆仑信托有限责任公司前身是中国工商银行宁波市信托投资公司，成立于1986年11月，1994年改组为有限责任公司。1997年6月，公司与工商银行脱钩，更名为宁波市金港信托投资有限责任公司。2002年5月，公司增资扩股，获准重新登记。2005年5月，天津经济技术开发区国有资产经营公司收购部分原股东股权后成为控股股东。2008年10月，公司换发金融许可证，变更经营范围，公司名称变更为"金港信托有限责任公司"。2009年5月，公司增资扩股，中油资产管理有限公司成为控股股东，公司名称变更为"昆仑信托有限责任公司"，注册资本为人民币30亿元。2016年9月，公司再次增资扩股，获准重新登记，注册资本102亿元。2020年1月，宁波银保监局批复同意昆仑信托有限责任公司股权变更，广博控股集团有限公司将其持有的昆仑信托有限责任公司5%股权转让给中油资产管理有限公司。股权变更后中油资产管理有限公司，出资额人民币8 915 857 083.41元，出资比例87.18%；天津经济技术开发区国有资产经营有限公司，出资额人民币1 311 201 827.00元，出资比例12.82%。

公司法定中文名称	昆仑信托有限责任公司
中文缩写	昆仑信托
公司法定英文名称	KUNLUN TRUST CO., LTD.
英文缩写	KUNLUN TRUST
法定代表人	王峥嵘
注册地址	浙江省宁波市鄞州区和济街180号1幢24~27层
邮政编码	315042
国际互联网网址	www.kunluntrust.com
电子信箱	klinfo@cnpc.com.cn
信息披露负责人员	矫德峰
信息披露联系人员	刘爽
联系电话	010-63597802
传真	010-63597604
电子信箱	ls216317@cnpc.com.cn
公司信息披露的报纸名称	《金融时报》《证券时报》《上海证券报》
公司年度报告备置地	公司本部
公司聘请的会计师事务所及其住所	信永中和会计师事务所（特殊普通合伙） 北京市东城区朝阳门北大街8号富华大厦A座8层
公司聘请的律师事务所及其住所	上海市锦天城律师事务所 上海市浦东新区银城中路501号 上海中心大厦9楼、11楼、12楼

2.2 组织结构

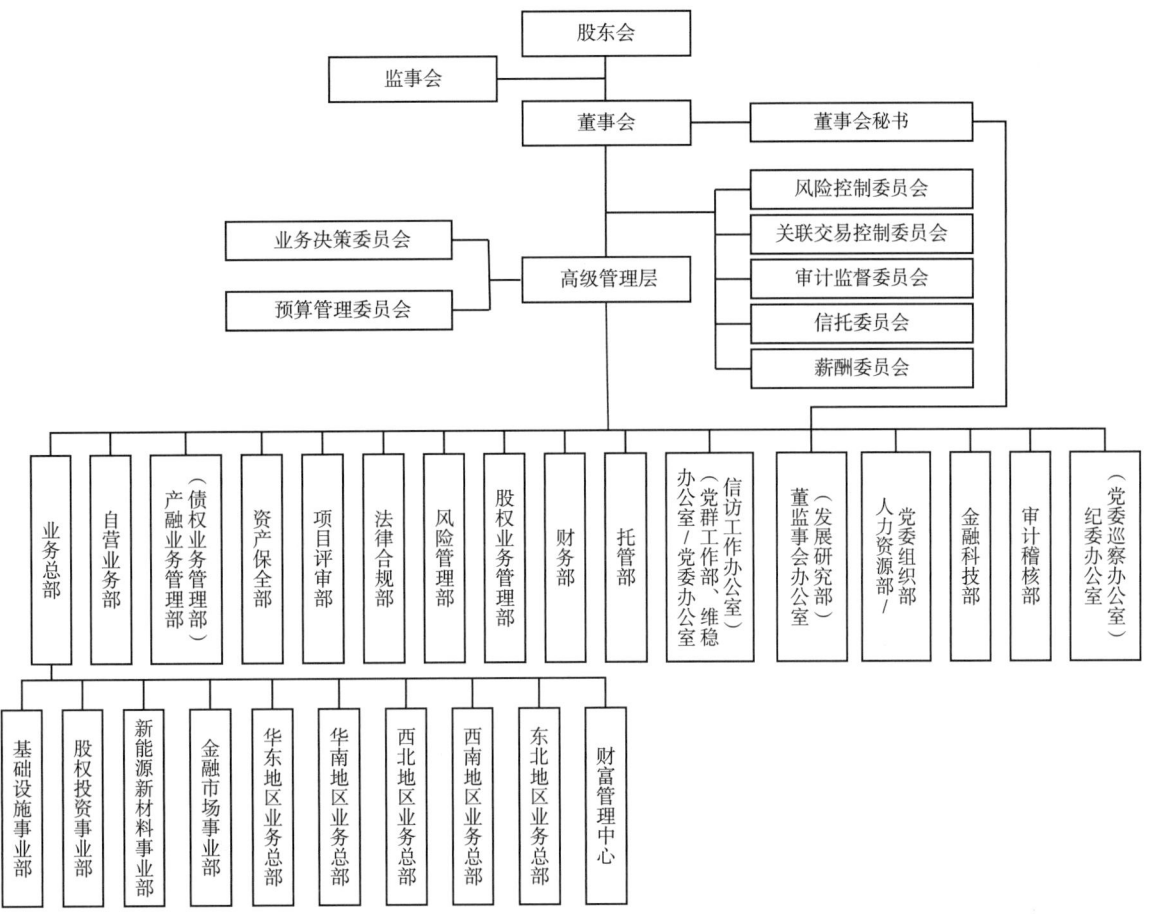

3. 公司治理

3.1 股东

本报告期末，公司共有2家法人股东，其中持有本公司10%以上出资比例的股东2家。

股东名称	持股比例（%）	法人代表	注册资本（万元）	注册地址	主要经营业务
★中油资产管理有限公司	87.18	王增业	1 372 518	北京市东城区东直门北大街9号	资产经营管理、投资、资本运营策划与咨询
天津经济技术开发区国有资产经营有限公司	12.82	傅鑫	1 580 000	天津开发区宏达街19号	投资、参股及国有资产的股权管理；房屋租赁；物业管理

注：★表示控股股东。股东之间无关联关系。

3.2 董事

董事会成员

姓名	职务	性别	年龄（岁）	选任日期	所推举的股东名称	该股东持股比例（%）	简要履历
王峥嵘	董事长	男	50	2023年8月9日	中油资产管理有限公司	87.18	正高级经济师。曾任交通银行西安分行城北支行副行长、行长、软件园支行行长；昆仑银行股份有限公司西安分行行长助理、副行长；昆仑银行股份有限公司大庆分行党委书记、行长，昆仑银行股份有限公司党委委员、副行长；现任昆仑信托有限责任公司董事长、党委书记

续表

姓名	职务	性别	年龄（岁）	选任日期	所推举的股东名称	该股东持股比例（%）	简要履历
江昱洁	董事	男	50	2023年8月9日	中油资产管理有限公司	87.18	高级会计师。曾任昆仑信托有限责任公司风险管理部经理、项目评审部经理，中国石油审计服务中心沈阳中心主任；现任昆仑信托有限责任公司总裁、党委副书记
宣力勇	董事	男	51	2023年8月9日	中油资产管理有限公司	87.18	正高级经济师。曾任中国石油天然气集团公司（中国石油天然气股份有限公司）法律事务部法律业务一处处长、法律事务部副总经济师兼合同与纠纷管理处处长。现任昆仑信托有限责任公司副总裁、党委委员、工会主席兼总法律顾问
肖文建	董事（待核准）	男	56	2023年8月9日	中油资产管理有限公司	87.18	董事资格核准中，尚未履职
陈雄	董事	男	35	2023年8月9日	天津经济技术开发区国有资产经营有限公司	12.82	曾任重庆渝康股权投资基金管理有限公司投资二部总经理，现任天津经济技术开发区国有资产经营有限公司投资部部长兼任天津经开区商业保理有限公司总经理、天津经济技术开发区国有资本投资运营有限公司监事会主席
马向阳	职工董事	男	54	2023年6月27日	无	—	高级工程师。曾任昆仑信托有限责任公司人力资源部经理、发展研究部经理、产融业务管理部（债融业务管理部）经理；现任昆仑信托有限责任公司总裁助理

独立董事

姓名	职务	性别	年龄（岁）	选任日期	所推举的股东名称	该股东持股比例	简要履历
刘杉	独立董事	男	59	2023年8月9日	中油资产管理有限公司	87.18	经济学博士。曾任全国工商联中华工商时报海外部副主任，中华工商时报财金新闻部主任，中国人民银行深圳分行金融早报总编辑，中华工商时报副总编辑，长城基金管理有限公司独立董事。现任凤凰网财经研究院院长
寇日明	独立董事	男	65	2023年8月9日	中油资产管理有限公司	87.18	高级会计师、工程师、理学博士。曾任国家开发银行国际金融局副局长，中国长江电力股份公司党委委员，瑞银集团投资银行（香港分行）固定收益部董事总经理，中国再保险集团公司党委委员、副总裁。现为中美绿色基金副董事长、合伙人、CFO
崔树霖	独立董事	男	53	2023年8月9日	中油资产管理有限公司	87.18	高级经济师、经济学博士后。曾任中国新兴（集团）总公司资产保全处负责人，北京青云航空仪表有限公司总经理助理，北京中汇银货币与债券市场投资顾问中心总经理，日信证券有限公司助理总裁，泛融金资产管理有限公司董事长兼总经理。现任长春赛恩生物技术有限公司董事长；北京赛恩未来生物技术有限公司董事长

董事会秘书

姓名	职务	性别	年龄（岁）	选任日期	金融从业年限（年）	学历	专业	简要履历
矫德峰	董事会秘书	男	49	2019年3月26日	16	硕士研究生	金融管理	高级会计师。曾任大连石化公司资金办副处主任、资本运营中心主任、石化服务公司总会计师；中国石油集团企业年金处副处长、处长；国联产业投资基金公司首席投资官、总经理；昆仑信托有限责任公司基金管理部总经理、发展研究部经理、办公室主任；现任昆仑信托有限责任公司副总裁、董事会秘书、新闻发言人

3.3 监事

姓名	职务	性别	年龄（岁）	选任日期	所推举的股东名称	该股东持股比例（%）	简要履历
万钧	监事会主席	男	55	2023年6月27日	中油资产管理有限公司	87.18	高级政工师。曾任中国石油天然气集团公司财务资产部综合处处长、党总支副书记，中国石油天然气集团公司（中国石油天然气股份有限公司）资金部综合与风控管理处处长、党总支副书记，中国石油天然气集团公司纪检监察组驻中国石油集团资本股份有限公司纪检组副组长。现任昆仑信托有限责任公司党委委员、纪委书记

续表

姓名	职务	性别	年龄（岁）	选任日期	所推举的股东名称	该股东持股比例（%）	简要履历
于丽娜	监事	女	43	2023年8月9日	天津经济技术开发区国有资产经营有限公司	12.82	中国注册会计师，英国特许公认会计师，国际注册内部审计师。曾任天津五洲会计师事务所项目经理、安永华明会计师事务所审计经理。现任天津经济技术开发区国有资产经营有限公司财务部副部长
贺红旭	监事	男	51	2023年8月9日	中油资产管理有限公司	87.18	高级工程师，工学硕士。曾任中国石油天然气总公司石油勘探开发科学研究院廊坊分院环境保护研究所工程师、环境检测总站综合管理室副主任，中国石油天然气集团公司国际事业部海外防恐安全和HSE办公室副处长，中国石油美国办事处主任、印尼办事处主任，中国石油天然气集团有限公司油气行业气候倡议组织工作秘书处秘书长，现任昆仑信托有限责任公司办公室（党委办公室）主任
吴广伟	监事	男	44	2023年8月9日	中油资产管理有限公司	87.18	高级经济师，中国人民大学法学学士、民商法学硕士。曾任职于中国人民大学法学院、中国石油天然气集团公司法律事务部，现任中国石油集团资本股份有限公司风险合规部总经理
李志华	职工监事	女	46	2023年6月27日	职工	87.18	高级经济师。曾任中国石油天然气集团公司发展研究部法律事务室主管，中国石油天然气集团公司、中国石油天然气股份有限公司法律事务部法律业务一处高级主管，中国石油天然气集团有限公司、中国石油天然气股份有限公司法律事务部纠纷案件管理处副处长。现任昆仑信托有限责任公司法律合规部总经理

3.4 高级管理人员

姓名	职务	性别	年龄（岁）	选任日期	金融从业年限（年）	学历	专业	简要履历
江昱洁	总裁	男	50	2023年3月15日	12	博士研究生	石油工程管理	高级会计师。曾任昆仑信托有限责任公司风险管理部经理、项目评审部经理，中国石油审计服务中心沈阳中心主任；现任昆仑信托有限责任公司总裁、党委副书记
宣力勇	副总裁	男	51	2023年10月17日	6	本科	法学	正高级经济师。曾任中国石油天然气集团公司（中国石油天然气股份有限公司）法律事务部法律业务一处处长、法律事务部副总经济师兼合同与纠纷管理处处长。现任昆仑信托有限责任公司副总裁、党委委员、工会主席兼总法律顾问
闫志勇	副总裁（待核准）	男	45	2023年6月30日	14	硕士研究生	国际金融	曾任昆仑信托有限责任公司房地产业务部业务总监、房地产业务部副经理、信业务三部经理、房地产业务部经理；现任昆仑信托有限责任公司党委委员、总裁助理
范劼	财务总监	男	47	2023年11月30日	5	硕士研究生	应用金融	高级经济师。曾任中国石油天然气勘探开发公司财务与资本运营部资金一部经理、财务部副主任、中油国际（加拿大）公司总会计师、中国石油加拿大公司副总经理（二级正）、总会计师。现任昆仑信托有限责任公司党委委员、财务总监
刘刚	副总裁	男	52	2011年5月13日	15	本科	会计	高级会计师。曾任中国石油天然气股份有限公司华东销售分公司财务处高级主管、中国石油天然气股份有限公司江西销售分公司总会计师、中国石油天然气股份有限公司浙江销售分公司总会计师兼财务资产处处长。现任昆仑信托有限责任公司副总裁
矫德峰	副总裁	男	49	2021年12月24日	16	硕士研究生	金融管理	高级会计师。曾任大连石化公司资金代办处副主任、资本运营中心主任、石化服务公司总会计师；中国石油集团企业年金处副处长、处长；国联产业投资基金公司首席投资官、总经理；昆仑信托有限责任公司基金管理部总经理、发展研究部经理、办公室主任；现任昆仑信托有限责任公司副总裁、董事会秘书、新闻发言人
田娜	运营总监	女	47	2023年10月17日	7	硕士	金融学	高级经济师。曾任资金部金融管理处处长；昆仑信托有限责任公司运营管理部经理、风险管理部经理；现任昆仑信托有限责任公司运营总监
周江天	总裁助理	男	57	2015年6月9日	17	本科	西班牙语	曾任中国出口信用保险公司总公司第二营业部综合处处长；中合中小企业融资担保股份有限公司监事会职工监事、风险管理部兼公司业务评审委员会办公室负责人；现任昆仑信托有限责任公司总裁助理

续表

姓名	职务	性别	年龄（岁）	选任日期	金融从业年限（年）	学历	专业	简要履历
刘坡阳	总裁助理	男	46	2021年12月24日	9	硕士研究生	结构工程	高级经济师。曾任中国石油海外勘探开发公司内控与风险管理部（企业管理部）副主任；昆仑信托有限责任公司发展研究部（董事会办公室）负责人、上海业务部经理、信托业务四部经理；现任昆仑信托有限责任公司总裁助理
马向阳	总裁助理	男	54	2021年12月24日	15	本科	化工设备与机械	高级工程师。曾任昆仑信托有限责任公司人力资源部经理、发展研究部经理、产融业务管理部（债权业务管理部）经理；现任昆仑信托有限责任公司总裁助理

3.5 公司员工

项目		2023年度		2022年度	
		人数（人）	比例（%）	人数（人）	比例（%）
年龄分布	20岁以下	—	—	—	—
	20~29岁	16	6	19	7
	30~39岁	138	51	150	55
	40岁及以上	114	43	106	39
学历分布	博士	6	2	9	3
	硕士	145	55	144	52
	本科	113	42	117	43
	专科	4	1	5	2
	其他	—	—	—	—
岗位分布	董事、监事及其高管人员	12	4	12	4
	固有（自营）业务人员	5	2	4	1
	信托业务人员	191	72	194	71
	其他人员	60	22	65	24

4. 经营管理

4.1 经营目标、方针、战略规划

4.1.1 经营目标

坚守产业金融、回归信托本源、服务实体经济，努力建设产融结合国内一流的能源信托公司。

4.1.2 经营方针

公司坚持以习近平新时代中国特色社会主义思想为指导，深入贯彻落实党的二十大精神、二十届二中全会和中央金融工作会议精神，严格落实监管要求，坚守产融方向，保持战略定力，全面加强党的建设，紧紧围绕市场营销、风险处置、基础管理三大核心工作，激发动能，增强实力，提升效益，以坚定的意志和必胜的决心推进公司高质量发展，加快建设产融结合国内一流的能源信托公司，为集团公司高质量发展贡献信托力量。

4.1.3 战略规划

公司坚持产业金融发展方向和稳中求进总基调，落实监管机构要求，探索可持续发展道路。公司要全面加强党的领导党的建设，推进和坚持产业金融，防范化解金融风险，着力深化业务转型，加快改革创新、管理提升和人才强企，全力开创高质量发展新局面，努力建设产融结合国内一流的能源信托公司。

4.2 所经营业务的主要内容

公司业务分为信托业务和固有业务两个大类。信托业务主要品种包括单一资金信托、集合资金信托、财产权信托等，固有业务主要开展金融股权投资、金融产品投资及贷款等业务。

4.2.1 固有资产运用与分布表

固有资产运用与分布表

资产运用	金额（万元）	占比（%）	资产分布	金额（万元）	占比（%）
货币资产	70 106.66	4.69	基础产业	26 341.00	1.76
贷款及应收款	55 450.31	3.71	房地产业	287 880.15	19.26
交易性金融资产投资	460 664.33	30.82	证券市场	600 235.64	40.15
债权投资	380 397.70	25.45	实业	194 511.85	13.01
其他权益工具投资	247 047.16	16.53	金融机构	262 084.07	17.53
长期股权投资	15 036.91	1.01	其他	123 860.92	8.29
其他	266 210.56	17.81	—	—	—
资产总计	1 494 913.63	100	资产总计	1 494 913.63	100

4.2.2 信托资产运用与分布表

信托资产运用与分布表

资产运用	金额（万元）	占比（%）	资产分布	金额（万元）	占比（%）
货币资产	267 826.52	1.08	基础产业	472 076.82	1.91
贷款	3 775 797.40	15.25	房地产	510 213.08	2.06
交易性金融资产投资	16 157 550.78	65.24	证券市场	687 019.84	2.77
可供出售金融资产投资	—	—	实业	5 218 511.75	21.07
持有至到期投资	—	—	金融机构	2 647 861.42	10.69

续表

资产运用	金额 （万元）	占比 （%）	资产分布	金额 （万元）	占比 （%）
长期股权投资	—	—	其他	15 230 671.24	61.50
其他	4 565 179.45	18.43			
信托资产总计	24 766 354.15	100	信托资产总计	24 766 354.15	100

4.3 市场分析

4.3.1 有利因素

4.3.1.1 党的二十大报告为信托业实现高质量发展指明方向

党的二十大报告提出中国式现代化全面推进中华民族伟大复兴，为信托服务实体经济、服务人民美好生活、助力金融效能提升、实现高质量发展指明了方向。在服务实体方面，科技创新、现代产业体系建设、战略性新兴产业、专精特新、数字经济、乡村振兴、绿色发展、提振内需、区域协调发展等将成为未来中国经济增长的新动能，相关领域金融需求广阔，信托可综合运用多种金融工具，为实体经济发展创造多元价值。在服务人民美好生活方面，信托可以积极发挥本源优势，助力完善分配制度、发展公益慈善、健全社会保障、完善社会治理，促进共同富裕，提高人民生活品质。在助力提升金融体系效能方面，信托可以积极融入多层次资本市场建设，提升资本市场服务水平与质效，拓展标准化产品投资、资产配置、股权投资业务，提高直接融资比重。

4.3.1.2 昆仑信托的自身优势

4.3.1.2.1 公司的区位优势

长三角地区金融生态环境较为成熟，信用基础好。公司注册地为宁波市，金融环境位居国内前列，各类金融机构齐全，金融生态非常成熟，企业和居民的投资理财理念十分超前，信用基础很好。公司以宁波为注册地，业务辐射长三角地区，能够享受长三角地区经济快速增长带来的业务机会，充分利用该地区的金融资源，撬动高净值客户的理财需求，实现业务的持续快速发展。

北京是公司最重要业务中心。这种布局既不放弃注册地经济发达、民间经济富庶的优势，又充分享受公司股东所在地政治、文化、经济以及与股东资源方便对接的区位优势。

4.3.1.2.2 公司的发展优势

昆仑信托属于央企控股型信托公司，是由中国石油控股的金融企业。一是品牌优势。在理财产品市场上，昆仑信托发行的产品无形中带有中石油集团的品牌，更容易被投资者所接受。在项目开拓方面，客户往往也倾向于选择大型央企控股的信托公司作为交易对手，减少交易中存在的信用风险。借助集团公司的品牌，公司在开展业务时具有一定优势，客户方认可度较高。二是产业链优势。中石油集团是国有重要骨干企业和全球主要的油气生产商和供应商之一，是集国内外油气勘探开发和新能源、炼化销售和新材料、支持和服务、资本和金融等业务于一体的综合性国际能源公司，具有专业的人才资源、项目资源、销售资源、技术资源等油气能源资源领域的潜在优势，为设计开发能源特色类信托产品提供有利条件。

4.3.2 不利因素

4.3.2.1 不稳定因素叠加复杂

世界经济不稳定、不确定、难预料成为常态，国际安全风险叠加，大国博弈、俄乌冲突，外部势力对我国的遏制打压仍在持续，国内经济仍然面临需求收缩、供给冲击、预期转弱三重压力，宏观环境的不稳定因素叠加复杂。必须坚持底线思维，提高风险预见预判能力，严密防范各种风险挑战。

4.3.2.2 行业发展的外部形势严峻

信托业务新分类的落地和资管新规在信托业的正式实施，标志着在大资管的竞争格局下，行业监管底层逻辑的变革，业务能力建设、制度机制流程、公司治理结构等是否能够适应变革，这些挑战形势严峻。行业审计问题陆续发酵，行业"爆雷"事件频发，转型发展和风险防控仍将是行业发展的关键词，风控合规建设、问题整改落实等将成为未来一段时间的任务挑战。

4.3.2.3 主动管理能力要求更高

在资管新规和一系列监管政策的共同作用下，信托公司过去"重量而轻质"的发展路径难以为继。新形势下，信托行业对信托公司主动管理能力的要求进一步强化。同时，行业转型使信托公司未来在客户关系的处理上，承受着比以往更大的压力，信托公司需要不断提升公司财富管理品牌影响力和知名度，改善客户服务水平，提升客户认可度，满足高净值客户投资需求。

4.4 内部控制

4.4.1 内部控制环境和内部控制文化

报告期内，公司召开了4次股东会、6次董事会、3次监事会和9次董事会专门委员会会议，先后通过了利润分配预案、修订公司章程、财务预算决算等107项议案，公司治理结构合规有序运转。

公司已建立由董事会及下设的风险控制委员会、监事会、管理层、风控管理部门以及各职能部门和业务部门组成的内部控制管理架构。董事会负责风险管理与内部控制的建立健全和有效实施。监事会对董事会建立与实施风险管理和内部控制进行监督。管理层负责组织领导公司风险管理和内部控制的日常运行。各方职责清晰，相互独立、相互制约、相互协调，实现权力、决策、监督、经营充分制衡。能够做到各职能部门、各岗位之间的分工协作机制明确，对职责范围内的重大风险实施有效管控。

依法合规经营，认真贯彻信托法律法规和各项监管要求，坚持"低风险偏好"风控理念，坚守合规底线，全方位、全过程严控风险，稳健经营、稳健发展，妥善应对各种挑战，有序推进各项工作，创新业务初见成效，党群工作扎实开展，综合实力不断增强。

4.4.2 内部控制措施

公司《制度手册》涵盖了公司治理、业务发展、内部控制和风险管理等多方面内容，并能适时根据政策的变化和业务发展的需要进行修订和完善，制度建设比较全面，执行有效。

公司主要职能部门之间建立了防火墙制度，实行岗位分离，保证了固有、信托业务各成体系、独立运行；严格信托业务前台、中台、后台的工作职责，形成有监督、有制衡的业务运作体系；通过具体、明确、合理的分工与授权，严格执行操作规程，确定各部门的目标、职责和权限，使其在授权范围内行使职能、操作相互独立；定期或不定期检查和评价有关内控制度建设与执行情况，及时改进内控制度，确保公司稳健发展。

报告期内，公司进一步完善业务流程，持续关注项目风险、操作风险及内控的有效性；继续加强合规审查和检查的力度，不断提升全员合规意识，严控合规风险；不断完善案防和反洗钱工作体系建设，修订完善各层级制度流程，细化各项考核。

4.4.3 信息交流与反馈

公司按规定披露关联交易、公司重大事项、年度报告及集合信托计划信息，将相关信息及时告知委托人和股东；以信托综合业务管理系统为平台，收集、处理、存储、利用和反馈信托业务信息、财务信息、管理信息和客户信息，分级授权使用；实时视频会议系统，确保了多地信息传递和督办落实；风控可视化系统，进一步提升了办公效率；网上客户平台使内外沟通更加顺畅，营造了和谐的公共关系。

加快落实"十四五"金融科技整体规划，开展数字转型试点工作，落实数字员工、技术中台的项目建设；落实数据治理三年走实施计划，开展数据治理专业平台工具建设；推广办公云平台应用，加强员工个人终端安全管理，提高信息安全保障。

4.4.4 监督评价与纠正

公司建立了内部控制评价、监督、纠正机制。公司审计稽核部受董事会审计监督委员会领导，承担公司内部控制的监督、评价工作，有效发挥内控第三道防线的作用。

报告期内，公司内审部门坚持以风险为导向、以控制为主线、以治理为手段、以增值为目标开展内部审计工作，全年实施10项专项审计、4项离职离任审计，开展2项关键岗位人员强制休假检查，及时发现管理薄弱环节，提出改进建议；及时跟进内外部审计发现问题整改进展，督促问题整改，为公司可持续发展营造良好环境。

4.5 风险管理

4.5.1 风险管理概况

4.5.1.1 公司经营活动中可能遇到的风险

主要有：信用风险、市场风险、操作风险、合规风险、政策风险、集中度风险。

4.5.1.2 公司风险管理的基本原则与政策

遵循合规性、全面性、审慎性、适时性原则，坚持以制度为基础、以流程为依托，充分识别和评估各类风险，将风险管理覆盖到公司经营管理的各个环节和岗位中。依据风险管理决策流程，对不同的业务分类实施相应控制措施，形成"事前防范、事中控制、事后评价"的风险管理机制。

公司坚持"低风险偏好"的理念，秉承合规、稳健的经营思路，追求风险可控的经济效益；对各业务类型，分别确定相应的风险容忍度，并确保总体风险敞口在公司风险容忍度的范围内；对不同业务领域的风险性质、风险类型和风险评估结果，恰当选择风险承担、风险规避、风险转移、风险转换、风险补偿、风险控制等风险对策。

4.5.1.3 公司风险管理组织结构与职责划分

风险控制委员会：组建公司风险管理系统；对公司

日常经营管理风险进行整体分析和评估；负责公司的危机处理工作；对公司运作过程中的重大事项进行风险管理和控制；负责公司案防工作。

关联交易控制委员会：制订关联交易的具体审核原则和程序；审查认定公司关联方和关联交易。

审计监督委员会：检查内部审计监督部门职责要求、目标及有关的审计监督政策；监督公司内部审计质量与财务信息披露；检查公司风险及合规状况；负责公司年度审计工作。

业务决策委员会：负责公司业务的控制、管理、监督和评估，在授权范围内根据监管要求、公司战略发展方向和经营状况，对公司常规业务以及公司管理层等上级机构指定的其他审批事项进行决策审批。

项目评审部：负责公司固有业务、信托业务的初审，并出具审查意见；根据市场经济状况，明确公司业务导向，制定、实施业务开展指导原则及项目准入标准。

风险管理部：负责公司固有业务、信托业务的风险管理，不断完善公司经营风险管理体系和内部风险控制制度，持续跟踪项目运营，防范风险事件。

法律合规部：负责公司固有业务、信托业务的合规性和合同条款的初审，并出具审查意见；负责公司法律事务管理、合规管理、确保依法经营；制定并执行合规管理职责和计划，实施合规风险管理流程，防范案件发生。

托管部：核算和监督信托财产运用部门按照信托文件约定运用信托财产。

财务部：核算和监督固有财产运用部门按照合同文件约定运用管理；通过会计核算和财务管理对公司财务状况及经营情况进行分析管理和监督。

审计稽核部：对公司日常经营以及公司风险管理流程的执行进行审计监督。

公司各业务部门负责落实信用风险、操作风险、合规风险、信托项目标的物风险等各类风险管理要求。

公司固有业务与信托业务分离，在资金、账户、部门、人员、信息以及财务核算等方面严格分开；信托财产运用部门独立于其他部门。

4.5.2 风险状况

4.5.2.1 信用风险状况

信用风险是指由于金融企业各项金融业务的交易对手不能履行合同义务，或者信用状况的不利变动而造成损失的风险。

公司充分利用行业和企业信息，进行信用风险评估，审批项目，监测风险资产，进行风险预警和风险处置。

公司于2023年6月末制定并印发《昆仑信托金融风险分类管理办法》，明确本金、利息或收益逾期的至少归为关注类；逾期超过90天的至少归为次级类；逾期超过270天的至少归为可疑类；逾期超过360天归为损失类。

2023年公司对各类资产按照相应资产减值方法计算潜在风险估计值，并计提减值准备。公司一般风险准备包括一般风险准备金和信托赔偿准备金：一般风险准备金按风险资产总额的1.5%提取，信托赔偿准备金按税后利润的5%提取。

4.5.2.2 市场风险状况

市场风险包括经济周期风险、通货膨胀风险、利率风险、汇率风险、商品风险和金融市场风险等，是市场的波动导致信托业务的资产遭到损失的可能性。这些市场波动主要包括：利率、证券价格、商品价格、汇率、其他金融产品价格的波动；市场发展方向、供求关系的变动；市场流动性的变动等。

市场风险主要体现在投资于证券市场、货币市场的固有业务和信托产品。2023年12月31日，公司投资一级、二级市场股票成本余额37 841.88万元，股票市值39 897.83万元，浮盈2 055.95万元，全年卖出股票实现收益1 460.11万元。公司受托资金涉及证券投资信托业务共22个，金额合计92.43亿元，主要用于二级市场证券投资。

4.5.2.3 操作风险状况

公司内部业务流程、计算机系统、工作人员在操作中的不完善或失误，可能给公司造成损失的风险。公司外部因素例如通信系统故障等，可能给公司造成损失或影响公司正常运行的风险。

2023年公司未发生可能影响公司运营或损失的操作风险事件。根据公司操作风险自我检查及内控测试结果反映，当前公司各项规章制度能够较好地有效执行，业务流程运行顺畅，能够满足公司的要求。

4.5.2.4 合规风险状况

合规风险是指金融企业因没有遵循法律、规则和准则或者员工因不合规的经营管理行为可能遭受法律制裁、监管处罚、重大财务损失和声誉损失的风险。合规风险包括反洗钱以及资本（充足率）管理的风险。

4.5.2.5 其他风险状况

其他风险主要指政策风险和集中度风险。政策风险集中表现为国家宏观政策、法律法规以及行业政策的变动对公司经营环境和未来发展所造成的影响。集中度风险是指交易集中于某一交易对手，或交易对手如果集中于某一行业或地区或共同具备某些经济特性，其风险通常会相应提高。

2023年，国际形势变幻莫测，国内经济下行压力持续加大，行业"爆雷"事件频发，资产处置难度不断上升，公司面临的形势依然严峻复杂，风险挑战持续加深。为更好地应对内外部挑战，落实监管政策，公司领导班子团结带领全体干部员工迎难而上，运用多种创新举措防范和化解风险，持续加强区域、行业、交易对手的集中度控制，较好地防范了集中度风险事件的发生。

4.5.3 风险管理

4.5.3.1 信用风险管理

一般准备、专项准备的计提方法和统计方法：公司每年一次按自有风险资产的五级分类结果计提资产损失准备。公司按信托法律法规规定，每年按当年净利润的5%计提信托赔偿准备金，当该信托赔偿准备金累计总额达到公司注册资本的20%时，不再提取。

根据原中国银行业监督管理委员会、财政部于2014年12月10日颁布的《信托业保障基金管理办法》（银监发〔2014〕50号）相关规定，信托业保障基金认购执行下列统一标准：信托公司按净资产余额的1%认购，每年4月底前以上年度末的净资产余额为基数动态调整；资金信托按新发行金额的1%认购，其中：属于购买标准化产品的投资性资金信托的，由信托公司认购；属于融资性资金信托的，由融资者认购。在每个资金信托产品发行结束时，缴入信托公司基金专户，由信托公司按季向保障基金公司集中划缴；新设立的财产信托按信托公司收取报酬的5%计算，由信托公司认购。

抵押品确认的主要原则：抵押品属依法可办理抵押的物品，抵押品权属清晰，确属担保人所有，不存在限制转移的情形，变现能力强。抵押品评估价值由中介评估机构确认，融资本金基本上不高于抵押品确认价值的55%。

保证贷款管理原则：严格控制谨慎从事保证方式贷款，贷款方必须具备经公司认定的良好的信用纪录，保证方必须是具有很强保证能力的企业。公司对保证能力进行充分审查，谨慎签署保证合同，明确融资方与保证人的权利与义务，防止公司信用风险。

制定严格的项目立项及集体决策制度，择优筛选项目，实现控制信用风险关口前移。

4.5.3.2 市场风险管理

针对证券市场风险，公司以稳健、谨慎的投资理念投资证券产品。制定了证券业务的规章制度，规范操作程序，设定风险防范措施。建立日常的业务决策审批制度。引进、配备高素质的专业人才，组织专门人员研究金融市场形势，分析证券市场行情，为业务决策审批提供方案，在市场风险可控的状况下，实施证券投资运营。

4.5.3.3 操作风险管理

公司制定了操作风险管理制度，操作风险管理覆盖公司各个部门，并由审计稽核部对操作风险管理体系的运作情况进行定期检查评估。

公司通过完善业务操作流程，严格划分业务前台、中台、后台，加强员工培训、提高员工技能等措施控制操作风险。

业务前台负责受理和初审业务，并负责业务的具体操作，完成项目审批前的尽职调查、方案设计和提交，以及项目审批后的合同签署、产品发售、投资交易、客户服务等工作，并在持续监控项目的过程中适时启动提前收款、贷款利率调整、要求履约担保、审计、诉讼、召开受益人会议等管理措施。前台由各业务部门组成。

中台贯穿业务的决策程序和管理环节。负责项目的合规性审核，风险评估，议事决策，以及业务综合管理与过程控制，和前台部门共同完成事前防范和事中控制，针对各种风险提出指导意见和改进措施，并对风险发出预警信号。中台部门由项目评审部、风险管理部、法律合规部组成。

后台负责对业务进行财务管理、会计核算、审计监督，为前台、中台提供服务支持、信息服务和监督评价。后台由托管部、财务部、审计稽核部等组成。

公司通过配置券商的PB系统，加强了证券操作风险的控制，将固有、信托证券业务严格纳入该系统操作，按照设定的证券池以及预警线和止损线设置指标，每日实时监控交易状况，有效地防止人为的违规操作和越权操作，对预警和止损发出风险信号，提高了总体风险控制的效果。

4.5.3.4 合规风险管理

公司设置法律合规部，全面负责公司合规工作。同时根据政策规定和监管部门指导意见，在公司层面通过完善制度，确保有关政策得以顺利执行。

4.5.3.5 其他风险管理

公司通过对宏观政策、行业政策、法律法规的跟踪和研究，提高经营预见性，控制政策风险。通过对关键行业和企业进行总量控制的方式，严格控制集中度风险。

5.报告期末及上一年度末的比较式会计报表

5.1 固有资产

5.1.1 会计师事务所审计意见全文

审计报告

XYZH/2024BJAB2B0305

昆仑信托有限责任公司

昆仑信托有限责任公司：

一、审计意见

我们审计了昆仑信托有限责任公司（以下简称昆仑信托公司）财务报表，包括2023年12月31日的合并及母公司资产负债表，2023年度的合并及母公司利润表、合并及母公司现金流量表、合并及母公司所有者权益变动表，以及相关财务报表附注。

我们认为，后附的财务报表在所有重大方面按照企业会计准则的规定编制，公允反映了昆仑信托公司2023年12月31日的合并及母公司财务状况以及2023年度的合并及母公司经营成果和现金流量。

二、形成审计意见的基础

我们按照中国注册会计师审计准则的规定执行了审计工作。审计报告的"注册会计师对财务报表审计的责任"部分进一步阐述了我们在这些准则下的责任。按照中国注册会计师职业道德守则，我们独立于昆仑信托公司，并履行了职业道德方面的其他责任。我们相信，我们获取的审计证据是充分、适当的，为发表审计意见提供了基础。

三、管理层和治理层对财务报表的责任

昆仑信托公司管理层（以下简称管理层）负责按照企业会计准则的规定编制财务报表，使其实现公允反映，并设计、执行和维护必要的内部控制，以使财务报表不存在由于舞弊或错误导致的重大错报。

在编制财务报表时，管理层负责评估昆仑信托公司的持续经营能力，披露与持续经营相关的事项（如适用），并运用持续经营假设，除非管理层计划清算昆仑信托公司、终止运营或别无其他现实的选择。

治理层负责监督昆仑信托公司的财务报告过程。

四、注册会计师对财务报表审计的责任

我们的目标是对财务报表整体是否不存在由于舞弊或错误导致的重大错报获取合理保证，并出具包含审计意见的审计报告。合理保证是高水平的保证，但并不能保证按照审计准则执行的审计在某一重大错报存在时总能发现。错报可能由于舞弊或错误导致，如果合理预期错报单独或汇总起来可能影响财务报表使用者依据财务报表作出的经济决策，则通常认为错报是重大的。

在按照审计准则执行审计工作的过程中，我们运用职业判断，并保持职业怀疑。同时，我们也执行以下工作：

（1）识别和评估由于舞弊或错误导致的财务报表重大错报风险，设计和实施审计程序以应对这些风险，并获取充分、适当的审计证据，作为发表审计意见的基础。由于舞弊可能涉及串通、伪造、故意遗漏、虚假陈述或凌驾于内部控制之上，未能发现由于舞弊导致的重大错报的风险高于未能发现由于错误导致的重大错报的风险。

（2）了解与审计相关的内部控制，以设计恰当的审计程序，但目的并非对内部控制的有效性发表意见。

（3）评价管理层选用会计政策的恰当性和作出会计估计及相关披露的合理性。

（4）对管理层使用持续经营假设的恰当性得出结论。同时，根据获取的审计证据，就可能导致对昆仑信托公司持续经营能力产生重大疑虑的事项或情况是否存在重大不确定性得出结论。如果我们得出结论认为存在重大不确定性，审计准则要求我们在审计报告中提请报表使用者注意财务报表中的相关披露；如果披露不充分，我们应当发表非无保留意见。我们的结论基于截至审计报告日可获得的信息。然而，未来的事项或情况可能导致中油资产公司不能持续经营。

（5）评价财务报表的总体列报、结构和内容，并评价财务报表是否公允反映相关交易和事项。

（6）就昆仑信托公司中实体或业务活动的财务信息获取充分、适当的审计证据，以对财务报表发表审计意见。我们负责指导、监督和执行集团审计，并对审计意见承担全部责任。

我们与治理层就计划的审计范围、时间安排和重大审计发现等事项进行沟通，包括沟通我们在审计中识别出的值得关注的内部控制缺陷。

信永中和会计师事务所（特殊普通合伙）

中国注册会计师：田娟

中国注册会计师：唐超

中国·北京　　　　　　　二〇二四年四月二十四日

5.1.2 资产负债表

资产负债表（合并报表）

编制单位：昆仑信托有限责任公司　　2023年12月31日　　单位：万元

资产	期初余额	期末余额
资产：	—	—
现金及存放中央银行款项	—	—
存放同业款项	150 615.91	70 106.66
贵金属	—	—
拆出资金	—	—
衍生金融资产	—	—
存出保证金	—	—
应收款项	—	—
合同资产	—	—
买入返售金融资产	2 000.01	139 571.30
持有待售资产	—	—
发放贷款和垫款	9 949.56	—
金融投资：	—	—
交易性金融资产	497 453.74	460 664.33
债权投资	536 443.97	380 397.70
其他债权投资	—	—
其他权益工具投资	180 036.08	247 047.16
长期股权投资	13 559.51	15 036.91
投资性房地产	—	—
固定资产	10 924.83	12 585.84
在建工程	2 454.27	432.28
使用权资产	13 898.77	7 597.25
无形资产	2 244.30	2 788.18
商誉	—	—
递延所得税资产	75 452.87	103 225.87
其他资产	64 786.64	55 460.14
资产总计	1 559 820.48	1 494 913.63
负债和所有者权益（或股东权益）	期初余额	期末余额
负债：	—	—
短期借款	—	—
同业及其他金融机构存放款项	—	—
拆入资金	—	—
交易性金融负债	27 566.26	14 638.15
衍生金融负债	—	—
卖出回购金融资产款	—	—
应付职工薪酬	1 746.72	1 761.75
应交税费	3 077.27	349.23
应付款项	—	—
合同负债	—	—

续表

资产	期初余额	期末余额
持有待售负债	—	—
预计负债	—	—
长期借款	—	—
应付债券	—	—
其中：优先股	—	—
永续债	—	—
租赁负债	14 949.20	9 021.35
递延收益	—	—
递延所得税负债	12 528.94	15 261.29
其他负债	146 164.27	165 302.14
负债合计	206 032.66	206 333.91
所有者权益（或股东权益）：	—	—
实收资本（或股本）	1 022 705.89	1 022 705.89
其他权益工具	—	—
其中：优先股	—	—
永续债	—	—
资本公积	62 608.95	62 619.54
减：库存股	—	—
其他综合收益	27 173.34	40 556.86
盈余公积	99 377.20	99 377.20
一般风险准备	64 468.81	64 468.81
未分配利润	77 453.63	-1 148.59
所有者权益（或股东权益）合计	1 353 787.82	1 288 579.72
负债和所有者权益（或股东权益）总计	1 559 820.48	1 494 913.63

法定代表人：王峥嵘　　主管会计工作负责人：范劼　　会计机构负责人：胡朋岸

资产负债表（单体报表）

编制单位：昆仑信托有限责任公司　　2023年12月31日　　单位：万元

资产	期初余额	期末余额
资产：	—	—
现金及存放中央银行款项	—	—
存放同业款项	144 733.34	41 075.33
贵金属	—	—
拆出资金	—	—
衍生金融资产	—	—
存出保证金	—	—
应收款项	—	—
合同资产	—	—
买入返售金融资产	2 000.01	139 571.30
持有待售资产	—	—
发放贷款和垫款	9 949.56	—
金融投资：	—	—

续表

资产	期初余额	期末余额
交易性金融资产	469 848.30	468 384.27
债权投资	495 733.37	323 476.73
其他债权投资	—	—
其他权益工具投资	180 036.08	247 047.16
长期股权投资	13 559.51	15 036.91
投资性房地产	—	—
固定资产	10 924.83	12 585.84
在建工程	2 454.27	432.28
使用权资产	13 898.77	7 597.25
无形资产	2 244.30	2 788.18
商誉	—	—
递延所得税资产	75 452.87	103 225.87
其他资产	64 052.76	55 140.47
资产总计	1 484 887.98	1 416 361.59
负债和所有者权益（或股东权益）	期初余额	期末余额
负债：	—	—
短期借款	—	—
同业及其他金融机构存放款项	—	—
拆入资金	—	—
交易性金融负债	—	—
衍生金融负债	—	—
卖出回购金融资产款	—	—
应付职工薪酬	1 746.72	1 761.75
应交税费	2 845.12	320.10
应付款项	—	—
合同负债	—	—
持有待售负债	—	—
预计负债	—	—
长期借款	—	—
应付债券	—	—
其中：优先股	—	—
永续债	—	—
租赁负债	14 949.20	9 021.35
递延收益	—	—
递延所得税负债	12 528.94	15 261.29
其他负债	99 030.18	101 417.38
负债合计	131 100.17	127 781.88
所有者权益（或股东权益）：	—	—
实收资本（或股本）	1 022 705.89	1 022 705.89
其他权益工具	—	—
其中：优先股	—	—

续表

资产	期初余额	期末余额
永续债	—	—
资本公积	62 608.95	62 619.54
减：库存股	—	—
其他综合收益	27 173.34	40 556.86
盈余公积	99 377.20	99 377.20
一般风险准备	64 468.81	64 468.81
未分配利润	77 453.63	-1 148.59
所有者权益（或股东权益）合计	1 353 787.82	1 288 579.72
负债和所有者权益（或股东权益）总计	1 484 887.98	1 416 361.59

法定代表人：王峥嵘　　主管会计工作负责人：范劼　　会计机构负责人：胡朋岸

5.1.3 利润表

利润表（合并报表）

编制单位：昆仑信托有限责任公司　　2023年12月31日　　单位：万元

项目	上期金额	本期金额
一、营业总收入	42 920.81	22 179.42
利息净收入	-3 513.94	-2 213.33
其中：利息收入	3 650.08	2 980.22
利息支出	7 164.03	5 193.56
手续费及佣金净收入	49 327.09	35 209.29
其中：手续费及佣金收入	49 327.09	35 209.29
手续费及佣金支出	—	—
投资收益（损失以"-"号列示）	43 540.56	9 061.52
其中：对联营企业和合营企业的投资收益	3 435.40	2 296.04
以摊余成本计量的金融资产终止确认产生的收益（损失以"-"号填列）	—	—
净敞口套期收益（损失以"-"号填列）	—	—
其他收益	39.14	25.63
公允价值变动收益（损失以"-"号列示）	-46 530.61	-19 962.28
汇兑收益（损失以"-"号列示）	—	—
其他业务收入	58.58	58.58
资产处置收益（损失以"-"号列示）	—	—
二、营业总支出	101 406.80	128 069.88
税金及附加	645.36	327.33
业务及管理费	33 523.04	34 599.94
信用减值损失	67 199.27	93 117.01
其他资产减值损失	—	—
其他业务成本	39.14	25.60
三、营业利润（亏损以"-"号列示）	-58 485.99	-105 890.46
加：营业外收入	125.68	7.59
减：营业外支出	12.75	87.25

续表

项目	上期金额	本期金额
四、利润总额（亏损总额以"-"号列示）	-58 373.06	-105 970.13
减：所得税费用	-18 107.87	-27 367.91
五、净利润（净亏损以"-"号列示）	-40 265.18	-78 602.22
（一）持续经营净利润（净亏损以"-"号填列）	-40 373.51	-78 602.22
（二）终止经营净利润（净亏损以"-"号填列）	—	—
六、其他综合收益的税后净额	23 744.35	13 383.53
（一）不能重分类进损益的其他综合收益	23 744.35	12 923.18
1.重新计量设定受益计划变动额	—	—
2.权益法下不能转损益的其他综合收益	—	—
3.其他权益工具投资公允价值变动	23 744.35	12 923.18
4.企业自身信用风险公允价值变动	—	—
（二）将重分类进损益的其他综合收益	—	460.34
1.权益法下可转损益的其他综合收益	—	460.34
2.其他债权投资公允价值变动	—	—
3.金融资产重分类计入其他综合收益的金额	—	—
4.其他债权投资信用损失准备	—	—
5.现金流量套期储备（现金流量套期损益的有效部分）	—	—
6.外币财务报表折算差额	—	—
7.其他	—	—
七、综合收益总额	-16 520.84	-65 218.69
八、每股收益		
（一）基本每股收益（元/股）	—	—
（二）稀释每股收益（元/股）	—	—

法定代表人：王峥嵘　　主管会计工作负责人：范劼　　会计机构负责人：胡朋岸

利润表（单体报表）

编制单位：昆仑信托有限责任公司　　2023年12月31日　　单位：万元

项目	上期金额	本期金额
一、营业总收入	42 338.68	21 258.94
利息净收入	-3 513.94	-2 213.33
其中：利息收入	3 650.08	2 980.22
利息支出	7 164.03	5 193.56
手续费及佣金净收入	51 097.49	37 113.87
其中：手续费及佣金收入	51 097.49	37 113.87
手续费及佣金支出	—	—
投资收益（损失以"-"号列示）	33 135.56	14 373.43
其中：对联营企业和合营企业的投资收益	3 435.40	2 296.04
以摊余成本计量的金融资产终止确认产生的收益（损失以"-"号填列）	—	—
净敞口套期收益（损失以"-"号填列）	—	—

续表

项目	上期金额	本期金额
其他收益	39.14	25.63
公允价值变动收益（损失以"-"号列示）	-38 478.15	-28 099.26
汇兑收益（损失以"-"号列示）	—	—
其他业务收入	58.58	58.58
资产处置收益（损失以"-"号填列）	—	—
二、营业总支出	100 824.67	127 149.40
税金及附加	674.50	298.11
业务及管理费	32 911.77	33 708.68
信用减值损失	67 199.27	93 117.01
其他资产减值损失	—	—
其他业务成本	39.14	25.60
三、营业利润（亏损以"-"号列示）	-58 485.99	-105 890.46
加：营业外收入	125.68	7.59
减：营业外支出	12.75	87.25
四、利润总额（亏损总额以"-"号列示）	-58 373.06	-105 970.13
减：所得税费用	-18 107.87	-27 367.91
五、净利润（净亏损以"-"号列示）	-40 265.18	-78 602.22
（一）持续经营净利润（净亏损以"-"号列示）	-40 265.18	-78 602.22
（二）终止经营净利润（净亏损以"-"号填列）	—	—
六、其他综合收益的税后净额	23 744.35	13 383.53
（一）不能重分类进损益的其他综合收益	23 744.35	12 923.18
1.重新计量设定受益计划变动额	—	—
2.权益法下不能转损益的其他综合收益	—	—
3.其他权益工具投资公允价值变动	23 744.35	12 923.18
4.企业自身信用风险公允价值变动	—	—
（二）将重分类进损益的其他综合收益	—	460.34
1.权益法下可转损益的其他综合收益	—	460.34
2.其他债权投资公允价值变动	—	—
3.金融资产重分类计入其他综合收益的金额	—	—
4.其他债权投资信用损失准备	—	—
5.现金流量套期储备（现金流量套期损益的有效部分）	—	—
6.外币财务报表折算差额	—	—
7.其他	—	—
七、综合收益总额	-16 520.84	-65 218.69
八、每股收益		
（一）基本每股收益（元/股）	—	—
（二）稀释每股收益（元/股）	—	—

法定代表人：王峥嵘　　主管会计工作负责人：范劼　　会计机构负责人：胡朋岸

5.1.4 所有者权益变动表

所有者权益变动表（合并报表）

编制单位：昆仑信托有限责任公司　　　2023年12月31日　　　单位：万元

项目	实收资本（或股本）	其他权益工具			资本公积	减：库存股	其他综合收益	盈余公积	一般风险准备	未分配利润	所有者权益（或股东权益）合计
		优先股	永续债	其他							
一、上年年末余额	1 022 705.89	—	—	—	62 608.95	—	27 173.34	99 377.20	64 468.81	77 453.63	1 353 900.55
加：会计政策变更	—	—	—	—	—	—	—	—	—	—	—
前期差错更正	—	—	—	—	—	—	—	—	—	—	—
其他	—	—	—	—	—	—	—	—	—	—	—
二、本年年初余额	1 022 705.89	—	—	—	62 608.95	—	27 173.34	99 377.20	64 468.81	77 453.63	1 353 900.55
三、本年增减变动金额（减少以"-"号填列）	—	—	—	—	10.59	—	13 383.53	—	—	−78 602.22	−65 214.62
（一）综合收益总额	—	—	—	—	—	—	13 383.53	—	—	−78 602.22	−65 225.21
（二）所有者投入和减少资本	—	—	—	—	10.59	—	—	—	—	—	—
1.所有者投入的普通股	—	—	—	—	—	—	—	—	—	—	—
2.其他权益工具持有者投入资本	—	—	—	—	—	—	—	—	—	—	—
3.股份支付计入所有者权益的金额	—	—	—	—	—	—	—	—	—	—	—
4.其他	—	—	—	—	10.59	—	—	—	—	—	10.59
（三）利润分配	—	—	—	—	—	—	—	—	—	—	—
1.提取盈余公积	—	—	—	—	—	—	—	—	—	—	—
2.提取一般风险准备	—	—	—	—	—	—	—	—	—	—	—
3.对所有者（或股东）的分配	—	—	—	—	—	—	—	—	—	—	—
4.其他	—	—	—	—	—	—	—	—	—	—	—
（四）所有者权益内部结转	—	—	—	—	—	—	—	—	—	—	—
1.资本公积转增资本（或股本）	—	—	—	—	—	—	—	—	—	—	—
2.盈余公积转增资本（或股本）	—	—	—	—	—	—	—	—	—	—	—
3.盈余公积弥补亏损	—	—	—	—	—	—	—	—	—	—	—
4.设定受益计划变动额结转留存收益	—	—	—	—	—	—	—	—	—	—	—
5.其他综合收益结转留存收益	—	—	—	—	—	—	—	—	—	—	—
6.其他	—	—	—	—	—	—	—	—	—	—	—
四、本期期末余额	1 022 705.89	—	—	—	62 619.54	—	40 556.86	99 377.20	64 468.81	−1 148.59	1 288 583.66

法定代表人：王峥嵘　　　主管会计工作负责人：范劼　　　会计机构负责人：胡朋岸

所有者权益变动表（单体报表）

编制单位：昆仑信托有限责任公司　　　2023年12月31日　　　单位：万元

项目	实收资本（或股本）	其他权益工具			资本公积	减：库存股	其他综合收益	盈余公积	一般风险准备	未分配利润	所有者权益（或股东权益）合计
		优先股	永续债	其他							
一、上年年末余额	1 022 705.89	—	—	—	62 608.95	—	27 173.34	99 377.20	64 468.81	77 453.63	1 022 739.00
加：会计政策变更	—	—	—	—	—	—	—	—	—	—	—
前期差错更正	—	—	—	—	—	—	—	—	—	—	—

续表

项目	本期金额										
	实收资本（或股本）	其他权益工具			资本公积	减：库存股	其他综合收益	盈余公积	一般风险准备	未分配利润	所有者权益（或股东权益）合计
		优先股	永续债	其他							
其他	—	—	—	—	—	—	—	—	—	—	—
二、本年年初余额	1 022 705.89	—	—	—	62 608.95	—	27 173.34	99 377.20	64 468.81	77 453.63	1 022 739.00
三、本年增减变动金额（减少以"-"号填列）					10.59		13 383.53			−78 602.22	−6.52
（一）综合收益总额	—	—	—	—	—	—	13 383.53	—	—	−78 602.22	−6.52
（二）所有者投入和减少资本					10.59						
1.所有者投入的普通股	—	—	—	—	—	—	—	—	—	—	—
2.其他权益工具持有者投入资本	—	—	—	—	—	—	—	—	—	—	—
3.股份支付计入所有者权益的金额	—	—	—	—	—	—	—	—	—	—	—
4.其他	—	—	—	—	10.59	—	—	—	—	—	10.59
（三）利润分配											
1.提取盈余公积	—	—	—	—	—	—	—	—	—	—	—
2.提取一般风险准备	—	—	—	—	—	—	—	—	—	—	—
3.对所有者(或股东)的分配	—	—	—	—	—	—	—	—	—	—	—
4.其他	—	—	—	—	—	—	—	—	—	—	—
（四）所有者权益内部结转											
1.资本公积转增资本（或股本）	—	—	—	—	—	—	—	—	—	—	—
2.盈余公积转增资本（或股本）	—	—	—	—	—	—	—	—	—	—	—
3.盈余公积弥补亏损	—	—	—	—	—	—	—	—	—	—	—
4.设定受益计划变动额结转留存收益	—	—	—	—	—	—	—	—	—	—	—
5.其他综合收益结转留存收益	—	—	—	—	—	—	—	—	—	—	—
6.其他	—	—	—	—	—	—	—	—	—	—	—
四、本期期末余额	1 022 705.89	—	—	—	62 619.54	—	40 556.86	99 377.20	64 468.81	−1 148.59	1 022 732.48

法定代表人：王峥嵘　　　　主管会计工作负责人：范劼　　　　会计机构负责人：胡朋岸

5.2 信托资产

5.2.1 信托项目资产负债汇总表

信托项目资产负债汇总表

编制单位：昆仑信托有限责任公司　　2023年度　　单位：万元

项目	期末余额	年初余额
信托资产：		
1.货币资金	267 826.52	644 731.08
2.拆出资金	—	—
3.存出保证金	—	—
4.交易性金融资产	16 114 589.92	6 091 661.00
5.衍生金融资产	—	—
6.买入返售金融资产	42 960.86	74 875.47
其中：6.1买入返售证券	42 960.86	74 875.47
6.2买入返售信贷资产	—	—

续表

项目	期末余额	年初余额
7.应收款项	13 575.11	12 200.53
8.发放贷款	3 775 797.40	4 639 226.27
其中：8.1基础产业	219 286.07	811 850.00
8.2房地产	341 200.49	459 800.00
9.债权投资	4 544 851.57	3 608 029.90
其中：9.1基础产业	231 708.83	1 170 090.00
9.2房地产	173 212.59	215 900.00
10.其他债权投资	188.47	—
11.其他权益工具投资	6 564.30	130 704.30
12.长期应收款	—	—
13.长期股权投资	—	—
其中：13.1基础产业	—	—

续表

项目	期末余额	年初余额
13.2 房地产	—	—
14.投资性房地产	—	—
15.固定资产	—	—
16.无形资产	—	—
17.长期待摊费用	—	—
18.其他资产	—	—
19.信托资产总计	24 766 354.15	15 201 428.55
20.各项资产减值准备	627 167.12	—
信托负债：		
21.交易性金融负债	—	—
22.衍生金融负债	—	—
23.应付受托人报酬	7 387.78	4 127.78
24.应付托管费	76.21	46.44
25.应付受益人收益	2 857.28	1 877.78
26.应交税费	1 082.56	418.66
27.应付销售服务费	—	—
28.其他应付款项	47 292.85	95 778.29
29.其他负债	—	—
30.信托负债合计	58 696.69	102 248.95
信托权益：		
31.实收信托	25 282 724.94	14 893 204.71
31.1 资金信托	10 742 225.60	12 594 343.52
31.1.1 集合	6 476 916.43	6 541 860.35
31.1.2 单一	4 265 309.17	6 052 483.17
31.2 财产信托	14 540 499.34	2 298 861.19
31.2.1 信贷资产证券化	—	—
31.2.2 其他资产(准)证券化	26 978.00	115 847.55
32.其他综合收益	—	—
33.外币报表折算差额	—	—
34.未分配利润	−575 067.48	205 974.89
35.信托权益合计	24 707 657.45	15 099 179.60
36.信托负债和信托权益总计	24 766 354.15	15 201 428.55

法定代表人：王峥嵘　　托管部负责人：潘强　　填表人：邵国忠

5.2.2　信托项目利润及利润分配汇总表

信托项目利润及利润分配汇总表

编制单位：昆仑信托有限责任公司　　2023年度　　单位：万元

项目	本年度累计	上年度累计
1.营业收入	443 351.84	915 759.69
1.1 利息收入	448 089.76	581 255.63
1.2 投资收益(损失以"−"号填列)	24 890.33	364 289.06
1.2.1 其中：对联营企业和合营企业的投资收益	—	—

续表

项目	本年度累计	上年度累计
1.3 公允价值变动收益(损失以"−"号填列)	−29 914.34	−30 506.75
1.4 租赁收入	—	—
1.5 汇兑损益(损失以"−"号填列)	—	—
1.6 其他收入	286.09	721.75
2.支出	374 425.62	104 472.45
2.1 营业税金及附加	1 731.99	2 105.20
2.2 受托人报酬	37 233.52	93 372.12
2.3 托管费	2 148.67	2 710.51
2.4 投资管理费	—	—
2.5 销售服务费	5.36	32.22
2.6 交易费用	—	—
2.7 信用减值损失	329 873.67	—
2.7.1 以摊余成本计量的金融资产减值损失	329 873.67	—
2.7.2 以公允价值计量且其变动计入其他综合收益的的金融资产减值损失	—	—
2.7.3 其他	—	6 252.4
2.8 其他资产减值损失	—	—
2.9 其他费用	3 432.41	—
3.信托净利润(净亏损以"−"号填列)	68 926.21	811 287.24
4.其他综合收益	—	—
5.综合收益	68 926.21	811 287.24
6.加：期初未分配信托利润	−192 963.99	216 429.19
7.可供分配的信托利润	−124 037.78	1 027 716.44
8.减：本期已分配信托利润	451 029.71	821 741.55
9.期末未分配信托利润	−575 067.48	205 974.89

法定代表人：王峥嵘　　托管部负责人：潘强　　填表人：邵国忠

6.会计报表附注

6.1　会计报表编制基准不符合会计核算基本前提的说明

6.1.1　会计报表编制基准不符合会计核算基本前提说明

无。

6.1.2　公司编制合并会计报表说明

截至2023年12月31日，本公司将本公司管理并投资的结构化主体(信托计划)纳入合并财务报表范围。

在编制合并财务报表时，结构化主体与本公司采用的会计政策或会计期间不一致的，按照本公司的会计政策或会计期间对结构化主体财务报表进行必要的调整。

合并范围内的所有重大内部交易、往来余额及未实现利润在合并报表编制时予以抵销。对于本公司以外各方持有的结构化主体份额，本公司将其确认为以公允价值计量且其变动计入当期损益的金融负债或者其他负债。

6.2 或有事项说明

截至本报告报出日，本公司无须披露的或有事项。

6.3 重要资产转让及其出售的说明

截至本报告报出日，本公司无须披露的重要资产转让及其出售。

6.4 会计报表中重要项目的明细资料

6.4.1 固有资产经营情况

6.4.1.1 信用风险资产的期初数、期末数

单位：万元

信用风险资产五级分类	正常类	关注类	次级类	可疑类	损失类
期初数	246 046.16	39 816.50	—	307 574.14	—
期末数	156 158.66	10 883.81	—	192 805.53	55 765.06

6.4.1.2 各项资产减值损失准备的期初、本期计提、本期转回、本期核销、期末数

单位：万元

项目	期初数	本期计提	本期转回	本期核销	期末数
贷款损失准备	75.19	—	75.19	—	—
一般准备	75.19	—	75.19	—	—
专项准备	—	—	—	—	—
其他资产减值准备	—	—	—	—	—
债权投资减值准备	184 052.81	98 205.15	4 194.34	—	278 063.62
长期股权投资减值准备	87.60	—	—	—	87.60
坏账准备	50 548.06	47.55	5 060.50	—	45 535.11
投资性房地产减值准备	—	—	—	—	—

6.4.1.3 固有股票投资、基金投资、债券投资、股权投资等投资业务的期初数、期末数

单位：万元

项目	固有股票	基金	债券	长期股权投资
期初数	112 354.08	131 928.02	—	13 559.51
期末数	91 381.99	81 931.23	—	15 036.91

6.4.1.4 前五名的固有长期股权投资的企业名称、占被投资企业权益的比例及投资收益情况

企业名称	占被投资企业权益的比例（%）	投资收益（万元）
国联产业投资基金管理（北京）有限公司	38.46	723.16
中意资产管理有限责任公司	10	1 572.88

6.4.1.5 前五名的固有贷款的企业名称、占贷款总额的比例和还款情况

无贷款业务。

6.4.1.6 表外业务的期初数、期末数

无表外业务。

6.4.1.7 公司当年收入结构

收入结构	金额（万元）	占比（%）
手续费及佣金收入	35 209.29	128.59
其中：信托手续费收入	35 209.29	128.59
投资银行业务收入	—	—
利息收入	2 980.22	10.88
其他业务收入	84.22	0.31
其中：计入信托业务收入部分	—	—
投资收益	9 061.52	33.09
其中：股权投资收益	8 342.41	30.47
其他投资收益	719.11	2.63
公允价值变动收益	-19 962.28	-72.91
营业外收入	7.59	0.03
收入合计	27 380.56	100

注：手续费及佣金收入、利息收入、其他业务收入、投资收益、营业外收入均应为损益表中的一级科目，其中手续费及佣金收入、利息收入、营业外收入为未抵减掉相应支出的全年累计实现收入数。

6.4.2 信托资产管理情况

6.4.2.1 信托资产的期初数、期末数

单位：万元

信托资产	期初数	期末数
集合	6 748 102.12	5 972 352.16
单一	6 135 548.87	4 267 270.34
财产权	2 317 777.56	14 526 731.65
合计	15 201 428.55	24 766 354.15

6.4.2.1.1 主动管理型信托业务期初数、期末数

单位：万元

主动管理型信托资产	期初数	期末数
证券投资类	710 307.44	915 336.06
股权投资类	1 102 324.83	—
融资类	8 533 024.66	7 241 396.19
事务管理类	5 095.05	—
合计	10 350 751.98	8 156 732.25

6.4.2.1.2 被动管理型信托业务期初数、期末数

单位：万元

被动管理型信托资产	期初数	期末数
证券投资类	—	—
股权投资类	151 387.8	—
融资类	—	—
事务管理类	4 699 167.77	16 609 621.90
合计	4 850 676.57	16 609 621.90

6.4.2.2 本年度已清算结束的信托项目个数、实收信托合计金额、加权平均实际年化收益率

6.4.2.2.1 本年度已清算结束的集合类、单一类资金信托项目和财产管理类信托项目个数、金额、加权平均实际年化收益率

已清算结束信托项目	项目个数（个）	合计金额（万元）	加权平均实际年化收益率（%）
集合类	32	2 939 202.00	4.20
单一类	27	1 911 324.07	5.02
财产管理类	8	1 916 705.66	4.57

注：加权平均实际年化收益率=（信托项目1的实际年化收益率×信托项目1的资产总计+信托项目2的实际年化收益率×信托项目2的资产总计+…+信托项目n的实际年化收益率×信托项目n的资产总计）/（信托项目1的资产总计+信托项目2的资产总计+…+信托项目n的资产总计）×100%。

6.4.2.2.2 本年度已清算结束的主动管理型信托项目个数、合计金额、加权平均实际年化收益率

已清算结束信托项目	项目个数（个）	合计金额（万元）	信托报酬率（%）	加权平均实际年化收益率（%）
证券投资类	—	—	—	—
股权投资类	—	—	—	—
融资类	34	4 272 416.00	0.36	4.67
事务管理类	—	—	—	—

6.4.2.2.3 本年度已清算结束的被动管理型信托项目个数、合计金额、加权平均实际年化收益率

已清算结束信托项目	项目个数（个）	合计金额（万元）	信托报酬率（%）	加权平均实际年化收益率（%）
证券投资类	—	—	—	—
股权投资类	—	—	—	—
融资类	—	—	—	—
事务管理类	33	2 494 815.73	0.10	4.30

6.4.2.3 本年度新增的集合类、单一类和财产管理类信托项目个数、合计金额

新增信托项目	项目个数（个）	合计金额（万元）
集合类	76	920 422.79
单一类	71	108 058.24
财产管理类	65	12 415 225.95
新增合计	212	13 443 706.98
其中：主动管理型	67	915 268.06
被动管理型	145	12 528 438.92

6.4.2.4 本公司履行受托人义务情况及因本公司自身责任而导致的信托资产损失情况

截至2023年12月31日，信托财产损失笔数零，合计金额零。

本公司根据《信托法》《信托公司管理办法》等相关法律法规的规定，在管理或处分信托财产时，履行了恪尽职守，诚实、信用、谨慎、有效管理的义务。具体为：

（1）遵守信托文件的规定，为受益人的最大利益处理信托事务；

（2）将受托人的固有财产与信托财产进行分别管理、分别记账，并将不同委托人的信托财产分别管理、分别记账。

截至2023年12月31日，本公司未发生因自身责任导致信托资产损失的情况。

6.4.2.5 信托赔偿准备金的提取、使用和管理情况

公司按信托法律法规规定，每年按当年净利润的5%计提信托赔偿准备金，当该信托赔偿准备金累计总额达到公司注册资本的20%时，不再提取。

6.5 关联方关系及其交易的披露

6.5.1 关联交易方的数量、关联交易的总金额及关联交易的定价政策

项目	关联交易数量	关联交易金额（万元）	定价政策
合计	9	476 894.92	坚持价格公允原则，由当事人依据市场价格通过合同约定

注：关联交易是指信托公司以自有资产、信托资产为关联方提供投融资等服务，或以担保等方式为关联方融资提供便利的业务。关联交易的统计范围应基本与原银保监会非现场监管信息系统中关于关联交易的范围和口径一致，也可增加为关联方提供咨询等其他非投融资类业务服务的信息。

6.5.2 关联交易方与本公司的关系性质、关联交易方基本信息

关系性质	关联方名称	法定代表人	注册地址	注册资本（万元）	主营业务
受同一大股东控股	昆仑产融股权投资基金（宁波）合伙企业（有限合伙）	国联产业投资基金管理（北京）有限公司（委派代表：胡朋岸）	浙江省宁波市鄞州区首南西路88、76号B幢1层903室	100	股权投资
	宁波融源广瑞投资管理合伙企业（有限合伙）	刘硕	宁波市江东区曙光北路12弄29号342室	1 000 100	投资管理；实业项目投资
	烟台信贞添盈股权投资中心（有限合伙）	陈勇	山东省烟台市经济技术开发区珠江路28号	450 000	金融科技与互联网金融、新经济及先进制造等
	昆仑金融租赁有限责任公司	桂王来	重庆市江北区金港新区34号	796 123	融资租赁业务；转让和受让融资租赁资产；租赁物变卖及处理业务；经济咨询；原银监会批准的其他业务
	宁波昆仑信元股权投资管理合伙企业（有限合伙）	昆仑信托有限责任公司（委派代表：陈勇）	宁波保税区商务大厦505室	1 000	股权投资及相关咨询
	内蒙古基兴泰铁路运输有限责任公司	赵守忠	内蒙古自治区呼和浩特市赛罕区金桥开发区金桥路中油呼炼小区平开10栋	500	铁路货运服务、普通道路货物运输等
	濮阳市盛通聚源新材料有限公司	王息辰	河南省濮阳市范县产业集聚区濮王产业园	137 000	许可项目：危险化学品生产；危险化学品经营；燃气经营（依法须经批准的项目）
	河南中油驰玖供应链管理有限公司	王岚娜	河南自贸试验区郑州片区（经开）第四大街133号蓬勃实业研发生产楼11楼1109室	1 000	一般项目：供应链管理服务；食品销售石油制品销售（不含危险化学品）；润滑油销售；化工产品销售（不含许可类化工产品）
	新疆交投中油能源有限公司	蔡晓玲	新疆乌鲁木齐市沙依巴克区黄河路246号通力大厦1栋4层商铺1	2 300	许可项目：成品油零售；危险化学品经营；燃气汽车加气经营；燃气经营；一般项目：润滑油销售；单用途商业预付卡代理销售；石油制品销售（不含危险化学品）；化工产品销售（不含许可类化工产品）

6.5.3 本公司与关联方的重大交易事项

6.5.3.1 固有财产与关联方交易情况

报告期内，未发生。

6.5.3.2 信托与关联方交易情况

信托与关联方关联交易　　　　　　　　单位：万元

分类	期初数	借方发生额	贷方发生额	期末数
贷款	492 285.83	—	192 000.00	300 285.83
投资	—	176 609.09	—	176 609.09
租赁	—	—	—	—
担保	—	—	—	—
应收账款	—	—	—	—
其他	—	—	—	—
合计	492 285.83	176 609.09	192 000.00	476 894.92

6.5.3.3 固信交易与信信交易情况

6.5.3.3.1 固信交易情况

固有财产与信托财产相互交易　　　　单位：万元

项目	期初数	本期发生额	期末数
合计	662 332.20	216 565.42	878 897.62

6.5.3.3.2 信信交易情况

信托资产与信托财产相互交易　　　　单位：万元

项目	期初数	本期发生额	期末数
合计	1 806 501.54	-160 006.83	1 646 494.71

6.5.4 关联方逾期未偿还本公司资金情况及本公司为关联方担保垫款情况

报告期内，无关联方逾期未偿还情况发生，无为关联方担保垫款情况。

6.6 会计制度的披露

固有业务（自营业务）：本公司执行《企业会计准则》和《金融企业会计制度》及相关规定。

信托业务：本公司执行《企业会计准则》和《金融企业会计制度》及相关规定。

7. 财务情况说明书

7.1 利润实现和分配情况

2023年利润总额−105 970.13万元，同比减少47 597.07万元，下降82%。净利润−78 602.22万元，同比减少38 337.03万元，下降95%。

报告期未分配利润变动情况如下表所示。

单位：万元

项目	金额
本年年初余额	77 453.63
本年增加额	−78 602.22
其中：本年净利润转入	−78 602.22
其他调整因素	—
本年减少额	—
其中：本年提取盈余公积	—
本年提取一般风险准备	—
本年分配现金股利数	—
转增资本	—
其他减少	—
本年年末余额	−1 148.59

7.2 主要财务指标

指标名称	指标值
资本利润率（%）	−5.95
加权年化信托报酬率（%）	0.20
人均净利润（万元）	−279.72

注：1. 资本利润率＝净利润/所有者权益平均余额×100%。
2. 加权年化信托报酬率＝（信托项目1的实际年化信托报酬率×信托项目1的实收信托＋信托项目2的实际年化信托报酬率×信托项目2的实收信托＋…信托项目n的实际年化信托报酬率×信托项目n的实收信托）/（信托项目1的实收信托＋信托项目2的实收信托＋…信托项目n的实收信托）×100%。
3. 人均净利润＝净利润/年平均人数。
4. 平均值采取年初、年末余额简单平均法。

7.3 对本公司财务状况、经营成果有重大影响的其他事项

无。

8. 特别事项揭示

8.1 前五名股东报告期内变动情况及原因

本报告期内股东无变化。

8.2 董事、监事及高级管理人员变动情况及原因

职务	前任	现任	变动原因
董事	王增业、王峥嵘、赵雪松、陈雄、宣力勇、万钧、刘杉、寇日明、崔树霖	王峥嵘、江昱洁、宣力勇、肖文建、陈雄、马向阳、刘杉、寇日明、崔树霖	变更董事三名
监事	朱德操、于丽娜、陈六亿、邹艳飞、李志华	万钧、于丽娜、贺红旭、吴广伟、李志华	变更监事三名
高级管理人员	吴妍、闫志勇、刘刚、矫德峰、周江天、刘坡阳、马向阳	江昱洁、宣力勇、范劼、闫志勇、刘刚、矫德峰、田娜、周江天、刘坡阳、马向阳	工作调整

8.3 公司的重大诉讼事项

序号	被告/被执行人	诉讼基本情况	诉讼（仲裁）进展
1	国厚资产管理股份有限公司、安徽峰置房屋租赁有限公司	因国厚资产管理股份有限公司、安徽峰置房屋租赁有限公司公司发生合同违约情形，昆仑信托有限责任公司向合肥市中级人民法院申请对被执行人强制执行	2023年2月7日，合肥市中级人民法院执行立案，案号[（2023）皖01执127号]
2	贵阳宏益房地产开发有限公司、贵州宏立城房地产开发有限公司	因贵阳宏益房地产开发有限公司、贵州宏立城房地产开发有限公司发生合同违约情形，昆仑信托有限责任公司向贵阳市中级人民法院申请对被执行人强制执行	2023年3月30日，贵阳市中级人民法院执行立案，案号[（2023）黔01执771号一案]
3	远洋控股集团（中国）有限公司	因远洋控股集团（中国）有限公司发生合同违约情形，昆仑信托有限责任公司向北京市朝阳区人民法院申请诉讼	2023年7月19日，北京市朝阳区人民法院诉讼立案，并出具民事裁定书[（2023）京0105民初60990号]
4	湖州万达投资有限公司、大连万达商业管理集团股份有限公司	因湖州万达投资有限公司、大连万达商业管理集团股份有限公司发生合同违约情形，昆仑信托有限责任公司向浙江省湖州市吴兴区人民法院立案申请对被执行人强制执行	已执行结案
5	大连万达集团股份有限公司、湖州万达投资有限公司、大连万达商业管理集团股份有限公司	因大连万达集团股份有限公司、湖州万达投资有限公司、大连万达商业管理集团股份有限公司发生合同违约情形，昆仑信托有限责任公司向浙江省湖州市中级人民法院申请对被执行人强制执行	已执行结案

续表

序号	被告/被执行人	诉讼基本情况	诉讼（仲裁）进展
6	青海鲁丰新型材料有限公司、西宁经济技术开发区投资控股集团有限公司、青海省投资集团有限公司	因青海鲁丰新型材料有限公司、西宁经济技术开发区投资控股集团有限公司、青海省投资集团有限公司发生合同违约情形，昆仑信托有限责任公司向青海省西宁市中级人民法院申请对被执行人强制执行	2023年5月18日，青海省西宁市中级人民法院执行立案，案号［（2023）青01执236号］
7	重庆远洋红星企业发展有限公司、上海洪美置业有限公司、上海星龙房地产开发有限公司、慈溪星凯置业有限公司	因重庆远洋红星企业发展有限公司、上海洪美置业有限公司、上海星龙房地产开发有限公司、慈溪星凯置业有限公司发生合同违约情形，昆仑信托有限责任公司向浙江省慈溪市人民法院申请对被执行人强制执行	2023年11月14日，浙江省慈溪市人民法院执行立案，案号［（2023）浙0282执4492号］

8.4 公司及其董事、监事和高级管理人员受到处罚情况

2023年11月，因标准化监管数据错漏报，标准化监管数据交叉核验不一致，公司受到监管处罚80万元。

8.5 本年度重大事项临时报告情况

《昆仑信托有限责任公司2022年度报告摘要》披露于2023年4月27日《金融时报》信息披露08版、《证券时报》信息披露B6版、《上海证券报》信息披露/12版。

8.6 其他重要信息

8.6.1 净资本管理情况

截至2023年末，本公司各项净资本管理指标均符合原银保监会监管要求。年末净资本余额1 000 477.04万元；各项业务风险资本之和360 444.19万元，其中：固有业务风险资本216 497.36万元，信托业务风险资本143 946.83万元。净资本监管指标如下表所示。

序号	指标名称	指标值	监管要求
1	净资本余额（亿元）	100.05	≥2
2	固有业务风险资本（亿元）	21.65	—
3	信托业务风险资本（亿元）	14.39	—
4	各项业务风险资本之和（亿元）	36.04	—
5	净资本/各项业务风险资本之和（%）	277.57	≥100
6	净资本/净资产（%）	77.64	≥40

8.6.2 社会责任履行情况

昆仑信托着力塑造"诚信稳健、分享共赢、服务社会、造福民生"的企业品格，以实际行动履行国有企业社会责任。

昆仑信托认真贯彻新发展理念和国家监管要求，坚持依法合规经营，服务实体经济，着力在为推动国家高质量发展贡献金融力量。昆仑信托积极推进慈善信托，2023年新增备案慈善信托数量位居全国第二，新增规模位居全国第六，成为宁波慈善联合会和西安慈善会常务理事，与多地政府建立合作机制，设立全国最大的共同富裕慈善信托，服务中石油产业链客户，设立南通市首单慈善信托，联手中石油定点帮扶县——横峰县推出"宝石花开，横峰绽放"乡村振兴慈善信托和港边小学宝石花助学慈善信托。昆仑信托积极参与乡村振兴战略，通过消费帮扶等方式帮助边远乡村；各级党组织、群团组织通过"主题党日""主题团日""志愿服务"等形式积极参与植树造林、无偿献血、环保志愿等社会公益事业。

9. 公司监事会独立意见

9.1 关于公司依法运作情况的意见

报告期内，公司董事会按照股东会的决议要求，公司坚持依法合规经营，不断完善内部控制制度，决策程序符合法律、法规及公司章程的有关规定。董事会、高级管理层成员认真履行职责，未发现有违反法律法规、《公司章程》、股东会决议或损害公司利益、股东利益和信托受益人利益的行为。

9.2 关于公司财务报告的意见

报告期内，公司财务报告按照中国企业会计准则编制。经信永中和会计师事务所（特殊普通合伙）审计的公司财务报表真实、公允地反映了公司的财务状况和经营成果，会计师事务所出具的无保留意见书是客观公正的。

9.3 关于关联交易的意见

报告期内，公司关联交易业务符合商业原则和银保监会监管要求，公司关联交易价格公允、程序合规，未发现有损害股东利益、公司利益和信托受益人利益的情形。

陆家嘴国际信托有限公司

1. 重要提示

1.1 本公司董事会及董事保证本报告所载资料不存在任何虚假记载、误导性陈述或者重大遗漏，并对其内容的真实性、准确性和完整性承担个别及连带责任。

1.2 本公司独立董事宫少林、李颖琦、毕玥声明：保证年度报告内容的真实、准确、完整。

1.3 普华永道中天会计师事务所（特殊普通合伙）根据中国注册会计师审计准则对本公司年度财务报告进行审计，出具了标准无保留意见的审计报告。

1.4 本公司董事长黎作强、总经理王彦声明：保证年度报告中财务报告的真实、完整。

2. 公司概况

2.1 公司简介

2.1.1 公司历史沿革

陆家嘴国际信托有限公司（以下简称陆家嘴信托或公司）是上海陆家嘴金融发展有限公司（以下简称陆金发）控股的信托机构，注册资本为104亿元。公司注册地为青岛，在部分城市设立业务团队。公司前身为2003年10月15日经原中国银监会批准成立的青岛海协信托投资有限公司（以下简称海协信托）。公司经过重组，2011年1月26日，原中国银监会批复同意新疆威仕达实业（集团）股份有限公司、新疆棉花产业（集团）有限责任公司、中铁十八局集团有限公司、安徽丰原集团有限公司四家股东合计持有的海协信托71.606%的股权转让给陆金发；2011年5月5日，经工商变更登记，陆金发成为海协信托股东。2011年9月16日，原中国银监会批复同意山东海川集团控股公司和青岛联宇时装有限公司两家股东合计持有海协信托28.394%的股权转让给青岛国信发展（集团）有限责任公司（以下简称青岛国信）；2011年10月27日，经工商变更登记，青岛国信成为海协信托股东。2012年2月27日，原中国银监会批复同意公司名称变更为陆家嘴国际信托有限公司，同意公司根据《信托公司管理办法》的有关规定开展原中国银监会批准的业务。至此，海协信托重组工作取得重大突破，为公司稳健成长揭开崭新的一页。2012年11月5日，原中国银监会青岛监管局批复同意公司注册资本金由人民币31 500万元变更为106 834.62万元。2014年12月15日，原中国银监会批复同意公司注册资本金增至人民币30亿元，增资后陆金发持股比例为71.606%，青岛国信持股比例为10.112%，青岛国信金融控股有限公司（以下简称国信金控）持股比例为18.282%。2018年6月25日，原中国银监会批复同意公司注册资本金增至人民币40亿元，公司股东出资比例保持不变，2018年7月27日公司完成工商变更登记手续。2020年11月19日，原中国银保监会批复同意公司注册资本金增至人民币48亿元，公司股东出资比例保持不变，2020年12月7日公司完成工商变更登记手续。2021年6月25日，原中国银保监会青岛监管局批复同意公司注册资本金增至人民币57亿元，公司股东出资比例保持不变，2021年6月28日公司完成工商变更登记手续。2021年11月12日，原中国银保监会青岛监管局批复同意公司注册资本金增至人民币90亿元，公司股东出资比例保持不变，2021年12月22日公司完成工商变更登记手续。2022年8月8日，原中国银保监会青岛监管局批复同意公司注册资本金增至人民币104亿元，公司股东出资比例保持不变，2022年8月18日公司完成工商变更登记手续。历次增资有效地增强了公司资本实力。

2.1.2 基本信息

2.1.2.1 公司法定中文名称：陆家嘴国际信托有限公司

中文名称缩写：陆家嘴信托

公司法定英文名称：Lujiazui International Trust Corporation Limited

英文缩写：Lujiazui Trust

2.1.2.2 法定代表人：黎作强

2.1.2.3 注册地址：青岛市崂山区香港东路195号3号楼青岛上实中心12层

邮政编码：266071

公司国际互联网网址：http://www.ljzitc.com.cn

电子信箱：ljzxt@ljzitc.com.cn

2.1.2.4 公司负责信息披露事务的高级管理人员：马家顺

公司信息披露联系人：金舒弘

联系电话：021-50583017

传真：021-50588225

电子信箱：ljzxt@ljzitc.com.cn

2.1.2.5 公司选定的信息披露报纸：《上海证券报》
公司年度报告备置地点：青岛市崂山区香港东路195号3号楼青岛上实中心12层
上海市浦东新区世纪大道1600号29楼

2.1.2.6 公司聘请的会计师事务所（年报审计机构）：普华永道中天会计师事务所（特殊普通合伙）

住所：中国（上海）自由贸易试验区陆家嘴环路1318号星展银行大厦507单元02室

2.1.2.7 公司聘请的律师事务所（常年法律顾问）：上海市锦天城律师事务所
住所：上海市浦东新区银城中路501号上海中心大厦11楼

2.2 组织结构

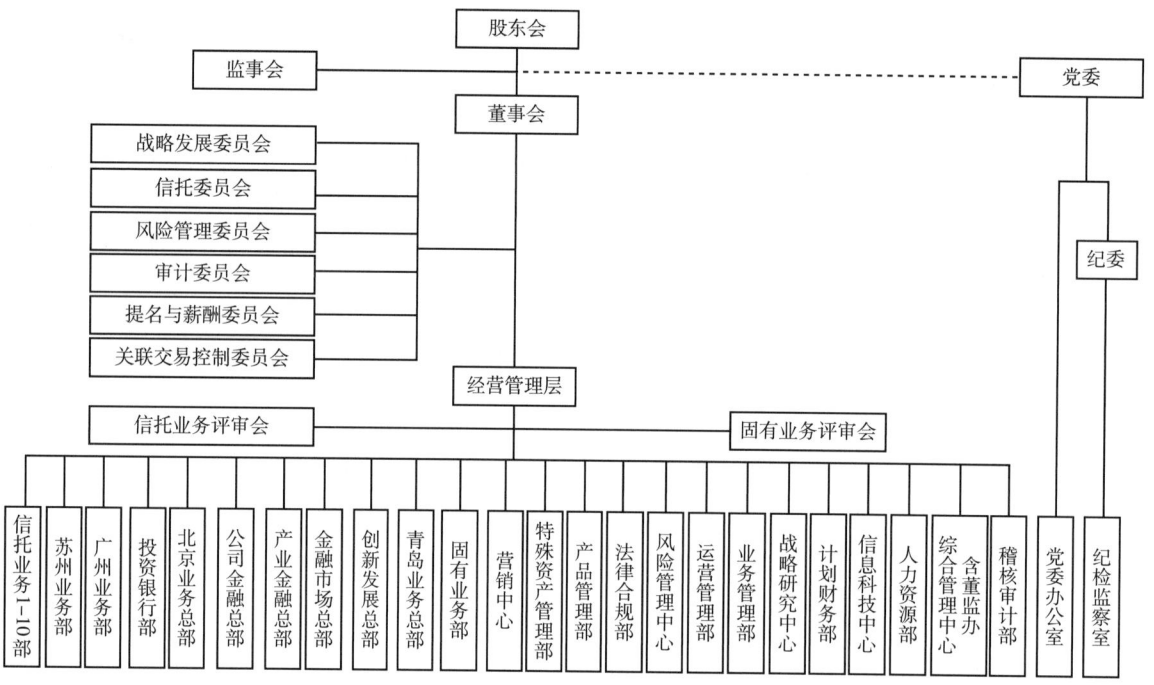

3. 公司治理

3.1 股东

报告期末股东总数为3家。其中，青岛国信金融控股有限公司为青岛国信发展（集团）有限责任公司直接和间接100%持股的子公司。

股东名称	持股比例（%）	法人代表	注册资本（万元）	注册地址	主要经营业务及主要财务情况
上海陆家嘴金融发展有限公司★	71.606	黎作强	800 000	中国（上海）自由贸易试验区世纪大道1600号2901室	金融产业、工业、商业、城市基础设施等项目的投资、管理，投资咨询，企业收购、兼并（依法须经批准的项目，经相关部门批准后方可开展经营活动）。截至2023年底，公司资产总额约为268亿元（未经审计）
青岛国信金融控股有限公司	18.282	刘冰冰	393 686	青岛市崂山区仙霞岭路31号1号楼	金融及金融服务性机构的投资与运营、资产管理与基金管理、股权投资及资本运营、证券及基金投资、投资策划与咨询服务；经政府及有关监管机构批准的其他资产投资与运营（依法须经批准的项目，经相关部门批准后方可开展经营活动）。截至2023年底，公司资产总额约为589.48亿元（未经审计）
青岛国信发展（集团）有限责任公司	10.112	刘鲁强	300 000	青岛市市南区香港西路48号海天中心T1写字楼	城乡重大基础设施项目投资建设与运营；政府重大公益项目的投资建设与运营；经营房产、旅游、土地开发等服务业及经批准的非银行金融服务业；经政府批准的国家法律、法规禁止以外的其他资产投资与运营（依法须经批准的项目，经相关部门批准后方可开展经营活动）。截至2023年底，公司资产总额约为1 160亿元（未经审计）

注：股东名称一栏中★为公司最终实际控制人。

3.2 董事、董事会及其下属委员会

董事长、副董事长、董事

姓名	职务	性别	年龄(岁)	选任日期	所推举的股东名称	该股东持股比例(%)	简要履历
黎作强	董事长	男	57	2021年6月	上海陆家嘴金融发展有限公司	71.606	曾任国泰君安湖北分公司办公室副主任、监事会办公室(纪检监察室)副经理、上海分公司党委书记、总裁办主任。现任上海陆家嘴(集团)有限公司党委委员、副总经理,上海陆家嘴金融贸易区开发股份有限公司董事,上海陆家嘴金融发展有限公司董事长、法定代表人,爱建证券有限责任公司党委书记、董事长,陆家嘴国泰人寿保险有限责任公司董事长、法定代表人,陆家嘴国际信托有限公司董事长、法定代表人
刘冰冰	董事	男	45	2023年3月	青岛国信金融控股有限公司、青岛国信发展(集团)有限责任公司	合计持有28.394	曾任青岛国信发展(集团)有限公司资本运营部部长助理、青岛国信金融控股有限公司党总支书记、副总经理。现任青岛国信金融控股有限公司党委书记、董事长,青岛农村商业银行股份有限公司董事,中路财产保险股份有限公司董事
崔斌	董事	男	50	2021年6月	上海陆家嘴金融发展有限公司	71.606	曾任苏州产权交易所交易部部门负责人;苏州国有资产管理局产权处科员;北京证券投行华东项目经理、苏州营业部投行副总经理;苏州信托有限公司部门经理、总助、副总经理、总裁;合景泰富地产有限公司苏州公司总经理;苏州柯利达集团副总裁;陆家嘴国际信托有限公司副总经理;紫金信托有限责任公司总裁、党总支书记;上海陆家嘴金融发展公司党委委员、副总经理。现任上海陆家嘴金融贸易区开发股份有限公司党委委员、陆家嘴国际信托有限公司党委书记、董事,兼任爱建证券有限责任公司董事
欧阳东楷	董事	女	38	2021年8月	上海陆家嘴金融发展有限公司	71.606	曾任上海久信会计师事务所有限公司项目助理、项目经理,中瑞岳华会计师事务所(特殊普通合伙)上海分所项目经理、高级项目经理;上海市浦东新区审计管理与信息中心助理审计师、审计师十级、副科。现任上海陆家嘴金融贸易区开发股份有限公司金融投资管理部副总经理(主持工作)

独立董事

姓名	所在单位及职务	性别	年龄(岁)	选任日期	所推举的股东名称	该股东持股比例(%)	简要履历
宫少林	已退休	男	68	2021年6月	—	—	曾任中国人民银行办公厅秘书、计划资金司处长,中国人民银行深圳经济特区分行副行长,国家外汇管理局深圳分局副局长,招商银行副行长。招商局集团有限公司前董事,招商证券股份有限公司前董事长,西南财经大学经济学博士,英国剑桥大学嘉治商学院院士。中国人民银行总行研究生部、西南财经大学兼职教授
李颖琦	上海国家会计学院教授、博士生导师	女	47	2021年6月	—	—	曾任上海立信会计学院会计学助教,澳大利亚Charles Sturt University访问学者,上海立信会计学院会计学讲师、副教授、教授,上海立信会计金融学院会计学教授。现任上海国家会计学院会计学教授、博导,兼上海财经大学博导
毕玥	上海日盈律师事务所合伙人	女	40	2021年6月	—	—	曾任上海秋实律师事务所律师、合伙人。现任上海日盈律师事务所合伙人、主任

董事会下属委员会

董事会下属委员会名称	职责	组成人员姓名	职务
战略发展委员会	对公司中长期发展战略规划和发展方针进行研究并提出建议;对公司章程规定的须经董事会批准的重大事项进行研究并提出建议;对其他影响公司发展的重大事项进行研究并提出建议;对以上事项的实施进行跟踪检查;董事会授权的其他事宜	黎作强	主任委员
		刘冰冰	委员
		崔斌	委员
信托委员会	组织制订公司信托业务发展规划;对公司信托业务运行情况进行定期评价;就银监会及其派出机构对公司信托业务的检查决定或意见,提出具体整改措施;指导公司开展信托业务创新;当公司或股东利益与受益人利益发生冲突时,提出维护受益人权益的具体措施;审查公司是否存在侵占受益人利益,获取不当信托报酬的行为;监督信托业务的信息披露情况;董事会授予的其他职责	毕玥	主任委员
		刘冰冰	委员
		崔斌	委员
审计委员会	监督公司内部审计制度及其实施;负责内部审计与外部审计之间的沟通;审核公司的财务信息及其披露;提议聘请或更换外部审计机构;董事会授予的其他职责	李颖琦	主任委员
		宫少林	委员
		毕玥	委员

续表

董事会下属委员会名称	职责	组成人员姓名	职务
风险管理委员会	向董事会提交公司全面风险管理年度报告；确定公司风险管理的总体目标、风险偏好、风险承受度、风险管理策略和重大风险管理解决方案；提出完善公司风险管理和内部控制的建议；对公司信托业务和固有业务的风险控制及管理情况进行监督；对公司固有财产和信托财产的风险管理状况进行定期评价；对公司关联交易业务风险进行评估，对重大关联交易事项进行审查并提交董事会审议；董事会授予的其他职责	宫少林	主任委员
		崔斌	委员
		欧阳东楷	委员
		李颖琦	委员
提名与薪酬委员会	根据公司经营发展战略、资产规模和业务结构等，对董事会的规模和结构向董事会提出建议；拟定公司董事和高级管理人员的选任程序和标准，对董事和高级管理人员的任职资格和条件进行初步审核，并向董事会提出建议；拟定公司董事和高级管理人员的考核标准，据此进行考核并提出建议；拟定公司董事和高级管理人员的具体薪酬和激励方案，向董事会提出薪酬方案的建议，并监督实施；董事会授权的其他事宜	李颖琦	主任委员
		黎作强	委员
		毕玥	委员
关联交易控制委员会	向董事会提交公司关联交易管理审计报告；提出完善公司关联交易管理和关联交易风险控制的建议；对公司关联交易业务风险进行评估，对重大关联交易事项进行审查和批准；董事会授予的其他职责	毕玥	主任委员
		宫少林	委员
		李颖琦	委员

3.3 监事、监事会及其下属委员会

监事会成员

姓名	职务	性别	年龄（岁）	选任日期	所推举的股东名称	该股东持股比例（%）	简要履历
王韬	监事会主席	女	45	2022年12月	上海陆家嘴金融发展有限公司	71.606	曾任浦东新区人民法院团委书记、政治部组织宣传科副科长、主任助理；浦东新区团委工作部副部长、基层工作部副部长；浦东新区司法局法律援助指导处副处长、政治部（纪检监察室）副主任；浦东新区六灶镇党委副书记、监察室主任、党群工作办公室主任；浦东新区川沙新镇党委副书记、纪委书记；浦东新区团委副书记；浦东新区区政府办公室副主任。现任上海陆家嘴（集团）有限公司党委副书记
李旻坤	监事	女	50	2021年6月	上海陆家嘴金融发展有限公司	71.606	曾任上海浦东商业建设联合发展公司财务，上海大隆会计师事务所职员，浦东新区审计事务中心审计主管，浦东新区审计局综合经济审计处副处长、经济责任审计处（内部审计工作指导处）副处长、综合经济审计副处长（主持工作），上海陆家嘴金融发展有限公司党委副书记。现任上海陆家嘴（集团）有限公司党委委员、副总经理、财务副总监
李岩梅	监事	女	36	2021年6月	青岛国信金融控股有限公司、青岛国信发展（集团）有限责任公司	28.394（合计持有）	曾任青岛国信发展（集团）有限责任公司财务资金部员工。现任青岛国信发展（集团）有限责任公司财务资金部副部长
侯惠珠	监事	女	40	2023年11月	职工代表	—	曾任曾任上海文化广播影视集团技术运营中心办公室宣教主管、集团团委副书记，上海聚音信息科技有限公司线上运营高级经理，小姐姐文化发展（上海）有限公司媒介总监，上海浦东新区嘉优公益发展中心总干事，陆家嘴金融贸易区开发股份有限公司党委办公室高级经理（部门助理级）、办公室高级经理（部门助理级）、办公室副主任。现任陆家嘴国际信托有限公司人力资源总监兼人力资源部总经理及党委办公室（党群工作部）主任
章惠	监事	女	44	2021年6月	职工代表	—	曾任安徽省黄山市工商银行柜面会计、科员，上海子能高科股份有限公司法务、董事长秘书，中泰信托有限责任公司运营中心高级经理、稽核审计部总经理。现任陆家嘴国际信托有限公司稽核审计部总经理兼纪检监察室主任、工会经审主任

注：本报告期内，公司监事会未设下属委员会。

3.4 高级管理人员

高级管理人员

姓名	职务	性别	年龄（岁）	选任日期	金融从业年限（年）	学历	专业	简要履历
王彦	总经理	男	53	2023年10月	32	本科	计算机	曾任江苏省南通信托投资公司团总支书记、基金经理、基金管理部总经理；天安财产保险股份有限公司资产管理总部总经理；长江养老保险公司中南总经理、陆家嘴国际信托有限公司固有业务管理部总经理、陆家嘴国泰人寿保险有限责任公司副总经理、副总经理兼首席投资官、执行董事、党总支副书记、工会副主席；陆家嘴国际信托有限公司副总经理。现任陆家嘴国际信托有限公司党委副书记、总经理

续表

姓名	职务	性别	年龄（岁）	选任日期	金融从业年限（年）	学历	专业	简要履历
马家顺	董事会秘书	男	55	2018年7月	15	博士	经济学	曾任郑州华达软件科技公司软件开发部程序员、副经理；郑州证券（后更名为黄河证券）信息技术中心副总经理、资产管理部总经理、总工程师；黄河证券（后更名为民生证券）总裁助理（兼研究所所长）、副总裁；上海浦东发展（集团）有限公司投资部副总经理、房产部副总经理；上海浦东发展置业有限公司党委委员、副总经理；上海南汇建设投资有限公司执行董事、总经理；上海浦东路桥建设股份有限公司党委委员、副总经理、董事会秘书；陆家嘴国际信托有限公司副总经理、陆家嘴国际信托有限公司党委副书记、纪委书记、董事会秘书、工会主席。现任陆家嘴国际信托有限公司党委副书记、董事会秘书、工会主席
倪智勇	财务总监	男	54	2021年2月	5	硕士	工商管理	曾任上海陆家嘴金融贸易区开发股份有限公司计划财务部副总经理、财务部副总经理（主持工作）、上海陆家嘴（集团）有限公司审计室副主任、审计室副主任（主持工作）、审计与风险控制部副总经理（主持工作）、审计与风险控制部总经理、上海陆家嘴金融贸易区开发股份有限公司财务部总经理、审计室主任。现任陆家嘴国际信托有限公司财务总监（副总经理级）
许丹健	副总经理	男	46	2017年4月	22	硕士	工商管理	曾任中国银行上海市分行浦东开发区支行客户经理、业务部主任、中国银行上海市分行张江支行行长；陆家嘴国际信托有限公司信托业务九部经理、公司总经理助理。现任陆家嘴国际信托有限公司党委委员、副总经理
王斐	总经理助理	女	38	2021年2月	16	本科	管理学	曾任海康人寿保险有限公司、恒安标准人寿保险有限公司职员；紫金信托有限责任公司人力资源部总经理、党总支委员、陆家嘴国际信托有限公司人力资源总监兼人力资源部总经理。现任陆家嘴国际信托有限公司党委委员、总经理助理
孙阳	总经理助理	男	43	2021年2月	12	博士	经济学	曾任汇丰银行（中国）有限公司职员；陆家嘴国际信托有限公司风控部主管、总经理助理；上海陆投资产管理有限公司风控总监、陆家嘴国际信托有限公司风控部副总经理（主持工作）、风险管理中心副总经理（主持工作）兼政策研发部总经理、风险管理中心兼政策研发部总经理。现任陆家嘴国际信托有限公司党委委员、总经理助理

3.5 公司党委委员

党委委员

姓名	职务	性别	年龄（岁）	选任日期	简要履历
崔斌	党委书记	男	50	2023年7月	曾任苏州产权交易所交易部门部门负责人；苏州国有资产管理局产权处科员；北京证券投行华东部项目经理、苏州营业部投行部副经理；苏州信托有限公司部门经理、总助、副总经理、总裁；合景泰富地产有限公司苏州副总裁；苏州柯利达集团副总裁；陆家嘴国际信托有限公司副总经理、紫金信托有限责任公司总裁、党总支书记；上海陆家嘴金融发展有限公司党委委员、副总经理。现任上海陆家嘴金融贸易区开发股份有限公司党委委员、陆家嘴国际信托有限公司党委书记、董事，兼任爱建证券有限责任公司董事
王彦	党委副书记	男	53	2023年7月	曾任江苏省南通信托投资公司团总支书记、基金经理、基金管理部总经理；天安财产保险股份有限公司资产管理总部总经理；长江养老保险公司中南区总经理；陆家嘴国际信托有限公司固有业务管理部总经理、陆家国泰人寿保险有限责任公司副总经理、副总经理兼首席投资官、执行董事、党总支书记、工会副主席；陆家嘴国际信托有限公司副总经理。现任陆家嘴国际信托有限公司党委副书记、总经理
马家顺	党委副书记	男	55	2021年4月	曾任郑州华达软件科技公司软件开发部程序员、副经理；郑州证券（后更名为黄河证券）信息技术中心副总经理、资产管理部总经理、总工程师；黄河证券（后更名为民生证券）总裁助理（兼研究所所长）、副总裁；上海浦东发展（集团）有限公司投资部副总经理、房产部副总经理；上海浦东发展置业有限公司党委委员、副总经理；上海南汇建设投资有限公司执行董事、总经理；上海浦东路桥建设股份有限公司党委委员、副总经理、董事会秘书；陆家嘴国际信托有限公司副总经理、陆家嘴国际信托有限公司党委副书记、纪委书记、董事会秘书、工会主席。现任陆家嘴国际信托有限公司党委副书记、董事会秘书、工会主席
许丹健	党委委员	男	46	2018年7月	曾任中国银行上海市分行浦东开发区支行客户经理、业务部主任、中国银行上海市分行张江支行行长；陆家嘴国际信托有限公司信托业务九部总经理、公司总经理助理。现任陆家嘴国际信托有限公司党委委员、副总经理
刘璇	党委委员、纪委书记	男	39	2023年8月	曾任上海市财政局第二监督处、上海市国家税务局第二稽查局、上海市地方税务局第二稽查局科员；中共上海市纪律检查委员会、上海市监察局科员、副主任科员、主任科员；陆家嘴国际信托有限公司综合管理部副总经理（部门正职级）、综合管理部总经理（主持工作、部门正职级）、综合管理中心总经理兼党委办公室（党群工作部）负责人、综合管理中心总经理兼党委办公室（党群工作部）负责人、业务总监、战略业务总监、纪委书记（副总级）。现任陆家嘴国际信托有限公司党委委员、纪委书记（副总级）
王斐	党委委员	女	38	2021年7月	曾任海康人寿保险有限公司、恒安标准人寿保险有限公司职员；紫金信托有限责任公司人力资源部总经理、党总支委员；陆家嘴国际信托有限公司人力资源总监兼人力资源部总经理。现任陆家嘴国际信托有限公司党委委员、总经理助理
孙阳	党委委员	男	43	2021年7月	曾任汇丰银行（中国）有限公司职员；陆家嘴国际信托有限公司风控部主管、总经理助理；上海陆投资产管理有限公司风控总监、陆家嘴国际信托有限公司风控部副总经理（主持工作）、风险管理中心副总经理（主持工作）兼政策研发部总经理、风险管理中心兼政策研发部总经理。现任陆家嘴国际信托有限公司党委委员、总经理助理

3.6 公司员工

项目		报告期年度		上年度	
		人数（人）	比例（%）	人数（人）	比例（%）
年龄分布	25岁以下	2	0.52	2	0.50
	25~29岁	16	4.20	27	6.80
	30~39岁	237	62.20	264	66.50
	40岁及以上	126	33.07	104	26.20
学历分布	博士	9	2.36	6	1.51
	硕士	201	52.76	195	49.12
	本科	167	43.83	189	47.61
	专科	2	0.52	5	1.26
	其他	2	0.52	2	0.50
岗位分布	董事、监事及其高管人员	10	2.62	9	2.27
	自营业务人员	16	4.20	6	1.51
	信托业务人员	92	24.15	113	28.46
	其他人员	263	69.03	269	67.76

注：自营业务人员是指按照岗位分工，专门或至少主要从事固有资金使用和固有资产管理有关业务的职工；信托业务人员是指按照岗位分工，专门或主要从事信托资金使用和信托资产管理各项业务的职工；对于人力资源部等类似无法明确区分的综合部门归为其他人员。

4. 经营管理

4.1 经营目标、方针、战略规划

4.1.1 经营目标

公司坚持金融报国，助力实业兴国，形成"资产管理、资产服务、财富管理"三足鼎立。

4.1.2 经营方针

战略定位：公司根据浦东新区"十四五"规划，围绕"一体两翼一助力"战略布局，做国家战略践行者表率、综合金融增长极标杆、资产管理受托人先锋。

战略愿景：公司致力于成为服务国家战略、引领行业转型、引导金融创新的一流信托公司。

4.1.3 战略规划

公司积极实施"四化"战略，重点从"特色化、多元化、专业化、品牌化"四个维度打造核心竞争力。

特色化：拥抱股东，嫁接股东优秀能力、优质资产、优势产业，深化产金融合；深耕区域，拓展以上海为中心的长三角一体化和以青岛为中心的环渤海都市经济圈区域优势，深化"三本策略"；特质培育，与优质战略客户形成"总对总"合作生态圈，形成以城市功能开发为特色的核心竞争力。

多元化：构建"基石业务+核心业务+精品业务"梯度，实现"非标转标、由融转投，通道转服务"三大转变，打造"创收+创新"的双创体系。以信托业务分类新规为导向，推动传统业务转型升级，做大做强固收类资产管理信托，形成稳定营收来源，打造支撑型基石业务；增强固有业务投研能力，做精做深权益类资产管理信托，形成核心竞争力，打造关键型核心业务；提升财富管理、资产证券化、风险处置等资产服务信托品质，深耕信托本源，打造创新型精品业务。

专业化：公司专业化发展旨在将资源与能力聚焦于核心业务，通过专注于核心能力培养来带动核心竞争力增长，以更高的效率、更好的效果建立更强的竞争优势。从经营策略确定核心能力，重点提升投资管理能力（资管）、财富管理能力（资金）、风险经营能力、金融科技能力四项核心能力。

品牌化：建立在统一公司品牌下的产品品牌、服务品牌、文化品牌，打造"诚信陆信托、品质陆信托、数字陆信托、文化陆信托"四位一体的品牌形象。

4.2 所经营业务的主要内容

公司主要业务分为信托业务和自营业务。

4.2.1 信托业务

信托业务：从委托人数量看，包括单一信托和集合信托；从委托人交付信托财产的性质看，包括资金信托和财产权信托；从信托财产运用方式看，包括融资类信托、证券投资类信托、股权投资类信托、其他投资类信托和事务管理类信托等。

信托资产运用与分布表

资产运用	金额（万元）	占比（%）	资产分布	金额（万元）	占比（%）
货币资产	246 914.47	2.95	基础产业	2 824 441.89	33.72
交易性金融资产	4 302 990.92	51.37	房地产	1 022 713.45	12.21
买入返售金融资产	215 870.42	2.58	证券市场	2 480 535.45	29.61
发放贷款和垫款	1 255 870.81	14.99	工商企业	449 490.74	5.37

续表

资产运用	金额（万元）	占比（%）	资产分布	金额（万元）	占比（%）
债权投资	2 329 481.97	27.81	金融机构	—	—
长期股权投资	—	—	其他	1 598 985.14	19.09
其他	25 038.08	0.30			
信托资产总计	8 376 166.67	100.00	信托资产总计	8 376 166.67	100.00
注："其他"主要包括应收清算款、应收利息、应收股利、和其他应收款			注："其他"主要包括投向信托计划、证券理财、银行理财等金融产品		

4.2.2 自营业务

本报告期内公司自营业务主要开展金融产品投资业务。

自营资产运用与分布表

资产运用	金额（万元）	占比（%）	资产分布	金额（万元）	占比（%）
货币资产	65 098	4.22	基础产业	472 281	30.59
贷款及应收款	509 230	32.98	房地产业	27 767	1.80
交易性金融资产	762 877	49.41	证券市场	236 113	15.29
长期股权投资	—	—	实业	—	—
其他	206 739	13.39	金融机构	65 097	4.22
			其他	742 686	48.10
资产总计	1 543 944	100.00	资产总计	1 543 944	100.00

4.3 市场分析

2023年，我国经济逐步从疫情期间的非常态化向常态化运行转变，各类指标持续恢复，消费和服务业成为拉动经济复苏的重要支撑。新产业新动能领域继续加快成长，新能源、信息技术等领域生产投资较快增长。同时，我国经济也面临需求不足等问题，外需减弱，房地产市场持续调整，部分行业企业生产经营面临诸多困难，个别领域风险隐患突出。全年GDP实现126万亿元，同比增长5.2%。

展望2024年，随着稳增长政策持续推进，国内需求将持续改善，经济将向潜在增速水平回归。一方面，消费有望进一步恢复，继续发挥经济增长"压舱石"作用。基建和制造业投资有望加快，房地产投资降幅将小幅收窄。另一方面，工业生产有望持续向好，服务业将继续维持高景气，物价温和回升将为居民消费、企业经营和宏观政策提供稳定环境。

4.3.1 影响业务发展不利因素

一是行业风险不断显现。在经济增速放缓、产业结构深度调整的背景下，信托行业也出现了风险集中暴露的现象。目前重点领域风险防范形势仍然复杂严峻，房地产市场风险溢出效应凸显，外部因素波动对行业扰动依旧存在，防范化解金融风险仍是当前金融工作重中之重。

二是信托业转型升级压力加大。随着信托业务分类新规正式发布，传统业务发展空间受限，业务规模持续下滑；创新业务盈利能力不强，短期难以形成业绩支撑，收入增长引擎尚未启动。信托业务转型面临前期资源投入大、配套制度尚不健全等挑战。

三是资管混业竞争加剧。与券商、公募、保险资管等机构相比，信托标品业务主动投资能力圈相对狭窄，需要围绕固收、权益等主流产品进一步完善投研体系和人才队伍，建立从客户需求、产品体系、投研平台，到嵌入式风控、专业渠道机构销售的体系化投研体系，提升标品业务主动管理水平。

4.3.2 影响业务发展有利因素

一是股东单位支持力度加大。公司股东陆家嘴集团和青岛国信集团是浦东新区和青岛国资体系中实力雄厚的核心企业。近年来股东在资本、资金、资产、资源等方面都给予公司大力支持，在现金管理、资产配置、资产证券化、战略客户维护等方面的业务协同取得进展，为公司深耕上海、青岛双主场提供了有力保障。

二是资本市场发展前景广阔。在国家"十四五"规划和"2035远景目标"中，明确提出"全面实行股票发行注册制，建立常态化退市机制，提高直接融资比重。"资本市场投资机遇显现，投资者对于证券投资信托的需求也有所增加。信托公司正进一步加快非标转标战略转型，加强证券投资业务布局。

三是监管措施不断健全，转型方向更加清晰。2023年3月信托业务"三分类"通知下发，信托业务的边界与服务内涵进一步厘清，资产服务、资产管理、公益慈善等各类信托业务功能更加明确，信托行业的制度优势与发展潜力充分释放，高质量发展道路更加清晰。

4.4 内部控制

4.4.1 内部控制环境和内部控制文化

公司构建由股东会、董事会、监事会和高级管理层构成的现代公司治理机制，三会分设，形成有效制约、协调发展。公司各治理主体职责明确，严格按照法律法规、公司章程及相关制度的规定，相对独立地开展工作，充分发挥有效的制衡作用。

公司以建立良好的公司治理为目标，以树立合法合规经营的理念和风险控制优先的意识为前提，形成业务不断发展和风险有效控制的运行机制。公司高度重视内部控制文化建设，大力培育全面风险管理理念，通过各类培训、研讨活动等形式，提升员工的法治观念、诚信观念和道德水准，提高风险管理的自觉性。

4.4.2 内部控制措施

公司按照现代企业制度的要求，遵循全覆盖、制衡性、审慎性、相匹配的原则和决策、执行、交流、监督、反馈的内控制度程序，采取六个方面的措施来加强公司的内控制度建设。

4.4.2.1 组织结构内部控制

公司依据业务系统、决策系统、执行系统、监督系统相互制衡的原则，建立科学的、相互制约的前中后台组织机构设置。公司各职能部门按照职责分工履行各自的管理职责并实现经营目标。公司采取自营业务和信托业务相分离的机构安排，构建权责清晰、目标明确、相互制衡、协调统一的组织机构设置。主要包括：

股东层面：股东会审议批准董事会制定的各项政策与经营计划。董事会负责审议公司的整体经营战略和重大政策；批准公司基本管理制度；任命高级管理层；董事会对管理层、审计机构、监管机构的内部控制评估报告进行审查，并监督管理层落实整改措施。

经营层面：高管层负责实施经董事会批准的内部控制的总体政策及策略，并通过制定相应的内部管理制度和业务管理制度来具体执行；采取固有财产与信托财产隔离、前中后台职责分离的管理理念，通过部门设置的不断完善，公司形成了相互制衡的控制体系，有效降低了经营风险。

监督层面：监事会负责检查公司整体运营情况和风险管理情况，对董事、高级管理人员执行公司职务的行为进行监督，对违反法律、行政法规、监管部门的相关规定、公司章程或者股东会决议的董事、高级管理人员提出罢免的建议，当董事、高级管理人员的行为损害公司的利益时，要求其予以纠正，检查公司财务等。董事会下设信托委员会、风险管理委员会、审计委员会、提名与薪酬委员会、战略发展委员会、关联交易控制委员会并分别履行职能。

4.4.2.2 授权内部控制

公司建立统一、完善的授权体系，形成层级分明、权限清晰的授权理念。同时，公司建立以基本授权和特别授权为内容的授权管理制度，明确各部门、各岗位的管理及业务操作、审批权限，并将权限管理与业务系统、审批程序相结合，保证各级管理人员和操作人员在各自授权范围内行使职权并承担责任。公司各项投资决策按规定程序办理，并保留相应记录，严控各种违反授权行为的发生。

4.4.2.3 业务内部控制

公司在业务管理上，除了制定较为完善的业务管理制度、业务操作流程外，还注重资产的合理配置，以防范资产过度集中于高风险领域，保障资产安全性。同时，公司着力做好固有和信托业务的内部防火墙工作，具体包括：公司的自营业务和信托业务相互分离，分别由不同的业务部门管理；公司固有财产和信托财产分开管理、分别核算，并由不同的会计人员负责；自营业务和信托业务做到信息隔离，各业务信息相互独立，业务人员做到对工作中知悉的未公开的业务信息保密。公司组建了流程优化小组，系统地对流程管理工作进行规划，并分阶段对信托业务、固有业务和管理流程进行优化。

4.4.2.4 关联交易内部控制

为加强关联交易决策和监督的控制，防范关联交易所导致的风险，公司设立关联交易控制委员会，制定关联交易管理制度，包括但不限于关联方的范围、关联交易的范围、公允价格的确定、关联交易控制委员会或者经营决策机构对关联交易的监督管理、重大关联交易识别等。公司做好日常对关联方的信息收集与管理工作、内部审计监督、信息披露等内容。关联交易按照国家法律法规的规定和监管机构的要求，做到事前审核、事后报告和充分信息披露。

4.4.2.5 突发事件处理机制

为防范和化解经营风险，维护公司在应对突发事件过程中的正常秩序，公司制定《突发事件应急预案管理办法》，建立突发事件处理机制。公司风险突发事件应急领导小组是公司应对风险突发事件的决策机构和组织实施机构，也是负责联络政府、金融监管部门和股东处置突发事件的协调机构。发生突发事件后，应急小组应根据突发风险事件性质及事态严重程度，及时组织召开会议，决定启动应急预案，同时针对不同突发风险事件，成立相关的处置工作小组。

4.4.2.6 制度内部控制

公司本着规范管理、防范风险的原则，不断加强内控制度的建设和完善。公司通过制定基本管理制度、具体管理制度、部门管理制度，建立层次分明、权责清晰、管控合理的规章制度体系。随着公司的发展，公司不断建立、健全各级管理制度，以加强内部控制，降低各类风险事件的发生；内部管理制度所涉及的范围包括但不限于：战略管理、业务管理、营销管理、消费者权益保护、产品管理、风险管理、法律合规、信息管理、财务管理、人力资源、综合管理、内部控制、稽核审计等。

4.4.3 信息交流与反馈

公司的相关业务流程中设有信息反馈环节，确保公司各项管理信息在部门之间、部门内部能进行及时的传递和正确的处理。公司建立信息科技中心，配备专职信息技术人员，按照要求加强公司信息系统的建设。

公司建立了有效的信息交流和反馈机制，确保股东会、董事会、监事会、高级管理层及时了解本行业的经营和风险状况，确保信息能够传递给相关的人员，各个部门和人员的有关信息能够顺畅反馈。

公司建立了完善的内部管理信息系统，为内部控制的设计、执行和反馈提供信息保障，建立与各部门定期沟通机制，及时、真实、完整地传导和交流信息，并做到及时反馈信息。

公司及时、准确地向监管部门报送监管所需要的各种数据和资料，并将监管部门的意见及时、准确地传达给公司相关人员。

公司通过公司网站、报纸等平台，向社会公众准确、及时地披露公司有关信息，充分发挥社会公众对公司内控制度的监督作用。

4.4.4 监督评价与纠正

公司建立内部控制监督的报告和信息反馈制度，内部审计部门、内控管理职能部门、业务部门人员应将发现的内部控制缺陷，按照规定报告路线及时报告董事会、监事会、高级管理层或相关部门。公司根据监管机构检查结果和所提的改进意见，明确整改措施，并督促相关部门落实。

公司设立稽核审计部门，负责内部控制的监督评价，发现内部控制的隐患和缺陷时，及时报告与纠正；对内部控制的制度建设和执行情况定期进行检查评价，并根据检查结果提出内部控制缺陷及改进建议。公司定期聘请第三方机构对内部控制进行评价与审计，并根据审计结果进行持续改进和完善。

公司设立监事会，负责监督公司整体运营情况和风险管理情况，并进行评价。

4.5 风险管理

4.5.1 风险管理概况

公司重视风险管理，通过建立健全各项规章制度，制定清晰的岗位职责，设置专职的风险管理部门，将现代风险管理技术与传统风险管理方法相结合，对可能产生的风险及时作出反应。公司建立以事前防范为主、事中控制及事后监督并举的全面风险管理体系，切实开展各项工作，及时防范、化解风险，保障公司持续、稳健、规范、健康地运行。

4.5.1.1 公司经营活动中可能遇到的风险

公司经营活动中可能遇到的风险主要有：信用风险、市场风险、操作风险、法律风险、政策风险、声誉风险。

4.5.1.2 公司风险管理的基本原则与政策

公司风险管理遵循全面性、重要性、制衡性、适应性、审慎性、独立性、成本效益及防火墙原则，风险管理贯穿整个公司，是全员参与的全过程管理，覆盖到公司各个部门、各级人员及各项业务，并渗透到分析、决策、执行、监督、评价等各个环节。

4.5.1.3 公司风险管理组织结构与职责划分

公司构建以董事会为核心的覆盖全公司的矩阵式风险管理组织结构，主要包括以下几项核心要素：

董事会：负责审批公司风险管理战略，审定公司总体风险水平，监控和评价风险管理的有效性和公司管理层在风险管理方面的履职情况；董事会及董事会各委员会通过各项管理政策的逐级下达，实现对公司经营风险的前端控制和纵向风险信息的传递。

高级管理层：公司设立总经理办公会、固有业务评审会、固有投资决策委员会、信托业务评审会，分别负责高级管理层权限内的公司日常管理事务、固有业务、信托业务的审议和决策。

风险管理中心：负责建立健全公司风险管理体系；负责制定风险管理相关制度；负责公司各类业务风险的

日常管理，对公司业务开展中的各类风险实施事前评估、项目的存续期间管理，化解和降低公司运营风险。

法律合规部：负责公司经营的合规性审查；负责公司业务的合规性审查；承担公司的法律事务，审核相关法律文书及合同，防范法律风险；代表公司对外处理相关法律事务，维护公司的合法权益；负责公司内控机制建设。

产品管理部：负责资产和资金之间的拟合，做好产销匹配和产品适销度的管理，提高项目落地效率；负责收集资金市场需求，以优化信托产品资金端的设计；推动公司主动管理信托产品评级工作；根据公司战略规划、政策导向，整合公司资源，牵头推进产品创新。

战略研究中心：负责制订公司战略，负责行业研究、业务研究和市场研究。

营销中心：负责对信托产品销售环节的风险控制；负责投资者适当性管理，负责合格投资人审查；负责审查资金来源合法合规；负责日常维护公司现金管理类产品。

运营管理部：负责建立健全信托产品的运营管理体系，包括信托产品的资金运用、收息、费用支付、收益分配、税务管理、信息披露及清算工作以及信托产品的账户管理、估值核算、净值披露、监管报表等信托财务工作，确保信托运营和信托财务的准确性、高效性。

计划财务部：负责固有项目收付款；通过会计核算和财务管理对公司财务状况及经营情况进行分析管理。

稽核审计部：检查公司内部风险管理制度和流程的日常执行情况，对公司内部风险控制制度的合理性、有效性进行分析，提出改进意见并直接向董事会和审计委员会报告。

业务部门：各业务部门是风险管理的第一责任部门，承担与其业务相关的风险管理责任。各业务部门是公司业务风险管理的具体实施单位，在公司各项基本管理制度的基础上，根据具体情况确定本部门的业务开拓方向。

4.5.2 风险状况

公司经营活动中可能遇到的主要风险有：信用风险、市场风险、操作风险等。

4.5.2.1 信用风险状况

信用风险主要是指交易对手不能或不愿按期偿还债务而使委托人或公司遭受损失的可能性。报告期内，公司发生的各类业务均经过严格的内部评审程序，合法合规。受房地产行业系统性风险的影响，公司发行的部分房地产信托产品亦发生了延期兑付的情况。公司将恪尽职守，积极探索风险资产多元化处置路径，切实履行保护投资者合法权益的职责。

4.5.2.2 市场风险状况

市场风险主要是指由于金融市场的波动或行情的变化给公司或其他信托当事人带来损失的可能性，主要表现为因经济运作周期变化、金融市场利率波动、通货膨胀、房地产交易、证券市场变化等造成的风险，这些风险可能影响信托财产的价值及信托收益水平，也可能影响公司固有资产价值或导致损失。2023年公司密切关注各类市场风险，勤勉、尽职履行职责，市场风险整体可控。

4.5.2.3 操作风险状况

操作风险主要指由于内部程序、人员、系统的不完善或失误，或外部事情造成直接或间接损失的风险，即由公司内部操作流程、人为因素、体制及外部事件引起的风险。报告期内，公司未发生此类风险致使公司及受益人造成损失。

4.5.2.4 其他风险状况

其他风险主要包括法律风险、政策风险、声誉风险等。法律风险指公司在业务经营过程中由于不当的法律文书、违约行为或怠于行使自身法律权利等所造成的风险。政策风险是因国家宏观政策或监管政策发生变化，而导致经营风险、项目风险上升。声誉风险指由于公司内部管理或服务出现问题而引起自身外部社会名声、信誉和公众信任度下降，从而对公司外部市场地位产生消极和不良影响的风险。

4.5.3 风险管理

4.5.3.1 信用风险管理

公司通过事前评估、事中控制、事后监督的风险管理体系来防范和规避信用风险，具体措施包括：（1）严格按照业务流程、制度规定和相应程序开展各项业务，确保决策者充分了解业务涉及的信用风险；（2）对交易对手进行全面、深入的信用调查与分析，形成客观、翔实的尽职调查报告；（3）完善评审规则和流程，坚持集体决策的评审制度，全方面排查风险；（4）严格落实项目的保障措施，注意对抵押物权属有效性、合法性进行审查，客观、公正评估抵押物；（5）业务部门、投后管理部进行项目期间管理，跟踪交易对手情况、监控担保品价值及项目进度，若发现问题及时采取措施有效防范和化解各类风险；（6）严格按要求，足额计提相关资产减值准备，并按规定比例提取信托赔偿准备金，以提高公司抵御风险的能力。

4.5.3.2 市场风险管理

公司制定并不断完善市场风险管理原则和程序，对每项业务和产品中的市场风险因素进行分解和分析，及时准确识别业务中市场风险的类别和性质，具体措施包括：（1）对宏观经济走势、政策变化、投资策略演变及其他影响市场变化的因素进行持续分析，为投资决策提供参考；（2）关注国家宏观政策变化，规避限制类行业和相关项目；（3）进行资产组合管理，并动态调整资产配置方案，以规避或降低市场风险；（4）控制行业集中度，控制总体证券投资规模、设定证券投资限制指标和止损点；（5）加强对投资品种的研究和科学论证，按严格的流程进行控制；（6）密切监控已开展业务的运行情况，根据市场风险情况及时做出投资调整，避免或降低市场风险引起的损失。同时，公司通过做好实时监控、风险敞口限额控制、止损设置、压力测试等措施，最大限度降低风险。

4.5.3.3 操作风险管理

公司通过不断完善规章制度，对部门、岗位制定了明确的职责和权限，职责的制定体现岗位相互分离的原则，能够实现中、后台对前台的监督；对公司的各项业务制定了具体的业务操作流程，消除人为因素而造成的风险，保障风险控制体系的有序规范运行，并通过事后评价和总结，防止相类似的风险发生。公司定期或不定期对员工进行培训，并对渎职、越权或违背操作规定的人员进行问责；公司定期对内部的计算机信息系统进行维护和保养，加强技术系统的管理，保证其正常运行，消除风险隐患。

4.5.3.4 其他风险管理

对于法律风险，公司设置法律合规部，配备法律专业人员，同时聘请外部法律顾问，处理公司的各项法律、合规事务，帮助公司把好守法合规经营关；同时，公司通过员工教育和培训，强化合法合规意识，培育内部法律合规环境。

对于政策风险，公司严格依法合规经营，与监管部门保持紧密联系，及时获得和了解政策动向；公司定期或不定期组织员工学习相关政策文件，加强对宏观形势的分析研究。

良好的声誉是一家金融机构健康发展的重要资源。公司尽职管理受托资产，履行承诺事项，并充分披露相关信息，塑造公司专业和诚信的社会形象。

4.6 履行社会责任情况

公司一直以来致力于公益慈善事业、践行国有金融企业社会责任。

在助力乡村振兴方面，2023年3月2日，陆家嘴信托党委前往结对帮扶的浦东大团镇金石村开展慰问送温暖活动。公司积极号召党员投身到慈善帮扶活动中，通过"微心愿""送关怀下乡"等活动为浦东大团镇、川沙新镇募集慰问金万余元。此外，全年采买特色农副产品66.37余万元，不断探索实践乡村振兴模式。

在绿色金融方面，公司积极响应国家"碳达峰、碳中和"目标号召，探索绿色信托新模式，为绿色低碳产业发展提供资金支持。陆家嘴信托已制定绿色信托五年发展规划，将绿色理念不断渗透落实到业务实践之中。截至2023年末，公司绿色信托存续规模15亿元，资金投向涉及区域输变电及节能环保、生态环境、污水处理、新能源等多个产业。

在慈善信托方面，2023年3月，公司作为共同受托人之一，成立"弘远3号抗击新冠感染慈善信托"，规模52.76万元，用于救助自然灾害、事故灾难和公共卫生事件等突发事件造成的损害。

在普及金融知识方面，2023年9月，公司财富中心举办投资者教育活动，聚焦信托投资风险防范、行业发展形势分析、信托消费者权益保护等内容，帮助投资者正确认识潜在投资风险，切实保障了投资者的各项合法权益；10月，公司开展"进企业"金融教育宣传活动，宣导相关惠企利民政策，充分发挥金融纾困作用，加大金融支持实体经济力度。同时，公司长期在职场宣传区、各地财富中心电子屏循环播放宣传片，张贴宣传海报，悬挂宣传横幅，发布宣传微信图文，向社会公众普及金融知识。

公司青年员工还积极参加各项活动。公司组建"陆家嘴信托青年讲师团"学习宣传党的二十大精神，彰显金融青年的风采与活力。50余人次投身于浦东美术馆志愿服务，服务时长400余小时。

4.7 消费者保护

2023年，公司认真贯彻落实消费者权益保护相关法律法规和监管要求，践行金融机构社会责任，高度重视金融消费者权益保护工作。公司倡导"诚信为先、专业为本、客户至上、员工至亲、同心共赢"的核心价值观，积极开展消费者权益保护工作，不断健全消保制度体系和工作机制，提高产品和服务管理水平，切实保障金融消费者的合法权益。第一，公司不断完善组织体制建设，将消费者权益保护纳入本年度公司治理、企业文化建设和经营发展战略中，公司董事会和高级管理层持续加强消保执行和保障力度，就各项消费者权益保护工作进行部署、推动和督促。第二，公司不断完善制度流程规范化建设，及时更新和完善消保专项制度和各项配套业务制度，夯实消费者保护主体责任。第三，公司进一步完善教育宣传工作管理，制定教育宣传计划，建立健全教育宣传常态化长效机制，积极参与监管部门组织的集中式教育宣传活动，并自行组织开展多次线上线下金融知识宣传教育活动，有效扩大金融知识宣传活动的覆盖面和影响力。第四，公司加强投诉管理及纠纷化解机制建设，高效化解矛盾纠纷。2023年，公司共收到投诉41件，投诉涉及客户11人，较2022年96件下降57.3%，均为风险项目客户投诉，相关投诉已妥善处理。

5. 报告期末及上一年度末的比较式会计报表

5.1 自营资产（经审计）

5.1.1 会计师事务所审计意见

审计报告

普华永道中天审字〔2024〕第27870号

陆家嘴国际信托有限公司董事会：

一、审计意见

（一）我们审计的内容

我们审计了陆家嘴国际信托有限公司（以下简称贵公司）的财务报表，包括2023年12月31日的合并及公司资产负债表，2023年度的合并及公司利润表、合并及公司现金流量表、合并及公司所有者权益变动表以及财务报表附注。

（二）我们的意见

我们认为，后附的财务报表在所有重大方面按照企业会计准则的规定编制，公允反映了贵公司2023年12月31日的合并及公司财务状况以及2023年度的合并及公司经营成果和现金流量。

二、形成审计意见的基础

我们按照中国注册会计师审计准则的规定执行了审计工作。审计报告的"注册会计师对财务报表审计的责任"部分进一步阐述了我们在这些准则下的责任。我们相信，我们获取的审计证据是充分、适当的，为发表审计意见提供了基础。

按照中国注册会计师职业道德守则，我们独立于贵公司，并履行了职业道德方面的其他责任。

三、管理层和治理层对财务报表的责任

贵公司管理层负责按照企业会计准则的规定编制财务报表，使其实现公允反映，并设计、执行和维护必要的内部控制，以使财务报表不存在由于舞弊或错误导致的重大错报。

在编制财务报表时，管理层负责评估贵公司的持续经营能力，披露与持续经营相关的事项（如适用），并运用持续经营假设，除非管理层计划清算贵公司、终止运营或别无其他现实的选择。

治理层负责监督贵公司的财务报告过程。

四、注册会计师对财务报表审计的责任

我们的目标是对财务报表整体是否不存在由于舞弊或错误导致的重大错报获取合理保证，并出具包含审计意见的审计报告。合理保证是高水平的保证，但并不能保证按照审计准则执行的审计在某一重大错报存在时总能发现。错报可能由于舞弊或错误导致，如果合理预期错报单独或汇总起来可能影响财务报表使用者依据财务报表作出的经济决策，则通常认为错报是重大的。

在按照审计准则执行审计工作的过程中，我们运用职业判断，并保持职业怀疑。同时，我们也执行以下工作：

（一）识别和评估由于舞弊或错误导致的财务报表重大错报风险；设计和实施审计程序以应对这些风险，并获取充分、适当的审计证据，作为发表审计意见的基础。由于舞弊可能涉及串通、伪造、故意遗漏、虚假陈述或凌驾于内部控制之上，未能发现由于舞弊导致的重大错报的风险高于未能发现由于错误导致的重大错报的风险。

（二）了解与审计相关的内部控制，以设计恰当的审计程序，但目的并非对内部控制的有效性发表意见。

（三）评价管理层选用会计政策的恰当性和作出会计估计及相关披露的合理性。

（四）对管理层使用持续经营假设的恰当性得出结论。同时，根据获取的审计证据，就可能导致对贵公司持续经营能力产生重大疑虑的事项或情况是否存在重大不确定性得出结论。如果我们得出结论认为存在重大不确定性，审计准则要求我们在审计报告中提请报表使用者注意财务报表中的相关披露；如果披露不充分，我们应当发表非无保留意见。我们的结论基于截至审计报告日可获得的信息。然而，未来的事项或情况可能导致贵公司不能持续经营。

（五）评价财务报表的总体列报（包括披露）、结构和内容，并评价财务报表是否公允反映相关交易和事项。

（六）就贵公司中实体或业务活动的财务信息获取充分、适当的审计证据，以对财务报表发表审计意见。我们负责指导、监督和执行集团审计，并对审计意见承担全部责任。

我们与治理层就计划的审计范围、时间安排和重大审计发现等事项进行沟通，包括沟通我们在审计中识别出的值得关注的内部控制缺陷。

注册会计师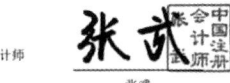

张武

中国·上海市
2024年4月2日

注册会计师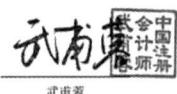

武甫蓉

5.1.2 资产负债表

资产负债表（单体）

编制单位：陆家嘴国际信托有限公司　　2023年12月31日　　单位：元

项目	行次	年初数	年末数	项目	行次	年初数	年末数
资产：	—	—	—	负债：	—	—	—
现金	1	5 891.02	6 874.02	向中央银行借款	26	—	—
存放中央银行款项	2	—	—	联行存放款项	27	—	—
贵金属	3	—	—	同业及其他金融机构存放款项	28	—	—
存放联行款项	4	—	—	拆入资金	29	—	—
存放同业款项	5	232 691 372.63	650 972 481.84	以公允价值计量且其变动计入当期损益的金融负债	30	—	—
拆出资金	6	—	—	衍生金融负债	31	—	—
衍生金融资产	7	—	—	卖出回购金融资产款	32	—	—
应收款项	8	71 011 471.73	26 212 729.25	合同负债	33	138 876 277.60	36 483 556.16
合同资产	9	—	—	应付职工薪酬	34	38 890 869.77	40 702 020.94
金融投资：	—	—	—	应交税费	35	87 703 045.66	13 362 588.32
交易性金融资产	10	9 800 637 226.89	7 628 774 031.44	其他应付款	36	2 191 570 559.17	2 256 848 198.87
债权投资	11	—	1 541 921 078.78	预计负债	37	—	—
买入返售金融资产	12	—	242 208 266.03	应付债券	38	—	—
发放贷款和垫款	13	4 912 205 695.52	5 000 479 333.88	递延所得税负债	39	—	—
可供出售金融资产	14	—	—	租赁负债	40	62 728 563.42	78 301 292.94
长期股权投资	15	—	—	其他负债	41	482 636 086.10	382 418 908.32
投资性房地产	16	—	—	负债合计	42	3 002 405 401.72	2 808 116 565.55
使用权资产	17	60 987 778.48	75 987 219.30	所有者权益（或股东权益）：	—	—	—
固定资产	18	11 024 518.88	6 539 770.62	实收资本（或股本）	43	10 400 000 000.00	10 400 000 000.00
在建工程	19	—	—	国家资本	44	—	—
固定资产清理	20	—	—	集体资本	45	—	—
无形资产	21	29 303 954.51	27 866 836.68	法人资本	46	10 400 000 000.00	10 400 000 000.00
商誉	22	—	—	其中：国有法人资本	47	10 400 000 000.00	10 400 000 000.00
递延所得税资产	23	131 365 377.88	136 092 727.90	个人资本	48	—	—
其他资产	24	147 455 603.96	102 376 848.96	外商资本	49	—	—
		—	—	其他权益工具	50		

续表

项目	行次	年初数	年末数	项目	行次	年初数	年末数
—	—	—	—	资本公积	51	—	—
—	—	—	—	减：库存股	52	—	—
—	—	—	—	其他综合收益	53	—	—
—	—	—	—	盈余公积	54	690 915 022.81	714 618 837.15
—	—	—	—	一般风险准备	55	605 428 126.46	818 762 455.49
—	—	—	—	未分配利润	56	697 940 340.51	697 940 340.51
—	—	—	—	归属于母公司所有者权益合计	57	12 394 283 489.78	12 631 321 633.15
—	—	—	—	少数股东权益	58	—	—
—	—	—	—	所有者权益（或股东权益）合计	59	12 394 283 489.78	12 631 321 633.15
资产总计	25	15 396 688 891.50	15 439 438 198.70	负债和所有者权益（或股东权益）总计	60	15 396 688 891.50	15 439 438 198.70

总经理：王彦　　　　　　　　　　　　财务分管负责人：倪智勇　　　　　　　　　　　　会计机构负责人：汪晖

资产负债表（合并）

编制单位：陆家嘴国际信托有限公司　　　　2023年12月31日　　　　　　　　　　　　　　单位：元

项目	行次	年初数	年末数	项目	行次	年初数	年末数
资产：	—	—	—	负债：	—	—	—
现金	1	5 891.02	6 874.02	向中央银行借款	26	—	—
存放中央银行款项	2	—	—	联行存放款项	27	—	—
贵金属	3	—	—	同业及其他金融机构存放款项	28	—	—
存放联行款项	4	—	—	拆入资金	29	—	—
存放同业款项	5	300 385 379.82	1 010 093 755.83	以公允价值计量且其变动计入当期损益的金融负债	30	—	—
拆出资金	6	—	—	衍生金融负债	31	—	—
衍生金融资产	7	—	—	卖出回购金融资产款	32	—	—
应收款项	8	67 980 237.66	16 269 626.83	合同负债	33	131 089 143.99	23 993 587.87
合同资产	9	—	—	应付职工薪酬	34	38 890 869.77	40 702 020.94
金融投资：	—	—	—	应交税费	35	95 034 917.52	18 018 302.03
交易性金融资产	10	5 107 416 261.92	3 657 735 114.96	其他应付款	36	2 316 902 022.32	2 489 592 658.58
债权投资	11	9 154 332 259.67	8 130 439 486.59	预计负债	37	—	—
买入返售金融资产	12	—	272 204 485.13	应付债券	38	—	—
发放贷款和垫款	13	4 912 205 695.52	5 000 479 333.88	递延所得税负债	39	—	—
可供出售金融资产	14	—	—	租赁负债	40	62 728 563.42	78 301 292.94
长期股权投资	15	—	—	其他负债	41	4 883 537 334.37	3 203 027 235.38
投资性房地产	16	—	—	负债合计	42	7 528 182 851.39	5 853 635 097.74
使用权资产	17	60 987 778.48	75 987 219.30	所有者权益（或股东权益）：	—	—	—
固定资产	18	11 024 518.88	6 539 770.62	实收资本（或股本）	43	10 400 000 000.00	10 400 000 000.00
在建工程	19	—	—	国家资本	44	—	—
固定资产清理	20	—	—	集体资本	45	—	—
无形资产	21	29 303 954.51	27 866 836.68	法人资本	46	10 400 000 000.00	10 400 000 000.00
商誉	22	—	—	其中：国有法人资本	47	10 400 000 000.00	10 400 000 000.00
递延所得税资产	23	131 365 377.88	136 092 727.90	个人资本	48	—	—
其他资产	24	147 458 985.81	151 241 499.15	外商资本	49	—	—

续表

项目	行次	年初数	年末数	项目	行次	年初数	年末数
—		—	—	其他权益工具	50	—	—
—		—	—	资本公积	51	—	—
—		—	—	减：库存股	52	—	—
—		—	—	其他综合收益	53	—	—
—		—	—	盈余公积	54	690 915 022.81	714 618 837.15
—		—	—	一般风险准备	55	605 428 126.46	818 762 455.49
—		—	—	未分配利润	56	697 940 340.51	697 940 340.51
—		—	—	归属于母公司所有者权益合计	57	12 394 283 489.78	12 631 321 633.15
—		—	—	少数股东权益	58	—	—
—		—	—	所有者权益（或股东权益）合计	59	12 394 283 489.78	12 631 321 633.15
资产总计	25	19 922 466 341.17	18 484 956 730.89	负债和所有者权益（或股东权益）总计	60	19 922 466 341.17	18 484 956 730.89

总经理：王彦　　　　　　　　　　　　　　　财务分管负责人：倪智勇　　　　　　　　　　　　　　　会计机构负责人：汪晖

注：合并会计报表的编制方法详见会计报表附注6.2.8。

5.1.3　利润表

利润表（单体）

编制单位：陆家嘴国际信托有限公司　　　　　　　2023年度　　　　　　　单位：元

项目	行次	上年数	本年数	项目	行次	上年数	本年数
一、营业收入	1	1 491 750 708.60	694 235 707.35	四、利润总额	24	1 108 479 721.42	316 425 023.58
（一）利息净收入	2	337 084 410.27	137 049 285.72	减：所得税费用	25	278 386 503.96	79 386 880.21
利息收入	3	379 387 067.48	387 826 615.58	五、净利润（亏损以"-"号填列）	26	830 093 217.46	237 038 143.37
利息支出	4	42 302 657.21	250 777 329.86	归属于母公司所有者的净利润	27	830 093 217.46	237 038 143.37
（二）手续费及佣金净收入	5	881 777 080.52	357 686 254.86	少数股东损益	28	—	—
手续费及佣金收入	6	898 748 931.99	357 809 844.42	持续经营损益	29	830 093 217.46	237 038 143.37
手续费及佣金支出	7	16 971 851.47	123 589.56	终止经营损益	30	—	—
（三）投资收益（损失以"-"号填列）	8	512 477 901.16	125 108 395.56	六、其他综合收益的税后净额	31	—	—
其中：对联营企业和合营企业的投资收益	9	—	—	（一）归属于母公司所有者的其他综合收益的税后净额	32	—	—
（四）公允价值变动收益（损失以"-"号填列）	10	-304 099 956.45	56 721 698.27	1.以后不能重分类进损益的其他综合收益	33	—	—
（五）汇兑收益（损失以"-"号填列）	11	—	—	2.以后将重分类进损益的其他综合收益	34	—	—
（六）其他业务收入	12	—	—	（1）权益法下在被投资单位以后将重分类进损益的其他综合收益中享有的份额	35	—	—
（七）资产处置收益	13	-1 057.15	-170 983.46	（2）可供出售金融资产公允价值变动损益	36	—	—
（八）其他收益	14	64 512 330.25	17 841 056.40	（3）持有至到期投资重分类为可供出售金融资产损益	37	—	—
二、营业支出	15	383 270 959.24	377 810 683.77	（4）现金流量套期损益的有效部分	38	—	—
（一）税金及附加	16	9 715 291.35	3 914 597.87	（5）外币财务报表折算差额	39	—	—
（二）业务及管理费	17	366 743 389.99	325 247 025.89	（6）其他	40	—	—
（三）信用减值损失	18	6 812 277.90	48 649 060.01	（二）归属于少数股东的其他综合收益的税后净额	41	—	—

续表

项目	行次	上年数	本年数	项目	行次	上年数	本年数
（四）资产减值损失（转回金额以"-"号填列）	19	—	—	七、综合收益总额	42	830 093 217.46	237 038 143.37
（五）其他资产减值损失	20	—	—	归属于母公司所有者的综合收益总额	43	830 093 217.46	237 038 143.37
三、营业利润（亏损以"-"号填列）	21	1 108 479 749.36	316 425 023.58	归属于少数股东的综合收益总额	44	—	—
加：营业外收入	22	—	—	八、每股收益	45	—	—
减：营业外支出	23	27.94	—				

总经理：王彦　　　　　　　　　　　　　财务分管负责人：倪智勇　　　　　　　　　　　　　会计机构负责人：汪晖

利润表（合并）

编制单位：陆家嘴国际信托有限公司　　　　　　　　　2023年度　　　　　　　　　　　　　　　单位：元

项目	行次	上年数	本年数	项目	行次	上年数	本年数
一、营业收入	1	1 676 149 095.83	842 015 683.77	四、利润总额	24	1 109 963 517.90	316 425 023.58
（一）利息净收入	2	600 813 539.30	515 074 386.63	减：所得税费用	25	278 386 503.96	79 386 880.21
利息收入	3	988 086 992.73	880 453 887.03	五、净利润（亏损以"-"号填列）	26	831 577 013.94	237 038 143.37
利息支出	4	387 273 453.43	365 379 500.40	归属于母公司所有者的净利润	27	831 577 013.94	237 038 143.37
（二）手续费及佣金净收入	5	784 403 738.37	293 483 324.18	少数股东损益	28	—	—
手续费及佣金收入	6	801 375 589.84	293 606 913.74	持续经营损益	29	831 577 013.94	237 038 143.37
手续费及佣金支出	7	16 971 851.47	123 589.56	终止经营损益	30	—	—
（三）投资收益（损失以"-"号填列）	8	258 637 431.18	-52 214 991.50	六、其他综合收益的税后净额	31		
其中：对联营企业和合营企业的投资收益	9	—	—	（一）归属于母公司所有者的其他综合收益的税后净额	32		
（四）公允价值变动收益（损失以"-"号填列）	10	-32 216 886.12	68 002 891.52	1.以后不能重分类进损益的其他综合收益	33		
（五）汇兑收益（损失以"-"号填列）	11			2.以后将重分类进损益的其他综合收益	34		
（六）其他业务收入	12	—	—	（1）权益法下在被投资单位以后将重分类进损益的其他综合收益中享有的份额	35		
（七）资产处置收益	13	-1 057.15	-170 983.46	（2）可供出售金融资产公允价值变动损益	36		
（八）其他收益	14	64 512 330.25	17 841 056.40	（3）持有至到期投资重分类为可供出售金融资产损益	37		
二、营业支出	15	566 185 549.99	525 590 660.19	（4）现金流量套期损益的有效部分	38		
（一）税金及附加	16	12 520 810.60	5 809 544.95	（5）外币财务报表折算差额	39		
（二）业务及管理费	17	392 254 866.09	341 124 072.70	（6）其他	40		
（三）信用减值损失	18	161 409 873.30	178 657 042.54	（二）归属于少数股东的其他综合收益的税后净额	41		
（四）资产减值损失（转回金额以"-"号填列）	19	—	—	七、综合收益总额	42	831 577 013.94	237 038 143.37
（五）其他资产减值损失	20	—	—	归属于母公司所有者的综合收益总额	43	831 577 013.94	237 038 143.37
三、营业利润（亏损以"-"号填列）	21	1 109 963 545.84	316 425 023.58	归属于少数股东的综合收益总额	44	—	—
加：营业外收入	22	—	—	八、每股收益	45	—	—
减：营业外支出	23	27.94	—				

总经理：王彦　　　　　　　　　　　　　财务分管负责人：倪智勇　　　　　　　　　　　　　会计机构负责人：汪晖

注：合并会计报表的编制方法详见会计报表附注6.2.8。

5.1.4 所有者权益变动表

所有者权益变动表（单体）

编制单位：陆家嘴国际信托有限公司　　　　　　　　　　　　　　　　　　　　　　　　　　　　　　　　单位：元

项目	行次	2022年度										
		归属于母公司所有者权益									少数股东权益	所有者权益合计
		实收资本（或股本）	其他权益工具	资本公积	减：库存股	其他综合收益	盈余公积	一般风险准备	信托赔偿准备	未分配利润		
栏次	—	1	2	3	4	5	6	7	8	9	10	11
一、上年年末余额	1	9 000 000 000.00	—	—	—	—	607 905 701.06	202 000 281.95	306 130 911.37	1 448 153 377.94	—	11 564 190 272.32
加：会计政策变更	2	—	—	—	—	—	—	—	—	—	—	—
前期差错更正	3	—	—	—	—	—	—	—	—	—	—	—
二、本年年初余额	4	9 000 000 000.00	—	—	—	—	607 905 701.06	202 000 281.95	306 130 911.37	1 448 153 377.94	—	11 564 190 272.32
三、本年增减变动金额（减少以"-"号填列）	5	1 400 000 000.00	—	—	—	—	83 009 321.75	55 792 272.27	41 504 660.87	-750 213 037.43	—	830 093 217.46
（一）综合收益总额	6	—	—	—	—	—	—	—	—	830 093 217.46	—	830 093 217.46
（二）所有者投入和减少资本	7	—	—	—	—	—	—	—	—	—	—	—
1.所有者投入资本	8	—	—	—	—	—	—	—	—	—	—	—
2.其他权益工具持有者投入资本	9	—	—	—	—	—	—	—	—	—	—	—
3.股份支付计入所有者权益金额	10	—	—	—	—	—	—	—	—	—	—	—
4.其他	11	—	—	—	—	—	—	—	—	—	—	—
（三）利润分配	12	—	—	—	—	—	83 009 321.75	55 792 272.27	41 504 660.87	-180 306 254.89	—	—
1.提取盈余公积	13	—	—	—	—	—	83 009 321.75	—	—	-83 009 321.75	—	—
2.提取一般风险准备	14	—	—	—	—	—	—	55 792 272.27	—	-55 792 272.27	—	—
3.提取信托赔偿准备	15	—	—	—	—	—	—	—	41 504 660.87	-41 504 660.87	—	—
4.对所有者（或股东）的分配	16	—	—	—	—	—	—	—	—	—	—	—
（四）所有者权益内部结转	17	1 400 000 000.00	—	—	—	—	—	—	—	-1 400 000 000.00	—	—
1.资本公积转增资本（或股本）	18	—	—	—	—	—	—	—	—	—	—	—
2.盈余公积转增资本（或股本）	19	—	—	—	—	—	—	—	—	—	—	—
3.盈余公积弥补亏损	20	—	—	—	—	—	—	—	—	—	—	—
4.一般风险准备弥补亏损	21	—	—	—	—	—	—	—	—	—	—	—
5.未分配利润转增资本	22	1 400 000 000.00	—	—	—	—	—	—	—	-1 400 000 000.00	—	—
四、本年年末余额	23	10 400 000 000.00	—	—	—	—	690 915 022.81	257 792 554.22	347 635 572.24	697 940 340.51	—	12 394 283 489.78

总经理：王彦　　　　　　　　　　　　　　　　　　财务分管负责人：倪智勇　　　　　　　　　　　　　　　　　　会计机构负责人：汪晖

所有者权益变动表（单体，续）

编制单位：陆家嘴国际信托有限公司　　　　　　　　　　　　　　　　　　　　　　　　　　　　　　　　　　　单位：元

项目	行次	2023年度									
		归属于母公司所有者权益									少数股东权益	所有者权益合计
		实收资本（或股本）	其他权益工具	资本公积	减：库存股	其他综合收益	盈余公积	一般风险准备	信托赔偿准备	未分配利润		
栏次	—	12	13	14	15	16	17	18	19	20	21	22
一、上年年末余额	1	10 400 000 000.00	—	—	—	—	690 915 022.81	257 792 554.22	347 635 572.24	697 940 340.51	—	12 394 283 489.78
加：会计政策变更	2	—	—	—	—	—	—	—	—	—	—	—
前期差错更正	3	—	—	—	—	—	—	—	—	—	—	—
二、本年年初余额	4	10 400 000 000.00	—	—	—	—	690 915 022.81	257 792 554.22	347 635 572.24	697 940 340.51	—	12 394 283 489.78
三、本年增减变动金额（减少以"-"号填列）	5	—	—	—	—	—	23 703 814.34	201 482 421.86	11 851 907.17	—	—	237 038 143.37
（一）综合收益总额	6	—	—	—	—	—	—	—	—	237 038 143.37	—	237 038 143.37
（二）所有者投入和减少资本	7	—	—	—	—	—	—	—	—	—	—	—
1.所有者投入资本	8	—	—	—	—	—	—	—	—	—	—	—
2.其他权益工具持有者投入资本	9	—	—	—	—	—	—	—	—	—	—	—
3.股份支付计入所有者权益金额	10	—	—	—	—	—	—	—	—	—	—	—
4.其他	11	—	—	—	—	—	—	—	—	—	—	—
（三）利润分配	12	—	—	—	—	—	23 703 814.34	201 482 421.86	11 851 907.17	-237 038 143.37	—	—
1.提取盈余公积	13	—	—	—	—	—	23 703 814.34	—	—	-23 703 814.34	—	—
2.提取一般风险准备	14	—	—	—	—	—	—	201 482 421.86	—	-201 482 421.86	—	—
3.提取信托赔偿准备	15	—	—	—	—	—	—	—	11 851 907.17	-11 851 907.17	—	—
4.对所有者（或股东）的分配	16	—	—	—	—	—	—	—	—	—	—	—
（四）所有者权益内部结转	17	—	—	—	—	—	—	—	—	—	—	—
1.资本公积转增资本（或股本）	18	—	—	—	—	—	—	—	—	—	—	—
2.盈余公积转增资本（或股本）	19	—	—	—	—	—	—	—	—	—	—	—
3.盈余公积弥补亏损	20	—	—	—	—	—	—	—	—	—	—	—
4.一般风险准备弥补亏损	21	—	—	—	—	—	—	—	—	—	—	—
5.未分配利润转增资本	22	—	—	—	—	—	—	—	—	—	—	—
四、本年年末余额	23	10 400 000 000.00	—	—	—	—	714 618 837.15	459 274 976.08	359 487 479.41	697 940 340.51	—	12 631 321 633.15

总经理：王彦　　　　　　　　　　　财务分管负责人：倪智勇　　　　　　　　　　　会计机构负责人：汪晖

所有者权益变动表（合并）

编制单位：陆家嘴国际信托有限公司　　　　　2022年度　　　　　单位：元

项目	行次	归属于母公司所有者权益									少数股东权益	所有者权益合计
		实收资本（或股本）	其他权益工具	资本公积	减：库存股	其他综合收益	盈余公积	一般风险准备	信托赔偿准备	未分配利润		
栏次	—	1	2	3	4	5	6	7	8	9	10	11
一、上年年末余额	1	9 000 000 000.00	—	—	—	—	607 905 701.06	202 000 281.95	306 130 911.37	1 446 669 581.46	—	11 562 706 475.84
加：会计政策变更	2	—	—	—	—	—	—	—	—	—	—	—
前期差错更正	3	—	—	—	—	—	—	—	—	—	—	—
二、本年年初余额	4	9 000 000 000.00	—	—	—	—	607 905 701.06	202 000 281.95	306 130 911.37	1 446 669 581.46	—	11 562 706 475.84
三、本年增减变动金额（减少以"-"号填列）	5	1 400 000 000.00	—	—	—	—	83 009 321.75	55 792 272.27	41 504 660.87	-748 729 240.95	—	831 577 013.94
（一）综合收益总额	6	—	—	—	—	—	—	—	—	831 577 013.94	—	831 577 013.94
（二）所有者投入和减少资本	7	—	—	—	—	—	—	—	—	—	—	—
1.所有者投入资本	8	—	—	—	—	—	—	—	—	—	—	—
2.其他权益工具持有者投入资本	9	—	—	—	—	—	—	—	—	—	—	—
3.股份支付计入所有者权益的金额	10	—	—	—	—	—	—	—	—	—	—	—
4.其他	11	—	—	—	—	—	—	—	—	—	—	—
（三）利润分配	12	—	—	—	—	—	83 009 321.75	55 792 272.27	41 504 660.87	-180 306 254.89	—	—
1.提取盈余公积	13	—	—	—	—	—	83 009 321.75	—	—	-83 009 321.75	—	—
2.提取一般风险准备	14	—	—	—	—	—	—	55 792 272.27	—	-55 792 272.27	—	—
3.提取信托赔偿准备	15	—	—	—	—	—	—	—	41 504 660.87	-41 504 660.87	—	—
4.对所有者（或股东）的分配	16	—	—	—	—	—	—	—	—	—	—	—
（四）所有者权益内部结转	17	1 400 000 000.00	—	—	—	—	—	—	—	-1 400 000 000.00	—	—
1.资本公积转增资本（或股本）	18	—	—	—	—	—	—	—	—	—	—	—
2.盈余公积转增资本（或股本）	19	—	—	—	—	—	—	—	—	—	—	—
3.盈余公积弥补亏损	20	—	—	—	—	—	—	—	—	—	—	—
4.一般风险准备弥补亏损	21	—	—	—	—	—	—	—	—	—	—	—
5.未分配利润转增资本	22	1 400 000 000.00	—	—	—	—	—	—	—	-1 400 000 000.00	—	—
四、本年年末余额	23	10 400 000 000.00	—	—	—	—	690 915 022.81	257 792 554.22	347 635 572.24	697 940 340.51	—	12 394 283 489.78

总经理：王彦　　　　财务分管负责人：倪智勇　　　　会计机构负责人：汪晖

所有者权益变动表（合并，续）

编制单位：陆家嘴国际信托有限公司
单位：元

项目	行次	2023年度										
		归属于母公司所有者权益									少数股东权益	所有者权益合计
		实收资本（或股本）	其他权益工具	资本公积	减：库存股	其他综合收益	盈余公积	一般风险准备	信托赔偿准备	未分配利润		
栏次	—	12	13	14	15	16	17	18	19	20	21	22
一、上年年末余额	1	10 400 000 000.00	—	—	—	—	690 915 022.81	257 792 554.22	347 635 572.24	697 940 340.51	—	12 394 283 489.78
加：会计政策变更	2	—	—	—	—	—	—	—	—	—	—	—
前期差错更正	3	—	—	—	—	—	—	—	—	—	—	—
二、本年年初余额	4	10 400 000 000.00	—	—	—	—	690 915 022.81	257 792 554.22	347 635 572.24	697 940 340.51	—	12 394 283 489.78
三、本年增减变动金额（减少以"-"号填列）	5	—	—	—	—	—	23 703 814.34	201 482 421.86	11 851 907.17	—	—	237 038 143.37
（一）综合收益总额	6	—	—	—	—	—	—	—	—	237 038 143.37	—	237 038 143.37
（二）所有者投入和减少资本	7	—	—	—	—	—	—	—	—	—	—	—
1.所有者投入资本	8	—	—	—	—	—	—	—	—	—	—	—
2.其他权益工具持有者投入资本	9	—	—	—	—	—	—	—	—	—	—	—
3.股份支付计入所有者权益的金额	10	—	—	—	—	—	—	—	—	—	—	—
4.其他	11	—	—	—	—	—	—	—	—	—	—	—
（三）利润分配	12	—	—	—	—	—	23 703 814.34	201 482 421.86	11 851 907.17	-237 038 143.37	—	—
1.提取盈余公积	13	—	—	—	—	—	23 703 814.34	—	—	-23 703 814.34	—	—
2.提取一般风险准备	14	—	—	—	—	—	—	201 482 421.86	—	-201 482 421.86	—	—
3.提取信托赔偿准备	15	—	—	—	—	—	—	—	11 851 907.17	-11 851 907.17	—	—
4.对所有者（或股东）的分配	16	—	—	—	—	—	—	—	—	—	—	—
（四）所有者权益内部结转	17	—	—	—	—	—	—	—	—	—	—	—
1.资本公积转增资本（或股本）	18	—	—	—	—	—	—	—	—	—	—	—
2.盈余公积转增资本（或股本）	19	—	—	—	—	—	—	—	—	—	—	—
3.盈余公积弥补亏损	20	—	—	—	—	—	—	—	—	—	—	—
4.一般风险准备弥补亏损	21	—	—	—	—	—	—	—	—	—	—	—
5.未分配利润转增资本	22	—	—	—	—	—	—	—	—	—	—	—
四、本年年末余额	23	10 400 000 000.00	—	—	—	—	714 618 837.15	459 274 976.08	359 487 479.41	697 940 340.51	—	12 631 321 633.15

总经理：王彦　　　　　　　　　　　　　　　　财务分管负责人：倪智勇　　　　　　　　　　　　　　　　会计机构负责人：汪晖

注：合并会计报表的编制方法详见会计报表附注6.2。

5.2 信托资产

5.2.1 信托项目资产负债汇总表

信托项目资产负债汇总表

编制单位：陆家嘴国际信托有限公司　　2023年12月31日　　单位：万元

信托资产	期末数	期初数（调整后）	信托负债和信托净资产	期末数	期初数（调整后）
信托资产：	—	—	信托负债：	—	—
货币资金	242 104.57	272 382.63	应付清算款	—	—
结算备付金	4 809.90	11 144.05	卖出回购金融资产款	23 018.92	—
存出保证金	—	—	应付赎回款	108 162.95	798.36
衍生金融资产	—	—	应付管理人报酬	14 680.47	14 390.17
交易性金融资产	4 302 990.92	6 616 057.53	应付托管费	702.76	896.00
买入返售金融资产	215 870.42	95 365.91	应付销售服务费	4 964.24	2 116.99
发放贷款和垫款	1 255 870.81	1 526 136.93	应付投资顾问费	271.20	35.73
债权投资	2 329 481.97	4 302 486.30	应交税费	5 861.12	8 983.47
其他债权投资	—	—	应付利润	201.18	16.05
长期股权投资	—	—	其他负债	40 697.26	48 009.93
应收清算款	3 359.59	440.00	信托负债合计	198 560.10	75 246.70
应收利息	116.82	123.33	信托净资产：	—	—
应收股利	658.72	3 381.30	实收信托	8 171 515.40	12 752 374.71
应收申购款	—	—	其他综合收益	—	—
其他资产	20 902.95	7 080.15	未分配利润	6 091.17	6 976.72
	—	—	信托净资产合计	8 177 606.57	12 759 351.43
信托资产总计	8 376 166.67	12 834 598.13	信托负债及信托净资产总计	8 376 166.67	12 834 598.13

公司负责人：王彦　　复核：娄佩琍　　制表：张丽

5.2.2 信托项目利润表

信托项目利润表

编制单位：陆家嘴国际信托有限公司　　2023年度　　单位：万元

项目	本年金额	上年金额
一、营业总收入	492 182.08	842 297.22
1.利息收入	282 630.98	546 967.34
2.投资收益（损失以"-"号填列）	186 514.14	470 899.64
其中：以摊余成本计量的金融资产终止确认产生的收益	-500.00	3 143.22
3.公允价值变动收益（损失以"-"号填列）	22 637.80	-178 983.34
4.汇兑损益（损失以"-"号填列）	—	—
5.其他业务收入	399.16	3 413.58
二、营业总支出	88 083.77	280 702.01
1.管理人报酬	30 633.50	89 054.93
2.托管费	1 855.88	3 273.81
3.销售服务费	9 796.67	22 235.31
4.投资顾问费	337.66	171.92
5.利息支出	758.62	—
其中：卖出回购金融资产利息支出	758.62	—
6.信用减值损失	29 460.30	135 431.53

续表

项目	本年金额	上年金额
7.税金及附加	1 762.65	3 013.52
8.其他费用	13 478.49	27 520.99
三、利润总额	404 098.31	561 595.21
减：所得税费用	—	—
四、净利润（净亏损以"-"号填列）	404 098.31	561 595.21
五、其他综合收益	—	—
六、综合收益总额	404 098.31	561 595.21

公司负责人：王彦　　复核：娄佩琍　　制表：张丽

6.会计报表附注

本会计报表附注中陆家嘴国际信托有限公司简称本公司，陆家嘴国际信托有限公司及其子公司和纳入合并范围的结构化主体简称本集团。

6.1 会计报表编制基准不符合会计核算基本前提的说明

6.1.1 会计报表不符合会计核算基本前提的事项

本财务报表以持续经营为基础，根据实际发生的交易和事项，按照《企业会计准则——基本准则》和其他各项会计准则的规定进行确认和计量，在此基础上编制财务报表，无不符合会计核算基本前提的事项。

6.1.2 纳入合并财务报表范围结构化主体相关信息

2023年度本集团管理或投资的结构化主体中有42个纳入合并财务报表范围，主要包括报告期末持有本公司作为受托人发行的信托计划及第三方资产管理计划等。

6.2 重要会计政策和会计估计说明

6.2.1 金融工具

金融工具，是指形成一方的金融资产并形成其他方的金融负债或权益工具的合同。当本集团成为金融工具合同的一方时，确认相关的金融资产或金融负债。

6.2.1.1 金融资产分类和计量

本集团根据管理金融资产的业务模式和金融资产的合同现金流量特征，将金融资产划分为：（1）以摊余成本计量的金融资产；（2）以公允价值计量且其变动计入其他综合收益的金融资产；（3）以公允价值计量且其变动计入当期损益的金融资产。

金融资产在初始确认时以公允价值计量。对于以公允价值计量且其变动计入当期损益的金融资产，相关交易费用直接计入当期损益；对于其他类别的金融资产，相关交易费用计入初始确认金额。

本集团持有的债务工具是指从发行方角度分析符合金融负债定义的工具，分别采用以下三种方式进行计量：（1）以摊余成本计量：本集团管理此类金融资产的业务模式为以收取合同现金流量为目标，且此类金融资产的合同现金流量特征与基本借贷安排相一致，即在特定日期产生的现金流量，仅为对本金和以未偿付本金金额为基础的利息的支付。本集团对于此类金融资产按照实际利率法确认利息收入。此类金融资产主要包括货币资金、债权投资和发放贷款和垫款等。（2）以公允价值计量且其变动计入其他综合收益：本集团管理此类金融资产的业务模式为既以收取合同现金流量为目标又以出售为目标，且此类金融资产的合同现金流量特征与基本借贷安排相一致。此类金融资产按照公允价值计量且其变动计入其他综合收益，但减值损失或利得、汇兑损益和按照实际利率法计算的利息收入计入当期损益。此类金融资产列示为其他债权投资。本集团暂无以公允价值计量且其变动计入其他综合收益的金融资产。（3）以公允价值计量且其变动计入当期损益：本集团将持有的未划分为以摊余成本计量和以公允价值计量且其变动计入其他综合收益的债务工具，以公允价值计量且其变动计入当期损益，列示为交易性金融资产。本集团将对其没有控制、共同控制和重大影响的权益工具投资按照公允价值计量且其变动计入当期损益，列示为交易性金融资产。

6.2.1.2 金融资产减值

本集团对于以摊余成本计量的金融资产等，以预期信用损失为基础确认损失准备。

本集团考虑有关过去事项、当前状况以及对未来经济状况的预测等合理且有依据的信息，以发生违约的风险为权重，计算合同应收的现金流量与预期能收到的现金流量之间差额的现值的概率加权金额，确认预期信用损失。

于每个资产负债表日，本集团对于处于不同阶段的金融工具的预期信用损失分别进行计量。金融工具自初始确认后信用风险未显著增加的，处于第一阶段，本集团按照未来12个月内的预期信用损失计量损失准备；金融工具自初始确认后信用风险已显著增加但尚未发生信用减值的，处于第二阶段，本集团按照该工具整个存续期的预期信用损失计量损失准备；金融工具自初始确认后已经发生信用减值的，处于第三阶段，本集团按照该工具整个存续期的预期信用损失计量损失准备。

对于在资产负债表日具有较低信用风险的金融工具，本集团假设其信用风险自初始确认后并未显著增加，按照未来12个月内的预期信用损失计量损失准备。

本集团对于处于第一阶段和第二阶段，以及较低信用风险的金融工具，按照其未扣除减值准备的账面余额和实际利率计算利息收入。对于处于第三阶段的金融工具，按照其账面余额减已计提减值准备后的摊余成本和实际利率计算利息收入。

对于应收账款，无论是否存在重大融资成分，本集团均按照整个存续期的预期信用损失计量损失准备。本集团将计提或转回的损失准备计入当期损益。

本集团依据信用风险特征将应收款项划分为若干组合，在组合基础上计算预期信用损失，对于划分为组合的应收账款，本集团参考历史信用损失经验，结合当前状况以及对未来经济状况的预测，通过违约风险敞口和整个存续期预期信用损失率，计算预期信用损失。

本集团对于处于第一阶段和第二阶段的金融工具，通过预计未来期间单个敞口或资产组合的违约概率、违约损失率和违约风险敞口，来确定预期信用损失。对于处于第三阶段的金融工具，通过预计未来可收回现金流折现后的现值与金融资产账面价值的差额确认预期信用损失。

6.2.1.3 金融资产终止确认

金融资产满足下列条件之一的，予以终止确认：（1）收取该金融资产现金流量的合同权利终止；（2）该金融资产已转移，且本集团将金融资产所有权上几乎所有的风险和报酬转移给转入方；（3）该金融资产已转移，虽然本集团既没有转移也没有保留金融资产所有权上几乎所有的风险和报酬，但是放弃了对该金融资产控制。

金融资产终止确认时，其账面价值与收到的对价的差额，计入当期损益。

6.2.1.4 金融负债

金融负债于初始确认时分类为以摊余成本计量的金融负债和以公允价值计量且其变动计入当期损益的金融负债。

本集团的金融负债主要为以摊余成本计量的金融负债。该类金融负债按其公允价值扣除交易费用后的金额进行初始计量，并采用实际利率法进行后续计量。

当金融负债的现时义务全部或部分已经解除时，本集团终止确认该金融负债或义务已解除的部分。终止确认部分的账面价值与支付的对价之间的差额，计入当期损益。

6.2.1.5 金融工具的公允价值确定

存在活跃市场的金融工具，以活跃市场中的报价确定其公允价值。不存在活跃市场的金融工具，采用估值技术确定其公允价值。在估值时，本集团采用在当前情况下适用并且有足够可利用数据和其他信息支持的估值技术，选择与市场参与者在相关资产或负债的交易中所考虑的资产或负债特征相一致的输入值，并尽可能优先使用相关可观察输入值。在相关可观察输入值无法取得或取得不切实可行的情况下，使用不可观察输入值。

6.2.2 长期股权投资核算方法

截至报告期末，本集团长期股权投资账面余额为零。

6.2.3 投资性房地产核算方法

截至报告期末，本集团无投资性房地产。

6.2.4 固定资产计价和折旧方法

（1）固定资产确认。固定资产包括电子设备、运输工具、办公设备及其他设备等。（2）固定资产初始计量和后续计量。购置或新建的固定资产按取得时的成本进行初始计量。与固定资产有关的后续支出，在相关的经济利益很可能流入本集团且其成本能够可靠地计量时，计入固定资产成本；对于被替换的部分，终止确认其账面价值；所有其他后续支出于发生时计入当期损益。（3）各类固定资产的折旧方法。固定资产折旧采用年限平均法并按其入账价值减去预计净残值后在预计使用寿命内计提。对计提了减值准备的固定资产，则在未来期间按扣除减值准备后的账面价值及依据尚可使用年限确定折旧额。

固定资产的预计使用寿命、净残值率及年折旧率列示如下表所示。

固定资产类别	预计使用寿命（年）	预计净残值率（%）	年折旧率（%）
电子设备	3	5	31.67
运输工具	4	5	23.75
办公设备	5	5	19
其他设备	5	5	19

对固定资产的预计使用寿命、预计净残值和折旧方法于每年年度终了进行复核并作适当调整。

当固定资产被处置，或者预期通过使用或处置不能产生经济利益时，终止确认该固定资产。固定资产出售、转让、报废或毁损的处置收入扣除其账面价值和相关税费后的金额计入当期损益。

6.2.5 无形资产计价及摊销政策

无形资产是指本集团拥有或者控制的没有实物形态的可辨认非货币性资产。

无形资产按成本进行初始计量。使用寿命有限的无形资产自可供使用时起，对其原值在其预计使用寿命内采用直线法分期平均摊销。使用寿命不确定的无形资产不予摊销。本集团至少于年度终了，对使用寿命有限的无形资产的使用寿命和摊销方法进行复核，必要时进行调整。

6.2.6 长期应收款的核算方法

截至报告期末，本集团无长期应收款。

6.2.7 长期待摊费用

长期待摊费用包括使用权资产改良及其他已经发生但应由本期和以后各期负担的、分摊期限在一年以上的各项费用，按预计受益期间分期平均摊销，并以实际支出减去累计摊销后的净额列示。

6.2.8 预计负债

当与或有事项相关的义务是本集团承担的现时义务，且履行该义务很可能导致经济利益流出，以及该义务的金额能够可靠地计量，则确认为预计负债。

预计负债按照履行相关现时义务所需支出的最佳估计数进行初始计量，并综合考虑与或有事项有关的风险、不确定性和货币时间价值等因素。货币时间价值影响重大的，通过对相关未来现金流出进行折现后确定最佳估计数。

如果清偿预计负债所需支出全部或部分预期由第三方补偿的，补偿金额在基本确定能够收到时，作为资产单独确认，且确认的补偿金额不超过预计负债的账面价值。

于资产负债表日，对预计负债的账面价值进行复核并作适当调整，以反映当前的最佳估计数。

6.2.9 合并会计报表的编制方法

编制合并财务报表时，合并范围包括本公司及全部子公司（包括结构化主体）。

子公司是指可以被本集团控制的主体（包括结构化主体）。控制，是指本集团拥有对被投资方的权力，通过参与被投资方的相关活动而享有可变动报酬，并且有能力利用对被投资方的权力影响其报酬。本集团在获得子公司控制权当日合并子公司，并在丧失控制权当日将其终止合并入账。

结构化主体，是指在判断主体的控制方时，表决权或类似权力没有被作为设计主体架构时的决定性因素（例如表决权仅与行政管理事务相关），而主导该主体相关活动的依据是合同或相应安排。

当本集团在结构化主体中担任管理人（如作为信托计划的受托人）时，本集团将评估就该结构化主体而言，本集团是代理人还是主要责任人。如果资产管理人仅仅是代理人，则其主要代表其他方（结构化主体的其他投资者）行事，因此并不控制该结构化主体。但若资产管理人被判断为主要代表其自身行为，则是主要责任人，因而控制该结构化主体。

本集团经营活动中涉及的结构化主体包括信托计划和资产管理计划投资等。本公司设立信托计划，通过向信托计划的委托人（投资者）提供受托及管理服务赚取信托报酬。信托计划主要包括融资类信托计划和投资类信托计划等，本公司也可能在本公司设立及管理的信托计划中进行投资。

本集团在决定是否合并结构化主体时，根据合同约定评估本集团是否拥有对结构化主体的权力，通过参与结构化主体的相关活动而享有可变动报酬，并且有能力利用对结构化主体的权力影响其报酬。归属于第三方受益人的权益在合并资产负债表中列示为其他负债。

6.2.10 收入确认原则和方法

收入的金额按照本集团在日常经营活动中销售商品和提供劳务时，已收或应收合同或协议价款的公允价值确定。

与交易相关的经济利益很可能流入本集团，相关的收入能够可靠计量且满足下列各项经营活动的特定收入确认标准时，确认相关的收入：

（1）利息净收入。利息净收入包含贷款利息收入、债权投资利息收入、买入返售金融资产利息收入及货币资金利息收入减去借款利息支出。利息收入是用实际利率乘以金融资产账面余额计算得出，以下情况除外：对于源生或购入已发生信用减值的金融资产，其利息收入用经信用调整的原实际利率乘以该金融资产摊余成本计算得出；不属于源生或购入已发生信用减值的金融资产，但后续已发生信用减值的金融资产（或"第三阶段"），其利息收入用实际利率乘以摊余成本（即，扣除损失准备后的净额）计算得出。

实际利率是指按金融资产或金融负债的预计存续期间将其预计未来现金流入或流出折现至该金融资产账面余额（即扣除损失准备之前的摊余成本）或该金融负债摊余成本的利率。实际利率的计算需要考虑金融工具的合同条款并且包括所有归属于实际利率组成部分的费用和所有交易成本。

利息支出按借入货币资金的时间和实际利率计算确认。

（2）手续费及佣金收入。信托报酬收入包括本集团管理旗下各信托计划而取得的固定费率管理费收入和浮动报酬。在满足收入确认条件的前提下，固定费率管理费收入根据合同约定的基数和固定费率累计计算并确认当期收入，浮动报酬按照合同约定的方法按照最可能发生的金额计算并确认当期收入。

（3）咨询服务费收入。本集团提供咨询服务取得的咨询服务费收入，根据咨询服务合同或协议约定的收费标准，在履约义务得以满足的时点（或期间）确认收入。

本集团已收或应收的合同价款超过已完成的劳务，则将超过部分确认为合同负债。

6.2.11 所得税的会计处理方法

在正常的经营活动中，部分交易和事项的最终的税务处理存在不确定性。在计提所得税费用时，本集团需要作出重大判断。如果这些税务事项的最终认定结果与最初入账的金额存在差异，该差异将对作出上述最终认定期间的所得税费用和递延所得税的金额产生影响。

6.2.12 其他会计政策、会计估计变更

截至报告期末，本集团无其他会计政策、会计估计变更。

6.2.13 前期差错更正

6.2.13.1 合并报表期初差错更正

截至报告期末，本集团无合并报表期初差错更正。

6.2.13.2 单体报表期初差错更正

截至报告期末，本公司无单体报表期初差错更正。

6.2.14 买入返售金融资产

买入返售金融资产是指按规定进行证券回购业务而融出的资金，按买入证券实际支付的成本入账，并在证券持有期内按实际利率计提买入返售证券收入，计入当期损益。

6.2.15 研究与开发

根据内部研究开发项目支出的性质以及研发活动最终形成无形资产是否具有较大不确定性，分为研究阶段支出和开发阶段支出。

研究阶段的支出，于发生时计入当期损益；开发阶段的支出，同时满足下列条件的，予以资本化：（1）完成该无形资产以使其能够使用或出售在技术上具有可行性；（2）管理层具有完成该无形资产并使用或出售的意图；（3）能够证明该无形资产将如何产生经济利益；（4）有足够的技术、财务资源和其他资源支持，以完成该无形资产的开发，并有能力使用或出售该无形资产；以及（5）归属于该无形资产开发阶段的支出能够可靠地计量。

不满足上述条件的开发阶段的支出，于发生时计入当期损益。前期已计入损益的开发支出不在以后期间重新确认为资产。已资本化的开发阶段的支出在资产负债表上列示为开发支出，自该项目达到预定可使用状态之日起转为无形资产。

6.2.16 长期资产减值

固定资产、使用寿命有限的无形资产及对子公司的长期股权投资等，于资产负债表日存在减值迹象的，进行减值测试；尚未达到可使用状态的无形资产，无论是否存在减值迹象，至少每年进行减值测试。减值测试结果表明资产的可收回金额低于其账面价值的，按其差额计提减值准备并计入减值损失。可收回金额为资产的公允价值减去处置费用后的净额与资产预计未来现金流量的现值两者之间的较高者。资产减值准备按单项资产为基础计算并确认，如果难以对单项资产的可收回金额进行估计的，以该资产所属的资产组确定资产组的可收回金额。资产组是能够独立产生现金流入的最小资产组合。

上述资产减值损失一经确认，以后期间不予转回价值得以恢复的部分。

6.2.17 借款

借款按其公允价值扣除交易费用后的金额进行初始计量，并采用实际利率法按摊余成本进行后续计量。借款期限在一年以下（含一年）的借款为短期借款，其余借款为长期借款。

6.2.18 职工薪酬

职工薪酬是本集团为获得职工提供的服务或解除劳动关系而给予的各种形式的报酬或补偿，包括短期薪酬、离职后福利和辞退福利等。

6.2.18.1 短期薪酬

短期薪酬包括工资、奖金、津贴和补贴、职工福利费、医疗保险费、工伤保险费、生育保险费、住房公积金、工会和教育经费、短期带薪缺勤等。本集团在职工提供服务的会计期间，将实际发生的短期薪酬确认为负债，并计入当期损益或相关资产成本。其中，非货币性福利按照公允价值计量。

6.2.18.2 离职后福利

本集团将离职后福利计划分类为设定提存计划和设定受益计划。设定提存计划是本集团向独立的基金缴存固定费用后，不再承担进一步支付义务的离职后福利计划；设定受益计划是除设定提存计划以外的离职后福利计划。于报告期内，本集团的离职后福利主要是为员工缴纳的基本养老保险、补充养老保险和失业保险，均属于设定提存计划。

6.2.18.3 辞退福利

本集团在职工劳动合同到期之前解除与职工的劳动关系，或者为鼓励职工自愿接受裁减而提出给予补偿，在本集团不能单方面撤回解除劳动关系计划或裁减建议时和确认与涉及支付辞退福利的重组相关的成本费用时两者孰早日，确认因解除与职工的劳动关系给予补偿而产生的负债，同时计入当期损益。

6.2.19 递延所得税资产和递延所得税负债

递延所得税资产和递延所得税负债根据资产和负债的计税基础与其账面价值的差额（暂时性差异）计算确认。对于按照税法规定能够于以后年度抵减应纳税所得额的可抵扣亏损，确认相应的递延所得税资产。对于商

誉的初始确认产生的暂时性差异，不确认相应的递延所得税负债。对于既不影响会计利润也不影响应纳税所得额（或可抵扣亏损）的非企业合并的交易中产生的资产或负债的初始确认形成的暂时性差异，不确认相应的递延所得税资产和递延所得税负债。于资产负债表日，递延所得税资产和递延所得税负债，按照预期收回该资产或清偿该负债期间的适用税率计量。

递延所得税资产的确认以很可能取得用来抵扣可抵扣暂时性差异、可抵扣亏损和税款抵减的应纳税所得额为限。

对与子公司（包括控制的结构化主体）投资相关的应纳税暂时性差异，确认递延所得税负债，除非本集团能够控制该暂时性差异转回的时间且该暂时性差异在可预见的未来很可能不会转回。对与子公司（包括控制的结构化主体）投资相关的可抵扣暂时性差异，当该暂时性差异在可预见的未来很可能转回且未来很可能获得用来抵扣可抵扣暂时性差异的应纳税所得额时，确认递延所得税资产。

同时满足下列条件的递延所得税资产和递延所得税负债以抵销后的净额列示：（1）递延所得税资产和递延所得税负债与同一税收征管部门对本集团内同一纳税主体征收的所得税相关；（2）本集团内该纳税主体拥有以净额结算当期所得税资产及当期所得税负债的法定权利。

6.2.20 风险准备

风险准备包括一般准备及信托赔偿准备。

6.2.20.1 一般风险准备

根据财政部《关于印发〈金融企业准备金计提管理办法〉的通知》（财金〔2012〕20号），本公司按风险资产期末余额一定比例提取一般风险准备，原则上一般风险准备余额不低于风险资产期末余额的1.5%。一般风险准备从年度税后净利润中提取，用于弥补尚未识别的可能性损失的准备，并作为所有者权益的组成部分。

6.2.20.2 信托赔偿准备

根据中国银行业监督管理委员会令2007年第2号《信托公司管理办法》规定，本公司每年应当从税后利润中提取5%作为信托赔偿准备金，该赔偿准备金累计总额达到公司注册资本的20%时，可不再提取。

6.2.21 租赁

租赁，是指在一定期间内，出租人将资产的使用权让与承租人以获取对价的合同。

本集团作为承租人于租赁期开始日确认使用权资产，并按尚未支付的租赁付款额的现值确认租赁负债。租赁付款额包括固定付款额，以及在合理确定将行使购买选择权或终止租赁选择权的情况下需支付的款项等。按销售额的一定比例确定的可变租金不纳入租赁付款额，在实际发生时计入当期损益。

本集团的使用权资产包括租入的房屋及建筑物及机器设备。使用权资产按照成本进行初始计量，该成本包括租赁负债的初始计量金额、租赁期开始日或之前已支付的租赁付款额、初始直接费用等，并扣除已收到的租赁激励。本集团能够合理确定租赁期届满时取得租赁资产所有权的，在租赁资产剩余使用寿命内计提折旧；若无法合理确定租赁期届满时是否能够取得租赁资产所有权，则在租赁期与租赁资产剩余使用寿命两者孰短的期间内计提折旧。当可收回金额低于使用权资产的账面价值时，本集团将其账面价值减记至可收回金额。

对于租赁期不超过12个月的短期租赁和单项资产全新时价值较低的低价值资产租赁，本集团选择不确认使用权资产和租赁负债，将相关租金支出在租赁期内各个期间按照直线法计入当期损益或相关资产成本。

租赁发生变更且同时符合下列条件时，本集团将其作为一项单独租赁进行会计处理：（1）该租赁变更通过增加一项或多项租赁资产的使用权而扩大了租赁范围；（2）增加的对价与租赁范围扩大部分的单独价格按该合同情况调整后的金额相当。当租赁变更未作为一项单独租赁进行会计处理时，除新冠疫情直接引发的合同变更采用简化方法外，本集团在租赁变更生效日重新确定租赁期，并采用修订后的折现率对变更后的租赁付款额进行折现，重新计量租赁负债。租赁变更导致租赁范围缩小或租赁期缩短的，本集团相应调减使用权资产的账面价值，并将部分终止或完全终止租赁的相关利得或损失计入当期损益。其他租赁变更导致租赁负债重新计量的，本集团相应调整使用权资产的账面价值。

6.2.22 利润分配

拟发放的利润于股东会批准的当期，确认为负债。

6.3 或有事项说明

本报告期内，本集团未发生影响本财务报表阅读和理解的重大或有事项。

6.4 重要资产转让及其出售的说明

本报告期内，本集团无重要资产转让或出售。

6.5 会计报表中重要项目的明细资料

6.5.1 披露自营资产经营情况

6.5.1.1 按信用风险五级分类结果披露信用风险资产的期初数、期末数

信用风险资产五级分类	正常类（万元）	关注类（万元）	次级类（万元）	可疑类（万元）	损失类（万元）	信用风险资产合计（万元）	不良合计（万元）	不良率（%）
期初数	1 199 603	317 162	—	—	—	1 516 766	—	—
期末数	1 206 767	198 978	83 686	—	32 820	1 522 251	116 506	7.65

注：不良资产合计=次级类+可疑类+损失类。

6.5.1.2 各项资产减值损失准备的期初、本期计提、本期转回、本期核销、期末数

单位：万元

项目	期初数	本期计提	本期转回	本期核销	期末数
贷款损失准备	1 730	4 754	—	—	6 484
一般准备	—	—	—	—	—
专项准备	—	—	—	—	—
其他资产减值准备	—	111	—	—	111
以摊余成本计量金融资产的减值准备	—	111	—	—	111
以公允价值计量且其变动计入其他综合收益金融资产的减值准备	—	—	—	—	—
坏账准备	—	—	—	—	—
其他资产减值准备	—	—	—	—	—

6.5.1.3 按照投资品种分类，分别披露固有业务股票投资、基金投资、债券投资、股权投资等投资业务的期初数、期末数

单位：万元

项目	自营股票	基金	债券	长期股权投资	其他投资	合计
期初数	—	—	1 005	—	979 059	980 064
期末数	13 130	79 596	28 294	—	820 271	941 290

注：本表基金仅为公募基金。

6.5.1.4 按投资入股金额排序，前五名的自营长期股权投资的企业名称、占被投资企业权益的比例、主要经营活动及投资收益情况等

本报告期内，本公司固有间接持有浙江守成资产管理有限公司股权2 500万元，股权持股比例50%，该公司主要从事资产管理、投资管理等业务。截至报告期末投资收益为-2 500万元，长期股权投资账面余额为零。

6.5.1.5 前五名的自营贷款的企业名称、占贷款总额的比例和还款情况等

企业名称	占贷款总额的比例（%）
1.盐城市交通投资建设控股集团有限公司	9.87
2.青岛融合能源有限公司	7.89
东台市交通投资建设集团有限公司	7.89

续表

企业名称	占贷款总额的比例（%）
3.永清美景房地产开发有限公司	6.48
4.句容福源农业旅游发展有限公司	5.92
平度市国有资产经营管理有限公司	5.92
扬州江淮建设发展有限公司	5.92
浙江长兴经开建设开发有限公司	5.92
5.淮安国际科技产业园投资有限公司	3.95
淮安新城投资控股有限公司	3.95
济南市市中区城市更新建设发展有限公司	3.95
靖江市城乡建设有限公司	3.95
句容市城市建设投资有限责任公司	3.95
青岛市即墨区城市开发投资有限公司	3.95
青岛胶州城市发展投资有限公司	3.95
扬州龙川控股集团有限责任公司	3.95
仪征市城市发展投资控股集团有限公司	3.95
长兴南太湖投资开发有限公司	3.95

6.5.1.6 表外业务的期初数、期末数；按照代理业务、担保业务和其他类型表外业务分别披露

本报告期内，本公司无表外业务。

6.5.1.7 公司当年的收入结构

单体

收入结构	金额（万元）	占比（%）
手续费及佣金收入	35 781	37.86
其中：信托手续费收入	35 781	—
投资银行业务收入	—	—
利息收入	38 783	41.03
其他业务收入	—	—
其中：计入信托业务收入部分	—	—
投资收益	12 511	13.24
其中：股权投资收益	-2 500	—
证券投资收益	-574	—
其他投资收益	15 585	—
公允价值变动收益	5 672	6.00
资产处置收益	-17	-0.02

续表

收入结构	金额（万元）	占比（%）
其他收益	1 784	1.89
营业外收入	—	—
其他业务收入	—	—

注：手续费及佣金收入、利息收入、其他业务收入、投资收益、营业外收入均为损益表中的科目，其中手续费及佣金收入、利息收入、营业外收入为未抵减掉相应支出的全年累计实现收入数。

合并

收入结构	金额（万元）	占比（%）
手续费及佣金收入	29 361	24.31
其中：信托手续费收入	29 361	—
投资银行业务收入	—	—
利息收入	88 045	72.91
其他业务收入	—	—
其中：计入信托业务收入部分	—	—
投资收益	−5 222	−4.32
其中：股权投资收益	−2 500	—
证券投资收益	2 408	—
其他投资收益	−5 130	—
公允价值变动收益	6 800	5.63
资产处置收益	−17	−0.01
其他收益	1 784	1.48
营业外收入	—	—
其他业务收入	—	—

注：手续费及佣金收入、利息收入、其他业务收入、投资收益、营业外收入均为损益表中的科目，其中手续费及佣金收入、利息收入、营业外收入为未抵减掉相应支出的全年累计实现收入数。

6.5.2 披露信托财产管理情况

6.5.2.1 信托资产的期初数、期末数

单位：万元

信托资产	期初数	期末数
集合	10 278 254.58	6 286 760.37
单一	2 063 077.99	1 714 156.78
财产权	493 265.56	375 249.52
合计	12 834 598.13	8 376 166.67

6.5.2.1.1 主动管理型信托业务的信托资产期初数、期末数

单位：万元

主动管理型信托资产	期初数	期末数
证券投资类	3 282 195.45	2 864 927.37
股权及其他投资类	2 565 208.06	546 862.68
融资类	3 819 526.06	2 702 631.56
事务管理类	—	—
合计	9 666 929.57	6 114 421.61

6.5.2.1.2 被动管理型信托业务的信托资产期初数、期末数

单位：万元

被动管理型信托资产	期初数	期末数
证券投资类	47 585.57	61 697.20
股权及其他投资类	855 480.64	612 912.49
融资类	1 771 336.79	1 213 536.24
事务管理类	493 265.56	373 599.13
合计	3 167 668.56	2 261 745.06

6.5.2.2 本年度已清算结束的信托项目表

6.5.2.2.1 本年度已清算结束的信托项目

已清算结束信托项目	项目个数（个）	实收信托合计金额（万元）	加权平均实际年化收益率（%）
单一	18	412 463.47	4.50
集合	140	5 198 248.75	5.03
财产权	2	161 008.07	5.18

注：1.收益率是指信托项目清算后，给受益人赚取的实际收益水平。
2.加权平均实际年化收益率＝（信托项目1的实际年化收益率×信托项目1的实收信托＋信托项目2的实际年化收益率×信托项目2的实收信托＋…信托项目n的实际年化收益率×信托项目n的实收信托）／（信托项目1的实收信托＋信托项目2的实收信托＋…＋信托项目n的实收信托）×100%。

6.5.2.2.2 本年度已清算结束的主动管理型信托项目

已清算结束信托项目	项目个数（个）	实收信托合计金额（万元）	加权平均实际年化信托报酬率（%）	加权平均实际年化收益率（%）
证券投资类	36	502 665.97	0.43	0.90
股权及其他投资类	32	896 243.65	0.85	5.56
融资类	78	3 334 110.00	0.90	5.55
事务管理类	—	—	—	—

注：加权平均实际年化信托报酬率＝（信托项目1的实际年化信托报酬率×信托项目1的实收信托＋信托项目2的实际年化信托报酬率×信托项目2的实收信托＋…+信托项目n的实际年化信托报酬率×信托项目n的实收信托）／（信托项目1的实收信托＋信托项目2的实收信托＋…＋信托项目n的实收信托）×100%。

6.5.2.2.3 本年度已清算结束的被动管理型信托项目

已清算结束信托项目	项目个数（个）	实收信托合计金额（万元）	加权平均实际年化信托报酬率（%）	加权平均实际年化收益率（%）
证券投资类	1	998.73	0.30	−9.32
股权及其他投资类	7	336 194.87	0.11	4.71
融资类	4	540 499.00	0.10	4.79
事务管理类	2	161 008.07	0.03	5.18

6.5.2.3 本年度新增的信托项目

新增信托项目	项目个数（个）	实收信托合计金额（万元）
集合类	77	793 443.22
单一类	61	108 913.66
财产管理类	3	1 641.43
新增合计	141	903 998.31
其中：主动管理型	129	751 693.96
被动管理型	12	152 304.35

注：本年新增信托项目指在本报告年度内累计新增的信托项目个数和金额（包括以前年度成立本年度新增的分期信托项目）。包含本年度新增并于本年度内结束的项目和本年度新增至报告期末仍在持续管理的信托项目。

6.5.2.4 信托业务创新成果和特色业务有关情况

公司围绕信托业务"三分类"监管政策导向，努力提高金融市场参与度。

一方面，大力发展固收类及服务类标品信托，做大资产管理规模，推动业务结构由非标向标品转型，发挥存量客户资源禀赋优势，发展非标替代型产品。做好服务类标品信托营销，围绕银行理财子公司开展业务合作，不断扩大标品业务规模。积极推进标品信托多元化布局，发展不同期限、风险等级的产品，满足各类型客户资产配置需求。在权益类标品信托方面，在2023年资本市场大幅回撤的情况下，公司多只产品仍取得了正收益，其中，臻选套利对冲多策略1号产品年末净值1.1382，2023年收益率9.62%，最大回撤仅0.48%，夏普比率达3.18，给投资者带来了良好的持有体验。

另一方面，充分发挥信托财产独立、投向灵活、功能多样等优势，大力发展资产服务信托，以客户为中心，按照客户的服务需求和服务要素构建综合服务体系。家族信托方面，积极拓展外部渠道，寻求与大型银行、券商、财富管理机构合作，扩大资产管理规模，并成功推出保险金信托。资产证券化方面，探索以集团商业物业作为基础资产的证券化方案，完善保障性租赁住房证券化方案。慈善信托方面，与公益基金会合作，采用双受托人结构，成立弘远3号慈善信托，信托资金用于向上海市公立医院进行捐赠。向陆金发扶困慈善信托追加捐赠4万元，用于向上海市因征地工作患大病、重病致困的群众发放救助金。

6.5.2.5 本公司履行受托人义务情况及因本公司自身责任而导致的信托资产损失情况

本公司遵守信托法和信托文件对受托人义务的规定，为受益人的最大利益处理信托事务，管理信托财产时，恪尽职守，履行诚实、信用、谨慎、有效管理的义务，没有损害受益人利益的情况。本公司无因自身责任而导致的信托资产损失情况。

6.5.2.6 信托赔偿准备金的提取、使用和管理情况。

按照《信托公司管理办法》的规定，按税后利润的5%计提信托赔偿准备金，截至2023年12月31日，本公司已计提信托赔偿准备金人民币35 948.75万元；当信托赔偿准备金累计总额达到注册资本的20%时，可不再提取。

截至本报告期末，本公司未发生对信托产品赔偿的事项。

6.6 关联方关系及其交易的披露

2023年，以下类型关联交易的关联交易金额将以信托报酬为准统计。

（1）关联方认购/申购/受让我公司设立的单一信托或信托受益权。（2）关联方认购/申购/受让我公司设立的信托计划或信托受益权。

6.6.1 关联交易方的数量、关联交易的总金额及关联交易的定价政策等

项目	关联交易方数量（个）	关联交易金额（万元）	定价政策
合计	16	5 854.74	关联交易遵循公平、公开、公允的原则进行定价。存在市场价格的，按市场价格定价；不存在市场价格的，以不优于非关联方同期同类型交易的条件进行定价

注："关联交易"定义以《公司法》《企业会计准则第36号——关联方披露》和《银行保险机构关联交易管理办法》有关规定为准。

6.6.2 关联交易方与本公司的关系性质、关联交易方的名称、法定代表人、注册地址、注册资本及主营业务等

关系性质	关联方名称	法定代表人	注册地址	注册资本（万元）	主营业务
最终控股公司	上海陆家嘴（集团）有限公司	徐而进	中国（上海）自由贸易试验区浦东大道981号	470 330.57	许可项目：房地产开发经营；建设工程施工；艺术品进出口（依法须经批准的项目，经相关部门批准后方可开展经营活动，具体经营项目以相关部门批准文件或许可证件为准）。一般项目：以自有资金从事投资活动；自有资金投资的资产管理服务；国内贸易代理；会议及展览服务；礼仪服务；组织文化艺术交流活动；非居住房地产租赁；住房租赁（除依法须经批准的项目外，凭营业执照依法自主开展经营活动）
受同一控股股东控制的企业	陆家嘴国泰人寿保险有限责任公司	黎作强	中国（上海）自由贸易试验区海阳西路555号/东育路588号前滩中心38层	300 000.00	在上海市行政辖区内及已设立分公司的省、自治区、直辖市内经营下列业务（法定保险业务除外）：（1）人寿保险、健康保险和意外伤害保险等保险业务；（2）上述业务的再保险业务；保险兼业代理业务（依法须经批准的项目，经相关部门批准后方可开展经营活动）

续表

关系性质	关联方名称	法定代表人	注册地址	注册资本（万元）	主营业务
受同一控股公司控制的企业	上海陆家嘴商务广场有限公司	姚佩玉	中国（上海）自由贸易试验区世纪大道1600号	51 806.10	房地产综合开发、经营、物业管理、出租出售国内外销商品房、房地产中介咨询，建设、经营公用停车场设施（依法须经批准的项目，经相关部门批准后方可开展经营活动）
受同一控股公司控制的企业	上海陆家嘴物业管理有限公司	蔡宏图	浦东新区锦安东路583~585号	5 000.00	许可项目：建设工程施工；第二类增值电信业务（依法须经批准的项目，经相关部门批准后方可开展经营活动，具体经营项目以相关部门批准文件或许可证件为准）一般项目：物业管理，非居住房地产租赁，住房租赁，商业综合体管理服务，园区管理服务，信息咨询服务（不含许可类信息咨询服务），餐饮管理，酒店管理，会议及展览服务，停车场服务，工艺美术品及礼仪用品销售（象牙及其制品除外），五金产品零售，建筑装饰材料销售，日用电器修理，广告发布（非广播电台、电视台、报刊出版单位）（除依法须经批准的项目外，凭营业执照依法自主开展经营活动）
主要股东	青岛国信金融控股有限公司	刘冰冰	山东省青岛市崂山区仙霞岭路31号1号楼	393 686.10	金融及金融服务性机构的投资与运营、资产管理与基金管理、股权投资及资本运营、证券与基金投资、投资策划与咨询服务，经政府有关监管机构批准的其他资产投资与运营（依法须经批准的项目，经相关部门批准后方可开展经营活动）
主要股东控制的企业	青岛国信资本投资有限公司	刘冰冰	山东省青岛市崂山区仙霞岭路31号1号楼	50 000.00	股权投资；债权投资；证券投资；各类金融产品投资；投资基金管理机构；投资顾问、投资管理、财务顾问服务；资产（或股权）并购业务；资产（或股权）受托管理业务；资产（或债务）重组业务（依法须经批准的项目，经相关部门批准后方可开展经营活动）
受同一控股股东控制的企业	上海浦东陆家嘴软件产业发展有限公司	姚佩玉	中国（上海）自由贸易试验区峨山路91弄98号	1 000.00	软件园的管理，物业管理，计算机、软件、通信、微电子的研究、开发、生产、经营，系统集成和技术服务，信息咨询，收费停车场（依法须经批准的项目，经相关部门批准后方可开展经营活动）
主要股东控制的企业	青岛国信海天大酒店有限公司	丁阔	山东省青岛市市南区香港西路48号海天中心	5 000.00	许可项目：住宿服务；餐饮服务；演出场所经营；食品经营（销售预包装食品）；食品经营（销售散装食品）；保健食品销售；酒类经营；烟草制品零售；高危险性体育运动（游泳）；生活美容服务；歌舞娱乐活动；旅游业务；酒吧服务（不含演艺娱乐活动）（依法须经批准的项目，经相关部门批准后方可开展经营活动，具体经营项目以相关部门批准文件或许可证件为准）一般项目：酒店管理；会议及展览服务；物业管理；停车场服务；汽车租赁；日用品销售；非居住房地产租赁；住房租赁；建筑物清洁服务；专业保洁、清洗、消毒服务等
受同一控股股东控制的企业	上海陆家嘴东怡酒店管理有限公司	贾伟	中国（上海）自由贸易试验区丁香路555号	35 000.00	一般项目：酒店管理；餐饮管理；物业管理；信息咨询服务（不含许可类信息咨询服务）；票务代理服务；停车服务；健身休闲活动；针织品销售；服装服饰零售；日用百货销售；工艺美术品及礼仪用品销售（象牙及其制品除外）；工艺美术品及收藏品零售（象牙及其制品除外），除依法须经批准的项目外，凭营业执照依法自主开展经营活动）许可项目：餐饮服务；住宿服务；烟草制品零售（依法须经批准的项目，经相关部门批准后方可开展经营活动，具体经营项目以相关部门批准文件或许可证件为准）
主要股东控制的企业	青岛国信上实城市物业发展有限公司	张建阳	山东省青岛市市南区香港西路48号青岛海天中心T1楼39层	500.00	一般项目：物业管理；企业管理咨询；工程管理服务；物业服务评估；消防技术服务；餐饮管理；酒店管理；市场营销策划；非居住房地产租赁；园林绿化工程施工；停车场服务；组织体育表演活动等
主要股东重大影响的企业	青岛大剧院管理有限公司	唐斌	青岛市崂山区云岭路5号	2 040.00	影剧院，演出经纪（依据文化部门核发的许可证开展经营活动），剧院管理与服务，营业性演出场所经营，组织文化艺术交流，展览展示服务，演出策划，票务服务，会议服务，演出器材及场地租赁，演出场所配套设施租赁，艺术表演信息咨询，教育信息咨询，销售：食品、演出器材、办公用品、工艺美术品（依法须经批准的项目，经相关部门批准后方可开展经营活动）
主要股东控制的企业	青岛国信国际会展中心酒店有限公司	彭桂英	山东省青岛市崂山区仙霞岭路29号	2 000.00	一般项目：酒店管理；日用百货销售；票务代理服务；会议及展览服务；非居住房地产租赁；住房租赁（除依法须经批准的项目外，凭营业执照依法自主开展经营活动）许可项目：餐饮服务；食品经营（销售预包装食品）；住宿服务等
主要股东控制的企业	青岛国信发展资产管理有限公司	刘冰冰	山东省青岛市崂山区仙霞岭路31号1号楼	10 000.00	资产管理、投融资服务、财务管理策划咨询、商务信息咨询、企业管理咨询、投资及投资管理、资产投资及重组、经政府有关及有关监管机构批准的其他资产投资与运营（依法须经批准的项目，经相关部门批准后方可开展经营活动）
受同一最终控股公司控制的企业	上海浦东美术馆经营管理有限公司	李旻坤	中国（上海）自由贸易试验区滨江大道2755、2777号一层L1-02、L1-03室	1 000.00	一般项目：物业管理；餐饮管理；票务代理服务；文化场馆管理服务；会议及展览服务；礼仪服务；艺（美）术品、收藏品鉴定评估服务；信息咨询服务（不含许可类信息咨询服务）；组织文化艺术交流活动；文艺创作；工艺美术品及收藏品零售（象牙及其制品除外）；珠宝首饰零售；钟表销售；日用百货销售；服装服饰零售；电子产品销售；文具用品零售；体育用品及器材零售；鞋帽零售；箱包零售；化妆品零售；礼品花卉销售；广告设计、代理；广告发布；广告制作等
受同一最终控股公司控制的企业	上海陆家嘴市政绿化管理服务有限公司	吴强	浦东新区芳华路37号612室	3 500.00	许可项目：建设工程施工；建筑物拆除作业（爆破作业除外）；建筑劳务分包；道路货物运输（不含危险货物）；公路管理与养护（依法须经批准的项目，经相关部门批准后方可开展经营活动，具体经营项目以相关部门批准文件或许可证件为准）。一般项目：城市绿化管理；花卉种植；农业园艺服务；园艺产品销售；礼品花卉销售；树木种植经营；体育场地设施工程施工；园林绿化工程施工；防洪除涝设施管理；电子、机械设备维护（不含特种设备）；市政设施管理；专业保洁、清洗、消毒服务；物业管理；建筑材料销售；住宅水电安装维护服务；会议及展览服务；停车场服务；信息咨询服务（不含许可类信息咨询服务）；机械设备租赁；仓储设备租赁服务；运输设备租赁服务；充电控制设备租赁；办公设备租赁服务；建筑工程机械与设备租赁；租赁服务（不含许可类租赁服务）；非居住房地产租赁；住房租赁（除依法须经批准的项目外，凭营业执照依法自主开展经营活动）
评审委员亲属	王×霞	—	—	—	

6.6.3 逐笔披露本公司与关联方的重大交易事项

6.6.3.1 固有与关联方交易情况：贷款、投资、租赁、应收账款担保、其他方式等期初汇总数、本期借方和贷方发生额汇总数、期末汇总数

固有与关联方关联交易 单位：万元

项目	期初数	借方发生额	贷方发生额	期末数
贷款	—	—	—	—
投资	—	—	—	—
租赁	—	—	—	—
担保	—	—	—	—
应收账款	—	—	—	—
其他	30 735.06	4 116.20	—	34 851.26
合计	30 735.06	4 116.20	—	34 851.26

6.6.3.2 信托与关联方交易情况：贷款、投资、租赁、应收账款、担保、其他方式等期初汇总数、本期借方和贷方发生额汇总数、期末汇总数

信托与关联方关联交易 单位：万元

项目	期初数	借方发生额	贷方发生额	期末数
贷款	—	—	—	—
投资	891 488.64	806.77	—	892 295.41
租赁	—	—	—	—
担保	—	—	—	—
应收账款	—	—	—	—
其他	20 441.80	931.77	—	21 373.57
合计	911 930.44	1 738.54	—	913 668.98

6.6.4 逐笔披露关联方逾期未偿还本公司资金的详细情况以及本公司为关联方担保发生或即将发生垫款的详细情况

本报告期内，公司未发生关联方逾期未偿还本公司资金以及本公司为关联方担保发生或即将发生垫款的情况。

6.7 会计制度的披露

本公司固有业务和信托业务，同时执行财政部颁布的《企业会计准则——基本准则》和各项具体会计准则、其后颁布的企业会计准则应用指南、企业会计准则解释以及其他相关规定。

7. 财务情况说明书

7.1 利润实现和分配情况

2023年度本公司实现净利润人民币23 703.81万元，扣除提取10%法定盈余公积人民币2 370.38万元、提取5%信托赔偿准备金人民币1 185.19万元、提取一般风险准备20 148.24万元后，加上2022年累计未分配利润人民币69 794.03万元，2023年末可供分配利润人民币69 794.03万元。

2023年度本集团实现合并净利润人民币23 703.81万元，扣除提取10%法定盈余公积人民币2 370.38万元、提取5%信托赔偿准备金人民币1 185.19万元、提取一般风险准备20 148.24万元后，加上2022年累计未分配利润人民币69 794.03万元，2023年末可供分配利润人民币69 794.03万元。

7.2 主要财务指标

单体

指标名称	指标值
资本利润率（%）	1.89
加权年化信托报酬率（%）	0.55
人均净利润（万元）	59.71

合并

指标名称	指标值
资本利润率（%）	1.89
加权年化信托报酬率（%）	0.55
人均净利润（万元）	59.71

注：1. 资本利润率＝净利润/所有者权益平均余额×100%。
2. 加权年化信托报酬率＝（信托项目1的实际年化信托报酬率×信托项目1的实收信托＋信托项目2的实际年化信托报酬率×信托项目2的实收信托＋…＋信托项目n的实际年化信托报酬率×信托项目n的实收信托）/（信托项目1的实收信托＋信托项目2的实收信托＋…＋信托项目n的实收信托）×100%。
3. 人均净利润＝净利润/年平均人数。
4. 平均值采取年初、年末余额简单平均法，公式为：a（平均）＝（年初数＋年末数）/2。

7.3 净资本和风险资本情况

指标名称	期末数	监管指标
净资本（万元）	962 758.47	大于监管要求的20 000
风险资本（万元）	288 023.02	—
净资本/风险资本（%）	334.26	大于监管要求的100
净资本/净资产（%）	76.22	大于监管要求的40

7.4 对本公司财务状况、经营成果有重大影响的其他事项

本报告期内，未发生对本公司财务状况、经营成果有重大影响的其他事项。

8.特别事项揭示

8.1 前五名股东报告期内变动情况及原因

本报告期内,公司未发生前五名股东变动的情况。

8.2 董事、监事及高级管理人员变动情况及原因

8.2.1 董事变动情况

2022年12月30日,经2022年度股东会第四次会议审议通过,同意选举刘冰冰先生担任公司第五届董事会董事,邓友成不再担任第五届董事会董事;2023年3月10日,刘冰冰董事任职资格经监管核准并生效。

2023年12月7日,经2023年度股东会第三次会议审议通过,同意选举杨波先生担任公司第五届董事会独立董事,毕玥不再担任第五届董事会独立董事;2024年3月4日,杨波独立董事任职资格经监管核准并生效。

8.2.2 监事变动情况

2023年11月22日,经职工代表大会选举,选任侯惠珠女士为公司职工监事,潘易女士因工作调动,不再担任公司职工监事。

8.2.3 高级管理人员变动情况

2023年8月3日,经第五届董事会第二十四次会议审议通过,崔斌不再担任总经理,选任王彦为总经理;2023年10月19日,总经理任职资格经监管核准并生效。

8.3 变更注册资本、变更注册地或公司名称、公司分立合并事项

本报告期内,公司未发生变更注册资本、注册地或公司名称、公司分立合并事项。

8.4 公司重大诉讼事项

8.4.1 重大未决诉讼事项

本报告期内,因房地产行业系统性风险,公司新发生10件诉讼案件,公司已作为原告提起民事诉讼。

8.4.2 以前年度发生,于本报告年度内终结的诉讼事项

本报告期内,公司发生2件以前年度发生并于本报告年度内终结的诉讼事项。

8.4.3 本报告年度发生,于本报告年度内终结的诉讼事项

本报告期内,公司未发生本报告年度发生并于本报告年度内终结的诉讼事项。

8.5 公司及其董事、监事和高级管理人员受到处罚的情况

本报告期限内,公司及董事、监事和高级管理人员未发生受到处罚的情况。

8.6 监管部门及其派出机构检查意见的整改情况

本报告期内,国家金融监督管理总结青岛监管局派出检查组,于2023年4月7日至2023年7月31日对公司进行现场检查,针对现场检查发现的问题和风险,于2023年10月下发《国家金融监督管理总局青岛监管局现场检查意见书》(〔2023〕6号),要求公司认真落实整改,确保整改工作质量。公司高度重视,提高政治站位、推进全面整改,建立整改长效机制,并以"改"促"转",进一步加快公司转型步伐,不断提升公司经营管理水平,推进公司高质量发展。

8.7 本年度公司重大事项临时事项披露内容

本报告期内,公司总经理变更事项在指定报纸进行了临时披露。

8.8 监管部门及其省级派出机构认定的其他有必要让客户及相关利益人了解的重要信息

本报告期内,公司未发生监管部门及其派出机构认定的其他有必要让客户及相关利益人了解的重大信息。

平安信托有限责任公司

1. 重要提示

1.1 本公司董事会及董事保证本报告所载资料不存在任何虚假记载、误导性陈述或者重大遗漏，并对其内容的真实性、准确性和完整性承担个别及连带责任。

1.2 独立董事曲建、蒋惠岭、KONG YING认为，本报告真实、准确、完整地披露了公司2023年度的经营管理情况。

1.3 安永华明会计师事务所（特殊普通合伙）为本公司出具了标准无保留意见的年度审计报告。

1.4 公司董事长方蔚豪、主管会计工作负责人王延斌、财务部门负责人章永怀保证年度报告中财务报告的真实、完整。

2. 公司概况

2.1 公司简介

2.1.1 公司法定中文名称：平安信托有限责任公司
公司法定英文名称：PingAnTrustCo., Ltd.（缩写为PATC）

2.1.2 公司法定代表人：姚贵平[①]

2.1.3 公司注册地址：深圳市福田区福田街道福安社区益田路5033号平安金融中心31层01单元、32层01单元、33层
邮政编码：518048
公司国际互联网网址：https://trust.pingan.com/
电子邮箱：Pub_PATMB@pingan.com.cn

2.1.4 信息披露事务负责人：张中朝
信息披露事务联系人：周喜
电话：4008866338
传真：（0755）82415828
电子邮箱：Pub_PATMB@pingan.com.cn

2.1.5 公司选定的信息披露报纸：《证券时报》《上海证报》《证券日报》《金融时报》
公司年度报告备置地点：公司董事会秘书处

2.1.6 公司聘请的会计师事务所名称：安永华明会计师事务所（特殊普通合伙）
会计师事务所办公地址：北京市东城区东长安街1号东方广场安永大楼17层

2.2 组织架构

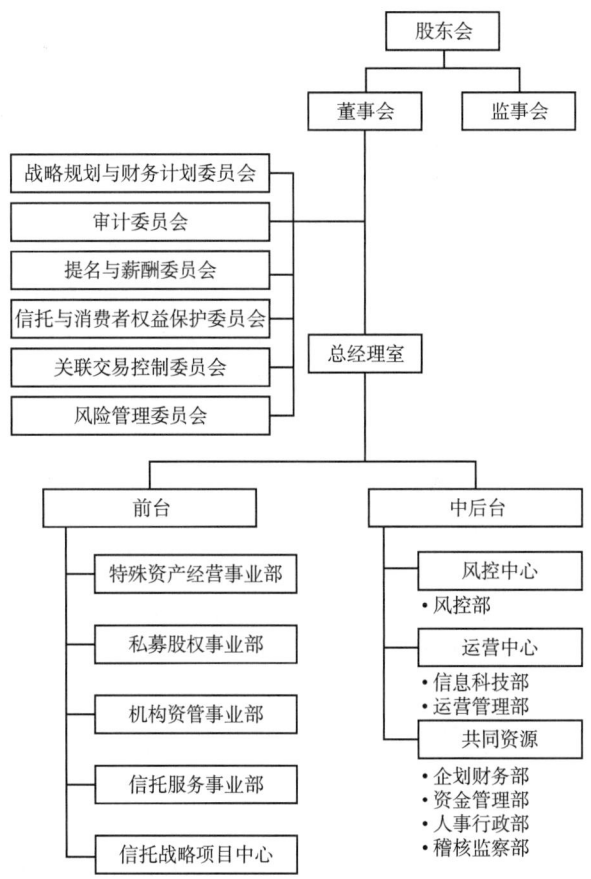

---

① 上述法定代表人信息为截至2023年12月31日的信息。2024年1月23日，公司法定代表人已由姚贵平先生变更为方蔚豪先生。

2.3 业绩概览

2.3.1 信托资产规模变动情况

2.3.1.1 公司报告期的信托资产规模变动情况

项目	2023年12月31日（万元）	2022年12月31日（万元）	本年比上年增减额（万元）	本年比上年增减比例（%）
信托资产规模	66 250 261.43	55 200 589.57	11 049 671.86	20.02
其中：主动管理型	56 464 163.54	45 651 496.27	10 812 667.27	23.69
被动管理型	9 786 097.89	9 549 093.30	237 004.59	2.48
主动管理型占比（%）	85.23	82.70	上升2.53个百分点	—

2.3.1.2 公司报告期新增信托项目情况

项目	2023年度（万元）	2022年度（万元）	本年比上年增减额（万元）	本年比上年增减比例（%）
实收信托金额	8 619 842.19	12 661 561.58	-4 041 719.39	-31.92
其中：主动管理型	6 812 636.67	9 248 168.79	-2 435 532.12	-26.34
被动管理型	1 807 205.52	3 413 392.79	-1 606 187.27	-47.06
主动管理型占比（%）	79.03	73.04	上升5.99百分点	—

2.3.1.3 公司报告期信托业务"三分类"新规下的信托资产规模

根据原中国银保监会《关于规范信托公司信托业务分类的通知》（银保监规〔2023〕1号）信托公司应当以信托目的、信托成立方式、信托财产管理内容为分类维度，将信托业务分为资产服务信托、资产管理信托、公益慈善信托三大类。截至2023年12月末，公司受托管理资产规模66 250 261.43万元，其中资产服务信托36 517 466.46万元、资产管理信托29 158 025.94万元、公益慈善及其他574 769.02万元。

2.3.2 母公司主要会计数据和财务指标

项目	2023年12月31日（万元）	2022年12月31日（万元）	本年末比上年末增减额（万元）	本年末比上年末增减比例（%）
总资产	3 176 300.51	3 422 121.85	-245 821.34	-7.18
总负债	570 644.98	791 778.68	-221 133.70	-27.93
净资产	2 605 655.53	2 630 343.17	-24 687.64	-0.94
实收资本	1 300 000.00	1 300 000.00	—	—
营业收入	216 819.70	308 585.70	-91 766.00	-29.74
净利润	61 306.74	159 268.07	-97 961.33	-61.51
资产负债率（%）	17.97	23.14	下降5.17个百分点	—
净资产收益率（%）	2.34	5.94	下降3.60个百分点	—

2.3.3 信托大事纪

2.3.3.1 积极落实"三分类"新规，扎实推进信托业务转型

2023年，平安信托以习近平新时代中国特色社会主义思想为指导，深入践行金融工作的政治性、人民性，以信托业务"三分类"新规为指引，以高质量党建引领公司高质量发展。公司紧密围绕集团"综合金融+医疗养老"战略大局，定位于打造"轻资产、服务型信托专家"，聚焦信托服务、私募股权等核心优势业务，扎实推进"清资产、控风险、促发展"三大重点工作，立足长期价值最大化持续推进战略转型。

2.3.3.2 业绩稳健结构优化，持续保持行业领先位置

2023年，平安信托发展服务类信托，有序压降传统融资类业务，业务结构持续优化，业务风险持续降低。公司实现资产管理规模同比增长20.02%，其中投资类规模同比增长31.95%，融资类规模同比压降23.58%，整体资产质量和业务经营在行业中处于领先位置，成功荣获"BrandZ最具影响力中国信托品牌"第一名。

2.3.3.3 特资经营模式优化，创新维护市场平稳健康发展

2023年，平安信托全面履行受托人管理责任，做深

做透特殊资产经营，加强风险处置清收。不断优化清收处置模式，落地面向多主体、多投资人的信托计划"组包卖断+反委托创新"处置模式，有效平衡投资人的即期诉求和远期利益。积极践行"金融为民"的方针政策，深入参与困境项目风险化解，以市场化、法治化方式盘活多个房地产项目，为"保交楼、稳民生"工作输出有益经验，维护市场平稳健康发展。

2.3.3.4 服务信托加快布局，本源业务位居前列

2023年，平安信托顺应监管政策导向，立足客户多元需求，回归信托本源，大力发展服务信托。保险金信托规模1 082亿元；家族信托规模410亿元，增速超市场30个百分点；阳光私募合作渠道增加至55家，规模3 217亿元，较年初增长526亿元。大力推进产品创新，养老信托创新产品、外籍人士家族信托、首单机构自有资金法人及非法人财富管理信托、首单担保品服务信托及首单其他行政管理服务信托等多个创新产品完成落地。

2.3.3.5 股权投资稳中求进，赋能企业共享成长

2023年，平安信托股权投资业务坚持稳字当头、稳中求进的方针，扎实推进投资布局，紧盯市场做好投后管理。对内优化管理机制，合规经营、稳健发展，投资业绩位居行业前列，斩获外部专业机构颁发荣誉奖项近20个。

2.3.3.6 机构资管能力高效输出，夯实险资长久期底仓

2023年，平安信托聚焦基础设施、物流仓储、高速公路、新能源、长租公寓等领域，重点服务平安集团保险资金，为内外部机构资金提供收益稳定、风险适配的资产和金融产品，夯实险资大类资产配置。投后管理能力不断提升，资管能力实现输出，全年管理规模新增246亿元，其中权益类新增90亿元。

2.3.3.7 全面构筑风控防线，持续完善风险治理架构

2023年，平安信托深入优化全面风险管理体系，持续完善风险治理架构。聚焦6大核心风险，打造资产"风险地图"，对核心风险进行量化、动态、可视化管理；搭建"苹果逻辑"工具，提升拨备资源使用效果；扎实推进尽职履责、信息披露专项整治，并构建尽职履责常态化工作机制，为业务稳健发展保驾护航。

2.3.3.8 科技赋能转型提效，升级数字化发展引擎

2023年，平安信托以科技赋能业务发展，研发四种渠道对接模式，建设家庭服务信托全流程线上化系统，全面助力市场推广。以科技助力运营提效，通过系统支持新产品套餐化准入，产品落地周期加速57%。通过提升自动估值率、外部净值自动解析等措施实现运营成本下降15.7%，运营零差错。以科技管控全流程风险，完善信息披露全流程系统，自动化率提升至98%，披露零遗漏零瑕疵。强化5大类风险、数万风险指标的自动化监测，风险预警更全面更及时。构建50个场景的关联交易自动化识别和拦截，数千交易对手每日监测，提升合规能力。建设统一监管报送平台，通过自动化报送实现及时、准确的监管报送。

2.3.3.9 建立健全消保机制，树立金融宣教标杆

2023年，平安信托持续提升消保管理水平，妥善应对消保客诉。事前充分准备，提前摸排消保风险，建立"高中低"三层漏斗型风险产品全景档案地图；事中分级处理，按照投诉等级分级应对，扎实落实"三到位"要求；事后复盘优化，对重大投诉事件总结复盘并优化管理机制。同时，积极构建金融知识教育宣传"四常"机制，引导金融消费者全面认识自身合法权益和责任义务，通过合法合规的渠道依法理性维护自身权益。

2.3.3.10 深入践行社会责任，创新公益发展路径

2023年，平安信托持续践行ESG责任投资理念，聚焦中西部民生项目、健康、环保及现代制造等重点行业，支持科技创新、高端制造、医疗健康、绿色双碳、数字经济等国家重大战略实施，投入实体经济规模超5 000亿元，助力实体经济高质量发展。落地国内首单1 000万级红树林生态保护慈善信托，成功打造金融助力深圳国际红树林中心建设的平安范本。

2.4 荣誉奖项

2023年，平安信托积极响应党和国家的战略部署，持续引领行业转型升级，公司综合实力、品牌美誉度保持平稳。得益于稳健的经营管理能力、良好的社会口碑以及在践行企业社会责任方面的突出表现，平安信托受到多方好评，相继斩获《证券时报》"中国优秀信托公司奖"、《财联社》"最具竞争力信托公司奖"、《中国银行保险报》"BrandZ最具影响力中国信托品牌"等诸多权威荣誉，涵盖综合实力、科技创新、绿色金融、公益慈善等多个领域。

2.4.1 综合实力

年度中国优秀信托公司	《证券时报》评定
最具竞争力信托公司金榛子奖	《财联社》评定
年度卓越信托公司金鼎奖	《每日经济新闻》评定

年度高质量发展金融机构金蝉奖	《华夏时报》评定
BrandZ最具影响力中国信托品牌	《中国银行保险报》评定

2.4.2 风控、科技创新与业务能力

"优秀债券投资交易机构——信托类"及优秀个人称号	深圳证券交易所评定
年度最佳服务实体经济信托公司	《金融时报》评定
年度优秀风险处置信托公司	《中国房地产报》评定
"中国数字技术创新应用大赛——数据治理赛道"二等奖	2023中国数字经济创新发展大会评定
一年期固定收益类产品金牛奖、一年期混合类产品金牛奖	《中国证券报》评定
金榛子资管竞争力卓越案例	《财联社》评定
"年度卓越TOF产品管理团队奖"	证券之星评定

2.4.3 社会责任及其他

金诺·中国金融年度优秀社会责任项目	《中国银行保险报》评定
2023 ESG典范企业奖	第二届国际绿色零碳节评定
2023年度绿色发展典范奖	第十三届公益节评定
粤港澳大湾区绿色金融联盟绿色金融优秀案例卓越奖	深圳市绿色金融协会评定
卓越ESG投资信托公司	21世纪经济报道评定
年度深圳银行业社会责任优秀案例	深圳市银行业协会评定
年度宣传先进单位	深圳市银行业协会评定
年度金融教育宣传活动优秀组织单位	原深圳银保监局评定

3.公司治理结构

3.1 股东

报告期末公司股东总数为2个，相关情况如下表所示。

股东名称	持股比例(%)	法定代表人	注册资本（亿元）	注册地址	主要经营业务及主要财务情况
★平安集团公司	99.88	马明哲	182.1	深圳市	投资金融、保险企业；监督管理控股投资企业的各项国内、国际业务；开展资金运用业务；2023年末其资产总额115 834.17亿元
上海市糖业烟酒(集团)有限公司	0.12	陆骏飞	5.54	上海市	食品贸易，产业投资与管理，现代服务业等；2023年末其资产总额103.11亿元

注：★为公司最终实际控制人。

报告期内，公司股东及持股比例未发生变化。

报告期末，公司股东及其控股股东、实际控制人、一致行动人、最终受益人情况如下表所示。

股东名称	该股东的控股股东	该股东的实际控制人	该股东的一致行动人	最终受益人
平安集团公司	无	无	无	中国平安保险(集团)股份有限公司
上海市糖业烟酒(集团)有限公司	光明食品(集团)有限公司	光明食品(集团)有限公司	无	上海市糖业烟酒(集团)有限公司

报告期末，平安集团公司的关联方情况详见公开挂网的《中国平安保险(集团)股份有限公司2023年年度报告》。

报告期内，公司股东无出质公司股权情况。

3.2 董事

董事长、副董事长、董事

姓名	职务	性别	年龄(岁)	选任日期	所推举的股东名称	该股东持股比例(%)	简要履历
姚贵平	董事长	男	61	2019年8月	中国平安保险(集团)股份有限公司	99.88	2007年加入平安集团，现任平安信托董事长。高级会计师，获得湖北教育学院经济管理专业学士学位
戴巍	执行董事	男	56	2021年12月	—	—	2015年7月加入平安银行，2019年7月加入平安信托，现任本公司执行董事；获得澳大利亚麦考瑞大学经济学硕士学位
张智淳	董事	女	47	2022年12月	中国平安保险(集团)股份有限公司	99.88	1998年加入平安，现任平安集团首席财务官，获上海财经大学精算专业，获学士学位，并持有中国准精算师资格证书

续表

姓名	职务	性别	年龄（岁）	选任日期	所推举的股东名称	该股东持股比例（%）	简要履历
黄玉强	董事	男	42	2022年12月	中国平安保险（集团）股份有限公司	99.88	2004年加入原深圳发展银行（现平安银行），2021年5月调任平安集团，现任集团审计责任人兼稽核监察部总经理，获南京大学商学院工商管理学士学位
周立	董事	男	63	2022年12月	中国平安保险（集团）股份有限公司	99.88	1992年加入原深圳发展银行（现平安银行），2021年调至平安集团，现任集团投后项目总监，获南开大学国际金融专业博士学位
孟庆崴	董事	男	48	2020年11月	上海市糖业烟酒（集团）有限公司	0.12	2020年4月起任上海市糖业烟酒（集团）有限公司财务部副总经理，获上海财经大学会计专业本科学历

注：1. 2023年12月15日，姚贵平先生因达到退休年龄，申请辞任公司第七届董事会董事长兼法定代表人，经公司第七届董事会第十一次会议审议通过，由方蔚豪先生接替姚贵平先生担任董事长兼法定代表人，方蔚豪先生的任职资格已于2024年1月9日获得监管批复。
2. 2023年12月15日，戴巍先生因工作安排，申请辞任公司第七届董事会执行董事、总经理职务，经公司第七届董事会第十二次会议审议通过，由张中朝先生接替戴巍先生执行董事、总经理职务，张中朝先生的董事、总经理任职资格已分别于2024年2月1日、2024年2月2日获得监管批复。
3. 经公司第七届董事会第五次会议、公司2022年第二次临时股东会审议通过，张智淳女士接替宋成立先生出任公司第七届董事会非执行董事职务，其任职资格于2023年3月9日获得监管批复，并于2023年4月11日参加公司第七届董事会第六次会议正式履职。
4. 经公司第七届董事会第五次会议、公司2022年第二次临时股东会审议通过，黄玉强先生出接替高鹏先生出任公司第七届董事会非执行董事职务，其任职资格于2023年3月9日获得监管批复，并于2023年4月11日参加公司第七届董事会第六次会议正式履职。
5. 经公司第七届董事会第五次会议、公司2022年第二次临时股东会审议通过，周立先生接替李跃先生出任公司第七届董事会非执行董事职务，其任职资格于2023年3月9日获得监管批复，并于2023年4月11日参加公司第七届董事会第六次会议正式履职。

独立董事

姓名	所在单位及职务	性别	年龄（岁）	选任日期	所推举的股东名称	该股东持股比例（%）	简要履历
李祥军	中勤万信会计师事务所执行合伙人	男	60	2017年3月	—	—	现任中勤万信会计师事务所执行合伙人，并担任中国并购公会（全联并购公会）副会长、深圳市企业战略理财研究会会长等社会职务
曲建	中国（深圳）综合开发研究院副院长兼前海分院院长	男	57	2022年12月	—	—	现任中国（深圳）综合开发研究院副院长兼前海分院院长，担任国家商务部经贸政策咨询委员会专家委员，亚洲开发银行专家，广东省政协委员，深圳市发展经济学会理事长，深圳市决策咨询委员会委员，深圳市城市规划委员会委员等社会职务。获复旦大学经济学博士后
蒋惠岭	同济大学法学院院长	男	60	2022年12月	—	—	现任同济大学法学院院长、特聘教授，兼任上海华瑞银行董事。获中国政法大学法学学士、硕士学位；加拿大蒙特利尔大学法学院公法硕士学位
KONG YING	北京师范大学湾区国际商学院创始院长	男	63	2023年4月	—	—	著名管理经济学家和低碳经济学家，现任北京师范大学湾区国际商学院院长，兼任国际组织世界低碳城市联盟主席，国际学术杂志《世界经济探索》主编等，获加拿大卡尔顿大学经济学博士

注：1. 李祥军先生因任期届满不再担任公司独立董事，经公司第七届董事会第六次会议、2022年度股东会审议通过，由KONG YING先生接替其独立董事职务。
2. 经公司第七届董事会第五次会议、2022年第二次临时股东会审议通过，由曲建先生接替董毅民先生担任公司独立董事，其任职资格于2023年3月9日获得监管批复，并于2023年4月11日参加公司第七届董事会第六次会议正式履职。
3. 经公司第七届董事会第五次会议、2022年第二次临时股东会审议通过，由蒋惠岭先生接替陈勇先生担任公司独立董事，其任职资格于2023年4月7日获得监管批复，并于2023年4月11日参加公司第七届董事会第六次会议正式履职。
4. 经公司第七届董事会第六次会议、2022年度股东会审议通过，由KONG YING先生接替李祥军先生担任公司独立董事，其任职资格于2023年9月20日获得监管批复，并于2023年10月31日参加公司第七届董事会第十次会议正式履职。

3.3 监事

监事会成员

姓名	职务	性别	年龄（岁）	选任日期	所推举的股东名称	股东持股比例（%）	简要履历
许黎	监事会主席	女	41	2022年4月	平安集团公司	99.88	现任平安集团稽核监察部高级稽核经理
方渭清	监事	男	46	2010年12月	职工代表	—	现任本公司稽核监察部总经理
吴毅辉	监事	女	41	2022年4月	职工代表	—	现任本公司人事行政部人力资源总经理
孔祥云	外部监事	男	68	2022年4月	—	—	曾供职于江西财经大学、江西华财大厦实业投资公司、中国投资银行深圳分行、平安银行深圳分行。担任振业集团、长盈精密、海能达等多家公司董事
刘崇	外部监事	男	63	2021年6月	—	—	曾供职于江西省糖酒副食品总公司、江西省商业厅、深圳市投资管理公司、深圳市益力矿泉水股份有限公司、深圳市石化集团有限公司、深圳市特发集团有限公司、深业集团、深圳控股有限公司

注：2023年5月23日，刘崇先生因个人原因辞任公司外部监事职务，经公司第七届监事会第十四次会议审议通过不再担任公司外部监事职务。

3.4 高级管理人员

报告期末，公司在职高级管理人员情况如下表所示。

姓名	职务	性别	年龄（岁）	选任日期	金融从业年限（年）	学历	专业	简要履历
戴巍	总经理	男	57	2021年9月	40	硕士	经济学	于2019年7月加入平安信托，2015年7月加入平安银行，现任本公司总经理
李宇航	副总经理	男	53	2017年9月	27	硕士	工商管理	于2010年1月加入平安信托，1996年9月加入平安集团，现任本公司副总经理
张中朝	总经理助理	男	45	2019年11月	20	硕士	金融学	于2019年8月加入平安信托，2017年1月加入平安银行，现任本公司总经理助理
王延斌	总经理助理兼首席财务官	男	50	2022年11月	18	硕士	工商管理	于2022年9月加入平安信托，1997年4月加入平安人寿，现任本公司总经理助理兼首席财务官
刘芳斌	公司风险总监	男	52	2021年4月	31	本科	金融	于2020年9月加入平安信托，1995年12月加入平安集团，现任本公司风险总监

注：戴巍先生于2024年2月2日起不再担任公司总经理职务，张中朝先生于2024年2月2日起担任公司总经理职务。

3.5 公司员工

报告期末，公司职工人数为470人，平均年龄38岁，其中博士占2%、硕士占56%、本科学历占39%、其他学历占3%。

4. 经营管理

4.1 愿景使命、经营目标、业务规划

4.1.1 愿景使命

平安信托深入贯彻落实中央金融工作会议、中央经济工作会议精神，围绕高质量发展的主题主线，以服务实体经济高质量发展、服务现代化金融体系建设和满足人民群众美好生活需求为使命，落实"聚焦主业、回归本源、化解风险、合规经营"十六字指导方针，立足"轻资产、服务型信托专家"的战略定位，全面推动转型战略落地。秉承守正、忠实、专业的受托人精神，回归业务本源，守正出新，行稳致远，做客户信任、员工支持、股东满意、社会尊重的中国信托业第一品牌。

4.1.2 经营目标

平安信托未来发展战略是：定位于打造"轻资产、服务型信托专家"，聚焦信托服务、机构资管、私募股权等核心优势业务，扎实推进"清资产、控风险、促发展"三大重点工作，立足长期价值最大化持续推进战略转型。

4.1.3 业务规划

4.1.3.1 夯实风控基础，打造稳健可持续发展

全力做好风险化解。全面履行受托人管理责任，做深做透特殊资产经营，加强风险处置清收。以经营思维、投行手段，加大处置力度，研究探索创新处置模式，实现新突破。强化投后管理，滚动排查项目风险，动态更新风险策略，提升准入标准。

坚持合规经营底线。围绕受托人定位，明确尽职履责规范，切实维护好投资人利益。牢固全员合规发展的理念，抓好募、投、管、退各环节，形成业务团队、风控部门、稽核部门各司其职、守土有责的管控格局。重视客户咨询、投诉、诉讼，做好诉求疏导，维权减损。

4.1.3.2 打造"轻资产、服务型信托专家"

依托平安集团保险主业，聚焦以家族信托、家庭信托、保险金信托为代表的财富管理服务信托业务，打造市场第一品牌；同步积极探索担保品服务信托、行政管理服务信托、风险处置服务信托等新型服务信托。发挥保险资金和专业能力优势，做优做强PE业务，深耕持有类收租资产，支持实体经济高质量发展。

4.2 市场分析

2023年，我国经济运行持续恢复向好，国内生产总值（GDP）同比增长5.2%，保持了高质量发展阶段的潜在增长率。但面对全球经济周期错位和逆全球化挑战，导致外需下降和信用收缩，对我国净出口增长和资金流入带来不利影响，加之消费和投资不足等因素，我国经济转型发展任务依然艰巨，稳预期、稳增长、稳就业目标任重道远。

4.2.1 行业发展面临的挑战

（1）经济增长动能不足。国民经济保持恢复向好态势，但预期不稳、内需不足的挑战依然严峻。信贷需求疲软导致资产荒现象持续。房地产市场持续低迷，调控政策持续发力，刺激效果有待观望。土地出让收入负增长，地方财政压力加大，城投企业风险加剧。多重因素下资产质量承压较大，信托经营形势依然严峻。

（2）行业转型步伐加快。信托业务"三分类"新规出台并正式实施，进一步厘清信托业务边界与内涵，强调受托人定位，明确未来转型方向。行业规模企稳、结构持续优化，标品投资能力持续提升，但仍处于深度调整期，经营业绩普遍面临挑战。而以家族信托、保险金信托为代表的资产服务信托面临巨大发展机遇。

（3）监管保持高压态势。行业合规整顿持续深化，通道业务持续清理，异地展业整顿全面实施，违规惩治工作不断强化，前10个月累计对11家信托机构处罚超2 100万元。信托公司新监管评级办法、新行业评级指引先后下发，将采取分级分类、差异化管理，提高风险防控有效性，引导行业加快回归本源、实现高质量转型。

4.2.2 行业发展面临的机遇

（1）中央金融工作会议部署下的业务机会。中央金融工作会议首提金融强国概念，强调做好科技金融、绿色金融、普惠金融、养老金融、数字金融"五篇大文章"，在重大战略重点领域和薄弱环节提供优质金融服务。信托公司应持续探索产业链补短板、战略性新兴产业壮大等战略实施中的投资机会，例如在PE投资领域大力布局，提升交易机会挖掘能力、投资能力、风控能力及投后能力，实现新经济与资本市场的高效对接，探索对优质资产的长期持有，从中获得高质量的现金流，分享行业高成长红利。

（2）信托业务"三分类"新规下的机遇。信托业务分类改革方案将信托业务分为资产服务信托、资产管理信托、公益慈善信托。资产服务信托方面，资产服务信托被置于分类首位，凸显了资产服务信托对行业转型的重要性，也体现了对信托服务功能的重视和行业转型发展方向的引导。随着我国财富管理行业的快速增长，未来以家庭服务信托、家族信托、保险金信托等为首的财富管理服务信托具有较大的发展机会，也是信托回归风险隔离、事务管理本源职能的业务。信托公司应坚持以客户为中心，提升专业服务能力，满足客户多样化、综合化的财富管理需求，大力拓展消费、预付类资金受托、财富传承、特殊需要、养老保障等资产服务信托，以及公益慈善信托等业务，更好为人民群众财富保值增值、公益传承等需求服务。资产管理信托方面，资管新规下非标受限，保险、银行等机构优化资产配置结构的需求较大，信托公司在连接产业、货币、资本三大市场具备独特制度优势，可以通过专业能力和产品方案很好地满足客户在久期、收益、风险上的需求。

4.3 业务经营分析

2023年，公司以习近平新时代中国特色社会主义思想为指导，深入贯彻落实党中央、国家金融监督管理总局各项决策部署，紧跟国家重大发展战略，以信托业务"三分类"政策为指引，回归发展本源，立足长期价值最大化持续推进战略转型，提升实体经济的服务质效，助力经济高质量发展。

4.3.1 深化战略转型布局，提升经营绩效

信托服务业务，以监管"新三分类"政策为指引，结合自身优势，做大本源业务、拓宽合作渠道、打造明星产品、加强创新探索、构建服务体系。公司依托自身的品牌及科技优势，通过优化标准作业流程、提升高效运营平台，持续做大家族信托、保险金信托业务规模，保险金信托市场份额排名保持第一，家族信托市场份额排名第四。持续提升渠道覆盖面，除银行主渠道外，还加强券商、保险公司等渠道开拓，其中，银行覆盖29家、券商覆盖27家、保险公司覆盖20家。同时，以客户需求为导向加强标类产品设计，不断丰富公司产品谱系，打造领先同业的标品资管体系，其中畅享一号和稳利TOF1号两只产品分别荣获《中国证券报》评选颁发的"一年期固定收益类产品金牛奖"和"一年期混合类产品金牛奖"。产品创新方面，回归信托本源，发布并上线家庭服务信托，将新中产及富裕家庭定位为家庭服务信托的目标客群，着重解决当下中产非常焦虑的投资、养老、教育和医疗等问题。积极探索创新服务信托，陆续落地担保品服务信托、其他行政管理服务信托、养老信托、机构自有资金法人及非法人财富管理信托等创新业务。同时，整合集团内外部资源，满足客户在健康、养老、法律、特殊关爱等领域的多元化需求，建立全方位的客户服务增值体系。

私募股权业务，在复杂多变的市场环境中稳步前行。面对国内外经济下行的挑战，持续聚焦"科技及高端制造、双碳及绿色能源、新一代信息技术、现代服务、医疗健康"核心赛道，在严控风险的前提下，寻求确定性，做大投资规模。同时，依托于平安集团的资源优势，从用户、渠道、品牌、科技、管理、金融六个方面对被投企业进行专业赋能，助力被投企业价值持续成长。

机构资管业务，坚持走专业化路线，聚焦险资等机构资金投资配置需求，为其提供覆盖基础设施资产、持有类不动产、高信用央国企与地方政府的资产管理产品

及服务。一方面，与行业龙头合作，深入挖掘新能源、交通基础设施等领域股权类资产，积极为客户盘活存量资产、降低总体负债，支持国家基础设施建设升级；另一方面，抓住商办、仓储物流、长租公寓等资产下行周期的高性价比机会，依托自身成熟的投资管理体系，助力险资加大高价值不动产配置。

4.3.2 持续完善风控体系，夯实投后管理

科学完善全面风险管理体系及管控机制，搭建全量资产风险地图，落实"严肃、严格、严谨"管理要求，强化事前、事中、事后风险防范。持续开展制度全面性、有效性、适用性检视更新。匹配服务信托业务的作业特点和风险特征，启动尽职履责专项提升工程，聚焦"重点业务存量全覆盖、募投管退流程全覆盖"，持续完善制度、规范流程，为业务健康发展夯实基础，深化牢固全员尽职履责意识，厘清受托履职边界，全面落实管理人尽职履责义务。

加强项目投后管理，对于不符合信托业务"三分类"新规的业务，建立专项工作小组制定整改方案，在风险可控的前提下推动相关业务提前退出或按新规完成改造。对于出险项目，扎实履行受托人义务，以市场化、法治化方式，围绕"快收、多收"的处置目标，通过做专、做透"债权转让、司法诉讼、非诉催收"等传统处置模式，做强、做精"债权转让+合作清收、债权转让+差额补足"创新处置模式加快风险化解和现金清收，切实保护投资人的权益。

4.3.3 践行ESG发展理念，履行社会责任

2023年，公司持续聚焦中西部民生项目、健康、环保及现代制造等重点行业，累计投入实体经济规模超5 000亿元，助力实体经济高质量发展。绿色金融方面，重点支持现代产业体系建设、乡村振兴、绿色双碳等国家重大战略规划，近三年新增绿色金融项目22个，截至目前存续绿色信托规模71.3亿元。公益慈善方面，依托自身独有的制度优势，新设3支公益慈善信托，总规模1 170万元，其中，落地"平安生物多样性及环境保护慈善信托"，规模1 000万元，成为"国际红树林保护专项基金"受托管理平台，预计管理规模超10亿元。

在履行社会责任方面，公司新增搭建1个"支教中国2.0"远程网络教室，累计9个，推出"蔚蓝行动-心青年融合计划"第二期，为心智障碍青年提供职业素养培训和就业实习机会。推进警企联动，通过多形式推广金融反诈宣传进社区、进校园活动，获深圳市公安局"反诈宣传先进集体"称号。组织员工参与万科基金会"零敢计划"，启动"零废弃办公"工作坊，通过联动碳账户、平安集团公益平台，开展14天职场废弃物溯源审计、21天零废养成计划等一系列实践，助力绿色环保。同时，公司工会通过农产品品鉴、集中采买等模式支持乡村消费帮扶141万元，支持乡村振兴发展。

本公司（本报告中所称的本公司或公司，均指母公司；本报告中所称的本集团或集团，则为本公司及其子公司）的主要经营业务。

自营资产运用与分布表

资产运用	金额（万元）	占比（%）	资产分布	金额（万元）	占比（%）
货币资产	298 126.36	9.39	基础产业	—	—
交易性金融资产	1 922 893.92	60.54	房地产业	183 571.66	5.78
债权投资	102 674.26	3.23	证券市场	—	—
其他权益工具投资	564.91	0.02	实业	467 846.31	14.73
长期股权投资	673 499.13	21.20	金融机构	2 462 077.46	77.51
应收股利	38 015.00	1.20	其他	62 805.08	1.98
其他应收款	92 077.10	2.90	—	—	—
其他	48 449.83	1.52			
资产总计	3 176 300.51	100.00	资产总计	3 176 300.51	100.00

注：1. 除特别说明外，本报告中数据均以人民币计量。
2. 资产运用中"其他"项主要包括固定资产、无形资产、递延所得税资产、使用权资产等。

信托资产运用与分布表

资产运用	金额（万元）	占比（%）	资产分布	金额（万元）	占比（%）
货币资产	2 440 810.76	3.68	基础产业	639 062.17	0.96
贷款	6 283 843.54	9.49	房地产	1 192 141.51	1.80
交易性金融资产	41 607 424.31	62.80	证券市场	37 568 673.92	56.71
债权投资	1 709 960.55	2.58	实业	5 070 219.19	7.65
买入返售资产	3 172 759.29	4.79	金融机构	20 445 386.36	30.86
其他	11 035 462.98	16.66	其他	1 334 778.28	2.02
资产总计	66 250 261.43	100.00	资产总计	66 250 261.43	100.00

4.4 内部控制、风险管理、净资本管理

4.4.1 内部控制

4.4.1.1 内部控制环境和内部控制文化

公司一贯致力于构建符合法律法规和监管要求的内部控制体系，根据风险状况和控制环境的变化，持续优化内部控制机制。根据国家法律法规以及各监管机构的要求，公司以现代国际一流金融企业为标杆，秉承综合金融发展战略，结合经营管理需要，践行"法规+1"的

合规理念，贯彻"目标明确、覆盖全面、运作规范、执行到位、监督有力"的方针，完善内部控制运行机制，着力提高抵御风险的能力，确保公司经营管理合法合规、符合监管要求，促进业务可持续健康发展。公司遵循"以制度为基础、以风险为导向、以流程为纽带"思路，强化内部控制日常化运作机制，持续提升内控工作的水平和效果，为公司持续稳健发展提供保障。

公司根据《中华人民共和国公司法》《中华人民共和国信托法》《信托公司管理办法》《信托公司治理指引》及《企业内部控制基本规范》等国家相关法律法规和公司章程的要求，建立了由股东会、董事会、监事会和高级管理层组成的法人治理结构，形成了权力机构、决策机构、监督机构和管理层之间分工配合、相互协调、相互制衡的运行机制。公司股东会、董事会、监事会均按照相关法律、法规、规范性文件及公司章程的规定，规范有效地运作。公司完善的法人治理结构为公司内部控制目标的实现提供了合理保证。

公司积极开展合规文化建设，为合规管理工作的开展和内部控制建设营造优越的内部环境及合规文化氛围。公司通过《员工行为管理制度》《员工违规行为处理执行准则》等制度，对违纪类型、违纪处理流程等作出明确规定，倡导员工诚信守法、廉洁自律，遵守公司内部规章制度，维护公司形象及社会公共秩序；通过《"红、黄、蓝"牌处罚制度》体系，对员工违规行为严格惩处，营造良好的内控环境；通过《合规手册》，明确公司合规管理职责，完善内部控制和风险管理体系；推动员工签署《合规履职承诺函》，从遵法守规、商业秘密、利益冲突等方面规范员工行为，提升员工知法守规意识。此外，公司通过全员大会、宣导专刊、面授培训、知鸟课程等多种形式高频次地开展内控文化宣导，在全公司范围内营造高层垂范、人人合规的良好氛围，增强全员合规内控意识。

4.4.1.2 内部控制措施

按照相关法律法规、监管规定和内部制度的要求，公司建立了组织架构完善、权责清晰、分工明确、人员配备精良的内部控制组织体系。公司董事会负责内部控制的建立健全和有效实施，董事会下设审计委员会，负责监督、审查、评价公司内部控制的实施情况，协调内部控制审计及其他相关事宜；监事会负责对董事会建立与实施的内部控制进行监督，对公司管理层履职情况进行检查监督；2023年，公司持续加强"业务及职能部门直接承担管理、法律合规部门统筹推动支持、稽核监察部门监督检查审计"三道防线的分工与协作，强化工作衔接与信息共享机制，有效地实施内部控制，实现内部控制"促管理、促发展、促效益"的目标。公司持续优化内控治理结构，完善操作风险与内控管理、关联交易管理、反洗钱管理、授权管理、绩效考核管理、消费者权益保护管理、员工行为管理等机制，持续优化公司内部控制政策、框架、流程、系统及工具标准，提升管理水平，并加强高风险事件管控，防范系统性风险及风险传递，落实合规内控考核，进一步促进内部控制有效实施。2023年，公司继续贯彻落实《企业内部控制基本规范》及配套指引的相关要求，积极开展内控评价工作，如期完成公司层面控制、信托管理、财务管理与信息技术控制等流程的内控自评工作；同时，公司持续关注业务的合规发展和内部控制，通过有效识别、评估以防范和化解内控风险，为公司的稳健经营提供保障。

4.4.1.3 信息交流与反馈

公司不断建立完善信息交流与反馈制度，包括内部信息交流及报告与披露。

公司建立了顺畅、双向的内部信息交流制度。公司开通各种信息交流渠道，通过公司公文、公告、制度库等传递和获取信息；充分利用信息技术，通过网络、移动互联、视频会议、电话会议、邮件等方式在公司内部传递信息，确保能够将决策层的战略、政策、制度及相关规定等信息及时传达给员工；加强对信息系统开发与维护、访问与变更、数据输入与输出、文件储存与保管、网络安全等方面的控制，保证信息系统安全稳定运行；通过重大事项报告制度，以及内部信息反馈机制让员工将业务经营、内部控制、风险管理中存在的问题及时向各级管理层报告，促进部门间、部门内部协调高效运作。同时，公司强调信息沟通在反舞弊工作中的作用，通过教育预防、制度保障、检查监督的方法预防、发现、惩戒舞弊行为。

报告与披露侧重于公司与外部的信息交流与反馈，公司先后制定了《信息披露管理办法》《关联交易管理制度》《声誉风险管理办法》《高级管理层信息报告制度》《信托产品信息披露管理办法》等信息披露和报告管理制度。公司设置专门部门负责对内对外的信息整合与发布、媒体关系管理及危机管理，确保了及时、真实、完整地向监管部门和外界披露相关信息，确保公司与外部投资者、客户、中介机构等有关方面之间进行有效交流，也确保了信息交流过程中发现的问题及时得到解决。

4.4.1.4 监督评价与纠正

公司已形成事前、事中与事后"三位一体"的风险管理和监督评价体系，对业务环节和经营管理进行持续性的全方位、全过程的监督、评价与纠正。2023年度全面完成内部控制评价计划，符合《企业内部控制基本规范》等监管规定和公司完善治理结构、强化内部控制体系建设的总体要求。

事前监督主要从制度建设、制度与流程检视与完善、风险信息收集、识别与监测整合等方面展开，对公司的内部控制进行事前管理；事中监控包括风控中心的风管团队、法律团队、内嵌风控团队、业务部门及投后管理团队的持续监控；事后监督通过常规稽核、专项稽核、离任稽核、信访调查等模式发现、评估公司经营中存在的制度和流程执行缺陷，并建立规范的后续整改跟踪程序确保改进措施得到落实，有效提升公司的内控水平。

4.4.2 风险管理

4.4.2.1 风险管理概况

2023年，中国经济逐渐摆脱疫情影响，向常态化运行轨道回归，呈现恢复向好态势，但受房地产等行业拖累，就业形势严峻，居民及企业投资信心不足，经济内生动能偏弱。

面对错综复杂的国际环境与艰巨繁重的国内改革发展稳定任务，以习近平同志为核心的党中央坚持稳中求进的工作基调，加快构建新发展格局，更好地统筹国内国际两个大局，做好稳增长、稳就业、稳物价等各项工作，推动经济高质量发展。

在此背景下，信托业务"三分类"新规的出台，对于促进实体经济恢复发展、信托公司回归本源、突出行业差异化竞争力和行业未来转型发展具有重要意义。

平安信托根据政策导向、市场趋势，结合牌照特点和自身资源禀赋，以平安新价值文化为指引，以信托业务"三分类"为主线，在展业规划上坚决回归本源业务，大力发展资产服务信托，保持公司在家族信托、保险金信托领域的品牌优势，积极探索公益信托、慈善信托的发展；规范开展资产管理信托，加强信用风险、市场风险、流动性风险和操作风险的管理，强化募投管退管理与信息披露工作。

在风险管理方面，公司贯彻落实"聚焦主业、回归本源、化解风险、合规经营"的十六字方针，推行"全员参与、全流程管控、业务全覆盖"的风险管控机制，细化"三道防线"精细化管理。公司深入优化全面风险管理体系，提升制度、策略、限额、授权、问责、培训等配套举措，风险识别、判断、管理、预警与化解能力进一步提升，实现了对各风险类型的全归口管理和全面覆盖。

4.4.2.1.1 风险管理架构

我司风险治理架构由董事会及其下设的董事会风险管理委员会、监事会、管理层及其下设的全面风险管理执行委员会、风险管理职能部门、各业务部门及事业部内嵌风控团队构成。

董事会承担公司风险管理最终责任，由董事会下设的董事会风险管理委员会履行相应的风险管理职责。公司高级管理层承担全面风险管理的实施责任，全面风险管理执行委员会作为公司高级管理层下设的风险管理专业委员会，承担公司全面风险管理实施相关工作的审议和决策等职能，对公司高级管理层负责并报告工作。公司监事会承担全面风险管理的监督责任，负责监督检查董事会和管理层在风险管理方面的履职尽责情况并督促落实整改。公司各风险管理职能部门按照职责划分，分别负责各风险类型的日常管理工作，承担制定政策与流程、监测和管理风险的责任。各业务部门及事业部内嵌风控团队履行直接的风险管理职责。

公司各事业部作为公司风险管理的第一道防线，履行直接的风险管理职责，承担本部门风险管理的第一责任；为压实一线管理责任，实现风险前置化解，强化风控对前台赋能，风控部对各事业部委派内嵌风控团队，设置事业部风险总监。事业部风险总监统管内嵌评审、法审团队，实行风险与合规工作垂直化管理，负责监督事业部各类业务的投前、投中、投后全流程全面风险管理，及时、准确向公司高级管理层和风险管理职能部门报告业务状况和风险信息。为确保内嵌风控团队的独立性，事业部风险总监考核评价以风控部为主，接受风险管理职能部门的监督检查，为风险管理职能部门履行职责提供必要的协助和支持。

公司风险职能部门作为公司风险管理的第二道防线，按照职责分工牵头履行各类风险的日常管理，其中企划财务部企划团队负责牵头战略风险管理、风控部风险管理团队负责牵头信用风险、资产质量风险、产品流动性风险、市场风险、集中度风险（含风险限额）管理，风控部法律合规团队负责牵头合规操作风险（含合规风险、关联交易、操作风险、反洗钱、外包风险）管理，资金管理部负责牵头整体流动性风险与资本风险管理，运营管理部负责牵头运营风险、消费者权益保护管理，信息科技部负责牵头信息科技风险、数据治理管理，人事行政部行政品牌团队负责牵头声誉风险管理。同时，为强化风控部对内嵌风控团队的工作指导与职能监督，风险管理团队负责牵头修订公司风险管理政策和程序，审批主体信用评级并升级信用评级模型，持续优化尽调、评审报告模板，更新资产分类标准，建立复杂项目集中审议制及分级授权机制，制定清晰的执行和问责机制，维护风险管理相关系统功能升级，确保风险管理策略、风险偏好和风险限额得到充分传达和有效监测，实现风险信号早发现、早预警、早化解。

公司稽核监察部作为公司风险管理的第三道防线，对全面风险管理工作进行独立、客观的审查和评价，向董事会、监事会、管理层提交审计报告。对内部审计发现的问题，督促相关责任人及时整改，并跟踪检查整改措施的落实情况。

4.4.2.1.2 风险管理专项工作

在风险政策方面，公司加强了对私募股权、基建物权、绿色金融等展业机会研究，加大资源配置和倾斜力度，积极提升投研能力，为新模式、新产品提供风险管控支持，赋能业务发展，在严守风险底线的前提下为业务转型和稳健发展保驾护航，积极发挥信托制度优势，为实体企业提供资金支持，助力国内经济恢复发展。

在限额管理方面，公司于2023年下发集中度风险管理办法，健全公司集中度风险管理体系，加强防范公司所面临的交易对手集中度、投资资产集中度等风险。从集中度风险管控维度、业务线梳理、限额设定、限额预警、超限审批流程等各方面树立管控机制，明确各部门职责，加强系统对接建设。

在风险识别方面，公司围绕经营面临的各风险类型，建立"风险仪表盘"；以资产质量为基础，聚焦受托管理的六大核心风险，打造资产"风险地图"。通过对风险进行量化、动态、可视化管理，精准识别重要风险点、业务风险等级、项目风险等级与风险损失，针对性制定风险项目管理策略，动态呈现风险迁徙趋势，基于"在哪里、去哪里、怎么去"的方法论，深入论证公司展业规划与风险化解路径。

在风险分类方面，公司结合2023年下发的《商业银行金融资产风险分类办法》，对资产分类标准进行检视和优化，扩大风险分类对象范围，加强风险分类管理，有效准确分析风险，提高风险管控的精细化水平，遵循差异化、专业化的管理原则，对资产进行分类管理，定期更新风险化解策略。针对重点行业领域、客户大小、业务类型等不同类别执行差异化的风险防控方案，夯实投后管理基础。通过日常监控和全面风险排查，及时下发风险预警，有效提示风险并科学应对。

在风险化解方面，公司对风险资产项目进行集中处置高效管理，清收权责到人并完善配套考核机制。公司持续健全风险资产处置工作流程，一方面建立常态化职能部门联动机制，提高沟通协调效率，促进信息共享，针对风险信号提前制定应对预案及时保全资产，切实维护信托财产安全和投资人利益。另一方面整合专业资源和渠道资源，完善合作律所、评估机构、资产管理机构白名单库，借助第三方专业经验，通过司法诉讼、和解重组等传统处置模式加大风险资产处置力度，同时积极探索与不良资产管理机构和金融稳定保障基金等合作机会，多渠道加快推进资产风险化解。

在受托履职方面，报告期内，公司开展了尽职履责与信息披露专项行动，全面检视、整改落实、巩固提升三个层次贯穿整个专项行动，深化全员合规意识，严守风险合规底线，严格履行受托人职责，检视完善"募、投、管、退"管控方案，强化信息披露管理与消费者权益保护机制，以实质重于形式为原则借助此次专项行动进一步完善管理配套，包括制度、机制、模板、流程、系统等，提升信息披露质量，打造信托合规经营氛围。

在信息系统建设方面，2023年公司持续推动标品智能风控建设，以全面风险管理体系为核心，建设标品统一事后风控平台，实现从风险识别、计量、监测、预警的全过程管理，提升标品业务存续期风险管理能力。风险识别及计量借鉴同业先进理念，搭建信用风险、市场风险、流动性风险和合规操作风险4大类指标监测体系，实现风险指标量化计算，精准评估风险程度。风险监测及预警借力科技手段，每日抓取海量数据对存续期标品业务进行多维风险监测，自动识别预警指标并推送邮件预警，及早发现产品风险，提升存续期风险管理和效率。

4.4.2.2 各类风险管理

4.4.2.2.1 信用风险管理

信用风险主要是指交易对手未能履行合同所规定的偿付义务，或由于信用评级或履约能力等变化导致债务偿付发生不利影响。

固有业务方面，公司对各项表内资产做好日常监测充分评估风险变动，定期对资产估值、对应收账龄长短等作减值估算，一旦预期发生减值，提前做好充分的减值准备。同时，公司将采取信保合作、债务置换、债权处置等方式，加快化解项目风险，将固有业务信用风险控制在可承受范围。

信托业务方面，报告期内，房地产行业景气度下降影响销售去化，房企出险数量仍在增加，城投平台强化隐性债务化解，加快推进市场化转型，但非标项目的负面舆情时有爆发，经济下行压力促使一般工商企业信托产品违约风险加速暴露，信托行业面临的信用风险呈现上升趋势。公司在产品及资产评审时，严守信用风险偏好，在准入、额度、期限上进行差异化管理。对于存量业务进一步强化"分类管理，全程监控"的管控要求，科学预警、有效化解潜在风险，加强对城投企业、大型企业集团等重点领域的风险防控，加强区域下沉、资质偏弱、区域偿债压力较大、发债受限等城投平台债务履约情况、舆情征信监测。同时，加强对平台公司隐性债务情况的核查，强化定期信用风险检视与排查。在风险资产处置上，公司提升处置力度、拓宽处置渠道，秉承"合理分类，科学处置"的原则，综合采取诉讼清收、债权转让、引入第三方接盘、债务和解、债务重组、处置担保物及查封物等综合措施化解项目风险，及时召开受益人大会进行处置决策，强化风险项目定期跟踪检视，加强信息披露，及时复盘适时调整处置方案，抢抓化解时机。

4.4.2.2.2　市场风险管理

市场风险是指由于市场价格或利率波动而导致的对金融工具的资产价值产生负面波动的风险。

固有业务方面，公司以闲置资金投资货币基金、短久期低风险的固收类资管产品为主。报告期末，受股价、市场汇率、利率及其他价格因素变动而承受的风险相对较小，市场风险对我司的盈利能力及财务状况未产生重大影响。

信托业务方面，公司执行稳健、审慎的市场风险管理要求，以短久期防御策略为主，持续根据市场形势变化，适时调整资产组合结构与产品风险管控限额，引导业务进行多策略发展，平衡风险与收益。在日常管理中，公司监控市场利率变动并根据市场形势变化及时跟踪市场舆情及风险事件，及时进行产品检视，包括投资限制监控、预警线、平仓线监控、组合限额执行情况等；对市场风险指标的绝对值、变动幅度超过一定阈值的持仓加强监测频度。经检视，偏股类信托产品方面，未见直接持有退市风险警示股票等高风险股票；偏债类信托产品方面，从债券投资类型、评级要求、特定品种准入要求、投资集中度、组合久期等多个方面限定了债券投资的范围和投资限制，有效管控市场波动风险，在存续期持续对持仓债券估值水平、债券久期、DV01、产品净值、夏普比等指标进行动态监测，对相关品种的信用利差、市场净融资情况、收益水平变化进行持续跟踪。

4.4.2.2.3　流动性风险管理

流动性风险是指公司无法及时获得充足资金以支付到期债务或履行其他支付义务，致使日常经营受到影响的风险。

固有业务方面，公司对流动性风险持续保持高度重视，坚持全面、前瞻、效益、合规、审慎五大原则，从风险的识别、计量、监测、控制四个维度入手，落实好流动性风险预警机制。公司流动性管理工作中，各部门加强联动、信息共享，强化风险识别、风险计量、风险监测及风险控制，确保各个环节的防控工作落实到位，防范各类潜在风险外溢至固有流动性风险。公司持续优化产品流动性压力测试体系，综合考量信用、市场、操作等风险因子，定期测试极端情景下公司的流动性承压能力。并通过不定期的风险场景演练，充分检验公司在面对应急事件时资金备付的有效性及现金流预测的准确性，制定合理有效的流动性应急预案，严守流动性安全底线。同时，公司持续做好现金流储备管理，强化流动性应急能力，推动落实各项管控措施，确保公司稳健经营。公司通过上述一系列对流动性风险预警、管控及应对措施上的改进和加强，在确保流动性的平稳运营的同时，有效提升了资金运营效率。报告期内，公司流动性波动平稳，整体风险可控，无重大流动性风险事件发生。

信托业务方面，公司根据业务类型不同，采取不同策略和措施管理产品流动性风险，实施分级预警。持续加强内部投研能力建设，以意识为先导，变被动为主动，对宏观经济、监管政策进行持续跟踪及分析，对产品流动性风险识别、监测和控制以系统功能升级+人工辅助相结合，重点通过提高资产处置变现能力、新增资金募集渠道及流动性储备资源等方式提升产品流动性应急能力，强调负债稳定性的管理要求，确保业务高效发展的同时保持流动性充裕。

4.4.2.2.4　操作风险管理

操作风险是指由不完善或有问题的内部程序、员工和信息科技系统，以及外部事件所造成损失的风险。

公司持续推进操作风险识别、评估、监测、报告等管理体系，强化事前、事中、事后的风险防范和监控。在公司层面，推动风险与控制自我评估（RCSA）、关键风险指标（KRI）、损失数据收集（LDC）三大工具的落地实施。RCSA方面，公司遵照《企业内部控制基本规范》开展2023年内控评价相关工作，重点关注高风险流程领域及公司的重点事项。KRI方面，开展年度指标检视，完善指标设置。LDC方面，维护风险事件的建立机制，关注高风险事件、跟进其检视及整改情况。

日常管理中针对新增操作风险事项，公司采取针对性整改优化措施，并严格推进整改落实、优化流程管控及强化管理执行。此外，公司推进受托尽职履职专项检视，募投管退专项教育宣导等工作，以查促改，以案释法，强化员工合规管理意识；建立健全全流程管控机制，夯实合规管理理念。报告期内，公司不断完善制度管理、加强流程规范，并强化监督问责机制，操作风险得到有效防控和控制，无重大操作风险事件发生。

4.4.2.2.5 关联交易风险管理

关联交易风险是指公司在关联交易控制过程中，由于关联方界定不准确、关联交易定价不合理以及关联交易活动中断等原因导致的各种风险。

公司持续优化关联交易管理体系与机制，强化流程管控，进一步完善监管事前报备及预登记管理。制度建设方面，对标《银行保险机构关联交易管理办法》（中国银行保险监督管理委员会令〔2022〕1号）相关要求，修订并下发《平安信托有限责任公司关联交易管理制度》及其配套制度《董事会关联交易控制委员会议事规则（2023版）》，逐项落实关联交易新规的相关要求，进一步强化关联交易管理，厘清关联交易管理相关人员的职责，完善关联交易识别。培训宣导方面，按照《银行保险机构关联交易管理办法》等相关法律法规的要求，重点解读新规主要变化及影响，通过知鸟开展全员考试。重大关联交易管控方面，加强重大关联交易的识别，及时上报董事会关联交易控制委员会审议。日常管理方面，按照监管规定，定期开展关联方清单更新工作，为关联交易管理提供基础信息，并及时报送监管机构，按照现行管理制度要求披露关联交易信息，有效厘清关联交易真实背景，防止关联方利益输送、隐藏风险或监管套利，确保关联交易管理体系有效运行。报告机制方面，公司定期梳理关联交易情况和关联交易管理制度执行情况，并向公司监事会提交专项报告。

2023年公司持续推动风险管控智能化建设，梳理监管要求，对标头部同业，聚焦资产服务与资产管理信托，上线了支持"3类识别—6种管控—60+场景"的关联交易智能管控平台。该平台利用大数据实现了资金来源、信托计划、资金运用3类层面各交易主体的关联交易自动识别，在产品成立、投资交易、存续期管理等环节通过RPA技术支持了关联提示、邮件提醒、交易拦截、命中审批、自动预警与信披推送6种关联交易智能管控手段，最终通过灵活配置应用在了16类底层资产的64个投资场景，平均每月实现近万名投资者的流水自动检查、数万笔投资指令主体自动识别、数千底层标的主体每日自动监测，做好事前早发现、事中早处置、事后早预警，全面提升关联交易的智能化风控水平。

4.4.2.2.6 运营风险管理

运营风险是指在覆盖整个价值流程中任何由于在操作流程、人员及跨部门协作的不足或失误而引致的风险损失。

公司以精益运营为目标，持续优化运营风险管理体系建设，持续深挖机制、流程，提升平台智能化与风险防控水平，提效降本，深化赋能业务，将风险消灭在萌芽前，报告期内实现运营作业零风险。

一方面，公司开展全流程风险检视，通过梳理七大维度风险场景，搭建17项系统监控功能，实现标品估值前中后风险管控；梳理家族信托、股权类产品等近20项作业流程，建立标准化处理机制，保证运营质量；梳理产品要素端对端管理流程，厘清相关方职责，排查"固定计提日"及"成功计提日判定规则"，避免作业差错及损失。同步，通过升级运营服务"套餐"，实施"首问责任""服务承诺"等措施，积极提升运营服务品质，支持业务快速发展。

另一方面，公司为进一步落实消费者合法权益保护工作，内部成立专项工作组，以"不激化矛盾"为核心，与代销机构联动推动群诉风险化解，搭建消保审查机制、加强群诉客户动态监控、通过对客户分层分类管理，力争妥善解决客户争议。公司通过"两全三头"工作机制，构建业务全流程融入消保要素、全员承担消保责任的工作格局，实现"源头"关注消保、"苗头"加强消保、领导"带头"抓消保，提升工作水平，将矛盾处置在萌芽。加强信访消保风险管理，遵循"四早五最"原则，即早排查、早发现、早预警、早处置，以最快的速度，从最低层级，用最小的成本，解决最大的问题，及时回应投资者关切问题，避免矛盾升级，提高投资者满意度。

公司持续建立常态化金融知识教育宣传机制，构建金融知识教育宣传"四常"机制，即"常态化普及金融知识、常态化发布风险提示、常态化开展宣传活动、常态化评估宣教效果"，持续发布消费提示，引导金融消费者全面认识自身合法权益和责任义务，了解纠纷化解和权利救济途径，通过正规渠道依法理性维护自身权益。

4.4.2.2.7　信息科技风险管理

信息科技风险是指信息科技在公司运用过程中，由于自然因素、人为因素、技术漏洞和管理缺陷产生信息安全事件和信息系统故障的风险。

报告期内公司信息科技风险各项监测指标均正常，持续加强信息安全和IT运营管理，夯实信息安全管理基础，保障信息系统安全、稳定运行。

公司不断优化完善信息安全管理体系，加强信息安全风险管控，推动监督审计和培训宣导工作。公司通过建设"技防+人防"信息安全生态体系，外防网络威胁攻击，内防敏感数据外泄和滥用。通过实施纵深防御体系，构筑"外驱+内生"铜墙铁壁，层层过滤风险。公司持续完善个人信息保护体系建设，更新了《信息安全管理制度》，夯实客户权益保护机制。公司个人信息保护体系案例入选2023年鑫智奖第四届中小金融机构数智化转型优秀案例评选信息安全创新优秀案例奖。

公司进一步加强IT运营安全管理，继续落实信息系统质量提升措施，通过优化处理过程、深入根因分析和跟踪措施落地三个方面提升IT运营服务水平。同时，从架构、容量性能、软硬件等方面开展风险检视，对检视所发现的风险项逐一制定应对措施并跟踪落实，优化了业务系统基础架构，提升系统稳定性，提前进行中间件信创布局。此外，公司成立了重要时期网络安全及应急保障工作小组，负责统筹本单位的网络安全保障，协调资源和重大网络安全突发事件应急处置等各项工作。

在数据治理方面，公司践行监管要求，按"三分类"指引全面落实中信登登记和监管报送作业，降低差错风险，开展全流程断点检视，持续推进数字化运营体系建设。

4.4.2.2.8　声誉风险管理

声誉风险是指由公司的经营管理、从业人员行为或外部事件等，导致监管、媒体、社会公众、利益相关方等对公司形成负面评价，从而损伤公司品牌价值，影响公司正常经营的风险。

一方面，公司完善声誉风险月度专项汇报机制，持续巩固敏感舆情联防联控机制，通过风险排查、舆情研判、预警预案、舆情监控、舆情应对、声誉修复等环节，有效应对各类潜在风险事项，提升舆情管理的前瞻性与主动性。2023年受宏观经济环境等内外部因素的影响，公司部分逾期项目存在潜在声誉风险隐患，公司强化声誉风险前置管理，及时掌握公司涉及客诉、维权、诉讼等相关项目的情况，对潜在风险点进行分类预警，拟定声誉风险应对方案，密切关注媒体动向，跟进责任部门及时回应投资者关切点，提前预警预防，通过严密的监控、有效的手段为声誉风险的化解提供助力。

另一方面，公司全面检视舆情管理制度健全性与落实有效性，制定并下发四类声誉风险处置预案，进一步强化声誉风险的协同管理，搭建声誉风险管理员队伍，筑牢声誉风险管理的"第一道防线"，完善并宣导声誉风险管理制度，持续提升公司正面声量，构建声誉风险管理工作的长效运作机制。

4.5　信托业务创新成果和特色业务情况

2023年，公司坚定推动信托业务转型，持续加强创新力度，加大主动管理能力的培养。公司加强创新体系化建设，多举措鼓励支持创新，通过创新配套机制、创新研究平台、创新研讨沙龙及举办创新评奖赛事等体系化推动创新业务。产品创新、项目创新、组织机制创新不断涌现，已成为公司转型的新动能。

同时，2023年公司持续深化科技赋能转型的价值理念。研发四种渠道对接模式，建设家庭服务信托全流程线上化系统，全面助力市场推广。通过系统支持新产品套餐化准入，产品落地周期加速57%。通过提升自动估值率、外部净值自动解析等措施实现运营成本下降15.7%，零运营差错。完善信息披露全流程系统，自动化率提升至98%，披露零遗漏零瑕疵。强化五大类风险、数万风险指标的自动化监测，风险预警更全面更及时。构建50个场景的关联交易自动化识别和拦截，数千交易对手每日监测，提升合规能力。建设统一监管报送平台，通过自动化报送实现及时、准确的监管报送。

截至2023年底，公司累计认定创新产品和项目63个，46个团队获得了公司授予的创新评奖，包括业务模式创新、产品设计创新、组织机制创新等各领域，覆盖前台业务、中台风控审评及后台运营管理等各条线团队，全员创新氛围浓厚。未来，平安信托将在平安集团"综合金融+医疗养老"领先战略指引下，继续在信托业务领域锐意进取，开拓创新，为客户提供更加专业化、多元化的金融服务，切实助力实体经济高质量发展、服务现代金融体系建设和满足人民群众美好生活需求。

4.6 消费者权益保护工作

2023年，平安信托以习近平新时代中国特色社会主义思想为指导，深入践行金融工作的政治性、人民性，在董事会的指导下成立消费者权益保护执行工作小组，规范经营行为的同时，注重长效机制构建，将消费者权益保护纳入公司治理、企业文化和经营战略，全面覆盖消费者八项基本权利，建立完善消保审查、信息披露、适当性管理、个人信息保护、合作机构管控、消保内部考核和审计等工作机制，构筑全方位的消费者权益保护体系，切实承担金融消费者合法权益保护的主体责任，促进公司业务稳健经营，2023年平安信托消费者权益保护工作主要内容如下：

4.6.1 坚持人民至上，增强全员做好消保工作的政治自觉

平安信托积极推动消保工作与公司治理、企业文化建设和经营发展战略相融合。公司治理层面，明确董事会、监事会和高管层的消保工作职责，完善工作汇报、高层指导机制；不断加大消保资源投入，将消保纳入人力资源管理、绩效考核、尽职监督检查、风险管理、内控与问责等工作机制。

同时，公司持续坚持董事会对公司消费者权益保护工作进行总体规划及指导，将消保工作纳入董事会、信托与消费者权益保护委员会、高级管理层的议事日程，压实主体责任。2022年度董事会和2023年半年度董事会上信托经营管理层向各位董监事详细介绍信托公司消费者权益保护工作的重点，同时审议并通过了消费者权益保护工作报告。

4.6.2 加强顶层设计，完善消费者权益保护各项工作机制

4.6.2.1 健全制度机制

积极推动法律法规和监管规定内化实施，建立了以消保工作办法为统领、以消保专项制度为支撑、各业务管理制度为配套的消保制度体系，确保各项消保工作有制可依、有章可循，推动消保工作制度化、规范化、标准化，不断完善制度体系建设，夯实制度根基。2023年完成6个消保相关制度办法的修订工作。

4.6.2.2 压实主体责任

公司聚焦重点投诉和监管关注问题，消保团队加强提示督办，就重点事项定期向董事会、高级管理层进行汇报，加强上下联动、督导通报，将消保责任传导至公司全员。同时，今年新增一票否决纳入消保考核，把本次一票否决作为做好消费者权益保护工作的有力推手，变"软任务"为"硬指标"，有效督促各相关部门，在保护消费者权益的基础上，降低客户投诉率，做好产品营销和服务等工作。

4.6.2.3 强化队伍建设

面对今年复杂多变的经济环境下，公司加强消保和投诉条线专业队伍建设，不断夯实消保工作队伍基础，2023年新增专职消保人员1名。为了提升消保人员的能力，公司通过内部业务团队、处置团队和法律合规团队的学习交流、外部专家专项培训、与代销机构联动沟通经验分享等形式，培养懂沟通、懂心理、懂业务、懂法律"四懂"消保人才，推动消保工作人员提升服务能力、服务水平。

4.6.3 建立消保分级培训体系，不断加大金融知识教育宣传力度

4.6.3.1 强化消保宣教工作，提高公众金融素养

聚焦一老一少一新，融合线上线下渠道，通过线上加线下相结合的方式，持续建立常态化金融知识教育宣传机制构建金融知识教育宣传"四常"机制，即"常态化普及金融知识、常态化发布风险提示、常态化开展宣传活动、常态化评估宣教效果"，持续发布消费提示，引导金融消费者全面认识自身合法权益和责任义务，了解纠纷化解和权利救济途径，通过正规渠道依法理性维护自身权益。2023年公司重点开展"3·15"金融消费者权益宣传周活动、防范养老诈骗专项行动、九月金融知识进万家等活动，2023年全年累计发布原创宣传教育内容52篇，开展线上线下活动6场，相关宣传文章在中央级媒体发布约20次，累计曝光量超3 200万元，覆盖1 200万人次等。

4.6.3.2 内强员工消保意识，提升队伍专业素养

公司积极开展多层次、广覆盖的金融消费权益保护领域业务培训，重点组织全员消保基础文化、突发群诉事件应对的全流程演练、客户沟通能力、心理建设提升等针对性培训共计5场，不断增强队伍的专业能力和专业水平，持续敲响消费者权益保护的警钟，时刻绷紧消费者权益保护的弦。

4.6.4 投诉处理情况

2023年公司始终坚持"以客户为中心"的经营理念，认真贯彻落实投诉管理相关规定，以高度的责任感和使命感来推动投诉处理工作，优化服务流程，持续提升客户服务体验，切实保护客户的合法权益。

2023年公司共受理34件有效投诉，现将投诉主要情况公示如下：（1）投诉业务类别分布情况。投诉业务类型主要涉及固定收益类、股权类、服务类信托三大类产品，其中：固定收益类产品投诉占比91%；股权类产品投诉占比5.7%，服务类信托投诉占比3.3%。（2）投诉客户分布情况。投诉客户主要分布在广东省、北京市等地区，其中，广东省占比26%，北京市占比11%。（3）投诉处理总体情况。针对以上投诉情况，公司始终坚持以客户为中心，积极与投诉人进行沟通，落实多元化解机制，为客户提供多元化的纠纷解决方案，积极妥善解决客户各类诉求。2023年公司受理的有效投诉均向客户反馈处理意见，投诉结案率100%。

平安信托将积极贯彻落实监管政策，全力推进消费者权益保护体制机制文化建设、强化金融知识宣教、优化风险应对流程，点线面多方发力提升消保工作水平，促进了消保工作与各项业务有机融合，形成特色化的消保文化，切实保护消费者合法权益。

4.7 社会责任履行情况

4.7.1 发挥党的政治引领作用

2023年，平安信托高度重视党建工作，坚持以习近平新时代中国特色社会主义思想为指导，充分发挥党的政治引领与政治核心作用。将党的领导融入公司治理，全年召开党委执委联席工作会议22次，审议各类议案101项，"三重一大"党委前置研究，并将"第一议题"学习作为每次会议首要任务。深入推进党委民主生活会，党委班子全部落实双重组织生活，参加所在支部组织生活会，通过剖析检视、查摆问题，增进团结、推动转型。下发《推动落实党业融合"六个贯通"实施方案》，深入践行平安党建基本法，以高质量党建引领公司高质量发展；将党的建设融入经营管理，建立"班子领导重点项目"工作机制，设立16个重点项目，各班子领导牵头推进34类上百条行动举措；围绕转型难题，请进来、走出去，与10多家同业机构开展广泛调研交流，推动转型发展。强化党业融合，联合属地监管等开展"碳索红树林"联合党建活动；各党支部开展多种形式党建共建活动，以党建带动销售渠道拓展、股权业务合作、综合金融协同；将党的精神融入文化发展。将主题教育与践行平安新价值文化相结合，开展七一党庆表彰大会，党委书记讲党课，传承党的精神财富；强化理论学习，组织开展"三会一课"120余次，主题党日活动30余次，丰富党员政治生活；组织"党委书记面对面"座谈会、建立党支部联席会议机制等，畅通沟通渠道，凝聚转型能量；推动金融反诈、无偿献血、零废弃办公、心青年融合计划等党员志愿者行动，为社会贡献平安力量。

4.7.2 深耕ESG责任投资，推动绿色金融发展

2023年，平安信托持续践行ESG责任投资理念，聚焦中西部民生项目、健康、环保及现代制造等重点行业，投入实体经济规模超5 000亿元，助力实体经济高质量发展。积极践行国家绿色金融发展战略，截至12月末，公司存续绿色信托规模71.34亿元，并首次公开披露公司环境信息报告，落地国内首单1 000万级红树林生态保护慈善信托，成功打造金融助力深圳国际红树林中心建设的平安范本。

4.7.3 落实全流程闭环，持续擦亮信托消保"金招牌"

2023年，平安信托坚持把理论思想和文化建设工作放在重要位置，围绕"金融为民"的发展理念，多措并举推进消保思想文化建设工作，不断强化全体员工的消费者权益保护意识，为切实做好金融消费者权益保护工作夯实理论基础。公司围绕消保文化建设，充分发挥金融消费者权益保护桥头堡作用：事前充分准备，提前摸排消保风险，建立"高中低"三层漏斗型风险产品全景档案地图，勾勒重点客户画像，联动渠道做好投诉监控，准备应对预案，当好发现问题的"千里眼"。事中分级处理，明确相关方工作责任和联动机制，按照投诉等级分级应对，扎实落实"三到位"要求，力争得到投资人对处置工作的理解，为风险产品处置工作争取更多的时间，构筑投诉的"缓冲带"。事后复盘优化，对重大投诉事件总结复盘并优化机制，加强针对性培训，不断提升消保应对能力与技巧，做到培训教育的"阵地化"。

4.7.4 重视文化建设培育信托文化

2023年为"信托文化深化年"，平安信托深入践行金融工作的政治性、人民性，紧跟国家战略方向，持续强化受托人定位，以客户需求为导向，优化业务结构，深化战略转型，推动信托文化与业务相融合、与管理相融合，形成信托文化建设与公司经营管理良性互动，进一步加快回归信托本源，服务实体经济，实现高质量可

持续发展。风险管理文化方面，公司秉承"风险引领业务"的理念，推行"全员参与、全流程管控、业务全覆盖"的风险管控机制，突出"三道防线"精细化管理，进一步提升公司风险识别、判断、管理、预警与化解能力。合规内控文化方面，公司全面开展重点业务尽职履责专项整治行动，聚焦"重点业务存量全覆盖""募投管退流程全覆盖"两个重点，立足于"全面检视""整改落实""巩固提升"三个层次，深化公司全员"尽职履责"工作理念，全面落实受托人尽职履责义务；公司全年累计开展8场次合规专题宣导培训、组织5期重点监管新规及政策解读、制作并宣导36期反洗钱周刊及47期监管动态周报，合规宣导教育范围涵盖监管新规及政策宣导、服务信托研究、合规重点工作督导等方面；围绕"尽职履责"核心主题，通过"信托文化手册""大咖课堂""以案释法""重点整改举措""沟通座谈""知鸟考试"六个系列的专题宣导，积极开展各项特色化内控合规文化宣导活动，持续提升公司全员尽职履责意识及能力。清廉文化建设方面，积极践行"清风守正、廉洁笃行、诚信为民、厚德致远"的行业清廉金融文化核心理念，面向全员开展包括"2023年度清廉金融文化集中宣教活动"在内的廉政宣教活动50余期次，建章立制全方位构建员工行为管控体系，监测、核查、纠正员工不当行为，促成风清气正、简单务实的工作氛围；党建文化理念方面，我公司深化党建引领，进一步将党的精神融入文化发展，开展七一党庆表彰大会、党委书记讲党课、组织"党委书记面对面"座谈会，建立党支部联席会议机制等，畅通沟通渠道，凝聚转型能量。

4.7.5 依托"金融+慈善"模式践行公益初心

2023年，平安信托开启第15年公益爱心旅程，持续在"生命守护""金融安全""乡村振兴""绿色金融""特殊关爱"五大公益方向发力。公司组织"平安信托志愿服务队"参与生命救护培训，大力培养机场安全维护队伍；联动警方、反诈中心，先后开展四次金融消费者保护进社区、进校园活动，并邀请志愿帮扶公益机构的心智障碍青年参与，为青年提供融入社会、参与社会活动的场景，扩大金融安全宣教工作的影响力；联动公司工会开展乡村振兴消费帮扶，通过工会统一认购、农产品品鉴、公益活动组织等模式支持乡村振兴消费帮扶，共计金额141万元。开辟员工农产品爱心捐赠通道，为公司帮扶公益点募集爱心物资，共计69人次参与，捐赠农产品价值达7 500元；参与万科基金会"零废弃办公"项目试点，推行办公零废弃行动，通过联动碳账户、志愿者平台，开展14天职场废弃物溯源审计、21天零废弃养成计划等一系列零废弃实践，创新尝试全员志愿行动、互动共创模式开展，积极塑造绿色低碳文化，为超高层写字楼内其他公司和金融类企业提供可资借鉴的绿色办公行动方案，在"零敢计划"项目中被评为优秀企业案例及"敢为奖""敢动奖"；开展"蔚蓝行动·心青年融合计划"公益行动第二期，联动楼宇物业为心智障碍青年社会融合提供6个不同的实习体验岗位与岗前培训中，共计为15名青年提供实习机会。

5. 报告期末及上一年度末的比较式会计报表

5.1 自营资产

5.1.1 会计师事务所审计结论

审计报告

安永华明（2024）审字第70042674_H01号

平安信托有限责任公司

平安信托有限责任公司董事会：

一、审计意见

我们审计了平安信托有限责任公司的财务报表，包括2023年12月31日的合并及公司资产负债表，2023年度的合并及公司利润表、所有者权益变动表和现金流量表以及相关财务报表附注。

我们认为，后附的平安信托有限责任公司的财务报表在所有重大方面按照企业会计准则的规定编制，公允反映了平安信托有限责任公司2023年12月31日的合并及公司财务状况以及2023年度的合并及公司经营成果和现金流量。

二、形成审计意见的基础

我们按照中国注册会计师审计准则的规定执行了审计工作。审计报告的"注册会计师对财务报表审计的责任"部分进一步阐述了我们在这些准则下的责任。按照中国注册会计师职业道德守则，我们独立于平安信托有限责任公司，并履行了职业道德方面的其他责任。我们相信，我们获取的审计证据是充分、适当的，为发表审计意见提供了基础。

三、其他信息

平安信托有限责任公司管理层对其他信息负责。其他信息包括年度报告中涵盖的信息，但不包括财务报表和我们的审计报告。

我们对财务报表发表的审计意见不涵盖其他信息，我们也不对其他信息发表任何形式的鉴证结论。

结合我们对财务报表的审计，我们的责任是阅读其他信息，在此过程中，考虑其他信息是否与财务报表或我们在审计过程中了解到的情况存在重大不一致或者似乎存在重大错报。

基于我们已执行的工作，如果我们确定其他信息存在重大错报，我们应当报告该事实。在这方面，我们无任何事项需要报告。

四、管理层和治理层对财务报表的责任

平安信托有限责任公司管理层负责按照企业会计准则的规定编制财务报表，使其实现公允反映，并设计、执行和维护必要的内部控制，以使财务报表不存在由于舞弊或错误导致的重大错报。

在编制财务报表时，管理层负责评估平安信托有限责任公司的持续经营能力，披露与持续经营相关的事项（如适用），并运用持续经营假设，除非计划进行清算、终止运营或别无其他现实的选择。

治理层负责监督平安信托有限责任公司的财务报告过程。

五、注册会计师对财务报表审计的责任

我们的目标是对财务报表整体是否不存在由于舞弊或错误导致的重大错报获取合理保证，并出具包含审计意见的审计报告。合理保证是高水平的保证，但并不能保证按照审计准则执行的审计在某一重大错报存在时总能发现。错报可能由于舞弊或错误导致，如果合理预期错报单独或汇总起来可能影响财务报表使用者依据财务报表作出的经济决策，则通常认为错报是重大的。

在按照审计准则执行审计工作的过程中，我们运用职业判断，并保持职业怀疑。同时，我们也执行以下工作：

（1）识别和评估由于舞弊或错误导致的财务报表重大错报风险，设计和实施审计程序以应对这些风险，并获取充分、适当的审计证据，作为发表审计意见的基础。由于舞弊可能涉及串通、伪造、故意遗漏、虚假陈述或凌驾于内部控制之上，未能发现由于舞弊导致的重大错报的风险高于未能发现由于错误导致的重大错报的风险。

（2）了解与审计相关的内部控制，以设计恰当的审计程序，但目的并非对内部控制的有效性发表意见。

（3）评价管理层选用会计政策的恰当性和作出会计估计及相关披露的合理性。

（4）对管理层使用持续经营假设的恰当性得出结论。同时，根据获取的审计证据，就可能导致对平安信托有限责任公司持续经营能力产生重大疑虑的事项或情况是否存在重大不确定性得出结论。如果我们得出结论认为存在重大不确定性，审计准则要求我们在审计报告中提请报表使用者注意财务报表中的相关披露；如果披露不充分，我们应当发表非无保留意见。我们的结论基于截至审计报告日可获得的信息。然而，未来的事项或情况可能导致平安信托有限责任公司不能持续经营。

（5）评价财务报表的总体列报（包括披露）、结构和内容，并评价财务报表是否公允反映相关交易和事项。

（6）就平安信托有限责任公司中实体或业务活动的财务信息获取充分、适当的审计证据，以对财务报表发表审计意见。我们负责指导、监督和执行集团审计，并对审计意见承担全部责任。

我们与治理层就计划的审计范围、时间安排和重大审计发现等事项进行沟通，包括沟通我们在审计中识别出的值得关注的内部控制缺陷。

中国注册会计师：昌 华

中国注册会计师：罗 杨

中国·北京　　　　　　　　　　　　2024 年 04 月 08 日

5.1.2 信托合并资产负债表

信托合并资产负债表

编制单位：平安信托有限责任公司　　　2023 年 12 月 31 日　　　单位：万元

资产	2023年12月31日	2022年12月31日	负债及所有者权益	2023年12月31日	2022年12月31日
货币资金	6 471 603.06	7 509 160.09	短期借款	26 731.05	65 651.49
结算备付金	1 303 918.22	1 009 129.32	拆入资金	306 321.28	240 076.95
融出资金	5 566 427.07	4 916 333.82	交易性金融负债	1 370 760.51	1 428 164.04
衍生金融资产	120 043.09	47 814.12	衍生金融负债	17 302.38	86 830.66
存出保证金	825 131.93	1 092 227.18	卖出回购金融资产款	5 314 580.71	5 206 022.05

续表

资产	2023年12月31日	2022年12月31日	负债及所有者权益	2023年12月31日	2022年12月31日
买入返售金融资产	1 797 376.26	1 749 805.00	代理买卖证券款	6 479 657.99	7 336 333.89
存货	24 483.33	37 562.68	代理承销证券款	1 867.74	—
金融投资:	—	—	应付票据	4 145.00	28 702.91
交易性金融资产	8 386 865.72	8 988 636.22	应付职工薪酬	431 316.69	474 998.62
债权投资	721 495.44	924 618.32	应交税费	54 881.25	90 534.97
其他债权投资	4 395 123.49	3 891 176.33	合同负债	19 685.19	20 825.29
其他权益工具投资	1 982.10	1 964.79	应付债券	6 555 256.64	6 136 008.90
长期股权投资	14 486.20	13 944.49	租赁负债	36 651.64	49 694.62
商誉	28 965.42	28 965.42	递延所得税负债	153.98	149.68
投资性房地产	697.36	736.85	其他负债	1 987 100.00	2 334 600.67
固定资产	38 159.50	44 671.42	负债合计	22 606 412.05	23 498 594.74
无形资产	25 997.65	26 342.20	实收资本	1 300 000.00	1 300 000.00
使用权资产	35 212.82	47 663.55	资本公积	151 777.03	163 460.64
递延所得税资产	209 441.53	210 854.09	其他综合收益	22 438.48	18 329.91
其他资产	422 769.28	510 434.12	盈余公积	333 605.21	327 474.54
			一般风险准备	1 119 771.08	1 050 268.83
			未分配利润	2 244 209.84	2 202 770.37
			归属于母公司所有者权益合计	5 171 801.64	5 062 304.29
			少数股东权益	2 611 965.78	2 491 140.98
			所有者权益合计	7 783 767.42	7 553 445.27
资产总计	30 390 179.47	31 052 040.01	负债和所有者权益总计	30 390 179.47	31 052 040.01

5.1.3 信托合并利润表

信托合并利润表

编制单位：平安信托有限责任公司　　2023年12月31日　　单位：万元

项目	2023年度	2022年度
一、营业总收入	1 455 344.33	1 944 752.45
手续费及佣金净收入	915 491.58	1 037 428.80
其中：手续费及佣金收入	1 096 844.35	1 278 496.32
手续费及佣金支出	-181 352.77	-241 067.52
利息净收入	201 300.76	230 078.87
其中：利息收入	651 744.66	705 589.56
利息支出	-450 443.90	-475 510.69
投资收益	215 855.56	462 514.15
公允价值变动损失	45 197.37	-153 192.42
汇兑损益	219.79	1 069.34
其他业务收入	70 045.93	352 590.58
资产处置损益	461.14	-8.08
其他收益	6 772.20	14 271.21
二、营业总支出	-910 047.93	-1 127 190.89
税金及附加	-8 426.67	-9 954.19
业务及管理费	-710 019.11	-728 936.05

续表

项目	2023年度	2022年度
其他业务成本	-69 770.31	-314 942.09
信用减值损失	-116 303.75	-54 313.77
其他资产减值损失	-5 528.09	-19 044.79
三、营业利润	545 296.40	817 561.56
加：营业外收入	272.26	110.27
减：营业外支出	-33 621.07	-1 530.53
四、利润总额	511 947.59	816 141.30
减：所得税费用	-86 405.50	-163 406.41
五、净利润	425 542.09	652 734.89
归属于母公司所有者的净利润	200 560.74	415 555.21
少数股东损益	224 981.35	237 179.68
六、其他综合收益/（损失）的税后净额	7 381.79	-3 505.40
归属于母公司所有者的其他综合收益/（损失）	4 108.57	-1 951.07
归属于少数股东的其他综合收益/（损失）	3 273.22	-1 554.33
七、综合收益总额	432 923.88	649 229.49
归属母公司所有者的综合收益总额	204 669.31	413 604.14
归属少数股东的综合收益总额	228 254.57	235 625.35

5.1.4 信托合并所有者权益变动表

信托合并所有者权益变动表

编制单位：平安信托有限责任公司　　　　　　　　　　2023年度　　　　　　　　　　　　　　　单位：万元

项目	归属于母公司所有者权益						少数股东权益	所有者权益合计
	实收资本	资本公积	其他综合收益	盈余公积	一般风险准备	未分配利润		
一、2022年12月31日余额	1 300 000.00	163 460.64	18 329.91	327 474.54	1 050 268.83	2 202 770.37	2 491 140.98	7 553 445.27
二、本年增减变动金额								
（一）净利润	—	—	—	—	—	200 560.74	224 981.35	425 542.09
（二）其他综合收益	—	—	4 108.57	—	—	—	3 273.22	7 381.79
综合收益总额	—	—	4 108.57	—	—	200 560.74	228 254.57	432 923.88
（三）利润分配	—	—	—	—	—	—	—	—
1.提取盈余公积	—	—	—	6 130.67	—	-6 130.67	—	—
2.提取一般风险准备	—	—	—	—	69 502.25	-69 502.25	—	—
3.对股东的分配	—	—	—	—	—	-83 488.35	—	-83 488.35
（四）向少数股东分红	—	—	—	—	—	—	-100 686.85	-100 686.85
（五）股份支付	—	-11 679.17	—	—	—	—	-6 734.81	-18 413.98
（六）其他	—	-4.44	—	—	—	—	-8.11	-12.55
三、2023年12月31日余额	1 300 000.00	151 777.03	22 438.48	333 605.21	1 119 771.08	2 244 209.84	2 611 965.78	7 783 767.42

信托合并所有者权益变动表（续）

编制单位：平安信托有限责任公司　　　　　　　　　　2022年度　　　　　　　　　　　　　　　单位：万元

项目	归属于母公司所有者权益						少数股东权益	所有者权益合计
	实收资本	资本公积	其他综合收益	盈余公积	一般风险准备	未分配利润		
一、2021年12月31日余额	1 300 000.00	174 419.77	20 280.98	311 547.73	917 632.47	2 191 437.23	2 341 760.35	7 257 078.53
二、本年增减变动金额								
（一）净利润	—	—	—	—	—	415 555.21	237 179.68	652 734.89
（二）其他综合收益	—	—	-1 951.07	—	—	—	-1 554.33	-3 505.40
综合收益总额	—	—	-1 951.07	—	—	415 555.21	235 625.35	649 229.49
（三）利润分配	—	—	—	—	—	—	—	—
1.提取盈余公积	—	—	—	15 926.81	—	-15 926.81	—	—
2.提取一般风险准备	—	—	—	—	132 636.36	-132 636.36	—	—
3.对股东的分配	—	—	—	—	—	-255 658.90	—	-255 658.90
（四）向少数股东分红	—	—	—	—	—	—	-82 006.92	-82 006.92
（五）股份支付	—	-10 959.13	—	—	—	—	-4 237.80	-15 196.93
三、2022年12月31日余额	1 300 000.00	163 460.64	18 329.91	327 474.54	1 050 268.83	2 202 770.37	2 491 140.98	7 553 445.27

5.1.5 信托法人资产负债表

信托资产负债表

编制单位：平安信托有限责任公司　　　　　　　　　　2023年12月31日　　　　　　　　　　　　单位：万元

资产	2023年12月31日	2022年12月31日	负债及所有者权益	2023年12月31日	2022年12月31日
货币资金	298 126.36	330 643.62	应付职工薪酬	23 914.37	46 479.74
金融投资：	—	—	应交税费	9 823.86	20 980.80
交易性金融资产	1 922 893.92	2 064 840.72	租赁负债	122.84	165.34
债权投资	102 674.26	146 751.48	其他负债	536 783.91	724 152.80

续表

资产	2023年12月31日	2022年12月31日	负债及所有者权益	2023年12月31日	2022年12月31日
其他权益工具投资	564.91	564.91	负债合计	570 644.98	791 778.68
长期股权投资	673 499.13	673 499.13	实收资本	1 300 000.00	1 300 000.00
固定资产	76.34	161.42	资本公积	-5 096.10	-2 590.07
无形资产	536.21	615.85	盈余公积	333 605.21	327 474.54
使用权资产	4.87	32.50	一般风险准备	213 667.80	210 602.46
递延所得税资产	46 810.93	37 098.56	未分配利润	763 478.62	794 856.24
其他资产	131 113.58	167 913.66	所有者权益合计	2 605 655.53	2 630 343.17
资产总计	3 176 300.51	3 422 121.85	负债和所有者权益总计	3 176 300.51	3 422 121.85

5.1.6 信托利润表

信托利润表

编制单位：平安信托有限责任公司　　2023年12月31日　　单位：万元

项目	2023年度	2022年度
一、营业总收入	216 819.70	308 585.70
手续费及佣金净收入	124 102.13	191 662.64
其中：手续费及佣金收入	131 390.59	201 353.01
手续费及佣金支出	-7 288.46	-9 690.37
利息净收入	-6 136.17	21 344.90
其中：利息收入	10 746.52	30 680.22
利息支出	-16 882.69	-9 335.32
投资收益	117 430.21	101 668.92
公允价值变动损失	-31 276.86	-44 631.01
汇兑损益	85.49	151.76
其他业务收入	12 363.17	38 016.19
资产处置损失	0.87	-0.66

续表

项目	2023年度	2022年度
其他收益	250.86	372.96
二、营业总支出	-139 211.38	-99 746.66
税金及附加	-808.66	-1 559.88
业务及管理费	-56 439.88	-79 761.28
其他业务成本	-352.97	-276.92
信用减值损失	-81 609.87	-18 148.58
三、营业利润	77 608.32	208 839.04
加：营业外收入	7.30	2.93
减：营业外支出	-11 504.25	-52.11
四、利润总额	66 111.37	208 789.86
减：所得税费用	-4 804.63	-49 521.79
五、净利润	61 306.74	159 268.07
六、综合收益总额	61 306.74	159 268.07

5.1.7 信托所有者权益变动表

信托所有者权益变动表

编制单位：平安信托有限责任公司　　2023年度　　单位：万元

项目	实收资本	资本公积	盈余公积	一般风险准备	未分配利润	所有者权益合计
一、2022年12月31日余额	1 300 000.00	-2 590.07	327 474.54	210 602.46	794 856.24	2 630 343.17
二、本年增减变动金额	—	—	—	—	—	—
（一）净利润	—	—	—	—	61 306.74	61 306.74
综合收益总额	—	—	—	—	61 306.74	61 306.74
（二）利润分配	—	—	—	—	—	—
1.提取盈余公积	—	—	6 130.67	—	-6 130.67	—
2.提取一般风险准备	—	—	—	3 065.34	-3 065.34	—
3.对股东的分配	—	—	—	—	-83 488.35	-83 488.35
（三）股份支付	—	-2 506.03	—	—	—	-2 506.03
三、2023年12月31日余额	1 300 000.00	-5 096.10	333 605.21	213 667.80	763 478.62	2 605 655.53

信托法人所有者权益变动表（续）

编制单位：平安信托有限责任公司　　　　2022年度　　　　　　　　　　　　　　　　　　　　　　　　　　单位：万元

项目	实收资本	资本公积	盈余公积	一般风险准备	未分配利润	所有者权益合计
一、2021年12月31日余额	1 300 000.00	2 654.69	311 547.73	202 639.06	915 137.28	2 731 978.76
二、本年增减变动金额	—	—	—	—	—	—
（一）净利润	—	—	—	—	159 268.07	159 268.07
综合收益总额	—	—	—	—	159 268.07	159 268.07
（二）利润分配						
1.提取盈余公积	—	—	15 926.81	—	-15 926.81	—
2.提取一般风险准备	—	—	—	7 963.40	-7 963.40	—
3.对股东的分配	—	—	—	—	-255 658.90	-255 658.90
（三）股份支付	—	-5 244.76	—	—	—	-5 244.76
三、2022年12月31日余额	1 300 000.00	-2 590.07	327 474.54	210 602.46	794 856.24	2 630 343.17

5.2 信托资产

5.2.1 信托项目资产负债汇总表

信托项目资产负债汇总表

编制单位：平安信托有限责任公司　　　　2023年12月31日　　　　　　　　　　　　　　　　　　　　　　　　单位：万元

信托资产	2023年12月31日	2022年12月31日	信托负债	2023年12月31日	2022年12月31日
货币资金	2 440 588.43	1 864 133.02	应付受托人报酬	134 025.89	80 447.04
存出保证金	222.33	599.22	应付托管费	6 293.75	6 253.87
交易性金融资产	41 607 424.31	43 400 153.45	应付受益人收益	66 911.52	58 373.81
衍生金融资产	51.31	12.34	应交税费	30 560.63	33 717.14
买入返售金融资产	3 172 759.29	788 525.65	应付销售服务费	14 782.75	20 666.45
应收款项	10 966 575.13	104 273.26	其他应付款项	215 635.20	229 533.31
发放贷款	6 283 843.54	8 266 784.68	其他负债	2 720 161.91	3 161 977.34
债权投资	1 709 960.55	—	信托负债合计	3 188 371.65	3 590 968.96
投资性房地产	2 146.97	2 146.97	信托权益		
其他资产	66 689.57	773 960.98	实收信托	68 113 237.17	56 180 109.16
			外币报表折算差额	-241.54	-111.87
			未分配利润	-5 051 105.85	-4 570 376.68
			权益合计	63 061 889.78	51 609 620.61
信托资产总计	66 250 261.43	55 200 589.57	负债和权益合计	66 250 261.43	55 200 589.57

5.2.2 信托项目利润及利润分配汇总表

信托项目利润及利润分配汇总表

编制单位：平安信托有限责任公司　　　2023年12月31日　　　　单位：万元

项目	2023年度	2022年度
一、营业收入	1 175 964.25	1 115 848.67
利息收入	434 611.02	743 806.00
投资收入	871 320.97	863 390.16
租赁收入	—	45.71
公允价值变动损益	-138 001.89	-520 243.00
汇兑损益	0.91	235.27
其他收入	8 033.24	28 614.53
二、营业费用	-391 776.41	-433 835.23

续表

项目	2023年度	2022年度
三、税金及附加	-3 773.81	-5 751.84
加：营业外收入	—	—
减：营业外支出	-1.16	—
四、扣除资产减值损失前的信托利润	780 412.87	676 261.60
减：资产减值损失	5 771.80	131 606.97
五、净利润	774 641.07	544 654.63
加：期初未分配信托利润	-4 570 376.68	-4 370 450.03
六、可供分配的信托利润	-3 795 735.61	-3 825 795.40
减：本期已分配信托利润	1 255 370.24	744 581.28
七、期末未分配信托利润	-5 051 105.85	-4 570 376.68

6. 会计报表附注

6.1 会计报表编制基准不符合会计核算基本前提的说明

公司会计报表编制基准不存在不符合会计核算基本前提的情况。

本公司财务报表按照财政部于2006年2月15日及以后期间颁布的《企业会计准则——基本准则》、各项具体会计准则及相关规定（以下合称企业会计准则）编制。

本公司报告期的信用风险资产分类情况如下表所示。

信用风险资产五级分类	正常类（万元）	关注类（万元）	次级类（万元）	可疑类（万元）	损失类（万元）	信用风险资产合计（万元）	不良合计（万元）	不良率（%）
期初数	2 656 227.00	376 092.00	24 486.00	10 314.00	50 873.00	3 117 992.00	85 673.00	2.75
期末数	2 601 012.00	139 183.00	55 253.00	104 299.00	79 063.00	2 978 810.00	238 615.00	8.01

6.4.1.2 资产损失准备情况

本公司报告期的资产减值损失准备情况如下表所示。

单位：万元

项目	期初数	本期增加	本期核销	本期转回已核销贷款	期末数
贷款损失准备	23 733.86	44 077.10	21 246.88	—	46 564.08
其中：一般准备	—	—	—	—	—
专项准备	23 733.86	44 077.10	21 246.88	—	46 564.08
其他资产减值准备	50 873.00	45 118.30	16 929.00	—	79 062.30
债权投资减值准备	—	—	—	—	—
长期股权投资减值准备	—	—	—	—	—
坏账准备	27 227.35	37 532.76	3 286.49	—	61 473.62

6.4.1.3 投资情况

本公司报告期自营股票投资、基金投资、债券投资、长期股权投资等投资的上年末数、本年末数如下表所示。

单位：万元

项目	自营股票	基金	债券	长期股权投资	其他投资	合计
期初数	—	928 153.18	—	673 499.13	1 284 003.93	2 885 656.24
期末数	—	467 250.21	—	673 499.13	1 558 882.88	2 699 632.22

6.4.1.4 前五名自营长期股权投资的企业情况

本公司报告期的前四名长期股权投资的企业情况如下表所示（总共四名）。

名称	占被投资企业权益的比例（%）	主要经营活动	2023年投资损益（万元）
深圳市平安创新资本投资有限公司	100.00	投资控股	—
平安证券股份有限公司	55.66	证券投资与经纪	83 488.35
平安基金管理有限公司	68.19	基金募集与销售	—
平安利顺国际货币经纪有限责任公司	67.00	货币经纪	13 065.00

2023年无重大会计政策的变更。

6.2 或有事项说明

报告期末，公司无对外担保及其他或有事项。

6.3 重要资产转让及其出售的说明

报告期内，公司无须披露的重要资产转让及其出售。

6.4 会计报表中重要项目的明细资料

6.4.1 自营资产经营情况

6.4.1.1 信用资产风险分类情况

6.4.1.5 前五名自营贷款情况

本公司报告期的前五名自营贷款情况如下表所示。

企业名称	占贷款总额的比例（%）	还款情况
深圳市雅悦实业有限公司	62.98	本息逾期
广州鼎佳房地产有限公司	37.02	正常还本付息

6.4.1.6 表外业务情况

本公司报告期的表外业务情况如下表所示。

单位：万元

表外业务	期初数	期末数
担保业务	—	—
代理业务（委托业务）	—	—
其他	—	—
合计	—	—

6.4.1.7 公司当年的收入结构

收入结构	信托合并		信托法人	
	金额（万元）	占比（%）	金额（万元）	占比（%）
手续费及佣金收入	1 096 844.35	52.55	131 390.59	54.52
其中：信托手续费收入	112 409.95	5.39	131 390.54	54.52
投资银行业务收入	91 698.93	4.39	—	—
利息收入	651 744.66	31.22	10 746.52	4.46
其他业务收入	70 045.93	3.36	12 363.17	5.13
其中：计入信托业务收入部分	12 363.19	0.59	12 363.17	5.13
资产处置损失	461.14	0.02	0.87	—
其他收益	6 772.20	0.32	250.86	0.10
投资收益	215 855.56	10.34	117 430.21	48.73
其中：股权投资收益	13 025.47	0.62	104 653.35	43.42
证券投资收益	410 344.40	19.66	23 360.16	9.69

续表

收入结构	信托合并		信托法人	
	金额（万元）	占比（%）	金额（万元）	占比（%）
其他	−207 514.31	−9.94	−10 583.30	−4.39
公允价值变动损失	45 197.37	2.17	−31 276.86	−12.98
汇兑损益	219.79	0.01	85.49	0.04
营业外收入	272.26	0.01	7.30	—
收入合计	2 087 413.26	100.00	240 998.15	100.00

6.4.2 信托财产管理情况

6.4.2.1 信托资产的期初数、期末数

单位：万元

信托资产	期初数	期末数
集合	43 442 011.62	44 568 465.99
单一	5 886 939.20	5 725 138.44
财产权	5 871 638.75	15 956 657.00
合计	55 200 589.57	66 250 261.43

6.4.2.1.1 主动管理型信托业务的信托资产期初数、期末数

单位：万元

主动管理型信托资产	期初数	期末数
证券投资类	37 738 048.35	39 687 938.69
股权投资类	625 221.06	369 322.43
其他投资类	490 215.68	11 211 738.51
融资类	6 798 011.18	5 195 163.91
事务管理类	—	—
合计	45 651 496.27	56 464 163.54

6.4.2.1.2 被动管理型信托业务的信托资产期初数、期末数

单位：万元

被动管理型信托资产	期初数	期末数
证券投资类	—	—
股权投资类	—	—
其他投资类	—	—
融资类	—	—
事务管理类	9 549 093.30	9 786 097.89
合计	9 549 093.30	9 786 097.89

6.4.2.2 本年度信托项目清算情况

6.4.2.2.1 本年度已清算结束的信托项目

已清算结束信托项目	项目个数（个）	实收信托合计金额（万元）	加权平均实际年化信托报酬率（%）	加权平均实际年化收益率（%）
集合	568	10 484 833.64	0.83	5.37
单一	38	1 103 355.26	0.27	4.11
财产管理类	767	1 228 696.46	0.04	4.85

6.4.2.2.2 本年度已清算结束的主动管理型信托项目

已清算结束信托项目	项目个数（个）	实收信托合计金额（万元）	加权平均实际年化信托报酬率（%）	加权平均实际年化收益率（%）
证券投资类	474	4 966 435.42	0.35	4.38
股权投资类	18	1 342 940.00	0.41	6.09
其他投资类	765	324 204.58	0.11	3.83
融资类	79	4 341 055.00	1.51	6.04
事务管理类	—	—	—	—

6.4.2.2.3 本年度已清算结束的被动管理型信托项目

已清算结束信托项目	项目个数（个）	实收信托合计金额（万元）	加权平均实际年化信托报酬率（%）	加权平均实际年化收益率（%）
证券投资类	—	—	—	—
股权投资类	—	—	—	—
其他投资类	—	—	—	—
融资类	—	—	—	—
事务管理类	37	1 842 250.35	0.07	5.08

6.4.2.3 本年度新增信托项目情况

新增信托项目	项目个数（个）	实收信托合计金额（万元）
集合类	901	7 415 999.81
单一类	928	843 698.36
财产管理类	8 125	360 144.02
新增合计	9 954	8 619 842.19
其中：主动管理型	9 011	6 812 636.67
被动管理型	943	1 807 205.52

6.4.2.4 履行受托人义务情况

本公司作为信托项目的受托人，严格按照《中华人民共和国信托法》《信托公司管理办法》《信托公司集合资金信托计划管理办法》《关于规范金融机构资产管理业务的指导意见》以及《关于规范信托公司信托业务分类的通知》等法律法规的规定和信托合同等文件的约定，恪尽职守，诚实、信用、谨慎、有效地管理信托财产，严格履行受托人的义务，为受益人的最大利益处理信托事务，公平、公正地处置信托财产。

6.5 关联方关系及其交易

6.5.1 关联交易

本公司报告期关联交易方的数量、关联交易的总金额及关联交易的定价政策等如下表所示。

项目	关联交易方的数量（个）	关联交易总金额（万元）	定价政策
合计	55	4 483 781.17	公司2023年度发生的关联方交易均根据一般正常的交易条件进行，并以非关联方之间进行的与关联交易相同或类似业务活动所确定的价格作为关联交易的公平成交价格

6.5.2 关联交易方

报告期涉及关联交易的关联方情况如下表所示。

关系性质	关联方名称	法定代表人	注册地址	注册资本	主营业务
母公司	中国平安保险（集团）股份有限公司	马明哲	深圳	1 821 023万元	投资金融、保险企业；监督管理控股投资企业的各种国内、国际业务；开展资金运用业务
母公司控制的公司	北京京平尚北投资有限公司	李文强	北京	4 200万元	物业出租
母公司控制的公司	北京京平尚地投资有限公司	李文强	北京	4 500万元	物业出租
母公司控制的公司	北京京信丽泽投资有限公司	李文强	北京	116 000万元	投资管理
母公司控制的公司	成都平安蓉城置业有限公司	王玉涛	成都	66 158万元	不动产经营租赁
母公司控制的公司	广州市信平置业有限公司	王玉涛	广州	5 000万元	物业出租
母公司控制的公司	海南平安私募基金管理有限公司	代放	海口	1 000万元	投资管理，资产管理
母公司控制的公司	合肥澳安置业有限公司	李文强	合肥	50 959万元	投资性房地产
母公司控制的公司	捷银国际旅行社（上海）有限公司	刘威	上海	2 000万元	旅行社业务
母公司控制的公司	洛特（杭州）实业有限公司	李文强	杭州	10 797万元	仓储服务
母公司控制的公司	南宁新泓信泰生物科技发展有限公司	李文强	南宁	7 497万元	仓储服务
母公司控制的公司	平安保险代理有限公司	王从远	深圳	51 500万元	代理销售保险
母公司控制的公司	平安财富理财管理有限公司	许佳昳	上海	10 000万元	咨询业务
母公司控制的公司	平安鼎创股权投资管理（上海）有限公司	何通	上海	10 000万元	股权投资管理
母公司控制的公司	平安付科技服务有限公司	钟毅	深圳	68 000万元	互联网服务
母公司控制的公司	平安健康保险股份有限公司	朱友刚	上海	461 658万元	健康保险
母公司控制的公司	平安科技（深圳）有限公司	黄宇翔	深圳	531 032万元	信息技术服务
母公司控制的公司	平安期货有限公司	袁建峰	深圳	72 172万元	期货经纪
母公司控制的公司	平安养老保险股份有限公司	甘为民	上海	1 160 342万元	养老保险
母公司控制的公司	平安银行股份有限公司	谢永林	深圳	1 940 592万元	银行
母公司控制的公司	平安资本有限责任公司	孙树峰	上海	50 000万元	股权投资，股权投资管理，投资管理
母公司控制的公司	平安资产管理有限责任公司	黄勇	上海	150 000万元	资产管理
母公司控制的公司	三亚家化旅业有限公司	孟甡	三亚	24 000万元	旅馆业、住宿
母公司控制的公司	上海安壹通电子商务有限公司	黄崇杰	上海	8 000万元	电子商务（不得从事金融业务），商务信息咨询，企业管理咨询等
母公司控制的公司	上海歌隽企业管理有限公司	李文强	上海	135 529万元	非居住房地产租赁
母公司控制的公司	上海沪平投资管理有限公司	成元	上海	100万元	酒店住宿业
母公司控制的公司	上海揽海乡村俱乐部有限公司	张启辉	上海	28 000万元	酒店管理，文化体育艺术活动
母公司控制的公司	上海御平投资管理有限公司	李文强	上海	31 000万元	非居住房地产租赁
母公司控制的公司	深圳平安金融科技咨询有限公司	王仕永	深圳	3 040 600万元	企业管理咨询
母公司控制的公司	深圳平安金融中心建设发展有限公司	成元	深圳	668 887万元	物业租赁和物业管理
母公司控制的公司	深圳平安通信科技有限公司	肖京	深圳	21 000万元	数据及计算机网络服务
母公司控制的公司	深圳平安智汇企业信息管理有限公司	裘金龙	深圳	100 050万元	计算机软硬件的开发、设计、技术咨询及相关技术服务，软件租赁、软件销售及技术服务；基础性软件研发和技术服务，数据库服务等
母公司控制的公司	深圳平安综合金融服务有限公司	卢跃	深圳	59 858万元	信息技术和业务流程外包服务
母公司控制的公司	深圳前海征信中心股份有限公司	CUI YIN	深圳	34 508万元	信用信息服务

续表

关系性质	关联方名称	法定代表人	注册地址	注册资本	主营业务
母公司控制的公司	深圳市平安德成投资有限公司	夏晓犁	深圳	30 000万元	项目投资、投资咨询
母公司控制的公司	深圳市平安远欣投资发展控股有限公司	刘东	深圳	150 010万元	投资咨询
母公司控制的公司	深圳市平安置业投资有限公司	华锋	深圳	131 000万元	房地产投资管理
母公司控制的公司	深圳市思道科投资有限公司	郑丽华	深圳	194 800万元	投资咨询、投资管理咨询、企业管理咨询
母公司控制的公司	深圳万里通网络信息技术有限公司	程炜文	深圳	20 000万元	客户忠诚度服务
母公司控制的公司	无锡安弘投资管理有限公司	李文强	无锡	9 000万元	投资性房地产
母公司控制的公司	西安德乾仓储发展有限公司	李文强	西安	13 497万元	仓储服务
母公司控制的公司	中国平安财产保险股份有限公司	龙泉	深圳	2 100 000万元	财产保险
母公司控制的公司	中国平安人寿保险股份有限公司	杨铮	深圳	3 380 000万元	人身保险
母公司控制的公司	重庆安拓投资管理有限公司	王玉涛	重庆	136 294万元	房屋租赁和物业管理
母公司控制的公司	重庆安协同鑫置业有限公司	王玉涛	重庆	70 500万元	房屋租赁和物业管理
母公司控制的公司	嘉兴平安国岳股权投资合伙企业（有限合伙）	邓苓榛	嘉兴	1 000 000万元	股权投资（投资与资产管理）
母公司控制的法人或其他组织	平安（深圳）金融教育培训中心	马明哲	深圳	500万元	成人非学历教育（保险、管理、金融、IT类培训及以上项目网络培训方式）
信托合并子公司	平安基金管理有限公司	罗春风	深圳	130 000万元	基金募集及销售
信托合并子公司	平安利顺国际货币经纪有限责任公司	黄绍宇	深圳	5 000万元	货币经纪
信托合并子公司	平安证券股份有限公司	何之江	深圳	1 380 000万元	证券投资与经纪
母公司施加重大影响的法人或其他组织	康健信息技术（深圳）有限公司	方蔚豪（1）	深圳	144 005万美元	健康管理咨询等
母公司施加重大影响的法人或其他组织	平安健康互联网股份有限公司	方蔚豪（2）	深圳	35 000万元	健康管理咨询、健康医疗器械销售等
母公司施加重大影响的法人或其他组织	深圳安安诊所	吴德军	深圳	200万元	医疗服务
母公司施加重大影响的法人或其他组织	深圳壹账通智能科技有限公司	沈崇锋	深圳	120 000万元	从事互联网科技、软件科技领域内的技术开发等
母公司施加重大影响的法人或其他组织	未鲲（上海）科技服务有限公司	YongSuk CHO	上海	119 100万美元	网络技术服务

注：1. 2023年12月7日，康健信息技术（深圳）有限公司董事长及法人已变更为李斗，并于2024年2月4日完成工商变更手续。
2. 2023年12月21日，平安健康互联网股份有限公司董事长及法人已变更为李斗，并于2024年1月31日完成工商变更手续。

6.5.3 本公司与关联方的交易情况

6.5.3.1 固有与关联方交易情况

固有与关联方关联交易　　　　单位：万元

项目	期初数	借方发生额	贷方发生额	期末数
贷款	—	—	—	—
投资	641 353.91	—	—	641 353.91
租赁	—	—	—	—
担保	—	—	—	—
应收账款	—	—	—	—
其他	23 572.47	20 318.22	26 904.52	16 986.17
合计	664 926.38	20 318.22	26 904.52	658 340.08

6.5.3.2 信托与关联方交易情况

信托与关联方关联交易　　　　单位：万元

项目	期初数	借方发生额	贷方发生额	期末数
贷款	—	—	—	—
投资	—	—	—	—
租赁	—	—	—	—
担保	—	—	—	—
应收账款	—	—	—	—
其他	1 044 658.47	—	381 355.36	663 303.11
合计	1 044 658.47	—	381 355.36	663 303.11

6.5.3.3 固有与信托财产之间交易情况

固有财产与信托财产相互交易

单位：万元

项目	期初数	本期发生额	期末数
合计	47 222.69	95 214.80	142 437.49

6.5.3.4 信托项目之间交易情况

信托财产与信托财产相互交易

单位：万元

项目	期初数	本期发生额	期末数
合计	3 448 015.61	−428 315.12	3 019 700.49

6.5.4 报告期，无关联方逾期未偿还本公司资金的事项以及无本公司为关联方担保发生或即将发生垫款的事项。

6.6 会计制度的披露

公司固有业务自2007年起执行财政部于2006年2月15日以及以后期间颁布的《企业会计准则——基本准则》、各项具体会计准则及相关规定。

公司信托业务自2009年起执行新《企业会计准则》（财政部2006年颁布）。

7.财务情况说明书

7.1 利润实现和分配情况

报告期本公司实现净利润61 306.74万元，期初未分配利润为794 856.24万元，提取盈余公积6 130.67万元，提取一般风险准备3 065.34万元，对股东的分配83 488.35万元，本期末累计未分配利润为763 478.62万元。

报告期本集团实现归属于母公司所有者的净利润200 560.74万元，期末累计未分配利润为2 244 209.84万元。

7.2 主要财务指标

本公司报告期的主要财务指标如下表所示。

指标名称	指标值		计算公式
	本公司	本集团	
资本利润率（％）	2.34	5.55	净利润/所有者权益平均余额×100%
加权年化信托报酬率（％）	0.71	0.71	（信托项目1的年化信托报酬率×信托项目1的实收信托+信托项目2的年化信托报酬率×信托项目2的实收信托+…信托项目n的年化信托报酬率×信托项目n的实收信托）/（信托项目1的实收信托+信托项目2的实收信托+…信托项目n的实收信托）
人均净利润（万元）	119.51	78.12	净利润/年平均人数

7.3 对本公司财务状况、经营成果有重大影响的其他事项

报告期内，没有对本公司财务状况、经营成果有重大影响的其他事项。

8.特别事项揭示

8.1 前五名股东报告期内变动情况及原因

报告期内，本公司股东没有发生变动。

股东名称	期初持股比例（％）	期末持股比例（％）
中国平安保险（集团）股份有限公司	99.88	99.88
上海市糖业烟酒（集团）有限公司	0.12	0.12
合计	100.00	100.00

8.2 董事、监事及高级管理人员变动情况及原因

报告期内，因工作调整，聘任张智淳女士、黄玉强先生、周立先生担任公司非执行董事。

报告期内，因工作需要，聘任曲建先生担任公司独立董事职务。

报告期内，因工作需要，聘任蒋惠岭先生担任公司独立董事职务。

报告期内，因工作需要，聘任KONG YING先生担任公司独立董事职务。

报告期内，因工作调整，刘崇先生不再担任公司外部监事。

8.3 变更注册资本、变更注册地或公司名称、公司分立合并事项

2023年7月10日，原深圳银保监局做出《关于平安信托有限责任公司变更住所的批复》（深银保监复〔2023〕272号），同意公司注册地址变更为深圳市福田区福田中心区平安金融中心北塔31层01单元、32层01单元、33层。同时，平安信托有限责任公司金融许可证机构住所进行相应变更，相关信息已于2023年7月18日在《证券日报》及公司官网进行披露。

8.4 公司的重大诉讼事项

报告期内，公司没有重大诉讼事项发生。

8.5 公司及其董事、监事和高级管理人员受到处罚的情况

报告期内，公司因存在净值化管理不到位、个别产

品不符合资管新规等情形，受到国家金融监督管理总局深圳监管局罚款人民币180万元的处罚。截至报告日，公司已完成相关问题整改工作。

8.6 国家金融监督管理总局及其派出机构对公司检查的情况

报告期内，公司未涉及国家金融监督管理总局及其派出机构对公司检查的情况。

8.7 本年度重大事项临时报告的简要内容、披露时间、所披露的媒体及其版面

2023年4月，公司在指定的信息披露媒体上披露了《平安信托有限责任公司2022年度报告》。

2023年7月，公司在指定的信息披露媒体上披露了《平安信托有限责任公司关于营业场所变更的公告》

2023年8月，公司在指定的信息披露媒体上披露了《平安信托有限责任公司关于修订〈公司章程〉的公告》

8.8 国家金融监督管理总局及其省级派出机构认定的其他有必要让客户及相关利益人了解的重要信息

报告期内，没有发生国家金融监督管理总局及其省级派出机构认定的其他有必要让客户及相关利益人了解的重要事项。

9.公司监事会意见

公司监事会认为，报告期内，公司依法运作，决策程序合法有效，没有发现公司董事、高级管理层履行职务时有违法违规、违反公司章程或损害公司及股东利益的行为。公司2023年度财务报告中披露的财务信息，真实反映公司的财务状况和经营成果。

山东省国际信托股份有限公司

1. 重要提示

1.1 本年度报告摘要摘自年度报告全文，为全面了解本公司的经营成果、财务状况及未来发展规划，投资者应当仔细阅读年度报告全文。

1.2 公司董事会、监事会及董事、监事、高级管理人员保证本报告内容的真实、准确、完整，不存在虚假记载、误导性陈述或重大遗漏，并承担个别和连带的责任。

1.3 公司独立非执行董事郑伟先生、张海燕女士及刘皖文女士对年度报告内容的真实性、准确性、完整性无异议。

1.4 公司2023年年度报告（2023年年度业绩公告）于2024年3月26日经本公司第三届董事会第四十次会议审议通过。会议应出席董事八名，实际亲自出席董事8名。

1.5 本公司按中国企业会计准则编制的2023年年度财务报告已经信永中和会计师事务所（特殊普通合伙）根据中国企业会计准则审计，并出具标准无保留意见的审计报告。

1.6 本公司法定代表人岳增光先生、主管财务工作负责人首席财务官王平先生及财务部门负责人陈青青女士保证年度报告中财务报告的真实、准确、完整。

2. 公司概况

2.1 公司简介

山东省国际信托股份有限公司（以下简称山东国信或公司）成立于1987年，是经中国人民银行和山东省人民政府批准设立的非银行金融机构，现为中国信托业协会理事单位。山东国信控股股东山东省鲁信投资控股集团有限公司是山东省委管理的国有重要骨干金融企业，也是山东省重要的投融资主体和资产管理平台。2017年12月，山东国信H股在香港联交所挂牌上市（股份代号：1697.HK），成为国内信托公司登陆国际资本市场第一股。

自成立以来，山东国信始终坚守受托人定位，坚持实施信托业务与固有业务"协同联动"发展战略，充分发挥信托主业优势，有效嫁接货币市场、资本市场和实体经济。围绕信托业务"三分类"改革导向，设立资本市场、财富管理、家族信托三大事业部，发展基于禀赋、富有特色的资产服务信托、资产管理信托、公益慈善信托，打造了"稳而健""专而精"的业务体系。在全国多个中心城市设有业务及财富团队，构建了"根植山东，辐射全国，走向国际"的发展格局。山东国信秉承"以客户为中心"宗旨，积极践行国企使命、勇担社会责任，坚定回归信托本源，持续提升金融科技水平，在服务绿色发展、乡村振兴及支持公益慈善事业等方面主动担当、积极作为，为支持经济高质量发展、服务人民美好生活作出贡献。

公司的发展得到社会各界的认可与好评，多次获得"山东省金融创新奖""最佳创新信托公司""诚信托——创新领先奖""最具价值金融股公司""最佳企业管治奖""最佳信息披露奖""山东社会责任企业""3·15诚信金融品牌""山东慈善奖·最具影响力慈善项目"等诸多奖项，被山东省政府授予"山东省金融发展贡献先进单位"荣誉称号，连续多年在山东省金融企业绩效评价中获评"AAA级"，并多次获得中国信托业最高行业评级"A级"。

山东国信善于把握机遇，敢于迎接挑战。我们将以"十四五"规划为指引，积极顺应监管导向和市场需求，坚守受托人定位，坚定回归信托本源，勇担支持实体经济、服务民生福祉、践行社会责任使命，致力于成为受人尊敬的基于资产配置的财富管理机构，为股东、客户、员工等利益相关方创造更大的价值。

公司的法定中文名称：山东省国际信托股份有限公司
中文名称缩写：山东国信
公司的法定英文名称：Shandong International Trust Co., Ltd.
英文名称缩写：SITC
法定代表人：岳增光
注册地址：济南市历下区奥体西路2788号A塔1层部分区域、2层部分区域、13层部分区域、32~35层、40层
邮政编码：250101
国际互联网网址：http://www.sitic.com.cn
电子信箱：ir1697@luxin.cn
负责信息披露事务的高级管理人员：贺创业
信息披露事务联系人：袁方

联系电话：0531-51757480
传真：0531-51757480
电子信箱：ir1697@luxin.cn
公司选定的信息披露报纸：《上海证券报》
年度报告备置地点：中国山东省济南市历下区奥体西路2788号A塔35层
聘请的会计师事务所：
信永中和会计师事务所（特殊普通合伙）

住所：中国北京市东城区朝阳门北大街8号富华大厦A座9层
聘请的律师事务所：
上海市方达律师事务所
住所：中国上海市石门一路288号兴业太古汇香港兴业中心二座24楼
方达律师事务所
住所：中国香港中环康乐广场8号交易广场1期26楼

2.2 组织结构

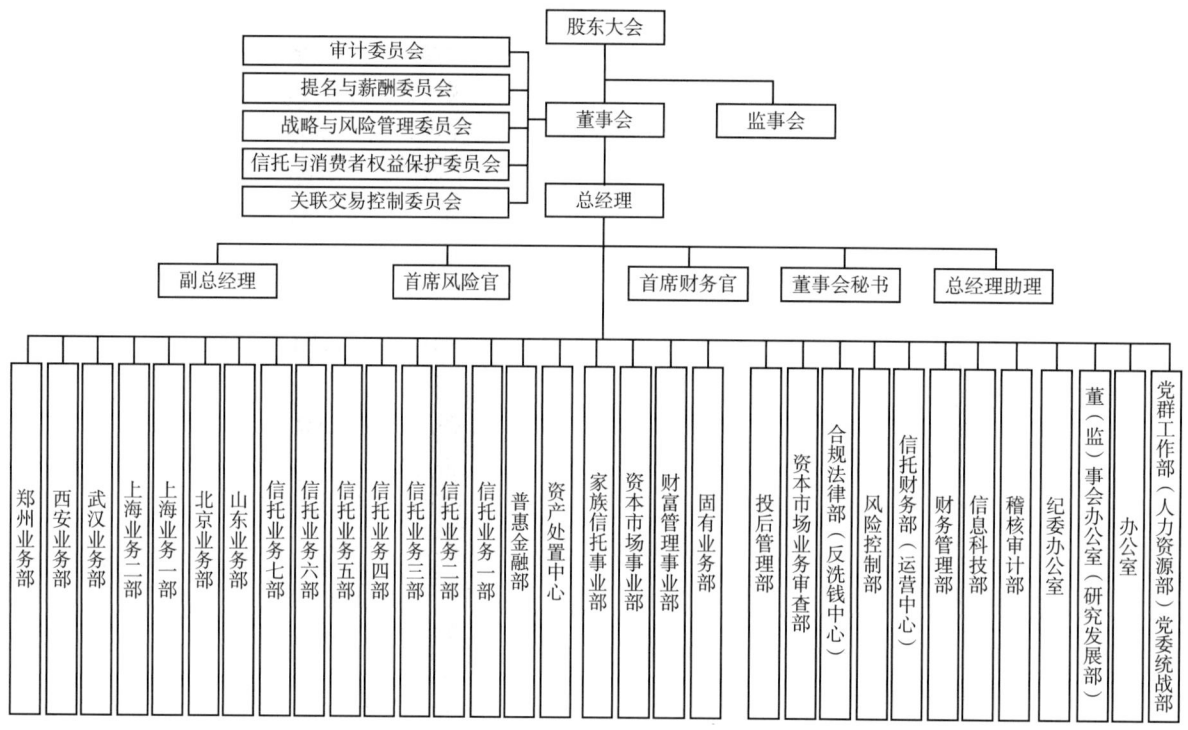

3. 公司治理

3.1 股东情况

截至2023年12月31日，根据公司股东名册，公司共有54名H股股东（由H股过户登记处提供）以及6名内资股股东。

截至2023年12月31日，持有公司10%以上股份的股东情况如下表所示。

股东名称	持股比例（%）	法定代表人	注册资本（万元）	注册地址	主要经营业务	股份种类
山东省鲁信投资控股集团有限公司	48.13	陈秀兴	3 600 000	中国山东省济南市历下区奥体西路2788号A塔	金融资产投资与管理、创业投资以及新能源新材料、印务投资、石油天然气等投资运营业务	内资股
中油资产管理有限公司	18.75	王增业	1 372 518.049626	北京市东城区东直门北大街9号	投资和资产管理	内资股
香港中央结算（代理人）有限公司	25	—	—	—	—	H股

注：香港中央结算（代理人）有限公司是以代理人身份持有H股合计数。

公司前十大股东中，除山东省高新技术创业投资有限公司为山东省鲁信投资控股集团有限公司（以下简称鲁信集团）的间接非全资子公司外，公司未知前十大股东之间存在关联关系或一致行动关系。

截至2023年12月31日，鲁信集团由山东省财政厅和山东省财欣资产运营有限公司分别持有90.75%及9.25%的股权。

3.2 董事、董事会及其下属委员会

董事

姓名	年龄（岁）	性别	职务	本届选任日期	任期	所推举的股东名称	所推举的股东持股比例（%）	简要履历
岳增光	50	男	董事长兼执行董事	2024年1月10日	至本届董事会届满	鲁信集团	48.13	天津大学工商管理硕士；正高级会计师；曾任职于山东鲁信实业集团公司及鲁信集团；曾担任公司计划财务部总经理、公司总经理助理、风险控制部总经理及风控总监兼纪委书记；鲁信集团纪委办公室（监察审计部）主任（部长）、公司党委副书记、执行董事、总经理；鲁信集团党委组织部（人力资源部）部长；现任鲁信集团职工监事，公司党委书记、董事长、执行董事
方灏	49	男	执行董事兼总经理	2021年6月29日	至本届董事会届满	不适用	不适用	中国人民大学经济学博士；曾任江西国际信托股份有限公司投资银行部高级经理、风险管理处处长；国民信托有限公司风险管理部总经理；曾参与方正东亚信托有限责任公司（现名为国通信托有限公司）的重新登记等筹建工作，曾任方正东亚信托有限责任公司首席风险官、长安国际信托股份有限公司常务副总裁、代理公司总裁；现任公司执行董事、总经理
王增业	53	男	副董事长兼非执行董事	2021年11月15日	至本届董事会届满	中油资产管理有限公司	18.75	南开大学经济学博士学位；高级经济师；曾于中国粮油食品进出口总公司、中粮期货经纪有限公司、京华信托公司、天津渤海证券有限责任公司等机构任职；曾任中国石油天然气股份有限公司资本运营部主管；中国石油天然气集团公司办公厅秘书；中油财务有限责任公司金融与会计研究室副主任（负责人）、研究所所长；中油财务有限责任公司总经理助理、副总经理、党委委员、党委书记、工会主席；中油资产管理有限公司党委书记、执行董事，昆仑信托有限责任公司党委书记、董事长；现任中国石油集团资本股份有限公司首席经济学家、监事，公司副董事长、非执行董事
赵子坤	49	男	非执行董事	2021年10月15日	至本届董事会届满	鲁信集团	48.13	长沙理工大学管理学博士；正高级会计师；曾任鲁信集团财务部业务经理、副部长及部长、鲁信实业总经理、董事长；鲁信集团财务管理部部长、首席财务官（CFO）；现任鲁信集团党委常委、副总经理、山东省金融资产管理股份有限公司党委书记、董事长、山东省信用增进投资股份有限公司董事、公司非执行董事
王百灵	45	女	非执行董事	2021年6月29日	至本届董事会届满	济南金控	5.43	烟台大学法律硕士；曾任职于山东赛得拍卖有限公司、《齐鲁第一财经》、国农租赁有限公司、山东惠众新金融发展股份有限公司；曾任济南金控金融管理部副部长、监事长、资产管理部部长；现任济南金控后管部部长、江海汇鑫期货有限公司董事长、香港全程国际金融控股有限公司总裁、全程股权投资基金有限公司董事长、济南金控国际融资租赁有限公司董事、鲁信科技股份有限公司董事、公司非执行董事

注：所推举的股东持股比例为截至2023年12月31日数据。

独立非执行董事

姓名	年龄（岁）	性别	职务	本届选任日期	任期	简要履历
郑伟	50	男	独立非执行董事	2022年8月5日	本届董事会任期届满时	天津财经大学管理学博士（会计学专业），于中国财政科学研究院完成博士后研究。曾于财政部会计司参与了会计准则制定、翻译、调研等工作，曾任中泰证券股份有限公司独立董事兼审计委员会主任。自1995年起在山东财经大学从事教学工作，现为山东财经大学教授、济南高新发展股份有限公司独立董事、财政部会计咨询专家库成员、公司独立非执行董事
张海燕	62	女	独立非执行董事	2023年4月13日	本届董事会任期届满时	中南财经政法大学高级管理人员工商管理硕士，高级经济师。曾于山东省济南市历城区人民银行担任多个职位，包括计划调研科副科长及科长；曾任原济南市商业银行股份有限公司（现名为齐鲁银行股份有限公司）稽核处副处长、处长及稽核部总经理；齐鲁银行股份有限公司内审部总经理及首席审计官、职工监事；章丘齐鲁村镇银行股份有限公司董事长。现任公司独立非执行董事

续表

姓名	年龄（岁）	性别	职务	本届选任日期	任期	简要履历
刘皖文	54	女	独立非执行董事	2023年12月26日	至本届董事会届满	安徽大学文学学士。先后就职于日本三和银行深圳分行（现三菱日联银行）营业部、友邦保险有限公司深圳分公司、民生银行广州分行、兴业银行广州分行及比利时联合银行深圳分行等机构；曾任渣打银行（中国）深圳分行跨国企业部主管兼管理委员会成员、深圳分行副行长及私人银行华南区主管；渣打银行（中国）上海分行董事兼中国本地大企业部主管。现任大华继显（香港）有限公司私人财富管理部董事总经理、公司独立非执行董事

董事会下属委员会及职责

董事会下属委员会	职责
审计委员会	（1）就外聘审计师的委任、重新委任及罢免撤换向董事会提供建议，批准外聘审计师的薪酬及聘用条款，及处理任何有关该审计师辞职或辞退该审计师的问题 （2）按适用的标准检讨及监察外聘审计师是否独立客观及审计程序是否有效；审计委员会应于审计工作开始前先与审计师讨论审计性质及范畴及有关申报责任 （3）就外聘审计师提供非审计服务制定政策，并予以执行。就此规定而言，外聘审计师包括与负责审计的公司处于同一控制权、所有权或管理权之下的任何机构，或一个合理知悉所有有关资料的第三方，在合理情况下会断定该机构属于该负责审计的公司的本土或国际业务的一部分的任何机构。审计委员会应就其认为必须采取的行动或改善的事项向董事会报告，并提出建议 （4）监察公司的财务报表及公司年度报告及账目、半年度报告及（若拟刊发）季度报告的完整性、准确性及公正性，并审阅报表及报告所载有关财务申报的重大意见。审计委员会在向董事会提交财务报表及公司年度报告及账目、半年度报告及（若拟刊发）季度报告前对有关报表及报告作出审阅时，应特别针对下列事项： ①会计政策及实务的任何更改 ②涉及重要判断的事项 ③因审计而出现的重大调整 ④企业持续经营的假设及任何保留意见 ⑤是否遵守会计准则 ⑥是否遵守有关财务申报的上市规则及其他法律规定 （5）就上述（4）项而言： ①审计委员会委员须与公司的董事会及高级管理人员联络。审计委员会须至少每年与公司的外聘审计师召开两次会议 ②审计委员会应考虑于该等报告及账目中所反映或需反映的任何重大或不寻常事项，并须适当考虑任何由公司的属下会计及财务汇报职员、监察主任或审计师提出的事宜 （6）检讨公司的财务监控，以及（除非有另设的董事会辖下风险控制审计委员会又或董事会本身会明确处理）检讨公司的风险管理及内部监控系统 （7）与管理层讨论风险管理及内部监控系统，确保管理层已履行职责建立及维持有效的系统。讨论内容应包括考虑公司在会计及财务汇报职能方面的资源、员工资历及经验是否足够以及员工所接受的培训课程和有关预算是否充足 （8）主动或应董事会的委派，就有关风险管理及内部监控事宜的重要调查结果及管理层对调查结果的响应进行研究 （9）须确保内部和外聘审计师的工作得到协调；也须确保内部审核功能在公司内部有足够资源运作，并且有适当的地位；以及审查及监察内部审核功能是否有效 （10）检讨集团的财务及会计政策及实务 （11）检查外聘审计师给予管理层的审核情况说明函件、审计师就会计记录、财务账目或监控制度向管理层提出的任何重大疑问及管理层作出的响应 （12）确保董事会及时响应于外聘审计师给予管理层的审核情况说明函件中提出的事宜 （13）就上市规则的附录C1中标题为"审核委员会"内所载的事宜向董事会汇报 （14）审计委员会应处理以下事项： ①检讨公司有设定如下安排：公司员工可暗中就财务汇报、内部监控或其他方面可能发生的不正当行为提出关注。审计委员会应确保有适当安排，让公司对此事宜作出公平独立的调查及采取适当行动 ②审计委员会应制定举报政策及系统，让员工及其他与公司有往来的人士可暗中向审计委员会提出其任何可能关于公司的不正当行为的关注 （15）担任公司与外聘审计师之间的主要代表，负责监察二者之间的关系 （16）董事会授权的其他事宜
提名与薪酬委员会	（1）至少每年检讨董事会的架构、人数及组成（包括技能、知识及经验方面），并就任何为配合公司的策略拟对董事会作出的变动提出建议 （2）物色具备合适资格可担任董事、高级管理人员的人士，并挑选、提名有关人士出任董事、高级管理人员或就此向董事会提供意见 （3）评核独立董事的独立性 （4）就董事委任或重新委任以及董事（尤其是董事长及总经理）继任计划的有关事宜向董事会提出建议 （5）就董事及高级管理人员的全体薪酬政策及架构，及就设立正规而具透明度的程序制订薪酬政策，向董事会提出建议 （6）评审公司董事和高级管理人员的履职情况并对其进行绩效考核评价，对公司薪酬制度执行情况进行监督 （7）因应公司所订企业方针及目标而检讨及批准高级管理人员的薪酬建议 （8）就厘定个别执行董事及高级管理层的特定薪酬待遇，包括非金钱利益、退休金权利及赔偿金额（包括丧失或终止职务或委任的赔偿）向董事会提出建议 （9）就非执行董事的薪酬向董事会提出建议 （10）考虑同类公司的薪酬、须付出的时间及职责及集团内其他职位的雇用条件 （11）检讨及批准向执行董事及高级管理人员就其丧失或终止职务或委任而须支付的赔偿，以确保该等赔偿而合约条款一致；若未能与合约条款一致，赔偿亦须公平合理，不致过多 （12）检讨及批准因董事行为失当而解雇或罢免有关董事所涉的赔偿安排，以确保该等安排与合约条款一致；若未能与合约条款一致，有关赔偿亦须合理适当 （13）确保任何董事或其任何联系人（见上市规则的定义）不得参与厘定自身薪酬 （14）就其他执行董事的薪酬建议咨询董事长及/或总经理 （15）检讨及/或批准上市规则第17章股份计划的相关事宜，包括向董事或高级管理层授出任何期权或奖励，以及于《企业管治报告》就所批准的重大事宜（如有）是否适当作出披露及解释 （16）董事会授权的其他事宜

续表

董事会下属委员会	职责
战略与风险管理委员会	（1）根据宏观经济环境、行业发展趋势和本公司经营状况，对本公司中长期发展战略进行研究并提出建议 （2）检查、监督和评估本公司发展战略的执行情况 （3）组织制订本公司信托业务、自营业务发展等专项规划 （4）了解和掌握本公司面临的各项重大风险及其风险管理现状 （5）审议本公司年度或专项风险管理报告 （6）审查本公司风险管理的体制机制是否健全、政策措施是否有效、风险控制流程是否合理 （7）审议风险策略、重大风险管理解决方案以及重大决策、重大风险、重大事件和重要业务流程的判断标准或判断机制 （8）审查、监督本公司遵守、执行法律法规的情况 （9）为本公司信托业务的风险防控提供意见和建议 （10）依据法律、法规和政策要求，研究合规监管要求，制定和完善公司内部合规政策及实施方案；审议公司合规相关基本制度；审议合规管理相关工作报告 （11）审批公司案件防控工作的总体政策，提出案件防控工作整体要求，明确高级管理层有关案件防控职责与权限，确保高级管理层采取必要措施有效监测、预警和处置案件风险；对公司案件防控工作进行有效审查和监督，审议相关工作报告，考核评估案件防控的工作有效性，推动案件防控管理体系建设 （12）确立公司反洗钱风险管理文化建设目标，制定反洗钱风险管理策略、审批反洗钱风险管理的政策和程序；定期审阅反洗钱工作报告，及时了解重大洗钱风险事件及处理情况 （13）董事会规定的其他职责
信托与消费者权益保护委员会	（1）审查本公司信托业务到期兑付及受益人利益实现情况 （2）监督集合信托财产的管理运用情况 （3）对本公司信托业务运行情况进行定期评估，为本公司信托业务开展提供意见和建议 （4）当本公司或股东利益与受益人利益发生冲突时，审议维护受益人权益的具体措施，督促本公司依法履行受托职责 （5）审查公司消费者权益保护工作情况 （6）董事会规定的其他职责
关联交易控制委员会	（1）依据法律、法规和政策要求，研究关联交易监管要求和管理制度，制定和完善公司关联交易制度、操作规程和管理办法 （2）对关联方进行认定，对关联交易行为进行界定，对关联交易合法性、合规性和公允性进行审核，并向董事会提出建议 （3）对应由董事会或股东大会批准的涉及关联交易的各类业务进行初审，就其合法性、合规性、公允性以及是否会损害公司或信托当事人利益向董事会发表书面意见，提交董事会批准，并报告监事会 （4）在法律法规规定和股东大会、董事会授权范围内，审批关联交易及与关联交易有关的其他事项，接受关联交易备案 （5）就公司关联交易管理制度的执行情况以及关联交易情况向董事会作专项报告 （6）法律、法规、公司股票上市地证券监管机构相关规定及董事会授权的其他职责

3.3 监事、监事会及其下属委员会

公司监事会由九名成员组成，监事会未下设委员会。

监事会成员

姓名	年龄（岁）	性别	职务	本届选任日期	任期	所推举的股东名称	所推举的股东持股比例（%）
郭守贵	59	男	监事会主席	2021年6月29日	至本届监事会届满	山东省高新技术创业投资有限公司	4.83
何曙光	37	男	监事	2023年6月14日	至本届监事会届满	鲁信集团	48.13
陈勇	50	男	监事	2021年6月29日	至本届监事会任期届满	中油资产管理有限公司	18.75
吴晨	49	男	监事	2021年6月29日	至本届监事会任期届满	山东黄金集团有限公司	1.72
王志梅	44	女	监事	2021年6月29日	至本届监事会任期届满	潍坊市投资集团有限公司	1.29
王艳	52	女	外部监事	2021年10月14日	至本届监事会任期届满时	青岛金家岭控股集团有限公司	4.99
李燕	51	女	职工监事	2022年1月7日	至本届监事会任期届满	不适用	不适用
张文彬	38	男	职工监事	2021年6月29日	至本届监事会任期届满	不适用	不适用
魏向阳	41	男	职工监事	2022年8月3日	至本届监事会任期届满	不适用	不适用

注：所推举的股东持股比例为截至2023年12月31日数据。

3.4 高级管理人员

姓名	年龄（岁）	性别	职务	任职日期	金融从业年限（年）	学位	专业
方灏	49	男	总经理	2021年3月31日	24	博士	经济学
周建蕖	51	女	副总经理	2011年10月26日	25	硕士	工商管理
贺创业	48	男	副总经理、董事会秘书兼公司秘书	2016年4月7日	24	硕士	金融学
王平	56	男	首席财务官	2019年9月16日	4	硕士	工商管理

续表

姓名	年龄（岁）	性别	职务	任职日期	金融从业年限（年）	学位	专业
牛序成	48	男	副总经理	2018年4月13日	20	硕士	财政学
田志国	51	男	首席风险官	2021年11月29日	18	硕士	法学
孙波涛	45	男	总经理助理	2021年11月29日	21	硕士	软件工程领域工程
崔方	39	男	总经理助理	2022年1月26日	10	硕士	企业管理

3.5 公司员工

截至2022年12月31日及2023年12月31日，公司分别共有377名及330名员工。在不同部门工作的员工人数及比例如下表所示。

岗位分布	2023年12月31日		2022年12月31日	
	员工人数（人）	占比（%）	员工人数（人）	占比（%）
管理层	12	3.64	13	3.45
信托业务员工	133	40.30	164	43.50
固有业务员工	3	0.91	4	1.06
财富管理员工	59	17.88	75	19.89
风险控制和审计员工	44	13.33	47	12.47
财务会计员工	7	2.12	7	1.86
运营管理员工	36	10.91	35	9.28
其他员工	36	10.91	32	8.49
合计	330	100	377	100

注：包括在人力资源部等后台部门的员工。

截至2022年12月31日及2023年12月31日，按年龄分类的员工详情如下表所示。

年龄	2023年12月31日		2022年12月31日	
	员工人数（人）	占比（%）	员工人数（人）	占比（%）
25岁及以下	9	2.73	12	3.18
26~29岁	45	13.64	46	12.20
30~39岁	189	57.27	232	61.54
40岁及以上	87	26.36	87	23.08
合计	330	100	377	100

截至2022年12月31日及2023年12月31日，按教育程度分类的员工详情如下表所示。

教育程度	2023年12月31日		2022年12月31日	
	员工人数（人）	占比（%）	员工人数（人）	占比（%）
博士学位及以上	6	1.82	7	1.86
硕士学位	243	73.64	281	74.53
学士学位	76	23.03	83	22.02
大专及以下	5	1.51	6	1.59
合计	330	100	377	100

4. 经营管理

4.1 经营目标、方针、战略规划

全面贯彻落实党的二十大精神及中央经济、金融工作会议精神，牢牢把握高质量发展主题，保持定力、重塑能力、苦练内功，顺应监管导向，坚持转型发展思路不动摇，不遗余力聚焦特色经营，打造"稳而健""专而精"的区域性信托公司。

一是推动优势业务提速。加速发展以家族信托为代表的特色优势业务，持续深化银行、券商等渠道合作，聚焦批量化场景，推动形成规模经济。大力开拓行业新蓝海，抢占家庭服务信托市场，提升保险金信托展业水平，积极探索养老功能的保险金信托业务模式。着力扩大标品信托规模，保持良好的主动管理投资业绩，完善固定收益类产品线，推动规模加速上量，围绕研究、系统、人才、产品和风控五大核心要素，持续培育核心竞争优势。优选非标业务机会，做好优质项目投放，构建"精而优"的展业模式。以创新引领业务发展，发挥信托制度在养老、普惠领域的独特优势，塑造差异化竞争优势与核心竞争力。

二是深挖区域发展潜力。立足地方政府服务，深化"政信"业务内涵。综合运用非标贷款、证券投行、资产服务等各类工具，满足地方政府资金融通需求，为省内重点企业提供全生命周期的综合金融服务。紧盯资产服务信托新锚点，发力风险处置服务信托、预付类资金服务信托等新型服务类业务，致力将信托打造为政府部门提升社会治理能力的有益工具。落实绿色发展理念，把握山东省绿色低碳高质量发展先行区建设机遇，发挥绿色研究小组产学研联动作用，探索创新绿色信托产品模式，着力推动研究成果向业务实践转化。

三是守住底线防范风险。坚持"化"和"控"两手抓、两手硬，统筹抓好不良处置与风险防控。加强战略风险管理，做好风险管控全流程闭环体系建设，坚持推行"全面、全员、全过程"风险管理文化，强化项目事前审批、贷后管理及临期管理，严控集中度风险，建立风险早期纠正机制，多管齐下严防新增风险。压实风险

防控责任，加快组建资产处置中心，提高资产处置队伍专业化水平。厚植合规文化土壤，切实加强合规培训、健全合规体系，做好舆情维稳工作，严防声誉风险。

四是坚定不移推进体制机制改革。持续完善绩效考核制度。兼顾公司现状、市场竞争和转型方向，以激励和约束并重为原则，建立符合公司发展特点的薪酬机制，发挥考核指挥棒作用。突出抓好人才队伍建设，做好信托公司改革转型期的组织架构调整及人才结构调整，完善干部能上能下、员工能进能出、薪酬能增能减"六能"机制，激发员工担当作为精神风貌。充分落实"国信蓝"人才培训计划，为员工转型提供必要的资源支持和技术指导。制定业务协同管理办法，发挥创新条线人才的引领带动作用，鼓励不同条线员工整合资源，协同作战，凝聚人心，汇聚合力。

4.2 所经营业务的主要内容

本集团的业务可划分为信托业务和固有业务。信托业务是本集团的主营业务。作为受托人，本集团接纳委托客户的资金和/或财产委托，并管理此类委托资金和/或财产，以满足委托客户的投资和财富管理需要，以及交易对手客户的融资需要。本集团的固有业务通过将固有资产配置到各个资产类别，以及投资于对信托业务有战略价值的各种业务，从而维持并增加固有资产的价值。

公司在所示期间的分部收入及其主要部分如下表所示。

项目	2023年12月31日		2022年12月31日	
	金额（千元）	占比（%）	金额（千元）	占比（%）
信托业务	—			
营业收入	766 750	64.2	983 142	65.1
分部收入	766 750	64.2	983 142	65.1
固有业务				
营业收入	423 707	35.5	525 564	34.8
营业外收入	2 935	0.3	621	0.1
分部收入	426 642	35.8	526 185	34.9
合计	1 193 392	100.0	1 509 327	100.0

2023年，公司的信托业务以及固有业务的收入分别占本公司收入总额的64.2%和35.8%。

4.2.1 信托业务

2023年，公司管理的资产规模较年初有所上升，信托业务收入同比有所上升，主动管理型信托的收入占全部信托业务收入中的手续费及佣金收入的比重有所下降。本公司管理的信托资产规模（包含保险金信托）由截至2022年12月31日的人民币215 400百万元减少至截至2023年12月31日的人民币201 421百万元。2023年，公司实现信托业务收入人民币771百万元，同比下降22.1%；报告期内，公司管理的主动管理型信托产生的收入为人民币653百万元，占全部信托业务收入中的手续费及佣金收入的84.7%，同比增加14.7个百分点。

4.2.2 固有业务

2023年，为合理优化自有资金配置，提高自有资金运作水平，本公司坚持长中短期结合的策略，稳妥运用自有资金进行投资。一是充分发挥固有业务与信托业务的协同效应，大力支持标准化产品等转型创新产品，助力本公司业务转型发展。二是进一步优化资产结构，积极处理低效资产，提高固有资产质量。三是在保证安全性、流动性的前提下，积极开展多元化投资，高效运用流动性资金进行国债逆回购、投资货币基金及现金管理类信托计划等短期运作，着力提高资金使用效益。2023年实现固有业务分部收入人民币426.6百万元，同比减少18.9%，主要原因是公允价值变动收益由2022年的人民币40.2百万元增加至2023年的人民币212.7百万元，2022年录得利息净支出人民币78.0百万元而2023年录得利息净收入人民币99.6百万元，部分被投资收益由2022年的人民币520.3百万元减少至2023年的人民币72.4百万元所抵销。

4.3 市场分析

4.3.1 全球形势分析

未来一段时间，全球贸易增速放缓对经济增长的拖累，能源价格对通胀走势的扰动，以及全球高债务、高利率及地缘冲突可能诱发的金融风险不容忽视。

4.3.2 国内形势分析

中国经济面临有效需求不足、部分行业产能过剩、社会预期偏弱、风险隐患仍然较多等系列挑战，总体而言，我国发展面临的有利条件强于不利因素，具有巨大的发展韧性和潜力，经济回升向好、长期向好的基本趋势没有改变。

4.3.3 影响公司业务发展的主要因素

公司的业务运营在中国进行，且公司大部分收入于中国境内产生。作为一家中国金融机构，公司的业务、财务状况、经营业绩及前景受中国整体经济及金融市场状况的重大影响。

中国经济经历逾40年的快速增长后，目前已转向高质量发展阶段，其特征为经济结构优化和产业转型升级。

中国经济的结构转型、宏观经济政策及金融市场的波动给我们的业务带来挑战。例如，房地产行业的调控以及控制地方政府负债可能会对公司的信托业务产生负面影响。经济减速、结构调整的大背景下，宏观形势对信托行业的资金端和资产端均形成了一定的压力和约束。公司的客户可能会在经济放缓时减少投资活动或融资需求，可能会减少对公司多种信托产品的需求。在经济放缓时，个别金融风险事件的爆发机率可能更高，这可能会增加公司交易对手的违约风险。另外，公司可能会在经济转型期识别新的业务机会并利用金融市场状况的变化，在能够抵消经济下行周期影响的领域增加业务。然而，对于公司能否有效应对整体经济及金融市场状况的变化仍存在不确定因素，公司创新业务的增加可能不能够抵消传统业务的下滑，因此公司的信托业务将持续受到整体经济及金融市场状况的重大影响。

公司已经对多个金融机构进行固有投资，公司大部分的固有资产以不同类型金融产品的形式持有。该等投资的价值受宏观经济状况、资本市场的表现和投资者情绪的影响。因此，中国整体经济及金融市场状况的变化也将影响公司固有投资的价值及投资收益。

公司的经营业绩、财务状况及发展前景皆受我国监管环境的影响。中国信托业的主要监管机构金融监管总局（前为中国银保监会）持续关注行业的发展状态，发布了多项规定和政策以不时鼓励或不提倡甚至是禁止某些种类的信托业务开展。公司需要持续调整公司的信托业务结构和经营模式以遵循该等规定和政策，这可能会对公司信托业务的规模、信托业务收入、盈利能力产生正面或负面的影响。2018年4月，中国人民银行、原中国银保监会、中国证监会、国家外汇管理局联合下发《关于规范金融机构资产管理业务的指导意见》（银发〔2018〕106号），对资产管理业务按照产品类型统一监管标准，要求包括信托公司在内的金融机构在开展资产管理业务时"去通道""去嵌套"，2020年原中国银保监会对信托公司同业通道业务和融资类业务压降提出了明确的要求，坚持"去通道"目标不变，继续规范业务发展，引导信托公司加快业务模式变革。2023年3月，原中国银保监会印发《关于规范信托公司信托业务分类的通知》，进一步厘清信托业务边界和服务内涵，引导信托公司发挥制度优势和行业竞争优势，促进信托公司回归本源、规范发展，推动信托业走高质量发展之路。这些政策短期内可能会对信托公司经营产生一定的紧缩效应，但长期来看有利于信托公司提升主动管理能力，回归信托本源。然而，监管部门也可能不时限制信托公司某些业务的发展，从而可能会对公司的业务产生不利影响。

此外，我国其他金融行业的监管环境也可能会间接影响公司的信托业务。例如，2018年9月，原中国银保监会发布《商业银行理财业务监督管理办法》，并于同年十二月发布《商业银行理财子公司管理办法》，对商业银行开展理财业务进行了明确规定，允许商业银行通过设立理财子公司开展资产管理业务。公司传统上受益于信托牌照下广泛的业务范围，然而，由于其他金融机构例如商业银行、商业银行理财子公司将能够提供越来越多与公司类似的产品及服务，而公司可能会因此面对更激烈的竞争而丧失部分优势。

4.4 风险管理

4.4.1 风险管理概况

公司一直致力于建立健全的风险管理和内部控制体系，其中包括我们认为适合我们业务经营的目标、原则、组织框架、流程和应对主要风险的方法，而且公司已建立一套涵盖本公司业务经营各个方面的全面风险管理体系。公司精细的风险管理文化、以目标为导向且完善的风险管理体系与机制，确保公司的业务持续稳定发展，为本公司识别和管理业务运营所涉及的风险奠定坚实基础。

4.4.2 风险管理

4.4.2.1 信用风险管理

信用风险指公司客户及交易对手未能履行合约责任的风险。公司的信用风险由本公司的信托业务及固有业务引起。

报告期内，公司严格遵守金融监管总局有关信用风险管理指引等监管要求，在董事会战略与风险管理委员会和高级管理层的领导下，以配合实现战略目标为中心，完善信用风险管理的制度和系统建设，加强重点领域的风险管控，全力控制和化解信用风险。

4.4.2.2 市场风险管理

市场风险主要指金融工具的公允价值或未来现金流将因市场价格变化而导致波动，主要由于价格风险、利率风险及汇兑风险导致波动风险。报告期内，本公司主要透过多样化及谨慎挑选的投资组合和本公司严格的投资决策机制管理此类风险。

4.4.2.3 流动性风险管理

流动性风险指由于债务到期本公司或不能获取足够的

现金以全面结算本公司的债务，或公司仅可在重大不利的条款下获取足够的现金以全面结算公司的债务的风险。

报告期内，公司定期预测公司的现金流和监测公司的短期和长期资本需求，以确保有足够的现金储备和金融资产可较易转换成现金。公司持有足够的不受限银行存款及手头现金以满足公司日常运营的资金需求。

4.4.2.4 合规风险管理

合规风险指因本公司的业务活动或员工的活动违反有关法律、法规或规则而遭受法律制裁、被采取监管措施、纪律处分、蒙受财产损失或声誉损失的风险。公司已制定若干合规制度和政策，由合规法律部专门监察公司日常运营各方面的整体合规状况。

报告期内，公司的合规法律部亦持续跟踪相关法律法规和政策的最新发展，并向相关部门提交制订和修订相关内部制度和政策的方案。此外，公司根据不同部门的相关业务活动的性质组织若干员工培训项目，持续更新有关现有法律和法规要求及内部政策。

4.4.2.5 操作风险管理

操作风险指因交易过程或管理系统操作不当而引致财务损失的风险。报告期内，为了将操作风险减至最低，公司已实施严格的风险控制机制，以降低技术违规或人为失误的风险，并提高操作风险管理的有效性。此外，公司的稽核审计部负责内部审计及评估操作风险管理的有效性。

4.4.2.6 声誉风险管理

公司非常珍惜多年来经营的良好市场形象，积极采取有效措施规避和防范声誉风险，防止公司声誉受到不良损害。公司制定了《声誉风险管理办法》。报告期内，公司通过优秀的财富管理能力提高客户忠诚度的同时，加强对外宣传力度，积极履行社会责任，开辟多种渠道与监管机构、媒体、公众等利益相关者进行沟通，强化"专业、诚信、勤勉、成就"的企业核心价值观。

4.4.2.7 其他风险管理

公司通过对国家宏观经济政策和行业政策的分析、研究，提高预见性和应变能力，控制政策风险。通过建立健全法人治理结构、内部控制制度、业务操作流程，保证工作流程的完整性和科学性。不断加强员工思想教育，树立恪尽职守的观念和先进的风险管理理念，避免道德风险。同时加强法治意识教育，深入开展全体员工廉洁从业教育活动。设置专门的法律岗位，聘请常年法律顾问等，有效控制法律风险。

5.报告期末及上一年度末的比较式会计报表

5.1 自营资产

5.1.1 会计师事务所审计意见全文

山东省国际信托股份有限公司全体股东：

我们审计了山东省国际信托股份有限公司（以下简称山东国信）财务报表，包括2023年12月31日的合并及母公司资产负债表，2023年度的合并及母公司利润表、合并及母公司现金流量表、合并及母公司股东权益变动表，以及相关财务报表附注。

我们认为，后附的财务报表在所有重大方面按照企业会计准则的规定编制，公允反映了山东国信2023年12月31日的合并及母公司财务状况以及2023年度的合并及母公司经营成果和现金流量。

形成审计意见的基础

我们按照中国注册会计师审计准则的规定执行了审计工作。审计报告的"注册会计师对财务报表审计的责任"部分进一步阐述了我们在这些准则下的责任。按照中国注册会计师职业道德守则，我们独立于山东国信，并履行了职业道德方面的其他责任。我们相信，我们获取的审计证据是充分、适当的，为发表审计意见提供了基础。

关键审计事项

关键审计事项是我们根据职业判断，认为对本期财务报表审计最为重要的事项。这些事项的应对以对财务报表整体进行审计并形成审计意见为背景，我们不对这些事项单独发表意见。

1.合并范围的确认

山东国信管理或投资多项信托计划。截至2023年12月31日，于所有该等信托计划中，公司已合并信托计划资产总额为人民币37.24亿元。当判断是否应该将结构化主体纳入山东国信的合并范围时，管理层考虑山东国信对结构化主体相关活动拥有的权利，享有的可变回报，以及通过运用该权利而影响其可变回报的能力。由于在确定是否将结构化主体纳入山东国信的合并范围时涉及重大的管理层判断，且合并结构化主体可能对合并资产负债表产生重大影响，我们将山东国信结构化主体的合并识别为关键审计事项。

审计中的应对

我们对管理层在信托计划合并评估中的控制措施进行了了解。此外，我们抽样查看了山东国信投资或管理的信托计划，并对管理层对信托计划的合并评估时执行了以下程序：

（1）了解交易结构的目的和设计，检查了相关合同条款，并评估公司是否有权指导该等信托计划的相关活动；

（2）检查来自该等抽样信托计划的可变回报（包括管理费、直接投资及流动性支持）有关的合约条款，将该数据与应用于管理层对可变回报的评估中的参数相核对；

（3）根据合约条款重新计算公司来自该等信托计划的可变回报；

（4）通过分析公司运用其权力影响信托计划可变回报的能力，评估公司在信托计划中的角色是主要责任人还是代理人，以可变回报水平为基准来衡量公司作为主要责任人是否符合准则的指引。

2. 金融资产减值确认

截至2023年12月31日，山东国信发放贷款及垫款、债权投资账面余额分别为人民币25.54亿元、68.31亿元，减值准备余额分别为人民币3.53亿元、23.24亿元。2023年度，山东国信合并利润表中确认发放贷款及垫款、债权投资的信用减值损失分别为人民币1.65亿元、3.09亿元。

预期信用损失的计量模型涉及重大的管理层判断和假设，主要包括以下内容：

- 为预期信用损失的计量选择合适的模型和假设；
- 决定信用风险是否显著增加或已发生违约或减值损失的标准；
- 前瞻性计量的经济指标以及应用经济情景及权重；
- 第三阶段发放贷款及垫款、债权投资的预计未来现金流量。

预期信用损失的估计存在高度估计不确定性。由于模型的复杂性，与发放贷款及垫款、债权投资减值评估有关的固有风险被认为是重大的，该模型采用了大量参数和数据输入，并运用了重要的管理判断和假设。此外，本期确认的发放贷款及垫款、债权投资的减值损失是重大的。鉴于这些原因，我们将其确定为关键审计事项。

审计中的应对

我们了解管理层用于计算预期信用损失时的方法，以及管理层在衡量对发放贷款及垫款、债权投资的预期信用损失的关键控制措施。我们通过考虑估计不确定性的程度和其他固有风险因素（例如估计的复杂性、主观性）的水平来评估重大错报的固有风险。

我们评估并测试了管理层有关发放贷款及垫款、债权投资的预期信用损失计量的关键控制程序。此外，我们还执行了以下程序：

（1）审核预期信用损失计量的建模方法，并就组合分项、模型选择、关键参数估计、有关模型的其他重大判断及假设的合理性作出评估；

（2）评估管理层有关厘定信用风险是否显著增加的标准。此外，我们在考虑借款人的财务及非财务资料、有关外部证据及其他因素的基础上选择样本，以评估管理层对在识别信用风险显著增加的恰当性；

（3）就前瞻性计量而言，我们审核管理层对其经济指标选择的模型分析；所运用的经济情景及权重，评估经济指标预测的合理性；

（4）基于所选样本审核预期信用损失模型的主要参数，包括历史数据及计量日期的数据，以验证其准确性及完整性；

（5）基于样本审查由管理层依据借款人及担保人的财务资料、抵押品最近估值及其他可用数据连同支持第三阶段发放贷款及垫款、债权投资减值准备计算的折现率而编制的预测未来现金流量。

其他信息

山东国信管理层（以下简称管理层）对其他信息负责。其他信息包括山东国信2023年年度报告中涵盖的信息，但不包括财务报表和我们的审计报告。

我们对财务报表发表的审计意见不涵盖其他信息，我们也不对其他信息发表任何形式的鉴证结论。

结合我们对财务报表的审计，我们的责任是阅读其他信息，在此过程中，考虑其他信息是否与财务报表或我们在审计过程中了解到的情况存在重大不一致或者似乎存在重大错报。

基于我们已执行的工作，如果我们确定其他信息存在重大错报，我们应当报告该事实。在这方面，我们无任何事项需要报告。

管理层和治理层对财务报表的责任

管理层负责按照企业会计准则的规定编制财务报表，使其实现公允反映，并设计、执行和维护必要的内部控制，以使财务报表不存在由于舞弊或错误导致的重大错报。

在编制财务报表时，管理层负责评估山东国信的持续经营能力，披露与持续经营相关的事项（如适用），并运用持续经营假设，除非管理层计划清算山东国信、终止运营或别无其他现实的选择。

治理层负责监督山东国信的财务报告过程。

注册会计师对财务报表审计的责任

我们的目标是对财务报表整体是否不存在由于舞弊

或错误导致的重大错报获取合理保证，并出具包含审计意见的审计报告。合理保证是高水平的保证，但并不能保证按照审计准则执行的审计在某一重大错报存在时总能发现。错报可能由于舞弊或错误导致，如果合理预期错报单独或汇总起来可能影响财务报表使用者依据财务报表作出的经济决策，则通常认为错报是重大的。

在按照审计准则执行审计工作的过程中，我们运用职业判断，并保持职业怀疑。同时，我们也执行以下工作：

（1）识别和评估由于舞弊或错误导致的财务报表重大错报风险，设计和实施审计程序以应对这些风险，并获取充分、适当的审计证据，作为发表审计意见的基础。由于舞弊可能涉及串通、伪造、故意遗漏、虚假陈述或凌驾于内部控制之上，未能发现由于舞弊导致的重大错报的风险高于未能发现由于错误导致的重大错报的风险。

（2）了解与审计相关的内部控制，以设计恰当的审计程序，但目的并非对内部控制的有效性发表意见。

（3）评价管理层选用会计政策的恰当性和作出会计估计及相关披露的合理性。

（4）对管理层使用持续经营假设的恰当性得出结论。同时，根据获取的审计证据，就可能导致对山东国信持续经营能力产生重大疑虑的事项或情况是否存在重大不确定性得出结论。如果我们得出结论认为存在重大不确定性，审计准则要求我们在审计报告中提请报表使用者注意财务报表中的相关披露；如果披露不充分，我们应当发表非无保留意见。我们的结论基于截至审计报告日可获得的信息。然而，未来的事项或情况可能导致山东国信不能持续经营。

（5）评价财务报表的总体列报、结构和内容，并评价财务报表是否公允反映相关交易和事项。

（6）就山东国信中实体或业务活动的财务信息获取充分、适当的审计证据，以对财务报表发表审计意见。我们负责指导、监督和执行公司审计，并对审计意见承担全部责任。

我们与治理层就计划的审计范围、时间安排和重大审计发现等事项进行沟通，包括沟通我们在审计中识别出的值得关注的内部控制缺陷。

我们还就已遵守与独立性相关的职业道德要求向治理层提供声明，并与治理层沟通可能被合理认为影响我们独立性的所有关系和其他事项，以及相关的防范措施（如适用）。

从与治理层沟通过的事项中，我们确定哪些事项对本期财务报表审计最为重要，因而构成关键审计事项。我们在审计报告中描述这些事项，除非法律法规禁止公开披露这些事项，或在极少数情形下，如果合理预期在审计报告中沟通某事项造成的负面后果超过在公众利益方面产生的益处，我们确定不应在审计报告中沟通该事项。

信永中和会计师事务所（特殊普通合伙）
中国注册会计师：王贡勇（项目合伙人）
中国注册会计师：郭乐超

中国·北京

2024年3月26日

5.1.2 资产负债表

资产负债表（合并）

编制单位：山东省国际信托股份有限公司　　2023年12月31日　　单位：元

项目	2023年12月31日	2022年12月31日
资产：		
货币资金	283 896 884.51	2 240 590 484.12
结算备付金	—	—
贵金属	—	—
拆出资金	—	—
衍生金融资产	—	—
应收账款	172 532 366.53	148 127 333.84
合同资产	—	—
买入返售金融资产	395 049 249.50	357 260 491.66
持有待售资产	—	675 177 700.00
发放贷款及垫款	2 201 525 213.77	1 023 971 094.19
金融投资：		
交易性金融资产	4 506 454 958.18	4 082 960 835.53
债权投资	4 507 256 604.08	3 832 734 832.93
其他债权投资	—	—
其他权益工具投资	—	—
长期股权投资	844 069 102.22	903 107 179.86
投资性房地产	212 820 911.67	137 608 274.04
固定资产	42 637 817.33	127 797 634.76
在建工程	—	—
使用权资产	47 525 901.92	69 561 255.56
无形资产	40 979 199.34	29 095 856.02
长期待摊费用	20 814 361.23	31 411 425.43
递延所得税资产	597 414 403.37	558 385 133.18
其他资产	295 907 337.56	240 342 741.66
资产总计	14 168 884 311.21	14 458 132 272.78
负债：		
短期借款	974 779 055.55	2 005 323 555.59
拆入资金	—	—

续表

项目	2023年12月31日	2022年12月31日
交易性金融负债	—	—
衍生金融负债	—	—
卖出回购金融资产款	—	—
应付职工薪酬	74 580 027.40	84 252 667.37
应交税费	119 927 475.98	270 195 144.91
应付账款	17 560 929.05	19 015 634.00
合同负债	18 162 088.23	36 220 691.99
持有待售负债	—	—
预计负债	120 809 836.02	—
长期借款	—	—
应付债券	—	—
其中：优先股	—	—
永续债	—	—
租赁负债	39 059 410.21	60 356 150.44
递延所得税负债	—	—
其他负债	1 714 627 528.29	1 048 500 556.93
负债合计	3 079 506 350.73	3 523 864 401.23
股东权益：		
股本	4 658 850 000.00	4 658 850 000.00
其他权益工具	—	—
其中：优先股	—	—
永续债	—	—
资本公积	160 049 183.05	160 049 183.05
减：库存股	—	—
其他综合收益	−5 253 999.65	−1 730 541.86
盈余公积	1 002 840 747.87	979 430 230.51
信托赔偿准备金	753 171 982.16	729 761 464.80
一般风险准备	594 239 495.47	524 007 943.40
未分配利润	3 925 480 551.58	3 883 899 591.65
归属于母公司股东权益合计	11 089 377 960.48	10 934 267 871.55
少数股东权益	—	—
股东权益合计	11 089 377 960.48	10 934 267 871.55
负债和股东权益总计	14 168 884 311.21	14 458 132 272.78

5.1.3 利润表

利润表（合并）

编制单位：山东省国际信托股份有限公司　　2023年度　　单位：元

项目	2023年度	2022年度
一、营业总收入	1 190 457 227.88	1 508 705 858.21
利息净收入	100 234 903.04	−76 620 901.76
其中：利息收入	192 202 677.40	62 740 895.84
利息支出	91 967 774.36	139 361 797.60
手续费及佣金净收入	766 121 700.97	981 742 563.99
其中：手续费及佣金收入	771 124 666.23	990 286 183.81
手续费及佣金支出	5 002 965.26	8 543 619.82
投资收益（损失以"−"号填列）	72 373 260.70	520 345 041.57
其中：对联营企业和合营企业的投资收益	10 192 627.15	176 985 273.73

续表

项目	2023年度	2022年度
净敞口套期收益（损失以"−"号填列）	—	—
其他收益	—	—
公允价值变动收益（损失以"−"号填列）	212 740 173.75	40 217 959.53
合并结构化主体中归属于第三方投资者的净资产份额变动收益（损失以"−"号填列）	26 262 792.35	35 053 235.73
汇兑收益（损失以"−"号填列）	0.16	0.83
其他业务收入	12 677 482.99	7 794 603.68
资产处置收益（损失以"−"号填列）	46 913.92	173 354.64
二、营业总成本	781 109 822.55	915 974 057.74
税金及附加	8 356 011.92	12 911 502.03
业务及管理费	269 073 176.25	283 454 606.90
信用减值损失	500 461 628.77	618 726 361.04
其他资产减值损失	—	—
其他业务成本	3 219 005.61	881 587.77
三、营业利润（亏损以"−"号填列）	409 347 405.33	592 731 800.47
加：营业外收入	2 935 017.87	621 059.83
减：营业外支出	122 131 726.49	2 119 101.49
四、利润总额（亏损总额以"−"号填列）	290 150 696.71	591 233 758.81
减：所得税费用	131 517 149.99	310 804 362.67
五、净利润（净亏损以"−"号填列）	158 633 546.72	280 429 396.14
（一）按经营持续性分类	158 633 546.72	280 429 396.14
1.持续经营净利润（净亏损以"−"号填列）	158 633 546.72	280 429 396.14
2.终止经营净利润（净亏损以"−"号填列）	—	—
（二）按所有权归属分类	158 633 546.72	280 429 396.14
1.归属于母公司所有者的净利润（净亏损以"−"号填列）	158 633 546.72	280 429 396.14
2.少数股东损益（净亏损以"−"号填列）	—	—
六、其他综合收益的税后净额	−3 523 457.79	−1 570 919.47
归属母公司所有者的其他综合收益的税后净额	−3 523 457.79	−1 570 919.47
（一）不能重分类进损益的其他综合收益	—	—
1.重新计量设定受益计划变动额	—	—
2.权益法下不能转损益的其他综合收益	—	—
3.其他权益工具投资公允价值变动	—	—
4.企业自身信用风险公允价值变动	—	—
5.其他	—	—
（二）将重分类进损益的其他综合收益	−3 523 457.79	−1 570 919.47
1.权益法下可转损益的其他综合收益	−3 523 457.79	−1 570 919.47
2.其他债权投资公允价值变动	—	—
3.金融资产重分类计入其他综合收益的金额	—	—
4.其他债权投资信用减值准备	—	—
5.现金流量套期储备（现金流量套期损益的有效部分）	—	—
6.外币财务报表折算差额	—	—
7.其他	—	—
归属于少数股东的其他综合收益的税后净额	—	—
七、综合收益总额	155 110 088.93	278 858 476.67
归属于母公司股东的综合收益总额	155 110 088.93	278 858 476.67
归属于少数股东的综合收益总额	—	—
八、每股收益：		
（一）基本每股收益（元/股）	0.03	0.06
（二）稀释每股收益（元/股）	0.03	0.06

5.1.4 所有者权益变动表

所有者权益变动表（合并）

编制单位：山东省国际信托股份有限公司　　2023年度　　单位：元

项目	归属于母公司股东权益											少数股东权益	股东权益合计
	股本	其他权益工具			资本公积	减：库存股	其他综合收益	盈余公积	信托赔偿准备金	一般风险准备	未分配利润	其他	小计		
		优先股	永续债	其他											
一、上年末余额	4 658 850 000.00	—	—	—	160 049 183.05	—	-1 730 541.86	979 430 230.51	729 761 464.80	524 007 943.40	3 883 899 591.65	—	10 934 267 871.55	—	10 934 267 871.55
加：会计政策变更	—	—	—	—	—	—	—	—	—	—	—	—	—	—	—
前期差错更正	—	—	—	—	—	—	—	—	—	—	—	—	—	—	—
同一控制下企业合并	—	—	—	—	—	—	—	—	—	—	—	—	—	—	—
其他	—	—	—	—	—	—	—	—	—	—	—	—	—	—	—
二、本年年初余额	4 658 850 000.00	—	—	—	160 049 183.05	—	-1 730 541.86	979 430 230.51	729 761 464.80	524 007 943.40	3 883 899 591.65	—	10 934 267 871.55	—	10 934 267 871.55
三、本年增减变动金额（减少以"-"号填列）	—	—	—	—	—	—	-3 523 457.79	23 410 517.36	23 410 517.36	70 231 552.07	41 580 959.93	—	155 110 088.93	—	155 110 088.93
（一）综合收益总额	—	—	—	—	—	—	-3 523 457.79	—	—	—	158 633 546.72	—	155 110 088.93	—	155 110 088.93
（二）股东投入和减少资本	—	—	—	—	—	—	—	—	—	—	—	—	—	—	—
1. 股东投入的普通股	—	—	—	—	—	—	—	—	—	—	—	—	—	—	—
2. 其他权益工具持有者投入资本	—	—	—	—	—	—	—	—	—	—	—	—	—	—	—
3. 股份支付计入股东权益的金额	—	—	—	—	—	—	—	—	—	—	—	—	—	—	—
4. 其他	—	—	—	—	—	—	—	—	—	—	—	—	—	—	—
（三）利润分配	—	—	—	—	—	—	—	23 410 517.36	23 410 517.36	70 231 552.07	-117 052 586.79	—	—	—	—
1. 提取盈余公积	—	—	—	—	—	—	—	23 410 517.36	—	—	-23 410 517.36	—	—	—	—
2. 提取风险准备	—	—	—	—	—	—	—	—	23 410 517.36	70 231 552.07	-93 642 069.43	—	—	—	—
3. 对股东的分配	—	—	—	—	—	—	—	—	—	—	—	—	—	—	—
4. 其他	—	—	—	—	—	—	—	—	—	—	—	—	—	—	—
（四）股东权益内部结转	—	—	—	—	—	—	—	—	—	—	—	—	—	—	—
1. 资本公积转增股本	—	—	—	—	—	—	—	—	—	—	—	—	—	—	—
2. 盈余公积转增股本	—	—	—	—	—	—	—	—	—	—	—	—	—	—	—
3. 盈余公积弥补亏损	—	—	—	—	—	—	—	—	—	—	—	—	—	—	—
4. 设定受益计划变动额结转留存收益	—	—	—	—	—	—	—	—	—	—	—	—	—	—	—
5. 其他综合收益结转留存收益	—	—	—	—	—	—	—	—	—	—	—	—	—	—	—
6. 其他	—	—	—	—	—	—	—	—	—	—	—	—	—	—	—
（五）专项储备	—	—	—	—	—	—	—	—	—	—	—	—	—	—	—
1. 本年提取	—	—	—	—	—	—	—	—	—	—	—	—	—	—	—
2. 本年使用	—	—	—	—	—	—	—	—	—	—	—	—	—	—	—
（六）其他	—	—	—	—	—	—	—	—	—	—	—	—	—	—	—
四、本年年末余额	4 658 850 000.00	—	—	—	160 049 183.05	—	-5 253 999.65	1 002 840 747.87	753 171 982.16	594 239 495.47	3 925 480 551.58	—	11 089 377 960.48	—	11 089 377 960.48

所有者权益变动表（合并）

2022年度

编制单位：山东省国际信托股份有限公司　　　　　　　　　　　　　　　　　　　单位：元

项目	股本	其他权益工具 优先股	其他权益工具 永续债	其他权益工具 其他	资本公积	减：库存股	其他综合收益	盈余公积	信托赔偿准备金	一般风险准备	未分配利润	其他	小计	少数股东权益	股东权益合计
一、上年末余额	4 658 850 000.00	—	—	—	160 049 183.05	—	-159 622.39	951 055 952.56	701 387 186.85	438 423 186.36	3 745 803 508.45	—	10 655 409 394.88	—	10 655 409 394.88
加：会计政策变更	—	—	—	—	—	—	—	—	—	—	—	—	—	—	—
前期差错更正	—	—	—	—	—	—	—	—	—	—	—	—	—	—	—
同一控制下企业合并	—	—	—	—	—	—	—	—	—	—	—	—	—	—	—
其他	—	—	—	—	—	—	—	—	—	—	—	—	—	—	—
二、本年初余额	4 658 850 000.00	—	—	—	160 049 183.05	—	-159 622.39	951 055 952.56	701 387 186.85	438 423 186.36	3 745 803 508.45	—	10 655 409 394.88	—	10 655 409 394.88
三、本年增减变动金额（减少以"-"号填列）	—	—	—	—	—	—	-1 570 919.47	28 374 277.95	28 374 277.95	85 584 757.04	138 096 083.20	—	278 858 476.67	—	278 858 476.67
（一）综合收益总额	—	—	—	—	—	—	-1 570 919.47	—	—	—	280 429 396.14	—	278 858 476.67	—	278 858 476.67
（二）股东投入和减少的资本	—	—	—	—	—	—	—	—	—	—	—	—	—	—	—
1.股东投入的普通股	—	—	—	—	—	—	—	—	—	—	—	—	—	—	—
2.其他权益工具持有者投入资本	—	—	—	—	—	—	—	—	—	—	—	—	—	—	—
3.股份支付计入股东权益的金额	—	—	—	—	—	—	—	—	—	—	—	—	—	—	—
4.其他	—	—	—	—	—	—	—	—	—	—	—	—	—	—	—
（三）利润分配	—	—	—	—	—	—	—	28 374 277.95	28 374 277.95	85 584 757.04	-142 333 312.94	—	—	—	—
1.提取盈余公积	—	—	—	—	—	—	—	28 374 277.95	—	—	-28 374 277.95	—	—	—	—
2.提取风险准备	—	—	—	—	—	—	—	—	28 374 277.95	85 584 757.04	-113 959 034.99	—	—	—	—
3.对股东的分配	—	—	—	—	—	—	—	—	—	—	—	—	—	—	—
4.其他	—	—	—	—	—	—	—	—	—	—	—	—	—	—	—
（四）股东权益内部结转	—	—	—	—	—	—	—	—	—	—	—	—	—	—	—
1.资本公积转增股本	—	—	—	—	—	—	—	—	—	—	—	—	—	—	—
2.盈余公积转增股本	—	—	—	—	—	—	—	—	—	—	—	—	—	—	—
3.盈余公积弥补亏损	—	—	—	—	—	—	—	—	—	—	—	—	—	—	—
4.设定受益计划变动额结转留存收益	—	—	—	—	—	—	—	—	—	—	—	—	—	—	—
5.其他综合收益结转留存收益	—	—	—	—	—	—	—	—	—	—	—	—	—	—	—
6.其他	—	—	—	—	—	—	—	—	—	—	—	—	—	—	—
（五）专项储备	—	—	—	—	—	—	—	—	—	—	—	—	—	—	—
1.本年提取	—	—	—	—	—	—	—	—	—	—	—	—	—	—	—
2.本年使用	—	—	—	—	—	—	—	—	—	—	—	—	—	—	—
（六）其他	—	—	—	—	—	—	—	—	—	—	—	—	—	—	—
四、本年末余额	4 658 850 000.00	—	—	—	160 049 183.05	—	-1 730 541.86	979 430 230.51	729 761 464.80	524 007 943.40	3 883 899 591.65	—	10 934 267 871.55	—	10 934 267 871.55

5.2 信托资产

5.2.1 信托项目资产负债汇总表

信托项目资产负债汇总表

编制单位：山东省国际信托股份有限公司　　2023年12月31日　　单位：万元

资产	期末余额	年初余额	负债和权益	期末余额	年初余额
资产：			负债：		
货币资金	234 751.20	273 233.96	交易性金融负债	—	—
拆出资金	—	—	衍生金融负债	—	—
结算备付金	22 542.99	44 043.06	卖出回购金融资产款	1 056 945.71	891 757.69
交易性金融资产	8 931 326.67	9 829 763.80	应付账款	—	—
衍生金融资产	—	—	应付赎回款	2 564.78	686.02
买入返售金融资产	298 582.48	557 939.25	应付受托人报酬	17 422.20	13 025.40
应收账款	—	—	应付受益人收益	3 286.64	7 272.44
应收利息	113.88	96.16	应付托管费	2 214.01	1 884.19
应收股利	2 237.22	3 095.25	应付销售服务费	264.67	71.74
应收票据	—	—	应交税费	7 949.27	7 144.91
应收申购款	—	—	应付利息	—	—
其他应收款	30 487.60	15 223.77	其他应付款	124 773.54	173 538.21
存出保证金	5 310.33	12.09	其他负债	—	—
发放贷款	4 804 478.14	4 269 772.45	负债合计	1 215 420.82	1 095 380.60
长期应收款	—	—			
长期股权投资	140 568.37	104 822.41	权益：		
债权投资	4 084 843.78	5 849 749.91	实收信托	17 223 460.07	19 802 977.83
无形资产	—	—	资本公积	—	—
长期待摊费用	—	—	其他综合收益	—	—
其他资产	—	—	未分配利润	116 361.77	49 393.68
信托资产总计	18 555 242.66	20 947 752.11	权益合计	17 339 821.84	19 852 371.51
资产总计	18 555 242.66	20 947 752.11	负债和权益总计	18 555 242.66	20 947 752.11

5.2.2 信托项目利润及利润分配汇总表

信托业务利润及利润分配汇总表

编制单位：山东省国际信托股份有限公司　　2023年度　　单位：万元

项目	上年累计数	本年累计数
一、收入	660 505.12	852 175.99
利息收入	706 590.89	579 353.53
投资收益（损失以"-"号填列）	88 967.25	300 280.27
其中：对联营企业和合营企业的投资收益	—	—
公允价值变动收益（损失以"-"号填列）	-134 798.19	-27 854.47
租赁收入	—	—
汇兑损益（损失以"-"号填列）	—	—
其他收入	-254.83	396.66
二、支出	245 501.86	170 767.97
营业税金及附加	2 944.00	2 821.06
受托人报酬	106 890.99	71 789.89

续表

项目	上年累计数	本年累计数
托管费	6 470.87	5 073.17
销售服务费	139.91	1 667.98
交易费用	6.89	435.56
利息支出	—	—
信用减值损失	72 546.68	3 482.66
其他费用	56 502.52	85 497.65
三、净利润（净亏损以"-"号填列）	415 003.26	681 408.02
四、其他综合收益	—	—
五、综合收益	415 003.26	681 408.02
六、期初未分配利润	192 522.62	49 393.68
七、本期已分配信托利润	558 132.20	614 439.93
八、期末未分配利润	49 393.68	116 361.77

6.会计报表附注

6.1 会计报表编制基准不符合会计核算基本前提的说明

本公司无上述情况。

6.2 重要会计政策和会计估计说明

6.2.1 计提资产减值准备的范围和方法

6.2.1.1 金融资产的减值

对于摊余成本计量和以公允价值计量且其变动计入其他综合收益的债务工具资产,以及贷款承诺和财务担保合同,本集团结合前瞻性信息进行了预期信用损失评估。本集团在每个报告日确认相关的损失准备。对预期信用损失的计量反映了以下各项要素:通过评估一系列可能的结果而确定的无偏概率加权金额;货币的时间价值;在报告日无须付出不必要的额外成本或努力即可获得的有关过去事项、当前状况及对未来经济状况预测的合理及有依据的信息。

6.2.1.2 非金融资产减值损失准备,包含物业及设备、使用权资产、无形资产及抵债资产

固定资产、无形资产及对联营企业的长期股权投资等,于资产负债表日存在减值迹象的,进行减值测试;尚未达到可使用状态的无形资产,无论是否存在减值迹象,至少每年进行减值测试。减值测试结果表明资产的可收回金额低于其账面价值的,按其差额计提减值准备并计入其他资产减值损失。可收回金额为资产的公允价值减去处置费用后的净额与资产预计未来现金流量的现值两者之间的较高者。资产减值准备按单项资产为基础计算并确认,如果难以对单项资产的可收回金额进行估计的,以该资产所属的资产组确定资产组的可收回金额。资产组是能够独立产生现金流入的最小资产组合。

上述资产减值损失一经确认,以后期间不予转回价值得以恢复的部分。

6.2.2 长期股权投资核算方法

长期股权投资包括:本公司对控制的结构化主体的长期股权投资,以及本集团对联营企业的长期股权投资。

6.2.2.1 子公司

对子公司的投资(包括对结构化主体的投资),在公司财务报表中按照成本法确定的金额列示,在编制合并财务报表时按权益法调整后进行合并。

采用成本法核算的长期股权投资按照初始投资成本计量,被投资单位宣告分派的现金股利或利润,确认为投资收益计入当期损益。

6.2.2.2 联营企业

联营企业为本集团能够对其财务和经营决策具有重大影响的被投资单位。

对联营企业投资采用权益法或公允价值核算。

采用权益法核算的长期股权投资,初始投资成本大于投资时应享有被投资单位可辨认净资产公允价值份额的,以初始投资成本作为长期股权投资成本;初始投资成本小于投资时应享有被投资单位可辨认净资产公允价值份额的,其差额计入当期损益,并相应调增长期股权投资成本。

采用权益法核算的长期股权投资,本集团按应享有或应分担的被投资单位的净损益份额确认当期投资损益。确认被投资单位发生的净亏损,以长期股权投资的账面价值以及其他实质上构成对被投资单位净投资的长期权益减记至零为限,但本集团负有承担额外损失义务且符合预计负债确认条件的,继续确认预计将承担的损失金额。被投资单位除净损益、其他综合收益和利润分配以外所有者权益的其他变动,调整长期股权投资的账面价值并计入资本公积。被投资单位分派的利润或现金股利于宣告分派时按照本集团应分得的部分,相应减少长期股权投资的账面价值。本集团与被投资单位之间未实现的内部交易损益按照持股比例计算归属于本集团的部分,予以抵销,在此基础上确认投资损益。本集团与被投资单位发生的内部交易损失,其中属于资产减值损失的部分,相应的未实现损失不予抵销。

本集团对某些通过风险投资机构、共同基金、信托产品及包括投连险基金在内的类似实体间接持有的对联营公司的投资选择以公允价值计量且其变动计入损益。

6.2.3 固定资产计价和折旧方法

本集团固定资产包括房屋及建筑物、运输工具、电子设备以及办公设备等。购置或新建的固定资产按取得时的成本进行初始计量。

与固定资产有关的后续支出,在相关的经济利益很可能流入本集团且其成本能够可靠的计量时,计入固定资产成本;对于被替换的部分,终止确认其账面价值;所有其他后续支出于发生时计入当期损益。

固定资产折旧采用年限平均法并按其入账价值减去预计净残值后在预计使用寿命内计提。对计提了减值准备的固定资产,则在未来期间按扣除减值准备后的账面价值及依据尚可使用年限确定折旧额。

固定资产的预计使用寿命、净残值率及年折旧率列示如下表所示。

项目	折旧年限（年）	预计残值率（%）	年折旧率（%）
房屋及建筑物	20~40	3.00	2.43~4.85
运输工具	5~8	3.00	12.13~19.40
电子设备	3~5	3.00	19.40~32.33
办公设备	5~10	3.00	9.70~19.40

本集团对固定资产的预计使用寿命、预计净残值和折旧方法于每年年度终了进行复核并作适当调整。

当固定资产被处置，或者预期通过使用或处置不能产生经济利益时，终止确认该固定资产。固定资产出售、转让、报废或毁损的处置收入扣除其账面价值和相关税费后的金额计入当期损益。

6.2.4 合并会计报表的编制方法

本集团编制合并财务报表时，合并范围包括本公司及全部子公司。

子公司是指可以被本集团控制的主体（包括受本公司控制的结构化主体）。控制，是指本集团拥有对被投资方的权力，通过参与被投资方的相关活动而享有可变动报酬，并且有能力利用对被投资方的权力影响其报酬。本集团在获得子公司控制权当日合并子公司，并在丧失控制权当日将其终止合并入账。

结构化主体，是指在判断主体的控制方时，表决权或类似权力没有被作为设计主体架构时的决定性因素（例如表决权仅与行政管理事务相关），而主导该主体相关活动的依据是合同或相应安排。

当本集团在结构化主体中担任管理人（如作为信托计划的受托人）时，本集团将评估就该结构化主体而言，本集团是代理人还是主要责任人。如果资产管理人仅仅是代理人，则其主要代表其他方（结构化主体的其他投资者）行事，因此并不控制该结构化主体。但若资产管理人被判断为主要代表其自身行事，则是主要责任人，因而控制该结构化主体。

本集团经营活动中涉及的结构化主体包括信托计划、基金投资和资产管理计划投资等。本公司设立信托计划，通过向信托计划的委托人（投资者）提供受托及管理服务赚取信托报酬。信托计划主要包括融资类信托计划和投资类信托计划等，本公司也可能在本公司设立及管理的信托计划中进行投资。

本集团在决定是否合并结构化主体时，根据合同约定评估本集团是否拥有对结构化主体的权力，通过参与结构化主体的相关活动而享有可变动报酬，并且有能力利用对结构化主体的权力影响其报酬。固定期限和可赎回工具中的归属于第三方受益人的权益在合并资产负债表中列示为其他负债。合并融资类信托计划中归属于第三方受益人的损益变动在合并利润表中列示为利息支出，合并投资类信托计划中归属于第三方受益人的损益变动在合并利润表中列示为合并结构化主体中归属于第三方投资者的净资产份额变动。

6.2.5 收入确认原则和方法

本集团在客户取得相关商品或劳务的控制权时，按预期有权收取的对价金额确认收入。

6.2.5.1 手续费及佣金收入

本公司作为信托业务受托人为客户提供服务，根据合同或协议约定的受托人报酬率及提供服务的会计期间确认手续费及佣金收入。

6.2.5.2 利息收入

利息收入是用实际利率乘以金融资产账面总额计算得出，以下情况除外：（1）对于源生或购入已发生信用减值的金融资产，其利息收入用经信用调整的原实际利率乘以该金融资产摊余成本计算得出。（2）不属于源生或购入已发生信用减值的金融资产，但后续已发生信用减值的金融资产（或"第3阶段"），其利息收入用实际利率乘以摊余成本（即扣除预期信用损失准备后的净额）计算得出。

6.2.5.3 股利收入

股利于收取股利的权利被确立时确认为收入。

6.2.6 所得税的会计处理方法

在正常的经营活动中，部分交易和事项的最终税务处理存在不确定性。在计提各个地区的所得税费用时，本集团需要作出重大判断。如果这些税务事项的最终认定结果与最初入账的金额存在差异，该差异将对作出上述最终认定期间的当期所得税费用和递延所得税费用的金额产生影响。

递延所得税资产和递延所得税负债根据资产和负债的计税基础与其账面价值的差额（暂时性差异）计算确认。对于按照税法规定能够以后年度抵减应纳税所得额的可抵扣亏损，确认相应的递延所得税资产。对于既不影响会计利润也不影响应纳税所得额（或可抵扣亏损）的非企业合并的交易中产生的资产或负债的初始确认形成的暂时性差异，不确认相应的递延所得税资产和递延所得税负债。于资产负债表日，递延所得税资产和递延所得税负债，按照预期收回该资产或清偿该负债期间的适用税率计量。

递延所得税资产的确认以很可能取得用来抵扣可抵扣暂时性差异、可抵扣亏损和税款抵减的应纳税所得额为限。

对与联营企业投资相关的应纳税暂时性差异，确认递延所得税负债，除非本集团能够控制该暂时性差异转回的时间且该暂时性差异在可预见的未来很可能不会转回。对与联营企业投资相关的可抵扣暂时性差异，当该暂时性差异在可预见的未来很可能转回且未来很可能获得用来抵扣可抵扣暂时性差异的应纳税所得额时，确认递延所得税资产。

对于不是企业合并、交易发生时既不影响会计利润也不影响应纳税所得额（或可抵扣亏损），且初始确认的资产和负债导致产生等额应纳税暂时性差异和可抵扣暂时性差异的单项交易（包括承租人在租赁期开始日初始确认租赁负债并计入使用权资产的租赁交易，以及因固定资产等存在弃置义务而确认预计负债并计入相关资产成本的交易等），本集团对该交易因资产和负债的初始确认所产生的应纳税暂时性差异和可抵扣暂时性差异，在交易发生时分别确认相应的递延所得税负债和递延所得税资产。

同时满足下列条件的递延所得税资产和递延所得税负债以抵销后的净额列示：递延所得税资产和递延所得税负债与同一税收征管部门对本集团内同一纳税主体征收的所得税相关；本集团内该纳税主体拥有以净额结算当期所得税资产及当期所得税负债的法定权利。

6.3　或有事项说明

截至2023年12月31日，本集团无须披露的或有事项。

6.4　重要资产转让及其出售的说明

本公司与鲁信集团于2022年11月25日订立股权转让协议（股权转让协议），据此，本公司有条件同意出售而鲁信集团有条件同意收购山东省金融资产管理股份有限公司之500 000 000股普通股，对价为人民币675 177 700元（股权转让）。

根据上市规则第14章，股权转让构成本公司的一项须予公布交易。由于鲁信集团为本公司的控股股东，故根据上市规则，其为本公司的关连人士。因此，根据上市规则第14A章，股权转让协议及其项下拟进行的交易构成本公司的一项关连交易。由于有关股权转让协议及其项下拟进行的交易的一项适用百分比率（定义见上市规则）高于25%但所有适用百分比率均低于75%，根据上市规则第14章及第14A章，股权转让构成本公司的主要交易及关连交易，须遵守上市规则的申报、公告、通函及独立股东批准规定。

股权转让协议及其项下拟进行的交易已于2022年12月29日召开的2022年度第四次临时股东大会经独立股东审议批准。

本公司与潍坊高腾房地产开发有限公司（受让方）于2023年10月13日订立债权转让协议（债权转让协议），据此，本公司已有条件同意出售，而受让方已有条件同意收购粤荣26号债权（即本公司截至基准日（即2023年9月30日）根据与粤荣26号信托计划有关的债权债务确认合同及裁判文书完整拥有的债权资产及其附属权益），对价为人民币99 560 222.22元（债权转让）。

根据上市规则第14章，债权转让构成本公司的一项须予披露交易。由于有关债权转让协议及其项下拟进行的交易的一项适用百分比率（定义见上市规则）超过5%但均低于25%，根据上市规则第14章，债权转让构成本公司的须予披露交易，须遵守上市规则下的申报及公告规定，但可豁免通函及股东批准规定。

除年度报告中披露者外，报告期内，本公司未发生重大资产收购、出售或合并事项。

6.5　会计报表中重要项目的明细资料

6.5.1　自营资产经营情况

6.5.1.1　信用风险资产的期初数、期末数

单位：元

项目	2023年12月31日	2022年12月31日
资产	—	—
货币资金（第一阶段）	283 896 884.51	2 240 590 484.12
买入返售金融资产（第一阶段）	395 049 249.50	357 260 491.66
发放贷款及垫款（含应收利息）	2 201 525 213.77	1 023 971 094.19
债权投资（含应收利息）	4 507 256 604.08	3 832 734 832.93
其他金融资产——以摊余成本计量	341 293 299.76	258 174 472.80
合计	7 729 021 251.62	7 712 731 375.70

6.5.1.2　前三名自营长期股权投资的企业名称、占被投资企业权益的比例、主要经营活动及投资收益情况

被投资企业名称	截至2023年12月31日占被投资企业权益的比例（%）	主要经营活动	投资收益（万元）
重汽汽车金融有限公司	6.52	汽车金融	707.28
泰山财产保险股份有限公司	7.40	保险产品和服务	−371.67
德州银行股份有限公司	2.37	商业银行服务	591.46

6.5.2 信托资产管理情况

6.5.2.1 信托资产的期初数、期末数

单位：万元

信托资产	期初数	期末数
集合	8 935 126.52	10 940 374.85
单一	6 104 993.98	5 490 138.84
财产权	5 907 631.57	2 124 728.97
合计	20 947 752.07	18 555 242.66

6.5.2.2 本年度已清算结束的信托项目个数、实收信托合计金额、加权平均实际年化收益率

6.5.2.2.1 本年度已清算结束的集合、单一资金信托项目和财产权信托项目

已清算结束信托项目	项目个数（个）	实收信托合计金额（万元）	加权平均实际年化收益率（%）
集合	109	2 132 226.05	6.45
单一	74	977 041.11	6.36
财产权	19	4 333 878.49	0.09

注：加权平均实际年化收益率=（信托项目1的实际年化收益率×信托项目1的资产总计+信托项目2的实际年化收益率×信托项目2的资产总计+…信托项目n的实际年化收益率×信托项目n的资产总计）/（信托项目1的资产总计+信托项目2的资产总计+…信托项目n的资产总计）×100%。

6.5.2.2.2 本年度已清算结束的融资类、投资类、事务管理型信托项目

已清算结束信托项目	项目个数（个）	实收信托合计金额（万元）	加权平均实际信托报酬率（%）	加权平均实际年化收益率（%）
融资类	96	2 054 906.88	1.45	6.66
投资类	39	90 265.92	0.27	1.93
事务管理型	67	5 297 972.85	0.05	1.36

6.5.2.3 本年度新增的集合、单一和财产权信托项目个数、实收信托合计金额

新增信托项目类型	项目个数（个）	实收信托合计金额（万元）
集合	302	3 465 363.40
单一	312	1 221 025.72
财产权	12	543 625.80
新增合计	626	5 230 014.92
其中：主动管理型	264	3 038 794.40
被动管理型	362	2 191 220.52

6.5.2.4 本公司履行受托人义务情况及因本公司自身责任而导致的信托资产损失情况

本公司遵守信托法和信托文件对受托人义务的规定，为受益人的最大利益处理信托事务。管理信托财产时，恪尽职守，履行诚实、信用、谨慎、有效管理的义务，没有因本公司自身责任而导致的信托资产损失情况。

6.6 关联方关系及其交易

6.6.1 定价政策

公司在正常业务过程中发生的关联交易遵守一般商业条款。关联交易的价格主要参考市场价格经双方协商后确定。

6.6.2 关联方作为信托计划的委托人

于2023年度，作为委托人投资本公司设立及管理的合并信托计划的关联方包括山东鲁信集团及其子公司、合营企业和联营企业等（同2022年度）。

6.6.2.1 关联方作为并表信托计划的委托人

关联方在合并财务报表范围内的信托计划中享有的权益，在合并资产负债表中列示为其他负债。

项目	2023年12月31日	2022年12月31日
关联方作为委托人的信托计划（个）	1	—
关联方享有的权益（元）	-5 139 702.12	—

6.6.2.2 关联方作为本集团未经并表信托计划的委托人

项目	2023年12月31日	2022年12月31日
关联方作为委托人的信托计划（个）	18	19
关联方享有的权益（元）	7 970 975 269.73	5 338 713 565.64
该等信托计划总规模（元）	8 044 582 864.67	7 566 953 686.48

6.6.2.3 关联方作为交易对手方的未纳入合并财务报表范围内的信托计划

项目	2023年12月31日	2022年12月31日
关联方作为交易对手方的信托计划（个）	4	3
关联方的融资规模（元）	455 600 000.00	414 377 215.22
该等信托计划总规模（元）	455 600 000.00	414 377 215.22

6.6.2.4 关联方作为交易对手方的纳入合并财务报表范围内的信托计划

项目	2023年12月31日	2022年12月31日
关联方作为交易对手方的信托计划（个）	4	3
关联方的融资规模（元）	203 416 097.00	115 834 860.00
该等信托计划总规模（元）	203 416 097.00	197 320 000.00

6.6.3 本公司与关联方的重大交易事项

6.6.3.1 信托资产与关联方：贷款、交易性金融资产、债权投资等期初汇总数、本期发生额汇总数、期末汇总数

信托财产与关联方关联交易　　　　单位：万元

项目	期初	借方发生额	贷方发生额	期末
贷款	61 049.66	—	5 846.75	55 202.91
交易性金融资产	12 284.27	62 470.62	—	74 754.89
债权投资	72 091.63	—	55 603.91	16 487.72
其他债权投资	—	—	—	—
其他权益工具	—	—	—	—
长期股权投资	—	7 404.51	—	7 404.51
租赁	—	—	—	—
买入返售资产	—	—	—	—
拆出	—	—	—	—
其他	—	—	—	—
合计	145 425.56	69 875.13	61 450.66	153 850.03

6.6.3.2 本公司自有资金运用于自己管理的信托项目（固信交易）、本公司管理的信托项目之间的相互交易（信信交易）交易金额，包括余额和本报告年度的发生额

6.6.3.2.1 固有财产与信托财产之间的交易金额期初汇总数、本期发生额汇总数、期末汇总数

固有财产与信托财产相互交易　　　　单位：万元

项目	期初数	本期发生额	期末数
合计	241 080.68	118 636.42	359 717.10

6.6.3.2.2 信托资产与信托财产之间的交易金额期初汇总数、本期发生额汇总数、期末汇总数

信托资产与信托财产相互交易　　　　单位：万元

项目	期初数	本期发生额	期末数
合计	363 856.06	678 661.81	1 042 517.87

6.6.4 关联方逾期未偿还公司资金的详细情况以及公司为关联方担保发生或即将发生垫款的详细情况

公司本年不存在上述情况。

7.财务情况说明书

7.1 利润实现和分配情况

合并利润实现和分配情况：（1）利润总额：29 015.1万元；（2）所得税费用：13 151.7万元；（3）归属于母公司的净利润：15 863.4万元；（4）加年初未分配利润余额：388 390.0万元；（5）可供分配利润：404 253.4万元；（6）提取法定公积金：2 341.1万元；（7）按照本年实现净利润的10%提取信托赔偿准备金，当信托赔偿准备金余额达到实收资本的20%时不再计提，本年计提2 341.1万元；（8）提取一般准备7 023.2万元；（9）向公司股东分配股利零万元；（10）期末未分配利润392 548.0万元。

公司自2023年财务报告编制基础由同时按国际财务报告准则及中国企业会计准则及适用法律及法规编制，改为仅按中国企业会计准则及适用法律及法规编制。上述"年初未分配利润"按照中国企业会计准则编制数据。

7.2 主要财务指标

指标名称	指标值
加权净资产收益率（%）	1.44
每股收益（元）	0.03

注：1.加权净资产收益率=扣除非经常性损益后归属于公司普通股股东的净利润/(归属于公司普通股股东的期初净资产+归属于公司普通股股东的净利润÷2+报告期发行新股或债转股等新增的、归属于公司普通股股东的净资产×新增净资产次月起至报告期末的累计月数÷报告期月份数－报告期回购或现金分红等减少的、归属于公司普通股股东的净资产×减少净资产次月起至报告期末的累计月数÷报告期月份数)×100%。

2.每股收益=归属于母公司普通股股东的合并净利润/本公司发行在外普通股的加权平均数。

7.3 对本公司财务状况、经营成果有重大影响的其他事项

无。

8.特别事项揭示

8.1 前五名股东报告期内变动情况及原因

截至2023年12月31日，本公司前五名股东持股情况如下表所示。

序号	股东名称	报告期内增减（+，-）	期末持股数量	期末持股比例（%）	股份种类
1	鲁信集团	—	2 242 202 580	48.13	内资股
2	香港中央结算（代理人）有限公司	+1 800	911 740 650	19.57	H股
3	中油资产管理有限公司	—	873 528 750	18.75	内资股
4	济南金投控股集团有限公司	—	252 765 000	5.43	H股
5	山东省高新技术创业投资有限公司	—	225 000 000	4.83	内资股

注：香港中央结算（代理人）有限公司是以代理人身份持有H股合计数（济南金控所持有的H股除外）。

8.2 董事、监事及高级管理人员变动情况及原因

于报告期内直至年度报告日期，本公司董事、监事、高级管理层变动情况如下：

8.2.1 董事变动情况

经董事会建议，张海燕女士在本公司2022年11月30

日召开的2022年度第三次临时股东大会获选举为独立非执行董事。张女士作为独立非执行董事的任职资格已于2023年4月13日获原山东银保监局核准生效。根据相关法律法规以及公司章程的相关规定，颜怀江先生因任期届满，自原山东银保监局核准张女士的任职资格起不再担任本公司独立非执行董事、信托委员会主席及提名与薪酬委员会委员。

经董事会建议，刘皖文女士在本公司2023年10月31日召开的2023年度第一次临时股东大会获选举为独立非执行董事。刘女士作为独立非执行董事的任职资格已于2023年12月26日获国家金融监督管理总局山东监管局核准生效。根据相关法律法规以及公司章程的相关规定，孟茹静女士因任期届满，自国家金融监督管理总局山东监管局核准刘女士的任职资格起不再担任本公司独立非执行董事、提名与薪酬委员会主席及审计委员会委员。

万众先生因工作安排，自2023年11月10日起不再担任本公司董事长、执行董事、战略与风险管理委员会主席及提名与薪酬委员会委员等职务。经董事会建议，岳增光先生在本公司2023年11月28日召开的2023年度第二次临时股东大会获选举为执行董事并获董事会选举为董事长。岳先生作为执行董事及董事长的任职资格已于2024年1月10日获国家金融监督管理总局山东监管局核准生效。

8.2.2 监事变动情况

侯振凯先生因工作调整，自2023年5月16日起辞任股东代表监事。何曙光先生获股东于2022年度股东周年大会上审议批准为股东代表监事，自2023年6月14日起生效。

8.2.3 高级管理层变动情况

本公司于2021年8月26日召开董事会会议，审议通过《关于聘任公司副总经理的议案》，同意聘任齐观义先生担任本公司副总经理。齐观义先生的任职资格已于2023年3月8日获原山东银保监局核准生效；本公司于2023年12月13日召开董事会会议，审议通过《关于解聘齐观义副总经理（职业经理人）职务的议案》，因个人原因，齐观义先生不再担任本公司副总经理职务。

除上述所披露外，公司无其他须根据上市规则第13.51B（1）条予以披露的资料。

8.3 变更注册资本、变更注册地或公司名称、公司分立合并事项

2023年度，公司未发生变更注册资本、变更公司名称、公司分立合并事项。

2023年3月21日，公司完成注册地址变更的工商手续。

8.4 公司的重大诉讼事项

截至2023年12月31日，公司作为原告及申请人牵涉14宗诉讼或仲裁金额超过人民币10百万元的且尚在审理程序中的未决重大诉讼或仲裁案，涉及诉讼或仲裁金额总计约为人民币3 394.3百万元。该等案件主要为本公司向相关交易对手客户就未能偿还我们信托授予的贷款而提起的诉讼或仲裁。

截至2023年12月31日，公司作为被告牵涉一宗诉讼金额超过人民币10百万元的且尚在审理程序中的未决重大诉讼，涉及诉讼金额总计约为人民币30百万元。该案件为合同纠纷。

8.5 公司及其董事、监事和高级管理人员受到处罚的情况

2023年6月19日，国家金融监督管理总局山东监管局向本公司下发《行政处罚决定书》（鲁银保监罚决字〔2023〕84号），对本公司违反审慎经营规则，个别项目未有效落实监管要求罚款人民币40万元。本公司已经支付了上述罚款。

除以上披露外，报告期内，本公司及本公司董事、监事、高级管理层未受到任何处罚。

8.6 国家金融监督管理总局及其派出机构对公司检查的整改情况

2023年1月、4月、7月及10月，国家金融监督管理总局山东监管局对本公司业务进行季度现场检查，本公司积极配合国家金融监督管理总局山东监管局完成排查工作。

2023年，本公司收到国家金融监督管理总局山东监管局发出的监管意见文件共计7份，内容涉及风险管理、产品推介等方面，本公司按照监管要求积极开展整改工作，相关报告或整改方案已及时报送国家金融监督管理总局山东监管局。

除年度报告中披露外，本公司于报告期后并无发生任何重大事项。

8.7 本年度重大事项临时报告

报告期内，本公司未作出针对重大事项的临时报告。

8.8 国家金融监督管理总局及其省级派出机构认定的其他有必要让客户及相关利益人了解的重要信息

除年度报告中已披露的内容外，截至2023年12月31日，公司不存在国家金融监督管理总局及其省级派出机构认定的其他有必要让客户及相关利益人了解的重要信息。

9.公司监事会意见

2023年，监事会根据公司章程等有关规定，履行了对董事会、高级管理层履职情况的监督职责。就相关问题出具意见如下：

董事会人员组成符合境内外监管要求对信托公司治理的规定，董事具备多元化专业背景，具有较强的互补性，具有独立的专业判断能力，符合所聘任岗位的履职要求。报告期内，董事会及各专门委员会能够严格按照公司章程、董事会及各专门委员会议事规则、上市规则等有关规定，依法合规运作，持续完善公司治理结构，有效落实股东大会的决议。报告期内，未发现董事存在违反相关法律法规及损害公司股东利益的行为。

报告期内，公司高级管理层努力开展工作，认真履行职责，切实贯彻落实本公司股东大会和董事会各项决议，没有违反法律、法规和公司章程或损害本公司利益的行为。

本公司2023年度的财务报告客观、真实、完整地反映了本公司的财务状况和经营成果。

2024年，监事会及各位监事要按照《公司法》《信托公司治理指引》、公司章程等有关规定，继续提高工作能力和履职监督水准，积极开拓工作思路，认真履行监督职能，督促本公司进一步完善公司治理结构，提升风险管控水准，坚持依法合规稳健经营，切实维护本公司及本公司股东的合法权益，实现公司持续健康发展。

除以上披露事项外，监事会对报告期内其他监督事项无异议。

山西信托股份有限公司

1. 重要提示

1.1 本公司董事会及董事保证本报告所载资料不存在任何虚假记载、误导性陈述或者重大遗漏，并对其内容的真实性、准确性和完整性承担个别及连带责任。

1.2 未有公司董事声明对本年度报告内容的真实性、准确性、完整性存在异议。

1.3 公司独立董事张信东、闫立宏保证本年度报告内容真实、准确、完整。

1.4 安永华明会计师事务所（特殊普通合伙）对本公司年度财务报告进行审计，出具了标准无保留意见的审计报告。

1.5 公司法定代表人董事长武旭，主管会计工作负责人王少飞、会计部门负责人刘强声明：保证年度报告中财务报告的真实、完整。

2. 公司概况

公司前身为经中国人民银行批准成立于1985年4月1日的山西省经济开发投资公司，1991年更名为山西省信托投资公司；2002年4月，经中国人民银行总行核准（银复〔2002〕85号），山西省信托投资公司吸收合并太原市信托投资公司，增加了新的股东，重新登记改制为山西信托投资有限责任公司；2007年8月，经原中国银行业监督管理委员会核准（银监复〔2007〕338号），公司更名为山西信托有限责任公司；2013年4月，经原中国银行业监督管理委员会《中国银监会关于山西信托有限责任公司变更组织形式及公司名称等有关事项的批复》（银监复〔2013〕183号）批准，公司更名为山西信托股份有限公司；截至本报告期末，公司注册资本人民币13.57亿元，其中山西金融投资控股集团有限公司持股90.7%，太原市海信资产管理有限公司持股8.3%，山西国际电力集团有限公司持股1%。

2.1 公司概况

公司简介

1	法定中文名称	山西信托股份有限公司（中文缩写：山西信托）
2	法定英文名称	Shanxi Trust Co., Ltd.（英文缩写：STC）
3	法定代表人	武旭
4	注册地址	山西省太原市府西街69号
5	邮政编码	030002
6	国际互联网网址	http://www.sxxt.net
7	公司电子信箱	websxxt@sxxt.net
8	信息披露事务负责人	武旭
9	信息披露事务联系人	罗京
10	联系电话	0351-8686777
11	传真	0351-8686111
12	电子信箱	websxxt@sxxt.net
13	本次信息披露报纸	《金融时报》
14	年度报告备置地点	山西省太原市府西街69号山西国际贸易中心A座37层
15	公司聘请的会计师事务所及其住所	安永华明会计师事务所（特殊普通合伙） 地址：北京市东城区东长安街1号东方广场安永大楼17层1~12室
16	公司聘请的律师事务所及其住所	北京大成（太原）律师事务所 地址：太原市晋源区集阜路1号鸿升时代金融广场19层

2.2 组织结构

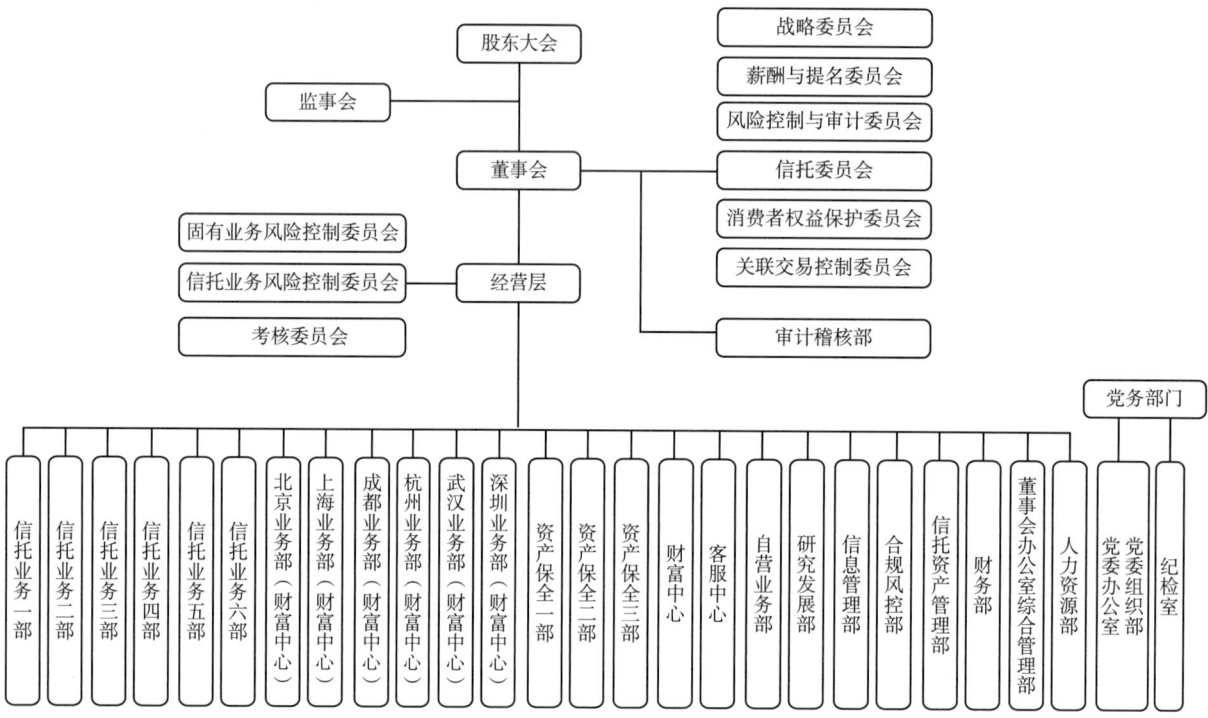

3.公司治理结构

3.1 股东

股东总数为3个。

股东名称	出资比例（%）	法人代表	注册资本（亿元）	注册地址	主要经营业务
山西金融投资控股集团有限公司★	90.7	王振宇	106.467	太原市杏花岭区府西街69号	投资和管理金融业包括银行、证券、保险、基金、信托、期货、租赁；资产管理；投资和管理非金融业（依法须经批准的项目，经相关部门批准后方可开展经营活动）报告期内，公司财务状况良好
太原市海信资产管理有限公司	8.3	李晔军	94.5	太原市迎泽区新建南路153号	投资及资产委托管理；投资咨询及企业财务法律咨询；计算机软硬件的技术开发及应用；城市建设投资；城中村改造及保障性住房投资；房地产项目投资；旅游项目开发；以自有资金从事投资活动（需备案的，未备案不得从事经营）（依法须经批准的项目，经相关部门批准后方可开展经营活动）
山西国际电力集团有限公司	1	史晓文	60	山西示范区学府园区南中环街426号山西国际金融中心2号楼	电力业务：发电业务；电力供应：售电业务；热的生产和销售；发电、输变电工程的技术咨询；电力调度、生产管理及电力营销服务；建筑材料、金属材料、电力设备及相关产品的采购、开发、生产和销售（依法须经批准的项目，经相关部门批准后方可开展经营活动）

注：1.本公司三个股东之间不存在关联关系。
2.股东财务状况数字截至2023年12月31日。
3.★号表示公司控制股东。

公司名称	股份总数（万股）	股东	实际控制人	一致行动人	最终受益人
山西信托股份有限公司	135 700.00	山西金融投资控股集团有限公司（控股股东）	山西省财政厅	无	山西省财政厅
		太原市海信资产管理有限公司（主要股东）	太原市地方金融投资管理有限公司	无	太原市财政局

注：1.报告期内，公司股东及持股比例未发生变化。
2.公司关联方为山西金融投资控股集团有限公司及其全层级控股子公司、太原市海信资产管理有限公司及其子公司、山西国际电力集团有限公司与公司董监高人员及其关系密切的家庭成员。山西金融投资控股集团有限公司的关联方为其旗下全层级控参股子公司与董监高人员及其关系密切的家庭成员；太原市海信资产管理有限公司关联方主要为太原市地方金融投资管理有限公司参控股公司与董监高人员及其关系密切的家庭成员。

3.2 董事

董事长、董事

姓名	职务	性别	年龄（岁）	选任日期	所推举的股东名称	该股东持股比例（%）	简要履历
武旭	董事长	男	45	2021年10月	山西金融投资控股集团有限公司	90.7	曾任山西金融投资控股集团有限公司综合管理部经理、山西信托股份有限公司党委书记、董事（代为履行董事长职责）。现任山西信托股份有限公司党委书记、董事长
姚丽蓉	董事	女	48	2022年3月	山西金融投资控股集团有限公司	90.7	曾任山西国信投资集团有限公司人力资源部总经理。现任山西金融投资控股集团有限公司人力资源部总经理、山西金信清洁引导投资有限公司董事、山西省绿色产业投资集团有限公司董事、山西信托股份有限公司董事
王建军	董事	男	51	2013年5月	山西国际电力集团有限公司	1	曾任山西国际电力集团有限公司产业管理部经理，山西煤炭运销集团吕梁公司党委书记、执行董事等职。现任山西信托股份有限公司董事
杨鹏霄	职工董事	男	43	2017年8月	—	—	曾任山西信托股份有限公司信托业务四部副总经理（主持工作）。现任山西信托股份有限公司资产保全一部高级信托经理、职工董事

独立董事

姓名	所在单位及职务	性别	年龄（岁）	选任日期	所推举的股东名称	该股东持股比例（%）	简要履历
张信东	山西大学经济与管理学院教授	女	59	2023年6月	山西金融投资控股集团有限公司	90.7	现任山西大学经济与管理学院教授，兼任中国管理现代化研究会理事、中国管理科学与工程学会理事、中国系统工程学会金融系统工程专业委员会委员、中国现场统计研究会经济与金融统计分会常务理事，山西信托股份有限公司独立董事等
闫立宏	山西财经大学法学院教授	男	59	2023年6月	山西金融投资控股集团有限公司	90.7	曾任山西财经大学法学院院长、晋商研究院院长；现任山西财经大学法学院教授，法学专业硕士研究生导师；兼任山西省人大、太原市人大立法咨询专家，山西信托股份有限公司独立董事

3.3 监事

监事会成员

姓名	职务	性别	年龄（岁）	选任日期	所推举的股东名称	该股东持股比例（%）	简要履历
崔强	监事会主席	男	51	2021年9月	山西金融投资控股集团有限公司	90.7	曾任山西信托股份有限公司党委副书记、山西金融租赁有限公司董事。现任山西信托股份有限公司党委委员、监事会主席、工会主席
杨虹	监事	女	41	2021年9月	太原市海信资产管理有限公司	8.3	曾任太原市海信资产管理有限公司会计。现任太原市海信资产管理有限公司计划财务部副部长，兼任太原林海通科创企业管理有限公司财务负责人，太原水廊路网建设工程有限公司财务负责人
宋晓伟	监事	女	59	2013年5月	山西国际电力集团有限公司	1	曾任山西国际电力集团有限公司法律审计部经理，晋能集团有限公司资本运作中心部长。现任山西信托股份有限公司监事
逄晶	职工监事	女	46	2017年4月	—	—	曾任山西信托股份有限公司纪委副书记、纪检室主任。现任山西信托股份有限公司自营业务部总经理、职工监事
王浩	职工监事	男	46	2017年4月	—	—	曾任山西信托股份有限公司信托业务二部总经理。现任山西信托股份有限公司资产保全一部资深信托经理、职工监事

3.4 高级管理人员

姓名	职务	性别	年龄（岁）	选任日期	金融从业年限（年）	学历	专业	简要履历
王少飞	党委委员、副总经理	男	40	2023年1月	19	研究生	金融	曾任山西省融资再担保集团有限公司党委委员、副总经理，山西信托股份有限公司党委委员、副总经理。现任山西信托股份有限公司党委委员、副总经理（代行总经理职责）
牛宝亮	党委委员、副总经理	男	40	2021年12月	14	研究生	控制科学与工程	曾任山西省金融资产交易中心有限公司总经理助理兼投资业务部总经理。现任山西信托股份有限公司党委委员、副总经理
温国志	党委委员、副总经理	男	54	2023年1月	29	本科	工业与民用建筑工程	曾任山西信托股份有限公司总经理助理。现任山西信托股份有限公司党委委员、副总经理
刘凌鹏	总经理助理	男	50	2017年6月	20	研究生	政治经济学	曾任山西信托股份有限公司金融市场事业部业务一部总经理。现任山西信托股份有限公司总经理助理
吴岗	总经理助理	男	52	2022年8月	29	本科	投资经济管理	曾任山西信托股份有限公司投资总监。现任山西信托股份有限公司总经理助理

党务领导

姓名	职务	性别	年龄（岁）	选任日期	学历	专业	简要履历
陈强	党委专职副书记、纪委书记	男	55	2021年9月	研究生	经济	曾任山西信托股份有限公司党委委员、副总经理、董事会秘书。现任山西信托股份有限公司党委专职副书记，纪委书记

3.5 公司员工

职工人数（人）		213
平均年龄（岁）		39
学历分布比例（%）	博士	0.47
	硕士	41.31
	本科	56.34
	专科	0.47
	其他	1.41

注：此数据包括子公司及外派人员。

4. 经营管理

4.1 经营目标、方针、战略规划

坚持先立后破、稳中求进的工作基调，持续市场化改革创新，以实现高质量发展的目标。持续坚定贯彻执行"1369"战略，回归信托本源，坚持"三转"业务布局，坚持服务省属国企特色化、差异化发展路径，同步探寻创新业务开展，努力做到更好、更优、更全面服务实体经济发展，立足省域经济，持续打造"本土实体+本土金融"双循环模式。积极拓展提升专业化服务能力，持续加大对标品业务的开拓力度；苦练内功，发展数字化金融、信息科技全面赋能经营管理；关注民生，拓展普惠金融业务，不断丰富产品条线。坚定发挥内控管理体系作用、提升财富管理服务效能、聚焦数字化基础设施建设、加强人才队伍建设，坚守区域特色金融机构使命，奋力推进业务转型，凝心聚力、攻坚克难，以高度的责任担当意识切实支持实体经济发展。

4.2 所经营业务的主要内容

公司经营的主要业务为信托业务和固有业务。报告期内，公司根据山西加快转型发展的方位进程和信托业务新分类指引，把高质量发展这一新时代的硬道理贯穿到工作的全过程各方面。按信托业务"三分类"新规，2023年末存续资产服务信托53个，规模350.32亿元；资产管理信托255个，规模232.31亿元；公益慈善信托1个，规模0.02亿元。

自营资产运用与分布表

资产运用	金额（万元）	占比（%）	资产分布	金额（万元）	占比（%）
货币资产	8 276.38	3.03	基础产业	—	—
买入返售金融资产	—	—	房地产业	—	—
交易性金融资产	42 794.86	15.67	证券市场	—	—
债权投资	108 999.85	39.91	实业	—	—
其他权益工具投资	9 246.67	3.39	金融机构	52 395.09	19.18
长期股权投资	55 530.34	20.33	其他	220 737.08	80.82
其他	48 284.07	17.67	—	—	—
资产合计	273 132.17	100.00	资产合计	273 132.17	100.00

注：资产分布中，"其他类"资产主要包括固定资产、无形资产等。

信托资产运用与分布表

资产运用	金额（万元）	占比（%）	资产分布	金额（万元）	占比（%）
货币资产	47 547.56	0.78	基础产业	27 904.94	0.45
贷款	3 971 065.83	64.66	房地产	269 107.82	4.38
交易性金融资产投资	1 063 892.04	17.32	证券市场	1 014 924.35	16.53
买入返售金融资产	13 474.10	0.22	实业	4 578 143.16	74.55
债权投资	618 349.04	10.07	金融机构	—	—
长期股权投资	141 737.45	2.31	其他	251 152.92	4.09
其他	285 167.17	4.64	—	—	—
信托资产总计	6 141 233.19	100.00	信托资产总计	6 141 233.19	100.00

注：资产分布中，"其他类"资产主要包括财产权类资产、消费金融类资产等。

4.3 市场分析

4.3.1 影响本公司业务发展的有利因素

山西经济整体向好，现代化产业体系加快构建，高质量发展基础不断夯实，有利因素加快积累。信托行业在贯彻实施信托业务新分类标准过程中步伐稳健，信托公司转型方向更加清晰明确，经营业绩整体恢复向好，为转型业务的盈利水平提升与优化争取了相对宽裕的时间和空间。

4.3.2 影响本公司业务发展的不利因素

山西发展不平衡不充分问题仍然突出，以科技创新

引领现代化产业体系建设步伐不快，摆脱对煤炭的"两个过多依赖"任务艰巨。信托行业在资管新规、资金信托新规、信托业务分类新规等政策导向下，面临传统业务受限、转型压力升级等诸多挑战，行业发展仍任重道远。

4.4 内部控制概况

公司严格按照现代企业制度要求建立有效制衡的法人治理结构，"三会一层"严格根据国家法律法规和公司章程行使职权。根据《中华人民共和国信托法》《信托公司管理办法》《中华人民共和国银行业监督管理法》等国家法律法规和监管规定，不断完善自身内控体系。

公司坚持以制度建设和投资决策系统、经营风险控制系统、业务审批及操作系统建设为抓手，点线面相结合调整和完善内控体系。根据国家政策、监管要求等方面需要，完善更新制度体系。按照职责分离原则，明确前中后台职责和权限，形成架构清晰、分工明确、制衡有效的内控组织架构。建立完善信息交流反馈机制，明确内部控制信息收集、处理和传递程序，搭建畅通的信息交流渠道，促进自身高效运行。建立自控、互控与监控三结合的监督机制，通过董事会、经营层、内部审计、外部监管审计等有效的监督评价与纠正处理机制，对内部控制活动进行检查、评价、监督和纠正。

4.5 风险管理概况

公司坚守受托人定位，在风控过程中强化受托文化建设，以全方位做好金融风险防范为目的，始终遵循事前预防、事中控制和事后监督的原则，坚持风险管理全程管控。事前业务部门一级评审，对项目进行双人尽调，对业务可行性进行初步分析判断；合规风控部门二级评审，从合规性有效性角度和完整性风险性角度进行论证；风险控制委员会三级评审，对项目予以审议；总经理办公会四级评审，对项目进行议定，项目满足各项评审要求和议定条件后，由业务部门和项目经理按照项目设计方案实施项目；省外且金额大的主动管理类项目采取独立调查机制，加大风险管控力度。事中业务部门负责对项目进行跟踪检查，对于检查发现项目可能发生风险或已经发生风险应制定详细的风险处置预案，并按照信托文件约定采取有效应对措施；合规风控部门对业务部门的事中管理情况进行监督检查。事后对于风险项目，公司设立资产保全部门，强化风险项目专项处置，一企一策，分类处置，充分运用市场化、法治化手段，专事存量风险化解工作。

经营活动中公司可能遇到的风险有信用风险、市场风险、流动性风险、操作风险、声誉风险、战略风险、信息科技风险、法律合规风险、财务风险等。

4.5.1 信用风险

信用风险是指由于交易对手不履行合同义务，造成违约，使公司遭受潜在损失的可能性。主要表现在资金使用人不能及时准确披露信息，未经许可擅自改变资金用途，经济状况恶化导致不能到期还本付息等对资产安全产生的影响。

4.5.2 市场风险

市场风险是指由市场变化引发的价格变化使公司遭受潜在损失的可能性。主要表现在证券市场、汇率、利率及其他价格因素变动，对公司的盈利能力和财务状况可能产生的影响。

4.5.3 流动性风险

流动性风险是指公司无法以合理成本及时获得充足资金，以偿付到期债务、履行其他支付义务，无法满足正常业务开展的资金需求的风险。

4.5.4 操作风险

操作风险是指由不完善或有问题的内部程序、员工和信息科技系统，以及外部事件所造成的风险。

4.5.5 声誉风险

声誉风险是指由公司经营、管理及其他行为或外部事件导致的利益相关方对公司负面评价的风险。

4.5.6 战略风险

战略风险指公司各项中长期经营计划、策略与外部宏观形势和经济政策不适应，导致公司经营出现偏差或未能对行业中的变化作出反应而对盈利或资本可能造成的影响。

4.5.7 信息科技风险

信息科技风险是指在公司信息技术运用中，由于自然因素、人为因素、技术漏洞和管理缺陷产生的操作、法律和声誉风险。

4.5.8 法律合规风险

法律合规风险是指公司因没有遵循法律、部门规章和行业准则而可能遭受法律制裁、监管处罚、重大财务损失和声誉损失的风险。

4.5.9 财务风险

财务风险是指公司在经营过程中，由于内外部环境的各种难以预料或无法控制的不确定性因素的作用，使公司在一定时期内所获取的财务收益与预期收益发生偏差的可能性。

5. 报告期末及上一年度末的比较式会计报表

5.1 自营资产

5.1.1 会计师事务所审计意见全文

安永华明会计师事务所（特殊普通合伙）对本公司年度财务报告进行审计，并出具了标准无保留意见的审计报告。

审计报告

安永华明（2024）审字第70065047_A01号

山西信托股份有限公司

山西信托股份有限公司董事会：

一、审计意见

我们审计了山西信托股份有限公司的财务报表，包括2023年12月31日的合并及母公司资产负债表，2023年度的合并及母公司利润表、合并及母公司股东权益变动表、合并及母公司现金流量表以及相关财务报表附注。

我们认为，后附的山西信托股份有限公司的财务报表在所有重大方面按照企业会计准则的规定编制，公允反映了山西信托股份有限公司2023年12月31日的合并及公司财务状况以及2023年度的合并及公司经营成果和现金流量。

二、形成审计意见的基础

我们按照中国注册会计师审计准则的规定执行了审计工作。审计报告的"注册会计师对财务报表审计的责任"部分进一步阐述了我们在这些准则下的责任。按照中国注册会计师职业道德守则，我们独立于山西信托股份有限公司，并履行了职业道德方面的其他责任。我们相信，我们获取的审计证据是充分、适当的，为发表审计意见提供了基础。

三、其他信息

山西信托股份有限公司管理层对其他信息负责。其他信息包括年度报告中涵盖的信息，但不包括财务报表和我们的审计报告。

我们对财务报表发表的审计意见不涵盖其他信息，我们也不对其他信息发表任何形式的鉴证结论。

结合我们对财务报表的审计，我们的责任是阅读其他信息，在此过程中，考虑其他信息是否与财务报表或我们在审计过程中了解到的情况存在重大不一致或者似乎存在重大错报。

基于我们已执行的工作，如果我们确定其他信息存在重大错报，我们应当报告该事实。在这方面，我们无任何事项需要报告。

四、管理层和治理层对财务报表的责任

山西信托股份有限公司管理层负责按照企业会计准则的规定编制财务报表，使其实现公允反映，并设计、执行和维护必要的内部控制，以使财务报表不存在由于舞弊或错误导致的重大错报。

在编制财务报表时，管理层负责评估山西信托股份有限公司的持续经营能力，披露与持续经营相关的事项（如适用），并运用持续经营假设，除非计划进行清算、终止运营或别无其他现实的选择。

治理层负责监督山西信托股份有限公司的财务报告过程。

五、注册会计师对财务报表审计的责任

我们的目标是对财务报表整体是否存在由于舞弊或错误导致的重大错报获取合理保证，并出具包含审计意见的审计报告。合理保证是高水平的保证，但并不能保证按照审计准则执行的审计在某一重大错报存在时总能发现。错报可能由于舞弊或错误导致，如果合理预期错报单独或汇总起来可能影响财务报表使用者依据财务报表作出的经济决策，则通常认为错报是重大的。

在按照审计准则执行审计工作的过程中，我们运用职业判断，并保持职业怀疑。同时，我们也执行以下工作：

（1）识别和评估由于舞弊或错误导致的财务报表重大错报风险，设计和实施审计程序以应对这些风险，并获取充分、适当的审计证据，作为发表审计意见的基础。由于舞弊可能涉及串通、伪造、故意遗漏、虚假陈述或凌驾于内部控制之上，未能发现由于舞弊导致的重大错报的风险高于未能发现由于错误导致的重大错报的风险。

（2）了解与审计相关的内部控制，以设计恰当的审计程序，但目的并非对内部控制的有效性发表意见。

（3）评价管理层选用会计政策的恰当性和作出会计估计及相关披露的合理性。

（4）对管理层使用持续经营假设的恰当性得出结论。同时，根据获取的审计证据，就可能导致对山西信托股份有限公司持续经营能力产生重大疑虑的事项或情况是否存在重大不确定性得出结论。如果我们得出结论认为存在重大不确定性，审计准则要求我们在审计报告中提请报表使用者注意财务报表中的相关披露；如果披露不充分，我们应当发表非无保留意见。我们的结论基于截至审计报告日可获得的信息。然而，未来的事项或情况可能导致山西信托股份有限公司不能持续经营。

（5）评价财务报表的总体列报（包括披露）、结构和内容，并评价财务报表是否公允反映相关交易和事项。

（6）就山西信托股份有限公司中实体或业务活动的财务信息获取充分、适当的审计证据，以对财务报表发表审计意见。我们负责指导、监督和执行集团审计，并对审计意见承担全部责任。

我们与治理层就计划的审计范围、时间安排和重大审计发现等事项进行沟通，包括沟通我们在审计中识别出的值得关注的内部控制缺陷。

中国注册会计师：顾 珺

中国注册会计师：商晓婷

中国·北京 2024年4月26日

5.1.2 资产负债表

资产负债表

编报单位：山西信托股份有限公司　　2023年度　　单位：万元

资产	合并		母公司		负债及所有者权益	合并		母公司	
	2023年	2022年	2023年	2022年		2023年	2022年	2023年	2022年
货币资金	12 577.82	5 672.96	8 276.38	2 920.28	拆入资金	—	—	—	—
交易性金融资产	5 911.22	9 704.47	42 794.86	45 876.60	应付职工薪酬	13 523.34	10 131.12	13 117.74	9 805.72
买入返售金融资产	—	13 502.60	—	13 502.60	交易性金融负债	—	—	—	—
债权投资	5 274.65	561.73	108 999.85	103 869.94	应交/（预缴）税费	5 334.57	2 796.90	5 158.92	2 633.13
应收款项	5 318.63	3 329.58	5 597.63	3 608.58	预计负债	3 560.80	—	3 769.12	399.37
发放贷款和垫款	22 922.60	34 871.48	—	—	其他负债	107 306.68	128 477.97	58 086.68	64 375.63
长期股权投资	33 864.99	31 531.21	55 530.34	53 196.56	递延所得税负债	—	—	—	—
其他权益工具投资	9 246.67	10 379.73	9 246.67	10 379.73	负债合计	129 725.39	141 405.99	80 132.46	77 213.85
投资性房地产	4 742.26	4 927.14	4 742.26	4 927.14	股本	135 700.00	135 700.00	135 700.00	135 700.00
固定资产	2 169.88	2 355.16	2 163.76	2 346.49	资本公积	11 022.50	11 022.50	10 483.91	10 483.91
在建工程	—	—	—	—	其他综合收益	-1 741.65	-891.85	-1 741.65	-891.85
无形资产	459.23	437.93	459.13	437.74	盈余公积	7 937.84	7 649.95	7 937.83	7 649.94
递延所得税资产	19 450.49	16 415.51	21 113.48	18 042.87	风险准备	25 742.06	25 310.24	25 742.06	25 310.24
其他资产	196 411.27	193 275.95	14 207.81	9 076.01	未分配利润	9 891.87	6 715.50	14 877.56	12 718.45
					归属于母公司股东的权益合计	188 552.62	185 506.34	192 999.71	190 970.69
					少数股东权益	71.70	53.12	不适用	不适用
					股东权益合计	188 624.32	185 559.46	192 999.71	190 970.69
资产总计	318 349.71	326 965.45	273 132.17	268 184.54	负债和股东权益总计	318 349.71	326 965.45	273 132.17	268 184.54

会计机构负责人：刘强　　　　主管会计工作负责人：王少飞　　　　制表：杨晶茹

注：合并财务报表范围包括本公司、本公司子公司及纳入合并范围的结构化主体。

5.1.3 利润表

利润表

编报单位：山西信托股份有限公司　　　　　　　　　　　2023年度　　　　　　　　　　　　　　　　单位：万元

项目	合并		母公司	
	2023年度	2022年度	2023年度	2022年度
一、营业收入	29 849.98	29 445.03	27 114.09	15 717.17
利息净收入	1 068.73	9 162.57	-882.33	-1 858.48
利息收入	3 557.79	16 075.78	170.92	497.14
利息支出	2 489.06	6 913.21	1 053.25	2 355.62
手续费及佣金净收入	23 944.77	14 230.10	23 944.77	14 204.77
手续费及佣金收入	23 961.39	14 211.75	23 961.39	14 211.75
手续费及佣金支出	16.62	-18.35	16.62	6.98
投资收益（损失以"-"号填列）	3 711.34	5 335.99	3 512.87	5 280.39
公允价值变动损益（损失以"-"号填列）	-215.45	259.46	132.24	-2 366.42
汇兑收益（损失以"-"号填列）	5.90	29.41	5.90	29.41
其他业务收入	1 304.58	370.66	370.53	370.66
其他收益	30.11	62.44	30.11	62.44
资产处置收益/（损失）	—	-5.60	—	-5.60
二、营业支出	21 861.88	25 700.56	20 388.46	16 806.27
税金及附加	872.56	272.01	336.69	270.78
业务及管理费	16 434.92	14 745.45	15 710.57	13 993.17
信用减值损失	-2 559.39	3 473.19	4 156.32	2 357.42
资产减值损失	6 928.91	7 025.01	—	—
其他业务支出	184.88	184.90	184.88	184.90
三、营业利润（损失以"-"号填列）	7 988.10	3 744.47	6 725.63	-1 089.10
加：营业外收入	0.08	1.95	—	0.57
减：营业外支出	3 815.95	990.02	3 624.86	-2 468.16
四、利润总额（损失以"-"号填列）	4 172.23	2 756.40	3 100.77	1 379.63
减：所得税费用	257.58	-949.30	221.95	-1 396.60
五、净利润（损失以"-"号填列）	3 914.65	3 705.70	2 878.82	2 776.23
其他综合收益	-849.80	-891.86	-849.80	-891.86
综合收益总额	3 064.85	2 813.84	2 029.02	1 884.37

会计机构负责人：刘强　　　　　　　　　　主管会计工作负责人：王少飞　　　　　　　　　　制表：杨晶茹

注：合并财务报表范围包括本公司、本公司子公司及纳入合并范围的结构化主体。

5.1.4 所有者权益变动表

母公司所有者权益变动表
2023年度

编报单位：山西信托股份有限公司　　　　　　　　　　　　　　　　　　　　　　　　　　　　　单位：万元

项目	2023年							2022年						
	股本	资本公积	其他综合收益	盈余公积	风险准备	未分配利润	所有者权益合计	股本	资本公积	其他综合收益	盈余公积	风险准备	未分配利润	所有者权益合计
1. 上年年末余额	135 700.00	10 483.91	-891.85	7 649.94	25 310.24	12 718.45	190 970.69	135 700.00	10 483.91	0.01	7 372.32	24 893.80	10 636.28	189 086.32
2. 会计政策变更及差错更正	—	—	—	—	—	—	—	—	—	—	—	—	—	—
3. 本年年初余额	135 700.00	10 483.91	-891.85	7 649.94	25 310.24	12 718.45	190 970.69	135 700.00	10 483.91	0.01	7 372.32	24 893.80	10 636.28	189 086.32
4. 本年增减变动金额合计（减少以"-"填列）	—	—	-849.80	287.89	431.82	2 159.11	2 029.02	—	—	-891.86	277.62	416.44	2 082.17	1 884.37
4.1 净利润	—	—	—	—	—	2 878.82	2 878.82	—	—	—	—	—	2 776.23	2 776.23
4.2 直接计入所有者权益的利得和损失	—	—	-849.80	—	—	—	-849.80	—	—	-891.86	—	—	—	-891.86
4.2.1 其他权益工具投资公允价值变动	—	—	-849.80	—	—	—	-849.80	—	—	-891.86	—	—	—	-891.86
4.2.2 权益法下被投资单位其他所有者权益变动的影响	—	—	—	—	—	—	—	—	—	—	—	—	—	—
4.2.3 与所有者权益项目相关的所得税影响	—	—	—	—	—	—	—	—	—	—	—	—	—	—
4.2.4 其他	—	—	—	—	—	—	—	—	—	—	—	—	—	—
4.3 所有者投入和减少资本	—	—	—	—	—	—	—	—	—	—	—	—	—	—
4.3.1 所有者投入的资本	—	—	—	—	—	—	—	—	—	—	—	—	—	—
4.3.2 股份支付计入所有者权益的金额	—	—	—	—	—	—	—	—	—	—	—	—	—	—
4.3.3 其他	—	—	—	—	—	—	—	—	—	—	—	—	—	—
4.4 利润分配	—	—	—	287.89	431.82	-719.71	—	—	—	—	277.62	416.44	-694.06	—
4.4.1 提取盈余公积	—	—	—	287.89	—	-287.89	—	—	—	—	277.62	—	-277.62	—
4.4.2 提取风险准备	—	—	—	—	431.82	-431.82	—	—	—	—	—	416.44	-416.44	—
4.4.3 对股东的分配	—	—	—	—	—	—	—	—	—	—	—	—	—	—
4.4.4 其他	—	—	—	—	—	—	—	—	—	—	—	—	—	—
4.5 所有者权益内部结转	—	—	—	—	—	—	—	—	—	—	—	—	—	—
4.5.1 资本公积转增资本（或股本）	—	—	—	—	—	—	—	—	—	—	—	—	—	—
4.5.2 盈余公积转增资本（或股本）	—	—	—	—	—	—	—	—	—	—	—	—	—	—
4.5.3 盈余公积弥补亏损	—	—	—	—	—	—	—	—	—	—	—	—	—	—
4.5.4 一般风险准备弥补亏损	—	—	—	—	—	—	—	—	—	—	—	—	—	—
4.5.5 其他	—	—	—	—	—	—	—	—	—	—	—	—	—	—
4.6 外币报表折算差额	—	—	—	—	—	—	—	—	—	—	—	—	—	—
5. 本年年末余额	135 700.00	10 483.91	-1 741.65	7 937.83	25 742.06	14 877.56	192 999.71	135 700.00	10 483.91	-891.85	7 649.94	25 310.24	12 718.45	190 970.69

会计机构负责人：刘强　　　　　　　　　　主管会计工作负责人：王少飞　　　　　　　　　　制表：杨晶茹

合并所有者权益变动表

编报单位：山西信托股份有限公司　　　　　2023年度　　　　　单位：万元

项目	2023年 归属于母公司股东权益 股本	资本公积	其他综合收益	盈余公积	风险准备	未分配利润	小计	少数股东权益	所有者权益合计	2022年 归属于母公司股东权益 股本	资本公积	其他综合收益	盈余公积	风险准备	未分配利润	小计	少数股东权益	所有者权益合计
1.上年年末余额	135 700.00	11 022.50	-891.85	7 649.95	25 310.24	6 715.50	185 506.34	53.12	185 559.46	135 700.00	8 983.99	0.01	7 372.33	24 893.80	3 728.00	180 678.13	28.98	180 707.11
2.会计政策变更及差错更正	—	—	—	—	—	—	—	—	—	—	—	—	—	—	—	—	—	—
3.本年年初余额	135 700.00	11 022.50	-891.85	7 649.95	25 310.24	6 715.50	185 506.34	53.12	185 559.46	135 700.00	8 983.99	0.01	7 372.33	24 893.80	3 728.00	180 678.13	28.98	180 707.11
4.本年增减变动金额合计（减少以"-"号填列）	—	—	-849.80	287.89	431.82	3 176.37	3 046.28	18.58	3 064.86	—	2 038.51	-891.86	277.62	416.44	2 987.50	4 828.21	24.14	4 852.35
4.1 净利润	—	—	—	—	—	3 896.08	3 896.08	18.58	3 914.66	—	—	—	—	—	3 681.56	3 681.56	24.14	3 705.70
4.2 直接计入所有者权益的利得和损失	—	—	-849.80	—	—	—	-849.80	—	-849.80	—	—	-891.86	—	—	—	-891.86	—	-891.86
4.2.1 其他权益工具投资公允价值变动	—	—	-849.80	—	—	—	-849.80	—	-849.80	—	—	-891.86	—	—	—	-891.86	—	-891.86
4.2.2 权益法下被投资单位其他所有者权益变动项目相关的所得税影响	—	—	—	—	—	—	—	—	—	—	—	—	—	—	—	—	—	—
4.2.3 与计入其他所有者权益相关的所得税	—	—	—	—	—	—	—	—	—	—	—	—	—	—	—	—	—	—
4.2.4 其他	—	—	—	—	—	—	—	—	—	—	—	—	—	—	—	—	—	—
4.3 所有者投入和减少资本	—	—	—	—	—	—	—	—	—	—	2 038.51	—	—	—	—	2 038.51	—	2 038.51
4.3.1 所有者投入资本	—	—	—	—	—	—	—	—	—	—	—	—	—	—	—	—	—	—
4.3.2 股份支付计入所有者权益的金额	—	—	—	—	—	—	—	—	—	—	2 038.51	—	—	—	—	2 038.51	—	2 038.51
4.4 其他	—	—	—	—	—	—	—	—	—	—	—	—	—	—	—	—	—	—
4.5 利润分配	—	—	—	287.89	431.82	-719.71	—	—	—	—	—	—	277.62	416.44	-694.06	—	—	—
4.5.1 提取盈余公积	—	—	—	287.89	—	-287.89	—	—	—	—	—	—	277.62	—	-277.62	—	—	—
4.5.2 提取风险准备	—	—	—	—	431.82	-431.82	—	—	—	—	—	—	—	416.44	-416.44	—	—	—
4.5.3 对股东的分配	—	—	—	—	—	—	—	—	—	—	—	—	—	—	—	—	—	—
4.5.4 其他	—	—	—	—	—	—	—	—	—	—	—	—	—	—	—	—	—	—
4.5 所有者权益内部结转	—	—	—	—	—	—	—	—	—	—	—	—	—	—	—	—	—	—
4.5.1 资本公积转增资本	—	—	—	—	—	—	—	—	—	—	—	—	—	—	—	—	—	—
4.5.2 盈余公积转增资本	—	—	—	—	—	—	—	—	—	—	—	—	—	—	—	—	—	—
4.5.3 盈余公积弥补亏损	—	—	—	—	—	—	—	—	—	—	—	—	—	—	—	—	—	—
4.5.4 一般风险准备补亏损	—	—	—	—	—	—	—	—	—	—	—	—	—	—	—	—	—	—
4.5.5 其他	—	—	—	—	—	—	—	—	—	—	—	—	—	—	—	—	—	—
4.6 外币报表折算差额	—	—	—	—	—	—	—	—	—	—	—	—	—	—	—	—	—	—
5.本年年末余额	135 700.00	11 022.50	-1 741.65	7 937.84	25 742.06	9 891.87	188 552.62	71.70	188 624.32	135 700.00	11 022.50	-891.85	7 649.95	25 310.24	6 715.50	185 506.34	53.12	185 559.46

会计机构负责人：刘强　　主管会计工作负责人：王少飞　　制表：杨晶茹

5.2 信托资产

5.2.1 信托项目资产负债汇总表

信托项目资产负债汇总表

编报单位：山西信托股份有限公司   单位：万元

资产：	2023年	2022年	负债：	2023年	2022年
货币资金	47 547.56	45 916.18	交易性金融负债	—	—
拆出资金	—	—	衍生金融负债		
存出保证金	—	—	应付受托人报酬	-4 911.65	-9 741.91
应收款项	—	—	应付受益人款项	3 823.19	3 740.90
交易性金融资产	1 063 892.04	1 260 352.20	应付管理人报酬		
衍生金融资产			应付信托管费	235.12	192.70
买入返售金融资产	13 474.10	10 272.48	应付利息		
发放贷款和垫款	3 971 065.83	3 949 084.23	应交税金	4 418.27	3 391.20
债权投资	618 349.05	742 397.22	其他应付款	133 743.02	140 045.11
其他债权投资	—	—	递延所得税负债		
其他权益工具投资	—	—	其他负债		
长期股权投资	141 737.45	204 737.45	—		
投资性房地产	—	—	负债合计	137 307.95	137 628.00
固定资产	—	—	所有者权益：		
应收账款	—	—	实收信托	5 857 197.02	6 238 025.04
减：坏账准备	—	—	资本公积		
无形资产	—	—	盈余公积		
递延所得税资产	—	—	未分配利润	146 728.22	121 401.96
其他资产	285 167.16	284 295.24	所有者权益合计	6 003 925.24	6 359 427.00
资产总计	6 141 233.19	6 497 055.00	负债和所有者权益总计	6 141 233.19	6 497 055.00

会计机构负责人：刘强   主管会计工作负责人：王少飞   制表：李玉枝

5.2.2 信托项目利润及利润分配汇总表

信托项目利润及利润分配汇总表

编报单位：山西信托股份有限公司   单位：万元

项目	2023年度	2022年度
一、营业收入	293 265.92	291 366.14
利息收入	99 973.14	139 361.25
投资收益（损失以"-"号填列）	157 714.73	169 371.64
租赁收入	—	—
公允价值变动收益（损失以"-"号填列）	31 403.81	-18 381.19
汇兑收益（损失以"-"号填列）	—	—
其他业务收入	4 174.24	1 014.44
二、营业支出	27 449.05	19 487.07
业务及管理费	26 691.89	17 302.45
税金及附加	772.16	836.27
信用减值损失	-15.00	1 348.35
资产减值损失	—	—

续表

项目	2023年度	2022年度
其他业务支出	—	—
三、营业利润（亏损以"-"号填列）	265 816.87	271 879.07
加：营业外收入		
减：营业外支出		
四、本期利润总额（亏损总额以"-"号填列）	265 816.87	271 879.07
加：期初未分配利润	121 401.96	82 565.46
减：本期已分配利润	240 490.61	233 042.57
五、期末未分配信托利润	146 728.22	121 401.96

会计机构负责人：刘强   主管会计工作负责人：王少飞   制表：李玉枝

6. 会计报表附注

6.1 与上一期年度报告相比，会计政策、会计估计和核算方法发生变化的情况说明

本公司报告期内无相关情况。

6.2 或有事项说明
本公司报告期内无相关情况。

6.3 重要资产转让及其出售的说明
本公司报告期内没有发生重要资产转让及其出售的情况。

6.4 会计报表中重要项目的明细资料

6.4.1 披露自营资产经营情况

6.4.1.1 按信用风险五级分类结果披露的信用风险资产

信用风险资产五级分类	正常类（万元）	关注类（万元）	次级类（万元）	可疑类（万元）	损失类（万元）	信用风险资产合计（万元）	不良资产合计（万元）	不良率（%）
2022年末	129 103.84	104 770.05	35 455.29	—	8 765.22	278 094.40	44 220.51	15.90
2023年末	118 537.84	81 165.47	65 104.28	—	14 536.06	279 343.65	79 640.34	28.51

注：不良资产合计＝次级类＋可疑类＋损失类。

6.4.1.2 各项资产减值损失准备情况

单位：万元

项目	期初数	本期计提	本期转回	本期转出	本期核销	期末数
贷款损失准备	—	—	—	—	—	—
一般准备						
专项准备						
其他资产减值准备	38 006.83	6 667.13	2 510.82	—		42 163.14
其中：债权资产减值准备	20 212.22	5 387.03	1 592.19			24 007.06
长期股权投资减值准备						
坏账准备	867.71	86.54				954.25
固定资产减值准备	203.77					203.77
投资性房地产减值准备						
应收利息减值准备	16 723.13	1 193.56	918.63			16 998.06

6.4.1.3 自营股票投资、基金投资、债券投资、股权投资等投资业务的情况

单位：万元

项目	自营股票	基金	债券	长期股权投资	其他投资	合计
2022年末	—			53 196.56	22 269.80	75 466.36
2023年末	—			55 530.34	21 289.47	76 819.81

6.4.1.4 前五名的自营长期股权投资的企业名称、占被投资企业权益的比例、主要经营活动及投资收益情况（从大到小顺序排列）

企业名称	占被投资企业权益的比例（%）	主要经营活动	投资收益（万元）
汇丰晋信基金管理有限公司	51	证券投资基金管理	3 394.58
山西卓融投资有限公司	98	投资业务	—

6.4.1.5 前三名的自营贷款的企业名称、占贷款总额的比例和还款情况（从大到小顺序排列）

报告期末无自营贷款。

6.4.1.6 表外业务的情况
本公司报告期内无表外业务。

6.4.1.7 公司当年的收入结构

收入结构	金额（万元）	占比（%）
手续费及佣金收入	23 961.39	85.02
其中：信托手续费收入	23 961.39	—
利息收入	170.92	0.61
其他业务收入	370.53	1.31
其中：计入信托业务收入部分	—	—
投资收益	3 512.87	12.46
其中：股权投资收益	3 394.58	
证券投资收益	127.25	
汇兑损益	5.90	0.02
公允价值变动收益	132.24	0.47
资产处置收益		
其他收益	30.11	0.11
营业外收入	—	—
收入合计	28 183.96	100.00

注：手续费及佣金收入、利息收入、其他业务收入、投资收益、营业外收入、其他收益均应为损益表中的一级科目，其中手续费及佣金收入、利息收入、营业外收入均为未抵减掉相应支出的全年累计实现收入数。

6.4.2 信托资产管理情况

6.4.2.1 信托资产的情况

单位：万元

信托资产	期初数	期末数
集合	2 902 970.19	2 642 826.97
单一	3 482 096.86	3 406 902.62
财产权	111 987.95	91 503.60
合计	6 497 055.00	6 141 233.19

6.4.2.1.1 主动管理型信托业务的情况

单位：万元

主动管理型信托资产	期初数	期末数
证券投资类	1 112 364.10	904 965.25
股权投资类	142 556.72	88 847.07
融资类	871 474.26	965 890.03
事务管理类	3 718.45	3 748.31
其他类	510 969.70	435 854.17
合计	2 641 083.23	2 399 304.83

6.4.2.1.2 被动管理型信托业务的情况

单位：万元

被动管理型信托资产	期初数	期末数
证券投资类	102 400.09	109 959.10
股权投资类	83 242.76	83 522.31
融资类	259 038.63	237 344.95
事务管理类	3 378 449.11	3 292 591.11
其他类	32 841.18	18 510.89
合计	3 855 971.77	3 741 928.36

6.4.2.2 本年度已清算结束的信托项目的情况

6.4.2.2.1 本年度已清算结束的集合类、单一类资金信托项目和财产管理类信托项目的情况

已清算结束信托项目	项目个数（个）	实收信托合计金额（万元）	加权平均实际年化收益率（%）
集合类	135	1 655 901.84	5.80
单一类	28	260 096.63	5.06
财产管理类	3	20 459.00	3.92

注：1.收益率是指信托项目清算后，给受益人赚取的实际收益水平。
2.加权平均实际年化收益率=（信托项目1的实际年化收益率×信托项目1的实收信托+信托项目2的实际年化收益率×信托项目2的实收信托+…信托项目n的实际年化收益率×信托项目n的实收信托）/（信托项目1的实收信托+信托项目2的实收信托+…信托项目n的实收信托）×100%。

6.4.2.2.2 本年度已清算结束的主动管理型信托项目的情况

已清算结束信托项目	项目个数（个）	实收信托合计金额（万元）	加权平均实际年化收益率（%）
证券投资类	44	893 562.11	6.89
股权投资类	—	—	—
融资类	47	522 631.49	5.15
事务管理类	—	—	—
其他类	13	178 200.00	4.02

6.4.2.2.3 本年度已清算结束的被动管理型信托项目的情况

已清算结束信托项目	项目个数（个）	实收信托合计金额（万元）	加权平均实际年化收益率（%）
证券投资类	10	53 681.01	8.18
股权投资类	—	—	—
融资类	9	43 233.74	9.27
事务管理类	32	214 714.12	7.20
其他类	11	30 435.00	7.22

6.4.2.3 本年度新增的集合类、单一类和财产管理类信托项目的情况

新增信托项目	项目个数（个）	合计金额（万元）
集合类	107	1 365 672.83
单一类	21	189 956.62
财产管理类	—	—
新增合计	128	1 555 629.45
其中：主动管理型	101	1 323 952.83
被动管理型	27	231 676.62

注：本年新增信托项目指在本报告年度累计新增的信托项目个数和金额。包含本年度新增并于本年度内结束的项目和本年度新增至报告期末仍在持续管理的信托项目。

6.4.2.4 信托业务创新成果和特色业务有关情况

2023年，公司坚持回归本源，服务实体经济，信托投融资支持省属重点国企资金规模三年迈过200亿元大关。公司持续转型标品业务，进一步优化业务结构，积极向配置型转变，持续向多元化、专业化发展，获得市场广泛认可。同时公司下大力气提升财富管理能力，成立家族信托办公室，落地"晋信嘉禾""信义传家"两个产品系列，努力探索财富管理服务信托新模式，品牌效应逐渐扩大。

6.5 关联方关系及其交易的披露

6.5.1 关联交易方的数量、关联交易的总金额及关联交易的定价政策

项目	关联交易方数量（个）	关联交易金额（万元）	定价政策
合计	6	1 455.42	本公司在正常业务过程中发生的关联交易遵守一般商业条款。关联交易的价格主要参考市场价格经双方协商后确定

6.5.2 关联交易方与本公司的关系性质、关联交易方的名称、法定代表人、注册地址、注册资本及主营业务

单位：万元

关系性质	关联方名称	法定代表人	注册地址	注册资本	主营业务
控股公司	山西金融投资控股集团有限公司	王振宇	山西省太原市府西街69号	1 064 670.00	投资及管理金融业
与本公司同受山西金控集团控制	山西国信医疗健康投资管理有限公司	路素军	山西省太原市小店区南中环街265号国信嘉园小区1号楼1002号商铺3001室	10 000.00	医疗服务、医药咨询服务等
与本公司同受山西金控集团控制	山西省国贸投资集团有限公司	董菊山	山西省太原市府西街69号	36 000.00	自有房屋租赁、物业服务等
与本公司同受山西金控集团控制	山西国信物业管理服务有限公司	潘浩敏	太原市小店区南中环街265号国信嘉园18号楼17层	3 000.00	物业管理；房地产经纪；保洁服务等
与本公司同受山西金控集团控制	山西省交易集团股份有限公司	王杰民	山西省太原市晋源区谐园路9号化建大厦	27 870.35	投资组建各类交易机构和交易服务机构
与本公司同受山西金控集团控制	山西证券股份有限公司	王怡里	山西省太原市府西街69号国际贸易中心东塔楼	358 977.15	证券业务

6.5.3 本公司与关联方的重大交易事项

6.5.3.1 固有财产与关联方关联交易情况

报告期内公司向山西金融投资控股集团有限公司等关联方支付各项费用合计1 352.82万元。

报告期内公司向山西国信医疗健康投资管理有限公司等关联方收取房租等收入合计102.59万元。

6.5.3.2 信托资产与关联方关联交易情况

按照《银行业保险业关联交易监管系统填报规范》报送要求，截至2023年末，信托业务一般关联交易存续项目64个、金额15.38亿元。

6.5.3.3 信托公司自有资金运用于自己管理的信托项目（固信交易）、信托公司管理的信托项目之间的相互（信信交易）交易情况

6.5.3.3.1 固有财产与信托财产之间的交易情况

单位：万元

项目	期初数	本期变动	期末数
合计	162 303.85	9 327.67	171 631.52

6.5.3.3.2 信托资产与信托财产之间的交易情况

单位：万元

项目	期初数	本期变动	期末数
合计	68 925.76	-8 445.00	60 480.76

6.5.4 关联方逾期未偿还本公司资金的详细情况以及本公司为关联方担保发生或即将发生垫款的详细情况

报告期本公司无上述情况发生。

6.6 会计制度的披露

财务报表按照财政部颁布的《企业会计准则——基本准则》以及其后颁布及修订的具体会计准则、应用指南、解释以及其他相关规定（统称企业会计准则）编制。

7. 财务情况说明书

7.1 利润实现和分配情况

2023年度，公司实现净利润2 878.82万元。提取法定盈余公积287.89万元，提取一般风险准备287.89万元，提取信托赔偿准备143.93万元。年末可供分配的利润14 877.56万元。

7.2 主要财务指标

指标名称	指标值
资本利润率（%）	1.50
加权平均实际年化信托报酬率（%）	0.36
人均净利润（万元）	14.54

注：1. 资本利润率=净利润/所有者权益平均余额×100%。

2. 加权平均实际年化信托报酬率=（信托项目1的实际年化信托报酬率×信托项目1的实收信托+信托项目2的实际年化信托报酬率×信托项目2的实收信托+…+信托项目n的实际年化信托报酬率×信托项目n的实收信托）/（信托项目1的实收信托+信托项目2的实收信托+…+信托项目n的实收信托）×100%。

3. 人均净利润=净利润/年平均人数。

4. 平均值采取年初、年末余额简单平均法，公式为：a（平均）=（年初数+年末数）/2。

7.3 公司净资本监管指标

指标名称	指标值	监管标准
净资本（亿元）	13.24	≥2
各项业务风险资本之和（亿元）	11.19	—
净资本/各项业务风险资本之和（%）	118.32	≥100
净资本/净资产（%）	68.60	≥40

7.4 对本公司财务状况、经营成果有重大影响的其他事项

报告期内，本公司无对财务状况、经营成果有重大影响的其他事项。

8.企业社会责任

2023年，公司深入学习贯彻中央经济工作会议精神、省委经济工作会议精神，坚持稳中求进工作总基调，完整、准确、全面贯彻新发展理念，深入践行"改革化险、提质增效"工作路径，深入推进"1369"战略，积极构建"本土实业＋本土金融"双循环，积极做到服务质量"精而准"、服务效能"美而优"，用非常之力、下恒久之功，"晋"心"晋"力为实体经济服务，尽职尽责为投资人服务，截至年末，省内业务占比超过七成，省内工商企业占比超过八成。公司高度重视金融消费者权益保护工作，始终践行"客户至上、服务至上"理念与"店小二"精神，用心用情维护投资人合法权益。

9.特别事项揭示

9.1 报告期内股东变动情况及原因

报告期内，公司无股东变动相关事项。

9.2 报告期内，公司不存在股权被质押或以股权及其受（收）益权设立信托等金融产品的情况

9.3 董事、监事及高级管理人员变动情况及原因

经公司董事会、股东大会审议通过，张信东、闫立宏为公司独立董事，任职资格已获原山西银保监局核准；陈凯不再担任公司独立董事。

经公司董事会、股东大会审议通过，雷淑俊不再担任公司总经理、董事。经公司董事会审议通过，王少飞代行总经理职责，已向国家金融监督管理总局山西监管局报告。

9.4 报告期内，公司无变更注册资本、变更注册地或公司名称、公司分立合并事项

9.5 公司重大诉讼事项

9.5.1 重大未决诉讼事项
（1）固有业务：报告期末不存在重大未决诉讼事项。
（2）信托业务：报告期末不存在重大未决诉讼事项。

9.5.2 本报告年度内终结的诉讼事项
（1）固有业务：报告期内未有终结的诉讼事项。
（2）信托业务：2023年9月26日，公司收到法院关于开平案件终审判决，最大程度维护公司利益。

9.6 报告期内，公司及其董事、监事和高级管理人员受到处罚情况

报告期内，公司及3名董监高人员受到监管部门处罚。公司全力做好处罚事项所涉问题的整改。

9.7 报告期内，公司无已向国家金融监督管理总局及其派出机构提交行政许可申请但尚未获得批准的事项

9.8 国家金融监督管理总局及其派出机构对公司检查后提出整改意见的，应简单说明整改情况

报告期内，国家金融监督管理总局山西监管局对公司提出监管意见。公司高度重视，积极研究部署整改工作，建立整改台账、制定整改措施，以高度负责的态度、务实过硬的措施，认真做好整改落实，同时不断建立健全长效机制，为公司高质量发展夯实基础。

9.9 公司重大事项临时报告情况说明

无。

9.10 报告期内无国家金融监督管理总局及其派出机构认定的其他有必要让客户及相关利益人了解的重要信息

10.公司监事会意见

10.1 监事会对公司依法运作情况的独立意见

监事会认为，公司董事会、经营层能够按照国家有关法律、法规和公司章程的规定履行职责，决策程序合规有效。未发现董事、高管人员履行公司职务时有违法违规、违反公司章程或损害公司及投资人利益的行为。

10.2 监事会对公司财务状况的独立意见

监事会认为，公司能够认真贯彻执行国家有关政策和法律法规，公司财务报告内容完整，客观真实地反映了公司的财务状况和经营成果。

10.3 监事会对公司关联交易情况的独立意见

监事会认为，公司关联交易均按照公司《关联交易管理办法（试行）》及《董事会关联交易控制委员会议事规则》的相关规定执行，符合公平、合理的原则。

陕西省国际信托股份有限公司

1.重要提示

1.1 公司董事会、监事会及董事、监事、高级管理人员保证年度报告内容的真实、准确、完整，不存在虚假记载、误导性陈述或重大遗漏，并承担个别和连带的法律责任。

1.2 公司负责人姚卫东、主管会计工作负责人贾少龙及会计机构负责人（会计主管人员）陈建岐声明：保证本年度报告中财务报告的真实、准确、完整。

1.3 公司经本次董事会审议通过的利润分配预案为：以2023年末总股本5 113 970 358股为基数，按每10股派发现金红利0.70元（含税），其余未分配利润用于公司经营发展。

2.公司简介和主要财务指标

2.1 公司信息

股票简称	陕国投A	股票代码	000563
变更后的股票简称（如有）	无		
股票上市证券交易所	深圳证券交易所		
公司的中文名称	陕西省国际信托股份有限公司		
公司的中文简称	陕国投		

续表

公司的外文名称（如有）	SHAANXI INTERNATIONAL TRUST CO.，LTD.
公司的外文名称缩写（如有）	SITI
公司的法定代表人	姚卫东
注册地址	陕西省西安市高新区科技路50号金桥国际广场C座
注册地址的邮政编码	710075
公司注册地址历史变更情况	公司成立于1984年11月10日，注册地址为西安市解放路233号 1986年1月24日，公司注册地址变更为西安市尚勤路3号 1987年7月1日，公司注册地址变更为西安市南大街南段3号楼 1991年12月13日，公司注册地址变更为西安市南大街3号 1992年6月6日，公司注册地址变更为西安市和平路131号 1992年8月12日，公司注册地址变更为西安市环城东路南段8号 2006年12月27日，公司注册地址变更为西安市环城东路9号 2009年5月8日，公司注册地址变更为西安市高新区科技路50号金桥国际广场C座 2016年6月17日，公司注册地址变更为陕西省西安市高新区科技路50号金桥国际广场C座
办公地址	陕西省西安市高新区科技路50号金桥国际广场C座
办公地址的邮政编码	710075
公司网址	http://www.siti.com.cn
电子信箱	sgtdm@siti.com.cn

2.2 公司组织结构

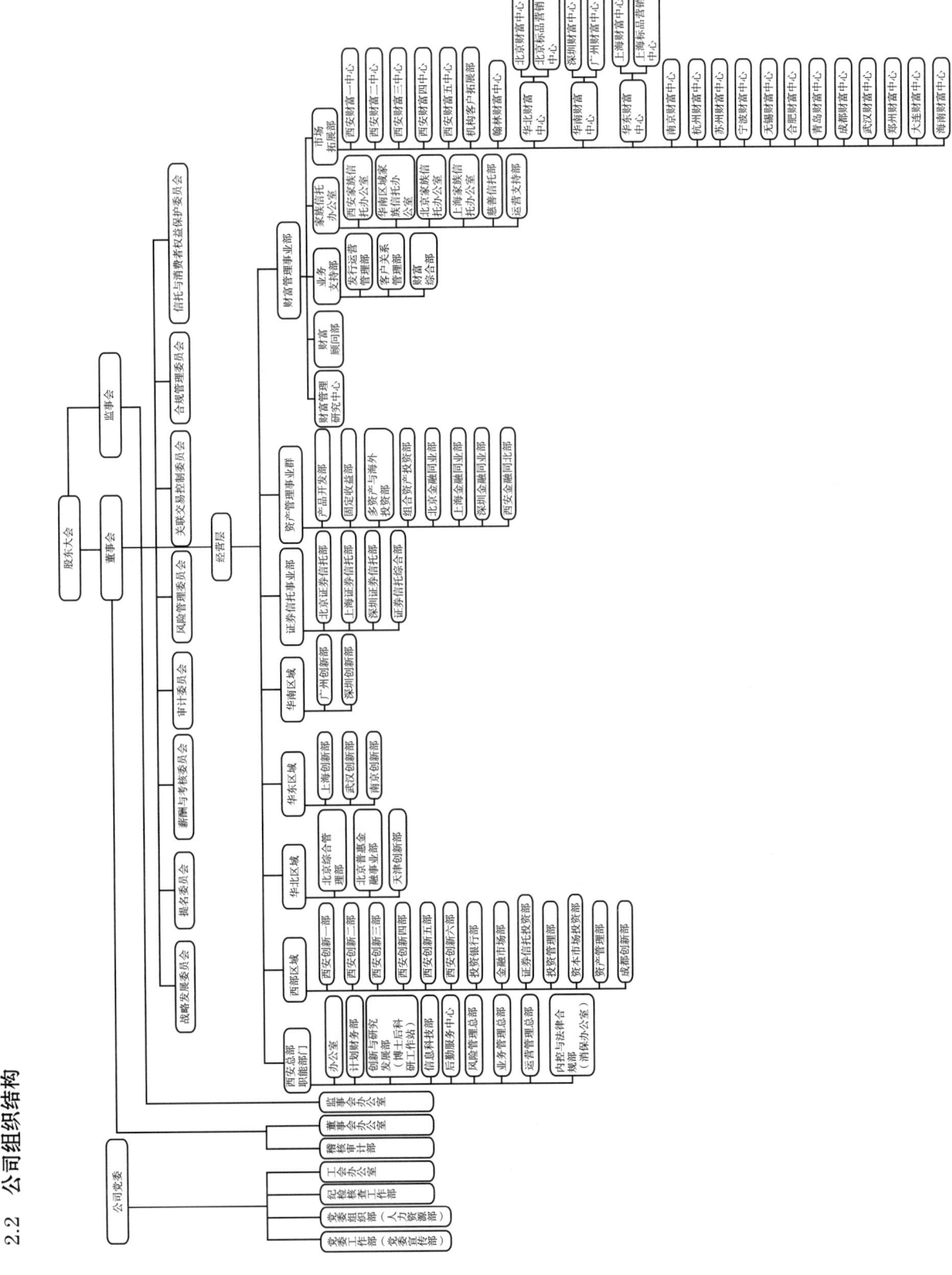

2.3 主要会计数据和财务指标

项目	2023年	2022年	本年比上年增减（％）	2021年
营业收入（元）	2 812 799 741.80	1 925 914 104.39	46.05	1 908 556 376.16
归属于上市公司股东的净利润（元）	1 082 484 801.86	837 981 739.71	29.18	732 224 654.54
归属于上市公司股东的扣除非经常性损益的净利润（元）	1 038 870 979.27	748 921 067.95	38.72	714 142 756.03
经营活动产生的现金流量净额（元）	593 224 353.20	-980 151 324.42	160.52	-1 569 804 475.67
基本每股收益（元/股）	0.2117	0.2114	0.14	0.1847
稀释每股收益（元/股）	0.2117	0.2114	0.14	0.1847
加权平均净资产收益率（％）	6.51	6.71	下降0.20个百分点	6.09
项目	2023年末	2022年末	本年末比上年末增减（％）	2021年末
总资产（元）	24 034 170 948.98	22 800 275 015.10	5.41	17 243 923 719.26
归属于上市公司股东的净资产（元）	17 088 994 961.33	16 217 716 072.09	5.37	12 252 145 840.54

3. 管理层讨论与分析

3.1 报告期内公司所处的行业情况

3.1.1 行业基本情况

信托业和银行业、证券业、保险业共同构成我国的四大金融支柱，横跨货币市场、资本市场和产业市场，是经营范围最广的一个金融子行业，在经济社会发展中发挥的功能也日益突出。自《中华人民共和国信托法》《信托公司管理办法》《信托公司集合资金信托管理办法》和《信托公司净资本管理办法》颁布实施后，我国信托业进入规范发展阶段。近些年，面对经济下行、金融风险加速暴露、国际局势不确定因素骤增等严峻挑战，信托行业把风险防范作为永恒主题，以回归本源、转型创新有力支持了金融强国建设，高效满足多元化金融服务需求，高质量发展成效日益提升。

2023年，我国信托行业正式步入转型发展新阶段。一是新业务分类为行业发展明确方向。2023年3月，原中国银保监会印发《关于规范信托公司信托业务分类的通知》（以下简称《通知》），并于6月1日起正式实施。《通知》明确规定了信托行业的业务类别、定义与边界，为行业指明了本源业务发展方向，也为信托行业与资管行业全面接轨提供了制度依据。二是行业进入动能转换承压期。在行业转型创新大环境下，传统融资类业务被进一步压缩，标品投资、资产服务信托等创新业务前期投入大，盈利模式尚未完全成熟。三是风险逐步出清，行业发展轻装上阵。2023年，行业内1家信托公司被裁定破产，少数风险隐患突出的信托公司在监管部门与各级政府的指导下实现了风险的有序化解。随着全面强化机构监管、行为监管、功能监管、穿透式监管、持续监管，信托行业资产质量稳中向优，为转型发展奠定良好基础。

展望2024年，信托行业将在中央金融工作会议精神的指导下，坚持党的集中统一领导，不断增强金融工作政治性、人民性，发挥信托制度优势布局"五篇大文章"，为金融强国建设贡献信托力量。

3.1.2 公司的行业地位

公司以高质量发展为引领，以优化盈利模式、深推改革创新、力促业务转型、夯实管理质效为抓手，在信托行业剧烈变革过程中厚植资本实力，稳筑风险防线，公司综合实力稳步提升。截至报告期末，公司注册资本51.14亿元、净资产170.89亿元、营业收入28.13亿元、净利润10.82亿元，逆势再创历史新高，综合实力站稳行业第一梯队。

3.2 报告期内公司从事的主要业务

3.2.1 经营范围

公司现持有西安市市场监督管理局于2023年10月18日新发的统一社会信用代码91610000220530273T的营业执照，以及原中国银行保险监督管理委员会陕西监管局于2021年7月7日颁发的K0068H261010001号金融许可证。公司经营范围包括：资金信托；动产信托；不动产信托；有价证券信托；其他财产或财产权信托；作为投资基金或者基金管理公司的发起人从事投资基金业务；经营企业资产的重组、购并及项目融资、公司理财、财务顾问等业务；受托经营国务院有关部门批准的证券承销业务；办理居间、咨询、资信调查等业务；代保管及保管箱业务；以存放同业、拆放同业、贷款、租赁、投资方式运用固有财产；以固有财产为他人提供担保；从事同业拆借；法律法规规定或原中国银行业监督管理委员会批准的其他业务（依法须经批准的项目，经相关部门批准后方可开展经营活动）。

3.2.2 主要业务

报告期内，公司经营的主要业务包括信托业务、固有业务和投资顾问等中介业务。

3.2.2.1 信托业务

信托业务是指公司作为受托人，按照委托人意愿以公司名义对受托的货币资金或其他财产进行管理或处分，并从中收取手续费的业务。主要包括资产服务信托、资产管理信托、公益慈善信托三大类。资产服务信托以信托法律关系为基础，按照委托人意愿，并根据其需求为其量身定制财富规划及代际传承、托管、破产隔离和风险处置等专业服务，分为财富管理服务信托、行政管理服务信托、资产证券化服务信托、风险处置服务信托和新型资产服务信托五类、共19个业务品种。资产管理信托是以《关于规范金融机构资产管理业务的指导意见》（银发〔2018〕106号）为指导，为投资者提供投资和管理金融服务，分为固定收益类信托计划、权益类信托计划、商品及金融衍生品类信托计划、混合类信托计划共4个业务品种。公益慈善信托是基于公共利益目的，按照委托人的意愿开展公益慈善活动，分为慈善信托和其他公益信托2个业务品种。

3.2.2.2 固有业务

固有业务主要包括自有资金贷款及投资业务（金融产品投资、金融股权投资等），该类业务由公司内设的投资管理部、资本市场投资部负责。其中，公司的利息收入主要来源于运用自有资金向客户发放贷款产生的利息，公司的投资收益主要来源于金融产品投资、股权投资等。

3.2.2.3 投资顾问等中介业务

投资顾问等中介业务主要包括为企业提供投融资、重组并购等一揽子全生命周期金融顾问服务；针对客户的资产配置需求，为高净值客户提供动态的资产管理服务等。

3.3 核心竞争力分析

2023年是全面贯彻落实党的二十大精神的开局之年，公司坚持稳中求进工作总基调，以信托业务"三分类"改革为指导，聚焦陕西省"三个年"[①]活动，全面推进重塑再造，高质量发展取得新成效。公司的核心竞争力主要体现在以下四个方面。

（1）公司治理规范科学。党的领导融入公司治理各环节，确保党委发挥把方向、管大局、保落实的领导作用。"三会一层"高效运作、有效制衡，各类监督有机贯通、相互协调，建立权责明确、管理科学的现代企业制度，投资者关系管理能力显著提升。

（2）发展基础扎实牢靠。公司坚持稳中求进的工作总基调，以深化全面风险管理为主线，统筹发展与安全，牢牢守住风险底线，受托管理规模、资产质量、资本实力居行业前列。以中国特色金融文化为引领，党建文化、信托文化、清廉金融文化与企业文化有效贯通，凝聚奋进精神力量。

（3）专业能力特色突出。聚焦"三六九"[②]发展战略，充分挖掘自身要素禀赋，立足陕西辐射全国，以服务实体经济为宗旨形成了以固有业务为基础，"资产管理+资产服务"为引领的"一体两翼"发展格局，"星石永久 合同会泽"财富管理体系全面上线，有效满足社会多元化财富管理需要。

（4）改革创新永不止步。国企改革三年行动取得重大成效，市场化体制机制改革有效激活发展动能，决策机制灵活高效，重塑再造战略构建第二增长曲线已定势成型。坚持外引与内培相结合，构建政治过硬、能力过硬、作风过硬的金融高素质人才队伍，硕博学历人才占比居上市公司前列。坚持科技为高质量发展蓄势赋能，数字化应用场景覆盖全过程管理，金融服务质效持续提升。

3.4 主营业务分析

本报告期，公司坚持稳中求进工作总基调，完整、准确、全面贯彻新发展理念，围绕信托业务新分类政策导向，重塑再造取得新突破，实现了业绩指标稳中有进、进中向好、赶超进位的良好局面。截至2023年12月末，公司信托资产规模5 432.61亿元，同比增长87.01%。全年实现营业收入28.13亿元，同比增长46.05%，实现

[①] 2023年1月28日，陕西省委、省政府在西安召开全省开展高质量项目推进年、营商环境突破年、干部作风能力提升年"三个年"活动动员会。

[②] "三六九"：聚力打造资源协同、综合服务、聚才发展三大平台，构建融合化、精品化、协同化、智能化、开放化、高质化六大愿景，完成党建引领、战略联动、文化建设、模式重塑、资源整合、全面风控、人才强企、深化改革、品牌建设九大任务，把公司打造成资本实力雄厚、业务布局合理、多牌照联动、稳健可持续经营的精品化信托公司。

净利润10.82亿元、同比增长29.18%。在全行业盈利指标连续下滑的形势下实现逆势稳定增长，稳居行业第一梯队。

（1）信托业务转型成效显著。一是加速转型资产管理信托。公司不断丰富现金管理、固收及权益等财富管理货架，标品资产管理信托规模超千亿元，运用QDII工具新增境外资产配置超40亿元，全球化配置能力显著提升。二是全力拓展资产服务信托。聚焦国企应收账款等开展财产权服务信托超2 000亿元，运用资产证券化盘活存量资产36.35亿元，与海口市龙华区合作落地首单商业消费预付款信托，通过重整服务信托携手同业机构化解小微企业、房地产企业债务风险。三是升级公益慈善信托。首期成立800万元慈善信托，支持西北工业大学关键核心技术研发，探索打通科技成果转化"最后一公里"；有序推进10年期秦岭生态保护慈善信托。

（2）固有"压舱石"作用凸显。一是强化信保基金合作，深化金融同业合作，有效提升自有资金使用效益。二是不断提升自有资金配置能力，金融资源协同平台建设取得更大成效。三是成立资本市场投资部，统筹负责一级、二级市场投资，参与"专精特新"企业及半导体ETF基金。四是提升资金使用效率，通过强化与私募投资管理人合作，不断增强投研能力，积极协同信托部门丰富产品线，提升自有投资获益能力。

（3）财富管理再上新台阶。一是信托产品结构不断优化，财富管理募集资金规模超1 000亿元、同比增长71.05%，创历史新高。二是按照信托业务"三分类"标准，推出"星石永久 合同汇泽"产品体系。三是持续深化财富管理事业部改革，推动同业资金渠道与财富销售高效协同，持续提升跨周期、跨市场资产配置和资产服务能力。四是创新设立"金石账户"资产服务信托，搭建以账户为核心的客户管理服务体系，统筹管理各类资产，拓展账户多样化场景应用功能。五是运用微信视频号、小红书等新媒体，不断加大消费者权益保护与投资者教育，市场影响力进一步提升。

（4）全面风险管理持续深化。一是修订及新增信托业务指引7项，推进制度立改废52项、流程升级110余条，提升公司整体运营效率。二是强化风险管控能力建设，建立风险项目评估检查工作机制，以转型为导向重构审批流程，建立专业化评审条线，细化业务决策委员会职能，提升决策的专业性和时效性。三是坚持发挥信托机制助力债务风险化解，为省内重点区域提供整体化债方案，整合优质资产打造高评级主体；四是扎实开展案件警示教育、员工异常行为排查、反洗钱检查等工作，推进党建文化、清廉金融文化、信托文化与企业文化融合。

（5）服务省内经济高质发展。一是按照陕西省委省政府"三个年"活动要求，借助公司全国化布局，引资入陕超百亿元，新增省内投融资496.20亿元、同比增长22.95%。二是做好科技金融大文章。聚焦"秦创原"创新驱动总平台，投资"专精特新"企业，探索成立并购基金支持省内优势产业链整合升级。三是支持省内高质量项目建设。围绕"三个年"活动单列100亿元绿色审批额度支持"一带一路"中欧班列、引汉济渭工程、秦创原创新生态城等重点项目建设，为稳投资稳增长提供有力支撑。

（6）内控管理治理质效显著提升。一是围绕掣肘转型创新的难点堵点问题，完成数字化建设、薪酬绩效改革、驻外部门构架调整、管理流程再造等15项重点改革任务，支持转型业务体系实现整体重构。二是启动组建条线化事业群，更好发挥授权经营、扁平管理及独立作业优势。三是加大信息科技投入，推动新一代TA、资产管理、估值交易等核心系统上线运行。四是成立陕国投丝路金融信托研究院，打造开放型创新型研究智库。

（7）党建与经营融合共进。一是研究制定《2023年党建工作要点》《2023年度党的建设和经营管理工作意见》，组织召开中央金融工作会议精神专题研讨班，确保党建工作和业务工作目标同向、部署同步、工作同力。二是持续深化作风建设，扎实深入开展主题教育，以党的政治建设统领党的建设各项工作，运用主题党日、支部共建联建等"党建+"活动，把组织优势转化为发展优势。三是加强党风廉政建设和反腐败斗争，深化"五责协同"工作机制，健全完善常管长严的监督机制。

3.5 公司未来发展的展望

3.5.1 行业格局和发展趋势

当前，我国信托行业正面临加速分化、激烈竞争的发展格局。部分信托公司面临风险化解压力加剧的严峻挑战，在风险出清过程中，资本实力、盈利基础、市场地位都受到影响。部分信托公司转型布局早，当前已具备在标品投资与资产服务信托领域的发展基础。从近年来我国信托行业的发展形势看，信托公司在资产服务信托等蓝海领域的马太效应会进一步显现。

在信托业务新分类后，我国信托行业的发展面临几大趋势。一是资产服务信托将成为信托行业的重要展业模式。资产服务信托是信托本源业务和特色业务，未来信托公司将结合自身禀赋在相关领域深耕发展。尤其是财富管理将成为各信托公司重点关注的领域，信托公司也将依托信托制度优势提供多元化、全周期的财富管理服务。二是科技与研发能力将成为信托公司发展的重要竞争力。在标品投资与资产服务信托领域，信托公司的科技信息系统和研究能力将成为展业的重要竞争力。信托公司将不断加强研究团队建设，完善全方位研究体系，重点投资建设、提升信息科技系统，强化数据治理，以科技赋能业务发展。三是信托行业将把加快服务实体经济作为生命线。信托行业作为我国金融业的重要支柱，将在中央金融工作会议精神的指导下，围绕国家重大战略主攻领域提供高质量金融服务。四是把风险防范作为永恒主题。将房地产、地方债务等金融风险作为防范重点领域，对风险早识别、早预警、早暴露、早处置，牢守不发生系统性金融风险的底线。五是树牢以人民为中心的价值观念。提供财富分配与传承、养老消费、保险保障等多场景财富管理和受托服务，切实做好居民财富管理的好管家。

3.5.2 2024年经营计划

3.5.2.1 着力谋划战略布局

公司以信托业务新分类等监管要求为导向，加快推进公司战略发展规划的修编和解码。梳理、整合资源优势，提升资产管理信托投研竞争力，全面推进财富管理等资产服务领域的布局力度，聚焦重点发展具有区域特色的公益慈善信托。充分发挥公司研究院作用，建立公司战略规划和市场分析智库，围绕科技金融、绿色金融、普惠金融、养老金融、数字金融"五篇大文章"谋篇布局。

3.5.2.2 全面升级产品体系

公司牢固树立"服务+"理念，围绕经济社会发展与实体企业的迫切需求大力推动账户管理、预付资金管理、担保品服务、资产证券化、风险处置等创新产品，资产管理业务优选主体确保资产安全，提升标品主动管理能力，在股权投资领域聚焦陕西优势产业培育优质项目，形成"固有+信托"双轮驱动的发展格局。

3.5.2.3 优化财富管理策略

公司优化产品供给，拓宽同业合作，形成丰富多样的产品供给线，不断加强渠道建设的广度和深度，以多品类一体化配置广泛服务市场需求。立足客户偏好，围绕家族、家庭信托、保险金信托及个人财产权信托等业务，打通财富管理服务信托+资产管理信托的综合金融服务模式。

3.5.2.4 激发体制机制活力

公司坚持人才强企理念，着力打造高素质专业化团队。研究系统化、精细化考核管理模式，强化绩效考核的指挥棒作用，夯实第二增长曲线的组织基础。推进"大风控""大运营"管理整合工作，深化全面风险管理，打造高效、专业、安全的运营管理体系，持续强化"三道防线"在风险防范方面的重要作用。

3.5.2.5 科技赋能转型发展

公司加强顶层设计，扎实推动公司金融科技生态建设。坚持问题导向，聚焦业务需求，持续推进公司科技信息系统全面优化升级和数据治理系统平台建设，强化系统间的互联互通。针对重点服务信托产品，进一步加强系统优化，提升服务能力和市场竞争力。围绕资产管理业务的主要风险，依托金融科技手段建立事前、事中、事后的敏态流程管理，实现全覆盖管控。

4.公司治理

4.1 任职情况

公司现任董事、监事、高级管理人员专业背景、主要工作经历以及目前在公司的主要职责。

4.1.1 董事

姚卫东，男，中国国籍，汉族，1971年7月生，中共党员，硕士研究生，高级经济师，省第十四届党代表，省第十三届政协委员。历任陕国投办公室副主任、党委工作部部长、人力资源部总经理、党委委员、董事会秘书、副总裁，陕国投党委副书记、总裁、董事、第九届董事会董事长；现任陕国投党委书记、第十届董事会董事长。

解志炯，男，中国国籍，汉族，1976年10月生，中共党员，高级管理人员工商管理硕士，经济师，高级注册信贷分析师，高级理财规划师。历任陕西省榆林市城市信用社董事、副总经理，长安银行股份有限公司榆林分行副行长、宝鸡分行党委书记、行长，长安银行股份有限公司党委委员、副行长，陕西省咸阳市政府副市长；现任陕国投党委副书记、第十届董事会董事、总裁。

高雪君，女，中国国籍，汉族，1973年11月生，中共党员，本科，正高级会计师。历任韩城矿务局财务处、韩城矿业公司财务部资产科科长，陕西煤业化工实业集团财务部主任会计师，陕西煤业化工集团资本运营部、财务资产部主任级主管；现任陕西煤业化工集团财务资产部副总经理、陕西开源融资租赁有限公司总会计师、西安开源国际投资公司总会计师、陕国投第十届董事会董事。

王一平，男，中国国籍，汉族，1978年11月生，中共党员，本科，正高级会计师、高级审计师、陕西省会计领军人才。历任西安铁路工程集团第一有限责任公司会计，西安绕城高速公路生态林带建设管理局会计，陕西省交通建设集团公司财务部会计、审计室副主任、公司纪委委员、财务部副部长（主持工作），陕西交控投资集团有限公司投融资部部长、党委委员、总会计师，陕西省交通融资租赁（商业保理）有限公司党支部书记、董事长；现任陕西交控投资集团党委委员、总会计师、陕国投第十届董事会董事。

赵忠琦，男，中国国籍，满族，1981年12月生，中共党员，本科，高级经济师。历任西安华纺贸易有限公司南非分公司总经理助理，西安华海医疗信息技术股份有限公司证券部主管，陕西煤业股份有限公司证券部业务主管，陕国投第九届董事会董事；现任陕西煤业化工集团有限责任公司资本运营部主任主管，陕国投第十届董事会董事。

祁锁锋，男，中国国籍，汉族，1970年4月生，中共党员，MBA工商管理硕士研究生，公共管理硕士。先后在陕西省煤田地质队、铜川日报社、陕西省铜川市交通局、陕西省发改委、陕西省人民政府办公厅工作，历任陕国投党委委员、工会主席、行政副总监、第九届监事会职工监事；现任陕国投党委副书记、第十届董事会董事。

管清友，男，中国国籍，汉族，1977年12月生，中国社会科学院经济学博士，清华大学博士后，曾任清华大学国情研究院项目主任，中国海洋石油总公司处长，民生证券股份有限公司副总裁、研究院院长、陕国投第九届董事会独立董事；现任如是金融研究院院长，海南大学经济学院教授，同时担任中国民营经济研究会副会长、中国经济体制改革基金会理事、APEC工商理事会数字经济委员会委员、华鑫证券首席经济顾问，美的集团股份有限公司、南华期货股份有限公司、杭州海康威视数字技术股份有限公司和开普云信息科技股份有限公司独立董事，财政部财政发展智库专家委员，国家发改委城市与小城镇中心学术委员，工信部工业经济运行专家咨询委员会委员，陕国投第十届董事会独立董事。

赵廉慧，男，中国国籍，汉族，1974年7月生，中共党员，民商法学博士。历任中国政法大学讲师、副教授、教授，曾任中国信托业协会《信托法务》培训专家组组长、《信托法务》修订组组长、法律专家、陕国投第九届董事会独立董事；现任中国政法大学民商经济法学院商法研究所教授、中国政法大学信托法研究中心主任、兼任中国慈善联合会慈善信托委员会顾问、陕国投第十届董事会独立董事。

徐秉惠，男，汉族，1960年2月生，工商管理硕士，资深注册会计师，高级会计师。历任陕西省财经学校财务会计学讲师，陕西华秦会计师事务所所长、主任会计师，上海东华会计师事务所副主任会计师、陕西五联分所副所长，信永中和会计师事务所西安分所审计合伙人；现任西咸新区沣西新城普尔惠财务会计管理服务中心主任，兼任中铁高铁电气装备股份有限公司独立董事，北海银河生物产业投资股份有限公司独立董事，陕国投第十届董事会独立董事。

4.1.2 监事

叶瑛，女，中国国籍，汉族，1965年12月生，中共党员，工程硕士，高级经济师。历任中国人民银行陕西省分行科员、副主任科员、西安分行主任科员、副处长，陕西银监局副处长（主持工作）、处长，长安银行党委委员、副行长，陕国投党委副书记、职工董事；现任陕国投党委副书记，第九届监事会监事长。

王晓芳，女，中国国籍，蒙古族，1958年10月生，中共党员，博士研究生，教授、博士生导师。历任西安市人民银行干部，陕西财经学院金融系讲师、副教授、教授，金融发展研究所副所长、所长，金融系副主任，金融财政学院副院长，西安交通大学经济与金融学院副院长，陕国投第八届董事会独立董事；现任西安交通大学经济与金融学院金融系教授、博士生导师。兼任中国金融学会常务理事，中国金融学年会理事，陕国投第九届监事会监事。

强力，男，中国国籍，汉族，1961年10月生，1983年7月西北政法学院政治理论系政治经济学专业毕业留校任教至今。曾任西北政法大学经济法系主任、经济法学院院长；现任西北政法大学经济法学院教授、博士生导师，西北政法大学金融法研究中心主任。兼任陕国投第九届监事会监事，陕西秦农农村商业银行股份有限公司监事，陕西金融资产管理股份有限公司董事，陕西金泰恒业房地产有限公司董事，世纪证券有限责任公司董事，华仁药业股份有限公司监事会主席，天地源股份有限公司独立董事，西安曲江文化旅游股份有限公司独立董事，西安蓝晓科技新材料股份有限公司独立董事，罗克佳华科技集团股份有限公司独立董事。

田哲军，男，中国国籍，汉族，1968年5月生，中共党员，大学。历任青海省财政厅办公室副调研员，陕西省财政厅综合处副处长、调研员；现任陕西财金投资管理有限责任公司监事会主席，陕国投第九届监事会监事，西北饭店董事。

王硕，男，中国国籍，汉族，1985年9月生，中共党员，工商管理硕士，2010年12月参加工作，历任陕国投信托三部总经理助理、副总经理；现任党委工作部部长，创新与研究发展部（博士后科研工作站）总经理、公司团委书记，陕国投第九届监事会职工监事。

4.1.3 高级管理人员

解志炯见本小节"董事"部分介绍。

贾少龙，男，中国国籍，汉族，1977年4月生，中共党员，管理学博士，高级经济师。历任陕西省西咸新区沣西新城财政局局长，沣西新城开发建设有限公司副总经理，沣西新城投资发展有限公司董事长、总经理，西咸新区秦汉新城党委委员、管委会副主任，西咸新区泾河新城党委委员、管委会副主任；现任陕国投党委委员、总会计师。

王晓雁，男，中国国籍，汉族，1967年9月生，中共党员，经济学学士，会计师。历任中国工商银行陕西省洛南县支行科员，陕国投稽核审计部负责人、合规与风险管理部（法律事务部）总经理、陕国投副总法律顾问，总裁助理，曾兼任陕国投风险管理部总经理；现任陕国投副总裁。

申林，男，中国国籍，汉族，1976年6月生，中共党员，工商管理硕士，国际高级人力资源管理师，政工师。历任陕国投人力资源部副总经理、党委工作部副部长、党委组织部（人力资源部）部长（总经理）、兼财富管理事业部副总经理（正职级）、公司第一党总支书记；现任陕国投总裁（任职资格尚需国家金融监督管理总局陕西监管局核准）。

孙西燕，女，中国国籍，汉族，1978年9月生，工商管理硕士，高级金融分析师。历任工商银行深圳分行公司业务部项目经理，东亚银行西安分行房地产贷款部主任、公司贷款部总经理、高新区支行行长、西安分行行长助理、西安分行副行长，陕国投总裁助理、业务总监；现任陕国投市场总监。

王维华，男，中国国籍，汉族，1974年12月生，中共党员，经济学博士。历任百瑞信托有限责任公司职员，陕国投高级研究员、综合办公室（董事会办公室）副主任兼创新与研究发展部副总经理，创新与研究发展部总经理兼创新业务二部总经理；现任陕国投董事会秘书。

张仲和，男，中国国籍，汉族，1971年6月生，法学学士。历任北京市隆安律师事务所助理律师，北京市泽普律师事务所律师，北京市天达律师事务所律师、合伙人，国投泰康信托有限公司首席风控官、总经理助理（副总级）、总法律顾问，北京国际信托有限公司董事总经理（副总级），北京天达共和律师事务所合伙人、律师；现任陕国投业务总监。

冯栋，男，中国国籍，汉族，1972年6月生，中共党员，经济学博士、法学博士后。历任海通证券股份有限公司高级业务经理、部门副总经理，山东大学讲师，民生投资管理股份有限公司董事、副总经理、董事会秘书，中粮信托有限责任公司投资管理总部总经理，民丰资本投资管理有限公司总裁，陕国投投资总监；现任陕国投业务总监。

乔晓雷，女，中国国籍，汉族，1975年4月生，中共党员，工商管理硕士，会计师。历任西安市灞桥区城镇建设开发公司会计主管，财务科副科长，民生银行西安分行、民生银行能源金融事业部客户经理、风险经理，陕国投合规与风险管理部高级业务经理、风险管理部副总经理、业务管理部总经理、稽核审计部总经理；现任陕国投高级审计官。

徐海宝，男，中国国籍，汉族，1985年2月生，中共党员，经济学硕士。历任陕国投投资银行部高级经理、创新业务二部总经理助理、副总经理、西安业务四部总经理、西安创新三部总经理；现任陕国投业务总监。

张涛，男，中国国籍，汉族，1983年4月生，中共党员，管理学博士。历任陕国投风险管理部高级经理、总经理助理、副总经理、总经理；现任陕国投风险总监兼业务管理总部总经理。

4.2 董事会下设专门委员会在报告期内的情况

4.2.1 第十届董事会下设专门委员会基本情况

董事会下属委员会名称	职责	组成人员姓名	职务
战略发展委员会	(1)对公司中、长期发展战略规划进行研究并提出建议；(2)对公司章程规定须经董事会批准的战略性重大投融资方案进行研究并提出建议；(3)对公司章程规定须经董事会批准的重大资本运作、资产经营项目进行研究并提出建议；(4)对其他影响公司发展战略的重大事项进行研究并提出建议；(5)负责金融市场及金融专项工具的研究工作并提出建议；(6)为公司业务创新提出投资策略或为新业务开展提出建议；(7)对以上事项的实施进行检查；(8)创新与研究发展部每季度应制订下一季度履职计划，经董事会办公室报董事长审定；(9)董事会安排的事宜及相关法律法规中涉及的其他事项	姚卫东	召集人
		解志炯	委员
		高雪君	委员
		王一平	委员
		管清友	委员
提名委员会	(1)根据公司经营活动情况、资产规模和股权结构对董事会的规模和构成向董事会提出建议；(2)研究董事、高级管理人员的选择标准和程序，并向董事会提出建议；(3)广泛搜寻合格的董事和高级管理人员的人选；(4)对董事候选人和高级管理人员人选进行审查并向董事会提出建议；(5)人力资源部（党委组织部）每季度应制订下一季度履职计划，经董事会办公室报董事长审定；(6)董事会安排的事宜及相关法律法规中涉及的其他事项	赵廉慧	召集人
		姚卫东	委员
		徐秉惠	委员
薪酬与考核委员会	(1)根据董事及高级管理人员管理岗位的主要范围、职责、重要性以及其他相关企业相关岗位的薪酬水平制定薪酬计划或方案；(2)薪酬计划或方案主要包括但不限于绩效评价标准、程序及主要评价体系，奖励和惩罚的主要方案和制度等；(3)审查公司董事（非独立董事）及高级管理人员的履行职责情况并对其进行年度绩效考评；(4)负责对薪酬制度执行情况进行监督；(5)人力资源部（党委组织部）每季度应制订下一季度履职计划，经董事会办公室报公司董事长审定；(6)董事会安排的事宜及相关法律法规中涉及的其他事项	管清友	召集人
		姚卫东	委员
		高雪君	委员
		赵廉慧	委员
		徐秉惠	委员
审计委员会	(1)监督及评估外部审计机构工作；(2)提议聘请或者更换外部审计机构，审核外部审计机构的审计费用及聘用条款；(3)审阅公司的财务会计报告，对财务会计报告的真实性、准确性和完整性提出意见；(4)审阅公司的财务报告，并对其发表意见；(5)指导和监督内部审计制度的建立和实施；(6)审阅公司内部审计工作规划、年度工作计划；(7)督促公司内部审计计划、重点任务、整改落实的实施；(8)指导内部审计部门有效运作，研究重大审计结论和整改落实工作；(9)向董事会报告内部审计工作进度、质量以及发现的重大问题等；(10)监督及评估公司的内部控制；(11)对公司发布的财务会计报告存在虚假记载、误导性陈述或者重大遗漏，应当督促公司相关责任部门制定整改措施和整改时间，进行拉效审查，监督整改措施的落实情况，并及时披露整改情况；(12)协调管理层、内部审计部门与会计师事务所、国家审计机构等外部审计单位之间的沟通和关系；(13)公司董事会授权的其他事项以及法律法规和深圳证券交易所相关规定中涉及的其他事项 公司聘请或更换外部审计机构，须由审计委员会形成决议意见并向董事会提出建议后，董事会方可审议相关议案 审计委员会应当就其认为必须采取的措施或者改善的事项向董事会报告，并提出建议	徐秉惠	召集人
		姚卫东	委员
		高雪君	委员
		管清友	委员
		赵廉慧	委员
风险管理委员会	(1)向董事会提交公司全面风险管理年度报告；(2)确定公司风险管理的总体风险偏好、重要风险管理领域的风险偏好设置、信托及固有业务策略和重大风险管理解决方案；(3)为董事会督导风险管理文化建设提供建议；(4)掌握公司风险状况，审批公司信托和固有业务风险管理相关的重要管理政策、重要管理制度、重要管理细则、重要管理手册等；(5)审议公司风险管理组织机构设置及其职责；(6)提出完善公司风险管理的建议；(7)对公司固有财产和信托财产的风险状况进行定期评估；(8)对公司信托业务和固有业务的风险控制及管理情况进行监督；(9)董事会安排的事宜及相关法律法规中涉及的其他事项	徐秉惠	召集人
		赵忠琦	委员
		管清友	委员
关联交易控制委员会	(1)向董事会提交公司关联交易管理年度报告；(2)审议公司关联交易管理组织机构设置及其职责；(3)提出完善公司关联交易管理的建议；(4)对公司重大关联交易进行审查，重点关注关联交易的合规性、公允性和必要性；(5)督促协调相关部门及时更新公司关联方名单，更新报告频率每年不少于1次，有变化及时更新，并向董事会、监事会及相关工作人员公布；(6)董事会安排的事宜及相关法律法规中涉及的其他事项	徐秉惠	召集人
		解志炯	委员
		高雪君	委员
		王一平	委员
		祁锁锋	委员
合规管理委员会	(1)研究和制定公司合规及内控管理政策及实施方案、信托文化建设方案；对合规与内控管理的总体目标、基本政策进行审议并提出意见；对合规与内控管理的基本制度、机构设置及其职责进行审议并提出意见；审议合规风险、操作风险相关工作报告；监督合规、操作风险检查实施情况；评价公司合规与内控管理工作，审查公司在遵守法律及监管规定方面的执行情况。(2)审议批准案防工作总体政策，提出案防工作整体要求，明确高级管理层有关案防职责及权限，确保高级管理层采取必要措施有效监测、预警和处置案件风险；审议案防工作报告；考核评估本机构案防工作有效性；确保内审稽核对案防工作有效审查和监督。(3)制订与修改洗钱风险管理文化建设目标、洗钱风险管理策略、洗钱风险管理的政策和程序，定期或不定期审阅反洗钱工作报告及洗钱和恐怖融资风险自评估报告，及时了解重大洗钱风险事件与处理情况并向董事会报告。(4)董事会安排的事宜及相关法律法规中涉及的其他事项	赵廉慧	召集人
		赵忠琦	委员
		祁锁锋	委员
信托与消费者权益保护委员会	(1)评估公司相关部门提交的信托业务发展专项规划；(2)初审总裁办公会或总裁拟请董事会审议的信托项目；(3)按年评估公司信托业务运行情况；(4)针对中国银保监会及其派出机构检查公司信托业务后要求整改的问题，研究相关部门提交的整改措施；(5)指导信托业务部门开展信托业务创新，审议公司金融创新政策，定期对公司相关部门提交的创新产品方案及各类新产品风险额度等进行评估；(6)研究初审公司信托业务部门设置方案；(7)审核公司创新类信托计划；(8)监督、检查、评价信托计划的实施情况，并向董事会提出建议；(9)业务管理部和财富管理总部每季度应制订下一季度履职计划；(10)定期召开会议，审议高级管理层及消费者权益保护部门工作报告。研究年度消费者权益保护工作相关审计报告、监管通报、内部考核结果等，督促高级管理层及相关部门及时落实整改发现的各项问题；(11)根据监管要求及消费者权益保护战略、政策、目标执行情况和工作开展落实情况，对高级管理层和消费者权益保护部门工作的全面性、及时性、有效性进行监督；(12)指导和督促消费者权益保护工作管理制度体系的建立和完善，确保相关制度规定与公司治理、企业文化建设和经营发展战略相适应；(13)对董事会负责，向董事会提交消费者权益保护工作报告及年度报告，根据董事会授权开展相关工作，讨论决定相关事项，研究消费者权益保护重大问题和重要政策。(14)负责对消费者权益保护工作重大信息披露进行指导；(15)公司董事会安排的事宜及相关法律法规中涉及的其他事项	赵廉慧	召集人
		解志炯	委员
		王一平	委员
		赵忠琦	委员
		祁锁锋	委员

4.2.2 第九届董事会下设专门委员会基本情况

董事会下属委员会名称	职责	组成人员姓名	职务
战略发展委员会	（1）对公司中、长期发展战略规划进行研究并提出建议；（2）对公司章程规定须经董事会批准的战略性重大投融资方案进行研究并提出建议；（3）对公司章程规定须经董事会批准的重大资本运作、资产经营项目进行研究并提出建议；（4）对其他影响公司发展战略的重大事项进行研究并提出建议；（5）负责金融市场及金融专项工具的研究工作并提出建议；（6）为公司业务创新提出投资策略或为新业务开展提出建议；（7）对以上事项的实施进行检查；（8）创新与研究发展部每季度应制订下一季度履职计划，经董事会办公室报董事长审定；（9）董事会安排的事宜及相关法律法规中涉及的其他事项	姚卫东	委员
		桂泉海	委员
		卓国全	委员
		管清友	委员
提名委员会	（1）根据公司经营活动情况、资产规模和股权结构对董事会的规模和构成向董事会提出建议；（2）研究董事、高级管理人员的选择标准和程序，并向董事会提出建议；（3）广泛搜寻合格的董事和高级管理人员的人选；（4）对董事候选人和高级管理人员人选进行审查并提出建议；（5）人力资源部（党委组织部）每季度应制订下一季度履职计划，经董事会办公室报董事长审定；（6）董事会安排的事宜及相关法律法规中涉及的其他事项	赵廉慧	召集人
		张俊瑞	委员
薪酬与考核委员会	（1）根据董事及高级管理人员管理岗位的主要范围、职责、重要性以及其他相关企业相关岗位的薪酬水平制定薪酬计划或方案；（2）薪酬计划或方案主要包括但不限于绩效评价标准、程序及主要评价体系，奖励和惩罚的主要方案和制度等；（3）审查公司董事（非独立董事）及高级管理人员的履行职责情况并对其进行年度绩效考评；（4）负责对薪酬制度执行情况进行监督；（5）人力资源部（党委组织部）每季度应制订下一季度履职计划，经董事会办公室报公司董事长审定；（6）董事会安排的事宜及相关法律法规中涉及的其他事项	管清友	召集人
		桂泉海	委员
		张俊瑞	委员
		赵廉慧	委员
风险管理与审计委员会	（1）向董事会提交公司全面风险管理年度报告；（2）确定公司风险管理的总体目标、风险偏好、风险承受度、风险管理策略和重大风险管理解决方案；（3）为董事会督导公司风险管理文化建设提供建议；（4）审批重大风险管理政策及程序；（5）审议公司风险管理组织机构设置及其职责；（6）提出完善公司风险管理和内部控制的建议；（7）对公司自有财产和信托财产的风险状况进行定期评估；（8）对公司信托业务和固有业务的风险控制及管理情况进行监督；（9）对公司信息披露的真实、准确、完整和合规性等进行监督；审批全面风险和各类重要风险的信息披露；（10）监督公司内部审计制度及其实施；（11）负责内部审计与外部审计之间的沟通；（12）审核公司的财务信息及其披露；（13）监督及评估外部审计工作，提议聘请或者更换外部审计机构；（14）审议批准案防工作总体政策，推动案防管理体系建设；明确高级管理层有关案防职责及权限，确保高级管理层采取必要措施有效监测、预警和处置案件风险；提出案防工作整体要求，审议案防工作报告；考核评估本机构案防工作有效性；确保内审稽核对案防工作进行有效审查和监督；（15）风险管理部和稽核审计部每季度应制订下一季度履职计划，经董事会办公室报董事长审定；（16）董事会安排的事宜及相关法律法规中涉及的其他事项 风险管理与审计委员会在年度报告工作中的特别职责： （1）应当与会计师事务所协商确定年度财务报告审计工作的时间安排；（2）督促会计师事务所在约定时限内提交审计报告，并以书面意见形式记录督促的方式、次数和结果以及相关负责人的确认签字；（3）应在年审注册会计师进场前审阅公司编制的财务会计报表，形成书面意见；（4）在年审注册会计师进场后加强与年审注册会计师的沟通，在年审注册会计师出具初步审计意见后再一次审阅公司财务会计报表，形成书面意见；（5）应对年度财务会计报表进行表决，形成决议后提交董事会审议；（6）应当向董事会提交会计师事务所从事本年度公司审计工作的总结报告；（7）应当向董事会提交下年度续聘或改聘会计师事务所的决议 风险管理与审计委员会对董事会负责，委员会的提案提董事会审议决定。风险管理与审计委员会应配合监事会的审计活动	张俊瑞	召集人
		管清友	委员
		赵廉慧	委员
		赵忠琦	委员
合规与关联交易控制委员会	（1）研究和制定公司合规及内控管理政策及实施方案；对合规及内控管理的总体目标、基本政策进行审议并提出意见；对合规及内控管理的基本制度、机构设置及其职责进行审议并提出意见；监督、评价公司合规及内控管理工作，审查公司在遵守法律及监管规定方面的执行情况。（2）审议批准案防工作总体政策，提出案防工作整体要求，明确高级管理层有关案防职责及权限，确保高级管理层采取必要措施有效监测、预警和处置案件风险；审议案防工作报告；考核评估本机构案防工作有效性；确保内审稽核对案防工作进行有效审查和监督。（3）制订与修改洗钱风险管理文化建设目标、洗钱风险管理策略、洗钱风险管理的政策和程序，定期或不定期阅反洗钱工作报告及洗钱和恐怖融资风险自评估报告，及时了解重大洗钱风险事件及处理情况并向董事会报告。（4）督促协调相关部门及时更新公司关联方名单，并向董事会、监事会及相关工作人员公布，更新报告频率每年不少于1次，有变化及时更新；年末对公司关联交易情况进行检查评判，评估关联交易业务风险；审查公司年度关联交易专项报告，并提交董事会审议。（5）内控与法律合规部每季度应制订下一季度履职计划，经董事会办公室报董事长审定。（6）董事会安排的事宜及相关法律法规中涉及的其他事项	张俊瑞	召集人
		姚卫东	委员
		桂泉海	委员
		卓国全	委员
信托与消费者权益保护委员会	（1）评估公司相关部门提交的信托业务发展专项规划；（2）初审总裁办公会或总裁拟提请董事会审议的信托项目；（3）按年评估公司信托业务运行情况；（4）针对中国银保监会及其派出机构检查公司信托业务后要求组织整改的问题，研究相关部门提交的整改措施；（5）指导信托业务部门开展信托业务创新，审议公司金融创新部门提交对公司现有信托业务的创新产品方案及各类新产品风险限额等进行评估；（6）研究初审公司信托业务部门设置方案；（7）审核公司创新类信托计划；（8）监督、检查、评估信托计划的实施情况，并向董事会提出建议；（9）业务管理部和财富管理总部每季度应制订下一季度履职计划；（10）定期召开会议，审议高级管理层及消费者权益保护部门工作报告。研究年度消费者权益保护工作相关审计报告、监管通报、内部考核结果等，督促高级管理层及相关部门及时落实整改发现的各项问题；（11）根据监管要求及消费者权益保护战略、政策、目标执行情况和工作开展落实情况，对高级管理层和消费者权益保护部门工作的全面性、及时性、有效性进行监督；（12）指导和督促消费者权益保护工作管理制度体系的建立和完善，确保相关制度规定与公司治理、企业文化建设和经营发展战略相适应；（13）对董事会负责，向董事会提交消费者权益保护工作报告及年度报告，根据董事会授权开展相关工作，讨论决定相关事项，研究消费者权益保护重大问题和重要政策；（14）负责对消费者权益保护工作重大信息披露进行指导；（15）公司董事会安排的事宜及相关法律法规中涉及的其他事项	赵廉慧	召集人
		姚卫东	委员
		卓国全	委员
		赵忠琦	委员

4.3 公司员工情况

员工数量、专业构成及教育程度如下表所示。

员工数量

员工数量	
报告期末母公司在职员工的数量（人）	621
报告期末主要子公司在职员工的数量（人）	—
报告期末在职员工的数量合计（人）	621
当期领取薪酬员工总人数（人）	621
母公司及主要子公司需承担费用的离退休职工人数（人）	87

专业构成

专业构成类别	专业构成人数（人）
生产人员	258
销售人员	186
技术人员	18
财务人员	27
行政人员	132
合计	621

教育程度

教育程度类别	数量（人）
博士	22
硕士	372
本科及其他	227
合计	621

4.4 经营管理

4.4.1 经营目标、经营方针

（1）经营目标：坚持稳中求进工作总基调，以高质量发展为主线，以推动转型创新为抓手，以重塑再造突破年为契机，按照信托业务"三分类"改革要求，重构信托主业模式，做强固有发展支撑，推进第二增长曲线定势成型，把公司打造成资本实力雄厚、业务布局合理、多牌照联动、稳健可持续经营的精品化信托公司。

（2）经营方针：坚持党的集中统一领导，完整准确全面贯彻新发展理念，以专业化能力建设为抓手，不断优化业务结构，有效防范金融风险。持续完善组织结构，提升内控质效，发挥信托制度优势，构建多元化信托服务体系，更高效地服务实体经济发展、满足人民美好生活需要。

4.4.2 市场形势分析

4.4.2.1 有利因素

（1）我国经济整体稳中向好发展。2023年以来，在有效需求不足、部分产业产能过剩、社会预期偏弱、外部环境不确定性上升等多种困难挑战下，经济运行呈现出曲折式恢复态势，国内生产总值超过126万亿元，较上年增长5.2%，完成年初制定的经济预期目标。随着经济步入高质量发展阶段，我国居民收入稳定增长，为财富管理、资产配置、财富传承等带来巨大的发展机遇。

（2）金融监管引导信托释放活力。2023年10月，中央金融工作会议要求切实提高金融监管有效性，依法将所有金融活动全部纳入监管，全面强化机构监管、行为监管、功能监管、穿透式监管、持续监管，金融行业的发展环境日益完善。信托业务"三分类"为业务发展指明了方向，资产服务、资产管理、公益慈善等各类信托业务功能更加明确，信托行业的制度优势与发展潜力充分释放。

（3）信托行业转型发展趋于稳定。中央金融工作会议、中央经济工作会议相继召开，为信托行业指明了高质量发展建设金融强国的新方向，各家信托公司不断推动信托转型创新，业务结构不断优化，证券投资、股权投资、资产证券化、破产重整服务等业务全面发展，全行业信托资产规模稳定在22万亿元，资产质量进一步优化，风险管理能力不断提升，服务实体能力持续加强，信托行业发展新格局基本确立。

4.4.2.2 不利因素

（1）经济恢复的基础尚不牢靠。我国宏观经济内外部环境较为严峻，国际地缘政治格局不确定性犹在，全球经济滞胀与衰退风险较大，经济发展受到一定的影响，经济恢复基础尚不牢靠，需求收缩、供给冲击、预期转弱三重压力仍然存在。

（2）金融风险隐患犹存。全球金融市场在美联储持续加息的过程中动荡加剧，多家银行风险暴露并初现蔓延之势，市场避险情绪仍在升温。尽管我国在重点领域风险得到控制，地方政府隐性债务状况趋于改善，房地产泡沫化势头得到扭转，但仍可能面临外部金融风险冲击。

（3）行业盈利能力承压。随着资管新规全面实施和信托业务"三分类"新规落地，资产管理信托与各类资管产品纳入统一监管标准，资产服务信托仍处于"跑马圈地"的竞争阶段，尚难以形成有效的利润支撑，信托公司需在系统建设、投研体系、运营管理、风险管理等方面持续发力，对行业盈利能力带来挑战。

4.4.3 内部控制

4.4.3.1 内部控制环境和内部控制文化

报告期内，在监管部门的正确领导下，公司以"信托文化建设"活动为契机，坚持合规经营、稳健运营，

通过强化公司治理，加强制度执行力，推进全面风险管理体系建设等措施，提升合规风险管理能力，推动公司完善全面内控管理机制，为公司稳健发展提供坚实保障。

4.4.3.2 内部控制措施

（1）完善体系，提升管控。报告期内，为建立健全公司全面风险管理体系，提高公司经营管理水平和风险防范能力，确保安全稳健运行，公司按照全面风险管理体系建设实施方案，不断优化梳理流程，加强内控制度建设，完善操作风险检查流程，建立健全全面内控管理体系，进一步提升风险管理水平。

（2）查漏补缺，完善制度。公司以建立全面风险管理体系为目的，健全自我约束机制，加快内控制度建设。结合监管要求及公司转型发展中遇到的问题，查找制度漏项，不断完善内控制度。报告期内，公司编制修订了《关联交易管理办法》《消费者权益保护工作管理办法》《募集资金使用管理办法》《固有债权类金融资产风险分类管理办法》等多项制度，加强公司合规管理水平，促进各项业务稳健、持续、快速发展。

（3）积极宣传，营造氛围。公司按照《信托文化建设总体规划》相关要求积极开展内控合规文化的宣传引导工作，通过标语宣传、现场宣讲、安放展板、发放宣传材料、在微信公众号上推送相关知识、开展线上答题等形式，积极开展案件警示教育、消费者权益保护等活动，并开展了"守护好老百姓'钱袋子'反洗钱宣传""反电信网络诈骗""打击非法金融活动""防范非法集资""国家宪法宣传"等专项宣传活动。

（4）合规运作，强化执行。按照上市公司内控规范建设要求，公司从组织机构设置、业务流程、事权管理、授权管理、责任追究等方面进一步优化了内控管理体系，有效地保证了公司经营管理水平的不断提升和战略规划的实施。董事会、监事会、经营层、职能部门分别按照各自职责开展内控工作，形成了有效且相互制衡的决策、执行和监督机制，取得了良好的效果。

4.4.3.3 信息交流与反馈

公司不断完善信息交流与反馈机制。结合机构改革以及内控制度完善等工作，进一步明确了股东大会、董事会、监事会、高级管理层、各部门及员工的职责和报告路径，做到了内部信息传输顺畅、有效；根据监管要求，采取多种形式向监管部门、受益人报告公司重大事项和项目管理情况，并充分运用公司网站及时发布和更新相关信息，树立公司良好的管理人形象。报告期内，公司信息传递路径通畅，各项信息上通下达，交流反馈快捷，确保了公司安全运行，持续发展。

4.4.3.4 监督评价与纠正

公司建立了内部控制监督评价与纠正机制，能够按照各项业务不同阶段的管理特征规范相应的内部审批、操作和风险管理程序，通过制度化、流程化来监控和管理各项业务，并按照风险管理原则对拟开展业务进行严格的事前审查，对已开展业务进行事中持续跟踪管理和监控；公司监事会对股东大会负责，对公司财务以及公司董事及高管履行职责的合法性进行监督，维护公司及股东的合法权益；公司稽核审计部对内部控制制度的健全性、有效性进行动态检查评价，对各项业务开展进行合规性检查及风险识别，对相关人员的行为规范进行监督和检查，对被审计项目或信托经理作出客观评价，提出意见或建议，并对审计结论和处理意见的执行及整改情况进行后期追踪检查，督促整改落实。

4.4.4 风险管理

4.4.4.1 风险管理概况

2023年，在公司党委和董事会坚强领导下，在监事会有效监督下，公司坚持稳中求进总基调，统筹发展与安全，持续深化全面风险管理体系建设，切实提升公司风险管理水平和抵御化解能力，保证了公司稳健发展。

公司在经营活动中可能遇到的风险主要包括信用风险、市场风险、操作风险、法律风险、声誉风险、道德风险等。报告期内，面对复杂严峻的国内外形势和诸多风险挑战，公司顺应监管政策导向，强化风险预判和管控，持续加强风险防范与化解，进一步加大对部分行业和领域的风险排查，完善风险管理体系。根据最新经济形势、监管政策、信托行业变化及业务发展要求，适时制定或修订了《战略风险管理办法》《信托项目审查评审管理办法》等多项风险管理制度及业务指引，同时加强对存续项目的风险排查，强化事中管理，风险管理工作取得了良好的效果。

4.4.4.2 风险状况

（1）信用风险。信用风险主要是指交易对手违约造成损失的风险，主要表现为公司在开展自有资金运作和信托投融资等业务时，可能会因交易对手违约而给我公司或信托财产带来风险。报告期内，公司持续加强准入管理，加强对交易对手信用风险的管控，对发生的各类业务均履行严格的审查评审、事中控制、事后监督等程序，担保措施充足，整体信用风险可控。同时，公司结合风险高发易发态势，持续加大对重点领域、重点项目的风险排查力度，强化存续项目风险隐患预警和应急能力，确保各项业务平稳开展。

（2）市场风险。市场风险主要是指因市场价格（利率、汇率、金融产品和商品价格）的不利变动而使公司固有和信托业务发生损失的风险。报告期内，公司密切关注金融业持续强监管态势及传统业务受政策调整带来的影响，加强宏观经济金融形势研判，密切监控已开展业务的运行情况，根据市场风险情况动态调整资产配置方案，避免或降低市场风险引起的损失。

（3）操作风险。操作风险主要是指由不完善或有问题的内部程序、员工和信息科技系统以及外部事件造成直接或间接损失的风险。报告期内，公司从组织机构设置、业务流程、事权管理、授权管理、责任追究等方面不断优化内控管理体系，按照多层次、相互衔接、有效制衡的运行机制建立职责边界清晰的治理架构。在各业务制度和内部控制制度中，注重重要关键节点控制，设置复核与查证环节，有效防范操作风险。同时，持续加强员工合规运营及风险防范意识和风险防范责任教育，员工的操作风险防范意识和能力不断提升。

（4）其他风险。其他风险主要包括法律风险、声誉风险、道德风险等。随着信托行业竞争的进一步加剧，声誉风险已成为需要防范的重点风险之一。报告期内，公司从产品销售、兑付等环节入手，同时加强舆情监测，进一步强化了声誉风险管理。报告期内公司未发生此类风险。

4.4.4.3 风险管理

（1）信用风险管理。公司从提升尽职调查水平入手，从项目论证、立项、评审、期间管理等方面防范和规避信用风险，具体措施包括：①公司制定了2023年业务策略，对2023年面临的经营形势从宏观、中微观进行分析，明确了当年公司业务发展的指导思想及不同业务的展业规划；②公司制定有《信用风险管理办法》《固有和信托业务尽职调查管理办法》《信托项目审查评审管理办法》《固有业务审查决策管理办法》《信托项目期间管理暂行办法》《证券投资业务期间风险管理办法》等制度，全流程管控项目信用风险；③坚持风险防控端口前移，对重大项目，风控部门深入现场落实相关问题，实地评估项目风险；④持续对交易对手的财务数据、经营状况和信用状况进行跟踪评价，不定期到现场进行财务、项目工程进度和销售情况等检查，加强风险排查，督导资金使用；⑤强化担保措施的风险缓释作用，不断完善押品管理工作机制，加强押品现场核查、押品价值评估与监控；⑥严格按照国家法律、法规相关要求，足额计提相关资产减值准备、一般准备、信托赔偿准备，提升公司的风险抵御能力。

（2）市场风险管理。公司紧跟宏观经济形势的变化，密切关注和防范市场风险，具体措施包括：①对宏观经济走势、政策变化、投资策略及其他影响市场变化的因素进行分析研究，为项目决策提供参考；②审慎开展新业务，结合市场情况，严格遴选实力较强的合作机构和交易对手，持续跟踪评估；③进行资产组合管理，并动态调整资产配置方案，继续严格执行以风险预警和止损为核心的风险管控制度，严控证券投资信托业务风险；④密切监控已开展业务的运行情况，定期开展压力测试，根据市场风险情况及时作出投资调整、提前结束等风险管理措施，避免或降低市场风险引起的损失。

（3）操作风险管理。在操作风险的防范上，公司要求每项业务在尽职调查、受理申请、交易结构设计、审查审批、营销签约、期间管理、执行终止各阶段全过程合法合规。建立了职责分离、相互监督制约的内控机制，建立和完善有效的投资决策机制，实行严格的复核审核程序，制定严格的信息系统管理制度和档案管理制度，根据监管法规的要求制定了符合公司实际的规章制度，从机制和制度上降低操作风险，实现对公司各项业务操作过程的有效控制。强化流程控制，严格执行不兼容岗位分离制度，严格执行复核、审批程序，将合规与风险管理贯穿业务各环节。结合内控规范建设，进一步强化了监事会、稽核审计部等部门的监督职能。制定了《案防工作管理办法》，定期组织开展案件风险排查与员工异常行为排查，通过全面排查强化员工管理、监督考核、操作风险管控等方面工作。

（4）其他风险管理。对于法律风险，公司严格按照相关监管规章，突出强化合规风险红线意识，对所有拟开展业务进行合规性审查，确保公司业务开展符合国家相关法律法规规定，并不断优化产品结构和法律文本设计，严格按公司法律文件进行审批；对于声誉风险，公司把声誉构建与公司发展战略和企业文化进行有机结合，对可能影响公司声誉的业务坚决回避，尽职管理受托资产，并充分披露，塑造公司专业和诚信的社会形象；对于员工道德风险，公司从制度、教育、监督、纪律处罚等多方面着手，不断优化激励约束机制，对员工及其行为进行约束和规范。

4.5 内部控制建设及实施情况

报告期内，公司建立了完整的内部控制体系。在监管部门的正确领导下，公司以"信托文化建设"工作为契机，坚持合规经营、稳健运营，通过强化公司治理，加强制度执行力，推进全面风险管理体系建设等措施，提升合规风险管理能力，推动公司完善全面内控管理机制，为公司稳健发展提供坚实保障。报告期内，公司编制修订了《关联交易管理办法》《消费者权益保护工作管理办法》《募集资金使用管理办法》《固有债权类金融资产风险分类管理办法》等多项制度，加强公司合规管理水平，促进各项业务稳健、持续、快速发展。

公司建立了内部控制监督评价与纠正机制，能够按照各项业务不同阶段的管理特征规范相应的内部审批、操作和风险管理程序，通过制度化、流程化来监控和管理各项业务，并按照风险管理原则对拟开展业务进行严格的事前审查，对已开展业务进行事中持续跟踪管理和监控；公司监事会对股东大会负责，对公司财务以及公司董事及高管履行职责的合法性进行监督，维护公司及股东的合法权益；公司稽核审计部对内部控制制度的健全性、有效性进行动态检查评价，对各项业务开展进行合规性检查及风险识别，对相关人员的行为规范进行监督和检查，对被审计项目或信托经理作出客观评价，提出意见或建议，并对审计结论和处理意见的执行及整改情况进行后期追踪检查，督促整改落实。

5.环境和社会责任

5.1 巩固拓展脱贫攻坚成果、乡村振兴的情况

5.1.1 履行乡村振兴定点帮扶和驻村帮扶的社会责任情况

报告期内，按照陕西省委、省政府关于做好巩固拓展脱贫攻坚成果同乡村振兴有效衔接的安排部署，公司承担了陕西省渭南市澄城县赵庄镇武安村定点帮扶和咸阳市国定贫困县淳化县产业帮扶任务，在省委、省政府对全省2022年度省级定点帮扶工作进行考核评比中被评定为"好"等次、1人被评为"优秀第一书记"，1人被评为"优秀驻村队员"。

在公司承担的澄城县赵庄镇武安村定点帮扶和驻村帮扶工作中，持续开展防返贫动态监测，对282户脱贫户和492户群众走访调研，并对全村4名应届高考录取生开展金秋助学教育帮扶。扎实落实脱贫人口"两不愁三保障"政策，为监测户事实无人抚养儿童刘某设立14.2万元"逐梦前行"单一资金服务信托，并为其争取到每月700元的救助政策资金和教育系统每年500元帮扶政策资金，向监测户张某爱心捐赠1万元，并为其购买3 000元的电动轮椅。进一步支持培育武安村苹果产业和村集体经济发展壮大，投入资金16.2万元打造12.5亩高标准矮化密植苹果示范园，邀请西农白水苹果试验站专家为武安村制订苹果高质量发展5年总体规划，投入20万元帮扶资金支持武安村果蔬杂粮冷库项目投入运营，全年组织各类技能培训22场400余人次参加，开展消费帮扶采购苹果、核桃、花椒、圣女果等农产品共计36万元。围绕提升人居环境整治持续发力，继续做好问题厕所的摸排整改工作巩固改厕工作成果，将村庄周边区域全部纳入环保日常监测范围，先后整改问题巷道10处，投入帮扶资金5万余元改善绿化主要入村巷道，进一步提升武安村人居环境面貌。2023年出资84万余元助力武安村发展。

5.1.2 履行产业帮扶的社会责任情况

作为陕西省国资委系统助力脱贫攻坚工作合力团成员单位，我公司对口帮扶咸阳市淳化县，为有效拉动县域经济发展，自2017年以来公司持续向陕西咸阳百姓乐大药房连锁有限公司提供3 000万元低息信托贷款，引导百姓乐大药房迁址落户淳化县。六年多来，百姓乐大药房门店数量由102家增加至305家，经营收入由2亿元增加到4.23亿元，已累计为淳化县缴纳税费7 900余万元，其中2023年纳税1 521.85万元，成为全县纳税大户。2023年，公司被淳化县委县政府评为2022年度巩固衔接工作"特殊贡献先进集体"、2人被评为"先进个人"。

2023年，根据中共中央、国务院《关于做好2023年全面推进乡村振兴重点工作的意见》精神及公司乡村振兴工作相关安排，公司加大在淳化县乡村振兴工作力度。公司发起设立"陕西咸阳淳化产业振兴发展基金"，基金规模1亿元，其中我公司作为有限合伙人出资4 000万元，期限5年，投资方向为陕西省淳化县乡村振兴相关产业。截至2023年末，基金已完成工商注册。

2023年，公司设立"陕西省未成年人公益普法慈善信托"，募集资金41.6万元，用于省内电视台拍摄的未成年人公益普法节目的制作和播放，支持我省未成年人法治教育事业。公益普法节目由包括陕西省淳化县在内的多个县区市中小学在校学生参与拍摄。通过本次慈善活动，能够引导学生们提高尊法学法守法用法意识，切实增强自我保护和自我防范能力，从源头预防和减少青少

年违法犯罪和涉未成年人诉讼案件，在全社会营造保护未成年人的良好法治环境。

5.2 消费者权益保护情况

报告期内，公司统筹推进消费者权益保护工作，严格落实监管部门部署的各项工作，积极创建"党建+消保"工作模式，以实际行动积极践行以人民为中心的发展思想，推动消费者权益保护工作与党建紧密结合，保持消保工作高质量发展。

公司持续优化内控体系，针对公司消费者权益保护纲领性制度及适当性管理制度进行完善，全面规范经营管理行为。同时扎实开展消费者宣传教育，先后开展"3·15消费者权益保护教育宣传周""2023年金融消费者权益保护教育宣传月""2023年敬老月"等系列活动，累计举办线下宣教活动53场，推送宣教文案211篇，同时完善公司无障碍环境，配备多度数老花镜、血压仪、拐杖、雨伞、应急药箱等适老物品，提升老年人获取金融服务的便利性和可得性。

2023年度，公司共接收投诉12笔，投诉人主要分布在广东、湖南、湖北、山东、江西、陕西等地，投诉事项涉及个人贷款业务、代理信托业务、自营理财业务等，所有投诉均能够第一时间处理并实时跟踪具体处理情况，督促事后回访，以不断提升消费者满意度和消保工作质效为出发点和立足点，让人民群众更加平等、便捷地享有金融服务，积极践行金融工作"政治性、人民性"。

6.重要事项

（1）2023年3月20日，经公司2023年第一次临时股东大会采用累积投票制方式分类选举，姚卫东、解志炯、高雪君、王一平、赵忠琦、管清友、赵廉慧当选为公司第十届董事会董事；同日，第十届董事会第一次会议选举姚卫东为公司第十届董事会董事长。2023年6月2日，经公司2023年第二次临时股东大会选举，徐秉惠当选为公司第十届董事会独立董事。《陕西省人民政府关于祁锁锋任职的通知》（省政任字〔2023〕92号），同意祁锁锋为公司董事人选；2023年6月15日，公司职工代表大会选举，祁锁锋当选为公司第十届董事会职工董事。以上九位董事共同组成公司第十届董事会。

2023年5月17日，公司职工代表大会选举王硕为公司第九届监事会职工监事。2023年6月15日，祁锁锋因工作变动原因辞去公司第九届监事会职工监事职务。2023年10月16日，经公司2023年第三次临时股东大会选举，强力当选公司第九届监事会监事。

上述事项详细披露于2023年3月3日、2023年3月21日、2023年3月22日、2023年4月13日、2023年5月18日、2023年6月5日、2023年6月16日和2023年10月17日《中国证券报》《证券时报》和巨潮资讯网。

（2）公司持股5%以上股东陕西交控资产管理有限责任公司（以下简称交控资产管理公司）在2023年7月18日至2023年12月11日期间，以所持本公司股份参与转融通证券出借业务，出借累计发生5 628 100股。2023年12月19日，公司收到交控资产管理公司出具的《关于参与转融通证券出借业务期限届满的告知函》。交控资产管理公司转融通证券出借业务期限已届满，参与转融通出借业务的股份已全部收回，证券出借实施前后持有本公司股数和占总股本比例不变。

上述事项详细披露于2023年6月22日和2023年12月20日《中国证券报》《证券时报》和巨潮资讯网。

7.股份变动及股东情况

7.1 公司股东数量及持股情况

持股5%以上的股东或前10名股东持股情况								
股东名称	股东性质	持股比例（%）	报告期末持股数量（股）	报告期内增减变动情况（股）	持有有限售条件的股份数量（股）	持有无限售条件的股份数量（股）	质押、标记或冻结情况	
							股份状态	数量（股）
陕西煤业化工集团有限责任公司	国有法人	26.80	1 370 585 727	—	—	1 370 585 727	—	—
陕西交控资产管理有限责任公司	国有法人	16.76	857 135 697	—	—	857 135 697	—	—
陕西财金投资管理有限责任公司	国有法人	4.98	254 532 679	—	—	254 532 679	—	—
中信建投证券股份有限公司	国有法人	2.56	130 736 331	-1 661 903	—	130 736 331	—	—
西安金融控股有限公司	国有法人	2.56	130 718 954	—	—	130 718 954	质押	130 718 954
陕西省空港民航产业投资有限公司	境内一般法人	2.44	124 697 647	-6 021 307	—	124 697 647	质押	122 782 447

续表

持股5%以上的股东或前10名股东持股情况								
股东名称	股东性质	持股比例(%)	报告期末持股数量(股)	报告期内增减变动情况(股)	持有有限售条件的股份数量(股)	持有无限售条件的股份数量(股)	质押、标记或冻结情况	
							股份状态	数量(股)
西安科睿投资管理有限公司	境内一般法人	1.73	88 613 315	-9 425 900	—	88 613 315	—	—
陕西西咸沣东创新投资管理有限公司	境内一般法人	1.28	65 359 477	-32 679 738	—	65 359 477	—	—
中央汇金资产管理有限责任公司	国有法人	1.00	50 966 280	—	—	50 966 280	—	—
香港中央结算有限公司	境外法人	0.93	47 426 900	6 128 539	—	47 426 900	—	—

7.2 公司控股股东情况

（1）控股股东性质：无控股主体。

（2）控股股东类型：不存在。

（3）控股股东报告期内变更

□适用 ☑不适用

（4）公司不存在控股股东情况的说明：我公司不存在控股股东。第一大股东陕西煤业化工集团有限责任公司现持有我公司26.80%股权，一直未将我公司纳入合并报表范围及未实施管理。其和第二大股东陕西交控资产管理有限责任公司的实际控制人为陕西省人民政府国有资产监督管理委员会。根据中省相关政策精神，陕西省财政厅现实际履行对包括我公司在内的省属金融企业出资人职责，并负责日常管理。

7.3 公司第一大股东情况

股东性质：地方国有控股。

股东类型：法人。

股东名称	法定代表人/单位负责人	成立日期	组织机构代码	主要经营业务
陕西煤业化工集团有限责任公司	张文琪	2004年2月19日	916100007625687785	煤炭开采、销售、加工和综合利用；煤化工产品、化学肥料和精细化工产品的研发、生产及销售；电力生产与供应；煤炭铁路运输（限自营铁路）；机械加工；煤矿专用设备、仪器及配件制造与修理；煤炭、化工、煤机的科研设计；煤田地质勘探；咨询服务；煤及伴生矿物深加工；矿山工程及工业和民用建筑；机电设备安装；矿井（建筑）工程设计；工程监理；建材销售；气体产品的制造和销售；火工、公路运输；物资仓储；高科技产业；农林业；自营代理各类商品及技术的进出口，但国家限定公司经营或禁止进出口的商品及技术除外（其中煤炭开采、电力生产与供应、煤田地质勘探、气体产品制造、公路运输项目由集团公司所属企业凭可证在有效期内经营）（依法须经批准的项目，经相关部门批准后方可开展经营活动）
第一大股东报告期内控股和参股的其他境内外上市公司的股权情况	截止2023年12月31日，陕西煤业化工集团有限责任公司控股和参股的其他上市公司股权情况如下：（1）持有陕西煤业股份有限公司（601225.SH）65.12%股权；（2）持有陕西北元化工集团股份有限公司（601568.SH）35.31%股权；（3）持有陕西建设机械股份有限公司（600984.SH）29.58%股权；（4）持有东华工程科技股份有限公司（002140.SZ）20.77%股权；（5）持有湖北能源集团股份有限公司（000883.SZ）3.11%股权；（6）持有华能国际电力股份有限公司（600011.SH）0.49%股权			

7.4 公司实际控制人及其一致行动人

实际控制人性质：地方财政、地方国资管理机构。

实际控制人类型：法人。

实际控制人名称	法定代表人/单位负责人	成立日期	组织机构代码	主要经营业务
陕西省人民政府国有资产监督管理委员会	任国	2004年6月22日	116100007197833687	国有资产管理

注：陕西省财政厅实际履行出资人职责和日常管理。

7.5 公司与实际控制人之间的产权及控制关系

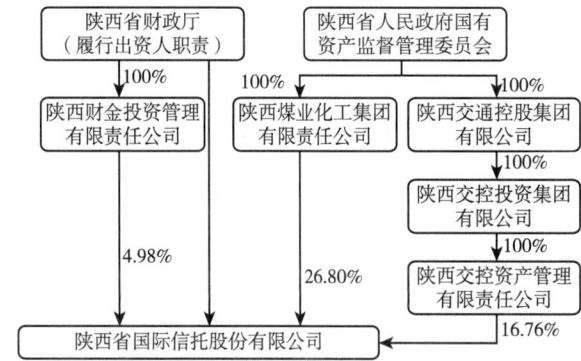

7.6 其他持股在10%以上的法人股东

法人股东名称	法定代表人/单位负责人	成立日期	注册资本（亿元）	主要经营业务或管理活动
陕西交控资产管理有限责任公司	李宏基	1996年9月24日	100	经营范围包括一般项目：以自有资金从事投资活动；企业管理；供应链管理服务；企业管理咨询；市场调查（不含涉外调查）；市场营销策划；破产清算服务；企业总部管理；财务咨询；信息咨询服务（不含许可类信息咨询服务）；资产评估；招投标代理服务；采购代理服务；创业投资（限投资未上市企业）；咨询策划服务；国内贸易代理；贸易经纪；进出口代理；成品油批发（不含危险化学品）；农副产品销售；煤炭及制品销售（仅限分支机构经营）；石油制品销售（不含危险化学品）；非金属矿及制品销售；金属材料销售；金属矿石销售；建筑材料销售；化工产品销售（不含许可类化工产品）；金属制品销售；轻质建筑材料销售；建筑用钢筋产品销售；有色金属合金销售；水泥制品销售；政府采购代理服务（除依法须经批准的项目外，凭营业执照依法自主开展经营活动）

8. 财务报告

8.1 资产负债表

资产负债表（合并）

编制单位：陕西省国际信托股份有限公司　　2023年12月31日　　单位：元

项目	2023年12月31日	2023年1月1日
资产：		
货币资金	1 430 730 531.52	2 115 419 303.38
结算备付金	—	—
贵金属	—	—
拆出资金	—	—
衍生金融资产	—	—
应收款项	121 758 355.39	54 249 587.57
合同资产	—	—
买入返售金融资产	745 296 387.37	34 543 000.00
持有待售资产	1 587 184.69	1 587 184.69
发放贷款和垫款	9 738 445 109.45	10 090 642 754.10
金融投资	10 573 619 630.81	9 757 284 011.96
交易性金融资产	3 301 634 780.04	3 170 688 682.83
债权投资	5 871 788 130.28	5 109 349 539.46
其他债权投资	—	—
其他权益工具投资	1 400 196 720.49	1 477 245 789.67
长期股权投资	145 109 704.00	—
投资性房地产	—	—
固定资产	59 101 026.87	62 658 337.70
在建工程	—	—
使用权资产	20 604 180.44	32 978 335.19
无形资产	13 887 199.90	11 229 923.23
长期待摊费用	200 085.88	800 343.52
递延所得税资产	544 035 451.08	397 774 174.61
其他资产	639 796 101.58	241 108 059.15
资产总计	24 034 170 948.98	22 800 275 015.10
负债：		
短期借款	—	—
拆入资金	—	—

续表

项目	2023年12月31日	2023年1月1日
交易性金融负债	—	—
衍生金融负债	—	—
卖出回购金融资产款	—	—
应付职工薪酬	564 051 978.42	471 734 732.60
应交税费	197 315 325.08	121 726 824.96
应付款项	—	—
合同负债	66 217 856.29	95 176 241.94
持有待售负债	—	—
预计负债	44 577 272.80	17 504 519.22
长期借款	—	—
应付债券	—	—
其中：优先股	—	—
永续债	—	—
租赁负债	21 379 405.85	34 234 386.53
递延所得税负债	—	344 213.79
其他负债	6 051 634 149.21	5 841 838 023.97
负债合计	6 945 175 987.65	6 582 558 943.01
股东权益：		
股本	5 113 970 358.00	5 113 970 358.00
其他权益工具	—	—
其中：优先股	—	—
永续债	—	—
资本公积	6 451 671 270.04	6 451 671 270.04
减：库存股	—	—
其他综合收益	-101 708 036.26	-43 921 234.38
盈余公积	707 191 206.96	598 943 042.14
一般风险准备	255 957 767.05	234 317 143.06
信托赔偿准备金	347 606 557.28	293 482 474.87
未分配利润	4 314 305 838.26	3 569 253 018.36
归属于母公司所有者权益合计	17 088 994 961.33	16 217 716 072.09
少数股东权益	—	—
所有者权益（或股东权益）合计	17 088 994 961.33	16 217 716 072.09
负债和股东权益总计	24 034 170 948.98	22 800 275 015.10

资产负债表（母公司）

编制单位：陕西省国际信托股份有限公司　　2023年12月31日　　单位：元

项目	2023年12月31日	2023年1月1日
资产：		
货币资金	1 372 132 851.37	2 057 717 253.74
结算备付金	—	—
贵金属	—	—
拆出资金	—	—
衍生金融资产	—	—
应收款项	123 573 342.59	59 299 422.79
合同资产	—	—
买入返售金融资产	702 785 000.00	34 543 000.00
持有待售资产	1 587 184.69	1 587 184.69
发放贷款和垫款	9 508 187 654.50	9 567 861 020.53
金融投资	7 285 643 035.90	7 139 075 369.43
交易性金融资产	2 947 448 678.67	3 104 676 833.37
债权投资	2 937 997 636.74	2 557 152 746.39
其他债权投资	—	—
其他权益工具投资	1 400 196 720.49	1 477 245 789.67
长期股权投资	145 109 704.00	—
投资性房地产	—	—
固定资产	59 101 026.87	62 658 337.70
在建工程	—	—
使用权资产	20 604 180.44	32 978 335.19
无形资产	13 887 199.90	11 229 923.23
长期待摊费用	200 085.88	800 343.52
递延所得税资产	546 322 998.75	404 733 783.08
其他资产	639 639 524.58	211 108 079.25
资产总计	20 418 773 789.47	19 583 592 053.15
负债：		
短期借款	—	—
拆入资金	—	—
交易性金融负债	—	—
衍生金融负债	—	—
卖出回购金融资产款	—	—
应付职工薪酬	564 051 978.42	471 734 732.60
应交税费	197 676 695.17	121 788 095.73
应付款项	—	—
合同负债	66 217 856.29	95 176 241.94
持有待售负债	—	—
预计负债	44 577 272.80	37 407 115.65
长期借款	—	—
应付债券	—	—
其中：优先股	—	—
永续债	—	—
租赁负债	21 379 405.85	34 234 386.53
递延所得税负债	—	344 213.79
其他负债	2 435 882 185.06	2 605 194 606.53
负债合计	3 329 785 393.59	3 365 879 392.77

续表

项目	2023年12月31日	2023年1月1日
股东权益：		
股本	5 113 970 358.00	5 113 970 358.00
其他权益工具	—	—
其中：优先股	—	—
永续债	—	—
资本公积	6 451 671 270.04	6 451 671 270.04
减：库存股	—	—
其他综合收益	-101 708 036.26	-43 921 234.38
盈余公积	707 191 206.96	598 943 042.14
一般风险准备	255 957 767.05	234 317 143.06
信托赔偿准备金	347 606 557.28	293 482 474.87
未分配利润	4 314 299 272.81	3 569 249 606.65
股东权益合计	17 088 988 395.88	16 217 712 660.38
负债和股东权益总计	20 418 773 789.47	19 583 592 053.15

8.2　利润表

利润表（合并）

编制单位：陕西省国际信托股份有限公司　　2023年12月31日　　单位：元

项目	2023年度	2022年度
一、营业总收入	2 812 799 741.80	1 925 914 104.39
利息净收入	626 187 166.34	585 419 945.50
其中：利息收入	967 305 472.98	751 272 443.85
利息支出	341 118 306.64	165 852 498.35
手续费及佣金净收入	1 544 539 051.90	1 382 761 466.88
其中：手续费及佣金收入	1 552 603 859.78	1 386 339 007.83
手续费及佣金支出	8 064 807.88	3 577 540.95
投资收益（损失以"-"号填列）	696 043 353.65	201 975 623.84
其中：对联营企业和合营企业的投资收益	-6 730 453.91	-156 973.20
以摊余成本计量的金融资产终止确认产生损益（损失以"-"号填列）	—	—
净敞口套期收益（损失以"-"号填列）	—	—
其他收益	887 191.72	5 988 839.72
公允价值变动收益（损失以"-"号填列）	-55 884 169.70	-250 647 721.54
汇兑收益（损失以"-"号填列）	—	—
其他业务收入	935 467.24	583 118.19
资产处置收益（损失以"-"号填列）	91 680.65	-167 168.20
二、营业总支出	1 367 505 634.23	807 941 210.00
税金及附加	25 011 511.49	19 062 101.12
业务及管理费	732 274 706.56	531 394 163.13
信用减值损失	609 556 025.38	255 528 156.87
其他资产减值损失	—	1 293 398.08
其他业务成本	663 390.80	663 390.80
三、营业利润（损失以"-"号填列）	1 445 294 107.57	1 117 972 894.39
加：营业外收入	9 704.10	97 417.02
减：营业外支出	8 709 964.35	3 507 354.43
四、利润总额（损失以"-"号填列）	1 436 593 847.32	1 114 562 956.98
减：所得税费用	354 109 045.46	276 581 217.27

续表

项目	2023年度	2022年度
五、净利润（损失以"-"号填列）	1 082 484 801.86	837 981 739.71
（一）按经营持续性分类	—	—
1.持续经营净利润（净亏损以"-"号填列）	1 082 484 801.86	837 981 739.71
2.终止经营净利润（净亏损以"-"号填列）	—	—
（二）按所有权归属分类	—	—
1.归属于母公司股东的净利润（净亏损以"-"号填列）	1 082 484 801.86	837 981 739.71
2.少数股东损益（净亏损以"-"号填列）	—	—
六、其他综合收益的税后净额	-57 786 801.88	-243 626 376.50
（一）归属于母公司所有者的其他综合收益的税后净额		
1.不能重分类进损益的其他综合收益	-57 786 801.88	-243 626 376.50
（1）重新计量设定受益计划变动额	—	—
（2）权益法下不能转损益的其他综合收益	—	—
（3）其他权益工具投资公允价值变动	-57 786 801.88	-243 626 376.50
（4）企业自身信用风险公允价值变动	—	—
2.将重分类进损益的其他综合收益	—	—
（1）权益法下可转损益的其他综合收益	—	—
（2）其他债权投资公允价值变动	—	—
（3）金融资产重分类计入其他综合收益的金额	—	—
（4）其他债权投资信用损失准备	—	—
（5）现金流量套期储备	—	—
（6）外币财务报表折算差额	—	—
（二）归属于少数股东的其他综合收益的税后净额	—	—
七、综合收益总额	1 024 697 999.98	594 355 363.21
归属于母公司所有者的综合收益总额	1 024 697 999.98	594 355 363.21
归属于少数股东的综合收益总额	—	—
八、每股收益	—	—
（一）基本每股收益	0.2117	0.2114
（二）稀释每股收益	0.2117	0.2114

利润表（母公司）

编制单位：陕西省国际信托股份有限公司　　　2023年12月31日　　　单位：元

项目	2023年度	2022年度
一、营业总收入	2 694 918 442.81	1 898 109 419.98
利息净收入	848 458 961.89	583 910 087.40
其中：利息收入	963 205 520.71	722 161 181.96
利息支出	114 746 558.82	138 251 094.56
手续费及佣金净收入	1 650 187 618.99	1 405 560 561.79
其中：手续费及佣金收入	1 658 252 426.87	1 409 138 102.74
手续费及佣金支出	8 064 807.88	3 577 540.95

续表

项目	2023年度	2022年度
投资收益（损失以"-"号填列）	253 083 742.33	77 816 297.01
其中：对联营企业和合营企业的投资收益	-6 730 453.91	-156 973.20
以摊余成本计量的金融资产终止确认产生损益（损失以"-"号填列）	—	—
净敞口套期收益（损失以"-"号填列）	—	—
其他收益	887 191.72	5 988 839.72
公允价值变动收益（损失以"-"号填列）	-58 726 220.01	-175 582 315.93
汇兑收益（损失以"-"号填列）	—	—
其他业务收入	935 467.24	583 118.19
资产处置收益（损失以"-"号填列）	91 680.65	-167 168.20
二、营业总支出	1 249 628 540.25	780 141 074.54
税金及附加	22 830 629.02	18 466 449.60
业务及管理费	720 161 900.19	525 658 016.23
信用减值损失	505 972 620.24	234 059 819.83
其他资产减值损失	—	1 293 398.08
其他业务成本	663 390.80	663 390.80
三、营业利润（亏损以"-"号填列）	1 445 289 902.56	1 117 968 345.44
加：营业外收入	9 704.10	97 417.02
减：营业外支出	8 709 964.35	3 507 354.43
四、利润总额（亏损总额以"-"号填列）	1 436 589 642.31	1 114 558 408.03
减：所得税费用	354 107 994.19	276 580 080.03
五、净利润（净亏损以"-"号填列）	1 082 481 648.12	837 978 328.00
（一）持续经营净利润（净亏损以"-"号填列）	1 082 481 648.12	837 978 328.00
（二）终止经营净利润（净亏损以"-"号填列）	—	—
六、其他综合收益的税后净额	-57 786 801.88	-243 626 376.50
（一）不能重分类进损益的其他综合收益	-57 786 801.88	-243 626 376.50
1.重新计量设定受益计划变动额	—	—
2.权益法下不能转损益的其他综合收益	—	—
3.其他权益工具投资公允价值变动	-57 786 801.88	-243 626 376.50
4.企业自身信用风险公允价值变动	—	—
5.其他	—	—
（二）将重分类进损益的其他综合收益	—	—
1.权益法下可转损益的其他综合收益	—	—
2.其他债权投资公允价值变动	—	—
3.金融资产重分类计入其他综合收益的金额	—	—
4.其他债权投资信用损失准备	—	—
5.现金流量套期储备	—	—
6.外币财务报表折算差额	—	—
7.其他	—	—
七、综合收益总额	1 024 694 846.24	594 351 951.50

8.3 现金流量表

现金流量表（合并）

编制单位：陕西省国际信托股份有限公司　　2023年12月31日　　　　单位：元

项目	2023年度	2022年度
一、经营活动产生的现金流量：	—	—
销售商品、提供劳务收到的现金	—	—
向中央银行借款净增加额	—	—
向其他金融机构拆入资金净增加额	—	—
收取利息、手续费及佣金的现金	2 595 617 785.76	2 226 722 543.81
拆入资金净增加额	—	—
回购业务资金净增加额	-710 753 387.37	275 374 507.46
收到其他与经营活动有关的现金	521 255 826.34	578 993 482.24
经营活动现金流入小计	2 406 120 224.73	3 081 090 533.51
客户贷款及垫款净增加额	-33 410 201.60	3 200 100 000.00
为交易目的而持有的金融资产净增加额	-119 395 330.64	-192 752 100.96
拆出资金净增加额	—	—
返售业务资金净增加额	—	—
支付利息、手续费及佣金的现金	9 862 677.91	2 967 322.27
支付给职工以及为职工支付的现金	511 551 573.40	459 783 705.60
支付的各项税费	580 437 651.01	510 025 145.11
支付其他与经营活动有关的现金	863 849 501.45	81 117 785.91
经营活动现金流出小计	1 812 895 871.53	4 061 241 857.93
经营活动产生的现金流量净额	593 224 353.20	-980 151 324.42
二、投资活动产生的现金流量		
收回投资收到的现金	3 506 475 498.66	2 469 657 993.36
取得投资收益收到的现金	651 563 588.88	202 730 249.03
处置固定资产、无形资产和其他长期资产收回的现金净额	131 420.00	30 020.00
收到其他与投资活动有关的现金	643 969 878.04	1 863 040 081.25
投资活动现金流入小计	4 802 140 385.58	4 535 458 343.64
投资支付的现金	5 195 301 497.28	5 591 723 331.80
购建固定资产、无形资产和其他长期资产支付的现金	435 472 859.24	1 572 756.00
支付其他与投资活动有关的现金	—	—
投资活动现金流出小计	5 630 774 356.52	5 593 296 087.80
投资活动产生的现金流量净额	-828 633 970.94	-1 057 837 744.16
三、筹资活动产生的现金流量		
吸收投资收到的现金	—	3 489 681 286.85
取得借款收到的现金	—	—
发行债券收到的现金	—	—
收到其他与筹资活动有关的现金	2 283 991 600.00	1 990 000 000.00
筹资活动现金流入小计	2 283 991 600.00	5 479 681 286.85
偿还债务支付的现金	—	—
分配股利、利润或偿付利息支付的现金	274 624 460.55	241 609 315.92
支付其他与筹资活动有关的现金	2 458 646 293.57	2 388 432 007.73
筹资活动现金流出小计	2 733 270 754.12	2 630 041 323.65
筹资活动产生的现金流量净额	-449 279 154.12	2 849 639 963.20
四、汇率变动对现金及现金等价物的影响	—	—
五、现金及现金等价物净增加额	-684 688 771.86	811 650 894.62
加：期初现金及现金等价物余额	2 115 419 303.38	1 303 768 408.76
六、期末现金及现金等价物余额	1 430 730 531.52	2 115 419 303.38

现金流量表（母公司）

编制单位：陕西省国际信托股份有限公司　　2023年12月31日　　　　单位：元

项目	2023年度	2022年度
一、经营活动产生的现金流量：	—	—
销售商品、提供劳务收到的现金	—	—
向中央银行借款净增加额	—	—
向其他金融机构拆入资金净增加额	—	—
收取利息、手续费及佣金的现金	2 692 572 454.04	2 220 957 691.80
拆入资金净增加额	—	—
回购业务资金净增加额	-668 242 000.00	572 474 358.56
收到其他与经营活动有关的现金	521 255 826.34	473 593 482.24
经营活动现金流入小计	2 545 586 280.38	3 267 025 532.60
客户贷款及垫款净增加额	-49 110 201.60	2 865 000 000.00
为交易目的而持有的金融资产净增加额	-305 957 226.92	448 877 064.87
拆出资金净增加额	—	—
返售业务资金净增加额	—	—
支付手续费及佣金的现金	9 862 677.91	2 967 322.27
支付给职工以及为职工支付的现金	511 551 573.40	459 783 705.60
支付的各项税费	559 376 041.86	510 025 145.11
支付其他与经营活动有关的现金	856 750 341.42	76 116 566.67
经营活动现金流出小计	1 582 473 206.07	4 362 769 804.52
经营活动产生的现金流量净额	963 113 074.31	-1 095 744 271.92
二、投资活动产生的现金流量		
收回投资收到的现金	1 705 083 213.39	2 622 569 986.29
取得投资收益收到的现金	237 638 000.13	125 651 757.26
处置固定资产、无形资产和其他长期资产收回的现金净额	131 420.00	30 020.00
收到其他与投资活动有关的现金	—	—
投资活动现金流入小计	1 942 852 633.52	2 748 251 763.55
投资支付的现金	2 706 798 096.84	3 725 023 324.99
购建固定资产、无形资产和其他长期资产支付的现金	435 472 859.24	1 572 756.00
支付其他与投资活动有关的现金	—	—
投资活动现金流出小计	3 142 270 956.08	3 726 596 080.99
投资活动产生的现金流量净额	-1 199 418 322.56	-978 344 317.44
三、筹资活动产生的现金流量		
吸收投资收到的现金	—	3 489 681 286.85
取得借款收到的现金	—	—
发行债券收到的现金	—	—
收到其他与筹资活动有关的现金	2 283 991 600.00	1 990 000 000.00
筹资活动现金流入小计	2 283 991 600.00	5 479 681 286.85
偿还债务支付的现金	—	—
分配股利、利润或偿付利息支付的现金	274 624 460.55	241 609 315.92
支付其他与筹资活动有关的现金	2 458 646 293.57	2 388 432 007.73
筹资活动现金流出小计	2 733 270 754.12	2 630 041 323.65
筹资活动产生的现金流量净额	-449 279 154.12	2 849 639 963.20
四、汇率变动对现金及现金等价物的影响	—	—
五、现金及现金等价物净增加额	-685 584 402.37	775 551 373.84
加：期初现金及现金等价物余额	2 057 717 253.74	1 282 165 879.90
六、期末现金及现金等价物余额	1 372 132 851.37	2 057 717 253.74

8.4 所有者权益变动表

所有者权益变动表（合并）

编制单位：陕西省国际信托股份有限公司　　2023年度　　单位：元

项目	股本	其他权益工具 优先股	其他权益工具 永续债	其他权益工具 其他	资本公积	减：库存股	其他综合收益	信托赔偿准备金	盈余公积	一般风险准备	未分配利润	其他	小计	少数股东权益	股东权益合计
一、上年期末余额	5 113 970 358.00	—	—	—	6 451 671 270.04	—	−43 921 234.38	293 482 474.87	598 943 042.14	234 317 143.06	3 569 253 018.36	—	16 217 716 072.09	—	16 217 716 072.09
加：会计政策变更	—	—	—	—	—	—	—	—	—	—	—	—	—	—	—
前期差错更正	—	—	—	—	—	—	—	—	—	—	—	—	—	—	—
其他	—	—	—	—	—	—	—	—	—	—	—	—	—	—	—
二、本年期初余额	5 113 970 358.00	—	—	—	6 451 671 270.04	—	−43 921 234.38	293 482 474.87	598 943 042.14	234 317 143.06	3 569 253 018.36	—	16 217 716 072.09	—	16 217 716 072.09
三、本期增减变动金额（减少以"−"号填列）	—	—	—	—	—	—	−57 786 801.88	54 124 082.41	108 248 164.82	21 640 623.99	745 052 819.90	—	871 278 889.24	—	871 278 889.24
（一）综合收益总额	—	—	—	—	—	—	−57 786 801.88	—	—	—	1 082 484 801.86	—	1 024 697 999.98	—	1 024 697 999.98
（二）所有者投入和减少资本	—	—	—	—	—	—	—	—	—	—	—	—	—	—	—
1.所有者投入的普通股	—	—	—	—	—	—	—	—	—	—	—	—	—	—	—
2.其他权益工具持有者投入资本	—	—	—	—	—	—	—	—	—	—	—	—	—	—	—
3.股份支付计入所有者权益的金额	—	—	—	—	—	—	—	—	—	—	—	—	—	—	—
4.其他	—	—	—	—	—	—	—	—	—	—	—	—	—	—	—
（三）利润分配	—	—	—	—	—	—	—	54 124 082.41	108 248 164.82	21 640 623.99	−337 431 981.96	—	−153 419 110.74	—	−153 419 110.74
1.提取盈余公积	—	—	—	—	—	—	—	—	108 248 164.82	—	−108 248 164.82	—	—	—	—
2.提取一般风险准备	—	—	—	—	—	—	—	—	—	21 640 623.99	−21 640 623.99	—	—	—	—
3.对所有者（或股东）的分配	—	—	—	—	—	—	—	—	—	—	−153 419 110.74	—	−153 419 110.74	—	−153 419 110.74
4.提取信托赔偿准备金	—	—	—	—	—	—	—	54 124 082.41	—	—	−54 124 082.41	—	—	—	—
5.其他	—	—	—	—	—	—	—	—	—	—	—	—	—	—	—
（四）所有者权益内部结转	—	—	—	—	—	—	—	—	—	—	—	—	—	—	—
1.资本公积转增资本（或股本）	—	—	—	—	—	—	—	—	—	—	—	—	—	—	—
2.盈余公积转增资本（或股本）	—	—	—	—	—	—	—	—	—	—	—	—	—	—	—
3.盈余公积弥补亏损	—	—	—	—	—	—	—	—	—	—	—	—	—	—	—
4.设定受益计划变动额结转留存收益	—	—	—	—	—	—	—	—	—	—	—	—	—	—	—
5.其他综合收益结转留存收益	—	—	—	—	—	—	—	—	—	—	—	—	—	—	—
6.其他	—	—	—	—	—	—	—	—	—	—	—	—	—	—	—
四、本期期末余额	5 113 970 358.00	—	—	—	6 451 671 270.04	—	−101 708 036.26	347 606 557.28	707 191 206.96	255 957 767.05	4 314 305 838.26	—	17 088 994 961.33	—	17 088 994 961.33

所有者权益变动表（合并）

2022年度

编制单位：陕西省国际信托股份有限公司

单位：元

项目	股本	其他权益工具 优先股	其他权益工具 永续债	其他权益工具 其他	资本公积	减：库存股	其他综合收益	信托赔偿准备金	盈余公积	一般风险准备	未分配利润	其他	小计	少数股东权益	股东权益合计
一、上年期末余额	3 964 012 846.00	—	—	—	4 111 493 528.32	—	199 705 142.12	251 583 558.47	515 145 209.33	167 683 317.26	3 042 522 239.04	—	12 252 145 840.54	—	12 252 145 840.54
加：会计政策变更	—	—	—	—	—	—	—	—	—	—	—	—	—	—	—
前期差错更正	—	—	—	—	—	—	—	—	—	—	—	—	—	—	—
其他	—	—	—	—	—	—	—	—	—	—	—	—	—	—	—
二、本年期初余额	3 964 012 846.00	—	—	—	4 111 493 528.32	—	199 705 142.12	251 583 558.47	515 145 209.33	167 683 317.26	3 042 522 239.04	—	12 252 145 840.54	—	12 252 145 840.54
三、本期增减变动金额（减少以"-"号填列）	1 149 957 512.00	—	—	—	2 340 177 741.72	—	-243 626 376.50	41 898 916.40	83 797 832.81	66 633 825.80	526 730 779.32	—	3 965 570 231.55	—	3 965 570 231.55
（一）综合收益总额	—	—	—	—	—	—	-243 626 376.50	—	—	—	837 981 739.71	—	594 355 363.21	—	594 355 363.21
（二）所有者投入和减少资本	1 149 957 512.00	—	—	—	2 340 177 741.72	—	—	—	—	—	—	—	3 490 135 253.72	—	3 490 135 253.72
1.所有者投入的普通股	1 149 957 512.00	—	—	—	2 340 177 741.72	—	—	—	—	—	—	—	3 490 135 253.72	—	3 490 135 253.72
2.其他权益工具持有者投入资本	—	—	—	—	—	—	—	—	—	—	—	—	—	—	—
3.股份支付计入所有者权益的金额	—	—	—	—	—	—	—	—	—	—	—	—	—	—	—
4.其他	—	—	—	—	—	—	—	—	—	—	—	—	—	—	—
（三）利润分配	—	—	—	—	—	—	—	—	83 797 832.81	66 633 825.80	-311 250 960.39	—	-118 920 385.38	—	-118 920 385.38
1.提取盈余公积	—	—	—	—	—	—	—	—	83 797 832.81	—	-83 797 832.81	—	—	—	—
2.提取一般风险准备	—	—	—	—	—	—	—	—	—	66 633 825.80	-66 633 825.80	—	—	—	—
3.对股东的分配	—	—	—	—	—	—	—	—	—	—	-118 920 385.38	—	-118 920 385.38	—	-118 920 385.38
4.提取信托赔偿准备	—	—	—	—	—	—	—	41 898 916.40	—	—	-41 898 916.40	—	—	—	—
5.其他	—	—	—	—	—	—	—	—	—	—	—	—	—	—	—
（四）所有者权益内部结转	—	—	—	—	—	—	—	—	—	—	—	—	—	—	—
1.资本公积转增资本（或股本）	—	—	—	—	—	—	—	—	—	—	—	—	—	—	—
2.盈余公积转增资本（或股本）	—	—	—	—	—	—	—	—	—	—	—	—	—	—	—
3.盈余公积弥补亏损	—	—	—	—	—	—	—	—	—	—	—	—	—	—	—
4.设定受益计划变动额结转留存收益	—	—	—	—	—	—	—	—	—	—	—	—	—	—	—
5.其他综合收益结转留存收益	—	—	—	—	—	—	—	—	—	—	—	—	—	—	—
6.其他	—	—	—	—	—	—	—	—	—	—	—	—	—	—	—
四、本期期末余额	5 113 970 358.00	—	—	—	6 451 671 270.04	—	-43 921 234.38	293 482 474.87	598 943 042.14	234 317 143.06	3 569 253 018.36	—	16 217 716 072.09	—	16 217 716 072.09

所有者权益变动表（母公司）

编制单位：陕西省国际信托股份有限公司　　2023年度　　单位：元

项目	股本	其他权益工具 优先股	其他权益工具 永续债	其他权益工具 其他	资本公积	减：库存股	其他综合收益	信托赔偿准备金	盈余公积	一般风险准备金	未分配利润	股东权益合计
一、上年期末余额	5 113 970 358.00	—	—	—	6 451 671 270.04	—	-43 921 234.38	293 482 474.87	598 943 042.14	234 317 143.06	3 569 249 606.65	16 217 712 660.38
加：会计政策变更	—	—	—	—	—	—	—	—	—	—	—	—
前期差错更正	—	—	—	—	—	—	—	—	—	—	—	—
其他	—	—	—	—	—	—	—	—	—	—	—	—
二、本年期初余额	5 113 970 358.00	—	—	—	6 451 671 270.04	—	-43 921 234.38	293 482 474.87	598 943 042.14	234 317 143.06	3 569 249 606.65	16 217 712 660.38
三、本期增减变动金额（减少以"-"号填列）	—	—	—	—	—	—	-57 786 801.88	54 124 082.41	108 248 164.82	21 640 623.99	745 049 666.16	871 275 735.50
（一）综合收益总额	—	—	—	—	—	—	-57 786 801.88	—	—	—	1 082 481 648.12	1 024 694 846.24
（二）所有者投入和减少资本	—	—	—	—	—	—	—	—	—	—	—	—
1.所有者投入的普通股	—	—	—	—	—	—	—	—	—	—	—	—
2.其他权益工具持有者投入资本	—	—	—	—	—	—	—	—	—	—	—	—
3.股份支付计入所有者权益的金额	—	—	—	—	—	—	—	—	—	—	—	—
4.其他	—	—	—	—	—	—	—	—	—	—	—	—
（三）利润分配	—	—	—	—	—	—	—	54 124 082.41	108 248 164.82	21 640 623.99	-337 431 981.96	-153 419 110.74
1.提取盈余公积	—	—	—	—	—	—	—	—	108 248 164.82	—	-108 248 164.82	—
2.提取一般风险准备	—	—	—	—	—	—	—	—	—	21 640 623.99	-21 640 623.99	—
3.对所有者（或股东）的分配	—	—	—	—	—	—	—	—	—	—	-153 419 110.74	-153 419 110.74
4.提取信托赔偿准备金	—	—	—	—	—	—	—	54 124 082.41	—	—	-54 124 082.41	—
5.其他	—	—	—	—	—	—	—	—	—	—	—	—
（四）所有者权益内部结转	—	—	—	—	—	—	—	—	—	—	—	—
1.资本公积转增资本（或股本）	—	—	—	—	—	—	—	—	—	—	—	—
2.盈余公积转增资本（或股本）	—	—	—	—	—	—	—	—	—	—	—	—
3.盈余公积弥补亏损	—	—	—	—	—	—	—	—	—	—	—	—
4.设定受益计划变动额结转留存收益	—	—	—	—	—	—	—	—	—	—	—	—
5.其他综合收益结转留存收益	—	—	—	—	—	—	—	—	—	—	—	—
6.其他	—	—	—	—	—	—	—	—	—	—	—	—
四、本期期末余额	5 113 970 358.00	—	—	—	6 451 671 270.04	—	-101 708 036.26	347 606 557.28	707 191 206.96	255 957 767.05	4 314 299 272.81	17 088 988 395.88

所有者权益变动表（母公司）
2022年度

编制单位：陕西省国际信托股份有限公司

单位：元

项目	股本	其他权益工具 优先股	其他权益工具 永续债	其他权益工具 其他	资本公积	减：库存股	其他综合收益	信托赔偿准备金	盈余公积	一般风险准备	未分配利润	股东权益合计
一、上年期末余额	3 964 012 846.00	—	—	—	4 111 493 528.32	—	199 705 142.12	251 583 558.47	515 145 209.33	167 683 317.26	3 042 522 239.04	12 252 145 840.54
加：会计政策变更	—	—	—	—	—	—	—	—	—	—	—	—
前期差错更正	—	—	—	—	—	—	—	—	—	—	—	—
其他	—	—	—	—	—	—	—	—	—	—	—	—
二、本年期初余额	3 964 012 846.00	—	—	—	4 111 493 528.32	—	199 705 142.12	251 583 558.47	515 145 209.33	167 683 317.26	3 042 522 239.04	12 252 145 840.54
三、本期增减变动金额（减少以"-"号填列）	1 149 957 512.00	—	—	—	2 340 177 741.72	—	-243 626 376.50	41 898 916.40	83 797 832.81	66 633 825.80	526 727 367.61	3 965 566 819.84
（一）综合收益总额	—	—	—	—	—	—	-243 626 376.50	—	—	—	837 978 328.00	594 351 951.50
（二）所有者投入和减少资本	1 149 957 512.00	—	—	—	2 340 177 741.72	—	—	—	—	—	—	3 490 135 253.72
1.所有者投入的普通股	1 149 957 512.00	—	—	—	2 340 177 741.72	—	—	—	—	—	—	3 490 135 253.72
2.其他权益工具持有者投入资本	—	—	—	—	—	—	—	—	—	—	—	—
3.股份支付计入所有者权益的金额	—	—	—	—	—	—	—	—	—	—	—	—
4.其他	—	—	—	—	—	—	—	—	—	—	—	—
（三）利润分配	—	—	—	—	—	—	—	41 898 916.40	83 797 832.81	66 633 825.80	-311 250 960.39	-118 920 385.38
1.提取盈余公积	—	—	—	—	—	—	—	—	83 797 832.81	—	-83 797 832.81	—
2.提取一般风险准备	—	—	—	—	—	—	—	—	—	66 633 825.80	-66 633 825.80	—
3.对股东的分配	—	—	—	—	—	—	—	—	—	—	-118 920 385.38	-118 920 385.38
4.提取信托赔偿准备	—	—	—	—	—	—	—	41 898 916.40	—	—	-41 898 916.40	—
5.其他	—	—	—	—	—	—	—	—	—	—	—	—
（四）所有者权益内部结转	—	—	—	—	—	—	—	—	—	—	—	—
1.资本公积转增资本（或股本）	—	—	—	—	—	—	—	—	—	—	—	—
2.盈余公积转增资本（或股本）	—	—	—	—	—	—	—	—	—	—	—	—
3.盈余公积弥补亏损	—	—	—	—	—	—	—	—	—	—	—	—
4.设定受益计划变动额结转留存收益	—	—	—	—	—	—	—	—	—	—	—	—
5.其他综合收益结转留存收益	—	—	—	—	—	—	—	—	—	—	—	—
6.其他	—	—	—	—	—	—	—	—	—	—	—	—
四、本期期末余额	5 113 970 358.00	—	—	—	6 451 671 270.04	—	-43 921 234.38	293 482 474.87	598 943 042.14	234 317 143.06	3 569 249 606.65	16 217 712 660.38

上海爱建信托有限责任公司

1.重要提示

1.1 本公司董事会及董事保证本报告内容的真实、准确和完整，不存在重大错报及虚假记载、误导性陈述或重大遗漏，并对其承担个别及连带责任。

1.2 独立董事叶建芳、吴斌、黄辉认为本报告：公司年报所记载的资料不存在重大错报及虚假记载，也没有误导性陈述和重大遗漏，本报告的内容真实、准确、完整。

1.3 本公司年度财务报告已经立信会计师事务所（特殊普通合伙）根据中国注册会计师审计准则审计，并出具了标准无保留意见的审计报告。

1.4 公司董事长徐众华，副总经理（代行总经理职权）吴淳，分管财务负责人兼财务负责人王成兵声明：保证年度报告中财务报告的真实、完整。

2.公司概况

2.1 公司简介

公司法定中文名称：上海爱建信托有限责任公司

中文缩写：爱建信托

公司法定英文名称：SHANGHAI AJ TRUST CO., LTD. 缩写：AJT

法定代表人：徐众华

注册地址：上海市徐汇区肇嘉浜路746号3~8层

邮政编码：200030

办公地址：上海市徐汇区肇嘉浜路746号3~8层

邮政编码：200030

国际互联网网址：http://www.ajxt.com.cn

电子信箱：ajmail-1@ajfc.com.cn

信息披露事务负责人：朱建高

联系电话：021-33564008 传真：021-64392072 电子信箱：zjg@ajfc.com.cn

信息披露报纸名称：《上海证券报》

年度报告备置地点：公司各客户服务网点

聘请的会计师事务所：立信会计师事务所（特殊普通合伙）

住所：上海市黄浦区南京东路61号4楼

2.2 组织结构

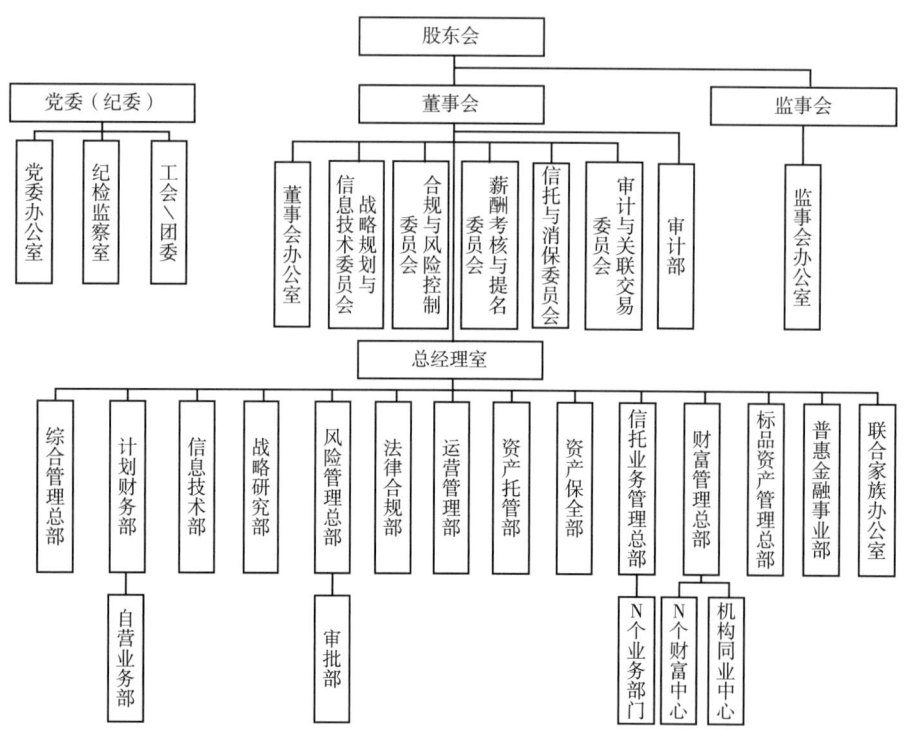

3. 公司治理结构

3.1 股东

股东名称	持股比例(%)	出资额(万元)	法定代表人	注册资本(万元)	注册地址	主要经营业务及主要财务情况
★上海爱建集团股份有限公司	99.33	457 200.00	王均金	162 192.2452	上海浦东新区泰谷路168号	许可项目：货物进出口（依法须经批准的项目，经相关部门批准后方可开展经营活动，具体经营项目以相关部门批准文件或许可证件为准）一般项目：实业投资，投资管理；商务咨询；建筑用钢筋产品销售；建筑材料销售；煤炭及制品销售；金属材料销售；化工产品销售（不含许可类化工产品）；石油制品销售（不含危险化学品）（除依法须经批准的项目外，凭营业执照依法自主开展经营活动）2023年营业总收入241 799.12万元，归属于母公司股东的净利润9 950.15万元
上海爱建纺织品有限公司	0.33	1 534.2282	潘飚	1 800	上海香港路59号	针纺织品、建筑装饰材料、纺织原料（除棉花）、服装（含加工）、服饰及辅料、百货、从事货物及技术进出口业务、附设分支 2023年营业收入26.43万元，净利润-312.10万元
上海爱建进出口有限公司	0.33	1 534.2282	吴宪华	3 400	上海市浦东新区东方路1988号6层758席位	经营和代理除国家组织统一经营的进出口商品外的商品及技术的进出口业务，经营进料加工和"三来一补"业务，经营对销贸易和转口贸易业务，从事对外经济贸易咨询服务，从事出口基地实业投资业务，金属材料、钢材、焦炭、冶金产品、矿产品、化工原料及产品（危险化学品凭许可证经营）、润滑油、燃料油、沥青、建筑材料、汽车、机电设备、通信设备、环保设备、食用农产品、电子产品、日用百货、仪器仪表的销售，煤炭经营，食品销售 2023年营业收入25 923.30万元，净利润26.12万元

注：★表明：股东之间存在关联关系，上海爱建集团股份有限公司为上海爱建纺织品有限公司和上海爱建进出口有限公司的唯一股东。

3.1.1 报告期末主要股东及其控股股东、实际控制人、关联方、一致行动人、最终受益人情况

3.1.1.1 2023年末公司主要股东上海爱建集团股份有限公司控股股东、实际控制人、一致行动人、最终受益人情况

截至2023年12月31日，公司主要股东上海爱建集团股份有限公司的控股股东为上海均瑶（集团）有限公司，持股比例29.80%，实际控制人为王均金先生，具体情况如下图所示。

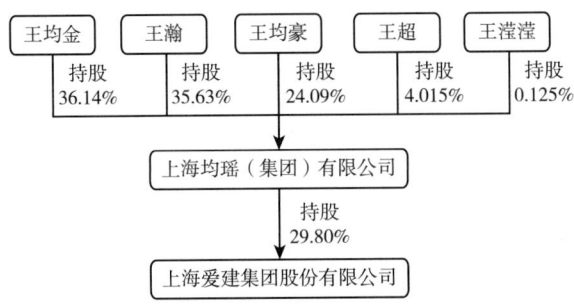

注：2021年8月24日，王均金先生、王瀚先生签署《一致行动人协议》，王瀚先生决策意见与王均金先生保持一致，协议期限为5年。

3.1.1.2 2023年末公司主要股东上海爱建集团股份有限公司关联方清单如下表所示。

关联名称	关联名称
上海均瑶（集团）有限公司	无锡市景信咨询有限公司
上海华瑞银行股份有限公司	芜湖双翼航空装备科技有限公司
上海吉祥航空股份有限公司	武汉均阳拆迁有限公司
湖北均瑶大健康饮品股份有限公司	武汉均阳房地产管理有限公司

续表1

关联名称	关联名称
上海均瑶国际广场有限公司	武汉均阳房屋征收服务有限公司
上海华瑞金融科技有限公司	武汉均阳房屋置换经纪有限公司
上海均邦新材料科技有限公司	武汉均阳经贸有限责任公司
上海均瑶科创信息技术有限公司	武汉均阳物业管理有限公司
上海均瑶汽车贸易有限公司	武汉均阳养老服务有限公司
上海世外教育服务发展有限公司	温州上海世外学校
上海均瑶世外教育科技（集团）有限责任公司	上海吉祥航空股份有限公司江苏分公司
上海派瑞物业管理有限公司	上海金山区世外学校
唐山均瑶贸易有限公司	上海青浦区世外学校
上海智邦创业投资有限公司	上海青浦区世界外国语幼儿园
上海风寻科技有限公司	上海喜鹊到网络技术有限公司
均瑶集团航空服务有限公司	上海均瑶心宇数科有限公司
上海宝镜征信服务股份有限公司	吉祥拾号（天津）租赁有限责任公司
宜昌均瑶国际广场有限公司	吉祥拾壹号（天津）租赁有限责任公司
江苏无锡商业大厦集团有限公司	吉祥拾贰号（天津）租赁有限责任公司
安徽陶铝新动力科技有限公司	上海仿众企业管理合伙企业（有限合伙）
上海华模科技有限公司	九元贰号（天津）租赁有限公司
安徽陶铝新材料研究院有限公司	九元叁号（天津）租赁有限公司
上海前瞻新材料科技有限公司	宜兴市旧机动车经纪事务所
上海均瑶航空投资有限公司	上海励鲲企业管理有限公司
上海冠英超科投资管理合伙企业（有限合伙）	上海均瑶云商网络科技有限公司
上海国瑞企业管理合伙企业（有限合伙）	金华联济医院有限公司
冠英一期股权投资（上海）合伙企业（有限合伙）	广州爱贝医疗服务有限公司
宜昌新世界商业管理有限公司	杭州雅恩健康管理有限公司
上海冠英清甲投资管理合伙企业（有限合伙）	无锡市明盛贸易有限公司

续表2

关联名称	关联名称
上海冠英清乙投资管理合伙企业（有限合伙）	南通君泰汽车销售服务有限公司
上海均祥贰号飞机租赁有限责任公司	无锡市金城湾埃安汽车销售服务有限公司
上海均祥叁号飞机租赁有限责任公司	无锡市东方之星汽车销售服务有限公司
上海均祥壹号飞机租赁有限责任公司	九元壹号（天津）租赁有限公司
上海宝银金银制品有限公司	上海微升态科技有限公司
无锡东方吉羊汽车销售服务有限公司	宿迁东方君轩汽车销售服务有限公司
无锡鸿众汽车销售服务有限公司	健高医疗技术（上海）有限公司
湖北均瑶恩赐天然矿泉水有限公司	泛缘（上海）供应链有限公司
无锡东方海达汽车销售有限公司	沭阳县中心医院有限公司
无锡中威丰田汽车销售服务有限公司	云度新能源汽车有限公司
武汉均瑶房地产开发有限公司	珠海宇诚投资中心（有限合伙）
上海均瑶国际航空旅行社有限公司	上海徐汇区桃源进修学校
上海东瑞保险代理有限公司	上海市世外小学
无锡商业大厦大东方股份有限公司	上海市世外中学
上海世外智慧教育科技有限公司	上海宝山区世外学校
芜湖和美航空科技有限公司	上海嘉定区世外学校
上海风寻信息技术有限公司	杭州上海世外学校
广州风寻科技有限公司	杭州上海世外中学
上海科稷网络技术有限公司	杭州世外外籍人员子女学校
无锡大东方伊酷童有限公司	宁波上海世外学校
重庆市爱重庆无线局域网建设运营有限公司	合肥世外学校
上海筌韵企业管理有限公司	合肥上海世外幼儿园
上海卓澍企业管理有限公司	温州世外高级中学
上海源昱文化艺术服务有限公司	宁波前湾新区均瑶世外幼儿园有限公司
安徽前瞻新材料科技有限公司	嘉兴市上海世界外国语高级中学
均瑶集团上海食品有限公司	上海青弦科技有限公司
均瑶食品（衢州）有限公司	长兴新奥长汽车销售有限公司
上海均瑶天然矿泉水有限公司	吉祥智驱动力电池有限责任公司
上海奇梦星食品有限公司	广州云度新能源汽车销售有限公司
均瑶润盈生物科技（上海）有限公司	北京云度新能源汽车销售有限公司
上海璟瑞企业管理有限公司	厦门云安鹭新能源汽车销售有限公司
上海均瑶后生元科技有限公司	福州云宸新能源汽车销售有限公司
上海吉祥航空物流有限公司	天津云度新能源汽车销售有限公司
上海吉道航企业管理有限公司	深圳云度新能源汽车有限公司
上海淘旅行网络科技有限公司	云度新能源汽车销售服务（莆田）有限公司
上海吉祥航空香港有限公司	扬州弘创股权投资合伙企业（有限合伙）
九元航空有限公司	上海锦宸行供应链有限公司
上海吉宁文化传媒有限公司	上海吉祥智驱新能源汽车有限公司
上海吉祥航空服务有限公司	上海诺瑞均健康科技有限公司
广州九恒基础设施投资运营有限公司	温州均瑶集团有限公司
贵州省九元航商贸有限公司	上海均羲企业管理有限公司
无锡商业大厦集团东方汽车有限公司	北京标准时航空机票服务有限公司
宜兴福美汽车销售服务有限公司	温州市天龙包机实业有限公司
江苏百业百惠商超管理有限公司	朔时链科技（上海）有限公司
无锡商业大厦集团东方电器有限公司	温州均瑶物业服务有限公司
无锡市吟春大厦商贸有限公司	宜昌均瑶贸易有限公司

续表3

关联名称	关联名称
无锡市三凤桥肉庄有限责任公司	上海均瑶如意文化发展有限公司
无锡市新纪元汽车贸易集团有限公司	上海赣商科技股份有限公司
无锡商业大厦东方百业超市有限公司	上海超导科技股份有限公司
无锡东方易谷信息技术有限公司	当阳市均瑶贸易有限公司
南通海门大东方百货有限公司	温州琴圣古琴文化有限公司
无锡市三凤桥食品有限责任公司	上海云姜生物科技有限公司
无锡新动广告有限公司	上海歆润商务咨询有限公司
湖北东方美邻便利店有限公司	上海矿石国际交易中心有限公司
南通东沃汽车销售服务有限公司	上海瀚隽企业咨询有限公司
南通东方鼎辰汽车销售服务有限公司	上海恩孚易信息技术有限公司
无锡东方上工维修连锁有限公司	上海流韵投资合伙企业（有限合伙）
长兴奥长汽车销售服务有限公司	上海沁泷商务咨询有限公司
无锡东信机动车拍卖有限公司	广东空港城投资有限公司
无锡东方鸿达汽车销售服务有限公司	上海先榜投资有限公司
无锡东方誉众汽车销售服务有限公司	宁波起元股权投资合伙企业（有限合伙）
无锡市东方驰诺汽车销售服务有限公司	西部新时代能源投资股份有限公司
无锡东方丽通汽车销售服务有限公司	嘉简网络科技（上海）有限公司
无锡市东方运通汽车销售服务有限公司	国联信托股份有限公司
南通东方泓通汽车销售服务有限公司	宜昌均瑶房地产开发有限公司
无锡东方永通汽车销售服务有限公司	宜昌平湖融资担保有限公司
镇江东方辰通汽车销售服务有限公司	宜昌大南门城市更新商务运营有限公司
无锡东方富翔汽车销售服务有限公司	空地互联网络科技股份有限公司
宿迁东方富泰汽车销售服务有限公司	黄山市黄山太平湖白鹭宾馆有限公司
无锡东方龙泰汽车销售服务有限公司	宁波汝贤股权投资合伙企业（有限合伙）
宜兴东方沃邦汽车销售服务有限公司	上海浦东新区康信小额贷款有限公司
无锡东方北现汽车销售服务有限公司	上海海外联合投资股份有限公司
无锡神龙汽车销售服务有限公司	上海徐汇富瑞小额贷款有限公司
无锡东方福美汽车销售服务有限公司	上海富申评估咨询集团
无锡东凯驰汽车服务有限公司	上海汇金融资担保有限公司
无锡东方美通汽车销售服务有限公司	豪升电子有限公司
无锡市东方润驰汽车销售服务有限公司	上海沃升私募基金管理有限公司
江阴东方沃邦汽车销售服务有限公司	上海恒保钟表有限公司
无锡东方鸿润汽车销售服务有限公司	上海段和段律师事务所
无锡东方荣昌汽车销售服务有限公司	上海金浦投资管理有限公司
宿迁东方谊通汽车销售服务有限公司	上海麟兮企业管理中心
无锡东方富日汽车销售服务有限公司	上海工商界爱国建设特种基金会
无锡东方汽车用品超市有限公司	广州产业投资基金管理有限公司
无锡东方乐通汽车销售服务有限公司	上海华豚企业管理有限公司
苏州盛泽宝致行汽车销售服务有限公司	广州汇垠天粤股权投资基金管理有限公司
无锡东方瑞风汽车销售服务有限公司	广州基金国际股权投资基金管理有限公司
江苏东方二手车交易市场有限公司	王均金
无锡东方泓玖机动车安全技术检测有限公司	王瀚
无锡东方亚科二手车鉴定评估有限公司	王均豪
无锡东方吉祥汽车销售服务有限公司	侯福宁
无锡东方凯辰汽车销售服务有限公司	蒋海龙
江阴东方汇达汽车销售服务有限公司	马金
无锡市新纪元众友汽车销售服务有限公司	胡爱军

续表4

关联名称	关联名称
无锡市龙顺汽车销售服务有限公司	荣智丰
无锡市众达汽车销售服务有限公司	段祺华
无锡市祥顺汽车销售服务有限公司	岳克胜
无锡市旧机动车交易市场有限公司	李健
无锡奥骐汽车销售服务有限公司	范永进
无锡市三凤桥食品专卖有限责任公司	樊芸
安徽相泰汽车底盘部件有限公司	裴学龙
安徽相腾汽车科技有限公司	虞晓东
淮北市陶铝新材料产业股权投资合伙企业（有限合伙）	方蕾
吉祥捌号（天津）租赁有限责任公司	邹红云
吉祥贰号（天津）租赁有限公司	吴季花
吉祥玖号（天津）租赁有限公司	赵德源
吉祥陆号（天津）租赁有限公司	李兵
吉祥柒号（天津）租赁有限公司	钱克流
吉祥叁号（天津）租赁有限公司	陈体理
吉祥肆号（天津）租赁有限公司	张维华
吉祥伍号（天津）租赁有限公司	徐俭
吉祥壹号（天津）租赁有限公司	高兵华
均瑶食品（淮北）有限公司	尤永石
上海涵创医疗器械有限公司	林乃机
上海涵谏医院管理有限公司	纪广平
上海航鹏信息科技有限公司	叶进琦
上海吉道航新能源发展合伙企业（有限合伙）	王妍人
上海吉祥航空餐饮管理有限公司	王佳煜
上海金扳手信息科技股份有限公司	王宝弟

续表5

关联名称	关联名称
上海均祥海航空发展有限公司	王苏仙
上海均瑶医疗健康科技有限公司	王尾仙
上海君信科创股权投资基金合伙企业（有限合伙）	朱晓捷
上海酷童企业管理合伙企业（有限合伙）	王晨晨
上海陶铝新材料科技有限公司	王乐者
上海曦微教育科技有限公司	陈李媛
上海祥海瑞航合伙企业（有限合伙）	徐红燕
上海养道食品有限公司	王滢滢
无锡德鑫汽车销售有限公司	王超
无锡三凤桥餐饮管理服务有限公司	—

3.1.2 报告期内公司发生的关联交易情况

详见6.6关联方关系及其交易的披露。

3.1.3 报告期内股东违反承诺质押信托公司股权或以股权及其受（收）益权设立信托等金融产品的情况

无。

3.1.4 报告期内股东提名董事、监事情况

股东提名董事情况详见董事长、副董事长、董事和独立董事明细表。

股东提名监事情况详见监事会成员明细表。

3.1.5 已向国务院银行业监督管理机构或其派出机构提交行政许可申请但尚未获得批准的事项

无。

3.2 董事

姓名	职务	性别	年龄（岁）	选任日期	所推举的股东名称	该股东持股比例（%）	简要履历
徐众华	董事长	男	63	2020年1月22日	上海爱建集团股份有限公司	99.33	曾任建行浙江省分行副行长、上海市分行风险总监、党委副书记、副行长（正行级）；兼任上海国际航运中心建设专家委员会委员、上海国际航运研究中心航运金融研究所所长、上海市浙江商会副会长等社会职务。现任爱建信托董事长、党委副书记
吴文新	董事	男	57	2016年12月9日	上海爱建集团股份有限公司	99.33	曾任上海市松江区农业局员工、中国建设银行松江支行副行长、奉贤支行行长、宝钢宝山支行行长、上海市分行公司部总经理、上海华瑞银行副行长。现任爱建集团党委委员、董事长助理、爱建信托董事
吴淳	董事	男	51	2016年12月9日	上海爱建集团股份有限公司	99.33	曾任上海爱建信托有限责任公司信贷部信贷员、信贷部本币一科副科长、信贷业务科副科长、资金信托客户经理、资金信托总部副总经理、资金信托总部总经理、金融机构总部总经理；爱建信托总经理助理、副总经理。现任爱建信托董事、党委书记、副总经理（代行总经理职权）
李兵	董事	男	53	2023年2月28日	上海爱建集团股份有限公司	99.33	曾任中国东方航空山东分公司财务处处长、客货销售公司副总经理；中国东方航空公司新加坡办事处地区财务经理；上海吉祥航空股份有限公司财务部总经理、财务总监；上海均瑶（集团）有限公司资金管理部总经理、集团公司办公室主任。现任上海爱建集团股份有限公司董事会秘书、财务总监（财务负责人）、爱建信托董事
王成兵	董事	男	51	2023年2月28日	上海爱建集团股份有限公司	99.33	曾任中国农业银行江苏省徐州市分行信贷、财务；上海均瑶（集团）有限公司财务主管、财务经理、财务高级经理、融资高级经理、财务总监助理、财务部副总经理；上海华瑞融资租赁有限公司总经理助理、计财部总经理；上海爱建集团股份有限公司财务管理总部副总经理（主持工作）、总经理。现任爱建信托董事、党委委员、财务总监兼计财部总经理
蒋洪	董事	男	62	2022年8月29日	上海爱建集团股份有限公司	99.33	曾任国防科技大学计算机系教员、讲师；中国工商银行上海分行计算机中心总控室工程师；上海城市信用社联社会计稽核部计算机组组长；上海城市合作银行科技部副总经理、科技部总经理、上海银行科技部总经理、副总工程师、总工程师、副行长、党委委员；上海华瑞银行副行长兼首席信息官。现任爱建信托董事

注：公司董事会于2023年2月28日换届，侯学东、赵德源不再担任公司董事。

独立董事

姓名	职务	性别	年龄（岁）	选任日期	所推举的股东名称	该股东持股比例（%）	简要履历
叶建芳	独立董事	女	57	2023年2月28日	独立董事	—	曾任上海财经大学会计学院助教、讲师、副教授；恺英网络股份有限公司独立董事；雅本化学股份有限公司独立董事；苏州银行股份有限公司独立董事；科博达技术股份有限公司独立董事；上海市市北高新股份有限公司独立董事；斯微（上海）生物科技股份有限公司独立董事。现任上海财经大学会计学院博士生导师、教授；爱建信托独立董事；上海市氯碱化工股份有限公司独立董事；上海新动力汽车科技股份有限公司独立董事；上海浦东发展银行股份有限公司独立董事；苏州银行股份有限公司外部监事

注：公司董事会于2023年2月28日换届，潘飞、吴斌、黄辉不再担任公司独立董事。但为满足监管要求及公司章程等规定，2023年度吴斌、黄辉仍实际履职。

3.3 监事

姓名	职务	性别	年龄（岁）	选任日期	所推举的股东名称	该股东持股比例（%）	简要履历
胡爱军	监事长	男	53	2018年12月26日	上海爱建集团股份有限公司	99.33	曾任共青团上海市委组织部副部长、管理信息部部长，上海市信息化委员会征信行业监管处处长、上海市经济和信息化委员会信用管理处处长，爱建集团总经理助理、监事会副主席（代行监事会主席职权）等，爱建信托党委书记。现任爱建集团董事、副总裁、纪委书记、党委委员，爱建信托监事长
武彪	监事	男	52	2020年1月22日	上海爱建集团股份有限公司	99.33	曾任农业银行平凉分行计划财务部科员；中泰信托有限责任公司总裁业务助理、业务总监；中国长城资产管理股份有限公司投资投行事业部总经理助理、上海自贸试验区分公司副总经理；长城新盛信托有限责任公司董事、副总经理；爱建信托总经理助理。现任爱建集团战略投资管理总部副总经理（主持工作），爱建信托监事，爱建资本董事、代总经理
邓玺	监事	男	48	2020年1月22日	上海爱建集团股份有限公司	99.33	曾任卢湾区国有资产管理办公室科员、科长助理；卢湾区科学技术委员会副科长（主持工作），上海市金融服务办公室金融机构处副主任科员、主任科员，长江养老保险公司办公室总经理助理；爱建国际信托有限公司北京代表处副主任（主持工作），爱建集团董事会办公室主任助理、董事会办公室副主任、董事会办公室主任（主持工作）、监事会办公室副主任（主持工作）、董监事会办公室主任。现任君信（上海）股权投资基金管理有限公司董事、副总经理，爱建信托监事
朱红燕	职工监事	女	50	2023年2月28日	职工代表	—	曾任（中日合资）八佰伴莫师中创国际有限公司营业部店长、人事部人事经理；上海均瑶（集团）有限公司人力资源部薪酬人事经理；上海均瑶航空服务有限公司行政人事部高级经理；上海均瑶（集团）有限公司人力资源部总经理助理、上海吉祥航空股份有限公司人力资源部总经理、行政管理部（党群工作部）总经理、综合管理部（党群工作部）总经理。现任爱建信托党委委员、纪委书记、职工监事、行政人事总监兼综合管理总部总经理
梅松	职工监事	男	42	2023年2月28日	职工代表	—	曾任麦肯锡（中国）有限公司研究员、高级研究员；上海创信资产管理公司高级宏观研究员；爱建信托研究发展部副总经理（主持工作）、总经理，爱建集团战略投资管理总部副总经理（兼）。现任爱建信托总经理助理（拟任）、标品资产管理总部总经理、战略研究部总经理、职工监事、工会委员、第四党支部书记

注：1. 公司监事会于2023年2月28日换届，陈抗非、朱学明不再担任职工监事。
2. 梅松于2024年3月22日辞去职工监事职务。

3.4 高级管理人员

姓名	职务	性别	年龄（岁）	选任日期	金融从业年限（年）	学历/学位	专业	简要履历
吴淳	副总经理，代行总经理职权	男	51	2023年2月28日	31	研究生/硕士	工商管理	曾任上海爱建信托有限责任公司信贷部信贷员、信贷部本币一科副科长、信贷业务科副科长、资金信托部客户经理、资金信托部总经理、金融机构部总经理、爱建信托总经理助理、副总经理。现任爱建信托董事、党委书记、副总经理（代行总经理职权）
朱建高	董事会秘书、副总经理	男	57	2021年2月12日	10.5	研究生/硕士	工商管理	曾任上海爱建普陀实业公司副总经理，上海爱建杨浦实业公司总经理，爱建（香港）有限公司副总经理，爱建集团资金部总经理、财务管理总部总经理，爱建集团审计部总经理、职工监事，爱建信托首席财务官。现任爱建信托董事会秘书、副总经理，上海市政协委员，民建上海市委委员，爱建委员会主任委员
李洋洋	副总经理、合规总监	男	55	2013年11月4日	22	研究生/博士	经济及金融	曾任海通证券股份有限公司研究所高级研究员；湘财证券有限责任公司并购部高级经理；上海利成投资咨询公司并购部总经理；上海爱建信托有限责任公司兼并收购总部、资金信托总部及自营业务总部高级经理、企业策划部经理、风控合规总部副总经理、总经理兼研发展部经理；爱建信托总经理助理、董事会秘书。现任爱建信托副总经理、合规总监

续表

姓名	职务	性别	年龄（岁）	选任日期	金融从业年限（年）	学历/学位	专业	简要履历
王成兵	财务总监	男	51	2021年2月12日	9	本科/硕士	会计	曾任中国农业银行江苏省徐州市分行信贷、财务；上海均瑶（集团）有限公司财务主管、财务经理、财务高级经理、融资高级经理、财务总监助理、财务部副总经理；上海华瑞融资租赁有限公司总经理助理、计财部总经理；上海爱建集团股份有限公司财务管理总部副总经理（主持工作）、总经理。现任爱建信托董事、党委委员、财务总监兼计划财务部总经理
朱亚天	总经理助理	男	43	2019年8月29日	20	研究生/硕士	金融统计学专业	曾任建设银行上海分行会计部一级科员、建设银行总行信用卡中心数据分析、业务经理、北京银行上海分行零售部高级业务经理、上海银行总行零售业务部高级经理、尚诚消费金融股份有限公司风险部风险总监。现任爱建信托总经理助理兼普惠金融事业部经理
许奎军	总经理助理（拟任）	男	45	2023年12月18日	11	研究生/硕士	工商管理	曾任陕西长岭股份有限公司经营管理部计划经营专员，青岛市劳动保障局就业服务中心办公室文秘；上海国际汽车城置业有限公司计划融资部融资主管；上海家化置业有限公司办公室执行董事助理；上海家化（集团）有限公司投资管理部高级投资经理；上海爱建信托有限责任公司信托业务一部信托经理、高级信托经理，金融机构总部高级信托经理，金融机构二部经理，资本信托总部副总经理（主持工作）、总经理。现任爱建信托总经理助理（拟任）、信托业务一部总经理
梅松	总经理助理（拟任）	男	42	2023年12月18日	10	研究生/博士	应用经济学（数量经济学方向）	曾任麦肯锡（中国）有限公司研究员、高级研究员；上海创信资产管理公司高级宏观研究员；爱建信托业务发展部副经理（主持工作）、总经理；爱建集团战略投资管理总部副总经理（兼）。现任爱建信托总经理助理（拟任）、标品资产管理总部总经理、战略研究部总经理、职工监事、工会委员、第四党支部书记

注：1. 公司于2023年2月28日召开七届一次董事会，吴文新不再担任公司总经理，杨毅不再担任公司副总经理。
2. 公司于2023年12月18日召开七届四次董事会，审议通过《关于聘任许奎军为公司总经理助理的议案》《关于聘任梅松为公司总经理助理的议案》。许奎军、梅松的总经理助理任职资格于2024年3月19日获国家金融监督管理总局上海监管局核准。

3.5 公司员工

报告期内在编、在岗职工人数399人，平均年龄38.33岁，学历分布比率为：博士1.2%，硕士41.11%，本科52.63%，专科4.76%，其他0.25%。

4. 经营管理

4.1 经营目标、方针、战略规划

2023年公司结合最新的监管形势和经营形势，启动新一轮战略规划的编制，完成《公司2023—2025年战略规划纲要》。"新三年"规划将紧密围绕信托业务"新三分类"指导，立足公司资源禀赋，积极探索差异化和特色化的业务转型发展路径，着力打造适应新形势的核心业务体系、财富管理服务体系、风控运营体系、受托责任体系及品牌文化体系，全面开启高质量发展新征程。力争用三年时间，到2025年末实现公司战略转型，构建符合时代特征和监管要求的经营新局面。

4.2 所经营业务的主要内容

自营资产运用与分布表

资产运用	金额（万元）	占比（%）	资产分布	金额（万元）	占比（%）
货币资产	54 825.47	4.90	基础产业	103 477.14	9.24
金融投资	380 700.44	34.00	房地产业	520 001.97	46.44
贷款	570 491.75	50.95	证券市场	12 601.66	1.13
应收款项类投资	—	—	实业	240 262.92	21.46
长期股权投资	—	—	金融机构	72 414.52	6.47
其他	113 610.18	10.15	其他	170 869.63	15.26
资产总计	1 119 627.84	100.00	资产总计	1 119 627.84	100.00

注：该表与资产负债表资产总额的差额（83 671.62万元）系计提的资产减值准备。

信托资产运用与分布表

资产运用	金额（万元）	占比（%）	资产分布	金额（万元）	占比（%）
货币资产	227 079.23	3.42	基础产业	567 616.11	8.54
贷款	2 768 973.19	41.66	房地产	2 625 327.75	39.50
交易性金融资产	2 337 956.70	35.17	证券市场	1 237 148.84	18.61
债权投资	581 372.43	8.75	工商企业	1 140 570.49	17.16
其他债权投资	550 657.47	8.28	金融机构	587 542.61	8.84
买入返售	4 453.72	0.07	其他	488 817.36	7.35
投资性房地产	30 000.00	0.45	—	—	—
应收账款	146 530.42	2.20			
信托资产总计	6 647 023.16	100.00	信托资产总计	6 647 023.16	100.00

4.3 市场分析

2023年，信托业务"三分类"新规正式实施，标志着信托行业新一轮转型发展正式开启。新的业务分类中，

资产服务信托被置于各类业务之首,体现其在信托未来转型发展中的重要地位。年中召开的信托业年会明确提出信托公司要回归本源,以服务信托为本,并要求信托公司对照信托业务"三分类"新规,加快推进重点转型业务,体现了监管鼓励发展服务信托的明确导向。

信托行业将加速向资产服务信托布局和转型。未来监管将积极引导信托公司开展服务信托业务,推动信托行业回归本源,强化服务功能,从而解决行业立身之本的问题。

未来将引入监管评级规范信托展业范围。未来监管将进一步完善信托监管评级,对不同等级信托公司采用分级管理,给予不同的展业范围和展业区域。

4.4 内部控制概况

4.4.1 内部控制环境和内部控制文化

公司按照现代企业制度的要求,建立了以股东会、董事会、监事会以及经营管理层为核心的内部法人治理结构。不断完善和深化管理体制,规范股东会、董事会、监事会和经营管理班子的权责关系,明确了四者的议事规则和决策程序。设置权责明确、分工合理的决策系统、执行系统和监督系统,建立了以岗位职责、授权体系、风险管理、监督检查与评价为基础的内控体系,形成了科学有效的职责分工和制衡机制。不断强化风险管理意识,完善风险管控体系,持续提高风险控制能力,防范操作风险是公司重点工作,并贯穿全年。一是公司经营层大力倡导合规管理风险控制严防操作风险为先的经营理念,公司内部通过逐步调整合规政策、加强合规宣导和执行,不断强化贯彻、落实监管要求。二是不断推进与强化公司稳健发展的制衡机制,在多重审批机制的业务决策模式上,关注业务评审各环节所揭示的风险控制薄弱环节预防措施的制定和落实及信息反馈,强化风控前置与运营事中的风险管控及检查监督职责,以期达到对重要风险识别充分,防控措施适当,执行有效。三是继续加强制度建设,完善制度体系,构建覆盖全过程、全岗位的风险管理与控制的制度体系。年内,公司组织修订完善多项制度,涵盖信托业务管理制度、风险政策、流程指引等方面。2023年,公司风险控制制度基本渗透于业务开展的各环节。通过不断完善和优化合规风险管理体系与控制制度和流程,有效减少了经营活动全过程的合规风险控制薄弱环节,补全了短板,合规风险管理举措更趋有效。四是树立全员合规风险意识,将提高员工的职业操守和诚信意识作为公司的一项长期工作,营造全体员工充分了解并履行职责的合规文化氛围。通过建立有效的激励约束机制,不断强化风险防范和合规经营理念,培育良好的内部控制文化,提高了全员参与的风险控制意识和效果,使风险管控贯穿经营活动的全过程,营造了合规经营、风险控制为先的企业文化。

同时,年内公司重点通过新规培训、创新展业模式研究、搭建服务信托相关中台支持系统并制定展业标准、定期检视评估受托责任履职情况、完善机制流程等,将合规理念不断融入各部门各岗位的日常工作中,努力培育合规文化氛围。

4.4.2 内部控制措施

自营业务部门和信托业务部门相互独立,各部门目标明确,职责和权限清晰,有效保障了自营业务和信托业务各部门及员工在授权范围内行使相应的职责。

公司以业务流程为主线,致力于建立健全前、中、后台并重的内控体系,致力于控制措施覆盖业务流程重要环节。

报告期间,通过明确的业务、销售、风控、合规、研发、运营、内审在风险管理工作中的职能定位,各司其职开展经营活动各领域的风险识别、评估、管理和监督管理控制,以及对管理控制效果进行的再监督和评价,合理保证公司对风险事项、风险环节进行事前识别和防范、事中控制和化解、事后检查和纠正,形成了有效的风险控制和反馈机制。强化业务决策机制,自营、信托业务评审委员会按照相关工作规则进行业务评审,给决策层提供决策依据,为业务拓展树立起坚实的防范风险的屏障。

在整体内控合规管理方面,公司已建立较为全面、有效的内控合规风险管理体系,整体合规风险水平良好。董事会、监事会和高级管理层能充分履行职责,董事会下设合规与风险控制委员会是合规管理的专门委员会,确定公司合规管理总体目标、审议合规管理组织架构、审议合规管理工作报告等,合规总监协助高级管理层全面负责公司合规管理工作。法律合规部对公司各项制度流程进行合规审核,确保政策、程序和操作符合合法合规;对新产品新业务的开发进行合规审查,为公司经营管理活动提供各项合规咨询;对其他部门履行合规职责的情况进行检查和监督。

公司各部门在日常工作中识别各自职责内的合规风险;风险管理总部审批人员对非标项目合规性进行审查;

运营管理部跟踪项目成立、实施，查找管理流程缺陷和操作风险点，管理期间运营合规风险；资产托管部、计划财务部负责资金划转、分配等流程适当性；财富管理总部负责消费者权益保护并对销售推介行为进行日常监督管理；各事业部对各类业务展业操作合规性负第一责任；各部门与法律合规部建立常态化报告、管理机制，确保合规风险的归口管理。

4.4.3 监督评价与纠正

公司建立了自控、互控与监控三结合的监督机制，对内部控制活动进行检查、监督和纠正。通过对业务项目的尽职调查、风控合规事前评估和业务及运营的事中检查以及监督，实现对业务活动事前事中管理和控制的检测，揭示风险，制定风险防范和控制措施。通过相关部门之间相互制衡、监督，发现问题，要求限时纠正。通过内部审计的再监督，对公司经营管理和业务活动的风控及内部管理的适当性和有效性等方面开展审计，在重点业务及管理、监管关注等领域，提示不足，督促改进落实，推动公司稳健运行、能级提升及高质量发展。

4.5 风险管理概况

4.5.1 风险管理概况

公司的业务风险管理架构由公司董事会、监事会、管理层、业务评审委员会、前中后台风险管理相关部门组成，各层级协同管理公司风险。公司董事会或者管理层根据董事会授权负责公司所有投资项目及重大事项的决策，从公司整体层面考虑是否符合公司利益；业务评审委员会负责信托和自营项目的风险和可行性进行评估，并作出决议；前台业务部门根据风险政策开展业务，对各类业务进行尽调和可行性分析；中台风险管理部门负责根据管理层授权制定各类业务的风险政策，对项目风险进行评估、识别、量化、监控公司整体及各产品的风险指标，形成风险缓释建议，向业务评审委员会和公司决策层汇报；内审部门负责对公司内部管理、特定事项进行审计监督。

公司已建立风险管理基本制度框架及覆盖业务主要流程的管理文件。2023年，公司进一步推进全面风险管理体系能级提升，完善各项风险管理制度和风控流程，提升了风险管理信息科技水平，从业务全流程的尽职调查、项目实施、事中管理、风险处置等各个环节，覆盖信用风险、流动性风险、市场风险、操作风险、声誉风险等各类风险，稳步提高公司风险管理水平。

公司通过适时调整发展规划和经营策略，进一步回归信托本源，逐步明晰主要发展及转型方向，进一步推动业务、合规、风险、运营专业化管理，稳步推进实施全面风险管理。

2023年公司在组织架构建设方面基于战略导向、整合增效、强专业重经营、统筹资源配置四项原则，为进一步优化管理、提高效率，进行了架构调整。调整后架构设置如下：一是依法设立股东会、董事会和监事会。董事会下设董事会办公室、战略规划与信息技术委员会、合规与风险控制委员会、薪酬考核与提名委员会、信托与消保委员会、审计与关联交易委员会；监事会下设监事会办公室。二是根据党章及上级党委的要求设立党委、纪委、工会、团委；党委下设党委办公室（包含纪检监察职能）。三是公司设置职能部门10个、非标资产端部门9个、财富端部门16个、其他经营部门3个。其中职能部门包括综合管理总部、计划财务部、风险管理总部、法律合规部、审计部、信息技术部、战略研究部、运营管理部、资产托管部、资产保全部。其他经营部门包括普惠金融事业部、联合家族办公室、标品资产管理总部。财富管理总部下设14个财富中心和1个机构同业中心；信托业务管理总部下设7个业务部门。

根据依然复杂的宏观环境，以及国家政策和监管精神的变化，公司优化调整风控政策和业务布局。在房地产市场复苏态势仍不明朗且市场分化越加显著的背景下，一方面继续加强对交易对手的跟踪，另一方面持续推进强化项目期间管理、提升精细化管理工作；落实风险预警机制，动态优化监管标准，加强现场管理，并直接参与深度介入重点项目管理，强化现场检查，防范和控制房地产项目风险；推进系统建设与运行优化，实现系统的深入应用，提高运营管理能力。对于基础设施业务，继续执行风险政策导向，准入收紧，审慎开展业务，严控总规模和集中度，存续业务期间管理跟踪从严，守住合规、风险底线。对于资产服务类业务，致力于优化改进家族信托业务流程，保持拓展保险金信托，持续发展慈善信托助力公益事业发展，积极支持个人财富管理信托落地，为客户提供优质的财富管理服务。在运营管理规范方面，制定操作手册规范并完善运营管理操作流程。

在资产端方面，在国际环境日趋复杂多变、国内经济复苏不及预期等多重压力的背景下，公司信托业务的开展持续面临较大的挑战。管理层继续推进交易对手差异化经营策略，调整展业方向，着力应对挑战与考验。

其一，坚持去通道目标不变，金融同业通道业务规模压降幅度约四成；其二，严格控制地产类信托风险，房地产信托规模和占比出现明显下降；其三，积极顺应政策导向，不断优化资产结构，主动管理类业务占信托总体业务比重进一步提高，并进一步推动向标品业务的转型；其四，公司坚持调整和优化固有业务结构，确保固有资产保持充分流动性和安全性。

在资金端方面，2023年相继出台《消费者投诉小额补偿操作指引》《消费者权益保护审查管理办法》《个人金融信息保护工作管理办法》《个人征信管理办法》等重要制度，进一步完善消费者权益保护体制机制。在个人信息保护机制方面，依托科技支撑，持续加强对信息泄露行为的机控管理，开展了疑似客户信息泄露技术系统专项自查，以攻促防，全面落实个人信息生命周期安全管理，持续强化消费者金融信息保护。在员工培训机制方面，构建了线上+线下、普适+重点的培训模式。在消保宣教方面，在官方订阅号、视频号、App投教专区等线上渠道发布推文，内容涵盖个人金融信息保护、反诈反催收、反电信网络诈骗、防范不法贷款中介、防范新型网络技术诈骗案例等。公司组建宣教队伍下沉周边城区，走进社区倾听心声，获得经济日报、上海证券报等官方媒体的报道；策划开展的"消保欢乐颂"员工专场活动，获中国信托业协会"优秀组织单位"称号，打开了内外宣教新局面。

在风险管理方面，公司于年内继续推进风险管理能级提升，完善全面风险管理体系、夯实内部风险管理能力的三年风控战略目标：（1）牢牢把握"四性"风险管理工作机制，持续落实常态化滚动排查；（2）加强项目流动性预测和实时跟踪，及时做好流动性风险评估和应对措施，提升流动性风险管理的准确性和前瞻性，稳步形成流动性长效管理机制；（3）结合监管要求，行业变化及公司现状，聚焦重点项目及交易对手，完善信评小组工作机制，实施全面、多维度的排摸分析，制定防范和风险化解预案，确保经营平稳有序；（4）夯实风险管理工作基础，提高管理效率，包括完善标品业务管理体系，加快信息科技风险管理及系统建设，完善声誉风险全流程管理体系、再造服务信托、普惠金融等业务审批流程；（5）实施专项特定资产处置小组工作机制，有效推进风险化解，加强对风险成因分析和风险责任认定相关工作。

年内公司组织修订完善《关联交易管理办法》《标品业务风险管理制度》《个人征信管理办法》《金融资产风险分类管理办法》《客户投诉管理办法》《股东会议事规则》《董事会议事规则》《监事会议事规则》《独立董事工作制度》《董事会战略规划与信息技术委员会工作细则》《董事会合规与风险控制委员会工作细则》《董事会薪酬考核与提名委员会工作细则》《董事会信托与消保委员会工作细则》《董事会审计与关联交易委员会工作细则》《消费者权益保护审查管理办法》《个人金融信息保护工作管理办法》《公司动火作业管理规定》《证照管理办法》《高级管理人员履职评价管理办法》《信托资产分类管理办法》等制度，涵盖经营管理以及业务尽职调查、销售推介、征信等方面。

2023年，公司在财富端重点改造CRM、TA和财富App系统，支持中短期理财产品TOT功能，现金汇裕0001产品平稳切换到净值化管理。新开发了受益人电子表决功能，提高受益人大会表决效率。财富App家族信托专区正式上线，支持穿透式资产查询和家族信托专属信息披露。继续保持系统投入，支持普惠金融业务开展ABS和贷后管理。及时开展监管报送系统的功能升级和优化，高质量地完成人行逐笔报送、利率报备、1104等5大类监管报送系统的改造任务。开展数据治理，加强源头业务系统的数据标准、数据字典和监管报送数据映射关系的标准化管理，不断提升监管数据报送质量。顺利完成关键数据库的旧设备更换升级。同时伴随超融合系统大规模使用，调整两地三中心系统架构，重新部署灾备数据复制系统，大幅提升了数据库处理性能和灾备切换能力。

公司近年来审慎经营，风控管理架构、制度、管控流程不断完善和充实。公司全面风险管理能力逐年提高，在项目准入、期间管理以及整体风险管理方面的能力稳步提升，基本实现各类业务在不同环节的风险能够有效、及时地识别、评估和监测。首先，公司十分重视业务准入环节风险管控，针对不同类型业务制定风险政策，定期维护更新尽职调查管理办法及主要业务类型的尽职调查要点指引，相关业务需满足制度要求并通过集体决策后方可执行。其次，公司持续加强集团授信管理制度与机制的建立完善，完善信评小组工作机制，加强交易对手信用风险管理水平。再次，中台风险管理部门在项目成立后通过监测区域风险、交易对手负面舆情、跟踪项目运行情况等手段，完善风险预警体系和中台联席沟通机制，及时识别、评估、报告风险。最后，公司按照监管部门要求开展定期的全面风险排查和压力测试工作，以及房地产信用风险、信托公司流动性风险等专项压力测试工作。随着公司风险体系再造工作的持续推进、深入，公司将持续根据展业专业化进阶的需要和创新转型的导向，不断完善风险管理体系建设，推进制度执行的有效性，加强公司风险管理的主动性和内外部协同效应，充分发挥风险管理三道防线的作用。

截至2023年底，公司净资本47.80亿元，各项风险资本之和23.62亿元，净资本/各项风险资本之和为202.37%，净资本/净资产60.17%。

4.5.1.1 信用风险状况

2023年是我国疫情之后经济恢复发展第一年，在疫情封控措施全面解除后，积压需求的释放带动总体经济在第一季度迅速恢复，但第二季度开始经济增速放缓，显示在国内外多重因素影响下，经济下行压力仍较大。全年GDP增速为5.2%，整体经济处于弱复苏状态。房地产方面，行业销售持续下滑，房企信用危机依然存在，违约事件频发，信托公司传统收入业务显著萎缩，但新的业务增长点尚未真正开启，盈利模式转变依然存在诸多挑战。信政方面，地方政府持续防范化解政府隐性债务风险，多个网红区域出现非标违约事件，城投债政策面与基本面之间出现明显背离，在政策因素的影响下，市场对弱资质城投的违约预期减弱。信托行业经过近几年的持续调整，信托业务"三分类"新规的公布进一步明确了信托公司未来的定位是"资产管理+财富管理+服务信托"，信托公司进入转型发展的关键期。公司信托业务规模整体有所下降，主动管理类业务规模占比进一步上升，其中，融资类业务余额持续下降，投资类业务余额略有上升。从投向行业观察，房地产业务规模有所下降，信政类业务规模及证券类业务规模有所上升。

4.5.1.1.1 内在风险水平描述

（1）自营信贷组合。公司自营贷款类型有抵押贷款、质押贷款，贷款余额551 083.58万元，2023年新增贷款208 851.45万元，不良贷款余额30 306.18万元。表内不良信用风险资产余额215 987.45万元。

公司严格按照监管部门的要求进行资产五级分类，并按照相关规定计提了减值准备，截至2023年末，公司计提各项资产减值准备83 671.62万元。

（2）信托业务。公司2023年末信托贷款余额为2 768 973.19万元，占信托业务总规模的比重为41.66%。其中，1年内到期贷款占贷款总额的58.80%；1~2年内到期贷款占贷款总额的24.94%。2023年度末，信托贷款无贷款减值准备，较上年末无变化。

（3）委托业务。公司2023年底委托贷款余额57 180.08万元，比上期同期减少40.89万元。公司无尚未放贷的委托存款。

4.5.1.1.2 信用风险管理政策

公司董事会及高级管理层提出了稳健发展、风险可控的风险政策导向，响应监管部门"守住风险底线"的指导思想，把风险控制放在首要的位置上，并在业务开展过程中严格遵守风险政策底线。

在风险管理程序方面，公司对信用风险的管理能力稳步增长，形成了较为完善的信用风险管理和业务审批制度。通过业务评审委员会、总经理、董事会的逐级决策机制，强化了交易对手信用风险的评估与控制。

在风险政策落实方面，公司通过各种形式向前台业务部门进行宣导，中后台风险控制部门审核及检查风险政策执行情况。公司对于信用风险管控执行层面主要集中在项目尽调与审批、项目期间管理、资产信用风险识别、评估及报告，不良资产处置等环节。

4.5.1.2 市场风险状况

公司的市场风险主要表现在：房地产市场价格波动、利率波动、汇率波动、证券市场价格波动的风险。

宏观经济方面，2023全球经济持续受地缘政治及多地局部冲突纷争影响，形势愈发动荡，各经济体受地区争端影响表现均较为低迷，但受全球量化影响，全球整体资本市场运行持续向上；国内方面，2023年为疫情后首年经济环境缓慢修复，全年国内经济保持稳定，各关键行业指标企稳回升，整体经济处于弱复苏阶段。

从市场类型来看，房地产市场依旧受近年来"房住不炒"宏观政策影响，处于深度修复区间，政府、行业及相关金融机构持续将"保完工、保交楼"列为长期房地产行业工作重点，将保证房地产行业整体平稳运行作为重要政治工作。随着2023年末各地政府逐步放开房地产市场管控手段，循序渐进调整房地产行业政策，整体来看近年来房地产管控政策对市场影响惯性仍然存在。从资本市场环境来看，国内利率市场伴随经济环境变动速度加快，为刺激经济发展，年内存贷款利率分阶段逐步下调，并有长期下探的趋势。资本市场及证券市场波动幅度增加，市场整体观望情绪较浓，但总体来看资本及证券市场运行依旧保持稳定。

公司信托业务中，房地产投资类业务的风险主要反映在土地市场和房地产销售的价格波动，价格的波动对底层投资标的的价值产生直接影响；证券类业务风险主要反映在信托资金投资于资本市场的证券以及其他金融资产的价格波动，继而影响到信托份额的净值和风险敞口。

为加强风险管控，对于投资类房地产项目，公司将总体坚持"区域、交易对手、项目"的三维评价体系，在紧抓底层资产管控逻辑的基础上，强调以区域市场研究为出发点，精选合适的区域合作伙伴和项目，审慎展业。证券类业务方面，对外公司通过与外部专业机构联动，逐步提升投资规模；业务管控方面，加强投资管控，逐步完善风险监测机制，逐步完善标品市场风险评估体系，通过对久期、波动率等关键指标的有效监控，控制因利率、汇率及金融产品价格波动等因素所造成的市场风险，形成风险跟踪与监控闭环。

4.5.1.2.1　自营业务分析

公司自有资金投资余额383 200.44万元。其中，信托计划及资管计划投资余额309 889.14万元。

4.5.1.2.2　信托业务分析

信托业务中长期股权投资0元，原因系根据本年监管报表信托资产列报口径变化而调整至交易性金融资产。

4.5.1.3　操作风险状况

随着公司业务转型发展需要，2023年公司标品、家族信托等创新业务品类增加、要求公司操作流程及操作系统及时有效匹配创新业务发展，因此对公司操作风险管提出了更高的要求。公司高度重视操作风险管理，年内通过科技赋能，在业务流程梳理、内控管理、制度建设、风险管理文化建设等多个维度提升操作风险管理水平。

围绕精细化运营，及时交付标品事后风险管理子系统，弥补公司当前标品业务风险数字化管理的薄弱环节。升级普惠金融业务系统，支持开展小微贷款ABS业务和贷后管理。开发增值税全电发票接口，顺利衔接"发票通"云平台切换，实现增值税发票全面电子化。同时加强源代码开发安全和供应链管理，定期开展微服务的开源代码安全检查。重点开展普惠金融业务系统和"财富App"的安全等保测评，完成"财富App"移动金融客户端应用软件备案的同时，还开展了电子银行安全评估。

目前，公司的审批、运营、清算等操作流程运行顺畅，前中后台各部门之间流程职责界定清晰。年内公司为进一步强化业务的流程管理，结合员工管理防范操作风险，对包括规范用印、证照等行政管理；结合信托受托人履职要求，规范合规全流程管理，由各职能部门牵头通过修订流程制度、更新操作手册、开展操作培训等方式，提高业务人员规范操作意识，另一方面通过第三道防线，对操作过程进行有效检查，及时发现并更正操作中遇到的问题。

4.5.1.4　其他风险状况

4.5.1.4.1　流动性风险状况

信托公司流动性风险管理可分为两部分，即自有资金流动性管理以及信托产品流动性管理。

自有资金流动性管理主要涵盖自营业务资金管理、公司营运资金管理两方面。自营业务方面，公司自营业务资产主要配置在固定收益类产品和贷款，综合考虑流动性管理的需求，在流动性和效益性之间做好平衡。2023年公司持续开展对公司整体流动性的监测力度并深入开展流动性预警机制，定期向公司经营管理层报告流动性状况。截至2023年末，公司账面流动资金占公司总资产比重保持在5%以上，整体流动性基本能保持稳定水平。

信托业务方面，公司2022年末逐步执行打破刚兑原则，但2023年内公司信托业务兑付基本正常，部分信托业务进行了提前兑付安排或提前做好流动性预案管理，充分考虑项目兑付可能存在的因素；部分信托业务出于对项目整体流动性的考虑，进行了展期操作，但项目整体资产安全垫充足，整体风险可控。

2023年公司持续落实常态化流动性排查，并将流动性管理由固有资产延伸至信托业务。整体上，公司基本实现流动性风险防控全覆盖，整体流动性风险较为稳定。

4.5.1.4.2　法律风险状况

公司2023年内法律风险较为可控，基于信托业务近几年的兑付状况和预计，未来的受托责任诉讼风险有潜在上升趋势，但尚未对公司经营管理构成实质影响，公司已为此采取各项积极准备和应对举措，提前预判及预防可能的法律风险。

4.5.1.4.3　声誉风险状况

公司对声誉风险实行全方位和全流程管理，包括风险识别、风险评估、风险控制、风险监测、风险报告和风险评价六个方面，并建立声誉风险管理与投诉、举报、诉讼等相关的联动机制。公司已搭建声誉风险监测机制，逐步落实声誉风险管理常态化建设，进一步提升全流程管理能力。2023年，公司未发生重大声誉风险事件。

4.5.1.4.4　战略风险状况

2023年，中国经济虽总体呈现疫情后复苏局面，但复苏力度不及预期。信托行业方面，随着资管新规正式生效，信托业务"三分类"出台，信托公司继续推动转型，行业内分化加剧，洗牌仍在持续。经过多年的积累，公司积累了丰富的战略管理经验，战略风险管理能力能够对冲公司面临的绝大多数内外部不利因素，确保公司审慎稳健发展。

4.5.2 风险管理

4.5.2.1 信用风险管理

2023年，公司根据资管新规指引、信托业务"三分类"要求积极推动业务发展，审慎经营，风控管理架构、制度、管控流程不断完善和充实，公司总体全面风险管理架构逐步完善，风险管理水平逐年提高。公司积极应对挑战，通过管理制度体系建设等一系列手段，持续加强对资产风险的防范、管控与化解。

公司年内通过完善四性管理机制，包括落实平行尽调工作机制、完善集团客户交易对手信用风险监测体系、建立和完善风险预警体系、常态化资产质量排查工作机制，切实提高信用风险管理水平。在期间管理上，对于公司的房地产类业务，细化完善投后风险管控逻辑、管理方法和信息传递路径，加强对项目的定期检查和风险跟踪，强化风险信息共享，落实管理责任，以便对发现的风险信号早介入、早处理。

4.5.2.2 市场风险管理

公司在业务准入阶段和期间管理中充分考虑市场风险，一方面持续加强制度建设，针对房地产投资业务和证券类投资业务制定风险政策和尽调管理指引等制度规范，指引前台业务部门展业方向，加强准入把控，提升业务质量；另一方面，不断优化监测机制，持续对项目存续期间的各类市场风险加大监测力度，有效监控市场风险对项目运行产生的影响。

房地产业务方面，在展业区域选择上，公司综合对已展业区域房地产市场的监控情况，深入评估房地产区域，在过往我司展业优势区域基础上，继续挖掘有价值潜力的城市板块进行展业；交易对手选择上，进一步厘清存量项目交易对手战略方向及经营情况，鼓励与优质区域房企交易对手合作，在优选区域的基础上，优选区域交易对手及其优质项目，并从区域市场环境、交易对手展业策略和综合实力，以及交易对手存续项目的全盘摸排和高比例抽查走访，构建一户一策的交易对手管理档案，建立交易对手战略、财务、存续项目三维度数据库，有效把控交易对手市场风险；在期间管理方面，公司持续加强项目管理及交易对手跟踪的主动权，从严把控期间管理方案，以降低因资产价格波动造成的市场风险。

证券投资类业务方面，2023年公司逐步完善标品底层资产交易的风险合规监控，充分探索与专业机构合作投资资本市场途径，在整体国内资本市场波动较大的情况下，保证整体业务投资规模相对稳定。项目管理方面，对于直接投资资本市场业务，采用限制投资范围、控制集中度、设置预警线、跟踪投资标的价格、监测底层资产波动情况等方式进行管控；对于间接投资资本市场业务，公司建立动态跟踪评估机制，通过对基金管理人和产品的表现的分析，优选优秀的私募基金人构建管理人白名单，并在此基础上，根据投资人偏好调整不同的投资策略。

4.5.2.3 操作风险管理

在风险管理文化建设方面，为推动公司2023—2025年，"新三年"发展纲要的落地执行，深入推进"第二曲线"工作，结合风险管理文化建设要求，将"风控运营体系"作为着力打造的五大体系之一，对外与监管部门充分沟通，对内加强建设内控及风控制度机制，通过内外部培训相结合的方式，实现对全体员工风险意识强化和对合规知识的普及，全面性、系统性地强化风险合规体系。针对全体员工，按照监管要求，我司定期开展全员反洗钱、消费者权益保护、信息安全知识、业务操作流程等培训和宣导工作，并将培训的参与率、考核通过率等作为评估员工个人及部门绩效的主要指标之一；同时通过发布公司风险政策、金融资产风险分类管理办法等，组织公司业务与风险政策培训，在员工群体中持续贯彻公司风险管理理念，逐渐夯实公司的风险管理体系。针对公司业务骨干，对内组织举办监管政策、公司战略学习宣贯专题会议，安排人员参加监管部门、信托业协会和外部专业机构举办的专题会议、培训、沙龙、论坛等活动，以及信托业全员从业资格培训，持续提升公司骨干人员专业能力。同时，公司纪委在党委领导下，组织开展清廉金融文化建设作品征集活动和专题讲座，建设成立了首批财富客户联络点"清廉角"，完善公司清廉文化建设体系，倡导全体员工主动增强廉洁从业和反腐倡廉意识，敲响预防职务犯罪的警钟，将监管要求和风险管理落到实处。

公司按照风险管理流程进行业务管理和监控，对操作风险的监控基本覆盖了业务经营和公司管理的各个层面，具有充分性和适当性。2023年，公司立足监管导向及资源禀赋，积极探索创新转型路径，多次召开中长期转型规划研讨会，先后制定《2023—2025年战略规划纲要》《转型发展整体纲要》《关于资产服务信托的推进方案》等多份纲领性文件，从战略层面推进转型并对服务信托采取分类推进的策略，包括重点突破类、探索布局类以及暂不开展类；深入分析受托人责任内涵并结合司法实践，从产品类型、产品环节、管理机制与架构三个维度提出受托人责任管理工作方案，且以"从案例视角看受托尽职几大原则"为主题开展全员培训，全面预判、预防可能的受托责任赔偿风险；通过完善法律合规部门职能定位，扩充岗位设置，搭建条线和业务双向管理的合规管理架构，如通过事业部内嵌合规专岗、相关部门设立合规兼岗方式，确立合规前置、合规审查及合规监测管控机制；紧跟各项监管要求及指标落实情况，前瞻预判展业影响；常态化宣导解读重要监管文件、合规动态，将政策意图和要求及时落实到展业逻辑和日常管理中；持续建立合规监测和合规检查长效机制，并推动该项机制在展业及经营管理各环节的落实，升级强化关联交易、反洗钱、案件防控管理，不断提升内部管理能级水平。

积极应对信托业务"三分类"调整，响应监管合规提出的要求，改造多个业务系统的流程控制。在保持系统安全稳定运行的基础上，降本增效、集中资源保障重要业务，促进公司转型发展。

在信托项目期间管理方面，公司持续强化信托业务的期间管理，加强对房产项目销售、现金流情况的跟踪，提高精细化管理能力，提升项目管理规范性；增强项目期间检查的频率和深度，持续优化监管标准，同时对现场管理机构的履职情况进行现场检查。对于基础设施业务，期间管理跟踪从严，严格跟踪资金使用情况，严守合规、控制风险。落实风险信号的跟踪处理机制，以对信托项目风险信号尽早发现、尽早预警、尽早处理。

在销售管理方面，公司坚持私募标准、合格投资者推介、风险适配性的合规底线开展工作，持续强化信托产品规范营销管理，不断强化营销队伍建设，严控金融营销宣传规范性。严格执行风险揭示，不夸大收益或隐瞒风险，不对未来效果、收益或者与其相关的情况作出保证性承诺，不存在明示或者暗示保本、无风险或者保收益等情况。在信托合同、风险测评问卷、双录话术、App操作页面中，对风险均予以醒目提示；推介过程中详尽揭示风险，确认投资人充分理解项目投资风险。

在制度建设方面，公司通过不断完善风险管理与控制流程和制度，有效减少了经营活动全过程的风险控制薄弱环节。此外，2023年，公司推动各职能部门制定业务管理操作手册，以规范和明确各业务环节的具体操作规范和要求。目前，各职能部门的业务操作手册基本已制定完成，未来将根据业务发展的需要及时维护，以规范业务操作程序，降低人员交接的操作风险。

4.5.2.4 其他风险管理

（1）流动性风险。2023年公司持续开展常态化流动性滚动排查，及时做好固有及信托流动性风险评估及应对措施，不断提升流动性风险管理的准确性与前瞻性，提升流动性稳固流动性长效管理机制。结合行业变化及公司现状，不断巩固现有公司流动性风险管理强度，提升流动性管理的有效性及流动性预测的准确性，查找、发现潜在流动性风险暴露信号，并及时制定防范和化解风险预案。

2023年公司在常态化流动性评估的基础上，通过执行项目风险预案、调整固有资产结构等方式，充分发挥流动性风险主动防御机制，公司年末账面流动资金占公司总资产比重始终保持5%以上，在行业面临业务转型的背景下，有效保证公司流动性水平保持在较为稳定水平。

（2）法律风险。公司合同管理系统及诉讼管理机制运行顺畅，化解风险的手段逐步多样化，化解风险的能力进一步加强，法律合规部门对于公司整体法律风险进行归口管理，实现了法律风险的集中和专业管理。

公司基本形成以合规/法律识别、监测、评估、合规审查、合规检查、合规培训、违规积分管理、合规考核、合规问责、案件防控、反洗钱等为基础的全面合规管理体系，倡导和培育良好的合规文化，努力提高公司全体员工的合规意识，并将合规文化建设作为公司文化建设的重要组成部分。此外，在法律管理工作方面同步对年内各部门经营管理类、标品业务、征信管理、销售推介类等增修订制度，以及财富端App系统、家族信托管理、标品投后管理等系统建设需求进行审查并提出建议，推动形成覆盖完备、行之有效的制度体系及系统建设机制。

（3）声誉风险。随着《银行保险机构声誉风险管理办法（试行）》正式实施，为提高公司声誉风险管理能力，维护和提升公司的声誉和形象，我司制定并落实《声誉风险管理办法》，将声誉风险纳入公司整体风险监测体系。一是每日开展舆情监测，监测涵盖主流新闻网站，基本做到舆情首发点全覆盖，每日定期通报，并根据需要不定期报告舆情情况，确保内部信息通畅，提高舆情应对时效性、针对性；二是及时采取应对举措，在第一时间对敏感信息予以核实和反应，与相关部门沟通协作，有效防范并化解了公司舆情风险；三是加强媒体主动联络，维护良好媒体关系，积极寻求理解与支持，针对部分确有报道需求的媒体积极回复、正面引导，减少网络舆情对公司的负面影响；四是组织好员工培训，增进员工对声誉风险管理重要性的认识，了解如何处置突发事件；五是持续开展声誉风险隐患评估，定期做好声誉风险压力测试，认真接受监管指导，严格落实各项工作要求。

多年来，通过公司的努力和股东的支持，做好信托计划兑付工作，最大限度地化解遗留业务的风险，显示了公司较强的声誉风险管理能力。

（4）战略风险。公司正按照打造品牌信托公司的标准进行战略布局，并结合2023年的行业趋势和外部经济环境，审慎制定2023年经营目标。战略风险管理方面，围绕《新三年发展规划》《转型发展纲要》《资产服务信托推进方案》和年度目标任务，持续立足信托本源，聚焦"破局创新、协同共赢"，稳中求进、以稳促进，夯实专业服务能力，努力完成年度各项目标任务，全力推动公司高质量发展取得新进展、新突破。

4.6 企业社会责任

报告期内，公司坚定战略，以"守正创新、合规经营、提质增效、转型发展"为经营指导思想，努力提升经营管理水平，将社会责任理念融入发展战略、经营管理与日常工作中，在支持实体经济、改善民生、客户服务等领域积极践行信托行业的社会责任。2023年，公司先后荣获《21世纪经济报道》《上海证券报》《证券时报》等权威机构颁发的"2023卓越信托公司""2023卓越固收+理财产品""'金贝'优秀案例""诚信托·最佳资产管理信托产品奖""2023年度优秀资产管理信托奖"等资管界荣誉，以及上海市黄浦区人民政府颁发的"2022年度百强企业"第18名。

2023年，公司持续通过多种渠道和形式，积极履行上市公司和"文明单位"社会责任：

（1）开展金融宣讲进社区活动。围绕"促党建工作与经营工作深度融合"的支部实事任务目标，公司举办了"金融消保知识进社区"公益宣讲活动和重阳敬老关爱活动，通过案例解读、互动交流等形式，帮助社区中老年居民更好、更快地学习掌握金融消保知识，切实提升社区居民尤其是老年人对非法集资、电信诈骗、投资理财骗局等的防范意识，为帮助社会大众牢牢守住"钱袋子"履行应有的职责，为地区文化公益事业作出贡献。

（2）推动公司"清廉角"建设。积极响应监管和同业公会号召，贯彻信托文化建设要求，在行业内率先启动，融合中央文件、行业公约、领导论述和原创作品等多种元素，首批完成主要营业网点"清廉角"建设工作，迈出清廉金融文化建设先行先试、带头示范第一步。

（3）积极开展特色企业文化活动。一是举办"爱拼搏·建新功·扬风采"公司职工趣味运动会，120余名员工报名参加7个比赛项目；二是连续九年开展"八一"共建活动，组织开展共建篮球友谊赛，巩固"军民鱼水情"；三是组织参与上海市职工趣味运动会健身操精英赛并获得好成绩；四是开展"五四"征集，宣传爱建青年员工良好形象；五是融入均瑶生态，组织开展云度新能源汽车试驾体验活动。

（4）有效落实员工关爱工作。一是正式启用公司"爱心妈咪小屋"，为"三期"女职工解决实际问题；二是开展"三八""六一"、中秋、国庆等重要节日员工慰问活动，以及员工兴趣小组活动，丰富员工业余文化生活；三是开设"工会温馨接待日"和员工帮扶热线邮箱，拓展与员工沟通交流渠道；四是慰问大病住院员工，体现工会"娘家人"贴心热忱。

（5）主动参与社会公益事业。一是公司团委联合黄浦团区委、民政局，举办关爱自闭症儿童活动，通过爱心义卖筹集善款提供资助；二是团委与党员工作室联合开展金秋敬老慰问活动，延续优秀传统，塑造企业良好社会形象。

4.7 消费者权益保护

4.7.1 消费者权益保护重大信息及工作开展情况

一在体制建设方面，公司认真贯彻落实具体工作，将公司党的建设、企业文化建设与消保工作进行深度融合，提高消保工作的政治站位、增强消保工作成效。2023年公司对照监管要求不断俾臻完善，强化高管履职，加速健全内控机制；推进金融纠纷多元化解机制建设，依法维稳。在业务经营、内部控制与风险管理等环节贯彻消保管理，积极协调，优先解决。保障消保资源投入，培育员工消费者保护理念，在党团活动、内外宣教中持续输出金融正能量。

二在机制与运行方面，强化消保审查意见的跟踪、落实和督导工作，发挥消保审查的源头防控作用。建立了覆盖全流程的信息披露机制，强化信息披露主体责任和协同意识。在个人信息方面，坚持合法正当获取，精准执行信息的增删改等动作。

2023年开展消保工作专题培训15场，累计参与超3 000人次，培训内容涵盖监管政策、制度规范、受托责任、信息安全等。公司将消保工作挂钩绩效目标责任，发挥考核的激励约束作用。常态化、规范化开展消保审计工作。

三在操作与服务方面，严格按照制度办法开展消费者风险评估，成熟运行产品与消费者适当性匹配制度机制。持续推进销售行为的可回溯工作，加强合作机构管理。关爱老年客户，对65岁以上老年人进行风险警示。公司还建立了残障人士的服务规范，鼓励服务人员掌握无障碍服务技能。

四在教育宣传方面，深耕电子渠道宣传阵地，在官网开辟消保园地，在App客户端前置投教专区。创新设计制作2024年消保宣教主题台历，扩大宣教覆盖面。实现多维联动，全年宣教覆盖受众约13万人次。

五在纠纷化解方面，严格按照监管和公司内部制度对投诉进行全流程处理和分析；对照监管多元化解工作要求，按照不同类型的纠纷，强化序时督办，提升解纷效率，为消费者纾困解难。

4.7.2　2023年投诉情况

2023年监管共转办114位消费者投诉，其中8位为资金端信托项目委托人客户，106位为资产端普惠借款客户。8位信托客户中7位所在地区为上海。106位普惠借款客户为全国范围内的网贷业务，具有较大分散性，地域特征不明显。公司全年自主受理119位消费者投诉，诉求集中于信托项目的展期问题，主要分布在上海及长三角地区。

4.7.3　服务优化转型方面

2023年，公司顺利完成稳健型产品的净值化切换、直销数据标签化管理、TOT产品需求开发与测试上线。积极探索信托业务"三分类"转型新路径，成功落地"悠享系列"个人财富管理服务信托，为消费者提供财富保护、资产配置、定向分配等一站式综合服务及专享权益。

5. 报告期末及上一年度末的比较式会计报表

5.1　自营资产

5.1.1　立信会计师事务所（特殊普通合伙）审计意见

上海爱建信托有限责任公司财务报表在所有重大方面按照企业会计准则的规定编制，公允反映了爱建信托2023年12月31日的财务状况以及2023年度的经营成果和现金流量。

5.1.2　资产负债表

资产负债表

编制单位：上海爱建信托有限责任公司　　　　　　　　　2023年12月31日　　　　　　　　　单位：万元

资产类	期末余额	上年年末余额	负债及所有者权益类	期末余额	上年年末余额
资产：			负债：		
现金及存放中央银行款项	7.81	7.70	向中央银行借款	—	—
存放同业款项	54 817.65	77 059.69	同业及其他金融机构存放款项	—	—
贵金属	—	—	拆入资金	—	—
拆出资金	—	—	交易性金融负债	—	—
衍生金融资产	—	—	衍生金融负债	—	—
应收款项	—	—	卖出回购金融资产款	—	—
合同资产	52 541.30	49 413.56	吸收存款	—	—
买入返售金融资产	—	—	应付职工薪酬	6 323.66	14 731.51
持有待售资产	—	—	应交税费	13 931.63	17 972.37
发放贷款和垫款	532 619.60	521 064.00	应付利息	—	—
金融投资：			合同负债	249.81	1 257.67
交易性金融资产	92 331.89	157 353.99	持有待售负债	—	—
债权投资	245 837.48	196 568.82	预计负债	4 546.03	1 201.98
其他债权投资	690.97	804.99	应付债券	—	—
其他权益工具投资	—	—	其中：优先股	—	—
长期股权投资	—	—	永续债	—	—
投资性房地产	—	—	租赁负债	7 668.05	10 162.49
固定资产	593.93	807.28	递延所得税负债	277.62	346.09
在建工程	—	—	其他负债	208 663.70	247 432.79

续表

资产类	期末余额	上年年末余额	负债及所有者权益类	期末余额	上年年末余额
使用权资产	7 436.24	9 946.42	负债合计	241 660.50	293 104.90
无形资产	5 758.21	6 352.49	所有者权益（或股东权益）：		
商誉	—	—	实收资本（或股本）	460 268.46	460 268.46
递延所得税资产	22 796.63	21 010.72	其他权益工具	—	—
其他资产	20 524.51	18 987.40	其中：优先股	—	—
			永续债	—	—
			资本公积	9 096.93	9 096.93
			减：库存股	—	—
			其他综合收益	—	—
			盈余公积	83 240.58	80 438.23
			一般风险准备	16 275.23	16 275.23
			信托赔偿准备金	78 546.35	75 743.99
			未分配利润	146 868.17	124 449.32
			所有者权益合计	794 295.72	766 272.16
资产总计	1 035 956.22	1 059 377.06	负债和所有者权益总计	1 035 956.22	1 059 377.06

法定代表人：徐众华　　主管会计工作负责人：王成兵　　会计机构负责人：王成兵

5.1.3 利润表

利润表

编制单位：上海爱建信托有限责任公司　　2023年度　　单位：万元

项目	本期金额	上期金额
一、营业总收入	105 312.39	138 647.55
利息净收入	3 226.89	9 567.18
利息收入	7 999.93	18 033.92
利息支出	4 773.04	8 466.74
手续费及佣金净收入	82 337.14	123 375.87
手续费及佣金收入	85 947.98	125 058.88
手续费及佣金支出	3 610.84	1 683.01
投资收益（损失以"-"号填列）	-808.28	-4 781.93
其中：对联营企业和合营企业的投资收益	—	93.04
以摊余成本计量的金融资产终止确认产生的投资收益（损失以"-"号填列）	—	—
净敞口套期收益（损失以"-"号填列）	—	—
其他收益	9 617.38	13 924.55
公允价值变动收益（损失以"-"号填列）	10 705.60	-3 553.54
汇兑收益（损失以"-"号填列）	0.01	0.82
其他业务收入	—	—
资产处置收益（损失以"-"号填列）	233.65	114.60
二、营业总支出	67 596.02	84 803.19
税金及附加	558.62	1 101.53
业务及管理费	47 012.90	49 308.12
信用减值损失	17 545.32	34 311.93
其他资产减值损失	2 479.18	81.61
其他业务成本	—	—
三、营业利润（亏损以"-"号填列）	37 716.37	53 844.36
加：营业外收入	—	202.00

续表

项目	本期金额	上期金额
减：营业外支出	0.01	673.17
四、利润总额（亏损总额以"-"号填列）	37 716.36	53 373.19
减：所得税费用	9 692.80	14 365.45
五、净利润（净亏损以"-"号填列）	28 023.56	39 007.74
（一）持续经营净利润（净亏损以"-"号填列）	28 023.56	39 007.74
（二）终止经营净利润（净亏损以"-"号填列）	—	—
六、其他综合收益的税后净额	—	—
（一）不能重分类进损益的其他综合收益	—	—
1.重新计量设定受益计划变动额		
2.权益法下不能转损益的其他综合收益		
3.其他权益工具投资公允价值变动		
4.企业自身信用风险公允价值变动		
（二）将重分类进损益的其他综合收益		
1.权益法下可转损益的其他综合收益		
2.其他债权投资公允价值变动		
3.金融资产重分类计入其他综合收益的金额		
4.其他债权投资信用损失准备		
5.现金流量套期储备（现金流量套期损益的有效部分）		
6.外币财务报表折算差额		
7.其他		
七、综合收益总额	28 023.56	39 007.74
八、每股收益		
（一）基本每股收益（元/股）		
（二）稀释每股收益（元/股）		

法定代表人：徐众华　　主管会计工作负责人：王成兵　　会计机构负责人：王成兵

5.1.4 所有者权益变动表

编制单位：上海爱建信托有限责任公司　　2023年12月31日　　单位：万元

项目	本期金额 归属于母公司所有者权益									所有者权益合计	上年同期金额 归属于母公司所有者权益								所有者权益合计
	实收资本（或股本）	资本公积	减：库存股	其他综合收益	盈余公积	一般风险准备	信托赔偿准备金	未分配利润		实收资本（或股本）	资本公积	减：库存股	其他综合收益	盈余公积	一般风险准备	信托赔偿准备金	未分配利润	
一、上年末余额	460 268.46	9 096.93	—	—	80 429.59	16 275.23	75 735.35	124 380.23	766 185.79	460 268.46	9 096.93	—	—	76 533.18	15 772.23	71 838.94	194 826.58	828 336.32
加：会计政策变更	—	—	—	—	8.64	—	8.64	69.09	86.37	—	—	—	—	4.28	—	4.28	34.23	42.79
前期差错更正	—	—	—	—	—	—	—	—	—	—	—	—	—	—	—	—	—	—
其他	—	—	—	—	—	—	—	—	—	—	—	—	—	—	—	—	—	—
二、本年年初余额	460 268.46	9 096.93	—	—	80 438.23	16 275.23	75 743.99	124 449.32	766 272.16	460 268.46	9 096.93	—	—	76 537.46	15 772.23	71 843.22	194 860.81	828 379.11
三、本年增减变动金额（减少以"-"号填列）	—	—	—	—	2 802.35	—	2 802.36	22 418.85	28 023.56	—	—	—	—	3 900.77	503.00	3 900.77	−70 411.49	−62 106.95
（一）综合收益总额	—	—	—	—	—	—	—	28 023.56	28 023.56	—	—	—	—	—	—	—	39 007.74	39 007.74
（二）所有者投入和减少资本	—	—	—	—	—	—	—	—	—	—	—	—	—	—	—	—	—	—
1. 所有者投入资本	—	—	—	—	—	—	—	—	—	—	—	—	—	—	—	—	—	—
2. 其他权益工具持有者投入资本	—	—	—	—	—	—	—	—	—	—	—	—	—	—	—	—	—	—
3. 股份支付计入所有者权益的金额	—	—	—	—	—	—	—	—	—	—	—	—	—	—	—	—	—	—
4. 其他	—	—	—	—	—	—	—	—	—	—	—	—	—	—	—	—	—	—
（三）利润分配	—	—	—	—	2 802.35	—	2 802.36	−5 604.71	—	—	—	—	—	3 900.77	503.00	3 900.77	−109 419.23	−101 114.69
1. 提取盈余公积	—	—	—	—	2 802.35	—	—	−2 802.35	—	—	—	—	—	3 900.77	—	—	−3 900.77	—
2. 提取一般风险准备	—	—	—	—	—	—	2 802.36	−2 802.36	—	—	—	—	—	—	503.00	3 900.77	−4 403.77	—
3. 对所有者（或股东）的分配	—	—	—	—	—	—	—	—	—	—	—	—	—	—	—	—	−101 114.69	−101 114.69
4. 其他	—	—	—	—	—	—	—	—	—	—	—	—	—	—	—	—	—	—
（四）所有者权益内部结转	—	—	—	—	—	—	—	—	—	—	—	—	—	—	—	—	—	—
1. 资本公积转增资本（或股本）	—	—	—	—	—	—	—	—	—	—	—	—	—	—	—	—	—	—
2. 盈余公积转增资本（或股本）	—	—	—	—	—	—	—	—	—	—	—	—	—	—	—	—	—	—
3. 盈余公积弥补亏损	—	—	—	—	—	—	—	—	—	—	—	—	—	—	—	—	—	—
4. 设定受益计划变动额结转留存收益	—	—	—	—	—	—	—	—	—	—	—	—	—	—	—	—	—	—
5. 其他综合收益结转留存收益	—	—	—	—	—	—	—	—	—	—	—	—	—	—	—	—	—	—
6. 其他	—	—	—	—	—	—	—	—	—	—	—	—	—	—	—	—	—	—
四、本期期末余额	460 268.46	9 096.93	—	—	83 240.58	16 275.23	78 546.35	146 868.17	794 295.72	460 268.46	9 096.93	—	—	80 438.23	16 275.23	75 743.99	124 449.32	766 272.16

法定代表人：徐众华　　主管会计工作负责人：王成兵　　会计机构负责人：王成兵

5.2 信托资产

5.2.1 信托项目资产负债汇总表

信托项目资产负债汇总表

编制单位：上海爱建信托有限责任公司　　　　2023年12月31日　　　　单位：万元

资产类	期末余额	期初余额	负债及所有者权益类	期末余额	期初余额
资产：			负债：		
货币资金	227 079.23	204 685.44	交易性金融负债	—	—
拆出资金	—	—	衍生金融负债	—	—
存出保证金	—	—	应付受托人报酬	19 041.75	10 077.09
交易性金融资产	2 337 956.70	3 348 633.26	应付托管费	306.50	364.83
衍生金融资产	—	—	应付受益人收益	16 319.20	23 804.39
买入返售金融资产	4 453.72	7 008.88	应交税费	3 153.99	6 639.02
应收款项	146 530.42	110 175.81	应付销售服务费	54.85	34.22
发放贷款	2 768 973.19	2 866 106.41	其他应付款项	80 094.38	101 532.05
债权投资	581 372.43	342 105.85	其他负债	7 878.07	—
其他债权投资	550 657.47	848 042.88			
其他权益工具投资	—	—	负债合计	126 848.74	142 451.60
长期应收款	—	—			
长期股权投资	—	—	所有者权益：		
投资性房地产	30 000.00	30 000.00	实收信托	6 242 241.17	7 292 008.94
固定资产	—	—	其他综合收益	—	2.76
无形资产	—	—	外币报表折算差额	—	—
长期待摊费用	—	—	未分配利润	277 933.25	322 295.23
其他资产	—	—			
			所有者权益合计	6 520 174.42	7 614 306.93
资产总计	6 647 023.16	7 756 758.53	负债及所有者权益总计	6 647 023.16	7 756 758.53

法定代表人：徐众华　　　　主管会计工作负责人：王成兵　　　　会计机构负责人：王成兵

5.2.2 信托项目利润及利润分配汇总表

信托项目利润及利润分配汇总表

编制单位：上海爱建信托有限责任公司　　2023年度　　单位：万元

项目	行号	本期金额	上期金额
1.营业收入	1	437 721.24	592 489.34
1.1利息收入	2	288 366.43	285 810.92
1.2投资收益（损失以"-"号填列）	3	134 423.00	314 655.14
1.2.1其中：对联营企业和合营企业的投资收益	4	—	—
1.3公允价值变动收益（损失以"-"号填列）	5	12 923.58	-8 287.55
1.4租赁收入	6	—	—
1.5汇兑损益（损失以"-"号填列）	7	—	—
1.6其他收入	8	2 008.23	310.83
2.支出	9	128 552.16	182 405.94
2.1营业税金及附加	10	1 046.95	979.17

续表

项目	行号	本期金额	上期金额
2.2受托人报酬	11	85 464.26	138 401.18
2.3托管费	12	1 447.37	1 246.06
2.4投资管理费	13	—	—
2.5销售服务费	14	28.64	25.24
2.6交易费用	15	5.36	3.36
2.7信用减值损失	16	—	—
2.7.1以摊余成本计量的金融资产减值损失	17	—	—
2.7.2以公允价值计量且其变动计入其他综合收益的金融资产减值损失	18	—	—
2.7.3其他	19	—	—
2.8其他资产减值损失	20	—	15 262.83
2.9其他费用	21	40 559.58	26 488.10

续表

项目	行号	本期金额	上期金额
3.信托净利润（净亏损以"-"号填列）	22	309 169.08	410 083.40
4.其他综合收益	23	—	
5.综合收益	24	309 169.08	410 083.40
6.加：期初未分配信托利润	25	322 295.22	315 286.74
7.可供分配的信托利润	26	631 464.30	1 042 335.09
8.减：本期已分配信托利润	27	353 531.05	720 039.86
9.期末未分配信托利润	28	277 933.25	322 295.23

法定代表人：徐众华　　主管会计工作负责人：王成兵　　会计机构负责人：王成兵

6.会计报表附注

6.1　会计报表编制基础

6.1.1　编制基础

本公司以持续经营为基础，根据实际发生的交易和事项，按照财政部颁布的《企业会计准则——基本准则》和各项具体会计准则、企业会计准则应用指南、企业会计准则解释及其他相关规定（以下合称企业会计准则），以及中国证券监督管理委员会《公开发行证券的公司信息披露编报规则第15号——财务报告的一般规定》的披露规定编制财务报表。

6.1.2　持续经营

本公司自报告期末起12个月不存在对本公司持续经营能力产生重大疑虑的事项或情况。

6.2　重要会计政策和会计估计说明

6.2.1　遵循企业会计准则的声明

本财务报表符合财政部颁布的企业会计准则的要求，真实、完整地反映了本公司2023年12月31日的财务状况以及2023年度的经营成果和现金流量。

6.2.2　会计期间

自公历1月1日至12月31日止为一个会计年度。

6.2.3　营业周期

本公司营业周期为12个月。

6.2.4　记账本位币

人民币与外币业务采用分账制。

6.2.5　现金等价物的确定标准

现金，是指本公司的库存现金以及可以随时用于支付的存款。现金等价物，是指本公司持有的期限短、流动性强、易于转换为已知金额的现金、价值变动风险很小的投资。

6.2.6　外币财务报表的折算方法

外币核算采用分账制，资产负债表日，按照下列规定对相应的外币账户余额分货币性项目和非货币性项目进行调整。

（1）外币货币性项目，采用资产负债表日即期汇率折算。因资产负债表日即期汇率与初始确认时或者前一资产负债表日即期汇率不同而产生的汇兑差额，计入当期损益。

（2）以历史成本计量的外币非货币性项目，仍采用交易发生日的即期汇率折算，不改变其记账本位币金额。

货币性项目，是指企业持有的货币资金和将以固定或可确定的金额收取的资产或者偿付的负债。非货币性项目，是指货币性项目以外的项目。采用分账制记账方法，其产生的汇兑差额的处理结果与统账制一致。

6.2.7　金融工具

金融工具包括金融资产、金融负债和权益工具。

6.2.7.1　金融工具的分类

根据本公司管理金融资产的业务模式和金融资产的合同现金流量特征，金融资产于初始确认时分类为：以摊余成本计量的金融资产、以公允价值计量且其变动计入其他综合收益的金融资产（债务工具）和以公允价值计量且其变动计入当期损益的金融资产。

业务模式是以收取合同现金流量为目标且合同现金流量仅为对本金和以未偿付本金金额为基础的利息的支付的，分类为以摊余成本计量的金融资产；业务模式既以收取合同现金流量又以出售该金融资产为目标且合同现金流量仅为对本金和以未偿付本金金额为基础的利息的支付的，分类为以公允价值计量且其变动计入其他综合收益的金融资产（债务工具）；除此之外的其他金融资产，分类为以公允价值计量且其变动计入当期损益的金融资产。

对于非交易性权益工具投资，本公司在初始确认时确定是否将其指定为以公允价值计量且其变动计入其他综合收益的金融资产（权益工具）。

金融负债于初始确认时分类为：以公允价值计量且其变动计入当期损益的金融负债和以摊余成本计量的金融负债。

6.2.7.2　金融工具的确认依据和计量方法

（1）以摊余成本计量的金融资产。以摊余成本计量的金融资产包括货币资金、应收票据、应收账款、其他应收款、买入返售金融资产、发放贷款和贷款、长期应收款、债权投资等,按公允价值进行初始计量,相关交易费用计入初始确认金额;不包含重大融资成分的应收账款以及本公司决定不考虑不超过一年的融资成分的应收账款,以合同交易价格进行初始计量。

持有期间采用实际利率法计算的利息计入当期损益。

收回或处置时,将取得的价款与该金融资产账面价值之间的差额计入当期损益。

(2)以公允价值计量且其变动计入其他综合收益的金融资产(债务工具)。以公允价值计量且其变动计入其他综合收益的金融资产(债务工具)包括应收款项融资、其他债权投资等,按公允价值进行初始计量,相关交易费用计入初始确认金额。该金融资产按公允价值进行后续计量,公允价值变动除采用实际利率法计算的利息、减值损失或利得和汇兑损益之外,均计入其他综合收益。

终止确认时,之前计入其他综合收益的累计利得或损失从其他综合收益中转出,计入当期损益。

(3)以公允价值计量且其变动计入其他综合收益的金融资产(权益工具)。以公允价值计量且其变动计入其他综合收益的金融资产(权益工具)包括其他权益工具投资等,按公允价值进行初始计量,相关交易费用计入初始确认金额。该金融资产按公允价值进行后续计量,公允价值变动计入其他综合收益。取得的股利计入当期损益。

终止确认时,之前计入其他综合收益的累计利得或损失从其他综合收益中转出,计入留存收益。

(4)以公允价值计量且其变动计入当期损益的金融资产。以公允价值计量且其变动计入当期损益的金融资产包括交易性金融资产、衍生金融资产、其他非流动金融资产等,按公允价值进行初始计量,相关交易费用计入当期损益。该金融资产按公允价值进行后续计量,公允价值变动计入当期损益。

终止确认时,其公允价值与初始入账金额之间的差额确认为投资收益,同时调整公允价值变动损益。

(5)以公允价值计量且其变动计入当期损益的金融负债。以公允价值计量且其变动计入当期损益的金融负债包括交易性金融负债、衍生金融负债等,按公允价值进行初始计量,相关交易费用计入当期损益。该金融负债按公允价值进行后续计量,公允价值变动计入当期损益。

终止确认时,其公允价值与初始入账金额之间的差额确认为投资收益,同时调整公允价值变动损益。

(6)以摊余成本计量的金融负债。以摊余成本计量的金融负债包括短期借款、应付票据、应付账款、其他应付款、长期借款、应付债券、长期应付款,按公允价值进行初始计量,相关交易费用计入初始确认金额。

持有期间采用实际利率法计算的利息计入当期损益。

终止确认时,将支付的对价与该金融负债账面价值之间的差额计入当期损益。

6.2.7.3 金融资产终止确认和金融资产转移的确认依据和计量方法

满足下列条件之一时,本公司终止确认金融资产:(1)收取金融资产现金流量的合同权利终止;(2)金融资产已转移,且已将金融资产所有权上几乎所有的风险和报酬转移给转入方;(3)金融资产已转移,虽然本公司既没有转移也没有保留金融资产所有权上几乎所有的风险和报酬,但是未保留对金融资产的控制。

本公司与交易对手方修改或者重新议定合同而且构成实质性修改的,则终止确认原金融资产,同时按照修改后的条款确认一项新金融资产。

发生金融资产转移时,如保留了金融资产所有权上几乎所有的风险和报酬的,则不终止确认该金融资产。

发生金融资产转移时,如既没有转移也没有保留金融资产所有权上几乎所有的风险和报酬的,且未放弃对该金融资产控制的,按照其继续涉入所转移金融资产的程度确认有关金融资产。

在判断金融资产转移是否满足上述金融资产终止确认条件时,采用实质重于形式的原则。本公司将金融资产转移区分为金融资产整体转移和部分转移。金融资产整体转移满足终止确认条件的,将下列两项金额的差额计入当期损益:(1)所转移金融资产的账面价值;(2)因转移而收到的对价,与原直接计入所有者权益的公允价值变动累计额(涉及转移的金融资产为可供出售金融资产的情形)之和。

金融资产部分转移满足终止确认条件的,将所转移金融资产整体的账面价值,在终止确认部分和未终止确认部分之间,按照各自的相对公允价值进行分摊,并将下列两项金额的差额计入当期损益:(1)终止确认部分的账面价值;(2)终止确认部分的对价,与原直接计入所有者权益的公允价值变动累计额中对应终止确认部分的金额(涉及转移的金融资产为可供出售金融资产的情形)之和。

金融资产部分转移满足终止确认条件的,将所转移金融资产整体的账面价值，在终止确认部分和未终止确认部分之间，按照各自的相对公允价值进行分摊，并将下列两项金额的差额计入当期损益：

6.2.7.4 金融负债终止确认

金融负债的现时义务全部或部分已经解除的，则终止确认该金融负债或其一部分；本公司若与债权人签订协议，以承担新金融负债方式替换现存金融负债，且新金融负债与现存金融负债的合同条款实质上不同的，则终止确认现存金融负债，并同时确认新金融负债。

对现存金融负债全部或部分合同条款作出实质性修改的，则终止确认现存金融负债或其一部分，同时将修改条款后的金融负债确认为一项新金融负债。

金融负债全部或部分终止确认时，终止确认的金融负债账面价值与支付对价（包括转出的非现金资产或承担的新金融负债）之间的差额，计入当期损益。

本公司若回购部分金融负债的，在回购日按照继续确认部分与终止确认部分的相对公允价值，将该金融负债整体的账面价值进行分配。分配给终止确认部分的账面价值与支付的对价（包括转出的非现金资产或承担的新金融负债）之间的差额，计入当期损益。

6.2.7.5 金融资产和金融负债的公允价值的确定方法

存在活跃市场的金融工具，以活跃市场中的报价确定其公允价值。不存在活跃市场的金融工具，采用估值技术确定其公允价值。在估值时，本公司采用在当前情况下适用并且有足够可利用数据和其他信息支持的估值技术，选择与市场参与者在相关资产或负债的交易中所考虑的资产或负债特征相一致的输入值，并优先使用相关可观察输入值。只有在相关可观察输入值无法取得或取得不切实可行的情况下，才使用不可观察输入值。

6.2.7.6 金融资产减值

本公司以单项或组合的方式对以摊余成本计量的金融资产、以公允价值计量且其变动计入其他综合收益的金融资产（债务工具）、部分贷款承诺和财务担保合同等以预期信用损失为基础进行减值会计处理。

本公司考虑有关过去事项、当前状况以及对未来经济状况的预测等合理且有依据的信息，以发生违约的风险为权重，计算合同应收的现金流量与预期能收到的现金流量之间差额的现值的概率加权金额，确认预期信用损失。

对于上述纳入预期信用损失计量的金融工具，本公司评估相关金融工具的信用风险自初始确认后是否已显著增加，运用"三阶段"减值模型分别计量其损失准备、确认预期信用损失。阶段一：自初始确认后信用风险并未显著增加的金融工具。阶段二：自初始确认后信用风险显著增加，但并未将其视为已发生信用减值的金融工具。阶段三：已发生信用减值的金融工具。

阶段一金融工具按照相当于该金融工具未来12个月内预期信用损失的金额计量其损失准备，阶段二和阶段三金融工具按照相当于该金融工具整个存续期内预期信用损失的金额计量其损失准备。

以公允价值计量且其变动计入其他综合收益的金融资产（债务工具），在其他综合收益中确认其损失准备，并将减值损失或利得计入当期损益，不减少该金融资产在资产负债表中列示的账面价值。

在前一会计期间已经按照相当于金融工具整个存续期内预期信用损失的金额计量了损失准备，但在当期资产负债表日，该金融工具已不再属于自初始确认后信用风险显著增加的情形的，在当期资产负债表日按照相当于未来12个月内预期信用损失的金额计量该金融工具的损失准备，由此形成的损失准备的转回金额作为减值利得计入当期损益；但购买或源生的已发生信用减值的金融资产除外。对于购买或源生的已发生信用减值的金融资产，在当期资产负债日仅将自初始确认后整个存续期内预期信用损失的累计变动确认为损失准备。

信用风险显著增加的判断标准：本公司在每个资产负债表日评估相关金融工具的信用风险自初始确认后是否已显著增加。在确定信用风险自初始确认后是否显著增加时，本公司考虑在无须付出不必要的额外成本或努力的情况下即可获得合理且有依据的信息，包括基于历史数据的定性和定量分析、外部信用风险评级以及前瞻性信息。本公司以单项金融工具或者具有相似信用风险特征的金融工具组合为基础，通过比较金融工具在资产负债表日发生违约的风险与在初始确认日发生违约的风险，以确定金融工具预计存续期内发生违约风险的变化情况。

当触发以下一个或多个定量、定性标准或上限指标时，本公司认为金融工具的信用风险已发生显著增加。

定量标准：在报告日，剩余存续期违约概率较初始确认时上升超过一定比例定性标准：（1）债务人经营或财务情况出现重大不利变化；（2）五级分类为关注级别；（3）预警客户清单。

上限标准：债务人合同付款（包括本金和利息）逾期

超过30天。

已发生信用减值资产的定义：在新金融工具准则下为确定是否发生信用减值时，本公司所采用的界定标准，与内部针对相关金融工具的信用风险管理目标保持一致，同时考虑定量、定性指标。本公司评估是否发生信用减值时，主要考虑以下因素：（1）发行方或债务人发生严重财务困难；（2）债务人违反了合同条款，如偿付利息或本金发生违约或逾期等；（3）债权人出于经济或法律等方面因素的考虑，对发生财务困难的债务人作出让步；（4）债务人很可能倒闭或进行其他财务重组；（5）因发行方发生重大财务困难，该金融资产无法在活跃市场继续交易；（6）以大幅折扣购买或源生一项金融资产，该折扣反映了发生信用损失的事实；（7）债务人对本公司的任何本金、垫款、利息或投资的公司债券逾期超过90天。

金融资产发生信用减值，有可能是多个事件的共同作用所致，未必是可单独识别的事件所致。对已发生信用减值的金融资产，本公司主要以单项金融资产为基础，分析不同情形下的预计未来现金流量（包括所持担保物的可变现价值），按原实际利率折现确定的现值与账面价值的差额，作为减值损失或利得计入当期损益。

预期信用损失计量的参数。根据信用风险是否发生显著增加以及是否已发生信用减值，本公司对不同的资产分别以12个月或整个存续期的预期信用损失计量减值准备。预期信用损失计量的关键参数包括违约概率、违约损失率和违约风险敞口。本公司以当前风险管理所使用的巴塞尔新资本协议体系为基础，根据新金融工具准则的要求，考虑历史统计数据（如交易对手评级、担保方式及抵质押物类别、还款方式等）的定量分析及前瞻性信息，建立违约概率、违约损失率及违约风险敞口模型。

相关定义如下：（1）违约概率是指债务人在未来12个月或在整个剩余存续期，无法履行其偿付义务的可能性。本公司的违约概率以新资本协议内评模型结果为基础进行调整，加入前瞻性信息并剔除审慎性调整，以反映当前宏观经济环境下的"时点型"债务人违约概率；（2）违约损失率是指本公司对违约风险暴露发生损失程度作出的预期。根据交易对手的类型、追索的方式和优先级，以及担保品的不同，违约损失率也有所不同；（3）违约风险敞口是指在未来12个月或在整个剩余存续期中，在违约发生时，本公司应被偿付的金额。

前瞻性信息。信用风险显著增加的评估及预期信用损失的计算均涉及前瞻性信息。本公司通过进行历史数据分析，识别出影响各业务类型信用风险及预期信用损失的关键宏观经济指标，如国内生产总值、生产价格指数、居民消费价格指数、固定资产投资完成额、住宅价格指数、社会融资规模等。

这些经济指标对违约概率和违约损失率的影响，对不同的业务类型有所不同。本公司在此过程中应用了专家判断，根据专家判断的结果，每季度对这些经济指标进行预测，并通过进行回归分析确定这些经济指标对违约概率和违约损失率的影响。

除了提供基准经济情景外，本公司结合统计分析及专家判断结果来确定其他可能的情景及其权重。本公司以加权的12个月预期信用损失（第一阶段）或加权的整个存续期预期信用损失（第二阶段及第三阶段）计量相关的减值准备。上述加权信用损失是由各情景下预期信用损失乘以相应情景的权重计算得出。

本公司不再合理预期金融资产合同现金流量能够全部或部分收回的，直接减记该金融资产的账面余额。

6.2.7.7　财务担保合同及贷款承诺

财务担保合同要求提供者为合同持有人提供偿还保障，即在被担保人到期不能履行合同条款支付款项时，代为偿付合同持有人的损失。

财务担保合同在初始确认时按照公允价值计量，除指定为以公允价值计量且其变动计入当期损益的金融负债的财务担保合同外，其余财务担保合同在初始确认后按照资产负债表日确定的预期信用损失准备金额和初始确认金额扣除按照收入确认原则确定的累积摊销额后的余额两者孰高进行后续计量。

贷款承诺是本公司向客户提供的一项在承诺期间内以既定的合同条款向客户发放贷款的承诺。贷款承诺按照预期信用损失模型计提减值损失。

本公司将财务担保合同和贷款承诺的减值准备列报在预计负债中。

6.2.7.8　金融资产合同修改

本公司有时会重新商定或修改客户贷款的合同，导致合同现金流发生变化。出现这种情况时，本公司会评估修改后的合同条款是否发生了实质性的变化。本公司在进行评估时考虑的因素包括：（1）当合同修改发生在借款人出现财务困难时，该修改是否仅将合同现金流量减少为预期借款人能够清偿的金额；（2）是否新增了任何实质性的条款,例如增加了分享利润/权益性回报的条款,导致合同的风险特征发生了实质性变化;(3)在借款人并未出现财务困难的情况下,大幅延长贷款期限;(4)贷款利率出现重大变化;(5)贷款币种发生改变;(6)增加了担保或其他信用增级措施,大幅改变了贷款的信用风险水平。

如果修改后合同条款发生了实质性的变化,本公司将终止确认原金融资产,并以公允价值确认一项新金融资产,且对新资产重新计算一个新的实际利率。在这种情况下,对修改后的金融资产应用减值要求时,包括确定信用风险是否出现显著增加时,本公司将上述合同修改日期作为初始确认日期。对于上述新确认的金融资产,本公司也要评估其在初始确认时是否已发生信用减值,特别是当合同修改发生在债务人不能履行初始商定的付款安排时。账面价值的改变作为终止确认产生的利得或损失计入损益。

如果修改后合同条款并未发生实质性的变化,则合同修改不会导致金融资产的终止确认。本公司根据修改后的合同现金流量重新计算金融资产的账面总值,并将修改利得或损失计入损益。在计算新的账面总值时,仍使用初始实际利率(或购入或源生的已发生信用减值的金融资产经信用调整的实际利率)对修改后的现金流量进行折现。

6.2.8 贷款、债权投资和应收款项坏账准备

6.2.8.1 贷款

对于贷款,公司按照相当于整个存续期内预期信用损失的金额计量其损失准备,由此形成的损失准备的增加或转回金额,作为减值损失或利得计入当期损益。

(1)发放贷款和垫款风险分类。本公司对每一单项贷款按其资产质量分为正常、关注、次级、可疑和损失五类,其主要分类的标准和计提损失准备的比例为:①正常。交易对手能够履行合同或协议,没有足够理由怀疑债务本金和收益不能按时足额偿还。②关注。尽管交易对手目前有能力偿还,但存在一些可能对偿还产生不利影响的因素的债权类资产;交易对手的现金偿还能力出现明显问题,但交易对手抵押或质押的可变现资产大于等于其债务的本金及收益。③次级。交易对手的偿还能力出现明显问题,完全依靠其正常经营收入无法足额偿还债务本金及收益,即使执行担保,也可能会造成一定损失。④可疑。交易对手无法足额偿还债务本金及收益,即使执行担保,也肯定要造成较大损失。⑤损失:

在采取所有可能的措施或一切必要的法律程序后,资产及收益仍然无法收回,或只能收回极少部分。上述后三类贷款被视为不良信贷资产。

(2)发放贷款和垫款减值的计提方法。本公司按照下列情形计量发放贷款和垫款减值损失准备:①信用风险自初始确认后未显著增加的贷款和垫款,本公司按照未来12个月的预期信用损失的金额计量损失准备;②信用风险自初始确认后已显著增加的贷款和垫款,本公司按照相当于该金融工具整个存续期内预期信用损失的金额计量损失准备;③购买或源生已发生信用减值的贷款和垫款,本公司按照相当于整个存续期内预期信用损失的金额计量损失准备。

对于发放贷款和垫款,本公司在单项工具层面无法以合理成本获得关于信用风险显著增加的充分证据,而在组合的基础上评估信用风险是否显著增加是可行,所以本公司按照发放贷款和垫款风险类型为共同风险特征进行分组,并以组合为基础考虑评估信用风险是否显著增加。

6.2.8.2 债权投资

公司对债权投资的风险分类和减值计提方法参见6.2.8.1"贷款"的相关内容。

6.2.8.3 应收账款(不含应收保理款)

应收款项的预期信用损失的确定方法参见6.2.8.1"贷款"的相关内容。

6.2.9 合同资产

6.2.9.1 合同资产的确认方法及标准

本公司合同资产主要包括信托业务手续费及佣金收入。根据履行履约义务与客户付款之间的关系在资产负债表中列示合同资产或合同负债。本公司已向客户转让商品或提供服务而有权收取对价的权利(且该权利取决于时间流逝之外的其他因素)列示为合同资产。本公司拥有的、无条件(仅取决于时间流逝)向客户收取对价的权利作为应收款项单独列示。

本公司已收或应收客户对价而应向客户转让商品或提供服务的义务列示为合同负债。

同一合同下的合同资产和合同负债以净额列示。

6.2.9.2 合同资产预期信用损失的确定方法及会计处理方法

合同资产的预期信用损失的确定方法及会计处理方法详见本附注"金融资产减值的测试方法及会计处理方法"。

6.2.10　买入返售金融资产和卖出回购金融资产款

购买时根据协议约定于未来某确定日返售的资产将不在资产负债表内予以确认。为买入该等资产所支付的成本，包括应计利息，在资产负债表中列示为买入返售款项。购入与返售价格之差额在协议期间内按实际利率法确认，计入利息收入。

根据协议约定于未来某确定日期回购的已售出资产不在资产负债表内予以终止确认。出售该等资产所得款项，包括应计利息，在资产负债表中列示为卖出回购款项，以反映其作为向本公司贷款的经济实质。售价与回购价之差额在协议期间内按实际利率法确认，计入利息支出。

证券借入和借出交易一般均附有抵押，以证券或现金作为抵押品。只有当与证券所有权相关的风险和收益同时转移时，与交易对手之间的证券转移才于资产负债表中反映。所支付的现金或收取的现金抵押品分别确认为资产或负债。

借入的证券不在资产负债表内确认。如该类证券出售给第三方，偿还债券的责任确认为为交易而持有的金融负债，并按公允价值计量。

6.2.11　持有待售

主要通过出售（包括具有商业实质的非货币性资产交换）而非持续使用一项非流动资产或处置组收回其账面价值的，划分为持有待售类别。

本公司将同时满足下列条件的非流动资产或处置组划分为持有待售类别：

（1）根据类似交易中出售此类资产或处置组的惯例，在当前状况下即可立即出售。

（2）出售极可能发生，即本公司已经就一项出售计划作出决议且获得确定的购买承诺，预计出售将在一年内完成。有关规定要求本公司相关权力机构或者监管部门批准后方可出售的，已经获得批准。

划分为持有待售的非流动资产（不包括金融资产、递延所得税资产、职工薪酬形成的资产）或处置组，其账面价值高于公允价值减去出售费用后的净额的，账面价值减记至公允价值减去出售费用后的净额，减记的金额确认为资产减值损失，计入当期损益，同时计提持有待售资产减值准备。

6.2.12　长期股权投资核算方法

6.2.12.1　共同控制、重大影响的判断标准

共同控制，是指按照相关约定对某项安排所共有的控制，并且该安排的相关活动必须经过分享控制权的参与方一致同意后才能决策。本公司与其他合营方一同对被投资单位实施共同控制且对被投资单位净资产享有权利的，被投资单位为本公司的合营企业。

重大影响，是指对一个企业的财务和经营决策有参与决策的权力，但并不能够控制或者与其他方一起共同控制这些政策的制定。本公司能够对被投资单位施加重大影响的，被投资单位为本公司联营企业。

6.2.12.2　初始投资成本的确定

6.2.12.2.1　企业合并形成的长期股权投资

同一控制下的企业合并：公司以支付现金、转让非现金资产或承担债务方式以及以发行权益性证券作为合并对价的，在合并日按照取得被合并方所有者权益在最终控制方合并财务报表中的账面价值的份额作为长期股权投资的初始投资成本。因追加投资等原因能够对同一控制下的被投资单位实施控制的，在合并日根据合并后应享有被合并方净资产在最终控制方合并财务报表中的账面价值的份额，确定长期股权投资的初始投资成本。合并日长期股权投资的初始投资成本，与达到合并前的长期股权投资账面价值加上合并日进一步取得股份新支付对价的账面价值之和的差额，调整股本溢价，股本溢价不足冲减的，冲减留存收益。

非同一控制下的企业合并：公司按照购买日确定的合并成本作为长期股权投资的初始投资成本。因追加投资等原因能够对非同一控制下的被投资单位实施控制的，按照原持有的股权投资账面价值加上新增投资成本之和，作为改按成本法核算的初始投资成本。

6.2.12.2.2　通过企业合并以外的其他方式取得的长期股权投资

以支付现金方式取得的长期股权投资，按照实际支付的购买价款作为初始投资成本。

以发行权益性证券取得的长期股权投资，按照发行权益性证券的公允价值作为初始投资成本。

6.2.12.2.3　后续计量及损益确认方法

（1）成本法核算的长期股权投资。公司对子公司的长期股权投资，采用成本法核算。除取得投资时实际支付的价款或对价中包含的已宣告但尚未发放的现金股利或利润外，公司按照享有被投资单位宣告发放的现金股利或利润确认当期投资收益。

（2）权益法核算的长期股权投资。对联营企业和合营企业的长期股权投资，采用权益法核算。初始投资成

本大于投资时应享有被投资单位可辨认净资产公允价值份额的差额，不调整长期股权投资的初始投资成本；初始投资成本小于投资时应享有被投资单位可辨认净资产公允价值份额的差额，计入当期损益。

公司按照应享有或应分担的被投资单位实现的净损益和其他综合收益的份额，分别确认投资收益和其他综合收益，同时调整长期股权投资的账面价值；按照被投资单位宣告分派的利润或现金股利计算应享有的部分，相应减少长期股权投资的账面价值；对于被投资单位除净损益、其他综合收益和利润分配以外所有者权益的其他变动，调整长期股权投资的账面价值并计入所有者权益。

在确认应享有被投资单位净损益、其他综合收益及其他所有者权益变动的份额时，以取得投资时被投资单位可辨认净资产的公允价值为基础，并按照本公司的会计政策及会计期间，对被投资单位的净利润和其他综合收益等进行调整后确认。

公司与联营企业、合营企业之间发生的未实现内部交易损益按照应享有的比例计算归属于公司的部分，予以抵销，在此基础上确认投资收益。与被投资单位发生的未实现内部交易损失，属于资产减值损失的，全额确认。

公司对合营企业或联营企业发生的净亏损，除负有承担额外损失义务外，以长期股权投资的账面价值以及其他实质上构成对合营企业或联营企业净投资的长期权益减记至零为限。合营企业或联营企业以后实现净利润的，公司在收益分享额弥补未确认的亏损分担额后，恢复确认收益分享额。

（3）长期股权投资的处置。处置长期股权投资，其账面价值与实际取得价款的差额，计入当期损益。

部分处置权益法核算的长期股权投资，剩余股权仍采用权益法核算的，原权益法核算确认的其他综合收益采用与被投资单位直接处置相关资产或负债相同的基础按相应比例结转，其他所有者权益变动按比例结转入当期损益。

因处置股权投资等原因丧失了对被投资单位的共同控制或重大影响的，原股权投资因采用权益法核算而确认的其他综合收益，在终止采用权益法核算时采用与被投资单位直接处置相关资产或负债相同的基础进行会计处理，其他所有者权益变动在终止采用权益法核算时全部转入当期损益。

因处置部分股权投资等原因丧失了对被投资单位控制权的，在编制个别财务报表时，剩余股权能够对被投资单位实施共同控制或重大影响的，改按权益法核算，并对该剩余股权视同自取得时即采用权益法核算进行调整，对于取得被投资单位控制权之前确认的其他综合收益采用与被投资单位直接处置相关资产或负债相同的基础按比例结转，因采用权益法核算确认的其他所有者权益变动按比例结转入当期损益；剩余股权不能对被投资单位实施共同控制或施加重大影响的，确认为金融资产，其在丧失控制之日的公允价值与账面价值间的差额计入当期损益，对于取得被投资单位控制权之前确认的其他综合收益和其他所有者权益变动全部结转。

通过多次交易分步处置对子公司股权投资直至丧失控制权，属于一揽子交易的，各项交易作为一项处置子公司股权投资并丧失控制权的交易进行会计处理；在丧失控制权之前每一次处置价款与所处置的股权对应的长期股权投资账面价值之间的差额，在个别财务报表中，先确认为其他综合收益，到丧失控制权时再一并转入丧失控制权的当期损益。不属于一揽子交易的，对每一项交易分别进行会计处理。

6.2.13 固定资产

6.2.13.1 固定资产确认条件和初始计量

固定资产指为生产商品、提供劳务、出租或经营管理而持有，并且使用寿命超过一个会计年度的有形资产。固定资产在同时满足下列条件时予以确认：（1）与该固定资产有关的经济利益很可能流入企业；（2）该固定资产的成本能够可靠地计量。

固定资产按成本（并考虑预计弃置费用因素的影响）进行初始计量。

与固定资产有关的后续支出，在与其有关的经济利益很可能流入且其成本能够可靠计量时，计入固定资产成本；对于被替换的部分，终止确认其账面价值；所有其他后续支出于发生时计入当期损益。

6.2.13.2 折旧方法

固定资产折旧采用年限平均法分类计提，根据固定资产类别、预计使用寿命和预计净残值率确定折旧率。对计提了减值准备的固定资产，则在未来期间按扣除减值准备后的账面价值及依据尚可使用年限确定折旧额。如固定资产各组成部分的使用寿命不同或者以不同方式为企业提供经济利益，则选择不同折旧率或折旧方法，分别计提折旧。

各类固定资产折旧方法、折旧年限、残值率和年折旧率如下表所示。

类别	折旧方法	折旧年限（年）	净残值率（%）	年折旧率（%）
电子设备	平均年限法	3、5	5	19、31.67
运输工具	平均年限法	4、5	5	19、23.75
机具设备	平均年限法	5	5	19
业务设备	平均年限法	5	5	19
家具设备	平均年限法	5	5	19
其他	平均年限法	5	5	19

6.2.13.3 固定资产处置

当固定资产被处置，或者预期通过使用或处置不能产生经济利益时，终止确认该固定资产。固定资产出售、转让、报废或毁损的处置收入扣除其账面价值和相关税费后的金额计入当期损益。

6.2.14 无形资产

6.2.14.1 无形资产的计价方法

（1）本公司取得无形资产时按成本进行初始计量。外购无形资产的成本，包括购买价款、相关税费以及直接归属于使该项资产达到预定用途所发生的其他支出。

（2）后续计量。在取得无形资产时分析判断其使用寿命。

对于使用寿命有限的无形资产，在为企业带来经济利益的期限内按直线法摊销；无法预见无形资产为企业带来经济利益限期的，视为使用寿命不确定的无形资产，不予摊销。

6.2.14.2 使用寿命有限的无形资产的使用寿命估计情况

项目	预计使用寿命（年）	依据
电脑软件	5	预计使用年限
车辆牌照	10	按税法规定
商标权	10	预计使用年限

6.2.15 长期资产减值

长期股权投资、采用成本模式计量的投资性房地产、固定资产、在建工程、使用寿命有限的无形资产等长期资产，于资产负债表日存在减值迹象的，进行减值测试。减值测试结果表明资产的可收回金额低于其账面价值的，按其差额计提减值准备并计入减值损失。可收回金额为资产的公允价值减去处置费用后的净额与资产预计未来现金流量的现值两者之间的较高者。资产减值准备按单项资产为基础计算并确认，如果难以对单项资产的可收回金额进行估计的，以该资产所属的资产组确定资产组的可收回金额。资产组是能够独立产生现金流入的最小资产组合。

对于因企业合并形成的商誉、使用寿命不确定的无形资产、尚未达到可使用状态的无形资产至少在每年年度终了进行减值测试。

本公司进行商誉减值测试，对于因企业合并形成的商誉的账面价值，自购买日起按照合理的方法分摊至相关的资产组；难以分摊至相关的资产组的，将其分摊至相关的资产组组合。本公司在分摊商誉的账面价值时，根据相关资产组或资产组组合能够从企业合并的协同效应中获得的相对收益情况进行分摊，在此基础上进行商誉减值测试。

在对包含商誉的相关资产组或者资产组组合进行减值测试时，如与商誉相关的资产组或者资产组组合存在减值迹象的，先对不包含商誉的资产组或者资产组组合进行减值测试，计算可收回金额，并与相关账面价值相比较，确认相应的减值损失。再对包含商誉的资产组或者资产组组合进行减值测试，比较这些相关资产组或者资产组组合的账面价值（包括所分摊的商誉的账面价值部分）与其可收回金额，如相关资产组或者资产组组合的可收回金额低于其账面价值的，确认商誉的减值损失。

上述资产减值损失一经确认，在以后会计期间不予转回。

6.2.16 合同负债

本公司根据履行履约义务与客户付款之间的关系在资产负债表中列示合同资产或合同负债。本公司已收或应收客户对价而应向客户转让商品或提供服务的义务列示为合同负债。同一合同下的合同资产和合同负债以净额列示。

6.2.17 职工薪酬

6.2.17.1 短期薪酬的会计处理方法

本公司在职工为本公司提供服务的会计期间，将实际发生的短期薪酬确认为负债，并计入当期损益或相关资产成本。

公司为职工缴纳的社会保险费和住房公积金，以及按规定提取的工会经费和职工教育经费，在职工为本公司提供服务的会计期间，根据规定的计提基础和计提比例计算确定相应的职工薪酬金额。

本公司发生的职工福利费，在实际发生时根据实际发生额计入当期损益或相关资产成本，其中，非货币性福利按照公允价值计量。

6.2.17.2 离职后福利的会计处理方法

设定提存计划：本公司按当地政府的相关规定为职工缴纳基本养老保险和失业保险，在职工为本公司提供服务的会计期间，按以当地规定的缴纳基数和比例计算应缴纳金额，确认为负债，并计入当期损益或相关资产成本。此外，本公司还参与了由国家相关部门批准的企业年金计划/补充养老保险基金。本公司按职工工资总额的一定比例向年金计划/当地社会保险机构缴费，相应支出计入当期损益或相关资产成本。

6.2.17.3 辞退福利的会计处理方法

本公司向职工提供辞退福利的，在下列两者孰早日确认辞退福利产生的职工薪酬负债，并计入当期损益：公司不能单方面撤回因解除劳动关系计划或裁减建议所提供的辞退福利时；公司确认与涉及支付辞退福利的重组相关的成本或费用时。

6.2.18 收入确认原则和方法

与或有事项相关的义务同时满足下列条件时，本公司将其确认为预计负债：（1）该义务是本公司承担的现时义务；（2）履行该义务很可能导致经济利益流出本公司；（3）该义务的金额能够可靠地计量。

预计负债按履行相关现时义务所需的支出的最佳估计数进行初始计量。

在确定最佳估计数时，综合考虑与或有事项有关的风险、不确定性和货币时间价值等因素。对于货币时间价值影响重大的，通过对相关未来现金流出进行折现后确定最佳估计数。

所需支出存在一个连续范围，且该范围内各种结果发生的可能性相同的，最佳估计数按照该范围内的中间值确定；在其他情况下，最佳估计数分别下列情况处理：（1）或有事项涉及单个项目的，按照最可能发生金额确定。（2）或有事项涉及多个项目的，按照各种可能结果及相关概率计算确定。

清偿预计负债所需支出全部或部分预期由第三方补偿的，补偿金额在基本确定能够收到时，作为资产单独确认，确认的补偿金额不超过预计负债的账面价值。

本公司在资产负债表日对预计负债的账面价值进行复核，有确凿证据表明该账面价值不能反映当前最佳估计数的，按照当前最佳估计数对该账面价值进行调整。

6.2.19 收入确认原则和方法

6.2.19.1 利息收入和支出

本公司利润表中的"利息收入"和"利息支出"，为按实际利率法确认的以摊余成本计量的金融资产和以摊余成本计量的金融负债等产生的利息收入与支出。

实际利率法，是指计算金融资产或金融负债的摊余成本以及将各期利息收入或利息支出分摊计入各会计期间的方法。实际利率，是指将金融资产或金融负债在预计存续期间的估计未来现金流量，折现为该金融资产账面余额或该金融负债摊余成本所使用的利率。在确定实际利率时，本公司在考虑金融资产或金融负债所有合同条款的基础上估计预期现金流量，但不考虑预期信用损失。本公司支付或收取的、属于实际利率组成部分的各项收费、交易费用及溢价或折价等，在确定实际利率时予以考虑。

对于购入或源生的已发生信用减值的金融资产，本公司自初始确认起，按照该金融资产的摊余成本和经信用调整的实际利率计算确定其利息收入。经信用调整的实际利率，是指将购入或源生的已发生信用减值的金融资产在预计存续期的估计未来现金流量，折现为该金融资产摊余成本的利率。

对于购入或源生的未发生信用减值、但在后续期间成为已发生信用减值的金融资产，本公司在后续期间，按照该金融资产的摊余成本和实际利率计算确定其利息收入。

6.2.19.2 手续费及佣金收入

本公司通过向客户提供各类服务收取手续费及佣金。其中，通过在一定期间内提供服务收取的手续费及佣金在相应期间内按照履约进度确认，其他手续费及佣金于相关交易完成时确认。

本公司根据履行履约义务与客户付款之间的关系在资产负债表中列示合同资产或合同负债。本公司已向客户转让商品或提供服务而有权收取对价的权利（且该权利取决于时间流逝之外的其他因素）列示为合同资产。合同资产的减值适用新金融工具准则。本公司拥有的、无条件（仅取决于时间流逝）向客户收取对价的权利作为应收款项单独列示。

本公司已收或应收客户对价而应向客户转让商品或提供服务的义务列示为合同负债。

同一合同下的合同资产和合同负债以净额列示。

6.2.20 政府补助

6.2.20.1 类型

政府补助，是本公司从政府无偿取得的货币性资产与非货币性资产。分为与资产相关的政府补助和与收益相关的政府补助。

与资产相关的政府补助，是指本公司取得的、用于购建或以其他方式形成长期资产的政府补助。与收益相关的政府补助，是指除与资产相关的政府补助之外的政府补助。

6.2.20.2 确认时点

政府补助在本公司能够满足其所附的条件并且能够收到时，予以确认。

6.2.20.3 会计处理

与资产相关的政府补助，冲减相关资产账面价值或确认为递延收益。确认为递延收益的，在相关资产使用寿命内按照合理、系统的方法分期计入当期损益（与本公司日常活动相关的，计入其他收益；与本公司日常活动无关的，计入营业外收入）；

与收益相关的政府补助，用于补偿本公司以后期间的相关成本费用或损失的，确认为递延收益，并在确认相关成本费用或损失的期间，计入当期损益（与本公司日常活动相关的，计入其他收益；与本公司日常活动无关的，计入营业外收入）或冲减相关成本费用或损失；用于补偿本公司已发生的相关成本费用或损失的，直接计入当期损益（与本公司日常活动相关的，计入其他收益；与本公司日常活动无关的，计入营业外收入）或冲减相关成本费用或损失。

6.2.21 递延所得税资产和递延所得税负债

所得税包括当期所得税和递延所得税。除因企业合并和直接计入所有者权益（包括其他综合收益）的交易或者事项产生的所得税外，本公司将当期所得税和递延所得税计入当期损益。

递延所得税资产和递延所得税负债根据资产和负债的计税基础与其账面价值的差额（暂时性差异）计算确认。

对于可抵扣暂时性差异确认递延所得税资产，以未来期间很可能取得的用来抵扣可抵扣暂时性差异的应纳税所得额为限。对于能够结转以后年度的可抵扣亏损和税款抵减，以很可能获得用来抵扣可抵扣亏损和税款抵减的未来应纳税所得额为限，确认相应的递延所得税资产。

对于应纳税暂时性差异，除特殊情况外，确认递延所得税负债。

不确认递延所得税资产或递延所得税负债的特殊情况包括（1）商誉的初始确认；（2）既不是企业合并、发生时也不影响会计利润和应纳税所得额（或可抵扣亏损），且初始确认的资产和负债未导致产生等额应纳税暂时性差异和可抵扣暂时性差异的交易或事项。

对与子公司、联营企业及合营企业投资相关的应纳税暂时性差异，确认递延所得税负债，除非本公司能够控制该暂时性差异转回的时间且该暂时性差异在可预见的未来很可能不会转回。对与子公司、联营企业及合营企业投资相关的可抵扣暂时性差异，当该暂时性差异在可预见的未来很可能转回且未来很可能获得用来抵扣可抵扣暂时性差异的应纳税所得额时，确认递延所得税资产。

资产负债表日，对于递延所得税资产和递延所得税负债，根据税法规定，按照预期收回相关资产或清偿相关负债期间的适用税率计量。

资产负债表日，本公司对递延所得税资产的账面价值进行复核。如果未来期间很可能无法获得足够的应纳税所得额用以抵扣递延所得税资产的利益，则减记递延所得税资产的账面价值。在很可能获得足够的应纳税所得额时，减记的金额予以转回。

当拥有以净额结算的法定权利，且意图以净额结算或取得资产、清偿负债同时进行时，当期所得税资产及当期所得税负债以抵销后的净额列报。

资产负债表日，递延所得税资产及递延所得税负债在同时满足以下条件时以抵销后的净额列示：（1）纳税主体拥有以净额结算当期所得税资产及当期所得税负债的法定权利；（2）递延所得税资产及递延所得税负债是与同一税收征管部门对同一纳税主体征收的所得税相关或者是对不同的纳税主体相关，但在未来每一具有重要性的递延所得税资产及负债转回的期间内，涉及的纳税主体意图以净额结算当期所得税资产和负债或是同时取得资产、清偿负债。

6.2.22 租赁

租赁，是指在一定期间内，出租人将资产的使用权让与承租人以获取对价的合同。在合同开始日，本公司评估合同是否为租赁或者包含租赁。如果合同中一方让渡了在一定期间内控制一项或多项已识别资产使用的权利以换取对价，则该合同为租赁或者包含租赁。

合同中同时包含多项单独租赁的,本公司将合同予以分拆,并分别各项单独租赁进行会计处理。合同中同时包含租赁和非租赁部分的,承租人和出租人将租赁和非租赁部分进行分拆。

本公司作为承租人

(1)使用权资产。

在租赁期开始日,本公司对除短期租赁和低价值资产租赁以外的租赁确认使用权资产。使用权资产按照成本进行初始计量。该成本包括:①租赁负债的初始计量金额;②在租赁期开始日或之前支付的租赁付款额,存在租赁激励的,扣除已享受的租赁激励相关金额;③本公司发生的初始直接费用;④本公司为拆卸及移除租赁资产、复原租赁资产所在场地或将租赁资产恢复至租赁条款约定状态预计将发生的成本,但不包括属于为生产存货而发生的成本。

本公司后续采用直线法对使用权资产计提折旧。对能够合理确定租赁期届满时取得租赁资产所有权的,本公司在租赁资产剩余使用寿命内计提折旧;否则,租赁资产在租赁期与租赁资产剩余使用寿命两者孰短的期间内计提折旧。

本公司按照本附注"三、(十八)长期资产减值"所述原则来确定使用权资产是否已发生减值,并对已识别的减值损失进行会计处理。

(2)租赁负债。

在租赁期开始日,本公司对除短期租赁和低价值资产租赁以外的租赁确认租赁负债。租赁负债按照尚未支付的租赁付款额的现值进行初始计量。租赁付款额包括:①固定付款额(包括实质固定付款额),存在租赁激励的,扣除租赁激励相关金额;②取决于指数或比率的可变租赁付款额;③根据公司提供的担保余值预计应支付的款项;④购买选择权的行权价格,前提是公司合理确定将行使该选择权;⑤行使终止租赁选择权需支付的款项,前提是租赁期反映出公司将行使终止租赁选择权。

本公司采用租赁内含利率作为折现率,但如果无法合理确定租赁内含利率的,则采用本公司的增量借款利率作为折现率。

本公司按照固定的周期性利率计算租赁负债在租赁期内各个期间的利息费用,并计入当期损益或相关资产成本。

未纳入租赁负债计量的可变租赁付款额在实际发生时计入当期损益或相关资产成本。

在租赁期开始日后,发生下列情形的,本公司重新计量租赁负债,并调整相应的使用权资产,若使用权资产的账面价值已调减至零,但租赁负债仍需进一步调减的,将差额计入当期损益:①当购买选择权、续租选择权或终止选择权的评估结果发生变化,或前述选择权的实际行权情况与原评估结果不一致的,本公司按变动后租赁付款额和修订后的折现率计算的现值重新计量租赁负债;②当实质固定付款额发生变动、担保余值预计的应付金额发生变动或用于确定租赁付款额的指数或比率发生变动,本公司按照变动后的租赁付款额和原折现率计算的现值重新计量租赁负债。但是,租赁付款额的变动源自浮动利率变动的,使用修订后的折现率计算现值。

(3)短期租赁和低价值资产租赁。

本公司选择对短期租赁和低价值资产租赁不确认使用权资产和租赁负债,并将相关的租赁付款额在租赁期内各个期间按照直线法计入当期损益或相关资产成本。短期租赁,是指在租赁期开始日,租赁期不超过12个月且不包含购买选择权的租赁。低价值资产租赁,是指单项租赁资产为全新资产时价值较低的租赁。公司转租或预期转租租赁资产的,原租赁不属于低价值资产租赁。

(4)租赁变更。

租赁发生变更且同时符合下列条件的,公司将该租赁变更作为一项单独租赁进行会计处理:①该租赁变更通过增加一项或多项租赁资产的使用权而扩大了租赁范围;②增加的对价与租赁范围扩大部分的单独价格按该合同情况调整后的金额相当。

租赁变更未作为一项单独租赁进行会计处理的,在租赁变更生效日,公司重新分摊变更后合同的对价,重新确定租赁期,并按照变更后租赁付款额和修订后的折现率计算的现值重新计量租赁负债。

租赁变更导致租赁范围缩小或租赁期缩短的,本公司相应调减使用权资产的账面价值,并将部分终止或完全终止租赁的相关利得或损失计入当期损益。其他租赁变更导致租赁负债重新计量的,本公司相应调整使用权资产的账面价值。

6.2.23 抵债资产

以抵债资产抵偿贷款和垫款及应收利息时,该抵债资产以放弃债权的公允价值入账,取得抵债资产应支付的相关费用计入抵债资产账面价值。当有迹象表明抵债资产的可变现净值低于账面价值时,本公司将账面价值调减至可变现净值。

6.2.24 一般风险准备

财政部《金融企业准备金计提管理办法》（财金〔2012〕20号），为了防范经营风险，增强金融企业抵御风险能力，金融企业应提取一般风险准备作为利润分配处理，并作为股东权益的组成部分。一般风险准备的计提比例由金融企业综合考虑所面临的风险状况等因素确定，原则上一般风险准备余额不低于风险资产期末余额的1.5%。

6.2.25 信托赔偿准备金

根据中国银行业监督管理委员会颁布的《信托公司管理办法》有关规定，公司按当年税后净利润的10%计提信托赔偿准备金。根据《关于规范金融机构资产管理业务的指导意见》（银发〔2018〕106号）有关规定，"金融机构应当按照资产管理产品管理费收入的10%计提风险准备金，或者按照规定计量操作风险资本或相应风险资本准备。风险准备金余额达到产品余额的1%时可不再提取。"公司以二项计算结果的较大值计提信托赔偿准备金。

6.2.26 信托业保障基金

根据原中国银行业监督管理委员会、财政部于2014年12月10日颁布的《信托业保障基金管理办法》（银监发〔2014〕50号）及原中国银监会办公厅于2015年2月26日颁发的《中国银监会办公厅关于做好信托业保障基金筹集和管理等有关具体事项的通知》（银监办发〔2015〕32号）的相关规定，信托业保障基金认购执行下列统一标准：（1）2015年4月1日前信托公司按上年度未经审计的母公司净资产余额的1%认购保障基金，以后年度以上年度末未经审计的母公司净资产余额为基数动态调整；（2）2015年4月1日起新发行的资金信托按新发行金额的1%计算并认购保障基金；（3）2015年4月1日起新设立的财产信托按信托公司收取报酬的5%计算并认购保障基金。

6.2.27 重要会计政策和会计估计的变更

6.2.27.1 重要会计政策变更

执行《企业会计准则解释第16号》关于单项交易产生的资产和负债相关的递延所得税不适用初始确认豁免的会计处理的规定。

财政部于2022年11月30日公布了《企业会计准则解释第16号》（财会〔2022〕31号，以下简称解释第16号），其中关于单项交易产生的资产和负债相关的递延所得税不适用初始确认豁免的会计处理的规定自2023年1月1日起施行。解释第16号规定，对于不是企业合并、交易发生时既不影响会计利润也不影响应纳税所得额（或可抵扣亏损），且初始确认的资产和负债导致产生等额应纳税暂时性差异和可抵扣暂时性差异的单项交易（包括承租人在租赁期开始日初始确认租赁负债并计入使用权资产的租赁交易，以及因固定资产等存在弃置义务而确认预计负债并计入相关资产成本的交易等单项交易），不适用豁免初始确认递延所得税负债和递延所得税资产的规定，企业在交易发生时应当根据《企业会计准则第18号——所得税》等有关规定，分别确认相应的递延所得税负债和递延所得税资产。

对于在首次施行该规定的财务报表列报最早期间的期初至施行日之间发生的适用该规定的单项交易，以及财务报表列报最早期间的期初因适用该规定的单项交易而确认的租赁负债和使用权资产，以及确认的弃置义务相关预计负债和对应的相关资产，产生应纳税暂时性差异和可抵扣暂时性差异的，企业应当按照该规定进行调整。

本公司自2023年1月1日起执行该规定，执行该规定的主要影响如下。

单位：万元

会计政策变更的内容和原因	受影响的报表项目	对公司2022年1月1日余额的影响金额
对租赁业务确认的租赁负债和使用权资产，产生应纳税暂时性差异和可抵扣暂时性差异的，按照解释第16号的规定进行调整	递延所得税资产	42.79
	递延所得税负债	—
	未分配利润	42.79
	所得税费用	-42.79

单位：万元

会计政策变更的内容和原因	受影响的报表项目	本公司	
		2023.12.31/2023年度	2022.12.31/2022年度
对租赁业务确认的租赁负债和使用权资产，产生应纳税暂时性差异和可抵扣暂时性差异的，按照解释第16号的规定进行调整	递延所得税资产	84.33	86.37
	递延所得税负债	—	—
	未分配利润	84.33	86.37
	所得税费用	2.03	-43.57

6.2.27.2 重要会计估计变更

报告期本公司主要会计估计未发生变更。

6.3 或有事项说明

无。

6.4 重要资产转让及出售说明

本公司无上述情况。

6.5 会计报表中重要项目的明细资料

6.5.1 自营资产经营情况

6.5.1.1 信用风险资产情况

表内信用风险资产五级分类	正常类（万元）	关注类（万元）	次级类（万元）	可疑类（万元）	损失类（万元）	表内信用风险资产合计（万元）	不良合计（万元）	不良率（％）
上年年末数	400 023.13	516 472.80	153 623.90	2 535.00	5.00	1 072 659.83	156 163.90	14.56
期末数	216 096.17	638 711.66	195 324.84	20 657.75	4.86	1 070 795.28	215 987.45	20.17

注：不良资产合计＝次级类＋可疑类＋损失类。

6.5.1.2 各项资产减值损失准备情况

单位：万元

项目	上年年末数	本期计提	本期转回	本期核销	期末数
贷款损失准备	36 551.05	2 582.28	1 608.43	—	37 524.90
一般准备	—	—	—	—	—
专项准备	36 551.05	2 582.28	1 608.43	—	37 524.90
其他资产减值准备	27 096.07	19 062.81	12.16	—	46 146.72
债权投资减值准备	25 347.67	16 492.42	—	—	41 840.09
应收利息减值准备	12.16	—	12.16	—	—
其他债权投资减值准备	1 250.00	—	—	—	1 250.00
长期股权投资减值准备	—	—	—	—	—
合同资产减值准备	—	2 479.18	—	—	2 479.18
坏账准备	363.84	91.21	—	—	455.05
抵债资产减值准备	122.40	—	—	—	122.40

注：上表以监管口径填写。

6.5.1.3 固有业务股票投资、基金投资、债券投资、股权投资等投资业务情况

单位：万元

项目	自营股票	基金	债券	股权投资	其他投资	合计
上年年末数	13 375.11	12 830.31	850.08	—	355 519.98	382 575.48
期末数	5 346.55	17 753.03	737.87	—	359 362.99	383 200.44

6.5.1.4 前五名的自营长期股权投资情况

单位：万元

企业名称	占被投资企业权益的比例（％）	主要经营活动	投资损益（万元）
天安保险股份有限公司	0.12	保险	—

注：投资损益是指按照企业会计准则规定，核算股权投资确认损益并计入披露年度利润表的金额。

6.5.1.5 前五名的自营贷款情况

企业名称	占贷款总额的比例（％）	还款情况
辽宁同飞矿业有限公司大连杨树房石灰石矿	14.88	贷款尚未到期
辽宁力德矿业有限公司	14.88	贷款尚未到期
常熟万城建设有限公司	12.51	贷款已逾期
西安亿高置业有限公司	10.98	贷款尚未到期
上海馨榀企业管理有限公司	9.68	贷款尚未到期

6.5.1.6 表外业务情况

单位：万元

表外业务	期初数	期末数
担保业务	—	19 500.00
代理业务（委托业务）	57 220.97	57 180.08
其他	65 712.11	65 712.11

注：其他主要反映信托代保管项目。

6.5.1.7 公司当年的收入结构

收入结构	金额（万元）	占比（％）
手续费及佣金收入	85 947.98	75.59
其中：信托业务收入	84 942.23	74.71
投资银行业务及咨询顾问中间业务收入	—	—
利息收入	7 999.93	7.04
其他业务收入	—	—
其中：计入信托业务收入部分	—	—
投资收益	−808.28	−0.71
其中：股权投资收益	—	—
证券投资收益	−713.78	−0.63
其他投资收益	−94.50	−0.08
公允价值变动收益	10 705.60	9.42
其他收益	9 617.38	8.46
汇兑收益	0.01	—
资产处置收益	233.64	0.20
营业外收入	—	—
收入合计	113 696.26	100.00

注：手续费及佣金收入、利息收入、其他业务收入、投资收益、营业外收入均应为损益表中的科目，其中手续费及佣金收入、利息收入、营业外收入为未抵减掉相应支出的全年累计实现收入数。

6.5.2 信托财产管理情况

6.5.2.1 信托资产情况

单位：万元

信托资产	期初数	期末数
集合	6 142 361.75	5 488 560.24
单一	1 101 910.19	603 371.31
财产权	512 486.59	555 091.61
合计	7 756 758.53	6 647 023.16

6.5.2.1.1 非事务管理型信托业务的信托资产情况

单位：万元

非事务管理型信托资产	期初数	期末数
证券投资类	1 530 951.39	1 541 913.57
股权投资类	365 503.13	369 576.55
融资类	3 648 089.29	3 232 084.35
其他类	1 243.96	38 226.51
合计	5 545 787.77	5 181 800.98

6.5.2.1.2 事务管理型信托业务的信托资产情况

单位：万元

事务管理型信托资产	期初数	期末数
证券投资类	87 547.66	75 265.51
股权投资类	139 019.47	83 058.18
融资类	1 550 836.59	868 640.08
其他类	433 567.04	438 258.41
合计	2 210 970.76	1 465 222.18

6.5.2.2 本年度已清算的信托项目情况

6.5.2.2.1 本年度已清算的信托项目情况

已清算结束信托项目	项目个数（个）	实收信托合计金额（万元）	加权平均实际年化收益率（%）
集合类	103	1 932 835.60	7.40
单一类	13	1 258 185.00	5.73
财产管理类	4	15 495.36	-3.67

6.5.2.2.2 本年度已清算结束的非事务管理型信托项目情况

已清算结束信托项目	项目个数（个）	实收信托合计金额（万元）	加权平均实际年化信托报酬率（%）	加权平均实际年化收益率（%）
证券投资类	2	24 455.60	1.20	11.37
股权投资类	—	—	—	—
融资类	101	1 908 380.00	2.82	7.34
其他类	—	—	—	—

6.5.2.2.3 本年度已清算结束的事务管理型信托项目情况

已清算结束信托项目	项目个数（个）	实收信托合计金额（万元）	加权平均实际年化信托报酬率（%）	加权平均实际年化收益率（%）
证券投资类	1	10.00	0.20	-66.39
股权投资类	3	47 505.36	0.04	1.77
融资类	8	890 600.00	0.20	5.47
其他类	5	335 565.00	0.14	6.55

6.5.2.3 本年度新增的信托项目情况

新增信托项目	项目个数（个）	实收信托合计金额（万元）
集合类	184	3 014 402.47
单一类	6	118 240.00
财产管理类	112	109 085.81
新增合计	302	3 241 728.27
其中：非事务管理型	183	3 011 740.27
事务管理型	119	229 988.01

6.5.2.4 信托业务创新成果和特色业务有关情况

为落实监管精神，积极把握信托业务"三分类"新规实施窗口期，努力推进新形势下资产服务信托相关工作，实现公司资产服务信托的高质量发展，公司先后制定了《爱建信托转型发展整体纲要》和《爱建信托关于资产服务信托的推进方案》两份纲领性文件，对资产服务信托开展的整体策略及分项策略进行了系统性部署。

标品业务方面，通过"勤修内功"持续提升投研能力、完善标品业务体系和市场敏锐度，公司持续丰富完善标品业务产品线建设，一是实现封闭式城投债组合产品落地，为标品业务的增长起到了积极作用；二是落地中短期理财产品，在客户存续和吸引新客方面取得实效；三是加快自研特色产品开发，推出指增FOF、可转债FOF等产品，为后续客户拓展提供更多的资产配置工具；四是努力践行"双碳"发展理念，将绿色金融债作为流动性品种予以配置。

风险处置服务信托方面，公司成立了重整服务信托工作组，调集前中后台相关人员参与，集中讨论和解决风险处置服务信托落地过程中的关键问题。深入参与了十余个项目的司法重整及相关服务信托业务拓展或业务招投标工作。

个人财富管理/家庭信托方面，公司成立了个人财富管理/家庭信托研究小组，以加强转型动力、培养转型能力。一是对客户进行综合评估，通过多元化的资产配置与产品组合方案，为客户提供专业审慎的投资建议与过程管理；二是通过设立"专属财富管理信托账户"，为客户提供一账户多功能综合服务。

家族信托业务方面，积极探索研究国内资产范围的境外投资，为计划推行全市场配资打牢基础；落地首单外籍人士在境内设立信托架构案例。

慈善信托方面，全年新增设立2单慈善信托，其中包括首单双受托人慈善信托架构。由爱建特种基金会委托设立的博爱1号产品，顺利对56位残疾人士及家庭进行了捐赠，获得无锡残联认可。

6.5.2.5 公司履行受托人义务情况及因本公司自身责任而导致的信托资产损失情况

无。

6.5.2.6 信托赔偿准备金的提取、使用和管理情况

根据原中国银行业监督管理委员会颁布的《信托公司管理办法》有关规定，公司按当年税后净利润的10%计提信托赔偿准备金。本年度公司提取信托赔偿准备金2 802.36万元。

截至报告期末本公司未发生对信托产品赔偿的事项。

6.6 关联方关系及其交易

6.6.1 关联交易

项目	关联交易方数量（个）	关联交易金额（万元）	定价政策
合计	30	68 045.98	按市场公允价值确定

6.6.2 关联方关系

关系性质	关联方名称	法定代表人	注册地址	注册资本（万元）	主营业务
母公司	上海爱建集团股份有限公司	王均金	上海浦东新区泰谷路168号	162 192.2452	实业投资，投资管理，外经贸部批准的进出口业务（按批文），商务咨询

6.6.3 本公司与关联方的重大交易事项

6.6.3.1 固有与关联方之间交易情况

固有与关联方关联交易 单位：万元

项目	期初数	借方发生额	贷方发生额	期末数
贷款	—	—	—	—
投资	—	—	—	—
租赁及物业管理	—	3 197.64	3 197.64	—
担保	—	—	—	—
应收账款	—	—	—	—
其他	—	39 592.83	39 592.83	—
合计	—	42 790.47	42 790.47	—

6.6.3.2 信托与关联方交易情况

信托与关联方关联交易 单位：万元

项目	期初数	借方发生额	贷方发生额	期末数
贷款	—	—	—	—
投资	—	—	—	—
租赁	—	—	—	—
担保	—	—	—	—

续表

项目	期初数	借方发生额	贷方发生额	期末数
应收账款	—	—	—	—
其他（提供服务）	—	2 883.59	2 883.59	—
其他（认申购/受益权转入）	88 895.32	22 371.92	58 916.78	52 350.46
合计	88 895.32	25 255.51	61 800.37	52 350.46

6.6.3.3 信托公司自有资金运用于自己管理的信托项目（固信交易）、信托公司管理的信托项目之间的相互（信信交易）交易情况

6.6.3.3.1 固有与信托财产之间的交易情况

固有财产与信托财产相互交易 单位：万元

项目	期初数	本期发生净额	期末数
合计	77 554.75	-41 987.25	35 567.50

6.6.3.3.2 信托项目之间的交易情况

信托资产与信托财产相互交易 单位：万元

项目	期初数	本期发生净额	期末数
合计	93 419.32	127 878.99	221 298.31

6.6.4 关联方逾期未偿还本公司资金的详细情况以及本公司为关联方担保发生或即将发生垫款的详细情况

无。

6.7 会计制度的披露

（1）本公司固有业务自2007年起执行财政部2006年颁布的《企业会计准则》进行会计核算；并根据《企业会计准则第30号——财务报表列表》有关规定及应用指南中商业银行会计报表格式进行编制。

本公司已执行财政部于2014年颁布的下列新的及修订的企业会计准则：

《企业会计准则——基本准则》（修订）、《企业会计准则第2号——长期股权投资》（修订）、《企业会计准则第9号——职工薪酬》（修订）、《企业会计准则第14号——收入》（修订）、《企业会计准则第16号——政府补助》《企业会计准则第30号——财务报表列报》（修订）、《企业会计准则第33号——合并财务报表》（修订）、《企业会计准则第37号——金融工具列报》（修订）、《企业会计准则第39号——公允价值计量》《企业会计准则第40号——合营安排》《企业会计准则第41号——在其他主体中权益的披露》《企业会计准则第22号——金融工具确认和计量》（修订）、《企业会计准则第23号——金融资产转移》（修订）、《企业会计准则第24号——

套期会计》（修订）、《企业会计准则第37号——金融工具列报》（修订）、《企业会计准则第21号——租赁》（修订）。

（2）本公司信托业务自2010年起执行财政部2006年颁布的《企业会计准则》进行会计核算；并参照《企业会计准则第30号——财务报表列表》有关规定及应用指南中商业银行会计报表格式进行编制。

7.财务情况说明书

7.1 利润实现和分配情况

2023年度，公司实现净利润28 023.56万元，计提盈余公积2 802.35万元、信托赔偿准备金2 802.36万元后，未分配利润146 868.17万元。

7.2 主要财务指标

指标名称	指标值
资本利润率（%）	3.59
加权年化信托报酬率（%）	1.76
人均净利润（万元）	63.98

注：1.资本利润率＝净利润/所有者权益平均余额×100%。
2.加权年化信托报酬率＝（已清算信托项目1的实际年化信托报酬率×已清算信托项目1的实收信托＋已清算信托项目2的实际年化信托报酬率×已清算信托项目2的实收信托＋…已清算信托项目n的实际年化信托报酬率×已清算信托项目n的实收信托）/（已清算信托项目1的实收信托＋已清算信托项目2的实收信托＋…已清算信托项目n的实收信托）×100%。
3.人均净利润＝净利润/年平均人数。
4.平均值采取年初、年末余额简单平均法，公式为：a（平均）＝（年初数+年末数）/2。

7.3 对本公司财务状况、经营成果有重大影响的其他事项

无。

8.特别事项揭示

8.1 前五名股东报告期内变动情况及原因

无。

8.2 董事、监事及高级管理人员变动情况及原因

8.2.1 公司董事变动情况

2023年2月28日，公司召开2023年第二次股东会，审议通过《关于选举第七届董事会成员的议案》，选举徐众华、吴文新、吴淳、李兵、王成兵、蒋洪、吉宇光、叶建芳为公司第七届董事会董事。李兵、王成兵、蒋洪、吉宇光、叶建芳的任职资格尚待报监管部门核准，任职自监管部门核准之日起生效。

2023年2月28日，公司召开七届一次董事会，审议通过《关于选举公司第七届董事会董事长的议案》，选举徐众华为公司第七届董事会董事长，任期同第七届董事会。

2023年4月4日，原上海银保监局核准蒋洪上海爱建信托有限责任公司董事的任职资格。

2023年7月3日，原上海银保监局核准李兵上海爱建信托有限责任公司董事的任职资格。

2023年7月3日，原上海银保监局核准王成兵上海爱建信托有限责任公司董事的任职资格。

2023年7月12日，原上海银保监局核准叶建芳上海爱建信托有限责任公司独立董事的任职资格。

2023年12月18日，公司召开七届四次董事会，通报《关于吉宇光辞任相关职务的报告》，吉宇光先生向公司董事会提出因个人原因辞去第七届董事会独立董事（拟任）职务。

8.2.2 公司监事变动情况

2023年1月19日，公司召开六届六次职工代表大会，选举朱红燕、梅松为公司第六届监事会职工监事。

2023年2月28日，公司召开2023年第二次股东会，审议通过《关于选举公司第六届监事会成员的议案》，选举胡爱军、武彪、邓玺为公司第六届监事会监事。

2023年2月28日，公司召开六届一次监事会，审议通过《关于选举公司第六届监事会监事长的议案》，选举胡爱军为公司第六届监事会监事长，任期同第六届监事会。

8.2.3 公司高管变动情况

2023年2月28日，公司召开七届一次董事会，审议通过《关于聘任公司总经理的议案》，聘任吴淳为公司总经理，任期同第七届董事会。在拟任总经理任职资格未获核准前，由吴淳自2023年3月1日起代为履行总经理职权。审议通过《关于聘任公司董事会秘书的议案》，公司董事长徐众华提名朱建高为公司董事会秘书，任期同第七届董事会。审议通过《关于聘任公司副总经理等高级管理人员的议案》，聘任朱建高为公司副总经理，李洋洋为公司副总经理、合规总监，王成兵为公司财务总监，朱亚天为公司总经理助理，上述人员任期同第七届董事会。

2023年2月28日，吴文新不再担任公司总经理职务。

2023年2月28日，杨毅不再担任公司副总经理职务。

2023年12月18日，公司召开七届四次董事会，审议通过《关于聘任许奎军为公司总经理助理的议案》，聘任许奎军为公司总经理助理，任期同第七届董事会。审议通过《关于聘任梅松为公司总经理助理的议案》，聘任梅松为公司总经理助理，任期同第七届董事会。许奎军、梅松的总经理助理任职资格于2024年3月19日获国家金融监督管理总局上海监管局核准。

8.3 公司的重大未决诉讼事项

2020年5月27日公司与中昌海运控股有限公司（以下简称中昌海运，所涉案件为"案件一"，涉及金额为人民币1.37亿元信托贷款本金及相应利息）、上海隆维畅经贸有限公司（以下简称隆维畅，所涉案件为"案件二"，涉及金额为人民币1.5亿元信托贷款本金及相应利息）因信托贷款合同产生债务纠纷，我司作为债权人和申请执行人，于前期向上海金融法院提起申请，要求两名债务人分别履行相应归还信托贷款本金及利息的义务，其余八名被告/被执行人分别履行对应的担保义务。公司于2020年5月27日收到上海金融法院出具的相关受理文件，上海金融法院决定对上述两案件分别进行立案起诉和立案执行。公司将持续关注案件进展情况，及时履行相应信息披露义务。（以上事项详见2020年5月28日爱建集团临2020-034号公告）。

此后，案件一已由上海金融法院出具一审判决书，判决相关被告在限期内归还公司相关贷款本金和利息，如不履行相关付款义务，则相关保证人需承担连带清偿责任。案件二经公司与法院沟通，得知目前部分质押股票的处置权已经移送到上海金融法院。公司已向上海金融法院提出申请，请求法院以司法拍卖或大宗交易方式处置已取得处置权的股票（以上事项详见2020年9月3日爱建集团临2020-055号公告）。

截至2021年6月30日，案件一和案件二均取得相关进展，其中案件一公司已收到法院划转的执行款987万元，其他抵押物等正在执行中；案件二公司共计收到法院划转的股票执行款4386余万元，收到法院裁定抵偿债务的股票1770万股，已非交易过户，公司将继续追偿本案中其他保证人的连带保证责任。

2021年12月27日，案件一有新的执行进展情况，公司以司法拍卖形式受让1050万股ST中昌股票，已非交易过户至公司名下。截至目前，公司以抵债方式、司法拍卖方式共受让2820万股ST中昌股票，占ST中昌（600242）总股本的6.18%。根据《上市公司收购管理办法》《公开发行证券的公司信息披露内容与格式准则第15号——权益变动报告书》等，公司作为信息披露义务人，编写《中昌大数据股份有限公司简式权益变动报告书》，提供给上市公司ST中昌并对外披露（以上事项详见2021年12月28日爱建集团临2021-066号公告）。

2022年2月，上海金融法院裁定将九亭会所（不含车位）抵债给公司。

2023年3月20日，上海市第三中级人民法院受理上海三盛房地产（集团）有限责任公司破产清算一案［案号：(2023)沪03破156号］，公司已向管理人申报债权，要求管理人配合办理九亭会所（不含车位）过户手续，并启动车位评估拍卖流程。

8.4 对会计师事务所出具的有保留意见、否定意见或无法表示意见的审计报告的说明

无。

8.5 公司及其董事、监事和高级管理人员受到处罚的情况

无。

8.6 监管意见及整改情况

公司收到国家金融监督管理总局上海监管局下发《关于上海爱建信托有限责任公司2022年度的监管意见》后，高度重视、组织研究，逐条对照监管意见及关注重点进行梳理，制定相应整改计划并已落实各项整改方案。具体整改落实情况如下：一是年初召开会议顺利完成董事会、监事会换届及聘任高管层，且会后立即启动任职资格申报工作，全力保障换届期整体经营稳定有序过渡；始终坚持党建引领，与公司治理深度融合，认真学习贯彻党和国家大政方针，强化全员思想领悟，提升清廉金融文化建设；已对照"1号令"修订公司《关联交易管理办法》、增设跨部门的关联交易管理办公室并开展全员专题培训，提升关联交易治理水平；综合考量稳健转型、内控配套等因素，平衡好转型期风险和收益的关系，专项设置党建与文化建设指标以及消费者权益保护指标。二是立足监管导向及资源禀赋，积极探索创新转型路径，先后制定《2023—2025年战略规划纲要》《转型发展整体纲要》《关于资产服务信托的推进方案》，从战略层面推进转型。公司对服务信托采取分类推进的策略，包括重点突破类、探索布局类以及暂不开展类。其中重点突破

风险处置服务信托、个人财富管理服务信托、法人及非法人组织财富管理信托、资管产品行政服务信托等；年内已组建风险处置服务信托、个人财富管理/家庭服务信托工作组，重点推进个人财富管理展业，围绕流程构建、管理架构形成实施方案，拟定尽调指引和清单、组建理财师团队、完善资产服务合同模板库等；持续做大慈善信托业务规模，不断提升专业能力。三是年内已修订恢复与处置计划，对恢复与处置机制、监测指标、恢复与处置能力评估等进行补充完善；建立日常流动性监测机制，定期对流动性进行分析及预测，并调整公司流动性压力测试模型，将压力测试结果与固有资产结构优化相结合，加强流动性管理；已完成多项监管压降指标。四是及时调整业务风险政策，在尽调评审、期间监测方面更加审慎，并建立信评团队从严把关交易对手准入，合理设计交易结构以及风险监测、跟踪机制；积极研究利用信托制度优势参与房企纾困及重整，审慎推进相关展业。五是不断完善标品业务制度流程和风险控制体系，陆续增订风险管理制度及相配套的名单管理细则、投资管理制度等，且落实严格审慎管理，把控合规底线。六是依法合规保护金融消费者合法权益，稳步落实"消保深化治理年"各项工作，持续完善产品推介、销售签约等流程和标准；加强销售合规管理及案例警示教育，加大产品推介营销监测及销售过程检查力度，优化重大/突发客诉应急处理方案；规范开展消费信托业务，细化委外催收监督管理要求，防范外包机构风险向信托公司传导，将各项监管要求及意见落到实处。

8.7 本年度重大事项临时报告

无。

8.8 原银监会及其省级派出机构认定的其他有必要让客户及相关利益人了解的重要信息

无。

9.公司监事会意见

报告期内，监事会依法独立履行职责，监事列席股东会会议和董事会会议、查阅相关资料，监督检查公司重大决策、重大经营活动情况及财务状况等，认为公司能够依法运作；公司2023年度报告的编制和审议程序符合法律、法规和公司章程的相关规定；公司2023年度财务报告经立信会计师事务所审计，出具了标准无保留意见审计报告，该报告能真实反映公司的财务状况和经营成果。

上海国际信托有限公司

1. 重要提示及目录

1.1 本公司董事会及董事保证本报告所载资料不存在任何虚假记载、误导性陈述或者重大遗漏，并对其内容的真实性、准确性和完整性承担个别及连带责任。年报中所列数据，除标示合并口径之外均为母公司口径。

1.2 本公司8名董事出席董事会会议。3名监事列席了本次会议。

1.3 本公司独立董事陈学彬、谢荣、李佳声明：保证年度报告内容的真实、准确、完整。

1.4 毕马威华振会计师事务所（特殊普通合伙）根据中国注册会计师审计准则对本公司年度财务报告进行审计，出具了标准无保留意见的审计报告。

1.5 本公司总经理陈兵、分管财务副总经理严军、会计部门负责人马晓云声明：保证年度报告中财务报告的真实、完整。

2. 公司概况

2.1 公司简介

2.1.1 公司历史沿革

上海国际信托有限公司（以下简称公司）成立于1981年，注册资本金人民币50亿元。公司长期致力于产品创新，获得资产证券化、代客境外理财（QDII）业务受托人、股指期货交易业务资格、非金融企业债务融资工具承销商资格。公司曾被国务院指定为全国对外融资十大窗口之一；获地方金融机构最高信用评级（穆迪Baa2、标普BBB-）；被指定为非银行金融机构首家合规试点单位；发起设立中国第一家信托登记机构——上海信托登记中心，并被推选为理事长单位；连续担任中国信托业协会副会长单位。近年来，公司先后荣获权威媒体评选的多项行业大奖，多次获上海市金融创新奖，获评全国文明单位、全国金融企业思想文化建设先进单位、上海市平安示范单位、黄浦区区长质量奖、上海黄浦区高端服务业十强企业，精神文明建设推动高质量发展成效显著。

2023年，上海信托在监管部门的指导下，认真贯彻落实党的二十大精神、中央经济工作会议、中央金融工作会议精神，承压前行、聚力转型。公司注重规模效益平衡，稳步推进转型落地；坚持治标治本结合，切实强化风险合规管理；促进量变质变转换，全面夯实能力基座；各项工作有序开展、稳中有进。

2.1.2 基本信息

2.1.2.1 公司法定中文名称：上海国际信托有限公司
中文名称缩写：上海信托
公司法定英文名称：SHANGHAI INTERNATIONAL TRUST CORP., LTD.
英文缩写：SHANGHAI TRUST

2.1.2.2 法定代表人：潘卫东

2.1.2.3 注册地址：中国上海市九江路111号
邮政编码：200002
公司国际互联网网址：www.shanghaitrust.com
电子信箱：info@shanghaitrust.com

2.1.2.4 公司信息披露联系人：梅莉
联系电话：021-23131111
传真：021-63235348
电子信箱：info@shanghaitrust.com

2.1.2.5 公司选定的信息披露报纸：《上海证券报》《中国证券报》
公司年度报告备置地点：上海市九江路111号上投大厦3楼

2.1.2.6 公司聘请的会计师事务所：毕马威华振会计师事务所（特殊普通合伙）
住所：北京市东长安街1号东方广场东2座8层
联系电话：010-85085000

2.1.2.7 公司聘请的律师事务所：上海市锦天城律师事务所
住所：上海市浦东新区银城中路501号上海中心大厦12层
联系电话：021-20511000

2.2 组织结构

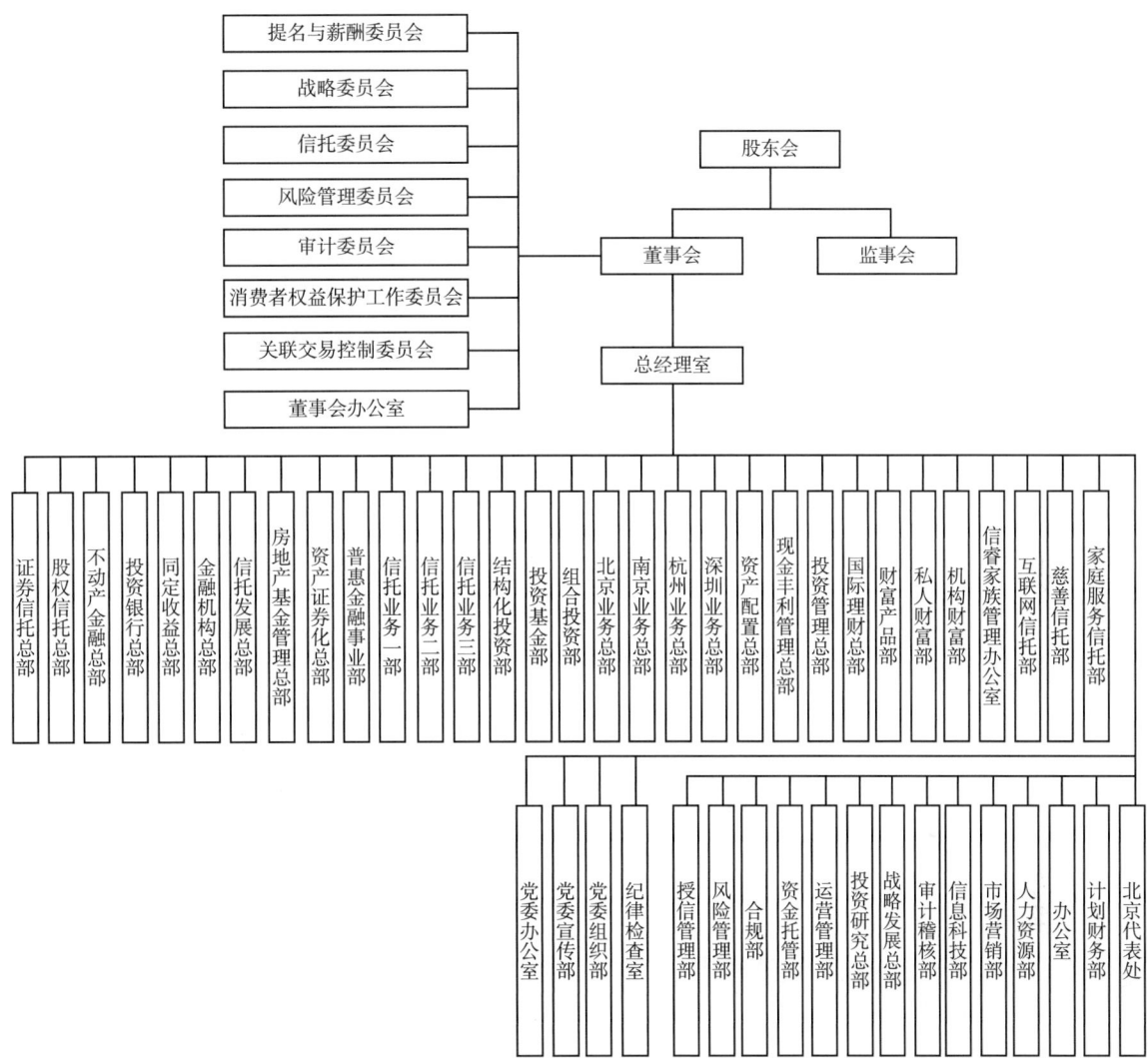

3. 公司治理

3.1 公司治理结构

公司前3位股东的主要情况如下表所示。

股东名称	出资比例(%)	法人代表	注册资本(百万元)	注册地址	主要经营业务	主要财务情况(亿元)	
上海浦东发展银行股份有限公司★	97.3333	张为忠	29 352.176848	上海市中山东一路12号	吸收公众存款;发放短期、中期和长期贷款;办理结算;办理票据贴现;发行金融债券;代理发行、代理兑付、承销政府债券;买卖政府债券;同业拆借;提供信用证服务及担保;代理收付款项及代理保险业务;提供保管箱服务。外汇存款;外汇贷款;外汇汇款;外币兑换;国际结算;同业外汇拆借;外汇票据的承兑和贴现;外汇借款;外汇担保;结汇、售汇;买卖和代理买卖股票以外的外币有价证券;自营外汇买卖;代客外汇买卖;资信调查、咨询、见证业务;离岸银行业务。经中国人民银行批准的其他业务(依法须经批准的项目,经相关部门批准后方可开展经营活动)	资产总额	90 072.47
						负债总额	82 743.63
						利润总额	406.92
						净利润	374.29
						股东权益合计	7 328.84

续表

股东名称	出资比例（%）	法人代表	注册资本（百万元）	注册地址	主要经营业务	主要财务情况（亿元）	
上海汽车集团股权投资有限公司	2.0000	卫勇	4 538.17	上海市静安区威海路489号上汽大厦803室	股权投资，创业投资，资产管理（依法须经批准的项目，经相关部门批准后方可开展经营活动）	资产总额	54.77
						负债总额	2.10
						利润总额	3.61
						净利润	2.84
						所有者权益	52.67
上海新黄浦实业集团股份有限公司	0.6667	赵峥嵘	673.396786	上海市北京东路668号东楼32层	房地产经营，旧危房改造，室内外建筑装潢，物业管理，房产咨询，机械设备安装（含维修），餐饮业，旅馆业；销售装潢材料、金属材料、木材、建筑材料、五金交电、百货、化工原料（除危险品）、电工器材、汽车配件（依法须经批准的项目，经相关部门批准后方可开展经营活动）	资产总额	203.40
						负债总额	156.95
						利润总额	1.76
						净利润	1.11
						所有者权益	46.44

注：股东名称一栏中★为公司最终实际控制人；上海浦东发展银行股份有限公司法定代表人于2024年3月11日完成变更登记，由郑杨变更张为忠。

3.2 董事

董事

姓名	职务	性别	年龄（岁）	选任日期	所推举的股东名称	该股东持股比例（%）	简要履历
陈兵	董事	男	55	2016年4月	上海浦东发展银行股份有限公司	97.3333	管理学博士，中共党员，正高级经济师，金融工程师。曾任上海浦东发展银行总行综合计划财务部副科长，大连分行资金财务部总经理（兼任会计部总经理），总行资金财务部总经理助理，总行个人银行管理会计部总经理，总行个人银行财富管理部总经理，上海国际信托有限公司党委员、副总经理、董事会秘书，公司党委副书记、副董事长、总经理，曾兼任上投摩根基金管理有限公司董事长。现任上海国际信托有限公司党委书记、董事、总经理
陈海宁	董事	男	52	2016年4月	上海浦东发展银行股份有限公司	97.3333	工学硕士，中共党员，经济师。曾任中国工商银行陕西省分行工商信贷处科长、信贷处副处长，工商东亚金融控股公司上海代表处代表，上海浦东发展银行总行公司金融总部总经理助理、公司及投资银行总部贸易融资部总经理，武汉分行党委委员、副行长、党委书记、行长，上海浦东发展银行资产负债管理部、战略发展部总经理。现任上海浦东发展银行总行信息科技党委书记、信息科技部（金科中心）总经理，上海国际信托有限公司董事
林仪桥	董事	男	50	2019年8月	上海浦东发展银行股份有限公司	97.3333	工商管理硕士，中共党员，会计师、经济师。曾就职于上海浦东发展银行存汇部、会计部、清算中心、产品开发部、资财部、财务部。曾任上海浦东发展银行风险管理总部副总经理、见习总经理，资金总部总经理助理，金融市场部总经理助理，总行金融机构部总经理助理、副总经理。现任上海浦东发展银行总行公司业务板块合规官，上海国际信托有限公司董事
程森	董事	男	51	2023年6月	上海汽车集团股权投资有限公司	2	企业管理专业硕士，注册会计师、公司律师。曾任上海汽车工业销售总公司科员、业务经理，上海汽车集团股份有限公司财务部科员，上海汽车集团股份有限公司资本运营部科员、资本运营主管、并购管理科副经理，上海汽车集团股份有限公司金融事业部规划发展副总监、高级总监，环球车享汽车租赁有限公司总经理助理。现任上海汽车工业（集团）总公司股权管理部总经理，上海国际信托有限公司董事
黄文峰	职工董事	男	48	2023年10月	—	—	大学毕业，政工师、税务师。曾任上海国际信托有限公司财务会计部员工，计划财务部员工、财务科副科长、综合科副科长、综合计划业务主管，行政管理部副经理、高级经理、总经理助理、副总经理、副总经理（主持工作），办公室副主任（主持工作），党委宣传部副部长、办公室主任。现任上海国际信托有限公司党委办公室主任、党委宣传部部长、办公室主任、职工董事

独立董事

姓名	所在单位及职务	性别	年龄（岁）	选任日期	所推举的股东名称	该股东持股比例（%）	简要履历
陈学彬	复旦大学金融研究院荣休教授	男	70	2016年4月	—	—	经济学博士，中共党员，教授。曾任四川省自贡市经济研究所、计划委员会、体改委、信息中心研究员，上海财经大学金融学院教授，复旦大学金融研究院教授。现任四川大学经济学院讲席教授，上海国际信托有限公司独立董事

续表

姓名	所在单位及职务	性别	年龄（岁）	选任日期	所推举的股东名称	该股东持股比例（%）	简要履历
谢荣	上海国家会计学院荣休教授	男	71	2016年4月	—	—	会计学博士，中共党员，教授。曾任上海财经大学会计学系助教、讲师、副教授、教授、博士生导师、系副主任，毕马威华振会计师事务所合伙人，上海国家会计学院教授兼副院长，已退休。现任上海国际信托有限公司独立董事
李佳	北京市中盛律师事务所主任、首席合伙人	女	52	2023年10月	—	—	工商管理硕士，执业律师。曾就职于宜昌大老岭森林旅游公司、北京市中孚律师事务所，现任北京市中盛律师事务所主任、首席合伙人，上海国际信托有限公司独立董事

3.3 监事

监事会成员

姓名	职务	性别	年龄（岁）	选任日期	所推举的股东名称	该股东持股比例（%）	简要履历
金晓峰	监事	男	53	2022年12月	上海浦东发展银行股份有限公司	97.3333	经济学硕士，中共党员，经济师。曾任浦发银行杭州分行存汇部科员，信贷部科员，公司金融部主办科员，公司金融部业务三科负责人（主办）、客户经理、科长，保俶支行副行长，高新支行行长，资金财务部兼票据业务经营中心总经理（主任），杭州分行党委委员、杭州分行党委委员、行长助理，杭州分行党委委员、纪委书记、行长助理，杭州分行党委委员、纪委书记、副行长，现任上海国际信托有限公司党委委员、纪委书记、监事
姚建东	监事	男	53	2016年4月	上海新黄浦实业集团股份有限公司	0.6667	高级会计师。曾任上海市第一建筑工程有限公司成本主管、长发集团上海房地产公司财务主管。现任上海新黄浦实业集团股份有限公司监事、总经理助理、审计稽核部总经理，上海国际信托有限公司监事
张懿弘	职工监事	男	57	2019年4月	—	—	大学毕业，中共党员，经济师。曾就职于上海市缝纫机研究所、上海上投浦东经济发展公司、上国投浦分公司、上海国际信托有限公司资金信托总部、运营管理部。曾任上海国际信托有限公司运营管理部总经理助理（主持工作）、副总经理（主持工作）、总经理，审计稽核部总经理。现任上海国际信托有限公司纪律检查室高级专家、职工监事

3.4 高级管理人员

姓名	职务	性别	年龄（岁）	选任日期	金融从业年限（年）	学历（位）	专业	简要履历
陈兵	总经理	男	55	2016年4月	28	研究生管理学博士	企业管理	管理学博士，中共党员，正高级经济师，金融工程师。曾任上海浦东发展银行总行综合计划部副科长，大连分行资金财务部总经理（兼任会计部总经理），总行资金财务部总经理助理，总行个人银行管理会计部总经理，总行个人银行财富管理部总经理，上海国际信托有限公司党委委员、副总经理、董事会秘书，公司党委副书记、副董事长、总经理，曾兼任上投摩根基金管理有限公司董事长。现任上海国际信托有限公司党委书记、董事、总经理
叶力俭	副总经理	男	51	2017年12月	25	本科管理学硕士	企业管理	管理学硕士，中共党员，经济师。曾就职于黄浦区国有资产总公司、海通证券公司投资银行部，曾任上海国际信托有限公司资金信托总部科长、总经理助理，资产管理总部总经理助理、副总经理、总经理，投资管理总部总经理，信托发展总部总经理，公司党委委员、总经理助理。现任上海国际信托有限公司党委委员、副总经理
吴海波	副总经理、董事会秘书	男	49	2017年12月	14	研究生经济学博士	金融学	经济学博士，中共党员，高级经济师。曾任上海国际集团有限公司发展研究部副科长，上海国际信托有限公司董事会办公室副主任、行政管理部副总经理、总经理，公司党委委员、总经理助理。现任上海国际信托有限公司党委委员、董事会秘书、副总经理，兼董事会办公室主任
严军	副总经理	男	55	2018年10月	25	研究生法学硕士	思想政治	法学硕士，中共党员。曾就职于合肥晶体管厂、安徽省机械设备成套局、上海浦东发展银行人事部，曾任上海浦东发展银行人事部副科长、科长，人力资源部干部一处副处长（主持工作）、南京分行镇江支行副行长、总行纪检监察室监察一处处长，上海国际信托有限公司党委委员、纪委书记，有限公司党委委员、纪委委员、副总经理。现任上海国际信托有限公司党委委员、副总经理
邹俪	副总经理、合规总监	女	47	2020年12月	25	研究生经济学硕士	区域经济	经济学硕士，中共党员，经济师。曾任金华信托上海证券总部基金部项目经理，上海国际信托有限公司资金信托总部业务员、项目经理，运营管理部总经理助理，金融机构部总经理助理、合规总监，公司党委委员、总经理兼固定收益总部总经理，公司党委委员、总经理助理、合规总监，公司党委委员、纪委书记、副总经理、合规总监。现任上海国际信托有限公司党委委员、副总经理、合规总监

3.5 公司员工

本报告期公司在岗员工444人，平均年龄35.9岁。

<table>
<tr><th colspan="2">项目</th><th colspan="2">报告期年度</th><th colspan="2">上年度</th></tr>
<tr><td colspan="2"></td><td>人数（人）</td><td>比例（%）</td><td>人数（人）</td><td>比例（%）</td></tr>
<tr><td rowspan="4">年龄分布</td><td>25岁以下</td><td>9</td><td>2.03</td><td>11</td><td>2.50</td></tr>
<tr><td>25~29岁</td><td>75</td><td>16.89</td><td>85</td><td>19.32</td></tr>
<tr><td>30~39岁</td><td>262</td><td>59.01</td><td>255</td><td>57.95</td></tr>
<tr><td>40岁及以上</td><td>98</td><td>22.07</td><td>89</td><td>20.23</td></tr>
<tr><td rowspan="5">学历分布</td><td>博士</td><td>12</td><td>2.70</td><td>12</td><td>2.73</td></tr>
<tr><td>硕士</td><td>332</td><td>74.77</td><td>318</td><td>72.27</td></tr>
<tr><td>本科</td><td>93</td><td>20.95</td><td>102</td><td>23.18</td></tr>
<tr><td>专科</td><td>6</td><td>1.35</td><td>7</td><td>1.59</td></tr>
<tr><td>其他</td><td>1</td><td>0.23</td><td>1</td><td>0.23</td></tr>
<tr><td rowspan="4">岗位分布</td><td>董事、监事及其高管人员</td><td>8</td><td>1.80</td><td>9</td><td>2.05</td></tr>
<tr><td>自营业务人员</td><td>13</td><td>2.93</td><td>12</td><td>2.73</td></tr>
<tr><td>信托业务人员</td><td>274</td><td>61.71</td><td>269</td><td>61.13</td></tr>
<tr><td>其他人员</td><td>149</td><td>33.56</td><td>150</td><td>34.09</td></tr>
</table>

注：自营业务人员是指按照岗位分工，专门或至少主要从事固有资金使用和固有资产管理有关业务的职工；信托业务人员是指按照岗位分工，专门或主要从事信托资金使用和信托资产管理各项业务的职工；对于人力资源部等类似无法明确区分的综合部门归为其他人员。

4. 经营管理

4.1 经营目标、方针、战略规划

4.1.1 经营目标

本报告期内公司的经营目标：积极适应当前经济社会环境发展新变化，加强与浦发银行集团业务协同，推进公司信托业务和自营业务稳定、健康增长，以改革促转型，以风控保发展，做到风险可控、合法合规、积极创新，不断增强核心竞争力，全力开创上海信托高质量发展新局面。

4.1.2 经营方针

本报告期公司的经营方针：诚信、专业、稳健、合规、创新。

4.1.3 战略规划

公司的战略规划：在浦发银行数智化战略机遇下，紧紧抓住信托行业转型契机，强化集团协同，持续大力发展资产管理和财富管理业务，构建平衡的业务组合和紧密的业务协同架构，全面提升公司前台、中台、后台管理效能，打造可持续的发展模式，为客户持续创造财富和价值，为社会发展持续贡献力量。公司将积极适应经济结构转型升级的趋势，加强与浦发银行数智化战略集团协同发展，顺势而为，深度挖掘有潜力的业务领域，与合作伙伴开展深度长期合作，创新出差异化、可持续的业务模式，努力形成新的盈利增长点；继续深化机制创新，以管理升级和专业化团队建设有效推动公司财富管理、家族信托和慈善信托业务的发展；牢固树立风险底线思维，持续优化风险管理架构，完善运营管理机制，构建坚实有效的风险防线；以强化内部管理为基础，加强精细化管理运作，在提升保障能力上出实效，逐步把公司打造成为全球资产和财富管理服务提供商，预期成为新时代信托行业高质量发展的排头兵和先行者。

4.2 所经营业务的主要内容

4.2.1 经营的主要业务及品种

公司经营的主要业务为信托业务和自营业务。

4.2.1.1 信托业务

信托业务主要品种包括：（1）金融产品配置组合类信托。以高端客户的财富管理需求为出发点，凭借强大的投资管理能力和专业的资产配置能力，将投资者的资金在多种金融工具间进行组合投资，为投资者获取稳定安全的投资收益。（2）不动产金融类信托。选择不动产行业的优秀企业和优质项目，采用灵活多样的业务手段创设信托产品，让投资者分享不动产行业的成长收益。（3）证券投资类信托。汇聚全新产品设计理念和技术，投资于股票、基金及债券等金融产品，综合采用结构化设计、聘请投资顾问、应用CPPI投资策略与数量投资工具等多种方式，开创投资者在风险市场上获取稳定收益的业务新模式。（4）股权投资信托。对于优质的成长性企业，通过股权受益权融资、股权投资、并购融资、受托股权管理、财务顾问等形式提供全面金融服务。（5）债权投资类信托。公司将募集的信托资金运用于购买各种债权，主要包括银行信贷资产、各类依法合规的受益权以及优秀工商企业的应收账款等，通过回收本息或转让等方式兑现信托财产，实现信托收益。（6）公司及项目金融类信托。通过信托贷款、债权融资以及股权投资等方式，协助优秀企业获取融资，推动基础设施类项目顺利开展。（7）国际理财类信托。以大类资产配置为基础理念，与境外金融机构开展深度合作，捕捉海外市场投资机遇，采用结构性票据、指数投资、各类现货和期货投资、外币贷款等灵活运用方式，实现投资者财富增值。（8）另类投资信托。运用结构化设计，有效结合金融资本与实业经济，将公司专业化投资优势和外部投资顾问专业能力相结合，投资于包括酒类、艺术品、

茶类、古董以及贵金属在内的非传统投资领域，满足高净值财富群体的投资期望和艺术文化消费。（9）养老保障、福利计划等信托服务。利用公司在信托服务领域积累的宝贵经验，根据企业员工在养老保障、福利提升、激励促进等方面的具体要求，为企业员工量身定制持续优质的资产管理服务，实现企业改革发展及员工福利改善的有机结合。（10）资产证券化信托服务。充分利用信托公司资源配置、破产隔离的制度优势，充当各类资产证券化项目的资产受托机构，搭建协同平台，探索国内资产证券化的新路径和模式，为各类优质资产提供流动性。（11）非金融企业债券承销业务。利用非金融企业债务融资工具资格，在银行间市场开展承销业务，主要包括短期融资券（短融，CP）、中期票据（中票，MTN）、中小企业集合票据（SMECN）、超短期融资券（超短融，SCP）、非公开定向发行债务融资工具（PPN）、资产支持票据（ABN）等。（12）财产权信托服务。公司接受委托人的委托，将其合法拥有并且交付给公司的财产权设立财产权信托，依据信托文件的约定忠实受托人职责，为受益人利益或特定目的，管理或处分该财产权。（13）家族信托。公司接受单一自然人或自然人及其亲属共同委托，以家庭财富的保护、传承和管理为主要信托目的，提供财产规划、风险隔离、资产配置、子女教育、家族治理、公益慈善事业等定制化事务管理和金融服务。（14）家庭服务信托。公司接受单一自然人或自然人及其家庭成员委托，提供风险隔离、财富保护和分配等服务。（15）其他个人财富管理信托。公司接受单一自然人委托，提供财产保护和管理服务。其他个人财富管理信托初始设立时实收信托不低于600万元。（16）预付类资金服务信托。公司提供预付类资金的信托财产保管、权益登记、支付结算、执行监督、信息披露、清算分配等行政管理服务，帮助委托人实现预付类资金财产独立、风险隔离、资金安全的信托目的。（17）保险金信托。公司接受单一自然人或自然人及其亲属共同委托，以人身保险合同的相关权利和对应利益以及后续支付保费所需资金作为信托财产设立信托。当保险合同约定的给付条件发生时，保险公司按照保险约定将对应资金划付至对应信托专户，由公司按照信托文件管理。（18）公益慈善信托。委托人基于慈善目的，依法将其财产委托给公司，由公司按照委托人意愿以受托人名义进行管理和处分，开展慈善活动的信托业务。

4.2.1.2 自营业务

自营业务主要包括：（1）固定收益业务。以确保资金的安全性和资产的流动性为原则，通过对固定收益市场和相关投资品种的深入研究，根据市场环境的变化动态调整和优化资产配置结构，构建稳健的投资组合，获取固定收益。目前，固定收益业务主要包括货币市场投资和债券市场投资。（2）股权投资业务。通过对股权投资结构、期限、规模的动态调整和优化，把握各类行业领域孕育的投资机会，开展具有战略意义的金融股权投资或与信托主业联动的直接股权投资，从客户资源、渠道资源、项目资源等方面为信托主业提供有力支持，同时获得长期稳定的投资收益。（3）证券投资业务。追求适度风险条件下的绝对收益最大化，坚持稳健投资的原则，注重对宏观经济动向、监管政策变化、重点行业发展趋势和相关个股的深入分析。公司已建立了专业化的证券投资管理团队，锤炼了与公司经营风格相适应的投资理念，形成了科学严谨的投资决策体系，提升了证券投资的主动管理能力和投资收益水平。

4.2.2 资产组合与分布

4.2.2.1 自营资产运用与分布表

资产运用	金额（万元）	占比（%）	资产分布	金额（万元）	占比（%）
货币资产	108 222.50	4.19	基础产业	—	—
应收账款	16 413.40	0.63	房地产业	—	—
交易性金融资产	1 852 350.28	71.71	证券市场	475 460.07	18.41
债权投资	2 813.35	0.11	实业	—	—
其他债权投资	180 689.07	6.99	金融机构	1 909 587.72	73.92
长期股权投资	137 317.73	5.32	其他	198 238.91	7.67
其他	285 480.37	11.05	—	—	—
资产总计	2 583 286.70	100.00	资产总计	2 583 286.70	100.00

注：其他资产中主要项目包括其他应收款、递延所得税资产、固定资产等。

4.2.2.2 信托资产运用与分布表

资产运用	金额（万元）	占比（%）	资产分布	金额（万元）	占比（%）
货币资产	3 190 448.59	6.10	基础产业	5 320 850.95	10.17
贷款	7 414 306.64	14.17	工商企业	7 192 762.43	13.75
交易性金融资产	36 722 506.30	70.20	房地产	888 101.72	1.70
债权投资	946 041.31	1.81	证券	10 275 464.64	19.64
其他债权投资	3 263 582.13	6.24	金融机构	23 585 029.90	45.08
长期股权投资	156 931.41	0.30	其他	5 052 045.12	9.66
买入返售	395 883.43	0.76			
其他	224 554.95	0.42			
信托资产总计	52 314 254.76	100.00	信托资产总计	52 314 254.76	100.00

4.3 市场分析

2023年，我国宏观经济既面临需求收缩、供给冲击、预期转弱的三重压力，还受到国际形势变化等超预期因素影响，面对异常复杂的国际环境和艰巨繁重的改革发展稳定任务，2023年我国经济社会主要指标任务圆满完成，高质量发展扎实推进，就业物价总体平稳，经济社会大局保持稳定。2023年，全年国内生产总值126.06万亿元，同比增长5.2%。分季度看，第一季度同比增长4.5%，第二季度同比6.3%，第三季度同比4.9%，第四季度同比5.2%，整体经济仍处于疫后修复阶段。分产业看，2023年第一产业增加值89 755亿元，比上年增长4.1%；第二产业增加值482 589亿元，增长4.7%；第三产业增加值688 238亿元，增长5.8%，恢复速度较快，为GDP增长主要贡献项。分领域看，2023年我国经济各行业总体运行在合理区间，经济结构调整优化成果持续显现。生产端，2023年规模以上工业增加值同比增长4.6%，分行业看，汽车制造业、电气机械和器材制造业、化学原料和化学制品制造业等行业工业增加值增速较快。需求端，2023年全国固定资产投资503 036亿元，同比增长3.0%，其中房地产投资延续回落态势，基建和制造业投资成为逆周期调控的重要抓手。2023年，社会消费品零售总额同比增长7.2%，餐饮快速恢复，商品零售增速相对平稳。2023年，受外部环境影响需求下降，进出口出现一定回落；出口同比下降4.6%（美元计），进口同比下降5.5%。2023年全年居民消费价格（CPI）同比上涨0.2%，全年工业生产者出厂价格（PPI）同比下降3.0%，整体物价水平仍处于筑底回升阶段。汇率方面，2023年人民币对美元即期汇率整体呈波动贬值走势。2023年，社融规模与名义经济增长基本匹配，信贷结构不断优化；社融存量同比增长9.5%，新增社融同比多增3.41万亿元；人民币贷款同比多增1.31万亿元，其中企业中长期贷款同比多增约2.5万亿元，是主要支撑项。

2023年，在中央金融工作会议精神的指导下，信托行业积极发挥信托特色，主动对接科技金融、绿色金融、普惠金融、养老金融、数字金融"五篇大文章"，在信托业务"三分类"新规等监管政策指导下，坚守信托本源定位，深化转型发展，积极探索具有中国特色的信托业高质量发展之路。信托行业资产规模总体平稳，结构持续优化，主动管理能力不断提升，风险化解继续深化，行业高质量发展效果逐步显现，逐步迈入新的发展阶段。截至2023年第三季度末，行业信托资产规模为22.64万亿元，同比增幅7.45%。资管新规实施以来，信托资产规模自2022年第二季度同比增速逆转为正，连续6个季度保持正增长，在稳健增长中保持稳定。信托资产结构持续优化，集合资金信托和管理财产信托持续增长，单一资金信托持续下降。信托资产功能结构持续优化，投资功能显著增强，投资类信托业务进入高速成长期，融资类信托规模持续下降。

4.4 内部控制

4.4.1 内部控制环境和内部控制文化

公司根据《公司法》《信托公司治理指引》《企业内部控制基本规范》等法律法规以及公司章程相关规定，以受益人利益为根本出发点，建立了由股东会、董事会、监事会和高级管理层组成的分工明确、权责对应、合理制衡的公司治理结构。董事会下设战略、提名与薪酬、信托、风险管理、审计、关联交易控制、消费者权益保护工作等七个专门委员会，各委员会进一步在相应专业领域加强内控监督管理。

公司内部控制管理职能部门为合规部、风险管理部和授信管理部。公司审计稽核部、风险管理部、授信管理部、合规部及其他业务管理部门和每一位员工组成公司内部控制自控、互控和监控"三道防线"，构建了覆盖全公司各部门、各产品、各业务流程的内部控制监督与评价体系。

公司始终秉持"合规经营、稳健发展"的宗旨，牢固树立"全员合规"理念，将合规文化建设作为促进内控合规管理建设的重要内容，使合法合规、勤勉尽责要求贯彻到每一名员工与每一个流程，促进内控合规要求内化于心、外化于行。

报告期内，公司"三会一层"认真履行职责，股东会有效发挥管控作用，董事会对战略定位、风险偏好、恢复与处置计划、业务发展速度和规模进行有效控制，监事会充分发挥对董事会与高管层的监督职能。公司经营管理层不断完善内部控制机制，加强内控文化建设，紧密围绕战略转型和年度目标，牢牢聚焦资产管理和财富管理，持续优化业务结构，在全面推进业务创新与转型的同时，建立与之匹配的内部控制组织架构，促进公司业务合规健康发展。

4.4.2 内部控制措施

公司内部控制遵循全面性、制衡性、审慎性、匹配性、重要性和成本效益原则。

公司业务流程严格按照前台、中台、后台划分：前台负责业务受理、初审及具体操作，完成项目审批前的尽职调查、信托方案设计和提交、项目审批后的合同签署、产品发售、投资交易、运作管理和客户服务等工作；中台贯穿业务决策程序和管理环节，负责信托项目的合法合规性审核、风险评估、议事决策、业务综合管理和过程控制，和前台部门共同完成事前防范和事中控制；后台负责对业务的财务管理及会计核算、信息化支持、行政保障、人力资源管理和审计监督。

2023年，公司不断完善风险管理体系，持续加强内控制度建设，落实管理制度化、制度流程化的要求，不定期梳理公司内控制度体系、查摆内控管理薄弱点，实现内部制度体系的动态优化，确保内控合规管理对业务领域和关键管理环节全面覆盖。全年新增、修订内部规章制度94项，废止制度58项；密切跟踪司法机关以及监管机构下发的监管文件，重点聚焦资产服务信托和标品信托等创新业务的合规风险管理；根据监管机构要求，对各项业务实行净资本管理，使公司业务协调、高效、有重点地运行，并符合公司战略发展要求。

4.4.3　信息交流与反馈

公司建立了有效的信息交流和反馈机制，强化数据信息备份体系建设，完善信息科技突发事件应急处置流程，保障业务信息的安全性和连续性。公司建立信托业务信息隔离制度，自营业务信息和信托业务信息相互独立，确保信托业务信息的独立性。公司严格按照监管要求，建立对外信息披露制度，规范对客户、公众、监管部门等的披露方式、内容和流程，并进行内外部信息资源的整合，实施科学、规范的统一管理，建立信息共享与传递的有效机制。

公司建立并不断完善信息系统，运用现代信息通信技术处理业务、经营管理和内部控制，董事会、监事会、管理层能及时了解公司的经营和风险状况，每一项信息均能够及时传递给相关的员工，各个部门和员工的有关信息均能够顺畅反馈。

4.4.4　监督评价与纠正

公司设立独立的审计稽核部，审查评价并督促改善公司经营活动、风险管理、内控合规和公司治理效果。内部审计活动遵循独立性、客观性原则，独立于业务经营、风险管理和内控合规。内部审计工作覆盖公司全部业务。审计稽核部每半年向公司董事会提交内部审计报告。

2023年度内部控制评价结果表明，公司对纳入评价范围的关键领域均已建立了内部控制，抽样检查显示内部控制执行有效，未发现重大、重要缺陷，为实现公司内部控制目标提供了合理保证。

4.5　风险管理

4.5.1　信用风险状况及其管理

信用风险是指因交易对手的直接违约或履约能力下降而造成损失的风险。公司固有业务信用风险资产按五级分为正常类、关注类、次级类、可疑类和损失类。公司根据《金融企业准备金计提管理办法》（财金〔2012〕20号文）和《上海国际信托有限公司准备金计提管理办法》计提一般准备和资产减值准备。其中，一般风险准备从当年净利润中提取，作为利润分配处理，用于弥补尚未识别的可能性损失的准备；各项资产减值准备的计提范围和方法见会计报表附注。

在信用风险管理上，一是通过专家判断和定量计算相结合的手段，对客户信用风险进行区分，审慎度量公司面临的交易对手信用风险形式和规模；二是建立项目评审会制度。对涉及信用风险的信托融资项目和固有投资、贷款项目等，均纳入公司项目评审会进行评审，确保审贷分离，公司对于非标业务、标品投资类业务、家族/家庭信托业务、资产证券化业务、消费金融业务、基金化业务、预付资金服务信托业务的管理严格程度并无区别，所有类型的资产均需要通过公司规范的流程进行管理；三是实施大额交易信用风险集中度管理，对重点地区和大额交易对手的业务集中度进行控制和管理，防范集中度风险；四是建立风险预警机制，加强项目贷后风险管理，充分了解交易对手财务情况、人事变更、经营情况及银企关系等重要变化信息，建立灵敏有效的风险预警机制，公司不对其他机构提供任何形式的信用支持；五是加强抵质押物管理，明确抵质押物的类型、条件和日常管理机制，管控抵质押物工具的合法性、有效性、稳定性及充足性，充分发挥风险缓释工具在信用风险管理中的保障作用；六是建立完整有效的资产保全和风险化解制度，加大不良资产现金清收和风险化解力度，提升风险处置质效。

4.5.2　市场风险状况及其管理

市场风险是指由于金融市场的波动或行情的变化（利率、汇率、股票价格和商品价格）而带来损失的可能性。包括利率风险、汇率风险、证券价格波动风险等。报告期内，公司密切关注各类市场风险，及时调整投资策略，市场风险可控。

在市场风险管理上，一是加强固有业务市场风险管理，对公允价值计量的金融资产完善估值管理，及时反映资产公允价值变化对当期损益和资本的影响；二是加强信托业务市场风险管理，健全信托业务市场风险管理和内控，做好风险揭示、尽职管理和信息披露，加强股票市值盯市管理；三是坚持稳健原则，在投资组合中配置足够的固定收益类等低风险投资品种，对证券投资组合的净值、配置比例和投资集中度等指标及时监控，并对投资标的事先设定止损点，通过投资分散化降低非系统性风险。

4.5.3 操作风险状况及其管理

操作风险是指由不完善或有问题的内部程序、员工和信息科技系统，以及外部事件所造成损失的风险。报告期内，公司及时发现操作风险点，制定纠正措施，避免发生因操作风险造成的损失。

在操作风险管理上，根据重要性原则，逐步梳理固有业务和信托业务操作风险点，将每个业务种类中潜在的风险进行分离和分类管理。采用定性、定量分析相结合的方法，明确产生操作风险的关键点并实施控制。公司在业务尽职调查、运营规范化管理、外部中介机构管理、合同档案管理、信息披露等方面，不断细化管理和规范操作流程，提升业务操作的规范化和标准化水平。公司制定《操作风险管理办法》，更新各类业务展业指引，发布员工问责管理制度，优化业务审批流程，规范中介机构管理等。

4.5.4 其他风险状况及其管理

其他风险主要是指公司业务开展中的合规风险、流动性风险、法律风险、战略风险、信息科技风险、洗钱风险、声誉风险、案件风险等。报告期内，公司未发生因其他风险所造成的损失。

在其他风险管理上，一是加强员工合规培训，要求员工认真学习并执行有关的法律法规，增强合规意识和风险管理意识，提高风险管理能力；二是加强对运作项目的现金流量管理，做好公司现金流量的预测和安排，同时，组合运用多种工具，有效保证公司流动性；三是加强声誉风险管理，制定《舆情危机管理办法》《新闻发布管理办法》，通过微信公众号、公司网站、内刊等形式，积极开展投资者教育工作；四是强化公司战略规划，持续考量公司战略的发展情况，积极控制战略风险；五是严格执行人民银行反洗钱法律法规要求，落实反洗钱管理，严控洗钱风险；六是积极推进公司的科技信息化建设，配合业务发展开发相应的信息科技系统，重点强化数据治理，进一步应用先进的金融科技手段提升管理水平，夯实信息科技风险管理；七是加强职业道德教育，规范职业行为，把职业道德、职业操守作为员工教育的一个重要内容，不断增强员工的工作责任心，严格控制道德风险。

4.6 净资本管理概况

公司严格遵照监管要求，积极推进净资本管理。报告期末，公司净资本各项指标均符合监管要求。

指标	期末数	监管标准
净资本	1 667 433.19万元	≥2亿元
各项业务风险资本之和（万元）	643 242.55	—
净资本/各项业务风险资本之和（%）	259.22	≥100
净资本/净资产（%）	70.38	≥40

4.7 消费者权益保护

公司高度重视消费者权益保护工作，将消费者权益保护纳入公司经营发展战略和企业文化建设中，通过自上而下、层层递进的方式不断完善消费者权益保护管理架构体系和制度体系，持续健全消费者权益保护工作体制机制，贯穿公司产品和服务的整个生命周期，有效保障消费者的合法权益。公司董事会承担消费者权益保护工作的最终责任，已在董事会战略委员会下设消费者权益保护工作委员会，对消费者权益保护工作提出总体规划意见及指导，听取高管层关于消费者权益保护工作开展情况专题报告，督促其有效执行和落实相关工作。公司监事会对董事会、高级管理层开展消费者权益保护工作履职情况进行监督。高级管理层有效协调工作开展，统筹制定消费者权益保护工作计划、方案和任务，为消费者权益保护工作开展提供必要的资源支持，确保落实各项监管要求，推动消费者权益保护工作积极、有序开展。

报告期内，公司建立健全的消费者权益保护工作全流程管控机制，在产品设计开发环节开展事前消保审查，合理确定产品风险等级；在产品营销推介环节落实投资者适当性原则，不断强化营销队伍建设，严控金融营销宣传规范性，确保营销推介过程做到全面、真实、准确地介绍产品情况，通过录音录像记录销售全过程，对关键信息作重点提示，不夸大收益或隐瞒风险；在产品存续运作期间做好项目贷后管理以及运维工作，及时披露与消费者权益保护相关的事项，做好客户预期管理，切实保护消费者合法权益。在个人金融信息保护方面，公司对人工操作、系统安全建设、人员管理培训等方面采取严谨的管控模式，确保个人金融信息安全。

报告期内，公司聘请第三方专业机构对公司产品和服务开展客户满意度专项调研，通过问卷调研的方式了解公司客户真实的反馈和满意程度，同时查找差距不足，为后续产品和服务持续优化、改进工作提供依据，切实有效保护消费者权益。公司还通过开展消费者权益保护培训考试、考核、审计等方式，有效提升全员消保意识和专业知识，监督管理消保工作日常开展，推动消保工作持续规范和完善。

报告期内，公司响应监管要求，持续加强投资者教育，传播信托文化理念，通过"线上+线下"同步推进、"传统+新型"创新融合等方式，积极组织开展了"3·15消费者权益保护宣传教育活动""防范非法集资"集中宣传月活动和"金融知识进万家"宣传服务月活动，同时不定期结合市场热点、监管政策组织开展现场讲座直播活动，开展"金融知识进社区"活动，服务社区居民，践行金融宣传担当，并在各网点打造金融知识公共教育专区，印制宣传手册，供客户阅览学习。公司在微信公众号、微信视频号、App、官方网站等开展"零接触"金融知识宣传，每日更新提供的"财经早报"服务，设立宣教专栏，创作推送各类消保宣传推文和宣教短视频。公司积极探索拓展投教宣传新形式，与《中国银行保险报》深入合作，打通媒体宣传渠道，不但有公司消保内容呈现在其网站专题页面，积极获取《中国银行保险报》对公司宣传教育活动的报道，还通过微电影品牌赞助的形式在报社各个载体、"学习强国"等平台曝光，扩大宣传声量。

报告期内，公司积极开展适老化工作，优化老年人群特色化窗口服务，线下以打造城市会客厅的形式，设置老年人无障碍通道，配备应急药箱、老花眼镜、充电设备、爱心伞、防护口罩、防疫消杀用品等，同时充分尊重老年客户的意愿，提供人工服务和自助终端、便携终端等多渠道服务和设备，供老年客户进行自主选择，一对一专属服务协助老人顺利办理业务；线上重点打造客户专线以及智能客服，以全新的智能服务方式重塑客户服务形态，上线了智能机器人在线客服功能，7×24小时解答客户的各类咨询，有效提升客服的支撑保障能力，在客户端从老年客群的需求出发，优化提供了字体放大展示、页面操作便捷、人工便捷双录通道等功能，协助老年人顺利办理业务，切实解决老年人运用智能技术困难问题，帮助老年人更好地融入数字金融，践行金融为民理念。

4.8 企业社会责任

报告期内，公司在严守风险合规底线、提升经营管理水平的同时，将社会责任理念融入发展战略、经营管理与日常工作中，在服务实体经济、支持长三角一体化发展、支持小微企业和民营企业发展、改善民生、环境保护、客户服务、社会共建等领域积极践行社会责任。公司践行客户优先原则、最大限度设置薪业"安全垫"。公司升级"上善公益"，创造共同富裕实践新路径。持续深耕教育助学、医疗救助、乡村振兴、文化环保四大慈善信托板块。在公司上下共同的努力下，纳税位居黄浦区首位，为所在地区缓解财政压力、稳民生促增长作出了积极贡献。公司行业地位与社会影响力进一步提升。

5.报告期末及上一年度末的比较式会计报表

5.1 自营资产

5.1.1 会计师事务所审计意见

毕马威华振会计师事务所（特殊普通合伙）对公司所作的审计意见如下：

上海国际信托有限公司财务报表在所有重大方面按照审计报告的财务报表附注所述编制基础编制，公允反映了上海信托2023年12月31日的合并及母公司财务状况以及2023度的合并及母公司经营成果和现金流量。

5.1.2 资产负债表

资产负债表

编制单位：上海国际信托有限公司　　　　2023年12月31日　　　　单位：万元

资产	年末数		年初数		负债及所有者权益	年末数		年初数	
	合并	母公司	合并	母公司		合并	母公司	合并	母公司
资产：					负债：				
现金及存放中央银行款项	1.36	0.35	1.10	0.29	向中央银行借款	—	—	—	—
存放同业款项	246 402.97	108 222.15	565 723.77	110 427.86	同业及其他金融机构存放款	—	—	—	—
拆出资金	—	—	—	—	拆入资金	—	—	—	—
买入返售金融资产	—	—	—	—	交易性金融负债	67 748.53		59 654.22	
交易性金融资产	1 995 034.86	1 852 350.28	1 419 851.87	1 282 057.24	衍生金融负债				
债权投资	105 702.10	2 813.35	143 002.59	15 576.80	租赁负债	8 630.72	5 176.17	11 309.01	4 569.07
其他债权投资	41 436.33	180 689.08	968.96	160 788.43	卖出回购金融资产款				
应收款项	56 346.13	16 413.40	89 371.52	23 057.07	吸收存款				

续表

资产	年末数 合并	年末数 母公司	年初数 合并	年初数 母公司	负债及所有者权益	年末数 合并	年末数 母公司	年初数 合并	年初数 母公司
长期股权投资	36 700.63	137 317.73	33 621.91	150 312.30	应付职工薪酬	141 244.33	69 103.84	151 764.11	67 338.29
投资性房地产					应交税费	43 658.43	35 258.11	68 439.08	55 827.73
固定资产	13 637.72	12 199.38	15 421.87	13 037.93	预计负债				
在建工程	82 350.59	82 350.59	77 876.87	77 876.87	应付债券	—	—	—	—
无形资产	2 120.36	1 816.60	5 503.60	1 207.60	递延所得税负债	2 059.65		2 305.57	
递延所得税资产	64 993.29	36 953.98	31 712.66	13 546.95	划分为持有待售负债	—	—	—	—
使用权资产	8 513.82	4 960.78	11 141.21	4 367.98	递延收益				
其他资产	153 825.03	147 199.03	199 083.54	216 766.31	其他负债	67 068.34	54 314.83	48 398.99	15 631.10
商誉	1 065.17	—	1 065.17	—	负债合计	330 410.00	163 852.95	341 870.98	143 366.19
					所有者权益:	—	—	—	—
					实收资本	500 000.00	500 000.00	500 000.00	500 000.00
					其他权益工具	—	—	—	—
					资本公积				
					其他综合收益	5 641.37	41 069.22	4 212.57	27 465.32
					盈余公积	502 613.34	502 613.34	433 961.65	433 961.65
					风险准备	126 149.33	119 192.67	212 051.25	118 970.21
					未分配利润	1 312 917.73	1 256 558.52	941 244.75	845 260.26
					归属于母公司所有者权益合计	2 447 321.77	2 419 433.75	2 091 470.22	1 925 657.44
					少数股东权益	30 398.59	—	161 005.44	—
					所有者权益合计	2 477 720.36	2 419 433.75	2 252 475.66	1 925 657.44
资产总计	2 808 130.36	2 583 286.70	2 594 346.64	2 069 023.63	负债和所有者权益总计	2 808 130.36	2 583 286.70	2 594 346.64	2 069 023.63

法定代表人：潘卫东　　主管会计工作负责人：严军　　会计机构负责人：马晓云

5.1.3 利润表

利润表

编制单位：上海国际信托有限公司　　2023年度　　单位：万元

项目	本年数 合并	本年数 母公司	上年数 合并	上年数 母公司
一、营业收入	827 268.94	814 090.23	498 225.04	201 947.94
利息净收入	7 265.95	5 595.05	11 056.69	1 678.09
利息收入	7 265.95	5 595.05	11 056.69	1 678.09
利息支出	—	—	—	—
手续费及佣金净收入	196 329.31	75 857.63	385 570.28	131 601.36
手续费及佣金收入	196 337.02	75 863.49	385 631.02	131 605.76
手续费及佣金支出	7.71	5.86	60.74	4.40
投资收益（损失以"-"号填列）	618 505.72	750 180.10	29 492.32	44 577.53
其中：对联营企业和合营企业的投资收益	3 678.71	-244.57	3 193.71	-281.43
公允价值变动损益（损失以"-"号填列）	-49 937.45	-43 826.59	-3 815.68	-11 679.81
汇兑收益（损失以"-"号填列）	22.46	-31.34	-344.41	-306.39
资产处置收益	2.08	1.33	-40.70	
其他收益	27 174.42	26 238.48	27 235.36	24 932.08
其他业务收入	27 906.45	75.57	49 071.18	11 145.08
二、营业支出	276 773.26	161 975.71	297 142.03	87 833.13
营业税金及附加	2 469.76	1 647.20	2 165.50	677.93
业务及管理费	142 510.05	65 717.14	262 719.87	75 125.58
信用减值损失	41 466.50	29 028.01	13 289.65	9 142.75
其他业务成本	90 326.95	65 583.36	18 967.01	2 886.87
三、营业利润（亏损以"-"号填列）	550 495.68	652 114.52	201 083.01	114 114.81

续表

项目	本年数 合并	本年数 母公司	上年数 合并	上年数 母公司
加：营业外收入	1 555.62	1 555.60	357.26	342.80
减：营业外支出	278.82	246.44	232.04	181.95
四、利润总额（亏损总额以"-"号填列）	551 772.48	653 423.68	201 208.23	114 275.66
减：所得税费用	167 742.61	158 251.27	47 466.32	18 603.41
五、净利润（净亏损以"-"号填列）	384 029.87	495 172.41	153 741.91	95 672.25
归属于母公司所有者的净利润	370 983.80	495 172.41	125 512.99	95 672.25
少数股东损益	13 046.07	—	28 228.92	—
六、其他综合收益	1 414.04	13 603.90	4 035.55	7 898.40
归属于母公司股东的其他综合收益的税后净额	1 428.80	13 603.90	3 974.53	7 898.40
以后将重分类进损益的其他综合收益	1 428.80	13 603.90	3 974.53	7 898.40
1.其他债权投资公允价值变动损益	410.16	12 724.04	-816.60	-816.60
2.其他债权投资信用损失准备	14.92	469.71	560.35	6 372.80
3.外币报表折算差额	1 003.72	410.15	4 230.78	2 342.20
归属于少数股东的其他综合收益的税后净额	-14.76	—	61.02	—
七、综合收益总额	385 443.91	508 776.31	157 777.46	103 570.65
归属于母公司所有者的综合收益总额	372 412.60	508 776.31	129 487.52	103 570.65
归属于少数股东的综合收益总额	13 031.31	—	28 289.94	—

法定代表人：潘卫东　　主管会计工作负责人：严军　　会计机构负责人：马晓云

5.1.4 所有者权益变动表

合并所有者权益变动表
2023年度

编制单位：上海国际信托有限公司　　　　　　　　　　　　　　　　　　　　　　　　　　　　　　　　　　单位：万元

项目	本年金额 归属于母公司所有者权益 实收资本	其他权益工具	减：库存股	其他综合收益	盈余公积	风险准备	未分配利润	小计	少数股东权益	所有者权益合计	上年金额 归属于母公司所有者权益 实收资本	其他权益工具	减：库存股	其他综合收益	盈余公积	风险准备	未分配利润	小计	少数股东权益	所有者权益合计
一、上年末余额	500 000.00	—	—	4 212.57	433 961.65	212 051.25	941 244.75	2 091 470.22	161 005.44	2 252 475.66	500 000.00	—	—	238.04	395 946.36	199 844.82	867 188.77	1 963 217.99	143 271.02	2 106 489.01
加：会计政策变更	—	—	—	—	—	—	—	—	—	—	—	—	—	—	—	—	—	—	—	—
前期差错更正	—	—	—	—	—	—	—	—	—	—	—	—	—	—	—	—	—	—	—	—
其他	—	—	—	—	—	—	—	—	—	—	—	—	—	—	—	—	—	—	—	—
二、本年年初余额	500 000.00	—	—	4 212.57	433 961.65	212 051.25	941 244.75	2 091 470.22	161 005.44	2 252 475.66	500 000.00	—	—	238.04	395 946.36	199 844.82	867 188.77	1 963 217.99	143 271.02	2 106 489.01
三、本年增减变动金额（减少以"—"号填列）	—	—	—	1 428.80	—	—	370 983.80	372 412.60	13 031.31	385 443.91	—	—	—	3 974.53	—	—	125 512.99	129 487.52	28 289.94	157 777.46
（一）综合收益总额	—	—	—	—	—	—	87 685.42	—	—	—	—	—	—	—	—	—	—	—	—	—
（二）所有者投入和减少资本	—	—	—	—	—	—	—	—	-131 179.97	-131 179.97	—	—	—	—	—	—	—	—	—	—
1.所有者投入资本	—	—	—	—	—	—	—	—	—	—	—	—	—	—	—	—	—	—	—	—
2.其他权益工具持有者投入资本	—	—	—	—	—	—	—	—	—	—	—	—	—	—	—	—	—	—	—	—
3.股份支付计入所有者权益的金额	—	—	—	—	—	—	—	—	—	—	—	—	—	—	—	—	—	—	—	—
4.其他	—	—	—	—	—	—	—	—	—	—	—	—	—	—	—	—	—	—	—	—
（三）利润分配	—	—	—	—	68 651.69	—	-68 651.69	—	—	—	—	—	—	—	38 015.29	—	-38 015.29	—	—	—
1.提取盈余公积	—	—	—	—	68 651.69	—	-68 651.69	—	—	—	—	—	—	—	38 015.29	—	-38 015.29	—	—	—
2.提取风险准备	—	—	—	—	—	1 783.50	-1 783.50	—	—	—	—	—	—	—	—	12 206.43	-12 206.43	—	—	—
3.对所有者的分配	—	—	—	—	—	—	-15 000.00	-15 000.00	-11 689.32	-26 689.32	—	—	—	—	—	—	—	—	-9 947.09	-9 947.09
4.其他	—	—	—	—	—	—	-1 561.05	-1 561.05	-768.87	-2 329.92	—	—	—	—	—	—	-1 235.29	-1 235.29	-608.43	-1 843.72
（四）所有者权益内部结转	—	—	—	—	—	—	—	—	—	—	—	—	—	—	—	—	—	—	—	—
1.资本公积转增资本	—	—	—	—	—	—	—	—	—	—	—	—	—	—	—	—	—	—	—	—
2.盈余公积转增资本	—	—	—	—	—	—	—	—	—	—	—	—	—	—	—	—	—	—	—	—
3.盈余公积弥补亏损	—	—	—	—	—	—	—	—	—	—	—	—	—	—	—	—	—	—	—	—
4.一般风险准备弥补亏损	—	—	—	—	—	—	—	—	—	—	—	—	—	—	—	—	—	—	—	—
5.结转重新计量设定受益计划净负债或净资产所产生的变动	—	—	—	—	—	—	—	—	—	—	—	—	—	—	—	—	—	—	—	—
6.其他	—	—	—	—	—	—	—	—	—	—	—	—	—	—	—	—	—	—	—	—
四、本年末余额	500 000.00	—	—	5 641.37	502 613.34	126 149.33	1 312 917.73	2 447 321.77	30 398.59	2 477 720.36	500 000.00	—	—	4 212.57	433 961.65	212 051.25	941 244.75	2 091 470.22	161 005.44	2 252 475.66

法定代表人：潘卫东　　主管会计工作负责人：严军　　会计机构负责人：马晓云

所有者权益变动表

2023年度

编制单位：上海国际信托有限公司　　单位：万元

项目	本年金额									上年金额								
	实收资本	其他权益工具	资本公积	减：库存股	其他综合收益	盈余公积	风险准备	未分配利润	所有者权益合计	实收资本	其他权益工具	资本公积	减：库存股	其他综合收益	盈余公积	风险准备	未分配利润	所有者权益合计
一、上年年末余额	500 000.00	—	—	—	27 465.32	433 961.65	118 970.21	845 260.26	1 925 657.44	500 000.00	—	—	—	19 566.92	395 946.36	114 186.60	792 386.91	1 822 086.79
加：会计政策变更	—	—	—	—	—	—	—	—	—	—	—	—	—	—	—	—	—	—
前期差错更正	—	—	—	—	—	—	—	—	—	—	—	—	—	—	—	—	—	—
其他	—	—	—	—	—	—	—	—	—	—	—	—	—	—	—	—	—	—
二、本年年初余额	500 000.00	—	—	—	27 465.32	433 961.65	118 970.21	845 260.26	1 925 657.44	500 000.00	—	—	—	19 566.92	395 946.36	114 186.60	792 386.91	1 822 086.79
三、本年增减变动金额（减少以"—"号填列）	—	—	—	—	13 603.90	—	—	495 172.41	508 776.31	—	—	—	—	7 898.40	—	—	95 672.25	103 570.65
（一）综合收益总额	—	—	—	—	—	—	—	—	—	—	—	—	—	—	—	—	—	—
（二）所有者投入和减少资本	—	—	—	—	—	—	—	—	—	—	—	—	—	—	—	—	—	—
1. 所有者投入资本	—	—	—	—	—	—	—	—	—	—	—	—	—	—	—	—	—	—
2. 其他权益工具持有者投入资本	—	—	—	—	—	—	—	—	—	—	—	—	—	—	—	—	—	—
3. 股份支付计入所有者权益的金额	—	—	—	—	—	—	—	—	—	—	—	—	—	—	—	—	—	—
4. 其他	—	—	—	—	—	—	—	—	—	—	—	—	—	—	—	—	—	—
（三）利润分配	—	—	—	—	—	—	—	—	—	—	—	—	—	—	—	—	—	—
1. 提取盈余公积	—	—	—	—	—	68 651.69	—	−68 651.69	—	—	—	—	—	—	38 015.29	—	−38 015.29	—
2. 提取风险准备	—	—	—	—	—	—	222.46	−222.46	—	—	—	—	—	—	—	4 783.61	−4 783.61	—
3. 对所有者的分配	—	—	—	—	—	—	—	−15 000.00	−15 000.00	—	—	—	—	—	—	—	—	—
4. 其他	—	—	—	—	—	—	—	—	—	—	—	—	—	—	—	—	—	—
（四）所有者权益内部结转	—	—	—	—	—	—	—	—	—	—	—	—	—	—	—	—	—	—
1. 资本公积转增资本	—	—	—	—	—	—	—	—	—	—	—	—	—	—	—	—	—	—
2. 盈余公积转增资本	—	—	—	—	—	—	—	—	—	—	—	—	—	—	—	—	—	—
3. 盈余公积弥补亏损	—	—	—	—	—	—	—	—	—	—	—	—	—	—	—	—	—	—
4. 一般风险准备弥补亏损	—	—	—	—	—	—	—	—	—	—	—	—	—	—	—	—	—	—
5. 结转重新计量设定受益计划净负债或净资产所产生的变动	—	—	—	—	—	—	—	—	—	—	—	—	—	—	—	—	—	—
6. 其他	—	—	—	—	41 069.22	502 613.34	119 192.67	1 256 558.52	2 419 433.75	—	—	—	—	—	—	—	—	—
四、本年年末余额	500 000.00	—	—	—	41 069.22	502 613.34	119 192.67	1 256 558.52	2 419 433.75	500 000.00	—	—	—	27 465.32	433 961.65	118 970.21	845 260.26	1 925 657.44

法定代表人：潘卫东　　　　　　主管会计工作负责人：严军　　　　　　会计机构负责人：马晓云

5.2 信托资产

5.2.1 信托项目资产负债汇总表

信托项目资产负债汇总表

编制单位：上海国际信托有限公司　　　　　2023年12月31日　　　　　单位：万元

信托资产	期末余额	年初余额	信托负债和信托权益	期末余额	年初余额
信托资产：			信托负债：		
货币资金	3 190 448.59	865 456.23	交易性金融负债	—	—
拆出资金	—	—	衍生金融负债	—	—
存出保证金	—	—	应付管理人报酬	44 678.08	54 732.87
交易性金融资产	36 722 506.30	34 846 278.60	应付托管费	5 466.78	4 670.10
衍生金融资产	—	—	应付利润	7 896.97	−212.26
买入返售金融资产	395 883.43	250 549.14	应交税费	6 416.40	7 703.21
应收款项	222 635.75	108 905.53	应付销售服务费	4 067.40	3 933.60
发放贷款	7 414 306.64	8 026 414.46	其他负债	1 027 103.65	970 248.47
债权投资	946 041.31	1 982 947.31			
其他债权投资	3 263 582.13	2 301 086.82	信托负债合计	1 095 629.28	1 041 075.99
其他权益工具投资	—	—			
长期应收款	—	—			
长期股权投资	156 931.41	6 281.52	所有者权益：		
投资性房地产	—	—	实收信托	49 093 600.58	45 783 705.64
固定资产	—	—	其他综合收益	22 555.62	16 430.64
无形资产	—	—	未分配利润	2 102 469.28	1 706 404.26
长期待摊费用	—	—			
其他资产	1 919.20	159 696.92	信托权益合计	51 218 625.48	47 506 540.54
其中：各项资产减值准备	866 848.51	836 137.10			
信托资产总计	52 314 254.76	48 547 616.53	信托负债及信托权益总计	52 314 254.76	48 547 616.53

企业负责人：潘卫东　　　　复核：施未　　　　制表：伍晓燕

注：因统一各类监管报表口径，调整信托业务统计范围，同步调整年初余额。

5.2.2 信托项目利润和利润分配汇总表

信托项目利润和利润分配汇总表

编制单位：上海国际信托有限公司　　　2023年度　　　单位：万元

项目	本年金额	上年金额
1.营业收入	1 706 991.60	2 273 952.22
1.1 利息收入	694 624.37	843 111.55
1.2 投资收益	1 072 982.43	1 379 390.47
1.2.1 其中：对联营企业和合营企业的投资收益	—	—
1.3 公允价值变动收益	−76 678.71	47 049.32
1.4 租赁收入	—	—
1.5 汇兑损益	77.83	1 589.36
1.6 其他收入	15 985.68	2 811.52
2.支出	314 198.69	1 247 828.83
2.1 营业税金及附加	5 442.48	7 514.09
2.2 受托人报酬	130 149.35	139 662.16
2.3 托管费	9 203.26	13 008.05

续表

项目	本年金额	上年金额
2.4 投资管理费	5 925.52	6 959.86
2.5 销售服务费	12 992.32	14 541.14
2.6 交易费用	—	—
2.7 资产减值损失	37 215.37	857 602.34
2.8 其他费用	113 270.39	208 541.19
3.信托净利润	1 392 792.91	1 026 123.39
4.其他综合收益	6 079.56	6 919.36
（一）以后不能重分类进损益的其他综合收益	—	—
其中：1.重新计量设定收益计划净负债或净资产的变动	—	—
2.权益法下在被投资单位不能重分类进损益的其他综合收益中享有的份额	—	—
（二）以后将重分类进损益的其他综合收益	6 079.56	6 919.36
其中：1.权益法下在被投资单位以后将重分类进损益的其他综合收益中享有的份额	—	—

续表

项目	本年金额	上年金额
2.其他债权投资公允价值变动损益	6 826.71	1 087.18
3.外币财务报表折算差额	-747.15	5 832.18
5.综合收益	1 398 872.47	1 033 042.75
6.加：期初未分配信托利润	1 706 404.26	2 433 670.40
7.可供分配的信托利润	3 099 197.17	3 644 377.84
8.减：本期已分配信托利润	996 727.89	1 937 973.58
9.期末未分配信托利润	2 102 469.28	1 706 404.26

企业负责人：潘卫东　　复核：施未　　制表：伍晓燕

注：因统一各类监管报表口径，调整信托业务统计范围，同步调整上年金额。

6.会计报表附注

6.1 报告年度会计报表编制基准、会计政策、会计估计和核算方法发生的变化

公司财务报表以持续经营假设为基础，根据实际发生的交易和事项，按照财政部于2006年2月15日及以后期间颁布的《企业会计准则——基本准则》、各项具体会计准则及相关规定（以下合称企业会计准则）编制。

本公司自2023年度起，执行了财政部近年颁布的以下企业会计准则相关规定《企业会计准则解释第16号》（财会〔2022〕31号）（解释第16号）中"关于单项交易产生的资产和负债相关的递延所得税不适用初始确认豁免的会计处理规定"的规定。上述规定未对本公司的财务状况及经营成果产生重大影响。

6.2 或有事项说明

报告期内，本公司未发生对外担保及其他或有事项。

6.3 重要资产转让及其出售的说明

报告期内，本公司完成对控股子公司上投摩根基金管理有限公司（以下简称上投摩根）的股权转让事项。

上投摩根由本公司与摩根资产管理（英国）有限公司（以下简称摩根资产）于2004年共同出资成立，本公司持股51%，摩根资产持股49%。自2018年4月起，中国证监会逐步放开外国公司在合资基金管理公司的持股比例限制。在此背景下，摩根资产向本公司分别提出收购上投摩根2%和49%股权的意向。为落实国家金融业对外开放政策、优化集团发展战略，本公司根据监管要求及公司章程有关规定，基于互惠互利原则，稳步推动上述股权转让的相关事宜。2023年1月19日，中国证监会发布《关于核准上投摩根基金管理有限公司变更股东、实际控制人的批复》（证监许可〔2023〕151号），核准摩根资产成为上投摩根主要股东；核准摩根大通公司（JP Morgan Chase & Co.）成为上投摩根实际控制人；对摩根资产通过依法受让上投摩根人民币2.5亿元出资（占注册资本比例100%）无异议。至资产负债表日，上投摩根已完成股权工商登记变更、资产交割等所有股权转让相关事宜。

6.4 会计报表中重要项目的明细资料

6.4.1 披露自营资产经营情况

6.4.1.1 按信用风险五级分类结果披露信用风险资产的期初数、期末数

信用风险资产五级分类	正常类（万元）	关注类（万元）	次级类（万元）	可疑类（万元）	损失类（万元）	信用风险资产合计（万元）	不良合计（万元）	不良率（%）
期初数	1 651 996.81	257 177.43	51 483.19	968.96	—	1 961 626.39	52 452.15	2.67
期末数	2 202 105.50	178 161.43	75 338.53	1 086.92	3 015.63	2 459 708.01	79 441.08	3.23

注：1.不良资产合计=次级类+可疑类+损失类。
2.信用风险资产按照银保监会非现场监管G11报表口径统计。

6.4.1.2 各项资产减值损失准备的期初、本期计提、本期转回、本期核销、期末数

单位：万元

项目	期初数	本期计提	本期转回	本期核销	本期转出	期末数
以摊余成本计量金融资产的减值准备	2 128.21	435.91	—	—	—	2 564.12
以公允价值计量且其变动计入其他综合收益金融资产的减值准备	33 281.50	16 965.39	—	—	—	50 246.89
其他减值准备	512.16	11 626.71	—	—	—	12 138.87
合计	35 921.87	29 028.01	—	—	—	64 949.88

6.4.1.3 按照投资品种分类，分别披露固有业务股票投资、基金投资、债券投资、股权投资等投资业务的期初数、期末数

单位：万元

项目	自营股票	基金	债券	长期股权投资	其他投资	合计
期初数	40 083.13	281 884.23	21 346.12	150 312.30	1 052 968.74	1 546 594.52
期末数	29 205.07	406 818.67	37 692.60	137 317.73	1 492 683.00	2 103 717.07

6.4.1.4 按投资入股金额排序，前五名的自营长期

股权投资的企业名称、占被投资企业权益的比例、主要经营活动及投资收益情况等

序号	企业名称	占被投资企业权益的比例（%）	主要经营活动	投资损益（万元）
1	上信资产管理有限公司	100.00	资产管理，股权投资及管理等	—
2	中国信托登记有限责任公司	3.33	信托产品信息、受益权信息及其变动情况的登记等	-244.57
3	上海国利货币经纪有限公司	67.00	证券经纪；证券投资咨询；证券自营等	23 450.00

注：公司对中国信托登记有限责任公司的表决权比例11.11%，故将其作为联营企业核算。

6.4.1.5 前五名的自营贷款的企业名称、占贷款总额的比例和还款情况等

报告期末，本公司无自营贷款。

6.4.1.6 表外业务的期初数、期末数；按照代理业务、担保业务和其他类型表外业务分别披露

单位：万元

表外业务	期初数	期末数
担保业务	—	—
代理业务（委托业务）	—	—
其他	1 330.00	1 330.00
合计	1 330.00	1 330.00

6.4.1.7 公司当年的收入结构

6.4.1.7.1 合并口径

收入结构	金额（万元）	占比（%）
手续费及佣金收入	196 337.02	23.69
其中：信托手续费收入	71 123.98	8.58
其他	—	—
利息收入	7 265.95	0.88
其他业务收入	27 906.45	3.37
其中：计入信托业务收入部分	—	—
投资收益	618 505.72	74.62
其中：股权投资收益	595 729.18	71.87
证券投资收益	-10 169.79	-1.23
其他投资收益	32 946.33	3.98
公允价值变动收益	-49 937.45	-6.03
资产处置收益	2.08	—
其他收益	27 196.88	3.28
营业外收入	1 555.62	0.19
收入合计	828 832.27	100.00

6.4.1.7.2 母公司口径

收入结构	金额（万元）	占比（%）
手续费及佣金收入	75 863.49	9.30
其中：信托手续费收入	72 620.74	8.90
投资银行业务收入	—	—
利息收入	5 595.05	0.69
其他业务收入	75.57	0.01
其中：计入信托业务收入部分	—	—
投资收益	750 180.10	91.97
其中：股权投资收益	737 286.18	90.39
证券投资收益	-8 523.04	-1.05
其他投资收益	21 416.96	2.63
公允价值变动收益	-43 826.59	-5.37
资产处置收益	1.33	—
其他收益	26 207.14	3.21
营业外收入	1 555.60	0.19
收入合计	815 651.69	100.00

2023年度以手续费及佣金确认的信托业务收入金额为54 961.84万元，以业绩报酬形式确认的信托业务收入金额为17 658.90万元。

6.4.2 披露信托财产管理情况

6.4.2.1 信托资产的期初数、期末数

单位：万元

信托资产	期初数	期末数
集合	19 437 692.47	26 037 029.57
单一	7 617 812.04	6 480 836.19
财产权	21 492 112.02	19 796 389.00
合计	48 547 616.53	52 314 254.76

注：因统一各类监管报表口径，调整信托业务统计范围，同步调整期初数。

6.4.2.1.1 主动管理型信托业务的信托资产期初数、期末数

单位：万元

主动管理型信托资产	期初数	期末数
证券投资类	13 263 314.51	18 544 243.92
股权投资类	304 250.07	205 524.22
融资类	3 846 714.54	4 936 852.59
合计	20 264 077.56	28 902 586.85

6.4.2.1.2 事务管理型信托业务的信托资产期初数、期末数

单位：万元

事务管理型信托资产	期初数	期末数
证券投资类	428 518.49	300 602.81
股权投资类	1 429 670.04	1 056 313.31
融资类	20 939 549.58	17 204 097.95
合计	28 283 538.97	23 411 667.91

6.4.2.2 本年度已清算结束的信托项目表

6.4.2.2.1 本年度已清算结束的信托项目

已清算结束信托项目	项目个数（个）	实收信托合计金额（万元）	加权平均实际年化收益率（%）
集合资金类	75	1 885 360.71	6.35
单一资金类	90	1 432 960.25	4.94
财产管理类	39	3 875 673.97	6.24

注：加权平均实际年化收益率=（信托项目1的实际年化收益率×信托项目1的实收信托+…+信托项目n的实际年化收益率×信托项目n的实收信托）/（信托项目1的实收信托+…+信托项目n的实收信托）×100%。

6.4.2.2.2 本年度已清算结束的主动管理型信托项目

已清算结束信托项目	项目个数（个）	实收信托合计金额（万元）	加权平均实际信托报酬率（%）	加权平均实际年化收益率（%）
证券投资类	19	81 634.40	0.51	2.87
股权投资类	4	3 308.49	1.44	9.72
融资类	53	1 740 771.00	1.55	5.91

注：加权平均实际年化收益率=（信托项目1的实际年化收益率×信托项目1的实收信托+…+信托项目n的实际年化收益率×信托项目n的实收信托）/（信托项目1的实收信托+…+信托项目n的实收信托）×100%。

6.4.2.2.3 本年度已清算结束的事务管理型信托项目

已清算结束信托项目	项目个数（个）	实收信托合计金额（万元）	加权平均实际信托报酬率（%）	加权平均实际年化收益率（%）
证券投资类	7	62 990.92	0.31	6.42
股权投资类	3	344 712.00	0.09	5.19
融资类	52	4 728 419.47	0.09	6.08

注：加权平均实际年化收益率=（信托项目1的实际年化收益率×信托项目1的实收信托+…+信托项目n的实际年化收益率×信托项目n的实收信托）/（信托项目1的实收信托+…+信托项目n的实收信托）×100%。

6.4.2.3 本年度新增的信托项目

新增信托项目	项目个数（个）	实收信托合计金额（万元）
集合类	196	42 202 000.72
单一类	544	851 888.34
财产管理类	2 412	9 968 490.67

续表

新增信托项目	项目个数（个）	实收信托合计金额（万元）
新增合计	3 152	53 022 379.73
其中：主动管理型	3 110	44 434 986.36
事务管理型	42	8 587 393.37

注：本年新增信托项目指在本报告年度内累计新增的信托项目个数和金额。包含本年度新增并于本年度内结束的项目和本年度新增至报告期末仍在持续管理的信托项目。

6.4.2.4 信托业务创新成果和特色业务有关情况

信托业务"三分类"于2023年6月正式实施，为信托行业转型发展指明了方向。在信托业务"三分类"的指导下，公司根据信托业务本源内涵，从发挥信托财产隔离、跨市场投资运作、加载各类社会服务功能等差异化功能出发，努力对接中央金融工作会议"五篇大文章"，在业务转型上加速布局。在资产服务信托方面，将信托制度运用于服务居民美好生活，大力发展财富管理服务信托。家族信托坚持数智化驱动战略提升服务效率和体验，并开拓养老、股权业务新模式，规模迅速增长；与多家金融机构建立家庭服务信托业务合作，深度嵌入综合金融服务链圈层，为客户提供多元化金融服务，成为信托制度向家庭财富管理扩散的入口，推动信托架构成为中国特色金融市场的"基础设施"；个人财富管理信托和企业财富管理信托落地并持续推广，努力打造财富管理服务信托板块的多样性；创新创设单用途预付卡资金受托服务信托，帮助政府部门完成对各类商户的全周期动态监管，充分保障消费者合法权益。在资产管理信托方面，不断提升投研体系建设、强化资产配置能力，进一步推动证券投资信托业务向规模化、差异化、品牌化不断发展，产品策略不断丰富完善；强化净值型资产管理业务的创新产品设计和投资策略设计，进一步丰富完善资产管理信托产品线；股权投资信托立足金融服务实体经济的定位，聚焦硬科技、信息技术、医疗健康三大领域的优质投资机会；普惠金融业务持续完善规则体系架构，形成自主可控的风险管理体系；国际业务架构搭建持续推进，境内外联动优势进一步夯实。在公益慈善信托方面，公司努力用信托制度赋能慈善事业，打造"上善公益"品牌，创造共同富裕实践新路径，持续深耕教育助学、医疗救助、乡村振兴、文化环保四大慈善信托板块，不断提高慈善信托对社会资金的吸引力。

6.4.2.5 本公司履行受托人义务情况

公司严格按照《信托法》《信托公司管理办法》《信托公司集合资金信托计划管理办法》及信托文件等规定，

履行诚实、信用、谨慎、有效管理的义务，为受益人的最大利益处理信托事务。

根据国家金融监督管理总局的要求，每个信托产品发行前均有一整套的产品相关信息备忘录等资料置于受托人营业场所，以备委托人（受益人）查阅。

委托人在认购信托计划前，提示投资者认真阅读信托计划说明书和其他信托文件。同时，严格审核委托人为合格投资者，并以自己合法所有的资金认购信托单位。

公司将信托财产与其固有财产分别管理、分别记账。同时，对不同的信托资金建立单独的会计账户分别核算，并在银行分别开设单独的银行账户，在证券交易机构分别开设独立的证券账户与资金账户。

根据信托文件的规定，及时履行定期信托计划的信息披露义务。每个信托计划设立后5个工作日内，就信托合同数与信托资金总额向委托人（受益人）进行披露。并按照信托合同的规定，定期将信托资金运用及收益情况告知信托文件规定的人。

信托合同终止时，根据信托合同的规定，以信托财产为限向受益人支付信托利益。同时，公司严格根据国家金融监督管理总局的要求，在信托终止后十个工作日内作出处理信托事务的清算报告，经审计后送达信托财产归属人。

根据《信托法》要求，妥善保管处理信托事务的完整记录、原始凭证及资料，保存期自信托计划终止之日起十五年。同时对委托人、受益人以及处理信托事务的情况和资料依法保密。

报告期内，公司管理的信托项目运作正常，到期信托产品合同金额人民币719.40亿元，全部安全交付受益人，未出现因本公司自身责任而导致的信托资产损失情况。

6.5 关联方关系及其交易的披露

6.5.1 关联方情况

截至2023年末，公司识别的关联方共493家。包括：（1）主要股东1家；（2）主要股东的关联方1家；（3）受同一母公司控制的其他企业332家；（4）子公司12家；（5）联营企业7家；（6）本公司董事、监事及高级管理人员及其关系密切的家庭成员91名；（7）关联自然人直接或间接控制、或担任董事、监事及高级管理人员的其他企业13家；（8）母公司董事、监事及高级管理人员及其关系密切的家庭成员32名；（9）其他关联方4家。

6.5.2 关联交易情况

公司与关联方的交易遵守法律法规和有关监管规定，遵循诚信、公允的原则，以不优于对非关联方同类交易的条件进行关联交易，不存在向关联方不当利益输送的情形。

根据《银行保险机构关联交易管理办法》，2023年，公司固有财产与关联方发生的关联交易净额为1.88亿元，公司信托财产与关联方发生的交易金额合计4.05亿元。上述交易的单笔金额均未超过公司注册资本的5%，属于一般关联交易。

报告期内，公司未发生重大关联交易事项。

6.6 会计制度的披露

公司固有业务2008年1月1日起执行财政部2006年2月15日及以后期间颁布的《企业会计准则——基本准则》、各项具体会计准则及相关规定。

公司信托业务2010年1月1日起执行财政部2006年2月15日及以后期间颁布的《企业会计准则——基本准则》、各项具体会计准则及相关规定。

7. 财务情况说明书

7.1 利润实现和分配情况

7.1.1 母公司利润实现和分配情况

本报告期母公司实现利润总额653 423.68万元，发生企业所得税费用158 251.27万元，实现净利润495 172.41万元。

依据《公司法》《信托公司管理办法》和《金融企业准备金计提管理办法》（财金〔2012〕20号）的规定，2023年度利润分配如下：（1）提取10%的法定盈余公积金49 517.24万元；（2）提取20%的任意盈余公积金99 034.48万元；（3）按照《金融企业准备金计提管理办法》的规定，鉴于年末一般风险准备余额已经不低于风险资产期末余额的1.5%，不再计提一般风险准备；（4）根据《上海国际信托有限公司信托赔偿准备金管理办法》规定，本年从税后利润中提取信托赔偿准备金222.46万元，信托赔偿准备金累计总额100 000万元，达到公司注册资本20%，不再提取。（5）本年度暂不向股东分红。

上述各项提取、分配之后，剩余部分346 389.23万元，加上2023年初未分配利润811 125.81万元，2023年末剩余未分配利润1 157 524.04万元。

2024年4月22日经本公司董事会审议通过2023年度

利润分配方案。

7.1.2 合并报表利润实现和分配情况

本报告期合并报表实现利润总额551 772.48万元，发生企业所得税费用167 742.61万元，实现净利润384 029.87万元，其中归属于母公司所有者的净利润370 983.80万元，少数股东损益13 046.07万元。

依据《公司法》《信托公司管理办法》和《金融企业准备金计提管理办法》的规定，母公司、上信资产管理有限公司及上海国利货币经纪有限公司的2023年度合并报表利润分配如下：（1）根据母公司净利润提取10%的法定盈余公积金49 517.24万元；（2）根据母公司净利润提取20%的任意盈余公积金99 034.48万元；（3）根据子公司上海国利货币经纪有限公司提取的一般风险准备按母公司投资比例确认1 244.34万元；（4）从母公司净利润中提取信托赔偿准备金222.46万元；（5）根据上海国利货币经纪有限公司提取的职工奖励及福利基金按母公司投资比例确认1 244.34万元；（6）本年度暂不向股东分红。

上述各项提取、分配之后，剩余部分219 720.95万元，加上2023年初合并未分配利润907 110.29万元，2023年末剩余可供分配合并未分配利润1 126 831.24万元。

7.2 主要财务指标

合并口径如下表所示。

指标名称	指标值
资本利润率（%）	16.35
加权年化信托报酬率（%）	0.2573
人均净利润（万元）	839.33

母公司口径如下表所示。

指标名称	指标值
资本利润率（%）	22.79
加权年化信托报酬率（%）	0.2573
人均净利润（万元）	1 120.30

注：1.资本利润率=净利润/所有者权益加权平均余额×100%。
2.加权年化信托报酬率=（信托项目1的实际年化信托报酬率×信托项目1的实收信托+信托项目2的实际年化信托报酬率×信托项目2的实收信托+…+信托项目n的实际年化信托报酬率×信托项目n的实收信托）/（信托项目1的实收信托+信托项目2的实收信托+…+信托项目n的实收信托）×100%。
3.人均净利润=净利润/年平均人数。
4.平均值采取年初、年末余额简单平均法，公式为：a（平均）=（年初数+年末数）/2。

7.3 对本公司财务状况、经营成果有重大影响的其他事项

报告期内，本公司未发生对财务状况、经营成果有重大影响的其他事项。

8.特别事项揭示

8.1 前五名股东报告期内变动情况及原因

报告期内，公司三名股东未发生变动。

8.2 董事、监事及高级管理人员变动情况及原因

根据上海汽车集团股权投资有限公司《关于调整上海国际信托有限公司董事会董事人选的函》，经2022年3月10日公司2022年股东会第一次通讯会议表决通过，同意选举程森同志担任公司第六届董事会董事，冯金安同志不再担任公司董事职务。经原上海银保监局核准，程森同志于2023年6月1日正式出任公司第六届董事会董事。

公司原副总经理张晓军同志于2023年2月到龄退休，经2023年4月21日公司第六届董事会第五十七次会议审议通过，张晓军同志不再担任公司副总经理职务。

公司董事会原职工董事朱红同志于2023年4月到龄退休，不再担任公司职工董事职务。公司2023年5月9日召开第六届第三次职工代表大会，选举黄文峰同志为公司第六届董事会新任职工董事。经国家金融监督管理总局上海监管局核准，黄文峰同志于2023年10月8日正式出任公司第六届董事会职工董事。

经2023年7月5日公司2023年股东会第二次通讯会议表决通过，同意李佳同志担任公司第六届董事会独立董事。经国家金融监督管理总局上海监管局核准，李佳同志于2023年10月8日正式出任公司第六届董事会独立董事。

8.3 变更注册资本、变更注册地或公司名称、公司分立合并事项

无。

8.4 公司重大诉讼事项

无。

8.5 公司及其董事、监事和高级管理人员受到处罚的情况

无。

8.6 国家金融监督管理总局及其派出机构检查意见的整改情况

报告期内，公司不涉及外部监管机构检查意见的整改。

8.7 公司重大事项临时报告披露内容

2023年10月19日，公司在上海证券报刊登《上海国际信托有限公司关于修改公司章程的公告》，对章程修改相关事项进行临时披露。

9.公司监事会意见

关于公司依法运作情况的意见。报告期内，公司的决策程序符合国家法律、法规和公司的章程及相关制度，建立健全了比较有效的内控制度。董事会全体成员及董事会聘任的高级管理人员认真履行了职责，未发现有重大违法、违规、违章的行为，也未发现损害公司利益、股东利益和受益人利益的行为。

关于公司财务报告真实性的意见。报告期内，公司财务报告真实反映了公司财务状况和经营成果。

本年度报告的编制和审议程序符合国家法律、法规和公司章程，报告的内容和格式符合国家金融监督管理总局的规定。

苏州信托有限公司

1. 重要提示

1.1 苏州信托有限公司（以下简称苏州信托或公司）董事会及董事保证本报告所载资料不存在任何虚假记载、误导性陈述或者重大遗漏，并对本报告所载资料内容的真实性、准确性和完整性承担个别及连带责任。本年度报告摘要摘自年度报告全文，客户及相关利益人欲了解详细内容，应阅读年度报告全文。

1.2 公司董事对年度报告内容的真实性、准确性和完整性无异议。

1.3 公司股东会已建立独立董事制度，独立董事陈琦伟、庄毓敏、王则斌声明：本年度报告内容真实、准确、完整。

1.4 天衡会计师事务所（特殊普通合伙）为本公司出具了无保留意见的审计报告。

1.5 公司董事长沈光俊、主管会计工作的负责人张清、会计机构负责人赵晓萍声明：保证年度报告中财务报告的真实、完整。

2. 公司概况

2.1 公司简介

苏州信托有限公司前身为苏州信托投资有限公司，成立于1991年。2002年9月18日获准重新工商登记；2007年7月12日经原中国银行业监督管理委员会（银监复〔2007〕282号文）批准同意，公司变更为现名，并调整业务范围，同年9月4日换领新的金融许可证；2008年5月20日，公司获原中国银行业监督管理委员会（银监复〔2008〕182号文）批复，同意引进新股东，实行增资扩股，注册资本增至5.9亿元人民币；2012年8月，公司获原中国银行业监督管理委员会江苏监管局（苏银监复〔2012〕447号文）批准同意，完成二次增资，注册资本金增至12亿元人民币。

苏州信托坚持依法合规和稳健经营，坚持以健康可持续发展为导向、以"诚信、创新、协作、敬业、自律"为核心理念的发展路径，在严守行业风险底线、强化依法合规经营理念的基础上，探索推动转型发展，优化提升投研能力，积极回归信托本源。以"独具特色的财富受托人"为愿景，致力将苏州信托打造成为区域领先、以财富管理和信托服务为特色、资本实力雄厚、业务布局合理、多牌照联动、稳健可持续经营的国内一流综合财富管理机构。

公司中文名称	苏州信托有限公司
中文简称	苏州信托
公司英文名称	SUZHOU TRUST Co., Ltd.
英文缩写	SUZHOU TRUST
法定代表人	沈光俊
注册地址	苏州市工业园区苏雅路308号信投大厦18~22楼
邮政编码	215021
国际互联网网址	WWW.TRUSTSZ.COM
电子信箱	SZXT@TRUSTSZ.COM
公司负责信息披露事务的高级管理人员	汪瑜
公司负责信息披露事务的联系人	联系人：韩冰 联系电话：0512-65728986 传真：0512-65291886 电子信箱：HANB@TRUSTSZ.COM
公司选定信息披露的报纸	《证券时报》
登载公司年度报告的国际互联网网址	WWW.TRUSTSZ.COM
公司年度报告备置地点	苏州市工业园区苏雅路308号信投大厦18~22楼
公司聘请的会计师事务所	天衡会计师事务所（特殊普通合伙）
会计师事务所办公住所	南京市建邺区江东中路106号1907室
公司聘请的律师事务所	江苏新天伦律师事务所
律师事务所办公场所	苏州工业园区苏桐路37号（星海街口）四号楼3~4层

2.2 组织结构

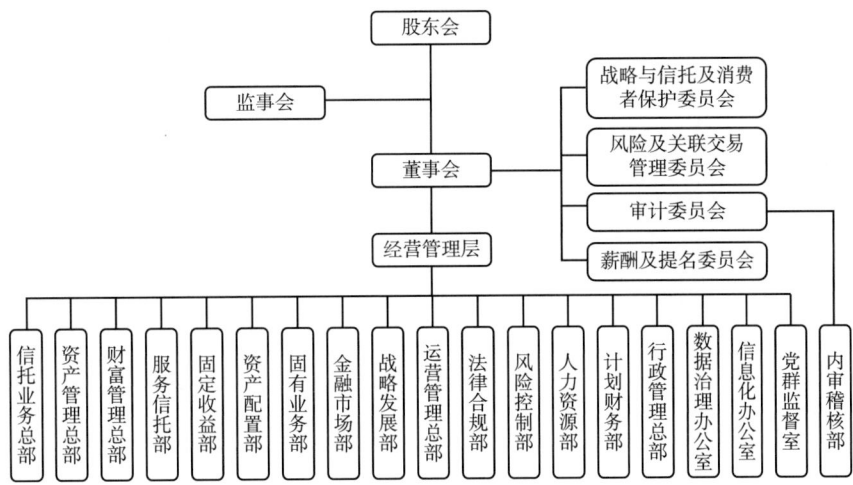

3. 公司治理结构

3.1 股东

截至报告期末公司股东有3名,相关情况如下表所示。

股东名称	持股比例(%)	法人代表
苏州国际发展集团有限公司(以下简称:苏州国发)★	70.01	张涛
苏州文化旅游发展集团有限公司(以下简称:苏州文旅)	19.99	孙黎峰
苏州市农业发展集团有限公司(以下简称:苏州农发)	10	俞颂家

公司前三位股东的主要股东的名称、出资比例、法定代人、注册资本、注册地址、主要经营业务和主要财务情况(本年度)等。

股东名称	出资比例(%)	法人代表	注册资本(亿元)	注册地址	主要经营业务及主要财务情况
苏州国发★	70.01	张涛	100	苏州市人民路3118号	授权范围内的国有资产经营管理,国内商业、物资供销业(国家规定的专营、专项审批商品除外),及各类咨询服务。2022年末公司总资产2 041.39亿元,净资产642.93亿元,净利润27.96亿元
苏州文旅	19.99	孙黎峰	11	苏州市人民路1430号	受出资人委托全面管理和经营授权范围内的国有资产;对各类文化旅游及相关产业投资、建设、开发和管理;房地产及酒店投资;资产租赁;自营和代理各类商品及技术的进出口业务,为企业提供生产和生活服务。2022年末公司总资产75.95亿元,净资产28.97亿元,净利润-0.26亿元
苏州农发	10	俞颂家	27.93	苏州市人民路3158号	股权投资、实业投资与管理;项目、资产与资金受托经营管理;与投资有关的中介、咨询、评估、代理;物业出租及管理;农业项目开发建设、涉农旅游项目开发、城乡基础设施和公共配套设施建设;销售:农副产品、金属材料、建材。2022年末公司总资产212.23亿元,净资产67.90亿元,净利润1.55亿元

3.2 董事

董事长、副董事长、董事

姓名	职务	性别	年龄(岁)	选任日期	所推举的股东名称	该股东持股比例(%)	简要履历
沈光俊	董事长	男	52	2018年11月	苏州国发	70.01	曾先后任苏州资产评估事务所项目助理、项目经理、部门经理、合伙人,苏州仁合资产评估有限公司董事及南京分公司总经理,先后担任苏州信托有限公司理财事务中心副主任、主任、总经理助理、副总裁、总裁,现任苏州信托有限公司董事长

续表

姓名	职务	性别	年龄（岁）	选任日期	所推举的股东名称	该股东持股比例（%）	简要履历
金伟华	副董事长	男	52	2022年5月	苏州国发	70.01	曾先后任苏州市国资局、吴江市财政局、吴江市国资局副局长、吴江市东方国资公司副总经理、吴江市外经局副局长、吴江市城市投资发展有限公司董事长、吴江区太湖新城党工委副书记、管委会主任、松陵镇党委副书记、镇长。现任苏州信托有限公司副董事长、苏信创业投资有限公司董事长
郑刚	董事	男	49	2018年1月	苏州国发	70.01	曾先后任苏州互感器厂会计、财务科副科长、财务科科长，苏州电器发展实业有限公司财务部经理，苏州市住房置业担保有限公司财务部经理、总经理助理、副总经理、总经理、董事长，现任苏州国际发展集团有限公司资本运营部（金融科技部）总经理
马伟华	董事	男	53	2018年1月	苏州文旅	19.99	曾先后任苏州市物资局，苏州物资控股（集团）有限责任公司综合经营管理处副处长、投资发展处副处长、处长。现任苏州名城保护集团有限公司专务、苏州国际贸易中心董事长
虞涛	董事	男	43	2021年6月	苏州农发	10	曾任职于江苏公证天业会计师事务所苏州分所，先后担任苏州市农业发展集团有限公司风险管理部总经理兼资产管理部总经理、实业事业中心副主任、风险总监、审计部总经理（兼），苏州市农业发展集团有限公司财务总监、财务中心主任（兼）
张清	职工董事	男	48	2021年6月	—	—	曾任苏州市拍卖行部门经理，先后担任苏州信托有限公司理财服务中心副主任、主任、市场发展部经理、研究发展部经理、南京办事处经理、信托业务总部经理、总裁助理、副总裁，现任苏州信托有限公司总裁

独立董事

姓名	所在单位及职务	性别	年龄（岁）	选任日期	所推举的股东名称	该股东持股比例（%）	简要履历
陈琦伟	亚商集团董事长	男	71	2021年6月	苏州国发	70.01	曾任华东师范大学讲师、副教授、教授，上海交通大学安泰经济与管理学院教授、博士生导师，海通证券独立董事，东方明珠独立董事，广州发展独立董事，现任亚商集团董事长
庄毓敏	中国人民大学财政金融学院院长	女	61	2018年1月	苏州文旅	19.99	曾挂职苏州市人民政府市长助理，曾任中国人民大学财政金融学院副院长，研究生院副院长，福建闽江学院副院长（主持工作）。现任中国人民大学财政金融学院院长，第十四届全国人大代表，财政经济委员会委员
王则斌	苏州大学商学院教授	男	63	2018年1月	苏州农发	10	曾任苏州大学财经学院教师、会计系党支部书记，商学院会计系主任，东吴商学院副院长、院长。现任苏州大学商学院教授

3.3 监事

监事会成员

姓名	职务	性别	年龄（岁）	选任日期	所推的股东名称	该股东持股比例（%）	简要履历
王伟	监事长	男	55	2023年12月	苏州国发	70.01	曾任苏州燃料总公司科员，先后担任苏州国际发展集团有限公司电子政务信息室主任、办公室副主任、宣传教育处处长、经济发展部经理、安全生产部经理，现任苏州国际发展集团有限公司风险控制部（法律事务部）总经理、苏州信托有限公司监事长
胡斌	监事	男	55	2020年4月	苏州国发	70.01	曾任中国包装进出口总公司江苏苏州支公司干部、苏州市外经局科员、苏州市政府办公室处长，现任苏州国际发展集团有限公司总经理助理、董事会秘书、董事会办公室主任
周洵	监事	男	36	2020年4月	苏州文旅	19.99	曾任张家港市审计局办事员、副股级科员、苏州市审计局固定资产投资审计处科员，先后担任苏州名城保护集团有限公司内审部副经理、内审部经理、工联会副主席，组织人事部主任
徐李梅	职工监事	女	46	2013年11月	—	—	曾任职于苏州市投资公司投资部，先后担任苏州信托有限公司固有业务部业务主管、信托业务二部副经理，现任苏州信托有限公司人力资源部总经理
赵昕	职工监事	女	42	2023年12月	—	—	曾任职于明基电通信息技术有限公司人力资源部、中国人民财产保险股份有限公司苏州市分公司营业部总经理、中车城市交通有限公司总经理助理，现任苏州信托有限公司内审稽核部总经理

3.4 高级管理人员

姓名	职务	性别	年龄（岁）	选任日期	金融从业年限（年）	学历	专业
沈光俊	董事长	男	52	2018年11月	19	本科	财政
张清	总裁	男	48	2020年5月	18	本科	经济管理
金伟华	副董事长	男	52	2022年5月	4	研究生	工商管理
汪瑜	副总裁兼董事会秘书	女	45	2014年9月	22	研究生	行政管理
姚文德	副总裁	男	55	2016年4月	20	本科	财政
袁敏文	首席风险官	男	54	2016年2月	31	本科	会计
顾向明	总裁助理	男	49	2016年12月	24	本科	国际金融
华洪良	总裁助理	男	52	2022年5月	29	本科	国民经济管理

3.5 公司员工

项目		报告期年度	
		人数（人）	比例（%）
年龄分布	25岁以下	2	1.16
	25~29岁	38	21.96
	30~39岁	80	46.24
	40岁及以上	53	30.64
学历分布	博士	4	2.31
	硕士	106	61.27
	本科	58	33.53
	专科	4	2.31
	其他	1	0.58

4. 经营管理

4.1 经营目标、方针、战略规划

公司经营目标：继续理顺治理机制；完善以规划为导向、以人才为基础、以制度为标准的科学发展模式；积极探索利用股东资源和开发战略联盟资源进行合作的方式，拓宽和加深核心业务的开发培育；逐步建立更加有效的绩效考核和激励机制，吸引更多更优秀的人才为公司发展服务；进一步提升市场营销与项目拓展能力，加大客户开发、产品供给的力度，为客户提供更丰富的产品和更优质的服务；努力实现由地方性中小机构向全国性信托公司转变，最终成为独具特色的信托理财专业机构。

公司经营方针：坚持依法合规和稳健经营，坚持以健康可持续发展为导向，以"诚信、创新、协作、敬业、自律"为核心理念的发展路径，通过规范的公司治理和不断完善的经营管理机制，以及依靠外部引进的高层次人才，推进信托主业的转型和全面发展。

公司战略规划：以"独具特色的财富受托人"为愿景，打造特色化的信托产品、综合的理财服务，以及全国性的影响力，成为地方信托公司中的标杆型企业。

4.2 公司所经营业务的主要内容

自营资产运用与分布表

资产运用	金额（万元）	占比（%）	资产分布	金额（万元）	占比（%）
货币资产	20 946	2.94	基础产业	—	—
贷款及应收款	117 378	16.49	房地产业	—	—
买入返售金融资产	26 709	3.75	证券市场	121 778	17.11
交易性金融资产	302 337	42.48	实业	65 536	9.21
债权投资	127 933	17.97	金融机构	370 599	52.06
其他权益工具投资	92 356	12.97	其他	153 902	21.62
长期股权投资	—	—			
其他	24 156	3.40			
资产总计	711 815	100.00	资产总计	711 815	100.00

信托资产运用与分布表

资产运用	金额（万元）	占比（%）	资产分布	金额（万元）	占比（%）
货币资金	81 175.93	1.19	基础产业	120 162.87	1.76
结算备付金	13 818.48	0.20	房地产	249 297.36	3.65
存出保证金	—	—	证券	2 922 517.44	42.76
衍生金融资产	—	—	金融机构	78 879.79	1.15
交易性金融资产	3 767 966.21	55.13	工商企业	2 547 619.65	37.28
买入返售金融资产	202 989.10	2.97	其他	915 653.39	13.40
发放贷款和垫款	1 915 055.63	28.02	—	—	—
债权投资	747 075.08	10.93	—	—	—
其他债权投资	—	—			
长期股权投资	67 325.00	0.98			
应收清算款	4 800.00	0.07			
应收利息	447.00	0.01			
应收股利	3 028.39	0.04			
应收申购款	—	—			
递延所得税资产	—	—			
其他资产	30 449.68	0.46			
信托资产总计	6 834 130.50	100.00	信托资产总计	6 834 130.50	100.00

4.3 市场分析

4.3.1 宏观经济分析

2023年，在党中央的坚强领导下，我国经济呈现出了稳中复苏的态势。我国经济总量达到126万亿元，

按不变价格计算，比上年增长5.2%，人均GDP达到了89 358元。我国总体经济形势保持了稳中向好的态势。经济总量和人均水平持续提高，意味着我国的综合国力、生产力、人民生活水平稳步提升，宏观面韧性强、潜力大、空间广的基本面没有改变。

2023年，我国第三产业的复苏尤为明显，特别是旅游、餐饮、交通等领域的消费需求强劲反弹。同时，随着数字化转型的加速和科技创新的深入推进，新经济、新业态、新模式不断涌现，为经济增长注入了新的动力。

4.3.2 金融形势分析

2023年，金融系统精准有力实施稳健的货币政策，进一步加大对实体经济的支持力度，稳步推进金融改革，持续深化对外开放，金融行业整体稳健，金融市场平稳运行，金融工作取得新进展、新成效。

2023年，货币政策坚持稳字当头、稳中求进，为经济回升向好营造了良好的货币金融环境。货币信贷保持合理增长，年末人民币贷款余额达237.6万亿元，广义货币（M2）、社会融资规模存量同比分别增长9.7%和9.5%；全年新增贷款22.7万亿元，同比多增1.3万亿元。

2023年，金融市场保持平稳运行，流动性合理充裕，信贷结构持续优化，实体经济融资成本稳中有降，金融对实体经济的支持政策持续发力。人民银行聚焦重点，合理适度，有进有退，引导更多金融资源流向科技创新、先进制造、绿色发展和中小微企业、乡村振兴等重点领域和薄弱环节。

4.3.3 影响本公司业务发展的主要因素

报告期内，本公司业务发展的有利因素主要有：金融体制改革持续深化，中央金融工作会议突出推进金融高质量发展的主题，并强调金融工作的政治性和人民性，以服务实体经济为根本宗旨，为金融机构指明了方向；国内经济逐渐企稳复苏，正加快构建高质量发展格局；信托创新业务前景广阔，服务社会与民生的场景增多；资本市场不断改革，信托行业标品转型机会增加；国内社会财富规模不断上升，资产管理需求、财富管理需求以及公益慈善等社会服务需求逐渐增加；资产证券化、服务信托、家族信托、慈善信托等创新业务快速发展；股东单位的大力支持，为公司健康发展奠定了基础。

报告期内，本公司业务发展的不利因素主要有：国内外的宏观经济环境缓慢复苏，部分传统行业面临结构性调整；信托业务"三分类"落地，公司主营业务结构、盈利模式和风险管控受到挑战；公司注册资本金偏低，需进一步夯实资本实力，提升公司净资本和风险抵御能力；此外，市场风险、行业中个别信托公司兑付危机带来的声誉风险都对信托公司发展带来不利影响。

4.4 公司内部控制概况

4.4.1 内部控制环境和内部控制文化

公司高度重视内部控制管理体系建设，不断改善内部控制环境。公司内部控制旨在实现保证经营管理合法合规性、提高经营效率和效果、促进公司实现发展战略等目标。

公司按照《中华人民共和国公司法》《中华人民共和国信托法》《信托公司治理指引》《企业内部控制基本规范》等法律法规以及公司章程的相关要求，建立了由股东会、董事会、监事会以及高级管理层组成的法人治理结构，形成了权力机构、决策机构、监督机构和管理层之间分工配合、相互制衡的运作机制。公司董事会和各位董事始终按照《中华人民共和国公司法》等相关法律法规及内部章程的规定，认真履行公司股东会赋予的职责，规范运作、科学决策，积极推进公司各项工作的开展，实现公司健康稳定的发展。董事会下设战略与信托及消费者保护委员会、风险及关联交易委员会、审计委员会、薪酬及提名委员会，各委员会分工明确，协助董事会开展各项工作。公司建立了独立董事制度，聘请业内专家担任独立董事，公司独立董事具有丰富的经济、金融和法律实践经验，对经济形势和金融局势具有敏锐观察力，能认真履行职责，指导公司防范信托行业中存在的风险，把握业务发展的方向。监事会对公司的各项经营活动进行监督，报告期内监事会依法履行职责，督促公司合法、合规经营和加强风险防范，为公司健康、稳步发展发挥了重要作用。

公司重视内部控制文化建设，坚持以合规经营和维护受益人利益为出发点，坚持"业务发展、内控先行"的管理理念，建立了涵盖企业价值观、经营理念、运行原则、操守规范的文化体系；坚持可持续发展的人力资源政策，建立了激励与约束并重的人力资本管理体系；从环境文化、制度文化、组织文化、行为文化等多层次切入，通过制度建设、员工培训、激励安排等方式倡导和实践内部控制核心理念，营造良好的合规经营和风险防范的内部控制文化氛围。

4.4.2 内部控制措施

公司根据业务发展以及监管要求进行制度和流程修

订工作，建立了相对完备的内部控制制度体系。2023年公司完成了包括《苏州信托有限公司关联交易管理办法操作细则（试行）》等5个制度的制定工作，完成了《金融资产估值管理暂行办法》等19个制度、流程的修订工作。

公司不断完善在业务管理、风险管理、后续管理等方面的内部控制制度和流程，业务运作中实现了前、中、后台的严格分离及各部门之间高效衔接、密切合作。此外，公司建立健全严格的隔离机制，实现信托业务与固有业务相互独立运作，各部门实行有效的岗位分工，进一步保证公司内部控制制度的有效执行。

公司建立了明确的授权制度，执行严格的审批程序与审批权限。根据业务需要，建立了有效的业务决策系统：各业务部门对项目进行初步筛选，风险控制部、法律合规部对项目进行审查，客观出具报告。公司针对信托业务和固有业务的业务特性，分别成立了信托业务决策委员会和固有业务决策委员会，对公司各项业务进行集体审议，科学决策。

报告期内，公司组织开展了全面风险排查、案件防控、非法集资风险集中排查等专项风险排查工作，排查显示公司内控机制有效、经营情况良好。

公司建立业务风险预警机制和突发事件应急处理机制，明确风险预警标准、规范处置程序，制定了《业务风险预警及应急处置管理暂行办法》《信托业务风险应急与处置操作实施细则》，完善突发事件应急处置流程，确保突发事件得到及时妥善处理。

4.4.3 监督评价与纠正

公司设有内审稽核部，负责内部控制的监督评价，对内部控制体系的建立和内部制度执行情况定期进行监督检查，确保内部控制有效运行。根据检查结果提出内部控制缺陷以及改进建议，内审稽核部的工作具有充分的独立性。

2023年，针对内审稽核部内部检查发现的问题及监管部门提出的监管意见，公司制定整改方案，落实整改措施，并在今后工作中加以防范，目前整改落实情况良好。

4.5 公司风险管理概况

4.5.1 风险管理概况

公司始终认为积极、高效的风险管理工作是公司内部控制环节中重要的组成部分，是公司持续经营、业务稳健发展的基础之一。公司通过积极、主动的风险管理活动，提升风险管理能力，实现风险和收益的平衡，构建全面风险管理体系，保证各项业务可持续发展。

公司在风险管理和内部控制方面已建立起符合监管要求的框架体系，本年度进一步完善全面风险管理体系。公司董事会下设风险及关联交易委员会，负责审核和拟订公司的风险管理战略、政策和规程以及内部控制制度，并监督上述战略、政策、规程和内部控制制度的执行，风险管理工作具有独立性、全面性和有效性。风险控制部作为公司风险管理的职能部门，按照公司风险管理政策和制度的要求开展工作，有效识别和管理风险，做到事前防范、事中监督和控制、事后总结和分析。

4.5.2 风险状况

4.5.2.1 信用风险状况

信用风险是指由于交易对手不履行与公司的合约而给公司带来潜在损失的可能性，信用风险的主要表现为：在融资、债券投资等交易过程中，融资人、发行人、担保人等交易对手不能或者不愿履行合约而使信托财产或者固有财产遭受潜在损失的可能性。

公司信用风险存在于公司固有和信托业务中，目前各类业务运行正常，各项抵/质押、担保等保障措施完善，风险可控。

4.5.2.2 市场风险状况

市场风险是指公司在经营管理中，因利率、汇率、股价、商品价格等市场波动而产生的风险，包括利率风险、汇率风险、股市风险等。报告期内，公司固有业务和信托业务中，受市场利率和汇率等波动对公司影响较小。

在报告期内，各项业务未出现市场风险导致的损失，市场风险管理状况良好。

4.5.2.3 操作风险状况

操作风险是指由于信息系统出现故障、员工操作不当导致业务无法正常运行而引发的风险；或是因公司治理机制、内部控制失效或制度不完善引发的风险等。

在报告期内，公司各项业务都严格执行内部控制程序及业务操作流程，系统运行稳定，公司未发生因操作风险所造成的损失。

4.5.2.4 其他风险状况

公司所面临的风险还包括政策风险、合规风险、流动性风险、声誉风险及道德风险等其他风险。报告期内，公司未发生因其他风险所造成的损失。

4.5.3 风险管理

4.5.3.1 信用风险管理

公司严格落实监管政策和指导要求，不断完善制度建设，构建完善的信用风险管理体系。公司通过修订现有制度、组织开展员工培训，以及考核等方式进一步强调尽职调查工作的规范性、完备性要求。在展业过程中，根据业务需要利用第三方机构出具的专业意见，提高尽职调查信息的可靠性和专业性。公司主要通过对交易对手的资信状况等方面的尽职调查进行事前风险防范。同时，通过风控前置、组织论证会等形式多渠道识别并防范信用风险。此外，公司强调项目保障措施的充分有效性，选取担保实力强、资质较好的企业或个人作为担保人，选取由专业评估机构评估的、易于变现的、具有一定公允价值的核心资产作为抵质押物，并控制抵、质押率，为项目提供进一步的保障。

公司在项目实施过程中，通过对项目运行的有效管理，跟踪交易对手的信用情况、定期进行事中风险检查、开展资产分类评级工作，以及开展信用风险专项检查等，对信用风险进行动态管理。2023年，公司按季开展全面风险排查工作，对信用风险等风险进行动态监控。除此之外，按照公司风险预警及应急处置机制，风险控制部动态评估项目风险情况，及时针对所发现的问题发出风险提示及风险预警，并对预警项目进行追踪报告。对即将到期项目实行偿付预案备案机制，做到风险早发现、早预警、早处理、早化解。公司不断健全三道防线，及时进行政策执行的后评估。

4.5.3.2 市场风险管理

公司通过加强对宏观经济和市场的研究，及时跟踪市场价格波动情况，对各项业务的市场风险因素进行分析，以及时准确识别所有业务中市场风险的类别和性质。通过定期对房地产和证券投资业务进行市场风险压力测试、专项检查，分析业务对外部市场变化的敏感程度和可能的影响，以制定策略应对市场变化。公司不仅关注市场风险的控制，更注重通过组合策略来合理规避市场风险。此外，针对证券市场风险，依据投资组合的净值、仓位和投资集中度等指标事先设定预警线或止损线，逐日盯市，及时预警；针对房地产行业市场风险，加大对整体政策的研判，根据市场的结构性特点进行风险评估，依法合规为房地产企业租赁住房建设提供金融支持。

4.5.3.3 操作风险管理

为防范操作风险，公司制定了一系列覆盖公司治理、财务管理、业务操作等各方面的制度及操作程序，并对操作风险进行有效地识别、管理和控制、报告。此外，公司还根据市场环境、监管规则及业务发展变化，不断调整和完善操作流程和制度，并将多项制度和流程系统化，以降低操作风险。公司明确各部门、各岗位的职责和权限，保证不相容岗位的有效分离与制衡，并实行严格的授权制度与过程监控。公司对重点流程和业务通过定期开展操作风险专项检查及风险监测，提升对操作风险的识别和分析化解能力。此外，公司通过投诉举报、案件防控、员工培训等方式，加强员工行为的管理和监督，切实防范操作风险。

4.5.3.4 其他风险管理

公司加强对国家政策的分析和研究，持续与监管部门沟通，根据要求及时更新和完善各类制度，并通过组织员工培训、线上考试等方式，提高员工对政策的理解能力和执行力度，确保公司按照法律法规及监管要求开展各项工作，从而有效防范政策风险、合规风险。

公司高度重视流动性风险的管控，重点关注交易对手的流动性风险。公司建立了定期流动性风险排查机制，持续对存续项目的交易主体进行舆情监控以及风险项目排查，及时做好风险提示，缓解流动性风险。对现金类和配置类产品，公司持续进行流动性监控，定期开展压力测试，严控现金缺口，防范流动性风险。

对声誉风险的防范，公司建立了舆情管理机制，明确了"严控源头、持续监控、强化沟通、密切配合、高效处置、杜绝声誉风险"的舆情管理原则，设专人负责舆情管理日常工作，同时通过充分的信息披露，提高信息透明度，以及与投资者、利益相关方等的良好沟通，切实防范声誉风险。

对于道德风险的防范，公司重视员工职业道德教育，通过积极组织员工培训、考试、同业交流等形式提升员工的风险意识。

4.6 净资本管理概况

公司依据《信托公司净资本管理办法》积极推进净资本管理。报告期末，净资本各项指标均处于符合监管要求的较好水平。

指标（母公司口径）	期末数	监管标准
净资本（万元）	557 170	≥20 000
各项风险资本之和（万元）	147 831	—
净资本/各项风险资本之和（%）	376.90	≥100
净资本/净资产（%）	87.15	≥40

5. 报告期末及上一年度末的比较式会计报表

5.1 自营资产

5.1.1 会计师事务所审计结论

审计报告

天衡审字（2024）00686号

苏州信托有限公司全体股东：

一、审计意见

我们审计了苏州信托有限公司（以下简称苏州信托公司）财务报表，包括2023年12月31日的合并及母公司资产负债表，2023年度的合并及母公司利润表、合并及母公司现金流量表、合并及母公司所有者权益变动表以及财务报表附注。

我们认为，后附的财务报表在所有重大方面按照企业会计准则的规定编制，公允反映了苏州信托公司2023年12月31日的合并及母公司财务状况以及2023年度的合并及母公司经营成果和现金流量。

二、形成审计意见的基础

我们按照中国注册会计师审计准则的规定执行了审计工作。审计报告的"注册会计师对财务报表审计的责任"部分进一步阐述了我们在这些准则下的责任。按照中国注册会计师职业道德守则，我们独立于苏州信托公司，并履行了职业道德方面的其他责任。我们相信，我们获取的审计证据是充分、适当的，为发表审计意见提供了基础。

三、管理层和治理层对财务报表的责任

苏州信托公司管理层负责按照企业会计准则的规定编制财务报表，使其实现公允反映，并设计、执行和维护必要的内部控制，以使财务报表不存在由于舞弊或错误导致的重大错报。

在编制财务报表时，管理层负责评估苏州信托公司的持续经营能力，披露与持续经营相关的事项（如适用），并运用持续经营假设，除非管理层计划清算苏州信托公司、终止运营或别无其他现实的选择。

治理层负责监督苏州信托公司的财务报告过程。

四、注册会计师对财务报表审计的责任

我们的目标是对财务报表整体是否不存在由于舞弊或错误导致的重大错报获取合理保证，并出具包含审计意见的审计报告。合理保证是高水平的保证，但并不能保证按照审计准则执行的审计在某一重大错报存在时总能发现。错报可能由于舞弊或错误导致，如果合理预期错报单独或汇总起来可能影响财务报表使用者依据财务报表作出的经济决策，则通常认为错报是重大的。

在按照审计准则执行审计工作的过程中，我们运用职业判断，并保持职业怀疑。同时，我们也执行以下工作：

（1）识别和评估由于舞弊或错误导致的财务报表重大错报风险，设计和实施审计程序以应对这些风险，并获取充分、适当的审计证据，作为发表审计意见的基础。由于舞弊可能涉及串通、伪造、故意遗漏、虚假陈述或凌驾于内部控制之上，未能发现由于舞弊导致的重大错报的风险高于未能发现由于错误导致的重大错报的风险。

（2）了解与审计相关的内部控制，以设计恰当的审计程序，但目的并非对内部控制的有效性发表意见。

（3）评价管理层选用会计政策的恰当性和作出会计估计及相关披露的合理性。

（4）对管理层使用持续经营假设的恰当性得出结论。同时，根据获取的审计证据，就可能导致对苏州信托公司持续经营能力产生重大疑虑的事项或情况是否存在重大不确定性得出结论。如果我们得出结论认为存在重大不确定性，审计准则要求我们在审计报告中提请报表使用者注意财务报表中的相关披露；如果披露不充分，我们应当发表非无保留意见。我们的结论基于截至审计报告日可获得的信息。然而，未来的事项或情况可能导致苏州信托公司不能持续经营。

（5）评价财务报表的总体列报（包括披露）、结构和内容，并评价财务报表是否公允反映相关交易和事项。

（6）就苏州信托公司中实体或业务活动的财务信息获取充分、适当的审计证据，以对合并财务报表发表审计意见。我们负责指导、监督和执行集团审计，并对审计意见承担全部责任。

我们与治理层就计划的审计范围、时间安排和重大审计发现等事项进行沟通，包括沟通我们在审计中识别出的值得关注的内部控制缺陷。

天衡会计师事务所（特殊普通合伙）　　中国注册会计师：纪纬

中国·南京

中国注册会计师：吴悦

2024年3月28日

5.1.2 资产负债表

资产负债表（合并）

编制单位：苏州信托有限公司　　2023年12月31日　　单位：元

资产	2023年12月31日	2022年12月31日
资产：		
货币资金	209 462 837.63	172 284 681.94
结算备付金	—	—
拆出资金	—	—
衍生金融资产	—	—
买入返售金融资产	267 092 000.00	535 939 000.00
存货	—	—
合同资产	—	—
发放贷款及垫款	98 307 482.33	445 432 708.33
金融投资：		
交易性金融资产	3 023 367 725.05	3 557 288 524.43
债权投资	1 279 326 316.86	99 622 169.86
其他债权投资	—	—
其他权益工具投资	923 561 268.00	876 392 484.00
长期股权投资	—	—
投资性房地产	—	529 702 931.70
固定资产	156 832 888.92	163 978 340.09
在建工程	—	1 485 356.45
使用权资产	—	—
无形资产	10 761 347.38	8 565 349.48
递延所得税资产	72 089 646.23	81 785 397.71
其他资产	1 077 345 874.05	494 068 409.70
资产总计	7 118 147 386.45	6 966 545 353.69

法定代表人：沈光俊　　主管会计工作负责人：张清　　会计机构负责人：赵晓萍

资产负债表（合并，续）

编制单位：苏州信托有限公司　　2023年12月31日　　单位：元

负债和所有者权益（或股东权益）	2023年12月31日	2022年12月31日
负债：		
短期借款	—	—
向中央银行借款	—	—
吸收存款及同业存放	—	—
拆入资金	—	—
交易性金融负债	—	—
衍生金融负债	—	—
卖出回购金融资产款	—	—
合同负债	—	—
应付职工薪酬	273 659 376.49	268 985 485.26
应交税费	89 526 971.46	83 048 670.14
应付利息	—	—
应付股利	—	—
应付债券	—	—
租赁负债	—	—
预计负债	—	—
递延所得税负债	122 157 265.12	101 683 581.57
其他负债	61 527 809.55	61 975 104.81
负债合计	546 871 422.62	515 692 841.78
所有者权益（或股东权益）：		
实收资本	1 200 000 000.00	1 200 000 000.00

续表

负债和所有者权益（或股东权益）	2023年12月31日	2022年12月31日
其他权益工具	—	—
其中：优先股	—	—
永续债	—	—
资本公积	—	—
减：库存股	—	—
其他综合收益	389 025 750.31	353 649 162.31
盈余公积	593 540 412.58	582 028 555.65
一般风险准备	461 587 777.14	390 849 835.04
未分配利润	3 927 122 023.80	3 920 996 852.04
归属于母公司所有者权益合计	6 571 275 963.83	6 447 524 405.04
少数股东权益	—	3 328 106.87
所有者权益合计	6 571 275 963.83	6 450 852 511.91
负债和所有者权益总计	7 118 147 386.45	6 966 545 353.69

法定代表人：沈光俊　　主管会计工作负责人：张清　　会计机构负责人：赵晓萍

资产负债表

编制单位：苏州信托有限公司　　2023年12月31日　　单位：元

资产	2023年12月31日	2022年12月31日
资产：		
货币资金	204 318 707.50	149 811 613.88
结算备付金	—	—
拆出资金	—	—
衍生金融资产	—	—
买入返售金融资产	267 092 000.00	535 939 000.00
存货	—	—
合同资产	—	—
发放贷款及垫款	98 307 482.33	445 432 708.33
金融投资：		
交易性金融资产	3 292 230 080.34	3 848 536 602.99
债权投资	1 279 326 316.86	99 622 169.86
其他债权投资	—	—
其他权益工具投资	911 061 268.00	863 892 484.00
长期股权投资	250 000 000.00	250 000 000.00
固定资产	156 665 771.13	163 679 616.10
使用权资产	—	—
无形资产	10 761 347.38	8 565 349.48
递延所得税资产	58 894 892.91	66 867 046.40
其他资产	406 168 181.55	429 472 452.91
资产总计	6 934 826 048.00	6 861 819 043.95

法定代表人：沈光俊　　主管会计工作负责人：张清　　会计机构负责人：赵晓萍

资产负债表（续）

编制单位：苏州信托有限公司　　2023年12月31日　　单位：元

负债和所有者权益（或股东权益）	2023年12月31日	2022年12月31日
负债：		
短期借款	—	—
向中央银行借款	—	—
吸收存款及同业存放	—	—
拆入资金	—	—
交易性金融负债	—	—
衍生金融负债	—	—
卖出回购金融资产款	—	—

续表

负债和所有者权益（或股东权益）	2023年12月31日	2022年12月31日
合同负债	—	—
应付职工薪酬	270 160 927.91	264 893 138.53
应交税费	88 058 490.80	81 799 013.61
应付利息	—	—
应付股利	—	—
应付债券	—	—
租赁负债	—	—
预计负债	—	—
递延所得税负债	122 157 265.12	101 412 022.50
其他负债	61 474 183.80	44 377 537.11
负债合计	541 850 867.63	492 481 711.75
所有者权益（或股东权益）：	—	—

续表

负债和所有者权益（或股东权益）	2023年12月31日	2022年12月31日
实收资本	1 200 000 000.00	1 200 000 000.00
其他权益工具	—	—
其中：优先股	—	—
永续债	—	—
资本公积	249 100.00	249 100.00
减：库存股	—	—
其他综合收益	389 025 750.31	353 649 162.31
盈余公积	603 903 817.16	592 391 960.23
一般风险准备	461 587 777.14	390 849 835.04
未分配利润	3 738 208 735.76	3 832 197 274.62
所有者权益合计	6 392 975 180.37	6 369 337 332.20
负债和所有者权益总计	6 934 826 048.00	6 861 819 043.95

法定代表人：沈光俊　　主管会计工作负责人：张清　　会计机构负责人：赵晓萍

5.1.3 利润表

利润表（合并）

编制单位：苏州信托有限公司　　2023年度　　单位：元

项目	2023年度	2022年度
一、营业总收入	1 059 642 612.46	833 714 501.78
其中：利息净收入	57 269 384.60	37 582 735.74
手续费及佣金净收入	594 164 045.70	620 449 612.75
投资收益	342 813 812.71	183 235 714.62
其中：对联营企业和合营企业的投资收益	—	—
公允价值变动收益	22 580 035.53	–33 644 534.77
其他收益	954 799.05	410 088.67
资产处置收益（损失以"–"号填列）	326 489.90	4 070.16
汇兑收益（损失以"–"号填列）	—	—
其他业务收入	41 534 044.97	25 676 814.61
二、营业总成本	245 498 438.06	263 567 197.46
税金及附加	12 096 742.53	10 391 872.70
其他业务支出	19 393 882.17	18 717 344.88
业务及管理费	197 988 449.90	200 235 079.88
信用减值损失	–31 824 694.86	34 222 900.00
资产减值损失	47 844 058.32	—
三、营业利润（亏损以"–"号填列）	814 144 174.40	570 147 304.32
加：营业外收入	935 166.85	297 833.17
减：营业外支出	4 077 966.41	123 293.86
四、利润总额（亏损总额以"–"号填列）	811 001 374.84	570 321 843.63
减：所得税费用	196 431 687.89	153 184 516.04
五、净利润（净亏损以"–"号填列）	614 569 686.95	417 137 327.59
（一）按经营持续性分类	—	—
1.持续经营净利润（净亏损以"–"号填列）	614 569 686.95	417 137 327.59
2.终止经营净利润（净亏损以"–"号填列）	—	—
（二）按所有权属分类	—	—
1.少数股东损益	20 765.94	–18 983 022.74
2.归属于母公司股东的净利润	614 548 921.01	436 120 350.33
六、其他综合收益的税后净额	35 376 588.00	–115 169 418.00
归属于母公司所有者的其他综合收益税后净额	35 376 588.00	–115 169 418.00
（一）以后不能重分类进损益的其他综合收益	35 376 588.00	–115 169 418.00
1.重新计量设定受益计划净负债或净资产的变动	—	—
2.权益法下不能转损益的其他综合收益	—	—

续表

项目	2023年度	2022年度
3.其他权益工具投资公允价值变动	35 376 588.00	-115 169 418.00
4.企业自身信用风险公允价值变动	—	—
（二）以后将重分类进损益的其他综合收益	—	—
1.权益法下可转损益的其他综合收益	—	—
2.其他债权投资的其他综合收益	—	—
3.金融资产重分类进入其他综合收益的金额	—	—
4.其他权益投资信用损失准备	—	—
5.现金流量套期储备	—	—
6.外币财务报表折算差额	—	—
7.其他	—	—
归属于少数股东的其他综合收益的税后净额	—	—
七、综合收益总额	649 946 274.95	301 967 909.59
归属于母公司所有者的综合收益总额	649 925 509.01	320 950 932.33
归属于少数股东的综合收益总额	20 765.94	-18 983 022.74
八、每股收益：	—	—
（一）基本每股收益（元/股）	—	—
（二）稀释每股收益（元/股）	—	—

法定代表人：沈光俊　　　　　　　主管会计工作负责人：张清　　　　　　　会计机构负责人：赵晓萍

利润表

编制单位：苏州信托有限公司　　　　2023年度　　　　单位：元

项目	2023年度	2022年度
一、营业收入	874 372 601.60	879 345 283.81
其中：利息净收入	59 211 059.42	37 113 532.67
手续费及佣金净收入	594 164 045.70	620 449 612.75
投资收益	211 188 788.88	228 852 820.36
其中：对联营企业和合营企业的投资收益	—	—
公允价值变动收益	8 564 235.99	-7 435 422.04
资产处置收益（损失以"-"号填列）	326 489.90	4 104.12
汇兑收益（损失以"-"号填列）	—	—
其他收益	917 981.71	360 635.95
其他业务收入	—	—
二、营业总成本	164 892 696.26	229 981 486.74
税金及附加	6 945 495.09	6 485 376.89
业务及管理费	189 771 896.03	189 273 209.85
信用减值损失	-31 824 694.86	34 222 900.00
资产减值损失	—	—
三、营业利润（亏损以"-"号填列）	709 479 905.34	649 363 797.07
加：营业外收入	235 000.00	158 258.70
减：营业外支出	4 077 961.30	122 441.52
四、利润总额（亏损总额以"-"号填列）	705 636 944.04	649 399 614.25
减：所得税费用	191 201 733.65	154 693 291.53
五、净利润（净亏损以"-"号填列）	514 435 210.39	494 706 322.72
（一）持续经营净利润（净亏损以"-"号填列）	514 435 210.39	494 706 322.72
（二）终止经营净利润（净亏损以"-"号填列）	—	—
六、其他综合收益的税后净额	35 376 588.00	-115 169 418.00

续表

项目	2023年度	2022年度
（一）以后不能重分类进损益的其他综合收益	35 376 588.00	-115 169 418.00
1.重新计量设定受益计划净负债或净资产的变动	—	—
2.权益法下不能转损益的其他综合收益	—	—
3.其他权益工具投资公允价值变动	35 376 588.00	-115 169 418.00
4.企业自身信用风险公允价值变动	—	—
（二）以后将重分类进损益的其他综合收益	—	—
1.权益法下可转损益的其他综合收益	—	—
2.其他债权投资的其他综合收益	—	—
3.金融资产重分类进入其他综合收益的金额	—	—
4.其他权益投资信用损失准备	—	—
5.现金流量套期储备	—	—
6.外币财务报表折算差额	—	—
7.其他	—	—
七、综合收益总额	549 811 798.39	379 536 904.72
八、每股收益：		
（一）基本每股收益（元/股）	—	—
（二）稀释每股收益（元/股）	—	—

法定代表人：沈光俊　　　　　　　　　　主管会计工作负责人：张清　　　　　　　　　　会计机构负责人：赵晓萍

5.1.4 现金流量表

现金流量表（合并）

编制单位：苏州信托有限公司　　　　　　　　2023年度　　　　　　　　单位：元

项目	2023年度	2022年度
一、经营活动产生的现金流量：	—	—
销售商品、提供劳务收到的现金	—	—
客户存款和同业存放款项净增加额	—	—
向中央银行借款净增加额	—	—
向其他金融机构拆入资金净增加额	—	—
收到原保险合同保费取得的现金	—	—
收到再保险业务现金净额	—	—
保户储金及投资款净增加额	—	—
处置以公允价值计量且其变动计入当期损益的金融资产净增加额	—	—
收取利息、手续费及佣金的现金	715 839 768.59	660 979 205.32
客户贷款及垫款净减少额	350 000 000.00	—
拆入资金净增加额	—	—
回购业务资金净增加额	268 847 000.00	—
收到的税费返还	—	—
收到其他与经营活动有关的现金	190 231 779.46	342 752 980.43
经营活动现金流入小计	1 524 918 548.05	1 003 732 185.75
购买商品、接受劳务支付的现金	—	—
客户贷款及垫款净增加额	—	450 000 000.00
回购业务资金净减少额	—	535 939 000.00

续表

项目	2023年度	2022年度
存放中央银行和同业款项净增加额	—	—
支付原保险合同赔付款项的现金	—	—
支付利息、手续费及佣金的现金	—	—
支付保单红利的现金	—	—
支付给职工以及为职工支付的现金	149 522 178.36	163 963 146.52
支付的各项税费	328 017 451.54	338 171 424.05
支付其他与经营活动有关的现金	72 125 195.88	247 620 016.72
经营活动现金流出小计	549 664 825.78	1 735 693 587.29
经营活动产生的现金流量净额	975 253 722.27	−731 961 401.54
二、投资活动产生的现金流量：	—	—
收回投资收到的现金	2 977 089 933.13	1 228 555 316.76
取得投资收益收到的现金	171 136 295.46	188 367 767.44
处置固定资产、无形资产和其他长期资产收回的现金净额	1 426 598.67	6 765.66
处置子公司及其他营业单位收到的现金净额	35 120 410.32	22 510 843.93
取得子公司及其他营业单位收到的现金净额	—	—
收到其他与投资活动有关的现金	—	—
投资活动现金流入小计	3 184 773 237.58	1 439 440 693.79
购建固定资产、无形资产和其他长期资产支付的现金	14 996 553.00	11 872 436.86
投资支付的现金	3 576 381 671.80	1 911 797 847.89
质押贷款净增加额	—	—
取得子公司及其他营业单位支付的现金净额	—	—
支付其他与投资活动有关的现金	14 899 287.14	—
投资活动现金流出小计	3 606 277 511.94	1 923 670 284.75
投资活动产生的现金流量净额	−421 504 274.36	−484 229 590.96
三、筹资活动产生的现金流量：	—	—
吸收投资收到的现金	10 000 000.00	—
其中：子公司吸收少数股东投资收到的现金	10 000 000.00	—
取得借款收到的现金	—	—
发行债券收到的现金	—	—
收到其他与筹资活动有关的现金	—	—
筹资活动现金流入小计	10 000 000.00	—
偿还债务支付的现金	—	—
分配股利、利润或偿付利息支付的现金	526 173 950.22	—
其中：子公司支付给少数股东的股利、利润	—	—
支付其他与筹资活动有关的现金	—	—
筹资活动现金流出小计	526 173 950.22	—
筹资活动产生的现金流量净额	−516 173 950.22	—
四、汇率变动对现金及现金等价物的影响	—	—
五、现金及现金等价物净增加额	37 575 497.69	−1 216 190 992.50
加：期初现金及现金等价物余额	172 284 681.94	1 388 475 674.44
六、期末现金及现金等价物余额	209 860 179.63	172 284 681.94

法定代表人：沈光俊　　　　主管会计工作负责人：张清　　　　会计机构负责人：赵晓萍

现金流量表

编制单位：苏州信托有限公司　　　　2023年度　　　　单位：元

项目	2023年度	2022年度
一、经营活动产生的现金流量：	—	—
收取利息、手续费及佣金的现金	670 167 805.53	660 226 088.29
客户贷款及垫款净减少额	350 000 000.00	—
回购业务资金净增加额	268 847 000.00	—
收到其他与经营活动有关的现金	189 793 331.96	318 313 303.70
经营活动现金流入小计	1 478 808 137.49	978 539 391.99
购买商品、接受劳务支付的现金	—	—
客户贷款及垫款净增加额	—	450 000 000.00
回购业务资金净减少额	—	535 939 000.00
支付给职工以及为职工支付的现金	141 095 929.66	154 510 988.73
支付的各项税费	317 339 149.28	326 083 489.37
支付其他与经营活动有关的现金	35 216 238.74	246 016 626.22
经营活动现金流出小计	493 651 317.68	1 712 550 104.32
经营活动产生的现金流量净额	985 156 819.81	−734 010 712.33
二、投资活动产生的现金流量：	—	—
收回投资收到的现金	2 724 637 385.62	1 111 987 330.46
取得投资收益收到的现金	196 959 011.74	229 142 589.67
处置固定资产、无形资产和其他长期资产收回的现金净额	1 426 598.67	4 344.39
处置子公司及其他营业单位收到的现金净额	—	—
收到其他与投资活动有关的现金	—	—
投资活动现金流入小计	2 923 022 996.03	1 341 134 264.52
购建固定资产、无形资产和其他长期资产支付的现金	12 564 803.02	9 539 547.95
投资支付的现金	3 314 536 626.98	1 691 692 242.32
取得子公司及其他营业单位支付的现金净额	—	—
支付其他与投资活动有关的现金	—	—
投资活动现金流出小计	3 327 101 430.00	1 701 231 790.27
投资活动产生的现金流量净额	−404 078 433.97	−360 097 525.75
三、筹资活动产生的现金流量：	—	—
吸收投资收到的现金	—	—
取得借款收到的现金	—	—
发行债券收到的现金	—	—
收到其他与筹资活动有关的现金	—	—
筹资活动现金流入小计	—	—
偿还债务支付的现金	—	—
分配股利、利润或偿付利息支付的现金	526 173 950.22	—
支付其他与筹资活动有关的现金	—	—
筹资活动现金流出小计	526 173 950.22	—
筹资活动产生的现金流量净额	−526 173 950.22	—
四、汇率变动对现金及现金等价物的影响	—	—
五、现金及现金等价物净增加额	54 904 435.62	−1 094 108 238.08
加：期初现金及现金等价物余额	149 811 613.88	1 243 919 851.96
六、期末现金及现金等价物余额	204 716 049.50	149 811 613.88

法定代表人：沈光俊　　　　主管会计工作负责人：张清　　　　会计机构负责人：赵晓萍

5.1.5 所有者权益变动表

所有者权益变动表（合并）

编制单位：苏州信托有限公司　　2023年度　　单位：元

项目	归属于母公司所有者权益											少数股东权益	所有者权益合计
	实收资本	其他权益工具			资本公积	减：库存股	其他综合收益	信托赔偿准备	盈余公积	一般风险准备	未分配利润		
		优先股	永续债	其他									
一、上年期末余额	1 200 000 000.00	—	—	—	—	—	353 649 162.31	240 000 000.00	582 028 555.65	150 849 835.04	3 920 996 852.04	3 328 106.87	6 450 852 511.91
加：会计政策变更	—	—	—	—	—	—	—	—	—	—	—	—	—
前期差错更正	—	—	—	—	—	—	—	—	—	—	—	—	—
同一控制下企业合并	—	—	—	—	—	—	—	—	—	—	—	—	—
其他	—	—	—	—	—	—	—	—	—	—	—	—	—
二、本年期初余额	1 200 000 000.00	—	—	—	—	—	353 649 162.31	240 000 000.00	582 028 555.65	150 849 835.04	3 920 996 852.04	3 328 106.87	6 450 852 511.91
三、本期增减变动金额（减少以"-"号填列）	—	—	—	—	—	—	35 376 588.00	—	11 511 856.93	70 737 942.10	6 125 171.76	-3 328 106.87	120 423 451.92
（一）综合收益总额	—	—	—	—	—	—	35 376 588.00	—	—	—	614 548 921.01	20 765.94	649 946 274.95
（二）所有者投入和减少资本	—	—	—	—	—	—	—	—	—	—	—	-3 348 872.81	-3 348 872.81
1.股东投入的普通股	—	—	—	—	—	—	—	—	—	—	—	10 000 000.00	10 000 000.00
2.其他权益工具持有者投入资本	—	—	—	—	—	—	—	—	—	—	—	—	—
3.股份支付计入所有者权益的金额	—	—	—	—	—	—	—	—	—	—	—	—	—
4.其他	—	—	—	—	—	—	—	—	—	—	—	-13 348 872.81	-13 348 872.81
（三）利润分配	—	—	—	—	—	—	—	—	11 511 856.93	70 737 942.10	-608 423 749.25	—	-526 173 950.22
1.提取盈余公积	—	—	—	—	—	—	—	—	11 511 856.93	—	-11 511 856.93	—	—
2.提取一般风险准备	—	—	—	—	—	—	—	—	—	70 737 942.10	-70 737 942.10	—	—
3.对所有者（或股东）的分配	—	—	—	—	—	—	—	—	—	—	-526 173 950.22	—	-526 173 950.22
4.信托赔偿准备	—	—	—	—	—	—	—	—	—	—	—	—	—
（四）所有者权益内部结转	—	—	—	—	—	—	—	—	—	—	—	—	—
1.资本公积转增资本（或股本）	—	—	—	—	—	—	—	—	—	—	—	—	—
2.盈余公积转增资本（或股本）	—	—	—	—	—	—	—	—	—	—	—	—	—
3.盈余公积弥补亏损	—	—	—	—	—	—	—	—	—	—	—	—	—
4.设定受益计划变动额结转留存收益	—	—	—	—	—	—	—	—	—	—	—	—	—
5.其他综合收益结转留存收益	—	—	—	—	—	—	—	—	—	—	—	—	—
6.其他	—	—	—	—	—	—	—	—	—	—	—	—	—
（五）专项储备	—	—	—	—	—	—	—	—	—	—	—	—	—
1.本期提取	—	—	—	—	—	—	—	—	—	—	—	—	—
2.本期使用	—	—	—	—	—	—	—	—	—	—	—	—	—
（六）其他	—	—	—	—	—	—	—	—	—	—	—	—	—
四、本期期末余额	1 200 000 000.00	—	—	—	—	—	389 025 750.31	240 000 000.00	593 540 412.58	221 587 777.14	3 927 122 023.80	—	6 571 275 963.83

法定代表人：沈光俊　　主管会计工作负责人：张清　　会计机构负责人：赵晓萍

苏州信托有限公司

所有者权益变动表（合并，续）

2023年度

编制单位：苏州信托有限公司　　　　2022年度　　　　单位：元

项目	归属于母公司所有者权益										少数股东权益	所有者权益合计
	实收资本	其他权益工具			资本公积	减：库存股	其他综合收益	信托赔偿准备	盈余公积	一般风险准备	未分配利润		
		优先股	永续债	其他									
一、上年期末余额	1 200 000 000.00	—	—	—	—	—	468 818 580.31	240 000 000.00	532 557 923.38	61 982 673.50	3 623 214 295.52	19 111 129.61	6 145 684 602.32
加：会计政策变更	—	—	—	—	—	—	—	—	—	—	—	—	—
前期差错更正	—	—	—	—	—	—	—	—	—	—	—	—	—
同一控制下企业合并	—	—	—	—	—	—	—	—	—	—	—	—	—
其他	—	—	—	—	—	—	—	—	—	—	—	—	—
二、本年期初余额	1 200 000 000.00	—	—	—	—	—	468 818 580.31	240 000 000.00	532 557 923.38	61 982 673.50	3 623 214 295.52	19 111 129.61	6 145 684 602.32
三、本期增减变动金额（减少以"－"号填列）	—	—	—	—	—	—	-115 169 418.00	—	49 470 632.27	88 867 161.54	297 782 556.52	-15 783 022.74	305 167 909.59
（一）综合收益总额	—	—	—	—	—	—	-115 169 418.00	—	—	—	436 120 350.33	-18 983 022.74	301 967 909.59
（二）所有者投入和减少资本	—	—	—	—	—	—	—	—	—	—	—	3 200 000.00	3 200 000.00
1.股东投入的普通股	—	—	—	—	—	—	—	—	—	—	—	3 200 000.00	3 200 000.00
2.其他权益工具持有者投入资本	—	—	—	—	—	—	—	—	—	—	—	—	—
3.股份支付计入所有者权益的金额	—	—	—	—	—	—	—	—	—	—	—	—	—
4.其他	—	—	—	—	—	—	—	—	—	—	—	—	—
（三）利润分配	—	—	—	—	—	—	—	—	49 470 632.27	88 867 161.54	-138 337 793.81	—	—
1.提取盈余公积	—	—	—	—	—	—	—	—	49 470 632.27	—	-49 470 632.27	—	—
2.提取一般风险准备	—	—	—	—	—	—	—	—	—	88 867 161.54	-88 867 161.54	—	—
3.对所有者（或股东）的分配	—	—	—	—	—	—	—	—	—	—	—	—	—
4.信托赔偿准备	—	—	—	—	—	—	—	—	—	—	—	—	—
（四）所有者权益内部结转	—	—	—	—	—	—	—	—	—	—	—	—	—
1.资本公积转增资本（或股本）	—	—	—	—	—	—	—	—	—	—	—	—	—
2.盈余公积转增资本（或股本）	—	—	—	—	—	—	—	—	—	—	—	—	—
3.盈余公积弥补亏损	—	—	—	—	—	—	—	—	—	—	—	—	—
4.设定受益计划变动额结转留存收益	—	—	—	—	—	—	—	—	—	—	—	—	—
5.其他综合收益结转留存收益	—	—	—	—	—	—	—	—	—	—	—	—	—
6.其他	—	—	—	—	—	—	—	—	—	—	—	—	—
（五）专项储备	—	—	—	—	—	—	—	—	—	—	—	—	—
1.本期提取	—	—	—	—	—	—	—	—	—	—	—	—	—
2.本期使用	—	—	—	—	—	—	—	—	—	—	—	—	—
（六）其他	—	—	—	—	—	—	—	—	—	—	—	—	—
四、本期期末余额	1 200 000 000.00	—	—	—	—	—	353 649 162.31	240 000 000.00	582 028 555.65	150 849 835.04	3 920 996 852.04	3 328 106.87	6 450 852 511.91

法定代表人：沈光俊　　主管会计工作负责人：张清　　会计机构负责人：赵晓萍

所有者权益变动表

编制单位：苏州信托有限公司　　　　2023年度　　　　单位：元

项目	实收资本	其他权益工具			资本公积	减：库存股	其他综合收益	信托赔偿准备	盈余公积	一般风险准备	未分配利润	所有者权益合计
		优先股	永续债	其他								
一、上年期末余额	1 200 000 000.00	—	—	—	249 100.00	—	353 649 162.31	240 000 000.00	592 391 960.23	150 849 835.04	3 832 197 274.62	6 369 337 332.20
加：会计政策变更	—	—	—	—	—	—	—	—	—	—	—	—
前期差错更正	—	—	—	—	—	—	—	—	—	—	—	—
其他	—	—	—	—	—	—	—	—	—	—	—	—
二、本年期初余额	1 200 000 000.00	—	—	—	249 100.00	—	353 649 162.31	240 000 000.00	592 391 960.23	150 849 835.04	3 832 197 274.62	6 369 337 332.20
三、本期增减变动金额（减少以"-"号填列）	—	—	—	—	—	—	35 376 588.00	—	11 511 856.93	70 737 942.10	-93 988 538.86	23 637 848.17
（一）综合收益总额	—	—	—	—	—	—	35 376 588.00	—	—	—	514 435 210.39	549 811 798.39
（二）所有者投入和减少资本	—	—	—	—	—	—	—	—	—	—	—	—
1.股东投入的普通股	—	—	—	—	—	—	—	—	—	—	—	—
2.其他权益工具持有者投入资本	—	—	—	—	—	—	—	—	—	—	—	—
3.股份支付计入所有者权益的金额	—	—	—	—	—	—	—	—	—	—	—	—
4.其他	—	—	—	—	—	—	—	—	—	—	—	—
（三）利润分配	—	—	—	—	—	—	—	—	11 511 856.93	70 737 942.10	-608 423 749.25	-526 173 950.22
1.提取盈余公积	—	—	—	—	—	—	—	—	11 511 856.93	—	-11 511 856.93	—
2.对所有者（或股东）的分配	—	—	—	—	—	—	—	—	—	—	-526 173 950.22	-526 173 950.22
3.提取一般风险准备	—	—	—	—	—	—	—	—	—	70 737 942.10	-70 737 942.10	—
4.信托赔偿准备	—	—	—	—	—	—	—	—	—	—	—	—
（四）所有者权益内部结转	—	—	—	—	—	—	—	—	—	—	—	—
1.资本公积转增资本（或股本）	—	—	—	—	—	—	—	—	—	—	—	—
2.盈余公积转增资本（或股本）	—	—	—	—	—	—	—	—	—	—	—	—
3.盈余公积弥补亏损	—	—	—	—	—	—	—	—	—	—	—	—
4.设定受益计划变动额结转留存收益	—	—	—	—	—	—	—	—	—	—	—	—
5.其他综合收益结转留存收益	—	—	—	—	—	—	—	—	—	—	—	—
6.其他	—	—	—	—	—	—	—	—	—	—	—	—
（五）专项储备	—	—	—	—	—	—	—	—	—	—	—	—
1.本期提取	—	—	—	—	—	—	—	—	—	—	—	—
2.本期使用	—	—	—	—	—	—	—	—	—	—	—	—
（六）其他	—	—	—	—	—	—	—	—	—	—	—	—
四、本期期末余额	1 200 000 000.00	—	—	—	249 100.00	—	389 025 750.31	240 000 000.00	603 903 817.16	221 587 777.14	3 738 208 735.76	6 392 975 180.37

法定代表人：沈光俊　　主管会计工作负责人：张清　　会计机构负责人：赵晓萍

所有者权益变动表（续）

编制单位：苏州信托有限公司　　　　2023年度　　　　　单位：元

项目	实收资本	其他权益工具 优先股	其他权益工具 永续债	其他权益工具 其他	资本公积	减：库存股	其他综合收益	信托赔偿准备	盈余公积	一般风险准备	未分配利润	所有者权益合计
一、上年末余额	1 200 000 000.00	—	—	—	249 100.00	—	468 818 580.31	240 000 000.00	542 921 327.96	61 982 673.50	3 475 828 745.71	5 989 800 427.48
加：会计政策变更	—	—	—	—	—	—	—	—	—	—	—	—
前期差错更正	—	—	—	—	—	—	—	—	—	—	—	—
其他	—	—	—	—	—	—	—	—	—	—	—	—
二、本年期初余额	1 200 000 000.00	—	—	—	249 100.00	—	468 818 580.31	240 000 000.00	542 921 327.96	61 982 673.50	3 475 828 745.71	5 989 800 427.48
三、本期增减变动金额（减少以"-"号填列）	—	—	—	—	—	—	-115 169 418.00	—	49 470 632.27	88 867 161.54	356 368 528.91	379 536 904.72
（一）综合收益总额	—	—	—	—	—	—	-115 169 418.00	—	—	—	494 706 322.72	379 536 904.72
（二）所有者投入和减少资本	—	—	—	—	—	—	—	—	—	—	—	—
1.股东投入的普通股	—	—	—	—	—	—	—	—	—	—	—	—
2.其他权益工具持有者投入资本	—	—	—	—	—	—	—	—	—	—	—	—
3.股份支付计入所有者权益的金额	—	—	—	—	—	—	—	—	—	—	—	—
4.其他	—	—	—	—	—	—	—	—	—	—	—	—
（三）利润分配	—	—	—	—	—	—	—	—	49 470 632.27	88 867 161.54	-138 337 793.81	—
1.提取盈余公积	—	—	—	—	—	—	—	—	49 470 632.27	—	-49 470 632.27	—
2.对所有者（或股东）的分配	—	—	—	—	—	—	—	—	—	—	—	—
3.提取一般风险准备	—	—	—	—	—	—	—	—	—	88 867 161.54	-88 867 161.54	—
4.信托赔偿准备	—	—	—	—	—	—	—	—	—	—	—	—
（四）所有者权益内部结转	—	—	—	—	—	—	—	—	—	—	—	—
1.资本公积转增资本（或股本）	—	—	—	—	—	—	—	—	—	—	—	—
2.盈余公积转增资本（或股本）	—	—	—	—	—	—	—	—	—	—	—	—
3.盈余公积弥补亏损	—	—	—	—	—	—	—	—	—	—	—	—
4.设定受益计划变动额结转留存收益	—	—	—	—	—	—	—	—	—	—	—	—
5.其他综合收益结转留存收益	—	—	—	—	—	—	—	—	—	—	—	—
6.其他	—	—	—	—	—	—	—	—	—	—	—	—
（五）专项储备	—	—	—	—	—	—	—	—	—	—	—	—
1.本期提取	—	—	—	—	—	—	—	—	—	—	—	—
2.本期使用	—	—	—	—	—	—	—	—	—	—	—	—
（六）其他	—	—	—	—	—	—	—	—	—	—	—	—
四、本期期末余额	1 200 000 000.00	—	—	—	249 100.00	—	353 649 162.31	240 000 000.00	592 391 960.23	150 849 835.04	3 832 197 274.62	6 369 337 332.20

法定代表人：沈光俊　　主管会计工作负责人：张清　　会计机构负责人：赵晓萍

5.2 信托资产（未经审计）

5.2.1 信托项目资产负债汇总表

信托项目资产负债汇总表

编制单位：苏州信托有限公司　　　　2023年12月31日　　　　单位：万元

资产	期末余额	年初余额	负债和所有者权益	期末余额	年初余额
资产：			负债：		
货币资金	81 175.93	48 039.70	短期借款	—	—
结算备付金	13 818.48	659.67	交易性金融负债	—	—
存出保证金	—	—	衍生金融负债	—	—
衍生金融资产	—	—	卖出回购金融资产款	—	—
交易性金融资产	3 767 966.21	2 919 419.37	长期借款	—	—
买入返售金融资产	202 989.10	71 732.81	应付清算款	—	—
发放贷款和垫款	1 915 055.63	1 684 415.53	应付赎回款	1 240.01	-2 757.89
债权投资	747 075.08	1 852 738.87	应付管理人报酬	5 843.62	4 367.63
其他债权投资	—	—	应付托管费	294.37	310.08
长期股权投资	67 325.00	67 325.00	应付销售服务费	—	—
应收清算款	4 800.00	7 529.00	应付交易费用	—	—
应收利息	447.00	312.50	应付投资顾问费	275.99	169.13
应收股利	3 028.39	1 786.61	应交税费	5 554.52	5 704.27
应收申购款	—	—	应付利息	0.03	0.02
递延所得税资产	—	—	应付利润	1 123.63	323.71
其他资产	30 449.68	9 067.67	递延所得税负债	—	—
			其他负债	31 140.12	22 505.29
			负债合计	45 472.29	30 622.24
			所有者权益：		
			实收资金	6 483 089.62	6 399 006.06
			资本公积	—	—
			其他综合收益	—	—
			未分配利润	305 568.59	233 398.43
			所有者权益合计	6 788 658.21	6 632 404.49
资产合计	6 834 130.50	6 663 026.73	负债及持有人权益总计	6 834 130.50	6 663 026.73

法定代表人：沈光俊　　　　主管会计工作的公司负责人：张清　　　　信托会计机构负责人：钱悦

5.2.2 信托项目损益表及所有者权益变动表

信托项目损益表

编报单位：苏州信托有限公司　　　　2023年度　　　　单位：万元

项目	本期金额	上期金额
一、收入	373 788.96	463 157.68
1.利息收入	212 907.16	354 409.82
2.投资收益（损失以"-"号填列）	170 344.72	105 950.13
其中：以摊余成本计量的金融资产终止确认产生的收益	-0.25	-5.21
3.公允价值变动收益（损失以"-"号填列）	-11 742.71	-1 268.91
4.汇兑损益（损失以"-"号填列）	—	—
5.其他业务收入	2 279.79	4 066.64
二、费用	79 097.16	75 677.71
1.管理人报酬	62 928.31	65 504.62
2.托管费	1 470.84	1 980.10
3.销售服务费	—	—

续表

项目	本期金额	上期金额
4.投资顾问费	364.16	169.13
5.利息支出	—	—
其中：卖出回购金融资产利息支出	—	—
6.信用减值损失	—	—
7.税金及附加	1 206.08	1 527.41
8.其他费用	13 127.77	6 496.45
三、利润总额	294 691.80	387 479.97
减：所得税费用	—	—
四、净利润（净亏损以"-"号填列）	294 691.80	387 479.97
五、其他综合收益	—	—
六、综合收益总额	294 691.80	387 479.97

法定代表人：沈光俊　　　　　　　　主管会计工作的公司负责人：张清　　　　　　　　信托会计机构负责人：钱悦

信托项目所有者权益变动表

编报单位：苏州信托有限公司　　　　　　　　2023年度　　　　　　　　单位：万元

项目	本期金额			上期金额		
	实收基金	未分配利润	所有者权益	实收基金	未分配利润	所有者权益
一、期初所有者权益（基金净值）	6 399 006.06	233 398.43	6 632 404.49	6 193 222.72	125 652.94	6 318 875.66
二、本期经营活动产生的基金净值变动数（本期净利润）	—	294 691.80	294 691.80	—	387 479.97	387 479.97
三、本期基金份额交易产生的基金净值变动数（减少以"-"号填列）	84 083.56	49 447.44	133 530.99	205 783.34	27 124.63	232 907.97
其中：1.基金申购款	6 751 381.95	243 838.64	6 995 220.58	5 901 307.50	75 566.33	5 976 873.83
2.基金赎回款	-6 667 298.39	-194 391.20	-6 861 689.59	-5 695 524.16	-48 441.70	-5 743 965.87
四、本期向基金份额持有人分配利润产生的基金净值变动数	—	-271 969.07	-271 969.07	—	-306 859.11	-306 859.11
五、期末所有者权益（基金净值）	6 483 089.62	305 568.59	6 788 658.21	6 399 006.06	233 398.43	6 632 404.49

法定代表人：沈光俊　　　　　　　　主管会计工作的公司负责人：张清　　　　　　　　信托会计机构负责人：钱悦

6.会计报表附注

6.1 报告年度会计报表编制基准、会计政策、会计估计和核算方法发生的变化

6.1.1 会计报表编制基准

6.1.1.1 会计报表不符合会计核算基本前提的事项

无。

6.1.1.2 纳入公司合并会计报表范围的子公司情况

合并财务报表的合并范围以控制为基础确定，包括本公司及本公司的子公司（指被本公司控制的主体，包括企业、被投资单位中可分割部分，以及企业所控制的结构化主体等）。子公司的经营成果和财务状况由控制开始日起至控制结束日止包含于合并财务报表中。本公司2023年度纳入合并范围的子公司共2户，结构化主体2只。子公司所采用的会计期间或会计政策与本公司不一致时，在编制合并财务报表时按本公司的会计期间或会计政策对子公司的财务报表进行必要的调整。

子公司名称	注册地	业务性质	持股比例（%）	注册资本（万元）	实际投资额（万元）	合并期间
苏州市苏信创业投资有限公司	苏州	创业投资	100	25 000	25 000	2011年11月至2023年12月
苏州苏信百汇资产管理有限公司	苏州	投资管理实业投资	100	1 000	1 000	2013年1月至2023年12月

本公司经批准的经营范围：资金信托；动产信托；不动产信托；有价证券信托；其他财产或财产权信托；作为投资基金或者基金管理公司的发起人从事投资基金业务；经营企业资产的重组、并购及项目融资、公司理

财、财务顾问业务；受托经营国务院有关部门批准的证券承销业务；办理居间、咨询、资信调查等业务；代保管及保管箱业务；以存放同业、拆放同业、贷款、租赁、投资方式运用固有财产；以固有财产为他人提供担保；从事同业拆借；法律法规规定或中国银行业监督管理委员会批准的其他业务。

本公司编制的财务报表符合企业会计准则的要求，真实、完整地反映了本公司2023年12月31日的合并及母公司财务状况以及2023年度的合并及母公司经营成果和现金流量等有关信息。

6.1.2 重要会计政策和会计估计说明

6.1.2.1 计提资产减值的范围和方法

6.1.2.1.1 金融资产减值（不含应收款项）

本公司以预期信用损失为基础，对以摊余成本计量的金融资产、以公允价值计量且其变动计入其他综合收益的债务工具投资、财务担保合同等计提减值准备并确认信用减值损失。

本公司在评估预期信用损失时，考虑所有合理且有依据的信息，包括前瞻性信息。

本公司在每个资产负债表日评估金融工具的信用风险自初始确认后是否已经显著增加，如果某项金融工具在资产负债表日确定的预计存续期内的违约概率显著高于在初始确认时确定的预计存续期内的违约概率，则表明该项金融工具的信用风险显著增加。

如果信用风险自初始确认后未显著增加，处于第一阶段，本公司按照未来12个月内预期信用损失的金额计量损失准备；如果信用风险自初始确认后已显著增加但尚未发生信用减值，处于第二阶段，本公司按照相当于整个存续期内预期信用损失的金额计量损失准备；金融工具自初始确认后已发生信用减值的，处于第三阶段，本公司按照整个存续期的预期信用损失计量损失准备。

对于在资产负债表日具有较低信用风险的金融工具，本公司假设其信用风险自初始确认后并未显著增加，按照未来12个月内的预期信用损失计量损失准备。

6.1.2.1.2 应收款项减值

本公司应收款项主要包括应收账款、其他应收款和合同资产等。

对于因销售产品或提供劳务而产生的应收款项及租赁应收款，本公司按照相当于整个存续期内的预期信用损失金额计量损失准备。

对其他类别的应收款项，本公司在每个资产负债表日评估金融工具的信用风险自初始确认后是否已经显著增加，如果某项金融工具在资产负债表日确定的预计存续期内的违约概率显著高于在初始确认时确定的预计存续期内的违约概率，则表明该项金融工具的信用风险显著增加。通常情况下，如果逾期超过30日，则表明应收款项的信用风险已经显著增加。

如果信用风险自初始确认后未显著增加，处于第一阶段，本公司按照未来12个月内预期信用损失的金额计量损失准备；如果信用风险自初始确认后已显著增加但尚未发生信用减值，处于第二阶段，本公司按照相当于整个存续期内预期信用损失的金额计量损失准备；应收款项自初始确认后已发生信用减值的，处于第三阶段，本公司按照整个存续期的预期信用损失计量损失准备。

对于在资产负债表日具有较低信用风险的应收款项，本公司假设其信用风险自初始确认后并未显著增加，按照未来12个月内的预期信用损失计量损失准备。

除单独评估信用风险的应收款项外，本公司根据信用风险特征将其他应收款项划分为组合，在组合基础上计算预期信用损失。

项目	确定组合的依据
组合1	本组合以应收款项的账龄作为信用风险特征

对于划分为账龄组合的应收款项，本公司按照账款发生日至报表日期间计算账龄，本公司参考历史信用损失经验，结合当前状况以及对未来经济状况的预测，编制应收款项账龄与整个存续期预期信用损失率对照表，计算预期信用损失。

账龄	应收款项计提比例（%）
1年以内（含1年）	0.5
1~2年（含2年）	10
2~3年（含3年）	30
3年以上	50

6.1.2.1.3 长期资产减值

本公司在资产负债表日根据内部及外部信息以确定长期股权投资、采用成本模式计量的投资性房地产、固定资产、在建工程、使用权资产、无形资产等长期资产是否存在减值的迹象，对存在减值迹象的长期资产进行减值测试，估计其可收回金额。此外，无论是否存在减值迹象，本公司至少于每年年度终了对商誉、使用寿命不确定的无形资产以及尚未达到可使用状态的无形资产进行减值测试，估计其可收回金额。

可收回金额的估计结果表明上述长期资产可收回金额低于其账面价值的，其账面价值会减记至可收回金额，减记的金额确认为资产减值损失，计入当期损益，同时计提相应的减值准备。

可收回金额是指资产（或资产组、资产组组合，下同）的公允价值减去处置费用后的净额与资产预计未来现金流量的现值两者之间较高者。

资产组是可以认定的最小资产组合，其产生的现金流入基本上独立于其他资产或者资产组。资产组由创造现金流入相关的资产组成。在认定资产组时，主要考虑该资产组能否独立产生现金流入，同时考虑管理层对生产经营活动的管理方式，以及对资产使用或者处置的决策方式等。

资产的公允价值减去处置费用后的净额，是根据市场参与者在计量日发生的有序交易中，出售一项资产所能收到或者转移一项负债所需支付的价格减去可直接归属于该资产处置费用的金额确定。资产预计未来现金流量的现值，按照资产在持续使用过程中和最终处置时所产生的预计未来现金流量，选择恰当的税前折现率对其进行折现后的金额加以确定。

与资产组或者资产组组合相关的减值损失，先抵减分摊至该资产或者资产组组合中商誉的账面价值，再根据资产组或者资产组组合中除商誉之外的其他各项资产的账面价值所占比重，按比例抵减其他各项资产的账面价值，但抵减后的各资产的账面价值不得低于该资产的公允价值减去处置费用后的净额（如可确定的）、该资产预计未来现金流量的现值（如可确定的）和零三者之中最高者。

前述长期资产减值损失一经确认，在以后会计期间不得转回。

6.1.2.2　金融资产的确认和后续计量

在初始确认金融资产时本公司根据管理金融资产的业务模式和金融资产的合同现金流量特征，将金融资产划分为：以摊余成本计量的金融资产；以公允价值计量且其变动计入其他综合收益的金融资产；以公允价值计量且其变动计入当期损益的金融资产。

（1）金融资产的初始计量：金融资产在初始确认时以公允价值计量。对于以公允价值计量且其变动计入当期损益的金融资产，相关交易费用直接计入当期损益；对于其他类别的金融资产，相关交易费用计入初始确认金额。因销售产品或提供劳务而产生的、未包含或不考虑重大融资成分的应收款，本公司按照预期有权收取的对价初始计量。

（2）金融资产的后续计量：①以摊余成本计量的债务工具投资。金融资产的合同现金流量特征与基本借贷安排相一致，即在特定日期产生的现金流量，仅为对本金和以未偿付本金金额为基础的利息的支付，且公司管理此类金融资产的业务模式为以收取合同现金流量为目标的，本公司将其分类为以摊余成本计量的金融资产。该金融资产采用实际利率法，按照摊余成本进行后续计量，其摊销、减值及终止确认产生的利得或损失，计入当期损益。②以公允价值计量且其变动计入其他综合收益的债务工具投资。金融资产的合同现金流量特征与基本借贷安排相一致，即在特定日期产生的现金流量，仅为对本金和以未偿付本金金额为基础的利息的支付，且公司管理此类金融资产的业务模式为既以收取合同现金流量为目标又以出售为目标的，本公司将其分类为以公允价值计量且其变动计入其他综合收益的金融资产。该金融资产采用实际利率法确认的利息收入、减值损失及汇兑差额确认为当期损益，其余公允价值变动计入其他综合收益。终止确认时，之前计入其他综合收益的累计利得或损失从其他综合收益转出，计入当期损益。③指定为以公允价值计量且其变动计入其他综合收益的权益工具投资。初始确认时，本公司将部分非交易性权益工具投资指定为以公允价值计量且其变动计入其他综合收益的金融资产。本公司将其相关股利收入计入当期损益，其公允价值变动计入其他综合收益。该金融资产终止确认时，之前计入其他综合收益的累计利得或损失将从其他综合收益转入留存收益，不计入当期损益。④以公允价值计量且其变动计入当期损益的金融资产。包括分类为以公允价值计量且其变动计入当期损益的金融资产和指定为以公允价值计量且其变动计入当期损益的金融资产。

本公司将持有的未划分为以摊余成本计量和以公允价值计量且其变动计入其他综合收益的金融资产，分类为以公允价值计量且其变动计入当期损益的金融资产。

在初始确认时，为消除或显著减少会计错配，本公司可将金融资产指定为以公允价值计量且其变动计入当期损益的金融资产。

6.1.2.3　长期股权投资的核算方法

6.1.2.3.1　重大影响、共同控制的判断标准

（1）本公司结合以下情形综合考虑是否对被投资单

位具有重大影响；是否在被投资单位董事会或类似权力机构中派有代表；是否参与被投资单位财务和经营政策制定过程；是否与被投资单位之间发生重要交易；是否向被投资单位派出管理人员；是否向被投资单位提供关键技术资料。

（2）若本公司与其他参与方均受某合营安排的约束，任何一个参与方不能单独控制该安排，任何一个参与方均能够阻止其他参与方或参与方组合单独控制该安排，本公司判断对该项合营安排具有共同控制。

6.1.2.3.2 投资成本确定

（1）企业合并形成的长期股权投资，按以下方法确定投资成本：①对于同一控制下企业合并形成的对子公司投资，以在合并日取得被合并方所有者权益在最终控制方合并财务报表中账面价值的份额作为长期股权投资的投资成本。分步实现的同一控制下企业合并，在合并日根据合并后应享有被合并方净资产在最终控制方合并财务报表中的账面价值的份额，确定长期股权投资的初始投资成本；初始投资成本与达到合并前长期股权投资账面价值加上合并日进一步取得股份新支付对价的账面价值之和的差额，调整资本公积（资/股本溢价），资本公积不足冲减的，冲减留存收益。合并日之前持有的股权投资，因采用权益法核算或金融工具确认和计量准则核算而确认的其他综合收益暂不进行会计处理，直至处置该项投资时采用与被投资单位直接处置相关资产或负债相同的基础进行会计处理；因采用权益法核算而确认的被投资单位净资产中除净损益、其他综合收益和利润分配以外的所有者权益其他变动，暂不进行会计处理，直至处置该项投资时转入当期损益。其中，处置后的剩余股权根据本准则采用成本法或权益法核算的，其他综合收益和其他所有者权益应按比例结转，处置后的剩余股权改按金融工具确认和计量准则进行会计处理的，其他综合收益和其他所有者权益应全部结转。②对于非同一控制下企业合并形成的对子公司投资，以企业合并成本作为投资成本。追加投资能够对非同一控制下的被投资单位实施控制的，以购买日之前所持被购买方的股权投资的账面价值与购买日新增投资成本之和，作为改按成本法核算的初始投资成本；购买日之前持有的被购买方的股权投资因采用权益法核算而确认的其他综合收益，在处置该项投资时采用与被投资单位直接处置相关资产或负债相同的基础进行会计处理。购买日之前持有的股权投资按照《企业会计准则第22号——金融工具确认和计量》有关规定进行会计处理的，原计入其他综合收益的累计公允价值变动应当在改按成本法核算时转入当期损益。

（2）除企业合并形成的长期股权投资以外，其他方式取得的长期股权投资，按以下方法确定投资成本：①以支付现金取得的长期股权投资，按实际支付的购买价款作为投资成本。②以发行权益性证券取得的长期股权投资，按发行权益性证券的公允价值作为投资成本。

（3）因追加投资等原因，能够对被投资单位施加重大影响或实施共同控制但不构成控制的，应当按照《企业会计准则第22号——金融工具确认和计量》确定的原持有股权的公允价值加上新增投资成本之和，作为改按权益法核算的初始投资成本。原持有的股权投资分类为可供出售金融资产的，其公允价值与账面价值之间的差额，以及原计入其他综合收益的累计公允价值变动应当转入改按权益法核算的当期损益。

6.1.2.3.3 后续计量及损益确认方法

（1）对子公司投资。在合并财务报表中，对子公司投资按合并会计报表的编制方法进行处理。在母公司财务报表中，对子公司投资采用成本法核算，在被投资单位宣告分派的现金股利或利润时，确认投资收益。

（2）对合营企业投资和对联营企业投资。对合营企业投资和对联营企业投资采用权益法核算，具体会计处理包括：对于初始投资成本大于投资时应享有被投资单位可辨认净资产公允价值份额的，其差额包含在长期股权投资成本中；对于初始投资成本小于投资时应享有被投资单位可辨认净资产公允价值份额的，其差额计入当期损益，同时调整长期股权投资成本。

取得对合营企业投资和对联营企业投资后，按照应享有或应分担的被投资单位实现的净损益和其他综合收益的份额，分别确认投资损益和其他综合收益并调整长期股权投资的账面价值；按照被投资单位宣告分派的现金股利或利润应分得的部分，相应减少长期股权投资的账面价值。

在计算应享有或应分担的被投资单位实现的净损益的份额时，以取得投资时被投资单位可辨认净资产的公允价值为基础确定，对于被投资单位的会计政策或会计期间与本公司不同的，权益法核算时按照本公司的会计政策或会计期间对被投资单位的财务报表进行必要调整。与合营企业和联营企业之间内部交易产生的未实现损益按照持股比例计算归属于本公司的部分,在权益法核算时予以抵消。内部交易产生的未实现损失,有证据表明该损失是相关资产减值损失的,则全额确认该损失。

对合营企业或联营企业发生的净亏损,除本公司负有承担额外损失义务外,以长期股权投资的账面价值以及其他实质上构成对被投资单位净投资的长期权益减记至零为限。被投资企业以后实现净利润的,在收益分享额弥补未确认的亏损分担额后,恢复确认收益分享额。

对于被投资单位除净损益、其他综合收益和利润分配以外所有者权益的其他变动,调整长期股权投资的账面价值并计入资本公积。处置该项投资时,将原计入资本公积的部分按相应比例转入当期损益。

处置长期股权投资,其账面价值与实际取得价款的差额计入当期损益,采用权益法核算的长期股权投资,处置时,采用与被投资单位直接处置相关资产或负债相同的基础,按相应比例对原计入其他综合收益的部分进行会计处理。

因处置部分权益性投资等原因丧失了对被投资单位共同控制或重大影响的,处置后的剩余股权按《企业会计准则第22号——金融工具确认和计量》核算,其在丧失共同控制或重大影响之日的公允价值与账面价值间的差额计入当期损益。原股权投资因采用权益法核算而确认的其他综合收益,应当在终止采用权益法核算时采用与被投资单位直接处置相关资产或负债相同的基础进行会计处理。

因处置部分权益性投资等原因丧失了对被投资单位控制的,在编制个别财务报表时,处置后的剩余股权能够对被投资单位实施共同控制或重大影响的,改按权益法核算,并对剩余股权视同自取得时即采用权益法核算进行调整。处置后剩余股权不能对被投资单位实施共同控制或重大影响的,按《企业会计准则第22号——金融工具确认和计量》的有关规定进行会计处理,其在丧失控制权之日的公允价值与账面价值间的差额计入当期损益。

6.1.2.4 投资性房地产核算方法

本公司采用成本模式对投资性房地产进行后续计量,在使用寿命内扣除预计净残值后按年限平均法计提折旧或进行摊销。

类别	使用寿命(年)	预计净残值率(%)	年折旧率(%)
房屋建筑物	20~30	5	3.17~4.75

6.1.2.5 固定资产计价和折旧办法

(1)固定资产是指为生产商品、提供劳务、出租或经营管理而持有的,使用寿命超过一个会计年度的有形资产。固定资产仅在与其有关的经济利益很可能流入本公司,且其成本能够可靠地计量时才予以确认。固定资产按成本并考虑预计弃置费用因素的影响进行初始计量。

(2)本公司采用直线法计提固定资产折旧,各类固定资产使用寿命、预计净残值率和年折旧率如下表所示。

类别	折旧年限(年)	预计净残值率(%)	年折旧率(%)
房屋建筑物	30	5	3.17
运输设备	4~5	0~5	19.00~25.00
办公设备	3	0~5	31.67~33.33
其他设备	5	0~5	19.00~20.00

本公司至少在每年年度终了对固定资产的使用寿命、预计净残值和折旧方法进行复核。

6.1.2.6 无形资产计价及摊销政策

(1)无形资产按照取得时的成本进行初始计量。

(2)无形资产的摊销方法

①对于使用寿命有限的无形资产,在使用寿命期限内,采用直线法摊销。

类别	使用寿命(年)	使用寿命的确定依据
软件	2	参考能为公司带来经济利益的期限确定使用寿命

本公司至少于每年年度终了对无形资产的使用寿命及摊销方法进行复核。

②对于使用寿命不确定的无形资产,不摊销。于每年年度终了,对使用寿命不确定的无形资产的使用寿命进行复核,如果有证据表明其使用寿命是有限的,则估计其使用寿命,并按其使用寿命进行摊销。

6.1.2.7 贷款的核算方法

6.1.2.7.1 单项金额重大的发放贷款及垫款坏账准备的计提方法

单独进行减值测试,当存在客观证据表明将无法按原有条款收回款项时,根据其预计未来现金流量现值低于其账面价值的差额计提贷款损失准备。

6.1.2.7.2 按组合计提坏账准备的发放贷款及垫款

按风险特征组合计提贷款损失准备的比例如下表所示。

风险特征	本期计提比例（%）	上期计提比例（%）
正常	1.5	1.5
关注	3	3
次级	30	30
可疑	60	60
损失	100	100

6.1.2.7.3 单项金额虽不重大但单项计提坏账准备的发放贷款及垫款

单独进行减值测试，根据其未来现金流量现值低于其账面价值的差额计提贷款损失准备。

本公司除了对发放贷款及垫款按风险特征组合计提贷款损失准备外，还按6.1.2.14进行处理。

6.1.2.8 长期待摊费用的摊销政策

本公司已发生但应由本期和以后各期负担的分摊期限在1年以上的各项费用，按受益期限内平均摊销。

6.1.2.9 合并会计报表的编制方法

合并财务报表的合并范围以控制为基础确定，包括本公司及本公司的子公司（指被本公司控制的主体，包括企业、被投资单位中可分割部分，以及企业所控制的结构化主体等）。子公司的经营成果和财务状况由控制开始日起至控制结束日止包含于合并财务报表中。

本公司通过同一控制下企业合并取得的子公司，在编制合并当期财务报表时，视同被合并公司在本公司最终控制方对其实施控制时纳入合并范围，并对合并财务报表的期初数以及前期比较报表进行相应调整。

本公司通过非同一控制下企业合并取得的子公司，在编制合并当期财务报表时，以购买日确定的各项可辨认资产、负债的公允价值为基础对子公司的财务报表进行调整，并自购买日起将被合并公司纳入合并范围。

子公司所采用的会计期间或会计政策与本公司不一致时，在编制合并财务报表时按本公司的会计期间或会计政策对子公司的财务报表进行必要的调整。合并范围内企业之间所有重大交易、余额以及未实现损益在编制合并财务报表时予以抵消。内部交易发生的未实现损失，有证据表明该损失是相关资产减值损失的，则不予抵消。

子公司少数股东应占的权益和损益分别在合并资产负债表中股东权益项目下和合并利润表中净利润项目下单独列示。

子公司少数股东分担的当期亏损超过了少数股东在该子公司期初所有者权益中所享有的份额的，其余额应当冲减少数股东权益。

因处置部分股权投资或其他原因丧失了对原有子公司控制权的，对于剩余股权，按照其在丧失控制权日的公允价值进行重新计量。处置股权取得的对价与剩余股权公允价值之和，减去按原持股比例计算应享有原有子公司自购买日开始持续计算的净资产的份额之间的差额，计入丧失控制权当期的投资收益，同时冲减商誉。与原有子公司股权投资相关的其他综合收益、其他所有者权益变动，在丧失控制权时转为当期投资收益，由于被投资方重新计量设定受益计划净负债或净资产变动而产生的其他综合收益除外。

通过多次交易分步处置对子公司股权投资直至丧失控制权的，需考虑各项交易是否构成一揽子交易，处置对子公司股权投资的各项交易的条款、条件以及经济影响符合以下一种或多种情况，表明应将多次交易事项作为一揽子交易进行会计处理：（1）这些交易是同时或者在考虑了彼此影响的情况下订立的；（2）这些交易整体才能达成一项完整的商业结果；（3）一项交易的发生取决于其他至少一项交易的发生；（4）一项交易单独看是不经济的，但是和其他交易一并考虑时是经济的。

不属于一揽子交易的，对其中每一项交易分别按照前述进行会计处理；若各项交易属于一揽子交易的，将各项交易作为一项处置子公司并丧失控制权的交易进行会计处理；但是，在丧失控制权之前每一次处置价款与处置投资对应的享有该子公司净资产份额的差额，在合并财务报表中确认为其他综合收益，在丧失控制权时一并转入丧失控制权当期的损益。

6.1.2.10 收入确定原则和方法

6.1.2.10.1 与客户之间的合同产生的收入

本公司在履行了合同中的履约义务，即在客户取得相关商品或服务控制权时，按照分摊至该项履约义务的交易价格确认收入。

合同中包含两项或多项履约义务的，本公司在合同开始日，按照各单项履约义务所承诺商品或服务的单独售价的相对比例，将交易价格分摊至各单项履约义务。对于附有质量保证条款的销售，如果该质量保证在向客户保证所销售商品或服务符合既定标准之外提供了一项单独的服务，该质量保证构成单项履约义务。否则，本公司按照《企业会计准则第13号——或有事项》规定对质量保证责任进行会计处理。

交易价格，是指本公司因向客户转让商品或服务而预期有权收取的对价金额，但不包括代第三方收取的款项以及本公司预期将退还给客户的款项。合同中存在可变对价的，本公司按照期望值或最可能发生金额确定可变对价的最佳估计数。包含可变对价的交易价格，不超过在相关不确定性消除时累计已确认收入极可能不会发生重大转回的金额。合同中存在应付客户对价的，除非该对价是为了向客户取得其他可明确区分商品或服务的，本公司将该应付对价冲减交易价格，并在确认相关收入与支付（或承诺支付）客户对价二者孰晚的时点冲减当期收入。合同中如果存在重大融资成分，本公司将根据合同中的融资成分调整交易价格；对于控制权转移与客户支付价款间隔未超过一年的，本公司不考虑其中的融资成分。

本公司根据在向客户转让商品或服务前是否拥有对该商品或服务的控制权，来判断从事交易时本公司的身份是主要责任人还是代理人。本公司在向客户转让商品或服务前能够控制该商品或服务的，本公司为主要责任人，按照已收或应收对价总额确认收入；否则，本公司为代理人，按照预期有权收取的佣金或手续费的金额确认收入，该金额按照已收或应收对价总额扣除应支付给其他相关方的价款后的净额确定。

与本公司取得与客户之间的合同产生的收入相关的具体会计政策描述如下：

受托客户资产管理业务收入，于受托投资管理合同到期，与委托人结算时，本公司按合同规定的比例计算应由本公司享有的管理费收益，确认为当期收益；或合同中规定本公司按约定比例收取管理费和业绩报酬，则在合同期内分期确认管理费和业绩报酬收益。

财务顾问业务等收入根据合同条款在本公司履行履约义务的过程中确认收入，或于履约义务完成的时点确认。

其他收入在客户取得相关商品或服务的控制权时确认。

6.1.2.10.2　投资收益

持有以公允价值计量且其变动计入当期损益的金融资产、以公允价值计量且其变动计入其他综合收益的金融资产（权益工具）在持有期间取得的利息、红利、股息或现金股利计入投资收益。

金融资产转移满足终止确认条件的，除了初始确认时指定为以公允价值计量且其变动计入其他综合收益的金融资产（权益工具），应当将下列两项金额的差额计入投资收益：（1）终止确认部分的账面价值；（2）终止确认部分的对价，与原计入股东权益的公允价值变动累计额中对应终止确认部分的金额之和。

采用成本法核算的长期股权投资，被投资单位宣告分派的现金股利或利润，确认为当期投资收益；采用权益法核算的长期股权投资，根据应享有或应分担的被投资单位实现的净损益确认投资收益。

6.1.2.10.3　利息收入

存款利息收入和发放贷款及垫款利息收入：在相关的收入金额能够可靠地计量，相关的经济利益可以收到时，按资金使用时间和实际利率确认利息收入。实际利率与合同约定利率差别较小的，按合同约定利率计算利息收入。

买入返售证券收入：在当期到期返售的，按返售价格与买入成本价格的差额，确认利息收入；在当期没有到期的，根据买入返售金融资产账面余额乘以实际利率计算确定利息收入，但对于已发生信用减值的金融资产，改按该金融资产的摊余成本和实际利率计算确定利息收入。

6.1.2.11　所得税的会计处理方法

本公司采用资产负债表债务法进行所得税会计处理。

除与直接计入股东权益的交易或事项有关的所得税影响计入股东权益外，当期所得税费用和递延所得税费用（或收益）计入当期损益。

当期所得税费用是按本年度应纳税所得额和税法规定的税率计算的预期应交所得税，加上对以前年度应交所得税的调整。

资产负债表日，如果纳税主体拥有以净额结算的法定权利并且意图以净额结算或取得资产、清偿负债同时进行时，那么当期所得税资产及当期所得税负债以抵销后的净额列示。

递延所得税资产和递延所得税负债分别根据可抵扣暂时性差异和应纳税暂时性差异确定，按照预期收回资产或清偿债务期间的适用税率计量。暂时性差异是指资产或负债的账面价值与其计税基础之间的差额，包括能够结转以后年度抵扣的亏损和税款递减。递延所得税资产的确认以很可能取得用来抵扣暂时性差异的应纳税所得额为限。

对于既不影响会计利润也不影响应纳税所得额（或

可抵扣亏损）的非企业合并交易中产生的资产或负债初始确认形成的暂时性差异，不确认递延所得税。但初始确认资产和负债导致产生等额应纳税暂时性差异和可抵扣暂时性差异的单项交易（包括承租人在租赁期开始日初始确认租赁负债并计入使用权资产的租赁交易，以及因固定资产等存在弃置义务而确认预计负债并计入相关资产成本的交易等）除外。商誉的初始确认导致的暂时性差异也不产生递延所得税。

资产负债表日，根据递延所得税资产和负债的预期收回或结算方式，依据已颁布的税法规定，按照预期收回该资产或清偿该负债期间的适用税率计量该递延所得税资产和负债的账面金额。

资产负债表日，递延所得税资产及递延所得税负债在同时满足以下条件时以抵销后的净额列示：（1）纳税主体拥有以净额结算当期所得税资产及当期所得税负债的法定权利；（2）递延所得税资产及递延所得税负债是与同一税收征管部门对同一纳税主体征收的所得税相关或者是对不同的纳税主体相关，但在未来每一具有重要性的递延所得税资产及负债转回的期间内，涉及的纳税主体意图以净额结算当期所得税资产和负债或是同时取得资产、清偿负债。

6.1.2.12　信托报酬确认原则和方法

信托报酬收入于服务已经提供且收取的金额能够可靠计量时，按权责发生制确认收入。

6.1.2.13　一般风险准备、信托赔偿准备和信托业保障基金

（1）计提一般风险准备的方法：根据财政部发布的《金融企业准备金计提管理办法》（财金〔2012〕20号）的相关规定，为了防范经营风险，增强金融企业抵御风险能力，金融企业应提取一般准备作为利润分配处理，并作为股东权益的组成部分。一般准备的计提比例由金融企业综合考虑所面临的风险状况等因素确定，原则上一般准备余额不低于风险资产期末余额的1.5%。

根据中国银保监会发布的《关于规范金融机构资产管理业务的指导意见》（银发〔2018〕106号）的相关规定，金融机构应当按照资产管理产品管理费收入的10%计提风险准备金，或者按照规定计量操作风险资本或相应风险资本准备。风险准备金余额达到产品余额的1%时可以不再提取。

（2）计提信托赔偿准备的方法：根据中国银行业监督管理委员会颁布的《信托公司管理办法》有关规定，公司按当年税后净利润的5%计提信托赔偿准备金，累计达到注册资本20%时，可不再提取。

（3）信托业保障基金：根据中国银行业监督管理委员会、财政部于2014年12月10日颁布的《信托业保障基金管理办法》（银监发〔2014〕50号）的相关规定，信托业保障基金认购执行下列统一标准：①信托公司按净资产余额的1%认购，每年4月底前以上年度末的净资产余额为基数动态调整；②资金信托按新发行金额的1%认购，其中：属于购买标准化产品的投资性资金信托的，由信托公司认购；属于融资性资金信托的，由融资者认购。在每个资金信托产品发行结束时，缴入信托公司基金专户，由信托公司按季向保障基金公司集中划缴；③新设立的财产信托按信托公司收取报酬的5%计算，由信托公司认购。

6.1.2.14　预期信用损失模型

根据中国银保监会发布的《中国银保监会关于印发商业银行预期信用损失法实施管理办法的通知》（银保监规〔2022〕10号）的相关规定，商业银行应运用预期信用损失法，对以摊余成本计量或以公允价值计量且其变动计入其他综合收益的贷款、债券、同业业务、应收款项、租赁应收款、其他债权类投资等表内承担信用风险的金融资产，以及财务担保合同、贷款承诺等表外承担信用风险的项目（以下统称信用风险敞口），进行预期信用损失评估；对以公允价值计量且承担信用风险的其他金融资产进行预期信用损失评估，以判断其公允价值计量的合理性。

计量预期信用损失时，本公司已将具有类似风险特征的敞口进行归类。在进行分组时，本公司获取了充分的信息，确保其统计上的可靠性。结合公司产品及业务类型等信用风险特征，本公司对信用风险敞口类似的金融资产进行风险分组，分组类型包括：融资类、资金业务类、应收账款类以及投资类等。

6.1.2.14.1　阶段划分

本公司根据新金融工具准则的要求，运用三阶段减值模型计量预期信用损失。该方法将金融工具分为三个阶段，各阶段均与预期信用损失的要求相关联，各项要求反映了所评估的信用风险状况。

本公司通过比较金融工具在资产负债表日发生违约的风险与在初始确认日发生违约的风险，以确定金融工具信用风险是否显著增加。本公司进行相关评估时充分考虑各种合理且有依据的信息，包括但不限于：逾期状

态、业务的风险分类、债务人的外部评级等。

在判断金融工具的信用风险自初始确认后是否发生显著增加时，本公司建立了独立的、定量与定性相结合的阶段划分标准。例如：报告日信用主体和/或合格增信方的境内评级机构评级在 AA（不含）以下且非违约级，将被视为信用风险显著增加。

通常情况下，如果逾期超过30天，则表明金融工具的信用风险已经显著增加。

当金融工具发生信用减值时，本公司将该金融工具界定为发生违约，通常情况下，金融工具逾期超过90天将被认定为已发生信用减值。

6.1.2.14.2　减值计量方法

预期信用损失是信用损失的无偏估计，它是通过评估一系列可能的结果，考虑过去的时间、当前状况以及对未来经济状况的评估而确定的。

（1）融资类、资金业务类和投资类金融资产减值计量方法。针对融资类、资金业务类和投资类金融资产，公司预期信用损失法采用的是违约概率/违约损失率模型，该方法是以违约概率、违约损失率、违约风险暴露等风险量化信息作为减值计提基础，经前瞻性调整得到各风险参数之后计量得到预期信用损失。

（2）应收款项类金融资产减值计提方法。对于应收款项类金融资产（不含重大融资成分的应收款项），根据《企业会计准则第22号——金融工具确认和计量》的规定，需始终按照相当于整个存续期内预期信用损失的金额计量其损失准备。本公司根据信用风险特征将应收款项划分为若干组合，在组合基础上计算预期信用损失。

6.1.2.15　重要会计政策和会计估计变更

6.1.2.15.1　重要会计政策变更

本公司报告期内无重要会计政策变更。

6.1.2.15.2　重要会计估计变更

本公司报告期内无重要会计估计变更。

6.2　或有事项说明

公司对外提供借款担保的期初、期末无余额。

6.3　重要资产转让及其出售的说明

（1）处置子公司：处置对间接持有的子公司投资丧失控制权的情形。

单位：元

子公司名称	股权处置价款	股权处置比例（%）	股权处置方式	丧失控制权的时点	丧失控制权时点的确定依据	处置价款与处置投资对应的合并报表层面享有该子公司净资产份额的差额
苏州翔信房地产开发有限公司	38 055 100.00	100	转让	2023年12月31日	控制权转移	146 969 019.66

（2）其他原因导致的合并范围变动。

名称	归属母公司权益比例（%）	备注
苏州苏信嘉会创业投资企业（有限合伙）	99.11	控制权转移
苏州苏信资产管理中心（有限合伙）	99.53	控制权转移
苏州工业园区苏信其祥创业投资合伙企业（有限合伙）	99.01	控制权转移
苏州苏信禾才创业投资企业（有限合伙）	49.43	控制权转移
苏州苏信元丰股权投资企业（有限合伙）	98.04	控制权转移

6.4　会计报表中重要项目的明细资料

6.4.1　披露自营资产经营情况

6.4.1.1　按信用风险五级分类结果披露信用风险资产的期初、期末数

风险分类	正常类（万元）	关注类（万元）	次级类（万元）	可疑类（万元）	损失类（万元）	信用风险资产合计（万元）	不良资产合计（万元）	不良率（%）
期初数	591 855	—	14 252	18 991	—	625 098	33 243	5.32
期末数	683 131	—	1 903	—	11 418	696 452	13 321	1.91

注：1.不良资产合计＝次级类＋可疑类＋损失类。
　　2.不良率＝不良资产/信用风险资产。

6.4.1.2 资产减值损失准备的期初、本期计提、本期转回、本期核销、期末数

单位：万元

项目	期初数	本期计提	本期转回	本期核销	其他	期末数
贷款损失	675	-502	—	—		173
一般准备	675	-502	—	—		173
专项准备	—					
其他资产减值准备	11 486	2 104	—	—	-185	13 405
以摊余成本计量金融资产的减值准备	11 301	-2 680	—	—		8 621
以公允价值计量且其变动计入其他综合收益金融资产的减值准备	—					
其他减值准备	185	4 784	—	—	-185	4 784

6.4.1.3 按照投资品种分类，分别披露固有业务股票投资、基金投资、债券投资、股权投资等投资业务的期初数、期末数

单位：万元

项目	自营股票	基金	债券	长期股权投资	其他投资	合计
期初数	86 425	27 409	9 962	—	329 534	453 330
期末数	91 154	30 623	55 705	—	345 144	522 626

6.4.1.4 本公司按照企业会计准则对长期股权投资进行重分类后，披露长期股权投资的企业名称、占被投资企业权益的比例、主要经营活动及投资收益情况等

企业名称	占被投资企业权益的比例（%）	权益法下确认的投资损益（万元）
无	—	—

6.4.1.5 前五名的自营贷款的企业名称、占贷款总额的比例和还款情况等

企业名称	占贷款总额比例（%）	还款情况
常州市金坛区巨龙投资发展有限公司	100	正常

6.4.1.6 表外业务的期初数、期末数；按照代理业务、担保业务和其他类型表外业务分别披露

单位：万元

表外业务	期初数	期末数
担保业务	—	—
代理业务（委托业务）	—	—
其他		
合计		

报告期内，公司未发生代理业务（委托业务）。

6.4.1.7 本公司当年的收入结构

收入结构	合并 金额（万元）	合并 占比（%）	母公司 金额（万元）	母公司 占比（%）
手续费及佣金收入	59 416	56.02	59 416	67.93
其中：信托手续费收入	59 275	55.89	59 275	67.77
投资银行业务收入	—	—	—	—
利息收入	5 727	5.40	5 921	6.77
其他业务收入	4 154	3.92	—	—
其中：计入信托业务收入部分	—	—	—	—
投资收益	34 281	32.32	21 119	24.15
其中：股权投资收益	17 946	16.92	2 201	2.52
证券投资收益	3 407	3.21	3 378	3.86
其他投资收益	12 928	12.19	15 540	17.77
公允价值变动收益	2 258	2.13	856	0.98
资产处置收益	33	0.03	33	0.04
其他收益	95	0.09	92	0.10
营业外收入	94	0.09	24	0.03
全年总收入	106 058	100.00	87 461	100.00

注：手续费及佣金收入、利息收入、其他业务收入、投资收益、营业外收入均应为损益表中的科目，其中手续费及佣金收入、利息收入、营业外收入为未抵减掉相应支出的全年累计实现收入数。

6.4.2 披露信托财产管理情况

6.4.2.1 信托资产的期初数、期末数

单位：万元

信托资产	期初数	期末数
集合	4 885 397.39	5 056 974.78
单一	1 540 862.96	1 490 427.49
财产权	236 766.38	286 728.23
合计	6 663 026.73	6 834 130.50

6.4.2.1.1 主动管理型信托业务的信托资产期初数、期末数、分证券投资、非证券投资、融资、事务管理类分别披露

单位：万元

主动管理型信托资产	期初数	期末数
证券投资类	836 163.47	680 493.24
非证券投资类	2 188 329.44	3 068 595.97
融资类	2 299 430.88	1 753 246.31
事务管理类	6 467.96	6 742.43
合计	5 330 391.75	5 509 077.95

6.4.2.1.2 被动管理型信托业务的信托资产期初数、期末数。分证券投资、非证券投资、融资、事务管理类分别披露

单位：万元

被动管理型信托资产	期初数	期末数
证券投资类	—	—
非证券投资类	29 999.12	29 999.12
融资类	—	—
事务管理类	1 302 635.86	1 295 053.43
合计	1 332 634.98	1 325 052.55

6.4.2.2 本年度已清算结束的信托项目105个数、实收信托合计金额179.39亿元、加权平均实际年化收益6.0613%

6.4.2.2.1 本年度已清算结束的集合类、单一类资金信托项目和财产管理类信托项目个数、实收信托金额、加权平均实际年化收益率

已清算结束信托项目	项目个数（个）	实收信托合计金额（万元）	加权平均实际年化收益率（%）
集合类	99	1 696 009.15	5.9638
单一类	6	97 900.00	7.7504
财产管理类	—	—	—

注：1.收益率是指信托项目清算后、给受益人赚取的实际收益水平。
2.加权平均实际年化收益率=（信托项目1的实际年化收益率×信托项目1的实收信托+信托项目2的实际年化收益率×信托项目2的实收信托+…+信托项目n的实际年化收益率×信托项目n的实收信托）/（信托项目1的实收信托+信托项目2的实收信托+…+信托项目n的实收信托）×100%。

6.4.2.2.2 本年度已清算结束的主动管理型信托项目个数、实收信托合计金额、加权平均实际年化收益率。分证券投资、非证券投资、融资、事务管理类分别计算并披露

已清算结束信托项目	项目个数（个）	实收信托合计金额（万元）	加权平均实际年化信托报酬率（%）	加权平均实际年化收益率（%）
证券投资类	9	184 050.00	0.8587	6.3216
非证券投资类	22	335 822.00	0.5938	4.5633
融资类	69	1 186 237.00	1.9278	6.3092
事务管理类	—	—	—	—

注：加权平均实际年化信托报酬率=（信托项目1的实际年化信托报酬率×信托项目1的实收信托+信托项目2的实际年化信托报酬率×信托项目2的实收信托+…+信托项目n的实际年化信托报酬率×信托项目n的实收信托）/（信托项目1的实收信托+信托项目2的实收信托+…+信托项目n的实收信托）×100%。

6.4.2.2.3 本年度已清算结束的被动管理型信托项目个数、实收信托合计金额、加权平均实际化收益率。分证券投资、非证券投资、融资、事务管理类分别计算并披露

已清算结束信托项目	项目个数（个）	实收信托合计金额（万元）	加权平均实际年化信托报酬率（%）	加权平均实际年化收益率（%）
证券投资类	—	—	—	—
非证券投资类	—	—	—	—
融资类	—	—	—	—
事务管理类	5	87 800.15	0.5508	7.8970

6.4.2.3 本年度新增的集合类、单一类和财产管理类信托项目个数、实收信托合计金额

新增信托项目	项目个数（个）	实收信托合计金额（万元）
集合类	91	6 385 716.96
单一类	24	279 453.99

续表

新增信托项目	项目个数（个）	实收信托合计金额（万元）
财产及财产权	15	86 211.00
新增合计	130	6 751 381.95
其中：主动管理型	107	6 638 611.14
被动管理型	23	112 770.81

注：本年新增信托项目指在本报告年度内累计新增的信托项目个数和金额。包括含本年度新增并于本年度内结束的项目和本年度新增至报告期末仍在持续管理的信托项目。

6.4.2.4 信托业务创新成果和特色业务有关情况

6.4.2.4.1 创新业务资格

公司已经获得特定目的信托受托机构资格。

6.4.2.4.2 创新业务品种

2023年，苏州信托继续拓展资产证券化相关业务，与市场上主要的证券化业务发行机构、主承销商及中介机构进行业务交流与合作。目前在信贷资产证券化、交易商协会资产支持票据、交易所资产证券化、Pre-ABS、类REITs等产品方面稳步推进。

2023年，苏州信托积极开展财富管理业务，重点推进了家族、家庭服务信托业务拓展。为满足委托人的实际诉求，公司落地了"悦融"系列家庭服务信托，构建了家庭财富管理的综合解决方案。此外，公司继续推动以华荣产品为代表的债券投资业务和以华冠产品为代表的流动性管理相关业务，产品规模稳步增长。

2023年，苏州信托TOF业务稳步推动。在TOF业务的架构下，苏州信托作为唯一的产品管理人进行自主独立投资配置并对投资组合进行持续管理，投资配置的策略包括股票量化中性、管理期货、期权策略等多种策略。此类TOF业务，是苏州信托作为资产管理机构自我提升主动投资管理能力、积极探索业务转型升级的突破之举，同时也是苏州信托作为财富管理机构努力满足广大投资者财产配置需求的重要产品线。

2023年，为发挥制度优势，创新服务社会治理，苏州信托继续推动服务信托业务的发展。公司预付类资金服务信托业务实现了跨越式的发展，随着非学科类校外培训正式纳入平台管理，管理规模和入驻商家均实现大幅上涨。公司积极响应政府号召，利用信托机制在保交楼、企业市场化重整等领域发挥资源优化和利益平衡的重要作用。

2023年，苏州信托充分发挥信托专业优势，持续发力慈善信托业务。通过慈善信托，强化公司品牌建设，为社会服务、贫困援助持续提供强有力的金融支持，彰显金融国企社会责任担当。

6.4.2.4.3 创新业务规模

截至2023年12月31日：

（1）公司资产证券化项目存续17个，合计信托资产规模45.37亿元。其中，公司2023年上半年落地一单融资租赁类资产支持票据类信托，规模4.88亿元。下半年新增十单专精特新知识产权类资产证券化信托，规模逾7 000万元，为全国首单县级市专精特新资产证券化产品。

（2）公司服务信托领域中，在预付资金服务信托领域积极拓展业务范围。截至2023年12月末，入驻商户230家，上架产品3 520个，交易订单数为14 184笔，服务消费者2 031位，平台累计管理规模3 290.65万元。

其中：学科类培训资金监管领域，共有39家机构纳入监管，共为1 535名消费者完成信托管理工作，累计管理金额3 175.8万元；上半年苏信服务·众安S2212-7服务信托的成立，标志着非学科类校外培训也正式纳入平台管理，非学科类培训资金监管领域，共有186家机构纳入监管，共为489名消费者完成信托管理工作，累计管理金额114.6万元；其他类资金监管，共有5家机构纳入监管，共为7名消费者完成信托管理工作，累计管理金额0.25万元。

（3）公司TOF/FOF项目布局稳健型、平衡型和进取型三条产品线。截至2023年末，TOF/FOF产品已成立7个，规模3.05亿元。继续加强投研能力建设，打造包括权益多头、固收、量化多空、期货期权等在内的全方位产品线和主动配置体系。

（4）公司债券投资类产品在2023年持续发展。全年合计债券投资规模254亿元。截至2023年末，公司特色产品华荣H1901存续规模75.92亿元，华冠产品存续规模80.71亿元，产品规模稳步增长，业绩表现处在行业同类型产品中上游，在行业内和客户中已积累了一定认识和良好口碑。

（5）公司积极推动慈善信托业务。截至2023年末，累计成立慈善信托16单，累计备案规模为1.97亿元，累计捐赠金额超过3 000万元。公司荣获"苏州市慈善服务先进单位""社会帮扶突出贡献单位"等多项荣誉。

（6）公司在保交楼、企业市场化重整等领域，通过"府院联动"机制设立"苏信服务·济乾S2301丰实"破产服务信托，引入共益债资金，帮助项目复工续建，最终实现"保交楼"，维护社会稳定，最大程度保障购房人和债权人的权益。截至2023年末，企业破产服务信托存续规模3.58亿元。

（7）公司重点推进了家族、家庭服务信托等财富管理业务拓展。截至2023年末，新增家族信托5单，存续家族信托8单，管理规模11 434.37万元；新增保险金信托13单，新增规模4 023.34万元；新增家庭服务信托2单，管理规模1 000万元；新增个人财富管理信托1单，信托规模600万元。

6.4.2.5 本公司履行受托人义务情况及因本公司自身责任而导致的信托资产损失情况（合计金额、原因等）

无。

6.5 关联方关系及其交易的披露

6.5.1 关联交易方的数量、关联交易的总金额及关联交易的定价政策等

项目	关联交易方数量（个）	关联交易金额（万元）	定价政策
合计	14	2 555 894 600.00	市场定价原则

注：1. "关联交易"定义应以《公司法》和《企业会计准则36号——关联方披露》有关规定为准。
2. 上述"关联交易方数量"及"关联交易金额"是本报告期的期末余额。

6.5.2 关联交易方与本公司的关系性质、关联交易方的名称、法定代表人、注册地址、注册资本及主营业务等

关系性质	关联方名称	法定代表人	注册地址	注册资本（万元）	主营业务
主要股东的关联方	苏州市农发融资租赁有限公司	赵平	苏州工业园区月亮湾路10号慧湖大厦A802室	100 000	融资租赁业务、租赁业务、向国内外购买租赁财产、租赁财产的残值处理及维修、租赁交易咨询和担保、兼营与主营业务有关的商业保理业务。（以上均不包含需经原银监会批准的《金融租赁公司管理办法》中所列业务，涉及配额许可证管理及专项管理，根据国家有关规定办理）。提供咨询服务（不得从事债务重组、债权追偿等不良资产处置经营活动）；从事农业机械的批发、进出口、佣金代理（拍卖除外）及相关配套业务（上述不涉及国营贸易管理商品，涉及配额、许可证管理商品的，按国家有关规定办理申请）（依法须经批准的项目，经相关部门批准后方可开展经营活动）
其他关联方	太仓恒裕置业有限公司	王化雪	太仓市城厢镇上海东路188号11幢2205室	79 350	许可项目：房地产开发经营；建设工程施工（依法须经批准的项目，经相关部门批准后方可开展经营活动，具体经营项目以审批结果为准）一般项目：房地产咨询；住房租赁；非居住房地产租赁；土地使用权租赁；土石方工程施工；园林绿化工程施工；住宅水电安装维修服务；市政设施管理；工程管理服务；物业管理；城市绿化管理；办公服务；企业管理；企业管理咨询；信息咨询服务（不含许可类信息咨询服务）；社会经济咨询服务；工程技术服务（规划管理、勘察、设计、监理除外）（除依法须经批准的项目外，凭营业执照依法自主开展经营活动）

续表

关系性质	关联方名称	法定代表人	注册地址	注册资本（万元）	主营业务
主要股东的关联方	苏州市会议中心集团有限公司	张咏忠	苏州市道前街100号	12 300	会议会务服务培训；提供会议服务、停车场服务（仅限本单位范围内）；酒店管理；提供住宿、舞厅、KTV、酒吧、美容美发、健身房、棋牌室、桑拿室、室内温水游泳池；提供演出场所；中餐、西餐、卤菜、点心、热饮餐饮服务；预包装食品批发零售；以下分支机构经营：批发零售：劳保用品、针纺织品、鲜花；提供彩扩服务（依法须经批准的项目，经相关部门批准后方可开展经营活动）
受同一母公司控制的其他企业	苏州市民卡有限公司	张统	苏州市人民路3118号	10 000	预付卡发行与受理。从事城市信息化技术和服务系统的开发、建设、运营和维护；设计、制作、发布自有媒体广告、产品样本广告；设计、制作、代理、发布国内各类广告；会展服务、企业营销策划、文化艺术交流活动策划；电子商务。企业征信业务，征信技术开发及征信技术服务，数据处理和存储服务；演出经纪业务。玩具销售（依法须经批准的项目，经相关部门批准后方可开展经营活动）
子公司	苏州市苏信创业投资有限公司	金伟华	中国（江苏）自由贸易试验区苏州片区苏州工业园区苏雅路308号信投大厦1幢1601室	25 000	创业投资业务，代理其他创业投资企业机构或个人的创业投资业务，创业投资咨询业务，为创业企业提供创业管理服务业务，参与设立创业投资企业与创业投资管理顾问机构（依法须经批准的项目，经相关部门批准后方可开展经营活动）
子公司	苏州苏信百汇资产管理有限公司	王化雪	苏州市书院巷111号	1 000	投资管理；实业投资，市政、环保、交通能源及基础设施项目投资；房屋租赁，建设管理，物业管理；建材销售；投资咨询，财务咨询（许可项目除外）（依法须经批准的项目，经相关部门批准后方可开展经营活动）
受同一母公司控制的其他企业	苏州营财投资集团有限公司	曹立	苏州市人民路3118号	153 400	投资实业。销售：建材、装饰材料、五金、化工原料（除危险品）、金属材料、交电、自动化办公设备、罚没物资（百货、五金交电）的处理；房屋租赁及物业管理。经营方式：零售批发、代购代销（依法须经批准的项目，经相关部门批准后方可开展经营活动）
受同一母公司控制的其他企业	东吴证券股份有限公司	范力	苏州工业园区星阳街5号	500 750.2651	证券经纪；证券投资咨询；与证券交易、证券投资活动有关的财务顾问；证券承销与保荐；证券自营；证券资产管理；证券投资基金代销；为期货公司提供中间介绍业务；融资融券业务；代销金融产品业务（依法须经批准的项目，经相关部门批准后方可开展经营活动）。许可项目：证券业务（依法须经批准的项目，经相关部门批准后方可开展经营活动，具体经营项目以审批结果为准）
主要股东的关联方	苏州银行股份有限公司	崔庆军	中国（江苏）自由贸易试验区苏州片区苏州工业园区钟园路728号	366 672.4356	吸收公众存款；发放短期、中期和长期贷款；办理国内外结算；办理票据承兑与贴现；代理发行、代理兑付、承销政府债券；买卖政府债券、金融债券；从事同业拆借；代理收付款项及代理保险业务；提供保管箱服务；外汇存款；外汇贷款；外汇汇款；外币兑换；结汇、售汇；资信调查、咨询和见证业务；经中国银行业监督管理委员会批准的其他业务*（依法须经批准的项目，经相关部门批准后方可开展经营活动）
其他关联方	叶剑	不适用	不适用	不适用	不适用
其他关联方	赵悦雨	不适用	不适用	不适用	不适用
受同一母公司控制的其他企业	苏州市苏信启康创业投资合伙企业（有限合伙）	袁哲俊	苏州市吴江区东太湖生态旅游度假区（太湖新城）迎宾大道333号25号楼	44 900	一般项目：创业投资（限投资未上市企业）（除依法须经批准的项目外，凭营业执照依法自主开展经营活动）
受同一母公司控制的其他企业	苏州市苏信国康创业投资合伙企业（有限合伙）	袁哲俊	苏州市吴江区江陵街道运东大道997号海悦花园4幢608室	19 200	一般项目：创业投资（限投资未上市企业）（除依法须经批准的项目外，凭营业执照依法自主开展经营活动）
受同一母公司控制的其他企业	苏州市大数据集团有限公司	徐健	苏州市相城区蠡塘河路900号3102室	200 000	许可项目：互联网信息服务；第一类增值电信业务（依法须经批准的项目，经相关部门批准后方可开展经营活动，具体经营项目以审批结果为准）一般项目：软件开发；互联网安全服务；互联网数据服务；互联网设备销售；工业互联网数据服务；技术服务、技术开发、技术咨询、技术交流、技术转让、技术推广；信息技术咨询服务；信息系统集成服务；网络与信息安全软件开发；物联网技术研发；区块链技术相关软件和服务；5G通信技术服务；人工智能公共数据平台；网络设备销售；数字技术服务；数据处理服务；数据处理和存储支持服务；大数据服务；云计算设备销售；计算机软硬件及辅助设备零售；技术推广服务；数字文化创意内容应用服务；企业征信服务；企业信用评级服务；企业信用管理咨询服务；企业信用调查和评估；接受金融机构委托从事信息技术和流程外包服务（不含金融信息服务）；工程技术服务（规划管理、勘察、设计、监理除外）；科技推广和应用服务；单用途商业预付卡代理销售；创业空间服务；园区管理服务；科技中介服务（除依法须经批准的项目外，凭营业执照依法自主开展经营活动）

6.5.3 逐笔披露本公司与关联方的重大交易事项

6.5.3.1 固有与关联方交易情况：贷款、投资、租赁、应收账款、担保、其他方式等期初汇总数、本期借方和贷方发生额汇总数、期末汇总数

固有与关联方关联交易

单位：元

项目	期初数	借方发生额	贷方发生额	期末数
贷款	—	—	—	—
投资	1 546 178 592.00	30 000 000.00	127 560 048.89	1 448 618 543.11
租赁	—	—	—	—
担保	—	—	—	—
应收账款	—	—	—	—
其他	—	—	—	—
合计	1 546 178 592.00	30 000 000.00	127 560 048.89	1 448 618 543.11

逐笔披露固有与关联方的重大交易情况，如下表所示。

单位：元

关联方	关联交易事项	期初数	借方发生额	贷方发生额	期末数
东吴证券股份有限公司	认购东吴证券股份有限公司承销的张家港市悦丰金创投资有限公司2023年面向专业投资者非公开发行科技创新公司债券	—	—	—	—

6.5.3.2 信托与关联方交易情况：贷款、投资、租赁、应收账款、担保、其他方式等期初汇总数、本期借方和贷方发生额汇总数、期末汇总数

信托与关联方关联交易

单位：元

项目	期初数	借方发生额	贷方发生额	期末数
贷款	—	—	—	—
投资	—	393 500 000.00	—	393 500 000.00
租赁	—	—	—	—
担保	—	—	—	—
应收账款	—	—	—	—
其他（非费用类）	1 698 808 835.45	2 020 100 000.00	781 680 803.26	2 937 380 922.30
合计	1 698 808 835.45	2 413 600 000.00	781 680 803.26	3 330 880 922.30
其他（费用类）	—	112 150 000.00	—	—

逐笔披露信托与关联方的重大交易情况，详见下表所示。

单位：元

关联方	关联交易事项	期初数	借方发生额	贷方发生额	期末数
苏州营财投资集团有限公司	关联方购买信托产品	1 246 500 000.00	1 453 000 000.00	725 400 000.00	1 974 100 000.00
苏州营财投资集团有限公司	委托关联方管理	—	—	—	—
苏州银行股份有限公司	关联方为代销人或保管人	—	10 750 000.00	—	—
苏州银行股份有限公司	由于苏州银行股份有限公司为苏州信托有限公司关联方，目前苏州信托与苏州银行交易余额已超公司注册资金20%以上；苏州银行股份有限公司与苏州信托有限公司签署的《关联方统一交易协议》中，苏州银行对苏信财富·华实B2302集合资金信托计划控股公司太仓恒裕置业有限公司的授信类关联交易不在协议规定范围内，有关授信业务并入苏州国际发展集团有限公司统一进行授信，其授信额度按照监管部门及苏州银行规定执行。因此苏信财富·华实B2302集合资金信托计划构成重大关联交易	—	30 000 000.00	—	—
苏州银行股份有限公司	关联方为债务人提供借款保函	—	71 400 000.00	—	—
东吴证券股份有限公司	苏州信托有限公司发行的"苏信财富·价值均衡A2101X集合资金信托计划"于2023年12月20日申购了由东吴证券股份有限公司代销发行的"衍复东胜1000增强一号私募证券投资基金"600万元	—	—	—	—
东吴证券股份有限公司	认购债券的承销方为关联方	—	—	—	—
太仓恒裕置业有限公司	苏信财富·华实B2302集合资金信托计划募集资金中39 350万元用于向其控股子公司太仓恒裕置业有限公司进行增资，涉及关联交易	—	393 500 000.00	—	393 500 000.00
苏州市农发融资租赁有限公司	设立财产权信托	—	488 000 000.00	—	488 000 000.00

6.5.3.3 信托公司自有资金运用于自己管理的信托项目（固信交易）、信托公司管理的信托项目之间的相互（信信交易）交易金额，包括余额和本报告年度的发生额

6.5.3.3.1 固有与信托财产之间的交易金额期初汇总数、本期发生额汇总数、期末汇总数

固有与信托财产相互交易

单位：元

项目	期初汇总数	本期发生额	期末汇总数
合计	2 895 210 798.58	184 118 635.00	3 079 329 433.58

注：应监管部门要求，我公司于2014年起对自有资金运用于本公司管理的信托项目情况进行上报。

6.5.3.3.2 信托财产与信托财产之间的交易情况

信托财产与信托财产相互交易　　　　　单位：元

项目	期初汇总数	本期发生额	期末汇总数
合计	4 952 563 606.69	1 274 684 654.44	6 227 248 261.13

6.5.4 逐笔披露关联方逾期未偿还公司资金的详细情况以及本公司为关联方担保发生或即将发生垫款的详细情况

无。

6.6 会计制度的披露

6.6.1 固有业务（自营业务）执行会计制度的名称、颁布年份

本公司以持续经营为基础，根据实际发生的交易和事项，按照财政部颁布的《企业会计准则——基本准则》及具体会计准则、应用指南、解释以及其他相关规定进行确认和计量，在此基础上编制财务报表。

6.6.2 信托业务执行会计制度的名称、颁布的年份

信托业务核算执行财政部2006年颁布的《企业会计准则——基本准则》及具体会计准则、应用指南、解释以及其他相关规定进行确认和计量，包括新颁布和经修订的企业会计准则。

7.财务情况说明书

7.1 利润实现和分配情况

2023年度本公司实现利润总额81 100万元；实现净利润61 457万元。

本公司2022年12月31日未分配利润为392 100万元，2023年实现综合收益总额61 454万元，年末提取法定盈余公积金1 151万元、一般风险准备7 074万元，对股东的分配52 617万元，2023年末未分配利润余额392 712万元。

7.2 主要财务指标

指标名称	合并指标值	母公司指标值
资本利润率（%）	9.44	8.06
加权年化信托报酬率（%）	1.5010	1.5010
人均净利润（万元）	334.01	304.4

注：1.资本利润率＝净利润/所有者权益平均余额×100%。
2.加权年化信托报酬率＝（信托项目1的实际年化信托报酬率×信托项目1的实收信托＋信托项目2的实际年化信托报酬率×信托项目2的实收信托＋…＋信托项目n的实际年化信托报酬率×信托项目n的实收信托）/（信托项目1的实收信托＋信托项目2的实收信托＋…＋信托项目n的实收信托）×100%。
3.人均净利润＝净利润/年平均人数。
4.平均值采取年初、年末余额简单平均法＝（年初数＋年末数）/2，公式为：a（平均）＝（年初数＋年末数）/2。

7.3 对公司财务状况、经营成果有重大影响的其他事项

无。

8.特别事项揭示

8.1 前五名股东报告期内变动情况及原因

报告期内未发生股东变动情况。

8.2 董事、监事及高级管理人员变动情况及原因

姓名	职务	类型	日期	原因
周也勤	副总裁、财务总监	离任	2023年10月26日	到龄退休
陈磊	监事长	离任	2023年11月23日	到龄退休
王伟	监事长	被选举	2023年12月13日	工作需要
赵昕	职工监事	被选举	2023年12月13日	工作需要
孙权	监事	离任	2023年12月13日	工作需要

8.3 变更注册资本、变更注册地或公司名称、公司分立合并事项

报告期内未发生变更注册资本、变更注册地、公司名称、公司分立合并事项。

8.4 公司的重大诉讼事项

公司与债务人苏州兴力达房地产开发有限公司的信托债务纠纷，涉案主债权金额为150 000 000.00元，公司累计收回债权142 351 695元。

8.5 公司及其董事、监事和高级管理人员受到处罚情况

2023年9月7日，公司收到国家金融监督管理总局苏州监管分局下发的行政处罚决定书一份（苏州金罚决字〔2023〕2号）。

8.6 对国家金融监督管理总局及其派出机构提出的检查整改意见处理情况

报告期内国家金融监督管理总局苏州监管分局向公司下发了《中国银保监会苏州监管分局办公室关于苏州信托有限公司2023年度的监管意见》《国家金融监督管理总局苏州监管分局办公室关于苏州信托有限公司现场检查的意见书》《国家金融监督管理总局苏州监管分局办公室关于苏州信托有限公司2022年度监管评级结果的通报》等相关通报，公司根据通报要求，明确了整改责任部门，采取有效措施、及时推进整改落实，取得了相应成效。

8.7 本年度重大事项临时报告的简要内容、披露时间、所披露的媒体及其版面

2022年年度报告摘要（2023年4月28日《证券时报》信息披露B1069、B1070）。

8.8 国家金融监督管理总局及省级派出机构认定的其他有必要让客户及相关利益人了解的重要信息

无。

9.公司监事会意见

监事会根据有关法律、法规，监督检查了公司重大决策、重大经营活动情况及财务状况，认为公司董事会和高级管理层能够严格执行《公司法》及公司章程和监管政策的相关规定，坚持依法合规经营、积极践行国家战略、主动调整业务结构、不断提升业务质效、持续推进业务创新。董事与高级管理人员等在履行公司职务时未有违反法律、法规、公司章程或损害公司利益的行为，年度报告真实反映了公司的财务状况和经营成果。

10.期后事项

无。

天津信托有限责任公司

1. 重要提示

1.1 本公司董事会及董事保证本报告所载资料不存在任何虚假记载、误导性陈述或者重大遗漏,并对其内容的真实性、准确性和完整性承担个别及连带责任。

1.2 公司独立董事蒋明康、郭建鸾对本年度报告所披露的内容进行了认真审查,认为本年度报告的内容是真实、准确、完整的。

1.3 中审华会计师事务所(特殊普通合伙)为本公司出具了标准无保留意见的审计报告。

1.4 公司董事长周雄、总经理黎代福、副总经理王辉、董事会秘书陈耿、计划财务部负责人李瑞聪声明:保证本年度报告中财务报告真实、完整。

2. 公司概况

2.1 公司简介

2.1.1 公司的法定中文名称:天津信托有限责任公司
公司的中文简称:天津信托

2.1.2 公司的法定英文名称:Tianjin Trust Co., Ltd.
公司的英文简称:Tianjin Trust

2.1.3 法定代表人:周雄

2.1.4 注册地址:天津市河西区围堤道125~127号天信大厦,邮政编码:300074

2.1.5 国际互联网网址:www.tjtrust.com,电子信箱:office@tjtrust.com

2.1.6 信息披露事务负责人:王辉、陈耿
信息披露事务联系人:冉启文
联系电话:022-28408259,传真:022-28408279,电子信箱:office@tjtrust.com

2.1.7 公司指定信息披露报纸:《证券时报》

2.1.8 公司年度报告备置地点:天津信托有限责任公司董事会(天信大厦)

2.1.9 公司聘请的会计师事务所:中审华会计师事务所(特殊普通合伙)
地址:天津市和平区解放北路188号信达广场52层

2.1.10 公司聘请的律师事务所:无

2.2 组织结构

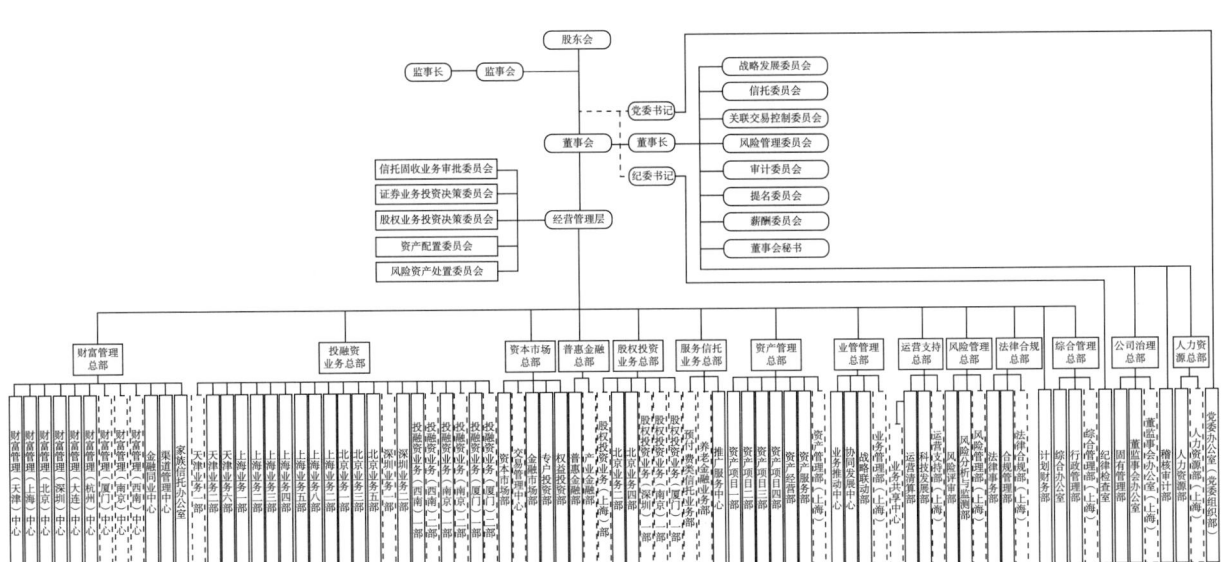

3. 公司治理

3.1 股东

截至2023年末，公司股东5家。前3家股东如下表所示。

股东名称	持股比例（%）	法定代表人	注册资本（亿元）	注册地址	主要经营业务及主要财务情况
上海上实（集团）有限公司★	77.58	沈晓初	18.59	上海市淮海中路98号金钟广场21楼	实业投资，国内贸易（除专项规定），授权范围内的国有资产经营与管理（依法须经批准的项目，经相关部门批准后方可开展经营活动）2023年末总资产为2 729.1亿元，总负债为1 684.12亿元，所有者权益为1 044.98亿元
天津市泰达国际控股（集团）有限公司	16.11	刘振宇	103.7	天津经济技术开发区盛达街9号泰达金融广场11层	主营业务为：重点对金融业及国民经济其他行业进行投资控股；监督、管理控股投资企业的各种国内、国际业务；投资管理及相关咨询服务；进行金融综合产品的设计，促进机构间协同，推动金融综合经营；对金融机构的中介服务；金融及相关行业计算机管理、网络系统的设计、建设、管理、维护、咨询服务、技术服务；资产受托管理（依法须经批准的项目，经相关部门批准后方可开展经营活动）。2023年合并口径总资产822.77亿元，总负债496.29亿元，所有者权益326.48亿元
大家人寿保险股份有限公司	3.9	何肖锋	307.9	北京市朝阳区建国门外大街6号10层1002	主营业务为：人寿保险、健康保险、意外伤害保险等各类人身保险业务；上述业务的再保险业务；国家法律、法规允许的保险资金运用业务；经原中国保监会批准的其他业务

注：最终实际控制人在股东名称一栏中加★表示。

3.2 董事会

截至2023年末，公司董事会人员构成如下表所示。

董事长、副董事长、董事

姓名	职务	性别	年龄（岁）	选任日期	所提名的股东名称	该股东持股比例（%）	简要履历
周雄	董事长	男	57	2021年3月31日	上海上实（集团）有限公司	77.58	曾任厦门大学经济学院财经系教师，华夏证券有限公司厦门业务部发行部经理，人民日报事业发展局企业管理处处长、副处长，厦门联合信托投资有限责任公司副总经理，中泰信托投资有限责任公司副总裁、董事、总裁，中泰信托有限责任公司董事、总裁，上海实业城市开发集团有限公司董事局副主席、执行董事、总裁，历任上海实业（集团）有限公司助理总裁、总监，现任天津信托有限责任公司党委书记、董事长
黎代福	职工董事	男	52	2022年3月4日	公司职代会选举	—	曾任建设银行深圳分行员工，总行零售业务部、信贷审批部副科长，深圳火车站、罗湖商业城、布吉管辖支行行长，深圳分行个人金融部、私人银行部、金融机构部副总经理、总经理，建信信托有限责任公司投资管理部总经理、投资业务总监、执行总监（兼资本运营中心总经理）、执行总监、副总裁，现任天津信托有限责任公司党委副书记、总经理、职工董事
周予鼎	董事	男	50	2020年11月24日	上海上实（集团）有限公司	77.58	曾任上海市国有资产管理办公室副主任科员、主任科员，企业处处长、资产重组处处长、秘书处处长，上海市国有资产监督管理委员会办公室副主任、分配保障处处长、产权管理处处长、综合处处长，现任上海实业（集团）有限公司总监、资产管理部总经理，兼任上海上实资本管理有限公司、上海星河数码投资有限公司、上海上投资产经营有限公司、上海国有资本投资母基金有限公司董事、上海医药（集团）有限公司监事
钟涛	董事	男	51	2020年11月24日	上海上实（集团）有限公司	77.58	曾任上实置业（上海）有限公司投资部项目经理，上海星河数码投资有限公司总经理助理，上实管理（上海）有限公司策划总监，津沪深生物医药科技有限公司党组筹建负责人，上海城开（集团）有限公司党委委员、董事、副总裁，上海实业城市开发集团有限公司党委委员、执行董事、副总裁，现任上海医药副总裁、董事会秘书，兼任北京盈通房地产开发有限公司董事长，上海地产北部投资发展有限公司副董事长，上海医药大健康云商股份有限公司、上实管理（上海）有限公司董事

续表

姓名	职务	性别	年龄（岁）	选任日期	所提名的股东名称	该股东持股比例(%)	简要履历
姜杰	董事	男	59	2020年11月24日	上海上实（集团）有限公司	77.58	曾任上海四药股份有限公司财务科职员、中国汽车贸易华东公司财务部职员、中国华源集团有限公司财务部职员、上实置业集团（上海）有限公司财务部助理总经理、上海实业发展股份有限公司计财部总经理、上海实业东滩投资开发（集团）有限公司计财部总经理，现任上海上实（集团）有限公司计财部副总经理，兼任上海潭东企业咨询服务有限公司、上海实业东滩投资开发（集团）有限公司、昔杰企业管理（上海）有限公司董事，上海华东实业有限公司、上海上实金融服务控股股份有限公司、上海上实集团财务有限公司、上海上实资本管理有限公司监事
朱大治	董事	男	46	2023年7月3日	上海上实（集团）有限公司	77.58	1995—2018年在部队服役。曾任上海实业（集团）有限公司行政办公室副总经理，上海星河数码投资有限公司副总经理，现任中共上实管理海外联合委员会书记、上海实业环境控股有限公司执行董事、CEO、上海海外有限公司董事长。兼任上海生物医药前沿产业创新中心有限公司董事、上实环境控股（武汉）有限公司董事长、龙江环保集团股份有限公司监事
陈伟明	董事	男	41	2020年11月24日	天津市泰达国际控股（集团）有限公司	16.11	曾任汇丰银行（中国）有限公司深圳分行银行营运部职员，天津市泰达国际控股（集团）有限公司资产管理与合规部项目经理、高级项目经理，资产管理部高级项目经理，资本运营部高级项目经理；现任天津市泰达国际控股（集团）有限公司金融股权资本运营中心副主任，兼任天津滨海柜台交易市场股份公司董事
凌亮	董事	男	40	2020年11月24日	大家人寿保险股份有限公司和安邦保险集团股份有限公司	5.26	曾任原中国保险监督管理委员会发展改革部市场分析处副主任科员、主任科员；中国银行保险监督管理委员会公司治理部股权监管处正科级干部、副处长；现任大家资产管理有限责任公司党委委员、董事会秘书，大家人寿保险股份有限公司资产管理部总经理
蒋明康	独立董事	男	59	2020年11月24日	上海上实（集团）有限公司	77.58	曾任中国人民银行上海市分行副科长、科长、副处长，原上海银监局处长、副局长，上海爱建集团股份有限公司副总经理，上海华瑞银行股份有限公司监事会主席，2023年6月已内退
郭建鸾	独立董事	男	61	2022年12月2日	天津市泰达国际控股（集团）有限公司	16.11	曾任职于山东淄博电视机厂、山东淄博市科技情报研究所、中国投资银行山东省分行、山东省企业托管经营有限公司、山东省高新技术投资公司等单位，现任中央财经大学商学院教授/博导，兼任江苏大丰农村商业银行股份有限公司、河北冀衡药业股份有限公司独立董事

注：以上董事任期期限为三年，即2020年12月—2023年12月。

截至2023年末，公司独立董事为：

独立董事

姓名	所在单位及职务	性别	年龄（岁）	选任日期	所提名的股东名称	该股东持股比例(%)	简要履历
蒋明康	独立董事	男	59	2020年11月24日	上海上实（集团）有限公司	77.58	曾任中国人民银行上海市分行副科长、科长、副处长，原上海银监局处长、副局长，上海爱建集团股份有限公司副总经理，上海华瑞银行股份有限公司监事会主席，2023年6月已内退
郭建鸾	独立董事	男	61	2022年12月2日	天津市泰达国际控股（集团）有限公司	16.11	曾任职于山东淄博电视机厂、山东淄博市科技情报研究所、中国投资银行山东省分行、山东省企业托管经营有限公司、山东省高新技术投资公司等单位，现任中央财经大学商学院教授/博导，兼任江苏大丰农村商业银行股份有限公司、河北冀衡药业股份有限公司独立董事

截至2023年末，公司董事会下属专门委员会及人员构成如下表所示。

董事会下属专门委员会

董事会下属专门委员会名称	职责	组成人员姓名	职务
提名委员会	拟定董事和高级管理层成员的选任程序和标准，对董事和高级管理层成员的任职资格进行初步审核，并向董事会提出建议	郭建鸾	主任委员
		周雄	委员
		黎代福	委员
		周予鼎	委员
审计委员会	负责对公司内、外部审计和信息披露以及重大关联交易进行监督和审查	郭建鸾	主任委员
		周雄	委员
		姜杰	委员
		钟涛	委员
关联交易控制委员会	负责关联交易的管理、审查和批准，控制关联交易风险	蒋明康	主任委员
		黎代福	委员
		姜杰	委员
		凌亮	委员
		陈伟明	委员
风险管理委员会	负责审核公司风险管理的政策和程序，审定公司风险管理目标，督促公司管理层建立必要的风险识别、衡量、监测和控制制度，监督和评价公司风险管理的全面性、有效性以及高级管理层在风险管理方面的履职情况	郭建鸾	主任委员
		黎代福	委员
		周予鼎	委员
		钟涛	委员
信托委员会	监督公司依法、合规管理和运用信托财产，正确处理股东、公司和受益人的利益关系，最大限度地维护受益人利益；监督依法、合规开展关联交易；对需要报经董事会审议的信托业务制度等进行审查；对公司信托业务的运行情况进行检查和评价；董事会授权的其他事宜	蒋明康	主任委员
		钟涛	委员
		凌亮	委员
战略发展委员会	对公司中长期发展战略规划进行研究并提出建议；对其他影响公司发展的重大事项进行研究并提出建议；对以上事项的实施进行检查；董事会授权的其他事宜	周雄	主任委员
		黎代福	委员
		周予鼎	委员
薪酬委员会	根据董事、高级管理人员和公司员工管理岗位的主要范围、职责、重要性以及其他相关公司相关岗位的薪酬水平制定薪酬计划或方案；薪酬计划或方案主要包括但不限于绩效评价标准、程序及主要评价体系，奖励和惩罚的主要方案和制度等；审查公司董事及高级管理人员履行职责的情况并对其进行年度绩效考评；负责对公司薪酬制度执行情况进行监督；董事会授权的其他事宜	周雄	委员
		黎代福	委员

3.3 监事、监事会及其下属专门委员会

截至2023年末，公司监事会人员构成如下表所示。

监事会成员

姓名	职务	性别	年龄（岁）	选任日期	所提名的股东名称	该股东持股比例（%）	简要履历
许勇	监事会主席	男	49	2023年1月31日	上海上实（集团）有限公司	77.58	曾任中国人民银行天津市分行稽核处、银行监管一处、中国农业银行监管处等科员、副主任科员，原天津银监局国有银行监管二处、现场检查一处、法人银行监管处副主任科员、副处长、处长以及监察室主任等职务，现任天津信托有限责任公司监事会主席
刘响东	外部监事	男	53	2020年11月24日	上海上实（集团）有限公司	77.58	曾任中国船舶工业总公司勘察研究院助理工程师，上海国际信托有限公司投资银行总部、资金信托总部经理、副总经理等职务，现任尚信资本管理有限公司董事长

续表

姓名	职务	性别	年龄（岁）	选任日期	所提名的股东名称	该股东持股比例（%）	简要履历
胡俊强	监事	男	41	2021年4月7日	天津市泰达国际控股（集团）有限公司	16.11	曾任天津市人民政府研究室一处科员、六处副主任科员，天津市滨海新区司法局办公室主任科员，天津经济技术开发区管委会办公室主任科员，天津市泰达国际控股（集团）有限公司办公室副主任（兼任战略发展部的临时负责人、泰达宏利基金董事、风险委员会主席），现任天津市泰达国际控股（集团）有限公司纪委委员、办公室主任
杨海军	职工监事	男	55	2022年3月4日	公司职代会选举	—	曾任职于申银万国、中国工商银行信托投资公司、北京证券深圳营业部总经理、联合证券交易管理部总经理、厦门联合信托上海证券部总经理、中泰信托证券部总经理、北京中心副总经理（主持工作）兼北京中心综合管理部总经理、上海实业城市开发集团有限公司深圳公司总经理，兼融产结合工作推进办公室副主任，现任天津信托有限责任公司资产管理总部总经理，兼综合管理总部总经理、职工监事
丁粤军	职工监事	男	52	2022年3月4日	公司职代会选举	—	曾任天津市审计局直属分局干部，天津市审计局主任科员、天津信托投资有限责任公司稽核部干部、稽核部副总经理、天津信托有限责任公司稽核部副总经理、总经理，现任天津信托有限责任公司稽核审计部总经理、纪检监察室主任（兼）、职工监事

注：以上监事任期期限为三年，即2020年12月—2023年12月。

本公司监事会下属专门委员会及人员构成如下表所示。

监事会下属专门委员会

监事会下属专门委员会名称	职责	组成人员姓名	职务
提名委员会	负责拟订监事的选任程序和标准，对监事候选人的任职资格进行初步审核，并向监事会提出建议；对董事的选举程序进行监督；对董事、监事和高级管理人员履职情况进行综合评价并向监事会报告；对公司薪酬管理制度和政策及高级管理人员薪酬方案的科学性、合理性进行监督	刘响东	主任委员
		许勇	委员
		胡俊强	委员

3.4 高级管理人员

截至2023年末，公司高级管理人员构成如下表所示。

姓名	职务	性别	年龄（岁）	选任日期	金融从业年限（年）	学历	专业	简要履历
周雄	董事长	男	57	2021年3月31日	26	研究生	金融学	曾任厦门大学经济学院财经系教师，华夏证券有限公司厦门业务部发行部经理，人民日报事业发展局企业管理处干部、副处长，厦门联合信托投资有限责任公司副总经理，中泰信托投资有限责任公司副总裁、董事、总裁，中泰信托有限责任公司董事、总裁，历任上海实业（集团）有限公司助理总裁、总监，上海实业城市开发集团有限公司董事局副主席、执行董事、总裁，现任天津信托有限责任公司党委书记、董事长
黎代福	总经理	男	52	2022年3月11日	29	研究生	管理学	曾任建设银行深圳分行员工，总行零售业务部、信贷审批部副科长，深圳火车站、罗湖商业城、布吉管辖支行行长，深圳分行个人金融部、私人银行部、金融机构部副总经理、总经理，建信信托有限责任公司投资管理部总经理、投资业务总监、执行总监（兼资本运营中心总经理）、执行总监、副总裁，现任天津信托有限责任公司党委副书记、总经理、职工董事
王辉	副总经理	女	51	2015年12月18日	29	研究生	工商管理	曾任天津信托投资有限责任公司干部、部门副总经理、部门总经理（2003年9月至2005年12月在南开大学工商管理专业学习，获工商管理硕士学位），天津信托有限责任公司业务经营管理部总经理、总经理助理兼业务经营管理部总经理、总经理助理，现任天津信托有限责任公司副总经理（2021年4月至2021年9月代为履职总经理）
蒋志翔	副总经理	男	50	2021年3月31日	29	本科学历硕士学位	软件工程	曾任建设银行厦门分行国际业务部职员、总审计室副总经理、梧村支行主任、国际业务部、机构业务部总经理助理，民生银行厦门分行公司银行管理部副总经理（主持工作）、能源交通事业部总经理、总行交通事业部船运业务部总经理（2009年9月至2011年6月在厦门大学软件工程专业在职学习，获得硕士学位）、客户管理部总经理，民生加银基金管理有限公司党委委员、董事会秘书、党委书记、总经理，东方集团有限公司副总裁、东方集团财务有限责任公司董事长，天津信托有限责任公司京津冀区域总部、长三角区域总部、大湾区区域总部总经理，现任天津信托有限责任公司副总经理，兼上海管理总部总经理，代管大湾区区域总部，兼任资产服务信托业务总部筹备组组长

续表

姓名	职务	性别	年龄（岁）	选任日期	金融从业年限（年）	学历	专业	简要履历
杨湧	副总经理	男	54	2007年11月30日	29	研究生	管理	曾任天津油墨股份公司秘书，天津信托投资公司证券业务部干部、投资银行二部副总经理、证券投资部副经理、经理、总经理助理兼证券投资部经理，天津信托投资有限责任公司副总经理（2007年7月至2009年7月在南开大学商学院高级管理人员工商管理硕士专业学习，获高级管理人员工商管理硕士学位），天津信托有限责任公司副总经理，现任天津信托有限责任公司副总经理兼任资本市场总部总经理
陈耿	董事会秘书	男	48	2021年3月31日	8	本科	法学	曾任上海飞机制造厂翻译、项目助理，上海市沪中律师事务所律师，上海新华闻投资控股有限公司首席律师，中国华闻投资控股有限公司综合行政总经理，宝矿控股（集团）有限公司法务总经理，中泰信托有限责任公司综合管理部总经理、资产管理部总经理，上海实业城市开发集团有限公司行政人力资源中心总经理，天津信托有限责任公司综合管理总部总经理，现任天津信托有限责任公司董事会秘书
孟思远	风险总监	男	41	2021年3月31日	14	硕士研究生	工学	曾任毕马威会计师事务所金融组审计师，华夏基金管理有限公司风险管理部经理，中国民生银行总行授信评审部独立审批人，哈银金融租赁有限责任公司法律合规及风险管理部总经理，建信信托有限责任公司风险管理部执行总经理、投行银行部执行总经理，天津信托有限责任公司风险管理总部总经理、风险管理总部总经理兼法律合规总部总经理，现任天津信托有限责任公司风险总监兼任风险管理总部总经理、法律合规总部总经理
冉启文	业务总监	男	58	2021年3月31日	35	研究生	工商管理	曾任天津信托投资公司信托业务三部业务员、外汇部副经理、国际业务部副总经理、金融开发中心、资金部和证券研究部研究员、市场开发部副总经理、总经理、董事会秘书兼风险管理部经理，天津信托有限责任公司董事会秘书（2012年6月开始，总经理助理职级）兼办公室主任、董事会秘书，现任天津信托有限责任公司业务总监兼董事会办公室主任
李文涛	总经理助理	男	52	2012年5月18日	31	研究生	工商管理	曾任天津信托投资有限责任公司干部、部门副总经理、部门总经理（2006年9月至2008年12月在南开大学商学院工商管理专业硕士研究生学习，获硕士学位），天津信托有限责任公司信托业务二部经理、总经理助理兼信托业务二部总经理、总经理助理，现任天津信托有限责任公司总经理助理兼任天津业务二部经理
付岩	总经理助理	男	48	2018年9月27日	22	大学本科	管理工程	曾任北洋（天津）物产有限公司期货部职员，中国经济开发信托投资公司天津证券部干部，天津顺驰地产有限公司资管部高级经理，天津信托有限责任公司投资银行部干部、自营业务部副总经理、自营业务部副总经理兼基金发展部总经理、自营业务部总经理兼基金发展部总经理、自营业务部总经理、自营业务部总经理兼同业信托部总经理、总经理助理兼自营业务部兼投资发展部总经理，现任天津信托有限责任公司总经理助理兼普惠金融总部总经理、普惠金融部总经理
康雁	运营总监	男	59	2018年9月27日	33	大学本科	金融学	曾任天津公交二厂干部，天津信托投资公司业务三部干部、集合信托部副经理、集合信托部经理（主持工作），天津信托投资有限责任公司市场营销部经理、信托业务一部总经理、中层正职管理人员（协助总经理先后分管信托业务一部、信托三部到十部、信托业务四部）、中层正职管理人员（协助总经理分管信托业务一部、信托业务四部）、运营总监（协助总经理分管信托业务一部、信托业务四部），现任天津信托有限责任公司运营总监兼资产项目四部总经理
杨锦	营销总监	女	53	2018年9月27日	30	大学本科	会计学	曾任天津信托投资公司干部、财会部副经理、财会部经理，天津信托有限责任公司市场营销部总经理、财富中心总经理、营销总监兼财富中心总经理；现任天津信托有限责任公司营销总监兼任财富管理总部副总经理、天津财富中心总经理

3.5 公司党委委员

截至2023年末，公司党委委员5人，具体如下表所示。

姓名	职务	性别	年龄（岁）	选任日期	简要履历
周雄	党委书记	男	57	2020年9月28日	曾任厦门大学经济学院财经系教师，华夏证券有限公司厦门业务部发行部经理，人民日报事业发展局企业管理处干部、副处长，厦门联合信托投资有限公司副总经理，中泰信托投资有限公司副总裁、董事、总裁，中泰信托有限责任公司董事、总裁，历任上海实业（集团）有限公司助理总裁、总监，上海实业城市开发集团有限公司董事局副主席、执行董事、总裁，现任天津信托有限责任公司党委书记、董事长
黎代福	党委副书记	男	52	2022年2月17日	曾任建设银行深圳分行员工，总行零售业务部、信贷审批部副科长，深圳火车站、罗湖商业城、布吉管辖支行行长，深圳分行个人金融部、私人银行部、金融机构部副总经理，建信信托有限责任公司投资管理部总经理、投资业务总监、执行总监（兼资本运营中心总经理）、执行总监、副总裁，现任天津信托有限责任公司党委副书记、总经理、职工董事

续表

姓名	职务	性别	年龄（岁）	选任日期	简要履历
王辉	党委委员	女	51	2015年11月24日	曾任天津信托投资有限责任公司干部、部门副总经理、部门总经理（2003年9月至2005年12月在南开大学工商管理专业学习，获工商管理硕士学位），天津信托有限责任公司业务经营管理部总经理、总经理助理兼业务经营管理部总经理、总经理助理，现任天津信托有限责任公司副总经理（2021年4月至2021年9月代为履职总经理）
蒋志翔	党委委员	男	50	2021年3月22日	曾任建设银行厦门分行国际业务部职员、总审计室副经理、梧村分理处主任、国际业务部、机构业务部总经理助理，民生银行厦门分行公司银行管理部副经理（主持工作）、能源交通事业部总经理、总行交通事业部船业务分部总经理（2009年9月至2011年6月在厦门大学软件工程专业在职学习，获得硕士学位），客户管理部总经理，民生加银基金管理公司党委委员、董事会秘书、党委书记、总经理，东方集团有限公司副总裁，东方集团财务有限公司董事长，天津信托有限责任公司京津冀区域总部、长三角区域总部、大湾区区域总部总经理，现任天津信托有限责任公司副总经理，兼上海管理总部总经理，代管大湾区区域总部，兼任资产服务信托业务总部等组组长
刘建军	党委委员 纪委书记	男	53	2016年4月15日	曾任天津市红光农场干部，南开区委研究室科员、副科长，天津市纪委办公厅副主任科员、主任科员，天津市委巡视工作办公室主任科员，天津市纪委政策法规室副主任，天津市委领导干部廉洁自律副主任（正处级）、党风廉政建设室、执法和效能监督室、市委巡视工作办公室副主任（正处级巡视专员）；现任天津信托有限责任公司党委委员、纪委书记

3.6 公司员工

截至2022年末，公司职工人数为273人；截至2023年末，公司职工人数为282人。人员基本情况如下表所示。

项目		报告期年度		上年度	
		人数（人）	比例（%）	人数（人）	比例（%）
年龄分布	25岁以下	—	—	—	—
	25~29岁	12	4.3	19	7.0
	30~39岁	153	54.2	145	53.1
	40岁及以上	117	41.5	109	39.9
学历分布	博士	5	1.8	6	2.2
	硕士	143	50.7	143	52.4
	本科	126	44.7	113	41.4
	专科	8	2.8	11	4.0
	其他				
岗位分布	董事、监事及其他高管人员	15	5.3	14	5.1
	自营业务人员	11	3.9	11	4.0
	信托业务人员	161	57.1	156	57.2
	其他人员	95	33.7	92	33.7

注：自营业务人员是指按照岗位分工，专门或至少主要从事自有资金使用和固有资产管理有关业务的职工；信托业务人员是指按照岗位分工，专门或至少主要从事信托资金使用和信托资产管理各项业务的职工；对于人力资源部等类似无法明确区分的综合部门归为其他人员。

4. 经营管理

4.1 经营目标、方针、战略规划

公司经营目标是本着"诚信、稳健、高效"的经营理念，坚持"对社会负责，对客户负责，对股东负责，对员工负责"的服务宗旨，立足金融信托本业，促进业务创新升级，做好传承和创新"两篇文章"，全面贯彻落实党的二十大精神及中央经济工作会议精神，坚持稳中求进、回归本源的基本原则，注重受益人利益最大化和股东稳定回报；坚持诚信合规经营理念，注重风险防控，体制机制和产品创新，不断提升公司核心竞争力，努力创建公司、股东、客户共赢平台，同时实现员工价值。

公司经营方针是以遵循国家和监管部门法规为依托，以诚信合规、稳健发展高效运营为理念，进一步健全和强化法人治理、内控严密、管理合规的内部控制体系；以业务开拓创新为动力，以风险防控为前提，进一步提升和增强公司的核心竞争力；以受益人利益最大化和股东稳定回报为原则，努力创建公司、股东、客户共赢平台。注重加强人才队伍、企业文化和长效机制建设，不断提高公司的盈利能力、风险控制能力、创新能力、营销能力，正确把握宏观经济形势和政策环境，推进公司又好又快地发展。

2021—2025年公司总体战略目标是：积极利用好本轮混改给公司带来的发展新机遇，融入上实集团整体发展战略，建立市场化激励机制，进行全国化业务布局和团队布局，强化组织能力建设和业务能力建设，打造"全国化、市场化、专业化、协同化"的信托公司，将公司打造成为"融产结合"的信托典范。

下一阶段，公司将继续按照集团党委、董事会的战略部署，以信托业转型为契机，保持战略定力，做好转型发展，通过集团融产结合和自身专精业务双轮驱动，努力将天津信托打造成为跨区域、市场化、专业化、协同化，具有较强综合实力和国际化特质的精品信托公司。

4.2 所经营业务的主要内容

4.2.1 经营范围

经国家金融监督管理总局批准，公司的经营范围为：（1）资金信托；（2）动产信托；（3）不动产信托；（4）有

价证券信托；（5）其他财产或财产权信托；（6）作为投资基金或者基金管理公司的发起人从事投资基金业务；（7）经营企业资产的重组、购并及项目融资、公司理财、财务顾问等业务；（8）受托经营国务院有关部门批准的证券承销业务；（9）办理居间、咨询、资信调查等业务；（10）代保管及保管箱业务；（11）以存放同业、拆放同业、贷款、租赁、投资方式运用固有财产；（12）以固有财产为他人提供担保；（13）从事同业拆借；（14）特定目的信托受托机构；（15）以固有资产从事股权投资业务；（16）法律法规规定或国家金融监督管理总局（营业执照仍为中国银行业监督管理委员会）批准的其他业务。

4.2.2 公司经营的业务品种

4.2.2.1 固有资产业务

公司运用固有资产经营的主要业务品种包括：自营贷款、融资租赁、自营证券投资、自营金融股权投资、金融产品投资、财务顾问业务等。

4.2.2.2 信托业务

公司信托业务主要品种包括：资产服务信托，即行政管理信托、财富管理信托、风险处置服务信托；资产管理信托，即固定收益类信托、权益类信托、混合类信托；公益慈善信托等。

4.2.3 资产分布

2023年末，公司管理的资产总规模为2 451.34亿元，其中固有资产109.03亿元，占资产总规模的4.45%；信托资产2 342.31亿元，占管理资产总规模的95.55%。

自营资产运用与分布表

资产运用	金额（万元）	占比（%）	资产分布	金额（万元）	占比（%）
货币资产	32 422	2.97	基础产业	93 793	8.60
贷款及应收款	251 539	23.07	房地产业	10 249	0.94
交易性金融资产	208 648	19.14	证券市场	38 565	3.54
债权投资	223 524	20.50	实业	43 604	4.00
其他债权投资	176	0.02	金融机构	659 813	60.52
其他权益工具投资	53 245	4.88	其他	244 299	22.40
买入返售金融资产	11 681	1.07	—	—	—
长期股权投资	233 277	21.40			
其他	75 811	6.95			
资产总计	1 090 323	100.00	资产总计	1 090 323	100.00

注：1. 资产运用中其他包括：递延所得税资产50 608万元、投资性房地产及固定资产14 672万元、无形资产4 616万元等。
2. 资产分布中其他包括：递延所得税资产50 608万元、投资性房地产及固定资产14 672万元、无形资产4 616万元、其他应收款137 366万元等。

信托资产运用与分布表

资产运用	金额（万元）	占比（%）	资产分布	金额（万元）	占比（%）
货币资产	284 146	1.21	基础产业	8 980 104	38.34
贷款	1 976 903	8.44	房地产业	1 386 530	5.92
交易性金融资产	2 422 899	10.34	证券市场	724 525	3.09
债权投资	16 475 347	70.34	实业	4 710 529	20.11
买入返售金融资产	1 920 747	8.20	金融机构	6 279 153	26.81
长期股权投资	152 630	0.65	其他	1 342 268	5.73
其他	190 437	0.81	—	—	—
信托资产总计	23 423 110	100.00	信托资产总计	23 423 110	100.00

注：资产运用中其他包括：应收款项164 396万元，拆出资金26 041万元。

4.3 市场分析

4.3.1 影响业务发展的有利因素

影响业务发展的有利因素包括：

一是我国发展面临的有利条件强于不利因素：2023年我国经济总体回升向好，呈现"增速较高、就业平稳、物价较低、国际收支平衡"的特点，展现出坚强韧性。2023年，我国国内生产总值超过126万亿元，较上年增长5.2%，增速位居世界主要经济体前列，城镇调查失业率较去年降低0.4个百分点，居民消费价格上涨0.2%，国际收支基本平衡，围绕扩大内需、优化结构、提振信心、防范化解风险的系列政策发挥作用，经济运行持续好转。

产业政策方面，传统产业加快转型升级，战略性新兴产业蓬勃发展，未来产业有序布局，先进制造业与现代服务业深度融合，科技创新不断实现突破，为经济发展提供了强大的内在动能。

二是信托业逐步迈向高质量发展的新阶段：中央金融工作会议指出金融是国民经济的血脉，是国家核心竞争力的重要组成部分，提出加快建设金融强国，服务实体经济，防控金融风险，深化金融改革等重点任务。围绕中央金融会议总体部署，信托业大力推进信托业务"三分类"等改革措施，明确回归本源的业务转型方向，为创新业务勾勒出差异化发展新赛道，不断开拓业务新空间，推动行业高质量发展。

三是加速融入上实集团体系，大力推动融产结合带来的机遇：公司顺利完成混合所有制改革以来，按照上实集团总体发展战略，制定并完善了公司"十四五"期间发展战略，以上实集团"致力于健康中国、美丽中国、智慧中国建设，打造世界一流的绿色健康产业投资控股集团"的使命愿景为指引,结合上实集团在医药、医疗、康养、环保、新能源、新消费等绿色健康产业体系优势,建立融产结合常态化协同发展机制,促进"科技+金融+产业"协同发展,大力推进三大类客户群体、六大类产品体系建设,努力探索具有融产结合特色的转型发展道路。

4.3.2 影响业务发展的不利因素

影响业务发展的不利因素包括:

一是外部环境的复杂性、严峻性、不确定性上升:当今世界变乱交织,外部环境更加复杂动荡,世界经济增长动能不足,世界经济和贸易整体面临衰退。中国经济发展外部环境中的不稳定不确定因素显著增多;

二是进一步推动经济回升向好还需克服困难因素:当前,我国经济面临有效需求不足问题,部分行业产能过剩,社会预期偏弱,风险隐患仍然较多,国内大循环存在堵点,经济发展面临的机遇与挑战并存;

三是行业转型发展带来压力与挑战:2023年度,国家金融监督管理总局成立,进一步统筹强化金融监管与消费者权益保护,短期内行业去通道、去资金池、化解风险面临一定的监管压力;《关于规范信托公司信托业务分类的通知》于2023年6月1日起正式实施并设置3年的过渡期,过渡期内行业持续面临不合规业务压降递减、新业务培育拓展的转型压力与挑战。

4.4 内部控制

4.4.1 内部控制环境和内部控制文化

公司遵循全覆盖原则、重要性原则、制衡性原则、审慎性原则、相匹配原则、成本效益原则建立与实施内部控制。公司内部控制目标为确保国家法律规定和公司内部规章制度的贯彻执行;确保公司发展战略和经营目标的实现;确保公司风险管理的有效性;确保公司业务记录、会计信息、财务信息和其他管理信息的及时、真实、准确和完整。

为防范风险,保障公司稳健运行,公司秉承"诚信、稳健、高效"的经营理念,不断加强对公司各部门及公司工作人员所从事经营活动和业务行为的规范和控制,全体员工均树立内控优先的风险防范理念。公司形成了较为完善的内部控制组织架构和岗位职责,部门设置科学、分工合理、职责明确;公司建立内部控制的定期审视机制,对内部控制的制度建设、执行情况定期进行回顾和检讨,并根据国家法律规定、组织架构、经营状况、市场环境的变化进行修订和完善;公司注重培育内控合规文化建设,通过开展培训活动,不断提高内控人员的职业操守和专业能力。

4.4.2 内部控制措施

公司始终坚持稳健经营的理念,坚持以信托评级指标为指导加强内控管理及合规管理工作,从健全公司治理组织架构、风险识别与评估、提升信息系统、推进人力资源改革、实施内控监督与评价等各环节强化内控管理工作。公司明确各部门和岗位的工作职责,实施了业务前中后台操作的隔离制度,对项目实施事前准入、事中检查、事后评价的全程管理。在新业务开发上采取制度先行的管理策略,通过发挥一系列监督管理职能保证内部运营体系的健康有效,建立应急机制以应对突发事件造成的经营风险。公司董事会下设战略发展委员会、提名委员会、风险管理委员会、薪酬委员会、信托委员会、审计委员会、关联交易控制委员会,主要负责审定公司中长期发展战略规划,拟定董事和高级管理层成员的选任程序和标准,审核和监督公司风险管理的政策、目标和程序,制定和考评公司薪酬计划或方案,监督公司依法合规管理信托财产,对公司内外部审计进行监督和审查,关联交易的管理、审查、批准和控制。

公司组建了固定收益类业务风险审批委员会、股权投资业务投资决策委员会、证券市场业务投资决策委员会,负责审议公司的各类投融资业务事项,严格控制业务经营决策风险。固定收益类业务风险审批委员会、股权投资业务投资决策委员会、证券市场业务投资决策委员会充分发挥业务把控的关口作用,不断严格和细化项目准入管理,就报审业务的合法、合规性以及其经营性风险等方面进行严格把关,遵循宏观经济形势以及公司总体经营导向,对各类投、融资业务加强倾向性引导,使业务审查更加标准化,提升了审查质量和审批效率。

项目评审实施风险、合规双线审核,根据资本市场投资类业务、非上市股权投资业务、固定收益类业务的差异性,在业务评审环节,由风险经理和法审经理分别对不同类型业务风险点及涉及的合规要点进行审查,为解决方案提供服务支持,在风险管理职能前置、更加贴近市场和服务业务一线的同时,对于传统信贷领域业务,做好业务发展与风险防范的平衡,按照"优中选优"的基本原则审慎开展各项业务,对于监管政策压降的领域、宏观政策调控的行业、基本面持续下滑的客户,主动做到压缩退出,防范投融资风险。

风险管理总部是公司负责风险管理的牵头部门，在公司总经理的领导下开展风险管理的日常工作，负责拟定并组织落实风险管理的基本政策、制度、办法、流程和风险评价标准；检查、分析、评价和报告公司风险管理状况并提出应对建议。

法律合规总部负责牵头公司内控体系的统筹规划和组织落实；为公司经营管理活动提供法律合规支持；完善公司业务管理制度体系及合规、法务管理相关流程；对公司经营及业务活动涉及的法律文件进行审查；负责法律相关中介机构管理等相关法律事务工作；开展合规报告、合规检查、合规培训及关联交易等其他合规管理工作。

为加强公司业务规章制度工作的管理，提高建章立制的质量和效率，公司制订业务管理制度年度计划管理模式，年初制定本年度《天津信托业务制度年度管理计划》，年末就业务管理制度年度管理情况进行报告并根据本年度制度运行情况及下年度业务开展需要拟定下年度制度更新计划。根据监管提示对存在不足的制度设置、制度内容将相关制度新增或修订计划列入年度计划，及时推进相关制度的更新调整。公司坚持制度先行的管理理念，不断增强制度体系对公司工作流程变化的敏感性及灵活性，使公司管理水平、风险防控和化解能力得到持续提升，促进公司可持续发展。

为规范公司风险资产处置工作，加强风险资产处置方案审查，确保风险资产处置工作合法依规开展，公司成立了风险资产处置委员会，建立起风险资产处置专业评审机制，负责对风险暴露项目的处置方案进行审议、决策，对于配合风险资产司法处置进程，加快清收不良资产起到了推动作用。

运营清算部代表信托产品投资者履行对信托产品运作情况的监督。通过不断丰富管理内容，进一步强化管理深度，对信托项目各个阶段的监督管理尽职尽责。

运营清算部承担信托计划运行全程专业托管，以履行好受托管理事务为职责，在保障公司信托业务有序运行的同时，降低和防范操作风险，提升运营管理的效率和规范程度，从而真正实现信托业务管理一"部"到位。

信息化建设方面，公司全面推进企业数字化转型进程。一是推进资产服务平台项目、风险模型系统和数据监控系统建设，提升互联网贷款主动管理能力。二是推进标品业务系统建设，提升投资管理线上化和合规风控管控能力。三是升级改造风控系统和资管系统，通过人行个人和企业二代征信报送测试验收。四是持续优化提升公司投资者App的功能，同时完成客户经理端App建设上线，提升服务能力和客户满意度。五是按集团要求，完成人力系统、固有财务系统升级，并完成与集团管报平台对接。

同时，在加快信息化建设的过程中，始终保持科技风险防范水平的同步提升。一是完成天信大厦机房改造，完成UPS电池更换、大金空调更换，并增加双路UPS供电等，机房基础设施能力已有效提升。二是完成天信大厦机房互联网区域WAF、IPS设备更换，新增部署了抗拒绝服务攻击（DDOS）设备并与态势感知平台进行联动，有效提高外部攻击防御能力。解决了互联网区域WAF和IPS设备老旧，缺少抗拒绝服务攻击（DDOS）设备，无法抵御互联网拒绝服务攻击问题。三是完成公司等级保护三级信息系统的复测。四是加强安全风险评估和整改，开展信息安全意识培训并进行相应考核，提高全体员工信息安全意识水平。五是搭建一体化监控平台，已实现对操作系统、数据库、基础设施、网络链路、应用服务等多个领域监控。六是开展同城机房业务连续性切换演练，对重要信息系统进行切换演练。

4.4.3　信息交流与反馈

公司多项措施保障了与监管部门、董事会、高管层和员工之间的信息传递和交流。

公司定期和不定期召开股东会、董事会，通报公司经营成果、面临的困难和挑战、拟采取的管理手段等，股东会、董事会成员评议并通过各项内控政策和重大事项决策。

公司高管层在各层级会议上传达公司经营政策和风险管理理念，通过内部网络及时向员工发布各项监管政策、内控制度和行业信息，并将改版后的政策、制度汇编装订成册下发给各部门。公司员工可以通过直接交流、书面报告或通过内部网络及总经理信箱反馈经营过程中发现的问题，使高管层、董事会能够及时了解内部控制环节中的隐患和缺陷。

公司与监管部门做到充分沟通，每个信托项目在运作前提交中信登进行预登记，就新业务拓展、存续业务规范等工作，与监管部门进行经常性汇报与沟通。

4.4.4　监督评价与纠正

公司设立稽核审计部，依据国家有关法律法规、内部审计准则和集团、公司制度规定开展工作。审计工作向董事会负责，接受监事会、集团审计机构的指导和监督。完成年度审计工作计划，独立、客观地履行监督、评价和建议职能。公司遵守和执行相关法律法规、监管制度，按照稳中求进的工作总基调，审慎办理各项业务，持续深化转型创新发展，内部控制和风险管理适当、有效，经营活动规范。年内实施了专项审计、经济责任审计、消费者权益保护专项检查、开展了受托责任履职情况和内部控制情况评价等，按制度规定进行了两次后续审计。审计发现问题及时整改，审计结果定期向公司主要领导、监事会、董事会、集团审计机构和监管机关报告。

4.5 风险管理

4.5.1 风险管理概况

4.5.1.1 公司经营相关主要风险

主要包括：信用风险、市场风险、操作风险、流动性风险、法律合规风险、政策与战略风险、声誉风险等。

4.5.1.2 风险管理基本原则和政策

公司围绕总体经营目标构建全面风险体系，遵循有效性、全覆盖性、独立性、匹配性、前瞻性的风险管理基本原则，坚持以合规经营、控制风险为经营理念，确保将风险控制在与公司总体经营目标相适应并可承受的范围内，最大限度避免损失，以达到公司目标、最小化非预期收益的波动性、最大化公司价值，从而增强公司的核心竞争力。

4.5.1.3 风险管理组织体系

公司建立并完善权责明确、全面有效、独立权威的风险管理组织体系，以确保各项风险管理政策切实得以落实，确保各种风险信息可以有效传递和反馈。董事会依据公司章程建立和维护公司风险管理体系，对全面风险管理工作的有效性负责。董事会下设风险管理委员会及其他专门机构，对董事会负责，依据相应委员会议事规则履行职责。监事会承担全面风险管理的监督责任，负责监督董事会和高级管理层在风险管理方面的履职尽责情况并督促整改。高级管理层及下设专业委员会负责依据董事会确定的风险管理策略，在授权范围内进行业务决策和项目审批。风险管理总部及其他风险管理相关执行和职能部门包括各业务部门、财富管理总部、法律合规总部、业务管理总部、资产管理总部、综合管理总部、运营清算部、稽核审计部、计划财务部、科技发展部等，按照各部门具体职责履行相应的风险管理职能。

公司通过对相关机构进行科学的设置，建立起以风险管理为中心的三道防线：各业务部门和财富管理总部是风险管理的第一条防线，在业务前端识别、评估、应对、监控与报告风险；风险管理总部、法律合规总部、业务管理总部、资产管理总部、综合管理总部、运营清算部、计划财务部、科技发展部等职能部门是风险管理的第二条防线，综合协调制定各类风险制度、标准和限额，实施风险管理措施，提出应对建议；稽核审计部是风险管理的第三条防线，针对公司已经建立的风险管理流程和各项风险的控制程序和活动进行监督和评价。对于公司面临的每一项风险，均由以上三个层次的管理框架进行控制，确保将各种风险控制在公司可承受的范围内。

4.5.2 风险状况及风险管理

4.5.2.1 信用风险状况及信用风险管理

信用风险是指交易对手未能按照合同的约定履行义务或信用质量发生变化，影响公司债权的实现或其他金融产品的价值，使公司遭受经济损失的风险。信用风险通常是由于交易对手经营或财务状况不佳造成的，是公司面临的最主要风险。

公司对信用风险采取如下防范控制措施：一是通过对交易对手的信用评级、尽职调查和风险评价进行事前控制；通过交易结构设计、设定抵质押等风控措施、引入风险转移措施、风险定价等手段规避或减少信用风险；通过固定收益类业务风险审批委员会、股权投资业务投资决策委员会、证券市场业务投资决策委员会、公司办公会等进行独立评审确保决策优化。二是交易中、后期持续跟踪交易对手信用风险变化及所在行业的整体运行状况，通过业务存续期过程管理持续评估和监测交易对手的履约能力。对信用风险升高业务或逾期业务及时进行风险预警，并采取债务重组、流动支持或诉讼清收等经济、行政与法律手段相结合的方式降低违约损失率（LGD）。三是强调风险管理关口前移，注重业务管理的过程控制，通过严格执行正向激励机制和反向责任追究制度促进各业务、管理条线严格遵守公司风险控制制度。四是通过设置信用级别底限、单一或集团客户信用风险限额或区域额度指导控制信用风险，按照信用风险的暴露程度计提资产减值准备。

4.5.2.2 市场风险状况及市场风险管理

市场风险是指公司固有财产和信托财产的价值或收入由于市场价格（如利率、汇率、股票或商品价格）或指数的不利变动而发生损失的风险。

在加强市场风险管理方面，公司采取以下控制措施：在金融资产的管理方面，加强对经济及金融形势的分析预测，并据此提出资产配置及其调整方案。密切跟踪市场和经济运行状况，及时调整投资策略和投资组合，严格规避政策导向变化带来的不利影响。坚持稳健原则，在投资组合中配置足够的固定收益类、新股类、基金类等低风险投资品种。对证券投资组合的净值、仓位和投资集中度等指标事先设定预警点或止损点。通过投资分散化（组合对冲）降低非系统性风险；在股权直接投资的管理方面，关注国家宏观政策变化，避免进入限制类行业和相关项目；公司通过业务创新不断拓展多元化的投资领域；充分考虑拟投资项目筛选、评估、运营、退出中的策略、渠道和措施，注重投资项目的调研和分析工作，建立充足的项目储备池，制定风险处置预案锁定项目退出风险，组建专业化的管理团队，明确项目组织管理结构与投资管理责任；在抵、质押品的管理方面，通过业务人员持续监测押品价值，并通过管理部门风险检查、压力测试等方式对押品价值进行跟踪，及时采取财产保险、押品补充与替换等方式维持押品价值。

4.5.2.3 操作风险状况及操作风险管理

操作风险是指由不完善或有问题的内部程序、员工和信息科技系统，以及外部事件所造成损失的风险。

目前公司的各项控制制度和操作规程涵盖了所有业务领域，基本实现了对公司各项业务操作过程的有效控制。公司在操作风险管理方面，采取一系列措施加以控制：一是制定和完善公司内部控制制度，建立行之有效的内控制度和内控流程。二是明确岗位职责，建立健全公司的业务授权制度和责任追究制度。三是不断整合公司各项业务流程和管理流程，加强案件防控和重点环节监控。四是强调信息系统支持，形成支持业务运营的网络结构并确保系统运行正常。五是制定公司员工行为规范，加强对员工守法意识、职业道德的教育。

4.5.2.4 其他风险状况及其管理

主要是流动性风险、法律合规风险、政策与风险、声誉风险等。

流动性风险是指公司虽有清偿或兑付能力，但无法及时获得充足资金或无法以合理成本及时获得充足资金以支付到期债务，或无法兑付到期信托计划的风险。报告期内，公司资产负债管理遵循分散性原则，资金运用及来源结构多元化发展，持续加强固有资产的流动性和融资来源的稳定，以提升公司应对市场波动的能力。定期压力测试分析公司承受压力事件的能力，考虑并预防未来可能的流动性缺口，采取信托项目弹性期限设置、非现金资产分配以及信托资产转让处置等手段缓释风险。总体看来，公司负债规模整体较为稳定，结构较为合理。

法律合规风险是指公司因没有遵循法律法规和监管政策可能遭受法律制裁、监管处罚的风险。法律合规风险管理遵循全员合规、全程合规、主动合规、合规创造价值的理念，公司经营管理与法律、规则、监管规定与自律性行业准则相一致，公司建立健全了合规管理体系，并通过多种形式的宣传形成了全员合规的良好氛围；不断加强法律风险防控，并根据外部相关法律法规的变化，适时调整内控制度和业务模式，确保公司各项经营活动合法合规。报告期内，公司严格落实监管各项要求，深入开展常态化涉非风险排查和案件防控工作，强化风险防控，加强案防重点领域全流程管理，紧盯关键制度、关键岗位和关键人员，持续做好防控机制建设，坚守合规经营底线思维，将合规经营视为控成本、增效益、稳发展的核心。同时，公司有序推进法律风险管理体系建设，采用分级方式重新梳理业务管理制度，健全规章制度体系，优化法律审查流程，强化法律队伍建设，提高法律服务质效，全面提升依法经营能力。

政策与战略风险是指由于国家宏观经济政策或监管政策的调整和变化，给公司经营活动带来不确定影响，以及公司各项中长期经营计划、策略与外部宏观形势和经济政策不适应导致公司经营出现偏差而产生的风险。政策与战略风险管理主要遵循国家法律法规要求以及资管行业发展趋势，根据宏观形势、监管政策和业务模式等新变化，积极调整公司发展规划和业务方向。报告期内，公司严格按照国家法律法规要求开展业务，根据宏观形势、监管政策和业务模式的新变化，及时组织人力和部门进行研究分析，并相应调整发展规划和业务方向。密切关注金融行业、资管行业和信托同业机构经营动向；加强与监管部门的沟通，保持公司经营与国家政策的一致性。

声誉风险是指由公司行为、从业人员行为或外部事件等，导致利益相关方、社会公众、媒体等对公司形成负面评价，从而损害公司品牌价值，不利公司正常经营，甚至影响到市场稳定和社会稳定的风险。公司将声誉风险管理纳入公司治理和全面风险管理体系，强调在合规经营和健康发展的基础上，主动、有效、灵活地管理声誉风险和应对声誉事件，将公司的社会责任和经营目标有机结合。通过加强尽职管理保障公司业务的健康运行，以依法合规、透明公开的原则处理各种突发风险事件，确保及时、真诚处理投诉和批评，通过机制明晰声誉风险监控、管理和应对流程，通过主动、有效、充分的信息披露实现与投资者的良性沟通，通过履行社会责任等方式提升公司的品牌价值和社会形象。报告期内，公司按照《天津信托声誉风险管理办法（试行）》，有效防范化解声誉风险，维护和提升公司的声誉和形象。对于经营活动中不可避免的声誉风险及时进行识别、评估，主动、有效、灵活地应对可能出现的声誉事件，并通过充分信息披露等方式实现与投资者的良性沟通。

5. 报告期末及上一年度末的比较式会计报表

5.1 自营资产

5.1.1 会计师事务所审计意见全文

审计报告

CAC津审字〔2024〕0674号

天津信托有限责任公司全体股东：

一、审计意见

我们审计了天津信托有限责任公司（以下简称贵公司）自营业务财务报表，包括2023年12月31日的资产负债表，2023年度的利润表、现金流量表、所有者权益变动表以及相关财务报表附注。

我们认为，后附的财务报表在所有重大方面按照企业会计准则的规定编制，公允反映了贵公司2023年12月31日的财务状况以及2023年度的经营成果和现金流量。

二、形成审计意见的基础

我们按照中国注册会计师审计准则的规定执行了审计工作。审计报告的"注册会计师对财务报表审计的责任"部分进一步阐述了我们在这些准则下的责任。按照中国注册会计师职业道德守则，我们独立于贵公司，并履行了职业道德方面的其他责任。我们相信，我们获取的审计证据是充分、适当的，为发表审计意见提供了基础。

三、管理层和治理层对财务报表的责任

管理层负责按照企业会计准则的规定编制财务报表，使其实现公允反映，并设计、执行和维护必要的内部控制，以使财务报表不存在由于舞弊或错误导致的重大错报。

在编制财务报表时，管理层负责评估贵公司的持续经营能力，披露与持续经营相关的事项（如适用），并运用持续经营假设，除非管理层计划清算贵公司、终止运营或别无其他现实的选择。

治理层负责监督贵公司的财务报告过程。

四、注册会计师对财务报表审计的责任

我们的目标是对财务报表整体是否不存在由于舞弊或错误导致的重大错报获取合理保证，并出具包含审计意见的审计报告。合理保证是高水平的保证，但并不能保证按照审计准则执行的审计在某一重大错报存在时总能发现。错报可能由于舞弊或错误导致，如果合理预期错报单独或汇总起来可能影响财务报表使用者依据财务报表作出的经济决策，则通常认为错报是重大的。

在按照审计准则执行审计工作的过程中，我们运用职业判断，并保持职业怀疑。同时，我们也执行以下工作：

（1）识别和评估由于舞弊或错误导致的财务报表重大错报风险，设计和实施审计程序以应对这些风险，并获取充分、适当的审计证据，作为发表审计意见的基础。由于舞弊可能涉及串通、伪造、故意遗漏、虚假陈述或凌驾于内部控制之上，未能发现由于舞弊导致的重大错报的风险高于未能发现由于错误导致的重大错报的风险。

（2）了解与审计相关的内部控制，以设计恰当的审计程序，但目的并非对内部控制的有效性发表意见。

（3）评价管理层选用会计政策的恰当性和作出会计估计及相关披露的合理性。

（4）对管理层使用持续经营假设的恰当性得出结论。同时，根据获取的审计证据，就可能导致对贵公司持续经营能力产生重大疑虑的事项或情况是否存在重大不确定性得出结论。如果我们得出结论认为存在重大不确定性，审计准则要求我们在审计报告中提请报表使用者注意财务报表中的相关披露；如果披露不充分，我们应当发表非无保留意见。我们的结论基于截至审计报告日可获得的信息。然而，未来的事项或情况可能导致贵公司不能持续经营。

（5）评价财务报表的总体列报、结构和内容，并评价财务报表是否公允反映相关交易和事项。

我们与治理层就计划的审计范围、时间安排和重大审计发现等事项进行沟通，包括沟通我们在审计中识别出的值得关注的内部控制缺陷。

中审华会计师事务所（特殊普通合伙）　中国注册会计师：

中国·天津　　　　　　　中国注册会计师：

2024年4月1日

5.1.2 资产负债表

资产负债表

编制单位：天津信托有限责任公司 2023年12月31日 单位：万元

资产	期末数	期初数	负债和股东权益	期末数	期初数
资产：			负债：		
现金及存放中央银行款项	—	—	向中央银行借款	—	—
存放同业款项	32 422.12	59 423.62	同业及其他金融机构存放款项	—	—
贵金属	—	—	拆入资金	—	40 016.53
拆出资金	—	—	交易性金融负债	—	—
交易性金融资产	208 647.89	148 527.33	以公允价值计量且其变动计入当期损益的金融负债	—	—
以公允价值计量且其变动计入当期损益的金融资产	—	—	衍生金融负债	—	—
衍生金融资产	—	—	卖出回购金融资产款	—	—
应收款项融资	—	—	吸收存款	—	—
买入返售金融资产	11 680.65	85 731.39	应付职工薪酬	17 254.70	21 086.54
应收利息	31 122.45	35 792.24	应交税费	2 216.01	1 107.37
发放贷款和垫款	83 050.82	120 309.42	应付利息	—	—
划分为持有待售的资产	—	—	预计负债	129 453.00	118 753.00
一年内到期的非流动资产	—	—	应付债券	—	—
债权投资	223 523.59	231 701.68	租赁负债	1 349.30	2 344.12
可供出售金融资产	—	—	长期应付职工薪酬	—	—
其他债权投资	176.23	172.20	递延所得税负债	7 087.59	5 639.02
持有至到期投资	—	—	其他负债	154 083.76	150 094.42
长期股权投资	233 277.31	226 768.86	负债合计	311 444.36	339 041.00
其他权益工具投资	53 245.49	31 429.34	所有者权益：	—	—
投资性房地产	6 700.23	7 815.46	实收资本（或股本）	360 000.00	170 000.00
固定资产	7 971.87	7 229.38	资本公积	18 559.73	18 559.73
使用权资产	1 219.07	2 198.77	减：库存股	—	—
无形资产	4 616.10	4 255.82	其他综合收益	693.25	124.92
递延所得税资产	50 607.75	59 166.91	盈余公积	72 030.29	66 300.12
其他资产	142 062.21	39 527.94	一般风险准备	4 759.00	4 759.00
—	—	—	信托赔偿准备	39 917.22	37 052.13
—	—	—	未分配利润	282 919.93	424 213.46
—	—	—	所有者权益合计	778 879.42	721 009.36
资产总计	1 090 323.78	1 060 050.36	负债及所有者权益总计	1 090 323.78	1 060 050.36

企业法定代表人：周雄　　　　　　主管会计工作负责人：王辉　　　　　　会计部门负责人：李瑞聪

5.1.3 利润表

利润表

编制单位：天津信托有限责任公司 2023年度 单位：万元

项目	本期数	上期数
一、营业收入	93 194.66	103 285.46
利息净收入	319.61	−628.87
利息收入	7 277.67	7 338.17

续表

项目	本期数	上期数
利息支出	6 958.06	7 967.04
手续费及佣金净收入	59 836.51	48 277.90
手续费及佣金收入	59 836.51	48 277.90
手续费及佣金支出	—	—
投资收益（损失以"-"号填列）	27 384.48	31 063.21
其中：对联营企业和合营企业的投资收益	23 652.37	25 999.26
公允价值变动收益（损失以"-"号填列）	1 756.38	22 605.92
资产处置收益	—	—
其他收益	3 134.15	205.38
其他业务收入	763.53	1 761.92
二、营业支出	14 199.00	18 698.61
税金及附加	745.31	654.57
业务及管理费	25 679.05	19 059.14
资产减值损失	-12 522.81	-1 366.79
其他业务成本	297.45	351.69
三、营业利润（亏损以"-"号填列）	78 995.66	84 586.85
加：营业外收入	0.17	0.11
减：营业外支出	10 799.43	16 962.90
四、利润总额（亏损总额以"-"号填列）	68 196.40	67 624.06
减：所得税费用	10 894.67	9 984.27
其中：当期所得税	885.65	—
递延所得税	10 009.02	9 984.27
五、净利润（净亏损以"-"号填列）	57 301.73	57 639.79
归属于母公司所有者的净利润	57 301.73	57 639.79
少数股东损益	—	—
六、其他综合收益的税后净额	568.33	-910.80
（一）归属于母公司所有者的其他综合收益的税后净额	568.33	-910.80
1.以后不能重分类进损益的其他综合收益	-6.88	-27.76
2.以后将重分类进损益的其他综合收益	575.21	-883.04
（1）权益法下可转损益的其他综合收益	572.19	-884.61
（2）可供出售金融资产公允价值变动损益	—	—
（3）持有至到期投资重分类为可供出售金融资产损益	—	—
（4）其他债权投资公允价值变动	3.02	1.57
（5）金融资产重分类计入其他综合收益的金额	—	—
（6）其他债权投资信用损失准备	—	—
（7）现金流量套期损益的有效部分	—	—
（8）外币财务报表折算差额	—	—
（9）其他	—	—
（二）归属于少数股东的其他综合收益的税后净额	—	—
七、综合收益总额	57 870.06	56 728.99

企业法定代表人：周雄　　　　主管会计工作负责人：王辉　　　　会计部门负责人：李瑞聪

5.1.4 所有者权益变动表

股东权益变动表

编制单位：天津信托有限责任公司　　　　　　2023年度　　　　　　单位：万元

项目	本年数							
	实收资本	资本公积	其他综合收益	盈余公积	一般风险准备	信托赔偿准备	未分配利润	所有者权益合计
一、上期期末数	170 000.00	18 559.73	124.92	66 300.12	4 759.00	37 052.13	424 213.46	721 009.36
加：会计政策变更	—	—	—	—	—	—	—	—
前期差错更正	—	—	—	—	—	—	—	—
其他	—	—	—	—	—	—	—	—
二、本期期初数	170 000.00	18 559.73	124.92	66 300.12	4 759.00	37 052.13	424 213.46	721 009.36
三、本期增减变动金额（减少以"-"号填列）	190 000.00	—	568.33	5 730.17	—	2 865.09	−141 293.53	57 870.06
（一）综合收益总额	—	—	568.33	—	—	—	57 301.73	57 870.06
（二）所有者投入和减少资本	—	—	—	—	—	—	—	—
1.所有者投入的普通股	—	—	—	—	—	—	—	—
2.其他权益工具持有者投入资本	—	—	—	—	—	—	—	—
3.股份支付计入所有者权益的金额	—	—	—	—	—	—	—	—
4.其他	—	—	—	—	—	—	—	—
（三）利润分配	—	—	—	5 730.17	—	2 865.09	−8 595.26	—
1.提取盈余公积	—	—	—	5 730.17	—	—	−5 730.17	—
2.提取一般风险准备	—	—	—	—	—	—	—	—
3.提取信托赔偿准备	—	—	—	—	—	2 865.09	−2 865.09	—
4.对所有者（股东）的分配	—	—	—	—	—	—	—	—
5.对其他权益工具持有者的分配	—	—	—	—	—	—	—	—
6.其他	—	—	—	—	—	—	—	—
（四）所有者权益内部结转	—	—	—	—	—	—	—	—
1.资本公积转增资本（或股本）	—	—	—	—	—	—	—	—
2.盈余公积转增资本（或股本）	—	—	—	—	—	—	—	—
3.盈余公积弥补亏损	—	—	—	—	—	—	—	—
4.结转重新计量设定受益计划净负债或净资产所产生的变动	—	—	—	—	—	—	—	—
5.设定受益计划变动额结转留存收益	—	—	—	—	—	—	—	—
6.其他综合收益结转留存收益	—	—	—	—	—	—	—	—
7.其他	190 000.00	—	—	—	—	—	−190 000.00	—
（五）其他	—	—	—	—	—	—	—	—
四、本期期末数	360 000.00	18 559.73	693.25	72 030.29	4 759.00	39 917.22	282 919.93	778 879.42

企业法定代表人：周雄　　　　主管会计工作负责人：王辉　　　　会计部门负责人：李瑞聪

股东权益变动表（续）

编制单位：天津信托有限责任公司　　　　　　2023年度　　　　　　单位：万元

项目	上年数							
	实收资本	资本公积	其他综合收益	盈余公积	一般风险准备	信托赔偿准备	未分配利润	所有者权益合计
一、上期期末数	170 000.00	18 559.73	1 035.72	61 794.65	4 759.00	34 799.40	385 916.99	676 865.49
加：会计政策变更	—	—	—	—	—	—	—	—
前期差错更正	—	—	—	—	—	—	—	—
其他	—	—	—	−1 258.50	—	−629.25	−10 697.25	−12 585.00
二、本期期初数	170 000.00	18 559.73	1 035.72	60 536.15	4 759.00	34 170.15	375 219.74	664 280.49
三、本期增减变动金额（减少以"-"号填列）	—	—	−910.80	5 763.97	—	2 881.98	48 993.72	56 728.87
（一）综合收益总额	—	—	−910.80	—	—	—	57 639.79	56 728.99
（二）所有者投入和减少资本	—	—	—	—	—	—	—	—
1.所有者投入的普通股	—	—	—	—	—	—	—	—
2.其他权益工具持有者投入资本	—	—	—	—	—	—	—	—
3.股份支付计入所有者权益的金额	—	—	—	—	—	—	—	—

续表

项目	上年数							
	实收资本	资本公积	其他综合收益	盈余公积	一般风险准备	信托赔偿准备	未分配利润	所有者权益合计
4.其他	—	—	—	—	—	—	—	—
（三）利润分配	—	—	—	5 763.97	—	2 881.98	-8 646.07	-0.12
1.提取盈余公积	—	—	—	5 763.97	—	—	-5 763.97	—
2.提取一般风险准备	—	—	—	—	—	—	—	—
3.提取信托赔偿准备	—	—	—	—	—	2 881.98	-2 881.98	—
4.对所有者(股东)的分配	—	—	—	—	—	—	—	—
5.对其他权益工具持有者的分配	—	—	—	—	—	—	—	—
6.其他	—	—	—	—	—	—	-0.12	-0.12
（四）所有者权益内部结转	—	—	—	—	—	—	—	—
1.资本公积转增资本(或股本)	—	—	—	—	—	—	—	—
2.盈余公积转增资本(或股本)	—	—	—	—	—	—	—	—
3.盈余公积弥补亏损	—	—	—	—	—	—	—	—
4.结转重新计量设定受益计划净负债或净资产所产生的变动	—	—	—	—	—	—	—	—
5.设定受益计划变动额结转留存收益	—	—	—	—	—	—	—	—
6.其他综合收益结转留存收益	—	—	—	—	—	—	—	—
7.其他	—	—	—	—	—	—	—	—
（五）其他	—	—	—	—	—	—	—	—
四、本期期末数	170 000.00	18 559.73	124.92	66 300.12	4 759.00	37 052.13	424 213.46	721 009.36

企业法定代表人：周雄　　　　主管会计工作负责人：王辉　　　　会计部门负责人：李瑞聪

5.2　信托资产

5.2.1　信托项目资产负债汇总表

信托项目资产负债表

编制单位：天津信托有限责任公司　　　　2023年12月31日　　　　单位：万元

信托资产	期末余额	年初余额	信托负债和信托权益	期末余额	年初余额
信托资产：			信托负债：		
货币资金	282 637.06	272 185.34	交易性金融负债	—	—
结算备付金	1 509.42	1 409.61	衍生金融负债	—	—
拆出资金	26 040.58	69 880.00	应付受托人报酬	15 996.15	2 837.59
存出保证金	—	—	应付托管费	674.95	208.53
衍生金融资产	—	—	应付销售服务费	29.99	8.67
交易性金融资产	2 422 899.23	1 720 583.43	应付投资顾问费	176.20	79.82
买入返售金融资产	1 920 747.01	1 868 466.10	应付受益人收益	134.55	3 011.56
应收款项	164 396.29	238 018.99	应付赎回款	20 950.00	56 700.00
发放贷款	1 976 903.22	1 698 159.01	应交税费	5 056.44	1 886.83
债权投资	16 475 347.01	14 548 385.02	其他应付款项	—	—
其他债权投资	—	—	其他负债	216 059.90	254 660.67
其他权益工具投资	—	—	信托负债合计	259 078.18	319 393.67
长期应收款	—	—	信托权益：		
长期股权投资	152 630.26	161 390.86	实收信托	22 966 349.72	19 855 090.39
其他资产	—	—	资本公积	—	—
			其他综合收益	—	—
			外币报表折算差额	—	—
			未分配利润	197 682.17	403 994.30
			信托权益合计	23 164 031.89	20 259 084.69
信托资产总计	23 423 110.08	20 578 478.36	信托负债和信托权益总计	23 423 110.08	20 578 478.36

企业法定代表人：周雄　　　　主管会计工作负责人：黎代福　　　　会计部门负责人：孙红全

5.2.2 信托项目利润及利润分配汇总表

信托项目利润及利润分配表

编制单位：天津信托有限责任公司　　　2023年度　　　单位：万元

项目	本期累计金额	上期累计金额
一、营业收入	799 427.83	705 469.01
1.利息收入	706 990.00	161 242.47
2.投资收益（损失以"-"号填列）	24 305.07	284 622.26
3.公允价值变动收益（损失以"-"号填列）	-15 057.94	3 771.77
4.汇兑损益（损失以"-"号填列）	—	—
5.其他业务收入	83 190.70	255 832.50
二、营业支出	524 093.08	397 841.41
1.受托人报酬	74 844.06	49 342.99
2.托管费	4 353.66	1 955.28
3.销售服务费	2 385.96	2 286.67
4.投资顾问费	1 915.19	2 296.47
5.信用减值损失	—	10 992.62
6.税金及附加	3 297.54	3 775.17
7.利息支出	29.17	—
8.其他费用	437 267.50	327 192.20
三、净利润（净亏损以"-"号填列）	275 334.75	307 627.60
四、其他综合收益	—	5 631.18
五、综合收益总额	275 334.75	313 258.78
六、加：期初未分配信托利润	403 994.30	660 149.95
七、可供分配的信托利润	679 329.05	973 408.73
八、减：本期已分配信托利润	481 646.88	569 414.43
九、期末未分配信托利润	197 682.17	403 994.30

企业法定代表人：周雄　　主管会计工作负责人：黎代福　　会计部门负责人：孙红全

6.会计报表附注

6.1　会计报表编制基准的说明

本公司会计报表以持续经营为编制基础，根据实际发生的交易和事项，按照中华人民共和国财政部颁布的企业会计准则的要求进行编制。

6.2　重要会计政策和会计估计说明

本公司于2021年1月1日起执行财政部颁布的以下修订后的企业会计准则：《企业会计准则第14号——收入（修订）》《企业会计准则第22号——金融工具确认和计量（修订）》《企业会计准则第23号——金融资产转移（修订）》《企业会计准则第24号——套期会计（修订）》《企业会计准则第37号——金融工具列报（修订）》及《企业会计准则第21号——租赁（修订）》。

6.2.1　计提资产减值准备的主要范围和方法

公司对承担风险和损失的资产计提准备金，包括：发放贷款和垫款、债权投资、其他债权投资、长期股权投资、长期应收款—应收融资租赁本金、存放同业、拆出资金、买入返售金融资产、抵债资产、其他应收款、应收股利、应收利息、预付账款等。主要计提方法是：（1）贷款损失准备。对贷款资产以预期信用损失为基础，评估贷款信用风险自初始确认后是否已显著增加，运用三阶段减值模型分别计量其损失准备、确认预期信用损失。（2）债权投资减值准备。对债权投资资产以预期信用损失为基础，评估贷款信用风险自初始确认后是否已显著增加，运用三阶段减值模型分别计量其损失准备、确认预期信用损失。（3）其他债权投资减值准备。对其他债权投资资产以预期信用损失为基础，评估贷款信用风险自初始确认后是否已显著增加，运用三阶段减值模型分别计量其损失准备、确认预期信用损失。（4）长期股权投资减值准备。期末对长期股权投资进行减值迹象分析，对于发生减值迹象的进行预计可收回金额测算，预计可收回金额低于账面价值的差额，提取长期投资减值准备。（5）其他资产的减值准备。期末对除上述资产外的其他资产进行减值测试，发现有减值迹象的测算未来可收回金额情况，按单项资产可收回金额低于其账面价值的差额，分项提取资产减值准备。

6.2.2　金融资产分类的范围和标准

公司根据管理金融资产的业务模式和金融资产的合同现金流量特征，在初始确认时将金融资产分为不同类别：以摊余成本计量的金融资产（债权投资）、以公允价值计量且其变动计入其他综合收益的金融资产（其他债权投资）及以公允价值计量且其变动计入当期损益的金融资产（交易性金融资产）。

本公司将同时符合下列条件且未被指定为以公允价值计量且其变动计入当期损益的金融资产，分类为以摊余成本计量的金融资产：（1）本公司管理该金融资产的业务模式是以收取合同现金流量为目标。（2）该金融资产的合同条款规定，在特定日期产生的现金流量，仅为对本金和以未偿付本金金额为基础的利息的支付。

本公司将同时符合下列条件且未被指定为以公允价值计量且其变动计入当期损益的金融资产，分类为以公允价值计量且其变动计入其他综合收益的金融资产：（1）本公司管理该金融资产的业务模式既以收取合同现金流量为目标又以出售该金融资产为目标。（2）该金融资产的合同条款规定，在特定日期产生的现金流量，仅为对本金和以未偿付本金金额为基础的利息的支付。

对于非交易性权益工具投资，本公司可在初始确认时将其不可撤销地指定为以公允价值计量且其变动计入其他综合收益的金融资产。该指定在单项投资的基础上作出，且相关投资从发行者的角度符合权益工具的定义。

除上述以摊余成本计量和以公允价值计量且其变动计入其他综合收益的金融资产外，本公司将其余所有的金融资产分类为以公允价值计量且其变动计入当期损益的金融资产。在初始确认时，如果能够消除或显著减少会计错配，本公司可以将本应以摊余成本计量或以公允价值计量且其变动计入其他综合收益的金融资产不可撤销地指定为以公允价值计量且其变动计入当期损益的金融资产。

6.2.3 交易性金融资产核算方法

初始确认后，对于该类金融资产以公允价值进行后续计量，产生的利得或损失（包括利息和股利收入）计入当期损益，除非该金融资产属于套期关系的一部分。

6.2.4 其他债权投资核算方法

初始确认后，对于该类金融资产以公允价值进行后续计量。采用实际利率法计算的利息、减值损失或利得及汇兑损益计入当期损益，其他利得或损失计入其他综合收益。终止确认时，将之前计入其他综合收益的累计利得或损失从其他综合收益中转出，计入当期损益。

6.2.5 债权投资核算方法

初始确认后，对于该类金融资产采用实际利率法以摊余成本计量。以摊余成本计量且不属于任何套期关系的一部分的金融资产所产生的利得或损失，在终止确认、按照实际利率法摊销或确认减值时，计入当期损益。

6.2.6 长期股权投资核算方法

（1）权益法：本公司对联营企业和合营企业的长期股权投资，采用权益法核算。

（2）成本法：公司能够对被投资企业实施控制，即本公司拥有对被投资方的权力，通过参与被投资方的相关活动而享有可变回报，并且有能力运用对被投资方的权力影响其回报金额的，应采用成本法核算。

6.2.7 投资性房地产核算方法

投资性房地产是指为赚取租金或资本增值，或两者兼有而持有的房地产。本公司的投资性房地产为公司办公大楼出租部分的房产。

本公司的投资性房产采用成本模式计量。对按照成本模式计量的投资性房地产采用与本公司固定资产、无形资产相同的折旧或摊销政策。在资产负债表日按投资性房产的成本与可收回金额孰低计价，可收回金额低于成本的，按两者的差额计提减值准备。

6.2.8 固定资产计价和折旧方法

（1）固定资产的标准。同时具备以下三个条件的，确认为固定资产：①本公司实际拥有所有权的实物资产；②预计使用期限在一年以上（不含一年）；③单项实物资产的购置或建造价值在2 000元以上。

（2）固定资产发生的修理费用，符合规定的固定资产确认条件的计入固定资产成本；不符合规定的固定资产确认条件的在发生时直接计入当期成本、费用。

（3）固定资产折旧计提方法。固定资产从其投入使用的次月起采用直线法计提折旧，预计净残值为原价的3%，估计经济使用年限和年折旧率如下表所示。

资产类别	预计使用年限（年）	年折旧率（%）
房屋建筑物	30~43	3.23~2.26
机器设备	5~20	19.40~4.85
运输设备	6	16.17
电子设备	3~5	32.33~19.40
其他	5	19.40

6.2.9 无形资产计价及摊销政策

6.2.9.1 无形资产的计价

无形资产在取得时，按实际成本计价。取得时的实际成本按以下方法确定：（1）购入的无形资产，按实际支付的价款作为实际成本。（2）自行开发并按法律程序申请取得的无形资产按依法取得时发生的注册费、聘请律师费等入账，开发过程中发生的费用直接计入当期损益。

6.2.9.2 无形资产的摊销

无形资产自取得当月起在预计使用年限内分期平均摊销，预计使用年限按受益年限和法律规定的有效年限两者孰短的原则确定，对无受益年限和法律规定的有效年限的则按不超过10年的摊销年限内分期平均摊销，计入当期损益。

6.2.10 长期应收款的核算方法

本公司长期应收款核算应收融资租赁本金和应收融资租赁收益，融资租赁资产出租时，将该项融资租赁资产的初始账面价值计入"长期应收款——应收融资租赁本金"，将应向承租人收取的各期租金与终止转让价款之和，扣除购入租赁物时实际支付价款及相关税费后的差额，计入"长期应收款——应收融资租赁收益"。

收到融资租赁租金时，根据该项融资租赁业务的"租金表"或"未确认融资收益分配表"，按实际收到金额中的本金部分，冲减"长期应收款——应收融资租赁本金"；按实际收到金额中的收益部分，冲减"长期应收款——应收融资租赁收益"。同时，按实际收到金额中的收益部分，计入"未实现融资收益"和"租赁收入"。

6.2.11 长期待摊费用的摊销政策

本公司长期待摊费用在费用项目的受益期限内分期平均摊销。

6.2.12 预计负债的核算方法

当与或有事项相关的义务同时符合以下条件，确认为预计负债：（1）该义务是本公司承担的现时义务；（2）履行该义务很可能导致经济利益流出；（3）该义务的金额能够可靠地计量。

在资产负债表日，考虑与或有事项有关的风险、不确定性和货币时间价值等因素，采用现金流折现模型计提预计负债。

现金流折现模型方法的内涵是把企业未来特定期间内的预期现金流还原为现值。对单笔非正常类信贷资产进行测试时，应在测试时点预计与该笔信贷资产相关的未来各类现金流入，并按照一定的折现率折现汇总，获得该笔信贷资产各类现金流入的现值，抵减借款本金，以其差额（风险敞口）为基础确定预计负债。

6.2.13 合并会计报表的编制方法

对本公司拥有实际控制权的被投资企业合并财务报表，公司能够控制的特殊目的主体（如：非法人单位的合作项目）也列入合并报表范围。按照《企业会计准则》第33号"合并财务报表"准则的相关规定，编制合并财务报表。

6.2.14 收入确认原则和方法

6.2.14.1 利息收入

本公司的利息收入，是指本公司存放于银行和其他金融机构的款项、对外放款、拆出资金、买入返售金融资产等业务所形成的利息收入。

（1）贷款利息收入。按贷款合同在贷款结息日，按照贷款合同（借据）金额和合同利率计算确定的应收未收利息，计入"应收利息"科目；按贷款的摊余成本和实际利率计算确定的利息收入。

（2）拆出资金和买入返售金融资产的利息收入比照贷款利息收入的规定确认。

（3）存放银行和其他金融机构款项的利息收入：按结息日实际收到的金额计入利息收入。

6.2.14.2 融资租赁收益

本公司采用实际利率法计算当期应确认的融资租赁收入，并将未实现融资租赁收益在租赁期内的各个期间进行分配。

6.2.14.3 手续费及佣金净收入

本公司的手续费收入是指本公司自营业务的手续费收入以及从本公司所管理的信托业务中按信托合同规定从信托收益中提取或向委托人及第三方收取的受托人报酬。自营业务手续费收入：按合同收取时确认收入；信托业务手续费参见"6.2.16信托报酬确认原则和方法"。

6.2.14.4 其他营业收入

本公司以合同已签订并执行，款项已收到或取得收取款项凭据时确认为收入实现。

6.2.15 所得税的会计处理方法

本公司所得税费用采用资产负债表债务法核算。资产、负债的账面价值与其计税基础存在差异的，按照规定确认所产生的递延所得税资产或递延所得税负债。

本公司在计算确定当期所得税（即当期应交所得税）以及递延税项（递延所得税费用或收益）的基础上，将两者之和确认为利润表中的所得税费用（或收益），但不包括直接计入所有者权益的交易或事项的所得税影响。

资产负债表日，本公司按照暂时性差异与适用所得税税率计算的结果，确认递延所得税负债、递延所得税资产以及相应的递延所得税费用（或收益）。一般情况下，所有应税暂时性差异产生的递延所得税负债均予确认，而递延所得税资产则只能在未来应纳税利润足以用作抵销暂时性差异的限度内，才予以确认。

6.2.16 信托报酬确认原则和方法

信托业务手续费收入（受托人报酬）：依据信托合同的约定，按季度、合同中期分配、合同到期分配收取时，计算及确认收入。

6.2.17 会计政策变更的披露

无此事项。

6.3 或有事项说明

未发生影响财务报表阅读的重大或有事项。

6.4 重要资产转让及其出售的说明

未发生重要资产转让及其出售事项。

6.5 会计报表中重要项目的明细资料

6.5.1 自营资产经营情况

6.5.1.1 信用风险资产的期初数、期末数（按信用风险五级分类）

信用风险资产五级分类	正常类（万元）	关注类（万元）	次级类（万元）	可疑类（万元）	损失类（万元）	信用风险资产合计（万元）	不良合计（万元）	不良率（%）
期初数	875 283.52	99 565.43	63 140.00	—	16 860.00	1 054 848.95	80 000.00	7.58
期末数	901 359.43	93 063.43	53 071.00	20 000.00	—	1 067 493.86	73 071.00	6.85

6.5.1.2 各项资产减值损失准备的期初、本期计提、本期转回、本期核销、期末数

单位：万元

项目	期初数	本期计提	本期转回	本期核销	期末数
贷款损失准备	16 860.00	—	—	16 860.00	—
其中：一般准备	—	—	—	—	—
专项准备	16 860.00	—	—	16 860.00	—
其他资产减值准备	60 791.16	-10 375.04	—	—	50 416.12
其中：可供出售金融资产减值准备					
债权投资	39 553.00	—	—	—	39 553.00
其他债权投资减值准备	—	—	—	—	—
长期股权投资减值准备	—	—	—	—	—
坏账准备	17 865.20	-10 580.00	—	—	7 285.20
投资性房地产减值准备	—	—	—	—	—
抵债资产减值准备	400.00	—	—	—	400.00
买入返售金融资产减值准备	2 972.96	204.96	—	—	3 177.92

6.5.1.3 固有业务股票投资、基金投资、债券投资、股权投资等投资业务的期初数、期末数（按照投资品种分类）

单位：万元

项目	自营股票	基金	债券	长期股权投资	其他投资	合计
期初数	11 201.77	17 907.58	2 600.23	226 768.86	380 120.96	638 599.40
期末数	13 258.23	23 957.95	1 349.25	233 277.31	447 027.77	718 870.51

6.5.1.4 按投资入股金额排序，前五名的自营长期股权投资的企业名称、占被投资企业权益的比例、主要经营活动及投资收益情况等

企业名称	占被投资企业权益的比例（%）	主要经营活动	投资收益（万元）
天弘基金管理有限公司	16.80	基金募集、基金销售、资产管理和中国证监会许可的其他业务	23 652.37

6.5.1.5 前五名的自营贷款的企业名称、占贷款总额的比例和还款情况等

企业名称	占贷款总额的比例（%）	还款情况
天士力控股集团有限公司	24.17	合同未到期
重庆创新经济走廊开发建设有限公司	24.14	合同未到期
长兴南太湖投资开发有限公司	24.13	合同未到期
渤海钢铁集团有限公司	24.08	合同未到期
珠海铧国商贸有限公司	2.41	合同未到期

6.5.1.6 担保业务、代理业务（委托业务）

单位：万元

表外业务	期初数	期末数
担保业务	—	—
代理业务（委托业务）	—	—
其他	—	—
合计	—	—

6.5.1.7 公司当年的收入结构

收入结构	金额（万元）	占比（%）
手续费及佣金收入	59 836.51	64.21
其中：信托手续费收入	59 836.51	64.21
投资银行业务收入	—	—
利息净收入	319.61	0.34
其他业务收入	763.53	0.82
其中：计入信托业务收入部分	23.08	0.02
投资收益	27 384.48	29.39
其中：股权投资收益	24 450.37	26.24
证券投资收益	1 222.54	1.31
其他投资收益	1 711.57	1.84
公允价值变动收益	1 756.38	1.88
其他收益	3 134.15	3.36
营业外收入	0.17	—
收入合计	93 194.83	100.00

6.5.2 披露信托财产管理情况

6.5.2.1 信托资产的期初数、期末数

单位：万元

信托财产	期初数	期末数
集合	6 439 363.41	10 171 141.35
单一	2 526 002.06	1 453 676.65
财产权	11 613 112.89	11 798 292.09
其中：集合财产权	7 938 209.17	7 938 209.17
单一财产权	3 674 903.72	3 860 082.92
合计	20 578 478.36	23 423 110.08

6.5.2.1.1 主动管理型信托业务的信托资产期初数、期末数，分证券投资、股权投资、融资、事务管理类分别披露

单位：万元

主动管理型信托资产	期初数	期末数
证券投资类	895 642.59	903 569.53
股权投资类	46 346.82	19 035.67
其他投资类	1 144 913.91	3 309 587.86
融资类	5 944 422.04	6 771 835.47
事务管理类	715 675.96	—
合计	8 747 001.32	11 004 028.52

6.5.2.1.2 被动管理型信托业务的信托资产期初数、期末数，分证券投资、股权投资、融资、事务管理类分别披露

单位：万元

被动管理型信托资产	期初数	期末数
证券投资类	—	—
股权投资类	—	—
其他投资类	—	—
融资类	—	—
事务管理类	11 831 477.04	12 419 081.56
合计	11 831 477.04	12 419 081.56

6.5.2.2 本年度已清算结束的信托项目个数、实收信托合计金额、加权平均实际年化收益率

6.5.2.2.1 本年度已清算结束的集合类、单一类资金信托项目和财产管理类信托项目个数、实收信托合计金额、加权平均实际年化收益率

已清算结束信托项目	项目个数（个）	实收信托合计金额（万元）	加权平均实际年化收益率（%）
集合类	260	19 766 773.40	5.86
单一类	80	2 685 791.27	5.20
财产管理类	16	1 765 217.46	2.07

注：1.收益率是指信托项目清算后，受益人赚取的实际水平。
2.加权平均实际年化收益率＝（信托项目1的实际年化收益率×信托项目1的实收信托＋信托项目2的实际年化收益率×信托项目2的实收信托＋…＋信托项目n的实际年化收益率×信托项目n的实收信托）/（信托项目1的实收信托＋信托项目2的实收信托＋…＋信托项目n的实收信托）×100%。

6.5.2.2.2 本年度已清算结束的主动管理型信托项目个数、实收信托合计金额、加权平均实际年化收益率，分证券投资、股权投资、融资、事务管理类分别计算并披露

已清算结束信托项目	项目个数（个）	实收信托合计金额（万元）	加权平均实际年化信托报酬率（%）	加权平均实际年化收益率（%）
证券投资类	14	239 753.87	0.83	4.56
股权投资类	1	21 000.00	—	10.20
其他投资类	32	950 840.00	0.34	6.11
融资类	263	20 864 244.62	0.39	5.82
事务管理类	8	650 099.82	0.15	4.55

注：加权平均实际年化信托报酬率＝（信托项目1的实际年化信托报酬率×信托项目1的实收信托＋信托项目2的实际年化信托报酬率×信托项目2的实收信托＋…＋信托项目n的实际年化信托报酬率×信托项目n的实收信托）/（信托项目1的实收信托＋信托项目2的实收信托＋…＋信托项目n的实收信托）×100%。

6.5.2.2.3 本年度已清算结束的被动管理型信托项目个数、实收信托合计金额、加权平均实际年化收益率，分证券投资、股权投资、融资、事务管理类分别计算并披露

已清算结束信托项目	项目个数（个）	实收信托合计金额（万元）	加权平均实际年化信托报酬率（%）	加权平均实际年化收益率（%）
证券投资类	—	—	—	—
股权投资类	—	—	—	—
其他投资类	—	—	—	—
融资类	—	—	—	—
事务管理类	38	1 491 843.82	0.08%	1.31%

6.5.2.3 本年度新增的集合类、单一类和财产管理类信托项目个数、实收信托合计金额

新增信托项目	项目个数（个）	实收信托合计金额（万元）
集合类	407	13 087 873.71
单一类	36	1 068 693.20
财产管理类	28	2 046 087.35
新增合计	471	16 202 654.26
其中：主动管理型	426	14 100 352.93
被动管理型	45	2 102 301.33

注：2023年新增信托项目指在本报告年度内累计新增的信托项目个数和金额。包含本年度新增并于本年度内结束的项目和本年度新增至报告期末仍在持续管理的信托项目。

6.5.2.4 信托业务创新成果和特色业务有关情况

2023年，公司认真贯彻落实国家宏观政策和金融监管要求，以推动公司转型与结构调整为契机，不断推进创新业务与特色业务发展，主要体现在：

（1）开展慈善信托，支持乡村振兴。乡村振兴是我国实现共同富裕的必由之路，党的二十大报告提出要"全面推进乡村振兴"以来，公司始终坚持履行国企社会责任，将落实国家战略与回归本源发展相结合，主动汇

聚慈善力量助推乡村振兴和共同富裕。2023年，成功设立天信世嘉·信德乡村振兴2号慈善信托，信托资金专项用于支持天津市河西区对口帮扶甘肃省平凉市庄浪县、崆峒区和甘南州卓尼县的发展建设，大力帮扶西部贫困地区改善村民居住环境和生产生活条件，助力建设"产业发展美、生态环境美、人文社会美和生活富裕美"的和美乡村，为进一步推进西部大开发和构建社会主义和谐社会添砖加瓦。

（2）探索预付费服务信托，夯实养老保障。自国家再次将"应对人口老龄化"纳入我国"十四五"发展规划以来，公司秉承"普惠金融、服务社会"的经营理念，以服务国家战略为基本宗旨，积极践行企业社会责任，助力养老事业发展。多年来，与天津市福老基金会、天津市慈善协会等机构保持积极合作，设立了"天信世嘉"慈善信托品牌，助力国家养老服务体系和健康支撑体系不断完善。2023年，公司继续积极创新，在原有养老慈善基础上，成功探索落地公司首单养老保障功能预付类资金服务信托——"天津信托·颐养天和1号养老服务信托"，通过预付类资金服务信托的形式，实现养老预付资金与养老机构相关风险的隔离，防范了养老企业破产、卷款"跑路"给老年人群体带来的利益侵害，助力老人幸福、安全养老。

（3）拓展破产重组服务信托，助力企业纾困。公司主动落实监管要求，积极践行国企社会责任，以回归信托服务本源为重点方向，推动资产服务信托业务转型，支持和反哺实体经济。2023年，成功落地上市公司尤夫股份破产服务信托，中标武汉国裕集团、赛瑞机械设备等企业的破产服务信托项目，形成欣昇系列风险处置服务信托品牌，为后续大力推进企业市场化重组服务信托、企业破产服务信托积累更多有利条件。同时，凭借在风险处置服务信托领域积累的良好口碑和专业受托能力，多次荣膺"破晓奖·2022年度优秀服务商""金誉奖·2023优秀资产服务信托产品"等殊荣，入选"2023中国破产与特殊资产行业50家卓越金融服务机构、50个卓越品牌、50个经典案例"名册。

（4）优化完善普惠金融业务模式，赋能实体经济发展。以金融服务人民为中心，发挥普惠金融业务核心竞争力，赋能实体经济发展。2023年，在继续落实互联网贷款业务合规整改要求的基础上，持续完善互联网贷款业务模式、自主风控和基础能力。同时，进一步扩大客户及资产储备，推动了业务合作模式创新，进一步丰富了普惠业务合作渠道和业务场景，为公司积极践行金融

的普惠性、人民性奠定了更加坚实的基础。

（5）布局家庭信托，服务家庭财富管理。2023年8月，公司正式推出家庭服务信托，完成个人财富管理服务领域的又一布局，致力于实现信托服务普惠化，以100万元为起点，为广大中产及以上家庭提供涵盖资产风险隔离、保值增值、子女教育、医疗养老、家风传承等相关事项的家庭全生命周期财富管理与传承综合服务方案，在党的二十大报告所指出的"我国发展进入战略机遇和风险挑战并存、不确定难预料因素增多的时期"，通过提前规划安排应对不确定性，做好风险防范和抵御措施，帮助新市民在内的人民群众守护家庭稳稳的幸福。截至2023年末，公司已完成首单家庭服务信托业务设立，保守、稳健两类投资模式构建，制定并下发《家庭服务信托业务管理办法及操作指引》及同步推进业务系统开发、渠道拓展等配套工作，为下一步规模化拓展奠定基础。

（6）推动绿色信托产品创新，践行"30·60"国家战略。公司长期坚持"碳中和、碳达峰"国家战略部署，积极推进ESG实践，加快绿色信托产品创新，助力我国经济社会绿色健康高质量发展。2022年，公司将"绿色+慈善"结合，创新性地成立规模超千万元的环境公益诉讼调解金慈善信托——"天信世嘉·信德生态环境保护慈善信托"。2023年，经决策委员会筛选，首笔300万元资金已交付执行机构中新天津生态城建设局，专项用于中新天津生态城中部片区社区公园项目建设，可显著提升区域生态环境和景观，为生态城项目区周边居民提供良好的人居环境，满足区域人民美好生活需要。

6.5.2.5 本公司履行受托人义务情况

本公司作为受托人，尽职尽责履行受托人职责和义务：根据法律法规的规定和信托计划文件的约定管理、运用、处分信托财产；依照法律法规的规定为受益人的利益行使因信托财产的管理、运用、处分所产生的权利；根据信托计划文件的约定向受益人支付信托利益；依照信托法规和信托计划文件约定，定期出具信托财产的管理报告；信托计划文件终止时，及时办理信托事务清算事宜；依照法律法规的规定和信托计划文件的约定收取受托人报酬（手续费）；法律法规规定和信托计划文件约定的其他权利。

本年度没有发生违反受托人职责和义务的情况，没有出现信托计划文件到期由于受托人的责任不支付信托利益的情况。受托人依照法律法规的规定和信托计划文件的约定，管理、运用、处分信托财产，管理和分配信

托利益，以及收取受托人报酬（手续费）时，没有出现侵占委托人和受益人合法权益的情况。

6.5.2.6 信托赔偿准备金的提取、使用和管理情况

单位：万元

项目	期初数	本年增加	本年减少	期末数
信托赔偿准备金	37 052.14	2 865.08	—	39 917.22

6.6 关联方关系及其交易的披露

6.6.1 关联交易方的数量、关联交易的总金额及关联交易的定价政策等

项目	关联交易数量（个）	关联交易金额（万元）	定价政策
合计	34	1 576.83	市场定价

6.6.2 关联方交易与本公司的关系性质、关联交易方名称、法定代表人、注册地址、注册资本及主营业务等

关系性质	关联方名称	法定代表人	注册地址	注册资本（万元）	主营业务
其他关联方	上海城之信企业管理有限公司	周昕宇	上海市黄浦区斜土东路128号一层081室	1 304.3478	企业管理；市场营销策划；信息咨询服务（不含许可类信息咨询服务）；项目策划与公关服务（除依法须经批准的项目外，凭营业执照依法自主开展经营活动）
其他关联方	天弘创新资产管理有限公司	韩歆毅	北京市平谷区林荫北街13号信息大厦802室	60 000	特定客户资产管理业务以及中国证监会许可的其他业务（①未经有关部门批准，不得以公开方式募集资金；②不得公开开展证券类产品和金融衍生品交易活动；③不得发放贷款；④不得对所投资企业以外的其他企业提供担保；⑤不得向投资者承诺投资本金不受损失或者承诺最低收益"；企业依法自主选择经营项目，开展经营活动；依法须经批准的项目，经相关部门批准后依批准的内容开展经营活动；不得从事本市产业政策禁止和限制类项目的经营活动）
本公司母公司实际控制或施加重大影响的法人	上海华东资产经营有限公司	蔡耿高	中国（上海）自由贸易试验区川桥路350号	3 500	实业投资，投资管理，企业管理咨询，商务信息咨询（除经纪），酒店管理（除餐饮、住宿），自有房屋租赁，物业管理，仓储（除危险品）
本公司母公司实际控制或施加重大影响的法人	上海上投招标有限公司	秦捷	上海市静安区威海路511号3层A区	800	招投标代理服务；政府采购代理服务；采购代理服务；工程管理服务；工程造价咨询业务；企业管理咨询，社会经济咨询服务；咨询策划服务；信息咨询服务（不含许可类信息咨询服务）；市场调查（不含涉外调查）（除依法须经批准的项目外，凭营业执照依法自主开展经营活动）许可项目：建设工程监理
本公司母公司实际控制或施加重大影响的法人	上药云健康益药药业（上海）有限公司	刘斌	上海市徐汇区枫林路450号1层东区101室	23 200	许可项目：药品批发；第三类医疗器械经营；食品销售；第一类增值电信业务；第二类增值电信业务。一般项目：第一类医疗器械销售；第二类医疗器械销售；第一类医疗器械租赁；第二类医疗器械租赁；针纺织品及原料销售；服装服饰销售；卫生洁具销售；家用电器销售；电子产品销售；机械电气设备销售；汽车零配件批发；汽车零配件零售；劳动保护用品销售；金属材料销售；塑料制品销售；建筑材料销售；五金产品零售；五金产品批发；日用百货销售；化妆品批发；化妆品零售；办公用品销售；食品销售（仅销售预包装食品）；普通货物仓储服务（不含危险化学品等需许可审批的项目）；计算机软硬件及辅助设备批发；计算机软硬件及辅助设备零售；技术服务、技术开发、技术咨询、技术交流、技术转让、技术推广；财务咨询；租赁服务（不含许可类租赁服务）；广告设计、代理；广告制作；市场营销策划；摄影扩印服务；会议及展览服务；信息系统集成服务；货物进出口；技术进出口
本公司母公司实际控制或施加重大影响的法人	上海华东普惠小额贷款股份有限公司	梁俊雄	上海市杨浦区国泰路11号602室	27 000	发放贷款及相关的咨询活动
本公司母公司实际控制或施加重大影响的法人	上海华泉贸易仓储有限公司	蔡耿高	中国（上海）自由贸易试验区美盛路111号	1 580	从事货物和技术的进出口业务，区内贸易，仓储、出口商品的简单加工，经营受让土地使用权地块范围内的房产业务，陆路、航空、海上国际货运代理业务；预包装食品（不含熟食卤味、冷冻冷藏）、其他食品存储（不含冷冻冷藏）批发
本公司母公司实际控制或施加重大影响的法人	上海产权拍卖有限公司	秦捷	上海市静安区威海路511号3层B区	1 000	产权、股权及相关的资产拍卖；各类商品拍卖（不包括国家法律法规另有规定的商品）
本公司母公司实际控制或施加重大影响的法人	上海华东实业有限公司	刘益朋	上海市杨浦区国泰路127弄1号2楼B座	20 000	经营管理投资企业；提供与投资相关的咨询和服务业务（除国家规定外）；房地产开发经营
本公司母公司实际控制或施加重大影响的法人	上海国金融资租赁有限公司	刘益朋	上海市静安区恒丰路436号1601~1603室	110 000	（1）租赁、经营租赁和融资租赁业务；（2）接受承租人的租赁保证金；（3）向商业银行转让应收租赁款；（4）购买和出售租赁物、对租赁物残值变卖和处理；（5）商务信息咨询；（6）从事货物和技术的进出口业务；（7）创意服务；（8）知识产权代理（除专利代理）；（9）医疗器械销售

6.6.3 逐笔披露本公司与关联方的重大交易事项

6.6.3.1 固有财产与关联方：贷款、投资、租赁、应收账款、担保、其他方式等期初汇总数、本期发生额汇总数、期末汇总数

固有与关联方关联交易 单位：万元

项目	期初数	借方发生额	贷方发生额	期末数
贷款	—	—	—	—
投资	—	—	—	—
租赁	—	—	—	—
担保	—	—	—	—
应收账款	—	—	—	—
其他（同业拆借）	—	—	—	—
合计	—	—	—	—

6.6.3.2 信托资产与关联方：贷款、投资、租赁、应收账款、担保、其他方式等期初汇总数、本期发生额汇总数、期末汇总数

信托与关联方关联交易 单位：万元

项目	期初数	借方发生额	贷方发生额	期末数
贷款	—	—	—	—
投资	—	—	—	—
租赁	—	—	—	—
担保	—	—	—	—
应收账款	—	—	—	—
其他	—	—	—	—
合计	—	—	—	—

6.6.4 逐笔披露关联方逾期未偿还本公司资金的详细情况以及本公司为关联方担保发生或即将发生垫款的详细情况

公司本年度未出现关联方逾期未偿还本公司资金的情况，未出现本公司为关联方担保的情况。

6.7 会计制度的披露

本公司固有业务自2008年1月1日起、信托业务自2010年1月1日起按照财政部颁布的《企业会计准则——基本准则》和其他各项会计准则的规定对固有业务及信托业务进行确认和计量，在此基础上编制财务报表。固有业务于2021年1月1日起、信托业务自2022年1月1日起执行财政部颁布的以下修订后的《企业会计准则第22号——金融工具确认和计量（修订）》《企业会计准则第23号——金融资产转移（修订）》《企业会计准则第24号——套期会计（修订）》《企业会计准则第37号——金融工具列报（修订）》等准则。

6.8 净资本管理情况

根据《信托公司净资本管理办法》和2011年2月下发的净资本具体计算标准，2023年末公司的净资产77.89亿元，净资本为53.88亿元（监管标准≥2亿元），各项风险资本之和为29.2亿元，净资本/各项业务风险资本为184.55%（监管标准≥100%），净资本/净资产为69.18%（监管标准为≥40%），净资本各项指标达到规定标准。

6.9 薪酬管理情况

根据《商业银行稳健薪酬监管指引》和《银行业金融机构绩效考评监管指引》的要求，公司职级薪酬体系及高管薪酬激励机制经董事会审议通过后实施。薪酬体系的设计坚持以市场化为导向，以工效联动、收益与风险相匹配为原则。人工成本纳入全面预算管理，实现薪酬和人员规模、业绩收入的同向均衡发展，并结合经济、风险和社会责任指标的完成情况，根据考核评价结果给付奖酬，具体受益人范围包括公司全体员工、高管人员及领取津贴的独立董事和外部监事。公司薪酬均以现金形式支付，不存在非现金薪酬情况。薪酬的各组成部分的内涵具体清晰，基本薪酬、绩效薪酬、中长期激励对应的考核要求清晰明确，给付标准参考市场实践。公司制定了《薪酬管理办法》，经董事会批准后实施。《薪酬管理办法》明确了公司高级管理层和对风险有重要影响岗位上的员工的绩效薪酬延期支付机制。在落实延期支付相关要求的基础上，进一步完善了中长期激励机制的设计，短期与长期激励相协调。修订完善并实施《绩效薪酬追索扣回管理办法》，细化了绩效薪酬追索扣回的标准，与《责任追究办法》共同形成完整的责任约束机制制度体系，体现了金融业的行业特点。通过风险的强约束机制，使人才吸引保留和风险控制相适应，激发公司持续发展的内在动力，为公司稳健发展提供保障。2023年度公司未出现触发绩效薪酬追索扣回的情形，未出现超出原定薪酬方案的其他例外情况。

7.财务情况说明书

7.1 利润实现和分配情况

2023年，公司实现各项收入93 194.83万元，比上年减少10 090.74万元，降幅9.77%；税前利润68 196.4万元，比上年增加572.34万元，增幅0.85%；净利润57 301.73万元，比上年减少338.06万元，降幅0.59%。

按照相关法规、公司章程，本年净提取法定盈余公积金5 730.17万元和信托赔偿准备金2 865.09万元。

7.2 主要财务指标

指标名称	指标值
资本利润率(%)	7.64
加权年化信托报酬率(%)	0.34
人均净利润(万元)	207.61

注：全年在岗职工平均人数276人。

7.3 对本公司财务状况、经营成果有重大影响的其他事项

无。

8. 特别事项揭示

8.1 公司股东股权变动情况

2023年公司股东及股权结构未发生变动。

8.2 董事、监事及高级管理人员变动情况及原因

8.2.1 董事变动情况

2022年12月5日公司召开股东会2022年第7次临时会议，以通信方式通过《关于审议天津信托有限责任公司第九届董事会独立董事人选的议案》，同意郭建鸾担任公司第九届董事会独立董事，2023年4月17日，原天津银保监局下发《天津银保监局关于郭建鸾任职资格的批复》（津银保监复〔2023〕106号），核准郭建鸾天津信托有限责任公司独立董事的任职资格。

2023年7月3日公司召开股东会2023年第2次临时会议，以通信方式通过《关于审议天津信托第九届董事会董事人选的议案》，同意朱大治担任公司第九届董事会董事，2023年9月12日，天津监管局下发《国家金融监督管理总局天津监管局关于朱大治任职资格的批复》（津金复〔2023〕55号），核准朱大治天津信托有限责任公司董事的任职资格。

2023年12月29日公司召开股东会2023年第6次临时会议，以通信方式审议通过《关于审议〈天津信托第九届董事会董事人选〉的议案》，同意马晨光、陆则敏担任公司第九届董事会独立董事，待取得监管部门核准后履职，目前公司正在向监管部门报送任职资格核准请示。

8.2.2 监事变动情况

（1）2023年1月31日，公司以通信表决方式召开股东会2023年第1次临时会议，审议通过了《关于调整天津信托有限责任公司第九届监事会人选的议案》，同意舒东同志不再担任公司第九届监事会监事，同意许勇同志任公司监事，履职任期与本届监事会一致。

（2）2023年1月31日，公司以通信表决方式召开监事会2023年第1次临时会议，审议通过了《关于调整天津信托有限责任公司第九届监事会人选及选举监事会主席的议案》，经审议决定，同意舒东同志不再担任公司第九届监事会监事及监事会主席职务。同意许勇同志担任天津信托有限责任公司第九届监事会监事和监事会主席职务。

除此之外，公司其他董事、监事未有变动。

8.2.3 高级管理人员变动情况

2023年公司高级管理人员无变动。

8.3 本年度，公司注册资本、注册地、公司名称、公司分立合并事项

2023年12月22日，国家金融监督管理总局天津监管局下发《关于天津信托有限责任公司变更注册资本的批复》（津金复〔2023〕162号），同意公司增加注册资本金19亿元，即公司注册资本金增至36亿元。

公司注册地、公司分立合并事项无变更。

8.4 公司的重大诉讼事项

截至报告期末，公司未发生对经营活动产生重大影响的诉讼、仲裁事项。

8.5 本年度，公司及其董事、监事和高级管理人员受到处罚情况

2023年公司及董事、监事和高级管理人员无受到处罚的情形。

8.6 国家金融监督管理总局派出机构风险检查情况

无。

8.7 重大事项临时报告

2023年12月26日，公司在《证券时报》上发布了《天津信托有限责任公司关于增加注册资本的公告》具体内容如下：

经天津信托有限责任公司股东会2023年第3次临时会议审议通过，并经国家金融监督管理总局天津监管局《关于天津信托有限责任公司变更注册资本的批复》（津金复〔2023〕162号）同意，天津信托有限责任公司以未

分配利润转增注册资本，本次转增后，公司注册资本由17亿元人民币增加至36亿元人民币，股权结构不变，公司章程已作相应变更。

公司现已完成工商变更登记手续，并换领了营业执照。

9.公司监事会意见

9.1 公司依法运作情况

通过检查监督，监事会认为，公司建立了较为完善的公司法人治理结构，进一步加强了内部控制制度建设和风险管理，强化了内部管理和审计制度。公司决策事项程序合法，公司董事、经理和其他高级管理人员，能够按照《公司法》"信托一法三规"、公司章程等有关法律法规及监管部门的要求，认真履行相关职责，勤勉工作，积极维护股东利益、公司利益和客户利益。

9.2 关于公司财务报告

依据中审华会计师事务所（特殊普通合伙）出具的审计报告和公司的财务报表，监事会认真检查和审核了公司财务状况和经营成果，认为公司本年度财务报告是客观、公允的。

万向信托股份公司

1.重要提示

1.1 本公司董事会及董事保证本报告所载资料不存在任何虚假记载、误导性陈述或者重大遗漏，并对其内容的真实性、准确性和完整性承担个别及连带责任。本年度报告摘要摘自年度报告全文，客户及相关利益人欲了解详细内容，应阅读年度报告全文。

1.2 本公司独立董事成保良、汪炜、姚铮、钟鸿钧认为：公司年报所记载的资料没有存在任何的虚假记载，也没有任何误导性陈述和重大遗漏，本报告的内容真实、准确、完整。

1.3 本公司董事长肖风先生、公司总裁王永刚先生、会计机构负责人张昊先生声明：保证年度报告中财务报告的真实、完整。

2.公司概况

2.1 公司简介

法定中文名称：万向信托股份公司（缩写：万向信托）

法定英文名称：Wanxiang Trust Co.，Ltd

法定代表人：肖风

注册地址：浙江省杭州市体育场路429号天和大厦4~6层及9~17层

邮政编码：310006

国际互联网网址：www.wxtrust.com

电子信箱：wxtrust@wxtrust.com

信息披露事务联系人姓名：张晶晶

信息披露事务联系人电子信箱：jjzhang@wxtrust.com

信息披露事务联系人办公电话：0571-85829681

信息披露事务联系人办公传真：0571-85179809

选定的信息披露报纸名称：《证券时报》

年度报告备置地点：杭州市体育场路429号天和大厦16层

聘请的会计师事务所名称：中兴华会计师事务所（特殊普通合伙）

聘请的会计师事务所住所：北京市丰台区丽泽路20号院1号楼丽泽SOHO B座20层

2.2 公司组织结构图

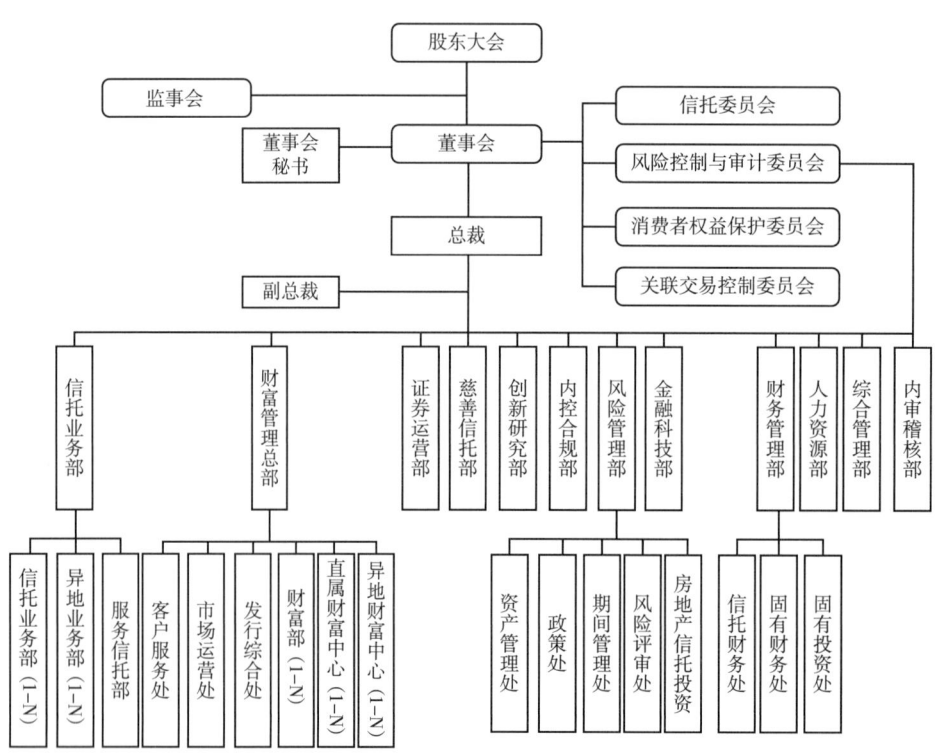

3. 公司治理

3.1 股东

截至2023年末，公司股东5家，股东构成情况如下表所示。

股东名称	持股比例（%）	法定代表人	注册资本（万元）	注册地址	主要经营业务
中国万向控股有限公司★	76.5	鲁伟鼎	500 000.00	中国（上海）自由贸易试验区陆家嘴西路99号万向大厦	实业投资，投资管理，物业管理，金融专业技术领域内的技术咨询、技术开发等
浙江烟草投资管理有限责任公司	14.49	邵作民	440 714.68	杭州市上城区解放路108号杭州中维香溢大酒店619室	投资管理、实业投资、酒店管理、经营进出口业务
北京中邮资产管理有限公司	3.97	李鹏	583 343.05	北京市西城区金融大街3号，甲3号13层甲3-1301	投资管理；资产管理；销售五金交电等
巨化集团有限公司	2.86	周黎旸	470 670.00	杭州市江干区泛海国际中心2幢2001室	化肥、化工原料及产品、化学纤维、医药原料等
浙江省金融控股有限公司	2.18	杨强民	1 200 000.00	杭州市下城区环城北路165号汇金国际大厦B幢16层1601室	金融类股权投资、政府性股权投资基金管理与资产管理业务

注：1.★代表本公司实际控制人；本公司股东之间不存在关联关系。股东不存在转让、质押公司股权的行为。
2.2024年1月26日浙江烟草投资管理有限责任公司法定代表人变更为郭志强。

3.2 董事、董事会及其下属委员会

董事

姓名	职务	性别	年龄（岁）	所推举股东名称	股东持股比例（%）	简要履历
肖风	董事长	男	63	中国万向控股有限公司	76.50	南开大学世界经济学博士，中国万向控股有限公司副董事长
傅志芳	董事	男	59	中国万向控股有限公司	76.50	中欧国际工商学院硕士，正康旅智（汉中）有限公司总经理
杨嘉树	董事	男	56	北京中邮资产管理有限公司	3.97	上海财经大学工商管理硕士，中国邮政集团有限公司浙江省分公司党委成员、副总经理
朱杭	董事	男	36	浙江省金融控股有限公司	2.18	美国纽约大学金融工程硕士，浙江省金融控股有限公司金融管理部副总经理，兼任浙江浙银金融租赁股份有限公司董事及浙江省担保集团有限公司董事

注：经2023年12月12日的2023年第一次股东大会会议审议通过，拟聘任沈良、葛旋、丁敏、余彬为公司董事，同时邵作民、唐顺良不再担任董事。公司董事朱杭于2024年2月6日向董事会提交辞职，公司将依照《公司法》和公司章程的规定履行董事变更程序。

独立董事

姓名	简要履历	性别	年龄（岁）
成保良	万置资本管理有限公司董事长	男	63
刁维仁	曾任群益国际控股有限公司上海代表处首席代表、上海市台商协会副秘书长	男	70
汪炜	浙江大学经济学院教授，浙江省金融业发展促进会常务副会长，浙江省金融研究院院长	男	57
姚铮	浙江大学管理学院教授、博士生导师	男	67
钟鸿钧	上海财经大学商学院数字经济研究中心主任	男	52

注：独立董事刁维仁于2024年1月25日向董事会提交辞职，公司将依照《公司法》和公司章程的规定履行董事变更程序。

董事会下属专门委员会构成

名称	职责	成员	职务
风险控制与审计委员会	确定公司风险管理的总体目标、风险偏好、风险承受度、风险管理策略和重大风险管理解决方案；评估公司关联交易业务风险；监督公司信托业务和自营业务风险控制及管理；监督公司信息披露的真实、准确、完整和合规性；提出完善公司风险管理和内部控制及内部审计实施的建议等	刁维仁	主任委员
		杨嘉树	委员
		钟鸿钧	委员
信托委员会	组织制订公司信托业务发展规划；定期评估公司信托业务运行情况；研究并提出具体措施落实监管部门提出的整改要求；当公司与股东利益与受益人利益发生冲突时，研究并提出维护受益人权益的具体措施等	成保良	主任委员
		钟鸿钧	委员

续表

名称	职责	成员	职务
消费者权益保护委员会	负责将消费者权益保护纳入企业文化、公司治理和经营发展战略中，监督高级管理层落实消费者权益保护工作发展战略规划；监督、评估公司消费者权益保护工作以及高级管理层相关履职情况；研究并提出维护受益人权益的具体措施等	钟鸿钧	主任委员
		朱杭	委员
		成保良	委员
关联交易控制委员会	统筹管理关联交易决策权限和程序，建立关联交易内控机制；指导落实关联交易穿透识别审查要求，建立有效的关联交易风险控制机制；统筹管理关联交易信息披露工作；就关联交易的合规性、公允性以及是否损害公司、公司股东和受益人的利益发表书面意见等	钟鸿钧	主任委员
		傅志芳	委员

注：1. 经2023年12月12日的2023年第一次股东大会会议审议通过，信托委员会委员邵作民、关联交易控制委员会委员唐顺良已不再担任董事职务。
2. 风险控制与审计委员会主任委员刁维仁、消费者权益保护委员会委员朱杭分别于2024年1月及2月向公司董事会提交辞职。

3.3 监事、监事会及其下属委员会

监事

姓名	职务	性别	年龄（岁）	选任日期	所推举的股东名称	该股东持股比例	简要履历
鲁伟鼎	监事会主席	男	53	2018年5月	中国万向控股有限公司	76.50	万向集团公司党委书记、董事长、CEO，中国万向控股有限公司董事长
方泽亮	监事	男	56	2020年5月	浙江烟草投资管理有限责任公司	14.49	浙江省烟草专卖局（公司）审计处处长
李元龙	职工监事	男	44	2020年4月	—	—	万向信托股份公司业务副总监兼创新研究部、慈善信托部总经理

注：公司监事会没有下属委员会。

3.4 高级管理人员

高级管理人员构成

姓名	职务	性别	年龄（岁）	学历	任职日期	专业	金融从业年限（年）
王永刚	总裁	男	59	硕士	2017年10月23日	工商管理	36
余勇文	副总裁	男	52	硕士	2017年6月7日 2018年8月31日（董事会秘书）	工商管理	30
斯伟波	副总裁	男	51	本科	2017年6月13日	银行货币学	30
陈浩	副总裁	男	42	硕士	2023年8月28日	民商法	12

注：经2023年12月11日万向信托股份公司第一届董事会第十六次会议审议通过，拟聘任陈浩担任董事会秘书，同时余勇文不再担任董事会秘书；陈浩的董事会秘书任职资格已于2024年3月18日经国家金融监督管理总局浙江监管局核准。

3.5 公司员工

员工分布表

项目		报告期年度		上年度	
		人数（人）	比例（%）	人数（人）	比例（%）
年龄分布	30岁以下	17	6.25	28	9
	30~39岁	187	68.75	223	71.7
	40岁及以上	68	25	60	19.3
性别分布	男	131	48.16	151	48.55
	女	141	51.84	160	51.45
学历分布	博士	5	1.84	5	1.61
	硕士	126	46.32	143	45.98

续表

项目		报告期年度		上年度	
		人数（人）	比例（%）	人数（人）	比例（%）
学历分布	本科	139	51.1	154	49.52
	专科	2	0.74	9	2.89
岗位分布	董事、监事及其他高管人员	5	1.84	4	1.29
	信托业务人员	139	51.1	180	57.88
	其他人员	128	47.06	127	40.83
合计		272	100	311	100

注："董事、监事及其他高级管理人员"不含未在公司就职的董事和监事。

4. 经营概况

4.1 经营目标、方针、战略规划

4.1.1 经营目标

公司以"信托即责任"为理念,以"受益人利益最大化"为宗旨,成为国内最受信任的财富管理机构。

4.1.2 经营方针

公司以客户需求为导向,进一步丰富产品结构,完善公司管理架构,加强风险管理,提升运营效率,为受益人提供最优质的服务。

4.1.3 战略规划

实现公司主要经营指标稳健发展,做一家信托型的财富管理机构。

坚持加强党的领导、党的建设和完善公司治理相统一,把党的领导融入公司治理各环节,推进党建与公司治理有机融合。秉承万向"讲真话、干实事"的企业精神,营造风清气正的企业文化,以企业文化引领转型发展。推动清廉信托文化建设,将清廉文化融入企业文化,贯穿经营管理,植入团队建设。

以风险化解为核心任务,制定项目风险应对措施,全力处置不良资产。

把握战略性发展机遇,聚焦财富管理服务信托与资产管理信托。推动财富管理服务信托普惠化,大力发展家族信托、保险金信托、特殊需要信托等;建立信托特色的资产管理信托产品体系;联动资产管理信托和财富管理服务信托,为客户提供全生命周期信托服务,围绕客户的需求及风险收益偏好,依托自身专业优势构建具有竞争力的产品线。

4.2 所经营业务的主要内容

4.2.1 信托业务

报告期末,公司信托资产运用与分布如下表所示。

信托资产运用与分布表

资产运用	金额(万元)	占比(%)	资产分布	金额(万元)	占比(%)
货币资产	41 881.54	0.50	基础产业	355 333.94	4.27
贷款及应收款	4 341 521.69	52.23	房地产业	4 444 389.19	53.47
交易性金融资产	2 682 855.49	32.27	证券市场	201 660.71	2.43
买入返售金融资产	—	—	工商企业	1 413 485.29	17.00
债权投资	1 115 584.30	13.42	金融机构	1 519 772.74	18.28
其他债权投资	—	—	其他	377 862.58	4.55
其他权益工具投资	23 000.00	0.28	—	—	—

续表

资产运用	金额(万元)	占比(%)	资产分布	金额(万元)	占比(%)
长期股权投资	87 969.90	1.06	—	—	—
其他	19 691.53	0.24	—	—	—
资产总计	8 312 504.45	100.00	资产总计	8 312 504.45	100.00

4.2.2 自营业务

报告期末,公司自营资产运用与分布如下表所示。

自营资产运用与分布表

资产运用	金额(万元)	占比(%)	资产分布	金额(万元)	占比(%)
货币资产	28 316.06	7.57	基础产业	34 580.71	9.25
贷款及应收款	11 961.36	3.20	房地产业	134 104.45	35.86
交易性金融资产	42 295.37	11.31	证券市场	372.10	0.10
债权投资	194 001.45	51.88	工商企业	65 800.76	17.60
长期股权投资	—	—	金融机构	43 521.35	11.64
其他	97 377.80	26.04	其他	95 572.66	25.56
资产总计	373 952.04	100.00	资产总计	373 952.04	100.00

4.3 市场分析

宏观环境方面,国际环境日趋复杂,地缘冲突、逆全球化持续,发达经济体通胀仍处高位,加息周期下全球流动性趋紧,金融体系经受严峻考验。中国经济恢复仍面临需求收缩、供给冲击、预期转弱的压力,经济发展处于缓慢复苏状态。在急剧变化的市场环境下,处于转型中的信托行业也面临着较大的考验。

4.3.1 有利因素

(1)业务发展市场机遇广阔。随着中国经济的持续发展和金融改革的不断深化,信托行业面临着巨大的市场机遇。特别是在人口老龄化、财富传承需求旺盛等社会背景下,养老信托、家族信托等特色业务有望得到进一步发展。此外,随着金融监管的加强,信托行业将更加注重合规经营和风险管理,这将有助于行业的长期稳定发展。

(2)金融监管政策不断完善。2023年6月,《关于规范信托公司信托业务分类的通知》正式实施,为信托行业转型发展提供了指导和遵循,厘清了信托业务边界和服务内涵,引导信托公司立足受托人本源定位,以规范方式发挥制度优势,为行业高质量发展指明了方向。

4.3.2 不利因素

(1)国内经济恢复的基础待进一步巩固。需求收缩、供给冲击、预期转弱三重压力仍然较大,经济的波

动和不确定性对信托业的发展产生负面影响。在经济增长放缓期，信托公司的业务增长空间可能受到压缩，资产质量也可能受到冲击，进而影响到信托行业的稳健发展。

（2）行业转型盈利能力承压。信托行业正步入创新转型深水区，目前市场正处于新旧动能转换的关键阶段，新的业务增长点尚未发展成熟，作为重要转型方向的投资类和财富管理类业务对系统建设和团队人员配置的成本费用要求明显高于传统融资业务，一定程度上稀释了净利润水平。

4.4 内部控制概况

内部控制目标是保证公司经营管理合法合规、资产安全、财务报告及相关信息真实完整，提升经营水平，提高经营质效。

公司依据监管法规和公司发展战略的要求，以加强合规管理、风险管理和提高工作效率为目标，于报告期内对公司层面的制度进行梳理和优化，进一步完善公司制度库，为公司规范运营和管理工作提供保障。公司坚持"受益人合法利益最大化"的宗旨和"信托即责任"的使命，遵循全覆盖、制衡性、审慎性及相匹配原则，积极创造良好的内部环境。在公司法人治理、组织机构设置、内部审计监督、人力资源政策、内部控制文化等方面不断完善，以保证内部控制的有效实施。

公司已建立由股东大会、董事会、监事会和高级管理层组成的公司治理结构，完善分层授权体系，形成了权力机构、决策机构、监督机构基础上管理层之间分工配合、各司其职、协调运作、相互制衡的内控运行机制，从而确保对各类风险的事前防范、事中控制、事后监督得到有效执行，为公司发展提供良好的内部控制环境。

公司董事会下设风险控制与审计委员会，主要负责确定公司风险管理的总体目标、风险偏好、风险承受度、风险管理策略和重大风险管理解决方案；评估公司关联交易业务风险；监督公司信托业务和固有业务的风险控制及管理；监督公司信息披露的真实、准确、完整和合规性；提出完善公司风险管理和内部控制及内部审计实施的建议等。

公司组织架构及前中后台的设置科学合理，岗位职责清晰，分工明确，相互制衡。严格按照信托业务与固有业务隔离要求，把业务体系、财务体系进行了有效分离。公司设置一级部门内控合规部作为内控管理职能部门，牵头内部控制体系的统筹规划、组织落实和检查评估。报告期内，公司充分利用"内控合规园地"板块，集中展示内控合规相关基本制度、风险案例、法律法规汇编及解读等内控宣传材料。

公司继续落实可持续发展的人力资源政策，定期进行岗位调研评估，并根据相关法律法规，进行合理的架构和岗位设定。公司结合战略目标制定与之配套的激励约束机制，主要体现在薪酬管理、绩效管理、高级管理人员内部问责制度、员工责任承担办法、关键岗位离任审计、内部流动机制、定期轮岗与强制休假、履职回避、奖惩管理、培训管理等多方面。在员工考核管理方面，依据内部制度，结合任职要求实施考核，同时通过严格的目标责任书年度考核，明确公司各部门及高级管理人员权、责、利，促成公司战略目标的实现。

公司高度重视合规文化建设，倡导诚信为本、稳健经营的价值观念，对员工行为进行全面规范，将诚实守信的经营理念融入日常经营过程。公司通过合规教育培训、资格认证考试、建立绩效约束机制等方式加强合规尽责文化建设，落实各部门和关键岗位职责分工和合规管理责任，健全和完善高管审核、管理层持续监督、内部控制日常监督、内部审计事后监督的多层次监控体系，明确各岗位应尽职责，全面落实公司的核心价值观，建立、培养良好的合规文化氛围。为提升全体员工的案防意识，打造合规诚信的从业人员队伍，报告期内公司开展了"案防警示教育暨重点领域案件风险专项整治活动"，组织了"廉洁文化暨廉洁警示教育案例解读"培训。

4.5 风险管理概况

公司建立的全面风险管理体系，覆盖各类主要风险，包括信用风险、市场风险、操作风险、流动性风险、法律风险、声誉风险、信息科技风险、业务连续性风险等。

2023年，我国经济发展面临地缘冲突加剧、全球经济增长动能不足的外部环境，国内投资、消费、出口表现相对低迷，经济发展仍处于缓慢复苏状态。报告期内，受到房地产行业风险集中暴露、地方政府化债压力较大、证券市场波动以及信托行业探索转型等内外部环境影响，公司经营过程中信用风险、流动性风险、市场风险等因素叠加，各项风险防控工作持续承压。报告期内，公司完善风险管理制度体系，优化主要业务指引，明确风险处置决策机制和风险项目处置小组运行机制。公司持续推进各项风险处置工作，强化存续业务风险管控，加大信托项目信息披露力度，各项风险管理工作有序开展。

5. 报告期末及上一年度末的比较式会计报表

5.1 自营资产

5.1.1 会计师事务所审计结论

审计报告

中兴华审字（2024）第014402号

万向信托股份公司全体股东：

一、审计意见

我们审计了万向信托股份公司（以下简称万向信托）财务报表，包括2023年12月31日的资产负债表、2023年度的利润表、现金流量表、股东权益变动表以及相关财务报表附注。

我们认为，后附的财务报表在所有重大方面按照企业会计准则的规定编制，公允反映了万向信托2023年12月31日的财务状况以及2023年度的经营成果和现金流量。

二、形成审计意见的基础

我们按照中国注册会计师审计准则的规定执行了审计工作。审计报告的"注册会计师对财务报表审计的责任"部分进一步阐述了我们在这些准则下的责任。按照中国注册会计师职业道德守则，我们独立于万向信托，并履行了职业道德方面的其他责任。我们相信，我们获取的审计证据是充分、适当的，为发表审计意见提供了基础。

三、管理层和治理层对财务报表的责任

管理层负责按照企业会计准则的规定编制财务报表，使其实现公允反映，并设计、执行和维护必要的内部控制，以使财务报表不存在由于舞弊或错误导致的重大错报。

在编制财务报表时，管理层负责评估万向信托的持续经营能力，披露与持续经营相关的事项（如适用），并运用持续经营假设，除非管理层计划清算万向信托、终止运营或别无其他现实的选择。

治理层负责监督万向信托的财务报告过程。

四、注册会计师对财务报表审计的责任

我们的目标是对财务报表整体是否不存在由于舞弊或错误导致的重大错报获取合理保证，并出具包含审计意见的审计报告。合理保证是高水平的保证，但并不能保证按照审计准则执行的审计在某一重大错报存在时总能发现。错报可能由舞弊或错误导致，如果合理预期错报单独或汇总起来可能影响财务报表使用者依据财务报表作出的经济决策，则通常认为错报是重大的。

在按照审计准则执行审计的过程中，我们运用了职业判断，保持了职业怀疑。同时，我们也执行以下工作：

（1）识别和评估由于舞弊或错误导致的财务报表重大错报风险，设计和实施审计程序以应对这些风险，并获取充分、适当的审计证据，作为发表审计意见的基础。由于舞弊可能涉及串通、伪造、故意遗漏、虚假陈述或凌驾于内部控制之上，未能发现由于舞弊导致的重大错报的风险高于未能发现由于错误导致的重大错报的风险。

（2）了解与审计相关的内部控制，以设计恰当的审计程序，但目的并非对内部控制的有效性发表意见。

（3）评价管理层选用会计政策的恰当性和作出会计估计及相关披露的合理性。

（4）对管理层使用持续经营假设的恰当性得出结论。同时，根据获取的审计证据，就可能导致对万向信托持续经营能力产生重大疑虑的事项或情况是否存在重大不确定性得出结论。如果我们得出结论认为存在重大不确定性，审计准则要求我们在审计报告中提请报表使用者注意财务报表中的相关披露；如果披露不充分，我们应当发表非无保留意见。我们的结论基于截至审计报告日可获得的信息。然而，未来的事项或情况可能导致万向信托不能持续经营。

（5）评价财务报表的总体列报、结构和内容，并评价财务报表是否公允反映相关交易和事项。

我们与治理层就计划的审计范围、时间安排和重大审计发现等事项进行沟通，包括沟通我们在审计中识别出的值得关注的内部控制缺陷。

中兴华会计师事务所（特殊普通合伙）

中国·北京

中国注册会计师：

中国注册会计师：

2024年4月29日

5.1.2 资产负债表

资产负债表

编制单位：万向信托股份公司　　　　2023年12月31日　　　　单位：元

资产	期末余额	期初余额	负债和所有者权益（或股东权益）	期末余额	期初余额
资产：			负债：		
现金及存放中央银行款项	2 100.00	—	向中央银行借款	—	—
存放联行款项	—	—	联行存放款项	—	—
存放同业款项	283 158 510.76	230 519 475.94	同业及其他金融机构存放款项	—	—
拆出资金	—	—	拆入资金	200 448 888.88	150 370 000.00
贵金属	—	—	以公允价值计量且其变动计入当期损益的金融负债	—	—
以公允价值计量且其变动计入当期损益的金融资产	—	—	交易性金融负债	—	—
衍生金融资产	—	—	衍生金融负债	—	—
买入返售金融资产	—	—	卖出回购金融资产款	—	—
应收款项类金融资产	—	—	吸收存款	—	—
应收利息	—	—	应付职工薪酬	163 332 443.83	192 326 817.88
其他应收款	106 882 316.10	189 121 259.27	应交税费	57 228 875.76	213 605 307.49
持有待售资产	—	—	应付利息	—	—
发放贷款和垫款	—	—	其他应付款	876 717 079.09	9 186 616.62
金融投资：			持有待售负债	—	—
交易性金融资产	422 953 731.69	590 136 416.64	租赁负债	38 241 386.22	87 134 681.35
债权投资	1 940 014 455.40	2 105 510 576.66	预计负债	—	868 000 000.00
其他债权投资	—	—	应付债券	—	—
其他权益工具投资	—	—	其中：优先股	—	—
可供出售金融资产	—	—	永续债	—	—
持有至到期投资	—	—	递延所得税负债	12 013 695.18	24 170 632.12
长期股权投资	—	—	其他负债	13 559 399.86	15 205 866.81
投资性房地产	—	—	负债合计	1 361 541 768.82	1 559 999 922.27
固定资产	4 566 713.92	6 869 616.65	所有者权益（或股东权益）：		
在建工程	—	—	实收资本（或股本）	1 339 000 000.00	1 339 000 000.00
使用权资产	48 054 780.72	96 682 528.49	其他权益工具	—	—
无形资产	12 239 901.28	16 185 768.65	其中：优先股	—	—
商誉	—	—	永续债	—	—
长期待摊费用	2 622 990.22	6 608 381.66	资本公积	691 334 772.77	691 334 772.77
抵债资产	—	—	减：库存股	—	—
递延所得税资产	838 598 214.43	776 494 391.51	其他综合收益	—	—
其他资产	80 426 681.04	122 719 016.90	盈余公积	311 307 662.70	311 307 662.70
			一般风险准备	225 364 727.14	225 364 727.14
			未分配利润	−189 028 535.87	13 840 347.49
			所有者权益（或股东权益）合计	2 377 978 626.74	2 580 847 510.10
资产总计	3 739 520 395.56	4 140 847 432.37	负债和所有者权益（或股东权益）总计	3 739 520 395.56	4 140 847 432.37

5.1.3 利润表

利润表

编制单位：万向信托股份公司　　　　　2023年度　　　　　单位：元

项目	本期金额	上期金额	项目	本期金额	上期金额
一、营业总收入	292 532 619.95	754 733 335.92	四、利润总额（亏损总额以"-"号填列）	-271 867 059.92	-261 251 503.08
（一）利息净收入	-7 919 724.08	8 654 791.59	减：所得税费用	-68 998 176.56	-72 131 325.89
利息收入	4 080 865.27	24 584 452.73	五、净利润（净亏损以"-"号填列）	-202 868 883.36	-189 120 177.19
利息支出	12 000 589.35	15 929 661.14	（一）持续经营净利润（净亏损以"-"号填列）	-202 868 883.36	-189 120 177.19
（二）手续费及佣金净收入	327 560 816.23	832 961 741.32	（二）终止经营净利润（净亏损以"-"号填列）	—	—
手续费及佣金收入	329 327 920.84	834 188 001.24	六、其他综合收益的税后净额	—	—
手续费及佣金支出	1 767 104.61	1 226 259.92	（一）不能重分类进损益的其他综合收益	—	—
（三）投资收益（损失以"-"号填列）	-1 595 587.19	18 343 775.87	1.重新计量设定受益计划变动额	—	—
其中：对联营企业和合营企业的投资收益	—	—	2.权益法下不能转损益的其他综合收益	—	—
以摊余成本计量的金融资产终止确认产生的收益（损失以"-"号填列）	—	—	3.其他权益工具投资公允价值变动	—	—
（四）其他收益	13 562 530.09	8 251 896.97	4.企业自身信用风险公允价值变动	—	—
（五）公允价值变动收益（损失以"-"号填列）	-44 336 332.82	-116 908 784.88	5.其他	—	—
（六）汇兑收益（损失以"-"号填列）	—	—	（二）将重分类进损益的其他综合收益	—	—
（七）其他业务收入	1 443 874.12	2 058 306.39	1.权益法下可转损益的其他综合收益	—	—
（八）资产处置收益（损失以"-"号填列）	3 817 043.60	1 371 608.66	2.以公允价值计量且其变动计入其他综合收益的债务工具投资公允价值变动	—	—
二、营业总支出	564 459 679.87	1 015 794 839.00	3.金融资产重分类计入其他综合收益的金额	—	—
（一）税金及附加	1 951 558.67	5 452 206.76	4.以公允价值计量且其变动计入其他综合收益的债务工具投资信用损失准备	—	—
（二）业务及管理费	224 371 749.19	254 807 741.47	5.现金流量套期储备	—	—
（三）信用减值损失	338 136 372.01	723 207 940.83	6.外币财务报表折算差额	—	—
（四）其他资产减值损失	—	32 326 949.94	7.其他	—	—
（五）其他业务成本	—	—	七、综合收益总额	-202 868 883.36	-189 120 177.19
三、营业利润（亏损以"-"号填列）	-271 927 059.92	-261 061 503.08	八、每股收益：	—	—
加：营业外收入	60 000.00	60 000.00	（一）基本每股收益	—	—
减：营业外支出	—	250 000.00	（二）稀释每股收益	—	—

5.1.4 所有者权益变动表

所有者权益变动表

编制单位：万向信托股份公司　　　　　2023年度　　　　　单位：元

项目	本年金额								
	实收资本（或股本）	其他权益工具	资本公积	减：库存股	其他综合收益	盈余公积	一般风险准备	未分配利润	所有者权益合计
栏次	1	2	3	4	5	6	7	8	9
一、上年年末余额	1 339 000 000.00	—	691 334 772.77	—	—	344 019 293.40	241 720 542.49	1 524 386 079.23	4 140 460 687.89
加：会计政策变更	—	—	—	—	—	—	—	1 414 504.92	1 414 504.92
前期差错更正	—	—	—	—	-32 711 630.70	-16 355 815.35	-1 511 960 236.66	-1 561 027 682.71	
二、本年年初余额	1 339 000 000.00	—	691 334 772.77	—	—	311 307 662.70	225 364 727.14	13 840 347.49	2 580 847 510.10

续表

项目	本年金额								
	实收资本（或股本）	其他权益工具	资本公积	减：库存股	其他综合收益	盈余公积	一般风险准备	未分配利润	所有者权益合计
三、本年增减变动金额（减少以"-"号填列）	—	—	—	—	—	—	—	-202 868 883.36	-202 868 883.36
（一）综合收益总额	—	—	—	—	—	—	—	-202 868 883.36	-202 868 883.36
（二）所有者投入和减少资本	—	—	—	—	—	—	—	—	—
1.所有者投入的普通股	—	—	—	—	—	—	—	—	—
2.其他权益工具持有者投入资本	—	—	—	—	—	—	—	—	—
3.股份支付计入所有者权益的金额	—	—	—	—	—	—	—	—	—
4.其他	—	—	—	—	—	—	—	—	—
（三）利润分配	—	—	—	—	—	—	—	—	—
1.提取盈余公积	—	—	—	—	—	—	—	—	—
2.提取一般风险准备	—	—	—	—	—	—	—	—	—
3.对所有者(或股东)的分配	—	—	—	—	—	—	—	—	—
4.其他	—	—	—	—	—	—	—	—	—
（四）所有者权益内部结转	—	—	—	—	—	—	—	—	—
1.资本公积转增资本(或股本)	—	—	—	—	—	—	—	—	—
2.盈余公积转增资本(或股本)	—	—	—	—	—	—	—	—	—
3.盈余公积弥补亏损	—	—	—	—	—	—	—	—	—
4.一般风险准备弥补亏损	—	—	—	—	—	—	—	—	—
5.设定受益计划变动额结转留存收益	—	—	—	—	—	—	—	—	—
6.其他	—	—	—	—	—	—	—	—	—
四、本年年末余额	1 339 000 000.00	—	691 334 772.77	—	—	311 307 662.70	225 364 727.14	-189 028 535.87	2 377 978 626.74

所有者权益变动表（续）

编制单位：万向信托股份公司　　　　　　　　　　2023年度　　　　　　　　　　单位：元

项目	上年金额								
	实收资本（或股本）	其他权益工具	资本公积	减：库存股	其他综合收益	盈余公积	一般风险准备	未分配利润	所有者权益合计
栏次	10	11	12	13	14	15	16	17	18
一、上年年末余额	1 339 000 000.00	—	691 334 772.77	—	—	311 307 662.70	225 364 727.14	1 246 337 218.29	3 813 344 380.90
加：会计政策变更	—	—	—	—	—	—	—	1 484 647.60	1 484 647.60
前期差错更正	—	—	—	—	—	—	—	-1 044 861 341.21	-1 044 861 341.21
二、本年年初余额	1 339 000 000.00	—	691 334 772.77	—	—	311 307 662.70	225 364 727.14	202 960 524.68	2 769 967 687.29
三、本年增减变动金额（减少以"-"号填列）	—	—	—	—	—	—	—	-189 120 177.19	-189 120 177.19
（一）综合收益总额	—	—	—	—	—	—	—	-189 120 177.19	-189 120 177.19
（二）所有者投入和减少资本	—	—	—	—	—	—	—	—	—
1.所有者投入的普通股	—	—	—	—	—	—	—	—	—
2.其他权益工具持有者投入资本	—	—	—	—	—	—	—	—	—
3.股份支付计入所有者权益的金额	—	—	—	—	—	—	—	—	—
4.其他	—	—	—	—	—	—	—	—	—

续表

项目	上年金额								
	实收资本（或股本）	其他权益工具	资本公积	减：库存股	其他综合收益	盈余公积	一般风险准备	未分配利润	所有者权益合计
（三）利润分配	—	—	—	—	—	—	—	—	—
1.提取盈余公积	—	—	—	—	—	—	—	—	—
2.提取一般风险准备	—	—	—	—	—	—	—	—	—
3.对所有者（或股东）的分配	—	—	—	—	—	—	—	—	—
4.其他	—	—	—	—	—	—	—	—	—
（四）所有者权益内部结转	—	—	—	—	—	—	—	—	—
1.资本公积转增资本（或股本）	—	—	—	—	—	—	—	—	—
2.盈余公积转增资本（或股本）	—	—	—	—	—	—	—	—	—
3.盈余公积弥补亏损	—	—	—	—	—	—	—	—	—
4.一般风险准备弥补亏损	—	—	—	—	—	—	—	—	—
5.设定受益计划变动额结转留存收益	—	—	—	—	—	—	—	—	—
6.其他	—	—	—	—	—	—	—	—	—
四、本年年末余额	1 339 000 000.00	—	691 334 772.77	—	—	311 307 662.70	225 364 727.14	13 840 347.49	2 580 847 510.10

5.2 信托资产

5.2.1 信托项目资产负债汇总表

信托项目资产负债汇总表

编制单位：万向信托股份公司　　　　2023年12月31日　　　　单位：万元

信托资产	年初数	期末数	信托负债和信托权益	年初数	期末数
信托资产：			信托负债：		
货币资金	50 333.05	41 881.54	交易性金融负债	—	—
拆出资金	—	—	衍生金融负债	—	—
存出保证金	—	—	应付受托人报酬	31 646.21	42 792.12
交易性金融资产	2 318 515.77	2 682 855.49	应付托管费	640.82	451.43
衍生金融资产	—	—	应付受益人收益	7 482.70	2 638.74
买入返售金融资产	—	—	应交税费	7 129.06	7 493.59
应收款项	23 911.48	6 629.57	应付销售服务费	—	—
发放贷款	4 956 199.04	4 334 892.12	其他应付款项	73 539.39	76 394.82
债权投资	1 469 886.56	1 115 584.30	其他负债	—	—
其他债权投资	—	—	信托负债合计	120 438.18	129 770.70
其他权益工具投资	14 860.00	23 000.00	信托权益：	—	—
长期应收款	—	—	实收信托	8 722 265.28	8 127 109.73
长期股权投资	71 830.00	87 969.90	其他综合收益	—	—
投资性房地产	19 609.43	19 691.53	外币报表折算差额	—	—
固定资产	—	—	未分配利润	82 441.87	55 624.02
无形资产	—	—	信托权益合计	8 804 707.15	8 182 733.75
长期待摊费用	—	—			
其他资产	—	—			
信托资产总计	8 925 145.33	8 312 504.45	信托负债及权益总计	8 925 145.33	8 312 504.45

5.2.2 信托项目利润及利润分配汇总表

信托项目利润及利润分配汇总表

编制单位：万向信托股份公司　　2023年12月31日　　单位：万元

项目	2023年度	2022年度
一、营业收入	775 325.94	1 110 654.61
利息收入	625 587.25	944 757.75
投资收益（损失以"-"号填列）	154 987.10	222 094.32
租赁收入	—	—
公允价值变动损益	-5 368.91	-57 604.73
汇兑损益（损失以"-"号填列）	—	—
其他收入	120.50	1 407.27
二、支出	102 081.56	203 945.45
营业税金及附加	2 243.07	3 331.81
受托人报酬	50 487.10	122 533.22
托管费	1 670.20	3 035.67
投资管理费	—	—
销售服务费	—	—
交易费用	221.99	242.44
信用减值损失	45 304.29	72 337.07
其他资产减值损失	—	—
其他费用	2 154.91	2 465.24
三、信托净利润（净亏损以"-"号填列）	673 244.38	906 709.16
四、其他综合收益	—	—
五、综合收益	673 244.38	906 709.16
加：期初未分配信托利润	82 441.87	42 949.11
六、可供分配的信托利润	755 686.25	949 658.27
减：本期已分配信托利润	700 062.23	867 216.40
七、期末未分配信托利润	55 624.02	82 441.87

6.会计报表附注

6.1 会计报表编制基准不符合会计核算基本前提的说明

公司会计报表编制基准不存在不符合会计核算基本前提的情况。

6.2 重要会计政策、会计估计说明及前期差错

公司以人民币为记账本位币，会计年度自公历1月1日起至12月31日止。

6.2.1 会计政策变更

为了客观地反映公司财务状况及经营成果，对如下会计政策进行变更并按规定进行调整。

公司自2023年1月1日起执行财政部颁布的《企业会计准则解释第16号》"关于单项交易产生的资产和负债相关的递延所得税不适用初始确认豁免的会计处理"规定，对在首次执行该规定的财务报表列报最早期间的期初至首次执行日之间发生的适用该规定的单项交易按该规定进行调整。对在首次执行该规定的财务报表列报最早期间的期初因适用该规定的单项交易而确认的租赁负债和使用权资产，以及确认的弃置义务相关预计负债和对应的相关资产，产生应纳税暂时性差异和可抵扣暂时性差异的，按照该规定和《企业会计准则第18号——所得税》的规定，将累积影响数调整财务报表列报最早期间的期初留存收益及其他相关财务报表项目。

6.2.2 会计估计变更

本报告期重要会计估计未变更。

6.2.3 前期会计差错

本公司以前年度存在以下情况：对其他应收款、债权投资、其他资产、交易性金融资产等资产计提的减值或公允性价值认定不够谨慎，部分会计科目核算存在差错。为了客观地反映本公司财务状况及经营成果，本公司因上述会计估计及会计核算的问题造成的会计差错进行追溯性调整。

单位：元

受影响报表项目	2022年12月31日（2022年度）			
	调整前金额	会计差错更正调整金额	会计政策变更调整金额	调整后金额
交易性金融资产	829 533 556.00	-239 397 139.36	—	590 136 416.64
其他应收款	393 304 720.13	-204 183 460.86	—	189 121 259.27
债权投资	2 900 429 218.53	-794 918 641.87	—	2 105 510 576.66
其他资产	155 045 966.84	-32 326 949.94	—	122 719 016.90
递延所得税资产	216 202 706.46	534 706 548.01	25 585 137.04	776 494 391.51
应交税费	240 588 739.33	-26 983 431.84	—	213 605 307.49
预计负债		868 000 000.00		868 000 000.00
递延所得税负债	16 108 529.47	-16 108 529.47	24 170 632.12	24 170 632.12
盈余公积	344 019 293.40	-32 711 630.70	—	311 307 662.70
一般风险准备	241 720 542.49	-16 355 815.35	—	225 364 727.14
未分配利润	1 524 386 079.23	-1 511 960 236.66	1 414 504.92	13 840 347.49
公允价值变动损益	-5 078 416.36	-111 830 368.52	—	-116 908 784.88
信用减值损失	179 216 731.29	543 991 209.54	—	723 207 940.83

续表

受影响报表项目	2022年12月31日（2022年度）			
	调整前金额	会计差错更正调整金额	会计政策变更调整金额	调整后金额
资产减值损失	—	32 326 949.94	—	32 326 949.94
所得税费用	99 780 717.93	-171 982 186.50	70 142.68	-72 131 325.89
资产总额	4 851 381 939.35	-736 119 644.02	25 585 137.04	4 140 847 432.37
负债总额	710 921 251.46	824 908 038.69	24 170 632.12	1 559 999 922.27
净资产	4 140 460 687.89	-1 561 027 682.71	1 414 504.92	2 580 847 510.10
净利润	327 116 306.99	-516 306 626.86	70 142.68	-189 120 177.19

6.2.4 金融工具核算方法

在公司成为金融工具合同的一方时确认一项金融资产或金融负债。

实际利率法是指计算金融资产或金融负债的摊余成本以及将利息收入或利息费用分摊计入各会计期间的方法。

实际利率，是指将金融资产或金融负债在预计存续期的估计未来现金流量，折现为该金融资产账面余额或该金融负债摊余成本所使用的利率。在确定实际利率时，在考虑金融资产或金融负债所有合同条款（如提前还款、展期、看涨期权或其他类似期权等）的基础上估计预期现金流量，但不考虑预期信用损失。

金融资产或金融负债的摊余成本是以该金融资产或金融负债的初始确认金额扣除已偿还的本金，加上或减去采用实际利率法将该初始确认金额与到期日金额之间的差额进行摊销形成的累计摊销额，再扣除累计计提的损失准备（仅适用于金融资产）。

6.2.4.1 金融资产分类和计量

公司根据管理金融资产的业务模式和金融资产的合同现金流量特征，将金融资产划分为以下三类：（1）以摊余成本计量的金融资产；（2）以公允价值计量且其变动计入其他综合收益的金融资产；（3）以公允价值计量且其变动计入当期损益的金融资产。

金融资产在初始确认时以公允价值计量，但是因销售商品或提供服务等产生的应收账款或应收票据未包含重大融资成分或不考虑不超过一年的融资成分的，按照交易价格进行初始计量。

对于以公允价值计量且其变动计入当期损益的金融资产，相关交易费用直接计入当期损益，其他类别的金融资产相关交易费用计入其初始确认金额。

金融资产的后续计量取决于其分类，当且仅当公司改变管理金融资产的业务模式时，才对所有受影响的相关金融资产进行重分类：

（1）分类为以摊余成本计量的金融资产。金融资产的合同条款规定在特定日期产生的现金流量仅为对本金和以未偿付本金金额为基础的利息的支付，且管理该金融资产的业务模式是以收取合同现金流量为目标，则公司将该金融资产分类为以摊余成本计量的金融资产。公司分类为以摊余成本计量的金融资产包括货币资金、应收票据及应收账款、其他应收款、长期应收款、债权投资等。

公司对此类金融资产采用实际利率法确认利息收入，按摊余成本进行后续计量，其发生减值时或终止确认、修改产生的利得或损失，计入当期损益。除下列情况外，公司根据金融资产账面余额乘以实际利率计算确定利息收入：①对于购入或源生的已发生信用减值的金融资产，公司自初始确认起，按照该金融资产的摊余成本和经信用调整的实际利率计算确定其利息收入。②对于购入或源生的未发生信用减值、但在后续期间成为已发生信用减值的金融资产，公司在后续期间，按照该金融资产的摊余成本和实际利率计算确定其利息收入。若金融工具在后续期间因其信用风险有所改善而不再存在信用减值，公司转按实际利率乘以该金融资产账面余额来计算确定利息收入。

（2）分类为以公允价值计量且其变动计入其他综合收益的金融资产。金融资产的合同条款规定在特定日期产生的现金流量仅为对本金和以未偿付本金金额为基础的利息的支付，且管理该金融资产的业务模式既以收取合同现金流量为目标又以出售该金融资产为目标，则公司将该金融资产分类为以公允价值计量且其变动计入其他综合收益的金融资产。

公司对此类金融资产采用实际利率法确认利息收入。除利息收入、减值损失及汇兑差额确认为当期损益外，其余公允价值变动计入其他综合收益。当该金融资产终止确认时，之前计入其他综合收益的累计利得或损失从其他综合收益中转出，计入当期损益。

以公允价值计量且变动计入其他综合收益的应收票据及应收账款列报为应收款项融资，其他此类金融资产列报为其他债权投资，其中：自资产负债表日起一年内到期的其他债权投资列报为一年内到期的非流动资产，原到期日在一年以内的其他债权投资列报为其他流动资产。

（3）指定为以公允价值计量且其变动计入其他综合

收益的金融资产。在初始确认时，公司可以单项金融资产为基础不可撤销地将非交易性权益工具投资指定为以公允价值计量且其变动计入其他综合收益的金融资产。

此类金融资产的公允价值变动计入其他综合收益，不需计提减值准备。该金融资产终止确认时，之前计入其他综合收益的累计利得或损失从其他综合收益中转出，计入留存收益。公司持有该权益工具投资期间，在公司收取股利的权利已经确立，与股利相关的经济利益很可能流入公司，且股利的金额能够可靠计量时，确认股利收入并计入当期损益。公司对此类金融资产在其他权益工具投资项目下列报。

权益工具投资满足下列条件之一的，属于以公允价值计量且其变动计入当期损益的金融资产：取得该金融资产主要是为了近期出售；初始确认时属于集中管理的可辨认金融工具组合的一部分，且有客观证据表明近期实际存在短期获利模式；属于衍生工具（符合财务担保合同定义的以及被指定为有效套期工具的衍生工具除外）。

（4）分类为以公允价值计量且其变动计入当期损益的金融资产。不符合分类为以摊余成本计量或以公允价值计量且其变动计入其他综合收益的金融资产条件、亦不指定为以公允价值计量且其变动计入其他综合收益的金融资产均分类为以公允价值计量且其变动计入当期损益的金融资产。

公司对此类金融资产采用公允价值进行后续计量，将公允价值变动形成的利得或损失以及与此类金融资产相关的股利和利息收入计入当期损益。

公司对此类金融资产根据其流动性在交易性金融资产、其他非流动金融资产项目列报。

（5）指定为以公允价值计量且其变动计入当期损益的金融资产。在初始确认时，公司为了消除或显著减少会计错配，可以单项金融资产为基础不可撤销地将金融资产指定为以公允价值计量且其变动计入当期损益的金融资产。

混合合同包含一项或多项嵌入衍生工具，且其主合同不属于以上金融资产的，公司可以将其整体指定为以公允价值计量且其变动计入当期损益的金融工具。但下列情况除外：①嵌入衍生工具不会对混合合同的现金流量产生重大改变。②在初次确定类似的混合合同是否需要分拆时，几乎不需分析就能明确其包含的嵌入衍生工具不应分拆。如嵌入贷款的提前还款权，允许持有人以接近摊余成本的金额提前偿还贷款，该提前还款权不需要分拆。

公司对此类金融资产采用公允价值进行后续计量，将公允价值变动形成的利得或损失以及与此类金融资产相关的股利和利息收入计入当期损益。

公司对此类金融资产根据其流动性在交易性金融资产、其他非流动金融资产项目列报。

6.2.4.2 金融负债分类和计量

公司根据所发行金融工具的合同条款及其所反映的经济实质而非仅以法律形式，结合金融负债和权益工具的定义，在初始确认时将该金融工具或其组成部分分类为金融负债或权益工具。金融负债在初始确认时分类为：以公允价值计量且其变动计入当期损益的金融负债、其他金融负债、被指定为有效套期工具的衍生工具。

金融负债在初始确认时以公允价值计量。对于以公允价值计量且其变动计入当期损益的金融负债，相关的交易费用直接计入当期损益；对于其他类别的金融负债，相关交易费用计入初始确认金额。

金融负债的后续计量取决于其分类：

（1）以公允价值计量且其变动计入当期损益的金融负债。此类金融负债包括交易性金融负债（含属于金融负债的衍生工具）和初始确认时指定为以公允价值计量且其变动计入当期损益的金融负债。

满足下列条件之一的，属于交易性金融负债：承担相关金融负债主要是为了在近期内出售或回购；属于集中管理的可辨认金融工具组合的一部分，且有客观证据表明企业近期采用短期获利方式模式；属于衍生工具，但是，被指定且为有效套期工具的衍生工具、符合财务担保合同的衍生工具除外。交易性金融负债（含属于金融负债的衍生工具），按照公允价值进行后续计量，除与套期会计有关外，所有公允价值变动均计入当期损益。

在初始确认时，为了提供更相关的会计信息，公司将满足下列条件之一的金融负债不可撤销地指定为以公允价值计量且其变动计入当期损益的金融负债：①能够消除或显著减少会计错配。②根据正式书面文件载明的企业风险管理或投资策略，以公允价值为基础对金融负债组合或金融资产和金融负债组合进行管理和业绩评价，并在公司内部以此为基础向关键管理人员报告。

公司对此类金融负债采用公允价值进行后续计量，除由公司自身信用风险变动引起的公允价值变动计入其他综合收益之外，其他公允价值变动计入当期损益。除非由公司自身信用风险变动引起的公允价值变动计入其他综合收益会造成或扩大损益中的会计错配，公司将所有公允价值变动（包括自身信用风险变动的影响金额）计入当期损益。

（2）其他金融负债。除下列各项外，公司将金融负债分类为以摊余成本计量的金融负债，对此类金融负债采用实际利率法，按照摊余成本进行后续计量，终止确认或摊销产生的利得或损失计入当期损益：①以公允价值计量且其变动计入当期损益的金融负债。②金融资产转移不符合终止确认条件或继续涉及被转移金融资产所形成的金融负债。③不属于本条前两类情形的财务担保合同，以及不属于本条第①类情形的以低于市场利率贷款的贷款承诺。

财务担保合同是指当特定债务人到期不能按照最初或修改后的债务工具条款偿付债务时，要求发行方向蒙受损失的合同持有人赔付特定金额的合同。不属于指定为以公允价值计量且其变动计入当期损益的金融负债的财务担保合同，在初始确认后按照损失准备金额以及初始确认金额扣除担保期内的累计摊销额后的余额孰高进行计量。

6.2.4.3　金融资产和金融负债的终止确认

6.2.4.3.1　金融资产的终止确认

金融资产满足下列条件之一的，终止确认金融资产，即从其账户和资产负债表内予以转销：（1）收取该金融资产现金流量的合同权利终止。（2）该金融资产已转移，且该转移满足金融资产终止确认的规定。

6.2.4.3.2　金融负债的终止确认

金融负债（或其一部分）的现时义务已经解除的，则终止确认该金融负债（或该部分金融负债）。

公司与借出方之间签订协议，以承担新金融负债方式替换原金融负债，且新金融负债与原金融负债的合同条款实质上不同的，或对原金融负债（或其一部分）的合同条款作出实质性修改的，则终止确认原金融负债，同时确认一项新金融负债，账面价值与支付的对价（包括转出的非现金资产或承担的负债）之间的差额，计入当期损益。

公司回购部分金融负债的，按照继续确认部分和终止确认部分在回购日各自的公允价值占整体公允价值的比例，对该金融负债整体的账面价值进行分配。分配给终止确认部分的账面价值与支付的对价（包括转出的非现金资产或承担的负债）之间的差额，应当计入当期损益。

6.2.4.4　金融资产转移的确认依据和计量方法

公司在发生金融资产转移时，评估其保留金融资产所有权上的风险和报酬的程度，并分别按下列情形处理：（1）转移了金融资产所有权上几乎所有风险和报酬的，则终止确认该金融资产，并将转移中产生或保留的权利和义务单独确认为资产或负债。（2）保留了金融资产所有权上几乎所有风险和报酬的，则继续确认该金融资产。（3）既没有转移也没有保留金融资产所有权上几乎所有风险和报酬的（即除本条（1）、（2）之外的其他情形），则根据其是否保留了对金融资产的控制，分别按下列情形处理：①未保留对该金融资产控制的，则终止确认该金融资产，并将转移中产生或保留的权利和义务单独确认为资产或负债。②保留了对该金融资产控制的，则按照其继续涉入被转移金融资产的程度继续确认有关金融资产，并相应确认相关负债。继续涉入被转移金融资产的程度，是指本公司承担的被转移金融资产价值变动风险或报酬的程度。

在判断金融资产转移是否满足上述金融资产终止确认条件时，采用实质重于形式的原则。公司将金融资产转移区分为金融资产整体转移和部分转移。（1）金融资产整体转移满足终止确认条件的，将下列两项金额的差额计入当期损益：①被转移金融资产在终止确认日的账面价值。②因转移金融资产而收到的对价，与原直接计入其他综合收益的公允价值变动累计额中对应终止确认部分的金额（涉及转移的金融资产为以公允价值计量且其变动计入其他综合收益的金融资产）之和。（2）金融资产部分转移且该被转移部分整体满足终止确认条件的，将转移前金融资产整体的账面价值，在终止确认部分和继续确认部分（在此种情形下，所保留的服务资产应当视同继续确认金融资产的一部分）之间，按照转移日各自的相对公允价值进行分摊，并将下列两项金额的差额计入当期损益：①终止确认部分在终止确认日的账面价值。②终止确认部分收到的对价，与原计入其他综合收益的公允价值变动累计额中对应终止确认部分的金额（涉及转移的金融资产为以公允价值计量且其变动计入其他综合收益的金融资产）之和。

金融资产转移不满足终止确认条件的，继续确认该金融资产，所收到的对价确认为一项金融负债。

6.2.4.5　金融资产和金融负债公允价值的确定方法

存在活跃市场的金融资产或金融负债，以活跃市场的报价确定其公允价值，除非该项金融资产存在针对资产本身的限售期。对于针对资产本身的限售的金融资产，按照活跃市场的报价扣除市场参与者因承担指定期间内无法在公开市场上出售该金融资产的风险而要求获得的补偿金额后确定。活跃市场的报价包括易于且可定期从交易所、交易商、经纪人、行业集团、定价机构或监管机构等获得相关资产或负债的报价，且能代表在公平交易基础上实际并经常发生的市场交易。

初始取得或衍生的金融资产或承担的金融负债，以市场交易价格作为确定其公允价值的基础。

不存在活跃市场的金融资产或金融负债，采用估值技术确定其公允价值。在估值时，公司采用在当前情况下适用并且有足够可利用数据和其他信息支持的估值技术，选择与市场参与者在相关资产或负债的交易中所考虑的资产或负债特征相一致的输入值，并尽可能优先使用相关可观察输入值。在相关可观察输入值无法取得或取得不切实可行的情况下，使用不可观察输入值。

6.2.4.6 金融工具减值

公司以预期信用损失为基础，对分类为以摊余成本计量的金融资产、分类为以公允价值计量且其变动计入其他综合收益的金融资产以及财务担保合同，进行减值会计处理并确认损失准备。

预期信用损失，是指以发生违约的风险为权重的金融工具信用损失的加权平均值。信用损失，是指公司按照原实际利率折现的、根据合同应收的所有合同现金流量与预期收取的所有现金流量之间的差额，及全部现金短缺的现值。其中，对于公司购买或源生的已发生信用减值的金融资产，应按照该金融资产经信用调整的实际利率折现。

对由收入准则规范的交易形成的应收款项，公司运用简化计量方法，按照相当于整个存续期内预期信用损失的金额计量损失准备。

对于购买或源生的已发生信用减值的金融资产，在资产负债表日仅将自初始确认后整个存续期内预期信用损失的累计变动确认为损失准备。在每个资产负债表日，将整个存续期内预期信用损失的变动金额作为减值损失或利得计入当期损益。即使该资产负债表日确定的整个存续期内预期信用损失小于初始确认时估计现金流量所反映的预期信用损失的金额，也将预期信用损失的有利变动确认为减值利得。

除上述采用简化计量方法和购买或源生的已发生信用减值以外的其他金融资产，公司在每个资产负债表日评估相关金融工具的信用风险自初始确认后是否显著增加，并按照下列情形分别计量其损失准备、确认预期信用损失及其变动：（1）如果该金融工具的信用风险自初始确认后并未显著增加，处于第一阶段，则按照相当于该金融工具未来12个月内预期信用损失的金额计量其损失准备，并按照账面余额和实际利率计算利息收入。（2）如果该金融工具的信用风险自初始确认后已显著增加但尚未发生信用减值的，处于第二阶段，则按照相当于该金融工具整个存续期内预期信用损失的金额计量其损失准备，并按照账面余额和实际利率计算利息收入。（3）如果该金融工具自初始确认后已经发生信用减值的，处于第三阶段，公司按照相当于该金融工具整个存续期内预期信用损失的金额计量其损失准备，并按照摊余成本和实际利率计算利息收入。

金融工具信用损失准备的增加或转回金额，作为减值损失或利得计入当期损益。除分类为以公允价值计量且其变动计入其他综合收益的金融资产外，信用损失准备抵减金融资产的账面余额。对于分类为以公允价值计量且其变动计入其他综合收益的金融资产，公司在其他综合收益中确认其信用损失准备，不减少该金融资产在资产负债表中列示的账面价值。

公司在前一会计期间已经按照相当于金融工具整个存续期内预期信用损失的金额计量了损失准备，但在当期资产负债表日，该金融工具已不再属于自初始确认后信用风险显著增加的情形的，公司在当期资产负债表日按照相当于未来12个月内预期信用损失的金额计量该金融工具的损失准备，由此形成的损失准备的转回金额作为减值利得计入当期损益。

6.2.4.6.1 信用风险显著增加

公司利用可获得的合理且有依据的前瞻性信息，通过比较金融工具在资产负债表日发生违约的风险与在初始确认日发生违约的风险，以确定金融工具的信用风险自初始确认后是否已显著增加。对于财务担保合同，公司在应用金融工具减值规定时，将公司成为作出不可撤销承诺的一方之日作为初始确认日。

公司在评估信用风险是否显著增加时会考虑如下因素：①债务人经营成果实际或预期是否发生显著变化。②债务人所处的监管、经济或技术环境是否发生显著不利变化。③作为债务抵押的担保物价值或第三方提供的担保或信用增级质量是否发生显著变化，这些变化预期将降低债务人按合同规定期限还款的经济动机或者影响违约概率。④债务人预期表现和还款行为是否发生显著变化。⑤公司对金融工具信用管理方法是否发生变化等。

于资产负债表日，若公司判断金融工具只具有较低的信用风险，则公司假定该金融工具的信用风险自初始确认后并未显著增加。如果金融工具的违约风险较低，借款人在短期内履行其合同现金流量义务的能力很强，并且即使较长时期内经济形势和经营环境存在不利变化但未必一定降低借款人履行其合同现金义务，则该金融工具被视为具有较低的信用风险。

6.2.4.6.2 已发生信用减值的金融资产

当对金融资产预期未来现金流量具有不利影响的一项或多项事件发生时，该金融资产成为已发生信用减值的金融资产。金融资产已发生信用减值的证据包括下列可观察信息：①发行方或债务人发生重大财务困难。②债务人违反合同，如偿付利息或本金违约或逾期等。③债权人出于与债务人财务困难有关的经济或合同考虑，给予债务人在任何其他情况下都不会作出的让步。④债务人很可能破产或进行其他财务重组。⑤发行方或债务人财务困难导致该金融资产的活跃市场消失。⑥以大幅折扣购买或源生一项金融资产，该折扣反映了发生信用损失的事实。

金融资产发生信用减值，有可能是多个事件的共同作用所致，未必是可单独识别的事件所致。

6.2.4.6.3 预期信用损失的确定

公司基于单项和组合评估金融工具的预期信用损失，在评估预期信用损失时，考虑有关过去事项、当前状况以及未来经济状况预测的合理且有依据的信息。

公司以共同信用风险特征为依据，将金融工具分为不同组合。公司采用的共同信用风险特征包括：金融工具类型、账龄组合、资产质量等。相关金融工具的单项评估标准和组合信用风险特征详见相关金融工具的会计政策。

公司按照下列方法确定相关金融工具的预期信用损失：①对于金融资产，信用损失为公司应收取的合同现金流量与预期收取的现金流量之间差额的现值。②对于财务担保合同，信用损失为公司就该合同持有人发生的信用损失向其作出赔付的预计付款额，减去公司预期向该合同持有人、债务人或任何其他方收取的金额之间差额的现值。③对于资产负债表日已发生信用减值但并非购买或源生已发生信用减值的金融资产，信用损失为该金融资产账面余额与按原实际利率折现的估计未来现金流量的现值之间的差额。

公司计量金融工具预期信用损失的方法反映的因素包括：通过评价一系列可能的结果而确定的无偏概率加权平均金额；货币时间价值；在资产负债表日无须付出不必要的额外成本或努力即可获得的有关过去事项、当前状况以及未来经济状况预测的合理且有依据的信息。

6.2.4.6.4 减记金融资产

当公司不再合理预期金融资产合同现金流量能够全部或部分收回的，直接减记该金融资产的账面余额。这种减记构成相关金融资产的终止确认。

6.2.4.7 金融资产及金融负债的抵销

金融资产和金融负债在资产负债表内分别列示，没有相互抵销。但是，同时满足下列条件的，以相互抵销后的净额在资产负债表内列示：（1）公司具有抵销已确认金额的法定权利，且该种法定权利是当前可执行的；（2）公司计划以净额结算，或同时变现该金融资产和清偿该金融负债。

6.2.5 长期股权投资核算方法

报告期内无长期股权投资。

6.2.6 投资性房地产核算方法

报告期内无投资性房地产。

6.2.7 长期应收款的核算方法

报告期内无长期应收款。

6.2.8 短期投资核算方法

报告期内无短期投资。

6.2.9 固定资产核算方法

6.2.9.1 固定资产确认条件

固定资产指为提供金融商品服务、出租或经营管理而持有的，使用期限超过一个会计年度且不属于低值易耗品范围的有形资产。固定资产在同时满足下列条件时予以确认：（1）与该固定资产有关的经济利益很可能流入企业。（2）该固定资产的成本能够可靠地计量。

6.2.9.2 固定资产初始计量

本公司固定资产按成本进行初始计量。其中，外购的固定资产的成本包括买价、进口关税等相关税费，以及为使固定资产达到预定可使用状态前所发生的可直接归属于该资产的其他支出。自行建造固定资产的成本，由建造该项资产达到预定可使用状态前所发生的必要支出构成。投资者投入的固定资产，按投资合同或协议约定的价值作为入账价值，但合同或协议约定价值不公允的按公允价值入账。购买固定资产的价款超过正常信用条件延期支付，实质上具有融资性质的，固定资产的成本以购买价款的现值为基础确定。实际支付的价款与购买价款的现值之间的差额，除应予资本化的以外，在信用期间内计入当期损益。

6.2.9.3　固定资产后续计量及处置

6.2.9.3.1　固定资产折旧

固定资产折旧按其入账价值减去预计净残值后在预计使用寿命内计提。对计提了减值准备的固定资产，则在未来期间按扣除减值准备后的账面价值及尚可使用年限确定折旧额。

公司根据固定资产的性质和使用情况，确定固定资产的使用寿命和预计净残值。并在年度终了，对固定资产的使用寿命、预计净残值和折旧方法进行复核，如与原先估计数存在差异的，进行相应的调整。

各类固定资产的折旧方法、折旧年限和年折旧率如下表所示。

类别	折旧方法	折旧年限（年）	残值率（%）	年折旧率（%）
电子设备	年限平均法	3	5	31.67
运输设备	年限平均法	4	5	23.75
办公设备	年限平均法	5、10	5	9.5、19

6.2.9.3.2　固定资产后续支出

与固定资产有关的后续支出，符合固定资产确认条件的，计入固定资产成本；不符合固定资产确认条件的，在发生时计入当期损益。

6.2.9.3.3　固定资产处置

当固定资产被处置，或者预期通过使用或处置不能产生经济利益时，终止确认该固定资产。固定资产出售、转让、报废或毁损的处置收入扣除其账面价值和相关税费后的金额计入当期损益。

6.2.9.4　固定资产的减值测试方法、减值准备计提方法

公司在每期末判断固定资产是否存在可能发生减值的迹象。

固定资产存在减值迹象的，估计其可收回金额。可收回金额根据固定资产的公允价值减去处置费用后的净额与固定资产预计未来现金流量的现值两者之间较高者确定。

当固定资产的可收回金额低于其账面价值的，将固定资产的账面价值减记至可收回金额，减记的金额确认为固定资产减值损失，计入当期损益，同时计提相应的固定资产减值准备。

固定资产减值损失确认后，减值固定资产的折旧在未来期间作相应调整，以使该固定资产在剩余使用寿命内，系统地分摊调整后的固定资产账面价值（扣除预计净残值）。

固定资产的减值损失一经确认，在以后会计期间不再转回。

6.2.10　无形资产核算方法

无形资产是指本公司拥有或者控制的没有实物形态的可辨认非货币性资产，包括软件等。

6.2.10.1　无形资产的初始计量

外购无形资产的成本，包括购买价款、相关税费以及直接归属于使该项资产达到预定用途所发生的其他支出。购买无形资产的价款超过正常信用条件延期支付，实质上具有融资性质的，无形资产的成本以购买价款的现值为基础确定。

内部自行开发的无形资产，其成本包括：开发该无形资产时耗用的材料、劳务成本、注册费、在开发过程中使用的其他专利权和特许权的摊销以及满足资本化条件的利息费用，以及为使无形资产达到预定用途前所发生的其他直接费用。

6.2.10.2　无形资产的后续计量

公司在取得无形资产时分析判断其使用寿命，划分为使用寿命有限和使用寿命不确定的无形资产。

（1）使用寿命有限的无形资产。对于使用寿命有限的无形资产，在为公司带来经济利益的期限内按直线法摊销。使用寿命有限的无形资产预计寿命及依据如下表所示。

项目	预计使用寿命（年）
软件	5

每期末，对使用寿命有限的无形资产的使用寿命及摊销方法进行复核，如与原先估计数存在差异的，进行相应的调整。

经复核，本期期末无形资产的使用寿命及摊销方法与以前估计未有不同。

（2）使用寿命不确定的无形资产。无法预见无形资产为企业带来经济利益期限的，视为使用寿命不确定的无形资产。

对于使用寿命不确定的无形资产，在持有期间内不摊销，每期末对无形资产的寿命进行复核。如果期末重新复核后仍为不确定的，在每个会计期间继续进行减值测试。

6.2.10.3　划分公司内部研究开发项目的研究阶段和开发阶段具体标准

研究阶段：为获取并理解新的科学或技术知识等而进行的独创性的有计划调查、研究活动的阶段。

开发阶段：在进行商业性生产或使用前，将研究成果或其他知识应用于某项计划或设计，以生产出新的或具有实质性改进的材料、装置、产品等活动的阶段。

内部研究开发项目研究阶段的支出，在发生时计入当期损益。

6.2.10.4　开发阶段支出符合资本化的具体标准

内部研究开发项目开发阶段的支出，同时满足下列条件时确认为无形资产：（1）完成该无形资产以使其能够使用或出售在技术上具有可行性；（2）具有完成该无形资产并使用或出售的意图；（3）无形资产产生经济利益的方式，包括能够证明运用该无形资产生产的产品存在市场或无形资产自身存在市场，无形资产将在内部使用的，能够证明其有用性；（4）有足够的技术、财务资源和其他资源支持，以完成该无形资产的开发，并有能力使用或出售该无形资产；（5）归属于该无形资产开发阶段的支出能够可靠地计量。

不满足上述条件的开发阶段的支出，于发生时计入当期损益。以前期间已计入损益的开发支出不在以后期间重新确认为资产。已资本化的开发阶段的支出在资产负债表上列示为开发支出，自该项目达到预定用途之日起转为无形资产。

6.2.10.5　无形资产减值准备的计提

对于使用寿命确定的无形资产，如有明显减值迹象的，期末进行减值测试。

对于使用寿命不确定的无形资产，每期末进行减值测试。

对无形资产进行减值测试，估计其可收回金额。可收回金额根据无形资产的公允价值减去处置费用后的净额与无形资产预计未来现金流量的现值两者之间较高者确定。

当无形资产的可收回金额低于其账面价值的，将无形资产的账面价值减记至可收回金额，减记的金额确认为无形资产减值损失，计入当期损益，同时计提相应的无形资产减值准备。

无形资产减值损失确认后，减值无形资产的折耗或者摊销费用在未来期间作相应调整，以使该无形资产在剩余使用寿命内，系统地分摊调整后的无形资产账面价值（扣除预计净残值）。

无形资产的减值损失一经确认，在以后会计期间不再转回。

对由于被新技术所替代，已无使用价值和转让价值；或超过法律保护期限，已不能为企业带来经济利益的无形资产，表明可收回金额为零，全额计提减值准备。

6.2.11　长期待摊费用的摊销政策

长期待摊费用，是指本公司已经发生但应由本期和以后各期负担的分摊期限在1年以上的各项费用。

长期待摊费用在受益期内按直线法分期摊销，摊销年限如下表所示。

类别	摊销年限（年）
装修改造费	5

6.2.12　租赁

租赁，是指在一定期间内，出租人将资产的使用权让与承租人以获取对价的合同。

在合同开始日，本公司评估合同是否为租赁或者包含租赁。如果合同中一方让渡了在一定期间内控制一项或多项已识别资产使用的权利以换取对价，则该合同为租赁或者包含租赁。

（1）租赁合同的分拆。当合同中同时包含多项单独租赁的，本公司将合同予以分拆，并分别各项单独租赁进行会计处理。

当合同中同时包含租赁和非租赁部分的，本公司将租赁和非租赁部分进行分拆，租赁部分按照租赁准则进行会计处理，非租赁部分应当按照其他适用的企业会计准则进行会计处理。

（2）租赁合同的合并。本公司与同一交易方或其关联方在同一时间或相近时间订立的两份或多份包含租赁的合同符合下列条件之一时，合并为一份合同进行会计处理：①该两份或多份合同基于总体商业目的而订立并构成一揽子交易，若不作为整体考虑则无法理解其总体商业目的。②该两份或多份合同中的某份合同的对价金额取决于其他合同的定价或履行情况。③该两份或多份合同让渡的资产使用权合起来构成一项单独租赁。

（3）本公司作为承租人的会计处理。在租赁期开始日，除应用简化处理的短期租赁和低价值资产租赁外，本公司对租赁确认使用权资产和租赁负债。

使用权资产按照成本进行初始计量，包括租赁负债的初始计量金额、在租赁期开始日或之前支付的租赁付款额（扣除已享受的租赁激励相关金额），发生的初始直接费用以及为拆卸及移除租赁资产、复原租赁资产所在场地或将租赁资产恢复至租赁条款约定状态预计将发生的成本。

本公司使用直线法对使用权资产计提折旧。对能够合理确定租赁期届满时取得租赁资产所有权的，本公司在租赁资产剩余使用寿命内计提折旧。否则，租赁资产在租赁期与租赁资产剩余使用寿命两者孰短的期间内计提折旧。

租赁负债按照租赁期开始日尚未支付的租赁付款额的现值进行初始计量。在计算租赁付款额的现值时，本公司采用租赁内含利率作为折现率，无法确定租赁内含利率的，采用增量借款利率作为折现率。本公司各机构采用其类似经济环境下获得与使用权资产价值接近的资产，与类似期间以类似抵押条件借入资金而必须支付的利率作为增量借款利率。

本公司按照固定的周期性利率计算租赁负债在租赁期内各期间的利息费用，并计入当期损益或相关资产成本。未纳入租赁负债计量的可变租赁付款额在实际发生时计入当期损益或相关资产成本。

租赁期开始日后，发生下列情形的，本公司按照变动后租赁付款额的现值重新计量租赁负债：①根据担保余值预计的应付金额发生变动；②用于确定租赁付款额的指数或比率发生变动；③本公司对购买选择权、续租选择权或终止租赁选择权的评估结果发生变化，或续租选择权或终止租赁选择权的实际行使情况与原评估结果不一致。

在对租赁负债进行重新计量时，本公司相应调整使用权资产的账面价值。使用权资产的账面价值已调减至零，但租赁负债仍需进一步调减的，本公司将剩余金额计入当期损益。

本公司已选择对短期租赁（租赁期不超过12个月的租赁）和低价值资产租赁不确认使用权资产和租赁负债，并将相关的租赁付款额在租赁期内各个期间按照直线法计入当期损益或相关资产成本。

6.2.13 合并会计报表的编制方法

报告期内无合并会计报表。

6.2.14 收入确认原则和方法

6.2.14.1 利息收入

对于所有以摊余成本计量的金融工具及以公允价值计量且其变动计入其他综合收益的金融资产中计息的金融工具，利息收入以实际利率计量。实际利率是指按金融工具的预计存续期间将其预计未来现金流入或流出折现至该金融资产账面余额或金融负债摊余成本的利率。实际利率的计算需要考虑金融工具的合同条款（例如提前还款权）并且包括所有归属于实际利率组成部分的费用和所有交易成本，但不包括预期信用损失。

公司根据金融资产账面余额乘以实际利率计算确定利息收入并列报为"利息收入"，但下列情况除外：（1）对于购入或源生的已发生信用减值的金融资产，自初始确认起，按照该金融资产的摊余成本和经信用调整的实际利率计算确定其利息收入；（2）对于购入或源生的未发生信用减值、但在后续期间成为已发生信用减值的金融资产，按照该金融资产的摊余成本（即，账面余额扣除预期信用损失准备之后的净额）和实际利率计算确定其利息收入。若该金融工具在后续期间因其信用风险有所改善而不再存在信用减值，并且这一改善在客观上可与应用上述规定之后发生的某一事件相联系，转按实际利率乘以该金融资产账面余额来计算确定利息收入。

6.2.14.2 手续费及佣金收入和支出

公司通过在特定时点或一定期间内提供服务收取手续费及佣金和接受服务支付手续费及佣金的，按权责发生制原则确认手续费及佣金收入和支出。

公司通过提供和接受特定交易服务收取和支付的手续费及佣金的，与特定交易相关的手续费及佣金在交易双方实际约定的条款完成后确认手续费及佣金收入和支出。

6.2.15 所得税的会计处理方法

公司采用资产负债表债务法核算所得税。

6.2.15.1 确认递延所得税资产的依据

公司以很可能取得用来抵扣可抵扣暂时性差异、能够结转以后年度的可抵扣亏损和税款抵减的应纳税所得额为限，确认由可抵扣暂时性差异产生的递延所得税资产。但是，同时具有下列特征的交易中因资产或负债的初始确认所产生的递延所得税资产不予确认：①该交易不是企业合并；②交易发生时既不影响会计利润也不影响应纳税所得额或可抵扣亏损。

对于与联营企业投资相关的可抵扣暂时性差异，同时满足下列条件的，确认相应的递延所得税资产：暂时性差异在可预见的未来很可能转回，且未来很可能获得用来抵扣可抵扣暂时性差异的应纳税所得额。

6.2.15.2 确认递延所得税负债的依据

公司将当期与以前期间应交未交的应纳税暂时性差异确认为递延所得税负债。但不包括：①商誉的初始确认所形成的暂时性差异；②非企业合并形成的交易或事项，且该交易或事项发生时既不影响会计利润，也不影响应纳税所得额（或可抵扣亏损）所形成的暂时性差异；③对于与子公司、联营企业投资相关的应纳税暂时性差异，该暂时性差异转回的时间能够控制并且该暂时性差异在可预见的未来很可能不会转回。

6.2.16 信托报酬的确认原则和方法

信托报酬依据信托合同的相关约定确认，具体方法见6.2.14.2"手续费及佣金收入和支出"。

6.2.17 政府补助

6.2.17.1 政府补助的类型

政府补助，是本公司从政府无偿取得的货币性资产与非货币性资产，但不包括政府作为企业所有者投入的资本。根据相关政府文件规定的补助对象，将政府补助划分为与资产相关的政府补助和与收益相关的政府补助。

与资产相关的政府补助，是指本公司取得的、用于购建或以其他方式形成长期资产的政府补助。与收益相关的政府补助，是指除与资产相关的政府补助之外的政府补助。

6.2.17.2 政府补助的确认

对期末有证据表明本公司能够符合财政扶持政策规定的相关条件且预计能够收到财政扶持资金的，按应收金额确认政府补助。除此之外，政府补助均在实际收到时确认。

政府补助为货币性资产的，按照收到或应收的金额计量。政府补助为非货币性资产的，按照公允价值计量；公允价值不能够可靠取得的，按照名义金额（人民币1元）计量。按照名义金额计量的政府补助，直接计入当期损益。

6.2.17.3 政府补助的会计处理方法

本公司根据经济业务的实质，确定某一类政府补助业务应当采用总额法还是净额法进行会计处理。通常情况下，本公司对于同类或类似政府补助业务只选用一种方法，且对该业务一贯地运用该方法。

目前本公司对收取的政策扶持资金、企业补贴等采用总额法进行会计处理。

与资产相关的政府补助，确认为递延收益，在所建造或购买的资产使用年限内按照合理、系统的方法分期计入损益或冲减相关资产账面价值；与收益相关的政府补助，用于补偿企业以后期间的相关费用或损失的，确认为递延收益，在确认相关费用或损失的期间计入当期损益或冲减相关成本；用于补偿企业已发生的相关费用或损失的，取得时直接计入当期损益或冲减相关成本。

与企业日常活动相关的政府补助计入其他收益或冲减相关成本费用；与企业日常活动无关的政府补助计入营业外收支。

收到与政策性优惠贷款贴息相关的政府补助时冲减相关借款费用；取得贷款银行提供的政策性优惠利率贷款的，以实际收到的借款金额作为借款的入账价值，按照借款本金和该政策性优惠利率计算相关借款费用。

已确认的政府补助需要返还时，初始确认时冲减相关资产账面价值的，调整资产账面价值；存在相关递延收益余额的，冲减相关递延收益账面余额，超出部分计入当期损益；不存在相关递延收益的，直接计入当期损益。

6.3 或有事项

报告期末，本公司不存在应披露未披露的或有事项。

6.4 重要资产转让及其出售的说明

报告期内无重要资产转让及其出售。

6.5 会计报表中重要项目的明细资料

6.5.1 自营资产经营情况

6.5.1.1 信用资产五级分类情况

按照银保监会《非银行金融机构资产风险分类指导原则（试行）》的分类标准，本年度末公司自营资产质量情况如下表所示。

信用风险资产五级分类	正常类（万元）	关注类（万元）	次级类（万元）	可疑类（万元）	损失类（万元）	信用风险资产合计（万元）	不良资产合计（万元）	不良资产率（%）
期初数	87 750.86	19 595.74	228 608.45	201 123.34	65 623.68	602 702.06	495 355.47	68.19
期末数	61 725.98	1 145.81	244 657.47	205 808.27	80 016.27	593 353.81	530 482.01	78.75

注：1．不良资产合计=次级类+可疑类+损失类。
2．固有信用风险不良率按中国信托业协会行业评级口径确定，即固有信用风险不良率=（固有信用风险资产中不良资产余额－固有信用风险资产中不良资产计提的减值准备余额）÷（固有信用风险资产余额－固有信用风险资产计提的减值准备余额）。

6.5.1.2 资产损失准备情况

本年度计提资产减值准备 33 813.64 万元。

6.5.1.3 自营股票投资、基金投资、债券投资、长期股权投资等投资情况

单位：万元

项目	自营股票	基金	债券	长期股权投资	其他投资	合计
期初数	—	—	—	—	269 564.70	269 564.70
期末数	—	—	—	—	236 296.82	236 296.82

6.5.1.4 自营长期股权投资的前五名

报告期内未发生自营长期股权投资。

6.5.1.5 自营贷款前五名

报告期内未发生自营贷款。

6.5.1.6 原有负债（重新登记前）清理情况

报告期内不存在原有负债（重新登记前）清理情况。

6.5.1.7 表外业务的期初数、期末数

报告期内无表外业务。

6.5.1.8 公司当年的收入结构

收入结构	金额（万元）	占比（%）
手续费及佣金收入	32 932.79	107.50
其中：信托手续费收入	32 932.79	107.50
投资银行业务收入	—	—
利息收入	408.09	1.33
其他业务收入	144.39	0.47
其中：计入信托业务收入部分	—	—
投资收益	-159.56	-0.52
其中：股权投资收益	—	—
证券投资收益	—	—
其他投资收益	-159.56	-0.52
公允价值变动收益	-4 433.63	-14.47
资产处置收益	381.70	1.25
其他收益	1 356.25	4.43
营业外收入	6.00	0.02
收入合计	30 636.03	100.00

6.5.2 信托资产管理情况

6.5.2.1 信托资产管理情况

单位：万元

信托资产	期初数	期末数
集合	3 725 493.75	3 137 328.09
单一	4 833 127.33	3 877 250.08
财产权	366 524.25	1 297 926.28
合计	8 925 145.33	8 312 504.45

6.5.2.2 主动管理型信托业务情况

单位：万元

主动管理型信托资产	期初数	期末数
证券投资类	607 390.27	425 000.06
股权投资类	159 012.08	104 136.56
融资类	1 591 833.55	1 326 246.14
事务管理类	—	—
合计	2 358 235.90	1 855 382.76

6.5.2.3 被动管理型信托业务情况

单位：万元

被动管理型信托资产	期初数	期末数
证券投资类	—	—
股权投资类	—	—
融资类	—	—
事务管理类	6 566 909.43	6 457 121.69
合计	6 566 909.43	6 457 121.69

6.5.2.4 本年度已清算结束的信托项目个数、实收信托合计金额、加权平均实际年化收益率

6.5.2.4.1 本年度已清算结束的集合类、单一类资金信托项目和财产管理类信托项目个数、金额、加权平均实际年化收益率

已清算结束信托项目	项目个数（个）	合计金额（万元）	加权平均实际年化收益率（%）
集合类	55	1 609 541.70	7.37
单一类	191	1 397 433.23	13.01
财产类	1		

6.5.2.4.2 本年度已清算结束的主动管理型信托项目个数、合计金额、加权平均实际年化收益率

已清算结束信托项目	项目个数（个）	合计金额（万元）	加权平均实际年化收益率（%）
证券投资类	5	19 620.70	2.74
股权投资类	—	—	—
融资类	32	882 367.00	6.74
事务管理类	—	—	—

6.5.2.4.3 本年度已清算结束的被动管理型信托项目个数、合计金额、加权平均实际年化收益率

已清算结束信托项目	项目个数（个）	合计金额（万元）	加权平均实际年化收益率（%）
证券投资类	—	—	—
股权投资类	—	—	—
融资类	—	—	—
事务管理类	210	2 104 987.23	11.43

6.5.2.5 本年度新增的集合类、单一类和财产管理类信托项目个数、合计金额

新增信托项目	项目个数（个）	项目金额（万元）
集合类	60	1 244 412.03
单一类	460	1 232 208.29
财产管理类	36	964 886.68
新增合计	556	3 441 507.00
其中：主动管理型	28	774 825.47
被动管理型	528	2 666 681.53

6.5.2.6 履行受托人义务情况及信托资产损失情况

公司严格遵守信托业"一法三规"及其他相关规定，按照信托文件处理相关事务，诚实、信用、谨慎、有效管理，维护受益人的最大利益。

6.5.2.7 信托赔偿准备金的提取、使用和管理情况

报告期内公司未提取、使用信托赔偿金。

6.6 关联方关系及其交易的披露

6.6.1 关联交易方的数量、关联交易的总金额及关联交易的定价政策

关联交易情况

项目	关联交易方数量（个）	关联交易金额（万元）	定价政策
合计	14	1 676.96	本公司2023年度发生的关联方交易均根据一般正常的交易条件进行，并以市场价格作为定价依据

6.6.2 关联交易方与本公司的关系性质、关联交易方的名称、法定代表人、注册地址、注册资本及主营业务

关联交易方情况

关系性质	关联方名称	法定代表人	注册地址	注册资本	主营业务
其他关联	承德露露股份公司	沈志军	河北省承德市高新技术产业开发区（西区8号）	105 255.41万元	许可项目：食品生产；道路货物运输（不含危险货物）（依法须经批准的项目，经相关部门批准后方可开展经营活动，具体经营项目以相关批准文件或许可证件为准）。一般项目：食品销售（仅销售预包装食品）；食品互联网销售（仅销售预包装食品）；食用农产品初加工；初级农产品收购；金属包装容器及材料制造；包装材料及制品销售；技术服务、技术开发、技术咨询、技术交流、技术转让、技术推广；普通货物仓储服务（不含危险化学品等需许可审批的项目）；坚果种植；货物进出口；技术进出口（除依法须经批准的项目外，凭营业执照依法自主开展经营活动）
其他关联	杭州品向位食品有限公司	罗宇荻	浙江省杭州市临安区清凉峰镇白果村	1 420.00万元	许可项目：食品生产；食品销售（依法须经批准的项目，经相关部门批准后方可开展经营活动，具体经营项目以审批结果为准）。一般项目：初级农产品收购；食用农产品零售；食用农产品批发；坚果种植；蔬菜种植；水果种植；竹种植；花卉种植；树木种植经营；农作物栽培服务；茶叶种植；园林绿化工程施工；城市绿化管理（除依法须经批准的项目外，凭营业执照依法自主开展经营活动）
其他关联	杭州羡山自由股份公司	宋长鹰	浙江省杭州市淳安县千岛湖镇羡山半岛洲际酒店一楼	40 000.00万元	许可项目：港口经营；省际普通货船运输、省内船舶运输（依法须经批准的项目，经相关部门批准后方可开展经营活动，具体经营项目以审批结果为准）。一般项目：旅游开发项目策划咨询；休闲观光活动；会议及展览服务；中草药种植；初级农产品收购；树木种植、森林培育；茶叶种植；农业园艺服务；蔬菜种植；园艺产品种植；水果种植；家政服务；餐饮管理；酒店管理；农村民间工艺及制品、休闲农业和乡村旅游资源的开发经营；物业管理；家具安装和维修服务（除依法须经批准的项目外，凭营业执照依法自主开展经营活动）。以下限分支机构经营：许可项目：住宿服务；餐饮服务（依法须经批准的项目，经相关部门批准后方可开展经营活动，具体经营项目以审批结果为准）
受同一母公司控制的其他企业	民生人寿保险股份有限公司	鲁伟鼎	北京市朝阳区东三环北路38号2号楼	600 000.00万元	个人意外伤害保险、个人定期死亡保险、个人两全寿险、个人终身寿险、个人年金保险、个人短期健康保险、个人长期健康保险、团体意外伤害保险、团体定期寿险、团体终身寿险、团体年金保险、团体短期健康保险、团体长期健康保险、经中国保监会批准的其他人身保险业务、上述保险业务的再保险业务、经原中国保监会批准的资金运用业务（市场主体依法自主选择经营项目，开展经营活动；依法须经批准的项目，经相关部门依批准的内容开展经营活动）；不得从事国家和本市产业政策禁止和限制类项目的经营活动
其他关联	纳德世家股份公司	陈燕园	浙江省杭州市湖墅南路2号	19 000.00万元	许可项目：住宿服务；餐饮服务；烟草制品零售（依法须经批准的项目，经相关部门批准后方可开展经营活动，具体经营项目以审批结果为准）。一般项目：食品销售（仅销售预包装食品）；酒店管理；餐饮管理；会议及展览服务；娱乐性展览；日用百货销售；健身休闲活动；工艺美术品及礼仪用品销售（象牙及其制品除外）；第二类医疗器械销售；旅客票务代理；以自有资金从事投资活动；物业管理；职业疗养策划服务；外卖递送服务；摄影扩印服务；停车场服务；小微型客车租赁经营服务；服装服饰零售；旅行社服务网点旅游招徕、咨询服务；机械设备租赁；印刷专用设备制造（除依法须经批准的项目外，凭营业执照依法自主开展经营活动）
受同一实际控制人控制	上海冠鼎泽有限公司	鲁伟鼎	中国（上海）自由贸易试验区陆家嘴西路99号万向大厦1~5层	30 000.00万元	实业投资，投资管理，自有房屋的租物租赁，物业管理，商务咨询（除经纪），计算机网页设计、开发，国内贸易（除专项审批）（依法须经批准的项目，经相关部门批准后方可开展经营活动）

续表

关系性质	关联方名称	法定代表人	注册地址	注册资本	主营业务
其他关联	顺发能城有限公司	陈利军	浙江省杭州市萧山区萧山经济技术开发区万向创新聚能城奔竞大道2828号3幢203室（自主申报）	228 350.00万元	许可项目：供电业务；发电业务、输电业务、供（配）电业务；水力发电；房地产开发经营；建设工程施工（依法须经批准的项目，经相关部门批准后方可开展经营活动，具体经营项目以审批结果为准）。一般项目：机动车充电销售；供冷服务；热力生产和供应；电力技术服务；发电技术服务；风电机相关系统研发；新兴能源技术研发；电力行业高效节能技术研究；余热余压余气余热利用技术研究；技术服务、技术咨询、技术交流、技术转让、技术推广；新能源原动设备销售；合同能源管理；物业管理；不动产租赁；建筑装饰材料销售；园林绿化工程施工；市场营销策划；商业综合体管理服务；广告制作；广告设计、代理；广告发布；品牌管理；社会经济咨询服务；实业投资；装饰装修（除依法须经批准的项目外，凭营业执照依法自主开展经营活动）
受同一母公司控制的其他企业	通联数据股份公司	肖风	中国（上海）自由贸易试验区陆家嘴西路99号8楼	49 412.00万元	许可项目：第二类增值电信业务（依法须经批准的项目，经相关部门批准后方可开展经营活动，具体经营项目以相关部门批准文件或许可证件为准）一般项目：技术服务、技术开发、技术咨询、技术交流、技术转让、技术推广；数据处理服务；信息咨询服务（不含许可类信息咨询服务）；计算机软硬件及辅助设备销售；数据处理和存储支持服务；软件开发；广告设计、代理；图文设计制作；广告发布；货物进出口；技术进出口（除依法须经批准的项目外，凭营业执照依法自主开展经营活动）
受同一母公司控制的其他企业	万向共享服务有限公司	郑阳	浙江省嘉兴市嘉善县罗星街道瑞力动漫生活广场3幢801室、901室	5 000.00万元	商务服务；以承接服务外包的方式从事财务核算、结算、代理记账；计算机系统应用管理、维护；软件开发、技术咨询、技术服务；数据处理和存储服务；财务咨询；档案管理；人力资源管理；成年人的非证书财务培训（依法须经批准的项目，经相关部门批准后方可开展经营活动）
其他关联	湘湖逍遥有限公司	宋长鹰	浙江省杭州市萧山区城厢街道越王路256号1至31（连续编号）幢	30 000.00万元	许可项目：房地产开发经营；各类工程建设活动；住宿服务；餐饮服务；食品经营；理发服务；美容服务；足浴服务；烟草制品零售；高危险性体育运动（游泳）；酒吧服务（不含演艺娱乐活动）；歌舞娱乐活动；出版物零售；洗浴服务（依法须经批准的项目，经相关部门批准后方可开展经营活动，具体经营项目以审批结果为准）。一般项目：物业管理；农业园艺服务；园林绿化工程施工；非居住房地产租赁；住房租赁；单用途商业预付卡代理销售；外卖递送服务；健身休闲活动；棋牌室服务；会议及展览服务；信息咨询服务（不含许可类信息咨询服务）；打字复印；旅行社第二类旅游招徕、咨询服务；票务代理服务；日用百货销售；金属制品销售；针纺织品销售；工艺美术品及收藏品零售（象牙及其制品除外）；家具销售；建筑装饰材料销售；建筑材料销售；洗染服务；停车场服务；养生保健服务（非医疗）；汽车租赁；游乐园服务；组织文化艺术交流活动；休闲观光服务；组织体育表演活动；酒店管理；礼品花卉销售；珠宝首饰零售；中医养生保健服务（非医疗）；健康咨询服务（不含诊疗服务）（除依法须经批准的项目外，凭营业执照依法自主开展经营活动）
其他关联	浙江大菱海洋食品有限公司	沈志军	浙江省舟山市定海区干览镇商会路3号1号楼1楼B5	1 470.59万美元	收购本公司销售所需的水产品（限直接向第一产业原始生产者收购）；预包装食品、水产品、初级加工农产品的批发兼零售、进出口业务；餐饮服务（限分支机构经营）；企业管理咨询；商务信息咨询（除商品中介）（涉及配额、许可证及专项规定管理的商品，按国家有关规定办理）（涉及国家规定实施准入特别管理措施的除外）（依法须经批准的项目，经相关部门批准后方可开展经营活动）
其他关联	浙江工信投资股份有限公司	宋长鹰	浙江省杭州市体育场路429号	14 598.26万元	实业投资，投资管理，自有房屋租赁，物业管理
其他关联	浙江万兴恒服务有限公司	徐爽	浙江省杭州市萧山区萧山经济技术开发区万向创新聚能城奔竞大道2828号3幢208室（自主申报）	1 000.00万元	一般项目：物业管理；家具安装和维修服务；家用电器安装服务；停车场服务；固定班车经营租赁；小微型客车租赁经营服务；非居住房地产租赁；住房租赁；办公设备租赁服务；组织文化艺术交流活动；人力资源服务（不含职业中介活动、劳务派遣服务）；家政服务；专业保洁、清洗、消毒服务；洗车服务；票务代理服务；旅客票务代理；养老服务；护理机构服务（不含医疗服务）；互联网销售（除销售需要许可的商品）；日用百货销售；家用电器销售；五金产品零售；电气设备销售；建筑装饰材料销售；家具销售；家居用品销售；消防器材销售；城市绿化管理；市政设施管理；再生资源回收（除生产性废旧金属）；广告设计、代理；广告制作；广告发布；创业空间服务；园区管理服务；保健食品（预包装）销售；食品互联网销售（仅销售预包装食品）；婴幼儿配方乳粉及其他婴幼儿配方食品销售；体育场地设施经营（不含高危险性体育运动）（除依法须经批准的项目外，凭营业执照依法自主开展经营活动）。许可项目：劳务派遣服务；供暖服务；建设工程施工；住宅室内装饰装修；食品互联网销售；城市生活垃圾经营性服务；食品销售；保险经纪业务（依法须经批准的项目，经相关部门批准后方可开展经营活动，具体经营项目以审批结果为准。以下限分支机构经营）；许可项目：高危险性体育运动；餐饮服务（依法须经批准的项目，经相关部门批准后方可开展经营活动，具体经营项目以审批结果为准）（分支机构经营场所设在：高危险性体育运动（游泳）在萧山区市心北路江南丽锦小区内；萧山区城厢街道乐园路顺发美之园小区内。餐饮服务设在萧山区经济技术开发区建设二路118号、宁围街道宁税村）
母公司	中国万向控股有限公司	鲁伟鼎	中国（上海）自由贸易试验区陆家嘴西路99号万向大厦	500 000.00万元	实业投资，投资管理，物业管理，金融专业技术领域内的技术咨询、技术开发、技术转让、技术服务，以服务外包形式从事银行等金融机构的后台业务技术服务，财务咨询（依法须经批准的项目，经相关部门批准后方可开展经营活动）

6.6.3 公司与关联方的重大交易事项

6.6.3.1 固有财产与关联方交易情况

单位：万元

项目	期初数	借方发生额	贷方发生额	期末数
贷款	—	—	—	—
投资	—	—	—	—
租赁	—	1 542.42	1 542.42	—
担保	—	—	—	—
租赁负债	7 597.98	−275.51	−5 138.20	2 735.29
其他	—	134.54	134.54	—
合计	7 597.98	1 401.45	−3 461.24	2 735.29

6.6.3.2 信托资产与关联方交易情况

单位：万元

项目	期初数	借方发生额	贷方发生额	期末数
贷款	—	—	—	—
投资	208 134.76	356 083.33	414 311.88	149 906.21
租赁	—	—	—	—
担保	—	—	—	—
应收账款	—	—	—	—
其他	—	—	—	—
合计	208 134.76	356 083.33	414 311.88	149 906.21

6.6.3.3 固有财产和信托财产之间交易情况

单位：万元

项目	期初数	本期发生额	期末数
合计	522 825.44	−10 062.01	512 763.43

6.6.3.4 信托项目之间的交易情况

单位：万元

项目	期初数	本期发生额	期末数
合计	1 363 306.71	−123 765.02	1 239 541.69

6.6.3.5 关联方逾期未偿还本公司资金的详细情况以及本公司为关联方担保发生或即将发生垫款的情况

报告期内，不存在关联方逾期未偿还本公司资金以及本公司为关联方担保发生或即将发生垫款的情况。

6.7 会计制度的披露

本公司以持续经营为基础，根据实际发生的交易和事项，按照财政部2006年2月颁布的《企业会计准则——基本准则》和其他各项具体企业会计准则及其他相关规定进行确认和计量，在此基础上编制财务报表。

7. 财务情况说明书

7.1 利润实现和分配情况

本年度实现税后利润−20 286.89万元，未进行利润分配，期末未分配利润为−18 902.85万元。

7.2 主要财务指标

主要财务指标

指标名称	指标值
资本利润率（％）	−8.18
人均净利润（万元）	−69.59

注：1.资本利润率＝净利润/所有者权益平均余额×100％。
2.人均净利润＝净利润/年平均人数。
3.年平均人数采取累计平均法计算。
4.年平均人数＝（年初人数＋年末人数）/2。

7.3 净资本管理概况

本公司报告期末的净资本风险控制指标情况如下表所示。

指标名称	期末数	监管标准
净资产（万元）	237 797.86	—
净资本	112 304.66万元	≥2亿元
各项业务风险资本之和（万元）	105 008.74	—
净资本/各项业务风险资本之和（％）	106.95	≥100
净资本/净资产（％）	47.23	≥40

7.4 对本公司财务状况、经营成果有重大影响的其他事项

报告期内，不存在对公司财务状况、经营成果有重大影响的其他事项。

8. 特别事项简要揭示

8.1 前五名股东报告期内变动情况及原因

报告期内，公司前五名股东未发生变动。

8.2 董事、监事及高级管理人员变动情况及原因

姓名	前任职位	变动时间	变动原因
邵作民	董事	2023年12月	个人原因
唐顺良	董事	2023年12月	个人原因

姓名	聘任职位	聘任时间	聘任原因
陈浩	副总裁	2023年8月28日	公司董事会选聘

注：1.经2023年12月12日的2023年第一次股东大会会议审议通过，拟聘任沈良、葛旋、丁敏、余彬为公司董事。
2.独立董事刁维仁，公司董事朱杭，分别于2024年1月25日、2月6日向董事会提交辞职，公司将依照《公司法》和公司章程的规定履行董事变更程序。

8.3 变更注册资本、变更注册地或公司名称、公司分立合并事项

报告期内，公司未发生变更注册资本、变更注册地或公司名称、公司分立合并事项。

8.4 公司的重大诉讼事项

报告期内，新增7件公司作为原告的重大诉讼案件。

8.5 公司及其高级管理人员受到处罚情况

报告期内，公司及高级管理人员未发生受处罚情况。

8.6 国家金融监督管理总局及其派出机构对公司检查后提出的整改意见及公司整改情况

2023年6月6日，原浙江银保监局向公司下发《中国银保监会浙江监管局关于万向信托股份公司2022年度监管的意见》（浙银保监发〔2023〕88号），对公司治理、转型发展、风险防控、内部管理和金融文化建设中存在的问题进行了提示，并对相关整改工作提出监管要求。公司全面审视、检讨所涉及的问题，积极组织落实，于2023年7月3日制定整改措施并于11月30日报送整改落实情况。

8.7 本年度重大事项临时报告的简要内容、披露时间、所披露的媒体及其版面

公司于2023年12月14日在《证券时报》B3版披露了公司召开董事会和股东大会会议的事宜。披露内容：2023年12月11至12月12日，万向信托召开了董事会和股东大会会议，会议学习了中央金融工作会议精神，听取了公司经营情况汇报，审议并通过了相关决议。

8.8 国家金融监督管理总局及其省级派出机构认定的其他有必要让客户及相关利益人了解的重要信息

报告期内，公司无国家金融监督管理总局及其省级派出机构认定的其他有必要让客户及相关利益人了解的重要信息。

9.公司监事会意见

报告期内，公司出现重大亏损及大额减值事项，应就有关原因及情况进行明确阐述，如有管理不当、内控缺失等问题，应当追责、问责。

五矿国际信托有限公司

1. 重要提示

1.1 本公司董事会及董事保证本报告所载资料不存在任何虚假记载、误导性陈述或者重大遗漏，并对其内容的真实性、准确性、完整性承担个别及连带责任。

1.2 本公司独立董事对年度报告内容的真实性、准确性、完整性无异议。

1.3 天职国际会计师事务所（特殊普通合伙）为本公司出具了标准无保留意见的年度审计报告。

1.4 本公司董事长刘国威先生、总经理王卓先生、主管会计工作的财务总监刘雁女士声明：保证本年度报告中财务报告的真实、准确、完整。

2. 公司概况

2.1 公司简介

五矿国际信托有限公司于2010年10月8日，经原中国银行业监督管理委员会批准，在原庆泰信托投资有限责任公司完成司法重整的基础上变更设立，注册地在青海省西宁市，注册资本12亿元。2020年，公司注册资本增至130.51亿元。

2.1.1 基本信息

法定中文名称	五矿国际信托有限公司
中文名称缩写	五矿信托
法定英文名称	Minmetals International Trust Co., Ltd.
法定代表人	王卓
注册地址	青海省西宁市城中区创业路108号南川工业园区投资服务中心1号楼4层
邮政编码	810021
互联网地址	http://www.mintrust.com
电子邮箱	Mintrust-fortune@mintrust.com
办公地址	青海省西宁市城中区创业路108号南川工业园区投资服务中心1号楼4层 北京市东城区朝阳门北大街7号五矿广场

2.1.2 信息披露事务

选定的信息披露报纸	《金融时报》《证券时报》《证券日报》
信息披露负责人	刘雁
信息披露联系人	位志宇
办公电话	010-59363582
办公传真	010-59837987
电子邮箱	weizhy@mintrust.com
年报备置地点	青海省西宁市城中区创业路108号南川工业园区投资服务中心1号楼4层

2.2 组织架构

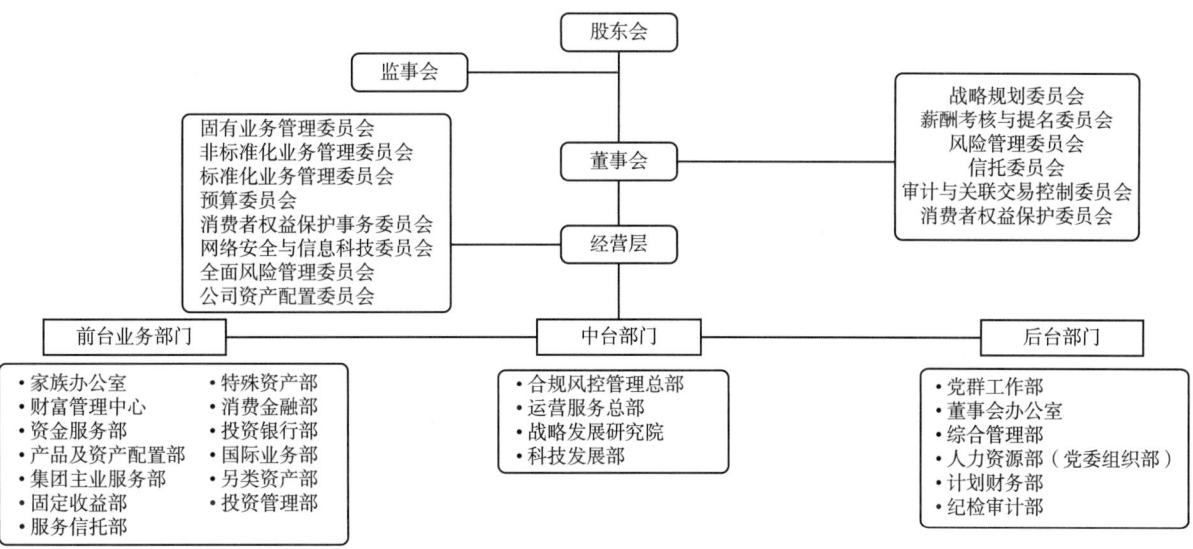

3. 公司治理

3.1 股权信息

3.1.1 股东情况

股东名称	持股比例（%）	法定代表人	注册资本（万元）	注册地址	主要经营业务
五矿资本控股有限公司	78.002	赵立功	3 371 020	北京市海淀区三里河路5号	以自有资金从事投资活动；自有资金投资的资产管理服务；企业管理；控股公司服务；技术服务、技术开发、技术咨询、技术交流、技术转让、技术推广；企业管理咨询；信息咨询服务（不含许可类信息咨询服务）；咨询策划服务；社会经济咨询服务（依法须经批准的项目外，凭营业执照依法自主开展经营活动；不得从事国家和本市产业政策禁止和限制类项目的经营活动）。该股东经营情况良好
青海省国有资产投资管理有限公司	21.204	李兴财	775 300	西宁市城中区创业路128号中小企业创业园5楼501室	煤炭批发经营；对服务省级战略的产业和优势产业、金融业进行投资；受托管理和经营国有资产；构建企业融资平台和信用担保体系；发起和设立基金；提供相关管理和投资咨询理财服务；经营矿产品、金属及金属材料、建筑材料、电子材料、有色材料、工业用盐、化肥、化工产品（不含危险化学品）、石油制品（不含成品油）、铝及铝合金、铁合金炉料经销；房屋土地租赁，经济咨询服务，对外担保，实业投资及开发；矿产品开发（不含勘探开采）销售；普通货物运输；煤炭洗选与加工；燃料油（不含危险化学品）、页岩油、乙烯焦油、沥青销售（以上经营范围依法须经批准的项目，经相关部门批准后方可开展经营活动）。该股东经营情况良好
西宁城市投资管理有限公司	0.794	徐进	243 600	青海省西宁市东川工业园金桥路36号	一般项目：非居住房地产租赁；土地使用权租赁；自有资金投资的资产管理服务；融资咨询服务；非融资担保服务；以自有资金从事投资活动；财务咨询；企业管理咨询；企业管理。许可项目：矿产资源（非煤矿山）开采；房地产开发经营（以上经营范围依法须经批准的项目，经相关部门批准后方可开展经营活动）。该股东经营情况良好

3.1.2 股东出资

股东名称	出资额（元）
五矿资本控股有限公司	10 180 141 374.47
青海省国有资产投资管理有限公司	2 767 309 876.16
西宁城市投资管理有限公司	103 617 800.40
合计	13 051 069 051.03

3.2 董事、董事会及其下属委员会

3.2.1 董事会成员

姓名	职务	性别	年龄（岁）	选任日期	所推举的股东名称	股东持股比例（%）	简要履历及兼职情况
刘国威	董事长	男	53	2019年11月	五矿资本控股有限公司	78.002	法国高等商业学校工商管理专业硕士研究生
谢颖	董事	女	44	2023年7月	五矿资本控股有限公司	78.002	五矿资本股份有限公司总经理助理（首席风险官）兼任风控审计部总经理、五矿资本控股有限公司风控审计部总经理
周智	董事	男	38	2023年7月	五矿资本控股有限公司	78.002	五矿资本股份有限公司办公室（党委办公室、董事会办公室）主任、五矿资本控股有限公司总经理办公室主任
姜弘	董事	男	50	2019年11月	青海省国有资产投资管理有限公司	21.204	黑龙江商学院商经系会计专业本科，青海省国有资产投资管理有限公司副总经理
陈闽玉	董事	女	48	2017年7月	青海省国有资产投资管理有限公司	21.204	青海大学会计专业本科，青海省国有资产投资管理有限公司总经理助理、财务部兼融资部部长
安秀梅	独立董事	女	61	2017年9月	—	—	中央财经大学财政学专业博士研究生，中央财经大学教授
武长海	独立董事	男	51	2023年7月	—	—	对外经济贸易大学国际法学专业博士研究生，中国政法大学教授
苏治	独立董事	男	46	2023年7月	—	—	吉林大学数量经济学专业博士研究生，中央财经大学教授
王卓	执行董事	男	52	2017年7月	—	—	陕西财经学院货币银行学专业硕士研究生，五矿国际信托有限公司总经理

3.2.2 董事会下属委员会

名称	职责	组成人员	
战略规划委员会	主要负责对公司长期发展战略和重大投资决策进行研究并提出建议	主任委员	刘国威
		委员	王卓
		委员	周智
薪酬考核与提名委员会	主要负责拟定公司薪酬及绩效考核方案，对公司高级管理人员进行考核，研究公司董事、总经理人选的选择标准和程序并提出建议	主任委员	苏治
		委员	刘国威
		委员	周智
风险管理委员会	主要负责拟定公司风险管理政策和重大风险管理解决方案，督促公司各项业务的合规、合法运作，以防范和控制业务风险	主任委员	谢颖
		委员	陈闽玉
		委员	安秀梅
信托委员会	主要负责督促公司依法履行受托职责，保证公司为受益人的最大利益服务	主任委员	安秀梅
		委员	姜弘
		委员	苏治
审计与关联交易控制委员会	主要负责就完善内部控制并提出建议；针对监管机构检查公司信托业务后要求组织整改的问题，研究提出具体措施，审核公司关联交易的合规性	主任委员	武长海
		委员	陈闽玉
		委员	谢颖
消费者权益保护委员会	主要负责指导和督促消费者权益保护工作管理制度体系的建立和完善，提高金融产品与服务的透明度，维护金融消费者的合法权益	主任委员	武长海
		委员	王卓
		委员	姜弘

3.3 监事、监事会

姓名	职务	性别	年龄（岁）	选任日期	所推举的股东名称	股东持股比例（%）	简要履历及兼职情况
时春雷	监事会主席	男	54	2022年4月	青海省国有资产投资管理有限公司	21.204	中央党校格尔木分校经济管理专业本科，五矿国际信托有限公司党委副书记
蔡琦	监事	女	50	2020年9月	五矿资本控股有限公司	78.002	中央财政金融学院会计学专业本科，五矿资本控股有限公司财务部总经理
王茜	监事	女	37	2022年4月	西宁城市投资管理有限公司	0.794	对外经济贸易大学金融学专业硕士，西宁城市投资管理有限公司资本运营部副经理
王智瑞	监事	男	37	2016年9月	职工监事	—	北京大学人力资源管理专业本科，本公司人力资源部（党委组织部）总经理
位志宇	监事	男	45	2020年4月	职工监事	—	上海交通大学金融经济专业博士，本公司战略发展研究院、综合管理部、董事会办公室总经理，工会副主席

3.4 高级管理人员

姓名	职务	性别	年龄（岁）	选任日期	金融从业年限（年）	学历	专业	简要履历
王卓	总经理	男	52	2017年9月	19	硕士	货币银行学	1993年7月参加工作，2017年9月加入本公司；曾任珠海华能技术开发公司总经理、华能资本服务有限公司投资管理部副经理、华能贵诚信托有限公司副总经理
刘雁	财务总监、董事会秘书	女	50	2020年9月	29	本科	会计学	1995年8月参加工作，2020年9月加入本公司；曾任五矿资本控股有限公司财务部总经理
孟元	副总经理	男	45	2012年4月	21	硕士	经济学	2000年7月参加工作，2010年10月加入本公司；曾任中信信托有限责任公司部门负责人
孙卓立	副总经理、总法律顾问、风险总监	女	48	2014年3月	21	硕士	会计学	2000年8月参加工作，2014年3月加入本公司；曾任中国对外经济贸易信托有限公司部门总经理、中国民生信托有限公司风险管理总部总裁

续表

姓名	职务	性别	年龄（岁）	选任日期	金融从业年限（年）	学历	专业	简要履历
徐楚铭	副总经理	男	42	2023年7月	19	硕士	企业管理	2004年6月参加工作，2023年3月加入本公司；曾任长江证券股份有限公司固定收益总部助理总经理、五矿证券有限公司副总经理兼固定收益事业部总经理
佟京晶	总经理助理	男	51	2019年7月	29	本科	金融学	1993年7月参加工作，2018年1月加入本公司；曾任中国农业银行业务管理处处长、查询查复处处长
王涛	总经理助理	男	51	2020年7月	27	本科	统计学	1995年7月参加工作，2018年8月加入本公司；曾任中国建行车公庄支行行长、建信信托市场总监兼市场营销中心总经理、本公司总监
刘家鸿	总经理助理	男	47	2020年7月	12	硕士	企业管理	2004年7月参加工作，2011年4月加入本公司；曾任普华永道会计师事务所审计经理、本公司信托业务部门总经理
任晓晖	总经理助理	男	44	2021年5月	16	硕士	金融学	2003年7月参加工作，2010年8月加入本公司；曾任中信信托有限责任公司信托财务部项目经理、本公司信托财务部、运营管理总部、合规风控管理总部总经理、公司合规总监

3.5 公司员工

截至2023年12月31日，公司共有在册职工669人。

项目		报告期年度	
		人数（人）	比例（%）
年龄分布	25岁以下	4	0.56
	25~29岁	53	7.89
	30~39岁	459	68.66
	40岁及以上	153	22.89
学历分布	博士	9	1.35
	硕士	362	54.11
	本科	287	42.90
	专科及其他	11	1.64
岗位分布	董事、监事及高管人员	13	1.94
	业务人员	463	69.22
	其他人员	193	28.84

4. 经营管理

4.1 经营目标、方针、战略规划

4.1.1 经营目标

实现业务能力综合领先、客户关系稳定互信、风险管控全面完善、人才队伍成熟专业、组织体系科学合理、经营业绩稳中有优，努力将公司打造为"服务实业和新经济、财富与资管双轮驱动的专业化特色化综合化一流信托公司"。

4.1.2 经营方针

稳健经营、创新发展、责任担当、共生共荣。

4.1.3 战略规划

立足服务实体经济，遵循信托发展规律，积极顺应监管导向，依托中国五矿集团有限公司产业背景，坚持合利共享的发展观，坚持"稳字当头、稳中求进"发展总基调，追求政治责任、经济责任、社会责任的辩证统一，以"信托文化建设"为核心，以"资产服务信托立本、资产管理信托立信、公益慈善信托立德"为转型方向，推动展业逻辑向"以客户为中心、以资产配置为手段、以精准服务为导向"转变，以服务"产业金融、绿色金融、科技金融"为转型抓手，提升服务集团主责主业能力，持续推进业务转型，努力开创稳健信托、文化信托、创新信托、质效信托和共享信托"五大信托"新局面。

4.2 经营业务的主要内容

4.2.1 信托业务

信托资产运用与分布表

资产运用	金额（万元）	占比（%）	资产分布	金额（万元）	占比（%）
货币资金	4 549 621.12	6.23	基础产业	2 760 091.42	3.78
存出保证金	79 861.16	0.11	房地产	2 731 823.51	3.74
交易性金融资产	42 982 557.61	58.85	证券市场	38 294 035.66	52.43
买入返售金融资产	815 326.21	1.12	工商企业	8 382 244.09	11.48
应收款项	1 166 913.84	1.60	金融机构	7 091 992.41	9.71
发放贷款	8 343 228.89	11.42	其他	13 780 156.24	18.87
债权投资	13 272 773.23	18.17	—	—	—
长期股权投资	1 830 061.27	2.51	—	—	—
信托资产总计	73 040 343.33	100.00	信托资产总计	73 040 343.33	100.00

4.2.2 固有业务

固有资产运用与分布表

资产运用	金额（万元）	占比（%）	资产分布	金额（万元）	占比（%）
货币资产	98 837.79	3.47	基础产业	—	—
应收款项	18 589.63	0.65	房地产	—	—
交易性金融资产	2 552 992.35	89.74	证券市场	38 053.57	1.34
债权投资	29 200.53	1.03	金融机构	2 642 991.23	92.91
其他	145 106.25	5.11	其他	163 681.75	5.75
资产总计	2 844 726.55	100.00	资产总计	2 844 726.55	100.00

注：除特别说明外，本报告中披露口径均为母公司。

4.3 市场分析

4.3.1 宏观经济环境分析

2023年，从全球形势看，地缘政治风险加大，通胀和债务水平居高不下，保护主义日益严重，经济复苏节奏缓慢，外部环境复杂性、严峻性、不确定性上升。从国内看，我国积极应对各种风险考验，全年经济总量达到126万亿元，比上年增长5.2%，增速加快2.2个百分点，经济社会发展主要预期目标圆满实现，展现出我国经济韧性强、潜力大、活力足，经济长期向好态势将持续巩固和增强。但是，我国经济持续恢复基础还需加固，在外部环境复杂性、严峻性、不确定性上升的情况下，坚持走高质量发展之路，难免会经历必要的阵痛，如社会预期偏弱、国内有效需求不足、部分产业产能过剩等问题依然存在，经济持续回升中的一些潜在风险与困难仍有待解决，还需脚踏实地、稳扎稳打、精准施策，啃下"硬骨头"，实现经济高质量发展。

4.3.2 行业整体分析

报告期内，信托行业转型进入攻坚"深水"区，面临新旧动能转换、组织架构变革、管理机制创新、风险化解存量遏制增量和行业分化加剧等一系列变化和挑战。同时，监管部门持续引导信托公司以规范方式发挥信托制度优势和行业传统竞争优势，更高效地服务实体经济发展和人民美好生活需要，发布《关于调整信托公司信托业务分类有关事项的通知》等系列政策新规，将信托业务分为资产管理信托、资产服务信托、公益/慈善信托三大类，推动信托业走上高质量发展之路。行业对金融科技建设的投入将持续加大，着力打造可复用、可组合的金融科技支撑体系，为业务转型提供强大的数智驱动力。

4.3.3 公司业务情况分析

报告期内，公司管理信托规模7 304.03亿元、下降2.03%，积极适应信托业务"三分类"政策落地，资产管理信托业务规模3 559.52亿元，占比52.16%，较年初增加1.51个百分点。资产服务信托业务规模3 168.45亿元，占比46.43%，较年初提升0.86个百分点。公益慈善信托获批成为中国五矿对外帮扶统一出口，成立规模7 515万元，累计成立规模1.6亿元。打造基于财富中心、家族办公室和机构渠道"三足鼎立"资金渠道体系，实现客户的分级分层精准化管理。财富零售新增规模连续3年站上千亿元平台。家族信托管理规模稳步提升，时点管理规模604.86亿元，同比增长77.88%。设立养老信托158单，总规模近12亿元。先后推出爱享无虞特需信托、艺术品服务信托，小点大面展现专业化能力。为实现持续、稳健的高质量发展，紧跟信托业务"三分类"政策指引，召开战略研讨会，编制形成战略转型方案，明确制定战略推进型和重点发展型业务，为公司深入推进转型奠定基础。

4.4 内部控制

公司积极完善内部控制，依据国家法律法规及监管机构要求，通过科学合理的治理结构、明确的组织架构和各层级职责，以及加强内部审计监督，不断健全内控体系。公司践行稳健经营理念，围绕监管导向和战略目标，建立了合理有效的治理机制，确保经营活动在内控框架内规范运行。公司重视内控文化建设，融入企业文化建设，提升员工合规意识和风险防控能力。通过多层次、全方位的内控管理体系，以及独立垂直的内部审计体系，确保公司业务高效稳健运行，保障公司持续发展。

4.5 风险管理

4.5.1 风险管理概况

公司严格贯彻"稳健金融"管理要求，持续迭代升级"沉浸式"全面风险管理体系，不断提升公司在新形势、新战略和新业务下的风险防控主动性和风险管理数智化水平。在坚持底线思维、强化重点领域风险防控和实质合规的同时，全力推动风险处置工作，坚决打好风险防范化解攻坚战，促进公司稳健转型。

4.5.2 风险管理状况

4.5.2.1 信用风险管理状况

公司积极应对外部经营环境的变化，严格履行受托人尽职管理职责，及时调整展业策略，严格控制总体信用风险。同时，根据国家宏观经济形势、产业发展政策、监管政策导向和行业发展趋势，调整并优化信托业务结构，加快向投资型、净值化业务方向转型。

4.5.2.2 法律合规风险管理状况

公司大力压实依法治企责任，加强公司法治与合规管理体系建设，并根据外部相关法律、法规的变化持续优化完善相关管理制度；及时传导监管新规合规理念，持续强化合规遵循要求，不断提升法律合规风险管理能力，确保公司各项经营活动合法合规。

4.5.2.3 市场风险管理状况

公司坚持稳健运营的策略，密切关注宏观政策导向，积极推动市场风险管理工具有效应用，持续提升市场风险监测和应对能力。公司持续提升投研能力，通过对宏观经济和行业政策的深入研究，合理制定投资策略并优化资产配置；公司对市场风险实施限额管理，根据业务性质、资本规模和风险承受能力制定对各业务的投资限额及内部审批程序、操作规程，并严格执行；公司密切关注宏观经济形势和市场走势，加大对投资标的价值波动的监测力度，及时调整投资策略；公司建立定期风险报告机制，通过该机制公司管理层可及时掌握公司各项业务的市场风险状况，并提升市场风险应对效果。

4.5.2.4 流动性风险管理状况

公司坚持稳健运营的基本原则，建立健全公司整体层面和业务层面的流动性风险管理体系。在公司层面建立流动性风险管理的三道防线并明确牵头组织部门，在业务层面建立与各类业务风险特征相适应的差异化的流动性风险管理机制；建立并持续优化流动性管理制度体系，保障管理动作有效落位；建立健全流动性风险管理工具，推动头寸管理、风险限额、压力测试和应急预案等工具的建设落地；持续提升产品自身流动性管理能力，强化固有资金投资的安全性和流动性要求；不断完善流动性风险监测和报告机制，保障流动性风险信息得到及时和有效传递，提高流动性风险防范能力。

4.5.2.5 战略风险管理状况

公司遵循国家法律法规要求以及行业发展趋势，聚焦重点、精准发力、循序推进，以"资产服务信托立本、资产管理信托立信、公益慈善信托立德"为根本遵循，以服务"产业金融、科技金融、绿色金融"为转型抓手，推动展业逻辑向"以客户为中心、以资产配置为手段、以精准服务为导向"转变，积极加强战略风险管理，确保公司稳健发展。

4.5.2.6 操作风险管理状况

公司通过进一步完善操作风险管理制度体系，推进操作风险管理三大工具建设等举措，构建覆盖各类主要业务类型的全流程操作风险管理体系，全面提升公司受托履职水平，有效防范操作风险。聚焦操作风险管理三大工具落地应用，开展相关机制建设，逐步建立常态化的操作风险监测、评估及应对机制；优化操作风险事件监测、跟踪、报告机制，强化操作风险管理情况考核，保障操作风险管理措施落位；进一步加强制度及流程建设，完善受托人尽职履责全流程管控要求，消除操作风险隐患；不断加强员工行为的规范管理，开展专题宣导，强化执纪监督，健全长效机制，提升员工操作规范意识和责任意识，推动公司提升受托履职能力。

4.5.2.7 信息科技风险管理状况

公司周密部署各项信息科技风险管控策略和措施。在全面分析公司信息科技风险管理现状的基础上完善信息科技治理架构，开展信息科技风险评估，强化科技运营支撑；规划覆盖投前、投中、投后全过程风险管控平台，为业务管理决策提供有力支撑；加强安全漏洞的检测和防御能力，提升风险预警和应急处置能力；重视科技外包风险的控制，切实做好对外包人员、相关数据的管控；建立可靠的数据资产保护机制，提高员工数据安全保护意识、增强数据安全保护能力。同时，充分利用大数据提升业务风险控制的透明度和准确度，保障业务投前尽职调查工作的准确性和投后风险跟踪的实时性。

4.5.2.8 声誉风险管理状况

公司将声誉风险管理纳入公司治理及全面风险管理体系。通过舆情预警机制和专业的舆情工作小组，保障舆情信息传递和沟通的及时性；建立应急预案及内外部联动处置机制，明确突发事件的报告路径和时效要求，及时调查、分析、研究突发事件性质及对策，深入剖析问题成因并力求从根本上推动解决。

4.6 消费者权益保护工作

报告期内，公司坚持以维护消费者合法权益为中心，认真贯彻各项消费者权益保护法律法规和监管要求，有效落实"卖者尽责，买者自负"，进一步强化受托履职、规范经营行为、加强合规管控，持续做好全链条消费者权益保护工作，切实把投资者/消费者利益放在首位，向消费者规范提供信托产品和服务。

公司全年未发生因侵害消费者基本权益而引起大规

模投诉或被诉讼的情形；共受理580笔投诉、涉及消费者576人次，其中投诉业务类别主要集中在消费金融业务，投诉地区主要集中在北京，相关投诉已沟通处理。

4.7 企业社会责任

2023年是公司深入转型、应对市场考验的攻坚年。面对责任与挑战，公司紧跟监管导向，积极贯彻国资委指导意见，有效履行受托人职责和义务，维护受益人利益最大化。高站位谋划、高起点布局、高效率推进、高标准实施实施符合ESG标准的可持续发展战略，锚定绿色金融转型方向，积极投身公益慈善，不断提升人本价值，扎实履行服务实体经济、服务民生福祉的长期承诺。

4.8 净资本管理

指标名称	期末数	监管标准
净资本（亿元）	185.00	≥2
各项业务风险资本之和（亿元）	92.21	—
净资本/各项业务风险资本之和（％）	200.62	≥100
净资本/净资产（％）	78.25	≥40

5. 会计报表

5.1 固有资产

5.1.1 会计师事务所审计意见

天职业字〔2024〕5183号审计报告审计意见：五矿国际信托有限公司财务报表在所有重大方面按照企业会计准则的规定编制，公允反映了五矿信托2023年12月31日的财务状况以及2023年度的合并及母公司经营成果和现金流量。

5.1.2 资产负债表

资产负债表

编制单位：五矿国际信托有限公司　　2023年12月31日　　单位：万元

项目	合并		母公司	
	2023年12月31日	2022年12月31日	2023年12月31日	2022年12月31日
资产：				
货币资金	116 594.01	117 015.78	98 837.79	107 026.43
应收款项	18 546.36	31 867.18	18 589.63	34 017.25
买入返售金融资产	—	0.50	—	0.50
交易性金融资产	3 050 465.76	2 416 888.14	2 552 992.35	2 380 250.50
债权投资	37 176.00	27 905.31	29 200.53	27 905.31
固定资产	2 425.47	3 092.17	2 425.47	3 092.17
使用权资产	7 003.18	15 356.93	7 003.18	15 356.93

续表

项目	合并		母公司	
	2023年12月31日	2022年12月31日	2023年12月31日	2022年12月31日
无形资产	11 947.48	12 621.29	11 947.48	12 621.29
递延所得税资产	113 275.91	108 318.74	113 276.19	108 327.90
其他资产	13 534.71	21 916.14	10 453.93	14 722.13
资产总计	3 370 968.88	2 754 982.18	2 844 726.55	2 703 320.41
负债：				
交易性金融负债	775 941.31	114 922.52	36 485.26	64 868.06
应付职工薪酬	80 923.08	73 127.24	80 923.08	73 127.24
应交税费	18 779.37	83 346.92	18 732.02	82 924.10
租赁负债	6 709.47	15 036.82	6 709.47	15 036.82
预计负债	64 542.16	62 811.96	64 542.16	62 811.96
其他负债	59 774.59	53 905.20	273 036.28	52 748.22
负债合计	1 006 669.98	403 150.66	480 428.27	351 516.40
所有者权益：				
实收资本	1 305 106.91	1 305 106.91	1 305 106.91	1 305 106.91
资本公积	150 000.00	150 000.00	150 000.00	150 000.00
盈余公积	177 987.74	166 083.55	177 987.74	166 083.55
一般风险准备	146 636.31	138 477.81	146 636.31	138 477.81
未分配利润	584 567.94	592 163.25	584 567.32	592 135.74
所有者权益合计	2 364 298.90	2 351 831.52	2 364 298.28	2 351 804.01
负债和所有者权益总计	3 370 968.88	2 754 982.18	2 844 726.55	2 703 320.41

法定代表人：王卓　　主管会计工作负责人：刘雁　　会计机构负责人：罗曼

5.1.3 利润表

利润表

编制单位：五矿国际信托有限公司　　2023年度　　单位：万元

项目	合并		母公司	
	2023年度	2022年度	2023年度	2022年度
一、营业收入	289 271.56	360 654.89	289 907.62	359 129.11
手续费及佣金净收入	288 875.86	431 542.63	287 866.45	435 124.54
其中：手续费及佣金收入	288 875.86	431 542.63	287 866.45	435 124.54
手续费及佣金支出	—	—	—	—
利息净收入	2 542.25	1 737.48	4 579.01	8 975.23
其中：利息收入	5 565.34	9 480.05	5 565.34	9 480.05
利息支出	3 023.09	7 742.57	986.33	504.82
投资收益	−29 705.54	53 935.71	−26 728.26	20 046.48
其他收益	24 680.35	51 976.12	24 680.35	51 976.12
公允价值变动收益	2 857.17	−178 595.36	−489.93	−156 993.26
汇兑收益	—	43.81	—	—

续表

项目	合并		母公司	
	2023年度	2022年度	2023年度	2022年度
其他业务收入	21.47	14.50	—	—
二、营业支出	131 384.33	125 848.03	131 984.61	124 358.92
税金及附加	1 899.48	3 014.47	1 846.97	2 886.87
业务及管理费	129 752.74	122 583.06	130 441.10	121 184.87
信用减值损失	−267.89	250.50	−303.46	287.18
三、营业利润	157 887.23	234 806.86	157 923.01	234 770.19
加：营业外收入	223.79	45.51	223.79	45.51
减：营业外支出	738.69	203.25	738.69	203.25

续表

项目	合并		母公司	
	2023年度	2022年度	2023年度	2022年度
四、利润总额	157 372.33	234 649.12	157 408.11	234 612.45
减：所得税费用	38 357.28	57 069.68	38 366.17	57 060.51
五、净利润	119 015.05	177 579.44	119 041.94	177 551.94
六、其他综合收益	—	—	—	—
七、综合收益总额	119 015.05	177 579.44	119 041.94	177 551.94
归属于母公司所有者的综合收益总额	119 015.05	177 579.44	119 041.94	177 551.94
归属于少数股东的综合收益总额	—	—	—	—

法定代表人：王卓　　　主管会计工作负责人：刘雁　　　会计机构负责人：罗曼

5.2 信托资产

5.2.1 信托项目资产负债汇总表

信托项目资产负债表

编制单位：五矿国际信托有限公司　　　2023年度　　　单位：万元

信托资产	期末数	期初数	信托负债和信托权益	期末数	期初数
信托资产：			信托负债：		
货币资金	4 549 621.12	5 259 745.31	应交税费	26 786.36	27 214.64
存出保证金	79 861.16	97 882.93	其他应付款	2 862 378.75	1 646 294.77
交易性金融资产	42 982 557.61	40 025 092.24	应付账款	138 559.53	73 131.83
买入返售金融资产	815 326.21	966 947.13	其他负债	—	—
应收款项	1 166 913.84	1 200 953.14	信托负债合计	3 027 724.64	1 746 641.24
发放贷款	8 343 228.89	11 535 448.62		—	—
债权投资	13 272 773.23	14 026 020.93	信托权益：		
其他债权投资	—	—	实收信托	68 242 983.24	71 830 135.02
其他权益工具投资	—	—	其他综合收益	123 011.70	63 666.00
长期股权投资	1 830 061.27	1 442 757.85	未分配利润	1 646 623.75	914 405.89
其他资产	—	—	信托权益合计	70 012 618.69	72 808 206.91
信托资产总计	73 040 343.33	74 554 848.15	信托负债和权益总计	73 040 343.33	74 554 848.15

5.2.2 信托项目利润及利润分配汇总表

信托项目利润及利润分配汇总表

编制单位：五矿国际信托有限公司　　　2023年度　　　单位：万元

项目	2023年度
一、营业收入	2 877 445.87
利息收入	2 473 908.10
投资收益	301 631.17
租赁收入	—
公允价值变动损益	92 600.78
汇兑损益	11.80
其他收入	9 294.02
二、营业费用	468 639.84

续表

项目	2023年度
三、营业税金及附加	9 290.06
四、营业外支出	—
五、扣除资产损失前的信托利润	2 399 515.96
减：资产减值损失	50 124.29
六、扣除资产损失后的信托利润	2 349 391.67
加：期初未分配信托利润	914 405.90
七、可供分配的信托利润	3 263 797.57
减：本期已分配信托利润	1 617 173.83
八、期末未分配信托利润	1 646 623.74

6. 会计报表附注

6.1 会计报表编制基准不符合会计核算基本前提的说明

6.1.1 会计报表不符合会计核算基本前提的事项

本公司会计报表编制基准不存在不符合会计核算基本前提的情况。

6.1.2 合并会计报表

按照《企业会计准则第33号——合并财务报表》的规定，本公司将以自有资金参与、并满足准则规定的"控制"定义的结构化主体纳入合并报表范围。

项目	期末数量/余额	期初数量/余额
纳入合并的产品数量（个数）	43	31
纳入合并的结构化主体的总资产（元）	27 368 870 069.38	18 428 704 669.84
本公司在上述结构化主体的权益体现在资产负债表中债权投资和交易性金融资产的总金额（元）	19 765 295 594.40	17 890 268 559.05

6.2 重要会计政策和会计估计说明

6.2.1 重要会计政策变更

2022年11月30日，财政部发布了《企业会计准则解释第16号》（财会〔2022〕31号，以下简称解释16号），其中"关于单项交易产生的资产和负债相关的递延所得税不适用初始确认豁免的会计处理"内容自2023年1月1日起施行。本公司于2023年1月1日执行解释16号的该项规定，对于在首次执行解释16号的财务报表列报最早期间的期初，对单项交易涉及的租赁负债和使用权资产分别确认递延所得税资产和负债，递延所得税资产和负债互抵后净额与之前按净额确认的金额相等，对于按互抵后净额列示的合并资产负债表项目没有影响。

6.2.2 重要会计估计变更

无。

6.3 或有事项说明

无。

6.4 重要资产转让及其出售的说明

无。

6.5 会计报表中重要项目的明细资料

6.5.1 固有资产经营情况

6.5.1.1 按照信用风险资产五级分类结果披露资产的期初数、期末数

单位：万元

信用风险资产五级分类	正常类（万元）	关注类（万元）	次级类（万元）	可疑类（万元）	损失类（万元）	信用风险资产合计（万元）	不良资产合计（万元）	不良资产率（%）
期初数	1 728 376.57	706 411.84	53 199.61	70 350.17	23 146.17	2 581 484.36	146 695.95	5.38
期末数	1 628 450.48	978 065.97	49 528.77	49 386.69	23 146.17	2 728 578.08	122 061.63	4.26

6.5.1.2 资产减值准备情况

单位：万元

项目	期初数	本期计提	本期转回	本期核销	期末数
贷款损失准备	—	—	—	—	—
一般准备	—	—	—	—	—
专项准备	—	—	—	—	—
其他资产减值准备	—	—	—	—	—
持有至到期投资减值准备	—	—	—	—	—
长期股权投资减值准备	—	—	—	—	—
坏账准备	23 826.07	-303.46	—	—	23 522.61
投资性房地产减值准备	—	—	—	—	—

6.5.1.3 固有股票投资、基金投资、债券投资、金融股权投资等投资情况

单位：万元

项目	股票	基金	债券	金融股权投资	其他投资	合计
期初数	—	118 421.95	—	64 782.61	2 224 951.75	2 408 156.31
期末数	—	98 834.87	—	67 017.39	2 416 340.62	2 582 192.88

6.5.1.4 金融股权投资明细表

被投资企业名称	被投资企业所属行业	投资成本（万元）	年末股权比例（%）
中国信托业保障基金有限责任公司	基金管理服务	50 000.00	4.35

6.5.1.5 固有贷款明细表

无。

6.5.1.6 表外业务的期初数、期末数

无。

6.5.1.7 公司当年收入结构

收入结构	金额（万元）	占比（%）
手续费及佣金收入	287 866.45	98.88
其中：信托手续费收入	283 462.52	97.37
利息收入	5 565.34	1.91
投资收益	−26 728.26	−9.18
其中：股权投资收益	2 700.00	0.93
证券投资收益	−3 913.64	−1.34
其他投资收益	−25 514.62	−8.76
其他收益	24 680.35	8.48
公允价值变动收益	−489.93	−0.17
营业外收入	223.79	0.08
收入合计	291 117.74	100.00

6.5.2 披露信托资产管理情况

6.5.2.1 信托资产的期初数、期末数

单位：万元

信托资产	期初数	期末数
集合	67 581 478.91	64 073 417.25
单一	4 714 728.57	4 690 847.72
财产权	2 258 640.67	4 276 078.36
合计	74 554 848.15	73 040 343.33

6.5.2.2 主动管理型信托资产的期初数、期末数

单位：万元

主动管理型信托资产	期初数	期末数
证券投资类	43 613 452.78	46 008 732.54
股权投资类	1 343 057.97	1 012 875.84
其他投资类	4 371 117.19	5 578 645.38
融资类	20 590 644.46	14 529 519.30
事务管理类	—	—
合计	69 918 272.40	67 129 773.06

6.5.2.3 被动管理型信托资产的期初数、期末数

单位：万元

被动管理型信托资产	期初数	期末数
证券投资类	—	—
股权投资类	—	—
融资类	—	—
事务管理类	4 636 575.75	5 910 570.27
合计	4 636 575.75	5 910 570.27

6.5.2.4 本年度已清算结束的信托项目个数、实收信托合计金额、加权平均实际年化收益率

按集合、单一和财产管理类进行分类

已清算结束信托项目	项目数（个）	合计金额（万元）	加权平均实际年化收益率（%）
集合类	773	39 578 868.12	4.85
单一类	382	5 138 519.30	5.24
财产管理类	13	2 408 400.00	3.94

本年度清算结束的主动管理型信托项目

已清算结束信托项目	项目数（个）	合计金额（万元）	信托报酬率（%）	加权平均实际年化收益率（%）
证券投资类	520	7 720 952.99	0.12	3.40
股权投资类	3	222 800.00	1.93	6.44
其他投资类	337	4 136 727.07	0.85	4.40
融资类	293	32 307 812.37	0.68	5.32

本年度清算结束的被动管理型信托项目

已清算结束信托项目	项目数（个）	合计金额（万元）	信托报酬率（%）	加权平均实际年化收益率（%）
证券投资类	—	—	—	—
股权投资类	—	—	—	—
融资类	—	—	—	—
事务管理类	15	2 737 495.00	0.11	3.89

6.5.2.5 本年度新增的集合类、单一类和财产管理类信托项目个数及金额

新增信托项目	项目个数（个）	合计金额（万元）
集合类	1 052	20 142 596.04
单一类	3 025	1 885 725.14
财产管理类	29	631 827.63
新增合计	4 106	22 660 148.81
其中：主动管理型	4 018	21 954 991.30
被动管理型	88	705 157.51

注：上述统计未包括尚未清算的信托项目本年度内发生的申购和赎回金额，故期初余额−本期清算+本期新增≠期末余额。

6.6 关联方及其交易的披露

6.6.1 关联交易方的数量、关联交易的总金额及关联交易的定价原则等

项目	关联交易方数量（个）	关联交易金额（万元）	定价政策
合计	13	287 038.48	本公司2023年度发生的关联方交易均根据一般正常的交易条件进行，并以市场价格作为定价依据

6.6.2 关联交易方与本公司的关系性质、关联交易方的名称、法定代表人、注册地址、注册资本及主营业务等

关系性质	关联方名称	法定代表人	注册地址	注册资本（亿元）	主营业务
控股股东	五矿资本控股有限公司	赵立功	北京市海淀区三里河路5号	337.10	以自有资金从事投资活动、自有资金投资的资产管理服务、企业管理、控股公司服务等
主要股东	青海省国有资产投资管理有限公司	李兴财	西宁市城中区创业路128号中小企业创业园5楼501室	77.53	煤炭批发经营、对服务省级战略的产业和优势产业、受托管理和经营国有资产等
同一母公司	中国外贸金融租赁有限公司	王咏军	北京市海淀区三里河路1号北京市西苑饭店11号楼	51.66	金融租赁服务
同一母公司	五矿证券有限公司	郑宇	深圳市南山区粤海街道海珠社区滨海大道3165号五矿金融大厦2401室	97.98	证券经纪、证券投资咨询、证券承销业务和证券资产管理业务、融资融券业务等
同一母公司	五矿期货有限公司	张必珍	深圳市南山区粤海街道海珠社区滨海大道3165号五矿金融大厦1301、1401、1501、1601室	27.15	商品期货经纪、金融期货经纪、资产管理、期货投资咨询
本公司母公司的联营企业	绵阳市商业银行股份有限公司	何苗	四川省绵阳市涪城区临园路西段文中街3号	16.44	吸收公众存款、发放短期、中期和长期贷款、办理国内结算等
本公司母公司的联营企业	安信基金管理有限责任公司	刘入领	深圳市福田区莲花街道益田路6009号新世界商务中心36层	5.06	基金募集、基金销售、特定客户资产管理、资产管理和中国证监会许可的其他业务
同一最终控制方的联营企业	五矿财富投资管理有限公司	王涛	北京市东城区朝阳门北大街7号10层北侧	1	非证券业务的投资管理、投资咨询、财务咨询、经济信息咨询、私募股权投资等
同一最终控制方	北京第五广场置业有限公司	郝刚	北京市东城区朝阳门北大街7号三层305、306单元	4.9	开发、建设、出售、出租用地范围内的房屋等
同一最终控制方	五矿（北京）商业管理服务有限公司	贾浩楠	北京市东城区朝阳门北大街7号3层307~309单元	0.098	商业管理、酒店管理、机动车公共停车场服务、物业管理
同一最终控制方	五矿物业服务有限公司	戴鹏宇	北京市东城区朝阳门北大街3号7层701~715单元	0.5	物业管理、物业服务评估、企业管理咨询、社会经济咨询服务、信息咨询服务等
同一最终控制方	五矿二十三冶建设集团有限公司	宁和球	长沙市雨花区湘府东路二段208号万境财智中心北栋24层	22.92	建筑工程、铁路工程、石油化工工程、电力工程、公路工程
同一最终控制方	十九冶成都建设有限公司	陈春	成都市郫都区郫筒镇杜鹃路699号1单元15层	3.6	建设工程施工、建设工程设计、建设工程勘察、建筑劳务分包等
控股股东	五矿资本控股有限公司	赵立功	北京市海淀区三里河路5号	337.10	以自有资金从事投资活动、自有资金投资的资产管理服务、企业管理、控股公司服务等
主要股东	青海省国有资产投资管理有限公司	李兴财	西宁市城中区创业路128号中小企业创业园5楼501室	77.53	煤炭批发经营、对服务省级战略的产业和优势产业、受托管理和经营国有资产等
同一母公司	中国外贸金融租赁有限公司	王咏军	北京市海淀区三里河路1号北京市西苑饭店11号楼	51.66	金融租赁服务
同一母公司	五矿证券有限公司	郑宇	深圳市南山区粤海街道海珠社区滨海大道3165号五矿金融大厦2401室	97.98	证券经纪、证券投资咨询、证券承销业务和证券资产管理业务、融资融券业务等

6.6.3 公司关联交易披露事项

6.6.3.1 固有与关联方交易情况

单位：万元

项目	期初数	借方发生额	贷方发生额	期末数
贷款	—	—	—	—
投资	—	—	—	—
租赁	-12 043.80	6 633.44	178.78	-5 589.14

续表

项目	期初数	借方发生额	贷方发生额	期末数
应收账款	—	—	—	—
担保	—	—	—	—
其他	53 857.56	4 063 273.12	4 033 603.06	83 527.62
合计	41 813.76	4 069 906.56	4 033 781.84	77 938.48

注：租赁为新租赁准则的租赁负债。

6.6.3.2 信托与关联方交易情况

单位：万元

项目	期初数	借方发生额	贷方发生额	期末数
贷款	52 100.00	—	52 100.00	—
投资	320 615.60	—	111 515.60	209 100.00
租赁	—	—	—	—
应收账款	—	—	—	—
担保	—	—	—	—
其他	—	—	—	—
合计	372 715.60	—	163 615.60	209 100.00

6.6.3.3 固有与信托间的交易情况

单位：万元

项目	期初数	本期发生额	期末数
合计	2 384 943.89	−29 695.97	2 355 247.92

6.6.3.4 信托项目间的交易情况

单位：万元

项目	期初数	本期发生额	期末数
合计	5 986 468.15	867 967.10	6 854 435.25

6.6.4 报告期无关联方逾期未偿还本公司资金及本公司为关联方担保发生或即将发生垫款的情况

6.7 会计制度的披露

公司固有业务和信托业务均执行财政部颁布的《企业会计准则》及相关规定。

7. 财务情况说明书

7.1 利润实现和分配情况

2023年初公司未分配利润为592 135.74万元，2023年实现净利润119 041.94万元。2023年利润分配如下：（1）分配2022年股东股利106 547.67万元。（2）按照净利润的10%提取法定盈余公积11 904.19万元。（3）按照净利润的5%提取信托赔偿准备金5 952.10万元，提至105 707.64万元。（4）按照年末风险资产1.5%计提一般风险准备金，2023年增加2 206.40万元，余额提至40 928.67万元。

2023年末未分配利润余额为584 567.32万元。

7.2 主要财务指标

指标名称	指标值	计算公式
净资产收益率（%）	5.05	净利润/所有者权益平均数×100%
信托报酬率（%）	0.36	信托项目年化信托报酬之和/公司实收信托总规模
人均利润（万元）	221.39	利润总额/年平均人数

7.3 对本公司财务状况、经营成果有重大影响的其他事项

无。

8. 特别事项揭示

8.1 股东报告期内变动情况及原因

报告期内，公司股东及持股比例均未发生变动。

8.2 董事、监事及高级管理人员变动情况及原因

2023年2月，公司股东会2023年第一次会议选举刘国威先生、肖斌先生、郑宇先生、姜弘先生、陈闽玉女士为第五届董事会董事；选举安秀梅女士、武长海先生、苏治先生为第五届董事会独立董事。公司职工代表大会选举王卓先生为公司第五届董事会职工董事。2023年4月，肖斌先生、郑宇先生发生工作变动，五矿资本控股有限公司另推荐谢颖女士、周智先生为公司董事，获第五届董事会第五次会议审议通过。公司原董事王晓东先生、樊玉雯女士，原独立董事张成思先生、黄震先生因任期届满不再继续履职。新任董事任职资格已获监管机构核准。

2023年3月，因工作岗位调整，公司第五届董事会第三次会议同意何其联先生担任公司专职顾问，不再担任公司副总经理职务，相关任职调整已向监管机构报备。

2023年4月，因工作需要，公司第五届董事会第五次会议同意聘任徐楚铭先生担任公司副总经理，任职资格已获监管机构核准。

8.3 变更注册资本、注册地或公司名称、公司分立合并事项

报告期内，未发生变更注册资本、注册地或公司名称、公司分立合并事项。

8.4 公司的重大诉讼事项

序号	原告	被告	标的金额(元)	案由	进展情况
1	五矿信托	武汉金正茂商务有限公司、武汉徐东房地产开发有限公司等	600 000 000.00	营业信托纠纷	本案涉案债权已对外转让,处置完毕。因受让人委托,五矿信托继续受托处置汉正街项目资产,目前该案仍在执行中
2	五矿信托	成都森宇实业集团有限公司	518 698 630.14	借款合同纠纷	2016年3月22日出具调解书,对方未履行,五矿信托已于2016年5月17日向青海省高级人民法院申请强制执行。2023年5月24日,成都市双流区人民法院裁定受理成都森宇实业集团有限公司破产清算申请。五矿信托已申报债权,待破产清偿中
3	五矿信托	内蒙古中西矿业有限公司、甘肃建新实业集团有限公司、甘肃万星实业股份有限公司、刘建民、王爱琴	1 153 413 641.87	借款合同纠纷	2019年5月,内蒙古卓资县人民法院裁定批准中西矿业重整计划草案并终止其重整程序,已收到部分回款;2021年1月,甘肃省陇南市中级人民法院作出民事裁定,终结甘肃建新实业集团有限公司的破产重整程序,已收到全部回款。2021年7月,甘肃省兰州市中级人民法院作出民事裁定,终结甘肃万星实业股份有限公司破产程序,已收到全部回款;上述案件中尚未获得分配的款项,目前仍在执行中
4	五矿信托	佛山振兴共济文化投资有限公司、云南振戎润德集团有限公司、广东振戎能源有限公司	591 140 110.00	营业信托纠纷	涉案债权已转让,青海高院已裁定终结本次执行
5	五矿信托	云南振戎润德文化传播有限公司、云南振戎润德集团有限公司、杨瑞	44 833 941.67	借款合同纠纷	涉案债权已转让,青海高院已裁定终结本次执行

8.5 公司和董事、监事、高级管理人员受处罚的情况

报告期内,公司及董事、监事和高级管理人员没有受到监管部门公开处罚的情况。

8.6 国家金融监督管理总局及其派出机构提出整改意见的情况

2023年9月,国家金融监督管理总局对公司下发了《国家金融监督管理总局现场检查意见书》(现场检查意见书〔2023〕3号),就2022年消保现场检查,从消费者权益保护体制机制、个人信息保护、产品设立、尽职调查、风险管控、产品营销宣传、信托资产管理和信息披露八个方面提出意见、提示相关风险。公司高度重视,深挖问题产生的根源,深入研究整改方向,全面落实整改方案,以查促改、以改促优,不断健全完善消保机制,夯实转型发展基础。国家金融监督管理总局青海监管局于2023年4月向公司下发了《2022年度监管意见书》;于2023年10月下发《消费投诉督查监管意见书》,从持续提升风险防控质效、稳步推进转型落实落地、促进合规稳健经营、持续提升服务实体经济质效等方面向公司提出意见、提示风险。公司高度重视,逐一明确责任主体,制定整改落实措施,并动态跟踪整改情况,确保整改落实到位。通过整改,公司进一步强化受托履职责任,完善内部控制及法律合规体系,有效提升金融服务及经营管理水平。公司将坚持监管引领的正确转型方向,将监管导向内化为展业标准,确保合规经营、稳健展业。

8.7 重大事项临时报告情况

2023年4月,经国家金融监督管理总局青海监管局批准,公司换领中华人民共和国金融许可证,编号:01034580;增加机构英文名称:Minmetals International Trust Co.,Ltd.。

2023年7月13日,经国家金融监督管理总局青海监管局《关于核准周智任职资格的批复》(青银保监复〔2023〕60号)同意,周智先生董事任职资格获批。

2023年7月13日,经国家金融监督管理总局青海监管局《关于核准武长海任职资格的批复》(青银保监复〔2023〕61号)同意,武长海先生独立董事任职资格获批。

2023年7月13日,经国家金融监督管理总局青海监管局《关于核准苏治任职资格的批复》(青银保监复〔2023〕62号)同意,苏治先生独立董事任职资格获批。

2023年7月13日,经国家金融监督管理总局青海监管局《关于核准徐楚铭任职资格的批复》(青银保监复〔2023〕63号)同意,徐楚铭先生公司副总经理任职资格获批。

2023年7月13日,经国家金融监督管理总局青海监管局《关于核准谢颖任职资格的批复》(青银保监复〔2023〕64号)同意,谢颖女士董事任职资格获批。

2024年3月[①],经国家金融监督管理总局青海监管

---

① 期后事项报告。

局《关于五矿国际信托有限公司修订公司章程的批复》（青金复〔2024〕25号）核准，公司根据《银行保险机构公司治理准则》等相关法律法规，完成对公司章程的修订。

8.8 监管机构认定的其他有必要让客户及相关利益人员了解的重要信息

报告期内，没有发生监管机构认定的其他有必要让客户及相关利益人了解的重要事项。

9.监事会意见

报告期内，公司能够按照合法决策程序对重大事项进行决策，业务经营活动符合《公司法》《信托法》《信托管理办法》及《信托公司治理指引》等有关法律规定；董事、高级管理人员能够合法合规履行公司职务；天职国际会计师事务所（特殊普通合伙）出具的2023年度审计报告（天职业字〔2024〕5183号）中披露的财务信息，能真实、客观地反映公司的财务状况和经营结果。

西部信托有限公司

1. 重要提示

1.1 本公司董事会及董事保证本报告所载资料不存在任何虚假记载、误导性陈述或重大遗漏，并对其内容的真实性、准确性和完整性承担个别及连带责任。

1.2 公司独立董事声明本年度报告内容真实、准确和完整。

1.3 天职国际会计师事务所为本公司出具了无保留意见的年度审计报告。

1.4 公司董事长徐谦、主管会计工作负责人田承及会计机构负责人甄明声明：保证本年度报告中财务报告的真实、完整。

2. 公司概况

2.1 公司简介

1. 中文名称：西部信托有限公司
2. 中文名称简写：西部信托
3. 英文名称：Western Trust Co., Ltd.
4. 英文名称缩写：WTI
5. 法定代表人：徐谦

6. 注册地址：陕西省西安市东新街232号
7. 邮政编码：710004
8. 公司国际互联网网址：www.wti-xa.com
9. 电子信箱：wti-xa@wti-xa.com
10. 公司信息披露负责人：郭亦然

联系电话：029-87396585

传真电话：029-87406300

电子信箱：wti-xa@wti-xa.com

11. 选定的信息披露报纸：《上海证券报》《证券时报》《中国证券报》

12. 年度报告备置地点：陕西省西安市东新街232号信托大厦15楼

13. 聘请的会计师事务所：天职国际会计师事务所（特殊普通合伙）

地址：西安市雁塔区唐延路11号禾盛京广中心D座25楼

14. 聘请的律师事务所：北京金诚同达（西安）律师事务所

地址：西安市高新区锦业路迈科商业中心25层

2.2 组织结构

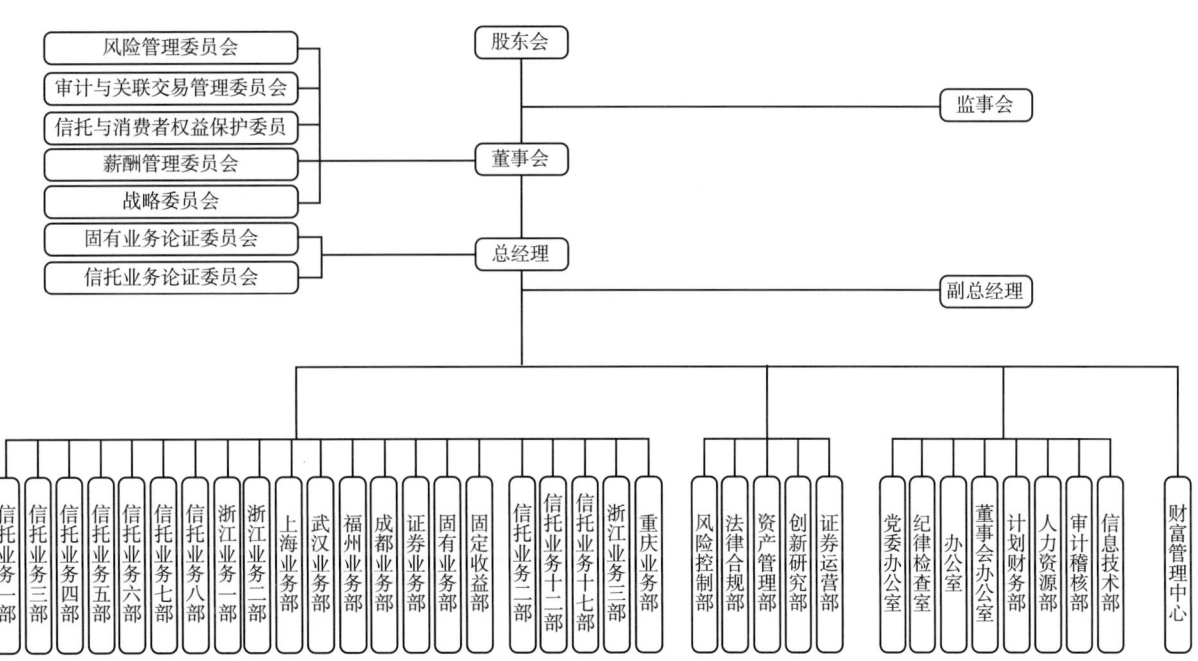

3. 公司治理

3.1 股东

截止到2023年末，公司股东总数24个。

股东名称	出资额（元）	出资比例（%）	法人代表	注册资本（万元）	注册地址	主要经营业务
陕西投资集团有限公司	2 311 255 222.00	57.78	李元	1 000 000.00	陕西省西安市新城区东新街232号陕西信托大厦11~13楼	煤田地质、水文地质、矿产勘察的筹建；地质技术服务、地质灾害处理；测绘工程、工程勘察、地基与基础工程的施工等
陕西省产业投资有限公司	346 467 048.00	8.66	霍熠	125 000.00	陕西省西安市莲湖区青年路92号	以自有资金从事投资活动、创业投资（限投资未上市企业）、自有资金投资的资产管理服务、企业管理咨询、社会经济咨询服务、非居住房地产租赁、物业管理
陕西延长石油（集团）有限责任公司	206 006 504.00	5.15	张恺颙	1 000 000.00	陕西省延安市宝塔区枣园路延长石油办公基地	石油和天然气、油气共生或钻遇矿藏的勘探、开采、生产建设、加工、运输、销售和综合利用等

3.2 董事

董事长、董事

姓名	职务	性别	年龄（岁）	所提名的股东名称	该股东持股比例（%）	简要履历
徐谦	董事长	男	52	陕西投资集团有限公司	57.78	1993年7月参加工作，博士研究生学历，博士学位，中共党员，曾任西部信托有限公司总经理
栾兰	董事	男	40	陕西投资集团有限公司	57.78	2007年7月参加工作，本科学历，学士学位，注册会计师，经济师职称，中共党员，现任陕西投资集团有限公司总经理助理；陕西陕投资本管理有限公司党总支书记、董事长；秦创原发展股份有限公司党委书记、董事、总经理；陕西投资融控股有限公司副董事长
唐尧尧	董事	男	37	陕西投资集团有限公司	57.78	2013年4月参加工作，研究生学历，硕士学位，高级会计师职称，中共党员，现任陕西投资集团有限公司财务管理部副主任
刘平安	董事	男	38	陕西省产业投资有限公司	8.66	2010年5月参加工作，研究生学历，硕士学位，经济师职称，中共党员，现任陕西省产业投资有限公司副总经理
罗洁	职工董事	女	49	西部信托有限公司	—	1995年10月参加工作，证券从业资格、基金从业资格、信托从业资格、债券交易资格、高级财富管理师。现任西部信托有限公司财富管理中心总经理

注：公司原董事王毛安已于2023年12月25日向公司提交了书面辞呈，申请辞去公司董事职务。

独立董事

姓名	所在单位及职务	性别	年龄（岁）	所提名的股东名称	该股东持股比例（%）	简要履历
昌孝润	北京市天沐律师事务所主任律师	男	57	—	—	博士研究生学历，博士学位。北京市天沐律师事务所主任律师
任妙良	陕西睿怡管理咨询服务有限公司执行董事总经理 陕西煜程达新材料科技有限公司董事兼总经理，财务负责人 西安摩尔石油工程实验室股份有限公司独立董事	女	57	—	—	研究生学历，硕士学位。高级会计师、正高级经济师
周仁勇	中国联合慈善基金会理事	男	62	—	—	研究生学历，硕士学位。讲师。曾在保险公司担任董秘，在财务公司和投资管理公司担任董事，在证券公司担任监事会主席

3.3 监事

监事会成员

姓名	职务	性别	年龄（岁）	选任日期	所推荐的股东名称	该股东持股比例（%）	简要履历
包勇	监事会主席	男	52	2021年10月	彩虹集团有限公司	5.01	曾任国营长风机器厂厂委副书记、国营长风机器厂劳动服务公司副书记兼副经理，甘肃长风信息科技（集团）有限公司洗衣机公司副总经理、常务副总经理，甘肃长风信息科技（集团）有限公司人事部部长，国营长风机器厂厂长助理兼人事部部长、甘肃长风信息科技（集团）有限公司副总经济师兼人事部部长、工会主席、党委委员，甘肃长风电子科技有限责任公司党委委员、工会主席等职务。现任彩虹集团有限公司纪委书记、党委委员

续表

姓名	职务	性别	年龄（岁）	选任日期	所推荐的股东名称	该股东持股比例（%）	简要履历
孙飚	监事	男	56	2012年8月	重庆中侨置业有限公司	3.90	曾任重庆中侨置业有限公司董事长
兰馨	职工监事	女	40	2019年11月	西部信托有限公司	—	曾在西部信托有限公司风控合规部、财富管理中心工作，历任西部信托有限公司法律合规部法务总监、副总经理，现任西部信托有限公司法律合规部总经理

本公司监事会未设立下属委员会。

3.4 高级管理人员

姓名	职务	性别	年龄（岁）	任职日期	金融从业年限（年）	学历	专业	简要履历
韩宗望	总经理	男	51	2022年6月	27	研究生	工商管理	中共党员，硕士学位，研究生学历。曾任西部信托有限公司信托业务六部部门总经理、广东业务总部总经理，公司总经理助理、副总经理
雷秦	副总经理	女	52	2020年12月	8	本科	工业工程	中共党员，硕士学位，本科学历，正高级经济师。曾任西部信托有限公司办公室主任、董事会办公室主任、公司纪委副书记、工会副主席
蔡梦诗	副总经理	女	41	2019年3月	17	研究生	政治经济学	中共党员，硕士学位，研究生学历，经济师。曾任浙江省工商信托公司管理部总经理助理、万向信托有限公司管理部执行总经理、财富管理总部总经理、运营总监，西部信托有限公司浙江业务总部总经理、公司总经理助理
田承	副总经理	男	47	2022年6月	23	研究生	工商管理	中共党员，硕士学位，研究生学历。曾任上海浦东发展银行西安分行公司业务四部经理助理、西安长安南路支行副行长（主持工作）、西安分行金融机构部副总经理（主持工作）、金融市场部总经理、投资银行部总经理
张烨	副总经理	男	45	2022年6月	21	本科	工商管理	中共党员，硕士学位，本科学历。曾任长安国际信托股份有限公司投资银行部总经理、华鑫信托有限公司陕西业务部总经理、西部信托有限公司信托业务八部部门总经理、公司总经理助理
李斌	总经理助理	男	55	2019年3月	10	本科	法学	中共党员，学士学位，本科学历，中级工程师、法律职业资格。曾任西安紫薇地产开发有限公司战略与法务中心总监，西部信托有限公司法律合规部部门总经理
郭亦然	董事会秘书	女	33	2022年6月	10	本科	行政管理	中共党员，学士学位，本科学历。曾任西部信托有限公司高级项目经理、团委书记、办公室主任、公司行政总监
闫磊	总经理助理	男	39	2022年6月	14	研究生	管理科学与工程	中共党员，硕士学位，研究生学历。曾任西部信托有限公司信托业务六部部门总经理、公司业务总监

3.5 公司员工

项目		报告期年度		上年度	
		人数（人）	比例（%）	人数（人）	比例（%）
年龄分布	25岁以下	4	1.09	2	0.58
	25~29岁	28	7.65	40	11.66
	30~39岁	239	65.30	230	67.06
	40岁及以上	95	25.96	71	20.70
学历分布	博士	3	0.82	3	0.87
	硕士	153	41.80	145	42.27
	本科	182	49.73	167	48.69
	专科	27	7.38	27	7.87
	其他	1	0.27	1	0.30
岗位分布	董事、监事及其高管人员	9	2.46	7	2.04
	自营业务人员	4	1.09	4	1.17
	信托业务人员	107	29.24	107	31.19
	其他人员	246	67.21	225	65.60

注：公司2023年董事、监事及其高管人员中包含总经理助理。

4. 经营管理

4.1 经营目标、方针、战略规划

围绕着建立一流、优秀的信托公司为发展目标，综合发掘各类资源，完成公司业务转型发展，形成公司核心竞争力，具备高质量可持续发展能力，在公司内部逐步建立健全现代企业制度，建立科学合理的经营管理体制、激励机制和全面风险管理体系，为委托人提供全面、优质、专业的金融理财和资产管理服务，为受益人谋取合法的最大利益，为股东创造价值，为国家经济建设和发展作出贡献，保护消费者权益，提供专业化的综合金融服务，致力成为高净值客户的优质金融服务商。

以"防风险、补短板、促转型、保增长"为总体基调，采取有效的风险防控措施，确保存续信托项目平稳运行，稳步适度开展传统业务，积极推进符合发展趋势的创新业务，夯实业务发展基础，加快业务转型，提升发展质量。

加强党的领导和法人治理有效融合，认真研究与完善基层党建工作机制与廉政监督机制，把党的领导融入公司治理各环节；强化股东股权管理，优化公司股权结构，完善法人治理结构，强化市场化经营与运行机制；积极促进公司业务转型，拓宽公司业务领域和范围，丰富公司业务品种，满足投资者多样化、特色化以及个性化的投资需求；加强公司风险控制与合规管理，以数字化技术为手段，持续夯实公司发展基础，提升公司管理水平；继续完善财富营销体系，提高财富销售能力，丰富公司财富管理内容，提升公司品牌知名度；加大公司人才供给及结构调整力度，保障公司发展动力，在资产管理、财富管理、服务信托等业务方向上取得突破，形成公司新的可持续发展的基础，提升发展质量，将公司建设成为资产管理和财富管理双轮驱动，服务信托为特色的精品型信托公司。

4.2 所经营业务的主要内容

公司所经营业务包括固有资产管理业务和信托业务。信托业务主要是资金信托、股权信托等业务；固有资产管理业务主要是股权投资、贷款、证券投资和金融产品投资等。

自营资产运用与分布表

资产运用	金额（万元）	占比（%）	资产分布	金额（万元）	占比（%）
货币资产	10 539.02	1.83	基础产业	—	—
贷款及应收款	—	—	房地产业	—	—
交易性金融资产	236 615.49	41.15	证券市场	32 487.00	5.65
债权投资	153 191.98	26.64	实业	—	—
其他权益工具投资	125 187.59	21.77	金融机构	482 508.06	83.91
其他	49 463.64	8.61	其他	60 002.66	10.44
资产总计	574 997.72	100.00	资产总计	574 997.72	100.00

信托资产运用与分布表

资产运用	金额（万元）	占比（%）	资产分布	金额（万元）	占比（%）
货币资产	135 947.60	0.30	基础产业	5 352 203.40	11.94
贷款	7 299 660.33	16.30	房地产	5 287 029.41	11.81
交易性金融资产	20 059 597.91	44.79	证券市场	1 923 643.63	4.30
债权投资	17 182 995.36	38.37	实业	32 048 729.62	71.56
长期股权投资	—	—	金融机构	97 045.49	0.22
其他	107 502.17	0.24	其他	77 051.81	0.17
信托资产总计	44 785 703.37	100.00	信托资产总计	44 785 703.37	100.00

4.3 市场分析

2023年，宏观经济维持偏弱复苏，信托行业转型压力加大，行业整体营收指标继续下行，公司面临的宏观经营环境异常复杂。展望2024年，随着信托业务"三分类"相关政策的落地，行业的转型方向越发明确，预计未来信托业或将发挥信托制度优势，回归业务本源，进一步加快转型，主动适应行业功能定位，业务结构逐步优化。

4.4 内部控制

公司重视内控建设，公司股东会、董事会、监事会、经营管理层各自的职能分工明确，建立了决策层、执行层、监督层构成的内部控制架构，在公司的经营发展中发挥着各自的职能与作用，形成了各层既相互独立，又相互制衡、相互协调的内部控制机制。

公司一直秉承"稳健经营、持续发展"的经营理念，始终把风险控制放在经营管理的首要位置，多层次、全方位推动积极有效的内控文化建设。通过培训学习、印发制度汇编等多种途径使全体员工熟悉公司的各项规章制度及业务操作流程；通过审计检查、考核激励与问责不断强化员工的合规经营和风险控制意识。

公司董事会下设风险管理委员会、信托与消费者权益保护委员会、薪酬管理委员会、战略委员会、审计与关联交易管理委员会等。各委员会职责清晰、分工明确，协助董事会开展公司各项工作。公司引入独立董事制度，并由独立董事出任信托与消费者权益保护委员会、薪酬管理委员会和审计与关联交易管理委员会主任委员，以控制公司重大业务的经营风险，实现公司的稳健持续发展。

公司层面设置了信托业务论证委员会和固有业务论证委员会，建立了有效的业务咨询系统。业务部门在开办业务时首先要经过详细的可行性分析，经风险控制部进行项目预审，法律合规部合规审查，再提交专业论证委员会进行审议表决。公司审计稽核部负责内审工作，遵循内部审计准则和稽核工作规范，独立、客观地履行职能。公司《业务授权管理办法》对股东会、董事会、经营班子各层级业务权限作出了明确规定，实行分级授权审批控制。

公司设立了业务监测与处置委员会，由公司总经理担任委员会主任，负责公司业务风险的排查、监测、预警以及应急处置方案等工作。

公司固有财产和信托财产设立独立的部门分别管理，部门和岗位职权分明，职能独立。公司不断地完善制度体系，将内部综合管理、业务管理、财务管理三大类制度进行梳理与汇总，力求公司经营管理环节都做到有章可循，照章办事。

公司建立了良好的信息交流与沟通制度，通过公司网站、每周例会、办公自动化系统、管理月报、中层以上管理人员不定期工作会议等形式达到各层级顺畅的信息共享与互动。

公司依照规定的程序，及时、完整、准确地向监管部门报备有关材料，向社会公众披露相关信息，并积极整合反馈信息，将其有效地运用于公司的经营管理中。公司还邀请监管机构代表列席董事会、股东会会议，接受监管部门监督。公司能够严格执行向委托人（受益人）披露信托事务处理信息的有关制度，依据有关文件约定能及时召开委托人（受益人）会议，确保相关当事人的知情权。对于监管机构和委托人（受益人）提出的问题或建议，公司均能给予及时、详细的信息反馈。

公司建立了内部控制评价、监督、纠正机制。公司审计稽核部作为公司独立的专职监督部门，以防范风险、纠正违规、加强内控为工作目标，对公司的内部控制、操作风险及合规管理进行独立监督和评价，及时发现内部控制缺陷或项目操作风险，提出改进建议并敦促改进，促进公司的稳健发展。法律合规部负责对公司的法规工作进行统一的规划、指导、监督、检查及评价，确保公司及项目合法合规。公司审计稽核部监测和评估内部控制制度的完善程度和执行效果，各项业务流程按照公司制度和法律法规要求开展，促进公司内部控制的持续优化和业务的健康发展。审计稽核部对被审计项目进行公正、客观的评价，会持续追踪检查审计结论的执行情况和整改措施的落实情况。2023年，公司已经根据基本规范、评价指引及相关法律法规的要求，对2022年的内部控制设计及运行的有效性进行了自我评价，公司对纳入评价范围的业务与事项均已建立了内部控制，并得以有效执行，达到了公司内部控制的目标。

本报告期内，公司审计稽核部按照《企业内部控制基本规范》的有关规定，在公司治理、内部控制管理、业务流程与执行等多个方面开展了审计工作，并提出了审计管理建议。报告期内审计稽核部定期对审计工作中发现的问题进行整改检查，使有关问题及时得到解决。

4.5 风险管理

主要有：战略风险、声誉风险、信用风险、市场风险、操作风险、流动性风险、创新业务管理风险、合规风险、洗钱和恐怖融资风险、关联交易风险、财务风险、信息科技风险、其他风险等。

风险管理贯彻全面性、审慎性、及时性、有效性、独立性的原则，覆盖公司各项业务、各个部门和各级人员，并渗透到决策、执行、监督、反馈等各个环节，对风险进行事前防范、事中控制、事后监督，促进公司持续、稳健、规范、健康运行。

公司风险管理体系按照《公司法》及公司章程和《公司授权管理办法》进行构建，实行风险分层分级管理，明确各级风险责任单位的风险管理职责和责任。

董事会：公司风险管理架构的最高决策机构，负责管理和监控公司的整体风险，承担全面风险管理的最终责任，并通过董事会风险管理委员会监督风险管理职能的执行和落实。

风险管理委员会：公司董事会下设的专门负责对公司整体风险控制管理状况进行监督和评估的机构，向董事会提供专业意见或根据董事会授权就专业事项进行决策，向董事会报告工作，并对董事会负责，下设其他委员会在各自授权范围内对董事会负责。

监事会：承担全面风险管理的监督责任，负责监督检查董事会、管理层在风险管理方面的履职尽责情况并督促整改，相关监督检查情况已纳入监事会工作报告。

管理层：承担全面风险管理的实施责任，执行董事会的决议，履行建立适应全面风险管理的经营管理架构，明确各部门的职责分工，建立协调、有效制衡的管理机制；制定清晰的执行和问责机制，确保风险管理策略、风险偏好和风险限额得到充分传达和有效实施；根据董事会设定的风险偏好，制定风险限额；制定风险管理政策和程序，对各类风险进行管理；评估年度各类重大风险管理状况；建立完备的风险管理信息系统和数据质量控制机制；对突破风险偏好、风险限额以及违反风险管理政策和程序的情况进行监督，根据董事会的授权进行处理；风险管理的其他职责。

全面风险控制委员会：管理层下设全面风险控制委员会，在管理层的领导下开展全面风险管理工作，履行推动建立并完善与公司的业务性质、规模和复杂程度相适应的全面风险管理体系，及时、有效地识别、评估、监测、控制和缓释相关风险；组织推动搭建和优化全面风险治理架构，建立协调、有效制衡的管理机制；牵头组织制定公司相关风险管理政策制度，督促风险管理策略、风险偏好和风险限额得到充分传达和有效实施；全面掌握公司信用风险、合规风险、战略风险、声誉风险等专项风险体系建设的总体状况，以及其他全面风险管理等职责。

业务论证委员会和业务监测与处置委员会：全面风险控制委员会下设业务论证委员会、业务监测与处置委员会两个专业委员会。两个专业委员会是公司决策程序和体系的重要组成部分，按照各自职责分别审议各自业务管理事项，向全面风险控制委员会提供决策意见和风险管理建议。

总经理办公会：公司日常经营决策机构，负责公司经营运作、风险控制及决策；负责组织执行公司风险管理政策及对各风险责任单位实施风险控制和管理；负责定期向董事会、监事会报告风险管理情况。

战略风险主要是指公司在战略规划拟订及执行过程中，因相关信息收集不完整、不及时、不准确，致使对行业前景、市场状况的误判，从而导致战略规划出现失误，或是在战略的执行过程中出现偏差，致使战略规划无法实现的风险。

公司的战略风险管理策略，是科学制定与公司发展愿景、管理能力、价值观和企业文化相一致的战略目标、战略路径和战略举措，根据形势变化对战略规划进行动态调整，并及时监测评估战略执行情况，避免由于战略决策不当或战略执行偏差对公司的行业地位、声誉、竞争力及发展前景造成重大不利影响。一是在战略规划风险方面，公司定期识别和评估对外部经营环境变化及其影响判断的合理性、对公司竞争优劣势及其变化评估的恰当性、战略定位与战略目标设置的合理性、战略举措的充分性、战略调整的及时性等因素。二是在战略执行风险方面，公司定期评估公司各部门战略理解的准确度、战略执行过程控制的有效性、战略执行决策机制的有效性、战略资源投入的有效性、对重大异常或突发事件的应急处理能力等。三是在战略风险的监测方面，公司定期对外部经营环境的发展变化情况和内部对战略实施的情况进行动态监测；重点关注战略执行是否符合规划方向、各执行部门的战略任务是否如期推进、战略实施效果是否达到预期目标、资源配置是否与战略目标匹配、管理体系及技术水平是否满足战略发展需要等方面。

信用风险又称违约风险，是指交易对手因各种原因不愿或不能履行合同义务而构成违约，或信用状况不利变动，而致使公司遭受损失的风险。信用风险是公司面临的主要风险，主要表现为公司融资业务中融资方、担保方的信用风险。

公司在信用风险的把控上强调风控管理的前置，注重客户的选择，行业的准入，对交易对手的尽职调查和业务管理的调研，同时强调授权审批，集体决策和过程控制。首先，公司在交易对手的选择进行严格要求，拒绝与信用不好或资产质量不高的客户进行合作，把握好入口风险。其次，通过对交易对手的翔实尽调进行事前控制；重点关注交易对手信用状况、履约能力、履约意愿，基于对现金流第一还款来源等关键财务指标的分析，判断交易对手的信用风险。同时，通过项目交易结构设计、风险定价、引入金融机构信用、增加抵/质押担保措施等分散和转移交易对手的信用风险。在评审决策方面，公司中台风控部门及业务论证委员会注重业务调研先行、制度先行，通过制度规范项目的审批流程管理，并通过严格的分级授权和科学的项目论证决策机制管控项目的信用风险。在期间管理方面，业务部门、资产管理部联合对信用风险进行持续动态跟踪、定期走访、非现场监测、舆情收集等手段及时地收集交易对手的经营状况、资金拨付、使用及归集情况和项目进度；定期追踪及评估担保抵押的落实和价值状态，持续评估交易对手的履约和还款意愿，按时总结及汇报公司管理层。在管理职责方面，公司明确界定业务部门与中台风险管理相关部门的风险管理职责，厘清业务流转中信用风险管理中的关键节点，确保风险管理责任落实到人。对于存量资产，公司规范地开展风险五级分类管理，并按规定提取减值准备。

市场风险主要指因市场价格（利率、汇率、股票价格等）的波动导致资产价值发生负向变动，进而使公司固有资产或信托资产遭受损失的可能。市场风险可以分为利率风险、汇率风险、股票价格风险和商品价格风险，分别是指由于利率、汇率、股票价格和商品价格的不利变动所带来的风险。市场风险广泛存在于公司从事自有资金的固有业务投资，以及信托业务中的债券投资、固收类投资以及主动管理类的标品投资业务中。报告期内，公司密切关注各类市场风险，加强行业分析及研究，支持公司具有风险识别、评估、监测能力并能够将风险控制在承受范围内的相关业务和产品，审慎评估承担的各项市场风险，对各类投资业务保持合理管控，采取限额管理、估值、市场化工具等措施。在公司风险承受范围内，积极布局持续盈利性较好的业务，优化固有资金布局结构，在保证固有资产安全性和流动性的前提下，提升投资回报率。

市场风险管理策略方面，支持公司具有风险识别、评估、监测能力并能够将风险控制在承受范围内的相关业务和产品，审慎评估承担的各项市场风险，对各类投资业务保持合理管控，采取限额管理、估值、市场化工具等措施。在公司风险承受范围内，积极布局持续盈利性较好的业务，优化固有资金布局结构，在保证固有资产安全性和流动性的前提下，提升投资回报率。在固有业务市场风险的管理中，公司每年度上报董事会《年度固有业务资产配置方案》，分析市场形势及投资环境，形成公司年度资产配置思路及原则，确定配置规模及类别，对各类资产规模及占比进行限额管理；并在公司董事会的授权范围内进行投资。在主动管理类的标品业务中，公司应建立各类产品的市场风险限额管理机制，包括限额的设定、监测、调整、超限额管理流程等；建立市场风险的监测与分析，定期监测市场风险限额执行情况；跟踪市场价格波动、关注市场风险事件；对产品持仓结构、业绩表现、风险敞口进行分析；开展市场风险的计量工作，对产品进行久期、风险价值、敏感性分析等，开展压力测试。

操作风险是指公司内控机制不完善、内部业务流程不严谨、工作人员操作不当，可能给公司造成损失的风险，也指公司外部因素例如通信系统故障等可能给公司造成损失或影响公司正常运行的风险。报告期内，公司未发生因操作风险造成的损失。

为防止操作风险的发生，公司一是制定了科学合理的业务表决和决策机制，设定合理的决策权限、审批流程，建立了严格的决策信息采集、传递程序，使决策人能够充分掌握基础决策信息，同时通过各种方式不断提高相关决策人自身决策素质和决策能力，以控制业务决策过程中的操作风险；二是公司不断加强业务内控制度建设，定期梳理和完善业务制度、操作流程，加强精细化管理，设置相互制衡的岗位，强化复核机制，加强员工培训，提高员工业务技能，通过技术手段对操作权限和内容进行程序设定、实行操作违规处罚、制订应急预案等措施控制操作风险；三是强化信息系统建设，形成标准化的线上业务流程，并加强信息技术风险管理，有效控制操作风险。

流动性风险是指无法以合理成本及时获得充足资金，用于偿付到期债务、履行其他支付义务和满足正常业务开展的其他资金需求的风险。公司面临的流动性风险包括固有业务的流动性风险和信托项目的流动性风险。固有业务的流动性风险是指公司虽然有清偿能力，但无法及时获得充足资金或无法以合理成本获得充足资金以应对资本增长或支付到期债务的风险。信托项目流动性风险是指信托项目无法通过变现资产、以合理成本及时获得充足资金等途径，满足向信托项目投资者支付赎回或到期款项，以及履行其他支付义务的风险。报告期内，公司对存续项目进行持续监测和跟踪，确保风险的及时发现，将流动性风险管理抓在源头、抓在期间。

为加强流动性风险的管理，公司积极应对日益复杂的流动性风险形势，加强资产负债管理，完善资产负债结构，平衡好安全性、流动性、效益性三者的关系。建立科学完善的流动性风险管理机制，确保公司在正常经营条件及压力状态下的流动性的需求，采取有效应急预案控制流动性危机情景下的风险扩散，防范公司整体流动性风险。一是在日常管理方面，公司首先建立流动性风险管理的机制框架，明确规定流动性风险管理的管理结构与职责分工，规定流动性风险识别、计量、监测与报告的流程与工具，压力测试，应急管理，新产品新业务的流动性风险管理等内容。其次，结合业务需要建立适用于公司层面及信托计划层面的流动性风险管理指标，以现金流缺口分析为基础，采用压力测试和应急演练相结合的方法，对流动性风险实行系统化、规范化管理，通过科学计量和准确评估建立有效的现金流测算和分析模型，监测和分析正常和压力情景下未来不同时间区间的现金流缺口。同时通过搭建流动性风险管理报告体系，及时上报流动性风险状况及管理措施。二是在应急管理方面，公司应建立流动性风险应急计划，开展应急演练工作，通过定期监测流动性缺口和报告流动性应急状态启动指标，适时启动流动性应急计划。三是公司每年初制定《固有业务资产配置方案》，明确当年固有资产配置思路、配置原则、配置规模及类别等，规定了公司流动性管理的要求和限额，同时也对投资的现金投资品种进行了规定，要求在管理过程中持续多渠道、多产品开展现金类投资业务，在不断丰富产品类型、优化期限结构的基础上，进一步增强对阶段性市场机会的把握能力。

创新业务管理风险是指公司开展创新业务时，对于核心风险事前把控、期间风险管理监测、事后风险处置未形成完备的体系机制，前中后台人员的配备及能力无法完全满足创新业务的风险管理需求，行业研究等前瞻性工作无法完全满足创新业务的发展需要，从而造成创新业务管理的风险。报告期内，公司对创新项目持续探索并审慎开展，不断建立健全各类创新业务的管理机制及配套制度，不断引入创新业务专业人才，优化公司人员结构。

为积极识别、评估和应对创新业务管理风险，公司一方面积极参与行业研发与同业交流，及时跟踪分析信托同业创新动向及进展，为公司决策提供有效参考。另一方面，公司通过优化组织架构和部门设置，不断推进与公司资源禀赋、风险管控能力相匹配的创新业务研究、设计推广、资格申请、制度建设、运营管理等工作；公司持续总结创新业务的审查审批模式，充分识别创新项目特有的期间决策及运营管理风险、操作风险、信息科技风险等，加强对创新项目的运营管理，并制定针对性的期间管理方案，持续提升风险管理水平的专业化程度。

合规风险是指因公司或公司员工的经营管理活动和执业行为违反法律法规或准则而使公司受到法律制裁、被采取监管处罚、遭受财产损失或声誉损失的风险。报告期内，公司对合规风险"零容忍"，严格执行国家法律法规和监管机构的各项规定，高度重视合规风险，坚守合规底线，全面提升合规治理与管控水平，多次进行合规性检查、内部自查，未发生因合规风险造成的损失。

公司持续建立健全与经营范围、组织结构和业务规模相适应的合规管理体系，不断完善合规风险管理措施，突出合规风险管理重点，强化制度建设与内控管理，规范业务合规开展，促进公司依法依规经营管理；公司为合规管理配置所需资源，加强员工行为管理与培训教育，注重公司规章制度的执行与监督，建立健全责任追究与奖惩机制，对公司人员及其行为进行约束和管理；公司持续推进合规文化建设，纳入公司企业文化建设体系，确立并提倡全员主动合规、合规创造价值等合规理念，坚持合规从高层做起的管理理念，在全公司推行诚信与正直的职业操守和价值观念，增强全体员工的合规意识，促进公司自身合规与外部监管的有效互动。

洗钱和恐怖融资风险是指因公司缺乏对洗钱和恐怖融资风险的有效识别和防范、对以风险为本的反洗钱工作理念认知不足、反洗钱内部控制机制有效性存在偏差等主客观原因造成未能有效识别、评估和监测客户和交易的洗钱和恐怖融资风险。报告期内，公司持续完善反洗钱相关工作机制，不断加大反洗钱工作力度。

为防范洗钱和恐怖融资风险的发生，公司一是指定反洗钱管理部门负责牵头组织反洗钱实施工作，积极推进洗钱风险管理文化建设，形成良好的洗钱风险管理文化氛围；二是持续优化反洗钱内控制度、操作规程及风险控制措施；三是加快推进反洗钱信息系统建设、数据治理和数据安全管理工作；四是组织开展定期或不定期反洗钱宣传和反洗培训；五是有效实施公司洗钱和恐怖融资风险评估机制和产品业务风险评估，强化评估结果运用，公司持续提升洗钱和恐怖融资风险管理能力，有效防范洗钱和恐怖融资风险。

关联交易风险是指在业务开展及经营管理过程中，由于关联方界定不准确、关联交易定价不合理而导致企业经营风险的传递、财务信息不对称及利用关联交易进行利益输送、抽逃资金、逃税避税、转移资产、逃废债务等造成的相关风险。报告期内，公司未发生此类风险。

为防范关联交易风险的发生，公司建立完善了关联交易管理的相关制度及监督运行机制。一方面，根据《银行保险机构关联交易管理办法》《信托公司股权管理暂行办法》《企业会计准则》及相关法律法规要求，充分明确关联方及关联交易的认定标准，在经营管理和业务开展的过程中，加强对关联方和关联交易的判断识别及公司内部管理控制，建立关联方名单管理制度；另一方面，严格按照相关法律法规及监管要求以市场公允价格开展关联交易，并严格按照监管要求对关联交易进行事前报告，定期报送关联交易明细及关联方名单。

财务风险主要是指公司在各项财务管理活动中由于财务管理制度缺陷、财务人员违反职业操守、专业能力不足等因素，从而给公司造成经济损失的风险。报告期内，公司未发生财务风险。

为防范财务风险，公司财务工作通过开展精细化管理、全面风险管理和全面预算管理工作，不断提升财务管理能力和财务风险控制水平。一是继续完善财务管理制度，健全财务管理制度体系，为防范财务风险提供制度保障。二是继续充实财务岗位职责，优化财务岗位职责分工，建立清晰的财务岗位职责界限。三是开展财务工作清单化管理，进一步明确财务工作内容和工作目标。四是继续优化财务业务流程，建立高效并且风险可控的财务流程体系。五是积极实施财务信息化管理应用，通过信息化手段提升财务风险控制能力。六是加强财务人员职业道德和专业能力教育，进一步提升财务管理道德风险控制水平。

信息科技风险是指信息系统在研发建设、运营维护、外包过程中产生的硬件故障、软件崩溃、核心数据丢失和泄密等风险，具体包括信息技术管理风险、信息系统建设风险、业务连续性管理风险等。报告期内，公司未发生此类风险。

公司制定《三年信息建设规划》，成立信息科技管理委员会，科学指导信息系统风险管理；加强系统开发人才队伍建设，修订信息科技安全各项制度，实行关键设备、系统、数据备份；加大基础资源建设的投入，升级改造公司网络安全及系统，有效防范网络风险；在协同办公平台运行的基础上，充分配合业务转型的需要，开发与创新业务匹配的业务管理系统；选择成熟的应用软件和可信的应用软件开发商合作，保证信息系统的安全性，有效管控各类信息技术风险。

声誉风险是指由公司经营、管理及其他行为或外部事件导致利益相关方对公司负面评价的风险。重大声誉事件是指造成公司重大损失、市场大幅波动、引发系统性风险或影响社会经济秩序稳定的声誉事件。报告期内，公司未发生声誉风险。

为加强声誉风险管理，公司实施审慎的声誉风险管理策略，限制开展可能给公司造成重大声誉风险且难以控制风险的业务活动，严防损害公司声誉的重大风险。持续完善声誉风险管理体系，强化全流程防控和常态化建设的管理要求，将声誉风险管理逐步贯穿到经营管理、业务创新、客户服务的各个流程环节。一是在机制建设方面，公司制定发布了《西部信托有限公司声誉风险管理办法》，明确规定了声誉风险及其管理的定义、工作原则、组织架构及职责、常态化机制建设及相关外部职责等事项。二是在管理工作方面，公司定期开展隐患排查工作，主动防范风险事件；持续开展风险监测工作，确保及时发现舆情风险；建立声誉风险应对机制，确保快速响应处置；开展专业培训及应急演练，提升全员业务水平。三是在报告体系执行方面。对外，公司严格按照监管机构的要求，在规定时间内向监管机构报送各类声誉风险工作报告及文件；对内，按时向董事会办公室、法律合规部、审计稽核部等部门报送有关声誉风险工作的重要进展及标志性事件报告，并提供真实详尽的材料依据。

其他风险主要有政策风险、职业道德风险等。政策风险主要表现为宏观政策以及行业政策的变动对公司经营环境和发展所造成的影响；职业道德风险指公司内部人员不诚信经营、不恪尽职守的风险。报告期内，公司未发生因其他风险所造成的损失。

为防范其他风险，公司一是通过加强对宏观政策和行业政策的跟踪、研究，提高预见性和前瞻性，有效控制和管理政策风险；二是通过建立完善的公司治理结构、严格的内控制度、标准化的业务流程以规避或降低职业道德风险，加强公司内部人员的思想道德教育，加强对内部人员职业道德风险的识别，有效控制道德风险；三是加强项目风险排查，及时发现风险隐患，并予以及时纠正；四是在开展业务尤其是创新业务时，优先选择整体实力较强的交易对手合作，同时加强舆情监测，积极履行社会责任，有效控制声誉风险。

4.6 净资本管理

2023年末，公司净资本风险控制指标为：净资本40.59亿元，各项业务风险资本之和25.56亿元，净资本/各项业务风险资本之和为158.80%，净资本/净资产为75.10%，净资本各项监管指标均达到监管要求。

4.7 社会责任履行情况

2023年，公司始终坚持依法合规、诚信经营，不断改善和完善法人治理结构、内控及风险管理体系，全面提升风险管理能力。在积极支持地方经济建设、提供优质金融服务的同时，注重保障员工的基本权益，并积极投身金融知识宣传和消费者权益保护工作，不断提升和完善企业的价值观，促进股东、公司以及员工共同发展。

乡村振兴方面：2023年，公司积极响应省委、省政府关于做好巩固拓展脱贫攻坚成果同乡村振兴有效衔接的安排部署，继续在陕西省渭南市白水县北塬镇杨武村续开展乡村振兴工作，在2022年度省级定点帮扶工作考核中，1人被评为"优秀第一书记"，1人被评为"优秀驻村工作队员"。因杨武村常年少雨缺水，公司结合村内实际需求，捐赠34.3万元建设了深源机井配套水塔及管网工程，满足了杨武村粮食及经济作物的大部分浇灌需求，提升了村民收入。为解决村内党员群众急需的室内活动场所的问题，保障村民各项文体活动如期进行，以文化建设进一步助推乡村振兴，公司成立了"西部信托·情暖乡村助力杨武村慈善信托"，捐赠35万元修建了杨武村党建及文体活动综合场馆，场馆拟于2024年内投入使用。

公益事业方面：公司始终鼓励员工积极参与志愿服务，通过志愿服务来提升员工的社会责任感。2023年，公司先后开展了公益植树活动、"敬老月"、消费者权益保护等系列活动，以实际行动践行社会主义核心价值观，取得了良好的社会效果；组织客户参与多种形式的线上、线下活动70余场，公司开展了"3·15消费者权益保护教育宣传周活动""金融知识宣传月活动"以及"防范非法集资宣传"等系列活动，宣传金融知识、增强风险防范意识，确保金融安全。

员工关爱方面：公司工会始终秉承"群众利益无小事"的观念，坚持服务公司发展大局，主动担当，积极作为，切实履行维护职工合法权益。2023年内，公司工会一是开展"冬送温暖、夏送清凉"活动，真正做到"喜有贺、难有帮、病有探、丧有悼"，把组织的温暖送到了员工的心坎上。二是持续开展员工健身、游泳、羽毛球、篮球、足球、瑜伽等文体比赛，积极组织"我们的节日"系列主题活动，以丰富多彩的活动，增进职工对公司企业文化认同感，提升职工凝聚力。三是积极组织开展女员工维权活动，全面维护女员工合法权益。同时关心关爱职工的身体健康，组织全体职工进行体检，特别是将女员工的"女性健康检查"和"两癌"的筛查成为检查的重点。四是通过"爱献做"活动，强化对党外知识分子和无党派人士思想教育。五是公司团委组织开展"学雷锋暨义务植树活动"，引导员工践行社会主义核心价值观。

消费者权益保护工作方面：2023年，公司积极践行国有企业社会责任，持续加大消费者权益保护工作的推进力度，依次在消保审查、投资者适当性管理、个人投资者风险等级评估管理、信息披露、个人信息保护、客户投诉、纠纷调解等方面完成了多方位的检视和梳理。公司按照监管机构的统一部署，年内通过官方平台推文、营业场所宣传、走进"农村、企业、广场、社区、公园、商场、服装市场、地铁站、饭店"等公共区域、举办线上直播及客户活动、发放有奖问卷及满意度调查问卷等形式，依次开展了各类集中化及常态化教育宣传活动。同时，公司始终秉承"依法合规、便捷高效、标本兼治、多元化解"的原则，虚心接受内外部监督评价，通过日常客户回访、满意度调查问卷、客户热线反馈等方式，积极收集客户意见及建议，高度重视客户反馈的意见及建议，及时进行优化整改，全年接到的一笔代销业务上海区域投诉事项，公司已进行妥善处理。

绿色发展方面：2023年，公司在绿色信托的实践中取得了良好成效，为国家"双碳"目标的实现提供了金融助力。一是在董事会层面确立公司的绿色信托发展总体目标，明确公司绿色金融特色业务的发展规划。二是制订了较为完整的绿色信托制度体系，明确各部门的职责和权限。三是成功发起设立"西部信托·天岚1号集合资金信托计划"及"西部信托·永徽1号单一资金信托"等绿色信托计划。四是组织研究力量对绿色信托进行了专题研究，形成了绿色信托研究报告。

5.报告期末及上一年度末的比较式会计报表

5.1 自营资产

5.1.1 会计师事务所审计结论

审计报告

天职业字〔2024〕22620号

西部信托有限公司：

一、审计意见

我们审计了西部信托有限公司（以下简称贵公司）财务报表，包括2023年12月31日的资产负债表，2023年度的利润表、现金流量表、所有者权益变动表以及相关财务报表附注。

我们认为，后附的财务报表在所有重大方面按照企业会计准则的规定编制，公允反映了贵公司2023年12月31日的财务状况以及2023年度的经营成果和现金流量。

二、形成审计意见的基础

我们按照中国注册会计师审计准则的规定执行了审计工作。审计报告的"注册会计师对财务报表审计的责任"部分进一步阐述了我们在这些准则下的责任。按照中国注册会计师职业道德守则，我们独立于贵公司，并履行了职业道德方面的其他责任。我们相信，我们获取的审计证据是充分、适当的，为发表审计意见提供了基础。

三、管理层和治理层对财务报表的责任

贵公司管理层（以下简称管理层）负责按照企业会计准则的规定编制财务报表，使其实现公允反映，并设计、执行和维护必要的内部控制，以使财务报表不存在由于舞弊或错误导致的重大错报。

在编制财务报表时，管理层负责评估贵公司的持续经营能力，披露与持续经营相关的事项（如适用），并运用持续经营假设，除非管理层计划清算贵公司、终止运营或别无其他现实的选择。

治理层负责监督贵公司的财务报告过程。

四、注册会计师对财务报表审计的责任

我们的目标是对财务报表整体是否不存在由于舞弊

或错误导致的重大错报获取合理保证,并出具包含审计意见的审计报告。合理保证是高水平的保证,但并不能保证按照审计准则执行的审计在某一重大错报存在时总能发现。错报可能由于舞弊或错误导致,如果合理预期错报单独或汇总起来可能影响财务报表使用者依据财务报表作出的经济决策,则通常认为错报是重大的。

在按照审计准则执行审计工作的过程中,我们运用了职业判断,并保持职业怀疑。同时,我们也执行以下工作:

(1)识别和评估由于舞弊或错误导致的财务报表重大错报风险,设计和实施审计程序以应对这些风险,并获取充分、适当的审计证据,作为发表审计意见的基础。由于舞弊可能涉及串通、伪造、故意遗漏、虚假陈述或凌驾于内部控制之上,未能发现由于舞弊导致的重大错报的风险高于未能发现由于错误导致的重大错报的风险。

(2)了解与审计相关的内部控制,以设计恰当的审计程序,但目的并非对内部控制的有效性发表意见。

(3)评价管理层选用会计政策的恰当性和作出会计估计及相关披露的合理性。

(4)对管理层使用持续经营假设的恰当性得出结论。

同时,根据获取的审计证据,就可能导致对贵公司持续经营能力产生重大疑虑的事项或情况是否存在重大不确定性得出结论。如果我们得出结论认为存在重大不确定性,审计准则要求我们在审计报告中提请报表使用者注意财务报表中的相关披露;如果披露不充分,我们应当发表非无保留意见。我们的结论基于截至审计报告日可获得的信息。然而,未来的事项或情况可能导致贵公司不能持续经营。

(5)评价财务报表的总体列报、结构和内容,并评价财务报表是否公允反映相关交易和事项。

我们与治理层就计划的审计范围、时间安排和重大审计发现等事项进行沟通,包括沟通我们在审计中识别出的值得关注的内部控制缺陷。

中国注册会计师:

中国注册会计师:

5.1.2 资产负债表

资产负债表

编制单位:西部信托有限公司　　　　　　　　　　2023年12月31日　　　　　　　　　　　　　　单位:元

项目	2023年12月31日	2022年12月31日	附注编号
资产:			
货币资金	104 391 569.77	109 908 394.88	七、(一)
结算备付金	998 634.60	976 207.30	七、(二)
贵金属	—	—	—
拆出资金	—	—	—
衍生金融资产	—	—	—
合同资产	—	—	—
买入返售金融资产	—	—	—
持有待售资产	—	—	—
发放贷款和垫款	—	—	—
金融投资:	—	—	—
交易性金融资产	2 366 154 917.37	2 693 217 037.42	七、(三)
债权投资	1 531 919 826.37	835 637 415.98	七、(四)
其他债权投资	—	—	—

续表

项目	2023年12月31日	2022年12月31日	附注编号
其他权益工具投资	1 251 875 888.40	1 591 024 590.24	七、(五)
长期股权投资	—	—	—
投资性房地产	—	—	—
固定资产	15 285 091.64	17 250 534.92	七、(六)
使用权资产	11 817 855.69	20 239 811.70	七、(七)
在建工程	—	—	—
无形资产	6 252 776.98	7 217 429.98	七、(八)
长期待摊费用	—	—	—
递延所得税资产	236 695 905.95	234 167 328.63	七、(九)
其他资产	224 584 743.47	140 620 256.62	七、(十)
资产总计	5 749 977 210.24	5 650 259 007.67	—

法定代表人：徐谦　　　　主管会计工作负责人：田承　　　　会计机构负责人：甄明

资产负债表（续）

编制单位：西部信托有限公司　　　　2023年12月31日　　　　单位：元

项目	2023年12月31日	2022年12月31日	附注编号
负债：			
短期借款	—	—	—
拆入资金	—	—	—
交易性金融负债	—	—	—
衍生金融负债	—	—	—
卖出回购金融资产款	—	—	—
应付职工薪酬	242 720 766.16	226 326 987.03	七、(十一)
应交税费	75 988 208.87	40 723 066.51	七、(十二)
合同负债	3 245 679.78	9 521 038.66	七、(十三)
租赁负债	11 817 855.69	20 239 811.70	七、(十四)
持有待售负债	—	—	—
预计负债	3 222 397.25	—	七、(十五)
长期借款	—	—	—
应付债券	—	—	—
其中：优先股	—	—	—
永续债	—	—	—
递延所得税负债	3 783 532.21	78 011 349.05	七、(九)
其他负债	4 491 932.77	11 998 581.89	七、(十六)
负债合计	345 270 372.73	386 820 834.84	—

续表

项目	2023年12月31日	2022年12月31日	附注编号
所有者权益：	—	—	—
实收资本	4 000 000 000.00	2 000 000 000.00	七、(十七)
其他权益工具	—	—	—
其中：优先股	—	—	—
永续债	—	—	—
资本公积	—	—	—
减：库存股	—	—	—
其他综合收益	-294 279 866.36	-90 772 506.65	七、(十八)
盈余公积	667 244 800.66	611 467 198.22	七、(十九)
一般风险准备	185 642 502.11	185 642 502.11	七、(二十)
信托赔偿准备金	333 622 400.34	305 733 599.12	七、(二十一)
未分配利润	512 477 000.76	2 251 367 380.03	七、(二十二)
归属于母公司所有者权益合计	5 404 706 837.51	5 263 438 172.83	—
少数股东权益	—	—	—
所有者权益合计	5 404 706 837.51	5 263 438 172.83	—
负债和所有者权益总计	5 749 977 210.24	5 650 259 007.67	—

法定代表人：徐谦　　　主管会计工作负责人：田承　　　会计机构负责人：甄明

5.1.3 利润表

利润表

编制单位：西部信托有限公司　　　2023年度　　　单位：元

项目	本期金额	上期金额	附注编号
一、营业总收入	941 538 362.50	901 072 405.17	—
利息净收入	906 602.73	617 642.42	七、(二十三)
其中：利息收入	906 602.73	617 642.42	七、(二十三)
利息支出	—	—	七、(二十三)
手续费及佣金净收入	775 042 988.01	773 317 902.56	七、(二十四)
其中：手续费及佣金收入	775 104 556.82	773 371 661.72	七、(二十四)
手续费及佣金支出	61 568.81	53 759.16	七、(二十四)
投资收益（损失以"-"号填列）	157 915 767.55	150.996.233.98	七、(二十五)
其中：对联营企业及合营企业的投资收益	—	—	—
净敞口套期收益	—	—	—
其他收益	829 947.66	1 561 916.11	七、(二十六)
公允价值变动收益（损失以"-"号填列）	-15 831 372.95	-62 532 250.12	七、(二十七)
汇兑收益（损失以"-"号填列）	—	—	—
其他业务收入	22 674 429.50	37 110 960.22	七、(二十八)
资产处置收益（亏损以"-"号填列）	—	—	—

续表

项目	本期金额	上期金额	附注编号
二、营业总支出	355 644 955.78	333 842 922.80	—
税金及附加	5 753 643.25	5 668 970.82	—
业务及管理费	353 774 577.75	336 504 780.01	七、（二十九）
信用减值损失	-3 883 265.22	-8 330 828.03	七、（三十）
其他资产减值损失	—	—	—
其他业务成本	—	—	七、（二十八）
三、营业利润（亏损以"-"号填列）	585 893 406.72	567 229 482.37	—
加：营业外收入	238 448.51	—	七、（三十一）
减：营业外支出	3 915 397.25	450 000.00	七、（三十二）
四、利润总额（亏损总额以"-"号填列）	582 216 457.98	566 779 482.37	—
减：所得税费用	142 018 672.76	138 907 456.39	七、（三十三）
五、净利润（净亏损以"-"号填列）	440 197 785.22	427 872 025.98	—
（一）按经营持续性分类（净亏损以"-"号填列）	—	—	—
1.持续经营净利润（净亏损以"-"号填列）	440 197 785.22	427 872 025.98	—
2.终止经营净利润（净亏损以"-"号填列）	—	—	—
（二）按所有权归属分类	—	—	—
1.归属于母公司所有者净利润（净亏损以"-"号填列）	440 197 785.22	427 872 025.98	—
2.少数股东损益（净亏损以"-"号填列）	—	—	—
六、其他综合收益的税后净额	-85 929 120.54	-371 321 744.00	—
（一）归属于母公司所有者的其他综合收益的税后净额	-85 929 120.54	-371 321 744.00	—
1.不能重分类进损益的其他综合收益	-85 929 120.54	-371 321 744.00	—
（1）重新计量设定受益计划变动额	—	—	—
（2）权益法下不能转损益的其他综合收益	—	—	—
（3）其他权益工具投资公允价值变动	-85 929 120.54	-371 321 744.00	—
（4）企业自身信用风险公允价值变动	—	—	—
2.将重分类进损益的其他综合收益	—	—	—
（1）权益法下可转损益的其他综合收益	—	—	—
（2）其他债权投资公允价值变动	—	—	—
（3）金融资产重分类计入其他综合收益的金额	—	—	—
（4）其他债权投资信用损失准备	—	—	—
（5）现金流量套期储备	—	—	—
（6）外币财务报表折算差额	—	—	—
（二）归属于少数股东的其他综合收益的税后净额	—	—	—
七、综合收益总额	354 268 664.68	56 550 281.98	—
归属于母公司所有者的综合收益总额	354 268 664.68	56 550 281.98	—
归属于少数股东的综合收益总额	—	—	—

法定代表人：徐谦　　　　　　　主管会计工作负责人：田承　　　　　　　会计机构负责人：甄明

5.1.4 所有者权益变动表

所有者权益变动表
2023年度

编制单位：西部信托有限公司　　　　　　　　　　　　　　　　　　　　　　　　　　　　　　　　单位：元

项目	实收资本	其他权益工具 优先股	其他权益工具 永续债	其他权益工具 其他	资本公积	减：库存股	其他综合收益	盈余公积	一般风险准备	信托赔偿准备金	未分配利润	其他	小计	少数股东权益	所有者权益合计
一、上年末余额	2 000 000 000.00	—	—	—	—	—	-90 772 506.65	611 467 198.22	185 642 502.11	305 733 599.12	2 251 367 380.03	—	5 263 438 172.83	—	5 263 438 172.83
加：会计政策变更	—	—	—	—	—	—	—	—	—	—	—	—	—	—	—
前期差错更正	—	—	—	—	—	—	—	—	—	—	—	—	—	—	—
其他	—	—	—	—	—	—	—	—	—	—	—	—	—	—	—
二、本年年初余额	2 000 000 000.00	—	—	—	—	—	-90 772 506.65	611 467 198.22	185 642 502.11	305 733 599.12	2 251 367 380.03	—	5 263 438 172.83	—	5 263 438 172.83
三、本年增减变动金额（减少以"-"号填列）	—	—	—	—	—	—	-203 507 359.71	55 777 602.44	—	27 888 801.22	-1 738 890 379.27	—	141 268 664.68	—	141 268 664.68
（一）综合收益总额	—	—	—	—	—	—	-85 929 120.54	—	—	—	440 197 785.22	—	354 268 664.68	—	354 268 664.68
（二）所有者投入和减少资本	—	—	—	—	—	—	—	—	—	—	—	—	—	—	—
1.所有者投入的普通股	—	—	—	—	—	—	—	—	—	—	—	—	—	—	—
2.其他权益工具持有者投入资本	—	—	—	—	—	—	—	—	—	—	—	—	—	—	—
3.股份支付计入所有者权益的金额	—	—	—	—	—	—	—	—	—	—	—	—	—	—	—
4.其他	—	—	—	—	—	—	—	—	—	—	—	—	—	—	—
（三）利润分配	—	—	—	—	—	—	-117 578 239.17	55 777 602.44	—	27 888 801.22	-179 088 164.49	—	-213 000 000.00	—	-213 000 000.00
1.提取盈余公积	—	—	—	—	—	—	—	44 019 778.52	—	—	-44 019 778.52	—	—	—	—
2.提取一般风险准备	—	—	—	—	—	—	—	—	—	—	—	—	—	—	—
3.信托赔偿准备金	—	—	—	—	—	—	—	—	—	22 009 889.26	-22 009 889.26	—	—	—	—
4.对所有者（或股东）的分配	—	—	—	—	—	—	—	—	—	—	-213 000 000.00	—	-213 000 000.00	—	-213 000 000.00
5.其他	—	—	—	—	—	—	-117 578 239.17	11 757 823.92	—	5 878 911.96	99 941 503.29	—	—	—	—
（四）所有者权益内部结转	2 000 000 000.00	—	—	—	—	—	—	—	—	—	-2 000 000 000.00	—	—	—	—
1.资本公积转增资本（或股本）	—	—	—	—	—	—	—	—	—	—	—	—	—	—	—
2.盈余公积转增资本（或股本）	—	—	—	—	—	—	—	—	—	—	—	—	—	—	—
3.盈余公积弥补亏损	—	—	—	—	—	—	—	—	—	—	—	—	—	—	—
4.设定受益计划变动额结转留存收益	2 000 000 000.00	—	—	—	—	—	—	—	—	—	-2 000 000 000.00	—	—	—	—
5.其他综合收益结转留存收益	—	—	—	—	—	—	—	—	—	—	—	—	—	—	—
6.其他	—	—	—	—	—	—	—	—	—	—	—	—	—	—	—
（五）其他	—	—	—	—	—	—	—	—	—	—	—	—	—	—	—
四、本年末余额	4 000 000 000.00	—	—	—	—	—	-294 279 866.36	667 244 800.66	185 642 502.11	333 622 400.34	512 477 000.76	—	5 404 706 837.51	—	5 404 706 837.51

法定代表人：徐谦　　　　主管会计工作负责人：田禾　　　　会计机构负责人：甄明

所有者权益变动表（续）

编制单位：西部信托有限公司　　　2023年度　　　单位：元

项目	上年金额												
	实收资本	其他权益工具			资本公积	减：库存股	其他综合收益	盈余公积	一般风险准备	信托赔偿准备金	未分配利润	其他	小计	少数股东权益	所有者权益合计
		优先股	永续债	其他											
一、上年年末余额	2 000 000 000.00	—	—	—	—	—	280 549 237.35	568 679 995.62	185 642 502.11	284 339 997.82	2 107 676 157.95	—	5 426 887 890.85	—	5 426 887 890.85
加：会计政策变更	—	—	—	—	—	—	—	—	—	—	—	—	—	—	—
前期差错更正	—	—	—	—	—	—	—	—	—	—	—	—	—	—	—
其他	—	—	—	—	—	—	—	—	—	—	—	—	—	—	—
二、本年年初余额	2 000 000 000.00	—	—	—	—	—	280 549 237.35	568 679 995.62	185 642 502.11	284 339 997.82	2 107 676 157.95	—	5 426 887 890.85	—	5 426 887 890.85
三、本年增减变动金额（减少以"-"号填列）	—	—	—	—	—	—	-371 321 744.00	42 787 202.60	—	21 393 601.30	143 691 222.08	—	-163 449 718.02	—	-163 449 718.02
（一）综合收益总额	—	—	—	—	—	—	-371 321 744.00	—	—	—	427 872 025.98	—	56 550 281.98	—	56 550 281.98
（二）所有者投入和减少资本	—	—	—	—	—	—	—	—	—	—	—	—	—	—	—
1.所有者投入的普通股	—	—	—	—	—	—	—	—	—	—	—	—	—	—	—
2.其他权益工具持有者投入资本	—	—	—	—	—	—	—	—	—	—	—	—	—	—	—
3.股份的支付计入所有者权益的金额	—	—	—	—	—	—	—	—	—	—	—	—	—	—	—
4.其他	—	—	—	—	—	—	—	—	—	—	—	—	—	—	—
（三）利润分配	—	—	—	—	—	—	—	42 787 202.60	—	21 393 601.30	-284 180 803.90	—	-220 000 000.00	—	-220 000 000.00
1.提取盈余公积	—	—	—	—	—	—	—	42 787 202.60	—	—	-42 787 202.60	—	—	—	—
2.提取一般风险准备	—	—	—	—	—	—	—	—	—	—	—	—	—	—	—
3.信托赔偿准备金	—	—	—	—	—	—	—	—	—	21 393 601.30	-21 393 601.30	—	—	—	—
4.对所有者（或股东）的分配	—	—	—	—	—	—	—	—	—	—	-220 000 000.00	—	-220 000 000.00	—	-220 000 000.00
5.其他	—	—	—	—	—	—	—	—	—	—	—	—	—	—	—
（四）所有者权益内部结转	—	—	—	—	—	—	—	—	—	—	—	—	—	—	—
1.资本公积转增资本（或股本）	—	—	—	—	—	—	—	—	—	—	—	—	—	—	—
2.盈余公积转增资本（或股本）	—	—	—	—	—	—	—	—	—	—	—	—	—	—	—
3.盈余公积弥补亏损	—	—	—	—	—	—	—	—	—	—	—	—	—	—	—
4.设定受益计划变动额结转留存收益	—	—	—	—	—	—	—	—	—	—	—	—	—	—	—
5.其他综合收益结转留存收益	—	—	—	—	—	—	—	—	—	—	—	—	—	—	—
6.其他	—	—	—	—	—	—	—	—	—	—	—	—	—	—	—
（五）其他	—	—	—	—	—	—	—	—	—	—	—	—	—	—	—
四、本年年末余额	2 000 000 000.00	—	—	—	—	—	-90 772 506.65	611 467 198.22	185 642 502.11	305 733 599.12	2 251 367 380.03	—	5 263 438 172.83	—	5 263 438 172.83

法定代表人：徐谦　　主管会计工作负责人：田禾　　会计机构负责人：甄明

5.2 信托资产

5.2.1 信托项目资产负债汇总表

信托项目资产负债表

编制单位：西部信托有限公司　　　　　　　　　　　　2023年12月31日　　　　　　　　　　　　　　　　　　　　单位：元

信托资产	期末余额	年初余额	信托负债和信托权益	期末余额	年初余额
信托资产：	—	—	信托负债：	—	—
银行存款	1 055 355 322.50	808 010 940.24	短期借款	—	—
结算备付金	304 120 726.95	115 426 785.48	交易性金融负债	—	—
存出保证金	—	—	衍生金融负债	—	—
衍生金融资产	—	—	卖出回购金融资产款	386 034 265.75	—
交易性金融资产	200 595 979 072.72	68 461 602 706.00	长期借款	—	—
买入返售金融资产	—	14 511 262.44	应付清算款	—	—
发放贷款和垫款	72 996 603 259.48	98 187 321 637.21	应付赎回款	127 290 000.00	179 684 388.36
债权投资	171 829 953 622.04	96 207 253 356.71	应付管理人报酬	64 348 116.50	113 396 373.42
其他债权投资	—	—	应付托管费	3 010 652.36	2 590 411.87
长期股权投资	—	—	应付销售服务费	6 020 934.13	1 081 689.43
应收清算款	—	—	应付交易费用	—	—
应收利息	19 268 762.56	19 273 150.51	应付投资顾问费	5 211 493.53	7 752 030.96
应收股利	31 020.44	38 079.57	应交税费	96 611 644.58	131 503 130.09
应收申购款	—	—	应付利息	—	—
递延所得税资产	—	—	应付利润	16 305 274.80	7 263 982.88
其他资产	1 055 721 869.39	986 407 623.86	递延所得税负债	—	—
			其他负债	1 731 561 178.17	1 399 973 975.56
			负债合计	2 436 393 559.82	1 843 245 982.57
			所有者权益：		
			实收信托	448 368 994 448.80	267 252 476 961.26
			其他综合收益	4 104 647.25	4 104 647.25
			未分配利润	-2 952 458 999.79	-4 299 982 049.06
			所有者权益合计	445 420 640 096.26	262 956 599 559.45
信托资产总计	447 857 033 656.08	264 799 845 542.02	信托负债及信托权益总计	447 857 033 656.08	264 799 845 542.02

公司负责人：徐谦　　　　　　主管财务总经理：田承　　　　　　财务经理：甄明　　　　　　制表：李军

5.2.2 信托项目利润表

信托项目利润表

编制单位：西部信托有限公司　　　　2023年度　　　　单位：元

项目	本期金额	上期金额
一、收入	10 147 283 730.60	12 993 823 983.84
1.利息收入	7 874 628 995.88	10 705 360 152.34
2.投资收益（损失以"-"号填列）	2 507 276 426.51	2 357 549 992.99
其中：以摊余成本计量的金融资产终止确认产生的收益	—	0.02
3.公允价值变动收益（损失以"-"号填列）	-237 105 894.09	-69 801 697.81
4.汇兑损益（损失以"-"号填列）		

续表

项目	本期金额	上期金额
5.其他业务收入	2 484 202.30	715 536.32
二、支出	524 335 691.32	6 579 228 812.96
1.管理人报酬	634 432 304.32	838 571 141.20
2.托管费	71 047 104.76	57 233 968.48
3.销售服务费	40 349 728.50	40 514 087.62
4.投资顾问费	35 109 787.68	3 057 254.66
5.利息支出	3 467 442.80	—
其中：卖出回购金融资产利息支出	3 467 442.80	—
6.信用减值损失	-439 559 544.64	5 331 211 012.97
7.税金及附加	32 037 285.99	40 877 533.17

续表

项目	本期金额	上期金额
8.其他费用	147 451 581.91	267 763 814.86
三、利润总额（净亏损以"-"号填列）	9 622 948 039.28	6 414 595 170.88
减：所得税费用	—	—
四、净利润（净亏损以"-"号填列）	9 622 948 039.28	6 414 595 170.88
五、其他综合收益	—	3 995 880.47
六、综合收益总额	9 622 948 039.28	6 418 591 051.35

公司负责人：徐谦　　主管财务总经理：田承　　财务经理：甄明　　制表：李军

6.会计报表附注

6.1 简要说明报告年度会计报表编制基准、会计政策、会计估计和核算方法发生的变化

6.1.1 会计报表编制基础

公司财务报表以企业持续经营假设为基础，根据实际发生的交易事项，按照财政部最新颁布的《企业会计准则》及相关规定，并基于"重要会计政策和会计估计"所述变更情况进行编制。

6.1.2 会计政策变更情况

公司自2023年1月1日采用《企业会计准则解释第16号》（财会〔2022〕31号）"关于单项交易产生的资产和负债相关的递延所得税不适用初始确认豁免的会计处理"相关规定，根据累计影响数，调整财务报表相关项目金额。

6.1.3 会计估计变更情况

本年度未发生会计估计变更的情况。

6.2 或有事项说明

（1）2021年3月，本公司中国工商银行东新街支行的存款因涉及诉讼被法院冻结。截至2023年末，本公司中国工商银行东新街支行账户余额为39 130 500.17元，故实际被司法冻结货币资金为39 130 500.17元。

（2）本公司根据涉诉进展和法院判决书，对公司因涉及诉讼应当履行的义务计提预计负债3 222 397.25元，截至2023年末，相关义务暂未发生。

截至报告日，本公司运营正常，上述资产冻结和判决事项未对本公司的日常生产经营造成实质影响。

6.3 重要资产转让及出售的说明

2023年上半年，公司通过交易所集中竞价减持所持有的西部证券股份有限公司（股票代码：002673）股份共计35 000 000.00股，占上市公司总股本比例为0.78%。减持后，公司持有西部证券股份有限公司股份51 000 000.00股，占上市公司总股本比例为1.14%。

6.4 会计报表中重要项目的明细资料

6.4.1 披露自营资产经营情况

6.4.1.1 按信用风险五级分类结果披露信用风险资产的期初数、期末数

信用风险资产五级分类	正常类（万元）	关注类（万元）	次级类（万元）	可疑类（万元）	损失类（万元）	信用风险资产合计（万元）	不良合计（万元）	不良率（%）
期初数	506 660.90	25 346.32	—	31 244.37	1 979.62	565 231.21	33 223.99	5.88
期末数	519 228.08	23 726.32	—	29 083.41	1 979.62	574 017.43	31 063.03	5.41

注：不良资产合计=次级类+可疑类+损失类。

6.4.1.2 各项资产减值损失准备的期初、本期计提、本期转回、本期冲销、期末数

单位：万元

项目	期初数	本期计提	本期冲销	本期转回	期末数
贷款损失准备	—	—	—	—	—
一般准备	—	—	—	—	—
专项准备	—	—	—	—	—
其他资产减值准备	30 669.45				
其中：债权投资减值准备	30 401.86			528.24	29 873.62
长期股权投资减值准备					
坏账准备	267.59	139.91			407.50
投资性房地产减值准备	—	—	—	—	—

6.4.1.3 自营股票投资、基金投资、债券投资、股权投资等投资业务的期初数、期末数

单位：万元

项目	自营股票	基金	债券	长期股权投资	其他投资	合计
期初数	52 374.00	46 524.65			413 089.25	511 987.90
期末数	32 487.00	20 246.05			462 262.01	514 995.06

6.4.1.4 按投资入股金额排序，前三名的自营长期股权投资的企业名称、占被投资企业权益的比例及投资收益情况等

无。

6.4.1.5 自营贷款的企业名称、占贷款总额的比例

和还款情况等

截至2023年12月31日，公司无自营贷款业务。

6.4.1.6 表外业务的期初数、期末数；按照代理业务、担保业务和其他类型表外业务分别披露

无。

6.4.1.7 公司当年的收入结构（母公司口径和并表口径同时披露）

收入结构	金额（万元）	占比（%）
手续费及佣金收入	77 510.46	82.30
其中：信托手续费收入	77 510.46	82.30
投资银行业务收入	—	—
利息收入	90.66	0.09
其他业务收入	2 267.45	2.41
其中：计入信托业务收入部分	—	—
投资收益	15 791.58	16.77
其中：股权投资收益	1 654.26	1.76
证券投资收益	—	—
其他投资收益	14 137.32	15.01
公允价值变动收益	-1 583.14	-1.68
其他收益	82.99	0.09
营业外收入	23.84	0.02
资产处置收益	—	—
收入合计	94 183.84	100.00

注：手续费及佣金收入、利息收入、其他业务收入、投资收益、营业外收入均应为损益表中的科目，其中手续费及佣金收入为未抵减掉相应支出的全年累计实现收入数。

6.4.2 披露信托财产管理情况

6.4.2.1 信托资产的期初数、期末数

单位：万元

信托资产	期初数	期末数
集合	5 654 380.99	8 038 372.96
单一	9 178 684.80	5 866 848.72
财产权	11 659 182.38	30 880 481.69
合计	26 492 248.17	44 785 703.37

6.4.2.1.1 主动管理型信托业务的信托资产期初数、期末数，分证券投资、股权投资、融资、事务管理类分别披露

单位：万元

主动管理型信托资产	期初数	期末数
证券投资类	762 881.09	1 923 601.35
股权投资类	1 121 182.32	1 171 617.68
融资类	4 201 051.67	5 111 028.52

续表

主动管理型信托资产	期初数	期末数
事务管理类	3 851 571.97	1 914 019.49
合计	9 936 687.05	10 120 267.04

6.4.2.1.2 被动管理型信托业务的信托资产期初数、期末数，分证券投资、股权投资、融资、事务管理类分别披露

单位：万元

被动管理型信托资产	期初数	期末数
证券投资类	333.02	1.20
股权投资类	21 750.28	19 659.57
融资类	639 572.34	2 885.52
事务管理类	15 893 905.48	34 642 890.04
合计	16 555 561.12	34 665 436.33

6.4.2.2 本年度已清算结束的信托项目个数、实收信托合计金额、加权平均实际年化收益率

6.4.2.2.1 本年度已清算结束的集合类、单一类资金信托项目和财产管理类信托项目个数、实收信托金额、加权平均实际年化收益率

已清算结束信托项目	项目个数（个）	实收信托合计金额（万元）	加权平均实际年化收益率（%）
集合类	55	2 398 218.42	5.03
单一类	20	3 632 202.75	4.50
财产管理类	19	3 418 616.00	4.53

注：1.收益率是指信托项目清算后，给受益人赚取的实际收益水平。

2.加权平均实际年化收益率=（信托项目1的实际年化收益率×信托项目1的实收信托+信托项目2的实际年化收益率×信托项目2的实收信托+…+信托项目n的实际年化收益率×信托项目n的实收信托）/（信托项目1的实收信托+信托项目2的实收信托+…+信托项目n的实收信托）×100%。

3.集合项目兑付收益率较高主要是因为已清算证券类项目收益率为28.16%，导致整体集合项目收益率偏高。

6.4.2.2.2 本年度已清算结束的主动管理型信托项目个数、实收信托合计金额、加权平均实际年化收益率，分证券投资、股权投资、融资、事务管理类分别计算并披露

已清算结束信托项目	项目个数（个）	实收信托合计金额（万元）	加权平均实际信托报酬率（%）	加权平均实际年化收益率（%）
证券投资类	2	272 004.42	0.05	-2.67
股权投资类	2	358 000.00	0.16	4.76
融资类	52	2 021 541.75	0.95	5.67
事务管理类	9	1 920 000.00	0.03	4.60

注：加权平均实际年化信托报酬率=（信托项目1的实际年化信托报酬率×信托项目1的实收信托+信托项目2的实际年化信托报酬率×信托项目2的实收信托+…+信托项目n的实际年化信托报酬率×信托项目n的实收信托）/（信托项目1的实收信托+信托项目2的实收信托+…+信托项目n的实收信托）×100%。

6.4.2.2.3 本年度已清算结束的被动管理型信托项目个数、实收信托合计金额、加权平均实际年化收益率，分证券投资、股权投资、融资、事务管理类分别计算并披露

已清算结束信托项目	项目个数（个）	实收信托合计金额（万元）	加权平均实际信托报酬率（％）	加权平均实际年化收益率（％）
证券投资类	3	25 554.00	0.08	17.56
股权投资类	—	—	—	—
融资类	2	625 000.00	0.03	5.16
事务管理类	24	4 226 937.00	0.06	4.49

6.4.2.3 本年度新增集合类、单一类、财产管理类信托项目个数、实收信托合计金额

新增信托项目	项目个数（个）	实收信托合计金额（万元）
集合类	135	6 789 937.01
单一类	13	391 520.23
财产管理类	106	22 751 949.40
新增合计	254	29 933 406.64
其中：主动管理型	135	6 808 901.23
被动管理型	119	23 124 505.41

注：本年新增信托项目指在本报告年度内累计新增的信托项目个数和金额。包含本年度新增并于本年度内结束的项目和本年度新增至报告期末仍在持续管理的信托项目。

6.4.2.4 信托业务创新成果和特色业务有关情况

2023年，公司创新业务类型持续丰富，目前业务类型涵盖了债券投资、资产配置、收益凭证、各类创新型服务信托等多种类型。行业获奖再创新高，全年获行业11项大奖，涵盖标品投资、风险处置等多个领域，覆盖中国证券报、上海证券报等主流媒体。

资产管理信托成效显著，已成为创新业务排头兵。一是公司固定收益类产品体系基本搭建完成，从业务形态到期限都有了长足的进步，"永宁1号"蝉联金牛奖，原有的约期型产品逐步转型为定开型和"固收+"，覆盖了从7天到1年期的各类期限；二是资本市场类业务有序推进，产品表现获客户认可，在TOF产品领域，公司产品覆盖市场主流策略，存续产品业绩表现突出，基本经受住了市场大幅下跌的考验，特别是指增策略均获得15%以上的年化超额水平。

资产服务信托多点发力，不断探索有效转型路径。一是产融结合稳步推进，落地西安人民大厦、金信大厦两单CMBS项目，重点业务推进明显，落地公司首单养老场景的家庭服务信托。二是预付类资金服务信托业务不断深化，年内"通享6号"等项目持续落地。三是资产证券化积极探索新模式，票据质押项目"秦风一号"成功落地，公司自主研发的票据系统也同期上线，为行业资产证券化创新树立了新的标杆。四是积极服务乡村振兴，浙江省首单"乡村振兴"资产支持商业票据项目（ABCP）成功发行。

6.4.2.5 本公司履行受托人义务情况及因公司自身责任而导致的信托资产损失情况（合计金额、原因等）

本年度，公司尽职履行受托人职责，没有发生因公司自身责任而导致的信托资产损失的情况。

6.5 关联方关系及其交易的披露

6.5.1 关联交易方的数量、关联交易的总金额及关联交易的定价政策等

项目	关联交易方数量（个）	关联交易金额（万元）	定价政策
合计	4	512.88	按市场公允价格定价

注："关联交易"定义应以《公司法》和《企业会计准则第36号——关联方披露》有关规定为准。

6.5.2 关联交易方与本公司的关系性质、关联交易方的名称、法人代表、注册地址、注册资本及主营业务等

关系性质	关联方名称	法定代表人	注册地址	注册资本（万元）	主营业务
同受最终控制方控制	陕西省华秦投资集团有限公司	李元	陕西省西安市东新街232号陕西信托大厦11~13楼	300 000	对全省性重点产业领域和重大发展项目进行投资开发和经营
受同一控股股东及最终控制方控制	西部证券股份有限公司	徐朝晖	陕西省西安市新城区东新街319号8幢10000室	446 958	证券经纪；证券投资咨询；与证券交易、证券投资活动有关的财务顾问；证券承销与保荐；证券自营；证券资产管理；融资融券；证券投资基金代销；为期货公司提供中间介绍业务；代销金融产品业务
最终控制方	陕西投资集团有限公司	李元	陕西省西安市新城区东新街232号陕西信托大厦11~13楼	1 000 000	煤田地质、矿产勘查；电力、化工、矿业的开发；项目投资；房地产开发与经营等
同受最终控制方控制	陕西金泰恒业物业管理有限公司	贺正东	陕西省西安市雁塔区太白南路1A号金泰假日城29号楼10101号	500	物业管理；房地产经纪；机动车修理和维护；日用杂品销售；销售代理等
同受最终控制方控制	陕西君盛资产运营有限公司	贺正东	西安市高新区沣惠南路36号橡树街区A座21层	35 000	通用设备修理；专用设备修理；电气设备修理；停车场服务；物业管理等

6.5.3 本公司与关联方的重大交易事项

6.5.3.1 固有与关联方交易情况：贷款、投资、租赁、应收账款担保、其他方式等期初汇总数、本期借方和贷方发生额汇总数、期末汇总数

固有与关联方关联交易　　　　　　　单位：万元

项目	期初数	借方发生额	贷方发生额	期末数
贷款	—	—	—	—
投资	—	—	—	—
租赁	—	433.62	433.62	—
担保	—	—	—	—
应收账款	—	—	—	—
其他	—	79.26	79.26	—
合计	—	512.88	512.88	—

注：1.公司租赁陕西省华秦投资集团有限公司（同受最终控制方控制）的办公楼，2023年度支付租金260.59万元。
2.公司租赁西部证券股份有限公司（同受最终控制方控制）的办公楼，2023年度支付租金168.38万元。
3.公司租赁陕西君盛资产运营有限公司（同受最终控制方控制）的车辆，2023年度支付租金4.65万元。
4.公司2023年度接受陕西金泰恒业物业管理有限公司（同受最终控制方控制）的委托管理服务，支付委托管理服务费79.26万元。

6.5.3.2 信托与关联方交易情况：贷款、投资、租赁、应收账款、担保、其他方式等期初汇总数、本期借方和贷方发生额汇总数、期末汇总数

信托与关联方关联交易　　　　　　　单位：万元

项目	期初数	借方发生额	贷方发生额	期末数
贷款	2 000.00	—	1 740.86	259.14
投资	527 000.00	—	—	527 000.00
租赁	—	—	—	—
担保	—	—	—	—
应收账款	—	—	—	—
其他	58 605.36	145 100.00	29 875.16	173 830.20
合计	587 605.36	145 100.00	31 616.02	701 089.34

6.5.3.3 信托公司自有资金运用于自己管理的信托项目（固信交易）、信托公司管理的信托项目之间的相互（信信交易）交易金额，包括余额和本报告年度的发生额

6.5.3.3.1 固有与信托财产之间的交易金额期初汇总数、本期发生额汇总数、期末汇总数

固有财产与信托财产交易　　　　　　单位：万元

项目	期初数	本期发生额	期末数
合计	146 150.00	40 900.00	187 050.00

注：1.以固有资金投资公司自己管理的信托项目受益权，或购买自己管理的信托项目的信托资产均应纳入统计披露范围。
2.公司本年新增固有财产与信托财产相互交易128 520万元，当期结束87 620万元，当期净增加40 900万元，期末余额187 050.00万元。

6.5.3.3.2 信托项目之间的交易金额期初汇总数、本期发生额汇总数、期末汇总数

信托资产与信托财产相互交易　　　　单位：万元

项目	期初数	本期发生额	期末数
合计	32 677.00	39 914.00	72 591.00

注：以公司受托管理的一个信托项目的资金购买自己管理的另一个信托项目的受益权或信托项下资产均应纳入统计披露范围。

6.5.4 逐笔披露关联方逾期未偿还本公司资金的详细情况以及本公司为关联方担保发生或即将发生垫款的详细情况

无。

6.6　会计制度的披露

6.6.1 固有业务自2021年1月1日起执行财政部2017年颁布的新企业会计准则及其后续规定

6.6.2 信托业务自2010年1月1日起执行《企业会计准则》及其后续规定

7.财务情况说明书

7.1　利润实现和分配情况

根据《西部信托有限公司2022年第一次临时股东会会议决议》，公司于2023年完成未分配利润20亿元转增公司注册资本，转增后，公司注册资本增加至40亿元。

本年净利润在提取法定公积金及各项准备金后，留存金额为37 416.81万元，本年减持资产增加未分配利润9 994.15万元，以前年度留存的未分配利润3 836.74万元，未分配利润合计51 247.70万元。

根据公司年末可供分配利润情况，公司拟实施以下股利分配方案：公司计划以可供分配利润分配现金股利5 790.00万元，根据公司2023年12月31日工商登记股东出资额和出资比例分配。

7.2　主要财务指标

指标名称	指标值
资本利润率（%）	8.25
加权年化信托报酬率（%）	0.22
人均净利润（万元）	124.17

注：1.资本利润率=净利润/所有者权益平均余额×100%。
2.加权年化信托报酬率=（信托项目1的实际年化信托报酬率×信托项目1的实收信托+信托项目2的实际年化信托报酬率×信托项目2的实收信托+…+信托项目n的实际年化信托报酬率×信托项目n的实收信托）/（信托项目1的实收信托+信托项目2的实收信托+…+信托项目n的实收信托）×100%。
3.人均净利润=净利润/平均人数。
4.平均值采取年初、年末余额简单平均法，公式为：a（平均）=（年初数+年末数）/2。

7.3 对本公司财务状况、经营成果有重大影响的其他事项

无。

8. 特别事项揭示

8.1 本年度内前五名股东单位变动情况及原因

无。

8.2 本年度内董事、监事及高级管理人员提名、变动情况及原因

2023年2月21日,公司完成了第七届董事、监事及高级管理人员工商备案登记。

2023年4月12日,公司原独立董事田高良向公司递交了辞职信,申请辞去公司独立董事及董事会相关委员会职务。2023年6月9日,公司召开2023年第二次临时股东会会议审议通过了《关于更换公司独立董事的议案》,同意周仁勇为公司新任独立董事,任期与公司第七届董事会保持一致。2023年8月11日,周仁勇任职资格获国家金融监督管理总局陕西监管局核准,正式到任履职。2023年9月26日,公司完成了上述独立董事变更的工商备案登记。

2023年11月21日,公司召开了2023年第40次总经理办公会会议审议通过了《关于干部管理工作事项的议案》,同意李耀峰担任公司首席信息官。

2023年12月25日,公司原董事王毛安向公司递交了书面辞呈,申请辞去公司董事及董事会相关委员会职务。

8.3 变更注册资本、变更注册地或公司名称、公司分立合并事项

2023年6月8日,根据国家金融监督管理总局陕西监管局(原陕西银保监局)《关于西部信托有限公司变更注册资本的批复》(陕银保监复〔2023〕134号),同意公司的注册资本由人民币20亿元变更为人民币40亿元。2023年9月26日,公司完成了注册资本变更至40亿元人民币的工商变更登记。

8.4 公司的重大诉讼事项

8.4.1 重大未决诉讼事项

本报告年度,海发医药保理1号信托项目受益人诉公司的3项民事诉讼案件中,2项一审判决未支持原告对公司的诉讼请求,已进入二审程序。

8.4.2 以前年度发生,于本报告年度内终结的诉讼事项

海发医药保理1号信托项目受益人诉公司的3项民事案件中,1项二审终审未支持原告对公司的诉讼请求。

因虚假《信托受益权转让合同》引起的民事诉讼,二审终审驳回原告对公司的诉讼请求。

8.4.3 本报告年度发生,于本报告年度内终结的诉讼事项

无。

8.5 公司及其董事、监事和高级管理人员受到处罚的情况

无。

8.6 国家金融监督管理总局或其派出机构对公司检查后提出的整改意见及整改情况

无。

8.7 本年度重大事项临时报告的简要内容、披露时间、所披露媒体及其版面

2023年2月25日,在《上海证券报》信息披露95版面、《中国证券报》信息披露A06版面及《证券时报》信息披露B78版面对公司完成了第七届董事、监事及高级管理人员工商备案事项进行了披露。

2023年4月22日,在《上海证券报》信息披露13版面、《中国证券报》信息披露A46版面及《证券时报》信息披露B111版面对公司《2022年度报告(摘要版)》进行了披露。

2023年9月28日,在《上海证券报》信息披露128版面、《中国证券报》信息披露A07版面公司完成了注册资本变更至40亿元及独立董事变更的工商登记事项进行了披露。

8.8 国家金融监督管理总局或其派出机构认定的其他有必要让客户及相关利益人了解的重要信息

无。

8.9 本年度内股东违反承诺质押信托公司股权或以股权及其受(收)益权设立信托等金融产品的情况

无。

8.10 本年度内已向国家金融监督管理总局或其派出机构提交行政许可申请但尚未获得批准的事项

2023年12月28日,公司向国家金融监督管理总局陕西监管局上报了《关于申请核准李耀峰首席信息官任职资格的请示》。2024年2月5日,李耀峰任职资格获国家金融监督管理总局陕西监管局核准,正式到任履职。

9.监事会意见

监事会认为,报告期内,公司运作规范,决策程序合法,内部控制制度较为完善。公司董事、高级管理人员在履行公司职务时未有违反法律、法规、公司《章程》和损害公司及股东利益的行为。公司2023年度财务报告真实反映了公司的财务状况和经营成果。

西藏信托有限公司

1.重要提示

1.1 本公司董事会及董事保证本报告所载资料不存在任何虚假记载、误导性陈述或者重大遗漏，并对其内容的真实性、准确性和完整性承担个别及连带责任。本年度报告摘要摘自年度报告全文，客户及相关利益人欲了解详细内容，请阅读年度报告全文。

1.2 公司独立董事对本报告内容真实性、完整性和准确性无异议。

1.3 公司编制的2023年年度财务报告已经大华会计师事务所（特殊普通合伙）审计，并出具了标准无保留意见的审计报告。

1.4 公司负责人董事长周贵庆、总经理张勇（代为履行财务总监职责）声明：保证年度报告中财务报告的真实、完整。

2.公司概况

2.1 公司简介

西藏信托有限公司（以下简称本公司）成立于1991年10月，原名为西藏自治区信托投资公司，是经西藏自治区人民政府和中国人民银行批复成立，由西藏自治区财政厅控股的非银行金融机构。2002年3月，根据中国人民银行成都分行批复（银复〔2002〕63号），公司进行了重新登记。自2007年起，公司根据《信托法》《信托公司管理办法》的规定，进行了业务调整。公司根据西藏自治区财政厅下发的《关于西藏自治区信托投资公司资产剥离方案的批复》（藏财企字〔2009〕9号）以及公司与西藏自治区投资有限公司签订的资产负债划转协议，进行了资产剥离。至2010年9月完成了资产剥离、重新登记、换发金融许可证工作。根据《中国银监会关于西藏自治区信托投资公司变更公司名称和业务范围的批复》（银监复〔2010〕436号），于2010年12月公司更名为西藏信托有限公司。

公司的法定中文名称：西藏信托有限公司；公司的法定英文名称：Tibet Trust Corporation Limited

法定代表人：周贵庆

注册地址：西藏拉萨市经济开发区博达路1号阳光新城别墅区A7栋

邮政编码：850000

公司网址：www.ttco.cn

电子信箱：ttco-service@ttco.cn

信息披露事务负责人：石璎珞

联系人：石璎珞

联系电话：010-85353637

传　真：010-85906796

电子信箱：shiyl@ttco.cn

公司选定的信息披露报纸名称：《上海证券报》

公司年度报告备置地点：北京市朝阳区金桐西路10号远洋光华国际C座17层

公司聘请的审计事务所：大华会计师事务所（特殊普通合伙）

地址：北京市海淀区西四环中路16号院7号楼1101

邮政编码：100039

公司聘请的律师事务所：北京市嘉源律师事务所

地址：北京市西城区复兴门内大街158号远洋大厦F408

邮政编码：100031

2.2 组织架构

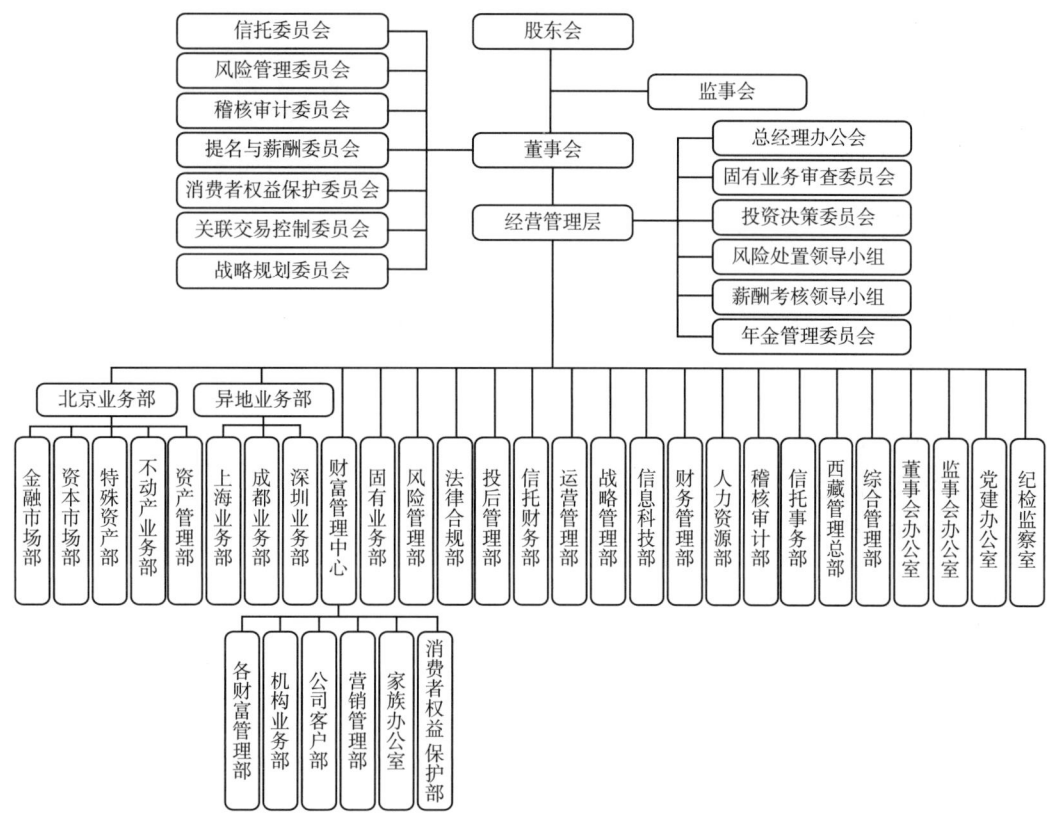

注：经营管理层包括总经理、副总经理等高管。

3.公司治理结构

3.1 股东情况

股东名称	持股比例（%）	法人代表	注册地址	主要职能/营业范围
西藏自治区财政厅★	67.07	尹李峰	拉萨市北京西路23号	贯彻执行国家财政税收有关方针政策和法律法规等；承担自治区各项财政收支管理相关工作、并指导全区级财政做相关工作；负责政府非税收入管理，负责政府性基金管理，按规定管理行政事业性收费
西藏股权投资有限公司	25.33	侯典雷	拉萨市柳梧新区国际总部城众创空间12号楼12层西侧	股权投资、固定收益证券投资、项目投资、资产管理、投资管理咨询服务等
西藏自治区投资有限公司	7.60	王天昊	拉萨市经济技术开发区博达路1号（阳光新城别墅区A5.A7号）	对金融企业股权投资；对能源、交通、旅游、酒店、矿业、藏医药、食品、房地产、高新技术产业、农牧业、民族手工业投资开发；对基础设施投资和城市公用项目投资

注：★为公司实际控制人。

3.2 董事、董事会及其下属委员会

3.2.1 董事

姓名	职务	性别	年龄（岁）	选任日期	所推举的股东名称	该股东持股比例（%）	简要履历
周贵庆	董事长	男	48	2017年7月	西藏自治区财政厅	67.07	曾任职于聂拉木县中学、聂拉木县教育局，曾任聂拉木县宣传部副部长，组织部副部长，财政局局长，江孜县县委常委、组织部部长，日喀则市财政局副局长、局长，珠峰城投公司党委书记、自治区财政厅政工人事处处长。现任西藏信托有限公司董事长
涂艺山	董事	男	40	2020年12月	西藏自治区财政厅	67.07	曾任职于原林芝县、林芝地区财政局，曾任原西藏自治区工业和信息化厅副主任科员，西藏自治区财政厅副主任科员、主任科员、一级主任科员、四级调研员。现任西藏信托有限公司股权董事

续表

姓名	职务	性别	年龄（岁）	选任日期	所推举的股东名称	该股东持股比例（%）	简要履历
德吉央宗	董事	女	31	2023年8月	西藏自治区投资有限公司	7.60	曾任职于西藏自治区投资有限公司产业投资部；曾任西藏自治区投资有限公司产业投资部业务副经理、西藏金信投资有限公司投资管理部副部长。现任西藏金信投资有限公司投资管理部副部长（主持工作）兼任陕西博安投资有限公司临时负责人、临时法定代表人、董事
张勇	董事	男	50	2021年12月	西藏自治区财政厅	67.07	曾任华夏银行济南分行副处长，济南市槐荫区人民政府区长助理，天同证券有限公司办公室副主任，生命人寿股份有限公司机构发展部助理总经理，中粮集团有限公司高级经理，中粮信托有限责任公司总经理助理、副总经理。现任西藏信托有限公司总经理
聂兴凯	独立董事	男	49	2020年12月	西藏自治区财政厅	67.07	曾任职于建设银行阳谷县支行。现任北京国家会计学院会计系主任
杨巍	独立董事	男	42	2020年12月	西藏自治区财政厅	67.07	曾任财政部监督检查局副主任科员、主任科员、副处长，网易公司政策研究总监和公共事务总监，悦刻公司政府事务副总监、总监，北京快手科技有限公司政策研究中心主任。现任谦寻（杭州）控股有限公司副总裁
张向达	独立董事	男	59	2022年1月	西藏自治区财政厅	67.07	曾任职于内蒙古财经大学和东北财经大学，曾任东北财经大学科研处处长、公共管理学院院长、研究生院院长、学科建设处处长、MBA学院院长、东北财经大学公共管理学院院长。现任东北财经大学公共管理学院教授
王汀	职工董事	男	44	2020年12月	—	—	曾任北京市冠成律师事务所诉讼律师助理、国浩律师集团（北京）事务所律师助理、北京市金杜律师事务所律师、西藏信托有限公司风控合规部副总经理、总经理。现任西藏信托有限公司风险管理部资深总经理

3.2.2 独立董事

姓名	职务	性别	年龄（岁）	选任日期	所推举股东名称	该股东持股比例（%）	简要履历
聂兴凯	独立董事	男	49	2020年12月	西藏自治区财政厅	67.07	曾任职于建设银行阳谷县支行。现任北京国家会计学院会计系主任
杨巍	独立董事	男	42	2020年12月	西藏自治区财政厅	67.07	曾任财政部监督检查局副主任科员、主任科员、副处长，网易公司政策研究总监和公共事务总监，悦刻公司政府事务副总监、总监，北京快手科技有限公司政策研究中心主任。现任谦寻（杭州）控股有限责任公司副总裁
张向达	独立董事	男	59	2022年1月	西藏自治区财政厅	67.07	曾任职于内蒙古财经大学和东北财经大学，曾任东北财经大学科研处处长、公共管理学院院长、研究生院院长、学科建设处处长、MBA学院院长、东北财经大学公共管理学院院长。现任东北财经大学公共管理学院教授

3.2.3 专门委员会

委员会名称	职责	组成人员名单	职务
信托委员会	审议、关注公司信托业务发展规划、重大信托项目审核与批准、信托业务运营情况、部门设置、业务培训、信托项目信息披露等，审查公司是否侵占受益人利益获取不当信托报酬等	聂兴凯	主任委员
		周贵庆	委员
		张勇	委员
稽核审计委员会	监督、审核公司内部审计制度及其实施、信息披露、财务信息；负责内部审计与外部审计之间的沟通；提议聘请或更换外部审计机构等	杨巍	主任委员
		聂兴凯	委员
		涂艺山	委员
提名与薪酬委员会	提名董事、经理层人员；审议关于公司薪酬考核的规划、制度、规则、报告，为董事会决策提供依据和建议；监督公司薪酬考核政策实施	杨巍	主任委员
		周贵庆	委员
		张勇	委员
消费者权益保护委员会	向董事会提交消费者权益保护工作报告及年度报告，研究消费者权益保护重大问题和重要政策；指导和督促消费者权益保护工作管理制度体系的建立和完善；对高级管理层和消费者权益保护部门工作的全面性、及时性、有效性进行监督；审议高级管理层及消费者权益保护部门工作报告，研究年度消费者权益保护工作相关审计报告、监管通报、内部考核结果等，督促高级管理层及相关部门及时落实整改发现的各项问题；对消费者权益保护工作重大信息披露进行指导	涂艺山	主任委员
		杨巍	委员
		聂兴凯	委员
风险管理委员会	确定公司风险管理的总体目标、风险偏好、风险承受度、风险管理策略和重大风险管理解决方案	张勇	主任委员
		涂艺山	委员
		周贵庆	委员

续表

委员会名称	职责	组成人员名单	职务
关联交易控制委员会	确定公司关联交易管理的总体目标、负责对公司关联方名单管理、关联交易审批情况进行监督、审议需公司董事会审议的关联交易事项、提出完善公司关联交易管理的建议	张向达	主任委员
		德吉央宗	委员
		王汀	委员
战略规划委员会	组织制定公司中长期发展战略规划，并依据内外部发展状况予以调整和完善；对经董事会批准的战略性重大投融资方案进行研究并提出建议；对经董事会批准的重大资本运作、资产经营项目进行研究并提出建议；对公司增加或减少注册资本的方案、对公司合并、分立、解散、清算和变更公司组织形式的方案进行研究并向董事会提出建议；要定期评估公司的战略实施情况，及时校正公司的发展方向，以确保公司发展的科学性和可持续性	周贵庆	主任委员
		张勇	委员
		王汀	委员

3.3 监事

姓名	职务	性别	年龄（岁）	选任时间	所推举的股东名称	该股东持股比例（%）	简要履历
付兴简	监事会主席	男	56	2020年12月	西藏自治区投资有限公司	7.60	曾任职于西藏自治区那曲地区嘉黎县财政局、那曲地委组织部、西藏自治区矿业开发总公司，曾任拉萨狮子楼酒店总经理、西藏宇拓健康品有限公司总经理助理、副总经理、常务副总经理、西藏自治区信托投资公司研发部经理、西藏大厦股份有限公司上海分公司副总经理、陕西博安投资有限公司董事、总经理、执行董事兼总经理。现任西藏珠峰创业投资有限公司党支部书记、监事会主席兼西藏藏投酒店管理有限公司副总经理
姚远	监事	男	35	2020年12月	西藏自治区财政厅	67.07	曾任职于北京市柯杰律师事务所、北京市嘉源律师事务所、北京市中盈律师事务所。曾任北京东进航空科技股份有限公司董事会秘书、财务总监、西藏信托有限公司金融市场部高级信托经理。现任西藏信托有限公司金融市场部总经理
王朝卿	职工监事	男	37	2021年7月	—	—	曾任广发银行总行业务经理、西藏信托有限公司资本市场部副总经理。现任西藏信托有限公司资本市场部董事总经理

3.4 公司高级管理人员

姓名	职务	性别	年龄（岁）	选任日期	金融从业年限（年）	学历	专业	简要履历
张勇	总经理	男	50	2021年12月	24	博士	政治经济学	曾任华夏银行济南分行副处长、济南市槐荫区人民政府区长助理、天同证券有限公司办公室副主任、生命人寿股份有限公司机构发展部助理总经理、中粮集团有限公司高级经理、中粮信托有限责任公司总经理助理、副总经理。现任西藏信托有限公司总经理
余志平	副总经理	男	52	2010年5月	20	本科	企业管理	曾任职于东风药业股份有限公司，曾任西藏证券有限责任公司北京营业部办公室主任、副总经理。现任西藏信托有限公司副总经理
王晶	副总经理	女	43	2017年8月	16	硕士	国际金融	曾任职于卡内基训练、CMC Markets英国公共有限公司、西藏同信证券有限责任公司，曾任西藏信托有限公司信托业务部总监、投资银行部总经理。现任西藏信托有限公司副总经理
王满	副总经理	男	42	2019年5月	18	本科	金融学	曾任职于北京银行总行营业部、东亚银行北京分行、中信银行总行私人银行中心，曾任西藏信托有限公司渠道总监、民生信托金融市场部总经理、西藏信托有限公司金融市场部总经理、总经理助理。现任西藏信托有限公司副总经理
荀诗敏	风险总监	女	40	2017年8月	10	硕士	国际法	曾任北京市嘉源律师事务所律师、西藏信托有限公司风控合规部总监、副总经理、总经理。现任西藏信托有限公司风险总监
国鑫	运营总监	男	40	2019年5月	13	本科	计算机科学与技术专业	曾任中国联合网络通信集团有限公司北京分公司通信服务工程师、西藏信托有限公司信息技术部总经理、信息总监。现任西藏信托有限公司运营总监

3.5 公司员工

项目		2023年度	
		人数（人）	比例（%）
年龄分布	25岁以下	6	4.96
	25~29岁	10	8.26
	30~39岁	74	61.16
	40岁及以上	31	25.62

续表

项目		2023年度	
		人数（人）	比例（%）
学历分布	博士	1	0.83
	硕士	66	54.55
	本科	47	38.84
	专科	5	4.13
	其他	2	1.65

续表

项目		2023年度	
		人数（人）	比例（%）
岗位分布	高管人员	7	5.79
	自营业务人员	5	4.13
	信托业务人员	49	40.50
	其他	60	49.59

4. 经营管理

4.1 经营目标、方针、战略规划

公司经营目标是：公司利益相关者利益最大化。客户、股东、员工是我们最重要的利益相关者。我们认为，为客户提供安全高效的资产管理服务，为股东提供合理稳定的收益，为员工提供有尊严的工作环境（不仅仅是收入）和有预期的成长空间，是企业的使命和促进社会进步的重要组成部分。"财务保障通达自由心境"是我们不懈努力所追求的最终目标。

公司经营方针是：当下信托业机遇与挑战并存，虽然前路漫漫，但是发展空间宽广。转型既有加速出清的阵痛，也是大浪淘沙、重整旗鼓的好机会。公司将找准定位，明确目标，坚持以业务发展为导向，对标杆、补短板、练内功、强化措施，全面推进公司各项工作取得新业绩。

公司战略规划是：公司将坚持"一个导向"，把握"两个契机"，树立"三个意识"，强化"四个功夫"，统筹考虑内外部环境、监管导向、行业转型趋势和公司所处的发展阶段，坚持实事求是、遵循规律、着眼长远、统筹兼顾，提出公司"十四五"时期的发展目标、重点任务、业务布局和展业策略，与此同时，公司将进一步加强风险、合规、案防等工作，为打造西藏信托稳健经营、回归本源的目标擘画蓝图。

公司绿色信托战略及实施措施：2023年度公司充分发挥信托制度优势，聚焦公司在"三位一体"业务新架构下的重点转型方向，特别是在绿色信托发展方面，从"业务模式建立→资源拓展→体系化建设"提供全方位支持。一是积极参加中国信托业协会绿色信托发展教育论坛，介绍公司绿色实践，借鉴同业绿色实践经验；二是以课题形式探索研究绿色信托业务模式，参加西藏金融学会绿色金融案例评比活动，介绍公司绿债投资实践及优势；三是积极响应政策与监管号召，通过投资绿色债券组合，深度参与中国绿色产业，服务实体。

在公司绿色信托发展战略的指引下，2023年公司采用绿色债权投资、绿色信托贷款、绿色股权投资、绿色债券投资等方式落地了绿色信托项目，绿色信托业务的类型较以往更加丰富，绿色信托项目数量及规模较往年亦有明显增加。2023年公司成立且存续的绿色信托项目6个，实收信托规模68 500.00万元。公司2023年绿色信托业务的开展，在为支持环境改善、应对气候变化和资源节约高效利用的企业或项目提供金融服务的同时，也体现出公司对绿色信托业务的重视和支持，符合公司绿色信托战略规划的要求。

4.2 所经营业务的主要内容

公司依法经营资金信托、动产信托、不动产信托等信托业务，以信托贷款、信托投资等方式将客户的委托资金用于工商业、房地产业、金融机构、证券市场等领域。

4.2.1 自营资产运用与分布

自营资产运用与分布表

资产运用	金额（万元）	占比（%）	资产分布	金额（万元）	占比（%）
货币资产	138 516.39	16.13	基础产业	—	—
贷款及应收款	61 605.93	7.18	房地产业	—	—
交易性金融资产	623 107.44	72.58	证券市场	21 641.99	2.52
可供出售金融资产	—	—	实业	60 552.94	7.05
持有至到期金融资产	—	—	金融机构	746 502.46	86.95
长期股权投资	—	—	其他	29 830.12	3.48
固定资产	16 072.59	1.87			
其他	19 225.16	2.24			
资产总计	858 527.51	100.00	资产总计	858 527.51	100.00

4.2.2 信托资产运用与分布

信托资产运用与分布表

资产运用	金额（万元）	占比（%）	资产分布	金额（万元）	占比（%）
货币资产	118 996.90	0.71	基础产业	338 424.01	2.01
贷款	1 424 593.78	8.46	房地产业	353 441.38	2.10
交易性金融资产	13 587 445.79	80.70	证券市场	578 422.96	3.44
债权投资	1 694 587.66	10.07	工商企业	13 261 789.96	78.77
其他债权投资	—	—	金融机构	1 558 546.30	9.26
买入返售金融资产	2 917.62	0.02	其他	744 922.07	4.42
应收款项	691.93	—			
其他	6 313.00	0.04			
资产总计	16 835 546.68	100.00	资产总计	16 835 546.68	100.00

4.3 市场分析

4.3.1 宏观经济形势

2023年，在内外部挑战加剧的背景下，中国实现5.2%的GDP（国内生产总值）年度增长目标实属不易。全年全国固定资产投资同比增长3.0%，其中，基础设施投资同比增长5.9%，制造业投资同比增长6.5%，房地产投资同比下降9.6%；社会消费品零售总额同比增长7.2%；以人民币计价，我国进出口总值同比增长0.2%。2023年通胀水平处于低位，全年居民消费价格指数（CPI）比上年上涨0.2%，PPI比上年下降3.0%。

展望2024年，政府工作报告设定国内生产总值增长5%左右，与"十四五"规划和基本实现现代化的目标相衔接。"十四五"末，我国要"达到现行的高收入国家标准"以及2035年翻一番的目标，2023—2035年人均GDP增速应不低于4.6%。2024年5.0%左右的实际GDP增速目标，能满足2025年和2035年目标的最低增速要求。

此前，国内机构指出，如果财政支出较大且降息幅度较高，那么居民消费、房地产投资以及基建投资都会提升，2024年GDP增速可能会在5%附近。不过目前来看，受财政收入下滑、地方债务限制新增等影响，财政政策空间仍然受限，全年完成5%左右的增速难度有所增加。

未来几年，我国仍面临着复杂的国际形势和艰巨的发展任务。一是国内经济结构仍处于新旧动能转换期，"旧动能"对经济的拉动乏力，新经济尚在培育期，短期或难以接续，导致经济下行压力加大。二是逆全球化和全球地缘政治风险加剧的背景下，国内产品出口结构正在从低附加值产品"纺织品、服装和鞋帽"老三样，向新能源汽车、锂电、光伏等"新三样"转变。出口产品结构重塑，加大了国内产业结构转型压力，出口增速短期难以大幅改善。长城宏观预计2024年出口增速全年同比或持平。三是，消费者信心指数和民间投资增速仍处低位，需求不足与产能过剩的矛盾较为突出，社会预期依然偏弱。

此外，国内经济发展还面临着两大拦路虎。一是过去经济发展过度依赖土地财政，房地产行业的扩张为地方经济发展带来了充足的"弹药"，被视为经济增长的"火车头"。但这种"一业独大"的局面挤压了其他产业的生存空间，抑制了经济的多元化发展。随着城镇化进程减缓，新增人口增速下降，存量住房总量供需基本平衡，房地产市场的风险逐渐暴露出来，无疑成为了经济转型的一大"拦路虎"。二是过去投资驱动型的经济增长模式，导致地方政府债务规模和债务率呈现持续上升的趋势。截至2023年末，我国地方政府债务余额约40.74万亿元。截至2023年第三季度末，地方城投平台有息债务余额高达57.6万亿元。我国地方政府广义债务率和广义负债率分别达到320.4%和74.4%，均处于较高水平。近几年，随着债务集中到期，地方政府偿债压力加大，一些经济不发达地区时常因流动性问题曝出债务到期不能偿付的风险事件。如何兼顾防风险和稳增长成为经济可持续增长的另一大"拦路虎"。对此，政府工作报告指出，"谨慎出台收缩性抑制性举措，清理和废止有悖于高质量发展的政策规定。三是方向和动力，该立的要积极主动立起来，该破的要在立的基础上坚决破，特别是要在转方式、调结构、提质量、增效益上积极进取"。

不过，中国经济具有巨大的韧性和潜力。以出口为例，若欧美国家审慎开启降息周期，或有望提振其补库力度，进而提高全球贸易回升的弹性。此外，中国拥有庞大的内需市场和不断升级的消费需求，这为经济发展提供了持续的动力。同时，中国政府积极推动创新驱动发展，加大对科技、教育、文化等新兴产业的支持力度，这些都将为经济增长注入新的活力。

4.3.2 信托行业形势

2023年信托业务"三分类"新规出台，标志着中国信托行业进入正式转型发展阶段。信托公司全面进入转型阶段，开始从"融资+通道"业务向"资产服务信托、资产管理信托和公益慈善信托"转型。新分类体现了当前以及未来信托市场的变化，也贯彻了金融回归本源、信托回归本源的监管导向。在信托业务"三分类"导向下，资产服务信托能够凸显信托差异化和不可替代性，彰显信托制度优势，打造信托专属业务领域；资产管理信托通过专业化的投资策略和风险管理手段，为投资者创造稳定、可持续的财富增值。公益慈善信托作为信托业务的新兴类别，既体现了信托公司在履行社会责任方面的担当，也为社会公益事业提供了有力的支持。

4.3.2.1 业务结构向"新三分类"下多元态发展靠拢

资管新规发布以后，信托公司主动推动业务转型发展。一方面顺应经济结构转型和监管要求，另一方面推动非标融资业务向资产管理信托业务转型，标品信托业务规模和占比持续提升。中国信托业协会数据显示，融资类信托自2020年第二季度进入下降通道，截至2023年第三季度末规模下降至3.25万亿元，3年来减少了3.2万亿元，降幅近50%，规模占比逐步降至14.34%。同一期间，投向证券市场（含股票、基金、债券）规模从2020

年6月的2.07万亿元增长至2023年第三季度末的5.75万亿元，增幅达178%，规模占比从11.71%提升至34.97%。

4.3.2.2 商业模式由私募投行向资产管理和财富管理转型

信托公司转型过程中，各公司呈现出差异化的发展路径，但多数信托公司以"资产管理+财富管理"为核心，在此基础上构建长期稳定的可持续发展模式。"资产管理+财富管理"是依托高净值客户的资源储备和财富渠道优势，以专业的财富管理和受托服务信托为基础，为客户提供具备安全性和传承性功能的长久期资金配置服务，更多扮演的是买方顾问的角色。在这种商业模式中，资产管理信托和财富管理服务信托相辅相成。财富管理是资产管理的上游，是资产管理主要资金来源；资产管理是财富管理的下游，为财富管理提供产品。信托公司围绕这两个核心环节，实现业务体系的优化和盈利模式的升级。

4.3.2.3 盈利模式从单一的息差向更加多元化的盈利模式转变

传统信托业务中，通过融资类信托赚取息差以及通道业务赚取托管费是主要的盈利模式。近几年来，受融资类额度管控、优质非标资产缺位且资产服务信托低价竞争影响，行业营业收入出现大幅下降。目前，多数信托公司的盈利模式正从传统靠"融资+通道"赚取息差、收取管理费和托管费，向靠"资产管理+资产服务"赚取管理费、业绩报酬、增值服务费、投顾费、产品设计和销售服务费（外部产品引进）等多元化的盈利模式转变。其中，"资产管理业务"或仍是未来信托公司的主要盈利来源，而资产服务信托仍在培育阶段，盈利模式尚不明确。

4.3.2.4 构建与新业务相匹配的业务流程、运营管理和风控体系

转型进程中，信托公司正在重构合规风控与业务决策流程。现有合规风控与业务决策流程主要适用于传统融资信托业务。公司转型发展期间，涉及的战略业务多数属于公司传统合规风控和决策流程视野之外，如果简单地通用原有的流程和决策体系，将严重制约战略业务的发展。为此，信托公司正在重新梳理和完善与战略业务、事业部制组织变革相匹配的业务流程，建立与其业务模式、风险特征相匹配的独立合规风控流程与决策机制。为了推动公司业务转型，在新业务结构的考核中，持续推动绩效考核方式转变。新分类下，绩效考核机制要实现激励和约束的平衡。一是绩效考核机制要与财富管理业务的长期性相适应，建立递延支付机制；二是关键管理和监督控制岗位的薪酬要与前台部门业绩脱钩；三是完善风险责任认定和追究机制，实现利益和责任的平衡。并通过建立市场化的内部用工管理、薪酬管理与绩效考核机制，真正实现"人员能进能出、职务能上能下、待遇能升能降"的充满生机与活力的用人机制。

4.4 内部控制

4.4.1 内部控制环境和内部控制文化

4.4.1.1 股东会、董事会、监事会及高级管理层权责分明

公司严格遵守《公司法》《信托法》《信托公司管理办法》《信托公司治理指引》等法律法规，认真落实监管部门关于公司治理的有关规定，建立了包括股东会、董事会、高级管理层及监事会的科学、规范、权责分明的经营决策机制。同时，公司制定《西藏信托有限公司"三重一大"决策制度实施办法》，细化公司授权体系，进一步完善公司治理结构，增强公司治理机制的有效性，提高公司决策的科学性。

4.4.1.2 企业文化的建设

作为国有金融企业，加强和完善党对企业的领导，加强和改进企业党的建设，使企业成为党和国家最可信赖的依靠力量，成为坚决贯彻执行党中央决策部署的重要力量，成为贯彻新发展理念、全面深化改革的重要力量。

作为国有金融企业，我们的经营将为股东创造价值，坚持有利于国有资产保值增值、有利于提高国有经济竞争力、有利于放大国有资本功能的方针相结合，坚定不移把国有企业做强做优做大。

我们立足受托人定位，为客户提供全面资产管理方案，促进客户资产增值，以客户利益的最大化为业务目标。我们以诚信经营为根本，守法合规为底线，风险控制为依靠，以财务保障通达自由心境为我们的核心价值观。

我们为员工提供有尊严的收入、友善的工作环境和有预期的成长空间。坚持以人为本的管理原则，通过充分调动员工的积极性和创造性，实现员工自身价值与企业价值相互促进，共同提升。

4.4.1.3 风控制度的修订、实施情况

公司履行诚实、信用、谨慎、有效管理的义务，全方位监控业务的风险状况，在业务的发展中，引入科学的风险管理程序，从制度上控制与防范风险。按照独立性、全面性和系统性的原则，形成了以公司各项业务执行人员为起点至公司投资决策委员会的自下而上的多层

次纵向的风险管理系统，也构建了公司风险管理部门、法律合规部门、投后管理部门、财务管理部门、信托事务部门、稽核审计部门等共同参与的横向风险管理系统，最终在公司内部形成完整的风险管理体系，并推动了公司的风险管理文化的建设。

4.4.2 内部控制措施

4.4.2.1 组织结构的内部控制

（1）公司建立股东会、董事会、监事会、高级管理层的"三会一层"组织结构，明确其职能和责任，制定了相应的议事规则并完善了相应的授权体系。（2）公司董事会下设信托委员会、稽核审计委员会、提名与薪酬委员会、消费者权益保护委员会、风险管理委员会、关联交易控制委员会及战略规划委员会；管理层下设投资决策委员会及固有业务审查委员会。（3）公司各部门职责分明、目标明确，相互分离、相互制约。（4）公司财务管理部、风险管理部、法律合规部、投后管理部和稽核审计部，独立开展工作，履行其职责。（5）公司的岗位设置职责分明，相互制约。各部门的工作人员各司其职。

4.4.2.2 业务的内部控制

（1）公司的自营业务和信托业务相互分离，分别由不同的业务部门管理。（2）公司制定较为完善的业务管理制度，包括规范有效的业务操作流程。（3）公司固有财产和信托财产分开管理、分别核算，并由不同的部门及会计人员负责。（4）公司自营业务注重防范风险，对不同资产类别及投资期限进行合理配置，尽可能确保自营资产的收益性、安全性和流动性，实现最佳平衡。（5）自营业务和信托业务做到信息隔离，各业务信息相互独立，业务人员做到对未公开的业务信息保密。

4.4.2.3 关联交易的内部控制

（1）公司董事会下设关联交易控制委员会，负责关联交易的管理，及时审查和批准关联交易，控制关联交易风险。（2）公司加强关联交易决策和监督的控制，重点防范不正当关联交易所导致的风险。（3）关联交易按照国家法律法规的规定和银保监会的要求，做到比例控制、信息披露。

4.4.2.4 会计的内部控制

（1）公司制定了较完整的财务管理制度和会计业务规范，会计业务规范覆盖了会计业务的各个环节。（2）公司会计岗位实行责任分离、相互制约的原则，严禁一人兼任非相容的岗位或独自完成会计全过程的业务操作。（3）公司制定较完善的会计档案管理和财务交接制度，财务部门妥善保管业务用章、空白支票等重要凭据和会计档案。

4.4.3 信息交流与反馈

4.4.3.1 报告制度

按照监管部门的要求，公司按照《信托登记管理办法》对公司信托产品及受益权信息进行登记。项目经理对信托资金拟投向的项目进行尽职调查，据此形成项目尽职调查报告，重大项目经公司投资决策委员会审核批准后实施。

4.4.3.2 业务处理的授权制度

公司董事会严格执行分级授权制度。公司经营班子严格执行董事会及股东会的各项决议，根据年度股东会会议批准的经营计划和经营目标，努力提升公司的业务能力、管理能力、创新能力，进一步提高核心竞争力，明显增强公司的综合实力。

4.4.3.3 业务活动资料存档

公司信托项目由项目责任人妥善保管项目的各类原始资料，并按规定及时归档。信托项目在信托计划成立后按照公司有关合同、档案管理规定移交信托事务部收存，并由信托事务部依照档案管理规定对归档资料进行复核。信托项目存档材料主要有：项目前期尽职调查的有关资料，立项审批表，提交投资决策委员会审查的材料、决议，有关合同及其他法律文本，项目后期管理记录，信息披露文件等。

4.4.3.4 对业务审核、监督结果进行反馈的机制

信托项目存续期间，公司投后管理部门定期对信托项目的审核结果及项目运作情况进行跟踪、了解，信托业务部门根据项目周期、项目性质和信托文件的有关内容，定期与项目方进行书面、口头或会议沟通，及时监控信托项目运营中的风险。在项目跟踪调查的过程中，对项目进度、信托资金使用情况、总体财务状况、管理团队人员变动、股权结构变动等情况进行详细、客观考察。

4.4.4 监督评价与纠正

公司建立、健全内部监督评价体系，持续对经营管理及业务运行过程进行全面的监督和评价。公司监事会依法履行监督职能，对公司董事、高级管理层履职情况进行监督；公司稽核审计部在董事会的指导下开展内部控制评价、各项常规审计及专项审计工作，对公司内部控制的有效性进行评价，对内部控制制度的执行情况进行检查和监督，充分发挥监督职能。

4.5 风险管理

4.5.1 风险管理概况

公司风险管理贯彻全面性、审慎性、及时性、有效性等原则，覆盖公司各项业务、各个部门、各个环节和各级人员，对风险进行事前防范、事中控制、事后监督，促进公司持续、稳健、规范、健康运行。

公司风险管理的组织架构和分工如下：董事会是公司风险管理的最高决策机构，负责确定公司的风险管理政策、程序和人员，行使重大经营决策权。董事会下设的各专业委员会根据各自职责对公司整体进行风险管理。风险管理委员会具体落实公司董事会风险控制、管理、监督和评估相关工作职责。信托委员会负责信托业务风险管理，关注公司信托业务发展规划、负责重大信托项目审核与批准等。稽核审计委员会监督、审核公司内部审计制度及其实施情况。关联交易控制委员会负责关联交易的管理，控制关联交易风险。公司的风险管理部门、法律合规部门、投后管理部门、各业务部门以及各职能管理部门在日常业务处理中均负有对应的部门风控职责。

报告期内，公司进一步推进组织架构、内控制度及相关业务流程的优化工作，不断完善组织健全、权责明确、合理制衡、报告路径清晰的公司治理结构，为全面风险管理提供了有效的治理结构保障。

4.5.2 风险状况

4.5.2.1 信用风险状况

信用风险主要指交易对手不履行义务的可能性，主要表现为：在贷款、资产回购、后续资金安排、担保、履约承诺等交易过程中，借款人、担保人、保管人（托管人）等交易对手不履行承诺，不能或不愿履行合约承诺而使信托财产和固有财产遭受潜在损失的可能性。同时，当信用风险发生时，如受托人没有尽职管理、安排预算不恰当时，或信托项目违法违规未能如期执行时，会传导发生流动性风险。

报告期内，公司总体信用风险基本可控。对于可能出现交易对手违约事件，公司将积极采取多项措施化解风险，最大限度保护相关者合法利益，必要时将采取法律手段予以解决；同时，公司还以资产质量为依据谨慎计提足额风险及信托赔偿准备金，进一步提高了公司的风险抵补能力。

4.5.2.2 市场风险状况

市场风险主要指在开展资产管理业务过程中，投资于有公开市场价值的金融产品或者其他产品时，金融产品或者其他产品的价格发生波动导致资产遭受损失的可能性。同时，市场风险还具有很强的传导效应，某些信用风险的根源可能也来自交易对手的市场风险（如销售下降、成本上升等）。

报告期内，在公司加强对经济、金融和产业形势的预判管理、完善市场风险预警机制和市场风险管理体系的举措下，公司市场风险总体可控。

4.5.2.3 流动性风险

流动性风险是指公司虽然有清偿能力，但无法以合理成本及时获得充足资金，以应付履行其他支付义务、满足正常业务开展的资金需求或支付到期债务的风险。

报告期内，公司通过建立科学的风险管理组织架构，划分明确的风险管理职责、制定有效的风险管理策略、程序和制度，强化考核监督，持续推动流动性风险管理工作的开展，流动性风险总体可控。

4.5.2.4 操作风险状况

操作风险表现为由于公司治理机制、内部控制失效或者有关责任人出现失误、欺诈等问题，公司没有充分及时地做好尽职调查、持续监控、信息披露等工作，未能及时做出应有的反应，或做出的反应明显有失专业和常规，甚至违规违约；公司没有履行勤勉尽职管理的义务，或者无法出具充分有效的证据和记录，证明自己已履行勤勉尽职管理的义务。

报告期内公司进一步加强内控体系建设，对公司各项管理制度、业务流程、内控组织等进行了梳理，并有效地处理和解决了公司业务流程中存在的不足及问题。报告期内，公司未发生内部控制失效或者员工欺诈问题，未发生误操作、违规操作导致的财务损失，未发生系统、账户、流程引发的风险事件，未发生尽职管理不到位导致的经济损失等，公司操作风险基本可控。

4.5.2.5 其他风险状况

其他风险主要是指公司业务开展中的政策风险、声誉风险、人员道德风险等。报告期内，公司高度重视自身声誉，坚持依法合规稳健经营，风险基本可控，未发生此类风险损失。

4.5.3 风险管理

4.5.3.1 信用风险管理

公司的信用风险管理主要是通过强化贷前和贷后管理来进行风险防范。

公司加强项目事前审核，审慎选择合作机构，落实交易对手名单制管理，杜绝与负面清单里的交易对手合作。同时，在贷前审核过程中，充分评估贷款人的履约能力和履约意愿，严格按照申请立项、尽职调查、信用评估、内部审批、签约放款等步骤操作。业务审批中，重点审核贷款质押担保措施，公正地评估质押品，总体控制抵质押率，并根据贷款人的具体情况和市场情况在一定程度上适度调整担保标准。

公司严格落实项目贷后管理，按照合同约定，保持对贷款人的动态风险管理。公司对贷款人的资信状况和偿债能力及保证合同的履行情况定期进行监控，并采取风险预警报告及主动管理进行贷后风险应对。同时，公司注重信用风险管理的前瞻性、针对性和适时性，严格执行授权审批制度及决策流程，确保公司信用风险的可测、可控、可承受。

4.5.3.2 市场风险管理

公司在运营过程中面临的市场风险主要为股价、汇率、利率及其他价格对公司经营和盈利能力的影响。针对上述投资标的的市场风险，公司固有业务和证券类信托业务都制定了严格的风控流程，根据市场目前的具体状况，动态调整风控指标。一方面通过信息系统实现各项投资限制。另一方面通过信托运营部人员逐日盯市，研究人员对市场各类政策的研究，动态调整可投资标的范围、额度及止损标准来控制此类风险。

4.5.3.3 流动性风险管理

公司高度重视流动性风险的防范和管理，着力加强流动性风险防范的全面性、前瞻性、针对性和有效性，坚持动态预防、科学量化、审慎管理的原则，充分分析各类资产流动性状况，严格控制各项业务集中度比例，提前落实资金安排，确保流动性风险的及时转移、释放和化解。

一方面，公司各部门分工协作，审慎识别、计量和监测流动性风险，在公司整体流动性风险偏好及可承受的流动性风险水平基础上，设定相应的流动性指标与限额；另一方面，制定流动性风险压力测试方案，定期进行压力测试，组织建设、优化和检验流动性风险分析模型、参数，并密切监控其他风险（信用风险、市场风险、操作风险）对流动性风险的影响。

4.5.3.4 操作风险管理

公司主要通过不断完善各部门和各岗位的职责、清晰化各业务操作流程，实行严格的复核、审核程序，加强内部员工专业知识和流程培训，制定严格的信息管理制度，从而保证业务运行安全而富有效率，降低操作风险。公司在业务尽职调查、产品规范化管理、合同档案管理、信息披露等方面不断细化管理要点和规范操作流程，提升业务操作的规范化和标准化水平，消除操作风险隐患，有效管理各类操作风险。

4.5.3.5 其他风险管理

4.5.3.5.1 政策风险管理

公司及时跟踪研究国家宏观政策和行业政策的调整与变化，动态分析宏观政策和监管政策的变动趋势；及时调整发展思路和经营理念，保持公司经营策略与国家政策的一致性；同时，持续关注有关法律法规的最新变化，正确理解和准确把握其内涵，强化全员的合法合规经营意识，并及时对业务程序和操作指引进行梳理和修订，保证公司的各项业务在合法合规的前提下进行。

4.5.3.5.2 声誉风险管理

声誉是金融机构赖以生存的基础，是立身之本、展业之本。一直以来，公司对声誉风险的容忍度为零，并将声誉风险管理纳入公司治理和全面风险管理体系。

4.5.3.5.3 道德风险管理

公司注重道德文化教育，要求员工遵纪守法，不断提高员工廉洁自律和勤勉尽职的意识；以员工为本，强调和谐共赢，不断加强公司的凝聚力和员工的归属感，使员工认识到与公司共同成长的重要性。

4.6 企业社会责任

公司坚持服务实体经济，积极回馈股东，诚信纳税，维护投资者权益，积极践行企业社会责任。

4.6.1 规范运作，廉洁从业

公司在日常经营中坚持规范运作，2023年以来进一步加强法人治理建设，加强内部合规文化的培育，增加中后台人员和资源配置。与此同时，公司通过开展警示教育、进行专题讲座、做好廉政宣传等多种途径加强员工廉洁教育，强化党员的廉洁意识，以保证公司员工及管理层的廉洁廉政。

4.6.2 服务实体经济及民营企业

2023年，公司坚持习近平新时代中国特色社会主义思想，增强"四个意识"、坚定"四个自信"，做到"两个维护"，根据党的二十大精神以及监管机构的规定，对公司发展战略、业务规划进行梳理，将服务实体经济作为公司重点工作之一，增强主动管理能力，把更多资源配置到经济社会发展的重点领域和薄弱环节，更好地满足实体经济多样化的需求。2023年，我司进一步投入较大人力物力开拓中小企业综合金融服务业务，为中小企业及时提供价格合理、便捷安全的金融服务。

4.6.3 积极回馈股东

公司将"为股东提供合理稳定的收益"作为公司经营目标之一，通过完善公司治理、强化经营管理、提高

企业竞争力，确保公司稳健发展，为股东提供稳定投资回报，实现国有资产保值增值。

4.6.4 诚信纳税

公司坚持依法纳税、诚信经营，2023年全年公司上缴税费共计2.80亿元，以实际行动支持西藏自治区经济发展。

4.6.5 维护消费者权益

公司高度重视对消费者权益的保护，在日常工作中致力于为消费者提供方便、快捷、优质、高效的金融服务。2023年公司共计清算信托项目222个，加上期间分配收益的信托项目，共向受益人分配信托收益452 886.99万元。

公司成立了自上而下的消费者权益保护组织架构，以公司董事会作为核心领导，公司董事长、总经理牵头消保工作全面落实，并设立了专门的消保部门，招聘了具备丰富经验的人员全职处理消保事项。同时，公司全面完善了消保相关的制度，并对所有的业务制度和交易文件进行了梳理，确保在制度和合同层面明确各项消费者权益保护的要求。

公司董事会下设消费者权益保护委员会，统领公司消保工作开展，董事长、总经理牵头，分管业务高管全程参与，并至少以月度为频率组织召开消保工作会议，全面跟踪了解并指示近期各项消保工作的开展要求。

公司日常积极开展消费者金融知识宣传教育工作，紧密围绕监管关注方向，开展线上线下联动宣传活动，在公司官网、官方公众号发布金融知识传播及普及性质的文章，在营业场所张贴宣传海报、播放宣传视频、分发宣传册等。同时，积极响应监管要求深入开展"3·15宣传周""4·15全民国家安全教育日""5·15打击和防范经济犯罪""6·15普及金融知识万里行教育宣传""防范电信网络诈骗宣传""9·26金融消费者权益保护教育宣传"等多个主题活动，提升广大消费者理性投资、防范新型非法金融诈骗的意识，构建安全健康的金融环境。

在消费者权益保护工作的纠纷化解方面，公司已建立完善的投诉工作处理制度及流程，落实国家金融监督管理总局消费者投诉处理管理系统，公司开设了网站、公众号、"400"专线、专用邮箱和手机等投诉渠道，专人专岗负责受理消费者咨询和投诉，确保消费者遇到问题可多途径触达我司，并及时在公司内部消化各类消保问题。西藏管理总部派驻专人驻点发挥"12378"热线投诉引导分流的功能。对于接到的每单消费者投诉，有专门的台账进行记录和跟踪处理，确保所有投诉都能够及时、有效地得到解决。此外，对于重要、紧急的投诉事项，还通过消费者权益保护领导小组的微信群进行及时通报，确保高效高质量处理结果。2023年，公司共接到投诉228件，其中62件转自银保监局消保处，全部完成投诉解决。

4.6.6 加强反洗钱工作

公司重视反洗钱相关工作的开展，完善反洗钱内控制度，加强系统建设，在反洗钱领导小组的领导下，由专人负责落实反洗钱相关工作，按规定履行客户身份识别、可疑交易报告、客户身份资料和交易记录保存、开展反洗钱宣传、组织反洗钱培训等义务，并积极参与辖区内组织的反洗钱培训及交流，以适应新形势下反洗钱工作，及时掌握反洗钱工作的新动向、新要求。

4.6.7 关注西藏地区民生工程

公司在日常经营中，时时关注西藏地区发展、人民生活情况，积极帮助西藏当地有需要的居民解决实际困难。同时，我司对涉及民生的项目一贯采取大力支持的政策。未来公司将持续关注医疗、教育、环保行业发展情况，以期可以更深入地为民生工程贡献公司力量。

4.6.8 做好信托业协会与西藏金融学会专项课题

加强与信托业协会、西藏金融学会的联动沟通，推动藏信研究品牌建设，为公司声誉建设添砖加瓦。参与2项信托业协会重点课题《预付式资金服务信托研究》和《担保品服务信托研究》，均入选年度信托业十大重点课题（分列第4名和第9名），同时完成西藏金融学会1项重点课题《新三分类下信托公司转型研究》，并积极响应《西藏金融》投稿工作，《信托参与康养产业专题研究》等两篇文章连续入选《西藏金融》季刊并发表；参加券商年度策略会，并与高善文博士等专家进行学习交流，形成对2024年外部形势的全面研判。

4.6.9 关爱员工

公司坚持"以人为本"的理念，关爱员工，与员工共同分享公司的发展成果。公司制定明确的薪酬激励机制及晋升制度，以帮助员工制定职业规划；为公司员工缴纳企业年金，补充商业保险；为员工提供丰富的内外部培训课程，鼓励员工进行进修，以加强员工业务能力，提高员工综合素质。

5. 报告期末及上一年度末的比较式会计报表

5.1 自营资产

5.1.1 会计师事务所审计意见全文

审计报告

大华审字〔2024〕0011004619号

西藏信托有限公司全体股东：

一、审计意见

我们审计了西藏信托有限公司（以下简称西藏信托公司）财务报表，包括2023年12月31日的资产负债表，2023年度的利润表、现金流量表、所有者权益变动表以及相关财务报表附注。我们认为，后附的财务报表在所有重大方面按照企业会计准则的规定编制，公允反映了西藏信托公司2023年12月31日的财务状况以及2023年度的经营成果和现金流量。

二、形成审计意见的基础

我们按照中国注册会计师审计准则的规定执行了审计工作。审计报告的"注册会计师对财务报表审计的责任"部分进一步阐述了我们在这些准则下的责任。按照中国注册会计师职业道德守则，我们独立于西藏信托公司，并履行了职业道德方面的其他责任。我们相信，我们获取的审计证据是充分、适当的，为发表审计意见提供了基础。

三、管理层和治理层对财务报表的责任

西藏信托公司管理层负责按照企业会计准则的规定编制财务报表，使其实现公允反映，并设计、执行和维护必要的内部控制，以使财务报表不存在由于舞弊或错误导致的重大错报。在编制财务报表时，西藏信托公司管理层负责评估西藏信托公司的持续经营能力，披露与持续经营相关的事项（如适用），并运用持续经营假设，除非管理层计划清算西藏信托公司、终止运营或别无其他现实的选择。

治理层负责监督西藏信托公司的财务报告过程。

四、注册会计师对财务报表审计的责任

我们的目标是对财务报表整体是否不存在由于舞弊或错误导致的重大错报获取合理保证，并出具包含审计意见的审计报告。合理保证是高水平的保证，但并不能保证按照审计准则执行的审计在某一重大错报存在时总能发现。错报可能由于舞弊或错误导致，如果合理预期错报单独或汇总起来可能影响财务报表使用者依据财务报表作出的经济决策，则通常认为错报是重大的。

在按照审计准则执行审计工作的过程中，我们运用职业判断，并保持职业怀疑。同时，我们也执行以下工作：

1. 识别和评估由于舞弊或错误导致的财务报表重大错报风险，设计和实施审计程序以应对这些风险，并获取充分、适当的审计证据，作为发表审计意见的基础。由于舞弊可能涉及串通、伪造、故意遗漏、虚假陈述或凌驾于内部控制之上，未能发现由于舞弊导致的重大错报的风险高于未能发现由于错误导致的重大错报的风险。

2. 了解与审计相关的内部控制，以设计恰当的审计程序，但目的并非对内部控制的有效性发表意见。

3. 评价管理层选用会计政策的恰当性和作出会计估计及相关披露的合理性。

4. 对管理层使用持续经营假设的恰当性得出结论。同时，根据获取的审计证据，就可能导致对西藏信托公司持续经营能力产生重大疑虑的事项或情况是否存在重大不确定性得出结论。如果我们得出结论认为存在重大不确定性，审计准则要求我们在审计报告中提请报告使用者注意财务报表中的相关披露；如果披露不充分，我们应当发表非无保留意见。我们的结论基于截至审计报告日可获得的信息。然而，未来的事项或情况可能导致西藏信托公司不能持续经营。

5. 评价财务报表的总体列报、结构和内容，并评价财务报表是否公允反映相关交易和事项。

我们与治理层就计划的审计范围、时间安排和重大审计发现等事项进行沟通，包括沟通我们在审计中识别出的值得关注的内部控制缺陷。

大华会计师事务所（特殊普通合伙）

中国·北京

中国注册会计师：杨洪武

中国注册会计师：解玮

二〇二四年三月八日

5.1.2 资产负债表

资产负债表

编制单位：西藏信托有限公司　　2023年12月31日　　单位：万元

项目	期末金额	年初余额
资产：		
现金及存放中央银行款项	0.20	0.22
存放同业款项	138 516.18	9 416.93
贵金属	—	—
拆出资金	—	—
衍生金融资产	—	—
买入返售金融资产	—	—
持有待售资产	—	—
发放贷款和垫款	60 552.94	63 507.53
金融投资	—	—
交易性金融资产	623 107.44	524 770.00
债权投资	—	—
其他债权投资	—	—
其他权益工具投资	—	—
长期股权投资	—	—
投资性房地产	—	—
固定资产	16 072.59	16 216.25
在建工程	—	—
使用权资产	—	—

续表

项目	期末金额	年初余额
无形资产	949.38	516.54
递延所得税资产	9 240.11	8 188.54
其他资产	10 088.67	9 265.69
资产总计	858 527.51	631 881.70

法定代表人：周贵庆　　主管会计工作负责人：张勇　　会计机构负责人：许锡澄

资产负债表（续）

编制单位：西藏信托有限公司　　2023年12月31日　　单位：万元

项目	期末金额	年初余额
负债及所有者权益：		
向中央银行借款	—	—
同业及其他金融机构存放款项	—	—
拆入资金	9 000.00	11 000.00
衍生金融负债	—	—
卖出回购金融资产款	—	—
吸收存款	—	—
应付职工薪酬	15 346.84	14 575.26
应交税费	3 481.79	7 040.92
应付利息	—	—
持有待售负债	—	—
预计负债	—	—
应付债券	—	—
其中：优先股	—	—
永续债	—	—
租赁负债	—	—
递延所得税负债	—	—
其他负债	8 065.13	19 001.88
负债总计	35 893.76	51 618.06
实收资本	520 000.00	310 000.00
其他权益工具	—	—
资本公积	5 000.00	5 000.00
减：库存股	—	—
其他综合收益	—	—
盈余公积	48 854.07	45 296.92
信托赔偿准备	26 096.67	24 318.10
一般风险准备	12 472.33	12 472.33
未分配利润	210 210.68	183 176.29
所有者权益总计	822 633.75	580 263.64
负债和所有者权益总计	858 527.51	631 881.70

法定代表人：周贵庆　　主管会计工作负责人：张勇　　会计机构负责人：许锡澄

5.1.3　利润表

利润表

编制单位：西藏信托有限公司　　2023年12月31日　　单位：万元

项目	本期金额	上期金额
一、营业总收入	64 838.22	60 135.00
利息净收入	3 041.73	6 148.40
利息收入	3 866.96	6 622.13
利息支出	825.23	473.73
手续费及佣金净收入	42 936.97	48 673.02

续表

项目	本期金额	上期金额
手续费及佣金收入	42 971.02	48 764.18
手续费及佣金支出	34.05	91.16
投资收益（损失以"-"号填列）	8 769.65	17 122.47
其中：对联营企业和合营企业的投资收益	—	—
以摊余成本计量的金融资产终止确认产生的收益	—	—
其他收益	11 220.59	11 653.10
公允价值变动收益（损失以"-"号填列）	-1 207.18	-23 665.66
汇兑收益（损失以"-"号填列）	—	—
其他业务收入	76.46	203.67
资产处置收益（损失以"-"号填列）	—	—
二、营业支出	22 954.33	20 275.84
税金及附加	474.37	515.08
业务及管理费	21 171.78	21 153.82
信用减值损失	1 226.18	-1 678.01
其他资产减值损失	—	—
资产减值损失	—	—
其他业务成本	82.00	284.95
三、营业利润（亏损总额以"-"号填列）	41 883.89	39 859.16
加：营业外收入	3.77	6.64
减：营业外支出	—	—
四、利润总额（净亏损以"-"号填列）	41 887.66	39 865.80
减：所得税费用	6 316.11	5 048.78
五、净利润（净亏损以"-"号填列）	35 571.55	34 817.02
（一）持续经营净利润（净亏损以"-"号填列）	35 571.55	34 817.02
（二）终止经营净利润（净亏损以"-"号填列）	—	—
六、其他综合收益的税后净额	—	—
（一）不能重分类进损益的其他综合收益	—	—
1.重新计量设定受益计划变动额	—	—
2.权益法下不能转损益的其他综合收益	—	—
3.其他权益工具投资公允价值变动	—	—
4.企业自身信用风险公允价值变动	—	—
5.其他	—	—
（二）将重分类进损益的其他综合收益	—	—
1.权益法下可转损益的其他综合收益	—	—
2.其他债权投资公允价值变动	—	—
3.可供出售金融资产公允价值变动损益	—	—
4.金融资产重分类计入其他综合收益的金额	—	—
5.其他债权投资信用损失准备	—	—
6.现金流量套期储备	—	—
7.外币财务报表折算差额	—	—
8.其他	—	—
七、综合收益总额	35 571.55	34 817.02
八、每股收益：		
（一）基本每股收益	—	—
（二）稀释每股收益	—	—

法定代表人：周贵庆　　主管会计工作负责人：张勇　　会计机构负责人：许锡澄

5.1.4 所有者权益变动表

所有者权益变动表
2023年度

编制单位：西藏信托有限公司

单位：万元

项目	行次	本期金额 实收资本	本期金额 资本公积	本期金额 减:库存股	本期金额 其他综合收益	本期金额 盈余公积	本期金额 一般风险准备	本期金额 信托赔偿准备	本期金额 未分配利润	本期金额 所有者权益合计	上期金额 实收资本(或股本)	上期金额 资本公积	上期金额 减:库存股	上期金额 其他综合收益	上期金额 盈余公积	上期金额 一般风险准备	上期金额 信托赔偿准备	上期金额 未分配利润	上期金额 所有者权益合计
一、上年末余额	1	310 000.00	5 000.00	—	—	45 296.92	12 472.33	24 318.10	183 176.29	580 263.64	300 000.00	5 000.00	—	—	41 815.21	12 472.33	22 577.24	156 715.37	538 580.15
加：会计政策变更	2	—	—	—	—	—	—	—	—	—	—	—	—	—	—	—	—	—	—
前期差错更正	3	—	—	—	—	—	—	—	—	—	—	—	—	—	—	—	—	—	—
其他	4	—	—	—	—	—	—	—	—	—	—	—	—	—	—	—	—	—	—
二、本年初余额	5	310 000.00	5 000.00	—	—	45 296.92	12 472.33	24 318.10	183 176.29	580 263.64	300 000.00	5 000.00	—	—	41 815.21	12 472.33	22 577.24	156 715.37	538 580.15
三、本期增减变动金额（减少以"-"号填列）	6	210 000.00	—	—	—	3 557.15	—	1 778.57	27 034.39	242 370.11	10 000.00	—	—	—	3 481.71	—	1 740.86	26 460.92	41 683.49
（一）综合收益总额	7	—	—	—	—	—	—	—	35 571.55	35 571.55	—	—	—	—	—	—	—	34 817.02	34 817.02
（二）所有者投入和减少资本	8	112 299.47	97 700.53	—	—	—	—	—	—	210 000.00	6 060.61	3 939.39	—	—	—	—	—	—	10 000.00
1.所有者投入的普通股	9	112 299.47	97 700.53	—	—	—	—	—	—	210 000.00	6 060.61	3 939.39	—	—	—	—	—	—	10 000.00
2.其他权益工具持有者投入资本	10	—	—	—	—	—	—	—	—	—	—	—	—	—	—	—	—	—	—
3.股份支付计入所有者权益的金额	11	—	—	—	—	—	—	—	—	—	—	—	—	—	—	—	—	—	—
4.其他	12	—	—	—	—	—	—	—	—	—	—	—	—	—	—	—	—	—	—
（三）利润分配	13	—	—	—	—	3 557.15	—	1 778.57	-8 537.16	-3 201.44	—	—	—	—	3 481.71	—	1 740.86	-8 356.10	-3 133.53
1.提取盈余公积	14	—	—	—	—	3 557.15	—	—	-3 557.15	—	—	—	—	—	3 481.71	—	—	-3 481.71	—
2.提取一般风险准备	15	—	—	—	—	—	—	—	—	—	—	—	—	—	—	—	—	—	—
3.提取信托赔偿准备	16	—	—	—	—	—	—	1 778.57	-1 778.57	—	—	—	—	—	—	—	1 740.86	-1 740.86	—
4.对所有者的分配	17	—	—	—	—	—	—	—	-3 201.44	-3 201.44	—	—	—	—	—	—	—	-3 133.53	-3 133.53
5.其他	18	—	—	—	—	—	—	—	—	—	—	—	—	—	—	—	—	—	—
（四）所有者权益内部结转	19	97 700.53	-97 700.53	—	—	—	—	—	—	—	—	—	—	—	—	—	—	—	—
1.资本公积转增资本	20	97 700.53	-97 700.53	—	—	—	—	—	—	—	—	—	—	—	—	—	—	—	—
2.盈余公积转增资本	21	—	—	—	—	—	—	—	—	—	—	—	—	—	—	—	—	—	—
3.盈余公积弥补亏损	22	—	—	—	—	—	—	—	—	—	—	—	—	—	—	—	—	—	—
4.一般风险准备弥补亏损	23	—	—	—	—	—	—	—	—	—	—	—	—	—	—	—	—	—	—
5.设定受益计划变动额结转留存收益	24	—	—	—	—	—	—	—	—	—	—	—	—	—	—	—	—	—	—
6.其他	25	—	—	—	—	—	—	—	—	—	—	—	—	—	—	—	—	—	—
四、本年末余额	27	520 000.00	5 000.00	—	—	48 854.07	12 472.33	26 096.67	210 210.68	822 633.75	310 000.00	5 000.00	—	—	45 296.92	12 472.33	24 318.10	183 176.29	580 263.64

法定代表人：周贵庆　　　主管会计工作负责人：张勇　　　会计机构负责人：许锡澄

5.2 信托资产

5.2.1 信托项目资产负债汇总表

信托项目资产负债汇总表

编制单位：西藏信托有限公司　　2023年12月31日　　单位：万元

信托资产	期末数	期初数	信托负债和信托权益	期末数	期初数
一、资产	16 835 546.68	9 215 391.65	一、信托负债	90 248.87	135 292.28
货币资金	118 996.90	139 926.72	应付受托人报酬	12 255.65	8 559.45
拆出资金	—	—	应付受益人收益	3 344.41	1 684.09
交易性金融资产	13 587 445.79	3 301 131.12	应付托管费	304.99	689.34
衍生金融资产	—	—	应交税费	3 092.31	3 917.96
买入返售金融资产	2 917.62	19 778.98	其他应付款	31 433.91	103 193.94
发放贷款和垫款	1 424 593.78	1 511 116.79	其他负债	39 817.60	17 247.50
债权投资	1 694 587.66	4 224 921.30		—	—
其他债权投资	—	—	信托负债合计	90 248.87	135 292.28
应收利息	682.00	4 415.42			
应收股利	9.93	2.65	二、信托权益	16 745 297.81	9 080 099.37
应收申购款	—	—	实收信托	17 536 884.86	10 217 435.75
长期股权投资	—	—	其他综合收益	0.02	
其他资产	6 313.00	14 098.67	未分配利润	-791 587.07	-1 137 336.38
			信托权益合计	16 745 297.81	9 080 099.37
			二、信托权益	—	—
信托资产总计	16 835 546.68	9 215 391.65	信托负债及信托权益总计	16 835 546.68	9 215 391.65

5.2.2 信托项目利润及利润分配汇总表

信托项目利润及利润分配汇总表

编制单位：西藏信托有限公司　　2023年度　　单位：万元

项目	本年数	上年数
一、营业收入	710 399.59	410 348.69
利息收入	238 253.37	390 564.17
投资收益（损失以"-"号填列）	248 648.74	328 335.95
公允价值变动损益	223 497.48	-308 557.54
其他收入	—	6.11
二、营业支出	-88 236.68	1 033 926.91
营业税金及附加	1 160.63	2 068.24
受托人报酬	43 180.03	58 623.12
托管费	2 278.99	4 714.84
销售服务费	1 771.27	2 968.04
投资管理费	—	—
交易费用	251.05	157.60
信用减值损失	-151 926.86	951 156.57
其他费用	15 048.20	14 238.50
三、信托净利润	798 636.28	-623 578.22
四、其他综合收益	0.02	

续表

项目	本年数	上年数
五、综合收益总额	798 636.30	-623 578.22
加：期初未分配信托利润	-1 137 336.38	40 555.57
六、可供分配的信托利润	-338 700.08	-583 022.65
减：本期已分配信托利润	452 886.99	554 313.73
七、期末未分配信托利润	-791 587.07	-1 137 336.38

6. 会计报表附注

6.1 简要说明会计报表年度会计报表编制基准、会计政策、会计估计和核算方法发生的变化

本财务报表以企业持续经营假设为基础，根据实际发生的交易事项，按照财政部最新颁布的《企业会计准则》及其应用指南的有关规定，并基于以下所述重要会计政策、会计估计进行编制。

6.2 重要会计政策和会计估计说明

6.2.1 金融工具

6.2.1.1 金融资产和金融负债的分类

金融资产在初始确认时划分为以下三类：（1）以摊

余成本计量的金融资产;(2)以公允价值计量且其变动计入其他综合收益的金融资产;(3)以公允价值计量且其变动计入当期损益的金融资产。

金融负债在初始确认时划分为以下四类:(1)以公允价值计量且其变动计入当期损益的金融负债;(2)金融资产转移不符合终止确认条件或继续涉入被转移金融资产所形成的金融负债;(3)不属于上述(1)或(2)的财务担保合同,以及不属于上述(1)并以低于市场利率贷款的贷款承诺;(4)以摊余成本计量的金融负债。

6.2.1.2 金融资产和金融负债的确认依据、计量方法和终止确认条件

6.2.1.2.1 金融资产和金融负债的确认依据和初始计量方法

公司成为金融工具合同的一方时,确认一项金融资产或金融负债。初始确认金融资产或金融负债时,按照公允价值计量;对于以公允价值计量且其变动计入当期损益的金融资产和金融负债,相关交易费用直接计入当期损益;对于其他类别的金融资产或金融负债,相关交易费用计入初始确认金额。但是,公司初始确认的应收账款未包含重大融资成分或公司不考虑未超过一年的合同中的融资成分的,按照《企业会计准则第14号——收入》所定义的交易价格进行初始计量。

6.2.1.2.2 金融资产的后续计量方法

(1)以摊余成本计量的金融资产。采用实际利率法,按照摊余成本进行后续计量。以摊余成本计量且不属于任何套期关系的一部分的金融资产所产生的利得或损失,在终止确认、重分类、按照实际利率法摊销或确认减值时,计入当期损益。

(2)以公允价值计量且其变动计入其他综合收益的债务工具投资。采用公允价值进行后续计量。采用实际利率法计算的利息、减值损失或利得及汇兑损益计入当期损益,其他利得或损失计入其他综合收益。终止确认时,将之前计入其他综合收益的累计利得或损失从其他综合收益中转出,计入当期损益。

(3)以公允价值计量且其变动计入其他综合收益的权益工具投资。采用公允价值进行后续计量。获得的股利(属于投资成本收回部分的除外)计入当期损益,其他利得或损失计入其他综合收益。终止确认时,将之前计入其他综合收益的累计利得或损失从其他综合收益中转出,计入留存收益。

(4)以公允价值计量且其变动计入当期损益的金融资产。采用公允价值进行后续计量,产生的利得或损失(包括利息和股利收入)计入当期损益,除非该金融资产属于套期关系的一部分。

6.2.1.2.3 金融负债的后续计量方法

(1)以公允价值计量且其变动计入当期损益的金融负债。此类金融负债包括交易性金融负债(含属于金融负债的衍生工具)和指定为以公允价值计量且其变动计入当期损益的金融负债。对于此类金融负债以公允价值进行后续计量。因公司自身信用风险变动引起的指定为以公允价值计量且其变动计入当期损益的金融负债的公允价值变动金额计入其他综合收益,除非该处理会造成或扩大损益中的会计错配。此类金融负债产生的其他利得或损失(包括利息费用、除因公司自身信用风险变动引起的公允价值变动)计入当期损益,除非该金融负债属于套期关系的一部分。终止确认时,将之前计入其他综合收益的累计利得或损失从其他综合收益中转出,计入留存收益。

(2)金融资产转移不符合终止确认条件或继续涉入被转移金融资产所形成的金融负债。按照《企业会计准则第23号——金融资产转移》相关规定进行计量。

(3)不属于上述(1)或(2)的财务担保合同,以及不属于上述(1)并以低于市场利率贷款的贷款承诺。在初始确认后按照下列两项金额之中的较高者进行后续计量:① 按照金融工具的减值规定确定的损失准备金额;② 初始确认金额扣除按照《企业会计准则第14号——收入》相关规定所确定的累计摊销额后的余额。

(4)以摊余成本计量的金融负债。采用实际利率法以摊余成本计量。以摊余成本计量且不属于任何套期关系的一部分的金融负债所产生的利得或损失,在终止确认、按照实际利率法摊销时计入当期损益。

6.2.1.2.4 金融资产和金融负债的终止确认

(1)当满足下列条件之一时,终止确认金融资产:① 收取金融资产现金流量的合同权利已终止;② 金融资产已转移,且该转移满足《企业会计准则第23号——金融资产转移》关于金融资产终止确认的规定。

(2)当金融负债(或其一部分)的现时义务已经解除时,相应终止确认该金融负债(或该部分金融负债)。

6.2.1.3 金融资产转移的确认依据和计量方法

公司转移了金融资产所有权上几乎所有的风险和报酬的,终止确认该金融资产,并将转移中产生或保留的权利和义务单独确认为资产或负债;保留了金融资产所有权上

几乎所有的风险和报酬的,继续确认所转移的金融资产。公司既没有转移也没有保留金融资产所有权上几乎所有的风险和报酬的,分别下列情况处理:(1)未保留对该金融资产控制的,终止确认该金融资产,并将转移中产生或保留的权利和义务单独确认为资产或负债;(2)保留了对该金融资产控制的,按照继续涉入所转移金融资产的程度确认有关金融资产,并相应确认有关负债。

金融资产整体转移满足终止确认条件的,将下列两项金额的差额计入当期损益:(1)所转移金融资产在终止确认日的账面价值;(2)因转移金融资产而收到的对价,与原直接计入其他综合收益的公允价值变动累计额中对应终止确认部分的金额(涉及转移的金融资产为以公允价值计量且其变动计入其他综合收益的债务工具投资)之和。转移了金融资产的一部分,且该被转移部分整体满足终止确认条件的,将转移前金融资产整体的账面价值,在终止确认部分和继续涉入部分之间,按照转移日各自的相对公允价值进行分摊,并将下列两项金额的差额计入当期损益:(1)终止确认部分的账面价值;(2)终止确认部分的对价,与原直接计入其他综合收益的公允价值变动累计额中对应终止确认部分的金额(涉及转移的金融资产为以公允价值计量且其变动计入其他综合收益的债务工具投资)之和。

6.2.1.4 金融资产和金融负债的公允价值确定方法

公司采用在当前情况下适用并且有足够可利用数据和其他信息支持的估值技术确定相关金融资产和金融负债的公允价值。公司将估值技术使用的输入值分以下层级,并依次使用:

(1)第一层次输入值是在计量日能够取得的相同资产或负债在活跃市场上未经调整的报价。

(2)第二层次输入值是除第一层次输入值外相关资产或负债直接或间接可观察的输入值,包括:活跃市场中类似资产或负债的报价;非活跃市场中相同或类似资产或负债的报价;除报价以外的其他可观察输入值,如在正常报价间隔期间可观察的利率和收益率曲线等;市场验证的输入值等。

(3)第三层次输入值是相关资产或负债的不可观察输入值,包括不能直接观察或无法由可观察市场数据验证的利率、股票波动率、企业合并中承担的弃置义务的未来现金流量、使用自身数据作出的财务预测等。

6.2.1.5 金融工具减值

金融工具减值计量和会计处理。公司以预期信用损失为基础,对以摊余成本计量的金融资产、以公允价值计量且其变动计入其他综合收益的债务工具投资、合同资产、租赁应收款、分类为以公允价值计量且其变动计入当期损益的金融负债以外的贷款承诺、不属于以公允价值计量且其变动计入当期损益的金融负债或不属于金融资产转移不符合终止确认条件或继续涉入被转移金融资产所形成的金融负债的财务担保合同进行减值处理并确认损失准备。

预期信用损失,是指以发生违约的风险为权重的金融工具信用损失的加权平均值。信用损失,是指公司按照原实际利率折现的、根据合同应收的所有合同现金流量与预期收取的所有现金流量之间的差额,即全部现金短缺的现值。其中,对于公司购买或源生的已发生信用减值的金融资产,按照该金融资产经信用调整的实际利率折现。

对于购买或源生的已发生信用减值的金融资产,公司在资产负债表日仅将自初始确认后整个存续期内预期信用损失的累计变动确认为损失准备。

对于租赁应收款、由《企业会计准则第14号——收入》规范的交易形成的应收款项及合同资产,公司运用简化计量方法,按照相当于整个存续期内的预期信用损失金额计量损失准备。

除上述计量方法以外的金融资产,公司在每个资产负债表日评估其信用风险自初始确认后是否已经显著增加。如果信用风险自初始确认后已显著增加,公司按照整个存续期内预期信用损失的金额计量损失准备;如果信用风险自初始确认后未显著增加,公司按照该金融工具未来12个月内预期信用损失的金额计量损失准备。

公司利用可获得的合理且有依据的信息,包括前瞻性信息,通过比较金融工具在资产负债表日发生违约的风险与在初始确认日发生违约的风险,以确定金融工具的信用风险自初始确认后是否已显著增加。

于资产负债表日,若公司判断金融工具只具有较低的信用风险,则假定该金融工具的信用风险自初始确认后并未显著增加。

公司以单项金融工具或金融工具组合为基础评估预期信用风险和计量预期信用损失。当以金融工具组合为基础时,公司以共同风险特征为依据,将金融工具划分为不同组合。

公司在每个资产负债表日重新计量预期信用损失,由此形成的损失准备的增加或转回金额,作为减值损失或利得计入当期损益。对于以摊余成本计量的金融资产，损失准备抵减该金融资产在资产负债表中列示的账面价值；对于以公允价值计量且其变动计入其他综合收益的债权投资，公司在其他综合收益中确认其损失准备，不抵减该金融资产的账面价值。

6.2.1.6 金融资产和金融负债的抵销

金融资产和金融负债在资产负债表内分别列示，不相互抵销。但同时满足下列条件的，公司以相互抵销后的净额在资产负债表内列示：（1）公司具有抵销已确认金额的法定权利，且该种法定权利是当前可执行的；（2）公司计划以净额结算，或同时变现该金融资产和清偿该金融负债。

不满足终止确认条件的金融资产转移，公司不对已转移的金融资产和相关负债进行抵销。

6.2.2 买入返售与卖出回购款项的核算方法

买入返售交易是指按照合同或协议以一定的价格向交易对手买入相关资产（包括债券及票据），合同或协议到期日再以约定价格返售相同之金融产品。买入返售按买入返售相关资产时实际支付的款项入账，在资产负债表"买入返售金融资产"项目列示。

卖出回购交易是指按照合同或协议以一定的价格将相关的资产（包括债券和票据）出售给交易对手，到合同或协议到期日，再以约定价格回购相同之金融产品。卖出回购按卖出回购相关资产时实际收到的款项入账，在资产负债表"卖出回购金融资产款"项目列示。卖出的金融产品仍按原分类列于资产负债表内，并按照相关的会计政策核算。

买入返售及卖出回购的利息收支，在返售或回购期间内以实际利率确认。实际利率与合同约定利率差别较小的，按合同约定利率计算利息收支。

6.2.3 固定资产

6.2.3.1 固定资产确认条件

固定资产指为生产商品、提供劳务、出租或经营管理而持有，并且使用寿命超过一个会计年度的有形资产。固定资产在同时满足下列条件时予以确认：（1）与该固定资产有关的经济利益很可能流入企业；（2）该固定资产的成本能够可靠地计量。

6.2.3.2 固定资产初始计量

本公司固定资产以取得时的实际成本入账，并从其达到预定可使用状态的次月起采用年限平均法计提折旧。

6.2.3.3 固定资产后续计量及处置

（1）固定资产折旧。各类固定资产折旧年限和年折旧率如下表所示。

类别	折旧方法	折旧年限（年）	残值率（%）	年折旧率（%）
房屋及建筑物	年限平均法	30	—	3.33
办公设备	年限平均法	3	5.00	31.67
运输设备	年限平均法	10	5.00	9.50

（2）固定资产的后续支出。与固定资产有关的后续支出，符合固定资产确认条件的，计入固定资产成本；不符合固定资产确认条件的，在发生时计入当期损益。

（3）固定资产处置。当固定资产被处置，或者预期通过使用或处置不能产生经济利益时，终止确认该固定资产。固定资产出售、转让、报废或毁损的处置收入扣除其账面价值和相关税费后的金额计入当期损益。

6.2.3.4 固定资产的减值测试方法、减值准备计提方法

公司在每期末判断固定资产是否存在可能发生减值的迹象。

固定资产存在减值迹象的，估计其可收回金额。可收回金额根据固定资产的公允价值减去处置费用后的净额与固定资产预计未来现金流量的现值两者之间较高者确定。

当固定资产的可收回金额低于其账面价值的，将固定资产的账面价值减记至可收回金额，减记的金额确认为固定资产减值损失，计入当期损益，同时计提相应的固定资产减值准备。

固定资产减值损失确认后，减值固定资产的折旧在未来期间作相应调整，以使该固定资产在剩余使用寿命内，系统地分摊调整后的固定资产账面价值（扣除预计净残值）。

固定资产的减值损失一经确认，在以后会计期间不再转回。

有迹象表明一项固定资产可能发生减值的，企业以单项固定资产为基础估计其可收回金额。企业难以对单项固定资产的可收回金额进行估计的，以该固定资产所属的资产组为基础确定资产组的可收回金额。

6.2.4 生物资产

6.2.4.1 生物资产分类

本公司的生物资产为公益性生物资产。公益性生物资产包括防风固沙林、水土保持林和水源涵养林等。

生物资产同时满足下列条件的，予以确认：（1）企

业因过去的交易或者事项而拥有或者控制该生物资产；（2）与该生物资产有关的经济利益或服务潜能很可能流入企业；（3）该生物资产的成本能够可靠地计量。

6.2.4.2 生物资产初始计量

本公司取得的生物资产，按照郁闭前发生的造林费、抚育费、森林保护费、营林设施费、良种试验费、调查设计费和应分摊的间接费用等必要支出成本进行初始计量。

6.2.4.3 生物资产减值

本公司公益性生物资产不计提减值准备。

6.2.5 无形资产

（1）无形资产是指本公司拥有或者控制的没有实物形态的可辨认非货币性资产。无形资产通常包括专利权、非专利权、商标权、著作权、特许权、土地使用权等，按成本进行初始计量。

（2）使用寿命有限的无形资产，在使用寿命内按照与该项无形资产有关的经济利益的预期实现方式系统合理地摊销，无法可靠确定预期实现方式的，采用直线法摊销。具体年限如下表所示。

类别	使用寿命（年）	备注
WIND资讯金融终端服务	2	—
软件	10	—

期末，对使用寿命有限的无形资产的使用寿命和摊销方法进行复核，必要时进行调整。

（3）无形资产减值准备的计提。对于使用寿命确定的无形资产，如有明显减值迹象的，期末进行减值测试。

对于使用寿命不确定的无形资产，每期末进行减值测试。

对无形资产进行减值测试，估计其可收回金额。可收回金额根据无形资产的公允价值减去处置费用后的净额与无形资产预计未来现金流量的现值两者之间较高者确定。

当无形资产的可收回金额低于其账面价值的，将无形资产的账面价值减记至可收回金额，减记的金额确认为无形资产减值损失，计入当期损益，同时计提相应的无形资产减值准备。

无形资产减值损失确认后，减值无形资产的折耗或者摊销费用在未来期间作相应调整，以使该无形资产在剩余使用寿命内，系统地分摊调整后的无形资产账面价值（扣除预计净残值）。

无形资产的减值损失一经确认，在以后会计期间不再转回。

有迹象表明一项无形资产可能发生减值的，本公司以单项无形资产为基础估计其可收回金额。本公司难以对单项资产的可收回金额进行估计的，以该无形资产所属的资产组为基础确定无形资产组的可收回金额。

6.2.6 长期待摊费用

长期待摊费用，是指本公司已经发生但应由本期和以后各期负担的分摊期限在1年以上的各项费用。长期待摊费用在受益期内按直线法分期摊销。如果长期待摊的费用项目不能使以后会计期间受益则将尚未摊销的该项目的摊余价值全部转入当期损益。

6.2.7 职工薪酬

职工薪酬，是指本公司为获得职工提供的服务或解除劳动关系而给予的各种形式的报酬或补偿。职工薪酬包括短期薪酬、离职后福利、辞退福利和其他长期职工福利。

6.2.7.1 短期薪酬

短期薪酬是指本公司在职工提供相关服务的年度报告期间结束后十二个月内需要全部予以支付的职工薪酬，离职后福利和辞退福利除外。本公司在职工提供服务的会计期间，将应付的短期薪酬确认为负债，并根据职工提供服务的受益对象计入相关资产成本和费用。

6.2.7.2 离职后福利

离职后福利是指本公司为获得职工提供的服务而在职工退休或与企业解除劳动关系后，提供的各种形式的报酬和福利，短期薪酬和辞退福利除外。

本公司离职后福利计划分类为设定提存计划和设定受益计划。

（1）离职后福利设定提存计划主要为参加由各地劳动及社会保障机构组织实施的社会基本养老保险、失业保险等。在职工为本公司提供服务的会计期间，将根据设定提存计划计算的应缴存金额确认为负债，并计入当期损益或相关资产成本。

（2）对设定受益计划的会计处理通常包括下列步骤：①根据预期累计福利单位法，采用无偏且相互一致的精算假设对有关人口统计变量和财务变量等作出估计，计量设定受益计划所产生的义务，并确定相关义务的所属期间。同时，对设定受益计划所产生的义务予以折现，以确定设定受益计划义务的现值和当期服务成本。②设定受益计划存在资产的，将设定受益计划义务现值减去设定受益计划资产公允价值所形成的赤字或盈余确认为一项设定受益计划净负债或净资产。设定受益计划存在盈余的，以设定受益计划的盈余和资产上限两项的孰低者计量设定受益计划净资产。③期末，将设定受益计划产生的职工薪酬成本确认为服务成本、设定受益计划净负债或净资产的利息净额以及重新计量设定受益计划净负债或净资产所产生的变动等三部分，其中服务成本和设定受益计划净负债或净资产的利息净额计入当期损益或相关资产成本，重新计量设定受益计划净负债或净资产所产生的变动计入其他综合收益，并且在后续会计期间不允许转回至损益，但可以在权益范围内转移这些在其他综合收益确认的金额。

6.2.7.3　辞退福利

向职工提供的辞退福利，在下列两者孰早日确认辞退福利产生的职工薪酬负债，并计入当期损益：（1）公司不能单方面撤回因解除劳动关系计划或裁减建议所提供的辞退福利时；（2）公司确认与涉及支付辞退福利的重组相关的成本或费用时。

6.2.7.4　其他长期职工福利

向职工提供的其他长期职工福利，符合设定提存计划条件的，按照设定提存计划的有关规定进行会计处理；除此之外的其他长期职工福利，按照设定受益计划的有关规定进行会计处理，为简化相关会计处理，将其产生的职工薪酬成本确认为服务成本、其他长期职工福利净负债或净资产的利息净额以及重新计量其他长期职工福利净负债或净资产所产生的变动等组成项目的总净额计入当期损益或相关资产成本。

6.2.8　预计负债

6.2.8.1　预计负债的确认标准

因对外提供担保、诉讼事项等或有事项形成的义务成为公司承担的现时义务，且履行该义务很可能导致经济利益流出，以及该义务的金额能够可靠地计量，则确认为预计负债。

6.2.8.2　预计负债的计量方法

本公司预计负债按履行相关现时义务所需支出的最佳估计数进行初始计量，并在资产负债表日对预计负债的账面价值进行复核。

6.2.9　收入

6.2.9.1　手续费及佣金收入

本公司按合同或协议约定的受托人报酬率及提供服务的会计期间确认手续费及佣金收入。

6.2.9.2　利息净收入

利息收入和利息支出都按存出资金或让渡资金的使用权的时间及实际利率计算确定。

6.2.10　政府补助

6.2.10.1　类型

政府补助，是本公司从政府无偿取得的货币性资产与非货币性资产，但不包括政府作为企业所有者投入的资本。根据相关政府文件规定的补助对象，将政府补助划分为与资产相关的政府补助和与收益相关的政府补助。

6.2.10.2　政府补助的确认

政府补助为货币性资产的，按照收到或应收的金额计量。政府补助为非货币性资产的，按照公允价值计量；公允价值不能够可靠取得的，按照名义金额（人民币1元）计量。按照名义金额计量的政府补助，直接计入当期损益。

6.2.10.3　会计处理方法

与资产相关的政府补助，确认为递延收益，在相关资产使用寿命内平均分配，计入到期损益。与收益相关的政府补助，用于补偿企业以后期间的相关费用或损失的，确认为递延收益，在确认相关费用的期间，计入当期损益；用于补偿企业已发生的相关费用或损失的，取得时直接计入当期损益。

与企业日常活动相关的政府补助计入其他收益或冲减相关成本费用；与企业日常活动无关的政府补助计入营业外收支。

6.2.11　递延所得税资产和递延所得税负债

6.2.11.1　根据资产、负债的账面价值与其计税基础之间的差额（未作为资产和负债确认的项目按照税法规定可以确定其计税基础的，该计税基础与其账面数之间的差额），按照预期收回该资产或清偿该负债期间的适用税率计算确认递延所得税资产或递延所得税负债。

6.2.11.2　确认递延所得税资产以很可能取得用来抵扣可抵扣暂时性差异的应纳税所得额为限。资产负债表日，有确凿证据表明未来期间很可能获得足够的应纳税所得额用来抵扣可抵扣暂时性差异的，确认以前会计期间未确认的递延所得税资产。

6.2.11.3　资产负债表日，对递延所得税资产的账面价值进行复核，如果未来期间很可能无法获得足够的应纳税所得额用以抵扣递延所得税资产的利益，则减记递延所得税资产的账面价值。在很可能获得足够的应纳税所得额时，转回减记的金额。

6.2.11.4 公司当期所得税和递延所得税作为所得税费用或收益计入当期损益，但不包括下列情况产生的所得税：（1）企业合并；（2）直接在所有者权益中确认的交易或者事项。

6.2.12 信托赔偿准备金

根据中国人民银行颁布的《信托投资公司管理办法》有关规定，公司应当按税后利润的5%计提信托赔偿准备金，公司信托赔偿准备金累计额为公司注册资本20%以上时，不再提取。提取的信托赔偿准备金主要用于弥补因管理操作不善而对信托财产造成的损失。

6.2.13 一般风险准备金

根据《金融企业准备金计提管理办法》（财金〔2012〕20号）有关规定，金融企业应当根据自身实际情况，选择内部模型法或标准法对风险资产所面临的风险状况定量分析，确定潜在风险估计值。对于潜在风险估计值高于资产减值准备的差额，计提一般准备。当潜在风险估计值低于资产减值准备时，可不计提一般准备。一般准备余额原则上不得低于风险资产期末余额的1.5%。金融企业一般准备余额占风险资产期末余额的比例，难以一次性达到1.5%的，可以分年到位，原则上不得超过5年。

公司承担风险和损失的资产应计提准备金，具体包括发放贷款和垫款、交易性金融资产、存放同业、拆出资金、抵债资产、其他应收款项等。

6.3 或有事项说明

截至2023年12月31日，本公司无或有事项。

6.4 会计报表中重要项目的明细资料

6.4.1 自营资产经营情况

6.4.1.1 按信用风险五级分类结果披露信用风险资产的期初数期末数

风险分类项目	正常类（万元）	关注类（万元）	次级类（万元）	可疑类（万元）	损失类（万元）	信用风险资产合计（万元）	不良资产合计（万元）	不良资产率（%）
期初数	585 934.46	34 383.19	—	36 455.83	4 724.86	661 498.34	41 180.69	6.23
期末数	770 817.68	37 814.79	14 500.00	33 435.83	2 903.19	859 471.49	50 839.02	5.92

注：正常类＝正常类＋关注类，不良类＝次级类＋可疑类＋损失类。

6.4.1.2 资产损失准备的期初、本期计提、本期转回、本期核销、期末数

单位：万元

项目	期初数	本期计提	本期转回	本期核销	期末数
贷款减值准备	26 541.78	7 250.90	6 024.72	1 361.59	26 406.37
其他减值准备	3 074.86	—	—	171.67	2 903.19

6.4.1.3 自营股票投资、基金投资、债券投资、长期股权投资等投资的期初数、期末数

单位：万元

项目	自营股票	基金	债券	长期股权投资	其他投资	合计
期初数	30 626.58	2 482.35	—	—	497 922.73	531 031.66
期末数	15 425.17	124 972.71	—	—	489 230.19	629 628.07

6.4.1.4 前五名的自营贷款

序号	企业名称	占自营贷款的比例（%）	还款情况
1.	河南元一房地产开发有限公司	28.75	关注
2.	西藏福地天然饮品包装有限责任公司	21.80	不良
3.	重庆金科企业管理集团有限公司	16.67	不良
4.	西藏福地天然饮品有限公司	16.65	不良
5.	廊坊市崇桂企业管理咨询有限公司	10.78	正常

6.4.1.5 公司当年的收入结构

收入结构	金额（万元）	占比（%）
手续费及佣金收入	42 971.02	65.41
其中：信托手续费收入	42 971.02	65.41
投资银行业务收入	—	—
利息收入	3 866.96	5.89
其他业务收入	76.46	0.12
其中：计入信托业务收入的部分	—	—
投资收益	8 769.65	13.35
其中：股权投资收益	—	—
证券投资收益	−6 612.45	−10.06
其他投资收益	15 382.10	23.41
公允价值变动收益	−1 207.18	−1.84
其他收益	11 220.59	17.07
收入合计	65 697.50	100.00

6.4.2 信托资产管理情况

6.4.2.1 信托资产的期初数、期末数

单位：万元

信托资产	期初数	期末数
集合	4 795 019.03	3 365 367.36
单一	2 378 518.64	1 560 503.30
财产管理类	2 041 853.98	11 909 676.02
合计	9 215 391.65	16 835 546.68

6.4.2.1.1 主动管理型信托业务情况

单位：万元

主动管理型信托资产	期初数	期末数
证券投资类	420 495.99	526 302.03
股权及其他投资类	4 052 317.32	1 846 825.37
融资类	889 105.40	1 035 917.83
合计	5 361 918.71	3 409 045.23

6.4.2.1.2 被动管理型信托业务情况

单位：万元

被动管理型信托资产	期初数	期末数
证券投资类	76 060.52	52 120.92
股权及其他投资类	178 615.85	127 111.04
融资类	1 072 710.65	681 825.27
事务管理类	2 526 085.92	12 565 444.22
合计	3 853 472.94	13 426 501.45

6.4.2.2 本年度已清算结束的信托项目情况

6.4.2.2.1 本年度已经清算结束的集合类、单一类资金信托项目和财产管理类信托项目数量、合计金额

信托资产	项目个数（个）	合计金额（万元）	加权平均年化收益率（%）
集合	140	2 973 992.06	5.22
单一	61	976 876.01	0.40
财产管理类	21	787 570.06	7.42

6.4.2.2.2 本年度已经清算结束的主动管理型信托项目数量、合计金额

已清算结束信托项目（主动管理型）	项目个数（个）	合计金额（万元）	加权平均年化收益率（%）
证券投资类	16	267 006.41	4.96
股权及其他投资类	89	2 388 225.00	2.88
融资类	33	354 148.14	7.16

6.4.2.2.3 本年度已经清算结束的被动管理型信托项目数量、合计金额

已清算结束信托项目（被动管理型）	项目个数（个）	合计金额（万元）	加权平均年化收益率（%）
证券投资类	2	27 325.00	−0.19
股权及其他投资类	8	88 467.24	−5.26
融资类	26	337 631.62	4.98
事务管理类	48	1 275 634.71	6.80

6.4.2.3 本年度新增的集合类、单一类资金信托项目和财产管理类信托项目数量、合计金额

信托资产	项目个数（个）	合计金额（万元）
集合	174	1 547 538.87
单一	38	135 491.93
财产管理类	97	10 982 747.67
合计	309	12 665 778.47
其中：主动管理	180	1 454 185.03
被动管理	129	11 211 593.44

6.4.2.4 本公司已履行受托人义务，并未发生因本公司自身责任导致信托资产损失的情况

6.4.2.5 信托赔偿准备金的提取、使用和管理情况

2023年公司计提信托赔偿准备金1 778.57万元，截至2023年12月31日，公司信托项目运行良好，未发生使用信托赔偿准备金情况，信托赔偿准备金余额为26 096.67万元。

6.5 关联方关系及其交易的披露

6.5.1 关联交易方的数量、关联交易的总额及关联交易的定价政策如下表所示

项目	关联交易方数量	关联交易金额（万元）	定价政策
合计	8	290 258.36	关联交易的定价政策为市场公允价格

6.5.2 关联交易方与本公司的关系性质、关联交易方的名称、法人代表、注册地址、注册资本及主营业务

关系性质	关联方名称	法定代表人/执行事务合伙人	注册地址	注册资本/出资额（万元）	主营业务
股东单位	西藏自治区投资有限公司	王天昊	拉萨经济技术开发区博达路1号（阳光新城别墅区A5.A7号）	300 000	对金融企业股权投资；对能源、交通、旅游、酒店、矿业、藏医药、食品、房地产、高新技术产业、农牧业、民族手工业投资开发；对基础设施投资和城市公用项目投资
股东单位	西藏股权投资有限公司	侯典雷	拉萨市柳梧新区国际总部城众创空间12号楼12层西侧	300 000	股权投资、固定收益证券投资、项目投资、资产管理、投资管理咨询服务等
本公司股东控制或施加重大影响的法人	西藏藏金融资担保有限公司	侯典雷	西藏自治区拉萨市柳梧新区国际总部城众创空间12号楼12层西侧	60 000	贷款担保；票据承兑担保；贸易融资担保；项目融资担保；信用证担保；再担保；诉讼保全担保；投标担保、预付款担保、工程履约担保、尾付款如约偿付担保等履约担保业务；与担保业务有关的融资咨询、财务顾问等中介服务；以自有资金进行投资；监管部门规定的其他业务

续表

关系性质	关联方名称	法定代表人/执行事务合伙人	注册地址	注册资本/出资额(万元)	主营业务
本公司控制或施加重大影响的法人	日喀则信瑞基础设施产业投资基金合伙企业（有限合伙）	日喀则珠峰云瑞基金管理有限公司	西藏日喀则市桑珠孜区山东北路4号（市政府院内）老纪委4楼	101 000	私募股权投资、投资管理（除证券、期货）
本公司控制或施加重大影响的法人	西藏芯康瑞企业管理合伙企业（有限合伙）	日喀则珠峰云瑞基金管理有限公司	西藏自治区拉萨市柳梧新区云中盛景3-9-2	20 000	企业管理服务；计算机数据处理服务、计算机软件、技术开发、技术服务；电子产品的设计、研发、销售
根据实质重于形式原则认定的关联方	深圳市金脉青枫投资管理有限公司	曾俊秋	深圳市前海深港合作区前湾一路1号A栋201室（入驻深圳市前海商务秘书有限公司）	10 000	受托管理股权投资基金；受托资产管理、投资管理；股权投资；投资兴办实业；开展股权投资和企业上市咨询业务；投资咨询、企业管理咨询；从事担保业务
根据实质重于形式原则认定的关联方	西藏融景投资有限公司	韩杨	拉萨市柳梧新区柳梧大厦14楼	3 000	股权投资、投资管理
根据实质重于形式原则认定的关联方	廊坊市崇桂企业管理咨询有限公司	王力	河北省廊坊市安次区常甫路139号大拇指广场2-2-123	1 000	一般项目：企业管理咨询；企业形象策划；市场营销策划；信息技术咨询服务；教育咨询服务（不含涉许可审批的教育培训活动）；市场调查（不含涉外调查）；会议及展览服务；物业管理

6.5.3 公司与关联方的重大交易事项

6.5.3.1 固有财产与关联方

固有财产与关联方交易　　　单位：万元

项目	期初数	借方发生额	贷方发生额	期末数
贷款	7 372.35	2 000.00	—	9 372.35
投资	12 000.00	—	311.12	11 688.88
租赁	—	—	—	—
担保	—	—	—	—
应收账款	—	—	—	—
其他	—	—	—	—
合计	19 372.35	2 000.00	311.12	21 061.23

6.5.3.2 信托财产与关联方交易情况

信托财产与关联方交易　　　单位：万元

项目	期初数	借方发生额	贷方发生额	期末数
贷款	4 717.86	—	—	4 717.86
投资	58 665.32	205 937.49	123.54	264 479.27
租赁	—	—	—	—
担保	—	—	—	—
应收账款	—	—	—	—
其他	—	—	—	—
合计	63 383.18	205 937.49	123.54	269 197.13

6.5.3.3 信托公司自有资金运用于自己管理的信托项目、信托公司管理的信托项目之间的相互（信信交易）交易金额，包括余额和本报告年度的发生额

固有财产与信托财产相互交易　　　单位：万元

项目	期初数	本期发生额	期末数
合计	488 221.69	−50 850.98	437 370.71

信托资产与信托财产相互交易　　　单位：万元

项目	期初数	本期发生额	期末数
合计	516 150.41	−228 791.33	287 359.08

6.5.3.4 逐笔披露关联方逾期未偿还本公司资金的详细情况以及本公司为关联方担保发生或即将发生垫款的详细情况

本公司无上述事项。

7. 财务情况说明

7.1 实现利润和分配情况

（1）利润总额41 887.66万元。（2）所得税费用6 316.11万元。（3）净利润35 571.55万元。（4）年初未分配利润183 176.29万元。（5）可供分配利润218 747.84万元。（6）提取盈余公积3 557.15万元。（7）计提国有资本经营收益及分红3 201.44万元。（8）提取信托赔偿准备金1 778.57万元。（9）年末未分配利润210 210.68万元。

7.2 主要财务指标

指标名称	指标值
资本利润率（%）	5.94
信托报酬率（%）	0.37
人均净利润（万元）	298.92

注：1. 资本利润率＝净利润/所有者权益平均余额×100%。
2. 信托报酬率＝当年税前信托报酬收入/实收信托平均余额×100%。
3. 人均净利润＝净利润/公司年平均人数。
4. 平均值采取年初及各季末余额移动算术平均法，公式为：a（平均）＝(a0/2+a1+a2+a3+a4/2)/4。

7.3 对本公司财务状况、经营成果有重大影响的其他事项

无。

8.特别事项

8.1 前五名股东报告期内变动情况及原因

报告期内，公司股东由两名增加至三名，新增西藏股权投资有限公司。变动原因系落实《西藏自治区财政厅关于集中统一管理国有金融资本的方案》要求。

8.2 董事、监事及高级管理人员变动情况

8.2.1 董事变动情况

2023年4月，原董事桑珠因工作调整辞去董事职务。2023年8月，经股东单位西藏自治区投资有限公司提名，经公司2023年第二次临时股东会会议审议通过，经国家金融监督管理总局西藏监管局核准任职资格，德吉央宗同志成为公司第六届董事会董事。

8.2.2 监事变动情况

报告期内，公司监事未发生变动。

8.2.3 高级管理人员变动情况

经西藏信托有限公司第六届董事会第三十九次会议审议通过，根据公司战略发展要求，结合工作实际调整需要，免去吴嘉怡财务总监的职务，由总经理张勇代为履行财务总监职责。

8.3 变更注册资本、变更注册地或公司名称、公司分立合并事项

2023年12月，经《国家金融监督管理总局西藏监管局关于西藏信托有限公司变更注册资本和调整股权结构的批复》（藏金监复〔2023〕36号）批准，公司将注册资本增加至52亿元。

报告期内，公司注册地址、公司名称未发生变化，未发生分立合并事宜。

8.4 公司的重大诉讼事项

报告期内，公司无重大诉讼事项。

8.5 对会计师事务所出具的有保留意见、否定意见或无法表示意见的审计报告的，公司董事会应就所涉及事项作出说明

本公司无上述情况。

8.6 公司及其董事、监事和高级管理人员受到处罚的情况

2023年，公司收到西藏监管局《行政处罚决定书》，对公司管理不到位事项处以340万元罚款，并对部分管理人员予以警告。

8.7 原银保监会（监管总局）及其派出机构对公司检查后提出的整改意见及整改情况

（1）原中国银行保险监督管理委员会西藏监管局（已更名为国家金融监督管理总局西藏监管局）向公司下发《关于西藏信托有限公司2022年度监管情况的通报》，要求公司扎实提高风险防控工作质效，持续提升服务实体经济和人民生活的质效，全面完善公司治理机制建设，深入推进改革转型攻坚克难，持续强化内控管理建设，加强员工廉洁从业管理。

（2）西藏监管局向公司下发《中国银行保险监督管理委员会西藏监管局现场检查意见书》，要求公司持续完善公司治理水平，提升内部控制能力；全面加强业务治理，规范业务经营行为；切实强化风险防控，做实数据真实性；全面整改，严肃问责。

（3）西藏监管局下发《国家金融监督管理总局西藏监管局现场检查意见书》，要求公司构建成系统的消费者权益保护工作机制；持续优化提升消费投诉接收和处理能力；统筹考量消费者权益保护与信托业务开展；加强对消费者、投资者和公司员工的宣传教育。

就西藏监管局提出的上述整改意见，本公司组织员工认真学习，明确了整改落实目标，落实整改的责任部门和责任人，目前各项整改措施均按照本公司的既定目标有序进行。

8.8 本年度重大事项临时报告的简要内容、披露时间、披露的媒体及其版面

2023年4月28日，公司在《上海证券报》第42版披露了《西藏信托有限公司2022年年度报告摘要》。

8.9 原银保监会（监管总局）及其省级派出机构认定的其他有必要让客户及相关利益人了解的重要信息

根据《信托公司净资本管理办法》规定，公司净资本监管风险控制指标执行情况如下：

净资本/各项业务风险资本之和=726 765.67万元/164 687.38万元×100%=441.30%≥100%（监管标准）；

净资本/净资产=726 765.67万元/822 633.74万元×100%=88.35%≥40%（监管标准）。

9.公司监事会意见

监事会认为，报告期内，公司经营活动依法运作，操作规范，财务报告真实地反映了公司的财务状况和经营成果。

厦门国际信托有限公司

1. 重要提示

1.1 本公司董事会及董事保证本报告所载资料不存在任何虚假记载、误导性陈述或者重大遗漏，并对其内容的真实性、准确性和完整性承担个别及连带责任。

1.2 没有董事声明对年度报告内容的真实性、准确性、完整性无法保证或存在异议。

1.3 独立董事保证本报告所载资料不存在任何虚假记载、误导性陈述或者重大遗漏，并对其内容的真实性、准确性和完整性承担个别及连带责任。

1.4 中审众环会计师事务所（特殊普通合伙）厦门分所为本公司出具了标准无保留意见的审计报告。

1.5 公司董事长李云祥、总经理胡荣炜和会计机构负责人财务部经理陈明雅保证年度报告中财务报告的真实、完整。

2. 公司概况

2.1 公司简介

2.1.1 公司历史沿革：厦门国际信托有限公司前身为厦门市政府于1985年1月设立的厦门经济特区财务公司，1986年经中国人民银行总行批准并更名为厦门国际信托投资公司，是具有法人资格的非银行金融机构。2007年8月，经原中国银行业监督管理委员会核准换发新的金融许可证。截至2023年12月31日，公司已稳健成长了38年，注册资本人民币41.6亿元（其中外汇资本金1500万美元），净资产人民币68.01亿元。股东为厦门金圆金控股份有限公司（占股80%）、厦门建发集团有限公司（占股10%）和厦门港务控股集团有限公司（占股10%），三家股东均是国有全资企业。

2.1.2 公司的法定中文名称：厦门国际信托有限公司
公司的法定英文名称：XIAMEN INTERNATIONAL TRUST CO.，LTD

2.1.3 法定代表人：李云祥

2.1.4 注册地址：厦门市思明区展鸿路82号厦门国际金融中心9层、39~42层

2.1.5 邮政编码：361008

2.1.6 国际互联网网址：www.xmitic.com

2.1.7 电子信箱：master@xmitic.com

2.1.8 信息披露事务负责人：胡荣炜
联系人：张菲斐、张竞妍
联系电话：0592-5311908、0592-5919105
传真：0592-5311906
电子信箱：dshbgs@xmitic.com

2.1.9 公司本次信息披露报纸名称：《证券时报》

2.1.10 公司年度报告备置地点：厦门市思明区展鸿路82号厦门国际金融中心9层、39~42层

2.1.11 公司聘请的会计师事务所：中审众环会计师事务所（特殊普通合伙）厦门分所
地址：厦门市思明区湖滨东路319号C幢四层A区

2.1.12 公司信托事务聘请的律师事务所：
上海锦天城（厦门）律师事务所
地址：厦门市思明区湖滨东路95号华润大厦B座12~13楼
福建远大律师事务所
地址：厦门市思明区七星西路178号七星大厦22楼
福建信实律师事务所
地址：厦门市思明区湖滨南路334号二轻大厦九楼福建信实律师事务所
福建天衡联合律师事务所
地址：福建省厦门市思明区厦禾路666号海翼大厦A栋16~18层
北京植德律师事务所
地址：北京市东城区东直门南大街1号来福士中心办公楼5层
北京盈科（成都）律师事务所
地址：成都市高新区交子大道177号中海国际中心B座21~22层
北京市君泽君（深圳）律师事务所
地址：深圳市福田区荣超经贸中心29层
北京市君合（深圳）律师事务所
地址：深圳市福田区中心四路1-1号嘉里建

设广场第三座第28层2803~2804室
北京德和衡律师事务所

地址：北京市朝阳区建国门外大街2号银泰中心C座11~12层

2.2 组织结构图

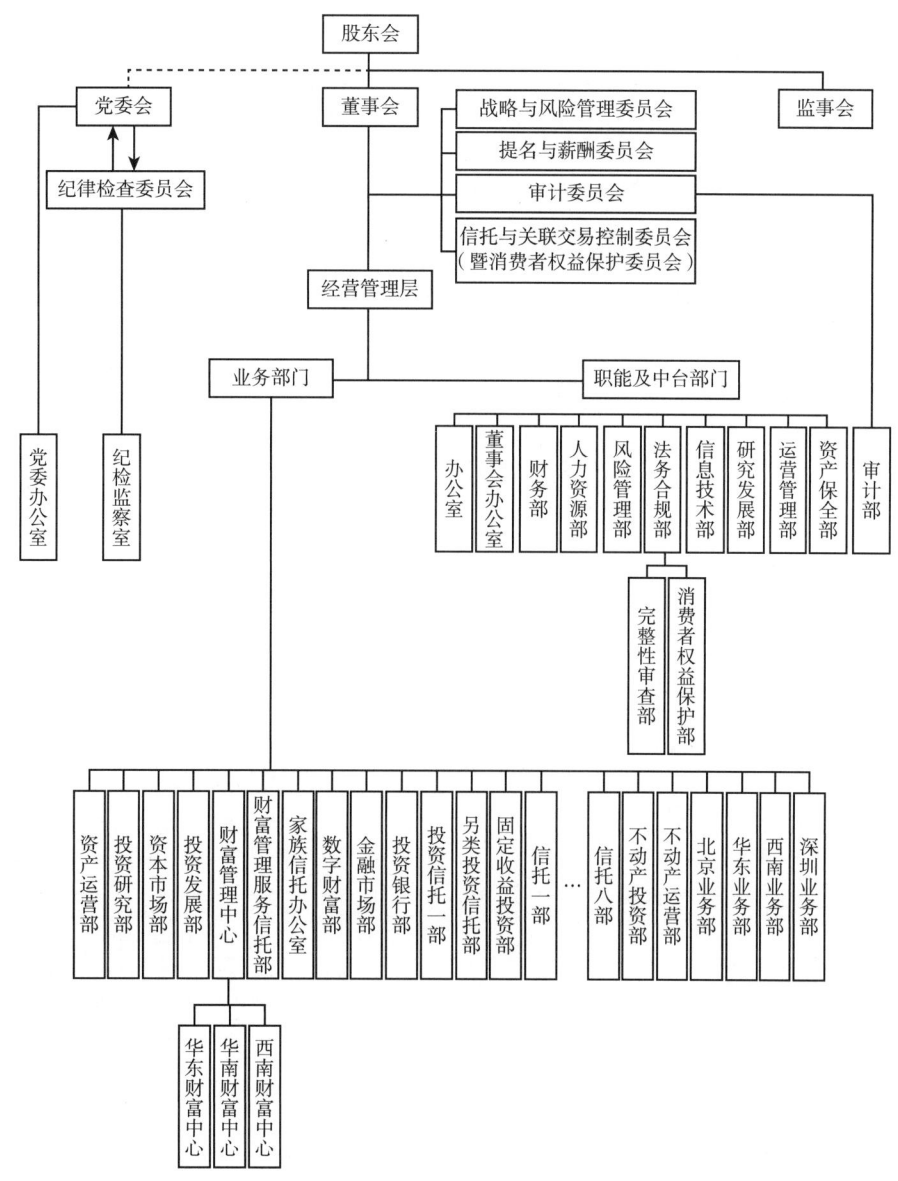

3.公司治理结构

3.1 股权结构及股东情况

公司现有3个股东均为国有全资公司。公司实际控制人为厦门金圆投资集团有限公司，其持有厦门金融控股有限公司100%股权，厦门金融控股有限公司持有公司控股股东厦门金圆金控股份有限公司99%股权。股东情况如下表所示。

3.1.1 厦门金圆金控股份有限公司

出资额（亿元）	持股比例（%）	法人代表	注册资本（亿元）	注册地址	主要经营业务	控股股东	实际控制人	关联方或一致行动人	最终受益人	本期持股变化情况
33.28	80	檀庄龙	50.0326	厦门市思明区展鸿路82号厦门国际金融中心46层4605~4609室	对金融产业的投资，创业投资，产业投资，股权投资管理与运营。2023年末总资产逾200亿元	厦门金融控股有限公司持股99%	厦门金圆投资集团有限公司（持有厦门金融控股有限公司100%股权）	—	厦门市财政局，100%持股厦门金圆投资集团有限公司	—

3.1.2 厦门建发集团有限公司

出资额（亿元）	持股比例（%）	法人代表	注册资本（亿元）	注册地址	主要经营业务	控股股东	实际控制人	关联方或一致行动人	最终受益人	本期持股变化情况
4.16	10	黄文洲	90	厦门市思明区环岛东路1699号建发国际大厦43楼	主营涉及供应链运营、城市建设与运营、旅游会展、医疗健康以及新兴产业投资等。2023年末总资产约8 800亿元	厦门市人民政府国有资产监督管理委员会，100%持股	—	—	厦门市人民政府国有资产监督管理委员会	—

3.1.3 厦门港务控股集团有限公司

出资额（亿元）	持股比例（%）	法人代表	注册资本（亿元）	注册地址	主要经营业务	控股股东	实际控制人	关联方或一致行动人	最终受益人	本期持股变化情况
4.16	10	蔡立群	31	厦门市湖里区东港北路31号港务大厦25楼	以控股、参股方式从事资产投资、监管、经营；港口工程开发与建设；与港口建设经营有关的业务。2023年末总资产约487亿元	福建省港口集团有限责任公司，100%持股	福建省港口集团有限责任公司	—	福建省人民政府国有资产监督管理委员会	—

3.2 董事、董事会及其下属委员会

董事长、副董事长、董事

姓名	职务	性别	年龄（岁）	选任日期	任期（年）	所推举的股东名称	该股东持股比例（%）	简要履历
李云祥	董事长	男	46	2023年7月	3	厦门金圆金控股份有限公司	80	2008年6月毕业于厦门大学工商管理专业，硕士学位。截至2023年末，任厦门金圆投资集团有限公司党委副书记、总经理
檀庄龙	董事	男	56	2023年7月	3	厦门金圆金控股份有限公司	80	1987年7月毕业于北京商学院储运管理专业，学士学位。截至2023年末，任厦门金圆投资集团有限公司党委书记、董事长兼厦门金圆金控股份有限公司董事长
刘思宁	董事	女	39	2023年7月	3	厦门金圆金控股份有限公司	80	2008年1月毕业于英国布里斯大学会计金融与管理专业，硕士学位。截至2023年末，任厦门金圆投资集团有限公司财务管理部总经理
李东胜	董事	男	53	2023年7月	3	厦门建发集团有限公司	10	1992年7月毕业于集美财政专科学校外经企业财务会计专业，大专学历。截至2023年末，任厦门建发集团有限公司财务总监、资金部总经理
陈震	董事	男	49	2023年7月	3	厦门港务控股集团有限公司	10	2007年6月毕业于厦门大学会计学专业，硕士学位。截至2023年末，任厦门港务控股集团有限公司党委委员、总会计师，兼任厦门国际港务有限公司党委委员、副总经理、财务总监、董事，兼厦门集装箱码头集团有限公司董事、厦门港务发展股份有限公司监事、厦门港务金融控股有限公司董事、厦门海峡投资有限公司董事、厦门农村商业银行股份有限公司董事、福建省港口集团财务有限公司董事
袁东	独立董事	男	55	2023年7月	3	独立董事	—	2000年7月毕业于厦门大学财政金融系财政学专业，博士学位。截至2023年末，任中央财经大学特聘教授，中国经济研究中心主任
王遥	独立董事	女	48	2023年7月	3	独立董事	—	2006年6月毕业于中央财经大学经济学专业，博士学位。截至2023年末，任中央财经大学财经研究院研究员、绿色金融国际研究院院长等职务
李丰	独立董事	男	50	2023年7月	3	独立董事	—	1998年5月毕业于罗切斯特大学，硕士学位。截至2023年末，任上海自友投资管理有限公司，创始合伙人、董事
林远东	职工董事	男	38	2023年7月	3	职工董事	—	2010年6月毕业于复旦大学法律硕士专业，硕士学位。截至2023年末，任厦门国际信托有限公司法务合规部总经理

董事会下属委员会

董事会下属委员会名称	组成人员姓名	职务
战略与风险管理委员会	李云祥	主任委员
	李东胜	委员
	李丰	委员
提名与薪酬委员会	李丰	主任委员
	檀庄龙	委员
	李云祥	委员
审计委员会	袁东	主任委员
	陈震	委员
	王遥	委员
信托与关联交易控制委员会（暨消费者权益保护委员会）	王遥	主任委员
	刘思宁	委员
	陈震	委员
	袁东	委员
	李丰	委员

3.3 监事、监事会及其下属委员会

监事

姓名	职务	性别	年龄（岁）	选任日期	所推举的股东名称	该股东持股比例（%）	简要履历
林漳龙	监事会主席职工监事	男	58	2023年7月	—	—	2010年6月毕业于厦门大学工商管理专业，硕士学位。截至2023年末，任厦门国际信托有限公司党委委员、纪委书记、工会主席
刘志云	外部监事	男	46	2023年7月	—	—	2004年7月毕业于厦门大学国际法学专业，博士学位。截至2023年末，任厦门大学法学院教授、博士生导师
陈剑毅	职工监事	男	50	2023年7月	—	—	1995年7月毕业于厦门大学经济学院财政金融学系金融学专业，学士学位。截至2023年末，任厦门国际信托有限公司审计部总经理

公司监事会无下属委员会。

3.4 独立董事

独立董事

姓名	所在单位职务	性别	年龄（岁）	选任日期	任期（年）
袁东	中央财经大学特聘教授，中国经济研究中心主任	男	55	2023年7月	3
王遥	中央财经大学财经研究院研究员、绿色金融国际研究院院长等职务	女	48	2023年7月	3
李丰	上海自友投资管理有限公司，创始合伙人、董事	男	50	2023年7月	3

3.5 高级管理人员及其他

姓名	职务	性别	年龄（岁）	选任日期	金融从业年限（年）	学历	专业	简要履历
胡荣炜	总经理	男	49	2019年11月	17	硕研	工商管理	1997年起历任厦门中行副科长、科长，柯达中国区制造财务内控总监，磐基国际集团副总经理，厦门金圆集团投资经理，厦门市创业投资有限公司副总经理，厦门国际信托有限公司副总经理等职。截至2023年末，任厦门国际信托有限公司党委副书记、总经理，圆信永丰基金管理有限公司董事长
郑华	副总经理	女	49	2019年11月	29	本科	行政管理	1994年起在厦门建发信托投资公司从事证券有关业务，2002年起历任厦门国际信托有限公司办公室副主任、人力资源部总经理、办公室主任、财富管理中心总经理、公司总经理助理等职。截至2023年末，任厦门国际信托有限公司副总经理

续表

姓名	职务	性别	年龄（岁）	选任日期	金融从业年限（年）	学历	专业	简要履历
林俊民	副总经理	男	39	2020年7月	13	硕研	金融	2007年起天津市体育彩票管理中心工作，在原中国保监会厦门监管局、中国银保监会厦门监管局工作多年，期间借调原中国保监会办公厅并在原中国保监会资金部和厦门两岸区域性金融中心交流挂职。2020年起历任厦门国际信托有限公司总经理助理兼投资银行部总经理、研究发展部总经理。截至2023年末，任厦门国际信托有限公司副总经理
张文伟	风险总监	男	47	2019年9月	28	本科	法学	1995年起历任中国银行厦门市分行杏林支行人秘科综合文秘、公司业务部客户经理、湖里支行机场分理处副主任、机场支行副行长、公司业务部助理客户经理、公司业务部客户经理、中小企业业务中心授信审批主管、中小企业业务中心风险官兼授信管理团队主管、厦门国际信托有限公司风险管理部副总经理（主持工作）、风险管理部总经理等职。截至2023年末，任厦门国际信托有限公司党委委员、风险总监
何金	总经理助理	男	41	2019年11月	12	硕研	财政学	2006年起历任旭日大地科技发展（北京）有限公司销售部经理、中国民族证券有限责任公司投资银行部部副总经理项目执行、贵阳银行股份有限公司北京代表处投资银行部副总经理、潍坊银行股份有限公司金融市场业务二部总经理、厦门国际信托有限公司北京业务部总经理等职。截至2023年末，任厦门国际信托有限公司党委委员、总经理助理
陈明雅	财务总监	女	50	2022年10月	28	本科	会计学	1995年起历任厦门国际信托投资公司同安办事处会计、财务部会计、财务主管，厦门国际信托有限公司财务部副总经理、财务部总经理、投资发展部总经理等职。截至2023年末，任厦门国际信托有限公司财务总监
蔡云霖	总经理助理	男	53	2023年12月	26	本科	企业管理	1992年起历任石狮市宝盖镇人民政府科员、厦门国际信托投资公司员工、天同证券有限责任公司厦门中心营业部员工、厦门市商业银行员工、中国民生银行股份有限公司厦门分行机构金融一部总经理助理、厦门市融资担保有限公司投资发展部总经理。截至2023年末，任厦门国际信托有限公司总经理助理

此外，公司设有纪委书记一名，纪委书记相关信息如下表所示。

姓名	职务	性别	年龄（岁）	选任日期	金融从业年限（年）	学历	专业	简要履历
林漳龙	纪委书记	男	58	2020年8月	24	硕研	工商管理	1988年起历任厦门国际信托投资公司计划财务部主办会计，厦门市人寿保险公司计划财务部经理助理，厦门国际信托投资公司部门经理助理、财务部副经理、财务部经理，厦门市担保投资有限公司副总经理，厦门金圆投资集团有限公司财务管理部总经理、风控合规部总经理，厦门国际信托有限公司副总经理等职。截至2023年末，任厦门国际信托有限公司党委委员、纪委书记、工会主席

3.6 公司员工

项目		2023年报告期年度		上年度	
		人数（人）	比例（%）	人数（人）	比例（%）
年龄分布	20岁以下	—	—	—	—
	21~30岁	56	22.49	59	24.18
	31~40岁	127	51.00	122	50.00
	41岁及以上	66	26.51	63	25.82
学历分布	博士	1	0.40	1	0.41
	硕士	118	47.39	114	46.72
	本科	117	46.99	116	47.54
	专科	9	3.61	9	3.69
	其他	4	1.61	4	1.64
岗位分布	董事、监事及高管人员	8	3.21	8	3.28
	自营业务人员	13	5.22	14	5.74
	信托业务人员	144	57.84	139	56.97
	其他人员	84	33.73	83	34.01

4.经营概况

4.1 经营目标、方针、战略规划

经营目标：在健全内部法人治理结构、完善和规范内控管理制度和业务流程基础上，建立并形成一批高素质、专业化的资产管理与资产服务团队，实现公司自主管理能力的持续提升与盈利水平的稳健增长，为信托受益人和公司股东谋求最大利益。

经营方针：稳健经营、诚实守信、开拓创新、有效回报，即以稳健经营为前提，以诚实信用为根本，以开拓创新为动力，以有效回报为目标。

战略规划：公司坚持"扎根厦门、深耕福建、融合两岸、服务全国"的战略定位，全面推动数字化转型，践行永续发展愿景，在实体经济中为客户创造价值，打造市场一流资产管理机构，打造区域财富管理及服务信托首选品牌，服务国有大型金融机构做优做强，服务中小金融机构做好特色化经营，致力于成为金圆集团"全国一流综合金融服务商"战略的重要业务对接平台和枢

纽，致力于成为综合化、专业化、特色化信托机构。

4.2 所经营业务的主要内容

目前公司经营的业务均围绕"一法两规"及国家金融监督管理总局的有关规定开展，在固有资产方面，开展贷款（流动资金贷款和固定资产贷款）、融资租赁、投资（金融股权投资和证券投资）等业务。在信托业务方面，按信托目的、信托成立方式、信托财产管理内容，划分为资产服务信托、资产管理信托、公益慈善信托三大类；信托资金投向涵盖了工商企业、基础产业、房地产、证券市场、金融机构等方面。

4.2.1 自营资产运用与分布表

资产运用	金额（万元）	占比（%）	资产分布	金额（万元）	占比（%）
货币资产	36 181	4.37	基础产业	—	—
发放贷款和垫款	138 595	16.74	房地产业	—	—
交易性金融资产	331 926	40.09	证券市场	118 021	14.26
债权投资	148 845	17.98	金融机构	434 066	52.43
其他权益工具投资	530	0.06	实业	123 186	14.88
长期股权投资	135 440	16.36	其他	152 653	18.44
其他	36 409	4.40	—	—	—
资产总计	827 926	100.00	资产总计	827 926	100.00

4.2.2 信托资产运用与分布表

资产运用	金额（万元）	占比（%）	资产分布	金额（万元）	占比（%）
货币资产	232 273	1.32	基础产业	1 628 575	9.26
发放贷款和垫款	5 558 690	31.60	房地产	1 354 255	7.70
交易性金融资产	9 754 859	55.45	证券市场	2 090 501	11.88
债权投资	1 370 088	7.79	实业	5 820 899	33.09
买入返售金融资产	618 576	3.52	金融机构	1 554 450	8.84
长期股权投资	—	—	其他	5 143 760	29.24
其他	57 954	0.33	—	—	—
信托资产总计	17 592 440	100.00	信托资产总计	17 592 440	100.00

4.3 市场分析

4.3.1 经济形势分析

2023年是全面贯彻党的二十大精神的开局之年，也是三年新冠疫情防控转段后经济恢复发展的一年。国内经济总体呈现恢复性向好态势，高质量发展扎实推进，全年实现GDP同比增长5.2%，但有效需求不足、部分行业产能过剩、社会预期偏弱、风险隐患仍然较多，国内大循环存在堵点。国际上，主要发达经济体的加息周期临近尾声，但通胀压力与高利率环境下金融体系脆弱性问题凸显，叠加地缘政治紧张局势的负面影响，全球经济增长面临下行压力，地区间分化日益扩大，外部环境的复杂性、严峻性、不确定性上升。

4.3.2 金融形势分析

中央金融工作会议提出以加快建设金融强国为目标，推动我国金融高质量发展。2023年，我国金融体系平稳运行，稳健的货币政策精准有力，货币信贷保持合理增长。新一轮金融监管机构改革的顶层设计完成，在"一行一局一会"格局下全面加强金融监管。资本市场制度建设取得突破性进展，注册制改革全面落地，多层次资本市场结构持续优化。金融机构经营整体稳健，持续推进重点领域金融风险稳妥化解。

4.3.3 影响本公司业务发展的主要因素

4.3.3.1 有利因素

外部因素。我国经济回升向好、长期向好的基本趋势没有改变，高质量发展取得新成效。中央金融工作会议突出金融服务实体经济的宗旨，为金融机构指明发展方向、提供行动指南。信托业务"三分类"新规正式实施，引导资产服务信托、资产管理信托、公益慈善信托三大本源业态的发展，行业整体信托资产结构实现稳步优化。信托公司监管评级规则进一步完善，提升了分级分类监管的针对性和有效性，有利于引导信托行业差异化发展。

内部因素。公司作为地方性国有金融机构，自1985年成立以来稳健经营，在变化的市场环境中始终保持着股权结构稳、核心高管团队稳、业务风险管理稳的内生优势。公司具有深耕本地的核心优势与品牌竞争力，与股东方的金融及产业板块有效协同联动，将对台特色金融业务融入福建省建设两岸融合发展示范区进程，并布局全国重点区域和具有战略地位的城市，推进全国业务整体提升。公司紧密围绕信托业务"三分类"导向，聚焦自身及股东的资源禀赋，初步构建了综合化、差异化、特色化的信托业务体系。

4.3.3.2 不利因素

外部因素。信托行业面对错综复杂的外部环境，随着业务结构加速调整，三分类下本源业务规模持续提升，但短期内尚未形成稳固的利润支撑点。信托机构经营业绩波动依旧明显，且不同机构之间的分化进一步加大。2023年部分信托机构的风险事件对行业的声誉与社会公信力带来负面影响。严监管与监管规则的统一将压缩原有的市场空间与业务形态，促使资管机构依托自身的投研能力、服务能力、管理能力，同台开展差异化竞争。

内部因素。公司处于新旧动能切换的关键转型时期，在资本实力、转型业务体系化建设方面仍须务实对标行业领先机构。公司将加强中长期资本规划，进一步加大对转型业务的人力资源、营销配置、信息科技等资源支持，持续打造核心专业团队，围绕信托本源特征与独特功能，培育可持续发展的业务生态并系统性完善配套机制，积极应对行业全面转型过程中的新挑战与市场竞争态势。

4.4 风险管理

4.4.1 风险管理概况

根据自有资金和信托资金在运作过程中自身的特点，通过对风险类型的分析，公司在经营过程中可能遇到的风险主要有：信用风险、市场风险、操作风险、合规风险、政策风险、流动性风险、声誉风险、信息科技风险、其他如不可抗力事件等，其中最主要的是信用风险、市场风险和操作风险。

公司总体风险管理战略是全力推进全面风险管理体系建设，深化风险管理组织架构改革，强化风险管理技术支持，推进风险管理专业团队建设，确保公司能够合理控制风险水平，安全、稳健地开展各项经营活动。

公司十分注重风险控制管理，坚持积极稳健的经营原则，规范运作，审慎经营；公司按照全面风险管理、集中风险管理、独立性、有效性、及时性、持续性的原则，通过自下而上的风险识别、自上而下的风险控制和上下结合的风险化解，将本公司业务运作和经营管理的所有内容都涵盖于风险管理制度之下；公司进一步运用现代风险管理控制手段和技术，不断改进和提高风险控制管理质量和水平。

公司建立了有效的风险管理组织结构，包括董事会、总办会、业务项目评审委员会、法务合规部、风险管理部、资产保全部、审计部。董事会对风险负最终责任，负责确立适当的风险管理原则和战略；总办会具体组织领导公司全面风险管理与内部控制工作的开展；业务项目评审委员会提供专业评审意见，发挥其应有民主决策的积极作用；法务合规部实施业务法律合规风险审查；风险管理部实施信用风险、市场风险、操作风险等风险要素以及委托人类型与项目风险匹配度审查、投后跟踪管理督查；资产保全部负责处置纳入资产保全业务范围的固有和信托等业务相关的风险和纠纷；审计部负责内部审计稽核等。

4.4.2 风险状况

4.4.2.1 信用风险状况

信用风险主要表现为公司交易对手不能履行合约义务带来的风险，其中包括业务合作伙伴、贷款对象的信用风险，资金往来银行的信用风险，从而导致公司资产价值发生变动遭受损失的风险。

固有资产方面，2023年公司信用风险资产期末数为866 994万元，其中不良信用资产为7 032万元。不良信用资产的期初数为7 072万元，期末数为7 032万元。

信托业务层面，公司认真履行受托人责任，有效管理信托项目，定期监测融资类信托规模占比、客户集中度等指标，信用风险可控。

4.4.2.2 市场风险状况

公司面临的市场风险主要体现为在开展信贷业务中由于利率水平的不利变动以及证券投资业务中由于投资标的市场价格的不利变动给公司经营业绩带来的风险。

公司开展的信托类信贷业务，主要为中短期信贷，公司严格执行人民银行的利率政策，能较好地消化利率波动可能产生的风险。在证券投资业务领域，公司严格区分自营证券投资和证券投资类信托业务，并根据资金属性和风险偏好，设置差异化管理策略。

4.4.2.3 操作风险状况

操作风险是指公司由于内部程序、人员、系统的不完善或失误，或外部事件造成的潜在损失。

公司目前已逐步建立和完善了一系列基本制度、管理规定和业务操作流程，公司高管和员工风险意识和责任心较强。自重新登记以来未发生过较大因员工不尽职或违规而给公司和信托财产造成损失的事件。公司基本能有效地防范各个环节的操作风险。

4.4.2.4 其他风险状况

合规风险是指公司因未能遵循法律法规、监管要求、规则、自律性组织制定的有关准则，以及适用于自身业务活动的行为准则，而可能遭受法律制裁或监管处罚、重大财务损失或声誉损失的风险。

政策风险是指宏观政策以及监管政策的变动对公司经营环境和发展会造成的一定影响。

流动性风险是指公司短期内金融资产的不确定变动，或周转困难无力偿付到期负债而造成损失或破产的风险。

声誉风险是指由公司经营、管理及其他行为或外部事件导致利益相关方对公司负面评价的风险。

信息科技风险是指信息科技在公司运用过程中，由于自然因素、人为因素、技术漏洞和管理缺陷产生的信息安全事件和信息系统故障的风险。

本年度公司未发生合规风险、流动性风险、声誉风险、信息科技风险方面重大风险事件。

本年度监管部门进一步推进"金融通道类业务"压降及风险资产处置相关工作，实施信托业务"三分类"新规，公司面临更大转型压力，公司坚决执行监管政策，持续深化转型。

4.4.3 风险管理

4.4.3.1 信用风险管理

公司根据《企业会计准则》关于资产减值准备确认、计量的规定，除发放贷款外参考财政部关于印发《金融企业准备金计提管理办法》的通知（财金〔2012〕20号）及中国人民银行、原中国银保监会、中国证监会、国家外汇管理局联合发布的《关于规范金融机构资产管理业务的指导意见》（银发〔2018〕106号）对本公司资产提取资产减值准备及一般风险准备。

截至报告期末公司应提的一般准备27 971.31万元，已计提一般准备27 971.31万元。公司计提各项资产减值损失准备合计55 497.21万元。其中公司发放贷款执行中国银行业监督管理委员会令2011年第4号《商业银行贷款损失准备管理办法》中第六条和第七条规定提取贷款损失准备。贷款拨备率为贷款损失准备与各项贷款余额之比，拨备覆盖率为贷款损失准备与不良贷款余额之比，贷款拨备率为2.5%，拨备覆盖率基本标准为150%，以两项标准中较高者为贷款损失准备的提取标准。其中划分为次级类、可疑类、损失类的贷款属于不良贷款。公司对所管理的信托资产计提预计负债，用于弥补因可能的违规、违反资产管理产品协议、操作错误或者技术故障等产品财产或者投资者造成的损失。截至2023年末，预计负债余额为9 342万元。总体上公司足额计提各项资产减值准备和确认预计负债，不存在资产减值准备缺口和预计负债缺口。

针对融资对象企业的信用风险，公司主要通过严格贷款"三查"制度、审贷分离制度和逐级审批制度来加以防范，制定了统一的企业信用标准和详细的操作规程。

办理抵押贷款，注重对抵押物的权属、有效性和变现能力以及所设定抵押的合法性进行审查，完善登记手续；对抵押物确认的主要原则为根据抵押物评估值的不同情况合理确定贷款抵押比例。

办理保证贷款，主要对保证人的保证资格、资信状况及其还款记录进行审查，并签订保证合同；原则上提供保证的企业应属于经营良好的企业，有足够的偿债能力，在贷款期间没有可预见的经营风险存在，没有不良记录，历史上信用良好等。

信用风险管理策略方面，公司密切防控信用风险，努力做到对潜在风险较大的信托项目及固有项目早预防、早缓释。公司从产品设计、尽职调查、风险评审、产品营销、后续管理、信息披露和风险处置等环节加强管理，切实做到勤勉尽责。

4.4.3.2 市场风险管理

针对证券市场风险，公司注重对证券投资的策略研究，遵循组合投资、分散风险的原则，建立对各种市场风险暴露进行实时计量和评估机制，并根据所确认和计量的风险暴露，分别制定风险限额，设立止损措施等以有效防范证券市场风险。

固有资产方面，固有资产构建投资组合参与二级市场投资，组合内投资多种资产类别来分散风险，资产组合内设置多种产品结构以规避或减少风险，通过量化方式构建亏损风险较小的投资组合，同时加强深入与优秀管理人/投资顾问方面的合作。

信托资产方面，公司根据市场需求开发信托产品，一方面满足一般受益人的风险收益偏好，另一方面有效降低优先受益人的风险。公司严格选择投资顾问，确定合理的证券投资资产配置比例和止损线。公司运用投资管理信息系统实时控制投资比例限制和产品净值变动，严格执行有关止损点措施。

对贷款产品定价时，主要考虑客户信用、期限、额度、担保等因素，结合信托资金成本和市场竞争情况，确定适宜的价格。

4.4.3.3 操作风险管理

操作风险管理，是指识别、评估、监测、控制/缓释和报告操作风险的全过程，是公司全面风险管理的重要组成部分。公司通过不断健全完善各项规章制度和业务操作流程及严格授权，构建了职责分离、相互监督制约的组织架构，并根据业务发展及时制定、修订和优化业务审批程序，实行严格的业务流程审核、复核程序，通过全流程管理系统，严格防范操作风险。公司将廉政防控风险严格嵌入业务操作流程，将保护消费者权益、谨慎受托等良好信托文化贯穿于信托产品设立、发行、销售、管理、信息披露等各个环节；业务操作全流程均能充分发挥业务管理、风险管理、内部审计三道防线作用，公司内控制度和操作规程能涵盖所有的业务领域。公司加强员工教育培训，推行内部从业资格考试上岗制度，提升员工的专业知识和专业技能；严格执行问责制度，提高业务合规管理和风险管理质量。公司持续对内控执行情况和项目合规情况进行定期和不定期检查，并督促及时整改。

4.4.3.4 其他风险管理

合规风险。公司着力打造以"全员全流程全维度覆盖"为特征的坚实合规内控组织体系，明确合规内控治理层级与管理权责，初步建立起与公司经营范围、组织结构、业务规模、风险状况相适应的合规内控管理架构，各部门形成合规内控合力，切实落地三道防线的独立性、协同性和有效性。为推动业务转型发展，回归信托本源，公司主动钻研《关于规范信托公司信托业务分类的通知》及指导口径等规范性文件，始终根据监管要求和公司制度规定审慎开展合规审查工作，紧抓业务实质，严守合规关。公司积极落实监管要求，开展金融同业通道类业务压降重点工作，以及推动信托业务分类待整改工作逐步落实。根据监管部门审慎会谈、现场检查和监管意见，落实整改，完善公司的合规经营。重视合规文化的培育及宣导，坚定秉持"全员合规、合规从管理层做起、合规创造价值、合规是公司的生存基础"的合规理念，制定合规培训长期规划，多维度、多样化地开展合规教育活动，将法律法规、案防、反洗钱等内容纳入培训课程，持续巩固合规意识在业务开展中的指导地位，切实筑牢合规底线，亮剑违法违规行为。并进一步夯实制度根基，常抓洗钱风险，提升案防质效，不断加强公司合规管理，为公司发展保驾护航。

政策风险。公司通过严格依法经营，根据法规和监管政策要求及时制订完善公司规章、内控制度和业务规程，加强业务合规性审查以规范和控制公司业务的政策风险。同时公司保持与监管当局紧密沟通、了解政策动向，把握业务方向。按照监管政策方向，公司于2021年重新制定了五年发展战略，并于2023年推动相关修订工作，持续深化转型。

流动性风险。公司制定了《流动性风险管理办法》和相关流动性应急预案。定期监测公司的流动性风险指标和流动性状况，定期开展流动性压力测试，公司固有资产总体保持较好的流动性。

信息科技风险。公司设立信息科技管理委员会，履行信息科技决策和管理职责。信息科技管理委员会下设信息科技风险管理小组，负责牵头开展信息科技风险管理工作。公司设立信息安全工作领导小组及工作小组，负责信息安全工作。风险管理部设置了科技风险管理专职人员，将信息科技风险纳入全面风险管理范畴。公司制订完善《信息系统管理制度》，作为公司信息科技管理的制度保障。

5.报告期末及上一年度末的比较式会计报表

5.1 自营资产

5.1.1 会计师事务所审计意见全文

审计报告

众环鹭审字（2024）00012号

厦门国际信托有限公司董事会：

一、审计意见

我们审计了厦门国际信托有限公司（以下简称厦门国际信托）财务报表，包括2023年12月31日的合并及公司资产负债表，2023年度的合并及公司利润表、合并及公司现金流量表、合并及公司所有者权益变动表，2023年12月31日的合并及公司财务报表附注。

我们认为，后附的财务报表在所有重大方面按照企业会计准则的规定编制，公允反映了厦门国际信托2023年12月31日合并及公司的财务状况以及2023年度合并及公司的经营成果和现金流量。

二、形成审计意见的基础

我们按照中国注册会计师审计准则的规定执行了审计工作。审计报告的"注册会计师对财务报表审计的责任"部分进一步阐述了我们在这些准则下的责任。按照中国注册会计师职业道德守则，我们独立于厦门国际信托，并履行了职业道德方面的其他责任。我们相信，我们获取的审计证据是充分、适当的，为发表审计意见提供了基础。

三、其他信息

厦门国际信托管理层对其他信息负责。其他信息包括2023年年度报告中涵盖的信息，但不包括财务报表和我们的审计报告。

我们对财务报表发表的审计意见不涵盖其他信息，我们也不对其他信息发表任何形式的鉴证结论。

结合我们对财务报表的审计，我们的责任是阅读其他信息，在此过程中，考虑其他信息是否与财务报表或我们在审计过程中了解到的情况存在重大不一致或者似乎存在重大错报。

基于我们已执行的工作，如果我们确定其他信息存在重大错报，我们应当报告该事实。在这方面，我们无任何事项需要报告。

四、管理层和治理层对财务报表的责任

厦门国际信托管理层（以下简称管理层）负责按照企业会计准则的规定编制财务报表，使其实现公允反映，并设计、执行和维护必要的内部控制，以使财务报表不存在由于舞弊或错误导致的重大错报。

在编制财务报表时，管理层负责评估厦门国际信托的持续经营能力，披露与持续经营相关的事项（如适用），并运用持续经营假设，除非管理层计划清算厦门国际信托、终止运营或别无其他现实的选择。

治理层负责监督厦门国际信托的财务报告过程。

五、注册会计师对财务报表审计的责任

我们的目标是对财务报表整体是否不存在由于舞弊或错误导致的重大错报获取合理保证，并出具包含审计意见的审计报告。合理保证是高水平的保证，但并不能保证按照审计准则执行的审计在某一重大错报存在时总能发现。错报可能由于舞弊或错误导致。如果合理预期错报单独或汇总起来可能影响财务报表使用者依据财务报表作出的经济决策，则通常认为错报是重大的。

在按照审计准则执行审计工作的过程中，我们运用职业判断，并保持职业怀疑。同时，我们也执行以下工作：

（一）识别和评估由于舞弊或错误导致的财务报表重大错报风险，设计和实施审计程序以应对这些风险，并获取充分、适当的审计证据，作为发表审计意见的基础。由于舞弊可能涉及串通、伪造、故意遗漏、虚假陈述或凌驾于内部控制之上，未能发现由于舞弊导致的重大错报的风险高于未能发现由于错误导致的重大错报的风险。

（二）了解与审计相关的内部控制，以设计恰当的审计程序，但目的并非对内部控制的有效性发表意见。

（三）评价管理层选用会计政策的恰当性和作出会计估计及相关披露的合理性。

（四）对管理层使用持续经营假设的恰当性得出结论。同时，根据获取的审计证据，就可能导致对厦门国际信托持续经营能力产生重大疑虑的事项或情况是否存在重大不确定性得出结论。如果我们得出结论认为存在重大不确定性，审计准则要求我们在审计报告中提请报表使用者注意财务报表中的相关披露；如果披露不充分，我们应当发表非无保留意见。我们的结论基于截至审计报告日可获得的信息。然而，未来的事项或情况可能导致厦门国际信托不能持续经营。

（五）评价财务报表的总体列报、结构和内容，并评价财务报表是否公允反映相关交易和事项。

（六）就厦门国际信托中实体或业务活动的财务信息获取充分、适当的审计证据，以对财务报表发表意见。我们负责指导、监督和执行集团审计。我们对审计意见承担全部责任。

我们与治理层就计划的审计范围、时间安排和重大审计发现等事项进行沟通，包括沟通我们在审计中识别出的值得关注的内部控制缺陷。

中国·厦门　　　　　　　　　　2024年3月15日

5.1.2　公司资产负债表（合并）

公司资产负债表（自营资产）

单位：厦门国际信托有限公司　　2023年12月31日　　单位：万元

资产	年末数		年初数	
	合并	公司	合并	公司
货币资金	59 596	36 181	77 244	61 619
结算备付金	—	—	—	—
贵金属	—	—	—	—
拆出资金	—	—	—	—
衍生金融资产	—	—	—	—
应收款项	12 946	10 218	8 186	5 181
合同资产	—	—	—	—
买入返售金融资产	—	—	—	—
持有待售资产	—	—	—	—
发放贷款和垫款	138 595	138 595	154 440	154 440
金融投资	—	—	—	—
交易性金融资产	354 046	331 926	273 842	243 599
债权投资	148 845	148 845	73 967	73 967
其他债权投资	—	—	—	—
其他权益工具投资	530	530	530	530
长期股权投资	125 240	135 440	117 802	128 002
投资性房地产	2 937	2 937	3 103	3 103
固定资产	1 392	1 067	1 514	1 123
在建工程	—	—	—	—

续表

资产	年末数		年初数	
	合并	公司	合并	公司
无形资产	4 967	3 430	4 653	3 186
使用权资产	3 032	2 379	1 967	821
递延所得税资产	9 181	8 121	9 124	8 776
其他资产	10 052	8 257	3 759	2 166
资产总计	871 359	827 926	730 132	686 514
短期借款	—	—	—	—
拆入资金	—	—	—	—
交易性金融负债	—	—	—	—
衍生金融负债	—	—	—	—
卖出回购金融资产款	—	—	—	—
应付职工薪酬	24 158	18 308	21 711	16 464
应交税费	6 823	6 693	11 619	11 405
合同负债	147	147	373	373
持有待售负债	—	—	—	—
租赁负债	3 075	2 387	1 868	688
预计负债	9 342	9 342	10 300	10 300
长期借款	—	—	—	—
应付债券	—	—	—	—
递延所得税负债	825	589	276	205
其他负债	112 864	110 330	25 932	21 162
负债合计	157 234	147 795	72 079	60 597
所有者权益:	—	—	—	—
实收资本	416 000	416 000	416 000	416 000
其他权益工具	—	—	—	—
资本公积	5 116	5 116	5 115	5 115
减：库存股	—	—	—	—
其他综合收益	2 010	2 010	2 102	2 102
盈余公积	88 338	88 338	82 907	82 907
一般风险准备	37 209	27 971	28 838	21 209
信托赔偿准备	39 942	39 942	37 227	37 227
未分配利润	103 855	100 754	65 119	61 356
归属于母公司所有者权益合计	692 469	680 130	637 308	625 917
少数股东权益	21 655	—	20 745	—
所有者权益合计	714 124	680 130	658 053	625 917
负债及所有者权益总计	871 359	827 926	730 132	686 514

法定代表人：李云祥　　主管会计工作的负责人：陈明雅　　会计机构负责人：陈明雅

5.1.3 公司利润表（合并）

公司利润表（自营资产）

单位：厦门国际信托有限公司　　2023年度　　单位：万元

项目	本年金额		上年金额	
	合并	公司	合并	公司
一、营业收入	128 875	101 201	128 706	93 239
利息净收入	7 527	7 115	9 176	8 888

续表

项目	本年金额		上年金额	
	合并	公司	合并	公司
利息收入	11 950	11 538	9 759	9 472
利息支出	4 423	4 423	583	583
手续费及佣金净收入	86 614	57 103	95 239	60 309
手续费及佣金收入	89 755	60 244	96 849	61 918
手续费及佣金支出	3 141	3 141	1 610	1 610
投资收益/(损失)	24 013	26 095	34 057	33 510
其中：对联营企业和合营企业的投资收益/(损失)	23 962	23 962	24 771	24 771
其他收益	5 902	5 282	2 543	2 005
公允价值变动收益（损失以"-"号填列）	4 297	5 084	-12 762	-11 926
汇兑收益（损失以"-"号填列）	—	—	—	—
其他业务收入	522	522	453	453
资产处置收益（损失以"-"号填列）	—	—	—	—
二、营业支出	56 152	34 952	45 662	23 213
税金及附加	546	423	669	481
业务及管理费	45 234	24 158	45 818	23 556
信用减值损失	9 844	9 844	-990	-990
资产减值损失	—	—	—	—
其他资产减值损失	—	—	—	—
其他业务成本	527	527	166	166
三、营业利润	72 724	66 249	83 044	70 027
加：营业外收入	444	444	2	2
减：营业外支出	-332	-339	-1 220	-1 220
四、利润总额	73 500	67 032	84 265	71 249
减：所得税费用	14 886	12 727	14 980	11 853
五、净利润	58 613	54 305	69 285	59 396
（一）按经营持续性分类	—	—	—	—
持续经营净利润（净亏损以"-"号填列）	58 613	54 305	69 285	59 396
终止经营净利润（净亏损以"-"号填列）	—	—	—	—
（二）按所有权归属分类	—	—	—	—
归属于母公司所有者的净利润	55 253	54 305	64 439	59 396
少数股东损益	3 360	—	4 846	—
六、其他综合收益的税后净额	-92	-92	211	211
归属于母公司所有者的其他综合收益的税后净额	-92	-92	211	211
归属于少数股东的其他综合收益的税后净额	—	—	—	—
七、综合收益总额	58 521	54 213	69 496	59 607
归属于母公司所有者的综合收益总额	55 161	54 213	64 651	59 607
归属于少数股东的综合收益总额	3 360	—	4 846	—

法定代表人：李云祥　　主管会计工作的负责人：陈明雅　　会计机构负责人：陈明雅

5.1.4 所有者权益变动表

所有者权益变动表（合并）
2023年度

编制单位：厦门国际信托有限公司　　　　　　　　　　　　　　　　　　　　　　　　　　　　　　　　　　单位：万元

项目	本年金额											
	归属于母公司所有者权益										少数股东权益	所有者权益合计
	实收资本	其他权益工具			资本公积	减：库存股	其他综合收益	盈余公积	一般风险准备	信托赔偿准备	未分配利润		
		优先股	永续债	其他									
一、上年年末余额	416 000	—	—	—	5 115	—	2 102	82 911	28 838	37 229	65 147	20 745	658 086
加：会计政策变更	—	—	—	—	—	—	—	-3	—	-2	-28	—	-33
前期差错更正	—	—	—	—	—	—	—	—	—	—	—	—	—
同一控制下企业合并	—	—	—	—	—	—	—	—	—	—	—	—	—
其他	—	—	—	—	—	—	—	—	—	—	—	—	—
二、本年年初余额	416 000	—	—	—	5 115	—	2 102	82 907	28 838	37 227	65 119	20 745	658 053
三、本年增减变动金额（减少以"-"号填列）	—	—	—	—	—	—	-92	5 431	8 371	2 715	38 736	910	56 071
（一）综合收益总额	—	—	—	—	—	—	-92	—	—	—	55 253	3 360	58 521
（二）所有者投入和减少资本	—	—	—	—	—	—	—	—	—	—	—	—	—
1.所有者投入的普通股	—	—	—	—	—	—	—	—	—	—	—	—	—
2.其他权益工具持有者投入资本	—	—	—	—	—	—	—	—	—	—	—	—	—
3.股份支付计入所有者权益的金额	—	—	—	—	—	—	—	—	—	—	—	—	—
4.其他	—	—	—	—	—	—	—	—	—	—	—	—	—
（三）利润分配	—	—	—	—	—	—	—	5 431	8 371	2 715	-16 517	-2 450	-2 450
1.提取盈余公积	—	—	—	—	—	—	—	5 431	—	—	-5 431	—	—
2.提取一般风险准备	—	—	—	—	—	—	—	—	8 371	—	-8 371	—	—
3.提取信托赔偿准备	—	—	—	—	—	—	—	—	—	2 715	-2 715	—	—
4.对所有者的分配	—	—	—	—	—	—	—	—	—	—	—	-2 450	-2 450
5.其他	—	—	—	—	—	—	—	—	—	—	—	—	—
（四）所有者权益内部结转	—	—	—	—	—	—	—	—	—	—	—	—	—
1.资本公积转增资本	—	—	—	—	—	—	—	—	—	—	—	—	—
2.盈余公积转增资本	—	—	—	—	—	—	—	—	—	—	—	—	—
3.盈余公积弥补亏损	—	—	—	—	—	—	—	—	—	—	—	—	—
4.一般风险准备弥补亏损	—	—	—	—	—	—	—	—	—	—	—	—	—
5.结转重新计量设定受益计划净负债或净资产所产生的变动	—	—	—	—	—	—	—	—	—	—	—	—	—
6.其他综合收益结转留存收益	—	—	—	—	—	—	—	—	—	—	—	—	—
7.其他	—	—	—	—	—	—	—	—	—	—	—	—	—
（五）其他	—	—	—	—	—	—	—	—	—	—	—	—	—
四、本年年末余额	416 000	—	—	—	5 116	—	2 010	88 338	37 209	39 942	103 855	21 655	714 124

法定代表人：李云祥　　主管会计工作的负责人：陈明雅　　会计机构负责人：陈明雅

所有者权益变动表（合并）

编制单位：厦门国际信托有限公司　　　2023年度　　　单位：万元

项目	上年金额										
	归属子母公司所有者权益									少数股东权益	所有者权益合计
	实收资本	其他权益工具			资本公积	减：库存股	其他综合收益	盈余公积	一般风险准备	信托赔偿准备	未分配利润		
		优先股	永续债	其他									
一、上年末余额	375 000	—	—	—	5 115	—	1 890	76 971	12 719	34 259	81 536	15 899	603 390
加：会计政策变更	—	—	—	—	—	—	—	—	—	—	—	—	—
前期差错更正	—	—	—	—	—	—	—	—	—	—	—	—	—
同一控制下企业合并	—	—	—	—	—	—	—	—	—	—	—	—	—
其他	—	—	—	—	—	—	—	—	—	—	—	—	—
二、本年年初余额	375 000	—	—	—	5 115	—	1 890	76 971	12 719	34 259	81 536	15 899	603 390
三、本年增减变动金额（减少以"-"号填列）	41 000	—	—	—	—	—	211	5 940	16 118	2 970	-16 389	4 846	54 696
（一）综合收益总额	—	—	—	—	—	—	211	—	—	—	64 439	4 846	69 496
（二）所有者投入和减少资本	—	—	—	—	—	—	—	—	—	—	—	—	—
1.所有者投入的普通股	—	—	—	—	—	—	—	—	—	—	—	—	—
2.其他权益工具持有者投入资本	—	—	—	—	—	—	—	—	—	—	—	—	—
3.股份支付计入所有者权益的金额	—	—	—	—	—	—	—	—	—	—	—	—	—
4.其他	—	—	—	—	—	—	—	—	—	—	—	—	—
（三）利润分配	—	—	—	—	—	—	—	5 940	16 118	2 970	-39 759	—	-14 731
1.提取盈余公积	—	—	—	—	—	—	—	5 940	—	—	-5 940	—	—
2.提取一般风险准备	—	—	—	—	—	—	—	—	16 118	—	-16 118	—	—
3.提取信托赔偿准备	—	—	—	—	—	—	—	—	—	2 970	-2 970	—	—
4.对所有者的分配	—	—	—	—	—	—	—	—	—	—	-14 731	—	-14 731
5.其他	—	—	—	—	—	—	—	—	—	—	—	—	—
（四）所有者权益内部结转	41 000	—	—	—	—	—	—	—	—	—	-41 069	—	-69
1.资本公积转增资本	—	—	—	—	—	—	—	—	—	—	—	—	—
2.盈余公积转增资本	—	—	—	—	—	—	—	—	—	—	—	—	—
3.盈余公积弥补亏损	—	—	—	—	—	—	—	—	—	—	—	—	—
4.一般风险准备弥补亏损	—	—	—	—	—	—	—	—	—	—	—	—	—
5.结转重新计量设定受益计划净负债或净资产所产生的变动	—	—	—	—	—	—	—	—	—	—	—	—	—
6.其他综合收益结转留存收益	—	—	—	—	—	—	—	—	—	—	—	—	—
7.其他	41 000	—	—	—	—	—	—	—	—	—	-41 000	—	—
（五）其他	—	—	—	—	—	—	—	—	—	—	-69	—	-69
四、本年年末余额	416 000	—	—	—	5 115	—	2 102	82 911	28 838	37 229	65 147	20 745	658 086

法定代表人：李云祥　　　主管会计工作的负责人：陈明雅　　　会计机构负责人：陈明雅

公司所有者权益变动表

编制单位：厦门国际信托有限公司　　2023年度　　单位：万元

项目	本年金额											
	实收资本	其他权益工具			资本公积	减：库存股	其他综合收益	盈余公积	一般风险准备	信托赔偿准备	未分配利润	所有者权益合计
		优先股	永续债	其他								
一、上年末余额	416 000	—	—	—	5 115	—	2 102	82 911	21 209	37 229	61 385	625 950
加：会计政策变更	—	—	—	—	—	—	—	-3	—	-2	-28	-33
前期差错更正	—	—	—	—	—	—	—	—	—	—	—	—
其他	—	—	—	—	—	—	—	—	—	—	—	—
二、本年年初余额	416 000	—	—	—	5 115	—	2 102	82 907	21 209	37 227	61 356	625 917
三、本年增减变动金额（减少以"-"号填列）	—	—	—	—	—	—	-92	5 431	6 762	2 715	39 397	54 213
（一）综合收益总额	—	—	—	—	—	—	-92	—	—	—	54 305	54 213
（二）所有者投入和减少资本	—	—	—	—	—	—	—	—	—	—	—	—
1.所有者投入的普通股	—	—	—	—	—	—	—	—	—	—	—	—
2.其他权益工具持有者投入资本	—	—	—	—	—	—	—	—	—	—	—	—
3.股份支付计入所有者权益的金额	—	—	—	—	—	—	—	—	—	—	—	—
4.其他	—	—	—	—	—	—	—	—	—	—	—	—
（三）利润分配	—	—	—	—	—	—	—	5 431	6 762	2 715	-14 908	—
1.提取盈余公积	—	—	—	—	—	—	—	5 431	—	—	-5 431	—
2.提取一般风险准备	—	—	—	—	—	—	—	—	6 762	—	-6 762	—
3.提取信托赔偿准备	—	—	—	—	—	—	—	—	—	2 715	-2 715	—
4.对所有者的分配	—	—	—	—	—	—	—	—	—	—	—	—
5.其他	—	—	—	—	—	—	—	—	—	—	—	—
（四）所有者权益内部结转	—	—	—	—	—	—	—	—	—	—	—	—
1.资本公积转增资本	—	—	—	—	—	—	—	—	—	—	—	—
2.盈余公积转增资本	—	—	—	—	—	—	—	—	—	—	—	—
3.盈余公积弥补亏损	—	—	—	—	—	—	—	—	—	—	—	—
4.一般风险准备弥补亏损	—	—	—	—	—	—	—	—	—	—	—	—
5.结转重新计量设定受益计划净负债或净资产所产生的变动	—	—	—	—	—	—	—	—	—	—	—	—
6.其他综合收益结转留存收益	—	—	—	—	—	—	—	—	—	—	—	—
7.其他	—	—	—	—	—	—	—	—	—	—	—	—
（五）其他	—	—	—	—	1	—	—	—	—	—	—	1
四、本年末余额	416 000	—	—	—	5 116	—	2 010	88 338	27 971	39 942	100 754	680 130

法定代表人：李云祥　　主管会计工作的负责人：陈明雅　　会计机构负责人：陈明雅

公司所有者权益变动表（续）

编制单位：厦门国际信托有限公司　　2023年度　　单位：万元

项目	实收资本	其他权益工具 优先股	其他权益工具 永续债	其他权益工具 其他	资本公积	减：库存股	其他综合收益	上年金额 盈余公积	一般风险准备	信托赔偿准备	未分配利润	所有者权益合计
一、上年末余额	375 000	—	—	—	5 115	—	1 890	76 971	6 931	34 259	80 976	581 143
加：会计政策变更	—	—	—	—	—	—	—	—	—	—	—	—
前期差错更正	—	—	—	—	—	—	—	—	—	—	—	—
其他	—	—	—	—	—	—	—	—	—	—	—	—
二、本年初余额	375 000	—	—	—	5 115	—	1 890	76 971	6 931	34 259	80 976	581 143
三、本年增减变动金额（减少以"-"号填列）	41 000	—	—	—	—	—	211	5 940	14 278	2 970	-19 592	44 807
（一）综合收益总额	—	—	—	—	—	—	211	—	—	—	59 396	59 607
（二）所有者投入和减少资本	—	—	—	—	—	—	—	—	—	—	—	—
1.所有者投入的普通股	—	—	—	—	—	—	—	—	—	—	—	—
2.其他权益工具持有者投入资本	—	—	—	—	—	—	—	—	—	—	—	—
3.股份支付计入所有者权益的金额	—	—	—	—	—	—	—	—	—	—	—	—
4.其他	—	—	—	—	—	—	—	—	—	—	—	—
（三）利润分配	—	—	—	—	—	—	—	5 940	14 278	2 970	-37 919	-14 731
1.提取盈余公积	—	—	—	—	—	—	—	5 940	—	—	-5 940	—
2.提取一般风险准备	—	—	—	—	—	—	—	—	14 278	—	-14 278	—
3.提取信托赔偿准备	—	—	—	—	—	—	—	—	—	2 970	-2 970	—
4.对所有者的分配	—	—	—	—	—	—	—	—	—	—	-14 731	-14 731
5.其他	—	—	—	—	—	—	—	—	—	—	—	—
（四）所有者权益内部结转	41 000	—	—	—	—	—	—	—	—	—	-41 069	-69
1.资本公积转增资本	—	—	—	—	—	—	—	—	—	—	—	—
2.盈余公积转增资本	—	—	—	—	—	—	—	—	—	—	—	—
3.盈余公积弥补亏损	—	—	—	—	—	—	—	—	—	—	—	—
4.一般风险准备弥补亏损	—	—	—	—	—	—	—	—	—	—	—	—
5.结转重新计量设定受益计划净负债或净资产所产生的变动	—	—	—	—	—	—	—	—	—	—	—	—
6.其他综合收益结转留存收益	—	—	—	—	—	—	—	—	—	—	—	—
7.其他	41 000	—	—	—	—	—	—	—	—	—	-41 000	—
（五）其他	—	—	—	—	—	—	—	—	—	—	-69	-69
四、本年末余额	416 000	—	—	—	5 115	—	2 102	82 911	21 209	37 229	61 385	625 950

法定代表人：李云祥　　主管会计工作的负责人：陈明雅　　会计机构负责人：陈明雅

5.2 信托资产

5.2.1 信托项目资产负债表

信托项目资产负债表

编制单位：厦门国际信托有限公司　　　　2023年12月31日　　　　单位：万元

资产	期末数	期初数	负债与所有者权益	期末数	期初数
资产：			负债：		
货币资金	203 481	231 666	应付受托人报酬	27 195	13 391
拆出资金	28 792	—	应付受益人收益	9 941	4 003
交易性金融资产	9 754 859	9 057 182	应交税金	2 212	978
衍生金融资产	—	—	卖出回购金融资产款	163 849	—
买入返售金融资产	618 576	679 817	其他负债	91 610	121 233
发放贷款	5 558 690	5 157 682	负债合计	294 807	139 605
债权投资	1 370 088	1 405 365	所有者权益：		
其他权益工具	—	—	实收信托	17 418 358	16 782 330
应收款项	55 875	37 735	其中：集合资金信托	8 825 885	5 307 945
长期股权投资	—	—	单一资金信托	4 389 254	6 342 168
其他资产	2 079	—	财产信托	4 203 220	5 132 217
			资本公积	−29 057	−16 279
			未分配利润	−91 669	−336 210
			所有者权益合计	17 297 633	16 429 841
资产总计	17 592 440	16 569 447	负债和所有者权益总计	17 592 440	16 569 447

法定代表人：李云祥　　　　信财机构负责人：孟云鹏　　　　信财会计主管：黄宝华

5.2.2 信托项目利润及利润分配汇总表

信托项目利润及利润分配汇总表

编制单位：厦门国际信托有限公司　　2023年度　　单位：万元

项目	当年数	上年数
一、营业收入	800 214	887 978
利息净收入	405 102	477 637
利息收入	406 144	477 637
利息支出	1 043	—
投资收益（损失以"-"号填列）	392 461	380 026
公允价值变动收益	−9 157	29 536
其他业务收入	11 809	779
二、营业支出	−90 068	340 399
营业税金及附加	2 605	2 627
信托费用	86 728	130 448
信用减值损失	−179 402	207 324
三、利润总额（损失以"-"号填列）	890 283	547 579
加：期初未分配信托利润	−336 210	−153 741
损益平准金	105 340	70 503
四、可供分配的信托利润	659 413	464 340
减：本期已分配信托利润	751 082	800 550
五、期末未分配信托利润	−91 669	−336 210

法定代表人：李云祥　　信财机构负责人：孟云鹏　　信财会计主管：黄宝华

6. 会计报表附注（母公司）

6.1 会计报表编制基准不符合会计核算基本前提的说明

6.1.1 会计报表不符合会计核算基本前提的事项

公司会计报表没有不符合会计核算基本前提的事项。

6.1.2 纳入合并报表范围子公司的说明

本年度公司纳入合并报表范围的子公司为本公司子公司圆信永丰基金管理有限公司。

6.2 重要会计政策和会计估计说明

6.2.1 计提一般准备、资产减值准备的范围和方法

（1）一般准备金期末余额按照期末风险资产的1.5%及信托业务手续费及佣金收入（不含增值税）的10%计提，作利润分配处理。

（2）本公司需确认减值损失的金融资产系以摊余成本计量的金融资产、以公允价值计量且其变动计入其他综合收益的债务工具、租赁应收款，主要包括应收票据、应收账款、应收款项融资、其他应收款、债权投资、其他债权投资、长期应收款等。此外，对合同资产及部分财务担保合同，也按照本部分所述会计政策计提减值准备和确认信用减值损失。

①减值准备的确认方法。本公司以预期信用损失为基础,对上述各项目按照其适用的预期信用损失计量方法(一般方法或简化方法)计提减值准备并确认信用减值损失。

信用损失,是指本公司按照原实际利率折现的、根据合同应收的所有合同现金流量与预期收取的所有现金流量之间的差额,即全部现金短缺的现值。其中,对于购买或源生的已发生信用减值的金融资产,本公司按照该金融资产经信用调整的实际利率折现。

预期信用损失计量的一般方法是指,本公司在每个资产负债表日评估金融资产(含合同资产等其他适用项目,下同)的信用风险自初始确认后是否已经显著增加,如果信用风险自初始确认后已显著增加,本公司按照相当于整个存续期内预期信用损失的金额计量损失准备;如果信用风险自初始确认后未显著增加,本公司按照相当于未来12个月内预期信用损失的金额计量损失准备。本公司在评估预期信用损失时,考虑所有合理且有依据的信息,包括前瞻性信息。

对于在资产负债表日具有较低信用风险的金融工具,本公司假设其信用风险自初始确认后并未显著增加,选择按照未来12个月内的预期信用损失计量损失准备/不选择简化处理方法,依据其信用风险自初始确认后是否已显著增加,而采用未来12月内或者整个存续期内预期信用损失金额为基础计量损失准备。

②信用风险自初始确认后是否显著增加的判断标准。如果某项金融资产在资产负债表日确定的预计存续期内的违约概率显著高于在初始确认时确定的预计存续期内的违约概率,则表明该项金融资产的信用风险显著增加。除特殊情况外,本公司采用未来12个月内发生的违约风险的变化作为整个存续期内发生违约风险变化的合理估计,来确定自初始确认后信用风险是否显著增加。

③以组合为基础评估预期信用风险的组合方法。本公司对信用风险显著不同的金融资产单项评价信用风险,如:应收关联方款项;与对方存在争议或涉及诉讼、仲裁的应收款项;已有明显迹象表明债务人很可能无法履行还款义务的应收款项等。

除了单项评估信用风险的金融资产外,本公司基于共同风险特征将金融资产划分为不同的组别,在组合的基础上评估信用风险。

④金融资产减值的会计处理方法。期末,本公司计算各类金融资产的预计信用损失,如果该预计信用损失大于其当前减值准备的账面金额,将其差额确认为减值损失;如果小于当前减值准备的账面金额,则将差额确认为减值利得。

(3)贷款损失准备。参照中国银行业监督管理委员会令2011年第4号《商业银行贷款损失准备管理办法》中第六条和第七条规定提取贷款损失准备。贷款拨备率为贷款损失准备与各项贷款余额之比,拨备覆盖率为贷款损失准备与不良贷款余额之比,贷款拨备率基本标准为2.5%,拨备覆盖率基本标准为150%,以两项标准中较高者为贷款损失准备的提取标准。其中划分为次级类、可疑类、损失类的贷款属于不良贷款。

(4)除上述金融资产外的其他主要资产的减值。对联营企业的长期股权投资、固定资产、在建工程等长期非金融资产,公司在每年末判断相关资产是否存在可能发生减值的迹象。

资产存在减值迹象的,估计其可收回金额。可收回金额根据资产的公允价值减去处置费用后的净额与资产预计未来现金流量的现值两者之间较高者确定。

当资产的可收回金额低于其账面价值的,将资产的账面价值减记至可收回金额,减记的金额确认为资产减值损失,计入当期损益,同时计提相应的资产减值准备。

资产减值损失确认后,减值资产的折旧或者摊销费用在未来期间作相应调整,以使该资产在剩余使用寿命内,系统地分摊调整后的资产账面价值(扣除预计净残值)。

长期非金融资产的减值损失一经确认,在以后会计期间不再转回。

有迹象表明一项资产可能发生减值的,企业以单项资产为基础估计其可收回金额。难以对单项资产的可收回金额进行估计的,以该资产所属的资产组为基础确定资产组的可收回金额。资产组的认定,以资产组产生的主要现金流入是否独立于其他资产或者资产组的现金流入为依据。同时,在认定资产组时,考虑公司管理层管理经营活动的方式和对资产的持续使用或者处置的决策方式等。资产组一经确定,各个会计期间保持一致。

公司按照上述原则、并参考财政部关于印发《金融企业准备金计提管理办法》的通知(财金〔2012〕20号文)提取资产减值准备。《金融企业准备金计提管理办法》建议的提取比例如下表所示。

资产情况	提取比例（%）
正常	—
关注	3.00
次级	30.00
可疑	60.00
损失	100.00

6.2.2 金融资产的分类、确认和计量

本公司根据管理金融资产的业务模式和金融资产的合同现金流量特征，将金融资产划分为：以摊余成本计量的金融资产；以公允价值计量且其变动计入其他综合收益的金融资产；以公允价值计量且其变动计入当期损益的金融资产。

金融资产在初始确认时以公允价值计量。对于以公允价值计量且其变动计入当期损益的金融资产，相关交易费用直接计入当期损益；对于其他类别的金融资产，相关交易费用计入初始确认金额。因销售产品或提供劳务而产生的、未包含或不考虑重大融资成分的应收账款或应收票据，本公司按照预期有权收取的对价金额作为初始确认金额。

6.2.2.1 以摊余成本计量的金融资产

本公司管理以摊余成本计量的金融资产的业务模式为以收取合同现金流量为目标，且此类金融资产的合同现金流量特征与基本借贷安排相一致，即在特定日期产生的现金流量，仅为对本金和以未偿付本金金额为基础的利息的支付。本公司对于此类金融资产，采用实际利率法，按照摊余成本进行后续计量，其摊销或减值产生的利得或损失，计入当期损益。

6.2.2.2 以公允价值计量且其变动计入其他综合收益的金融资产

本公司管理此类金融资产的业务模式为既以收取合同现金流量为目标又以出售为目标，且此类金融资产的合同现金流量特征与基本借贷安排相一致。本公司对此类金融资产按照公允价值计量且其变动计入其他综合收益，但减值损失或利得、汇兑损益和按照实际利率法计算的利息收入计入当期损益。

此外，本公司将部分非交易性权益工具投资指定为以公允价值计量且其变动计入其他综合收益的金融资产。本公司将该类金融资产的相关股利收入计入当期损益，公允价值变动计入其他综合收益。当该金融资产终止确认时，之前计入其他综合收益的累计利得或损失将从其他综合收益转入留存收益，不计入当期损益。

6.2.2.3 以公允价值计量且其变动计入当期损益的金融资产

本公司将上述以摊余成本计量的金融资产和以公允价值计量且其变动计入其他综合收益的金融资产之外的金融资产，分类为以公允价值计量且其变动计入当期损益的金融资产。此外，在初始确认时，本公司为了消除或显著减少会计错配，将部分金融资产指定为以公允价值计量且其变动计入当期损益的金融资产。对于此类金融资产，本公司采用公允价值进行后续计量，公允价值变动计入当期损益。

6.2.3 长期股权投资核算方法

6.2.3.1 初始计量

6.2.3.1.1 企业合并形成的长期股权投资

同一控制下的企业合并：公司以支付现金、转让非现金资产或承担债务方式以及以发行权益性证券作为合并对价的，在合并日按照取得被合并方所有者权益账面价值的份额作为长期股权投资的初始投资成本。长期股权投资初始投资成本与支付合并对价之间的差额，调整资本公积；资本公积不足冲减的，调整留存收益。合并发生的各项直接相关费用，包括为进行合并而支付的审计费用、评估费用、法律服务费用等，于发生时计入当期损益。

非同一控制下的企业合并：合并成本为购买日购买方为取得对被购买方的控制权而付出的资产、发生或承担的负债以及发行的权益性证券的公允价值，以及为企业合并而发生的各项直接相关费用。通过多次交换交易分步实现的企业合并，合并成本为每一单项交易成本之和。在合并合同中对可能影响合并成本的未来事项做出约定的，购买日如果估计未来事项很可能发生并且对合并成本的影响金额能够可靠计量的，也计入合并成本。

6.2.3.1.2 其他方式取得的长期股权投资

以支付现金方式取得的长期股权投资，按照实际支付的购买价款作为初始投资成本。

以发行权益性证券取得的长期股权投资，按照发行权益性证券的公允价值作为初始投资成本。初始投资成本包括与取得长期股权投资直接相关的费用、税金及其他必要支出。

在非货币性资产交换具备商业实质和换入资产或换出资产的公允价值能够可靠计量的前提下，非货币性资产交换换入的长期股权投资以换出资产的公允价值为基础确定其初始投资成本，除非有确凿证据表明换入资产

的公允价值更加可靠；不满足上述前提的非货币性资产交换，以换出资产的账面价值和应支付的相关税费作为换入长期股权投资的初始投资成本。

通过债务重组取得的长期股权投资，其初始投资成本按照公允价值为基础确定。

6.2.3.2 被投资单位具有共同控制、重大影响的依据

按照合同约定对某项经济活动所共有的控制，仅在与该项经济活动相关的重要财务和经营决策需要分享控制权的投资方一致同意时存在，则视为与其他方对被投资单位实施共同控制；对一个企业的财务和经营决策有参与决策的权力，但并不能够控制或者与其他方一起共同控制这些政策的制定，则视为投资企业能够对被投资单位施加重大影响。

6.2.3.3 后续计量及收益确认

公司能够对被投资单位施加重大影响或共同控制的，初始投资成本大于投资时应享有被投资单位可辨认净资产公允价值份额的差额，不调整长期股权投资的初始投资成本；初始投资成本小于投资时应享有被投资单位可辨认净资产公允价值份额的差额，计入当期损益，同时调整长期股权投资的成本。

公司对子公司的长期股权投资，采用成本法核算，编制合并财务报表时按照权益法进行调整。

对被投资单位具有共同控制或重大影响的长期股权投资，采用权益法核算。

成本法下被投资单位宣告分派的现金股利或利润，确认为当期投资收益。

权益法下本公司确认被投资单位发生的净亏损，以长期股权投资的账面价值以及其他实质上构成对被投资单位净投资的长期权益减记至零为限，本公司负有承担额外损失义务的除外。

被投资单位以后实现净利润的，本公司在其收益分享额弥补未确认的亏损分担额后，恢复确认收益分享额。

被投资单位除净损益、其他综合收益和利润分配以外所有者权益的其他变动，调整长期股权投资的账面价值并计入所有者权益。

6.2.4 投资性房地产核算方法

投资性房地产是指为赚取租金或资本增值，或两者兼有而持有的房地产。包括已出租的土地使用权、持有并准备增值后转让的土地使用权、已出租的建筑物等。

本公司对投资性房地产采用成本模式进行后续计量。

投资性房地产按成本进行初始计量。与投资性房地产有关的后续支出，如果与该资产有关的经济利益很可能流入且其成本能可靠地计量，则计入投资性房地产成本。其他后续支出，在发生时计入当期损益。

本公司采用成本模式对投资性房地产进行后续计量，并按照与房屋建筑物或土地使用权一致的政策进行折旧或摊销。

投资性房地产预计使用寿命和年折旧率如下表所示。

资产类别	预计使用寿命（年）	预计净残值率（%）	年折旧率（%）
办公用楼	30	5	3.17

自用房地产或存货转换为投资性房地产或投资性房地产转换为自用房地产时，按转换前的账面价值作为转换后的入账价值。

6.2.5 固定资产计价及折旧方法

6.2.5.1 固定资产确认条件

固定资产指为生产商品、提供劳务、出租或经营管理而持有，并且使用寿命超过一个会计年度的有形资产。固定资产在同时满足下列条件时予以确认：（1）与该固定资产有关的经济利益很可能流入企业；（2）该固定资产的成本能够可靠地计量。

6.2.5.2 固定资产的分类

固定资产分类为：办公用楼、职工宿舍、电子计算机及外设、其他办公设备、交通运输设备。

6.2.5.3 固定资产的初始计量

固定资产取得时按照实际成本进行初始计量。

外购固定资产的成本，以购买价款、相关税费、使固定资产达到预定可使用状态前所发生的可归属于该项资产的运输费、装卸费、安装费和专业人员服务费等确定。

购买固定资产的价款超过正常信用条件延期支付，实质上具有融资性质的，固定资产的成本以购买价款的现值为基础确定。

自行建造固定资产的成本，由建造该项资产达到预定可使用状态前所发生的必要支出构成。

债务重组取得债务人用以抵债的固定资产，以该固定资产的公允价值为基础确定其入账价值，并将重组债务的账面价值与该用以抵债的固定资产公允价值之间的差额，计入当期损益。

在非货币性资产交换具备商业实质且换入资产或换出资产的公允价值能够可靠计量的前提下，换入的固定资产以换出资产的公允价值为基础确定其入账价值，除

非有确凿证据表明换入资产的公允价值更加可靠；不满足上述前提的非货币性资产交换，以换出资产的账面价值和应支付的相关税费作为换入固定资产的成本，不确认损益。

以同一控制下的企业吸收合并方式取得的固定资产按被合并方的账面价值确定其入账价值；以非同一控制下的企业吸收合并方式取得的固定资产按公允价值确定其入账价值。

融资租入的固定资产，按租赁开始日租赁资产公允价值与最低租赁付款额现值两者中较低者作为入账价值。

6.2.5.4 固定资产折旧计提方法

固定资产折旧采用年限平均法分类计提，根据固定资产类别、预计使用寿命和预计净残值率确定折旧率。

各类固定资产预计使用寿命和年折旧率如下表所示。

固定资产类别	预计使用寿命（年）	预计净残值率（%）	年折旧率（%）
职工宿舍	20~35	3~5	2.77~4.75
电子设备	5	3~5	19~32.33
办公设备	5	3~5	19~19.4
运输设备	8	3~5	11.875~12.125

6.2.6 无形资产的计价及摊销政策

6.2.6.1 无形资产的确认及计价方法

无形资产是指本公司拥有或者控制的没有实物形态的可辨认非货币性资产。无形资产按成本进行初始计量。与无形资产有关的支出，如果相关的经济利益很可能流入本公司且其成本能可靠地计量，则计入无形资产成本。除此以外的其他项目的支出，在发生时计入当期损益。

6.2.6.2 无形资产的摊销

使用寿命有限的无形资产自可供使用时起，对其原值在其预计使用寿命内采用直线法分期平均摊销。使用寿命不确定的无形资产不予摊销。期末，对使用寿命有限的无形资产的使用寿命和摊销方法进行复核，如发生变更则作为会计估计变更处理。此外，还对使用寿命不确定的无形资产的使用寿命进行复核，如果有证据表明该无形资产为企业带来经济利益的期限是可预见的，则估计其使用寿命并按照使用寿命有限的无形资产的摊销政策进行摊销。

6.2.7 长期应收款的核算方法

"长期应收款"用来核算包括融资租赁产生的应收款项、采用递延方式具有融资性质的销售商品和提供劳务等产生的应收款项等，实质上构成对被投资单位净投资的长期权益，也通过本科目核算。

本公司"长期应收款"主要是用来核算融资租赁产生的应收款项。融资租赁中，在租赁期开始日，本公司按最低租赁收款额与初始直接费用之和作为"长期应收款（应收融资租赁款）"的入账价值，同时记录未担保余值；将最低租赁收款额、初始直接费用及未担保余值之和与其现值之和的差额确认为未实现融资收益。未实现融资收益在租赁期内各个期间采用实际利率法计算确认当期的融资收入。

6.2.8 长期待摊费用的摊销政策

本公司长期待摊费用是指已经支出，但受益期限在一年以上（不含一年）的办公室装修费。摊销方法采用直线法，在受益期内平均摊销。

6.2.9 合并会计报表的编制方法

公司将拥有实际控制权的子公司和特殊目的主体纳入合并财务报表范围。

公司合并财务报表按照《企业会计准则第33号——合并财务报表》及相关规定的要求编制。具体编制时，以本公司和子公司的财务报表为基础，若子公司与本公司采用的会计政策或会计期间不一致的，则按照本公司的会计政策或会计期间对子公司财务报表进行必要的调整，同时按照权益法调整对子公司的长期股权投资，并抵销合并范围内的所有重大内部交易和往来后进行合并。子公司的股东权益中不属于母公司所拥有的部分作为少数股东权益在合并财务报表中股东权益项下单独列示。

对于非同一控制下企业合并取得的子公司，在编制合并财务报表时，以购买日可辨认净资产公允价值为基础对其个别财务报表进行调整；对于同一控制下企业合并取得的子公司，视同该企业合并于合并当期的年初已经发生，从合并当期的年初起将其资产、负债、经营成果和现金流量纳入合并财务报表。

6.2.10 收入确认原则和方法

6.2.10.1 利息收入

在相关的收入金额能够可靠计量，相关的经济利益很可能流入时，按资金使用时间和实际利率确认利息收入。

6.2.10.2 手续费收入

在相关的收入金额能够可靠计量，相关的经济利益很可能流入时确认收入。

6.2.10.3 投资收益

公司持有交易性金融资产期间取得的利息或现金股

利确认为当期收益；处置交易性金融资产时其公允价值与初始入账金额之间的差额，确认为投资收益，同时调整公允价值变动收益。

采用成本法核算的长期股权投资，被投资单位宣告分派的现金股利或利润，确认为当期投资收益；采用权益法核算的长期股权投资，根据被投资单位实现的净利润或经调整的净利润计算应享有的份额确认投资收益。

6.2.10.4 其他业务收入

其他业务收入主要是除主营业务活动以外的其他经营活动实现的收入。在收入的金额能够可靠计量，且相关经济利益很可能流入企业时确认收入。

6.2.11 所得税的会计处理方法

本公司的所得税采用资产负债表债务法核算。资产、负债的账面价值与其计税基础存在差异的，按照规定确认所产生的递延所得税资产和递延所得税负债。

在资产负债表日，对于当期和以前期间形成的当期所得税负债（或资产），按照税法规定计算的预期应交纳（或返还）的所得税金额计量；对于递延所得税资产和递延所得税负债，根据税法规定，按照预期收回该资产或清偿该负债期间的适用税率计量。

递延所得税资产的确认以本公司很可能取得用来抵扣可抵扣暂时性差异、可抵扣亏损和税款抵减的应纳税所得额为限。在无法明确估计可抵扣暂时性差异预期转回期间可能取得的应纳税所得额时，不确认与可抵扣暂时性差异相关的递延所得税资产。对联营企业及合营企业投资相关的应纳税暂时性差异产生的递延所得税负债，予以确认，但同时满足能够控制应纳税暂时性差异转回的时间且该暂时性差异在可预见的未来很可能不会转回的，不予确认；对联营企业及合营企业投资相关的可抵扣暂时性差异产生的递延所得税资产，该可抵扣暂时性差异同时满足在可预见的未来很可能转回即在可预见的将来有处置该项投资的明确计划，且预计在处置该项投资时，除了有足够的应纳税所得以外，还有足够的投资收益用以抵扣可抵扣暂时性差异时，予以确认。

资产负债表日，对递延所得税资产的账面价值进行复核。除企业合并、直接在所有者权益中确认的交易或者事项产生的所得税外，本公司将当期所得税和递延所得税作为所得税费用或收益计入当期损益。

6.2.12 信托报酬确认原则和方法

按照信托合同约定，在相关的收入金额能够可靠计量，相关的经济利益很可能流入时确认收入。

6.3 重要会计政策、会计估计的变更

6.3.1 重要会计政策变更
本年无重要会计政策变更。

6.3.2 重要会计估计变更
本年无重要会计估计变更。

6.4 或有事项的说明

公司的对外担保均为在重新登记前为厦门市一些市政项目提供的担保，2023年期初数为1 673万元、期末数为1 594万元。由于以上担保均由厦门市财政局提供反担保，因此，上述或有事项对公司不构成重大影响。

6.5 会计报表中重要项目的明细资料（母公司）

6.5.1 自营资产经营情况

6.5.1.1 信用风险资产分类情况表

信用风险资产五级分类	正常类（万元）	关注类（万元）	次级类（万元）	可疑类（万元）	损失类（万元）	信用风险资产合计（万元）	不良合计（万元）	不良率（%）
期初数	562 831	146 810	7 060	—	12	716 714	7 072	0.99
期末数	669 580	190 382	7 032	—	—	866 994	7 032	0.81

注：1. 资产数按照计提减值准备前的数字反映。
2. 不良资产合计＝次级类＋可疑类＋损失类。
3. 信用风险资产＝各项贷款＋政府债券（国债）＋地方政府债券＋央行票据＋非金融企业债券＋金融债券＋非金融企业股权（含股票）＋金融机构股权（含股票）＋存放同业＋拆放同业＋买入返售资产＋购买同业存单＋购买银行非保本理财产品＋购买信托产品＋购买资产管理计划＋其他具有特定目的载体属性的产品投资＋应收利息和其他应收款＋其他表内信用风险资产＋不可撤销的承诺及或有负债（与监管局统计口径一致）。

6.5.1.2 资产减值损失准备

单位：万元

项目	期初数	本期计提	本期转回	本期核销	期末数
贷款损失准备	1 223	−748	—		474
其中：一般准备	—	—	—		—
专项准备	1 223	−748	—		474
其他资产减值准备	44 430	10 619	26		55 023
其中：以摊余成本计量金融资产的减值准备	123	84	—		207
以公允价值计量且其变动计入其他综合收益金融资产的减值准备	—	—	—		—
其他减值准备	44 307	10 535	26		54 815
合计	45 653	9 871	26		55 497

6.5.1.3 自营投资情况

单位：万元

项目	自营股票	基金	债券	长期股权投资	其他投资	合计
期初数	6 634	34 073	—	128 002	277 389	446 099
期末数	7 085	110 936	—	135 440	363 280	616 741

6.5.1.4 前五名长期股权投资企业情况

企业名称	占被投资企业权益的比例（%）	主要经营活动	投资损益（万元）
南方基金管理股份有限公司	13.72	基金募集、基金销售等	23 962
圆信永丰基金管理有限公司	51	基金募集、基金销售、资产管理和中国证监会许可的其他业务	2 550

注：投资损益是指按照企业会计准则规定，核算股权投资确认损益并计入披露年度利润表的金额。

6.5.1.5 前五名自营贷款企业情况

企业名称	占贷款总额的比例（%）	还款情况
广州舟力贸易有限公司	100	贷款未到期

6.5.1.6 表外业务

单位：万元

表外业务	期初数	期末数
担保业务	1 673	1 594
代理业务（委托业务）	3 308	2 203
其他	—	—
合计	4 981	3 797

6.5.1.7 公司当年的收入结构

收入结构	金额（万元）	占比（%）
手续费及佣金收入	60 244	55.16
其中：信托手续费收入	60 244	55.16
投资银行业务收入	—	—
利息收入	11 538	10.57
其他业务收入	522	0.48
投资收益	26 095	23.89
其中：股权投资收益	26 512	24.28
证券投资收益	542	0.50
其他投资收益	-959	-0.88
公允价值变动收益	5 084	4.66
资产处置收益	—	—
其他收益	5 282	4.84
营业外收入	444	0.41
收入合计	109 209	100.00

注：手续费及佣金收入、利息收入、其他业务收入、投资收益、营业外收入均为损益表中的一级科目，其中手续费及佣金收入、利息收入、营业外收入为未抵减掉相应支出的全年累计实现收入数。

6.5.2 信托资产管理情况

6.5.2.1 信托资产的期初数、期末数

单位：万元

信托资产	期初数	期末数
资产服务信托业务	4 469 635	5 790 307
资产管理信托业务	4 966 031	8 821 479
公益慈善信托业务	221	348
其他	7 133 560	2 980 307
合计	16 569 447	17 592 440

6.5.2.2 本年度已清算结束的信托项目情况

已清算结束信托项目	项目个数（个）	实收信托合计金额（万元）	加权平均实际年化信托报酬率（%）	加权平均实际年化收益率（%）
资产服务信托业务	27	3 231 183	0.03	0.44
资产管理信托业务	80	2 566 517	0.89	6.07
公益慈善信托业务	—	62		
其他	77	5 575 959	0.19	1.85
合计	184	11 373 722	0.30	2.40

注：1. 加权平均实际年化信托报酬率=（信托项目1的实际年化信托报酬率×信托项目1的实收信托+信托项目2的实际年化信托报酬率×信托项目2的实收信托+…信托项目n的实际年化信托报酬率×信托项目n的实收信托）/（信托项目1的实收信托+信托项目2的实收信托+…信托项目n的实收信托）×100%。

2. 收益率是指信托项目清算后，给受益人赚取的实际收益水平。加权平均实际年化收益率=（信托项目1实际年化收益率×信托项目1的实收信托+信托项目2的实际年化收益率×信托项目2的实收信托+…信托项目n的实际年化收益率×信托项目n的实收信托）/（信托项目1的实收信托+信托项目2的实收信托+…信托项目n的实收信托）×100%。

6.5.2.3 本年度新增的信托项目情况

新增信托产品	产品个数（个）	实收信托合计金额（万元）
资产服务信托业务	59	3 938 220
资产管理信托业务	214	6 118 806
公益慈善信托业务	2	143
新增合计	275	10 057 169

6.5.2.4 信托业务创新成果和特色业务情况

行政管理服务信托。公司助力厦门市"财政政策+金融工具"扩大应用场景，支持实体经济关键融资环节，设立"厦门市供应链协作基金服务信托"，首期规模50亿元，其中分设工业企业供应链子基金和商贸企业供应链子基金各25亿元，通过向"白名单"企业提供低成本融资支持，促进厦门市供应链上下游企业有效增资扩产。

特殊需要信托。公司设立"同晖"系列特需信托，以满足和服务特需群体的生活需求为主要信托目的，通过信托法律架构整合相关社会服务资源，对接监护、监察、养老、托付等功能，能够协同托养机构、第三方监

督服务平台、特殊学校、律师、医护机构及其他保障机构的服务，实现提供全面、长期生活保障的目标。

公开市场投资业务。公司以公开市场投资业务作为重点转型方向，推动固定收益投资业务的投资和交易能力稳步提升，实现投资品类与合作客群不断拓展，资金交易、现券交易和运营质效升级，公司自主管理的"现金宝3号集合资金信托计划"获评"一年期固定收益类产品金牛奖"，并创新推出与商业银行合作的利率债委外产品线。

公益慈善信托。公司深入践行新市民金融服务，设立"快先森骑手爱心互助慈善信托"，初始规模20万元，资金用于捐助在全国范围内的骑手以及与骑手群体相关的人员，对意外、疾病身故以及重大伤残、重大疾病的骑手进行资助。本项目获选厦门市第二届依法治理十佳典型示范案例名单。

6.5.2.5 本公司履行受托人义务情况及因本公司自身责任而导致的信托资产损失

公司严格按照信托法规要求，忠实履行信托合同的义务，至本年度止，没有因本公司自身责任而导致的信托资产损失。

6.5.2.6 信托赔偿准备金的提取、使用和管理情况

公司每年按照净利润的5%计提信托赔偿准备金。截至2023年末，信托赔偿准备金期末余额为39 942万元。本公司提取的信托赔偿准备金尚未使用过。

6.6 关联方关系及其交易

6.6.1 关联交易的数量、交易总金额及交易的定价政策

项目	关联交易方数量（个）	关联交易金额（万元）	定价政策
合计	28	124 116	市场公允价格。对关联方的贷款利率定价依据参照其他商业银行对其同类贷款利率水平，及与公司发放给其他具有同等资信条件非关联方的贷款利率；其他交易方式均按公允交易价格执行

6.6.2 关联交易方的基本情况

关系性质	关联方名称	法定代表人	注册地址	注册资本（亿元）	主营业务
实际控制人	厦门金圆投资集团有限公司	檀庄龙	厦门市思明区展鸿路82号厦门国际金融中心46层4610~4620单元	216.11	（1）对金融、工业、文化、服务、信息等行业的投资与运营；（2）产业投资、股权投资的管理与运营；（3）土地综合开发与运营、房地产开发经营；（4）其他法律、法规规定未禁止或规定需经审批的项目，自主选择经营项目，开展经营活动（法律法规规定必须办理审批许可才能从事的经营项目，必须在取得审批许可证明后方能营业）
受同一集团控制的其他企业	厦门金圆置业有限公司	黄瑞荣	厦门市思明区展鸿路82号厦门国际金融中心4层04、05、07单元	0.05	房地产开发经营；物业管理；房产中介服务（不含评估）；自有房地产经营活动；停车场管理；其他未列明房地产业；经营各类商品和技术的进出口（不另附进出口商品目录），但国家限定公司经营或禁止进出口的商品及技术除外；投资咨询（法律、法规另有规定除外）
受同一集团控制的其他企业	厦门慧企互联科技有限公司	倪巍	厦门市思明区展鸿路82号25层02单元之四	0.1	科技中介服务；信息系统集成服务；其他未列明科技推广及应用服务业；软件开发；信息技术咨询服务；数据处理和存储服务；其他未列明信息技术服务业（不含须经许可审批的项目）；动画、漫画设计、制作；数字内容服务；计算机、软件及辅助设备批发；计算机、软件及辅助设备零售；其他未列明企业管理服务（不含须经审批许可的项目）；提供企业营销策划服务；其他未列明商务服务业（不含须经许可审批的项目）
受同一集团控制的其他企业	厦门市金圆股权投资有限公司	洪峰	厦门市思明区湖滨南路57号3A室西侧之三十八	0.1	依法从事对非公开交易的企业股权进行投资以及相关咨询服务；对第一产业、第二产业、第三产业的投资
本公司有重大影响的联营公司	南方基金管理股份有限公司	周易	深圳市福田区莲花街道益田路5999号基金大厦32~42楼	3.62	基金募集、基金销售、资产管理、中国证监会许可的其他业务
受同一集团控制的其他企业	金圆统一证券有限公司	薛荷	中国（福建）自由贸易试验区厦门片区象屿路93号厦门国际航运中心C栋4层431单元A之九	15	证券经纪交易服务
受同一集团控制的其他企业	厦门金圆融资租赁有限公司	金宁	中国（福建）自由贸易试验区厦门片区象屿路97号国际航运中心D栋11层09C单元	5.67	融资租赁业务；租赁业务；向国内外购买租赁资产；租赁资产的残值处理及维修；租赁交易咨询和担保；经审批部门批准的其他融资租赁业务；投资咨询（法律、法规另有规定的除外）；商务信息咨询；企业管理咨询；兼营与主营业务有关的商业保理业务；谷物、豆及薯类批发；棉麻批发；林业产品批发；果品批发；蔬菜批发；肉禽蛋批发；纺织品、针织品及原料批发；煤炭及制品批发（不含危险化学品和监控化学品）；石油制品批发（不含成品油、危险化学品和监控化学品）；非金属矿及制品批发（不含危险化学品和监控化学品）；金属及金属矿批发（不含危险化学品和监控化学品）；建材批发；农业机械批发；汽车零配件批发；五金产品批发；计算机、软件及辅助设备批发；贸易代理；其他未列明批发业（不含须经许可审批的经营项目）；经营各类商品和项目的进出口（不另附进出口商品目录），但国家限定公司经营或禁止进出口的商品和技术除外

续表

关系性质	关联方名称	法定代表人	注册地址	注册资本（亿元）	主营业务
受同一母公司控制的其他企业	金圆资本管理（厦门）有限公司	蔡毅华	厦门市思明区展鸿路82号厦门国际金融中心45层4501~4503单元	6.86	（1）投资管理（法律、法规另有规定的除外）；（2）资产管理（法律、法规另有规定的除外）；（3）其他企业管理服务
受同一集团控制的其他企业	厦门市融资担保有限公司	陈君彧	福建省厦门市思明区展鸿路82号厦门国际金融中心22层01单元	15	从事融资性担保业务（主营贷款担保、票据承兑担保、贸易融资担保、项目融资担保、信用证担保等担保业务和其他法律、法规许可的融资性担保业务。兼营范围为诉讼保全担保、履约担保以及与担保业务有关的融资咨询、财务顾问等中介服务和以自有资金进行的投资）
受同一集团控制的其他企业	厦门景合资产管理有限公司	郭韶红	中国（福建）自由贸易试验区厦门片区象屿路97号厦门国际航运中心D栋8层05单元X	0.1	（1）资产管理（法律、法规另有规定除外）；（2）受托管理股权投资，提供相关咨询服务；（3）受托管理股权投资基金，提供相关咨询服务；（4）在法律法规许可的范围内，运用本基金资产对未上市企业或股权投资企业进行投资，（5）对第一产业、第二产业、第三产业的投资（法律、法规另有规定除外）；（6）依法从事对非上市交易的企业股权进行投资以及相关咨询服务；（7）投资管理（法律、法规另有规定除外）；（8）投资咨询、企业管理咨询、投资管理咨询（法律、法规另有规定除外）及其他未列明企业管理服务（不含须经审批许可的项目）
关联自然人直接或间接控制、或担任董事、监事及高级管理人员的其他企业	厦门银行股份有限公司	姚志萍	厦门市思明区湖滨北路101号商业银行大厦	26.39	吸收公众存款；发放短期、中期和长期贷款；办理国内结算；办理票据贴现；发行金融债券；代理发行、代理兑付、承销政府债券；买卖政府债券；从事同业拆借；提供担保及服务；代理收付款项及代理保险业务；提供保险箱业务；办理地方财政信用周转使用资金的委托贷款业务；外汇存款、外汇贷款、外汇汇款、外币兑换、外汇同业拆借、国际结算、结汇、售汇、外汇票据的承兑和贴现、资信调查、咨询、见证业务；经银行业监督管理机构等监管机构批准的其他业务
直接受本公司其他股东控制	厦门港务金融控股有限公司	宋小坚	中国（福建）自由贸易试验区厦门片区沧江路98号综合楼202单元	10	接受金融机构委托从事金融信息技术外包、金融业务流程外包及金融知识流程外包；对第一产业、第二产业、第三产业的投资（法律、法规另有规定除外）；投资管理（法律、法规另有规定除外）；投资咨询（法律、法规另有规定除外）；企业管理咨询；资产管理（法律、法规另有规定除外）；信用服务（不含须经许可审批的项目）；其他未列明商务服务业（不含须经许可审批的项目）
受同一集团控制的其他企业	厦门金融控股有限公司	檀庄龙	中国（福建）自由贸易试验区厦门片区（保税港区）海景南二路45号4楼03单元F0016	100	接受金融机构委托从事金融信息技术外包、金融业务流程外包及金融知识流程外包；对第一产业、第二产业、第三产业的投资（法律、法规另有规定除外）；投资管理咨询（法律、法规另有规定除外）；资产管理（法律、法规另有规定除外）；社会经济咨询（不含金融业务咨询）；信用服务（不含须经许可审批的项目）；其他未列明商务服务业（不含须经许可审批的项目）
受同一集团控制的其他企业	厦门两岸股权交易中心有限公司	林东	厦门市湖里区泗水道619号137室	0.9	为各类债权、私募债券、资产支持债券（不包括证券、基金、期货经营机构发起设立的相关金融产品）、非公开上市公司股权、理财产品、资产权益、金融衍生产品、离岸金融产品、跨境人民币业务产品等金融产品、金融工具的登记、托管、挂牌、鉴（见）证、转让、过户、结算等提供场所、设施和服务；提供融资、并购、资本运作等服务；组织开展金融产品创新与交易活动；提供与前述业务相关的咨询、信息服务；培训、咨询、评级、财务顾问服务；融资理财、委托投资；项目投资、投资管理；其他相关业务（法律法规规定应经审批的，未获审批前不得经营）
主要股东的关联方	清源科技股份有限公司	HONG DANIEL	厦门火炬高新区（翔安）产业区民安大道1001~1009号	2.74	清洁能源产品的软件及硬件开发、技术引进、生产制造，并提供相关技术咨询与服务；清洁能源产品和节能产品的进出口和批发。以上商品不涉及国营贸易管理商品，涉及配额、许可证管理商品的，按国家有关规定办理申请
主要股东的关联方	厦门自贸片区港务电力有限公司	郭宇平	中国（福建）自由贸易试验区厦门片区港中路80号	0.8	电力供应；承装、承修、承试电力设施；电气安装；工程管理服务；建设工程勘察设计；管道和设备安装；钢结构工程施工；其他未列明建筑安装业；信息系统集成服务；通信设备零售；计算机、软件及辅助设备零售；互联网接入及相关服务（不含网吧）；计算机及相关设备租赁；通信设备零售；计算机和辅助设备修理；电气设备修理；其他未明电力生产；其他未列明信息技术服务业（不含须经许可审批的项目）；软件开发；信息技术咨询服务；其他未列明的机械与设备租赁（不含须经许可审批的项目）；其他机械设备及电子产品批发；其他技术推广服务；节能技术推广服务；合同能源管理
主要股东的关联方	厦门建发新兴创业投资有限公司	王文怀	中国（福建）自由贸易试验区厦门片区（保税区）象屿路97号厦门国际航运中心D栋8层03单元A之九	9	创业投资业务；代理其他创业投资企业等机构或个人的委托进行创业投资业务；创业投资咨询业务；为创业企业提供创业管理服务业务；参与设立创业投资企业与创业投资管理顾问机构
主要股东的关联方	黄石悦发房地产有限公司	杜佳芸	湖北省黄石市黄石港区湖滨大道176号3号、4号楼1101室	0.5	许可项目：房地产开发经营（依法须经批准的项目，经相关部门批准后方可开展经营活动，具体经营项目以相关部门批准文件或许可证件为准）一般项目：物业管理（除依法须经批准的项目外，凭营业执照依法自主开展经营活动）

续表

关系性质	关联方名称	法定代表人	注册地址	注册资本（亿元）	主营业务
受同一母公司控制的其他企业	厦门市创业投资有限公司	谢洁平	展鸿路82号厦门国际金融中心27层2701~2705单元	7.3	（1）创业投资业务；（2）代理其他创业投资企业等机构或个人的创业投资业务；（3）创业投资咨询业务；（4）为创业企业提供创业管理服务业务；（5）参与设立创业投资企业与创业投资管理顾问机构
本公司子公司	圆信永丰基金管理有限公司	胡荣炜	中国（福建）自由贸易试验区厦门片区（保税港区）海景南二路45号4楼02单元之175	2	基金募集、基金销售、资产管理和中国证监会许可的其他业务；从事特定客户资产管理业务
主要股东的关联方	厦门建发新兴产业股权投资有限责任公司	王文怀	厦门市思明区环岛东路1699号建发国际大厦41楼C单元	4	非证券类股权投资及与股权投资有关的咨询服务（法律、法规另有规定除外）

主要关联方为以上21个主体，关联交易方的基本情况按工商信息进行披露。

6.6.3 与关联方的重大交易事项

6.6.3.1 固有财产与关联方交易情况

单位：万元

项目	期初数	本期增加额	本期减少额	期末数
贷款	—	—	—	—
投资	105	365	205	265
租赁	—	1 591	1 287	303
担保	—	—	—	—
应收账款	—	—	—	—
其他	3	486	460	30
合计	108	2 442	1 952	599

6.6.3.2 信托资产与关联方交易

单位：万元

项目	期初数	本期增加额	本期减少额	期末数
贷款	6 672	110	315	6 467
投资	109 541	68 043	63 441	114 143
租赁	—	—	—	—
担保	—	—	—	—
应收账款	—	—	—	—
其他	520	2 912	472	2 960
合计	116 733	71 065	64 228	123 570

6.6.3.3 固有财产与信托财产交易情况

单位：万元

期初数	本期增加额	本期减少额	期末数
131 502	318 510	211 463	238 549

6.6.3.4 信托资产与信托财产之间交易情况

单位：万元

期初数	本期净增加额	期末数
265 711	402 276	667 987

6.6.4 逐笔披露本公司的重大交易事项

6.6.4.1 本公司与关联方之间的重大交易事项

交易事项	时间	金额（万元）	定价原则	交易方式	相关情况
信托资金用于受让厦门建发新兴产业股权投资有限责任公司持有的相关资产	2023年5月18日	68 000	市场价格	投资	无

6.6.4.2 信托财产之间的重大交易事项

无。

6.6.5 关联方逾期未偿还本公司资金的情况以及本公司为关联方担保发生或即将发生垫款的情况

报告期内无此情况。

6.7 会计制度的披露

本公司固有业务及信托业务均执行财政部颁布的《企业会计准则——基本准则》及42项具体会计准则及其相关规定。

7. 财务情况说明书

7.1 利润实现和分配情况

2023年公司实现净利润54 305万元，合并净利润为58 613万元。根据《公司法》《信托公司管理办法》及本公司章程，公司对本年实现的母公司净利润54 305万元进行分配，其中：提取10%法定盈余公积5 431万元，提取5%信托赔偿准备2 715万元，计提一般风险准备金6 762万元。

7.2 主要财务指标

指标名称	指标值
资产收益率（%）	7.11
资本收益率（%）	8.28

续表

指标名称	指标值
加权年化信托报酬率（%）	0.30
人均净利润（万元）	221.65

注：1．资产收益率=净利润/总资产平均余额×100%。
2．总资产平均余额是指评级年度内年初及各季末总资产余额的移动算术平均数。
3．资本收益率=净利润/所有者权益平均余额×100%。
4．所有者权益平均余额是指评级年度内年初及各季末所有者权益余额的移动算术平均数，公式为A（平均）=（A0/2+A1+A2+A3+A4/2）/4。
5．加权年化信托报酬率=（信托项目1的实际年化信托报酬率×信托项目1的实收信托+信托项目2的实际年化信托报酬率×信托项目2的实收信托+信托项目n的实际年化信托报酬率×信托项目n的实收信托）/（信托项目1的实收信托+信托项目2的实收信托+信托项目n的实收信托）×100%。
6．人均净利润=净利润/年平均人数。
7．年平均人数=∑每月末人数/12。

7.3 公司净资本、风险资本以及风险控制指标情况

截至2023年末，公司净资本各项监管指标符合监管要求，各监管指标具体情况如下：（1）净资本=50.46亿元≥2亿元。（2）净资本/各项业务风险资本之和=504 608.68/385 758.63=130.81%≥100%。（3）净资本/净资产=504 608.68/680 130.26=74.19%≥40%。

7.4 对本公司财务状况、经营成果有重大影响的其他事项

本报告期内无其他重大影响事项。

8. 特别事项揭示

8.1 主要股东及其控股股东、实控人报告期内变动情况及原因

无。

8.2 董事、监事及高级管理人员变动情况及原因

根据组织安排，经公司董事会选举、股东会决议及监管任职资格核准，2023年1月，公司董事长李云祥先生到任。

公司董监事会按期完成换届工作，根据相关法律法规及公司章程规定，最终由公司股东会选举、确认第七届董事会成员为李云祥（第七届董事会选举为董事长）、檀庄龙、刘思宁、李东胜、陈震、袁东、王遥、李丰、林远东；公司股东会选举、确认第七届监事会成员为林漳龙（第七届监事会选举为监事会主席）、刘志云、陈剑毅。第七届董事会、监事会自2023年7月起正式到任履职。

2023年1月，公司原副总经理郭韶红女士到龄退休。2023年2月，根据公司董事会决议，并经监管任职资格核准，公司聘任林俊民先生为公司副总经理。2023年12月，根据公司董事会决议，并经监管任职资格核准，公司聘任蔡云霖先生为公司总经理助理。

8.3 变更注册资本、变更注册地或公司名称、公司分立合并事项

2023年3月，根据厦银保监复〔2023〕19号批复，公司办公地址由厦门市思明区展鸿路82号厦门国际金融中心39~42层变更为厦门市思明区展鸿路82号厦门国际金融中心9层、39~42层。

8.4 公司的重大诉讼事项

8.4.1 重大未决诉讼事项

（1）公司与浙江蓝天实业集团有限公司等贷款合同纠纷公证债权文书执行一案，绍兴市中级人民法院于2021年3月1日立案，该院裁定由浙江省绍兴市柯桥区人民法院执行，截至2023年末，该案尚处于执行阶段。

（2）公司与武汉天盈投资集团有限公司公正证债权文书执行一案，湖北省武汉市中级人民法院于2022年9月5日立案，截至2023年末，该案尚处于执行阶段。

（3）公司与厦门市荣奔置业有限公司、厦门梁星置业有限公司、正荣地产控股股份有限公司、上海中梁地产集团有限公司合同纠纷一案，厦门市思明区中级人民法院于2022年9月19日立案。法院于2023年6月作出一审判决，双方均选择上诉，截至2023年末，处于二审阶段。

（4）公司与旭辉集团股份有限公司等交易对手合同纠纷一案，于2023年11月立案。

8.4.2 以前年度发生，于本报告年度终结的诉讼事项

公司与海航科技股份有限公司公证债权文书执行案，因借款人未按约定支付相关利息，公司向海南省第一中级人民法院申请强制执行，该院已于2021年12月21日立案。公司已于2023年3月22日与海航科技股份有限公司就该案签署和解协议并生效，该案已按和解长期履行作结案处理。

8.4.3 本报告年度发生，于本报告年度终结的诉讼事项

无。

8.5 公司及其董事、监事和高级管理人员受到处罚的情况

2023年9月26日，国家金融监督管理总局厦门监管局向公司出具厦金罚决字〔2023〕8号的《行政处罚决定书》，对公司作出总计罚款415万元的行政处罚（以下合称本次行政处罚）。

公司已及时按主管部门要求对相关问题进行整改，并按照要求时限缴交罚款。目前公司的各项业务均正常开展、经营秩序稳定，本次行政处罚不影响公司整体业务开展，不会对公司持续经营能力造成重大不利影响。

8.6 国家金融监督管理总局及其派出机构对公司检查后提出整改意见及其整改情况

报告期内，国家金融监督管理总局及其派出机构未对公司进行现场检查。

8.7 对会计师事务所出具的非标准无保留审计报告、保留意见、否定意见或无法表示意见的审计报告，公司董事会就所涉及事项作出的说明，独立董事、监事会、负责审计的会计师事务所和注册会计师对所涉事项的书面意见

无。

8.8 本年度重大事项临时报告简要内容、披露时间、所披露的媒体及版面

2023年1月18日在《证券时报》B2版和《厦门日报》A17版刊发了《厦门国际信托有限公司关于董事长变更、章程修改的公告》，就公司董事李云祥接任洪文瑾所任的第六届董事会董事长职务以及公司章程修订进行了披露。

2023年3月8日在《证券时报》B39版和《厦门日报》A10版刊发了《厦门国际信托有限公司关于住所变更的公告》，就公司办公地址由厦门市思明区展鸿路82号厦门国际金融中心39~42层变更为厦门市思明区展鸿路82号厦门国际金融中心9层、39~42层进行了披露。

2023年4月1日在《证券时报》B2版和《厦门日报》A17版刊发了《厦门国际信托有限公司关于换领金融许可证的公告》，就公司申领换发金融许可证一事进行了披露。

2023年8月9日在《证券时报》B60版和《厦门日报》A02版刊发了《厦门国际信托有限公司关于董事会换届及成员变更的公告》，就公司职工董事变更、董事会换届及成员变更情况进行了披露。

8.9 本年度消费者权益保护工作开展情况

2023年，公司认真贯彻党的二十大精神和监管机构工作部署，扎实推进金融消保工作，保障各项消保工作有序开展。

8.9.1 持续完善消保体制机制建设，强化消保职能落实

2023年是公司消保五年战略规划的承前启后阶段，为进一步适应新形势、新变化、新常态，公司对消保五年战略规划进行了中期修订，对下阶段消保工作目标提出新要求，为公司后续消保工作指明方向。

公司党委认真贯彻党中央关于金融工作的相关重要指示要求，将党的领导融入金融消保工作，持续督导、追踪、检查各项消保工作推进。公司纪委持续加强监督检查，保证消保工作决策部署落实到位。

公司董事会定期听取并审议高级管理层对消保工作的开展情况。董事会下设信托与关联交易控制委员会（暨消费者权益保护委员会）定期向董事会提交消保工作报告，就消保重大问题和重要政策进行研究，依据授权对高级管理层和消保部门工作的全面性、及时性、有效性进行监督。监事会列席董事会消保工作相关议程，听取消保相关重要报告。审计部对消保工作开展审计并出具审计意见。

2023年公司对消保各层级组织架构进行优化调整，在公司消保工作小组中专设由公司高级管理层组成的领导小组，对公司消保工作进行统一规划、统一部署；同时，扩大消保工作执行小组的成员部门，分为牵头管理部门、前端业务部门和支持保障部门，强化消保专职部门的人员队伍力量，保障公司消保工作有效开展。

8.9.2 持续完善消保内控建设，建立健全消保相关规章制度

公司持续完善消保内控建设，搭建了以消保工作规定为核心，以消保专门制度和消保关联制度为系列配套制度的，较为完备的消保内控制度体系。2023年新增11个消保相关制度，修订《消保工作制度》等20个消保相关制度。

8.9.3 全面加强产品与服务的消保全流程管控

2023年，公司对现有产品与服务的全流程进行了全面梳理，从事前审查、事中管控、事后监督对产品与服务的全生命周期进行消保管控。事前审查方面，制定《消保审查管理办法》，从产品设计开发、定价收费、营

销推介、合同协议、信息披露等关键性环节加强消保审查，从源头防范有瑕疵的产品流入市场，预防侵害消费者合法权益事件的发生。事中管控方面，对日常营销宣传行为进行监督，有针对性地开展销售适当性自查整改工作。事后监督方面，2023年公司成立客户体验优化工作小组，不断强化以客户为中心的经营理念，努力提供更加专业化、线上化、智能化、便捷化的产品服务。

8.9.4 有效保障金融消费者信息安全

2023年公司修订《客户信息保护管理办法》，从制度上完善消费者金融信息保护工作框架，落实消费者金融信息分级授权机制。公司组织相关工作人员参加个人信息保护合规管理实务专题培训，并在实际工作中加以运用，更好地保障金融消费者信息安全。

8.9.5 追根溯源全面加强投诉治理和矛盾纠纷化解

2023年公司收到投诉242件，投诉业务类别主要为消费金融个人信托贷款业务，经过与投诉人认真沟通、求证，所有投诉件均妥善解决，并及时报告监管机构。

2023年，公司全面开展纠纷投诉管理的提质增效整治工作，从投诉处理的内部管理、前端化解、源头治理等方面多管齐下，不断提升投诉处理效率和质量。所有案件均妥善解决，并及时报告监管机构。

一是进一步完善投诉内部管理。2023年，公司制定和修订了《公司客户投诉处理管理办法》《个人信托贷款业务第三方机构合作暂行管理办法》等投诉管理相关规章制度，做到投诉管理有章可依。公司持续对投诉管理流程进行优化升级，明确部门分工，提升处理效率。同时，加强对投诉事件的分析梳理，形成标准化的处理模式、核查模板，规范投诉处理操作，确保投诉人在沟通过程中听得明白、看得清楚，诉求得到有效回应。

二是进一步加强投诉的前端化解。对于客户集中反映的问题，协同合作平台制定具体回应方案，妥善解决客户的合理诉求；针对复杂投诉事件进行个案突破，组建多部门协同专案处理小组，制定个性化处理方案并推动落地实施。公司进一步畅通客户投诉渠道，加强客户服务热线管理，专设投诉电话坐席人员以提升投诉电话接通率及投诉处理回访，确保发生的客户诉求在公司层面能够第一时间得到响应。

三是进一步加强投诉纠纷多元化解机制建设。2023年公司与厦门市地方金融纠纷调解中心建立全面业务合作，积极引导消费者通过调解途径解决纠纷，对客户诉求进行快速响应，化解疑难复杂投诉纠纷，进一步提高客户满意度。

四是进一步加强投诉源头治理。2023年，公司对合作机构管理办法进行全面修订，明确相关消保要求，并将其作为合作机构的准入、退出重要指标；同时建立健全与合作平台的投诉处理沟通管道，加强双方的信息共享与协商机制，共同做好投诉化解工作。

8.9.6 持续加大金融宣传教育力度

公司聚焦"一老一少一新"等重点消费群体，持续推进"线上+线下""集中性+阵地化"的金融宣传全覆盖。2023年共组织开展线下宣传教育活动11场次，线上宣传教育活动5场次，发布宣教信息90余件，总受众达40余万人。2023年，公司积极响应监管号召探索"党建+消保"的宣教模式，将消保宣教工作融入近邻党建，与厦港街道福海社区、同安汀溪镇堤内村、思明小学等单位开展共建活动，先后设立了"福海社区金融消保驿站""堤内村金融消保驿站"，进一步扩大金融宣教阵地，推动金融宣教工作有力度、有广度、有深度、有温度、有速度。

8.9.7 不断提升消保内部管理水平

持续建设学习型消保组织，打造全员消保文化，2023年共组织开展消保培训14场次、消保考试2场次，全面覆盖了公司中高级管理层、基层业务人员和新入职人员。消保内部考核方面，2023年公司制定并发布《消保工作考核评价管理办法》，将消保工作考核结果纳入各相关部门的综合绩效考核体系并提高考核占比，充分发挥消保考核"指挥棒"与"风向标"作用。

8.10 本年度公司社会责任履行情况

公司坚持以习近平新时代中国特色社会主义思想为指导，深入学习贯彻党的二十大精神和中央金融工作会议精神，践行永续发展愿景，在严守风险合规底线、提升经营管理水平的同时，将社会责任理念融入发展战略、经营管理与日常工作中，拓展服务实体经济及民生福祉的各类场景，大力推进信托文化建设、坚持绿色低碳发展、积极提升人本价值。

8.10.1 尝试全体系导入ESG评价

为提升不确定环境下的信用风险快速识别能力，公司应用ESG的环境、社会、治理相关指标进行风险快速识别，避免介入ESG风险敞口较大的企业或项目。其中，环境指标主要关注是否属于国家政策限制行业；社会指标主要关注是否存在涉及重大诉讼或重大纠纷影响企业正常经营的情形；公司治理指标主要关注公司治理负面事件、上市公司信息披露不完备等情形。

在权益投资方面，公司持续推动ESG投资理念植入各类业务模式与资产类别中，并推动尝试在权益投资中的行业筛选等环节中导入ESG评价体系与方法。

8.10.2 深入服务实体经济

公司基于"扎根厦门、深耕福建、融合两岸、服务全国"的战略规划，积极发挥信托在资产管理、财富管理和社会服务等方面的制度优势，积极服务国家战略，支持科技创新，助力经济增长。截至2023年末，公司支持京津冀协同发展的信托项目229个，信托金额111.96亿元；支持长江经济带信托项目305个，信托金额470.72亿元；支持粤港澳大湾区信托项目68个，信托金额113.03亿元；支持小微企业项目74个，信托金额124.57亿元；支持"三农"相关项目18个，金额33.17亿元。

2023年，公司服务于本土经济的高质量发展。一是城建基金完成轨道建设子基金200亿元的首期投放，服务厦门轨道建设补充长期权益性资本，实现以1∶4的杠杆撬动社会资本；二是技术创新基金规模从150亿元扩容至300亿元，项下新设用于支持融资租赁和绿色金融业务的专项子基金，获评证券时报"2023年度优秀行政管理服务信托"，入选《国家产融合作试点城市典型案例集（2023年）》；三是本年新设供应链协作基金，服务厦门市产业链供应链一体化建设，首期规模50亿元。2023年，公司纳税总额4.35亿元；投向厦门地区的信托金额337.35亿元。

8.10.3 积极服务民生福祉

公司运用信托隔离、保护、传承的功能，形成"家业"系列家族信托、"岁丰"系列保险金信托、"同晖"系列特殊需要服务信托、"鹭享"系列财富管理服务信托，将信托运用在财富传承、风险隔离、特殊需要成员照料、资产保值增值等多个场景，推进信托在服务民生中发挥更大作用。

同时，公司开展多项惠民举措，设立厦门信托-快先森骑手爱心互助慈善信托，成功获选厦门市第二届依法治理十佳典型示范案例名单；推动堤内村对口帮扶工作，设立堤内村乡村振兴服务信托；积极推动近邻党建，设立消费者保护驿站，共促基层社会治理；持续开展结对困难群众慰问工作，深化"厦信暖阳"志愿服务品牌，2023年共300多人次参加金融知识宣传、文明交通、扶贫助困等志愿活动。

8.10.4 大力推进信托文化建设

公司围绕"信托文化深化年"这一主题，通过发布《厦门国际信托有限公司信托文化建设纲要》，重点推动组织架构、制度体系和工作流程的不断完善，以信托文化建设助力公司业务转型和团队能力建设，在省部级、行业内以及厦门市分别获得了多项荣誉，推动信托行业确立有中国特色的信托文化理念。公司牵头开展了中国信托业协会的年度重点课题并获行业第三名；"现金宝3号集合资金信托计划"获评"一年期固定收益类产品金牛奖"。

8.10.5 坚持绿色低碳发展

公司坚持绿色低碳发展，通过资产管理、资产服务模式，支持清洁能源、清洁生产、绿色交通、绿色建筑、生态农业、污染治理等产业或项目，并积极开展绿色债券投资，包括公司债、定向工具、碳中和债等品种。截至2023年末，公司发放的绿色贷款余额32.08亿元，投向绿色债券存续规模6.74亿元。公司2023年购买农业碳汇10 000吨，从生态振兴角度入手，为乡村发展注入"金融活水"。在日常管理中，公司大力倡导节水节能节纸的环保意识，通过为员工通勤提供班车、地铁接驳车等形式，鼓励员工低碳出行。

8.10.6 积极提升人本价值

公司始终将人才作为公司的第一资源，持续加大人才的培养力度，建立多元化的人才孵化机制，引导员工积极参与业务转型，为员工搭建广阔的职业发展平台。为加强人才队伍建设，激发员工学习积极性，公司制定了《员工考取相关证书薪档晋升管理办法》，2023年共组织了148场培训及考试，组织员工培训3 689人次，总学时达8 798.9学时。

注重员工权益保障。公司2023年召开职工代表大会，完成工会换届，推动企务公开、党务公开，修订《公司福利管理办法》，保障员工参与民主管理权利，公司董事会、监事会成员中均有职工代表。新一届公司工会充分发挥桥梁纽带作用，把准工会职能定位，围绕企业改革发展和经营发展需要，为职工群众办好事、解难事，维护和发展职工群众利益。2023年公司工会新设网球、乒乓球俱乐部，首次开展工间趣味活动，与圆信永丰公司开展篮球友谊赛，第三度蝉联集团趣味运动会团体冠军，公司足球俱乐部在厦门市金融系统足球赛中获得亚军，形式多样的文体活动广受员工好评。2023年公司工会积极推动22名员工子女参加集团暑托班，持续做好在职员工节日慰问、困难员工和退休员工慰问、职工疗休养等工作，切实为员工排忧解难。

8.11 已向国务院银行业监督管理机构或其派出机构提交行政许可申请但尚未获得批准的事项

无。

8.12 国家金融监督管理总局及其省级派出机构认定的其他有必要让客户及相关利益人了解的重要信息

无。

9.公司监事会意见

监事会认为，报告期内公司依法运作，没有发现公司董事及高级管理人员在执行公司职务时有违法违纪和损害公司利益的行为。2023年度财务报告经聘请的中审众环会计师事务所（特殊普通合伙）厦门分所审计，能真实地反映本公司的财务状况和经营成果。

兴业国际信托有限公司

1.重要提示

1.1 本公司董事会及董事保证本报告所载资料不存在任何虚假记载、误导性陈述或者重大遗漏,并对其内容的真实性、准确性和完整性承担个别及连带责任。没有个别董事的异议声明。

1.2 本公司独立董事保证本报告所载资料不存在任何虚假记载、误导性陈述或者重大遗漏,并对其内容的真实性、准确性和完整性承担个别及连带责任,没有异议声明。

1.3 本公司2023年度财务报表已经毕马威华振会计师事务所(特殊普通合伙)根据中国注册会计师审计准则审计,并出具了标准无保留意见的审计报告。

1.4 本公司负责人、主管会计工作负责人郭晓恺及财务部门负责人张荻声明:保证2023年年度报告中财务报告的真实、完整。

2.公司概况

2.1 本公司基本情况:

2.1.1 法定中文名称:兴业国际信托有限公司
中文名称简称:兴业信托
英文名称全称:China Industrial International Trust Limited

英文名称简称:Industrial Trust
英文名称缩写:CIIT

2.1.2 法定代表人:沈卫群

2.1.3 注册地址:福建省福州市鼓楼区五四路137号信和广场23楼、25楼、26楼
邮政编码:350003
国际互联网网址:www.ciit.com.cn
联系信箱:contact@ciit.com.cn

2.1.4 信息披露事务联系人:陈勋
联系地址:福州市鼓楼区五四路137号信和广场23楼、25楼、26楼
电话:(86)0591-88263888
传真:(86)0591-87877625
邮箱:chenxun@ciit.com.cn

2.1.5 选定的信息披露报纸:《上海证券报》
年度报告备置地点:福州市鼓楼区五四路137号信和广场26层

2.1.6 本公司聘请的国内会计师事务所:毕马威华振会计师事务所(特殊普通合伙)上海分所
办公地址:上海市静安区南京西路1266号恒隆广场2号楼25楼
邮编:200040
电话:(86)021-22122888

2.2 组织结构

截至报告期末,本公司组织结构如下。

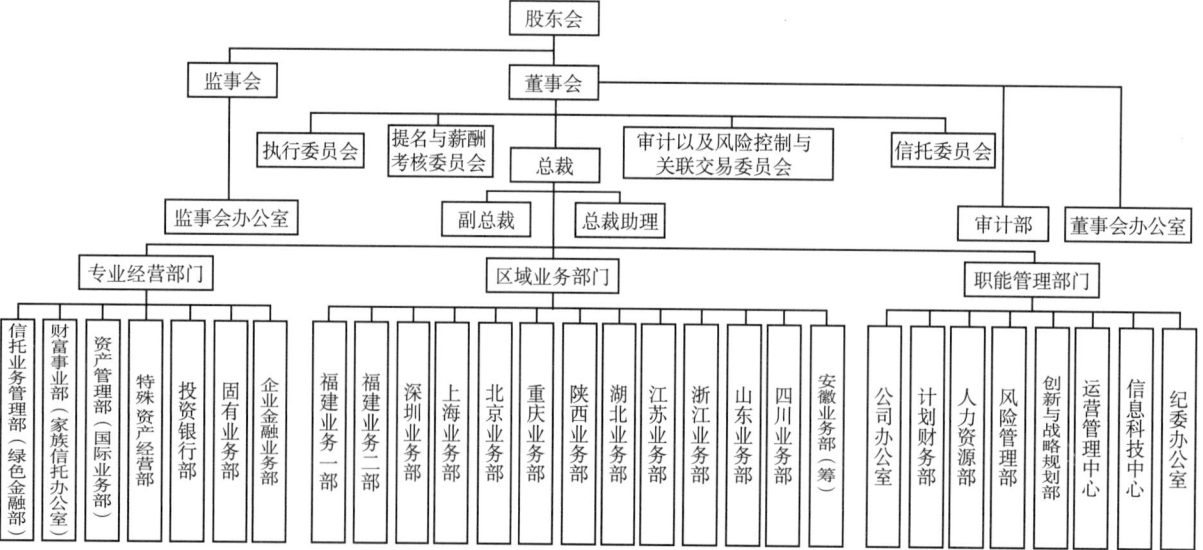

3. 公司治理结构

3.1 股东

3.1.1 股东

截至报告期末，本公司股东总数为6家，其中主要股东5家，具体如下表所示。

股东名称	持股比例（%）	法人代表	注册资本（亿元）	注册地址	主要经营业务及主要财务情况
兴业银行股份有限公司★	73.0000	吕家进	207.74	福建省福州市台江区江滨中大道398号兴业银行大厦	主要经营业务：吸收公众存款；发放短期、中期和长期贷款；办理国内外结算；办理票据承兑与贴现；发行金融债券；代理发行、代理兑付、承销政府债券；买卖政府债券、金融债券；代理发行股票以外的有价证券；买卖、代理买卖股票以外的有价证券；资产托管业务；从事同业拆借；买卖、代理买卖外汇；结汇、售汇业务；从事银行卡业务；提供信用证服务及担保；代理收付款项及代理保险业务；提供保管箱服务；财务顾问、资信调查、咨询、见证业务；经中国银行保险监督管理委员会批准的其他业务；保险兼业代理业务；黄金及其制品进出口；公募证券投资基金销售；证券投资基金托管（依法须经批准的项目，经相关部门批准后方可开展经营活动，经营项目以相关部门批准文件或许可证件为准）。主要财务情况：截至2023年末，资产总额101 583.26亿元，负债总额93 621.02亿元，所有者权益7 962.24亿元
福建省能源集团有限责任公司	8.4167	林中	100	福建省福州市鼓楼区省府路1号	主要经营业务：许可项目：矿产资源勘查；发电业务、输电业务、供（配）电业务；医疗服务；危险废物经营（依法须经批准的项目，经相关部门批准后方可开展经营活动，具体经营项目以相关部门批准文件或许可证件为准）。一般项目：发电技术服务；新兴能源技术研发；煤炭及制品销售；矿物洗选加工；远程健康管理服务；新材料技术研发；水泥制品销售；新型建筑材料制造（不含危险化学品）；石油制品销售（不含危险化学品）；化工产品销售（不含许可类化工产品）；化工产品销售（不含许可类化工产品）；专用化学产品制造（不含危险化学品）；专用化学产品销售（不含危险化学品）；固体废物治理；国内贸易代理；生物化工产品技术研发；货物进出口；技术服务、技术开发、技术咨询、技术交流、技术转让、技术推广；企业总部管理；以自有资金从事投资活动；碳减排、碳转化、碳捕捉、碳封存技术研发；节能管理服务；环保咨询服务；合同能源管理；企业管理咨询（除依法须经批准的项目外，凭营业执照依法自主开展经营活动）。主要财务情况（未经审计）：截至2023年末，资产总额956.60亿元，负债总额576.86亿元，所有者权益379.74亿元
厦门国贸集团股份有限公司	8.4167	高少镛	22.01	厦门市湖里区仙岳路4688号国贸中心2801单元	主要经营业务：一般项目：金属材料销售；金属矿石销售；高性能有色金属及合金材料销售；高品质特种钢铁材料销售；煤炭及制品销售；非金属矿及制品销售；石油制品销售（不含危险化学品）；成品油批发（不含危险化学品）；针纺织品及原料销售；食用农产品批发；橡胶制品销售；谷物销售；豆及薯类销售；饲料原料销售；食品销售（仅销售预包装食品）；化工产品销售（不含许可类化工产品）；化肥销售；建筑材料销售；鞋帽批发；服装服饰批发；工艺美术品及收藏品零售（象牙及其制品除外）；珠宝首饰批发；金银制品销售；技术进出口；货物进出口；食品进出口；进出口代理；国际货物运输代理；国内货物运输代理；普通货物仓储服务（不含危险化学品等许可审批的项目）；粮油仓储服务；贸易经纪；国内贸易代理；供应链管理服务；离岸贸易经营；中草药收购；地产中草药（不含中药饮片）购销；养老服务；通信设备销售；第二类医疗器械销售；第二类医疗器械租赁；特种设备销售；电气设备修理；仪器仪表修理；通用设备修理；照明器具销售；保健食品（预包装）销售；特殊医学用途配方食品销售；光伏设备及元器件销售；电力电子元器件销售；半导体器件专用设备销售；电池销售；电池零配件销售；自有资金投资的资产管理服务；自有资金从事投资活动；企业管理咨询（除依法须经批准的项目外，凭营业执照依法自主开展经营活动）。许可项目：第三类医疗器械经营；第三类医疗器械租赁；食品销售；放射卫生技术服务；Ⅱ类、Ⅲ类射线装置销售；酒类经营（依法须经批准的项目，经相关部门批准后方可开展经营活动，具体经营项目以相关部门批准文件或许可证件为准）。主要财务情况：截至2023年末，资产总额1 131.27亿元，负债总额745.03亿元，所有者权益386.24亿元
福建华投投资有限公司	4.8085	苏文生	2.10	福建省福州市湖东路152号华信大厦1~6层	主要经营业务：对金融、基础设施、高新技术产业、服务业的投资（依法须经批准的项目，经相关部门批准后方可开展经营活动）。主要财务情况（未经审计）：截至2023年末，资产总额39.04亿元，负债总额2.73亿元，所有者权益总额36.31亿元
福建省华兴集团有限责任公司	4.5248	王伟	27.30	福建省福州市鼓楼区华林路69号	主要经营业务：从事政府委托的国有资产的产权、股权的管理和营运。对高新技术、酒店服务、融资担保、融资租赁、典当、小额贷款行业的投资。物业管理、咨询服务、实物租赁、办理政府委托的采购招标业务；工业生产资料、农业生产资料、电子计算机及配件、建筑材料、工艺美术品（象牙及其制品除外）、百货、五金、交电（依法须经批准的项目，经相关部门批准后方可开展经营活动）。主要财务情况（未经审计）：截至2023年末，资产总额77.68亿元，负债总额27.72亿元，所有者权益49.96亿元

注：1.★为本公司控股股东，实际控制人。
2.本公司小股东南平市投资担保中心因事业单位改制等原因已注销，其人员、资产、负债、所有者权益整体划入福建省中华会计函授学校南平分校。公司正在积极推动该部分股权变更相关工作。

3.1.2 主要股东

公司主要股东总数为5家，其中，兴业银行股份有限公司、福建华投投资有限公司、福建省华兴集团有限责任公司已成为关联方，合并持有本公司股权比例为82.3333%。

公司主要股东之间不存在一致行动关系。报告期内，公司股东没有质押本公司股权或以股权及其受（收）益权设立信托等金融产品的情况。

公司主要股东及其控股股东、实际控制人、最终受益人、关联方等情况具体如下表所示。

主要股东名称	股东的控股股东	股东的实际控制人	最终受益人	主要关联方
兴业银行股份有限公司	无	无	兴业银行股份有限公司	（1）兴业银行股份有限公司（以下简称兴业银行）控制、共同控制或可施加重大影响的企业；（2）控制、共同控制兴业银行或对兴业银行施加重大影响的企业；（3）兴业银行关键管理人员（董事、监事、总行高级管理人员）或与其关系密切的家庭成员控制、共同控制或施加重大影响的其他企业，及其他关联方等
福建省能源集团有限责任公司	福建省能源石化集团有限责任公司	福建省能源石化集团有限责任公司	福建省能源石化集团有限责任公司	（1）福建省能源集团有限责任公司（以下简称福能集团）的母公司；（2）福能集团的子公司；（3）福能集团的合营与联营企业；（4）福能集团的其他关联方
厦门国贸集团股份有限公司	厦门国贸控股集团有限公司	厦门国贸控股集团有限公司	厦门国贸控股集团有限公司	（1）厦门国贸集团股份有限公司（以下简称国贸股份）的母公司；（2）国贸股份的子公司；（3）国贸股份的合营和联营企业；（4）国贸股份控股股东的联营和合营企业；（5）与国贸股份同一控股股东的企业等
福建华投投资有限公司	福建省投资开发集团有限责任公司	福建省投资开发集团有限责任公司	福建省投资开发集团有限责任公司	（1）福建华投投资有限公司（以下简称华投公司）的股东；（2）与华投投资同受一方控制的企业等
福建省华兴集团有限责任公司	福建省投资开发集团有限责任公司	福建省投资开发集团有限责任公司	福建省投资开发集团有限责任公司	（1）福建省华兴集团有限责任公司（以下简称华兴集团）的股东；（2）华兴集团的子公司；（3）与华兴集团同受一方控制的企业等；（4）华兴集团可施加重大影响的企业及其他关联方等

注：实际控制人穿透识别至最终的国有控股主体或自然人为止。

3.2 董事

截至报告期末，本公司董事会共有9名董事，其中非独立董事6名，独立董事3名。

董事长、非独立董事

姓名	职务	性别	年龄（岁）	选任日期	所推举的股东名称	该股东持股比例（%）	简要履历
沈卫群	董事长	男	56	2022年11月	兴业银行股份有限公司	73	报告期任兴业国际信托有限公司党委书记、董事长、法定代表人。曾任兴业银行上海分行党委委员、副行长，兴业银行南宁分行党委书记、行长，兴业银行杭州分行党委书记、行长等职务
马大军	董事	男	52	2023年10月	兴业银行股份有限公司	73	现任兴业银行股份有限公司同业金融部总经理，兼任兴业期货有限公司董事。曾任兴业银行上海分行党委委员、副行长，兴业银行资金营运中心总经理等职务
郭晓恺	董事	男	55	2022年11月	兴业银行股份有限公司	73	现任兴业国际信托有限公司党委委员、董事、总裁，代行董事长职务。曾任中国工商银行票据营业部营销管理部总经理，兴业银行资金营运中心总经理助理，兴业银行沈阳分行党委委员、副行长，兴业银行宁波分行党委委员、副行长，兴业银行投资银行部副总经理等职务
林中	董事	男	48	2022年11月	福建省能源集团有限责任公司	8.4167	现任福建省能源石化集团有限责任公司资本运营部总经理，兼任福建省能源集团有限责任公司党支部书记、董事、总经理、法定代表人等。曾任福建省能源集团有限责任公司财务与资产管理部副经理、资本运营部经理、公司总经理助理、金融管理办公室主任等职务
詹文学	董事	男	44	2023年6月	厦门国贸集团股份有限公司	8.4167	现任厦门国贸集团股份有限公司党委委员、总裁助理，兼任厦门国贸投资有限公司、厦门国贸泰达物流有限公司、厦门国贸海运有限公司等厦门国贸集团股份有限公司子公司的法定代表人、董事。曾任厦门国贸集团股份有限公司创新发展中心总经理，厦门国贸集团股份有限公司供应链事业部总经理助理等职务
张获	职工董事	女	50	2023年9月	兴业国际信托有限公司职工代表大会	—	现任兴业国际信托有限公司计划财务部总经理。曾任兴业银行上海分行支行营业部经理，兴业银行大连分行计划财务部兼金融市场部总经理，兴业国际信托有限公司信托财务部总经理、资产管理部总经理、财务管理部总经理等职务

注：1. 2024年3月，本公司董事会收到沈卫群先生的书面辞职函，沈卫群先生因干部任期届满原因申请辞去本公司第七届董事会董事长、董事及董事会执行委员会主任委员职务。经本公司股东会、董事会选举，郑志明先生拟担任我公司董事、董事长及董事会执行委员会主任委员职务。郑志明先生的任职资格将在监管部门核准后生效。

2. 经本公司董事会同意，在郑志明先生的董事长任职资格获得核准前，由本公司董事、总裁郭晓恺先生代理行使董事长职务。

独立董事

姓名	所在单位职务	性别	年龄	选任日期	提名方	简要履历
卢东斌	—	男	76	2022年11月	本公司	已退休，兼任兴证全球基金管理有限公司独立董事。历任中国人民大学商学院教研室主任、系主任、副院长等职务
韩良	南开大学法学院教授	男	58	2023年1月	本公司	现任南开大学法学院教授，民商法专业博士生导师，南开大学资本市场研究中心主任，中国国际经济贸易仲裁委员会仲裁员，高朋律师事务所高级顾问等。曾任京都家族信托法律事务中心主任等
李成	厦门大学会计系教授	男	45	2023年12月	本公司	现任厦门大学会计系教授、博士生导师、现代教育技术与实践训练中心副主任兼教务处副处长，为全国会计领军人才（学术五期后备）、中国国际税收研究会学术委员、中国会计学会会员、福建省高新技术企业评审专家、厦门市财政学会副会长、厦门市注册会计师协会理事、厦门市税务学会理事、厦门市营商环境建设特聘专家、厦门市岛内大提升特聘专家；兼任厦门松霖科技股份有限公司独立董事。曾任厦门大学MPAcc中心副主任、会计系副主任、厦门市财政局局长助理（挂职）、厦门大学财务处副处长（挂任），曾兼任厦门华侨电子股份有限公司、杭州铁集货运股份有限公司、厦门狄耐克智能科技股份有限公司、红相股份有限公司等多家上市公司独立董事等职务

3.3 监事

截至报告期末，本公司监事会共有3名监事，其中包括2名职工监事。

监事会成员

姓名	职务	性别	年龄（岁）	选任日期	所推举的股东名称	该股东持股比例（%）	简要履历
吕伟	监事长	男	54	2022年11月	兴业国际信托有限公司职工代表大会	—	现任兴业国际信托有限公司党委委员、纪委书记、监事长、工会主席。曾任兴业银行人事部副总经理，北京分行纪委副书记、综合部总经理，审计部副总经理，研究规划部副总经理，计划财务部总经理，投资银行部副总经理，石家庄分行党委书记、行长，重庆分行党委书记、行长，济南分行党委书记、行长等职务
吴世农	外部监事	男	68	2022年11月	南平市投资担保中心	0.8333	现任厦门大学"南强特聘教授"、管理学院财务学系教授、博士生导师，中国企业管理研究会副会长、中国管理现代化研究会财务与会计研究分会会长等。曾担任厦门大学中加MBA教育中心主任、厦门大学工商管理学院院长、管理学院常务副院长、厦门大学副校长。兼任福耀玻璃工业集团股份有限公司非执行董事、新中源丰田汽车能源系统有限公司非股权董事，江苏正力新电池技术有限公司非股权董事广东宝丽华新能源股份有限公司独立董事等
吴体光	职工监事	男	53	2022年11月	兴业国际信托有限公司职工代表大会	—	现任兴业国际信托有限公司审计部总经理。曾任福建省华侨信托投资公司内审部副经理、稽核室副科长，联华国际信托投资有限公司稽核部总经理、市场营销部总经理、兴业国际信托有限公司运营管理部总经理、产业业务部（公用事业业务部）总经理、运营管理中心总经理等职务

3.4 高级管理人员

截至报告期末，本公司共有4名高级管理人员。

高级管理人员

姓名	职务	性别	年龄（岁）	选任日期	金融从业年限（年）	学历/学位	专业	简要履历
郭晓恺	总裁	男	55	2022年11月	33	硕士研究生/工商管理学硕士	工商管理	现任兴业国际信托有限公司党委委员、董事、总裁，代行董事长职务。曾任中国工商银行票据营业部营销管理部总经理，兴业银行资金营运中心总经理助理，兴业银行沈阳分行党委委员、副行长，兴业银行宁波分行党委委员、副行长，兴业银行投资银行部副总经理等职务
柯阿勇	副总裁	男	49	2023年1月	31	大学本科	会计学	现任兴业国际信托有限公司党委委员、副总裁。曾任兴业银行莆田分行党委委员、副行长，兴业银行宁波分行党委委员、副行长等职务
郑桦舒	副总裁兼董事会秘书	男	41	2023年5月	18	大学本科/经济学学士	国际会计	报告期任兴业国际信托有限公司党委委员、副总裁兼董事会秘书。曾任职于澳门国际银行风险管理部、兴业银行总行风险管理部，曾任兴业国际信托有限公司直属业务总部副总经理、厦门业务部总经理、直属业务总部总经理，总裁助理等职务
郑仁福	总裁助理	男	44	2023年12月	16	博士研究生/经济学博士	金融学	现任兴业国际信托有限公司党委委员、总裁助理。曾任兴业银行总行投资银行部风险与合规管理处副处长，兴业银行总行投资银行部业务管理处处长，兴业银行总行投资银行部资本市场处处长，兴业经济研究咨询股份有限公司党委委员、总裁助理等职务

注：2024年3月，经本公司董事会审议通过，同意郑桦舒先生因工作调整原因辞去本公司副总裁、董事会秘书职务。

3.5 员工情况

截至报告期末，本公司在职正式员工386人，平均年龄为37岁。其中：博士5人，占1.30%；硕士184人，占47.67%；本科学历193人，占50.00%；专科学历4人，占1.04%。

4. 经营管理

4.1 经营目标、方针、战略规划

4.1.1 经营目标

公司以习近平新时代中国特色社会主义思想为指导，深入学习贯彻党的二十大精神、中央经济工作会议、中央金融工作会议精神和金融监管政策精神，发挥银行系信托公司的资源禀赋，发挥信托本源优势，做强功能性平台定位，提升专业服务能力，赋能兴业银行集团"商行+投行"战略实施，实现自身差异化、专业化发展的转型道路。

4.1.2 经营方针

公司以市场为导向、以客户为中心、以人才为根本、以创新为动力，综合化经营，专业化服务。

4.1.3 战略规划

公司坚持稳中求进的工作总基调，强化风险底线思维，积极融入兴业银行集团"商行+投行"战略布局，围绕"服务为体，资管为用，受托为本"转型总体思路，坚定回归本源，大力推进服务信托、精品投行、私募资产管理等重点转型板块建设，全力加速推动数字化战略实施，加强受托服务、财富管理等核心能力建设，牢固树立受托人定位，夯实信托文化建设，开创公司高质量发展新局面。

4.2 所经营业务的主要内容

4.2.1 自营资产运用与分布表

资产运用	金额（万元）	占比（%）	资产分布	金额（万元）	占比（%）
货币资产	5 802.17	0.30	基础产业	25 366.57	1.33
应收账款	10 889.86	0.57	房地产业	583 932.95	30.61
交易性金融资产	1 056 136.62	55.37	证券市场	418 866.27	21.96
债权投资	299 152.51	15.68	实业	50 707.95	2.66
其他债权投资	33 474.41	1.75	金融机构	192 858.59	10.11
长期股权投资	404 516.48	21.21	其他	686 359.93	35.98
其他	97 412.25	5.11	—	—	—
资产总计	1 907 384.30	100.00	资产总计	1 907 384.30	100.00

注：资产分布"其他"主要为资管产品及长期股权投资。

4.2.2 信托资产运用与分布表

资产运用	金额（万元）	占比（%）	资产分布	金额（万元）	占比（%）
货币资产	231 884.81	1.25	基础产业	744 379.31	4.02
贷款	1 960 495.30	10.59	房地产	3 479 006.45	18.78
交易性金融资产投资	10 049 141.63	54.26	证券市场	5 508 492.27	29.74
债权投资	6 105 036.36	32.96	实业	4 773 310.65	25.77
其他债权投资	—	—	金融机构	3 955 275.87	21.36
长期股权投资	—	—	其他	60 124.28	0.33
其他	174 030.73	0.94	—	—	—
信托资产总计	18 520 588.83	100.00	信托资产总计	18 520 588.83	100.00

4.3 市场分析

4.3.1 有利因素

一是宏观经济方面，我国经济韧性强，市场规模大，发展梯次结构合理，回旋余地大，经济稳中向好趋势不断强化。2023年面对错综复杂的国际形势，我国顶住外部压力、克服内部困难，经济回升向好，国内生产总值超过126万亿元，较上年增长5.2%，高质量发展扎实推进。国内服务消费持续释放，制造业投资增速回升，基础设施投资保持韧性，居民消费倾向改善，为信托公司发展带来广阔的空间和重要的市场机遇。

二是监管环境方面，信托业务"三分类"新规及配套指引为信托行业的发展与监管方向奠定了主基调，与此同时，信托强监管严监管态势进一步延续，引导信托公司紧紧围绕回归本源这一根本，按照信托业务"三分类"的方向加快转型、重塑业务模式，走差异化、特色化、本源化发展道路。中央金融工作会议吹响了建设金融强国的号角，为信托行业助力金融高质量发展指明方向。

三是行业发展方面，在信托业务"三分类"新规的指引下，信托公司加快业务创新和转型，在促进国民财富管理传承、助力盘活存量资产、服务防范化解重大风险、加强和改进社会治理等方面持续发挥信托优势和作用，信托潜在需求持续释放、信托优势不断显现。

4.3.2 不利因素

一是从宏观经济来看，国内周期性和结构性矛盾叠加，"疤痕效应"下微观主体信心尚未完全修复，经济回升向好面临有效需求不足、部分行业产业过剩、社会预期偏弱、风险隐患较多等困难和问题。

二是从监管环境看，信托业第七次清理整顿进入后半程，行业风险仍在持续出清，高风险信托公司逐步暴

露，个别信托公司破产，个别信托公司被托管，全行业风险防控工作仍面临巨大挑战。

三是从行业发展看，正处于创新转型深水区，传统业务发展承压，新的业务增长点尚未发展成熟，民营地产、城投融资业务风险暴露，行业整体经营业绩下滑，面临营收和利润增长乏力的挑战。信托业要扭转市场主体对行业的负面印象，重塑市场信任仍任重而道远。

4.4 内部控制

4.4.1 内部控制环境和内部控制文化

根据国家有关法律和本公司章程，本公司已构建了较为完善的法人治理结构，"三会一层"合理分工、有效制衡的运行机制持续健全，公司治理、业务治理、风险治理机制持续完善。事前防范、事中控制和事后监督形成防范风险有效机制，为本公司营造良好的内部控制环境。

本公司高度重视内部控制文化建设，通过完善内部控制制度、组织业务培训及从业资格认证、开展各类检查和内控自评、遴选宣导业务案例等方式，传导贯彻内部控制理念，培养员工合规理念与风险防范意识，内部控制文化深入人心。

4.4.2 内部控制措施

本公司董事会负责建立并实施充分而有效的内部控制体系。董事会下设审计以及风险控制与关联交易委员会，负责监督公司内部控制的有效实施和内部控制自我评价情况。公司经营管理层下设内部控制委员会，作为公司管理层内部控制的决策机构。报告期内，本公司内部控制工作机制持续完善，经营部门及业务管理职能部门、风险管理部门、内部审计部门三道风险防御体系持续加强，分级授权机制明确有效，风险管理报告体系完整规范，在内部控制环境、程序和措施上遏制各类潜在风险。

本公司严格执行前台、中台、后台分立运行的业务流程：前台负责对业务进行初步论证、尽职调查、方案设计和材料收集；中台贯穿业务的决策程序和管理环节，负责业务的合法合规性审核、项目评估和业务审批，并对业务的运营维护；后台负责对信托业务和自营业务的支持保障，包括财务管理和会计核算、科技支持、审计监督等，对前中台提供支持服务和监督评价等。前台、中台、后台形成高效配合和有效制衡运行机制。

报告期内，本公司规章制度体系持续完善，累计新制订或修订规章制度62项，形成现行有效规章制度395项；有效开展"两项业务"压降，组织开展内控检查工作，开展兴航程"法治能力提升年"活动，建立全流程风险管控机制，加强风险应急预案及处置研究；定期开展内控自评工作，根据评估结果，优化风险控制措施，确保风险可控；积极发挥内部审计监督作用，提高审计工作质量，充分发挥内部审计在防范风险、完善管理和提高前台、中台、后台运营效率等方面的作用；进一步加强内部控制管理，定期发布法律法规汇编、有效制度清单，不定期组织开展法律法规、内部控制制度和内部控制流程、风险管理等方面培训，全面强化内部控制制度及操作流程的有效贯彻和执行。

4.4.3 监督评价与纠正

本公司对内部控制建立和执行情况进行定期和不定期的监督检查，评价内部控制有效性，发现内部控制缺陷及时加以改进，确保内部控制有效运行。

本公司各业务部门对各项业务的经营状况和风险管理情况进行经常性自我评估，及时发现内部控制缺陷并切实整改落实到位。风险管理部作为内控管理职能部门，负责内控评价工作的牵头组织实施，结合内外部监督检查情况，对业务部门的内控自评结果进行抽查、复评，验证内控评价结果的有效性，促进内控评价的客观性、全面性。审计部依照内部审计工作程序开展独立的审计监督活动，出具内部审计报告，督促各部门对审计发现问题进行及时整改并跟踪落实。

4.5 风险管理

4.5.1 风险管理概况

本公司在经营活动中可能遇到的风险主要包括信用风险、市场风险、操作风险、合规风险、声誉风险、外包风险、信息科技风险、战略风险、洗钱风险等。

本公司风险管理遵循合规性、全面性、独立性、制衡性、程序性等基本原则。合规性，即本公司经营活动应遵守所涉及的法律、法规、监管规定及公司规章制度；全面性，即本公司风险管理涵盖各项业务管理各环节，并渗透到各项业务过程中；独立性，即本公司风险管理部门与各业务部门及支持保障部门保持相互独立，可直接向董事会和高级管理层报告，保证风险管理得到切实有效的执行；制衡性，即明确划分相关部门、岗位之间的职责，建立职责分离、横向与纵向相互监督制约的机制；程序性，即本公司风险管理组织系统的安排遵循事前授权审批、事中控制和事后监督三道程序。

在风险管理组织架构建设方面，本公司分别在董事会、经营管理层面设立了相应的风险管理机构，风险防范制度贯穿于业务全过程。

（1）在董事会层面设立了审计以及风险控制与关联交易委员会，负责指导本公司的风险控制、管理、监督和评估工作。

（2）在经营管理层面设立了业务评审委员会，作为本公司经营管理层在董事会授权范围内决定有关自营业务与信托业务项目的决策机构；设立了风险管理委员会，作为本公司经营管理层决定各类风险管理政策及重大风险事项的决策机构。

（3）本公司设立专业经营部门，负责所属板块业务的项目推动及管理工作；设立风险管理部，负责授权体系内项目审查，提交有权审批人或业务评审会审查意见，履行业务风险合规管理和监督职责；设立运营管理中心，负责履行项目存续期运营事务的管理和监督职责。

（4）本公司设立审计部，负责对公司内部控制和业务风险管理状况进行监督评价，并直接向董事会报告。

4.5.2　风险状况

4.5.2.1　信用风险状况

信用风险是指交易对手未能履行合同所带来的经济损失风险。本公司高度关注交易对手的履约能力，针对各类业务特点制定了相应的业务评审指引和操作规程，将信用风险管理运用于贷前调查、贷中审查和贷后管理阶段。

信用风险资产分类情况：（1）信托业务方面，截至报告期末，本公司信托资产1 852.06亿元。（2）固有业务方面，截至报告期末，本公司信用风险资产总计208.40亿元，其中不良资产金额合计65.18亿元，本公司已按照相关要求足额计提拨备。

本公司一般准备、资产减值准备的计提和信托赔偿准备金提取方法如下：（1）一般准备：根据财政部《关于印发〈金融企业准备金计提管理办法〉的通知》（财金〔2012〕20号）规定，本公司从当年净利润中提取一般风险准备作为利润分配处理，用于弥补尚未识别的可能性损失的准备。一般风险准备按风险资产期末余额的1.5%提取。（2）资产减值准备：计提资产减值准备的范围和方法见会计报表附注。（3）信托赔偿准备金：根据《信托公司管理办法》第49条规定，从税后利润中提取5%作为信托赔偿准备金。

对于抵押品确认原则：抵押品必须是抵押人合法所有的或依法有处分权的财产，且须经过有资质的中介机构评估，抵押贷款应签订抵押合同，并按规定到有关部门登记。本公司在参考中介机构评估价值的基础上，结合业务实际情况，综合评判抵押物价值。

4.5.2.2　市场风险状况

市场风险是指因为股价、房价、市场汇率、利率或其他价格因素变动而产生的或可能产生的风险。市场风险具有很强的传导性，某些信用风险的根源可能也来自于交易对手的市场风险。

信托资产方面，截至报告期末，本公司房地产资金信托资产规模85.32亿元，占本公司信托资产总规模的4.61%，该类项目受国家宏观政策影响相对较大，房地产市场价格与销售状况将影响信托项目的资金回笼。截至报告期末，本公司证券投资信托资产（含股票、债券、基金）规模为550.85亿元，主要运用为债券、二级市场股票和基金投资等。

固有资产方面，本公司固有资产市场风险主要来自权益市场投资，主要为投向二级市场的基金、信托等资管产品以及其他权益类投资。截至报告期末，该类资产投资余额为35.30亿元。

4.5.2.3　操作风险状况

操作风险主要是指因内部控制系统不完善、管理失误、控制缺失或其他一些人为错误而导致的风险。本公司内控制度和操作规程涵盖了所有的业务领域，合理调整组织架构设置，建立岗位相互制衡机制。本公司制订《兴业国际信托有限公司操作风险管理办法》，不断完善操作规程，持续优化业务流程，开展业务连续性管理工作，加强案件风险管控，严格按照本公司问责制度的有关规定对违规操作的人员进行问责，操作风险控制良好。

4.5.2.4　其他风险状况

本公司可能面临的其他风险主要有合规风险、声誉风险、外包风险、信息科技风险、战略风险、洗钱风险等。报告期内本公司未发生此类重大风险。

4.5.3　风险管理

4.5.3.1　信用风险管理

本公司信用风险管理策略：一是针对各类业务特点制订了相应的评审指引、准入标准和操作规程等管理办法，加强对行业及区域信用风险状况研判；二是加强事前对交易对手的尽职调查，进行事前控制，通过投前尽调充分掌握交易对手及具体项目的风险状况；三是严格落实担保措施，客观、公正地评估抵（质）押物，并通过关注交易对手抵（质）押物情况和资信状况，持续跟踪进行事中和事后控制，持续加强存续期管理措施，通过多种手段加强信用风险识别以及化解能力；四是对所购入的债券进行信用级别限制；五是风险管理部门对业务项目信用风险情况进行全面风险排查，及时发现问题并采取相应措施；六是遵照监管机构及风险管控的要求，进行资产风险分类，实施动态管理；七是严格按财政部和监管部门的要求，足额提取包括资产减值准备、一般准备和信托赔偿准备金在内的各项准备金。

4.5.3.2 市场风险管理

本公司市场风险管理策略：一是加强宏观经济形势和重大经济政策的分析预测，评估宏观因素变化可能给投资带来的系统性风险，提出业务主要发展方向和调整方案；二是根据市场行情，加强对交易对手在其所处行业的市场竞争能力分析，准确把握资金进入时机，密切跟踪市场变化，及时调整投资策略，通过资产或投资的合理组合实现风险的有效对冲和补偿，以规避市场风险；三是在业务决策和业务流程管理过程中，通过压力测试和动态监控，对项目进行严格管理；四是积极贯彻落实监管部门有关法律法规精神，及时对相关业务做出风险提示，密切关注市场变化，加强风险防范，确保风险可控。

4.5.3.3 操作风险管理

本公司操作风险管理策略：一是不断健全完善各项规章制度和业务操作流程，构建了职责分离、相互监督制约的组织架构，制定了科学的业务审批程序，并切实加强执行力度；二是实行严格的业务流程审核、复核程序，采用全流程管理系统，严格防范操作风险；三是加强员工教育培训，全面推行内部从业资格考试上岗制度，提升员工的专业知识和专业技能；严格执行问责制度，提高业务合规管理和风险管理质量；四是对内控执行情况和项目合规情况进行定期和不定期检查，并督促及时整改。

4.5.3.4 其他风险管理

针对可能面临的其他风险如合规风险、声誉风险、外包风险、信息科技风险、战略风险、洗钱风险等，本公司通过制订并执行相应的风险控制制度加以防范和化解。

5.报告期末及上一年度末的比较式会计报表

5.1 自营资产

5.1.1 会计师事务所审计意见全文

审计报告

毕马威华振沪审字第2401674号

兴业国际信托有限公司董事会：

一、审计意见

我们审计了后附的兴业国际信托有限公司（以下简称兴业信托）财务报表，包括2023年12月31日的合并及母公司资产负债表，2023年度的合并及母公司利润表、合并及母公司现金流量表、合并及母公司所有者权益变动表以及相关财务报表附注。

我们认为，后附的财务报表在所有重大方面按照中华人民共和国财政部颁布的企业会计准则（以下简称企业会计准则）的规定编制，公允反映了兴业信托2023年12月31日的合并及母公司财务状况以及2023年度的合并及母公司经营成果和现金流量。

二、形成审计意见的基础

我们按照中国注册会计师审计准则（以下简称审计准则）的规定执行了审计工作。审计报告的"注册会计师对财务报表审计的责任"部分进一步阐述了我们在这些准则下的责任。按照中国注册会计师职业道德守则，我们独立于兴业信托，并履行了职业道德方面的其他责任。我们相信，我们获取的审计证据是充分、适当的，为发表审计意见提供了基础。

三、管理层和治理层对财务报表的责任

兴业信托管理层负责按照企业会计准则的规定编制财务报表，使其实现公允反映，并设计、执行和维护必要的内部控制，以使财务报表不存在由于舞弊或错误导致的重大错报。

在编制财务报表时，管理层负责评估兴业信托的持续经营能力，披露与持续经营相关的事项（如适用），并运用持续经营假设，除非兴业信托计划进行清算、终止运营或别无其他现实的选择。

治理层负责监督兴业信托的财务报告过程。

四、注册会计师对财务报表审计的责任

我们的目标是对财务报表整体是否不存在由于舞弊或错误导致的重大错报获取合理保证，并出具包含审计意见的审计报告。合理保证是高水平的保证，但并不能保证按照审计准则执行的审计在某一重大错报存在时总能发现。错报可能由于舞弊或错误导致，如果合理预期错报单独或汇总起来可能影响财务报表使用者依据财务报表作出的经济决策，则通常认为错报是重大的。

在按照审计准则执行审计工作的过程中，我们运用职业判断，并保持职业怀疑。同时，我们也执行以下工作：

（1）识别和评估由于舞弊或错误导致的财务报表重大错报风险，设计和实施审计程序以应对这些风险，并获取充分、适当的审计证据，作为发表审计意见的基础。由于舞弊可能涉及串通、伪造、故意遗漏、虚假陈述或凌驾于内部控制之上，未能发现由于舞弊导致的重大错报的风险高于未能发现由于错误导致的重大错报的风险。

（2）了解与审计相关的内部控制，以设计恰当的审计程序，但目的并非对内部控制的有效性发表意见。

（3）评价管理层选用会计政策的恰当性和作出会计估计及相关披露的合理性。

（4）对管理层使用持续经营假设的恰当性得出结论。同时，根据获取的审计证据，就可能导致对兴业信托持续经营能力产生重大疑虑的事项或情况是否存在重大不确定性得出结论。如果我们得出结论认为存在重大不确定性，审计准则要求我们在审计报告中提请报表使用者注意财务报表中的相关披露；如果披露不充分，我们应当发表非无保留意见。我们的结论基于截至审计报告日可获得的信息。然而，未来的事项或情况可能导致兴业信托不能持续经营。

（5）评价财务报表的总体列报（包括披露）、结构和内容，并评价财务报表是否公允反映相关交易和事项。

（6）就兴业信托中实体或业务活动的财务信息获取充分、适当的审计证据，以对财务报表发表审计意见。我们负责指导、监督和执行集团审计，并对审计意见承担全部责任。

我们与治理层就计划的审计范围、时间安排和重大审计发现等事项进行沟通，包括沟通我们在审计中识别出的值得关注的内部控制缺陷。

毕马威华振会计师事务所（特殊普通合伙）上海分所
中国注册会计师：水 青
中国注册会计师：崔会娜
中国·上海　　　　　　　　　　　　2024年4月26日

5.1.2 资产负债表

资产负债表（合并）

编制单位：兴业国际信托有限公司　　2023年12月31日　　单位：万元

项目	2023年12月31日	2022年12月31日
资产		
货币资金	802 068.91	895 130.56
衍生金融资产	15.53	22.92
买入返售金融资产	—	101.50
应收账款	26 165.42	40 746.57
应收期货保证金	285 630.60	312 224.59
金融投资：	—	—
交易性金融资产	4 123 728.24	4 349 909.03
债权投资	408 763.53	471 161.33
其他债权投资	33 474.41	10 461.60
其他权益工具投资	8 000.00	8 000.00
长期股权投资	46 832.90	47 912.15
存货	33 465.20	3 908.34
固定资产	41 967.24	45 835.49
在建工程	661.97	1 336.68
使用权资产	55 714.77	26 514.95
无形资产	5 105.75	3 449.81
商誉	8 602.27	8 602.27
递延所得税资产	153 002.22	117 639.25
其他资产	232 406.00	145 146.32
资产总计	6 265 604.97	6 488 103.36
负债		
金融机构借款	1 250 645.25	1 563 360.20
拆入资金	100 000.00	—
衍生金融负债	17.21	1 095.29
交易性金融负债	4 014.81	5 813.88
卖出回购金融资产	25 904.95	9 805.91
应付职工薪酬	67 543.38	71 886.26
应交税费	36 305.49	26 091.06
应付债券	1 557 205.04	1 290 658.01
租赁负债	57 505.57	27 462.07
应付期货保证金	731 260.42	1 006 523.14
期货风险准备金	2 226.21	1 962.36
递延收益	83.84	481.00
递延所得税负债	14 695.83	32 523.96
其他负债	230 994.40	195 635.47
负债合计	4 078 402.41	4 233 298.60
所有者权益		
实收资本	1 000 000.00	1 000 000.00

续表

项目	2023年12月31日	2022年12月31日
资本公积	313 495.45	313 495.45
其他综合收益	360.27	21.22
盈余公积	115 899.29	115 899.29
信托赔偿准备	57 838.38	57 838.38
一般风险准备	18 484.07	18 223.51
未分配利润	476 973.59	545 016.12
归属于母公司股东权益合计	1 983 051.05	2 050 493.97
少数股东权益	204 151.52	204 310.79
所有者权益合计	2 187 202.57	2 254 804.77
负债和所有者权益总计	6 265 604.97	6 488 103.36

资产负债表（母公司）

编制单位：兴业国际信托有限公司　　　　　　　　　　单位：万元

项目	2023年12月31日	2022年12月31日
资产		
货币资金	5 802.17	7 092.20
应收账款	10 889.86	14 748.25
金融投资：		
交易性金融资产	1 056 136.62	1 113 430.71
债权投资	299 152.51	305 752.20
其他债权投资	33 474.41	10 461.60
长期股权投资	404 516.48	404 516.48
固定资产	2 028.41	2 583.52
使用权资产	4 386.79	3 476.74
无形资产	2 226.13	2 380.18
递延所得税资产	82 127.34	57 702.10
其他资产	6 643.57	17 137.50
资产总计	1 907 384.30	1 939 281.49
负债		
拆入资金	100 000.00	—
应付职工薪酬	15 109.51	17 308.97
应交税费	4 939.12	13 954.10
租赁负债	4 534.44	4 102.81
其他负债	13 186.45	75 704.37
负债合计	137 769.52	111 070.26
所有者权益	—	—
实收资本	1 000 000.00	1 000 000.00
资本公积	331 816.04	331 816.04
其他综合收益	362.07	23.02
盈余公积	115 899.29	115 899.29
信托赔偿准备	57 838.38	57 838.38

续表

项目	2023年12月31日	2022年12月31日
一般风险准备	16 461.62	16 461.62
未分配利润	247 237.37	306 172.88
所有者权益合计	1 769 614.77	1 828 211.24
负债和所有者权益总计	1 907 384.30	1 939 281.49

5.1.3　利润表

利润表（合并）

编制单位：兴业国际信托有限公司　　　2023年12月31日　　　单位：万元

项目	2023年度	2022年度
一、营业收入		
利息收入	43 838.06	38 440.64
利息支出	（110 727.37）	（122 694.35）
利息净支出	（66 889.31）	（84 253.71）
手续费及佣金收入	85 265.04	128 718.80
手续费及佣金支出	（9 477.92）	（7 006.82）
手续费及佣金净收入	75 787.12	121 711.98
公允价值变动损益	（105 616.74）	36 995.09
投资收益	215 732.50	169 989.33
其中：对联营企业的投资收益	869.68	214.75
汇兑损益	2.24	0.26
其他业务收入	337 734.61	241 285.90
资产处置收益/（损失）	456.57	（50.3）
其他收益	5 927.25	4 317.57
营业收入合计	463 134.25	489 996.12
二、营业支出		
税金及附加	（2 704.18）	（2 221.05）
业务及管理费	（122 672.58）	（108 666.30）
研发费用	（113 150.57）	（90 174.90）
信用减值损失	（118 192.53）	（124 980.23）
资产减值损失	（218.94）	—
其他业务成本	（184 347.57）	（132 747.23）
营业支出合计	（541 286.37）	（458 789.71）
三、营业利润/（亏损）	（78 152.13）	31 206.41
加：营业外收入	56.50	711.29
减：营业外支出	（1 226.07）	（853.29）
四、利润/（亏损）总额	（79 321.69）	31 064.41
减：所得税费用	18 730.44	（5 154.14）
五、净利润/（亏损）	（60 591.25）	25 910.27
按经营持续性分类：	—	—
1.持续经营净利润/（亏损）	（60 591.25）	25 952.75
2.终止经营净亏损	—	（42.48）

续表

项目	2023年度	2022年度
按所有权归属分类：	—	—
1.归属于母公司所有者的净利润/（亏损）	（67 781.97）	15 332.60
2.少数股东损益	7 190.72	10 577.67
六、其他综合收益	339.05	（1 315.73）
将重分类进损益的其他综合收益	—	—
其他债权投资公允价值变动的收益	8 299.06	（610.03）
其他债权投资信用减值准备	（7 960.02）	（705.70）
现金流量套期储备	—	—
七、综合收益/（亏损）总额	（60 252.20）	24 594.54
归属于母公司股东综合收益/（亏损）总额	（67 442.92）	14 016.87
归属于少数股东的综合收益总额	7 190.72	10 577.67

利润表（母公司）

编制单位：兴业国际信托有限公司　　2023年12月31日　　单位：万元

项目	2023年度	2022年度
一、营业收入	—	—
利息收入	10 025.06	2 953.44
利息支出	（4 860.97）	（5 000.82）
利息净收入	5 164.08	（2 047.38）
手续费及佣金收入	37 073.27	65 574.86
手续费及佣金支出	（112.40）	（91.68）
手续费及佣金净收入	36 960.87	65 483.18
公允价值变动损益	（6 012.69）	（18 644.95）
投资（损失）/收益	6 181.55	50 866.35

续表

项目	2023年度	2022年度
其中：对联营企业的投资收益	—	—
其他业务收入	81.14	33.40
资产处置收益	（3.78）	（37.24）
其他收益	51.16	75.70
营业收入合计	42 422.33	95 729.06
二、营业支出	—	—
税金及附加	（374.35）	（717.26）
业务及管理费	（30 736.33）	（30 074.66）
信用减值损失	（90 087.38）	（97 573.23）
营业支出合计	（121 198.07）	（128 365.15）
三、营业利润/（亏损）	（78 775.74）	（32 636.09）
加：营业外收入	11.71	61.15
减：营业外支出	（361.62）	（0.44）
四、利润/（亏损）总额	（79 125.65）	（32 575.38）
减：所得税费用	20 190.14	18 877.94
五、净利润/（亏损）	（58 935.51）	（13 697.44）
按经营持续性分类：		
持续经营净利润	（58 935.51）	（13 697.44）
六、其他综合收益	339.05	（1 315.73）
将重分类进损益的其他综合（损失）/收益	—	—
其他债权投资公允价值变动的收益	49.06	（610.03）
其他债权投资信用减值准备	289.98	（705.70）
七、综合亏损总额	（58 596.46）	（15 013.17）

5.1.4　所有者权益变动表

所有者权益变动表（合并）

编制单位：兴业国际信托有限公司　　2023年度　　单位：万元

项目	归属于母公司所有者权益							少数股东权益	所有者权益合计
	实收资本	资本公积	其他综合收益	盈余公积	信托赔偿准备	一般风险准备	未分配利润		
一、2023年1月1日余额	1 000 000.00	313 495.45	21.22	115 899.29	57 838.38	18 223.51	545 016.12	204 310.79	2 254 804.77
二、本年增减变动金额									
（一）综合收益总额	—	—	339.05	—	—	—	（67 781.97）	7 190.72	（60 252.20）
（二）股东投入资本	—	—	—	—	—	—	—	—	—
（三）利润分配	—	—	—	—	—	260.56	（260.56）	（7 350.00）	（7 350.00）
1.提取盈余公积									
2.提取信托赔偿准备									
3.提取一般风险准备						260.56	（260.56）		
4.永续债利息分配							（7 350.00）		（7 350.00）
三、2023年12月31日余额	1 000 000.00	313 495.45	360.27	115 899.29	57 838.38	18 484.07	476 973.59	204 151.52	2 187 202.57

所有者权益变动表（母公司）

编制单位：兴业国际信托有限公司　　　　2023年度　　　　单位：万元

项目	实收资本	资本公积	其他综合收益	盈余公积	信托赔偿准备	一般风险准备	未分配利润	所有者权益合计
一、2023年1月1日余额	1 000 000.00	331 816.04	23.02	115 899.29	57 838.38	16 461.62	306 172.88	1 828 211.24
二、本年增减变动金额	—	—	—	—	—	—	—	—
（一）综合收益总额	—	—	339.05	—	—	—	（58 935.51）	（58 596.46）
（二）股东投入资本	—	—	—	—	—	—	—	—
（三）利润分配	—	—	—	—	—	—	—	—
1.提取盈余公积	—	—	—	—	—	—	—	—
2.提取信托赔偿准备	—	—	—	—	—	—	—	—
3.提取一般风险准备	—	—	—	—	—	—	—	—
三、2023年12月31日余额	1 000 000.00	331 816.04	362.07	115 899.29	57 838.38	16 461.62	247 237.37	1 769 614.77

5.2 信托资产

5.2.1 信托项目资产负债汇总表

信托项目资产负债汇总表

编制单位：兴业国际信托有限公司　　　　2023年度　　　　单位：万元

信托资产	期初数	期末数	信托负债和信托权益	期初数	期末数
信托资产	—	—	信托负债		
货币资金	317 113.86	231 884.81	交易性金融负债	—	—
拆出资金	—	—	衍生金融负债		
交易性金融资产	10 624 950.65	10 049 141.63	应付受益人收益	19 308.47	19 510.30
衍生金融资产			应交税费	4 360.63	4 110.11
买入返售金融资产	68 476.66	132 632.99	其他应付款项	160 763.80	353 014.16
应收款项	36 066.97	41 397.74	其他负债	—	29 494.26
发放贷款	1 929 617.06	1 960 495.30	信托负债合计	184 432.90	406 128.83
债权投资	5 569 698.08	6 105 036.36		—	—
其他债权投资					
其他权益工具投资			信托权益		
长期股权投资	—	—	实收信托	18 806 687.07	18 286 212.39
投资性房地产			其他综合收益	—	—
固定资产			未分配利润	（445 196.69）	（171 752.39）
无形资产			信托权益合计	18 361 490.38	18 114 460.00
其他资产					
—					
信托资产总计	18 545 923.28	18 520 588.83	信托负债及权益总计	18 545 923.28	18 520 588.83

5.2.2 信托项目利润及利润分配汇总表

信托项目利润及利润分配表

编制单位：兴业国际信托有限公司　　　　2023年度　　　　单位：万元

项目	2023年度	2022年度
一、营业收入	745 875.50	176 371.07
利息收入	364 263.27	450 651.06
投资收益	348 453.17	562 995.40
公允价值变动损益	32 658.86	（838 232.52）

续表

项目	2023年度	2022年度
租赁收入	—	—
汇兑损益	（87.03）	87.64
其他收入	587.23	869.49
二、营业支出	71 353.87	689 999.91
三、信托净利润	674 521.63	（513 628.84）
四、其他综合收益	—	—
五、综合收益	674 521.63	（513 628.84）

续表

项目	2023年度	2022年度
加：期初未分配信托利润	(445 196.69)	1 117 130.61
六、可供分配的信托利润	229 324.94	603 501.77
减：本期已分配信托利润	401 077.33	1 048 698.46
七、期末未分配信托利润	(171 752.39)	(445 196.69)

6.会计报表附注

6.1 会计报表编制基准说明

（1）本公司及子公司（以下简称本集团）以持续经营为基础编制财务报表。本公司编制的财务报表符合中华人民共和国财政部（以下简称财政部）颁布的企业会计准则的要求，真实、完整地反映了本公司2023年12月31日的合并财务状况和财务状况、2023年度的合并经营成果和经营成果及合并现金流量和现金流量。本公司编制的会计报表不存在不符合会计核算基本前提的事项。

（2）纳入本公司合并报表范围的子公司情况如下表所示。

子公司全称	业务性质	注册地	注册资本（万元）	实际出资额（万元）	持股比例（%）	合并期间（年度）
兴业国信资产管理有限公司	资产管理业务	上海	340 000	340 000	100.00	2023
兴业期货有限公司	期货业务	宁波	50 000	64 516	100.00	2023

6.2 或有事项说明

截至资产负债表日，本公司作为信托计划的管理人向信保基金转让有关信托计划债权，并向信保基金提供合同项下差额补足义务合计人民币1 975 305 798元（2022年：人民币2 679 869 735元）。无其他需要披露的重大或有事项。

6.3 报告期内重要资产转让及其出售的说明

报告期内，本公司无重要资产转让及出售。

6.4 会计报表中重要项目的明细资料

6.4.1 自营资产经营情况

6.4.1.1 信用风险资产情况

信用风险资产五级分类	正常类（万元）	关注类（万元）	次级类（万元）	可疑类（万元）	损失类（万元）	信用风险资产合计（万元）	不良资产合计（万元）	不良率（%）
期初数	1 436 401	—	612 472	—	1 027	2 049 900	613 499	29.93
期末数	1 417 217	15 000	521 703	128 260	1 826	2 084 006	651 789	31.28

6.4.1.2 各项资产减值损失准备情况

单位：万元

项目	期初数	本期计提	本期转回	本期核销/卖出资产	期末数
贷款损失准备	—	—	—	—	—
一般准备	—	—	—	—	—
专项准备	—	—	—	—	—
其他资产减值准备	181 796	90 087	501		272 384
债权投资减值准备	173 599	84 087	501		258 187
其他债权投资减值准备	3 601	387			3 988
长期股权投资减值准备	—	—	—	—	—
坏账准备	4 596	5 613			10 209
投资性房地产减值准备	—	—	—	—	—

6.4.1.3 固有业务股票投资、基金投资、债券投资、股权投资等投资业务情况

单位：万元

	自营股票	基金	债券	长期股权投资	其他投资	合计
期初数	4 398	378 625	4 600	404 516	1 215 621	2 007 760
期末数	3 880	180 779	13 090	404 516	1 399 198	2 001 464

6.4.1.4 自营长期股权投资情况

企业名称	占被投资企业权益的比例（%）	主要经营活动	投资收益（万元）
兴业期货有限公司	100	期货的代理买卖	—
兴业国信资产管理有限公司	100	资产管理	—

6.4.1.5 自营贷款情况

无。

6.4.1.6 表外业务情况

单位：万元

表外业务	期初数	期末数
担保业务	—	—
代理业务（委托业务）		
其他		
合计		

6.4.1.7 2023年度收入结构

单位：万元

收入结构	合并		母公司	
	金额（万元）	占比（%）	金额（万元）	占比（%）
手续费及佣金收入	85 265	14.62	37 073	78.20
其中：信托业务手续费及佣金收入	37 032	6.35	37 032	78.11
顾问和咨询收入	20 119	3.45		
资产管理业务管理费收入	7 805	1.34		

续表

收入结构	合并		母公司	
	金额（万元）	占比（%）	金额（万元）	占比（%）
期货业务手续费收入	12 418	2.13	—	—
其他	7 890	1.35	42	0.09
利息收入	43 838	7.51	10 025	21.15
其他业务收入	337 735	57.89	81	0.17
其中：计入信托业务收入部分	—	—	—	—
其他收益	5 927	1.02	51	0.11
资产处置收益	457	0.08	（4）	（0.01）
汇兑损益	2	—	—	—
投资收益	215 733	36.98	6 182	13.04
其中：股权投资收益	880	0.15	—	—
证券投资收益	16 964	2.91	（2 632）	（5.55）
其他投资收益	197 889	33.92	8 814	18.59
公允价值变动收益	（105 617）	（18.10）	（6 013）	（12.68）
营业外收入	57	0.01	12	0.02
收入合计	583 396	100.00	47 407	100.00

本公司合并口径"其他业务收入"主要为信息科技业务服务收入。

6.4.2 信托财产管理情况

6.4.2.1 信托资产情况

单位：万元

信托资产	期初数	期末数
集合	6 883 511	8 659 371
单一	6 080 101	4 620 589
财产权	5 582 311	5 240 629
合计	18 545 923	18 520 589

6.4.2.1.1 主动管理型信托业务情况

单位：万元

主动管理型信托资产	期初数	期末数
证券投资类	2 915 868	5 367 460
股权及其他投资类	1 977 548	1 784 521
融资类	1 429 427	1 532 793
事务管理类	—	446 447
合计	6 322 843	9 131 221

6.4.2.1.2 被动管理型信托业务情况

单位：万元

被动管理型信托资产	期初数	期末数
证券投资类	2 176 972	68 731
股权及其他投资类	294 115	345 074
融资类	1 974 581	1 398 708
事务管理类	7 777 412	7 576 855
合计	12 223 080	9 389 368

6.4.2.2 报告期内已清算结束的信托项目情况

报告期内，本公司已清算结束的信托项目371个，实收信托金额6 369 013万元，加权平均实际年化收益率5.09%。

6.4.2.2.1 报告期内已清算结束的集合类、单一类资金信托项目和财产管理类信托项目情况

已清算结束信托项目	项目个数（个）	实收信托合计金额（万元）	加权平均实际年化收益率（%）
集合类	41	1 574 359	6.41
单一类	310	2 248 342	3.66
财产管理类	20	2 546 312	5.54

6.4.2.2.2 报告期内已清算结束的主动管理型信托项目情况

已清算结束信托项目（主动管理型）	项目个数（个）	实收信托合计金额（万元）	加权平均实际年化信托报酬率（%）	加权平均实际年化收益率（%）
证券投资类	14	493 287	2.48	6.48
股权及其他投资类	280	391 972	0.39	（2.09）
融资类	30	672 038	1.41	6.54
事务管理类	—			

6.4.2.2.3 报告期内已清算结束的被动管理型信托项目情况

已清算结束信托项目（被动管理型）	项目个数（个）	实收信托合计金额（万元）	加权平均实际年化信托报酬率（%）	加权平均实际年化收益率（%）
证券投资类	3	556 710	0.16	6.18
股权及其他投资类	—			
融资类	8	682 800	0.22	6.06
事务管理类	36	3 572 206	0.07	5.06

6.4.2.3 报告期内新增集合类、单一类和财产管理类信托项目情况

新增信托项目	项目个数（个）	实收信托合计金额（万元）
集合类	146	3 146 505
单一类	192	150 547
财产管理类	71	2 147 582
新增合计	409	5 444 634
其中：主动管理型	245	2 543 213
被动管理型	164	2 901 421

6.4.2.4 信托业务创新成果和特色业务有关情况

报告期内，本公司积极应对信托业新旧动能转换、业务模式重塑时期的各类挑战，主动拥抱变化、坚定回归本源，重新布局信托业务"三分类"新规下三大业务体系，夯实数字化能力，发挥信托本源优势，为人民追求美好生活和实体经济高质量发展提供更加优质的信托服务。

践行服务为本，满足人民美好生活需要。立足"受托人"定位和银行系信托公司的资源禀赋，联动兴业银行推出"兴福家"品牌家庭服务信托，运用信托不可或缺的资产隔离功能，为广大中产家庭提供高质量服务。上线以来，公司家庭服务信托落地笔数和规模均位于市场前列，呈现良好发展态势。截至2023年末，公司家庭服务信托已接受客户申请269单、规模超过3.5亿元，已落地成立132单、规模超过2.27亿元。发挥专业优势，助力实体经济提质增效。积极推进银信联动，创新金融服务实体经济的方式方法，探索"慈善基金会+慈善信托"的有益模式，助力实现共同富裕和"双碳"目标。积极开展投贷联动、资产证券化、资本市场服务上市公司等创新业务。2023年，公司作为受托管理机构和发行人，在银行间债券市场发行企业ABS产品22单，金额169.82亿元，全市场排名第五，银行系信托公司中排名第一；发行信贷ABS产品13单，金额142.56亿元，全市场排名第七。依托科技赋能，引领信托业数字化转型。立足兴业银行集团强大的数字化生态，发挥禀赋优势，坚定不移实施数字化转型战略，加快推进经营模式优化升级、业务流程重塑再造、组织架构变革创新，以数字化赋能业务转型发展，加快在行业转型中建立数字化优势。

6.4.2.5 本公司履行受托人义务情况及因本公司自身责任而导致的信托资产损失情况（合计金额、原因等）

本公司在信托财产的管理运用和处分过程中，严格按法律法规、监管规定和信托合同等信托文件的约定对信托财产进行管理，切实履行诚实、信用、谨慎、有效管理的义务，维护受益人的最大利益；报告期内，没有发生因公司自身责任而导致的信托资产损失情况。

6.5 关联方关系及其交易的披露

6.5.1 关联交易方的数量、关联交易总金额及定价政策等

固有业务关联方情况

项目	关联交易方数量（个）	关联交易金额（万元）	定价政策
合计	5	-18 296.99	依照法律法规、监管要求，以及本公司关于关联交易的内部规定进行定价

信托业务关联方情况

项目	关联交易方数量（个）	关联交易金额（万元）	定价政策
合计	18	9 207 724.40	依照法律法规、监管要求，以及本公司关于关联交易的内部规定进行定价

6.5.2 关联交易方情况

关系性质	关联方名称	法定代表人	注册地址	注册资本（亿元）	主营业务
股东	兴业银行股份有限公司	吕家进	福建省福州市台江区江滨中大道398号兴业银行大厦	207.74	商业银行业务
子公司	福建交易市场登记结算中心股份有限公司	黄映丰	平潭综合实验区金井湾片区台湾创业园	1	为地方各类交易场所提供投资者信息、交易信息登记注册、交易资金清（结）算、客户资金存管、交易数据监控服务；为各类合法合规的金融活动提供登记结算、资金存管与清算结算、金融信息服务；开展与上述业务相关的咨询、研究、技术开发研究；计算机系统服务、基础软件服务、应用软件服务、数据处理
子公司	福建新盈置业有限公司	陈依阔	福建省漳州市龙海区隆教畲族乡白塘村仓仔243号火山口公园营销中心幢	2.053	房地产开发经营；新型商业设施开发经营；物业管理；物业服务；自有商业房屋租赁服务；住房租赁经营；房屋拆迁服务；其他未列明房地产服务；建筑工程施工总承包相应资质等级承包工程范围的工程施工；建筑幕墙工程专业承包相应资质等级承包工程范围的工程施工；管道工程建筑；游乐设施工程设计与施工；承装（承修、承试）电力设施；钢结构工程专业承包相应资质等级承包工程范围的工程施工等
子公司	兴业国信资产管理有限公司	胡斌（2024年3月变更）	上海市虹口区广纪路738号2幢430室	34	资产管理，股权投资（项目符合国家宏观经济政策和产业政策要求），实业投资，投资管理，投资顾问
子公司	兴业期货有限公司	黄煜琛	浙江省宁波市中山东路796号11层1至8室	5	商品期货经纪、金融期货经纪、期货投资咨询、资产管理

续表

关系性质	关联方名称	法定代表人	注册地址	注册资本（亿元）	主营业务
子公司	兴业资产管理有限公司	谢斌	福建省福州市马尾区快安路8号6A号（自贸试验区内）	19.5	投资与资产管理；参与省内金融机构不良资产的批量收购、转让和处置业务；收购、转让和处置非金融机构不良资产；债务重组及企业重组；债权转股权，对股权资产进行管理、投资和处置；破产管理；资产证券化业务；企业托管和清算业务；买卖有价证券；同业往来及向金融机构进行商业融资；受托管理各类基金；金融通道业务；财务、投资、风险管理、资产及项目评估咨询和顾问；省政府授权和批准的其他业务
子公司	兴业数字金融服务（上海）股份有限公司	高鹏	中国（上海）自由贸易试验区杨高南路729号第41层	3.5	一般项目：数据处理服务；信息咨询服务（不含许可类信息咨询服务）；软件开发；信息系统集成服务；信息技术咨询服务；投资管理；计算机软硬件及辅助设备批发；技术服务、技术开发、技术咨询、技术交流、技术转让、技术推广。许可项目：第一类增值电信业务；第二类增值电信业务
子公司	泉州远晟私募基金管理有限公司	张臻富	福建省泉州市丰泽区滨海街102号厦门银行泉州分行大厦19楼1912-01	3.3	一般项目：以私募基金从事股权投资、投资管理、资产管理等活动（须在中国证券投资基金业协会完成登记备案后方可从事经营活动）；私募股权投资基金管理、创业投资基金管理服务（须在中国证券投资基金业协会完成登记备案后方可从事经营活动）（2024年3月变更）
受控股股东控制的公司	兴业金融租赁有限责任公司	李小东	天津经济技术开发区南港工业区创业路综合服务区D座一层110~111	90	金融租赁业务；转让和受让融资租赁资产；固定收益类证券投资业务；接受承租人的租赁保证金；吸收非银行股东3个月（含）以上定期存款；同业拆借；向金融机构借款；境外借款；租赁物变卖及处理业务；经济咨询；在境内保税地区设立项目公司开展融资租赁业务；为控股子公司、项目公司对外融资提供担保；原中国银监会批准的其他业务；公司业务中涉及外汇管理事项的，应当遵守国家外汇管理的有关规定；自营和代理货物进出口、技术进出口
受控股股东控制的公司	兴业消费金融股份公司	郑海清	福建省泉州市丰泽区丰泽街213号兴业银行大厦第17层	53.2	发放个人消费贷款；接受股东境内子公司及境内股东的存款；向境内金融机构借款；经批准发行金融债券；境内同业拆借；与消费金融相关的咨询、代理业务；固定收益类证券投资业务；经原银监会批准的其他业务
受控股股东控制的公司	兴银理财有限责任公司	汪圣明	福建省福州市鼓楼区湖东路154号中山大厦A座6层、11层、12层、15层	50	面向不特定社会公众公开发行理财产品，对受托的投资者财产进行投资和管理；面向合格投资者非公开发行理财产品，对受托的投资者财产进行投资和管理；理财顾问和咨询服务；经原银保监会批准的其他业务
受控股股东控制的公司	兴业财富资产管理有限公司	黄文锋	中国（上海）自由贸易试验区银城路167号14层1402室	7.8	特定客户资产管理业务以及中国证监会许可的其他业务
受控股股东控制的公司	兴业基金管理有限公司	叶文煌	中国福州市鼓楼区五四路137号信和广场25楼	12	基金募集、基金销售、特定客户资产管理、资产管理和中国证监会许可的其他业务
主要股东关联方	福建省投资开发集团有限责任公司	王非	福建省福州市鼓楼区古田路115号	100	对电力、燃气、水的生产和供应、铁路运输等行业或项目的投资、开发；对银行、证券、信托、担保、创业投资以及省政府确定的省内重点产业等行业的投资；对农业、林业、酒店业、采矿业的投资；房地产开发；资产管理
主要股东关联方	华福证券有限责任公司	苏军良	福建省福州市鼓楼区鼓屏路27号1号楼3层、4层、5层	33	许可项目：证券业务；证券投资基金销售服务；证券投资基金托管。一般项目：证券公司为期货公司提供中间介业务
主要股东关联方	人保再保险股份有限公司	张青	北京市西城区西长安街88号七层西区	59.6078	财产保险的商业再保险业务，人身保险的商业再保险业务，短期健康保险和意外伤害保险的商业再保险业务；上述再保险业务的服务、咨询业务；国家法律、法规允许的保险资金运用业务；原中国保监会批准的其他业务
主要股东关联方	中国人民财产保险股份有限公司	于泽	北京市朝阳区建国门外大街2号院2号楼	222.4276	财产损失保险、责任保险、信用保险、意外伤害保险、短期健康保险、保证保险等人民币或外币保险业务；与上述业务相关的再保险业务；各类财产保险、意外伤害保险、短期健康保险及其再保险的服务与咨询业务；代理保险机构办有关业务；国家法律法规允许的投资和资金运用业务；国家法律法规规定的或国家保险监管机构批准的其他业务
主要股东关联方	中国人民人寿保险股份有限公司	肖建友	北京市朝阳区朝阳北大街18号中国人保寿险大厦27层2711室	257.6110	在北京市行政辖区内及已设立分公司的省、自治区、直辖市内经营下列业务（法定保险业务除外）：（1）人寿保险和意外伤害保险业务；（2）上述业务的再保险业务；（3）在中国保险监督管理委员会批准的范围内，代理中国人民财产保险股份有限公司和中国人民健康保险股份有限公司的保险业务
主要股东关联方	中国人民健康保险股份有限公司	邵利锋	北京市西城区西长安街88号6层	85.6841	与国家医疗保障政策配套、受政府委托的健康保险业务；各种人民币和外币的健康保险、意外伤害保险业务；与健康保险有关的咨询服务业务及代理业务；与健康保险有关的再保险业务；国家法律、法规允许的资金运用业务；原中国保监会批准的其他业务
主要股东关联方	厦门国贸资产管理有限公司	黄言洵	中国（福建）自由贸易试验区厦门片区象屿路93号厦门国际航运中心C栋4层431单元H	1	资产管理（法律、法规另有规定除外）；投资管理（法律、法规另有规定除外）；商务信息咨询

续表

关系性质	关联方名称	法定代表人	注册地址	注册资本（亿元）	主营业务
主要股东关联方	国贸期货有限公司	朱大昕	福建省厦门市湖里区仙岳路4688号国贸中心A栋16层、15层1单元	8.1985	许可项目：期货业务；公募证券投资基金销售
主要股东关联方	国贸启润资本管理有限公司	朱大昕	中国（上海）自由贸易试验区临港新片区业盛路66号4幢仓库附属办公楼二层201室	1.8955	一般项目：投资管理；以自有资金从事投资活动；仓单登记服务；金银制品销售；金属材料销售；金属制品销售；金属矿石销售；非金属矿及制品销售；高性能有色金属及合金材料销售；高品质特种钢铁材料销售；合成材料销售；光伏设备及元器件销售；建筑材料销售；橡胶制品销售；高品质合成橡胶销售；纸浆销售；纸制品销售；五金产品批发；机械设备销售；食用农产品批发；农副产品销售；谷物销售；豆及薯类销售；化肥销售；饲料原料销售；畜禽收购；牲畜销售；棉花收购；棉、麻销售；针织织品及原料销售；功能玻璃和新型光学材料销售；塑料制品销售；煤炭及制品销售；木材销售；林业产品销售；国内贸易代理；货物进出口；离岸贸易经纪；贸易经纪；供应链管理服务；进出口代理；技术进出口；化工产品销售（不含许可类化工产品）；石油制品销售（不含危险化学品）；成品油批发（不含危险化学品）；食品进出口；普通货物仓储服务（不含危险化学品等需许可审批的项目）。许可项目：危险化学品经营；食品销售

注：本公司按照穿透原则，将主要股东及其控股股东、实际控制人、关联方、一致行动人、最终受益人作为本公司关联方管理。

6.5.3 本公司与关联方的重大交易事项

6.5.3.1 固有财产与关联方交易情况

固有财产与关联方关联交易 单位：万元

项目	期初数	借方发生额	贷方发生额	期末数
贷款	—	—	—	—
投资	—	—	—	—
租赁	259.94	—	73.19	186.75
担保	—	—	—	—
应收账款	—	—	—	—
其他	36 875.32	1 088 700.26	1 144 059.32	−18 483.73
合计	37 135.26	1 088 700.26	1 144 132.51	−18 296.99

注：固有财产与关联方重大交易披露情况详见本公司官网披露的2023年度报告全文版。

6.5.3.2 信托资产与关联方交易情况

信托资产与关联方关联交易 单位：万元

项目	期初数	借方发生额	贷方发生额	期末数
贷款	100 000.00	—	—	100 000.00
投资	—	—	—	—
租赁	—	—	—	—
担保	—	—	—	—
应收账款	—	—	—	—
其他	10 303 269.40	4 368 799.86	3 173 254.86	9 107 724.40
合计	10 403 269.40	4 368 799.86	3 173 254.86	9 207 724.40

注：报告期内，本公司未新增信托财产与关联方的重大关联交易。

6.5.3.3 固有财产与信托财产、信托资产与信托财产之间交易情况

6.5.3.3.1 固有财产与信托财产之间的交易情况

固有财产与信托财产相互交易 单位：万元

项目	期初数	本期发生额	期末数
合计	993 186.37	192 105.71	1 185 292.08

注：报告期内，本公司未新增固有财产与信托财产之间的重大关联交易。

6.5.3.3.2 信托资产与信托财产之间的交易情况

信托资产与信托财产相互交易 单位：万元

项目	期初数	本期发生额	期末数
合计	656 299.55	−70 281.14	586 018.41

6.5.4 报告期内，本公司未发生关联方逾期未偿还本公司资金的情况以及本公司为关联方担保发生或即将发生垫款的情况

6.6 会计制度的披露

本公司固有业务从2008年1月1日起执行财政部2006年2月发布的《企业会计准则》；信托业务从2010年1月1日起执行《企业会计准则》。

7.财务情况说明书

7.1 利润实现和分配情况

本集团2023年度实现净亏损60 591.25万元，其中母公司亏损58 935.51万元。按照《公司法》《信托公司管理办法》、财政部相关法规以及公司章程的规定，本年度母公司不计提法定盈余公积和信托赔偿准备。

根据财政部《金融企业准备金计提管理办法》（财金〔2012〕20号）的规定，本年度不计提一般风险准备。

2023年度拟暂不向全体股东派发现金股利，剩余未分配利润247 237.37万元留存以后年度进行分配。

7.2 主要财务指标

指标名称	合并（2023年度）	母公司（2023年度）
资本利润率（%）	-2.73	-3.28
加权年化信托报酬率（%）	—	0.20
人均净利润（万元）	-16.67	-149.39

注：1. 资本利润率＝净利润/所有者权益平均余额×100%。
   2. 信托报酬率＝信托业务收入/实收信托平均余额×100%。
   3. 人均净利润＝净利润/年平均人数。
   4. 平均值采取年初、年末余额简单平均法。

7.3 对本公司财务状况、经营成果有重大影响的其他事项

报告期内，未发生对本公司财务状况、经营成果有重大影响的其他事项。

8. 特别事项简要揭示

8.1 前五名股东报告期内变动情况及原因

报告期内，本公司前五名股东未发生变动。

8.2 董事、监事及高级管理人员变动情况及原因

8.2.1 董事变动情况及原因

报告期内，本公司董事发生以下变动：

经本公司股东会选举，韩良先生当选为本公司第七届董事会独立董事，在韩良先生独立董事任职资格获得核准之日前由田力先生继续履行独立董事职务。2023年1月，韩良先生经原福建银保监局以闽银保监复〔2023〕26号文件核准独立董事任职资格并到任履职，田力先生因任期届满不再担任本公司独立董事职务。

2023年3月，本公司董事会收到郭文彤女士的书面辞职函，郭文彤女士因工作调动原因申请辞去本公司第七届董事会董事职务。郭文彤女士的辞职申请自其辞职报告送达本公司董事会时生效。经本公司股东会选举，詹文学先生接替郭文彤女士担任本公司第七届董事会董事职务。2023年6月，詹文学先生经原福建银保监局以闽银保监复〔2023〕140号文件核准董事任职资格并到任履职。

2023年5月，本公司董事会收到苏文生先生的书面辞职函，苏文生先生根据本公司章程关于董事提名权条款变动情况，申请辞去本公司第七届董事会董事职务。苏文生先生的辞职申请自其辞职报告送达本公司董事会时生效。

2023年6月，本公司董事会收到林榕辉先生的书面辞职函，林榕辉先生因工作安排等原因申请辞去本公司第七届董事会董事职务。林榕辉先生的辞职申请自其辞职报告送达本公司董事会时生效。经本公司股东会选举，马大军先生接替林榕辉先生担任本公司第七届董事会董事职务。2023年10月，马大军先生经国家金融监督管理总局福建监管局以闽金复〔2023〕73号文件核准董事任职资格并到任履职。

2023年6月，经本公司职工代表大会选举，张荻女士当选为本公司第七届董事会职工董事。2023年9月，张荻女士经国家金融监督管理总局福建监管局以闽金复〔2023〕43号文件核准董事任职资格并到任履职。

2023年6月，鉴于沈艺峰先生因个人健康原因不能履职，经本公司股东会审议通过，沈艺峰先生不再担任本公司第七届董事会独立董事职务。2023年11月，经本公司股东会选举，李成先生当选为本公司第七届董事会独立董事；2023年12月，李成先生经国家金融监督管理总局福建监管局以闽金复〔2023〕138号文件核准独立董事任职资格并到任履职。

8.2.2 监事变动情况及原因

报告期内，本公司监事未发生变动。

8.2.3 高级管理人员变动情况及原因

报告期内，本公司高级管理人员发生以下变动：

经本公司董事会审议通过，并经原福建银保监局以闽银保监复〔2023〕25号文件核准任职资格，柯阿勇先生于2023年1月正式履行公司副总裁职务。

经本公司董事会审议通过，并经原福建银保监局以闽银保监复〔2023〕112号文件核准任职资格，郑桦舒先生于2023年5月正式履行公司副总裁、董事会秘书职务。

经本公司董事会审议通过，并经国家金融监督管理总局福建监管局以闽金复〔2023〕85号文件核准任职资格，郑仁福先生于2023年11月正式履行公司总裁助理职务。

经本公司董事会审议通过，同意张小坚先生因个人原因于2023年8月辞去本公司总裁助理职务。

经本公司董事会审议通过，同意徐静女士因工作调整原因于2023年11月辞去本公司副总裁职务。

8.3 报告期内本公司重大未决诉讼事项

报告期内，本公司无新增重大未决诉讼事项（包括固有及信托）。

8.4 报告期内，毕马威华振会计师事务所（特殊普通合伙）出具了标准无保留意见的审计报告

8.5 报告期内，本公司及董事、监事和高级管理人员受到处罚的情况

报告期内，国家金融监督管理总局福建监管局对本公司作出行政处罚1次，对公司及相关责任人处以罚款及警告。除前述事项外，本公司及董事、监事和高级管理人员没有受到处罚情况。

8.6 国家金融监督管理总局及其派出机构对本公司的检查意见及本公司整改情况

报告期内，国家金融监督管理总局福建监管局通过对本公司的非现场监管及现场检查，对本公司狠抓重点风险防控和处置、依法合规经营管理、全力聚焦主业转型发展、持续完善公司治理机制、加强清廉金融文化建设等提出了监管意见。本公司认真按照监管要求，做好风险监测排查、加快风险处置、推进市场乱象整治、发展信托本源业务、持续完善公司治理和内控管理机制，确保合规稳健经营。

8.7 报告期内重大事项临时报告

2023年5月30日，本公司在《上海证券报》第120版及公司官网发布《兴业国际信托有限公司关于公司章程变更的公告》，主要内容为：根据《银行保险机构公司治理准则》等监管规定及工商登记要求和公司治理实际需要，经本公司2023年第一次临时股东会审议通过，本公司就调整董事会下设专门委员会及董事会组成等事项对公司章程进行了相应修订。

2023年7月1日，本公司就本年度公司董事会累计变更人数超过董事会成员的50%事项在《上海证券报》第111版及公司官网进行公告披露。

2023年11月27日，本公司就收到国家金融监督管理总局福建监管局作出的行政处罚等事项在公司官网等进行公告披露。

8.8 国家金融监督管理总局及其省级派出机构认定的其他有必要让客户及相关利益人了解的重要信息

无。

9.消费者权益保护情况

报告期内，本公司始终坚持"以客户为中心"的消费者权益保护工作理念，严格按照董事会、监事会关于消费者权益保护工作的相关战略决策和工作部署，突出高层引领，加强对消保工作的组织协调，在产品业务各环节持续落实好监管部门的各项消保工作要求，并将消保基因植入服务信托业务全生命周期，务实做好监督管控，坚持标本兼治化解消费投诉，持续加强消费者教育宣传，努力提升消保工作质效，保障消费者的各项合法权益。

一是强化董（监）事会、高级管理层对消费者权益保护工作的指导监督和组织协调，推动消保工作与转型业务发展深度融合，促进全面巩固和完善公司消保工作各项内控管理机制，以及全流程管理、个人信息保护、投资者教育、投诉纠纷化解等工作体系，持续探索科技赋能消保工作质效提升。二是深化全流程审查管理，公司不断健全消保审查工作机制，结合业务转型方向，将财富管理服务信托等转型业务全面纳入公司消保审查体系，从切实维护消费者八项基本权益入手，及时梳理和落实消保审查要点，明确分工及检查监督职能，持续筑牢内控"防火墙"，从源头防范侵害消费者合法权益行为的发生。三是加强存续期管理，提升信息披露质量，报告期内本公司推动完善相关制度及授权文本，进一步强化项目风险管理和投贷后管理，优化调整信息披露等业务流程和规范，保障信息披露的及时性、真实性和完整性。四是持续完善投资者适当性管理，优化产品等级和委托人风险等级评估体系、委托人测评频次管控，强化对风险评估的监督检查和考核管理，确保评估操作审慎合理。提升营销宣传工作规范性，强化全员消保合规宣贯与培训，加强对合作机构的监督管理，开展业务人员营销行为自查整改和检查监督。五是提高重大投诉举报处置能力，通过召开投诉专项治理会议、完善相关制度、开展重大投诉应急演练等，着力提升公司防范和应对重大突发事件的能力。积极推进投诉问题溯源整改，按照监管工作要求并结合内部消保审计、消保考核、消保合规提示等发现问题和不足，全面开展业务与服务全流程自查自纠、立查立改。六是加强投资者教育宣传，不断探索创新金融知识普及和投资者教育方式，深化线上数字化宣传模式，推进"五进入"等线下宣传，进一步强化投资者"卖者尽责，买者自负"意识。注重融合服务信托业务知识和信托文化与意识，使普适性宣传和针对性教育并行且取得一定成效。七是高度重视个人金融信息保护，探索科技赋能消保质效改进。报告期内，公司加大信息保护和数据安全培训频次，加大对信息系统的客户信息权限管控，开展月度巡查和安全排查，及时排除和防范信息安全隐患。定期开展信息系统应急演练，保障产品与服务支持连续性。

报告期内，本公司共计受理有效客户投诉42笔，投诉渠道多为各地区客户来电或转办投诉，投诉业务主要涉及不动产股权类、证券投资类等信托产品，本公司均积极回应客户诉求，持续推进相关处置工作，优化完善业务流程及客户服务等，最大程度保障信托计划项下财产和受益人权益。

10.本公司监事会独立意见

报告期内，本公司监事会按照本公司章程、监事会议事规则有关规定，通过列席公司股东会、董事会会议及高级管理层、职工代表大会等相关会议、组织开展调研和审计调查、调阅文件资料等方式，对公司依法经营、财务情况、内部控制等事项进行了监督，对下列事项发表独立意见：

10.1 依法经营情况

2023年度，本公司依照《公司法》及有关信托业法律法规、本公司章程等相关规定规范管理运作，董事会能够严格按照有关法律法规和公司治理规则履行职责，董事会决策程序合法有效，公司经营管理规范，经营业绩客观真实。本公司各董事、高级管理人员认真、勤勉履职，未发现董事、高级管理人员在履职时违反国家有关法律法规、本公司章程以及其他损害公司利益、股东利益和委托人、受益人利益的行为。

10.2 财务情况

2023年度，本公司财务会计内控制度健全，管理规范；财务收支真实、合法；公司依法履行受托人职责，信托财产管理状况良好。毕马威华振会计师事务所（特殊普通合伙）对本公司2023年度财务报告进行了审计，并出具了标准无保留意见的审计报告，该报告能真实、公允、完整地反映公司报告期内财务状况和经营成果，不存在虚假记载、误导性陈述或者重大遗漏。

10.3 内部控制情况

2023年度，本公司持续加强全面风险管理，健全完善内部控制体制机制，切实夯实三道风险防线，内部控制情况总体良好。报告期内，本公司《关联交易管理办法》执行情况良好，关联交易依法合规，诚实公允。本公司现有内部控制制度符合我国有关法律法规和监管要求，符合公司当前经营管理实际，在公司重大投资、业务开展、风险控制、内部管理等方面发挥了积极的作用。本公司"三会一层"的职责和运行机制规范有效，决策程序和议事规则民主、科学，内部监督和反馈体系进一步健全。本公司法人治理结构符合法律和监管要求，组织控制、信息披露、财务管理、业务开展、风险管理、内部审计等制定了健全的规章制度并得到了有效而良好的执行，保障了公司内部控制体系完整、有效和公司规范、安全、顺畅运营。

11.净资本管理情况

报告期内，本公司按照《信托公司净资本管理办法》，积极贯彻落实监管要求，优化净资本相关绩效考核指标，引导经营部门加强净资本和风险资本管理意识，加强业务转型和结构调整，提高资本使用效率，各项净资本指标均符合监管要求：截至报告期末，本公司净资产176.96亿元，净资本126.52亿元（监管要求为≥2亿元），各项风险资本之和为49.49亿元，净资本/各项风险资本之和为256%（监管要求为≥100%），净资本/净资产为71%（监管要求为≥40%）。

12.社会责任履行情况

报告期内，本公司大力倡导以"可持续发展为导向，实施社会责任管理，提升核心竞争力"的发展理念，积极履行社会责任，打造责任文化。注重发挥信托制度功能优势，加强金融创新与履行社会责任相结合，积极承担信托公司的经济功能和社会责任，将社会责任工作融入企业价值观、企业文化、战略规划和经营管理当中，推动公司积极服务国家战略导向、服务实体经济，并在推动开展社会保障事业、社会公益事业发展等方面积极发挥作用。

一是坚持党建引领，牢牢把握高质量发展首要任务。2023年，公司党委紧紧抓住加强党的领导这个"根"和"魂"，坚持以习近平新时代中国特色社会主义思想为指导，深入贯彻党的二十大精神，认真学习宣传贯彻中央金融工作会议精神，按照新时代党建工作总要求，聚焦"四个落实"，贯彻新发展理念，构建新发展格局，充分发挥党委把方向、管大局、保落实作用，深化落实全面从严治党"两个责任"。深入开展学习贯彻习近平新时代中国特色社会主义思想主题教育，贯彻落实福建省委"深学争优、敢为争先、实干争效"行动，自觉把公司发展放到加快建设金融强国、推动金融高质量发展大局中来定位与谋划，不断提升治理现代化水平，打造"信托服务+资产管理+财富管理+公益慈善"多元化发展的综合性信托公司，把党建工作作为推动工作的强大动力，与公司发展同步调，共促进。

二是主动服务国家重大发展战略和国民经济薄弱环节，有效服务社会治理和支持实体经济发展。2023年以来，公司不断推动服务实体经济体制建设，推动业务转型发展，组建改革领导小组，通过敏捷小组形式加快产品研发落地、加快落实改革方案，实现内外部资金对实体经济的优化配置，提升市场主体的风险管理能力，深度融入集团"商行+投行"战略。公司主动优化受托管理资金投向，加大对制造业转型升级、战略性新兴产业、绿色环保产业、"三农"及乡村振兴等领域的资金支持，合理运用信托灵活制度优势加强对国家重点支持产业和战略性新兴产业金融服务力度。2023年末，公司服务实体经济业务余额1 147.69亿元，在信托资产规模的占比为61.95%。

三是不断优化绿色信托管理工作，多元化开展绿色信托。公司持续完善绿色信托组织体系建设、专业能力建设，发布《绿色信托产品体系》《绿色信托业务认定及数据统计流程》，探索《绿色信托属性认定标准》，落实集团绿色金融"万人计划"，完成行业专家队伍、绿色金融专家队伍建设。在信托业务"三分类"的框架下梳理绿色信托发展思路，在绿色标品领域创新尝试，资金投向电力、水利、新能源、绿色建筑等多个绿色行业，支持、服务场景覆盖绿色能源、中部崛起、长江经济带发展、乡村振兴等诸多领域。

四是有效发挥信托制度优势，助力满足人民日益增长的美好生活需要。公司依托信托财产独立性和破产隔离等制度特点，积极开展为委托人量身定制财富规划，以及代际传承、资产配置等专业信托服务，让家庭服务信托走进寻常百姓家，助力满足人民日益增长的美好生活需要。公司坚持以客户为中心不断完善信托账户体系，打造全方位的财富管理信托生态体系与受托服务系统，切实提升客户服务水平和质量。持续完善优化资产管理产品结构设计，围绕服务信托客户需求，提供安全稳健、灵活多元的资产管理配置服务。2023年度，公司家庭服务信托、家族信托、保险金信托、私募资产管理信托等均呈现良好发展态势。

五是大力发展公益慈善信托，打造特色公益品牌。开展公益慈善信托业务是信托公司落实国家"乡村振兴"战略，助力实现共同富裕，落实金融机构社会责任的重要路径。2023年，公司落地3单慈善信托业务，其中由公司主导成立的"兴业乡村振兴公益慈善信托"，首期信托资金30万元专项用于国家金融监督管理总局定点帮扶的甘肃临洮乡村道路硬化项目，为公司首单乡村振兴慈善项目。公司还深入探索"慈善基金会+慈善信托"的创新业务模式，与兴业证券慈善基金会合作成立"兴证慈善兴未来慈善信托计划"，将信托资金及其投资收益持续用于教育公益、乡村振兴等公益慈善事业，通过为集团外部资金提供"慈善+投资"的综合慈善服务，探索开展可持续型慈善信托业务。

六是忠实履行受托责任，积极建设良好信托文化。2023年，公司积极践行消保主体责任，深化产品与服务全流程管控，扎实推动"百日攻坚"投诉治理专项行动方案落地，加大宣传教育力度，全面加强消费者保护管理工作。围绕公司转型战略和重点工作加强岗位培训，全面提升从业人员综合素质和能力，积极建设忠实守正、专业创新的兴业信托特色文化。报告期内，公司开展"兴信领航"法律与信托系列培训讲座6次，累计参训人数近1 400人次；加快服务信托经理转化，举办首届财富管理服务信托讲师挑战赛，开展科技应用型人才、绿色金融应用型人才专题培训和认证考试等，人才队伍复合化水平、专业化水平进一步提升。

13.反贿赂、反腐败情况

报告期内，公司认真贯彻落实党中央有关全面从严治党、党风廉政建设和反腐败斗争的重大决策部署，始终坚持全面从严治党，一体推进不敢腐、不能腐、不想腐。

一是强化监督执纪问责，综合运用"四种形态"，抓早抓小，防微杜渐，以零容忍态度反腐惩恶，形成"不敢腐"的震慑。二是紧盯"关键少数"，紧盯重点领域、关键环节，持续完善管理制度体系，加强对权力运行的监督和制约，强化系统硬控制，扎牢"不能腐"的制度笼子。三是打造"织网工程"，不断健全各项监督力量的统筹衔接，进一步加强纪律检查部门与审计、财务、风险合规等职能部门的协同联动，形成反腐败工作合力。四是制定"清廉兴业"文化建设工作规划，系统推进年度建设任务，组织开展清廉金融文化宣传月活动，通过组织员工参加廉政"微党课"、参观廉政教育基地、观看警示教育片、线上学习等多种方式，引导员工牢守纪法底线，推动干部员工形成"不想腐"的思想自觉和行动自觉。

英大国际信托有限责任公司

1. 重要提示

1.1 本公司董事会及董事保证本报告所载资料不存在任何虚假记载、误导性陈述或者重大遗漏，并对其内容的真实性、准确性和完整性承担个别及连带责任。

1.2 本公司董事长俞华军、总经理吕阳、财务负责人李芳声明：保证年度报告中财务报告的真实、准确、完整。

1.3 本公司独立董事石俊志、徐卫晖、江迎春对年度报告内容的真实性、准确性、完整性无异议。

2. 公司概况

2.1 公司简介

英大国际信托有限责任公司的前身为济南市国际信托投资公司，成立于1987年3月。2001年12月31日，经中国人民银行银复〔2001〕264号文批复，获得中华人民共和国信托机构法人许可证，注册资本增至5亿元人民币，名称变更为英大国际信托投资有限责任公司。2003年11月26日，经原中国银监会山东监管局核准，获得中华人民共和国金融许可证。2006年，公司实施增资扩股，国家电网有限公司成为第一大股东，注册资本增至15亿元。2007年9月，经原中国银监会审批，公司换发金融许可证，名称变更为英大国际信托有限责任公司。2009年9月，国家电网有限公司将持有的公司股权划转至国网资产管理有限公司（现已更名为国网英大国际控股集团有限公司），国网资产管理有限公司成为控股股东。2010年4月，经监管及政府部门批准，公司注册地迁至北京。2012年12月，公司注册资本由15亿元增加至18.22亿元。2015年8月，公司注册资本变更为30.22亿元。2018年2月，公司引入战略投资者，注册资本增加至40.29亿元。2020年2月，国网英大国际控股集团有限公司等4家股东单位将持有的公司73.49%股权转让给上海置信电气股份有限公司（现已更名为国网英大股份有限公司），国网英大股份有限公司成为控股股东。

公司中文名称：英大国际信托有限责任公司
英文：YINGDA INTERNATIONAL TRUST CO., LTD.
缩写：英大信托
法定代表人：俞华军
注册地址：北京市东城区南竹杆胡同109号、111号
邮编：100010
互联网网址：www.yditc.sgcc.com.cn
电子信箱：yditc@yditc.sgcc.com.cn
信息披露负责人：刘海超
信息披露联系人：徐泽宇
联系电话：010-51960224
电子信箱：xinxipilu@yditc.sgcc.com.cn
信息披露媒体：上海证券报、金融时报
公司年报备置地点：北京市东城区南竹杆胡同109号、111号
聘请的会计师事务所：信永中和会计师事务所（特殊普通合伙）
住所：北京市东城区朝阳门北大街8号富华大厦A座9层
聘请的律师事务所：北京市中盛律师事务所
住所：北京市朝阳区建国门外大街甲8号国际财源中心B座2208室

2.2 组织结构

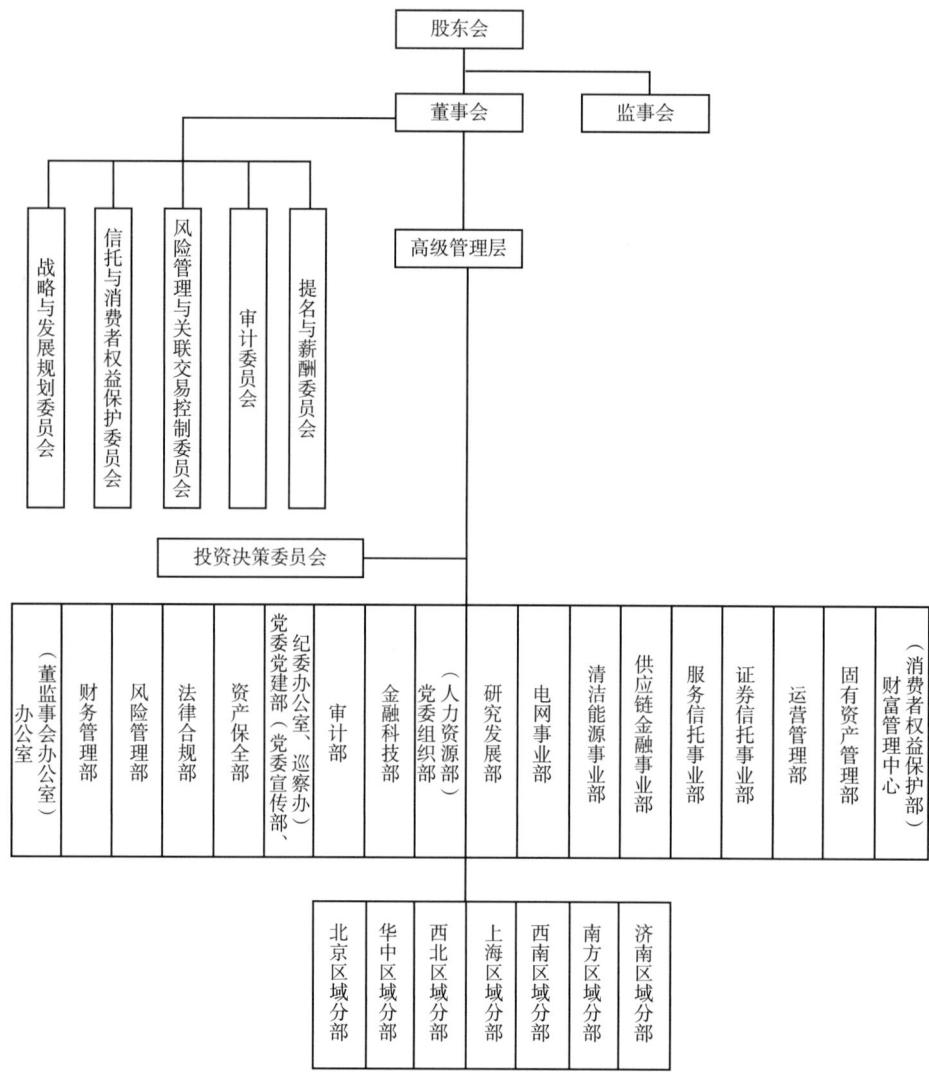

3.公司治理

3.1 公司治理结构

3.1.1 股东

报告期末股东总数为4家，实收资本40.29亿元，持股比例超过10%的两名股东情况如下表所示。

股东名称	持股比例（%）	法人代表	注册资本（万元）	注册地址	主要经营业务
国网英大股份有限公司	73.49	马晓燕	571 843.5744	中国(上海)自由贸易试验区国耀路211号C座9层	投资管理，资产管理，企业管理，商务信息咨询服务，投资咨询服务，投资顾问，电气（母线槽、高低压柜、开关箱、变压器、箱式变电站、电缆、输配电工具及材料）领域、节能环保领域、电子信息科技领域的技术开发、技术转让、技术咨询、技术服务；电力设备及系统、输配电设备及配件、节能环保设备、仪器仪表的销售；货物进出口；技术进出口；电力设施承装、承修、承试；各类工程建设活动
南方电网资本控股有限公司	25.00	周鹏举	2 450 000	广东省广州市南沙区横沥镇明珠一街1号404房—R31	股权投资，实业投资，投资管理及咨询

3.1.2 董事、董事会及其下属委员会

董事长及董事

姓名	职务	性别	年龄（岁）	选任日期	所推举的股东名称	该股东持股比例（%）	简要履历
俞华军	董事长	男	47	2022年4月	国网英大股份有限公司	73.49	阿肯色大学工商管理硕士研究生，现任英大国际信托有限责任公司董事长
吕阳	董事	男	53	2022年4月	国网英大股份有限公司	73.49	中国人民大学金融学专业硕士研究生，现任英大国际信托有限责任公司董事、总经理
赵现军	董事	男	48	2019年12月	国网英大股份有限公司	73.49	北京大学金融学专业硕士研究生，现任国网英大国际控股集团有限公司副总经理
张彤宇	董事	男	54	2008年12月	国网英大股份有限公司	73.49	厦门大学审计学专业本科，现任国网英大股份有限公司董事监事与投资者关系管理部高级总监
李庆锋	董事	男	46	2023年4月	南方电网资本控股有限公司	25.00	中山大学会计专业硕士研究生，现任南方碳资产管理（广州）有限公司执行董事
马亚军	职工董事	男	52	2019年4月	—	—	西安交通大学应用经济学专业博士研究生，现任英大国际信托有限责任公司副总经理

独立董事

姓名	性别	年龄（岁）	选任日期	所推举的股东名称	该股东持股比例（%）	简要履历
石俊志	男	70	2021年11月	—	—	中国人民银行总行金融研究所金融学博士研究生，现任石嘴山银行股份有限公司独立董事
徐卫晖	男	53	2018年7月	—	—	中国人民大学商学院工商管理专业硕士研究生，现任联美集团副总裁
江迎春	女	54	2018年7月	—	—	华东政法学院法学专业本科，现任北京市隆安律师事务所高级合伙人

董事会下属委员会组成情况

董事会下属委员会名称	职责	组成人员	
战略与发展规划委员会	负责公司长期发展战略规划，对公司重大投资、重大资本运作和资产运营等事项进行研究，提出建议	主任委员	俞华军
		委员	吕阳
		委员	石俊志
信托与消费者权益保护委员会	督促公司依法履行受托职责，当公司或股东利益与受益人利益发生冲突时，保证公司为受益人的最大利益服务。监督公司金融消费者权益保护工作，确保消费者权益保护战略目标和政策得到有效执行	主任委员	徐卫晖
		委员	赵现军
		委员	马亚军
风险管理与关联交易控制委员会	监督、评估公司的风险管理状况，提出完善风险管理和内部控制的意见。负责关联交易管理及政策制定，审批关联交易事项，控制关联交易风险	主任委员	石俊志
		委员	江迎春
		委员	马亚军
审计委员会	负责检查风险及合规状况、会计政策、财务状况，审核内部审计管理制度、财务信息及披露，监督公司内、外部审计工作，提出审计工作改进意见	主任委员	江迎春
		委员	张彤宇
		委员	李庆锋
提名与薪酬委员会	负责审核公司的人事与薪酬管理制度，监督公司人力资源管理工作，对人力资源管理及绩效考核等工作提出建议和意见	主任委员	赵现军
		委员	李庆锋
		委员	徐卫晖

3.1.3 监事、监事会

监事会成员

姓名	职务	性别	年龄（岁）	选任日期	所推举的股东名称	该股东持股比例（%）	简要履历
王端瑞	监事会主席	女	51	2023年12月	国网英大股份有限公司	73.49	山东财政学院国民经济管理专业本科，现任国家电网有限公司审计监管部副主任
苗苗	监事	女	43	2020年8月	济钢集团有限公司	0.82	中央财经大学财政学专业硕士研究生，现任济钢集团有限公司财务部副经理
冯书	职工监事	女	52	2019年1月	—	—	西北大学政治经济学系硕士研究生，现任英大国际信托有限责任公司审计部主任

3.1.4 高级管理人员

高级管理人员

姓名	职务	性别	年龄（岁）	选任日期	金融从业年限（年）	学历	专业	简要履历
吕阳	总经理	男	53	2022年4月	22	硕士研究生	金融学	1992年7月参加工作，2022年4月加入公司，曾任英大泰和人寿保险股份有限公司副总经理，现任英大国际信托有限责任公司总经理
王迎新	副总经理	男	55	2013年12月	23	硕士研究生	工商管理	1992年7月参加工作，1999年12月加入公司，曾任英大国际信托有限责任公司总经理助理，现任英大国际信托有限责任公司副总经理
黄有为	副总经理	男	57	2023年11月	19	硕士研究生	工商管理	1991年7月参加工作，2023年11月加入公司，曾任南方电网资本控股有限公司副总经理，现任英大国际信托有限责任公司副总经理
马亚军	副总经理	男	52	2020年10月	16	博士研究生	应用经济学	1990年7月参加工作，2018年8月加入公司，曾任英大泰和人寿保险股份有限公司总经理助理兼发展策划部总经理，现任英大国际信托有限责任公司副总经理
李芳	总会计师	女	48	2020年10月	3	硕士研究生	会计专业	2000年8月参加工作，2020年9月加入公司，曾任南瑞集团有限公司（国网电力研究院有限公司）副总会计师，现任英大国际信托有限责任公司总会计师
左士民	副总经理	男	49	2022年4月	11	硕士研究生	工商管理	1993年9月参加工作，2012年10月加入公司，曾任英大国际信托有限责任公司总经理助理，现任英大国际信托有限责任公司副总经理
李翔宇	总经理助理	男	42	2016年3月	16	硕士研究生	工商管理	2004年7月参加工作，2015年10月加入公司，曾任中融信托有限公司基础设施及能源产业部总经理，现任英大国际信托有限责任公司总经理助理
曹妍	总经理助理	女	49	2022年4月	25	大学本科	国际金融专业	1997年7月参加工作，1998年2月加入公司，曾任英大国际信托有限责任公司总风控顾问，现任英大国际信托有限责任公司总经理助理
唐广文	董事会秘书（拟任）	男	46	2023年12月	20	大学本科	工商管理	1998年7月参加工作，2022年8月加入公司，现任英大国际信托有限责任公司资产保全部兼北京区域分部总经理，拟任英大国际信托有限责任公司董事会秘书

3.1.5 公司员工

最近两个年度职工人数、年龄分布、学历分布、岗位分布，所有层级加总整体为100%。

项目		报告期年度		上年度	
		人数（人）	比例（%）	人数（人）	比例（%）
年龄分布	20岁及以下	—	—	—	—
	20~29岁	42	18.67	42	19.91
	30~39岁	90	40	85	40.28
	40岁及以上	93	41.33	84	39.81
学历分布	博士	4	1.78	4	1.90
	硕士	178	79.11	162	76.78
	本科	31	13.78	33	15.64
	专科	7	3.11	7	3.32
	其他	5	2.22	5	2.36
岗位分布	董事、监事及其他高管人员	11	4.89	10	4.74
	自营业务人员	6	2.67	4	1.90
	信托业务人员	100	44.44	99	46.92
	其他人员	108	48.00	98	46.44

3.1.6 根据《信托公司股权管理暂行办法》需要披露的相关信息

3.1.6.1 报告期末公司股东出资情况

序号	股东名称	出资情况	
		出资额（万元）	持股比例（%）
1	国网英大股份有限公司	296 089.65	73.49
2	南方电网资本控股有限公司	100 725.15	25.00
3	济钢集团有限公司	3 317.41	0.82
4	山东网瑞物产有限公司	2 768.38	0.69
	合计	402 900.59	100

3.1.6.2 报告期末主要股东及其控股股东、实际控制人、关联方、一致行动人、最终受益人情况

根据《信托公司股权管理暂行办法》相关规定，公司主要股东包括：国网英大股份有限公司、南方电网资本控股有限公司、济钢集团有限公司。

国网英大股份有限公司出资比例73.49%，对公司经营管理存在重大影响。认定依据：持有公司73.49%股权。

南方电网资本控股有限公司出资比例25.00%，对公司经营管理存在重大影响。认定依据：持有公司25.00%股权。

济钢集团有限公司出资比例：0.82%，对公司经营管理存在重大影响。认定依据：向公司派驻监事。

3.1.6.2.1　国网英大股份有限公司

（1）控股股东：国网英大国际控股集团有限公司。

（2）实际控制人：国家电网有限公司。

（3）关联方：同受国家电网有限公司控制或者施加重大影响的法人或非法人组织，如国网北京市电力公司、国网天津市电力公司、国网上海市电力公司等。

（4）一致行动人：无。

（5）最终受益人：国家电网有限公司。

3.1.6.2.2　南方电网资本控股有限公司

（1）控股股东：中国南方电网有限责任公司。

（2）实际控制人：中国南方电网有限责任公司。

（3）关联方：同受中国南方电网有限责任公司控制的法人或非法人组织，如广东电网有限责任公司、海南电网有限责任公司、南方鼎元资产运营有限公司等。

（4）一致行动人：无。

（5）最终受益人：中国南方电网有限责任公司。

3.1.6.2.3　济钢集团有限公司

（1）控股股东：济南市人民政府国有资产监督管理委员会。

（2）实际控制人：济南市人民政府国有资产监督管理委员会。

（3）关联方：受济钢集团有限公司控制的法人或非法人组织，如山东钢铁集团济钢板材有限公司、山东济钢环保新材料有限公司等。

（4）一致行动人：无。

（5）最终受益人：济南市人民政府国有资产监督管理委员会。

3.1.6.3　报告期内公司发生的关联交易情况

内容详见本报告6.6部分。

3.1.6.4　报告期内股东违反承诺质押公司股权或以股权及其受（收）益权设立信托等金融产品的情况

无。

3.1.6.5　报告期内股东提名董事监事情况

董事提名情况：公司股东提名李庆锋担任第十二届董事会董事。

监事提名情况：公司股东提名王端瑞担任第十二届监事会监事。

3.1.6.6　已向国务院银行业监督管理机构或其派出机构提交行政许可申请但尚未获得批准的事项

2024年3月，向国家金融监督管理总局北京监管局提交英大国际信托有限责任公司关于申请核准唐广文拟任董事会秘书任职资格的请示，尚未获得监管批复。

3.1.6.7　国务院银行业监督管理机构规定的其他信息

无。

3.2　公司治理信息

3.2.1　年度内召开股东会情况

本年度公司共召开了5次股东会会议，其中股东年会1次，临时股东会会议4次。

3.2.2　董事会及其下属委员会履行职责情况

本年度公司共召开了6次董事会会议。

独立董事履职情况：报告期内，公司独立董事石俊志、徐卫晖、江迎春严格行使独立董事职责，按时参加董事会及专业委员会会议，认真履行相关职责，对公司战略规划、制度设计、风险管理、管理交易、审计内控、信息披露等重大决策、重要机制提出客观、公正、专业的意见与建议，促进公司依法合规稳健运行，有力指导和支持了公司经营管理和转型发展各项工作取得新突破。

3.2.3　监事会履行职责情况

3.2.3.1　监事会召开会议情况

本年度公司共召开了3次监事会会议。

3.2.3.2　监事会独立意见

报告期内，公司认真贯彻执行国家经济金融政策，业务经营活动符合法律法规规定，按照监管要求不断健全和完善内部控制体系。董事会运作规范、决策合理、程序合法，高级管理层落实高效、经营审慎、管理规范。董事及高级管理人员诚信勤勉、恪尽职守、履职尽责，不存在违反法律法规或损害公司利益的行为。信永中和会计师事务所（特殊普通合伙）出具的2023年度"标准无保留意见"审计报告，真实、客观地反映了公司的财务管理状况和经营成果。

3.2.4　高级管理人员履行职责情况

报告期内，公司高级管理层认真贯彻执行股东会、董事会工作部署，立足"根植主业、服务实业、以融强产、创造价值"定位，以建设具有能源特色行业领先的现代信托公司为目标，紧扣"一体四翼"发展布局，坚定不移走产业金融特色鲜明的差异化、可持续的高质量发展道路，服务新型电力系统建设打开新局面，供应链金融实现新突破，服务实业质效进一步提升；深入推进提质增效，推动数字化转型，夯实内控体系，发展基础持续巩固；坚持推进业务转型，持续研究慈善信托、年金信托等新模式，稳步推进标品信托业务，做优研发机制，全面加强业务管理，扎实做好消费者权益保护工作，不断提高价值创造能力及核心竞争力。报告期末，公司经营质效突出，行业评级继续保持最高等级A级，第三度当选中国信托业协会监事长单位，荣登"中国金融机构金牌榜"，荣获证券时报"2023年度突破成长信托公司"、华夏时报"金蝉奖·2023年度高质量发展金融机构奖"、上海证券报"诚信托·成长优势奖"等多项行业奖项，"英大信托"品牌形象和行业影响力进一步提升。

4. 经营管理

4.1 战略规划、经营方针和经营目标

战略规划：以公司"1235"发展战略为统领，坚持以加快推进高质量发展作为主题，坚持"根植主业、服务实业、以融强产、创造价值"战略定位，坚持稳中求进工作总基调，紧紧围绕做好"五篇大文章"，坚持服务电网主业、服务能源行业、服务绿色低碳发展，在打造产业金融升级版上接续发力，持续优化"2+3+N"业务布局，夯实"三个价值平台"，坚决防控金融风险，致力于"建设具有能源特色行业领先的现代信托公司"。

经营方针：坚持"依法合规、稳健经营"的理念，建立健全以风险控制为核心的业务管理制度，完善全方位、多层次的全面风险管理体系。优化高效的运营机制，通过制度建设优化，严格规范公司各项经营管理活动，使公司业务发展和基础管理各项活动流畅运转。构建联动的协同机制，以全面提升价值为目标，加大对管理要素和业务资源整合，进一步提升配置效率。完善严格的监督约束机制，建立健全以事前防范与事后查处相结合的审计内控监察制度。

经营目标：全面建立战略定位清晰、业务结构优化、治理结构完善的现代企业制度，持续强化风险防控和合规建设，不断优化市场化体制机制，激活内生发展动力，全面提升发展水平。坚定产业金融功能定位，围绕以电力能源为中心的产业链、价值链，加大特色金融服务和产品供给，聚焦"2+3+N"业务转型路径，全力打造产业金融升级版，成为电力行业的产融结合典范、能源绿色发展的金融服务排头兵、信托行业的专业化发展标杆，推动公司实现高质量转型发展。

4.2 所经营业务的主要内容

4.2.1 自营资产运用与分布表

资产运用	金额（万元）	占比（%）	资产分布	金额（万元）	占比（%）
货币资产	16 517.27	1.16	基础产业	—	—
贷款及应收款	485.15	0.03	房地产业	—	—
交易性金融资产	1 195 814.35	83.63	证券市场	1 091 984.57	76.37
债权投资	43 533.68	3.04	实业	—	—
其他债权投资	66 721.19	4.67	金融机构	—	—
长期股权投资	—	—	其他	337 826.85	23.63
其他	106 739.78	7.47	—	—	—
资产合计	1 429 811.42	100.00	资产合计	1 429 811.42	100.00

4.2.2 信托资产运用与分布表

资产运用	金额（万元）	占比（%）	资产分布	金额（万元）	占比（%）
货币资产	6 562.31	0.01	基础产业	67 582 859.16	82.12
贷款	14 914 092.19	18.12	房地产	48 600.00	0.06
交易性金融资产	1 940 094.26	2.36	证券市场	112 400.24	0.14
债权投资	64 522 477.13	78.40	实业	12 701 919.10	15.43
其他债权投资	—	—	金融机构	23 458.91	0.03
长期股权投资	37 780.00	0.05	其他	1 830 018.93	2.22
其他	878 250.45	1.06	—	—	—
信托资产总计	82 299 256.34	100.00	信托资产总计	82 299 256.34	100.00

4.3 市场分析

4.3.1 有利因素

2023年的信托分类新规，标志着随着资管新规过渡期结束，新的经济环境和金融环境下，信托行业发展更加注重质量和效益，信托行业将彻底摆脱传统路径依赖，进入健康有序发展的全新阶段，在提升服务实体经济能力的同时向高品质的受托人定位转变，以实现行业长远持续发展，行业整体进入高质量发展的历史机遇期。中央金融工作会议强调，要把握"八个坚持"，做好"五篇大文章"，走中国特色金融发展之路，建设金融强国。产业金融是央企办金融的根本价值所在，更是防范金融风险的现实选择。电网股东背景使公司具备独特优势，决定了必须走产业金融特色鲜明的差异化、可持续的高质量发展道路。

4.3.2 不利因素

中央对金融领域推进改革的决心和部署持续强化，金融行业的风险防控压力和任务仍然紧迫繁重，信托行业尤甚。监管部门保持高压态势，信托业在风险积聚暴

露中经历转型阵痛和艰难调整，竞争优势和业务格局在发生新的变化，信托本源业务盈利空间有限且需长期储备培育，因此信托公司生存压力凸显，转型难度不言而喻。信托行业面临激烈竞争，大资管行业内同质化竞争严重，信托需进一步开拓多元化业务与服务，寻求差异化发展。

4.4 内部控制

4.4.1 内部控制环境和内部控制文化

4.4.1.1 内部控制环境

2023年，英大信托持续贯彻落实国资委、金融监管机构、股东单位关于加强内控体系建设的工作要求，紧紧围绕"防风险、强内控、促合规"的目标，持续稳步推进风控、内控、合规一体化内控体系建设，为公司高质量发展提供有效支撑。一是持续优化公司治理架构，将党的领导融入公司治理的运行机制，加强党委对内控管理工作的全面领导，不断优化完善"三会一层"运行机制，持续压实董事会对内控体系的监管责任。二是完善内控合规非常设机构组成，设立内部控制暨合规管理委员会，统筹指导内控合规工作开展，督导公司合规、内控相关问题整改工作。三是完善内控合规职能部门设置，公司法律合规部设置合规内控处，配备专职内控人员2名，落实专人专责，增强内控合规工作机制保障。四是从各职能部门职责出发完善覆盖三道防线的内控治理架构，充分发挥内控职能部门统筹推动、组织协调、监督落实的作用，有效开展完善制度、强化执行、监督评价、整改落实等内控管理工作，切实提升内控体系规范化、法治化、专业化水平。

4.4.1.2 内部控制文化

2023年，公司以习近平新时代中国特色社会主义思想为指导，深入贯彻落实党的二十大精神，大力弘扬"守纪律、重程序、知畏惧、守底线"的内控文化。扎实做好信托合规文化建设，丰富法治文化宣传内容，分步骤、多层次、广覆盖开展合规内控教育活动，通过组织"八五"普法、以案普法、规章制度宣贯培训、金融业务合规内控培训等，提升全员法律合规及风险防范意识，在全公司形成尊法学法守法用法的良好氛围。

4.4.2 内部控制措施

公司进一步完善规章制度体系、精益内部控制流程、提升内控数字化信息化建设水平，逐步夯实公司内控体系。一是在制度体系建设方面，强化制度管理顶层设计，制定公司《规章制度管理办法》，建立公司"两类四级"制度体系框架，厘清制度体系建设思路。优化规章制度委员会组成，细化制度合法合规性审查要求，完善制度委员会线上审议程序，把好制度建设"第一道关卡"。深入推进制度废改立工作，落实公司年度制度建设计划，全年共新增制度24项，修订制度17项，废止制度5项，弥补公司内控制度体系的薄弱环节，有效防范金融风险。二是在内控管理流程方面，结合公司制度体系和业务实际，构建内控管理流程框架，从控制环境、风险评估、控制活动、信息与沟通、内部监督等方面细化管理流程，明晰内部控制路径。严把内控管理流程权限设置，根据部门职责、人员岗位调整情况，持续规范相关系统审批流程及各层级人员权限设置，将内控体系管控措施和合规管理要求融入业务流程，贯彻重要业务领域和关键环节的控制标准，强化内控体系刚性约束。三是在数字化信息化建设建设方面，科技赋能创新业务发展，实现标品信托投资、供应链金融业务、固有业务全流程线上交易和管理，初步建设家族信托系统，多功能支持公司家族、家庭、保险金等服务信托业务。上线"英大信托财富App"，实现产品线上购买和客户一站式服务。打造数字化发展强大引擎，首次实现部分监管报表自动化生成，上线运行后减轻人工工作量50%至70%，极大提升操作效率。

4.4.3 信息交流与反馈

公司进一步强化内控信息的收集、处理和传递，确保信息及时沟通，促进内控有效运行。一是通过定期召开股东会、董事会、监事会，确保公司治理及经营管理信息及时准确地传递给股东、董事及监事，结合总办会、投决会、签报等形式，各部门向高级管理层及时汇报经营管理和业务开展动态。二是持续加大信息化建设力度，保障系统安全稳定运行，确保各个部门和员工相关工作信息能够顺畅反馈。三是加强与监管机构、行业协会、社会中介机构、网络媒体等对接，及时准确获取外部信息，将内控信息在内部各层级之间进行有效传递，进一步强化信息沟通与问题反馈。四是公司持续完善信息传递与反馈机制，充分利用公司网站、内部报刊、企业公众号等信息沟通平台，发布公司年报、披露重大事项，并根据文件约定向投资者披露项目信息，加强与投资者的互动交流。

4.4.4 监督评价与纠正

公司做实做细内部控制监督评价工作，不断提升监督评价的深度与广度。完善内控评价工具，根据政策变化、公司战略、组织机构、展业方向等调整情况，公司滚动修订《内部控制监督评价手册》，制定《金融业务重点问题标准化清单》，完善缺陷认定标准和内控评价标准。报告期内，常规开展年度内控自评价，配合股东单位开展内控监督评价及开展专项治理工作。充分运用评价结果，加大缺陷问题整改力度，明确整改责任部门、责任人和完成时限，完成全部缺陷问题整改，进一步提升内控管理质效。

报告期内，公司依法合规稳健经营，业务开展健康有序，各项内控制度有效执行，各条线业务流程控制精准有力，风险防控体系有效运转，未出现违法违规事件。

4.5 风险管理

4.5.1 风险管理概况

4.5.1.1 公司经营活动中可能遇到的风险

基于金融行业运营环境和信托业特征，公司在经营过程中可能面临的风险主要有：信用风险、合规风险、市场风险、关联交易风险、声誉风险、信息科技风险、战略风险、流动性风险等各项风险，公司采取有力措施，有效提升全面风险管理能力，积极开展风险管控。

4.5.1.2 公司风险管理的基本原则

（1）健全性原则：风险控制覆盖公司各项业务、各个部门和各级人员，并渗透到决策、执行、监督、反馈等各个经营环节。

（2）相互制约原则：公司内部部门和岗位的设置权责分明、相互制约。

（3）及时性原则：风险管理在业务发生时能准确迅速响应，及时地对风险点予以识别、控制和管理。

（4）成本效益原则：风险控制在考虑重要性的前提下，保证以合理的管理成本达到最佳的风险管理效果。

4.5.1.3 公司风险管理组织体系与职责

公司紧跟市场和政策变化，围绕总体经营和发展战略目标持续推进全面风险管理体系建设，按照架构健全、职责清晰、纵向延伸、横向覆盖的原则，逐步建立了以董事会为核心的全方位、多层次的风险管理组织体系。

公司董事会是公司风险管理架构的最高决策机构，负责管理和监控公司的整体风险，承担全面风险管理的最终责任，对股东会负责。董事会下设风险管理与关联交易控制委员会，作为风险管理与关联交易方面的专门工作机构，对公司风险状况和风险管理能力及水平进行评价，提出完善公司风险管理和内部控制的意见和建议。

监事会承担全面风险管理的监督责任，负责监督检查董事会、经营层在风险管理方面的履职尽责情况并督促整改。

经营层负责公司全面风险管理的日常运行，承担全面风险管理的实施责任，负责执行公司风险管理政策，定期审查监督风险管理的程序以及具体的操作规程；定期向董事会、监事会报告风险管理情况。

公司建立并不断完善覆盖前台、中台、后台的风险管理组织架构，具体执行风险管理策略和制度，落实风险管理责任，形成前台业务管理、中台风险审查、后台审计监督"三道防线"。其中：业务部门承担风险管理第一道防线职责，负责承担业务经营活动所承担的风险，实施积极主动的管理，严格执行公司的风险偏好和风险管理政策、程序，确保业务活动不偏离风险管理要求。风险管理部、法律合规部、运营管理部为第二道防线。风险管理部是公司全面风险管理工作的牵头管理部门，统筹开展公司全面风险管理工作。全面参与业务审核、决策审批、事中风险管理等环节，保障业务实施的合法、合规性。组织实施业务风险排查，通过对信托资产存续期内各类风险的监测、识别、预警、化解。法律合规部负责规章制度管理、制定并组织实施制度建设计划，负责规章制度委员会日常工作。牵头负责合规管理体系与管理机制的建设与完善工作。牵头负责评价内部控制制度的完整性和合理性以及内部控制制度执行的有效性，监督并促进内控体系的有效运转。运营管理部负责执行项目存续期管理事务性工作，牵头负责信托项目日常信息披露相关工作。审计部为第三道防线，负责公司经营管理活动的内部审计工作，履行公司"第三道"风险防控职责，负责信托项目的全过程审计工作，负责公司风险管理和内部控制等相关审计评价工作。

在公司风险管理中，各层级、各部门相互衔接、有效制衡，在职责范围内严格履行风险管理职责，将风险管理工作贯穿到公司经营管理的各个环节中，对业务经营的全过程进行风险识别、评估、监测和控制，确保公司稳健经营。

4.5.2 风险状况

4.5.2.1 信用风险状况

信用风险是指借款人因各种原因未能及时、足额履行约定契约中的义务而造成经济损失的风险。发生违约时，债权人或信托公司将因为未能得到预期的收益而承担财务上的损失。

报告期内，公司持续完善风险管理制度体系，夯实信用风险管控基础。目前风险管理制度已基本覆盖信用风险管理各个环节，同时持续加强对公司新业务、新模式的制度支撑，做到制度层面"撑得起、控得住"，进一步夯实信用风险管控的标准。同时，扎实做好运营期风险管理、完善风险预警机制、开展压力测试、提前预判潜在风险。年内，公司严格履行受托人尽职管理职责，信托业务和固有业务整体运行情况良好，全年未发生重大经营风险，公司总体信用风险总体可控。

4.5.2.2　市场风险状况

市场风险是指信托公司在投资经营中因股市价格、利率、汇率等变动而导致价值未预料到的潜在损失的风险。市场风险可以分为利率风险、汇率风险（包括黄金）、股票价格风险和商品价格风险，分别是指由于利率、汇率、股票价格和商品价格的不利变动所带来的风险。市场风险可能导致市场波动，从而影响收益，甚至造成公司财产损失。

报告期内，公司坚持稳健运营的策略，密切关注宏观政策导向，充分深入调研，持续提升宏观研究和投研能力。同时做好投后管理，严格控制风险敞口。对净值化产品进行日常跟踪，关注净值波动、负面舆情、产品风格漂移、市场风险敞口的变化情况等，及时跟进异常情况并提示风险。年内，公司证券投资信托业务及固有业务投资总体风险可控。

4.5.2.3　合规风险状况

合规风险是指因未能遵循法律法规、监管要求、规则、自律性组织制定的有关准则以及适用于金融机构自身业务活动的行为准则，而可能遭受法律制裁、监管处罚、重大财务损失和声誉损失的风险。

报告期内，公司根据监管政策要求和导向持续完善以风险管理为导向、合规管理监督为重点的内控体系，优化制度管理流程，加强重点领域制度迭代更新，为公司风险管理、业务审批、项目操作、运营期风险管理等提供制度保障。持续加强内控信息化建设力度，进一步提升风险管控能力。着力补齐内控合规机制明显短板，将内控管理和合规管理要求嵌入业务流程，促使公司依法合规开展各项经营活动。

4.5.2.4　流动性风险状况

流动性风险是指公司的流动性支付能力存在不确定性，无法以合理成本及时获得充足资金，用于偿付到期债务、履行其他支付义务和满足正常业务开展的其他资金需求的风险。

报告期内，公司净资本充足，能够覆盖各项业务的风险资本和满足信托公司流动性的要求，变现能力和资金周转能力强，流动性风险较小。

4.5.2.5　其他风险状况

公司面临的其他风险还有声誉风险、关联交易风险、信息科技风险、战略风险等。声誉风险是指公司经营管理行为导致外部负面评价的风险。关联交易风险是指在关联交易控制过程中，由于关联方界定不准确、关联交易定价不合理以及关联交易活动中断等原因导致的风险。信息科技风险是指公司在运用信息科技过程中，由于自然因素、人为因素、技术漏洞和管理缺陷产生的操作、法律和声誉等风险。战略风险是指由于战略制定实施的流程无效或经营环境的变化，从而导致战略与市场环境和自身能力不匹配，或造成重大经济损失和不利影响的风险。

报告期内，公司高度重视声誉风险，在制度建设、流程优化、文化培养、宣传培训等方面采取多项措施，积极做好声誉风险管理工作。年内，公司未发生重大负面舆情、案件和群体事件，维护了良好的品牌声誉。

报告期内，公司高度重视关联交易实质性、公允性与合规性。加强关联方识别，实现关联方闭环管理。审慎把控关联交易相关监管要求，对关联方有效识别、分类管理。优化调整并严格履行审批程序，确保关联交易合规有序。

报告期内，公司高度重视信息科技风险，持续完善数字化建设管理机制，做好过程管控，持续提升数字化运营水平。完善数据管理办法，提升数据质量标准。夯实数据基础治理，优化数据统计工作，提高数据分析能力，支撑各项业务有序开展，保持数据报送的统一性、准确性。同时强化网络安全管理，提升信息科技安全水平，落实网络安全应急预案机制并定期开展演练和安全意识培训，完成年度网络安全保障。

报告期内，公司高度重视战略风险，持续强化战略规划与顶层设计，契合信托业务新规回归信托本源、服务实体经济的总体要求，加强战略引领，有效发挥战略统领作用。

4.5.3　风险管理

风险管理的目标是在风险和收益间取得适当平衡，将风险对公司经营业绩的负面影响降到最低水平，使股东及其他权益投资者利益最大化。基于该风险管理目标，公司风险管理工作紧密围绕战略及业务特点，持续优化风险管理体系，推动风险内控合规与业务管理深度融合，强化重点领域、重点业务风险防范，把好准入关口，完善风险指标体系，强化运营期风险监测，开展专项风险排查，推进公司战略实施和高质量发展。

4.5.3.1 信用风险管理

针对信用风险，公司不断健全制度体系和操作流程，在尽职调查、制定方案、专业审核、严格审批、过程管理、风险监控等关键环节加强管控，以切实降低信用风险发生的概率。

公司对于信用风险管理主要采取的措施：一是持续完善风险管理制度体系，夯实信用风险管控基础。目前风险管理制度已基本覆盖信用风险管理各个环节，同时持续加强对公司新业务、新模式的制度支撑，做到制度层面"撑得起、控得住"。二是扎实做好运营期风险管理，加强存量业务和风控指标的监测预警。对业务进行全面监测，发现异常及时预警。

4.5.3.2 市场风险管理

公司对于市场风险管理主要采取的措施：一是强化投资研究，提升宏观研究和投研能力。统筹运用各种信息渠道，保持与市场化机构交流频率，吸收同业先进经验，发挥数据对投资研究的赋能作用。二是做好投后管理，严格控制风险敞口。对净值化产品进行日常跟踪，关注净值波动、负面舆情、产品风格漂移、市场风险敞口的变化情况等，及时跟进异常情况并提示风险。对于处在退出期的项目，及时跟进管理人退出安排，确保资金安全收回。

4.5.3.3 合规风险管理

公司对于合规风险管理主要采取的措施：一是有序推进制度废改立，强化制度顶层设计，有效弥补风险管理和内部控制薄弱环节。二是夯实基础工作，强化监管合规管理。做好监管信息报送和监管检查迎检工作，同时梳理外部典型风险事件、行业监管处罚案例等构建风险案例库，汇总资管新规实施以来行业监管问题及要求，按专题归纳形成《信托业务合规要点监管提示汇编》，为公司合规管理提升夯实基础。三是优化合规审查流程，推进审查信息化。前置业务合法合规论证及合同审查，确保应审必审，重点强化创新业务的合法合规性审核。四是切实做好反洗钱管理。完善信息系统中洗钱黑名单，推进反洗钱系统升级部署，优化反洗钱工作组织，提高合规管理效能。

4.5.3.4 流动性风险管理

公司制定并采取了有效的流动性管理措施：一是建立流动性风险管理机制，夯实管理基础。加强资金头寸管理、流动性风险监测，逐步提升优质流动性储备水平，定期开展流动性风险压力测试，健全流动性风险应急预案，实现流动性风险的体系化管理。二是加强产品兑付层面流动性风险控制，避免风险传导。强化固有业务的风险监测和预警机制，加强计划管理，确保固有资金再投资的充足性。

4.5.3.5 其他风险管理

声誉风险管理方面。一是加强公司形象正面宣传，营造良好舆论氛围。二是加大舆情监测力度，确保舆情管理平稳有序。三是深入推进风险项目处置，避免潜在声誉风险事件。四是维护投资人合法权益，积极履行受托人职责。

关联交易风险管理方面。一是董监事履职尽责，高度重视关联交易实质性、公允性与合规性。董监事充分履行关联交易审议、监督职责，审议关联交易管理制度、年度预计规模等议案。二是加强关联方识别，实现关联方闭环管理。审慎把控关联交易相关监管要求，对关联方有效识别、分类管理，结合业务开展情况动态更新关联方名单，不断完善关联方信息档案，夯实关联交易的合规基础。三是优化调整并严格履行审批程序，确保关联交易合规有序。根据业务分类和交易情况，匹配不同的审批程序。按照穿透识别和实质重于形式的原则进行资金来源与运用的双向核查，识别交易、评估风险。

信息科技风险管理方面。一是完善数字化建设管理机制，做好过程管控。优化完善数字化专项从需求统筹到结决算全过程管理。二是完善信息系统，提升数字化运营水平。围绕公司发展战略与业务转型需要，运用数字化技术支持公司创新业务，优化完善供应链金融、证券投资、服务信托等专业化管理支撑系统。三是完善数据管理办法，提升数据质量标准。夯实数据基础治理，优化数据统计工作，提高数据分析能力，支撑各项业务有序开展，保持数据报送的统一性、准确性。拓展数据应用场景，深度挖掘数据价值，辅助业务决策。四是强化网络安全管理，提升信息科技安全水平。完善网络安全管理机制，明确各部门网络安全责任范围，加强外包人员安全管理，落实网络安全应急预案机制并定期开展演练和安全意识培训，完成年度网络安全重保保障。

战略风险管理方面。一是加强战略引领，有效发挥战略统领作用。公司持续强化战略规划与顶层设计，契合信托业务新规回归信托本源、服务实体经济的总体要求。二是有序推进目标分解，扎实推动公司战略实施。公司紧扣高质量发展目标，进一步明确任务目标的分解要求，形成不同的业务条线重点任务和具体措施。各部门据此制订各自年度工作计划，切实将目标分解和落实，保证各项任务有序推进。

4.6 2023年净资本、风险资本及风险控制指标状况

公司按照《信托公司净资本管理办法》有关要求，对净资本及风险资本进行有效管理。报告期内，公司净资本风险控制指标持续符合监管要求。2023年12月31日，公司净资本及各项相关风控指标情况如下表所示。

指标	2023年末数	监管指标要求
净资本（亿元）	109.96	≥2
风险资本（亿元）	24.99	—
净资本/各项业务风险资本之和（%）	440.09	≥100
净资本/净资产（%）	86.65	≥40

4.7 社会责任履行情况

2023年，公司全面贯彻党的二十大精神，坚持以人民为中心，增进社会民生福祉，为实体经济发展和人民美好生活贡献信托智慧、注入信托力量。公司主动承担社会责任，坚持服务实体经济和产融结合，立足"根植主业、服务实业、以融强产、创造价值"，紧扣"一体四翼"发展布局，以高质量金融服务助力经济社会的全面可持续发展，树立央企产业金融的新标杆，努力推进更有深度、更有广度、更有温度的高质量可持续发展。

坚持服务实体经济，赋能经济社会发展。公司专注创新发展战略，践行低成本融资帮扶机制，创新设计"扶困复产"专项服务信托，拓宽低成本融资渠道，免费为国网黑龙江、吉林、蒙东等6家电力公司提供300亿元低成本资金运作服务，为其节约融资成本约4亿元，为企业"降本增效"贡献信托力量。公司专注信托本源定位，助力新型电力系统建设，大力支持我国能源互联网、特高压、智能电网建设和农村电网改造升级工程，全年为"宁夏—湖南""金上—湖北"等特高压直流工程提供近一百亿元专项融资服务，为清洁能源外送等线路改造、扩建工程提供超40亿元专项融资服务，有力支持国家民生基础设施建设和实体经济发展。

坚持深化金融供给侧结构性改革，深化业务创新转型。公司积极顺应监管信托分类新规要求，持续深化改革创新，把更多金融资源用于促进科技创新、先进制造、绿色发展和中小微企业，以产品和服务创新助力打通产业链堵点卡点、畅通经济循环。自2020年部署线上供应金融业务以来，公司实现供应链金融业务规模超200亿元。2023年，公司依托"电e金服"和"南网e链"，已累计服务社会中小供应商超5 000家、发电企业46家，投放业务超两万笔。支持清洁能源发展，助推我国经济结构调整和发展方式转变。实行基金化、平台化运作，更好地为我国经济社会发展和环境保护贡献力量。深耕绿色信托，绿色金融业务多向发力，高效支持实现"双碳"目标和新型电力系统建设。

坚持以人民为中心的价值取向，彰显企业责任担当。2023年，公司设立"英大信托2023年东城德兴乡村振兴慈善信托"，通过"慈善信托+对口帮扶"相结合的形式，持续提升"造血式"帮扶效果，为重点帮扶县内蒙古化德县的乡村振兴事业发展夯基础、强保障。"英大信托2022年文润东城慈善信托"项目充分发挥信托制度优势，为文物保护及活化利用等慈善事业注入金融"活水"，致力擦亮北京历史文化名城的"金名片"。该项目成功举办了2023北京古建音乐季，在"2023年金融品牌影响力大会"上获评"金诺·中国金融年度优秀社会责任项目"奖。

5. 报告期末及上一年度末的比较式会计报表

5.1 自营资产

5.1.1 会计师事务所审计意见全文

审计报告

XYZH/2024BJAB2B0287

英大国际信托有限责任公司

英大国际信托有限责任公司：

一、审计意见

我们审计了英大国际信托有限责任公司（以下简称英大信托公司）财务报表，包括2023年12月31日的合并及母公司资产负债表，2023年度的合并及母公司利润表、合并及母公司现金流量表、合并及母公司所有者权益变动表，以及相关财务报表附注。

我们认为，后附的财务报表在所有重大方面按照企业会计准则的规定编制，公允反映了英大信托公司2023

年12月31日的合并及母公司财务状况以及2023年度的合并及母公司经营成果和现金流量。

二、形成审计意见的基础

我们按照中国注册会计师审计准则的规定执行了审计工作。审计报告的"注册会计师对财务报表审计的责任"部分进一步阐述了我们在这些准则下的责任。按照中国注册会计师职业道德守则，我们独立于英大信托公司，并履行了职业道德方面的其他责任。我们相信，我们获取的审计证据是充分、适当的，为发表审计意见提供了基础。

三、管理层和治理层对财务报表的责任

英大信托公司管理层（以下简称管理层）负责按照企业会计准则的规定编制财务报表，使其实现公允反映，并设计、执行和维护必要的内部控制。以使财务报表不存在由于舞弊或错误导致的重大错报。

在编制财务报表时，管理层负责评估英大信托公司的持续经营能力，披露与持续经营相关的事项，并运用持续经营假设，除非管理层计划清算英大信托公司、终止运营或别无其他现实的选择。

治理层负责监督英大信托公司的财务报告过程。

四、注册会计师对财务报表审计的责任

我们的目标是对财务报表整体是否不存在由于舞弊或错误导致的重大错报获取合理保证，并出具包含审计意见的审计报告。合理保证是高水平的保证，但并不能保证按照审计准则执行的审计在某一重大错报存在时总能发现。错报可能由于舞弊或错误导致，如果合理预期错报单独或汇总起来可能影响财务报表使用者依据财务报表作出的经济决策，则通常认为错报是重大的。

在按照审计准则执行审计工作的过程中，我们运用职业判断，并保持职业怀疑。同时，我们也执行以下工作：

（1）识别和评估由于舞弊或错误导致的财务报表重大错报风险，设计和实施审计程序以应对这些风险，并获取充分、适当的审计证据，作为发表审计意见的基础。由于舞弊可能涉及串通、伪造、故意遗漏、虚假陈述或凌驾于内部控制之上，未能发现由于舞弊导致的重大错报的风险高于未能发现由于错误导致的重大错报的风险。

（2）了解与审计相关的内部控制，以设计恰当的审计程序，但目的并非对内部控制的有效性发表意见。

（3）评价管理层选用会计政策的恰当性和作出会计估计及相关披露的合理性。

（4）对管理层使用持续经营假设的恰当性得出结论。同时，根据获取的审计证据，就可能导致对英大信托公司持续经营能力产生重大疑虑的事项或情况是否存在重大不确定性得出结论。如果我们得出结论认为存在重大不确定性，审计准则要求我们在审计报告中提请报表使用者注意财务报表中的相关披露；如果披露不充分，我们应当发表非无保留意见。我们的结论基于截至审计报告日可获得的信息。然而，未来的事项或情况可能导致英大信托公司不能持续经营。

（5）评价财务报表的总体列报、结构和内容，并评价财务报表是否公允反映相关交易和事项。

（6）就英大信托公司中实体或业务活动的财务信息获取充分、适当的审计证据，以对财务报表发表审计意见。我们负责指导、监督和执行集团审计，并对审计意见承担全部责任。

我们与治理层就计划的审计范围、时间安排和重大审计发现等事项进行沟通，包括沟通我们在审计中识别出的值得关注的内部控制缺陷。

 中国注册会计师：

 中国注册会计师：

中国　北京　　　　　　　　　二〇二四年四月二十五日

5.1.2 资产负债表

资产负债表（合并）

编制单位：英大国际信托有限责任公司　　　　2023年12月31日　　　　单位：万元

资产	期末余额	年初余额	负债和所有者权益（或股东权益）	期末余额	年初余额
资产：			负债：		
货币资金	16 517.27	146 643.86	短期借款	—	—
结算备付金	—	—	拆入资金		

续表

资产	期末余额	年初余额	负债和所有者权益(或股东权益)	期末余额	年初余额
贵金属	—	—	交易性金融负债	37 282.25	37 599.70
拆出资金	—	—	衍生金融负债	—	—
衍生金融资产	—	—	卖出回购金融资产款	—	—
应收账款	485.15	—	应付职工薪酬	878.08	1 212.71
预付款项	—	—	应交税费	28 972.88	46 194.32
其他应收款	—	—	其他应付款	—	—
其中：应收利息	—	—	其中：应付利息	—	—
应收股利	—	—	应付股利	—	—
合同资产	—	—	应付账款	—	—
买入返售金融资产	5 556.30	—	合同负债	—	—
持有待售资产	—	—	持有待售负债	—	—
发放贷款和垫款	—	—	长期借款	—	—
金融投资：	—	—	应付债券	—	—
交易性金融资产	1 195 814.35	986 957.71	其中：优先股	—	—
债权投资	43 533.68	28 442.29	永续债	—	—
其他债权投资	66 721.19	82 682.77	预计负债	—	—
其他权益工具投资	—	—	租赁负债	27 567.33	28 584.74
长期股权投资	—	—	递延所得税负债	6 521.39	7 007.85
投资性房地产	—	—	其他负债	62 964.99	44 140.68
固定资产	3 033.64	1 468.90	负债合计	164 186.92	164 740.00
在建工程	268.21	4 517.83	股东权益：	—	—
使用权资产	25 262.28	26 681.06	实收资本	402 900.60	402 900.60
无形资产	2 390.33	1 468.86	其他权益工具	—	—
开发支出	349.25	—	其中：优先股	—	—
长期待摊费用	—	—	永续债	—	—
递延所得税资产	60 812.20	48 915.33	资本公积	146 161.25	146 161.25
其他资产	9 067.59	2 622.31	减：库存股	—	—
			其他综合收益	674.49	1 064.05
			盈余公积	118 516.23	102 440.89
			一般风险准备	79 774.03	69 721.19
			未分配利润	517 597.90	443 372.95
			归属于母公司股东权益合计	1 265 624.50	1 165 660.92
			少数股东权益	—	—
			股东权益合计	1 265 624.50	1 165 660.92
资产总计	1 429 811.42	1 330 400.92	负债和股东权益总计	1 429 811.42	1 330 400.92

法定代表人：俞华军　　主管会计工作负责人：李芳　　会计机构负责人：李臻茹

资产负债表

编制单位：英大国际信托有限责任公司　　2023年12月31日　　单位：万元

资产	期末余额	年初余额	负债和所有者权益（或股东权益）	期末余额	年初余额
资产：			负债：		
货币资金	6 958.99	10 919.52	短期借款	—	—
结算备付金	—	—	拆入资金	—	—
贵金属			交易性金融负债		
拆出资金	—	—	衍生金融负债		
衍生金融资产			卖出回购金融资产款		
应收账款	485.15	—	应付职工薪酬	878.08	1 212.71
预付款项			应交税费	28 989.73	46 196.74
其他应收款			其他应付款	—	—
其中：应收利息			其中：应付利息		
应收股利			应付股利		
合同资产			应付账款		
买入返售金融资产			合同负债		
持有待售资产	—	—	持有待售负债		
发放贷款和垫款	—	—	长期借款		
金融投资：	—	—	应付债券		
交易性金融资产	1 173 856.98	1 082 905.57	其中：优先股		
债权投资	43 533.68	28 442.29	永续债		
其他债权投资	66 721.19	82 682.77	预计负债		
其他权益工具投资	—	—	租赁负债	27 567.33	28 584.74
长期股权投资	—	—	递延所得税负债	6 521.39	7 007.85
投资性房地产	—	—	其他负债	63 378.78	42 348.86
固定资产	3 033.64	1 468.90	负债合计	127 335.31	125 350.90
在建工程	268.21	4 517.83	股东权益：		
使用权资产	25 262.28	26 681.06	实收资本	402 900.60	402 900.60
无形资产	2 390.33	1 468.86	其他权益工具	—	—
开发支出	349.25	—	其中：优先股		
长期待摊费用	—	—	永续债		
递延所得税资产	60 812.20	48 915.33	资本公积	146 161.25	146 161.25
其他资产	9 125.09	2 638.61	减：库存股	—	—
			其他综合收益	674.49	1 064.05
			盈余公积	118 516.23	102 440.89
			一般风险准备	79 774.03	69 721.19
			未分配利润	517 435.08	443 001.87
			归属于母公司股东权益合计	1 265 461.68	1 165 289.84
			少数股东权益	—	—
			股东权益合计	1 265 461.68	1 165 289.84
资产总计	1 392 796.98	1 290 640.74	负债和股东权益总计	1 392 796.98	1 290 640.74

法定代表人：俞华军　　　　主管会计工作负责人：李芳　　　　会计机构负责人：李臻茹

5.1.3 利润表

利润表（合并）

编制单位：英大国际信托有限责任公司　2023年度　　　　　　　　　单位：万元

项目	本年金额	上年金额
一、营业总收入	257 771.24	222 079.58
利息净收入	6 647.89	6 313.88
其中：利息收入	7 510.43	10 881.20
利息支出	862.54	4 567.32
手续费及佣金净收入	271 158.97	249 820.79
其中：手续费及佣金收入	271 158.97	249 820.79
手续费及佣金支出	—	—
投资收益（损失以"-"号填列）	18 248.42	9 856.23
公允价值变动收益（损失以"-"号填列）	-39 087.56	-44 405.34
汇兑收益（损失以"-"号填列）	11.49	57.28
其他业务收入	38.99	31.05
其他收益	0.30	324.73
资产处置收益（损失以"-"号填列）	752.74	80.97
二、营业总成本	48 365.42	32 642.37
税金及附加	2 660.60	2 348.84
业务及管理费用	34 286.64	30 426.18
信用减值损失	11 418.18	-132.65
三、营业利润（亏损以"-"号填列）	209 405.82	189 437.21
加：营业外收入	198.42	—
减：营业外支出	102.54	126.06
四、利润总额（亏损总额以"-"号填列）	209 501.69	189 311.15
减：所得税费用	48 956.55	44 693.63
五、净利润（净亏损以"-"号填列）	160 545.14	144 617.52
（一）按经营持续性分类	160 545.14	144 617.52
1.持续经营净利润（净亏损以"-"号填列）	160 545.14	144 617.52
2.终止经营净利润（净亏损以"-"号填列）	—	—
（二）按所有权归属分类	160 545.14	144 617.52
1.归属于母公司所有者的净利润（净亏损以"-"号填列）	160 545.14	144 617.52
2.少数股东损益（净亏损以"-"号填列）	—	—
六、其他综合收益的税后净额	-389.56	-1 182.90
归属母公司所有者的其他综合收益的税后净额	-389.56	-1 182.90
（一）不能重分类进损益的其他综合收益	—	—
1.重新计量设定受益计划变动额	—	—
2.权益法下不能转损益的其他综合收益	—	—
3.其他权益工具投资公允价值变动	—	—
4.企业自身信用风险公允价值变动	—	—
5.其他	—	—
（二）将重分类进损益的其他综合收益	-389.56	-1 182.90

续表

项目	本年金额	上年金额
1.权益法下可转损益的其他综合收益	—	—
2.其他债权投资公允价值变动	-395.29	-1 171.48
3.金融资产重分类计入其他综合收益的金额	—	—
4.其他债权投资信用减值准备	5.74	-11.42
5.现金流量套期储备（现金流量套期损益的有效部分）	—	—
6.外币财务报表折算差额	—	—
7.其他	—	—
归属于少数股东的其他综合收益的税后净额	—	—
七、综合收益总额	160 155.58	143 434.62
归属于母公司股东的综合收益总额	160 155.58	143 434.62
归属于少数股东的综合收益总额	—	—
八、每股收益：		
（一）基本每股收益（元/股）	—	—
（二）稀释每股收益（元/股）	—	—

法定代表人：俞华军　　主管会计工作负责人：李芳　　会计机构负责人：李臻茹

利润表

编制单位：英大国际信托有限责任公司　2023年度　　　　　　　　　单位：万元

项目	本期金额	上期金额
一、营业总收入	257 564.22	221 663.06
利息净收入	5 781.31	5 897.06
其中：利息收入	5 781.31	5 897.06
利息支出	—	—
手续费及佣金净收入	272 470.85	249 876.03
其中：手续费及佣金收入	272 470.85	249 876.03
手续费及佣金支出	—	—
投资收益（损失以"-"号填列）	15 382.24	9 825.76
其中：对联营企业和合营企业的投资收益	—	—
以摊余成本计量的金融资产终止确认收益	—	—
净敞口套期收益（损失以"-"号填列）	—	—
其他收益	0.30	324.73
公允价值变动收益（损失以"-"号填列）	-36 840.61	-44 429.81
汇兑收益（损失以"-"号填列）	11.49	57.28
其他业务收入	5.89	31.05
资产处置收益（损失以"-"号填列）	752.74	80.97
二、营业总成本	47 950.15	32 597.10
税金及附加	2 654.22	2 337.40
业务及管理费用	33 877.75	30 392.34
信用减值损失	11 418.18	-132.65
三、营业利润（亏损以"-"号填列）	209 614.07	189 065.96
加：营业外收入	198.42	—

续表

项目	本期金额	上期金额
减：营业外支出	102.54	126.06
四、利润总额（亏损总额以"-"号填列）	209 709.94	188 939.90
减：所得税费用	48 956.55	44 693.63
五、净利润（净亏损以"-"号填列）	160 753.39	144 246.28
（一）持续经营净利润（净亏损以"-"号填列）	160 753.39	144 246.28
（二）终止经营净利润（净亏损以"-"号填列）	—	—
六、其他综合收益的税后净额	−389.56	−1 182.90
（一）不能重分类进损益的其他综合收益	—	—
1.重新计量设定受益计划变动额	—	—
2.权益法下不能转损益的其他综合收益	—	—
3.其他权益工具投资公允价值变动	—	—
4.企业自身信用风险公允价值变动	—	—
5.其他	—	—

续表

项目	本期金额	上期金额
（二）将重分类进损益的其他综合收益	−389.56	−1 182.90
1.权益法下可转损益的其他综合收益	—	—
2.其他债权投资公允价值变动	−395.29	−1 171.48
3.金融资产重分类计入其他综合收益的金额	—	—
4.其他债权投资信用减值准备	5.74	−11.42
5.现金流量套期储备（现金流量套期损益的有效部分）	—	—
6.外币财务报表折算差额	—	—
7.其他	—	—
七、综合收益总额	160 363.84	143 063.37
八、每股收益：		
（一）基本每股收益（元/股）	—	—
（二）稀释每股收益（元/股）	—	—

法定代表人：俞华军　　主管会计工作负责人：李芳　　会计机构负责人：李臻茹

5.1.4 所有者权益变动表

股东权益变动表（合并）

编制单位：英大国际信托有限责任公司　　2023年度　　单位：万元

项目	本期金额										股东权益合计
	股本	其他权益工具			资本公积	减：库存股	其他综合收益	专项储备	盈余公积	一般风险准备	未分配利润	
		优先股	永续债	其他								
一、上年年末余额	402 900.60	—	—	—	146 161.25	—	1 064.05	—	102 393.30	70 529.89	442 135.92	1 165 185.00
加：会计政策变更	—	—	—	—	—	—	47.59	—	23.80	—	404.53	475.92
前期差错更正	—	—	—	—	—	—	—	—	—	—	−832.50	832.50	—
同一控制下企业合并	—	—	—	—	—	—	—	—	—	—	—	—
其他	—	—	—	—	—	—	—	—	—	—	—	—
二、本年年初余额	402 900.60	—	—	—	146 161.25	—	1 064.05	—	102 440.89	69 721.19	443 372.95	1 165 660.92
三、本年增减变动金额（减少以"-"号填列）	—	—	—	—	—	—	−389.56	—	16 075.34	69 721.19	74 224.95	99 963.58
（一）综合收益总额	—	—	—	—	—	—	−389.56	—	—	—	160 545.14	160 155.58
（二）股东投入和减少资本	—	—	—	—	—	—	—	—	—	—	—	—
1.股东投入的普通股	—	—	—	—	—	—	—	—	—	—	—	—
2.其他权益工具持有者投入资本	—	—	—	—	—	—	—	—	—	—	—	—
3.股份支付计入股东权益的金额	—	—	—	—	—	—	—	—	—	—	—	—
4.其他	—	—	—	—	—	—	—	—	—	—	—	—
（三）利润分配	—	—	—	—	—	—	—	—	16 075.34	10 052.85	−86 320.19	−60 192.00
1.提取盈余公积	—	—	—	—	—	—	—	—	16 075.34	—	−16 075.34	—
2.提取一般风险准备	—	—	—	—	—	—	—	—	—	10 052.85	−10 052.85	—
3.对股东的分配	—	—	—	—	—	—	—	—	—	—	−60 192.00	−60 192.00
4.其他	—	—	—	—	—	—	—	—	—	—	—	—
（四）股东权益内部结转	—	—	—	—	—	—	—	—	—	—	—	—
1.资本公积转增股本	—	—	—	—	—	—	—	—	—	—	—	—

续表

项目	本期金额											股东权益合计
	股本	其他权益工具			资本公积	减：库存股	其他综合收益	专项储备	盈余公积	一般风险准备	未分配利润	
		优先股	永续债	其他								
2.盈余公积转增股本	—	—	—	—	—	—	—	—	—	—	—	—
3.盈余公积弥补亏损	—	—	—	—	—	—	—	—	—	—	—	—
4.设定受益计划变动额结转留存收益	—	—	—	—	—	—	—	—	—	—	—	—
5.其他综合收益结转留存收益	—	—	—	—	—	—	—	—	—	—	—	—
6.其他	—	—	—	—	—	—	—	—	—	—	—	—
（五）专项储备	—	—	—	—	—	—	—	—	—	—	—	—
1.本年提取	—	—	—	—	—	—	—	—	—	—	—	—
2.本年使用	—	—	—	—	—	—	—	—	—	—	—	—
（六）其他	—	—	—	—	—	—	—	—	—	—	—	—
四、本年年末余额	402 900.60	—	—	—	146 161.25	—	674.49	—	118 516.23	79 774.03	517 597.90	1 265 624.50

股东权益变动表（合并，续）

编制单位：英大国际信托有限责任公司　　　　2023年度　　　　单位：万元

项目	上期金额											股东权益合计
	股本	其他权益工具			资本公积	减：库存股	其他综合收益	专项储备	盈余公积	一般风险准备	未分配利润	
		优先股	永续债	其他								
一、上年年末余额	402 900.60	—	—	—	146 161.25	—	2 246.95	—	88 394.52	61 507.56	403 440.40	1 104 651.28
加：会计政策变更	—	—	—	—	—	—	—	—	35.72	17.86	303.66	357.25
前期差错更正	—	—	—	—	—	—	—	—	−413.99	−1 039.49	−2 686.37	−4 139.85
同一控制下企业合并	—	—	—	—	—	—	—	—	—	—	—	—
其他	—	—	—	—	—	—	—	—	—	—	—	—
二、本年年初余额	402 900.60	—	—	—	146 161.25	—	2 246.95	—	86 628.76	60 485.93	401 057.68	1 100 868.68
三、本年增减变动金额（减少以"−"号填列）	—	—	—	—	—	—	−1 182.90	—	14 424.63	9 235.25	42 315.27	64 792.24
（一）综合收益总额	—	—	—	—	—	—	−1 182.90	—	—	—	144 617.52	143 434.62
（二）股东投入和减少资本	—	—	—	—	—	—	—	—	—	—	—	—
1.股东投入的普通股	—	—	—	—	—	—	—	—	—	—	—	—
2.其他权益工具持有者投入资本	—	—	—	—	—	—	—	—	—	—	—	—
3.股份支付计入股东权益的金额	—	—	—	—	—	—	—	—	—	—	—	—
4.其他	—	—	—	—	—	—	—	—	—	—	—	—
（三）利润分配	—	—	—	—	—	—	—	—	14 424.63	9 235.25	−102 302.26	−78 642.38
1.提取盈余公积	—	—	—	—	—	—	—	—	14 424.63	—	−14 424.63	—
2.提取一般风险准备	—	—	—	—	—	—	—	—	—	9 235.25	−9 235.25	—
3.对股东的分配	—	—	—	—	—	—	—	—	—	—	−78 642.38	−78 642.38
4.其他	—	—	—	—	—	—	—	—	—	—	—	—
（四）股东权益内部结转	—	—	—	—	—	—	—	—	—	—	—	—
1.资本公积转增股本	—	—	—	—	—	—	—	—	—	—	—	—
2.盈余公积转增股本	—	—	—	—	—	—	—	—	—	—	—	—
3.盈余公积弥补亏损	—	—	—	—	—	—	—	—	—	—	—	—

续表

项目	上期金额											股东权益合计
	股本	其他权益工具			资本公积	减：库存股	其他综合收益	专项储备	盈余公积	一般风险准备	未分配利润	
		优先股	永续债	其他								
4.设定受益计划变动额结转留存收益	—	—	—	—	—	—	—	—	—	—	—	—
5.其他综合收益结转留存收益	—	—	—	—	—	—	—	—	—	—	—	—
6.其他	—	—	—	—	—	—	—	—	—	—	—	—
（五）专项储备	—	—	—	—	—	—	—	—	—	—	—	—
1.本年提取	—	—	—	—	—	—	—	—	—	—	—	—
2.本年使用	—	—	—	—	—	—	—	—	—	—	—	—
（六）其他	—	—	—	—	—	—	—	—	—	—	—	—
四、本年年末余额	402 900.60	—	—	—	146 161.25	—	1 064.05	—	102 440.89	69 721.19	443 372.95	1 165 660.92

法定代表人：俞华军　　　　主管会计工作负责人：李芳　　　　会计机构负责人：李臻茹

股东权益变动表

编制单位：英大国际信托有限责任公司　　　2023年度　　　单位：万元

项目	本期金额											股东权益合计
	股本	其他权益工具			资本公积	减：库存股	其他综合收益	专项储备	盈余公积	一般风险准备	未分配利润	
		优先股	永续债	其他								
一、上年年末余额	402 900.60	—	—	—	146 161.25	—	1 064.05	—	102 393.30	70 529.89	441 764.84	1 164 813.92
加：会计政策变更	—	—	—	—	—	—	—	—	47.59	23.80	404.53	475.92
前期差错更正	—	—	—	—	—	—	—	—	—	−832.50	832.50	—
同一控制下企业合并	—	—	—	—	—	—	—	—	—	—	—	—
其他	—	—	—	—	—	—	—	—	—	—	—	—
二、本年年初余额	402 900.60	—	—	—	146 161.25	—	1 064.05	—	102 440.89	69 721.19	443 001.87	1 165 289.84
三、本年增减变动金额（减少以"−"号填列）	—	—	—	—	—	—	−389.56	—	16 075.34	10 052.85	74 433.21	100 171.84
（一）综合收益总额	—	—	—	—	—	—	−389.56	—	—	—	160 753.39	160 363.84
（二）股东投入和减少资本	—	—	—	—	—	—	—	—	—	—	—	—
1.股东投入的普通股	—	—	—	—	—	—	—	—	—	—	—	—
2.其他权益工具持有者投入资本	—	—	—	—	—	—	—	—	—	—	—	—
3.股份支付计入股东权益的金额	—	—	—	—	—	—	—	—	—	—	—	—
4.其他	—	—	—	—	—	—	—	—	—	—	—	—
（三）利润分配	—	—	—	—	—	—	—	—	16 075.34	10 052.85	−86 320.19	−60 192.00
1.提取盈余公积	—	—	—	—	—	—	—	—	16 075.34	—	−16 075.34	—
2.提取一般风险准备	—	—	—	—	—	—	—	—	—	10 052.85	−10 052.85	—
3.对股东的分配	—	—	—	—	—	—	—	—	—	—	−60 192.00	−60 192.00
4.其他	—	—	—	—	—	—	—	—	—	—	—	—
（四）股东权益内部结转	—	—	—	—	—	—	—	—	—	—	—	—
1.资本公积转增股本	—	—	—	—	—	—	—	—	—	—	—	—
2.盈余公积转增股本	—	—	—	—	—	—	—	—	—	—	—	—
3.盈余公积弥补亏损	—	—	—	—	—	—	—	—	—	—	—	—
4.设定受益计划变动额结转留存收益	—	—	—	—	—	—	—	—	—	—	—	—

续表

项目	本期金额											
	股本	其他权益工具			资本公积	减：库存股	其他综合收益	专项储备	盈余公积	一般风险准备	未分配利润	股东权益合计
		优先股	永续债	其他								
5.其他综合收益结转留存收益	—	—	—	—	—	—	—	—	—	—	—	—
6.其他	—	—	—	—	—	—	—	—	—	—	—	—
（五）专项储备	—	—	—	—	—	—	—	—	—	—	—	—
1.本年提取	—	—	—	—	—	—	—	—	—	—	—	—
2.本年使用	—	—	—	—	—	—	—	—	—	—	—	—
（六）其他	—	—	—	—	—	—	—	—	—	—	—	—
四、本年年末余额	402 900.60	—	—	—	146 161.25	—	674.49	—	118 516.23	79 774.03	517 435.08	1 265 461.68

法定代表人：俞华军　　　　　　　　　　　主管会计工作负责人：李芳　　　　　　　　　　　会计机构负责人：李臻茹

股东权益变动表（续）

编制单位：英大国际信托有限责任公司　　　　　2023年度　　　　　　　　　　　　　单位：万元

项目	上期金额											
	股本	其他权益工具			资本公积	减：库存股	其他综合收益	专项储备	盈余公积	一般风险准备	未分配利润	股东权益合计
		优先股	永续债	其他								
一、上年年末余额	402 900.60	—	—	—	146 161.25	—	2 246.95	—	88 394.52	61 507.56	403 440.57	1 104 651.45
加：会计政策变更	—	—	—	—	—	—	—	—	35.72	17.86	303.66	357.25
前期差错更正	—	—	—	—	—	—	—	—	−413.99	−1 039.49	−2 686.37	−4 139.85
同一控制下企业合并	—	—	—	—	—	—	—	—	—	—	—	—
其他	—	—	—	—	—	—	—	—	—	—	—	—
二、本年年初余额	402 900.60	—	—	—	146 161.25	—	2 246.95	—	88 016.26	60 485.93	401 057.85	1 100 868.85
三、本年增减变动金额（减少以"−"号填列）	—	—	—	—	—	—	−1 182.90	—	14 424.63	9 235.25	41 944.02	64 421.00
（一）综合收益总额	—	—	—	—	—	—	−1 182.90	—	—	—	144 246.28	143 063.37
（二）股东投入和减少资本	—	—	—	—	—	—	—	—	—	—	—	—
1.股东投入的普通股	—	—	—	—	—	—	—	—	—	—	—	—
2.其他权益工具持有者投入资本	—	—	—	—	—	—	—	—	—	—	—	—
3.股份支付计入股东权益的金额	—	—	—	—	—	—	—	—	—	—	—	—
4.其他	—	—	—	—	—	—	—	—	—	—	—	—
（三）利润分配	—	—	—	—	—	—	—	—	14 424.63	9 235.25	−102 302.26	−78 642.38
1.提取盈余公积	—	—	—	—	—	—	—	—	14 424.63	—	−14 424.63	—
2.提取一般风险准备	—	—	—	—	—	—	—	—	—	9 235.25	−9 235.25	—
3.对股东的分配	—	—	—	—	—	—	—	—	—	—	−78 642.38	−78 642.38
4.其他	—	—	—	—	—	—	—	—	—	—	—	—
（四）股东权益内部结转	—	—	—	—	—	—	—	—	—	—	—	—
1.资本公积转增股本	—	—	—	—	—	—	—	—	—	—	—	—
2.盈余公积转增股本	—	—	—	—	—	—	—	—	—	—	—	—
3.盈余公积弥补亏损	—	—	—	—	—	—	—	—	—	—	—	—

续表

项目	上期金额											股东权益合计
	股本	其他权益工具			资本公积	减：库存股	其他综合收益	专项储备	盈余公积	一般风险准备	未分配利润	
		优先股	永续债	其他								
4.设定受益计划变动额结转留存收益	—	—	—	—	—	—	—	—	—	—	—	—
5.其他综合收益结转留存收益	—	—	—	—	—	—	—	—	—	—	—	—
6.其他	—	—	—	—	—	—	—	—	—	—	—	—
（五）专项储备	—	—	—	—	—	—	—	—	—	—	—	—
1.本年提取	—	—	—	—	—	—	—	—	—	—	—	—
2.本年使用	—	—	—	—	—	—	—	—	—	—	—	—
（六）其他	—	—	—	—	—	—	—	—	—	—	—	—
四、本年年末余额	402 900.60	—	—	—	146 161.25	—	1 064.05	—	102 440.89	69 721.19	443 001.87	1 165 289.84

法定代表人：俞华军　　　主管会计工作负责人：李芳　　　会计机构负责人：李臻茹

5.2 信托资产

5.2.1 信托项目资产负债汇总表

信托项目资产负债表

编制单位：英大国际信托有限责任公司　　　日期：2023年12月31日　　　单位：万元

信托资产	年初数	期末数	信托负债和信托权益	年初数	期末数
银行存款	141 776.01	6 562.31	交易性金融负债	—	—
结算备付金	—	—	衍生金融负债	—	—
存出保证金	—	0.14	应付受托人报酬	394.55	465.67
衍生金融资产	—	—	应付托管费	1.86	1.05
交易性金融资产	2 271 564.41	1 940 094.26	应付受益人收益	26.93	26.93
买入返售金融资产	—	5 556.30	应交税费	387.19	226.44
发放贷款和垫款	11 821 387.53	14 914 092.19	应付销售服务费	—	—
债权投资	64 409 627.54	64 522 477.13	其他应付款项	42 481.80	479.23
其他债权投资	—	—	应付清算款	—	—
长期股权投资	37 780.00	37 780.00	预计负债	—	—
应收清算款	—	—	其他负债	—	—
应收利息	—	—	信托负债合计	43 292.33	1 199.31
应收股利	—	—			
应收申购款	—	—	信托权益：		
递延所得税资产	—	—	实收信托	79 855 423.24	82 360 740.80
其他资产	1 190 837.49	872 694.02	资本公积	—	—
—	—	—	其他综合收益	—	—
—	—	—	未分配利润	−25 742.59	−62 683.77
—	—	—	信托权益合计	79 829 680.65	82 298 057.03
信托资产总计	79 872 972.98	82 299 256.34	信托负债及信托权益总计	79 872 972.98	82 299 256.34

5.2.2 信托项目利润及利润分配汇总表

信托项目利润表

编制单位：英大国际信托有限责任公司　　日期：2023年12月31日　　单位：万元

项目	2023年	2022年
1.营业收入	2 858 531.07	2 815 893.47
1.1 利息收入	2 810 256.37	2 485 993.82
1.2 投资收益	77 147.04	341 416.87
1.2.1 对联营企业和合营企业的投资收益	—	—
1.3 公允价值变动损益	−28 874.22	−11 524.52
1.4 租赁收入	—	—
1.5 汇兑损益	—	—
1.6 其他收入	1.89	7.30
2.支出	326 008.98	373 816.26
2.1 营业税金及附加	10 172.57	9 956.99
2.2 受托人报酬	285 540.36	260 850.48
2.3 托管费	23.86	99.87
2.4 投资管理费		
2.5 销售服务费		
2.6 交易费用		
2.7 信用减值损失	28 789.70	102 129.81
2.8 其他费用	1 482.49	779.11
3.信托净利润	2 532 522.09	2 442 077.21
4.其他综合收益	—	—
5.综合收益	2 532 522.09	2 442 077.21
6.加：期初未分配信托利润	−25 742.59	34 370.03
7.可供分配的信托利润	2 506 779.50	2 476 447.24
8.减：本期已分配信托利润	2 569 463.26	2 502 189.83
9.期末未分配信托利润	−62 683.77	−25 742.59

6.会计报表附注

6.1 会计报表编制基准不符合会计核算基本前提的说明

（1）公司无会计报表编制基准不符合会计核算基本前提的情况。

（2）公司无拥有表决权超过半数但未纳入合并范围的被投资单位；本期公司将7个结构化主体纳入合并报表范围。

6.2 重要会计政策和会计估计说明

6.2.1 重要会计政策变更

2022年11月30日，财政部发布了《企业会计准则解释第16号》（财会〔2022〕31号，以下简称解释16号），解释16号"关于单项交易产生的资产和负债相关的递延所得税不适用初始确认豁免的会计处理"自2023年1月1日起施行，允许企业自发布年度提前执行。公司根据财政部上述相关准则及通知规定，自2023年1月1日起执行《企业会计准则解释第16号》的规定。

因执行该项会计处理规定对本公司2023年初合并比较财务报表相关项目影响见6.2.4。

6.2.2 重要会计估计变更

本公司本年无重要会计估计变更。

6.2.3 重要前期差错更正及影响

2024年4月18日，本公司之母公司国网英大股份有限公司（以下简称国网英大）收到中国证券监督管理委员会上海监管局（以下简称上海证监局）出具的《关于对国网英大股份有限公司采取责令改正措施的决定》（沪证监决〔2024〕159号）。根据该文件，本公司在管理的鼎鑫8号和联赢8号信托项目追偿具有极大不确定的情况下，以自有资金出资55 500万元，收购两项目，实为本公司先行兑付信托投资人，并承继两项目权益与风险，导致本公司2020年财务报告少记损失5.55亿元，虚增当年利润总额5.55亿元，导致公司2021年财务报告虚增公允价值变动损失和虚减利润总额各49 980万元。经公司梳理自查，并经第十二届董事会第七次会议审议通过，本公司对2020年至2022年财务报表存在的会计差错进行更正及追溯调整。上述调整对本公司2023年初所有者权益的影响情况详见6.2.4。

6.2.4 年初调整事项汇总

单位：元

受影响的项目	2022年12月31日	重要会计政策变更	重要前期差错更正	2023年1月1日
递延所得税资产	417 691 468.66	71 461 847.42	—	489 153 316.08
递延所得税负债	3 375 817.94	66 702 662.20	—	70 078 480.14
盈余公积	1 023 932 994.21	475 918.53	—	1 024 408 912.74
一般风险准备	705 298 900.20	237 959.26	−8 325 000.00	697 211 859.46
未分配利润	4 421 359 193.42	4 045 307.43	8 325 000.00	4 433 729 500.85

6.3 或有事项

截至资产负债表日，本公司接受中国信托保障基金有限责任公司委托清收部分信托计划标的债权，金额共计12.66亿元，本公司作出最低清收承诺。经研判，本公司认为到期承担最低清收承诺的可能性极小。

除上述事项外，本公司无其他需要披露重大承诺及或有事项。

6.4 重要资产转让及其出售的说明

无。

6.5 会计报表中重要项目的明细资料

6.5.1 自营资产经营情况

6.5.1.1 资产风险分类

信用风险资产五级分类	正常类（万元）	关注类（万元）	次级类（万元）	可疑类（万元）	损失类（万元）	信用风险资产合计（万元）	不良合计（万元）	不良率（%）
期初数	1 208 093.45	—	—	—	3 648.55	1 211 742.00	3 648.55	—
期末数	1 298 684.00	—	—	—	3 648.55	1 302 332.55	3 648.55	—

6.5.1.2 资产损失准备

单位：万元

项目	期初数	本期计提	本期转回	本期转销	期末数
贷款损失准备	—	—	—	—	—
其他资产减值准备	4 254.91	11 418.18			15 673.09
债权投资减值准备	3 987.15	158.18			4 145.33
长期股权投资减值准备					
坏账准备	267.76	11 260.00			11 527.76

6.5.1.3 投资

单位：万元

项目	自营股票	基金	债券	其他投资	合计
期初数	7.26	862 924.40	103 567.71	131 583.39	1 098 082.76
期末数	—	946 026.77	87 411.63	272 630.81	1 306 069.21

6.5.1.4 前五名自营长期股权投资情况

无。

6.5.1.5 前五名自营贷款情况

无。

6.5.1.6 表外业务的期初数、期末数；按照代理业务、担保业务和其他类型表外业务分别披露

无。

6.5.1.7 公司当年的收入结构

项目	母公司		并表口径	
收入结构	金额（万元）	占比（%）	金额（万元）	占比（%）
手续费及佣金收入	272 470.85	105.71	271 158.97	105.11
其中：托管及其他受托业务佣金	272 470.85	105.71	271 158.97	105.11
证券承销业务	—	—	—	—
利息净收入	5 781.31	2.24	6 647.89	2.58
其他业务收入	5.89	—	38.99	0.02

续表

项目	母公司		并表口径	
投资收益	15 382.24	5.97	18 248.42	7.07
资产处置收益	752.74	0.29	752.74	0.29
其他收益	0.30	—	0.30	—
公允价值变动收益	−36 840.61	−14.22	−39 087.56	−15.08
汇兑收益	11.49	—	11.49	—
营业外收入	198.42	0.08	198.42	0.08
合计	257 762.64	100.00	257 969.66	100.00

6.5.2 信托资产管理情况

6.5.2.1 信托资产的期初数、期末数

单位：万元

信托资产	期初数	期末数
集合	890 304.20	814 018.47
单一	12 427 422.27	15 765 912.91
财产权	66 555 246.51	65 719 324.96
合计	79 872 972.98	82 299 256.34

6.5.2.1.1 主动管理型信托业务的信托资产期初数、期末数，分证券投资、股权投资、融资、事务管理类分别披露

单位：万元

主动管理型信托资产	期初数	期末数
证券投资类	150 113.13	143 404.42
股权投资类	32 000.54	8 147.72
融资类	102 229.35	47 680.84
事务管理类	20 238.54	—
合计	945 197.64	832 168.58

6.5.2.1.2 被动管理型信托业务期初数、期末数，分证券投资、股权投资、融资、事务管理类分别披露

单位：万元

被动管理型信托资产	期初数	期末数
证券投资类	—	—
股权投资类	780.00	37 780.57
融资类	135 006.19	—
事务管理类	65 420 121.84	81 429 307.20
合计	65 555 908.03	81 467 087.77

6.5.2.2 本年度已清算结束的信托主项目个数、实收信托合计金额、加权平均实际年化收益率

6.5.2.2.1 本年度已清算结束的集合类、单一类资金信托项目和财产管理类信托主项目个数、实收信托金额、加权平均实际年化收益率

已清算结束信托项目	项目个数（个）	实收信托合计金额（万元）	加权平均实际年化收益率（%）
集合类	—	—	—
单一类	14	966 850.00	4.68
财产管理类	39	6 908 830.34	4.18

6.5.2.2.2 本年度已清算结束的主动管理型信托主项目个数、实收信托合计金额、加权平均实际年化收益率

已清算结束信托项目	项目个数（个）	实收信托合计金额（万元）	加权平均实际年化信托报酬率（%）	加权平均实际年化收益率（%）
证券投资类	—	—	—	—
股权投资类	—	—	—	—
融资类	—	—	—	—
事务管理类	—	—	—	—

6.5.2.2.3 本年度已清算结束的被动管理型信托主项目个数、实收信托合计金额、加权平均实际年化收益率

已清算结束信托项目	项目个数（个）	实收信托合计金额（万元）	加权平均实际年化信托报酬率（%）	加权平均实际年化收益率（%）
证券投资类	—	—	—	—
股权投资类	—	—	—	—
融资类	—	—	—	—
事务管理类	53	7 875 680.34	0.34	4.24

6.5.2.3 本年度新增的集合类、单一类和财产管理类信托主项目个数、实收信托合计金额

新增信托项目	项目个数（个）	实收信托合计金额（万元）
集合类	1	3 030.00
单一类	14	2 191 995.36
财产管理类	7	101 435.00
新增合计	22	2 296 460.36
其中：主动管理型	4	3 535.00
被动管理型	18	2 292 925.36

6.5.2.4 信托业务创新成果和特色业务有关情况

2023年，公司坚定不移走产业金融特色鲜明的差异化、可持续的高质量发展道路，立足信托制度优势和自身资源禀赋，积极开拓创新，提升服务实体经济和人民群众质效。

服务新型电力系统建设，支持重点工程项目。设立"扶困复产"专项服务信托300亿元。年内为"宁夏—湖南""金上—湖北"等特高压直流工程提供累计98.5亿元专项融资服务，为清洁能源外送等线路改造、扩建工程提供42亿元专项融资服务，有力支持国家民生基础设施建设和实体经济发展。大力拓展能源央企集团客户，服务国家能源集团及其成员单位资金运作102亿元；设立"燧皇01号"服务信托，与国家电投集团共同搭建清洁能源项目运作平台。为新源集团、国网租赁量身定制信托产品，以多元金融工具解决其痛点难点问题。

深化产融结合，供应链金融实现新突破。2023年，依托"电e金服"初步形成了"2个电费供应链+4个物资供应链"、覆盖5家国网省电力公司的业务布局，累计服务中小供应商5 652家、发电企业46家。携手国网山西省电力公司设立行业首单能源供应链服务信托，产品矩阵和资金渠道持续丰富。

积极开展研究，探索服务社会治理需求。积极开展创新型信托产品理论研究，学习加大对养老服务信托等服务社会治理需求创新业务的探索力度。保险金信托业务先后实现"1.0模式""1.5模式"、银行渠道模式的多个"首单"落地，业务规模突破500万元。以公益慈善信托服务第三次分配，"东城德融"慈善信托项目稳健运作，收到了内蒙古化德县"情系化德帮扶 助力乡村振兴"锦旗，成立"东城德兴"慈善信托，持续助力乡村振兴。

6.5.2.5 本公司履行受托人义务情况及因本公司自身责任而导致的信托资产损失情况（合计金额、原因等）。

公司严格落实监管要求，深化制度建设，加强合规管理，完善风险控制闭环管理。一是在项目成立之初，多方面探寻业务模式创新性，多角度论证项目合规性、安全性、可行性等问题，提前辨别项目实质风险点。二是在项目存续期间，强化实时监测风险工作机制，进一步提高风险管理快速反应能力，做到更加高效精准识别风险，确保风险预警启动及时、执行有力。组织开展多轮次专项现场检查和风险排查工作，掌握信托资金使用情况、信托资产风险状况、抵质押物状况、融资方及相关企业经营管理状况等内外部信息，为做好风险应对打下坚实基础。三是坚持发现、整改、预防并重，着眼提高审计监督效能，落实应审尽审、凡审必严、严肃问责要求，明确问责机制、严肃执纪标准。

公司按照"诚实、信用、谨慎、有效"原则，以受益人利益最大化为目标，对受托管理的全部信托财产履行了尽职管理义务，对信托财产与固有财产实行了分账管理，对每个信托项目实现了专户核算，并对信托项目的经营状况及存续期间发生的重大事项及时进行信息披

露，不存在受托人侵占信托财产或利用信托财产谋取利益的情况。

6.6 关联方关系及其交易

6.6.1 关联交易的数量、关联交易的总金额及关联交易的定价政策

项目	关联交易数量	关联交易金额（万元）	定价政策
合计	592	56 273 692.31	遵循合法、合规、公平、公正及市场化原则进行定价，同时参考历史合作情况，根据交易类型、服务内容、风险水平、交易金额、业务期限等因素，双方协商进行定价

6.6.2 关联交易方与本公司的关系性质、关联交易方的名称、法定代表人、注册地址、注册资本及主营业务

关联性质	关联方名称	法人代表	注册地址	注册资本（亿元）	主营业务
股东单位及受同一单位控制	国家电网公司及下属企业	辛保安	北京	8 295	电力

6.6.3 逐笔披露本公司与关联方的重大交易事项

6.6.3.1 固有财产与关联方：贷款、投资、租赁、应收账款担保、其他方式等期初汇总数、本期借方和贷方发生额汇总数、期末汇总数

固有与关联方关联交易 单位：万元

项目	期初数	借方发生额（新增）	贷方发生额（清算）	期末数
贷款	—	—	—	—
投资	241 164.49	43 326.00	—	284 490.49
租赁	—	—	—	—
担保	—	—	—	—
应收账款	—	—	—	—
其他	—	50.00	—	50.00
合计	241 164.49	43 376.00	—	284 540.49

6.6.3.2 信托与关联方：贷款、投资、租赁、应收账款、担保、其他方式等期初汇总数、本期发生额汇总数、期末汇总数

信托与关联方关联交易 单位：万元

项目	期初数	借方发生额（清算）	贷方发生额（新增）	期末数
贷款	11 607 241.80	15 564 000.00	12 925 343.40	14 245 898.40
投资	406 510.00	600 030.00	600 030.00	406 510.00
租赁	—	—	—	—
担保	—	—	—	—
应收账款	428 350.00	—	—	428 350.00

续表

项目	期初数	借方发生额（清算）	贷方发生额（新增）	期末数
其他	65 657 895.53	39 483 036.31	39 735 743.71	65 405 188.13
合计	78 099 997.33	55 647 066.31	53 261 117.11	80 485 946.53

6.6.3.3 信托公司自有资金运用于自己管理的信托项目（固信交易）、信托公司管理的信托项目之间的相互（信信交易）交易金额，包括余额和本报告年度的发生额

6.6.3.3.1 固有财产与信托财产之间的交易金额期初汇总数、本期发生额汇总数、期末汇总数

固有财产与信托财产相互交易 单位：万元

项目	期初数	本期发生额	期末数
合计	180 121.70	—	180 121.70

6.6.3.3.2 信托资产与信托财产之间的交易金额期初汇总数、本期发生额汇总数、期末汇总数

信托资产与信托财产相互交易 单位：万元

项目	期初数	本期发生额	期末数
合计	718 453.03	22 200.00	740 653.03

6.6.4 逐笔披露关联方逾期未偿还本公司资金的详细情况以及本公司为关联方担保发生或即将发生垫款的详细情况

报告期内公司无关联方逾期未偿还本公司资金的情况及本公司为关联方担保发生或即将发生垫款的情况。

6.7 会计制度的披露

公司固有业务和信托业务均执行财政部颁布的《企业会计准则》及相关规定。

7.财务情况说明书

7.1 利润实现和分配情况

2023年公司合并口径实现利润总额为209 501.69万元，净利润160 545.14万元，利润分配明细如下：（1）提取应付股利60 192.00万元；（2）提取法定盈余公积16 075.34万元；（3）提取一般风险准备2 015.18万元；（4）提取信托赔偿准备8 037.67万元；合并口径未分配利润余额为517 597.90万元。

2023年公司母公司口径实现利润总额为209 709.94万元，净利润160 753.39万元，利润分配明细如下：（1）提取应付股利60 192.00万元；（2）提取法定盈余公积16 075.34万元；（3）提取一般风险准备2 015.18万元；（4）提取信托赔偿准备8 037.67万元；母公司口径未分配

利润余额为 517 435.08 万元。

2023年，公司按照已决策利润分配方案分配现金股利 41 670.00 万元，并通过了 2023 年度利润分配预案，2024 年拟向全体股东分配现金股利 60 192.00 万元。

7.2 主要财务指标

指标名称	母公司指标值	并表指标值
资本利润率（%）	13.23	13.21
加权年化信托报酬率（%）	0.34	0.33
人均净利润（万元）	743.26	744.23

7.3 本报告期内未发生对本公司财务状况、经营成果有重大影响的其他事项

8. 特别事项揭示

8.1 前五名股东变动情况及原因

无。

8.2 董事、监事及高级管理人员变动情况及原因

2023年4月25日，经股东会审议，同意选举李庆锋为公司董事会董事。2023年8月14日，李庆锋经国家金融监督管理总局北京监管局核准任职资格后正式履职，原董事周鹏举不再继续履职。

2023年4月25日，经董事会审议，同意聘任左土民担任公司董事会秘书。2023年8月31日，左土民经国家金融监督管理总局北京监管局核准任职资格后正式履职。

2023年11月30日，经董事会审议，同意聘任黄有为担任公司副总经理。2024年2月4日，黄有为经国家金融监督管理总局北京监管局核准任职资格后正式履职，原副总经理邓春岚不再继续履职。

2023年12月18日，经股东会审议，同意选举王端瑞为公司监事会监事，原监事史厚云不再继续履职。

2023年12月27日，经董事会审议，同意聘任唐广文担任公司董事会秘书。2024年3月，公司向国家金融监督管理总局北京监管局提交关于申请核准唐广文拟任董事会秘书任职资格的请示，尚未获得监管批复。

8.3 变更注册资本、变更注册地或公司名称、公司分立合并事项

变更住所：2023年8月25日，经2023年第二次临时股东会审议，表决通过变更住所事项。2023年11月21日，国家金融监督管理总局北京监管局批复同意公司住所由北京市东城区建国门内大街乙18号院1号楼英大国际大厦4层变更为北京市东城区南竹杆胡同109号、111号。2023年12月1日，公司已完成后续法定登记手续。

8.4 公司的重大诉讼事项

无。

8.5 公司及其董事、监事和高级管理人员受到处罚的情况

2024年2月6日，国家金融监督管理总局北京监管局作出处罚决定，并于2024年2月18日，公布行政处罚信息公开表，因未履行审慎勤勉业务，应收账款真实性审查以及资金监控失职，对公司罚款合计100万元，对公司时任信托业务三部总经理刘金州、时任北京业务团队、资产证券化工作团队负责人王涛处以警告。

8.6 国家金融监督管理总局及其派出机构对公司检查后提出整改意见的，应简单说明整改情况

报告期内，北京银保监局向公司出具2022年度监管意见书，在肯定公司工作的同时，对公司在发挥受托管理专业优势、防风险、强内控、促创新等方面持续提升工作质效提出指导意见。公司高度重视监管意见，逐项明确工作方案，压紧压实责任，建账监督落实，确保工作实效。公司深入贯彻监管政策，认真落实监管要求，严控业务准入，做好源头风险防范，多措并举，全力推进风险出清。完善内控机制，做好业务分类改革工作，有序合规设置异地部门，坚决落实资管新规、行业转型及公司高质量发展要求。健全数据管理制度规范，建强建优金融科技基础设施，加快推进数据共享中心建设，完善数据治理。建立完善标品信托制度体系，规范开展"净值化"管理。

8.7 本年度重大事项临时报告的简要内容、披露时间、所披露的媒体及其版面

无。

8.8 国家金融监督管理总局及其省级派出机构认定的其他有必要让客户及相关利益人了解的重要信息

无。

云南国际信托有限公司

1.重要提示

1.1 本公司董事会及董事保证本报告所载资料不存在任何虚假记载、误导性陈述或者重大遗漏，并对其内容的真实性、准确性和完整性承担个别及连带责任。

1.2 本公司独立董事龙超、冉克平、宋刚对本报告内容的真实性、准确性和完整性无异议。

1.3 本公司负责人董事长甘煜、总裁及主管会计工作负责人舒广、主管信托会计工作负责人李峥及会计机构负责人杜娟、向叶声明：保证本年度报告中的财务报告真实、准确、完整。

2.公司概况

2.1 公司简介

2.1.1 公司历史沿革

云南国际信托有限公司（以下简称云南信托或公司）是2003年经中国人民银行"银复〔2003〕33号"文批准，由原云南省国际信托投资公司增资改制后重新登记的非银行金融机构。公司注册资本为4亿元人民币。2007年，根据《信托公司管理办法》的有关规定，公司经原中国银行业监督管理委员会"银监复〔2007〕315号"文批准同意，换领中华人民共和国金融许可证。2013年，经原中国银行业监督管理委员会云南监管局以"云银监复〔2013〕293号"文批准同意，公司变更注册资本为10亿元人民币。2017年，经原中国银行业监督管理委员会云南监管局以"云银监复〔2017〕249号"文批准同意变更注册资本为12亿元人民币。2023年1月，经原中国银行保险监督管理委员会云南监管局以"云银保监复〔2023〕8号"文批准同意变更注册资本为22亿元人民币。

2.1.2 基本信息

法定中文名称	云南国际信托有限公司
中文缩写名称	云南信托
法定英文名称	YUNNAN INTERNATIONAL TRUST CO., LTD.
英文缩写名称	YNTRUST
法定代表人	甘煜
注册地址	云南省昆明市南屏街（云南国托大厦）
邮政编码	650021
国际互联网网址	http://www.yntrust.com
电子信箱	ynxt@yntrust.com
信息披露事务负责人	张洪涛
信息披露事务联系人	秦少敏，电话：0871-63173981；传真：0871-63152142 电子信箱：ynxt@yntrust.com
选定的信息披露报纸名称	《金融时报》
公司年度报告备置地点	云南省昆明市南屏街4号A座20层
聘请的会计师事务所	信永中和会计师事务所（特殊普通合伙）昆明分所
聘请的会计师事务所住所	昆明市西山区人民西路315号云投财富商业广场B2幢19层
聘请的律师事务所	云南微行律师事务所
聘请的律师事务所住所	云南省昆明市五华区三市街柏联广场写字楼9楼

2.2 组织结构

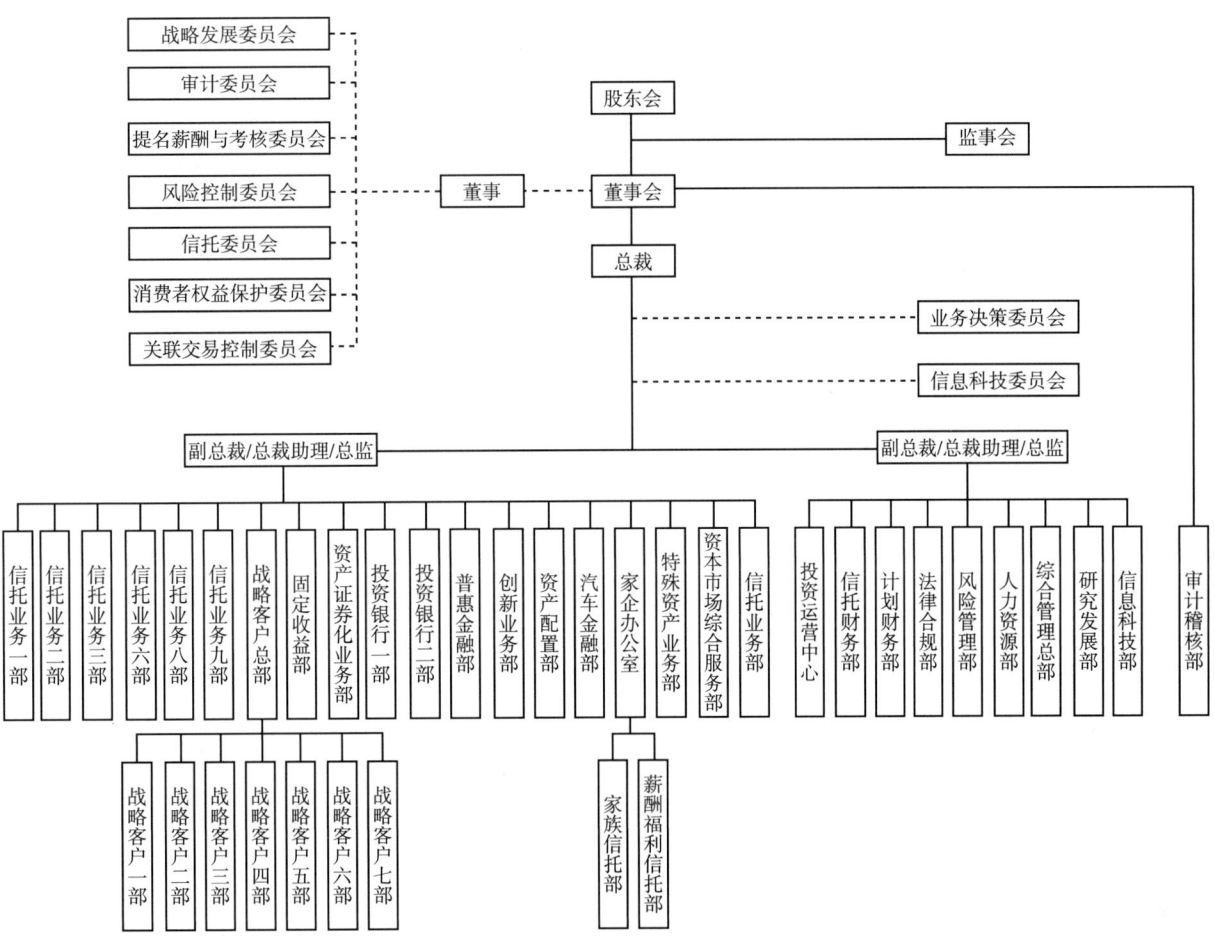

3.公司治理结构

3.1 股东

本报告期末，公司共有6家股东，情况如下表所示。

股东名称	持股比例(%)	出资额(万元)	法人代表	注册资本(万元)	控股股东	实际控制人	注册地址	主要经营业务及主要财务情况
云南省国有金融资本控股集团有限公司	25.0	55 000	叶智勇	1 500 000	云南省财政厅	云南省财政厅	云南省昆明市西山区人民西路277号	国有金融资本投资、运营、管理；资本运作和资产管理；受托管理专项资金；金融研究、商业数据及信用等金融信息采集和管理咨询；与公司经营有关的投融资业务（依法须经批准的项目，经相关部门批准后方可开展经营活动）。截至2023年末，资产总额202.55亿元，负债总额24.87亿元，净资产177.68亿元
★涌金实业（集团）有限公司	24.5	53 900	杨利华	20 000	陈金霞	陈金霞	中国（上海）自由贸易试验区陆家嘴环路958号1711室	旅游资源开发，国内贸易（除国家明令禁止经营的商品），实业投资咨询，商务信息咨询，食用农产品的销售（除专项审批外），图文制作设计，展览展示服务（依法须经批准的项目，经相关部门批准后方可开展经营活动）。截至2023年末，总资产70.32亿元，所有者权益58.23亿元

续表

股东名称	持股比例(%)	出资额(万元)	法人代表	注册资本(万元)	控股股东	实际控制人	注册地址	主要经营业务及主要财务情况
上海纳米创业投资有限公司	23.0	50 600	刘明	30 000		陈金霞	中国(上海)自由贸易试验区陆家嘴环路958号1701室	实业投资、资产管理(非金融业务)、科技项目开发以上相关业务的咨询服务,国内贸易(专项、专控商品除外)(依法须经批准的项目,经相关部门批准后可开展经营活动)。截至2023年末,总资产10.82亿元,所有者权益10.66亿元
北京知金科技投资有限公司	17.5	38 500	杨利华	15 000	涌金实业(集团)有限公司	陈金霞	北京市怀柔区雁栖工业开发区三区16号	投资管理;投资咨询(企业依法自主选择经营项目,开展经营活动;依法须经批准的项目,经相关部门批准后依批准的内容开展经营活动;不得从事本市产业政策禁止和限制类项目的经营活动)。截至2023年末,总资产7.61亿元,所有者权益7.60亿元
深圳中民电商控股有限公司	7.5	16 500	苗健	10 000	深圳前海博奥电子商务有限公司	苗健	深圳市南山区南头街道大汪山社区南光路286号水木一方大厦1栋1903室	计算机软件与互联网领域的技术开发;投资兴办信息技术企业;投资咨询(不含限制项目);财务管理咨询(以上法律、行政法规、国务院决定禁止的项目除外,限制的项目须取得许可后方可经营)。截至2023年末,总资产6.09亿元,所有者权益2.43亿元
云南合和(集团)股份有限公司	2.5	5 500	毕凤林	600 000	红塔烟草(集团)有限责任公司	国务院国有资产监督管理委员会	云南省玉溪市红塔区凤凰路116号	实业投资、项目投资及对所投资项目进行管理(依法须经批准的项目,经相关部门批准后方可开展经营活动)。截至2023年末,总资产2 826.98亿元,所有者权益1 088.39亿元

注:1.★为控股股东。
2.以上财务数据未经审计。

本公司股东之中,涌金实业(集团)有限公司、上海纳米创业投资有限公司及北京知金科技投资有限公司之间存在关联关系,互为一致行动人。本公司实际控制人为陈金霞女士。公司股东最终受益人即实际享有公司股权收益的人为股东自身。

公司前3位股东的主要情况:(1)云南省国有金融资本控股集团有限公司。(2)涌金实业(集团)有限公司主要股东:陈金霞持股比例为50%。(3)上海纳米创业投资有限公司主要股东:陈金霞 持股比例为75%。

报告期内未发现公司股东违反承诺质押信托公司股权或以股权及其受(收)益权设立信托等金融产品的情况,报告期内没有已向监管部门提交行政许可申请但尚未获得批准的事项。

按照《银行保险机构关联交易管理办法》《信托公司股权管理暂行办法》,结合公司实际情况,遵循实质重于形式的原则。公司关联方如下所示。

(1)关联自然人:①公司实际控制人及其配偶、父母、成年子女及兄弟姐妹;②公司董监高、风险管理部负责人或其授权决策人员、计划财务部负责人或其授权决策人员,及其配偶、父母、成年子女及兄弟姐妹;③公司股东的董监高。

(2)关联企业:①公司股东及其控股股东、实际控制人,及其一致行动人、最终受益人;②公司实控人陈金霞女士及公司控股股东及其一致行动人具有控制关系的其他企业:北京耀金科技有限责任公司、国金基金管理有限公司、国金涌富资产管理有限公司、国金证券股份有限公司、杭州涌隆投资管理有限公司、宁波梅山保税港区涌云铧信创业投资合伙企业(有限合伙)、上海涌泓信泰企业管理有限公司、天津涌澄资产管理有限公司、上海涌德投资咨询有限公司、上海涌禾农业科技有限公司、上海涌铧投资管理有限公司、上海涌慧企业管理有限公司、上海涌康企业管理有限公司、上海涌新投资合伙企业(有限合伙)、上海涌裕而起创业投资合伙企业(有限合伙)、涌金投资控股有限公司、长沙涌金(集团)有限公司、上海以康二期股权投资合伙企业(有限合伙)、上海涌源铧氢创业投资合伙企业(有限合伙)等;③公司非控股股东及其控股股东、实际控制人,及其一致行动人、最终受益人按实质重于形式的原则控制的企业;④公司董监高、风险管理部负责人或其授权决策人员、计划财务部负责人或其授权决策人员,及其直系家属控制的企业。

3.2 董事、董事会及其下属委员会

本报告期末，公司共有9名董事，情况如下表所示。

董事长、副董事长、董事

姓名	职务	性别	年龄（岁）	选任日期	所推举的股东名称	持股比例(%)	简要履历
甘煜	董事长	男	47	2021年9月	涌金实业（集团）有限公司	24.50	博士研究生。曾任职于中国人民银行；原中国银监会；平安银行。现任云南国际信托有限公司董事长
田泽望	副董事长	男	52	2021年9月	涌金实业（集团）有限公司	24.50	硕士研究生。曾任云南国际信托有限公司总裁助理、总裁。现任云南国际信托有限公司副董事长
王润稣	董事	男	47	2023年11月	涌金实业（集团）有限公司	24.50	本科。曾任职于上海医药集团；上海汽车股份有限公司；中化国际（控股）股份有限公司。现任涌金实业（集团）有限公司审计部总经理、总裁办公室主任；上海涌禾农业科技有限公司总经理；云南国际信托有限公司董事
段俐	董事	男	43	2021年9月	云南省财政厅	25.00	硕士研究生。曾任职于云南省财政厅。现任云南省国有金融资本控股集团有限公司综合协同部（董事会办公室）副总经理；云南国际信托有限公司董事
舒广	董事	男	45	2021年9月	上海纳米创业投资有限公司	23.00	硕士研究生。曾任云南国际信托有限公司总裁办公室主任、合规工作部总经理、公司副总裁。现任云南国际信托有限公司总裁、董事
刘峥	董事	女	52	2021年9月	北京知金科技投资有限公司	17.50	硕士研究生。曾任云南国际信托有限公司副总裁。现任涌金实业（集团）有限公司投资部总经理；云南国际信托有限公司董事

独立董事

姓名	所在单位及职务	性别	年龄（岁）	选任日期	简要履历
龙超	云南财经大学金融研究院教授，博士生导师	男	59	2021年9月	经济学博士。曾任云南财经大学金融发展研究所副所长、金融学院院长。现任云南财经大学金融研究院二级教授，博士生导师，兼任云南神农、云煤能源、云南锗业等上市公司独立董事，云南国际信托有限公司独立董事
冉克平	武汉大学法学院教授，博士生导师	男	45	2022年7月	民商法学博士。曾任华中科技大学法学院教授、博士生导师。现任武汉大学法学院教授，博士生导师；云南国际信托有限公司独立董事
宋刚	北京师范大学法学院教授	男	46	2023年9月	民商法学博士。现任北京师范大学法学院教授；兼任北京昊华能源股份有限公司独立董事，云南国际信托有限公司独立董事

董事会下属委员会

委员会名称	职责	组成人员姓名	职务
董事会战略发展委员会	对公司的发展战略规划进行研究并提出建议	甘煜	主任委员
		田泽望、段俐	委员
董事会审计委员会	监督公司的内部审计制度及其实施	龙超	主任委员
		刘峥、王润稣	委员
董事会风险控制委员会	研究、考核公司的风险控制制度，并提出建议	冉克平	主任委员
		王润稣、舒广	委员
董事会提名、薪酬与考核委员会	研究董事、高管、董事会秘书以及由总裁提请董事会认定的其他管理人员的选择标准和程序及考核标准，并提出建议	冉克平	主任委员
		甘煜、刘峥	委员
董事会信托委员会	督促公司依法履行受托人职责，当公司或股东利益与受益人利益发生冲突时保证公司为受益人的最大利益服务	宋刚	主任委员
		刘峥、田泽望	委员
董事会消费者权益保护委员会	制定消费者权益保护工作战略、指导督促高管有效执行和落实消费者权益保护相关工作	宋刚	主任委员
		王润稣、舒广	委员
董事会关联交易控制委员会	负责公司关联交易的管理，控制关联交易风险	龙超	主任委员
		冉克平、宋刚	委员

3.3 监事、监事会及其下属委员会

监事会成员

姓名	职务	性别	年龄（岁）	选任时间	所推举的股东名称	持股比例（%）	简要履历
李国青	监事长	男	51	2021年9月	云南省财政厅	25.00	在职研究生。曾任云南省财政厅预算局联络处处长（副处级）；云南省财政厅债务管理处副处长。现任云南国际信托有限公司监事长
穆越	监事	女	34	2021年9月	涌金实业（集团）有限公司	24.50	硕士研究生。现任涌金实业（集团）有限公司投资经理；上海涌德投资咨询有限公司监事；瑞莱生物工程股份有限公司监事；云南国际信托有限公司监事
倪文杰	监事	男	34	2023年4月	上海纳米创业投资有限公司	23.00	硕士研究生。现任涌金实业（集团）有限公司投资部高级投资经理；天津涌澄资产管理有限公司总经理；国金道富投资服务有限公司董事；云南国际信托有限公司监事
文俊	监事	男	37	2021年9月	云南合和(集团)股份有限公司	2.50	硕士研究生。曾任红云红河集团昆明卷烟厂生产三部生产运行室科员、市场营销中心黑龙江市场部营销员；云南中烟营销中心黑龙江市场部市场经理；云南合和（集团）股份有限公司金融资产部挂职科员、金融资产部项目管理专员；红塔证券股份有限公司投资管理总部副总经理（挂职）；云南诚源投资股份有限公司董事；红塔创新（珠海）创业投资管理有限公司董事。现任云南合和集团金融发展研究中心副主任；云南国际信托有限公司监事
苏颖	职工监事	女	45	2021年9月	—	—	大专。现任云南国际信托有限公司北京联络处高级行政经理、职工监事
杨永忠	职工监事	男	55	2021年9月	—	—	大专。现任云南国际信托有限公司工会主席、职工监事
张相启	职工监事	男	42	2021年9月	—	—	硕士研究生。曾任复旦大学教师；浙江沪鑫律师事务所上海分所律师；北京大成律师事务所上海分所律师；兴业国际信托有限公司风险与合规部法律合规科负责人、副科长；云南国际信托有限公司合规风控部副总经理（主持工作）、总经理、法律合规部总经理。现任云南国际信托有限公司投资银行二部总经理、职工监事

3.4 高级管理人员

高级管理人员

姓名	职务	性别	年龄（岁）	选任日期	金融从业年限（年）	学历	专业	简要履历
舒广	总裁	男	45	2021年10月	18	硕士研究生	法律	硕士研究生。曾任云南国际信托有限公司总裁办公室主任、合规工作部总经理、公司副总裁。现任云南国际信托有限公司总裁、董事
许荣华	副总裁	男	58	2021年10月	33	硕士研究生	经济系统工程	曾任兴业银行厦门分行海沧支行行长、文滨支行行长、温州分行行长、南平分行行长、兴业银行总行同业部副总经理。现任云南国际信托有限公司副总裁
张洪涛	董事会秘书兼副总裁	男	53	2023年11月	30	本科	工业管理工程	曾任云南国际信托有限公司信托业务三部总经理、公司总裁助理、公司总裁助理兼固定收益部总经理。现任云南国际信托有限公司董事会秘书兼副总裁
李峥	副总裁	女	50	2023年11月	27	硕士研究生	工商管理	曾任云南国际信托有限公司信托财务部总经理、投资运营中心总经理、总裁助理。现任云南国际信托有限公司副总裁
邓国山	副总裁	男	46	2023年11月	20	硕士研究生	工商管理	曾任天相投资顾问有限公司市场部客户经理；云南国际信托有限公司副总裁；第一创业期货有限责任公司董事长；第一创业证券结构化产品部负责人、北京分公司负责人。现任云南国际信托有限公司副总裁
贾岩	总裁助理	男	46	2021年10月	18	硕士研究生	管理学	曾任云南国际信托有限公司信托业务总部信托经理；云晨期货有限公司信息部主管；国金证券昆明营业部大客户经理；昆明玖言理财咨询有限公司副总经理；云南国际信托有限公司信托业务二部总经理。现任云南国际信托有限公司总裁助理
朱炜明	信息总监	男	42	2022年5月	15	本科	计算机	曾任职于云南国际信托有限公司中国龙团队、投资运营中心、综合管理总部、普惠金融部。现任云南国际信托有限公司信息总监

3.5 公司员工

公司实有员工300人，平均年龄为35岁。其中具有大专以上学历的员工296人（其中：博士2人，硕士190人，本科95人），占总人数的98.67%；其他学历的员工4人，占总人数的1.33%。

4.经营管理

4.1 经营目标、方针、战略规划

4.1.1 经营目标

公司秉承"客户第一、拥抱变化、团结协作、敬业

进取、信诚重诺、平等尊重"的价值理念,提供优质、高效、特色的资产管理服务,致力于实现客户价值、员工价值、股东价值和社会价值的最大化。公司的使命是用科技让金融更简单；愿景是成为卓越的科技金融服务平台,实现细分市场领先、特色业务突出、专业能力精深的发展目标。

4.1.2 经营方针

公司遵循"紧跟市场步伐、深耕可持续业务、坚持风险与收益对等、聚焦重点领域"的基本原则,不断创新进取,坚持服务实体经济,回归金融机构本源。充分整合运用多种金融工具,围绕泛金融机构客户提供综合金融服务。

4.1.3 战略规划

公司在充分研判内外部环境的基础上,制定"一体两翼四轮"的战略规划,聚焦泛金融机构,以人才和科技赋能为支撑,围绕机构客户形成以前驱业务带动后驱业务、先服务再主动的商业模式,从而实现客户价值的二次发掘并获得资管收入。

4.2 公司经营业务的主要内容

报告期内,公司主要经营业务为自营业务和信托业务。

4.2.1 自营业务

包括证券一级市场投资、股权投资、债券投资、信托受益权投资、经营性租赁业务等方面。

4.2.2 信托业务

包括证券投资类信托业务、贷款融资类信托业务、财产权类信托业务、消费金融类信托业务、股权投资类信托业务、特定资产转让类信托业务、房地产信托业务及基础设施类信托业务等。

4.2.3 自营资产及信托资产运用与分布情况

自营资产运用与分布表

资产运用	金额（万元）	占比（%）	资产分布	金额（万元）	占比（%）
货币资产	16 049.65	2.99	基础产业	—	—
贷款	—	—	房地产业	—	—
短期投资	26 000.00	4.84	证券	26 000.00	4.84
长期投资	—	—	实业	—	—
其他	494 747.00	92.17	其他	510 796.65	95.16
资产总计	536 796.65	100.00	资产总计	536 796.65	100.00

信托资产运用与分布表

资产运用	金额（万元）	占比（%）	资产分布	金额（万元）	占比（%）
货币资产	613 720.88	1.80	基础产业	1 347 946.45	3.95
贷款	3 234 467.77	9.48	房地产业	381 335.30	1.12
交易性金融资产	26 981 659.43	79.09	证券	4 333 183.59	12.70
长期投资	—	—	金融机构	4 098 056.67	12.01
买入返售资产	40 784.49	0.12	工商企业	14 077 015.14	41.26
其他	3 245 940.40	9.51	其他	9 879 035.82	28.96
资产总计	34 116 572.97	100.00	资产总计	34 116 572.97	100.00

4.3 市场分析

4.3.1 影响本公司业务发展的有利因素

（1）经济短期呈现底部复苏态势。2023年全球经济下行压力持续凸显,主要经济体经济周期分化加剧,虽然受国内需求尚未稳定、经济自发增长动力不足的影响,经济复苏状态有所反复,过程较为曲折,但短期来看,我国经济已经呈现底部复苏态势。

（2）消费金融市场回暖。一是伴随宏观政策扩内需支持,监管引导金融信贷适度靠前发力。国家金融监督管理总局发布相应措施,引导各类金融机构深耕消费金融细分市场。二是随着互联网贷款及征信管理办法过渡期结束,结合当前稳经济扩内需为主旋律,大型平台企业整改基本完成。随着宏观经济回暖预期增强、消费信心及需求逐步恢复,消费贡献在经济占比中将稳步提升,消费信贷规模将继续增长。

（3）特资业务机遇涌现。政策方面,2023年中央经济工作会议指出要防范化解重大金融风险,确保经济社会健康发展和各类风险可控,同年监管部门密集发声,支持地产行业健康发展的信号进一步明确。经济方面,经济下行压力导致负债持续增加,进一步加大了企业财务压力,形成阶段性底部,企业盘活资产需求强烈。整体环境有利于纾困、重整等业务,在提高价值转换、增强流动性和配置效能等方面发挥重要作用。

（4）家族信托发展空间显著。据胡润百富2022年调研显示,中国"富裕家庭"（家庭净资产600万元人民币）数量达到508万户,"高净值家庭"（家庭净资产千万元人民币）数量达到206万户,"超高净值家庭"（家庭净资产亿元人民币）数量达到13万户。据毕马威预测,国内体量庞大并且增长快速的高净值人群对家族信托的认可度将持续升温。目前家族信托占信托业总规模的比例仅为2%，远低于成熟市场水平，发展空间显著，家族信托业务的高速增长依然是未来3—5年的主基调。

4.3.2 影响本公司业务发展的不利因素

（1）市场竞争方面。在资产管理领域，信托公司由传统非标融资向标准化、净值化投资转型，需要在与券商、基金、银行理财子、保险资管的直面竞争中建立起差异化后发优势。在资产服务领域，相关的政策扶持仍不健全，业务资质相对有限，客户需求有待进一步挖掘。

（2）能力转型方面。资产管理类业务、资产服务业务的盈利模式与信托传统的非标融资业务的利差模式有较大差异，信托公司需投入一定资源、精力构建更加精细化的经营管理方式，提升资源配置效率。在资产管理领域，投研投资、产品设计、客户与渠道拓展、投资决策、风险管控、人才团队以及激励机制等能力有待进一步提升。在资产服务领域，数字化程度仍相对较低，需依托金融科技加强信托公司数字化建设，以支撑客户广泛、数据海量、交互高频地服务信托业务。

4.4 内部控制

4.4.1 内部控制环境和内部控制文化

公司根据国家有关法律法规和公司章程，建立规范的公司治理结构和议事规则，明确决策、执行、监督等方面的职责权限，形成了科学有效的职责分工和制衡机制。公司结合业务特点和内部控制要求设置内部机构，明确职责权限，将权利与责任落实到各部门，通过编制岗位职责说明和内部规章制度，使全体员工掌握内部机构设置、岗位职责、业务流程等情况，正确行使职权。

公司遵循诚信、谨慎、勤勉、高效的原则，依法经营、科学管理，以维护信托财产及股东权益为经营宗旨，秉承诚信引领未来、专业创造价值的企业经营理念，树立"合规人人有责、合规创造价值"的全员合规理念，持续营造良好的内控合规文化氛围。2023年，公司持续推进以合规文化为核心的内控体系建设，通过对业务制度、流程、岗位职责、操作规程等各项制度的持续梳理与完善，确保各项制度的规范性、实用性和有效性，将制度约束贯彻落实到具体工作岗位，把合规文化的理念融入日常经营管理。同时，加强制度执行的监督和落实，强化审计监督与评价，使诚信、谨慎、勤勉、高效为原则的内控合规文化得以落实和保障。

4.4.2 内部控制措施

4.4.2.1 健全有效议事决策机制

公司建立了业务决策委员会并制定《业务决策委员会工作细则》。拟实施的每个项目都必须按照《业务决策委员会工作细则》规定的程序审批通过后才能组织实施；超出业务决策委员会审议权限的项目，在业务决策委员会通过后，还需提请董事会信托委员会、风险控制委员会行使对该项目的最终风险审查权，从而加强对公司项目的事前风险控制。

4.4.2.2 建立内部分工明确、相互监督制衡的职责构架

公司设立独立于业务经营、风险管理和法律合规的内部审计稽核部门，审计稽核部对董事会和审计委员会负责，制定内部审计程序，评价公司风险状况和管理情况，执行公司年度审计工作计划，持续监督公司审计问题的落实整改，包括但不限于对公司自营业务进行年度稽核、对存续信托项目进行季度抽样审计、按监管要求进行各类专项审计和内部控制评价等。同时，审计稽核部负责将审计稽核情况及时向董事会和审计委员会报告。公司的法律合规部和风险管理部独立行使职能，对公司业务开展事前、事中、事后的合规及风险审查、控制和监督，并出具独立意见。

4.4.2.3 持续深化公司内控体系建设

公司严格按照国家金融监督管理总局规定，执行自营业务与信托业务分岗分账、独立运行，分别对自营业务和信托业务制定业务流程、操作规程和风险控制制度，保证各项业务的前中后台相对独立，建立健全内外部防火墙。

2023年，公司继续深化内控体系建设，通过对业务制度、流程、岗位职责、操作规程等各项制度的梳理与完善，确保各项制度的规范性、实用性和有效性，并着力抓好各项制度的监督执行与落实，从整体上提高了工作效率。制度约束力覆盖所有部门和业务，并贯彻落实到每个具体岗位，有效提升了公司内控能力。

4.4.3 信息交流与反馈

公司进一步优化了内部信息交流和反馈机制的平台，公司股东会、董事会、监事会、经营层可及时了解公司的经营状况和风险情况。员工的工作信息能顺畅地传达至经营层，经营层的相关反馈信息也能够及时传递给相关的员工和部门。公司建立了有效的内部控制报告机制，业务部门、职能部门发现的内部控制方面的问题，均有

畅通的报告渠道。

4.4.4 监督评价与纠正

公司设立独立的审计稽核部，履行对内部控制的监督检查职能，根据监督检查结果提出内部控制缺陷及改进建议，按要求向董事会和审计委员会报告，并负责监督检查有关部门和岗位对改进建议的落实情况。公司股东会、董事会、经营管理层按照《中华人民共和国审计法》等法律法规的要求，积极支持审计稽核部开展内部控制的检查监督和评价工作。公司按照《中国银行业监督管理法》等法律法规的要求，积极配合监管机构及外部审计机构对公司内部控制情况的检查和评价。公司建立健全内部控制缺陷的纠正机制，使公司能根据内部控制过程和结果的评价，提出整改意见和纠正措施并逐步落实。

4.5 风险管理

4.5.1 风险管理概况

风险管理是指围绕公司战略目标，由公司各职能部门和业务部门共同实施，在管理环节和经营活动中通过识别、评估、管理各类风险，执行风险管理基本流程、培育良好风险管理文化、建立健全风险管理体系，把风险控制在公司可承受范围内的系统管理过程。

4.5.1.1 公司经营活动中可能遇到的风险

根据信托行业的风险特性以及公司自身情况，公司在经营活动中可能遇到的风险包括信用风险、市场风险、操作风险、合规风险、流动性风险、声誉风险、战略风险、信息科技风险以及其他风险等。

4.5.1.2 公司风险管理的基本原则与政策

公司的风险管理遵循以下原则：（1）全面性原则，即风险管理涵盖公司的所有部门和岗位，渗透到各项业务和各个环节，贯穿于每项业务全过程。通过不断提高员工对风险的识别和防范能力，树立全员风险意识。（2）有效性原则，即在全面风险管理的理念下，建设全面反映公司风险状况的风险控制体系，确保该体系能有效指导业务，并能有效防范和化解风险。（3）防范和控制原则，即将风险控制关口前移，努力在前期做好风险管理工作，加强风险的事前预防和统筹管理，并能在风险发生时及时识别和处理。（4）独立性原则，即承担风险管理监督检查职能的部门独立于公司其他部门，确保监督检查工作的独立性。（5）审慎性原则，即风险管理策略及方法根据公司经营战略、经营方针等内部环境的变化和国家法律法规等外部环境的改变及时进行完善，对各项创新业务及产品方案审慎出具风险评估意见。（6）成本效益原则，即风险管理充分考虑成本与效益的关系，公司保持足够的风险管理投入以降低风险损失。同时，在确保风险可控的前提下，尽量减少冗余步骤，提高处理效率。

4.5.1.3 公司风险管理组织结构及职责划分

根据各内部机构在全面风险管理中的作用和功能不同，公司构建了一个职责明确、功能健全、信息通畅的四级全面风险管理体系。

第一层级：董事会风险控制委员会。公司在董事会层面设立风险控制委员会，负责公司风险控制制度的建设、公司重大业务风险的审查以及公司内部长期的风险教育等。

第二层级：业务决策委员会。公司的业务决策委员会是董事会领导授权下，负责日常业务决策的最高机构，由总裁召集，负责讨论并通过公司的各项业务管理制度、业务流程，审核决定公司拟推出的各项信托产品。

第三层级：风险管理部门。公司承担风险管理职能的部门主要是风险管理部、法律合规部、审计稽核部和信托财务部。风险管理部是公司全面风险管理工作的归口管理部门，负责建立健全公司风险防范制度体系，负责公司风险管理制度执行情况的监督，对公司拟开展的各项信托产品进行风险审查，对公司经营管理活动中的各类风险实施有效的事前评估和过程监控，有效防范、化解和降低公司运营风险。法律合规部负责有效识别和管理公司所面临的合规风险，监督落实监管政策执行情况，通过进行法律文件审核、案件防控管理、法律培训、诉讼处理等工作，不断提升公司合规管理水平与专业能力。审计稽核部负责对公司内部控制和各项业务风险管理状况进行监督评价，并按照公司规定向董事会报告。信托财务部负责信托项目的资金划拨、清算、收益计算、到期兑付以及公司规定的其他职责。

第四层级：各业务部门及投资运营中心。公司各信托业务部门以及投资运营中心承担一线风险管理职责，负责按照公司风险管理制度与业务操作流程开展信托业务和固有业务，在尽职调查、产品设计、资金募集、贷后投后管理、信息披露、终止清算等整个业务过程中对主要业务风险进行识别和管理。

4.5.2 风险分类

4.5.2.1 信用风险

信用风险是指因债务人或交易对手的直接违约或履

约能力下降而造成损失的风险。主要表现为公司在开展固有业务和信托业务时，可能会因交易对手违约而给公司或信托财产带来风险。集中度风险是信用风险的重要组成部分，集中度风险是单个风险暴露或风险暴露组合可能给公司带来重大损失或导致公司风险状况发生实质性变化的风险。

4.5.2.2 市场风险

市场风险是指公司开展信托业务和固有业务时，因基础资产市场价格的不利变动或者急剧波动导致的不确定性对公司实现其既定目标产生的不利影响，基础资产的市场价格变动包括利率、汇率、股票价格、债券价格和商品价格的变动等。

4.5.2.3 操作风险

操作风险是指因公司内部控制系统不完善、管理失误、控制缺失或其他一些人为错误而导致的风险。具体可以细分为执行风险、流程风险、信息风险、人员风险、系统事件风险等。

4.5.2.4 合规风险

合规风险是指公司因没有遵循法律、规则和准则可能遭受法律制裁、监管处罚、重大财务损失和声誉损失的风险。洗钱风险是合规风险的重要组成部分。洗钱风险是公司由于未制定或实施防范措施，导致发生通过金融手段掩饰和隐瞒犯罪所得及其收益来源和性质的洗钱活动而对公司产生的风险。

4.5.2.5 流动性风险

流动性风险是指公司或无法及时获得充足资金，用于履行其他支付义务和满足正常业务开展的其他资金需求的风险或具体信托产品无充足资金，无法分配收益、应对申赎安排或履行费用支付义务。

4.5.2.6 声誉风险

声誉风险是指因公司经营管理及其他行为、员工行为或外部事件导致利益相关方、社会公众、媒体等对公司形成负面评价，从而损害公司品牌价值，不利公司正常经营，甚至影响到市场稳定和社会稳定的风险。

4.5.2.7 战略风险

战略风险是指公司经营策略不适当或外部经营环境变化而导致的风险。

4.5.2.8 信息科技风险

信息科技风险是指信息科技在公司运用过程中，由于自然因素、人为因素、技术漏洞和管理缺陷产生的操作、法律和声誉等风险。

4.5.2.9 其他风险

其他风险主要包括道德风险，道德风险是指公司员工在执行业务过程中，因违反职业操守、诚实守信、廉洁从业的各项规定出现违法违规行为而给公司造成损失损害的风险。

4.5.3 风险管理

4.5.3.1 信用风险管理

公司高度重视交易对手的信用情况，通过多种措施加强信用风险管理：一是结合公司业务开展的实际情况，针对特定业务类型制定了相应的业务审批指引、准入标准和操作规程等风控制度；二是结合项目具体情况，加强对交易对手的事前尽职调查和项目可行性分析，审慎选择交易对手，进行事前控制；三是严格落实项目审批条件和担保措施，客观、公正地评估抵（质）押物，并通过关注交易对手担保物情况和资信状况，持续跟踪进行事中和事后控制；四是风险管理归口部门对公司开展项目的信用风险情况进行不定期的风险排查，及时发现问题并采取相应措施；五是遵照外部监管机关及公司内部风险管控的要求，持续压降存量融资业务规模；六是建立完善压力测试常态化机制，进行资产风险分类，实施动态管理；七是严格按照财政部和国家金融监督管理总局的要求，足额提取包括呆账准备金、信托赔偿准备金在内的各项准备金，足额计提资产减值准备。

公司将继续把控信用风险资产规模，使之与自身风险管理能力和资本水平相适应；加强对各个业务部门和业务流程的管理，建立完善的信用制度和信用风险约束机制。

4.5.3.2 市场风险管理

公司坚持稳健运营的策略，密切关注宏观政策导向，充分深入调研，实时监测证券投资管理状况，及时调整业务开展策略：一是注重研究和防范宏观经济、金融形势等系统性风险，制定公司的主要业务发展方向；二是根据市场行情，密切跟踪市场变化，及时调整业务开展策略，通过资产或投资的合理组合实现风险的有效对冲和补偿，以规避市场风险；三是加强业务审批管理，持续完善产品投资决策及投资监控体系建设。在业务存续期管理过程中，通过压力测试、资产动态监控、业绩归因等方式对项目进行严格管理；四是积极贯彻落实监管部门下发的有关法律法规和监管政策，及时对特定业务作出风险提示，加强风险防范，确保风险可控。

4.5.3.3 操作风险管理

公司不断完善现有的治理架构和政策制度体系，细化业务操作流程，建立重大操作风险事件制度与处置流程，加强员工专业培训及奖惩激励，合理设定计算机业务系统操作权限，制定应急预案等措施强化并有序开展操作风险管理。公司通过多种措施加强操作风险管理：一是不断完善各项规章制度和业务操作流程，持续完善操作风险管理机制，切实提高业务管理的精细化水平；二是实行严格的发起、复核、审核程序，严格防范操作风险；三是加强对员工的专业培训、教育，提升员工责任感和道德水平，执行问责制度，建立恰当的奖惩激励制度，提高操作风险管理质量。

4.5.3.4 合规风险管理

公司进一步完善合规风险管理框架，实现对合规风险的有效识别和管理，促进全面风险管理体系建设，确保依法合规经营。合规风险策略主要包括以下几方面：一是进一步加强公司合规风险管理文化建设，通过法律合规文化宣导，加强员工合规培训，强化全员合规意识和风险管理意识，提高合规风险管理能力；二是提升公司合规风险检查、识别与处理能力，加强对业务可行性分析、交易结构设计、法律文件审查等环节的法律与合规风险的审查和管理，确保公司在依法合规的前提下审慎展业，尤其是加强对新业务、新产品、新服务的合规管理审查；三是完善合规风险管理考核与问责机制，合规风险管理考核与问责机制是公司合规风险管理机制中重要的组成内容；四是公司严格遵循监管要求，不断完善内控管理制度体系，建立健全合规与法律风险管理框架。

公司持续完善洗钱管理体系，进一步完善洗钱防范机制，切实履行"三大义务"（客户身份识别制度、大额和可疑交易报告制度、客户身份资料及交易记录保存制度），加强识别、评估洗钱风险，持续优化反洗钱管理系统，定期更新模型指标，进一步提升对洗钱风险的防御能力，增强员工对洗钱风险的认识和专业应对能力，确保各项业务稳健运行，守住不发生重大洗钱风险事件底线。同时，公司将进一步强化对社会公众的反洗钱宣传，增强社会公众的反洗钱意识。

4.5.3.5 流动性风险管理

公司流动性风险管理的目标是充分识别、有效计量、持续监测和适当控制公司在信托业务和固有业务中的流动性风险，确保公司无论是在正常经营环境中还是在压力状态下，都有充足的资金应对资产的增长和到期债务的支付。

公司持续提升流动性风险管控能力，遵循审慎性、适应性、合理性、持续改进与有效性原则，建立并完善流动性风险管理制度体系，定期开展压力测试，检视信托产品和固有业务的承压能力，识别公司在信托产品端和固有业务端的流动性风险，提升流动性风险管理能力，重视流动性风险的主动管理，加强融资渠道管理和流动性储备建设，将流动性风险控制在公司可承受的合理范围之内，确保公司安全运营。

4.5.3.6 声誉风险管理

公司将声誉风险管理纳入全面风险管理体系建设的范畴，以"预防为先、日常监测、反应迅速、专人发布、协同配合、适时调整、有效处置、正面引导、维护形象"为工作原则，不断建立健全声誉风险事前评估机制、舆情监测机制及声誉事件分级机制，并按照声誉事件的不同级别，灵活采取相应措施；加强相关工作的考核问责，积极推进声誉风险常态化建设，定期开展声誉风险隐患排查，将声誉风险防范与投诉、举报、调解、诉讼等工作进行联动；报告期内，公司参照声誉风险防控指标值，开展了声誉风险压力测试，对声誉事件的动态趋势进行研判，提前规划应对处置举措。基于消费者权益保护主题的声誉风险压力测试经验，信息科技部、法律合规部、风险管理部、战略客户总部等多个部门联动，开展了外部入侵攻击及数据泄露事件应急处置演练，在其中嵌入了声誉风险的情景演练场景，对新型声誉事件的应对模式进行探索；与此同时，公司主动接受社会舆论监督，按照适时适度、公开透明、有序开放、有效管理的原则对外发布相关信息，宣传公司持续服务于实体经济和民生发展的亮点信息，共同树立行业良好声誉。

4.5.3.7 战略风险管理

公司通过建立并完善战略风险管理机制，从战略制定、战略实施、战略评估与调整三方面进行有效管控。通过强化对内外部环境变化的研判和战略评估机制，进一步提升战略管理能力，优化战略制定、实施、评估的全流程，有效防范战略风险，最大程度地减少因经营策略不当或外部经营环境变化给公司当前及未来的盈利、资本、声誉和地位带来的不利影响。

4.5.3.8 信息科技风险管理

公司信息科技风险管理的目标是通过建立有效的机制，实现对公司信息科技风险的识别、计量、监测和控制，促进公司安全、持续、稳健运行，推动业务创新，提高信息技术使用水平，严防个人信息安全事件发生，增强核心竞争力和可持续发展能力。

公司不断完善信息科技风险管理体系，建立了重大信息科技事件管理制度，防范信息科技风险，妥善处置各类信息安全风险事件，定期监测重要系统宕机情况。此外，公司还定期对信息科技风险进行全面评估，以逐步提升对信息科技风险的精细化管理能力。

4.5.3.9 其他风险管理

为有效控制道德风险，公司主要通过以下措施实现：优化公司治理结构，健全内控制度，规范合理的职责分工和相互制衡的操作流程，强化员工职业道德教育，提升员工对公司的忠诚度和对工作的热情。同时，公司加强审计监督，建立和完善风险预警机制，以提前发现并防范潜在风险。

4.5.4 主要风险管理事项概述

公司作为受托人设立的云涌系列集合资金信托计划项下融资人的实际控制人及担保人罗静被人民法院判决犯合同诈骗罪，可能导致信托财产遭受重大损失。在极端情况下，云涌系列项目可能无法收回信托本金，存在不能向投资者分配信托利益的风险。因融资人未按照合同约定还款，目前云涌系列项目根据信托合同约定自动延期，公司已将云涌系列项目信托资产认定为次级类资产。云涌系列项目共计11个信托产品，实收信托规模合计15.83亿元，信托资金用于受让广东中诚实业控股有限公司、广东康安贸易有限公司持有的以苏宁易购集团股份有限公司苏宁易购采购中心作为付款人的应收账款。

进展情况：2022年11月1日，被告人罗静、罗岚合同诈骗、对非国家工作人员行贿，被告人石勉乾、刘晓琴、梁志斌、冯国锋、王珺、赵遵记、刘华、刘豪、胡斌、李甫合同诈骗一案［案号：（2020）沪02刑初83号］，在上海市第二中级人民法院宣判。部分被告人因不服一审判决向上海市高级人民法院提出上诉，上海市高级人民法院于2024年1月5日作出终审裁定［案号：（2023）沪刑终8号］，裁定驳回上诉，维持原判。

风险管理情况：公司成立了云涌系列项目风险处置小组，积极采取包括向公安部门报案、向法院提起民事诉讼等各项救济措施。具体举措包括：

（1）向公安机关报案并积极配合刑事侦查工作。公司在获悉江苏博信的公告后，即向云南省公安机关报案，并积极配合相关的刑事侦查工作。

（2）向人民法院提起民事诉讼。为维护投资者合法权益，公司就11个项目向云南省昆明市中级人民法院提起民事诉讼，同时，向法院提交了诉讼保全申请。有关云涌系列项目的民事诉讼安排，仍需等待人民法院的进一步通知。

（3）其他措施。公司还采取了积极向有关部门汇报云涌系列项目进展情况、制定投资者接待方案、对云涌系列项目按照信托合同约定进行延期、聘请专业律师协助处理法律诉讼事务等措施，尽最大努力维护信托财产安全。

5.财务会计报表

5.1 自营资产

5.1.1 会计师事务所审计意见全文

审计报告

XYZH/2024KMAA4B0003

云南国际信托有限公司

云南国际信托有限公司：

一、审计意见

我们审计了云南国际信托有限公司（以下简称云南信托公司）的财务报表，包括2023年12月31日的资产负债表，2023年度的利润表、现金流量表、所有者权益变动表，以及相关财务报表附注。

我们认为，后附的财务报表在所有重大方面按照企业会计准则的规定编制，公允反映了云南信托公司2023年12月31日的财务状况以及2023年度的经营成果和现金流量。

二、形成审计意见的基础

我们按照中国注册会计师审计准则的规定执行了审计工作。审计报告的"注册会计师对财务报表审计的责任"部分进一步阐述了我们在这些准则下的责任。按照中国注册会计师职业道德守则，我们独立于云南信托公司，并履行了职业道德方面的其他责任。我们相信，我们获取的审计证据是充分、适当的，为发表审计意见提供了基础。

三、管理层和治理层对财务报表的责任

云南信托公司管理层（以下简称管理层）负责按照企业会计准则的规定编制财务报表，使其实现公允反映，并设计、执行和维护必要的内部控制，以使财务报表不存在由于舞弊或错误导致的重大错报。

在编制财务报表时，管理层负责评估贵公司的持续经营能力，披露与持续经营相关的事项（如适用），并运用持续经营假设，除非云南信托公司管理层计划清算云南信托公司、终止运营或别无其他现实的选择。

治理层负责监督云南信托公司的财务报告过程。

四、注册会计师对财务报表审计的责任

我们的目标是对财务报表整体是否不存在由于舞弊或错误导致的重大错报获取合理保证，并出具包含审计意见的审计报告。合理保证是高水平的保证，但并不能保证按照审计准则执行的审计在某一重大错报存在时总能发现。错报可能由于舞弊或错误导致，如果合理预期错报单独或汇总起来可能影响财务报表使用者依据财务报表作出的经济决策，则通常认为错报是重大的。

在按照审计准则执行审计工作的过程中，我们运用职业判断，并保持职业怀疑。同时，我们也执行以下工作：

（一）识别和评估由于舞弊或错误导致的财务报表重大错报风险，设计和实施审计程序以应对这些风险，并获取充分、适当的审计证据，作为发表审计意见的基础。由于舞弊可能涉及串通、伪造、故意遗漏、虚假陈述或凌驾于内部控制之上，未能发现由于舞弊导致的重大错报的风险高于未能发现由于错误导致的重大错报的风险。

（二）了解与审计相关的内部控制，以设计恰当的审计程序，但目的并非对内部控制的有效性发表意见。

（三）评价管理层选用会计政策的恰当性和作出会计估计及相关披露的合理性。

（四）对管理层使用持续经营假设的恰当性得出结论。同时，根据获取的审计证据，就可能导致对云南信托公司持续经营能力产生重大疑虑的事项或情况是否存在重大不确定性得出结论。如果我们得出结论认为存在重大不确定性，审计准则要求我们在审计报告中提请报表使用者注意财务报表中的相关披露；如果披露不充分，我们应当发表非无保留意见。我们的结论基于截至审计报告日可获得的信息。然而，未来的事项或情况可能导致云南信托公司不能持续经营。

（五）评价财务报表的总体列报、结构和内容，并评价财务报表是否公允反映相关交易和事项。

我们与治理层就计划的审计范围、时间安排和重大审计发现等事项进行沟通，包括沟通我们在审计中识别出的值得关注的内部控制缺陷。

中国 昆明 　　　　　　　　　二〇二四年三月十一日

5.1.2 资产负债表

资产负债表

编制单位：云南国际信托有限公司　　　　2023年12月31日　　　　单位：元

序号	资产	期末余额	年初余额	序号	负债及所有者权益	期末余额	年初余额
1	货币资金	160 496 537.45	402 310 542.87	22	短期借款	—	—
2	拆出资金	—	—	23	拆入资金	—	—
3	衍生金融资产	—	—	24	交易性金融负债	—	—
4	应收款项	216 279 341.13	107 537 828.22	25	衍生金融负债	—	—
5	买入返售金融资产	260 000 000.00	1 323 000 000.00	26	应付款项	776 510.00	246 000.00
6	持有待售资产	—	—	27	应付职工薪酬	475 234 468.00	419 265 545.41
7	贷款			28	应交税费	45 842 985.14	68 316 396.65
8	金融投资：	4 483 412 667.14	3 204 620 053.58	29	租赁负债	38 248 219.38	38 031 804.67
9	交易性金融资产	4 474 732 667.14	3 195 940 053.58	30	持有待售负债	—	—
10	债权投资	8 680 000.00	8 680 000.00	31	预计负债	—	—
11	其他债权投资	—	—	32	递延所得税负债	51 392 665.03	36 602 358.10
12	其他权益工具投资	—	—	33	其他负债	291 198 428.98	611 149 088.96
13	长期股权投资	—	—	34	**负债合计**	902 693 276.53	1 173 611 193.79
14	投资性房地产	18 032 650.18	20 751 206.54	35	实收资本	2 200 000 000.00	1 200 000 000.00
15	固定资产	18 981 454.41	16 160 505.38	36	资本公积	174 345.00	174 345.00
16	在建工程	—	—	37	其他综合收益	—	—

续表

序号	资产	期末余额	年初余额	序号	负债及所有者权益	期末余额	年初余额
17	使用权资产	36 346 959.63	35 879 946.77	38	盈余公积	437 764 047.38	398 718 895.27
18	无形资产	10 980 318.88	11 235 174.85	39	一般风险准备	80 519 496.82	78 876 492.76
19	递延所得税资产	131 842 298.98	111 075 367.32	40	信托赔偿准备金	245 241 530.27	221 814 439.00
20	其他资产	31 594 226.97	25 862 225.39	41	未分配利润	1 501 573 758.77	2 185 237 485.10
—	—	—	—	42	所有者权益合计	4 465 273 178.24	4 084 821 657.13
21	资产总计	5 367 966 454.77	5 258 432 850.92	43	负债及所有者权益总计	5 367 966 454.77	5 258 432 850.92

法定代表人：甘煜　　　　　　　　　　　　主管会计工作负责人：舒广　　　　　　　　　　　　会计机构负责人：杜娟

5.1.3　利润表

利润表

编制单位：云南国际信托有限公司　　　　　　　　2023年度　　　　　　　　单位：元

项目	序号	本年发生数	上年发生数
一、营业总收入	1	975 644 242.99	923 779 238.84
利息净收入	2	8 914 570.21	28 594 479.81
利息收入	3	10 104 627.16	30 297 212.06
利息支出	4	1 190 056.95	1 702 732.25
手续费及佣金净收入	5	821 103 785.27	800 964 710.85
手续费及佣金收入	6	833 052 616.33	817 908 476.93
其中：信托项目手续费及佣金收入	7	826 149 611.31	801 060 546.31
手续费及佣金支出	8	11 948 831.06	16 943 766.08
其中：信托项目手续费及佣金支出	9	8 327 222.40	5 427 229.45
投资收益（损失以"-"号填列）	10	123 554 853.97	94 917 671.19
其中：对联营企业及合营企业的投资收益	11	—	—
以摊余成本计量的金融资产终止确认产生的收益（损失以"-"号填列）	12	—	—
汇兑收益（损失以"-"号填列）	13	—	—
公允价值变动收益（损失以"-"号填列）	14	18 111 444.21	-4 802 003.24
净敞口套期收益（损失以"-"号填列）	15	—	—
资产处置收益（损失以"-"号填列）	16	—	—
其他收益	17	927 527.74	881 975.54
其他业务收入	18	3 032 061.59	3 222 404.69
二、营业总支出	19	435 538 480.86	401 249 182.95
税金及附加	20	6 188 971.02	5 460 052.50
业务及管理费	21	419 282 889.87	401 381 519.50
信用减值损失	22	10 066 619.97	-5 592 389.05
其他资产减值损失	23	—	—
三、营业利润	24	540 105 762.13	522 530 055.89
加：营业外收入	25	0.14	0.07
减：营业外支出	26	8 677 507.52	1 165 058.51
四、利润总额	27	531 428 254.75	521 364 997.45
减：所得税费用	28	140 976 733.64	131 627 630.97
五、净利润	29	390 451 521.11	389 737 366.48
（一）持续经营净利润	30	390 451 521.11	389 737 366.48

续表

项目	序号	本年发生数	上年发生数
（二）终止经营净利润	31	—	—
六、其他综合收益的税后净额	32	—	—
（一）不能重分类进损益的其他综合收益	33	—	—
1.重新计量设定受益计划变动额	34	—	—
2.权益法下不能转损益的其他综合收益	35	—	—
3.其他权益工具投资公允价值变动	36	—	—
4.企业自身信用风险公允价值变动	37	—	—
（二）将重分类进损益的其他综合收益	38	—	—
1.权益法下可转损益的其他综合收益	39	—	—
2.其他债权投资公允价值变动	40	—	—
3.金融资产重分类计入其他综合收益的金额	41	—	—
4.其他债权投资信用损失准备	42	—	—
5.现金流量套期储备	43	—	—
6.外币财务报表折算差额	44	—	—
七、综合收益总额	45	390 451 521.11	389 737 366.48
八、每股收益	46		
（一）基本每股收益	47	—	—
（二）稀释每股收益	48	—	—

法定代表人：甘煜　　　　　主管会计工作负责人：舒广　　　　　会计机构负责人：杜娟

5.1.4　所有者权益变动表

所有者权益变动表

编制单位：云南国际信托有限公司　　　　2023年度　　　　单位：元

项目	行次	本年金额							所有者权益合计
		归属于母公司所有者权益							
		实收资本	资本公积	其他综合收益	盈余公积	一般风险准备	信托赔偿准备金	未分配利润	
栏　次	—	1	5	7	8	9	10	11	13
一、上年年末余额	1	1 200 000 000.00	174 345.00	—	398 718 895.27	78 876 492.76	221 814 439.00	2 185 237 485.10	4 084 821 657.13
加：会计政策变更	2	—	—	—	—	—	—	—	—
前期差错更正	3	—	—	—	—	—	—	—	—
二、本年年初余额	4	1 200 000 000.00	174 345.00	—	398 718 895.27	78 876 492.76	221 814 439.00	2 185 237 485.10	4 084 821 657.13
三、本年增减变动金额（减少以"-"号填列）	5	1 000 000 000.00	—	—	39 045 152.11	1 643 004.06	23 427 091.27	683 663 726.33	380 451 521.11
（一）综合收益总额	6	—	—	—	—	—	—	390 451 521.11	390 451 521.11
（二）所有者投入和减少资本	7	—	—	—	—	—	—	—	—
1.所有者投入资本	8	—	—	—	—	—	—	—	—
2.其他权益工具持有者投入资本	9	—	—	—	—	—	—	—	—
3.股份支付计入所有者权益的金额	10	—	—	—	—	—	—	—	—
4.其他	11	—	—	—	—	—	—	—	—
（三）利润分配	12	—	—	—	39 045 152.11	1 643 004.06	23 427 091.27	74 115 247.44	10 000 000.00

续表

项目	行次	本年金额							
		归属于母公司所有者权益							所有者权益合计
		实收资本	资本公积	其他综合收益	盈余公积	一般风险准备	信托赔偿准备金	未分配利润	
1.提取盈余公积	13	—	—	—	39 045 152.11	—	—	39 045 152.11	—
2.提取一般风险准备	14	—	—	—	—	1 643 004.06	—	−1 643 004.06	—
3.提取信托赔偿准备	15	—	—	—	—	—	23 427 091.27	23 427 091.27	—
4.对所有者（或股东）的分配	16	—	—	—	—	—	—	10 000 000.00	10 000 000.00
5.其他	17	—	—	—	—	—	—	—	—
（四）所有者权益内部结转	18	1 000 000 000.00	—	—	—	—	—	1 000 000 000.00	
1.资本公积转增资本（或股本）	19	—	—	—	—	—	—	—	—
2.盈余公积转增资本（或股本）	20	—	—	—	—	—	—	—	—
3.盈余公积弥补亏损	21	—	—	—	—	—	—	—	—
4.一般风险准备弥补亏损	22	—	—	—	—	—	—	—	—
5.设定受益计划变动额结转留存收益	23	—	—	—	—	—	—	—	—
6.*其他综合收益结转留存收益	24	—	—	—	—	—	—	—	—
7.其他	25	1 000 000 000.00	—	—	—	—	—	1 000 000 000.00	
四、本年年末余额	26	2 200 000 000.00	174 345.00	—	437 764 047.38	80 519 496.82	245 241 530.27	1 501 573 758.77	4 465 273 178.24

法定代表人：甘煜　　　　主管会计工作负责人：舒广　　　　会计机构负责人：杜娟

所有者权益变动表（续）

编制单位：云南国际信托有限公司　　　　2023年度　　　　单位：元

项目	行次	上年金额							
		归属于母公司所有者权益							所有者权益合计
		实收资本	资本公积	其他综合收益	盈余公积	一般风险准备	信托赔偿准备金	未分配利润	
栏 次	—	14	18	20	21	22	23	24	26
一、上年年末余额	1	1 200 000 000.00	174 345.00	—	359 745 158.62	72 757 037.25	198 430 197.01	1 896 519 193.43	3 727 625 931.31
加：会计政策变更	2	—	—	—	—	—	—	—	—
前期差错更正	3	—	—	—	—	—	—	—	—
二、本年年初余额	4	1 200 000 000.00	174 345.00	—	359 745 158.62	72 757 037.25	198 430 197.01	1 896 519 193.43	3 727 625 931.31
三、本年增减变动金额（减少以"-"号填列）	5	—	—	—	38 973 736.65	6 119 455.51	23 384 241.99	288 718 291.67	357 195 725.82
（一）综合收益总额	6	—	—	—	—	—	—	389 737 366.48	389 737 366.48
（二）所有者投入和减少资本	7	—	—	—	—	—	—	—	—
1.所有者投入资本	8	—	—	—	—	—	—	—	—
2.其他权益工具持有者投入资本	9	—	—	—	—	—	—	—	—
3.股份支付计入所有者权益的金额	10	—	—	—	—	—	—	—	—
4.其他	11	—	—	—	—	—	—	—	—

续表

项目	行次	上年金额							
		归属于母公司所有者权益							所有者权益合计
		实收资本	资本公积	其他综合收益	盈余公积	一般风险准备	信托赔偿准备金	未分配利润	
（三）利润分配	12	—	—	—	38 973 736.65	6 119 455.51	23 384 241.99	-101 019 074.81	-32 541 640.66
1.提取盈余公积	13	—	—	—	38 973 736.65	—	—	-38 973 736.65	—
2.提取一般风险准备	14	—	—	—	—	6 119 455.51	—	-6 119 455.51	—
3.提取信托赔偿准备	15	—	—	—	—	—	23 384 241.99	-23 384 241.99	—
4.对所有者（或股东）的分配	16	—	—	—	—	—	—	-30 960 944.98	-30 960 944.98
5.其他	17	—	—	—	—	—	—	-1 580 695.68	-1 580 695.68
（四）所有者权益内部结转	18	—	—	—	—	—	—	—	—
1.资本公积转增资本（或股本）	19	—	—	—	—	—	—	—	—
2.盈余公积转增资本（或股本）	20	—	—	—	—	—	—	—	—
3.盈余公积弥补亏损	21	—	—	—	—	—	—	—	—
4.一般风险准备弥补亏损	22	—	—	—	—	—	—	—	—
5.设定受益计划变动额结转留存收益	23	—	—	—	—	—	—	—	—
6.*其他综合收益结转留存收益	24	—	—	—	—	—	—	—	—
7.其他	25	—	—	—	—	—	—	—	—
四、本年年末余额	26	1 200 000 000.00	174 345.00	—	398 718 895.27	78 876 492.76	221 814 439.00	2 185 237 485.10	4 084 821 657.13

法定代表人：甘煜　　　主管会计工作负责人：舒广　　　会计机构负责人：杜娟

5.1.5 现金流量表

现金流量表

编制单位：云南国际信托有限公司　　　2023年度　　　单位：元

项目	行次	本年数	上年数	项目	行次	本年数	上年数
一、经营活动产生的现金流量：	1	—	—	购建固定资产、无形资产和其他长期资产支付的现金	22	10 605 367.89	13 267 551.90
客户存款和同业疗放款项净增加额	2	—	—	支付其他与投资活动有关的现金	23	742 801 038.80	11 213 833.47
向中央银行借款净增加额	3	—	—	投资活动现金流出小计	24	15 856 682 378.64	16 316 955 856.86
向其他金融机构拆入资金净增加额	4	—	—	投资活动产生的现金流量净额	25	-426 161 440.40	-464 332 739.83
收取利息、手续费及佣金的现金	5	764 455 036.56	743 190 115.74	三、筹资活动产生的现金流量：	26	—	—
收到其他与经营活动有关的现金	6	2 394 372 561.21	2 273 180 036.77	吸收投资收到的现金	27	—	—
经营活动现金流入小计	7	3 158 827 597.77	3 016 370 151.89	其中：子公司吸收少数股东投资收到的现金	28	—	—
客户贷款及垫款净增加额	8	—	—	发行债券收到的现金	29	—	—
存放中央银行和同业款项净增加额	9	—	—	收到其他与筹资活动有关的现金	30	—	—
支付利息、手续费及佣金的现金	10	1 990 375.00	6 415 344.05	筹资活动现金流入小计	31	—	—
支付给职工以及为职工支付的现金	11	204 275 628.56	270 648 681.96	偿还债务支付的现金	32	—	—
支付的各项税费	12	219 432 529.17	191 100 103.64	分配股利、利润或偿付利息支付的现金	33	10 000 000.00	30 960 944.98

续表

项目	行次	本年数	上年数	项目	行次	本年数	上年数
支付其他与经营活动有关的现金	13	2 538 781 630.06	2 032 500 149.30	其中：子公司支付给少数股东的股利、利润	34	—	—
经营活动现金流出小计	14	2 964 480 162.79	2 500 664 278.95	支付其他与筹资活动有关的现金	35	—	—
经营活动产生的现金流量净额	15	194 347 434.98	515 705 872.94	筹资活动现金流出小计	36	10 000 000.00	30 960 944.98
二、投资活动产生的现金流量：	16	—	—	筹资活动产生的现金流量净额	37	-10 000 000.00	-30 960 944.98
收回投资收到的现金	17	14 586 116 113.58	15 724 832 962.79	四、汇率变动对现金及现金等价物的影响	38	—	—
取得投资收益收到的现金	18	101 603 785.86	127 790 154.24	五、现金及现金等价物净增加额	39	-241 814 005.42	20 412 188.13
收到其他与投资活动有关的现金	19	742 801 038.80	—	加：期初现金及现金等价物余额	40	402 310 542.87	381 898 351.74
投资活动现金流入小计	20	15 430 520 938.24	15 852 623 117.03	六、期末现金及现金等价物余额	41	160 496 537.45	402 310 542.87
投资支付的现金	21	15 103 275 971.95	16 292 474 471.49	—	—	—	—

法定代表人：甘煜　　　　　　　　　　　主管会计工作负责人：舒广　　　　　　　　　　　会计机构负责人：杜娟

5.2 信托业务

5.2.1 信托项目资产负债汇总表

信托项目资产负债汇总表

编制单位：云南国际信托有限公司　　2023年度　　单位：万元

项目	2023年末数	2023年初数
信托资产：	—	—
货币资金	613 720.88	463 305.78
拆出资金	—	—
存出保证金	97 359.88	62 920.38
交易性金融资产	26 981 659.43	22 567 451.20
衍生金融资产	—	—
买入返售金融资产	40 784.49	205 625.60
其中：买入返售证券	40 784.49	205 625.60
买入返售信贷资产	—	—
应收款项	95 592.37	68 584.24
贷款	3 234 467.77	4 073 939.03
其他债权投资	—	—
债权投资	3 052 461.27	2 052 603.28
长期应收款	—	—
长期股权投资	—	—
投资性房地产	—	—
固定资产	—	—
无形资产	—	—
长期待摊费用	526.88	427.04
其他资产	—	44.96
信托资产总计	34 116 572.97	29 494 901.51
信托负债：		
交易性金融负债	—	—

续表

项目	2023年末数	2023年初数
衍生金融负债	—	—
应付受托人报酬	23 659.80	11 156.73
应付托管费	1 842.15	1 297.17
应付受益人收益	33 353.82	70 523.31
应交税费	15 040.25	6 429.45
应付销售服务费	196.56	35.10
其他应付款项	850 610.82	688 808.74
其他负债	123 411.17	—
信托负债合计	1 048 114.57	778 250.50
信托权益：	—	—
实收信托	35 847 427.71	29 269 311.16
其中：资金信托	28 101 262.02	26 302 537.41
财产信托	7 746 165.69	2 966 773.75
资本公积	—	—
外币报表折算差额	—	—
未分配利润	-2 778 969.31	-552 660.15
信托权益合计	33 068 458.40	28 716 651.01
信托负债及信托权益总计	34 116 572.97	29 494 901.51

法定代表人：甘煜　　主管信托会计工作负责人：李峥　　财务经理：向叶　　制表：靳佳慧

5.2.2 信托项目利润及利润分配汇总表

信托项目利润及利润分配汇总表

编制单位：云南国际信托有限公司　　2023年度　　单位：万元

项目	2023年度	2022年度
一、营业收入	2 347 210.51	1 461 352.82
利息收入	442 958.32	483 737.91
投资收益	1 547 572.58	1 357 209.49

续表

项目	2023年度	2022年度
其中：交易性债券利息收入	250 032.72	175 497.80
交易费用	-2 435.70	-2 183.58
公允价值变动损益	356 698.65	-378 588.69
租赁收入	—	—
汇兑损益	—	—
其他收入	-19.04	-1 005.89
二、营业支出	194 437.54	148 184.23
营业税金及附加	6 950.26	5 313.40
受托人报酬	75 371.61	63 933.58
其中：暂估受托人报酬	—	—
托管费	14 053.68	14 678.56
投资管理费	19 829.66	14 387.32

续表

项目	2023年度	2022年度
销售服务费	644.03	86.62
信用减值损失	36 510.61	7 933.79
其他费用	41 077.69	41 850.96
三、信托净利润	2 152 772.97	1 313 168.59
四、其他综合收益	—	—
五、综合收益	2 152 772.97	1 313 168.58
加：期初未分配信托利润	-552 660.15	-428 079.76
加：未分配信托利润平准金	-2 675 394.15	97 454.07
六、可供分配的信托利润	-1 075 281.33	982 542.89
减：本期已分配信托利润	1 703 687.98	1 535 203.04
七、期末未分配信托利润	-2 778 969.31	-552 660.15

法定代表人：甘煜　主管信托会计工作负责人：李峥　财务经理：向叶　制表：靳佳慧

5.2.3 信托项目所有者权益变动表

信托项目所有者权益变动表

编制单位：云南国际信托有限公司　　　2023年度　　　单位：万元

项目	本期金额			
	实收资金	其他综合收益	未分配利润	净资产合计
一、上期期末余额	29 269 311.16	—	-552 660.15	28 716 651.01
加：会计政策变更	—	—	—	—
前期差错更正	—	—	—	—
其他	—	—	—	—
二、本期期初余额	29 269 311.16	—	-552 660.15	28 716 651.01
三、本期增减变动额（减少以"-"号填列）	6 578 116.55	—	-2 226 309.16	4 351 807.39
（一）综合收益总额	—	—	2 152 772.97	2 152 772.97
（二）产品持有人申购和赎回	6 578 116.55	—	-2 675 394.15	3 902 722.40
其中：1.产品申购	34 995 658.83	—	-2 846 174.68	32 149 484.15
2.产品赎回	-28 417 542.28	—	170 780.53	-28 246 761.75
（三）利润分配	—	—	-1 703 687.98	-1 703 687.98
（四）其他综合收益结转留存收益	—	—	—	—
四、本期期末余额	35 847 427.71	—	-2 778 969.31	33 068 458.40
项目	上期金额			
	实收资金	其他综合收益	未分配利润	净资产合计
一、上期期末余额	33 118 740.72	-33 811.86	-116 270.88	32 968 657.98
加：会计政策变更	—	33 811.86	-311 808.88	-277 997.02
前期差错更正	—	—	—	—
其他	—	—	—	—
二、本期期初余额	33 118 740.72	—	-428 079.76	32 690 660.96
三、本期增减变动额（减少以"-"号填列）	-3 849 429.56	—	-124 580.40	-3 974 009.95
（一）综合收益总额	—	—	1 313 168.58	1 313 168.58
（二）产品持有人申购和赎回	-3 849 429.56	—	103 826.13	-3 745 603.43
其中：1.产品申购	26 284 206.12	—	-332 968.01	25 951 238.12

续表

项目	上期金额			
	实收资金	其他综合收益	未分配利润	净资产合计
2.产品赎回	-30 133 635.68	—	436 794.13	-29 696 841.55
（三）利润分配	—	—	-1 535 203.04	-1 535 203.04
（四）其他综合收益结转留存收益	—	—	-6 372.06	-6 372.06
四、本期期末余额	29 269 311.16		-552 660.15	28 716 651.01

法定代表人：甘煜　　主管信托会计工作负责人：李峥　　财务经理：向叶　　制表：靳佳慧

6.财务报表附注

6.1 财务报表编制基础

本公司的财务报表编制以持续经营假设作为基础，根据实际发生的交易和事项，按照财政部颁布的《企业会计准则》及其他相关法规的有关规定，并基于会计政策和会计估计进行编制。本财务报告编制不存在不符合会计核算基本前提的事项。

6.2 会计政策和会计估计变更以及差错更正的说明

6.2.1 会计政策变更及影响
本公司本期无会计政策变更事项。

6.2.2 会计估计变更
本公司本期无会计估计变更事项。

6.2.3 前期差错更正
本公司本期无前期差错更正事项。

6.3 或有事项说明

本公司除重要诉讼（详见8.4）外，无其他重大或有事项。

6.4 重要资产转让及其出售的说明

本公司本期无重要资产转让及出售事项。

6.5 会计报表中重要项目的说明

6.5.1 自营资产经营情况

6.5.1.1 按信用风险五级分类结果披露信用风险资产的期初数、期末数

以下期末是指2023年12月31日，期初是指2023年1月1日；本期数是指2023年1月1日至2023年12月31日的发生额，上期数是指2022年1月1日至2022年12月31日的发生额。

信用风险资产余额

信用风险资产五级分类	正常类（万元）	关注类（万元）	次级类（万元）	可疑类（万元）	损失类（万元）	信用风险资产合计（万元）	不良合计（万元）	不良率（%）
期初数	484 068.00	3 744.00	1 319.00	—	—	489 131.00	1 319.00	0.27
期末数	476 943.00	17 783.00	1 319.00	—	—	496 045.00	1 319.00	0.27

注：本公司信用风险资产的范围包括货币资金、应收账款、预付账款、其他应收款、应收利息、交易性金融资产（不含股票、股权）、债权投资、买入返售金融资产等。次级类资产为应收云涌系列项目管理费、应收自营投资云涌项目投资收益以及自营投资云涌项目本金。

6.5.1.2 各项风险减值损失准备

单位：万元

项目	期初余额	本期计提	本期转回	本期核销	期末余额
贷款损失准备	—	—	—	—	—
债权投资减值准备	2 541.66	—	2 169.66	—	372.00
其他债权投资减值准备	—	—	—	—	—
长期股权投资减值准备	—	—	—	—	—
坏账准备	334.37	1 129.97	—	—	1 464.34
投资性房地产减值准备	—	—	—	—	—
合计	2 876.03	1 129.97	2 169.66	—	1 836.34

注：债权投资减值准备为按照新金融工具会计准则的减值计提要求计提的预期信用损失。

6.5.1.3 自营股票投资、基金投资、理财投资、股权投资、信托产品投资等投资业务的期初数、期末数

单位：万元

项目	股票	债券	基金	理财	股权	信托受益权	其他	合计
期初数	—	—	—	—	20 328.58	204 642.08	2 600.00	227 570.66
期末数	—	—	—	—	21 328.58	294 535.01	27 147.80	343 011.39

注：按照新金融工具准则重新分类自营投资业务，投资金额仅为投资成本余额，不包括公允价值变动及应计利息。

6.5.1.4 本公司2023年度无自营长期股权投资

6.5.1.5 本公司2023年度无自营贷款业务

6.5.1.6 本公司2023年度表外业务

经股东会授权批准，2021年公司通过担保方式参与增信业务，存出保证金100万元，2023年返还98万元，余额2万元，当前业务开展正常，风险可控。公司严格控制对外担保风险，除此之外无其他表外业务事项。

6.5.1.7 本公司当年的收入结构

项目	本期发生额（万元）	占比（%）
手续费及佣金净收入	82 110.38	84.16
其中：信托业务净收入	81 782.24	83.82
利息净收入	891.46	0.91
其他业务净收入	303.21	0.31
投资收益	12 355.49	12.66
其中：股权投资收益	—	—
证券投资收益	—	—
其他投资收益	12 355.49	12.66
公允价值变动收益	1 811.14	1.86
其他收益	92.75	0.10
合计	97 564.42	100.00

6.5.2 披露信托资产管理情况

6.5.2.1 信托资产的期初数、期末数

单位：万元

信托资产	期初数	期末数
集合	9 998 258.20	12 789 532.79
单一	16 484 247.92	16 337 590.82
财产权	3 012 395.39	4 989 449.36
合计	29 494 901.51	34 116 572.97

6.5.2.1.1 主动管理型信托业务的信托资产期初数、期末数，分证券投资、股权投资、其他投资、融资、事务管理类分别披露

单位：万元

主动管理型信托资产	期初数	期末数
证券投资类	4 140 745.44	4 684 019.87
股权投资类	9 909.61	1 310.43
其他投资类	16 919 559.55	15 037 434.51
融资类	2 616 375.03	4 998 413.67
事务管理类	—	—
合计	23 686 589.63	24 721 178.48

6.5.2.1.2 被动管理型信托业务的信托资产期初数、期末数，分证券投资、股权投资、其他投资、融资、事务管理类分别披露

单位：万元

被动管理型信托资产	期初数	期末数
证券投资类	—	—
股权投资类	—	—
其他投资类	—	—
融资类	—	—
事务管理类	5 808 311.88	9 395 394.49
合计	5 808 311.88	9 395 394.49

6.5.2.2 本年度已清算结束的信托项目个数、实收信托合计金额、加权平均实际年化收益率

6.5.2.2.1 本年度已清算结束的集合类、单一类资金信托项目和财产管理类信托项目个数、实收信托金额、加权平均实际年化收益率

已清算结束信托项目	项目个数（个）	实收信托合计金额（万元）	加权平均实际年化收益率（%）
集合类	164	5 636 998.61	7.81
单一类	555	14 334 769.67	4.89
财产管理类	27	2 539 609.36	3.23

注：收益率是指信托项目清算后，给受益人赚取的实际收益水平。加权平均年化收益率＝（信托项目1的实际年化收益率×信托项目1的实收信托＋信托项目2的实际年化收益率×信托项目2的实收信托＋…＋信托项目n的实际年化收益率×信托项目n的实收信托）/（信托项目1的实收信托＋信托项目2的实收信托＋…＋信托项目n的实收信托）×100%。

6.5.2.2.2 本年度已清算结束的主动管理型信托项目个数、实收信托合计金额、加权平均实际年化收益率，分证券投资、股权投资、其他投资、融资、事务管理类分别计算并披露

已清算结束信托项目	项目个数（个）	实收信托合计金额（万元）	加权平均实际年化信托报酬率（%）	加权平均实际年化收益率（%）
证券投资类	61	942 380.66	0.43	6.86
股权投资类	1	8 200.00	0.31	5.12
其他投资类	547	12 725 964.85	0.30	5.73
融资类	35	1 429 908.36	0.39	5.84
事务管理类	—	—	—	—

注：加权平均实际年化信托报酬率＝（信托项目1的实际年化信托报酬率×信托项目1的实收信托＋信托项目2的实际年化信托报酬率×信托项目2的实收信托＋…＋信托项目n的实际年化信托报酬率×信托项目n的实收信托）/（信托项目1的实收信托＋信托项目2的实收信托＋…＋信托项目n的实收信托）×100%。

6.5.2.2.3 本年度已清算结束的被动管理型信托项目个数、实收信托合计金额、加权平均实际年化收益率，分证券投资、股权投资、其他投资、融资、事务管理类分别计算并披露

已清算结束信托项目	项目个数（个）	实收信托合计金额（万元）	加权平均实际年化信托报酬率（%）	加权平均实际年化收益率（%）
证券投资类	—	—	—	—
股权投资类	—	—	—	—
其他投资类	—	—	—	—
融资类	—	—	—	—
事务管理类	102	7 404 923.77	0.15	5.03

6.5.2.3 本年度新增的集合类、单一类和财产管理类信托项目个数、实收信托合计金额

新增信托项目	项目个数（个）	实收信托合计金额（万元）
集合类	272	9 149 404.02
单一类	672	11 298 943.88
财产管理类	54	6 689 954.14
新增合计	998	27 138 302.04
其中：主动管理型	640	17 135 978.51
被动管理型	358	10 002 323.53

注：本年新增信托项目指在本报告年度内累计新增的信托项目个数和金额。包含本年度新增并于本年度内结束的项目和本年度新增至报告期末仍在持续管理的信托项目。

6.5.2.4 信托业务创新成果和特色业务有关情况

2023年，公司在"一体两翼四轮驱动"的战略指导下，坚守信托业务本源，不断调整和优化业务结构，聚焦发展符合政策导向、具有成长潜力和长期可持续性的战略业务。通过全体员工的共同努力和持续奋斗，公司在行业中的排名不断攀升，重点指标实现了稳健增长。

（1）聚焦业务成效初显。2023年，公司主动管理债券业务通过不断调整、优化产品结构和投资策略，结合自身资源禀赋锚定差异化市场定位，打造出特色鲜明的产品线组合，为客户提供了专业化服务，获得了较高的投资收益与客户满意度，并荣获"第二届信托业金牛奖"以及新财富投票资格等外部表彰。服务型债券亦通过助力客户建立起债券交易的风控体系，完善投资流程，管理规模近400亿元，实现了客户投资价值的最大化。

（2）薪酬福利信托落地多个首单项目。2023年，公司以薪酬福利信托业务作为四大前驱业务之一推动展业，完成了首单国企混改应用项目、首单养老项目、首单双百企业超额利润项目、首单私募基金项目、首单公募基金薪酬管理项目等众多首单项目，为该细分业务领域的品牌塑造、专业能力积累奠定了较好的基础。此外，公司自主开发了专门的信息科技系统，涵盖了自受益人签约、计划建立到待遇支付的全生命周期，打造了面向受益人及委托人的信息交互平台与网上办理平台，并通过技术手段实现了信息保密。2023年，云南信托的薪酬福利信托服务凭借卓越表现，荣获"杰出新型资产服务信托奖"，赢得了行业与客户的高度赞誉。

（3）特殊资产业务持续发力。自2019年以来，云南信托就积极参与诸多债务重组和破产重整项目，迄今管理的特殊资产信托业务规模达700余亿元，业务范围覆盖问题企业流动性纾困、债务重组、资产重组、股权并购等多个业务层面，提供全方位专业定制化服务。未来，云南信托将继续依托信托制度优势，灵活运用并购信托、股权信托、债权信托、债权人信托等各类信托工具，联合各相关业务领域的合作方，加速拓展特殊资产服务信托服务半径，为问题企业脱困、维护债权人利益提供更为有效的金融支持，彰显"坚持回归本源，服务实体经济"的社会责任和使命担当。

（4）着力塑造公益慈善信托品牌。近年来，云南信托进一步发挥信托制度优势，助力脱贫攻坚、教育民生和乡村振兴事业，践行社会责任。2023年1月，公司落地了"云南信托大爱星火–文化传承教育慈善信托"，助推教育以及文化传承，支持视频节目制作、举办文化沙龙活动等不同形式的文化宣传普及工作。5月，"云南信托–百川朝海纾困慈善信托"正式成立，助力乡村振兴、儿童/青少年救助、医疗健康救助、教育助推、生态环境保护以及文化传承与保护等多个公益慈善领域。9月，"云南信托–'京彩长江'援助慈善信托"落地，旨在用于因自然灾害等突发事件造成损害的各项援助工作，包括但不限于灾后社区环境整治、设施重建等各项灾后治理工作。未来，云南信托将继续发挥自身专业优势，深耕慈善信托，打造云南信托"大爱星火"慈善品牌，为教育事业、儿童/青少年救助和乡村振兴等民生发展作出更多贡献。

（5）金融科技赋能信托业务发展。2023年，云南信托秉持"用科技让金融更简单"的使命，一方面公司持续加大科技对业务的支持和投入，不断推进薪酬福利信托、特殊资产服务信托、服务类债券、家族信托、资本市场综合等业务相关的系统建设和功能上线。另一方面在数字化运营转型领域，公司从多个重点关键系统的优化层面自主研发，进一步促进了运营的提质增效。

6.5.2.5 信托赔偿准备金的提取、使用和管理情况

单位：万元

项目	期初余额	本期增加	本期减少	期末余额
信托赔偿准备金	22 181.44	2 342.71	—	24 524.15

注：本公司按税后利润的6%计提信托赔偿准备金，本公司2023年度税后利润39 045.15万元，按6%计提信托赔偿准备金2 342.71万元。

6.6 关联方关系及交易

6.6.1 关联交易方的数量、关联交易的总金额及定价政策

项目	关联交易方数量（个）	关联交易金额（万元）	定价政策
合计	4	7 329.00	市价

注：本表内关联交易是指信托公司以自有资产、信托资产为关联方提供投融资等服务，或以担保等方式为关联方融资提供便利的业务。

6.6.2 关联交易方与本公司的关系性质、关联交易方的名称、法人代表、注册地址、注册资本及主营业务等

关系性质	关联方名称	法定代表人/执行事务合伙人	注册地址	注册资本（万元）	主营业务
股东关联企业	宁波梅山保税港区涌云铧信创业投资合伙企业（有限合伙）	上海涌新投资合伙企业（有限合伙）	浙江省宁波市北仑区梅山七星路88号1幢401室B区J0313	14 100	创业投资及相关咨询服务［未经金融等监管部门批准不得从事吸收存款、融资担保、代客理财、向社会公众集（融）资等金融业务；依法须经批准的项目，经相关部门批准后方可开展经营活动］
股东关联企业	上海行列秩智能科技有限公司	赵杨	上海市静安区江场三路238号1601室（集中登记地）	556	从事智能、计算机科技领域内的技术开发、技术咨询、技术转让、技术服务，数据处理服务，网络工程，企业管理咨询，商务信息咨询，动漫设计，广告设计、制作、代理、发布，市场信息咨询与调查，会展服务，电子商务，计算机软硬件及辅助设备的销售
股东关联企业	上海以康二期股权投资合伙企业（有限合伙）	上海涌泰投资合伙企业（有限合伙）	上海市浦东新区陆家嘴环路958号1711室	30 000	股权投资，股权投资管理，投资咨询
股东关联企业	上海涌源铧氢创业投资合伙企业（有限合伙）	上海涌钻投资合伙企业（有限合伙）	中国（上海）自由贸易试验区陆家嘴环路958号1711室	45 200	创业投资

注：本表内关联方是指信托公司以自有资产、信托资产为其提供投融资服务，或以担保等方式为其融资提供便利的关联企业。

6.6.3 本年度公司与关联方重大交易事项

6.6.3.1 固有财产与关联方交易情况：贷款、投资、租赁、担保、应收账款、其他方式等期初汇总数、本期借方和贷方发生额汇总数、期末汇总数

单位：万元

项目	期初数	借方发生额	贷方发生额	期末数
贷款	—			
投资	—			
租赁	—			
担保	—			
应收账款	—			
其他	5 729.00	1 000.00		6 729.00
合计	5 729.00	1 000.00		6 729.00

注：1. 其他项为公司投资宁波梅山保税港区涌云铧信创业投资合伙企业（有限合伙）、上海以康二期股权投资合伙企业（有限合伙）、上海涌源铧氢创业投资合伙企业（有限合伙）三家股东关联企业股权，均为财务性投资不构成控制、共同控制或重大影响，投资事项经董事会审议通过并已向监管机构报备。投资于宁波梅山保税港区涌云铧信创业投资合伙企业（有限合伙）股权期末余额2 729万元；投资于上海以康二期股权投资合伙企业（有限合伙）期末余额2 000万元，其中1 000万元为本年新增投资；投资于上海涌源铧氢创业投资合伙企业（有限合伙）期末余额2 000万元。
2. 公司非融资的其他关联交易情况：（1）在国金证券开立的自营证券投资交易资金账户：期初余额3万元，期末余额4 167万元，本年按交易所费率支付交易佣金13.42万元；（2）向关联方支付第三方服务费56万元，委托关联方代缴部分异地员工社保公积金等支付代缴金额及委托服务费290万元；（3）向关联方转让自营投资持有的信托受益权，收取转让价款40万元。

6.6.3.2 信托与关联方交易情况：贷款、投资、租赁、应收账款、担保、其他方式等期初汇总数、本期借方和贷方发生额汇总数、期末汇总数

信托财产与关联方关联交易

单位：万元

项目	期初数	借方发生额	贷方发生额	期末数
贷款	—			—
投资	600.00			600.00
租赁	—			—
担保	—			—
应收账款	—			—
其他	—			—
合计	600.00			600.00

注：上表中信托与关联方关联交易的情况为：我公司发行的一个信托计划的信托资金投资方上海行列秩智能科技有限公司的股权，合计金额600.00万元。非投融资的其他关联交易情况：（1）关联方以其合法资金持有我公司管理的信托产品份额，期初余额11 201.77万元，期末余额30 627.25万元；（2）我公司发行的一个信托计划因购买关联方发行的资管计划所持有的债权资产，支付债权转让价款4 258.36万元；（3）我公司信托产品向关联方支付交易佣金46.31万元，支付技术服务费0.12万元，支付投资顾问费19.10万元。

6.6.3.3 信托公司自有资金运用于自己管理的信托项目（固信交易）、信托公司管理的信托项目之间的相互（信信交易）交易金额，包括余额和本报告年度的发生额

6.6.3.3.1 固有财产与信托财产之间的交易金额期初汇总数、本期发生额汇总数、期末汇总数

固有财产与信托财产相互交易 单位：万元

期初余额	借方发生额	贷方发生额	期末余额
204 642.08	636 294.79	546 401.86	294 535.01

注：以上交易均为固有资金投资公司自己管理的信托项目受益权。

6.6.3.3.2 信托项目之间的交易金额期初汇总数、本期发生额汇总数、期末汇总数

信托财产与信托财产相互交易 单位：万元

期初数	借方发生额	贷方发生额	期末数
57 485.75	697 108.15	524 455.06	230 138.85

注：以公司受托管理的一个信托项目的资金购买自己管理的另一个信托项目的受益权或信托项下资产，均应纳入统计披露范围。

6.6.4 关联方逾期未偿还本公司资金的详细情况以及本公司为关联方担保发生或即将发生垫款的详细情况

本公司无上述情况。

6.7 会计制度的披露

公司固有业务及信托业务均执行财政部颁布的《企业会计准则》及相关规定。

7.财务情况说明

7.1 利润的实现和分配情况

单位：万元

项目	期末余额
本年净利润	39 045.15
加：年初未分配利润	218 523.75
减：提取法定盈余公积	3 904.52
减：提取任意盈余公积金	—
减：信托赔偿准备金	2 342.71
减：一般风险准备	164.30
减：应付普通股股利及其他	1 000.00
减：未分配利润转增实收资本	100 000.00
年末未分配利润	150 157.38

7.2 主要财务指标

指标名称	指标值
资本利润率（%）	9.13
加权年化信托报酬率（%）	0.29

续表

指标名称	指标值
人均净利润（万元）	133

注：1.资本利润率＝净利润/所有者权益平均余额×100%。
2.加权年化信托报酬率＝（信托项目1的实际年化信托报酬率×信托项目1的实收信托＋信托项目2的实际年化信托报酬率×信托项目2的实收信托＋…＋信托项目n的实际年化信托报酬率×信托项目n的实收信托）/（信托项目1的实收信托＋信托项目2的实收信托＋…＋信托项目n的实收信托）×100%。
3.人均净利润＝净利润/年平均人数。
4.平均值采取年初、年末余额简单平均法，公式为：a（平均）＝（年初数＋年末数）/2。

7.3 对本公司财务状况、经营成果有重大影响的其他事项

本公司无上述情况。

8.特别事项揭示

8.1 前五名股东报告期内变动情况及原因

无。

8.2 董事、监事及高级管理人员变动情况及原因

8.2.1 本报告期内，董事变动情况

（1）2023年9月11日经《国家金融监督管理总局云南监管局关于宋刚任职资格的批复》（云金复〔2023〕41号）核准，宋刚先生正式履行我公司独立董事职务。

（2）2023年11月18日经《国家金融监督管理总局云南监管局关于王润稣任职资格的批复》（云金复〔2023〕94号）核准，王润稣先生正式履行我公司董事职务。

8.2.2 本报告期内，监事变动情况

公司监事许悦女士因个人原因提出辞职，公司股东上海纳米创业投资有限公司推荐倪文杰先生作为公司第七届监事会监事候选人，并经2023年4月召开的2022年度股东会议审议通过正式履职。

8.2.3 本报告期，高管变动情况

（1）2023年11月18日经《国家金融监督管理总局云南监管局关于邓国山任职资格的批复》（云金复〔2023〕93号）核准，邓国山先生正式履行我公司副总裁职务。

（2）2023年11月22日经《国家金融监督管理总局云南监管局关于李峥任职资格的批复》（云金复〔2023〕98号）核准，李峥女士正式履行我公司副总裁职务。

（3）2023年11月22日经《国家金融监督管理总局云南监管局关于张洪涛任职资格的批复》（云金复〔2023〕99号）核准，张洪涛先生正式履行我公司董事会秘书及副总裁职务。

8.3 变更注册资本、变更注册地或公司名称、公司分立合并事项

无。

8.4 公司重大诉讼事项

云涌系列集合资金信托计划民事诉讼情况

公司作为受托人设立的云涌系列集合资金信托计划项下融资人的实际控制人及担保人罗静被人民法院判决犯合同诈骗罪，可能导致信托财产遭受重大损失。在极端情况下，云涌系列项目可能无法收回信托本金，存在不能向投资者分配信托利益的风险。为维护前述云涌系列产品受益人权益，公司代表信托计划对相关方提起民事诉讼，具体如下表所示。

序号	信托名称	原告	被告	案由	诉讼标的（万元）	进展情况
1	云涌1号	云南信托	广东中诚实业控股有限公司、罗静、苏宁易购集团股份有限公司苏宁采购中心、湘财证券股份有限公司	合同纠纷	5 881.45	2023年2月27日，我公司收到江苏省南京市中级人民法院受理案件通知，云涌11个项目民事诉讼案件由云南省昆明市中级人民法院移送至江苏省南京市中级人民法院管辖。2023年5月30日，我公司向南京市中级人民法院提交了变更起诉状，变更案由为侵权责任纠纷并追加湘财证券股份有限公司为被告。2023年9月1日，南京市中级人民法院受理我公司变更诉请（除云涌12号案件），并向案件当事人（包括我公司、湘财证券股份有限公司等）送达案件相关起诉状、举证通知书、合议庭组成人员通知书等文件
2	云涌7号	云南信托	广东中诚实业控股有限公司、罗静、苏宁易购集团股份有限公司苏宁采购中心、湘财证券股份有限公司	合同纠纷	6 523.25	
3	云涌8号	云南信托	广东中诚实业控股有限公司、罗静、苏宁易购集团股份有限公司苏宁采购中心、湘财证券股份有限公司	合同纠纷	38 763.24	
4	云涌10号	云南信托	广东中诚实业控股有限公司、罗静、苏宁易购集团股份有限公司苏宁采购中心、湘财证券股份有限公司	合同纠纷	38 615.15	
5	云涌11号	云南信托	广东中诚实业控股有限公司、罗静、苏宁易购集团股份有限公司苏宁采购中心、湘财证券股份有限公司	合同纠纷	15 388.22	
6	云涌13号	云南信托	广东中诚实业控股有限公司、罗静、苏宁易购集团股份有限公司苏宁采购中心、湘财证券股份有限公司	合同纠纷	19 656.24	
7	云涌15号	云南信托	广东康安贸易有限公司、广东中诚实业控股有限公司、罗静、苏宁易购集团股份有限公司苏宁采购中心、湘财证券股份有限公司	合同纠纷	6 462.33	
8	云涌16号	云南信托	广东康安贸易有限公司、广东中诚实业控股有限公司、罗静、苏宁易购集团股份有限公司苏宁采购中心、湘财证券股份有限公司	合同纠纷	15 514.33	
9	云涌17号	云南信托	广东康安贸易有限公司、广东中诚实业控股有限公司、罗静、苏宁易购集团股份有限公司苏宁采购中心、湘财证券股份有限公司	合同纠纷	15 460.09	
10	云涌18号	云南信托	广东康安贸易有限公司、广东中诚实业控股有限公司、罗静、苏宁易购集团股份有限公司苏宁采购中心、湘财证券股份有限公司	合同纠纷	19 152.68	
11	云涌12号	云南信托	广东中诚实业控股有限公司、湘财证券股份有限公司	信托纠纷	22 511.95	2023年9月13日，昆明市中级人民法院受理我公司诉湘财证券股份有限公司和广东中诚实业控股有限公司信托纠纷一案

8.5 公司及其董事、监事和高级管理人员受到处罚的情况

2023年6月，因"未严格管控信托资金来源及用途、部分非现场监管统计数据与事实不符"问题，经《中国银保监会云南监管局行政处罚决定书》（云银保监罚决字〔2023〕33号），对公司作出罚款60万元的行政处罚。

2023年6月，因公司在办理部分业务时，存在"业务制度建设不完善，未能实现'制度先行'；未严格调查审核客户和基础交易等情况；未对融出资金使用及回款情况进行全流程严格管控；未按规定进行信息披露"问题，经《中国银保监会云南监管局行政处罚决定书》（云银保监罚决字〔2023〕34号），对公司作出罚款200万元的行政处罚。

2023年6月，公司总裁助理贾岩因对"未严格调查审核客户和基础交易等情况、未对融出资金使用及回款情况进行全流程严格管控"问题负有责任，经《中国银保监会云南监管局行政处罚决定书》（云银保监罚决字〔2023〕35号），对贾岩作出罚款10万元并予以警告的行政处罚。

8.6 国家金融监督管理总局及其派出机构对公司检查后的整改情况

无。

8.7 本年度净资本管理情况

2023年度，公司按照《信托公司净资本管理办法》规定，积极推进净资本管理，进一步确立了以净资本管理为核心的业务发展模式和管理体系，各项净资本指标均符合监管要求。

截至2023年末，本公司净资产44.65亿元，净资本37.87亿元（监管要求为≥2亿元），各项风险资本之和为23.00亿元，净资本/各项风险资本之和为165%（监管要求为≥100%），净资本/净资产为85%（监管要求为≥40%）。

8.8 本年度重大事项临时报告的简要内容、披露时间、所披露的媒体及其版面

（1）2023年1月4日《金融时报》第3版刊登《云南国际信托有限公司关于更换律师事务所的公告》。

（2）2023年2月7日《金融时报》第7版刊登《云南国际信托有限公司关于变更注册资本的公告》。

（3）2023年4月28日《金融时报》第37版刊登《云南国际信托有限公司2022年度报告摘要》。

8.9 国家金融监督管理总局及其省级派出机构认定的其他有必要让客户及相关利益人了解的重要信息

8.9.1 党建引领社会责任履行

2023年度，公司党委坚持以习近平新时代中国特色社会主义思想为指导，深入学习贯彻党的二十大精神，认真贯彻落实新时代党的建设总要求，以党的政治建设为引领，以全面深入开展主题教育为契机，将社会责任融入公司党委主体责任，围绕中心抓好党建，抓好党建服务发展，基层党建工作全面提质增效，业务经营持续稳健发展，社会公益事业更上台阶，通过切实履行社会责任促进了党建与业务共同高质量发展。

企业社会责任的履行需要驰而不息、久久为功的坚持和耐力，在2023年8月15日迎来首个全国生态日之际，公司党委联合工会和党建共建单位昆明市公安局五华分局护国派出所，于8月26日在昆明市五华区西翥街道办事处桃园社区龙池山庄后山大团岭干开展第六次"大爱星火"植树造林公益活动。六年来公司党委共组织390余人参加植树造林生态文明建设活动，累计植树造林18亩，栽种树木1 500余株，增强了公司员工及家属志愿者生态环境保护的思想自觉和行动自觉，用实际行动树立绿色生态理念，践行环保责任意识，为共建清洁美丽世界作出积极贡献，以钉钉子精神持续推动生态文明建设不断取得新成效。

按照党中央、国务院和云南省委、省政府关于"十四五"期间"持续履行企业社会责任，建立健全巩固脱贫攻坚推进乡村振兴的长效机制"的决策部署，公司九年来持续对大理州祥云县进行定点帮扶。2023年度，公司党委两次以召开联席会议方式与定点帮扶牵头单位云南省气象局就如何发挥各自优势形成定点帮扶合力进行研究商讨和工作部署，三次组成联合工作组，联合省气象局、互联网头部企业、上市公司和云南省青少年发展基金会等合作伙伴共赴帮扶点，与当地各级政府领导及相关部门沟通商讨定点帮扶工作，深入开展爱心助学、教育帮扶、消费帮扶、产业调研及产业帮扶等工作。2023年内，公司向祥云县共投入帮扶资金19.69万元，实施落实了向38名小学生颁发云信"大爱星火"爱心助学金1.56万元，向普淜镇中心学校所属5所小学捐赠资金6.6万元，用于改善5所学校师生的教学和生活设施、提升办学条件和生活环境，带动一家上市公司向云里厂小学的全体学生捐赠书包，通过运营"云南信托大爱星火-鹿鸣乡增绿增收慈善信托"项目持续帮助鹿鸣乡低收入群体养殖肉牛增收，向祥云县供销社进行消费帮扶11.52万元等五个帮扶项目，惠及祥云县老师、学生、农户等受益群体共3085人。

8.9.2 慈善信托及公益信托开展情况

截至2023年12月末，云南信托存续4个助推乡村振兴的慈善信托项目，信托规模72.85万元。项目具体情况如下：

"云南信托-云南振兴集团慈善信托"于2022年7月7日成立，本项目信托资金主要用于困难救助、儿童/青少年救助、教育助推、乡村振兴等方向的公益慈善项目，为当地发展提供支持，为推动社会共同富裕作出贡献。截至2023年12月末，该项目实收信托规模45.50万元。

"云南信托大爱星火-鹿鸣乡增绿增收慈善信托"于2022年9月14日成立，针对鹿鸣乡实际，因地制宜，利用慈善信托优势，以产业振兴和生态振兴助推乡村振兴。截至2023年12月末，该项目实收信托规模10.00万元。

"云南信托-百川朝海纾困慈善信托"于2023年5月16日成立，本项目信托资金主要用于支持乡村振兴、儿童/青少年救助、医疗健康救助、教育助推、生态环境保护以及文化传承与保护的公益慈善项目。截至2023年12月末，该项目实收信托规模11.15万元。

"云信昆慈大爱星火慈善信托"于2023年12月26日成立，本项目信托资金主要用于支持困难救助、儿童/青少年救助、医疗健康救助、教育助推、乡村振兴、生态环境保护以及文化传承与保护等公益事业。截至2023年12月末，该项目实收信托规模6.20万元。

8.9.3 为受益人创造利益情况

公司作为专业化财富管理机构，充分发挥信托制度优势，积极开发符合社会和市场需求的信托业务及信托理财产品，不断创新服务方式，积极探索盈利模式，以信托功能满足社会理财需求，秉承受人之托、忠人之事的原则开展信托业务，恪尽职守，履行诚实、信用、谨慎、有效地管理义务，维护受益人的合法权益。2023年公司向受益人兑付的信托本金及收益共计2 952.01亿元，其中信托收益173.85亿元，涉及信托项目1 667个。

8.9.4 消费者权益保护工作开展情况

消费者权益保护工作（以下简称消保）作为公司战略规划和企业文化建设的重要组成部分，公司董事会及各级管理决策层极为重视，报告期内公司全面贯彻落实《中国银保监会关于银行保险机构加强消费者权益保护工作体制机制建设的指导意见》《银行保险机构消费者权益保护管理办法》等监管要求，不断加强消保体制机制建设，压实消保工作责任，推动消保工作与业务发展、服务管理的深度融合，切实维护消费者合法权益。

一是严格落实消保审查。2023年公司新成立的包含自然人委托人信托项目立项前全部经过消保审查，审查覆盖率100%。二是加强员工消保培训。全年通过线上线下结合的方式开展各类消保相关培训十余场，培训内容涵盖政策传导、内部制度宣讲、安全意识等，切实帮助广大员工提升了合格意识和服务意识。三是严格规范营销活动。信托产品和服务的营销坚持"非公开宣传原则"，仅对合格投资者开放产品信息，向投资者提供与其风险承受能力相匹配的产品和服务；销售签约环节严格落实"双录"，确保关键信息可以查询。四是切实保障信息安全。报告期内公司发布了《云南国际信托有限公司数据分类分级管理细则》《云南国际信托有限公司数据安全生命周期管理办法》《云南国际信托有限公司员工系统权限管理办法》等制度，进一步规范了数据管理及权限管理等事项；对信息系统进行升级改造，提升数据安全。五是妥善回应消费投诉。公司始终将消费投诉管理作为消保工作重点，报告期内修订印发了消费投诉管理处理细则，对消费投诉受理和处理流程、信息管理和投诉人信息保护、监督管理等消费投诉管理全流程各环节进一步完善规范；畅通投诉受理渠道，主动公示投诉方式及投诉处理流程；建立投诉管理、定期通报和多元化解投诉管理机制；针对投诉中涉及的业务问题，推动开展根源性整改，促进服务能力和客户体验的提升；认真核查投诉反映的问题，积极研究消费者提出的改进建议，努力提升消费者体验和满意度。报告期内共受理消费投诉612件，所有投诉都在公司注册地昆明统一受理，且均在办理期限内办结并反馈。办理渠道分类：电话渠道受理271件，第三方渠道转送受理341件，其中金融监管总局转送340件，政府其他机关转送1件；业务类型分类：贷款类投诉181件，自营理财投诉168件，个人信用信息异议处理97件，贷款债务催收166件；投诉原因分类：因管理制度、业务规则与流程引起的投诉157件，因定价收费引起的投诉122件，因产品收益引起的投诉167件，因债务催收方式和手段引起的投诉166件（上述投诉分类依据为《金融消费者投诉统计分类及编码银行业金融机构》(JR/T 0169-2018)标准）。六是积极推动金融教育宣传。线上线下结合的方式因地制宜开展常态化金融教育宣传；根据监管部门通知，精心策划、并深入开展了"3·15"教育宣传周、消费者权益保护教育宣传月等集中宣传活动，宣传效果和社会反响较佳。

8.9.5 反洗钱工作开展情况

公司依照有关法律、行政法规、部门规章坚决履行反洗钱义务。报告年度内，公司建立了组织健全、结构完整、职责明确的反洗钱和反恐怖融资管理架构及其配套机制。为进一步增强反洗钱监测能力，公司在报告年度内对反洗钱系统持续投入以优化系统功能，加强了公司识别、评估、管控洗钱和恐怖融资风险的能力。同时，公司积极履行社会责任，在报告年度内加强了对社会公众的反洗钱宣传力度，努力增强社会公众的反洗钱意识。

8.9.6 社会责任管理情况

成立社会责任工作相关小组，由公司领导担任组长，组员覆盖公司各个部门，将履行社会责任纳入高管考核体系，并在中长期战略规划中明确提出将切实履行企业社会责任作为公司的发展目标之一，并在年报中设置了专门的章节板块，以披露社会责任专项内容的情况。

9.监事会对公司运作及财务报告的独立意见

9.1 公司依法运作情况

报告期内，监事会严格按照《公司法》及公司章程和有关法律，从切实维护公司利益和股东权益出发，认真履行了监督职责，列席、出席了所有股东会和董事会会议，认为董事会能够忠实勤勉履行股东会的有关决议，未出现损害公司、股东及受益人利益的行为；董事会的各项决议符合《公司法》等法律法规和公司章程的要求。经审查，对公司董事会提交股东会审议的各项报告和提案均无异议。

报告期内，未出现董事及高级管理人员在履行职务过程中违反法律法规或公司章程的行为，未出现滥用职权损害公司、股东、受益人或职工利益的情况。

9.2 财务报告的真实性

报告期内，监事会对公司的财务制度和财务状况进行了认真、细致的检查，公司年度财务报告客观公允，真实完整地反映了公司报告期内的财务状况和经营成果。公司在信息披露方面保持了较高的透明度，年度财务报告的编制和审议程序符合国家法律、法规和公司章程，报告的内容和格式，符合国家金融监督管理总局的规定，遵循了会计准则。年度财务报告经信永中和会计师事务所（特殊普通合伙）昆明分所出具了标准无保留审计意见审计报告结论，符合公司的客观实际情况。

9.3 高级管理人员履职情况

报告期内，公司高管人员均具备相应的专业知识和经验，在履职过程中遵守法律法规和公司章程。经营班子以公司《经营计划》为工作方针，积极落实股东会及董事会的工作要求，带领全体员工共同努力，实现了总资产及净资产的稳中有升，顺利完成了年初制定的各项经营指标，公司稳健发展的基础正逐步夯实。自有资产保持了合理的流动性，信托项目运行总体正常，积极化解风险并及时进行信息披露。报告期内，公司经营班子认真执行董事会的各项决议，严格执行各项监管规定，不断完善内部控制制度，建立了较为完善的经营、决策、合规、风控、内审之间的内控制约机制。

浙商金汇信托股份有限公司

1. 重要提示

1.1 本公司董事会及董事保证本报告所载资料不存在任何虚假记载、误导性陈述或者重大遗漏，并对其内容的真实性、准确性和完整性承担个别及连带责任。

1.2 本公司独立董事认为，本报告的内容真实、准确、完整。

1.3 大华会计师事务所（特殊普通合伙）为本公司出具了标准无保留意见的审计报告。

1.4 董事长余艳梅女士、总经理戴俊先生、财务管理部负责人倪春晖先生声明：保证年度报告中财务报告的真实、完整。

2. 公司概况

2.1 公司简介

浙商金汇信托股份有限公司在原金信信托投资股份有限公司重整的基础上于2011年6月经原中国银监会核准开业经营。公司注册资本为人民币28.8亿元，注册地在浙江省杭州市，公司各股东及持股比例为：浙江东方金融控股集团股份有限公司持股87.01％，中国国际金融股份有限公司持股10.33％，传化集团有限公司持股2.66％。

中文名称	浙商金汇信托股份有限公司（简称浙金信托）
英文名称	Zheshangjinhui Trust Co., Ltd.（简称ZHEJIN TRUST）
法定代表人	余艳梅
注册地址	浙江省杭州市香樟街39号18层、26~28层
邮政编码	310006
国际互联网网址	http://www.zhejintrust.com
电子邮箱	zjtrust@zjtrust.com
负责信息披露事务的负责人	杨光
负责信息披露联系人	洪炜飞
联系电话	0571-86030778
传真	0571-87386123
电子邮箱	hongwf@zjtrust.com
选定的信息披露报纸名称	《证券时报》
年度报告备置地点	公司办公室
聘请的会计事务所名称及住所	大华会计师事务所（特殊普通合伙） 北京市海淀区西四环中路16号院7号楼1101室
聘请的律师事务所名称及住所	上海市锦天城律师事务所 上海市浦东新区银城中路501号上海中心大厦11、12层

2.2 组织结构

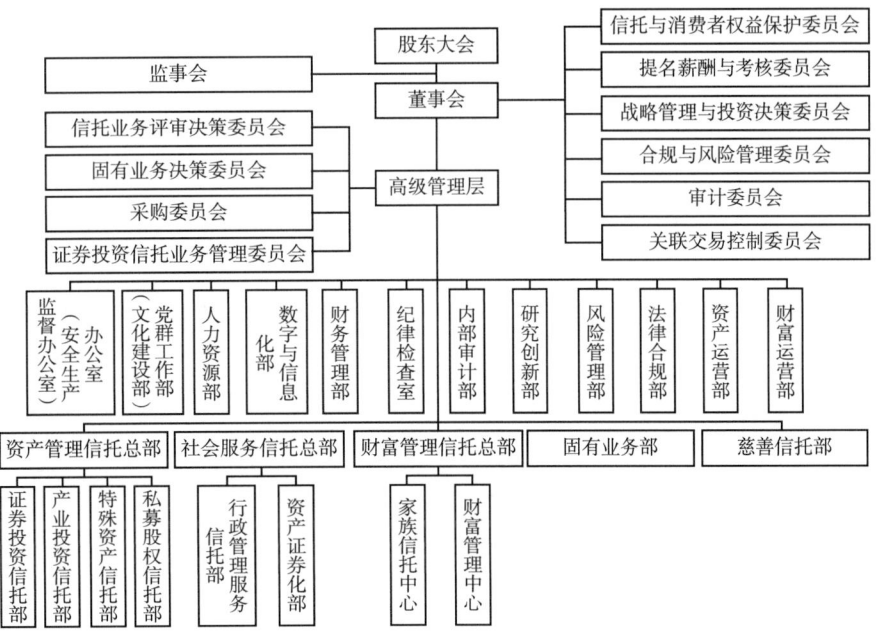

3. 公司治理

3.1 股东

报告期内，公司股东共有3家，浙江省人民政府国有资产监督管理委员会为实际控制人。

股东

股东名称	持股比例（％）	法人代表	注册资本（万元）	注册地址	主要经营业务情况
浙江东方金融控股集团股份有限公司	87.01	金朝萍	341 538.1492	浙江省杭州市上城区香樟街39号国贸金融大厦31~33层	主营业务：资产管理，实业投资，私募股权投资，投资管理，企业管理咨询服务，投资咨询，供应链管理，电子商务技术服务，进出口贸易（按商务部核定目录经营），进口商品的国内销售，纺织原辅材料、百货、五金交电、工艺美术品、化工产品（不含危险品及易制毒品）、机电设备、农副产品、金属材料、建筑材料、贵金属、矿产品（除专控）、医疗器械的销售，承接境外工程和境内国际招标工程，上述境外工程所需的设备、材料出口，对外派遣工程、生产及服务行业的劳动人员（不含海员），房地产开发经营，房屋租赁，设备租赁，经济技术咨询（未经金融等监管部门批准，不得从事向公众融资存款、融资担保、代客理财等金融服务）（依法须经批准的项目，经相关部门批准后方可开展经营活动）
中国国际金融股份有限公司	10.33	陈亮	482 725.6868	北京市朝阳区建国门外大街1号国贸大厦2座27层及28层	主营业务：（1）人民币特种股票、人民币普通股票、境外发行股票、境内外政府债券、公司债券和企业债券的经纪业务；（2）人民币普通股票、人民币特种股票、境外发行股票、境内外政府债券、公司债券和企业债券的自营业务；（3）人民币普通股票、人民币特种股票、境外发行股票、境内外政府债券、公司债券和企业债券的承销业务；（4）基金的发起和管理；（5）企业重组、收购与合并顾问；（6）项目融资顾问；（7）投资顾问及其他顾问业务；（8）外汇买卖；（9）境外企业、境内外商投资企业的外汇资产管理；（10）同业拆借；（11）客户资产管理；（12）网上证券委托业务；（13）融资融券业务；（14）代销金融产品；（15）证券投资基金代销；（16）为期货公司提供中间介绍业务；（17）证券投资基金托管业务；（18）股票期权做市业务；（19）经金融监管机构批准的其他业务（市场主体依法自主选择经营项目，开展经营活动；依法须经批准的项目，经相关部门批准后依批准的内容开展经营活动；不得从事国家和本市产业政策禁止和限制类项目的经营活动）
传化集团有限公司	2.66	徐冠巨	80 000.0000	浙江省杭州萧山宁围街道	主营业务：批发、零售；化肥、农药（除危险化学品及易制毒化学品），农机具、日用化工产品及精细化工产品（除化学危险品及易制毒化学品），农副产品，以及其他无须报经审批的一切合法项目；销售有色金属；出口本企业自产的化工产品、化工原料（国本企业生产、科研所需的原辅材料、机械设备，仪器仪表及零配件；实业投资；软件开发；现代物流服务（国家专项审批的除外）；企业咨询服务（依法须经批准的项目，经相关部门批准后方可开展经营活动）

注：自2023年11月10日，中国国际金融股份有限公司的董事长由沈如军变更为陈亮。

3.2 董事

董事长、董事

姓名	职务	性别	年龄（岁）	选任日期	所推举的股东名称	该股东持股比例（％）	简要履历
余艳梅	董事长	女	53	2020年8月	浙江东方金融控股集团股份有限公司	87.01	曾在淳安县财政局、浙江省审计厅、浙江东方金融控股集团股份有限公司任职。现任浙商金汇信托股份有限公司党委书记、董事长
戴俊	董事	男	47	2020年8月	浙江东方金融控股集团股份有限公司	87.01	曾在金信信托投资股份有限公司、浙江国贸集团金信资产经营有限公司任职。现任浙商金汇信托股份有限公司党委副书记、总经理
谢蔚然	董事	男	58	2020年8月	浙江东方金融控股集团股份有限公司	87.01	曾在浙江省国际贸易集团有限公司、中韩人寿保险有限公司任职。现任浙江省国际贸易集团有限公司财务管理部（资金运营中心）总经理
陈新忠	董事	男	59	2022年1月	浙江东方金融控股集团股份有限公司	87.01	曾在浙江省外经贸厅、浙江荣大集团控股有限公司、浙江省国际贸易集团有限公司、浙江国贸东方房地产有限公司任职。现任浙商金汇信托股份有限公司工会主席
周智辉	董事	男	45	2023年10月	中国国际金融股份有限公司	10.33	曾在华泰联合证券有限责任公司、中银国际证券股份有限公司、中国国际金融股份有限公司、中金私募股权投资管理有限公司任职。现任中金私募股权投资管理有限公司私募股权业务部董事总经理兼监事
蔡晓利	董事	男	46	2022年4月	传化集团有限公司	2.66	曾在杭州华盟文化传播有限公司、华立集团任职。现任传化集团有限公司资本投资事业部总经理、浙江智联生命科学产业发展有限公司董事、上海境界投资管理有限公司总经理兼法人、传化控股集团有限公司产业基金管理合伙人、监事

注：1.陈新忠先生已于2024年1月23日向公司董事会递交辞职报告。
2.原中金派驻董事刘钊于2023年5月7日向董事会递交辞职报告，中金公司推荐周智辉担任公司董事。公司于2024年3月14日收到国家金融监督管理总局浙江监管局《关于周智辉任职资格的批复》（浙金复〔2024〕96号），核准了周智辉先生的公司董事任职资格。

独立董事

姓名	职务	性别	年龄（岁）	选任日期	所推举的股东名称	该股东持股比例（%）	简要履历
王维安	独立董事	男	58	2020年8月	浙江东方金融控股集团股份有限公司	87.01	曾在浙江大学经济系、金融与商贸学院任教。现任浙江大学经济学院教授、博士生导师、浙江大学金融研究所所长
童杰	独立董事	男	45	2020年8月	中国国际金融股份有限公司	10.33	曾在中华人民共和国商务部条约法律司、中华人民共和国驻英国大使馆、英国安理国际律师事务所任职。现任北京达辉律师事务所合伙人律师
程卫东	独立董事	男	55	2021年4月	浙江东方金融控股集团股份有限公司	87.01	现任中国社会科学院欧洲研究所研究员、中国社会科学院研究生院教授、博士研究生导师，中国欧洲学会欧洲法律研究分会会长，新财道财富管理股份有限公司高级顾问，新财道家族学院特约研究员

3.3 监事

监事会成员

姓名	职务	性别	年龄（岁）	选任日期	所推举的股东名称	该股东持股比例（%）	简要履历
严文贵	监事会主席	男	44	2023年4月	浙江东方金融控股集团股份有限公司	87.01	曾在金信信托投资股份有限公司、浙江国贸集团金信资产经营有限公司、浙江省浙商资产管理有限公司任职，现任浙商金汇信托股份有限公司党委委员、纪委书记、监事会主席
张逢伟	监事	男	55	2020年8月	中国国际金融股份有限公司	10.33	曾在美国美一银行北京分行、中国国际金融股份有限公司、浙商金汇信托股份有限公司任职，现任中国国际金融股份有限公司首席风险官
沈冰杰	监事	男	35	2022年4月	传化集团有限公司	2.66	曾在建设银行浙江分行萧山支行、华媒控股任职，现任传化集团资本投资事业部副总监
文舟	职工监事	女	42	2020年8月	公司职工代表大会	—	曾在东亚银行、中建投信托有限责任公司任职。现任浙商金汇信托股份有限公司法律合规部总经理、职工监事
吕一平	职工监事	女	46	2023年5月	公司职工代表大会	—	曾在浙江省审计厅、时空电动汽车股份有限公司任职，现任浙商金汇信托股份有限公司纪律检查室主任、职工监事

3.4 高级管理人员

高级管理人员

姓名	职务	性别	年龄（岁）	选任日期	金融从业年限（年）	学历	专业
戴俊	总经理	男	47	2019年8月	25年	硕士研究生	工商管理
朱晓平	副总经理	男	55	2022年11月	28	本科	金融学
许向华	副总经理	男	47	2022年7月	23	硕士研究生	管理科学与工程
黄永庆	总经理助理	男	43	2021年5月	21	硕士研究生	工商管理
杨光	董事会秘书	男	39	2022年1月	14	硕士研究生	法学
刘征	总经理助理	男	37	2022年1月	15	硕士研究生	会计学
邵吉亨	总经理助理	男	45	2022年9月	22	本科	经济学

注：公司原副总经理李永良先生因工作调整，于2023年12月29日向公司董事会递交辞职报告，已经第五届董事会第二十九次临时会议审议通过。

3.5 公司员工

报告期内职工总数254人，平均年龄37周岁，各项分布比率如下表所示。

项目		报告期年度		上年度	
		人数（人）	比例（%）	人数（人）	比例（%）
年龄分布	20岁以下	—	—	—	—
	20~29岁	11	4.33	22	8.49
	30~39岁	174	68.50	182	70.27
	40岁及以上	69	27.17	55	21.24

续表

项目		报告期年度		上年度	
		人数（人）	比例（%）	人数（人）	比例（%）
学历分布	博士	2	0.79	2	0.77
	硕士	118	46.46	117	45.17
	本科	134	52.76	140	54.05
	专科	—	—	—	—
	其他				

续表

项目		报告期年度		上年度	
		人数（人）	比例（%）	人数（人）	比例（%）
岗位分布	董事、监事及其高管人员	11	4.33	10	3.86
	自营业务人员	6	2.36	6	2.32
	信托业务人员	81	31.89	81	31.27
	其他人员	156	61.42	162	62.55

4.经营管理

4.1 经营目标、方针、战略规划

4.1.1 经营目标

发展成为独具特色的财富管理旗舰机构。致力于围绕客户和市场需求，灵活运用信托功能，充分发挥自身优势，培育满足各类财富管理需求的综合能力，打造特色鲜明的总体业务架构和核心竞争优势，构建持续高质量发展的管理运作体系，实现主要财务指标、资产配置能力、专业服务水平位居行业领先地位的目标，使公司成为一家深受客户信赖、社会尊敬、政府信任、股东认可、员工认同，有能力引领中国财富管理事业伴随中华民族伟大复兴不断发展的财富管理旗舰机构。

4.1.2 经营方针

公司将秉持信托国企属性，忠实履行受托职责，服务实体经济，勇担社会责任，为信托功能效率发挥、为社会财富积累传承、为地方经济社会发展、为人民美好生活需要持续创造浙金价值。

诚信：公司将固守信托之本，时刻遵循受益人利益最大化原则，诚实守信，勤勉尽责，以信用自律、信用管理、信用交易和信用服务，取信于市场、立足于市场。

创新：公司将以客户需求为中心，时刻保持高度市场嗅觉，在依法合规、严控风险的前提下积极创新、大胆实践，不断推进产品、管理和服务创新，形成可持续发展的核心能力。

共赢：公司将与客户、社会、股东、员工结成利益和命运共同体，在平稳推进公司持续高质量发展的过程中实现客户、社会、股东、员工四位一体的互利共赢。

4.1.3 战略规划

立足客户需求，深耕浙江，面向全国，坚持创新驱动和科技赋能，坚持"做强特色财富管理服务，做专资产管理和产品配置，做精社会服务和慈善信托"的总体思路，聚焦开拓"1+5+1"核心业务（"1"指家族信托+慈善信托，"5"指五大类资金信托，包括特殊资产信托、证券投资信托、资产配置信托、基础产业及不动产信托、私募股权投资信托，"1"指社会服务信托，重点包括风险处置、预付类资金管理等服务信托），实施"服务+产品"双向互动发力，重构经营专业化、客户高端化、管理系统化的"三化协同"运营体系，为广大客户提供优质高效的财富管理综合服务，助力实体经济发展和推进共同富裕。

4.2 所经营业务的主要内

4.2.1 自营资产运用与分布表（母公司口径）

资产运用	金额（万元）	占比（%）	资产分布	金额（万元）	占比（%）
货币资产	7 560.63	1.63	基础产业	—	—
贷款及应收款	—	—	房地产业	—	—
交易性金融资产	400 913.51	86.60	证券市场	4 975.72	1.07
可供出售金融资产	—	—	实业	60 840.23	13.14
持有至到期投资	—	—	金融机构	347 633.91	75.09
长期股权投资	—	—	其他	49 504.30	10.70
其他	54 480.02	11.77	—	—	—
资产总计	462 954.16	100.00	资产总计	462 954.16	100.00

4.2.2 信托资产运用与分布表

资产运用	金额（万元）	占比（%）	资产分布	金额（万元）	占比（%）
货币资产	155 476.73	1.52	基础产业	993 715.88	9.71
贷款	2 095 111.50	20.47	房地产	1 299 695.33	12.70
交易性金融资产投资	4 169 937.00	40.75	证券市场	341 991.07	3.34
债权投资	3 760 891.83	36.75	实业	3 923 170.09	38.33
其他债权投资	—	—	金融机构	3 673 545.20	35.90
其他权益工具投资	—	—	其他	1 907.51	0.02
长期股权投资	—	—	—	—	—
其他	52 608.02	0.51	—	—	—
信托资产总计	10 234 025.08	100.00	信托资产总计	10 234 025.08	100.00

4.3 市场分析

4.3.1 有利因素

在稳经济大盘背景下，随着一揽子政策以及接续措施落地显效，人民币企稳回升，外部金融环境改善，中国经济动能进一步转换，经济回升向好、长期向好的基本趋势没有改变。中央金融工作会议、经济工作会议指出，经济运行有望总体回升，我们有信心、有能力、有条件、有底气，不断推动经济结构持续向优、增长动能

持续增强、发展态势持续向好。从行业现状来看，2023年是信托行业发展历程中最具变革之年，信托业务新分类正式实施，将信托业务分为资产服务信托、资产管理信托、公益/慈善信托三大类，更加突出了信托机制在财富管理、社会治理服务和慈善公益领域的作用，对以往"受人之托、代人理财"的行业定位进行了深度改革，引导信托行业高质量转型。

4.3.2 不利因素

外部环境的复杂性、严峻性、不确定性上升，有效需求不足、部分行业产能过剩、社会预期偏弱、风险隐患仍然较多，国内大循环存在堵点。房地产市场回暖仍需时间，部分区域的房地产项目延期风险并未消除；资本市场大幅波动，证券投资类信托业务受到冲击，融资类信托业务规模下滑的同时创新业务仍处于培育阶段，尚无法实现"补位"，新旧动能转换不畅致使信托公司业绩承压。信托行业整体发展态势叠加房地产项目流动性风险等因素，行业形象受到较大影响，对公司人才引进、新业务拓展和客户培育都带来较大冲击。

4.4 经营管理

4.4.1 内部控制环境和内部控制文化

公司建立了较为完善的法人治理结构，形成了各治理主体之间分工合作、相互协调、互为制衡的运行机制。公司的股东大会、董事会、监事会均按照相关法律、法规、规范性文件及公司章程的规定，规范有效地运作。

公司高度重视内控文化建设，全力打造以信任文化为前提，以人本思想为核心，以制度规范为原则，以诚信尽责为准则，以激情创新为源泉的文化体系，创造内部效率、激情、和谐的氛围，树立外部信誉、品牌形象，为实现公司宗旨和发展目标构筑良好发展环境。

4.4.2 内部控制措施

公司董事会负责内控机制的建立健全和有效实施。董事会下设合规与风险管理委员会，作为董事会风险管理工作的专门议事机构。公司设有独立的风险管理部、法律合规部和内审审计部，对公司内部控制的执行情况进行监督和检查。风险管理部协助公司高级管理层有效预防、识别、评估和管理各类风险。法律合规部负责识别公司经营活动中的合规风险，计量、检测和评估公司合规政策和程序的适当性。内部审计部负责涉及经营目标、内部控制及财务管理等各方面的审计与稽核工作。

公司基本形成了事前、事中、事后"三位一体"的风险管理和监督检查体系。

公司制定了《业务分级授权管理办法》《风险管理办法》《合规风险管理办法》《内部审计管理办法》《信息披露管理办法》《关联交易管理办法》《反洗钱工作办法》《信息安全管理办法》《信息科技管理办法》《固有业务管理办法》《固有业务财务管理办法》《信托业务管理办法》《信托业务财务管理办法》《统计管理办法》《案件处置工作办法》《资产风险分类管理办法》《突发事件应对处置及业务连续性管理办法》《声誉风险管理办法》《舆情管理办法》等规范性文件，公司内控制度已渗透到各项业务过程和各个操作环节，并覆盖所有部门和岗位。公司业务运作基本实现了前台、中台、后台严格分离及各部门之间高效衔接与密切合作。

4.4.3 信息交流与反馈

公司在股东大会、董事会、监事会、高级管理层、各部门之间建立了较为清晰有效的内部沟通交流机制和工作报告制度，并充分利用信息技术，通过邮件、电话会议、内网等方式在公司内部传递信息，确保能够将经营管理战略、政策、制度及相关规定等信息及时传达给员工。

公司严格按照有关规定及时履行向委托人、受益人和社会公众的信息披露，并通过公司外网等的建设，增进与委托人、受益人和社会公众之间的信息交流和沟通，增强公司管理运行的透明度。

根据监管要求，公司及时报送阶段性经营管理报表和动态。对于经营管理重大事项，公司均履行了完备的报备或报批手续。对于监管部门提出的问题、意见和建议，均给予及时、详细的信息反馈，积极落实整改措施。

4.4.4 监督评价与纠正

报告期内，公司内部审计部按计划开展各类专项审计和检查工作，及时发现问题并督促整改。相关审计报告及时送达董事会、监事会和监管机构。

此外，在案件防控工作方面，公司通过建立案件防控制度，加强员工的案防意识。报告期内未发生任何案件风险事件。

4.5 风险管理

4.5.1 风险管理概况

（1）坚持全面风险管理。公司以把握好实质风险、提升运作效率为核心，突出公司作为专业受托人的尽职管理职责，围绕项目立项、风险审查、项目决策、产品发行等各环节，从风险管理组织架构、风险管理制度和流程、投研体系建设、风险管理系统及工具、风险管理文化等多个方面着手，持续推行构建"全员参与、全流程管控、全业务覆盖"的风险管控机制。

（2）培育风险管理文化。公司深入推动"守正为本，风控为先，制度为纲，流程为要"的合规（风控）文化建设，通过塑造企业风险管理文化，将"守规则、防风险"从制度上的外部约束转化为行动上的内心自觉。

（3）完善风险管理组织架构。公司构建了包括"三会一层"及各内设部门在内的风险管理架构体系。在"三会一层"之下，前台业务部门、中台职能部门和审计监督部门作为"事前防范、事中控制、事后监控"的三道防线，互相监督、互相配合，在各个环节上确保公司的风险战略有效传导，风险政策制度有效执行，风险管理要求有效落实。

（4）完善风险管理制度和流程。公司根据监管部门的相关要求和自身业务发展状况，按照"制度先行、流程完备、准备充分、论证到位"的原则，及时制订、修改和完善相应的风险管理政策、制度与措施，明确不同环节的工作内容、操作流程，有效识别、评估、监测、管理和报告公司面临的各类风险，确保公司风险管理制度与监管要求一致、与公司业务发展状况相适应，保障公司持续健康发展。

（5）丰富风险管理方法和工具。公司积极强化"金融+科技"的思路，整合内外部数据，引进新系统或者升级扩展现有系统的功能，重点聚焦标品业务风控能力建设，升级强化非标业务风险管理，持续开展数字化风控管理平台的建设与升级，不断提高风险管理的科学性。

4.5.2 风险状况

公司在经营中可能遇到的风险主要包括：信用风险、市场风险、法律及合规风险、操作风险、流动性风险、声誉风险等。

4.5.2.1 信用风险状况

信用风险是指交易对手不能或不愿按时履约从而造成信托资产或自有资产遭受损失的风险。报告期内公司持续推动产品和业务转型，从行业选择、客户选择、区域选择、信用评级、增信措施等方面严控准入标准，制定差异化展业策略，在尽调、评审、决策等环节提高执行质量，业务结构持续优化，信用风险总体可控。

4.5.2.2 市场风险状况

市场风险是指因价格波动而导致资产遭受损失的风险。报告期内，公司严格依据信托合同进行投资运营，综合运用集中度控制、投资授权管理、资产池构建等各项手段，强化市场风险抵御能力，证券投资类信托产品整体运行平稳。

4.5.2.3 操作风险状况

操作风险主要是由于失效的或有缺陷的内部程序、系统和人员而导致损失的风险。

公司通过规范各项业务流程、加强内控等手段，高度警惕、严格管理操作风险。

4.5.2.4 法律及合规风险状况

法律风险是指因公司违反法律规定、监管规则或者因交易对手产生的合同纠纷，致使公司遭受处罚或者诉讼的风险。

合规风险是指因没有遵循法律、规则和准则可能遭受法律制裁、监管处罚、重大财务损失和声誉损失的风险。

4.5.2.5 流动性风险状况

流动性风险是指无法以市场正常价格成交（市场流动性风险）或者不能履行到期负债偿付义务的风险（融资流动性风险）。公司对流动性风险始终保持高度重视，不断完善流动性风险防控机制，通过日常限额管理、到期前还款预判、定期流动性压力测试等措施加强管理。报告期内，公司流动性波动平稳，风险可控，无重大流动性风险事件发生。

4.5.2.6 声誉风险状况

声誉风险主要表现为缺少声誉应急处理能力、不能妥善处理媒体关系以及未建立声誉风险管理机制等造成的风险。

4.5.3 风险管理

4.5.3.1 信用风险管理

公司通过以下措施加强信用风险管理：

（1）从源头管控风险，完善各类信托业务的准入要求、展业模式和风控措施，依照相关指引和标准筛选合适的项目。强化对重点涉足行业的研究与分析，适时动态调整相关业务指引。

（2）重视全过程管理，通过项目前期尽职调查、交易结构设计、抵（质）押担保条件的设置、项目投后尽职管理、现金流的监测、资金监管、日常风险监测、现场和非现场风险排查等措施，从项目的全过程加强对信用风险的防范和控制。

（3）强化限额管理，基于公司风险偏好及战略转型目标，严格控制不同类型业务规模占比，根据交易对手行业地位、信用资质等确定单一客户业务规模限额，防止单个行业或单一客户风险过于集中导致公司整体业务面临重大不利影响。

4.5.3.2 市场风险管理

（1）规范业务管理，合理设定投资业务部门及人员的权责范围和证券业务投资标准，选择优质资产、优质客户构建投资标的库、合作客户白名单，建立健全投资集中度、组合久期、投资规模、净值回撤等管理措施，以及岗位分离、相互制约的投资决策及实施流程。

（2）加强投研支撑，持续跟踪宏观经济形势、政策、行业和市场发展趋势，加强投资标的研究，动态调整投资策略，有效指导证券业务投资运作。

（3）丰富市场风险管理工具，从系统建设、人员配备、指标设定等多方面加强市场风险监测，有效控制风险敞口，及时开展风险应对。

4.5.3.3 操作风险管理

加强内控制度建设，不断细化相互制衡的岗位职责和操作规程，强化流程管控，重点防范尽职调查、项目签约、产品推介、划款支付、抵质押办理和抵质押物管理等案件防控重点领域和关键环节的操作风险。

4.5.3.4 法律及合规风险管理

对所有拟开展业务进行合规性审查，与律师事务所等外部机构密切合作，并严格按照公司规定程序进行法律文件的审核、签约等手续，与监管部门保持密切沟通，确保公司业务开展符合国家相关法律法规和监管政策的规定。

4.5.3.5 流动性风险管理

公司努力保持合理的资产负债结构和较为充足的长期资本，在合理平衡公司资产收益、风险和流动性的基础上，将流动性风险控制在可防可控的合理范围之内，适时开展资本补充提升资本实力，确保公司的安全运营。

（1）持续优化资产配置，动态规划资产负债业务及日常现金流储备，严格控制固有、信托项目风险，防范信用风险向流动性风险传导演变。

（2）定期开展流动性压力测试，分析影响流动性的主要风险因素，提前做好流动性应急安排。

4.5.3.6 声誉风险管理

公司制定《声誉风险管理办法》，明确董事会、监事会、高级管理层、声誉风险管理领导小组和相关职能部门在声誉风险管理中的职责分工，规范了声誉风险的全流程管理和常态化建设。同时，公司修订完善了《舆情管理办法》《信息披露管理办法》，严格落实各层级的舆情管理职责，并组织开展了声誉风险形势分析与学习。公司坚持合规经营，尽职履行受托人责任，充分披露信息，塑造良好的社会形象。

5.报告期末及上一年度末的比较式会计报表

5.1 自营资产

5.1.1 会计师事务所审计意见

大华会计师事务所（特殊普通合伙）审计了浙金信托2023年度的财务报表，包括2023年12月31日的合并及母公司资产负债表、2023年度的合并及母公司利润表、合并及母公司现金流量和合并及母公司所有者权益变动表，以及相关财务报表附注，并出具了大华审字〔2024〕00110006459号审计报告。

审计意见为：浙金信托公司的财务报表在所有重大方面按照企业会计准则的规定编制，公允反映了浙金信托公司2023年12月31日的合并及母公司财务状况以及2023年度的合并及母公司经营成果和现金流量。

5.1.2 资产负债表

资产负债表

编制单位：浙商金汇信托股份有限公司　　　2023年12月31日　　　单位：万元

项目	合并		母公司	
	期末余额	年初余额	期末余额	年初余额
资产：				
现金及银行存款	—	—	—	—
存放中央银行款项	—	—	—	—
贵金属				
存放联行款项	—	—	—	—
存放同业款项	7 762.96	3 330.71	7 560.63	3 234.40
拆出资金				
以公允价值计量且其变动计入当期损益的金融资产	—	—	—	—
衍生金融资产	—	—	—	—
买入返售金融资产	4 975.72	—	4 975.72	—
持有待售资产				
应收款项类金融资产				
应收利息				
其他应收款	7 729.38	19 144.95	7 732.38	19 147.39

续表

项目	合并		母公司	
	期末余额	年初余额	期末余额	年初余额
发放贷款和垫款	—	21 993.17	—	—
*金融投资:	—	—	—	—
*交易性金融资产	439 710.73	381 611.45	400 913.51	391 013.57
*债权投资	—	—	—	—
*其他债权投资	—	—	—	—
*其他权益工具投资	—	—	—	—
可供出售金融资产	—	—	—	—
持有至到期投资	—	—	—	—
长期股权投资	—	—	—	—
投资性房地产	—	—	—	—
固定资产	8 026.86	8 542.12	8 026.86	8 542.12
在建工程	—	—	—	—
使用权资产	898.44	1 381.97	898.44	1 381.97
无形资产	8 584.73	7 352.52	8 584.73	7 352.52
商誉	—	—	—	—
长期待摊费用	158.66	398.25	158.66	398.25
抵债资产	—	—	—	—
递延所得税资产	18 674.64	19 540.53	18 674.64	19 540.53
其他资产	5 395.49	4 125.88	5 428.59	4 161.05
资产总计	501 917.61	467 421.55	462 954.16	454 771.80

资产负债表（续）

编制单位：浙商金汇信托股份有限公司　　2023年12月31日　　单位：万元

项目	合并		母公司	
	期末余额	年初余额	期末余额	年初余额
负债：				
向中央银行借款	—	—	—	—
拆入资金	—	—	—	—
以公允价值计量且其变动计入当期损益的金融负债	—	—	—	—
*交易性金融负债	7 053.29	12 620.40	—	—
应付职工薪酬	8 779.04	10 573.21	8 779.04	10 573.21
应交税费	2 224.08	1 526.58	2 224.08	1 510.61
应付利息	—	—	—	—
其他应付款	38 412.00	8 242.59	6 425.66	8 229.21
租赁负债	796.89	1 320.45	796.89	1 320.45
应付债券	—	—	—	—
递延所得税负债	224.61	345.49	224.61	345.49
其他负债	378.41	232.63	454.59	232.63
负债合计	57 868.32	34 861.35	18 904.87	22 211.60
所有者权益：				

续表

项目	合并		母公司	
	期末余额	年初余额	期末余额	年初余额
实收资本（或股本）	288 000.00	288 000.00	288 000.00	288 000.00
其他权益工具	—	—	—	—
资本公积	51 920.00	51 920.00	51 920.00	51 920.00
减：库存股	—	—	—	—
其他综合收益	—	—	—	—
盈余公积	13 700.17	12 116.01	13 700.17	12 116.01
一般风险准备	15 511.99	14 719.91	15 511.99	14 719.91
未分配利润	74 917.13	65 804.28	74 917.13	65 804.28
所有者权益合计	444 049.29	432 560.20	444 049.29	432 560.20
负债和所有者权益总计	501 917.61	467 421.55	462 954.16	454 771.80

企业负责人：余艳梅　主管会计工作负责人：戴俊　会计机构负责人：倪春晖　制表人：连鹏

5.1.3　利润表

利润表

编制单位：浙商金汇信托股份有限公司　　2023年度　　单位：万元

项目	合并		母公司	
	本期金额	上期余额	本期金额	上期余额
一、营业收入	44 109.29	56 531.12	43 997.84	56 568.78
（一）利息净收入	2 406.15	3 535.32	454.90	2 473.56
利息收入	6 318.00	4 303.05	506.27	2 520.47
利息支出	3 911.85	767.73	51.37	46.91
（二）手续费及佣金净收入	32 405.39	37 446.06	32 855.93	37 859.91
手续费及佣金收入	32 431.79	37 451.51	32 882.33	37 865.36
手续费及佣金支出	26.40	5.45	26.40	5.45
（三）投资收益（损失以"-"号填列）	12 764.09	10 087.08	9 989.78	8 984.90
其中：对联营企业和合营企业的投资收益	—	—	—	—
（四）公允价值变动收益（损失以"-"号填列）	-3 515.55	5 349.29	648.02	7 137.04
（五）资产处置收益（损失以"-"号填列）	2.58	6.58	2.58	6.58
（六）汇兑收益（损失以"-"号填列）	—	—	—	—
（七）其他收益	46.63	106.79	46.63	106.79
（八）其他业务收入	—	—	—	—
二、营业支出	22 827.62	30 070.59	22 716.17	30 026.70
（一）税金及附加	336.70	377.96	332.63	369.43
（二）业务及管理费	23 074.77	29 621.72	22 953.43	29 600.33
（三）*信用减值损失（转回金额以"-"号填列）	-583.85	70.91	-569.89	56.94
（四）*其他资产减值损失（转回金额以"-"号填列）	—	—	—	—

续表

项目	合并		母公司	
	本期金额	上期余额	本期金额	上期余额
（五）资产减值损失（转回金额以"-"号填列）	—	—	—	—
（六）其他业务成本	—	—	—	—
三、营业利润（亏损以"-"号填列）	21 281.67	26 460.53	21 281.67	26 542.08
加：营业外收入	5.00	0.11	5.00	0.11
减：营业外支出	—	0.10	—	0.10

续表

项目	合并		母公司	
	本期金额	上期余额	本期金额	上期余额
四、利润总额（亏损总额以"-"号填列）	21 286.67	26 460.54	21 286.67	26 542.09
减：所得税费用	5 445.05	6 737.96	5 445.05	6 737.96
五、净利润（净亏损以"-"号填列）	15 841.62	19 722.58	15 841.62	19 804.13
六、其他综合收益的税后净额	—	—	—	—
七、综合收益总额	15 841.62	19 722.58	15 841.62	19 804.13

企业负责人：余艳梅 主管会计工作负责人：戴俊 会计机构负责人：倪春晖 制表人：连鹏

5.1.4 所有者权益变动表

合并所有者权益变动表

编制单位：浙商金汇信托股份有限公司　　　　2023年度　　　　单位：万元

项目	行次	本年金额								
		实收资本（或股本）	其他权益工具	资本公积	减：库存股	其他综合收益	盈余公积	一般风险准备	未分配利润	所有者权益合计
栏次	—	1	2	3	4	5	6	7	8	9
一、上年年末余额	1	288 000.00	—	51 920.00	—	—	12 116.01	14 719.91	65 819.66	432 575.58
加：会计政策变更	2	—	—	—	—	—	—	—	−15.38	−15.38
前期差错更正	3	—	—	—	—	—	—	—	—	—
其他	4	—	—	—	—	—	—	—	—	—
二、本年年初余额	5	288 000.00	—	51 920.00	—	—	12 116.01	14 719.91	65 804.28	432 560.20
三、本年增减变动金额（减少以"-"号填列）	6	—	—	—	—	—	1 584.16	792.08	9 112.85	11 489.09
（一）综合收益总额	7	—	—	—	—	—	—	—	15 841.62	15 841.62
（二）所有者投入和减少资本	8	—	—	—	—	—	—	—	—	—
1.所有者投入的普通股	9	—	—	—	—	—	—	—	—	—
2.其他	12	—	—	—	—	—	—	—	—	—
（三）利润分配	13	—	—	—	—	—	1 584.16	792.08	−6 728.77	−4 352.53
1.提取盈余公积	14	—	—	—	—	—	1 584.16	—	−1 584.16	—
2.提取一般风险准备	15	—	—	—	—	—	—	792.08	−792.08	—
3.对所有者（或股东）的分配	16	—	—	—	—	—	—	—	−4 352.53	−4 352.53
4.其他	17	—	—	—	—	—	—	—	—	—
（四）所有者权益内部结转	18	—	—	—	—	—	—	—	—	—
1.资本公积转增资本（或股本）	19	—	—	—	—	—	—	—	—	—
2.盈余公积转增资本（或股本）	20	—	—	—	—	—	—	—	—	—
3.其他	24	—	—	—	—	—	—	—	—	—
四、本年年末余额	25	288 000.00	—	51 920.00	—	—	13 700.17	15 511.99	74 917.13	444 049.29

企业负责人：余艳梅　　　　主管会计工作负责人：戴俊　　　　会计机构负责人：倪春晖　　　　制表人：连鹏

合并所有者权益变动表（续）

编制单位：浙商金汇信托股份有限公司　　　　2023年度　　　　单位：万元

项目	行次	上年金额								
		实收资本（或股本）	其他权益工具	资本公积	减：库存股	其他综合收益	盈余公积	一般风险准备	未分配利润	所有者权益合计
栏次	—	10	11	12	13	14	15	16	17	18
一、上年年末余额	1	288 000.00	—	51 920.00	—	—	10 137.55	11 422.19	55 679.28	417 159.02
加：会计政策变更	2	—	—	—	—	—	—	—	−34.90	−34.90
前期差错更正	3	—	—	—	—	—	—	—	—	—
其他	4	—	—	—	—	—	—	—	—	—
二、本年年初余额	5	288 000.00	—	51 920.00	—	—	10 137.55	11 422.19	55 644.38	417 124.12
三、本年增减变动金额（减少以"−"号填列）	6	—	—	—	—	—	1 978.46	3 297.72	10 159.90	15 436.08
（一）综合收益总额	7	—	—	—	—	—	—	—	19 722.58	19 722.58
（二）所有者投入和减少资本	8	—	—	—	—	—	—	—	—	—
1.所有者投入的普通股	9	—	—	—	—	—	—	—	—	—
2.其他	12	—	—	—	—	—	—	—	—	—
（三）利润分配	13	—	—	—	—	—	1 978.46	3 297.72	−9 562.68	−4 286.50
1.提取盈余公积	14	—	—	—	—	—	1 978.46	—	−1 978.46	—
2.提取一般风险准备	15	—	—	—	—	—	—	3 297.72	−3 297.72	—
3.对所有者（或股东）的分配	16	—	—	—	—	—	—	—	−4 286.50	−4 286.50
4.其他	17	—	—	—	—	—	—	—	—	—
（四）所有者权益内部结转	18	—	—	—	—	—	—	—	—	—
1.资本公积转增资本（或股本）	19	—	—	—	—	—	—	—	—	—
2.盈余公积转增资本（或股本）	20	—	—	—	—	—	—	—	—	—
3.其他	24	—	—	—	—	—	—	—	—	—
四、本年年末余额	25	288 000.00	—	51 920.00	—	—	12 116.01	14 719.91	65 804.28	432 560.20

企业负责人：余艳梅　　主管会计工作负责人：戴俊　　会计机构负责人：倪春晖　　制表人：连鹏

所有者权益变动表（母公司）

编制单位：浙商金汇信托股份有限公司　　　　2023年度　　　　单位：万元

项目	行次	本年金额								
		实收资本（或股本）	其他权益工具	资本公积	减：库存股	其他综合收益	盈余公积	一般风险准备	未分配利润	所有者权益合计
栏次	—	1	2	3	4	5	6	7	8	9
一、上年年末余额	1	288 000.00	—	51 920.00	—	—	12 116.01	14 719.91	65 819.66	432 575.58
加：会计政策变更	2	—	—	—	—	—	—	—	−15.38	−15.38
前期差错更正	3	—	—	—	—	—	—	—	—	—
其他	4	—	—	—	—	—	—	—	—	—
二、本年年初余额	5	288 000.00	—	51 920.00	—	—	12 116.01	14 719.91	65 804.28	432 560.20
三、本年增减变动金额（减少以"−"号填列）	6	—	—	—	—	—	1 584.16	792.08	9 112.85	11 489.09
（一）综合收益总额	7	—	—	—	—	—	—	—	15 841.62	15 841.62
（二）所有者投入和减少资本	8	—	—	—	—	—	—	—	—	—

续表

项目	行次	本年金额							
		实收资本（或股本）	其他权益工具	资本公积	减：库存股	其他综合收益	盈余公积	一般风险准备	未分配利润	所有者权益合计
1.所有者投入的普通股	9	—	—	—	—	—	—	—	—	—
2.其他	12	—	—	—	—	—	—	—	—	—
（三）利润分配	13	—	—	—	—	—	1 584.16	792.08	−6 728.77	−4 352.53
1.提取盈余公积	14	—	—	—	—	—	1 584.16	—	−1 584.16	—
2.提取一般风险准备	15	—	—	—	—	—	—	792.08	−792.08	—
3.对所有者（或股东）的分配	16	—	—	—	—	—	—	—	−4 352.53	−4 352.53
4.其他	17	—	—	—	—	—	—	—	—	—
（四）所有者权益内部结转	18	—	—	—	—	—	—	—	—	—
1.资本公积转增资本（或股本）	19	—	—	—	—	—	—	—	—	—
2.盈余公积转增资本（或股本）	20	—	—	—	—	—	—	—	—	—
3.其他	24	—	—	—	—	—	—	—	—	—
四、本年年末余额	25	288 000.00	—	51 920.00	—	—	13 700.17	15 511.99	74 917.13	444 049.29

企业负责人：余艳梅　　主管会计工作负责人：戴俊　　会计机构负责人：倪春晖　　制表人：连鹏

所有者权益变动表（母公司）（续）

编制单位：浙商金汇信托股份有限公司　　2023年度　　单位：万元

项目	行次	上年金额							
		实收资本（或股本）	其他权益工具	资本公积	减：库存股	其他综合收益	盈余公积	一般风险准备	未分配利润	所有者权益合计
栏次	—	10	11	12	13	14	15	16	17	18
一、上年年末余额	1	288 000.00	—	51 920.00	—	—	10 137.55	11 422.19	55 597.73	417 077.47
加：会计政策变更	2	—	—	—	—	—	—	—	−34.90	−34.90
前期差错更正	3	—	—	—	—	—	—	—	—	—
其他	4	—	—	—	—	—	—	—	—	—
二、本年年初余额	5	288 000.00	—	51 920.00	—	—	10 137.55	11 422.19	55 562.83	417 042.57
三、本年增减变动金额（减少以"−"号填列）	6	—	—	—	—	—	1 978.46	3 297.72	10 241.45	15 517.63
（一）综合收益总额	7	—	—	—	—	—	—	—	19 804.13	19 804.13
（二）所有者投入和减少资本	8	—	—	—	—	—	—	—	—	—
1.所有者投入的普通股	9	—	—	—	—	—	—	—	—	—
2.其他	12	—	—	—	—	—	—	—	—	—
（三）利润分配	13	—	—	—	—	—	1 978.46	3 297.72	−9 562.68	−4 286.50
1.提取盈余公积	14	—	—	—	—	—	1 978.46	—	−1 978.46	—
2.提取一般风险准备	15	—	—	—	—	—	—	3 297.72	−3 297.72	—
3.对所有者（或股东）的分配	16	—	—	—	—	—	—	—	−4 286.50	−4 286.50
4.其他	17	—	—	—	—	—	—	—	—	—
（四）所有者权益内部结转	18	—	—	—	—	—	—	—	—	—
1.资本公积转增资本（或股本）	19	—	—	—	—	—	—	—	—	—
2.盈余公积转增资本（或股本）	20	—	—	—	—	—	—	—	—	—
3.其他	24	—	—	—	—	—	—	—	—	—
四、本年年末余额	25	288 000.00	—	51 920.00	—	—	12 116.01	14 719.91	65 804.28	432 560.20

企业负责人：余艳梅　　主管会计工作负责人：戴俊　　会计机构负责人：倪春晖　　制表人：连鹏

5.2 信托资产

5.2.1 信托项目资产负债汇总表

信托项目资产负债汇总表

编制单位：浙商金汇信托股份有限公司　　　　2023年12月31日　　　　　　　　　　　　　　　　单位：万元

信托资产	年初数	年末数	信托负债和信托权益	年初数	年末数
信托资产：	—	—	信托负债：	—	—
货币资金	80 723.17	155 476.73	交易性金融负债	—	—
拆出资金	—	—	衍生金融负债	—	—
存出保证金	—	—	应付受托人报酬	3 843.76	4 945.83
交易性金融资产	3 684 352.44	4 169 937.00	应付托管费	490.03	534.93
衍生金融资产	—	—	应付受益人收益	675.81	1 224.02
买入返售金融资产	417.84	50 700.48	应交税费	2 606.72	2 573.55
应收款项	2 215.05	1 907.54	应付销售服务费	—	—
发放贷款	2 356 879.95	2 095 111.50	其他应付款项	23 166.38	87 282.53
债权投资	1 864 540.44	3 760 891.83	预计负债	—	—
其他债权投资	—	—	其他负债	—	3 900.25
其他权益工具投资	—	—	信托负债合计	30 782.70	100 461.11
长期应收款	—	—			
长期股权投资	—	—	信托权益：		
投资性房地产	—	—	实收信托	7 709 549.49	9 766 909.49
固定资产	—	—	其他综合收益	5 778.86	5 778.86
无形资产	—	—	外币报表折算差额	—	—
长期待摊费用	—	—	未分配利润	243 017.84	360 875.62
其他资产	—	—	信托权益合计	7 958 346.19	10 133 563.97
信托资产总计	7 989 128.89	10 234 025.08	信托负债及信托权益总计	7 989 128.89	10 234 025.08

企业负责人：余艳梅　　　　主管会计工作负责人：戴俊　　　　会计机构负责人：倪春晖　　　　制表人：周晦月

5.2.2 信托项目利润及利润分配汇总表

信托项目利润及利润分配汇总表

编制单位：浙商金汇信托股份有限公司　　2023年度　　　　　　单位：万元

项目	本年金额	上年金额
1.营业收入	408 761.57	497 216.33
1.1利息收入	210 373.60	241 254.42
1.2投资收益（损失以"-"号填列）	201 242.44	237 847.40
1.2.1其中：对联营企业和合营企业的投资收益	—	—
1.3公允价值变动收益（损失以"-"号填列）	-2 943.43	18 050.45
1.4租赁收入	—	—
1.5汇兑损益（损失以"-"号填列）	—	—
1.6其他收入	88.96	64.06
2.支出	30 927.26	65 571.30
2.1税金及附加	932.68	1 052.40
2.2受托人报酬	34 529.36	39 320.43
2.3托管费	931.63	1 556.47

续表

项目	本年金额	上年金额
2.4投资管理费	—	—
2.5销售服务费	—	29.45
2.6交易费用	—	—
2.7信用减值损失	-7 133.22	19 575.09
2.8其他资产减值损失	—	—
2.9其他费用	1 666.81	4 037.46
3.信托净利润（净亏损以"-"号填列）	377 834.31	431 645.03
4.其他综合收益	—	—
5.综合收益	377 834.31	431 645.02
6.加：期初未分配信托利润	243 017.84	158 302.16
7.可供分配的信托利润	620 852.15	589 947.19
8.减：本期已分配信托利润	259 976.53	346 929.35
9.期末未分配信托利润	360 875.62	243 017.84

企业负责人：余艳梅　主管会计工作负责人：戴俊　会计机构负责人：倪春晖　制表人：周晦月

6.会计报表附注

6.1 会计报表编制基准不符合会计核算基本前提的说明

无。

6.1.1 会计报表不符合会计核算基本前提的事项

无。

6.1.2 合并会计报表范围

公司对结构化主体是否应纳入合并范围进行判断，包括本公司作为受托人的结构化主体和本公司投资的由其他机构发行的结构化主体。本期公司认购或受让的信托计划，综合考虑本公司对该等结构化主体拥有的权利及参与该等结构化主体的相关活动而享有可变回报等控制因素，认定将本公司控制的3个结构化主体纳入合并范围。

6.2 重要会计政策和会计估计说明

公司以人民币为记账本位币，会计年度自公历1月1日起至12月31日止。

6.2.1 会计政策变更

2022年12月13日，财政部发布了《企业会计准则解释第16号》（财会〔2022〕31号，以下简称解释16号），解释16号"关于单项交易产生的资产和负债相关的递延所得税不适用初始确认豁免的会计处理"自2023年1月1日起施行，允许企业自发布年度提前执行。本公司于本年度施行该事项相关的会计处理。

对于在首次施行解释16号的财务报表列报最早期间的期初（即2022年1月1日）因适用解释16号单项交易而确认的租赁负债和使用权资产，以及确认的弃置义务相关预计负债和对应的相关资产，产生应纳税暂时性差异和可抵扣暂时性差异的，本公司按照解释16号和《企业会计准则第18号——所得税》的规定，将累积影响数调整财务报表列报最早期间的期初（即2022年1月1日）留存收益及其他相关财务报表项目。

根据解释16号的相关规定，本公司对财务报表相关项目累积影响调整如下表所示。

项目	2022年1月1日 原列报金额	累积影响金额	2022年1月1日 调整后列报金额
递延所得税资产（万元）	20 606.97	322.95	20 929.92
递延所得税负债（万元）	—	357.86	357.86
未分配利润（万元）	55 597.75	-34.91	55 562.84

对于在首次施行本解释的财务报表列报最早期间的期初（即2022年1月1日）至解释施行日（2023年1月1日）之间发生的适用解释16号的单项交易而确认的租赁负债和使用权资产，以及确认的弃置义务相关预计负债和对应的相关资产，本公司按照解释16号的规定进行处理。

根据解释16号的规定，本公司对资产负债表相关项目调整如下表所示。

资产负债表项目	2022年12月31日		
	变更前	累计影响金额	变更后
递延所得税资产（万元）	19 210.42	330.11	19 540.53
递延所得税负债（万元）	—	345.49	345.49
未分配利润（万元）	65 819.66	-15.38	65 804.28

根据解释16号的规定，本公司对损益表相关项目调整如下表所示。

损益表项目	2022年1—12月		
	变更前	累计影响金额	变更后
所得税费用（万元）	6 757.48	-19.52	6 737.96

本报告期重要会计估计未变更。

6.2.2 合并财务报表的编制方法

6.2.2.1 合并范围

本公司合并财务报表的合并范围以控制为基础确定，所有子公司（包括本公司所控制的单独主体）均纳入合并财务报表。

6.2.2.2 合并程序

本公司以自身和各子公司的财务报表为基础，根据其他有关资料，编制合并财务报表。本公司编制合并财务报表，将整个企业集团视为一个会计主体，依据相关企业会计准则的确认、计量和列报要求，按照统一的会计政策，反映本企业集团整体财务状况、经营成果和现金流量。

所有纳入合并财务报表合并范围的子公司所采用的会计政策、会计期间与本公司一致，如子公司采用的会计政策、会计期间与本公司不一致的，在编制合并财务报表时，按本公司的会计政策、会计期间进行必要的调整。

合并财务报表时抵销本公司与各子公司、各子公司相互之间发生的内部交易对合并资产负债表、合并利润表、合并现金流量表、合并股东权益变动表的影响。如果站在企业集团合并财务报表角度与以本公司或子公司为会计主体对同一交易的认定不同时，从企业集团的角度对该交易予以调整。

子公司所有者权益、当期净损益和当期综合收益中属于少数股东的份额分别在合并资产负债表中所有者权益项目下、合并利润表中净利润项目下和综合收益总额项目下单独列示。子公司少数股东分担的当期亏损超过了少数股东在该子公司期初所有者权益中所享有份额而形成的余额，冲减少数股东权益。

对于同一控制下企业合并取得的子公司，以其资产、负债（包括最终控制方收购该子公司而形成的商誉）在最终控制方财务报表中的账面价值为基础对其财务报表进行调整。

对于非同一控制下企业合并取得的子公司，以购买日可辨认净资产公允价值为基础对其财务报表进行调整。

（1）增加子公司或业务。在报告期内，若因同一控制下企业合并增加子公司或业务的，则调整合并资产负债表的期初数；将子公司或业务合并当期期初至报告期末的收入、费用、利润纳入合并利润表；将子公司或业务合并当期期初至报告期末的现金流量纳入合并现金流量表，同时对比较报表的相关项目进行调整，视同合并后的报告主体自最终控制方开始控制时点起一直存在。

因追加投资等原因能够对同一控制下的被投资方实施控制的，视同参与合并的各方在最终控制方开始控制时即以目前的状态存在进行调整。在取得被合并方控制权之前持有的股权投资，在取得原股权之日与合并方和被合并方同处于同一控制之日孰晚日起至合并日之间已确认有关损益、其他综合收益以及其他净资产变动，分别冲减比较报表期间的期初留存收益或当期损益。

在报告期内，若因非同一控制下企业合并增加子公司或业务的，则不调整合并资产负债表期初数；将该子公司或业务自购买日至报告期末的收入、费用、利润纳入合并利润表；该子公司或业务自购买日至报告期末的现金流量纳入合并现金流量表。

因追加投资等原因能够对非同一控制下的被投资方实施控制的，对于购买日之前持有的被购买方的股权，本公司按照该股权在购买日的公允价值进行重新计量，公允价值与其账面价值的差额计入当期投资收益。购买日之前持有的被购买方的股权涉及权益法核算下的其他综合收益以及除净损益、其他综合收益和利润分配之外的其他所有者权益变动的，与其相关的其他综合收益、其他所有者权益变动转为购买日所属当期投资收益，由于被投资方重新计量设定受益计划净负债或净资产变动而产生的其他综合收益除外。

（2）处置子公司或业务。①一般处理方法。在报告期内，本公司处置子公司或业务，则该子公司或业务期初至处置日的收入、费用、利润纳入合并利润表；该子公司或业务期初至处置日的现金流量纳入合并现金流量表。

因处置部分股权投资或其他原因丧失了对被投资方控制权时，对于处置后的剩余股权投资，本公司按照其在丧失控制权日的公允价值进行重新计量。处置股权取得的对价与剩余股权公允价值之和，减去按原持股比例计算应享有原子公司自购买日或合并日开始持续计算的净资产的份额与商誉之和的差额，计入丧失控制权当期的投资收益。与原有子公司股权投资相关的其他综合收益或除净损益、其他综合收益及利润分配之外的其他所有者权益变动，在丧失控制权时转为当期投资收益，由于被投资方重新计量设定受益计划净负债或净资产变动而产生的其他综合收益除外。

②分步处置子公司。通过多次交易分步处置对子公司股权投资直至丧失控制权的，处置对子公司股权投资的各项交易的条款、条件以及经济影响符合以下一种或多种情况，通常表明应将多次交易事项作为一揽子交易进行会计处理：A.这些交易是同时或者在考虑了彼此影响的情况下订立的；B.这些交易整体才能达成一项完整的商业结果；C.一项交易的发生取决于其他至少一项交易的发生；D.一项交易单独看是不经济的，但是和其他交易一并考虑时是经济的。

处置对子公司股权投资直至丧失控制权的各项交易属于一揽子交易的，本公司将各项交易作为一项处置子公司并丧失控制权的交易进行会计处理；但是，在丧失控制权之前每一次处置价款与处置投资对应的享有该子公司净资产份额的差额，在合并财务报表中确认为其他综合收益，在丧失控制权时一并转入丧失控制权当期的损益。

处置对子公司股权投资直至丧失控制权的各项交易不属于一揽子交易的，在丧失控制权之前，按不丧失控制权的情况部分处置对子公司的股权投资的相关政策进行会计处理；在丧失控制权时，按处置子公司一般处理方法进行会计处理。

③购买子公司少数股权。本公司因购买少数股权新取得的长期股权投资与按照新增持股比例计算应享有子

公司自购买日（或合并日）开始持续计算的净资产份额之间的差额，调整合并资产负债表中的资本公积中的股本溢价，资本公积中的股本溢价不足冲减的，调整留存收益。

④不丧失控制权的情况下部分处置对子公司的股权投资。在不丧失控制权的情况下因部分处置对子公司的长期股权投资而取得的处置价款与处置长期股权投资相对应享有子公司自购买日或合并日开始持续计算的净资产份额之间的差额，调整合并资产负债表中的资本公积中的股本溢价，资本公积中的股本溢价不足冲减的，调整留存收益。

6.2.3 买入返售与卖出回购款项

买入返售金融资产是指按规定进行证券回购业务而融出的资金。为买入该等资产所支付的成本按发生时实际支付的款项入账，并在资产负债表中确认。购买时根据协议约定于未来某确定日返售的资产将不在资产负债表内予以确认，买入返售的标的资产在表外作备查登记。买入返售业务的买卖差价按实际利率法在返售期间内确认为利息收入。

卖出回购金融资产款是指按规定进行证券回购业务而融入的资金。出售该等资产所得款项按发生时实际收到的款项入账，并在资产负债表中确认。根据协议约定于未来某确定日期回购的已售出资产不在资产负债表内予以终止确认，卖出回购的标的资产仍在资产负债表中确认。卖出回购业务的售价与回购价之差额在协议期间内按实际利率法确认为利息支出。

6.2.4 金融工具

在本公司成为金融工具合同的一方时确认一项金融资产或金融负债。

实际利率法是指计算金融资产或金融负债的摊余成本以及将利息收入或利息费用分摊计入各会计期间的方法。

实际利率，是指将金融资产或金融负债在预计存续期的估计未来现金流量，折现为该金融资产账面余额或该金融负债摊余成本所使用的利率。在确定实际利率时，在考虑金融资产或金融负债所有合同条款（如提前还款、展期、看涨期权或其他类似期权等）的基础上估计预期现金流量，但不考虑预期信用损失。

金融资产或金融负债的摊余成本是以该金融资产或金融负债的初始确认金额扣除已偿还的本金，加上或减去采用实际利率法将该初始确认金额与到期日金额之间的差额进行摊销形成的累计摊销额，再扣除累计计提的损失准备（仅适用于金融资产）。

6.2.4.1 金融资产分类和计量

本公司根据所管理金融资产的业务模式和金融资产的合同现金流量特征，将金融资产划分为以下三类：（1）以摊余成本计量的金融资产。（2）以公允价值计量且其变动计入其他综合收益的金融资产。（3）以公允价值计量且其变动计入当期损益的金融资产。

金融资产在初始确认时以公允价值计量，但是因销售商品或提供服务等产生的应收账款或应收票据未包含重大融资成分或不考虑不超过一年的融资成分的，按照交易价格进行初始计量。

对于以公允价值计量且其变动计入当期损益的金融资产，相关交易费用直接计入当期损益，其他类别的金融资产相关交易费用计入其初始确认金额。

金融资产的后续计量取决于其分类，当且仅当本公司改变管理金融资产的业务模式时，才对所有受影响的相关金融资产进行重分类：

（1）分类为以摊余成本计量的金融资产。金融资产的合同条款规定在特定日期产生的现金流量仅为对本金和以未偿付本金额为基础的利息的支付，且管理该金融资产的业务模式是以收取合同现金流量为目标，则本公司将该金融资产分类为以摊余成本计量的金融资产。本公司分类为以摊余成本计量的金融资产包括货币资金、应收票据及应收账款、其他应收款、长期应收款、债权投资等。

本公司对此类金融资产采用实际利率法确认利息收入，按摊余成本进行后续计量，其发生减值时或终止确认、修改产生的利得或损失，计入当期损益。除下列情况外，本公司根据金融资产账面余额乘以实际利率计算确定利息收入：①对于购入或源生的已发生信用减值的金融资产，本公司自初始确认起，按照该金融资产的摊余成本和经信用调整的实际利率计算确定其利息收入。②对于购入或源生的未发生信用减值、但在后续期间成为已发生信用减值的金融资产，本公司在后续期间，按照金融资产的摊余成本和实际利率计算确定其利息收入。若该金融工具在后续期间因其信用风险有所改善而不再存在信用减值，本公司转按实际利率乘以该金融资产账面余额来计算确定利息收入。

（2）分类为以公允价值计量且其变动计入其他综合收益的金融资产。

金融资产的合同条款规定在特定日期产生的现金流量仅为对本金和以未偿付本金金额为基础的利息的支付，且管理该金融资产的业务模式既以收取合同现金流量为目标又以出售该金融资产为目标，则本公司将该金融资产分类为以公允价值计量且其变动计入其他综合收益的金融资产。

本公司对此类金融资产采用实际利率法确认利息收入。除利息收入、减值损失及汇兑差额确认为当期损益外，其余公允价值变动计入其他综合收益。当该金融资产终止确认时，之前计入其他综合收益的累计利得或损失从其他综合收益中转出，计入当期损益。

以公允价值计量且变动计入其他综合收益的应收票据及应收账款列报为应收款项融资，其他此类金融资产列报为其他债权投资，其中：自资产负债表日起一年内到期的其他债权投资列报为一年内到期的非流动资产，原到期日在一年以内的其他债权投资列报为其他流动资产。

（3）指定为以公允价值计量且其变动计入其他综合收益的金融资产。

在初始确认时，本公司可以单项金融资产为基础不可撤销地将非交易性权益工具投资指定为以公允价值计量且其变动计入其他综合收益的金融资产。

此类金融资产的公允价值变动计入其他综合收益，不需计提减值准备。该金融资产终止确认时，之前计入其他综合收益的累计利得或损失从其他综合收益中转出，计入留存收益。本公司持有该权益工具投资期间，在本公司收取股利的权利已经确立，与股利相关的经济利益很可能流入本公司，且股利的金额能够可靠计量时，确认股利收入并计入当期损益。本公司对此类金融资产在其他权益工具投资项目下列报。

权益工具投资满足下列条件之一的，属于以公允价值计量且其变动计入当期损益的金融资产：取得该金融资产的目的主要是为了近期出售；初始确认时属于集中管理的可辨认金融工具组合的一部分，且有客观证据表明近期实际存在短期获利模式；属于衍生工具（符合财务担保合同定义的以及被指定为有效套期工具的衍生工具除外）。

（4）分类为以公允价值计量且其变动计入当期损益的金融资产。

不符合分类为以摊余成本计量或以公允价值计量且其变动计入其他综合收益的金融资产条件、亦不指定为以公允价值计量且其变动计入其他综合收益的金融资产均分类为以公允价值计量且其变动计入当期损益的金融资产。

本公司对此类金融资产采用公允价值进行后续计量，将公允价值变动形成的利得或损失以及与此类金融资产相关的股利和利息收入计入当期损益。

本公司对此类金融资产根据其流动性在交易性金融资产、其他非流动金融资产项目列报。

（5）指定为以公允价值计量且其变动计入当期损益的金融资产。

在初始确认时，本公司为了消除或显著减少会计错配，可以单项金融资产为基础不可撤销地将金融资产指定为以公允价值计量且其变动计入当期损益的金融资产。

混合合同包含一项或多项嵌入衍生工具，且其主合同不属于以上金融资产的，本公司可以将其整体指定为以公允价值计量且其变动计入当期损益的金融工具。但下列情况除外：

嵌入衍生工具不会对混合合同的现金流量产生重大改变。

在初次确定类似的混合合同是否需要分拆时，几乎不需分析就能明确其包含的嵌入衍生工具不应分拆。如嵌入贷款的提前还款权，允许持有人以接近摊余成本的金额提前偿还贷款，该提前还款权不需要分拆。

本公司对此类金融资产采用公允价值进行后续计量，将公允价值变动形成的利得或损失以及与此类金融资产相关的股利和利息收入计入当期损益。

本公司对此类金融资产根据其流动性在交易性金融资产、其他非流动金融资产项目列报。

6.2.4.2 金融负债分类和计量

本公司根据所发行金融工具的合同条款及其所反映的经济实质而非仅以法律形式，结合金融负债和权益工具的定义，在初始确认时将该金融工具或其组成部分分类为金融负债或权益工具。金融负债在初始确认时分类为：以公允价值计量且其变动计入当期损益的金融负债、其他金融负债、被指定为有效套期工具的衍生工具。

金融负债在初始确认时以公允价值计量。对于以公允价值计量且其变动计入当期损益的金融负债，相关的交易费用直接计入当期损益；对于其他类别的金融负债，相关交易费用计入初始确认金额。

金融负债的后续计量取决于其分类：

（1）以公允价值计量且其变动计入当期损益的金融

负债。此类金融负债包括交易性金融负债（含属于金融负债的衍生工具）和初始确认时指定为以公允价值计量且其变动计入当期损益的金融负债。

满足下列条件之一的，属于交易性金融负债：承担相关金融负债的目的主要是为了在近期内出售或回购；属于集中管理的可辨认金融工具组合的一部分，且有客观证据表明企业近期采用短期获利方式模式；属于衍生工具，但是，被指定且为有效套期工具的衍生工具、符合财务担保合同的衍生工具除外。交易性金融负债（含属于金融负债的衍生工具），按照公允价值进行后续计量，除与套期会计有关外，所有公允价值变动均计入当期损益。

在初始确认时，为了提供更相关的会计信息，本公司将满足下列条件之一的金融负债不可撤销地指定为以公允价值计量且其变动计入当期损益的金融负债：能够消除或显著减少会计错配。

根据正式书面文件载明的企业风险管理或投资策略，以公允价值为基础对金融负债组合或金融资产和金融负债组合进行管理和业绩评价，并在企业内部以此为基础向关键管理人员报告。

本公司对此类金融负债采用公允价值进行后续计量，除由本公司自身信用风险变动引起的公允价值变动计入其他综合收益之外，其他公允价值变动计入当期损益。除非本公司自身信用风险变动引起的公允价值变动计入其他综合收益会造成或扩大损益中的会计错配，本公司将所有公允价值变动（包括自身信用风险变动的影响金额）计入当期损益。

（2）其他金融负债。除下列各项外，公司将金融负债分类为以摊余成本计量的金融负债，对此类金融负债采用实际利率法，按照摊余成本进行后续计量，终止确认或摊销产生的利得或损失计入当期损益：①以公允价值计量且其变动计入当期损益的金融负债。②金融资产转移不符合终止确认条件或继续涉入被转移金融资产所形成的金融负债。③不属于本条前两类情形的财务担保合同，以及不属于本条第①类情形的以低于市场利率贷款的贷款承诺。

财务担保合同是指当特定债务人到期不能按照最初或修改后的债务工具条款偿付债务时，要求发行方向蒙受损失的合同持有人赔付特定金额的合同。不属于指定为以公允价值计量且其变动计入当期损益的金融负债的财务担保合同，在初始确认后按照损失准备金额以及初始确认金额扣除担保期内的累计摊销额后的余额孰高进行计量。

6.2.4.3 金融资产和金融负债的终止确认

（1）金融资产满足下列条件之一的，终止确认金融资产，即从其账户和资产负债表内予以转销：①收取该金融资产现金流量的合同权利终止。②该金融资产已转移，且该转移满足金融资产终止确认的规定。

（2）金融负债终止确认条件。金融负债（或其一部分）的现时义务已经解除的，则终止确认该金融负债（或该部分金融负债）。

本公司与借出方之间签订协议，以承担新金融负债方式替换原金融负债，且新金融负债与原金融负债的合同条款实质上不同的，或对原金融负债（或其一部分）的合同条款作出实质性修改的，则终止确认原金融负债，同时确认一项新金融负债，账面价值与支付的对价（包括转出的非现金资产或承担的负债）之间的差额，计入当期损益。

本公司回购金融负债一部分的，按照继续确认部分和终止确认部分在回购日各自的公允价值占整体公允价值的比例，对该金融负债整体的账面价值进行分配。分配给终止确认部分的账面价值与支付的对价（包括转出的非现金资产或承担的负债）之间的差额，应当计入当期损益。

6.2.4.4 金融资产转移的确认依据和计量方法

本公司在发生金融资产转移时，评估其保留金融资产所有权上的风险和报酬的程度，并分别下列情形处理：

（1）转移了金融资产所有权上几乎所有风险和报酬的，则终止确认该金融资产，并将转移中产生或保留的权利和义务单独确认为资产或负债。

（2）保留了金融资产所有权上几乎所有风险和报酬的，则继续确认该金融资产。

（3）既没有转移也没有保留金融资产所有权上几乎所有风险和报酬的（即除本条（1）、（2）之外的其他情形），则根据其是否保留了对金融资产的控制，分下列情形处理：①未保留对该金融资产控制的，则终止确认该金融资产，并将转移中产生或保留的权利和义务单独确认为资产或负债。②保留了对该金融资产控制的，则按照其继续涉入被转移金融资产的程度继续确认有关金融资产，并相应确认相关负债。继续涉入被转移金融资产的程度，是指本公司承担的被转移金融资产价值变动风险或报酬的程度。

在判断金融资产转移是否满足上述金融资产终止确认条件时，采用实质重于形式的原则。公司将金融资产转移区分为金融资产整体转移和部分转移。

金融资产整体转移满足终止确认条件的，将下列两项金额的差额计入当期损益：①被转移金融资产在终止确认日的账面价值。②因转移金融资产而收到的对价，与原直接计入其他综合收益的公允价值变动累计额中对应终止确认部分的金额（涉及转移的金融资产为以公允价值计量且其变动计入其他综合收益的金融资产）之和。

金融资产部分转移且该被转移部分整体满足终止确认条件的，将转移前金融资产整体的账面价值，在终止确认部分和继续确认部分（在此种情况下，所保留的服务资产应当视同继续确认金融资产的一部分）之间，按照转移日各自的相对公允价值进行分摊，并将下列两项金额的差额计入当期损益：①终止确认部分在终止确认日的账面价值。②终止确认部分收到的对价，与原计入其他综合收益的公允价值变动累计额中对应终止确认部分的金额（涉及转移的金融资产为以公允价值计量且其变动计入其他综合收益的金融资产）之和。

金融资产转移不满足终止确认条件的，继续确认该金融资产，所收到的对价确认为一项金融负债。

6.2.4.5 金融资产和金融负债公允价值的确定方法

存在活跃市场的金融资产或金融负债，以活跃市场的报价确定其公允价值，除非该项金融资产存在针对资产本身的限售期。对于针对资产本身的限售的金融资产，按照活跃市场的报价扣除市场参与者因承担指定期间内无法在公开市场上出售该金融资产的风险而要求获得的补偿金额后确定。活跃市场的报价包括易于且可定期从交易所、交易商、经纪人、行业集团、定价机构或监管机构等获得相关资产或负债的报价，且能代表在公平交易基础上实际并经常发生的市场交易。

初始取得或衍生的金融资产或承担的金融负债，以市场交易价格作为确定其公允价值的基础。

不存在活跃市场的金融资产或金融负债，采用估值技术确定其公允价值。在估值时，本公司采用在当前情况下适用并且有足够可利用数据和其他信息支持的估值技术，选择与市场参与者在相关资产或负债的交易中所考虑的资产或负债特征相一致的输入值，并尽可能优先使用相关可观察输入值。在相关可观察输入值无法取得或取得不切实可行的情况下，使用不可观察输入值。

6.2.4.6 金融工具减值

本公司以预期信用损失为基础，对分类为以摊余成本计量的金融资产、分类为以公允价值计量且其变动计入其他综合收益的金融资产以及财务担保合同，进行减值会计处理并确认损失准备。

预期信用损失，是指以发生违约的风险为权重的金融工具信用损失的加权平均值。信用损失，是指本公司按照原实际利率折现的、根据合同应收的所有合同现金流量与预期收取的所有现金流量之间的差额，及全部现金短缺的现值。其中，对于本公司购买或源生的已发生信用减值的金融资产，应按照该金融资产经信用调整的实际利率折现。

对由收入准则规范的交易形成的应收款项，本公司运用简化计量方法，按照相当于整个存续期内预期信用损失的金额计量损失准备。

对于购买或源生的已发生信用减值的金融资产，在资产负债表日仅将自初始确认后整个存续期内预期信用损失的累计变动确认为损失准备。在每个资产负债表日，将整个存续期内预期信用损失的变动金额作为减值损失或利得计入当期损益。即使该资产负债表日确定的整个存续期内预期信用损失小于初始确认时估计现金流量所反映的预期信用损失的金额，也将预期信用损失的有利变动确认为减值利得。

除上述采用简化计量方法和购买或源生的已发生信用减值以外的其他金融资产，本公司在每个资产负债表日评估相关金融工具的信用风险自初始确认后是否已显著增加，并按照下列情形分别计量其损失准备、确认预期信用损失及其变动：（1）如果该金融工具的信用风险自初始确认后并未显著增加，处于第一阶段，则按照相当于该金融工具未来12个月内预期信用损失的金额计量其损失准备，并按照账面余额和实际利率计算利息收入。（2）如果该金融工具的信用风险自初始确认后已显著增加但尚未发生信用减值的，处于第二阶段，则按照相当于该金融工具整个存续期内预期信用损失的金额计量其损失准备，并按照账面余额和实际利率计算利息收入。（3）如果该金融工具自初始确认后已经发生信用减值的，处于第三阶段，本公司按照相当于该金融工具整个存续期内预期信用损失的金额计量其损失准备，并按照摊余成本和实际利率计算利息收入。

金融工具信用损失准备的增加或转回金额，作为减值损失或利得计入当期损益。除分类为以公允价值计量且其变动计入其他综合收益的金融资产外，信用损失准备抵减金融资产的账面余额。对于分类为以公允价值计量且其变动计入其他综合收益的金融资产，本公司在其他综合收益中确认其信用损失准备，不减少该金融资产在资产负债表中列示的账面价值。

本公司在前一会计期间已经按照相当于金融工具整个存续期内预期信用损失的金额计量了损失准备，但在当期资产负债表日，该金融工具已不再属于自初始确认后信用风险显著增加的情形的，本公司在当期资产负债表日按照相当于未来12个月内预期信用损失的金额计量该金融工具的损失准备，由此形成的损失准备的转回金额作为减值利得计入当期损益。

（1）信用风险显著增加。本公司利用可获得的合理且有依据的前瞻性信息，通过比较金融工具在资产负债表日发生违约的风险与在初始确认日发生违约的风险，以确定金融工具的信用风险自初始确认后是否已显著增加。对于财务担保合同，本公司在应用金融工具减值规定时，将本公司成为作出不可撤销承诺的一方之日作为初始确认日。

本公司在评估信用风险是否显著增加时会考虑如下因素：①债务人经营成果实际或预期是否发生显著变化；②债务人所处的监管、经济或技术环境是否发生显著不利变化；③作为债务抵押的担保物价值或第三方提供的担保或信用增级质量是否发生显著变化，这些变化预期将降低债务人按合同规定期限还款的经济动机或者影响违约概率；④债务人预期表现和还款行为是否发生显著变化；⑤本公司对金融工具信用管理方法是否发生变化等。

在资产负债表日，若本公司判断金融工具只具有较低的信用风险，则本公司假定该金融工具的信用风险自初始确认后并未显著增加。如果金融工具的违约风险较低，借款人在短期内履行其合同现金流量义务的能力很强，并且即使较长时期内经济形势和经营环境存在不利变化但未必一定降低借款人履行其合同现金义务，则该金融工具被视为具有较低的信用风险。

（2）已发生信用减值的金融资产。当对金融资产预期未来现金流量具有不利影响的一项或多项事件发生时，该金融资产成为已发生信用减值的金融资产。金融资产已发生信用减值的证据包括下列可观察信息：①发行方或债务人发生重大财务困难；②债务人违反合同，如偿付利息或本金违约或逾期等；③债权人出于与债务人财务困难有关的经济或合同考虑，给予债务人在任何其他情况下都不会作出的让步；④债务人很可能破产或进行其他财务重组；⑤发行方或债务人财务困难导致该金融资产的活跃市场消失；⑥以大幅折扣购买或源生一项金融资产，该折扣反映了发生信用损失的事实。金融资产发生信用减值，有可能是多个事件的共同作用所致，未必是可单独识别的事件所致。

（3）预期信用损失的确定。本公司基于单项和组合评估金融工具的预期信用损失，在评估预期信用损失时，考虑有关过去事项、当前状况以及未来经济状况预测的合理且有依据的信息。本公司以共同信用风险特征为依据，将金融工具分为不同组合。本公司采用的共同信用风险特征包括：金融工具类型、账龄组合、资产质量等。相关金融工具的单项评估标准和组合信用风险特征详见相关金融工具的会计政策。本公司按照下列方法确定相关金融工具的预期信用损失：①对于金融资产，信用损失为本公司应收取的合同现金流量与预期收取的现金流量之间差额的现值。②对于财务担保合同，信用损失为本公司就该合同持有人发生的信用损失向其作出赔付的预计付款额，减去本公司预期向该合同持有人、债务人或任何其他方收取的金额之间差额的现值。③对于资产负债表日已发生信用减值但并非购买或源生已发生信用减值的金融资产，信用损失为该金融资产账面余额与按原实际利率折现的估计未来现金流量的现值之间的差额。本公司计量金融工具预期信用损失的方法反映的因素包括：通过评价一系列可能的结果而确定的无偏概率加权平均金额；货币时间价值；在资产负债表日无须付出不必要的额外成本或努力即可获得的有关过去事项、当前状况以及未来经济状况预测的合理且有依据的信息。

（4）减记金融资产。当本公司不再合理预期金融资产合同现金流量能够全部或部分收回的，直接减记该金融资产的账面余额。这种减记构成相关金融资产的终止确认。

6.2.4.7 金融资产及金融负债的抵销

金融资产和金融负债在资产负债表内分别列示，没有相互抵销。但是，同时满足下列条件的，以相互抵销后的净额在资产负债表内列示：（1）本公司具有抵销已确认金额的法定权利，且该种法定权利是当前可执行的；（2）本公司计划以净额结算，或同时变现该金融资产和清偿该金融负债。

6.2.5 长期股权投资核算方法

6.2.5.1 长期股权投资的初始计量

长期股权投资的初始计量分为合并和非合并二类。

（1）合并形成的长期股权投资。①同一控制下企业合并形成的长期股权投资。以支付现金、转让非现金资产或承担债务方式作为合并对价的，应当在合并日按照被合并方所有者权益在最终控制方合并财务报表中的账面价值的份额作为长期股权投资的初始投资成本。长期股权投资初始投资成本与支付的现金、转让的非现金资产以及所承担债务账面价值之间的差额，应当调整资本公积；资本公积不足冲减的，调整留存收益。以发行权益性证券作为合并对价的，应当在合并日按照被合并方所有者权益在最终控制方合并财务报表中的账面价值的份额作为长期股权投资的初始投资成本。按照发行股份的面值总额作为股本，长期股权投资初始投资成本与所发行股份面值总额之间的差额，应当调整资本公积；资本公积不足冲减的，调整留存收益。②非同一控制下企业合并形成的长期股权投资。按照公司在购买日确定的合并成本作为长期股权投资的初始投资成本。合并成本的确定分为：一次交换交易实现的合并，合并成本为公司在购买日为取得被合并方的控制权而付出的资产、发生或承担的负债以及发行的权益性证券的公允价值。通过多次交换交易，分步取得股权最终形成企业合并的，应以每一单项交易成本之和作为长期股权投资的初始投资成本。公司为企业合并发生的审计、法律服务、评估咨询等中介费用以及其他相关管理费用，应当于发生时计入当期损益。

（2）合并以外取得的长期股权投资。①以支付现金取得的长期股权投资，应当按照实际支付的购买价款作为初始投资成本。初始投资成本包括与取得长期股权投资直接相关的费用、税金及其他必要支出。但实际支付的价款中包括的被投资单位已宣告但尚未发放的现金股利或利润应确认为应收项目，不构成取得长期股权投资的成本。②以发行权益性证券取得的长期股权投资，应当按照发行权益性证券的公允价值作为初始投资成本，但不包括应自被投资单位收取的已宣告但尚未发放的现金股利或利润。与发行权益性证券直接相关的费用，按照《企业会计准则第37号——金融工具列报》的有关规定确定。③通过非货币性资产交易取得的长期股权投资，其初始投资成本应当按照《企业会计准则第7号——非货币性资产交换》确定。④通过债务重组取得的长期股权投资，其初始投资成本应当按照《企业会计准则第12号——债务重组》确定。

6.2.5.2 长期股权投资的后续计量

长期股权投资在持有期间，根据对被投资单位的影响程度，分别采用成本法及权益法进行核算。公司能够对被投资单位实施控制的长期股权投资，采用成本法核算；对联营企业和合营企业的长期股权投资，采用权益法核算。长期股权投资的核算方法如下表所示。

对被投资单位的影响程度	核算方法	是否纳入合并报表范围
控制	成本法	纳入
共同控制	权益法	不纳入
重大影响	权益法	不纳入

6.2.5.3 长期股权投资成本法与权益法的转换

（1）因追加投资等原因能够对被投资单位施加重大影响或实施共同控制但不构成控制的，应当按照《企业会计准则第22号——金融工具确认和计量》确定的原持有的股权投资的公允价值加上新增投资成本之和，作为改按权益法核算的初始投资成本。原持有的股权投资分类为可供出售金融资产的，其公允价值与账面价值之间的差额，以及原计入其他综合收益的累计公允价值变动应当转入改按权益法核算的当期损益。

因追加投资等原因能够对非同一控制下的被投资单位实施控制的，在编制个别财务报表时，应当按照原持有的股权投资账面价值加上新增投资成本之和，作为改按成本法核算的初始投资成本。购买日之前持有的股权投资因采用权益法核算而确认的其他综合收益，应当在处置该项投资时采用与被投资单位直接处置相关资产或负债相同的基础进行会计处理。购买日之前持有的股权投资按照《企业会计准则第22号——金融工具确认和计量》的有关规定进行会计处理的，原计入其他综合收益的累计公允价值变动应当在改按成本法核算时转入当期损益。在编制合并财务报表时，应当按照《企业会计准则第33号——合并财务报表》的有关规定进行会计处理。

（2）因处置部分股权投资等原因丧失了对被投资单位的共同控制或重大影响的，处置后的剩余股权应当改按《企业会计准则第22号——金融工具确认和计量》核算，其在丧失共同控制或重大影响之日的公允价值与账面价值之间的差额计入当期损益。原股权投资因采用权益法核算而确认的其他综合收益，应当在终止采用权益法核算时采用与被投资单位直接处置相关资产或负债相同的基础进行会计处理。

投资方因处置部分权益性投资等原因丧失了对被投资单位的控制的，在编制个别财务报表时，处置后的剩余股权能够对被投资单位实施共同控制或施加重大影响的，应当改按权益法核算，并对该剩余股权视同自取得时即采用权益法核算进行调整；处置后的剩余股权不能对被投资单位实施共同控制或施加重大影响的，应当改按《企业会计准则第22号——金融工具确认和计量》的有关规定进行会计处理，其在丧失控制之日的公允价值与账面价值间的差额计入当期损益。在编制合并财务报表时，应当按照《企业会计准则第33号——合并财务报表》的有关规定进行会计处理。

6.2.6 固定资产计价和折旧方法

固定资产指为提供金融商品服务、出租或经营管理而持有的，使用期限超过一个会计年度且不属于低值易耗品范围的有形资产。固定资产在同时满足下列条件时予以确认：（1）与该固定资产有关的经济利益很可能流入企业；（2）该固定资产的成本能够可靠地计量。

固定资产按成本进行初始计量。其中，外购固定资产的成本包括买价、进口关税等相关税费，以及为使固定资产达到预定可使用状态前所发生的可直接归属于该资产的运输费、装卸费、安装费和专业人员服务费等其他支出。自行建造固定资产的成本，由建造该项资产达到预定可使用状态前所发生的必要支出（如建筑及安装工程支出、装修支出、设备费用及相关税金等）构成。投资者投入的固定资产，按投资合同或协议约定的价值作为入账价值，但合同或协议约定价值不公允的按公允价值入账。经批准将抵债资产转为自用的固定资产，以抵债资产的账面价值作为入账价值；出租的建筑物转为自用的，以投资性房地产账面价值作为固定资产的入账价值。购买固定资产的价款超过正常信用条件延期支付，实质上具有融资性质的，固定资产的成本以购买价款的现值为基础确定。实际支付的价款与购买价款的现值之间的差额，除应予资本化的以外，在信用期间内计入当期损益。

除已提足折旧仍继续使用的固定资产之外，固定资产折旧采用年限平均法分类计提，根据固定资产类别、预计使用寿命和预计净残值率确定折旧率。

融资租赁方式租入的固定资产，能合理确定租赁期届满时将会取得租赁资产所有权的，在租赁资产尚可使用年限内计提折旧；无法合理确定租赁期届满时能够取得租赁资产所有权的，在租赁期与租赁资产尚可使用年限两者中较短的期间内计提折旧。

公司根据固定资产的性质和使用情况，确定固定资产的使用寿命和预计净残值。并在年度终了，对固定资产的使用寿命、预计净残值和折旧方法进行复核，如与原先估计数存在差异的，进行相应的调整。

各类固定资产折旧年限和年折旧率如下表所示。

类别	折旧年限（年）	预计净残值率（%）	年折旧率（%）
电子设备	3	—	33.33
办公设备	5	—	20

6.2.7 无形资产计价及摊销政策

6.2.7.1 无形资产的计价方法

公司取得无形资产时按成本进行初始计量：外购无形资产的成本，包括购买价款、相关税费以及直接归属于使该项资产达到预定用途所发生的其他支出。购买无形资产的价款超过正常信用条件延期支付，实质上具有融资性质的，无形资产的成本以购买价款的现值为基础确定。

后续计量：在取得无形资产时分析判断其使用寿命。

对于使用寿命有限的无形资产，在为企业带来经济利益的期限内按直线法摊销；无法预见无形资产为企业带来经济利益期限的，视为使用寿命不确定的无形资产，不予摊销。

6.2.7.2 使用寿命有限的无形资产的使用寿命估计情况如下表所示。

项目	摊销年限（年）	依据
土地使用权	40	土地使用权使用年限
软件	3	软件使用及更新期限

每期末，对使用寿命有限的无形资产的使用寿命及摊销方法进行复核。

经复核，报告期末无形资产的使用寿命及摊销方法与以前估计未有不同。

6.2.8 长期待摊费用的摊销政策

长期待摊费用包括经营租入固定资产改良支出、租赁费等。按实际发生额入账，在摊销期限内按月摊销，计入相关费用项目。摊销期限根据合同或协议期限与受益期限孰短原则确定。有合同或协议期限而没有受益期的，按合同、协议期限摊销；没有合同或协议期限但受益期限明确或能合理预测的，按受益期限摊销。

项目	摊销方法	摊销年限（年）
经营租入固定资产改良支出	直线法	2—5

6.2.9 租赁

在合同开始日，本公司评估合同是否为租赁或者包含租赁。如果合同中一方让渡了在一定期间内控制一项或多项已识别资产使用的权利以换取对价，则该合同为租赁或者包含租赁。

本公司作为承租人的会计处理。在租赁期开始日，除应用简化处理的短期租赁和低价值资产租赁外，本公司对租赁确认使用权资产和租赁负债。短期租赁是指不包含购买选择权且租赁期不超过12个月的租赁。低价值资产租赁是指单项租赁资产为全新资产时价值较低的租赁。本公司对除上述以外的短期租赁和低价值资产租赁确认使用权资产和租赁负债。

6.2.10 收入确认原则和方法

6.2.10.1 确认让渡资产使用权收入的依据

与交易相关的经济利益很可能流入公司，收入的金额能够可靠地计量时。分别下列情况确定让渡资产使用权收入金额：

利息收入金额，按照他人使用本公司货币资金的时间和实际利率计算确定。

使用费收入金额，按照有关合同或协议约定的收费时间和方法计算确定。

6.2.10.2 手续费及佣金收入

手续费及佣金收入主要指公司为客户提供各类金融服务所取得的各种手续费收入，包括信托产品报酬收入、信托受益权转让手续费收入、咨询服务费收入、中介服务所得收入（如财务顾问服务费收入）以及其他金融服务收入等。

本公司在履行了合同中的履约义务，即在客户取得相关商品或服务的控制权时，确认收入。

6.2.11 所得税的会计处理方法

公司所得税的会计核算采用资产负债表债务法。公司在取得资产、负债时，确定其计税基础。资产、负债的账面价值与其计税基础存在的暂时性差异，按照《企业会计准则第18号——所得税》的有关规定，确认所产生的递延所得税资产或递延所得税负债。

本公司所得税实行分季预缴，年度汇算清缴执行查账征收方式。

6.2.12 信托报酬确认原则和方法

信托报酬依照信托合同中关于信托报酬的约定，在整个信托存续期间进行确认。

6.3 或有事项及承诺

无。

6.4 重要资产转让及其出售的说明

报告期内公司无重大资产转让及出售事项。

6.5 会计报表中重要项目的明细资料

6.5.1 自营资产经营情况

6.5.1.1 信用风险五级分类

单位：万元

信用风险资产五级分类	期初数	期末数
正常类	256 483.12	242 344.53
关注类	156 927.36	150 374.92
次级类	5 132.27	32 938.15
可疑类	1 116.23	1 115.58
损失类	7 940.74	7 940.74
信用风险资产合计	427 599.72	434 713.92

6.5.1.2 各项资产减值损失准备情况

单位：万元

项目	期初数	本期计提	本期转回	本期核销	其他变化	期末数
贷款损失准备	—	—	—	—	—	—
一般准备	—	—	—	—	—	—
专项准备	—	—	—	—	—	—
其他资产减值准备	—	—	—	—	—	—
持有至到期投资减值准备	—	—	—	—	—	—
应收款项类金融资产	—	—	—	—	—	—
长期股权投资减值准备	—	—	—	—	—	—
坏账准备	10 043.33	—	569.89	—	—	9 473.44
投资性房地产减值准备	—	—	—	—	—	—

6.5.1.3 按照投资品种分类的自有资金投资情况

单位：万元

项目	自营股票	基金	债券	长期股权投资	其他投资	合计
期初数	—	2 564.98	—	—	388 448.58	391 013.56
期末数	—	6 462.84	—	—	394 450.67	400 913.51

6.5.1.4 前五名的自营长期股权投资情况

单位：万元

企业名称	占被投资企业权益比例	主要经营活动	投资收益
—	—	—	—
—	—	—	—
—	—	—	—
—	—	—	—
—	—	—	—

6.5.1.5 前五名的自营贷款情况

单位：万元

企业名称	占贷款总额的比例	还款情况
—	—	—
—	—	—
—	—	—
—	—	—
—	—	—

6.5.1.6 表外业务

单位：万元

表外业务	期初数	期末数
担保业务	—	—
代理业务（委托业务）	—	—
其他	—	—
合计	—	—

6.5.1.7 公司当年的收入结构

收入结构	合并 金额（万元）	合并 占比（%）	母公司 金额（万元）	母公司 占比（%）
手续费及佣金收入	32 431.79	62.89	32 882.33	75.71
其中：信托手续费收入	32 249.24	62.54	32 699.78	75.29
投资银行业务收入	—	—	—	—
利息收入	6 318.00	12.25	506.27	1.17
其中：计入信托业务收入部分	—	—	—	—
投资收益	12 764.09	24.75	9 989.78	23.00
其中：股权投资收益	—	—	—	—
证券投资收益	—	—	—	—
其他投资收益	12 764.09	24.75	9 989.78	23.00
资产处置收益	2.58	0.01	2.58	0.01
其他收益	46.63	0.09	46.63	0.10
营业外收入	5.00	0.01	5.00	0.01
收入合计	51 568.09	100.00	43 432.59	100.00

报告期公司实现的信托业务收入全部是以手续费及佣金确认的信托业务收入。

6.5.2 披露信托资产管理情况

6.5.2.1 信托资产的期初数、期末数

单位：万元

信托资产	期初数	期末数
集合	2 873 327.11	2 914 524.83
单一	1 851 941.72	2 231 835.44
财产权	3 263 860.06	5 087 664.81
合计	7 989 128.89	10 234 025.08

6.5.2.1.1 主动管理型信托业务的信托资产期初数、期末数

单位：万元

主动管理型信托资产	期初数	期末数
证券投资类	327 128.43	439 019.88
股权投资类	282 916.37	242 027.81
融资类	1 763 920.41	1 763 091.05
事务管理类	—	—
合计	2 373 965.21	2 444 138.74

6.5.2.1.2 被动管理型信托业务的信托资产期初数、期末数

单位：万元

被动管理型信托资产	期初数	期末数
证券投资类	—	—
股权投资类	—	—
融资类	—	—
事务管理类	5 615 163.68	7 789 886.35
合计	5 615 163.68	7 789 886.35

6.5.2.2 本年度已清算结束的信托项目个数、实收信托合计金额、加权平均实际年化收益率

6.5.2.2.1 本年度已清算结束的集合类、单一类资金信托项目和财产管理类信托项目个数、实收信托金额、加权平均实际年化收益率

已清算结束信托项目	项目个数（个）	实收信托合计金额（万元）	加权平均实际年化收益率（%）
集合类	49	1 289 262.85	6.25
单一类	12	161 715.21	22.30
财产管理类	8	229 685.00	8.11

注：1.收益率是指信托项目清算后，给受益人赚取的实际收益水平。
2.加权平均实际年化收益率=（信托项目1的实际年化收益率×信托项目1的资产总计+信托项目2的实际年化收益率×信托项目2的资产总计+…+信托项目n的实际年化收益率×信托项目n的资产总计）/（信托项目1的资产总计+信托项目2的资产总计+…+信托项目n的资产总计）×100%。

6.5.2.2.2 本年度已清算结束的主动管理型信托项目个数、实收信托合计金额、加权平均实际年化收益率

已清算结束信托项目	项目个数（个）	实收信托合计金额（万元）	加权平均实际年化信托报酬率（%）	加权平均实际年化收益率（%）
证券投资类	7	46 660.85	1.02	4.23
股权投资类	11	162 662.00	1.96	6.95
融资类	22	637 440.00	1.84	6.78
事务管理类	—	—	—	—

注：加权平均实际年化信托报酬率=（信托项目1的实际年化信托报酬率×信托项目1的实收信托+信托项目2的实际年化报酬率×信托项目2的实收信托+…+信托项目n的实际年化信托报酬率×信托项目n的实收信托）/（信托项目1的实收信托+信托项目2的实收信托+…+信托项目n的实收信托）×100%。

6.5.2.2.3 本年度已清算结束的被动管理型信托项目个数、实收信托合计金额、加权平均实际年化收益率

已清算结束信托项目	项目个数（个）	实收信托合计金额（万元）	加权平均实际年化信托报酬率（%）	加权平均实际年化收益率（%）
证券投资类	—	—	—	—
股权投资类	—	—	—	—
融资类	—	—	—	—
事务管理类	29	833 900.21	0.28	9.45

6.5.2.3 本年度新增的集合类、单一类、财产管理类信托项目个数、实收信托合计金额

新增信托项目	项目个数（个）	实收信托合计金额（万元）
集合类	60	1 480 009.03
单一类	54	473 896.39
财产管理类	210	2 106 940.56
新增合计	324	4 060 845.98
其中：主动管理型	52	1 180 164.05
被动管理型	272	2 880 681.93

注：本年新增信托项目指在本报告年度内累计新增的信托项目个数和金额。包含本年度新增并于本年度内结束的项目和本年度新增至报告期末仍在持续管理的信托项目。

6.5.2.4 信托赔偿准备金的提取、使用和管理情况

报告期内公司提取信托赔偿准备金792.08万元，期末余额6 850.09万元。报告期内正常管理信托赔偿准备金，未使用该准备金。

6.6 关联方关系及其交易的披露

6.6.1 关联交易方的数量、关联交易的总金额及关联交易的定价政策等

项目	关联交易方数量	关联交易金额（万元）	定价政策
合计	12	28 961.14	市场交易价格

6.6.2 关联交易方与本公司的关系性质、关联交易方的名称、法定代表人、注册地址、注册资本及主营业务等。

关系性质	关联方名称	法定代表人	注册地址	注册资本（亿元）	主营业务
母公司	浙江东方金融控股集团股份有限公司	金朝萍	杭州市西湖大道12号	34.15	商贸流通业务、类金融业务等
实际控制人	浙江省国际贸易集团有限公司	高秉学	杭州市庆春路199号	9.8	进出口业务、国内贸易、实业投资、咨询服务等
受同一实际控制人控制	浙江国贸东方房地产有限公司	孙波	杭州市西湖区文三路453号	2.55	房地产开发经营
受同一实际控制人控制	浙江省五金矿产进出口有限公司	陈峰	杭州市中山北路310号	0.5	经营进出口业务、矿产品、金属材料、机电设备、五金、汽车、摩托车配件等
受同一母公司控制	中韩人寿保险有限公司	金朝萍	浙江省杭州市江干区四季青街道香樟街39号国贸金融大厦22~23层	30.0120	人寿保险、健康保险和意外伤害保险等保险业务
受同一母公司控制	大地期货有限公司	裘一平	浙江省杭州市江干区四季青街道香樟街39号24、25层	9.9800	商品期货经纪、金融期货经纪，期货投资咨询，资产管理
受同一实际控制人控制	浙江惠灵对外贸易有限责任公司	单建红	杭州市中山北路308号	0.30881	经营进出口业务，批发兼零售等
受同一实际控制人控制	浙江省浙商资产管理股份有限公司	应春晓	浙江省杭州市上城区山南印中心2号楼101室	71	参与省内金融企业不良资产的批量转让业务（凭浙江省人民政府文件经营）资产管理，资产投资及资产管理相关的重组、兼并、投资管理咨询服务，企业管理、财务咨询及服务
受同一实际控制人控制	浙江中大技术进出口集团有限公司	陈伟保	杭州市西湖大道58号华顺大厦13~22层	0.5	自营和代理除国家组织统一联合经营的16种出口商品和国家实行核定公司经营的14种进口商品以外的商品及技术的进出口业务；开展"三来一补"、进料加工业务；经营对销贸易和转口贸易；出口商品的外转内销和进口商品的国内销售业务
受同一实际控制人控制	浙江省中医药健康产业集团有限公司	叶秀昭	浙江省庆春路199号408室	20	中药材种植、中药饮片、中成药、中医药流通、中医诊疗服务等领域
受同一实际控制人控制	浙江国贸集团东方机电工程股份有限公司	华爱国	浙江省杭州市庆春路199号	1.20	机电设备成套、机械设备、仪器仪表、轴承、运输设备的销售，机电工程技术咨询
受同一实际控制人控制	浙江省土产畜产进出口集团有限公司	张斌	杭州市中山北路308号	1.0	货物进出口；技术进出口；进出口代理；日用百货销售；日用杂品销售；厨具卫浴及日用杂品批发等

6.6.3 逐笔披露本公司与关联方的重大交易事项

6.6.3.1 固有财产与关联方：贷款、投资、租赁、应收账款担保、其他方式等期初汇总数、本期发生额汇总数、期末汇总数

固有与关联方关联交易 单位：万元

项目	期初数	借方发生额	贷方发生额	期末数
贷款	—	—	—	—
投资	—	—	—	—
租赁	—	260.15	260.15	—
担保	—	—	—	—
应收账款	—	—	—	—
其他	1 140.65	480.02	388.86	1 239.81
合计	1 140.65	740.17	641.01	1 239.81

6.6.3.2 信托资产与关联方：贷款、投资、租赁、应收账款、担保、其他方式等期初汇总数、本期发生额汇总数、期末汇总数

信托与关联方关联交易 单位：万元

项目	期初数	借方发生额	贷方发生额	期末数
贷款	—	—	—	—
投资	7 200.00	—	—	7 200.00
租赁	—	—	—	—
担保	—	—	—	—
应收账款	—	—	—	—
其他	5 300.00	—	1 000.00	4 300.00
合计	12 500.00	—	1 000.00	11 500.00

6.6.3.3 固有财产与信托财产之间的交易金额期初汇总数、本期发生额汇总数、期末汇总数

固有财产与信托财产相互交易 单位：万元

项目	期初数	本期发生额	期末数
合计	336 019.80	-8 330.22	327 689.57

注：以固有资金投资公司自己管理的信托项目受益权，或购买自己管理的信托项目的信托资产均应纳入统计披露范围。

6.6.3.4 信托资产与信托财产之间的交易金额期初汇总数、本期发生额汇总数、期末汇总数

信托资产与信托财产相互交易 单位：万元

项目	期初数	本期发生额	期末数
合计	309 692.40	-18 249.74	291 442.66

注：以公司受托管理的一个信托项目的资金购买自己管理的另一个信托项目的受益权或信托项下资产均应纳入统计披露范围。

6.6.4 逐笔披露关联方逾期未偿还本公司资金的详细情况以及本公司为关联方担保发生或即将发生垫款的详细情况

报告期内不存在关联方逾期未偿还本公司资金情况以及本公司为关联方担保发生或即将发生垫款情况。

6.7 会计制度的披露

公司执行中华人民共和国财政部颁布的《企业会计准则——基本准则》和对应的具体会计准则、应用指南、解释、修订以及其他相关规定。

7.财务情况说明书

7.1 利润实现和分配情况

2023年度公司合并及母公司报表层面实现利润总额为21 286.67万元，所得税费用5 445.05万元，实现净利润15 841.62万元。本年提取信托赔偿准备金792.08万元，提取法定公积金1 584.16万元，分配现金股利4 352.53万元。

7.2 主要财务指标

指标名称	指标值	
	合并口径	母公司口径
资本利润率（％）	3.61	3.61
信托报酬率（％）	0.41	0.41
人均营业总收入（万元）	203.02	170.99

注：1.资本利润率＝净利润/所有者权益平均余额×100％。
2.信托报酬率＝信托业务收入/实收信托平均余额×100％。
3.人均营业收入＝营业收入/年平均人数（收入取自6.5.1.7中的营业收入（不含营业外收入））平均余额采取年初及各季末余额移动算术平均法，公式为：a（平均）＝（a0/2+a1+a2+a3+a4/2）/4。

7.3 对本公司财务状况、经营成果有重大影响的其他事项

报告期内未发生对本公司财务状况、经营成果有重大影响的其他事项。

7.4 公司净资本情况

项目	期末余额	监管标准
净资本	306 519.67（万元）	≥2亿元
固有业务风险资本（万元）	78 539.36	—
信托业务风险资本（万元）	54 818.41	—
其他业务风险资本（万元）	—	—
各项业务风险资本之和（万元）	133 357.77	—
净资本/各项业务风险资本之和（％）	229.85	≥100
净资本/净资产（％）	69.03	≥40

8.特别事项揭示

8.1 前五名股东报告期内变动情况及原因

无变动。

8.2 董事、监事及高级管理人员变动情况及原因

8.2.1 董事变动情况及原因

因刘钊先生辞去公司董事职务，2023年10月13日，公司股东大会选举周智辉先生为公司董事，2024年3月14日，公司收到国家金融监督管理总局浙江监管局《关于周智辉任职资格的批复》（浙金复〔2024〕96号），核准了周智辉先生的公司董事任职资格。

8.2.2 监事变动情况及原因

因李庆玲女士辞去公司监事职务，2023年4月25日，公司股东大会选举严文贵先生为公司监事。2023年4月26日，监事会选举严文贵先生为公司监事会主席。

因赵丹明先生退休，辞去公司职工监事职务。2023年5月25日，吕一平女士经公司职工代表大会选举成为职工监事。

8.2.3 高级管理人员变动情况及原因

因工作调整，公司原副总经理李永良先生于2023年12月29日向公司董事会递交辞职报告，已经第五届董事会第二十九次临时会议审议通过。

8.3 变更注册资本、变更注册地或公司名称、公司分立合并事项

经国家金融监督管理总局浙江监管局（原中国银行保险监督管理委员会浙江监管局）（浙银保监复〔2023〕242号）核准，公司住所变更为浙江省杭州市上城区香樟街39号18层、26~28层。公司于2023年12月7日领取新的营业执照，完成工商变更手续。

8.4 公司的重大诉讼事项

无。

8.5 公司及其董事、监事和高级管理人员受到处罚的情况

无。

8.6 国家金融监督管理总局及其派出机构对公司检查后提出整改意见的，应简单说明整改情况

国家金融监督管理总局浙江监管局（原浙江银保监局）《关于浙商金汇信托股份有限公司2022年度监管的意见》（浙银保监发〔2023〕86号）向公司提出了五方面监管意见：一是加强统筹谋划，加快转型发展步伐；二是坚持攻坚克难，大力压降风险水平；三是聚焦关键领域，持续提升公司治理有效性；四是全面审视提升，进一步夯实内部管理基础；五是紧盯腐败行为，持续深化清廉金融文化建设。公司根据监管意见深入开展全面自查，深入贯彻落实监管政策意见精神，客观分析研判内外形势，坚定战略定力，统筹平衡安全稳健和转型发展，把牢"业务转型、风险防控、治理完善、服务升级"四个抓手，在守牢风险底线、推进转型发展、强化治理能力、夯实内控基础、建设清廉企业文化上持续发力，全力推动公司创新转型、平稳发展。

8.7 本年度重大事项临时报告的简要内容、披露时间、所披露的媒体及其版面

《浙商金汇信托股份有限公司2022度报告摘要》在证券时报2023年4月28日第B24版刊登。

《浙商金汇信托股份有限公司关于金融许可证机构住所变更的公告》在证券时报2023年7月22日第A6版刊登，金融许可证机构住所变更为浙江省杭州市香樟街39号18层、26~28层。

8.8 国家金融监督管理总局及其省级派出机构认定的其他有必要让客户及相关利益人了解的重要信息

无。

9.公司监事会意见

监事会认为，报告期内公司依法合规经营，本报告的财务报告真实、客观地反映了公司的财务状况和经营结果。

中诚信托有限责任公司

1. 重要提示

1.1 本公司董事会及董事保证本报告所载资料不存在任何虚假记载、误导性陈述或者重大遗漏，并对其内容的真实性、准确性和完整性承担个别及连带责任。

1.2 未出席董事会董事情况：董事长李祝用未出席2023年第一次临时董事会会议，委托其他董事主持会议并授权行使表决权；独立董事叶林未出席2023年第一次临时董事会会议，授权其他独立董事行使表决权。

1.3 本公司独立董事对年度报告的真实性、准确性、完整性无异议。

1.4 公司董事长李祝用、法定代表人/总裁安国勇、财务负责人沈树忠声明：保证年度报告中财务报告的真实、完整。

2. 公司概况

2.1 公司简介

中诚信托有限责任公司（以下简称公司）初创于1995年11月，原名称为中煤信托投资有限责任公司，注册资本金人民币4亿元（含1 500万美元）；2001年9月，公司成为首家获准重新登记的信托公司；2004年2月，完成增资扩股后，公司注册资本金增加至12亿元，名称变更为中诚信托投资有限责任公司；2007年7月，根据新颁布实施的《信托公司管理办法》，公司完成了重新登记，首批获准直接换发金融许可证，名称变更为中诚信托有限责任公司；2010年9月，公司完成增资扩股后，注册资本金增加至24.57亿元。2022年1月，公司注册资本增加至48.5亿元。

法定中文名称	中诚信托有限责任公司
法定中文缩写名称	中诚信托
公司法定英文名称	CHINA CREDIT TRUST Co., LTD
法定英文缩写名称	CCT
法定代表人	安国勇
注册地址	北京市东城区安外大街2号
邮政编码	100013
国际互联网网址	http://www.cctic.com.cn/
电子信箱	contactus@cctic.com.cn
信息披露事务负责人	魏青，电话：010-84267098；传真：010-84267118 电子信箱：weiqing@cctic.com.cn
选定的信息披露报纸	《证券时报》
公司年报备置地点	北京市东城区安外大街2号
聘请的会计师事务所	天职国际会计师事务所（特殊普通合伙）
聘请的会计师事务所所住所	北京市海淀区车公庄西路19号68号楼A-1和A-5区域

2.2 组织结构

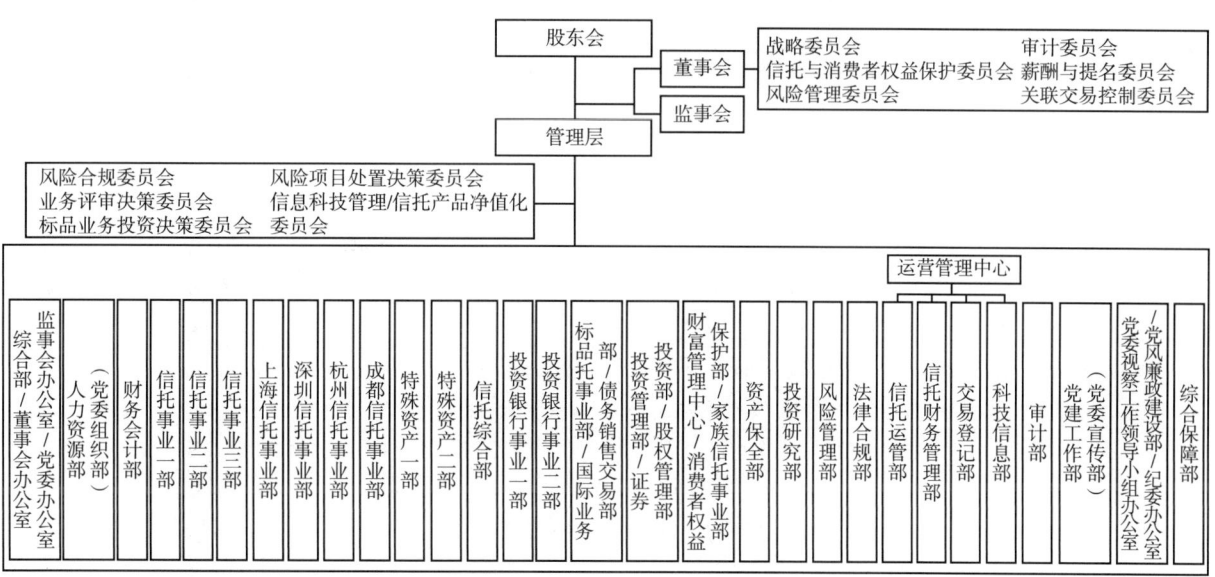

3. 公司治理

3.1 股东

股东名称	出资额（元）	持股比例（%）	法定代表人	注册资本	注册地址	主要经营业务及主要财务情况
中国人民保险集团股份有限公司★	1 596 649 682.3598	32.9206	王廷科	4 422 399.0583万元	北京市西城区西长安街88号1层至13层	（1）投资并持有上市公司、保险机构和其他金融机构的股份；（2）监督管理控股投资企业的各种国内、国际业务；（3）国家授权或委托的政策性保险业务；（4）经原中国保监会和国家有关部门批准的其他业务（市场主体依法自主选择经营项目，开展经营活动；依法须经批准的项目，经相关部门批准后依批准的内容开展经营活动）；不得从事国家和本市产业政策禁止和限制类项目的经营活动）
国家能源集团资本控股有限公司	987 110 339.8824	20.3528	王晓非	1 984 000万元	北京市西城区西直门外大街18号楼5层7单元601	项目投资；资产管理；信息咨询（中介除外）；企业总部管理（市场主体依法自主选择经营项目，开展经营活动；依法须经批准的项目，经相关部门批准后依批准的内容开展经营活动；不得从事国家和本市产业政策禁止和限制类项目的经营活动）
山东能源集团有限公司	493 555 169.9412	10.1764	李伟	3 020 000万元	山东省济南市高新区舜华路28号	授权范围内的国有资产经营；开展煤炭等资源性产品、煤电、煤化工、高端装备制造、新能源新材料、现代物流贸易、油气、工程和技术研究及管理咨询、高科技、金融等行业领域的投资、管理；规划、组织、协调集团所属企业在上述行业领域内的生产经营活动。投资咨询；期刊出版；有线广播及电视的安装、开通、维护和器材销售；许可证批准范围内的增值电信业务；对外承包工程资质证书批准范围内的承包与实力、规模、业绩相适应的国外工程项目及对外派遣实施上述境外工程所需的劳务人员（以下仅限分支机构经营）；热电、供热及发电余热综合利用；公路运输；水、暖管道安装、维修；餐饮、旅馆；木材加工；黄金、贵金属、有色金属的地质探矿、开采、选冶、加工、销售及技术服务。广告业务；机电产品、服装、纺织及橡胶制品的销售；备案范围内的进出口业务；园林绿化；房屋、土地、设备的租赁；煤炭、煤化工及煤电铝技术开发服务；建筑材料、硫酸铵（白色结晶粉末）生产、销售；矿用设备、机电设备、成套设备及零配件的制造、安装、维修、销售；装饰装修；电器设备安装、维修、销售；通用零部件、机械配件、加工及销售；污水处理及中水的销售；房地产开发、物业管理；日用百货、工艺品、金属材料、燃气设备销售；铁路货物（区内自备）运输（依法须经批准的项目，经相关部门批准后方可开展经营活动）
河南农投金控股份有限公司	246 777 584.9706	5.0882	王志霞	241 740.00万元	郑州市金水区农业路东33号英特大厦8层	股权投资、债权投资、资产收购、基金投资、并购重组、财务咨询
深圳市天正投资有限公司	174 949 118.7976	3.6072	魏鹏冲	70 000万元	深圳市南山区桃源街道丽山路大学城创业园230室	投资兴办实业（具体项目另行申报）
中国中煤能源集团有限公司	164 517 558.8693	3.3921	王树东	1 557 111.3万元	北京市朝阳区黄寺大街1号	销售煤炭（不在北京地区开展实物煤的交易、储运活动）；煤炭出口业务；煤炭的勘探、煤炭及伴生产品的开采、煤炭洗选加工、煤炭焦化和制气、煤化工、煤层气开发、电力生产、电解铝生产和铝材加工、煤矿机械设备制造、科研、设计、工程和设备招投标、工程勘察、工程建设施工和监理、咨询服务等项目的投资与管理；房地产开发经营；进出口业务；销售机械设备、焦炭制品（市场主体依法自主选择经营项目，开展经营活动；依法须经批准的项目，经相关部门批准后依批准的内容开展经营活动；不得从事国家和本市产业政策禁止和限制类项目的经营活动）
冀中能源邢台矿业集团有限责任公司	164 517 558.8693	3.3921	何长海	168 476.00万元	河北省邢台市信都区中兴西大街191号	批发、零售：电子产品、电器机械及器材、文化体育用品及器材、建材、机械设备、五金交电、纺织用品、服装、日用杂品、煤炭、一类医疗器械、家具、仪器仪表、自营和代理各类商品的进出口业务（法律、行政法规禁止经营和限制经营的商品除外）；食用农产品销售；企业自有房屋销售；物业服务；设备租赁；房屋租赁；按资质承揽建筑安装工程、钢结构工程、室内外装饰装修、门窗安装、市政道路工程、土石方工程、幕墙工程、矿山工程施工、工程管理服务；建材测试；印刷；金属制品、机械和设备维修；化工产品（不含危险化学品）的技术开发、技术服务与咨询。以下仅限分支机构经营：仓储服务（不含危险化学品）；饲料及饲料原料、饲料添加剂的销售。单一饲料（饲料用花生粕）生产；煤炭生产与销售、电力生产与销售、蒸汽生产与供应、本企业生产科研所需的原辅材料、自动化控制工程；生产、销售：化工产品及化工原料（不含危险化学品）、塑钢、铝合金门窗制造、销售；PVC塑料门窗型材、板材、管材、配件及中空玻璃的制造、销售；PE、PVC热收缩膜及塑料包装材料制造、销售；供水、电、暖设备安装维修、房屋维修、商务服务业、加工业、住宿和餐饮业、普通货运及危险货物运输；批发、零售食品、饮料、烟；中医养生保健服务（非医疗）、养生保健服务（非医疗）；依法须经批准的项目，经相关部门批准后方可开展经营活动

续表

股东名称	出资额（元）	持股比例（%）	法定代表人	注册资本	注册地址	主要经营业务及主要财务情况
贵州能源集团有限公司	164 517 558.8693	3.3921	胡永忠	1 000 000万元	贵州省贵阳市观山湖区林城西路95号	法律、法规、国务院决定规定禁止的不得经营；法律、法规、国务院决定规定应当许可（审批）的，经审批机关批准后凭许可（审批）文件经营；法律、法规、国务院决定规定无须许可（审批）的，市场主体自主选择经营［煤炭、电力、页岩气开采、煤层气开发及其主业关联项目投资；电力、热力、燃气的生产和供应；电力和电网（含储能、智能电网、分布式微网等）项目的投资、建设和运营；能源技术研发、咨询和服务；油气资源的勘探、利用；燃气经营；新能源、可再生资源、充电桩、新能源汽车、配售电项目的投资、开发、建设、运营；建材、化工（不含危险化学品）、机电产品及零配件的生产经营；电力设备和机械设备的安装与维修；投资、资本运营、股权管理；企业兼并重组；财务顾问；招投标；房屋租赁；餐饮业；酒类销售；国内外贸易；自营和代理国家禁止经营范围以外的商品和技术的进出口业务；开展"三来一补"进料加工业务；经营易货贸易和转口贸易业务］
中国平煤神马控股集团有限公司	164 517 558.8693	3.3921	李毛	1 943 209.00万元	平顶山市矿工中路21号院	原煤开采和洗选；铁路运输；物资储运；建筑业；电力、热力、自来水生产和供应；电力、通信工程施工；管道安装与维修；环境监测；招标代理；租赁和商业服务业；专业技术管理与咨询服务；电梯安装及维修；信息传输服务；有线电视安装；电影放映；剧场营业与服务；环保设备生产及施工；物业管理；机电设备修理；承包境外工程；设计、制作、发布广告；煤矿安全仪器仪表的设计安装；进出口业务（国家限定或禁止进出口的商品及技术除外）；汽车销售；木材采伐；苗木花卉种植及销售；住宿、餐饮；旅行社；居民服务业；生产、销售：帘子布、工业及民用丝、地毯丝、塑料及橡胶制品、化工产品（不含易燃易爆及化学危险品）、机电产品及配件、矿灯、轻（新）型建材、金属、非金属管道和配件、防爆电器、矿用通风安全产品、金属构件、水泥、粉煤灰；批发、零售：焦炭、机动车配件、金属材料、建筑材料、劳保用品、电子产品、五金交电、皮带、木材、办公机具及配件、观赏鱼及渔具、农产品、食品、预包装食品、保健品、工艺品、日用百货、服装、饮料、酒；卷烟、雪茄烟零售（限分支机构）
招商局中国基金有限公司	161 490 818.8901	3.3297	—	13 935万美元	THREE PACIFIC PLACE 1 QUEEN'S ROAD EAST HK	招商局中国基金有限公司为一间永续及闭端式投资公司，其股份根据香港联合交易所有限公司证券上市规则第21章在香港联合交易所主板上市。公司专门在中国从事投资，其投资目标为在中国收购优质投资项目，主要为非上市企业。招商局中国基金也可通过二级证券市场收购不多于其资产净值的10%的中国概念股，但该等公司的主要业务或收入须来自中国（包括香港）
山西焦煤集团有限责任公司	123 388 792.4853	2.5441	赵建泽	1 062 322.99万元	太原市万柏林区新晋祠路一段1号	矿产资源开采：煤炭开采；煤炭加工；煤炭销售；机械修造；批发零售钢材、轧制和锻造产品、化工、建材（木材除外）；道路货物运输；汽车修理；种植业；养殖业；煤炭技术开发与服务。上述经营范围仅本公司及下属分支机构取得相关特许许可的单位从事，其他经营范围详见章程修正案（依法须经批准的项目，经相关部门批准后方可开展经营活动）
山西潞安矿业（集团）有限责任公司	123 388 792.4853	2.5441	马军祥	419 881.60万元	山西省长治市襄垣县侯堡镇	煤炭的生产、销售；住宿、餐饮服务；印刷；游泳室内场所服务；木材经营加工（以上项目仅限分支机构经营）。汽油、柴油零售（限分支机构经营）。金属材料及制品、风化煤、焦炭、建材、化工产品（危化品除外）、镀锌铅丝、水泥预制构件、电装制品、橡胶制品、服装的生产及销售；矿产资源开采：煤炭开采和洗选；硅铁冶炼；煤层气开发；农业项目；电力生产、电力供应；普通机械制造及维修；医疗服务；电子通信服务；油料种植、花卉种植、林木种植；园林绿化工程；润滑油销售；勘查工程施工（钻探）；固体矿产勘查；水文地质、工程地质、环境地质调查；气体矿产勘查；设备经营租赁；酒店管理；铁路货物运输，其他铁路运输辅助活动（矿区铁路专用线）；普通道路运输活动；普通货物的装卸、存储；企业内部经营固定电信服务及其他电信服务；信息技术咨询服务；有线广播电视传播服务；互联网接入及相关服务；软件开发；信息系统集成服务；架线及设备工程建筑；电气安装；通信设备零售；数据处理和存储服务；通信设备修理，其他机械和设备修理业；计算机及通信设备租赁；自有房屋租赁；汽车租赁；其他机械与设备租赁；建筑工程；广告业务；会议会展服务；殡葬服务；供热、灰渣综合利用开发；教育（以办学许可证为准；依法须经批准的项目，经相关部门批准后方可开展经营活动）
福建省能源集团有限责任公司	123 388 792.4853	2.5441	林中	1 000 000.00万元	福建省福州市鼓楼区省府路1号（经营场所：福建省福州市鼓楼区琴亭路29号方圆大厦第17层）	许可项目：矿产资源勘查；发电业务、输电业务、供（配）电业务；医疗服务；危险废物经营（依法须经批准的项目，经相关部门批准后方可开展经营活动，具体经营项目以相关部门批准文件或许可证件为准）。一般项目：发电技术服务；新兴能源技术研发；煤炭及制品销售；矿物洗选加工；远程健康管理服务；新材料技术研发；水泥制品销售；新型建筑材料制造（不含危险化学品）；石油制品制造（不含危险化学品）；石油制品销售（不含危险化学品）；化工产品生产（不含许可类化工产品）；化工产品销售（不含许可类化工产品）；专用化学产品制造（不含危险化学品）；专用化学产品销售（不含危险化学品）；固体废物治理；国内贸易代理；生物化工产品技术研发；货物进出口；技术服务、技术开发、技术咨询、技术交流、技术转让、技术推广；企业总部管理；以自有资金从事投资活动；碳减排、碳转化、碳捕捉、碳封存技术研发；节能管理服务；环保咨询服务；合同能源管理；企业管理咨询（除依法须经批准的项目外，凭营业执照依法自主开展经营活动）

续表

股东名称	出资额（元）	持股比例（%）	法定代表人	注册资本	注册地址	主要经营业务及主要财务情况
淮北皖淮投资有限公司	82 260 026.1013	1.6961	周四新	50 000.00万元	安徽省淮北市相山区人民中路276号A座13层1305室	基金投资，股权投资，债权投资，有价证券投资，投资咨询，财务顾问，信托投资（依法须经批准的项目，经相关部门批准后方可开展经营活动）
内蒙古兴业银锡矿业股份有限公司	78 970 646.1239	1.6283	张树成	183 719.2219万元	内蒙古自治区赤峰市新城区八家组团玉龙大街路北、天义路西兴业集团办公楼	许可经营项目：无。一般经营项目：矿产品和化工产品销售（需前置审批许可的项目除外）；金属及金属矿批发；矿山机械配件、轴承五金、机电、汽车配件销售

注：2023年6月21日，经原北京银保监局批准，国华能源投资有限公司将其持有的公司20.3528%股权转让至国家能源集团资本控股有限公司；11月15日，公司在北京市市场监督管理局完成上述股权变更登记。

3.2 董事

董事长、董事

姓名	职务	性别	年龄（岁）	选任日期	所推举的股东名称	该股东持股比例（%）	简要履历
李祝用	董事长	男	51	2021年12月	中国人民保险集团股份有限公司	32.9206	曾任中国人民保险公司法律制度条款副处长、处长；中国人民财产保险股份有限公司董事会秘书局秘书处处长；人保控股公司法律部负责人、副总经理；人保控股公司（中国人民保险集团公司）法律与合规部总经理；中国人民保险集团公司（中国人民保险股份有限公司）法律合规部/风险管理部总经理；中国人民保险集团股份有限公司法律总监兼法律合规部总经理、合规负责人、首席风险官；北京西长安街八十八号发展有限公司董事；中国人民财产保险股份有限公司监事；中盛国际保险经纪有限责任公司监事；人保金融服务有限公司董事长、党委书记；中国人民保险（香港）有限公司董事 现任中国人民保险集团股份有限公司党委委员、执行董事、副总裁、机关党委书记兼合规负责人、首席风险官；中诚信托有限责任公司董事长；中国人民保险（香港）有限公司非执行董事、副董事长；中国法学会保险法学研究会副会长；中国海商法协会会长
安国勇	董事	男	50	2021年9月	—	—	曾任中国民航总局金飞航经济发展中心总经理助理兼证券业务部经理等职；北京城市铁路股份有限公司总经理；北京市轨道交通建设管理有限公司副总经理；北京市保障性住房建设投资中心副总经理；中国人民财产保险股份有限公司船舶货运保险部副总经理；华夏银行股份有限公司副行长（挂职）；中国人保资产管理有限公司副总裁、党委委员 现任中诚信托有限责任公司党委书记、董事、总裁、法定代表人，兼任嘉实基金管理有限公司联席董事长；兼任中国信托业保障基金有限责任公司董事
牛成立	职工董事	男	58	2015年3月	—	—	曾任中国人民银行教育司、金融管理司、北京市分行、非银行司干部、副主任科员、主任科员；中国人民银行非银行金融机构监管司副处长、处长；中国银行厦门分行党委委员、副行长（挂职）；中国银监会非银行金融机构监管部处长；中国银监会新疆监管局党委委员、副局长；中国银监会银行监管四部副主任；中国银监会黑龙江监管局党委书记、局长；中国银监会融资性担保业务工作部主任；中诚信托有限责任公司党委委员、总裁；中诚信托有限责任公司党委书记、董事长、法定代表人 现任中诚信托有限责任公司职工董事、特聘专家
杜庆鑫	董事	男	55	2023年9月	中国人民保险集团股份有限公司	32.9206	曾任全国政协办公厅研究室理论处副主任科员（其间挂职任安徽省枞阳县经委副主任）；全国政协办公厅秘书局秘书长办公室副主任科员、主任科员；全国政协教科文卫委员会办公室（四局）教育文化处主任科员；全国政协教科文卫体委员会办公室（四局）教育文化处处长；全国政协教科文卫体委员会办公室秘书处综合处处长；人保控股公司发展改革部副总经理/政策研究室副主任兼政策研究处处长；中国人民保险集团公司办公室总经理/党委办公室主任；人保资本投资管理有限公司党委委员、纪委书记、运营总监；人保资本投资管理有限公司党委委员、运营总监、工会主席；人保资本投资管理有限公司党委委员、副总裁；人保资本投资管理有限公司党委委员、董事、副总裁；人保股权投资有限公司董事；人保资本保险资产管理有限公司党委委员、副总裁 现任中国人民保险集团股份有限公司投资管理部副总经理；中诚信托有限责任公司董事
刘浩	董事	男	50	2024年1月	国家能源集团资本控股有限公司	20.3528	曾任北京送变电工程公司审计处职员，电力工业部经济调节与国家监管司资产处职员，国家电力公司财经部资产处职员，国电（美国）公司财务总监，国家电力公司财经部资产处财务产权部稽核一级职员，国电集团财务产权部资产产权处一级职员、处长，国电太原第一热电厂总会计师，国电集团财务产权部资本运营与产权管理部产权管理处处长，国电物资集团公司总会计师、党组成员，国电燃料公司党委委员、总会计师，2019年12月任国家能源集团资本控股有限公司总会计师、党委委员（原国电资本控股有限公司总会计师、党委委员），国电保险经纪（北京）有限公司董事长，国能（北京）商业保理有限公司监事长职务 现任国家能源集团资本控股有限公司党委委员、总会计师，永诚财产保险股份有限公司董事，上海东方期货经纪有限责任公司董事长，中诚信托有限责任公司董事

续表

姓名	职务	性别	年龄（岁）	选任日期	所推举的股东名称	该股东持股比例（%）	简要履历
郑础宏	董事	男	53	2024年1月	国家能源集团资本控股有限公司	20.3528	曾任广东省电力投资公司资金业务部职员，广东省电力集团公司财务处基建财务科职员，山东鲁能投资有限公司综合部职员、副经理、经理，中国国电集团公司财务产权部财会处一级职员、审计部经营审计处副处长，国电财务有限公司资金结算部副经理、经理、风险总监，国电资本控股有限公司风险管理部总监、首席运营官、运营风险办公室经理、产融结合与市场营销部经理、投融资管理部经理，国电财务有限公司风险总监、投资投行部经理（兼）、风险总监、运营风险办公室经理、投融资管理部经理，国家能源集团资本控股有限公司首席运营官 现任国家能源集团资本控股有限公司总经理助理、金融科技中心经理，国能（北京）商业保理有限公司董事，国能（北京）私募基金管理有限公司董事，上海东方期货经纪有限责任公司董事，中诚信托有限责任公司董事
吕海鹏	董事	男	54	2017年4月	山东能源集团有限公司	10.1764	曾任兖矿集团投资部副部长，财务管理部副部长，资本管理中心副主任、部委委员（正部长级）；上海中期期货股份有限公司董事长，兖矿资本管理有限公司董事长，中垠融资租赁有限公司董事长，上海兖矿资产管理有限公司董事长，上期资本管理有限公司董事长，日照港股份有限公司董事；山东航空集团有限公司监事 现任兖矿能源集团股份有限公司副总会计师，兖矿资本管理有限公司董事长，尊远（上海）资产管理有限公司（正在办理工商注销）董事长，中诚信托有限责任公司董事，山东省机场管理集团济南国际机场股份有限公司董事，上海中国煤炭大厦有限责任公司副董事长，兖煤菏泽能化有限公司监事
许跃东	董事	男	53	2020年9月	河南农投金控股份有限公司	5.0882	曾任中国东方信托投资公司投资经理；中国银河证券股份有限公司投资经理；河南省中小企业投资担保股份有限公司风控经理、总经理助理；联创隆久（深圳）商业保理有限公司经理 现任河南农投金控股份有限公司副总经理、董事；中诚信托有限责任公司董事

注：董事的"选任日期"以监管部门批复为准。

独立董事

姓名	职务	性别	年龄（岁）	选任日期	所推举的股东名称	该股东持股比例（%）	简要履历
叶林	独立董事	男	60	2020年6月	—	—	曾任中国人民大学法律系助理教师、副教授、法学院民商法教研室副主任、主任、首钢股份有限公司独立董事 现任中国人民大学博士研究生导师、营商环境法治研究中心主任、国际商事争端预防与解决机制研究院执行副院长；中国法学会商法学研究会副会长；北京市法学会民商法学研究会副会长；中国国际经济贸易仲裁委员会仲裁员、专家咨询委员会委员；中国消费者协会专家委员会委员；中国银行间市场交易商协会第二届法律专业委员会委员；北京市消费者权益保护法学会会长；北京秀进律师事务所律师（兼）；中国人寿资产管理有限公司独立董事；中诚信托有限责任公司独立董事；首创证券股份有限公司独立董事；北京盈建科软件股份有限公司独立董事
黎宗剑	独立董事	男	63	2021年4月	—	—	曾任贵州安顺学院政教系教师；贵州省社会科学院社会学所助理研究员；国家经济体制改革委员会综合规划司副处长；中国人保信托投资公司办公室主任、投行部总经理，兼任中保信期货公司董事长；共青团中央中国青年科协专职副秘书长；中国再保险公司［现名：中国再保险（集团）股份有限公司］办公室副主任、投资管理中心副总经理；中国保险学会秘书长、《保险研究》主编；太平养老保险股份有限公司副总经理、纪委书记；中央汇金投资有限责任公司保险机构管理部副主任、董事总经理；新华人寿保险股份有限公司董事；新华人寿保险股份有限公司执行董事、副总裁（代理新华人寿保险股份有限公司董事长）；兼任新华健康投资管理有限公司董事长）；肯阳海外投资基金管理（上海）有限责任公司首席顾问；国民养老保险股份有限公司外部监事 现任君康人寿保险股份有限公司董事长；中诚信托有限责任公司独立董事；北京大学中国保险与社会保障研究中心专家委员
刘子刚	独立董事	男	67	2022年3月	—	—	曾任中国工商银行总行工交信贷部副处长、处长、副总经理、无锡分行行长、稽核部副总经理、房地产信贷部和住房金融业务部总经理（2002年1月被国务院聘为享受政府特殊津贴专家）；中国工商银行河北分行行长、中国工商银行总行信贷管理部总经理、信贷管理部/信贷与投资管理部总经理、信贷业务总监、信贷审查委员会副主任、墨西哥子行董事长、阿拉木图子行董事长、工银国际董事和风险管理委员会主任、工银租赁董事和风险管理委员会主任；韩亚银行总行（中国）副行长；隆基泰和集团副总裁 现任中诚信托有限责任公司独立董事
张健华	独立董事	男	58	2022年10月	—	—	曾任中国人民银行金融管理司信托投资公司管理处副主任科员、主任科员，非银行金融机构监管司财务公司租赁公司监管处主任科员、副处长、处长，研究局财政税收研究处处长，金融稳定局副局长，研究局局长，金融研究所党总支书记、中国金融学会秘书长、《金融研究》主编；中国人民银行杭州中心支行行长；国家外汇管理局浙江省分局长、浙江省金融学会会长；北京农村商业银行党委副书记、董事、行长；华夏银行党委副书记、董事、行长 现任清华大学五道口金融学院金融发展与监管科技研究中心主任、《清华金融评论》主编；中诚信托有限责任公司独立董事
秦桥	独立董事	男	47	2023年8月	—	—	曾在煤炭部社会保险局工作。现任北京国枫律师事务所律师、合伙人；中诚信托有限责任公司独立董事

注：独立董事的"选任日期"以监管部门批复为准。

3.3 监事

监事会成员

姓名	职务	性别	年龄（岁）	选任日期	所推举的股东名称	该股东持股比例（%）	简要履历
白飞鹏	监事长	男	50	2023年9月	—	—	曾任中国人民财产保险股份有限公司法律部诉讼追偿处主任科员、处长助理、副处长（主持工作）、处长、法律部总经理助理，内蒙古分公司党委委员、副总经理，中国人民财产保险股份有限公司法律部副总经理、法律合规部总经理 现任中国人民保险集团股份有限公司法律合规部总经理；中诚信托有限责任公司监事长；中国保险行业协会清廉文化建设与法律合规专业委员会副主任委员、中国保险资产管理业协会第三届法律合规专业委员会副主任委员
王效钉	监事	男	55	2015年3月	招商局中国基金有限公司	3.3297	曾任香港海域金融集团投资银行部分析员、Wellkent International Corp.（Vancouver）财务部经理、Smart Sources Technologies（Vancouver）软件工程师、Thrive Media Corporation（Vancouver）高级软件工程师、广西丰林集团股份有限公司首席财务官、广西百合化工股份有限公司副总经理、总裁、招商局中国投资管理有限公司副总经理、首席投资官；中诚信托有限责任公司董事 现任招商局中国投资管理有限公司董事及总经理、招商局中国基金有限公司执行董事；中诚信托有限责任公司监事
黄克孟	外部监事	男	57	2020年11月	—	—	曾任北京岳成律师事务所律师、合伙人；北京市京元律师事务所律师、高级合伙人、执行合伙人；北京市时代九和律师事务所执行主任、执行合伙人；北京土地学会法律委员会委员、北京房地产学会政策法规专业委员会委员、北京市律师协会建设工程与房地产开发专业委员会委员、北京市律师协会兼并与重组专业委员会委员 现任北京市时代九和律师事务所律师、首席顾问；中诚信托有限责任公司外部监事
刘国岭	外部监事	男	64	2023年4月	—	—	曾任中国农业银行总行信息部资料综合处、调查信息处副处长、工商信贷部农副产品收购处副处长、信贷管理一部商业信贷处处长、信贷管理部审贷会办公室处长、信贷管理部总经理、广西壮族自治区分行副行长、总行三农信贷管理部、信用管理部副总经理、中国农业银行专项工作检查二组组长 现任中信银行股份有限公司外部监事；中诚信托有限责任公司外部监事
王士萍	外部监事	女	52	2023年4月	—	—	曾任北京市煤炭总公司（后并入京煤集团）财务核算岗员、北京市世纪律师事务所律师、北京市天济律师事务所律师、中国国际经济贸易仲裁委员会仲裁员 现任北京市明诚律师事务所首席合伙人；中诚信托有限责任公司外部监事、中国矿业联合会国际调解中心调解员、法律专业委员会委员
赵明	职工监事	女	46	2016年11月	—	—	曾任中建装饰工程公司项目经理；北京太合嘉园房地产开发有限责任公司业务主管、设计主管、工程部主管；中诚信托有限责任公司投资管理部高级经理、董事会办公室副主任、主任 现任中诚信托有限责任公司党建工作部总经理（党委宣传部部长）、职工监事
倪彦若	职工监事	女	45	2020年1月	—	—	曾任美国友邦保险北京分公司业务副总裁秘书、中诚信托投资有限责任公司信托管理运营部中级、高级经理、总经理助理 现任中诚信托有限责任公司信托运管部副总经理、职工监事
梅永文	职工监事	男	43	2021年3月	—	—	曾任北京市大成律师事务所、北京市潇然律师事务所（现更名为北京市仁威律师事务所）、北京市瑾瑞律师事务所律师助理、律师；中融国际信托法律事务部法务经理；中诚信托有限责任公司合规与风控部法务经理、高级法务经理、总经理助理、法律审查官 现任中诚信托有限责任公司法律合规部副总经理、职工监事

3.4 高级管理人员

姓名	职务	性别	年龄（岁）	选任日期	金融从业年限（年）	学历	专业	简要履历
安国勇	总裁	男	50	2021年9月	12	博士研究生	经济	曾任中国民航总局金飞民航经济发展中心总经理助理兼证券业务部经理等职；北京城市铁路股份有限公司总经理等职；北京市轨道交通建设管理有限公司副总经理；北京市保障性住房建设投资中心副总经理；中国人民财产保险股份有限公司船舶货运保险部总经理；华夏银行股份有限公司副行长（挂职）；中国人保资产管理有限公司副总裁、党委委员 现任中诚信托有限责任公司党委书记、董事、总裁、法定代表人；兼任嘉实基金管理有限公司联席董事长；兼任中国信托业保障基金有限责任公司董事
刘孟革	副总裁	男	57	2016年5月	32	大学本科，工商管理硕士	金融，工商管理	曾任江苏商业管理干部学院财经系教师；南京国际信托投资公司基金经理；中诚信托有限责任公司发展研究部副总经理、投资银行部总经理、总裁助理 现任中诚信托有限责任公司党委委员、副总裁；兼任三侨物业管理有限公司执行董事、法定代表人

续表

姓名	职务	性别	年龄（岁）	选任日期	金融从业年限（年）	学历	专业	简要履历
尉维斌	副总裁	男	55	2024年1月	17	博士研究生	水工结构工程	曾任交通部三峡工程航运领导小组办公室副主任科员；国家开发银行华东信贷局正科级行员、甘肃省分行资产保全处副处长、人事处和办公室负责人、湖北省分行信贷三处、客户三处处长、总行评审管理局高级风险管理经理助理；华夏银行授信审查部副总经理、北京分行党委委员、北京信用风险管理部首席信用风险官；人保资本投资管理有限公司首席风控官、副总裁、党委委员；中国人民保险集团股份有限公司审计中心纪委书记、副总经理、高级工程师；人保资产审计责任人 现任中诚信托有限责任公司党委委员、副总裁；人保金服监事
郑海帆	副总裁	男	42	2021年7月	17	硕士研究生	国际贸易，工商管理	曾任中诚信托有限责任公司信业务总部执行经理、业务团队负责人、北京信业务总部副总经理兼信托创新部经理、业务总监兼标品信托事业部总经理 现任中诚信托有限责任公司党委委员、副总裁；兼任中诚宝中捷思货币经纪有限公司董事长、法定代表人
王会妙	副总裁	女	47	2022年5月	18	博士研究生	金融	曾任河北定州师范学院教师；国投信托有限责任公司员工、财富管理总部副总经理（主持工作）；中诚信托有限责任公司信业务总部业务团队负责人、信托业务三部总经理、财富管理中心副总经理、资产配置总经理 现任中诚信托有限责任公司党委委员、副总裁；兼任中诚资本管理（北京）有限公司董事长、法定代表人；兼任嘉实基金管理有限公司董事
魏青	董事会秘书	男	57	2016年5月	32	大学本科，高级管理人员工商管理硕士	经济信息，工商管理	曾任中国新技术创业投资公司金融部项目经理；南方证券股份有限公司海南分公司部门经理；华夏证券股份有限公司基金投资部副经理、富国基金管理有限公司副总经理、深圳中欧瑞博投资管理股份公司总经理 现任中诚信托有限责任公司董事会秘书
沈树忠	财务总监	男	55	2018年7月	6	硕士研究生	金融	曾任中国糖业酒类集团公司财务部科员、财务部副经理、审计部经理、财务部经理、财务总监、副总经理、常务副总经理（主持工作）、法定代表人；兼任北京华堂商场有限公司董事、中日合资成都伊藤洋华堂商场有限公司副董事长、酒鬼酒股份有限公司董事；中诚信托有限责任公司计划财务部经理 现任中诚信托有限责任公司财务总监；兼任嘉实基金管理有限公司监事长。正高级会计师、注册会计师

注：高级管理人员的"选任日期"以监管部门批复为准。

3.5 公司员工

项目		报告期年度		上年度	
		人数（人）	比例（%）	人数（人）	比例（%）
年龄分布	25岁以下	5	1.37	2	0.57
	25～29岁	18	4.95	18	5.10
	30～39岁	200	54.95	210	59.49
	40岁及以上	141	38.74	123	34.84
学历分布	博士	16	4.40	15	4.25
	硕士	245	67.31	255	72.24
	本科	95	26.10	72	20.40
	专科	8	2.20	11	3.12
	其他	—	—	—	—
岗位分布	董事、监事及高管人员	8	2.20	10	2.83
	自营业务人员	10	2.75	14	3.97
	信托业务人员	166	45.60	157	44.48
	其他人员	180	49.45	172	48.73

4. 经营管理

4.1 经营目标、战略规划

4.1.1 经营目标

坚持稳中求进总基调，全面贯彻落实党的二十大精神、中央金融工作会议精神和中央经济工作会议精神，深刻把握金融工作的政治性、人民性，更加突出政治引领，全面加强党的领导，更加突出服务国家战略，积极推动实施"信托改革创新工程"，更加突出发展质量，全面夯实公司资产质量，更加突出创新驱动，统筹深化体制机制改革，更加突出全面风险管理，优化全面风险管理体系，更加突出全面从严治党，以高质量党建保障高质量发展。

4.1.2 战略规划

公司坚定"受人之托、代人理财"的职能定位，准确把握新发展阶段，深入贯彻新发展理念，加快构建新发展格局，坚持以服务实体经济为方向，积极发展具有直接融资特点的资金信托、以受托管理为特点的服务信托、体现社会责任的公益信托,打造综合信托服务能力和差异化投资管理能力,为客户创造价值,努力做强、做优,致力于成为综合实力一流、具有核心竞争力、高质量发展的优秀信托公司。

4.2 所经营业务的主要内容

4.2.1 自营资产运用与分布表

资产运用	金额(万元)	占比(%)	资产分布	金额(万元)	占比(%)
货币资产	62 736.62	2.68	基础产业	25 164.55	1.08
贷款及应收款	287 611.92	12.29	房地产业	674 970.85	28.85
交易性金融资产	772 059.59	33	证券市场	227 867.54	9.74
债权投资	517 353.13	22.12	实业	27 535.73	1.18
长期股权投资	557 434.88	23.83	金融机构	996 339.31	42.59
其他	142 131.40	6.08	其他	387 449.56	16.56
资产总计	2 339 327.54	100.00	资产总计	2 339 327.54	100.00

4.2.2 信托资产运用与分布表

资产运用	金额(万元)	占比(%)	资产分布	金额(万元)	占比(%)
货币资金	4 033 507.07	7.81	基础产业	1 089 724.44	2.11
结算备付金	—	—	房地产	4 656 019.51	9.02
存出保证金	—	—	证券市场	25 637 716.87	49.65
衍生金融资产	—	—	实业	16 210 137.89	31.40
应收清算款	12 898.54	0.02	金融机构	2 845 455.16	5.51
应收利息	29 571.61	0.06	其他	1 192 720.80	2.31
应收股利	0.18				
应收申购款	—	—			
买入返售金融资产	369 548.36	0.72			
发放贷款和垫款	10 595 763.91	20.52			
交易性金融资产	26 308 599.50	50.96			
债权投资	9 566 919.18	18.53			
其他债权投资	—	—			
其他权益工具投资	—	—			
长期股权投资	206 454.53	0.40			
其他资产	508 511.79	0.98			
信托资产总计	51 631 774.67	100.00	信托资产总计	51 631 774.67	100.00

4.3 市场分析

4.3.1 有利因素

一是宏观经济进一步恢复和发展为信托业的稳健发展创造了良好的外部环境。2023年,尽管受到国内外多重超预期因素的冲击,我国经济总量仍然保持了持续增长态势,根据国家统计局数据,2023年我国GDP达到126万亿元,同比增长5.2%,顺利实现全年"5%左右"的增长目标,这一增速仅次于印度,位居全球第二。我国信托业总体上是较为典型的"顺周期"行业,受益于持续增长的宏观经济,信托业未来仍将保持稳健发展态势。同时,随着我国经济动能、产业结构等的转型,信托业也将在新的发展阶段找准功能定位,着力服务实体经济和国家战略,加快业务转型,实现行业的高质量发展。

二是信托业务"三分类"新规导向为信托业转型目标提供广阔发展空间。2023年3月,监管部门正式发布了《关于规范信托公司信托业务分类的通知》(以下简称信托业务"三分类"新规)。信托业务"三分类"新规将信托业务分为资产服务信托、资产管理信托、公益慈善信托三大类,并在每一大类业务下细分信托业务子项。信托公司自2017年以来不断加大业务结构调整力度,投向房地产、基础产业等传统领域的业务不断下降,其中投向房地产领域占比已由高峰时的15%左右降至目前的6.7%左右,投向基础产业领域占比由高峰时的16%降至目前的10%左右;持续保持工商企业领域投资力度,2023年上半年占比在24%以上,特别是部分机构在小微金融、绿色金融等领域积极创新,形成一定市场优势和发展特色。在信托业务三分类新规政策指导下,信托公司围绕"做好科技金融、绿色金融、普惠金融、养老金融、数字金融(五篇大文章)",深入研究谋划,进一步加大创新力度,不断丰富信托金融服务。

三是中央金融工作会议为信托业转型发展指明了方向。根据中央经济工作会议和中央金融工作会议精神和发展要求,信托公司应在服务实体经济方面着力加大重点业务布局。中央金融工作会议强调,金融是国民经济的血脉,是国家核心竞争力的重要组成部分,首次提出"建设金融强国"总体目标,进一步强调坚定不移走"中国特色金融发展之路",明确全面加强金融监管,完善金融体制,优化金融服务,防范化解风险等重点工作,推动我国金融高质量发展。中央金融工作会议为金融行业乃至信托业未来发展指明了方向,提供了重要的遵循。信托业当前正处于改革化险、转型发展的关键时期,紧紧围绕服务实体经济高质量发展的中心任务,在现代化金融机构体系中找准功能定位,把握正确发展方向。

4.3.2 不利因素

一是国际经济金融环境不稳定不确定因素明显增加。"十四五"中期,世界百年未有之大变局加速演进,地缘冲突的持续加剧,国际金融市场动荡,全球供应链持续调整，国际政治经济形势错综复杂。疫情后期，我国顶住外部压力、克服内部困难，着力扩大内需、优化结构、提振信心、防范化解风险，经济回升向好，但是国内经济面临多重因素相互影响和多重问题相互交织的局面，因全球经济增长动能不足与国内产业结构调整叠加导致有效需求不足，部分行业产能过剩，社会预期偏弱，房地产、地方债等重点领域风险隐患仍然较多，国内大循环存在堵点。

二是行业风险出清仍在持续。在国内产业结构性变化加速推进背景下，房地产行业面临深度调整，传统信托业务风险出清加速。同时，中央金融工作会议强调全面加强金融监管，切实提高金融监管有效性，依法将所有金融活动全部纳入监管，信托公司在妥善平衡业务创新发展、保护受益人合法利益、维护股东权益等诸多诉求上面临较大压力和挑战。

三是创新业务领域竞争激烈。在信托业务"三分类"新规的政策导向下，标品信托业务和服务信托业务在信托业务中的重要性将更加凸显，行业竞争仍将保持白热化态势。以标品信托、服务信托等主要的创新业务领域均具有受托报酬率低、规模经济特征显著，叠加头部效应，一定程度上加剧了创新业务领域的竞争态势。

4.4 内部控制

4.4.1 内部控制环境和内部控制文化

持续完善公司治理结构，夯实内部控制环境建设的基础。公司已经按照法律规定和公司章程要求建立了以股东会、董事会、监事会以及经营管理层为核心的治理结构，"三会一层"之间分工明确，职责清晰，切实发挥科学激励和约束监督的作用，治理机制规范有效。

强化合规意识，不断深化内控文化建设。2023年公司持续坚持审慎经营和合规经营的理念，通过组织合规培训，开展合规文化宣传等活动，进一步强化合规意识和风险理念，营造合规环境，积极创造合规氛围，坚决贯彻落实国家宏观政策和金融监管要求，严守风险和合规两条底线，确保公司业务合法、合规开展。

4.4.2 内部控制措施

4.4.2.1 完善公司管理制度建设

公司不断完善内控合规制度体系建设，优化制度流程，夯实管理基础，根植合规管理文化。在公司治理层面，修订发布股权管理办法等制度，提高公司股权事务管理水平，保护公司、信托当事人等合法权益，促进公司持续健康发展；修订发布人员管理规范，加强公司人员的规范管理；在完善系统建设方面，修订发布信息安全管理办法等制度；风险防控方面，修订发布相关业务风险管理指引等制度；在关联交易管理方面，修订发布关联交易管理办法及实施细则等制度。

4.4.2.2 加强公司业务控制制度建设

公司贯彻信托业务转型的相关要求，修订发布标品信托业务投资管理制度、标品信托业务投资决策议事规则等制度，规范标品信托业务的开展；为规范信托产品销售，保护消费者合法权益，发布了投资者适当性管理办法、消费者权益保护信息披露管理办法等相关制度，将消费者权益保护融入全业务链条中。

4.4.2.3 加强运营分析控制

公司管理层定期、不定期地根据业务部门、风险管理部、法律合规部、财务会计部提交的有关报告，对公司运营情况及风险状况进行分析，制定相应解决方案并实施。为了应对经营中可能出现的突发事件和引起公众广泛关注的重大事件，公司还专门制定了突发事件应急预案制度和舆情管理制度。

4.4.2.4 实施绩效考评控制

为落实卓越战略目标，公司建立了科学的绩效考评制度，根据岗位职责要求，持续完善考核指标，坚持分类管理、分层实施，增强对机构和人员考核的全面性、客观性、公正性。

4.4.3 信息交流与反馈

根据监管要求和规章制度规定，公司制定并实施了信息披露制度，建立了顺畅有效的信息交流与反馈机制。公司根据内部组织之间的关系和各自的职责权限，建立了从上到下的授权流程和从下到上的汇报路径。根据国家有关法规和公司有关文件要求，公司建立了反舞弊机制，对于员工举报的潜在舞弊或违规行为，审计部、纪检监察部门都会及时跟进和调查，并在公司范围内建立并实施了投诉举报机制。公司按监管要求按时报送各类财务及业务报表、报告等，及时向投资者披露信托项目信息，规范投诉受理和处理流程，积极履行受托人职责。

4.4.4 监督评价与纠正

公司建立了多层次的内控监督体系：监事会依法履行监督职能，对公司董事、经营管理层履职情况进行监督；审计部独立行使内部审计监督权；法律合规部等部门在对内部控制的实施情况进行持续监督的基础上，开展有针对性的专项检查，对于发现的问题提出整改意见和建议。

4.5 风险管理

4.5.1 风险管理概况

公司建立了以董事会、监事会、经营管理层以及下设的风险合规委员会、业务部门、风险管理职能部门和其他承担风险管理职责的部门、内审部门为主线的风险管理组织体系，制定了以《全面风险管理办法》为核心的风险管理规章制度，遵循匹配性、全覆盖、独立性、有效性等全面风险管理原则，风险管理覆盖各个业务条线，覆盖所有部门、岗位和人员，涵盖合规风险、洗钱和恐怖融资风险、信用风险、市场风险、流动性风险、法律风险、操作风险、战略风险、声誉风险、信息科技风险等主要风险，完善公司各方面风险管理制度和内部控制机制的衔接，加强公司风险管理的系统性和有效性，保障公司健康发展和稳健经营。

4.5.2 风险状况

公司经营活动中面临的风险主要有：合规风险、信用风险、市场风险、操作风险及其他风险等。

4.5.2.1 合规风险状况

合规风险是指公司因没有遵守法律、法规和准则而可能遭受法律制裁、监管处罚，从而给公司发展带来重大损失的风险。监管部门不仅持续关注信托公司在房地产、信政等领域的业务风险，提出规范性要求，还通过净资本管理加强对信托公司的资本约束。

4.5.2.2 信用风险状况

信用风险是公司面临的主要风险之一。如果经济增速下降或交易对手所处行业受政府调控等原因，导致交易对手流动性困难，履约能力下降，从而使公司业务开展面临一定风险。或因交易对手经营不善、资金周转不灵甚至恶意欺诈等原因不按期履行合约义务，而给信托财产或公司财产造成损失的风险。

4.5.2.3 市场风险状况

市场风险是指由于市场价格的波动而给信托财产或公司财产带来损失的可能性，常见的风险表现形式包括利率风险、证券价格波动风险、商品价格波动风险和汇率风险等。如果利率变化与公司预期相反，将对公司的贷款以及收益产生不利影响；证券价格、商品价格下跌会对公司相关项目担保物价值带来不利影响；汇率变化也可能使公司外汇资本金和QDII信托资产发生损失的风险。

4.5.2.4 操作风险状况

操作风险是指在经营管理过程中，由于内控机制不健全、内部业务操作程序不完善或操作系统发生故障，从而给公司经营带来隐患的风险。同时，在业务开展过程中，业务人员未能充分获得准确的市场信息，不熟悉市场交易涉及的法律法规，或者工作失误和效率低下都可能会产生操作风险。

4.5.2.5 其他风险状况

其他风险主要还有法律风险、声誉风险、洗钱及恐怖融资风险等。法律风险是指公司在经营过程中，因为无法满足或违反法律要求，导致不能履行合同而发生争议、诉讼或其他法律纠纷，可能给公司造成经济损失的风险。声誉风险主要是指由于公司经营、管理及其他行为或外部事件导致利益相关方对公司负面评价的风险。洗钱及恐怖融资风险是指因客户从事或意图从事洗钱及恐怖融资活动而导致的违反国家反洗钱、反恐怖融资法规，而对公司经营管理带来的风险。

4.5.3 风险管理

4.5.3.1 合规风险管理

公司重视合规文化宣导，通过宣传并解读监管政策、合规培训等方式，来营造良好的合规文化氛围，提高全体员工防范风险、合规展业的意识；结合监管部门要求和实际情况，搭建了董事会—经营管理层—合规与风控部法规部—合规岗四个层次的合规管理组织体系；重视内部制度制定过程中的合规审查，确保制度体系的合规有效；根据监管规定，制定了净资本管理的相关制度，风险合规委员会对公司净资本管理指标进行动态监督；继续加强业务的合规管理和项目的合规性审查，及时制定和更新公司审查指引和法律文本，贯彻落实法律法规、行业和监管政策的最新要求；不断完善反洗钱相关制度，加强反洗钱系统建设，提升反洗钱工作水平。

4.5.3.2 信用风险管理

公司不断加强对员工业务能力的培训，提高项目甄别和筛选能力；根据业务发展情况，逐步制定各类业务的准入及尽职调查要求，规范重点项目提交审查的报告内容及格式，健全完善项目审批决策相关机制；严格审查项目资金使用，逐步推行按风险等级分类对项目运行进行差异化管理；在重点行业风险增大的背景下，公司进一步加强了业务风险动态监测，加大对重点业务领域、重点项目进行监督检查力度，加密风险摸排频率，并逐步完善风险预警机制，强化信用风险的管理。

4.5.3.3 市场风险管理

公司加强对市场、区域及政策的研判，通过设置合理的交易结构，实现对风险的有效对冲和补偿，以规避市场风险；通过加强对证券投资产品单位净值、抵质押物价格变化的日常监控，以防范市场价格波动带来的风险；定期对房地产业务进行压力测试，并持续优化压力测试方法体系，分析在不同风险程度下房地产项目的抗风险能力，从而及时发现并预防市场风险；合理配置外汇资产，防范汇率波动给公司外汇资本金和QDII业务带来的市场风险。

4.5.3.4 操作风险管理

公司定期对业务操作流程进行修订和完善，以业务流程为主线，不断完善前台、中台、后台的内部控制体系，对重要的业务环节，实行双人双岗复核、审批；建立集中统一的数据备份与验证系统，并及时对业务管理系统和证券交易系统进行升级和测验，更新相关数据；同时加强对新员工在制定合同文本、熟悉业务流程等方面的培训，有效防范操作风险；重视项目的抵质押担保及股权变更手续办理工作，对承担主动管理职责项目由风险管理部门或律师事务所、公证机构参与办理相关手续；公司还定期组织摸排操作风险事件发生情况。

4.5.3.5 其他风险管理

法律风险管理方面，公司高度重视法律风险的防范，采取多种措施防范和环节可能的法律风险：定期对合同文本进行更新；不断加强对合同的审查力度，制定合同文本的审核指引，规范重要项目审核要求；出台担保办理相关制度，提高担保措施办理的质量和效率，有效防范相关风险；建立常年法律顾问库，重大项目聘请外部律师出具法律意见，从业务源头和操作环节防范和化解法律风险；建立诉讼律师库，优选行业优秀律师，提升诉讼应对的效率；调整内部组织架构，建立诉讼管理团队，进一步加强律师选聘和诉讼管理。

声誉风险管理方面，公司加强声誉风险管理，颁布实施了声誉风险管理办法和舆情管理工作指引等制度；做好监测及预警工作，就重点事项制定相应预案并积极采取应对措施，防范和化解声誉风险。

洗钱及恐怖融资风险管理方面，公司根据监管要求及业务发展情况，不断修订完善公司反洗钱反恐怖融资的相关制度，通过修订信托合同文本、优化业务系统等方式，持续规范公司反洗钱相关工作的开展。

5.报告期末及上一年度末的比较式会计报表

5.1 自营资产

5.1.1 会计师事务所审计意见全文

审计报告

天职业字〔2024〕6375号

中诚信托有限责任公司：

一、审计意见

我们审计了中诚信托有限责任公司（以下简称中诚信托）财务报表，包括2023年12月31日的合并及母公司资产负债表，2023年度的合并及母公司利润表、合并及母公司现金流量表、合并及母公司所有者权益变动表，以及财务报表附注。

我们认为，后附的财务报表在所有重大方面按照企业会计准则的规定编制，公允反映了中诚信托2023年12月31日的合并及母公司财务状况以及2023年度的合并及母公司经营成果和现金流量。

二、形成审计意见的基础

我们按照中国注册会计师审计准则的规定执行了审计工作。审计报告的"注册会计师对财务报表审计的责任"部分进一步阐述了我们在这些准则下的责任。按照中国注册会计师职业道德守则，我们独立于中诚信托，并履行了职业道德方面的其他责任。我们相信，我们获取的审计证据是充分、适当的，为发表审计意见提供了基础。

三、管理层和治理层对财务报表的责任

中诚信托管理层（以下简称管理层）负责按照企业会计准则的规定编制财务报表，使其实现公允反映，并设计、执行和维护必要的内部控制，以使财务报表不存在由于舞弊或错误导致的重大错报。

在编制财务报表时，管理层负责评估中诚信托的持续经营能力，披露与持续经营相关的事项（如适用），并运用持续经营假设，除非计划进行清算、终止运营或别无其他现实的选择。

治理层负责监督中诚信托的财务报告过程。

四、注册会计师对财务报表审计的责任

我们的目标是对财务报表整体是否不存在由于舞弊或错误导致的重大错报获取合理保证，并出具包含审计意见的审计报告。合理保证是高水平的保证，但并不能保证按照审计准则执行的审计在某一重大错报存在时总能发现。错报可能由于舞弊或错误导致,如果合理预期错报单独或汇总起来可能影响财务报表使用者依据财务报表作出的经济决策,则通常认为错报是重大的。

在按照审计准则执行审计工作的过程中,我们运用职业判断,并保持职业怀疑。同时,我们也执行以下工作:

(1)识别和评估由于舞弊或错误导致的财务报表重大错报风险,设计和实施审计程序以应对这些风险,并获取充分、适当的审计证据,作为发表审计意见的基础。由于舞弊可能涉及串通、伪造、故意遗漏、虚假陈述或凌驾于内部控制之上,未能发现由于舞弊导致的重大错报的风险高于未能发现由于错误导致的重大错报的风险。

(2)了解与审计相关的内部控制,以设计恰当的审计程序,但目的并非对内部控制的有效性发表意见。

(3)评价管理层选用会计政策的恰当性和作出会计估计及相关披露的合理性。

(4)对管理层使用持续经营假设的恰当性得出结论。同时,根据获取的审计证据,就可能导致对中诚信托持续经营能力产生重大疑虑的事项或情况是否存在重大不确定性得出结论。如果我们得出结论认为存在重大不确定性,审计准则要求我们在审计报告中提请报表使用者注意财务报表中的相关披露;如果披露不充分,我们应当发表非无保留意见。我们的结论基于截至审计报告日可获得的信息。然而,未来的事项或情况可能导致中诚信托不能持续经营。

(5)评价财务报表的总体列报、结构和内容,并评价财务报表是否公允反映相关交易和事项。

(6)就中诚信托中实体或业务活动的财务信息获取充分、适当的审计证据,以对财务报表发表审计意见。我们负责指导、监督和执行集团审计,并对审计意见承担全部责任。

我们与治理层就计划的审计范围、时间安排和重大审计发现等事项进行沟通,包括沟通我们在审计中识别出的值得关注的内部控制缺陷。

中国注册会计师:

中国注册会计师:

5.1.2 资产负债表

合并及公司资产负债表

编制单位:中诚信托有限责任公司　　2023年12月31日　　单位:万元

资产	合并		母公司	
	2023年12月31日	2022年12月31日	2023年12月31日	2022年12月31日
资产:				
货币资金	116 932.06	84 251.47	62 736.62	35 637.21
结算备付金	—	—	—	—
贵金属	—	—	—	—
拆出资金	—	—	—	—
衍生金融资产	—	—	—	—
应收款项	118 966.50	26 683.02	99 905.01	2 576.78
合同资产	—	—	—	—
买入返售金融资产	—	—	—	—
持有待售资产	—	—	—	—
发放贷款和垫款	157 140.84	164 639.93	36 140.84	33 339.93
金融投资:				
交易性金融资产	788 737.54	773 303.05	772 059.59	753 999.85
债权投资	389 510.37	437 127.89	517 353.13	575 859.67
其他债权投资	—	—	—	—
其他权益工具投资	—	—	—	—

续表

资产	合并		母公司	
	2023年12月31日	2022年12月31日	2023年12月31日	2022年12月31日
长期股权投资	514 403.12	477 909.87	557 434.88	520 513.99
投资性房地产	6 583.27	21 034.97	—	—
固定资产	20 494.61	7 532.22	1 280.33	1 347.17
在建工程	223.12	213.12	—	—
使用权资产	4 542.83	2 889.53	10 945.73	13 957.28
无形资产	2 008.18	2 305.68	933.34	1 279.07
商誉	—	—	—	—
递延所得税资产	132 306.84	114 114.31	128 608.95	110 223.14
其他资产	155 112.31	149 533.56	151 929.12	148 056.72
资产合计	2 406 961.59	2 261 538.62	2 339 327.54	2 196 790.81

负债和所有者权益	合并		母公司	
	2023年12月31日	2022年12月31日	2023年12月31日	2022年12月31日
负债：				
短期借款	30 000.00	—	30 000.00	—
拆入资金	—	—	—	—
交易性金融负债	14.10	14.98	—	—
衍生金融负债	—	—	—	—
卖出回购金融资产款	—	—	—	—
应付职工薪酬	95 231.40	98 856.80	69 922.33	71 926.54
应交税费	36 451.01	18 266.38	35 193.72	15 203.31
应付款项	277.38	738.07	—	—
合同负债	—	—	—	—
持有待售负债	—	—	—	—
预计负债	—	—	—	—
长期借款	150 000.00	150 000.00	150 000.00	150 000.00
应付债券	—	—	—	—
其中：优先股	—	—	—	—
永续债	—	—	—	—
租赁负债	5 151.92	3 280.07	11 656.53	14 392.01
递延所得税负债	255.20	310.15	—	—
其他负债	14 517.06	11 690.79	7 715.72	8 208.85
负债合计	331 898.07	283 157.24	304 488.30	259 730.71
所有者权益：				
实收资本（或股本）	485 000.00	485 000.00	485 000.00	485 000.00
其他权益工具	—	—	—	—
其中：优先股	—	—	—	—
永续债	—	—	—	—
资本公积	30 695.84	30 695.84	30 695.84	30 695.84
减：库存股	—	—	—	—
其他综合收益	2 190.92	1 804.98	2 190.92	1 804.98
盈余公积	148 273.07	138 533.75	148 273.07	138 533.75

续表

负债和所有者权益	合并		母公司	
	2023年12月31日	2022年12月31日	2023年12月31日	2022年12月31日
一般风险准备	72 418.36	67 548.70	72 418.36	67 548.70
信托赔偿准备	—	—	—	—
未分配利润	1 325 237.27	1 242 911.40	1 296 261.05	1 213 476.83
归属于母公司所有者权益合计	2 063 815.46	1 966 494.67	2 034 839.24	1 937 060.10
少数股东权益	11 248.06	11 886.71	—	—
所有者权益合计	2 075 063.52	1 978 381.38	2 034 839.24	1 937 060.10
负债及所有者权益合计	2 406 961.59	2 261 538.62	2 339 327.54	2 196 790.81

法定代表人：安国勇　　　　　　　　　　　　财务负责人：沈树忠　　　　　　　　　　　　财务部门负责人：陈健

5.1.3　利润表

合并及公司利润表

编制单位：中诚信托有限责任公司　　　　　　　2023年度　　　　　　　单位：万元

项目	合并		母公司	
	本期发生额	上期发生额	本期发生额	上期发生额
一、营业收入	276 309.33	272 195.79	223 677.18	204 391.36
利息收入	4 401.10	9 635.20	3 788.53	1 794.38
手续费及佣金收入	219 344.38	180 549.35	162 489.18	116 815.36
投资收益（损失以"-"号填列）	74 945.43	76 822.92	87 545.62	87 888.30
其中：对联营企业及合营企业的投资收益	68 393.26	67 589.58	68 431.01	67 860.12
以摊余成本计量的金融资产终止确认产生的收益（损失以"-"号填列）	—	—	—	—
净敞口套期收益	—	—	—	—
公允价值变动收益（损失以"-"号填列）	-30 519.12	-2 623.34	-30 434.15	-2 760.58
汇兑收益（损失以"-"号填列）	87.90	443.41	90.43	450.84
其他业务收入	7 807.00	7 137.30	59.98	57.37
资产处置收益（亏损以"-"号填列）	—	—	—	—
其他收益	242.64	230.95	137.59	145.69
二、营业支出	162 451.39	142 789.74	120 787.07	90 285.55
利息支出	12 128.39	13 007.63	12 129.31	6 231.23
手续费及佣金支出	942.60	2 522.35	898.88	1.89
税金及附加	2 205.24	1 939.07	1 141.57	819.03
业务及管理费	97 545.89	86 135.16	59 140.18	45 886.13
信用减值损失	47 162.42	37 353.12	47 477.13	37 347.27
其他资产减值损失	—	—	—	—
其他业务成本	2 466.85	1 832.41	—	—
三、营业利润（亏损以"-"号填列）	113 857.94	129 406.05	102 890.11	114 105.81
加：营业外收入	761.87	576.70	710.43	—
减：营业外支出	787.03	396.58	731.08	341.99
四、利润总额（亏损总额以"-"号填列）	113 832.78	129 586.17	102 869.46	113 763.82
减：所得税费用	11 866.53	13 793.62	5 476.26	6 759.64
五、净利润（净亏损以"-"号填列）	101 966.25	115 792.55	97 393.20	107 004.18

续表

项目	合并		母公司	
	本期发生额	上期发生额	本期发生额	上期发生额
（一）按经营持续性分类：	—	—	—	—
1.持续经营净利润（净亏损以"－"号填列）	101 966.25	115 792.55	97 393.20	107 004.18
2.终止经营净利润（净亏损以"－"号填列）	—	—	—	—
（二）按所有权归属分类：	—	—	—	—
1.归属于母公司所有者的净利润（净亏损以"－"号填列）	96 934.85	109 823.31	97 393.20	107 004.18
2.少数股东损益（净亏损以"－"号填列）	5 031.40	5 969.24	—	—
六、其他综合收益的税后净额	385.94	854.10	385.94	854.10
归属母公司所有者的其他综合收益的税后净额	385.94	854.10	385.94	854.10
（一）以后不能重分类进损益的其他综合收益	—	—	—	—
1.重新计量设定受益计划变动额	—	—	—	—
2.权益法下不能转损益的其他综合收益	—	—	—	—
3.其他权益工具投资公允价值变动	—	—	—	—
4.企业自身信用风险公允价值变动	—	—	—	—
（二）以后将重分类进损益的其他综合收益	385.94	854.10	385.94	854.10
1.权益法下可转损益的其他综合收益	385.94	854.10	385.94	854.10
2.其他债权投资公允价值变动	—	—	—	—
3.金融资产重分类计入其他综合收益的金额	—	—	—	—
4.其他债权投资信用损失准备	—	—	—	—
5.现金流量套期储备	—	—	—	—
6.外币财务报表折算差额	—	—	—	—
7.其他	—	—	—	—
归属于少数股东的其他综合收益的税后净额	—	—	—	—
七、综合收益总额	102 352.19	116 646.65	97 779.14	107 858.28
归属于母公司所有者的综合收益总额	97 320.79	110 677.41	97 779.14	107 858.28
归属于少数股东的综合收益总额	5 031.40	5 969.24	—	—
八、每股收益				
（一）基本每股收益	—	—	—	—
（二）稀释每股收益	—	—	—	—

法定代表人：安国勇　　　　　　　　　　　　财务负责人：沈树忠　　　　　　　　　　　　财务部门负责人：陈健

5.1.4 所有者权益变动表

所有者权益变动表（合并）

编制单位：中诚信托有限责任公司　　　　　2023年度　　　　　单位：万元

项目	本期金额											
	归属于母公司所有者权益										少数股东权益	所有者权益合计
	实收资本（或股本）	其他权益工具			资本公积	减：库存股	其他综合收益	盈余公积	一般风险准备	信托赔偿准备	未分配利润		
		优先股	永续债	其他									
一、上年年末余额	485 000.00	—	—	—	30 695.84	—	1 804.98	138 533.75	67 548.70	—	1 242 911.40	11 886.71	1 978 381.38
加：会计政策变更	—	—	—	—	—	—	—	—	—	—	—	—	—
前期差错更正	—	—	—	—	—	—	—	—	—	—	—	—	—

续表1

项目	本期金额											
	归属于母公司所有者权益										少数股东权益	所有者权益合计
	实收资本（或股本）	其他权益工具			资本公积	减：库存股	其他综合收益	盈余公积	一般风险准备	信托赔偿准备	未分配利润		
		优先股	永续债	其他									
其他	—	—	—	—	—	—	—	—	—	—	—	—	—
二、本年年初余额	485 000.00	—	—	—	30 695.84	—	1 804.98	138 533.75	67 548.70	—	1 242 911.40	11 886.71	1 978 381.38
三、本年增减变动金额（减少以"-"号填列）	—	—	—	—	—	—	385.94	9 739.32	4 869.66	—	82 325.87	−638.65	96 682.14
（一）综合收益总额							385.94				96 934.85	5 031.40	102 352.19
（二）所有者投入和减少资本	—	—	—	—	—	—	—	—	—	—	—	—	—
1.所有者投入的普通股	—	—	—	—	—	—	—	—	—	—	—	—	—
2.其他权益工具持有者投入资本	—	—	—	—	—	—	—	—	—	—	—	—	—
3.股份支付计入股东权益的金额	—	—	—	—	—	—	—	—	—	—	—	—	—
4.其他	—	—	—	—	—	—	—	—	—	—	—	—	—
（三）利润分配	—	—	—	—	—	—	—	9 739.32	4 869.66	—	−14 608.98	−5 670.05	−5 670.05
1.提取盈余公积								9 739.32			−9 739.32		
2.提取一般风险准备									4 869.66		−4 869.66		
3.提取信托赔偿准备													
4.对所有者（或股东）的分配												−5 670.05	−5 670.05
5.其他													
（四）所有者权益内部结转	—	—	—	—	—	—	—	—	—	—	—	—	—
1.资本公积转增资本（或股本）	—	—	—	—	—	—	—	—	—	—	—	—	—
2.盈余公积转增资本（或股本）	—	—	—	—	—	—	—	—	—	—	—	—	—
3.盈余公积弥补亏损													
4.设定受益计划变动额结转留存收益													
5.其他综合收益结转留存收益													
6.其他	—	—	—	—	—	—	—	—	—	—	—	—	—
（五）其他	—	—	—	—	—	—	—	—	—	—	—	—	—
四、本年年末余额	485 000.00	—	—	—	30 695.84	—	2 190.92	148 273.07	72 418.36	—	1 325 237.27	11 248.06	2 075 063.52

项目	上期金额											
	归属于母公司所有者权益										少数股东权益	所有者权益合计
	实收资本（或股本）	其他权益工具			资本公积	减：库存股	其他综合收益	盈余公积	一般风险准备	信托赔偿准备	未分配利润		
		优先股	永续债	其他									
一、上年年末余额	245 666.67	—	—	—	270 135.71	—	950.88	127 833.34	62 198.49	—	1 149 138.70	9 721.04	1 865 644.83
加：会计政策变更	—	—	—	—	—	—	—	—	—	—	—	—	—
前期差错更正	—	—	—	—	—	—	—	—	—	—	—	—	—
其他	—	—	—	—	—	—	—	—	—	—	—	—	—
二、本年年初余额	245 666.67	—	—	—	270 135.71	—	950.88	127 833.34	62 198.49	—	1 149 138.70	9 721.04	1 865 644.83

续表2

项目	上期金额										
	归属于母公司所有者权益										少数股东权益	所有者权益合计
	实收资本(或股本)	其他权益工具			资本公积	减:库存股	其他综合收益	盈余公积	一般风险准备	信托赔偿准备	未分配利润		
		优先股	永续债	其他									
三、本年增减变动金额(减少以"-"号填列)	239 333.33	—	—	—	-239 439.87	—	854.10	10 700.41	5 350.21	—	93 772.70	2 165.67	112 736.55
(一)综合收益总额	—	—	—	—	—	—	854.10	—	—	—	109 823.32	5 969.24	116 646.66
(二)所有者投入和减少资本	—	—	—	—	—	—	—	—	—	—	—	—	—
1.所有者投入的普通股	—	—	—	—	—	—	—	—	—	—	—	—	—
2.其他权益工具持有者投入资本	—	—	—	—	—	—	—	—	—	—	—	—	—
3.股份支付计入股东权益的金额	—	—	—	—	—	—	—	—	—	—	—	—	—
4.其他	—	—	—	—	—	—	—	—	—	—	—	—	—
(三)利润分配	—	—	—	—	—	—	—	10 700.41	5 350.21	—	-16 050.62	-3 803.57	-3 803.57
1.提取盈余公积	—	—	—	—	—	—	—	10 700.41	—	—	-10 700.41	—	—
2.提取一般风险准备	—	—	—	—	—	—	—	—	5 350.21	—	-5 350.21	—	—
3.提取信托赔偿准备	—	—	—	—	—	—	—	—	—	—	—	—	—
4.对所有者(或股东)的分配	—	—	—	—	—	—	—	—	—	—	—	-3 803.57	-3 803.57
5.其他	—	—	—	—	—	—	—	—	—	—	—	—	—
(四)所有者权益内部结转	239 333.33	—	—	—	-239 333.33	—	—	—	—	—	—	—	—
1.资本公积转增资本(或股本)	239 333.33	—	—	—	-239 333.33	—	—	—	—	—	—	—	—
2.盈余公积转增资本(或股本)	—	—	—	—	—	—	—	—	—	—	—	—	—
3.盈余公积弥补亏损	—	—	—	—	—	—	—	—	—	—	—	—	—
4.设定受益计划变动额结转留存收益	—	—	—	—	—	—	—	—	—	—	—	—	—
5.其他综合收益结转留存收益	—	—	—	—	—	—	—	—	—	—	—	—	—
6.其他	—	—	—	—	—	—	—	—	—	—	—	—	—
(五)其他	—	—	—	—	-106.54	—	—	—	—	—	—	—	-106.54
四、本年年末余额	485 000.00	—	—	—	30 695.84	—	1 804.98	138 533.75	67 548.70	—	1 242 911.40	11 886.71	1 978 381.38

法定代表人:安国勇　　　　　　　　　　　　财务负责人:沈树忠　　　　　　　　　　　　财务部门负责人:陈健

所有者权益变动表(母公司)

编制单位:中诚信托有限责任公司　　　　　　2023年度　　　　　　单位:万元

项目	本期金额										
	实收资本(或股本)	其他权益工具			资本公积	减:库存股	其他综合收益	盈余公积	一般风险准备	信托赔偿准备	未分配利润	所有者权益合计
		优先股	永续债	其他								
一、上年年末余额	485 000.00	—	—	—	30 695.84	—	1 804.98	138 533.75	67 548.70	—	1 213 476.83	1 937 060.10
加:会计政策变更	—	—	—	—	—	—	—	—	—	—	—	—
前期差错更正	—	—	—	—	—	—	—	—	—	—	—	—
其他	—	—	—	—	—	—	—	—	—	—	—	—
二、本年年初余额	485 000.00	—	—	—	30 695.84	—	1 804.98	138 533.75	67 548.70	—	1 213 476.83	1 937 060.10
三、本年增减变动金额(减少以"-"号填列)	—	—	—	—	—	—	385.94	9 739.32	4 869.66	—	82 784.22	97 779.14

续表1

项目	本期金额										
	实收资本（或股本）	其他权益工具			资本公积	减：库存股	其他综合收益	盈余公积	一般风险准备	信托赔偿准备	未分配利润	所有者权益合计
		优先股	永续债	其他								
（一）综合收益总额	—	—	—	—	—	—	385.94	—	—	—	97 393.20	97 779.14
（二）所有者投入和减少资本	—	—	—	—	—	—	—	—	—	—	—	—
1.所有者投入的普通股	—	—	—	—	—	—	—	—	—	—	—	—
2.其他权益工具持有者投入资本	—	—	—	—	—	—	—	—	—	—	—	—
3.股份支付计入股东权益的金额	—	—	—	—	—	—	—	—	—	—	—	—
4.其他	—	—	—	—	—	—	—	—	—	—	—	—
（三）利润分配	—	—	—	—	—	—	—	9 739.32	4 869.66	—	−14 608.98	—
1.提取盈余公积	—	—	—	—	—	—	—	9 739.32	—	—	−9 739.32	—
2.提取一般风险准备	—	—	—	—	—	—	—	—	4 869.66	—	−4 869.66	—
3.提取信托赔偿准备	—	—	—	—	—	—	—	—	—	—	—	—
4.对所有者（或股东）的分配	—	—	—	—	—	—	—	—	—	—	—	—
5.其他	—	—	—	—	—	—	—	—	—	—	—	—
（四）所有者权益内部结转	—	—	—	—	—	—	—	—	—	—	—	—
1.资本公积转增资本（或股本）	—	—	—	—	—	—	—	—	—	—	—	—
2.盈余公积转增资本（或股本）	—	—	—	—	—	—	—	—	—	—	—	—
3.盈余公积弥补亏损	—	—	—	—	—	—	—	—	—	—	—	—
4.设定受益计划变动额结转留存收益	—	—	—	—	—	—	—	—	—	—	—	—
5.其他综合收益结转留存收益	—	—	—	—	—	—	—	—	—	—	—	—
6.其他	—	—	—	—	—	—	—	—	—	—	—	—
（五）其他	—	—	—	—	—	—	—	—	—	—	—	—
四、本年年末余额	485 000.00	—	—	—	30 695.84	—	2 190.92	148 273.07	72 418.36	—	1 296 261.05	2 034 839.24

项目	上期金额										
	实收资本（或股本）	其他权益工具			资本公积	减：库存股	其他综合收益	盈余公积	一般风险准备	信托赔偿准备	未分配利润	所有者权益合计
		优先股	永续债	其他								
一、上年年末余额	245 666.67	—	—	—	270 135.71	—	950.88	127 833.34	62 198.49	—	1 122 523.27	1 829 308.36
加：会计政策变更	—	—	—	—	—	—	—	—	—	—	—	—
前期差错更正	—	—	—	—	—	—	—	—	—	—	—	—
其他	—	—	—	—	—	—	—	—	—	—	—	—
二、本年年初余额	245 666.67	—	—	—	270 135.71	—	950.88	127 833.34	62 198.49	—	1 122 523.27	1 829 308.36
三、本年增减变动金额（减少以"−"号填列）	239 333.33	—	—	—	−239 439.87	—	854.10	10 700.41	5 350.21	—	90 953.56	107 751.74
（一）综合收益总额	—	—	—	—	—	—	854.10	—	—	—	107 004.18	107 858.28
（二）所有者投入和减少资本	—	—	—	—	—	—	—	—	—	—	—	—
1.所有者投入的普通股	—	—	—	—	—	—	—	—	—	—	—	—
2.其他权益工具持有者投入资本	—	—	—	—	—	—	—	—	—	—	—	—
3.股份支付计入股东权益的金额	—	—	—	—	—	—	—	—	—	—	—	—
4.其他	—	—	—	—	—	—	—	—	—	—	—	—
（三）利润分配	—	—	—	—	—	—	—	10 700.41	5 350.21	—	−16 050.62	—

续表2

项目	上期金额											
	实收资本（或股本）	其他权益工具			资本公积	减：库存股	其他综合收益	盈余公积	一般风险准备	信托赔偿准备	未分配利润	所有者权益合计
		优先股	永续债	其他								
1.提取盈余公积	—	—	—	—	—	—	—	10 700.41	—	—	-10 700.41	—
2.提取一般风险准备	—	—	—	—	—	—	—	—	5 350.21	—	-5 350.21	—
3.提取信托赔偿准备	—	—	—	—	—	—	—	—	—	—	—	—
4.对所有者（或股东）的分配	—	—	—	—	—	—	—	—	—	—	—	—
5.其他	—	—	—	—	—	—	—	—	—	—	—	—
（四）所有者权益内部结转	239 333.33	—	—	—	-239 333.33	—	—	—	—	—	—	—
1.资本公积转增资本（或股本）	239 333.33	—	—	—	-239 333.33	—	—	—	—	—	—	—
2.盈余公积转增资本（或股本）	—	—	—	—	—	—	—	—	—	—	—	—
3.盈余公积弥补亏损	—	—	—	—	—	—	—	—	—	—	—	—
4.设定受益计划变动额结转留存收益	—	—	—	—	—	—	—	—	—	—	—	—
5.其他综合收益结转留存收益	—	—	—	—	—	—	—	—	—	—	—	—
6.其他	—	—	—	—	—	—	—	—	—	—	—	—
（五）其他	—	—	—	—	-106.54	—	—	—	—	—	—	-106.54
四、本年年末余额	485 000.00	—	—	—	30 695.84	—	1 804.98	138 533.75	67 548.70	—	1 213 476.83	1 937 060.10

法定代表人：安国勇　　　财务负责人：沈树忠　　　财务部门负责人：陈健

5.2 信托资产

5.2.1 信托项目资产负债汇总表

信托项目资产负债汇总表

编制单位：中诚信托有限责任公司　　　2023年12月31日　　　单位：万元

资产	期末余额	上年年末余额	负债和净资产	期末余额	上年年末余额
资产：			负债：		
货币资金	4 033 507.07	1 692 582.13	短期借款	—	—
结算备付金	—	—	交易性金融负债	—	—
存出保证金	—	—	衍生金融负债	—	—
衍生金融资产	—	—	卖出回购金融资产款	1 678 994.80	674 014.69
应收清算款	12 898.54	2 000.00	应付管理人报酬	102 898.96	14 178.01
应收利息	29 571.61	247 456.18	应付托管费	727.42	1 179.64
应收股利	0.18	0.46	应付销售服务费	105.32	5 584.81
应收申购款	—	—	应付投资顾问费	4 800.84	4 192.91
买入返售金融资产	369 548.36	275 513.35	应交税费	12 990.42	5 417.33
发放贷款和垫款	10 595 763.91	6 856 030.95	应付清算款	—	—
交易性金融资产	26 308 599.50	19 936 588.07	应付赎回款	459 918.62	505 272.44
债权投资	9 566 919.18	8 446 466.28	应付利息	—	—
其他债权投资	—	—	应付利润	188.57	64.02
其他权益工具投资	—	—	其他负债	233 972.96	215 057.91
长期股权投资	206 454.53	203 284.73	负债合计	2 494 597.91	1 424 961.76
其他资产	508 511.79	210 996.31	净资产：	—	—

续表

资产	期末余额	上年年末余额	负债和净资产	期末余额	上年年末余额
—	—	—	实收资金	49 209 173.50	37 217 262.46
—	—	—	其他综合收益	—	-661 912.90
—	—	—	未分配利润	-71 996.74	-109 392.86
—	—	—	净资产合计	49 137 176.76	36 445 956.70
资产总计	51 631 774.67	37 870 918.46	负债和净资产合计	51 631 774.67	37 870 918.46

5.2.2 信托项目利润及利润分配汇总表

信托项目利润及利润分配表

编制单位：中诚信托有限责任公司　　2023年度　　单位：万元

项目	本期金额	上期金额
一、营业总收入	1 702 816.37	946 560.84
利息收入	789 228.12	219 402.32
投资收益	751 610.06	657 460.88
公允价值变动收益	128 365.20	-301 325.02
汇兑收益	660.99	5 851.25
其他业务收入	32 952.00	365 171.41
二、营业总支出	249 452.74	231 580.70
管理人报酬	158 244.82	132 441.53
托管费	9 712.58	9 777.59
销售服务费	731.70	15 375.55
投资顾问费	7 061.43	13 142.46
利息支出	—	—
税金及附加	6 044.66	3 193.81
其他费用	67 657.55	57 649.76
三、扣除资产损失前的信托利润	1 453 363.63	714 980.14
减：资产减值损失	264 845.94	788 042.93
四、扣除资产损失后的信托利润	1 188 517.69	-73 062.79
加：期初未分配信托利润	-109 392.86	-96 927.91
其他综合收益	2 299 586.56	837 332.47
五、可供分配的信托利润	3 378 711.39	667 341.77
减：本期已分配信托利润	3 450 708.13	776 734.63
六、期末未分配信托利润	-71 996.74	-109 392.86

注：公司按照资管新规和会计准则的要求，在信托项目账面计提资产减值损失准备。该减值准备是出于对信托项目信用风险状况的谨慎性判断，并依据目前的业务情况进行的预估，故不代表委托人/受益人的实际损失。

6.会计报表附注

6.1 会计报表编制基准不符合会计核算基本前提的说明

6.1.1 会计核算基本前提的说明

公司以持续经营为基础，根据实际发生的交易和事项，按照财政部最新颁布的《企业会计准则》及其应用指南的有关规定进行确认和计量，在此基础上编制财务报表。

公司所编制的会计报表符合企业会计准则的要求，真实、完整地反映了公司的财务状况、经营成果、股东权益变动和现金流量等有关信息。

6.1.2 编制合并会计报表的说明

本期本公司将所有控股公司和结构化主体纳入合并会计报表范围。本公司纳入合并报表范围的控股公司如下表所示。

公司名称	业务性质	注册地	注册资本（万元）	我单位持有的权益性资本的比例（%）	关联方关系
北京三侨物业管理有限责任公司	物业管理	中国北京	25 000	100.00	全资子公司
北京安贞大厦物业管理有限责任公司	物业管理	中国北京	1 000	100.00	三侨物业全资子公司
中诚宝捷思货币经纪有限公司	境内外货币经纪业务	中国北京	5 000	67.00	控股子公司
中诚资本管理（北京）有限公司	项目投资、资本管理	中国北京	10 000	100.00	全资子公司
深圳市中诚云领厚润德投资企业（有限合伙）	企业管理咨询	中国深圳	5 230	99.04	控股子公司
鼎泰裕华（青岛）私募基金管理有限公司	资产管理	中国青岛	1 000	100.00	中诚资本全资子公司
北京中诚中机投资管理有限公司	资产管理	中国北京	—	100.00	中诚资本全资子公司
2013年中诚信托无锡锦绣商业广场集合资金信托计划	信托计划	中国北京	—	100.00	本公司发行的信托计划
2013年中诚信托重庆典城雅天城西区贷款项目集合资金信托计划	信托计划	中国北京	—	100.00	本公司发行的信托计划
2017年中诚信托重庆隆鑫中心项目集合资金信托计划	信托计划	中国北京	—	99.99	本公司发行的信托计划

注：拥有被投资单位持股比率超过半数但未纳入合并范围的原因：无。

6.2 或有事项说明

无。

6.3 重要资产转让及其出售的说明

本年公司无重要资产转让及出售事项。

6.4 会计报表中重要事项的明细资料

6.4.1 披露自营资产经营情况

6.4.1.1 按信用风险五级分类的结果披露资产的期初数、期末数

按照《中国银行业监督管理委员会关于非银行金融机构全面推行资产质量五级分类管理的通知》的分类标准，本年度公司固有五级分类资产质量情况如下表所示。

信用风险资产五级分类	正常类（万元）	关注类（万元）	次级类（万元）	可疑类（万元）	损失类（万元）	信用风险资产合计（万元）	不良资产合计（万元）	不良资产率（%）
期初数	1 075 797.82	929 094.13	239 775.34	151 086.45	41 348.01	2 437 101.75	432 209.80	2.44
期末数	1 277 761.74	745 397.84	350 838.45	131 374.74	104 121.07	2 609 493.84	586 334.26	6.35

注：1. 不良资产率按净值计算，与报送有关部门的统计口径一致。不良资产合计=次级类+可疑类+损失类。
2. 报告期内公司贯彻落实2023年2月1日新发布的《商业银行金融资产风险分类办法》，进一步夯实资产质量，依据该办法制定的新标准对存量业务进行了重新分类，不良资产总额有所增加，不良率相应提升。

6.4.1.2 各项资产减值损失准备的期初、本期计提、本期转回、本期核销、期末数

单位：万元

项目	期初数	本期计提	本期转回	本期核销	期末数
贷款损失准备	60 865.71	6 924.26	—	—	67 789.97
一般准备	—	—	—	—	—
专项准备	60 865.71	6 924.26	—	—	67 789.97
其他资产减值准备	—	—	—	—	—
债权投资减值准备	250 412.52	35 340.14	—	—	285 752.66
长期股权投资减值准备	1 591.60	—	—	—	1 591.60
坏账准备	59 798.83	5 212.74	—	—	65 011.57
投资性房地产减值准备	—	—	—	—	—

6.4.1.3 按照投资品种分类，分别披露固有业务股票投资、基金投资、债券投资、股权投资等投资业务的期初数、期末数

单位：万元

项目	自营股票	基金	债券	股权投资	其他投资	合计
期初数	4 406.42	61 634.69	—	873 864.57	334 608.16	1 274 513.84
期末数	—	37 864.88	—	884 211.84	407 417.75	1 329 494.47

6.4.1.4 按投资入股金额排序，前五名的自营长期股权投资的企业名称，占被投资企业权益的比例，主要经营活动及投资收益情况

企业名称	占被投资企业权益的比例（%）	主要经营活动	投资收益（万元）
嘉实基金管理有限公司	40.00	基金管理	61 143.71
国都证券股份有限公司	13.3264	证券服务	9 075.83
北京三侨物业管理有限责任公司	100.00	物业管理	1 500.00
中诚资本管理（北京）有限公司	100.00	项目投资、资本管理	—
中诚国际资本有限公司	49.00	项目投资、资本管理	-1 386.78

注：投资损益是指按照企业会计准则规定，核算股权投资确认损益并计入披露年度利润表的金额。

6.4.1.5 前五名的自营贷款的企业名称，占贷款总额的比例和还款情况

企业名称	占贷款总额的比例（%）	还款情况
福建顺华置业发展有限公司	37.56	逾期
重庆金阳房地产开发有限公司	34.45	逾期
贵阳鑫垚置业有限公司	23.97	正常
广州市花都区晟兴房地产开发有限公司	4.03	正常

6.4.1.6 表外业务的期初数、期末数；按照代理业务担保业务和其他类型表外业务分别披露

单位：万元

表外业务	期初数	期末数
担保业务	—	—
代理业务（委托业务）	—	—
其他	—	—
合计	—	—

注：本公司无因客观原因应规范而尚未完成规范的历史遗留委托业务。

6.4.1.7 公司当年的收入结构

收入结构	母公司		合并	
	金额（万元）	占比（%）	金额（万元）	占比（%）
手续费及佣金收入	162 489.18	72.41	219 344.38	79.17
其中：信托手续费收入	160 046.24	71.33	160 046.24	57.76
投资银行业务收入	21.63	0.01	21.63	0.01
利息收入	3 788.53	1.69	4 401.10	1.59
其他业务收入	288.00	0.13	8 137.55	2.94
其中：计入信托业务收入部分	—	—	—	—
投资收益	87 545.62	39.02	74 945.43	27.05
其中：股权投资收益	87 396.30	38.95	74 346.64	26.83
证券投资收益	-1 267.00	-0.56	-1 267.00	-0.46
其他投资收益	1 416.32	0.63	1 865.79	0.67
公允价值变动收益	-30 434.15	-13.56	-30 519.12	-11.01
营业外收入	710.43	0.31	761.86	0.26
收入合计	224 387.61	100.00	277 071.20	100.00

6.4.2 披露信托资产管理情况

6.4.2.1 信托资产的期初数、期末数

单位：万元

信托资产	期初数	期末数
集合	26 189 874.08	39 725 586.83
单一	7 005 241.37	4 956 297.50
财产权	4 675 803.01	6 949 890.34
合计	37 870 918.46	51 631 774.67

6.4.2.1.1 主动管理型信托业务的信托资产期初数、期末数

单位：万元

主动管理型信托资产	期初数	期末数
证券投资类	15 710 652.34	24 990 284.80
股权投资类	799 053.66	1 048 720.09
其他投资类	2 308 613.11	1 471 510.23
融资类	9 381 450.55	12 366 313.94
事务管理类	458 324.88	448 322.10
合计	28 658 094.54	40 325 151.16

6.4.2.1.2 被动管理型信托业务的信托资产期初数、期末数

单位：万元

被动管理型信托资产	期初数	期末数
证券投资类	555 959.40	541 719.18
股权投资类	124 325.81	99 011.11
其他投资类	912 792.28	194 070.69
融资类	408 621.31	400 204.33
事务管理类	7 211 125.12	10 071 618.20
合计	9 212 823.92	11 306 623.51

6.4.2.2 本年度已清算结束的信托项目个数、实收信托合计金额、加权平均实际年化收益率

6.4.2.2.1 本年度已清算结束的集合类、单一类资金信托项目和财产管理类信托项目数量、合计金额、加权平均实际年化收益率

已清算结束信托项目	项目个数（个）	合计金额（万元）	加权平均实际收益率（%）
集合类	57	2 340 716.13	4.21
单一类	72	1 796 069.97	4.16
财产管理类	23	1 769 254.62	2.62

6.4.2.2.2 本年度已清算结束的主动管理型信托项目个数、实收信托合计金额、加权平均实际年化收益率

已清算结束信托项目	项目个数（个）	实收信托合计金额（万元）	加权平均实际收益率（%）
投资类	16	626 032.40	3.57
融资类	66	2 257 301.65	4.60
事务管理类	3	38 930.00	4.38

6.4.2.2.3 本年度已清算结束的被动管理型信托项目个数、实收信托合计金额、加权平均实际年化收益率

已清算结束信托项目	项目个数（个）	实收信托合计金额（万元）	加权平均实际收益（%）
投资类	20	1 015 816.03	3.05
融资类	—	—	—
事务管理类	47	1 967 960.64	3.06

6.4.2.3 本年度新增的集合类、单一类资金信托项目和财产管理类信托项目数量、实收信托合计金额

新增信托项目	项目个数（个）	实收信托合计金额（万元）
单一类	270	1 249 968.41
集合类	140	10 577 919.28
财产管理类	37	4 465 892.59
新增合计	447	16 293 780.28
其中：主动管理型	195	10 386 427.74
被动管理型	252	5 907 352.54

6.4.2.4 信托业务创新成果和特色业务有关情况

公司落实信托业务"三分类"新规，牢牢把握国内资本市场改革与财富需求快速发展契机，加快创新业务拓展，重点业务布局稳中有进。一是标品信托业务规模持续提升，标品信托业务年末规模2 588.25亿元，同比增长53.21%，在信托资产规模中占比超过50%，较上年末提升5个百分点，主动管理型产品体系进一步完善。二是持续推进普惠（小微）金融业务发展，深化与多家互联网头部机构合作，丰富业务模式，年末存续规模280.9亿元，较上年末增长104.31%。三是财富管理业务稳步增长，2023年末家族与保险金信托业务规模72.75亿元，同比增长49.91%，新成立13单慈善信托项目，全面推广"诚嘉"家庭信托业务品牌。四是资产服务信托业务不断创新，成功落地公司首单破产服务信托、员工持股信托和特殊需要信托等。五是积极发挥信托特色，在服务现代产业体系、服务绿色发展、服务民生福祉、服务乡村振兴、服务科技自立自强等重点领域落地一系列典型示范项目。

6.4.2.5 本公司未发生履行受托人义务情况及因本公司自身责任而导致的信托财产损失情况

6.4.2.6 信托赔偿准备金的提取、使用和管理情况

本公司信托赔偿准备金按照公司净利润的5%提取，本年度未发生信托赔偿准备金使用情况

6.5 关联方关系及其交易的披露

6.5.1 关联交易方的数量、关联交易的总金额及关联交易的定价政策等

项目	关联交易数量（个）	关联交易金额（万元）	定价政策
自营与关联	15	21 178.94	双方协议确定
信托与关联	192	4 367 934.07	双方协议确定
信托与固有	32	90 549.44	双方协议确定
信托与信托	28	12 060.80	—
合计	267	4 491 723.25	—

定价政策：关联交易定价政策以不损伤第三方利益为首要原则，主要定价政策如下：（1）根据中国人民银行颁布的指导利率及上下浮动范围确定贷款利率；（2）双方协议确定交易价格；（3）双方参照证券市场成交价格，协商确定交易价格；（4）根据资产账面价值进行交易；（5）根据信托委托人指定价格进行交易；（6）根据原始投资额及持有期间的应获取的收益确定交易价格；（7）依据中介机构评估报告，确定交易价格。

关联方认定：按照《银行保险机构关联交易管理办法》认定关联方。

6.5.2 关联交易方与本公司的关系性质、关联交易方的名称、法定代表人、注册地址、注册资本及主营业务等

6.5.2.1 存在控制关系的关联方及联营企业

关系性质	关联方名称	法定代表人/委派代表	注册地址	实收资本（万元）	主营业务
全资子公司	北京三侨物业管理有限责任公司	刘孟革	中国北京	25000	物业管理
控股子公司	中诚宝捷思货币经纪有限公司	郑海帆	中国北京	5 000	境内外货币经纪业务
全资子公司	中诚资本管理（北京）有限公司	王会妙	中国北京	10000	资产管理
三侨物业全资子公司	北京安贞大厦物业管理有限责任公司	张伟	中国北京	1 000	物业管理
中诚资本子公司	鼎泰裕华（青岛）私募基金管理有限公司	王会妙	中国青岛	1 000	资产管理
中诚资本子公司	北京中诚中机投资管理有限公司	王会妙	中国北京	—	资产管理
控股子公司	深圳市中诚云领厚润德投资企业（有限合伙）	王其聪	中国深圳	5 230	项目投资；投资咨询；投资管理；企业管理咨询
联营企业	珠海鼎宇股权投资基金合伙企业（有限合伙）	杨杰	广东珠海	17	项目投资
联营企业	中诚国际资本有限公司	—	中国香港	16 814.83	项目投资、资本管理
联营企业	国都证券股份有限公司	翁振杰	中国北京	583 000	证券服务
联营企业	嘉实基金管理有限公司	经雷	中国上海	15 000	基金管理
联营企业	国都期货有限公司	叶晓	中国北京	20 000	期货服务
联营企业	中关村兴业（北京）投资管理有限公司	董建邦	中国北京	16 182	资产管理、项目投资
联营企业	旭诚（上海）股权投资基金管理有限公司	张子牛	中国上海	10 000	股权投资管理、资产管理、财务咨询

6.5.2.2 本公司的其他关联方

其他关联方的名称	关联方关系的性质
中国人民人寿保险股份有限公司	股东人保集团之子公司
人保信息科技有限公司	股东人保集团之子公司
中国人民财产保险股份有限公司	股东人保集团之子公司
中国人民健康保险股份有限公司	股东人保集团之子公司
杭州富阳中诚盈富股权投资基金合伙企业（有限合伙）	其他关联方

6.5.3 逐笔披露本公司与关联方的重大交易事项

6.5.3.1 固有财产与关联方：贷款、投资、租赁、应收账款、担保、其他方式等期初汇总数、本期发生额汇总数、期末汇总数

固有与关联方关联交易　　　　　　　　　　单位：万元

项目	期初数	借方发生额	贷方发生额	期末数
贷款	—	—	—	—
投资	178 485.00	−10 076.25		168 408.75
租赁	—	2 503.75	2 503.75	—
担保	—	—	—	—
应收账款	—	—	—	—
其他	—	4 173.81	4 173.81	—
合计	178 485.00	16 753.81	6 677.56	188 561.25

6.5.3.2 信托与关联方交易情况：贷款、投资、其他方式等期初汇总数、本期借方和贷方发生额汇总数、期末汇总数

信托与关联方关联交易　　　　　　单位：万元

项目	期初数	借方发生额	贷方发生额	期末数
贷款	200 000.00	80 300.00	200 000.00	80 300.00
投资	3 305 215.43	4 287 634.07	2 031 631.87	5 561 217.63
其他	—	—	—	—
合计	3 505 215.43	4 367 934.07	2 231 631.87	5 641 517.63

按照《银行保险机构关联交易管理办法》执行并完善。

6.5.3.3 信托公司自有资金运用于自己管理的信托项目（固信交易）、信托公司管理的信托项目之间的相互（信信交易）交易金额，包括余额和本报告年度的发生额

固有与信托财产之间的交易金额期初汇总数、本期发生额汇总数、期末汇总数如下表所示。

固有财产与信托财产相互交易　　　　单位：万元

项目	期初数	本期发生额	期末数
合计	400 643.68	57 810.62	458 454.30

6.5.4 本年度未发生关联方逾期未偿还本公司资金的情况以及本公司为关联方担保发生或即将发生垫款的情况

6.6 会计制度的披露

公司固有业务自2008年1月1日起执行财政部2006年2月15日颁布的《企业会计准则》（财会〔2006〕3号）及其后续规定。以持续经营为基础，根据实际发生的交易和事项，按照《企业会计准则——基本准则》和其他各项具体会计准则、应用指南及准则解释的规定进行确认和计量，在此基础上编制财务报表。

7. 财务情况说明书

7.1 利润实现和分配情况

单位：万元

项目	母公司	合并
税前利润	102 869.46	113 832.78
减：所得税	5 476.26	11 866.53
净利润	97 393.20	101 966.25
其中：归属于母公司所有者的净利润	97 393.20	96 934.85
少数股东损益	—	5 031.40

续表

项目	母公司	合并
加：年初未分配利润	1 213 476.82	1 242 911.39
其中：归属于母公司所有者的未分配利润	—	1 242 911.39
少数股东损益	—	—
减：提取法定盈余公积	9 739.32	9 739.32
减：提取一般准备	4 869.66	4 869.66
减：股利分配	—	—
年末未分配利润	1 296 261.04	1 330 268.66
其中：归属于母公司所有者的未分配利润	1 296 261.04	1 325 237.26
少数股东损益	—	5 031.40

7.2 主要财务指标

指标名称	母公司	合并
资本利润率（%）	4.90	4.85
人均净利润（万元）	270.54	269.26

7.3 本年度对本公司财务状况、经营成果有重大影响的其他事项

无。

8. 特别事项揭示

8.1 报告期内股东变动情况

2023年6月21日，取得《北京银保监局关于中诚信托有限责任公司变更股权的批复》（京银保监复〔2023〕385号），国华能源投资有限公司将其持有的中诚信托20.3528%股权转让至国家能源集团资本控股有限公司；11月15日，公司在北京市市场监督管理局完成上述股权变更登记。

8.2 董事、监事及高级管理人员变动情况及原因

8.2.1 董事变动情况

2023年4月26日，公司2022年度股东会审议通过《关于董事会换届选举的议案》，公司第七届董事会董事为李祝用、安国勇、牛成立、杜庆鑫、刘浩、郑础宏、吕海鹏、许跃东、叶林、黎宗剑、刘子刚、张健华、秦桥。金鑫、刘瑞生、李青、王效钉不再担任公司董事。

2023年8月8日，取得《国家金融监督管理总局北京监管局关于中诚信托有限责任公司秦桥任职资格的批复》（京金复〔2023〕41号），核准秦桥为中诚信托有限责任公司独立董事。

2023年9月25日，取得《国家金融监督管理总局北

京监管局关于中诚信托有限责任公司杜庆鑫任职资格的批复》（京金复〔2023〕145号），核准杜庆鑫为中诚信托有限责任公司董事。

2024年1月31日，取得《国家金融监督管理总局北京监管局关于中诚信托有限责任公司郑础宏任职资格的批复》（京金复〔2024〕76号），核准郑础宏为中诚信托有限责任公司董事。

2024年1月31日，取得《国家金融监督管理总局北京监管局关于中诚信托有限责任公司刘浩任职资格的批复》（京金复〔2024〕78号），核准刘浩为中诚信托有限责任公司董事。

8.2.2 监事变动情况

2023年4月26日，公司2022年度股东会审议通过《关于监事会换届选举的议案》，公司第七届监事会监事为尉维斌、王效钉、黄克孟、刘国岭、王士萍、赵明、倪彦若、梅永文。袁管华、潘红霞、刘俊光、张纪军、袁云鹏、赵海龙、李家正、吴明清、郑建新、吕少泉、吉祥、王玉国、陈学军不再担任公司监事。

2023年9月26日，公司2023年第一次临时监事会审议通过《关于监事长辞职和提名监事的议案》，一致同意尉维斌不再担任监事长职务。

2023年9月26日，公司2023年第二次临时股东会审议通过《关于选举监事的议案》，选举白飞鹏为第七届监事会监事，尉维斌不再担任公司监事。

2023年9月26日公司召开2023年第二次临时监事会审议通过《关于选举监事长的议案》，选举白飞鹏为第七届监事会监事长。

8.2.3 高级管理人员变动情况

2023年9月26日，公司2023年第一次临时董事会审议通过《关于聘任副总裁的议案》，聘任尉维斌为公司副总裁。

2023年9月26日，经公司2023年第一次临时董事会批准，敖磊不再担任公司首席风险官职务。

2023年12月7日，经公司第七届董事会第三次会议批准，尉维斌为风险责任人。

2024年1月5日，取得《国家金融监督管理总局北京监管局关于中诚信托有限责任公司尉维斌任职资格的批复》（京金复〔2024〕12号）。

8.3 报告期内公司发生变更注册资本、变更注册地或公司名称、公司分立合并事项情况

无。

8.4 报告期内公司股东违反承诺质押信托公司股权或以股权及其受（收）益权设立信托等金融产品的情况

无。

8.5 报告期内已向国务院银行业监督管理机构或其派出机构提交行政许可申请但尚未获得批准的事项

无。

8.6 报告期内公司发生重大诉讼事项

报告期内，公司信托项下重大诉讼事项中已起诉但未结案件数10件，被诉但未结案件数2件；公司固有财产项下重大诉讼事项中已起诉但未结案件数共1件，被诉案件数1件。

8.7 报告期内公司及其董事、监事和高级管理人员受到处罚情况

2023年12月，收到国家金融监督管理总局北京监管局向公司出具的行政处罚决定书（京金罚决字〔2023〕39号）。公司坚决拥护监管部门有关决定，进一步完善制度、加强系统建设、规范推介销售行为，严格按照监管要求完成整改工作。

8.8 报告期内公司收到监管部门关于检查的整改通知情况

报告期内，公司收到监管部门关于现场检查的整改通知，并已按相关要求完成整改工作。公司已进一步完善相关制度，坚持依法合规经营，增强合规经营理念，严格遵守各项监管规定，不断加强内控建设和内部管理，持续提升风险防控和合规管理水平。

8.9 报告期内公司重大事项临时报告披露

2023年8月18日，公司在《金融时报》公开披露了《中诚信托有限责任公司关于修改〈公司章程〉的公告》。

8.10 净资本情况

截至2023年12月31日，公司净资本余额145.46亿元（≥2亿元），净资本/各项业务风险资本之和为173.52%（≥100%），净资本/净资产的比例为70.29%（≥40%），各项指标均符合监管要求。

8.11 履行社会责任情况

2023年，公司积极践行金融国企的使命担当，切实履行社会责任，努力实现经济、社会和环境的全面协调可持续发展。一是充分发挥信托功能，服务实体经济；二是通过公益捐赠、资金引入、慈善信托等多种形式，落实定点帮扶与助推乡村振兴工作；三是开展特色公益活动，打造中诚公益跑品牌，支持教育事业发展；四是推动绿色发展，设立中诚公益林，积极开展节能降耗绿色办公活动，打造资源节约型和环境友好型企业。

8.12 消费者权益保护工作情况

2023年度公司认真贯彻落实监管部门的相关要求，积极履行主体责任，始终把保护消费者合法权益作为各项工作的出发点和落脚点，持续健全消费者权益保护体制机制建设，统筹推进各项工作，不断提升消费者权益保护工作的规范性和有效性；加强夯实消保治理、消保审查、消保信息披露、个人信息保护、产品服务审查、投诉有效处理、消费纠纷化解、投资者教育及清廉文化宣传等工作，确保了消费者权益保护工作落实的实效性，并能够按时将相关工作、活动的完成情况上报至上级部门。

消费者投诉处理。公司不断推进消费者投诉相关规章制度及机制建设，建立了完善的客户投诉受理机制和投诉处理机制，在多个客户接触点公示客户投诉举报渠道（官网、投诉专线、400电话、投诉邮箱、意见箱、上门投诉、信件地址、中诚信托App）方便投资者查看并监督举报。按照有关工作要求，公司对消费者投诉建立了台账，并进行了相应的统计分析。根据公司消费者投诉台账登记显示，公司在2023年1月1日至2023年12月31日共收到157起投诉。按投诉渠道分类：监管转办投诉96起（其中计件：60起，不计件：36起）；公司自收投诉60起；北京秉正银行业消费者权益保护促进中心转办投诉1起。按业务领域分类：消费金融类投诉107起；项目类投诉45起；其他类投诉5起。按投诉涉及地区分类：集中在北京、上海、杭州地区。

金融知识宣传与教育活动。投资者教育已经成为公司面向投资者的常态化工作，根据年度消保工作宣传教育计划，公司定期开展金融知识普及宣教活动，全年线上系列宣教活动9次、线下活动10次、内部培训教育21次（其中消保相关培训3次）持续将投资者教育活动贯穿全年。

9.公司监事会意见

监事会认为，本报告期内，公司决策程序合法，内部控制制度较为完善，没有发现公司董事、经理和其他高级管理人员在执行公司职务时有违法违纪和有损公司及股东利益的行为。公司财务报告真实地反映了公司的财务状况和经营成果。

中国对外经济贸易信托有限公司

1. 重要提示

1.1 中国对外经济贸易信托有限公司（以下简称公司、中国外贸信托或外贸信托）董事会及董事保证本报告所载资料不存在任何虚假记载、误导性陈述或者重大遗漏，并对其内容的真实性、准确性和完整性承担个别及连带责任。本年度报告摘要摘自年度报告全文，客户及相关利益人欲了解详细内容，应阅读年度报告全文。

1.2 无个别董事声明。

1.3 本公司独立董事对本报告内容的真实性、准确性、完整性无异议。

1.4 天职国际会计师事务所对本公司年度财务报告进行审计，出具了标准无保留意见的审计报告。

1.5 本公司董事长李强、财务总监陈丰声明：保证年度报告中财务报告的真实、完整。

2. 公司概况

2.1 公司简介

2.1.1 公司法定名称

中文：中国对外经济贸易信托有限公司（缩写：中国外贸信托/外贸信托）

英文：CHINA FOREIGN ECONOMY AND TRADE TRUST CO.，LTD.（缩写：FOTIC）

2.1.2 法定代表人：李强

2.1.3 注册地址：北京市西城区复兴门内大街28号凯晨世贸中心中座6层

邮政编码：100031

2.1.4 国际互联网网址：www.fotic.com.cn

电子信箱：fotic@sinochem.com

2.1.5 信息披露事务负责人：屈鹏

电话：010-59568808

传真：010-59569888

电子信箱 xtzjb@sinochem.com

2.1.6 信息披露报纸：《上海证券报》

2.1.7 年度报告备置地点：北京市西城区复兴门内大街28号凯晨世贸中心

2.1.8 聘请会计师事务所：天职国际会计师事务所（特殊普通合伙）

办公地址：北京市海淀区车公庄西路19号68号楼A-1和A-5区域

2.2 组织结构图

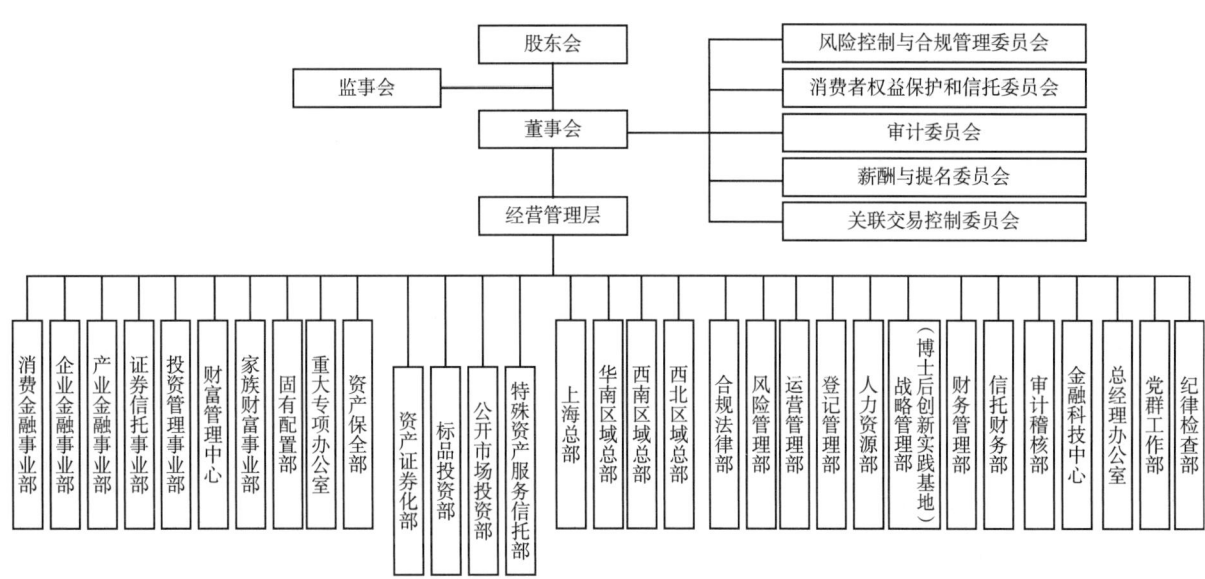

3. 公司治理

3.1 股东

报告期末，本公司股东总数2家，持股比例10%以上的股东有1家，股东结构如下表所示。

股东名称	持股比例及出资额	法定代表人	注册资本（元）	注册地址	主要经营业务及主要财务情况
中化资本有限公司	97.26%；人民币7 781 053 953.26元（其中包含34 000 728.61美元）	李强	6 017 081 113	中国（上海）自由贸易试验区华申路218号B3楼东南部位	投资管理；资产管理；实业投资；企业管理咨询；投资咨询；从事信息科技专业领域内的技术开发、技术转让、技术咨询、技术服务。截至2023年12月31日，公司资产总额（合并）291.98亿元人民币。2023年度，公司实现营业收入（合并）18.45亿元人民币，利润总额（合并）14.49亿元人民币
中化集团财务有限责任公司	2.74%；人民币218 946 046.74元	夏宇	6 000 000 000	北京市西城区复兴门内大街28号凯晨世贸中心中座F3层	企业集团财务公司服务。截至2023年12月31日，财务公司资产总额（合并）653.25亿元人民币。2023年度，财务公司实现营业收入（合并）9.47亿元人民币，利润总额（合并）7.47亿元人民币

注：1. 外贸信托主要股东为中化资本有限公司，实际控制人为中国中化控股有限责任公司。
2. 中化资本有限公司的控股股东为中国中化股份有限公司，实际控制人、最终受益人为中国中化控股有限责任公司，且无一致行动人；报告期内，中化资本有限公司主要关联方共计16家，除实际控制人、控股股东、中化集团财务有限责任公司外，其余均为控股股东控制或者参股的企业；中化资本有限公司未出质我司股权，亦未以股权及其受（收）益权设立信托等金融产品。
3. 中化资本有限公司持有中化集团财务有限责任公司28%的股份，中化资本有限公司、中化集团财务有限责任公司的实际控制人均为中国中化控股有限责任公司。

3.2 董事（截至2023年12月31日）

3.2.1 董事会成员

姓名	职务	性别	年龄（岁）	选任日期	所推举的股东名称	该股东持股比例（%）	简要履历
李强	董事长	男	52	2021年4月	中化资本有限公司	97.26	历任中国中化集团有限公司企业发展部规划科副科长、企业发展部规划科经理、战略规划部副总经理、中化管理学院副院长（主持工作）、党组秘书、董事会秘书、办公厅主任，并曾任外贸信托总经理助理、董事、中国中化股份有限公司办公厅主任；现任中化资本有限公司董事长、党委书记
程永	董事	男	50	2019年4月	中化资本有限公司	97.26	历任中国中化集团有限公司战略规划部规划科副经理、经理、战略规划部总经理助理、副总经理、总经理，中化现代农业有限公司党总支书记、总经理，中国中化集团有限公司农业事业部党委委员、党委副书记、副总裁，中国中化股份有限公司人力资源部副总监（主持工作），并曾任外贸信托董事；现任中国中化控股有限责任公司人力资源部总监、党组组织部部长
江南	董事	男	50	2023年11月	中化资本有限公司	97.26	历任中国金茂控股集团有限公司财务总监、总法律顾问、首席合规官，中国中化集团有限公司地产事业部副总裁、党委委员，金茂资本控股有限公司总经理。现任中化资本有限公司董事、总裁、党委副书记，中债信用增进投资股份有限公司董事
张亚蔚	董事	女	51	2021年4月	中化资本有限公司	97.26	历任中化国际（贸易）股份有限公司财务总部副经理、矿产能源部财务总监、冶金能源事业部副总经理，中化集团财务有限责任公司副总经理、党委委员，中化资本有限公司金融事业部财务总监。现任中化资本有限公司副总裁、党委委员，中化商业保理有限公司总经理
卫濛濛	董事	女	42	2022年6月	中化资本有限公司	97.26	历任外贸信托产品管理部总经理助理（主持工作）、证券产品部副总经理（主持工作）、证券产品部总经理、证券信托事业部总经理、财富管理中心总经理、外贸信托总经理助理、副总经理、党委副书记，现任外贸信托党委书记、总经理

3.2.2 独立董事

姓名	所在单位及职务	性别	年龄（岁）	选任日期	所推举的股东名称	该股东持股比例（%）	简要履历
王修祥	海南海德资本管理股份有限公司首席战略官	男	53	2022年3月	中化资本有限公司	97.26	历任中国证监会稽查部（局）综合处主任科员，中国证监会稽查一局调查三处副处长、调查二处调研员、调查一处处长，中国证监会稽查立案处处长、立案处调研员、副巡视员，中国证监会天津证监局党委委员、副局长，渤海证券股份有限公司党委副书记、总裁。现任深圳恒晖儿童公益基金会公益愿景者，海南海德资本管理股份有限公司首席战略官
胡维翊	北京市天铎律师事务所主任	男	57	2022年7月	中化资本有限公司	97.26	曾供职于全国人大常委会办公厅研究室政治组。擅长商业银行日常业务、商业银行股份制改造和重组、金融机构治理和金融机构市场退出等领域的法律服务，有30多年法律研究与实务经验。现任北京市天铎律师事务所主任
张秋生	北京交通大学教授、博士生导师	男	55	2023年6月	中化资本有限公司	97.26	北京交通大学教授、博士生导师。现任北京交通大学中国企业兼并重组研究中心主任，国务院学位委员会应用经济学学科评议组成员，可持续交通创新中心国家高端智库理事会秘书长。长期从事公司战略、公司财务、并购重组、产业政策相关的研究工作

3.3 监事（截至2023年12月31日）

姓名	职务	性别	年龄（岁）	选任日期	所推举的股东名称	该股东持股比例(%)	简要履历
王鹤飞	监事会主席	男	55	2020年12月	中化资本有限公司	97.26	先后在中国国际航空公司、中国化工进出口总公司、中化国际化肥公司、中化集团化肥中心、中远房地产开发有限公司、中国种子集团有限公司、北京先农投资管理有限公司、中化商务有限公司任职。现任中化资本有限公司财务总监、党委委员，中化资本投资管理有限责任公司财务总监
徐国庆	监事	男	46	2022年4月	中化资本有限公司	97.26	先后在中国中化集团、中化塑料有限公司、青海盐湖工业股份有限公司、中化蓝天集团有限公司、中化商务有限公司任职。现任中化资本有限公司人力资源部总经理
刘郁飞	监事	男	50	2022年5月	职工代表	—	先后在中国林业科学研究院、中林绿源科技有限责任公司、同新会计师事务所、浙江德仁集团、毕马威华振会计师事务所任职。现任外贸信托审计稽核部总经理

3.4 高级管理人员（截至2023年12月31日）

姓名	职务	性别	年龄（岁）	选任日期	金融从业年限（年）	学历	专业
卫濛濛	总经理	女	42	2022年6月	18	硕士	金融学
陈丰	财务总监	男	51	2022年4月	8	硕士	会计学
赵照	副总经理	男	50	2017年12月	29	博士	金融学
马绍晶	副总经理	男	40	2022年2月	15	硕士	统计学
秦江卫	总法律顾问、首席风控官	男	51	2018年11月	20	硕士	法学
王大为	副总经理	男	44	2023年4月	13	硕士	市场营销
王晓丽	总经理助理	女	42	2017年11月	21	硕士	工商管理
屈鹏	董事会秘书	男	42	2023年4月	7	硕士	企业管理

3.5 公司员工

截至2023年12月31日，公司共有员工580人，平均年龄35岁，其中，博士9人，占比1.55%；硕士370人，占比63.79%；本科学历194人，占比33.45%；专科学历7人，占比1.21%。

4.经营管理

4.1 经营目标、方针、战略规划

经营目标：坚持党中央对金融工作的集中统一领导，坚持以人民为中心的价值取向，坚持把金融服务实体经济作为根本宗旨，以实现"金融好社会"为使命，做好信托"五篇大文章"，切实加强重大战略、重点领域和薄弱环节的高质量信托服务，致力于打造创新引领、服务实体、以人为本的现代金融公司。

经营方针：秉承"因诺致远"的服务理念，弘扬新时代中国中化"精气神"，坚持打造以客户为中心的产品力、组织力和体系力，切实保护金融消费者合法权益，践行"合规先行、稳中求进"的风控文化，为客户提供专业信托服务。

战略规划：深入学习贯彻党的二十大精神和中央金融工作会议精神，深刻践行金融工作的政治性和人民性，切实支持国家重大战略、重点领域和薄弱环节，做好信托"五篇大文章"。以信托业务"三分类"为指引，聚焦投资信托、产业金融、消费金融、服务信托、财富管理、固有业务"5+1"业务领域，打造具竞争力的特色业务组合，推动实现"细分转型业务行业领先、服务实体与主业价值凸显、综合实力行业前列"的发展目标。

4.2 所经营业务的主要内容

公司聚焦投资信托、产业金融、消费金融、服务信托、财富管理、固有业务"5+1"业务领域。

投资信托领域，围绕多层次资本市场，将标品投资、产业投资作为转型发展重点，持续提升体系化的投研、风控、产品创设与资金对接能力，培育投资文化。在资本市场业务开拓方面，进一步丰富投资品类与策略，资管产品线覆盖现金管理、纯债固收、"固收+"、FoF、权益、另类等，打造投资品牌。同时，围绕战略性新兴产业、中国中化产业链上下游，布局新能源、新材料、医疗健康、先进制造等细分赛道，以多种模式开展股权投资，发展科技金融。

产业金融领域，紧扣国家产业政策，依托中国中化多元产业背景，服务实体产业转型升级。聚焦普惠金融、农业金融、绿色金融、基础设施等领域，提升产业投研

与多金融工具组合运用能力，创新探索股权、基金、标准化债券、资产证券化等模式，解决实体企业的成长性、周期性、产业链、供应链和降成本等多元需求，开展多场景、多模式中小企业金融服务，为实体经济发展创造综合价值。

消费金融领域，基于国家扩大内需的战略基点，坚定做行业领先、专业化普惠资产管理服务商，践行金融工作的政治性、人民性，服务人民群众多元普惠金融需求。公司坚持专业化深耕，不断强化基于数据驱动的产品设计和资产风控能力，拓展优质客群和资产来源，提升资产管理水平和资金资产匹配效率，形成以"资产管理业务+资产服务业务"双轮驱动、价值互动的"普惠资管平台2.0"模式。

服务信托领域，坚定回归信托本源，提升服务内涵，践行"服务+"，着力推动各类资产服务信托业务发展。证券信托业务以资管产品运营服务为价值牵引，拓展多渠道、多产品综合化经营模式，以数字化转型赋能业务发展，成为独立专业高效领先的资管产品服务商；资产证券化业务不断加强"资产生成—受托—承销"全链条展业能力，以专业服务助力企业盘活存量资产，对接公开市场；特殊资产业务聚焦"投资+服务"展业路径，开展风险处置服务信托、纾困咨询服务、市场化债务重组、特殊资产投融资等，助力实体企业纾困减亏、资产盘活。同时，公司依托长期积累的产品设计、估值清算、运营管理等能力，以物业服务信托、预付类资金服务信托等为切入点，积极探索各类创新型的资产服务信托。

财富管理领域，着力搭建信托账户服务体系，打造"客户体系—信托服务—资产配置—公益慈善"的综合化财富展业链路，发展多品类财富管理服务信托。公司通过科技赋能不断提升用户体验，助力客户实现可持续的财富管理目标。家族信托领域，积极服务委托人多维需求构建专业服务体系、提升资产配置能力和科技能力，提供全方位、一体化、长周期的方案，成为行业领先、值得托付的家族财富受托服务商。公益慈善领域，采用"慈善信托+基金会"双平台慈善运作模式，发挥基金会的资金募集和公益宣传优势，与慈善信托风险隔离、稳健运营和专业投资配置结合，服务各类客户慈善需求。

固有业务领域，推动固有配置业务在战略性、流动性、安全性、收益性、波动性等方面的多目标协调发展，提升大类资产配置能力，发展成为公司经营的稳定器和战略发展的助推器。

4.2.1 自营资产运用与分布表

资产运用	金额（万元）	占比（%）	资产分布	金额（万元）	占比（%）
货币资产	73 341.42	3.55	基础产业	185 757.87	8.99
贷款及应收款	61 679.41	2.98	房地产	—	—
交易性金融资产	1 534 662.73	74.25	证券市场	686 877.26	33.23
买入返售金融资产	15 011.15	0.73	实业	141 409.70	6.84
债权投资	145 775.60	7.05	金融机构	265 035.30	12.82
其他权益工具	30 172.97	1.46	其他	787 677.95	38.11
长期股权投资	118 569.84	5.74	—	—	—
其他	87 544.96	4.24	—	—	—
资产总计	2 066 758.08	100.00	资产总计	2 066 758.08	100.00

4.2.2 信托资产运用与分布表

资产运用	金额（万元）	占比（%）	资产分布	金额（万元）	占比（%）
货币资产	8 678 068.22	5.52	基础产业	474 319.37	0.30
贷款	10 041 474.13	6.39	房地产	1 552 649.74	0.99
交易性金融资产	121 755 924.76	77.43	证券市场	127 753 900.23	81.25
债权投资	9 068 140.68	5.77	实业	671 961.40	0.43
其他债权投资	—	—	金融机构	9 974 417.55	6.34
其他权益工具投资	—	—	其他	16 817 107.78	10.69
长期股权投资	100 086.48	0.06	—	—	—
买入返售金融资产	6 722 007.89	4.27	—	—	—
其他	878 653.91	0.56	—	—	—
信托资产总计	157 244 356.07	100.00	信托资产总计	157 244 356.07	100.00

4.3 市场分析

4.3.1 影响公司发展的有利因素

中央金融工作会议提出金融强国目标，对金融服务高质量发展的"五篇大文章"作出重要部署，为金融行业发展提供行动指南；信托行业顶层设计加快完善，信托制度的普惠化有望不断增强，信托服务也将广泛地深入经济发展和社会民生的各类场景；国家大力推进现代化产业体系建设，加快发展新质生产力，信托产融服务潜力巨大，信托公司综合运用多种金融工具，可促进"资金—资本—资产"三资循环；大规模设备更新和消费品以旧换新有望带来万亿元规模的市场需求，信托消费金融、普惠金融服务在促进扩大内需方面大有可为；国家多措并举提高上市公司质量、完善基础制度，增强资本市场内在稳定性，围绕资本市场的资产管理、资产服务业务前景广阔；全球人工智能浪潮迅猛发展，数字金融、科技金融全面推进。人工智能等前沿技术有望在信托展业的多场景落地，驱动信托产品、经营模式、业务流程创新。

4.3.2 影响公司发展的不利因素

宏观经济、细分市场、资管竞合等均在发生深刻变化，信托公司的经营管理面临着多重挑战。宏观方面，国际环境日趋复杂，地缘冲突、逆全球化持续，深刻影响全球资本流动和对大类资产的风险偏好。中国经济恢复持续回升向好的基础还不稳固，周期性问题与结构性问题交织，统筹发展与安全是重中之重。细分市场方面，在复杂的内外部环境下，部分行业的信用风险仍在出清，资本市场波动加大，对信托公司提升风险管理与化解能力、跨周期资产配置能力提出更高要求。资管竞合方面，大资管行业已经形成多类机构并存、竞争与合作并举的市场格局。信托公司需要找到差异化功能定位，加快培育核心竞争力，并积极与其他机构广泛合作、优势互补。

4.4 内部控制概况

公司已建立比较完善的公司治理机制，股东会、董事会、独立董事、监事会及高管层之间权责分明、各司其职。

股东会是公司的最高权力机构，代表股东对公司行使最终的控制权和决策权。

董事会是经营决策的最高权力机构，对股东会负责。董事会下设专门委员会，包括风险控制与合规管理委员会、消费者权益保护和信托委员会、审计委员会、薪酬与提名委员会、关联交易控制委员会。其中：风险控制与合规管理委员会具体职责包括审议公司基本风险管理政策、监督检查公司风险管理政策和制度的执行情况、审议经理层年度业务审批授权事项、审批超出经理层权限的业务事项以及董事会授权的其他职责；消费者权益保护和信托委员会负责消费者权益保护工作并监督、评价消费者权益工作的全面性、及时性和有效性，督促公司依法履行受托职责，对公司信托业务运行情况进行定期评估，当股东利益、公司利益与受益人利益发生冲突时，应保证公司为受益人利益服务，研究提出维护受益人利益的具体措施；审计委员会负责内部及外部审计工作，对公司内部控制管理工作进行监督，核查财务信息披露等；薪酬与提名委员会负责研究、制定高级管理人员人选提名、考核及薪酬管理等管理标准，并对已提名的高级管理人员进行考察；关联交易控制委员会负责审议公司关联交易管理制度并提交意见、评价关联交易管理制度执行有效性，监督、检查关联交易的执行情况，审批重大关联交易。

监事会是公司的监督机构。公司监事会向股东会负责，对公司财务以及公司董事、经理和其他高级管理人员履行职责的合法性进行监督，维护公司及股东的合法权益。监事会依法享有法律法规赋予的知情权、建议权和报告权。公司采取有效措施保障监事的知情权，及时向监事提供必要的信息和资料，以便监事会对公司财务状况和经营管理情况进行有效的监督、检查和评价。

公司高管层是公司的决策执行机构，对董事会负责，按照公司章程及相关治理文件行使职权，牢固树立了内控优先的风险管理理念，使风险防范意识贯穿公司各个部门、各个岗位和工作的各个环节。

公司所构建的股东会、董事会、监事会和高管层之间的权力制衡结构，能切实发挥科学激励和约束监督的治理机制，有效抑制道德风险的发生，为公司内部控制建设提供良好的环境。

公司以实现"金融好社会"为使命，秉承"因诺致远"的服务理念，弘扬新时代中国中化"精气神"，坚持以客户为中心的产品力和组织力建设，切实保护金融消费者合法权益，践行"合规先行、稳中求进"的风控文化，重视内部控制及相关体系建设，建立充分的信息交流和共享机制，强化内控制度约束。2023年，公司持续完善内部控制体系，包括根据业务实际不断滚动修订和完善相关体系文件，大力提升公司内控管理能力，以及提升员工经营管理的质量意识和程序意识，对巩固和提高公司经营质量发挥积极作用。公司通过培训和学习等多种途径，不断提升员工的内控合规意识和职业道德，使全体员工熟悉监管法律法规和公司规章制度以及业务操作流程。

4.5 风险管理概况

公司始终坚持"合规先行、稳中求进"的风控文化，坚持"绝不能出现对公司经营发展造成颠覆性影响的重大风险"原则，构建了以公司前台、中台、后台"三道防线"为基础，包含风险治理架构及各大类风险管理策略在内的全面风险管理体系。2023年，宏观经济总体保持平稳增长，对外开放持续推进，财政及货币政策保持稳定，信托行业风险整体可控，监管机构"长牙带刺"，聚焦风险管理，牢牢守住不发生系统性金融风险底线。公司紧密围绕公司战略转型方向，持续深化全面风险管理体系建设工作，在重大项目风险缓释等领域取得阶段性成果。2023年全年，公司整体风险可知、可控、可承受。面对复杂多变的风险形势，公司多措并举，制定《外贸信托2023年风险偏好陈述书》持续发挥风险偏好"定基调""划边界"和"促共识"的作用；适时更新大类业务风控政策，强化管理办法的适用性与引导性；持续深化全面风险管理体系建设工作，在投资业务风险管理、风险缓释等领域取得阶段性成果，公司整体运行平稳。后续，公司将继续贯彻落实国家行业政策，强化责任担当，增强风险敏感性，履行受托责任，践行央企担当。

4.5.1 信用风险状况及管理

公司面临的信用风险主要是指债务人或交易对手未能履行合同所规定的义务或信用质量发生变化，影响金融产品价值，从而给公司造成损失的风险。

固有业务层面，公司保持较低不良资产水平，并严格按照有关规定计提信托赔偿准备金及风险准备。信托业务层面，公司认真履行受托人责任，有效管理信托项目，定期监测融资类信托规模占比、客户集中度等指标。

2023年，公司持续完善信用风险管理体系建设，探索搭建信评体系，赋能业务决策，为公司新经营环境和风险形势下的信用风险管理工作提供基础依据，加强全流程控制，提高信用风险管理精细化水平和预警能力。严控增量风险，排查潜在风险，处置存量风险。2023年，公司信用风险整体可控。

4.5.2 市场风险状况及管理

公司面临的市场风险主要体现为在开展信贷业务中由于利率水平的不利变动以及证券投资业务中由于投资标的市场价格的不利变动给公司经营业绩带来的风险。

公司开展的信托类信贷业务，主要为中短期信贷，严格执行人民银行的利率政策，能较好地消化利率波动可能产生的风险。

在证券投资业务领域，公司持续完善多层次的投资决策体系，不断对授权受控、权责对等的投资授权进行规范，区分自营证券投资和证券投资类信托业务，各部门严格基于授权，按照内外部规章制度开展相关业务，并根据资金属性和风险偏好，针对利率、汇率和股价波动风险设置差异化管理策略。

4.5.3 操作风险状况及管理

公司面临的操作风险主要是指由不完善或有问题的内部程序、员工和信息科技系统，以及外部事件所造成直接或间接损失的风险。

目前，公司已对各项业务活动和管理活动制定系统、规范的业务管理制度和实施细则。在各类信托业务的项目筛选、可行性分析、项目审批、合同签署和账户设立、信托发行、信托资金发放、业务运营管理等环节，均已建立内部控制制度，总体上执行良好，操作风险可知可控。

4.5.4 流动性风险状况及管理

公司流动性风险包括固有业务的流动性风险和信托项目的流动性风险。

固有业务的流动性风险是指公司虽然有清偿能力，但无法及时获得充足资金或无法以合理成本获得充足资金以应对资本增长或支付到期债务的风险。信托项目流动性风险是指信托项目无法通过变现资产、以合理成本及时获得充足资金等途径，满足向信托项目投资者支付赎回或到期款项，以及履行其他支付义务的风险。

针对固有业务的流动性风险，公司通过合理的资产配置及负债管理，加强资金预测和筹划，保持充分而持续的融资能力，确保公司在正常经营状态下能够及时满足固有业务的流动性需求，防范公司整体流动性风险。2023年公司整体经营相对稳定，资产流动性较好，流动性备付较为充裕，未发生流动性风险事件。

针对信托项目的流动性风险，公司通过合理设计交易结构、持续优化资产配置、动态平衡发行节奏，确保信托资产的变现能力与投资者赎回或到期的资金需求相匹配，投资者的合法权益不受损害并得到公平对待，并防止信托项目流动性风险在信托项目间交叉传染或向表内转化。2023年，公司信托项目运行平稳，未发生流动性风险事件。

4.5.5 法律合规风险状况及管理

法律合规风险主要包括合规风险和法律风险。合规风险方面，公司始终秉持依法合规经营理念，根据监管政策变化，强化合规统筹管理，持续完善合规管理制度、管理流程、合规培训和宣贯工作，加强项目合规性审查，增强全员合规意识。同时加强项目审核及过程管理，防范执行中出现偏差，夯实合规底线。法律风险方面，公司严格执行公司相关诉讼仲裁管理制度，在项目诉讼及处置过程中，及时采取财产保全、证据保全等措施，提前做好诉讼准备，及时提起诉讼，保证实体及程序权利；对于被动涉诉，公司积极主动采取应对措施，积极化解诉讼风险。

4.5.6 其他风险状况及管理

公司面临的其他风险主要包括洗钱风险、信息科技风险和声誉风险。

洗钱风险是指公司提供的金融产品和服务被利用成为洗钱或恐怖融资工具的风险。针对洗钱风险，公司按照反洗钱和反恐怖融资法律法规全面开展反洗钱工作，认真履行客户身份识别、客户身份资料与交易记录保存和大额与可疑交易报告反洗钱义务，持续识别与评估洗钱和恐怖融资风险。公司加强反洗钱宣传教育，举办反洗钱知识竞赛及各类专题培训，不断强化全员反洗钱意识。

信息科技风险是指信息技术在公司运行过程中，由于自然因素、人为因素、技术漏洞和管理缺陷产生的操作、法律和声誉等风险。公司高度重视信息科技的发展和风险防范，不断加大科技投入，重点针对信息系统运行风险、信息安全风险和信息科技外包风险开展具体工作，强化信息科技风险策略、规划管理、应急管理，提高信息科技应用水平，促进业务发展和保障生产运营安全。公司持续开展包含系统可用率、信息安全事件、应用系统事件等指标在内的信息科技风险偏好指标监测工作，有效保障信息系统安全与平稳运行。

声誉风险是指由公司决策、从业人员行为或外部事件等，导致利益相关方、社会公众、媒体等对公司形成负面评价，从而损害公司品牌价值，不利公司正常经营的风险。公司持续完善声誉风险管理机制，加强制度建设，落实舆情监测与报送，强化舆情前置识别和部门协同处置，将主动防范风险和应急处置相结合，加大宣传力度，彰显公司社会责任和声誉形象，避免严重声誉风险事件的发生。

5.报告期末及上一年度的比较式会计报表

5.1 自营资产

5.1.1 会计师事务所审计结论

天职业字〔2024〕33944-1号

我们审计了中国对外经济贸易信托有限公司（以下简称外贸信托）财务报表，包括2023年12月31日的合并及母公司资产负债表，2023年度的合并及母公司利润表、合并及母公司现金流量表、合并及母公司所有者权益变动表以及相关财务报表附注。

我们认为，后附的财务报表在所有重大方面按照企业会计准则的规定编制，公允反映了外贸信托2023年12月31日的合并及母公司财务状况以及2023年度的合并及母公司经营成果和现金流量。

5.1.2 资产负债表

资产负债表

编制单位：中国对外经济贸易信托有限公司　　2023年12月31日　　单位：万元

项目	合并		母公司	
	2023年12月31日	2022年12月31日	2023年12月31日	2022年12月31日
流动资产：				
货币资金	88 984.99	101 911.26	73 341.42	96 110.09
结算备付金	144.52	4 187.00	—	—
交易性金融资产	1 236 655.91	1 325 485.17	1 534 662.73	1 372 624.96
应收账款	38 658.90	39 307.42	39 615.90	39 945.14
预付款项	5 804.85	4 561.70	5 804.85	4 561.70
其他应收款	16 946.70	23 985.42	16 258.67	23 039.37
买入返售金融资产	22 306.33	—	15 011.15	—
其他流动资产	2 962.64	—	2 962.64	—
流动资产合计	1 412 464.84	1 499 437.97	1 687 657.36	1 536 281.26
非流动资产：	—	—	—	—
债权投资	428 212.85	310 195.06	145 775.58	267 150.51
长期股权投资	118 569.84	112 712.86	118 569.84	112 712.86
其他权益工具投资	30 055.24	38 649.52	30 172.97	38 985.59
固定资产	2 885.03	2 873.84	2 885.03	2 873.84
使用权资产	5 026.86	7 803.94	5 026.86	7 803.94
无形资产	25 473.01	23 017.16	25 473.01	23 017.16
长期待摊费用	702.83	680.51	702.83	680.51
递延所得税资产	50 494.60	45 000.17	50 494.60	45 000.17
其他非流动资产				
非流动资产合计	661 420.26	540 933.06	379 100.72	498 224.58
资产总计	2 073 885.10	2 040 371.03	2 066 758.08	2 034 505.84
流动负债：				
合同负债	3 377.34	2 926.64	3 377.34	2 926.64
卖出回购金融资产款	—	2 280.87	—	—
应付职工薪酬	9 185.81	9 173.85	9 185.81	9 173.85
应交税费	3 208.09	13 689.22	2 718.29	13 546.37
其他应付款	14 847.68	26 001.11	14 011.84	25 647.28
一年内到期的非流动负债	2 818.12	5 581.74	2 818.12	5 581.74
其他流动负债	5 802.06	3 087.64	—	—
流动负债合计	39 239.10	62 741.07	32 112.08	56 875.88
非流动负债：				
租赁负债	2 104.38	1 257.56	2 104.38	1 257.56

续表

项目	合并		母公司	
	2023年12月31日	2022年12月31日	2023年12月31日	2022年12月31日
预计负债	121 321.82	88 325.81	121 321.82	88 325.81
非流动负债合计	123 426.20	89 583.37	123 426.20	89 583.37
负债合计	162 665.30	152 324.44	155 538.28	146 459.25
所有者权益（或股东权益）：	—	—	—	—
实收资本（或股本）	800 000.00	800 000.00	800 000.00	800 000.00
资本公积	286 585.25	286 585.25	286 585.25	286 585.25
其他综合收益	-24 721.84	-18 357.46	-24 721.84	-18 357.46
盈余公积	194 981.14	184 771.78	194 981.14	184 771.78
一般风险准备	96 106.50	90 818.08	96 106.50	90 818.08
未分配利润	558 268.75	544 228.94	558 268.75	544 228.94
所有者权益合计	1 911 219.80	1 888 046.59	1 911 219.80	1 888 046.59
负债和所有者权益总计	2 073 885.10	2 040 371.03	2 066 758.08	2 034 505.84

5.1.3 利润表

利润表

编制单位：中国对外经济贸易信托有限公司　　　2023年度　　　单位：万元

项目	合并		母公司	
	本年数	上年数	本年数	上年数
一、营业收入	256 487.98	239 244.36	252 477.11	238 513.40
利息净收入	11 501.52	20 659.51	10 404.04	19 039.60
利息收入	11 737.13	21 185.83	10 607.22	19 548.28
利息支出	235.61	526.32	203.18	508.68
手续费及佣金净收入	172 783.48	191 945.73	176 105.40	194 549.24
手续费及佣金收入	172 783.48	191 945.73	176 105.40	194 549.24
手续费及佣金支出	—	—	—	—
租赁收益	—	—	—	—
投资收益	57 923.94	43 340.04	58 147.35	37 283.27
公允价值变动收益（损失以"-"号填列）	14 306.42	-16 729.49	7 684.77	-12 530.66
汇兑收益（损失以"-"号填列）	-156.39	-65.51	6.54	77.87
其他收益	76.15	93.89	76.15	93.89
资产处置收益（损失以"-"号填列）	52.86	0.19	52.86	0.19
二、营业支出	126 054.88	133 745.46	122 021.47	133 013.51
税金及附加	1 135.75	1 216.44	1 043.18	1 187.52
业务及管理费	73 131.94	73 840.62	69 709.51	73 205.02
其中：研发费用	2 741.82	2 484.27	2 741.82	2 484.27
信用减值损失（损失以"-"号填列）	11 335.26	1 037.50	11 853.67	1 104.93
其他业务成本	63 122.45	59 725.90	63 122.45	59 725.90

续表

项目	合并		母公司	
	本年数	上年数	本年数	上年数
三、营业利润（亏损以"-"号填列）	130 433.10	105 498.90	130 455.64	105 499.89
加：营业外收入	1 030.09	1 015.04	1 007.55	1 014.05
减：营业外支出	59.38	596.17	59.38	596.17
四、利润总额（亏损总额以"-"号填列）	131 403.81	105 917.77	131 403.81	105 917.77
减：所得税费用	29 310.24	21 775.14	29 310.24	21 775.14
五、净利润（净亏损以"-"号填列）	102 093.57	84 142.63	102 093.57	84 142.63
（一）按所有权归属分类：	—	—	—	—
归属于母公司所有者的净利润	102 093.57	84 142.63	102 093.57	84 142.63
*少数股东损益	—	—	—	—
（二）按经营持续性分类：				
持续经营净利润	102 093.57	84 142.63	102 093.57	84 142.63
终止经营净利润				
六、其他综合收益的税后净额	-6 364.37	-6 706.46	-6 364.37	-6 754.84
（一）以后不能重分类进损益的其他综合收益	-6 367.13	-6 735.32	-6 367.13	-6 783.70
其中：1.重新计量设定受益计划变动额	—	—	—	—
2.权益法下在被投资单位不能重分类进损益的其他综合收益中所享有的份额				
3.其他权益工具投资公允价值变动	-6 367.13	-6 735.32	-6 367.13	-6 783.70
4.企业自身信用风险公允价值变动				
（二）以后重分类进损益的其他综合收益	2.76	28.86	2.76	28.86
其中：1.权益法下可转损益的其他综合收益	2.76	28.86	2.76	28.86
2.其他债权投资公允价值变动				
3.金融资产重分类计入其他综合收益的金额				
4.现金流量套期损益的有效部分				
5.外币财务报表折算差额				
七、综合收益总额	95 729.20	77 436.17	95 729.20	77 387.79
归属于母公司所有者的综合收益总额	95 729.20	77 436.17	95 729.20	77 387.79
*归属于少数股东的综合收益总额	—	—	—	—
八、每股收益：				
（一）基本每股收益	—	—	—	—
（二）稀释每股收益	—	—	—	—

5.1.4 所有者权益变动表

所有者权益变动表

编制单位：中国对外经济贸易信托有限公司　　2023年12月31日　　单位：万元

项目	2023年（合并）								
	实收资本	资本公积	减：库存股	其他综合收益	专项储备	盈余公积	一般风险准备	未分配利润	所有者权益合计
一、上年年末余额	800 000.00	286 585.25	—	−18 357.46	—	184 771.78	90 818.08	544 228.94	1 888 046.59
加：1.会计政策变更	—	—	—	—	—	—	—	—	—
2.前期差错更正	—	—	—	—	—	—	—	—	—
3.其他	—	—	—	—	—	—	—	—	—
二、本年年初余额	800 000.00	286 585.25	—	−18 357.46	—	184 771.78	90 818.08	544 228.94	1 888 046.59
三、本年增减变动金额（减少以"−"号填列）	—	—	—	−6 364.38	—	10 209.36	5 288.42	14 039.81	23 173.21
（一）综合收益总额	—	—	—	−6 364.38	—	—	—	102 093.57	95 729.19
（二）所有者投入和减少资本	—	—	—	—	—	—	—	—	—
1.所有者投入资本	—	—	—	—	—	—	—	—	—
2.其他权益工具持有者投入资本	—	—	—	—	—	—	—	—	—
3.股份支付计入所有者权益的金额	—	—	—	—	—	—	—	—	—
4.其他	—	—	—	—	—	—	—	—	—
（三）利润分配	—	—	—	—	—	10 209.36	5 288.42	−88 053.76	−72 555.98
1.提取盈余公积	—	—	—	—	—	10 209.36	—	−10 209.36	—
2.提取一般风险准备	—	—	—	—	—	—	5 288.42	−5 288.42	—
3.对所有者（或股东）的分配	—	—	—	—	—	—	—	−72 555.98	−72 555.98
4.其他	—	—	—	—	—	—	—	—	—
（四）所有者权益内部结转	—	—	—	—	—	—	—	—	—
1.资本公积转增资本（或股本）	—	—	—	—	—	—	—	—	—
2.盈余公积转增资本（或股本）	—	—	—	—	—	—	—	—	—
3.盈余公积弥补亏损	—	—	—	—	—	—	—	—	—
4.其他	—	—	—	—	—	—	—	—	—
（五）专项储备提取和使用	—	—	—	—	—	—	—	—	—
1.提取专项储备	—	—	—	—	—	—	—	—	—
2.使用专项储备	—	—	—	—	—	—	—	—	—
四、本年年末余额	800 000.00	286 585.25	—	−24 721.84	—	194 981.14	96 106.50	558 268.75	1 911 219.80

所有者权益变动表（续）

编制单位：中国对外经济贸易信托有限公司　　2023年12月31日　　单位：万元

项目	2023年（母公司）								
	实收资本	资本公积	减：库存股	其他综合收益	专项储备	盈余公积	一般风险准备	未分配利润	所有者权益合计
一、上年年末余额	800 000.00	286 585.25	—	−18 357.46	—	184 771.78	90 818.08	544 228.94	1 888 046.59
加：1.会计政策变更	—	—	—	—	—	—	—	—	—
2.前期差错更正	—	—	—	—	—	—	—	—	—
3.其他	—	—	—	—	—	—	—	—	—
二、本年年初余额	800 000.00	286 585.25	—	−18 357.46	—	184 771.78	90 818.08	544 228.94	1 888 046.59
三、本年增减变动金额（减少以"−"号填列）	—	—	—	−6 364.38	—	10 209.36	5 288.42	14 039.81	23 173.21

续表

项目	2023年（母公司）								
	实收资本	资本公积	减：库存股	其他综合收益	专项储备	盈余公积	一般风险准备	未分配利润	所有者权益合计
（一）综合收益总额	—	—	—	−6 364.38	—	—	—	102 093.57	95 729.19
（二）所有者投入和减少资本	—	—	—	—	—	—	—	—	—
1.所有者投入资本	—	—	—	—	—	—	—	—	—
2.其他权益工具持有者投入资本	—	—	—	—	—	—	—	—	—
3.股份支付计入所有者权益的金额	—	—	—	—	—	—	—	—	—
4.其他	—	—	—	—	—	—	—	—	—
（三）利润分配	—	—	—	—	—	10 209.36	5 288.42	−88 053.76	−72 555.98
1.提取盈余公积	—	—	—	—	—	10 209.36	—	−10 209.36	—
2.提取一般风险准备	—	—	—	—	—	—	5 288.42	−5 288.42	—
3.对所有者（或股东）的分配	—	—	—	—	—	—	—	−72 555.98	−72 555.98
4.其他	—	—	—	—	—	—	—	—	—
（四）所有者权益内部结转	—	—	—	—	—	—	—	—	—
1.资本公积转增资本（或股本）	—	—	—	—	—	—	—	—	—
2.盈余公积转增资本（或股本）	—	—	—	—	—	—	—	—	—
3.盈余公积弥补亏损	—	—	—	—	—	—	—	—	—
4.其他	—	—	—	—	—	—	—	—	—
（五）专项储备提取和使用	—	—	—	—	—	—	—	—	—
1.提取专项储备	—	—	—	—	—	—	—	—	—
2.使用专项储备	—	—	—	—	—	—	—	—	—
四、本年年末余额	800 000.00	286 585.25	—	−24 721.84	—	194 981.14	96 106.50	558 268.75	1 911 219.80

5.2 信托资产

5.2.1 信托项目资产负债汇总表

信托项目资产负债汇总表

编制单位：中国对外经济贸易信托有限公司　　2023年度　　单位：万元

资产	2023年12月31日	2022年12月31日	负债和净资产	2023年12月31日	2022年12月31日
资产：			负债：		
货币资金	8 676 291.72	3 694 743.06	交易性金融负债	—	—
存出保证金	1 776.50	10 498.97	衍生金融负债	—	—
衍生金融资产	—	—	应付管理人报酬	67 637.61	50 804.91
买入返售金融资产	6 722 007.89	1 067 949.45	应付托管费	12 317.35	11 472.87
应收款项	846 653.91	307 687.29	应付销售服务费	123 014.83	134 674.63
发放贷款及垫款	10 041 474.13	13 591 102.45	应付投资顾问费	60 059.96	57 066.46
交易性金融资产	121 755 924.76	81 756 572.36	应交税费	38 307.07	19 775.16
债权投资	9 068 140.68	7 211 849.96	应付利润	448 221.77	288 577.07
其他债权投资	—	—	其他应付款项	985 121.88	928 717.03
其他权益工具投资	—	—	其他负债	5 281 077.14	833 351.27
长期股权投资	100 086.48	101 502.01	负债合计	7 015 757.61	2 324 439.40

续表

资产	2023年12月31日	2022年12月31日	负债和净资产	2023年12月31日	2022年12月31日
其他资产	32 000.00		净资产		
			实收信托	147 615 196.78	102 906 432.29
			资本公积	68 448.84	52 429.19
			其他综合收益	—	—
			未分配利润	2 544 952.84	2 458 604.67
			净资产合计	150 228 598.46	105 417 466.15
资产合计	157 244 356.07	107 741 905.55	负债和净资产总计	157 244 356.07	107 741 905.55

5.2.2 信托项目利润及利润分配表

信托项目利润及利润分配表

编制单位：中国对外经济贸易信托有限公司　2023年度　　单位：万元

项目	本年数	上年数
一、营业总收入	3 589 884.81	-1 384 305.35
利息收入	2 371 094.90	2 044 574.26
投资收益（损失以"-"号填列）	1 186 291.56	932 836.92
公允价值变动收益（损失以"-"号填列）	2 788.28	-4 424 879.95
汇兑收益（损失以"-"号填列）	48.39	391.83
其他业务收入	29 661.68	62 771.59
二、营业总支出	1 331 872.17	1 737 734.63
管理人报酬	187 664.43	201 828.34
托管费	33 926.71	34 771.71
销售服务费	321 444.56	352 959.38
投资顾问费	219 696.57	209 813.41
利息支出	40 387.70	6 378.20
信用减值损失	89 457.17	359 107.70
税金及附加	10 152.35	8 543.05
其他费用	429 142.68	564 332.84
三、营业利润（亏损以"-"号填列）	2 258 012.64	-3 122 039.98
加：营业外收入	7 515.82	30 148.90
减：营业外支出	9.80	82.26
四、利润总额（亏损总额以"-"号填列）	2 265 518.66	-3 091 973.34
减：所得税费用	—	—
五、净利润（净亏损以"-"号填列）	2 265 518.66	-3 091 973.34
六、其他综合收益的税后净额	—	—
七、综合收益总额	2 265 518.66	-3 091 973.34
加：期初未分配信托利润	2 458 604.67	8 410 539.90
八、可供分配的信托利润	4 724 123.33	5 318 566.56
减：本期已分配的信托利润	2 179 170.49	2 859 961.89
九、期末未分配信托利润	2 544 952.84	2 458 604.67

6. 会计报表附注

6.1 会计报表编制基准说明

本报表符合中华人民共和国财政部颁布的《企业会计准则》的要求，真实、完整地反映了本公司2023年12月31日的财务状况、2023年度的经营成果及现金流量。

6.2 或有事项说明

截至2023年12月31日，本公司受托管理的个别信托项目涉及或有事项，本公司已按照《企业会计准则》的有关规定进行了相应的会计处理。

6.3 重要资产转让及其出售的说明

本公司报告期内无重要资产转让及其出售的事项。

6.4 会计报表中重要项目的明细资料

6.4.1 自营资产经营情况

6.4.1.1 资产风险分类结果（以净值列示）

信用风险资产五级分类	正常类（万元）	关注类（万元）	次级类（万元）	可疑类（万元）	损失类（万元）	信用风险资产合计（万元）	不良资产合计（万元）	不良资产率（%）
期初数	1 831 161.18	123 499.02	702.59	7 566.15	—	1 962 928.94	8 268.74	0.42
期末数	1 824 191.47	150 738.96	1 786.81	7 515.32	—	1 984 232.56	9 302.13	0.47

6.4.1.2 资产损失准备计提转回情况

单位：万元

项目	期初数	本期计提	本期转回	本期核销	期末数
贷款损失准备	—	—	—	—	—
一般准备					
专项准备					
其他资产减值准备					
债权投资减值准备	22 350.31	-82.61	12 873.99		9 393.71
长期股权投资减值准备	401.79				401.79
坏账准备	2 304.72	1 102.92			3 407.64
投资性房地产减值准备					

6.4.1.3 金融资产和长期股权投资

单位：万元

项目	自营股票	基金	债券	长期股权投资	其他投资
期初数	39 006.59	569 001.32	80 177.32	112 712.86	990 575.83
期末数	35 865.88	349 349.14	3 485.84	118 569.84	1 321 910.44

注：净值列示。

6.4.1.4 前三名的自营长期股权投资的企业名称、占被投资企业权益的比例、主要经营活动及投资收益情况（按持股比例排列）

企业名称	占被投资企业权益的比例(%)	主要经营活动	投资收益（万元）
冠通期货股份有限公司	48.72	期货	1 262.56
诺安基金管理有限公司	40.00	基金管理	10 414.81
宝盈基金管理有限公司	25.00	基金管理	2 026.85

6.4.1.5 前五名的自营贷款的企业名称、占贷款总额的比例和还款情况

无。

6.4.1.6 代理业务的期初数、期末数

无。

6.4.1.7 公司当年的收入结构

单位：万元

收入结构	合并	母公司
手续费及佣金收入	172 783.48	176 105.40
其中：信托手续费收入	172 783.48	176 105.40
投资银行业务收入	—	—
利息收入	11 737.13	10 607.22
其他业务收入	—	—
其中：计入信托业务收入部分	—	—
投资收益	57 923.94	58 147.35
其中：股权投资收益	13 704.22	13 704.22
证券投资收益	39 956.48	40 179.89
其他投资收益	4 263.24	4 263.24
公允价值变动收益	14 306.42	7 684.77
汇兑收益	−156.39	6.54
其他收益	76.15	76.15
资产处置收益	52.86	52.86
营业外收入	1 030.09	1 007.55
收入合计	257 753.68	253 687.84

6.4.2 信托资产管理情况
6.4.2.1 信托资产情况

单位：万元

信托资产	期初数	期末数
集合	85 190 917.13	129 096 683.76
单一	3 632 331.18	11 966 081.02
财产权	18 918 657.24	16 181 591.29
合计	107 741 905.55	157 244 356.07

6.4.2.1.1 主动管理型信托业务情况

单位：万元

主动管理型信托资产	期初数	期末数
证券投资类	75 397 210.59	126 227 427.23
其他投资类	5 445 057.28	3 985 921.26
融资类	3 830 790.37	7 919 693.94
事务管理类	4 213 376.08	2 704 050.97
合计	88 886 434.32	140 837 093.40

6.4.2.1.2 被动管理型信托业务情况

单位：万元

被动管理型信托资产	期初数	期末数
证券投资类	2 036 123.03	1 526 473.00
其他投资类	—	—
融资类	—	—
事务管理类	16 819 348.20	14 880 789.67
合计	18 855 471.23	16 407 262.67

6.4.2.2 本年度已清算结束的信托项目情况
6.4.2.2.1 本年度已经清算结束信托项目情况

已清算结束信托项目	项目个数（个）	实收信托合计金额（万元）	加权平均实际年化收益率（%）
集合类	1028	11 406 930.66	7.02
单一类	179	1 050 297.62	5.77
财产管理类	226	4 973 641.70	5.24

6.4.2.2.2 本年度已经清算结束的主动管理型信托项目情况

已清算结束信托项目	项目个数（个）	实收信托合计金额（万元）	加权平均实际年化信托报酬率（%）	加权平均实际年化收益率（%）
证券投资类	710	5 056 144.88	0.13	7.32
其他投资类	126	2 984 530.10	0.28	6.52
融资类	235	3 531 045.37	1.66	6.92
事务管理类	133	157 512.01	0.17	4.49

6.4.2.2.3 本年度已经清算结束的被动管理型信托项目情况

已清算结束信托项目	项目个数（个）	实收信托合计金额（万元）	加权平均实际年化信托报酬率（%）	加权平均实际年化收益率（%）
证券投资类	138	437 504.01	0.02	3.01
其他投资类	—	—	—	—
融资类	—	—	—	—
事务管理类	91	5 264 133.61	0.01	0.89

6.4.2.3 本年度新增信托项目情况

新增信托项目	项目个数（个）	实收信托合计金额（万元）
集合类	2 632	63 944 512.87
单一类	163	8 847 763.01
财产管理类	710	6 477 388.22
新增合计	3 505	79 269 664.10
其中：主动管理型	2 891	72 547 373.30
被动管理型	614	6 722 290.80

6.4.2.4 本公司履行受托人义务情况及因本公司自身责任而导致的信托资产损失情况

公司管理信托财产恪尽职守，履行诚实、信用、谨慎、有效管理的义务。2023年没有因公司自身责任而导致信托资产损失的情况。

6.4.2.5 信托赔偿准备金的提取、使用和管理情况

公司按照税后利润的5%计提信托赔偿准备金，即5 104.68万元。截至2023年12月31日，信托赔偿准备金余额66 220.37万元人民币。

6.5 关联方关系及其交易的披露

6.5.1 关联交易方的数量、关联交易的总金额及关联交易的定价政策

固有业务关联方情况

项目	关联交易数量（个）	关联交易金额（万元）	定价政策
合计	9	7 015.52	公允价值定价

信托业务关联方情况

项目	关联交易数量（个）	关联交易金额（万元）	定价政策
合计	1	20 348.55	公允价值定价

6.5.2 关联交易方与本公司的关系性质、关联交易方的名称、法定代表人、注册地址、注册资本及主营业务

主要固有业务关联方情况

关系性质	关联方名称	法定代表人	注册地	注册资本	主营业务
实际控制人	中国中化控股有限责任公司	李凡荣	河北雄安	5 525 800.00万元	石油、化肥、化工、金融等行业投资
股东	中化资本有限公司	李强	上海	601 708.11万元	投资管理；资产管理；实业投资；企业管理咨询；投资咨询
股东	中化集团财务有限责任公司	夏宇	北京	600 000.00万元	财务和融资顾问
同受母公司控制	中国中化股份有限公司	李凡荣	北京	4 322 517.80万元	石油、天然气勘探开发的投资管理；石油炼制、加油站、仓储的投资管理；化肥、种子、农药及农资产品的研制开发和投资管理等
同受母公司控制	北京凯晨置业有限公司	李从瑞	北京	10 240.00美元	房地产开发、建设；物业管理
同受母公司控制	中化金茂物业管理（北京）有限公司	谢炜	北京	1 000.00万元	餐饮服务；物业管理顾问咨询；房地产信息咨询
同受母公司控制	中化国际物业酒店管理有限公司	张兴旺	北京	38 760.00万元	餐饮业；经营或出租中化大厦房地产设施；写字间、餐饮、车库等配套服务
同受母公司控制	中化聚缘企业管理（北京）有限公司	杨宏	北京	1 000.00万元	企业管理；餐饮管理；物业管理；企业策划
同受母公司控制	中化信息技术有限公司	赵洋	北京	5 000.00万元	技术开发、技术转让、技术咨询、技术服务；计算机系统服务；基础软件服务

信托业务关联方情况

关系性质	关联方名称	法定代表人	注册地	注册资本（万元）	主营业务
主要股东的关联方	四川蓝星机械有限公司	王伟红	四川德阳	26 916.00	化工机械设备制造

6.5.3 本公司与关联方的交易事项

6.5.3.1 固有财产与关联方：贷款、投资、租赁、应收账款、担保、其他方式等期初汇总数、本期发生额汇总数、期末汇总数

单位：万元

项目	期初数	本期发生额	期末数
贷款	—	—	—
投资	—	—	—
租赁	—	—	—
担保	—	—	—

续表

项目	期初数	本期发生额	期末数
应收账款			
其他	91 205.26	−84 565.13	6 640.13
合计	91 205.26	−84 565.13	6 640.13

注：固有财产与关联方关联交易主要是房屋租赁费、物业管理费用等。

6.5.3.2 信托资产与关联方：贷款、投资、租赁、应收账款、担保、其他方式等期初汇总数、本期发生额汇总数、期末汇总数

信托资产与关联方关联交易

单位：万元

项目	期初数	借方发生额	贷方发生额	期末数
贷款	—	20 351.83	3.28	20 348.55
投资				
租赁				
担保				

续表

项目	期初数	借方发生额	贷方发生额	期末数
应收账款	—			
其他	—			
合计		20 351.83	3.28	20 348.55

6.5.3.3 信托公司自有资金运用于自己管理的信托项目（固信交易）、信托公司管理的信托项目之间的相互交易金额

6.5.3.3.1 固有财产与信托财产之间的交易金额期初汇总数、本期发生额汇总数、期末汇总数

固有财产与信托财产相互交易　　　单位：万元

项目	期初数	本期发生额	期末数
合计	1 235 302.92	170 357.57	1 405 660.49

6.5.3.3.2 信托资产与信托财产之间的交易金额期初汇总数、本期发生额汇总数、期末汇总数

信托资产与信托财产相互交易　　　单位：万元

项目	期初数	本期发生额	期末数
合计	12 430 992.20	1 382 114.90	13 813 107.10

6.5.4 关联方逾期未偿还本公司资金的详细情况以及本公司为关联方担保发生或即将发生垫款的详细情况

固有财产没有关联方逾期未偿还本公司资金及本公司为关联方担保发生或即将发生垫款的事项。

6.6 会计制度的披露

本公司固有业务和信托业务均执行中华人民共和国财政部颁布的《企业会计准则》及相关规定。

7.财务情况说明书

7.1 利润实现和分配情况

2023年本公司实现净利润102 093.57万元，分配方案如下：（1）按当年净利润的10%提取法定公积金10 209.36万元人民币。（2）按当年净利润的5%提取信托赔偿准备金5 104.68万元人民币。（3）提取一般准备183.74万元人民币。可供股东分配的利润86 595.79万元人民币。

7.2 主要财务指标

指标名称	指标值
资本利润率（%）	5.37
加权年化信托报酬率（%）	0.16
人均利润（万元）	223.86

7.3 对本公司财务状况、经营成果有重大影响的其他事项

本公司没有对财务状况、经营成果有重大影响的其他事项。

8.特别事项简要揭示

8.1 前五名股东报告期内变动情况及原因

无。

8.2 董事、监事及高级管理人员变动情况及原因

公司2023年第二次股东会议通过决议，同意选举张秋生担任外贸信托独立董事。公司2023年第三次股东会议通过决议，同意选举江南担任外贸信托董事。2023年6月28日，原北京银保监局核准张秋生独立董事的任职资格（京银保监复〔2023〕400号）。2023年11月22日，国家金融监督管理总局北京监管局核准江南董事的任职资格（京金监复〔2023〕277号）。

公司第七届董事会第四十次会议通过决议，同意王大为担任外贸信托副总经理，屈鹏担任外贸信托董事会秘书，免去王大为担任的外贸信托董事会秘书、总经理助理职务。2023年4月7日，原北京银保监局核准王大为副总经理的任职资格（京银保监复〔2023〕217号）。2023年4月7日，原北京银保监局核准屈鹏董事会秘书的任职资格（京银保监复〔2023〕216号）。

8.3 公司重大诉讼事项

无。

8.4 会计师事务对审计报告所出具保留意见、否定意见或无法表现意见的情况

无。

8.5 公司及其董事、监事和高级管理人员受到处罚的情况

无。

8.6 原银保监会及其派出机构对公司检查情况

无。

8.7 本报告期内公司重大事项临时报告

因修改公司章程，公司于2023年8月9日在《上海证券报》第71版和公司官方网站同时进行重大临时事项

的信息披露，发布《中国对外经济贸易信托有限公司关于修改公司章程的公告》。

9.公司监事会意见

9.1 公司依法运作情况

报告期内，公司能够按照合法决策程序对重大事项进行决策，根据国家法律法规、监管规定、公司章程及相关制度不断建立健全风险管理与内部控制体系，结合内外部检查情况持续整改提升，形成闭环管理机制，促进业务高质量发展。公司董事会及其专业委员会规范运作，高级管理层有序开展经营管理，公司重大经营决策程序合法有效。未发现董事会全体成员及董事会聘任的高级管理人员在履行相关职责时违反国家有关法律法规和内部控制规章制度或损害公司利益、股东利益和委托人利益的行为。

9.2 财务报告的真实性

报告期内，公司财务报告真实反映了公司财务状况和经营成果。

中国金谷国际信托有限责任公司

1. 重要提示

1.1 本公司董事会及董事保证本报告所载资料不存在任何虚假记载、误导性陈述或者重大遗漏，并对其内容的真实性、准确性和完整性承担个别及连带责任。

1.2 本公司独立董事对本报告的真实性、准确性和完整性无异议。

1.3 天职国际会计师事务所（特殊普通合伙）为本公司出具了标准无保留意见的审计报告。

1.4 本公司董事长李洪江，总经理（法定代表人）兼任财务负责人马承宇声明：保证年度报告中财务会计报告的真实、完整。

2. 公司概况

2.1 公司简介

中国金谷国际信托有限责任公司（以下简称公司或金谷信托，原名中国金谷国际信托投资有限责任公司）是1993年4月经中国人民银行批准成立的非银行金融机构。2008年7月30日，经国务院及财政部同意，原中国银监会批准了中国信达资产管理公司（后改名为中国信达资产管理股份有限公司，以下简称中国信达）对金谷信托实施重组并增资。2009年9月1日，金谷信托经原中国银监会批准重新登记，更名为中国金谷国际信托有限责任公司。2009年9月15日，公司在国家工商行政管理总局完成变更登记手续，并换领新的营业执照，注册资本为人民币12亿元。2013年12月20日，金谷信托完成增资，公司注册资本增至人民币22亿元。2022年11月14日，公司在北京市市场监督管理局完成股权结构调整的备案登记手续，股东持股比例变更为：中国信达持有93.75%股权，中国妇女活动中心持有6.25%股权。

2.1.1 公司名称：

法定中文名称：中国金谷国际信托有限责任公司

中文名称缩写：金谷信托

英文名称：China Jingu International Trust Co., Ltd.

英文名称缩写：Jingu Trust

2.1.2 公司法定代表人：马承宇

2.1.3 公司注册资本：人民币22亿元

2.1.4 公司注册地址：
北京市西城区金融大街33号通泰大厦C座10层
邮政编码：100033

2.1.5 公司官方网站网址：www.jingutrust.com

2.1.6 公司信息披露事务负责人：王崇
电话：010-88086819
传真：010-88086546
电子信箱：wangchong@cinda.com.cn

2.1.7 公司选定的信息披露报纸名称：《金融时报》

2.1.8 公司年度报告备置地点：北京市西城区金融大街33号通泰大厦C座10层

2.1.9 公司聘请的会计师事务所：天职国际会计师事务所（特殊普通合伙）
住所：北京市海淀区车公庄西路19号外文文化创意园12号楼

2.1.10 公司聘请的律师事务所：

2.1.10.1 北京市环球律师事务所
住所：北京市朝阳区建国路81号华贸中心1号写字楼15层和20层

2.1.10.2 北京市兰台律师事务所
住所：北京市朝阳区曙光西里甲1号B-2903

2.1.10.3 北京市中盛律师事务所
住所：北京市朝阳区建国门外大街8号北京国际财源中心22层

2.1.10.4 北京观韬中茂律师事务所
住所：北京市西城区金融大街5号新盛大厦B座18层

2.1.11 其他有关资料：

公司统一社会信用代码：91110000100013642K

公司金融许可证：K0075H211000001

注：公司金融许可证机构编码已由"K0075H111000001"变更为"K0075H211000001"。换证事由为发证机关名称由"中国银行业监督管理委员会"变

更为"中国银行保险监督管理委员会北京监管局"。

2.2 股权信息情况

2.2.1 报告期内股东出资额

中国信达资产管理股份有限公司，持股206 250万元，占比93.75%。

中国妇女活动中心，持股13 750万元，占比6.25%。

2.2.2 公司主要股东及其控股股东、实际控制人、关联方、一致行动人、最终受益人情况

中国信达资产管理股份有限公司持有公司93.75%股份，根据《信托公司股权管理暂行办法》第七条的规定，为公司主要股东。其控股股东、实际控制人和最终受益人均为财政部，主要关联方包括：中国信达（香港）控股有限公司、中润经济发展有限责任公司、信达证券股份有限公司、信达投资有限公司、信达金融租赁有限公司、南洋商业银行有限公司、中国信达（香港）资产管理有限公司、中国信达基金管理有限公司、中国信达（香港）投资管理有限公司、信达（中国）投资有限公司、中国信达（澳门）资产管理有限公司、华建国际集团有限公司、信达金融控股有限公司、信达期货有限公司、信风投资管理有限公司、信达创新投资有限公司、信达澳银基金管理有限公司、海南建信投资管理股份有限公司、三亚天域实业有限公司、上海同达创业投资股份有限公司、深圳市建信投资发展有限公司、河北信达金建投资有限公司、河南省金博大投资有限公司、信达资本管理有限公司、武汉东方建国大酒店有限公司、信达地产股份有限公司、长淮信达地产有限公司、信达建润地产有限公司、信达证券（香港）控股有限公司、北京始于信投资管理有限公司、北京信达房地产开发有限公司、翡翠航空有限责任公司、中国信达（2020）Ⅰ管理有限公司等。

中国妇女活动中心持有公司6.25%股份，根据《信托公司股权管理暂行办法》第七条的规定，为公司主要股东；根据中国妇女活动中心的意见，为公司股东。其控股股东、实际控制人和最终受益人均为中华全国妇女联合会；关联方包括中华全国妇女联合会、金汇投资管理有限公司、北京好苑建国酒店管理有限公司、北京好苑亿润物业管理有限公司。

2.2.3 2023年内股东违反承诺质押信托公司股权或以股权及其受（收）益权设立信托等金融产品的情况

无。

2.2.4 报告期内已向国务院银行业监督管理机构或其派出机构提交行政许可申请但尚未获得批准的事项

无。

2.2.5 国务院银行业监督管理机构规定的其他信息

无。

2.3 组织结构

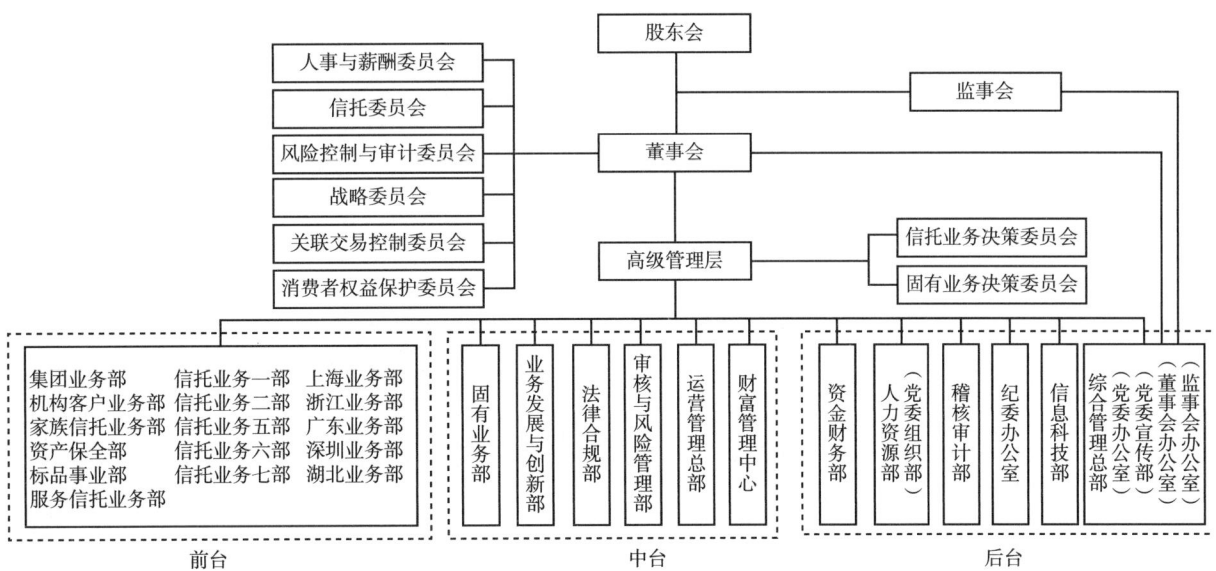

注：公司在北京、上海、杭州设有财富销售团队。

3. 公司治理

3.1 股东

股东名称	持股比例（%）	法人代表	注册资本（亿元）	注册地址	主要经营业务
中国信达资产管理股份有限公司	93.75	张卫东	381.6454	北京市西城区闹市口大街9号院1号楼	（1）收购、受托经营金融机构和非金融机构不良资产，对不良资产进行管理、投资和处置；（2）债权转股权，对股权资产进行管理、投资和处置；（3）破产管理；（4）对外投资；（5）买卖有价证券；（6）发行金融债券、同业拆借和向其他金融机构进行商业融资；（7）经批准的资产证券化业务、金融机构托管和关闭清算业务；（8）财务、投资、法律及风险管理咨询和顾问；（9）资产及项目评估；（10）国务院银行业监督管理机构批准的其他业务（市场主体依法自主选择经营项目，开展经营活动；依法须经批准的项目，经相关部门批准后依批准的内容开展经营活动；不得从事国家和本市产业政策禁止和限制类项目的经营活动）
中国妇女活动中心	6.25	宋胜菊	0.30	北京市东城区建国门内大街19号	餐饮服务（热食类食品制售；冷食类食品制售；糕点类食品制售（含裱花蛋糕）；预包装食品销售（含冷藏冷冻食品））（限分支经营）；住宿、美容（非医疗美容）、理发、游泳池、商场；本店内零售卷烟、雪茄烟（有效期至2018年7月30日）；房屋出租；洗衣服务；收费停车场；健身健美；服装、日用百货、针纺织品、鞋帽、字画、工艺美术品、机电产品的销售；饭店投资管理；承接国际、国内会议；文化艺术、科技交流活动；物业管理（企业依法自主选择经营项目，开展经营活动；餐饮服务以及依法须经批准的项目，经相关部门批准后依批准的内容开展经营活动；不得从事本市产业政策禁止和限制类项目的经营活动）

3.2 董事、董事会及其下属委员会

3.2.1 董事长、董事及拟任董事

姓名	职务	性别	年龄（岁）	选任日期	所推举的股东名称	该股东持股比例（%）	简要履历
李洪江	董事长	男	54	2020年11月	中国信达	93.75	1992—1998年任职于中国建设银行，2001年至今先后担任中国信达广东分公司副总经理、吉林分公司总经理，中国信达资产经营部总经理，中国信达总裁助理等多项职务。现任中国信达党委委员、副总裁，金谷信托党委书记、董事长，中国金融学会理事
陈振军	董事	男	58	2020年11月	中国信达	93.75	1988年参加工作至今，先后担任中国建设银行天津红桥支行营业部副主任，中国信达天津办事处投资银行部副经理、股权管理部经理、债权四部经理、综合管理部高级经理，中国信达天津分公司法律事务部高级副经理、业务审核部高级经理，中国信达专职审批人。现任中国信达业务管理部副总经理，中国金谷国际信托有限责任公司董事
叶郁文	董事	男	42	2020年11月	中国信达	93.75	2004年参加工作至今，先后担任普华永道中天会计师事务所重庆分所审计部高级审计员，重庆鑫根股权投资基金管理有限公司投资部副总监，中国信达重庆分公司业务二部经理、业务四处高级经理、处长。现任中国信达战略客户四部副总经理，中国金谷国际信托有限责任公司董事
马承宇	拟任董事	男	52	2022年9月	中国信达	93.75	1993年参加工作至今，先后担任中国建设银行资金计划财务部干部，构建处主任科员，中国人寿保险公司监事会主任科员，中国农业发展银行监事会副处长，中国银行业监督管理委员会监事会处长，中国银行总行办公室监事长秘书、处长，中国信达计划财务部高级经理、综合计划部副经理、资金市场部总经理。现任中国金谷国际信托有限责任公司党委书记、总经理、拟任董事
任侠	拟任董事	女	55	2022年9月	中国妇女活动中心	6.25	1987—1997年任职于地质矿产部航空物探遥感中心，1997年7月至今先后担任中国金谷国际信托有限责任公司主管经理、高级副经理，中国妇女活动中心财务部部长等职务。现任中国妇女活动中心财务部部长兼人事部部长，中国金谷国际信托有限责任公司拟任董事

3.2.2 独立董事

姓名	职务	性别	年龄（岁）	选任日期	简要履历
陆益龙	独立董事	男	57	2020年7月	1987年7月参加工作至今，先后在安徽省安庆师范大学政教系任教，在中国人民大学社会学系进行博士后研究。现任中国人民大学社会学系教授、博士生导师，中国金谷国际信托有限责任公司独立董事
张鸿波	独立董事	男	53	2021年6月	1992年7月参加工作至今，先后任山东中昊律师事务所专职律师，山东文思达律师事务所创始合伙人、副主任，北京中孚律师事务所合伙人，北京东卫律师事务所合伙人，北京中银律师事务所律师。现任北京瀛和律师事务所高级合伙人、金融业务中心负责人、风控纪律委员会主任，北京市律师协会互联网金融法律委员会委员，北京市东城区律师协会新联会会长，第四届北京市东城区律师代表大会代表，中国金谷国际信托有限责任公司独立董事
张圣平	独立董事	男	58	2021年6月	1987年7月参加工作至今，先后任山东大学经济学院助教、讲师、副教授，南开大学经济学博士，北京大学光华管理学院博士后，北京大学光华管理学院金融系讲师、副教授、博士生导师；曾兼任哈尔滨银行股份有限公司独立董事。现任北京大学光华管理学院副院长，昆仑银行股份有限公司独立董事，渤海证券股份有限公司独立董事，中国金谷国际信托有限责任公司独立董事

3.2.3 董事会下属委员会

委员会名称	职责	组成人员
人事与薪酬委员会	负责制定、审查公司高级管理人员的薪酬政策与方案，拟定公司高管人员的考核标准并进行考核，接受董事会授权的其他事项	张圣平（主任）、李洪江、陆益龙
战略委员会	主要负责对公司总体发展战略、重大投资方案及其他影响发展的重大事项进行研究并提出建议	李洪江（主任）、张圣平
信托委员会	督促公司依法履行受托职责。当公司或股东利益与受益人利益发生冲突时，信托委员会应保证公司为受益人的最大利益服务	张鸿波（主任）、陈振军、叶郁文
风险控制与审计委员会	负责公司的风险控制、管理、监督和评估以及公司内外部审计的沟通、监督和核查等工作	陆益龙（主任）、叶郁文
关联交易控制委员会	负责对关联方进行确认、在董事会授权范围内及时审查和批准关联交易、控制关联交易风险	张鸿波（主任）、陆益龙、张圣平
消费者权益保护委员会	负责推动对消费者权益的保护工作，当公司或股东利益与消费者权益发生冲突时，保证公司为消费者的最大权益服务	陆益龙（主任）、张鸿波、张圣平

3.3 监事、监事会

姓名	职务	性别	年龄（岁）	选任日期	所推举的股东名称	该股东持股比例（%）	简要履历
张小琦	监事会主席	女	53	2019年7月	中国信达	93.75	1995—2002年，任职于中国建设银行总行信托公司、中国信达信托投资公司，2002年至今先后担任信达投资办公室主任、宣传部部长、董秘、信达地产副总经理、党委委员、董秘、工会主席、中国信达董办副主任、监办主任等职务。现任金谷信托党委副书记、监事会主席
杨莉	监事	女	56	2019年7月	中国信达	93.75	1986—1999年，任职于北京市财政局、中国投资银行总行、中国信达信托投资公司，1999年至今先后担任中国信达审计部及合规部高级副经理、高级经理，信达财averaging审计部总经理、职工监事、审计责任人、中国信达审计部副总经理等职务。现任中国信达工会工作部（总务部）副总经理、金谷信托监事
张红雨	监事	女	52	2019年7月	中国妇女活动中心	6.25	1994年至今先后担任首钢机电公司设计研究院工程师，金汇投资管理有限公司主管会计，中国妇女活动中心财务主管等职务。现任中国妇女活动中心财务部副部长、金谷信托监事
王娜	职工监事	女	50	2011年6月			1991—2001年，任职于北京赛特集团，2001年至今先后担任中国信达托管经理，金谷信托人力部高级副经理、工会副主席（部门总经理级）等职务。现任金谷信托综合管理总部副总经理（部门总经理级）、工会副主席、职工监事
张谦	职工监事	男	44	2021年12月			2006—2014年，作为专职律师执业，2014年至今先后担任金谷信托法律部高级副经理、副总经理（主持工作）、合规风控管理总部副总经理、法律合规部总经理（主持工作）等职务。现任金谷信托审核与风险管理部副总经理、职工监事

3.4 高级管理人员

姓名	职务	性别	年龄（岁）	选任日期	金融从业年限（年）	学历/学位	专业
马承宇	总经理	男	52	2022年11月	30	研究生/博士	金融学
吴杰	副总经理	男	53	2017年3月	30	研究生/硕士	世界经济
王锡江	副总经理	男	55	2023年5月	32	研究生/硕士	工商管理
李鹏	总经理助理首席风险官	男	51	2020年9月 2021年8月	31	大学本科/硕士	建筑工程 工商管理
赵朝晖	总经理助理	男	54	2020年9月	30	大学本科/学士	贸易经济
王崇	董事会秘书	男	56	2015年12月	32	研究生/硕士	国民经济

3.5 公司员工

项目		2023年度		2022年度	
		人数（人）	比例（%）	人数（人）	比例（%）
年龄分布	25岁以下	4	2	2	1
	25~29岁	24	11	34	14
	30~39岁	110	51	136	56
	40岁及以上	77	36	73	29

续表

项目		2023年度		2022年度	
		人数（人）	比例（%）	人数（人）	比例（%）
学历分布	博士	7	3	9	4
	硕士	148	69	164	67
	本科	57	27	68	28
	专科及其他	3	1	4	1

续表

<table>
<tr><th colspan="2" rowspan="2">项目</th><th colspan="2">2023年度</th><th colspan="2">2022年度</th></tr>
<tr><th>人数（人）</th><th>比例（%）</th><th>人数（人）</th><th>比例（%）</th></tr>
<tr><td rowspan="5">岗位分布</td><td>董事、监事及高管人员</td><td>10</td><td>5</td><td>8</td><td>3</td></tr>
<tr><td>自营业务人员</td><td>5</td><td>2</td><td>6</td><td>2</td></tr>
<tr><td>信托业务人员</td><td>111</td><td>52</td><td>111</td><td>46</td></tr>
<tr><td>其他</td><td>89</td><td>41</td><td>120</td><td>49</td></tr>
<tr><td>合计</td><td>215</td><td>100</td><td>245</td><td>100</td></tr>
</table>

4.经营管理

4.1 经营目标、方针、战略规划

4.1.1 经营目标

顺应监管导向与行业发展趋势，坚持回归信托本源，服务实体经济，提升集团协同价值，强化风险防控能力及内控合规水平，将公司打造成为一家资产质量优良、盈利能力优异、人才梯队健康、企业文化良好，实现高质量发展并具有鲜明特色的信托公司。

4.1.2 经营方针

以习近平新时代中国特色社会主义思想为指导，心怀"国之大者"，认真贯彻中央金融工作会议精神，严格落实集团党委、公司党委和监管部门的部署要求，坚持"稳中求进、进中谋变"的工作总基调，立足信托本源，坚持守正创新，服务国家区域战略、服务实体经济和服务集团主业，做好"五篇大文章"，持续聚焦高质量发展。

4.1.3 战略规划

4.1.3.1 指导思想

以习近平新时代中国特色社会主义思想为指导，全面贯彻党的二十大精神和党的二十届一中、二中全会精神，增强"四个意识"、坚定"四个自信"、做到"两个维护"，坚持和加强党对金融工作的集中统一领导，坚决贯彻党中央各项决策部署，深刻领会中国式现代化的科学内涵，深刻认识金融工作的政治性、人民性，坚持稳中求进工作总基调，科学把握新发展阶段，完整、准确、全面贯彻新发展理念，加快构建新发展格局，围绕服务实体经济、防控金融风险和深化金融改革三项任务，充分发挥信托功能优势，坚持回归信托本源，践行信托文化，全面推进战略协同，研发具有金谷特色的信托业务体系，将公司打造成为一家具有鲜明特色和市场竞争优势的信托公司，坚定不移走好中国特色金融发展之路。

4.1.3.2 战略重点

规划期内，公司将坚持和加强党的建设，紧紧把握宏观经济和行业发展趋势，贯彻落实宏观政策，紧密围绕服务实体经济、防控金融风险、深化金融改革，不断创新业务模式，注重业务协同，积极布局重点产业和重点区域，拓宽自身发展空间，坚持服务优质客户，提升服务实体经济质效，推动自身转型发展。一是全面加强党的领导，确保公司正确发展方向；二是紧跟监管导向，明确发展重点；三是聚焦国家战略，服务实体经济；四是优化区域布局，促进协调发展；五是拓展优质客户，挖掘优质资源；六是加大创新力度，丰富服务类型；七是强化财富建设，形成战略支点。

4.2 所经营业务的主要内容

4.2.1 自营资产运用与分布表

资产运用	金额（万元）	占比（%）	资产分布	金额（万元）	占比（%）
货币资产	101 807.81	14.91	基础产业	—	—
贷款及应收款	36 156.46	5.30	房地产业	—	—
交易性金融资产	485 940.62	71.18	证券市场	—	—
债权投资	27 732.27	4.06	实业	—	—
长期股权投资	—	—	金融机构	615 446.52	90.15
其他	31 032.41	4.55	其他	67 223.05	9.85
资产总计	682 669.57	100.00	资产总计	682 669.57	100.00

4.2.2 信托资产运用与分布表

资产运用	金额（万元）	占比（%）	资产分布	金额（万元）	占比（%）
货币资产	224 750.52	1.21	基础产业	3 088 987.03	16.64
交易性金融资产	10 819 126.48	58.27	房地产	725 609.75	3.91
买入返售金融资产	49 388.70	0.27	证券市场	2 723 259.59	14.67
应收账款	30 531.14	0.16	实业	5 953 895.14	32.07
贷款	1 595 083.97	8.59	金融机构	79 914.44	0.43
债权投资	5 848 136.02	31.50	其他	5 995 350.88	32.28
信托资产总计	18 567 016.83	100.00	信托资产总计	18 567 016.83	100.00

4.3 市场分析

4.3.1 市场形势分析

2023年，受多国通胀高企、国际局势复杂多变等环境影响，全球经济整体呈现弱复苏态势。面对复杂严峻的外部环境，国家坚持"稳中求进"的总基调，加快构建新发展格局，着力扩大内需、优化结构、提振信心、防范化解风险，经济回升持续向好，全年国内生产总值增至126万亿元，同比增速达5.2%。分季度来看，第一季度至第四季度同比分别增长4.5%、6.3%、4.9%、5.2%，

呈现前低、中高、后稳的局面，全年保持稳中向好的回升态势。我国经济高质量发展持续推进，综合实力进一步增强。

4.3.2 金融形势分析

2023年，受美联储加息、债务规模攀升、银行风险暴露等因素影响，全球金融"负重前行"。在国际金融稳定性持续脆弱的背景下，我国加大宏观政策调控力度，采取稳健的货币政策，灵活适度、精准有效地发挥了逆周期调节的作用，为经济回升向好营造了良好的政策环境。

据人民银行初步统计，截至2023年末，我国金融业机构总资产达461.09万亿元，同比增长9.9%。国内金融市场整体运行平稳，债市运行基本稳定，国债收益率整体震荡下行，货币市场交易量持续提升，股票市场主要股指有所回落，银行间衍生品市场成交量保持增长，投资者结构呈现多元化趋势。

4.3.3 影响公司业务发展的有利因素

（1）2023年，我国经济回升态势不断增强，宏观政策持续助力经济稳定发展。随着中央金融工作会议召开，我国金融业稳步推进高质量发展，为信托业发展提供了有利的宏观环境。

（2）2023年，信托新分类正式实施，监管政策全面引导信托公司重塑业务模式，推动信托行业立足服务实体经济发展需要，构建可持续发展的新业务支柱，结合自身资源禀赋，走差异化、特色化的高质量发展之路。

（3）信托行业积极顺应监管导向，服务实体经济、防控金融风险、深化金融改革。行业整体资产规模稳健增长，资金运用结构稳步优化，信托资产投资功能显著增强，行业向轻资本运营、重受托服务的经营模式转型成效显著。

4.3.4 影响公司业务发展的不利因素

（1）全球经济复苏较弱，外部形势依然复杂严峻，我国经济整体仍处于战略机遇和风险挑战并存、不确定难预料因素增多的时期，影响经济稳定增长、威胁金融安全的隐患尚存。

（2）信托行业处于转型攻坚期，传统业务展业空间收窄，原有增长模式持续性不足，新业务短期内较难转化为盈利规模，行业负面舆情事件频发，转型发展普遍面临一定压力。

（3）大资管背景下，同类资管产品同台竞技，信托行业将同时面临同业和其他资管细分行业的双重竞争。

4.4 内部控制概况

4.4.1 内部控制环境和内部控制文化

按照现代企业制度的要求，公司建立由股东会、董事会、监事会以及经营管理层组成的法人治理结构，努力构建分工明确、权责明晰、合理制衡的内控运行机制。董事会下设有信托委员会、人事与薪酬委员会、风险控制与审计委员会、关联交易控制委员会、战略委员会、消费者权益保护委员会等专门机构。同时，还建立独立董事制度。公司经营管理层下设有前台业务部和专业业务部以及中台、后台等相关职能部门，努力构建权责明确，合理制衡的内部控制体系。信托业务与固有业务在人员配置、经营决策、会计核算和账务处理上相互独立。

公司建立并培育符合公司发展特点的内控文化。通过业务研讨、讲座、交流和培训等多种形式，不断将最新政策法规、公司制度、经验和理念传递给公司员工，并将内控工作切实落实到各业务岗位和操作环节，以强化员工的合规和风险防范意识。同时，公司制定的《员工行为规范》，鼓励并要求大家爱岗敬业、诚实守信、遵纪守法。

4.4.2 内部控制措施

为确保实现公司经营目标，进一步防范风险，公司制定了一套比较完整的内部控制制度与操作流程。

公司基本制度对治理结构、机构设置、权责分配、内部审计等作出规定，基本满足了内部控制各方面要求；公司制定并实施基本涵盖前台、中台、后台的内部控制制度和操作流程，如：业务经营、业务授权、合规管理、法律管理、风险管理、业务决策、期间管理、稽核审计、财务管理、人力资源、信息技术以及综合管理等，并随着业务开展持续补充、修订和完善。公司实施全方位业务流程内控管理，对于尽职调查、立项审批、合规审查、风险审查、法律审查、项目中后期管理、清算等关键环节实行多人或多部门交叉审核制，基本保障公司业务内部控制的有效性。年度内，公司结合监管部门下发的各类监管政策和公司治理需要，制定《股权托管管理办法》，进一步加强公司股权管理，规范公司股东行为，保护信托公司、信托当事人等合法权益，维护股东的合法利益，促进公司持续健康发展。

4.4.3 监督评价与纠正

公司内部审计部门独立于业务经营、风险管理和内控合规，履行审计监督、评价和咨询职能。报告期内，内部审计部门聚焦公司业务发展，切实做好各项工作，推动公司不断完善制度体系建设，持续提升业务受托管理水平，进一步增强内控制度执行力。一是按照财政部、审计署等监管部门发布的《企业内部控制基本规范》和上级单位要求，组织开展年度内控评价工作，对36个管理流程进行测试评价，发现一处一般缺陷，未发现财务报告和非财务报告内部控制重大缺陷。二是按照年度内部审计工作计划对业务经营、内控合规等方面进行审计，排查公司经营管理中存在的漏洞和不足，提出合理化改进建议，积极发挥公司风险管理第三道防线作用。三是全力做好内外部审计发现问题整改监督工作，对发现问题进行对账销号，真正做到审计发现问题与问题整改闭环管理，问题不解决不松劲，解决不彻底不放手。四是持续完善公司问责机制，从制度建设及具体实施两个维度持续加强推进追责问责工作，落实"有权必有责、有责要担当、失责必追究"的总要求，更好督促干部职工强化责任意识，激发担当作为精神。

4.5 风险管理

4.5.1 风险管理概况

公司以全面、审慎和有效为原则，积极构建和营造全面风险管理文化，主动完善全面风险管理体制机制和业务指标体系建设。同时，进一步加大风险管理绩效考核机制的落实，保证公司各项业务稳健开展。公司建立包括董事会、经营层、职能管理部门和各业务部门组成的四级风险管理体系，并形成事前、事中、事后三条风险管理的主线，针对政策风险、合规风险、集中度风险、信用风险、流动性风险、市场风险、操作风险以及声誉风险等多个方面进行有效管理和防控。

4.5.2 风险状况

4.5.2.1 信用风险状况

信用风险主要指由于债务人或交易对手未能或者不愿意按时履行偿债义务，或者其信用状况的不利变动而使公司业务发生损失的风险。信用风险是公司经营过程中面临的主要风险，表现为交易对手、担保人等义务主体在贷款偿还、资产（权益）回购、担保等交易环节中不履行或不全面履行合同义务，从而造成信托、固有财产遭受损失的可能性。公司在报告期内累计清算信托规模1 027.26亿元，未发生信用风险事件，合计分配信托利润73.99亿元，持续为投资者创造稳定价值。

4.5.2.2 市场风险状况

市场风险是公司经营过程中面临的风险之一。市场风险是指公司在资产管理业务中，投资具有公开市场价值的金融产品或者其他产品时，由于价格波动导致资产遭受损失的可能性。

截至报告期末，公司存续标品主要投资于债券、基金专户、货币市场工具等标的，按照资管新规的要求进行估值，市场利率波动对相关产品影响不大。

4.5.2.3 操作风险状况

操作风险是公司经营过程中面临的风险因素。主要表现在公司内部人员在相关业务办理中，因错误、疏忽或操作失误而出现的风险，以及由于内部控制制度不完善引发的缺乏监控、监督的风险。

公司在报告期内严控操作风险，在业务开展全过程中实行多人、多部门交叉管理，完善相关内部控制制度，使执行风险、流程风险、人员风险等操作风险得到有效控制。

4.5.2.4 洗钱风险状况

洗钱风险，主要指通过各种方式掩饰、隐瞒毒品犯罪、黑社会性质的组织犯罪、恐怖活动犯罪、走私犯罪、贪污贿赂犯罪、破坏金融管理秩序犯罪、金融诈骗等犯罪所得及其收益的来源和性质的洗钱活动。

公司目前能够正确把握反洗钱工作与业务经营发展的关系，避免因业务快速发展时忽视可能存在的洗钱风险。

4.5.2.5 其他风险状况

其他风险主要是指政策风险和声誉风险。政策风险主要是国家政策变化对公司业务发展可能产生的不利影响。声誉风险是指由于经营、管理及其他行为或外部事件导致利益相关方对公司作出负面评价的风险，从而影响公司正常运营和发展。

公司密切关注宏观经济政策及行业监管政策变化，及时研判政策变化可能对公司业务造成的影响，研究采取有效措施，减少政策风险对公司经营的影响。公司设立声誉风险领导小组，对舆情管理工作进行统一领导，并配备舆情管理专岗负责舆情的实时监控与管理，作好声誉风险分析及处置，有效降低舆情负面影响。

4.5.3 风险管理

4.5.3.1 信用风险管理

对于可能发生的信用风险，公司主要采取以下方式进行控制和防范：一是以公司的产品准入标准及信用评级体系作为重要参考依据，注重项目的前期尽职调查，从定性及定量两方面审慎选择交易对手；同时，通过强化期间管理等方式持续关注交易对手的履约能力变化，防范项目信用风险。二是注重通过合理设置交易结构等方式分散信用风险。三是通过在交易结构中设定抵（质）押担保等方式控制信用风险。

2023年，按照监管要求和相关规定，公司开展多轮次风险排查工作，重点排查公司存续业务的信用风险，并根据项目风险排查情况，对未到期项目进行风险识别和研判，制定相应应急处置预案，进一步强化项目期间管理措施。公司根据市场变化，及时更新产品准入标准及风险控制措施，优化完善风险管理体系。同时，公司在交易对手及业务开展区域的选择上更加审慎，引导公司业务向优质区域、优质主体方向拓展。

另外，公司按照监管要求和《固有资产风险分类管理暂行办法》，将固有资产划分为正常、关注、次级、可疑和损失五类。公司按照财政部《金融企业准备金计提管理办法》（财金〔2012〕20号）的规定计提相关准备金等，包括一般准备和资产减值准备。其中，一般准备余额不低于风险资产期末余额的1.5%。公司按照净利润的5%提取信托赔偿准备。

4.5.3.2　市场风险管理

为了规避可能出现的市场风险，公司着重从以下几个方面采取措施进行防范和控制：第一，注重定期对国家宏观经济形势进行研判，把握国家重点调控政策，防范可能发生的市场风险；第二，加强对不同行业和区域的市场风险分析，注意建立与公司规模和管理能力相适应的风险管理制度；第三，开展与公司发展阶段相适应的业务，积极探索组合投资方案，分散市场风险；第四，尽量在相关合同文件中对利率变动进行事前约定，规避利率风险；第五，在开展二级市场相关投资业务时，通过采用对冲工具等措施防范市场波动风险。

4.5.3.3　操作风险管理

公司采取不同的管理策略和解决方案，应对和完善操作风险管理。通过构建内部控制制度和体系加强尽职风险管理，以严谨的制度流程和清晰的授权体系明确责任，形成不同部门、不同岗位之间相互监督制约的关系，做到职责明确，各尽其责。在具体项目运作时，公司要求各业务部门严格按照内部业务流程操作，以实现委托人意愿及受益人利益。2023年，公司对核心业务系统和办公平台系统均进行了部分功能的定制开发，为公司业务流程标准化和规范化提供技术保障，减少操作风险发生的可能性。公司根据各信托产品的具体情况，要求信托专户开户行协助对资金进行监管，防范和控制操作风险。

4.5.3.4　洗钱风险管理

公司建立与监管要求和公司发展战略相适应的洗钱风险管理体系，有效预防洗钱活动和相关犯罪活动的发生，避免因洗钱风险活动发生对公司造成影响和损失，在合规合法经营的前提下，提升反洗钱工作的有效性。公司制定《反洗钱和反恐怖融资工作管理办法》和《洗钱和恐怖融资风险自评估指引》，设置洗钱风险管理领导小组，各部门作为独立的反洗钱工作责任单元，承担职责范围内的反洗钱工作，可有效从客户和业务源头控制洗钱风险。

4.5.3.5　其他风险管理

公司通过密切关注和研究国家经济形势和政策变化，及时调整经营思路、业务方向和业务策略等，减少政策风险的影响；通过审慎选择交易对手，尽职尽责履行受托人义务，加强和规范全员从业技能与职业道德培训等，维护委托人和受益人的利益，并以此防控道德风险；公司由声誉风险领导小组对舆情管理工作进行统一领导，设舆情管理专岗负责舆情监控和管理，作好声誉风险分析及处置，有效降低舆情负面影响。

4.6　社会责任

公司始终以习近平新时代中国特色社会主义思想为指导，全面贯彻党的二十大精神，深化党的领导与公司治理有机融合，将党的领导融入公司治理各环节，持续完善风险管理体系，严格执行廉洁从业规定，聚焦服务实体经济、防控金融风险、深化金融改革三项任务，切实履行社会责任，促进经济、社会和环境的全面协调可持续发展。

公司积极践行金融工作的政治性、人民性，坚定回归信托本源，紧密围绕国家产业政策导向，以科技金融、绿色金融、普惠金融、养老金融、数字金融为引领，充分发挥信托工具优势，加大对民生领域、实体企业、绿色产业等的金融扶持力度，助力实体经济发展、地方产业转型升级及防范化解金融风险。

公司积极履行国有金融企业的使命担当，将践行社会责任与信托功能有机结合，与控股股东联合创设"信达大爱"慈善信托品牌，通过在产业、人才、文化、生态等方面开展帮扶，坚决贯彻党中央、国务院关于巩固拓展脱贫攻坚成果、助力乡村振兴的决策部署。截至

2023年末，"信达大爱"系列共设立13单慈善信托，累计支出慈善款金额7 283万元，覆盖新疆、青海、云南、贵州等十七个省、市和自治区。

公司秉承"受人之托、代人理财"理念，以受益人合法利益最大化为原则，忠实履行受托责任，全年为受益人分配收益73.99亿元，为投资者实现了财产保值增值。

公司不断完善员工关爱体系，推动员工与企业共同成长。通过不断完善培训体系、保障员工职业健康、开展员工文体活动及员工帮扶等，切实增强员工福利，保障员工权益。

公司积极践行低碳环保理念，设立绿色信托产品支持绿色产业发展；利用科技手段，完善信息系统建设，拓展线上金融服务，推广电视电话会议；倡导绿色办公，在办公场所设置回收废旧电池纸箱，在打印室、卫生间张贴标识，引导员工树立节能环保理念；积极开展环保公益活动，组织"垃圾分类宣传活动"，引导员工逐步养成垃圾分类意识，形成珍惜资源、节约能源的生活习惯。

4.7 消费者权益保护

2023年，公司"以客户为中心"，扎实推进消费者权益保护各项工作有序开展。

4.7.1 深化治理机制

公司董事会及消费者权益保护委员会审议相关工作议案、听取工作汇报；监事会、纪委对消费者权益保护工作开展专项监督检查。

4.7.2 完善内控机制

公司健全消费者权益保护制度体系，修订《消费投诉管理办法》，在该办法下增加《消费纠纷多元化解操作指引》，持续完善投诉处理流程、时效要求，明确投诉判定分类、细化重大投诉预防及处理等工作要求。

公司保持客服专线、投诉专线、官网及客服邮箱等客户咨询、业务受理渠道畅通，以客户体验为出发点，快速反应、积极沟通，有效推动公司客户服务专业化进程；严格落实公司《客户信息管理办法》，规范客户信息安全管理；持续迭代移动客户端App，提升"适老服务"水平。

公司积极参加国家金融监督管理总局北京监管局、北京秉正中心组织的培训会议，深刻领会监管工作要求并贯彻落实于内控机制。

4.7.3 深化消费者权益保护意识

公司开展全员消费者权益保护培训、投诉管理专题培训，深化全员消费者权益保护意识；发布业务规范提示，要求相关部门严格遵守监管机构及公司对于信托产品推介、合规销售、信息披露等相关规定。

公司内刊增加"消保之窗"专栏，发布消费者权益保护工作动态及相关资讯，将消费者权益保护理念融入企业文化建设。

4.7.4 普及金融知识

公司设置消费者权益保护专区，摆放金融知识宣传资料，开展常态化金融知识普及教育；同时，每年积极组织开展"3·15"消保教育宣传周、9月金融知识普及月、反电信网络诈骗等大型集中宣教活动，2023年共开展集中宣教活动31场次、公众号推送金融知识68篇、发放宣教资料3 260份，各项活动触及消费者近7 500人次，公司领导及员工共256人次参加金融知识宣教活动，教育宣传力度、深度均较往年有较大提升。

4.7.5 强化投诉管理

2023年，公司受理投诉24件，均在时效内处理办结。经调查核实，公司认定有责投诉20件（含重复投诉），其中14件系个别房地产项目延期导致，6件系服务质效及规范原因导致，相关业务部门认真检视问题、积极溯源整改，持续推进项目风险化解，强化落实信息披露、操作规范等工作。对于投诉人因合同条款理解差异、清算到账日期与心理预期不符等原因产生的不满，公司及时进行充分解释、说明，均已获得投诉人理解、接受。

5. 报告期末及上一年度末的比较式会计报表

5.1 自营资产

5.1.1 会计师事务所审计意见全文

审计报告

天职业字〔2024〕23421号

中国金谷国际信托有限责任公司：

一、审计意见

我们审计了中国金谷国际信托有限责任公司（以下简称金谷信托）财务报表，包括2023年12月31日的合并及母公司资产负债表，2023年度的合并及母公司利润表、合并及母公司现金流量表、合并及母公司所有者权益变动表以及相关财务报表附注。

我们认为，后附的财务报表在所有重大方面按照企业会计准则的规定编制，公允反映了金谷信托2023年12月31日的合并及母公司财务状况以及2023年度的合并及母公司经营成果和现金流量。

二、形成审计意见的基础

我们按照中国注册会计师审计准则的规定执行了审计工作。审计报告的"注册会计师对财务报表审计的责任"部分进一步阐述了我们在这些准则下的责任。按照中国注册会计师职业道德守则,我们独立于金谷信托,并履行了职业道德方面的其他责任。我们相信,我们获取的审计证据是充分、适当的,为发表审计意见提供了基础。

三、管理层和治理层对财务报表的责任

管理层负责按照企业会计准则的规定编制财务报表,使其实现公允反映,并设计、执行和维护必要的内部控制,以使财务报表不存在由于舞弊或错误导致的重大错报。

在编制财务报表时,管理层负责评估金谷信托的持续经营能力,披露与持续经营相关的事项(如适用),并运用持续经营假设,除非计划清算、终止运营或别无其他现实的选择。

治理层负责监督金谷信托的财务报告过程。

四、注册会计师对财务报表审计的责任

我们的目标是对财务报表整体是否不存在由于舞弊或错误导致的重大错报获取合理保证,并出具包含审计意见的审计报告。合理保证是高水平的保证,但并不能保证按照审计准则执行的审计在某一重大错报存在时总能发现。错报可能由于舞弊或错误导致,如果合理预期错报单独或汇总起来可能影响财务报表使用者依据财务报表作出的经济决策,则通常认为错报是重大的。

在按照审计准则执行审计工作的过程中,我们运用了职业判断,并保持职业怀疑。同时,我们也执行以下工作:

(1)识别和评估由于舞弊或错误导致的财务报表重大错报风险,设计和实施审计程序以应对这些风险,并获取充分、适当的审计证据,作为发表审计意见的基础。由于舞弊可能涉及串通、伪造、故意遗漏、虚假陈述或凌驾于内部控制之上,未能发现由于舞弊导致的重大错报的风险高于未能发现由于错误导致的重大错报的风险。

(2)了解与审计相关的内部控制,以设计恰当的审计程序,但目的并非对内部控制的有效性发表意见。

(3)评价管理层选用会计政策的恰当性和作出会计估计及相关披露的合理性。

(4)对管理层使用持续经营假设的恰当性得出结论。同时,根据获取的审计证据,就可能导致对金谷信托持续经营能力产生重大疑虑的事项或情况是否存在重大不确定性得出结论。如果我们得出结论认为存在重大不确定性,审计准则要求我们在审计报告中提请报表使用者注意财务报表中的相关披露;如果披露不充分,我们应当发表非无保留意见。我们的结论基于截至审计报告日可获得的信息。然而,未来的事项或情况可能导致金谷信托不能持续经营。

(5)评价财务报表的总体列报、结构和内容,并评价财务报表是否公允反映相关交易和事项。

(6)就金谷信托中实体或业务活动的财务信息获取充分、适当的审计证据,以对财务报表发表审计意见。我们负责指导、监督和执行集团审计,并对审计意见承担全部责任。

我们与治理层就计划的审计范围、时间安排和重大审计发现等事项进行沟通,包括沟通我们在审计中识别出的值得关注的内部控制缺陷。

中国注册会计师:

中国注册会计师:

5.1.2 资产负债表

资产负债表

编制单位:中国金谷国际信托有限责任公司　　　2023年12月31日　　　单位:万元

项目	合并		母公司		项目	合并		母公司	
	年末数	年初数	年末数	年初数		年末数	年初数	年末数	年初数
资产					负债				
货币资金	136 377.26	136 923.26	101 807.81	133 075.59	拆入资金	25 011.54	40 008.98	25 011.54	40 008.98
应收款项	13 266.30	10 918.96	13 744.04	10 968.82	卖出回购金融资产款	36 061.11	—	—	—
买入返售金融资产	13 736.09	—	—	—	应付职工薪酬	14 991.49	13 813.28	14 991.49	13 813.28

续表

项目	合并		母公司		项目	合并		母公司	
	年末数	年初数	年末数	年初数		年末数	年初数	年末数	年初数
发放贷款和垫款	—	2 760.00	—	2 760.00	应交税费	12 975.12	17 228.73	12 469.71	17 217.57
金融投资	—	—	—	—	租赁负债	12 380.72	4 399.58	12 380.72	4 399.59
—交易性金融资产	670 767.74	433 342.06	485 940.62	347 432.96	其他负债	346 594.78	174 804.73	151 149.74	85 433.77
—债权投资	27 732.27	63 854.13	27 732.27	63 854.13	负债合计	448 014.76	250 255.30	216 003.20	160 873.19
固定资产	395.00	646.08	395.00	646.08	所有者权益	—	—	—	—
使用权资产	13 076.12	3 987.56	13 076.12	3 987.56	实收资本	220 000.00	220 000.00	220 000.00	220 000.00
无形资产	1 577.63	930.85	1 577.63	930.85	资本公积	23 064.78	23 064.78	23 064.78	23 064.78
递延所得税资产	15 601.93	25 358.85	15 601.93	25 358.85	盈余公积	24 573.07	21 195.81	24 573.07	21 195.81
其他资产	22 150.79	7 856.44	22 794.15	8 181.24	风险准备金	24 193.71	20 429.91	24 193.71	20 429.91
					未分配利润	174 834.81	151 632.39	174 834.81	151 632.39
					所有者权益合计	466 666.37	436 322.89	466 666.37	436 322.89
资产总计	914 681.13	686 578.19	682 669.57	597 196.08	负债及所有者权益总计	914 681.13	686 578.19	682 669.57	597 196.08

5.1.3 利润表

利润表

编制单位：中国金谷国际信托有限责任公司　　2023年度　　单位：万元

项目	合并		母公司	
	2023年度	2022年度	2023年度	2022年度
营业收入	121 275.68	88 480.88	104 311.92	78 594.05
利息净收入	1 153.31	-10.55	-667.99	77.98
其中：利息收入	6 189.42	999.58	4 207.24	903.11
利息支出	5 036.11	1 010.13	4 875.23	825.13
手续费及佣金净收入	83 770.12	67 422.24	85 080.52	69 392.74
其中：手续费及佣金收入	83 774.30	67 424.86	85 084.70	69 395.36
手续费及佣金支出	4.18	2.62	4.18	2.62
投资收益	25 734.26	23 150.06	12 751.07	11 033.54
公允价值变动损益	10 584.54	-2 326.94	7 114.86	-2 156.28
资产处置收益	—	130.46	—	130.46
其他收益	33.45	67.69	33.46	67.69
其他业务收入	—	47.92	—	47.92
营业支出	75 304.58	70 035.44	58 340.82	60 148.61
税金及附加	725.51	567.61	619.18	494.95
业务及管理费	25 016.69	24 888.14	24 106.40	24 251.14
信用减值损失	33 615.24	35 402.52	33 615.24	35 402.52
其他业务成本	15 947.14	9 177.17	—	—
营业利润	45 971.10	18 445.44	45 971.10	18 445.44
加：营业外收入	0.03	0.08	0.03	0.08
减：营业外支出	300.29	278.04	300.29	278.04
利润总额	45 670.84	18 167.48	45 670.84	18 167.48
减：所得税费用	11 898.28	4 720.11	11 898.28	4 720.11
净利润	33 772.56	13 447.37	33 772.56	13 447.37

5.1.4 所有者权益变动表

所有者权益变动表

编制单位：中国金谷国际信托有限责任公司　　　　　　　　　　　　2023年度　　　　　　　　　　　　　　　　　　　　　　单位：万元

项目	2023年合并						2023年母公司					
	实收资本	资本公积	盈余公积	风险准备金	未分配利润	所有者权益合计	实收资本	资本公积	盈余公积	风险准备金	未分配利润	所有者权益合计
一、上年年末余额	220 000.00	23 064.78	21 195.82	20 429.91	151 632.38	436 322.89	220 000.00	23 064.78	21 195.82	20 429.91	151 632.38	436 322.89
加：会计政策变更	—	—	—	—	—	—	—	—	—	—	—	—
前期差错变更												
二、本年年初余额	220 000.00	23 064.78	21 195.82	20 429.91	151 632.38	436 322.89	220 000.00	23 064.78	21 195.82	20 429.91	151 632.38	436 322.89
三、本年增减变动金额（减少以"-"号填列）	—	—	3 377.26	3 763.80	23 202.42	30 343.48	—	—	3 377.26	3 763.80	23 202.42	30 343.48
（一）综合收益总额	—	—	—	—	33 772.56	33 772.56	—	—	—	—	33 772.56	33 772.56
（二）利润分配	—	—	3 377.26	3 763.80	-10 570.14	-3 429.08	—	—	3 377.26	3 763.80	-10 570.14	-3 429.08
1.提取盈余公积	—	—	3 377.26	—	-3 377.26	—	—	—	3 377.26	—	-3 377.26	—
2.提取风险准备金	—	—	—	3763.8	-3763.8	—	—	—	—	3763.8	-3763.8	—
3.对所有者的分配	—	—	—	—	-3 429.08	-3429.08	—	—	—	—	-3 429.08	-3429.08
四、本年年末余额	220 000.00	23 064.78	24 573.08	24 193.71	174 834.80	466 666.37	220 000.00	23 064.78	24 573.08	24 193.71	174 834.80	466 666.37

所有者权益变动表（续）

编制单位：中国金谷国际信托有限责任公司　　　　　　　　　　　　2022年度　　　　　　　　　　　　　　　　　　　　　　单位：万元

项目	2022年合并						2022年母公司					
	实收资本	资本公积	盈余公积	风险准备金	未分配利润	所有者权益合计	实收资本	资本公积	盈余公积	风险准备金	未分配利润	所有者权益合计
一、上年年末余额	220 000.00	23 064.78	19 851.08	19 757.54	143 234.35	425 907.75	220 000.00	23 064.78	19 851.08	19 757.54	143 234.35	425 907.75
加：会计政策变更	—	—	—	—	—	—	—	—	—	—	—	—
前期差错变更												
二、本年年初余额	220 000.00	23 064.78	19 851.08	19 757.54	143 234.35	425 907.75	220 000.00	23 064.78	19 851.08	19 757.54	143 234.35	425 907.75
三、本年增减变动金额（减少以"-"号填列）	—	—	1 344.74	672.37	8 398.03	10 415.14	—	—	1 344.74	672.37	8 398.03	10 415.14
（一）综合收益总额	—	—	—	—	13 447.37	13 447.37	—	—	—	—	13 447.37	13 447.37
（二）利润分配	—	—	1 344.74	672.37	-5 049.34	-3 032.23	—	—	1 344.74	672.37	-5 049.34	-3 032.23
1.提取盈余公积	—	—	1 344.74	—	-1 344.74	—	—	—	1 344.74	—	-1 344.74	—
2.提取风险准备金	—	—	—	672.37	-672.37	—	—	—	—	672.37	-672.37	—
3.对所有者的分配	—	—	—	—	-3 032.23	-3 032.23	—	—	—	—	-3 032.23	-3 032.23
四、本年年末余额	220 000.00	23 064.78	21 195.82	20 429.91	151 632.38	436 322.89	220 000.00	23 064.78	21 195.82	20 429.91	151 632.38	436 322.89

5.2 信托资产

5.2.1 信托项目资产负债汇总表

信托项目资产负债汇总表

编制单位：中国金谷国际信托有限责任公司　　　　　　　　　　　　2023年12月31日　　　　　　　　　　　　　　　　　　　单位：万元

资产	期末余额	期初余额	负债和所有者权益	期末余额	期初余额
信托资产：			信托负债：		
银行存款	224 750.52	125 578.11	应付受托人报酬	14 070.78	6 431.47
交易性金融资产	10 819 126.48	6 979 924.69	应付托管费	12 503.82	179.93

续表

资产	期末余额	期初余额	负债和所有者权益	期末余额	期初余额
买入返售金融资产	49 388.70	29 498.46	应付受益人收益	3 747.76	528.01
应收账款	30 531.14	26 433.53	应交税费	7 808.52	3 694.99
应收利息	—	—	其他应付款	121 045.45	18 672.86
拆出资金	—	—			
其他应收款	—	—	信托负债合计	159 176.33	29 507.26
贷款	1 595 083.97	1 662 905.99			
债权投资	5 848 136.02	7 915 098.05			
其他债权投资	—	—	信托权益:		
长期股权投资	—	—	实收信托	18 165 724.64	16 730 164.72
固定资产	—	—	资本公积	—	—
在建工程	—	—	未分配利润	242 115.86	-20 233.15
无形资产	—	—	信托权益合计	18 407 840.50	16 709 931.57
长期待摊费用	—	—			
其他资产	—	—			
资产总计	18 567 016.83	16 739 438.83	负债和所有者权益合计	18 567 016.83	16 739 438.83

5.2.2 信托项目利润及利润分配汇总表

信托项目利润及利润分配汇总表

编制单位：中国金谷国际信托有限责任公司　　2023年度　　单位：万元

项目	本年金额	上年金额
一、营业收入	1 241 757.18	959 607.24
利息收入	510 417.72	255 898.03
投资收益	639 209.58	733 999.78
公允价值变动损益	88 619.43	-33 171.23
租赁收入	—	—
其他业务收入	3 510.45	2 880.66
二、支出	239 522.94	153 074.40
（一）税金及附加	4 182.93	3 524.56
（二）受托人报酬	62 230.19	61 333.40
（三）托管费	13 439.23	1 893.07
（四）资产减值损失	27 916.08	15 852.70
（五）其他费用	131 754.51	70 470.67
三、信托净利润（净亏损以"-"号填列）	1 002 234.24	806 532.84
四、其他综合收益	—	—
五、综合收益	1 002 234.24	806 532.84
六、加：期初未分配信托利润	-20 233.15	84 025.69
七、可供分配的信托利润	982 001.09	890 558.53
八、减：本期已分配信托利润	739 885.23	910 791.68
九、期末未分配信托利润	242 115.86	-20 233.15

6. 会计报表附注

6.1 会计报表编制基准

6.1.1 会计报表编制基准不符合会计核算基本前提的说明

本公司无上述情况。

6.1.2 财务合并报表口径说明

2022年公司将控制的结构化主体纳入合并范围。

公司同时作为信托产品的管理人和/或投资人时，综合评估因持有投资份额而享有的回报以及作为管理人的管理人报酬是否将使本公司所面临的可变回报的影响重大，从而本公司应为主要责任人。如果本公司作为主要责任人，则会合并相应的信托产品。

6.2 重要会计政策和会计估计说明

6.2.1 计提资产减值准备的范围和方法

计提资产减值准备的范围包括：金融资产、长期股权投资、固定资产、无形资产。

计提资产减值准备的方法：金融资产，公司在资产负债表日对除了以公允价值计量且其变动计入当期损益的金融资产外的其他金融资产，以预期信用损失为基础进行减值处理并确认损失准备。非金融资产，公司在资产负债表日检查长期股权投资、固定资产、使用寿命确定的无形资产是否存在可能发生减值的迹象。如果该等资产存在减值迹象，则估计其可收回金额。估计资产的可收回金额以单项资产为基础，如果难以对单项资产的可收回金额进行估计的，则以该资产所属的资产组为基础确定资产组的可收回金额。可收回金额为资产或者资产组的公允价值减去处置费用后的净额与其预计未来现金流量的现值两者之中的较高者。如果资产的可收回金额低于其账面价值，按其差额计提资产减值准备，并计入当期损益。非金融资产减值损失一经确认，在以后会计期间不予转回。

6.2.2 金融资产分类的范围和标准

金融资产于初始确认时根据本公司管理金融资产的业务模式和金融资产的合同现金流量特征分类为：以公允价值计量且其变动计入当期损益的金融资产、以摊余成本计量的金融资产、以公允价值计量且其变动计入其他综合收益的金融资产。金融资产在初始确认时以公允价值计量。对于以公允价值计量且其变动计入当期损益的金融资产，相关交易费用直接计入当期损益，其他类别的金融资产相关交易费用计入其初始确认金额。

（1）公允价值的确定方法。公允价值是市场参与者在计量日发生的有序交易中，出售资产所能收到或者转移一项负债所需支付的价格。无论公允价值是可观察到的还是采用估值技术估计的，在财务报表中计量和/或披露的公允价值均在此基础上予以确定。

（2）金融资产的转移。本公司已将金融资产所有权上几乎所有的风险和报酬转移给转入方的，终止确认该金融资产；保留了金融资产所有权上几乎所有的风险和报酬的，不终止确认该金融资产。

本公司既没有转移也没有保留金融资产所有权上几乎所有的风险和报酬的，分别下列情况处理：放弃了对该金融资产控制的，终止确认该金融资产并确认产生的资产和负债；未放弃对该金融资产控制的，按照其继续涉入所转移金融资产的程度确认有关金融资产，并相应确认有关负债。

通过对所转移金融资产提供财务担保方式继续涉入的，按照金融资产的账面价值和财务担保金额两者之中的较低者，确认继续涉入形成的资产。财务担保金额，是指所收到的对价中，将被要求偿还的最高金额。

6.2.3 以摊余成本计量的金融资产核算方法

公司管理该金融资产的业务模式是以收取合同现金流量为目标；该金融资产的合同条款规定，在特定日期产生的现金流量仅为对本金和以未偿付本金金额为基础的利息的支付。此类金融资产以摊余成本进行后续计量，采用实际利率法确认利息收入，其终止确认、修改或减值产生的利得或损失，均计入当期损益。

6.2.4 以公允价值计量且其变动计入其他综合收益的金融资产核算方法

分类为以公允价值计量且其变动计入其他综合收益的金融资产为本公司管理该金融资产的业务模式是既以收取合同现金流量为目标又以出售金融资产为目标；该金融资产的合同条款规定，在特定日期产生的现金流量仅为对本金和以未偿付本金金额为基础的利息的支付。此类金融资产后续以公允价值计量，采用实际利率法确认利息收入。除利息收入、减值损失及汇兑差额确认为当期损益外，其余公允价值变动计入其他综合收益。当金融资产终止确认时，之前计入其他综合收益的累计利得或损失从其他综合收益转出，计入当期损益。

6.2.5 以公允价值计量且其变动计入当期损益的金融资产核算方法

上述以摊余成本计量的金融资产及以公允价值计量且其变动计入其他综合收益的金融资产之外的金融资产，分类为以公允价值计量且其变动计入当期损益的金融资产。对于此类金融资产，采用公允价值进行后续计量，所有公允价值变动计入当期损益。

6.2.6 长期股权投资核算方法

（1）长期股权投资的初始计量。长期股权投资在取得时按初始投资成本计量。初始投资成本一般为取得该项投资而付出的资产、发生或承担的负债以及发行的权益性证券的公允价值，并包括直接相关费用。但同一控制下的企业合并形成的长期股权投资，其初始投资成本为合并日取得的被合并方所有者权益在最终控制方合并财务报表中的账面价值的份额。

（2）长期股权投资的后续计量。对被投资单位实施控制的长期股权投资采用成本法核算；对联营企业和合营企业的长期股权投资采用权益法核算。长期股权投资采用权益法核算时，对长期股权投资初始投资成本大于投资时应享有被投资单位可辨认净资产公允价值份额的，不调整长期股权投资的初始投资成本；对长期股权投资初始投资成本小于投资时应享有被投资单位可辨认净资产公允价值份额的，其差额计入当期损益，同时调整长期股权投资的成本。投资方在确认应享有被投资单位净损益的份额时，应当以取得投资时被投资单位可辨认净资产的公允价值为基础，对被投资单位的净利润进行调整后确认。

6.2.7 固定资产计价和折旧方法

固定资产是指为生产商品、提供劳务、出租或经营管理而持有的，使用寿命超过一个会计年度的有形资产。固定资产仅在与其有关的经济利益很可能流入本公司，且其成本能够可靠地计量时才予以确认。固定资产按成本进行初始计量。固定资产从达到预定可使用状态的次月起，采用年限平均法在使用寿命内计提折旧。各类固定资产的使用寿命、预计净残值和年折旧率如下表所示。

资产类别	使用年限（年）	残值率（%）	年折旧率（%）
房屋建筑物	20	—	5
运输设备	6	3	16.17
电子设备及其他	3~5	3	19.40~32.33

预计净残值是指假定固定资产预计使用寿命已满并处于使用寿命终了时的预期状态，本公司目前从该项资产处置中获得的扣除预计处置费用后的金额。

当固定资产处于处置状态或预期通过使用或处置不能产生经济利益时，终止确认该固定资产。固定资产出售、转让、报废或毁损的处置收入扣除其账面价值和相关税费后的差额计入当期损益。

本公司至少于年度终了对固定资产的使用寿命、预计净残值和折旧方法进行复核，如发生改变则作为会计估计变更处理。

6.2.8 无形资产计价及摊销政策

无形资产按成本进行初始计量。使用寿命有限的无形资产自可供使用时起，对其原值减去预计净残值和已计提的减值准备累计金额在其预计使用寿命内采用直线法分期平均摊销。使用寿命不确定的无形资产不予摊销。

期末，对使用寿命有限的无形资产的使用寿命和摊销方法进行复核，必要时进行调整。

6.2.9 收入确认原则和方法

本公司在履行了合同中的履约义务，即在客户取得相关商品或服务控制权时确认收入。取得相关商品或服务的控制权，是指能够主导该商品的使用或该服务的提供并从中获得几乎全部的经济利益。

本公司与客户之间的提供服务合同通常包含受托管理信托的履约义务，由于本公司履约过程中所提供的服务具有不可替代用途，且本公司在整个合同期间内有权就累计至今已完成的履约部分收入款项，本公司将其作为在某一时段内履行的履约义务，按照履约进度确认收入，履约进度不能合理确定的除外。本公司按照直线法确定提供服务的履约进度。对于履约进度不能合理确定时，本公司已经发生的成本预计能够得到补偿的，按照已经发生的成本金额确认收入，直到履约进度能够合理确定为止。

6.2.10 所得税的会计处理方法

6.2.10.1 当期所得税

资产负债表日，对于当期和以前期间形成的当期所得税负债（或资产），以按照税法规定计算的预期应交纳（或返还）的所得税金额计量。本公司适用的所得税税率为25%。

6.2.10.2 递延所得税资产及递延所得税负债

本公司根据资产与负债于资产负债表日的账面价值与其计税基础之间的差额，以及未作为资产和负债确认但按照税法规定可以确定其计税基础的项目的账面价值与计税基础之间的差额产生的暂时性差异，采用资产负债表债务法确认递延所得税资产及递延所得税负债。

资产负债表日，对于递延所得税资产和递延所得税负债，依据税法规定，按照预期收回该资产或清偿该负债期间的适用税率计量，并反映资产负债表日预期收回资产或清偿负债方式的所得税影响。

6.2.11 信托报酬的确认原则和方法

在收入确认原则基础上，信托业务手续费收入按照信托合同约定的方法确认。

6.2.12 长期待摊费用的摊销政策

长期待摊费用为已经发生但应由本期和以后各期负担的分摊期限在一年以上的各项费用。长期待摊费用在预计受益期间分期平均摊销。

6.3 或有事项说明

截至2023年12月31日，本公司共有8起作为被告方的未决诉讼。诉讼分别涉及追加被执行人纠纷案、劳动争议纠纷案、营业信托纠纷、借款合同纠纷、装饰装修工程合同纠纷诉讼案等。经初步判断，目前该等法律诉讼所涉金额不会对本公司的财务状况或经营成果产生重大影响。

6.4 重要资产转让及其出售的说明

无。

6.5 会计报表中重要事项的明细资料

6.5.1 自营资产经营情况

6.5.1.1 信用风险资产五级分类情况（以净值列示）

信用风险资产五级分类	正常类（万元）	关注类（万元）	次级类（万元）	可疑类（万元）	损失类（万元）	风险资产合计（万元）	不良资产合计（万元）	不良资产率(%)
期初数	152 562.07	—	—	2 760.00	—	155 322.07	2 760.00	1.78
期末数	137 998.45	—	—	—	—	137 998.45	—	—

6.5.1.2 资产减值准备情况

单位：万元

项目	期初数	本期计提	本期转回	本期核销	期末数
一、贷款损失准备	11 040.00	2 760.00	—	13 800.00	—
二、其他资产减值准备	79 920.40	30 855.24	—	49 137.10	61 638.54
1.债权投资减值准备	74 972.19	29 966.91	—	46 236.55	58 702.55
2.其他减值准备	4 948.21	888.33	—	2 900.55	2 935.99

6.5.1.3 固有业务股票投资、基金投资、债券投资、长期股权投资等投资业务情况

单位：万元

项目	自营股票	基金	债券	长期股权投资	其他投资	合计
期初数	—	—	—	—	411 287.09	411 287.09
期末数	—	—	491.09	—	513 181.8	513 672.89

6.5.1.4 长期股权投资情况

无。

6.5.1.5 自营贷款业务情况

无。

6.5.1.6 表外业务情况

无。

6.5.1.7 公司当年的收入结构

项目	合并		母公司	
收入结构	金额（万元）	占比(%)	金额（万元）	占比(%)
手续费及佣金收入	83 774.30	66.32	85 084.70	77.92
其中：信托手续费收入	83 774.30	66.32	85 084.70	77.92
投资银行业务收入	—	—	—	—
利息收入	6 189.42	4.90	4 207.24	3.85
其他业务收入	33.45	0.03	33.45	0.03
其中：计入信托业务收入部分	—	—	—	—
投资收益	25 734.26	20.37	12 751.07	11.68
其中：股权投资收益	—	—	—	—
证券投资收益	—	—	—	—
其他投资收益	25 734.26	20.37	12 751.07	11.68
公允价值变动收益	10 584.54	8.38	7 114.86	6.52
营业外收入	0.03	—	0.03	—
收入合计	126 316.00	100.00	109 191.35	100

6.5.2 信托资产管理情况

6.5.2.1 信托资产的期初数、期末数

单位：万元

信托资产	期初数	期末数
集合	5 401 043.12	7 889 693.95
单一	1 922 327.16	1 536 242.78
财产权	9 416 068.55	9 141 080.10
合计	16 739 438.83	18 567 016.83

6.5.2.1.1 主动管理型信托业务的信托资产期初数、期末数

单位：万元

主动管理型信托资产	期初数	期末数
证券投资类	1 441 864.91	2 723 259.59
股权投资类	4 166 445.21	4 700 936.62
融资类	834 800.57	1 025 427.72
事务管理类	—	—
合计	6 443 110.69	8 449 623.93

6.5.2.1.2 被动管理型信托业务的信托资产期初数、期末数

单位：万元

被动管理型信托资产	期初数	期末数
证券投资类	—	—
股权投资类	—	—
融资类	—	—
事务管理类	10 296 328.14	10 117 392.90
合计	10 296 328.14	10 117 392.90

6.5.2.2 本年度已清算结束的信托项目个数、实收信托合计金额、加权平均实际年化收益率

6.5.2.2.1 本年度已清算结束的集合类、单一类资金信托项目和财产管理类信托项目

已清算结束信托项目	项目个数（个）	实收信托合计金额（万元）	加权平均实际年化收益率(%)
集合类	97	4 459 173.90	5.77
单一类	16	1 041 349.90	5.06
财产管理类	18	3 012 192.58	4.68

6.5.2.2.2 本年度已清算结束的主动管理型信托项目

已清算结束信托项目	项目个数（个）	实收信托合计金额（万元）	加权平均实际年化收益率(%)
证券投资类	12	197 054.26	5.30
股权投资类	94	4 520 484.48	5.81
融资类	3	140 000.00	6.32
事务管理类	—	—	—

6.5.2.2.3 本年度已清算结束的被动管理型信托项目

已清算结束信托项目	项目个数（个）	实收信托合计金额（万元）	加权平均实际年化收益率（%）
证券投资类	—	—	—
股权投资类	—	—	—
融资类	—	—	—
事务管理类	22	3 655 177.64	4.37

6.5.2.3 本年度新增的集合类、单一类资金信托项目和财产管理类信托项目

新增信托项目	项目个数（个）		实收信托合计金额（万元）
	新增	追加发行	
集合类	231	54	7 514 326.52
单一类	20	8	2 247 930.12
财产管理类	18	2	2 038 837.64
新增合计	269	64	11 801 094.28
其中：主动管理型	234	56	7 959 365.52
被动管理型	35	8	3 841 728.76

6.5.2.4 信托业务创新成果和特色业务有关情况

2023年，公司在信托业分类新规的指引下，锚定自身发展定位，坚定回归信托本源、服务实体经济，通过持续优化业务布局，深耕市场、深耕业务、深耕客户，以及加强产品、服务创新，不断深化转型，拓展特色化发展新路径，推动公司高质量发展。

标品业务方面，公司通过制定统一展业标准、产品配置、入池管理规则、流动性管理策略等，有效构建标品信托业务的统筹管理新体制；同时通过策略挖掘、价值预判来提升逆周期的资产配置能力，为客户创造稳定收益，推动业务规模及收入的快速增长，全年标品业务规模实现同比增长86%。

服务集团主责主业方面，通过推动实施协同深耕制度，落实区域对接首席团队的方式，不断加深集团内分子公司对信托制度、工具的认知，围绕不同主业需求提供多元化的信托解决方案，为其业务投放及退出提供有效渠道、为业务风险防范提供有效把控手段。全年公司新增与集团协同项目规模同比增长近167%，主要合作模式包括纾困信托、财产权信托、永续债信托、资产证券化信托、破产重整服务信托等。其中风险处置信托方面实现首单落地，不仅为各类委托人提供专业的信托服务体验，同时通过信托在资产隔离、处置等方面的优势推动破产重整资产的回收，有效化解债务风险。

家族信托方面，公司新增设立"金谷·安铭2号家族信托""金谷·合馨5号家族信托"，追加资金"金谷·安铭家族信托""金谷·合馨9号家族信托"，继续丰富在家族信托业务领域的服务经验，完善家族信托在财富传承、财产管理方面的安排。

慈善信托方面，公司长期践行公益慈善事业，通过不断探索信托功能与慈善制度的契合点，加强自身在慈善领域的参与深度与广度。本年新增设立"金谷信托2023百度HelloWorld（教育）慈善信托""金谷信托2023东四街道星光聚力（共同富裕）慈善信托""金谷信托2023信达大爱（乡村振兴）1号慈善信托"和"金谷信托2023信达大爱（乡村振兴）1号慈善信托"，为存续的"金谷信托2020赵庄子益民（医疗）慈善信托"追加信托资金并延长信托期限，完成对209人，24个项目的慈善资助，助力基础教育、社区民生、乡村建设等多层次社会保障建设。

资产证券化方面，持续强化自身专业服务优势，年度新增规模168亿元，同比大幅度增长，进一步巩固自身在该业务领域的品牌美誉。其中发行"中建商业保理2023年度中建新疆建工1号第一期供应链定向绿色资产支持商业票据信托"1.44亿元，是公司以绿色资产作为基础资产的首单ABCP产品，该项目不仅推动节能环保、清洁生产、生态环境和基础设施绿色升级类四大产业领域资产的价值盘活，为绿色产业注入金融活水，同时也通过ABCP产品，以募新还旧实现资金端滚动续发，达到企业长期融资的目的，从而进一步降低企业负债成本。

6.5.2.5 披露信托财产的损失情况
无。

6.5.2.6 本公司履行受托人义务情况及因公司自身责任而导致的信托资产损失情况
本公司勤勉尽责履行受托人义务，未发生因自身责任而导致的信托资产损失情况。

6.5.2.7 信托赔偿准备金的提取、使用和管理情况
公司按2023年净利润5%提取信托赔偿准备金1 688.63万元。2023年公司未使用信托赔偿准备金。

6.6 关联方关系及其交易的披露

6.6.1 关联交易方的数量、关联交易的总金额及关联交易的定价政策等

项目	关联交易方数量（个）	关联交易金额（万元）	定价政策
合计	6	133 922.03	按照市场公允价格定价

6.6.2 关联交易方与本公司的关系性质、关联交易方的名称、法定代表人、注册地址、注册资本及主营业务等

序号	关系性质	关联方名称	法定代表人	注册地址	注册资本（亿元）	主营业务
1	母公司	中国信达资产管理股份有限公司	张卫东	北京市西城区闹市口大街9号院1号楼	381.6454	（1）收购、受托经营金融机构和非金融机构不良资产，对不良资产进行管理、投资和处置；（2）债权转股权，对股权资产进行管理、投资和处置；（3）破产管理；（4）对外投资；（5）买卖有价证券；（6）发行金融债券、同业拆借和向其他金融机构进行商业融资；（7）经批准的资产证券化业务、金融机构托管和关闭清算业务；（8）财务、投资、法律及风险管理咨询和顾问；（9）资产及项目评估；（10）国务院银行业监督管理机构批准的其他业务（市场主体依法自主选择经营项目，开展经营活动；依法须经批准的项目，经相关部门批准后依批准的内容开展经营活动；不得从事国家和本市产业政策禁止和限制类项目的经营活动）
2	同一母公司	南洋商业银行（中国）有限公司	孙建东	中国（上海）自由贸易试验区浦明路898号13层至16层、18层至20层	95	许可项目：在下列范围内经营对各类客户的外汇业务和人民币业务：吸收公众存款；发放短期、中期和长期贷款；办理票据承兑与贴现；代理发行、代理兑付、承销政府债券；买卖政府债券、金融债券、买卖股票以外的其他外币有价证券；提供信用证服务及担保，办理国内外结算；买卖、代理买卖外汇；代理收付款项及代理保险；从事同业拆借；从事银行卡业务；提供保管箱服务；提供资信调查和咨询业务；经营代销证券投资基金业务；经国务院银行业监督管理机构批准的其他业务（依法须经批准的项目，经相关部门批准后可开展经营活动，具体经营项目以相关部门批准文件或许可证书为准）
3	同一母公司	新疆信达银通置业有限公司	白广政	新疆乌鲁木齐高新技术产业开发区（新市区）北京南路370号银通大厦五楼至七楼	1.5162	房地产开发；出售已开发建设的房屋、场地；房屋出租；建筑材料、机械设备的租赁；商品房的售后服务（依法须经批准的项目，经相关部门批准后可开展经营活动）
4	同一母公司	海南信达置业有限公司	张敏	海南省海口市龙华区金贸街道滨海大道117号海南滨海国际金融中心A座20~21层	2.3	房地产开发经营，酒店开发，建筑材料、商品房的销售，室内外装饰装修工程
5	同一母公司	广东信达地产有限公司	刘瑜	广州市南沙区珠江管理区发展路一巷3号一、二层222房（仅限办公用途）	3	场地租赁（不含仓储）；企业自有资金投资；自有房地产经营活动；房屋租赁；房地产咨询服务；房地产中介服务；物业管理；房地产开发经营
6	同一母公司	上海信达银泰置业有限公司	李斌星	中国（上海）自由贸易试验区金新路58号	4.1827	房地产开发、经营，房地产咨询业务，建筑材料（含钢材、木材、水泥、装饰材料），建筑五金（依法须经批准的项目，经相关部门批准后可开展经营活动）

6.6.3 公司与关联方的重大交易事项

6.6.3.1 固有财产与关联方交易情况

单位：万元

项目	期初数	借方发生额	贷方发生额	期末数
贷款	—	—	—	—
投资	—	—	—	—
租赁	—	—	—	—
担保	—	—	—	—
应收账款	—	—	—	—
其他	44 823.41	165.29	44 913.5	75.20
合计	44 823.41	165.29	44 913.5	75.20

6.6.3.2 信托资产与关联方交易情况

单位：万元

项目	期初数	借方发生额	贷方发生额	期末数
贷款	—	—	—	—
投资	—	—	—	—
租赁	—	—	—	—
担保	—	—	—	—
应收账款	—	—	—	—
其他	104 062.50	35 382.57	5 598.24	133 846.83
合计	104 062.50	35 382.57	5 598.24	133 846.83

6.6.3.3 信托公司自有资金运用于自己管理的信托项目（固信交易）、信托公司管理的信托项目之间的相互交易（信信交易）金额，包括余额和本报告年度的发生额

6.6.3.3.1 固有与信托财产之间的交易金额

无。

6.6.3.3.2 信托财产与信托财产之间的交易金额

无。

6.6.4 关联方逾期未偿还本公司资金的详细情况以及本公司为关联方担保发生或即将发生垫款的情况

无。

7.财务情况说明书

7.1 利润实现和分配情况

2023年度母公司实现净利润33 772.56万元，合并净利润为33 772.56万元。根据公司章程、《信托公司管理办法》和《金融企业准备金计提管理办法》规定，公司对本年实现的母公司净利润33 772.56万元进行分配，其中按照净利润10%提取法定盈余公积金3 377.26万元，按照净利润5%提取信托赔偿准备金1 688.63万元，按照

年末余额不低于风险资产余额的1.5%计提一般风险准备金2 075.18万元。

2024年3月29日经本公司股东会审议通过2023年度利润分配方案，决定按持股比例向股东进行分红3 429.08万元。截至2023年末，2023年已向中国信达资产管理股份有限公司分红6 013.21万元，已向中国妇女活动中心分红214.32万元。根据股东要求暂未支付的分红：应向中国海外工程有限责任公司分红103.31万元。

7.2 主要财务指标

指标名称	指标值	
	合并	母公司
资本利润率（%）	7.48	7.48
信托报酬率（%）	0.52	0.52
人均净利润（万元）	146.84	146.84

注：1. 资本利润率=净利润/所有者权益平均余额×100%。
2. 信托报酬率=信托业务收入/实收信托平均余额×100%。实收信托平均余额是指年初及各季末实收信托余额的移动算数平均数，公式为A（平均）=（A0/2+A1+A2+A3+A4/2）/4。
3. 人均利润=净利润/平均职工人数。

7.3 公司净资本监管指标

公司制定《净资本管理实施细则》，明确净资本管理的职责分工，强调净资本管理的基本原则，规范数据报送和披露路径。截至2023年末，净资本37.55亿元，净资本与各项业务风险资本之和比例为165.56%，净资本与净资产比例为80.46%，净资本各项指标均符合监管要求。

指标名称	指标值	监管标准
净资本（亿元）	37.55	≥2
各项业务风险资本之和（亿元）	22.68	—
净资本/各项业务风险资本之和（%）	165.56	≥100
净资本/净资产（%）	80.46	≥40

7.4 本年度对本公司财务状况、经营成果有重大影响的其他事项

无。

8. 特别事项简要揭示

8.1 前五名股东发生变动情况及原因

8.1.1 前五名股东变动情况
无。
8.1.2 前五名股东变动原因
无。

8.2 董事、监事及高级管理人员变动情况及原因

8.2.1 董事变动情况及原因
报告期内，本公司未发生董事变动。
8.2.2 监事变动情况及原因
报告期内，本公司未发生监事变动。
8.2.3 高级管理人员变动情况及原因
经公司第八届董事会第六十次会议审议通过，并根据《北京银保监局关于中国金谷国际信托有限责任公司王锡江任职资格的批复》（京银保监复〔2023〕267号），2023年5月8日，公司聘任王锡江担任公司副总经理职务。

8.3 变更注册资本、变更注册地或公司名称、公司分立合并事项

报告期内，本公司未发生变更注册资本、变更注册地、公司名称、公司分立合并的事项。

8.4 公司的重大诉讼事项

8.4.1 新增重大未决信托项目诉讼事项
2023年度，公司新增重大信托项目诉讼事项4起。

（1）公司某单一资金信托项目用于向某项目公司增资，并持有其96.5%股权。因其他公司与项目公司发生建设工程施工合同纠纷，并在执行过程中申请追加公司为被执行人要求承担补充赔偿责任，案件金额约2.31亿元。法院已作出追加公司为被执行人的裁定，目前公司已经提起执行异议之诉程序。

（2）公司某集合资金信托计划受让某项目公司股权收益权，并与交易对手进行对赌，对赌失败后交易对手并未履行相应支付义务，已经构成违约，案件金额约4.75亿元。公司已向法院申请强制执行，目前该案正在执行过程中。

（3）公司某集合资金信托计划受让某项目公司股权收益权，并与交易对手进行对赌，对赌失败后交易对手并未履行相应支付义务，已经构成违约，案件金额约3.12亿元。公司已经向交易对手发送了催收函，并向法院提起诉讼。

（4）公司某集合资金信托计划受让某特定资产收益权，并与交易对手进行对赌，对赌失败后交易对手并未履行相应支付义务，已经构成违约，案件金额约5.1亿元。公司目前已经向法院申请强制执行。

8.4.2 以前年度发生，于本报告年度内终结的信托项目诉讼事项

无。

8.4.3 以前年度发生，于本报告年度内尚未终结的信托项目诉讼事项

2023年度，公司尚未终结的信托项目诉讼事项2起。

（1）2021年7月，公司设立某集合资金信托计划，信托资金用于受让某公司股权收益权。2021年末，该项目交易对手因未履行支付义务导致违约，公司已向法院申请启动强制执行程序。

（2）公司设立某单一资金信托，信托资金用于向某公司增资。项目到期后，项目公司未履行合同义务。2022年4月，公司向法院提起诉讼，一审判决驳回公司的诉讼请求。公司拟在诉讼时效内提起上诉。

8.4.4 本报告年度发生，于本报告年度内终结的信托项目诉讼事项

无。

8.5 公司及高级管理人员受到处罚的情况

2023年12月19日，国家金融监督管理总局北京监管局下发《行政处罚决定书》(京金罚决字〔2023〕40号)，对公司作出行政处罚，罚款人民币共计100万元，对赵朝晖处以警告。公司高度重视处罚问题，对处罚涉及事项均已整改完毕。公司将引以为戒，举一反三，不断提高合规风控意识，遵守监管法规，把防范风险、合规经营放到首位。

8.6 原银监会及其派出机构对公司检查后提出整改意见的，应简单说明整改情况

2023年，公司未被国家金融监督管理总局及其派出机构进行现场检查。

8.7 本年度重大事项临时报告的简要内容、披露时间、所披露的媒体及其版面

无。

8.8 原中国银保监会及其省级派出机构认定的其他有必要让客户及相关利益人了解的重要信息

无。

9. 监事会意见

按照《信托投资公司信息披露管理暂行办法》规定，监事会应对本公司依法运作情况、财务报告是否真实反映公司的财务状况和经营成果等发表独立意见，并在年度报告摘要中予以披露。根据监事会了解的情况，现出具如下意见：报告期内，公司高级管理层能认真执行股东会、董事会决议，顺应监管政策导向，坚定回归信托本源，持续优化业务布局，加快业务转型发展，主动服务实体经济，做好金融"五篇大文章"，公司高质量发展态势得到进一步巩固和增强。监事会依据公司内部审计报告，未发现董事、高级管理人员有损害公司利益的行为。2023年度公司财务报告已经天职国际会计师事务所（特殊普通合伙）审计并出具无保留意见，并真实反映了公司财务状况和经营成果。

中海信托股份有限公司

1.重要提示

1.1 本公司董事会及董事保证本报告所载资料不存在任何虚假记载、误导性陈述或者重大遗漏,并对其内容的真实性、准确性和完整性承担个别及连带责任。

1.2 公司独立董事声明:保证本报告内容的真实、准确、完整。

1.3 立信会计师事务所对本公司出具了标准无保留意见的审计报告。

1.4 公司董事长、总裁(代为履职)卓新桥先生、财务总监高建辉先生、会计机构负责人张海玲女士声明:保证年度报告中财务报告的真实、完整。

2.公司概况

2.1 公司简介

中海信托股份有限公司(以下简称中海信托或公司)系由中国海洋石油集团有限公司(以下简称中国海油)和中国中信有限公司(以下简称中信有限)共同投资设立的国有非银行金融机构。

1988年7月,中国国际信托投资公司独家发起设立公司前身中信上海公司。

1993年2月,公司更名为中信上海信托投资公司。

1997年9月,中国海油增资入股1.5亿元,公司改制并更名为中海信托投资有限责任公司。公司注册资本为人民币2.5亿元,其中,中国海油出资60%,中信集团(中信有限前身)出资40%。

1999年11月,中国海油与中信集团按原出资比例增加资本金人民币2.5亿元,增资后公司注册资本为人民币5亿元。

2002年2月,经中国人民银行批准重新登记,公司成为国内首批获准重新登记的信托投资公司之一。

2004年7月,公司成功实施中信集团以退股冲减不良资产、中国海油增资扩股方案,注册资本增加至8亿元,中国海油与中信集团分别持有95%和5%的股权。

2007年7月,中国海油与中信集团按原出资比例增加资本金人民币4亿元,公司注册资本增加至人民币12亿元。

2007年9月,公司更名为中海信托有限责任公司,成为信托业"新两规"出台后较早换取新牌照的信托公司之一。

2007年12月,公司整体改制为股份有限公司,名称变更为中海信托股份有限公司。

2011年11月,公司注册资本增至25亿元人民币,资本实力进一步增强。公司股权结构保持不变,中国海油和中信集团各持95%和5%股份。

2012年12月,公司股东中信集团变更为中国中信股份有限公司。本次股权变更后,公司注册资本与股权结构保持不变。

2013年11月,公司办公场所由上海市黄浦区中山东二路15号7楼迁至上海市黄浦区蒙自路763号36楼。

2014年10月,因中信集团整体上市,公司股东中国中信股份有限公司更名为中国中信有限公司。

2017年11月,公司股东中国海洋石油总公司改制为国有独资公司,并正式更名为中国海洋石油集团有限公司。

2023年9月,公司办公场所由上海市黄浦区蒙自路763号36楼迁至上海市黄浦区龙华东路325号博荟广场A座22层、23层、25层、26层(实际楼层19层、20层、21层、22层)。

中海信托秉承"诚信稳健、忠人所托"的经营理念,坚持风控优先的业务发展路径,经过多年的探索和实践,资产管理能力持续提升。截至2023年底,公司管理信托资产余额1 646.44亿元,全年累计管理信托资产规模4 302.22亿元。2023年实现营业收入12.01亿元,利润总额8.56亿元,人均利润总额352.11万元,人均净利润261.67万元。

2.1.1 公司情况简表

公司名称(简称)	中海信托股份有限公司(中海信托)
公司英文名称(缩写)	Zhonghai Trust Co., Ltd.(ZHTRUST)
公司法定代表人	卓新桥
主要注册地址	上海市黄浦区龙华东路325号博荟广场A座22层、23层、25层、26层(实际楼层19层、20层、21层、22层)
公司网站	https://www.zhtrust.com

2.1.2 主要联系人及联系方式

信息披露负责人	朱玲
联系电话	021-23191688
传真	021-63086070
电子信箱	zhtrust@cnooc.com.cn
联系地址	上海市黄浦区龙华东路325号博荟广场A座22楼
邮政编码	200023

2.1.3 其他事项

2.1.3.1 公司选定《中国证券报》《上海证券报》《证券时报》作为本次信息披露的报纸。公司年报全文将备置在公司营业场所及网站供查询

2.1.3.2 公司年报审计会计师事务所：立信会计师事务所（特殊普通合伙）

联系地址：北京市朝阳区安定路5号院7号楼中海国际中心A座17~20层

邮政编码：100029

2.1.3.3 公司常年法律顾问：北京大成（上海）律师事务所

联系地址：中国上海市世纪大道100号上海环球金融中心9层、24层、25层

邮政编码：200120

2.2 组织结构

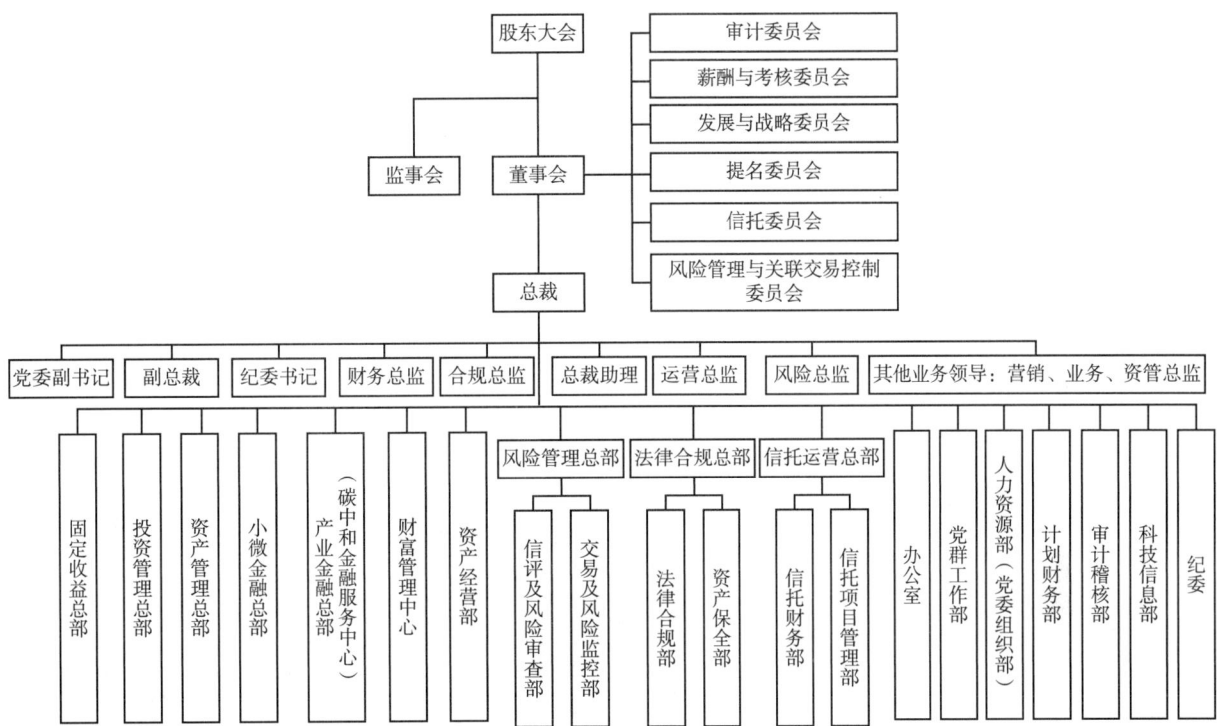

3. 公司治理

3.1 股东

股东总数：2个。报告期末股份总数：2 500 000 000 股。

股东

股东名称	持股比例（%）	法人代表	注册资本（亿元）	注册地址	主要经营业务
中国海洋石油集团有限公司★	95	汪东进	1 138	北京市东城区朝阳门北大街25号	组织石油、天然气、煤层气、页岩油、页岩气勘探、开发、生产和销售，石油炼制，石油化工和天然气的加工利用及产品的销售和仓储，液化天然气项目开发、利用，石油、天然气管道管网输送，化肥、化工产品的开发、生产和销售及相关业务，为石油、天然气及其他地矿产品的勘探、开采提供服务，工程总承包，与石油天然气的勘探、开发和生产相关的科技研究、技术咨询、技术服务和技术转让，原油、成品油进口，补偿贸易、转口贸易；汽油、煤油、柴油的批发（限销售分公司经营）；承办中外合资经营；合作生产；机电产品国际招标；风能、生物质能、水合物、煤化工和太阳能等新能源生产、销售和相关服务（企业依法自主选择经营项目，开展经营活动；依法须经批准的项目，经相关部门批准后依批准的内容开展经营活动；不得从事本市产业政策禁止和限制类项目的经营活动）

股东名称	持股比例（％）	法人代表	注册资本（亿元）	注册地址	主要经营业务
中国中信有限公司	5	朱鹤新	1 390	北京市朝阳区光华路10号院1号楼中信大厦89~102层	（1）投资和管理金融业，包括：投资和管理境内外银行、证券、保险、信托、资产管理、期货、租赁、基金、信用卡等金融类企业及相关产业。（2）投资和管理非金融业，包括：①能源、交通等基础设施；②矿产、林木等资源开发和原材料工业；③机械制造；④房地产开发；⑤信息产业：信息基础设施、基础电信和增值电信业务；⑥商贸服务及其他业务：环境保护；医药、生物工程和新材料；航空、运输、仓储、酒店、旅游业；国际贸易和国内贸易、进出口业务、商业；教育、出版、传媒、文化和体育；咨询服务。（3）向境内外子公司发放股东贷款；资本运营；资产管理；境内外工程设计、建设、承包及分包和劳务输出，及经批准的其他业务（该企业于2014年7月22日由内资企业转为外商投资企业；依法须经批准的项目，经相关部门批准后依批准的内容开展经营活动）

注：公司控股股东中国海油直属于国务院国有资产监督管理委员会，中信有限为中国中信股份有限公司（SEHK：00267）全资子公司，后者最终控股股东为中国中信集团有限公司，由财政部代表国务院履行出资人职责。

3.2 董事、董事会及其下属委员会

董事长、副董事长、董事

姓名	职务	性别	年龄（岁）	选任日期	所推举的股东名称	该股东持股比例（％）	简要履历
卓新桥	董事长、董事	男	53	2023年3月	中国海油	95	2003年起，曾任工商银行广东省分行公司业务部副总经理、中海石油财务公司信贷租赁部经理、客户服务部经理等职务；2013年5月起任公司总裁助理；2017年5月起任公司党委委员、副总裁；2022年12月起任公司党委副书记、总裁（2023年7月经原上海银保监局核准董事及总裁任职资格）；2023年10月起任公司党委书记、董事长（2024年3月国家金融监督管理总局上海监管局核准董事长任职资格）；2024年3月起，由卓新桥代为履行公司总裁职责
陈浩鸣	董事	男	57	2022年12月	中国海油	95	1997年12月起任中国海洋石油总公司财务部资产处处长；2000年9月起任中海石油投资控股有限公司总经理；2005年8月起任中海信托投资有限责任公司副总经理；2008年9月起任公司副总裁；2009年8月起任中海基金公司副总经理；2010年12月起，任中海信托股份有限公司总裁（2012年12月至2015年7月任中海信托股份有限公司总裁、党委副书记）；2015年10月起，先后任中海石油财务有限责任公司副总经理、总经理、董事长、党总支书记（2018年5月至2022年8月任董事长、党总支书记）；2022年8月至2024年3月任中国海洋石油集团有限公司财务资金部副经理
孙世宇	董事	男	39	2022年12月	中信有限	5	2010年7月起任中铁国际集团有限公司财务部财务主管；2015年7月起任中国中铁股份有限公司国际事业部财务经理；2016年6月起任中国中信集团有限公司财务部会计管理处主管、高级主管；2020年2月起任中国中信集团有限公司财务部会计管理处处长负责人；2021年9月至2023年12月任中国中信集团有限公司财务部会计管理处副处长（主持工作）
朱闻达	董事	男	54	2021年11月	中国海油	95	1999年10月起任中国海洋石油总公司办公厅副处长；2002年起任中海石油天然气及发电有限责任公司规划发展部经理；2004年起任中海浙江宁波液化天然气有限公司总经理；2007年起任中海石油天然气及发电有限责任公司工程部经理；2008年起先后担任中海石油气电集团管网信息监控中心总工程师、副总经理、天津浮式LNG筹备组组长、山东浮式LNG筹备组组长；2012年12月起任中海石油天津液化天然气有限公司总经理；2016年1月起任中海石油气电集团有限责任公司交通新能源事业部总经理。2020年10月起，任公司党委副书记、工会主席
汪婧	职工董事	女	42	2022年7月	公司职工代表大会选举	—	2006年7月起任中海石油基地集团有限责任公司计划管理部董事会办公室秘书；2008年7月加入公司，历任投资管理部综合管理岗、办公室综合业务岗、人事经理、人力资源部临时牵头人、人力资源部副经理，2017年3月起任人力资源部经理，2021年12月至2023年11月任公司人力资源部经理、党委组织部部长；2023年5月起任资产经营部总经理

注：1. "选任日期"以公司内部有权机关选任董事、监事、高管时间为口径进行统计（下同）。
2. 经公司股东大会2023年第一次临时会议审议通过（2023年3月13日），同意免去张德荣董事职务，并选举卓新桥担任公司董事职务。经公司第五届董事会第三十三次会议审议通过（2023年12月1日），同意免去汤全荣公司董事长、董事职务，并选举卓新桥为公司董事长。经公司股东大会2023年第三次临时会议审议通过（2023年12月18日），同意免去汤全荣公司董事职务。经公司股东大会2024年第一次临时会议审议通过（2024年3月1日），同意免去孙世宇公司董事职务，并选举闫超担任公司董事职务，闫超董事任职资格正在国家金融监督管理总局上海监管局核准中。经公司第五届董事会第三十七次会议审议通过（2024年3月4日），在监管部门核准卓新桥董事长任职资格后，由卓新桥代为履行公司总裁职责。

独立董事

姓名	职务	性别	年龄（岁）	选任日期	所推举的股东名称	该股东持股比例（％）	简要履历
张天西	独立董事	男	67	2023年6月	—	—	1999年7月毕业于中国人民大学，获博士学位；1983年9月起在陕西财经学院任教，曾担任陕西财经学院会计学院院长；1999年12月起任西安交通大学会计学院教授、博士生导师，曾担任西安交通大学会计学院院长，被授予国务院特殊津贴；2004年9月至2022年10月，任上海交通大学安泰经济与管理学院会计系教授、博士生导师，曾任会计系主任；2021年10月正式退休，但继续承担上海交通大学研究生教学任务和博士生培养

续表

姓名	职务	性别	年龄（岁）	选任日期	所推举的股东名称	该股东持股比例（%）	简要履历
刘凯湘	独立董事	男	59	2018年4月	—	—	1984年毕业于西南政法大学，获法学学士学位；1987年毕业于北京大学，获法学硕士学位；2001年毕业于北京大学，获法学博士学位；1987年起在北京工商大学法学院任职；1999年5月起至今在北京大学法学院任教，现为北京大学法学院教授、博士生导师
殷醒民	独立董事	男	70	2020年8月	—	—	1994年7月毕业于英国萨塞克斯大学，获博士学位；1982年8月起担任中共宁波市委干事；1987年8月起在浙江大学经济学系任教；1994年8月至2018年11月任复旦大学经济学院二级教授，博士生导师；2013年11月至今，担任复旦大学信托研究中心主任；2018年12月至今，任复旦大学经济学院荣休教授

注：公司2022年度股东大会审议通过（2023年6月28日），同意免去徐丹独立董事职务，并选举张天西担任公司独立董事职务。

董事会下属委员会

董事会下属委员会	职责	组成人员姓名	职务
发展与战略委员会	主要负责对公司长期发展与战略和重大投资决策进行研究并提出建议 （1）研究公司战略规划、经营计划、投资计划以及需董事会决策的主业调整、投融资、资产重组、资产处置、资本运作、改革改制等方面事项，向董事会提出审议意见 （2）董事会授权的其他事项	卓新桥	委员会主席
		殷醒民	委员
		陈浩鸣	委员
		孙世宇	委员
风险管理与关联交易控制委员会	主要负责对公司总体风险管理、合规管理、关联交易进行监督，并将之控制在合理的范围内，以确保公司能够对与公司经营活动相关联的各种风险以及关联交易实施有效的控制 （1）研究公司发生重大、突发性事项的对策 （2）研究制定总体风险管理、关联交易控制政策供董事会审议 （3）研究公司风险管理的战略结构和资源，并使之与公司的内部风险管理政策相兼容 （4）研究重要的风险边界 （5）对相关的风险管理、关联交易控制政策进行监督、审查，并向董事会提出建议 （6）负责向董事会提供洗钱风险管理专业意见 （7）公司董事会授权的其他事项	刘凯湘	委员会主席
		张天西	委员
		殷醒民	委员
信托委员会	负责督促公司依法履行受托职责。当公司或其股东利益与受益人利益发生冲突时，保证公司为受益人的最大利益服务 （1）督促公司依法履行受托职责 （2）初审按相关规定需由董事会审议的信托项目 （3）针对中国银行保险监督管理委员会及其派出机构检查公司信托业务后要求董事会组织整改的有关维护受益人权益的问题，研究提出具体措施 （4）当公司或股东利益与受益人利益发生冲突时，研究提出维护受益人权益的具体措施 （5）统筹部署公司金融消费者权益保护工作 （6）公司董事会授权的其他事项	殷醒民	委员会主席
		刘凯湘	委员
		卓新桥	委员
审计委员会	主要负责公司与外部审计的沟通及对其的监督核查、对内部审计的监管、公司内部控制体系的评价与完善 （1）指导公司内部控制体系建设，督导内部审计制度的制订及实施，并对相关制度及其执行情况进行检查和评估 （2）审核公司的财务报告、审议公司的会计政策及其变动并向董事会提出意见 （3）审核年度审计计划和重点审计任务，经董事会批准后督促落实，研究重大审计结论和整改工作，推动审计成果运用 （4）指导和监督内部审计部门的工作，评价内部审计部门工作成效，向董事会提出调整审计部门负责人的建议 （5）向董事会提出聘用或者解聘会计事务所及其报酬的建议，与外部审计机构保持良好沟通 （6）公司董事会授权的其他事项 审计委员会应配合监事会开展审计工作	张天西	委员会主席
		殷醒民	委员
		陈浩鸣	委员
提名委员会	主要负责对公司董事（包括独立董事）、总裁及其他高级管理人员的人选向董事会提出意见和建议 （1）研究董事、总裁和其他高级管理人员的选择标准和程序并提出建议 （2）广泛搜寻合格的董事和总裁人选 （3）对董事候选人、总裁人选和其他高级管理人员进行审查并提出建议 （4）公司董事会授权的其他事项	刘凯湘	委员会主席
		张天西	委员
		朱闻达	委员
薪酬与考核委员会	主要负责研究董事与总裁的考核标准，进行考核并提出建议；负责研究和审查董事及高级管理人员的薪酬政策与方案 （1）研究董事与总裁考核的标准，进行考核并提出建议 （2）研究和审查董事、高级管理人员的薪酬政策与方案 （3）研究公司工资收入分配制度及方案 （4）公司董事会授权的其他事项	张天西	委员会主席
		刘凯湘	委员
		朱闻达	委员

注：经公司第五届董事会第三十三次会议审议通过（2023年12月1日），同意免去汤全荣公司董事长、董事职务，并选举卓新桥为公司董事长。根据公司发展与战略委员会工作规则，发展与战略委员会设主任一名，由董事长担任。

3.3 监事、监事会及其下属委员会

监事会成员

姓名	职务	性别	年龄（岁）	选任日期	所推举的股东名称	该股东持股比例（%）	简要履历
周元元	监事会主席、监事	女	49	2023年10月	中国海油	95	2001年3月起先后任中海石油（中国）有限公司财务管理部报告及分析岗分析师、财务报告分析岗高级主管、财务报告分析岗经理、内部控制岗经理；2007年9月起任中海石油（中国）有限公司财务部风险与内控处处长（经理）；2014年11月起中海石油（中国）有限公司财务部风险与内控处处长；2018年6月起任中国海洋石油有限公司财务部首席风控总监；2020年12月起任中国海洋石油集团有限公司（中国海洋石油有限公司）法律合规部副总经理、风控总监；2022年9月至今任中国海洋石油集团有限公司（中国海洋石油有限公司）企业管理部（政策研究室）副主任、风控总监
陆隽	监事	男	43	2021年5月	中信有限	5	2008年6月起历任中国中信集团有限公司稽核审计部业务三处主审、高级主审、业务二处高级主审、业务二处处长、业务一处处长（2014年5月至2015年4月挂职中信金属有限公司风险管理部副总经理）；2020年9月起任中国中信集团有限公司稽核审计部业务五处处长。2023年12月起至今任中国中信集团有限公司审计部总监兼业务五处处长
虞惠达	职工监事	男	42	2022年7月	公司职工代表大会选举	—	2007年8月起任毕马威华振会计师事务所北京分所、上海分所助理经理；2010年5月加入中海信托股份有限公司，历任审计稽核部审计经理、审计高级经理、副总经理兼纪检监察专员、审计稽核部副总经理；2022年2月至今任公司审计稽核部总经理

注：经公司第五届监事会第十次会议（2023年10月9日）审议通过《关于免去金伟根监事、监事会主席职务的议案》；经公司股东大会2023年第二次临时会议审议通过（2023年10月27日），免去金伟根监事职务，并选举周元元为公司监事；经公司第五届监事会第十一次会议（2023年11月28日）审议通过《关于选举周元元为公司监事会主席的议案》。

3.4 高级管理人员

姓名	职务	性别	年龄（岁）	选任日期	金融从业年限（年）	学历	专业	简要履历
卓新桥	党委书记、总裁（代为履职）	男	53	2023年2月	25	硕士研究生	暨南大学产业经济学专业	2003年起，曾任工商银行广东省分行公司业务部副总经理，中海石油财务公司信贷租赁部经理、客户服务部经理等职务；2013年5月起任公司总裁助理；2017年5月起任公司党委委员、副总裁；2022年12月起任公司党委副书记、总裁（2023年7月原上海银保监局核准总裁任职资格）；2023年10月起任公司党委书记、董事长（2024年3月国家金融监督管理总局上海监管局核准董事长任职资格）；2024年3月起，由卓新桥代为履行公司总裁职责
张悦	党委委员、副总裁、合规总监	女	54	2021年4月	19	硕士研究生	中国石油大学管理工程专业	2005年9月进入公司计划财务部、稽核审计部经理；2011年11月起任公司总稽核；2012年3月兼党办主任；2012年8月起任纪委副书记、总稽核兼党办主任、信托事务管理部总经理；2013年9月起任公司党委副书记、总稽核；2016年8月公司纪委副书记、总稽核、党办主任兼信托事务管理部总经理；2019年5月任公司合规总监；2021年3月起任公司副总裁、合规总监（2021年7月原上海银保监局核准副总裁任职资格）
高建辉	党委委员、财务总监	男	53	2021年12月	21	大学本科	哈尔滨电工学院工业电气自动化专业	1996年起，先后任中海海洋石油总公司财务会计处会计电算化岗、信息处综合管理岗，中海石油财务有限责任公司综合部高级主管、结算部副经理、经理、财会部经理、总经理助理、综合管理部经理；2021年10月起任公司党委委员、财务总监（2022年6月原上海银保监局核准财务总监任职资格）
余庆军	总裁助理	男	52	2013年2月	29	硕士研究生	南开大学工商管理专业	1998年起，先后任平安人寿天津分公司市场营销部业务主任、分公司经理，平安集团电子商务公司销售部北区区域总经理，平安人寿总公司银行保险事业部渠道合作室主任、海康人寿助理副总经理、团险总监、首席银保事业执行官；2013年6月起任公司总裁助理
朱玲	董事会秘书、运营总监	女	51	2021年6月	26	大学本科	陕西财经学院国际会计专业	2002年9月起先后担任健桥证券股份有限公司上海总部会计主管、财务经理。2006年12月起先后担任公司财务会计部会计、财务会计部部门负责人、计划财务部部门经理、办公室主任。2021年8月起任公司董事会秘书、运营总监，2021年12月起兼任信托运营总部总经理
王一曼	风险总监	女	45	2023年12月	18	硕士研究生	英国邓迪大学石油税务与金融专业	2005年3月进入公司，历任托管部代理经理、自有资金及信息管理部经理、2008年1月起任投资管理部总经理、2012年5月起任信托投资管理部总经理、2024年3月起任公司风险总监

注：2023年12月，经公司第五届董事会第三十三次会议审议通过，同意聘任王一曼担任公司风险总监。2024年3月，王一曼风险总监的任职资格获得国家金融监督管理总局上海监管局核准。

3.5 公司员工

项目		报告期年度		上年度	
		人数（人）	比例（％）	人数（人）	比例（％）
年龄分布	20岁以下	—	—	—	—
	20~29岁	47	19.42	48	19.67
	30~39岁	126	52.07	130	53.28
	40岁及以上	69	28.51	66	27.05
学历分布	博士	4	1.65	4	1.64
	硕士	135	55.79	139	56.97
	本科	102	42.15	100	40.98
	专科	1	0.41	1	0.41
	其他	—	—	—	—
岗位分布	董事长、高管人员	6	2.48	7	2.87
	自营业务人员	6	2.48	5	2.05
	信托业务人员	139	57.44	142	58.20
	其他人员	91	37.60	90	36.88

注：自营业务人员是指按照岗位分工，专门或至少主要从事固有资金使用和固有资产管理有关业务的职工；信托业务人员是指按照岗位分工，专门或主要从事信托资金使用和信托资产管理各项业务的职工；对于人力资源部等综合部门归为其他人员。

3.6 公司治理信息

3.6.1 年度内召开股东大会情况

2023年，公司共召开股东大会会议4次，分别列示如下：

（1）3月13日，公司以现场（视频）会议方式召开股东大会2023年第一次临时会议，审议通过《关于免去张德荣公司董事职务的提案》《关于选举卓新桥担任公司董事职务的提案》2项提案。

（2）6月28日，公司以现场（视频）会议方式召开2022年度股东大会，审议通过《关于公司2022年度财务决算的提案》《关于公司2023年度财务预算的提案》《关于公司2022年度利润分配方案的提案》《关于公司董事会2022年度工作报告的提案》《关于公司监事会2022年度工作报告的提案》《关于免去徐丹独立董事职务的提案》《关于选举张天西担任公司独立董事职务的提案》7项提案。

（3）10月27日，公司以现场（视频）会议方式召开股东大会2023年第二次临时会议，审议通过《关于修改〈中海信托股份有限公司章程〉的提案》《关于免去金伟根监事职务的提案》《关于选举周元元为公司监事的提案》3项提案。

（4）12月18日，公司以现场会议方式召开股东大会2023年第三次临时会议，审议通过《关于免去汤全荣公司董事职务的提案》。

3.6.2 董事会及其下属委员会履行职责情况

2023年，公司共召开董事会会议14次，分别列示如下：

（1）1月17日，公司以现场出席和视频出席相结合的方式召开第五届董事会第二十一次会议，审议通过《关于修订〈用工与薪酬管理制度〉的议案》《关于公司2022年高管人员绩效考核结果及薪酬分配方案的议案》2项议案。

（2）2月7日，公司以书面传签表决方式召开第五届董事会第二十二次会议，审议通过《关于公司固有及关联方资金认购（申购）与赎回（到期退出）本公司管理信托项目的关联交易议案》《关于公司2022年度案防工作自我评估报告的议案》《关于修订〈案件防控工作制度〉的议案》《关于修订〈信息披露管理制度〉的议案》《关于同业金融总部更名的议案》《关于卓新桥代为履行公司总裁职责的议案》6项议案。

（3）2月21日，公司以现场出席和视频出席相结合的方式召开第五届董事会第二十三次会议，审议通过《关于免去张德荣公司董事职务的议案》《关于提名卓新桥为公司董事候选人的议案》《关于免去张德荣公司总裁职务的议案》《关于聘任卓新桥担任公司总裁职务的议案》《关于提议召开公司股东大会2023年第一次临时会议的议案》5项议案。

（4）3月21日，公司以现场出席和视频出席相结合的方式召开第五届董事会第二十四次会议，审议通过《关于公司市场化总监岗位数量设置的议案》《关于聘任李健担任公司营销总监的议案》《关于聘任王一曼担任公司投资总监的议案》《关于前台业务部门组织机构优化的议案》4项议案。

（5）3月29日，公司以书面传签方式召开第五届董事会第二十五次会议，审议通过《关于2022年度合规风险评估报告的议案》《关于公司2022年度风险管理自我评估报告的议案》《关于修订〈金融消费者权益保护工作制度〉的议案》3项议案。

（6）4月19日，公司以书面传签的方式召开第五届董事会第二十六次会议，审议通过《关于公司固有资金认购（申购）与赎回（到期退出）本公司管理系列信托项目及系列信托项目受让本公司管理信托资产的关联交易议案》《关于公司经理层成员2023年度经营业绩责任书的议案》2项议案。

（7）4月24日，公司以现场与视频出席相结合的方式召开第五届董事会第二十七次会议，审议通过《关于公司2022年工作总结及2023年工作计划的议案》《关于公司2022年度财务决算的议案》《关于公司2023年度财务预算的议案》《关于确认公司2022年度审计报告、管理层建议书等报告并批准披露的议案》《关于公司2022年度内部审计和监督情况的议案》《关于公司金融消费者权益保护2022年度工作总结及2023年度工作计划的议案》《关于公司2022年度关联交易专项报告的议案》《关于董事会2022年度工作报告的议案》《关于公司2022年度主要股东评估报告的议案》《关于公司2022年度报告及其摘要的议案》《关于聘任郭翃担任公司业务总监的议案》《关于聘任于宇担任公司资管总监的议案》12项议案。

（8）5月12日，公司以书面传签的方式召开第五届董事会第二十八次会议，审议通过《关于公司2023年度财务预算的议案》《关于2022年度公司内控体系工作报告的议案》《关于修订〈洗钱风险管理制度〉的议案》《关于修订〈风险管理政策〉的议案》《关于免去徐丹独立董事职务的议案》《关于提名张天西作为公司独立董事候选人的议案》6项议案。

（9）6月5日，公司以现场与视频出席相结合的方式召开第五届董事会第二十九次会议，审议通过《关于公司2022年度利润分配方案的议案》《关于修订〈关联交易管理制度〉的议案》《关于调整董事会专门委员会成员的议案》《关于提议召开公司2022年度股东大会的议案》《关于2022年度公司经理层成员业绩考核及薪酬分配方案的议案》5项议案。

（10）8月18日，公司以现场与视频出席相结合的方式召开第五届董事会第三十次会议，审议通过《关于公司2023年上半年工作总结及下半年工作计划的议案》《关于公司2023年上半年预算执行情况的议案》《关于公司2023年上半年内部审计和监督情况的议案》《关于制定〈恢复和处置计划管理办法〉的议案》《关于修订中海信托恢复与处置计划的议案》5项议案。

（11）8月22日，公司以书面传签表决方式召开第五届董事会第三十一次会议，审议通过《关于同意公司变更住所的议案》。

（12）9月27日，公司以书面传签表决方式召开第五届董事会第三十二次会议，审议通过《关于修改中海信托股份有限公司章程的议案》《关于调整董事会专门委员会成员的议案》《关于提议召开公司股东大会2023年第二次临时会议的议案》3项议案。

（13）12月1日，公司以现场与视频出席相结合的方式召开第五届董事会第三十三次会议，审议通过《关于推举卓新桥董事代为召集并主持本次董事会会议的议案》《关于免去汤全荣公司董事长、董事职务的议案》《关于选举卓新桥为公司董事长的议案》《关于公司市场化总监岗位名称变更的议案》《关于聘任王一曼担任公司风险总监的议案》《关于制定〈中海信托落实董事会职权实施方案〉的议案》《关于公司委托中信登进行股权托管的议案》《关于提议召开公司股东大会2023年第三次临时会议的议案》8项议案。

（14）12月18日，公司以现场与视频出席相结合的方式召开第五届董事会第三十四次会议，审议通过《关于董事会2024年度工作计划的议案》。

公司根据《公司法》及信托法律法规的规范化要求，完善了由股东大会、董事会、监事会和管理层组成的治理架构，形成了权力机构、决策机构、监督机构和管理层之间的相互协调和相互制衡机制，为公司高效经营提供了制度保证。

根据有关法律法规、监管规定及公司章程，公司制定了《股东大会议事规则》《董事会工作规则》《监事会议事规则》《独立董事工作制度》《董事会秘书工作规则》《总裁工作规则》《董事监事履职评价办法》《董事会授权管理办法》、各个专门委员会工作规则等制度，确保公司治理规范运作。

公司董事会由9名成员组成。其中，根据《信托公司治理指引》及监管要求，公司聘任三名金融、会计、法律界知名专业人士担任独立董事，参与公司经营决策与监督，增强董事会决策的客观性、科学性。2023年，独立董事能够在决策和监督过程中，不受主要股东、高级管理人员以及其他与公司存在利害关系的单位和个人的影响，注重维护其他利益相关者合法权益，对股东大会、董事会讨论事项，尤其是重大关联交易、利润分配、董事的提名任免以及薪酬等可能存在利益冲突的事项，发表客观、公正的独立意见。

公司董事会下设六个专门委员会，即发展与战略委员会、薪酬与考核委员会、审计委员会、提名委员会、风险管理与关联交易控制委员会、信托委员会，分别在发展与战略、薪酬与考核、审计、提名、风险管理、关联交易控制、督促公司履行受托职责方面协助董事会履行决策职能，保证董事会议事、决策的专业化、高效化。同时，公司委派独立董事出任专业委员会的委员，并确保独立董事人数在审计委员会、提名委员会、薪酬与考核委员会中达到委员总数1/2以上，且由独立董事出任审计委员会、提名委员会、薪酬与考核委员会、信托委员会、风险管理与关联交易控制委员会的负责人，进一步保证专业委员会议事的公平、公正。

3.6.3 监事会及其下属委员会履行职责情况

2023年，按照有关法律法规及公司章程的规定，公司监事会共召开会议4次：

（1）4月26日，公司以现场与视频出席相结合的方式召开第五届监事会第八次会议，审议通过《关于确认公司2022年度审计报告、管理层建议书等报告并批准披露的议案》《关于公司2022年度内部审计和监督情况的议案》《关于公司监事会2022年度工作报告的议案》《关于公司董事监事2022年度履职评价的议案》4项议案。

（2）7月31日，公司以书面传签方式召开第五届监事会第九次会议，审议通过《关于公司2023年第一季度内部审计和监督情况的议案》。

（3）10月9日，公司以现场与视频出席相结合的方式召开第五届监事会第十次会议，审议通过《关于公司2023年上半年内部审计和监督情况的议案》《关于免去金伟根监事、监事会主席职务的议案》《关于选举周元为公司监事候选人的议案》《关于提议召开公司股东大会2023年第二次临时会议的议案》4项议案。

（4）11月28日，公司以书面传签表决方式召开第五届监事会第十一次会议，审议通过《关于选举周元为公司监事会主席的议案》《关于公司2023年第三季度内部审计和监督情况的议案》2项议案。

3.6.4 高级管理人员履职情况

公司高级管理人员具有经济、金融、法律、管理、财会等大学本科以上学历，具有丰富的经济、金融从业经验，具备从事金融管理的专业知识和能力，熟悉信托业务，具有市场应变能力和创新能力，按照公司合规稳健的经营方针审慎经营，能够识别、预防和处置公司经营中出现的风险。公司高级管理层在股东大会、董事会领导下，在监事会的监督下，严格遵照国家有关法律法规、金融监管要求及公司相关管理规定，稳健、合规经营，在积极夯实资产质量、持续完善内控机制、推动信托业务高质量发展等方面较好地履行了职责，取得较好的经营业绩。

4.经营管理

4.1 经营目标、方针、战略规划

经营目标：中海信托将服务实体经济和集团主业作为公司的根本宗旨，将防范化解金融风险作为公司的永恒主题，在中国海油创建世界一流示范企业的新征程上，奋力谱写中海信托高质量发展新篇章。

经营方针：以保障委托人、受益人合法利益为最高准则，秉承"诚信稳健、忠人所托"的经营理念，建立和完善全面风险管理体系，完善金融服务功能，走创新型金融发展道路，追求风险可控的经济效益。

战略规划：公司坚持党的全面领导，以中国海油"1534"发展思路和"五个战略"为指引，结合行业特点和自身优势，制定了风控优先、守正创新、服务主业、人才兴企、IT引领的战略，稳妥推进战略目标的实现。

4.2 所经营业务的主要内容

公司经营国家金融监督管理总局（原中国银行业监督管理委员会）核准的信托业务及自有业务。信托业务主要包括信托贷款、信贷资产证券化、证券投资、私募股权基金、股权信托、财务顾问等业务。自有业务包括金融股权投资、证券投资、特定金融产品投资、存放同业、自用固定资产投资、贷款等业务。

4.2.1 自营资产运用与分布表

资产运用	金额（万元）	占比（%）	资产分布	金额（万元）	占比（%）
货币资金	62 902.34	9.83	基础产业	39 393.40	6.16
发放贷款	39 393.40	6.16	房地产业	—	—
交易性金融资产	391 883.43	61.27	证券市场	313 190.63	48.97
其他权益工具投资	6 587.00	1.03	实业	—	—
长期股权投资	47 133.24	7.37	金融机构	261 973.03	40.96
其他资产	91 678.47	14.34	其他	25 020.82	3.91
资产总计	639 577.88	100.00	资产总计	639 577.88	100.00

注：其他资产主要包括买入返售金融资产6.64亿元、使用权资产1.40亿元等。

4.2.2 信托资产运用与分布表

资产运用	金额（万元）	占比（%）	资产分布	金额（万元）	占比（%）
货币资产	174 636.92	1.06	基础产业	570 630.00	3.47
贷款	1 223 253.85	7.43	房地产	54 467.00	0.33
交易性金融资产投资	7 746 749.07	47.05	其他实业	1 581 506.32	9.61

续表

资产运用	金额（万元）	占比（%）	资产分布	金额（万元）	占比（%）
债权及其他债权投资	6 867 207.73	41.71	证券市场	8 044 100.00	48.86
固定资产及无形资产	—	—	金融机构	6 128 974.34	37.23
长期股权投资	277 969.70	1.69	其他	84 748.12	0.50
其他	174 608.51	1.06	—	—	—
信托资产总计	16 464 425.78	100.00	信托资产总计	16 464 425.78	100.00

4.3 市场分析

4.3.1 有利因素

（1）坚持服务实体经济、回归信托本源的基本定位以及信托文化的培育建设为信托业务市场发展壮大提供了强大的推动力。

（2）随着金融市场改革的有序推进、金融监管政策的日益完善、金融供给侧结构性改革的不断深化以及信托行业创新转型升级的持续探索，为公司提供了更广阔的业务拓展空间。

（3）公司秉承"诚信稳健、忠人所托"的经营理念，风险控制体系日趋完善，近年来扎实推动业务转型，聚焦标品信托、小微金融、产融结合三大业务领域，形成专业化的业务管理团队，持续构建高质量发展新格局。

（4）公司以稳健经营和专业理财能力树立了良好的品牌形象，积累了一批优质的机构客户和高净值个人客户资源，客户忠诚度较高。

（5）中国海油作为公司控股股东，拥有雄厚的资金实力和显著的品牌优势，将为公司创新转型发展提供强大支撑。

4.3.2 不利因素

（1）经济结构调整、金融市场波动、监管政策变化、信托业务分类改革以及信托行业转型发展等外部环境的变化，将对公司原有业务模式形成较大挑战。

（2）随着资产管理业务监管规则和标准的统一，金融同业、行业内部的竞争日益激烈，公司发展将面临深度转型的压力。

4.4 内部控制

4.4.1 内部控制环境和内部控制文化

内部控制是指由公司董事会、监事会、管理层和全体员工实施的，通过制定和实施系统化的制度、流程和方法，实现控制目标的动态过程和机制。公司的内部控制目标是合理保证经营管理合法合规、资产安全、财务报告及相关信息真实完整，提高经营效率和效果，促进公司实现发展战略。公司依据《公司法》《信托法》《信托公司管理办法》等有关法律法规、部门规章，及公司章程的有关规定，制定《内部控制大纲》，作为公司内部控制的纲领性文件，为公司建立运行高效、控制严密的内部控制机制，制定合理、切实有效的各项内部控制制度提供指引。

公司按照现代企业制度和信托业务特点，建立健全法人治理结构。公司法人治理结构完善，建立了科学、清晰且符合公司特点的组织架构，前台、中台、后台形成有效的制衡机制，确保股东会、董事会、监事会、管理层、公司内部各职能部门和机构职责明晰，各司其职，为公司合规稳健发展营造了健康的内部控制环境。

公司坚持以人为本，重视内控文化建设，大力倡导和弘扬人人"重合规、明法纪、知敬畏、守底线"的内控文化，积极倡导并培育员工的内控合规意识，强化合规理念、意识和行为准则。持续优化完善公司内控管理平台，实时发布公司最新内控制度，滚动发布内控宣贯简报，持续梳理优化内控流程，编制发布内控流程手册，甄选公司内部优秀讲师，打造内控网络课程，强化在线学习等形式，加强内控宣贯，公司形成了良好的内部控制文化。

4.4.2 内部控制措施

公司将内控体系建设和全面风险管理体系构建与实施规划相融合，结合金融企业特点，建立了一套由"基本制度—管理办法—操作细则"构成的相对成熟的内控制度体系。截至2023年底，公司内控制度体系由13大类、194项制度组成，具体包括党的领导与公司治理、战略计划、党群管理、法律事务管理、固有资金运用管理、信托业务管理、财务管理、人力资源管理、科技和网信管理、行政综合、供应链管理、监督管理、业务指引等，全面覆盖公司主要业务和日常管理领域。

公司根据业务发展、外部环境变化以及监管要求实时滚动修订内控制度，逐步形成内控制度持续改进机制。同时，公司还建立内部控制优化机制，在日常经营中不断改进风险管理手段与方法，完善风险识别、评估和控制措施。公司的内部控制措施不断完善，建立了多层次的分级有限授权制度；在开展具体业务时遵循前台、中台、后台分离的原则；在开办新业务前，均在公司内外部进行充分论证、沟通和调研，并遵循制度和流程先行的原则，确保对潜在风险的有效防范和控制；通过明晰各部门职责，保证内部运营体系的健康有效；以信息化建设为依托，逐步建立起覆盖各个业务领域的数据库和业务支持系统，有力地支持了公司业务的健康发展。

4.4.3 信息交流与反馈

公司建立起信息交流与反馈机制，搭建起畅通的信息交流渠道。

公司作为首批进行年报披露的信托公司，已连年在指定权威媒体公开公司年度经营信息和经营业绩，并通过公司官网及时、准确地披露公司经营的重大事项。

根据有关监管要求，对于董事高管更替等重大事项，公司均履行了完备的报备或报批手续。对于监管机构提出的问题或建议，公司均给予及时、详细的信息反馈或认真加以整改。

公司能够严格执行向委托人、受益人披露信托事务处理信息的有关制度，确保相关当事人的知情权。

4.4.4 监督评价与纠正

公司建立了有效的内部监督评价与纠正机制，对公司内控制度的建设及执行情况进行持续的监督，保证内控制度的有效贯彻和执行。公司风险管理和内部控制能够贯穿、覆盖到每一个部门、每一类业务和每一个员工，同时保持随时跟踪和监控。公司针对信托和自有业务制定了风险识别、计量、监测和控制的具体制度、程序和方法，全程监控业务运作的各个阶段。公司设立独立的审计稽核部，通过开展内部审计，对公司的经营活动和风险状况进行独立、客观的监督和评价，通过监督和检查发挥督导作用。同时，公司高度重视各项外部检查及审计工作，对内外部审计和各项检查中发现的问题能够及时整改，不断提升管理水平，切实改善公司经营管理。

4.5 风险管理

4.5.1 风险管理概况

风险控制体系和风险管理能力是金融企业最核心、最重要的能力之一，公司坚守风险防控底线，坚持"合规至上、风控优先"的风险理念，秉持"只有风险可控的发展才是可持续发展"的风险口号，建立了较健全的风险控制组织结构和机制，形成了前台、中台、后台相分离、信托资金运作与自有资金运作相分离的风险管理框架（见下图）。

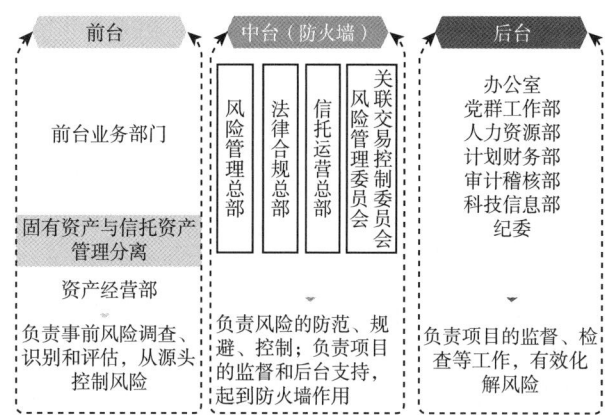

公司的前台由固定收益总部、投资管理总部、资产管理总部、小微金融总部、产业金融总部（碳中和金融服务中心）、财富管理中心和资产经营部构成，分别负责信托业务开拓、财富销售管理和固有资产管理。

公司的中台由风险管理总部、法律合规总部、信托运营总部和风险管理委员会、关联交易控制委员会两个非常设的委员会组成，主要作用是集体决策和事中控制。风险管理总部的职责是建立健全内部风险管理体系、业务风险防控、风险环境评估等。法律合规总部的职责是负责公司全面法律合规事务管理工作，识别、评估和报告公司合法合规经营情况及相关风险或潜在风险。信托运营总部的职责是信托资金托管清算、财务核算、项目管理、数据管理、证券交易等事中控制。两个委员会的主要职责是对公司业务和关联交易事项进行审议，并在相关授权范围内进行决策。公司制定了上述两个委员会的议事规则，明确了职责和议事程序。

公司的后台由办公室、党群工作部、人力资源部（党委组织部）、计划财务部、审计稽核部、科技信息部和纪委组构成，其职责分别为行政人事、党建工作、审计监督等后台支持。

截至2023年底，公司资产总额63.96亿元，净资产58.12亿元；净资本40.66亿元，各项业务风险资本11.03亿元，净资本/各项业务风险资本之和为368.58%，净资本/净资产为69.95%。

4.5.2 风险状况

4.5.2.1 信用风险状况

信用风险是指交易对手未能履行约定契约中的义务而造成经济损失的风险。公司面临的信用风险具体表现为：在开展信托业务或固有业务时，交易对手或融资方违约造成的风险。2023年，公司面临的信用风险主要是中国经济面临全球经济增长放缓、外部需求减弱、中美关系不确定性、房地产市场持续调整以及地方政府偿债压力加大等复杂多变的国内外形势，加大了公司对交易对手信用风险判断的难度，公司选择项目、甄别客户、识别信用风险的工作量及压力大增，公司信用风险管理能力在复杂的经济形势中面临考验。

4.5.2.2　市场风险状况

市场风险是指由于证券价格波动、商品价格波动、利率变化、汇率变动等金融市场波动而导致公司自营或信托资产损失的风险。2023年，公司密切关注各类市场风险，及时调整投资策略。

4.5.2.3　操作风险状况

操作风险是指公司由于内部程序、人员、系统的不完善或失误，以及外部事件而导致公司自营或信托资产损失的风险。公司进一步优化操作流程，加强内控管理，2023年，公司未发生因操作风险造成的直接或间接损失。

4.5.2.4　其他风险状况

公司面临的其他风险主要表现为法律风险与合规风险。法律风险是由于违反有关法律法规、监管规定及合同等原因可能造成经济损失或企业信誉损失的风险。合规风险是指因未能遵循法律、监管规定、规则、自律性组织制定的有关准则以及适用于自身业务活动的行为准则而可能遭受法律制裁或监管处罚、重大财务损失或声誉损失的风险。

4.5.3　风险管理

4.5.3.1　信用风险管理

信用风险管理方面，公司建立了以有效制衡为主要特征的信用风险治理顶层安排，完善各类业务信用管理机制，建立信用债投资库，把好信用风险入口关；公司按工作职能划分设立信托业务部门、资产经营部、风险管理总部、法律合规总部、信托运营总部、审计稽核部等部门，通过前台、中台、后台机构分离，强化制衡机制；通过流程优化，标准化程序设计，完善了事前评估、事中控制、事后检查的风险控制流程；通过建立客户关系管理系统，持续关注交易对手的资信状况、履约能力及其变化，防范信用风险；通过实行重点客户、区域倾斜、保持一定程度的客户集中度，在依托各种信用增级手段的基础上，切实降低信用风险；通过法律条款的设定，借助外部律师的专业意见，提高抵御信用风险的能力。

4.5.3.2　市场风险管理

公司通过定期对政策趋势、宏观经济运行和证券市场走势等方面进行跟踪研究，及时形成研究报告，为投资决策提供依据等方式实现对市场风险的管控。公司对证券投资业务采用限额管理，确保市场风险控制在可以承受的合理范围内。市场风险限额包括交易限额、止损限额等，风险限额设定后不得随意突破。公司通过压力测试评估市场风险亏损承受能力。证券交易部门在制定主动管理的投资方案时明确各证券品种止损线、警示线、止盈线等量化指标，当证券类项目出现异常交易、跌破预警线或止损线时，及时发起通知流程，由各相关部门及时采取处置措施。

4.5.3.3　操作风险管理

公司建立以恒生一体化系统、固定收益分析系统、SAP系统等为核心的业务系统平台，业务开展及后台支持均通过上述平台完成，减少了手工操作失误可能导致的损失；并持续完善公司的内控制度，制定了各种业务管理办法和岗位职责制度，对公司每一项业务内容，均制定了操作细则和操作流程，明确流程中每一环节的责任及权限；对各个环节规定了严格的岗位标准，在强化目标管理的同时坚持过程控制，防范人为因素带来的经营风险。同时，公司依据行业监管要求从每年的税后利润中充分计提信托赔偿准备金，用以弥补由于公司的可能过失而导致的信托业务损失，充分保证受益人利益。

4.5.3.4　其他风险管理

公司规范使用TCMP业务管理系统，通过严格的业务审批流程控制项目的法律及合规风险。公司所有重大合同均通过法律合规总部审核同意，并出具独立的法律意见；重大、创新和复杂项目均聘请专业外部律师事务所进行审查，并出具无保留意见的法律意见书后方予实施。

5.报告期末及上一年度末的比较式会计报表

5.1　自营资产

5.1.1　会计师事务所审计意见全文

审计报告

信会师报字〔2024〕第ZG21812号

中海信托股份有限公司：

一、审计意见

我们审计了中海信托股份有限公司（以下简称贵公司）财务报表，包括2023年12月31日的资产负债表，2023年度的利润表、现金流量表、所有者权益变动表，2023年12月31日的资产减值准备情况表以及相关财务报表附注。

我们认为，后附的财务报表在所有重大方面按照企业会计准则的规定编制，公允反映了贵公司2023年12月31日的财务状况以及2023年度的经营成果和现金流量。

二、形成审计意见的基础

我们按照中国注册会计师审计准则的规定执行了审计工作。审计报告的"注册会计师对财务报表审计的责任"部分进一步阐述了我们在这些准则下的责任。按照中国注册会计师职业道德守则，我们独立于贵公司，并履行了职业道德方面的其他责任。我们相信，我们获取的审计证据是充分、适当的，为发表审计意见提供了基础。

三、管理层和治理层对财务报表的责任

贵公司管理层（以下简称管理层）负责按照企业会计准则的规定编制财务报表，使其实现公允反映，并设计、执行和维护必要的内部控制，以使财务报表不存在由于舞弊或错误导致的重大错报。

在编制财务报表时，管理层负责评估贵公司的持续经营能力，披露与持续经营相关的事项（如适用），并运用持续经营假设，除非计划清算、终止运营或别无其他现实的选择。

治理层负责监督贵公司的财务报告过程。

四、注册会计师对财务报表审计的责任

我们的目标是对财务报表整体是否不存在由于舞弊或错误导致的重大错报获取合理保证，并出具包含审计意见的审计报告。合理保证是高水平的保证，但并不能保证按照审计准则执行的审计在某一重大错报存在时总能发现。错报可能由于舞弊或错误导致，如果合理预期错报单独或汇总起来可能影响财务报表使用者依据财务报表作出的经济决策，则通常认为错报是重大的。

在按照审计准则执行审计工作的过程中，我们运用职业判断，并保持职业怀疑。同时，我们也执行以下工作：

（1）识别和评估由于舞弊或错误导致的财务报表重大错报风险，设计和实施审计程序以应对这些风险，并获取充分、适当的审计证据，作为发表审计意见的基础。由于舞弊可能涉及串通、伪造、故意遗漏、虚假陈述或凌驾于内部控制之上，未能发现由于舞弊导致的重大错报的风险高于未能发现由于错误导致的重大错报的风险。

（2）了解与审计相关的内部控制，以设计恰当的审计程序，但目的并非对内部控制的有效性发表意见。

（3）评价管理层选用会计政策的恰当性和作出会计估计及相关披露的合理性。

（4）对管理层使用持续经营假设的恰当性得出结论。同时，根据获取的审计证据，就可能导致对贵公司持续经营能力产生重大疑虑的事项或情况是否存在重大不确定性得出结论。如果我们得出结论认为存在重大不确定性，审计准则要求我们在审计报告中提请报表使用者注意财务报表中的相关披露；如果披露不充分，我们应当发表非无保留意见。我们的结论基于截至审计报告日可获得的信息。然而，未来的事项或情况可能导致贵公司不能持续经营。

（5）评价财务报表的总体列报（包括披露）、结构和内容，并评价财务报表是否公允反映相关交易和事项。

我们与治理层就计划的审计范围、时间安排和重大审计发现等事项进行沟通，包括沟通我们在审计中识别出的值得关注的内部控制缺陷。

立信会计师事务所（特殊普通合伙）　中国注册会计师：王箐一

中国·上海　中国注册会计师：孙东旭

2024年4月29日

5.1.2 资产负债表

资产负债表

编制单位：中海信托股份有限公司　　　2023年12月31日　　　单位：万元

项目	行次	2023年12月31日	2022年12月31日	项目	行次	2023年12月31日	2022年12月31日
流动资产：	1	—	—	流动负债：	35	—	—
现金及存放中央银行存款	2	62 902.34	64 831.78	向中央银行借款	36	—	—
存放同业存款	3	—	—	同业及其他金融机构存放款项	37	—	—
贵金属	4	—	—	拆入资金	38	—	—
拆出资金	5	—	—	以公允价值计量且其变动计入当期损益的金融负债	39	—	—

续表

项目	行次	2023年12月31日	2022年12月31日	项目	行次	2023年12月31日	2022年12月31日
交易性金融资产	6	391 883.43	237 622.89	衍生金融负债	40	—	—
应收账款	7	208.38	—	卖出回购金融资产款	41	—	—
应收利息	8	—	—	应付职工薪酬	42	17 566.05	16 227.90
其他应收款	9	5 170.54	6 940.05	应交税费	43	19 664.39	26 506.95
衍生金融资产	10	—	—	应付账款	44	50.95	—
买入返售金融资产	11	66 449.28	90 552.04	应付股利	45	—	—
一年内到期的非流动资产	12	—	—	一年内到期的非流动负债	46	3 515.60	1 514.94
流动资产合计	13	526 613.97	399 946.76	其他应付款	47	985.98	336.39
非流动资产：	14			流动负债合计	48	41 782.97	44 586.18
发放贷款和垫款	15	39 393.40	94 193.40	非流动负债：	49	—	—
其他权益工具投资	16	6 587.00	11 855.58	预计负债	50	3 800.00	—
持有至到期投资	17			应付债券	51		
长期股权投资	18	47 133.24	48 219.44	递延收益	52	1 175.88	2.00
固定资产	19	1 046.28	798.55	租赁负债	53	10 531.51	1 822.72
使用权资产	20	14 040.14	2 899.43	递延所得税负债	54	1 080.04	—
在建工程	21	452.08	401.10	非流动负债合计	55	16 587.43	1 824.72
无形资产	22	1 273.48	1 400.38	负债合计	56	58 370.40	46 410.90
长期待摊费用	23	3 038.29	42.16	所有者权益：	57	—	—
递延所得税资产	24	—	4 078.92	股本	58	250 000.00	250 000.00
非流动资产合计	25	112 963.91	163 888.96	其他权益工具	59		
	26			资本公积	60	—	—
	27			△减：库存股	61		
	28			其他综合收益	62	-3 724.61	-5 348.69
	29			专项储备	63	—	—
	30			盈余公积	64	118 131.94	111 916.08
	31			△一般风险准备	65	65 389.98	62 822.11
	32			未分配利润	66	151 410.17	98 035.32
	33			所有者权益合计	67	581 207.48	517 424.82
资产总计	34	639 577.88	563 835.72	负债和所有者权益总计	68	639 577.88	563 835.72

5.1.3 利润表

利润表

编制单位：中海信托股份有限公司　　　　2023年度　　　　单位：万元

项目	行次	本期金额	上期金额	项目	行次	本期金额	上期金额
一、营业总收入	1	120 059.37	94 865.96	投资收益（损失以"-"号填列）	8	9 296.71	7 882.99
利息净收入	2	7 230.32	10 085.05	其中：对联营企业和合营企业的投资收益	9	-655.66	810.76
利息收入	3	7 543.45	10 199.15	以摊余成本计量的金融资产终止确认产生的投资收益（损失以"-"号填列）	10	—	—
利息支出	4	313.13	114.10	其他收益	11	12 699.52	11 902.74
手续费及佣金净收入	5	68 567.03	70 950.81	公允价值变动收益（损失以"-"号填列）	12	22 035.10	-7 254.41
手续费及佣金收入	6	68 567.03	70 950.81	汇兑收益（损失以"-"号填列）	13	269.28	1 297.11
手续费及佣金支出	7	—	—	其他业务收入	14	—	—

续表

项目	行次	本期金额	上期金额	项目	行次	本期金额	上期金额
资产处置收益（损失以"-"号填列）	15	-38.59	1.67	1.重新计量设定受益计划变动额	32	—	—
二、营业总支出	16	28 400.48	24 297.49	2.权益法下不能转损益的其他综合收益	33	—	—
税金及附加	17	436.12	535.88	3.其他权益工具投资公允价值变动	34	199.45	71.22
业务及管理费	18	28 154.93	23 107.53	4.企业自身信用风险公允价值变动	35	—	—
信用减值损失	19	-304.68	641.16	（二）将重分类进损益的其他综合收益	36	-1.54	1.18
其他资产减值损失	20	—	—	1.权益法下可转损益的其他综合收益	37	-1.54	1.18
其他业务成本	21	114.11	12.92	2.其他债权投资公允价值变动	38	—	—
三、营业利润（亏损以"-"号填列）	22	91 658.89	70 568.47	3.金融资产重分类计入其他综合收益的金额	39	—	—
加：营业外收入	23	5.35	13.86	4.其他债权投资信用损失准备	40	—	—
减：营业外支出	24	6 101.98	83.48	5.现金流量套期储备	41	—	—
四、利润总额（亏损总额以"-"号填列）	25	85 562.26	70 498.85	6.外币财务报表折算差额	42	—	—
减：所得税费用	26	21 977.51	15 676.37	7.其他	43	—	—
五、净利润（净亏损以"-"号填列）	27	63 584.75	54 822.48	七、综合收益总额	44	63 782.66	54 894.88
（一）持续经营净利润（净亏损以"-"号填列）	28	63 584.75	54 822.48	八、每股收益	45		
（二）终止经营净利润（净亏损以"-"号填列）	29	—	—	（一）基本每股收益（元/股）	46		
六、其他综合收益的税后净额	30	197.91	72.40	（二）稀释每股收益（元/股）	47		
（一）不能重分类进损益的其他综合收益	31	199.45	71.22				

5.1.4 所有者权益变动表

所有者权益变动表

编制单位：中海信托股份有限公司　　　　2023年度　　　　单位：万元

项目	行次	2023年度										
		股本	其他权益工具	资本公积	减：库存股	其他综合收益	专项储备	盈余公积	一般风险准备	未分配利润	其他	所有者权益合计
栏次	—	1	2	3	4	5	6	7	8	9	10	11
一、上年年末余额	1	250 000.00	—	—	—	-5 348.69	—	111 916.08	62 822.11	98 035.32	—	517 424.82
加：会计政策变更	2	—	—	—	—	—	—	—	—	—	—	—
前期差错更正	3											
其他	4											
二、本年年初余额	5	250 000.00	—	—	—	-5 348.69	—	111 916.08	62 822.11	98 035.32	—	517 424.82
三、本年增减变动金额（减少以"-"号填列）	6	—	—	—	—	1 624.08	—	6 215.86	2 567.87	53 374.85	—	63 782.66
（一）综合收益总额	7	—	—	—	—	197.91	—	—	—	63 584.75	—	63 782.66
（二）所有者投入和减少资本	8	—	—	—	—	—	—	—	—	—	—	—
1.所有者投入资本	9	—	—	—	—	—	—	—	—	—	—	—
2.其他权益工具持有者投入资本	10	—	—	—	—	—	—	—	—	—	—	—
3.股份支付计入所有者权益的金额	11	—	—	—	—	—	—	—	—	—	—	—
4.其他	12											
（三）专项储备提取和使用	13	—	—	—	—	—	—	—	—	—	—	—
1.提取专项储备	14	—	—	—	—	—	—	—	—	—	—	—
2.使用专项储备	15	—	—	—	—	—	—	—	—	—	—	—
（四）利润分配	16	—	—	—	—	—	—	6 358.48	2 567.87	-8 926.35	—	—
1.提取盈余公积	17							6 358.48	—	-6 358.48		—

续表

项目	行次	2023年度									
		股本	其他权益工具	资本公积	减：库存股	其他综合收益	专项储备	盈余公积	一般风险准备	未分配利润	其他	所有者权益合计
栏次	—	1	2	3	4	5	6	7	8	9	10	11
其中：法定公积金	18	—	—	—	—	—	—	6 358.48	—	-6 358.48	—	—
任意公积金	19	—	—	—	—	—	—	—	—	—	—	—
#储备基金	20	—	—	—	—	—	—	—	—	—	—	—
#企业发展基金	21	—	—	—	—	—	—	—	—	—	—	—
#利润归还投资	22	—	—	—	—	—	—	—	—	—	—	—
2.提取一般风险准备	23	—	—	—	—	—	—	—	2 567.87	-2 567.87	—	—
3.对所有者（或股东）的分配	24	—	—	—	—	—	—	—	—	—	—	—
4.其他	25	—	—	—	—	—	—	—	—	—	—	—
（五）所有者权益内部结转	26	—	—	—	—	1 426.17	—	-142.62	—	-1 283.55	—	—
1.资本公积转增资本（或股本）	27	—	—	—	—	—	—	—	—	—	—	—
2.盈余公积转增资本（或股本）	28	—	—	—	—	—	—	—	—	—	—	—
3.盈余公积弥补亏损	29	—	—	—	—	—	—	—	—	—	—	—
4.其他综合收益结转留存收益	30	—	—	—	—	1 426.17	—	-142.62	—	-1 283.55	—	—
5.其他	31	—	—	—	—	—	—	—	—	—	—	—
四、本年年末余额	32	250 000.00	—	—	—	-3 724.61	—	118 131.94	65 389.98	151 410.17	—	581 207.48

所有者权益变动表

编制单位：中海信托股份有限公司　　　　2022年度　　　　单位：万元

项目	行次	2022年度									
		股本	其他权益工具	资本公积	减：库存股	其他综合收益	专项储备	盈余公积	一般风险准备	未分配利润	其他	所有者权益合计
栏次	—	1	2	3	4	5	6	7	8	9	10	11
一、上年年末余额	1	250 000.00	—	—	—	-5 421.08	—	106 433.92	62 218.96	49 208.98	—	462 440.78
加：会计政策变更	2	—	—	—	—	—	—	-0.09	-0.04	89.30	—	89.17
前期差错更正	3	—	—	—	—	—	—	—	—	—	—	—
其他	4	—	—	—	—	—	—	—	—	—	—	—
二、本年年初余额	5	250 000.00	—	—	—	-5 421.08	—	106 433.83	62 218.92	49 298.28	—	462 529.95
三、本年增减变动金额（减少以"-"号填列）	6	—	—	—	—	72.39	—	5 482.25	603.19	48 737.04	—	54 894.87
（一）综合收益总额	7	—	—	—	—	72.39	—	—	—	54 822.48	—	54 894.87
（二）所有者投入和减少资本	8	—	—	—	—	—	—	—	—	—	—	—
1.所有者投入资本	9	—	—	—	—	—	—	—	—	—	—	—
2.其他权益工具持有者投入资本	10	—	—	—	—	—	—	—	—	—	—	—
3.股份支付计入所有者权益的金额	11	—	—	—	—	—	—	—	—	—	—	—
4.其他	12	—	—	—	—	—	—	—	—	—	—	—
（三）专项储备提取和使用	13	—	—	—	—	—	—	—	—	—	—	—
1.提取专项储备	14	—	—	—	—	—	—	—	—	—	—	—
2.使用专项储备	15	—	—	—	—	—	—	—	—	—	—	—
（四）利润分配	16	—	—	—	—	—	—	5 482.25	603.19	-6 085.44	—	—
1.提取盈余公积	17	—	—	—	—	—	—	5 482.25	—	-5 482.25	—	—

续表

项目	行次	2022年度										
		股本	其他权益工具	资本公积	减：库存股	其他综合收益	专项储备	盈余公积	一般风险准备	未分配利润	其他	所有者权益合计
栏次	—	1	2	3	4	5	6	7	8	9	10	11
其中：法定公积金	18	—	—	—	—	—	—	5 482.25	—	-5 482.25	—	—
任意公积金	19	—	—	—	—	—	—	—	—	—	—	—
#储备基金	20	—	—	—	—	—	—	—	—	—	—	—
#企业发展基金	21	—	—	—	—	—	—	—	—	—	—	—
#利润归还投资	22	—	—	—	—	—	—	—	—	—	—	—
2.提取一般风险准备	23	—	—	—	—	—	—	—	603.19	-603.19	—	—
3.对所有者(或股东)的分配	24	—	—	—	—	—	—	—	—	—	—	—
4.其他	25	—	—	—	—	—	—	—	—	—	—	—
(五)所有者权益内部结转	26	—	—	—	—	—	—	—	—	—	—	—
1.资本公积转增资本(或股本)	27	—	—	—	—	—	—	—	—	—	—	—
2.盈余公积转增资本(或股本)	28	—	—	—	—	—	—	—	—	—	—	—
3.盈余公积弥补亏损	29	—	—	—	—	—	—	—	—	—	—	—
4.结转重新计量设定受益计划净负债或净资产所产生的变动	30	—	—	—	—	—	—	—	—	—	—	—
5.其他	31	—	—	—	—	—	—	—	—	—	—	—
四、本年年末余额	32	250 000.00	—	—	—	-5 348.69	—	111 916.08	62 822.11	98 035.32	—	517 424.82

5.2 信托资产

5.2.1 信托项目资产负债汇总表

信托项目资产负债表

编制单位：中海信托股份有限公司　　　2023年12月31日　　　单位：万元

信托资产	期末数	期初数	一、信托负债	期末数	期初数
货币资金	174 636.92	285 888.22	交易性金融负债	—	—
拆出资金	—	—	应付利息	—	—
交易性金融资产	7 746 749.07	4 783 875.13	应付受托人报酬	5 395.10	25 033.03
买入返售金融资产	120 113.70	319 457.90	应付信托管费	2 132.15	2 723.08
应收款项	52 135.72	69 138.43	应付受益人收益	18 199.68	20 502.05
发放贷款和垫款	1 223 253.85	1 970 653.97	其他应付款	542 809.55	161 001.30
债权及其他债权投资	6 867 207.73	20 766 996.18	应交税费	6 142.49	4 323.87
长期股权投资	277 969.70	388 133.56	卖出回购金融资产款	—	—
递延所得税资产	—	—	信托负债合计	574 678.97	213 583.33
固定资产	—	—	二、信托权益		
无形资产	—	—	实收信托	14 910 039.77	28 095 383.94
长期应收款	—	—	其他综合收益	1 014.89	2 994.19
其他资产	2 359.09	2 847.70	未分配利润	978 692.15	275 029.62
			信托权益合计	15 889 746.81	28 373 407.75
信托资产总计	16 464 425.78	28 586 991.08	信托负债及信托权益总计	16 464 425.78	28 586 991.08

5.2.2 信托项目利润及利润分配汇总表

信托项目利润及利润分配表

编制单位：中海信托股份有限公司　　2023年度　　单位：万元

项目	本年数	上年数
一、营业收入	1 858 535.63	1 114 184.85
利息收入	1 556 443.66	1 171 914.95
投资收益	219 306.05	159 083.90
公允价值变动损益	82 384.95	-219 870.88
租赁收入	—	—
其他收入	400.97	3 056.88
二、营业费用	191 016.66	213 854.28
三、税金及附加	2 987.34	7 912.36
四、信托净利润	1 664 531.63	892 418.21
五、其他综合收益	-1 979.30	2 994.19
六、综合收益	1 662 552.33	895 412.40
加：期初未分配信托利润	275 029.62	528 009.44
七、可供分配的信托利润	1 939 561.25	1 420 427.65
减：本期已分配信托利润	960 869.10	1 145 398.03
八、期末未分配信托利润	978 692.15	275 029.62

6. 会计报表附注

6.1 会计报表编制基准不符合会计核算基本前提的说明

6.1.1 会计报表不符合会计核算基本前提的事项

本公司会计报表不存在不符合会计核算基本前提的情况。

6.1.2 本年度未纳入合并报表范围的公司

本公司本年度无未纳入合并报表范围的公司。

6.2 重要会计政策和会计估计说明

6.2.1 会计期间

本公司会计期间采用公历年度，即每年自1月1日起至12月31日止。

6.2.2 记账本位币

本公司以人民币为记账本位币。

6.2.3 记账基础和计价原则

本公司会计核算以权责发生制为基础。除某些金融工具外，本财务报表均以历史成本为计量基础。资产如果发生减值，则按照相关规定计提相应的减值准备。

6.2.4 合营安排的分类及共同经营的会计处理方法

合营安排，是指一项由两个或两个以上的参与方共同控制的安排。本公司合营安排分为共同经营和合营企业。

6.2.4.1 共同经营

共同经营是指本公司享有该安排相关资产且承担该安排相关负债的合营安排。

本公司确认与共同经营中利益份额相关的下列项目，并按照相关企业会计准则的规定进行会计处理：（1）确认单独所持有的资产，以及按其份额确认共同持有的资产；（2）确认单独所承担的负债，以及按其份额确认共同承担的负债；（3）确认出售其享有的共同经营产出份额所产生的收入；（4）按其份额确认共同经营因出售产出所产生的收入；（5）确认单独所发生的费用，以及按其份额确认共同经营发生的费用。

6.2.4.2 合营企业

合营企业是指本公司仅对该安排的净资产享有权利的合营安排。

本公司按照长期股权投资有关权益法核算的规定对合营企业的投资进行会计处理。

6.2.5 现金及现金等价物

现金是指库存现金以及可以随时用于支付的存款。现金等价物，是指本公司持有的期限短、流动性强、易于转换为已知金额现金、价值变动风险很小的投资。

6.2.6 外币业务和外币报表折算

6.2.6.1 外币业务

本公司发生外币业务，按交易发生日的即期汇率折算为记账本位币金额。

资产负债表日，对外币货币性项目，采用资产负债表日即期汇率折算。因资产负债表日即期汇率与初始确认时或者前一资产负债表日即期汇率不同而产生的汇兑差额，计入当期损益；对以历史成本计量的外币非货币性项目，仍采用交易发生日的即期汇率折算；对以公允价值计量的外币非货币性项目，采用公允价值确定日的即期汇率折算，折算后的记账本位币金额与原记账本位币金额的差额，计入当期损益。

6.2.6.2 外币财务报表的折算

资产负债表日，本公司对境外子公司外币财务报表进行折算时，资产负债表中的资产和负债项目，采用资产负债表日的即期汇率折算，所有者权益项目除"未分配利润"外，其他项目采用发生日的即期汇率折算。

利润表中的收入和费用项目，采用交易发生日的即期汇率折算。

现金流量表所有项目均按照现金流量发生日的即期汇率折算。汇率变动对现金的影响额作为调节项目，在现金流量表中单独列示"汇率变动对现金及现金等价物的影响"项目反映。

由于财务报表折算而产生的差额，在资产负债表所有者权益项目下的"其他综合收益"项目反映。

处置境外经营并丧失控制权时，将资产负债表中所有者权益项目下列示的、与该境外经营相关的外币报表折算差额，全部或按处置该境外经营的比例转入处置当期损益。

6.2.7 金融工具

6.2.7.1 金融工具的确认和终止确认

本公司于成为金融工具合同的一方时确认一项金融资产或金融负债。金融资产满足下列条件之一的，终止确认：（1）收取该金融资产现金流量的合同权利终止；（2）该金融资产已转移，且符合下述金融资产转移的终止确认条件。

金融负债的现时义务全部或部分已经解除的，终止确认该金融负债或其一部分。本公司（债务人）与债权人之间签订协议，以承担新金融负债方式替换现存金融负债，且新金融负债与现存金融负债的合同条款实质上不同的，终止确认现存金融负债，并同时确认新金融负债。

以常规方式买卖金融资产，按交易日进行会计确认和终止确认。

6.2.7.2 金融资产分类和计量

本公司在初始确认时根据管理金融资产的业务模式和金融资产的合同现金流量特征，将金融资产分为以下三类：以摊余成本计量的金融资产、以公允价值计量且其变动计入其他综合收益的金融资产、以公允价值计量且其变动计入当期损益的金融资产。

（1）以摊余成本计量的金融资产。本公司将同时符合下列条件且未被指定为以公允价值计量且其变动计入当期损益的金融资产，分类为以摊余成本计量的金融资产：①本公司管理该金融资产的业务模式是以收取合同现金流量为目标；②该金融资产的合同条款规定，在特定日期产生的现金流量，仅为对本金和以未偿付本金金额为基础的利息的支付。

初始确认后，对于该类金融资产采用实际利率法以摊余成本计量。以摊余成本计量且不属于任何套期关系的一部分的金融资产所产生的利得或损失，在终止确认、按照实际利率法摊销或确认减值时，计入当期损益。

（2）以公允价值计量且其变动计入其他综合收益的金融资产。本公司将同时符合下列条件且未被指定为以公允价值计量且其变动计入当期损益的金融资产，分类为以公允价值计量且其变动计入其他综合收益的金融资产：①本公司管理该金融资产的业务模式既以收取合同现金流量为目标又以出售该金融资产为目标；②该金融资产的合同条款规定，在特定日期产生的现金流量，仅为对本金和以未偿付本金金额为基础的利息的支付。

初始确认后，对于该类金融资产以公允价值进行后续计量。采用实际利率法计算的利息、减值损失或利得及汇兑损益计入当期损益，其他利得或损失计入其他综合收益。终止确认时，将之前计入其他综合收益的累计利得或损失从其他综合收益中转出，计入当期损益。

（3）以公允价值计量且其变动计入当期损益的金融资产。除上述以摊余成本计量和以公允价值计量且其变动计入其他综合收益的金融资产外，本公司将其余所有的金融资产分类为以公允价值计量且其变动计入当期损益的金融资产。在初始确认时，为消除或显著减少会计错配，本公司将部分本应以摊余成本计量或以公允价值计量且其变动计入其他综合收益的金融资产不可撤销地指定为以公允价值计量且其变动计入当期损益的金融资产。

初始确认后，对于该类金融资产以公允价值进行后续计量，产生的利得或损失（包括利息和股利收入）计入当期损益，除非该金融资产属于套期关系的一部分。

管理金融资产的业务模式，是指本公司如何管理金融资产以产生现金流量。业务模式决定本公司所管理金融资产现金流量的来源是收取合同现金流量、出售金融资产还是两者兼有。本公司以客观事实为依据、以关键管理人员决定的对金融资产进行管理的特定业务目标为基础，确定管理金融资产的业务模式。

本公司对金融资产的合同现金流量特征进行评估，以确定相关金融资产在特定日期产生的合同现金流量是否仅为对本金和以未偿付本金金额为基础的利息的支付。其中，本金是指金融资产在初始确认时的公允价值；利息包括对货币时间价值、与特定时期未偿付本金金额相关的信用风险，以及其他基本借贷风险、成本和利润的对价。此外，本公司对可能导致金融资产合同现金流量的时间分布或金额发生变更的合同条款进行评估，以确定其是否满足上述合同现金流量特征的要求。

仅在本公司改变管理金融资产的业务模式时，所有受影响的相关金融资产在业务模式发生变更后的首个报告期间的第一天进行重分类，否则金融资产在初始确认后不得进行重分类。

对于以公允价值计量且其变动计入当期损益的金融资产，相关交易费用直接计入当期损益；对于其他类别的金融资产，相关交易费用计入初始确认金额。因销售产品或提供劳务而产生的、未包含或不考虑重大融资成分的应收账款，本公司按照预期有权收取的对价金额作为初始确认金额。

6.2.7.3　金融负债分类和计量

本公司的金融负债于初始确认时分类为：以公允价值计量且其变动计入当期损益的金融负债、以摊余成本计量的金融负债。对于未划分为以公允价值计量且其变动计入当期损益的金融负债的，相关交易费用计入其初始确认金额。

（1）以公允价值计量且其变动计入当期损益的金融负债。以公允价值计量且其变动计入当期损益的金融负债，包括交易性金融负债和初始确认时指定为以公允价值计量且其变动计入当期损益的金融负债。对于此类金融负债，按照公允价值进行后续计量，公允价值变动形成的利得或损失以及与该等金融负债相关的股利和利息支出计入当期损益。

（2）以摊余成本计量的金融负债。其他金融负债采用实际利率法，按摊余成本进行后续计量，终止确认或摊销产生的利得或损失计入当期损益。

（3）金融负债与权益工具的区分。金融负债，是指符合下列条件之一的负债：①向其他方交付现金或其他金融资产的合同义务。②在潜在不利条件下，与其他方交换金融资产或金融负债的合同义务。③将来须用或可用企业自身权益工具进行结算的非衍生工具合同，且企业根据该合同将交付可变数量的自身权益工具。④将来须用或可用企业自身权益工具进行结算的衍生工具合同，但以固定数量的自身权益工具交换固定金额的现金或其他金融资产的衍生工具合同除外。

权益工具，是指能证明拥有某个企业在扣除所有负债后的资产中剩余权益的合同。

如果本公司不能无条件地避免以交付现金或其他金融资产来履行一项合同义务，则该合同义务符合金融负债的定义。

如果一项金融工具须用或可用本公司自身权益工具进行结算，需要考虑用于结算该工具的本公司自身权益工具，是作为现金或其他金融资产的替代品，还是为了使该工具持有方享有在发行方扣除所有负债后的资产中的剩余权益。如果是前者，该工具是本公司的金融负债；如果是后者，该工具是本公司的权益工具。

6.2.7.4　衍生金融工具及嵌入衍生工具

本公司衍生金融工具初始以衍生交易合同签订当日的公允价值进行计量，并以其公允价值进行后续计量。公允价值为正数的衍生金融工具确认为一项资产，公允价值为负数的确认为一项负债。因公允价值变动而产生的任何不符合套期会计规定的利得或损失，直接计入当期损益。

对包含嵌入衍生工具的混合工具，如主合同为金融资产的，混合工具作为一个整体适用金融资产分类的相关规定。如主合同并非金融资产，且该混合工具不是以公允价值计量且其变动计入当期损益进行会计处理，嵌入衍生工具与该主合同在经济特征及风险方面不存在紧密关系，且与嵌入衍生工具条件相同，单独存在的工具符合衍生工具定义的，嵌入衍生工具从混合工具中分拆，作为单独的衍生金融工具处理。如果无法在取得时或后续的资产负债表日对嵌入衍生工具进行单独计量，则将混合工具整体指定为以公允价值计量且其变动计入当期损益的金融资产或金融负债。

6.2.7.5　金融工具的公允价值

金融资产和金融负债的公允价值确定方法见6.2重要会计政策和会计估计说明（6.2.24）公允价值计量。

6.2.7.6　金融资产减值

本公司以预期信用损失为基础，对下列项目进行减值会计处理并确认损失准备：①以摊余成本计量的金融资产；②以公允价值计量且其变动计入其他综合收益的应收款项和债权投资；③《企业会计准则第14号——收入》定义的合同资产；④租赁应收款；⑤财务担保合同（以公允价值计量且其变动计入当期损益、金融资产转移不符合终止确认条件或继续涉入被转移金融资产所形成的除外）。

本公司对由收入准则规范的交易形成的应收款项融资和应收账款按照相当于整个存续期内预期信用损失的金额计量损失准备。

对于其他金融资产，本公司在每个资产负债表日评估相关金融资产的信用风险自初始确认后的变动情况。若该金融资产的信用风险自初始确认后已显著增加，本公司按照相当于该金融资产整个存续期内预期信用损失的金额计量其损失准备；若该金融资产的信用风险自初始确认后并未显著增加，本公司按照相当于该金融资产未来12个月内预期信用损失的金额计量其损失准备。

信用损失准备的增加或转回金额，作为减值损失或利得计入当期损益。

本公司在前一会计期间已经按照相当于金融资产整个存续期内预期信用损失的金额计量了损失准备，但在当期资产负债表日，该金融资产已不再属于自初始确认后信用风险显著增加的情形的，本公司在当期资产负债表日按照相当于未来12个月内预期信用损失的金额计量该金融资产的损失准备，由此形成的损失准备的转回金额作为减值利得计入当期损益。

（1）信用风险显著增加的评估。本公司通过比较金融工具在资产负债表日发生违约的风险与在初始确认日发生违约的风险，以确定金融工具预计存续期内发生违约风险的相对变化，以评估金融工具的信用风险自初始确认后是否已显著增加。

在确定信用风险自初始确认后是否显著增加时，本公司考虑无须付出不必要的额外成本或努力即可获得的合理且有依据的信息，包括前瞻性信息。本公司考虑的信息包括：①债务人未能按合同到期日支付本金和利息的情况；②已发生的或预期的金融工具的外部或内部信用评级（如有）的严重恶化；③已发生的或预期的债务人经营成果的严重恶化；④现存的或预期的技术、市场、经济或法律环境变化，并将对债务人对本公司的还款能力产生重大不利影响。

根据金融工具的性质，本公司以单项金融工具或金融工具组合为基础评估信用风险是否显著增加。以金融工具组合为基础进行评估时，本公司可基于共同信用风险特征对金融工具进行分类，例如逾期信息和信用风险评级。

如果逾期超过30日，本公司确定金融工具的信用风险已经显著增加。

本公司定期监控用于识别信用风险是否显著增加的信息的有效性，并进行必要修订以确保该等条件能够在相关金额逾期前识别出信用风险的显著增加。

（2）已发生信用减值的金融资产。本公司在资产负债表日评估以摊余成本计量的金融资产和以公允价值计量且其变动计入其他综合收益的债权投资是否已发生信用减值。当对金融资产预期未来现金流量具有不利影响的一项或多项事件发生时，该金融资产成为已发生信用减值的金融资产。金融资产已发生信用减值的证据包括下列可观察信息：①发行方或债务人发生重大财务困难；②债务人违反合同，如偿付利息或本金违约或逾期等；③本公司出于与债务人财务困难有关的经济或合同考虑，给予债务人在任何其他情况下都不会作出的让步；④债务人很可能破产或进行其他财务重组；⑤发行方或债务人财务困难导致该金融资产的活跃市场消失。

6.2.7.7 预期信用损失的计量

预期信用损失，是指以发生违约的风险为权重的金融工具信用损失的加权平均值。信用损失，是指本公司按照原实际利率折现的、根据合同应收的所有合同现金流量与预期收取的所有现金流量之间的差额，即全部现金短缺的现值。

本公司考虑有关过去事项、当前状况以及对未来经济状况的预测等合理且有依据的信息，以发生违约的风险为权重，计算合同应收的现金流量与预期能收到的现金流量之间差额的现值的概率加权金额，确认预期信用损失。

本公司对于处于不同阶段的金融工具的预期信用损失分别进行计量。金融工具自初始确认后信用风险未显著增加的，处于第一阶段，本公司按照未来12个月内的预期信用损失计量损失准备；金融工具自初始确认后信用风险已显著增加但尚未发生信用减值的，处于第二阶段，本公司按照该工具整个存续期的预期信用损失计量损失准备；金融工具自初始确认后已经发生信用减值的，处于第三阶段，本公司按照该工具整个存续期的预期信用损失计量损失准备。

对于在资产负债表日具有较低信用风险的金融工具，本公司假设其信用风险自初始确认后并未显著增加，按照未来12个月内的预期信用损失计量损失准备。

整个存续期预期信用损失，是指因金融工具整个预计存续期内所有可能发生的违约事件而导致的预期信用损失。未来12个月内预期信用损失，是指因资产负债表日后12个月内（若金融工具的预计存续期少于12个月，则为预计存续期）可能发生的金融工具违约事件而导致的预期信用损失，是整个存续期预期信用损失的一部分。

在计量预期信用损失时，本公司需考虑的最长期限为企业面临信用风险的最长合同期限（包括考虑续约选择权）。

本公司对于处于第一阶段和第二阶段，以及较低信用风险的金融工具，按照其未扣除减值准备的账面余额和实际利率计算利息收入。对于处于第三阶段的金融工具，按照其账面余额减已计提减值准备后的摊余成本和实际利率计算利息收入。

对于应收票据、应收账款、合同资产，无论是否存在重大融资成分，本公司始终按照相当于整个存续期内预期信用损失的金额计量其损失准备。

当信用风险特征显著不同且可以合理成本评估预期信用损失的信息时，按单项金融工具评估相关金融工具的信用风险自初始确认后是否已显著增加，计量预期信用损失。本公司对涉诉、财务状况恶化的票据或款项等单项计提减值准备。

当单项金融资产无法以合理成本评估预期信用损失的信息时，本公司依据信用风险特征分别对应收票据、应收账款和合同资产划分组合，在组合基础上计算预期信用损失，确定组合的依据如下。应收票据：应收票据组合1：银行承兑汇票；应收票据组合2：商业承兑汇票。应收账款：应收账款组合1：账龄组合；应收账款组合2：关联方组合。

关联方组合，是指按资本纽带及管理关系将应收集团公司及其所属分、子公司款项。合同资产：合同资产组合1：产品销售；合同资产组合2：工程施工。

对于划分为组合的应收票据、合同资产，本公司参考历史信用损失经验，结合当前状况以及对未来经济状况的预测，通过违约风险敞口和整个存续期预期信用损失率，计算预期信用损失。

对于划分为组合的应收账款，本公司参考历史信用损失经验，结合当前状况以及对未来经济状况的预测，编制应收账款账龄/逾期天数与整个存续期预期信用损失率对照表，计算预期信用损失。

其他应收款。本公司依据信用风险特征将其他应收款划分为若干组合，在组合基础上计算预期信用损失，确定组合的依据如下。其他应收款组合1：账龄组合；其他应收款组合2：关联方组合；其他应收款组合3：其他特定组合。

其他特定组合指与企业职工相关的备用金、住房维修基金，以及押金、保证金等特殊性质款项。

对划分为组合的其他应收款，本公司通过违约风险敞口和未来12个月内或整个存续期预期信用损失率，计算预期信用损失。

本公司的长期应收款包括应收融资租赁款、应收质保金、应收工程款、应收分期收款销售商品款、应收分期收款提供劳务款等款项。

本公司依据信用风险特征将应收融资租赁款、应收质保金、应收工程款、应收分期收款销售商品款、应收分期收款提供劳务款划分为若干组合，在组合基础上计算预期信用损失，确定组合的依据如下。应收融资租赁款：融资租赁款组合1：应收关联方；融资租赁款组合2：应收其他方。其他长期应收款：其他长期应收款组合1：应收关联方；其他长期应收款组合2：应收其他方。

对于应收质保金、应收工程款、应收分期收款销售商品款、应收分期收款提供劳务款，本公司参考历史信用损失经验，结合当前状况以及对未来经济状况的预测，通过违约风险敞口和整个存续期预期信用损失率，计算预期信用损失。

除应收融资租赁款、应收质保金、应收工程款、应收分期收款销售商品款、应收分期收款提供劳务款之外的划分为组合的其他应收款和长期应收款，通过违约风险敞口和未来12个月内或整个存续期预期信用损失率，计算预期信用损失。

对于债权投资和其他债权投资，本公司按照投资的性质，根据交易对手和风险敞口的各种类型，通过违约风险敞口和未来12个月内或整个存续期预期信用损失率，计算预期信用损失。

（1）信用风险显著增加的评估。本公司通过比较金融工具在资产负债表日发生违约的风险与在初始确认日发生违约的风险，以确定金融工具预计存续期内发生违约风险的相对变化，以评估金融工具的信用风险自初始确认后是否已显著增加。

在确定信用风险自初始确认后是否显著增加时，本公司考虑无须付出不必要的额外成本或努力即可获得的合理且有依据的信息，包括前瞻性信息。本公司考虑的信息包括：①债务人未能按合同到期日支付本金和利息的情况；②已发生的或预期的金融工具的外部或内部信用评级（如有）的严重恶化；③已发生的或预期的债务人经营成果的严重恶化；④现存的或预期的技术、市场、经济或法律环境变化，并将对债务人对本公司的还款能力产生重大不利影响。

根据金融工具的性质，本公司以单项金融工具或金融工具组合为基础评估信用风险是否显著增加。以金融工具组合为基础进行评估时，本公司可基于共同信用风险特征对金融工具进行分类，例如逾期信息和信用风险评级。

如果逾期超过30日，本公司确定金融工具的信用风险已经显著增加。

本公司认为金融资产在下列情况发生违约：①借款人不大可能全额支付其对本公司的欠款，该评估不考虑本公司采取例如变现抵押品（如果持有）等追索行动；或②金融资产逾期超过90天。

（2）已发生信用减值的金融资产。本公司在资产负债表日评估以摊余成本计量的金融资产和以公允价值计量且其变动计入其他综合收益的债权投资是否已发生信用减值。当对金融资产预期未来现金流量具有不利影响的一项或多项事件发生时，该金融资产成为已发生信用减值的金融资产。金融资产已发生信用减值的证据包括下列可观察信息：①发行方或债务人发生重大财务困难；②债务人违反合同，如偿付利息或本金违约或逾期等；③本公司出于与债务人财务困难有关的经济或合同考虑，给予债务人在任何其他情况下都不会作出的让步；④债务人很可能破产或进行其他财务重组；⑤发行方或债务人财务困难导致该金融资产的活跃市场消失。

（3）预期信用损失准备的列报。为反映金融工具的信用风险自初始确认后的变化，本公司在每个资产负债表日重新计量预期信用损失，由此形成的损失准备的增加或转回金额，应当作为减值损失或利得计入当期损益。对于以摊余成本计量的金融资产，损失准备抵减该金融资产在资产负债表中列示的账面价值；对于以公允价值计量且其变动计入其他综合收益的债权投资，本公司在其他综合收益中确认其损失准备，不抵减该金融资产的账面价值。

（4）核销。如果本公司不再合理预期金融资产合同现金流量能够全部或部分收回，则直接减记该金融资产的账面余额。这种减记构成相关金融资产的终止确认。这种情况通常发生在本公司确定债务人没有资产或收入来源可产生足够的现金流量以偿还将被减记的金额。但是，按照本公司收回到期款项的程序，被减记的金融资产仍可能受到执行活动的影响。

已减记的金融资产以后又收回的，作为减值损失的转回计入收回当期的损益。

6.2.7.8 金融资产转移

金融资产转移，是指将金融资产让与或交付给该金融资产发行方以外的另一方（转入方）。

本公司已将金融资产所有权上几乎所有的风险和报酬转移给转入方的，终止确认该金融资产；保留了金融资产所有权上几乎所有的风险和报酬的，不终止确认该金融资产。

本公司既没有转移也没有保留金融资产所有权上几乎所有的风险和报酬的，分别下列情况处理：放弃了对该金融资产控制的，终止确认该金融资产并确认产生的资产和负债；未放弃对该金融资产控制的，按照其继续涉入所转移金融资产的程度确认有关金融资产，并相应确认有关负债。

6.2.7.9 金融资产和金融负债的抵销

当本公司具有抵销已确认金融资产和金融负债的法定权利，且目前可执行该种法定权利，同时本公司计划以净额结算或同时变现该金融资产和清偿该金融负债时，金融资产和金融负债以相互抵销后的金额在资产负债表内列示。除此以外，金融资产和金融负债在资产负债表内分别列示，不予相互抵销。

6.2.8 存货

6.2.8.1 存货的分类

本公司存货分为原材料、在产品及自制半成品、周转材料、产成品、库存商品、已完工未结算的工程施工、未完劳务项目成本等。

6.2.8.2 存货发出的计价及摊销

本公司存货取得时按实际成本计价，存货成本包括采购成本、加工成本和其他成本。原材料、在产品、库存商品等发出时采用加权平均法计价。

工程施工反映在建施工合同的工程累计已发生成本和累计已确认毛利与工程累计已办理结算价款的借方差额，若形成贷方差额，则在预收账款中列示，反映在建合同尚未完成的工程进度但已办理了工程结算的款项。

低值易耗品、包装物领用时采用一次转销法摊销。

6.2.8.3 存货跌价准备计提方法

资产负债表日，存货成本高于其可变现净值的，计提存货跌价准备。本公司通常按照单个存货项目计提存货跌价准备，资产负债表日，以前减记存货价值的影响因素已经消失的，存货跌价准备在原已计提的金额内转回。

6.2.8.4 存货可变现净值的确认方法

存货可变现净值是按存货的估计售价减去至完工时估计将要发生的成本、估计的销售费用以及相关税费后的金额。在确定存货的可变现净值时，以取得的确凿证据为基础，同时考虑持有存货的目的以及资产负债表日后事项的影响。

6.2.9 长期股权投资

本公司长期股权投资包括对被投资单位实施控制、重大影响的权益性投资,以及对合营企业的权益性投资。本公司能够对被投资单位施加重大影响的,为本公司的联营企业。

6.2.9.1 投资成本的确定

对于企业合并形成的长期股权投资:同一控制下企业合并取得的长期股权投资,在合并日按照取得被合并方所有者权益在最终控制方合并财务报表中的账面价值份额作为投资成本;非同一控制下企业合并取得的长期股权投资,按照合并成本作为长期股权投资的投资成本。通过多次交易分步实现非同一控制下企业合并,长期股权投资成本为购买日之前所持被购买方的股权投资的账面价值与购买日新增投资成本之和。

对于以企业合并以外的其他方式取得的长期股权投资:支付现金取得的长期股权投资,按照实际支付的购买价款作为初始投资成本;发行权益性证券取得的长期股权投资,以发行权益性证券的公允价值作为初始投资成本。

6.2.9.2 后续计量及损益确认

本公司能够对被投资单位实施控制的长期股权投资采用成本法核算;对联营企业和合营企业的投资采用权益法核算。

采用成本法核算的长期股权投资,除取得投资时实际支付的价款或对价中包含的已宣告但尚未发放的现金股利或利润外,被投资单位宣告分派的现金股利或利润,确认为投资收益计入当期损益。

本公司长期股权投资采用权益法核算时,对长期股权投资的投资成本大于投资时应享有被投资单位可辨认净资产公允价值份额的,不调整长期股权投资的投资成本;对长期股权投资的投资成本小于投资时应享有被投资单位可辨认净资产公允价值份额的,对长期股权投资的账面价值进行调整,差额计入投资当期的损益。

采用权益法核算时,按照应享有或应分担的被投资单位实现的净损益和其他综合收益的份额,分别确认投资收益和其他综合收益,同时调整长期股权投资的账面价值;按照被投资单位宣告分派的利润或现金股利计算应享有的部分,相应减少长期股权投资的账面价值;被投资单位除净损益、其他综合收益和利润分配以外所有者权益的其他变动,调整长期股权投资的账面价值并计入所有者权益。在确认应享有被投资单位净损益的份额时,以取得投资时被投资单位各项可辨认资产等的公允价值为基础,并按照本公司的会计政策及会计期间,对被投资单位的净利润进行调整后确认。

因追加投资等原因能够对被投资单位施加重大影响或实施共同控制但不构成控制的,按照原持有的股权投资的公允价值加上新增投资成本之和,作为改按权益法核算的初始投资成本。原股权分类为以公允价值计量且其变动计入其他综合收益的非交易性权益工具投资,与其相关的原计入其他综合收益的累计公允价值变动在改按权益法核算时转入留存收益。

本公司与联营企业及合营企业之间发生的未实现内部交易损益按照持股比例计算归属于本公司的部分,在抵销基础上确认投资损益。但本公司与被投资单位发生的未实现内部交易损失,属于所转让资产减值损失的,不予以抵销。

6.2.9.3 确定对被投资单位具有控制、共同控制、重大影响的依据

控制是指本公司拥有对被投资单位的权力,通过参与被投资单位的相关活动而享有可变回报,并且有能力运用对被投资单位的权力影响其回报金额。子公司,是指被本公司控制的主体(含企业、被投资单位中可分割的部分,以及企业所控制的结构化主体等)。

共同控制,是指按照相关约定对某项安排所共有的控制,并且该安排的相关活动必须经过分享控制权的参与方一致同意后才能决策。在判断是否存在共同控制时,首先判断所有参与方或参与方组合是否集体控制该安排,如果所有参与方或一组参与方必须一致行动才能决定某项安排的相关活动,则认为所有参与方或一组参与方集体控制该安排。其次再判断该安排相关活动的决策是否必须经过这些集体控制该安排的参与方一致同意。如果存在两个或两个以上的参与方组合能够集体控制某项安排的,不构成共同控制。判断是否存在共同控制时,不考虑享有的保护性权利。

重大影响,是指投资方对被投资单位的财务和经营政策有参与决策的权力,但并不能够控制或者与其他方一起共同控制这些政策的制定。在确定能否对被投资单位施加重大影响时,考虑投资方直接或间接持有被投资单位的表决权股份以及投资方及其他方持有的当期可执行潜在表决权在假定转换为对被投资方单位的股权后产生的影响,包括被投资单位发行的当期可转换的认股权证、股份期权及可转换公司债券等的影响。

6.2.9.4　长期股权投资的处置

处置长期股权投资，其账面价值与实际取得价款的差额，应当计入损益。采用权益法核算的长期股权投资，因被投资单位除净损益以外所有者权益的其他变动而计入所有者权益的，处置该项投资时将原计入所有者权益的部分按相应比例转入当期损益。

因处置部分股权投资等原因丧失了对被投资单位的共同控制或重大影响的，处置后的剩余股权应当改按在丧失共同控制或重大影响之日的公允价值与账面价值之间的差额计入当期损益。原股权投资因采用权益法核算而确认的其他综合收益，应当在终止采用权益法核算时采用与被投资单位直接处置相关资产或负债相同的基础进行会计处理；原股权投资相关的其他所有者权益变动转入当期损益。

因处置部分股权投资等原因丧失了对被投资单位的控制的，处置后的剩余股权能够对被投资单位实施共同控制或施加重大影响的，改按权益法核算，并对该剩余股权视同自取得时即采用权益法核算进行调整；处置后的剩余股权不能对被投资单位实施共同控制或施加重大影响的，改按《企业会计准则第22号——金融工具确认和计量》的有关规定进行会计处理，其在丧失控制之日的公允价值与账面价值间的差额计入当期损益。

6.2.9.5　减值测试方法及减值准备计提方法

对子公司、联营企业及合营企业的投资，本公司计提资产减值的方法见重要会计政策和会计估计说明（6.2）资产减值（6.2.17）。

6.2.10　投资性房地产

投资性房地产是指为赚取租金或资本增值，或两者兼有而持有的房地产。包括已出租的土地使用权、持有并准备增值后转让的土地使用权、已出租的建筑物等。

本公司投资性房地产按照取得时的成本进行初始计量，采用成本模式对投资性房地产进行后续计量，并按照与房屋建筑物或土地使用权一致的政策进行折旧或摊销。

投资性房地产出售、转让、报废或毁损的处置收入扣除其账面价值和相关税费后计入当期损益。

投资性房地产的减值测试方法和减值准备计提方法见重要会计政策和会计估计说明（6.2）资产减值（6.2.17）。

6.2.11　固定资产

6.2.11.1　固定资产的确认条件

本公司固定资产是指为生产商品、提供劳务、出租或经营管理而持有的，使用寿命超过一个会计年度的有形资产。

6.2.11.2　固定资产分类及折旧政策

固定资产按取得时的实际成本进行初始计量。固定资产从达到预定可使用状态的次月起，采用年限平均法在预计使用年限内计提折旧。各类固定资产的预计使用年限、预计净残值率和年折旧率如下表所示。

固定资产类别	预计净残值率（%）	预计使用年限（年）	年折旧率（%）
房屋、建筑物	10.00	20.00	4.50
办公设备	10.00	5.00	18.00
其他	10.00	5.00	18.00

预计净残值是指假定固定资产预计使用寿命已满并处于使用寿命终了时的预期状态，本公司目前从该项资产处置中获得的扣除预计处置费用后的金额。

固定资产的减值测试方法和减值准备计提方法见重要会计政策和会计估计说明（6.2）资产减值（6.2.17）。

与固定资产有关的后续支出，如果与该固定资产有关的经济利益很可能流入且其成本能可靠地计量，则计入固定资产成本，并终止确认被替换部分的账面价值。除此以外的其他后续支出，在发生时计入当期损益。

固定资产出售、转让、报废或毁损的处置收入扣除其账面价值和相关税费后的差额计入当期损益。

本公司至少于年度终了对固定资产的使用寿命、预计净残值和折旧方法进行复核，如发生改变则作为会计估计变更处理。

6.2.12　在建工程

在建工程成本按实际工程支出确定，包括在建期间发生的各项工程支出、工程达到预定可使用状态前的资本化的借款费用以及其他相关费用等。在建工程在达到预定可使用状态后结转为固定资产。

在建工程在达到预定可使用状态之日起，根据工程预算、造价或工程实际成本等，按估计的价值结转固定资产，次月起开始计提折旧，待办理了竣工决算后，按照实际成本调整原来的暂估价值，不调整原已计提的折旧额。

在建工程的减值测试方法和减值准备计提方法详见重要会计政策和会计估计说明（6.2）资产减值（6.2.17）。

6.2.13　借款费用

借款费用包括利息费用（包括折价或者溢价的摊销和相关辅助费用）和因外币借款所发生的汇兑差额等。

6.2.13.1 借款费用资本化的确认原则

本公司发生的借款费用，可直接归属于符合资本化条件的资产的购建或者生产的，予以资本化，计入相关资产成本；其他借款费用，在发生时根据其发生额确认为费用，计入当期损益。

符合资本化条件的资产，是指需要经过相当长时间的购建或者生产活动才能达到预定可使用或者可销售状态的固定资产、投资性房地产和存货等资产。

借款费用同时满足下列条件时开始资本化：（1）资产支出已经发生，资产支出包括为购建或者生产符合资本化条件的资产而以支付现金、转移非现金资产或者承担带息债务形式发生的支出；（2）借款费用已经发生；（3）为使资产达到预定可使用或者可销售状态所必要的购建或者生产活动已经开始。

6.2.13.2 借款费用资本化期间

本公司购建或者生产符合资本化条件的资产达到预定可使用或者可销售状态时，借款费用停止资本化。在符合资本化条件的资产达到预定可使用或者可销售状态之后所发生的借款费用，在发生时根据其发生额确认为费用，计入当期损益。

符合资本化条件的资产在购建或者生产过程中发生非正常中断，且中断时间连续超过3个月的，暂停借款费用的资本化；正常中断期间的借款费用继续资本化。

6.2.14 使用权资产

6.2.14.1 使用权资产确认条件

本公司使用权资产是指本公司作为承租人可在租赁期内使用租赁资产的权利。

在租赁期开始日，使用权资产按照成本进行初始计量。该成本包括：租赁负债的初始计量金额；在租赁期开始日或之前支付的租赁付款额，存在租赁激励的，扣除已享受的租赁激励相关金额；本公司作为承租人发生的初始直接费用；本公司作为承租人为拆卸及移除租赁资产、复原租赁资产所在场地或将租赁资产恢复至租赁条款约定状态预计将发生的成本。本公司作为承租人按照《企业会计准则第13号——或有事项》对拆除复原等成本进行确认和计量。后续就租赁负债的任何重新计量作出调整。

6.2.14.2 使用权资产的折旧方法

本公司采用直线法计提折旧。本公司作为承租人能够合理确定租赁期届满时取得租赁资产所有权的，在租赁资产剩余使用寿命内计提折旧。无法合理确定租赁期届满时能够取得租赁资产所有权的，在租赁期与租赁资产剩余使用寿命两者孰短的期间内计提折旧。

6.2.14.3 使用权资产的减值测试方法、减值准备计提方法

使用权资产的减值测试方法、减值准备计提方法见重要会计政策和会计估计说明（6.2）资产减值（6.2.17）。

6.2.15 无形资产

本公司无形资产包括土地使用权、专利权等。

本公司无形资产按照成本进行初始计量，并于取得无形资产时分析判断其使用寿命。使用寿命为有限的，自无形资产可供使用时起，采用能反映与该资产有关的经济利益的预期实现方式的摊销方法，在预计使用年限内摊销；无法可靠确定预期实现方式的，采用直线法摊销；使用寿命不确定的无形资产，不作摊销。

本公司于每年年度终了，对使用寿命有限的无形资产的使用寿命及摊销方法进行复核，与以前估计不同的，调整原先估计数，并按会计估计变更处理。

资产负债表日，预计某项无形资产已经不能给企业带来未来经济利益的，将该项无形资产的账面价值全部转入当期损益。

无形资产计提资产减值方法见重要会计政策和会计估计说明（6.2）资产减值（6.2.17）。

6.2.16 长期待摊费用

本公司长期待摊费用包括：租入固定资产的改良支出等。

本公司发生的长期待摊费用按实际成本计价，并按预计受益期限平均摊销，对不能使以后会计期间受益的长期待摊费用项目，在确定时将该项目的摊余价值全部计入当期损益。

6.2.17 资产减值

本公司对子公司、联营企业和合营企业的长期股权投资、采用成本模式进行后续计量的投资性房地产、固定资产、在建工程、探明石油天然气矿区权益和井及相关设施、使用权资产、无形资产、商誉、等非金融长期资产的减值，按以下方法确定：

本公司于资产负债表日判断资产是否存在可能发生减值的迹象，存在减值迹象的，本公司将估计其可收回金额，进行减值测试。对因企业合并所形成的商誉、使用寿命不确定的无形资产和尚未达到可使用状态的无形资产无论是否存在减值迹象，每年都进行减值测试。

可收回金额根据资产的公允价值减去处置费用后的

净额与资产预计未来现金流量的现值两者之间较高者确定。本公司以单项资产为基础估计其可收回金额;难以对单项资产的可收回金额进行估计的,以该资产所属的资产组为基础确定资产组的可收回金额。资产组的认定,以资产组产生的主要现金流入是否独立于其他资产或者资产组的现金流入为依据。

当资产或资产组的可收回金额低于其账面价值时,本公司将其账面价值减记至可收回金额,减记的金额计入当期损益,同时计提相应的资产减值准备。

就商誉的减值测试而言,对于因企业合并形成的商誉的账面价值,自购买日起按照合理的方法分摊至相关的资产组;难以分摊至相关的资产组的,将其分摊至相关的资产组组合。相关的资产组或资产组组合,是能够从企业合并的协同效应中受益的资产组或者资产组组合,且不大于本公司确定的报告分部。

减值测试时,如与商誉相关的资产组或者资产组组合存在减值迹象的,首先对不包含商誉的资产组或者资产组组合进行减值测试,计算可收回金额,确认相应的减值损失。然后对包含商誉的资产组或者资产组组合进行减值测试,比较其账面价值与可收回金额,如可收回金额低于账面价值的,确认商誉的减值损失。

资产减值损失一经确认,在以后会计期间不再转回。

6.2.18 职工薪酬

职工薪酬,是指本公司为获得职工提供的服务或解除劳动关系而给予的各种形式的报酬或补偿。职工薪酬包括短期薪酬、离职后福利、辞退福利和其他长期职工福利。

6.2.18.1 短期薪酬

短期薪酬是指本公司在职工提供相关服务的年度报告期间结束后12个月内需要全部予以支付的职工薪酬,离职后福利和辞退福利除外。本公司在职工提供服务的会计期间,将应付的短期薪酬确认为负债,并根据职工提供服务的受益对象计入相关资产成本和费用。

6.2.18.2 离职后福利

离职后福利是指本公司为获得职工提供的服务而在职工退休或与企业解除劳动关系后,提供的各种形式的报酬和福利,短期薪酬和辞退福利除外。离职后福利计划分类为设定提存计划和设定受益计划。

设定提存计划主要为参加由各地劳动及社会保障机构组织实施的社会基本养老保险、失业保险等。本公司建立企业年金,企业年金资金由公司和个人共同缴纳,企业缴纳部分从本公司的成本中列支,个人缴费由本公司在职工工资中代扣代缴。在职工为本公司提供服务的会计期间,将根据设定提存计划计算的应缴存金额确认为负债,并计入当期损益或相关资产成本。

设定受益计划导致的职工薪酬成本包括下列组成部分:①服务成本,包括当期服务成本、过去服务成本和结算利得或损失。②设定受益计划净负债或净资产的利息净额,包括计划资产的利息收益、设定受益计划义务的利息费用以及资产上限影响的利息。③重新计量设定受益计划净负债或净资产所产生的变动。

除非其他会计准则要求或允许职工福利成本计入资产成本,本公司将上述第①项和第②项计入当期损益;第③项计入其他综合收益且不会在后续会计期间转回至损益,但可以在权益范围内转移这些在其他综合收益中确认的金额。

6.2.18.3 辞退福利

辞退福利是指本公司在职工劳动合同到期之前解除与职工的劳动关系,或者为鼓励职工自愿接受裁减而给予职工的补偿,在发生当期计入当期损益。

6.2.18.4 其他长期职工福利

其他长期职工福利是指除短期薪酬、离职后福利、辞退福利之外的其他所有职工福利。

对符合设定提存计划条件的其他长期职工福利,在职工为本公司提供服务的会计期间,将应缴存金额确认为负债,并计入当期损益或相关资产成本。

6.2.19 预计负债

如果与或有事项相关的义务同时符合以下条件,本公司将其确认为预计负债:(1)该义务是本公司承担的现时义务;(2)该义务的履行很可能导致经济利益流出本公司;(3)该义务的金额能够可靠地计量。

预计负债按照履行相关现时义务所需支出的最佳估计数进行初始计量,并综合考虑与或有事项有关的风险、不确定性和货币时间价值等因素。货币时间价值影响重大的,通过对相关未来现金流出进行折现后确定最佳估计数。本公司于资产负债表日对预计负债的账面价值进行复核,并对账面价值进行调整以反映当前最佳估计数。

如果清偿已确认预计负债所需支出全部或部分预期由第三方或其他方补偿,则补偿金额只能在基本确定能收到时,作为资产单独确认。确认的补偿金额不超过所确认负债的账面价值。

6.2.20 收入

本公司在履行了合同中的履约义务，即在客户取得相关商品或服务的控制权时确认收入。

合同中包含两项或多项履约义务的，本公司在合同开始日，按照各单项履约义务所承诺商品或服务的单独售价的相对比例，将交易价格分摊至各单项履约义务，按照分摊至各单项履约义务的交易价格计量收入。

满足下列条件之一时，本公司属于在某一时段内履行履约义务；否则，属于在某一时点履行履约义务：（1）客户在本公司履约的同时即取得并消耗本公司履约所带来的经济利益。（2）客户能够控制本公司履约过程中在建的商品。（3）本公司履约过程中所产出的商品具有不可替代用途，且本公司在整个合同期间内有权就累计至今已完成的履约部分收取款项。

对于在某一时段内履行的履约义务，本公司在该段时间内按照履约进度确认收入。履约进度不能合理确定时，本公司已经发生的成本预计能够得到补偿的，按照已经发生的成本金额确认收入，直到履约进度能够合理确定为止。

对于在某一时点履行的履约义务，本公司在客户取得相关商品或服务控制权时点确认收入。在判断客户是否已取得商品或服务控制权时，本公司会考虑下列迹象：（1）本公司就该商品或服务享有现时收款权利，即客户就该商品负有现时付款义务。（2）本公司已将该商品的法定所有权转移给客户，即客户已拥有该商品的法定所有权。（3）本公司已将该商品的实物转移给客户，即客户已实物占有该商品。（4）本公司已将该商品所有权上的主要风险和报酬转移给客户，即客户已取得该商品所有权上的主要风险和报酬。（5）客户已接受该商品或服务。（6）其他表明客户已取得商品控制权的迹象。

本公司已向客户转让商品或服务而有权收取对价的权利（且该权利取决于时间流逝之外的其他因素）作为合同资产，合同资产以预期信用损失为基础计提减值。本公司拥有的、无条件（仅取决于时间流逝）向客户收取对价的权利作为应收款项列示。本公司已收或应收客户对价而应向客户转让商品或服务的义务作为合同负债。

同一合同下的合同资产和合同负债以净额列示，净额为借方余额的，根据其流动性在"合同资产"或"其他非流动资产"项目中列示；净额为贷方余额的，根据其流动性在"合同负债"或"其他非流动负债"项目中列示。

6.2.21 政府补助

政府补助在满足政府补助所附条件并能够收到时确认。

对于货币性资产的政府补助，按照收到或应收的金额计量。对于非货币性资产的政府补助，按照公允价值计量；公允价值不能够可靠取得的，按照名义金额1元计量。

与资产相关的政府补助，是指本公司取得的、用于购建或以其他方式形成长期资产的政府补助；除此之外，作为与收益相关的政府补助。

对于政府文件未明确规定补助对象的，能够形成长期资产的，与资产价值相对应的政府补助部分作为与资产相关的政府补助，其余部分作为与收益相关的政府补助；难以区分的，将政府补助整体作为与收益相关的政府补助。

与资产相关的政府补助，冲减相关资产的账面价值，或者确认为递延收益在相关资产使用期限内按照合理、系统的方法分期计入损益。与收益相关的政府补助，用于补偿已发生的相关成本费用或损失的，计入当期损益或冲减相关成本；用于补偿以后期间的相关成本费用或损失的，则计入递延收益，于相关成本费用或损失确认期间计入当期损益或冲减相关成本。按照名义金额计量的政府补助，直接计入当期损益。本公司对相同或类似的政府补助业务，采用一致的方法处理。

与日常活动相关的政府补助，按照经济业务实质，计入其他收益或冲减相关成本费用。与日常活动无关的政府补助，计入营业外收支。

已确认的政府补助需要返还时，初始确认时冲减相关资产账面价值的，调整资产账面价值；存在相关递延收益余额的，冲减相关递延收益账面余额，超出部分计入当期损益；属于其他情况的，直接计入当期损益。

6.2.22 递延所得税资产及递延所得税负债

所得税包括当期所得税和递延所得税。除由于企业合并产生的调整商誉，或与直接计入所有者权益的交易或者事项相关的递延所得税计入所有者权益外，均作为所得税费用计入当期损益。

本公司根据资产、负债于资产负债表日的账面价值与计税基础之间的暂时性差异，采用资产负债表债务法确认递延所得税。

各项应纳税暂时性差异均确认相关的递延所得税负债，除非该应纳税暂时性差异是在以下交易中产生的：

（1）商誉的初始确认，或者具有以下特征的交易中产生的资产或负债的初始确认：该交易不是企业合并，并且交易发生时既不影响会计利润也不影响应纳税所得额；（2）对于与子公司、合营企业及联营企业投资相关的应纳税暂时性差异，该暂时性差异转回的时间能够控制并且该暂时性差异在可预见的未来很可能不会转回。

对于可抵扣暂时性差异、能够结转以后年度的可抵扣亏损和税款抵减，本公司以很可能取得用来抵扣可抵扣暂时性差异、可抵扣亏损和税款抵减的未来应纳税所得额为限，确认由此产生的递延所得税资产，除非该可抵扣暂时性差异是在以下交易中产生的：（1）该交易不是企业合并，并且交易发生时既不影响会计利润也不影响应纳税所得额，且初始确认的资产和负债不会导致产生等额应纳税暂时性差异和可抵扣暂时性差异的单项交易；（2）对于与子公司、合营企业及联营企业投资相关的可抵扣暂时性差异，同时满足下列条件的，确认相应的递延所得税资产：暂时性差异在可预见的未来很可能转回，且未来很可能获得用来抵扣可抵扣暂时性差异的应纳税所得额。

于资产负债表日，本公司对递延所得税资产和递延所得税负债，按照预期收回该资产或清偿该负债期间的适用税率计量，并反映资产负债表日预期收回资产或清偿负债方式的所得税影响。

于资产负债表日，本公司对递延所得税资产的账面价值进行复核。如果未来期间很可能无法获得足够的应纳税所得额用以抵扣递延所得税资产的利益，减记递延所得税资产的账面价值。在很可能获得足够的应纳税所得额时，减记的金额予以转回。

6.2.23 租赁

6.2.23.1 租赁的识别

在合同开始日，本公司作为承租人或出租人评估合同中的客户是否有权获得在使用期间内因使用已识别资产所产生的几乎全部经济利益，并有权在该使用期间主导已识别资产的使用。如果合同中一方让渡了在一定期间内控制一项或多项已识别资产使用的权利以换取对价，则本公司认定合同为租赁或者包含租赁。

6.2.23.2 本公司作为承租人

在租赁期开始日，本公司对所有租赁确认使用权资产和租赁负债，简化处理的短期租赁和低价值资产租赁除外。

使用权资产的会计政策见重要会计政策（6.2）和会计估计说明（6.2.14）使用权资产。

租赁负债按照租赁期开始日尚未支付的租赁付款额采用租赁内含利率计算的现值进行初始计量，无法确定租赁内含利率的，采用增量借款利率作为折现率。租赁付款额包括：固定付款额及实质固定付款额，存在租赁激励的，扣除租赁激励相关金额；取决于指数或比率的可变租赁付款额；购买选择权的行权价格，前提是承租人合理确定将行使该选择权；行使终止租赁选择权需支付的款项，前提是租赁期反映出承租人将行使终止租赁选择权；以及根据承租人提供的担保余值预计应支付的款项。后续按照固定的周期性利率计算租赁负债在租赁期内各期间的利息费用，并计入当期损益。未纳入租赁负债计量的可变租赁付款额在实际发生时计入当期损益。

（1）短期租赁。短期租赁是指在租赁期开始日，租赁期不超过12个月的租赁，包含购买选择权的租赁除外。本公司将短期租赁的租赁付款额，在租赁期内各个期间按照直线法的方法计入相关资产成本或当期损益。

（2）低价值资产租赁。低价值资产租赁是指单项租赁资产为全新资产时价值低于4万元的租赁。对于低价值资产租赁，本公司根据每项租赁的具体情况选择采用上述简化处理方法。本公司将低价值资产租赁的租赁付款额，在租赁期内各个期间按照直线法的方法计入相关资产成本或当期损益。

（3）租赁变更。租赁发生变更且同时符合下列条件的，本公司将该租赁变更作为一项单独租赁进行会计处理：①该租赁变更通过增加一项或多项租赁资产的使用权而扩大了租赁范围；②增加的对价与租赁范围扩大部分的单独价格按该合同情况调整后的金额相当。

租赁变更未作为一项单独租赁进行会计处理的，在租赁变更生效日，本公司重新分摊变更后合同的对价，重新确定租赁期，并按照变更后租赁付款额和修订后的折现率计算的现值重新计量租赁负债。

租赁变更导致租赁范围缩小或租赁期缩短的，本公司相应调减使用权资产的账面价值，并将部分终止或完全终止租赁的相关利得或损失计入当期损益。

其他租赁变更导致租赁负债重新计量的，本公司相应调整使用权资产的账面价值。

6.2.23.3 本公司作为出租人

本公司作为出租人时，将实质上转移了与资产所有权有关的全部风险和报酬的租赁确认为融资租赁，除融资租赁之外的其他租赁确认为经营租赁。

（1）融资租赁。融资租赁中，在租赁期开始日本公司按租赁投资净额作为应收融资租赁款的入账价值，租赁投资净额为未担保余值和租赁期开始日尚未收到的租赁收款额按照租赁内含利率折现的现值之和。本公司作为出租人按照固定的周期性利率计算并确认租赁期内各个期间的利息收入。本公司作为出租人取得的未纳入租赁投资净额计量的可变租赁付款额在实际发生时计入当期损益。

应收融资租赁款的终止确认和减值按照《企业会计准则第22号——金融工具确认和计量》和《企业会计准则第23号——金融资产转移》的规定进行会计处理。

（2）经营租赁。经营租赁中的租金，本公司在租赁期内各个期间按照直线法确认当期损益。发生的与经营租赁有关的初始直接费用应当资本化，在租赁期内按照与租金收入确认相同的基础进行分摊，分期计入当期损益。取得的与经营租赁有关的未计入租赁收款额的可变租赁付款额，在实际发生时计入当期损益。

（3）租赁变更。经营租赁发生变更的，本公司自变更生效日起将其作为一项新租赁进行会计处理，与变更前租赁有关的预收或应收租赁收款额视为新租赁的收款额。

融资租赁发生变更且同时符合下列条件的，本公司将该变更作为一项单独租赁进行会计处理：①该变更通过增加一项或多项租赁资产的使用权而扩大了租赁范围；②增加的对价与租赁范围扩大部分的单独价格按该合同情况调整后的金额相当。

融资租赁发生变更未作为一项单独租赁进行会计处理的，本公司分别下列情形对变更后的租赁进行处理：①假如变更在租赁开始日生效，该租赁会被分类为经营租赁的，本公司自租赁变更生效日开始将其作为一项新租赁进行会计处理，并以租赁变更生效日前的租赁投资净额作为租赁资产的账面价值；②假如变更在租赁开始日生效，该租赁会被分类为融资租赁的，本公司按照《企业会计准则第22号——金融工具确认和计量》关于修改或重新议定合同的规定进行会计处理。

6.2.24　公允价值计量

公允价值是指市场参与者在计量日发生的有序交易中，出售一项资产所能收到或者转移一项负债所需支付的价格。

本公司以公允价值计量的资产和负债包括：以公允价值计量且其变动计入当期损益的金融资产、以公允价值计量且其变动计入当期损益的金融负债。

存在活跃市场的金融资产或金融负债，本公司采用活跃市场中的报价确定其公允价值。金融工具不存在活跃市场的，本公司采用估值技术确定其公允价值。所使用的估值模型主要为现金流量折现模型和市场可比公司模型等。估值技术的输入值主要包括无风险利率、基准利率、汇率、信用点差、流动性溢价、缺乏流动性折价等。

以公允价值计量非金融资产的，考虑市场参与者将该资产用于最佳用途产生经济利益的能力，或者将该资产出售给能够用于最佳用途的其他市场参与者产生经济利益的能力。

本公司采用在当前情况下适用并且有足够可利用数据和其他信息支持的估值技术，优先使用相关可观察输入值，只有在可观察输入值无法取得或取得不切实可行的情况下，才使用不可观察输入值。

在财务报表中以公允价值计量或披露的资产和负债，根据对公允价值计量整体而言具有重要意义的最低层次输入值，确定所属的公允价值层次：第一层次输入值，是在计量日能够取得的相同资产或负债在活跃市场上未经调整的报价；第二层次输入值，是除第一层次输入值外相关资产或负债直接或间接可观察的输入值；第三层次输入值，是相关资产或负债的不可观察输入值。

每个资产负债表日，本公司对在财务报表中确认的持续以公允价值计量的资产和负债进行重新评估，以确定是否在公允价值计量层次之间发生转换。

6.2.25　会计政策、会计估计变更及差错更正

6.2.25.1　会计政策变更

财政部于2022年11月发布了《企业会计准则解释第16号》（财会〔2022〕31号）（以下简称解释第16号）。

解释第16号规定，对于不是企业合并、交易发生时既不影响会计利润也不影响应纳税所得额（或可抵扣亏损），且初始确认的资产和负债导致产生等额应纳税暂时性差异和可抵扣暂时性差异的单项交易，因资产和负债的初始确认所产生的应纳税暂时性差异和可抵扣暂时性差异，应当根据《企业会计准则第18号——所得税》等有关规定，在交易发生时分别确认相应的递延所得税负债和递延所得税资产。对于在首次施行上述规定的财务报表列报最早期间的期初至本解释施行日之间发生的上述交易，企业应当按照上述规定，将累积影响数调整财务报表列报最早期间的期初留存收益及其他相关财务报

表项目。上述会计处理规定自 2023 年 1 月 1 日起施行。

本公司对租赁业务确认的租赁负债和使用权资产，以及确认的弃置义务相关预计负债和对应的相关资产，产生应纳税暂时性差异和可抵扣暂时性差异的，按照解释第 16 号的规定进行调整。

执行上述会计政策对 2023 年 12 月 31 日资产负债表和 2023 年度利润表的影响如下表所示。

单位：万元

资产负债表项目（2023年12月31日）	影响金额
递延所得税资产	—
递延所得税负债	-1.74
未分配利润	14.99
盈余公积	-8.83
一般风险准备	-4.42

单位：万元

利润表项目（2023年度）	影响金额
所得税费用	107.81
净利润	-107.81

执行上述会计政策对 2022 年 12 月 31 日资产负债表和 2022 年度利润表的影响如下表所示。

单位：万元

资产负债表项目（2022年12月31日）	调整前	调整金额	调整后
递延所得税资产	4 686.16	-607.25	4 078.91
递延所得税负债	716.80	-716.80	—
未分配利润	97 928.68	106.63	98 035.32
盈余公积	111 914.13	1.95	111 916.08
一般风险准备	62 821.14	0.97	62 822.11

单位：万元

利润表项目（2022年度）	调整前	调整金额	调整后
所得税费用	15 696.76	-20.39	15 676.38
净利润	54 802.09	20.39	54 822.48

执行上述会计政策对 2022 年 1 月 1 日资产负债表的影响如下表所示。

单位：万元

资产负债表项目（2022年1月1日）	调整前	调整金额	调整后
递延所得税资产	4 709.45	89.17	4 798.62
递延所得税负债	2 519.56	—	2 519.56
未分配利润	49 208.98	89.31	49 298.28
盈余公积	106 433.92	-0.09	106 433.84
一般风险准备	62 218.96	-0.04	62 218.92

6.2.25.2 会计估计变更

本公司 2023 年度无应披露的会计估计变更事项。

6.2.25.3 前期重大差错更正

本公司 2023 年度无应披露的重大前期差错更正等事项。

6.2.25.4 其他事项调整

本公司 2023 年度无应披露的其他调整事项。

6.2.25.5 对期初所有者权益的累计影响

单位：万元

项目	2023年1月1日			
	追溯调整前金额	会计政策变更追溯调整	会计差错更正追溯调整	其他事项追溯调整	追溯调整后金额
盈余公积	111 914.13	1.95	—	—	111 916.08
一般风险准备	62 821.14	0.97	—	—	62 822.11
未分配利润	97 928.68	106.64	—	—	98 035.32

单位：万元

项目	2022年1月1日			
	追溯调整前金额	会计政策变更追溯调整	会计差错更正追溯调整	其他事项追溯调整	追溯调整后金额
盈余公积	106 433.92	-0.09	—	—	106 433.83
一般风险准备	62 218.96	-0.04	—	—	62 218.92
未分配利润	49 208.98	89.30	—	—	49 298.28

6.3 或有事项说明

2022 年四川公安机关在办理涉四川信托有限公司刑事案件过程中，发现四川濠吉食品集团有限公司涉嫌利用违法所得向公司支付相关股权转让项目中的违约金，因此共计冻结公司 10 亿元金融资产。本公司坚定认为相关股权转让项目中收取的违约金为善意获得资金，不属应冻结资金范围，并已依法向相关司法机关提起申请解除冻结申诉，目前尚在司法处理过程中。

本公司 2021 年度已对四川信托的长期股权投资全额计提了减值。2024 年 4 月 23 日，法院正式裁定受理四川信托破产重整申请，并指定四川信托清算组担任管理人。

6.4 重要资产转让及其出售的说明

公司本年度未发生重要资产转让及出售的情况。

6.5 会计报表中重要项目的明细资料

以下项目除特别注明外，年初指 2023 年 1 月 1 日，年末指 2023 年 12 月 31 日，上年指 2022 年度，本年指 2023 年度。

6.5.1 披露自营资产经营情况

6.5.1.1 按信用风险五级分类结果披露信用风险资产的期初数、期末数

公司期初信用风险资产555 137.72万元，正常类538 485.60万元，关注类16 652.12万元；期末信用风险资产620 415.49万元，正常类596 030.68万元，关注类24 384.81万元。

6.5.1.2 各项资产减值损失准备的期初、本期计提、本期转回、本期核销、期末数

单位：万元

项目	期初数	本期增加	本期转回	本期核销	期末数
贷款损失准备	992.55	−304.68	—	—	687.87
一般准备	992.55	−304.68	—	—	687.87
专项准备	—	—	—	—	—
其他资产减值准备	207 874.35	—	—	—	207 874.35
长期股权投资减值准备	207 874.35	—	—	—	207 874.35
坏账准备	—	—	—	—	—
投资性房地产减值准备	—	—	—	—	—

6.5.1.3 自营股票投资、基金投资、债券投资、股权投资等投资业务的期初数、期末数

单位：万元

项目	股票投资	基金	债券	长期股权投资	其他投资	合计
期初数	5 127.73	135 066.37	—	48 219.44	375 422.18	563 835.72
期末数	27 151.20	135 075.13	11 044.75	47 133.24	419 173.56	639 577.88

6.5.1.4 前五名的自营长期股权投资的企业名称、占被投资企业权益的比例、主要经营活动及投资收益情况等（从大到小顺序排列）

企业名称	占被投资企业权益的比例（%）	主要经营活动	投资收益（万元）
中海基金管理有限公司	41.591	基金募集、基金销售、资产管理、中国证监会许可的其他业务（涉及行政许可的凭许可证经营）	−2 506.58
国联期货股份有限公司	39.00	商品期货经纪、金融期货经纪、期货投资咨询、期货资产管理及中国证监会批准的其他业务	1 850.92
四川信托有限公司	30.2534	信托、投资基金业务	—

6.5.1.5 自营贷款的企业名称、占贷款总额的比例和还款情况等

截至期末，公司共发放4.00亿元贷款本金。

企业名称	占贷款总额的比例（%）	还款情况
盐城市城市资产投资集团有限公司	50	正常
泰州高教投资发展有限公司	50	正常

6.5.1.6 表外业务的期初数、期末数；按照代理业务、担保业务和其他类型表外业务分别披露

表外业务	期初数	期末数
担保业务	—	—
代理业务（委托业务）	—	—
其他	—	—
合计	—	—

注：代理业务主要反映因客观原因应规范而尚未完成规范的历史遗留委托业务，包括委托贷款和委托投资。

6.5.1.7 公司当年的收入结构

收入结构	金额（万元）	占比（%）
手续费及佣金收入	68 567.03	56.96
利息收入	7 543.45	6.27
其他收益	12 699.52	10.56
投资收益	9 296.71	7.72
其中：股权投资收益	2 044.34	1.70
证券投资收益	3 747.88	3.11
其他投资收益	3 504.49	2.91
公允价值变动收益	22 035.10	18.30
资产处置收益	−38.59	−0.03
营业外收入	5.35	—
汇兑损益	269.28	0.22
收入合计	120 377.85	100.00

注：手续费及佣金收入、利息收入、其他业务收入、投资收益、营业外收入均应为损益表中的科目，其中手续费及佣金收入、利息收入、营业外收入为未抵减掉相应支出的全年累计实现收入数。

6.5.2 披露信托资产管理情况

6.5.2.1 信托资产的期初数、期末数

单位：万元

信托资产	期初数	期末数
集合	8 599 130.00	9 117 069.00
单一	1 790 942.00	1 191 175.00
财产权	18 196 919.00	6 156 182.00
合计	28 586 991.00	16 464 426.00

6.5.2.1.1 主动管理型信托业务期初数、期末数；分证券投资、股权投资、融资、事务管理类分别披露

单位：万元

主动管理型信托资产	期初数	期末数
证券投资类	4 995 020.00	7 292 791.00
股权投资类	459 031.00	296 191.00
融资类	2 129 665.00	1 355 235.00

续表

主动管理型信托资产	期初数	期末数
事务管理类	—	—
合计	7 583 716.00	8 944 217.00

6.5.2.1.2 被动管理型信托业务期初数、期末数。分证券投资、股权投资、融资、事务管理类分别披露

单位：万元

被动管理型信托资产	期初数	期末数
证券投资类	—	—
股权投资类	—	—
融资类	—	—
事务管理类	21 003 275.00	7 520 209.00
合计	21 003 275.00	7 520 209.00

6.5.2.2 本年度已清算结束的信托项目个数、实收信托合计金额

6.5.2.2.1 本年度已清算结束的集合类、单一类资金信托项目和财产管理类信托项目个数、金额

已清算结束信托项目	项目个数（个）	实收信托金额合计（万元）	加权平均年化收益率（%）
集合类	90	3 950 839.91	4.9406
单一类	16	1 038 259.86	5.3489
财产管理类	3	296 924.00	5.2440

6.5.2.2.2 本年度已清算结束的主动管理型信托项目个数、合计金额，分证券投资、股权投资、融资、事务管理类分别披露

已清算结束信托项目	项目个数（个）	实收信托合计金额（万元）
证券投资类	32	1 805 540.19
股权投资类	1	116 680.00
融资类	61	1 536 251.00
事务管理类	—	—

6.5.2.2.3 本年度已清算结束的被动管理型信托项目个数、合计金额，分证券投资、股权投资、融资、事务管理类分别披露

已清算结束信托项目	项目个数（个）	实收信托合计金额（万元）
证券投资类	—	—
股权投资类	—	—
融资类	—	—
事务管理类	15	1 827 552.58

6.5.2.3 本年度新增的集合类、单一类和财产管理类信托项目个数、实收信托合计金额

新增信托项目	项目个数（个）	实收信托合计金额（万元）
集合类	267	3 096 717.00
单一类	2	200.00
财产管理类	4	59 466.00
新增合计	273	3 156 383.00
其中：主动管理型	271	3 097 375.00
被动管理型	2	59 008.00

注：本年度新增信托项目指在报告年度内累计新增的信托项目个数和金额。包含本年度新增并于本年度内结束的项目和本年度新增至报告期末仍在持续管理的信托项目。

6.5.2.4 信托业务创新成果和特色业务有关情况

报告期内，公司充分发挥信托专业优势，立足金融板块战略定位，积极探索稳健灵活高效的金融服务模式，推进产融结合和绿色金融实践，助力主业发展。

6.5.2.4.1 绿色金融业务

根据中国海油积极布局建设"光伏+"等新能源设施以及拓展应用场景的战略部署，中海信托充分发挥信托的投融资优势，成立"中海-和光新能源投资集合资金信托计划"，投资于光伏、充电桩和储能等新能源项目，为中国海油绿色低碳改造和近零碳园区建设贡献信托力量。

"中海-和光新能源投资集合资金信托计划"的成功落地，为公司转型发展探索了新领域，为绿色金融探索了新方向。

报告期内，"中海蔚蓝CCER碳中和服务信托"被上海市人民政府授予"2021—2022年度上海金融创新成果奖三等奖"，入选中国企业联合会、中国企业家协会"2022企业绿色低碳发展优秀实践案例"。

2023年3月，公司成立首单乡村振兴近零碳社区建设服务信托。2023年"中海巽飞·乡村振兴近零碳社区建设服务信托"作为唯一绿色金融案例，被上海市金融工作党委举办的"学用二十大、金融先锋行"——金融先锋学习贯彻党的二十大精神系列短视频展播采用，入选《金融时报》"2023金融支持乡村振兴优秀案例"。

公司将在绿色低碳领域投资、碳资产管理和绿色金融服务综合解决方案等方面继续发力，提供更加贴近客户需求、契合市场需要的绿色金融产品。

6.5.2.4.2 供应链金融业务

公司大力发展供应链金融业务，通过金融科技提升

供应链业务流程效率。公司制定供应链业务操作指引，配合中国海油建设供应链数字化平台，引入京东科技风控模型，实现业务高效在线审批、及时事中风控，客户体验和服务质量明显提升，供应链金融信托资产不良率始终保持为零。中海信托供应链金融项目切实解决了供应商阶段性资金需求，受到供应商的普遍欢迎；项目风险低、期限短，亦得到投资人的认可。公司将继续深挖产业链，通过数字化转型，探索线上线下金融服务新模式，快速响应产业链中小微客户金融服务需求。在上海市银行同业公会组织的2023年度上海银行业金融科技赋能普惠金融专项立功竞赛活动中，中海信托"海油e融"产品荣获二等奖。

6.5.2.4.3 公益慈善信托业务

2023年，公司为继承和发扬"牢记使命、艰苦创业、绿色发展"的塞罕坝精神，与海油公益基金会合作，探索乡村振兴战略与"双碳"目标有机结合，成立全国首个"海上塞罕坝蓝碳促进公益信托计划"红树林保护项目，以绿色金融助力乡村振兴。公司与西藏自治区那曲市尼玛县开展了以支持乡村事业发展为主题的公益信托项目交流，成功设立"中海信托–尼玛县乡村振兴可持续发展公益信托"，以ESG绿色发展理念为指导，专注西藏自治区尼玛县乡村振兴与可持续发展公益事业，助力当地文化教育、医疗救助、绿色金融、新农村建设、环境生态保护等领域的公益活动。

6.5.2.5 本公司履行受托人义务情况及因本公司自身责任而导致的信托资产损失情况

本公司无因自身责任而导致信托资产损失的情况。

6.5.2.6 信托赔偿准备金的提取、使用和管理情况

根据《信托公司管理办法》规定，公司每年从税后利润中提取5%作为信托赔偿准备金。截至报告期末，信托赔偿准备金累计总额为61 717.17万元。同时，根据财政部印发的《金融企业准备金计提管理办法》规定，本公司对发放贷款和垫款、其他权益工具投资、长期股权投资、存放同业和其他应收款项等风险资产计提一般风险准备金。报告期末，一般风险准备金累计总额为3 672.81万元。两项合计金额为65 389.98万元。截至报告期末，公司未动用信托赔偿准备金。

6.6 关联方关系及其交易的披露

以下明细表格除特别注明外，金额单位为人民币万元，期初指2023年1月1日，期末指2023年12月31日。

6.6.1 关联交易方数量、关联交易的总金额及关联交易的定价政策等

项目	关联交易方数量（个）	关联交易金额（万元）	定价政策
合计	23	3 301 163.08	本公司的关联交易以公平的市场价格定价

注："关联交易"定义应以《公司法》和《企业会计准则第36号——关联方披露》有关规定为准。上述关联交易金额及交易方数量系本年度固有、信托与机构关联方（含机构关联方产品）之间的交易金额（含循环投资等）及对应机构关联方数量。

6.6.2 关联交易方与本公司的关系性质、关联交易方的名称、法定代表人、注册地址、注册资本及主营业务等

关系性质	关联方名称	法定代表人	注册地址	注册资本（万元）	主营业务
母公司	中国海洋石油集团有限公司	汪东进	中国北京	11 380 000	组织石油、天然气、煤层气、页岩油、页岩气勘探、开发、生产及销售，石油炼制、石油化工和天然气的加工利用及产品的销售和仓储，液化天然气项目开发、利用，石油、天然气管道管网输送，化肥、化工产品的开发、生产和销售及相关业务，为石油、天然气及其他地矿产品的勘探、开采提供服务，工程总承包，与石油天然气的勘探、开发和生产相关的科技研究、技术咨询、技术服务和技术转让，原油、成品油进口，补偿贸易、转口贸易；汽油、煤油、柴油的批发（限销售分公司经营）；承办中外合资经营；合作生产；机电产品国际招标；风能、生物质能、水合物、煤化工和太阳能等新能源生产、销售及相关服务（企业依法自主选择经营项目，开展经营活动；依法须经批准的项目，经相关部门批准后依批准的内容开展经营活动；不得从事本市产业政策禁止和限制类项目的经营活动）
同受一方控制	中海油信息科技有限公司上海分公司	刘玮	中国上海	—	通信信息网络系统的技术开发和维护，通信工程勘察、设计、监理及技术咨询
同受一方控制	中海油能源物流有限公司上海分公司	黄道禹	中国上海	—	从事货物进出口及技术进出口业务，仓储服务（除危险品），货物装卸搬运，货物运输代理，自有设备租赁（除金融租赁），劳务服务，建筑材料、装潢材料、日用百货的销售
同受一方控制	中海油能源发展股份有限公司上海安全环保分公司	张利军	中国上海	—	石油行业安全、环保领域内的服务及相关产品、设备、系统的研发、设计、安装、销售、检验、检测、维修（安装、维修上门服务），石油行业安全、环保领域内的技术开发、技术咨询、技术转让，机械设备、电气设备及仪表仪器技术检测（除认证），劳防用品、安全技术防范设备的销售，计算机图文设计、制作及安装，企业管理咨询，会务服务，翻译服务
同受一方控制	中海油信息科技有限公司信息技术分公司	许刚强	中国天津	—	通信信息网络系统的技术开发和维护；通信工程勘察、设计、监理及技术咨询
同受一方控制	中海油安全技术服务有限公司上海分公司	张利军	中国上海	—	石油行业安全技术咨询、服务；安全环保技术咨询；安全环保技术产品研发

续表

关系性质	关联方名称	法定代表人	注册地址	注册资本（万元）	主营业务
同受一方控制	中海油能源发展股份有限公司北京人力资源服务分公司	孙鹏	中国北京	—	人才中介服务；技术推广服务；计算机技术培训
同受一方控制	中国海洋石油东海有限公司	柯吕雄	中国上海	7 475	物资器材供应，石油化工材料，自营和代理各类商品和技术的进出口（但国家限定公司经营或禁止进出口的商品和技术除外），天然气，液化石油气，国内沿海及长江中下游各港间液化气船运输，自有房屋租赁（含办公楼），物业管理，房地产经纪，停车场（库）经营，从事建筑科技、环保科技领域内的技术咨询、技术服务，商务信息咨询，日用百货的销售，会务会展服务，汽车租赁
同受一方控制	中海油安全技术服务有限公司	刘怀增	中国天津	5 555.5556	石油行业安全技术咨询、评估、评价、审核、审查、服务；安全环保技术咨询
同受一方控制	中海石油气电集团有限责任公司	石成刚	中国北京	3 565 913.337769	投资及投资管理；组织和管理以下经营项目：石油天然气［含液化天然气（LNG）］、油气化工有关的技术开发、技术服务和咨询；石油天然气［含液化天然气（LNG）］工程设计、开发、管理、维护和运营有关的承包服务；石油天然气及其副产品的加工、储运、利用和销售；石油天然气管网建设、管理和运营；煤层气、煤炭化工项目的开发、利用及经营管理；电力开发、生产、供应及相关承包服务、技术开发、技术服务和咨询；自营和代理液化天然气（LNG）及油气相关产品、相关设备和技术及劳务的进出口（国家限定公司经营或禁止进出口的商品和技术除外）；新能源和可再生能源的研究、开发、利用及相关业务；船舶租赁；以下项目限分公司经营：批发（无存储、租赁仓储及物流行为）工业生产二类1项易燃气体（剧毒、监控、一类易制毒化学品除外）；技术转让；机械设备租赁（企业依法自主选择经营项目，开展经营活动；依法须经批准的项目，经相关部门批准后依批准的内容开展经营活动；不得从事本市产业政策禁止和限制类项目的经营活动）
同受一方控制	中海油国际融资租赁有限公司	侯晓	中国天津	270 000	融资租赁业务；租赁业务；向国内外购买租赁财产；租赁财产的残值处理及维修；租赁交易咨询；兼营与主营业务相关的保理业务
同受一方控制	中海油能源发展股份有限公司	朱磊	中国北京	1 016 510.4199	技术开发、技术转让、技术咨询、技术服务；投资及投资管理；石油、化工、电力设备设施和船舶的维修、保养；油田管道维修、涂敷；油田生产配套服务；油田工程建设；人员培训；劳务服务；仓储服务；货物进出口、技术进出口、代理进出口；通信信息网络系统集成服务；油田作业监督、监理服务；承包境外港口与海岸、海洋石油工程和境内国际招标工程；国际货运代理；下列项目仅限分公司经营：物业管理；出租办公用房；再生资源回收、批发；船舶油舱清洗及配套维修服务；环境治理；垃圾箱、污油水罐租赁；起重机械、压力管道的安装、检测、维修；海洋工程测量、环境调查及环境影响评价咨询；工程防腐技术服务；弱电工程设计与施工；数据处理；压力容器制造；油田管道加工；对外派遣实施上述境外工程所需的劳务人员；下列项目仅限分公司经营：制造、销售石油化工产品、油田化工产品（剧毒品、易制毒品除外）、危险化学品（具体项目以许可文件为准）；餐饮服务；普通货运；经营电信业务［（1）未经有关部门批准，不得以公开方式募集资金。（2）不得公开开展证券类产品和金融衍生品交易活动。（3）不得发放贷款。（4）不得对所投资企业以外的其他企业提供担保。（5）不得向投资者承诺投资本金不受损失或者承诺最低收益"；市场主体依法自主选择经营项目，开展经营活动；依法须经批准的项目，经相关部门批准后依批准的内容开展经营活动；不得从事国家和本市产业政策禁止和限制类项目的经营活动］
同受一方控制	中化建国际招标有限责任公司	李占旺	中国北京	1 000	经营国际金融组织和外国政府贷款及赠款项下国际招标采购业务；利用国外贷款和国内资金采购机电产品的国际招标和其他国际招标采购业务；建设工程项目管理；货物进出口；技术进出口；代理进出口；政府采购业务代理（市场主体依法自主选择经营项目，开展经营活动，依法须经批准的项目，经相关部门批准后依批准的内容开展经营活动；不得从事国家和本市产业政策禁止和限制类项目的经营活动）
同受一方控制	中海油能源物流有限公司	魏伟	中国天津	31 356	许可项目：道路货物运输（不含危险货物）；道路危险货物运输；危险化学品经营；港口经营；国际船舶代理（依法须经批准的项目，经相关部门批准后方可开展经营活动，具体经营项目以相关部门批准文件或许可证件为准）。一般项目：成品油仓储（不含危险化学品）；成品油批发（不含危险化学品）；食品销售（仅销售预包装食品）；装卸搬运；劳务服务（不含劳务派遣）；非居住房地产租赁；特种设备出租；机械设备租赁；仓储设备租赁服务；小微型客车租赁经营服务；普通机械设备安装服务；通用设备修理；计算机及办公设备维修；普通货物仓储服务（不含危险化学品等需许可审批的项目）；国内船舶代理；国内货物运输代理；国际货物运输代理；无船承运业务；报关业务；报检业务；进出口代理；货物进出口；技术进出口；信息技术咨询服务；船舶港口服务；港口设施设备和机械租赁维修业务；软件开发；计算机系统服务；信息咨询服务（不含许可类信息咨询服务）；供应链管理服务；信息系统集成服务；生产性废旧金属回收；五金产品零售；五金产品批发；化工产品销售（不含许可类化工产品）；润滑油销售；橡胶制品销售；高性能密封材料销售；合成纤维销售；农副产品销售；初级农产品收购；肥料销售；非金属矿及制品销售；泵及真空设备销售；电子元器件批发；电子元器件与机电组件设备销售；金属结构销售；密封件销售；轴承、齿轮和传动部件销售；金属制品销售；紧固件销售；金属丝绳及其制品销售；电工器材销售；消防器材销售；办公设备销售；风机、风扇销售；计算器设备销售；智能无人飞行器销售；仪器仪表销售；电子测量仪器销售；安防设备销售；电子产品销售；计算机软硬件及辅助设备零售；软件销售；办公用品销售；办公设备耗材销售；体育用品及器材零售；纸制品销售；日用百货销售；家居用品销售；劳动保护用品销售；包装材料及制品销售；建筑材料销售；防腐材料销售；木材销售；通信设备销售；光通信设备销售；移动终端设备销售；服装服饰批发；鞋帽批发；电池销售（除依法须经批准的项目外，凭营业执照依法自主开展经营活动）

续表

关系性质	关联方名称	法定代表人	注册地址	注册资本（万元）	主营业务
同受一方控制	中海油销售河北有限公司衡水纵一路加油站	王硕元	中国河北	—	乙醇汽油、柴油（闪点≤60℃）、煤油、润滑油、保健食品的零售、预包装食品、日用品及汽车养护用品的零售、卷烟、雪茄烟的零售、图书报刊的零售、未经加工的初级农产品销售、日用百货便利店经营；餐饮服务；洗车服务；建筑装饰材料销售；服装、玩具、办公用品、纺织品、五金、化肥、家用电器、汽车配件零售、劳保用品销售；场地租赁（依法须经批准的项目，经相关部门批准后方可开展经营活动）
同受一方控制	中海油人力资源服务有限公司	孙文源	中国深圳	5 000	提供油气田技术服务，人力资源开发技术及后勤服务，海外人力资源技术开发及后勤服务；经济信息咨询（包含企业管理信息系统、科技成果管理咨询；人力资源信息系统及应用系统的设计、开发、集成，系统应用管理和维护）；提供商务翻译服务；为海洋石油工程提供专业化职业健康安全指导服务、质量安全监督技术服务、安全生产管理信息化服务、资产完整性管理咨询与评估技术服务；安防工程、防爆电气工程、消防安全工程建设与相关咨询服务。健康咨询服务（不含诊疗服务；除依法须经批准的项目外，凭营业执照依法自主开展经营活动）；环保咨询服务；节能管理服务；环境保护监测；固体废物治理（除依法须经批准的项目外，凭业执照依法自主开展经营活动），许可经营项目是：人才供求信息咨询，人才资源开发与管理咨询，委托推荐和招聘，择业指导，职业规划，人才评测，高级人才寻访，人事诊断，人才网络服务，人才培训；劳务派遣
同受一方控制	中海实业有限责任公司北京餐饮管理分公司	郑立华	中国北京	—	餐饮管理；租赁服务（不含许可类租赁服务）；非居住房地产租赁；物业管理；工程管理服务；办公用品销售；日用百货销售；普通货物仓储（不含危险化学品等需许可审批的项目）；技术服务、技术开发、技术咨询、技术交流、技术转让、技术推广。（除依法须经批准的项目外，凭营业执照依法自主开展经营活动）许可项目：餐饮服务；食品销售（依法须经批准的项目，经相关部门批准后方可开展经营活动，具体经营项目以相关部门批准文件或许可证件为准；不得从事国家和本市产业政策禁止和限制类项目的经营活动）
同受一方控制	中海油（重庆）安全装备有限公司	易涤非	中国重庆	1 000	第二类医疗器械生产，医护人员防护用品生产（Ⅱ类医疗器械），医用口罩生产，消毒器械生产，安全评价业务，安全生产检验检测，货物进出口，技术进出口，建设工程设计，消防设施工程，消防技术服务（依法须经批准的项目，经相关部门批准后方可开展经营活动，具体经营项目以相关部门批准文件或许可证件为准）一般项目：医护人员防护用品生产（Ⅰ类医疗器械），特种劳动防护用品生产，第二类医疗器械批发，第二类医疗器械零售，医用口罩批发，医用口罩零售，特种劳动防护用品销售，医用口罩（非医用）生产，日用口罩（非医用）销售，机械电气设备制造，电气机械设备销售，电力设备销售，安防设备销售，安防设备销售（不含许可类专业设备销售），通用设备制造（不含特种设备制造），物联网设备制造，物联网设备销售，智能基础制造装备制造，智能基础制造装备销售，智能机器人的研发，智能机器人销售，工业机器人制造，软件开发，软件销售，安全咨询服务，机械设备研发，机械设备销售，工程和技术研究和试验发展，劳动保护用品生产，劳动保护用品销售，机械设备租赁，环境应急技术装备制造，环境应急技术装备销售，环境保护专用设备制造，环境保护专用设备销售，工业设计服务，技术服务、技术开发、技术咨询、技术交流、技术转让、技术推广，企业管理，交通及公共管理用金属标牌制造，交通及公共管理用标牌销售（除依法须经批准的项目外，凭营业执照依法自主开展经营活动）
同受一方控制	中海油销售惠州有限责任公司	马德胜	中国广东	8 551.64	对加油站运营提供技术、经营管理咨询服务，国内贸易，进出口贸易，设备租赁，物业租赁，油品仓储；新能源汽车充电桩研发、生产、销售、安装，充电运营，充电服务；石油制品（危险化学品除外）、化工产品（危险化学品除外）、化学试剂（危险化学品除外）；燃料油（危险化学品除外）：批发：汽油、柴油，零售：汽油、柴油、煤油、润滑油、润滑脂、沥青、橡胶制品、钢材、五金交电、洗车服务、汽车配件、电子产品、家用电器、烟、酒、定型包装食品、日用百货、烘焙制品、冷热饮品制售、散装食品、乳制品（含婴幼儿配方乳粉）、药品、保健品、化妆品、卫生用品、宠物用品、礼品、鲜花、农副产品、水果蔬菜、生鲜、冷冻食品、一次性防护口罩、纺织品、服装、出版物；互联网商品销售（许可审批类商品除外）；预付卡发行与受理；委托代理收取水电费、票务代理服务；代售福利彩票、体育彩票；通信产品；充值卡；体育运动项目经营；餐饮管理；水产品批发；无人货架及自动售卖业务；设计、制作、发布、代理国内外各类广告；广告经营（户外广告需审批经营）；技术应用研究和计算机软件开发、销售第三类医疗器械；（零售项目由分支机构经营）许可项目：餐饮服务。（依法须经批准的项目，经相关部门批准后方可开展经营活动，具体经营项目以相关部门批准文件或许可证件为准）一般项目：汽车销售；汽车零配件零售（除依法须经批准的项目外，凭营业执照依法自主开展经营活动）
同受一方控制	中海油田服务股份有限公司湛江分公司	周松民	中国广东	—	对外派遣与其实力、规模、业绩相适应的境外工程所需的劳务人员；国内沿海普通货船、成品油船及渤海湾内港口间原油船运输；为石油、天然气及其他地质矿产的勘察、勘探、开发及开采提供服务；工程勘察、岩土工程和软基处理、水下遥控机械作业、管道检测与维修、定位导航、测绘服务、数据处理与解释、油气井钻凿、完井、伽玛测井、油气井测试、固井、泥浆录井、钻杆泥浆配制、井壁射孔、岩芯取样、定向井工程、井下作业、油气井修理、油井增产施工、井底防砂、起下油套管、过滤及井下事故处理等工程服务；与上述服务相关的设备、工具、仪器、器材的销售、维修、租赁和销售业务；泥浆、固井水泥添加剂、油田化学添加剂、专用工具、机电产品、仪器仪表、油气井射孔器材的研制；机电、通信、化工产品（危险化学品除外）的销售；为油田的勘探、开发、生产提供船舶服务、起锚作业、设备、设施、维修、装卸和其他劳务服务；船舶、机械、电子设备的配件销售；环保工程服务；环保设备研发、制造、租赁、销售；环保工艺设计；环保作业场站建设和环保作业服务（依法须经批准的项目，经相关部门批准后方可开展经营活动）
同受一方控制	中海石油化学股份有限公司	王维民	中国海南	461 000	尿素、液氨、甲醇、甲醛的生产和销售；硫磺出口贸易和国内贸易；尿素、硫酸铵、磷酸铵（磷酸一铵、磷酸二铵）、过磷酸钙、氯化铵、碳酸氢铵的出口和国内贸易；化工原料、备品配件销售；机械、电气设备检修；农化技术服务

续表

关系性质	关联方名称	法定代表人	注册地址	注册资本（万元）	主营业务
同受一方控制	中海油湖南销售有限公司	彭剑伟	中国湖南	92 459.7	成品油批发；成品油仓储（分支机构经营）；危险化学品经营；燃气经营（分支机构经营）；成品油零售（分支机构经营）；港口经营（分支机构经营）；食品销售（分支机构经营）；烟草制品零售（分支机构经营）；小餐饮（分支机构经营）；小食杂（分支机构经营）；依法须经批准的项目，经相关部门批准后方可开展经营活动，具体经营项目以相关部门批准文件或许可证件为准。一般项目：化工产品销售（不含许可类化工产品）；以自有资金从事投资活动；技术服务、技术开发、技术咨询、技术交流、技术转让、技术推广；租赁服务（不含许可类租赁服务）；日用品销售（分支机构经营）；润滑油销售（分支机构经营）；五金产品零售（分支机构经营）；汽车零配件零售（分支机构经营）；新鲜水果销售（分支机构经营）；卫生用品和一次性使用医疗用品销售（分支机构经营）；医用口罩零售（分支机构经营）；洗车服务（分支机构经营）；广告发布（分支机构经营）；非居住房地产租赁（分支机构经营）；专用化学产品销售（不含危险化学品，分支机构经营）；保健食品（预包装）销售（分支机构经营）；办公用品销售（分支机构经营）；石油制品销售（不含危险化学品）；塑料制品销售；煤炭及制品销售；橡胶制品销售（除依法须经批准的项目外，凭营业执照依法自主开展经营活动）
同受一方控制	中海基金管理有限公司	曾杰	中国上海	14 666.67	基金募集、基金销售、资产管理、中国证监会许可的其他业务（依法须经批准的项目，经相关部门批准后方可开展经营活动）

6.6.3 逐笔披露本公司与关联方的重大交易事项

6.6.3.1 固有与关联方交易情况

固有与关联方关联交易　　　　单位：万元

项目	期初数	借方发生额	贷方发生额	期末数
贷款	—	—	—	—
投资	—	—	—	—
租赁	—	—	—	—
担保	—	—	—	—
应收账款	—	—	—	—
其他	—	—	—	—
合计	—	—	—	—

注：本年度固有从关联方购货408.4万元和申购联营企业中海基金发行的基金产品12 009.16万元和赎回基金产品2 717.85万元，卖出交通银行股票5 490.18万元。

6.6.3.2 信托与关联方交易情况：贷款、投资、租赁、应收账款、担保、其他方式等期初汇总数、本期借方和贷方发生额汇总数、期末汇总数

信托与关联方关联交易　　　　单位：万元

项目	期初数	借方发生额	贷方发生额	期末数
贷款	—	—	—	—
投资	—	—	—	—
租赁	—	—	—	—
担保	—	—	—	—
应收账款	—	—	—	—
其他	1 056 806.36	3 101 749.04	2 454 843.23	1 703 712.17
合计	1 056 806.36	3 101 749.04	2 454 843.23	1 703 712.17

注：本年度信托产品支付关联方服务费50.45万元和申购关联方中海基金的基金产品25 738万元和资管产品153 000万元。

6.6.3.3 信托公司自有资金运用于自己管理的信托项目（固信交易）、信托公司管理的信托项目之间的相互（信信交易）交易金额，包括余额和本报告年度的发生额

6.6.3.3.1 固有与信托财产之间的交易金额期初汇总数、本期发生额汇总数、期末汇总数

固有财产与信托财产相互交易　　单位：万元

项目	期初数	本期发生额	期末数
合计	25 000.00	123 530.00	148 530.00

注：以固有资金投资公司自己管理的信托项目受益权，或购买自己管理的信托项目的信托资产均应纳入统计披露范围。本期购买208 530.00万元，清算结束85 000.00万元。

6.6.3.3.2 信托项目之间的交易金额期初汇总数、本期发生额汇总数、期末汇总数

信托财产与信托财产相互交易　　单位：万元

项目	期初数	本期发生额	期末数
合计	136 172.33	1 860.98	138 033.31

注：以公司受托管理的一个信托项目的资金购买自己管理的另一个信托项目的受益权或信托项下资产均应纳入统计披露范围。本期购买108 438.07万元，清算结束106 577.09万元。

6.6.4 逐笔披露关联方逾期未偿还本公司资金的详细情况以及本公司为关联方担保发生或即将发生垫款的详细情况

报告期内，公司关联方无逾期未偿还本公司资金的情况，无本公司为关联方担保发生或即将发生垫款的情况。

6.7 会计制度的披露

本公司财务报表以持续经营为基础列报。本公司财务报表按照财政部颁布的企业会计准则及其应用指南、解释及其他有关规定（统称企业会计准则）编制。

7. 财务情况说明书

7.1 利润实现和分配情况

本公司2023年利润总额85 562.26万元，税后净利润63 584.75万元。2023年，公司未向股东进行利润分配。

7.2 主要财务指标

指标名称	指标值
信托资产规模（亿元）	1 646.44
人均信托资产规模（亿元）	6.78
资本利润率（%）	11.58
人均净利润（万元）	261.67
不良资产率（%）	—

注：1. 资本利润率=净利润/所有者权益平均余额×100%。
2. 人均净利润=净利润/年平均人数。
3. 平均值采取年初、年末简单平均法，公式为：a（平均）=（年初数+年末数）/2。

7.3 对本公司财务状况、经营成果有重大影响的其他事项

无。

8. 特别事项揭示

8.1 前五名股东报告期内变动情况及原因

报告期内，公司股东人数无变动，持股比例无变动，无质押公司股权或以股权及其受（收）益权设立信托等金融产品的情况。

8.2 董事、监事及高级管理人员变动情况及原因

8.2.1 董事变更

（1）3月13日，经公司股东大会2023年第一次临时会议审议通过，同意免去张德荣公司董事职务，并选举卓新桥担任公司董事职务。

（2）6月28日，经公司2022年度股东大会审议通过，同意免去徐丹独立董事职务，并选举张天西担任公司独立董事职务。

（3）12月1日，经公司第五届董事会第三十三次会议审议通过，同意免去汤全荣公司董事长、董事职务，并选举卓新桥为公司董事长。

（4）12月18日，经公司股东大会2023年第三次临时会议审议通过，同意免去汤全荣公司董事职务。

8.2.2 监事变更

（1）10月9日，经公司第五届监事会第十次会议审议通过，免去金伟根监事、监事会主席职务。

（2）10月27日，经公司股东大会2023年第二次临时会议审议通过，免去金伟根监事职务，并选举周元元为公司监事。

（3）11月28日，经公司第五届监事会第十一次会议审议通过，选举周元元为公司监事会主席。

8.2.3 高级管理人员变更

（1）2023年2月，经公司第五届董事会第二十三次会议审议通过，同意聘任卓新桥担任公司总裁。2023年7月，卓新桥总裁的任职资格获得原上海银保监局核准（现国家金融监督管理总局上海监管局）。

（2）2023年12月，经公司第五届董事会第三十三次会议审议通过，同意聘任王一曼担任公司风险总监。2024年3月，王一曼风险总监的任职资格获得国家金融监督管理总局上海监管局核准。

8.3 变更注册资本、变更注册地或公司名称、公司分立合并事项

报告期内，公司办公场所变更至上海市黄浦区龙华东路325号博荟广场A座22层、23层、25层、26层（实际楼层19层、20层、21层、22层）。

8.4 公司的重大诉讼事项

8.4.1 重大未决诉讼事项

报告期内，公司发生一例信托项目委托人起诉公司的诉讼案件，公司有序推进相关应诉工作。

8.4.2 以前年度发生，于本报告期内终结的重大诉讼事项

报告期内，公司在以前年度发生的因四川信托股权投资项目出现相关违法、违约情形而提起的维权诉讼案件终结；在以前年度发生的一例信托项目委托人起诉公司的诉讼案件终结。

8.5 公司及其董事、监事和高级管理人员受到处罚的情况

无。

8.6 国家金融监督管理总局及其派出机构对公司检查后提出整改意见的，应简单说明整改情况

报告期内，原上海银保监局（现国家金融监督管理总局上海监管局）EAST数据现场检查组对公司EAST数据进行了现场检查并提出整改要求。公司积极开展整改，

根据要求对发现的数据问题进行了修正，同时举一反三，通过修订相关制度进一步完善了数据治理工作机制和内部流程，并聘请了外部第三方专业机构对公司的数据管理机制、监管报表报送、数据应用与展示等各方面进行了全面的治理。

8.7 本年度重大事项临时报告的简要内容、披露时间、所披露的媒体及其版面

（1）2023年7月11日，公司在上海证券报107版、证券时报B3版、中国证券报B008版发布《中海信托关于董事、总裁职务变更的公告》，披露经公司2023年第一次临时会议以及第五届董事会第二十三次会议审议通过，卓新桥先生担任公司董事、总裁职务。董事任职资格已经原上海银保监局核准（沪银保监复〔2023〕408号），总裁任职资格已经原上海银保监局核准（沪银保监复〔2023〕407号）。

（2）2023年9月21日，公司在上海证券报09版、证券时报B2版、中国证券报B002版发布《中海信托关于住所变更公告》。披露经公司第五届董事会第三十一次会议审议通过，公司由上海市黄浦区蒙自路763号36-38楼变更至上海市黄浦区龙华东路325号博荟广场A座22层、23层、25层、26层（实际楼层19层、20层、21层、22层）。上述修改已经国家金融监督管理总局上海监管局核准（沪金复〔2023〕119号）。

（3）2023年9月21日，公司在上海证券报09版、证券时报B2版、中国证券报B002版发布《独立董事变更的公告》。披露经公司2022年度股东大会审议通过，张天西先生担任公司独立董事职务，徐丹女士不再担任公司独立董事职务。董事任职资格已经国家金融监督管理总局上海监管局核准（沪金复〔2023〕114号）。

（4）2023年9月26日，公司在上海证券报99版、证券时报B6版、中国证券报B016版发布中海信托股份有限公司关于换领《中华人民共和国金融许可证》的公告。该事项已经国家金融监督管理总局上海监管局核准。

8.8 国家金融监督管理总局及其派出机构认定的其他有必要让客户及相关利益人了解的重要信息

2023年1月3日，中海信托获评中国信登"信托估值及相关服务优秀合作机构"。

2023年3月31日，中海信托小微系统成功与中国信登信托财产信息查询系统达成互联，成为全国首家与该系统实现接口对接的信托公司。

2023年5月31日，中海信托荣膺2022年度"黄浦区百强重点企业第九名"，同时荣获"央地合作发展奖"。

2023年8月15日，"中海信托·海上塞罕坝蓝碳促进公益信托计划"在湛江签约，全国首支聚焦红树林生态保护的公益信托项目正式启动。

2023年10月23日，中海信托"海油e融"产品获2023年度上海银行业金融科技赋能普惠金融专项奖。

2023年11月11日，在《中国证券报》第二届中国信托业"金牛奖"评选中，"中海信托·中海稳健6号集合资金信托计划""中海信托·远航1号集合资金信托计划"分别荣获"三年期固定收益类产品金牛奖"和"一年期权益类产品金牛奖"。

2023年11月24日，中海信托荣获上海环境能源交易所"2022年度优秀会员奖"。

2023年11月25日，中海信托成立的全国首单以CCER为基础资产的碳中和服务信托——"中海蔚蓝CCER碳中和服务信托"荣获上海市人民政府颁发的"2021—2022年度上海金融创新成果奖三等奖"。

2023年12月30日，在《上海证券报》第十六届"诚信托"奖项评选中，"中海信托·稳盈15号集合开放式资金信托计划"荣获《上海证券报》"诚信托·最佳资产管理信托产品奖"。

8.9 社会责任履行情况报告

公司始终坚持把维护受益人的合法权益放在首位，切实履行诚实、信用、谨慎、有效管理的义务，把好风险关，承担起国有金融企业维护金融稳定的社会责任。截至2023年底，公司存续信托项目608个，信托资产管理规模1 646亿元。未发生一笔因公司违反信托目的处分信托财产或者因违背管理职责、处理信托事务不当而损害委托人、受益人利益的情况。

公司深入贯彻落实中央金融工作会议和中央经济工作会议精神，始终将普惠金融作为转型的重要方向，2023年，累计发放贷款42.16亿元，同比增长116%，支持小微企业主5 199户，在有力支持实体经济发展的同时，小微业务信托资产不良率持续保持为零，切实践行央企金融机构使命担当。

公司充分发挥金融专业机构优势，助力乡村振兴建设，持续开展与上海崇明富安村、内蒙古卓资县旗下营中心学校、海南五指山市水满乡新村的结对帮扶，同时成立"尼玛县乡村振兴可持续发展公益信托"，用于西藏

自治区尼玛县乡村振兴与可持续发展慈善事业。公司积极开展"蔚蓝力量"青年志愿服务和消费者权益保护宣传教育系列活动，切实承担起央企社会责任，用心用情办好民生实事。

公司积极践行"双碳"目标，研发设立新能源投资信托，合作打造零碳加油站、加气站、零碳园区，落地北京国宾大厦、北京金湖汇智培训中心等新能源改扩建项目。公司将乡村振兴与"双碳"目标有机结合，与上海崇明富安村合作，设立首单乡村振兴近零碳社区服务信托，实现村委会区域碳中和目标；与中国海油公益基金会合作，成立全国首个"海上塞罕坝蓝碳促进公益信托计划"红树林保护项目，以绿色金融助力乡村振兴。

8.10 消费者权益保护情况报告

公司高度重视消费者权益保护工作，不断完善消费者权益保护工作顶层设计，明确将消费者权益保护纳入公司治理、企业文化建设和经营发展战略中，稳步提升"以客户为中心"的服务体系，全面落实消费者权益保护责任。

报告期内，公司持续完善消费者权益保护制度体系，建立健全消费者权益保护审查、消费者适当性管理、消费者权益保护内部考核、合作机构管理、矛盾纠纷多元化解等11项消保工作机制，筑牢消费者权益保护体系，构建全流程融入消保要素、全员承担消保责任的工作格局。

报告期内，公司持续开展消费者权益保护内部培训工作。针对公司中高级管理人员、基层业务人员、新入职员工以及投诉多发、风险较高的业务岗位，公司通过邀请外部专家以及甄选内部讲师的方式组织各类消保培训，内容覆盖政策解读、制度宣贯、案例分析等，并通过测试检验培训效果，持续提升消费者权益保护工作能力水平。

报告期内，公司持续开展消费者权益保护外部宣教工作。公司积极制定并落实消费者权益保护年度教育宣传工作计划，组织开展"3·15"消保宣传周、"防范电信网络诈骗"宣传月、"防范非法集资"宣传月、"全面反诈在行动"宣传月、"金融知识普及月"等活动。公司协同各方资源，高管带队持续开展"进社区""进企业""进商圈"消保公益活动，并依托中海油集团优势，走进北京、天津、南京、福建、上海及深圳等集团下属企业开展全国范围"金融知识万里行"活动，宣传效果良好。

公司创新宣教形式，制作发布多期风险提示、案例警示及动漫视频，借助图文载体，开展形式多样的金融知识普及。公司参加由上海市金融稳定协调联席会议办公室（上海市地方金融监督管理局）主办，上海市公安局、上海市最高人民法院、上海市检察院、人民银行上海总部、国家金融监督管理总局上海监管局、上海证监局、上海市市场监管局协办，上海市金融工会、上海市金融稳定发展研究中心、上海市金融团工委共同承办的2023年度上海市防范打击非法金融活动优秀宣传作品征集评选活动，并在参选的330件作品中，荣获图文组三等奖和优秀奖。

报告期内，公司持续优化消费投诉处理工作制度流程，不断完善消费纠纷多元化解配套机制，切实履行投诉处理主体责任，强化投诉源头治理，畅通消费投诉渠道，有效化解消费纠纷。公司全年共受理客户投诉54件，其中个人生产经营性贷款业务50件、其他业务4件，投诉地区均为上海。公司相关部门根据《金融消费者权益保护工作实施细则》相关规定进行登记、转办并跟踪，及时向投诉人进行反馈，并对其提出的诉求进行一一解释和答复。

9.公司监事会意见

监事会认为公司建立了较为完善的内部控制制度，决策程序符合法律、法规和公司章程的规定。公司董事、管理层认真履行职责，未发现其在执行职务时有违反法律、法规、公司章程或损害公司利益的行为。公司财务报告经立信会计师事务所（特殊普通合伙）审计，监事会认可其出具的标准无保留意见的2023年度审计报告。

中航信托股份有限公司

1. 重要提示

1.1 本公司董事会及董事保证本报告所载资料不存在任何虚假记载、误导性陈述或者重大遗漏，并对其内容的真实性、准确性和完整性承担个别及连带责任。

1.2 本公司独立董事对年度报告内容的真实性、准确性、完整性无异议。

1.3 本公司董事长何唐兵、总会计师李天舒保证年度报告中财务报告的真实和完整。

2. 公司概况

2.1 公司简介

2.1.1 公司法定名称

中文：中航信托股份有限公司

英文：AVIC Trust Co.，Ltd.

2.1.2 公司法定代表人：何唐兵

2.1.3 公司注册地址：江西省南昌市红谷滩新区会展路1009号航信大厦

邮编：330038

互联网网址：www.avictc.com

电子邮箱：zhxt@avictc.com

2.1.4 公司负责信息披露事务的高级管理人员：何唐兵

办公电话：0791-86667992

办公传真：0791-86772268

电子邮箱：zhxt@avictc.com

2.1.5 公司选定的信息披露报纸：《上海证券报》

2.1.6 年报备置地点：江西省南昌市红谷滩新区会展路1009号航信大厦

2.1.7 公司聘请的会计师事务所：大华会计师事务所（特殊普通合伙）

办公地址：北京丰台区西四环中路78号院首汇广场10号楼

2.2 组织结构图

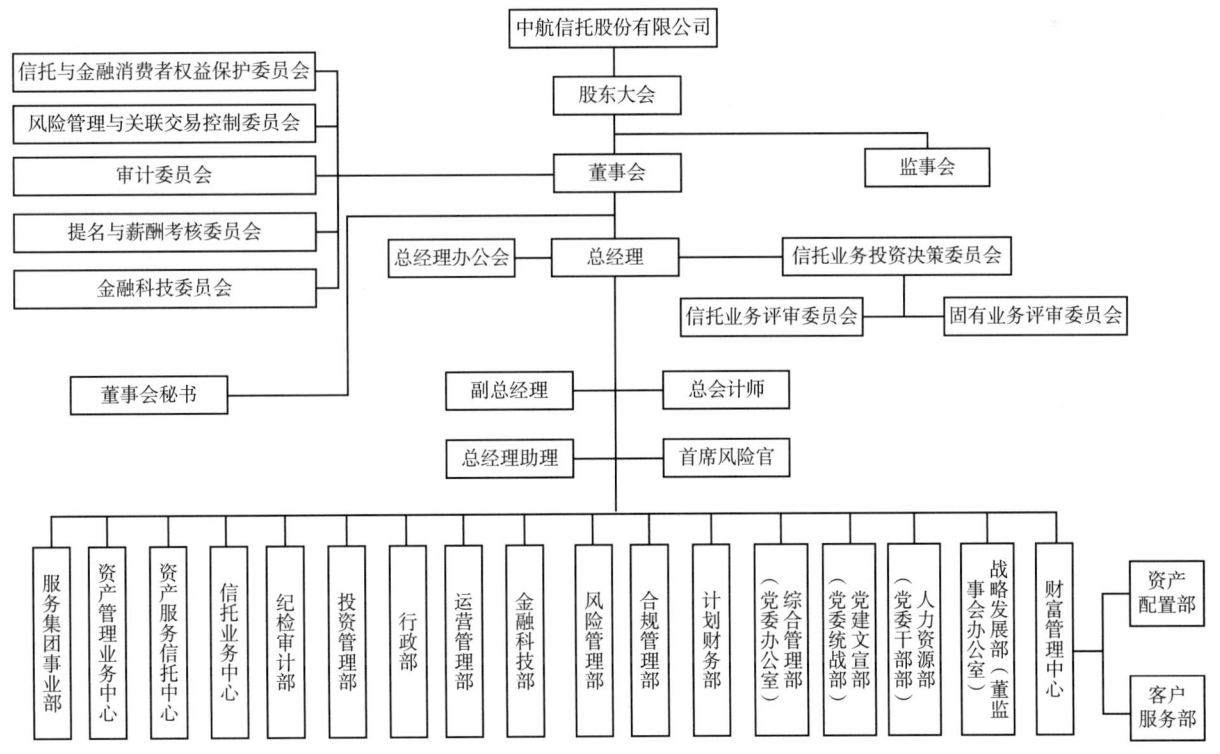

3. 公司治理

3.1 股东

股东名称	持股数（万股）	比例（%）	法人代表	注册资本	注册地址	主要经营业务
中航投资控股有限公司	545 882.2063	84.42	丛中	120.21亿元	北京市朝阳区望京东园四区2号42层	中航投资控股有限公司是中国航空工业集团有限公司的重要金融投资平台，主要经营业务为实业投资；股权投资；投资咨询
华侨银行有限公司	100 731.0248	15.58	李国庆	新币137.5亿元	65 Chulia Street #09-00 OCBC Centre Singapore 049513	华侨银行及其子公司向客户提供全方位商业银行、专业金融和财富管理服务，包括个人业务、公司业务、投资业务、私人银行业务、交易银行业务、资金业务、保险、资产管理和股票经纪业务
合计	646 613.2311	100	—	—	—	—

3.2 董事会

姓名	职务	性别	年龄（岁）	任该职务日期	所推举的股东名称	简要履历
何唐兵	董事长	男	45	2023年11月	中航投资控股有限公司	北京大学金融学及清华大学MPA硕士学位，2021年6月加入中航信托，现任党委副书记、董事长
贾鸿鹏	董事	男	44	2018年5月	中航投资控股有限公司	对外经贸大学工商管理专业硕士研究生，高级工程师，现任航空工业新能源公司副总经理
王克	董事	男	56	2021年2月	华侨银行有限公司	美国西北大学工商管理硕士学位，现任华侨永亨银行（中国）有限公司董事兼首席执行官
曹海鹏	董事	男	42	2024年3月	中航投资控股有限公司	南京航空航天大学民航学院交通信息工程专业硕士学位，现任中航产融规划发展部部长
胡援成	独立董事	男	70	2018年4月	—	江西财经大学金融学资深教授、博士生导师
程炼	独立董事	男	47	2022年1月	—	中国社会科学院金融研究所研究员，综合研究部主任，《金融评论》编辑部主任
苏中兴	独立董事	男	46	2022年1月	—	中国人民大学教授，博士生导师，人力资源管理系主任

注：贾鸿鹏先生于2024年3月不再担任公司董事。

3.3 监事

姓名	职务	性别	年龄（岁）	任该职务时间	所推举的股东名称	该股东持股比例（%）	简要履历
周宝义	监事会主席	男	56	2023年12月	中航投资控股有限公司	84.42	国际贸易系博士研究生，现任中航产融董监办主任
肖小和	监事	男	66	2022年1月	外部监事	—	经济学硕士研究生，高级经济师
陈君枫	监事	女	40	2020年11月	职工监事	—	法学专业硕士研究生
谢检发	监事	男	38	2024年3月	职工监事	—	硕士研究生，现任中航信托合规管理部总经理助理（主持工作）

注：陈君枫女士于2024年1月不再担任公司职工监事。

3.4 高级管理人员

姓名	性别	职务	选任时间	金融从业年限（年）	学位	专业	年龄（岁）
何唐兵	男	总经理（代）	2021年7月	22	硕士	经济学	45
李鹏	男	副总经理	2019年7月	27	硕士	MBA	47
张瑰	女	副总经理	2020年6月	19	硕士	会计学	47
李天舒	男	总会计师	2022年4月	3	硕士	会计学	46
郭若强	男	首席风险官	2010年9月	32	硕士	应用金融	59
刘文庆	男	总经理助理	2015年8月	35	本科	经济学	55
姜燕	女	总经理助理	2019年4月	25	硕士	国际金融	49

3.5 公司员工

报告期末，公司信托业务从业人员512人，具体分布如下表所示。

项目		报告期年度	
		人数（人）	比例（%）
年龄分布	20~30岁	126	24.61
	31~40岁	286	55.86
	41~50岁	75	14.65
	50岁及以上	25	4.88
学历分布	博士	8	1.56
	硕士	351	68.55
	本科	141	27.54
	专科	11	2.15
	其他	1	0.20
岗位分布	董事、监事及高管人员	14	2.73
	固有业务人员	5	0.98
	信托业务人员	339	66.21
	其他人员	154	30.08

4. 经营管理

4.1 经营目标、方针、战略规划

经营目标：承信受托，根植航空，服务客户，成就不凡。

经营方针：坚持稳中求进工作基调，以"高质量发展"为主题，以守住"不发生系统性风险"为底线，推动回归信托本源。

战略规划：本报告期内，公司完成了"十四五"规划中期调整，确定了"12345"发展战略。坚守"1"个初心是践行公司使命——承信受托，根植航空，服务客户，成就不凡。坚持"2"个回归是回归航空主业，服务首责主责主业；回归信托本源，践行承信受托。聚焦"3"类业务是服务产业现代化的资产管理信托、服务场景个性化的资产服务信托、服务价值链最优化的公益慈善信托。实施"4"个转型是从重资产向重服务的轻资本化转型、从产品驱动向客户需求驱动转型、从"全能型"向"平台型"组织转型、从信息化建设向"数智金融"转型。践行"5"个策略是对得上股东要求、接得住市场需求、客户信得过、合规托得稳、风控守得牢。

4.2 所经营业务的主要内容

报告期内，公司主要开展业务分为信托业务和固有业务。

4.2.1 固有资产运用与分布表

资产运用	金额（万元）	占比（%）	资产分布	金额（万元）	占比（%）
货币资金	34 656.67	1.70	基础产业	89 356.53	4.38
交易性金融资产	1 806 886.53	88.58	房地产业	45 749.04	2.24
贷款及应收款项	13 300.00	0.65	证券市场	81 465.54	3.99
其他权益工具投资	—	—	工商企业	725 567.88	35.57
固定资产	20 961.72	1.03	金融机构	671 306.50	32.91
其他	163 989.53	8.04	其他	426 348.96	20.91
资产合计	2 039 794.45	100	资产合计	2 039 794.45	100

4.2.2 信托资产运用与分布表

资产运用	金额（万元）	占比（%）	资产分布	金额（万元）	占比（%）
货币资产	1 116 871.56	1.76	基础产业	3 027 588.61	4.76
贷款	11 293 049.17	17.77	房地产	6 014 649.67	9.46
交易性金融资产	41 956 498.22	66.01	证券市场	9 498 100.83	14.94
债权投资	6 605 107.02	10.39	实业	13 052 212.02	20.53
其他债权投资	—	—	金融机构	14 319 214.02	22.53
长期股权投资	379 543.86	0.60	其他	17 653 246.22	27.77
其他	2 213 941.54	3.48	—	—	—
信托总资产	63 565 011.38	100.00	信托总资产	63 565 011.38	100.00

4.3 市场分析

2023年，信托行业历经多项重大变革，随着信托业务分类新规以及信托公司差异化监管政策的正式落地，行业处于"提质增效、格局重塑"的关键阶段。2024年，随着新旧产能更迭和经济周期波动，信托业将坚持"稳中求进、以进促稳、先立后破"的总基调，于变局中开新局，进一步立足信托本源和制度功能优势，积极提供差异化金融服务。公司将顺应时代的发展趋势，找准发展路径，补齐发展短板，进一步提质增效，围绕科技信托、绿色信托、普惠信托、养老信托、数据信托"五篇大文章"，擘画具有中国特色的信托业高质量发展之路。

4.4 内部控制

公司构建了完备的法人治理结构，"三会一层"分工明确、相互制衡、各司其职、规范运作。2023年，根据风险状况和控制环境的变化，公司贯彻"目标明确、覆盖全面、运作规范、执行到位、监督有力"的方针，修

订《合规管理规定》，开展合规与内控文化宣导，不断完善内部控制运行机制，着力提高抵御风险能力，强化内部控制日常化运作机制，持续提升内控工作的水平和效果。同时，公司全面贯彻落实监管单位、中国航空工业集团文件要求，加强内控管理专项整治，组织开展"七个专项治理"内控管理再梳理、内控制度缺陷排查评估、内控信息化建设完善和内控体系督导加强等内控管理相关工作，结合公司实际，切实做好内控管理专项整治，不断健全完善公司内控体系建设。

4.5 风险管理

4.5.1 风险管理概况

公司紧密围绕战略业务布局，秉持风控引领业务的经营思路，搭建四层风险治理架构，应对公司经营中面对的各类风险，不断提高公司风险管理效能。公司在报告期内，一是明确公司风险管理策略。二是全面评估风控体系建设与运行有效性。三是完善公司风险制度体系。四是优化公司风险管理流程。五是提升公司风险管理系统功能。

4.5.2 净资本管理状况

2023年末，公司各项净资本风险控制指标均符合监管政策要求，其中：净资本148.76亿元，净资本/各项风险资本之和为155.25%，净资本/净资产为82.00%。

4.5.3 风险管理状况

公司在经营过程中可能遇到的风险主要有：信用风险、市场风险、操作风险、改革与业务转型风险、法律合规风险和声誉风险等等其他风险。报告期内，各项风险总体可控，未发生因信用风险、市场风险、操作风险等造成的损失。

4.6 绿色信托

2023年，公司系统推动绿色信托高质量发展，将发展绿色信托作为"十四五"战略规划的重要内容，将ESG理念融入公司治理架构。公司推进绿色信托产品与服务升级，正式推出天岚新能、天岚碳慧、天岚环境等绿色信托系列子品牌，发挥资源配置优势，持续创新绿色信托业务模式，引导更多社会资本和资源流入绿色产业，更好地服务国家绿色发展目标。绿色信托存续投放规模逾183.25亿元，累计投放规模逾550亿元。公司连续三年发布的ESG年度专项报告，推动完成《中国信托业ESG报告编制指南》课题研究报告，助力提升ESG信息披露水平。

4.7 企业社会责任

公司始终牢记"航空报国 航空强国"的初心使命，以航空为根，持续关注民生和社会进步，积极履行社会责任。扎实有序推进乡村振兴。支持定点帮扶对象永新三湾汗江村发展蜜蜂养殖、红薯干等特色生态富民产业；宣传三湾红色基因，带动当地红色旅游良好健康发展。投身公益慈善与社会实践。通过成立慈善信托引导社会关注弱势群体，持续开展爱心捐赠、航空科普、敬老慰问、无偿献血等各类公益爱心活动，冠名支持善行者公益徒步活动，带动社会公众捐款超1 698万元；开展"爱党爱国爱航空"系列文化帮扶活动，为贵州安顺地区乡村小学建设95个"书香航空阅享角"。开展金融消保与尽职服务。大力开展具有信托行业特色、广泛社会影响力的消保投教活动，推出"照10说经济""鲲鹏大师课""鲲鹏行万里""鲲鹏微课堂""鲲鹏小咖秀""鲲鹏会客厅""消保第一课"等一系列特色投教栏目。强化公司先进文化力建设。以中国航空工业集团先进文化力建设为指引，树立"文化兴企"理念，实现"五力"提升，构建能够创造卓越绩效的使命驱动型组织。

5. 报告期末及上一年度末的比较式会计报表

5.1 固有资产

5.1.1 大华会计师事务所（特殊普通合伙）审计意见

中航信托股份有限公司财务报表在所有重大方面按照企业会计准则的规定编制，公允反映了中航信托股份有限公司2023年12月31日的财务状况以及2023年度的经营成果和现金流量。

5.1.2 资产负债表

资产负债表

编制单位：中航信托股份有限公司　　2023年12月31日　　单位：万元

项目	2023年12月31日		2022年12月31日	
	合并	母公司	合并	母公司
货币资金	34 656.67	28 731.71	53 064.01	47 406.97
应收款项	—	—	149.90	149.90
预付款项	3 338.48	3 338.48	3 133.28	3 133.28
其他应收款	59 162.78	61 677.78	65 371.02	69 631.02
发放贷款和垫款	13 300.00	13 300.00	18 488.06	18 488.06
交易性金融资产	1 806 886.53	1 658 610.08	1 731 433.91	1 572 374.61
其他权益工具投资		55 926.00		55 926.00
投资性房地产	15 092.03	15 092.03	15 693.14	15 693.14

续表

项目	2023年12月31日		2022年12月31日	
	合并	母公司	合并	母公司
固定资产	20 961.72	20 961.72	22 706.81	22 706.81
使用权资产	9 697.68	9 697.68	8 005.55	8 005.55
无形资产	10 007.99	10 007.99	8 083.02	8 083.02
长期待摊费用	335.54	335.54	722.37	722.37
递延所得税资产	64 843.57	64 843.57	42 190.41	42 190.41
其他资产	1 511.46	1 511.46	874.08	874.08
资产总计	2 039 794.45	1 888 108.04	2 025 841.56	1 865 385.22
应付职工薪酬	3 594.61	3 594.61	2 043.97	2 043.97
应交税费	17 825.68	15 392.95	24 737.83	24 009.26
应付股利	16 890.92	16 890.92	16 890.92	16 890.92
其他应付款	30 178.50	26 119.35	29 525.19	7 088.46
合同负债	—	—	—	—
租赁负债	9 604.97	9 604.97	7 970.22	7 970.22
递延所得税负债	2 424.42	2 424.42	5 265.36	5 265.36
其他负债	145 194.53	—	137 291.05	—
负债合计	225 713.64	74 027.23	223 724.54	63 268.19
实收资本	646 613.23	646 613.23	646 613.23	646 613.23
资本公积	136 588.46	136 588.46	136 588.46	136 588.46
其他综合收益	—	—	9 791.92	9 791.92
盈余公积	151 658.01	151 658.01	149 482.44	149 482.44
一般风险准备	125 328.32	125 328.32	115 961.23	115 961.23
未分配利润	753 892.79	753 892.79	743 679.75	743 679.75
所有者权益合计	1 814 080.81	1 814 080.81	1 802 117.02	1 802 117.02
负债和所有者权益总计	2 039 794.45	1 888 108.04	2 025 841.56	1 865 385.22

企业负责人：何唐兵　　主管会计工作的负责人：李天舒　　会计机构负责人：刘合

5.1.3 利润表

利润表

编制单位：中航信托股份有限公司　　2023年度　　单位：万元

项目	2023年度		2022年度	
	合并	母公司	合并	母公司
一、营业总收入	123 778.19	122 821.97	226 720.76	226 708.48
利息净收入	1 402.46	1 402.46	4 440.30	4 440.30
利息收入	1 703.70	1 703.70	4 485.97	4 485.97
利息支出	301.24	301.24	45.67	45.67
手续费及佣金净收入	176 964.64	179 750.25	291 452.14	293 220.88
手续费及佣金收入	177 089.39	179 875.01	291 858.94	293 627.68
手续费及佣金支出	124.76	124.76	406.80	406.80
投资收益	25 439.94	25 439.94	25 486.58	18 965.59
其他收益	1 002.45	1 002.45	316.85	316.85
公允价值变动收益	−81 709.53	−85 451.36	−95 520.64	−90 780.67
汇兑收益	2.02	2.02	4.94	4.94
其他业务收入	674.67	674.67	542.35	542.35
资产处置收益	1.54	1.54	−1.77	−1.77
二、营业总支出	113 361.96	112 405.75	118 791.97	118 779.68
税金及附加	1 602.44	1 602.44	2 292.27	2 292.27
业务及管理费	96 716.89	95 760.67	101 941.94	101 929.65
研发费用	2 638.69	2 638.69	2 476.63	2 476.63
信用减值损失	11 802.83	11 802.83	11 480.01	11 480.01
其他业务成本	601.12	601.12	601.12	601.12
三、营业利润	10 416.22	10 416.22	107 928.79	107 928.79
加：营业外收入	22.82	22.82	312.69	312.69
减：营业外支出	337.33	337.33	234.22	234.22
四、利润总额	10 101.72	10 101.72	108 007.26	108 007.26
减：所得税费用	1 715.01	1 715.01	26 014.47	26 014.47
五、净利润	8 386.71	8 386.71	81 992.79	81 992.79

企业负责人：何唐兵　　主管会计工作的负责人：李天舒　　会计机构负责人：刘合

5.1.4 所有者权益变动表

所有者权益变动表（合并）

编制单位：中航信托股份有限公司　　单位：万元

项目	2023年度						
	股本	资本公积	其他综合收益	盈余公积	一般风险准备	未分配利润	所有者权益合计
一、上年年末余额	646 613.23	136 588.46	9 791.92	149 482.44	115 961.23	743 679.75	1 802 117.02
加：会计政策变更	—	—	—	—	—	—	—
二、本年年初余额	646 613.23	136 588.46	9 791.92	149 482.44	115 961.23	743 679.75	1 802 117.02
三、本年增减变动金额	—	—	−9 791.92	2 175.57	9 367.10	10 213.04	11 963.79
（一）综合收益总额	—	—	3 577.08	—	—	8 386.71	11 963.79
（二）所有者投入和减少资本	—	—	—	—	—	—	—
1.所有者投入的普通股	—	—	—	—	—	—	—
（三）利润分配	—	—	—	838.67	9 367.10	−10 205.77	—

续表

项目	2023年度						
	股本	资本公积	其他综合收益	盈余公积	一般风险准备	未分配利润	所有者权益合计
1.提取盈余公积	—	—	—	838.67	—	−838.67	—
2.提取一般风险准备	—	—	—	—	9 367.10	−9 367.10	—
3.对所有者的分配	—	—	—	—	—	—	—
（四）所有者权益内部结转	—	—	−13 369.00	1 336.90	—	12 032.10	—
1.资本公积转增股本	—	—	—	—	—	—	—
2.盈余公积转增股本	—	—	—	—	—	—	—
3.其他综合收益结转留存收益	—	—	−13 369.00	1 336.90	—	12 032.10	—
（五）其他							
四、本年年末余额	646 613.23	136 588.46	—	151 658.01	125 328.32	753 892.79	1 814 080.81

企业负责人：何唐兵　　　　主管会计工作的负责人：李天舒　　　　会计机构负责人：刘合

所有者权益变动表（母公司）

编制单位：中航信托股份有限公司　　　　　　　　　　　　　　　　　　　　单位：万元

项目	2023年度						
	股本	资本公积	其他综合收益	盈余公积	一般风险准备	未分配利润	所有者权益合计
一、上年年末余额	646 613.23	136 588.46	9 791.92	149 482.44	115 961.23	743 679.75	1 802 117.02
加：会计政策变更	—	—	—	—	—	—	—
二、本年年初余额	646 613.23	136 588.46	9 791.92	149 482.44	115 961.23	743 679.75	1 802 117.02
三、本年增减变动金额	—	—	−9 791.92	2 175.57	9 367.10	10 213.04	11 963.79
（一）综合收益总额	—	—	3 577.08	—	—	8 386.71	11 963.79
（二）所有者投入和减少资本							
1.所有者投入的普通股							
（三）利润分配	—	—	—	838.67	9 367.10	−10 205.77	—
1.提取盈余公积	—	—	—	838.67	—	−838.67	—
2.提取一般风险准备	—	—	—	—	9 367.10	−9 367.10	—
3.对所有者的分配	—	—	—	—	—	—	—
（四）所有者权益内部结转	—	—	−13 369.00	1 336.90	—	12 032.10	—
1.资本公积转增股本	—	—	—	—	—	—	—
2.盈余公积转增股本	—	—	—	—	—	—	—
3.其他综合收益结转留存收益	—	—	−13 369.00	1 336.90	—	12 032.10	—
（五）其他							
四、本年年末余额	646 613.23	136 588.46	—	151 658.01	125 328.32	753 892.79	1 814 080.81

企业负责人：何唐兵　　　　主管会计工作的负责人：李天舒　　　　会计机构负责人：刘合

5.2 信托资产

5.2.1 信托项目资产负债表

信托项目资产负债表

编制单位：中航信托股份有限公司　　　2023年12月31日　　　单位：万元

信托资产	2023年12月31日	信托负债和信托权益	2023年12月31日
信托资产：	—	信托负债：	—
货币资金	1 116 871.56	交易性金融负债	—
拆出资金	—	衍生金融负债	—

续表

信托资产	2023年12月31日	信托负债和信托权益	2023年12月31日
存出保证金	—	应付受托人报酬	139 141.91
交易性金融资产	41 956 498.22	应付托管费	2 549.41
衍生金融资产	—	应付受益人收益	14 796.65
买入返售金融资产	490 719.70	应交税费	38 008.11
应收款项	1 184 852.17	应付销售服务费	33 722.29
发放贷款	11 293 049.17	其他应付款项	1 270 423.98

续表

信托资产	2023年12月31日	信托负债和信托权益	2023年12月31日
债权投资	6 605 107.02	预计负债	—
其他债权投资	—	其他负债	488 320.65
长期应收款	—		
长期股权投资	379 543.86	信托负债合计	1 986 963.00
投资性房地产	—		—
固定资产	—	信托权益：	—
无形资产	—	实收信托	61 459 945.03
长期待摊费用	—	资本公积	—
其他资产	538 369.67	未分配利润	118 103.34
减：各项资产减值准备	1 337.13	信托权益合计	61 578 048.38
信托资产总计	63 565 011.38	信托负债及信托权益总计	63 565 011.38

注：实收信托合计金额是信托本金累计给付额。

5.2.2 信托项目利润及利润分配表

信托项目利润及利润分配表

编制单位：中航信托股份有限公司　　　　　　　　　　　　　单位：万元

项目	2023年度
1.营业收入	2 681 118.20
1.1 利息收入	1 124 776.89
1.2 投资收益（损失以"-"号填列）	1 644 581.46
1.2.1 其中：对联营企业和合营企业的投资收益	—
1.3 公允价值变动收益（损失以"-"号填列）	-88 534.91
1.4 租赁收入	—
1.5 汇兑损益（损失以"-"号填列）	—
1.6 其他收入	294.76
2.支出	680 691.70
2.1 营业税金及附加	6 471.90
2.2 受托人报酬	151 713.17
2.3 托管费	7 279.83
2.4 投资管理费	—
2.5 销售服务费	34 018.99
2.6 交易费用	943.45
2.7 信用减值损失	330 349.05
2.7.1 以摊余成本计量的金融资产减值损失	28 575.88
2.7.2 以公允价值计量且其变动计入其他综合收益的金融资产减值损失	—
2.8 其他资产减值损失	8 793.34
2.9 其他费用	141 121.98
3.信托净利润（净亏损以"-"号填列）	2 000 426.49
4.其他综合收益	—
5.综合收益	2 000 426.49
6.加：期初未分配信托利润	497 946.01
7.可供分配的信托利润	2 498 372.51
8.减：本期已分配信托利润	2 380 269.16
9.期末未分配信托利润	118 103.34

6.会计报表中重要项目的明细资料

6.1 自营资产经营情况

6.1.1 信用风险资产五级分类情况

信用资产五级分类	正常类（万元）	关注类（万元）	次级类（万元）	可疑类（万元）	损失类（万元）	信用风险资产合计（万元）	不良资产合计（万元）	不良率（%）
期初数	1 603 929.55	158 733.17	18 988.24	12 187.10	—	1 793 838.06	31 175.34	1.74
期末数	1 422 399.37	322 332.35	38 520.00	21 566.79	—	1 804 818.51	60 086.79	3.33

注：不良资产合计=次级类+可疑类+损失类。

6.1.2 资产减值准备情况

单位：万元

项目	期初数	本期计提	本期转回	本期核销	期末数
贷款损失准备	570.00	5 130.00	—	—	5 700.00
一般准备	—	—	—	—	—
专项准备	—	—	—	—	—
其他资产减值准备	—	—	—	—	—

续表

项目	期初数	本期计提	本期转回	本期核销	期末数
持有至到期投资减值准备	—	—	—	—	—
长期股权投资减值准备	—	—	—	—	—
坏账准备	25 287.06	6 672.83	—	—	31 959.89
投资性房地产减值准备					

6.1.3 固有股票投资、基金投资、债券投资、长期投资等投资情况

单位：万元

项目	自营股票	基金	债券	长期投资	其他投资	合计
期初数	55 926.00	—	1 106.50	207 988.16	1 363 279.94	1 628 300.60
期末数	—	—	1 151.00	203 938.64	1 453 520.44	1 658 610.08

6.1.4 长期投资的前五名

企业名称	占被投资企业权益的比例（%）	主要经营活动	投资收益（万元）
中国信托业保障基金有限责任公司	8.70	保障基金管理	5 400.00
南昌农村商业银行股份有限公司	4.42	证券服务	
江西银行股份有限公司	0.43	银行服务	
中国信托登记有限责任公司	3.33	银行服务	
贵州银行股份有限公司	0.45	信托登记	390.01

6.1.5 固有贷款项目

企业名称	占贷款总额的比例（%）	发放贷款金额（万元）
重庆融创津浦房地产经纪有限公司	100.00	19 000.00

6.1.6 表外业务的期初数、期末数

报告期内，本公司未开展除信托业务以外的表外业务及担保、代理等其他业务。

6.1.7 公司当年的收入结构

收入结构	合并		母公司	
	金额（万元）	占比（%）	金额（万元）	占比（%）
手续费及佣金收入	177 089.39	142.58	179 875.01	145.15
其中：信托手续费收入	177 089.39	142.58	179 875.01	145.15
利息收入	1 703.40	1.37	1 703.40	1.37
其他业务收入	674.67	0.54	674.67	0.54
投资收益	25 439.94	20.48	25 439.94	20.53
其中：股权投资收益	6 592.15	5.31	6 592.15	5.32
证券投资收益	—	—	—	—
其他投资收益	18 847.79	15.17	18 847.79	15.21
其他收益	1 002.45	0.81	1 002.45	0.81
公允价值变动收益	-81 709.53	-65.79	-85 451.36	-68.96
汇兑收益	2.02		2.02	
资产处置收益	1.54		1.54	
收入合计	124 203.88	100.00	123 920.32	100.00

6.2 披露信托资产管理情况

6.2.1 信托资产的期初数、期末数对比分析

信托资产	2023年12月31日	2022年12月31日	增减变动额（万元）	增减幅度（%）
集合	49 018 863.39	50 216 197.91	-1 197 334.52	-2.38
单一	10 445 188.62	9 322 907.50	1 122 281.12	12.04
财产权	4 100 959.37	3 462 046.98	638 912.39	18.45
合计	63 565 011.38	63 001 152.39	563 858.99	0.89

6.2.1.1 主动管理型信托业务的信托资产期初数、期末数对比分析

主动管理型信托资产	2023年12月31日	2022年12月31日	增减变动额（万元）	增减幅度（%）
投资类	42 284 623.13	42 481 773.86	-197 150.73	-0.46
融资类	12 917 182.79	13 327 817.35	-410 634.56	-3.08
事务管理类	—	—	—	—
合计	55 201 805.93	55 809 591.21	-607 785.28	-1.09

6.2.1.2 被动管理型信托业务的信托资产期初数、期末数对比分析

被动管理型信托资产	2023年12月31日	2022年12月31日	增减变动额（万元）	增减幅度（%）
投资类	—	—	—	—
融资类	—	—	—	—
事务管理类	8 363 205.46	7 191 561.19	1 171 644.27	16.29
合计	8 363 205.46	7 191 561.19	1 171 644.27	16.29

6.2.2 本年已清算结束的信托项目情况

6.2.2.1 本年度已清算结束的集合类、单一类资金信托项目和财产管理类信托项目情况

已清算结束信托项目	项目个数（个）	实收信托合计金额（万元）	加权平均实际年化收益率（%）
集合	163	8 868 112.47	4.81
单一	311	1 603 204.75	6.32
财产权	51	5 887 644.41	2.93

6.2.2.2 本年度已清算结束的主动管理型信托项目情况

已清算结束信托项目	项目个数（个）	实收信托合计金额（万元）	加权平均实际年化报酬（%）	加权平均实际年化收益率（%）
投资类	52	7 478 721.80	0.59	4.84
融资类	331	3 515 222.94	0.44	5.3
事务管理类	—	—	—	—

6.2.2.3 本年度已清算结束的被动管理型信托项目情况

已清算结束信托项目	项目个数（个）	实收信托合计金额（万元）	加权平均实际年化报酬（%）	加权平均实际年化收益率（%）
投资类	—	—	—	—
融资类	—	—	—	—
事务管理类	142	5 365 016.89	0.31	2.83

6.2.3 本年度新增的集合类、单一类资金信托项目和财产管理类信托项目情况

新增信托项目	项目个数（个）	实收信托合计金额（万元）
集合	214	4 573 130.66
单一	611	1 294 783.76
财产权	87	2 209 933.18
合计	912	8 077 847.60
其中：主动管理型	419	5 058 162.23
被动管理型	493	3 019 685.37

6.2.4 信托业务创新成果和特色业务有关情况

报告期内，公司根据信托业务分类新规持续推进深度转型，探索业务条线调整与组织变革，完善敏捷型组织建设，按照高质量发展要求开展提质增效专项行动，在服务航空产业链、资产服务信托、绿色信托等创新业务领域取得新突破。

一是履行兴装强军首责助力航空产业链延链、补链、强链。通过积极发挥产业背景优势助力航空及现代产业发展，培育科技创新股权投资"加速器"，设立"军民智造股权投资基金"，重点投资航空供应链的科技创新企业，为推动"科技—产业—金融"循环发展贡献信托力量；探索知识产权服务信托业务试点以及商业模式研究，助力科技成果转化；创新推出行业首单供应链金融行政管理服务信托，助力提升军工产业链供应链韧性。

二是资产服务信托加速布局。大力开拓以家族信托领衔的财富管理信托和资产证券化业务，探索信托多维度服务场景，落地首单薪酬递延服务信托等新模式，创新服务信托模式。报告期内新增财富管理信托1 834单，新增规模122.54亿元，存量规模达709.83亿元；资产证券化拓宽业务模式，新增ABN/ABCP、资产证券化投资等新业务，全年新增项目13个，新增规模135.18亿元。

三是标准化资产管理信托稳步发展。中航信托已构建起包括短期开放式产品、固定收益产品、权益投资产品、固收+产品等在内的"天玑"系列标品信托产品线，管理规模超1 500亿元。同时，公司持续夯实专业化投研团队，加大系统建设投入，借助科技赋能，搭建投研系统化、风控自动化、服务线上化、数据智能化的资管业务投研平台。

四是公益慈善信托迈出新步伐。2023年公司新增慈善信托12单，当年新增3 885万元；获得江西省赣鄱慈善奖；联合中航产融设立"中航产融·乡村振兴慈善信托"，积极助力中国航空工业集团乡村振兴工作。

五是绿色信托迈入2.0阶段。2023年公司推出绿色信托三大子品牌——天岚新能、天岚碳慧、天岚环境，进一步凸显绿色实效、创造绿色价值、履行绿色责任。截至报告期末，中航信托绿色信托累计投放逾550亿元。

六是打造多元产品的场景筹划受托服务。推出鲲柏企业家综合服务解决方案、鲲禧家庭服务信托、鲲瓴养老信托、天源企业资金管理服务信托等一系列场景受托产品矩阵，实现分类分级一体化的全生命周期财富管理服务。

6.2.5 本公司履行受托人义务情况及因公司自身责任而导致的信托资产损失情况

报告期内，未发生因公司自身责任导致信托资产损失及赔付等情况。

6.2.6 信托赔偿准备的提取、使用和管理情况

公司从2023年税后利润中提取5%的信托赔偿准备金419.37万元，累计提取75 116.61万元。报告期内公司未使用信托赔偿准备金。

6.3 关联方及其交易的披露

6.3.1 关联交易方的数量、关联交易的总金额及关联交易的定价原则等

固有业务关联方情况

项目	关联交易数量	关联交易金额（万元）	定价政策
合计	10	6 811.80	按市场价格交易，或按公允原则，以不优于对非关联方同类交易的条件定价

信托业务关联方情况

项目	关联交易数量	关联交易金额（万元）	定价政策
合计	8	506 599.58	按市场价格交易，或按公允原则，以不优于对非关联方同类交易的条件定价

6.3.2 公司与关联方的重大交易事项

6.3.2.1 固有财产与关联方：贷款、投资、租赁、应收账款、担保、其他方式等期初汇总数、本期发生额汇总数、期末汇总数

单位：万元

项目	期初数	借方发生额	贷方发生额	期末数
贷款	—	—	—	—
投资	—	—	—	—
租赁	—	2 306.81	2 306.81	—
担保	—	—	—	—
其他应收款	—	—	—	—
其他	—	4 504.99	4 504.99	—
合计	—	6 811.80	6 811.80	—

注：固有财产与关联方关联交易主要是咨询费和业务收入。

6.3.2.2 信托与关联方交易情况

单位：万元

项目	期初数	借方发生额	贷方发生额	期末数
贷款	69 798.38	—	34 859.00	34 939.38
投资	60 785.00	2 300.00	17 614.79	45 470.21
租赁	—	—	—	—
担保	—	—	—	—
其他应收款	—	—	—	—
其他	434 233.5	—	8 043.5	426 190.00
合计	564 816.88	450 780.00	32 512.68	506 599.58

6.3.2.3 固有财产和信托财产之间的交易金额期初汇总数、本期发生额汇总数、期末汇总数

固有财产与信托财产相互交易   单位：万元

项目	期初数	本期增加额	期末数
合计	1 457 874.02	185 155.31	1 643 029.33

6.3.3 关联方逾期未偿还本公司资金的详细情况以及本公司为关联方担保发生或即将发生垫款的情况

报告期内本公司无关联方逾期未偿还本公司资金的情况，没有为关联方提供担保。

7. 财务情况说明书

7.1 利润实现和分配情况

公司2023年初未分配利润743 679万元，2023年实现净利润8 387万元，其他综合收益结转留存收益12 032万元，计提法定盈余公积金838万元，计提一般风险准备金8 948万元，计提信托赔偿准备金419万元，截至2023年12月31日，公司未分配利润为753 893万元。

7.2 主要财务指标

指标名称	合并	母公司	计算公式
净资产收益率（%）	0.46		净利润/所有者权益平均数×100%
信托报酬率（%）	0.51		[Σ项目合同总收入（信托报酬+财务顾问收入）/信托项目总月份×12]/信托资产总规模
人均利润（万元）	19.06		利润总额/年平均人数

7.3 对本公司财务状况、经营成果有重大影响的其他事项

报告期内无。

8. 特别事项揭示

8.1 前五大股东变动情况及原因

报告期内无。

8.2 董事、监事及高级管理人员变动情况及原因

8.2.1 董事变动情况及原因

（1）2023年12月，周祺先生因工作安排原因不再担任公司董事及董事会专门委员会职务，何唐兵先生担任公司董事、董事长。

（2）2024年3月，贾鸿鹏先生因工作安排原因不再担任公司董事及董事会专门委员会职务，曹海鹏先生担任公司董事。

8.2.2 监事变动情况及原因

（1）2023年12月，原监事会主席退休，周宝义先生担任监事、监事会主席。

（2）2024年3月，原职工监事辞去职务，谢检发先生担任职工监事。

8.2.3 高级管理人员变动情况及原因

（1）2023年8月，范华女士因个人原因，辞去公司副总经理职务。

（2）2023年10月，周祺先生因工作安排原因不再担任公司总经理职务。在新任总经理履职前，何唐兵先生代为履行总经理职责。

（3）2023年12月，何唐兵先生不再担任公司副总经理职务。

8.3 变更注册资本、住所或公司名称、公司分立合并事项

报告期内无。

8.4 重大诉讼事项

序号	起诉（申请）方	应诉（被申请）方	案由	标的金额（元）	诉讼（仲裁）进展情况
1	深圳市梅沙资产投资中心（有限合伙）	中航信托股份有限公司	合同纠纷	272 714 600	中航信托2023年8月7日收到《仲裁申请书》等法律文书，已进行审理，尚未出裁决
2	江西银行股份有限公司	中航信托股份有限公司	营业信托纠纷	1 432 976 393	中航信托于2023年9月20日收到应诉通知，已达成调解，11月30日收到法院作出的调解书
3	中航信托股份有限公司	重庆融创津浦房地产经纪有限公司、融创西南房地产开发（集团）有限公司、成都市融盈房地产开发有限公司、重庆万达城投资有限公司	金融借款合同纠纷	215 620 800	南昌市中级人民法院已于2023年10月24日受理，尚未安排开庭时间

8.5 报告期内公司及其董事、监事和高级管理人员受到处罚情况

无。

8.6 国家金融监督管理总局及其派出机构对公司检查后提出的整改意见简要说明整改情况

2023年8月23日至10月31日国家金融监督管理总局江西监管局对公司开展了聚焦主业转型发展现场检查，并于2024年1月23日下发了"现场检查意见书"，认定公司存在房地产信托、投资类业务、互联网业务、固有业务、营销推介等十一个方面的问题，公司将严格落实现场检查意见要求，积极稳妥推进监管意见整改落实工作。

8.7 报告期内国家金融监督管理总局及其省级派出机构认定的其他有必要让客户及相关利益人了解的重要信息

无。

8.8 报告期内重大事项临时报告

10月20日，公司在《证券时报》B065版刊登《中航信托股份有限公司关于总经理履职调整的公告》。

12月20日，公司在《证券时报》B069版刊登《中航信托股份有限公司关于董事长与法定代表人变更的公告》。

中建投信托股份有限公司

1. 重要提示

1.1 本公司董事会及董事保证本报告所载资料不存在任何虚假记载、误导性陈述或者重大遗漏，并对其内容的真实性、准确性和完整性承担个别及连带责任。

1.2 独立董事潘鸿、冯帆声明：保证本年度报告的内容真实、完整、准确。

1.3 董事长刘功胜、总经理及主管会计工作负责人谭硕、计划财务部负责人周志祥声明：保证本年度报告中财务会计报告的真实、完整、准确。

2. 公司概况

2.1 公司简介

中建投信托股份有限公司的前身是浙江省国际信托投资公司。浙江省国际信托投资公司创建于1979年8月，1983年12月经中国人民银行批准成为非银行金融机构，是国内最早经营信托投资业务的公司之一。2002年6月，公司更名为浙江省国际信托投资有限责任公司，成为浙江省首家获准重新登记的信托公司。

2007年3月，中国建银投资有限责任公司收购浙江省国际信托投资有限责任公司原股东持有的全部股权。2007年11月，经原中国银行业监督管理委员会（现更名为国家金融监督管理总局，下同）批准，浙江省国际信托投资有限责任公司更名为中投信托有限责任公司，注册资本为人民币5亿元。2010年1月，公司股东中国建银投资有限责任公司对公司增资，公司注册资本增至人民币15亿元。2013年6月，经原中国银行业监督管理委员会浙江监管局（现更名为国家金融监督管理总局浙江监管局，下同）批复同意，公司更名为中建投信托有限责任公司。2013年10月，经原中国银行业监督管理委员会浙江监管局批复同意，公司英文名称更名为JIC Trust Co., Ltd.，英文名称简称更名为JIC Trust。2013年12月，经原中国银行业监督管理委员会浙江监管局批复同意，公司注册资本增至人民币16.6574亿元。其中：中国建银投资有限责任公司出资金额为15亿元，持有公司90.05%的股权；建投控股有限责任公司出资金额为1.6574亿元，持有公司9.95%的股权。2014年1月，公司在浙江省工商行政管理局完成工商登记变更手续，领取新的营业执照。2014年12月，经原中国银行业监督管理委员会浙江监管局批复同意，公司住所变更为浙江省杭州市教工路18号世贸丽晶城欧美中心1号楼（A座）18~19层C区、D区及1层C区103室、105室。

2018年4月，经原中国银行业监督管理委员会浙江监管局批复同意，公司更名为中建投信托股份有限公司，注册资本增至人民币50亿元。增资后，各股东持股比例保持不变。公司住所变更为杭州市教工路18号世贸丽晶城欧美中心1号楼（A座）18~19层C区、D区。2018年5月，公司在浙江省工商行政管理局完成工商登记变更手续，领取新的营业执照。公司最新基本情况详见下表：

中文名称	中建投信托股份有限公司
英文名称	JIC Trust Co., Ltd.
英文名称简称	JIC Trust
法定代表人	刘功胜
注册地址	杭州市教工路18号世贸丽晶城欧美中心1号楼（A座）18~19层C区、D区
邮政编码	310012
国际互联网网址	http://www.jictrust.cn/
电子信箱	gs_zh@jictrust.cn
负责信息披露的高管	谭硕
负责信息披露联系人	朱智跃
联系电话	0571-89891700
传真	0571-89891517
电子信箱	zhuzhiyue@jictrust.cn
公司信息披露报纸名称	《上海证券报》
年度报告备置地点	中建投信托股份有限公司综合办公室
聘请的会计师事务所及住所	致同会计师事务所（特殊普通合伙） 住所：北京朝阳区建国门外大街22号赛特大厦15层
聘请的律师事务所及住所	浙江天册律师事务所 住所：浙江省杭州市杭大路1号黄龙世纪广场A座11楼

2.2 组织结构

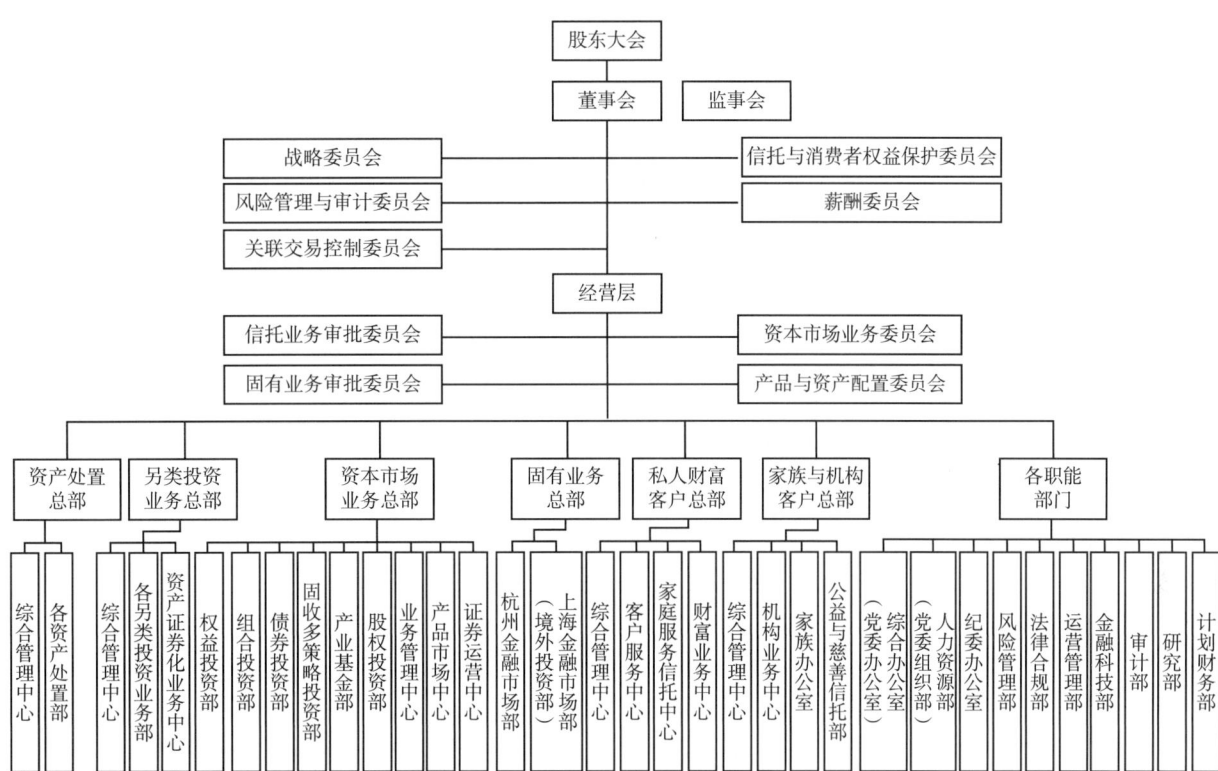

3. 公司治理

3.1 公司股东

报告期末，公司股东数为2家，详情如下表所示。

股东名称	持股比例（%）	法人代表	注册资本（万元）	注册地址	主要经营业务及主要财务情况
★中国建银投资有限责任公司	90.05	董轼	2 069 225	北京市西城区闹市口大街1号院2号楼7~14层	投资与投资管理；资产管理与处置；企业管理；房地产租赁；咨询。2023年末净资产为1 003亿元
建投控股有限责任公司	9.95	万建发	200 000	北京市西城区宣武门外大街8号楼3层301-2330	项目投资；投资管理；酒店管理；房地产开发；物业管理；企业管理咨询；设备租赁。2023年末净资产为25亿元

报告期末主要股东关联方名单如下表所示。

股东名称	关联方名单
中国建银投资有限责任公司	建投投资有限责任公司、建投嘉昱（上海）投资有限公司、中建投信托股份有限公司、中建投租赁股份有限公司、建投控股有限责任公司、建投华文投资有限责任公司、建投华科投资股份有限公司、国泰基金管理有限公司、中国投资咨询有限责任公司、中国建投（香港）有限公司、中投财富辛卯（天津）创业投资合伙企业（有限合伙）、申万宏源集团股份有限公司、上海银行股份有限公司、西南证券股份有限公司、安徽江淮汽车股份有限公司、麦克奥迪（厦门）电气股份有限公司、Nature's Care Holdings Pty Limited、中安网脉（北京）技术股份有限公司、南京莱斯信息技术股份有限公司、上海医药大健康云南药业有限公司、北京时代凌宇科技股份有限公司、西安向阳航天材料股份有限公司、新星出版社有限责任公司、中粮（北京）农业产业投资基金（有限合伙）
建投控股有限责任公司	中国建银投资有限责任公司、建投享老有限责任公司、建投嘉昱实业投资发展有限公司、建投嘉昱置地股份有限公司、建投嘉昱置业股份有限公司、无锡嘉昱酒店有限公司、北京金虹达航空机票代售中心、厦门建投建业资产管理有限公司、武汉建投资产管理有限公司、建银饭店有限责任公司、建投元泰（北京）私募基金管理有限公司、上海嘉昱长健医院管理有限公司、北京建银金融科技有限责任公司、重庆嘉昱建筑工程有限公司、陕西建投嘉昱物业管理有限公司、中国建设银行股份有限公司、中建投租赁股份有限公司、建投投资有限责任公司、中建投信托股份有限公司、北京建投科信科技发展有限公司、中建投融资租赁（上海）有限公司、建投嘉昱（上海）投资有限公司、中国投资咨询有限责任公司、西安建投科技产业有限公司、建投数据科技有限公司、建投华科投资股份有限公司

报告期内，公司股东均未在公司股权设置任何抵质押或其他第三方权益。

3.2 董事、董事会及其专门委员会

董事长、董事

姓名	职务	性别	年龄（岁）	选任日期	所推举的股东名称	该股东持股比例（%）	简要履历
刘功胜	董事长	男	56	2020年8月	中国建银投资有限责任公司	90.05	曾任职于中国建银投资有限责任公司、建投控股有限责任公司、中投科信科技股份有限公司、中国投资咨询有限责任公司。现任中建投信托股份有限公司党委书记、董事长
谭硕	董事	男	52	2018年8月	中国建银投资有限责任公司	90.05	曾任职于中国建设银行等。现任中建投信托股份有限公司党委委员、董事、总经理
李纪军	董事	男	58	2021年12月	中国建银投资有限责任公司	90.05	曾任职于中国建设银行、中投科信科技股份有限公司。现任职于中国建银投资有限责任公司，并任中建投信托股份有限公司董事
王进	董事	男	49	2021年12月—2023年8月	建投控股有限责任公司	9.95	曾任职于中国建设银行、中国建银投资有限责任公司、中国投资咨询有限责任公司。2021年12月至2023年8月任中建投信托股份有限公司董事
王晓光	董事	男	46	2023年11月	中国建银投资有限责任公司	90.05	曾任职于审计署太原特派办经贸审计处、审计署发展统计审计局、香港中央联络办公室（交流）、中国投资有限责任公司，现任中央汇金投资有限责任公司派往中国建投董事、中央汇金投资有限责任公司派往中信建投证券监事、中建投信托股份有限公司董事

独立董事

姓名	职务	性别	年龄（岁）	选任日期	所推举的股东名称	该股东持股比例（%）	简要履历
钱毅	独立董事	男	67	2017年12月—2023年7月	中国建银投资有限责任公司	90.05	曾任职于湖北财经学院、中南政法学院、中国工商银行。2017年12月至2023年7月任中建投信托股份有限公司独立董事
潘鸿	独立董事	男	54	2023年8月	中国建银投资有限责任公司	90.05	曾任职于中国建设银行、达晨创投基金、上海融天资产管理有限公司、温商创业投资有限公司、上海欧梯曦投资管理有限公司等。现任上海石滴投资管理中心（有限合伙）管理合伙人、上海项容网络信息科技有限公司执行董事，同济科技股份有限公司独立董事、中建投信托股份有限公司独立董事
冯帆	独立董事	女	47	2023年8月	中国建银投资有限责任公司	90.05	曾任职于南京大学中荷国际工商管理教育中心，现任南京大学商学院国际经济与贸易系教授、博士生导师、南京大学学科建设与发展规划办公室副主任、中建投信托股份有限公司独立董事。兼任中国（江苏）自由贸易试验区研究院副理事长、中国世界经济学会理事

董事会专门委员会

董事会下属委员会名称	职责	组成人员姓名	职务
战略委员会	（1）研究国家经济金融政策变化和行业发展趋势等对公司经营、业务发展等的影响；（2）组织拟订公司发展规划，对公司年度经营计划提出建议；（3）组织评估公司发展规划执行情况；（4）组织拟订公司数据治理、业务连续性战略规划，评估规划执行情况，对数据治理、业务连续性管理相关的重大事项提出建议；（5）董事会授权的其他事宜	刘功胜	主任委员
		谭硕	委员
		李纪军	委员
		王晓光	委员
信托与消费者权益保护委员会	（1）审议公司信托业务发展规划，提出意见和建议；（2）对公司依法履行受托人职责情况进行督促，提出改进意见和建议；（3）当公司或公司股东利益与受益人利益的冲突时，确保优先保障受益人利益；（4）审议消费者权益保护工作计划、工作报告等事项，指导开展消费者权益保护相关工作；（5）董事会授权的其他职责	冯帆	主任委员
		谭硕	委员
		李纪军	委员
风险管理与审计委员会	（1）根据公司发展战略，制订、审核公司风险管理工作规划，评价公司战略目标和经营计划所涉及的风险因素，并向董事会提出建议；（2）定期审核、评议公司风险管理政策，促进风险管理政策的合法合规和及时有效；（3）从风险控制角度，监督公司各项规章制度的执行情况，并对公司重大经营决策进行风险监测和评价；（4）审阅公司风险管理工作报告，对风险管理工作提出改善意见和建议；（5）审核、批准公司的风险控制流程与风险计量模型和方法的监测、调整等相关工作；（6）监督公司合规管理的有效实施，了解合规政策实施情况和存在问题，向董事会提出建议；（7）审阅公司年度合规管理工作计划及年度合规管理报告；（8）审阅公司反洗钱工作年度报告和反洗钱基本制度，了解重大洗钱风险事件及处理情况，并向董事会提出洗钱风险管理建议；（9）审核、评议公司年度审计工作规划；（10）负责对公司内部审计制度的有效性及其执行情况进行监督；（11）负责内部审计与外部审计之间的沟通与协调；（12）提议聘请或更换外部审计机构；（13）董事会授权的其他事宜	潘鸿	主任委员
		李纪军	委员
		王晓光	委员

续表

董事会下属委员会名称	职责	组成人员姓名	职务
薪酬委员会	（1）研究、拟订董事及高级管理人员业绩考核办法和薪酬管理办法并提交董事会；（2）研究并提出董事及高级管理人员的年度薪酬方案，依据公司高级经营管理人员的业绩，拟订薪酬及奖惩建议方案并提交董事会；（3）监督董事及高级管理人员薪酬制度与奖惩制度的执行情况；（4）董事会授权的其他事宜	冯帆	主任委员
		刘功胜	委员
		李纪军	委员
关联交易控制委员会	（1）接受公司关于关联方名单及其更新的备案；（2）对重大关联交易进行审查后提交董事会批准；（3）审议公司经营管理层关于关联交易管理的年度报告；（4）董事会授权的其他事宜	潘鸿	主任委员
		谭硕	委员
		李纪军	委员

3.3 监事、监事会

监事会成员

姓名	职务	性别	年龄（岁）	选任日期	所推举的股东名称	该股东持股比例（%）	简要履历
张毅	监事会主席	男	51	2021年10月	中国建银投资有限责任公司	90.05	曾任职于中国建设银行、中国建银投资有限责任公司、建投控股有限责任公司、建投华科投资股份有限公司。现任中建投信托股份有限公司纪委书记、监事会主席
陆奕冰	监事	女	38	2022年8月	中国建银投资有限责任公司	90.05	现任中建投审计部审计一处高级业务副经理，中建投信托股份有限公司监事
张晓凯	监事	女	36	2021年10月	建投控股有限责任公司	9.95	曾任职于建投嘉昱事业投资发展股份有限公司，现任建投控股有限责任公司资金财务部总经理，中建投信托股份有限公司监事
张红文	职工监事	男	41	2021年11月	—	—	曾任职于上海源泰律师事务所、兴业证券股份有限公司，现任中建投信托股份有限公司法律合规部总经理、职工监事
王嘉宇	职工监事	女	39	2021年12月	—	—	曾任职于普华永道中天会计师事务所、杭州宋都房地产集团有限公司、浦发银行，现任中建投信托股份有限公司审计部副总经理、职工监事

注：1.本届监事会未设下属委员会。

2.自2024年3月14日起，张毅不再担任中建投信托股份有限公司纪委书记。

3.4 高级管理人员

高管层

姓名	职务	性别	年龄（岁）	选任日期	金融从业年限（年）	学历	专业	简要履历
谭硕	总经理	男	52	2018年11月	31	博士研究生	经济学	曾任职于中国建设银行等。现任中建投信托股份有限公司党委委员、董事、总经理
王勇华	副总经理	男	44	2021年12月	11	博士研究生	法学	曾任职于中国出口信用保险公司、中国建银投资有限责任公司、中投科信科技股份有限公司。现任中建投信托股份有限公司党委委员、董事会秘书、副总经理
奚洁	副总经理	男	48	2022年3月	22	硕士研究生	金融学	曾任职于光大银行、上海爱建财富管理有限公司、光大保德信资产管理公司。现任中建投信托股份有限公司党委委员、副总经理
望秋	副总经理	女	46	2022年6月	19	硕士研究生	EMBA	曾任职于中德安联保险中国区总部、友邦保险中国区总部、花旗银行中国总行、渣打银行中国总行、恒丰银行、爱建信托、爱建香港。现任中建投信托股份有限公司党委委员、副总经理
孟世欣	副总经理	女	49	2023年11月	16	硕士研究生	计算机科学与技术专业	曾任职于黑龙江通讯软件工程局、浙江省国际信托投资有限责任公司、中投信托有限责任公司。现任中建投信托股份有限公司党委委员、副总经理、工会主席

3.5 公司员工

项目		报告期年度（2022）		报告期年度（2023）	
		人数（人）	比例（%）	人数（人）	比例（%）
年龄分布	25岁以下	1	0.29	1	0.31
	25~29岁	21	6.07	21	6.54
	30~39岁	224	64.74	194	60.44
	40岁及以上	100	28.90	105	32.71
学历分布	博士	12	3.47	11	3.42
	硕士	192	55.49	175	54.52
	本科	135	39.02	129	40.19
	专科	7	2.02	6	1.87
	其他	—	—	—	—
岗位分布	董事、监事及高管人员	8	2.31	9	2.80
	自营业务人员	9	2.60	8	2.49
	信托业务人员	116	33.53	107	33.33
	其他人员	213	61.56	197	61.37

注：其他人员统计口径含公司资金端工作人员。

4. 经营管理

4.1 经营目标、方针、战略规划

4.1.1 经营目标

公司秉承"诚信为本、合规经营"的企业核心理念，深耕"资产服务"与"资产管理"领域，不断提升全面风险管理能力、专业化资产管理能力、综合化运营服务能力、信息科技支撑引领能力，致力成为资本充实、内控严密、管理规范、发展稳健的综合性信托服务机构。公司践行金融工作的政治性，坚定人民性，提升专业性，以服务实体经济、防范金融风险为根本任务，加大力度服务国家发展战略，增强风险防控能力，履行使命担当，不断提升受托服务质量和水平，坚定不移推进高质量转型发展。

4.1.2 经营方针

稳健经营。以高质量发展为中心，坚持稳健经营和质量优先，把握好防风险与稳增长的关系，保持经营发展稳健向好。

转型发展。坚守信托本源，深化受托服务，在资产服务信托、资产管理信托及慈善信托等领域，拓展投资渠道，丰富资产配置，优化业务结构，履行国企担当。

文化培育。以受益人合法利益最大化为公司最高价值取向，以依法合规守信和恪守受托义务为行事准则，以服务实体经济、满足民生需要、推动社会进步为使命，将消费者权益保护融入企业文化建设，树立信托文化品牌。

4.1.3 战略规划

以高质量发展为中心，坚持稳健经营和质量优先，牢牢守住不发生重大金融风险的底线。坚定不移推进信托业务转型步伐，聚焦细分产业，优化业务结构，完善综合金融服务，致力成为资本充实、内控严密、管理规范、发展稳健的综合性信托服务机构，实现做优做强。

4.2 所经营业务的主要内容

4.2.1 自营资产运用与分布表

资产运用	金额（万元）	占比（%）	资产分布	金额（万元）	占比（%）
货币资产	137 419.71	15.86	基础产业	1 665.45	0.19
贷款及应收款	39 280.44	4.53	房地产业	24 823.79	2.87
交易性金融资产	375 822.30	43.38	证券市场	17 927.49	2.07
债权投资	196 207.24	22.65	实业	29 281.91	3.38
长期股权投资	3 333.85	0.38	金融机构	633 557.77	73.12
其他	114 380.88	13.20	其他	159 188.01	18.37
资产总计	866 444.42	100.00	资产总计	866 444.42	100.00

4.2.2 信托资产运用与分布表

资产运用	金额（万元）	占比（%）	资产分布	金额（万元）	占比（%）
货币资产	189 277.16	2.01	基础产业	729 873.21	7.76
贷款	2 308 861.38	24.54	房地产	1 424 345.72	15.14
交易性金融资产	2 565 817.30	27.28	证券市场	1 331 853.91	14.16
债权投资	95 569.19	1.02	实业	516 106.20	5.49
其他	4 247 515.10	45.15	金融机构	655 040.78	6.96
—	—	—	其他	4 749 821.13	50.49
信托资产总计	9 407 040.13	100.00	信托资产总计	9 407 040.13	100.00

4.3 市场分析

4.3.1 有利因素

（1）目前国家经济总体发展平稳，国家发展仍然处于重要战略机遇期，公司发展面临良好的宏观机遇。

（2）金融供给侧结构性改革持续推进，金融法治持续强化，金融创新在审慎前提下进行。当前总量政策延续稳健基调，宏观政策逆周期和跨周期调节保持强化，货币政策配合财政政策合理力度的宽松操作仍然可期，利率中枢有望保持低位。

（3）信托业探索实行分类监管，顶层设计逐渐完善，

信托行业的监管体系、保障体系和业务分类体系日益完善，信托文化建设进一步加强，转型方向进一步明晰。

4.3.2 不利因素

（1）近年来，国际经济秩序格局深刻变化，叠加外部地缘政治冲突影响，全球经济环境更加严峻复杂。

（2）国内经济面临的风险压力持续存在，在经济转型和结构调整过程中，一些区域性、行业性的风险问题仍将持续暴露。

（3）金融供给侧结构性改革稳步推进，在市场环境和监管政策环境不断调整的背景下，信托公司在转型期发展不确定性继续存在。

4.4 内部控制

4.4.1 内部控制环境和内部控制文化

公司治理结构完善，建立了各项决策、执行、监督和激励约束机制，形成了股东大会、董事会、监事会、经营层各负其责、有效制衡、协调运作的公司治理体系。为防范各类风险，内部机构设置健全，前台、中台、后台各部门权责明晰，已建立风险、合规、运营、金科、财务、审计等多部门联动的内部控制格局和风险隔离机制。

公司高度重视企业内控文化的建设，以合规、稳健和专业化经营为基本原则，秉承"诚信为本，合规经营"的核心理念，发挥信托制度优势，提升资产管理能力和风险管理能力，积极构建资本充实、内控严密、管理规范、具有较强发展能力和竞争能力的综合信托服务机构。

4.4.2 内部控制措施

（1）流程控制。公司内部控制流程分为前台业务部门、中台风控部门、后台职能支持三大模块，实行前台、中台、后台分离原则。内部控制制度覆盖公司业务全流程，前台部门按照公司各项业务受理、审查和操作规程开展业务，实现内控流程的前端落实；中台部门以公司风险偏好和业务指引为准绳，对业务进行决策和事中控制，做好项目存续期间风险的动态监控；后台部门以公司内控制度和流程管理为遵循，对各项业务和经营活动进行维护和支持，实现内控流程的后端控制。

（2）组织控制。公司严格按照法律法规及监管要求，建立了组织架构完善、权责清晰、分工明确的内部控制体系。公司董事会负责内部控制的建立健全和有效实施，董事会下设战略委员会、信托与消费者权益保护委员会、风险管理与审计委员会、薪酬委员会、关联交易控制委员会等专门委员会，协助董事会履行职责。监事会负责对董事会建立与实施的内部控制进行监督。报告期内，公司持续优化组织架构和部门职责分工。

（3）制度控制。公司建立较为系统、完善的内控制度体系，覆盖内控合规、风险管理、运营操作、业务管理等多个领域，保障内部管理的规范性和业务发展的合规性。根据法律法规、监管规定、内部经营管理实际等要求，推动制度体系更新迭代。报告期内，公司持续开展规章制度梳理、精简和优化工作，进一步提升制度建设的有效性和适用性。

4.4.3 信息交流与反馈

（1）完整的报告体系。公司建立有多层次、多途径的报告体系，通过划分部门和人员职责、确立清晰完整的报告线路，明确员工、部门负责人、经营层、董事会和监事会的职责范围及报告路径。

（2）信息交流与共享平台的搭建。公司通过OA平台、综合业务系统、CRM系统、财务管理系统等电子化信息交流渠道，建立综合管理信息技术系统，实现"统一平台、信息共享、操作简便、安全高效"的管理目标，保障公司董事会和经营层及时了解和掌握公司的经营和内控情况。

（3）外部信息共享机制。公司建立有多渠道的信息披露机制，通过官方网站、客户App以及符合监管要求的信息披露媒体等发布公告或书面文件等方式，畅通与委托人、受益人及社会公众的信息沟通与交流。

（4）监管信息沟通机制。公司通过定期报告、临时报告、事前报备、信托计划成立报告、非现场监管报告等方式，及时向监管部门报告公司相关信息，认真落实监管部门政策要求，建立良好的监管信息交流体系。

4.4.4 监督评价与纠正

公司积极营造监督氛围，多措并举提升监督整体效能，整合纪检、审计等部门的监督资源，实现信息共享，凝聚监督合力。公司监事会对股东大会负责，对董事会、董事、高级管理人员履职以及公司财务、内控合规、风险管理、战略执行等进行监督，维护公司及股东的合法权益；纪检部门以巡视巡察整改为契机，将政治监督、专项监督和日常监督统筹安排、一体推进，深化运用"四种形态"，精准用好执纪问责，强化纪律规矩和制度刚性约束；审计部立足公司战略规划，做好常态化"经济体检"工作。聚焦监督重点事项，积极开展业务专项审计，深入开展经济责任审计，认真查摆问题不足，全面消除监督盲区。通过运用系统、规范的方法，审查和评价公司业务活动、人员履职、内部控制和风险管理的适当性和有效性，对整改措施的落实情况进行定期跟踪检查，推进问题整改长效化，充分发挥审计在增加价值、提升效能和实现目标方面的作用。

4.4.5　消费者权益保护

公司坚持金融工作的政治性、人民性，围绕"受益人合法利益最大化"原则，弘扬新时代"枫桥经验""浦江经验"，践行国有企业使命担当，积极承担消费者权益保护主体责任。公司高度重视消费者权益保护工作，已将消费者权益保护纳入公司治理、经营发展战略和企业文化建设，建立健全消费者权益保护各项工作机制，落实消费者权益保护工作要求，积极推进构建"大消保"工作格局。

报告期内，公司持续强化党建引领，优化消费者权益保护治理架构及制度体系，董事会、经营层、监事会各司其职，推进消费者权益保护工作的规划、执行和监督。加强消费者权益保护审查、消费者权益保护考核，落实个人信息保护、销售合规管理等工作，积极发挥消费者权益保护在产品和服务的设计开发、期间管理、营销推介及售后管理等各环节的正向反馈作用，深化全流程管控。大力开展消费者教育，组织"3·15"宣传周、普及金融知识万里行、金融消费者权益保护教育宣传月等活动，创新短视频等宣传载体，发挥新媒体宣传作用，加强"做金融明白人"教育宣传，全年宣教活动受众超11万人次。有序推动内部员工教育，以专题培训、主题征文、在线测试等方式，多措并举，提升全员风险合规意识，厚植消费者权益保护文化氛围。坚持源头治理，持续畅通消费者沟通机制，规范稳妥处理消费投诉，推动矛盾纠纷多元化解，强化总结分析和溯源整改，努力提升消费者服务体验。报告期内，公司收到并妥善办结消费投诉32起，投诉业务类别涉及项目兑付、项目处置、信息披露等方面，全部投诉件均在公司注册地杭州统一受理、登记和办结。

4.5　风险管理

4.5.1　风险管理概况

公司坚持"规范经营、稳健发展"的风险合规理念，持续加强全面风险管理，建立组织架构健全、权责边界清晰的风险治理体系，构建"三层式"风险管理组织架构，并在此基础上建立风险管理三道防线，涵盖对主要类别风险的识别评估、监测报告、应对处置。

报告期内，公司深入贯彻落实党中央国务院决策部署，坚决打好防范化解重大风险攻坚战。紧密围绕"去存量、遏增量、防变量"的风险防控总目标，严格落实上级单位"1+N"风险管理要求，持续深化全面风险管理体系建设，大力推进风险防范化解。

4.5.1.1　公司经营活动中可能遇到的风险

包括：信用风险、市场风险、流动性风险、操作风险、法律合规风险、声誉风险、战略风险等。

4.5.1.2　风险管理的基本原则与政策

公司全面风险管理坚持全面性、独立性、协调性、有效性和适时性原则，以现代化治理理念为指导，以建立完善的风险管理机制为目标，坚定以"除险·转型"为重点工作主题，持续优化管理策略，引入先进技术工具，实现风险有效控制与业务转型发展的协调统一。

4.5.1.3　风险管理组织结构与职责划分

公司构建科学有效、职责清晰的风险管理组织架构，建立以董事会（下设风险管理与审计委员会）、监事会，经营层，风险管理职能部门为主的自上而下三层式风险管理架构，并在此基础上构建以业务条线、风险条线、审计条线为主的风险管理三道防线。

风险管理与审计委员会作为董事会授权的风险管理和审计监督机构，主要负责：制订、审核、评估风险合规管理政策；监督规章制度执行情况；审阅风险合规管理工作报告；审核、评议审计工作规划；监督审计制度有效性及其执行情况等。

风险管理职能部门是公司全面风险及专项风险的主要管理部门。报告期内，公司持续优化风险管理职能部门组织架构，加强风险条线管理主动性和专业化分工。

风险管理部是公司履行全面风险管理职责的牵头部门，负责组织推动各专项风险主责部门就各类风险进行识别、评估、监测、计量、应对、处置及报告，负责信用风险、市场风险等专项风险具体管理，拟定相关风险政策和管理程序，落实风险管理要求。

法律合规部是公司法律合规风险的主责部门，负责合规风险政策和程序的拟订、适当性评估，以及内控管理机制的评估与优化等。

运营管理部是公司操作风险的主责部门，负责操作风险管理的机制建设，组织管理偏好拟订、流程及方法落实等工作。

计划财务部是公司流动性风险的主责部门，负责组织开展流动性监控、压力测试等工作。

审计部是公司内部审计工作的主责部门，负责对公司经营活动进行全面审计以及对公司内控管理、风险管理的健全性和有效性进行评价及分析，并提出整改建议。

4.5.2 风险状况

2023年，国内经济形势呈现复苏势头，但全球经济形势面临增长放缓、贸易摩擦和金融市场波动等挑战。信托行业在逆境中寻求创新发展，同时也面临着监管加强、市场竞争加剧和风险暴露等问题，信托公司依旧面临风险防范化解和业务转型双重压力。

4.5.2.1 信用风险状况

信用风险是指由于投资对象、交易对手等违约或履约能力发生不利变化，而造成的公司资产价值损失的风险。报告期内，公司信用风险管理情况总体良好，全年未新增信用风险事件。

4.5.2.2 市场风险状况

市场风险是指利率、汇率、股价和商品价格等市场因素变动，而导致公司资产价值损失的风险。报告期内，公司证券投资业务项下产品业绩出现一定波动。

4.5.2.3 流动性风险状况

流动性风险是指公司虽有清偿能力，但无法及时获得或者无法以合理成本获得充足资金，以偿付到期债务、履行其他支付义务和满足正常业务开展所需资金的风险。报告期内，公司未发生重大流动性风险事件。

4.5.2.4 操作风险状况

操作风险是指由于人为错误、流程缺陷或不利的外部事件等，造成公司资产价值或声誉损失的风险。报告期内，公司未发生重大操作风险事件。

4.5.2.5 法律合规风险状况

法律合规风险是指公司或员工的经营管理行为，违反有关法律、国际条约、监管规定、行业准则、商业惯例、道德规范或公司依法制定的章程及规章制度等，遭受法律制裁、监管处罚、重大财产损失或声誉损失以及其他负面影响的风险。报告期内，公司整体法律合规风险可防可控。

4.5.2.6 其他风险状况

除以上五类风险外，公司还可能面临的风险包括战略风险、声誉风险及信息技术风险等。报告期内，公司战略转型稳妥推进，舆情事件妥善应对，信息系统正常运行。

4.5.3 风险管理策略

针对公司经营过程中可能存在的各类风险，结合全面风险管理体系建设工作，在充分反映风险偏好、风险状况以及市场环境变化的前提下，公司持续完善风险管理策略和防范控制措施。

报告期内，公司坚持稳健审慎的风险偏好，持续推进存量风险处置化解，主动调整风险管理策略，积极应对内外部压力。针对经营过程中可能存在的各类风险，公司结合全面风险管理体系建设目标，不断提升重点业务领域风险管控水平，加大风险管理技术工具的探索运用；进一步优化项目存续期管控机制，明确落实投后管控要点；持续提升风险防范意识，培育全员风险合规文化。

4.5.3.1 信用风险管理策略

报告期内，公司重点从制度建设、管控机制及管理工具等方面强化信用风险防控。

在制度建设层面，公司深入贯彻上级单位"1+N"风险管理要求，重点提升信用风险领域制度体系完备性。制定或修订《主体内部信用评级管理办法》《债券业务投资池管理办法》等办法，强化信用风险管理制度保障。

在管控机制层面，公司不断加大风险排查工作广度和深度，在常态化排查机制基础上，针对重点业务领域密切开展专项排查，夯实第一还款来源，强化项目期间管理和现场管理，扎实做好信用风险防范。

在管控工具层面，公司持续深化信用评级、集中度及负面清单等管理工具的应用。加强主体准入管控和集中度限额管控，强化风险源头管理。

4.5.3.2 市场风险管理策略

报告期内，公司涉及市场风险的业务主要为资本市场业务，主要通过完善管理体系、加强风险研判等手段，切实防范市场风险。

公司有效发挥资本市场委员会、产品与配置委员会的专业研究与决策职能，持续丰富资本市场产品策略线，应对市场板块轮动；持续落实投后风险监测与预警机制，通过系统为主、人工为辅的组合监控方式，密切关注产品的净值波动，加强与外部产品管理人的沟通，严格执行资管产品池的准入和定期重估要求。

4.5.3.3 流动性风险管理策略

报告期内，公司持续完善流动性管理框架，重点增强流动性风险管理的前瞻性和有效性，强化流动性风险应对能力，防范流动性风险事件的发生。

公司流动性管理方面，修订《流动性管理办法》，加强备付金管理，从确保日常运营支出、有息负债偿付准备、信托赔偿金偿付准备、标品业务突发流动性准备以及非标业务流动性支持准备五大维度构建公司备付金测算模型，提高突发事件应对前瞻性。产品流动性风险管理方面，夯实流动性管理机制，建立流动性应急预案并开展演练，加强日常流动性监测，开展流动性压力测试。

4.5.3.4 操作风险管理策略

报告期内，公司不断完善操作风险管控体系，压实各级人员管理责任，持续强化业务全流程管控，切实提高操作风险管理工作质量。

公司修订《操作风险管理办法》，优化操作风险识别清单，完善操作风险管理责任及程序；夯实操作风险自评估，组织开展管理领域操作风险自评估工作；强化操作风险事件分析研判及处置整改机制；科技赋能降低操作风险，提升管理效率。

4.5.3.5 法律合规风险管理策略

报告期内，公司不断夯实合规管理基础，健全合规管理机制，强化重点合规风险管理。

公司强化合规风险研判，强化风险处置策略的法律合规评估；优化合规管理机制，新增、修订多部标品制度、平台业务合规指引、合规检查工作指引；强化合规基础保障，开展各类专项风险排查，筑牢案件风险防线；优化关联交易、反洗钱系统，开展反洗钱培训。

4.5.3.6 其他风险管理策略

针对其他专项风险，公司持续完善管控策略，不断升级管控措施。强化战略管理，开展战略执行情况阶段性评估工作，持续推进差异化特色化转型发展；优化声誉风险管控机制，提升舆情应对处置专业化管理能力；加强信息安全建设，加大数据系统建设投入。

4.6 企业社会责任

公司秉承"价值创造、以人为本、和谐发展"的社会责任理念，立足发展中各利益相关方的普遍诉求，积极服务经济发展、产业转型、结构升级与社会进步的可持续发展大局，致力实现企业发展、员工发展、社会发展的和谐统一。

回归信托本源，积极履行企业发展责任。公司积极服务国家战略，持续支持京津冀协同发展、粤港澳大湾区建设、长三角一体化发展、成渝地区双城经济圈建设等区域发展，2023年末投资余额91亿元。发挥信托制度优势，扎实服务实体经济，强化对中小微企业金融支持，投资（含服务信托）中小微企业余额136亿元。持续加强对国家战略性新兴产业的扶持力度，投资余额15亿元。

坚持以人为本，认真履行员工发展责任。公司全面优化重塑人力资源体系，拓宽员工职业发展通道，优化完善薪酬考核体系，建立内部人才市场，构建和谐劳动关系。广泛开展员工关爱活动，连续7年组织实施"员工入司周年"（星辰计划）文化纪念活动，推动和提升企业文化凝聚力，培育共商共建共享共担的企业文化。

多措并举，保护金融消费者合法权益。公司持续优化消费者权益保护治理构架与制度体系，全力以赴提升客户服务。有序落实消保考核、消费争议处理、个人信息保护、消费者教育、消保培训、销售合规管理工作，积极响应监管号召，开展"3·15"宣传周、普及金融知识万里行、金融消费者权益保护教育宣传月等宣教活动，加强"做金融明白人"教育宣传，普及宣传信托文化，强化投资风险意识，提升消费者金融投资素养。

践行社会公益，积极履行社会发展责任。公司充分发挥信托制度优势，全年新增慈善信托项目25单，成立规模0.33亿元，新增项目数量及规模均创新高。截至2023年末，公司设立的慈善信托项目涵盖应急救灾、困境儿童帮扶（自闭症儿童）、公益创投机构扶持、困难家庭资助、乡村振兴、大病救助等，充分践行《慈善信托管理办法》中五大慈善目的，助力推动公益慈善事业可持续发展。

5．2023年度及2022年度的比较式会计报表

5.1 自营资产

5.1.1 会计师事务所审计意见全文

审计报告

致同审字（2024）第110B013595号
中建投信托股份有限公司董事会：

一、审计意见

我们审计了中建投信托股份有限公司（以下简称中建投信托公司）财务报表，包括2023年12月31日的合并及公司资产负债表，2023年度的合并及公司利润表、合并及公司现金流量表、合并及公司股东权益变动表以及相关财务报表附注。

我们认为，后附的财务报表在所有重大方面按照企业会计准则的规定编制，公允反映了中建投信托公司2023年12月31日的合并及公司财务状况以及2023年度的合并及公司经营成果和现金流量。

二、形成审计意见的基础

我们按照中国注册会计师审计准则的规定执行了审计工作。审计报告的"注册会计师对财务报表审计的责任"部分进一步阐述了我们在这些准则下的责任。按照中国注册会计师职业道德守则,我们独立于中建投信托公司,并履行了职业道德方面的其他责任。我们相信,我们获取的审计证据是充分、适当的,为发表审计意见提供了基础。

三、管理层和治理层对财务报表的责任

中建投信托公司管理层(以下简称管理层)负责按照企业会计准则的规定编制财务报表,使其实现公允反映,并设计、执行和维护必要的内部控制,以使财务报表不存在由于舞弊或错误导致的重大错报。

在编制财务报表时,管理层负责评估中建投信托公司的持续经营能力,披露与持续经营相关的事项(如适用),并运用持续经营假设,除非管理层计划清算中建投信托公司、终止运营或别无其他现实的选择。

治理层负责监督中建投信托公司的财务报告过程。

四、注册会计师对财务报表审计的责任

我们的目标是对财务报表整体是否不存在由于舞弊或错误导致的重大错报获取合理保证,并出具包含审计意见的审计报告。合理保证是高水平的保证,但并不能保证按照审计准则执行的审计在某一重大错报存在时总能发现。错报可能由于舞弊或错误导致,如果合理预期错报单独或汇总起来可能影响财务报表使用者依据财务报表作出的经济决策,则通常认为错报是重大的。

在按照审计准则执行审计工作的过程中,我们运用职业判断,并保持职业怀疑。同时,我们也执行以下工作:

(1)识别和评估由于舞弊或错误导致的财务报表重大错报风险,设计和实施审计程序以应对这些风险,并获取充分、适当的审计证据,作为发表审计意见的基础。由于舞弊可能涉及串通、伪造、故意遗漏、虚假陈述或凌驾于内部控制之上,未能发现由于舞弊导致的重大错报的风险高于未能发现由于错误导致的重大错报的风险。

(2)了解与审计相关的内部控制,以设计恰当的审计程序,但目的并非对内部控制的有效性发表意见。

(3)评价管理层选用会计政策的恰当性和作出会计估计及相关披露的合理性。

(4)对管理层使用持续经营假设的恰当性得出结论。同时,根据所获取的审计证据,就可能导致对中建投信托公司的持续经营能力产生重大疑虑的事项或情况是否存在重大不确定性得出结论。如果我们得出结论认为存在重大不确定性,审计准则要求我们在审计报告中提请报表使用者注意财务报表中的相关披露;如果披露不充分,我们应当发表非无保留意见。我们的结论基于截至审计报告日可获得的信息。然而,未来的事项或情况可能导致中建投信托公司不能持续经营。

(5)评价财务报表的总体列报、结构和内容,并评价财务报表是否公允反映相关交易和事项。

(6)就中建投信托公司中实体或业务活动的财务信息获取充分、适当的审计证据,以对财务报表发表意见。我们负责指导、监督和执行集团审计,并对审计意见承担全部责任。

我们与治理层就计划的审计范围、时间安排和重大审计发现等事项进行沟通,包括沟通我们在审计中识别出的值得关注的内部控制缺陷。

  中国注册会计师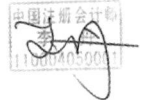

中国注册会计师

中国·北京　　　　　　　　　二〇二四年四月二十四日

5.1.2 资产负债表

资产负债表

编制单位:中建投信托股份有限公司　　2023年12月31日　　　　　　单位:万元

项目	2023年12月31日		2022年12月31日	
	合并	母公司	合并	母公司
资产	—	—	—	—
货币资金	147 462.36	137 419.71	150 172.95	124 879.32
买入返售金融资产	110.00			
交易性金融资产	421 927.64	375 822.30	445 035.16	436 451.56
应收账款	15 689.42	16 698.10	29 620.60	30 243.29
发放贷款和垫款	22 582.34	22 582.34	19 549.22	19 549.22
债权投资	238 239.93	196 207.24	176 547.70	162 909.82
长期股权投资	3 333.85	3 333.85	4 926.56	4 926.56
投资性房地产	4 411.86	4 411.86	4 716.12	4 716.12
固定资产	940.17	940.17	857.81	857.81

续表

项目	2023年12月31日		2022年12月31日	
	合并	母公司	合并	母公司
使用权资产	2 752.79	2 752.79	6 799.57	6 799.57
无形资产	6 002.86	6 002.86	5 189.57	5 189.57
递延所得税资产	75 391.07	75 355.60	75 535.47	75 500.00
其他资产	26 594.51	24 917.60	41 891.84	33 420.23
资产总计	965 438.80	866 444.42	960 842.57	905 443.07
负债	—	—	—	—
应付账款	174.05	174.05	174.05	174.05
预收款项	158.80	158.80	123.58	123.58
合同负债	259.48	259.48	255.87	255.87
应付职工薪酬	51 242.42	51 242.42	47 762.22	47 762.22
应交税费	847.82	847.82	173.91	173.91
租赁负债	2 215.82	2 215.82	6 815.22	6 815.22
预计负债	11 567.39	11 567.39	10 406.85	10 406.85
其他负债	106 149.22	7 061.86	63 429.66	8 109.58
负债合计	172 615.00	73 527.64	129 141.36	73 821.28
所有者权益	—	—	—	—
股本	500 000.00	500 000.00	500 000.00	500 000.00
资本公积	19 398.36	19 398.36	19 398.36	19 398.36
盈余公积	36 369.86	36 369.86	36 369.86	36 369.86
信托赔偿准备	38 153.04	38 153.04	38 153.04	38 153.04
一般风险准备	33 971.83	33 971.83	33 971.83	33 971.83
未分配利润	164 930.71	165 023.69	203 808.12	203 728.70
所有者权益合计	792 823.80	792 916.78	831 701.21	831 621.79
负债和所有者权益总计	965 438.80	866 444.42	960 842.57	905 443.07

法定代表人：刘功胜　　主管会计工作负责人：谭硕　　会计机构负责人：周志祥

5.1.3 利润表

利润表

编制单位：中建投信托股份有限公司　　2023年度　　单位：万元

项目	2023年度		2022年度	
	合并	母公司	合并	母公司
一、营业收入	8 993.49	9 621.37	−32 229.75	−25 784.54
利息净收入	2 297.22	2 297.22	1 273.10	1 273.10
利息收入	2 527.26	2 527.26	3 667.16	3 667.16
利息支出	230.04	230.04	2 394.06	2 394.06
手续费及佣金净收入	12 886.35	13 747.02	46 118.96	43 925.96
手续费及佣金收入	12 886.35	13 747.02	46 118.96	43 925.96
手续费及佣金支出	—	—	—	—
投资收益	−9 049.45	−5 241.62	6 393.97	4 237.85
其他收益	46.21	46.21	92.58	92.58
公允价值变动损益	2 047.54	−1 993.08	−86 770.37	−75 976.04
汇兑损益	2.10	2.10	10.51	10.51
其他业务收入	931.84	931.84	558.57	558.57
资产处置收益	−168.32	−168.32	92.93	92.93
二、营业支出	46 387.21	46 842.69	38 944.48	48 591.87
税金及附加	154.21	154.21	310.11	310.11
业务及管理费	37 262.31	37 244.32	38 274.09	38 254.26
信用减值损失	21 117.19	8 783.70	7 621.74	7 443.21
其他业务成本	−12 146.50	660.46	−7 261.46	2 584.29
三、营业利润	−37 393.72	−37 221.32	−71 174.23	−74 376.41
加：营业外收入	0.05	0.05	—	—
减：营业外支出	90.00	90.00	40.00	40.00
四、利润总额	−37 483.67	−37 311.27	−71 214.23	−74 416.41
减：所得税费用	1 393.74	1 393.74	1 030.71	1 980.56
五、净利润	−38 877.41	−38 705.01	−72 244.94	−76 396.97
六、其他综合收益	—	—	684.87	—
七、综合收益总额	−38 877.41	−38 705.01	−71 560.07	−76 396.97

法定代表人：刘功胜　　主管会计工作负责人：谭硕　　会计机构负责人：周志祥

5.1.4 所有者权益变动表

所有者权益变动表（合并）

编制单位：中建投信托股份有限公司　　2023年度　　单位：万元

2023年度（合并）	股本	资本公积	其他综合收益	盈余公积	信托赔偿准备	一般风险准备	未分配利润	所有者权益合计
一、2022年12月31日余额	500 000.00	19 398.36	—	36 369.86	38 153.04	33 971.83	203 808.12	831 701.21
二、本年增减变动金额	—	—	—	—	—	—	−38 877.41	−38 877.41
（一）综合收益总额	—	—	—	—	—	—	−38 877.41	−38 877.41
三、2023年12月31日余额	500 000.00	19 398.36	—	36 369.86	38 153.04	33 971.83	164 930.71	792 823.80
2022年度（合并）	股本	资本公积	其他综合收益	盈余公积	信托赔偿准备	一般风险准备	未分配利润	所有者权益合计
一、2021年12月31日余额	500 000.00	19 398.36	−684.87	36 369.86	38 153.04	33 971.83	276 053.06	903 261.28
二、本年增减变动金额	—	—	684.87	—	—	—	−72 244.94	−71 560.07
（一）综合收益总额	—	—	684.87	—	—	—	−72 244.94	−71 560.07
三、2022年12月31日余额	500 000.00	19 398.36	—	36 369.86	38 153.04	33 971.83	203 808.12	831 701.21

法定代表人：刘功胜　　主管会计工作负责人：谭硕　　会计机构负责人：周志祥

所有者权益变动表（母公司）

编制单位：中建投信托股份有限公司　　　　2023年度　　　　单位：万元

2023年度（母公司）	股本	资本公积	其他综合收益	盈余公积	信托赔偿准备	一般风险准备	未分配利润	所有者权益合计
一、2022年12月31日余额	500 000.00	19 398.36	—	36 369.86	38 153.04	33 971.83	203 728.70	831 621.79
二、本年增减变动金额	—	—	—	—	—	—	-38 705.01	-38 705.01
（一）综合收益总额	—	—	—	—	—	—	-38 705.01	-38 705.01
三、2023年12月31日余额	500 000.00	19 398.36	—	36 369.86	38 153.04	33 971.83	165 023.69	792 916.78
2022年度（母公司）	股本	资本公积	其他综合收益	盈余公积	信托赔偿准备	一般风险准备	未分配利润	所有者权益合计
一、2021年12月31日余额	500 000.00	19 398.36	—	36 369.86	38 153.04	33 971.83	280 125.67	908 018.76
二、本年增减变动金额	—	—	—	—	—	—	-76 396.97	-76 396.97
（一）综合收益总额	—	—	—	—	—	—	-76 396.97	-76 396.97
三、2022年12月31日余额	500 000.00	19 398.36	—	36 369.86	38 153.04	33 971.83	203 728.70	831 621.79

法定代表人：刘功胜　　　主管会计工作负责人：谭硕　　　会计机构负责人：周志祥

5.2 信托资产

5.2.1 信托项目资产负债汇总表

信托项目资产负债表

编制单位：中建投信托股份有限公司　　　　2023年12月31日　　　　单位：万元

信托资产	年末数	年初数	信托负债和信托权益	年末数	年初数
信托资产			信托负债		
货币资金	189 277.16	126 245.59	交易性金融负债	—	—
拆出资金	—	—	衍生金融负债	—	—
存出保证金	—	—	应付受托人报酬	78 859.85	75 346.47
交易性金融资产	2 565 817.30	2 503 046.72	应付托管费	2 401.33	2 768.47
衍生金融资产	—	—	应付受益人收益	0.30	1 349.42
买入返售金融资产	44 535.11	66 330.05	应交税费	621.81	758.13
应收款项	9 533.31	6 522.99	应付销售服务费	3 846.26	2 291.76
发放贷款	2 308 861.38	3 049 484.52	其他应付款项	322 090.74	193 661.63
债权投资	95 569.19	37 499.80	其他负债	43 221.11	—
其他债权投资	—	—	信托负债合计	451 041.40	276 175.88
其他权益工具投资	—	—			
长期应收款	—	—			
长期股权投资	—	—	信托权益		
投资性房地产	—	—	实收信托	9 263 870.00	11 201 131.46
固定资产	—	—	其他综合收益	—	—
无形资产	—	—	外币报表折算差额	—	—
长期待摊费用	—	—	未分配利润	-307 871.27	-364 800.62
其他资产	4 193 446.68	5 323 377.05	信托权益合计	8 955 998.73	10 836 330.84
信托资产总计	9 407 040.13	11 112 506.72	信托负债和信托权益总计	9 407 040.13	11 112 506.72

法定代表人：刘功胜　　　主管信托会计工作负责人：王勇华　　　信托会计机构负责人：陆琴琴

5.2.2 信托项目利润及利润分配汇总表

信托项目利润及利润分配表

编制单位：中建投信托股份有限公司　　2023年12月31日　　单位：万元

项目	本年累计数	上年累计数
1.营业收入	360 535.65	369 744.41
1.1 利息收入	107 779.59	279 499.03
1.2 投资收益（损失以"-"号填列）	204 064.48	218 801.92
1.2.1 其中：对联营企业和合营企业的投资收益	—	—
1.3 公允价值变动收益（损失以"-"号填列）	48 690.84	-128 556.55
1.4 租赁收入		
1.5 汇兑损益（损失以"-"号填列）		
1.6 其他收入	0.74	0.01
2.支出	49 474.26	424 757.36
2.1 税金及附加	970.10	1 574.91
2.2 受托人报酬	22 494.65	116 985.49
2.3 托管费	195.03	4 324.22
2.4 投资管理费	854.99	1 835.62
2.5 销售服务费	3 248.48	6 512.39
2.6 交易费用	15.22	20.51
2.7 信用减值损失	7 897.96	282 181.21
2.8 其他费用	13 797.83	11 323.01
3.信托净利润（净亏损以"-"号填列）	311 061.39	-55 012.95
4.其他综合收益	—	—
5.综合收益	311 061.39	-55 012.95
6.加：期初未分配信托利润	-364 800.62	149 395.14

续表

项目	本年累计数	上年累计数
7.可供分配的信托利润	-53 739.23	94 382.19
8.减：本期已分配信托利润	254 132.04	459 182.81
9.期末未分配信托利润	-307 871.27	-364 800.62

法定代表人：刘功胜　　主管信托会计工作负责人：王勇华　　信托会计机构负责人：陆琴琴

6.会计报表附注

6.1 会计报表编制基准不符合会计核算基本前提的说明

公司会计报表编制基准无不符合会计核算基本前提的事项。

6.2 重要会计政策和会计估计说明

公司从2021年1月1日起执行《企业会计准则第14号——收入》《企业会计准则第21号——租赁》《企业会计准则第22号——金融工具确认和计量》和《企业会计准则第37号——金融工具列报》等准则。

6.3 或有事项说明

无。

6.4 重要资产转让及其出售的说明

无。

6.5 会计报表中重要项目的明细资料

6.5.1 自营资产经营情况

6.5.1.1 按信用风险五级分类结果披露信用风险资产的期初数、期末数

信用资产五级分类	正常类（万元）	关注类（万元）	次级类（万元）	可疑类（万元）	损失类（万元）	信用风险资产合计（万元）	不良合计（万元）	不良率（%）
期初数	427 612.19	7 201.71	515 722.37	69 882.55	—	1 020 418.82	585 604.92	35.15
期末数	360 469.14	3 457.18	416 731.56	214 191.58	—	994 849.46	630 923.14	39.91

注：1.不良资产合计=次级类+可疑类+损失类。
　　2.固有信用风险资产不良率按中国信托业协会行业评级口径确定，即固有信用风险资产不良率=（不良资产总额-已计提减值准备）/信用风险资产总额。

6.5.1.2 各项资产减值损失准备的期初、本期计提、本期转回、本期核销、期末数

单位：万元

项目	期初数	本期计提	本期转回	本期核销	期末数
贷款损失准备	54 147.57	—	-3 033.12		51 114.45
债权投资准备	168 509.53	7 758.15	-9 267.25	613.82	167 614.25
长期股权投资减值准备					
坏账准备	4 264.37	13 325.91		-2 437.53	15 152.75
投资性房地产减值准备					

6.5.1.3 按照投资品种分类，分别披露固有业务股票投资、基金投资、债券投资、股权投资等投资业务的期初数、期末数

单位：万元

项目	自营股票	基金	债券	长期股权投资	其他投资	合计
期初数	—	150.16	3 995.78	4 926.56	595 215.44	604 287.94
期末数		150.16	2 130.00	3 333.85	569 749.38	575 363.39

6.5.1.4 按投资入股金额排序，前五名的自营长期股权投资的企业名称、占被投资企业权益的比例、主要经营活动及投资收益情况等（从大到小顺序排列）

企业名称	持股比例（%）	主要经营活动	2023年度投资收益（%）
国泰元鑫资产管理有限公司	24.30	特定客户资产管理业务以及中国证监会许可的其他业务	−1 592.71

6.5.1.5 前五名的自营贷款的企业名称、占贷款总额的比例和还款情况等（从贷款金额大到小顺序排列）

企业名称	占贷款总额的比例（%）	还款情况（万元）
郑州中盟文化生态旅游开发有限公司	92.25	—
保定市秀兰混凝土搅拌有限公司	6.78	—
佳源创盛控股集团有限公司	0.97	—

6.5.1.6 代理业务（委托业务）期初数、期末数

单位：万元

项目	期初数	期末数
担保业务	—	—
代理业务（委托业务）	4 566.46	4 598.61
其他	—	—
合计	4 566.46	4 598.61

6.5.1.7 公司当年的收入结构

收入结构	合并		母公司	
	金额（万元）	占比（%）	金额（万元）	占比（%）
手续费及佣金收入	12 886.35	143.29	13 747.02	142.88
其中：信托手续费收入	12 886.35	143.29	13 747.02	142.88
投资银行业务收入	—		—	
利息收入	2 297.22	25.54	2 297.22	23.88
其他业务收入	811.83	9.03	811.83	8.44
其中：计入信托业务收入部分				
投资收益	−9 049.45	−100.63	−5 241.62	−54.48
其中：股权投资收益	−1 195.48	−13.30	−1 195.48	−12.43
证券投资收益	—		—	
其他投资收益	−7 853.97	−87.33	−4 046.14	−42.05
公允价值变动收益	2 047.54	22.77	−1 993.08	−20.72
营业外收入	0.05	—	0.05	—
收入合计	8 993.54	100.00	9 621.42	100.00

6.5.2 信托财产管理情况

6.5.2.1 信托资产的期初数、期末数

单位：万元

信托资产	期初数	期末数
集合	3 566 992.03	2 999 119.91
单一	1 743 553.60	1 683 282.47
财产权	5 801 961.09	4 724 637.75
合计	11 112 506.72	9 407 040.13

6.5.2.1.1 主动管理型信托业务的信托资产期初数、期末数，分证券投资、股权投资、融资、事务管理类分别披露

单位：万元

主动管理型信托资产	期初数	期末数
证券投资类	1 171 052.83	1 411 244.56
股权投资类	98 434.61	42 150.17
其他投资类	490 394.68	512 507.44
融资类	2 116 841.52	1 512 320.76
事务管理类		
合计	3 876 723.64	3 478 222.93

注：根据2023年监管报表口径划分主动管理型与被动管理型业务，并对期初数进行重述。

6.5.2.1.2 被动管理型信托业务的信托资产期初数、期末数，分证券投资、股权投资、融资、事务管理类分别披露

单位：万元

被动管理型信托资产	期初数	期末数
证券投资类	—	—
股权投资类	—	—
其他投资类	—	—
融资类	—	—
事务管理类	7 235 783.08	5 928 817.20
合计	7 235 783.08	5 928 817.20

6.5.2.2 本年度已清算结束的信托项目个数、实收信托合计金额、加权平均实际年化收益率

6.5.2.2.1 本年度已清算结束的集合类、单一类资金信托项目和财产管理类信托项目个数、实收信托金额、加权平均实际年化收益率

已清算结束信托项目	项目个数（个）	实收信托合计金额（万元）	加权平均实际年化收益率（%）
集合类	43	817 780.77	6.30
单一类	32	270 191.12	4.46
财产管理类	14	1 920 138.00	2.69

6.5.2.2.2 本年度已清算结束的主动管理型信托项目个数、实收信托合计金额、加权平均实际年化收益率，分证券投资、股权投资、融资、事务管理类分别计算并披露

已清算结束信托项目	项目个数（个）	实收信托合计金额（万元）	加权平均实际年化收益率（%）
证券投资类	7	28 940.77	6.08
股权投资类	1	35 620.00	-7.37
其他投资类	2	31 950.00	7.71
融资类	33	738 170.00	6.92
事务管理类	—	—	—

6.5.2.2.3 本年度已清算结束的被动管理型信托项目个数、实收信托合计金额、加权平均实际年化收益率，分证券投资、股权投资、融资、事务管理类分别计算并披露

已清算结束信托项目	项目个数（个）	实收信托合计金额（万元）	加权平均实际年化收益率（%）
证券投资类	—	—	—
股权投资类	—	—	—
其他投资类	—	—	—
融资类	—	—	—
事务管理类	46	2 173 429.12	2.88

6.5.2.3 本年度新增的集合类、单一类和财产管理类信托项目个数、实收信托合计金额

新增信托项目	项目个数（个）	实收信托合计金额（万元）
集合类	29	1 790 843.20
单一类	39	208 970.00
财产管理类	22	1 931 964.35
新增合计	90	3 931 777.55
其中：主动管理型	36	1 968 716.25
被动管理型	54	1 963 061.30

6.5.2.4 信托业务创新成果和特色业务有关情况

2023年，公司密切关注宏观经济形势及信托行业发展变化，认真贯彻落实各项监管政策要求，围绕信托业务"三分类"新规要求，明确资产服务信托与资产管理信托双向驱动、同向发力的特色化差异化转型路径，加快在重点领域取得突破。

资产服务信托业务方面，公司推出"企业家办公室"综合服务平台，落地家族服务信托业务3单，其中包含首单股权类家族信托。家庭服务信托在业内较早推出"沃泉"家庭服务信托品牌及服务体系，创新推出与券商合作基金投顾模式，荣获2023金融界"杰出财富管理服务奖"。法人资产服务信托实现零的突破。资管产品服务信托实现与理财子公司合作破冰。

资产管理信托业务方面，公司重点发展现金管理类和"固收+"产品，持续健全产品体系，持续优化债券信用结构，在保持流动性基础上，收益达到行业平均水平，保持稳健。挖掘多元化另类固收业务资产配置，加大浙江区域展业力度。增强权益投资类产品主动管理能力，精准把握客户需求，FOF类产品业绩跑赢大盘。探索泛REITs业务模式，落地首单公募REITs"中航京能光伏REITs"战配投资业务，重点围绕保障性租赁住房、产业园、物流园等领域，储备北京、上海等地多个优质私募REITs项目。

公益慈善信托方面，公司充分发挥信托制度优势，全年新增慈善信托项目25单，成立规模0.33亿元，新增项目数量及规模均创新高。公司连续荣获"2023年第三届资产管理与财富管理行业——优秀公益慈善信托奖""2023年度优秀公益慈善信托"等奖项，行业影响力进一步扩大。

6.5.2.5 本公司履行受托人义务情况及因本公司自身责任而导致的信托资产损失情况（合计金额、原因等）

公司按照国家法律、法规和信托文件的约定管理、运用和处分信托财产。2023年，公司恪尽职守，履行诚实、信用、谨慎、有效管理的义务，维护受益人的最大利益。年度内所涉信托诉讼纠纷案件中，尚无司法机关认定公司因自身责任而导致信托资产损失的情况。

6.5.2.6 信托赔偿准备金的提取、使用和管理情况

单位：万元

项目	期初数	本年增加	本年减少	期末数
信托赔偿准备金	38 153.04	—	—	38 153.04
合计	38 153.04	—	—	38 153.04

6.6 关联方关系及其交易的披露

6.6.1 关联交易方的数量、关联交易的总金额及关联交易的定价政策等

交易类型	关联交易方数量	关联交易金额（万元）	定价政策
投资类	11	307 600	按商业原则，协商确定
租赁、服务类	6	3 822	按商业原则，协商确定

注：上表中投资类交易包含关联方投资本公司信托产品（含委托设立单一资金信托）、本公司以受托管理的资产投资关联方发行的资管产品，相关交易底层资产均不涉及其他关联方，关联交易金额数据为投资成本金额。

6.6.2 关联交易方与本公司的关系性质、关联交易方的名称、法定代表人、注册地址、注册资本及主营业务等

关系性质	关联方名称	法定代表人	注册地址	注册资本（万元）	主营业务
母公司	中国建银投资有限责任公司	董轼	北京市西城区闹市口大街1号院2号楼7~14层	2 069 225	投资与投资管理；资产管理与处置；企业管理；房地产租赁；咨询
受同一母公司控制的企业	建投控股有限责任公司	万建发	北京市西城区闹市口大街一号院4号楼9F、9G	200 000	项目投资；投资管理；酒店管理；物业管理；企业管理咨询；设备租赁
受同一母公司控制的企业	建投投资有限责任公司	梁凤玉	北京市西城区闹市口大街1号院2号楼7层	500 000	投资及投资管理；投资咨询；企业管理咨询；财务顾问（不可开展审计、验资、查账、评估、会计咨询、代理记账等专项审批的业务，不可出具相应的审计报告、验资报告、查账报告、评估报告等文字材料）
受同一母公司控制的企业	国泰基金管理有限公司	邱军	中国（上海）自由贸易试验区浦东大道1200号2层225室	11 000	基金设立、基金业务管理及中国证监会批准的其他业务
受同一母公司控制的企业	建投华文投资有限责任公司	梁凤玉	北京市朝阳区东三环北路38号4号楼9层901、10层1001、13层1301	200 000	项目投资；投资管理；资产管理；投资咨询；经济信息咨询（不含中介服务）；设计、制作、代理、发布广告；会议服务；承办展览展示活动；企业策划、设计；销售文化用品；企业管理培训
受同一母公司控制的企业	建投书店投资有限公司	张畔	上海市虹口区公平路18号8号楼101室、1下夹层01室、2层	19 000	销售办公用品，日用百货，服装，工艺礼品，电子产品，家具；投资管理，商务咨询，设计、制作、代理、发布各类广告，文化艺术交流活动策划，会展会务服务，企业管理咨询，出版物经营，食品流通，餐饮服务［零售预包装食品（含冷藏冷冻食品）、自制饮品制售］
受同一母公司控制的企业	中国投资咨询有限责任公司	王洋	上海市虹口区公平路18号8号楼12层	18 838.98	提供投资、贷款项目的咨询、评估，提供投资有关的咨询服务和信息服务，投资与投资管理，财务顾问，招投标代理，工程咨询，企业管理咨询
受同一母公司控制的企业	建投嘉昱（上海）投资有限公司	王建欣	上海市虹口区公平路18号8号楼三层B单元	500 000	实业投资，投资管理，资产管理，房地产经营，物业管理，自有房屋租赁，商务咨询，企业管理及咨询等
受同一母公司控制的企业	广东建投嘉昱物业服务有限责任公司	黎东灿	广州市越秀区东风中路509号	2 000	一般经营范围：餐饮管理；信息技术咨询服务；技术服务、技术开发、技术咨询、技术交流、技术转让、技术推广；房地产咨询；非居住房地产租赁；住房租赁；单位后勤管理服务；企业管理咨询；房地产经纪；工程管理服务；软件开发；以自有资金从事投资活动；网络技术服务；园林绿化工程施工；信息系统集成服务；人力资源服务（不含职业中介活动、劳务派遣服务）；数据处理和存储支持服务；招投标代理服务；城市公园管理；城市绿化管理；汽车租赁；社会经济咨询服务；市场营销策划；工程技术服务（规划管理、勘察、设计、监理除外）；物业管理；城乡市容管理；合同能源管理；市场调查（不含涉外调查）；计算机及办公设备维修；外卖递送服务；食品经营（仅销售预包装食品）；计算机软硬件及辅助设备批发；电线、电缆经营；电力电子元器件销售；家用电器销售；音响设备销售；停车场服务。许可经营范围：各类工程建设活动；建筑智能化工程施工；住宅室内装饰装修；城市生活垃圾经营性服务；餐饮服务
受同一母公司控制的企业	北京建银劳务派遣有限责任公司	王冬	北京市西城区广安门南滨河路7号1幢2层203房间	200	劳务派遣；经济贸易咨询；接受金融机构委托从事金融信息技术外包服务；接受金融机构委托从事金融业务流程外包服务；接受金融机构委托从事金融知识流程外包服务；计算机技术培训；技术咨询；技术服务；技术转让；技术推广（企业依法自主选择经营项目，开展经营活动；依法须经批准的项目，经相关部门批准后依批准的内容开展经营活动；不得从事本市产业政策禁止和限制类项目的经营活动）
母公司联营企业之子公司	申万宏源证券有限公司	杨玉成	上海市徐汇区长乐路989号45层	5 350 000	许可项目：证券业务；证券投资咨询；证券投资基金销售服务；证券投资基金托管（依法须经批准的项目，经相关部门批准后方可开展经营活动，具体经营项目以相关部门批准文件或许可证件为准）。一般项目：证券公司为期货公司提供中间介绍业务（除依法须经批准的项目外，凭营业执照依法自主开展经营活动）

6.6.3 逐笔披露本公司与关联方的重大交易事项

6.6.3.1 固有与关联方交易情况：贷款、投资、租赁、应收账款、担保、其他方式等期初汇总数、本期借方和贷方发生额汇总数、期末汇总数

固有与关联方关联交易   单位：万元

项目	期初数	借方发生额	贷方发生额	期末数
贷款	—	—	—	—
投资	216 719	—	23 037	193 682
租赁	—	—	—	—

续表

项目	期初数	借方发生额	贷方发生额	期末数
担保	—	—	—	—
应收账款	—	—	—	—
其他	497	3	6	494
合计	217 216	3	23 043	194 176

6.6.3.2 信托与关联方交易情况：贷款、投资、租赁、应收账款、担保、其他方式等期初汇总数、本期借方和贷方发生额汇总数、期末汇总数

信托与关联方关联交易　　　　　　　单位：万元

项目	期初数	借方发生额	贷方发生额	期末数
贷款	—	—	—	—
投资	79 779	13 094	28 766	64 107
租赁	—	—	—	—
担保	—	—	—	—
应收账款	—	—	—	—
其他	631 738	335 936	128 630	839 044
合计	711 517	349 030	157 396	903 151

6.6.3.3 信托公司自有资金运用于自己管理的信托项目（固信交易）、信托公司管理的信托项目之间的相互（信信交易）交易金额，包括余额和本报告年度的发生额

6.6.3.3.1 固有财产与信托财产之间的交易金额期初汇总数、本期发生额汇总数、期末汇总数

固有财产与信托财产相互交易　　　　单位：万元

项目	期初数	本期发生额	期末数
合计	396 935.00	-61 815.00	335 120.00

注：以固有资金投资公司自己管理的信托项目受益权，或购买自己管理的信托项目的信托资产均应纳入统计披露范围。

6.6.3.3.2 信托资产和信托财产之间的交易金额期初汇总数、本期发生额汇总数、期末汇总数

信托资产与信托财产相互交易　　　　单位：万元

项目	期初数	本期发生额	期末数
合计	733 316.53	-8 563.53	724 753.00

注：以公司受托管理的一信托项目的资金购买自己管理的另一个信托项目的受益权或信托项下资产均应纳入统计披露范围。

6.6.4 逐笔披露关联方逾期未偿还本公司资金的情况以及本公司为关联方担保或即将发生垫款情况

无。

6.7 会计制度的披露

公司固有业务、信托业务均执行财政部颁布的企业会计准则及相关规定。

7.财务情况说明书

7.1 利润实现和分配情况

公司2023年初未分配利润为203 728.70万元，2023年度实现净利润-38 705.01万元。截至2023年12月31日，公司未分配利润165 023.69万元。

7.2 主要财务指标

指标名称	指标值
资本利润率（%）	-4.77
人均净利润（万元）	-116.06

7.3 对本公司财务状况、经营成果有重大影响的其他事项

无。

7.4 公司净资本情况

指标名称	指标值	监管标准
净资产（万元）	792 916.78	—
净资本（万元）	487 299.53	≥20 000
各项业务风险资本之和（万元）	203 551.67	—
净资本/各项业务风险资本之和（%）	239.40	≥100
净资本/净资产（%）	61.46	≥40

以上指标均符合《信托公司净资本管理办法》（中国银监会令〔2010〕第5号）各项监管要求。

8.特别事项揭示

8.1 本报告期内股东变动的情况

无。

8.2 本报告期内董事、监事及高级管理人员变动情况

8.2.1 董事变动情况

（1）2023年5月，经公司2023年第二次临时股东大会审议通过，潘鸿任公司独立董事，钱毅不再担任公司第二届董事会独立董事。

（2）2023年6月，经公司2023年第三次临时股东大会审议通过，冯帆任公司独立董事。

（3）2023年8月，经公司2023年第五次临时股东大会审议通过，王晓光任公司董事，王进不再担任公司第二届董事会董事。

8.2.2 监事变动情况

无。

8.2.3 高级管理人员变动情况

（1）2023年2月，经公司第二届董事会第九次会议审议通过，自晓佳不再担任公司副总经理。

（2）2023年10月，经报国家金融监督管理总局浙江监管局核准（浙金复〔2023〕131号），孟世欣任公司副

总经理。

(3) 2023年12月，经公司第二届董事会第二十次会议审议通过，聘任郝磊为公司副总经理，拟任人资格经监管部门核准后生效[①]。

8.3 本报告期内变更注册资本、变更注册地、公司名称变更事项

无。

8.4 公司的重大诉讼事项

8.4.1 重大未决诉讼事项

报告期内，公司新增未决诉讼案件14件，其中处于一审审理阶段案件6件，二审审理阶段案件5件，已判决待履行案件2件，执行阶段案件1件。

8.4.2 以前年度发生，于本报告年度内终结的诉讼事项

报告期内，公司以前年度发生的诉讼案件中，有1件终结诉讼程序，公司为案件被告，法院判决驳回原告全部诉讼请求。

8.4.3 本报告年度发生，于本报告年度内终结的诉讼事项

本报告年度内发生的诉讼案件中，有2件于本报告年度内终结，公司均为被告，1件为法院判决驳回原告全部诉讼请求，1件为原告方撤诉结案。

8.5 本报告期内公司及其董事、监事和高级管理人员受到处罚的情况

报告期内，公司及其董事、监事和高级管理人员不涉及重大行政处罚情况。

8.6 本报告期内国家金融监督管理总局及其派出机构对公司检查后提出监管意见的情况

公司于2023年6月收到《中国银保监会浙江监管局关于中建投信托股份有限公司2022年度监管的意见》（浙银保监发〔2023〕90号）。公司高度重视，逐条对照制定具体整改措施，于2023年6月30日上报《中建投信托股份有限公司关于2022年度监管意见整改措施制定情况的报告》。按照整改计划安排，公司针对信用风险、舆情风险、固有流动性、内控合规管理、经营承压等方面的重点问题，积极落实整改措施，持续推动问题整改。2023年11月，公司上报《中建投信托股份有限公司关于2022年度监管意见整改措施落实情况的报告》，全部整改任务均已完成。通过整改，公司治理体系及内控机制得到进一步健全和完善。

8.7 本报告期内重大事项临时报告

2023年12月28日，公司于《上海证券报》第19版披露了董事变更事项。

8.8 本报告期内国家金融监督管理总局及其派出机构认定的其他有必要让客户及相关利益人了解的重要信息

无。

---

① 国家金融监督管理总局浙江监管局于2024年3月1日核准郝磊公司副总经理任职资格。

中粮信托有限责任公司

1.重要提示

1.1 公司董事会及董事保证本报告所载资料不存在任何虚假记载、误导性陈述或者重大遗漏,并对其内容的真实性、准确性和完整性承担个别及连带责任。本年度报告摘要摘自年度报告全文,客户及相关利益人欲了解详细内容,应阅读年度报告全文。

1.2 公司独立董事对年度报告内容的真实性、准确性和完整性无异议。

1.3 信永中和会计师事务所(特殊普通合伙)对公司出具了标准无保留意见的审计报告。

1.4 公司董事长孙彦敏先生、董事、总经理、主管会计工作负责人刘燕松先生、会计机构负责人(会计主管人员)李东先生声明:保证本年度报告中财务报告真实、完整。

2.公司概况

2.1 公司简介

中粮信托有限责任公司(以下简称中粮信托、公司或本公司)是2009年7月经原中国银监会批准设立的非银行金融机构,注册地为北京市。

公司注册资本为2 830 954 182元,现有股东3家分别为:中粮资本投资有限公司持股80.5090%,蒙特利尔银行持股16.2408%,中粮财务有限责任公司持股3.2502%。

2.1.1 公司情况简表

公司名称(简称)	中粮信托有限责任公司(中粮信托)
公司英文名称(缩写)	COFCO Trust Co., Ltd.(COFCO TRUST)
公司法定代表人	刘燕松
注册地址	北京市朝阳区朝阳门南大街10号楼B座19层、20层整层,A座3层302~303单元
邮政编码	100020
公司网站	http://www.cofco-trust.com

2.1.2 主要联系人及联系方式

信息披露负责人	刘燕松
联系电话	010-86378188
传真	010-85638655
电子信箱	trustco@cofco.com

2.1.3 其他事项

2.1.3.1 公司选定《证券时报》作为本次信息披露的报纸。公司年报全文将备置在公司注册地址及网站供查询

2.1.3.2 公司聘请的会计师事务所:信永中和会计师事务所(特殊普通合伙)。会计师事务所联系地址:北京市东城区朝阳门北大街8号富华大厦A座8层

2.2 组织结构

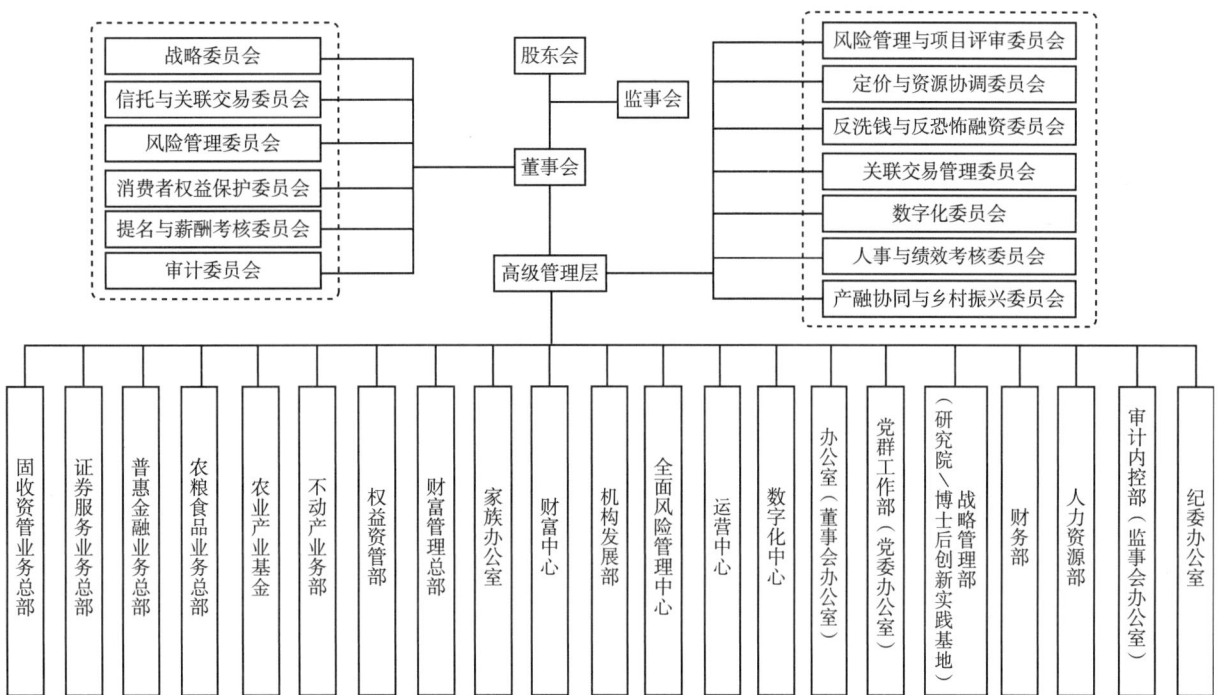

3. 公司治理

3.1 股东

报告期末公司股东共计3名，其中主要股东为中粮资本投资有限公司（以下简称中粮资本）、蒙特利尔银行。公司的控股股东为中粮资本，实际控制人为中粮集团有限公司。

股东名称	出资比例（%）	法定代表人	注册资本（万元）	注册地址	主要经营业务
中粮资本投资有限公司	80.5090	孙彦敏	133 700.1376	深圳市前海深港合作区南山街道桂湾片区二单元前海卓越金融中心（一期）8号楼903A	投资与资产管理；企业管理；投资策划及咨询服务等
蒙特利尔银行	16.2408	不适用	—	加拿大安大略省多伦多市帝王西街100号第一加拿大广场	商业银行业务
中粮财务有限责任公司	3.2502	栗健	250 000.00	北京市朝阳区朝阳门南大街8号中粮福临门大厦19层	集团内存贷款、资金管理、融资咨询、债券承销等

3.1.1 中粮资本

报告期末中粮资本的控股股东为中粮资本控股股份有限公司，持股比例为100%；中粮资本控股股份有限公司的控股股东为中粮集团有限公司，持股比例为62.78%；中粮集团有限公司的唯一出资人为国务院国有资产监督管理委员会。中粮资本的实际控制人和最终受益人为国务院国有资产监督管理委员会，不存在通过协议或其他安排扩大所能支配中粮信托表决权的一致行动人。除中粮信托外，报告期末中粮资本的主要关联方共计23家。

中粮资本在报告期内不存在将其所持有的中粮信托股权进行质押或以股权及其受（收）益权设立信托等金融产品的情况。

3.1.2 蒙特利尔银行

蒙特利尔银行注册地为加拿大，系境外上市公司，无控股股东或实际控制人，最终受益人为其全体股东，不存在通过协议或其他安排扩大所能支配中粮信托表决权的一致行动人。除中粮信托外，报告期末蒙特利尔银行的主要关联方共计25家。

蒙特利尔银行在报告期内不存在将其所持有的中粮信托股权进行质押或以股权及其受（收）益权设立信托等金融产品的情况。

3.1.3 中粮财务有限责任公司

中粮集团有限公司持有公司第三大股东中粮财务有限责任公司83.74%股权；中粮财务有限责任公司与中粮资本投资有限公司为关联方。中粮财务有限责任公司在报告期内不存在将其所持有的中粮信托股权进行质押或以股权及其受（收）益权设立信托等金融产品的情况。

3.2 董事会

董事会成员

姓名	职务	性别	年龄（岁）	选任日期	所代表的股东名称	该股东持股比例（%）	简要履历
孙彦敏	董事长	男	57	2023年4月	中粮资本投资有限公司	80.5090	任中粮集团有限公司总经济师、中粮资本控股股份有限公司董事长、总经理、中粮信托有限责任公司董事长 曾任中粮财务有限责任公司总经理、中粮集团有限公司财务部总监等职务
李德罡	董事	男	52	2023年4月	中粮资本投资有限公司	80.5090	任中粮资本控股股份有限公司副总经理兼财务总监、中粮信托有限责任公司董事 曾任中粮财务有限责任公司总经理等职务
褰侠	董事	男	55	2023年4月	中粮资本投资有限公司	80.5090	任中粮资本控股股份有限公司副总经理兼总法律顾问、中粮信托有限责任公司董事 曾任中粮集团有限公司法律部合同与公司法部总经理、中粮集团有限公司办公厅副主任兼培训中心总经理、深圳前海中粮发展有限公司总经理等职务，并曾挂任江西省九江市市委常委、副市长
刘燕松	董事	男	43	2023年4月	中粮资本投资有限公司	80.5090	任中粮信托有限责任公司董事、总经理、中粮农业产业基金管理有限责任公司董事长 曾任中国对外经济贸易信托有限公司副总经理、紫金信托有限责任公司董事、总裁等职务
Albert Yu（余俊明）	董事	男	62	2023年4月	蒙特利尔银行	16.2408	任蒙特利尔银行金融集团亚洲副主席、蒙特利尔银行（中国）有限公司行长，中粮信托有限责任公司董事
William Edward Post Bamber（班柏）	董事	男	58	2023年4月	蒙特利尔银行	16.2408	任蒙特利尔银行金融集团环球资产管理首席执行官，中粮信托有限责任公司董事

独立董事

姓名	职务	性别	年龄（岁）	选任日期	简要履历
柯卡生	独立董事	男	59	2023年4月	任中粮信托有限责任公司独立董事 曾任中国人民银行广州分行副行长、原中国银监会广东监管局筹备组成员、副局长、原中国银监会非银行金融机构监管部主任、原中国华融资产管理股份有限公司执行董事、总裁等职务
陈国钢	独立董事	男	64	2023年4月	任中粮信托有限责任公司独立董事 曾任中国中化集团公司总会计师、新华人寿保险股份有限公司副总裁、首席财务官、中国民生投资集团副总裁、深圳前海金融资产交易所有限公司首席执行官等职务
潘慧峰	独立董事	男	49	2023年4月	对外经济贸易大学金融学院教授，兼任中粮信托有限责任公司独立董事

3.3 监事会

监事会成员

姓名	职务	性别	年龄（岁）	选任日期	所代表的股东名称	该股东持股比例（%）	简要履历
马建泽	监事会主席	男	51	2023年4月	中粮资本投资有限公司	80.5090	任中粮信托有限责任公司监事会主席 曾任中粮（美国）金融资本公司任投资经理、中粮集团有限公司金融事业部项目发展部经理助理、中粮信托有限责任公司副总经理兼董事会秘书
陈众	监事	男	51	2023年10月	中粮资本投资有限公司	3.2502	任中粮信托有限责任公司监事 曾任安徽丰原生物化学股份有限公司财务副总监、中粮信托有限责任公司总经理助理、副总经理
张晓燕	监事	女	59	2023年4月	蒙特利尔银行	16.2408	任蒙特利尔银行亚洲区和蒙特利尔银行（中国）有限公司首席风险官，中粮信托有限责任公司监事

续表

姓名	职务	性别	年龄（岁）	选任日期	所代表的股东名称	该股东持股比例（%）	简要履历
罗峰	职工代表监事	男	50	2023年4月	—	—	任中粮信托有限责任公司审计内控部总经理、职工代表监事
谭军	职工代表监事	男	50	2023年4月	—	—	任中粮信托有限责任公司固收资管业务总部信用策略三部/山东业务部总经理、职工代表监事

目前公司监事会暂未设下属委员会。

3.4 高级管理人员

姓名	职务	性别	年龄（岁）	选任日期	金融从业年限（年）	学历学位	专业	简要履历
刘燕松	总经理	男	43	2021年4月	20	学士	金融学	任中粮信托有限责任公司董事、总经理、中粮农业产业基金管理有限责任公司董事长 曾任中国对外经济贸易信托有限公司副总经理、紫金信托有限责任公司董事、总裁等职务
刘荣华	副总经理（常务）	男	41	2019年9月	17	硕士研究生	法学	任中粮信托有限责任公司副总经理（常务） 曾任中融国际信托有限公司金融市场部副总经理、金融同业部总经理等职务
徐阳	首席风险官	男	36	2023年9月	7	硕士研究生	法学	任中粮信托有限责任公司首席风险官 曾任中粮资本控股股份有限公司法律风控部总经理助理等职务
宋仁波	财务总监（拟任）	男	44	2024年4月	—	硕士研究生	经济学	2024年4月，经董事会审议通过，拟聘任宋仁波为公司财务总监，其任职资格待国家金融监督管理总局北京监管局核准后生效 曾任中粮集团有限公司财务部运营管理部总经理助理、中粮国际有限公司财务部粮油业务运营管理部负责人、中粮国际有限公司中国区总经理助理兼财务总监、中粮资本控股股份有限公司财务部副总经理、中粮资本科技有限责任公司副总经理、财务总监等职务

3.5 报告期内公司员工

项目		报告期年度		上年度	
		人数（人）	比例（%）	人数（人）	比例（%）
年龄分布	20岁以下	—	—	—	—
	20~29岁	48	19.05	43	17.40
	30~39岁	137	54.37	144	58.30
	40岁及以上	67	26.58	60	24.30
学历分布	博士	12	4.76	13	5.27
	硕士	174	69.05	161	65.18
	本科	63	25.00	70	28.34
	专科	3	1.19	3	1.21
	其他	—	—	—	—
岗位分布	高管人员	3	1.19	7	2.83
	自营业务人员	2	0.79	2	0.81
	信托业务人员	149	59.13	141	57.09
	其他人员	98	38.89	97	39.27
合计		252	100	247	100

4. 经营管理

4.1 经营目标、方针、战略规划

4.1.1 愿景与使命

中粮信托的愿景是："良芯金融，健康财富"。中粮信托的使命是：做服务实体经济的源头活水，做助力共同富裕的春风润雨。

4.1.2 经营策略

2023年，中粮信托面对复杂严峻的外部环境，在信托业务"新三分类"等监管政策指引下，坚守服务实体经济定位，坚定转型方向，加快转型步伐，深化体制机制改革，优化资源配置，聚焦"3+1+3"业务赛道架构，持续打造四大业务体系、五大赋能支撑体系，强化风险管控，提升公司治理，确保主营业务持续稳健发展。

中粮信托坚守战略定力，保持战略规划方向和目标不变，坚持一张蓝图绘到底，持续推进资产管理、资产服务、财富管理、客群发展四大业务体系建设。公司坚持以客户需求为中心，着力打造具有差异化的产品和服务，强化主动管理能力和水平，持续迭代升级，丰富产品线，优化资产结构，探索符合信托禀赋的主动投资业务特色发展道路。为适应转型发展需要，提升专业能力

和核心竞争力，公司持续推进全面风险管理、人力资源管理、运营管理、数字化及投研体系建设，强化风险防控和合规建设，加强精细化管理保障，拥抱数字化转型，提升运营管理质效，持续打造投研一体机制，推动公司实现高质量转型发展。

4.2 所经营业务的主要内容

4.2.1 固有资产运用与分布表（母公司）

资产运用	金额（万元）	占比（%）	资产分布	金额（万元）	占比（%）
货币资产	4 268.87	0.54	基础产业	—	—
贷款及应收款	34 659.14	4.38	房地产业	—	—
交易性金融资产	562 416.04	71.01	证券市场	83 542.10	10.55
可供出售金融资产	—	—	实业	—	—
其他权益工具	83 542.10	10.55	金融机构	530 951.48	67.03
长期股权投资	6 782.10	0.86	其他	177 572.07	22.42
其他	100 397.40	12.66			
资产总计	792 065.65	100.00	资产总计	792 065.65	100.00

4.2.2 信托资产运用与分布表（母公司）

资产运用	金额（万元）	占比（%）	资产分布	金额（万元）	占比（%）
货币资产	3 041 082.13	10.11	基础产业	941 011.39	3.13
贷款	4 286 059.09	14.24	房地产	115 659.90	0.38
交易性金融资产	19 125 980.32	63.56	证券市场	11 683 769.09	38.83
债权投资	2 443 530.31	8.12	实业	4 092 489.68	13.60
其他	1 196 174.65	3.97	金融机构	9 160 371.48	30.44
—	—	—	其他	4 099 524.96	13.62
信托总资产	30 092 826.50	100.00	信托总资产	30 092 826.50	100.00

4.3 市场分析

2023年召开的中央金融工作会议进一步明确金融体系定位，提出"金融强国"建设目标，为金融工作举旗定向、谋篇布局。信托业务"三分类"监管政策正式落地实施，信托行业积极应对，在变革中寻求破局，主动适应行业功能定位、业务体系、经营模式的内在变化要求，以及市场环境、监管政策调整变化的外在发展要求，加快迭代升级公司治理、内控机制，提升内部管理和运营水平，行业正在迈入新的发展阶段。

4.3.1 有利因素

中央金融工作会议提出加快建设金融强国目标，推动我国金融高质量发展，为以中国式现代化全面推进强国建设、民族复兴伟业提供有力支撑，对信托等金融子行业的发展具有极为重大的指导意义。在新形势下，信托行业认真学习领会中央金融工作会议精神，深入贯彻落实"八个坚持"的丰富内涵和实践要求，立足受托人定位，更高效地服务人民美好生活和实体经济发展需要，践行金融工作的政治性、人民性，走好信托高质量转型发展之路。

2023年国民经济回升向好，高质量发展扎实推进，供给需求稳步改善，转型升级积极推进，增长动能不断增强。2023全年国内生产总值超126万亿元，按不变价格计算，同比增长5.2%。向好向稳的经济形势为信托行业提供了巨大的市场潜力和发展空间。中央经济工作会议指出"必须把坚持高质量发展作为新时代的硬道理"，信托在服务实体经济、服务多层次资本市场、服务人民美好生活中发挥着更重要的作用。

2023年6月，信托业务"新三分类"政策正式实施，进一步厘清信托业务边界和服务内涵，助力信托公司回归本源，加快转型以实现行业高质量发展。特别是资产服务信托中的家庭服务信托，使得一般家庭有机会利用信托制度来灵活实现家庭的财产保护、分配及传承等方面的需求，信托公司潜在的客户群体和市场有望获得扩张。

2023年国家金融监督管理总局成立，原银保监会信托监管部和创新业务监管部、保险资金运用监管部合并组成新的资管机构监管司，大资管监管政策有望进一步拉平。11月，国家金融监管总局印发《信托公司监管评级与分级分类监管暂行办法》，更为专业的监管框架和更为完备的信托公司评级规则充分反映当前信托公司经营特点、风险特征和监管重点，有利于引导信托公司立足受托人定位，进一步加强风险管理和行为管理。

4.3.2 不利因素

全球经济发展仍然面临通胀高位、增长放缓压力，局部冲突和动荡频发，全球性问题加剧，百年变局加速演变，外部环境的复杂性、严峻性、不确定性上升。我国进一步推动经济回升向好需要克服一些困难和挑战，主要是有效需求不足、部分行业产能过剩、社会预期偏弱、风险隐患仍然较多，国内大循环存在堵点。

由于宏观经济增速下行以及地产等部分行业面临结构性调整，金融市场风险事件不断暴露，房地产、城投融资等重点领域的风险上升较快，信托公司既面临着存量风险管理压力增加，同时又面临市场风险、流动性风险、操作风险、声誉风险等新领域风险持续提升压力。

另外，国内经济弱复苏、国际局势动荡和美联储持续加息等因素对我国金融市场造成了一定冲击和扰动，整个资本市场震荡频繁，市场信用风险增加，复杂多变的内外部金融市场环境对信托公司的投资管理能力提出了更高要求。

在新的业务分类政策下，信托公司的展业领域、经营管理、风险防控、人才结构等各方面都面临转换模式、加快调整，以适应转型需求。信托公司的经营和管理都面临着较大转型压力。

4.4 内部控制概况

4.4.1 内部控制环境和内部控制文化

公司持续着力建设高效严谨的内部控制环境，积极培育合法合规的内部控制文化。通过动态完善公司的内部控制体系，保证公司经营合法合规、资产安全、财务报告及相关信息真实完整，不断提升公司的运营质效，提高全员的合规意识，将合规理念深植人心，维护公司的品牌声誉和市场形象，促进公司战略发展目标的实现。

公司严格按照《公司法》《信托法》《信托公司管理办法》等法律法规，建立并完善公司的治理结构、议事规则和运行模式，形成股东会、董事会、监事会和管理层相互分离、合理制衡的机制，明确划分治理层和管理层之间的权限；董事会下设战略委员会、信托与关联交易委员会、风险管理委员会、消费者权益保护委员会、提名与薪酬考核委员会和审计委员会，各自履行相应职责；建立健全内部控制制度，做到有规可循；不断完善流程控制和运行机制，做到有据可依；定期开展内部控制自评价、监督评价，不断完善内部控制体系建设。

公司持续加强内部控制文化的建设，组织高管和员工参加行业培训，学习同业先进经验；通过定期举办内部培训讲座、发放内部宣传刊物、线上学习、知识竞赛、项目复盘等形式，树立员工合规意识和风险意识，有效提升员工合规观念和职业道德操守，使员工内部控制意识不断增强。

4.4.2 内部控制措施

4.4.2.1 内控制度体系

公司建立了权责分明、分工明确的内部控制体系，实现了对公司决策层、管理层和操作层的全面监督和控制。

内部控制相关组织架构及职能部门主要包括：股东会、董事会及下设各专门委员会、管理层及下设各专业委员会、全面风险管理中心、运营中心、数字化中心、人力资源部、战略管理部（研究院/博士后创新实践基地）、财务部、办公室（董事会办公室）、审计内控部（监事会办公室）、党群工作部（党委办公室）和纪委办公室等。

4.4.2.2 内部控制措施

健全体系。构建较为完善的公司内部控制体系，明确各部门的权限与职责，设置严格的内部管控流程，实现业务操作和内部管理的规范化、科学化。

完善制度。根据市场环境变化及业务发展情况，对公司现行的制度及操作流程中与公司现阶段发展不符或不适合的规定、要求及时修订、废止。

强化监督。结合外部监管要求及公司实际业务发展情况，以风险为导向开展年度内部控制独立评价，加强对公司内部控制的监督。

落实整改。积极推进公司内部控制缺陷或问题的整改工作，定期对内部控制评价中发现的缺陷或问题，逐个确认相关风险点并制定相应的整改措施，并对整改情况进行核实跟进，持续推进公司内部控制体系的健全和完善。

提升数字化水平。公司不断加强数字化建设，通过对信托业务系统、自营业务系统、财富管理系统、办公管理系统及其他主要系统等逐步优化、迭代升级，持续提升审批质效，将关键控制点纳入系统管理，提高公司风险控制能力。

4.4.3 信息交流与反馈

公司建立了良好的信息交流与反馈机制，定期召开股东会、董事会、监事会，以定期提交书面报告的形式将公司经营管理信息传递给股东、董事和监事；通过召开经营及项目评审会议，各职能部门和业务部门将业务经营管理动态及时向管理层汇报。

公司按照监管部门要求及内部授权管理制度，严格执行授权审批和流程审批，认真按时报送各类业务信息、报告和报表，对监管机构提出的问题或建议，公司给予及时、详细的信息反馈或制定并落实整改措施。

公司严格按照相关法规中有关信息披露的要求，真实、准确、完整地向外部利益相关者披露信息。在公司官方网站等媒体上及时发布公司年报、披露重大事项，同时公司通过热线电话系统，加强与外部客户的交流，接受客户意见反馈，切实保障消费者的合法权益。

4.4.4 监督评价与纠正

公司通过各项日常会议，实现管理层对业务的持续监管。董事会通过定期听取管理层工作报告、风险管理情况报告等，检视公司的日常运营和风险管理情况，监督管理层的日常工作；监事（会）列席董事会、总经理办公会，对董事、高级管理人员的经营管理行为实施监督；管理层通过各部门月度、季度运行分析报告、部门日常汇报、签署业绩合同、绩效考核等形式，确保公司各部门的正常运转，通过督导会和问责会，对有关问题及时处理，有效纠正运行中的偏差。

审计内控部作为公司独立监督部门，负责对公司内部控制制度、业务经营、财务活动等实施评价监督。根据《企业内部控制基本规范》及其配套应用指引的要求，参照《信托公司管理办法》《商业银行内部控制指引》等制度规定，审计内控部制定了年度内部控制独立评价工作计划，对公司重点内控环节开展全面评价工作，关注市场风险、流动性风险、操作风险、信用风险、法律合规风险、战略风险、声誉风险、信息科技风险等，排查公司经营管理中可能存在的内控缺陷，提出切实可行的意见和建议并追踪核查，逐一落实问题整改。

4.5 风险管理

4.5.1 风险管理概况

报告期内，公司严守风险底线回归信托本源，进一步落实公司全面风险管理体系建设要求，不断完善全面风险管理政策，针对经营活动中的合规风险、信用风险、市场风险、操作风险、流动性风险、战略风险、声誉风险、信息科技风险、政策风险，完善风险管理的组织架构和流程。以风险识别、风险评估、风险决策、风险监测、风险处置、风险问责六个环节为重点，彼此紧密联系，形成了有机的管理闭环；以良好的风险管理环境为基础，承载和支撑着整个风险管理体系的顺利运行。扎实开展项目评审与中后期管理工作，完善风险防控报告及督导机制，严控新增风险。严守合规底线，依法合规开展各项经营活动。加强信托专业素质培训和职业道德教育，积极培育"忠实、良益、信任、托付"信托经营理念，保障公司业务健康发展。

4.5.2 风险状况

4.5.2.1 合规风险状况

合规风险指公司开展信托和固有业务时，因没有遵循法律、规则和准则可能遭受法律制裁、监管处罚、重大财务损失和声誉损失的风险。

报告期内，公司未发生合规风险事件。

4.5.2.2 信用风险状况

信用风险指交易对手因履约意愿和履约能力发生变化出现的不能履约导致交易资产价值损失的风险。主要表现为在贷款、资产回购、后续资金安排、担保、履约承诺等交易过程中，借款人、担保人、保管人等交易对手不能或不愿履行合约承诺而使信托财产和固有财产遭受损失。

报告期内，公司存续项目信用风险整体可控。

4.5.2.3 市场风险状况

市场风险主要是指在开展资产管理业务过程中，投资于有公开市场价值的金融产品或者其他产品时，金融产品或者其他产品的价格发生波动导致资产遭受损失的可能性，即公司因股价、市场汇率、利率及其他价格因素变动而产生的风险。同时，市场风险还具有很强的传导效应，市场风险很可能引发交易对手的信用风险。

报告期内，公司未发生重大市场风险事件。

4.5.2.4 操作风险状况

操作风险是指由不完善或有问题的管理制度、内部程序、人员岗位和信息科技系统，以及外部事件所造成损失的风险。

报告期内公司未发生重大操作风险事件。

4.5.2.5 流动性风险状况

流动性风险是指公司短期内资金周转困难无法偿付到期债务而造成损失的风险。

报告期内公司未发生流动性风险事件。

4.5.2.6 战略风险状况

战略风险是指公司在追求其长期战略目标的过程中可能遇到的风险，这些风险可能导致企业无法实现其战略意图或目标，从而影响企业的整体价值和未来发展潜力。

报告期内公司未发生重大战略风险事件。

4.5.2.7 声誉风险状况

声誉风险指由于公司操作失误、违反有关规定、资产质量下降、不能按期兑付、不能向公众提供高质量的综合金融服务和管理不善等原因，对公司外部市场地位和声誉产生消极不良影响。

报告期内，公司未发生声誉风险事件。

4.5.2.8 信息科技风险状况

信息科技风险是指计算机硬件、软件、网络等系统在公司运营过程中，由于自然因素、人为因素、技术漏洞和管理缺陷产生的程序错误、软件缺陷、操作失误、硬件故障、容量不足、网络漏洞及故障恢复等无法正常运行所导致损失的情况。

报告期内，公司未发生信息科技风险事件。

4.5.2.9 政策风险状况

政策风险主要表现为宏观政策以及行业政策的变动对公司经营环境和发展所造成的影响。

报告期内，城投平台公司债券发行政策趋严，公司提前预判并积极应对，未发生因政策变化造成的风险事件。

4.5.3 风险管理

4.5.3.1 合规风险管理

公司专门设置全面风险管理中心作为合规风险的主责部门，持续完善确保合规工作正常开展的内控制度和操作流程，确保公司日常合规管理计划得以有效实施；项目合规审查与实质风险审查同步开展，确保每个项目的设立均能满足外部/内部合规要求；配套建立合规绩效考核机制和问责与激励机制，确保合规责任落实到人，实现合规管理工作有章可依、违规必究。

4.5.3.2 信用风险管理

针对信用风险，公司对项目投前审查、投中放款、投后管理实施全流程风险管控。投前审查根据不同类型业务的客户和项目特征、监管要求变化等适时修订更新业务指引，明确风险偏好与风险策略，有针对性地匹配风险管控措施。投中放款严格执行放款流程，确保资金合法依规使用；投后管理严格执行风险监测，确保管控措施落实到位，关注重点业务交易对手与项目运营情况，做到风险隐患早发现、早预警、早应对、早化解。

2023年，面对宏观经济形势变化、证券市场波动加剧等外部风险，公司进一步加强风险预判、风险监测和风险应对，保持了业务平稳发展，信用风险整体可控。

4.5.3.3 市场风险管理

针对市场风险，公司主要采取了如下管理策略：一是及时调整投资策略和投资组合，注重低风险多元化对冲策略配置，密切关注经济运行状况。二是关注金融产品的市场价值变动，严格遵循组合投资、分散风险的原则，通过投资组合分散投资风险并提前做好防范措施。三是建立了针对市场风险的监测模型，有效地进行常态化监测及预警。另外通过不断加强信息系统建设，积极发挥信息系统在证券投资及风险管理方面的功能作用，提高证券估值效率和风险评估的科学性，强化预警平仓等风险防范措施。

4.5.3.4 操作风险管理

公司持续完善管理制度体系建设、提升内部控制流程的设计有效性和执行有效性，对所开展的业务工作进行操作流程优化。公司按产品线全面梳理、检视各类产品中后期管理中的缺陷与风险点，重点厘清了重点业务操作风险管理工作；开展内部审计工作，充分揭示各业务环节存在的问题和风险；持续优化业务内控管理制度，提升制度时效性、灵活性；加强系统建设，优化系统审批流程和数据报送等功能，进一步提高操作风险管理能力和水平。

4.5.3.5 流动性风险管理

公司坚持稳健运营的基本原则，合理制定固有资产投资策略，审慎进行固有资产的投资，在固有资产配置上以流动性和安全性为首要原则，提高流动性资产的配置比例，在确保流动性及安全性的基础上取得了较好的经营成效。

4.5.3.6 战略风险管理

公司科学制定信托公司发展战略，通过三年战略规划滚动修订、"十四五"战略反思、公司月度战略执行会议等方式不断修正公司发展战略；通过战略管理闭环，战略规划、战略解码、战略执行、战略审视、战略考核、战略应用等方法持续推动公司实现战略目标；通过看行业、看环境、看客户、看对标、看自己等方法不断加强市场洞察及业务设计。

4.5.3.7 声誉风险管理

公司高度重视声誉风险管理，将公司声誉构建与公司发展战略、企业文化进行有机结合，对可能影响公司声誉的业务坚决予以回避，尽职管理受托资产并进行充分信息披露。加强舆情监测，不断完善舆情管理体系与舆情处理能力，积极维护公司良好的声誉和企业形象。

4.5.3.8 信息科技风险管理

为确保信息科技服务的稳定运行，公司周密部署各项信息科技风险管控策略和措施。一是从组织结构、制度体系与技术防护等多个角度完善信息科技风险管理体系。规划覆盖投前、投中、投后全过程风险管控平台，适时启动量化风险评估模块，为管理决策提供更准确的数据支撑。二是加强安全漏洞的检测和防御能力，提升风险预防和应急处置能力，减少业务终端异常导致的经济和声誉损失。三是重视科技外包风险的控制，切实做好对外包人员、相关数据的管控。

4.5.3.9 政策风险管理

公司始终认真贯彻落实政策风险管理，坚持认真研究宏观经济政策，紧密结合政策变化导向和公司实际情况，适时调整业务发展方向、制定展业经营策略。定期选取与国家政策引导方向相契合且与公司业务发展需求相关联的课题进行深度调研，研究新业务领域的风险演化规律和趋势，提高风险管理水平。

4.6 净资本管理概况

公司净资本风险控制指标情况

指标	期末数	监管指标
净资本（万元）	609 648.28	≥20 000
各项业务风险资本之和（万元）	283 090.24	—
净资本/各项业务风险资本之和（%）	215.35	≥100
净资本/净资产（%）	80.94	≥40

5.报告期末及上一年度末的比较式会计报表

5.1 自营资产

5.1.1 会计师事务所审计意见全文

审计报告

XYZH/2024BJAB1B0030

中粮信托有限责任公司全体股东：

一、审计意见

我们审计了中粮信托有限责任公司（以下简称中粮信托公司）财务报表，包括2023年12月31日的合并及母公司资产负债表，2023年度的合并及母公司利润表、合并及母公司现金流量表、合并及母公司所有者权益变动表，以及相关财务报表附注。

我们认为，后附的财务报表在所有重大方面按照企业会计准则的规定编制，公允反映了中粮信托公司2023年12月31日的合并及母公司财务状况以及2023年度的合并及母公司经营成果和现金流量。

二、形成审计意见的基础

我们按照中国注册会计师审计准则的规定执行了审计工作。审计报告的"注册会计师对财务报表审计的责任"部分进一步阐述了我们在这些准则下的责任。按照中国注册会计师职业道德守则，我们独立于中粮信托公司，并履行了职业道德方面的其他责任。我们相信，我们获取的审计证据是充分、适当的，为发表审计意见提供了基础。

三、其他信息

中粮信托公司管理层（以下简称管理层）对其他信息负责。其他信息包括中粮信托公司2023年年度报告中涵盖的信息，但不包括财务报表和我们的审计报告。

我们对财务报表发表的审计意见不涵盖其他信息，我们也不对其他信息发表任何形式的鉴证结论。

结合我们对财务报表的审计，我们的责任是阅读其他信息，在此过程中，考虑其他信息是否与财务报表或我们在审计过程中了解到的情况存在重大不一致或者似乎存在重大错报。

基于我们已执行的工作，如果我们确定其他信息存在重大错报，我们应当报告该事实。在这方面，我们无任何事项需要报告。

四、管理层和治理层对财务报表的责任

管理层负责按照企业会计准则的规定编制财务报表，使其实现公允反映，并设计、执行和维护必要的内部控制，以使财务报表不存在由于舞弊或错误导致的重大错报。

在编制财务报表时，管理层负责评估中粮信托公司的持续经营能力，披露与持续经营相关的事项（如适用），并运用持续经营假设，除非管理层计划清算中粮信托公司、终止运营或别无其他现实的选择。

治理层负责监督中粮信托公司的财务报告过程。

五、注册会计师对财务报表审计的责任

我们的目标是对财务报表整体是否不存在由于舞弊或错误导致的重大错报获取合理保证，并出具包含审计意见的审计报告。合理保证是高水平的保证，但并不能保证按照审计准则执行的审计在某一重大错报存在时总能发现。错报可能由于舞弊或错误导致，如果合理预期错报单独或汇总起来可能影响财务报表使用者依据财务报表作出的经济决策，则通常认为错报是重大的。

在按照审计准则执行审计工作的过程中，我们运用职业判断，并保持职业怀疑。同时，我们也执行以下工作：

（1）识别和评估由于舞弊或错误导致的财务报表重大错报风险，设计和实施审计程序以应对这些风险，并获取充分、适当的审计证据，作为发表审计意见的基础。由于舞弊可能涉及串通、伪造、故意遗漏、虚假陈述或凌驾于内部控制之上，未能发现由于舞弊导致的重大错报的风险高于未能发现由于错误导致的重大错报的风险。

（2）了解与审计相关的内部控制，以设计恰当的审计程序，但目的并非对内部控制的有效性发表意见。

（3）评价管理层选用会计政策的恰当性和作出会计估计及相关披露的合理性。

（4）对管理层使用持续经营假设的恰当性得出结论。

同时，根据获取的审计证据，就可能导致对中粮信托公司持续经营能力产生重大疑虑的事项或情况是否存在重大不确定性得出结论。如果我们得出结论认为存在重大不确定性，审计准则要求我们在审计报告中提请报表使用者注意财务报表中的相关披露；如果披露不充分，我们应当发表非无保留意见。我们的结论基于截至审计报告日可获得的信息。然而，未来的事项或情况可能导致中粮信托公司不能持续经营。

（5）评价财务报表的总体列报、结构和内容，并评价财务报表是否公允反映相关交易和事项。

（6）就中粮信托公司中实体或业务活动的财务信息获取充分、适当的审计证据，以对财务报表发表审计意见。我们负责指导、监督和执行集团审计，并对审计意见承担全部责任。

我们与治理层就计划的审计范围、时间安排和重大审计发现等事项进行沟通，包括沟通我们在审计中识别出的值得关注的内部控制缺陷。

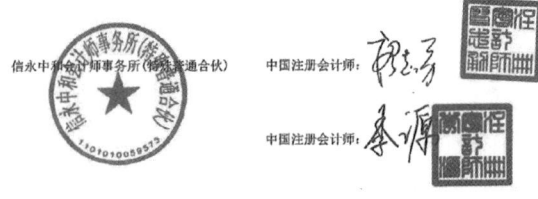

信永中和会计师事务所（特殊普通合伙）　中国注册会计师
中国　北京　　二○二四年四月十七日

5.1.2 资产负债表

合并资产负债表

编制单位：中粮信托有限责任公司　2023年12月31日　单位：元

资产	2023年12月31日	2022年12月31日
资产：		
货币资金	139 134 045.07	209 431 574.40
结算备付金	—	—
拆出资金	—	—
交易性金融资产	3 339 099 436.12	6 258 441 119.82
合同资产	—	—
买入返售金融资产	—	9 407 034.13
应收账款	316 247 713.00	272 048 237.60
预付款项	20 802 911.81	33 417 059.08
其他应收款	419 177 391.37	419 081 104.46
其中：应收股利	—	—
发放贷款及垫款	2 884 587 886.39	905 830 664.68
债权投资	133 468 129.66	860 640 010.37

续表

资产	2023年12月31日	2022年12月31日
其他债权投资	—	—
其他权益工具投资	835 421 033.96	27 081 248.00
长期应收款	—	—
长期股权投资	—	—
固定资产	11 533 087.21	6 711 949.94
在建工程	—	—
生产性生物资产	—	—
使用权资产	78 990 821.18	121 592 554.17
无形资产	39 534 114.31	27 155 916.97
商誉	—	—
递延所得税资产	342 515 720.33	384 268 149.48
长期待摊费用	18 710 311.45	3 374 654.39
其他资产	66 407 690.63	649 354.17
资产总计	8 645 630 292.49	9 539 130 631.66

法定代表人：刘燕松　　主管会计工作负责人：刘燕松　　会计机构负责人：李东

合并资产负债表（续）

编制单位：中粮信托有限责任公司　2023年12月31日　单位：元

负债和所有者权益	2023年12月31日	2022年12月31日
负债：		
短期借款	—	—
交易性金融负债	542 851 782.07	1 198 956 000.73
应付账款	—	—
预收账款	—	—
合同负债	58 358 081.00	112 096 246.85
衍生金融负债	—	—
应付职工薪酬	137 208 381.57	113 686 340.93
应交税费	58 443 203.99	37 183 706.39
其他应付款	121 942 469.94	75 802 456.35
其中：应付股利	—	—
租赁负债	70 245 450.06	112 295 681.64
预计负债	—	—
长期借款	—	—
递延所得税负债	10 420.62	—
卖出回购金融资产款	—	—
其他负债	99 716 057.70	779 043 071.54
负债合计	1 088 775 846.95	2 429 063 504.43
所有者权益：		
实收资本	2 830 954 182.00	2 830 954 182.00
资本公积	1 499 599 525.92	1 499 396 438.10
减：库存股	—	—
其他综合收益	-3 093 588.47	-1 623 316.59

续表

负债和所有者权益	2023年12月31日	2022年12月31日
盈余公积	401 462 289.21	341 236 265.31
一般风险准备	671 884 779.20	641 771 767.25
未分配利润	2 156 047 257.68	1 755 065 433.78
归属于母公司股东权益合计	7 556 854 445.54	7 066 800 769.85
少数股东权益	—	43 266 357.38
所有者权益合计	7 556 854 445.54	7 110 067 127.23
负债和所有者权益合计	8 645 630 292.49	9 539 130 631.66

法定代表人：刘燕松　　主管会计工作负责人：刘燕松　　会计机构负责人：李东

母公司资产负债表

编制单位：中粮信托有限责任公司　　2023年12月31日　　单位：元

资产	2023年12月31日	2022年12月31日
资产：		
货币资金	42 688 737.55	58 772 405.70
结算备付金	—	—
拆出资金	—	—
应收股利	—	—
交易性金融资产	5 624 160 414.97	6 726 980 695.39
合同资产	—	—
买入返售金融资产	—	—
应收账款	346 591 361.28	310 395 553.25
预付账款	20 802 911.81	33 397 259.08
其他应收款	413 642 100.54	408 981 074.75
其中：应收股利	—	—
发放贷款及垫款	—	—
债权投资	—	—
其他债权投资	—	—
应收款项类投资	—	—
长期股权投资	67 821 029.60	25 100 000.00
其他权益工具投资	835 421 033.96	27 081 248.00
固定资产	11 489 794.67	6 643 188.46
在建工程	—	—
生产性生物资产		
使用权资产	78 813 259.12	117 224 090.64
无形资产	39 534 114.31	27 155 916.97
递延所得税资产	355 073 878.78	396 063 515.57
长期待摊费用	18 710 311.45	3 321 240.43
其他资产	65 907 601.72	—
资产总计	7 920 656 549.76	8 141 116 188.24

法定代表人：刘燕松　　主管会计工作负责人：刘燕松　　会计机构负责人：李东

母公司资产负债表（续）

编制单位：中粮信托有限责任公司　　2023年12月31日　　单位：元

负债和所有者权益	2023年12月31日	2022年12月31日
负债：		
短期借款	—	—
应付账款	—	—
预收账款	—	—
合同负债	58 358 081.00	112 096 246.85
衍生金融负债	—	—
应付职工薪酬	135 851 159.56	111 945 675.09
应交税费	57 477 701.93	36 440 557.29
租赁负债	70 066 827.68	107 181 755.74
应付手续费及佣金	—	—
其他应付款	67 123 204.21	57 759 942.14
其中：应付股利	—	—
其中：应付利息	—	—
预计负债	—	—
长期借款	—	—
递延所得税负债	—	—
卖出回购金融资产款	—	—
其他负债	—	669 715 205.58
负债合计	388 876 974.38	1 095 139 382.69
所有者权益：		
实收资本	2 830 954 182.00	2 830 954 182.00
资本公积	1 499 233 295.00	1 499 233 295.00
减：库存股	—	—
其他综合收益	-3 093 588.47	-1 623 316.59
盈余公积	401 462 289.21	341 236 265.31
一般风险准备	671 884 779.20	641 771 767.25
未分配利润	2 131 338 618.44	1 734 404 612.58
所有者权益合计	7 531 779 575.38	7 045 976 805.55
负债和所有者权益合计	7 920 656 549.76	8 141 116 188.24

法定代表人：刘燕松　　主管会计工作负责人：刘燕松　　会计机构负责人：李东

5.1.3　利润和利润分配表

合并利润表

编制单位：中粮信托有限责任公司　　2023年度　　单位：元

项目	2023年度	2022年度
一、营业收入	1 280 618 100.64	909 658 150.66
手续费及佣金净收入	1 169 126 129.46	1 132 528 127.15
利息净收入	64 502 612.72	-25 788 148.18
其中：利息收入	119 897 463.18	29 895 616.24

续表

项目	2023年度	2022年度
利息支出	55 394 850.46	55 683 764.42
其他收益	10 649 360.27	861 812.61
投资收益（损失以"-"号填列）	−221 836 621.17	14 647 364.31
其中：对联营企业和合营企业的投资收益	—	—
公允价值变动收益（损失以"-"号填列）	258 006 509.43	−213 073 229.75
汇兑收益（损失以"-"号填列）	148 668.50	453 664.04
资产处置收益（损失以"-"号填列）	21 441.43	28 560.48
其中：非流动资产处置收益（损失以"-"号填列）	—	—
其他业务收入	—	—
二、营业支出	502 736 710.60	469 593 063.36
税金及附加	7 923 213.69	7 890 879.52
业务及管理费	476 155 410.33	379 400 053.43
研发费用	32 348 617.29	1 493 165.10
信用减值损失	−13 707 840.17	80 795 983.22
其他业务成本	17 309.46	12 982.09
三、营业利润	777 881 390.04	440 065 087.30
加：营业外收入	15 001.82	—
减：营业外支出	1 624 689.08	1 169 899.27
四、利润总额	776 271 702.78	438 895 188.03
减：所得税费用	170 305 885.73	109 355 706.23
五、净利润	605 965 817.05	329 539 481.80
（一）按经营持续性分类：	605 965 817.05	329 539 481.80
1.持续经营净利润（净亏损以"-"号填列）	605 965 817.05	329 539 481.80
2.终止经营净利润（净亏损以"-"号填列）	—	—
（二）按所有权归属分类：	605 965 817.05	329 539 481.80
1.少数股东损益（净亏损以"-"号填列）	−342 239.97	664 913.43
2.归属于母公司股东的净利润（净亏损以"-"号填列）	606 308 057.02	328 874 568.37
六、其他综合收益的税后净额	−1 199 213.02	−1 623 316.59
归属于母公司所有者的其他综合收益的税后净额	−1 199 213.02	−1 623 316.59
（一）以后不能重分类进损益的其他综合收益	−1 199 213.02	−1 623 316.59
（二）以后将重分类进损益的其他综合收益	—	—
*归属于少数股东的其他综合收益的税后净额	—	—
七、综合收益总额	604 766 604.03	327 916 165.21

续表

项目	2023年度	2022年度
归属于母公司所有者的综合收益总额	605 108 844.00	327 251 251.78
归属于少数股东的综合收益总额	−342 239.97	664 913.43

法定代表人：刘燕松　　主管会计工作负责人：刘燕松　　会计机构负责人：李东

母公司利润表

编制单位：中粮信托有限责任公司　　2023年度　　单位：元

项目	2023年度	2022年度
一、营业收入	1 211 270 810.19	841 017 742.12
手续费及佣金净收入	1 215 347 897.07	1 120 273 910.41
利息净收入	−43 254 923.48	−45 963 531.23
其中：利息收入	8 328 712.44	9 353 558.30
利息支出	51 583 635.92	55 317 089.53
其他收益	10 628 518.51	853 060.10
投资收益（损失以"-"号填列）	−76 132 812.15	120 769 022.36
公允价值变动收益（损失以"-"号填列）	104 682 130.24	−354 941 170.88
汇兑收益（损失以"-"号填列）	—	—
资产处置收益（损失以"-"号填列）	—	26 451.36
其中：非流动资产处置收益（损失以"-"号填列）	—	—
其他业务收入	—	—
二、营业支出	437 924 543.07	375 350 274.59
税金及附加	7 274 965.75	7 710 340.49
业务及管理费	466 207 049.66	364 641 573.02
研发费用	32 348 617.29	1 493 165.10
信用减值损失	−67 906 089.63	1 505 195.98
其他业务成本	—	—
三、营业利润	773 346 267.12	465 667 467.53
加：营业外收入	15 001.82	—
减：营业外支出	1 624 689.08	1 169 899.27
四、利润总额	771 736 579.86	464 497 568.26
减：所得税费用	169 476 340.88	108 387 151.03
五、净利润	602 260 238.98	356 110 417.23
1.持续经营净利润（净亏损以"-"号填列）	602 260 238.98	356 110 417.23
2.终止经营净利润（净亏损以"-"号填列）	—	—
六、其他综合收益	−1 199 213.02	−1 680 144.43
七、综合收益总额	601 061 025.96	354 430 272.80

法定代表人：刘燕松　　主管会计工作负责人：刘燕松　　会计机构负责人：李东

5.1.4 所有者权益变动表

合并权益变动表

编制单位：中粮信托有限责任公司　　2023 年度　　单位：元

项目	行次	归属于母公司所有者权益							少数股东权益	所有者权益合计
		实收资本	资本公积	其他综合收益	盈余公积	一般风险准备	未分配利润	小计		
栏次		1	2	3	4	5	6	7	8	9
一、上年末余额	1	2 830 954 182.00	1 499 396 438.10	-1 623 316.59	341 236 265.31	641 771 767.25	1 755 065 433.78	7 066 800 769.85	43 266 357.38	7 110 067 127.23
加：会计政策变更	2	—	—	—	—	—	—	—	—	—
前期差错更正	3	—	—	—	—	—	—	—	—	—
其他	4	—	—	—	—	—	—	—	—	—
二、本年年初余额	5	2 830 954 182.00	1 499 396 438.10	-1 623 316.59	341 236 265.31	641 771 767.25	1 755 065 433.78	7 066 800 769.85	43 266 357.38	7 110 067 127.23
三、本年增减变动金额（减少以"-"号填列）	6	—	203 087.82	-1 470 271.88	60 226 023.90	30 113 011.95	400 981 823.90	490 053 675.69	-43 266 357.38	446 787 318.31
（一）综合收益总额	7	—	—	-1 199 213.02	—	—	606 308 057.02	605 108 844.00	-352 239.97	604 756 604.03
（二）所有者投入和减少资本	8	—	203 087.82	—	—	—	—	203 087.82	-42 924 117.41	-42 721 029.59
1. 所有者投入的普通股	9	—	—	—	—	—	—	—	-42 721 029.59	-42 721 029.59
2. 其他权益工具持有者投入资本	10	—	—	—	—	—	—	—	—	—
3. 股份支付计入所有者权益的金额	11	—	—	—	—	—	—	—	—	—
4. 其他	12	—	203 087.82	—	—	—	—	203 087.82	-203 087.82	—
（三）利润分配	13	—	—	—	—	30 113 011.95	-205 597 291.98	-115 258 256.13	—	-115 258 256.13
1. 提取盈余公积	14	—	—	—	60 226 023.90	—	-60 226 023.90	—	—	—
其中：法定公积金	15	—	—	—	60 226 023.90	—	-60 226 023.90	—	—	—
2. 提取一般风险准备	16	—	—	—	—	30 113 011.95	-30 113 011.95	—	—	—
3. 对所有者的分配	17	—	—	—	—	—	-115 258 256.13	-115 258 256.13	—	-115 258 256.13
4. 其他	18	—	—	—	—	—	—	—	—	—
（四）所有者权益内部结转	19	—	—	-271 058.86	—	—	271 058.86	—	—	—
1. 资本公积转增资本	20	—	—	—	—	—	—	—	—	—
2. 盈余公积转增资本	21	—	—	—	—	—	—	—	—	—
3. 盈余公积弥补亏损	22	—	—	—	—	—	—	—	—	—
4. 设定受益计划变动额结转留存收益	23	—	—	—	—	—	—	—	—	—
5. 其他综合收益结转留存收益	24	—	—	-271 058.86	—	—	271 058.86	—	—	—
6. 其他	25	—	—	—	—	—	—	—	—	—
四、本年末余额	26	2 830 954 182.00	1 499 599 525.92	-3 093 588.47	401 462 289.21	671 884 779.20	2 156 047 257.68	7 556 854 445.54	—	7 556 854 445.54

法定代表人：刘燕松　　主管会计工作负责人：刘燕松　　会计机构负责人：李东

合并权益变动表

2022年度

编制单位：中粮信托有限责任公司　　　　　　　　　　　　　　　　　　　　单位：元

项目	行次	2022年度 归属于母公司所有者权益						少数股东权益	所有者权益合计
		实收资本	资本公积	其他综合收益	盈余公积	一般风险准备	未分配利润	小计		
栏次		1	2	3	4	5	6	7	8	9
一、上年末余额	1	2 830 954 182.00	1 499 396 438.10	—	305 625 223.59	618 840 762.18	1 667 034 401.86	6 921 851 007.73	72 481 443.95	6 994 332 451.68
加：会计政策变更	2	—	—	—	—	—	—	—	—	—
前期差错更正	3	—	—	—	—	—	—	—	—	—
其他	4	—	—	—	—	—	—	—	—	—
二、本年年初余额	5	2 830 954 182.00	1 499 396 438.10	—	305 625 223.59	618 840 762.18	1 667 034 401.86	6 921 851 007.73	72 481 443.95	6 994 332 451.68
三、本年增减变动金额（减少以"—"号填列）	6	—	—	-1 623 316.59	35 611 041.72	22 931 005.07	88 031 031.92	144 949 762.12	-29 215 086.57	115 734 675.55
（一）综合收益总额	7	—	—	-1 680 144.43	—	—	328 874 568.37	327 194 423.94	664 913.43	327 859 337.37
（二）所有者投入和减少资本	8	—	—	—	—	—	—	—	—	—
1.所有者投入的普通股	9	—	—	—	—	—	—	—	—	—
2.其他权益工具持有者投入资本	10	—	—	—	—	—	—	—	—	—
3.股份支付计入所有者权益的金额	11	—	—	—	—	—	—	—	—	—
4.其他	12	—	—	—	—	—	—	—	—	—
（三）利润分配	13	—	—	—	35 611 041.72	22 931 005.07	-240 786 708.61	-182 244 661.82	-29 880 000.00	-212 124 661.82
1.提取盈余公积	14	—	—	—	35 611 041.72	—	-35 611 041.72	—	—	—
其中：法定公积金	15	—	—	—	35 611 041.72	—	-35 611 041.72	—	—	—
2.提取一般风险准备	16	—	—	—	—	22 931 005.07	-22 931 005.07	—	—	—
3.对所有者的分配	17	—	—	—	—	—	-182 244 661.82	-182 244 661.82	-29 880 000.00	-212 124 661.82
4.其他	18	—	—	—	—	—	—	—	—	—
（四）所有者权益内部结转	19	—	—	56 827.84	—	—	-56 827.84	—	—	—
1.资本公积转增资本	20	—	—	—	—	—	—	—	—	—
2.盈余公积转增资本	21	—	—	—	—	—	—	—	—	—
3.盈余公积弥补亏损	22	—	—	—	—	—	—	—	—	—
4.设定受益计划变动额结转留存收益	23	—	—	—	—	—	—	—	—	—
5.其他综合收益结转留存收益	24	—	—	56 827.84	—	—	-56 827.84	—	—	—
6.其他	25	—	—	—	—	—	—	—	—	—
四、本年末余额	26	2 830 954 182.00	1 499 396 438.10	-1 623 316.59	341 236 265.31	641 771 767.25	1 755 065 433.78	7 066 800 769.85	43 266 357.38	7 110 067 127.23

法定代表人：刘燕松　　　　主管会计工作负责人：刘燕松　　　　会计机构负责人：李东

母公司权益变动表

编制单位：中粮信托有限责任公司　　　　　　　　　　　　　　2023年度　　　　　　　　　　　　　　　　　　　　　　　　单位：元

项目	行次	2023年度						
		实收资本	资本公积	其他综合收益	盈余公积	一般风险准备	未分配利润	所有者权益合计
栏次		1	2	3	4	5	6	7
一、上年年末余额	1	2 830 954 182.00	1 499 233 295.00	−1 623 316.59	341 236 265.31	641 771 767.25	1 734 404 612.58	7 045 976 805.55
加：会计政策变更	2	—	—	—	—	—	—	—
前期差错更正	3	—	—	—	—	—	—	—
其他	4	—	—	—	—	—	—	—
二、本年年初余额	5	2 830 954 182.00	1 499 233 295.00	−1 623 316.59	341 236 265.31	641 771 767.25	1 734 404 612.58	7 045 976 805.55
三、本年增减变动金额（减少以"−"号填列）	6	—	—	−1 470 271.88	60 226 023.90	30 113 011.95	396 934 055.86	485 802 769.83
（一）综合收益总额	7	—	—	−1 199 213.02	—	—	602 260 238.98	601 061 025.96
（二）所有者投入和减少资本	8	—	—	—	—	—	—	—
1.所有者投入的普通股	9	—	—	—	—	—	—	—
2.其他权益工具持有者投入资本	10	—	—	—	—	—	—	—
3.股份支付计入所有者权益的金额	11	—	—	—	—	—	—	—
4.其他	12	—	—	—	—	—	—	—
（三）利润分配	13	—	—	—	60 226 023.90	30 113 011.95	−205 597 291.98	−115 258 256.13
1.提取盈余公积	14	—	—	—	60 226 023.90	—	−60 226 023.90	—
其中：法定公积金	15	—	—	—	60 226 023.90	—	−60 226 023.90	—
2.提取一般风险准备	16	—	—	—	—	30 113 011.95	−30 113 011.95	—
3.对所有者的分配	17	—	—	—	—	—	−115 258 256.13	—
4.其他	18	—	—	—	—	—	—	—
（四）所有者权益内部结转	19	—	—	−271 058.86	—	—	271 058.86	—
1.资本公积转增资本	20	—	—	—	—	—	—	—
2.盈余公积转增资本	21	—	—	—	—	—	—	—
3.盈余公积弥补亏损	22	—	—	—	—	—	—	—
4.设定受益计划变动额结转留存收益	23	—	—	—	—	—	—	—
5.其他综合收益结转留存收益	24	—	—	−271 058.86	—	—	271 058.86	—
6.其他	25	—	—	—	—	—	—	—
四、本年年末余额	26	2 830 954 182.00	1 499 233 295.00	−3 093 588.47	401 462 289.21	671 884 779.20	2 131 338 668.44	7 531 779 575.38

法定代表人：刘燕松　　　　　　　　　　主管会计工作负责人：刘燕松　　　　　　　　　　会计机构负责人：李东

母公司权益变动表

编制单位：中粮信托有限责任公司　　　　　　　　　　　　　　2022年度　　　　　　　　　　　　　　　　　　　　　　　　单位：元

项目	行次	2022年度						
		实收资本	资本公积	其他综合收益	盈余公积	一般风险准备	未分配利润	所有者权益合计
栏次		1	2	3	4	5	6	7
一、上年年末余额	1	2 830 954 182.00	1 499 233 295.00	—	305 625 223.59	618 840 762.18	1 619 137 731.80	6 873 791 194.57
加：会计政策变更	2	—	—	—	—	—	—	—
前期差错更正	3	—	—	—	—	—	—	—
其他	4	—	—	—	—	—	—	—
二、本年年初余额	5	2 830 954 182.00	1 499 233 295.00	—	305 625 223.59	618 840 762.18	1 619 137 731.80	6 873 791 194.57

续表

项目	行次	2022年度						
		实收资本	资本公积	其他综合收益	盈余公积	一般风险准备	未分配利润	所有者权益合计
栏次		1	2	3	4	5	6	7
三、本年增减变动金额（减少以"-"号填列）	6	—	—	-1 623 316.59	35 611 041.72	22 931 005.07	115 266 880.78	172 185 610.98
（一）综合收益总额	7	—	—	-1 680 144.43	—	—	356 110 417.23	354 430 272.80
（二）所有者投入和减少资本	8	—	—	—	—	—	—	—
1.所有者投入的普通股	9							
2.其他权益工具持有者投入资本	10							
3.股份支付计入所有者权益的金额	11							
4.其他	12							
（三）利润分配	13	—	—	—	35 611 041.72	22 931 005.07	-240 786 708.61	-182 244 661.82
1.提取盈余公积	14	—	—	—	35 611 041.72	—	-35 611 041.72	—
其中：法定公积金	15	—	—	—	35 611 041.72	—	-35 611 041.72	—
2.提取一般风险准备	16	—	—	—	—	22 931 005.07	-22 931 005.07	—
3.对所有者的分配	17	—	—	—	—	—	-182 244 661.82	-182 244 661.82
4.其他	18							
（四）所有者权益内部结转	19	—	—	56 827.84	—	—	-56 827.84	—
1.资本公积转增资本	20							
2.盈余公积转增资本	21							
3.盈余公积弥补亏损	22							
4.设定受益计划变动额结转留存收益	23							
5.其他综合收益结转留存收益	24	—	—	56 827.84	—	—	-56 827.84	—
（五）其他	25	—	—	—	—	—	—	—
四、本年年末余额	26	2 830 954 182.00	1 499 233 295.00	-1 623 316.59	341 236 265.31	641 771 767.25	1 734 404 612.58	7 045 976 805.55

法定代表人：刘燕松　　　　主管会计工作负责人：刘燕松　　　　会计机构负责人：李东

5.2 信托资产

5.2.1 信托项目资产负债汇总表

信托项目资产负债表

编制单位：中粮信托有限责任公司　　　　2023年12月31日　　　　单位：万元

信托资产	年末数	年初数	信托负债和信托权益	年末数	年初数
信托资产：			信托负债：		
货币资金	2 867 156.69	70 635.00	短期借款	—	—
结算备付金	151 478.44	8 751.37	交易性金融负债	—	—
存出保证金	—	—	衍生金融负债	—	—
衍生金融资产	—	—	卖出回购金融资产款	543 236.71	—
应收清算款	22 447.00	831.25	应付管理人报酬	36 806.76	20 525.99
应收利息	31.99	15.84	应付托管费	311.33	99.52
应收股利	383.77	70.28	应付销售服务费	621.84	510.95
应收申购款	—	—	应付投资顾问费	110.77	5.65
买入返售金融资产	1 170 054.69	411 303.82	应交税费	16 021.15	8 633.43
发放贷款和垫款	4 286 059.09	4 150 074.03	应付清算款	—	—

续表

信托资产	年末数	年初数	信托负债和信托权益	年末数	年初数
交易性金融资产	19 125 980.32	9 619 547.31	应付赎回款	2 377 757.68	375.42
债权投资	2 443 530.31	1 664 826.64	应付利息	17.45	15.11
其他债权投资	—	—	其他应付款项	180 901.55	107 595.99
其他权益工具投资	—	—	应付利润	22 523.50	—
长期股权投资	—	—	其他负债		
其他资产	25 704.20	22 339.67	信托负债合计	3 178 308.74	137 762.06
			信托权益：	—	—
			实收资金	25 951 203.32	15 599 521.15
			其他综合收益	—	10 000.01
			未分配利润	963 314.44	201 111.99
			信托权益合计	26 914 517.76	15 810 633.15
信托资产总计	30 092 826.50	15 948 395.21	信托负债及信托权益总计	30 092 826.50	15 948 395.21

5.2.2 信托项目利润及利润分配汇总表

信托项目利润及利润分配表

编制单位：中粮信托有限责任公司　　2023年度　　单位：万元

项目	本年累计数	上年累计数
一、营业总收入	1 330 308.20	815 230.14
利息收入	491 697.26	463 882.87
投资收益（损失以"-"号填列）	663 584.67	416 381.50
其中：对联营企业和合营企业的投资收益	—	—
公允价值变动收益（损失以"-"号填列）	173 041.51	-67 269.44
汇兑损益（损失以"-"号填列）		
其他业务收入	1 984.76	2 235.21
二、营业总支出	188 984.73	178 392.11
管理人报酬	136 040.59	123 306.69
托管费	1 650.23	1 550.30
销售服务费	15 933.34	5 482.83
投资顾问费	309.13	72.92
利息支出	2 738.38	—
信用减值损失	20 272.49	31 351.41
税金及附加	3 618.95	2 912.91
其他费用	8 421.62	13 715.05
三、利润总额	1 141 323.47	636 838.03
减：所得税费用	—	—
四、净利润（净亏损以"-"号填列）	1 141 323.47	636 838.03
五、其他综合收益的税后净额		
六、综合收益总额	1 141 323.47	636 838.03
加：期初未分配信托利润	201 111.99	217 010.16
加：损益平准金	1 340 691.83	224 993.75
七、可供分配的信托利润	2 683 127.29	1 078 841.94

续表

项目	本年累计数	上年累计数
减：本期已分配信托利润	1 719 812.85	877 729.95
八、期末未分配信托利润	963 314.44	201 111.99

6. 会计报表附注

6.1 会计报表编制基准不符合会计核算基本前提的说明

6.1.1 会计政策变更情况

中华人民共和国财政部（以下简称财政部）于2022年11月30日发布了《企业会计准则解释第16号》（财会〔2022〕31号）（以下简称16号准则解释），16号准则解释规定了"关于单项交易产生的资产和负债相关的递延所得税不适用初始确认豁免的会计处理"，要求自2023年1月1日起施行。

本公司自2023年1月1日起执行该规定，执行该规定除了分别增加本公司抵销前递延所得税资产和递延所得税负债的披露金额以外，对本公司财务报表没有重大影响。

6.1.2 会计估计变更情况

2023年度，本公司无重要会计估计变更事项。

6.1.3 前期会计差错更正情况

2023年度，本公司未发生重要前期差错更正事项。

6.2 或有事项说明

截至2023年12月31日，本公司无须披露重大或有事项。

6.3 重要资产转让及其出售的说明

2023年度，本公司未发生重要资产转让及其出售事项。

信用风险资产五级分类	正常类（万元）	关注类（万元）	次级类（万元）	可疑类（万元）	损失类（万元）	信用风险资产合计（万元）	不良合计（万元）	不良率（%）
年初数	805 770.72	12 446.43	26 427.47	31 106.85	—	875 751.47	57 534.32	6.57
年末数	808 403.30	12 446.43	26 546.24	13 815.61	—	861 211.58	40 361.85	4.69

注：不良资产合计=次级类+可疑类+损失类。

6.4.1.2 各项资产减值损失准备的年初、本年计提、本年转回、本年核销、年末数；贷款的一般准备、专项准备和其他资产减值准备应分别披露

单位：万元

项目	年初数	本年计提	本年转回	本年核销	年末数
贷款损失准备	—	—	—	—	—
一般准备	—	—	—	—	—
专项准备	—	—	—	—	—
其他资产减值准备	—	—	—	—	—
可供出售金融资产减值准备	—	—	—	—	—
持有至到期投资减值准备	—	—	—	—	—
长期股权投资减值准备	—	—	—	—	—
坏账准备	19 001.30	289.58	−7 080.19	—	12 210.69
投资性房地产减值准备	—	—	—	—	—

6.4.1.3 自营股票投资、基金投资、债券投资、股权投资等投资业务的年初数、年末数

单位：万元

项目	自营股票	基金	债券	长期股权投资
年初数	2 708.12	25 000.00	700.00	2 510.00
年末数	83 542.10	21 515.56	700.00	6 782.10

6.4.1.4 前五名的自营长期股权投资的企业名称、占被投资企业权益的比例、主要经营活动及投资收益情况等

企业名称	占被投资企业权益的比例（%）	主要经营活动	投资收益（万元）
中粮农业产业基金管理有限责任公司	100	基金管理	—

6.4.1.5 前五名的自营贷款的企业名称、占贷款总额的比例和还款情况等

无。

6.4.1.6 表外业务的年初数、年末数，按照代理业务、担保业务和其他类型表外业务分别披露

6.4 会计报表中重要项目的明细资料

6.4.1 披露自营资产经营情况

6.4.1.1 按信用风险五级分类结果披露信用风险资产的年初数、年末数

表外业务	年初数	年末数
担保业务	—	—
代理业务（委托业务）	—	—
其他	—	—
合计	—	—

6.4.1.7 公司当年的收入结构

收入结构	金额（万元）	占比（%）
利息净收入	−4 325.49	−3.91
手续费收入	121 534.79	109.83
投资收益	−7 613.28	−6.88
其他收益	1 062.85	0.96
收入合计	110 658.87	100.00

6.4.2 披露信托资产管理情况

6.4.2.1 信托资产的年初数、年末数

单位：万元

信托资产	年初数	年末数
集合	9 038 998.66	24 340 645.68
单一	2 567 618.44	1 523 335.84
财产权	4 341 778.11	4 228 844.98
合计	15 948 395.21	30 092 826.50

6.4.2.1.1 主动管理型信托业务年初数、年末数，分证券投资、股权投资、融资、事务管理类分别披露

单位：万元

主动管理型信托资产	年初数	年末数
证券投资类	4 440 639.62	19 933 604.07
股权投资类	179 577.65	98 792.97
融资类	2 053 823.22	2 792 022.94
事务管理类	651.10	—
其他投资类	1 791 779.73	1 067 855.70
合计	8 466 471.32	23 892 275.68

6.4.2.1.2 被动管理型信托业务年初数、年末数，分证券投资、股权投资、融资、事务管理类分别披露

单位：万元

被动管理型信托资产	年初数	年末数
证券投资类	—	—
股权投资类	1 152 066.84	—
融资类	0.84	—
事务管理类	6 329 856.21	6 200 550.82
其他投资类	—	—
合计	7 481 923.89	6 200 550.82

6.4.2.2 本年度已清算结束的信托项目个数、实收信托合计金额、加权平均实际年化收益率

6.4.2.2.1 本年度已清算结束的集合类、单一类资金信托项目和财产管理类信托项目个数、金额、加权平均实际年化收益率

单位：万元

已清算结束信托项目	项目个数（个）	合计金额（万元）	加权平均实际年化收益率（%）
集合类	36	850 137.11	5.80
单一类	6	553 782.16	3.52
财产管理类	10	1 180 223.66	5.34

注：1.加权平均实际年化收益率=（信托项目1的实际年化收益率×信托项目1的资产总计+信托项目2的实际年化收益率×信托项目2的资产总计+…+信托项目n的实际年化收益率×信托项目n的资产总计）/（信托项目1的资产总计+信托项目2的资产总计+…+信托项目n的资产总计）×100%。
2.包含已完成兑付但截至2023年末尚未完成银行销户手续的项目。

6.4.2.2.2 本年度已清算结束的主动管理型信托项目个数、合计金额、加权平均实际年化收益率，分证券投资、股权投资、融资、事务管理类分别披露

已清算结束信托项目	项目个数（个）	合计金额（万元）	加权平均实际年化收益率（%）
证券投资类	14	243 198.66	5.09
股权投资类	—	—	—
融资类	16	243 518.45	6.53
事务管理类	—	—	—
其他投资类	7	399 670.00	5.44

6.4.2.2.3 本年度已清算结束的被动管理型信托项目个数、合计金额、加权平均实际年化收益率，分证券投资、股权投资、融资、事务管理类分别披露

已清算结束信托项目	项目个数（个）	合计金额（万元）	加权平均实际年化收益率（%）
证券投资类	—	—	—
股权投资类	—	—	—
融资类	—	—	—
事务管理类	15	1 697 755.82	5.16
其他投资类	—	—	—

6.4.2.3 本年度新增的集合类、单一类和财产管理类信托项目个数、合计金额

新增信托项目	项目个数（个）	合计金额（万元）
集合类	466	43 131 097.73
单一类	164	210 891.84
财产管理类	631	4 050 301.62
新增合计	1261	47 392 291.19
其中：主动管理型	467	43 227 719.18
被动管理型	794	4 164 572.01

6.4.2.4 信托业务创新成果和特色业务有关情况

公司依托集团产业背景，充分发挥集团品牌效应和集团资源协同优势，以创新驱动为引领，不断探索服务"三农"的新模式和新途径。2023年，中粮信托继续有序推进产业金融业务，公司与中粮糖业合作"甜蜜贷"项目落地，为新疆甜菜种植户提供纾困资金支持，以综合金融产品赋能农业全产业链；与圣牧草业合作"青贮贷"项目落地，支持沙漠有机牧草种植，创新绿色信托业务模式，助力绿色产业发展；与蒙牛持续合作开展ABS项目，持续提升金融赋能集团主业。

公司大力发展普惠金融业务，为中小微企业做强做大提供资金支持，在有效管控风险的情况下，竭力为中小微企业提供"简单、便捷、灵活、高效"的金融服务。同时，积极助力消费金融业务发展，提供金融赋能，完成全套制度制定及系统初期搭建。

公司着力发展家族信托，并加大在保险金信托领域的投入，2023年公司家办业务存续规模超90亿元，已累计服务客户超1 000单。公司还布局家庭服务信托，为中产阶级家庭提供集资产配置、保值增值、灵活分配、风险隔离于一身的账户综合服务。2023年底中粮信托接连发布了方禾家庭服务信托和厚德家族信托品牌，打造中粮特色的财富管理金融工具。

在公益慈善信托领域，中粮信托持续发力"丰济"慈善信托品牌，探索出独具特色的"乡村振兴+慈善信托"的公益模式，先后成立多个乡村振兴慈善信托，通过在产业、人才、文化、生态等方面开展帮扶，巩固拓

展脱贫攻坚成果，助力乡村全面振兴。

6.4.2.5 公司履行受托人义务情况及因公司自身责任而导致的信托资产损失情况（合计金额、原因等）

公司在报告期未发生因本公司自身责任导致的信托资产损失。

6.5 关联方关系及其交易的披露

6.5.1 关联交易方的数量、关联交易的总金额及关联交易的定价政策等

项目	关联交易方个数（个）	关联交易金额（万元）	定价政策
合计	26	2 957.43	本公司与关联方之间的交易采用公平市场价格进行定价

6.5.2 关联交易方与公司的关系性质、关联交易方的名称、法定代表人、注册地址、注册资本及主营业务等

关系性质	关联方名称	法定代表人	注册地址	注册资本	主营业务
同一母公司	中粮期货有限公司	吴浩军	北京	84 620.00万元	商品期货经纪；金融期货经纪；期货投资咨询；资产管理
母公司股东	中粮资本控股股份有限公司	孙彦敏	河南	230 410.5575万元	投资与资产管理
与公司同一实际控制人	深圳市明诚金融服务有限公司	孙彦敏	深圳	2 500.00万元	金融信息咨询、金融中介服务等
与公司同一实际控制人	深圳中粮商贸服务有限公司	陈轼彬	深圳	5 000.00万元	投资咨询、物流信息咨询、风险管理咨询、粮油贸易
同一母公司	中粮资本科技有限责任公司	孙彦敏	天津	10 069.63万元	技术服务、技术开发、技术咨询等
控股企业	天津紫茗股权投资基金合伙企业（有限合伙）	—	天津	10 000.00万元	从事对未上市企业的投资，对上市公司非公开发行股票的投资以及相关咨询服务
实际控制人	中粮集团有限公司	吕军	北京	1 191 992.9万元	以农粮为核心主业，聚焦粮、油、糖、棉、肉、乳等品类，同时涉及食品、金融、地产领域
与公司同一实际控制人	中粮阳光企业管理（北京）有限公司	邵芳	北京	300.00万元	企业管理；企业管理咨询；会议服务；打字、复印服务等
与公司同一实际控制人	中粮可口可乐饮料（北京）有限公司	展在中	北京	1 950.00万美元	配置、生产（含委托加工）、包装、销售饮料等
与公司同一实际控制人	中茶（北京）连锁商业有限公司	戚强	北京	5 298.00万元	食品经营；教育咨询；组织文化艺术交流活动；货物进出口；技术进出口等
与公司同一实际控制人	中粮食安科技（北京）有限公司	刘佳	北京	1 000.00万元	技术服务、技术开发、技术咨询、技术交流、技术转让、技术推广；信息系统集成服务；数据处理服务等
与公司同一实际控制人	中茶融通（北京）茶业有限公司	李奕	北京	4 800.00万元	食品销售；组织文化艺术交流活动；会议及展览服务；社会经济咨询服务；技术进出口；货物进出口
与公司同一实际控制人	中粮鲜到家供应链管理有限公司	张楠	北京	5 000.00万元	供应链管理服务；信息咨询服务；国内货物运输代理；国内集装箱货物运输代理；国际货物运输代理等
与公司同一实际控制人	华夏粮油票证研究利用开发中心有限公司	马红伟	北京	151.55262万元	收集、销售已停止使用的各种粮油票证（券）；销售粮油机械、建筑材料、五金交电等
与公司同一实际控制人	中粮信息科技有限公司	赵玮	北京	10 000.00万元	技术服务、技术开发、技术咨询、技术交流、技术转让、技术推广；人工智能基础软件开发等
母公司	中粮资本投资有限公司	孙彦敏	深圳	133 700.1376万元	投资与资产管理；企业管理；投资策划及咨询服务等
同一母公司	中英人寿保险有限公司	孙彦敏	北京	294 598.00万元	人寿保险、健康保险和意外伤害保险等保险业务及上述业务的再保险业务
实质重于形式原则	中粮信托有限责任公司工会	刘莉	北京	—	依照法律规定维护职工合法权益，通过开展民主决策、管理和监督，保障职工民主权利实现；教育职工提高素质，积极参与经济建设
与公司同一实际控制人	中粮私募基金管理（海南）有限公司	赵福平	海南	1 000.00万元	私募基金管理服务
控股企业	中粮农业产业基金管理有限责任公司	刘燕松	北京	5 000.00万元	接受其他股权投资基金委托，从事非证券类的股权投资管理、咨询

公司涉及关联交易方数量为26个，主要关联交易方为以上20个主体。

6.5.3 逐笔披露公司与关联方的重大交易事项

无。

6.5.4 逐笔披露关联方逾期未偿还公司资金的详细情况以及公司为关联方担保发生或即将发生垫款的详细情况

无。

6.6 会计制度的披露

公司固有业务和信托业务，同时执行财政部2006年2月15日颁布的《企业会计准则》及其补充规定。

7. 财务情况说明书

7.1 利润实现和分配情况

2023年度，中粮信托合并报表实现归母净利润606 308 057.02元。提取法定盈余公积60 226 023.90元，提取信托赔偿准备30 113 011.95元，拟向股东分配利润218 432 813.25元。

7.2 主要财务指标

指标名称	指标值
资本利润率（%）	8.26
人均净利润（万元）	242.85

注：1. 资本利润率＝净利润/所有者权益平均余额×100%。
2. 人均净利润＝净利润/年平均人数。

7.3 对公司财务状况、经营成果有重大影响的其他事项

无。

8. 特别事项揭示

8.1 前五名股东报告期内变动情况及原因

无。

8.2 董事、监事及高级管理人员变动情况及原因

8.2.1 董事变动情况及原因

公司第四届董事会任期届满，经公司股东会、董事会审议通过，孙彦敏、李德罡、寒侠、刘燕松、Albert Yu（余俊明）、William Edward Post Bamber（班柏）、柯卡生、陈国钢、潘慧峰担任第五届董事会董事，其中孙彦敏为董事长。William Edward Post Bamber董事任职资格于2023年8月获得国家金融监督管理总局北京监管局核准。

8.2.2 监事变动情况及原因

公司第四届监事会任期届满，经公司股东会、职工代表大会、监事会审议通过，初丰城、沈慧、江元军不再担任监事，马建泽、张晓燕、陈众、罗峰、谭军担任第五届监事会监事，其中马建泽为监事会主席。

8.2.3 高级管理人员变动情况及原因

8.2.3.1 新任职情况

姓名	新任职务	内部决议	选任时间	批复时间
杨屹	副总经理	第四届董事会第十二次会议	2023年4月	2023年6月
徐阳	首席风险官	第五届董事会第四次会议	2023年9月	2024年1月
宋仁波	财务总监（拟任）	第五届董事会第八次会议	2024年4月	任职资格待国家金融监督管理总局北京监管局核准后生效

8.2.3.2 免职情况

姓名	免去职务	内部决议	时间
吴江	总经理助理	第四届董事会第十二次会议	2023年4月
陈众	副总经理	第五届董事会第五次会议	2023年10月
杨屹	副总经理、财务总监	第五届董事会第五次会议	2023年10月
于泳	董事会秘书	第四届董事会第十二次会议	2023年4月
于泳	副总经理	第五届董事会第八次会议	2024年4月

8.3 变更注册资本、变更注册地或公司名称、公司分立合并事项

无。

8.4 公司的重大诉讼事项

8.4.1 重大未决诉讼事项

截至报告期末，公司固有业务不涉及重大未决诉讼事项，公司信托业务共涉及4起重大未决诉讼，具体情况如下表所示。

序号	原告/申请人	被告/被申请人	起诉日期	涉案金额（万元）
1	中粮信托	万和证券股份有限公司	2021年4月25日	7 787.85
2	中粮信托	恒大新能源汽车投资控股集团有限公司等被告	2022年1月19日	29 374.10
3	中粮信托	东莞勤上集团有限公司、李旭亮、温琦	2023年8月16日	40 000.00
4	彭林革	中粮信托	2023年9月12日	5 852.10

8.4.2 以前年度发生，于本报告期内终结的重大诉讼事项

报告期内，公司终结1起信托业务重大诉讼。

8.4.3 本报告年度发生，于本报告期内终结的重大诉讼事项

无。

8.5 对会计师事务所出具的有保留意见、否定意见或无法表示意见的审计报告的，公司董事会应就所涉及事项作出说明

会计师事务所对公司出具了标准无保留意见的审计报告。

8.6 公司及其董事、监事和高级管理人员受到处罚的情况

无。

8.7 国家金融监督管理总局及其派出机构对公司检查后提出整改意见的，应简单说明整改情况

2023年9月25日至2023年11月24日，国家金融监督管理总局北京监管局对公司进行了信息科技专项现场检查；2023年12月22日，国家金融监督管理总局北京监管局下发了《国家金融监督管理总局北京监管局关于中粮信托信息科技专项检查的现场检查意见书》（京金检意〔2023〕95号），指出公司信息科技工作中存在的问题并提出相应监管意见。公司对检查中发现的问题高度重视，成立科技治理专项工作小组，制定具体整改方案，明确整改目标、整改措施与整改时限，积极开展整改工作。

8.8 本年度重大事项临时报告的简要内容、披露时间、所披露的媒体及其版面

无。

8.9 国家金融监督管理总局及其派出机构认定的其他有必要让客户及相关利益人了解的重要信息

无。

9. 社会责任履行情况

报告期内，公司坚持服务实体经济、服务民生、服务投资者，积极服务兼具环境和社会效益的绿色经济活动，认真贯彻国家经济金融政策和监管要求，加快转型和创新步伐，满足客户多样化金融需求，积极践行企业社会责任；公司始终坚持依法合规、稳健经营，不断完善风险防控体系，有效履行受托人职责和义务，维护受益人利益最大化。

9.1 金融服务农业

公司坚持以"服务集团主业，深耕农业产业，助力乡村振兴"为核心定位，聚焦中粮集团成员企业掌控一手粮源、稳定原料供应的核心需求，以信托赋能农业全产业链。2023年公司与中粮糖业合作成立"甜蜜贷"为新疆的甜菜农户提供种植资金支持，农户种植的甜菜直销中粮糖业，并以甜菜销售款来偿还贷款资金。"甜蜜贷"为36户农户提供贷款1 810万元，保障了33 000亩订单甜菜的丰收，为食糖产业保障甜菜原料165 000吨。订单农业模式实现了回款资金的有效监管，规避农业缺乏抵质押物的局限性，解决了农户融资慢、融资难的难题，也帮助糖业企业扩大订单面积，稳定原料供给。

9.2 慈善信托助力乡村振兴

2023年，公司积极落实定点帮扶和对口支援计划，向广西隆安县拨付115万元。公司成立"中粮信托·2023丰济2号乡村振兴慈善信托"，该信托计划规模为600万元，至此公司通过慈善信托累计为广西隆安县拨付资金1 172万元。其中，本年度资助隆安县南圩镇杨湾中心幼儿园建设项目463万余元，通过新建幼儿园缓解隆安县教育资源不足和学前儿童上学困难。资助隆安县乔建镇博浪村文体活动中心建设项目61万余元，通过改造村庄公共环境，建设体育文化场所，实现增强当地群众身体素质、丰富群众文化生活的目的。

9.3 绿色金融赋能实体经济

2023年，公司制定并发布《中粮信托有限责任公司绿色金融发展管理办法》，积极树立并践行ESG理念，明确绿色金融业务机制，助力公司绿色金融业务发展。2023年，公司落地首单绿色ABS业务，上汽通用汽车金融有限责任公司作为委托人和发起机构以合法拥有的约20亿元汽车贷款作为信托财产发起设立财产权信托，公司作为受托人和发行人在银行间债券市场发行"融腾2023年第三期个人汽车抵押贷款绿色资产支持证券"，发行规模为20亿元；募集资金全部用于新能源汽车贷款业务，基础资产均符合绿色项目标准。公司以绿色金融助力乡村振兴，成立"青贮贷"项目，为圣牧草业提供青贮专项贷款2 000万元，助力青贮玉米交易近30万吨；圣牧草业供应青贮玉米的牧场将奶牛粪污制作成有机肥还田，持续将沙漠改造成青贮种植良田，实现了绿色有机循环养殖。此外，公司以绿色金融助力慈善事业，成立"丰济3号庙湾村绿色慈善信托""丰济4号大西沟村绿色慈善信托"，为内蒙古察右后旗庙湾村和大西沟村捐赠符合绿色标准的路灯等基建项目20万元，以绿色慈善点亮乡村之光。

9.4 爱心帮扶践行公益理念

公司积极打造"粮善"公益慈善品牌，深化"良益相伴、良善同行"公益慈善理念。2023年，公司成立了"中粮信托·2023丰济6号阿坝帮扶慈善信托"，用于改善边远地区困难家庭学生入学情况，改善边远地区学生文体教育条件，帮助学生享有平等受教育权利。成立了"中粮信托·2023丰济7号寿光助学慈善信托"，资助了寿光现代明德学校的微机室项目10万元，支持山东寿光市的义务教育，提升当地教育基础设施水平，服务教育强国战略。

9.5 金融知识宣贯

公司积极践行金融宣教责任，通过线上与线下相结合的方式，面向广大金融消费者组织开展反洗钱、反恐怖融资宣教活动，不断提供金融消费者的反洗钱、反恐怖融资识别和风险防范能力，营造良好的反洗钱、反恐怖融资宣教氛围。报告期内公司组织开展了反洗钱日常宣传和集中宣传活动，主题包括打击非法集资、防范电信诈骗、反洗钱集中宣传月等。公司在销售专区摆放反洗钱纸质宣教材料，同时在公司销售专区和办公场所的大屏幕滚动播放电子版宣传资料。公司在微信公众号上设置了反洗钱宣教专栏，形式包括视频、长图、图文、海报等大众喜闻乐见的形式，本年度累计发表微信公众号文章30余篇，发放各类宣传品近5 000份，受众人数超6万余人，各类宣传材料投放总数与受众人数均达到历史最高水平。

9.6 保护消费者权益

公司坚守"金融为民"初心，秉承"忠实、良益、信任、托付"的消费者权益保护理念，坚持以客户为中心，致力于为客户提供高效、便利、有温度的金融服务。2023年公司认真落实金融消费者权益保护各项工作要求。第一，持续完善消费者权益保护治理体系，公司董事会及董事会下设消费者权益保护委员会持续提升履职质效，统筹部署，推动消费者权益保护工作有序开展。第二，进一步加强消费者权益保护制度建设，公司建立了完善的制度体系，为消费者权益保护工作提供制度保障和规范引导。第三，强化科技赋能，不断提升客户服务满意度。本年度公司加大信息化建设投入，着力丰富和优化系统功能，竭力为客户提供安全、便捷、贴心的金融服务。第四，坚持线上与线下相结合，扎实开展集中式和常态化金融知识宣传教育活动，传播消保正能量，不断提升消费者的金融素养。第五，公司进一步畅通投诉渠道，建立纠纷多元化解工作机制，妥善处理客户投诉，切实展开溯源整改。报告期内公司北京地区受理个人经营性贷款监管转办投诉一笔并妥善处理。

中泰信托有限责任公司

1. 重要提示

1.1 本公司董事会及董事保证本报告所载资料不存在任何虚假记载、误导性陈述或者重大遗漏，并对其内容的真实性、准确性和完整性承担个别及连带责任。本年度报告摘要摘自年度报告全文，客户及相关利益人欲了解详细内容，应阅读年度报告全文。

1.2 独立董事袁东生、熊焰、朱青、鲍治认为本年度报告真实、准确、完整。

1.3 中审亚太会计师事务所（特殊普通合伙）对本公司2023年度财务会计报告出具了标准无保留意见的审计报告。

1.4 公司董事长吴庆斌、总裁胡杰、主管会计工作负责人杨红及财务会计部负责人隋新声明：保证年度报告中财务会计报告的真实、完整。

2. 公司概况

2.1 公司简介

公司的法定中文名称：中泰信托有限责任公司
公司的法定英文名称：ZHONGTAI TRUST CO., LTD.

法定代表人：吴庆斌
注册地址：上海市黄浦区北京东路666号F区（西座）32层和33层
邮政编码：200001
国际互联网网址：www.zhongtaitrust.com
电子信箱：zhongtai@zhongtaitrust.com
信息披露事务负责人及联系人：赵凤英
联系电话：021-63872058；传真：021-63872700
电子信箱：zhaofengying@zhongtaitrust.com
公司选定的信息披露报纸名称：《上海证券报》《金融时报》
公司年度报告备置地点：上海市黄浦区北京东路666号F区（西座）33层办公室
公司聘请的会计师事务所：中审亚太会计师事务所（特殊普通合伙）
地址：北京市海淀区青云里满庭芳园小区9号楼青云当代大厦22层
公司聘请的律师事务所：北京市天铎律师事务所
地址：北京市西城区官园国英一号三楼

2.2 组织结构

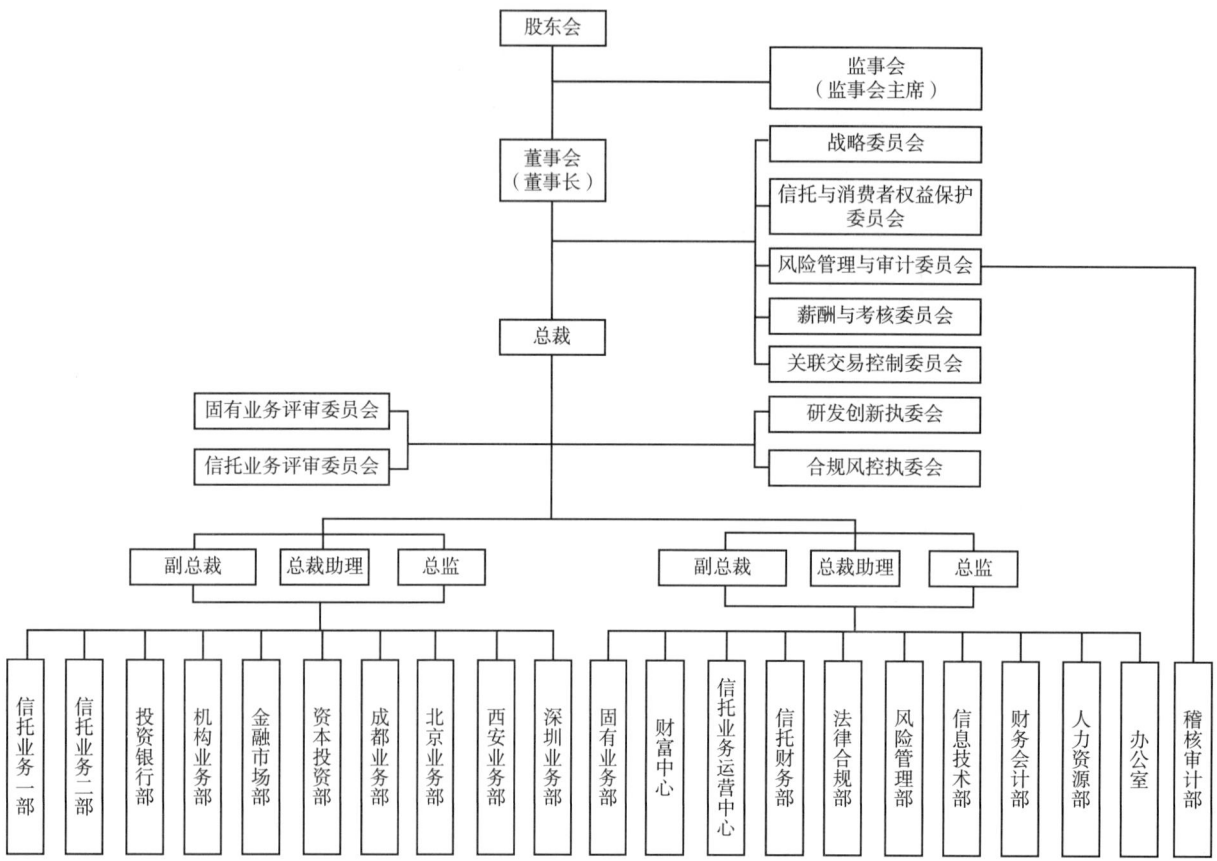

3. 公司治理结构

3.1 股东

报告期末，股东总数六家；持有公司15%以上股份的股东情况如下表所示。

股东名称	持股比例（%）	法人代表
中国华闻投资控股有限公司	31.57	幸宇晖
上海新黄浦实业集团股份有限公司	29.97	赵峥嵘
广联（南宁）投资股份有限公司	20	吴庆斌

公司前3位股东的主要股东情况如下表所示。

股东名称	主要股东	出资比例（%）	法人代表	注册资本（万元）	注册地址	主要经营业务及主要财务情况
中国华闻投资控股有限公司（华闻控股）	北京国际信托有限公司（德瑞股权投资基金集合资金信托计划）	100	周瑞明	220 000	北京市朝阳区安立路30号院1、2号楼	资金信托；动产信托；不动产信托；企业资产重组等。财务状况良好
上海新黄浦实业集团股份有限公司（新黄浦）	上海新华闻投资有限公司	24.77	幸宇晖	50 000	上海市闸北区天目中路383号501室	实业投资，资产经营及管理（非金融业务），国内贸易等。财务状况一般
广联（南宁）投资股份有限公司（广联投资）	中国华闻投资控股有限公司	65.69	幸宇晖	120 000	北京市朝阳区安立路66号4号楼I段4层401室	实业投资等。财务状况一般

注：公司股东华闻控股、广联投资与新黄浦存在关联关系：北京国际信托有限公司（德瑞股权投资基金集合资金信托计划）持有华闻控股100%股权，华闻控股持有广联投资65.69%股权，华闻控股及广联投资分别持有上海新华闻投资有限公司（上海新华闻）50%的股权，上海新华闻持有新黄浦24.77%股权，为其第一大股东。

3.2 董事

3.2.1 董事

姓名	职务	性别	年龄（岁）	选任日期	所推举的股东名称	该股东持股比例（%）	简要履历
吴庆斌	董事长	男	50	2014年7月15日	华闻控股、广联投资	31.57、20	毕业于清华大学水利水电工程系水利水电建筑工程专业及法学专业，获得双学士学位。先后任职于北京国际信托有限公司等机构，并担任重要管理职务，具有二十余年金融工作及管理经验
陆却非	董事	男	67	2014年7月15日	新黄浦	29.97	毕业于中国科技大学，博士研究生学历，先后在中科院上海生理研究所、上海新黄浦实业集团股份有限公司等机构工作，并担任高级管理职务，具有三十余年的经济及管理工作经验
史亚政	董事	男	53	2014年7月15日	华闻控股、广联投资	31.57、20	毕业于浙江大学无线电系无线电技术专业，获得学士学位，后毕业于电子科技大学计算机学院软件工程领域工程专业，获得硕士学位。长期从事金融及经济管理工作，实践经验深厚，先后任职于江泰保险经纪有限公司、中惠保险经纪有限公司及广联投资等机构，并担任高级管理职务，具有逾二十年的金融及企业管理工作经验
叶桂峰	董事	男	45	2014年7月15日	华闻控股、广联投资	31.57、20	毕业于江西财经大学法律系国际经济法专业，获得学士学位，后毕业于中国人民大学法学院民商法专业，并先后获得硕士及博士学位。长期从事经济及金融法律实践工作，先后任职于北京市创天律师事务所、北京市宝盈律师事务所及华闻控股等机构，且具有多年金融及法律合规管理工作经验

注：报告期内，董事穆瞳女士因个人原因向董事会提出辞职。经公司董事会、股东会审议通过，穆瞳女士不再担任公司董事。

3.2.2 独立董事

姓名	所在单位及职务	性别	年龄（岁）	选任日期	所推举的股东名称	该股东持股比例（%）	简要履历
袁东生	已退休	男	72	2014年11月12日	华闻控股	31.57	先后于中共山西省委党校、西安交通大学管理学院学习，取得工商管理硕士学位，长期从事金融及企业管理工作，先后任职于山西信托有限责任公司、山西国信投资（集团）公司等机构，并担任高级管理职务，具有近二十年的金融及企业管理工作经验
熊焰	北京国富资本有限公司董事长	男	67	2015年7月9日	华闻控股	31.57	毕业于哈尔滨工业大学无线电工程系通信专业，获得学士学位，后毕业于该校管理学院经济学专业，获得硕士学位。长期从事金融及企业管理工作，实践经验深厚，先后任职于中国共产主义青年团中央委员会、北京产权交易所有限公司、北京金融资产交易所有限公司及北京国富资本有限公司等机构，并担任高级管理职务，具有二十余年的金融及企业管理工作经验
朱青	中国人民大学财政金融学院教授、博士生导师	男	66	2014年7月15日	华闻控股	31.57	毕业于北京经济学院财贸系财政专业获得学士学位，后就读于中国人民大学财政金融学院财政系财政专业，先后获得经济学硕士及博士学位。长期从事财政金融和社会保障领域的教学和研究工作，并有相当的财税知识，先后任职于中国人民大学财政金融学院等单位，担任学术委员会主任、教授、博士生导师等重要职务，积累了深厚的财政金融和社会保障领域工作经验
鲍治	北京奋迅律师事务所负责人	男	46	2014年7月15日	华闻控股	31.57	毕业于安徽大学法学院法律系法学专业，获得学士学位，后先后毕业于华东政法大学研究生院民商法学专业及美国加州大学伯克利分校法学院法学专业，并分别获得硕士学位。长期从事金融、贸易相关法律领域工作，先后任职于中华人民共和国商务部、北京市君合律师事务所及北京市奋迅律师事务所，积累了相当的金融法律相关领域工作经验

3.3 监事

姓名	职务	性别	年龄（岁）	选任日期	所推举的股东名称	该股东持股比例（%）	简要履历
焦远超	监事会主席	男	56	2020年12月29日	华闻控股、广联投资	31.57、20	毕业于北京大学、哈佛大学，获得国际关系专业硕士、公共管理硕士学位，哲学博士，先后在国务院新闻办、世界银行总部、黑龙江省金融办、哈尔滨市委市政府等机构任职，并担任重要管理职务，具备近三十年的管理工作经验
史珊珊	股东代表监事	女	42	2023年6月28日	华闻控股	31.57	毕业于华中科技大学，获硕士学位，先后在武汉资信管理有限公司、武汉信用担保集团、武汉火炬创业投资、武汉信用风险管理融资担保公司任职
隋新	职工代表监事	女	45	2018年4月12日	—	—	毕业于东北林业大学、上海理工大学，获经济学学士、硕士学位，先后在东北林业大学、深圳农村商业银行、平安集团内控管理中心、上海国际信托、中泰信托等机构任职

注：报告期内，监事王红梅女士因个人原因辞去监事职务，经公司股东会审议通过，王红梅女士不再担任公司监事，选举史珊珊女士为公司监事。

3.4 高级管理人员

姓名	职务	性别	年龄（岁）	选任日期	金融从业年限（年）	学历	专业
胡杰	总裁合规总监	男	39	2020年12月30日 2019年5月10日	17	本科	经济学
沈烁	副总裁	男	51	2015年4月9日	26	本科	经济法
杨红	副总裁	女	57	2022年2月14日	26	博士	管理学

注：报告期内，公司原副总裁余钧先生向董事会提出辞职，经公司董事会审议通过，余钧先生不再担任公司副总裁。

3.5 公司员工

截至2023年12月31日，公司共有员工73人（不含外部董事、监事），平均年龄40岁，大部分员工具有大学本科以上学历。

项目		报告期年度		上年度	
		人数（人）	比例（%）	人数（人）	比例（%）
年龄分布	25岁以下	—	—	—	—
	25~29岁	8	10.96	8	10.81
	30~39岁	29	39.73	34	45.95
	40岁及以上	36	49.32	32	43.24
学历分布	博士	3	4.11	3	4.05
	硕士	42	57.53	42	56.76
	本科	20	27.40	20	27.03
	专科	5	6.85	5	6.76
	其他	3	4.11	4	5.41
岗位分布	董事、监事及其他高管	4	5.48	5	6.76
	自营业务人员	2	2.74	2	2.70
	信托业务人员	22	30.14	23	31.08
	其他人员	45	61.64	44	59.46

4. 经营管理

4.1 经营目标、方针、战略规划

公司秉承诚信服务、专业理财、创新思维、理性投资的精神，坚持与新老客户、核心产业和区域经济一起成长的理念，注重提高创新能力，正确处理发展与规范管理、规模结构与效益之间的关系。随着信托业务新分类规定的出台，将信托本源与服务实体经济相结合，加快推进业务转型升级，深化公司治理及运营体系的优化调整工作。

公司将深入贯彻落实党的二十大精神与中央金融工作会议精神，锚定服务"中国式现代化"的新使命，在中国特色现代金融体系中找准新定位，不断拓展信托特色化发展新路径；认真贯彻落实国家宏观经济政策和金融监管要求，建立规范、高效的公司内控体系，不断提高对各种风险的识别、防范和控制能力。以深化信托行业转型、强化创新和夯实管理为抓手，促进业务转型升级和结构调整。始终坚持市场化、差异化、规模化的发展路线，致力于在明晰的发展战略指导下，依托优秀的企业文化和价值观、人力资源体系、法人治理结构，构建运转流畅的资产管理体系和财富管理体系，着力提升资产管理能力、风险控制能力和财富管理能力，真正将

"受人之托、代人理财"的理念注入业务实践当中，形成多层次多纬度的信托产品，推动公司信托业务回归信托本源，为实体经济服务，为各利益相关者创造价值。

公司未来将继续贴近市场，加强研发，以业务和产品创新为核心，提高创新能力，加快业务模式转型，形成新的创新业务布局，强化对市场的前瞻性判断和对业务的准确把握，为今后的发展创造条件。公司将立足受托人本位，大力发展以受托服务为核心的服务信托，将金融服务与财富管理服务相结合，在财富管理服务信托、资产证券化服务信托、固定收益类及权益类信托计划、公益慈善信托等业务领域积极开拓，运用金融科技结合具体场景，满足客户多元需求，提高信托服务的效率和效果，充分发挥资金融通、资产配置、财产隔离、受托服务、事务管理等功能，将公司建设成为制度健全、内控到位、管理科学、经营规范的，具有核心竞争力的专业化金融机构。

4.2 所经营业务的主要内容

报告期内，固有业务除长期金融股权投资外，主要运用是活期存款、固定收益类产品投资、国债回购等，2023年实现投资收益24 592.11万元、利息净收入700.50万元、其他业务收入86.73万元。

截至2023年12月31日，公司资产总计51.57亿元，负债总计6.58亿元，所有者权益为44.99亿元，净资产收益率为4.30%，净资本为36.18亿元，净资本/净资产的比率为80.42%，净资本/各项风险资本之和的比率为764.90%，均远高于40%及100%的监管标准。公司的净资产保持稳定和充足，公司资产保持较高的流动性水平，信托业务运行平稳，为公司下一步大力拓展业务奠定了良好的基础。

4.2.1 自营资产运用与分布表

资产运用	金额（万元）	占比（%）	资产分布	金额（万元）	占比（%）
货币资产	49 556.17	9.61	基础产业	—	—
贷款及应收款	17 970.24	3.48	房地产业	—	—
交易性金融资产投资	148 711.60	28.84	证券市场	24 412.50	4.73
抵债资产	8 684.96	1.68	实业	—	—
债权投资	21 959.65	4.26	金融机构	249 101.10	48.30
长期股权投资	249 101.10	48.30	其他	242 188.06	46.96
其他	19 717.94	3.82			
资产总计	515 701.66	100.00	资产总计	515 701.66	100.00

2023年度，公司新发行信托产品12个，成立信托本金16.31亿元，包括存续产品分期成立和开放式产品申购在内本年新增信托本金合计75.04亿元；清算信托产品16个，清算信托本金51.56亿元，包括存续产品部分结束和开放式产品赎回在内本年兑付信托本金合计89.79亿元。全年累计向受益人分配信托收益9.35亿元。

4.2.2 信托资产运用与分布表

资产运用	金额（万元）	占比（%）	资产分布	金额（万元）	占比（%）
货币资产	7 933.10	0.60	基础产业	222 625.04	16.68
贷款	150 585.98	11.28	房地产业	9 000.00	0.67
交易性金融资产	78 168.80	5.86	证券市场	78 168.81	5.86
债权投资	802 584.44	60.14	实业	306 887.54	23.00
其他债权投资	—	—	金融机构	9 143.00	0.68
其他权益工具投资	—	—	其他	708 746.68	53.11
长期股权投资	193 156.47	14.47			
其他	102 142.28	7.65			
信托资产总计	1 334 571.07	100.00	信托资产总计	1 334 571.07	100.00

2023年，在企业社会责任方面，公司以专业能力支持实体经济发展、支持民生保障类事业发展、完善金融消费者权益保护等工作。年度内，公司通过慈善捐赠支持受水灾影响的受灾地区群众。

2023年是"信托文化深化年"，公司结合公司党建、内控合规、企业文化和清廉文化建设等活动，重点聚焦员工层面，推动信托文化建设向全体员工下沉，同时坚持其他利益相关者的宣传引导工作。公司组织开展"廉洁风险防控专项行动""防范非法集资宣传月""全面反诈宣传月""金融教育宣传月"等专项活动，促进员工提升对金融安全和诚信文化的认识，促使投资者强化金融风险防范意识。同时，公司在日常工作中审慎、妥善履行企业的社会责任，及时处理投资者的咨询、投诉和建议意见。

报告期内，公司持续落实金融消费者权益保护工作，公司消费者权益保护工作委员会和消费者权益保护小组通过组织消保专题会议和定期或不定期会议分别向公司党委、董监事会和管理层汇报消保工作相关情况，以做好消保工作的整体规划、落实主体责任，并更好地确保消保工作目标的有效执行。

报告期内，消保工作的具体举措包括：通过修订《投资者适当性管理制度》等制度，妥善处理投资者的信息查询、审慎执行新设项目的消保前置审查等工作，在机制上夯实消保工作的基础，落实好制度完善、信息保护、消保审查等工作；年度内，公司持续进行金融消费者宣教活动，包括积极响应"五进入"要求，开展了金融信托知识"进商圈""进社区"和"3·15"消费者权益保护专项活动、金融知识普及月等金融知识集中宣传教育活动，引导金融消费者提升风险防范意识，树立理性投资观念；金融消费者投诉处理方面，公司按照《信托业务投诉处理工作规程》等工作要求，畅通客户的投诉渠道，规范接待流程，及时了解和反馈投资者诉求。

4.3 市场分析

4.3.1 有利因素

4.3.1.1 上海经济复苏趋势明显，高科技产业加速布局

2023年上海经济总体稳中有进，持续回升，全年实现地区生产总值4.72万亿元，同比增长5%，进出口规模创新高。2023年，随着疫情影响的消散，及国际交流便利化政策落地，城市经济流量复苏进程加快，商贸文旅等服务业持续回暖反弹。同时，战略性新赛道产业项目加快建设，支撑上海产业动能转换、制造业高质量发展。

4.3.1.2 信托业务"三分类"新规出台，规范并引导信托行业高质量发展

国家金融监督管理总局（原银保监会）于2023年3月30日发布《关于规范信托公司信托业务分类的通知》（银保监规〔2023〕1号），并于6月1日起正式实施。信托业务分类新规出台，引导信托公司回归信托本源，立足受托人定位；明确各类业务的职责边界，避免相互交叉；引导各信托公司进行差异发展，构建多元化信托服务体系；资产管理业务监管标准对标资管新规，与其他资管行业保持一致，推动信托行业高质量发展。

4.3.1.3 信托资产规模稳健增长，资产结构稳步优化

信托资产规模总量持续增长，增速较快。根据中国信托业协会发布的信息，截至2023年第三季度末，信托资产规模余额为22.64万亿元，较第二季度末增加9 580.46亿元，同比增幅7.45%。资管新规实施以来，信托资产规模自2022年第二季度同比增速逆转为正，连续6个季度保持稳健正增长。

信托资产投资功能显著增强，规模不断增长，业务结构持续调整。2023年第三季度末，投资类信托业务进入高速成长期，规模为10.69万亿元，同比增长16%，精准有效服务实体经济转型。同期，融资类信托规模自2020年第二季度起持续下滑，第三季度末规模持续下降至3.25万亿元，累计降幅近50%，规模占比仅14.34%。

4.3.1.4 信托行业持续夯实资本实力

根据中国信托业协会发布的信息，截至2023年第三季度末，信托公司所有者权益总额达到7 461.77亿元，同比增加374.52亿元，增幅5.28%。从所有者权益构成分析，第三季度末，信托行业实收资本为3 387.98亿元，较第二季度末增加20.74亿元，较上年同期增加88.19亿元。信托赔偿准备371.21亿元，占所有者权益比重4.97%。较上年同期增长15.86亿元，同比增幅为4.46%。信托行业资本实力持续夯实，行业整体抵御和防范风险能力持续改善。

4.3.2 不利因素

4.3.2.1 世界范围内地缘政治形势持续紧张，国内结构性问题仍未扭转

国际地缘政治风险的不断上升，为世界经济注入不确定性。为对抗通胀，各国央行在2023年继续收紧货币政策，美国联邦基金利率目标区间及欧洲中央银行三大利率均维持在2001年以来的最高水平。高融资成本抑制全球经济复苏，使多家国际机构下调2024年经济增长预期。

国内面临有效需求不足、部分行业产能过剩、社会预期偏弱、部分企业经营困难、国内大循环存在堵点等风险和挑战，在出口、房地产、市场信心等方面仍有待改善。

4.3.2.2 传统业务持续萎缩，新业务尚在探索，利润承压

根据中国信托业协会发布的信息，截至2023年第三季度末，房地产信托资金规模占比仅剩6.21%，基础行业占比为9.22%，而投向证券市场的资金信托规模占比已上升至34.97%。目前，大部分信托公司对着力发展资产管理信托虽已经达成共识，但尚在摸索突围之路；资产服务信托中，财富管理服务信托、行政管理服务信托、风险处置服务信托等行业虽多有探索，但盈利模式尚不清晰，同时面临业务组合、商业模式、组织体系及管理形式等多方面的转型。

4.3.2.3 部分信托公司内外部因素叠加风险加速暴露

2023年信托资金配置的房地产和信政类业务风险持续暴露，从信托端显现；同时，部分机构由于公司治理不完善、内控失效等问题出现了经营性风险。两者叠加，造成信托产品逾期违约情形增多。

4.4 内部控制概况

4.4.1 内部控制环境和内部控制文化

公司根据法律法规和公司章程，建立了较为完备的法人治理结构，通过建立规范的公司治理结构和议事规则，明确决策、执行、监督等方面的职责权限，形成较为科学有效的职责分工和制衡机制。

股东会、董事会和监事会依照法律和公司章程分别履行决策、执行和监督职责。股东会是公司的权力机构，在股东会的授权下，董事会是公司的决策及执行机构，监事会是公司的监督机构。董事会下设战略委员会、信托委员会、风险管理与审计委员会、薪酬与考核委员会、关联交易控制委员会五个专门委员会，在公司发展战略、受益人利益保护、重要岗位人员任职与考核、风险控制、信息披露等方面发挥专业作用，为进一步完善治理结构、促进董事会科学高效决策提供支持。

公司明确界定各部门、各岗位的目标、职责和权限，建立相应的授权、检查和逐级问责制度，确保不相容岗位的相互分离及其在授权范围内履行职能，完善各层级间的授权与管理体系，保证各项决策能够被有效执行。

公司内部树立合规优先，严守风险底线的内控文化，并结合业务特点和内部控制的要求来设置公司各内部机构，明确职责权限分配，落实各部门权利与责任。公司内部控制的目标是合理保证经营合法合规、资产安全、财务报告及相关信息真实完整，提高经营效率，促进公司发展战略的实现。

4.4.2 内部控制措施

风险管理部、法律合规部和稽核审计部作为公司内控管理的主要职能部门，负责拟定和修订内控制度，监督检查和评价内部控制措施的科学性、规范性和可操作性。公司通过修订并不断完善各项管理制度，针对不同业务和管理事项优化内部控制措施，形成事前、事中、事后紧密衔接的内控防线。

公司按照前台、中台、后台划分，制定了相应的规章制度、操作规程和风险管理制度，使得各项业务开展都具备比较详细的业务流程规范。在业务流程上，公司通过事前、事中、事后控制三者结合防范风险，强调即时过程控制。各部门发生异常情况后即时汇报，识别风险并采取相应措施，确保公司内部控制的有效性。

公司固有业务和信托业务相互分离，部门设置和业务人员、业务信息相互独立，分别建账，分别核算。针对信托业务和固有业务的业务特性，分别成立信托业务评审委员会和固有业务评审委员会进行项目评审，根据具体业务的不同特点，采取既有共性又有个性的具体内部控制对策。通过内部控制的环境、程序和措施防范各项业务风险。经营授权方面，实行逐级授权体系，公司内部相关的不同级次、不同部门之间有明确的授权关系和报告关系。

报告期内，公司根据经营发展环境的变化，结合内部控制管理的实际，进一步加强公司内部控制制度及流程建设，制定、梳理和修订了内部控制制度及各类业务指引。公司开展了系统性的风险管理体系自评估工作，以"中泰信托"的法律人格为基本范畴，从可能导致公司经营损失的现实风险点出发，从项目开展生命周期中存在的点状问题切入，进行从问题到危害再到解决措施的系统性分析。随着制度的不断完善，公司董事会、管理层、各相关部门和人员能够按照公司各项制度和业务操作流程履行风险的管理和监控职责，各项业务基本做到前中后台操作上的相对独立和相互制衡。

4.4.3 信息交流与反馈

公司建立了信息传递、披露和反馈的机制，明确内部控制相关信息的处理和传递程序，确保信息及时沟通，促进内部控制有效运行。

公司明确管理层、各部门和员工的职责范围和报告路径，通过定期工作报告和会商，确保经营管理层及时了解经营信息和风险状况。通过OA系统和业务管理系统建立了贯穿各部门的共享信息平台，及时准确地传递管理信息和数据。加大对信息化系统的投入力度，在业务流程、行政审批流程等方面的系统集成功能不断改进和完善。

公司严格按照监管要求，建立对外信息披露制度，规范对投资者、公众、监管部门等的披露方式和流程。定期或及时披露年度报告、年度报告摘要、重大事项临时报告等公司信息。通过网站公告、书面通知等多种方式，依法对委托人和受益人披露信托产品信息。事前向监管部门报送拟开展信托业务的基本信息、关联交易信息、集合资金信托异地推介信息。定期提交非现场监管报告，及时报送临时事项报告等经营信息。报告期内，公司信息交流与反馈机制规范。

4.4.4 监督评价与纠正

公司稽核审计部独立行使对公司内部控制情况的监督和评价职能。每半年对公司开展一次全面审计，囊括公司财务、业务、人事行政及综合等各个方面，对公司经营活动全过程实施监督；信托项目稽核是通过对项目整体所有环节运作的动态审计并进行合规性评价；专项审计则针对重点风险项目或监管要求不定期开展；公司中高级管理人员及公司要求的关键岗位人员的离职必须经过稽核审计部门的审计。

通过公司核心业务系统中稽核审计流程审批节点的控制，持续对审计项目的整改情况进行监督检查及复核直至整改结束，公司的跟踪检查及纠正机制得以持续执行。

公司各项审计工作均通过审计报告提出意见和建议，并对整改情况进行持续跟踪检查，督促整改落实，使公司能够及时、有的放矢地对各项工作进行规范和管理，有效提升内部控制管理水平，为公司持续稳健运营保驾护航。

4.5 风险管理概况

公司严格执行国家金融监督管理总局关于信托公司风险监管的指导意见，坚持防范化解风险和推动转型发展并重的原则，切实加强潜在风险防控，加强尽职管理，加强风险评估，优化业务管理，严防道德风险和案件风险，建立风险防控长效机制。

公司经营活动面临的主要风险包括信用风险、市场风险、操作风险和其他风险。公司风险管理坚持全面性、独立性、连续性、审慎性、有效性等基本原则，以风险最小化、风险成本最低化为目标，坚持以风险管理为核心开展经营活动，平衡业务发展与风险管理之间的关系，建立并逐步完善了基于制度规范和流程控制的风险管理制度体系。基本形成了前台、中台、后台相分离、信托资金运作与自有资金运作相分离的风险管理框架，力求将风险管理制度与措施贯穿公司各项业务、各个部门、各个岗位，实现风险管理覆盖公司运营的全过程。同时，通过建立有效的风险管理组织体系，保障风险管理制度的有效适用，并根据国家政策、法律及公司经营发展战略的变化，定期对公司相关风险管理制度进行修订和补充。

公司的风险管理组织架构由公司董事会、风险管理与审计委员会、管理层、固有/信托业务评审委员会、风险管理部门、各业务部门及相关职能部门组成。具体来说，形成了由董事会及管理层直接领导，以风险管理部门为依托，相关职能部门配合，与各个业务部门全面联系的风险管理机制。具体风险管理职责划分情况如下：

（1）董事会：进行公司风险管理战略、偏好、政策、最高风险承受水平设定和风险管理决策制定，监控和评价风险管理的全面性、有效性以及高级管理层在风险管理方面的履职情况，审批重大业务项目实施方案，倡导公司全员风险管理意识和风险管理文化，并对公司风险管理承担最终责任。

（2）风险管理与审计委员会：针对公司总体风险管理体系的建立和运行情况向董事会提供咨询意见；对公司业务风险控制及管理情况进行监督。

（3）管理层：负责定期审查和监督执行公司风险管理政策、程序以及具体操作规程，不断完善公司各项风险管理措施，确保公司风险管理体系的有效性；及时了解公司各类风险水平及其管理状况，确保通过恰当的风险管理战略、政策和程序来有效地识别、计量、监测和控制各项业务所承担的各类风险。

（4）固有/信托业务评审委员会：具体负责公司各项业务风险的事前管理和控制，与承担风险的业务部门保持相对独立。对公司所有经立项的固有/信托业务项目进行评审，识别其各项风险水平，在综合风险分析和可行性论证后给出评审意见，通过集体决策实现业务项目风险的事前管理和有效控制。

（5）风险管理部：根据公司发展战略，定位于中、前端风险管控，建立集中型的风险管理模式，将信用风险、市场风险、操作风险、声誉风险等纳入统一的风险管理体系。负责公司各类投融资业务的风险审查，实现业务决策与风险管理的适度分离，风险管理覆盖公司的全部经营活动与过程，与业务部门的风险自律形成制衡。对公司经营管理活动中的各类风险实施有效的事前评估和过程监控，有效化解和降低公司运营风险。

（6）稽核审计部：通过实行重大业务项目流程稽核，对单个业务项目进行事中和事后风险管理监督，开展定期全流程的全面内部审计，对公司各项经营管理活动进行检查，并向公司董事会及上级监管单位提交内部审计报告。

（7）法律合规部：负责监管部门（包括但不限于国家金融监督管理总局及其派出机构、金融办、人民银行）的监管要求、监管文件、监管意见和公司内部各类业务的合规准入标准、操作规范等事务的牵头、组织、优化、落实等工作，并围绕信托业务项目全生命周期开展工作，并为公司固有业务开展提供法律事务服务。

（8）业务部门：业务部门是公司风险管理的第一道防线，研判项目风险和设计风险控制措施，构建调研、决策和管理职责相互分离的风险自律体系，承担与其项目相关的风险管理责任。

4.5.1 信用风险状况

信用风险主要来自债务人或交易对手未能或不愿履行其承诺，或者其信用等级下降时给公司权益或金融产品持有人造成损失的风险。

公司2023年末信用风险资产账面余额共544 955.85万元，固有不良信用风险资产期初数为72 555.42万元，期末数为72 542.98万元，贷款损失准备30 716.06万元，其他各项减值准备26 946.36万元。

公司通过事前评估、事中控制、事后监督的风险管理体系来防范和规避信用风险。具体来说，对交易对手进行前期现场风险尽调、综合信用分析，对信托资金的投向区域、行业进行合理布局，避免信用风险的规模化爆发。通过定期风险评估等手段，监控交易对手信用风险的变化，对交易对手进行动态管理。在资金发放后，业务部门、风险管理部等定期或不定期地进行贷后检查和抽查，形成检查报告，发现问题及时预警、及时处理。报告期内，公司各类业务均履行了严格的内部评审程序，合法合规，担保措施充足，交易对手信用等级较高，信用风险可控。

4.5.2 市场风险状况

公司制定与业务性质、规模、复杂程度和风险特征相适应的，与公司总体业务发展战略、管理能力、资本实力和能够承担的总体风险水平相一致的市场风险管理战略。信托业务方面，通过信托产品的结构化设计和组合投资，严格执行权限设定和止损操作，最大限度地降低市场风险对投资人权益的影响。另外，公司建立充足的风险准备金，制定风险处置预案、锁定项目退出风险。公司本着审慎的原则，对固有资金进行合理配置。公司固有业务及信托业务尚未涉及外汇业务，受市场汇率变动的直接影响不明显。其他风险，如利率风险、通货膨胀等因素，对公司经营无明显影响。

报告期内，公司密切关注各类市场风险，及时调整投资策略，积极发展创新业务，勤勉尽职地履行受托人职责，市场风险可控。

4.5.3 操作风险状况

操作风险是公司履行受托人勤勉、审慎和尽职责任，在运营和业务开展各个环节可能面临的最为普遍的风险。公司操作风险管理主要是加强内控制度建设，坚持内控优先、制度先行，全面分析公司经营环节和业务流程，合理设置体现制衡原则的前台、中台、后台岗位职责。通过管理层专项调研会，汇总前台、中台、后台对流程优化的意见和建议，持续总结整理各项业务规范，梳理操作流程。通过加强资源配置、完善制度建设、优化系统建设等举措全面提高风险管理能力。

报告期内公司操作风险管控能力不断提升，内控制度体系基本覆盖公司经营的每一个过程和环节，各项制度和流程能够得到有效的执行，并通过"大运营"体系的建立进一步提高了信托业务管控水平。报告期内无该类风险的发生。

4.5.4 声誉风险状况

公司声誉风险管理策略包括将公司声誉风险管理机制的构建与公司发展战略、企业文化建设等进行结合，提升专业能力，强化风险意识，审慎经营和诚信发展。公司高度重视防范在业务开展过程中出现的各种声誉风险，强调在稳健经营和持续发展的基础上，主动有效地进行声誉风险管控和应对，进行充分的信息披露，积极履行公司的社会责任，提升公司的社会形象。

4.5.5 其他风险状况

除上述风险类型外，公司还可能面临合规与法律风险等其他风险。

公司合规与法律风险管理包括严格按照相关法律法规、监管规定，对所有拟开展的业务进行合规性审查，明确各类业务合规标准。重视交易安排和法律文件的有效性，强调各类救济措施的可操作性。在信托产品运行和管理过程中，根据信托资金的具体管理、运用和处分方式，严格遵守法律规定和监管要求。提高公司全员的法律合规意识，及时掌握外部金融法律动态和监管政策，严格在现有政策允许范围内开展业务。报告期内，业务整体合规和法律风险管理水平持续提升。

5.报告期末及上年度末的比较式会计报表

5.1 自营资产（经审计）

5.1.1 会计师事务所审计全文

审计报告

中审亚太审字（2024）003293号

中泰信托有限责任公司：

一、审计意见

我们审计了中泰信托有限责任公司（以下简称贵公司）财务报表，包括2023年12月31日的资产负债表，2023年度的利润表、现金流量表、所有者权益变动表以及相关财务报表附注。

我们认为，后附的财务报表在所有重大方面按照企业会计准则的规定编制，公允反映了贵公司2023年12月

31日的财务状况以及2023年度的经营成果和现金流量。

二、形成审计意见的基础

我们按照中国注册会计师审计准则的规定执行了审计工作。审计报告的"注册会计师对财务报表审计的责任"部分进一步阐述了我们在这些准则下的责任。按照中国注册会计师职业道德守则，我们独立于贵公司，并履行了职业道德方面的其他责任。我们相信，我们获取的审计证据是充分、适当的，为发表审计意见提供了基础。

三、管理层和治理层对财务报表的责任

贵公司管理层（以下简称管理层）负责按照企业会计准则的规定编制财务报表，使其实现公允反映，并设计、执行和维护必要的内部控制，以使财务报表不存在由于舞弊或错误导致的重大错报。

在编制财务报表时，管理层负责评估贵公司的持续经营能力，披露与持续经营相关的事项（如适用），并运用持续经营假设，除非管理层计划清算贵公司、终止运营或别无其他现实的选择。

治理层负责监督贵公司的财务报告过程。

四、注册会计师对财务报表审计的责任

我们的目标是对财务报表整体是否不存在由于舞弊或错误导致的重大错报获取合理保证，并出具包含审计意见的审计报告。合理保证是高水平的保证，但并不能保证按照审计准则执行的审计在某一重大错报存在时总能发现。错报可能由于舞弊或错误所导致，如果合理预期错报单独或汇总起来可能影响财务报表使用者依据财务报表作出的经济决策，则通常认为错报是重大的。

在按照审计准则执行审计的过程中，我们运用职业判断，并保持职业怀疑。同时，我们也执行以下工作：

（一）识别和评估由于舞弊或错误导致的财务报表重大错报风险，设计和实施审计程序以应对这些风险，并获取充分、适当的审计证据，作为发表审计意见的基础。由于舞弊可能涉及串通、伪造、故意遗漏、虚假陈述或凌驾于内部控制之上，未能发现由于舞弊导致的重大错报的风险高于未能发现由于错误导致的重大错报的风险。

（二）了解与审计相关的内部控制，以设计恰当的审计程序。但目的并非对内部控制的有效性发表意见。

（三）评价管理层选用会计政策的恰当性和作出会计估计及相关披露的合理性。

（四）对管理层使用持续经营假设的恰当性得出结论。同时，根据获取的审计证据，就可能导致对贵公司持续经营能力产生重大疑虑的事项或情况是否存在重大不确定性得出结论。如果我们得出结论认为存在重大不确定性，审计准则要求我们在审计报告中提请报表使用者注意财务报表中的相关披露；如果披露不充分，我们应当发表非无保留意见。我们的结论基于截至审计报告日可获得的信息。然而，未来的事项或情况可能导致贵公司不能持续经营。

（五）评价财务报表的总体列报、结构和内容（包括披露），并评价财务报表是否公允反映相关交易和事项。

我们与治理层就计划的审计范围、时间安排和重大审计发现等事项进行沟通，包括沟通我们在审计中识别出的值得关注的内部控制缺陷。

 中国注册会计师：杨 涛
（项目合伙人）

中国注册会计师：靳九彦

中国·北京　　　　二〇二四年四月十日

5.1.2 资产负债表

资产负债表

编制单位：中泰信托有限责任公司　　　2023年12月31日　　　单位：万元

项目	期末余额	上期期末余额	项目	期末余额	上期期末余额
资产：			负债：		
现金	5.33	5.33	拆入资金	—	—
银行存款	49 550.64	39 449.50	交易性金融负债	—	—
其它货币资金	0.20	12 838.14	衍生金融负债	—	—
拆出资金	—	—	卖出回购金融资产款	—	—
交易性金融资产	148 711.60	147 109.76	应付手续费及佣金	—	—
衍生金融资产	—	—	应付职工薪酬	6 087.38	5 931.26

续表

项目	期末余额	上期期末余额	项目	期末余额	上期期末余额
买入返售金融资产	—	—	应交税费	1 366.02	1 242.12
应收手续费及佣金	—	—	应付利息	—	—
应收利息	—	—	应付股利	54 530.69	470.63
应收股利	7 920.00	6 336.00	其他应付款	85.28	121.83
其他应收款	10 050.24	6 597.50	预计负债	—	—
合同资产	—	—	租赁负债	1 643.51	1 810.77
抵债资产	8 684.96	8 684.96	递延收益	—	—
发放贷款和垫款	—	—	递延所得税负债	2 135.86	2 666.58
债权投资	21 959.65	23 508.85	其他负债	—	—
其他债权投资	—	—	负债合计	65 848.74	12 243.19
可供出售金融资产	—	—	所有者权益：	—	—
持有至到期投资	—	—	实收资本	51 660.00	51 660.00
长期股权投资	249 101.10	235 851.16	资本公积	3 367.40	3 367.40
投资性房地产	—	—	减：库存股	—	—
固定资产	917.73	1 049.75	其他综合收益	-435.22	-2 263.89
无形资产	259.26	286.07	盈余公积	27 584.18	27 584.18
使用权资产	1 432.08	1 644.25	一般风险准备	14 415.33	9 722.03
商誉	—	—	信托赔偿准备金	10 332.00	10 332.00
长期待摊费用	745.61	860.85	未分配利润	342 929.24	387 500.38
递延所得税资产	15 868.17	15 923.18	外币报表折算差额	—	—
其他资产	495.08	—	所有者权益合计	449 852.92	487 902.10
资产总计	515 701.66	500 145.29	负债和所有者权益总计	515 701.66	500 145.29

法定代表人：吴庆斌　　　　主管会计工作负责人：杨红　　　　会计机构负责人：隋新

5.1.3　利润表

利润表

编制单位：中泰信托有限责任公司　　2023年度　　单位：万元

项目	本期金额	上期金额
一、营业收入	27 574.80	13 709.44
利息净收入	700.50	171.66
利息收入	773.75	251.93
利息支出	73.25	80.26
手续费及佣金净收入	4 095.29	4 249.20
手续费及佣金收入	4 096.37	4 250.20
手续费及佣金支出	1.08	1.00
投资收益（损失以"-"号填列）	24 592.11	23 299.09
其中：对联营企业和合营企业的投资收益	19 421.28	19 626.60
公允价值变动收益（损失以"-"号填列）	-1 910.69	-14 174.56
汇兑收益（损失以"-"号填列）	—	—
其他业务收入	86.83	115.03
资产处置收益	—	—
其他收益	10.77	49.02

续表

项目	本期金额	上期金额
二、营业支出	7 799.26	9 905.99
税金及附加	144.85	87.48
业务及管理费	6 887.09	5 449.98
信用减值损失	704.64	4 308.54
资产减值损失	—	—
其他业务成本	62.69	60.00
三、营业利润（亏损以"-"号填列）	19 775.54	3 803.45
加：营业外收入	850.27	1 205.86
减：营业外支出	453.00	10.31
四、利润总额（亏损总额以"-"号填列）	20 172.81	4 999.00
减：所得税费用	-9.41	-4 131.23
五、净利润（净亏损以"-"号填列）	20 182.22	9 130.24
其中：持续经营净利润	20 182.22	9 130.24
终止经营净利润	—	—
六、其他综合收益的税后净额	1 828.66	-1 571.85

续表

项目	本期金额	上期金额
（一）以后不能重分类进损益的其他综合收益	—	—
1.重新计量设定受益计划净负债净资产的变动	—	—
2.权益法下在被投资单位不能重分类进损益的其他综合收益中享有的份额	—	—
（二）以后将重分类进损益的其他综合收益	1 828.66	−1 571.85
1.权益法下在被投资单位以后将重分类进损益的其他综合收益中享有的份额	1 828.66	−1 571.85

续表

项目	本期金额	上期金额
2.可供出售金融资产公允价值变动损益	—	—
3.持有至到期投资重分类为可供出售金融资产损益	—	—
4.现金流量套期损益的有效部分	—	—
5.外币财务报表折算差额	—	—
七、综合收益总额	22 010.88	7 558.39

法定代表人：吴庆斌　　主管会计工作负责人：杨红　　会计机构负责人：隋新

5.1.4 所有者权益变动表

所有者权益变动表

编制单位：中泰信托有限责任公司　　2023年　　单位：万元

项目	本期发生额									
	实收资本	资本公积	减：库存股	其他综合收益	专项储备	盈余公积	一般风险准备	信托赔偿准备	未分配利润	所有者权益合计
一、上年期末余额	51 660.00	3 367.40	—	−2 263.89	—	27 584.18	9 722.03	10 332.00	387 500.38	487 902.10
加：会计政策变更	—	—	—	—	—	—	—	—	—	—
前期差错更正	—	—	—	—	—	—	—	—	—	—
其他	—	—	—	—	—	—	—	—	—	—
二、本年年初余额	51 660.00	3 367.40	—	−2 263.89	—	27 584.18	9 722.03	10 332.00	387 500.38	487 902.10
三、本期增减变动金额（减少以"−"号填列）	—	—	—	1 828.66	—	—	4 693.30	—	−44 571.14	−38 049.18
（一）综合收益总额	—	—	—	1 828.66	—	—	—	—	20 182.22	22 010.88
（二）所有者投入和减少资本	—	—	—	—	—	—	—	—	—	—
1.股东投入的普通股	—	—	—	—	—	—	—	—	—	—
2.其他权益工具持有者投入资本	—	—	—	—	—	—	—	—	—	—
3.股份支付计入所有者权益的金额	—	—	—	—	—	—	—	—	—	—
4.其他	—	—	—	—	—	—	—	—	—	—
（三）利润分配	—	—	—	—	—	—	4 693.30	—	−64 753.36	—
1.提取盈余公积	—	—	—	—	—	—	—	—	—	—
2.提取一般风险准备金	—	—	—	—	—	—	4 693.30	—	−4 693.30	—
3.提取信托赔偿准备金	—	—	—	—	—	—	—	—	—	—
4.对所有者（或股东）的分配	—	—	—	—	—	—	—	—	−60 060.06	—
5.其他	—	—	—	—	—	—	—	—	—	—
（四）所有者权益内部结转	—	—	—	—	—	—	—	—	—	—
1.资本公积转增资本（或股本）	—	—	—	—	—	—	—	—	—	—
2.盈余公积转增资本（或股本）	—	—	—	—	—	—	—	—	—	—
3.盈余公积弥补亏损	—	—	—	—	—	—	—	—	—	—
4.其他	—	—	—	—	—	—	—	—	—	—
（五）专项储备	—	—	—	—	—	—	—	—	—	—
1.本期提取	—	—	—	—	—	—	—	—	—	—
2.本期使用	—	—	—	—	—	—	—	—	—	—
（六）其他	—	—	—	—	—	—	—	—	—	—
四、本期期末余额	51 660.00	3 367.40	—	−435.22	—	27 584.18	14 415.33	10 332.00	342 929.24	449 852.92

法定代表人：吴庆斌　　主管会计工作负责人：杨红　　会计机构负责人：隋新

5.2 信托资产

5.2.1 信托项目资产负债汇总表

信托项目资产负债汇总表

编制单位：中泰信托有限责任公司　　　　　2023年度　　　　　　　　　　　　　　　　单位：万元

信托资产	期末数	期初数	信托负债和信托收益	期末数	期初数
信托资产：			信托负债：		
货币资金	7 933.10	9 489.47	交易性金融负债	—	—
拆出资金	—	—	衍生金融负债	—	—
存出保证金	—	—	应付受托人报酬	298.82	177.68
交易性金融资产	78 168.80	84 080.53	应付托管费	17.97	5.94
衍生金融资产	—	—	应付受益人收益	—	—
买入返售资产	12 200.00	8 840.00	应交税费	1 568.80	309.67
应收款项	47 442.28	8 594.67	应付销售服务费	—	—
发放贷款	150 585.98	234 521.98	其他应付项	24 758.39	25 151.97
债权投资	802 584.44	890 396.00	预计负债	—	—
其他债权投资	—	—	其他负债	—	—
其他权益工具投资	—	—	信托负债合计	26 643.98	25 645.26
其中：长期应收款	—	—			
长期股权投资	193 156.47	193 156.47			
投资性房地产	—	—	信托权益：		
固定资产	—	—	实收信托	1 175 467.79	1 323 051.52
无形资产	42 500.00	42 500.00	其他综合收益	80 000.00	80 000.00
长期待摊费用	—	—	外币报表折算差额	—	—
其他资产	—	—	未分配利润	52 459.30	42 882.36
其中：各项资产减值准备	7 965.67	7 965.67	信托权益合计	1 307 927.09	1 445 933.88
信托资产总计	1 334 571.07	1 471 579.14	信托负债及信托权益总计	1 334 571.07	1 471 579.14

法定代表人：吴庆斌　　　　　　　　财务负责人：杨红　　　　　　　　会计机构负责人：龚小云

注：本公司信托业务自2023年1月1日起，根据财政部、国家金融监督管理总局（原银保监会）《关于进一步贯彻落实新金融工具相关会计准则的通知》（财会〔2020〕22号）要求执行新金融工具相关会计准则，对信托业务存量金融资产进行了重新分类，信托项目资产负债汇总表的期初数（年初数）亦根据新分类情况予以调整。

5.2.2 信托项目利润及利润分配汇总表

信托项目利润及利润分配汇总表

编制单位：中泰信托有限责任公司　　　2023年度　　　　　单位：万元

信托资产	本年数	上年数
一、营业收入	109 176.64	98 661.89
利息收入	17 010.24	21 367.20
投资收益	91 801.45	77 150.80
其中：对联营企业和合营企业的投资收益	—	—
公允价值变动收益（损失以"-"号填列）	—	—
租赁收入	—	—
汇兑损益（损失以"-"号填列）	—	—
其他业务收入	364.95	143.89
二、营业支出	6 102.19	5 452.96
营业税金及附加	—	—
受托人报酬	4 479.91	4 510.74
托管费	106.62	110.91
投资管理费	—	—
销售服务费	—	—

续表

信托资产	本年数	上年数
交易费用	—	—
资产减值损失	—	—
以摊余成本计量的金融资产减值损失	—	—
以公允价值计量且其变动计入其他综合收益的金融资产减值损失	—	—
其他	—	—
其他资产减值损失	—	—
其他费用	1 515.66	831.31
三、信托净利润（净亏损以"-"号填列）	103 074.45	93 208.93
四、其他综合收益	—	—
五、综合收益	103 074.45	93 208.93
加：期初未分配信托利润	42 882.36	79 247.10
六、可供分配的信托利润	145 956.81	172 456.03
减：本期已分配信托利润	93 497.51	129 573.67
七、期末未分配信托利润	52 459.30	42 882.36

法定代表人：吴庆斌　　　　财务负责人：杨红　　　　会计机构负责人：龚小云

6. 会计报表附注

6.1 本会计报表无不符合会计核算基本前提的事项

6.2 或有事项说明

本公司对发放的已逾期的贷款提起诉讼，全部已判决并胜诉，公司正积极对相关债权进行追讨。

单位：万元

或有事项项目	期初金额	期末金额
合计	30 716.06	30 716.06

6.3 重要资产转让及其出售的有关说明

报告期内公司无重要资产转让或出售。

6.4 会计报表中重要项目的明细资料

6.4.1 自营资产经营情况

6.4.1.1 信用风险资产情况

国家金融监督管理总局（原银保监会）自2016年1月起调整了信用风险资产的统计范围，主要为将长期股权投资、交易性金融资产、可供出售金融资产和持有至到期投资等新纳入信用风险资产范围。按信用风险资产五级分类[①]，报告期末，公司不良信用风险资产合计为72 542.98万元，信用风险资产合计为544 955.85万元（其中正常类472 412.87万元、次级类零元、可疑类19 194.55万元、损失类53 348.43万元）。2023年度，信用风险资产不良率为13.31%。信用风险资产不良率仅反映报告期内公司信用风险资产相关情况。

6.4.1.2 资产减值损失准备情况

单位：万元

项目	期初数	本期计提	本期转回	本期核销	期末数
贷款损失准备	30 716.06	—	—	—	30 716.06
一般准备	9 722.03	4 693.30			14 415.33
专项准备	—				—
其他资产减值准备					
以摊余成本计量金融资产的减值准备	14 404.29	653.77			15 058.06
其他减值准备	11 840.88	47.42			11 888.30
坏账准备					
长期股权投资减值准备					
投资性房地产减值准备					

6.4.1.3 投资业务情况

单位：万元

项目	自营股票	基金	债券	长期股权投资	其他投资	合计
期初数	22 295.00	98 610.86	—	235 851.16	68 264.83	425 021.85
期末数	24 412.50	96 943.55	—	249 101.10	64 373.28	434 830.43

6.4.1.4 自营长期股权投资情况

企业名称	占被投资企业权益的比例（%）	主要经营活动	投资损益（万元）
大成基金管理有限公司	50.00	公募基金的募集和管理	21 123.02
都邦财产保险股份有限公司	19.07	保险业务	-1 701.74

6.4.1.5 前三名的自营贷款的企业名称、占贷款总额的比例和还款情况等

企业名称	占贷款总额的比例（%）	还款情况
深圳市凯泰隆实业发展有限公司	22.79	逾期
海南金盟发实业有限公司	22.79	逾期
黄山长江徽杭高速公路有限公司	22.79	逾期

6.4.1.6 表外业务情况

单位：万元

表外业务	期初数	期末数
担保业务	—	—
代理业务（委托业务）	—	—
其他	—	—
合计	—	—

6.4.1.7 本公司当年的收入结构

收入结构	金额（万元）	占比（%）
利息收入	700.50	2.46
手续费及佣金收入	4 095.29	14.41
其中：信托手续费收入	4 095.29	14.41
投资收益	24 592.11	86.52
公允价值变动收益	-1 910.69	-6.72
汇兑损益	—	—
其他业务收入	86.83	0.31
资产处置收益	—	—
其他收益	10.77	0.04
营业外收入	850.27	2.99
合计	28 425.07	100

2023年度本公司信托业务收入为4 095.29万元，均为以手续费及佣金确认的信托业务收入。

[①] 不良信用风险资产合计 = 次级类 + 可疑类 + 损失类。
信用风险资产合计 = 正常类 + 关注类 + 次级类 + 可疑类 + 损失类。
信用风险资产不良率 = 不良信用风险资产合计 / 信用风险资产合计 × 100%。

6.4.2 披露信托财产管理情况

6.4.2.1 信托资产的期初数、期末数

单位：万元

信托资产	期初数	期末数
集合	495 242.67	358 569.64
单一	386 220.41	298 184.48
财产权	590 116.06	677 816.95
合计	1 471 579.14	1 334 571.07

6.4.2.1.1 主动管理型信托业务

单位：万元

主动管理型信托资产	期初数	期末数
证券投资类	—	196.80
股权投资类	—	—
融资类	259 801.79	213 320.66
事务管理类	370 037.60	—
其他类	—	—
合计	629 839.39	213 517.46

6.4.2.1.2 被动管理型信托业务

单位：万元

被动管理型信托资产	期初数	期末数
证券投资类	674.52	—
股权投资类	—	—
融资类	—	—
事务管理类	841 065.23	1 121 053.61
其他类	—	—
合计	841 739.75	1 121 053.61

6.4.2.2 本年度已清算结束的信托项目个数、实收信托合计金额、加权平均实际年化收益率

6.4.2.2.1 本年度已清算结束的集合类、单一类资金信托项目和财产管理类信托项目个数、实收信托金额、加权平均实际年化收益率

已清算结束信托项目	项目个数（个）	实收信托合计金额（万元）	加权平均实际年化收益率（%）
集合类	1	90 950.00	3.14
单一类	12	341 553.88	51.64
财产管理类	3	83 065.00	14.86

6.4.2.2.2 本年度已清算结束的主动管理型信托项目个数、实收信托合计金额、加权平均实际年化收益率

已清算结束信托项目	项目个数（个）	实收信托合计金额（万元）	加权平均实际信托报酬率（%）	加权平均实际年化收益率（%）
证券投资类	—	—	—	—
股权投资类	—	—	—	—
融资类	—	—	—	—
事务管理类	—	—	—	—
其他类	—	—	—	—

6.4.2.2.3 本年度已清算结束的被动管理型信托项目个数、实收信托合计金额、加权平均实际年化收益率

已清算结束信托项目	项目个数（个）	实收信托合计金额（万元）	加权平均实际信托报酬率（%）	加权平均实际年化收益率（%）
证券投资类	—	—	—	—
股权投资类	—	—	—	—
融资类	—	—	—	—
事务管理类	16	515 568.88	40.23	3.34
其他类	—	—	—	—

6.4.2.3 本年度新增的集合类、单一类和财产管理类信托项目个数、实收信托合计金额

新增信托项目	项目个数（个）	实收信托合计金额（万元）
集合类	—	—
单一类	3	1 226.00
财产管理类	9	141 522.75
新增合计	12	142 748.75
其中：主动管理型	—	—
被动管理型	12	142 748.75

6.4.2.4 信托业务创新成果和特色业务有关情况

2023年，公司基于业务发展外部环境和自身能力，持续业务创新探索。公司立足受托人本位并回归信托本源，探索创新以受托服务为核心的服务信托，将金融服务与财富管理服务相结合，以财富管理服务信托、资产证券化服务信托、固定收益类及权益类信托计划、公益慈善信托等重要业务方向，在现有资产服务信托业务及资产管理信托业务经验的基础上，通过进一步加强自身投研能力、主动管理能力、客户服务能力以及科技服务能力等，逐步打造信托公司新的业务支撑体系和核心盈利模式。在财富管理服务信托、资产证券化服务信托、固定收益类及权益类信托计划、公益慈善信托等业务领域积极开拓，完善产品线设置，深挖客户需求，提升管理能力与多样化协调能力，以专业能力获得客户信任等方面着力，满足客户除财产保值增值外的其他需求，如资产配置、财务咨询、税务咨询、财产分配、慈善捐赠等，增加客户黏性，提升收益水平。同时，以业务为导向，完善内部管理、业务指引规范和信息系统建设，为

6.4.2.5 报告期内，本公司依法依规审慎履行受托人职责，未发生因本公司自身责任导致信托资产损失的情况

截至2023年12月31日，本公司信托赔偿准备金累计金额为10 332万元，已达注册资本的20%。根据《信托公司管理办法》第四十九条，信托赔偿金累计金额达到公司注册资本的20%时，可不再提取。因未发生管理失职的情况，本年度未使用信托赔偿准备金。公司按照监管机关的有关规定管理信托赔偿准备金。

6.5 关联方关系及其交易的披露

6.5.1 关联交易方的数量、关联交易的总金额及关联交易的定价政策等

项目	关联交易方数量	关联交易金额（万元）	定价政策
合计	12	73 708.65	按照市场公允价格确定

注：1."关联交易"定义以《公司法》和《企业会计准则第36号——关联方披露》有关规定为准。具体定价政策：首先按照市场公允价格确定；如果缺乏市场公允价格的，比照相关类业务或资产的市价确定；如果上述两种价格都不存在，则按照中介机构出具的评估价确定。

2.关联交易金额包括本年度内大成基金应付股利有新增和前期股利收回、公司应付股利、物业管理费、停车费、保险费和历史形成的关联交易。

6.5.2 关联交易方与本公司的关系性质、关联交易方的名称、法定代表人、注册地址、注册资本及主营业务等

关系性质	关联方名称	法人代表	注册地址	注册资本（万元）	主营业务
股东	中国华闻投资控股有限公司	幸宇晖	北京市朝阳区安立路66号4号楼4层I段4层401室	120 000	实业投资、机械电子建材销售等
股东	广联（南宁）投资股份有限公司	吴庆斌	南宁市民族大道38-2号18层	13 900	对高新技术产业、金融业、证券、期货业的投资等
股东	上海新黄浦实业集团股份有限公司	赵峥嵘	上海市北京东路668号东楼32层	67 339.6786	房地产经营、旧危房改造、室内外建筑装潢、物业管理、房产咨询、机械设备安装、餐饮业等
股东	首都机场集团公司	王长益	北京市顺义区天竺空港工业区A区天柱路28号楼	5 370 000	为中外航空企业提供地面保障服务，对下属企业提供经营管理服务；柜台场地出租；停车场管理；房屋出租；物业管理；广告代理
股东	安徽发展投资股份有限公司	汪永龙	安徽省合肥市望江西路159号	1 755	高新技术产品、现代农业、基础设施建设；商品投资经纪服务、产权股权投资
股东	福建九州集团股份有限公司	蔡适期	福建省厦门市莲花香秀里62号九州商社8楼	29 671.14	批发纺织品、烟草（限零售）、服装、鞋帽、日用百货、五金、交电、化工及化工材料（不含化学危险品）、日用杂品、建筑材料、金属材料、矿产品、机械电子设备、石油制品（不含成品油）、工艺美术品（不含金银首饰）；房地产开发与经营；水轮发电机的开发、生产及销售；软件开发；投资管理项目调研、咨询服务
受同一股东控制	上海新华闻投资有限公司	幸宇晖	上海市闸北区天目中路383号501室	50 000	实业投资、资产经营及管理等
受同一股东控制	上海久峰投资咨询有限公司	马威	上海市松江区松汇西路1558号A-287	1 000	企业投资咨询、商务咨询、财务管理咨询、企业管理咨询服务
受同一股东控制	中达资产管理有限公司	许盾	北京市朝阳区安立路66号4号楼4层I段4层405室	5 000	资产管理；项目投资；投资管理；企业管理咨询；投资咨询
受同一股东控制	上海科技京城管理发展有限公司	徐俊	上海市黄浦区北京东路666号	1 350	物业管理，资产管理，实业投资等
合营企业	大成基金管理有限公司	吴庆斌	深圳市南山区粤海街道海珠社区海德三道1236号大成基金总部大厦5层、27层、28层、29层、30层、31层、32层、33层	20 000	基金募集；基金销售；资产管理及中国证监会许可的其他业务
联营企业	都邦财产保险股份有限公司	齐贵祥	吉林省吉林市南山街115号	270 000	财产损失保险、责任保险、信用保险和保证保险、短期健康保险和意外伤害保险；上述业务的再保险业务；国家法律、法规允许的保险资金运用业务；经原保监会批准的其他业务

6.5.3 本公司与关联方的重大交易事项

6.5.3.1 固有与关联方交易情况

固有与关联方关联交易 单位：万元

项目	期初数	借方发生额	贷方发生额	期末数
贷款	—	—	—	—
投资	—	—	—	—
租赁	—	—	—	—

续表

项目	期初数	借方发生额	贷方发生额	期末数
担保	—	—	—	—
应收账款	18 035.14	8 000.00	6 400.00	19 635.14
其他	87.89	6 177.35	60 196.73	54 073.51
合计	18 123.03	14 177.35	66 596.73	73 708.65

6.5.3.2 信托与关联方交易情况

信托与关联方关联交易

单位：万元

项目	期初数	借方发生额	贷方发生额	期末数
贷款	315.50	—	—	315.50
投资	28 691.64	—	—	28 691.64
租赁	—	—	—	—
担保	—	—	—	—
应收账款	—	—	—	—
其他	—	2 234.83	—	2 234.83
合计	29 007.14	2 234.83	—	31 241.97

6.5.3.3 信托公司自有资金运用于自己管理的信托项目（固信交易）、信托公司管理的信托项目之间的相互（信信交易）交易金额，包括余额和本报告年度的发生额

6.5.3.3.1 固信交易情况

固有财产与信托财产相互交易

单位：万元

项目	期初数	本期发生额		期末数
		借方发生额	贷方发生额	
合计	19 206.99	—	12.44	19 194.55

6.5.3.3.2 信信交易情况

信托资产与信托财产相互交易

单位：万元

项目	期初数	本期发生额	期末数
合计	—	—	—

6.5.4 本公司本期无关联方逾期未偿还本公司资金的情况，且没有为关联方担保发生垫款的事项

6.6 会计制度的披露

6.6.1 固有业务执行的会计制度

本公司固有业务从2008年1月1日起执行财政部发布的《企业会计准则——基本准则》（财政部令第33号发布、财政部令第76号修订）、于2006年2月15日及其后颁布和修订的42项具体会计准则、企业会计准则应用指南、企业会计解释以及其他相关规定（统称企业会计准则）。

本公司固有业务自2021年1月1日起执行财政部2017年度修订的《企业会计准则第22号——金融工具确认和计量》《企业会计准则第23号——金融资产转移》《企业会计准则第24号——套期会计》和《企业会计准则第37号——金融工具列报》。财政部于2017年7月5日发布的《企业会计准则第14号——收入（2017年修订）》（财会〔2017〕22号）（以下简称新收入准则）。财政部于2018年12月7日发布的《企业会计准则第21号——租赁（2018年修订）》（财会〔2018〕35号）（以下简称新租赁准则）。

6.6.2 信托业务执行会计制度

本公司信托业务从2010年1月1日起执行财政部2006年及其后颁布和修订的《企业会计准则——基本准则》和42项具体会计准则、企业会计准则应用指南、企业会计准则解释以及其他相关规定（统称企业会计准则）。

本公司信托业务自2023年1月1日起，根据财政部、国家金融监督管理总局（原银保监会）《关于进一步贯彻落实新金融工具相关会计准则的通知》（财会〔2020〕22号）要求执行新金融工具相关会计准则。

7. 财务情况说明书

7.1 利润实现和分配情况

7.1.1 利润实现情况

本年度实现利润总额为20 172.81万元，实现净利润为20 182.22万元。

单位：万元

项目	金额
营业利润	19 775.54
利润总额	20 172.81
所得税	-9.41
净利润	20 182.22

7.1.2 利润分配情况

单位：万元

项目	金额
本年度净利润	20 182.22
上年未分配利润	327 440.32
本年其他转入	—
可供分配的利润	347 622.54
提取法定盈余公积	—
提取法定公益金	—
提取信托赔偿准备金	—
提取一般准备金	4 693.30
可供投资者分配利润	342 929.24
未分配利润	342 929.24

7.2 主要财务指标

指标名称	指标值
资本利润率（%）	4.30
加权年化信托报酬率（%）	0.33
人均净利润（万元）	274.59

注：1.资本利润率=净利润/所有者权益平均余额×100%。
2.加权年化信托报酬率=（信托项目1的实际年化信托报酬率×信托项目1的实收信托+信托项目2的实际年化信托报酬率×信托项目2的实收信托+…+信托项目n的实际年化信托报酬率×信托项目n的实收信托）/（信托项目1的实收信托+信托项目2的实收信托+…+信托项目n的实收信托）。
3.人均净利润=净利润/平均人数。
4.平均值采取年初、年末余额简单平均法，公式为：a（平均）=（年初数+年末数）/2。

7.3 对本公司财务状况、经营成果有重大影响的其他事项

无。

8.特别事项简要揭示

8.1 报告期内本公司股东未发生变动

8.2 董事、监事及高级管理人员变动情况及原因

报告期内，公司董事穆瞳、监事王红梅、副总裁余钧辞职，并补选了史珊珊为监事。

8.3 报告期内本公司未发生变更注册资本、注册地或公司名称、公司合并分立事项

8.4 公司的重大诉讼事项

固有项下诉讼
以前年度发生，于本报告年度内终结的诉讼事项
2021年9月，上海新华闻投资有限公司因股东资格确认纠纷向上海金融法院起诉公司并以首都机场集团有限公司作为第三人，要求判令公司9.99%股权及投资权益为原告所有，并要求我司配合办理股权变更登记。该案件已于2023年6月调解结案。

8.5 公司及其董事、监事和高级管理人员受处罚情况

报告期内，公司监事和高级管理人员未受处罚；国家金融监督管理总局上海监管局向我司及公司董事长出具行政处罚决定书。公司对处罚决定书中所述问题已进行整改和内部问责，并将继续严格落实监管意见、进一步完善各项工作流程和管理制度，加强合规经营与管理。

8.6 国家金融监督管理总局及其派出机构对公司检查整改意见落实情况

2023年4月，公司收到国家金融监督管理总局上海监管局（原上海银保监局）下发的《上海银保监局办公室关于中泰信托有限责任公司2022年度的监管意见》，对公司治理、内控制度、风险处置等方面提出相应的监管意见。公司经营层高度重视，迅速向董事会、股东单位等相关各方进行了报告，同时组织相关部门和人员进行了专题研究，针对《监管意见》拟定了具体方案并将整改工作进行了任务分解，明确落实整改的部门分工和责任，建立整改台账，持续推进后续整改措施。公司按要求定期向监管上报整改完成情况报告并将根据监管要求持续整改。

8.7 本年度公司未发生重大事项临时报告

8.8 报告期内，公司未发生国家金融监督管理总局及其派出机构认定的其他有必要让客户及相关利益人了解的重要信息

9.监事会意见

公司监事会认为：报告期内，公司决策程序合法，内部控制实施符合监管要求，公司董事、高级管理人员履职行为过程中未见违法违纪或有损公司及股东利益的行为。
中审亚太会计师事务所（特殊普通合伙）为公司2023年度财务报告出具了标准无保留意见的审计报告。监事会认为该财务报告真实反映公司的财务状况和经营成果。

中铁信托有限责任公司

1. 重要提示

1.1 本公司董事会及董事保证本报告所载资料不存在任何虚假记载、误导性陈述或者重大遗漏，并对其内容的真实性、准确性和完整性承担个别及连带责任。

1.2 本公司董事会和股东会等议事决策主体对本年度报告进行了审议。

1.3 本公司独立董事张晓玫女士、王柏林先生、鲍恩斯先生声明：保证年度报告内容的真实性、准确性和完整性。

1.4 普华永道中天会计师事务所（特殊普通合伙）根据中国注册会计师独立审计准则对本公司年度财务报告进行审计，出具了无保留意见的审计报告。

1.5 本公司董事长马永红先生、总经理陈赤先生、财务负责人李正斌先生和会计机构负责人（会计主管人员）马东开女士声明：保证年度报告中财务报告的真实、完整。

2. 公司概况

2.1 公司简介

2.1.1 公司法定中文名称：中铁信托有限责任公司
中文名称缩写：中铁信托
公司法定英文名称：CHINA RAILWAY TRUST CO., LTD.
英文名称缩写：CRTC

2.1.2 法定代表人：陈赤

2.1.3 注册地址：成都市武侯区航空路1号国航世纪中心B座20层、21层、22层

2.1.4 邮政编码：610041

2.1.5 公司国际互联网网址：www.crtrust.com

2.1.6 电子信箱：crtc@crtrust.com

2.1.7 公司负责信息披露事务的高级管理人员：丁宁
联系人：白华祥
电话/传真：028-82570966
电子信箱：baihuaxiang@crtrust.com

2.1.8 公司选定的信息披露报纸：《上海证券报》《证券时报》

2.1.9 公司年度报告备置地点：成都市武侯区航空路1号国航世纪中心B座25楼

2.1.10 公司聘请的会计师事务所名称：普华永道中天会计师事务所（特殊普通合伙）
住所：中国（上海）自由贸易试验区陆家嘴环路1318号星展银行大厦507单元01室

2.1.11 公司聘请的律师事务所名称：泰和泰律师事务所
住所：成都市高新区天府大道中段199号棕榈泉国际中心16楼、17楼

2.2 组织结构

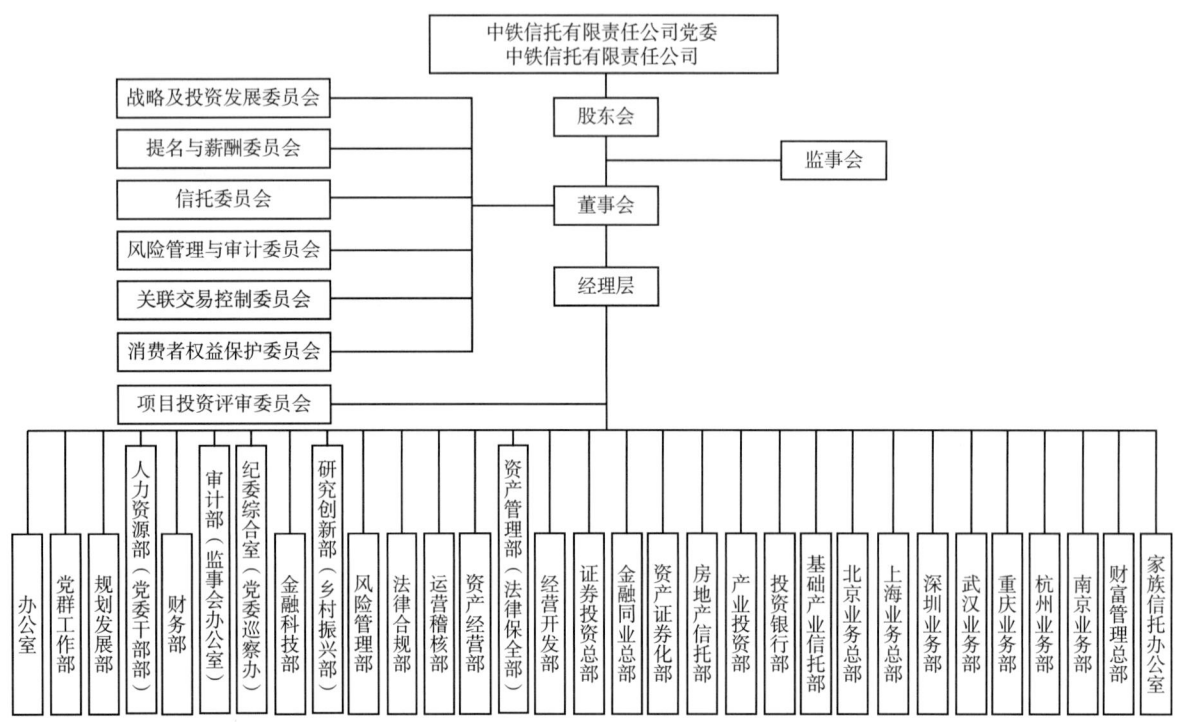

3. 公司治理结构

3.1 股东

3.1.1 报告期末股东总数为16家，出资比例10%以上的股东情况

股东名称	出资比例（%）	法人代表
中国中铁股份有限公司	78.911	陈云

3.1.2 公司第一大股东的主要股东情况

公司第一大股东名称	第一大股东的主要股东	出资比例（%）	法人代表
中国中铁股份有限公司	中国铁路工程集团有限公司	46.96	陈云

3.2 董事

3.2.1 董事会成员

姓名	职务	性别	年龄（岁）	选任日期	所推举的股东名称	该股东持股比例（%）	简要履历
马永红	董事长	男	57	2017年9月	中国中铁股份有限公司	78.911	历任铁道部第三工程处处长，中铁三局集团有限公司董事、副总会计师、总会计师、总法律顾问，中铁置业集团有限公司董事、财务总监、副总经理，中铁信托有限责任公司党委书记、纪委书记、监事长。现任中铁信托有限责任公司董事长、中国中铁股份有限公司财务与金融管理部部长
余赞	董事	男	50	2021年11月	中国中铁股份有限公司	78.911	历任中国铁路工程总公司财务处机关财务科副科长、财务分部经理、团委副书记，中铁工程香港公司会计机构负责人、副总经理、财务总监，中铁隧道集团公司总会计师、董事、总法律顾问，中铁高新工业股份有限公司副总经理、董事会秘书、总法律顾问、工会主席、党委副书记。现任中铁信托有限责任公司党委副书记、董事
陈赤	董事	男	57	2018年12月	中国中铁股份有限公司	78.911	历任西南财经大学政治经济学教研室副主任，四川省信托投资公司峨眉山办事处经理助理，衡平信托有限责任公司经理助理，中铁信托有限责任公司副总经理、董事会秘书。现任中铁信托有限责任公司党委副书记、总经理、董事

续表

姓名	职务	性别	年龄（岁）	选任日期	所推举的股东名称	该股东持股比例（%）	简要履历
余力	董事	男	54	2022年5月	成都产业资本控股集团有限公司	3.495	历任成都飞机工业公司党校教员、成都证券上海业务部交易员、成都证券蜀都大厦营业部交易部副经理、成都证券宁夏街营业部副总经理兼交易部经理、成都证券交易管理总部总经理、成都证券（后更名为国金证券）经纪业务部、经纪业务管理总部总经理、成都证券（后更名为国金证券）经纪业务部、经纪业务管理总部总经理兼国金证券总裁助理、国金证券总裁助理、上海朝阳永续理财顾问有限公司总裁、上海普沌投资管理有限公司董事长。现任成都产业资本控股集团有限公司总经理
解义才	职工董事	男	54	2021年6月	—	—	历任中铁二局股份有限公司财务部副部长、证券部部长，中铁二局集团有限公司财务部部长、副总会计师，中铁信托有限责任公司董事、总会计师、监事长、纪委书记。现任中铁信托有限责任公司党委副书记、副总经理、工会主席、职工董事
舒军华	职工董事	男	50	2023年10月	—	—	历任成都量具刃具股份有限公司助理馆员，中铁二局股份有限公司投资部助理经济师、经济师，中铁二局投资公司经济师、中铁二局集团投资公司办公室副主任秘书、投融资部部长，中铁信托有限责任公司信托业务五部、基础产业信托部总经理、董事会秘书。现任中铁信托有限责任公司党委委员、副总经理、职工董事

3.2.2 独立董事

姓名	所在单位及职务	性别	年龄（岁）	选任日期	所推举的股东名称	该股东持股比例（%）	简要履历
张晓玫	中国微金融与互联网金融创新研究中心主任等	女	47	2022年3月	—	—	历任日本一桥大学创新研究中心博士研究员，西南财经大学金融学院副教授、博士生导师，南江农科村镇银行有限责任公司独立董事。现任中国微金融与互联网金融创新研究中心主任，四川省金融科技学会会长兼首席经济学家，西南财经大学金融学院教授、博士生导师，遂宁银行股份有限公司独立董事，西南联合产权交易所有限责任公司独立董事，成都宏明电子股份有限公司独立董事，中铁信托有限责任公司独立董事
鲍恩斯	北京厚基资本管理有限公司董事长助理等	男	55	2022年4月	—	—	历任中国证监会上市公司监管部主任科员、副处长，会计部处长，中国证监会股票发行审核委员会专职委员，中国金融期货交易所财务部负责人，中国金融期货交易所北京投资者教育中心专家。现任北京厚基资本管理有限公司董事长助理，福建燕京惠泉啤酒股份有限公司独立董事，航天时代电子股份有限公司独立董事，浙江三花智能控制股份有限公司独立董事，中铁信托有限责任公司独立董事
王柏林	成都市言鑫企业管理咨询公司首席顾问等	男	66	2022年4月	—	—	历任人民银行湖北黄冈地区中心支行会计科科员，农业银行湖北黄冈分行会计科辅导员、计划科副科长（主持工作）、党组成员、副行长，农业银行湖北省分行财务会计处副处长、财务会计处副处长（主持工作）、财务会计处处长，农业银行总行财务会计部副总经理、华夏银行武汉分行党组成员、副行长，华夏银行济南分行党组副书记、副行长，华夏银行重庆分行党组书记、行长，华夏银行杭州分行党委书记、行长，华夏银行总行会计部总经理，华夏银行成都分行党委书记、行长，四川江油华夏村镇银行董事长（2011年9月至2013年12月兼任江油华夏村镇银行董事长），中国平安深圳金融壹账通智能科技公司和中小银行互联网金融联盟任高级顾问。现任中铁信托有限责任公司独立董事

3.3 监事

2023年4月，经公司股东会2023年第一次会议审议通过，同意增补李平为中铁信托有限责任公司第六届监事会外部监事，原第六届监事会外部监事李强，不再履行外部监事职责。

姓名	职务	性别	年龄（岁）	选任日期	所推举的股东名称	该股东持股比例（%）	简要履历
魏红霞	监事会主席	女	55	2022年1月	—	—	历任四川省化工行办综合处处长、处长，机关党委副书记、纪委书记，四川省国资委人事处副处长、处长、群工处负责人、企业团委书记，四川省国资委办公室（党委办公室）主任，四川省政府国有企业监事会主席，四川省国资委二级巡视员，四川省旅游投资集团公司副总经理。现任中铁信托有限责任公司纪委书记、监事会主席

续表

姓名	职务	性别	年龄（岁）	选任日期	所推举的股东名称	该股东持股比例（%）	简要履历
李卫东	股东监事	男	49	2022年5月	攀钢集团成都钢铁有限责任公司	0.826	历任攀钢公司职工总医院财务科副科长、攀钢国贸公司财务部科员、攀钢集团国际经济贸易有限公司财务部门经理、财务部副部长、攀钢国贸公司财务部部长、攀钢国贸公司财务部（风险管理部）部长。现任攀钢集团成都钢钒有限公司综合部副部长（攀成钢财务部部长），中铁信托有限责任公司股东监事
李平	外部监事	男	46	2023年4月	—	—	历任电子科技大学经济与管理学院经济学与金融副系主任、系主任、副院长。现任电子科技大学教授、博士生导师，中铁信托有限责任公司外部监事

3.4 高级管理人员

姓名	职务	性别	年龄（岁）	选任日期	金融从业年限（年）	学历	专业
陈赤	总经理	男	57	2018年12月	25	博士研究生	金融学
解义才	副总经理	男	54	2021年6月	19	硕士研究生	会计学
舒军华	副总经理	男	50	2014年4月	19	硕士研究生	管理学
李正斌	总会计师	男	50	2017年10月	14	本科	会计学
严震	副总经理	男	47	2019年1月	22	硕士研究生	金融学
丁宁	副总经理	男	47	2022年4月	20	硕士研究生	企业管理
王云飞	副总经理	男	43	2021年3月	17	硕士研究生	管理学
李京	总经理助理、风险总监、总法律顾问、首席合规官	男	53	2020年7月	17	硕士研究生	管理学
周欣	总经理助理	男	53	2022年4月	28	硕士研究生	工商管理
何茜	总经理助理	女	44	2023年8月	20	硕士研究生	工商管理

3.5 公司员工

报告期内在岗员工人数为308人，平均年龄37岁，学历分布比例如下表所示。

学历分布	人数（人）	比例（%）
博士研究生	8	2.59
硕士研究生	147	47.73
本科	143	46.43
专科	6	1.95
其他	4	1.30

4. 经营管理

4.1 经营目标、企业品格、战略规划

4.1.1 经营目标

公司以习近平新时代中国特色社会主义思想为指导，全面贯彻落实党的二十大精神，深入落实上级单位、监管部门的各项工作部署，坚持稳中求进工作总基调，完整、准确、全面贯彻新发展理念，以改革与发展为中心任务，以做强资产管理信托、做大资产服务信托、做优慈善公益信托、做实风险防范化解为经营主线，着力实现质的有效提升和量的合理增长，着力防范化解重大风险，促进公司经济运行整体好转，实现企业高质量发展。

4.1.2 企业品格

公司所秉承的企业品格是：允执其中、守信如铁。

4.1.3 战略规划

"十四五"期间，公司的战略规划是：全面加强党的领导和党的建设，坚持"稳中求进、追求高质量发展"的工作总基调，坚守受人之托、忠人之事的受托人定位，瞄准"产融＋资本市场"两大重点领域，突出"资产管理信托＋资产服务信托"两大重点业务，打造综合金融服务的集成平台、创新升级的孵化平台、高效有力的管控平台，全面优化公司治理、业务布局、风控体系、信息系统，努力把中铁信托建设成为具有基建特色、行业一流的现代金融企业，充分保护信托当事人权益，保障股东价值、客户权益和员工利益。

4.2 所经营业务主要内容

公司业务分为自营业务和信托业务。

4.2.1 自营业务

主要包括自营贷款、自营证券、金融产品投资等。

自营资产运用与分布表

资产运用	金额（万元）	占比（%）	资产分布	金额（万元）	占比（%）
货币资产	83 915	5.91	基础产业	—	—
贷款及应收款	298 576	21.04	房地产业	—	—
交易性金融资产	226 037	15.93	证券市场	166 725	11.75
其他非流动性金融资产	456 143	32.15	实业	—	—
长期股权投资	109 164	7.69	金融机构	255 826	18.03
递延所得税资产	109 987	7.75	其他	996 436	70.22
其他	135 165	9.53	—	—	—
资产总计	1 418 987	100.00	资产总计	1 418 987	100.00

4.2.2 信托业务

信托业务是本公司的主营业务和主要收入来源，主要包括集合资金信托、单一资金信托、财产信托等。

信托资产运用与分布表

资产运用	金额（万元）	占比（%）	资产分布	金额（万元）	占比（%）
贷款	6 420 214	15.42	基础产业	2 171 272	5.21
交易性金融资产	12 192 657	29.28	房地产	1 998 199	4.80
可供出售及持有至到期投资	—	—	证券市场	9 688 810	23.27
长期股权投资	2 426 711	5.83	金融机构	3 054 272	7.34
租赁	—	—	工商企业	6 788 113	16.3
买入返售	706 909	1.70	其他	17 939 069	43.08
存放同业	1 134 422	2.72	—	—	—
其他	18 758 822	45.05	—	—	—
信托资产总计	41 639 735	100.00	信托资产总计	41 639 735	100.00

4.3 市场分析

4.3.1 国际环境

2023年全球经济增长动力持续回落，各国复苏分化，发达经济体增速明显放缓，新兴经济体整体表现稳定。全球贸易增长乏力对中国外贸带来不利影响，各国生产景气度逐渐回落，内需对经济的拉动作用减弱。美欧央行加息政策迎来拐点，2023年以来美联储全年累计加息4次共100个基点，上调联邦基金利率目标区间至5.25%~5.5%。2023年末美欧央行加息周期结束，但货币市场利率维持高位，资金"紧平衡"引发货币市场脆弱性提高；在盈利预期提升和利率下降的助推下，2023年股票市场全球总体好于预期；债券市场高利率环境或抑制债券融资需求，2023年前10月美国债券市场融资规模同比下降8.8%，中国受益于国内相对宽松货币环境，债券发行规模保持两位数增长；大宗商品价格呈上涨趋势，下半年地缘政治加剧，大宗商品价格触底回升。

4.3.2 国内环境

2023年，中国经济恢复呈现波浪式发展、曲折中前进，走出一条回升向好的复苏曲线。全年国内生产总值同比增长5.2%，各季度呈现出前低、中高、后稳态势。纵向看，这一增速明显快于我国2022年全年3%的经济增速；横向看，这一增速在全球主要经济体中保持领先。2023年工业、服务业、消费、出口等主要生产需求指标继续稳中有升，最终消费对经济增长贡献为83%，消费成为经济增长的主要动力。总体上看，我国经济运行实现了"一高一低两平"的组合，即增速较高、就业平稳、物价较低、国际收支基本平衡。2023年CPI同比上涨0.2%，与主要经济体高通胀形成鲜明对比；外汇储备规模稳定在3万亿美元以上，在全球贸易萎缩5%左右的大背景下，我国进出口额同比基本持平，出口占国际市场份额继续保持在14%左右的水平。

4.3.3 信托业

据中国信托登记有限责任公司（以下简称中国信登）统计，2023年当期成立的信托产品5.78万笔，环比上升36.21%，涉及初始募集金额6.29万亿元，较上期上升0.24万亿元，环比上升4.1%。服务支持实体经济是金融高质量发展核心要求，是信托转型的重要方向。按照运用领域分类，投向实体经济方面，工商企业在资金配置中占据首位，工商企业新增信托资金23 796.5亿元，占比37.81%，业务环比下降9.47%；基础产业新增信托资金9 971.7亿元，占比15.84%，环比下降4.55%；房地产一度是信托公司重要业务，也是信托公司重要收入来源，去年受房地产行业整体环境影响，投向房地产信托资金占比降低，新增信托资金2 553.18亿元，占比4.06%，环比增幅6.92%。信托公司根据监管导向要求，培育金融市场投资能力，投向债券市场、金融机构的规模和占比不断提高。金融机构的信托资金快速增长，新增资金信托16 760.4亿元，占比26.63%，环比增幅42.29%；偏债型证券投资增长稳定，新增信托资金5 805.37亿元，占比9.22%，环比增幅9.94%，信托资金配置向标准化资产转移的趋势进一步凸显；受宏观因素影响，偏股型证券投资降幅最大，新增信托资金为1 109.32亿元，占比1.76%，环比下降25.58%。其他业务信托业务新增资金2 937.1亿元，环比增幅5.45%。

4.4 内部控制概况

4.4.1 内部控制环境和内部控制文化

公司根据《银行保险机构公司治理准则》等法律法规与"国企改革深化提升行动"的要求以及新一轮国企改革深化提升行动目标，结合国资委开展"风险内控法律合规"四个一体化体系建设的相关规定，在组织架构上构建了层次清晰、覆盖完整的风险管理和内部控制体系。通过建立和完善组织架构、发展战略、授权体系、人力资源、企业文化、社会责任、内部规章及监督评价体系，形成了研究、决策、执行、监督相互制衡的风险控制机制，并通过事前、事中、事后控制结合，进行综合防范，营造了合规、完整、有序的内控环境。

在公司治理方面，公司以国企改革深化提升行动为契机，坚持把加强党的领导和完善公司治理统一起来，不断完善公司治理机制。一是把党的领导融入公司治理各环节。制定有《中铁信托党委深入贯彻落实习近平总书记重要指示批示工作办法》《中铁信托党委会议事规则》《中铁信托党委落实全面从严治党"两个责任"的实施办法》等制度，落实了公司党委在决策、执行、监督各环节的权责和工作方式，规范了党委会的工作流程，明确了党委会的议事清单和前置研究讨论重大经营管理事项清单，切实发挥党委"把方向、管大局、保落实"的作用。二是公司建立了规范的治理结构，股东会、董事会、监事会、经理层"三会一层"分工明确并相互制衡、各司其职、规范运作。公司董事会下设战略及投资发展委员会、信托委员会、风险管理与审计委员会、提名与薪酬委员会、关联交易控制委员会、消费者权益保护委员会，通过公司章程和相关议事规则等规范董事会运作。各治理主体议事规则完备，职责规定明确，并根据发展情况及时修订，为公司法人治理结构的规范运行提供了制度保证。

在授权管理方面，公司建立了完善的授权管理体系，制定有《中铁信托有限责任公司董事会向经理层授权管理办法》《中铁信托有限责任公司股东会、董事会决议执行跟踪检查与评价办法》，明确了总经理对董事会负责、向董事会报告的工作机制。经理层实行总经理负责制，在董事会授权范围内，对日常业务进行风险管理和控制。通过授权管理，我们确立了一套科学、规范的公司授权体系。该体系遵循分级授权的原则，确保每一层级的审查与审批均有明确的职责划分，形成权力之间的相互制衡，以维护公司的正常运营与高效发展。

在内控职责分配方面，公司董事会负责内部控制体系的建立健全和有效实施。监事会根据法律法规和政策要求对董事会承担监督职能的机构或个人对董事会建立与实施内部控制进行监督。高级管理层负责组织领导内部控制体系的日常运行。公司董事会风险管理与审计委员会负责审查企业内部控制，监督内部控制的有效实施和内部控制自我评价情况，协调内部控制审计及其他相关事宜等。公司法律合规部是内部控制体系运行的归口管理部门，审计部是内部控制体系评价的归口管理部门，各部门是内部控制体系的执行部门。截至2023年末，公司内控风险工作人员总人数为24人，较上年人员基本维持稳定。

在监管要求落地方面，公司协调组织各部门对信托业务分类新规、信托公司监管评级新规等最新监管政策文件予以执行、反馈，结合业务发展情况，制定标准化规范、指引，进一步提升内控管理水平，优化内部控制管理能力；在完善内控建设的同时，公司三道防线充分发挥内部控制监督职责，对内部控制的有效性进行监督、检查，并有效组织开展内控评价工作，对监、检、评中发现的内部控制问题，按照内部控制管理工作程序进行报告、整改、完善；为进一步加强完善内部控制工作，有效规划内控体系的发展，公司法律合规部在前期建立的规章制度评审流程、制度汇编等规范制度管理的基础上，组织公司各部门对现有内部控制管理体系与管理制度进行梳理、规划，逐项修订、完善，进一步提升内控体系建设的细化程度，并按照"三重一大"相关要求对公司制度进行审查，进一步督促形成有效的内部控制环境及长效机制，确保内控体系持续更新完善。

在文化建设方面，公司将品牌建设融入信托文化建设中，打造"允执其中，守信如铁"的企业品牌，体现"受托人尽职履责"的信托文化内涵；公司积极倡导和推进合规风控文化建设，持续实施多层次的合规宣导、培训，开展廉洁从业教育活动，增强员工的合规意识，培育全员参与的合规风控文化。公司在国务院国资委综合监督局指导下，围绕"信托业务新分类下央企信托公司内部控制体系优化"开展课题研究工作，牵头组织数家央企信托公司开展关于信托业务新分类下央企信托公司内部控制体系优化的研究工作，通过编制调研问卷，收集整理信托公司在内控管理方面的基本情况、存在的问题和改进方案等，力图从央企信托公司面临的管理机制、自身定位、历史使命等探究央企信托公司内控体系优化路径，旨在为新形势下央企信托公司内部控制体系建设提供有益思路，也为公司自身内控体系及相关制度的进一步完善提供理论依据和路径指引。

4.4.2 内部控制措施

公司高度重视内控体系建设工作，通过认真对标行业先进企业内控管理工作开展情况及企业实际，全面梳理公司内控体系建设存在的问题和不足，并及时进行查漏补缺，努力为公司深化改革、转型升级提供坚强保障。

一是加强组织领导以及全员教育培训，统筹推进内控管理工作。公司及时成立内控体系建设领导小组，由主要领导担任组长，分管领导担任常务副组长，各部门负责人为组员，按照国家金融监督管理总局及股东内控体系建设相关要求，切实加强对公司内控体系建设的组织领导；采取多种方式切实抓好体系宣贯及全员教育培训，牢固树立全员内控、全程内控管理理念；同时，公司结合督查督办、内控审计评价、大监督、纪检组织再监督等工作机制，确保内控建设及过程管控扎实推进。

二是持续完善制度管理体系。公司内部规章制度作为公司经营活动有序运行的体制框架和员工行为规范的基本准则，对公司推进转型发展，实现战略目标具有深远意义，公司定期组织梳理编制有效制度清单和废止清单，持续完善制度管理体系。通过规章制度工作简报的方式，通报制度排查情况及分析结果，并结合监管及上级部门要求，根据排查情况提出相应的制定、修订建议，以持续完善公司内控制度体系。

三是开展规章制度评审工作。公司设立了规章制度评审会，从制度层级、章节体例、核心条款以及内容表述等方面对各项申请上会制度进行全面审查，以确保制度层次分明、表达规范，并满足查缺补漏或前瞻指引的必要性要求，以规章制度规范管理促进内控管理上台阶。

四是排查重点领域制度体系完善情况。结合监管政策，从销售推介行为管理、加强消费者权益保护等方面，修订、制定了《公司客户投诉管理工作办法》《投资者适当性管理办法》《消费者个人金融信息保护管理办法》等制度，立足受托人定位，切实保障金融消费者权益；全面修订《反洗钱工作管理制度》《客户尽职调查》，持续完善反洗钱相关基本制度和工作流程；组织开展了关联交易全面排查及制度再造，修订《关联交易管理办法》《关联交易控制委员会议事规则》，制定了《关联交易办公室工作制度》等，持续强化、完善重点领域制度体系的建设。

五是紧密结合实际，坚持内控管理服务企业发展。公司以国企改革深化提升行动为契机，以扎实推动企业转型升级、管理提升为目标，充分考虑企业战略规划及业务创新发展需求，努力优化完善，进一步构建与之相适应的高效内控管理体系。

4.4.3 信息交流与反馈

公司内部建立了良好的信息共享、信息交流与反馈机制，确保信息准确传递：利用公司协同工作平台、公司网站等建立起畅通的信息沟通渠道，使各种业务信息、管理活动信息得到及时传达、交流，便于全体员工及时了解到自己所应掌握的信息，履行各自职责，认真执行相关法律法规政策及监管要求。

在业务开展过程中，建立了风险提示、报告制度，凡涉及重大事项、关联交易等情况可有效、及时上报监管部门；在信托计划存续期间，公司针对信息披露的内容、频率等制定了规范性要求，确保可按期、准确向相关利益人披露信息；在会计年度结束后，就公司概况、治理结构、经营状况、会计报表、财务情况、重大事项等信息编制成年度报告及摘要，严格按照国家金融监督管理总局要求进行信息披露，遵循及时准确、真实完整的原则，对所有应披露的信息均履行了前置审批程序，并在规定时间内发布。

在网络安全管控方面，公司以习近平"网络强国"重要思想和"四个坚持"重要工作指示，按照上级单位《中国中铁股份有限公司网络信息安全管理办法》要求，持续开展网络安全体系建设。在公司网络安全及信息化领导小组指挥下，开展网络安全等级保护工作、网络安全专项攻防演练、系统渗透测试、常态化网络安全监测等相关工作，提高公司信息系统及网络结构的网络安全防御能力，确保对网络安全事件能够及时发现，及时处置，降低事件影响，保障公司正常经营活动，依法合规履行公司网络安全保护义务。

公司深入贯彻落实习近平总书记关于网络强国的重要思想进一步夯实网络安全基础，把建立健全网络安全管理体系作为重要内容嵌入中铁信托中长期信息化发展规划、年度工作计划中，提出了网络安全管理体系化、网络安全检测处置常态化的工作目标。公司以建立健全网络安全管理体系为目标，以网络安全等级保护工作为着力点，先后通过"信息系统定级""网络安全专家评级""信息安全员培训""公安机关备案""网络安全等级保护初评""网络安全等级保护复评"等工作，进一步加强公司网络安全基础，提升管理水平，依法合规履行公司网络安全保护义务。

在系统建设管控方面，制定并严格执行《中铁信托信息化项目管理办法》，规范公司信息化项目的建设、开发、应用和推广工作，促进数据互通资源共享，减少重复建设，破除"信息孤岛"，为信息化管理工作更加科学化、规范化、程序化奠定坚实基础。2023年，公司信息化管控覆盖信息系统建设全流程，包括需求收集、立项、评审、建设、验收、推广应用和后评估等工作，确保每一个信息化项目按时高质量上线。在全面支持固收类标品App线上销售和管理的基础上，完成TOF产品线上化销售和管理的相关系统升级改造工作，扩展了App线上销售的标品业务类型，提升了标品业务运营方式的多样性和灵活性。同时，以客户体验为中心，坚持App快速迭代，优化产品展示、持仓展示等功能。首次通过自主设计，联合供应商开发的形式，新建移动CRM系统，支持销售人员手机展业，随时获取产品、客户等相关信息，更加快速响应客户财富管理的相关需求。

在运维工作方面，通过加强运维管理工作意识、优化运维管理制度流程、落实运维管理责任三个方面，实现了运维制度流程化、运维需求表单化，确保运维机制畅通、高效。同时通过各项信息系统访问控制策略，从技术手段管控信息系统的维护、访问、变更等工作，如堡垒机访问、日志审计、数据库审计等，确保系统访问有审批、操作有记录、异常能回溯，保证信息系统安全稳定。

4.4.4 监督评价与纠正

公司构建了多层次、多渠道、共同监督的内部控制有效性督查体系。

监事会依法履行监督职责，根据《中铁信托有限责任公司董事监事履职评价办法》，由监事会依法依规对公司财务以及公司董事、高级管理人员履行职责的合法性进行评价及监督，并就监督过程中发现的公司治理及经营管理中需要关注的问题，及时与董事会和经理层沟通。董事会及其风险管理与审计委员会不定期召开会议，积极发挥专业作用，有效确保内监督的落地执行。公司经理层高度重视内部控制以及各职能部门和监管机构的报告及建议，对于发现的问题采取措施及时纠正，控制运行中产生的偏差，不断提高公司内部控制管理水平。审计部门负责对公司日常经营行为进行专项审计（调查），并在内部控制日常监督和专项监督的基础上，每年对公司内部控制的设计与运行的有效性进行评价，梳理内部管理制度和业务流程，把握业务控制环节，特别是对重要业务、重大事项和高风险业务领域开展现场测试，进行缺陷认定，并形成内部控制评价报告，对认定的缺陷督促整改。公司纪委发挥监督保障作用，加强对职能部门履职的再监督，构建企业内部大监督格局，形成监督合力，提升监督效能。

4.5 风险管理

4.5.1 风险管理概况

经营活动中面临信用风险、市场风险、操作风险、政策法律风险、道德风险等类型的风险，为此公司依据《信托法》《信托公司管理办法》等法律法规构建风控体系。公司风险管理组织结构及其职责如下：

董事会对股东会负责，根据股东会和公司章程授予的职权，依法行使决策权。

董事会信托委员会的主要职责是：（1）负责督促公司依法履行受托职责，对公司信托业务运行情况进行评估，当公司或股东利益与受益人利益发生冲突时，研究提出维护受益人最大利益的具体措施；（2）研究信托行业的发展趋势及运行规律，对公司信托业务的发展方向和专项规划进行研究并提出建议；（3）对国家金融监督管理总局或其派出机构检查公司信托业务后要求董事会组织整改的问题进行研究并提出建议等；（4）需要时，初审需董事会审议的信托项目，委员会认为有必要到现场的，经理层应给予配合；（5）指导有关部门开展信托创新活动；（6）如有必要，可以聘请外部专家或中介机构为其提供专业咨询服务；（7）监管机构要求履行的职责；（8）董事会授予的其他职权。

董事会风险管理与审计委员会的主要职责是：（1）监督高级管理层关于信用风险、流动性风险、市场风险、操作风险、合规风险和声誉风险等风险的控制情况，对公司风险政策、管理状况及风险承受能力进行定期评估，提出完善风险管理和内部控制的意见；（2）检查公司风险及合规状况、会计政策、财务报告程序和财务状况；（3）负责公司年度审计工作，提出外部审计机构的聘请与更换建议，并就审计后的财务报告信息真实性、准确性、完整性和及时性作出判断性报告，提交董事会审议；（4）监管机构要求履行的职责；（5）董事会授予的其他职权。

董事会关联交易控制委员会的主要职责是：（1）审

议批准董事会授权范围内的关联交易，审议批准公司关联交易管理相关具体实施细则；（2）研究、审核需提交董事会、股东会审议批准的关联交易或关联交易管理事项，并向董事会汇报；（3）对董事会审议批准的有关关联交易的各项规划，督促经理层及相关部门予以认真实施，定期或不定期地检查实施的进度、评价规划实施的效果，并将检查结果与公司高级管理人员年度绩效考核评价相挂钩；（4）监管机构要求履行的职责；（5）董事会授予的其他职权。

公司经理层在董事会的领导下，执行董事会决议并负责公司的日常经营管理。经理层实行总经理负责制。

投资评审委员会在总经理授权范围内对集合资金信托业务、单一资金信托业务、财产信托业务、自营业务等进行风险评估、可行性评审和操作实施方案的审议，最终形成公司集体审议意见。

风险管理部主要负责公司信托项目及固有项目评审、合同审查，牵头制定公司产品评级指引，根据公司产品评级要求对信托产品评级复核，按照各专业委员会要求执行信托业务准入管理；信托股权投资类房地产项目后期管理监督工作。

法律合规部主要负责风险、内控、法律、合规一体化体系建设及归口管理，牵头对接国家金融监督管理总局四川监管局；日常法律事务管理，公司非项目类合同审查及管理，参与重大信托项目合同审查；牵头组织公司反洗钱工作。

运营稽核部主要负责信托项目财务管理、项目投（贷）后管理、稽核、监督；履行营销管理职能，负责营销管理制度制定及执行情况监督。

4.5.2 风险状况

4.5.2.1 信用风险状况

信用风险是指交易对手未能履行合同，所带来的经济损失风险。公司所面临的信用风险主要表现为：在信托融资、资产回购、后续资金安排、担保、履约承诺等交易过程中，借款人、担保人、保管人（托管人）等交易对手不履行承诺，不能或不愿履行合约承诺而使信托财产和固有财产遭受潜在损失的可能性。

公司持续对即将到期或出现风险隐患的项目进行风险评级，加强还款来源分析，核查项目组提供的相关佐证，客观评价其真实性、可靠性、充足性、及时性。在排查过程中，对佐证资料效力偏弱、还款资金额度不足等不利因素，及时作出风险提示。

公司一般准备、专项准备的计提方法和统计方法为：合理估计资产风险程度和可能发生的损失，并按照财政部规定的准备金提取范围对风险资产计提资产损失准备。

公司的抵质押品确认原则为：（1）合法性，即要求抵押物和质押物必须符合国家法律规定，产权或处分权合法清晰，抵押品他项权利登记合法有效；（2）保证能力充足性，即公司根据抵押物、质押物的保值能力和变现难易程度对不同抵押、质押物设置不同的抵押率，对于需要估价的抵（质）押财产，必须经过公司认可的资产评估中介机构进行估价，价值认定和评估真实准确；（3）可操作性，即要求抵（质）押财产标的明确、易于保管、转让和变现。

公司对保证贷款的管理原则为：（1）保证人资格必须合法有效，对其拥有的财产享有所有权或依法处分权；（2）保证人应具备良好的资信状况，有信誉，有充足的还款能力，有良好的还款记录，经营业绩稳定，财务状况良好，具备足够的担保能力；（3）担保文件合法有效；（4）公司对保证人加强保证的后期管理，对其资信状况和偿债能力及保证合同的履行情况定期进行检查，督促保证人按照保证合同的约定按期提交有关材料并履行各项义务。

4.5.2.2 市场风险状况

市场风险是指公司在信托和自营业务中，因股价、汇率、利率及其他价格因素变动对公司盈利能力和财务状况的影响，其可以分为金融资产价格风险、汇率风险、利率风险等。

（1）股价变动对公司盈利能力和财务状况的影响分析。2023年，公司关于权益投资敞口在信托总规模中占比持续维持在较小的比例，因此证券市场的股价变动对公司的盈利和财务状况的影响有限。

（2）汇率变动对公司盈利能力和财务状况的影响分析。公司目前暂未开展外汇业务，汇率变动不会给公司的盈利和财务状况造成影响。

（3）利率变动对公司盈利能力和财务状况的影响分析。公司信贷业务的执行利率多数为固定利率，因此利率变动对公司盈利能力和财务状况的直接影响较小；对于公司标品债券投资类业务而言，由于债券类资产价格降低，产品净值下降，超额业绩报酬下降。利率下行时则相反。同时利率上行往往伴随流动性收紧的市场状况，产品端的规模可能缩减，而利率下行时则相反。因而利率变动对公司盈利能力和财务状况的影响与公司标品和非标业务的占比，以及产品的客户结构有关系。但一般情况下，利率变动时，非标业务和标品业务的收入、产品规模和利率可能会存在一定反相关性，这种反相关性对公司的盈利有一定的稳定作用。

（4）其他价格因素变动对公司盈利能力和财务状况的影响分析。公司的主营业务之一是信托业务，主要业务收入来源于信托报酬收入，因而其行业费率的变动（特别是监管政策的变化及同业竞争）对公司的盈利能力和财务状况具有一定影响。

4.5.2.3 操作风险状况

操作风险是指由于不完善或有问题的内部操作过程、人员、系统或外部事件而导致的直接或间接损失的风险，包含了法律风险。

公司持续加强业务操作流程化、标准化和规范化，构建了合规管理体系，在操作层面进一步防范合规性风险；对信托合同及项目合同进行了修改完善，进一步提高合同标准化程度，降低合同风险；梳理优化业务审批流程、用印等流程管控和相关制度，严格业务、反洗钱等各项合规审查。

在政策法律风险管理方面，公司根据国家法律法规和国家金融监督管理总局要求制定公司规章和内控制度，针对监管政策以及信托行业的形势变化，及时调整经营策略，以规范业务行为。

4.5.2.4 其他风险状况

其他风险主要是指公司业务开展中的声誉风险等。声誉风险是指由机构经营、管理及其他行为或外部事件导致利益相关方对机构负面评价的风险。

公司建立了声誉风险管理责任矩阵，制定并印发了《中铁信托网络舆论阵地管理实施细则》，严格管控对内对外信息发布，实现全闭环、全流程管理，做到准确掌握公司各类自媒体意识形态动向，确保各类媒体弘扬主旋律、传播正能量；定期开展论坛活动专项清理整治、保密全面自查等专项活动，强化舆情工作纪律，充分利用专业系统，指定专人负责公司舆情每日监测工作，完善舆情监测机制，及时报告、响应和处置，加大对新媒体的宣传利用，营造良好舆论氛围。

4.5.3 风险管理

4.5.3.1 信用风险管理

公司的信用风险控制策略是通过规范对交易对手的尽职调查进行事前控制；通过设定抵质押担保措施、引入风险转移措施等手段规避或减少信用风险。公司持续强调在实施资产管理类信托业务时，应将风险管理前移，加大信息化系统建设，强化稽核审计及风险管理，以控制信用风险。

4.5.3.2 市场风险管理

公司市场风险管理的策略，对于非标业务：一是通过多领域的业务组合来分散风险。业务开展中，在公司较为擅长的业务领域内，逐渐建立较为稳定的固定业务关系客户群，减少因不熟悉行业情况而造成的风险和损失。二是加强对交易对手在其所处行业的市场竞争能力的分析，准确把握资金进入时机，密切跟踪市场，及时调整投资策略和投资组合，密切关注经济运行状况，规避宏观政策调控带来的不良影响。三是根据项目的期限长短以及交易对手的财务状况和资金调剂能力，合理约定信托资金的还款方式、价格、期限及内控措施，避免市场风险带来的信托财产收益的不确定性；对于标品债券投资类业务：一是加强宏观经济和固收市场的研判，确立合理的组合久期水平，在利率上行风险较大的时候，缩短久期予以防守，在利率下行通道中，增加组合久期以博取资本利得；二是控制产品资产端和负债端的期限匹配程度，降低资产端和负债端的利率敏感性缺口，同时资金和资产的匹配度较高也有利于对债券类资产持有至到期，从而降低利率波动对组合的影响；三是合理分配和灵活调整利率敏感性资产和流动性资产的比例，以流动性资产进行防守，同时保持相对充裕的流动性资产也能降低利率剧烈变化时，卖券所带来的损失；四是合理规划所投资产的期限分布，根据产品开放情况，保持相对均匀的现金流，保持组合合理的凸性，同时避免因为流动性需要而在不合宜的时点卖券所带来的损失。

4.5.3.3 操作风险管理

公司操作风险管理的策略是：一是建立科学的风险内控体系，明确各项业务的操作规程，形成良好的操作风险监测和报告线路。二是持续加强公司治理体系建设，从议事决策机制上严防操作风险。三是积极培育全员风险管理文化，强化全员风险防范意识。四是优化内部风险管控模式，努力建立覆盖全业务、全部门的信息管理系统。

4.5.3.4 其他风险管理

在声誉风险管理方面，从完善内部控制体系、强化声誉风险管理意识、完善制度机制及积极维护传播渠道等入手，加强对声誉风险的识别、预警、监测和控制。

4.6 薪酬管理

4.6.1 薪酬管理架构及决策程序

4.6.1.1 管理架构

根据管理授权，公司董事会批准公司薪酬管理制度、年度薪酬预算，审定公司领导及高级管理人员、所属企业负责人薪酬考核分配方案；公司董事会提名与薪酬委员会审议公司薪酬管理制度和政策，拟定公司领导及高级管理人员、所属企业负责人薪酬考核分配方案，向董事会提出薪酬方案建议，监督公司经理层制定年度绩效薪酬管理考核方案的实施及薪酬水平评估；公司经理层制定薪酬管理的具体管理办法及操作流程，拟定年度薪酬预算，制定员工年度绩效薪酬考核分配方案并组织实施。公司人力资源部是薪酬管理、绩效考核的牵头负责部门，在履行内部决策程序后，组织实施。

4.6.1.2 提名与薪酬委员会结构

2023年度，公司董事会提名与薪酬委员会由1名主任委员、2名委员组成，主任委员由外部独立董事担任。

4.6.1.3 决策程序

公司人力资源部按照相关管理制度规定，拟定员工薪酬绩效方案，根据管理权限要求和决策程序规定履行相应审批流程。对涉及公司董事会决策事项，按照议事规则，由公司董事会提名与薪酬委员会对相关事项进行研究讨论，提出建议，提交公司董事会审议通过后执行。

4.6.2 年度薪酬总量、受益人及薪酬结构分布

2023年度，公司员工薪酬总量整体趋稳，与以往年度相比，未进行重大调整，全体从业人员的固定薪酬支出占比为46%，与业绩贡献、岗位目标挂钩考核的可变浮动薪酬支出占比为54%。

4.6.3 薪酬与业绩衡量、风险调整的标准

4.6.3.1 公司领导及高管人员

公司领导及高管人员绩效薪酬考核指标体系包括"合规经营""风险管理""经营效益""发展转型""社会责任"五类指标，其中业绩衡量类指标考核权重50%，风险调整类指标考核权重40%。公司主要领导人员年度绩效薪酬按50%比例、其他领导及高管人员按40%比例，在三年内递延支付，延迟期内按等分原则挂钩合规经营、风险管理等指标考核兑现。

4.6.3.2 其他员工

根据条线划分，公司前台业务部门员工绩效薪酬主要挂钩项目收入、项目风险成本等考核分配，按不低于40%比例延期支付，并对风险项目建立追索扣回已计薪业绩收入、提高延期支付提留比例等考核机制；前台销售部门员工绩效薪酬主要挂钩项目销售规模、项目资金成本等考核分配，按不低于30%比例延期支付；中后台职能部门员工绩效薪酬主要挂钩岗位目标业绩考核分配，中台部门按不低于15%比例、后台部门按不低于10%比例延期支付。各部门员工延期薪酬递延支付期限三年，延迟期内按等分原则挂钩合规风险、项目风险等指标考核兑现。

各部门员工若发生合规风险、项目风险，公司按事故定级管理办法扣减应发绩效薪酬，若审计发现存在业绩弄虚作假、出现重要监管指标严重不达标、发生重大风险事件等事项，公司有权追索扣回相应期限内已兑现的部分或全部绩效薪酬。

4.6.4 关键人员薪酬信息与薪酬延期支付情况

4.6.4.1 董监事会成员

公司制定有《中铁信托有限责任公司董事监事薪酬及履职待遇、业务支出管理办法》，依据该办法对独立董事、外部监事发放了工作补贴，工作补贴由基本补贴和履职补贴两部分组成。

4.6.4.2 公司领导及高管人员

公司领导及高管人员实行"年薪制"管理，基本年薪按月发放，绩效年薪在年度业绩考核评价后，根据董事会审定的年薪结算标准兑现。2023年，按照董事会审定标准，兑现公司领导及高管人员2022年度绩效年薪，预发2023年度基本年薪，绩效年薪占年度应发薪酬的比例为65%，提留延期薪酬占整体绩效年薪的比例为42%。

4.6.4.3 其他员工

其他员工中对风险有重要影响的关键岗位员工主要包括信托业务人员、信托销售人员和部门高级经理及以上职级人员，2023年度平均人数311人。根据年度业绩贡献和岗位贡献考核结果，公司兑现了2023年度薪酬，其中固定薪酬占全年应发薪酬的46%；绩效薪酬占全年应发薪酬的54%。提留延期支付薪酬占全年应发绩效薪酬的29%，其中，信托业务人员提留延期支付薪酬占全年应发绩效薪酬的40%；信托销售人员提留延期支付薪酬占全年应发绩效薪酬的30%；中后台部门高级经理及以上员工提留延期支付薪酬占全年应发绩效薪酬的13%。

4.6.5 非现金薪酬情况

2023年度，公司员工非现金薪酬主要由住房公积金和企业年金两部分组成，其中，住房公积金支出占比59%；企业年金支出占比41%。

4.6.6 年度薪酬方案制定及经济、风险和社会责任指标完成考核情况

4.6.6.1 公司领导及高管人员

按照相关薪酬管理制度规定，公司领导及高管人员年度薪酬根据股东公布的年度企业经营业绩考核结果和公司经理层成员年度经营业绩责任书考核结果确定。截至目前，股东对公司的2023年度经营业绩考核工作仍在进行中，考核结果暂未公布，公司领导及高管人员2023年度薪酬结算方案暂未制定。

4.6.6.2 其他员工

根据相关薪酬管理制度规定，按照公司经济、风险和社会责任指标完成考核情况，公司制定除领导及高管人员以外的其他员工2023年度绩效薪酬考核分配方案，履行内部决策程序后，依据审定标准进行兑现。一是根据经济指标完成考核情况，核算公司其他员工2023年度薪酬总额，年度薪酬总额整体支出与上年度基本持平；二是根据风险指标完成考核情况，对存有风险项目的业务部门绩效薪酬进行了扣回以往年度已计薪业绩收入、计提项目风险成本、冻结延期薪酬；三是根据社会责任指标完成考核情况，2023年度未发生有应扣罚员工绩效薪酬事项。

4.6.7 超出原定薪酬方案的例外情况

2023年度，公司严格执行相关薪酬管理制度规定，严格履行内部决策程序，未出现超出原定薪酬方案的例外情况。

4.7 社会责任

4.7.1 助力实体经济发展

2023年，公司积极推进转型发展，深入贯彻落实党的二十大精神与中央金融工作会议精神，在中国特色现代金融体系中找准新定位，全力发挥信托制度优势，不断拓展信托特色化、差异化发展新路径，在以中国式现代化全面推进强国建设、民族复兴伟业中贡献信托力量。截至2023年末，公司积极引导各类社会资金投向实体经济领域，投入实体经济余额超3 500亿元、占比近85%。在此基础上，公司着眼"五篇大文章"，不断满足经济社会发展和人民群众日益增长的金融需求：支持科技金融，协助科创企业资产盘活，在银行间市场创下行业内多个首单产品，2023年累计发行科创票据77亿元，直接投向高新医药技术公司用于科学研究资金2.57亿元，有力支持科技金融发展。支持绿色金融，积极支持新能源基建、生态环保等产业，先后落地宜宾绿色低碳优势产业园、宣威北盘江水环境综合整治、简阳新能源基础设施、泸县乡村污水处理等一批项目，存续规模超10亿元。支持普惠金融，设立乡村振兴研究部，2023年内新设立多笔慈善信托，用于补助农户"五改三建"，村小、村卫生院等老旧房屋设施改造等支持乡村教育和医疗设施建设，定点帮扶茶叶种植经济作物种植项目等助力脱贫。支持新乡村产业人才孵化基地、新农村等建设投入信托资金近3亿元，助力共同富裕，获评"推动乡村振兴优秀金融机构"。支持养老金融，落地公司首单养老服务信托，信托规模2亿元，借助信托手段保障客户的养老社区入住权、服务获取权、运营收益返还权等养老权益。支持数字金融，通过设立信托助力数据中心建设、推动新一代信息技术研发产业园落地、促进智能交通发展等，存续规模10.88亿元。除此之外，公司还积极支持地方发展，引导社会资金投向地方经济社会建设，全年缴纳税金9.62亿元，跻身四川省和成都市服务企业双百强，获得四川省数字经济企业50强、成都市工人先锋号、人文青羊·航空新城建设先进集体等荣誉，得到了行业和社会的广泛认可。

4.7.2 慈善信托

公司充分认识慈善信托在维持公序良俗、推动社会进步等方面不可替代的作用，不断扩展慈善信托的服务领域并创新服务模式。2023年公司共备案慈善信托14单，单数增长700%，累计规模达8 516万元，较上年增长7%。服务领域拓展到企业志愿服务、社区体育发展、中医药大健康、特殊需要人群关爱等，服务地域拓展到四川省攀枝花市、泸州市、射洪市等省内地市州有效地履行了社会责任、创造了社会效益、增进了社会福祉。公司先后荣获诚信托·最佳公益慈善信托产品奖、成都市慈善总会年度最具爱心企业奖，入选《慈善蓝皮书》年度十大慈善热点事件。

4.7.3 乡村振兴

2023年6月，公司设立的"中国中铁乡村振兴2号慈善信托"首期金额为8 200万元。目前该项目资金已用于西藏自治区昌都市卡若区约巴乡乃通村小学校改扩建工程项目（二期）、西藏自治区昌都市卡若区妥坝乡新建

中心卫生院工程项目、湖南省郴州市桂东县岗梅中药材种植项目、湖南省郴州市汝城县白毛茶产业项目、"美丽乡村建设和人居环境整治"项目、山西省忻州市保德县孙家沟镇5MW光伏电站项目等乡村振兴公益项目。"中铁信托·大同4号乡村振兴慈善信托"支持四川省甘孜州得荣县农户"圈厕厨线水"五改，有利于提升县域农村人居环境，建设宜居宜业和美乡村，建立"干群和谐、邻里友善、家庭和睦"关系，促进民族大团结、大融合。2023年12月，为了更好地服务国家乡村振兴战略，公司设立了乡村振兴研究部，以加强在相关领域业务机会的研究与探索。旨在通过深入研究乡村振兴领域的市场趋势、政策环境、业务需求等方面，为公司提供更为精准、全面的业务发展方向，推动乡村振兴事业的持续发展。

4.7.4 积极开展金融知识宣传教育活动

2023年，中铁信托积极履行企业社会责任，充分利用各地网点、联合本地高校，开展了形式多样的金融知识宣传教育活动，着力提升社会公众的金融安全意识，构建和谐、稳定的金融关系。

4.8 消费者权益保护

公司高度重视消费者权益保护工作，认真落实国家金融监督管理总局消费者权益保护各项工作要求，依法合规开展经营活动，持续做好各项消费者权益保护工作，切实履行"卖者尽责"义务，维护消费者的合法权益。

4.8.1 完善消费者权益保护制度、机制体系建设

公司高度重视消费者权益保护工作，尊重消费者的各项合法权利，将消费者权益保护工作纳入公司企业文化建设和经营发展战略的重要组成部分，专门成立了消费者权益保护工作委员会，并确定金融消费权益保护工作的牵头管理部门和协作部门，建立了客户投诉处理管理办法、消费者权益保护制度、突发事件预警及应急预案等制度，并将金融消费权益保护纳入业绩考核体系，确保金融消费者权益保护工作规范有序开展。不断完善公司消费者权益保护制度建设，2023年新制定了《中铁信托消费者权益保护审查管理办法》《中铁信托客户投诉管理工作办法》《中铁信托投资者适当性管理办法》以及《中铁信托消费者个人金融信息保护管理办法》等一系列制度，不断加强公司消费者权益保护制度建设，切实维护消费者权益。

4.8.2 推进消费者权益保护的宣传

2023年公司发挥金融知识普及基地作用，线上线下宣贯消保法律法规20次，举办"金融知识进万家"18场，先后参与了由国家金融监督管理总局四川监管局、四川银行业协会组织的"3·15金融消费者权益日"专项宣传活动、"普及金融知识万里行"专项宣传活动、"金融知识进万家"专项宣传活动等一系列公益宣教活动。活动期间，公司以网点咨询、社区设点、知识讲座、开设信托知识普及专栏、内外媒体、走进企业等多种方式和渠道开展金融知识宣传，加强了涵盖信托知识、信托产品特点、金融理财知识及手机App使用等多方面的宣传普及，引导消费者树立正确、合理的消费观念，提升消费者的金融风险识别能力，强化个人信息安全保障，采取恰当措施保证客户信息得到安全存储、合理利用，培养良好的金融消费生态环境，为消费者提供更加优质的金融服务。

4.8.3 重视消费者投诉处理，不断完善内部考核和管理体系

根据监管相关要求，及时修订《客户投诉处理管理办法》，按照法律法规和制度要求，及时、高效、妥善受理并处理金融消费者投诉。设置专门投诉电话、微信、App互动平台等投诉渠道及投诉方式，并在各营业网点醒目位置公布投诉方式、投诉流程，畅通金融消费者信息反馈渠道。建立并妥善保管投诉受理、处理台账及其他相关资料，案卷记录完整、清晰。

公司制定了一系列内部学习和培训制度，将消费者权益保护内容作为员工培训计划的重要组成部分，通过讲座、培训、考试等多种方式确保各层级工作人员了解并掌握了相关理念和要求。

公司发布《中铁信托有限责任公司内部审计实施细则》，明确内部审计职责包括开展消费者权益保护审计，定期评价公司消费者权益保护工作开展情况。

5.报告期末及上一年度末的比较式会计报表

5.1 自营资产

5.1.1 会计师事务所审计结论

普华永道中天会计师事务所（特殊普通合伙）认为，中铁信托财务报表在所有重大方面按照企业会计准则的规定编制，公允反映了中铁信托公司2023年12月31日的合并及公司财务状况以及2023年度的合并及公司经营成果和现金流量。

5.1.2 资产负债表

资产负债表（合并）

编制单位：中铁信托有限责任公司　　2023年12月31日　　单位：元

资产	2023年12月31日	2022年12月31日
货币资金	1 300 652 262.34	971 191 142.60
发放贷款和垫款	2 306 728 997.57	2 201 032 837.83
金融投资：	—	—
交易性金融资产	10 115 722 131.72	8 800 372 043.84
债权投资	2 556 158 449.72	2 919 416 524.40
长期股权投资	24 684 448.73	21 776 111.55
投资性房地产	9 651 480.60	10 722 532.88
固定资产	32 691 088.80	37 102 335.31
使用权资产	62 515 299.74	76 354 792.25
无形资产	76 410 618.22	67 367 254.59
递延所得税资产	1 215 054 025.94	1 162 347 162.56
其他资产	1 405 792 817.26	1 932 555 400.94
资产总计	19 106 061 620.64	18 200 238 138.75
负债	—	—
合同负债	830 288 656.52	2 012 482 372.52
交易性金融负债	23 252 189.90	27 690 726.01
应付职工薪酬	153 447 712.63	198 683 407.27
应交税费	569 786 473.58	954 049 668.25
递延所得税负债	15 628 824.94	19 088 698.07
租赁负债	70 337 881.22	83 454 443.20
其他负债	5 624 016 409.27	3 258 984 245.90
负债合计	7 286 758 148.06	6 554 433 561.22
所有者权益	—	—
实收资本	5 000 000 000.00	5 000 000 000.00
资本公积	20 158 075.43	17 805 921.31
盈余公积	1 273 697 496.10	1 255 506 713.03
一般风险准备	2 431 930 945.97	2 398 937 784.31
未分配利润	2 795 677 363.21	2 693 313 443.29
归属于母公司所有者权益合计	11 521 463 880.71	11 365 563 861.94
少数股东权益	297 839 591.87	280 240 715.59
所有者权益合计	11 819 303 472.58	11 645 804 577.53
负债和所有者权益总计	19 106 061 620.64	18 200 238 138.75

法定代表人：陈赤　　主管会计工作负责人：李正斌　　会计机构负责人：马东开

资产负债表（公司）

编制单位：中铁信托有限责任公司　　2023年12月31日　　单位：元

资产	2023年12月31日	2022年12月31日
货币资金	839 149 327.01	504 575 384.88
金融投资：	—	—
交易性金融资产	6 821 805 184.15	6 368 674 481.48
债权投资	2 985 764 553.64	3 710 144 843.74
长期股权投资	1 091 636 299.91	1 439 673 195.69
固定资产	25 613 859.61	28 373 747.71
使用权资产	32 987 180.99	33 385 230.75
无形资产	72 282 949.12	62 541 426.09
递延所得税资产	1 099 870 527.81	1 044 636 639.85

续表

资产	2023年12月31日	2022年12月31日
其他资产	1 220 762 104.75	1 764 374 880.60
资产总计	14 189 871 986.99	14 956 379 830.79
负债	—	—
合同负债	789 672 075.30	1 993 001 501.72
应付职工薪酬	119 185 543.05	141 087 820.17
应交税费	554 319 417.64	934 283 474.78
租赁负债	37 745 139.61	37 771 325.96
递延所得税负债	8 246 795.25	8 346 307.69
其他负债	1 745 288 132.33	1 016 778 301.44
负债合计	3 254 457 103.18	4 131 268 731.76
所有者权益	—	—
实收资本	5 000 000 000.00	5 000 000 000.00
资本公积	20 158 075.43	17 805 921.31
盈余公积	1 275 333 848.30	1 257 143 065.23
一般风险准备	1 959 140 108.17	1 966 356 954.54
未分配利润	2 680 782 851.91	2 583 805 157.95
所有者权益合计	10 935 414 883.81	10 825 111 099.03
负债和所有者权益总计	14 189 871 986.99	14 956 379 830.79

法定代表人：陈赤　　主管会计工作负责人：李正斌　　会计机构负责人：马东开

5.1.3 利润和利润分配表

利润表（合并）

编制单位：中铁信托有限责任公司　　2023年12月31日　　单位：元

项目	2023年度	2022年度
一、营业收入		
利息净支出	（514 386 703.24）	（112 451 801.99）
利息收入	20 824 363.98	83 585 938.74
利息支出	（535 211 067.22）	（196 037 740.73）
手续费及佣金净收入	1 688 058 759.52	2 186 717 322.21
手续费及佣金收入	1 690 768 405.80	2 189 112 380.65
手续费及佣金支出	（2 709 646.28）	（2 395 058.44）
投资收益	（57 858 525.05）	320 654 309.08
其中：对联营企业的投资损益	2 908 337.18	（3 140 214.08）
公允价值变动损益	（30 770 044.88）	（556 017 470.42）
其他业务收入	2 570 239.42	2 650 606.30
合计	1 087 613 725.77	1 841 552 965.18
二、营业支出		
税金及附加	（12 452 904.62）	（11 719 454.22）
业务及管理费	（569 585 163.86）	（602 059 886.15）
研发费用	（5 145 929.80）	（5 028 996.81）
信用减值损失	（159 136 081.27）	（427 000 706.84）
其他业务成本	（1 071 052.28）	（1 071 053.28）

续表

项目	2023年度	2022年度
合计	(747 391 131.83)	(1 046 880 097.30)
三、资产处置损益	(24 279 011.55)	15 557 625.47
四、其他收益	2 395 752.82	887 178.37
五、营业利润	318 339 335.21	811 117 671.72
加：营业外收入	46 104.16	1 906.50
减：营业外支出	(2 937 580.84)	(9 719 146.71)
六、利润总额	315 447 858.53	801 400 431.51
减：所得税费用	(67 844 917.60)	(193 848 969.97)
七、净利润	247 602 940.93	607 551 461.54
—归属于母公司所有者的净利润	227 504 064.65	581 126 401.43
—少数股东损益	20 098 876.28	26 425 060.11
八、其他综合收益的税后净额	—	—
九、综合收益总额	247 602 940.93	607 551 461.54
—归属于母公司所有者的综合收益总额	227 504 064.65	581 126 401.43
—归属于少数股东的综合收益总额	20 098 876.28	26 425 060.11

法定代表人：陈赤　　主管会计工作负责人：李正斌　　会计机构负责人：马东开

利润表（公司）

编制单位：中铁信托有限责任公司　　2023年12月31日　　单位：元

项目	2023年度	2022年度
一、营业收入		
利息净收入	(55 874 199.48)	13 344 546.68
利息收入	3 414 068.82	62 054 316.59
利息支出	(59 288 268.30)	(48 709 769.91)
手续费及佣金净收入	1 281 174 437.51	1 710 269 489.06
手续费及佣金收入	1 283 884 083.79	1 712 664 547.50
手续费及佣金支出	(2 709 646.28)	(2 395 058.44)
投资收益	138 260 781.19	428 938 143.50
其中：对联营企业的投资损益	2 908 337.18	(3 140 214.08)
公允价值变动损益	(715 559 582.82)	(204 339 280.54)
其他业务收入	—	225 645.71
合计	648 001 436.40	1 948 438 544.41
二、营业支出		
税金及附加	(10 385 978.22)	(9 108 733.78)
业务及管理费	(240 340 867.59)	(233 131 590.77)
研发费用	(5 145 929.80)	(5 028 996.81)
信用减值损失	(160 983 665.48)	(463 405 326.75)
资产减值损失	(34 470 785.82)	(584 767 658.75)
合计	(451 327 226.91)	(1 295 442 306.86)
三、资产处置损益	(24 190 682.29)	15 557 625.47
四、其他收益	1 026 986.05	309 696.26
五、营业利润	173 510 513.25	668 863 559.28

续表

项目	2023年度	2022年度
加：营业外收入	38 329.58	—
减：营业外支出	52 544 736.19	174 563 350.17
六、利润总额	226 093 579.02	843 426 909.45
减：所得税费用	(44 185 748.36)	(193 856 364.52)
七、净利润	181 907 830.66	649 570 544.93
八、其他综合收益的税后净额	—	—
九、综合收益总额	181 907 830.66	649 570 544.93

法定代表人：陈赤　　主管会计工作负责人：李正斌　　会计机构负责人：马东开

5.1.4　公司及合并现金流量表

现金流量表（合并）

编制单位：中铁信托有限责任公司　　2023年12月31日　　单位：元

项目	2023年度	2022年度
经营活动产生的现金流量	—	—
收到咨询费和手续费取得的现金	1 216 889 173.07	1 247 701 375.35
收到基金管理费取得的现金	385 241 712.55	490 583 090.74
收到贷款利息取得的现金		3 749 046.06
收到金融企业往来利息取得的现金	6 256 457.30	76 008 280.17
债权投资净减少额	813 213 188.22	—
客户贷款及垫款净减少额	269 809 376.25	165 888 643.73
收到其他与经营活动有关的现金	637 153 755.78	631 883 705.40
经营活动现金流入小计	3 328 563 663.17	2 615 814 141.45
支付利息、手续费及佣金的现金	(599 988 734.56)	(259 183 108.93)
支付给职工以及为职工支付的现金	(335 794 791.99)	(330 230 554.18)
支付的各项税费	(1 066 078 103.24)	(858 122 840.08)
债权投资净增加额	—	(106 977 687.66)
支付其他与经营活动有关的现金	(244 422 266.18)	(306 105 354.94)
经营活动现金流出小计	(2 246 283 895.97)	(1 860 619 545.79)
经营活动产生的现金流量净额	1 082 279 767.20	755 194 595.66
投资活动产生的现金流量		
收回投资收到的现金	4 785 098 222.33	961 587 724.61
取得投资收益收到的现金	39 890 437.64	45 743 988.40
处置固定资产、无形资产和其他长期资产收回的现金净额	25 575.00	28 679 083.52
收到其他与投资活动有关的现金	500 000 000.00	—
投资活动现金流入小计	5 325 014 234.97	1 036 010 796.53
投资支付的现金	(4 962 500 212.81)	(2 211 842 983.19)
购建固定资产、无形资产和其他长期资产支付的现金	(15 812 735.56)	(15 489 540.72)
支付其他与投资活动有关的现金	—	(1 500 000 000.00)
投资活动现金流出小计	(4 978 312 948.37)	(3 727 332 523.91)
投资活动产生的现金流量净额	346 701 286.60	(2 691 321 727.38)
筹资活动产生的现金流量		

续表

项目	2023年度	2022年度
取得借款所收到的现金	815 679 868.64	3 510 000 000.00
筹资活动现金流入小计	815 679 868.64	3 510 000 000.00
偿还债务所支付的现金	(1 612 988 180.58)	(4 210 726 666.67)
分配股利、利润或偿付利息支付的现金	(144 696 470.66)	(216 271 383.14)
其中：子公司支付给少数股东的股利	(2 500 000.00)	(17 500 000.00)
支付的其他与筹资活动有关的现金	(32 676 686.14)	(29 718 402.03)
筹资活动现金流出小计	(1 790 361 337.38)	(4 456 716 451.84)
筹资活动产生的现金流量净额	(974 681 468.74)	(946 716 451.84)
现金及现金等价物的变动净额	454 299 585.06	(2 882 843 583.56)
加：年初现金及现金等价物余额	736 647 501.40	3 619 491 084.96
年末现金及现金等价物余额	1 190 947 086.46	736 647 501.40

法定代表人：陈赤　主管会计工作负责人：李正斌　会计机构负责人：马东开

现金流量表（公司）

编制单位：中铁信托有限责任公司　　2023年12月31日　　单位：元

项目	2023年度	2022年度
经营活动产生的现金流量	—	—
收到咨询费和手续费取得的现金	1 207 243 915.68	1 207 944 393.43
收到金融企业往来利息取得的现金	3 414 068.82	62 054 316.59
收到其他与经营活动有关的现金	535 584 142.36	538 633 823.16
经营活动现金流入小计	1 746 242 126.86	1 808 632 533.18
支付利息、手续费及佣金的现金	(2 734 206.23)	(3 305 801.64)
支付给职工以及为职工支付的现金	(198 752 551.58)	(176 192 333.92)
支付的各项税费	(960 071 681.98)	(744 003 051.62)
支付其他与经营活动有关的现金	(197 479 998.43)	(185 028 650.89)
经营活动现金流出小计	(1 359 038 438.22)	(1 108 529 838.07)

续表

项目	2023年度	2022年度
经营活动产生的现金流量净额	387 203 688.64	700 102 695.11
投资活动产生的现金流量	—	—
收回投资收到的现金	5 205 049 552.09	3 730 617 368.53
取得投资收益收到的现金	78 355 048.82	175 678 143.64
处置固定资产、无形资产和其他长期资产收回的现金净额	—	28 790 000.00
收到其他与投资活动有关的现金	500 000 000.00	—
投资活动现金流入小计	5 783 404 600.91	3 935 085 512.17
投资支付的现金	(5 636 741 305.99)	(5 378 546 583.76)
购建固定资产、无形资产和其他长期资产支付的现金	(12 716 477.07)	(9 371 600.19)
支付其他与投资活动有关的现金	—	(1 500 000 000.00)
投资活动现金流出小计	(5 649 457 783.06)	(6 887 918 183.95)
投资活动产生的现金流量净额	133 946 817.85	(2 952 832 671.78)
筹资活动产生的现金流量	—	—
取得借款所收到的现金	680 000 000.00	3 510 000 000.00
筹资活动现金流入小计	680 000 000.00	3 510 000 000.00
偿还债务所支付的现金	(710 000 000.00)	(3 800 000 000.00)
分配股利、利润或偿付利息支付的现金	(142 196 470.66)	(197 702 628.09)
支付的其他与筹资活动有关的现金	(14 380 093.70)	(8 134 801.53)
筹资活动现金流出小计	(866 576 564.36)	(4 005 837 429.62)
筹资活动产生的现金流量净额	(186 576 564.36)	(495 837 429.62)
现金及现金等价物的变动净额	334 573 942.13	(2 748 567 406.29)
加：年初现金及现金等价物余额	504 575 384.88	3 253 142 791.17
年末现金及现金等价物余额	839 149 327.01	504 575 384.88

法定代表人：陈赤　主管会计工作负责人：李正斌　会计机构负责人：马东开

5.1.5　所有者权益变动表

合并所有者权益变动表

编制单位：中铁信托有限责任公司　　2023年度　　单位：元

项目	归属于母公司所有者权益					少数股东权益	合计
	实收资本	资本公积	盈余公积	一般风险准备	未分配利润		
一、2022年12月31日余额	5 000 000 000.00	17 805 921.31	1 255 397 060.65	2 398 937 784.31	2 691 648 182.94	280 240 715.59	11 644 029 664.80
会计政策变更	—	—	109 652.38	—	1 665 260.35	—	1 774 912.73
2023年1月1日年初余额	5 000 000 000.00	17 805 921.31	1 255 506 713.03	2 398 937 784.31	2 693 313 443.29	280 240 715.59	11 645 804 577.53
二、本年增减变动金额	—	—	—	—	—	—	—
（一）净利润	—	—	—	—	227 504 064.65	20 098 876.28	247 602 940.93
（二）其他综合收益	—	—	—	—	—	—	—
（三）股份支付计入权益的金额	—	2 352 154.12	—	—	—	—	2 352 154.12
（四）利润分配	—	—	—	—	—	—	—
1.提取盈余公积	—	—	18 190 783.07	—	(18 190 783.07)	—	—
2.提取信托赔偿准备金	—	—	—	18 190 783.07	(18 190 783.07)	—	—

续表

合并所有者权益变动表	归属于母公司所有者权益					少数股东权益	合计
	实收资本	资本公积	盈余公积	一般风险准备	未分配利润		
3.提取一般风险准备	—	—	—	14 802 378.59	(14 802 378.59)	—	—
4.对股东的分配	—	—	—	—	(73 956 200.00)	(2 500 000.00)	(76 456 200.00)
三、2023年12月31日余额	5 000 000 000.00	20 158 075.43	1 273 697 496.10	2 431 930 945.97	2 795 677 363.21	297 839 591.87	11 819 303 472.58

法定代表人：陈赤　　　　　主管会计工作负责人：李正斌　　　　　会计机构负责人：马东开

合并所有者权益变动表（续）

编制单位：中铁信托有限责任公司　　　2022年度　　　单位：元

项目	归属于母公司所有者权益					少数股东权益	合计
	实收资本	资本公积	盈余公积	一般风险准备	未分配利润		
一、2021年12月31日余额	5 000 000 000.00	15 563 200.00	1 190 412 992.60	2 129 146 879.48	2 600 320 584.89	271 315 655.48	11 206 759 312.45
二、本年增减变动金额	—	—	—	—	—	—	—
（一）净利润	—	—	—	—	581 295 870.93	26 425 060.11	607 720 931.04
（二）其他综合收益	—	—	—	—	—	—	—
（三）股份支付计入权益的金额	—	2 242 721.31	—	—	—	—	2 242 721.31
（四）利润分配							
1.提取盈余公积	—	—	64 984 068.05	—	(64 984 068.05)	—	—
2.提取信托赔偿准备金	—	—	64 984 068.05	—	(64 984 068.05)	—	—
3.提取一般风险准备	—	—	—	204 806 836.78	(204 806 836.78)	—	—
4.对股东的分配	—	—	—	—	(155 193 300.00)	(17 500 000.00)	(172 693 300.00)
三、2022年12月31日余额	5 000 000 000.00	17 805 921.31	1 255 397 060.65	2 398 937 784.31	2 691 648 182.94	280 240 715.59	11 644 029 664.80

法定代表人：陈赤　　　　　主管会计工作负责人：李正斌　　　　　会计机构负责人：马东开

公司所有者权益变动表

编制单位：中铁信托有限责任公司　　　2023年度　　　单位：元

项目	实收资本	资本公积	盈余公积	一般风险准备	未分配利润	合计
一、2022年12月31日余额	5 000 000 000.00	17 805 921.31	1 257 033 412.85	1 966 356 954.54	2 582 818 286.53	10 824 014 575.23
会计政策变更	—	—	109 652.38	—	986 871.42	1 096 523.80
2023年1月1日年初余额	5 000 000 000.00	17 805 921.31	1 257 143 065.23	1 966 356 954.54	2 583 805 157.95	10 825 111 099.03
二、本年增减变动金额	—	—	—	—	—	—
（一）净利润	—	—	—	—	181 907 830.66	181 907 830.66
（二）其他综合收益	—	—	—	—	—	—
（三）股份支付计入权益的金额	—	2 352 154.12	—	—	—	2 352 154.12
（四）利润分配						
1.提取盈余公积	—	—	18 190 783.07	—	(18 190 783.07)	—
2.提取信托赔偿准备金	—	—	18 190 783.07	—	(18 190 783.07)	—
3.提取一般风险准备	—	—	—	(25 407 629.44)	25 407 629.44	—
4.对股东的分配	—	—	—	—	(73 956 200.00)	(73 956 200.00)
三、2023年12月31日余额	5 000 000 000.00	20 158 075.43	1 275 333 848.30	1 959 140 108.17	2 680 782 851.91	10 935 414 883.81

法定代表人：陈赤　　　　　主管会计工作负责人：李正斌　　　　　会计机构负责人：马东开

公司所有者权益变动表（续）

编制单位：中铁信托有限责任公司　　　2022年度　　　单位：元

项目	实收资本	资本公积	盈余公积	一般风险准备	未分配利润	合计
一、2021年12月31日余额	5 000 000 000.00	15 563 200.00	1 192 049 344.80	1 741 003 914.26	2 378 508 014.32	10 327 124 473.38
二、本年增减变动金额	—	—	—	—	—	—

续表

项目	实收资本	资本公积	盈余公积	一般风险准备	未分配利润	合计
（一）净利润	—	—	—	—	649 840 680.54	649 840 680.54
（二）其他综合收益	—	—	—	—	—	—
（三）股份支付计入权益的金额	—	2 242 721.31	—	—	—	2 242 721.31
（四）利润分配	—	—	—	—	—	—
1.提取盈余公积	—	—	64 984 068.05	—	（64 984 068.05）	—
2.提取信托赔偿准备金	—	—	—	64 984 068.05	（64 984 068.05）	—
3.提取一般风险准备	—	—	—	160 368 972.23	（160 368 972.23）	—
4.对股东的分配	—	—	—	—	（155 193 300.00）	（155 193 300.00）
三、2022年12月31日余额	5 000 000 000.00	17 805 921.31	1 257 033 412.85	1 966 356 954.54	2 582 818 286.53	10 824 014 575.23

法定代表人：陈赤　　　　　　　主管会计工作负责人：李正斌　　　　　　　会计机构负责人：马东开

5.2 信托资产

5.2.1 信托项目资产负债汇总表

信托项目资产负债汇总表

编制单位：中铁信托有限责任公司　　　　　　2023年12月31日　　　　　　单位：万元

信托资产	期初数	期末数	信托负债和信托权益	期初数	期末数
信托资产	—	—	信托负债	—	—
货币资金	138 102	1 176 003	交易性金融负债	—	323 308
拆出资金	—	—	应付受托人报酬	—	32 510
交易性金融资产	2 115 756	13 048 820	应付保管费	—	1 051
买入返售金融资产	71 398	706 909	应付受益人收益	—	—
应收款项	6 078 613	14 731 745	其他应付款项	218 598	448 912
发放贷款	7 979 899	6 687 052	应交税费	9 278	11 875
可供出售金融资产	6 868 669	—	应付销售服务费	—	—
持有至到期投资	105 364	—	其他负债	—	—
长期应收款	—	—	信托负债合计	227 876	817 656
长期股权投资	6 737 003	5 275 389	信托权益	—	—
固定资产	—	—	实收信托	29 569 543	40 363 661
无形资产	—	—	资本公积	—	—
长期待摊费用	—	—	其他综合收益	—	156 272
其他资产	（6 094）	13 817	未分配利润	291 291	302 146
信托资产总计	30 088 710	41 639 735	信托权益合计	29 860 834	40 822 079
			信托负债及信托权益总计	30 088 710	41 639 735

法人代表：陈赤　　　　　　　信托财务部负责人：吉丽丽　　　　　　　制表：曹庭瑜

5.2.2 信托项目利润及利润分配汇总表

信托项目利润及利润分配表

编制单位：中铁信托有限责任公司　　　2023年　　　单位：万元

项目	本期数	上期数
一、营业收入	1 648 667	1 277 480
利息收入	607 555	387 480
投资收益	781 008	667 725
公允价值变动收益	42 419	159 091
其他收入	217 685	63 184
二、营业支出	148 557	99 605
三、扣除资产减值准备前的信托利润	1 500 110	1 177 875

续表

项目	本期数	上期数
减：资产减值损失	430	38 662
四、扣除资产减值准备后的信托利润	1 499 680	1 139 213
五、损益平准金	—	—
六、综合收益	1 499 680	1 139 213
加：期初未分配利润	291 291	22 374
七、可供分配的信托利润	1 790 971	1 161 587
减：本期已分配信托利润	1 488 825	870 296
八、期末未分配信托利润	302 146	291 291

法人代表：陈赤　　　信托财务部负责人：吉丽丽　　　制表：曹庭瑜

6. 会计报表附注

6.1 简要说明报告年度会计报表编制基准、会计政策、会计估计和核算方法发生的变化

本公司本年度无报表编制基础、会计估计、核算方法的变化。

重要会计政策变更：财政部于2022年颁布了《关于印发〈企业会计准则〈释第16号〉的通知》（以下简称解释16号）。本公司自2023年1月1日起执行解释16号中有关单项交易产生的资产和负债相关递延所得税不适用初始确认豁免的会计处理规定，并采用追溯调整法处理，相应调整2022年年初留存收益及其他相关财务报表项目，2022年度的比较财务报表已相应重列，具体影响如下表所示。

会计政策变更的内容和原因	受影响的报表项目名称	影响金额 2022年1月1日 合并	公司
针对租赁期开始日初始确认租赁负债并计入使用权资产的租赁交易而产生的等额可抵扣暂时性差异和应纳税暂时性差异，本集团及本公司相应确认为递延所得税资产和递延所得税负债	递延所得税资产 递延所得税负债 未分配利润 盈余公积	16 214 020.47 （14 269 638.24） （1 807 716.30） （136 665.93）	10 043 967.57 （8 677 308.16） （1 229 993.48） （136 665.93）
会计政策变更的内容和原因	受影响的报表项目名称	2022年12月31日 合并	公司
—	递延所得税资产 递延所得税负债 未分配利润 盈余公积	20 863 610.80 （19 088 698.07） （1 665 260.35） （109 652.38）	9 442 831.49 （8 346 307.69） （986 871.42） （109 652.38）
—	所得税费用	169 469.50	270 135.61

除上述受影响的报表项目外，执行解释16号的规定对2022年1月1日及2022年12月31日的其他报表项目没有影响。

6.2 或有事项说明

截至2023年12月31日，本年度公司固有业务无重大诉讼事项。

6.3 重要资产转让及其出售的说明

本年无重要资产转让及出售事宜。

6.4 会计报表中重要项目的明细资料

6.4.1 自营资产经营情况

6.4.1.1 按信用风险五级分类结果披露信用风险资产的期初数、期末数

信用风险资产五级分类	正常类（万元）	关注类（万元）	次级类（万元）	可疑类（万元）	损失类（万元）	信用风险资产合计（万元）	不良合计（万元）	不良率（％）
期初数	1 560 853	40 716	120 862	—	—	1 722 431	120 862	7.02
期末数	1 433 461	41 587	70 852	44 932	7 919	1 598 751	123 703	7.74

注：不良资产合计=次级类+可疑类+损失类。

6.4.1.2 各项资产减值损失准备的期初、本期计提、本期转回、本期核销、期末数；贷款的一般准备、专项准备和其他资产减值准备应分别披露

单位：万元

项目	期初数	本期计提	本期转回	本期转销	期末数
贷款损失准备	—	—	—	—	—
一般准备	—	—	—	—	—
专项准备	—	—	—	—	—
其他资产减值准备	207 299	19 760	6 793	34 659	185 607
可供出售金融资产减值准备	—	—	—	—	—
持有至到期投资减值准备	—	—	—	—	—
长期股权投资减值准备（并表结构化主体）	103 657	3 447	—	25 648	81 456
坏账准备	35 914	3 132	—	—	39 046
投资性房地产减值准备	—	—	—	—	—

6.4.1.3 自营股票投资、基金投资、债券投资、股权投资等投资业务的期初数、期末数

单位：万元

项目	自营股票	基金	债券	长期股权投资
期初数	74 253	70 162	—	101 373
期末数	76 496	90 229	—	109 164

6.4.1.4 按投资入股金额排序，前五名的自营长期股权投资的企业名称、占被投资企业权益的比例、主要经营活动及投资收益情况等（从大到小顺序排列）

企业名称	占被投资企业权益的比例（%）	主要经营活动	投资收益（万元）
1.中国信托业保障基金有限责任公司	4.35	其他金融业	2 700
2.宝盈基金管理有限公司	75.00	基金管理	750
3.上海中胜达资产管理有限公司	30.00	资本投资	291
4.富滇银行股份有限公司	0.75	银行金融业	100

6.4.1.5 前五名的自营贷款的企业名称、占贷款总额的比例和还款情况等（从大到小顺序排列）

无。

6.4.1.6 表外业务的期初数、期末数；按照代理业务、担保业务和其他类型表外业务分别披露

单位：万元

表外业务	期初数	期末数
担保业务	—	—
代理业务（委托业务）	—	—
其他	—	—
合计	—	—

6.4.1.7 公司当年的收入结构

收入结构	金额（万元）	占比（%）
手续费及佣金收入	128 388	90.06
利息收入	341	0.24
其他业务收入	—	—
投资收益	13 826	9.70
营业外收入	4	—
收入合计	142 559	100.00

6.4.2 信托资产管理情况

6.4.2.1 信托资产的期初数、期末数

单位：万元

信托资产	期初数	期末数
集合	12 760 754	18 852 457
单一	6 388 227	4 484 990
财产权	10 939 729	18 302 288
合计	30 088 710	41 639 735

6.4.2.1.1 主动管理型信托业务期初数、期末数。按照投资类、融资类、事务管理类分别披露

单位：万元

主动管理型信托资产	期初数	期末数
投资类	10 672 310	15 538 680
融资类	4 234 485	4 155 043
事务管理类	—	—
合计	14 906 795	19 693 723

6.4.2.1.2 被动管理型信托业务期初数、期末数。按照投资类、融资类、事务管理类分别披露

单位：万元

被动管理型信托资产	期初数	期末数
投资类	—	—
融资类	—	—
事务管理类	15 181 915	21 946 012
合计	15 181 915	21 946 012

6.4.2.2 本年度已清算结束的信托项目个数、实收信托合计金额、加权平均实际年化收益率

6.4.2.2.1 本年度已清算结束的集合类、单一类资金信托项目和财产管理类信托项目个数、金额、加权平均实际年化收益率

已清算结束信托项目	项目个数（个）	合计金额（万元）	加权平均实际年化收益率（%）
集合类	154	3 366 815	5.55
单一类	62	2 618 403	5.49
财产管理类	25	2 170 988	5.85

6.4.2.2.2 本年度已清算结束的主动管理型信托项目个数、合计金额、加权平均实际年化收益率。按照投资、融资、事务管理类分别披露

已清算结束信托项目	项目个数（个）	合计金额（万元）	信托报酬率（%）	加权平均实际年化收益率（%）
投资类	150	3 436 664	0.38	5.15
融资类	49	1 218 152	0.43	6.22
事务管理类	—	—	—	—

6.4.2.2.3 本年度已清算结束的被动管理型信托项目个数、合计金额、加权平均实际年化收益率，按照投资、融资、事务管理类分别披露

单位：万元

已清算结束信托项目	项目个数（个）	合计金额（万元）	信托报酬率（%）	加权平均实际年化收益率（%）
投资类	—	—	—	—
融资类	—	—	—	—
事务管理类	42	3 501 390	0.03	5.76

6.4.2.3 本年度新增的集合类、单一类和财产管理类信托项目个数、合计金额

新增信托项目	项目个数（个）	合计金额（万元）
集合类	254	16 193 811
单一类	209	870 374
财产管理类	104	9 846 656
新增合计	567	26 910 841
其中：主动管理型	262	16 288 193
被动管理型	305	10 622 648

6.4.2.4 本公司履行受托人义务情况及因本公司自身责任而导致的信托资产损失情况（合计金额、原因等）

本公司作为信托项目的受托人，严格按照《中华人民共和国信托法》《信托公司管理办法》《信托公司集合资金信托计划管理办法》等法律法规的规定及信托合同等文件的约定，恪尽职守、诚实、信用、谨慎、有效地管理信托财产，严格履行受托人的义务，为受益人的最大利益处理信托事务，公平、公正地处置信托财产。本年度没有因本公司自身责任而导致的信托资产损失。

6.5 关联方关系及其交易的披露

6.5.1 关联交易方的数量、关联交易的总金额及关联交易的定价政策

项目	关联交易方数量	关联交易金额（万元）	定价政策
合计	39	44 650.63	均根据一般正常的交易条件进行，并以市场价格作为定价依据，按公允价格定价关联方交易

6.5.2 关联交易方与本公司的关系性质、关联交易方的名称、法定代表人、注册地址、注册资本及主营业务等

关系性质	关联方名称	法定代表人	注册地址	注册资本（万元）	主营业务	经济性质
合并子公司	宝盈基金管理有限公司	严震	深圳市福田区深圳特区报业大厦第15层	10 000.00	发起设立基金，基金管理业务	国有企业
其他关联方	四川省金融科技学会	王博	四川省成都市天府新区湖畔路西段123号4栋1单元1层	10.00	开展有关金融科技的调查、研究，普及知识，学术交流	社会组织
控股股东控制的公司	中铁北京工程局集团有限公司	张卫红	北京市门头沟区石龙经济开发区永安路20号3号楼A-7943室（集群注册）	320 000.00	承接房屋建筑工程等业务	国有企业
控股股东控制的公司	中国铁工投资建设集团有限公司	张学军	北京市顺义区正元大街2号院4号楼-1至9层101内8层808室	500 000.00	施工总承包、专业承包等	国有企业
控股股东控制的公司	中铁电气化局集团有限公司	豆保信	北京市丰台区丰台路口139号202室	440 928.00	工程设计，施工总承包，专业承包等	国有企业
控股股东控制的公司	中铁国际集团有限公司	毕彦春	北京市门头沟区石龙经济开发区永安路20号3号楼一层107室	250 000.00	房地产开发；施工总承包；专业承包；投资及投资管理；矿产资源技术开发、技术转让、技术咨询、技术服务；技术进出口、货物进出口、代理进出口等业务	国有企业
控股股东控制的公司	中铁建工集团有限公司	王玉生	北京市丰台区南四环西路128号诺德中心1号楼	1 039 143.00	基建建设、房地产开发与经营、工程设备和零部件制造等	国有企业
控股股东	中国中铁股份有限公司	陈云	北京市海淀区复兴路69号中国中铁广场	2 457 092.93	基建建设、工程设备和零部件制造、房地产开发及其他业务	国有企业
控股股东控制的公司	中铁投资集团有限公司	韦国	北京市丰台区星火路9号1幢309室	500 000.00	建设工程施工；房地产开发经营；城市公共交通等	国有企业
控股股东控制的公司	中铁装配式建筑股份有限公司	安振山	北京市房山区窦店镇普安路87号	24 591.23	技术服务、技术开发等	国有企业
控股股东控制的公司	中铁六局集团有限公司	刘胜尧	北京市海淀区万寿路2号	220 000.00	许可项目：建设工程施工；建设工程勘察；建设工程设计；公路管理与养护；检验检测服务；建设工程质量检测；爆破作业；道路货物运输等业务	国有企业
控股股东控制的公司	中铁物贸集团有限公司	黄怀朋	北京市门头沟区石龙经济开发区永安路20号3号楼A-3604室	300 000.00	销售钢材、水泥、水泥制品、建筑材料、机械电器设备、电子产品、通信器材、五金交电、日用品、化工产品等业务	国有企业
控股股东控制的公司	中铁三局集团有限公司	郝刚	山西省太原市迎泽区迎泽大街269号	521 399.06	建筑施工、建设工程；可承担各种类型工业、能源、交通、水利、环保、建筑等建设工程的施工总承包等业务	国有企业
控股股东控制的公司	中铁九局集团有限公司	张文杰	沈阳市沈河区敬宾街3-1号	250 000.00	铁路、公路、市政、房屋建筑、水利水电、隧道、桥梁、城市轨道交通、钢结构、土石方、铺架、土木工程建筑、信号、通信线路安装	国有企业

续表

关系性质	关联方名称	法定代表人	注册地址	注册资本（万元）	主营业务	经济性质
控股股东控制的公司	中铁上海工程局集团有限公司	王建营	上海市江场三路278号	230 000.00	高速铁路、城市轨道交通、高速公路、市政水务环保、建筑安装和投资业务等	国有企业
控股股东控制的公司	中铁四局集团有限公司	刘勃	安徽省合肥市包河区望江东路96号	827 269.94	基建建设及其他业务	国有企业
控股股东控制的公司	中铁十局集团有限公司	朱卫东	山东省济南市高新技术产业开发区舜泰广场7号楼	380 000.00	承包国外工程项目，铁路工程、房屋建筑工程，房屋租赁、物业管理及其他业务	国有企业
控股股东控制的公司	中铁发展投资有限公司	李春林	山东省青岛市市北区敦化路383号中铁青岛广场A座1703室	500 000.00	股权投资；建设项目管理；工程总承包服务；土地整理服务；土地开发服务；商业运营管理；建筑工程咨询；机械设备租赁等业务	国有企业
控股股东控制的公司	中铁七局集团有限公司	师建军	郑州市航海东路1225号	261 181.00	建设工程施工，房屋建筑和市政基础设施项目工程总承包及其他业务	国有企业
控股股东控制的公司	中铁隧道局集团有限公司	高伟	广州市南沙区明珠湾起步区工业四路西侧自编2号	400 000.00	基建建设及其他业务	国有企业
控股股东控制的公司	中铁大桥局集团有限公司	张敏	武汉市汉阳区汉阳大道38号	427 845.26	铁路、公路、市政公用工程施工总承包特级资质等业务	国有企业
控股股东控制的公司	中铁广州工程局集团有限公司	袁敏	广州市南沙区进港大道582号1号楼	230 000.00	普通机械设备安装服务；体育场地设施工程施工；园林绿化工程施工等	国有企业
控股股东控制的公司	中铁南方投资集团有限公司	王伟	深圳市南山区中心路3333号中铁大厦	500 000.00	项目投资、建设项目管理、基础设施建设、房地产开发、设计咨询、工程咨询、股权投资及其他业务	国有企业
控股股东控制的公司	四川中铁交通成达建设投资有限公司	聂鸿	四川省宜宾市临港经济开发区临港大道17号	50 000.00	建筑业的投资建设、施工总承包等	国有企业
控股股东控制的公司	中铁城市发展投资集团有限公司	杨林浩	四川省成都市天府新区宁波路东段377号中铁卓越中心	500 000.00	建设项目管理及运营，公路工程施工等	国有企业
控股股东控制的公司	中铁八局集团有限公司	李新远	成都市金牛区金东科路68号	590 605.63	建筑施工、工程勘察设计、投资及管理、工业设备制造、房地产开发等业务	国有企业
控股股东控制的公司	中铁二局集团有限公司	汪海旺	成都市金牛区通锦路16号	769 292.04	基建建设、房地产开发以及其他业务	国有企业
控股股东控制的公司	中铁成都投资发展有限公司	张强	四川省成都金牛高新技术产业园区金凤凰大道666号5号楼7层701单元718室	20 000.00	项目投资（不得从事非法集资、吸收公众资金等金融活动）；工程管理服务	国有企业
控股股东控制的公司	中铁崇州市政工程有限公司	赵碧云	四川省崇州市崇阳街道永安路19号4栋5层1号	3 000.00	项目投资，设计咨询工程管理及服务，建筑安装工程	国有企业
控股股东控制的公司	中铁四川生态城投资有限公司	吴俊	仁寿县黑龙滩镇铁门社区远程大道66号	50 000.00	文化旅游、文化娱乐等投资；基础设施投资；房地产投资；新能源、新材料、新工艺投资等	国有企业
控股股东控制的公司	四川中铁交通成达建设投资有限公司	聂鸿	四川省宜宾市临港经济开发区临港大道17号	50 000.00	建筑业的投资建设、施工总承包等	国有企业
控股股东控制的公司	中铁五局集团有限公司	蒲青松	四川省宜宾市临港经济开发区临港大道17号	50 000.00	建筑业的投资建设、施工总承包等	国有企业
控股股东控制的公司	中铁贵州旅游文化发展有限公司	沈琦文	贵州省黔南州龙里县冠山街道体育路	60 000.00	建筑材料、装饰材料、预制构件、五金交电、汽车配件、陶瓷、家具的批零兼营；城市公共交通投资经营等业务	国有企业
控股股东控制的公司	中铁开发投资集团有限公司	陈安惠	云南省昆明市呈贡区彩云南路中铁大厦	500 000.00	投融资（不含互联网金融）；各类工程建设活动等	国有企业
控股股东控制的公司	中铁一局集团有限公司	李学民	陕西省西安市碑林区雁塔北路1号	636 601.09	基建建设及其他业务	国有企业
控股股东控制的公司	中铁二局房地产集团有限公司	孙晓明	成都市金牛区马家花园路2号	100 000.00	市政基础设施投资，物业管理等	国有企业
控股股东控制的公司	中铁文化旅游投资集团（成都）健康产业有限公司	张永红	成都市郫都区友爱街道春台村平安路188号	20 000.00	健康咨询服务，养老服务等	国有企业

续表

关系性质	关联方名称	法定代表人	注册地址	注册资本（万元）	主营业务	经济性质
控股股东控制的公司	中铁五局集团建筑工程有限责任公司	杨明鑫	贵州省贵阳市南明区八达巷15号	101 000.00	工程管理服务，对外承包工程，土石方工程施工等	国有企业
控股股东控制的公司	中铁文旅集团贵阳投资发展有限公司	江泽建	贵州省贵阳市花溪区青高路3号	60 000.00	城市基础设施投资、建设，工程装备等	国有企业

6.5.3 本公司与关联方的重大交易事项

6.5.3.1 固有财产与关联方交易情况：贷款、投资、租赁、应收账款、担保、其他方式等期初汇总数、本期借方和贷方发生额汇总数、期末汇总数

固有与关联方关联交易　　　　　　　　　单位：万元

项目	期初数	借方发生额	贷方发生额	期末数
贷款	—	—	—	—
投资	40 000.00	—	120.00	39 880.00
租赁				
担保				
应收款项				
其他	—	10.00		10.00
合计	40 000.00	10.00	120.00	39 890.00

6.5.3.2 信托与关联方交易情况：贷款、投资、租赁、应收账款、担保、其他方式等期初汇总数、本期借方和贷方发生额汇总数、期末汇总数

信托与关联方关联交易　　　　　　　　　单位：万元

项目	期初数	借方发生额	贷方发生额	期末数
贷款	—	—	—	—
投资	—	—	—	—
租赁				
担保	—	—	—	—

续表

项目	期初数	借方发生额	贷方发生额	期末数
应收款项	—	—	—	—
其他	4 670.56	126.67	1 126.75	5 760.63
合计	4 670.56	126.67	1 126.75	5 760.63

注：按照监管机构发布的《银行保险机构关联交易管理办法（中国银行保险监督管理委员会令2022年第1号）》以及相关释义文件，公司在2023年第一季度修订了《中铁信托有限责任公司关联交易管理办法》，明确了公司关联交易的类型以及关联交易金额的计算方式，因此，期初金额根据该办法进行了修订调整。

6.5.3.3 信托公司自有资金运用于自己管理的信托项目（固信交易）、信托公司管理的信托项目之间的相互（信信交易）交易金额，包括余额和本报告年度的发生额

6.5.3.3.1 固有与信托财产之间的交易金额期初汇总数、本期发生额汇总数、期末汇总数

固有财产与信托财产相互交易　　　　　　单位：万元

项目	期初数	本期发生额	期末数
合计	1 132 615.30	−73 003.17	1 059 612.13

6.5.3.3.2 信托项目间的交易金额期初汇总数、本期发生额汇总数、期末汇总数

信托资产与信托财产相互交易　　　　　　单位：万元

项目	期初数	本期发生额	期末数
合计	586 400.00	−333 580.00	252 820.00

6.5.3.4 报告期内重大关联交易事项

交易主体	关联交易方	交易方式	交易内容	交易金额（万元）	定价原则	是否存在逾期未偿还情况	关联交易控制委员会的意见	独立董事发表意见
宝盈货币市场证券投资基金（B类）	宝盈基金管理有限公司	投资	固有财产认购关联方管理的金融产品	39 880.00	按公允价格定价关联交易	否	同意	同意

注：2023年公司按照自有资金头寸管理的相关规定，按期对该笔交易履行了内部审批相关程序。

6.5.4 关联方逾期未偿还本公司资金的详细情况以及本公司为关联方担保发生或即将发生垫款的详细情况

无。

6.6 会计制度的披露

本财务报表按照财政部于2006年2月15日及以后期间颁布的《企业会计准则——基本准则》、各项具体会计准则及相关规定（合称企业会计准则）编制。

7.财务情况说明书

7.1 利润实现和分配情况

2022年末，母公司未分配利润258 282万元，根据财政部于2022年颁布了《关于印发〈企业会计准则解释第

16号〉的通知》，相应调整期初留存收益，2023年初未分配利润调整为258 380万元，2023年实现净利润18 191万元，按规定计提法定盈余公积1 819万元、一般风险准备-2 541万元、信托赔偿准备金1 819万元，分配股利7 396万元。综上，2023年末，母公司未分配利润268 078万元。

2022年末，公司合并未分配利润269 165万元，根据财政部于2022年颁布了《关于印发〈企业会计准则解释第16号〉的通知》，相应调整期初留存收益，2023年初未分配利润调整为269 331万元，2023年公司合并实现净利润24 760万元，其中实现合并归属母公司净利润22 751万元，按规定计提盈余公积1 819万元、一般风险准备1 480万元、信托赔偿准备金1 819万元，分配股利7 396万元。综上，2023年末，公司合并未分配利润279 568万元。

7.2 主要财务指标

指标名称	指标值
资本利润率（%）	1.67
信托报酬率（%）	0.23
人均净利润率（万元）	58

7.3 对本公司财务状况、经营成果有重大影响的其他事项

报告期内，公司未发生对财务状况、经营成果有重大影响的其他事项。

8. 特别事项揭示

8.1 前五名股东报告期内变动情况及原因

8.1.1 前五名股东变更

无。

8.1.2 控股股东变更

无。

8.2 董事、监事、高级管理人员变动情况及原因

8.2.1 董事变更

2023年10月，国家金融监督管理总局四川监管局核准舒军华先生中铁信托有限责任公司职工董事的任职资格，舒军华先生正式履行公司职工董事职责。

8.2.2 监事变更

2023年4月，经公司股东会2023年第一次会议审议通过，同意增补李平为中铁信托有限责任公司第六届监事会外部监事，原第六届监事会外部监事李强，不再履行外部监事职责。

8.2.3 法定代表人变更

无。

8.2.4 高级管理人员变更

2023年8月，国家金融监督管理总局四川监管局核准何茜女士中铁信托有限责任公司总经理助理的任职资格。

8.3 变更注册资本、变更注册地或公司名称、公司分立合并事项

本年度公司注册资本、注册地址、公司名称未发生变更，公司未发生分立合并事项。

其他变更：公司股东深圳市通乾投资股份有限公司（持股比例1.119%），于2023年8月22日经深圳市市场监督管理局批准，名称变更为深圳市通乾投资有限责任公司。

8.4 公司的重大诉讼事项

本年度公司固有业务无重大诉讼事项，公司信托业务存在重大诉讼3件，中铁信托胜诉2件，对方撤诉1件，均已在2023年内完结。

8.5 公司及其董事、监事和高级管理人员受到处罚的情况

报告期内，国家金融监督管理总局四川监管局向公司及公司相关人员出具了2份行政处罚决定书。

8.6 原银保监会及其派出机构对公司检查后提出整改意见的整改情况说明

无。

8.7 本年度重大事项临时报告的简要内容、披露时间、所披露的媒体及其版面

公司于2023年4月28日在《证券时报》8787期和《上海证券报》9840期进行了2022年年度报告摘要的公开信息披露。

8.8 本年度净资本管理情况

项目	期初余额	期末余额	监管标准
净资本（万元）	801 544.82	815 657.07	≥20 000
净资产（万元）	1 082 401.46	1 093 541.49	≥30 000
固有业务风险资本（万元）	169 133.21	158 730.37	—

续表

项目	期初余额	期末余额	监管标准
信托业务风险资本（万元）	205 512.62	211 751.49	—
其他业务风险资本（万元）	—	—	—
各项业务风险资本之和（万元）	374 645.83	370 481.86	—
净资本／各项业务风险资本之和（％）	213.95	220.16	≥100
净资本／净资产（％）	74.05	74.59	≥40

8.9 原银保监会及其省级派出机构认定的其他有必要让客户及相关利益人了解的重要信息

无。

9.公司监事会意见

公司监事会认为，本报告期内，董事会运作规范、决策合理、程序合法；公司董事、高管人员能够认真执行董事会、股东会决议，忠实履行诚信勤勉义务，未发现公司董事、高管人员在执行公司职务时有其他违反法律法规、公司章程或损害公司、股东、员工和信托受益人利益的行为；公司建立了较为完善的内部控制体系，并具有合法性、合理性和有效性；公司关联交易公平、公正，交易价格合理，未发现违规关联交易；公司财务报告真实地反映了公司财务状况和经营成果，聘请的会计师事务所出具的审计报告客观真实；公司严格执行信息披露相关规定，认真履行信息披露人的义务和责任，真实、准确、完整、及时披露公司应披露的信息。

中信信托有限责任公司

1.重要提示

1.1 本公司董事会及董事保证本报告所载资料不存在任何虚假记载、误导性陈述或者重大遗漏，并对其内容的真实性、准确性和完整性承担个别及连带责任。

1.2 本公司独立董事任淮秀、李曙光、陈武朝对年度报告内容的真实性、准确性、完整性无异议。

1.3 本公司董事长刘正均、总经理芦苇、主管会计工作的副总经理、董事会秘书涂一锴保证年度报告中财务报告的真实和完整。

2.公司概况

2.1 公司简介

2.1.1 公司的法定名称
中文：中信信托有限责任公司（缩写：中信信托）
英文：CITIC TRUST CO., LTD.

2.1.2 公司法定代表人：芦苇

2.1.3 公司注册地址：北京市朝阳区新源南路6号京城大厦
邮政编码：100004

公司互联网网址：https://www.citictrust.com.cn

2.1.4 公司负责信息披露事务的高级管理人员：涂一锴
办公电话：010-59902998
办公传真：010-84861380
电子信箱：djb@citictrust.com.cn

2.1.5 公司选定的信息披露报纸：《金融时报》《中国证券报》

2.1.6 年报备置地点：北京市朝阳区新源南路6号京城大厦

2.1.7 公司聘请的会计师事务所：信永中和会计师事务所（特殊普通合伙）
地址：北京市东城区朝阳门北大街8号富华大厦A座9层

2.1.8 公司聘请的律师事务所：北京市嘉源律师事务所
地址：北京市西城区复兴门内大街158号远洋大厦F408室

2.2 公司组织结构

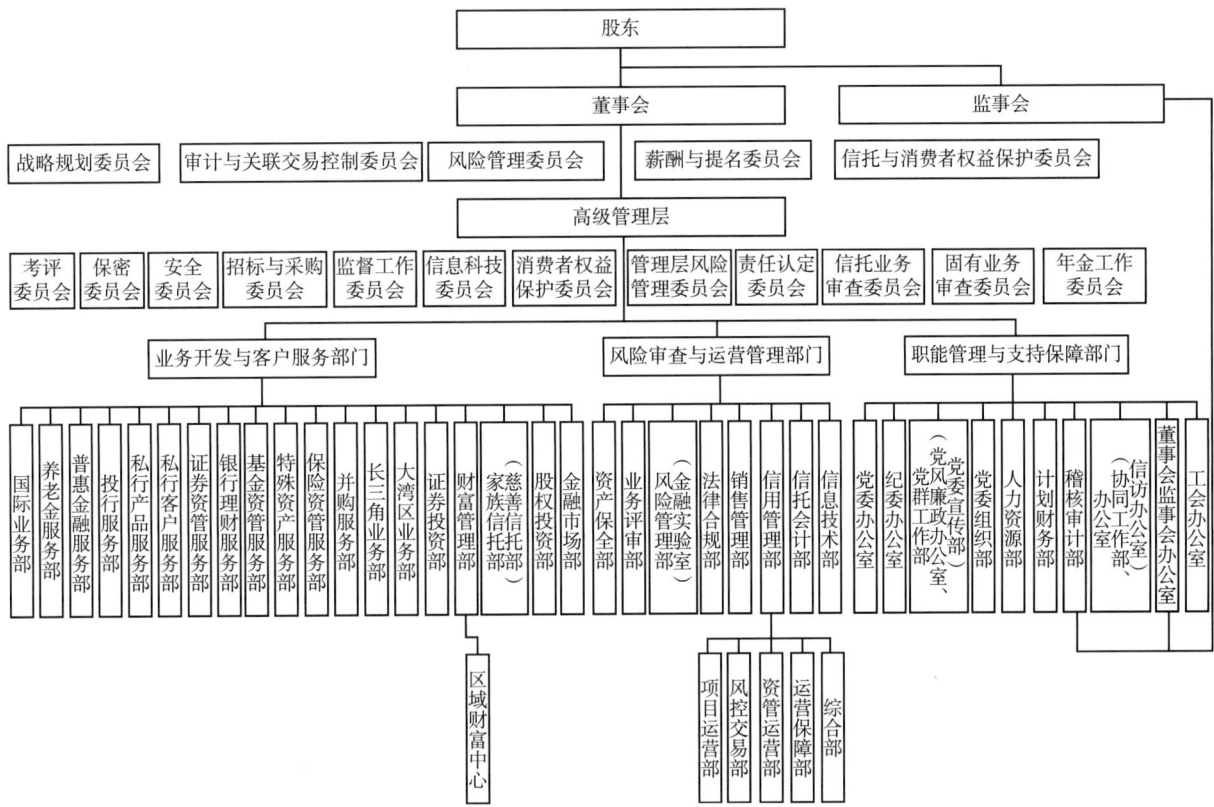

3.公司治理

3.1 公司治理结构

3.1.1 股东

股东名称	持股比例（%）	法定代表人	注册资本（亿元）	注册地址	主要经营业务及主要财务情况
中国中信金融控股有限公司	100	奚国华	338.00	北京市朝阳区光华路10号院1号楼中信大厦53层	企业总部管理；金融控股公司业务2023年末净资产为10 975亿元

注：2023年7月，本公司股东变更为中国中信金融控股有限公司，具体变更详见本报告"8.特别事项揭示"。中国中信金融控股有限公司是中国中信有限公司的全资子公司。中国中信集团有限公司为本公司最终实际控制人。

3.1.2 董事

董事长、董事

姓名	职务	性别	年龄（岁）	选任日期	所推举的股东名称	该股东持股比例（%）	简要履历
刘正均	董事长	男	58	2020年12月	中国中信有限公司	82.26	南开大学经济学博士，1988年7月参加工作，曾任审计署党组成员、法规司司长，现任中国中信集团有限公司党委委员、执行董事、副总经理，中国中信股份有限公司和中国中信有限公司执行董事、副总经理，中国中信金融资产管理股份有限公司党委书记、董事长等职务，同时担任本公司董事长
芦苇	副董事长	男	52	2023年6月	中国中信有限公司	82.26	澳大利亚迪肯大学会计学硕士，1994年7月参加工作，1997年1月入职中信银行，历任部门副总经理、部门总经理、香港分行筹备组副组长、中信银行董事会秘书、深圳分行党委书记、行长，中信银行党委委员、副行长。现任公司党委书记、副董事长、总经理

续表

姓名	职务	性别	年龄（岁）	选任日期	所推举的股东名称	该股东持股比例（%）	简要履历
岳学鲲	董事	男	57	2023年9月	中国中信有限公司	82.26	北京大学公共管理硕士，1989年7月参加工作，先后在国家国有资产管理局、财政部工作，曾任财政部机关党委综合处处长、机关工会主席、机关党委副书记、离退休干部局局长、党委书记。现任中国中信集团有限公司非执行董事，同时担任本公司董事
任霞	董事	女	55	2023年9月	中国中信有限公司	82.26	中国科学院工程硕士，1990年12月参加工作，先后在中国建设银行、国家开发银行工作，2007年11月入职中国中信集团有限公司，曾任战略发展部副总经理、中信欧洲控股有限公司执行董事、总经理。现任中国中信集团有限公司业务协同部副总经理，同时担任本公司董事
俞国容	董事	男	50	2021年12月	中国中信有限公司	17.74	上海财经大学工商管理硕士，1995年8月参加工作，先后在中信上海（集团）有限公司、中信华东（集团）有限公司、中信兴业投资集团有限公司就职，现任中信兴业投资集团有限公司副总经理，同时担任本公司董事

注：选任日期以监管机构核准日期为准。上述董事由公司原股东中国中信有限公司推荐，本公司股权划转至中国中信金融控股有限公司后，上述董事继续履职。

独立董事

姓名	职务	性别	年龄（岁）	选任日期	所推举的股东名称	该股东持股比例（%）	简要履历
任淮秀	独立董事	男	67	2023年7月	由原股东会选举产生	82.26	中国人民大学经济学博士，1985年7月于中国人民大学参加工作，先后担任工业经济学讲师、基本建设经济教研室主任、投资经济系副系主任、副教授，财政金融学院投资经济系主任、教授，财政金融学院副院长，现任财政金融学院教授、投资研究所所长
李曙光	独立董事	男	61	2023年7月	由原股东会选举产生	82.26	中国政法大学法学博士，1989年7月于中国政法大学参加工作，先后担任法律史研究所助理研究员、副研究员、教授，研究生院副院长、常务副院长、院长，现任法与经济学研究院院长
陈武朝	独立董事	男	54	2023年7月	由原股东会选举产生	82.26	清华大学管理学博士，1995年8月于中华会计师事务所参加工作；1998年10月入职清华大学经济管理学院任教师，现任清华大学经济管理学院副教授

注：选任日期以监管机构核准日期为准。上述董事由公司原股东会选举产生，本公司股权划转至中国中信金融控股有限公司后，上述董事继续履职。

3.1.3 监事

姓名	职务	性别	年龄（岁）	选任日期	所推举的股东名称	该股东持股比例（%）	简要履历
吕君芳	监事会主席	女	52	2013年10月	中国中信有限公司	82.26	浙江大学文学博士，1992年8月参加工作，先后在浙江教育学院、浙江工商大学、中信资产管理有限公司就职，2013年5月入职本公司，现任公司党委副书记、监事会主席
关颐	监事	男	55	2006年1月	中国中信有限公司	82.26	对外经济贸易大学毕业，1990年7月参加工作，先后在中国国际信托投资公司、中信集团就职，2006年1月任公司监事，现任中信海洋直升机股份有限公司财务总监
李东	监事	女	50	2015年10月	职工代表	—	中央财经大学经济学硕士，1994年7月参加工作并进入国家审计署，2013年11月入职本公司，现任公司纪委办公室主任

注：本届监事会未设立下属委员会。上述非职工监事由公司原股东中国中信有限公司推荐，本公司股权划转至中国中信金融控股有限公司后，上述监事继续履职。

3.1.4 高级管理人员

姓名	职务	性别	年龄（岁）	选任日期	金融从业年限（年）	学历	专业	简要履历
芦苇	总经理	男	52	2023年3月	27	硕士	会计学	澳大利亚迪肯大学会计学硕士，1994年7月参加工作，1997年1月入职中信银行，历任部门副总经理、部门总经理、香港分行筹备组副组长、中信银行董事会秘书，深圳分行党委书记、行长，中信银行党委委员、副行长。现任公司党委书记、副董事长、总经理
涂一锴	副总经理	男	47	2015年6月	22	硕士	企业管理	2002年4月参加工作并进入中信银行，2008年12月入职本公司，历任部门副总经理、部门总经理、业务总监，现任公司副总经理、董事会秘书

续表

姓名	职务	性别	年龄（岁）	选任日期	金融从业年限（年）	学历	专业	简要履历
刘小军	副总经理	男	47	2016年7月	21	硕士	金融学	2002年7月参加工作并进入中国建设银行，2006年4月入职本公司，历任部门副总经理、部门总经理、业务总监，现任公司副总经理
戴家凯	副总经理	男	51	2018年9月	30	硕士	工商管理	1992年7月参加工作并进入北京市粮食局，1993年11月入职本公司，历任部门副总经理、部门总经理、风险总监、财务总监，现任公司副总经理

注：本报告披露的董事、监事、高级管理人员以截至本报告出具日的实际任职情况为准，并已就报告期内的相关变动情况进行了披露。除董事、监事、高级管理人员外，其他披露信息以截至2023年12月31日信息为准。

3.1.5 公司员工

报告期末，公司职工人数为725人。

项目		2023年度		2022年度	
		人数（人）	比例（%）	人数（人）	比例（%）
年龄分布	25岁以下	6	1	2	1
	25~29岁	92	13	99	14
	30~39岁	403	55	411	58
	40岁及以上	224	31	192	27
性别分布	男	378	52	371	53
	女	347	48	333	47
学历分布	博士	18	2	20	3
	硕士	530	74	501	71
	本科	168	23	171	24
	专科	9	1	12	2
岗位分布	董事、监事及公司领导	15	2	17	2
	固有业务人员	34	5	26	4
	信托业务人员	604	83	582	83
	其他人员	72	10	79	11
合计		725	100	704	100

4.经营管理

4.1 经营愿景、目标、方针、战略规划

4.1.1 经营愿景

公司致力于成为国家放心、客户信赖、员工幸福的卓越信托公司。

4.1.2 经营目标

公司的经营目标为产品领先、能力领先、业务领先、效益领先、管理领先。

4.1.3 经营方针

公司立足于"大型金融机构综合服务商、实体企业综合金融方案解决者、地方政府综合信托合作者、信托特色财富管理受托人"的定位，聚焦"信托业务、固有业务、战略投资、财富管理"，以信托资产管理为主业，以服务客户为中心，以资本充足为基石，以优秀人才队伍为驱动，以金融科技为载体，以价值创造和风险管理为目标，充分利用中信金控平台优势加强协同创新，依法合规稳健经营，做到"敢于竞争、长于特色、精于组织、快于对手、高于目标"，持续推动公司高质量发展。

4.1.4 战略规划

公司坚持创新、协调、绿色、开放、共享的新发展理念，秉承"无边界服务、无障碍运行，有炽热情怀、有责任担当"的核心价值理念，以"实体经济的助推器、人民财富的守护者、信托服务的践行人"为发展使命，遵循信托行业发展规律，主动适应市场变化，持续优化业务结构，强化综合金融服务能力，加强业务精细化管理保障，推进数字化转型，切实提升消保工作质效，努力保持行业领先地位。

4.2 经营业务

公司经营业务：信托业务、固有业务和专业子公司资产管理业务。报告期内，公司根据国家产业政策导向和监管机构信托业务"三分类"新规指引，立足信托制度优势及功能定位，优化生产组织架构，深耕专业领域，保持稳健的经营业绩：公司实现营业总收入49.76亿元，其中，手续费及佣金收入25.14亿元，净利润26.28亿元，上缴国家各项税费21.09亿元。

4.2.1 信托业务

信托业务是指公司作为受托人，按照委托人的意愿，基于受益人利益或特定目的，对信托财产进行管理、处分的业务。2023年末，公司信托资产余额为20 593亿元。报告期内，公司新增信托项目1 772个，实收信托8 777亿元；为受益人分配信托收益148亿元。信托资产中主动管理型信托资产规模占比47%，涵盖工商企业、基础设施、金融市场等领域。

4.2.1.1 资产服务信托

该业务是指信托公司依据信托法律关系，接受委

托人委托，并根据委托人需求为其量身定制财富规划以及代际传承、托管、破产隔离和风险处置等专业信托服务。截至期末，中信信托资产服务信托规模11 909.38亿元，在规模稳步上升的同时，呈现出诸多亮点与特色：

在财富管理服务信托领域，公司已深耕9年，家族信托和保险金信托在受托规模、客户数量、创新服务等多个核心维度上，稳居行业领先水平；针对企业家客群，公司围绕中信金控"中信企业家办公室"倡导的"人、家、企、社"四个维度，打造了以信托架构为基础的家办综合服务体系；公司积极践行信托业务分类新规指引，开展家庭服务信托、特殊需求信托、其他个人财富管理信托、法人及非法人组织财富管理信托等业务。在行政管理服务信托领域，公司作为年金行业中唯一的信托型受托人，持续推进企业/职业年金服务信托业务，公司年金受托管理总资产规模717.86亿元；正式承接中信集团企业年金计划，创设中信首支全牌照企业年金集合计划；在受托广东、浙江、辽宁职业年金业务基础上，中标承接广西职业年金计划，极大提升了公司在年金领域的市场影响力和行业竞争力。在资产证券化服务信托领域，公司中标多家银行信贷资产证券化受托人；持续拓展企业资产证券化业务，成功落地交易所市场首单拆包续期的企业资产证券化服务信托项目。在风险处置服务信托领域，公司稳步推进海航集团破产重整专项服务信托项目运营，成功中标多家大型机构风险化解服务信托，存续业务规模位居行业首位。

4.2.1.2 资产管理信托

该业务是指信托公司依据信托法律关系，销售信托产品，并为信托产品投资者提供投资和管理金融服务的自益信托。

截至期末，中信信托资产管理信托规模为7 502.87亿元。期内，公司持续提升资产管理、投资研究、运营服务等多方面专业能力，构建以固定收益类信托计划为主，涵盖权益类信托计划、混合类信托计划等不同风险和收益特征的产品线。在资金端，积极满足个人客户与机构客户的理财需求；在资产端，通过制定实施《大政方针类业务推进方案》，积极鼓励并确保资金以合规方式投入实体经济。在主动管理证券投资领域，公司自主决策的"中信信托·睿信稳健配置TOF金融投资集合资金信托计划"第四次荣获《上海证券报》和中国证券网联合评选的"诚信托·最佳证券投资信托产品奖"。

4.2.1.3 公益慈善信托

该业务是委托人基于公共利益目的，依法将其财产委托给信托公司，由信托公司按照委托人意愿以信托公司名义进行管理和处分，开展公益慈善活动的信托业务。

报告期内，中信信托新增备案慈善信托三单，追加认购一单，实收信托规模新增1.12亿元。截至期末，公司慈善信托累计备案规模10.53亿元，业务规模及发展质量保持行业领先。"中信信托·2021芳梅教育慈善信托"在2023年荣获民政部第十二届"中华慈善奖"；年内备案"中信信托·2023信行远捐赠者建议慈善信托"，是慈善信托新模式的有益探索，使捐赠者的慈善捐赠更有计划、更有体系、更加灵活。

报告期末，公司信托资产运用与分布如下表所示。

资产运用	金额（万元）	占比（%）	资产分布	金额（万元）	占比（%）
货币资产	9 501 645.88	4.61	基础产业	13 753 218.31	6.68
拆出资金	1 206 724.04	0.59	房地产	13 247 568.31	6.43
发放贷款	36 213 536.01	17.59	证券市场	31 054 761.21	15.08
交易性金融资产	137 273 018.37	66.66	工商企业	102 325 188.28	49.69
债权投资	19 511 650.45	9.47	金融机构	28 504 373.96	13.84
长期股权投资	15 753.47	0.01	其他	17 048 378.13	8.28
其他	2 211 159.98	1.07			
信托资产总计	205 933 488.20	100.00	信托资产总计	205 933 488.20	100.00

4.2.2 固有业务

固有业务的展业原则是在净资本覆盖率和杠杆率的约束下，优化资产配置，实现固有资产增值目标，并支持信托业务及子公司业务发展。2023年，在公司高质量转型发展战略引导下，固有资金继续发力标品投资业务并不断提高投资效率，调整配置策略，优化投资结构，加大债券类资产和一级市场股权投资配置力度，固收类资产占比大幅提升，公司获得了较丰厚的债券投资收益。

报告期末，公司本部固有资产总额382亿元，同比下降2%。

资产运用	金额（万元）	占比（%）	资产分布	金额（万元）	占比（%）
货币资产	56 271.04	1	基础产业及实业	213 704.44	6
发放贷款和垫款	66 315.05	2	房地产业	405 830.37	11
买入返售金融资产	—	—	证券市场	1 858 819.97	49
交易性金融资产	2 239 554.48	59	金融机构	724 922.77	19
债权投资	524 404.30	14	其他	614 470.70	15
其他权益工具投资	213 373.43	6	—	—	—
长期股权投资	379 611.78	10	—	—	—
其他	338 218.18	8			
资产总计	3 817 748.25	100	资产总计	3 817 748.25	100

4.2.3 专业子公司资产管理业务

中信信托设有中信聚信（北京）资本管理有限公司（中信聚信）、中信信惠国际资本有限公司（中信信惠）、中信保诚基金管理有限公司（中信保诚基金）等专业下属公司，共同打造涵盖私募股权投资基金、海外资产管理、公募证券投资基金等业务的综合资产管理平台。

中信聚信期末管理资产规模为人民币397亿元。公司着力于深耕权益类一级市场投资，高端制造投资基金成效显著；继上年武汉长盈通光电技术股份有限公司于上交所科创板上市后，本年又有一已投项目上海索辰信息科技股份有限公司成功于上交所科创板上市；获评融中财经2022—2023年度中国产业投资榜"2022—2023年度中国防务科技领域最佳投资机构"和"2022—2023年度中国先进制造领域最佳早期投资机构"。中信信惠积极捕捉境外市场交易机会，布局境外债券投资，取得了良好的投资收益；积极开拓海外家族信托业务，落地中信银行境内客户第一单海外家族信托。中信保诚基金专注发展公募证券投资基金和特定资产管理业务，中长期投资业绩位居行业前列，获得天相投顾"三年期综合5A评级"，并荣获《中国基金报》颁发的"中国基金业英华奖公募基金25年示范案例特色发展示范基金管理人"等奖项。

4.3 市场分析

4.3.1 影响业务发展的不利因素

（1）世界大变局加速演进，世界之变、时代之变、历史之变正以前所未有的方式展开，威胁国际安全的因素增多，地缘政治博弈加剧，国际战略平衡减弱，一些地区爆发激烈武装冲突，世界进入新的动荡变革期，多边主义和单边主义之争更加尖锐，全球通胀压力持续上升，经济逆全球化、产业链供应链区域化碎片化更趋明显，世界经济增长动能趋缓。中国经济面临有效需求不足、部分行业产能过剩、社会预期偏弱、风险隐患仍然较多，国内大循环存在堵点，外部环境的复杂性、严峻性、不确定性上升等困难和挑战。

（2）行业新旧动能转换仍然处在探索阶段。在新发展形势下，传统信托业务规模持续下滑，对信托公司的经营业绩产生较大影响；同时创新类业务多处于起步阶段，短期内难以形成业绩支柱，例如：服务信托业务在很多业务场景中还缺少必要的配套制度支撑，同时也面临着前期科技和人力投入大、市场竞争不规范等诸多挑战。

（3）业务领域风险形势较严峻。房地产、城投融资等重点领域的风险尚未完全暴露，信托产品的兑付压力增大，信托公司需要进一步增强风险防范、化解和抵补能力，在妥善平衡业务创新发展、保护受益人合法利益、维护股东权益等诸多诉求上存在较大压力和挑战。

4.3.2 促进业务发展的有利因素

（1）我国发展面临的有利条件强于不利因素，经济回升向好、长期向好的基本趋势没有改变。中央经济工作会议指出，以习近平同志为核心的党中央团结带领全党全国各族人民，顶住外部压力、克服内部困难，全面深化改革开放，加大宏观调控力度，着力扩大内需、优化结构、提振信心、防范化解风险，我国经济回升向好，高质量发展扎实推进。现代化产业体系建设取得重要进展，科技创新实现新的突破，改革开放向纵深推进，安全发展基础巩固夯实，民生保障有力有效，全面建设社会主义现代化国家迈出坚实步伐。

（2）中央金融工作会议为金融行业高质量发展明确了方向和要求，即：做好金融工作必须坚持党中央对金融工作的集中统一领导，以习近平新时代中国特色社会主义思想为指导，全面贯彻党的二十大精神，完整、准确、全面贯彻新发展理念，深刻把握金融工作的政治性、人民性，以加快建设金融强国为目标，以推进金融高质量发展为主题，以深化金融供给侧结构性改革为主线，以金融队伍的纯洁性、专业性、战斗力为重要支撑，以全面加强监管、防范化解风险为重点，坚持稳中求进工作总基调，统筹发展和安全，牢牢守住不发生系统性金融风险的底线，坚定不移走中国特色金融发展之路，加快建设中国特色现代金融体系，不断满足经济社会发展和人民群众日益增长的金融需求，不断开创新时代金融工作新局面。

（3）《关于规范信托公司信托业务分类的通知》正式实施，国家金融监督管理总局资管机构监管司设立，《信托公司管理办法》等一系列重要信托监管法规酝酿修订、出台，对信托行业未来发展产生深远影响，将进一步促进信托业务回归本源、规范发展，引导信托公司立足受托人定位，更高效地服务实体经济发展和满足人民美好生活需要，助力做好金融"五篇大文章"。

（4）中信集团和中信金控协同战略助力公司转型发展。中信集团坚持稳中求优，统筹推进党的建设、改革发展、经营管理和风险化解，经营业绩继续跑赢大市，

"三增两优两稳"目标顺利实现。中信金控扎实推进各项工作，经营业绩稳住基本盘，风险管理守牢了安全线，综合金融打出了组合拳。公司作为中信集团的金融子公司，抓住集团和金控协同战略的有利契机，在"一个中信、一个客户"的架构体系下，进一步整合客户资源，丰富产品种类，拓展服务领域，加快业务转型升级步伐，持续提升资产管理核心竞争力。

4.4 内部控制

4.4.1 内部控制环境和内部控制文化

公司按照《公司法》《信托公司管理办法》《信托公司治理指引》等法律规章以及公司章程相关要求，建立了由股东、董事会、监事会、高级管理层组成的分工明确、权责对等、合理制衡的公司治理结构。

公司重视内部控制文化建设，以依法合规经营为根本准则，坚持"业务发展、内控先行"管理理念，建立了涵盖企业价值观、经营理念、运行原则、操守规范的内控文化体系。持续构建适应公司经营发展及内控管理需要的内部机构发展机制，建立规范公司治理结构和议事规则，明确决策、执行、监督等方面的职责权限，形成科学有效的职责分工和制衡机制；强调"公私分明、简单敞亮、换位思考、谦和友爱、智慧叠加、做到极致"的工作作风；重视人力资源建设，不断优化人力资本配置，健全人力资本开发与管理体系；重视法治教育与合规宣传工作，强化全体员工的法治观念和合规意识，严格依法决策、依法办事、依法监督，树立依法合规、守法诚信的价值观；从环境文化、制度文化、组织文化、行为文化等多层次切入，倡导和实践内控核心理念，营造良好的合规经营和风险防范的内控文化氛围。公司始终坚守"合规经营、稳健发展"理念，牢牢守住不发生重大违法违规事件底线，持续推动合规文化理念以及合规管理要求落到实处。

4.4.2 风险识别与评估

围绕公司发展战略，公司建立了涵盖各项经营活动的全面风险管理体系，制定适当的风险偏好，确定风险管理目标，设定各类风险的容忍度或限额，及时关注和识别内外部风险因素，持续动态地开展风险评估工作。

4.4.3 内部控制措施

公司内控制度体系涵盖公司治理、风险合规、稽核审计、财务管理、业务管理、人力资本、市场营销、信息技术、行政管理等，明确了各部门及岗位的职责权限、各业务流程的控制节点及控制要求。报告期内，公司全面开展制度体系的清理、规范工作，现行制度体系更加完善、高效，有效保证公司经营管理顺畅运行。

4.4.4 信息交流与反馈

公司建立起高效通畅的信息交流与反馈机制。内部各层级之间明确报告路线，上下级之间、前中后台之间通过定期经营分析会议、各类业务系统、管理系统和办公系统等渠道建立信息共享机制；倡导高管与基层的无障碍沟通，通过公司领导接待日、高管访谈、纪委委员片区联系会议、谈心谈话等机制广泛听取意见。

4.4.5 监督评价与纠正

公司坚持以风险为导向、以合规为底线原则，独立行使审计监督职能，发挥风险控制第三道防线作用；联合运用常规审计、专项审计、审计调查等方式，持续对各类经营管理活动及下属子公司进行监督和检查，对内部控制有效性开展客观评价，对风险事项开展成因分析和责任认定；加强重要岗位、关键人员的监督，适时对管理人员实施任期经济责任审计；持续提高内外部检查发现问题整改跟踪力度，规范整改认定标准及验收流程，强化审计成果运用。

4.5 风险管理

4.5.1 风险管理概况

公司坚持"以风险管理服务业务发展，以风险管理促进价值提升"的核心理念，遵循全面性、匹配性、有效性、独立性、协调性的基本原则，依托"四层三道"风险管理组织架构、"归口部门专业化管理"立体化风险管理模式，形成了全面统一、分层分类、专业高效、技术先进的风险管理体系，实现了全员、全面、全程的风险管理，有效监控和管理公司面临的各类风险，为经营发展保驾护航。

报告期内，公司从组织、政策、流程、技术、文化五个维度持续完善全面风险管理体系，"四层三道"风险管理组织架构及职能日趋完善；编制《中信信托2023年度风险偏好体系》，加强日常监测和报告，充分发挥风险偏好对风险管理的引领作用；全面加强项目公司投贷后管理，强化业务投贷后监督制衡，建立项目投贷后管理的动态监督机制，通过软件监测、定期向项目驻场人员收集报告等方式逐步形成对投贷后管理过程中异常情况的报告机制；推进风险管理体系的数字化转型，完成风险管理信息系统二期项目建设，梳理风险主题数据资产；

推进风险合规文化宣贯，扎实推进合规文化深化年各项工作。

4.5.2 风险状况

4.5.2.1 信用风险状况

信托业务的信用风险主要来自公司涉众主动管理型非标业务。报告期内，面对复杂严峻的宏观经济环境，交织房地产行业、地方政府隐性债务等重点领域的持续风险暴露，信托行业的信用风险整体承压。公司持续严格履行受托人尽职管理职责，积极采取多项措施化解风险，及时进行信息披露，必要时将采取法律手段，最大程度维护委托人合法权益。报告期内，公司持续压降涉众主动管理地产业务及城投业务规模，公司涉众主动管理的房地产和城投业务规模呈现下降态势。

固有业务信用风险主要来自固定收益类资产。报告期内，公司在业务审批及投贷后管理各环节做好信用风险的识别、研判、缓释与化解工作，定期评估固有资产质量，执行资产五级分类，计提了充足的拨备。

4.5.2.2 市场风险状况

信托业务的市场风险主要来自资产管理信托业务。报告期内，公司严格依据信托合同进行投资运营，确保各项风险控制措施有效执行，资产管理信托业务整体运行平稳，信托业务的市场风险情况正常。

固有业务的市场风险主要来自固有权益类资产。报告期内，公司通过制定科学的投资策略、执行严格的投资授权、进行有效的限额管理等管理措施，固有业务的市场风险情况正常。

4.5.2.3 操作风险状况

公司持续完善制度管理，加强流程规范，强化监督问责机制；在业务部门设置内控岗，注重员工操作风险意识的培养，着力提高员工素质和责任心，避免人为主观因素引发操作风险。报告期内，公司未发生严重操作风险事件。

4.5.2.4 合规与法律风险状况

报告期内，公司持续做深、做精、做细各项合规管理工作，坚持"零容忍"工作态度，严守合规底线，不碰法律红线，严格落实监管要求，持续强化合规文化理念，将合规管理要求落到实处；持续强化法律风险防范，稳妥应对各类诉讼，做好法律风险管理工作。报告期内，公司未发生重大合规与法律风险。

4.5.2.5 道德风险状况

公司通过组织全员培训和宣导教育活动，增加内部监督和审计频率，提高全体员工的职业操守和道德水平。报告期内，公司未发生因员工道德问题导致受托管理资产或固有资产遭到损失的情形。

4.5.2.6 声誉风险状况

报告期内，因行业经营环境和相关行业风险变化的影响，公司部分经营管理事项触发声誉风险预警，公司第一时间采取系列措施进行处置，声誉风险整体平稳可控。

4.5.3 风险管理

4.5.3.1 信用风险管理

面对复杂严峻的风险形势，公司高度重视信用风险的防范和管理，持续提升信用风险防范的前瞻性、针对性和及时性，不断强化过程管理和风险预警处置，及时转移、释放和化解信用风险。在信托业务领域，一是持续推进政策体系建设，实施融资集中度管理方案，及时制定或修订重点业务的信用风险管理指引，着力构建和完善信用风险管理体系。二是加强投贷后管理，全面抓实风险排查和预警工作。按照监管及集团要求，按季度、按月进行相应的风险排查并及时预警；通过系统对主动管理信托业务监测指标持续跟踪。三是维持低风险的主动管理类业务稳定发展，通过贷款额度倾斜、业务考核激励等方式，积极支持机构业务发展，整体改善主动管理类业务资产质量。四是秉持"多、大、狠、快"策略，针对风险项目分类施策、明确责任、监督落实。在固有业务领域，通过优化调整固有资金配置策略，严格把关、管控前移，加强贷后管理，及时核销不良资产，积极推进不良资产清收，继续加大拨备计提等方式，有效管控固有业务信用风险。

4.5.3.2 市场风险管理

公司持续完善市场风险管理体系，优化制度流程，加强监控报告，积极提升市场风险管理的针对性和有效性。在信托业务领域，公司持续加强信评、投研、交易、风控等基础设施建设，采取组合投资、风险分散的投资原则，加强每日盯盘、预警、止损、资产配置比例监控、交易记录监控、业绩回报评价、净值波动分析、业绩归因分析等多种市场风险监测措施。在固有业务领域，通过制定科学的投资策略，落实严格的投资授权管理，加强对核心人员管理，实施有效的限额管理，建立合理的风险报告机制，持续建设固有证券投资交易和分析系统等方式，及时管控市场风险。

4.5.3.3 操作风险管理

公司加强内控制度和风险管理制度的落实，不断提升业务操作的规范化水平，有效管理各类操作风险。一是结合监管规定及公司发展战略，持续修订和完善各项规章制度，在业务尽职调查、审批决策、风险监控、信息披露等方面不断细化管理要求、规范操作流程，消除操作风险隐患；二是加强对公司员工行为的规范管理和宣导，加强执纪监督，强化员工的规范意识和责任意识；三是加快信息系统建设步伐，根据业务发展实际，搭建便于操作、权限分明的业务系统，切实降低操作风险。

4.5.3.4 合规与法律风险管理

公司坚持"不碰红线、不越底线"原则，依法合规经营。报告期内，公司严格落实各项监管要求，制定合规文化深化年工作方案，强化内控合规建设，提升精细化管理水平。公司有序推进法律风险管理体系建设，健全规章制度体系，优化法律审查工作，强化法律队伍建设，提高法律服务质效，全面提升依法经营能力。

4.5.3.5 道德风险管理

公司严控道德风险，严格要求员工加强经营理念、政策法规和业务操作等技能的学习，加强职业道德和风险防范意识的培养，要求员工全面掌握有关法律法规、各项管理制度和风险防控措施，并在各部门设立观察员岗位，定期向公司汇报有悖于从业操守规范的倾向性问题。报告期内，公司多维度提升了内控管理，通过开展党员学习、清廉文化教育、企业文化视频宣传等多种方式，提升员工守纪律讲规矩的自觉性。

4.5.3.6 声誉风险管理

公司重视声誉风险管理，将之作为公司治理和全面风险管理体系的重要组成部分，不断完善声誉风险管理机制，实现了对声誉风险的识别、监测、预警、控制和化解。报告期内，公司严格执行重大声誉风险事项向公司党委报告的机制，设立专人专岗管理舆情信息，落实多部门"联防联控"要求，对声誉风险预警实施"看板"管理模式，进一步落实主责部门的责任。

4.6 净资本管理

公司高度重视净资本管理，加快资本精细化管理体系建设，保证资本扩充与业务发展匹配。报告期末，公司注册资本为113亿元，公司净资本余额为279亿元，净资本覆盖率达207%，高于100%的监管标准，各项指标均处于监管要求的较好水平。

指标	2023年底	2022年底
净资本（亿元）	279	224
各项风险资本之和（亿元）	135	117
净资本覆盖率（%）	207	191
净资本/净资产（%）	80	66

4.7 消费者权益保护

公司始终坚持以人民为中心的根本立场和价值取向，积极践行金融工作的政治性和人民性，高度重视消费者权益保护工作。公司将消费者权益保护纳入公司经营发展战略和企业文化建设，努力为客户提供多元化产品和高品质服务，持续完善消保审查、信息披露、客户信息保护、消费投诉处理、消费者教育宣传等工作机制，不断完善消费者权益保护工作体系。

4.8 企业社会责任

报告期内，公司发布《2022环境、社会与公司治理（ESG）报告》，全方位展现了国有金融企业在履行环境责任、经济责任和社会责任方面的使命担当，是继2022年公司首次发布以后的第二份年度ESG报告。公司积极落实国家"碳达峰、碳中和"的重大战略决策，努力践行中信集团"五五三"战略部署，将ESG核心理念融入业务发展的全流程中，服务国家重大战略、服务社会民生，以自身行动推动经济社会发展绿色化、低碳化进程。

5.报告期末及比较式会计报表

5.1 固有资产

5.1.1 会计师事务所审计意见

信永中和会计师事务所认为，公司财务报表在所有重大方面按照企业会计准则的规定编制，公允反映了公司2023年12月31日的合并及母公司财务状况以及2023年度的合并及母公司经营成果和现金流量。

5.1.2 资产负债表

资产负债表

编制单位：中信信托有限责任公司　　　　2023年12月31日　　　　单位：万元

项目	合并		母公司	
	2023年12月31日	2022年12月31日	2023年12月31日	2022年12月31日
资产：				
货币资金	68 150.77	29 203.18	0.03	1.03
存放同业款项	172 909.74	271 027.07	56 271.01	207 766.05
应收款项	51 717.81	69 450.50	43 696.93	63 537.76

续表

项目	合并		母公司	
	2023年12月31日	2022年12月31日	2023年12月31日	2022年12月31日
其他应收款	68 779.96	85 820.18	78 432.53	94 518.37
买入返售金融资产	—	—	—	—
发放贷款和垫款	138 444.71	211 476.50	66 315.05	131 101.02
金融投资:				
交易性金融资产	2 585 392.89	2 559 386.42	2 239 554.48	2 141 200.63
债权投资	530 000.18	469 621.21	524 404.30	403 948.67
其他权益工具投资	213 373.43	207 456.19	213 373.43	207 456.19
长期股权投资	893 952.04	858 314.81	379 611.78	407 454.88
投资性房地产	3 672.25	3 672.25	—	—
固定资产	2 062.87	2 433.14	2 008.22	2 316.29
使用权资产	3 463.30	4 672.79	2 219.41	4 136.74
无形资产	12 147.51	9 930.53	12 030.12	9 904.44
商誉	36.21	36.21	—	—
递延所得税资产	188 854.60	192 524.96	189 992.27	194 398.44
其他资产	16 654.07	14 503.16	9 838.70	12 820.23
资产总计	4 949 612.34	4 989 529.10	3 817 748.25	3 880 560.73
负债:				
短期借款	340 696.66	384 568.68	—	—
卖出回购金融资产款	120 783.00	—	—	—
交易性金融负债	50 169.42	218 758.01	—	—
应付职工薪酬	182 969.95	167 310.63	178 212.05	164 097.09
应交税费	8 483.00	58 413.19	9 824.99	58 717.85
应付款项	2 196.44	1 513.43	—	—
合同负债	23 246.15	25 254.09	23 070.05	25 059.60
其他应付款	43 932.88	144 174.83	64 052.71	161 351.58
长期借款	25 134.89	—	—	—
预计负债	62 014.45	92 193.73	62 014.45	92 193.73
应付债券	130 248.98	151 681.88	—	—
租赁负债	3 665.94	5 036.75	2 389.16	4 479.02
递延所得税负债	4 182.06	450.24	—	—
其他负债	43 346.94	4 259.57	—	—
负债合计	1 041 070.75	1 253 615.01	339 563.41	505 898.87
所有者权益:				
实收资本	1 127 600.00	1 127 600.00	1 127 600.00	1 127 600.00
资本公积	171 758.62	171 758.62	169 400.00	169 400.00
其他综合收益	70 752.27	34 412.62	40 030.07	35 592.14
盈余公积	409 898.85	387 338.80	409 898.85	387 338.80
一般风险准备	61 116.99	61 116.99	61 116.99	61 116.99
信托赔偿准备	203 022.74	191 742.72	203 022.74	191 742.72

续表

项目	合并		母公司	
	2023年12月31日	2022年12月31日	2023年12月31日	2022年12月31日
未分配利润	1 864 392.12	1 761 944.34	1 467 116.20	1 401 871.22
归属于母公司所有者权益合计	3 908 541.59	3 735 914.09	3 478 184.84	3 374 661.86
少数股东权益	—	—	—	—
所有者权益合计	3 908 541.59	3 735 914.09	3 478 184.84	3 374 661.86

公司法定代表人：芦苇　主管会计工作的公司负责人：涂一锴　公司会计机构负责人：胡楠

5.1.3 利润表

利润表

编制单位：中信信托有限责任公司　　　2023年度　　　单位：万元

项目	合并		母公司	
	2023年度	2022年度	2023年度	2022年度
一、营业收入	497 635.37	643 813.71	378 327.78	573 367.05
手续费及佣金净收入	251 377.80	476 569.53	240 021.25	467 549.56
利息净收入	−12 456.82	35 469.69	16 978.49	30 791.41
投资收益	137 136.96	138 434.32	63 063.62	74 736.26
其他收益	260.94	1 365.57	252.82	293.68
公允价值变动收益	117 900.81	−14 218.44	54 415.09	−4 774.00
汇兑净收益	−179.06	438.81	1.76	7.23
资产处置收益	−1.08	—	−1.08	—
其他业务收入	3 595.83	5 754.23	3 595.83	4 762.90
二、营业支出	164 995.83	258 378.77	87 909.20	188 089.77
税金及附加	2 009.80	3 569.04	1 830.51	3 509.67
业务及管理费	87 834.54	70 539.50	71 258.58	63 960.98
信用减值损失	7 670.70	170 777.00	−52 660.68	107 125.89
其他资产减值损失	—	—	—	—
其他业务成本	67 480.79	13 493.24	67 480.79	13 493.24
三、营业利润	332 639.54	385 434.94	290 418.57	385 277.28
加：营业外收入	3 435.53	775.07	3 434.47	774.91
减：营业外支出	245.13	640.71	245.10	640.69
四、利润总额	335 829.94	385 569.30	293 607.94	385 411.50
减：所得税费用	73 026.65	84 016.75	68 007.45	81 778.92
五、净利润	262 803.29	301 552.55	225 600.49	303 632.58
归属于母公司所有者的净利润	262 803.29	301 227.24	225 600.49	303 632.58
少数股东损益	—	325.31	—	—

公司法定代表人：芦苇　主管会计工作的公司负责人：涂一锴　公司会计机构负责人：胡楠

5.1.4 所有者权益变动表

所有者权益变动表

2023年度

编制单位：中信信托有限责任公司 单位：万元

项目	2023年度（合并）										2023年度（母公司）								
	归属于母公司所有者权益								少数股东权益	所有者权益合计	实收资本	资本公积	其他综合收益	盈余公积	一般风险准备	信托赔偿准备	未分配利润	所有者权益合计
	实收资本	资本公积	其他综合收益	盈余公积	一般风险准备	信托赔偿准备	未分配利润	所有者权益合计										
2022年12月31日余额	1 127 600.00	171 758.62	34 412.62	387 338.80	61 116.99	191 742.72	1 761 944.34	3 735 914.09	—	3 735 914.09	1 127 600.00	169 400.00	35 592.14	387 338.80	61 116.99	191 742.72	1 401 871.22	3 374 661.86
会计政策变更	—	—	—	—	—	—	—	—	—	—	—	—	—	—	—	—	—	—
2023年1月1日余额	1 127 600.00	171 758.62	34 412.62	387 338.80	61 116.99	191 742.72	1 761 944.34	3 735 914.09	—	3 735 914.09	1 127 600.00	169 400.00	35 592.14	387 338.80	61 116.99	191 742.72	1 401 871.22	3 374 661.86
本年增减变动金额																		
1.综合收益总额			36 339.65				262 803.29	299 142.94					4 437.93				225 600.49	230 038.42
2.所有者投入和减少资本																		
3.利润分配				22 560.05		11 280.02	-160 355.51	-126 515.44		-126 515.44				22 560.05		11 280.02	-160 355.51	-126 515.44
提取盈余公积				22 560.05			-22 560.05							22 560.05			-22 560.05	
对所有者的分配							-126 515.44	-126 515.44		-126 515.44							-126 515.44	-126 515.44
提取一般风险准备																		
提取信托赔偿准备						11 280.02	-11 280.02									11 280.02	-11 280.02	
4.其他																		
上述1至4小计			36 339.65	22 560.05		11 280.02	102 447.77	172 627.50					4 437.93	22 560.05		11 280.02	65 244.98	103 522.98
2023年12月31日余额	1 127 600.00	171 758.62	70 752.27	409 898.85	61 116.99	203 022.74	1 864 392.12	3 908 541.59	—	3 908 541.59	1 127 600.00	169 400.00	40 030.07	409 898.85	61 116.99	203 022.74	1 467 116.20	3 478 184.84

编制单位：中信信托有限责任公司

所有者权益变动表（续）
2022年度

单位：万元

项目	2022年度（合并）									2022年度（母公司）							
	归属于母公司所有者权益							少数股东权益	所有者权益合计	实收资本	资本公积	其他综合收益	盈余公积	一般风险准备	信托赔偿准备	未分配利润	所有者权益合计
	实收资本	资本公积	其他综合收益	盈余公积	一般风险准备	信托赔偿准备	未分配利润										
2021年12月31日余额	1 127 600.00	171 534.09	45 425.84	356 975.54	56 537.66	176 561.08	1 650 870.49	475.84	3 585 980.54	1 127 600.00	169 400.00	30 007.86	356 975.54	56 537.66	176 561.08	1 288 392.03	3 205 474.17
会计政策变更	—	—	—	—	—	—	—	—	—	—	—	—	—	—	—	—	—
2022年1月1日余额	1 127 600.00	171 534.09	45 425.84	356 975.54	56 537.66	176 561.08	1 650 870.49	475.84	3 585 980.54	1 127 600.00	169 400.00	30 007.86	356 975.54	56 537.66	176 561.08	1 288 392.03	3 205 474.17
本年增减变动金额	—	—	—	—	—	—	—	—	—	—	—	—	—	—	—	—	—
1.综合收益总额	—	—	-11 013.22	—	—	—	301 227.24	325.31	290 539.34	—	—	5 584.28	—	—	—	303 632.58	309 216.85
2.所有者投入和减少资本	—	—	—	—	—	—	—	—	—	—	—	—	—	—	—	—	—
3.利润分配	—	—	—	—	4 579.33	15 181.63	-190 153.38	—	-140 029.16	—	—	—	—	4 579.33	15 181.63	-190 153.38	-140 029.16
提取盈余公积	—	—	—	30 363.26	—	—	-30 363.26	—	—	—	—	—	30 363.26	—	—	-30 363.26	—
对所有者的分配	—	—	—	—	—	—	-140 029.16	—	-140 029.16	—	—	—	—	—	—	-140 029.16	-140 029.16
提取一般风险准备	—	—	—	—	4 579.33	—	-4 579.33	—	—	—	—	—	—	4 579.33	—	-4 579.33	—
提取信托赔偿准备	—	—	—	—	—	15 181.63	-15 181.63	—	—	—	—	—	—	—	15 181.63	-15 181.63	—
4.其他	—	224.53	—	—	—	—	—	-801.16	-576.63	—	—	—	—	—	—	—	—
上述4小计	—	224.53	-11 013.22	30 363.26	4 579.33	15 181.63	111 073.86	-475.84	149 933.55	—	—	5 584.28	30 363.26	4 579.33	15 181.63	113 479.20	169 187.69
2022年12月31日余额	1 127 600.00	171 758.62	34 412.62	387 338.80	61 116.99	191 742.72	1 761 944.34	—	3 735 914.09	1 127 600.00	169 400.00	35 592.14	387 338.80	61 116.99	191 742.72	1 401 871.22	3 374 661.86

公司法定代表人：芦苇　　主管会计工作的公司负责人：涂一锴　　公司会计机构负责人：胡楠

5.2 信托资产

5.2.1 信托项目资产负债汇总表

信托项目资产负债汇总表

编制单位：中信信托有限责任公司　　2023年度　　单位：万元

信托资产	2023.12.31	2022.12.31
信托资产		
存放同业款项	9 501 645.88	9 073 920.74
拆出资金	1 206 724.04	1 207 096.36
衍生金融资产	267.16	—
交易性金融资产	137 273 018.37	107 482 534.14
买入返售金融资产	1 084 037.82	287 117.29
应收款项	1 125 019.57	686 646.79
发放贷款	36 213 536.01	17 742 644.17
债权投资	19 511 650.45	17 587 616.21
长期股权投资	15 753.47	15 753.47
其他资产	1 835.43	1 748.72
信托资产总计	205 933 488.20	154 085 077.89
信托负债和信托权益	2023.12.31	2022.12.31
信托负债		
应交税费	52 244.43	39 121.44
应付款项	4 356 131.92	1 443 757.17
信托负债合计	4 408 376.35	1 482 878.61
信托权益		
实收信托	201 431 242.41	153 678 893.35
其他综合收益	46 941.21	46 135.25
未分配利润	46 928.23	-1 122 829.32
信托权益合计	201 525 111.85	152 602 199.28
信托负债及权益总计	205 933 488.20	154 085 077.89

法定代表人：芦苇　　主管信托财务负责人：戴家凯　　会计机构负责人：杜永生

5.2.2 信托项目利润汇总表

信托项目利润汇总表

编制单位：中信信托有限责任公司　　2023年度　　单位：万元

项目	2023年度	2022年度
一、营业收入	2 485 629.11	1 864 859.69
利息收入	1 848 495.45	2 502 830.68
投资收益（损失以"-"号填列）	923 828.95	377 243.99
公允价值变动收益（损失以"-"号填列）	-457 841.30	-1 067 014.07
汇兑收益（损失以"-"号填列）	-3 120.93	-4 743.25
其他业务收入	174 266.94	56 542.34
二、营业支出	969 256.68	1 142 490.17
税金及附加	8 203.24	8 432.56
业务及管理费	765 437.71	627 632.80
信用减值损失	195 615.73	506 424.81
三、利润总额	1 516 372.43	722 369.52
减：所得税费用	—	—
四、净利润	1 516 372.43	722 369.52

法定代表人：芦苇　　主管信托财务负责人：戴家凯　　会计机构负责人：杜永生

6. 会计报表附注

6.1 会计报表编制基准

6.1.1 会计报表不符合会计核算基本前提的事项

本公司无上述情况。

6.1.2 纳入公司合并会计报表范围的子公司情况

子公司名称	业务性质	注册地	注册资本	实际投资额（万元）	母公司持有的权益性资本的比例（%）	合并期间
中信聚信（北京）资本管理有限公司	服务业	北京	50 000万元	50 000	100	2012年4月至2023年12月
中信信惠国际资本有限公司	金融业	香港	242 637万港元	207 781.89	100	2014年10月至2023年12月

注：1. 2012年，公司出资20 000万元设立全资子公司中信聚信（北京）资本管理有限公司，并将其纳入合并会计报表范围，纳入合并报表的基准日为2012年4月17日。

2. 2014年，公司以现金方式向中信聚信增加注册资本20 000万元，变更后注册资本为40 000万元。2017年，公司以现金方式向中信聚信增加注册资本10 000万元，变更后注册资本为50 000万元。

3. 2014年，公司出资15.83万元受让中信信惠国际资本有限公司51%股权，并将其纳入合并会计报表范围，纳入合并报表的基准日为2014年10月31日。2015年3月，公司以现金3 173.83万元向中信信惠增资。2015年10月，公司以现金3 073.82万元购买中信信惠少数股权（占该公司股份的49%），由此取得对中信信惠100%股权。2018年公司以现金方式向中信信惠增资137 833.40万元。2021年公司以现金方式向中信信惠增资63 685.00万元。

6.2 重要会计政策和会计估计说明

公司自2018年1月1日起执行《企业会计准则第14号——收入》《企业会计准则第22号——金融工具确认和计量》《企业会计准则第23号——金融资产转移》《企业会计准则第24号——套期会计》和《企业会计准则第37号——金融工具列报》等准则。

6.3 或有事项说明

报告期末，公司对外担保4.68亿元。

6.4 重要资产转让及其出售的说明

报告期内，公司没有重要资产转让及其出售。

6.5 会计报表中重要项目的明细资料

6.5.1 固有资产经营情况

6.5.1.1 信用风险资产五级分类情况

按照《中国银行业监督管理委员会关于非银行金融机构全面推行资产质量五级分类管理的通知》的分类标准，本年度公司固有资产质量情况如下表所示。

信用风险资产五级分类	正常类（万元）	关注类（万元）	次级类（万元）	可疑类（万元）	损失类（万元）	信用风险资产合计（万元）	不良资产合计（万元）	不良资产率（%）
期初数	2 230 454.58	98 796.78	6 000.00	16 834.92	25 520.69	2 377 606.97	48 355.61	2.03
期末数	2 314 161.18	72 072.23	971.11	—	50 911.06	2 438 115.58	51 882.17	2.13

注：不良资产合计=次级类+可疑类+损失类。

6.5.1.2 资产减值准备情况

单位：万元

项目	期初数	本期计提	本期转回	本期核销	核销后收回	期末数
坏账及其他资产减值准备	24 419.44	3 128.45	1 195.36	8 021.05	—	18 331.48
发放贷款和垫款减值准备	185 479.30	19 373.60	84 839.67	163 880.32	69 052.04	25 184.95
金融资产投资减值准备	194 763.26	16 165.66	5 293.36	—	—	205 635.56
其中：债权投资减值准备	194 763.26	16 165.66	5 293.36	—	—	205 635.56
长期股权投资减值准备	—	—	—	—	—	—
合计	404 662.00	38 667.71	91 328.39	171 901.37	69 052.04	249 151.99

6.5.1.3 固有股票投资、基金投资、债券投资、长期股权投资等投资情况

单位：万元

项目	股票	基金	债券	长期股权投资	其他投资	合计
期初数	71 264.75	1 696 445.33	82 437.44	407 454.88	902 457.95	3 160 060.36
期末数	25 268.95	1 749 687.35	34 047.70	379 611.78	1 168 328.20	3 356 943.99

6.5.1.4 固有长期股权投资的前五名

企业名称	占被投资企业权益的比例（%）	主要经营活动	投资收益（万元）
中信聚信（北京）资本管理有限公司	100.00	私募基金管理	并表子公司
中信信惠国际资本有限公司	100.00	资产管理	并表子公司
中信保诚基金管理有限公司	49.00	证券投资基金管理	6 164.88
中信信诚资产管理有限公司	45.00	资产管理	-1 444.19
天津信唐货币经纪有限责任公司	19.00	货币经纪	997.69

6.5.1.5 固有贷款前五名

企业名称	占贷款总额的比例（%）	所在地域
中交地产股份有限公司	71	西南地区
六盘水市城市建设投资有限责任公司	29	西南地区

6.5.1.6 表外业务的期初数、期末数

单位：万元

表外业务	期末数	期初数
担保业务	46 800.00	47 000.00
代理业务（委托业务）	72 527.79	72 527.79
其他	—	—
合计	119 327.79	119 527.79

6.5.1.7 公司当年的收入结构

项目	合并		母公司	
收入结构	金额（万元）	占比（%）	金额（万元）	占比（%）
手续费及佣金净收入	251 377.80	50.2	240 021.25	62.9
其中：信托手续费收入	240 021.25	47.9	240 021.25	62.9
投资银行业务收入	—	—	—	—
利息净收入	-12 456.82	-2.5	16 978.49	4.4
其他业务收入	3 595.83	0.7	3 595.83	0.9
其中：计入信托业务收入部分	—	—	—	—
投资收益	137 136.96	27.4	63 063.62	16.5
其中：股权投资收益	82 444.53	16.5	19 709.59	5.2
证券投资收益	28 540.98	5.7	15 515.89	4.1
其他投资收益	26 151.45	5.2	27 838.15	7.3
公允价值变动收益	117 900.81	23.5	54 415.09	14.3
其他收益	260.94	0.1	252.82	0.1
资产处置收益	-1.08	0.0	-1.08	0.0
营业外收入	3 435.53	0.7	3 434.47	0.9
汇兑损益	-179.06	0.0	1.76	0.0
收入合计	501 070.90	100.0	381 762.24	100.0

6.5.2 披露信托资产管理情况

6.5.2.1 信托资产的期初数、期末数

单位：万元

信托资产	期初数	期末数
集合	41 051 713.36	86 680 323.65
单一	29 621 259.43	30 805 661.97
财产权	83 412 105.10	88 447 502.58
合计	154 085 077.89	205 933 488.20

6.5.2.1.1 主动管理型信托业务期初数、期末数，分证券投资、股权投资、融资、事务管理类分别披露

单位：万元

主动管理型信托资产	期初数	期末数
证券投资类	30 102 572.23	38 108 280.62
股权投资类	13 545 260.69	17 098 517.15
融资类	15 761 564.27	41 661 058.44
事务管理类	—	—
合计	59 409 397.19	96 867 856.21

6.5.2.1.2 被动管理型信托业务期初数、期末数，分证券投资、股权投资、融资、事务管理类分别披露

单位：万元

被动管理型信托资产	期初数	期末数
证券投资类	—	—
股权投资类	—	—
融资类	—	—
事务管理类	94 675 680.70	109 065 631.99
合计	94 675 680.70	109 065 631.99

6.5.2.2 本年度已清算结束的信托项目个数、实收信托合计金额、加权平均实际年化收益率

6.5.2.2.1 本年度已清算结束的集合类、单一类资金信托项目和财产管理类信托项目个数、金额、加权平均实际年化收益率

已清算结束信托项目	项目个数（个）	合计金额（万元）	加权平均实际年化收益率（%）
集合类	217	12 082 800.75	5.11
单一类	57	4 221 052.61	4.60
财产管理类	67	1 950 306.95	2.20

6.5.2.2.2 本年度已清算结束的主动管理型信托项目个数、合计金额、加权平均实际年化收益率。分证券投资、股权投资、融资、事务管理类分别披露

已清算结束信托项目	项目个数（个）	合计金额（万元）	加权平均实际年化收益率（%）
证券投资类	216	3 375 887.03	3.64
股权投资类	18	2 175 983.19	6.02
融资类	63	8 147 648.26	5.66
事务管理类	—	—	—

6.5.2.2.3 本年度已清算结束的被动管理型信托项目个数、合计金额、加权平均实际年化收益率，分证券投资、股权投资、融资、事务管理类分别披露

已清算结束信托项目	项目个数（个）	合计金额（万元）	加权平均实际年化收益率（%）
证券投资类	—	—	—
股权投资类	—	—	—
融资类	—	—	—
事务管理类	44	4 554 641.83	3.07

6.5.2.3 本年度新增的集合类、单一类和财产管理类信托项目个数、合计金额

新增信托项目	项目个数（个）	合计金额（万元）
集合类	756	74 228 680.05
单一类	333	4 821 828.01
财产管理类	683	8 723 175.64
新增合计	1 772	87 773 683.70
其中：主动管理型	1 428	65 301 405.99
被动管理型	344	22 472 277.71

注：上述统计未包括尚未清算的开放式信托项目本年度内发生的申购和赎回金额，故期初余额+本期清算+本期新增≠期末余额。

6.5.2.4 信托创新成果

公司积极推进业务创新，在养老金融、普惠金融、特殊资产、公益慈善信托、协同业务等领域取得模式突破和新的展业成果。

6.5.2.4.1 养老金融

公司依托中信金控财富委年金工作室的年金受托、托管、账管、投管等全牌照资源，提升与年金客户交流的广度与深度，全年联动各兄弟单位协同拜访年金客户超50次。正式承接中信集团企业年金计划，创设中信首支全牌照企业年金集合计划；中标承接广西职业年金5号计划，开创了全国首次变更职业年金受托人的先例。作为年金行业中唯一的信托型受托人，公司年金受托管理总资产规模达到717.86亿元，企业年金市场管理规模排名行业第10位。

6.5.2.4.2 普惠金融

公司年初提出普惠暨消费金融业务发展战略，按照"客户优选、固有撬动、转出闭环"的工作思路，对业务流程、相关制度、信息化系统、商业模式和专业队伍储备进行梳理优化，聚焦小微企业信贷需求和老百姓日常生活开支和消费便民需求，向客户提供"惠而不贵"的服务，年内共发放普惠及消费贷款超过5.6亿笔，累计金额超过400亿元。同时，积极融入中信金控投行子委、中信企业家办公室等服务体系，用好金控"N+1+1"融合服务机制，形成协同联动合力。

6.5.2.4.3 特殊资产处置服务

公司担任中信金控财富委特殊资产工作室主任单位，聚合中信特殊资产业务领域资源，成功举办中信特殊资产综合金融解决方案首场联合路演发布会，发布具有中信特色的特殊资产业务综合服务方案。积极推进特殊资产业务战略布局，继2022年成功落地海航集团破产重整专项服务信托项目后，2023年中标一系列重大风险处置服务信托项目，业务规模已近万亿元，位居行业首位。

6.5.2.4.4 公益慈善信托

设立"中信信托·2023信行远捐赠者建议慈善信托"，首笔款项专项用于王平中学洪涝灾害后的校园重建及恢复提升工作，彰显了公司的社会责任与担当；"美的控股慈善信托"获评中信企业家办公室优秀项目。慈善信托业务规模及发展质量保持行业领先，"中信信托·2021芳梅教育慈善信托"成为唯一一个被民政部授予第12届"中华慈善奖"的信托项目，公司连续两届获此殊荣。

6.5.2.4.5 协同业务

公司认真贯彻落实中信集团与中信金控协同工作部署，深化协同机制、创新协同模式、拓展协同领域、丰富协同内容，与集团体系内兄弟单位携手打造中信"联合舰队"，共同拓展综合金融服务的市场机会，助力经济社会发展。报告期内，公司联合中信证券、中信银行、华夏基金等中信金控年金工作室成员单位共同创设中信集团首支全牌照企业年金集合计划——"中信信托盈盈长青企业年金集合计划"；与中信银行协同推进集团内首单家庭服务信托落地、协同发行多期招商蛇口2023年供应链定向资产支持票据（ABN）；与中信金融资产联合，充分发挥集团产融协同优势，助力上海董家渡项目、苏宁易购等企业实现纾困，并开展多单低效资产剥离及盘活业务，切实提升服务实体经济质效。

6.5.2.5 本公司履行受托人义务情况

公司严格按照《信托法》《信托公司管理办法》《信托公司集合资金信托计划管理办法》《关于规范信托公司信托业务分类的通知》等法律法规、部门规章及其他规范性文件的规定，恪尽职守，诚实、信用、谨慎、有效管理运用信托财产，严格执行信托合同约定，及时进行信息披露，按照受益人利益最大化原则处理信托事务、推进风险项目化解，全面履行受托人义务。公司建立健全金融消费者权益保护机制和管理体系，切实保障金融消费者合法权益。

6.5.2.6 信托赔偿准备金的提取、使用和管理情况

公司从2023年的税后利润提取5%（11 280.02万元）作为信托赔偿准备金，准备金余额为203 022.74万元。公司2023年度未发生需要使用信托赔偿准备金的事件，也未使用信托赔偿准备金。

6.6 关联方关系及其交易的披露

6.6.1 关联交易方的数量、关联交易的总金额及关联交易的定价原则等

项目	关联交易方数量	关联交易金额（万元）	定价政策
合计	46	46 811.16	（1）遵循市场价格的原则，有客观的市场价格作为参照的一律以市场价格为准 （2）如果没有市场价格，按照成本加成定价 （3）如果既没有市场价格，也不适合采用成本加成定价的，按照协议价定价

6.6.2 关联交易方与本公司的关系性质、关联交易方的名称、法定代表人、注册地址、注册资本及主营业务等

关系性质	关联方名称	法定代表人	注册地址	注册资本（万元）	主营业务
母公司	中国中信金融控股有限公司	奚国华	北京市朝阳区光华路10号院1号楼中信大厦53层	338	企业总部管理；金融控股公司业务
同一母公司	中信银行股份有限公司	方合英	北京市朝阳区光华路10号院1号楼6~30层、32~42层	489	银行业务
同一母公司	中信证券股份有限公司	张佑君	广东省深圳市福田区中心三路8号卓越时代广场（二期）北座	148	证券经纪、投行业务

注：公司本年度发生关联交易的关联方共有46个，主要来自中信集团内部，表中为公司主要关联方。

6.6.3 公司与关联方的重大交易事项

6.6.3.1 固有财产与关联方：贷款、投资、租赁、应收账款、担保、其他方式等期初汇总数、本期发生额汇总数、期末汇总数

固有与关联方关联交易　　　单位：万元

项目	期初数	借方发生额	贷方发生额	期末数
贷款	—	—	—	—
投资	5 366.46	-217.41	—	5 149.05
租赁	—	—	—	—
担保	—	—	—	—
应收账款	3 196.33	—	—	3 196.33
其他资产	496.65	1 505.21	1 123.24	878.62
合计	9 059.44	1 287.80	1 123.24	9 224.00

6.6.3.2 信托资产与关联方：贷款、投资、租赁、应收账款、担保、其他方式等期初汇总数、本期发生额汇总数、期末汇总数

信托与关联方关联交易　　　单位：万元

项目	期初数	借方发生	贷方发生	期末数
贷款	19 285.19	—	—	19 285.19
投资	200.00	—	—	200.00
其他	113 630.00	38 585.00	9 750.00	142 465.00
合计	133 115.19	38 585.00	9 750.00	161 950.19

注：此外，还包括与关联方发生债券正回购业务余额1 477 013.00万元，与关联方发生债券买入1 025 564.13万元，债券卖出336 245.87万元。

6.6.3.3 固有财产和信托财产之间的交易金额期初汇总数、本期发生额汇总数、期末汇总数

固有财产与信托财产相互交易　　　单位：万元

项目	期初数	本期发生额	期末数
合计	664 005.06	47 375.09	711 380.15

6.6.3.4 信托资产与信托财产之间的交易金额期初汇总数、本期发生额汇总数、期末汇总数

信托资产与信托财产相互交易　　　单位：万元

项目	期初数	本期发生额	期末数
合计	4 821 700.08	-36 083.67	4 785 616.41

6.6.4 关联方逾期未偿还本公司资金的详细情况以及本公司为关联方担保发生或即将发生垫款的情况

关联方没有逾期不偿还本公司资金的情况，本公司没有为关联方担保发生或即将发生垫款的情况。

6.7 会计制度的披露

本公司固有业务和信托业务均执行财政部颁布的企业会计准则及相关规定。

7.财务情况说明

7.1 利润实现和分配情况

2023年母公司净利润为225 600.49万元，合并净利润为262 803.29万元。

依据《公司法》《信托公司管理办法》和公司章程的相关规定，公司对本年度实现的母公司净利润225 600.49万元进行分配，其中：提取10%法定盈余公积金22 560.05万元，提取5%信托赔偿准备金11 280.02万元。

7.2 主要财务指标

指标名称	指标值	
	合并	母公司
资本利润率（%）	6.88	6.58
人均净利润（单位：万元）	337.14	319.55

注：1.资本利润率=净利润/所有者权益平均余额×100%。
2.人均净利润=净利润/年平均人数。
3.平均值采取期初、期末余额简单平均法，公式为：a（平均）=（期初数+期末数）/2。

7.3 对本公司财务状况、经营成果有重大影响的其他事项

报告期内，公司没有对财务状况、经营成果产生重大影响的其他事项。

8.特别事项揭示

8.1 报告期内股东变动情况及原因

根据财政部、中国人民银行及中信集团相关工作部署，公司于2022年向监管机构递交了变更股权的申请。

2023年2月，公司收到原中国银保监会北京监管局《关于中信信托有限责任公司变更股权及调整股权结构的批复》（京银保监复〔2023〕84号），批准公司原股东中国中信有限公司和中信兴业投资集团有限公司将所持公司82.26%、17.74%股权转让至中国中信金融控股有限公司。

2023年7月，本公司完成了股权变更的公司变更登记手续。

上述股权变更后，公司股东变为中国中信金融控股有限公司，出资比例100%。

8.2 董事、监事及高级管理人员变动情况及原因

2022年10月，经公司第六届董事会第七十三次会议审议通过，聘任芦苇担任公司总经理，免去李子民公司总经理职务；2023年3月，芦苇的总经理任职资格获原北京银保监局核准。

2023年3月，经公司2023年第一次股东会审议通过，选举刘正均、芦苇、岳学鲲、任霞、俞国容为公司第七届董事会董事，任淮秀、李曙光、陈武朝为公司第七届董事会独立董事，李子民、薄伟康、赵文海、王爱明不再担任公司董事，林义相、徐经长、张宏久不再担任公司独立董事。2023年3月，经公司第六届董事会第八十七次会议审议通过，选举芦苇担任公司副董事长，免去李子民公司副董事长职务；2023年6月，芦苇的董事、副董事长任职资格获原北京银保监局核准。2023年7月，任淮秀、李曙光、陈武朝的独立董事任职资格获国家金融监督管理总局北京监管局核准；2023年9月，岳学鲲、任霞的董事任职资格获国家金融监督管理总局北京监管局核准。2023年10月，经公司第七届董事会第一次会议审议通过，组建新一届董事会专门委员会。

2023年10月，董事会审议通过《关于任免公司总经理、副总经理的议案》，免去蔡成维公司副总经理职务。

8.3 变更注册资本、注册地或公司名称、公司分立合并事项

无。

8.4 公司的重大诉讼事项

无。

8.5 公司及其董事、监事和高级管理人员受到处罚情况

报告期内，国家金融监督管理总局对公司作出罚款60万元的行政处罚。公司已完成处罚事项所涉问题的整改。

除上述事项外，公司及其董事、监事和高级管理人员无其他受到处罚的情况。

8.6 国家金融监督管理总局及其派出机构对公司进行检查及提出整改意见的情况

报告期内，国家金融监督管理总局北京监管局向公司下发2022年度监管意见书，要求公司把防范化解风险放在首位，切实推动风险化解和改革转型取得明显成效，扎实提高风险防控工作，提升服务实体经济和人民生活、内部管理、转型发展质效。公司高度重视，对照监管意见逐一制定整改措施，并持续跟踪抓好落实，不断提升内控管理水平，增强风险防控能力。

8.7 重大事项临时报告情况

无。

8.8 国家金融监督管理总局及其派出机构认定的其他有必要让客户及相关利益人了解的重要信息

无。

9. 公司监事会意见

监事会严格遵循《公司法》《信托公司治理指引》和公司章程的相关规定，将监事会监督工作与公司大监督体系紧密融合，持续加强自身建设，不断提升综合监督能力，为公司经营发展提供坚实保障。监事会根据有关法律、法规，监督检查了公司重大决策、重大经营活动情况及财务状况，认为公司董事会和高级管理层能够严格执行《公司法》公司章程和监管政策的相关规定，坚持依法合规经营、积极践行国家战略、主动调整业务结构、不断提升业务质效、持续推进业务创新。董事与高级管理人员等在履行公司职务时未有违反法律、法规、公司章程或损害公司利益的行为，年度报告真实反映了公司的财务状况和经营成果。

中原信托有限公司

1.重要提示

1.1 本公司董事会及董事保证本报告所载资料不存在任何虚假记载、误导性陈述或者重大遗漏，并对其内容的真实性、准确性和完整性承担个别及连带责任。

1.2 独立董事冯根福先生、瞿强先生、徐步林先生认为本报告内容是真实、准确、完整的。

1.3 本公司主管会计工作的副总经理李信凤及计划财务部负责人鲁耀声明：保证年度报告中财务报告的真实、完整。

2.公司概况

2.1 公司简介

中原信托有限公司于1985年8月经河南省人民政府和中国人民银行批准成立。2002年10月中国人民银行《关于中原信托投资公司重新登记有关事项的批复》（银复〔2002〕285号）批准公司重新登记，并改制为有限责任公司，成为专门从事信托业务的信托金融机构。2007年10月，原中国银监会《关于中原信托投资有限公司变更公司名称和业务范围的批复》（银监复〔2007〕468号）批准公司变更名称为现名，并核准了新的业务范围，换发了中华人民共和国金融许可证。自2008年5月起，历经多次增资，截至2023年末公司注册资本46.808968亿元。公司于2008年和2010年分别获得特定目的信托受托机构资格和固有资产从事股权投资业务资格。

公司中文名称：中原信托有限公司
中文简称：中原信托
英文名称：Zhongyuan Trust Co., Ltd.
英文缩写：Zhongyuan Trust
注册地址：河南省郑州市郑东新区金融岛中环路10号
邮政编码：450000
公司互联网网址：http://www.zyxt.com.cn
电子信箱：info@zyxt.com.cn
信息披露事务负责人：刘飞
信息披露联系人：张进
电话（传真）：0371-86236209
电子信箱：info@zyxt.com.cn
信息披露报纸：《上海证券报》《证券时报》
年度报告备置地点：办公室（郑州市郑东新区金融岛中环路10号12层）
公司聘请的会计师事务所：中证天通会计师事务所（特殊普通合伙）
地址：北京市海淀区西直门大街甲43号1号楼13层
公司聘请的律师事务所：河南仟问律师事务所
地址：郑州市郑东新区平安大道189号正商环湖国际12层

2.2 组织结构

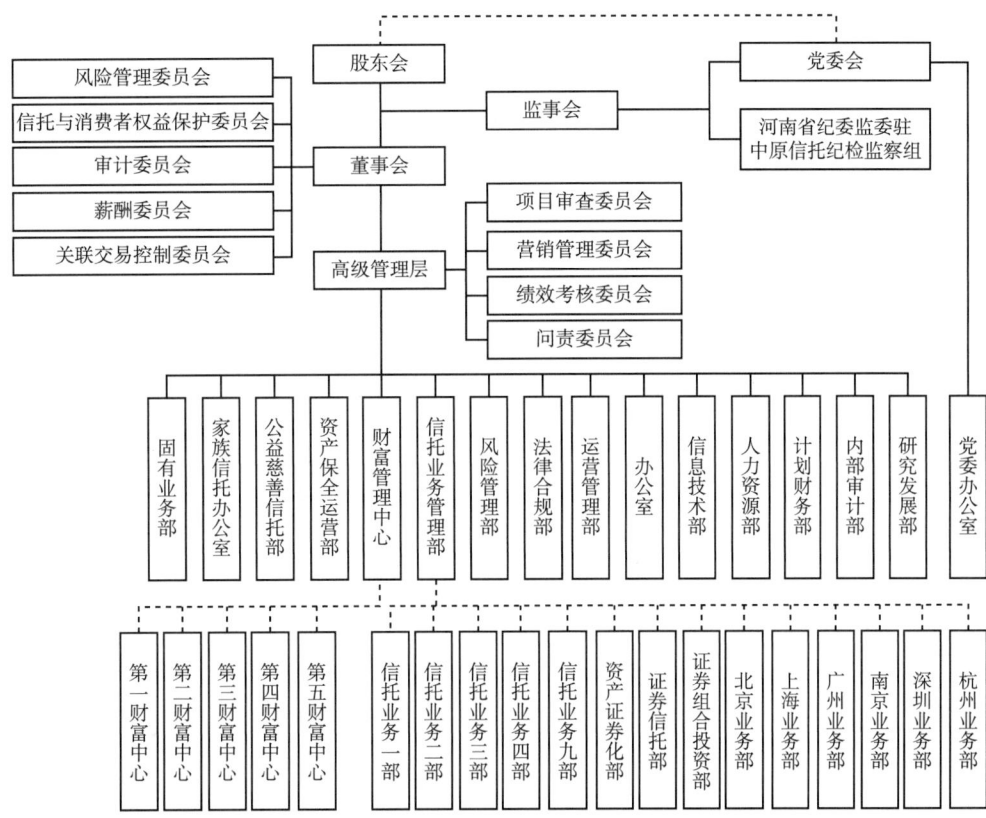

3.公司治理

3.1 股东

截至报告期末公司股东共3家，股东情况如下表所示。

股东名称	持股比例（%）	法定代表人
河南投资集团有限公司	64.93461	闫万鹏
河南中原高速公路股份有限公司	27.26855	刘静
光大兴陇信托有限责任公司	7.79684	冯翔

注：2023年2月，中原信托收到甘肃省兰州中院司法执行裁定书，将河南省豫粮粮食集团有限公司（以下简称豫粮集团）所持中原信托股权裁定抵债给光大兴陇信托有限责任公司（以下简称光大信托）。2023年7月，国家企业信用信息公示系统显示，依据兰州中院抵债执行裁定，豫粮集团所持中原信托股权已变更至光大信托名下。截至报告日，光大信托未履行股东资格监管核准程序。

公司第一大股东的主要股东的情况如下表所示。

股东名称	其主要股东	出资比例（%）	注册资本	股东之主要股东的主要经营业务及主要财务情况
河南投资集团有限公司	河南省财政厅	100	—	—

3.2 董事

公司董事会成员的基本情况如下表所示。

姓名	职务	性别	年龄（岁）	选任日期	所推举的股东名称	该股东持股比例（%）	简要履历
曹卫东	董事长	男	55	2022年10月	河南投资集团有限公司	64.93461	历任中国工商银行郑州市上街区支行副行长、支部副书记，中国工商银行郑州陇海路支行行长、支部书记，中国工商银行河南省分行公司业务部副总经理、大客户金融服务中心副总经理、机构业务部总经理、公司金融业务部总经理，中国工商银行平顶山分行党委书记、行长，现任中原信托有限公司党委书记、董事长

续表

姓名	职务	性别	年龄（岁）	选任日期	所推举的股东名称	该股东持股比例（%）	简要履历
李明	董事	男	49	2021年6月	河南投资集团有限公司	64.93461	历任河南电力试验研究院工程师、河南投资集团有限公司发展规划部高级业务经理、安彩高科股份有限公司董事会秘书、河南投资集团有限公司资本运营部主任，现任河南投资集团副总经理兼中原资产管理有限公司党委书记、董事长
张秋云	董事	女	51	2020年9月	河南投资集团有限公司	64.93461	历任开封市第一中学教师、河南省发展改革委财政金融处副调研员、副处长，河南省宏观经济研究院党支部书记、中国（河南）自由贸易试验区郑州片区管委会常务副主任，现任河南投资集团有限公司副总经理兼河南中原金融控股有限公司董事长
张东红	董事	男	48	2020年9月	河南投资集团有限公司	64.93461	历任河南安彩集团公司党委办公室主管、专业技术人员管理办公室副主任、人力资源部部长、企业策划部部长，河南投资集团人力资源部业务经理、副主任兼任河南汇融人力资源管理有限公司总经理，现任河南投资集团人力资源部副主任兼河南人才集团党委书记、董事长
彭武华	董事	男	52	2020年9月	河南中原高速公路股份有限公司	27.26855	历任河南高速公路发展有限公司洛阳分公司财务科长、安新公司改建工程项目部财务处长、河南高速公路发展有限公司会计结算中心副主任；副经理、湖南岳常公司董事、副总经理、财务总监、财务资产部副部长、部长，河南交通投资集团有限公司财务管理部一级职员；财务管理部部长；河南高速房地产开发有限公司副处级干部；现任河南中原高速公路股份有限公司总会计师
岳道贵	董事	男	49	2020年9月	河南中原高速公路股份有限公司	27.26855	历任郑州黄河公路大桥管理处财务部主管会计、中原高速大桥分公司财务部主管会计、中原高速平顶山分公司财务经理、中原高速股份有限公司财务资产部经理，现任中原高速股份有限公司财务资产部经理、河南交投郑辉高速公路有限公司总经理
魏华阳	董事	男	53	2020年9月	河南省豫粮粮食集团有限公司	—	历任河南省油脂公司贸易发展部副总经理、贸易开发部经理、销售部经理、副总经理，河南世通谷物贸易公司副总经理、河南长城粮油食品有限公司党总支书记，河南省国有资产控股运营集团有限公司发展规划部部长，现任河南省国有资产控股运营集团有限公司副总经理

独立董事

姓名	所在单位及职务	性别	年龄（岁）	所推举的股东名称	该股东持股比例（%）	简要履历
冯根福	西安交通大学教授	男	66	—	—	西安交通大学经济与金融学院二级教授，博士生导师，国家突出贡献专家，享受国务院政府特殊津贴。西安交通大学"领军人才"，应用经济学学科和产业经济学学科学术带头人
瞿强	中国人民大学教授	男	57	—	—	中国人民大学财政金融学院教授，博士生导师，入选教育部"新世纪优秀人才支持计划"和北京市"教学名师"，中国金融学会理事、中国金融40人论坛（F40）特邀会员、中国工商银行外部监事、北京银行外部监事、国家开发银行特聘专家
徐步林	河南昌浩律师事务所主任	男	58	—	—	曾任河南省政法管理干部学院（现河南财经政法大学）讲师。现任河南昌浩律师事务所主任，兼任河南省律师协会会长

3.3 监事会成员

公司监事会成员的基本情况如下表所示。

姓名	职务	性别	年龄（岁）	选任日期	所推举的股东名称	该股东持股比例（%）	简要履历
宋东	监事会主席	男	54	2021年2月	河南中原高速公路股份有限公司	27.26855	历任河南省财政厅办公室、预算处干部，河南省财政厅预算处、社会保障处、农业处副处长，河南省财政厅监督检查六处主任，河南省三门峡市财政局局长、党组书记、二级巡视员，时任中原信托有限公司党委委员、监事会主席
杨德伟	监事	男	42	2020年9月	河南投资集团有限公司	27.26855	历任郑州升达经贸管理学院教师，河南投资集团有限公司证券事务部、资本运营部职员、资本运营部副主任，现任河南投资集团资产管理公司总经理
郑强	监事	男	39	2020年9月	河南省豫粮粮食集团有限公司	—	历任许昌县人民检察院反渎职侵权局副局长、河南省国有资产控股运营集团有限公司审计监察部副部长、纪检监察部部长、审计部部长，现任河南省国有资产控股运营集团有限公司副总经理
张亮	职工监事	男	52	2020年9月	—	—	历任中原信托有限公司投资银行部高级主管、信托业务四部高级主管、投资管理二部高级主管、信托业务一部总经理、信托业务五部（北京部）总经理、信托业务九部总经理，现任中原信托有限公司风险管理部总经理
马咪莹	职工监事	女	40	2024年1月	—	—	历任中原信托有限公司信托业务部、信托业务三部、风险与合规管理部员工，风险管理部副总经理，现任内部审计部总经理

注：2024年3月，因工作调整，经公司股东会、监事会审议通过，宋东不再担任公司监事会监事、监事会主席。

3.4 高级管理人员

姓名	职务	性别	年龄（岁）	选任日期	金融从业年限（年）	学历	专业	简要履历
崔泽军	总经理	男	60	2015年12月	32	博士研究生	西方经济学	历任郑州粮食学院教师、中原信托有限公司财务部经理、公司副总经理、党委副书记、总经理，2023年12月退休
李信凤	副总经理兼总会计师	女	58	2015年12月	35	硕士研究生	工商管理	历任中原信托有限公司金融部、财务部经理、总经理助理，现任中原信托有限公司党委委员、副总经理兼总会计师
赵阳	副总经理	男	52	2015年12月	28	本科	生产过程自动化	历任中保信期货经纪有限公司郑州期货业务部经理、中原信托有限公司证券营业部总经理、信托市场部经理、信托业务管理总部副经理、信托综合部经理、风险管理部经理、总经理助理，现任中原信托有限公司党委副书记、副总经理

3.5 公司员工

项目		报告期年度（人）		上年度（人）	
在职员工数		290		303	
		人数（人）	比例（%）	人数（人）	比例（%）
年龄分布	20岁以下	—	—	—	—
	20~29岁	38	13.1	33	10.9
	30~39岁	172	59.3	197	65
	40岁及以上	80	27.6	73	24.1
学历分布	博士	2	0.7	4	1.3
	硕士	227	78.3	231	76.3
	本科	56	19.3	61	20.1
	专科	4	1.4	6	2.0
	其他	1	0.3	1	0.3
岗位分布	董事、监事及其高管人员	7	2.4	12	4.0
	自营业务人员	13	4.5	14	4.6
	信托业务人员	181	62.4	181	59.7
	其他人员	89	30.7	96	31.7

4. 经营管理

4.1 经营目标、方针、战略规划

经营目标：实现信托业务结构转型升级，产品创新能力提高，固有资产配置优化，经济效益和管理水平持续提升。

经营方针：坚持"守正创新控风险 转型调整促发展"总基调，走诚信、合规、创新、可持续发展道路。

战略规划：有效整合资源，提供专业化资产配置和财富管理服务，服务中国机构和高端个人客户需求，切实履行消费者权益保护职责。

4.2 经营业务的主要内容

本公司的业务主要是经营资产服务信托、资产管理信托、公益慈善信托和自营资产管理业务。报告期内，信托业务项下提供的主要理财产品有中原财富–天添利系列、周周宝系列、宏盈系列、丰利系列、丰和系列、金石系列、精益系列、宏利系列、双利系列、鑫汇系列、鑫和系列、融鑫系列信托产品以及恒业系列家族信托、恒睿系列家庭服务信托、恒爱系列保险金信托、恒远系列个人财富管理信托、预付金信托、资产证券化信托、公益信托、企业年金信托、PE投资信托等信托产品以及服务机构和高端个人客户特定需求的信托业务等；自营资产管理业务主要包括股权投资、金融产品投资等。

4.2.1 自营资产运用与分布表

资产运用	金额（万元）	占比（%）	资产分布	金额（万元）	占比（%）
货币资产	18 094.78	1.67	基础产业	—	—
贷款及应收款	99 316.97	9.17	房地产业	68 659.32	6.34
交易性金融资产投资	376 993.42	34.79	证券市场	5 533.34	0.51
债权投资	117 646.44	10.86	实业	37 868.69	3.49
其他权益工具投资	130 756.06	12.07	金融机构	763 363.46	70.45
长期股权投资	283 741.13	26.19	其他	208 134.46	19.21
其他	57 010.47	5.25			
资产总计	1 083 559.27	100.00	资产总计	1 083 559.27	100.00

4.2.2 信托资产运用与分布表

资产运用	金额（万元）	占比（%）	资产分布	金额（万元）	占比（%）
货币资产	632 374.50	1.59	基础产业	2 050 647.92	5.16
贷款	6 354 623.62	16.00	房地产	2 911 098.14	7.33
交易性金融资产	3 939 669.77	9.92	证券市场	1 947 945.30	4.90
债权投资	28 663 955.43	72.16	实业	14 282 648.44	35.96
其他	132 133.16	0.33	金融机构	3 761 099.72	9.47
—			其他	14 769 316.91	37.18
信托资产总计	39 722 756.48	100.00	信托资产总计	39 722 756.48	100.00

4.3 市场分析

影响公司经营发展的有利条件：2023年是全面贯彻党的二十大精神的开局之年，是三年新冠疫情防控转段

后经济恢复发展的一年,我国经济回升向好,高质量发展扎实推进;我国经济稳中向好、长期向好的基本趋势没有改变,改革开放以来积累的雄厚物质技术基础,超大规模的市场优势和内需潜力,为信托业的发展创造了良好的环境;我国继续实施积极的财政政策、稳健的货币政策,引导工业升级,现代化产业体系建设取得重要进展,科技创新实现新的突破,战略性新兴产业发展带动了高技术制造业市场需求,为信托展业提供了更多的机遇;随着我国经济多年的高速发展,社会财富的绝对存量大幅度增加,社会对财富传承、财富管理等需求逐渐增强,这为发挥信托优势、开展资产管理业务奠定了坚实基础;《关于规范信托公司信托业务分类有关事项的通知》正式发布,该制度的出台将丰富信托本源业务供给,推动信托行业高质量发展;中央金融工作会议强调以推进金融高质量发展为主题,明确了金融工作目标任务,指明了信托业发展路线。

影响公司经营发展的不利条件:我国经济进一步回升向好需要克服一些困难和挑战,主要是有效需求不足、部分行业产能过剩、社会预期偏弱、风险隐患仍然较多,国内大循环存在堵点,外部环境的复杂性、严峻性、不确定性上升;信托行业面临严监管的政策,融资类业务管控严格,信托公司的盈利能力短期内面临较大压力;信托业务"新三分类"以来,行业回归本源业务,但稳定可持续的盈利模式尚在探索阶段;房地产行业未有明显好转,销售恢复难达预期,随着化债一揽子政策落实,城投信用阶段性恢复,但后市仍有较大不确定性,信托公司面临风险管控压力。

4.4 内部控制

4.4.1 内部控制环境和内部控制文化

公司不断优化内部控制体系,持续强化科学、严谨的风控理念,内控制度已贯穿部门、岗位和工作的各个环节之中,并且通过考核制度和问责制度确保内部控制的各项要求得到监督和落实。(1)公司法人治理结构健全,股东会、董事会、监事会、高级管理层形成分工明确、职责清晰、制衡有序、运行规范的公司治理机制;(2)董事会及高级管理层下设风险管理委员会、审计委员会、信托与消费者权益保护委员会、薪酬委员会、关联交易控制委员会、项目审查委员会、营销管理委员会、绩效考核委员会、问责委员会、信托证券投资委员会等多个专业委员会,各专业委员会各司其职、各负其责,

充分发挥评审、决策、监督、评价等职能,有效防范和化解了各类风险;(3)公司持续推进全面风险管理体系建设,明确尽职调查和风险管理的问责机制,确保公司风险管理能够实现事前有防范、事中有控制、事后有评价与反馈,建立了"顺序递进、权责统一、严格有效"的监控防线。

2023年是"信托文化深化年",重点推进信托文化建设的体制机制在信托公司真正落地实施,推动信托文化与业务融合、与管理融合,形成信托文化建设与公司经营管理良性互动。公司坚持受益人合法利益最大化原则,大力弘扬信托文化,努力让"诚信重诺、值得托付"成为每名员工的价值追求,让信托文化渗透到员工的一言一行以及具体业务操作过程中,让履行内控职责成为每名员工的行动自觉。公司通过制定、完善和实施各类岗位人员行为准则,全面加强员工行为管理,增强内控制度执行力,积极营造文化引导与规范约束有机结合的内部控制环境。

4.4.2 内部控制措施

建立了由公司章程、各项规章制度、岗位职责说明书等共同构建的内控制度体系。规章制度包括业务管理、公司治理、内部审计、计划财务、人力资源、党建、行政管理等各个方面,涵盖了业务发展、风险管理、资产管理、部门设置、人员安排、事前决策与防范、事中执行与控制、事后监督、反馈纠正、问责等管理环节,确保公司各项经营有规可依。2023年度,根据市场形势变化及监管政策调整,不断完善公司制度体系,制定了《私募股权基金投资信托业务指引》《家族信托业务管理办法》等6项制度,修订完善了《证券投资信托业务管理办法》《投资者适当性管理办法》《项目审批办法》等21项制度。

对各部门、岗位制定了明确的职责和权限,严格按照不相容岗位相互分离的原则设定岗位职责,信托业务和固有业务部门分设,信托业务和固有业务全面实现人、财、物相互独立,确保内控制度有效实施。

公司发行的信托产品需依次经风险管理部与法律合规部初评审、业务部门分管副总经理、公司项目审查委员会/信托证券投资决策委员会、公司总经理审批。各级评审决策机制各司其职、各负其责,坚持业务发展和风险管控"双轮驱动",准确把握业务发展和风险管理的辩证统一关系,把业务风险控制在公司可承受的范围内。

4.4.3 信息交流与反馈

4.4.3.1 外部信息交流与反馈

公司建立了高效、畅通的外部信息交流与反馈机制。

公司指定专职人员负责官方网站维护和信息收集整理，所有对外披露的业务信息和其他信息依据有关规定在外部网站发布，实现信息披露的及时、规范和完整；公司指定专人负责在微信平台上发布产品成立信息及公司新闻，增加信息发布及与客户沟通交流的渠道；与监管部门建立了良好的信息报告反馈机制，业务开展、风险状况、内外部审计情况及合规管理等方面的问题均能够及时完整地向监管部门报告，及时落实监管部门监管意见；建立了舆情监测制度，及时收集舆情，解答客户疑问，不断提升金融服务水平；建立了新闻发言人制度，保持与外界及广大客户良好沟通；遵循受益人合法利益最大化处理信托事务的原则，通过问卷调查、客户面谈、电话沟通等方式，对委托人进行适应性调查，并对各信托产品进行了充分的风险揭示和信息披露。

4.4.3.2 内部信息交流与反馈

公司在各项业务活动中，根据相关制度规定了清晰、高效的报告路线，董事会、监事会、高管层能够及时获取相关信息，同时前台、中台、后台通过信息的交流形成监督制约机制；针对经营过程中可能发生的重大事项专门制定了《请示报告制度》，对请示报告的受理机构、请示报告的事项范围、请示报告的一般行文规则、项目管理内部报告制度、其他工作汇报制度、责任追究等内容作了明确规定；建立了信托业务管理系统、财务管理系统、客户营销管理系统、网上营销管理平台、人力资源管理系统和协同办公等应用系统，2023年围绕公司业务转型发展需要，新上线新一代业务系统、预付资金业务系统、家族H5双录系统、资产配置系统和统一身份认证系统，构建服务"非标+标"两类业务模式的完整系统体系，不断提升信息系统智能化、自动化应用水平，进一步规范了信息交流与反馈机制。

4.4.4 监督评价与纠正

公司建立了多层次的内控评价和监督纠正体系，形成了以风险管理、合规管理、运营管理和内部审计为主，业务授权控制、会计控制、业务流程控制以及信息化控制等相互作用的内控机制，能够按照各项业务的不同风险特征规范相应的内部审批、操作和风险管理程序，通过制度化、流程化来监控和管理各项业务；公司动态对内控制度的健全性、有效性进行评价，定期对各项业务开展进行专项内部审计，实现了内部缺陷的及时发现。在日常管理过程中，公司高级经营层高度重视外部监管、审计等意见以及内部审计监督建议，责成相关部门进行整改执行，持续推动各项监督评价意见的落实，保证了整个内部控制体系的长效运行。

2023年，公司按照监管要求和业务发展实际，开展了9项专项内部审计，提出多项合理化改进建议，通过督促整改、审计处罚、内控合规考核等多种方式，促进各条线进一步加强制度执行力度，提高风险防范和合规经营意识，积极发挥内审监督在风险防控中的第三道防线作用。

4.5 风险管理

公司秉持"风控为本、稳健务实"的风险管理理念，以"维护受益人合法利益最大化"为根本宗旨，以"做中国值得托付的信托公司"为目标，建立并不断完善全面风险管理体系。

4.5.1 风险管理概况

公司经营活动中面临的主要风险有：信用风险、市场风险、操作风险和其他风险等。

公司风险管理的基本原则：强化风险管理意识，明确风险管理责任，提高识别、量化和控制风险的能力，建立涵盖公司业务发展、资产管理、部门设置、人员安排以及决策、执行、监督、反馈等各个内控环节的风险管理系统，实行全面风险管理，把风险控制在公司可承担范围之内。

公司实行风险管理责任制，风险管理组织结构与职责划分按照信托业务部门与固有财产管理部门分设，信托业务操作过程前台、中台、后台分设的原则设置，横向与纵向相互监督制约，明确各个部门、各个环节风险管理的责任，具体如下。

董事会：作为公司风险管理的最高决策机构，负责确定公司的风险管理原则、政策和程序，行使重大经营决策权，对公司风险管理负最终责任。

风险管理委员会：对董事会负责，从宏观层面对公司发展战略、运营模式、风险管理体系、公司资产等可能出现的风险进行评估、管理、控制和监督。

项目审查委员会：对固有财产、信托财产运用项目的合规性和可行性进行审查，为董事会或高级经营层决策提供依据。

各业务部：对固有财产、信托财产运用项目的尽职调查和尽职管理负责。

各财富中心：对客户身份识别、信托产品推介、合同签订等负责。

计划财务部：对固有财产和信托财产的分账管理负责。

内部审计部：对公司经营管理、项目实施和管理的合规性进行审计监督。

法律合规部：对公司法律事务和合规管理负责，为公司在依法、合规的基础上开展各项经营活动及维护声誉等方面提供保障。

风险管理部：对公司动态化、立体化、全面化的风险管理体系进行研究和设计，制定公司风险管理制度并组织实施，对项目风险及可行性进行风险评估。

4.5.2 风险状况

4.5.2.1 信用风险状况

信用风险指因交易对手未能履行合同约定所带来的经济损失风险。公司业务运营中主要的交易对手为工商企业、城投公司、房地产企业等。面临复杂多变的国际国内经济形势及市场环境，公司始终坚持稳健经营原则，从严筛选交易对手，审慎确定授信额度，根据政策变化、市场环境和企业经营情况对授信额度和集中度进行动态调整管理，规范交易流程和管理流程。公司审时度势，严把项目准入关，对不符合公司准入标准和政策要求的项目坚决放弃，从源头把控风险，公司信用风险可控。

报告期末，公司固有业务信用风险资产（包括贷款、拆借、租赁）按照资产五级分类标准分类的情况为：正常0万元、关注53 749.32万元、次级0万元、可疑0万元、损失0万元。其中：不良信用资产的期初数为356.98万元，期末数为0万元。

4.5.2.2 市场风险状况

市场风险是指因证券价格、利率、汇率等的变动而导致价值未预料到的潜在损失的风险。公司面临的市场风险主要是股票、债券二级市场波动风险，主要影响证券投资类信托业务。报告期内，公司开展证券投资类信托业务严格依据信托合同进行投资运营，确保各项风险控制措施有效执行，整体风险相对可控。

4.5.2.3 操作风险状况

操作风险是指公司治理机制、内控制度不健全或失效、业务操作流程不完善、操作系统故障或有关责任人出现失误，从而给公司经营带来直接或间接损失的风险。公司可能面临的操作风险主要是流程风险、执行风险、信息风险、人员风险等。目前公司实行规范化、标准化、制度化管理，各项内控制度健全，并能根据监管政策的变化不断修订和完善；实行岗位职责和相互监督检查相结合，并制订了相关制度对失职、越权或者违规操作的人员进行问责，强化执行力；不断加强各类业务系统的升级改造和人员培训，加强相关业务的信息化管理；强化项目事中监督与审计，及时发现、控制潜在风险，及时整改不规范的操作行为。总体上，公司操作风险管理工作比较扎实，报告期内未发生操作风险。

4.5.2.4 其他风险状况

本公司面临的其他风险主要有合规风险、法律风险、流动性风险、声誉风险等。公司能够根据外部监管政策和法律法规的变化及时调整公司相关制度，主动配合监管部门对公司业务的监管，没有发生重大的合规风险和法律风险。公司重视品牌建设和声誉风险管理，勤勉尽职履行受托人责任，与受益人建立了良好的沟通渠道，报告期内没有发生重大声誉风险。

4.5.3 风险管理

公司以风险管理委员会为抓手，持续推进全面风险管理体系建设，从理念、战略、制度、流程、系统、员工等各层面强化对各类风险的管控，建立了"顺序递进、权责统一、严格有效"的风险防控防线，确保公司风险管理能够实现事前有防范、事中有控制、事后有评价。2023年公司结合经营实际，制定了《中原信托有限公司全面风险管理体系实施方案》，全面梳理了公司经营过程中的主要风险类别和风险点，形成了《中原信托有限公司各部门全面风险管理责任书》，取得了较好的管理效果。

4.5.3.1 信用风险管理

为防控信用风险，公司一是针对"三分类"下的业务类型，加强对相关法律法规的研究，完善授信政策、风险管理制度、全面风险管理指引、项目审批制度等各项内控制度，及时转变风险管理理念，优化风险管理模式；二是公司积极探索新业务模式，着力发展标品业务及资产服务信托，从业务类型上防控信用风险的集聚，加快转型发展步伐；三是严把项目准入关，优选交易对手，对不符合公司准入标准和政策要求的项目坚决放弃；四是加强风险排查及监测，紧盯重点领域风险，持续关注存续项目舆情，确保各类风险早发现、早预警、早处置。

根据年度经营情况，公司未计提一般准备，按净利润的5%计提信托赔偿准备金，报告期内计提2023年度信托赔偿准备金699.80万元，期末信托赔偿准备金累计29 848.25万元，报告期内未使用信托赔偿准备金。

4.5.3.2 市场风险管理

公司管理市场风险的主要策略有：一是对市场风险实行限额管理，将固有资金投资股票的比重控制在与公司的投资管理和风险承受能力相适应的水平；二是加强对宏观经济形势和特定行业趋势、区域金融环境的整体判断研究，关注政策变化可能引发的风险，避免进入限制类行业和相关项目，增强证券投资决策的预见性和前瞻性，提高反应速度；三是利用证券投资及风险管理系统，提高证券估值效率和风险评估的科学性，强化止盈止损等风险防范措施；四是针对股票质押项目逐日盯市，动态监测项目安全边际，做实保证金、股票追加机制。

4.5.3.3 操作风险管理

公司管理操作风险的主要策略有：一是根据监管政策变化，动态修订和完善内控制度体系，细化业务操作流程，明确岗位职责，规范管理要点，确保各项操作有规可依；二是加强业务流程的信息化管理，实现各项流程操作的规范化、自动化；三是持续加强员工培训，增强员工责任意识，提升员工道德水准；四是持续推进精细化管理，强化监督检查和处罚问责。

4.5.3.4 其他风险管理

公司牢固树立合规发展理念，积极顺应监管政策导向，在回归信托本源、服务实体经济的基础上，认真履行诚实守信、勤勉尽责的受托责任，建立覆盖各类信托业务的法律合规风险评价清单体系，严格业务准入，规范业务开展，守住项目准入底线；持续强化风险预防机制，多次开展法律合规风险专项排查，摸清风险底数并整改落实；大力弘扬合规文化，着力倡导"合规创造价值"的经营理念，不定期发布法律合规风险提醒、建议或指导意见，系统解决经营中面临的法律合规问题，建立常态化的"全员合规培训、定制化法律培训和岗前法律合规培训"三大培训机制，积极打造"风险合规大讲堂""一对一法律培训"等特色品牌，有针对性增加培训供给，强化培训效果，全方位、多角度提升员工法治意识和合规意识，充分发挥"全员合规"的基础作用。2023年，公司共开展全员合规培训7场，对业务部门进行"一对一法律培训"13场。在内网开辟法律合规管理专栏，按月推出《法律合规参考》，不定期发布专题文章，对最新监管政策、司法判例等进行解读分析，通过精准提示、靶向施策实现堵漏洞、鸣警钟、常警醒的管理目的，教育员工自觉守好底线、筑牢防线、不触红线，不断夯实法治基础，凝聚合规力量。

4.6 净资本管理指标

截至2023年末，公司净资本81.12亿元，各项业务风险资本之和47.72亿元，净资本对风险资本的覆盖率达到169.98%，净资本/净资产指标为79.47%，各项指标均达到监管标准。

4.7 履行社会责任情况

报告期内，公司加速探索业务转型路径，全员深刻领会、全面贯彻落实中央金融工作会议精神，聚焦主责主业，回归信托本源，切实提升金融服务实体经济质效，以信托力量服务金融高质量发展。公司主动融入省内发展大局，锚定"两个确保"，助力"十大战略"。2023年公司推动标品业务规模、集团客户拓展和部分创新业务品种取得成果，年末公司标品规模达到291亿元，部分集团客户合作已有成果落地，在风险处置信托、预付资金信托和股权投资信托业务方面也有多单业务落地。

公司始终秉承"专业、透明、高效、创新"的慈善服务理念，积极利用慈善信托工具参与促进公益慈善事业发展，践行国企使命担当。公司通过设立"中原信托·中原农险·河南省扶贫基金会·乡村振兴慈善信托""中原信托·中原大爱·知了阳光童年慈善信托""中原信托·99公益·慈善信托"等项目巩固脱贫攻坚成果、救助困难家庭儿童的康复性疾病救治，助力乡村振兴。同时，公司积极动员党员职工参与公益活动。组织党员到社区"双报到"，开展志愿服务活动，参与社区治理工作。党支部开展"为大山添绿"植树节、消保宣传进社区等主题党日活动，党员干部职工参加爱心献血、"9·9公益日"爱心捐赠等活动。

公司秉持"诚信重诺、值得托付"的经营理念，坚持"以客户为中心"的服务理念，以维护"受益人合法利益最大化"为根本宗旨，竭诚为客户提供优质、高效、专业的资产管理和财富管理服务。报告期内，公司持续完善产品体系，推出涉及债券投资、股票多头、量化选股、CTA、市场中性、固收+等多种策略不同系列的创新类产品，家族信托、家庭服务信托、预付金信托、保险金信托、慈善信托等信托业务稳步发展，为客户进行多样化、个性化资产配置选择提供产品支持。

5. 报告期末及上一年度末的比较式会计报表

5.1 自营资产

5.1.1 会计师事务所审计结论

中证天通会计师事务所（特殊普通合伙）审计了中原信托有限公司2023年度财务报表，出具了标准无保留意见的审计报告书。

5.1.2 资产负债表

资产负债表

编制单位：中原信托有限公司　　　　　2023年12月31日　　　　　　　　　　　　　　　　单位：万元

资产	行次	期末数	期初数	负债及所有者权益	行次	期末数	期初数
资产：	1	—	—	负债：	20		
货币资金	2	18 094.78	7 314.92	拆入资金	21	—	40 114.28
应收款项	3	3 707.80	5 401.21	应付职工薪酬	22	10 561.35	11 967.97
合同资产	4			应交税费	23	3 232.86	11 985.81
买入反售金融资产	5			合同负债	24	3 526.26	755.35
发放贷款和垫款	6	53 749.32	21 856.30	预计负债	25	2 211.23	1 901.97
金融投资：	7			递延所得税负债	26	16 553.24	11 976.44
交易性金融资产	8	376 993.42	229 097.25	其他负债	27	26 670.60	41 989.00
债权投资	9	117 646.44	214 971.59	负债合计	28	62 755.54	120 690.82
其他债权投资	10	—	—	所有者权益：	29		
其他权益工具投资	11	130 756.06	131 101.12	实收资本	30	468 089.68	400 000.00
长期股权投资	12	283 741.13	271 435.26	资本公积	31	252 356.54	172 286.24
投资性房地产	13	1 238.44	1 409.04	减：库存股	32	—	—
固定资产	14	30 741.95	7 409.39	其他综合收益	33	-1 648.36	-2 759.01
在建工程	15	—	19 254.07	盈余公积	34	59 813.70	58 414.09
无形资产	16	5 173.07	5 080.37	一般风险准备	35	30 130.04	29 430.24
递延所得税资产	17	18 161.81	13 275.35	未分配利润	36	212 062.13	200 165.46
其他资产	18	43 555.05	50 621.97	所有者权益合计	37	1 020 803.73	857 537.02
资产总计	19	1 083 559.27	978 227.84	负债和所有者权益合计	38	1 083 559.27	978 227.84

法定代表人：曹卫东　　　　　　财务经理：鲁耀　　　　　　复核：鲁耀　　　　　　制表：邓燕

5.1.3 利润和利润分配表

利润及利润分配表

制表单位：中原信托有限公司　　　2023年度　　　　单位：万元

项目	行次	当年数	上年数
一、营业收入	1	79 067.81	75 651.94
利息净收入	2	-548.63	-4 893.01
利息收入	3	269.25	179.11
利息支出	4	817.88	5 072.12
手续费及佣金净收入	5	63 333.84	84 638.49
手续费及佣金收入	6	63 333.84	84 638.49
手续费及佣金支出	7	—	—
投资收益（损失以"-"号填列）	8	13 101.59	23 809.91
其中：对联营企业和合营企业的投资收益	9	13 184.19	18 096.24
以摊余成本计量的金融资产终止确认产生的收益	10		
公允价值变动收益（损失以"-"号填列）	11	2 515.32	-28 277.56
汇兑收益（损失以"-"号填列）	12		
其他业务收入	13	574.15	371.79
资产处置收益（损失以"-"号填列）	14	91.54	2.32
二、营业支出	15	56 419.71	48 261.36

续表

项目	行次	当年数	上年数
税金及附加	16	616.69	690.29
业务及管理费	17	22 807.99	20 314.99
信用减值损失	18	32 495.63	27 163.58
其他业务成本	19	499.40	92.50
三、营业利润（亏损以"-"号填列）	20	22 648.10	27 390.58
加：营业外收入	21	160.35	0.04
减：营业外支出	22	58.40	126.78
四、利润总额（亏损以"-"号填列）	23	22 750.05	27 263.84
减：所得税费用	24	8 753.97	14 695.18
五、净利润（净亏损以"-"号填列）	25	13 996.08	12 568.66
六、每股收益	26		
（一）基本每股收益	27	—	—
（二）稀释每股收益	28	—	—
减：其他调整事项	29	—	—
七、其他综合收益	30	1 110.64	-8 167.73
八、综合收益总和	31	15 106.72	4 400.93

法定代表人：曹卫东　　　财务经理：鲁耀　　　复核：鲁耀　　　制表：邓燕

5.1.4 所有者权益变动表

所有者权益变动表

制表单位：中原信托有限公司　　　　　　2023年度　　　　　　单位：万元

项目	行次	本年金额						
		实收资本	资本公积	其他综合收益	盈余公积	一般风险准备	未分配利润	所有者权益合计
一、上年年末余额	1	400 000.00	172 286.24	-2 759.01	58 413.67	29 430.03	200 161.93	857 532.86
加：会计政策变更	2	—	—	—	0.42	0.21	3.54	4.17
前期差错更正	3	—	—	—	—	—	—	—
二、本年年初余额	4	400 000.00	172 286.24	-2 759.01	58 414.09	29 430.24	200 165.47	857 537.03
三、本年增减变动金额（减少以"-"号填列）	5	68 089.68	80 070.29	1 110.65	1 399.61	699.80	11 896.67	163 266.70
（一）综合收益总额	6	—	—	1 110.65	—	—	13 996.08	15 106.73
（二）所有者投入和减少资本	7	68 089.68	80 070.29	—	—	—	—	148 159.97
1.所有者（或股东）投入的普通股	8	68 089.68	80 345.82	—	—	—	—	148 435.50
2.其他权益工具持有者投入资本	9	—	—	—	—	—	—	—
3.股份支付计入所有者权益的金额	10	—	—	—	—	—	—	—
4.其他	11	—	-275.53	—	—	—	—	-275.53
（三）利润分配	12	—	—	—	1 399.61	699.80	-2 099.41	—
1.提取盈余公积	13	—	—	—	1 399.61	—	-1 399.61	—
2.提取一般风险准备	14	—	—	—	—	699.80	-699.80	—
3.对所有者（或股东）的分配	15	—	—	—	—	—	—	—
4.其他	16	—	—	—	—	—	—	—
（四）所有者权益内部结转	17	—	—	—	—	—	—	—
1.资本公积转增本（或实收资本）	18	—	—	—	—	—	—	—
2.盈余公积转增资本（或实收资本）	19	—	—	—	—	—	—	—
3.盈余公积弥补亏损	20	—	—	—	—	—	—	—
4.其他	21	—	—	—	—	—	—	—
四、本年年末余额	22	468 089.68	252 356.53	-1 648.36	59 813.70	30 130.04	212 062.14	1 020 803.73

法定代表人：曹卫东　　　　　　财务经理：鲁耀　　　　　　复核：鲁耀　　　　　　制表：邓燕

所有者权益变动表（续）

制表单位：中原信托有限公司　　　　　　2023年度　　　　　　单位：万元

项目	行次	上年金额						
		实收资本	资本公积	其他综合收益	盈余公积	一般风险准备	未分配利润	所有者权益合计
一、上年年末余额	1	400 000.00	174 532.37	5 408.72	57 156.81	28 801.60	189 478.56	855 378.06
加：会计政策变更	2	—	—	—	—	—	—	—
前期差错更正	3	—	—	—	—	—	—	—
二、本年年初余额	4	400 000.00	174 532.37	5 408.72	57 156.81	28 801.60	189 478.56	855 378.06
三、本年增减变动金额（减少以"-"号填列）	5	—	-2 246.13	-8 167.73	1 256.86	628.43	10 683.37	2 154.80
（一）综合收益总额	6	—	—	-8 167.73	—	—	12 568.66	4 400.93
（二）所有者投入和减少资本	7	—	-2 246.13	—	—	—	—	-2 246.13
1.所有者（或股东）投入的普通股	8	—	—	—	—	—	—	—
2.其他权益工具持有者投入资本	9	—	—	—	—	—	—	—
3.股份支付计入所有者权益的金额	10	—	—	—	—	—	—	—
4.其他	11	—	-2 246.13	—	—	—	—	-2 246.13

续表

项目	行次	上年金额						
		实收资本	资本公积	其他综合收益	盈余公积	一般风险准备	未分配利润	所有者权益合计
(三)利润分配	12	—	—	—	1 256.86	628.43	−1 885.29	—
1.提取盈余公积	13	—	—	—	1 256.86	—	−1 256.86	—
2.提取一般风险准备	14	—	—	—	—	628.43	−628.43	—
3.对所有者(或股东)的分配	15	—	—	—	—	—	—	—
4.其他	16	—	—	—	—	—	—	—
(四)所有者权益内部结转	17	—	—	—	—	—	—	—
1.资本公积转增本(或实收资本)	18	—	—	—	—	—	—	—
2.盈余公积转增资本(或实收资本)	19	—	—	—	—	—	—	—
3.盈余公积弥补亏损	20	—	—	—	—	—	—	—
4.其他	21	—	—	—	—	—	—	—
四、本年年末余额	22	400 000.00	172 286.24	−2 759.01	58 413.67	29 430.03	200 161.93	857 532.86

法定代表人：曹卫东　　　财务经理：鲁耀　　　复核：鲁耀　　　制表：邓燕

5.2 信托资产

5.2.1 信托项目资产负债汇总表

信托项目资产负债表

编制单位：中原信托有限公司　　　2023年12月31日　　　单位：万元

信托资产	期末数	期初数	信托负债和信托权益	期末数	期初数
信托资产：	—	—	信托负债：		
货币资金	632 374.50	151 584.72	交易性金融负债	—	—
拆出资金			衍生金融负债	—	—
存出保证金	—	—	应付受托人报酬	5 403.86	6 180.59
交易性金融资产	3 939 669.77	3 794 319.32	应付托管费	1 809.13	1 662.79
衍生金融资产	—	—	应付受益人收益	4 252.25	3 442.24
买入返售金融资产	56 923.76	51 829.31	应交税费	1 763.35	2 677.06
应收款项	62 109.40	13 776.64	应付销售服务费	91.19	49.11
发放贷款	6 354 623.62	7 454 804.67	其他应付款项	227 726.46	141 304.47
其他债权投资	13 100.00	22 071.47	预计负债		
债权投资	28 663 955.43	30 507 098.33	其他负债		
长期应收款	—	—	信托负债合计	241 046.24	155 316.26
长期股权投资					
投资性房地产			信托权益：		
固定资产	—	—	实收信托	39 849 277.68	42 186 942.96
无形资产	—	—	其他综合收益	1 367.88	1 362.77
长期待摊费用	—	—	未分配利润	−368 935.32	−348 137.53
其他资产	—	—	信托权益合计	39 481 710.24	41 840 168.20
信托资产总计	39 722 756.48	41 995 484.46	信托负债及信托权益总计	39 722 756.48	41 995 484.46

法定代表人：曹卫东　　　财务经理：鲁耀　　　复核：鲁耀　　　制表：杨赛赛

5.2.2 信托项目利润及利润分配汇总表

信托项目利润及利润分配表

编报单位：中原信托有限公司　　　2023年度　　　单位：万元

项目	当年数	上年数
1.营业收入	1 856 030.28	1 973 387.93
1.1 利息收入	1 703 167.91	1 764 002.07
1.2 投资收益（损失以"-"号填列）	124 475.36	260 719.89
1.2.1 其中：对联营企业和合营企业的投资收益	—	—
1.3 公允价值变动收益（损失以"-"号填列）	26 175.78	-78 998.50
1.4 租赁收入	—	—
1.5 汇兑损益（损失以"-"号填列）	—	—
1.6 其他收入	2 211.23	27 664.47
2.支出	195 617.71	244 307.06
2.1 营业税金及附加	6 146.16	7 057.78
2.2 受托人报酬	69 038.80	89 017.35
2.3 托管费	25 761.33	17 162.84
2.4 投资管理费	—	—
2.5 销售服务费	436.95	277.86
2.6 交易费用	203.31	156.12
2.7 信用减值损失	54 317.87	78 412.62
2.8 其他费用	39 713.29	52 222.49
3.信托净利润（损失以"-"号填列）	1 660 412.57	1 729 080.87
4.其他综合收益	—	—
5.综合收益	1 660 412.57	1 729 080.87
6.加：期初未分配信托利润	-348 137.53	-205 859.73
7.可供分配的信托利润	1 332 259.47	1 523 116.23

续表

项目	当年数	上年数
8.减：本期已分配信托利润	1 701 194.79	1 871 253.76
9.期末未分配信托利润	-368 935.32	-348 137.53

法定代表人：曹卫东　　财务经理：鲁耀　　复核：鲁耀　　制表：杨赛赛

6. 会计报表附注

6.1 会计报表编制基准不符合会计核算基本前提的说明

本报告期会计报表编制基准不存在不符合会计核算基本前提的事项。

6.2 简要说明报告年度会计报表编制基准、会计政策、会计估计和核算方法发生的变化

2022年1月1日起，公司资产管理产品开始执行财政部财会〔2017〕7号、8号、9号、14号文修订的《企业会计准则第22号——金融工具确认和计量》《企业会计准则第23号——金融资产转移》《企业会计准则第24号——套期会计》和《企业会计准则第37号——金融工具列报》。

6.3 或有事项说明

本会计期未发生对外担保及其他或有事项。

6.4 重要资产转让及其出售的说明

本会计期无重要资产转让及其出售。

6.5 会计报表中重要项目的明细资料

6.5.1 自营资产经营情况

6.5.1.1 按信用风险五级分类结果披露信用风险资产的期初数、期末数

信用风险资产五级分类	正常类（万元）	关注类（万元）	次级类（万元）	可疑类（万元）	损失类（万元）	信用风险资产合计（万元）	不良合计（万元）	不良率（%）
期初数	—	21 499.32	—	356.98	—	21 856.30	356.98	1.63
期末数	—	53 749.32	—	—	—	53 749.32	—	—

注：不良资产合计=次级类+可疑类+损失类。

6.5.1.2 各项资产减值损失准备的期初、本期计提、本期转回、本期核销、期末数；贷款的一般准备、专项准备和其他资产减值准备

单位：万元

项目	期初数	本期计提	本期转回	本期核销	其他变化	期末数
贷款损失准备	86 246.51	7.66	—	79 087.73	10 750	17 916.44
一般准备	86 246.51	7.66	—	79 087.73	10 750	17 916.44
专项准备	—	—	—	—	—	—
其他资产减值准备	161 622.68	33 465.75	975.31	4 517.37	-39 837.99	149 757.76

续表

项目	期初数	本期计提	本期转回	本期核销	其他变化	期末数
债权投资减值准备	137 467.63	31 293.92	975.31	—	-39 837.99	127 948.25
长期股权投资减值准备	—	—	—	—	—	—
坏账准备	24 155.05	2 171.83	—	4 517.37	—	21 809.51

6.5.1.3 自营股票投资、基金投资、债券投资、其他投资等投资业务的期初数、期末数

单位：万元

项目	自营股票	基金	债券	其他投资
期初数	6 006.31	19 169.33	—	549 994.32
期末数	5 533.00	25 381.33	—	594 481.59

6.5.1.4 前五名的自营长期股权投资的企业名称、占被投资企业权益的比例、主要经营活动及投资收益情况

企业名称	占被投资企业权益的比例（%）	主要经营活动	投资收益（万元）
长城基金有限公司	17.6470	基金管理	1 270.58
上海临芯投资管理有限公司	12.0000	投资管理	480.00
洛银金融租赁股份有限公司	10.0000	金融租赁	3 058.97
河南资产管理有限公司	10.0000	资产管理	5 960.95
郑州银行股份有限公司	3.5050	商业银行	4 165.05

6.5.1.5 前五名的自营贷款的企业名称、占贷款总额的比例和还款情况

企业名称	占贷款总额的比例（%）	还款情况
南通五洲国际投资有限公司	40	逾期
恒大地产集团兰州置业有限公司	60	逾期

6.5.1.6 表外业务的期初数、期末数；按照代理业务、担保业务和其他类型表外业务

单位：万元

表外业务	期初数	期末数
担保业务	—	—
代理业务（委托业务）	—	—
其他	—	—
合计	—	—

6.5.1.7 公司当年的收入结构

收入结构	金额（万元）	占比（%）
手续费及佣金收入	63 333.84	79.12
其中：信托手续费收入	63 333.84	79.12
投资银行业务收入	—	—
利息收入	269.26	0.34
资产处置收益	91.54	0.11

续表

收入结构	金额（万元）	占比（%）
其他业务收入	574.15	0.72
其中：计入信托业务收入部分	—	—
投资收益	13 101.59	16.37
其中：股权投资收益	15 049.05	18.80
其他投资收益	-1 947.46	-2.43
公允价值变动收益	2 515.32	3.14
营业外收入	160.35	0.20
收入合计	80 046.05	100.00

6.5.2 信托资产管理情况

6.5.2.1 信托资产的期初数、期末数

单位：万元

信托资产	期初数	期末数
集合	28 807 404.20	23 262 459.07
单一	2 730 534.86	3 085 356.63
财产权	10 457 545.40	13 374 940.78
合计	41 995 484.46	39 722 756.48

6.5.2.1.1 主动管理型信托业务期初数、期末数，分证券投资、其他投资、融资、事务管理类分别披露

单位：万元

主动管理型信托资产	期初数	期末数
证券投资类	1 058 791.58	2 859 984.73
其他投资类	23 600 297.57	11 766 424.21
融资类	4 279 790.54	8 246 338.48
事务管理类	4 841 861.32	22 432.52
合计	33 780 741.01	22 895 179.94

6.5.2.1.2 被动管理型信托业务期初数、期末数，分证券投资、其他投资、融资、事务管理类分别披露

单位：万元

被动管理型信托资产	期初数	期末数
证券投资类	—	—
其他投资类	715 616.32	3 069.74
融资类	5.83	0.15
事务管理类	7 499 121.30	16 824 506.65
合计	8 214 743.45	16 827 576.54

6.5.2.2 本年度已清算结束的信托项目个数、实收信托合计金额、加权平均实际年化收益率

6.5.2.2.1 本年度已清算结束的集合类、单一类资金信托项目和财产管理类信托项目个数、金额、加权平均实际年化收益率

已清算结束信托项目	项目个数（个）	合计金额（万元）	加权平均实际年化收益率（%）
集合类	207	7 674 539.61	4.73
单一类	21	663 046.25	3.52
财产管理类	148	5 365 150.92	3.66

注：加权平均实际年化收益率=（信托项目1的实际年化收益率×信托项目1的资产总计+信托项目2的实际年化收益率×信托项目2的资产总计+…+信托项目n的实际年化收益率×信托项目n的资产总计）/（信托项目1的资产总计+信托项目2的资产总计+…+信托项目n的资产总计）×100%。

6.5.2.2.2 本年度已清算结束的主动管理型信托项目个数、合计金额、加权平均实际年化收益率，分证券投资、其他投资、融资、事务管理类分别披露

已清算结束信托项目	项目个数（个）	合计金额（万元）	加权平均实际年化收益率（%）
证券投资类	7	31 364.60	3.07
其他投资类	158	6 032 092.18	4.74
融资类	45	1 943 972.30	4.94
事务管理类	55	1 962 436.24	5.11

6.5.2.2.3 本年度已清算结束的被动管理型信托项目个数、合计金额、加权平均实际年化收益率，分证券投资、其他投资、融资、事务管理类分别披露

已清算结束信托项目	项目个数（个）	合计金额（万元）	加权平均实际年化收益率（%）
证券投资类	—	—	—
其他投资类	3	180 328.63	3.26
融资类	—	—	—
事务管理类	108	3 552 542.83	2.64

6.5.2.3 本年度新增的集合类、单一类和财产管理类信托项目个数、合计金额

新增信托项目	项目个数（个）	合计金额（万元）
集合类	278	8 641 981.34
单一类	226	1 620 136.58
财产管理类	243	10 171 627.39
新增合计	747	20 433 745.31
其中：主动管理型	242	8 051 150.86
被动管理型	505	12 382 594.45

6.5.2.4 信托业务创新成果和特色业务有关情况

报告期内，公司高度重视转型业务发展及创新工作，紧跟监管"新三分类"政策指引，业务结构持续优化，转型业务发展迅速。资产管理信托方面，证券类产品线已落地超过十类，其中丰利系列产品荣获第16届"诚信托"最佳资产管理信托产品奖；资产服务信托方面，新开发恒远系列个人财富信托，完成恒业系列家族信托、恒爱系列保险金信托、恒睿系列家庭信托、恒远系列个人财富信托等多类资产服务信托的布局；预付类资金服务信托业务方面实现从无到有、由点及面的突破，目前已覆盖11个业务领域及三个城市，在行业覆盖、业务范围等方面实现了行业领先，其中道路运输和消费券预付资金信托实现了全国首创；风险处置信托业务方面，通过"服务+金融"模式为企业提供综合服务，已实现了三单风险处置服务信托落地。

6.5.2.5 信托赔偿准备金的提取、使用和管理情况

公司按净利润的5%计提信托赔偿准备金，报告期内计提2023年度信托赔偿准备金699.80万元，期末信托赔偿准备金累计29 848.25万元，报告期内未使用信托赔偿准备金。

6.6 关联方关系及其交易的披露

6.6.1 关联交易方的数量、关联交易的总金额及关联交易的定价政策等

项目	关联交易数量	关联交易金额（万元）	定价政策
合计	49	830 263.11	市场公平价格

注：关联交易是指信托公司以自有资产、信托资产为关联方提供投融资等服务，或以担保等方式为关联方融资提供便利的业务。关联交易的统计范围应基本与银监会非现场监管信息系统中关于关联交易的范围和口径一致，也可增加为关联方提供咨询等其他非投融资类业务服务的信息。

6.6.2 关联交易方与本公司的关系性质、关联交易方的名称、法定代表人、注册地址、注册资本及主营业务等

关系性质	关联方名称	法定代表人	注册地址	注册资本（万元）	主营业务
公司股东	河南投资集团有限公司	同万鹏	郑州市	1 200 000	项目投资管理
公司股东	河南中原高速公路股份有限公司	刘静	郑州市	224 737	交通设施投资
公司股东	光大兴陇信托有限责任公司	冯翔	兰州市	841 819	信托业务管理

关系性质	关联方名称
本公司投资的联营公司	郑州银行股份有限公司
本公司投资的联营公司	洛银金融租赁管理有限公司

续表

关系性质	关联方名称
本公司投资的联营公司	河南资产管理有限公司
本公司控股股东子公司的合营公司	河南中金汇融私募基金管理有限公司
本公司投资的联营公司	上海临芯投资管理有限公司
本公司投资的联营公司的子公司	河南资产基金管理有限公司

6.6.3 本公司与关联方的重大交易事项

6.6.3.1 固有财产与关联方：贷款、投资、租赁、应收账款、担保、其他方式等期初汇总数、本期发生额汇总数、期末汇总数

固有财产与关联方关联交易　　单位：万元

项目	期初	发生额	期末
贷款	—	—	—
投资	2 651.56	17 735.50	20 387.06
租赁	—	—	—
担保	—	—	—
应收账款	—	—	—
其他	—	—	—
合计	2 651.56	17 735.50	20 387.06

6.6.3.2 信托资产与关联方：贷款、投资、租赁、应收账款、担保、其他方式等期初汇总数、本期发生额汇总数、期末汇总数

信托资产与关联方关联交易　　单位：万元

项目	期初	发生额	期末
贷款	—	91 550.00	91 550.00
投资	8 000.00	497 737.92	505 737.92
租赁	—	—	—
担保	—	—	—
应收账款	—	—	—
其他	203 005.20	9 582.93	212 588.13
合计	211 005.20	598 870.85	809 876.05

6.6.3.3 固有财产与信托财产之间的交易金额期初汇总数、本期发生额汇总数、期末汇总数

固有财产与信托财产相互交易　　单位：万元

项目	期初数	本期发生额	期末数
合计	—	—	—

注：根据《关于信托公司执行〈银行保险机构关联交易管理办法〉有关问题的函》（信托函〔2023〕24号），本部分不属于关联交易。

6.6.3.4 信托资产与信托财产之间的交易金额期初汇总数、本期发生额汇总数、期末汇总数

信托资产与信托财产相互交易　　单位：万元

项目	期初数	本期发生额	期末数
合计	—	—	—

注：根据《关于信托公司执行〈银行保险机构关联交易管理办法〉有关问题的函》（信托函〔2023〕24号），本部分不属于关联交易。

6.6.4 逐笔披露关联方逾期未偿还本公司资金的详细情况以及本公司为关联方担保发生或即将发生垫款的详细情况

报告期内无关联方逾期未偿还本公司资金的情况，未有本公司为关联方担保发生或即将发生垫款的情况。

6.7 会计制度的披露

6.7.1 自营业务

公司固有业务执行2006年财政部颁发的《企业会计准则》及相关规定。

2021年1月1日起，公司固有业务开始执行财政部财会〔2017〕7号、8号、14号文修订的《企业会计准则第22号——金融工具确认和计量》《企业会计准则第23号——金融资产转移》《企业会计准则第37号——金融工具列报》。

2021年1月1日起，公司固有业务开始执行《企业会计准则第14号——收入》。

2021年1月1日起，公司固有业务开始执行《企业会计准则第21号——租赁》。

6.7.2 信托业务

公司信托业务执行2006年财政部颁发的《企业会计准则》及相关规定。

2022年1月1日起，公司资产管理产品开始执行财政部财会〔2017〕7号、8号、9号、14号文修订的《企业会计准则第22号——金融工具确认和计量》《企业会计准则第23号——金融资产转移》《企业会计准则第24号——套期会计》和《企业会计准则第37号——金融工具列报》。

7. 财务情况说明书

7.1 利润实现和分配情况

2023年度公司实现利润总额22 750.05万元，所得税费用8 753.96万元，实现净利润13 996.08万元，按10%计提法定盈余公积1 399.61万元，按5%计提信托赔偿准备金699.80万元，加上以前年度未分配利润后，期末未分配利润余额为212 062.13万元。

7.2 主要财务指标

指标名称	指标值
资本利润率（%）	1.57
加权年化信托报酬率（%）	0.15
人均净利润（万元）	47.11

7.3 对本公司财务状况、经营成果有重大影响的其他事项

无。

8.特别事项揭示

8.1 前五名股东报告期内变动情况及原因

2023年2月，中原信托收到甘肃省兰州中院司法执行裁定书，将豫粮集团所持中原信托股权裁定抵债给光大信托。2023年7月，国家企业信用信息公示系统显示，依据兰州中院抵债执行裁定，豫粮集团所持中原信托股权已变更至光大信托名下。截至报告日，光大信托未履行股东资格监管核准程序。

8.2 董事、监事及高级管理人员变动情况及原因

2023年11月，因到龄退休和工作调整原因，经公司董事会审议，姬宏俊和薛怀宇不再担任公司副总经理职务。

2023年11月，因到龄退休，经公司职工代表大会审议，山岩不再担任公司职工监事职务。2024年1月，公司职工代表大会选举马咪莹担任公司职工监事。

2023年12月，因到龄退休，经公司股东会、职工代表大会和董事会审议，崔泽军不再担任公司职工董事兼职位董事和公司总经理职务。

2023年12月，公司股东会选举徐步林担任公司董事会独立董事。2024年2月，国家金融监督管理总局河南监管局核准其董事资格。

2024年1月，公司董事会聘任赵阳为总经理、聘任魏磊和李雨丝为副总经理，上述高级管理人员资格经监管核准后生效。

2024年3月，因工作调整至其他单位，经公司股东会、监事会审议，宋东不再担任公司监事会监事、监事会主席。

8.3 变更注册资本、变更注册地或公司名称、公司分立合并事项

2023年12月，经公司股东会2023年第五次会议审议通过，并经国家金融监督管理总局河南监管局核准，公司注册资本由40亿元增至46.808968亿元。

2024年2月，经公司股东会2023年第六次会议审议通过，并经国家金融监督管理总局河南监管局核准，公司住所由河南省郑州市郑东新区商务外环路24号变更为河南省郑州市郑东新区金融岛中环路10号。

8.4 公司的重大诉讼事项

年度内，本公司作为原告提起重大诉讼案件1件，本公司作为被告的重大诉讼案件2件。

8.5 公司及其高级管理人员受到处罚的情况

无。

8.6 国家金融监督管理总局及其派出机构对公司检查后提出整改意见的整改情况

报告期内，国家金融监督管理总局河南监管局对公司进行了现场检查。针对检查意见，公司高度重视，逐项制定整改措施，认真整改落实。一是坚持目标导向，坚决推进检查问题彻底整改，全力推进公司改革转型高质量发展。二是坚持问题导向，针对检查发现问题，明确具体责任部门、人员、整改措施和整改时限，确保问题整改到位。三是坚持举一反三，结合具体问题，持续建立和完善长效机制，防止类似问题再度发生。

8.7 本年度股东违反承诺质押信托公司股权或以股权及其受（收）益权设立信托等金融产品的情况

无。

8.8 本年度重大事项临时报告的简要内容、披露时间、所披露的媒体及其版面

经中原信托有限公司股东会2023年第五次会议审议通过，并经国家金融监督管理总局河南监管局核准，公司注册资本由40亿元增至46.808968亿元。公司已于2023年12月11日办理工商登记变更和章程备案。该事项于2023年12月12日在《上海证券报》（122版面）和《证券时报》（B002版面）披露。

经公司股东会2023年第六次会议审议通过，并经国家金融监督管理总局河南监管局核准，公司住所由河南省郑州市郑东新区商务外环路24号变更为河南省郑州市郑东新区金融岛中环路10号。公司于2024年1月25日在国家金融监督管理总局河南监管局换取新金融许可证，

并于2024年2月2日办理完成住所工商登记变更和章程备案，已申领新的营业执照。上述事项于2024年2月3日在《上海证券报》（9版面）和《证券时报》（B002版面）披露。

8.9 原银保监会及其省级派出机构认定的其他有必要让客户及相关利益人了解的重大信息

无。

9.公司监事会意见

报告期内，公司经营运作规范，重大决策依法合规；财务管理严格规范，审计机构对公司2023年度财务报告出具了标准无保留意见审计报告；公司董事、高级管理人员在经营管理和决策过程中谨慎、认真、勤勉、尽职，为公司业务发展和管理提升作出了贡献，维护了股东和信托受益人合法利益，未发现严重违反法律法规、公司章程和损害公司及股东利益的行为。

紫金信托有限责任公司

1. 重要提示

1.1 紫金信托有限责任公司董事会及董事保证本报告所载资料不存在任何虚假记载、误导性陈述或者重大遗漏，并对其内容的真实性、准确性和完整性承担个别及连带责任。

1.2 公司股东会已建立独立董事制度，独立董事保证本报告内容真实、完整和准确。

1.3 公司编制的2023年度财务报告已经立信中联会计师事务所审计，并出具了标准无保留意见的审计报告。

1.4 公司法定代表人高晓俊、主管会计部门负责人韩何和会计部门负责人蒋漫漫声明并保证年度报告中财务报告的真实、完整。

2. 公司概况

2.1 公司简介

紫金信托有限责任公司（以下简称紫金信托或公司）前身为南京市信托投资公司，成立于1992年。在历经股权变更后，2010年，经原中国银行业监督管理委员会批准，公司实施增资重组，并重新登记，更名为紫金信托有限责任公司。公司控股股东为国资全资设立的南京紫金投资集团有限责任公司，并引入国际著名信托金融机构日本三井住友信托银行（Sumitomo Mitsui Trust Bank, Limited）以及多家国内知名企业作为战略投资者，形成了国有控股、中外合资的混合所有制股权架构。公司注册资本金32.71亿元人民币，净资产超过90亿元。

紫金信托秉承"行远者，必有信"的价值观，以成为"为客户提供定制式服务的财富管理人"为愿景，以"让融资更便利、让投资更安全、让财富传承更久远"为使命，持续回归信托本源，忠实履行受托职责，在资产管理信托、资产服务信托、公益慈善信托领域提供综合性金融解决方案。

公司法定中文名称：紫金信托有限责任公司

中文缩写：紫金信托

公司法定英文名称：Zijin Trust Co., Ltd

英文缩写：ZJT

法定代表人：高晓俊

注册地址：江苏省南京市鼓楼区中山北路2号紫峰大厦30层

邮编：210008

公司国际互联网网址：HTTPS：//WWW.ZJTRUST.COM.CN

公司电子邮箱：BGS@ZJTRUST.COM.CN

公司信息披露事务负责人：李媛

联系人姓名：李媛

联系电话：025-66609018

传真：025-66770666

电子信箱：LIYUAN@ZJTRUST.COM.CN

公司年度报告备置地点：南京市鼓楼区中山北路2号紫峰大厦36层

公司聘请的会计师事务所：立信中联会计师事务所（特殊普通合伙）

地址：天津市南开区红旗路216号天津中环产业园有限公司A楼二层

公司聘请的律师事务所

北京大成（南京）律师事务所

地址：南京市鼓楼区集慧路18号联创科技大厦A座7楼、8楼、9楼、10楼

上海市锦天城（南京）律师事务所

地址：南京市建邺区江东中路347号国金中心一期27层、28层

2.2 组织结构

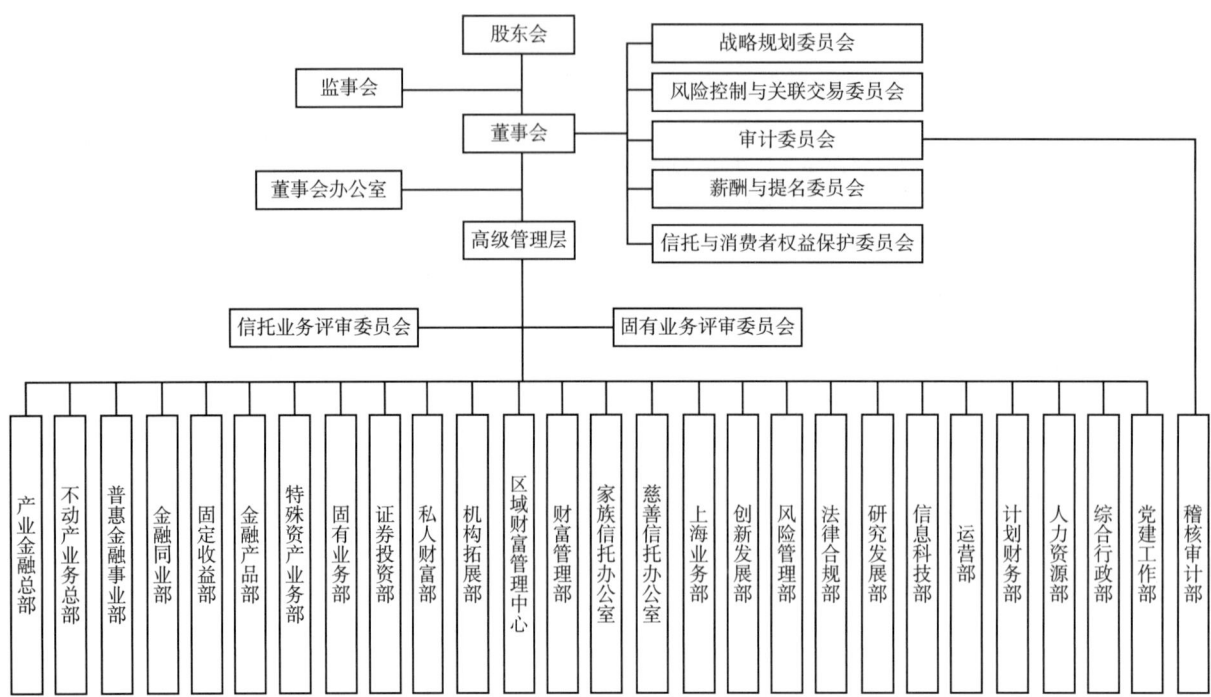

3. 公司治理

3.1 股东

股东名称	持股比例(%)	出资额(万元)	法人代表	注册资本	注册地址	主要经营业务
★南京紫金投资集团有限责任公司	50.67	165 734.53	李滨	80亿元	南京市建邺区江东中路377号金融城一期10号楼27F	股权投资；实业投资；资产管理；财务咨询、投资咨询（依法须经批准的项目，经相关部门批准后方可开展经营活动）
三井住友信托银行股份有限公司	20.00	65 421.51	大山一也	3420亿日元	东京都千代田区丸之内1-4-1	信托业务；商业银行业务；证券投资咨询；资产管理运用；房地产咨询及中介业务等
江苏宁沪高速公路股份有限公司	20.00	65 421.51	陈云江	50.38亿元	江苏省南京市仙林大道6号	江苏省境内收费路桥的投资、建设、经营及管理，并开发高速公路沿线的服务区及配套经营业务
南京新工投资集团有限责任公司	5.50	18 000.00	王雪根	45.53亿元	南京市玄武区唱经楼西街65号	以自有资金从事投资活动；自有资金投资的资产管理服务；股权投资；企业总部管理；企业管理；非居住房地产租赁；品牌管理；园区管理服务；企业管理咨询等
三胞集团有限公司	3.83	12 530.00	袁亚非	20亿元	南京市雨花台区软件大道68号01幢	房地产开发经营；电子计算机网络工程；家电维修；实业投资；投资管理；商品和技术的进出口；生物医疗技术服务；医疗服务等

3.2 董事

3.2.1 董事长、副董事长、董事

姓名	职务	性别	年龄(岁)	选任日期	所推举的股东名称	该股东出资比例(%)
高晓俊	董事长	男	52	2023年11月	南京紫金投资集团有限责任公司	50.67
芥川佳久	副董事长	男	60	2022年8月	三井住友信托银行股份有限公司	20.00
陈峥	董事	女	55	2010年10月	南京紫金投资集团有限责任公司	50.67

续表

姓名	职务	性别	年龄（岁）	选任日期	所推举的股东名称	该股东出资比例（%）
韩何	董事	男	53	2022年7月	南京紫金投资集团有限责任公司	50.67
汪锋	董事	男	47	2022年7月	江苏宁沪高速公路股份有限公司	20.00
李薇	董事	女	44	2023年11月	职工董事	—

3.2.2 独立董事

姓名	职务	性别	年龄（岁）	选任日期
陈景善	独立董事	女	54	2019年3月
肖斌卿	独立董事	男	44	2022年7月
梁峰	独立董事	男	52	2022年7月

3.2.3 董事会成员履历

高晓俊	男，1971年12月出生，硕士，经济师。历任广发证券南京洪武路营业部办公室主任、交易部经理，南京市国有资产投资管理控股（集团）有限责任公司人力资源部高级业务主管、办公室副主任，南京紫金投资控股有限公司综合部经理、董事会秘书、总经理助理，紫金信托有限责任公司总裁助理、副总裁、董事会秘书。现任紫金信托有限责任公司党委书记、董事长
芥川佳久	男，1963年9月出生，学士。历任住友信托银行股份有限公司本店营业第3部和企业信息部职员，中国上海代表处代表，新加坡分行营业2课课长，东京营业第4部第1课课长、次长，海外业务企划部审议员，上海分行执行董事、理事、行长，三井住友信托银行股份有限公司名古屋圈副总董事兼名古屋营业第1部部长，大阪本店营业第2部部长。现任三井住友信托银行股份有限公司法人企划部上席理事，紫金信托有限责任公司副董事长
陈峥	女，1968年5月出生，硕士，正高级经济师。历任上海星火制浆造纸厂技术员、助理工程师，南京国际信托投资公司部门经理，南京市国有资产投资管理控股（集团）有限责任公司部门经理、总经理助理、副总经理，南京紫金投资控股有限公司副总经理，紫金信托有限责任公司总经理、董事长。现任南京紫金投资集团有限责任公司董事、总经理，紫金信托有限责任公司董事，南京银行股份有限公司董事
韩何	男，1970年6月出生，硕士。历任华夏银行南京分行营业部外汇业务科职员，华夏银行南京分行湖南路支行信贷员、信贷科副科长、营销科科长、公司客户部经理、行长助理、行长，华夏银行南京分行营业部总经理，华夏银行南京分行党委委员、徐州分行行长、南京分行副行长，华夏银行重庆分行党委委员、纪律检查委员会书记、副行长。现任紫金信托有限责任公司党委副书记、董事、总裁
汪锋	男，1976年10月出生，硕士。历任江苏扬子大桥股份有限公司工程部技术员、主办、主管、经理助理、副经理、经理，江苏扬子大桥股份有限公司副总经理、党委委员，江苏扬子江高速通道管理有限公司副总经理、党委委员，江苏宁沪高速公路股份有限公司副总经理、党委委员。现任江苏宁沪高速公路股份有限公司党委副书记、董事、总经理，紫金信托有限责任公司董事
李薇	女，1979年2月出生，硕士，经济师。历任南京证券投资银行一部职员，南京市国有资产投资管理控股（集团）有限责任公司金融资产部高级项目经理、总经理助理，南京紫金投资控股有限公司投资运营部经理，紫金信托有限责任公司法律合规部总经理、合规总监、总裁助理。现任紫金信托有限责任公司董事、副总裁
陈景善	女，1969年7月出生，博士。历任早稻田大学法学院助教。现任中国政法大学教授、博士生导师，东亚企业并购与重组法制研究中心主任，中国银行法学会理事，保险法学会常务理事，北京市金融服务法学会监事，北京市破产法学会常务理事，东亚破产再建协理事，北京市比较法学会理事（主要研究日韩东亚比较法），北京市网络法学会副会长，北京市债法学会副会长兼秘书长，紫金信托有限责任公司独立董事
肖斌卿	男，1979年10月出生，博士。历任南京大学工程管理学院讲师、副教授。现任南京大学工程管理学院教授、博士生导师，南京大学新金融研究院副院长，紫金信托有限责任公司独立董事
梁峰	男，1971年3月出生，硕士。历任南京第二律师事务所律师，江苏法德永衡律师事务所合伙人，江苏永衡昭辉律师事务所合伙人，国浩律师（南京）事务所合伙人及国浩律师（上海）事务所合伙人。现任上海盛宇股权投资基金管理有限公司管理合伙人、副总裁，紫金信托有限责任公司独立董事

3.3 监事、监事会及其下属委员会

3.3.1 监事会成员名单

姓名	职务	性别	年龄（岁）	选任日期	所推举的股东名称	该股东出资比例（%）
伍兵	监事会主席	男	57	2022年4月	职工监事	—
黄涛	监事	女	51	2022年4月	南京新工投资集团有限责任公司	5.50
赵磊	外部监事	男	43	2022年4月	三胞集团有限公司	3.83

3.3.2 监事会成员履历

伍兵	男，1966年10月出生，博士，高级经济师。历任中国建设银行江苏省分行直属扬子乙烯支行储蓄科科员、人教科科员，华泰证券股份有限公司国际业务部副总经理、投行一部总经理、南京解放路营业部总经理、南京大桥南路营业部总经理，紫金信托有限责任公司投资总监、总裁助理。现任紫金信托有限责任公司党委副书记、监事会主席
黄涛	女，1972年2月出生，本科，会计师。历任南京造漆厂、南京天龙股份有限公司、南京龙华汽车涂料有限公司会计，南京化建产业（集团）有限公司资产财务部主任科员、主任科员、财务部长助理，南京新工投资集团财务管理部部长、副经理、经理。现任南京新工投资集团有限责任公司副总会计师兼计划财务部长、南京证券股份有限公司监事、南京银行股份有限公司监事、南京高新技术产业投资集团财务负责人、南京紫金山科技产业发展有限公司财务负责人、南京新装资产投资管理有限公司法人、紫金信托有限责任公司监事
赵磊	男，1980年11月出生，学士。历任日本瑞穗投资咨询有限公司咨询业务部投资分析师，三胞集团有限公司董事长助理，三胞集团有限公司投资管理中心总监，南京万商商务服务有限公司法定代表人、总经理，三胞集团有限公司金融事业部副总裁、助理总裁，三胞集团南京投资管理有限公司总经理。现任上海氪信信息技术有限公司副总裁、紫金信托有限责任公司外部监事

3.4 高级管理人员

姓名	职务	性别	年龄（岁）	选任日期	金融从业年限（年）	学历	专业
韩何	总裁	男	53	2021年10月	33	硕士	工商管理
顾怀宇	副总裁	男	50	2015年11月	28	硕士	公共管理
李薇	副总裁	女	44	2022年4月	23	硕士	工商管理
邱旭天	副总裁	男	44	2022年4月	26	硕士	工商管理
饭岛由规	副总裁	男	57	2023年9月	34	本科	法学

3.5 公司员工

项目		报告期年度		上年度	
		人数（人）	比例（%）	人数（人）	比例（%）
年龄分布	25岁以下	—	—	1	0.48
	25~29岁	7	3.41	11	5.24
	30~39岁	125	60.98	131	62.38
	40岁及以上	73	35.61	67	31.90
学历分布	博士	2	0.98	3	1.43
	硕士	123	60.00	124	59.05
	本科	77	37.56	80	38.09
	专科	2	0.97	2	0.95
	其他	1	0.49	1	0.48
岗位分布	董事、监事及高管	7	3.41	8	3.81
	自营业务人员	5	2.44	5	2.38
	信托业务人员	117	57.08	119	56.67
	其他人员	76	37.07	78	37.14
总人数		205		210	

4. 经营管理

4.1 经营目标、方针、战略规划

经营目标：按照"基石业务要稳住、转型业务要提速、配套改革要深化"的总体思路，承压而上，确保各项战略任务顺利完成。

经营方针：稳住基石业务，夯实传统领域基本盘，稳定财富端客户资源，优化固有资产布局；提速转型业务，提升资产配置能力，加强账户体系建设，大力发展服务信托；深化配套改革，保持战略定力，提升风控能力，改革激励约束机制，加强数字化建设，做好本轮战略规划收官工作。

战略规划：坚持"为客户提供定制式服务的财富管理人"的发展愿景，致力于成为中产家庭美好生活的坚定守护者、实体经济高质量发展的有力推动者。

4.2 经营业务的主要内容

4.2.1 公司经营业务和品种

经国务院银行业监督管理机构批准，公司许可经营项目为：（1）资金信托；（2）动产信托；（3）不动产信托；（4）有价证券信托；（5）其他财产或财产权信托；（6）作为投资基金或者基金管理公司的发起人从事投资基金业务；（7）经营企业资产的重组、购并及项目融资、公司理财、财务顾问等业务；（8）受托经营国务院有关部门批准的证券承销业务；（9）办理居间、咨询、资信调查等业务；（10）代保管及保管箱业务；（11）以存放同业、拆放同业、贷款、租赁、投资方式运用固定财产；（12）以固有财产为他人提供担保；（13）从事同业拆借；（14）特定目的信托受托机构；（15）以固有资产从事股权投资业务；（16）法律法规规定或国务院银行业监督管理机构批准的其他业务。

4.2.2 公司资产组合和分布

4.2.2.1 自营资产运用与分布表

资产运用	金额（万元）	占比（%）	资产分布	金额（万元）	占比（%）
货币资产	5 401.35	0.45	基础产业	—	—
贷款及应收款	170 228.18	14.24	房地产业	—	—
交易性金融资产	180 551.22	15.10	证券市场	323 194.11	27.03
债权投资	671 584.40	56.16	实业	158 888.30	13.29
其他权益工具投资	5 530.00	0.46	金融机构	692 128.11	57.87
长期股权投资	139 142.89	11.63	其他	21 689.60	1.81
其他	23 462.08	1.96	—	—	—
总计	1 195 900.12	100.00	总计	1 195 900.12	100.00

4.2.2.2 信托资产运用与分布表

资产运用	金额（万元）	占比（%）	资产分布	金额（万元）	占比（%）
货币资产	47 550.96	0.16	基础产业	386 700.00	1.31
贷款	2 826 114.42	9.55	工商业	3 780 928.94	12.77
交易性金融资产	4 604 009.44	15.55	房地产业	288 750.12	0.98
买入返售金融资产	131 016.99	0.44	证券业	2 864 040.02	9.67
金融投资	1 497 372.79	5.06	金融机构	2 248 713.95	7.60
持有至到期投资	—	—	其他	20 037 090.79	67.67
长期投资	265 096.00	0.90			
其他	20 235 063.22	68.34			
总计	29 606 223.82	100.00	总计	29 606 223.82	100.00

4.3 市场分析

4.3.1 影响公司发展的有利因素

稳增长政策密集出台，经济总体回升向好。2023年是全面贯彻党的二十大精神的开局之年，面对复杂严峻的国际环境和艰巨繁重的国内改革发展稳定任务，党中央坚持稳中求进工作总基调，加大宏观政策调控力度，积极的财政政策加力提效，稳健的货币政策精准有力，为信托行业的转型发展创造了良好的外部环境。

信托业务"三分类"新规落地，行业转型提速。2023年6月1日《关于规范信托公司信托业务分类的通知》正式实施，将信托业务分为资产管理信托、资产服务信托、公益慈善信托三大类，厘清了信托业务边界和服务内涵，引导信托公司以规范方式发挥制度优势和行业竞争优势，为各公司打造新的业务支撑体系和核心盈利模式，探索符合自身资源禀赋的特色化发展之路提供了空间。

财富管理需求增长，形成业务蓝海。我国私人财富市场持续扩张，2020—2022年的年均复合增速7%，截至2022年末，个人可投资资产总规模达278万亿人民币。高净值人群风险偏好整体趋于稳健，对配置类产品需求显著增长，且从个人需求延伸至家庭、企业和社会公益/慈善领域。财富管理需求增长与需求目标转变，为信托带来了广阔的业务蓝海，以财富管理服务信托为客户提供财富管理综合解决方案，信托大有可为。

4.3.2 影响公司发展的不利因素

资管行业业务竞争激烈。资管新规统一了资管业务标准和监管标准，信托优势已显著削弱。在与银行理财、券商、基金、保险资管等各类资管机构同台竞技的格局下，信托公司需要围绕客户需求及风险收益偏好，依托自身专业优势构建具有竞争力的产品线，通过资产管理信托与财富管理信托的有效联动，帮助客户实现穿越经济周期的财富稳健增值，形成支撑公司未来发展的护城河。

服务信托业务起步阶段，盈利模式尚未形成。与传统业务相比，服务信托业务专业性强、数字化程度高，需要建设信息系统，配备专业化人才，再造信托业务流程，前期投入较高。与之相对地，服务信托报酬率通常较低，加之社会各界对服务信托的理解还不到位，业务可复制性低，目前尚在探索阶段，还未形成盈利模式。

4.4 内部控制

4.4.1 内部控制环境和内部控制文化

公司按照《公司法》《信托公司管理办法》《信托公司治理指引》和监管部门的要求，明确股东会、董事会和监事会的权责和制约关系，董事会、监事会、经营班子的权责和授权制约关系。公司高级管理层与下属部门形成了有效的授权分责关系。

公司始终秉承"风控至上、合规于心"的内控文化底色，营造一线人员第一责任和全员风控的风控文化，不断进行风控文化宣导、不断提升风险防控能力，形成业务不断发展和风险有效控制的运行机制。

4.4.2 内部控制措施

公司董事会下设风险控制与关联交易委员会负责内部控制体系的建设、完善和有效实施。公司的内部控制职能部门为风险管理部和法律合规部。

公司坚持"内控优先、稳健运行"的管理理念，持续加强内控制度体系建设和完善细化工作，不断完善有关基础管理和业务管理制度，全面覆盖信托业务、固有业务和基础管理工作。公司建立健全各项业务决策机构和决策程序。主要业务部门之间建立并逐步健全严格的隔离制度，实现四个分离：即信托业务与固有业务相分离；不同的信托财产之间相分离；同一信托财产运用与保管相分离；业务操作岗与风险管控岗相分离。

对于信托业务，在信托项目尽职调查、业务审批、产品销售、存续管理、信息披露、清算核算、风险管控等各环节分别制定了管理办法和操作规程，业务运行规范化程度显著提高。

对于固有业务，遵循谨慎原则，建立健全固有业务决策机构和决策程序，制定年度自有资金配置计划与风险容忍度，严格按照董事会的有关规定及公司相关制度规定的程序与决策权限进行报审与审批，加强对固有业务的投资策略、规模、品种、结构、期限等的决策管理；公司通过合理的预警机制、严密的账户管理、严格的资金审批调度、规范的交易操作及完善的业务档案管理制度等，控制固有业务的运作风险。

4.4.3 信息交流与反馈

公司建立了良好的信息共享、传递、披露和反馈的制度体系。

公司内部建立了清晰完整的报告线，明确公司股东会、董事会及其专门委员会、监事会、高级管理层、职能部门和员工的职责范围和报告路径。

对客户和社会公众，公司通过公司网站、公众号、经营场所等多种方式，从公司和业务两个层面依法进行信息披露，与委托人和社会公众实现信息共享。

对监管部门，公司通过非现场监管报告、信托业务事前报告、关联交易报告、临时事项报告等方式报告有关信息。

4.4.4 监督评价与纠正

公司建立了多层次的内控监督体系：监事会依法履行监督职能，对公司董事、高级管理层履职情况进行监督；稽核审计部独立行使内部审计监督权，有权直接向董事会及审计委员会、监事会和公司管理层进行报告；公司建立了规范的审计检查及后续整改跟踪机制，管理层高度重视审计发现问题及其整改落实情况，通过定期的审计交流，确保对审计过程中发现的内部控制缺陷及时予以整改完善，持续提升公司的内控水平。

2023年，公司内部审计坚持以风险控制为导向、以合规经营为底线原则，独立行使审计监督职能，聚焦主责主业，持续对各类经营管理活动进行监督评价，识别并防范潜在风险，督促整改，强化审计成果运用，积极发挥风险控制第三道防线作用。

4.5 风险管理

4.5.1 风险管理概况

2023年，在我国金融改革深化、经济动能转换的背景下，信托行业面临着发展方式转变、业务结构优化、增长动能转换的挑战，信托行业转型进入加速期。公司面对复杂的内外部形势与转型压力，结合自身资源禀赋，持续优化业务结构，摆脱传统路径依赖，保持风险管理能力与业务发展的动态平衡。

报告期内，公司按照监管部门全面风险管理指引的要求，密切围绕年初董事会制定的风险管理目标，统一部署，审慎经营管理，进一步提升风险综合管理能力。公司整体业务运行保持平稳，各项固有和信托业务均在限额指标以内，风险管理制度运行有效，各项风险监测指标均未触及预警值、阈值，总体风险可控。

4.5.2 风险状况

4.5.2.1 信用风险状况

信用风险是由于交易对手不履行义务而给公司带来潜在损失的风险。主要表现为：在贷款、资产回购、后续资金安排、担保、履约承诺等交易过程中，借款人、担保人、保管人（托管人）等交易对手不履行承诺，不能或不愿履行合约承诺而使信托财产和固有财产遭受潜在损失的可能性。报告期内，受到宏观经济形势的变化影响，公司面临的信用风险情况更加复杂，公司通过及时调整业务方向，制订与风险状况相适应的风险管控措施，优化信托业务模式，探索服务信托业务，合理控制自身所面临的风险。2023年公司各项业务整体信用风险可控。

4.5.2.2 市场风险状况

市场风险主要指市场利率、汇率或金融产品等价格变动给公司造成损失的风险。主要表现为：股票、债券、票据、外汇等资产因价格变动而带来损失的风险。报告期内，公司持续提升市场风险管控能力，加强市场风险事中监控，及时对市场波动作出反应，通过建立专职市场风险管理岗，对公司相关产品进行持续优化改进，配合市场风险现状做好市场风险管理。

4.5.2.3 操作风险状况

操作风险是指由不完善或有问题的内部程序、员工和信息科技系统，以及外部事件所造成损失的风险。报告期内，公司严格执行操作风险管理制度，加强操作风险管控，致力于使公司能够全面识别并应对于所有主要产品、活动、流程和系统中的内在操作风险，公司未发生重大操作风险。

4.5.2.4 其他风险状况

报告期内，公司其他面临的风险还包括流动性风险、声誉风险等，公司执行了全面风险管理政策，通过自上而下的分层管理体系，明确三会一层在风险管理的分工与职责，利用风险偏好及风险限额管理工具，对各类风险进行监控与管理。由于各产品本身的流动性管理健全，加上管理手段的提升，公司整体流动性在2023年内未受市场资金面波动冲击而发生实质性风险。

4.5.3 风险管理

4.5.3.1 信用风险管理

报告期内，公司主要在以下方面加强信用风险管理：一是持续完善全面风险管理体系建设，突出风险管理政策引导作用。二是落实各项管理措施，加强风险防控。实施常态化运行、动态化监测；完善预警体系，建立突发事件的应急机制，掌握客户风险变化，提高前瞻性。三是加强数字化风险管理急用先行项目建设，强化风险数据底座建设，努力推动风险管理能力与加快高质量发展相匹配，设计了符合公司自身风险偏好的客户信用评估模型，建立了符合公司风险现状的风险计量模型，加快推进投资交易系统（内嵌风险管理）建设。四是严格资产分类管理，根据预警信号、客户分类、逾期天数等维度制定贷款风险分类调级识别规则，提升风险分类的主动性和有效性。五是加强资产质量监测管控，充分关注经济金融、各产业行业运行走势，坚持多方位风险排查机制，摸清风险底数，实现早预警、早处置。

4.5.3.2 市场风险管理

本报告期内，公司对市场风险的管控措施具体包括：一是针对疫情过后基本面恢复情况，持续加强对宏观货币政策、财政政策以及微观金融市场的研究，关注宏观经济及金融市场变化，形成月度市场风险分析及报告，同时通过月度策略会等形式，集中相关人员及外部专家对宏观经济政策进行研判，为公司投资及投资组合业务提供指导。二是遵循组合投资、分散风险、限额管理的原则，审慎推进有市场风险敞口的投资业务和创新业务。对投资类业务设置准入门槛及禁入领域。三是根据业务特性、复杂程度以及风险因子等建立以及自上而下的风险指标，推进业务依据制度标准和流程规范进行投资交易操作，通过全流程梳理来降低或缓释业务风险。四是持续完善TAA日常监控和TOF产品周度监控，通过对存续业务的数据情况、估值情况等排摸，通过编程建立业务持仓的日常情况，对标品类投资实施穿透管理。

4.5.3.3 操作风险管理

本报告期内，公司管控操作风险具体措施包括：一是加强内控培训。年内开展多次案防培训，并将内部培训和外部培训进行有机结合，通过违法违规典型案件警示教育，教育公司从业人员知敬畏、存戒惧、守底线。二是结合公司发展战略，法律合规部全程参与新业务、新产品的开发和设计，确保各环节、各步骤的合规性，预防操作风险。三是加强重点领域操作风险防控，持续跟进重点领域业务的风险监测及评估，针对问题及时发出风险预警，提出管理建议。四是进一步完善计算机系统及管理机制，不断完善核心业务系统、CRM系统和财务系统的功能性建设和优化，加强网络安全管理。五是关注操作风险重点领域，加强机制建设，本年度发布了《紫金信托有限责任公司信托业务集中交易管理办法》，明确了标品投资交易中的操作风险防控要求，极大地避免了相关风险的发生。六是加强案件防控及员工行为的管理和监督，规范执业行为。

4.5.3.4 其他风险管理

其他风险管理举措包括流动性风险管理、声誉风险管理和集中度风险管理等，其中重点为管理流动性风险：

报告期内，对流动性风险的主要管理措施包括：一是强化多层次、全员化的流动性风险管理理念，由牵头部门负责、多部门统一协作对公司流动性进行管理，构建在财富端、资产端、负债端的统一管理框架，建立多阈值、多层次的流动性风险应急处理机制；二是定期对存续项目的偿付风险进行排查、定期对具有流动性特征的资产开展压力测试，做到流动性风险状况尽早掌握和及时预防；三是深入开展精细化前瞻性流动性风险管理，通过定量建模和动态测算等工具，加强对宏观经济的研判及对公司流动性状况的动态预测，提高主动风险管理水平，提前部署投资策略；四是针对现金管理产品，进行重点流动性监控，实时测算现金缺口，审慎评估每笔投资实施后的流动性风险变化情况，加强对资金和资产的期限匹配管理，从公司整体层面考量，从严管控现金缺口，防范流动性风险。

报告期间，公司加强声誉风险前瞻性管理，对可能发生声誉风险的事件及时预警，提前做好声誉风险预案。公司声誉风险管理的具体措施包括：一是全面培养以声誉为导向的公司文化，从产品设计到产品的审查审批、投放、投后管理全流程中高度重视公司的声誉风险，在公司内部形成自上而下的声誉风险管理意识，实行声誉风险积极管理的策略；二是进一步完善舆情监测机制，聘请专业公司对公司信息和存续信托项目信息进行全面的舆情监测，并根据公司业务发展需要及时更新，有效识别、监测、评估、报告声誉风险事项，加强舆情监测、研判、识别以及处置能力；三是通过及时全面的信息披露，提升公司信息的透明度，实现公司与投资者的良性沟通，有效防控声誉风险；四是坚持依法合规稳健经营，积极履行社会责任。公司成立慈善信托工作室，负责公司慈善信托业务的研究、拓展、管理，推广公司慈善品牌，扩大公司慈善信托社会影响力。公司"紫金·厚德"系列公益信托得到社会各界广泛关注和好评，提升了公司的知名度和美誉度。

4.6　净资本管理情况

截至2023年12月末，公司净资本74.81亿元，符合该项指标需大于等于2亿元的监管要求。固有业务风险资本17.68亿元，信托业务风险资本10.88亿元，各项业务风险资本之和28.56亿元。净资本/各项业务风险资本之和为261.95%，符合该项指标需大于等于100%的监管要求，净资本/净资产为82.08%，符合该项指标需大于等于40%的监管要求。

报告期内，公司净资本和风险资本满足所有监管指标要求，抵御风险能力良好。基于业务发展的前瞻性考虑，加强了各项业务以及未来业务发展耗用净资本的管理，专岗逐月进行净资本测算及复核，根据净资本承载能力制定相应业务策略，审慎进行净资本耗用的预测，为业务发展提供前置引导。

5.报告期末及上一年末的比较式会计报表

5.1　自营资产

5.1.1　会计师事务所审计意见全文

审计报告

立信中联审字〔2024〕D-0141号

紫金信托有限责任公司全体股东：

一、审计意见

我们审计了紫金信托有限责任公司（以下简称紫金信托）财务报表，包括2023年12月31日的资产负债表，2023年度的利润表、现金流量表、所有者权益变动表以及相关财务报表附注。

我们认为，后附的财务报表在所有重大方面按照企业会计准则的规定编制，公允反映了紫金信托2023年12月31日的财务状况以及2023的年度的经营成果和现金流量。

二、形成审计意见的基础

我们按照中国注册会计师审计准则的规定执行了审计工作。审计报告的"注册会计师对财务报表审计的责任"部分进一步阐述了我们在这些准则下的责任。按照中国注册会计师职业道德守则，我们独立于紫金信托，并履行了职业道德方面的其他责任。我们相信，我们获取的审计证据是充分、适当的，为发表审计意见提供了基础。

三、管理层和治理层对财务报表的责任

紫金信托管理层（以下简称管理层）负责按照企业会计准则的规定编制财务报表，使其实现公允反映，并设计、执行和维护必要的内部控制，以使财务报表不存在由于舞弊或错误导致的重大错报。

在编制财务报表时，管理层负责评估紫金信托的持续经营能力，披露与持续经营相关的事项，并运用持续经营假设，除非管理层计划清算紫金信托、终止运营或别无其他现实的选择。

治理层负责监督紫金信托的财务报告过程。

四、注册会计师对财务报表审计的责任

我们的目标是对财务报表整体是否不存在由于舞弊或错误导致的重大错报获取合理保证，并出具包含审计意见的审计报告。合理保证是高水平的保证，但并不能保证按照审计准则执行的审计在某一重大错报存在时总能发现。错报可能由于舞弊或错误导致，如果合理预期错报单独或汇总起来可能影响财务报表使用者依据财务报表作出的经济决策，则通常认为错报是重大的。

在按照审计准则执行审计工作的过程中，我们运用职业判断，并保持职业怀疑。同时，我们也执行以下工作：

（1）识别和评估由于舞弊或错误导致的财务报表重大错报风险，设计和实施审计程序以应对这些风险，并获取充分、适当的审计证据，作为发表审计意见的基础。由于舞弊可能涉及串通、伪造、故意遗漏、虚假陈述或凌驾于内部控制之上，未能发现由于舞弊导致的重大错报的风险高于未能发现由于错误导致的重大错报的风险。

（2）了解与审计相关的内部控制，以设计恰当的审计程序，但目的并非对内部控制的有效性发表意见。

（3）评价管理层选用会计政策的恰当性和作出会计估计及相关披露的合理性。

（4）对管理层使用持续经营假设的恰当性得出结论。同时，根据获取的审计证据，就可能导致对紫金信托持续经营能力产生重大疑虑的事项或情况是否存在重大不确定性得出结论。如果我们得出结论认为存在重大不确定性，审计准则要求我们在审计报告中提请报表使用者注意财务报表中的相关披露；如果披露不充分，我们应当发表非无保留意见。我们的结论基于截至审计报告日可获得的信息。然而，未来的事项或情况可能导致紫金信托不能持续经营。

（5）评价财务报表的总体列报（包括披露）、结构和内容，并评价财务报表是否公允反映相关交易和事项。

我们与治理层就计划的审计范围、时间安排和重大审计发现等事项进行沟通，包括沟通我们在审计中识别出的值得关注的内部控制缺陷。

立信中联会计师事务所（特殊普通合伙） 中国注册会计师：
(项目合伙人)

中国注册会计师：

中国天津市 2024 年 3 月 12 日

5.1.2 资产负债表

资产负债表

编制单位：紫金信托有限责任公司　　2023 年 12 月 31 日　　　　　　　　单位：元

项目	期末余额	年初余额
资产：		
现金及存放中央银行款项	12 358.07	2 958.07
存放同业款项	54 001 174.96	162 525 850.28
拆出资金	—	—
衍生金融资产		
应收款项	13 458 248.97	—
合同资产		
买入返售金融资产	31 183 000.00	413 001.24
持有待售资产	—	—
发放贷款和垫款	1 688 823 593.32	199 847 587.32

续表

项目	期末余额	年初余额
金融投资：		
交易性金融资产	1 805 512 198.09	2 436 103 372.14
债权投资	6 715 843 973.64	5 107 820 595.22
其他债权投资	—	—
其他权益工具投资	55 300 000.00	55 300 000.00
长期股权投资	1 391 428 866.78	1 250 101 151.48
投资性房地产		
固定资产	51 229 108.84	46 920 103.79
在建工程		
无形资产	1 061 480.80	226 733.17
递延所得税资产	119 504 624.87	
其他资产	31 642 606.66	17 827 733.27
资产总计	11 959 001 235.00	9 277 089 085.98

公司法定代表人：高晓俊　　主管会计工作负责人：韩何　　会计机构负责人：蒋漫漫

资产负债表（续）

编制单位：紫金信托有限责任公司　　2023 年 12 月 31 日　　　　　　　　单位：元

项目	期末余额	年初余额
负债：		
短期借款	—	—
拆入资金	1 200 000 000.00	
交易性金融负债	—	—
衍生金融负债		
卖出回购金融资产款		
应付职工薪酬	626 920 958.22	537 418 677.04
应交税费	207 009 437.44	246 177 408.17
应付款项	42 603 948.00	34 559 033.00
合同负债		
持有待售负债		
预计负债		
长期借款		
应付债券		
其中：优先股		
永续债		
递延所得税负债		
其他负债	767 484 373.04	109 171 632.06
负债合计	2 844 018 716.70	927 326 750.27
所有者权益（或股东权益）：		
实收资本（或股本）	3 271 075 500.00	3 271 075 500.00
其他权益工具	—	—
其中：优先股		
永续债		

续表

项目	期末余额	年初余额
资本公积	1 724 463 984.47	1 723 199 128.93
减：库存股	—	—
其他综合收益	1 536 888.18	-491 803.16
盈余公积	593 654 412.99	496 456 749.42
一般风险准备	176 776 854.94	138 415 339.36
信托赔偿准备	296 827 206.51	248 228 374.72
未分配利润	3 050 647 671.21	2 472 879 046.44
所有者权益（或股东权益）合计	9 114 982 518.30	8 349 762 335.71
负债和所有者权益（或股东权益）总计	11 959 001 235.00	9 277 089 085.98

公司法定代表人：高晓俊　主管会计工作负责人：韩何　会计机构负责人：蒋漫漫

5.1.3 利润表

利润表

编制单位：紫金信托有限责任公司　　2023年度　　单位：元

项目	本期金额	上期金额
一、营业总收入	1 726 846 764.31	1 677 831 403.67
利息净收入	29 248 928.00	27 773 020.07
其中：利息收入	70 532 455.79	27 858 020.07
利息支出	41 283 527.79	85 000.00
手续费及佣金净收入	1 214 021 096.45	1 213 490 338.76
其中：手续费及佣金收入	1 214 021 096.45	1 213 490 338.76
手续费及佣金支出	—	—
投资收益（损失以"-"号填列）	495 252 759.73	524 827 688.37
其中：对联营企业和合营企业的投资收益	199 128 048.46	165 633 383.82
以摊余成本计量的金融资产终止确认收益（损失以"-"号填列）	—	—
其他收益	1 700 503.39	5 549 639.16
公允价值变动收益（损失以"-"号填列）	-13 386 915.13	-109 270 237.86
汇兑收益（损失以"-"号填列）	10 391.87	15 460 955.17
其他业务收入	—	—
资产处置收益（损失以"-"号填列）	—	—
二、营业总支出	514 279 383.00	636 300 883.08
税金及附加	7 714 454.21	11 541 667.89
业务及管理费	353 689 499.13	340 622 305.51

续表

项目	本期金额	上期金额
信用减值损失	152 875 429.66	284 136 909.68
其他资产减值损失	—	—
其他业务成本	—	—
三、营业利润（亏损以"-"号填列）	1 212 567 381.31	1 041 530 520.59
加：营业外收入	23 697 531.30	65 970 000.00
减：营业外支出	1 000 000.00	1 000 000.00
四、利润总额（亏损总额以"-"号填列）	1 235 264 912.61	1 106 500 520.59
减：所得税费用	263 288 276.90	268 039 263.93
五、净利润（净亏损以"-"号填列）	971 976 635.71	838 461 256.66
（一）持续经营净利润（净亏损以"-"号填列）	971 976 635.71	838 461 256.66
（二）终止经营净利润（净亏损以"-"号填列）	—	—
六、其他综合收益的税后净额	2 028 691.34	-491 803.16
（一）不能重分类进损益的其他综合收益	—	—
1.重新计量设定受益计划变动额	—	—
2.权益法下不能转损益的其他综合收益	—	—
3.其他权益工具投资公允价值变动	—	—
4.企业自身信用风险公允价值变动	—	—
……		
（二）将重分类进损益的其他综合收益	2 028 691.34	-491 803.16
1.权益法下可转损益的其他综合收益	2 028 691.34	-491 803.16
2.其他债权投资公允价值变动	—	—
3.金融资产重分类计入其他综合收益的金额	—	—
4.其他债权投资信用损失准备	—	—
5.现金流量套期储备	—	—
6.外币财务报表折算差额	—	—
……		
七、综合收益总额	974 005 327.05	837 969 453.50
八、每股收益		
（一）基本每股收益	—	—
（二）稀释每股收益	—	—

公司法定代表人：高晓俊　主管会计工作负责人：韩何　会计机构负责人：蒋漫漫

5.1.4 所有者权益变动表

所有者权益变动表

编制单位：紫金信托有限责任公司　　2023年度　　单位：元

项目	本年金额							
	实收资本（或股本）	资本公积	其他综合收益	盈余公积	一般风险准备	信托赔偿准备	未分配利润	所有者权益合计
一、上年年末余额	3 271 075 500.00	1 723 199 128.93	-491 803.16	496 456 749.42	138 415 339.36	248 228 374.72	2 472 879 046.44	8 349 762 335.71
加：会计政策变更	—	—	—	—	—	—	—	—

续表

项目	本年金额							
	实收资本(或股本)	资本公积	其他综合收益	盈余公积	一般风险准备	信托赔偿准备	未分配利润	所有者权益合计
前期差错更正	—	—	—	—	—	—	—	—
其他	—	—	—	—	—	—	—	—
二、本年年初余额	3 271 075 500.00	1 723 199 128.93	−491 803.16	496 456 749.42	138 415 339.36	248 228 374.72	2 472 879 046.44	8 349 762 335.71
三、本年增减变动金额(减少以"−"号填列)	—	1 264 855.54	2 028 691.34	97 197 663.57	38 361 515.58	48 598 831.79	577 768 624.77	765 220 182.59
(一)综合收益总额	—	—	2 028 691.34	—	—	—	971 976 635.71	974 005 327.05
(二)所有者投入和减少资本	—	—	—	—	—	—	—	—
1.所有者投入的普通股	—	—	—	—	—	—	—	—
2.其他权益工具持有者投入资本	—	—	—	—	—	—	—	—
3.股份支付计入所有者权益的金额	—	—	—	—	—	—	—	—
4.其他	—	—	—	—	—	—	—	—
(三)利润分配	—	—	—	97 197 663.57	38 361 515.58	48 598 831.79	−394 208 010.94	−210 050 000.00
1.提取盈余公积	—	—	—	97 197 663.57	—	—	−97 197 663.57	—
2.提取一般风险准备	—	—	—	—	38 361 515.58	—	−38 361 515.58	—
3.提取信托赔偿准备	—	—	—	—	—	48 598 831.79	−48 598 831.79	—
4.对所有者(或股东)的分配	—	—	—	—	—	—	−210 050 000.00	−210 050 000.00
5.其他	—	—	—	—	—	—	—	—
(四)所有者权益内部结转	—	—	—	—	—	—	—	—
1.资本公积转增资本(或股本)	—	—	—	—	—	—	—	—
2.盈余公积转增资本(或股本)	—	—	—	—	—	—	—	—
3.盈余公积弥补亏损	—	—	—	—	—	—	—	—
4.设定受益计划变动额结转留存收益	—	—	—	—	—	—	—	—
5.其他综合收益结转留存收益	—	—	—	—	—	—	—	—
6.其他	—	—	—	—	—	—	—	—
(五)其他	—	1 264 855.54	—	—	—	—	—	1 264 855.54
按照权益法核算的在被投资单位除综合收益以及利润分配以外其他股东权益中享有的份额	—	1 264 855.54	—	—	—	—	—	1 264 855.54
四、本年年末余额	3 271 075 500.00	1 724 463 984.47	1 536 888.18	593 654 412.99	176 776 854.94	296 827 206.51	3 050 647 671.21	9 114 982 518.30

公司法定代表人:高晓俊　　　　主管会计工作负责人:韩何　　　　会计机构负责人:蒋漫漫

所有者权益变动表(续)

编制单位:紫金信托有限责任公司　　　　2023年度　　　　单位:元

项目	上年金额							
	实收资本(或股本)	资本公积	其他综合收益	盈余公积	一般风险准备	信托赔偿准备	未分配利润	所有者权益合计
一、上年年末余额	3 271 075 500.00	1 669 834 500.00	—	412 610 623.75	125 888 460.21	206 305 311.89	1 960 493 857.43	7 646 208 253.28
加:会计政策变更	—	—	—	—	—	—	—	—
前期差错更正	—	—	—	—	—	—	—	—

续表

项目	上年金额							
	实收资本（或股本）	资本公积	其他综合收益	盈余公积	一般风险准备	信托赔偿准备	未分配利润	所有者权益合计
其他	—	—	—	—	—	—	—	—
二、本年年初余额	3 271 075 500.00	1 669 834 500.00	—	412 610 623.75	125 888 460.21	206 305 311.89	1 960 493 857.43	7 646 208 253.28
三、本年增减变动金额（减少以"-"号填列）	—	53 364 628.93	-491 803.16	83 846 125.67	12 526 879.15	41 923 062.83	512 385 189.01	703 554 082.43
（一）综合收益总额	—	—	-491 803.16	—	—	—	838 461 256.66	837 969 453.50
（二）所有者投入和减少资本	—	—	—	—	—	—	—	—
1.所有者投入的普通股	—	—	—	—	—	—	—	—
2.其他权益工具持有者投入资本	—	—	—	—	—	—	—	—
3.股份支付计入所有者权益的金额	—	—	—	—	—	—	—	—
4.其他	—	—	—	—	—	—	—	—
（三）利润分配	—	—	—	83 846 125.67	12 526 879.15	41 923 062.83	-326 076 067.65	-187 780 000.00
1.提取盈余公积	—	—	—	83 846 125.67	—	—	-83 846 125.67	—
2.提取一般风险准备	—	—	—	—	12 526 879.15	—	-12 526 879.15	—
3.提取信托赔偿准备	—	—	—	—	—	41 923 062.83	-41 923 062.83	—
4.对所有者（或股东）的分配	—	—	—	—	—	—	-187 780 000.00	-187 780 000.00
5.其他	—	—	—	—	—	—	—	—
（四）所有者权益内部结转	—	—	—	—	—	—	—	—
1.资本公积转增资本（或股本）	—	—	—	—	—	—	—	—
2.盈余公积转增资本（或股本）	—	—	—	—	—	—	—	—
3.盈余公积弥补亏损	—	—	—	—	—	—	—	—
4.设定受益计划变动额结转留存收益	—	—	—	—	—	—	—	—
5.其他综合收益结转留存收益	—	—	—	—	—	—	—	—
6.其他	—	—	—	—	—	—	—	—
（五）其他	—	53 364 628.93	—	—	—	—	—	53 364 628.93
按照权益法核算的在被投资单位除综合收益以及利润分配以外其他股东权益中享有的份额	—	53 364 628.93	—	—	—	—	—	53 364 628.93
四、本年年末余额	3 271 075 500.00	1 723 199 128.93	-491 803.16	496 456 749.42	138 415 339.36	248 228 374.72	2 472 879 046.44	8 349 762 335.71

公司法定代表人：高晓俊　　　　主管会计工作负责人：韩何　　　　会计机构负责人：蒋漫漫

5.2 信托资产

5.2.1 信托项目资产负债汇总表

信托项目资产负债汇总表

编制单位：紫金信托有限责任公司　　　　2023年12月31日　　　　单位：万元

信托资产	期末余额	年初余额	信托负债和信托权益	期末余额	年初余额
信托资产	—	—	信托负债	—	—
货币资金	47 550.96	126 810.16	交易性金融负债	—	—

续表

信托资产	期末余额	年初余额	信托负债和信托权益	期末余额	年初余额
拆出资金	—	—	衍生金融负债	—	—
存出保证金	—	—	应付受托人报酬	55 432.24	75 241.82
交易性金融资产	4 604 009.44	3 630 426.20	应付托管费	366.36	284.28
衍生金融资产	—	—	应付受益人收益	—	—
买入返售金融资产	131 016.99	190 215.05	应交税费	—	—
应收款项	20 155 737.35	20 080 824.81	应付销售服务费	—	—
发放贷款	2 826 114.42	2 805 530.40	应付手续费及佣金	—	—
债权投资	744 081.24	3 100 716.85	其他应付款项	10 634.53	3 480.66
其他债权投资	753 291.55	776 209.68	其他负债	155 321.78	70 324.53
其他权益工具投资	—	—	信托负债合计	221 754.91	149 331.29
长期应收款	—	—			
长期股权投资	265 096.00	267 416.00			
投资性房地产	—	—	信托权益		
固定资产	—	—	实收信托	28 814 225.72	30 433 318.77
无形资产	—	—	资本公积	—	—
长期待摊费用	—	—	损益平准金	—	—
其他资产	79 325.87	30.30	未分配利润	570 243.19	395 529.39
减：各项资产减值准备	—	—	信托权益合计	29 384 468.91	30 828 848.16
信托资产总计	29 606 223.82	30 978 179.45	信托负债和信托权益总计	29 606 223.82	30 978 179.45

法定代表人：高晓俊　　主管会计工作负责人：韩何　　会计机构负责人：沈心怡

5.2.2 信托项目利润及利润分配汇总表

信托项目利润及利润分配汇总表

编制单位：紫金信托有限责任公司　　2023年12月31日　　单位：万元

项目	本期发生额	上期发生额
一、营业收入	514 141.31	540 067.07
1.1 利息收入	250 234.57	197 716.54
1.2 投资收益	232 597.90	283 703.11
1.2.1 其中：对联营企业和合营企业的投资收益	—	—
1.3 公允价值变动收益	31 284.10	58 519.39
1.4 租赁收入	—	—
1.5 汇兑损益（损失以"-"号填列）	—	—
1.6 其他收入	24.74	128.03
二、支出	153 878.61	168 169.07
2.1 营业税金及附加	1 634.02	1 888.70
2.2 受托人报酬	134 313.49	152 365.81
2.3 托管费	1 270.93	1 498.81
2.4 手续费及佣金	—	—
2.5 销售服务费	0.32	—
2.6 交易费用	130.51	112.73
2.7 信用减值损失	12 087.10	4 987.76
2.8 其他费用	4 442.23	7 315.26

续表

项目	本期发生额	上期发生额
三、信托净利润（净亏损以"-"号填列）	360 262.70	371 898.00
四、其他综合收益	—	—
五、综合收益	360 262.70	371 898.00
六、加：期初未分配信托利润	395 529.38	307 391.06
七、可供分配的信托利润	755 792.08	679 289.06
八、减：本期已分配信托利润	185 548.90	283 759.68
九、期末未分配信托利润	570 243.19	395 529.38

法定代表人：高晓俊　　主管会计工作负责人：韩何　　会计机构负责人：沈心怡

6. 会计报表附注

6.1 会计政策和会计估计的变更

无。

6.2 或有事项说明

无。

6.3 重要资产转让及其出售的说明

无。

6.4 会计报表中重要项目的明细资料

6.4.1 自营资产经营情况

6.4.1.1 按信用风险五级分类结果披露信用风险资产的期初数、期末数

信用风险资产五级分类	正常类（万元）	关注类（万元）	次级类（万元）	可疑类（万元）	损失类（万元）	信用风险资产合计（万元）	不良合计（万元）	不良率（%）
期初数	807 764.18	146 519.00	—	—	9 900.00	964 183.18	9 900.00	1.03
期末数	1 170 956.17	54 357.99	—	—	9 900.00	1 235 214.16	9 900.00	0.80

不良资产合计=次级类+可疑类+损失类。

6.4.1.2 各项资产减值损失准备的期初、本期计提、本期转回、本期核销、期末数

单位：万元

项目	期初数	本期计提	本期转回	本期核销	期末数
贷款损失准备	15.24	102.40	—		117.64
一般准备	15.24	102.40	—		117.64
专项准备					
其他资产减值准备	41 399.01	15 185.14	—		56 584.15
以摊余成本计量金融资产的减值准备	41 399.01	15 185.14	—		56 584.15
以公允价值计量且其变动计入其他综合收益金融资产的减值准备	—	—	—		—
其他减值准备					
坏账准备					
投资性房地产减值准备					

6.4.1.3 固有业务股票投资、基金投资、债券投资、股权投资等投资的期初数、期末数

单位：万元

项目	自营股票	基金	债券	长期股权投资	其他投资	合计
期初数	38 697.36	10 535.39		125 010.12	710 715.71	850 130.58
期末数	56 484.71	8 066.51		139 142.89	796 232.70	999 926.81

6.4.1.4 自营长期股权投资的企业名称、占被投资企业权益的比例、主要经营活动及投资收益情况

企业名称	占被投资单位权益的比例（%）	主要经营活动	投资损益（万元）
南京银行股份有限公司	1.09	吸收公众存款；发放贷款；发放国内外结算；从事同业拆借等	19 722.97
南京证券股份有限公司	0.28	证券经纪、证券承销、证券自营、客户资产管理、财务顾问等	189.83

注：投资损益是指按照企业会计准则规定，核算股权投资确认损益并计入披露年度利润表的金额。

6.4.1.5 自营贷款的企业名称、占贷款总额的比例和还款情况

企业名称	贷款金额（万元）	占贷款总额的比例（%）	还款情况
泰州华诚医学投资集团有限公司	20 000	11.83	正常存续
淮安新城投资控股有限公司	20 000	11.83	正常存续
泰州市华创开发建设有限公司	4 500	2.66	正常存续
淮安开发物流有限公司	14 000	8.28	正常存续
建湖县美丽乡村开发建设有限公司	23 500	13.92	正常存续
江苏钟吾乡村投资发展集团有限公司	9 000	5.33	正常存续
阜宁县城发控股集团有限公司	9 000	5.33	正常存续
泰州市凯明城市建设有限公司	19 000	11.24	正常存续
盐城市城市资产投资集团有限公司	20 000	11.83	正常存续
连云港市城建控股集团有限公司	20 000	11.83	正常存续
狮桥融资租赁（中国）有限公司	10 000	5.92	正常存续

6.4.1.6 表外业务的期初数、期末数；按照代理业务、担保业务和其他类型表外业务分别披露

单位：万元

表外业务	期初数	期末数
担保业务	—	—
代理业务（委托业务）	—	—
其他	—	—
合计	—	—

注：代理业务主要反映因客观原应规范而尚未完成规范的历史遗留委托业务，包括委托贷款和委托投资。其他表外业务余额如超过5 000万元，需详细说明业务品种。

6.4.1.7 公司当年的收入结构

收入结构	金额（万元）	占比（%）
手续费及佣金收入	121 402.11	67.75
其中：信托手续费收入	121 402.11	67.75

续表

收入结构	金额（万元）	占比（%）
投资银行业务收入	—	—
利息收入	7 053.24	3.94
其他业务收入	—	—
其中：计入信托业务收入部分		
投资收益	49 525.28	27.64
其中：股权投资收益	19 947.80	11.13
证券投资收益	9 077.58	5.07
其他投资收益	20 499.90	11.44
公允价值变动收益	-1 338.69	-0.74
汇兑损益	1.04	—
其他收益	170.05	0.09
营业外收入	2 369.75	1.32
收入合计	179 182.78	100.00

注：手续费及佣金收入、利息收入、其他业务收入、投资收益、营业外收入均应为损益表中的科目，其中手续费及佣金收入、利息收入、营业外收入为未抵减掉相应支出的全年累计实现收入数。

6.4.2 信托资产管理情况

6.4.2.1 信托资产的期初数、期末数

单位：万元

信托资产	期初数	期末数
集合	6 659 836.50	7 579 867.94
单一	701 375.66	579 939.07
财产权	23 616 967.29	21 446 416.81
合计	30 978 179.45	29 606 223.82

6.4.2.1.1 主动管理型信托业务期初数、期末数

单位：万元

主动管理型信托资产	期初数	期末数
证券投资类	3 190 794.17	3 090 597.87
股权投资类	—	—
其他投资类	776 206.39	1 691 437.08
融资类	2 699 984.21	2 698 571.64
事务管理类	31 020.86	
合计	6 698 005.63	7 480 606.59

6.4.2.1.2 被动管理型信托业务期初数、期末数，分证券投资、股权投资、融资、事务管理类分别披露

单位：万元

被动管理型信托资产	期初数	期末数
证券投资类	—	—
股权投资类	—	—
其他投资类	66 387.56	—
融资类	—	—
事务管理类	24 213 786.26	22 125 617.23
合计	24 280 173.82	22 125 617.23

6.4.2.2 本年度已清算信托项目个数、实收信托合计金额、加权平均实际年化收益率

6.4.2.2.1 本年度已清算信托项目（按集合类、单一类、财产管理类分别计算）

已清算结束信托项目	项目个数（个）	实收信托合计金额（万元）	加权平均实际年化收益率（%）
集合类	98	2 633 655.00	6.1282
单一类	28	732 889.36	4.0109
财产管理类	30	3 632 480.15	2.7835

注：1.收益率是指信托项目清算后，给受益人赚取的实际收益水平。
2.加权平均实际年化收益率=（信托项目1的实际年化收益率×信托项目1的实收信托+信托项目2的实际年化收益率×信托项目2的实收信托+…+信托项目n的实际年化收益率×信托项目n的实收信托）/（信托项目1的实收信托+信托项目2的实收信托+…+信托项目n的实收信托）×100%。

6.4.2.2.2 本年度已清算主动管理型信托项目

已清算结束信托项目	项目个数（个）	实收信托合计金额（万元）	加权平均实际年化信托报酬率（%）	加权平均实际年化收益率（%）
证券投资类	29	794 030.00	1.4159	6.4444
股权投资类	—	—	—	—
其他投资类	13	220 308.00	1.1082	5.7675
融资类	55	1 619 217.00	2.2699	6.0226
事务管理类	6	175.90		

注：加权平均实际年化信托报酬率=（信托项目1的实际年化信托报酬率×信托项目1的实收信托+信托项目2的实际年化信托报酬率×信托项目2的实收信托+…+信托项目n的实际年化信托报酬率×信托项目n的实收信托）/（信托项目1的实收信托+信托项目2的实收信托+…+信托项目n的实收信托）×100%。

6.4.2.2.3 本年度已清算被动管理型信托项目

已清算结束信托项目	项目个数（个）	实收信托合计金额（万元）	加权平均实际年化信托报酬率（%）	加权平均实际年化收益率（%）
证券投资类	—	—	—	—
股权投资类	—	—	—	—
其他投资类	3	613 077.03	0.9745	5.9858
融资类	—	—	—	—
事务管理类	50	3 752 216.58	0.1097	2.5001

6.4.2.3 本年度新增的集合类、单一类和财产管理类信托项目个数、实收信托合计金额

新增信托项目	项目个数（个）	实收信托合计金额（万元）
集合	147	3 107 659.00
单一	26	876 363.24
财产权	19	570 526.89

续表

新增信托项目	项目个数（个）	实收信托合计金额（万元）
新增合计	192	4 554 549.13
其中：主动管理型	147	3 435 825.22
被动管理型	45	1 118 723.91

注：本年新增信托项目指在本报告年度内累计新增的信托项目个数和金额。包含本年度新增并于本年度内结束的项目和本年度新增至报告期末仍在持续管理的信托项目。

6.4.2.4 信托业务创新成果和特色业务有关情况

6.4.2.4.1 "A立方"系统群上线，标品类系统建设推进

为顺应行业发展智能化、数字化趋势，公司从财富端出发，以客户服务为中心、以客户需求为牵引推动数字化转型。2023年公司完成了"A立方"3.0系统群整体上线建设，构建起以账户为中心的系统架构，升级财智、春分、六度、积分商城等多项关键应用，全新设计了适应标品大环境下的日清日结、收银台等业务作业系统功能，打造出涵盖财富前端和中后台运营、融入智能合规和人工复核的一体化财富管理平台，助力公司在业务和数字双转型背景下实现从"产品导向"向"客户导向"跃迁。此外，公司成立标品类系统建设OKR小组，积极开展标品系统建设工作，2023年8月完成资产证券化系统上线试运行，助力公司业务转型发展。

6.4.2.4.2 资产管理信托结构优化，产品线不断丰富

公司大力发展标品业务，不断优化资产管理信托结构，整体呈现向标品转型、向配置转型、向投资转型的良好态势。固收类业务方面，公司已构建起覆盖R1、R2、R3的不同风险等级的标品固收产品线，通过灵活运用各类策略，有效应对市场不利因素，主要产品的业绩比较基准始终高于省内同类产品，业务规模稳步提升。配置类业务方面，公司构建了涵盖稳健型、平衡型、进取型等投资风格的TOF产品矩阵，在2023年权益市场总体低迷情况下，公司自主管理的TOF产品业绩领先比较基准及同业竞品。普惠标品投资业务方面，公司以零售信贷ABS资产为核心挖掘配置机会，落地"紫微"系列项目，打造普惠金融服务品牌体系。

6.4.2.4.3 资产服务信托多点探索，应用场景持续拓展

服务信托是信托的本源业务，也是公司转型探索的重要方向。在财富管理服务信托领域，公司推出了"私享""丰享"系列家族信托，满足客户财产规划、财富传承、健康养老、财产分配、风险隔离等需求；成立了"睿远"系列法人组织财富管理信托，协助客户构建司库体系，提供综合财务规划等定制化服务；落地了"薪福1号"薪酬福利服务信托，在满足企业内部长期激励管理要求的同时实现了薪酬资金保值增值。在行政管理服务信托领域，公司不断拓展信托机制在"线上预付制消费"中的运用，"宁欣"系列已覆盖教培、健身、商超、医美、餐饮等消费场景，为预付制消费中的资金监管难题提供了解决方案；信托制物业"物管"系列项目不断探索拓宽展业范围，助力社会治理能力提升。

6.4.2.5 本公司履行受托人义务情况及因本公司自身责任而导致的信托资产损失情况

本公司已以受益人最大利益行事为基本职责，认真履行以下义务：（1）诚实信用、谨慎和有效管理义务；（2）忠实义务；（3）分别管理义务；（4）亲自管理义务；（5）保存记录义务；（6）定期报告义务；（7）依法保密的义务；（8）向受益人支付信托利益的义务。

截至2023年12月31日，本公司未发生因自身责任而导致的信托资产损失情况。

6.4.2.6 信托赔偿准备金的提取、使用和管理情况

报告期内，公司计提信托赔偿准备金为4 859.88万元。截至报告期末，信托赔偿准备金余额为29 682.72万元。报告期内未使用，均存放于经营稳健、具有一定实力的境内中资商业银行。

6.5 关联方关系及其交易

6.5.1 关联交易方的数量、关联交易的总金额及关联交易的定价政策等

项目	关联交易方数量	关联交易金额（万元）	定价政策
合计	5	378 770.63	—

6.5.2 关联交易方与本公司的关系性质、关联交易方的名称、法人代表、注册地址、注册资本及主营业务等

关系性质	关联方名称	法定代表人	注册地址	注册资本（万元）	主营业务
本公司控股股东	南京紫金投资集团有限责任公司	李滨	南京市建邺区江东中路377号金融城一期10号楼27F	800 000	股权投资；实业投资；资产管理；财务咨询、投资咨询
本公司控股股东的联营企业	南京银行股份有限公司	谢宁	南京市建邺区江山大街88号	1 000 701.6973	吸收公众存款；发放贷款；发放国内外结算；从事同业拆借等

续表

关系性质	关联方名称	法定代表人	注册地址	注册资本（万元）	主营业务
本公司控股股东子公司	南京证券股份有限公司	李剑锋	南京市江东中路389号	368 636.1034	证券经纪、证券承销、证券自营、客户资产管理、财务顾问等
本公司主要股东子公司	南京化纤股份有限公司	陈建军	南京市建邺区亚鹏路66号金基汇智园9号楼	36 634.601	纤维素纤维原料及纤维制造、生物基材料制造、高性能纤维及复合材料制造等
本公司控股股东子公司	南京二机齿轮机床有限公司	尹仁华	南京市江宁区科学园醴泉路29号	14 023.068	金属切削机床、齿轮智能制造装备、车库及仓储机器人搬运器等

6.5.3 本公司与关联方的重大交易事项

6.5.3.1 固有财产与关联方：贷款、投资、租赁、应收账款担保、其他方式等期初汇总数、本期借方和贷方发生额汇总数、期末汇总数

单位：万元

项目	期初数	借方发生额	贷方发生额	期末数
贷款	—	—	—	—
投资	1 470.63	—	—	1 470.63
租赁	—	—	—	—
担保	—	—	—	—
应收账款	—	—	—	—
其他	—	—	20 000.00	20 000.00
合计	1 470.63	—	20 000.00	21 470.63

6.5.3.2 信托资产与关联方：贷款、投资、租赁、应收账款、担保、其他方式等期初汇总数、本期借方和贷方发生额汇总数、期末汇总数

单位：万元

项目	期初数	借方发生额	贷方发生额	期末数
贷款	370 100.00	534 700.00	547 500.00	357 300.00
投资	—	—	—	—
租赁	—	—	—	—
担保	—	—	—	—
应收账款	—	—	—	—
其他	5 516.00	—	5 516.00	—
合计	375 616.00	567 000.00	585 316.00	357 300.00

6.5.3.3 信托公司自有资金运用于自身管理的信托项目（固信交易）、信托公司管理的信托项目之间的相互（信信交易）交易金额

6.5.3.3.1 固有财产与信托财产之间的交易金额期初汇总数、本期发生额汇总数、期末汇总数

单位：万元

项目	期初数	本期发生额	期末数
合计	478 175.35	166 038.12	644 213.47

注：以固有资金投资公司自身管理的信托项目受益权，或购买自身管理的信托项目的信托资产均应纳入统计披露范围。

6.5.3.3.2 信托项目之间的交易金额期初汇总数、本期发生额汇总数、期末汇总数

单位：万元

项目	期初数	本期发生额	期末数
合计	681 797.69	646 037.01	1 327 834.70

注：以公司受托管理的一个信托项目的资金购买自己管理的另一个信托项目的受益权或信托项下资产均应纳入统计披露范围。

6.5.4 逐笔披露关联方逾期未偿还本公司资金的详细情况以及本公司为关联方担保发生或即将发生垫款的详细情况

截至2023年12月31日，本公司未发生关联方逾期未偿还本公司资金的情况，也无本公司为关联方担保发生或即将发生垫款的情况。

6.6 会计制度的披露

本公司固有业务、信托业务执行的会计制度为财政部新修订颁布的《企业会计准则》及其应用指南。

7. 财务情况说明书

7.1 利润实现和分配情况

经立信中联会计师事务所（特殊普通合伙）审计，2023年度公司实现净利润97 197.66万元。按规定计提法定盈余公积9 719.77万元、计提信托赔偿准备4 859.88万元、计提一般风险准备金3 836.15万元，2023年实现可供分配利润为78 781.86万元。2024年度拟分配现金红利为2023年当年实现可供分配利润的30%，取整后即23 635万元。

7.2 主要财务指标

指标名称	指标值
资本利润率（%）	11.13
加权年化信托报酬率（%）	0.9138
人均净利润（万元）	462.85

注：1.资本利润率=净利润/所有者权益平均余额×100%。
2.平均所有者权益=（a0/2+a1+a2+a3+a4/2）/4。
3.人均净利润=净利润/年平均人数，公式为：a（平均）=（年初数+年末数）/2。

7.3 对本公司财务状况、经营成果有重大影响的其他事项

无。

8. 特别事项揭示

8.1 前五名股东报告期内变动情况及原因

无。

8.2 董事、监事及高级管理人员变动情况及原因

2023年4月26日，公司第四届董事会第六次会议审议通过《关于聘任公司副总裁的议案》，聘任饭岛由规为公司副总裁。2023年9月26日，饭岛由规副总裁任职资格获国家金融监督管理总局江苏监管局核准（苏金复〔2023〕90号）。长谷川宽树不再担任公司副总裁。

2023年8月7日，公司第二届职工代表大会第一次会议选举李薇为公司职工董事，高晓俊不再担任公司职工董事。2023年11月21日，李薇董事任职资格获国家金融监督管理总局江苏监管局核准（苏金复〔2023〕153号）。

2023年8月25日，公司2023年度股东会第二次临时会议审议通过《关于选举公司董事的议案》，选举高晓俊为公司董事，胡苏迪不再担任公司董事；第四届董事会第八次会议审议通过《关于选举公司董事长的议案》，选举高晓俊为公司董事长，陈峥不再担任公司董事长职务。11月14日，高晓俊董事长任职资格获得国家金融监督管理总局江苏监管局核准（苏金复〔2023〕90号）。

8.3 变更注册资本、变更注册地或公司名称、公司分立合并事项

无。

8.4 公司的重大诉讼事项

8.4.1 重大未决诉讼事项

报告期内存在未决诉讼事项1项，本公司为原告方。诉讼过程中，被告其中一方被其他权利人申请破产，法院裁定案件中止审理，待破产管理人确定并接管财产后继续审理。

8.4.2 以前年度发生，于本报告年度内终结的诉讼事项

以前年度发生，并于报告期内终结诉讼事项2项。本公司均为原告方。2项诉讼中，一项已以调解方式结案，一项已二审判决原告胜诉。

8.4.3 本报告年度发生，于本报告年度内终结的诉讼事项

无。

8.5 公司及其董事、监事和高级管理人员受到处罚的情况

无。

8.6 国家金融监督管理总局及其派出机构对公司检查及整改情况

报告期内，原江苏银保监局（现国家金融监督管理总局江苏监管局）就公司治理、风险管理、内控合规建设等方面对公司提出了监管意见。公司及时落实监管意见，通过完善制度、优化流程、加强风险排查等举措，做好整改工作。

8.7 本年度重大事项临时报告所披露情况

2023年11月20日，公司在《证券时报》B003版公开披露了《紫金信托有限责任公司关于董事长变更的公告》。

8.8 国家金融监督管理总局及其省级派出机构认定的其他有必要让客户及相关利益人了解的重要信息

无。

8.9 已向国家金融监督管理总局或其派出机构提交行政许可申请但尚未获得批准的事项

无。

8.10 消费者权益保护工作情况

紫金信托积极践行金融机构主体责任，以"不断提升金融消费者的获得感、幸福感和安全感"为目标，扎实推动金融消费者权益保护工作，促进消保整体工作水平稳步提升。

推动消费者权益保护深度融入公司治理，促进各层级消保履职尽责。董事会作为公司消费者权益保护工作的最高决策机构，信托与消费者权益保护委员会作为消保职能委员会，2023年审议通过了《2022年度金融消费者权益保护工作报告》《2023年度金融消费者权益保护工作计划》《2023年上半年金融消费者权益保护工作报告》，保障消保工作落到实处。公司高级管理层2023年审议通过了《信托产品投资者适当性管理办法》《信托产品录音

录像实施办法（2023年版）》《金融知识宣传教育工作办法（2023年版）》等消保制度，制定了《2023年金融消费者教育宣传工作计划》《2023年金融消费者权益保护内部培训计划》《2022年第四季度及年度投诉报告》等，并组织召开"消保工作事务委员会工作会议"，确保年度消保目标和任务得到有效执行。

持续强化消保合规内控管理。公司始终将"维护消费者合法权益"作为工作的出发点和落脚点，不断强化消保合规管理，切实履行"专业、勤勉、尽责"的受托责任，严格落实消保法律法规及监管要求，优化消保运行机制，在产品的开发设计、审批准入、营销推介等流程中，充分嵌入消费者权益保护理念，加强产品的全流程审查工作；进一步规范销售行为合规管理，强化考核监督，保障消费者充分了解其权利、责任和风险；持续完善产品信息披露机制，遵循真实性、准确性、完整性和及时性原则，覆盖售前、售中、售后全流程，信披机制运行有效清晰。

开展金融宣教活动，优化客户服务体验。公司充分发挥线上线下联动优势，多渠道多形式创新开展金融知识宣教活动，将防非宣传与慈善信托相结合，设立了全国首单"护航金融安全"慈善信托。年内还开展了"3·15消保宣传周""防范非法集资宣传月""打击治理电信网络诈骗犯罪集中宣传月""金融消费者权益保护教育宣传月"等活动，加强宣教资源整合输出，扩大活动的覆盖面、影响力和实效性。同时，积极践行"有温度"的服务，夯实精细化管理能力，年内焕新财富中心，完善配套设施及软服务，全新升级线上客户端，进一步提升服务便捷性。

高度重视金融消费者投诉管理工作。2023年，公司不断推进投诉处理的制度化、规范化和有效化，深入开展源头治理，强化问题分析，持续提高管理能力。2023年，公司客户服务与投诉热线共接访340人次，微信、官网留言20人次，主要为产品咨询相关。受理投诉3件，投诉来源地区分别为上海、成都、深圳，投诉类型均为个人经营性贷款业务，均已严格落实金融消费者投诉限时办结制。

9.监事会意见

报告期内，公司严格按照法律法规和公司章程的规定，规范运作，依法决策，合规经营；董事会严格按照相关法规和公司章程的要求开展工作，认真执行股东会的决议，充分发挥决策引领作用；全体董事和高级管理人员忠实勤勉履行职责，未发现有违法违纪和有损公司及股东利益的行为；公司2023年度财务报告客观真实地反映了公司的实际财务状况和经营成果。